LONGMAN

Diccionario Pocket

Inglés-Español • Español-Inglés

Para estudiantes latinoamericanos

PEARSON
Longman

Pearson Education Limited
Edinburgh Gate
Harlow
Essex CM20 2JE
Inglaterra
y Compañías asociadas en todo el mundo

Visite nuestra página web: http://www.longman.com/dictionaries

Primera edición 2003

011 012 013 014

ISBN 978-0-582-51155-2

Directora general de diccionarios
Della Summers

Director de diccionarios bilingües
Rafael Alarcón Gaeta

Equipo lexicográfico
Victoria de los Ángeles Boschiroli, Elena Odriozola, Roy Russell, Alison Sadler

Editora
Angela Janes

Material suplementario
Matthew Allan, Michael Brooks, Hilary Marsden

Fonética
Dinah Jackson

Revisores
Guillermo Arroyave, Kathleen Micham

Corrección de pruebas
Meic Haines, Roy Russell

Fotocomposición
Letterpart, Reigate, Surrey, UK

Impreso en Brasil
RR Donnelley Moore

Coordinación y edición lexicográfica
Beatriz Galimberti Jarman

Gerente administrativo
Alan Savill

Asistencia administrativa
Denise McKeough, Janine Trainor

Soporte técnico
Trevor Satchell, Kim Larkin

Corpus y análisis computacional
Steve Crowdy

Diseño
Jonathan Barnard, Jenny Fleet, Marcela Grez, Michael Harris, Andrea Thorpe

Producción
Clive McKeough

ÍNDICE

BILINGUAL BREAKTHROUGH

by Jeremy Harmer

Versión en español en la página vi

For years teachers and methodologists have complained about bilingual dictionaries. Among their perceived weaknesses are the fact that the information they give is often misleading, that they give few, if any, examples and that they ignore collocational language combinations. In particular they have often been shown to be especially unreliable for students who wish to produce their own English with new or only partly-known words, by looking for English equivalents for words in their own language.

Despite these weaknesses, the problem for teachers has been that students, quite naturally, like bilingual dictionaries and insist on using them. What is needed, therefore, is a new approach to their design which will avoid all the pitfalls that have been identified, and, instead, not only help students to understand what English words mean, but also (and this is the crucial point) allow them to find the right English word for a word in their language and then use that English word appropriately, with confidence.

The **Longman Diccionario Pocket** is just such a dictionary. It is designed for secondary students in Latin America. It is based on a corpus of English, of course, but it also uses a Latin American Spanish corpus especially created for this dictionary, with written and spoken samples relevant for teenagers. This ensures that the Spanish words for which students want English equivalents are words that they use themselves, and the Spanish equivalents for English words are words they are familiar with.

All the explanations in the **Longman Diccionario Pocket** are in Spanish, and the examples ('Tienes que escuchar este CD' for *tener* or 'Are you connected to the Internet?' for 'Internet') reflect the world that the students live in.

But what makes the **Longman Diccionario Pocket** significantly different from other bilingual dictionaries is that it is equally useful for students whether they want to find the meaning of an English word or find the English equivalent of a word in Spanish. For example, when users want to know what 'win' means they find the Spanish equivalent *ganar*. But if they need to know how to say *ganar* in English the dictionary helpfully tells them (in Spanish, but with English examples) that it can be either 'win', 'earn', 'beat' or 'gain' – and it explains what the difference is. When users look up the word 'answer' they are presented with all the collocations that are common with this word (not just 'answer a question', but you can 'answer the door', 'the phone', 'a letter', 'criticism'...). If students want to know how to translate *adolescente*, they are offered first the noun 'teenager' as an equivalent, with both Spanish and English versions of the sentence 'He's a typical teenager', and then the adjective with the example 'She has two teenage children'. The entry then explains that, although 'adolescent' exists in English, we use it in more technical or formal contexts. With this kind of clear information students can use the words 'teenager' and 'adolescent' with confidence, even if they had not previously come across them.

The **Longman Diccionario Pocket** is not the kind of bilingual dictionary we are used to. It is a radical rethink of what students need and how it can be provided. This is a bilingual dictionary that is not only reliable, but which also works. It is just the kind of tool that students at this age and level need in order to understand and produce English, and it has the great virtue of helping its users to build good learning habits as they go along.

The old bilingual dictionary is dead. Long live the new one!

Jeremy Harmer is an author of coursebooks and books about how to teach English. He has also been an English teacher for many years.

ROMPIENDO LAS BARRERAS DEL DICCIONARIO BILINGÜE

por Jeremy Harmer

Versión en inglés en la página iv

Hace años que los docentes y especialistas en didáctica del inglés se quejan de los diccionarios bilingües. Mencionan defectos como el hecho de que la información suele ser engañosa, que dan pocos ejemplos (si los dan), y que no traen información sobre combinaciones colocacionales. Sin embargo, la principal objeción es que no resultan confiables para los estudiantes que desean expresarse en inglés utilizando palabras nuevas o que conocen sólo en parte, y que buscan en los diccionarios los equivalentes en inglés de palabras de su lengua nativa.

Para los docentes, el problema es que, naturalmente, a pesar de estos defectos, a los estudiantes les gustan los diccionarios bilingües e insisten en usarlos. Lo que hace falta, entonces, es un nuevo enfoque en la elaboración de estos diccionarios que evite los inconvenientes señalados y que no sólo ayude a los estudiantes a entender el significado de las palabras en inglés, sino que también (y esto es lo más importante) les permita encontrar la palabra inglesa que realmente equivale al vocablo español que han buscado. De este modo podrán usar el nuevo término con corrección y confianza.

El **Diccionario Pocket de Longman** es un diccionario que cumple con estas condiciones. Fue creado para estudiantes de secundaria en América Latina. Naturalmente está basado en un corpus del inglés, o sea, una base de datos del inglés que se escribe y se habla hoy en día. Pero los redactores contaron también con un corpus del español latinoamericano compilado especialmente para este diccionario, con ejemplos de lengua oral y escrita relevantes para los adolescentes. Esto garantiza que las palabras del lado español, para las que los estudiantes pueden querer buscar equivalentes en inglés, son palabras que ellos realmente usan, y los equivalentes en español de las palabras del lado inglés son vocablos con los que están familiarizados.

Todas las explicaciones que se dan en el **Diccionario Pocket de Longman** están en español, y los ejemplos ('Tienes que escuchar este CD' en 'tener', o 'Are you connected to the Internet?' en *Internet*) reflejan el mundo de los estudiantes.

Pero lo que hace que el **Diccionario Pocket de Longman** sea significativamente diferente de otros diccionarios bilingües es que resulta útil tanto para los alumnos que quieran encontrar el significado de una palabra del inglés, como para aquellos que busquen el equivalente en inglés de una palabra del español. Por ejemplo, cuando un usuario desea saber qué quiere decir *win* se encuentra con el equivalente 'ganar'. Pero si necesita saber cómo decir 'ganar' en inglés, el diccionario le dice que puede ser *win*, *earn*, *beat* o *gain*, y explica (en español, pero con ejemplos en inglés) la diferencia entre estos verbos. Cuando un usuario va a la palabra *answer*, en la entrada encuentra las colocaciones más frecuentes de este verbo (no sólo *answer a question*, sino también *answer the door*, *the phone*, *a letter*, *criticism*...). Si un estudiante quiere saber cómo traducir 'adolescente', el primer equivalente que se le ofrece es el sustantivo *teenager*, con versiones en español y en inglés de la oración *He's a typical teenager*, y luego el adjetivo con el ejemplo *She has two teenage children*. A continuación la entrada explica que, aunque *adolescent* existe en inglés, se usa más en contextos técnicos o formales. Con este tipo de información clara los alumnos pueden sentirse seguros al usar las palabras *teenager* y *adolescent*, aunque no se hayan encontrado con ellas anteriormente.

El **Diccionario Pocket de Longman** no es el típico diccionario al que estamos acostumbrados. Significa un replanteo total de lo que los alumnos necesitan y cómo se lo puede presentar. Se trata de un diccionario bilingüe que, además de ser confiable, funciona. Es la clase de herramienta que los alumnos de esta edad y este nivel necesitan para codificar y decodificar palabras del inglés, y posee la gran virtud de colaborar en la creación de buenos hábitos de aprendizaje entre sus usuarios.

El antiguo diccionario bilingüe ha muerto. ¡Que viva el nuevo!

Jeremy Harmer es autor de libros de texto y libros sobre la enseñanza del inglés. Además, es profesor de inglés desde hace muchos años.

Diez cosas que necesitas saber sobre este diccionario

1 Este diccionario fue diseñado especialmente para estudiantes latinoamericanos que están aprendiendo inglés, por eso el español que se usa en el diccionario es **español latinoamericano**.

2 Para la confección de este diccionario se utilizó un **corpus** del inglés y un *corpus* del español latinoamericano. Un *corpus* es un conjunto muy grande de textos y grabaciones en un idioma, que se usa para decidir qué significados de las distintas palabras son más importantes, y también para contar con ejemplos reales del uso de las palabras. Está comprobado que el uso de *corpus* ayuda a producir diccionarios más confiables.

3 A veces es difícil entender qué significa o cómo se usa una palabra aislada, por eso este diccionario cuenta con **ejemplos de uso** que ilustran los contextos más frecuentes de todas las palabras que ofrecen dificultades y también de las palabras más usadas. En este diccionario hay más ejemplos que en los demás diccionarios para este nivel.

4 Para ayudar a comprender mejor los textos en inglés, este diccionario muestra las **frases** más típicas y las **expresiones idiomáticas** más frecuentes que se forman con muchas palabras. Por ejemplo, en *agreement*, hay frases como *to come to/reach an agreement*; en *bargain*, hay expresiones idiomáticas como *into the bargain*.

5 Para ayudar a producir mensajes que suenen más naturales, este diccionario muestra las **frases** más típicas y las **expresiones idiomáticas** más frecuentes que se forman con muchas palabras del español. Por ejemplo, en *prender*, hay frases como *prender la luz/el televisor*; en *mano*, hay expresiones idiomáticas como *agarrarle/tomarle la mano a algo*.

6 En los casos en que se necesita explicar por qué distintas palabras en inglés corresponden a una palabra del español y viceversa, se da la información en un recuadro. Para la mayoría de las preposiciones, y también para los verbos y adjetivos más usados en español y en inglés, hay **recuadros** que explican las distintas traducciones.

7 Este diccionario presenta muchas **notas culturales** para aclarar conceptos o costumbres relacionados con alguna palabra inglesa que son poco conocidos en nuestra cultura. En estos casos, como por ejemplo *Christmas cracker* o *bed and breakfast*, puede no haber traducción al español, entonces la nota explica qué significa la palabra o expresión.

8 Las situaciones de comunicación más corrientes están en la **Guía para comunicarse**. Allí se encuentran varias frases útiles en inglés con su traducción al español para distintas situaciones comunicativas. Por ejemplo, "Vivo en Medellín" se dice *I live in Medellín*.

9 Los problemas gramaticales más típicos para el estudiante hispanohablante que aprende inglés están tratados en la **Guía de gramática**. Allí aparecen explicaciones sencillas y con ejemplos sobre sustantivos contables e incontables, *phrasal verbs*, uso de adverbios en inglés, etc.

10 Este diccionario incluye cientos de **ilustraciones** que ayudan a comprender mejor el significado de varias palabras (ver, por ejemplo, las ilustraciones en las entradas *calzado* o *silla* y el **Diccionario ilustrado** en las páginas centrales).

Cómo usar este diccionario: Guía rápida

Entrada

Diferentes acepciones de la palabra

Ilustraciones con leyendas

Pronunciación, con indicación de acento tónico

Clase de palabra

Ejemplo de uso de la palabra

Palabras que normalmente se usan juntas

Phrasal verbs o verbos con partícula

Una de las 2,000 palabras más frecuentes en inglés (en rojo)

Las palabras clave son presentadas en recuadros

bolsa *sustantivo & sustantivo plural*

• *s* **1** (de papel, plástico, etc.) bag: *una bolsa de caramelos* a bag of candy **2** (de arena, papas, etc.) sack: *una bolsa de papas de 50 kg* a 50 kilo sack of potatoes **3** (de mujer) purse (AmE), handbag (BrE) **4** (bolsillo) pocket **5** (o **Bolsa**) (en finanzas) stock exchange, stock market

• **bolsas** *s pl* (debajo de los ojos) bags

answer /ˈænsər/ *verbo & sustantivo*

• *v* **1** [tr/intr] contestar, responder: *He didn't answer me.* No me contestó. **2 to answer the phone** atender/contestar el teléfono **3 to answer the door** (ir a) abrir la puerta [cuando alguien llama] **4 to answer a letter/an advertisement** contestar una carta/un aviso **5 to answer criticism/an accusation** responder a las críticas/a una acusación **6 to answer a description** responder a una descripción **7 to answer a need** responder a una necesidad

answer back contestar [irrespetuosamente] **answer sb back** contestarle a alguien [irrespetuosamente]

answer for sth responder por/de algo **answer for sb** responder por alguien

answer to sb rendirle cuentas a alguien

• *s* **1** respuesta, contestación: ***In answer to your question, it won't be possible.*** En respuesta a su pregunta, no va a ser posible. | **there's no answer** (al llamar por teléfono o a la puerta) no contestan **2** resultado [de un cálculo] **3** solución [a un problema]

borrow /ˈbɑrou/ *v* [tr/intr] ▶ ver recuadro

borrow

1 Para contar que pedimos algo prestado y nos lo prestaron:

I borrowed Martin's camera. Le pedí prestada la cámara a Martin. | *The costume's not mine. I borrowed it **from** a friend.* El disfraz no es mío. Me lo prestó un amigo. | *They **borrowed** money **from** the bank.* Pidieron un préstamo en el banco.

2 Para pedir algo prestado:

Can I borrow the car? ¿Me prestas el carro?

3 Para hablar de préstamos de una biblioteca:

You can borrow up to six books. Puedes sacar hasta seis libros.

Traducción de la palabra

Cuando una palabra tiene más de una función gramatical (por ej., verbo y sustantivo), es presentada de esta manera

Traducción del ejemplo

Indicador del contexto en el que se usa la palabra o expresión

Preposición con la que se usa el verbo

CÓMO ENCONTRAR INFORMACIÓN EN ESTE DICCIONARIO

Las dos partes del diccionario bilingüe

Este diccionario tiene dos partes: la primera parte, **inglés-español**, tiene palabras inglesas con su traducción al español; la segunda parte, **español-inglés**, tiene palabras del español con su traducción al inglés. A veces, en español, usamos palabras de origen inglés, por ejemplo, *mouse*. Esta palabra, entonces, estará en los dos lados del diccionario.

Ejercicio 1

¿En qué parte hay que buscar cada palabra?

club	chaqueta
descansar	máquina
rocket	CD
sympathy	chip
easy	e-mail

El orden alfabético

Las palabras de este diccionario están en orden alfabético, tanto en la parte inglés-español como en el lado español-inglés.

Ejercicio 2

¿En qué orden aparecen estas palabras en el lado inglés-español y en el lado español-inglés?

Saturday	pelo
cream	inútil
out	con
write	abrazar
shiny	local
kiss	entrada
belly	chicle
chess	naranja
mother	delantero
white	llevar

Ejercicio 3

Estas palabras del español y del inglés empiezan con la misma letra. ¿Cómo se ordenan alfabéticamente?

contra	phone
cine	practice
chileno	pillow
cofre	plug
cabaña	put
caber	packet
cantar	photo
cantante	penguin
charco	proud
celoso	party

Ejercicio 4

En cada grupo, hay una palabra que no respeta el orden alfabético. ¿Cuál es la intrusa?

mancha	salt	cabeza	giant
mandar	silver	caer	goal
malo	short	calle	goose
marca	smart	cálculo	great
marrano	special	caminar	grasp
más	stand	canoso	green

Los lemas formados por más de una palabra

En un diccionario, se llama **lema** a la palabra sobre la que se da información. A veces un lema está compuesto por dos o más palabras, como en el caso de *bed and breakfast*, *bad-tempered* o *acid rain*. En estos casos, los espacios en blanco o los guiones entre las palabras no cambian el orden alfabético. En los siguientes ejemplos, vemos que el orden depende de qué letra viene primero (la **o** o la **r**), y no de cuántas palabras forman la entrada:

air
air-conditioned
air conditioning
aircraft

Ejercicio 5

Ordenar alfabéticamente los siguientes lemas:

birthday	**birth**
bird of prey	**birthplace**
biscuit	**bird**
birthmark	**birth rate**

Las palabras compuestas

Las palabras compuestas son grupos de palabras que funcionan como si fueran una sola: *ojo de buey* y *agua oxigenada* son palabras compuestas del español. En este diccionario, para encontrar una palabra compuesta del español hay que buscar en la primera palabra: *agua oxigenada* está en *agua*, *alta fidelidad* en *alto*. En muchos casos hay flechitas que indican dónde encontrar la palabra compuesta buscada. Por ejemplo, si uno se olvida de que *agua oxigenada* está en *agua* y la busca en *oxigenado*, ahí encontrará una flechita que remite a *agua*.
Apple pie, *nursery school* y *report card* son palabras compuestas del inglés. En este diccionario, las palabras compuestas del inglés están bajo la primera palabra que las forma o como lema aparte.

Ejercicio 6

¿Dónde se encuentran las siguientes palabras compuestas del español?

cámara de video
papel higiénico
luna de miel
cinta adhesiva

¿Hay otras palabras compuestas allí? Nombrar dos para cada palabra.

Ejercicio 7

Buscar la palabra *birthday* en el diccionario y escribir las palabras compuestas que se encuentren allí.

Las frases más comunes y las expresiones idiomáticas

Algunas palabras forman parte de frases de uso frecuente. Así, una palabra como *cama* se usa a menudo en frases como *irse a la cama* o *hacer la cama*. En el diccionario, estas frases se encuentran en *cama*, porque el sustantivo es lo más importante de la frase. También en expresiones idiomáticas como *dar la cara* el sustantivo es la palabra central, entonces la expresión aparece en *cara*. En *ser caprichoso* la palabra más importante es el adjetivo *caprichoso*, entonces la frase se encuentra ahí.
En muchos casos es difícil saber cuál es la palabra más importante de una frase. Si, por ejemplo, se quiere buscar *¡Arriba las manos!*, tal vez uno busque primero en *arriba*. Allí hay una flechita que remite a *mano*.

Ejercicio 8

¿Dónde se pueden encontrar frases como éstas?

tener miedo
en un abrir y cerrar de ojos
ponerse celoso

Buscarlas en el diccionario para confirmar.

Ejercicio 9

Ésta es la entrada de *bomb* en el diccionario:

> **bomb** /bɑm/ *sustantivo & verbo*
> • **s** **1** bomba | **to plant a bomb** poner una bomba **2 the bomb** la bomba atómica/de hidrógeno **3 to cost a bomb** BrE (informal) costar un dineral **4 to go like a bomb** BrE (informal) ir/andar a gran velocidad

¿Qué frases comunes o expresiones idiomáticas hay?

Ejercicio 10

Se encuentran estas oraciones en un texto:

The teacher got angry.
He killed them all in cold blood.
Could you take a picture of us?

Si no se sabe qué significan las frases que aparecen en color, ¿dónde habría que buscarlas?

Buscarlas en el diccionario para confirmar.

Los *phrasal verbs* o verbos con partícula

Los *phrasal verbs* son construcciones formadas por un verbo y una partícula como *out*, *away*, *off* o *up*. Estas construcciones tienen un significado especial, por eso es importante presentarlas aparte. En este diccionario, todos los *phrasal verbs* están bajo el verbo (*get out* en *get*, *take away* en *take*, etc.). En la sección de gramática hay más información sobre los *phrasal verbs*.

Ejercicio 11

A partir de los ejemplos, pensar cuál puede ser el significado de cada *phrasal verb* y señalarlo con una flecha. En caso de dudas, consultar *take* en el diccionario. Allí se encontrarán los *phrasal verbs* al final y en orden alfabético.

a **Take off your shoes before coming in.**	*anotar algo*
b **I'm taking her out tonight.**	*quitarse algo*
c **I have to take this book back to the library.**	*llevar a alguien a algún lado*
d **I took down her telephone number.**	*devolver algo*

Los verbos irregulares

Algunos verbos del inglés tienen formas irregulares en el pasado y/o en el participio. El verbo *to take*, por ejemplo, tiene como forma del pasado *took* y como participio *taken*. Estas formas están en la entrada de *take*, y también en su lugar en el orden alfabético, con una indicación para mirar en *take*.

Otras formas irregulares, como por ejemplo las del verbo *to be* (*am*, *is*, etc.) también están mostradas en su lugar en el orden alfabético.

Ejercicio 12

Cada oración tiene un pasado o un participio irregular, que está destacado. Escribir al costado el infinitivo del verbo. En caso de dudas, consultar el diccionario:

She made a mistake. ....
Who gave you this money? ....
I've lost my keys! ....
Have you seen Tom? ....
I forgot her birthday. ....

Ejercicio 13

Completar el acróstico con las formas irregulares de los verbos. En caso de dudas, consultar el diccionario.

_ **I** _	**pasado irregular de *hit***
_ **R** _ _ _ _	**participio irregular de *break***
R _ _	**pasado irregular de *run***
_ **E** _ _	**pasado y participio irregular de *leave***
G _ _	**pasado y participio irregular de *get***
_ _ **U** _ _	**pasado y participio irregular de *find***
_ _ **L** _	**pasado irregular de *fall***
_ **A** _	**pasado y participio irregular de *sit***
_ **R** _ _ _ _ _	**participio irregular de *write***

Los plurales irregulares

Algunos sustantivos del inglés tienen una forma plural irregular. Por ejemplo, la forma plural de *mouse* es *mice*. En estos casos, se presenta la forma plural en la entrada de *mouse*, y también en su lugar en el orden alfabético.

Los plurales regulares de la forma *-ies* (para palabras terminadas en consonante + *y* como *country*, *baby*, etc.) también están indicados junto a la entrada.

Ejercicio 14

Cada oración tiene un sustantivo plural irregular o terminado en *-ies*, que aparece en color. Escribir al costado el singular. En caso de dudas, consultar el diccionario:

a **Have you brushed your teeth?** ....

b **There are two new factories in the area.** ....

c **Ladies and gentlemen, welcome to Boston!** ....

d **Take your feet off the sofa!** ....

e **Where are the children?** ....

f **There are two men waiting for you.** ....

g **There are different kinds of dictionaries.** ....

h **They sell women's clothes.** ....

¿Qué palabra se usa?

A veces es difícil decidir qué palabra inglesa usar cuando tenemos dos opciones: *¿boat* o *ship*, *big* o *large*, *ache* o *pain*? Las explicaciones están del lado español, pero en cada una de las palabras en inglés hay una nota que remite a la palabra española, como se ve en la entrada de *big*:

> **big** /bɪg/ *adj* (**-gger**, **-ggest**) **1** grande: *a big red nose* una nariz grande y roja | *How big is their new house?* ¿Cómo es de grande su casa nueva? | *There's a big age difference between them.* Hay una gran diferencia de edad entre ellos. **2** importante, grande: *The big game is on Friday.* El partido importante es el viernes. **3 your big sister/big brother** (informal) tu hermana/hermano mayor **4** (exitoso, conocido) grande: *a big star* una gran estrella | **to be big** tener mucho éxito, ser muy importante: *The group is also big in the United States.* La banda también tiene mucho éxito en Estados Unidos. | **to make it big** triunfar, tener éxito ▸ **¿BIG O LARGE?** ver **grande**

¿Qué significado?

Hay palabras que tienen muchos significados. En español, por ejemplo, la palabra *muñeca* se refiere a un juguete y también a una parte del brazo. En inglés, la palabra *letter* puede referirse a una carta o a una letra del alfabeto. Por eso, cuando buscamos en el diccionario una palabra, tenemos qué pensar en qué contexto aparece o en qué contexto queremos usarla para elegir el significado adecuado.

Ejercicio 15

Consultar la entrada *box* y fijarse en los diferentes significados de la palabra. Después elegir el significado adecuado de *box* para cada oración:

a **They booked a box for the concert.**

b **Write your name in this box.**

c **I keep old photos in this box.**

d **He was fouled in the box.**

e **Is there anything good on the box?**

Respuestas

Ejercicio 1

en el lado I/E easy; rocket; sympathy
en el lado E/I chaqueta; descansar; máquina
en ambos lados CD; chip; club; e-mail

Ejercicio 2

belly chess cream kiss mother out Saturday shiny white write
abrazar chicle con delantero entrada inútil llevar local naranja pelo

Ejercicio 3

cabaña caber cantante cantar celoso charco chileno cine cofre contra
packet party penguin phone photo pillow plug practice proud put

Ejercicio 4

malo va en primer lugar en la lista
silver va después de *short*
calle va después de *cálculo*
great va después de *grasp*

Ejercicio 5

bird bird of prey birth birthday birthmark birthplace birth rate biscuit

Ejercicio 6

cámara de video	en *cámara*
papel higiénico	en *papel*
luna de miel	en *luna*
cinta adhesiva	en *cinta*

En *cámara*: cámara de diputados, cámara de gas, etc. En *papel*: papel crepe, papel (de) aluminio, etc. En *luna*: luna creciente, luna llena, etc. En *cinta*: cinta aislante, cinta métrica, etc.

Ejercicio 7

birthday cake birthday card birthday party birthday present

Ejercicio 8

tener miedo	en *miedo*
en un abrir y cerrar de ojos	en *ojo*
ponerse celoso	en *celoso*

Ejercicio 9

Frase común: *to plant a bomb*
Expresiones idiomáticas: *to cost a bomb, to go like a bomb*

Ejercicio 10

to get angry	en *angry*
in cold blood	en *blood*
to take a picture	en *picture*

Ejercicio 11

a quitarse algo
b llevar a alguien a algún lado
c devolver algo
d anotar algo

Ejercicio 12

She **made** a mistake.	*to make*
Who **gave** you this money?	*to give*
I've **lost** my keys!	*to lose*
Have you **seen** Tom?	*to see*
I **forgot** her birthday.	*to forget*

Ejercicio 13

hit	left	fell
broken	got	sat
ran	found	written

Ejercicio 14

a tooth
b factory
c lady, gentleman
d foot
e child
f man
g dictionary
h woman

Ejercicio 15

a palco
b casilla, casillero
c caja
d área
e la tele

A

A[1], a /eɪ/ *s* (letra) A, a ▶ ver "Active Box" **letters** en **letter**

A[2] /eɪ/ *s* **1** (nota musical) la **2** calificación usada en exámenes, trabajos escolares, etc. ▶ ver recuadro en **grade** **3 from A to B** de un lugar a otro

a /ə, acentuado eɪ/, también **an** /ən, acentuado æn/ *art* ▶ ver recuadro

aback /əˈbæk/ *adv* **to be taken aback** quedarse sorprendido -a/desconcertado -a

abandon /əˈbændən/ *v* [tr] abandonar, dejar abandonado -a

abbey /ˈæbi/ *s* abadía

abbreviate /əˈbrivieɪt/ *v* [tr] abreviar

abbreviation /əbriviˈeɪʃən/ *s* abreviatura

ABC /ˌeɪ bi ˈsi/ *s* abecedario

abdicate /ˈæbdɪkeɪt/ *v* [intr] abdicar

abduction /əbˈdʌkʃən/ *s* secuestro

ability /əˈbɪləti/ *s* (pl **-ties**) aptitud, capacidad: *She has great musical ability.* Tiene una gran aptitud para la música. | *his **ability to** remember things* su capacidad para recordar cosas

abject /ˈæbdʒekt/ *adj* **abject poverty** la más absoluta pobreza

ablaze /əˈbleɪz/ *adj* **to be ablaze** estar en llamas

able /ˈeɪbəl/ *adj* **1 to be able to do sth** poder/saber hacer algo: *Is she able to walk without a cane?* ¿Puede caminar sin bastón? | *I've always wanted to be able to speak Japanese.* Siempre he querido saber hablar japonés. ▶ **¿BE ABLE TO O CAN?** ver **poder** **2** capaz: *He's a very able student.* Es un alumno muy capaz.

ably /ˈeɪbli/ *adv* hábilmente

abnormal /æbˈnɔrməl/ *adj* anormal

aboard /əˈbɔrd/ *adverbio & preposición*

- ***adv*** a bordo | **to go aboard** embarcar, subir a bordo
- ***prep*** a bordo de

abolish /əˈbɑlɪʃ/ *v* [tr] (3ª pers sing **-shes**) abolir

abolition /æbəˈlɪʃən/ *s* abolición

abort /əˈbɔrt/ *v* **1** [tr] abandonar [un intento, una misión, etc.] **2** [intr] (en medicina) abortar

abortion /əˈbɔrʃən/ *s* (en medicina) aborto [provocado]

abortive /əˈbɔrtɪv/ *adj* **an abortive attempt/attack etc.** un intento/ataque etc. frustrado

> **a**
>
> **1** En la mayoría de los casos el artículo **a** equivale a *un/una.* Cuando precede a un sonido vocálico se usa **an** en lugar de **a**:
>
> *a cat* un gato | *an island* una isla
>
> **2** Usos de **a/an** que no corresponden a los de *un/una:*
>
> **PROFESIONES**
>
> *My boyfriend is a musician.* Mi novio es músico.
>
> **PERTENENCIAS**
>
> *Do you have a car?* ¿Tienes auto?
>
> **EXCLAMACIONES**
>
> *What a ridiculous hat!* ¡Qué sombrero más ridículo!
>
> **NÚMEROS**
>
> *a thousand dollars* mil dólares | *a hundred people* cien personas
>
> **PRECIO, FRECUENCIA, PROPORCIÓN**
>
> *They cost $2 a dozen.* Cuestan $2 la docena. | *I see her twice a week.* La veo dos veces por semana. | *100 miles an hour* 100 millas por hora

about /əˈbaʊt/ *preposición & adverbio*

- ***prep*** **1** sobre, acerca de: *a book about dinosaurs* un libro sobre dinosaurios | *I'm thinking about dropping out of school.* Estoy pensando en dejar los estudios.
  2 what about/how about? (a) Para hacer una sugerencia: *How about a drink?* ¿Qué te parece si nos tomamos una copa? **(b)** Para pedirle la opinión a alguien: *What about Jack? What's he having?* ¿Y Jack? ¿Qué va a tomar?
  3 Para indicar causa: *I could tell she was annoyed about something.* Me di cuenta de que estaba enojada por algo. | *They were very excited about the idea.* Estaban muy entusiasmados con la idea.
  4 BrE (por un lugar) por: *Their clothes were scattered about the room.* Su ropa estaba desperdigada por el cuarto.
- ***adv*** **1** alrededor de: *It was about seven o'clock.* Eran alrededor de las siete. | *A pizza costs about $10.* Una pizza cuesta alrededor de $10.
  2 to be (just) about to do sth estar (justo) por hacer algo, estar a punto de hacer algo: *I was just about to say that.* Justo estaba por decir eso.
  3 BrE por todas partes, por ahí: *Don't leave your clothes lying about!* No dejes la ropa tirada por todas partes.
  4 BrE por ahí, por aquí: *Is Patrick about?* ¿Patrick anda por aquí? | *There was nobody about.* No había nadie. ▶ **about** también forma parte de varios **phrasal verbs** como **bring about, come about,** etc. Éstos están tratados bajo el verbo correspondiente.

above /ə'bʌv/ *preposición & adverbio*
• *prep* **1** (por) encima de, sobre: *There's a light above the door.* Hay una luz encima de la puerta. | *500 meters above sea level* 500 metros por encima del nivel del mar/500 metros sobre el nivel del mar **2** por encima de: *temperatures above 35 degrees* temperaturas por encima de los 35 grados **3 above all** sobre todo
• *adv* **1** (en una posición más alta) (de) arriba: *I looked down from above.* Miré desde arriba. | *the room above* la habitación de arriba **2** (superior a un número): *children of 12 and above* los niños de 12 años para arriba **3** (en un texto) (más) arriba: *For more information, see above.* Para mayor información, ver arriba.

abreast /ə'brest/ *adv* **to keep abreast of sth** mantenerse al día en/sobre algo

abroad /ə'brɔd/ *adv* en el exterior/extranjero, al exterior/extranjero | **to go abroad** viajar/ir al exterior, viajar/ir al extranjero

abrupt /ə'brʌpt/ *adj* **1** repentino -a, abrupto -a | **to come to an abrupt halt/end** detenerse/terminarse abruptamente **2** brusco -a, cortante

absence /'æbsəns/ *s* **1** falta (de asistencia) [al colegio, trabajo, etc.], ausencia: *her frequent absences from work* sus frecuentes faltas (de asistencia) al trabajo | **in/during sb's absence** durante la ausencia de alguien **2 in the absence of sth** a falta de algo

absent /'æbsənt/ *adj* **1** ausente | **to mark sb absent** ponerle falta a alguien: *The teacher marked her absent.* El profesor le puso falta. | **to be absent (from sth)** faltar (a algo): *children who are often absent from school* los niños que faltan a menudo a la escuela **2** ausente: *an absent expression* una expresión ausente

absent-'minded *adj* distraído -a, despistado -a

absolute /'æbsəlut/ *adj* **1** (para enfatizar) absoluto -a, total: *The show was an absolute disaster.* El espectáculo fue un absoluto desastre. | **absolute nonsense** pura tontería **2** (no relativo) absoluto -a

absolutely /æbsə'lutli/ *adv* **1** completamente, absolutamente: *Are you absolutely sure?* ¿Estás completamente segura? | *You have absolutely no idea.* No tienes la más mínima idea. **2 absolutely!** ¡claro (que sí)!, ¡por supuesto (que sí)! | **absolutely not!** ¡de ninguna manera!, ¡en absoluto!

absorb /əb'sɔrb/ *v* [tr] **1** absorber **2 to be absorbed in sth** estar absorto -a/concentrado -a en algo **3** asimilar [información]

absorbing /əb'sɔrbɪŋ/ *adj* apasionante

abstain /əb'steɪn/ *v* [intr] **1** (en una votación) abstenerse **2** (formal) (de fumar, beber, etc.) abstenerse: *He was advised to **abstain from** alcohol.* Se le aconsejó que se abstuviera de tomar alcohol.

absurd /əb'sɜrd/ *adj* absurdo -a, ridículo -a

abundance /ə'bʌndəns/ *s* **1 an abundance of** abundante(s): *an abundance of resources* abundantes recursos **2 in abundance** en abundancia

abuse¹ /ə'bjus/ *s* **1** abuso ▶ ver también **drug** **2** maltrato **3** insultos | **to shout/hurl abuse at sb** insultar a alguien a gritos

abuse² /ə'bjuz/ *v* [tr] **1** maltratar, abusar de **2** abusar de: *I think he is abusing his position.* Creo que está abusando de su posición. **3** insultar

abusive /ə'bjusɪv/ *adj* **1** insultante | **to become abusive** empezar a insultar **2** violento -a

abysmal /ə'bɪzməl/ *adj* pésimo -a, terrible

abyss /ə'bɪs/ *s* (pl **-sses**) (literario) abismo

academic /ækə'demɪk/ *adjetivo & sustantivo*
• *adj* **1** relacionado con el estudio: *the academic year* el año académico **2** capaz [intelectualmente] **3** puramente teórico -a
• *s* profesor -a universitario -a

academy /ə'kædəmi/ *s* (pl **-mies**) academia

accelerate /ək'seləreɪt/ *v* **1** [intr] (al manejar) acelerar **2** (referido a procesos) [intr] acelerarse, [tr] acelerar

accelerator /ək'seləreɪtər/ *s* acelerador

accent /'æksent/ *s* **1** acento: *She has an American accent.* Tiene acento americano. **2** acento (prosódico)

accept /ək'sept/ *v* **1** [tr/intr] aceptar: *We don't accept credit cards.* No aceptamos tarjetas de crédito. | *She wouldn't **accept** payment **from** us.* No quiso aceptar que le pagáramos nada. **2 to accept that** reconocer/admitir que: *She refused to accept that she was wrong.* Se negó a reconocer que estaba equivocada. ▶ ver también **responsibility**

acceptable /aksептə'bəl/ *adj* aceptable: *I don't think it's **acceptable for** her **to** behave like that.* No me parece aceptable que se comporte así. | *Is that **acceptable to** you?* ¿Eso te resulta aceptable?

acceptance /ək'septəns/ *s* aceptación

accepted /ək'septɪd/ *adj* establecido -a, convencional

access /'ækses/ *sustantivo & verbo*
• *s* acceso: *Students need to have **access to** computers.* Los alumnos tienen que tener acceso a computadoras.
• *v* [tr] acceder a, abrir [un archivo]

accessible /ək'sesəbəl/ *adj* **1** (fácil de entender) accesible **2** (referido a un lugar: que es de fácil acceso): *The park is accessible by public transportation.* Se puede llegar al parque en transporte público.

accessory /ək'sesəri/ *s* (pl **-ries**) **1** (para la vestimenta) accesorio **2** (de un auto, un equipo de música, etc.) accesorio, opcional **3** cómplice: *an **accessory to** murder* un cómplice en el asesinato

¿Sabes cómo funcionan los **phrasal verbs**? Lee la explicación en el apartado de gramática.

accident /'æksədənt/ *s* **1** accidente | **to have an accident** tener/sufrir un accidente | **a car accident** un accidente de tránsito **2** percance, accidente **3 by accident (a)** sin querer **(b)** por casualidad

accidental /æksə'dentl/ *adj* **1** accidental **2** casual

accidentally /æksə'dentli/ *adv* **1** sin querer, accidentalmente **2** por casualidad

'accident-,prone *adj* propenso -a a los accidentes

acclaim /ə'kleɪm/ *verbo & sustantivo*

• *v* [tr] aclamar: *His last play was acclaimed as a masterpiece.* Su última obra de teatro fue aclamada como una obra maestra.

• *s* elogio(s)

accommodate /ə'kɑmədeɪt/ *v* [tr] **1** tener cabida para **2** alojar, albergar

accommodating /ə'kɑmədeɪtɪŋ/ *adj* flexible

accommodations /əkɑmə'deɪʃənz/, también **accommodation** /ə,kɑmə'deɪʃən/ BrE *s* **1** (en un hotel, etc.) alojamiento **2** (más permanente) vivienda(s): *rental accommodations* viviendas alquiladas

accompany /ə'kʌmpəni/ *v* [tr] (3ª pers sing **-nies**) **1** (formal) (ir con) acompañar **2** (en música) acompañar

accomplice /ə'kɑmplɪs/ *s* cómplice

accomplish /ə'kɑmplɪʃ/ *v* [tr] (3ª pers sing **-shes**) **1** cumplir (con) [una misión, una tarea] **2** lograr [un objetivo]

accomplished /ə'kɑmplɪʃt/ *adj* consumado -a: *an accomplished musician* un músico consumado

accomplishment /ə'kɑmplɪʃmənt/ *s* logro

accord /ə'kɔrd/ *s* **1 of your own accord** motu proprio, de motu propio, por decisión propia **2** acuerdo

accordingly /ə'kɔrdɪŋli/ *adv* **1** como corresponde, en proporción **2** (formal) en consecuencia

ac'cording to *prep* **1** según: *According to Tom, she isn't coming.* Según Tom, no va a venir. | *Students are grouped according to ability.* Se agrupa a los alumnos según su capacidad. **2 to go according to plan** salir de acuerdo con lo previsto

account /ə'kaʊnt/ *sustantivo, sustantivo plural & verbo*

• *s* **1** relato, descripción | **to give an account of sth** relatar/describir algo, informar sobre algo **2** cuenta [en un banco o un negocio] **3 to take sth into account** tener algo en cuenta: *We didn't take the time difference into account.* No tuvimos en cuenta la diferencia de horario. **4 by all accounts** según dicen **5 on account of** debido a, por causa de **6 on no account** bajo ningún concepto

• **accounts** *s pl* libros (de contabilidad)

• *v* **account for sth 1** representar algo: *Labor costs account for 40% of the total.* Los costos de mano de obra representan el 40% del total. **2** explicar algo **3** dar cuenta de algo

accountable /ə'kaʊntəbəl/ *adj* responsable [obligado a rendir cuentas a otros de las propias acciones] | **to be accountable for sth** ser responsable de algo | **to hold sb accountable for sth** responsabilizar a alguien de algo

accountancy /ə'kaʊntənsi/ *s* contabilidad

accountant /ə'kaʊntənt/ *s* contador -a

accumulate /ə'kjumjəleɪt/ *v* **1** [tr] acumular **2** [intr] acumularse

accuracy /'ækjərəsi/ *s* precisión

accurate /'ækjərət/ *adj* **1** preciso -a [instrumento, medida, etc.] **2** exacto -a [descripción] **3** certero -a [disparo, etc.]

accusation /ækjə'zeɪʃən/ *s* acusación

accuse /ə'kjuz/ *v* **to accuse sb of (doing) sth** acusar a alguien de (hacer) algo: *How dare you accuse me of lying!* ¡Cómo te atreves a acusarme de mentir!

accused /ə'kjuzd/ *adj* **the accused** el/la acusado -a, los/las acusados -as

accustomed /ə'kʌstəmd/ *adj* (formal) **to be accustomed to (doing) sth** estar acostumbrado -a a (hacer) algo | **to become/grow accustomed to sth** acostumbrarse a algo

ace /eɪs/ *sustantivo & adjetivo*

• *s* **1** (en naipes) as **2** (en tenis) ace

• *adj* (informal) **1 an ace striker** un delantero fenomenal **2** buenísimo -a, genial

ache /eɪk/ *verbo & sustantivo*

• *v* [intr] doler [con un dolor no muy fuerte pero continuo]: *My legs are aching.* Me duelen las piernas. ▶ **¿ACHE O HURT?** ver **doler**

• *s* dolor [no muy fuerte pero continuo] | **aches and pains** achaques ▶ **¿ACHE O PAIN?** ver **dolor**

achieve /ə'tʃiv/ *v* [tr] lograr, obtener

achievement /ə'tʃivmənt/ *s* logro

acid /'æsɪd/ *sustantivo & adjetivo*

• *s* ácido

• *adj* ácido -a, agrio -a

acidic /ə'sɪdɪk/ *adj* ácido -a

acidity /ə'sɪdəti/ *s* acidez

,acid 'rain *s* lluvia ácida

acknowledge /ək'nɑlɪdʒ/ *v* [tr] **1** reconocer, admitir **2 to be acknowledged as sth** ser reconocido -a como algo **3** acusar recibo de

acknowledgement /ək'nɑlɪdʒmənt/ *sustantivo & sustantivo plural*

• *s* **1** admisión, reconocimiento **2** acuse de recibo **3 in acknowledgement of** en reconocimiento de/a

• **acknowledgements** *s pl* menciones

acne /'ækni/ *s* acné

acorn /'eɪkɔrn/ *s* bellota

acoustic /ə'kustɪk/ *adj* acústico -a: *an acoustic guitar* una guitarra acústica

acquaintance /ə'kweɪntns/ *s* **1** conocido -a **2 to make sb's acquaintance** (formal) conocer a alguien

acquainted /ə'kweɪntɪd/ *adj* (formal) **1 to be acquainted** conocerse [tener conocimiento]: *We are already acquainted.* Ya nos conocemos. | *I am acquainted with him.* Lo conozco. **2 to get acquainted** conocerse [trabar conocimiento] **3 to be acquainted with sth** tener conocimiento de algo

acquire /ə'kwaɪr/ *v* [tr] (formal) adquirir

acquisition /ækwə'zɪʃən/ *s* **1** (acción de adquirir) adquisición **2** (cosa adquirida) adquisición, compra

acquit /ə'kwɪt/ *v* [tr] (**-tted**, **-tting**) declarar inocente, absolver: *Simpson was* ***acquitted of*** *murder.* A Simpson lo declararon inocente del cargo de asesinato.

acre /'eɪkər/ *s* acre [0,405 hectáreas]

acrobat /'ækrəbæt/ *s* acróbata

acronym /'ækrənɪm/ *s* sigla

across /ə'krɔs/ *prep & adv* ▶ ver recuadro

acrylic /ə'krɪlɪk/ *adjetivo & sustantivo*
- *adj* de acrílico, acrílico -a
- *s* acrílico

act /ækt/ *verbo & sustantivo*
- *v* **1** [intr] actuar, comportarse: *Stan was acting really weird last night.* Stan estaba actuando de manera muy extraña anoche. | *She* ***acted as if*** *she didn't know me.* Hizo como si no me conociera. **2** [intr] (tomar medidas) actuar **3** [intr] (en teatro, cine, etc.) actuar **4 to act the part of Romeo/the witch etc.** hacer el papel de Romeo/la bruja etc. **5** [intr] (hacer efecto) actuar **6 to act as sth** actuar/hacer de algo
- *s* **1** (acción) acto | **an act of kindness/violence etc.** un acto caritativo/de violencia etc. **2** (fingimiento): *He wasn't frightened. It was all an act.* No estaba asustado. Era puro teatro. **3** (en una obra de teatro) acto **4** (de un artista, cómico, etc.) número, actuación **5 to get your act together** (informal) organizarse **6 to catch sb in the act** agarrar a alguien in fraganti/con las manos en la masa

across

PREPOSICIÓN

1 DE UN LADO A OTRO DE

CUANDO SE EXPRESA MOVIMIENTO

We walked across the field. Atravesamos el campo (caminando). | *A dog ran across the street.* Un perro cruzó la calle corriendo.

CUANDO NO SE EXPRESA MOVIMIENTO

He was lying across the bed. Estaba atravesado en la cama. | *They built a new bridge across the river.* Construyeron un nuevo puente sobre el río. | *Mark looked out across the valley.* Mark miró hacia el otro lado del valle.

2 AL OTRO LADO DE

They live across the street. Viven enfrente. | *Jim called to me from across the room.* Jim me llamó desde el otro lado del salón.

ADVERBIO

1 DISTANCIAS, MEDIDAS

The river is two miles across. El río tiene dos millas de ancho.

2 ATRAVESANDO UN LUGAR

She walked across to the window. Fue hasta la ventana.

3 across también forma parte de varios **phrasal verbs** como **come across, put across,** etc. Éstos están tratados bajo el verbo correspondiente.

acting /'æktɪŋ/ *sustantivo & adjetivo*
- *s* **1** (profesión) teatro: *I want to get into acting.* Quiero dedicarme al teatro. **2** (en una obra) actuación
- *adj* **acting vice-president** vicepresidente -a interino -a

action /'ækʃən/ *s* **1** acción | **to take action** tomar medidas | **to put sth into action** poner algo en marcha **2 in action** en acción **3 out of action** fuera de combate/circulación, descompuesto -a **4** acto: *You can't be held responsible for other people's actions.* No te pueden responsabilizar de los actos de los demás. **5** combates, acción | **killed/wounded/missing in action** muerto -a/herido -a/desaparecido -a en combate

action 'replay *s* BrE replay, repetición de la jugada ▶ En inglés americano se usa **instant replay**

activate /æktə'veɪʃən/ *v* [tr] activar

actively /'æktɪvli/ *adv* activamente

activist /'æktəvɪst/ *s* militante, activista

activity /æk'tɪvəti/ *s* (pl **-ties**) actividad: *after-school activities* actividades fuera del horario escolar

actor /'æktər/ *s* actor, actriz

ℹ ¿Quieres una lista de frases útiles para hablar de ti mismo? Consulta la **guía de comunicación** al final del libro.

actress /ˈæktrəs/ *s* (pl **-sses**) actriz ▶ Algunas actrices prefieren el término **actor** para referirse a sí mismas

actual /ˈæktʃuəl/ *adj* **1** real, verdadero -a: *The actual cost was much higher.* El costo real fue mucho más alto. | *Were those his actual words?* ¿Ésas fueron sus palabras textuales? | **in actual fact** en realidad **2** mismísimo -a: *This is the actual desk used by Shakespeare.* Éste es el mismísimo escritorio que usaba Shakespeare.

actually /ˈæktʃuəli/ *adv* **1** (para contradecir, aclarar, expresar sorpresa) en realidad, de hecho: *I don't actually enjoy swimming.* En realidad no me gusta nadar. | *The movie wasn't bad. Actually it was pretty good.* No estuvo mal la película. De hecho, estuvo muy bien. | *Did she actually say that?* ¿De verdad dijo eso? **2** (para dar énfasis) de verdad: *She actually expected me to do the work for her!* ¡En serio, ella pretendía que yo le hiciera el trabajo! | *I was so angry I actually slapped him.* Estaba tan enojada que hasta le pegué una cachetada.

acupuncture /ˈækjəpʌŋktʃər/ *s* acupuntura

acute /əˈkjut/ *adj* **1 an acute pain** un dolor agudo | **an acute shortage** una gran escasez **2** perspicaz [persona, observación, etc.] **3** agudo -a [sentido del olfato, oído] **4 acute bronchitis/appendicitis etc.** bronquitis/apendicitis etc. aguda

acutely /əˈkjutli/ *adv* terriblemente, sumamente

AD /ˌeɪ ˈdi/ (= **Anno Domini**) d.C.

ad /æd/ *s* (informal) ▶ ver **advertisement**

adamant /ˈædəmənt/ *adj* **to be adamant that** insistir en que: *She is adamant that she will not change her mind.* Insiste en que no va a cambiar de opinión.

adapt /əˈdæpt/ *v* **1** [intr] adaptarse: *She found it hard to **adapt to** her new way of life.* Le resultó difícil adaptarse a su nuevo estilo de vida. **2** [tr] adaptar

adaptable /əˈdæptəbəl/ *adj* adaptable, flexible

adaptation /ædæpˈteɪʃən/ *s* adaptación

adapter, también **adaptor** /əˈdæptər/ *s* **1** (para conectar aparatos entre sí) conector **2** (para enchufar varias cosas en el mismo enchufe) enchufe múltiple **3** (para enchufes extranjeros) adaptador

add /æd/ *v* **1** [tr] agregar, añadir: *I gave him some coins to **add to** his collection.* Le regalé unas monedas para agregar a su colección. **2** [tr/intr] sumar: ***Add** the totals **together**.* Sume los totales. **3 to add to sth** aumentar algo: *Every delay adds to the cost of the project.* Cada retraso aumenta el costo del proyecto.

add up not to add up (informal) no resultar explicable o coherente: *It just doesn't add up, she would never do a thing like that.* No tiene sentido, ella nunca haría algo así. **add sth up** sumar algo

added /ˈædɪd/ *adj* **1 added advantage/bonus** ventaja adicional **2 with added vitamins** enriquecido -a con vitaminas

addict /ˈædɪkt/ *s* adicto -a: *a heroin addict* un adicto a la heroína/un heroinómano | *He's a TV addict.* Es adicto a la televisión. ▶ ver también **drug**

addicted /əˈdɪktɪd/ *adj* adicto -a

addiction /əˈdɪkʃən/ *s* adicción

addictive /əˈdɪktɪv/ *adj* adictivo -a

addition /əˈdɪʃən/ *s* **1 in addition (to sth)** además (de algo) **2** (en aritmética) suma **3** (referido a una cosa, persona): *The tower is a later addition.* La torre es un añadido posterior. | *She will make a valuable addition to the team.* Va a ser una valiosa adquisición para el equipo. **4** (acción de agregar) adición

additional /əˈdɪʃənəl/ *adj* adicional

additive /ˈædətɪv/ *s* aditivo

address[1] /əˈdres, AmE ˈædres/ *s* (pl **-sses**) **1** dirección, domicilio: *What's your address?* ¿Cuál es su dirección? **2** discurso

address[2] /əˈdres/ *v* [tr] (3ª pers sing **-sses**) **1** ponerle la dirección a | **to be addressed to sb** estar dirigido -a a alguien **2** (formal) dirigirse a, hablarle a **3** pronunciar un discurso ante **4** tratar de encontrarle una solución a **5 to address sb as sth** darle determinado tratamiento a alguien: *He should be addressed as "Your Excellency."* Hay que darle el tratamiento de "Excelencia".

adept /əˈdept/ *adj* **adept at sth/doing sth** experto -a en algo, hábil para hacer algo

adequate /ˈædəkwət/ *adj* **1** suficiente **2** aceptable, adecuado -a

adequately /ˈædəkwətli/ *adv* **1** suficientemente **2** de manera aceptable/adecuada

adhere /ədˈhɪr/ *v* **adhere to sth 1** adherirse a algo, pegarse a algo **2** adherir a algo [a un tratado, una creencia, etc.]

adhesive /ədˈhisɪv/ *adjetivo & sustantivo*

- *adj* adhesivo -a
- *s* adhesivo

adjacent /əˈdʒeɪsənt/ *adj* (formal) contiguo -a, vecino -a

adjective /ˈædʒɪktɪv/ *s* adjetivo

adjoining /əˈdʒɔɪnɪŋ/ *adj* (formal) contiguo -a, vecino -a

adjourn /əˈdʒɜrn/ *v* **1** [tr] levantar, suspender [una audiencia, una sesión, etc.] **2** [intr] levantar la sesión

adjudicate /əˈdʒudɪkeɪt/ *v* (formal) **1** [intr] arbitrar, hacer de juez **2** [tr] arbitrar en, hacer de juez en

adjust /əˈdʒʌst/ *v* **1** [tr] regular, ajustar **2** [tr] adaptar, hacerle ajustes a **3** [intr] adaptarse, acostumbrarse

adjustable /ə'dʒʌstəbəl/ *adj* regulable, ajustable

adjustment /ə'dʒʌstmənt/ *s* **1** ajuste, modificación **2** adaptación

ad-lib /æd 'lɪb/ *v* [tr/intr] (**-bbed, -bbing**) improvisar

administer /əd'mɪnəstər/ *v* [tr] **1** administrar [una organización, fondos, etc.] **2 to administer justice/punishment** administrar justicia/un castigo **3 to administer a drug (to sb)** (formal) administrar(le) un medicamento (a alguien)

administration /ədmɪnə'streɪʃən/ *s* **1** administración **2** gobierno, gestión

administrative /əd'mɪnəstreɪtɪv/ *adj* administrativo -a

administrator /əd'mɪnəstreɪtər/ *s* administrador -a

admiral /'ædmərəl/ *s* almirante

admiration /ædmə'reɪʃən/ *s* admiración

admire /əd'maɪr/ *v* [tr] **1** (respetar) admirar **2** (mirar) admirar

admirer /əd'maɪrər/ *s* admirador -a

admission /əd'mɪʃən/ *s* **1** reconocimiento [de culpabilidad, fracaso, etc.] **2** admisión [a una universidad, una institución] **3** internación, ingreso [a un hospital] **4** entrada: *"Admission $10"* "Entrada $10"

admit /əd'mɪt/ *v* (**-tted, -tting**) **1** [tr] reconocer, admitir: *I must admit I didn't try very hard.* Tengo que reconocer que no me esforcé mucho. **2** [tr] (a un lugar) dejar entrar, permitir la entrada a **3** [tr] (como socio, alumno, etc.) admitir **4 to be admitted (to the hospital)** ser internado -a (en el hospital), ser ingresado -a (en el hospital)

admittance /əd'mɪtns/ *s* (formal) entrada, ingreso: *"no admittance"* "prohibida la entrada"

admittedly /əd'mɪtɪdli/ *adv* adverbio que expresa que uno reconoce que algo es cierto: *Admittedly he's inexperienced, but he'll learn fast.* Hay que reconocer que le falta experiencia, pero ya aprenderá.

adolescence /ædl'esəns/ *s* adolescencia

adolescent /ædə'lesənt/ *adj & s* adolescente

adopt /ə'dɑpt/ *v* **1** [tr/intr] adoptar [un niño] **2** [tr] adoptar [un método, una táctica, etc.] **3** [tr] aprobar, aceptar [por medio de una votación]

adopted /ə'dɑptɪd/ *adj* adoptado -a, adoptivo -a

adoption /ə'dɑpʃən/ *s* adopción

adorable /ə'dɔrəbəl/ *adj* adorable, encantador -a

adore /ə'dɔr/ *v* [tr] adorar

adorn /ə'dɔrn/ *v* [tr] (formal) adornar, decorar

adrift /ə'drɪft/ *adj & adv* a la deriva

adult /ə'dʌlt, 'ædʌlt/ *sustantivo & adjetivo*

- *s* adulto -a
- *adj* **1** adulto -a **2** para adultos [película, libro, etc.]

adultery /ə'dʌltəri/ *s* adulterio

adulthood /ə'dʌlthʊd/ *s* adultez, edad adulta

advance /əd'væns/ *sustantivo, sustantivo plural, verbo & adjetivo*

- *s* **1 in advance** por adelantado, con anticipación **2** avance **3** adelanto, anticipo
- **advances** *s pl* insinuaciones
- *v* **1** [intr] avanzar **2** [tr] hacer avanzar **3** promover [una causa] **4** [tr] (formal) presentar [una teoría, una propuesta]
- *adj* anticipado -a, previo -a

advanced /əd'væNst/ *adj* avanzado -a

advantage /əd'væntɪdʒ/ *s* **1** ventaja | **to have an advantage over sb** llevarle ventaja a alguien **2 to take advantage of sth** aprovechar algo **3 to take advantage of sb** aprovecharse de alguien **4** (en tenis) ventaja

advantageous /ædvæn'teɪdʒəs/ *adj* ventajoso -a, favorable

advent /'ædvent/ *s* **the advent of sth** el advenimiento de algo, la llegada de algo

adventure /əd'ventʃər/ *s* **1** aventura **2 adventure story** relato/novela de aventuras

adventurous /əd'ventʃərəs/ *adj* **1** innovador -a **2** lleno -a de aventuras **3** aventurero -a, arriesgado -a

adverb /'ædvərb/ *s* adverbio

adversary /'ædvərseri/ *s* (pl **-ries**) (formal) adversario -a

adverse /əd'vɜrs/ *adj* adverso -a, desfavorable

adversity /əd'vɜrsəti/ *s* adversidad

advert /'ædvɜrt/ BrE ▶ ver **advertisement**

advertise /'ædvərtaɪz/ *v* **1** [tr] publicitar, promocionar **2** [intr] hacer publicidad **3 to advertise for sth** poner un aviso pidiendo algo

advertisement /,ædvər'taɪzmənt, BrE əd'vɜrtɪsmənt/ *s* aviso, publicidad, propaganda | **an advertisement for sth** un aviso/una publicidad/una propaganda de algo

advertising /'ædvərtaɪzɪŋ/ *s* **1** publicidad **2 advertising campaign** campaña publicitaria

advice /əd'vaɪs/ *s* **1** consejo(s) | **a piece/word of advice** un consejo | **to ask sb's advice** pedirle consejo a alguien | **to take/follow sb's advice** seguir el consejo/los consejos de alguien **2 to seek professional/legal advice** hacerse asesorar por un profesional/un abogado

advisable /əd'vaɪzəbəl/ *adj* aconsejable

advise /əd'vaɪz/ *v* **1** [tr/intr] aconsejar | **to advise sb to do sth** aconsejarle/recomendarle a alguien que haga algo | **to advise sb against doing sth** aconsejarle a alguien que no haga algo: *I wanted to buy it but he advised me against it.* Yo quería comprarlo pero él me aconsejó que no lo hiciera. | **to advise against doing sth** desaconsejar hacer algo | **you would be well/ill**

¿Quieres más información sobre los **verbos modales**? Hay una explicación en el apartado de gramática.

advised to do sth sería/no sería aconsejable que hiciera(s) algo **2 to advise (sb) on sth** asesorar (a alguien) en/sobre algo

adviser, también **advisor** AmE /əd'vaɪzər/ *s* asesor -a

advisory /əd'vaɪzəri/ *adj* consultor -a, consultivo -a

advocacy /'ædvəkəsi/ *s* **advocacy of sth** defensa/promoción de algo

advocate[1] /'ædvəkeɪt/ *v* [tr] abogar por, propugnar

advocate[2] /'ædvəkət/ *s* defensor -a, partidario -a

aerial /'eriəl/ *adjetivo & sustantivo*

- *adj* aéreo -a
- *s* BrE antena [de TV, radio, etc.] ▶ En inglés americano se usa **antenna**

aerobics /ə'roʊbɪks/ *s* aerobic(s), aeróbic

aerodynamic /eroʊdaɪ'næmɪk/ *adj* aerodinámico -a

aeroplane BrE ▶ ver **airplane**

aerosol /'erəsɔl/ *s* aerosol

aesthetic BrE ▶ ver **esthetic**

affair /ə'fer/ *s* **1** asunto: *My private life is my own affair.* Mi vida privada es asunto mío. | *the Watergate affair* el caso Watergate ▶ ver también **current affairs** **2** affaire, aventura | **to have an affair (with sb)** tener una aventura/un affaire (con alguien)

affect /ə'fekt/ *v* [tr] **1** afectar a, incidir en: *a disease that affects the nervous system* una enfermedad que afecta al sistema nervioso **2** (emocionalmente) afectar

affected /ə'fektɪd/ *adj* afectado -a [voz, risa, etc.]

affection /ə'fekʃən/ *s* cariño, afecto: *his affection for his sister* el cariño que le tenía a su hermana

affectionate /ə'fekʃənət/ *adj* cariñoso -a, afectuoso -a: *She was very affectionate toward her grandparents.* Era muy cariñosa con sus abuelos.

affiliate[1] /ə'fɪlieɪt/ *v* **to affiliate to sth** afiliarse a algo, hacerse miembro de algo | **to be affiliated to/with sth** estar afiliado -a a algo

affiliate[2] /ə'fɪliət/ *s* **1** socio -a [de una asociación o federación] **2** subsidiario -a [de una empresa]

affinity /ə'fɪnəti/ *s* (pl **-ties**) afinidad | **affinity for/with sth/sb** afinidad con algo/alguien

affirm /ə'fɜrm/ *v* [tr] (formal) **1** declarar, afirmar **2** convalidar

affirmative /ə'fɜrmətɪv/ *adjetivo & sustantivo*

- *adj* afirmativo -a
- *s* **to answer in the affirmative** responder afirmativamente

afflict /ə'flɪkt/ *v* [tr] (formal) aquejar | **to be afflicted with/by sth** estar aquejado -a por/de algo

affliction /ə'flɪkʃən/ *s* (formal) mal, dolencia

affluence /'æfluəns/ *s* riqueza, bienestar económico

affluent /'æfluənt/ *adj* de/en buena posición (económica), próspero -a

afford /ə'fɔrd/ *v* [tr] ▶ ver recuadro

affordable /ə'fɔrdəbəl/ *adj* accesible, asequible

afield /ə'fild/ *adv* **far afield** muy lejos | **farther afield** más lejos

afloat /ə'floʊt/ *adj* a flote | **to stay afloat** (en el agua, económicamente) mantenerse a flote

afraid /ə'freɪd/ *adj* **1 I'm afraid...** me temo que..., lo siento pero...: *I'm afraid you're too late.* Me temo que llega demasiado tarde. | *That's the most we can offer, I'm afraid.* Lo siento, pero eso es lo máximo que podemos ofrecer. | **I'm afraid so** lamentablemente sí, me temo que sí | **I'm afraid not** lamentablemente no, me temo que no **2 to be afraid** tener miedo, estar asustado -a: *He was afraid they would laugh at him.* Tenía miedo de que se rieran de él. | **to be afraid (of sth/sb)** tener(le) miedo (a algo/alguien) | **to be afraid to do sth/of doing sth** tener miedo de hacer algo: *I was afraid of hurting her.* Tenía miedo de lastimarla.

afresh /ə'freʃ/ *adv* **to start afresh** empezar de nuevo/desde cero

Africa /'æfrɪkə/ *s* África

African /'æfrɪkən/ *adj & s* africano -a

after /'æftər/ *preposición, adverbio & conjunción*

- *prep* **1** después de: *He plays tennis after school.* Juega tenis después de clase. | *I'm after her in the line.* Estoy después de ella en la cola. | *Shut the door after you.* Cierra la puerta cuando salgas.

afford

1 Usado con **can** y **could** puede expresar las siguientes ideas:

TENER SUFICIENTE DINERO PARA ALGO

*I'd love to go with you but I **can't afford** it.* Me encantaría ir con ustedes pero no tengo dinero. | *They **couldn't afford** the school fees.* No podían pagar las cuotas del colegio. | *He **can't afford** to buy a new computer.* No se puede comprar una computadora nueva.

TENER SUFICIENTE TIEMPO PARA ALGO

*She **can't afford** the time.* No dispone de tiempo.

PODER HACER ALGO SIN CREARSE PROBLEMAS

*We **can't afford** to offend our best customer.* No nos podemos dar el lujo de ofender a nuestro mejor cliente.

2 También significa *ofrecer* o *brindar*. Este uso es formal:

The job afforded him the opportunity to travel. El trabajo le brindó la oportunidad de viajar.

2 day after day/year after year etc. día tras día/año tras año etc. ▶ ver también **time**
3 to be after sth/sb andar tras algo/alguien, estar/andar buscando algo/a alguien: *Are you after anything in particular?* ¿Está buscando algo en especial? | *I think he's after your girlfriend.* Me parece que anda tras tu novia.
4 after all después de todo, al fin y al cabo
5 to name/call sb after sb ponerle a alguien el nombre de otra persona: *They named him George, after his grandfather.* Le pusieron George, el nombre de su abuelo.
• ***adv*** después, más tarde: *Are you doing anything after?* ¿Vas a hacer algo después? | **the day after** el/al día siguiente | **not long after** poco (tiempo) después | **soon/shortly after** poco (tiempo) después
• ***conj*** después de (que): *Shortly after she left, Matt arrived.* Poco después de que se fue, llegó Matt.

'after-ef,fect *s* efecto (secundario), secuela

aftermath /'æftərmæθ/ *s* secuelas [de una guerra, una catástrofe, etc.] | **in the aftermath of the war/the coup etc.** en el período subsiguiente a la guerra/al golpe etc.

afternoon /æftər'nun/ *s* tarde [desde el mediodía hasta alrededor de las seis]: *Can you come **this afternoon**?* ¿Puedes venir esta tarde? | *She goes for a walk **in the afternoon**.* Sale a caminar por la tarde. | *We could meet **on Tuesday afternoon**.* Nos podríamos reunir el martes por la tarde. | *It starts **at two in the afternoon**.* Empieza a las dos de la tarde. | *Do you want to go shopping **tomorrow afternoon**?* ¿Vamos de compras mañana por la tarde?

aftershave /'æftərʃeɪv/, también **aftershave lotion** *s* loción para después de afeitarse

afterthought /'æftərθɔt/ *s* idea de último momento

afterward /'æftərwərdz/, también **afterwards** /'æftərwərdz/ *adv* después | **two days/five years etc. afterward** dos días/cinco años etc. después

again /ə'gen/ *adv* **1** otra vez, de nuevo: *Try again.* Prueba otra vez./Vuelve a probar. | **once again** otra vez, una vez más | **never again** nunca más | **all over again** todo -a de nuevo: *I had to do it all over again.* Lo tuve que hacer todo de nuevo. | *They made the same mistakes all over again.* Volvieron a cometer los mismos errores. | **again and again** una y otra vez **2 (but) then/there again** pero bueno: *He didn't succeed, but then again, few people do.* No lo logró, pero bueno, pocos lo logran.

against /ə'genst/ *prep* **1** (expresando oposición) en contra de, contra: *He voted against the motion.* Votó en contra de la moción. | *I had to swim against the current.* Tuve que nadar contra la corriente. | *Who are we playing against on Saturday?* ¿Contra quién jugamos el sábado? **2** (expresando contraste) contra: *a figure silhouetted against the sunlight* una figura que se recortaba contra la luz del sol **3** (expresando contacto) contra, en: *I leaned my bike against the wall.* Apoyé la bicicleta contra la pared.

age /eɪdʒ/ *sustantivo & verbo*
• ***s*** **1** edad: *What age is she?* ¿Qué edad tiene? | *She's the same age as me.* Tiene la misma edad que yo. | *He's tall **for his age**.* Es alto para su edad. | **at the age of 12/45 etc.** a la edad de 12/45 etc. años, a los 12/45 etc. (años) | **4/18 etc. years of age** 4/18 etc. años de edad **2 under age** menor de edad **3** (hecho de ser mayor) edad: *the experience that comes with age* la experiencia que viene con la edad **4** (de la historia) edad, era: *the Stone Age* la Edad de Piedra **5 ages** (informal) siglos, mil años: *It's been ages since I bought a new dress.* Hace siglos que no me compro un vestido. | *I haven't seen him for ages.* Hace mil años que no lo veo. **6 age group** grupo etario [grupo formado por las personas de determinada edad]
• ***v*** [tr/intr] (gerundio **ageing** o **aging**) envejecer, avejentar

aged[1] /eɪdʒd/ *adj* **aged 12/17 etc.** de 12/17 etc. años (de edad): *a man aged between 25 and 30* un hombre de entre 25 y 30 años

aged[2] /eɪdʒɪd/ *adj* **1** anciano -a, muy mayor **2 the aged** los ancianos, las personas mayores

ageing /'eɪdʒɪŋ/ ▶ ver **aging**

agency /'eɪdʒənsi/ *s* (pl **-cies**) **1** agencia ▶ ver también **travel agency** **2** organismo [gubernamental o internacional]

agenda /ə'dʒendə/ *s* **1** orden del día **2** agenda [lista de proyectos]

agent /'eɪdʒənt/ *s* **1** (de una empresa) agente, representante **2** (del servicio secreto) agente **3** (de un actor, etc.) representante, manager

aggravate /'ægrəveɪt/ *v* [tr] **1** agravar **2** irritar

aggravating /'ægrəveɪtɪŋ/ *adj* irritante

aggravation /ægrə'veɪʃən/ *s* **1** agravamiento **2** molestia

aggression /ə'greʃən/ *s* **1** agresividad **2** agresión

aggressive /ə'gresɪv/ *adj* agresivo -a | **to become/get aggressive** ponerse agresivo -a

agile /'ædʒəl, BrE 'ædʒaɪl/ *adj* ágil

agility /ə'dʒɪləti/ *s* agilidad

aging, también **ageing** /'eɪdʒɪŋ/ *adjetivo & sustantivo*
• ***adj*** **1** entrado -a en años [persona] **2** vetusto -a [maquinaria]
• ***s*** envejecimiento

agitated /'ædʒəteɪtɪd/ *adj* alterado -a, agitado -a | **to get agitated** ponerse nervioso -a

agitation /ædʒə'teɪʃən/ *s* agitación, alteración

ago /ə'goʊ/ *adv* **a week/two years etc. ago** hace una semana/dos años etc.: *She left five minutes ago.* Se fue hace cinco minutos. | ***How long ago***

did you learn of this? ¿Cuánto hace que te enteraste de esto? | *She had a baby* ***not long ago***. Tuvo un bebé hace poco. | *This method was used* ***as long ago as*** *1870*. Este método ya se usaba en 1870. ▶ Las oraciones con **ago** van en el pasado, nunca en los tiempos perfectos

agonize, -ise BrE /ˈægənaɪz/ *v* [intr] angustiarse | **to agonize over/about sth** angustiarse por algo

agonizing, -ising BrE /ˈægənaɪzɪŋ/ *adj* **1** angustioso -a [espera, momento] **2** desesperante [lentitud] **3** muy difícil [decisión]

agony /ˈægəni/ *s* (pl **-nies**) **1** sufrimiento, dolor | **to be in agony** estar desesperado -a del dolor **2** (informal) tortura: *It was agony waiting for the results.* Esperar los resultados fue una tortura.

agree /əˈgri/ *v* **1** [intr] estar de acuerdo | **to agree with sb (on sth)** estar de acuerdo con alguien (en algo)
2 [intr] ponerse de acuerdo: *They have yet to* ***agree on*** *a date.* Todavía tienen que ponerse de acuerdo en una fecha.
3 [tr] acordar: *It was* ***agreed that*** *all the money would go to charity.* Se acordó que todo el dinero se destinaría a obras de beneficencia. | **to agree to do sth** quedar en hacer algo: *We agreed to meet at Tim's.* Quedamos en encontrarnos en casa de Tim.
4 [tr/intr] aceptar: *He* ***agreed to*** *let me have the day off.* Aceptó darme el día libre. | **to agree to sth** aceptar algo
5 [intr] coincidir [diferentes versiones]
6 [tr] aprobar
agree with sth estar de acuerdo con algo
agree with sb caerle bien a alguien: *Radishes don't agree with me.* Los rabanitos no me caen bien.

agreeable /əˈgriəbəl/ *adj* **1** agradable **2 to be agreeable (to sth)** (formal) estar de acuerdo (en algo) **3 to be agreeable (to sb)** (formal) parecerle bien (a alguien)

agreed /əˈgrid/ *adj* **1** convenido -a, acordado -a **2 to be agreed (on sth)** estar de acuerdo (en algo)

agreement /əˈgrimənt/ *s* **1** (arreglo) acuerdo, trato | **to come to/reach an agreement** llegar a un acuerdo **2** (coincidencia de opiniones) acuerdo, consenso **3** (documento) acuerdo, convenio

agricultural /ægrɪˈkʌltʃərəl/ *adj* agrícola

agriculture /ˈægrɪkʌltʃər/ *s* agricultura

ah! /ɑ/ *interj* ¡ah!

ahead /əˈhed/ *adv* **1** de adelante, (hacia) adelante: *The car ahead suddenly braked.* El auto de adelante frenó de golpe. | *She was staring straight ahead.* Miraba fijamente hacia adelante. | *Tom ran ahead.* Tom corrió adelante. | *There were three people* ***ahead of*** *Paul in the line.* Había tres personas delante de Paul en la cola. **2** (refiriéndose al futuro): *the months/years ahead* los meses/años venideros | *He has his whole life* ***ahead of him***. Tiene toda la vida por delante. **3** (en competencias, etc.): *He is ahead.* Va ganando. **4 to be ahead of sb** estar más adelantado -a que alguien, llevarle ventaja a alguien **5 ahead of time** antes de tiempo | **ahead of schedule** antes de lo planeado ▶ **ahead** también forma parte de varios **phrasal verbs** como **go ahead, plan ahead,** etc. Éstos están tratados bajo el verbo correspondiente

aid /eɪd/ *sustantivo & verbo*
• *s* **1** ayuda, asistencia **2 in aid of** a beneficio de **3** soporte [para facilitar una tarea] **4 to come/go to sb's aid** venir/ir a ayudar a alguien, acudir en ayuda de alguien
• *v* [tr] (formal) ayudar

AIDS /eɪdz/ *s* (= **acquired immune deficiency syndrome**) SIDA

aim /eɪm/ *verbo & sustantivo*
• *v* **1 to aim for/at sth** aspirar/apuntar a algo: *She's aiming at a gold medal.* Aspira a una medalla de oro. | **to aim to do sth** proponerse hacer algo **2 to be aimed at sb** estar dirigido -a a alguien, apuntar a alguien: *TV advertising aimed at children* publicidad de televisión dirigida a los niños **3 to be aimed at doing sth** tener como objetivo hacer algo **4** [tr/intr] apuntar [con un arma, una piedra, etc.]: *He* ***aimed*** *the gun* ***at*** *my head.* Me apuntó a la cabeza con el revólver. **5** [tr] tirar, tratar de dar [un puñetazo, un golpe]

taking aim

• *s* **1** objetivo, propósito **2** puntería | **to take aim** apuntar [con un arma]

aimless /ˈeɪmləs/ *adj* sin rumbo fijo, sin sentido

aimlessly /ˈeɪmləsli/ *adv* sin rumbo fijo, sin un objetivo claro

ain't /eɪnt/

> **Ain't** es la contracción de **am not, is not, are not, has not** o **have not**. La mayoría de los hablantes considera que su uso es incorrecto.

air /er/ *sustantivo & verbo*
• *s* **1** aire | **by air** en avión, vía aérea **2** (aspecto) aire: *an air of authority/mystery* un aire de autoridad/misterio **3 to be on (the) air** estar en el aire, estar transmitiendo **4 to disappear/vanish into thin air** desaparecer sin dejar rastro, esfumarse **5 to put on airs/to give yourself airs** darse aires **6 to be up in the air** estar en el aire [planes, situación] **7 air pollution** contami-

nación ambiental **air travel** viajes aéreos/en avión ▶ ver también **open-air**

● *v* **1** [tr] airear, [intr] airearse [ropa, sábanas, etc.] **2** [tr] airear, ventilar [un cuarto] **3** [tr] ventilar [opiniones, quejas]

ˈair-conˌditioned *adj* con aire acondicionado, climatizado -a

ˈair conˌditioning *s* aire acondicionado

aircraft /ˈerkræft/ *s* (pl **aircraft**) aeronave, avión

airfare /ˈerfer/ *s* pasaje (en avión), tarifa aérea

airfield /ˈerfild/ *s* campo de aviación, aeródromo

ˈair force *s* fuerza aérea

ˈair ˌhostess *s* (pl **-sses**) BrE azafata, aeromoza

airline /ˈerlaɪn/ *s* aerolínea, línea aérea

airmail /ˈermeɪl/ *s* vía aérea, correo aéreo | **to send sth (by) airmail** mandar algo vía aérea

airplane /ˈerpleɪn/ AmE, **aeroplane** /ˈerəpleɪn/ BrE *s* avión

airport /ˈerpɔrt/ *s* aeropuerto

ˈair raid *s* ataque aéreo

airtight /ˈertaɪt/ *adj* hermético -a, herméticamente cerrado -a

aisle /aɪl/ *s* pasillo [en un avión, un teatro]

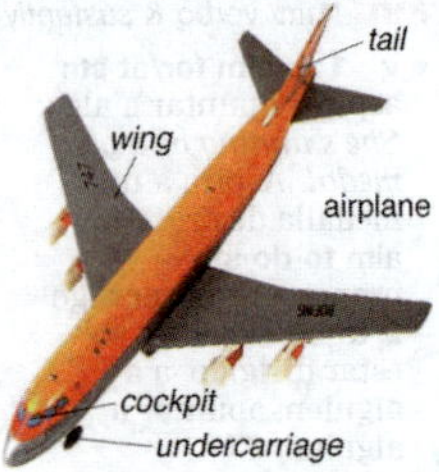

ajar /əˈdʒɑr/ *adj* entreabierto -a

akin /əˈkɪn/ *adj* (formal) **akin to sth** cercano -a/parecido -a a algo

alarm /əˈlɑrm/ *sustantivo & verbo*

● *s* **1** (miedo) alarma: *People fled* ***in alarm***. La gente huyó alarmada. **2** (dispositivo) alarma: *The alarm went off.* Sonó la alarma. **3 to sound/raise the alarm** dar la voz de alarma **4** (también **alarm clock**) (reloj) despertador

● *v* [tr] alarmar

alarmed /əˈlɑrmd/ *adj* asustado -a, alarmado -a | **to be alarmed (at/by sth)** asustarse (por algo): *Don't be alarmed.* No te asustes.

alarming /əˈlɑrmɪŋ/ *adj* alarmante

albeit /ɔlˈbiɪt/ *conj* (formal) aunque

album /ˈælbəm/ *s* **1** (disco) álbum **2** (para fotos, etc.) álbum

alcohol /ˈælkəhɔl/ *s* alcohol

alcoholic /ælkəˈhɔlɪk/ *adj & s* alcohólico -a

alcoholism /ˈælkəhɔlɪzəm/ *s* alcoholismo

ale /eɪl/ *s* tipo de cerveza

alert /əˈlɜrt/ *adjetivo, verbo & sustantivo*

● *adj* **1** alerta, atento -a | **to be alert to sth** estar alerta/atento -a a algo **2 an alert mind** una mente despierta

● *v* [tr] avisar, alertar | **to alert sb to sth** alertar a alguien sobre algo

● *s* **1** alerta **2 to be on the alert (for sth)** estar/mantenerse alerta (a algo)

A level /ˈeɪ levəl/ *s*

¿Qué es?

Es un examen también llamado **Advanced level**, que los estudiantes británicos presentan en dos o tres asignaturas diferentes a los 18 años. Los **A levels** se preparan durante los dos últimos años de la enseñanza secundaria y son requisito para ingresar a la universidad.

¿Cómo se usa?

A level puede hacer referencia tanto al examen como al curso en el que se prepara o al certificado que se obtiene cuando se aprueba:

He takes his A levels this summer. Va a rendir los A levels este verano. | *I did French and German at A level.* Cursé francés y alemán en los dos últimos años del colegio secundario. | *How many A levels does she have?* ¿Cuántos A levels tiene aprobados?

algebra /ˈældʒəbrə/ *s* álgebra

alias /ˈeɪliəs/ *preposición & sustantivo*

● *prep* alias

● *s* (pl **-ses**) alias

alibi /ˈæləbaɪ/ *s* coartada

alien /ˈeɪliən/ *adjetivo & sustantivo*

● *adj* **1** ajeno -a, extraño -a | **alien to sb** ajeno -a a alguien **2** extraterrestre **3** (literario) extranjero -a

● *s* **1** extranjero -a **2** extraterrestre

alienate /ˈeɪliəneɪt/ *v* [tr] **1** perder el apoyo de **2 to be/feel alienated from sth** estar/sentirse alienado -a de algo

alight /əˈlaɪt/ *adj* **1** ardiendo -a, prendido -a | **to set sth alight** prenderle fuego a algo **2** resplandeciente [cara, ojos]

align /əˈlaɪn/ *v* [tr] **1 to align yourself with sb** alinearse con alguien **2** alinear

alignment /əˈlaɪnmənt/ *s* **1** alineación **2** alineamiento

alike /əˈlaɪk/ *adjetivo & adverbio*

● *adj* **to be alike** parecerse, ser parecido -a: *My sister and I are not at all alike.* Mi hermana y yo no nos parecemos en nada. | **to look alike** parecerse, ser parecido -a [en el aspecto, físicamente]

● *adv* **1** del mismo modo, de forma parecida **2** por igual: *a principal who is popular with students and teachers alike* un director querido por alumnos y profesores por igual

alive /əˈlaɪv/ *adj* **1 to be alive** estar vivo -a, vivir: *None of my grandparents are alive.* Ninguno de mis abuelos vive. | **to stay alive** sobrevivir | **to**

ⓘ ¿Quieres información sobre las diferencias entre los **artículos** en inglés y en español? Lee la explicación en el apartado de gramática.

keep sb alive mantener vivo -a a alguien **2 to keep a tradition/hope etc. alive** mantener viva una tradición/una esperanza etc. **3 to be alive and well (a)** gozar de buena salud **(b)** seguir floreciendo [creencia, organización, etc.] **4 to be alive and kicking** estar vivito -a y coleando

all /ɔl/ *adjetivo, pronombre & adverbio*

• ***adj & pron*** **1** todo -a: *He worked there all his life.* Trabajó allí toda su vida. | *I stayed in bed **all day**.* Me quedé todo el día en la cama. | *He talks about her **all the time**.* Habla de ella todo el tiempo. | *We are all invited.* Estamos todos invitados. | *He owns **all of this land**.* Es dueño de todas estas tierras. | *Listen, **all of you**.* Escuchen todos. **2** (uso enfático): *She had changed **beyond all recognition**.* Había cambiado tanto que estaba irreconocible. | *All I want is to sleep.* Lo único que quiero es dormir. **3 in all** en total | **all in all** en general, en resumidas cuentas **4 not at all** para nada: *"Does it bother you?" "Not at all."* –¿Le molesta? –Para nada. | *He hadn't changed at all.* No había cambiado para nada.

• ***adv*** **1** todo -a, completamente: *I'm all wet!* ¡Estoy todo mojado! | *She was sitting all alone.* Estaba sentada completamente sola. **2 all along** (informal) todo el tiempo, siempre **3 all but** prácticamente, casi: *The meeting was all but over.* La reunión prácticamente se había terminado. **4 all over** por todas partes: *I've been looking all over for that book.* He estado buscando ese libro por todas partes. | **all over the floor/carpet etc.** por todo el suelo/toda la alfombra etc. | **to be all over** haber terminado: *I was glad when it was all over.* Me alegré cuando terminó. | *It's all over between us.* Lo nuestro se acabó. | **that's Sue/Pete etc. all over** eso es típico de Sue/Pete etc. **5 all the easier/more difficult etc.** mucho más fácil/difícil etc. todavía **6 all the same** de todos modos **7 all too soon/often etc.** demasiado pronto/a menudo etc. **8 one all/three all etc.** uno a uno/tres a tres etc.

ˌall-aˈround AmE, **all-round** BrE *adj* **1** completo -a **2** general

all ˈclear *s* luz verde [permiso]

allegation /æləˈgeɪʃən/ *s* acusación

allege /əˈledʒ/ *v* [tr] afirmar, alegar

alleged /əˈledʒd/ *adj* supuesto -a, presunto -a

allegedly /əˈledʒədli/ *adv* supuestamente

allegiance /əˈlidʒəns/ *s* lealtad

allergic /əˈlɜrdʒɪk/ *adj* **to be allergic to sth** ser alérgico -a a algo

allergy /ˈælərdʒi/ *s* (pl **-gies**) alergia

alleviate /əˈlivieɪt/ *v* [tr] aliviar, paliar

alley /ˈæli/, también **alleyway** /ˈæliweɪ/ *s* callejón

alliance /əˈlaɪəns/ *s* alianza

allied /əˈlaɪd/ *adj* **1 Allied** aliado -a [en las guerras mundiales] **2** relacionado -a, afín | **to be allied to sth** estar relacionado -a con algo

alligator /ˈæləgeɪtər/ *s* caimán

allocate /ˈæləkeɪt/ *v* [tr] asignar, destinar

allocation /æləˈkeɪʃən/ *s* asignación

allot /əˈlɑt/ *v* [tr] (**-tted**, **-tting**) asignar

allotment /əˈlɑtmənt/ *s* **1** asignación, adjudicación **2** en Gran Bretaña, parcela que el municipio alquila a particulares para el cultivo de verduras, etc.

ˌall-ˈout *adj* **an all-out war** una guerra total/abierta | **an all-out strike** un paro general | **an all-out effort** un esfuerzo supremo

allow /əˈlaʊ/ *v* [tr] **1** dejar, permitir ► En esta acepción el verbo **to allow** se usa a menudo en la voz pasiva. Mira los ejemplos: *She's not **allowed** to go out on her own.* No la dejan salir sola. | *I can't come. I'm not allowed.* No puedo ir. No me dejan. | *Children are not allowed in this bar.* No dejan entrar niños en este bar. | *He's not allowed candy.* No lo dejan comer golosinas. | *Fishing in the lake is not allowed.* No está permitido pescar en el lago. **2** (posibilitar) permitir: *The money she inherited **allowed** her **to** give up her job.* El dinero que heredó le permitió dejar el trabajo. **3** (al planear qué se va a necesitar): *We should allow about two hours for the trip.* Tenemos que calcular unas dos horas para el viaje.

allow for sth dejar un margen para algo, tener algo en cuenta

allowance /əˈlaʊəns/ *s* **1** mensualidad, mesada [que se le pasa a alguien para sus gastos] **2** viático, complemento [para gastos durante un viaje de trabajo] **3** (máximo permitido): *The baggage allowance is 75 pounds per person.* Se permite llevar hasta 75 libras de equipaje por persona. **4** subsidio, asignación [de la seguridad social] **5 to make allowances (for sb)** ser comprensivo -a (con alguien) | **to make allowances for sth** tener algo en cuenta

alloy /ˈælɔɪ/ *s* aleación

all ˈright, también **alright** /ɔlˈraɪt/ *adjetivo, adverbio & interjección*

• ***adj*** **1** bien: *I hope she's all right.* Espero que esté bien. | *Is Thursday all right for you?* ¿Te viene bien el jueves? **2** (pasable): *"How was the hotel?" "It was all right."* –¿Qué tal el hotel? –No estaba mal. **3 that's all right (a)** (como respuesta a un agradecimiento) de nada **(b)** (como respuesta a una disculpa) está bien, no hay problema

• ***adv*** **1** bien: *Did everything go all right?* ¿Salió todo bien? **2** (para expresar certeza): *She'll be back all right.* Seguro que vuelve.

• ***interj*** **1** (para expresar acuerdo) okey, bueno: *"Let's go to a movie tonight." "All right."* –Vayamos al cine esta noche. –Okey. **2** (para encabezar una sugerencia) bueno: *All right, let's get started.* Bueno, empecemos.

all-'round BrE ▶ ver **all-around**

'all-time *adj* sin precedentes, de todos los tiempos: *an all-time high/low* un máximo/mínimo sin precedentes

ally¹ /'ælaɪ/ *s* (pl **allies**) aliado -a

ally² /'ælaɪ/ *v* (3ª pers sing **allies**, pasado & participio **allied**) **to ally yourself with/to sb** aliarse con alguien

almighty /ɔl'maɪti/ *adj* **1** todopoderoso -a **2** (informal) tremendo -a, de padre y señor mío

almond /'ɑmənd/ *s* **1** (fruto) almendra **2** (también **almond tree**) (árbol) almendro

almost /'ɔlmoʊst/ *adv* casi: *He almost died.* Casi se muere. | *He will **almost certainly** have to have surgery.* Casi seguro que lo van a tener que operar. ▶ ver **casi**

alone /ə'loʊn/ *adj & adv* **1** solo -a: *She's not alone.* No está sola. | *I felt so alone.* Me sentí tan solo. | *At last they were alone together.* Por fin estaban juntos a solas. | *He was sitting there **all alone**.* Estaba sentado ahí completamente solo. | **to leave/let sb alone** dejar a alguien en paz/tranquilo -a | **to leave/let sth alone** dejar algo (en paz/tranquilo -a) **2** sólo: *The shirt alone costs $70.* Sólo la camisa cuesta $70. | **you/he etc. alone** sólo tú/él etc.: *He alone has the key to the safe.* Sólo él tiene la llave de la caja fuerte. **3 to go it alone** establecerse/empezar por su cuenta

along /ə'lɔŋ/ *prep & adv* ▶ ver recuadro

alongside /əlɔŋ'saɪd/ *preposición & adverbio*

- *prep* **1** junto a **2** junto con
- *adv* al lado: *He moored his boat alongside.* Amarró el bote al lado del nuestro.

aloud /ə'laʊd/ *adv* **1** en voz alta **2** fuerte

alphabet /'ælfəbet/ *s* alfabeto, abecedario

alphabetical /ælfə'betɪkəl/ *adj* alfabético -a

already /ɔl'redi/ *adv* ya: *He had already left by the time I got there.* Ya se había ido cuando llegué. | *I think we've already met.* Creo que ya nos conocemos. | *Is it 5 o'clock already?* ¿Ya son las 5? ▶ ver nota en **ya**

alright /ɔl'raɪt/ ▶ ver **all right**

also /'ɔlsoʊ/ *adv* **1** también: *We also visited the museum.* También visitamos el museo. | *He can also play the piano.* También sabe tocar el piano. ▶ **also** va antes del verbo principal y después del primer modal o auxiliar si los hay. Ver también la nota en **también** **2** además: *It's raining. Also, I don't have enough money.* Está lloviendo. Además, no me alcanza el dinero.

altar /'ɔltər/ *s* altar

alter /'ɔltər/ *v* **1** [tr/intr] cambiar **2** [tr] arreglar [una prenda]

alteration /ɔltə'reɪʃən/ *s* **1** modificación, cambio **2** (de una prenda) arreglo

alternate¹ AmE 'ɔltərnət, BrE ɔl'tɜnət/ *adj* **1** alternado -a **2** uno de cada dos: *He sees his father on alternate weekends.* Ve a su padre un fin de semana sí y otro no.

along

PREPOSICIÓN

1 MOVIMIENTO (= por)

We went for a walk along the river. Fuimos a dar un paseo por el río.

2 POSICIÓN

There was a row of chairs along one of the walls. Había una hilera de sillas a lo largo de una de las paredes. | *The bathroom is along the hall from my room.* El baño queda en el pasillo pasando mi habitación.

ADVERBIO

1 El adverbio **along** no tiene equivalente en castellano. Se usa con verbos de movimiento:

The dog was running along beside me. El perro iba corriendo a mi lado. | *There'll be another train along in a couple of minutes.* Dentro de un par de minutos viene otro tren.

2 A veces expresa *con alguien*:

We're going for a drink. Why don't you come along? Vamos a tomar algo. ¿Por qué no vienes con nosotros? | *Come along! We'll be late!* ¡Vamos, que vamos a llegar tarde! | *Mandy had brought a few friends along.* Mandy había traído a unos amigos.

3 Along with significa *junto con*:

He drowned, along with all the other passengers. Se ahogó, junto con todos los demás pasajeros.

4 along también forma parte de varios phrasal verbs como **get along, play along,** etc. Éstos están tratados bajo el verbo correspondiente

alternate² /'ɔltərneɪt/ *v* [tr/intr] alternar

alternative /ɔl'tɜrnətɪv/ *sustantivo & adjetivo*

- *s* **1** alternativa **2 to have no alternative (but to do sth)** no tener más remedio (que hacer algo)
- *adj* alternativo -a: *alternative medicine* medicina alternativa

alternatively /ɔl'tɜrnətɪvli/ *adv* si no

although /ɔl'ðoʊ/ *conj* aunque, a pesar de que

altitude /'æltətud/ *s* altitud

altogether /ɔltə'geðər/ *adv* **1** totalmente, por completo: *I'm **not altogether** convinced he's right.* No estoy totalmente convencida de que tenga razón. **2** en general: *Altogether, it was a good trip.* En general, fue un buen viaje. **3** en total

aluminum /ə'lumɪnəm/ AmE, **aluminium** /ˌæljʊ'mɪniəm/ BrE *s* **1** aluminio **2 aluminum foil** papel (de) aluminio

always /'ɔlweɪz/ *adv* **1** siempre: *Have you always lived here?* ¿Siempre has vivido aquí? ▶ ver recuadro **adverbios de frecuencia** **2** (para hacer una sugerencia) en todo caso, siempre: *You* *could always leave a message on his answering machine.* En todo caso le puedes dejar un mensaje en el contestador.

> **adverbios de frecuencia**
>
> Los adverbios de frecuencia como **always, never, often, usually,** etc. van antes del verbo principal y después del primer modal o auxiliar si lo hay:
>
> *We usually go out on Saturdays.* Solemos salir los sábados. | *I had never heard her sing.* Nunca la había oído cantar. | *Have you ever been to New York?* ¿Alguna vez has estado en Nueva York? | *She is always complaining.* Siempre se está quejando.
>
> Si el verbo principal es el verbo **to be,** entonces van después del verbo:
>
> *I am always hungry.* Siempre tengo hambre.

a.m., A.M. /eɪ 'em/ de la mañana: *We open at 9 a.m.* Abrimos a las 9 de la mañana. ▶ El reloj de 24 horas se usa menos en inglés que en español. Es más frecuente el uso de **a.m.** y **p.m.**

am /əm, acentuado æm/ 1ª pers sing presente de **be**

amalgamate /ə'mælgəmeɪt/ *v* **1** [tr] fusionar **2** [intr] fusionarse

amateur /'æmətʃər/ *adj & s* amateur, aficionado -a

amaze /ə'meɪz/ *v* [tr] asombrar, dejar helado -a

amazed /ə'meɪzd/ *adj* muy asombrado -a, helado -a | **to be amazed at sth**: *I was amazed at the change in her.* Me asombró mucho ver cuánto había cambiado.

amazement /ə'meɪzmənt/ *s* (gran) asombro: *He gasped **in amazement**.* Dio un grito ahogado de asombro.

amazing /ə'meɪzɪŋ/ *adj* **1** fabuloso -a, increíble **2** asombroso -a

amazingly /ə'meɪzɪŋli/ *adv* increíblemente, asombrosamente

ambassador /æm'bæsədər/ *s* embajador -a

amber /'æmbər/ *sustantivo & adjetivo*
• *s* **1** ámbar **2** (de color) ámbar | **on amber** en amarillo [semáforo]
• *adj* **1** de ámbar **2** (de color) ámbar

ambiguity /æmbɪ'gjuəti/ *s* (pl **-ties**) ambigüedad

ambiguous /æm'bɪgjuəs/ *adj* ambiguo -a

ambition /æm'bɪʃən/ *s* ambición

ambitious /æm'bɪʃəs/ *adj* **1** (que ambiciona poder, riqueza, etc.) ambicioso -a, con aspiraciones **2** (que pretende hacer demasiado): *Isn't it a little ambitious to want to do it in a week?* ¿No es pretender demasiado querer hacerlo en una semana? **3** ambicioso -a [plan, propuesta, etc.]

ambulance /'æmbjələns/ *s* ambulancia

ambush /'æmbʊʃ/ *sustantivo & verbo*
• *s* (pl **-shes**) emboscada
• *v* [tr] (3ª pers sing **-shes**) tenderle una emboscada a

amen /eɪ'men/ *interj & s* amén

amend /ə'mend/ *v* [tr] corregir, enmendar

amendment /ə'mendmənt/ *s* enmienda

amends /ə'mendz/ *s pl* **to make amends (for sth)** hacer algo en reparación (por un daño o una ofensa que uno ha causado)

amenity /ə'menəti/ *sustantivo & sustantivo plural*
• *s* (pl **-ties**) servicio, comodidad
• **amenities** *s pl* instalaciones

America /ə'merɪkə/ *s* **1** Estados Unidos **2** América

American /ə'merɪkən/ *adjetivo & sustantivo*
• *adj* **1** estadounidense, norteamericano -a **2** americano -a
• *s* estadounidense, norteamericano -a

A,merican 'football *s* BrE fútbol americano ▶ En inglés americano se usa **football**

American football

amiable /'eɪmiəbəl/ *adj* amable

amicable /'æmɪkəbəl/ *adj* amistoso -a [acuerdo, solución, etc.]

amid /ə'mɪdst/, también **amidst** /ə'mɪd/ *prep* (formal) en medio de

amiss /ə'mɪs/ *adverbio & adjetivo*
• *adv* **wouldn't go/come amiss** no estaría de más, no vendría mal: *An apology wouldn't go amiss.* No estaría de más que te disculparas.
• *adj* **something was amiss** pasaba algo, había algún problema

ammunition /æmjə'nɪʃən/ *s* **1** municiones **2** argumentos [para apoyar una postura]

amnesty /'æmnəsti/ *s* (pl **-ties**) amnistía

among /ə'mʌŋ/, también **amongst** /ə'mʌŋst/ *prep* entre [más de dos elementos o personas]: *You're among friends.* Estás entre amigos. | *They were arguing among themselves.* Estaban discutiendo entre ellos. ▶ **¿AMONG O BETWEEN?** ver **entre**

amount /ə'maunt/ *sustantivo & verbo*
• *s* **1** (de dinero) suma, cantidad **2** (de otras cosas) cantidad: *There are **any amount of** things you can do.* Hay cualquier cantidad de cosas que puedes hacer. | ***No amount of** lying will get him out of this one.* Por más que mienta, no se va a poder zafar de ésta. ▶ ver **cantidad**
• *v* **amount to sth** **1** equivaler a algo, venir a ser lo mismo que algo **2** ascender a algo [a una

suma de dinero] **3 not to amount to much** no ser gran cosa: *Her contribution didn't amount to much.* Su aporte no fue gran cosa. | *He'll never amount to much.* Nunca va a llegar a nada.

amphibian /æm'fɪbiən/ *adj & s* anfibio

amphitheater AmE, **amphitheatre** BrE /'æmfəθiətər/ *s* anfiteatro

ample /'æmpəl/ *adj* **1** abundante, más que suficiente **2** amplio -a, generoso -a

amplification /æmpləfə'keɪʃən/ *s* **1** amplificación **2** ampliación

amplifier /'æmpləfaɪr/ *s* amplificador

amplify /'æmpləfaɪ/ *v* [tr] (**-fies**, **-fied**) **1** amplificar **2** ampliar, desarrollar en mayor detalle

amply /'æmpli/ *adv* ampliamente, más que suficientemente

amuse /ə'mjuz/ *v* [tr] **1** causarle gracia a, divertir **2** entretener | **to amuse yourself** entretenerse

amused /ə'mjuzd/ *adj* **1 to be amused**: *I was* ***amused at*** *his reaction.* Me causó gracia su reacción. **2** divertido -a [sonrisa, mirada] **3 to keep sb amused** (man)tener entretenido -a a alguien

amusement /ə'mjuzmənt/ *s* **1** diversión: *I watched* ***with amusement*** *as he tried to stand up.* Miré divertida cómo trataba de pararse. | ***To our amusement,*** *he fell into the water.* Se cayó al agua, lo cual nos causó mucha gracia. **2** entretenimiento **3 amusement park** parque de diversiones, parque de entretenciones **amusement arcade** BrE local de videojuegos ▶ En inglés americano se usa **video arcade**

amusing /ə'mjuzɪŋ/ *adj* gracioso -a, divertido -a

an /ən, acentuado æn/ ▶ ver **a**

anaemia BrE ▶ ver **anemia**

anaemic BrE ▶ ver **anemic**

anaesthetic BrE ▶ ver **anesthetic**

analogy /ə'nælədʒi/ *s* (pl **-gies**) analogía | **by analogy (with sth)** por analogía (con algo) | **to draw an analogy** hacer una analogía

analysis /ə'næləsɪs/ *s* (pl **-ses**) **1** análisis **2 in the final/last analysis** a fin de cuentas

analyst /'ænl-ɪst/ *s* analista

analytic /ænl'ɪtɪk/, también **analytical** /ˌænl'ɪtɪkəl/ *adj* analítico -a

analyze AmE, **analyse** BrE /'ænlaɪz/ *v* [tr] analizar

anarchist /'ænərkɪst/ *adj & s* anarquista

anarchy /'ænərki/ *s* anarquía

anatomy /ə'nætəmi/ *s* (pl **-mies**) anatomía

ancestor /'ænsestər/ *s* antepasado -a

ancestry /'ænsestri/ *s* ascendencia, orígenes

anchor /'æŋkər/ *sustantivo & verbo*
- *s* **1** ancla | **to drop/weigh anchor** echar/levar anclas | **to be at anchor** estar anclado -a **2** AmE presentador -a [de un noticiero televisivo] **3** sostén [espiritual o emocional]
- *v* **1** [tr/intr] anclar **2** [tr] sujetar

ancient /'eɪnʃənt/ *adj* **1** antiguo -a [civilización, ciudad, etc.] **2** viejísimo -a

and /ən, ənd, AmE ænd/ *conj* ▶ ver recuadro

anecdote /'ænɪkdout/ *s* anécdota

anemia AmE, **anaemia** BrE /ə'nimiə/ *s* anemia

anemic AmE, **anaemic** BrE /ə'nimɪk/ *adj* anémico -a

anesthetic AmE, **anaesthetic** BrE /ænəs'θetɪk/ *s* anestesia | **under anesthetic** con anestesia | **a local/general anesthetic** anestesia local/general

angel /'eɪndʒəl/ *s* ángel

anger /'æŋgər/ *sustantivo & verbo*
- *s* enojo
- *v* **1** [tr] (hacer) enojar (a) **2** [intr] enojarse

angle /'æŋgəl/ *s* **1** (en geometría) ángulo **2** (manera de ver algo) perspectiva, ángulo **3 at an angle** inclinado -a: *The tree was growing at an angle.* El árbol crecía inclinado.

angling /'æŋglɪŋ/ *s* pesca (con caña) [deportiva]

angrily /'æŋgrəli/ *adv* con enojo, con rabia

angry /'æŋgri/ *adj* (**-grier**, **-griest**) enojado -a: *I was* ***angry with*** *him* ***for*** *lying to me.* Estaba enojada con él por haberme mentido. | *Don't be angry.* No te enojes. | **to get angry** enojarse | **to make sb angry** hacer enojar a alguien

anguish /'æŋgwɪʃ/ *s* angustia

and

1 En la mayoría de los casos la conjunción **and** equivale a *y*:

a girl and a boy una muchacha y un muchacho

2 Otros usos de **and**:

TRAS CIERTOS VERBOS

I'll try and fix the TV. Voy a tratar de arreglar el televisor. | *Come and sit here.* Ven a sentarte aquí. | *Go and see.* Vayan a ver.

EN ALGUNOS NÚMEROS

two hundred and four doscientos cuatro | *five hundred and fifty* quinientos cincuenta

ENTRE COMPARATIVOS, PARA EXPRESAR "CADA VEZ MÁS"

It's getting hotter and hotter. Está haciendo cada vez más calor. | *More and more people are leaving the country.* Cada vez más gente se está yendo del país.

EN REPETICIONES, PARA ENFATIZAR

It rained and rained. No paraba de llover. | *He repeated it again and again.* Lo repitió una y otra vez.

EN NOMBRES DE PLATOS Y BEBIDAS

fish and chips pescado frito con papas fritas | *a gin and tonic* un gin tonic

¿Quieres información sobre las diferencias entre los **posesivos** en inglés y en español? Lee la explicación en el apartado de gramática.

angular /'æŋgjələr/ *adj* **1** anguloso -a [rasgos, facciones] **2** angular [líneas, diseño] **3** huesudo -a

animal /'ænəməl/ *s* animal

animate /'ænəmət/ *adj* animado -a, con vida

animated /'ænəmeɪtɪd/ *adj* **1** animado -a [debate, expresión, etc.] **2 an animated film** una película de animación

animation /ænə'meɪʃən/ *s* **1** (en cinematografía) animación **2** (de una persona, su expresión, etc.) animación

ankle /'æŋkəl/ *s* tobillo

annex AmE, **annexe** BrE /'æneks/ *s* anexo [de un edificio]

anniversary /ænə'vɜrsəri/ *s* (pl **-ries**) aniversario

announce /ə'nauns/ *v* [tr] anunciar

announcement /ə'naunsmənt/ *s* anuncio | **to make an announcement** anunciar algo: *I have an announcement to make.* Tengo algo que anunciar.

announcer /ə'naunsər/ *s* locutor -a

annoy /ə'nɔɪ/ *v* [tr] **1** molestar, irritar [actitud, comportamiento] **2** hacer enojar [persona]

annoyance /ə'nɔɪəns/ *s* **1** irritación, enojo | **to my/his etc. annoyance**: *To his annoyance, she had already left.* Ella ya se había ido, lo cual le dio rabia. **2** molestia

annoyed /ə'nɔɪd/ *adj* molesto -a, enojado -a: *She was **annoyed at** being made to wait.* Estaba molesta porque la estaban haciendo esperar. | *What's he so **annoyed about**?* ¿Por qué está tan enojado? | **to get annoyed** molestarse, enojarse

annoying /ə'nɔɪ-ɪŋ/ *adj* irritante, molesto -a

annual /'ænjuəl/ *adj* anual

annually /'ænjuəli/ *adv* **1** anualmente, una vez al año **2** por año

anonymity /ænə'nɪməti/ *s* anonimato

anonymous /ə'nɑnəməs/ *adj* anónimo -a

anorak /'ænəræk/ *s* anorak [chaqueta gruesa, con capucha]

anorexia /ænə'reksiə/ *s* anorexia

anorexic /ænə'reksɪk/ *adj* anoréxico -a

another /ə'nʌðər/ *adj & pron* ▶ ver recuadro

answer /'ænsər/ *verbo & sustantivo*

• *v* **1** [tr/intr] contestar, responder: *He didn't answer me.* No me contestó. **2 to answer the phone** atender/contestar el teléfono **3 to answer the door** (ir a) abrir la puerta [cuando alguien llama] **4 to answer a letter/an advertisement** contestar una carta/un aviso **5 to answer criticism/an accusation** responder a las críticas/a una acusación **6 to answer a description** responder a una descripción **7 to answer a need** responder a una necesidad

answer back contestar [irrespetuosamente]

answer sb back contestarle a alguien [irrespetuosamente]

answer for sth responder por/de algo **answer for sb** responder por alguien

answer to sb rendirle cuentas a alguien

• *s* **1** respuesta, contestación: ***In answer to** your question, it won't be possible.* En respuesta a su pregunta, no va a ser posible. | **there's no answer** (al llamar por teléfono o a la puerta) no contestan **2** resultado [de un cálculo] **3** solución [a un problema]

> **another**
>
> **1** Cuando va seguido de un sustantivo singular, equivale a *otro* u *otra*:
>
> *Can you get another chair?* ¿Puedes traer otra silla? | *We'll talk about that another time.* Hablaremos de eso en otro momento.
>
> **2** Cuando va seguido de un número y un sustantivo plural, equivale a *otros* u *otras*:
>
> *I ordered another two beers.* Pedí otras dos cervezas. | *A room with a private bathroom costs another $20.* Una habitación con baño privado cuesta $20 más.
>
> **3** Cuando no va seguido de sustantivo, se puede usar tanto **another** como **another one**:
>
> *He dropped his ice cream cone so I had to buy him another (one).* Se le cayó el helado así que le tuve que comprar otro.
>
> **4** La expresión **of one sort/kind or another** significa *de un tipo u otro*:
>
> *All these children have problems **of one kind or another**.* Todos estos niños tienen problemas de algún tipo u otro. | ***One way or another**, it has to be ready by tomorrow.* Sea como sea, tiene que estar listo para mañana.

answerable /'ænsərəbəl/ *adj* **to be answerable to sb** ser responsable ante alguien, tener que rendirle cuentas a alguien

'answering ma,chine, también **answerphone** /'ænsər,foun/ BrE *s* contestador (automático)

ant /ænt/ *s* hormiga

antagonism /æn'tægənɪzəm/ *s* antagonismo

antagonize, -ise BrE /æn'tægənaɪz/ *v* [tr] contrariar, provocar el antagonismo de

Antarctic /ænt'ɑrktɪk/ *s* **the Antarctic** la Antártida

Antarctica /ænt'ɑrktɪkə/ *s* la Antártida

antenna /æn'tenə/ *s* **1** (pl **-nnae**) (de un insecto) antena **2** (pl **-s**) AmE (de televisión, radio, etc.) antena

anthem /'ænθəm/ *s* himno

anthology /æn'θɑlədʒi/ *s* (pl **-gies**) antología

anthropologist /ænθrə'pɑlədʒɪst/ *s* antropólogo -a

anthropology /ænθrə'pɑlədʒi/ *s* antropología

antibiotic /æntɪbaɪ'ɑtɪk/ *s* antibiótico

antibody /'æntɪbɑdi/ *s* (pl **-dies**) anticuerpo

anticipate /æn'tɪsəpeɪt/ *v [tr]* **1** prever: *It is anticipated that prices will rise.* Se prevé que van a subir los precios. | *We don't anticipate any problems.* No creemos que vaya a haber problemas. **2** anticiparse a, prever [una reacción, etc.] **3** esperar [ansiosamente]

anticipation /æntɪsə'peɪʃən/ *s* **1** expectativa **2 in anticipation of sth** previendo algo

anticlockwise BrE ▶ ver **counterclockwise**

antics /'æntɪks/ *s pl* payasadas, gracias

antidote /'æntɪdout/ *s* antídoto: *There is no **antidote to** this poison.* No hay antídoto para este veneno.

antique /æn'tik/ *sustantivo & adjetivo*

• *s* **1** antigüedad [objeto antiguo] **2 antique dealer** anticuario -a **antique store** anticuario, negocio de antigüedades

• *adj* antiguo -a [mueble, joya, etc.]

antiquity /æn'tɪkwəti/ *s* **1** (época) antigüedad **2** (pl **-ties**) (objeto, edificio) antigüedad **3** (calidad de antiguo) antigüedad

antisocial /ænti'souʃəl/ *adj* **1** antisocial **2** poco sociable

antler /'æntlər/ *s* asta [de un ciervo]

anus /'eɪnəs/ *s* (pl **-ses**) ano

anxiety /æŋ'zaɪəti/ *s* (pl **-ties**) **1** preocupación, ansiedad | **anxiety about sth** preocupación por algo **2 anxiety to do sth** ansias de hacer algo

anxious /'æŋkʃəs/ *adj* **1** preocupado -a, inquieto -a | **to be anxious about sth** estar preocupado -a por algo **2** (deseoso): *We are anxious that no one else finds out.* No queremos que nadie más se entere. **to be anxious to do sth** estar ansioso -a por hacer algo **3 anxious moments/days etc.** momentos/días etc. de ansiedad

anxiously /'æŋkʃəsli/ *adv* ansiosamente, con ansiedad

any /'eni/ *adj & pron* ▶ ver recuadro

anybody /'enibɑdi/ ▶ ver **anyone**

anyhow /'enihau/ *adv* **1** ▶ ver **anyway** **2** (también **any old how**) de cualquier modo/manera

anymore /eni'mɔr/ *adv* AmE ya: *She doesn't work here anymore.* Ya no trabaja más aquí.

anyone, también **anybody** /'eniwʌn/ *pron* ▶ ver recuadro

anyplace AmE ▶ ver **anywhere**

anything /'eniθɪŋ/ *pron* ▶ ver recuadro

anyway /'eniweɪ/ *adv* **1** igual, de todos modos: *My mother said no but we went anyway.* Mi madre dijo que no pero nosotros igual fuimos. | *It's no problem. I have to go into town anyway.* No hay problema. Tengo que ir al centro de todos modos. **2** (para cambiar de tema, resumir un cuento, etc.): *Anyway, to get back to what I was saying...* Pero bueno, volviendo a lo que estaba diciendo...

anywhere /'eniwer/, también **anyplace** AmE /'ɛnɪˌpleɪs/ *adv & pron* ▶ ver recuadro

> **any**
>
> **ADJETIVO & PRONOMBRE**
>
> **1 CON UN VERBO EN NEGATIVO O CON PALABRAS DE SIGNIFICADO NEGATIVO COMO "HARDLY"**
>
> *We don't have any pets in the house.* No tenemos mascotas en casa. | *The recipe says butter, but I don't have any.* La receta dice mantequilla, pero no tengo. | *She didn't like **any of** the colors I'd chosen.* No le gustó ninguno de los colores que yo había elegido. | *There's hardly any room.* Casi no hay sitio. | *Few of them had any experience.* Pocos de ellos tenían experiencia.
>
> **2 EN PREGUNTAS**
>
> *Is there any milk?* ¿Hay leche? | *Are there **any other** questions?* ¿Hay alguna otra pregunta? | *Were **any of** her friends there?* ¿Estaba alguno de sus amigos?
>
> **3 DESPUÉS DE "IF"**
>
> *If I need any help, I'll let you know.* Si necesito ayuda, te aviso. | *If you find any shoes, they're mine.* Si encuentras unos zapatos, son míos.
>
> **4 EN ORACIONES AFIRMATIVAS** (= cualquier, cualquiera)
>
> *You can get them in any supermarket.* Los puedes conseguir en cualquier supermercado. | *Any suggestions will be welcome.* Se agradecerá cualquier sugerencia. | ***Any other** person would have understood.* Cualquier otra persona hubiera entendido.
>
> **ADVERBIO**
>
> Se usa en oraciones negativas para agregar énfasis a una comparación:
>
> *She couldn't walk any further.* No podía caminar más. *The situation won't get any better.* La situación no va a mejorar. | *He doesn't work here any more.* Ya no trabaja más aquí.

apart /ə'pɑrt/ *adverbio & adjetivo*

• *adv* **1** (expresando separación en el tiempo o el espacio): *The posts were three meters apart.* Había tres metros de distancia entre los postes. | *Our birthdays are only a week apart.* Hay sólo una semana entre nuestros cumpleaños. **2 to come/fall apart** desarmarse, romperse | **to take sth apart** desarmar algo **3** aparte: *He sat **apart from** the rest of the group.* Se sentó aparte del resto del grupo. | *They're living apart now.* Están viviendo separados ahora. **4 apart from, aside from** AmE aparte de: *Who was there apart from you and Tim?* ¿Quién estaba aparte de ti y de Tim?

• *adj* separado -a: *I like to keep my work and my private life apart.* Me gusta mantener separados mi trabajo y mi vida privada.

apartment /ə'pɑrtmənt/ *s* AmE departamento, apartamento

apathetic /æpə'θetɪk/ *adj* apático -a

i ¿No estás seguro de si se usa **make** o **do**? Mira las entradas **hacer**, **make** y **do**.

apathy /'æpəθi/ *s* apatía

ape /eɪp/ *sustantivo & verbo*

- *s* simio
- *v* [tr] imitar

apologetic /əpɑlə'dʒetɪk/ *adj* **1 to be apologetic about sth** pedir disculpas por algo **2 an apologetic letter/message** una carta/un mensaje pidiendo disculpas

apologize, -ise BrE /ə'pɑlədʒaɪz/ *v* [intr] pedir perdón/disculpas: ***Apologize to** your mother for being so rude!* ¡Pídele perdón a tu madre por ser tan grosero!

apology /ə'pɑlədʒi/ *s* (pl **-gies**) **1** disculpa: *a letter of apology* una carta de disculpa **2 to make no apology for sth** no tener ningún reparo en algo

apostle /ə'pɑsəl/ *s* apóstol

apostrophe /ə'pɑstrəfi/ *s* apóstrofe, apóstrofo

appall AmE, **appal** BrE /ə'pɔl/ *v* [tr] (**-lled**, **-lling**) horrorizar

appalled /ə'pɔld/ *adj* horrorizado -a: *They were **appalled by** what they saw.* Se quedaron horrorizados con lo que vieron.

appalling /ə'pɔlɪŋ/ *adj* **1** horroroso -a, terrible **2** pésimo -a

apparatus /æpə'rætəs/ *s* equipo, aparatos [de laboratorio o de gimnasia]

apparent /ə'pærənt/ *adj* **1** evidente, obvio -a | **to become apparent** hacerse evidente **2** aparente **3 for no apparent reason** sin motivo aparente

apparently /ə'pærəntli/ *adv* según parece, aparentemente

anyone

1 EN PREGUNTAS Y DESPUÉS DE "IF" (= alguien)

Is there anyone at home? ¿Hay alguien en casa? | *If anyone sees Lisa, tell her to call me.* Si alguien ve a Lisa, díganle que me llame. | *Do you know anyone else who might be interested?* ¿Conoces a alguien más a quien le pudiera interesar?

2 CON UN VERBO EN NEGATIVO O CON PALABRAS DE SIGNIFICADO NEGATIVO COMO "HARDLY" (= nadie)

She's new here and doesn't know anyone. Es nueva aquí y no conoce a nadie. | *There was hardly anyone there.* No había casi nadie.

3 EN ORACIONES AFIRMATIVAS (= cualquier persona, cualquiera)

Anyone can learn to swim. Cualquier persona puede aprender a nadar. | *Anyone else would have known I was joking.* Cualquier otra persona se habría dado cuenta de que estaba bromeando.

4 EN ORACIONES COMPARATIVAS (= nadie)

She's smarter than anyone I know. Es más inteligente que nadie que yo conozca.

appeal /ə'pil/ *sustantivo & verbo*

- *s* **1** llamado, llamamiento | **an appeal for sth** un pedido de algo, un llamado/un llamamiento pidiendo algo **2** atractivo, encanto **3** apelación
- *v* [intr] **1** hacer un llamado (a la solidaridad): *Turkey has **appealed to** other countries for help.* Turquía ha hecho un llamado pidiendo la ayuda de otros países. **2 it appeals to me/him etc.**

anything

1 EN PREGUNTAS Y DESPUÉS DE "IF" (= algo)

Did you buy anything? ¿Compraste algo? | *If anything happens, I'll be responsible.* Si pasa algo, el responsable soy yo. | *Would you like **anything else** to eat?* ¿Quieres comer algo más? | *Does she look **anything like** her sister?* ¿Se parece en algo a su hermana?

2 CON UN VERBO EN NEGATIVO O CON PALABRAS DE SIGNIFICADO NEGATIVO COMO "HARDLY" (= nada)

I didn't see anything. No vi nada. | *There was hardly anything left.* No quedaba casi nada.

3 EN ORACIONES AFIRMATIVAS (= cualquier cosa)

That cat will eat anything. Ese gato come cualquier cosa.

4 EN ORACIONES COMPARATIVAS (= nada)

It's better than anything I've tried before. Es mejor que nada que yo haya probado antes.

5 EN EXPRESIONES

anything but cualquier cosa menos: *His explanation was anything but clear.* Su explicación fue cualquier cosa menos clara. | *"Was she pleased?" "Anything but."* –¿Se quedó contenta? –Para nada. | **if anything** en todo caso: *I've put on weight, if anything.* He engordado, en todo caso.

anywhere

1 EN ORACIONES AFIRMATIVAS

You can buy apples anywhere. Se pueden comprar manzanas en cualquier lado. | *Sit anywhere in the front three rows.* Siéntate en cualquier lado en las tres primeras filas. | *I'll let you know if I find anywhere nice to eat.* Te aviso si encuentro algún lugar bueno para comer.

2 EN PREGUNTAS

Did you go anywhere last night? ¿Fuiste a algún lado anoche?

3 CON UN VERBO EN NEGATIVO O CON PALABRAS DE SIGNIFICADO NEGATIVO COMO "HARDLY"

I can't find my keys anywhere. No encuentro mis llaves por ningún lado. | *There was hardly anywhere to sit.* No había casi ningún lugar donde sentarse. | *What they're offering isn't **anywhere near** enough.* Lo que ofrecen no es ni remotamente suficiente.

¿No sabes cómo pronunciar una determinada palabra? Consulta el recuadro de **símbolos fonéticos** en el interior de la cubierta.

me/le etc. atrae **3** apelar | **to appeal against a sentence/a decision** apelar contra una sentencia/una decisión

appealing /ə'pilɪŋ/ *adj* **1** atractivo -a **2 an appealing look** una mirada suplicante

appear /ə'pɪr/ *v* [intr] **1** parecer: *She appeared very nervous.* Parecía muy nerviosa. | *He appeared to have forgotten.* Parecía haberse olvidado. **2** aparecer: *A face appeared at the window.* Apareció una cara en la ventana. **3** (en la televisión) aparecer, salir **4** (en el teatro) actuar **5** (salir a la venta) aparecer **6** (ante un tribunal) comparecer **7** (hablando de visiones, fantasmas) aparecerse

appearance /ə'pɪrəns/ *s* **1** apariencia, aspecto | **to keep up appearances** guardar las apariencias | **to give the appearance of (being/doing) sth** dar la impresión de (ser/hacer) algo **2** aparición **3** (en una película, obra, etc.) aparición **4 to put in an appearance** aparecer, hacer acto de presencia

appendicitis /əpendə'saɪtɪs/ *s* apendicitis

appendix /ə'pendɪks/ *s* **1** (pl **-dices**) (de un libro) apéndice **2** (pl **-dixes**) (en anatomía) apéndice

appetite /'æpətaɪt/ *s* **1** apetito | **to lose your appetite** perder el apetito **2 appetite for adventure/knowledge etc.** sed de aventura/conocimientos etc.

appetizer /'æpəˌtaɪzər/ *s* AmE entrada, primer plato

applaud /ə'plɔd/ *v* **1** [intr] aplaudir **2** [tr] aplaudir a **3** [tr] (expresar aprobación de) aplaudir

applause /ə'plɔz/ *s* aplauso(s) | **a round of applause** un aplauso

apple /'æpəl/ *s* **1** manzana **2 apple pie** pastel/tarta de manzana [con masa arriba y abajo], pay de manzana **apple tree** manzano

appliance /ə'plaɪəns/ *s* **1** aparato, artefacto **2 domestic/electrical appliances** electrodomésticos

applicable /'æplɪkəbəl/ *adj* **1** aplicable **2 if applicable** (en formularios) si corresponde, si es pertinente

applicant /'æplɪkənt/ *s* candidato -a, postulante | **an applicant for sth** un(a) candidato -a/un(a) postulante a algo

application /æplɪ'keɪʃən/ *s* **1** solicitud | **an application for sth** una solicitud/una petición de algo **2 application form** formulario/forma (de solicitud) **3** (uso, puesta en práctica) aplicación **4** (en computación) aplicación, programa

apply /ə'plaɪ/ *v* (3ª pers sing **-lies**, pasado & participio **-lied**) **1** [intr] presentarse, postularse | **to apply for a job/a scholarship** presentarse a un trabajo/una beca, solicitar un trabajo/una beca **2** [intr] ser pertinente, tener vigencia | **to apply to sth/sb** concernir a algo/alguien: *What I'm going to say applies to everyone.* Lo que voy a decir concierne a todo el mundo. **3** [tr] aplicar [una regla, un método, etc.] **4** [tr] aplicar [pintura, cosméticos, etc.]

appoint /ə'pɔɪnt/ *v* [tr] **1** nombrar: *She has been appointed principal.* La han nombrado directora. **2** (formal) fijar, concertar

appointment /ə'pɔɪntmənt/ *s* **1** (con el médico, el dentista, en la peluquería) cita, hora **2** (con un abogado, un profesor) entrevista, cita: *I've **made an appointment** to see your math teacher.* He pedido una entrevista con tu profesor de matemáticas. **3** nombramiento

appraisal /ə'preɪzəl/ *s* evaluación, valoración

appreciate /ə'priʃieɪt/ *v* **1** [tr] apreciar: *They don't appreciate good wine.* No saben apreciar un buen vino. **2** [tr] agradecer: *I'd appreciate it if you could let me know by Friday.* Le agradecería si me pudiera avisar antes del viernes. **3** [tr] darse cuenta de, comprender

appreciation /əpriʃi'eɪʃən/ *s* **1** agradecimiento: *You could **show** a little more **appreciation**!* ¡Podrías demostrar un poco más de agradecimiento! **2** comprensión, evaluación

appreciative /ə'priʃətɪv/ *adj* **1 an appreciative audience** un público apreciativo/un público que sabe apreciar | **an appreciative glance** una mirada de admiración **2 to be appreciative of sth** estar agradecido -a por algo

apprehension /æprɪ'henʃən/ *s* aprensión

apprehensive /æprɪ'hensɪv/ *adj* **1** aprensivo -a [sonrisa, mirada] **2 to be apprehensive about sth**: *I was apprehensive about seeing her again.* Me daba un poco de aprensión la idea de volver a verla.

apprentice /ə'prentɪs/ *s* aprendiz

apprenticeship /ə'prentɪʃɪp/ *s* aprendizaje

approach /ə'proutʃ/ *verbo & sustantivo*

- *v* (3ª pers sing **-ches**) **1** [intr/tr] (en el espacio) acercarse (a) **2** [tr] dirigirse a (alguien) para proponerle o pedirle algo: *He **approached** the bank for a loan.* Pidió un préstamo en el banco. **3** [intr] (en el tiempo) acercarse **4** [tr] enfocar, abordar
- *s* (pl **-ches**) **1** enfoque: *Let's try a different approach.* Probemos otro enfoque. | *a new **approach to** teaching languages* una nueva manera de enfocar la enseñanza de idiomas **2** acción de acercarse: *At his approach, the dog began to growl.* Cuando se acercó, el perro empezó a gruñir.

approachable /ə'proutʃəbəl/ *adj* accesible [persona]

appropriate[1] /ə'proupriət/ *adj* apropiado -a, adecuado -a

appropriate[2] /ə'proupriet/ *v* [tr] (formal) apropiarse de

appropriately /ə'proupriətli/ *adv* apropiadamente, adecuadamente

approval /ə'pruvəl/ *s* **1** (permiso) autorización, aprobación **2** (agrado) aprobación **3** (de un plan, un proyecto) aprobación **4 on approval** a prueba

approve /ə'pruv/ *v* **1** [intr] estar de acuerdo | **to approve of sth/sb** ver algo o a alguien con aprobación: *He doesn't approve of smoking.* No le parece bien que la gente fume. | *My parents don't approve of my friends.* A mis padres no les gustan mis amigos. **2** [tr] aprobar [un plan, una ley, etc.]

approving /ə'pruvɪŋ/ *adj* **an approving nod/glance etc.** un gesto/una mirada etc. de aprobación

approximate¹ /ə'prɑksəmət/ *adj* aproximado -a

approximate² /ə'prɑksəmeɪt/ *v* (formal) **to approximate to sth** aproximarse a algo

approximately /ə'prɑksəmətli/ *adv* aproximadamente

apricot /'eɪprɪkɑt/ *sustantivo & adjetivo*

• *s* **1** albaricoque, damasco, chabacano **2** (color) albaricoque/damasco

• *adj* de color albaricoque/damasco

April /'eɪprəl/ *s* abril ▸ ver "Active Box" **months** en **month**

apron /'eɪprən/ *s* delantal, mandil

apt /æpt/ *adj* **1 to be apt to do sth** tener tendencia a hacer algo **2** apropiado -a, acertado -a

aptitude /'æptətud/ *s* aptitud: *She has an aptitude for music.* Tiene aptitud para la música.

aptly /'æptli/ *adv* apropiadamente, acertadamente

aquarium /ə'kweriəm/ *s* (pl **aquariums** o **aquaria**) **1** pecera **2** acuario

Aquarius /ə'kweriəs/ *s* **1** Acuario **2** persona del signo de Acuario: *She's an Aquarius.* Es (de) Acuario.

Arab /'ærəb/ *adj & s* árabe

Arabic /'ærəbɪk/ *adj & s* árabe [referido al idioma]

arbitrary /ɑrbə'treri/ *adj* arbitrario -a

arbitration /ɑrbə'treɪʃən/ *s* arbitraje

arc /ɑrk/ *s* arco [forma]

arcade /ɑr'keɪd/ *s* **1** local de videojuegos **2** galería [comercial]

arch /ɑrtʃ/ *sustantivo & verbo*

• *s* (pl **-ches**) arco [en arquitectura]

• *v* [tr] (3ª pers sing **-ches**) arquear

archaic /ɑr'keɪ-ɪk/ *adj* arcaico -a

archbishop /ɑrtʃ'bɪʃəp/ *s* arzobispo

archeologist AmE, **archaeologist** BrE /ɑrki'ɑlədʒɪst/ *s* arqueólogo -a

archeology AmE, **archaeology** BrE /ˌɑrki'ɑlədʒi/ *s* arqueología

archer /'ɑrtʃər/ *s* arquero -a [en tiro con arco]

archery /'ɑrtʃəri/ *s* tiro con arco

architect /'ɑrkətekt/ *s* arquitecto -a

architectural /ɑrkə'tektʃərəl/ *adj* arquitectónico -a

architecture /'ɑrkətektʃər/ *s* arquitectura

archive /'ɑrkaɪv/ *s* archivo [de documentos históricos]

archway /'ɑrtʃweɪ/ *s* arco [de entrada]

arctic /'ɑrktɪk/ *adjetivo & sustantivo*

• *adj* ártico -a

• *s* **the Arctic** el Ártico

ardent /'ɑrdnt/ *adj* ferviente, apasionado -a

arduous /'ɑrdʒuəs/ *adj* arduo -a, difícil

are /ər, acentuado ɑr/ ▸ ver **be**

area /'eriə/ *s* **1** (de un país, una ciudad, etc.) zona, región: *Is there a good supermarket in the area?* ¿Hay algún supermercado bueno en la zona? **2** (de un edificio, etc.) zona, área: *a no-smoking area* una zona donde está prohibido fumar **3** (de estudio, actividad, etc.) área **4** (de un terreno) superficie **5** (de una figura geométrica) área **6 area code** AmE código (de ciudad), código (de área), indicativo

arena /ə'rinə/ *s* **1** pista [de circo, etc.] **2** estadio **3** ruedo

aren't /ɑrənt/ • contracción de **are not**

• contracción de **am not** ▸ **aren't** en el sentido de **am not** se usa en preguntas, p ej: *I am your friend, aren't I?*

Argentina /ɑrdʒən'tinə/ *s* Argentina

Argentine /ɑrdʒən'taɪn/ *adj & s* argentino -a

Argentinian /ɑrdʒən'tɪniən/ *adj & s* argentino -a

arguable /'ɑrgjuəbəl/ *adj* **1** discutible **2 it is arguable that** se podría argumentar/afirmar que

arguably /'ɑrgjuəbli/ *adv* adverbio que expresa que hay razones para afirmar algo: *It is arguably her finest work.* Se podría afirmar que es su mejor trabajo.

argue /'ɑrgju/ *v* **1** [intr] discutir, pelearse: *I could hear them arguing in the next room.* Los oía discutir en la habitación contigua. | **to argue with sb (about/over sth)** discutir/pelearse con alguien (por algo) **2 to argue for/against sth** presentar argumentos a favor/en contra de algo **3** [tr] sostener [una opinión]

argument /'ɑrgjəmənt/ *s* **1** discusión, pelea | **to have an argument with sb (about/over sth)** discutir/pelearse con alguien (sobre/por algo) **2** razón, argumento | **an argument for/against sth** un argumento a favor/en contra de algo

argument

argumentative /ɑrgjə'mentətɪv/ *adj* discutidor -a, peleador -a

Aries /'eriz/ *s* **1** Aries **2** persona del signo de Aries: *I'm an Aries.* Soy (de) Aries.

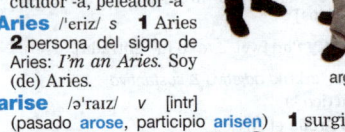

arise /ə'raɪz/ *v* [intr] (pasado **arose**, participio **arisen**) **1** surgir | **to arise from sth** surgir de algo **2 should the need arise** de ser necesario, si hubiera necesidad

aristocracy /ærə'stɑkrəsi/ *s* (pl **-cies**) aristocracia

aristocrat /'ærɪstəkræt, AmE ə'rɪstəˌkræt/ *s* aristócrata

aristocratic /ərɪstə'krætɪk/ *adj* aristocrático -a

arithmetic /ə'rɪθmətɪk/ *s* **1** aritmética **2** cálculos [aritméticos]

arm /ɑrm/ *sustantivo, sustantivo plural & verbo*

- *s* **1** brazo: *She broke her arm.* Se rompió el brazo. | **arm in arm (with sb)** del brazo (con alguien) | **with your arms folded/crossed** de brazos cruzados/con los brazos cruzados **2** (de un sillón, una butaca) brazo **3** (de una prenda de vestir) manga
- **arms** *s pl* **1** armas **2 to be up in arms** (informal) estar furioso -a
- *v* **1** [tr] armar **2** [intr] armarse

armaments /'ɑrməmənts/ *s pl* armamento(s)

armchair /'ɑrmtʃer/ *s* sillón, butaca

armed /ɑrmd/ *adj* **1** armado -a [con armas] **2 the armed forces** las fuerzas armadas **3 armed robbery** robo/atraco a mano armada

armor AmE, **armour** BrE /'ɑrmər/ *s* **1** armadura: *a suit of armor* una armadura **2** blindaje

armored AmE, **armoured** BrE /'ɑrmərd/ *adj* blindado -a

armpit /'ɑrmpɪt/ *s* axila

army /'ɑrmi/ *s* (pl **-mies**) ejército | **to join the army** alistarse en el ejército

arose /ə'rouz/ pasado de **arise**

around /ə'raund/ *adv & prep* ▶ ver recuadro

arouse /ə'rauz/ *v* [tr] **1 to arouse suspicion/interest** suscitar sospechas/interés **2** excitar [sexualmente]

arrange /ə'reɪndʒ/ *v* [tr] **1** concertar [una reunión] organizar [una fiesta, un viaje] | **to arrange to do sth** quedar en hacer algo: *We arranged to meet at the entrance.* Quedamos en encontrarnos en la entrada. | *I've **arranged for** him **to** pick you up.* He quedado con él para que te vaya a buscar. **2 as arranged** según lo previsto/convenido **3** ordenar, colocar **4** arreglar [música]

arrangement /ə'reɪndʒmənt/ *sustantivo & sustantivo plural*

- *s* **1** acuerdo, arreglo | **to come to some/an arrangement** llegar a un acuerdo **2** disposición **3** arreglo [floral]
- **arrangements** *s pl* preparativos, planes: *the arrangements for the party* los preparativos para

---

around

ADVERBIO

1 RODEANDO

Reporters crowded around as she came out. Los reporteros se amontonaron a su alrededor cuando salió.

2 MOVIMIENTO CIRCULAR

Water pushes the wheel around. El agua hace girar la rueda.

3 POR VARIAS PARTES

She leaves her things lying around. Deja sus cosas tiradas por ahí. | *I traveled around for a year before going to college.* Estuve viajando durante un año antes de empezar la universidad.

4 EN LOS ALREDEDORES

There was no one around, so I went in. No había nadie por ahí, así que entré.

5 EN EXISTENCIA

They're one of the best new bands around. Es una de las mejores de las nuevas bandas.

6 around también forma parte de varios **phrasal verbs** como **ask around, push around,** etc. Éstos están tratados bajo el verbo correspondiente

PREPOSICIÓN

1 EN TORNO A (= alrededor de)

We sat around the table. Nos sentamos alrededor de la mesa. | *He put his arm around her waist.* Le pasó el brazo por la cintura.

2 POR VARIAS PARTES DE (= por)

We took a walk around the town. Dimos un paseo por la ciudad.

3 CERCA DE (= por)

Is there a bank around here? ¿Hay algún banco por aquí?

4 DEL OTRO LADO

It's just around the corner. Queda aquí a la vuelta (de la esquina).

5 APROXIMADAMENTE (= alrededor de)

I'll be back around six. Vuelvo alrededor de las seis.

---

la fiesta | *If you tell me what date you want to travel, I'll **make** all the **arrangements**.* Si me dice la fecha en la que quiere viajar, yo me ocupo de todo.

array /əˈreɪ/ *s* despliegue, exhibición

arrears /əˈrɪrz/ *s pl* **1 to be in arrears** estar atrasado -a [en un pago] **2** cuotas atrasadas, pagos atrasados

arrest /əˈrest/ *verbo & sustantivo*

• *v* [tr] **1** detener, arrestar | **to arrest sb for (doing) sth** detener a alguien por (hacer) algo **2** (formal) detener, frenar [el desarrollo de algo]

• *s* detención, arresto | **to be under arrest** quedar/estar detenido -a, quedar/estar arrestado-a

arrival /əˈraɪvəl/ *s* **1** llegada **2** aparición, llegada [de un invento, un producto] **3 a new/recent arrival (a)** (persona) un recién llegado/una recién llegada **(b)** (producto) una novedad

arrive /əˈraɪv/ *v* [intr] **1** llegar: *When we **arrived at** the house, no one was in.* Cuando llegamos a la casa, no había nadie. | *She **arrived in** Miami at 3 p.m.* Llegó a Miami a las 3 de la tarde. ► ver notas en **llegar** **2** aparecer [un producto, un invento], llegar [a los comercios]

arrogance /ˈærəgəns/ *s* arrogancia

arrogant /ˈærəgənt/ *adj* arrogante

arrow /ˈæroʊ/ *s* **1** (dardo) flecha **2** (símbolo) flecha

arse /ɑrs/ *s* BrE (grosero) culo

arson /ˈɑrsən/ *s* delito de provocar un incendio o incendios intencionalmente

art /ɑrt/ *sustantivo & sustantivo plural*

• *s* **1** arte: *a work of art* una obra de arte **2** (habilidad) arte: *the art of conversation* el arte de la conversación

• **arts** *s pl* **1 the arts** la cultura [la música, el teatro, la literatura, etc.] **2 (the) arts** (las) humanidades

artefact /ˈɑrtɪˌfækt/ ► ver **artifact**

artery /ˈɑrtəri/ *s* (pl **-ries**) arteria

ˈart ˌgallery *s* (pl **-ries**) **1** museo de arte **2** galería de arte

artichoke /ˈɑrtɪtʃoʊk/ *s* alcachofa

article /ˈɑrtɪkəl/ *s* **1** (en un diario, una revista, etc.) artículo **2** (objeto) artículo: *household articles* artículos para el hogar | *an article of clothing* una prenda de vestir | *an article of furniture* un mueble **3** (en gramática) artículo | **the definite/indefinite article** el artículo definido/indefinido

articulate¹ /ɑrˈtɪkjələt/ *adj* **1** que se expresa muy bien: *He is very articulate for a six-year-old.* Se expresa muy bien para tener seis años. **2** claro -a, articulado -a [razonamiento]

articulate² /ɑrˈtɪkjəleɪt/ *v* **1** [tr] expresar [sentimientos] **2** [tr] articular [ideas] **3** [tr/intr] articular [al pronunciar]

artifact, también **artefact** /ˈɑrtɪfækt/ *s* artefacto [objeto histórico]

artificial /ɑrtəˈfɪʃəl/ *adj* **1** artificial **2** forzado -a, afectado -a **3 artificial intelligence** inteligencia artificial

artificially /ɑrtəˈfɪʃəli/ *adv* de forma artificial

artillery /ɑrˈtɪləri/ *s* artillería

artist /ˈɑrtɪst/ *s* artista

artistic /ɑrˈtɪstɪk/ *adj* **1** artístico -a **2 to be artistic** tener dotes artísticas

artwork /ˈɑrtwɜrk/ *s* **1** ilustraciones **2** obra de arte

as /əz, acentuado æz/ *conjunción, adverbio & preposición*

• *conj & adv* **1 as... as...** tan... como...: *I can't run as fast as I used to.* Ya no puedo correr tan rápido como antes. | *I'm as tall as him.* Soy tan alto como él. | *Try to eat **as much as** you can.* Trata de comer todo lo que puedas. | **as soon as possible** lo antes posible
2 como: *We left everything as it was.* Dejamos todo como estaba. | *Do as I say!* ¡Haz lo que te digo! | *She is very busy, as you know.* Está muy ocupada, como sabes.
3 cuando: *He came up to me as I was leaving.* Se me acercó cuando me iba.
4 mientras: *She sang as she worked.* Cantaba mientras trabajaba.
5 a medida que: *as time goes by* a medida que pasa el tiempo
6 como, ya que: *As I was tired, I decided not to go.* Como estaba cansada, decidí no ir
7 as for sth/sb en cuanto a algo/alguien
8 as if/as though como si: *She behaved as if nothing had happened.* Se comportó como si no hubiera pasado nada.
9 as it is (tal) como están las cosas
10 as of/as from a partir de: *As of next year, learning English will be mandatory.* A partir del año que viene, será obligatorio aprender inglés.
11 as to (acerca) de: *She gave no explanation as to why she was late.* No dio ninguna explicación (acerca) de por qué había llegado tarde.
► ver también **just**, **such**

• *prep* **1** como, de: *I'm speaking as a friend.* Te hablo como amiga. | *She works as a hairdresser.* Trabaja de peluquera.
2 que: *Jim works in the same office as my sister.*

Jim trabaja en la misma oficina que mi hermana.
3 as a child/young man etc. de niño -a/joven etc.: *I used to go there as a child.* Solía ir ahí de niña. ▶ **¿AS O LIKE?** ver **como**

asap /ˌeɪ es eɪ ˈpi/ (= **as soon as possible**) lo antes posible

asbestos /æsˈbestəs/ *s* asbesto, amianto

ascend /əˈsend/ *v* [tr/intr] (formal) **1** ascender, subir **2 in ascending order** en orden ascendente

ascent /əˈsent/ *s* **1** subida, cuesta **2** ascenso [de una montaña, etc.]

ascertain /æsərˈteɪn/ *v* [tr] (formal) establecer, determinar

ascribe /əˈskraɪb/ *v* (formal) **to ascribe sth to sth/sb** atribuir algo a algo/alguien

ash /æʃ/ *s* **1** (pl **ashes**) ceniza **2** (también **ash tree**) (árbol) fresno **3** (madera) fresno

ashamed /əˈʃeɪmd/ *adj* **I'm/he's etc. ashamed** me/le etc. da vergüenza, me/le etc. da pena: *I was **ashamed** that I hadn't thanked her.* Me daba vergüenza no haberle dado las gracias. | *I was **ashamed** to admit that I couldn't speak French.* Me daba pena reconocer que no hablaba francés. | **to be ashamed of sth/sb/yourself** avergonzarse de algo/alguien/sí mismo

ashore /əˈʃɔr/ *adv* **1** hacia la costa | **to go ashore** desembarcar **2** en tierra

ashtray /ˈæʃtreɪ/ *s* cenicero

ˌAsh ˈWednesday *s* miércoles de ceniza

Asia /ˈeɪʒə/ *s* Asia

Asian /ˈeɪʒən/ *adj & s* asiático -a

aside /əˈsaɪd/ *adv* **1 to step aside** hacerse a un lado | **to take sb aside** llevar a alguien aparte **2 to put/set sth aside** reservar algo, apartar algo **3 aside from** AmE aparte de

ask /æsk/ *v* **1** [tr/intr] preguntar | **to ask sb sth** preguntarle algo a alguien: *I asked him the time.* Le pregunté la hora. | **to ask (sb) a question** hacer(le) una pregunta (a alguien) | **to ask (sb) about sth** preguntar(le) (a alguien) sobre algo | **to ask yourself** preguntarse | **don't ask me!** ¡qué sé yo!, ¡a mí me preguntas! | **if you ask me** para mí
2 [tr/intr] pedir: *If you need anything, you only have to ask.* Si necesita algo, sólo tiene que pedirlo. | **to ask (sb) for sth** pedir(le) algo (a alguien): *He asked me for a pencil.* Me pidió un lápiz. | **to ask sb to do sth** pedirle a alguien que haga algo | **to ask to do sth** pedir hacer algo: *I asked to see the manager.* Pedí ver al gerente.
3 [tr] invitar: *I asked them to dinner.* Los invité a cenar.
4 [tr] (al vender algo) pedir: *How much is he asking for the car?* ¿Cuánto pide por el carro?
5 to ask for it (informal) buscárselo: *It serves him right. He was asking for it.* Lo tiene merecido. Él se lo venía buscando. | **to be asking for trouble** (informal) estar buscándose problemas

PHRASAL VERBS
ask after sb preguntar por alguien [por su salud]
ask around preguntar/averiguar (por ahí)
ask for sb preguntar por alguien, pedir hablar con alguien
ask sb in hacer pasar/entrar a alguien
ask sb out invitar a alguien a salir

asleep /əˈslip/ *adj* **to be asleep** estar dormido -a, estar durmiendo | **fast/sound asleep** profundamente dormido -a | **to fall asleep** dormirse, quedarse dormido -a | **half asleep** medio dormido -a

asparagus /əˈspærəgəs/ *s* espárrago(s)

aspect /ˈæspekt/ *s* aspecto

asphalt /ˈæsfɔlt/ *s* asfalto

asphyxiate /əˈsfɪksieɪt/ *v* **1** [tr] asfixiar **2** [intr] asfixiarse

aspiration /æspəˈreɪʃən/ *s* aspiración

aspirin /ˈæsprɪn/ *s* (pl **aspirin** o **aspirins**) aspirina

ass /æs/ *s* (pl **asses**) **1** AmE (grosero) culo **2** imbécil, idiota

assailant /əˈseɪlənt/ *s* (formal) agresor -a

assassin /əˈsæsən/ *s* asesino -a [de una persona importante] ▶ **¿ASSASSIN O MURDERER?** ver **asesino**

assassinate /əˈsæsəneɪt/ *v* [tr] asesinar [a una persona importante] ▶ **¿ASSASSINATE O MURDER?** ver **asesinar**

assassination /əsæsəˈneɪʃən/ *s* asesinato [de una persona importante] ▶ **¿ASSASSINATION O MURDER?** ver **asesinato**

assault /əˈsɔlt/ *sustantivo & verbo*
• *s* **1** agresión **2** asalto, ataque: *the **assault** on Tobruk* el asalto a Tobruk
• *v* [tr] atacar, agredir

assemble /əˈsembəl/ *v* **1** [intr] reunirse, juntarse **2** [tr] reunir, juntar **3** [tr] armar, montar

assembly /əˈsembli/ *s* (pl **-blies**) **1** reunión de los alumnos y profesores de un colegio antes de iniciarse el día, la semana escolar o por algún motivo especial **2** asamblea **3** armado, montaje **4 assembly line** línea de montaje

assert /əˈsɜrt/ *v* [tr] **1** afirmar **2 to assert your authority** imponer su autoridad **3 to assert yourself** hacerse valer/oír, imponerse

assertion /əˈsɜrʃən/ *s* **1** afirmación, aseveración **2** reafirmación

assertive /əˈsɜrtɪv/ *adj* firme, que se hace valer

assess /əˈses/ *v* [tr] (3ª pers sing **assesses**) **1** evaluar **2** calcular [el valor o costo de algo]

assessment /əˈsesmənt/ *s* **1** evaluación **2** cálculo [del valor o costo de algo]

asset /ˈæset/ *sustantivo & sustantivo plural*
• *s* algo o alguien muy valioso: *Rachel is an **asset** to the department.* Rachel es una persona muy valiosa para el departamento.
• **assets** *s pl* bienes, activos

ℹ ¿Se dice *on the table* o *in the table*? Mira la entrada **en**.

assign /ə'saɪn/ *v* [tr] **1** asignar, destinar | **to assign sth to sb** asignarle algo a alguien **2** destinar, enviar: *I was **assigned to** the New York office.* Me destinaron a la oficina de Nueva York.

assignment /ə'saɪnmənt/ *s* **1** tarea, trabajo [para la escuela, la universidad, etc.] **2** misión [de un enviado especial, etc.] **3** asignación

assimilate /ə'sɪməleɪt/ *v* **1** [tr] asimilar **2** [intr] adaptarse, integrarse

assist /ə'sɪst/ *v* [tr/intr] (formal) ayudar, asistir

assistance /ə'sɪstəns/ *s* (formal) ayuda, asistencia: *Can I be **of any assistance**?* ¿Puedo ayudarla en algo?

assistant /ə'sɪstənt/ *s* **1** asistente, ayudante **2** (en un comercio) empleado -a, dependiente -a **3 assistant director** subdirector -a **assistant manager** subgerente

as,sistant pro'fessor *s* AmE profesor -a adjunto -a [en la universidad]

associate¹ /ə'soʊʃieɪt/ *v* **1 to associate sth/sb with sth** asociar algo/a alguien con algo **2 to be associated with sth** estar vinculado -a/relacionado -a con algo **3 to associate with sb** relacionarse con alguien

associate² /ə'soʊʃiɪt/ *s* socio -a

association /əsoʊsi'eɪʃən/ *s* **1** relación, vinculación **2 in association with** junto con, en colaboración con **3** asociación [organización]

assorted /ə'sɔrtɪd/ *adj* surtido -a, diverso -a

assortment /ə'sɔrtmənt/ *s* **1** variedad, surtido **2** colección [de cosas muy distintas entre sí]

assume /ə'sum/ *v* [tr] **1** suponer, dar por sentado: ***Assuming (that)** he agrees, when would he start?* Suponiendo que acepta ¿cuándo empezaría? **2** tomar [el control, el poder] **3** asumir [una responsabilidad] **4 to assume an air/expression of sth** adoptar un aire/una expresión de algo **5 an assumed name** un nombre falso

assumption /ə'sʌmpʃən/ *s* supuesto, suposición | **to make the assumption that** suponer que | **on the assumption that** suponiendo que

assurance /ə'ʃʊrəns/ *s* **1** En español usamos el verbo **asegurar** para expresar la idea de este sustantivo | **to give sb an/your assurance that** asegurarle a alguien que **2** seguridad, convicción

assure /ə'ʃʊr/ *v* [tr] **1** asegurar **2 to assure success/victory** asegurar el éxito/la victoria

assured /ə'ʃʊrd/ *adj* **1** seguro -a **2** asegurado -a | **to be assured of sth** tener asegurado -a algo

asterisk /'æstərɪsk/ *s* asterisco

asthma /'æzmə/ *s* asma

astonish /ə'stɑnɪʃ/ *v* [tr] (3ª pers sing **-shes**) dejar helado -a/estupefacto -a

astonished /ə'stɑnɪʃt/ *adj* helado -a, estupefacto -a: *We were astonished to discover that he was still alive.* Nos quedamos helados cuando descubrimos que todavía vivía.

astonished

astonishing /ə'stɑnɪʃɪŋ/ *adj* asombroso -a

astonishment /ə'stɑnɪʃmənt/ *s* gran asombro: *I stared **in astonishment**.* Me quedé mirando, estupefacto.

astound /ə'staʊnd/ *v* [tr] dejar atónito -a

astounded /ə'staʊndɪd/ *adj* atónito -a

astounding /ə'staʊndɪŋ/ *adj* asombroso -a, increíble

astray /ə'streɪ/ *adv* **1 to go astray** perderse, extraviarse **2 to lead sb astray** descarriar a alguien, llevar a alguien por mal camino

astride /ə'straɪd/ *prep* **to sit astride sth** estar sentado -a en/sobre algo [con una pierna a cada lado]

astrology /ə'strɑlədʒi/ *s* astrología

astronaut /'æstrənɔt/ *s* astronauta

astronomer /ə'strɑnəmər/ *s* astrónomo -a

astronomical /æstrə'nɑmɪkəl/ *adj* astronómico -a

astronomy /ə'strɑnəmi/ *s* astronomía

astute /ə'stut/ *adj* perspicaz, inteligente

asylum /ə'saɪləm/ *s* **1** asilo (político) **2** hospital psiquiátrico, manicomio

at /ət, acentuado æt/ *prep* ▶ ver recuadro en página 24

ate /eɪt/ pasado de **eat**

atheist /'eɪθiɪst/ *s* ateo -a

athlete /'æθlit/ *s* atleta

athletic /æθ'letɪk/ *adj* atlético -a

athletics /æθ'letɪks/ *s* BrE atletismo ▶ En inglés americano se usa **track and field**

atlas /'ætləs/ *s* (pl **-ses**) atlas

ATM /eɪ ti 'em/ *s* (= **automated teller machine**) AmE cajero (automático)

atmosphere /'ætməsfɪr/ *s* **1** (de un lugar, una reunión, etc.) ambiente, clima **2** (dentro de una habitación) ambiente **3** (de un planeta) atmósfera

atmospheric /ætməs'fɪrɪk/ *adj* **1** atmosférico -a **2** que crea un ambiente romántico, misterioso, etc.

atom /'ætəm/ *s* átomo

atomic /ə'tɑmɪk/ *adj* atómico -a: *atomic energy* energía atómica

at

1 POSICIÓN (= en)
We met at my house. Nos reunimos en mi casa. | *There was no one at home.* No había nadie en casa.

2 TIEMPO
The train leaves at eight. El tren sale a las ocho. | *She often works at night.* A menudo trabaja de noche. | *What are you doing at Christmas?* ¿Qué vas a hacer en Navidad? | **at the moment** en este momento

3 DIRECCIÓN
I threw a book at him. Le tiré un libro. | *Look at that!* ¡Mira eso!

4 CAUSA
No one laughed at his jokes. Nadie se reía de sus bromas. | *We were horrified at the news.* Nos quedamos horrorizados con la noticia.

5 PRECIOS, VELOCIDAD, NIVEL, EDAD (= a)
CDs at ten dollars each CDs a diez dólares cada uno | *The train travels at 120 miles an hour.* El tren va a 120 millas por hora. | *I left home at 17.* Me fui de mi casa a los 17 años.

6 ESTADO, ACTIVIDAD
We were at dinner when the phone rang. Estábamos cenando cuando sonó el teléfono. | *The two countries were at war.* Los dos países estaban en guerra.

atrocious /ə'troʊʃəs/ *adj* **1** pésimo -a, atroz: *His spelling is atrocious.* Su ortografía es pésima. **2** espantoso -a, atroz: *The weather was atrocious.* Hacía un tiempo espantoso.

atrocity /ə'trɑsəti/ *s* (pl **-ties**) atrocidad

attach /ə'tætʃ/ *v* [tr] (3ª pers sing **-ches**) **1** sujetar, amarrar **2** adjuntar **3 to attach importance/significance to sth** darle importancia a algo

attached /ə'tætʃt/ *adj* **to be attached to sth/sb** tenerle cariño a algo/alguien, sentir apego por algo/alguien | **to become attached to sth/sb** encariñarse con algo/alguien

attachment /ə'tætʃmənt/ *s* **1** cariño, apego **2** accesorio [de un aparato] **3** (archivo) adjunto [en computación]

attack /ə'tæk/ *sustantivo & verbo*
• *s* **1** (agresión) ataque, atentado: ***an attack on** enemy air bases* un ataque a bases aéreas enemigas | **to be/come under attack (from sth)** ser atacado -a (por algo) **2** (en medicina) ataque **3** (en deportes) ataque, ofensiva
• *v* [tr/intr] atacar

attacker /ə'tækər/ *s* agresor -a

attain /ə'teɪn/ *v* [tr] (formal) alcanzar, lograr

attainment /ə'teɪnmənt/ *s* (formal) logro

attempt /ə'tempt/ *verbo & sustantivo*
• *v* [tr] **1** intentar realizar [una tarea] **2** intentar contestar [una pregunta] **3 to attempt to do sth** intentar hacer algo
• *s* intento | **an attempt to do sth/at doing sth** un intento de hacer algo | **to make no attempt to do sth** ni siquiera intentar hacer algo

attempted /ə'temptɪd/ *adj* **attempted murder/robbery etc.** intento de asesinato/robo etc.

attend /ə'tend/ *v* **1** [tr] asistir a, ir a: *She didn't attend the meeting.* No asistió a la reunión. **2** [intr] asistir
attend to sth ocuparse de algo **attend to sb** atender a alguien

attendance /ə'tendəns/ *s* **1** concurrencia **2** asistencia: ***Attendance at** the dress rehearsal is compulsory.* La asistencia al ensayo general es obligatoria.

attendant /ə'tendənt/ *s* empleado -a, encargado -a [en un lugar público como una piscina, un baño, etc.]

attention /ə'tenʃən/ *s* **1** atención: *Can I have your attention, please?* Su atención, por favor. | **to pay attention** prestar atención, atender: *Don't **pay any attention to her.*** No le hagas caso./No le prestes atención. | **to draw attention to sth** llamar la atención sobre algo | **to draw sb's attention to sth** hacer que alguien se fije en algo, hacerle notar algo a alguien | **the center/focus of attention** el centro/foco de atención **2 attention!** ¡firme(s)!

attentive /ə'tentɪv/ *adj* **1** (que presta atención) atento -a **2** (amable) atento -a

attic /'ætɪk/ *s* desván, ático, altillo

attitude /'ætətud/ *s* actitud: *His **attitude toward** women has changed.* Su actitud hacia las mujeres ha cambiado.

attorney /ə'tɜrni/ *s* AmE abogado -a

At,torney 'General *s* **1** AmE procurador -a general **2** asesor legal del gobierno

attract /ə'trækt/ *v* [tr] **1** atraer | **to be attracted to sb** sentirse atraído -a por alguien **2 to attract attention** llamar la atención: *I was trying not to attract attention.* Estaba tratando de no llamar la atención. | **to attract sb's attention** atraer la atención de alguien: *I tried to attract the waiter's attention.* Traté de atraer la atención del mesero.

attraction /ə'trækʃən/ *s* **1** atracción **2** atractivo

attractive /ə'træktɪv/ *adj* atractivo -a

attribute¹ /'ætrəbjut/ *s* atributo

attribute² /ə'trɪbjut/ *v* (formal) **to attribute sth to sth/sb** atribuirle algo a algo/alguien

aubergine /'oʊbərʒin/ *s* BrE berenjena ► En inglés americano se usa **eggplant**

auburn /'ɔbərn/ *adj* (de color) caoba

auction /ˈɔkʃən/ *sustantivo & verbo*
- **s** subasta, remate
- **v** [tr] subastar, rematar

auctioneer /ɔkʃəˈnɪr/ *s* rematador -a, subastador -a
audible /ˈɔdəbəl/ *adj* audible
audience /ˈɔdiəns/ *s* **1** (en un teatro, sala de conciertos, etc.) público **2** (de un programa de radio o TV) audiencia **3** (con un monarca, el Papa, etc.) audiencia
audiovisual /ɔdioʊˈvɪʒuəl/ *adj* audiovisual
audit /ˈɔdɪt/ *sustantivo & verbo*
- **s** auditoría
- **v** [tr] auditar

audition /ɔˈdɪʃən/ *sustantivo & verbo*
- **s** prueba, audición
- **v** **1** [intr] presentarse a una prueba/audición **2** [tr] hacerle una prueba/audición a

auditorium /ɔdɪˈtɔriəm/ *s* (pl **auditoria** o **auditoriums**) auditorio
August /ˈɔgəst/ *s* agosto ▶ ver "Active Box" **months** en **month**
aunt /ænt/ *s* tía
auntie, también **aunty** /ˈænti/ *s* (informal) tía
au pair /oʊ ˈper/ *s*

> Así se le llama al joven, generalmente una muchacha, que vive un tiempo con una familia en un país extranjero para aprender el idioma. Los **au pairs** reciben alojamiento gratis y una pequeña mesada a cambio de ocuparse del cuidado de los niños y ayudar en las tareas de la casa.

austere /ɔˈstɪr/ *adj* austero -a
austerity /ɔˈsterəti/ *s* austeridad
Australia /ɔˈstreɪljə/ *s* Australia
Australian /ɔˈstreɪljən/ *adj & s* australiano -a
Austria /ˈɔstriə/ *s* Austria
Austrian /ˈɔstriən/ *adj* austríaco -a
authentic /ɔˈθentɪk/ *adj* auténtico -a
authenticity /ɔθənˈtɪsəti/ *s* autenticidad
author /ˈɔθər/ *s* autor -a, escritor -a
authoritarian /əθɔrəˈteriən/ *adj* autoritario -a
authoritative /əˈθɔrəteɪtɪv/ *adj* **1** de gran autoridad [obra] **2** fidedigno -a [fuente] **3** **an authoritative voice/manner** una voz/una actitud que denota autoridad
authority /əˈθɔrəti/ *s* (pl **-ties**) **1** (de una persona) autoridad **2** (organismo) autoridad | **the authorities** las autoridades **3** (experto) autoridad: *one of the world's greatest **authorities on** tropical diseases* una de las grandes autoridades mundiales en materia de enfermedades tropicales
authorization, -isation BrE /ɔθərəˈzeɪʃən/ *s* autorización
authorize, -ise BrE /ˈɔθəraɪz/ *v* [tr] autorizar: *I'm not **authorized to** sign checks.* No estoy autorizada para firmar cheques.
autobiographical /ɔtəbaɪəˈgræfɪkəl/ *adj* autobiográfico -a
autobiography /ɔtəbaɪˈɑgrəfi/ *s* (pl **-phies**) autobiografía
autograph /ˈɔtəgræf/ *s* autógrafo
automatic /ɔtəˈmætɪk/ *adjetivo & sustantivo*
- **adj** automático -a
- **s** **1** automática [arma] **2** automático [auto con transmisión automática]

automation /ɔtəˈmeɪʃən/ *s* automatización
automobile /ɔtəməˈbil/ *s* AmE automóvil, carro, coche
autonomous /ɔˈtɑnəməs/ *adj* autónomo -a
autopsy /ˈɔtɑpsi/ *s* (pl **-sies**) autopsia
autumn /ˈɔtəm/ *s* **1** otoño ▶ En inglés americano se usa más **fall** ▶ ver "Active Box" **seasons** en **season** **2** [delante de otro sustantivo] otoñal, de otoño: *typical autumn weather* típico tiempo otoñal
auxiliary /ɔgˈzɪləri/ *adjetivo & sustantivo*
- **adj** **1** auxiliar **2** **auxiliary nurse** auxiliar (de enfermería) **3** **auxiliary verb** (verbo) auxiliar
- **s** (pl **-ries**) auxiliar, ayudante

avail /əˈveɪl/ *s* **to no avail** en vano
availability /əveɪləˈbɪləti/ *s* **1** (de una persona) disponibilidad **2** **the availability of sth** la disponibilidad de algo [de un producto, un servicio], las posibilidades de acceso a algo [a un producto, un servicio]
available /əˈveɪləbəl/ *adj* **1** que se puede conseguir: *They are readily available in any supermarket.* Se consiguen fácilmente en cualquier supermercado. | *The shirt is available in black, white and cream.* La camisa viene en negro, blanco y color crema. **2** disponible [asiento, espacio, etc.] **3** **to be available** estar libre/disponible [persona]
avalanche /ˈævəlæntʃ/ *s* avalancha
avant-garde /ævɑntˈgɑrd/ *adj* de vanguardia
avenue /ˈævənu/ *s* **1** avenida **2** camino [posibilidad]
average /ˈævrɪdʒ/ *adjetivo, sustantivo & verbo*
- **adj** **1** promedio, medio -a: *His average speed was 110 mph.* Iba a una velocidad promedio de 110 millas por hora. | *the average family* la familia tipo/la familia media **2** mediocre, regular
- **s** promedio, media | **on average** en promedio
- **v** [tr] consumir, hacer etc. como promedio: *I average about five cups of coffee a day.* Me tomo un promedio de cinco tazas de café por día.

average out **to average out at 15%/$100 a week etc.** dar un promedio del 15%/de $100 por semana etc. **average sth out** calcular el promedio de algo

ℹ ¿Sabes cómo funcionan los **phrasal verbs**? Lee la explicación en el apartado de gramática.

aversion /ə'vɜrʒən/ *s* aversión

avert /ə'vɜrt/ *v* [tr] **1** evitar [una crisis, una tragedia, etc.] **2 to avert your eyes/gaze** apartar la vista/la mirada

aviation /eɪvi'eɪʃən/ *s* aviación

avid /'ævɪd/ *adj* ávido -a

avocado /ævə'kɑdoʊ/, también **avocado pear** *s* aguacate, palta

avoid /ə'vɔɪd/ *v* [tr] **1** evitar | **to avoid doing sth** evitar hacer algo: *I avoid going shopping on Saturdays.* Evito ir de compras los sábados. **2** esquivar: *The car swerved to avoid a dog.* El auto viró bruscamente para esquivar un perro.

await /ə'weɪt/ *v* [tr] (formal) **1** aguardar, estar a la espera de **2** esperar

awake /ə'weɪk/ *adjetivo & verbo*

- *adj* **1 to be/stay awake** estar/quedarse despierto -a | **to keep sb awake** no dejar dormir a alguien | **to lie awake** no poderse dormir **2 to be awake to sth** estar/ser consciente de algo
- *v* (pasado **awoke**, participio **awoken**) (literario) **1** [intr] despertarse **2** [tr] despertar

awaken /ə'weɪkən/ *v* [tr] (literario) despertar [sospechas, interés, etc.]

award /ə'wɔrd/ *verbo & sustantivo*

- *v* [tr] **1** otorgar [un premio, un título, etc.] | **to award sb sth** otorgarle algo a alguien | **to be awarded sth** obtener/recibir algo **2** conceder [una indemnización]
- *s* **1** premio, galardón **2** indemnización [concedida en un juicio]

aware /ə'wer/ *adj* **1 to be aware of sth** estar/ser consciente de algo: *He wasn't aware of the danger.* No era consciente del peligro. | **to be aware (that)** saber que, estar/ser consciente de que: *I wasn't aware that I was doing anything wrong.* No sabía que estaba haciendo algo que no debía. | **not that I'm aware (of)** que yo sepa, no **2 to become aware of sth** darse cuenta de algo, tomar conciencia de algo **3 politically/environmentally etc. aware** con conciencia política/ecológica etc.

awareness /ə'wernəs/ *s* conciencia [de un tema, un problema]

away /ə'weɪ/ *adv & adj* ▶ ver recuadro

awe /ɔ/ *s* respeto reverencial | **to be in awe of sth/sb** sentirse intimidado -a por algo/alguien

awesome /'ɔsəm/ *adj* **1** (informal) fantástico -a, buenísimo -a **2** impresionante, imponente

awful /'ɔfəl/ *adj* **1** espantoso -a, horrible **2** (usado para enfatizar): *I felt like an awful fool.* Me sentí terriblemente tonta. | *I have an **awful** lot of work to do.* Tengo muchísmo trabajo que hacer. **3 to feel awful** sentirse muy mal | **to look awful** tener muy mala cara

away

ADVERBIO

1 ALEJAMIENTO

He walked slowly away. Se fue caminando lentamente. | *Go away!* ¡Vete! | *Keep away from the fire.* No te acerques al fuego.

2 DISTANCIA, TIEMPO

The beach is only five miles away. La playa queda a sólo cinco millas. | *Your birthday is only two weeks away.* Faltan sólo dos semanas para tu cumpleaños. | **to play away** jugar de visitante

3 AUSENCIA

She was away from school for a week. Faltó al colegio durante una semana. | *I watered their plants while they were away.* Les regué las plantas mientras no estuvieron.

4 DESAPARICIÓN

The water had boiled away. El agua había hervido hasta consumirse.

5 ACCIÓN CONTINUA

I could hear him singing away in the bathroom. Lo oía cantando sin parar en el baño.

6 away también forma parte de varios **phrasal verbs** como **put away, give away,** etc. Éstos están tratados bajo el verbo correspondiente

ADJETIVO

away game partido de visitante | **away team** equipo visitante

awfully /'ɔfli/ *adv* adverbio usado para enfatizar: *I'm awfully sorry.* Lo siento muchísimo. | *It's awfully good of you.* Es muy amable de su parte.

awkward /'ɔkwərd/ *adj* **1** incómodo -a, violento -a [pregunta, situación, etc.] **2** inoportuno -a [momento] **3** torpe [gesto, movimiento] **4** (expresando dificultad): *The village is awkward to get to.* Es complicado llegar al pueblo. **5** difícil [persona]

awoke /ə'woʊk/ pasado de **awake**

awoken /ə'woʊkən/ participio de **awake**

axe, también **ax** AmE /æks/ *sustantivo & verbo*

- *s* **1** hacha **2 to get the axe** (informal) ser eliminado -a [puesto de trabajo], ser cancelado -a [proyecto, servicio]
- *v* [tr] **1** eliminar [puestos de trabajo] **2** cancelar [un proyecto, un servicio]

axis /'æksɪs/ *s* (pl **axes**) eje

axle /'æksəl/ *s* eje [de un vehículo]

B

B[1], b /bi/ *s* (letra) B, b ▶ ver "Active Box" **letters** en **letter**

B[2] /bi/ *s* **1** (nota musical) si **2** calificación usada en exámenes, trabajos escolares, etc. ▶ ver recuadro en **grade**

B & B /ˌbi ən 'bi/ ▶ ver **bed and breakfast**

B.A., también **BA** /bi 'eɪ/ *s* (= **Bachelor of Arts**)

> Así se le llama al título que otorga una universidad en una carrera humanística tras un curso de tres o cuatro años de duración. Equivale aproximadamente a una licenciatura:
>
> *She has a B.A. in History.* Es licenciada en Historia.

baby /'beɪbi/ *s* (pl **-bies**) **1** bebé, bebe, guagua | **a baby boy** un niño, un varón | **a baby girl** una niña, una nena **2** AmE (informal) cariño, mi amor [al dirigirse a la pareja]

'baby ˌcarriage *s* AmE cochecito [de bebé]

babysit /'beɪbisɪt/ *v* [intr] (gerundio **-sitting**, pasado & participio **-sat**) cuidar niños | **to babysit for sb** cuidarle los niños a alguien

babysitter /'beɪbisɪtər/ *s* baby sitter

bachelor /'bætʃələr/ *s* soltero | **an eligible bachelor** un buen partido

back /bæk/ *sustantivo, adverbio, verbo & adjetivo*

• *s* **1** espalda | **to lie on your back** estar acostado -a/acostarse boca arriba
2 columna (vertebral)
3 (de un vehículo, un edificio) parte de atrás
4 (de un salón, una casa) fondo: *a small store with an office **in the back*** una pequeña tienda con una oficina al fondo | **around/out back** AmE (informal), **round/out the back** BrE en el fondo, atrás
5 (de un asiento) respaldo
6 (de un papel, un cheque, etc.) parte de atrás, dorso: *Please write your name **on the back**.* Por favor escriba su nombre al dorso.
7 (de un libro) final: ***at the back** of the book* al final del libro
8 back to back (a) espalda contra espalda **(b)** con los respaldos tocándose **(c)** uno -a detrás del otro/de la otra
9 back to front al revés [con la parte de adelante para atrás]
10 behind sb's back a espaldas de alguien
11 at/in the back of my mind rondándome la cabeza: *The idea is always at the back of my mind.* La idea siempre me está rondando la cabeza.
12 get off my back! (informal) ¡déjate/déjense de fastidiar!
13 to be on sb's back (informal) estarle encima a alguien
14 to have your back to/against the wall estar entre la espada y la pared

• *adv* ▶ ver recuadro

• *v* **1** [tr] apoyar
2 [tr] financiar
3 [intr] retroceder: *He **backed into** the corner.* Retrocedió hasta el rincón. | *I **backed out of** the garage.* Salí del garaje dando marcha atrás./Salí del garaje metiendo reversa.
4 [tr] apostar a

PHRASAL VERBS

back away retroceder
back down dar marcha atrás, meter reversa [aceptando la derrota]
back off no meterse
back onto sth (referido a un edificio): *The house backs onto a golf course.* La parte de atrás de la casa da a un campo de golf.
back out echarse atrás, dar marcha atrás, meter reversa | **to back out of a deal/agreement etc.** no seguir adelante con un trato/un acuerdo etc.
back sth up 1 respaldar algo **2** (en computación) hacer una copia de seguridad/de respaldo de algo **back sb up** apoyar a alguien

• *adj* **1** de atrás: *the back door* la puerta de atrás | *the back page* la última página
2 a back issue/number un número atrasado

> **back** *adverbio*
>
> **1 VUELTA A UNA CONDICIÓN ANTERIOR**
> *He'll be back in an hour.* Estará de vuelta en una hora. | *I couldn't get back to sleep.* No me pude volver a dormir.
>
> **2 DIRECCIÓN** (= para/hacia atrás)
> *I didn't look back.* No miré (para) atrás. | *He took a few steps back.* Dio unos pasos atrás.
>
> **3 RESPUESTA O REACCIÓN**
> *He hit me, so I hit him back.* Me pegó, entonces yo le pegué a él. | *Can you ask her to call me back?* ¿Le puede pedir que me llame?
>
> **4 REFERIDO AL PASADO**
> *back in the fifties* allá por los años cincuenta | **three years/two months etc. back** hace tres años/dos meses etc.
>
> **5 EN EL ESPACIO**
> **back and forth** de aquí para allá
>
> **6** El adverbio **back** también forma parte de varios **phrasal verbs** como **put back, give back,** etc. Éstos están tratados bajo el verbo correspondiente.

ⓘ ¿Quieres una lista de frases útiles para hablar de ti mismo? Consulta la **guía de comunicación** al final del libro.

backache /'bækeɪk/ *s* dolor de espalda

backbone /'bækboun/ *s* **1** columna (vertebral) **2** fortaleza

backfire /'bækfaɪr/ *v* [intr] tener el efecto opuesto al que uno busca: *His plan backfired (on him).* Le salió el tiro por la culata.

background /'bækgraund/ *s* **1** Este término puede hacer referencia tanto a los orígenes de una persona o el ámbito social del cual proviene como a su formación o experiencia profesional: *He comes from a working-class background.* Se crió en un ambiente de clase obrera. | *His background is in computers.* Su experiencia profesional es en informática. **2** fondo | **in the background (a)** al fondo, en el fondo **(b)** en segundo plano

backing /'bækɪŋ/ *s* **1** apoyo, respaldo **2** apoyo, acompañamiento [en música]

backlash /'bæklæʃ/ *s* reacción (violenta)

backlog /'bæklɔg/ *s* trabajo atrasado acumulado: *We have an enormous backlog of orders.* Tenemos una enorme cantidad de pedidos pendientes. | *It will take a while to clear the backlog.* Va a llevar un tiempo ponerse al día con el trabajo.

backpack /'bækpæk/ *sustantivo & verbo*
- *s* mochila, morral
- *v* **to go backpacking** viajar de mochila, viajar de mochilero/morralero

ˌback 'seat *s* **1** asiento de atrás **2** **to take a back seat** quedar relegado -a a un segundo plano

backside /'bæksaɪd/ *s* (informal) trasero

backstage /bæk'steɪdʒ/ *adv* entre bastidores, entre bambalinas

backstroke /'bækstrouk/ *s* (estilo) espalda, (estilo) dorso

backup /'bækʌp/ *s* **1** copia (de seguridad) **2** refuerzo, apoyo

backward /'bækwərd/ *adjetivo & adverbio*
- *adj* **1** (hacia) atrás | **without a backward glance** sin mirar atrás **2** atrasado -a, retrasado -a
- *adv* (también **backwards**) **1** (hacia) atrás: *a step backward* un paso atrás **2** al revés **3** **backward and forward** para atrás y para adelante, hacia atrás y hacia adelante

backyard /bæk'jɑrd/ *s* **1** AmE fondo, jardín [de atrás de una casa] **2** patio (trasero)

bacon /'beɪkən/ *s* tocino, tocineta

bacteria /bæk'tɪriə/ *s pl* bacterias

bad /bæd/ *adj* (comparativo **worse**, superlativo **worst**) **1** (desagradable) malo -a: *bad news* malas noticias | *a bad smell* mal olor
2 (de bajo nivel) malo -a: *a bad teacher* un mal profesor | **to be bad at sth** ser malo -a para/en algo
3 (nocivo) **to be bad for sth/sb** ser malo -a para algo/alguien, hacerle mal a algo/alguien: *Smoking is bad for your health.* Fumar es malo para la salud.
4 (serio, intenso) **a bad wound/accident etc.** una herida/un accidente etc. grave | **a bad cold/headache etc.** un resfriado/dolor de cabeza etc. fuerte
5 (moralmente) malo -a
6 **to go bad** pudrirse, echarse a perder [alimentos]
7 **not bad (a)** (aceptable): *"How was the food?" "Not bad."* –¿Qué tal estuvo la comida? –No estuvo mal. **(b)** (bastante bueno): *That's not bad for a beginner.* No está nada mal para un principiante.
8 **too bad (a)** (expresando pena): *It's too bad you couldn't come to the party.* ¡Qué lástima que no pudiste venir a la fiesta! **(b)** (expresando irritación) mala suerte: *"I don't have an umbrella." "Too bad. You'll have to get wet."* –No tengo paraguas. –Mala suerte. Te tendrás que mojar.
9 (culpable) **to feel bad about doing sth** sentirse mal por haber hecho algo
10 **to have a bad heart/back etc.** tener problemas de corazón/de espalda etc.

badge /bædʒ/ *s* **1** (de un policía) placa **2** (de metal, prendido con alfiler) pin, chapa, botón **3** BrE (de un colegio, un club, etc.) distintivo, insignia ► En inglés americano se usa **patch**

badger /'bædʒər/ *s* tejón

badly /'bædli/ *adv* (comparativo **worse**, superlativo **worst**) **1** (no bien) mal: *a badly written book* un libro mal escrito | *She did really **badly** on her exams.* Le fue realmente mal en los exámenes. **2** (muy): *The car was not badly damaged.* El auto no sufrió muchos daños. | *Two people were badly injured.* Dos personas resultaron gravemente heridas. **to be badly in need of sth** tener mucha necesidad de algo, necesitar algo con urgencia | **to go badly wrong** salir muy mal

badminton /'bædmɪntən/ *s* bádminton

ˌbad-'tempered *adj* **1** (en una situación concreta) de mal humor, de mal genio **2** (como característica permanente) de mal carácter, de mal genio

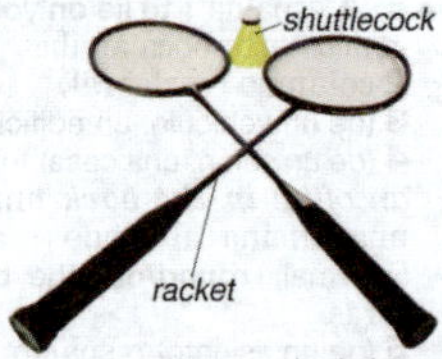

badminton

baffle /'bæfəl/ *v* [tr] desconcertar, dejar perplejo -a

baffling /'bæflɪŋ/ *adj* desconcertante, incomprensible

bag /bæg/ *s* **1** bolsa: *a plastic bag* una bolsa de plástico **2** saco: *a bag of rice* un saco de arroz **3** (de mujer) cartera, bolsa **4** maleta **5** **bags under the/your eyes** bolsas (debajo de los ojos) **6** **bags of sth** BrE (informal) un montón de algo

baggage /'bægɪdʒ/ *s* equipaje

baggy /ˈbægi/ *adj* (**-ggier**, **-ggiest**) suelto -a, guango -a: *baggy pants* pantalones sueltos/guangos

bagpipe /ˈbægpaɪp/, también **bagpipes** *s* gaita

bail /beɪl/ *sustantivo & verbo*

- *s* libertad bajo fianza | **to be released on bail** quedar en libertad bajo fianza
- *v* **bail sb out** sacar a alguien de apuros

bait /beɪt/ *s* **1** carnada, cebo **2** (para atraer a alguien) señuelo | **to take the bait** morder el anzuelo, caer en la trampa

bake /beɪk/ *v* **1** [intr] hacer pan, pasteles, etc. **2** [tr] hacer [pan, pasteles, etc.], hornear

baked 'beans *s* frijoles/porotos etc. en salsa de tomate dulce, normalmente enlatados

baker /ˈbeɪkər/ *s* **1** panadero -a **2 baker's** BrE panadería ▶ En inglés americano se usa **bakery**

bakery /ˈbeɪkəri/ *s* (pl **-ries**) panadería

balance /ˈbæləns/ *sustantivo & verbo*

- *s* **1** (estabilidad) equilibrio | **to keep/lose your balance** mantener/perder el equilibrio **2** (entre distintos factores) equilibrio **3** (de una cuenta bancaria) saldo **4** (para pesar) balanza **5 on balance** teniéndolo todo en cuenta **6 to be/hang in the balance** estar colgado de un hilo, estar en el aire
- *v* **1** [intr] mantener el equilibrio | **to balance on sth** hacer equilibrio en/sobre algo **2** [tr] mantener el equilibrio entre **3 to balance sth against sth** sopesar algo con algo **4 to balance the books/budget** equilibrar las cuentas/el presupuesto

balanced /ˈbælənst/ *adj* equilibrado -a, ecuánime | **a balanced diet** una dieta balanceada/equilibrada

balcony /ˈbælkəni/ *s* balcón

bald /bɔld/ *adj* calvo -a, pelado -a, pelón -ona | **to go bald** quedarse calvo -a/pelado -a/pelón -ona.

ball /bɔl/ *s* **1** pelota: *a tennis ball* una pelota de tenis **2** ovillo, bollo, bola **3** baile [formal] **4 to be on the ball** (informal) estar despabilado -a/atento -a **5 to have a ball** (informal) pasarla muy bien **6 to get/start the ball rolling** (informal) poner las cosas en marcha

ballad /ˈbæləd/ *s* balada, canción

ballerina /bæləˈrinə/ *s* bailarina [de ballet]

ballet /bæˈleɪ, BrE ˈbæleɪ/ *s* ballet

'ball game *s* **1** AmE partido [de béisbol, básquetbol o fútbol] **2 a whole new ball game/a different ball game** otra historia

balloon /bəˈlun/ *s* **1** (juguete) globo, bomba, chimbomba **2** (aerostático) globo

ballot /ˈbælət/ *sustantivo & verbo*

- *s* **1** votación **2 ballot box** urna **ballot paper** boleta (electoral), papeleta
- *v* [tr] llamar a votar

ballpark /ˈbɔlpɑrk/ *s* AmE **1** estadio/parque de béisbol **2 a ballpark figure** una cifra aproximada

ballpoint pen /bɔlpɔɪnt ˈpen/, también **ballpoint** /ˌbɔlpɔɪnt/ *s* bolígrafo, esfero(gráfico), pluma atómica

ballroom /ˈbɔlrum/ *s* salón de baile, sala de baile

bamboo /bæmˈbu/ *s* bambú

ban /bæn/ *sustantivo & verbo*

- *s* prohibición: *a **ban** on nuclear testing* una prohibición de la realización de pruebas nucleares
- *v* [tr] (**-nned**, **-nning**) prohibir | **to ban sb from doing sth** prohibirle a alguien hacer algo

banana /bəˈnænə/ *s* banano, plátano, banana

band /bænd/ *s* **1** (de músicos) banda, grupo | **rock/jazz etc. band** banda de rock/jazz etc., grupo de rock/jazz etc. **2** (de ladrones, terroristas) banda, pandilla **3** (de hinchas, ayudantes) grupo **4** (de tela) tira, banda, faja ▶ ver también **rubber band**

bandage /ˈbændɪdʒ/ *sustantivo & verbo*

- *s* venda
- *v* [tr] vendar

Band-Aid® /ˈbænd eɪd/ *s* AmE curita®

bandit /ˈbændɪt/ *s* bandido -a

bandwagon /ˈbændwægən/ *s* **to jump/climb on the bandwagon** subirse al carro/al tren

bang /bæŋ/ *verbo, sustantivo, adverbio & interjección*

- *v* **1** [intr] hacer ruido: *Who's banging next door?* ¿Quién está haciendo ruido al lado? | **to bang on sth** golpear algo: *She was banging on the door with her fists.* Estaba golpeando la puerta con los puños. **2** [tr] (hacer ruido golpeando algo): *He **banged** the phone **down**.* Colgó el teléfono dando un golpe. **to bang sth on sth** golpear algo en algo **3** [intr] golpearse [puerta, ventana, etc.] **4** [tr] darse un golpe en: *I **banged** my head **on** the corner of the cupboard.* Me di un golpe en la cabeza con la punta del armario.
- *s* **1** explosión, estallido **2** golpe
- *adv* (informal) justo, exactamente | **bang in the middle** justo en el medio | **bang on time** a la hora exacta
- *interj* ¡pum!

banger /ˈbæŋər/ *s* BrE (informal) **1** cacharro [auto viejo] **2** petardo **3** salchicha

bangs /bæŋz/ *s pl* AmE Según región: *cerquillo, flequillo, capul, fleco, chasquilla* o *china*

banish /ˈbænɪʃ/ *v* [tr] **1 to banish sb from sth** echar/expulsar a alguien de algo | **to banish sb to Siberia/to an island etc.** desterrar a alguien a Siberia/a una isla etc. **2** hacer desvanecer/desaparecer

banister /ˈbænəstər/ *s* baranda, barandal, pasamanos

¿Quieres más información sobre los **verbos modales**? Hay una explicación en el apartado de gramática.

bank /bæŋk/ *sustantivo & verbo*

• *s* **1** banco [institución, sucursal] **2** ribera, orilla [de un río]

• *v* **1** [tr] depositar [en el banco] **2 to bank with National/First City etc.** tener una cuenta en National/First City etc., ser cliente de National/First City etc.

bank on sth contar con algo, dar algo por sentado

banker /ˈbæŋkər/ *s* banquero -a

ˌbank ˈholiday *s* BrE (día) feriado

banknote /ˈbæŋknoʊt/ *s* billete (de banco)

bankrupt /ˈbæŋkrʌpt/ *adjetivo & verbo*

• *adj* en quiebra, en bancarrota | **to go bankrupt** ir a la quiebra, quebrar

• *v* [tr] llevar a la quiebra/a la bancarrota

bankruptcy /ˈbæŋkrʌptsi/ *s* (pl **-cies**) quiebra, bancarrota

banner /ˈbænər/ *s* pancarta

banquet /ˈbæŋkwɪt/ *s* banquete

baptism /ˈbæptɪzəm/ *s* bautismo, bautizo

baptize, -ise BrE /ˈbæptaɪz/ *v* [tr] bautizar

bar /bɑr/ *sustantivo, verbo & preposición*

• *s* **1** (establecimiento) bar **2** (mostrador) barra **3** (de metal, madera) barra **4 a bar of chocolate** una tableta/barra de chocolate, un chocolate **5 a bar of soap** un jabón, una pasta/pastilla de jabón **6** (de una ventana) reja **7** (de una cárcel) barrote | **behind bars** entre rejas **8** (en música) compás

• *v* [tr] (**-rred**, **-rring**) **1** prohibirle la entrada a, no admitir: *He was **barred from** the club.* Se le prohibió la entrada al club. **2 to bar sb from doing sth** prohibirle a alguien hacer algo **3** trancar [una puerta, una ventana] **4** bloquear [el paso, una calle] **5 to bar sb's way** cerrarle el paso a alguien

• *prep* salvo, excepto

barbarian /bɑrˈberiən/ *s* bárbaro -a

barbaric /bɑrˈbærɪk/ *adj* salvaje, brutal

barbecue /ˈbɑrbɪkju/ *s* **1** parrillada, barbacoa **2** parrilla, barbacoa

ˌbarbed ˈwire, también **barb wire** AmE *s* alambre de púa(s)

barber /ˈbɑrbər/ *s* **1** peluquero [de hombres] **2 barber's** BrE peluquería [de hombres] ► En inglés americano se usa **barbershop**

barbecue

barbershop /ˈbɑrbərˌʃɑp/ *s* AmE peluquería [de hombres]

ˈbar chart *s* gráfico de barras

bare /ber/ *adjetivo & verbo*

• *adj* **1** desnudo -a, descubierto -a | **in/with bare feet** descalzo -a **2** (sin vegetación, sin adorno) pelado -a, desnudo -a: *The walls were completely bare.* Las paredes estaban totalmente peladas. **3** (básico, esencial): *Sam does **the bare minimum** of work.* Sam trabaja lo estrictamente necesario. | **the bare essentials/necessities** lo mínimo indispensable **4 with your bare hands** con las manos, sin herramientas ni armas

• *v* **1 to bare your teeth** mostrar los dientes **2 to bare your breast/chest** descubrirse el pecho

barefoot /ˈberfʊt/ *adj & adv* descalzo -a

barely /ˈberli/ *adv* apenas: *I could barely stay awake.* Apenas podía mantenerme despierto. ► **Barely** va antes del verbo principal y después del primer modal o auxiliar, si los hay

bargain /ˈbɑrgən/ *sustantivo & verbo*

• *s* **1** ganga: *This skirt was a real bargain.* Esta falda fue una verdadera ganga. **2** acuerdo | **to make/strike a bargain** hacer un trato, llegar a un acuerdo **3 into the bargain** por si fuera poco: *She's beautiful, rich, and smart into the bargain.* Es preciosa, rica y, por si fuera poco, inteligente.

• *v* [intr] regatear, negociar

bargain for sth **1** contar con algo: *We didn't bargain for the cold weather.* No contábamos con que iba a hacer frío. **2 more than I/you etc. bargained for**: *He got more than he bargained for.* Fue peor de lo que esperaba.

bargaining /ˈbɑrgənɪŋ/ *s* **1** negociaciones, tratativas **2** regateo

barge /bɑrdʒ/ *sustantivo & verbo*

• *s* barcaza

• *v* **to barge into a room/house etc.** irrumpir en un cuarto/una casa etc.

barge in entrar como una tromba

baritone /ˈbærətoʊn/ *s* barítono

bark /bɑrk/ *verbo & sustantivo*

• *v* [intr] ladrar

• *s* **1** ladrido **2** corteza [de un árbol]

barley /ˈbɑrli/ *s* cebada

barmaid /ˈbɑrmeɪd/ *s* BrE mujer que atiende en la barra de un bar

barman /ˈbɑrmən/ *s* (pl **-men**) BrE barman

barn /bɑrn/ *s* **1** (para granos, forraje) granero **2** (para animales) establo

barometer /bəˈrɑmətər/ *s* barómetro

barracks /ˈbærəks/ *s* cuartel

barrage /bəˈrɑʒ, BrE ˈbærɑʒ/ *s* **a barrage of criticism/questions etc.** una andanada de críticas/preguntas etc.

barrel /ˈbærəl/ *s* **1** barril, tonel **2** cañón [de un arma de fuego]

barren /ˈbærən/ *adj* estéril, árido -a

barrette /bæˈret/ *s* AmE Según región: *broche, hebilla, pasador* o *traba*

barricade /'bærəkeɪd/ *sustantivo & verbo*
- *s* barricada
- *v* [tr] **1** cerrar con barricadas [una calle] **2** trancar [una puerta con muebles, etc.]

barrier /'bæriər/ *s* **1** barrera, valla (de contención) **2 a barrier to sth** una barrera para algo

barrister /'bærɪstər/ *s* abogado -a ▶ ver **abogado -a**

barrow /'bæroʊ/ *s* carretilla [para transportar materiales, etc.]

bartender /'bɑrtendər/ *s* AmE persona que atiende en la barra de un bar

base /beɪs/ *verbo & sustantivo*
- *v* **1 to base sth on sth** basar algo en algo: *The film is based on her novel.* La película está basada en su novela. **2 to be based in/at (a)** tener su sede en **(b)** tener su oficina en
- *s* **1** (parte de abajo) base **2** (de una lámpara) pie **3** (fundamento, punto de partida) base: *This village is a good base from which to explore the region.* Este pueblo es una buena base desde donde explorar la región. **4** (de una empresa, una organización) sede **5** (militar) base

baseball /'beɪsbɔl/ *s* **1** béisbol, beisbol **2 baseball bat** bate de béisbol **baseball cap** gorra de béisbol **baseball player** jugador -a de béisbol **baseball stadium** estadio de béisbol **baseball team** equipo de béisbol

basement /'beɪsmənt/ *s* sótano

bash /bæʃ/ *verbo & sustantivo*
- *v* [tr] (3ª pers sing **-shes**) (informal) golpear, pegarle a | **to bash sb's head in** romperle la cara a alguien
- *s* (pl **-shes**) **1** fiesta **2 to have a bash** BrE probar, hacer la prueba | **to have a bash at sth** BrE tratar de hacer algo

basic /'beɪsɪk/ *adj* **1** básico -a, fundamental: *the basic principles of mathematics* los principios básicos de las matemáticas **2** básico -a [conocimiento]: *My knowledge of German is pretty basic.* Mis conocimientos de alemán son bastante básicos. **3** rudimentario -a [herramienta, equipo] **4** sencillo -a, modesto -a [alojamiento]

basically /'beɪsɪkli/ *adv* **1** sencillamente: *Basically, I don't have enough money.* Sencillamente, no me alcanza el dinero. **2** esencialmente

basics /'beɪsɪks/ *s pl* **the basics (of sth)** lo básico/lo esencial (de algo)

basil /'beɪzəl, BrE 'bæzəl/ *s* albahaca

basin /'beɪsən/ *s* **1** cuenca [de un río] **2** BrE ▶ ver **sink** **3** BrE tazón ▶ En inglés americano se usa **bowl**

basis /'beɪsɪs/ *s* (pl **bases**) **1** base **2 on the basis of sth** sobre la base de algo, basado -a en algo **3 on a regular/daily etc. basis** regularmente/a diario etc.

basket /'bæskɪt/ *s* **1** canasta, canasto **2** (en básquet) cesto, canasta

basketball /'bæskɪtbɔl/ *s* **1** básquetbol, basquetbol **2 basketball court** cancha de básquetbol **basketball game** partido de básquetbol **basketball player** jugador -a de básquetbol

bass /beɪs/ *sustantivo & adjetivo*
- *s* **1** graves [en audio] **2** (también **bass guitar**) bajo **3** bajo [cantante] **4** contrabajo
- *adj* **1** de bajo [voz] **2** bajo -a [instrumento] **3** grave [frecuencia, tono]

bat /bæt/ *sustantivo & verbo*
- *s* **1** (de béisbol, cricket) bate **2** BrE (de tenis de mesa) raqueta, paleta ▶ En inglés americano se usa **paddle** **3** (animal) murciélago
- *v* (**-tted**, **-tting**) **1** [intr] batear **2 not to bat an eye/eyelid** ni pestañear, no inmutarse

batch /bætʃ/ *s* (pl **-ches**) **1** (de trabajo, productos) lote, partida **2** (de galletas, pan, etc.) tanda, hornada **3** (de gente) grupo, tanda

bath /bæθ/ *sustantivo & verbo*
- *s* **1** baño [de tina] | **to take a bath** AmE, **to have a bath** BrE bañarse, darse un baño **2** BrE ▶ ver **bathtub**
- *v* BrE **1** [tr] bañar **2** [intr] bañarse

bathe /beɪð/ *v* **1** [tr] lavar, enjuagar [una herida, los ojos] **2** [intr] bañarse [en la tina o en el mar, etc.]

bathrobe /'bæθroʊb/ *s* bata (de baño)

bathroom /'bæθrum/ *s* **1** (en una casa) (cuarto de) baño **2** AmE (en un lugar público) baño | **to go to the bathroom** ir al baño

bathtub /'bæθtʌb/ *s* AmE tina, bañera

baton /bə'tɑn, BrE 'bætɑn/ *s* **1** (de director de orquesta) batuta **2** (en una carrera) testigo **3** (de policía) macana, bolillo

battalion /bə'tæljən/ *s* batallón

batter /'bætər/ *sustantivo & verbo*
- *s* **1** (para frituras) rebozado **2** (para crepes, hot cakes, etc.) masa, pasta
- *v* **1 to batter (on) sth** aporrear algo: *They battered on the door.* Aporrearon la puerta. **2 to batter sb to death** matar a alguien a golpes

battered /'bætərd/ *adj* estropeado -a [mueble, maleta, etc.]

ℹ ¿Se dice *I arrived in Miami* o *I arrived to Miami*? Mira la entrada **arrive**.

battery /ˈbætəri/ *s* (pl **-ries**) **1** batería [de auto] **2** pila, batería [para un juguete, un walkman, etc.]

battle /ˈbætl/ *sustantivo & verbo*

• *s* **1** (entre ejércitos) batalla **2** (contra algo, entre rivales) lucha, batalla **3 to be fighting a losing battle** estar librando una batalla perdida

• *v* **1 to battle with/against sth** luchar con/contra algo **2 to battle to do sth** luchar por hacer algo: *Doctors battled to save the boy's life.* Los médicos lucharon por salvarle la vida al niño. **3 to battle on** seguir luchando

battlefield /ˈbætlfild/, también **battleground** /ˈbætlgraʊnd/ *s* campo de batalla

battleship /ˈbætlʃɪp/ *s* acorazado

bawl /bɔl/ *v* **1** [tr/intr] vociferar, gritar **2** [intr] berrear

bay /beɪ/ *s* **1** bahía **2 to keep/hold sth at bay** tener algo a raya, contener algo

ˈbay leaf *s* hoja de laurel

bayonet /ˈbeɪənet/ *s* bayoneta

ˌbay ˈwindow *s* ventana que sobresale de la pared, con tres lados acristalados

bazaar /bəˈzɑr/ *s* **1** mercado, bazar [en un país oriental] **2** venta con fines benéficos

B.C., también **BC** /bi ˈsi/ (= **before Christ**) a.C.

be /bɪ, acentuado bi/ *verbo & verbo auxiliar*

• *v* **1** (descripciones) ser: *Laura is tall and thin.* Laura es alta y delgada. | *The game was exciting.* El partido fue apasionante. **2** (estado) estar: *She was very angry.* Estaba muy enojada. | **to be cold/hungry/thirsty etc.** tener frío/hambre/sed etc.: *I'm hot.* Tengo calor. **3** (posición) estar: *Where's Simon?* ¿Dónde está Simon? | *The children are upstairs.* Los niños están arriba. **4** (momento, lugar) ser: *The concert is on Saturday.* El concierto es el sábado. | *Where's the party?* ¿Dónde es la fiesta? **5 to have been to** haber estado en: *I've never been to New York.* Nunca he estado en Nueva York. | **to have been** haber ido/venido: *He asked me if the doctor had been.* Me preguntó si había venido el médico. **6** (hora) ser: *What time is it?*|*What's the time?* ¿Qué hora es? | *It's five-thirty.* Son las cinco y media. **7** (edad): *How old are you?* ¿Cuántos años tienes? | *I'm twelve.* Tengo doce años. **8** (medidas) medir: *He's six feet tall.* Mide seis pies. **9** (profesiones) ser: *I'm a teacher.* Soy profesora. **10** (nacionalidades) ser: *Are you English?* ¿Usted es inglés? | *Where is she from?* ¿De dónde es? **11** (con "it", para identificarse): *Hello, it's Jane.* Hola, habla Jane. | *Who is it?* ¿Quién es? **12** (precios, costos): *How much is this shirt?* ¿Cuánto cuesta esta camisa? | *The CDs were $15 each.* Los CDs estaban a $15 cada uno. **13 there is/are** hay: *There's a chicken in the oven.* Hay un pollo en el horno. | **there was/were** había, hubo: *Was there anyone at home?* ¿Había alguien en casa? **14** (instrucciones, órdenes): *Be good!* Pórtate bien. | *Be quiet!* ¡Cállate! | *Be careful.* Ten cuidado. **15** (tiempo, clima): *It's cold today.* Hace frío hoy. | *It was very windy.* Hacía mucho viento.

• *v* [aux] **1** (con el gerundio, para referirse a lo que está o estaba sucediendo) estar: *What are you doing?* ¿Qué estás haciendo? | *Jane was reading by the fire.* Jane estaba leyendo junto al fuego. **2** (con el gerundio, para referirse al futuro): *We're leaving tomorrow.* Nos vamos mañana. | *Are you going to the game?* ¿Vas a ir al partido? **3** (con el participio, en la voz pasiva): *Smoking is not permitted.* Está prohibido fumar. | *They were killed in a car accident.* Se mataron en un accidente automovilístico. | *I wasn't invited to the party.* No me invitaron a la fiesta. **4** (seguido de un infinitivo, en órdenes, reglas): *The children are to be in bed by ten.* Los niños tienen que estar en la cama antes de las diez.

beach /bitʃ/ *s* (pl **-ches**) playa: *We had a picnic **on the beach**.* Hicimos un picnic en la playa.

beacon /ˈbikən/ *s* **1** baliza, boya **2** radiofaro **3** fogata [en un lugar elevado]

bead /bid/ *s* **1** cuenta [de un collar, un rosario] **2** gota [de sudor o de rocío]

beak /bik/ *s* pico [de un pájaro]

beaker /ˈbikər/ *s* taza alta sin asa, generalmente de plástico

beam /bim/ *sustantivo & verbo*

• *s* **1** haz de luz [de una linterna, un reflector, etc.] **2** rayo [de luz, de radiación] **3** viga **4** sonrisa (radiante)

• *v* **1** [intr] sonreír (de oreja a oreja): *He **beamed at** me.* Me sonrió radiante. **2** [tr] transmitir [un programa, una señal]: *The program was beamed around the world.* El programa se transmitió a todo el mundo.

bean /bin/ *s* **1** frijol, poroto **2** poroto verde, habichuela, vaina **3** grano [de café, cacao] ► ver también **broad bean, fava bean**

bear /ber/ *sustantivo & verbo*

• *s* oso -a

• *v* [tr] (pasado **bore**, participio **borne**) **1** aguantar, soportar: *I can't bear people smoking while I'm eating.* No soporto que la gente fume mientras estoy comiendo. **2** resistir [un peso] **3 to bear left/right** doblar a la izquierda/a la derecha **4 to bear (the) responsibility for sth** ser responsable de algo, responsabilizarse por algo **5 to bear the cost/expense** (formal) cargar con el costo/los gastos **6 bear with me** aguárdeme un momento **7** (formal) tener [firma, marca, etc.] **8** (formal) dar a luz [hijos] ► ver también **grudge, mind, resemblance**

bear down on sb venírsele encima a alguien
bear sth out confirmar algo

bearable /'berəbəl/ *adj* tolerable, soportable

beard /bɪrd/ *s* barba

bearded /'bɪrdɪd/ *adj* con barba, barbudo -a

bearer /'berər/ *s* **1 to be the bearer of good/bad news** ser portador -a de buenas/malas noticias **2** persona que lleva o ayuda a llevar algo

bearing /'berɪŋ/ *s* **1 to have a bearing on sth** ser relevante en algo, incidir en algo **2 to get/find your bearings** orientarse, ubicarse | **to lose your bearings** desorientarse

beast /bist/ *s* **1** bestia, animal **2** bruto -a

beat /bit/ *verbo & sustantivo*

• *v* (pasado **beat**, participio **beaten**) **1** [tr] ganarle a, derrotar: *My brother always **beats** me **at** tennis.* Mi hermano siempre me gana al tenis.
2 [tr] superar [una marca], batir [un récord]
3 to beat sb to it adelantársele a alguien
4 [tr] pegarle a: *He was beating the dog with a stick.* Le estaba pegando al perro con un palo.
5 [tr] tocar [un tambor]
6 [intr] golpear [lluvia], batir [olas]: *Rain was **beating on** the roof.* La lluvia golpeaba contra el techo.
7 [tr] batir [huevos, crema]
8 [intr] latir
9 [tr] (informal) ser mejor que: *It beats working in a bar!* ¡Es mejor que trabajar en un bar!
10 (it) beats me (informal) no tengo ni idea, no puedo entender: *"Why does he do it?" "Beats me."* –¿Por qué lo hace? –No tengo ni idea. ► ver también **track**
beat sb up darle una paliza a alguien, pegarle a alguien **beat up on sb** AmE darle una paliza a alguien, pegarle a alguien

• *s* **1** (del corazón) latido
2 (de un tambor) redoble
3 ritmo: *a funky beat* un ritmo funk
4 tiempo [en un compás musical]
5 ronda [de un policía]

beautiful /'bjutəfəl/ *adj* precioso -a, hermoso -a: *It was a beautiful day.* Era un día precioso.

beautifully /'bjutəfli/ *adv* maravillosamente bien, magnificamente

beauty /'bjuti/ *s* (pl **-ties**) **1** (cualidad) belleza, hermosura **2** (persona, objeto) belleza **3 beauty queen** reina [en un concurso de belleza] **beauty parlor** AmE, **beauty salon** salón de belleza **beauty spot** BrE lugar pintoresco

beaver /'bivər/ *s* castor

became /bɪ'keɪm/ pasado de **become**

because /bɪ'kɔz/ *conj* **1** porque: *She went to bed early because she was tired.* Se acostó temprano porque estaba cansada. **2 because of** por, a causa de: *We came home early because of the rain.* Volvimos a casa temprano por la lluvia. | *I missed the train because of you.* Perdí el tren por tu culpa.

beckon /'bekən/ *v* [intr] hacer señas, [tr] hacerle señas a: *He **beckoned to** the attendant.* Le hizo señas al encargado. | *I **beckoned** her **over**.* Le hice señas para que se acercara.

become /bɪ'kʌm/ *v* [intr] (pasado **became**, participio **become**) ► ver recuadro

bed /bed/ *s* **1** cama: *a single bed* una cama sencilla/individual/de una plaza | *a double bed* una cama doble/matrimonial/de dos plazas | *twin beds* camas gemelas | *He's still **in bed**.* Todavía no se ha levantado. | **to go to bed** acostarse, irse a la cama | **to get into bed** acostarse, meterse en la cama | **to make the/your bed** hacer la cama **2** lecho [de un río] **3** fondo [del mar o el océano] **4** arriate [sección de un jardín, etc. donde se plantan flores y arbustos]

bed and 'breakfast, también **B & B** /ˌbi ən 'bi/ *s*

> Así se le llama a una pensión o una residencia privada que ofrece alojamiento con desayuno. En Estados Unidos suelen ser elegantes y más caros que un hotel promedio mientras que en Gran Bretaña suelen ser más baratos que los hoteles.

bedclothes /'bedkloʊðz/ *s pl* ropa de la cama

bedding /'bedɪŋ/ *s* ropa de cama

bedroom /'bedrum/ *s* dormitorio, recámara, habitación

> **become**
>
> **1** Cuando va seguido de un adjetivo, **to become** generalmente equivale a *ponerse* o *hacerse*:
>
> *He becomes violent when he drinks.* Se pone violento cuando bebe. | *It soon became obvious that she would not win.* Pronto se hizo evidente que no iba a ganar.
>
> A veces **to become + adjetivo** corresponde en castellano a un verbo pronominal como *acostumbrarse, extinguirse*, etc.:
>
> *I gradually became accustomed to the idea.* Poco a poco me fui acostumbrando a la idea. | *Dinosaurs became extinct millions of years ago.* Los dinosaurios se extinguieron hace millones de años.
>
> **2** Cuando va seguido de un sustantivo, **to become** generalmente equivale a *hacerse* o *convertirse en*:
>
> *We soon became friends.* Pronto nos hicimos amigos. | *He became an accomplished musician.* Se convirtió en un músico consumado. | *William has become a father.* William ya es papá. | **what/whatever became of?** ¿qué se hizo de?/¿qué fue de la vida de?: *Whatever became of Kate?* ¿Qué fue de la vida de Kate? | **what will become of?** ¿qué va a ser de?: *What will become of him if I die?* ¿Qué va a ser de él si yo me muero?

bedside /'bedsaɪd/ *s* **1** cabecera [usado a menudo al referirse a la cama de un enfermo]: *I spent the night at her bedside.* Pasé la noche junto a su cabecera. **2 bedside table** mesita de noche, velador, buró

bedsit /'bedsɪt/, también **bedsitter** /'bedsɪtər/ *s* BrE habitación alquilada que sirve de dormitorio, sala y cocina a la vez

bedspread /'bedspred/ *s* cubrecama, colcha

bedtime /'bedtaɪm/ *s* hora de acostarse

bee /bi/ *s* abeja

beech /bitʃ/ *s* **1** (también **beech tree**) (árbol) haya **2** (madera) haya

beef /bif/ *s* carne de vaca, carne de res | **roast beef** rosbif

beefburger /'bifbɜrgər/, también **burger** /'bɜrgər/ *s* BrE hamburguesa ▶ En inglés americano se usa **hamburger**

beehive /'bihaɪv/ *s* colmena

been /bɪn/ participio de **be**

beep /bip/ *verbo & sustantivo*

• *v* **1** [intr] hacer pip pip [un aparato electrónico] **2 to beep (your horn)** pitar, tocar el pito/la bocina/el claxon **3** [tr] mandarle un mensaje por beeper a

• *s* **1** señal: *Please leave your message after the beep.* Por favor deje su mensaje después de la señal. **2** pitido, bocinazo, claxonazo

beeper /'bipər/ *s* buscapersonas, beeper, radio(mensaje)

beer /bɪr/ *s* cerveza: *Would you like another beer?* ¿Quieres otra cerveza?

beet /bit/ AmE, **beetroot** /'bitrut/ BrE *s* remolacha, betarraga, betabel

beetle /'bitl/ *s* escarabajo

before /bɪ'fɔr/ *preposición, adverbio & conjunción*

• *prep* **1** antes de, antes que: *before the end of the year* antes de fin de año | *He arrived home before me.* Llegó a casa antes que yo. | *Turn right just before you get to the intersection.* Doble a la derecha justo antes de llegar al cruce. **2** ante, delante de: *She knelt down before the altar.* Se arrodilló ante el altar. **3 to come before sth** estar antes que algo [en importancia]

• *adv* antes: *a year before* un año antes | *We had been to Chile before.* Ya habíamos estado en Chile.

• *conj* **1** (en el tiempo) antes de que: *John wants to talk to you before you go.* John quiere hablarte antes de que te vayas. **2** (para impedir que pase algo) antes de que: *You'd better put your camera away before it gets stolen.* Más vale que guardes la cámara antes de que te la roben. **3 before you know it** en menos de lo que piensas, cuando quieras darte cuenta: *It'll be dark before you know it.* En menos de lo que piensas, ya va a ser de noche.

beforehand /bɪ'fɔrhænd/ *adv* antes, de antemano: *I had prepared everything beforehand.* Lo había preparado todo antes.

befriend /bɪ'frend/ *v* [tr] hacerse amigo -a de [de alguien que es nuevo en un lugar, necesita ayuda, etc.]

beg /beg/ *v* (**-gged**, **-gging**) **1** [tr] rogarle a: *I'm **begging you for** help.* Te ruego que me ayudes. | **to beg sb to do sth** rogarle a alguien que haga algo **2** [intr] rogar **3** [intr] pedir (limosna), mendigar

beggar /'begər/ *s* **1** mendigo **2** BrE (informal) **a lucky/lazy etc. beggar** un suertudo/un vago etc.

begin /bɪ'gɪn/ *v* (pasado **began**, participio **begun**, gerundio **beginning**) **1** [tr/intr] empezar, comenzar: *The movie begins at 7 p.m.* La película empieza a las 7 de la tarde. | *It **began to** rain.* Empezó a llover. | *I **began working** here in 1998.* Empecé a trabajar aquí en 1998. **2 to begin with (a)** para empezar, en primer lugar: *To begin with, you shouldn't take the car without asking.* Para empezar, no deberías llevarte el carro sin pedir permiso. **(b)** desde/de antes: *It was like that to begin with.* Estaba así de antes. **(c)** al principio: *To begin with, they were very enthusiastic.* Al principio tenían mucho entusiasmo.

beginner /bɪ'gɪnər/ *s* principiante

beginning /bɪ'gɪnɪŋ/ *s* principio, comienzo: *It'll be ready **at the beginning of** next week.* Va a estar listo a principios de la semana que viene.

begrudge /bɪ'grʌdʒ/ *v* **to begrudge sb sth** envidiarle algo a alguien

beguile /bɪ'gaɪl/ *v* (formal) engatusar

begun /bɪ'gʌn/ participio de **begun**

behalf /bɪ'hæf/ *s* **on behalf of sb/on sb's behalf** de parte de alguien, en nombre de alguien

behave /bɪ'heɪv/ *v* **1** [intr] portarse, actuar: *She behaved bravely in a very difficult situation.* Se portó valientemente en una situación muy difícil. **2** [intr] comportarse, portarse: *Children these days just don't know how to behave.* Hoy en día los niños no saben cómo comportarse. **3 to behave yourself (a)** portarse bien: *If you behave yourself, I'll buy you an ice cream.* Si te portas bien, te compro un helado. **(b)** comportarse, portarse

behavior AmE, **behaviour** BrE /bɪ'heɪvjər/ *s* comportamiento, conducta | **good/bad behavior** buena/mala conducta

behead /bɪ'hed/ *v* [tr] decapitar

behind /bɪ'haɪnd/ *prep & adv* ▶ ver recuadro

beige /beɪʒ/ *adj & s* beige ▶ ver "Active Box" **colors** en **color**

being /'biɪŋ/ *s* **1** ser: *a human being* un ser humano **2 to come into being** nacer, ver la luz

belated /bɪ'leɪtɪd/ *adj* atrasado -a

belch /beltʃ/ *v* (3ª pers sing **-ches**) **1** [intr] eructar **2** [intr] salir [humo, fuego] **3** [tr] arrojar [humo, fuego]

behind

PREPOSICIÓN

1 POSICIÓN (= detrás de, atrás de)

The cat was hiding behind a tree. El gato estaba escondido detrás de un árbol. | *The park is* ***right behind*** *the supermarket.* El parque está justo detrás del supermercado.

2 RETRASO

Work on the new building is three months ***behind schedule.*** La construcción del edificio nuevo lleva tres meses de retraso. | *We're three points behind the Bears.* Los Bears nos llevan tres puntos de ventaja.

3 RESPONSABILIDAD

to be behind a plan/an attack etc. estar detrás de un plan/un atentado etc.: *Police think that a local gang is behind the robberies.* La policía piensa que una banda de la zona está detrás de los robos.

4 APOYO

to be behind sth/sb apoyar algo/a alguien: *Whatever you do, I'll be right behind you.* Hagas lo que hagas, te voy a apoyar. | **to be behind sb all the way** apoyar a alguien cien por ciento: *We're behind you all the way on this one.* Te apoyamos cien por ciento en esto.

ADVERBIO

1 POSICIÓN (= atrás)

They live in a beautiful house with a huge lake behind. Viven en una casa preciosa con un lago enorme atrás. | *Several other runners were following close behind.* Varios corredores lo seguían de cerca.

2 RETRASO

to be behind with the payments/rent etc. estar atrasado -a con los pagos/el alquiler etc. | **to get behind with the payments/rent etc.** atrasarse con los pagos/el alquiler etc.

3 **behind** también forma parte de varios **phrasal verbs** como **leave behind, fall behind,** etc. Éstos están tratados bajo el verbo correspondiente.

Belgian /ˈbeldʒən/ *adj & s* belga

Belgium /ˈbeldʒəm/ *s* Bélgica

belief /bəˈlif/ *s* **1** creencia, convicción | **contrary to popular belief** contrariamente a lo que la gente cree **2 beyond belief** increíblemente: *tired beyond belief* increíblemente cansados | *This is beyond belief!* ¡Esto es increíble! **3** fe, confianza

believable /bəˈlivəbəl/ *adj* creíble

believe /bəˈliv/ *v* **1** [tr] (tomar como cierto) creer: *Don't believe everything you read.* No creas todo lo que leas. **2** [tr] (pensar) creer: *I believe she'll be back on Monday.* Creo que vuelve el lunes. **3** [intr] (ser creyente) creer, tener fe **4 believe it or not** aunque no lo crea(s) **5 can't/don't believe sth** (usado para expresar sorpresa): *I can't believe he's only 25!* ¡No puedo creer que sólo tiene 25 años!

believe in sth creer en algo: *Do you believe in ghosts?* ¿Tú crees en los fantasmas?

believer /bəˈlivər/ *s* **1** creyente **2 a firm/great believer in sth** un -a gran partidario -a de algo

bell /bel/ *s* **1** campana, timbre | **to ring the bell** tocar el timbre/la campana **2 it rings a bell** (informal) me suena (conocido -a): *Her name rings a bell.* Su nombre me suena.

belligerent /bəˈlɪdʒərənt/ *adj* agresivo -a, peleador -a

bellow /ˈbeloʊ/ *v* [tr/intr] gritar, vociferar

belly /ˈbeli/ *s* (pl **-llies**) (informal) panza, barriga, guata

ˈbelly ˌbutton *s* (informal) ombligo

belong /bɪˈlɔŋ/ *v* **to belong in/under etc. sth** ir en/abajo de etc. algo: *The books belong on that shelf.* Los libros van en ese estante.

belong to sb ser de alguien, pertenecer a alguien: *Who does this umbrella belong to?* ¿De quién es este paraguas? **belong to sth** ser socio -a de algo, pertenecer a algo

belongings /bɪˈlɔŋɪŋz/ *s* pertenencias

beloved /bɪˈlʌvd//bɪˈlʌvɪd/ *adj* (literario) amado -a, querido -a

below /bɪˈloʊ/ *preposición & adverbio*

• ***prep*** **1** bajo, abajo de: *Fish were swimming below the surface of the water.* Había peces nadando bajo la superficie del agua. **2** por debajo de: *Anything below $500 would be a good price.* Cualquier precio por debajo de $500 estaría bien. | *The temperature fell* ***below freezing*** *yesterday.* La temperatura llegó a bajo cero ayer.

• ***adv*** **1** de abajo: *Jack lives in the apartment below.* Jack vive en el apartamento de abajo. **2** (en un texto) más abajo

belt /belt/ *s* **1** cinturón **2** correa, banda [de un aparato] **3** región, cordón **4 to have sth under your belt** tener algo en su haber: *They already have three hit records under their belt.* Ya tienen en su haber tres discos que fueron hits.

beltway /ˈbeltweɪ/ *s* AmE carretera de circunvalación, (anillo) periférico

bemused /bɪˈmjuzd/ *adj* desconcertado -a

bench /bentʃ/ *s* (pl **-ches**) **1** banco [de plaza, etc.] **2 the bench** (en deportes) la banca/el banquillo de suplentes

park bench

bend /bend/ *verbo & sustantivo*

• ***v*** (pasado **bent**, participio **bent**)

1 to bend your

knees/elbow etc. flexionar las rodillas/el codo etc., doblar las rodillas/el codo etc. **2 to bend down** agacharse **3 to bend over** inclinarse, agacharse | **to bend over sth** inclinarse sobre algo **4** [tr] doblar: *You've bent the spoon.* Doblaste la cuchara. **5** [intr] doblarse **6 to bend over backwards** desvivirse: *She bent over backwards to help him.* Se desvivió por ayudarlo.
• *s* curva

beneath /bɪ'niθ/ *preposición & adverbio*
• *prep* **1** bajo: *She felt the warm sand beneath her feet.* Sintió la arena cálida bajo sus pies. **2 to be beneath sb** no ser digno -a de alguien
• *adv* abajo

beneficial /benə'fɪʃəl/ *adj* beneficioso -a

benefit /'benəfɪt/ *verbo & sustantivo*
• *v* [tr] beneficiar
• *s* **1** ventaja, beneficio: *She **had the benefit of** a first-class education.* Tuvo la ventaja de una educación de primer nivel. **2 for sb's benefit** para alguien, por el bien de alguien **3 to be of benefit to sb** (formal) ser provechoso -a para alguien **4 to give sb the benefit of the doubt** darle a alguien el beneficio de la duda **5** subsidio, prestación [de la seguridad social] **6 benefit concert** recital a beneficio

bent¹ /bent/ *adj* **1** doblado -a, torcido -a **2 to be bent on doing sth** estar decidido -a a hacer algo **3** BrE (informal) corrupto -a

bent² pasado & participio de **bend**

bereaved /bə'rivd/ *adj* **1** (formal) que ha sufrido la muerte de un ser querido: *a bereaved mother* una madre que ha perdido a su hijo **2 the bereaved** los deudos

beret /bə'reɪ, BrE 'bereɪ/ *s* boina

berry /'beri/ *s* (pl **-rries**) baya [fruta pequeña del tipo de la mora, la frambuesa, etc.]

berserk /bər'sɜrk/ *adj* **to go berserk** (informal) ponerse como loco -a

berth /bɜrθ/ *s* **1** litera [en un barco] **2** amarradero, atracadero

beset /bɪ'set/ *v* [tr] (pasado & participio **beset**, gerundio **besetting**) (formal) acuciar

beside /bɪ'saɪd/ *prep* **1** al lado de, junto a: *Gary sat down beside me.* Gary se sentó a mi lado. **2** (en comparaciones) al lado de **3 to be beside the point** no tener nada que ver, no venir al caso **4 to be beside yourself (with anger)** estar fuera de sí | **to be beside yourself (with grief/joy etc.)** estar loco -a de dolor/alegría etc.

besides /bɪ'saɪdz/ *adverbio & preposición*
• *adv* además, aparte: *I don't want to go and, besides, I don't have any money.* No quiero ir y, además, no tengo dinero.
• *prep* además de, aparte de: *Who's going to be there besides David and me?* ¿Quién va a estar además de David y yo? | *Besides going to college, she works fifteen hours a week.* Aparte de ir a la universidad, trabaja quince horas por semana.

besiege /bɪ'sidʒ/ *v* **besieged by people/fans etc.** asediado -a por la gente/los fans etc.

best /best/ *adjetivo, adverbio & sustantivo*
• *adj* **1** mejor, lo mejor: *He's the best player on the team.* Es el mejor jugador del equipo. | *It's best to clean the wall before you paint it.* Lo mejor es limpiar la pared antes de pintarla.
2 best friend mejor amigo -a
• *adv* **1** mejor: *It works best if you oil it first.* Funciona mejor si primero lo aceitas. | *Which song do you like best?* ¿Qué canción te gusta más?
2 as best you/she etc. can lo mejor que puedas/pueda etc.
• *s* **1 the best** el/la/lo mejor: *I've read all of her books but this one is **by far the best**.* He leído todos sus libros, pero éste es de lejos el mejor.
2 to want/deserve the best querer/merecer lo mejor
3 to do/try your best hacer todo lo posible, esforzarse lo más que se puede: *We'll do our best to finish on time.* Vamos a hacer todo lo posible para terminar a tiempo.
4 at best (a) como mucho **(b)** como mínimo
5 at your/its best en su mejor momento, en su plenitud
6 to make the best of sth aprovechar algo (al máximo) | **to make the best of it** ponerle al mal tiempo buena cara
7 to be (all) for the best ser para bien

best man *s*

> Así se le llama al hombre, generalmente un amigo o pariente, que acompaña al novio durante la ceremonia de boda y suele dar un discurso durante la fiesta.

bestseller /best'selər/ *s* bestseller, éxito de ventas

bet /bet/ *verbo & sustantivo*
• *v* (pasado & participio **bet**, gerundio **betting**) **1** [tr/intr] apostar, jugar: *Sally bet me $5 I wouldn't pass.* Sally me apostó $5 a que no aprobaba. | **to bet sth on sth** apostarle algo a algo, jugarle algo a algo **2 I bet/I'll bet (a)** (para expresar certeza): *I bet it'll rain tomorrow.* Seguro que mañana llueve. | *"I was furious!" "I bet you were!"* –¡Estaba furiosa! –¡Me imagino! **(b)** (para expresar incredulidad): *"I was really worried about you." "Yeah, I bet."* –Estaba preocupadísima por ti. –Sí, seguro. **3 you bet (your life)** (para expresar acuerdo enfáticamente) por supuesto: *"Are you coming along?" "You bet!"* –¿Vienes con nosotros? –¡Por supuesto!
• *s* **1 to have a bet on sth** apostarle a algo **2** apuesta **3 a good/safe bet** una buena opción/elección **4 your best bet** lo mejor que puedes/puede hacer, lo que más te/le conviene:

Your best bet would be to avoid the freeway. Lo que más te conviene es evitar la autopista.

betray /bɪ'treɪ/ *v* [tr] **1** traicionar **2 to betray your principles/beliefs etc.** traicionar sus principios/convicciones etc. **3** revelar, delatar

betrayal /bɪ'treɪəl/ *s* traición

better /'betər/ *adjetivo, adverbio, sustantivo & verbo*

• *adj* **1** mejor: *He's applied for a better job.* Ha solicitado un trabajo mejor. | *Your computer is* ***better than*** *mine.* Tu computadora es mejor que la mía.
2 (recuperándose) mejor: *Eva had chicken pox but she's much better now.* Eva estuvo con varicela, pero ahora está mucho mejor. | **to get better** mejorarse: *I hope you get better soon.* Que te mejores (pronto). | **to feel better** sentirse mejor
3 (recuperado) bien (del todo): *Can we go swimming when I'm better?* ¿Podemos ir a la piscina cuando esté bien?
4 to get better mejorar [situación, calidad, etc.]
5 to have seen better days (informal) estar viejo -a [gastado, estropeado]
6 it would be better (to do sth) sería mejor (hacer algo), convendría (hacer algo)
7 the sooner the better/the bigger the better etc. cuanto antes mejor/cuanto más grande mejor etc.

• *adv* **1** mejor: *Caroline knows Paris a lot* ***better than*** *I do.* Caroline conoce París mucho mejor que yo. | *I like this one* ***better***. Me gusta más éste.
2 had better do sth frase usada para dar consejos o hacer advertencias: *It's late; you'd better get changed.* Es tarde, más vale que te cambies. | *Hadn't you better get ready for school?* ¿No deberías prepararte para la escuela?

• *s* **1 to get the better of sb (a)** poder más que alguien [mal genio], vencer a alguien [miedo]: *Curiosity got the better of him and he read Diane's letter.* No pudo con la curiosidad y leyó la carta de Diane. **(b)** ganarle a alguien
2 for the better para mejor

• *v* [tr] **1** superar
2 to better yourself superarse

better 'off *adj* **1** en mejor posición económica **2 you'd/we'd etc. be better off doing sth** te/nos etc. convendría hacer algo | **to be better off without sth/sb** estar mejor sin algo/alguien

between /bɪ'twin/ *preposición & adverbio*

• *prep* **1** entre: *Judy was sitting between Kate and me.* Judy estaba sentada entre Kate y yo. | *Try not to eat between meals.* Trate de no comer entre comidas. | *The project will cost between 10 and 12 million dollars.* El proyecto costará entre 10 y 12 millones de dólares.
2 (en repartos) entre: *Tom divided his money between his three children.* Tom repartió el dinero entre sus tres hijos.
3 (expresando cooperación) entre: *Between the four of us, we managed to lift it.* Entre los cuatro pudimos levantarlo.
4 (al comparar) entre: *What's the difference between the two computers?* ¿Qué diferencia hay entre las dos computadoras?

• *adv* (también **in between**) en el medio: *two houses with a fence between* dos casas con un cerco en el medio | *periods of frantic activity with brief pauses in between* períodos de gran actividad separados por breves pausas ▶ **¿AMONG O BETWEEN?** ver **entre**

beware /bɪ'wer/ *v* [intr] tener cuidado: *We were told to beware of signing anything.* Nos dijeron que tuviéramos cuidado de no firmar nada. | ***Beware of the dog!*** ¡Cuidado con el perro! ▶ Este verbo sólo se usa en el imperativo o el infinitivo.

bewildered /bɪ'wɪldərd/ *adj* desconcertado -a, perplejo -a

bewildering /bɪ'wɪldərɪŋ/ *adj* desconcertante, apabullante

beyond /bɪ'jɑnd/ *preposición & adverbio*

• *prep* **1** del otro lado de, más allá de: *Beyond the mountains was the border territory.* Del otro lado de las montañas estaba la región fronteriza.
2 más allá de: *The ban was extended beyond 1998.* La veda se prolongó más allá de 1998. | *The party went on beyond midnight.* La fiesta siguió hasta pasada la medianoche.
3 (expresando imposibilidad): *The watch was* ***beyond repair***. El reloj no tenía arreglo. | *The salaries they earn are* ***beyond belief***. Los sueldos que ganan son increíbles. | *due to circumstances* ***beyond our control*** debido a circunstancias ajenas a nuestra voluntad
4 it's beyond me (why/how etc.) no puedo entender (por qué/cómo etc.): *It's beyond me why they got married.* No puedo entender por qué se casaron.

• *adv* más allá: *the mountains and the plains beyond* las montañas y la llanura de más allá | *2004 and beyond* 2004 y más allá de esa fecha

bias /'baɪəs/ *s* sesgo, tendencia | **bias against sth/sb** predisposición en contra de algo/alguien, prejuicio en contra de algo/alguien | **bias towards sth/sb** parcialidad a favor de algo/alguien

biased /'baɪəst/ *adj* tendencioso -a, subjetivo -a | **to be biased against sth/sb** estar predispuesto -a en contra de algo/alguien, tener prejuicios contra algo/alguien | **to be biased towards sth/sb** favorecer algo/a alguien

bib /bɪb/ *s* babero

bible /'baɪbəl/ *s* **1 the Bible** la Biblia **2** (ejemplar) biblia **3** (libro valioso) biblia: *the medical students' bible* la biblia de los estudiantes de medicina

¿Quieres información sobre las diferencias entre los **posesivos** en inglés y en español? Lee la explicación en el apartado de gramática.

bibliography /bɪbli'ɑgrəfi/ *s* bibliografía

bicker /'bɪkər/ *v* [intr] discutir, pelearse

bicycle /'baɪsɪkəl/ *s* bicicleta: *Jason was **riding** his **bicycle** out in the street.* Jason montaba en bicicleta por la calle.

bid /bɪd/ *sustantivo & verbo*

• *s* **1** tentativa, intento | **bid to do sth** intento por hacer algo **2** oferta **3 to put in a bid** hacer una oferta

• *v* (pasado & participio **bid**, gerundio **bidding**) [tr/intr] hacer una oferta (de): *We **bid** $5000 for the painting.* Hicimos una oferta de $5000 por el cuadro.

big /bɪg/ *adj* (**-gger**, **-ggest**) **1** grande: *a big red nose* una nariz grande y roja | *How big is their new house?* ¿Cómo es de grande su casa nueva? | *There's a big age difference between them.* Hay una gran diferencia de edad entre ellos. **2** importante, grande: *The big game is on Friday.* El partido importante es el viernes. **3 your big sister/big brother** (informal) tu hermana/hermano mayor **4** (exitoso, conocido) grande: *a big star* una gran estrella | **to be big** tener mucho éxito, ser muy importante: *The group is also big in the United States.* La banda también tiene mucho éxito en Estados Unidos. | **to make it big** triunfar, tener éxito ► **¿BIG O LARGE?** ver **grande**

bigheaded /'bɪghedɪd/ *adj* engreído, creído -a

bigot /'bɪgət/ *s* fanático -a, prejuicioso -a

bigoted /'bɪgətɪd/ *adj* prejuicioso -a, intolerante

bigotry /'bɪgətri/ *s* fanatismo, intolerancia

'big time *s* **the big time** el estrellato

bike /baɪk/ *s* **1** bicicleta, bici: *How old were you when you learned to **ride a bike**?* ¿Cuántos años tenías cuando aprendiste a andar en bicicleta? **2** (informal) moto

biker /'baɪkər/ *s* motociclista, motoquero -a

bikini /bɪ'kini/ *s* bikini

bilingual /baɪ'lɪŋgwəl/ *adj* bilingüe

bill /bɪl/ *sustantivo & verbo*

• *s* **1** cuenta, factura: *a bill for $49.50* una cuenta de $49,50 **2** proyecto de ley **3** AmE billete: *a twenty-dollar bill* un billete de veinte dólares **4** BrE cuenta: *Can we have the bill please?* ¿Nos trae la cuenta, por favor? ► En inglés americano se usa **check** **5 to foot the bill (for sth)** pagar (algo), correr con los gastos (de algo)

• *v* [tr] **1 to be billed as sth** ser promocionado -a como algo **2** pasarle la/una cuenta a, pasarle la/una factura a

billboard /'bɪlbɔrd/ *s* valla publicitaria, espectacular

billfold /'bɪlfould/ *s* AmE billetera, cartera

billiards /'bɪljərdz/ *s pl* billar [que se juega en mesa con buchacas o troneras]

billion /'bɪljən/ *número* (pl **billion** o **billions**) mil millones, un millar de millones: *five billion dollars* cinco mil millones de dólares/cinco millares de millones de dólares ► El plural es **billions** cuando no se menciona una cantidad concreta, como en **billions of years/dollars**

bin /bɪn/ *sustantivo & verbo*

• *s* BrE (para la basura) ► ver **garbage can**

• *v* [tr] (**-nned**, **-nning**) BrE (informal) tirar/botar a la basura

binary /'baɪnəri/ *adj* binario -a

bind /baɪnd/ *verbo & sustantivo*

• *v* [tr] (pasado & participio **bound**) **1** (formal) amarrar, atar **2** (formal) unir [lazos, vínculos] **3** obligar [acuerdo, promesa]

• *s* **1** (informal) plomo, lata [cosa o actividad molesta] **2** lío, apuro, aprieto

binder /'baɪndər/ *s* carpeta

binding /'baɪndɪŋ/ *adj* vinculante

binge /bɪndʒ/ *s* **1** (de comida) comilona, atracón **2** (de bebida) borrachera **3 to go on a binge** **(a)** (de comida) pegarse una comilona/un atracón **(b)** (de bebida) emborracharse

bingo /'bɪŋgou/ *s* bingo

binoculars /bɪ'nɑkjələrz/ *s pl* binoculares: *a pair of binoculars* unos binoculares

biochemical /baɪou'kemɪkəl/ *adj* bioquímico -a

biochemistry /baɪou'kemɪstri/ *s* bioquímica

biodegradable /baɪoudɪ'greɪdəbəl/ *adj* biodegradable

biographer /baɪ'ɑgrəfər/ *s* biógrafo -a

biographical /baɪə'græfɪkəl/ *adj* biográfico -a

biography /baɪ'ɑgrəfi/ *s* (pl **-phies**) biografía

biological /baɪə'lɑdʒɪkəl/ *adj* **1** biológico -a **2 biological warfare/weapons** guerra biológica/armas biológicas **3 biological mother/father** madre biológica/padre biológico

biologist /baɪ'ɑlədʒɪst/ *s* biólogo -a

biology /baɪ'ɑlədʒi/ *s* biología

bird /bərd/ *s* pájaro, ave

bird of 'prey *s* ave de rapiña

biro® /'baɪrou/ *s* BrE ► ver **ballpoint pen**

birth /bərθ/ *s* **1 to give birth (to)** dar a luz (a), parir **2** nacimiento, parto **3** cuna, origen | **by birth** de nacimiento

birthday /'bərθdeɪ/ *s* **1** cumpleaños, cumple: *Happy Birthday!* ¡Feliz cumpleaños! **2 birthday cake** pastel de cumpleaños **birthday card** tarjeta de cumpleaños **birthday party** fiesta de cumpleaños **birthday present** regalo de cumpleaños

birthmark /'bərθmɑrk/ *s* mancha/marca de nacimiento

birthplace /'bərθpleɪs/ *s* lugar de nacimiento, ciudad/pueblo natal

'birth rate *s* tasa de natalidad

biscuit /'bɪskɪt/ *s* **1** AmE bollo parecido a un scon **2** BrE galleta [dulce] ► En inglés americano se usa **cookie** **3** BrE galleta (salada) ▶ En inglés americano se usa **cracker**

bishop /ˈbɪʃəp/ *s* **1** obispo **2** alfil

bit¹ /bɪt/ *s* **1** (informal) **a (little) bit** un poco, un poquitico/poquito: *I'm a bit tired this morning.* Estoy un poco cansada esta mañana. | *Can you turn the radio down a bit?* ¿Puedes bajar un poquitico la radio? | **a bit like** un poco como, medio parecido -a a: *It's a bit like being told you're stupid.* Es un poco como que te digan que eres tonto. **2** (informal) **a bit of** un poco/poquito/poquitico de: *I need a bit of help with this homework.* Necesito que me ayuden un poco con esta tarea. **3 not a bit** para nada: *I don't mind a bit.* No me importa para nada. | *He wasn't a bit sorry.* No le importó para nada. **4** pedacito, trocito: *The floor was covered with bits of glass.* El suelo estaba cubierto de pedacitos de vidrio. | **to fall to bits** caerse a pedazos | **to blow sth to bits** volar algo en pedazos **5 quite a bit** bastante: *She's quite a bit older than me.* Es bastante mayor que yo. **6** (informal) (referido a tiempo) **a bit** un momentico/momentito, un ratico/ratito: *Could you wait a bit?* ¿Puedes esperar un momentico? | **for a bit** un ratico/ratito: *Let's sit here for a bit.* Sentémonos aquí un ratico. | **in a bit** enseguida **7 bit by bit** poco a poco, de a poco **8** (en informática) bit **9** (de un taladro) broca, barrena **10** (para un caballo) freno

bit² pasado de **bite**

bite /baɪt/ *verbo & sustantivo*

- *v* [tr/intr] (pasado **bit**, participio **bitten**) **1** morder: *Watch out for that dog, he bites.* Cuidado con ese perro, que muerde. | *I bit my tongue.* Me mordí la lengua. | *Don't bite your nails.* No te comas las uñas./No te muerdas las uñas. | **to bite into sth** morder algo **2** picar: *She was bitten by a snake.* Le picó una víbora.
- *s* **1** mordisco | **to have/take a bite of sth** pegarle/darle un mordisco a algo **2** picadura, mordedura: *insect bites* picaduras de insectos **3** (informal) **to have a bite (to eat)** comer algo

bitten /ˈbɪtn/ participio de **bite**

bitter /ˈbɪtər/ *adj* **1** amargado -a, resentido -a **2** amargo -a [decepción, derrota, etc.] | **a bitter blow** un duro golpe **3** acérrimo -a [enemigo, lucha] **4** amargo -a [gusto] **5** helado -a, glacial [frío, viento]

bitterly /ˈbɪtərli/ *adv* **1** amargamente | **bitterly disappointed** terriblemente decepcionado -a **2 bitterly cold**: *a bitterly cold wind* un viento helado | *It was bitterly cold.* Hacía muchísimo frío./Hacía un frío glacial.

bitterness /ˈbɪtərnəs/ *s* amargura, resentimiento

biweekly /baɪˈwikli/ *adj* quincenal

bizarre /bɪˈzɑr/ *adj* muy extraño -a, estrafalario -a

black /blæk/ *adjetivo, sustantivo & verbo*

- *adj* **1** negro -a ▶ ver "Active Box" **colors** en **color** **2** (de raza negra) negro -a **3** (sin leche) **black coffee** café negro/tinto/puro | **black tea** té solo/sin leche/puro **4** (muy sucio) negro -a **5** (nefasto) negro -a: *a black day for the nation* un día negro para la nación **6 black humor** humor negro | **black comedy** comedia negra **7 black and blue** lleno -a de moretones
- *s* **1** negro ▶ ver "Active Box" **colors** en **color** **2** (también **Black**) (persona de raza negra) negro -a ▶ Muchas personas consideran que este sustantivo es ofensivo y prefieren usar **black person** **3 in black and white** por escrito
- *v* **black out** desmayarse, perder el conocimiento

blackberry /ˈblækberi/ *s* (pl **-rries**) mora

blackboard /ˈblækbɔrd/ *s* tablero, pizarrón

blackcurrant /ˈblækkɜrənt/ *s* grosella negra

ˌblack ˈeye *s* ojo morado, ojo en tinta, ojo moro

blacklist /ˈblæklɪst/ *sustantivo & verbo*

- *s* lista negra
- *v* [tr] poner en la lista negra

blackmail /ˈblækmeɪl/ *sustantivo & verbo*

- *s* chantaje
- *v* [tr] chantajear

ˌblack ˈmarket *s* mercado negro

blackout /ˈblækaʊt/ *s* (corte de electricidad) apagón

blacksmith /ˈblæksmɪθ/ *s* herrero -a

bladder /ˈblædər/ *s* vejiga

blade /bleɪd/ *s* **1** hoja [de un cuchillo, etc.] **2** brizna [de hierba] **3** paleta, pala [de un ventilador] **4** cuchilla [de un patín] **5** pala [de un remo]

blame /bleɪm/ *verbo & sustantivo*

- *v* [tr] **1** echarle la culpa a, culpar: *They tried to **blame** everything **on** Joey.* Trataron de echarle la culpa de todo a Joey. | *You shouldn't **blame** yourself **for** what happened.* No deberías culparte por lo que pasó. | **to be to blame (for sth)** ser responsable (de algo), tener la culpa (de algo) **2 I don't blame you/him etc.** te/lo etc. entiendo perfectamente, no te/lo etc. culpo
- *s* culpa, responsabilidad: *I always **get the blame**.* Siempre me echan la culpa a mí. | **to take the blame (for sth)** cargar con la culpa (de algo), asumir la responsabilidad (de algo)

bland /blænd/ *adj* **1** (poco interesante) insulso -a, desabrido -a **2** (sin gusto) desabrido -a, soso -a

blank /blæŋk/ *adjetivo & sustantivo*

- *adj* **1** en blanco [página, cheque] **2** virgen [cassette] **3** inexpresivo -a [cara, mirada] **4 to go blank (a)** apagarse [una pantalla] **(b)** (referido a persona): *My mind went blank.* Me quedé en blanco.

• *s* **1** espacio en blanco **2** bala/cartucho de salva **3 to draw a blank** no lograr nada

blanket /ˈblæŋkɪt/ *s* cobija, manta, frazada

blare /bler/, también **blare out** *v* [intr] atronar, estar puesto -a a todo volumen

blasphemy /ˈblæsfəmi/ *s* blasfemia

blast /blæst/ *sustantivo & verbo*

• *s* **1** explosión **2** ráfaga **3 (at) full blast** a todo lo que da/daba, a todo volumen **4 to have a blast** (informal) pasarlo -a muy bien

• *v* [tr] **1** volar [con explosivos] | **to blast a hole/tunnel in sth** abrir un boquete/un túnel en algo **2** acribillar [a balazos, etc.]

blast off despegar [nave espacial]

blatant /ˈbleɪtnt/ *adj* descarado -a, flagrante

blaze /bleɪz/ *sustantivo & verbo*

• *s* **1** incendio **2 a blaze of light/color** una explosión de luz/color **3 a blaze of publicity** un derroche de publicidad

• *v* [intr] **1** arder [fuego] **2** resplandecer

blazer /ˈbleɪzər/ *s* blazer, saco

bleach /blitʃ/ *sustantivo & verbo*

• *s* lejía, blanqueador

• *v* [tr] (3ª pers sing **-ches**) decolorar, blanquear

bleachers /ˈblitʃərz/ *s pl* AmE gradería, gradas

bleak /blik/ *adj* **1** sombrío -a, poco prometedor -a [futuro, perspectivas] **2** inhóspito -a [paisaje, lugar]

bleat /blit/ *v* [intr] balar

bleed /blid/ *v* [intr] (pasado & participio **bled**) sangrar | **to bleed to death** morirse desangrado -a

bleeding /ˈblidɪŋ/ *s* hemorragia

bleep /blip/ *sustantivo & verbo*

• *s* pitido [de un aparato electrónico]

• *v* [intr] sonar [con un pitido], emitir un pitido

bleeper /ˈblipər/ BrE ▶ ver **pager**

blemish /ˈblemɪʃ/ *s* (pl **-shes**) imperfección, marca, machucón

blend /blend/ *verbo & sustantivo*

• *v* **1** [tr] mezclar, combinar: ***Blend** all the ingredients **together**.* Mezcle todos los ingredientes. | *The book blends history and fiction.* El libro combina historia y ficción. **2** [intr] mezclarse, combinarse

blend in **1** armonizar **2** pasar desapercibido -a, no desentonar

• *s* mezcla, combinación

blender /ˈblendər/ *s* licuadora

bless /bles/ *v* [tr] (3ª pers sing **-sses**) **1** bendecir **2 to be blessed with sth** tener la suerte de tener determinado don: *George was blessed with good looks.* George tenía la suerte de ser guapo. **3 bless you!** ¡salud! [cuando alguien estornuda]

blessed /ˈblesɪd/ *adj* **1** bendito -a **2 a blessed relief** un maravilloso alivio

blessing /ˈblesɪŋ/ *s* **1** bendición **2** aprobación, bendición **3 to be a mixed blessing** tener sus pros y sus contras **4 a blessing in disguise** algo que parece malo y resulta ser bueno

blew /blu/ pasado de **blow**

blind /blaɪnd/ *adjetivo, sustantivo & verbo*

• *adj* **1** ciego -a | **to go blind** quedarse ciego -a | **the blind** los ciegos **2 to be blind to sth** ser ciego -a a algo, no ver algo

• *s* persiana

• *v* [tr] **1** encandilar, enceguecer **2** dejar ciego -a

blind ˈdate *s* cita a ciegas [con un desconocido o una desconocida]

blindfold /ˈblaɪndfoʊld/ *verbo & sustantivo*

• *v* [tr] vendarle los ojos a

• *s* venda [en los ojos]

blindly /ˈblaɪndli/ *adj* **1** a ciegas **2** ciegamente

blindness /ˈblaɪndnəs/ *s* ceguera

blink /blɪŋk/ *verbo & sustantivo*

• *v* [tr/intr] parpadear | **to blink your eyes** parpadear

• *s* parpadeo

bliss /blɪs/ *s* dicha, placer

blissful /ˈblɪsfəl/ *adj* maravillosamente placentero -a, delicioso -a

blister /ˈblɪstər/ *s* **1** ampolla [en la piel] **2** burbuja [en una capa de pintura]

blitz /blɪts/ *s* bombardeo, ataque relámpago

blizzard /ˈblɪzərd/ *s* tormenta de nieve, ventisca

bloated /ˈbloʊtɪd/ *adj* hinchado -a, abotagado -a

blob /blɑb/ *s* gota [de algo espeso como pintura]

block /blɑk/ *sustantivo & verbo*

• *s* **1** bloque [de madera, piedra, hielo] **2** AmE cuadra: *The library is four blocks from here.* La biblioteca queda a cuatro cuadras de acá. **3** manzana [de casas] **4** BrE edificio: *a block of flats* un edificio de departamentos/apartamentos **5** grupo [de asientos] **6** porción, bloque [de texto] **7 block booking** reservación grupal/colectiva, reserva grupal/colectiva

• *v* [tr] **1** bloquear [la entrada a un lugar, etc.] | **to block sb's way** obstruirle el paso a alguien **2** (también **block up**) tapar [un desagüe, etc.]: *My nose is blocked.* Tengo la nariz tapada. **3** impedir [la publicación de algo] **4** obstaculizar [un plan] **5** tapar [la luz]

blockade /blɑˈkeɪd/ *sustantivo & verbo*

• *s* bloqueo

• *v* [tr] bloquear [un puerto, una ciudad]

blockage /ˈblɑkɪdʒ/ *s* bloqueo, obstrucción

blockbuster /ˈblɑkbʌstər/ *s* (informal) **1** (película) éxito de taquilla **2** (libro) éxito de ventas

ˌblock ˈcapitals, también **ˌblock ˈletters** *s pl* mayúsculas de imprenta

bloke /blouk/ *s* BrE (informal) tipo

blonde, blond /blɑnd/ *adj & s* rubio -a ▶ También, según región, *mono -a, catire* o *güero -a* ▶ Generalmente se usa **blonde** para mujeres y **blond** para hombres

blood /blʌd/ *s* **1** sangre **2 in cold blood** a sangre fría **3 new blood** sangre nueva/fresca **4 blood group** grupo sanguíneo **blood pressure** presión/tensión (sanguínea) **blood vessel** vaso sanguíneo

bloodshed /ˈblʌdʃed/ *s* derramamiento de sangre

ˈblood sports *s pl* deportes en los que se matan animales

bloodstream /ˈblʌdstrim/ *s* torrente sanguíneo

bloody /ˈblʌdi/ *adjetivo & adverbio*

• ***adj*** (**-dier**, **-diest**) **1** BrE (grosero) de mierda, chingado -a **2** ensangrentado -a

• ***adv*** (**-dier**, **-diest**) BrE (grosero) adverbio que se usa para enfatizar: *That was bloody stupid!* ¡Qué tremenda estupidez!

bloom /blum/ *sustantivo & verbo*

• ***s*** flor | **in bloom** en flor

• ***v*** [intr] florecer

blossom /ˈblɑsəm/ *sustantivo & verbo*

• ***s*** flor(es) [de un árbol o arbusto]

• ***v*** [intr] florecer

blot /blɑt/ *verbo & sustantivo*

• ***v*** [tr] (**-tted**, **-tting**) secar [presionando con un papel secante, un trapo, etc.]
blot sth out 1 borrar algo (de la mente) **2** ocultar/tapar algo

• ***s*** **1** (de tinta, sangre) mancha, manchón **2** (en la reputación de alguien) mancha

blotch /blɑtʃ/ *s* (pl **-ches**) mancha [especialmente en la piel]

blouse /blaus, BrE blauz/ *s* blusa

blow /blou/ *verbo & sustantivo*

• ***v*** (pasado **blew**, participio **blown**) **1** [intr] soplar **2** [intr/tr] mover o moverse por la acción del viento: *The door blew open.* La puerta se abrió con una ráfaga de viento. | *The wind blew his hat off.* El viento le hizo volar el sombrero. **3** [tr] tocar [un silbato, una trompeta, etc.] **4** [intr] sonar [silbato] **5** [intr] quemarse [fusible] **6** [tr] quemar [un fusible] **7 to blow sth apart/to bits** hacer volar algo en pedazos **8 to blow your nose** sonarse la nariz
blow out apagarse [fuego, fósforo/cerillo] **blow sth out** apagar algo
blow over disiparse, pasar [problemas, tormenta]
blow up 1 explotar **2** (informal) (de rabia) explotar **blow sth up 1** volar algo [un edificio, un puente, etc.] **2** inflar algo [un globo/una bomba/una chimbomba] **3** ampliar algo [una foto]

• ***s*** **1** (físico) golpe: ***a blow to/on the head*** un golpe en la cabeza **2** (moral) golpe: ***a blow to his pride*** un golpe para su orgullo **3 to come to blows** llegar a las manos

ˈblow-dry *verbo & sustantivo*

• ***v*** [tr] (3ª pers sing **-dries**) hacerse un brushing [secarse el cabello con secador de mano y cepillo]

• ***s*** (pl **-dries**) brushing

blue /blu/ *adjetivo, sustantivo & sustantivo plural*

• ***adj*** **1** azul ▶ ver "Active Box" **colors** en **color** **2** (informal) deprimido -a **3** (informal) porno, subido -a de tono

• ***s*** **1** azul ▶ ver "Active Box" **colors** en **color** **2 out of the blue** (informal) cuando menos me/se etc. lo esperaba

• **blues** ***s pl*** **1** blues **2 to have the blues** (informal) estar deprimido -a

blueprint /ˈbluprɪnt/ *s* proyecto, modelo (a seguir)

bluff /blʌf/ *verbo & sustantivo*

• ***v*** [tr/intr] engañar, farolear, blofear

• ***s*** bluff, blof

blunder /ˈblʌndər/ *sustantivo & verbo*

• ***s*** error garrafal, metida de pata

• ***v*** [intr] **1** cometer un error, meter la pata **2 to blunder into sth** tropezarse con algo

blunt /blʌnt/ *adjetivo & verbo*

• ***adj*** **1** desafilado -a [tijera, cuchillo] **2** sin punta [lápiz] **3** demasiado directo -a [persona, respuesta, etc.] | **to be blunt with sb** no andarse con vueltas con alguien

• ***v*** [tr] desafilar [un cuchillo, una tijera]

blur /blɜr/ *sustantivo & verbo*

• ***s*** **1** imagen/mancha borrosa **2** recuerdo borroso

• ***v*** (**-rred**, **-rring**) **1** [intr] volverse borroso -a, desdibujarse **2** [tr] volver borroso -a, desdibujar

blurred /blɜrd/ *adj* borroso -a

blurt /blɜrt/ *v* **blurt sth out** soltar algo [un secreto, etc.]

blush /blʌʃ/ *verbo & sustantivo*

• ***v*** [intr] (3ª pers sing **-shes**) ruborizarse, ponerse colorado -a: *He **blushed with pride**.* Se ruborizó de orgullo.

• ***s*** (pl **-shes**) **1** rubor **2** ▶ **blusher**

blusher /ˈblʌʃər/ *s* rubor, colorete [cosmético]

board /bɔrd/ *sustantivo & verbo*

• ***s*** **1** tabla [de madera] **2** tablero [de un juego de mesa] **3** cartelera, tablero [para información] **4** (también **chalkboard**) tablero, pizarrón: *Copy down what I've written on the board.* Copien lo que escribí en el tablero. **5** directorio [de una empresa] **6 on board** a bordo **7 across the board** en general: *an across-the-board pay increase* un aumento de sueldo general **8 half board** BrE media pensión | **full board** pensión completa | **board and lodging** BrE comida y alojamiento ▶ ver también **chopping board, ironing board, surfboard**

• *v* **1** [intr] (formal) embarcarse, embarcar **2** [tr] subir a

board sth up cubrir algo con tablas

boarder /ˈbɔrdər/ *s* **1** estudiante de un colegio internado **2** huésped, pensionista

ˈboarding pass, también **boarding card** *s* tarjeta de embarque, pase de abordar

ˈboarding school *s* (colegio) internado

boast /boust/ *verbo & sustantivo*

• *v* [tr] jactarse de, alardear de, [intr] jactarse, alardear: *He **boasted that** he was the best player.* Se jactaba de ser el mejor jugador.

• *s* alarde

boat /bout/ *s* **1** bote, barca: *There are boats to rent on the lake.* Hay botes para alquilar en el lago. **2** barco | **by boat** en barco: *They crossed to Buenos Aires **by boat**.* Cruzaron a Buenos Aires en barco. ▶ **¿BOAT O SHIP?** ver **barco** **3 to be in the same boat** estar en la misma situación ▶ ver también **motorboat**

bob /bɑb/ *verbo & sustantivo*

• *v* [intr] (**-bbed**, **-bbing**) flotar | **to bob up and down** cabecear [barco]

• *s* melena

bobby /ˈbɑbi/ *s* (pl **-bbies**) BrE (anticuado) policía

bodice /ˈbɑdɪs/ *s* canesú [parte de arriba de un vestido de mujer]

bodily /ˈbɑdl-i/ *adj* corporal | **bodily functions** funciones fisiológicas | **bodily harm** daño físico

body /ˈbɑdi/ *s* (pl **-dies**) **1** (de una persona) cuerpo **2** (muerto) cadáver, cuerpo **3** (organización) organismo, cuerpo **4** (de personas) grupo **5** (de un auto) carrocería **6 a body of evidence** un conjunto de pruebas **7** BrE ▶ ver **bodysuit** **8 body building** fisicoculturismo **body language** lenguaje corporal **body odor** AmE, **body odour** BrE olor a transpiración

bodyguard /ˈbɑdigɑrd/ *s* guardaespaldas

bodysuit /ˈbɑdisut/ *s* AmE body [prenda de mujer elástica, similar a una malla]

bodywork /ˈbɑdiwɜrk/ *s* carrocería, latonería

bog /bɑg/ *sustantivo & verbo*

• *s* pantano, ciénaga

• *v* [tr] **to get bogged down** quedarse empantanado -a

bogus /ˈbougəs/ *adj* falso -a

boil /bɔɪl/ *verbo & sustantivo*

• *v* [tr/intr] hervir: *The kettle's boiling.* El agua está hirviendo. | *boiled rice* arroz hervido

boil away consumirse [hirviendo]

boil down to sth reducirse a algo: *What it boils down to is that he doesn't care.* Todo se reduce a que no le importa.

boil over hervir y derramarse

• *s* **1 to bring sth to a boil** calentar algo hasta que rompa el hervor | **to come to a boil** romper el hervor **2** forúnculo

boiler /ˈbɔɪlər/ *s* caldera [de calefacción, etc.]

boiling /ˈbɔɪlɪŋ/ *adj* hirviendo: *boiling water* agua hirviendo | *I'm boiling!* ¡Me estoy asando!

ˈboiling point *s* punto de ebullición

boisterous /ˈbɔɪstərəs/ *adj* bullicioso -a, alborotado -a

bold /bould/ *adj* **1** osado -a, audaz **2** atrevido -a **3** muy definido -a [raya, forma] **4** enérgico -a [pincelada] **5** vivo -a [color] **6 in bold (type)** en negrita

boldly /ˈbouldli/ *adv* con osadía/audacia

Bolivia /bəˈlɪviə/ *s* Bolivia

Bolivian /bəˈlɪviən/ *adj & s* boliviano -a

bolster /ˈboulstər/ *verbo & sustantivo*

• *v* [tr] (también **bolster up**) fortalecer, aumentar

• *s* almohada [larga y cilíndrica]

bolt /boult/ *sustantivo & verbo*

• *s* **1** pasador, pestillo **2** perno **3 a bolt of lightning** un rayo

• *v* **1** [intr] salir corriendo [una persona] **2** [intr] desbocarse [un caballo] **3** [tr] cerrar con pasador/pestillo **4 to bolt sth to sth** atornillar algo a algo

bomb /bɑm/ *sustantivo & verbo*

• *s* **1** bomba | **to plant a bomb** poner una bomba **2 the bomb** la bomba atómica/de hidrógeno **3 to cost a bomb** BrE (informal) costar un dineral **4 to go like a bomb** BrE (informal) ir/andar a gran velocidad

• *v* **1** [tr] bombardear **2** [intr] (informal) ser un fracaso

bombard /bɑmˈbɑrd/ *v* [tr] **1** bombardear **2 to bombard sb with questions/information** bombardear a alguien con preguntas/información

bombardment /bɑmˈbɑrdmənt/ *s* bombardeo

bomber /ˈbɑmər/ *s* **1** bombardero **2** persona que pone una bomba

bombing /ˈbɑmɪŋ/ *s* **1** bombardeo **2** atentado [consistente en poner una bomba]

bombshell /ˈbɑmʃel/ *s* (informal) bomba: *The news came as a complete bombshell.* La noticia cayó como una bomba.

bond /bɑnd/ *sustantivo, sustantivo plural & verbo*
- *s* **1** lazo, vínculo **2** bono [financiero]
- **bonds** *s pl* ataduras, cadenas
- *v* **1** [tr] adherir, pegar **2** [intr] adherirse, pegarse **3** [intr] trabar vínculos | **to bond with sb** crear lazos afectivos con alguien

bone /boʊn/ *s* **1** hueso **2** espina [de pescado] **3 bone dry** totalmente seco -a

ˈbone ˌmarrow *s* médula (ósea)

bonfire /ˈbɑnfaɪr/ *s* fogata

ˈBonfire ˌNight *s*

> Así se le llama en el Reino Unido a la noche del 5 de noviembre, cuando se hacen fogatas y se tiran fuegos artificiales para conmemorar el intento fallido de Guy Fawkes de volar el parlamento en 1605.

bonnet /ˈbɑnɪt/ *s* **1** gorrito, gorrita [de bebé] **2** BrE capó, capot, cofre ▶ En inglés americano se usa **hood** **3** sombrero [usado antiguamente por las mujeres]

bonus /ˈboʊnəs/ *s* (pl **bonuses**) **1** bonificación, adicional **2** ventaja

bony /ˈboʊni/ *adj* (**-nier**, **-niest**) **1** huesudo -a **2** óseo -a

boo /bu/ *verbo & sustantivo*
- *v* **1** [tr] abuchear **2** [intr] rechiflar
- *s* abucheo, rechifla

ˈbooby trap *s* **1** trampa, broma **2** bomba [oculta en un paquete, un auto, etc.]

book /bʊk/ *sustantivo, sustantivo plural & verbo*
- *s* **1** libro: *a* ***book*** *on Indian cooking* un libro de cocina india **2** cuaderno **3 a book of stamps** un cuadernito de estampillas de correo **4 by the book** según las normas
- **books** *s pl* libros [contables] | **to do the books** llevar los libros/la contabilidad
- *v* **1** [tr/intr] reservar: *I'd like to book a table for four.* Quisiera reservar una mesa para cuatro. **2** [tr] contratar [a un músico, un cantante, etc.] **3 to be booked up/to be fully booked (a)** estar completo -a [hotel, vuelo, etc.] **(b)** tener muchos compromisos **4** [tr] BrE amonestar [en fútbol] ▶ En inglés americano se usa **to yellow-card** **5** [tr] AmE fichar, detener

book into sth to book into a hotel (a) registrarse en un hotel **(b)** reservar una habitación en un hotel

bookcase /ˈbʊk-keɪs/ *s* biblioteca, librero [mueble]

booking /ˈbʊkɪŋ/ *s* reserva, reservación: *I've made a* ***booking*** *for Saturday at 8.* Hice una reserva para el sábado a las 8.

ˈbooking ˌoffice *s* BrE ventanilla (de venta de pasajes/boletos) [en una estación o terminal] ▶ En inglés americano se usa **ticket office**

booklet /ˈbʊklət/ *s* folleto

bookmaker /ˈbʊkmeɪkər/ *s* corredor -a de apuestas

bookmark /ˈbʊkmɑrk/ *sustantivo & verbo*
- *s* **1** (para libros) señalador **2** (en computación) marcador
- *v* [tr] (en computación) insertar un marcador en, agregar a los favoritos

bookseller /ˈbʊkselər/ *s* **1** librería [tienda o empresa] **2** librero -a

bookshelf /ˈbʊkʃelf/ *s* (pl **-shelves**) estante (para libros)

bookstore /ˈbʊkstɔr/ AmE, **bookshop** /ˈbʊkʃɑp/ BrE *s* librería

boom /bum/ *sustantivo & verbo*
- *s* **1** (en economía) boom **2** estruendo
- *v* [intr] **1** (en economía) experimentar un boom **2** retumbar, resonar

boost /bust/ *verbo & sustantivo*
- *v* [tr] **1** aumentar, incrementar **2 to boost sb's morale** levantarle la moral a alguien **3 to boost sb's confidence** darle más confianza en sí mismo -a a alguien
- *s* **1** espaldarazo [para la autoestima, etc.]: *The win was a tremendous* ***boost*** *to the team.* La victoria significó un espaldarazo tremendo para el equipo. **2** estímulo [para la economía] | **to give sb/sth a boost** darle un impulso a alguien/algo

boot /but/ *sustantivo & verbo*
- *s* **1** bota **2** BrE (de un auto) ▶ ver **trunk** **3 to give sb the boot** (informal) **(a)** poner a alguien de paticas/patitas en la calle, echar a alguien (del trabajo) **(b)** dejar a alguien, darle la patada a alguien [en una relación amorosa] ▶ ver también **wellington**
- *v* (también **boot up**) **1** [tr] encender, bootear **2** [intr] encenderse, bootear

booth /buθ/ *s* **1** cabina, caseta **2** reservado [en un restaurante] ▶ ver también **phone booth**

booty /ˈbuti/ *s* botín [de un saqueo, etc.]

booze /buz/ *sustantivo & verbo*
- *s* (informal) trago, bebida (alcohólica)
- *v* [intr] (informal) tomar (bebidas alcohólicas)

border /ˈbɔrdər/ *sustantivo & verbo*
- *s* **1** frontera: *on the border between Bolivia and Peru* en la frontera entre Bolivia y Perú **2** guarda [decorativa] **3** arriate [sección de un jardín, etc. donde se plantan flores y arbustos]
- *v* [tr] **1** bordear **2** limitar con

border on sth ser rayano -a en algo, lindar con algo

borderline /ˈbɔrdərlaɪn/ *adjetivo & sustantivo*
- *adj* **1 to be borderline** estar en el límite

2 a borderline case un caso dudoso

• **s to be on the borderline** estar en la frontera/en el límite [entre dos situaciones]

bore[1] /bɔr/ *verbo & sustantivo*

• *v* [tr] **1** aburrir: *I won't* ***bore*** *you* ***with*** *the details.* No te voy a aburrir con los detalles. **2 to bore a hole** hacer un agujero, hacer una perforación

• *s* **1** (tarea, actividad) fastidio, lata **2** (persona) pesado -a, cansón -ona

bore[2] pasado de **bear**

bored /bɔrd/ *adj* aburrido -a: *I'm so* ***bored with*** *doing the same thing every day.* Estoy tan aburrido de hacer lo mismo todos los días. | **to get bored** aburrirse | **to be bored stiff/to death/to tears** (informal) morirse de aburrimiento

▶ **¿BORED O BORING?** ver **aburrido**

boredom /ˈbɔrdəm/ *s* aburrimiento

boring /ˈbɔrɪŋ/ *adj* aburrido -a: *She thinks school is boring.* La escuela le parece aburrida. ▶ **¿BORED O BORING?** ver **aburrido**

born /bɔrn/ *adj* **1 to be born** nacer: *I was born on Christmas Day.* Naci el día de Navidad. **2** nato -a

borne /bɔrn/ participio de **bear**

borough /ˈbɜroʊ/ *s* ciudad pequeña o parte de una ciudad grande que tiene su propia municipalidad

borrow /ˈbɑroʊ/ *v* [tr/intr] ▶ ver recuadro

boss /bɔs/ *sustantivo & verbo*

• *s* (pl **bosses**) **1** jefe -a **2 to be (the) boss** (informal) ser el/la que manda: *You have to let the horse know who's boss.* Tienes que hacerle saber al caballo quién es el que manda.

• *v* [tr] (también **boss around**) mandonear

bossy /ˈbɔsi/ *adj* (**-ssier**, **-ssiest**) mandón -ona

boˌtanical ˈgarden *s* jardín botánico

botany /ˈbɑtn-i/ *s* botánica

both /boʊθ/ *adj*, **1** los/las dos, ambos -as: *He broke both legs.* Se quebró ambas piernas. | *Hold it in both hands.* Sujétalo con las dos manos. | *They both started speaking at the same time.* Los dos empezaron a hablar al mismo tiempo. | *Jim and I both love dancing.* Tanto a Jim como a mí nos encanta bailar. | *I can't decide – I'll take both of them.* No me puedo decidir, me llevo los dos. **2 both ... and ...** tanto ... como ...: *Both Tony and Rita agree with me.* Tanto Tony como Rita están de acuerdo conmigo. | *The book is both funny and moving.* El libro es divertido y emotivo a la vez.

bother /ˈbɑðər/ *verbo & sustantivo*

• *v* **1** [tr] molestar: *Sorry to bother you, but do you know what time it is?* Perdone que lo moleste pero ¿tiene hora? **2** [tr] preocupar: *Going on my own doesn't bother me.* Ir sola no me preocupa. **3** [intr] molestarse: *"Should I wait for you?" "No, don't bother."* –¿Te espero? –No, no te molestes. | **to bother to do sth/to bother doing sth** molestarse en hacer algo: *She didn't even bother to call.* Ni se molestó en llamar. | *I never bother locking the door.* Nunca me molesto en cerrar la puerta con llave. **4 I/he etc. can't be bothered** (informal) me/le etc. da pereza: *I ought to go and see her but I can't be bothered.* Tendría que ir a verla, pero me da pereza. **5 I'm/he's etc. not bothered** (informal) me/le etc. da igual, no me/le etc. preocupa

• *s* problema(s), inconveniente(s) | **it's no bother** no es molestia

> **borrow**
>
> **1** Para contar que pedimos algo prestado y nos lo prestaron:
>
> *I borrowed Martin's camera.* Le pedí prestada la cámara a Martin. | *The costume's not mine. I* ***borrowed*** *it* ***from*** *a friend.* El disfraz no es mío. Me lo prestó un amigo. | *They* ***borrowed*** *money* ***from*** *the bank.* Pidieron un préstamo en el banco.
>
> **2** Para pedir algo prestado:
>
> *Can I borrow the car?* ¿Me prestas el carro?
>
> **3** Para hablar de préstamos de una biblioteca:
>
> *You can borrow up to six books.* Puedes sacar hasta seis libros.

bottle /ˈbɑtl/ *sustantivo & verbo*

• *s* **1** (de leche, cerveza, vino) botella **2** (de perfume, champú) frasco **3** mamadera, tetero, mamila

• *v* [tr] embotellar

> **A milk/wine bottle** designa una botella para leche o vino, que puede estar vacía. **A bottle of milk/wine** hace referencia a una botella llena de leche o vino o al contenido de la misma.

ˈbottle bank *s* BrE contenedor de vidrio

bottleneck /ˈbɑtlnek/ *s* cuello de botella

bottom /ˈbɑtəm/ *sustantivo, sustantivo plural & adjetivo*

• *s* **1** (de una escalera, una colina, una página) pie: *He was standing* ***at the bottom of*** *the stairs.* Estaba parado al pie de la escalera. | *Write your name* ***at the bottom.*** Escribe tu nombre abajo. **2** (de un objeto) parte de abajo **3** (del mar, de un lago, de un recipiente) fondo: *It sank to the bottom of the lake.* Cayó al fondo del lago. **4** (en una lista, una jerarquía) último lugar: *The team is* ***at the bottom of*** *the league.* El equipo está en el último lugar en la clasificación. | *He is bottom of the class.* Es el último de la clase. **5** (de un jardín) fondo **6** (nalgas) trasero, cola **7 to get to the bottom of sth** llegar al fondo de algo

• **bottoms** *s pl* pantalones [de pijama, etc.]

• *adj* **1** de abajo, inferior: *the bottom shelf* el estante de abajo | *the bottom right-hand corner* *of the page* el ángulo inferior derecho de la página **2** último -a: *They're in the bottom three in the league.* Están entre los tres últimos en la clasificación.

bought /bɔt/ pasado & participio de **buy**

boulder /'bouldər/ *s* roca [grande y redondeada]

bounce /bauns/ *verbo & sustantivo*

• *v* **1** [intr] rebotar, botar, picar, [tr] hacer rebotar/botar/picar: *The ball* ***bounced off*** *the roof into the next yard.* La pelota rebotó contra el techo y cayó en el jardín de al lado. | *I was* ***bouncing*** *the ball* ***against*** *the wall.* Estaba haciendo picar la pelota contra la pared. **2** [intr] saltar, pegar un salto **3** [intr] referido a un cheque sin fondos: ser devuelto impago

bounce back recuperarse [de un contratiempo]

• *s* rebote, bote

bouncer /'baunsər/ *s* gorila, sacabullas [que cuida la entrada de una discoteca o un bar]

bouncy /'baunsi/ *adj* (**-cier**, **-ciest**) alegre, lleno -a de vida [persona, personalidad]

bound[1] /baund/ *adjetivo, verbo & sustantivo*

• *adj* **1 to be bound to do sth** frase que expresa que algo es muy probable: *He's bound to forget.* Seguro que se olvida. | *It was bound to happen sooner or later.* Tarde o temprano tenía que pasar. **2** obligado -a: *I felt bound to tell him what was going on.* Me sentí obligada a contarle lo que estaba pasando. **3 bound for** con rumbo a

• *v* [intr] desplazarse dando pasos o saltos largos

• *s* gran salto

bound[2] pasado & participio de **bind**

boundary /'baundəri/ *s* (pl **-ries**) límite, frontera: *the city boundary* el límite de la ciudad | *the boundaries of technology* las fronteras de la tecnología

bounds /baundz/ *s pl* **out of bounds** frase que expresa que no está permitido el acceso a un lugar: *This office is* ***out of bounds*** *to students.* A los alumnos no se les permite la entrada a esta oficina.

bouquet /bou'keɪ/ *s* **1** (de flores) bouquet, ramo **2** (del vino) bouquet, aroma

bourgeois /bur'ʒwɑ/ *adjetivo & sustantivo*

• *adj* burgués -esa

• *s* (pl **bourgeois**) burgués -esa

bout /baut/ *s* **1** período | **a bout of depression** un período de depresión | **a bout of the flu** una gripe, una gripa **2** pelea, combate [de boxeo]

bow[1] /bau/ *verbo & sustantivo*

• *v* **1** [intr] saludar [con una reverencia], inclinarse [para saludar] **2 to bow your head** agachar la cabeza

• *s* **1** reverencia, venia, caravana | **to take a bow** saludar [un artista al público] **2** (también **bows**) proa

bow[2] /bou/ *s* **1** moño, rosa | **to tie sth in a bow** atar algo con un moño/una rosa **2** (para flechas) arco **3** (de violín) arco

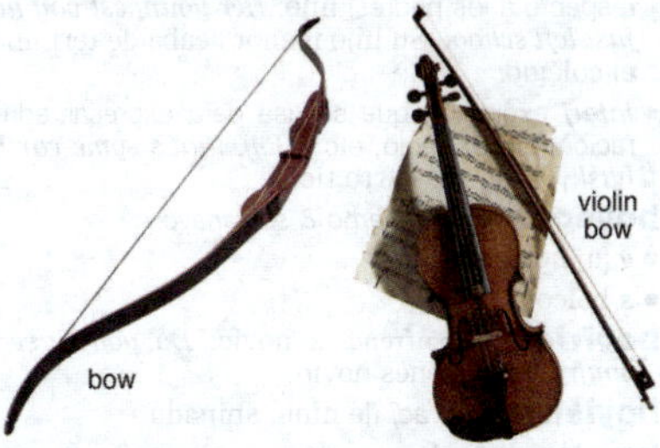

bowel /'bauəl/ *s* intestino

bowl /boul/ *sustantivo, sustantivo plural & verbo*

• *s* **1** (recipiente) tazón, bol **2** (también **bowlful**) (contenido) tazón, bol: *a bowl of rice/soup* un tazón de arroz/sopa **3** (grande, de plástico) palangana ► ver también **sugar bowl**

• **bowls** *s pl* BrE (deporte) bochas, bolos | **to play bowls** jugar bochas/bolos

• *v* [tr/intr] **1** lanzar [en cricket, etc.] **2 to go bowling** ir a jugar bowling/bolos/boliche

bowler /'boulər/ *s* **1** lanzador -a [en cricket] **2** (también **bowler hat**) BrE sombrero de hongo, bombín

bowling /'boulɪŋ/ *s* **1** bowling, bolos, boliche **2 bowling alley** cancha de bowling/bolos/boliche, bolera **bowling green** cancha de bochas

bow tie /'bou taɪ/ *s* corbata de moño, corbata de humita, corbatín

box /bɑks/ *sustantivo & verbo*

• *s* (pl **-xes**) **1** caja: *a cardboard box* una caja de cartón | *a box of chocolates* una caja de chocolates/bombones **2** casilla, casillero: *Check the box.* Ponga una señal en la casilla. **3** (también **telephone box**) BrE ► ver **phone booth** **4** palco **5** casilla de correo **6** área [en fútbol] **7 the box** (informal) la tele

• *v* (3ª pers sing **-xes**) **1** [intr] boxear **2** [tr] (también **box up**) embalar

boxer /'bɑksər/ *s* boxeador -a, peleador -a

'boxer ,shorts, también **boxers** /'bɑksərz/ *s pl* calzoncillo(s), interiores, calzones: *a pair of boxer shorts* unos calzoncillos

boxing /'bɑksɪŋ/ *s* **1** box, boxeo **2 boxing gloves** guantes de box

'Boxing Day *s* Así se le llama al 26 de diciembre, feriado nacional en Inglaterra y Gales

'box ,office *s* boletería [de un teatro, un cine, etc.]

boy /bɔɪ/ *sustantivo & interjección*

• *s* **1** niño, chico, varón: *a boy of about nine* un

¿Se dice *on the table* o *in the table*? Mira la entrada **en**.

niño de unos nueve años | *Their last child was a boy.* Su último hijo fue un varón. | *a little boy* un niñito **2** (joven) muchacho, chico **3** (con respecto a los padres) hijo: *Her youngest boy has just left school.* Su hijo menor acaba de terminar el colegio.

• ***interj*** expresión que se usa para expresar admiración, alivio, enojo, etc.: *Boy, that's some car he has!* ¡Vaya, qué carro tiene!

boycott /'bɔɪkɑt/ *verbo & sustantivo*

• ***v*** [tr] boicotear

• ***s*** boicot

boyfriend /'bɔɪfrend/ *s* novio: *Do you have a boyfriend?* ¿Tienes novio?

boyish /'bɔɪ-ɪʃ/ *adj* de niño, aniñado

ˌboy 'scout *s* boy scout

bra /brɑ/ *s* sostén [prenda femenina], brasier

brace /breɪs/ *sustantivo, sustantivo plural & verbo*

• ***s*** (también **braces**) [pl] aparato(s), fierros, frenillos [para los dientes]

• **braces** ***s pl*** BrE (para pantalones) ► ver **suspenders**

• ***v*** **to brace yourself** prepararse [para algo desagradable]

bracelet /'breɪslət/ *s* pulsera, brazalete

bracket /'brækɪt/ *sustantivo & verbo*

• ***s*** **1** ménsula, soporte [de un estante, etc.] **2** AmE corchete: *in brackets* entre corchetes **3** BrE paréntesis ► En inglés americano se usa **parenthesis**

• ***v*** [tr] **1** AmE poner entre corchetes **2** BrE poner entre paréntesis

brag /bræg/ *v* [tr/intr] (**-gged**, **-gging**) fanfarronear, fantochear: *He was **bragging about** his new car.* Estaba fanfarroneando hablando de su carro nuevo.

braid /breɪd/ *s* **1** galón, cinta **2** AmE trenza

braille /breɪl/ *s* braille

brain /breɪn/ *s* **1** (órgano) cerebro **2** (también **brains**) [pl] (mente) cabeza, cerebro: *Use your brain!* ¡Usa la cabeza! **3 to have sth on the brain** (informal) no poder sacarse algo de la cabeza **4 brain damage** daño cerebral **brain tumor** AmE, **brain tumour** BrE tumor cerebral

brainstorm /'breɪnstɔrm/ AmE, **brainwave** /'breɪnweɪv/ BrE *s* idea brillante

brainwash /'breɪnwɑʃ/ *v* [tr] (3ª pers sing **-shes**) lavarle el cerebro a

brainy /'breɪni/ *adj* (**-nier**, **-niest**) (informal) inteligente

brake /breɪk/ *sustantivo & verbo*

• ***s*** freno

• ***v*** [intr] frenar

bramble /'bræmbəl/ *s* zarza [de las moras]

bran /bræn/ *s* salvado [de trigo, etc.]

branch /bræntʃ/ *sustantivo & verbo*

• ***s*** (pl **-ches**) **1** (de un árbol) rama **2** (de un comercio) sucursal **3** (de una familia) rama **4** (de una disciplina) área, rama

• ***v*** (3ª pers sing **-ches**) **branch off** salir, abrirse [de una carretera principal] **branch out** diversificarse, diversificar nuestras/sus etc. actividades

brand /brænd/ *sustantivo & verbo*

• ***s*** marca: *What brand of soap do you use?* ¿Qué marca de jabón usas? ► **¿BRAND O MAKE?** ver **marca**

• ***v*** [tr] **1 to brand sb (as) sth** tildar a alguien de algo, ponerle a alguien la etiqueta de algo: *He was branded a troublemaker.* Le pusieron la etiqueta de revoltoso. **2** marcar [el ganado]

brandish /'brændɪʃ/ *v* [tr] (3ª pers sing **-shes**) blandir

ˌbrand-'new *adj* flamante, nuevo -a

brandy /'brændi/ *s* (pl **-dies**) brandy, coñac

brash /bræʃ/ *adj* que demuestra excesiva confianza en sí mismo, habla fuerte, etc.

brass /bræs/ *s* **1** latón, bronce [para herrajes, etc.] **2 the brass (section)** los bronces, los metales [en una orquesta] **3 brass band** banda (de música) [compuesta mayormente por bronces]

brat /bræt/ *s* (informal) mocoso -a

bravado /brə'vɑdoʊ/ *s* bravuconería

brave /breɪv/ *adjetivo & verbo*

• ***adj*** valiente

• ***v*** [tr] hacerle frente a

bravely /'breɪvli/ *adv* valientemente

bravery /'breɪvəri/ *s* valentía, valor

brawl /brɔl/ *s* pelea, gresca

Brazil /brə'zɪl/ *s* Brasil

Brazilian /brə'zɪliən/ *adj & s* brasilero -a, brasileño -a

breach /britʃ/ *sustantivo & verbo*

• ***s*** (pl **-ches**) **1** violación, infracción | **to be in breach of sth** haber infringido algo | **a breach of security** una violación del sistema de seguridad **2** ruptura, brecha

• ***v*** [tr] (3ª pers sing **-ches**) **1** violar, infringir **2** abrir una brecha en

bread /bred/ *s* pan: *whole wheat bread* pan integral | *white bread* pan blanco | *brown bread* pan negro | *a loaf of bread* un pan | *a slice of bread* una rebanada de pan | *bread and butter* pan con mantequilla

breadcrumbs /'bredkrʌmz/ *s pl* pan rallado/molido, migas de pan

breadth /bredθ/ *s* ancho, anchura | **five meters/three feet etc. in breadth** cinco metros/tres pies etc. de ancho

breadwinner /'bredwɪnər/ *s* sostén del hogar

break /breɪk/ *verbo & sustantivo*

• *v* (pasado **broke**, participio **broken**) **1** (en pedazos) [tr] romper, partir, [intr] romperse, partirse: *He broke a window.* Rompió una ventana. | *The branch broke under his weight.* La rama se partió bajo su peso. | **to break sth in two/in half** partir algo en dos/por la mitad | **to break your leg/arm etc.** romperse la pierna/el brazo etc.
2 (hablando de máquinas, mecanismos) [tr] dañar, descomponer, [intr] dañarse, descomponerse: *He's broken the computer.* Ha dañado la computadora. | *My watch has broken.* Se me ha descompuesto el reloj.
3 to break the law violar la ley
4 to break a promise no cumplir una promesa | **to break your word** no cumplir con su palabra
5 to break even recuperar los gastos [no tener ni ganancias ni pérdidas]
6 to break loose/free (a) soltarse **(b)** liberarse
7 to break a record batir/romper un récord
8 dawn/the day was breaking estaba amaneciendo
9 [intr] hacerse público -a [noticia, escándalo]
10 [intr] desatarse [tormenta]
11 [intr] cambiar [la voz de un varón durante la pubertad]
12 [intr] romper [olas]

PHRASAL VERBS

break away **1** soltarse **2 to break away from sb (a)** despegarse de alguien, adelantarse a alguien [en una carrera] **(b)** escapársele a alguien **3** separarse, escindirse
break down **1** vararse, descomponerse, averiarse: *The car broke down.* Se varó el auto. **2** fracasar: *Their marriage broke down.* Su matrimonio fracasó. **3** ponerse a llorar, quebrarse
break sth down derribar algo: *They had to break the door down.* Tuvieron que derribar la puerta.
break in **1** entrar [forzando la entrada] **2** interrumpir
break into sth **1 to break into a house/a store etc.** entrar en una casa/una tienda etc. [forzando la entrada] **2 to break into a run** echarse/largarse a correr | **to break into a gallop/trot** empezar a galopar/a trotar **3** introducirse/ingresar en algo [en un mercado, un área de actividad]
break off interrumpirse, parar **break sth off** **1** cortar algo [con la mano]: *I broke off a piece of cheese.* Corté un pedazo de queso. **2** romper algo [un compromiso, relaciones diplomáticas, etc]
break out **1** estallar [guerra, epidemia] **2 I broke out in spots/in a rash** me salieron granos/me salió un sarpullido **3** escaparse
break through sth abrirse paso a través de algo, atravesar algo
break up **1** romperse [en pedazos], deshacerse **2** terminar(se) [fiesta, reunión] **3** dispersarse [multitud] **4** separarse [pareja] **5** fracasar [matrimonio] **6** desintegrarse [familia] **7** romper, terminar, tronar [con el novio o la novia]: *Elizabeth has broken up with her boyfriend.* Elizabeth rompió con su novio. **8** BrE terminar [las clases] **break sth up** **1** romper algo en pedazos **2** dividir algo **3** disolver [una manifestación] **4 to break up a fight** separar a personas que se están peleando

• *s* **1** pausa, descanso: *I worked five hours without a break.* Trabajé cinco horas sin parar. | **to have/take a break** hacer una pausa, tomarse un descanso
2 vacaciones [de pocos días]: *Are you doing anything over the Easter break?* ¿Vas a hacer algo para las vacaciones de Semana Santa?
3 pausa, corte: *a break in the conversation* una pausa en la conversación
4 claro, espacio [en un bosque, etc.]
5 fractura, rotura
6 (también **break time**) BrE recreo ▶ En inglés americano se usa **recess**
7 (informal) oportunidad | **my/his etc. lucky break** mi/su etc. oportunidad
8 give me a break! ¡déjame en paz!
9 to make a break for it tratar de escaparse

breakage /ˈbreɪkɪdʒ/ *s* objeto que se ha roto: *All breakages must be paid for.* Se deberá pagar todo lo que se rompa.

breakdown /ˈbreɪkdaʊn/ *s* **1** ruptura, colapso **2** falla, descompostura [mecánica], varada: *They had a* ***breakdown*** *on the way to the airport.* Se les averió el auto camino al aeropuerto. **3** (también **nervous breakdown**) colapso nervioso | **to have/suffer a breakdown** tener/sufrir un colapso nervioso, tener/sufrir una crisis nerviosa **4** (de un gasto, un costo) análisis de un monto total desglosado rubro por rubro

breakfast /ˈbrekfəst/ *s* **1** desayuno | **to have breakfast** desayunar, tomar el desayuno: *I haven't had breakfast yet.* Todavía no he desayunado. | **to have sth for breakfast** desayunar algo: *I have coffee and cereal for breakfast.* Desayuno café y cereales. **2 breakfast television** BrE programas de televisión emitidos a la mañana temprano **3 breakfast time** (hora del) desayuno

ˈbreak-in *s* robo [cuando los ladrones entran por la fuerza a un edificio]

breakthrough /ˈbreɪkθruː/ *s* paso adelante, avance | **to make a (major) breakthrough** dar un (gran) paso adelante

ˈbreak-up *s* **1** ruptura, separación [de una relación, un matrimonio] **2** disolución [de una organización, un estado]

breast /brest/ *s* **1** (de una mujer) pecho **2** (de un pájaro) pecho **3** (como alimento) pechuga: *a chicken breast* una pechuga de pollo **4 breast cancer** cáncer de mama

breaststroke /ˈbreststrəʊk/ *s* (estilo) pecho | **to do (the) breaststroke** nadar (estilo) pecho

breath /breθ/ *s* **1** aliento | **to be out of breath** estar sin aliento | **to hold your breath** contener la respiración | **to get your breath back** recobrar el aliento | **bad breath** mal aliento **2 to take a breath** respirar [inhalar], tomar aliento: *I took a deep breath and dove in.* Respiré hondo y me sumergí. **3 a breath of fresh air (a)** una bocanada de aire fresco **(b)** un soplo de aire fresco **4 to take sb's breath away** quitarle el aliento a alguien, dejar a alguien sin aliento **5 under your breath** entre dientes **6 breath test** prueba de (la) alcoholemia, prueba de alcohol, alcohotest

breathe /brið/ *v* **1** [tr/intr] respirar **2 to be breathing down sb's neck** estarle todo el tiempo encima a alguien
breathe in tomar aire, inhalar **breathe in sth to breathe in the fresh air/sea air etc.** respirar el aire fresco/aire de mar etc.
breathe out exhalar

breathing /ˈbriðɪŋ/ *s* **1** respiración **2 breathing space** respiro

breathless /ˈbreθləs/ *adj* sin aliento

breathtaking /ˈbreθteɪkɪŋ/ *adj* impresionante, que quita el aliento

breed /brid/ *verbo & sustantivo*
• *v* (pasado & participio **bred**) **1** [intr] reproducirse [animales] **2** [tr] criar [animales], cultivar [plantas] **3** [tr] engendrar, generar [violencia, resentimiento, etc.]
• *s* **1** (de animal) raza **2** (de planta) variedad **3** (de computadoras, celulares, etc.) generación **4** (de persona) especie

breeder /ˈbridər/ *s* criador -a

breeding /ˈbridɪŋ/ *s* **1** reproducción [de animales] **2** cría [de animales para reproducción]

breeze /briz/ *s* brisa

brew /bru/ *v* **1 to be brewing** avecinarse [tormenta, crisis] **2** [tr] elaborar [cerveza] **3** [tr] preparar, hacer [té, café] **4** [intr] reposar, hacerse [té, café]

brewery /ˈbruəri/ *s* (pl **-ries**) fábrica de cerveza, cervecería

bribe /braɪb/ *sustantivo & verbo*
• *s* soborno, mordida, coima
• *v* [tr] sobornar, morder, coimear: *They bribed him to keep quiet about it.* Lo sobornaron para que no dijera nada.

bribery /ˈbraɪbəri/ *s* soborno, coima

brick /brɪk/ *sustantivo & verbo*
• *s* **1** ladrillo **2** BrE cubo, bloque [juguete]
• *v* **brick sth up** tapiar algo, tabicar algo

bridal /ˈbraɪdl/ *adj* **1 bridal gown** vestido/traje de novia **2 bridal suite** suite nupcial **3 bridal wear** ropa para novias

bride /braɪd/ *s* novia [en una boda] | **the bride and groom** los novios

bridegroom /ˈbraɪdgrum/ *s* novio [en una boda]

bridesmaid /ˈbraɪdzmeɪd/ *s* dama de honor que acompaña a la novia en una boda

bridge /brɪdʒ/ *sustantivo & verbo*
• *s* **1** puente **2** (de un barco) puente (de mando) **3 the bridge of your nose** el puente/caballete de la nariz **4** (juego) bridge
• *v* [tr] **1 to bridge the gap between sth and sth** sortear/reducir la brecha entre algo y algo **2** hacer un puente sobre

bridle /ˈbraɪdl/ *s* brida

brief /brif/ *adjetivo & verbo*
• *adj* **1** breve: *He paid us a brief visit.* Nos hizo una breve visita. **2 to be brief** ser breve: *I know you're busy, so I'll be brief.* Sé que están ocupados, así que voy a ser breve. **3 in brief** en pocas palabras, para resumir
• *v* **to brief sb on sth** informar a alguien sobre algo

briefcase /ˈbrifkeɪs/ *s* portafolio(s), maletín

briefly /ˈbrifli/ *adv* **1** brevemente **2** en pocas palabras, para resumir

briefs /brifs/ *s pl* **1** (de hombre) calzoncillos: *a pair of briefs* unos calzoncillos **2** (de mujer) calzones, pantaletas, pantys: *a pair of briefs* unos calzones/unas pantaletas etc

brigade /brɪˈgeɪd/ *s* brigada

bright /braɪt/ *adj* **1** brillante [luz, destello], luminoso -a, con mucha luz [habitación]: *a bright sunny day* un día de sol radiante **2** fuerte, vivo [color]: *bright red lipstick* lápiz de labios rojo fuerte/intenso **3** inteligente **4** brillante [idea]: *Whose bright idea was this?* ¿Quién tuvo esta brillante idea? **5** alegre [personalidad, sonrisa] **6** promisorio -a, brillante [futuro]

brighten /ˈbraɪtn/, también **brighten up** *v* **1** [intr] salir el sol, despejarse [tiempo, cielo] **2** [tr] alegrar [una casa, un cuarto] **3** [intr] alegrarse [persona, cara]

brightly /ˈbraɪtli/ *adv* **1** con mucha luz: *a brightly lit street* una calle muy iluminada | *The sun shone brightly.* El sol brillaba fuerte. **2 brightly colored** de colores vivos | **brightly painted** pintado -a de colores vivos **3** alegremente

brightness /ˈbraɪtnəs/ *s* brillo

brilliance /ˈbrɪljəns/ *s* **1** (de una persona) brillantez **2** (de un astro, una luz) brillo, resplandor

brilliant /ˈbrɪljənt/ *adj* **1** brillante: *a brilliant young violinist* un joven y brillante violinista | **to be brilliant at sth** ser un genio para/en algo **2** BrE (informal) genial: *It was a brilliant party.* Fue una fiesta genial.

brim /brɪm/ *s* **1 to be full to the brim with sth** estar lleno -a hasta el borde de algo, estar rebosante de algo **2** ala [de un sombrero]

bring /brɪŋ/ *v* [tr] (pasado & participio **brought**) **1** traer: *I forgot to bring an umbrella.* Me olvidé de traer paraguas. | *Could you bring me a glass of water?* ¿Me podrías traer un vaso de agua? ▶ En inglés también se usa **bring** cuando en español usaríamos *llevar,* como en el siguiente ejemplo: *He asked me to bring him a glass of water.* Me pidió que le llevara un vaso de agua. | **to bring sth with you** traer/llevar algo: *Bring your dictionaries with you tomorrow.* Traigan los diccionarios mañana. | **to bring sb with you** ir/venir con alguien: *Jenny brought her new boyfriend with her.* Jenny vino con su nuevo novio. ▶ **¿BRING O TAKE?** ver **llevar**
2 causar: *He's brought nothing but trouble.* No ha causado más que problemas.
3 (hacer venir) traer: *What brings you here?* ¿Qué te trae por aquí?
4 to bring yourself to do sth frase que se usa con "can't" o "couldn't" para expresar que alguien no tiene o no tuvo el valor de hacer algo: *I can't bring myself to touch it.* No me atrevo a tocarlo. | *She couldn't bring herself to tell him the truth.* No se atrevió a decirle la verdad.
5 to bring sth to sb's attention/notice hacerle ver/saber algo a alguien

PHRASAL VERBS

bring sb around hacer volver en sí a alguien

bring sth back **1** traer algo, volver con algo: *He brought some wonderful presents back from Egypt.* Trajo unos regalos fabulosos de Egipto. **2** traer algo de vuelta, regresar algo **3** volver a implantar/introducir algo **4 to bring back memories** traer recuerdos

bring sth down **1** bajar algo [del piso de arriba] **2 to bring down prices/taxes etc.** bajar los precios/los impuestos etc. **3 to bring down the government** derribar/derrocar al gobierno **4 to bring a plane down (a)** (con artillleria) derribar un avión **(b)** (piloto) aterrizar un avión

bring sth forward adelantar algo [un viaje, una reunión, etc.]

bring sth in **1** entrar algo, traer algo [adentro] **2 to bring in a law/system etc.** introducir una ley/un sistema etc. **bring in sth** dejar algo [dinero] **bring sb in** **1** hacer pasar/entrar a alguien **2** llamar/hacer venir a alguien

bring sth on causar/provocar algo [un dolor, una crisis]

bring sth out **1** sacar algo [de un recipiente, del bolsillo, etc] **2** sacar algo [a la venta] **3** realzar/resaltar algo **4 to bring out the best/worst in sb** hacer aflorar las mejores/peores cualidades de alguien

bring sb round ▶ ver **bring sb around**

bring sb together juntar/unir a alguien

bring sth up **1** sacar (a relucir) algo, mencionar algo: *Why did you have to bring that up?* ¿Por qué tuviste que sacar eso a relucir? **2** vomitar algo **bring sb up** criar/educar a alguien: *He was brought up in Chile.* Se crió en Chile. | *She was brought up as a Catholic.* Tuvo una educación católica. | **well/badly brought up** bien/mal educado -a

brink /brɪŋk/ *s* **to be on the brink of sth** estar al borde de algo, estar a punto de hacer algo

brisk /brɪsk/ *adj* enérgico -a, rápido -a

bristle /ˈbrɪsəl/ *s* **1** (de la barba) pelo **2** (de un cepillo) cerda

Britain /ˈbrɪtn/ *s* Gran Bretaña

British /ˈbrɪtɪʃ/ *adjetivo & sustantivo*
• *adj* británico -a
• *s* **the British** los británicos

Briton /ˈbrɪtn/ *s* (formal) británico -a

brittle /ˈbrɪtl/ *adj* quebradizo -a, frágil

broach /broʊtʃ/ *v* [tr] (3ª pers sing **-ches**) **to broach the subject/matter** sacar el tema

broad /brɔd/ *adj* **1** ancho -a [hombros, caderas, río] **2** amplio -a [espectro, gama] **3** amplio -a [definición, sentido]: *He gave us a broad outline of his plan.* Nos explicó el plan en líneas generales. **4 a broad grin/smile** una amplia sonrisa, una sonrisa de oreja a oreja **5 in broad daylight** a plena luz del día ▶ **¿BROAD O WIDE?** ver **ancho**

ˌbroad ˈbean *s* BrE haba ▶ En inglés americano se usa **fava bean**

broadcast /ˈbrɔdkæst/ *v* (pasado & participio **broadcast**) [tr/intr] transmitir [por radio o televisión]

broadcaster /ˈbrɔdkæstər/ *s* locutor -a, presentador -a

broadcasting /ˈbrɔdkæstɪŋ/ *s* televisión, radiodifusión

broaden /ˈbrɔdn/ *v* **1** [tr] ampliar [los conocimientos o la experiencia de alguien] **2** [intr] (también **broaden out**) ensancharse

broadly /ˈbrɔdli/ *adj* en líneas generales, en general | **broadly speaking** (hablando) en términos generales

ˈbroad-ˌminded *adj* de mentalidad abierta, abierto -a

broccoli /ˈbrɑkəli/ *s* brócoli, brécol

brochure /broʊˈʃʊr, BrE ˈbroʊʃə/ *s* folleto: *travel brochures* folletos de viaje

broke[1] /broʊk/ *adj* (informal) **1** pelado -a, sin un centavo, quebrado -a **2 to go broke** quebrar, fundirse

broke[2] pasado de **break**

broken[1] /ˈbroʊkən/ *adj* **1** descompuesto -a, roto -a [aparato] **2** roto -a [plato, vidrio, hueso] **3** discontinua [línea] **4 a broken heart** un corazón destrozado/deshecho **5 in broken English/French etc.** en inglés/francés etc.

chapurreado **6 a broken home/marriage** un hogar/matrimonio deshecho

broken

broken² participio de **break**

broker /ˈbroʊkər/ *s* agente, corredor

bronze /brɑnz/ *sustantivo & adjetivo*

- *s* **1** (metal) bronce **2** (obra) bronce [estatua]
- *adj* **1** de bronce **2** dorado -a, de color bronce

brooch /broʊtʃ/ *s* (pl **-ches**) prendedor, broche

brood /brud/ *v* [intr] rumiar [cavilar obsesivamente] | **to brood over/about sth** darle vueltas a algo, rumiar algo

brook /brʊk/ *s* arroyo

broom /brum/ *s* escoba, escobillón

broomstick /ˈbrumstɪk/ *s* escoba [de una bruja]

brother /ˈbrʌðər/ *s* **1** (familiar) hermano: *Does he have any brothers and sisters?* ¿Tiene hermanos? | **elder/older/big brother** hermano mayor | **younger/little brother** hermano menor/hermanito **2** (compañero) hermano **3** (religioso) hermano, monje

brotherhood /ˈbrʌðərhʊd/ *s* hermandad

brother-in-law *s* (pl **brothers-in-law**) cuñado

brought /brɔt/ pasado & participio de **bring**

brow /braʊ/ *s* **1** frente **2** ceja **3 the brow of the hill** la cumbre del cerro

brown /braʊn/ *adjetivo, sustantivo & verbo*

- *adj* **1** Según región y contexto: *carmelito -a, castaño -a, café* o *marrón* ▶ ver "Active Box" **colors en color** **2** moreno -a, bronceado -a | **to go brown** ponerse moreno -a, broncearse **3 brown bread** pan negro **brown paper** papel kraft, papel de estraza, papel café **brown rice** arroz integral **brown sugar** azúcar morena, azúcar moreno
- *s* marrón, café, carmelito ▶ ver "Active Box" **colors en color**
- *v* **1** [tr] dorar, tostar **2** [intr] dorarse, tostarse [alimentos]

Brownie /ˈbraʊni/ *s*

> Así se le llama a una niña que pertenece al grupo de menor edad de las **Girl Scouts** en Gran Bretaña. El grupo en sí se llama **the Brownies**

brownie /ˈbraʊni/ *s* brownie [trozo de pastel de chocolate y nueces]

browse /braʊz/ *v* [intr] **1** mirar, curiosear [en una tienda] **2 to browse through a book/magazine** hojear un libro/una revista

browser /ˈbraʊzər/ *s* browser, navegador ▶ ver también **web browser**

bruise /bruz/ *sustantivo & verbo*

- *s* (en la piel, en la fruta) Según región y contexto: *moretón, magullón, magulladura, morado, machucón* o *mallugadura*
- *v* [tr] magullar, mallugar, machucar, [intr] magullarse, mallugarse, machucarse

brunette /bruˈnet/ *s* morena, morocha

brunt /brʌnt/ *s* **to bear/take the brunt of sth** llevarse la peor parte de algo, ser el más afectado/la más afectada etc por algo

brush /brʌʃ/ *sustantivo & verbo*

- *s* (pl **brushes**) **1** cepillo **2** pincel **3** brocha **4** BrE escoba **5 to give sth a brush** cepillar/barrer algo **6 a brush with death** un roce/un encuentro con la muerte **7 a brush with the law** un roce con la policía
- *v* (3ª pers sing **brushes**) **1** [tr] cepillar(se): *Go and brush your hair.* Ve a cepillarte el pelo. | *He hasn't brushed his teeth.* No se ha lavado los dientes. **2 to brush sth off/away** quitar/sacar algo [con un cepillo o con la mano]: *He brushed his hair out of his eyes.* Se quitó el pelo de los ojos. | *Let me brush that mud off.* Déjame que te quite el barro. **3** [tr] rozar | **to brush against sth/sb** rozar algo/a alguien, pasar rozando algo/a alguien

brush sth aside hacer caso omiso de algo, dejar algo de lado

brush up on sth, también **brush sth up** pulir algo: *I need to brush up my German before I go to Vienna.* Tengo que pulir un poco mi alemán antes de ir a Viena.

brussels sprout /ˈbrʌsəl spraʊt/ *s* repollito de Bruselas, col de Bruselas

brutal /ˈbrutl/ *adj* brutal, cruel

brutality /bruˈtæləti/ *s* brutalidad

brutally /ˈbrutl-i/ *adv* brutalmente

brute /brut/ *sustantivo & adjetivo*

- *s* bestia, bruto -a
- *adj* **brute force** fuerza bruta

B.S. /bi ˈes/ AmE, **BSc** /ˌbi es ˈsi/ BrE *s* (= **Bachelor of Science**)

> Así se le llama al título que otorga una universidad en una carrera científica tras un curso de tres o cuatro años de duración. Equivale aproximadamente a una licenciatura:
>
> *He has a B.S. from Duke University.* Tiene una licenciatura de Duke University.

bubble /ˈbʌbəl/ *sustantivo & verbo*

- *s* **1** burbuja [en un líquido], pompa [de jabón], globo [hecho con un chicle] **2 to blow bubbles** hacer burbujas [en un líquido], hacer globos [con un chicle], hacer pompas (de jabón)

¿Quieres una lista de frases útiles para hablar de ti mismo? Consulta la **guía de comunicación** al final del libro.

3 bubble bath baño de espuma **bubble gum** chicle (bomba), chicle (de globo)
• *v* [intr] borbotear, burbujear | **to bubble up** salir a borbotones

bubbly /ˈbʌbli/ *adj* (**-bblier**, **-bbliest**) lleno -a de vida

buck /bʌk/ *sustantivo & verbo*
• *s* **1** (informal) dólar [estadounidense o australiano] **2 to pass the buck** pasar la pelota **3** ciervo [macho]
• *v* [intr] corcovear
buck sb up (informal) levantarle el ánimo a alguien

bucket /ˈbʌkɪt/ *s* **1** (recipiente) balde, cubeta, tobo **2** (también **bucketful**) (contenido) balde, cubeta, tobo: *a bucket of water* un balde/una cubeta/un tobo de agua **3 to kick the bucket** (informal) estirar la pata

buckle /ˈbʌkəl/ *sustantivo & verbo*
• *s* hebilla [de cinturón, zapatos, etc.]
• *v* **1** (también **buckle up**) [tr] abrochar, [intr] abrocharse **2** [intr] doblarse [piernas] **3** [intr] deformarse, doblarse [metal]

bud /bʌd/ *s* capullo

Buddhism /ˈbudɪzəm/ *s* budismo

Buddhist /ˈbudɪst/ *s & adj* budista

buddy /ˈbʌdi/ *s* (pl **-ddies**) (informal) **1** amigo, compinche, cuate **2** AmE (al dirigirse a un hombre) mano, hermano, güey

budge /bʌdʒ/ *v* (informal) **1** [intr] moverse **2** [tr] mover

budget /ˈbʌdʒɪt/ *sustantivo, verbo & adjetivo*
• *s* presupuesto | **over budget** por encima de lo presupuestado | **to be on a tight budget** tener un presupuesto ajustado
• *v* **to budget for sth** tener algo en cuenta [en la planificación de los gastos]
• *adj* económico -a [barato]

buff /bʌf/ *s* **wine/computer/opera etc. buff** experto -a en vinos/computación/ópera etc.

buffalo /ˈbʌfəlou/ *s* (pl **buffalo** o **buffaloes**) **1** búfalo [africano, asiático] **2** bisonte, búfalo [americano]

buffet¹ /bəˈfeɪ/ *s* buffet

buffet² /ˈbʌfɪt/ *v* [tr] azotar, zarandear [viento, lluvia, etc.]

bug /bʌg/ *sustantivo & verbo*
• *s* **1** (informal) bicho **2** (informal) cualquier bacteria o virus que provoca enfermedades o malestares: *I've got a stomach bug.* Ando mal del estómago. **3** falla [en un programa informático] **4** micrófono [oculto]
• *v* [tr] (**-gged**, **-gging**) **1** (informal) fastidiar **2** poner micrófonos (ocultos) en

buggy /ˈbʌgi/ *s* (pl **-ggies**) **1** AmE cochecito [de bebé] **2** cochecito de paseo, carreola [plegable]

build /bɪld/ *v* (pasado & participio **built**) **1** [tr] construir, hacer: *They're building more homes near the lake.* Están construyendo más casas cerca del lago. | *Mike said he'd build us a closet.* Mike dijo que nos iba a hacer un clóset. **2** [intr] construir: *Are they going to build on this land?* ¿Van a construir en este terreno?
build on sth seguir avanzando sobre la base de algo
build sth up desarrollar algo | **to build your hopes up** hacerse ilusiones
build up to sth preparar el camino para algo

builder /ˈbɪldər/ *s* **1** albañil **2** constructor -a, contratista

building /ˈbɪldɪŋ/ *s* **1** edificio **2** construcción, edificación

ˈbuilding ˌsite *s* obra (en construcción)

ˈbuild-up *s* **1** acumulación **2 build-up of traffic** congestión en el tránsito

built /bɪlt/ pasado & participio de **build**

ˌbuilt-ˈin *adj* **1 built-in closet** clóset **2 built-in oven** horno empotrado **3 built-in microphone** micrófono incorporado

bulb /bʌlb/ *s* **1** (de luz) Según región: *bombillo, foco, ampolleta, bujía* o *bombilla* **2** (de una planta) bulbo

bulge /bʌldʒ/ *sustantivo & verbo*
• *s* bulto
• *v* **to bulge with sth** estar lleno -a/rebosante de algo

bulk /bʌlk/ *s* **1 the bulk of sth** el grueso de algo **2 in bulk** al por mayor, en cantidad

bulky /ˈbʌlki/ *adj* (**-kier**, **-kiest**) voluminoso -a

bull /bʊl/ *s* toro

bulldoze /ˈbʊldouz/ *v* [tr] pasarle el bulldozer a

bulldozer /ˈbʊldouzər/ *s* bulldozer

bullet /ˈbʊlɪt/ *s* **1** bala **2 bullet hole** agujero de bala **bullet wound** herida de bala

bulletin /ˈbʊlətn/ *s* **1** (en la radio o TV) boletín (informativo) **2** (informe periódico) boletín

ˈbulletin ˌboard *s* **1** AmE cartelera, tablero (de anuncios) **2** lugar en un sistema informático donde se pueden leer y dejar mensajes

bullfight /ˈbʊlfaɪt/ *s* corrida de toros

ˈbull's-eye *s* blanco, diana [en tiro]

bully /ˈbʊli/ *verbo & sustantivo*
• *v* [tr] (3ª pers sing **-llies**, pasado & participio **-llied**) intimidar, matonear
• *s* (pl **-llies**) matón, prepotente

bum /bʌm/ *sustantivo & verbo*
• *s* (informal) **1** AmE vago -a, holgazán -ana **2** AmE vagabundo **3** BrE trasero, culo, poto
• *v* [tr] (**-mmed**, **-mming**) (informal) gorrear: *Can I bum a cigarette off you?* ¿Te puedo gorrear un cigarrillo?
bum around vagabundear [viajar por placer]

bump /bʌmp/ *verbo & sustantivo*
• *v* [tr] golpearse: *Be careful not to bump your head!* ¡Ten cuidado, no te vayas a golpear la cabeza!
bump into sb (informal) encontrarse con/a alguien **bump into sth/sb** darse contra algo/alguien, chocar con algo/alguien
bump sb off (informal) liquidar a alguien
• *s* **1** chichón, chipote **2** lomita, chipote **3** golpe

bumper /ˈbʌmpər/ *sustantivo & adjetivo*
• *s* bómper, parachoques, paragolpes
• *adj* **1 a bumper crop/year** una cosecha/un año excepcional **2 bumper issue** número extra/especial [de una revista]

bumpy /ˈbʌmpi/ *adj* (**-pier, -piest**) **1** accidentado -a, irregular [superficie] **2** lleno -a de baches, lleno -a de chipotes [camino, carretera] **3** referido a viajes: con sacudidas, traqueteo, turbulencia, etc.

bun /bʌn/ *s* **1** (pan) pancito, bolillo [de la forma del de las hamburguesas] **2** BrE (pan dulce) bollo **3** moño, chongo

bunch /bʌntʃ/ *s* (pl **-ches**) **1 bunch of flowers** ramo de flores, bonche de flores **2 bunch of grapes** racimo de uvas **3 bunch of bananas** racimo/penca de bananos/plátanos **4** (informal) grupo [de gente] **5 a bunch of** AmE (informal) un montón de: *a bunch of questions* un montón de preguntas

bundle /ˈbʌndl/ *sustantivo & verbo*
• *s* atado, manojo
• *v* **1 to bundle sb into/out of sth** meter a alguien en algo a empujones/sacar a alguien de algo a empujones **2 to come/be bundled with sth** venir con algo incluido [algo que se compra]

bung /bʌŋ/ *s* tapón

bungalow /ˈbʌŋgəloʊ/ *s* casa de una sola planta

bungalow

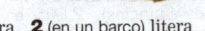

bunk /bʌŋk/ *s* **1** (también **bunk bed**) (en un cuarto) cama camarote, litera **2** (en un barco) litera

bunker /ˈbʌŋkər/ *s* **1** (edificio) búnker **2** (en una cancha de golf) búnker

buoy /bui, BrE bɔi/ *s* boya

burden /ˈbɜrdn/ *verbo & sustantivo*
• *v* **1 to burden sb with your problems** preocupar a alguien con los problemas de uno | **to burden sb with responsibilities** cargar a alguien de responsabilidades **2 to be burdened with bags/packages etc.** ir cargado -a de bolsas/paquetes etc.
• *s* carga: *I don't want to be a burden on you.* No quiero ser una carga para ti.

bureau /ˈbjʊroʊ/ *s* (pl **bureaux** o **bureaus**) **1** agencia: *an employment bureau* una agencia de empleo **2** oficina, departamento [del Estado] **3** AmE cómoda **4** escritorio, secretaire

bureaucracy /bjʊˈrɑkrəsi/ *s* burocracia

bureaucrat /ˈbjʊrəkræt/ *s* burócrata

bureaucratic /bjʊrəˈkrætɪk/ *adj* burocrático -a

burger /ˈbɜrgər/ *s* ▶ ver **hamburger**

burglar /ˈbɜrglər/ *s* ladrón -ona [que entra a robar a una casa, una oficina, etc.] ▶ **¿BURGLAR, ROBBER O THIEF?** ver **ladrón**

ˈburglar aˌlarm *s* alarma contra robo

burglarize /ˈbɜrgləraɪz/ AmE, **burgle** /ˈbɜrgəl/ BrE *v* [tr] robarle a, entrar a robar en: *We've been burglarized three times since we've lived here.* Nos han robado tres veces desde que vivimos aquí. | *The apartment had been burglarized.* Habían entrado a robar al departamento. ▶ **¿BURGLARIZE, ROB O STEAL?** ver **robar**

burglary /ˈbɜrgləri/ *s* (pl **-ries**) robo [cuando el ladrón entra a una casa, una oficina, etc.] ▶ **¿BURGLARY, ROBBERY O THEFT?** ver **robo**

burial /ˈberiəl/ *s* entierro

burn /bɜrn/ *verbo & sustantivo*
• *v* (pasado & participio **burned** o **burnt**) **1** [tr] quemar: *I burned all his letters.* Quemé todas sus cartas. **2 to burn your arm/leg/sleeve etc. on sth** quemarse el brazo/la pierna/la manga etc. con algo **3** [intr] quemarse: *Quick! The toast is burning!* ¡Rápido! Se están quemando las tostadas! | **to burn to the ground** quemarse hasta los cimientos **4** [intr] arder: *Is the fire still burning?* ¿El fuego todavía arde? **5 to burn gas/oil etc.** funcionar a gas/gasoil etc. **6** [tr] gastar: *His new car burns a lot of fuel.* Su auto nuevo gasta mucha gasolina. **7** (también **to burn up**) (tener demasiado calor) arder
burn down incendiarse **burn sth down** incendiar algo
burn out apagarse **burn itself out** apagarse solo -a
• *s* quemadura | **severe/minor burns** quemaduras graves/leves

burning /ˈbɜrnɪŋ/ *adj* **1** en llamas **2** ardiente **3 burning issue/question** tema/asunto candente

burnt[1] /bɜrnt/ *adj* quemado -a

burnt[2] pasado & participio de **burn**

burp /bɜrp/ (informal) *verbo & sustantivo*
• *v* [intr] eructar
• *s* eructo

burrow /ˈbɜroʊ/ *s* madriguera

bursary /ˈbɜrsəri/ *s* (pl **-ries**) BrE beca ▶ También se usa **scholarship**, que es inglés universal

burst /bɜrst/ *verbo & adjetivo*
• *v* (pasado & participio **burst**) **1** [tr] reventar **2** [intr] reventarse [burbuja, globo/bomba/chimbomba]
burst in on sb irrumpir en el lugar donde está

¿Quieres más información sobre los **verbos modales**? Hay una explicación en el apartado de gramática.

alguien: *I'm sorry to burst in on you like this.* Perdón por entrar así de sopetón.
burst into sth **1 to burst into a room** irrumpir en una habitación, entrar a una habitación de sopetón **2 to burst into tears/song** ponerse a llorar/cantar **3 to burst into flames** estallar en llamas
burst out **1 to burst out laughing** soltar una carcajada **2 to burst out crying** ponerse a llorar
• ***adj*** roto -a, pinchado -a: *a burst pipe* un caño roto

bury /'beri/ *v* [tr] (3ª pers sing **-ries**) **1** (a un muerto) enterrar, sepultar **2** (un tesoro, un hueso, etc.) enterrar **3 to be buried under/in sth** estar sepultado -a bajo/adentro de algo **4 to bury your face/head in sth** hundir la cara/la cabeza en algo

bus /bʌs/ *s* (pl **buses**) **1** Según región: *bus, autobús, camión, ómnibus, micro* o *guagua*: *Hurry up or we'll miss the bus!* ¡Apúrate que perdemos el bus! | *Should we take a bus into town?* ¿Nos tomamos un bus hasta el centro? | **by bus** en bus/autobús etc. ▶ En inglés americano también se usa **bus** para referirse a los autobuses de larga distancia o para excursiones **2 bus driver** conductor -a, chofer **bus fare** costo del boleto o dinero necesario para pagarlo: *Don't forget your bus fare!* ¡No te olvides del dinero para el bus!

school bus

bush /bʊʃ/ *s* (pl **bushes**) arbusto, matorral

busily /'bɪzəli/ *adv* **to be busily doing sth** estar muy ocupado -a haciendo algo

business /'bɪznɪs/ *s* **1** negocios: *We do a lot of business with Italian companies.* Hacemos muchos negocios con empresas italianas. ▶ **¿BUSINESS O DEAL?** ver **negocio**
2 on business por trabajo: *Chris is in Dallas on business today.* Chris está en Dallas por trabajo hoy.
3 to go out of business cerrar, quebrar [compañía, empresa]
4 business is good/bad la empresa anda bien/mal | **business is slow** hay poco movimiento [comercial]
5 to run a business tener una empresa, estar al frente de una empresa
6 asunto [personal]: *"How much do you earn?" "None of your business."* –¿Cuánto ganas? –No es asunto tuyo. | **mind your own business** ¿y a ti qué te importa?
7 (tema, actividad) asunto, cuestión
8 to have no business doing sth no tener por qué hacer algo: *You had no business going into my private files!* ¡No tenías por qué meterte en mis archivos personales!
9 business card tarjeta (de visita) [profesional] **business lunch** almuerzo de trabajo **business trip** viaje de negocios

businesslike /'bɪznɪslaɪk/ *adj* **1** eficiente, profesional **2** formal

businessman /'bɪznɪsmən/ *s* (pl **-men**) hombre de negocios, ejecutivo

businesswoman /'bɪznɪswʊmən/ *s* (pl **-women**) mujer de negocios, ejecutiva

busk /bʌsk/ *v* [intr] En inglés británico **to busk** es cantar o tocar un instrumento en un lugar público para obtener dinero de los transeúntes. Quienes lo hacen se llaman **buskers**

'bus pass *s* (pl **-sses**) pase libre [para el bus/autobús etc.]

'bus stop *s* paradero (de bus/autobús etc.)

bust /bʌst/ *verbo, sustantivo & adjetivo*
• ***v*** [tr] **1** (pasado & participio **bust**) (informal) romper **2** (pasado & participio **busted**) (informal) agarrar [a un delincuente]
• ***s*** **1** busto, pecho **2** busto [escultura]
• ***adj*** **1 to go bust** quebrar, ir a la bancarrota **2** (informal) roto -a, estropeado -a

bustle /'bʌsəl/ *s* trajín, ajetreo ▶ ver **hustle**

busy /'bɪzi/ *adj* (**-sier**, **-siest**) **1** ocupado -a: *I'm very busy at the moment. Can I call you back?* Estoy muy ocupado en este momento. ¿Puedo llamarlo luego? | *The children were* ***busy with*** *their homework.* Los niños estaban ocupados haciendo la tarea. **2** (lleno de actividad) ocupado -a, ajetreado -a: *I've had a really busy day.* Hoy tuve un día muy ocupado. **3 a busy road/street** una carretera/calle de mucho tránsito | **a busy airport/station etc.** un aeropuerto/una estación etc. de mucho movimiento **4** (referido a una línea telefónica) ocupado -a: *The number's busy.* Está ocupado.

busybody /'bɪzibɒdi/ *s* (pl **-dies**) metido -a, metiche

but /bət, acentuado bʌt/ *conjunción & preposición*
• ***conj*** **1** pero: *It's cheap, but it's very good.* Es barato, pero es muy bueno. | *I'd love to stay, but I have to get up early tomorrow.* Me encantaría quedarme, pero mañana tengo que levantarme temprano. **2** (para expresar contrariedad) pero: *"I'm leaving this afternoon." "But you only arrived yesterday evening!"* –Me voy esta tarde. –¡Pero si llegaste anoche nomás! **3 but then (again)** pero la verdad es que: *We all did really well on our math test, but then again it was pretty easy.* Nos fue muy bien a todos en el examen de matemáticas pero la verdad es que fue bastante fácil.
• ***prep*** menos, salvo: *You can come any day but Monday.* Puedes venir cualquier día menos el lunes. | *Nobody but George knows the truth.* Nadie más que George sabe la verdad.

butcher /ˈbʊtʃər/ *sustantivo & verbo*
- *s* **1** carnicero -a **2 butcher shop** AmE, **butcher's** BrE carnicería **3** (asesino) carnicero -a
- *v* [tr] **1** carnear, matar **2** masacrar

butler /ˈbʌtlər/ *s* mayordomo

butt /bʌt/ *s* **1** AmE trasero, culo, poto **2 the butt of somebody's jokes** el blanco de las bromas de alguien

butter /ˈbʌtər/ *s* mantequilla: *a slice of bread and butter* una rebanada de pan con mantequilla

butterfly /ˈbʌtərflaɪ/ *s* (pl **-flies**) **1** mariposa **2 to have butterflies (in your stomach)** estar nervioso -a

buttock /ˈbʌtək/ *s* nalga

button /ˈbʌtn/ *sustantivo & verbo*
- *s* **1** (de la ropa) botón | **to do up/undo a button** abrochar/desabrochar un botón **2** (de una máquina) botón **3** AmE (de metal, prendido con alfiler) pin, chapa, botón
- *v* (también **button up**) **1** [tr] abrochar, abotonar **2** [intr] abrocharse, abotonarse

buy /baɪ/ *verbo & sustantivo*
- *v* (pasado & participio **bought**) **1** [tr/intr] comprar: *Have you bought any Christmas presents yet?* ¿Ya compraste algún regalo de navidad? | **to buy sth for sb** comprarle algo a alguien: *I want to buy some flowers for Mom.* Quiero comprarle unas flores a mamá. | **to buy sth from sb** comprarle algo a alguien [a quien lo vende]: *Jack bought the car from a friend.* Jack le compró el auto a un amigo. | **to buy sth for $10/$200 etc.** comprar algo a/por $10/$200 etc.: *I bought the printer for $70.* Compré la impresora por $70. **2** [tr] (informal) tragarse [una historia, una excusa, etc]

  buy into sth 1 to buy into a business comprar acciones de una empresa **2** aceptar algo [una idea]

  buy sb off sobornar/comprar a alguien

  buy sth up apurarse a comprar algo
- *s* compra | **to be a good buy** ser una buena compra

buyer /ˈbaɪər/ *s* comprador -a

buzz /bʌz/ *verbo & sustantivo*
- *v* [intr] (3ª pers sing **buzzes**) **1** zumbar, hacer un zumbido **2** tocar un timbre que produce un zumbido, como el de un portero automático/un interfón
- *s* **1** zumbido **2 to get a (real) buzz from sth** (informal) encontrar que algo es muy estimulante, emocionante o placentero

buzzer /ˈbʌzər/ *s* timbre [que produce un zumbido, como el de un portero automático/un interfón]

---

by

PREPOSICIÓN

1 CON LA PASIVA (= por)

a letter signed by the principal una carta firmada por el director | *a play by Shakespeare* una obra de Shakespeare | *Sylvie was hit by a car.* Sylvie fue atropellada por un auto./A Sylvie la atropelló un auto.

2 POSICIÓN (= al lado de, junto a)

Come and sit by me. Ven y siéntate a mi lado.

3 MEDIO, MÉTODO (= por)

I grabbed the hammer by the handle. Agarré el martillo por el mango. | *Send the letter by airmail.* Envíe la carta por avión. | **by train/plane/car etc.** en tren/avión/auto etc.: *We go to school by bus.* Vamos a la escuela en bus. | **by doing sth** haciendo algo: *She earns extra money by babysitting.* Gana un dinero adicional cuidando niños.

4 TIEMPO (= para)

I want you to finish the report by 5 p.m. Quiero que termines el informe para las 5 de la tarde.

5 COMO RESULTADO DE (= por)

by mistake/chance por error/casualidad: *Hugh locked the door by mistake.* Hugh cerró la puerta con llave por error. | **by accident** sin querer

6 CON NÚMEROS, MEDIDAS (= por)

The room is 6 meters by 4 meters. El cuarto tiene 6 metros por 4.

7 SECUENCIA

day by day día a día | **bit by bit** poco a poco | **one by one** uno por uno

ADVERBIO

to go by pasar: *Several cars went by but nobody stopped.* Pasaron varios autos, pero nadie paró. | **to walk/run etc. by** pasar (caminando/corriendo) etc.: *Just at that moment a white car drove by.* Justo en ese momento pasó un auto blanco.

---

by /baɪ/ ▶ ver recuadro

bye /baɪ/, también **bye-bye** *interj* (informal) chao, chau: *Bye Mary! See you tomorrow!* ¡Chao, Mary! ¡Hasta mañana!

bystander /ˈbaɪstændər/ *s* transeúnte o persona que está presente en un lugar cuando sucede algo

byte /baɪt/ *s* byte

¿Se dice *I arrived in Miami* o *I arrived to Miami*? Mira la entrada **arrive**.

C

C¹, c /si/ *s* (letra) C, c ▶ ver “Active Box” **letters** en **letter**

C² /si/ *s* **1** (nota musical) do **2** calificación usada en exámenes, trabajos escolares, etc. ▶ ver recuadro en **grade**

cab /kæb/ *s* taxi

cabbage /ˈkæbɪdʒ/ *s* repollo, col

cabin /ˈkæbɪn/ *s* **1** camarote **2** cabina (de pasajeros) **3** cabaña

black cab

cabinet /ˈkæbənət/ *s* **1** armario **2** (también **Cabinet**) gabinete [de un gobierno]: *The Cabinet meets every Tuesday.* El gabinete se reúne todos los martes.

cable /ˈkeɪbəl/ *s* **1** cable **2** (sistema de televisión) cable: *We saw it last week on cable.* Lo vimos la semana pasada por cable.

ˈcable car *s* teleférico, funicular

ˌcable ˈtelevision, también **cable TV** *s* televisión por cable

cactus /ˈkæktəs/ *s* (pl **cactuses** o **cacti**) cactus

caesarean BrE ▶ ver **cesarean**

cafe, también **café** /kæˈfeɪ, BrE ˈkæfeɪ/ *s* café, bar

cafeteria /kæfəˈtɪriə/ *s* **1** (en un colegio, una fábrica) comedor, cantina **2** (en un lugar público) cafetería

caffeine /kæˈfin, BrE ˈkæfin/ *s* cafeína

cage /keɪdʒ/ *s* jaula

cagey /ˈkeɪdʒi/ *adj* (informal) reacio a dar información

cake /keɪk/ *s* **1** pastel: *a piece/slice of cake* un pedazo de pastel | *a birthday cake* un pastel de cumpleaños **2 a piece of cake** (informal) pan comido [muy fácil]: *“How was the exam?” “A piece of cake.”* –¿Qué tal el examen? –Pan comido.

caked /keɪkt/ *adj* **to be caked with mud/blood** estar cubierto -a de barro seco/de sangre seca

calcium /ˈkælsiəm/ *s* calcio

calculate /ˈkælkjəleɪt/ *v* [tr] **1** (haciendo cuentas) calcular **2** (prever) calcular

calculation /kælkjəˈleɪʃən/ *s* cálculo

calculator /ˈkælkjəleɪtər/ *s* calculadora

calendar /ˈkæləndər/ *s* calendario, almanaque

calf /kæf/ *s* (pl **calves**) **1** ternero -a **2** cría [de un mamífero grande, como un elefante o una ballena] **3** pantorrilla

caliber AmE, **calibre** BrE /ˈkæləbər/ *s* calibre, nivel

call /kɔl/ *verbo & sustantivo*

• *v* **1 to be called** llamarse: *Their daughter's called Claire.* Su hija se llama Claire. | *What was that movie called?* ¿Cómo se llamaba esa película?

2 to call sb sth (a) (al dirigirse a una persona) decirle a alguien algo, llamar a alguien algo: *His name's Michael but everyone calls him Mike.* Se llama Michael pero todos le dicen Mike. | *He called me an idiot!* ¡Me llamó idiota! **(b)** (darle un nombre) ponerle algo a alguien: *They called him Daniel.* Le pusieron Daniel.

3 [tr/intr] (por teléfono) llamar: *I'll call you tomorrow.* Te llamo mañana.

4 [tr/intr] (para que alguien venga) llamar: *Will you call the kids, dinner's ready.* Llama a los niños, la cena está lista.

5 [intr] BrE pasar: *Natasha called to see you.* Natasha pasó a verte. ▶ En inglés americano se usa **to stop by** | **to call at the house/the office etc.** pasar por la casa/la oficina etc.

6 BrE (tren) **to call at Richmond/Harlow etc.** parar en Richmond/Harlow etc. ▶ En inglés americano se usa **to stop at**

7 to call a meeting/an election/a strike etc. convocar a una reunión/a elecciones/a un paro etc.

PHRASAL VERBS

call back 1 volver a llamar: *Could you call back around 3?* ¿Podría volver a llamar a eso de las 3? **2** BrE volver a pasar [por la casa de alguien, etc.] **call sb back** llamar a alguien [que llamó antes], devolverle la llamada a alguien

call for sb BrE pasar a buscar a alguien **call for sth** reclamar algo

call in BrE pasar: *Could you call in at the bakery and pick up some rolls?* ¿Puedes pasar por la panadería y traer unos pancitos?

call sth off suspender/cancelar algo

call on sb pasar a ver a alguien

call sb out to call a plumber/doctor etc. out BrE llamar a un plomero/un médico etc. [hacerlo venir] ▶ En inglés americano se usa **to call for a plumber/doctor etc.**

call round BrE pasar [de visita]: *Your friend Alex called round earlier.* Pasó tu amigo Alex hace un rato.

call sb up 1 llamar a alguien (por teléfono) **2** llamar a alguien a filas

call upon sb (formal) ▶ ver **call on sb**

• *s* **1** llamada, llamado: *Calls are cheaper after 6 p.m.* Las llamadas son más baratas después de las seis de la tarde. | *I had a call from Martha – she can't come.* Me llamó Martha; no puede venir. | **to make a phone call** hacer una llamada | **to give sb a call** llamar a alguien [por teléfono]:

If you have any problems, just give me a call. Cualquier problema que tengas, llámame. **2 to be on call** estar de guardia **3** (pidiendo auxilio, etc.) llamado, grito **4** BrE visita ▶ El sinónimo **visit** se usa tanto en inglés americano como en inglés británico

ˈ**call box** *s* (pl **-xes**) BrE cabina telefónica ▶ En inglés americano se usa **telephone booth**

caller /ˈkɔlər/ *s* persona que hace una llamada telefónica

calm /kɑm/ *adjetivo, verbo & sustantivo*
- *adj* **1** (referido a una persona) tranquilo -a, sereno -a | **to keep/stay calm** mantener la calma **2** (referido a un lugar) tranquilo -a **3** (referido al mar, el tiempo) calmo -a, sereno -a
- *v* [tr] calmar, tranquilizar
  calm down calmarse, tranquilizarse: *Just calm down and tell me what happened.* Cálmate y cuéntame lo que pasó. **calm sb down** calmar/tranquilizar a alguien
- *s* calma, tranquilidad

calorie /ˈkæləri/ *s* caloría

calves /kævz/ plural de **calf**

camcorder /ˈkæmkɔrdər/ *s* cámara de video, videocámara

came /keɪm/ pasado de **come**

camel /ˈkæməl/ *s* camello

camera /ˈkæmrə/ *s* cámara: *a video camera* una cámara de video

cameraman /ˈkæmrəmæn/ *s* (pl **-men**) camarógrafo, cameraman

camouflage /ˈkæməflɑʒ/ *sustantivo & verbo*
- *s* camuflaje | **in camouflage** camuflado -a
- *v* [tr] camuflar

camp /kæmp/ *sustantivo & verbo*
- *s* **1** campamento **2** campo [de refugiados, etc.] ▶ ver también **concentration camp**
- *v* [intr] acampar | **to go camping** ir a acampar

campaign /kæmˈpeɪn/ *sustantivo & verbo*
- *s* campaña ▶ ver también **advertising**
- *v* [intr] hacer campaña: *The group is campaigning for equal pay for women.* El grupo está haciendo campaña para que se les pague lo mismo a las mujeres que a los hombres.

campsite, también **campground** AmE /ˈkæmpsaɪt/ *s* camping [instalaciones]

campus /ˈkæmpəs/ *s* (pl **-ses**) campus

can[1] /kən, acentuado kæn/ *v* ▶ ver recuadro

can[2] /kən/ *s* **1** lata, tarro [el recipiente]: *a can of tuna* una lata de atún **2** bidón

Canada /ˈkænədə/ *s* Canadá

Canadian /kəˈneɪdiən/ *adj & s* canadiense

canal /kəˈnæl/ *s* canal: *the Suez Canal* el canal de Suez

cancel /ˈkænsəl/ *v* (**-led**, **-ling** AmE, **-lled**, **-lling** BrE) **1** cancelar, suspender **2** anular

> **can** *verbo modal*
>
> **1** PERMISO (= puedo, puedes, etc.)
>
> *Can I go to the movies with Chris tonight?* ¿Puedo ir al cine con Chris esta noche? | *You can watch television when you've finished your homework.* Puedes mirar la tele cuando hayas terminado los deberes. | *She can't come out because she's grounded.* No puede salir porque está castigada.
>
> **2** CAPACIDAD FÍSICA (= puedo, puedes, etc.)
>
> *He's so tall he can touch the ceiling.* Es tan alto que puede tocar el techo. | *He's broken his leg and can't walk.* Se rompió la pierna y no puede caminar.
>
> **3** HABILIDAD ADQUIRIDA (= sé, sabes, etc.)
>
> *Can you swim across the lake?* ¿Puedes cruzar el lago a nado? | *I can't swim.* No sé nadar. | *They can all read and write now.* Ahora todos saben leer y escribir.
>
> **4** CON VERBOS DE LOS SENTIDOS
>
> *Can you hear me?* ¿Me oyes? | *Well, I can't see anything.* Bueno, yo no veo nada.
>
> **5** POSIBILIDAD (= puedo, puedes, etc.)
>
> *That figure can't be right.* Esa cifra no puede estar bien. | *You can get an application form from Reception.* Puedes conseguir una solicitud en Recepción.
>
> **6** PARA PEDIR AYUDA, FAVORES
>
> *Can you help with the suitcases?* ¿Me puedes ayudar con las maletas?

cancellation /kænsəˈleɪʃən/ *s* **1** cancelación, suspensión **2** anulación

Cancer /ˈkænsər/ *s* **1** Cáncer [signo] **2** persona del signo de Cáncer: *My boyfriend's a Cancer.* Mi novio es (de) Cáncer.

cancer /ˈkænsər/ *s* cáncer ▶ ver también **breast**

candidate /ˈkændədeɪt/ *s* **1** (en elecciones) candidato -a **2** (para un trabajo) candidato -a, postulante **3** BrE (en un examen) examinando-a, candidato -a

candle /ˈkændl/ *s* vela, velita

candlelight /ˈkændllaɪt/ *s* **by candlelight** a la luz de las velas

candlestick /ˈkændlstɪk/ *s* portavelas, candelero

candy /ˈkændi/ *s* AmE dulces, golosinas, caramelos: *a piece of candy* un dulce/una golosina/un caramelo

cane /keɪn/ *s* **1** (para fabricar muebles) caña **2** (para ayudarse a caminar) bastón **3** (para castigo corporal) vara, palmeta

cannabis /ˈkænəbɪs/ *s* marihuana, hachís

canned /kænd/ *adj* enlatado -a, de lata

cannon /ˈkænən/ *s* (pl **cannon** o **cannons**) cañón

cannot /ˈkænɑt/ ▶ Éste es uno de los negativos de **can**, usado a menudo en el lenguaje escrito.

Cuando se usa en la oralidad, resulta más enfático que **can't**: *We cannot expect teachers to be perfect.* No podemos pretender que los maestros sean perfectos. | *You cannot be serious!* ¡Me estás tomando el pelo!

canoe /kə'nu/ *sustantivo & verbo*
- *s* canoa
- *v* ir en canoa | **to go canoeing** ir/andar en canoa, practicar canotaje

'can ,opener *s* abrelatas, abretarros

canopy /'kænəpi/ *s* (pl **-pies**) **1** enramada [en forma de techo], dosel **2** toldo **3** (de una cama) dosel

can't /kænt/ contracción de **cannot**

canteen /kæn'tin/ *s* cantina, comedor, casino [en una escuela o un lugar de trabajo]

canvas /'kænvəs/ *s* **1** lona [tela] **2** tela, lienzo [para pintar]

canvass /'kænvəs/ *v* (3ª pers sing **-sses**) **1** [intr] hacer campaña **2** [tr] hacer un sondeo entre, encuestar

canyon /'kænjən/ *s* cañón [cañada profunda]

cap /kæp/ *s* **1** gorra, cachucha **2** capuchón, tapa **3** tapa, tapón

capability /keɪpə'bɪləti/ *s* (pl **-ties**) capacidad, aptitud

capable /'keɪpəbəl/ *adj* **1 to be capable of (doing) sth** ser capaz de (hacer) algo: *Is she capable of dressing herself?* ¿Es capaz de vestirse sola? | *He was capable of acts of great heroism.* Era capaz de actos de gran heroísmo. **2** capaz, competente: *a capable lawyer* una abogada capaz

capacity /kə'pæsəti/ *s* (pl **-ties**) **1** (de una sala, un tanque, etc.) capacidad | **filled to capacity** lleno -a hasta el tope **2** (aptitud) capacidad

cape /keɪp/ *s* **1** capa [prenda de abrigo] **2** cabo: *Cape Horn* el cabo de Hornos

capital /'kæpətl/ *sustantivo & adjetivo*
- *s* **1** (también **capital city**) (ciudad) capital **2** (también **capital letter**) (letra) mayúscula **3** (dinero) capital
- *adj* **a capital S/T etc.** una S/T etc. mayúscula

capitalism /'kæpətlɪzəm/ *s* capitalismo

capitalist /'kæpətl-ɪst/ *s & adj* capitalista

capitalize /'kæpətlaɪz/ *v* **capitalize on sth** capitalizar algo, sacar provecho de algo

,capital 'punishment *s* pena de muerte, pena capital

capitulate /kə'pɪtʃəleɪt/ *v* [intr] (formal) capitular

cappuccino /kæpə'tʃinoʊ/ *s* capuchino [café]

capricious /kə'priʃəs/ *adj* antojadizo -a

Capricorn /'kæprɪkɔrn/ *s* **1** Capricornio **2** persona del signo de Capricornio: *She's a Capricorn.* Es (de) Capricornio.

capsize /'kæpsaɪz/ *v* **1** [intr] voltearse, darse una vuelta de campana [embarcación] **2** [tr] voltear, hacer que se dé una vuelta de campana [una embarcación]

capsule /'kæpsəl/ *s* **1** (medicinal) cápsula **2** (espacial) cápsula

captain /'kæptən/ *sustantivo & verbo*
- *s* **1** (de un barco o avión, en las fuerzas armadas) capitán -ana **2** (de un equipo) capitán -ana
- *v* [tr] capitanear, ser el capitán/la capitana de

caption /'kæpʃən/ *s* **1** pie de foto/ilustración, epígrafe [de una foto o ilustración] **2** leyenda [de un dibujo cómico] **3** subtítulo [en televisión]

captivate /'kæptəveɪt/ *v* [tr] cautivar

captivating /'kæptəveɪtɪŋ/ *adj* cautivante, cautivador -a

captive /'kæptɪv/ *adjetivo & sustantivo*
- *adj* cautivo -a, en cautiverio | **to take sb captive** tomar a alguien prisionero -a | **to hold sb captive** mantener a alguien cautivo -a
- *s* prisionero -a, cautivo -a

captivity /kæp'tɪvəti/ *s* cautiverio | **in captivity** en cautiverio

captor /'kæptər/ *s* (formal) captor -a

capture /'kæptʃər/ *verbo & sustantivo*
- *v* [tr] **1** capturar **2** tomar [una ciudad] **3** captar [el espíritu de algo] **4 to capture sb's imagination** inspirar a alguien | **to capture sb's attention/interest** captar la atención/el interés de alguien
- *s* **1** captura **2** toma [de una ciudad]

car /kɑr/ *s* **1** carro, auto, coche | **by car** en carro/auto/coche: *We came by car.* Vinimos en auto. **2** (de un tren) vagón, coche **3 car bomb** carro/coche bomba **car crash**, también **car accident** accidente (de auto)

caramel /'kærəməl/ *s* **1** caramelo/dulce hecho con leche y azúcar **2** caramelo [azúcar derretida]

carat BrE ► ver **karat**

caravan /'kærəvæn/ *s* **1** BrE ► ver **trailer** **2** caravana [de vehículos, etc.]

carbohydrate /kɑrboʊ'haɪdreɪt/ *s* hidrato de carbono, carbohidrato

carbon /ˈkɑrbən/ *s* carbono

ˌcarbon ˈcopy *s* (pl **carbon copies**) **1** copia hecha con papel carbón o papel de calco **2** réplica exacta, calco

ˌcarbon diˈoxide *s* dióxido de carbono

ˌcarbon moˈnoxide *s* monóxido de carbono

ˈcarbon ˌpaper *s* papel carbón, (papel) carbónico

ˌcar ˈboot ˌsale *s* BrE venta de objetos de segunda mano en un estacionamiento

carburetor /ˈkɑrbəreɪtər/ AmE, **carburettor** /ˌkɑbjʊˈretə/ BrE *s* carburador

carcass /ˈkɑrkəs/ *s* (pl **-sses**) restos, huesos [de un animal muerto]

card /kɑrd/ *s* **1** (postal, de cumpleaños, etc.) tarjeta **2** (de socio, de estudiante, etc.) carnet, credencial **3** (de crédito, etc.) tarjeta **4** (en un fichero) ficha **5** (para jugar) carta, naipe | **to play cards** jugar cartas **6** BrE cartulina **7 to put/lay your cards on the table** poner las cartas sobre la mesa **8 to be in the cards** AmE, **to be on the cards** BrE frase que expresa que es probable que algo suceda: *It's been in the cards for some time.* Hace tiempo que se veía venir.

cardboard /ˈkɑrdbɔrd/ *s* cartón | **a cardboard box/folder etc.** una caja/carpeta etc. de cartón

cardholder /ˈkɑrdhoʊldər/ *s* titular [de una tarjeta de crédito, etc.], tarjetahabiente

cardiac /ˈkɑrdiæk/ *adj* cardíaco -a, coronario -a

cardigan /ˈkɑrdɪgən/ *s* chaqueta de punto, cárdigan, chaleca

cardinal /ˈkɑrdn-əl/ *sustantivo & adjetivo*

• *s* cardenal [eclesiástico]

• *adj* **1 the cardinal rule/principle** la regla/el principio fundamental **2 of cardinal importance** de fundamental importancia **3 a cardinal sin/error** un pecado/error capital

ˌcardinal ˈnumber *s* número cardinal

care /ker/ *verbo & sustantivo*

• *v* [intr] **1** (preocuparse, interesarse): *I don't care what you think.* No me importa lo que pienses. | *The only thing he **cares about** is money.* Lo único que le importa es el dinero.
2 who cares?: *"We're going to be late." "Who cares?"* –Vamos a llegar tarde. –¿Y qué?/¿Y a mí qué?
3 I/he etc. couldn't care less me/le etc. importa un pepino/un comino
care for sth **1** cuidar algo **2** En preguntas y oraciones negativas, es equivalente a "to like": *Would you care for a drink?* ¿Le gustaría tomar algo? **care for sb** **1** cuidar a alguien, ocuparse de alguien **2** querer a alguien, preocuparse por alguien: *She felt nobody cared for her.* Sentía que nadie la quería./Sentía que nadie se preocupaba por ella. | *I don't much care for him.* No me cae muy bien.

• *s* **1** (acción de cuidar) cuidado(s), atención
2 to take care of sth/sb (a) cuidar algo/a alguien **(b)** encargarse de algo/alguien, ocuparse de algo/alguien: *I'll take care of the food.* Yo me encargo de la comida.
3 (para no romper algo, no cometer errores, etc.) cuidado | **to take care over/with sth** poner cuidado en algo, esforzarse en algo
4 take care! (a) (al despedirse de alguien) ¡que te/le vaya bien!, ¡cuídate/cuídese! **(b)** ¡ten/tenga cuidado!

career /kəˈrɪr/ *sustantivo & verbo*

• *s* **1** (tipo de trabajo) profesión, carrera (profesional): *I'm interested in a **career in** teaching.* Me interesa la docencia como profesión. **2** (trayectoria laboral) carrera: *His acting career was over.* Su carrera como actor se había terminado.

• *v* **to career along/down etc. sth** ir por/bajar etc. algo a toda velocidad: *She was careering along the hall on roller skates.* Iba patinando a toda velocidad por el pasillo.

carefree /ˈkerfri/ *adj* sin preocupaciones, libre de preocupaciones

careful /ˈkerfəl/ *adj* **1** cuidadoso -a, prudente | **to be careful with/about sth** tener cuidado con algo, ser cuidadoso -a con algo | **to be careful (not) to do sth** tener cuidado de (no) hacer algo **2** (usado como interjección) cuidado: *Careful you don't fall!* ¡Cuidado, no te vayas a caer! **3** cuidadoso -a, detenido -a [examen, análisis]

carefully /ˈkerfəli/ *adv* con cuidado, cuidadosamente: *Drive carefully!* ¡Maneja con cuidado! | *Think carefully before you decide.* Piénsalo muy bien antes de decidir.

careless /ˈkerləs/ *adj* **1** descuidado -a **2 that was careless of you/him etc.** qué poco cuidado tuviste/tuvo etc. **3 a careless mistake** un error tonto [cometido por falta de atención]

carelessness /ˈkerləsnəs/ *s* falta de cuidado

carer /ˈkerər/ BrE ► ver **caretaker 1**

caress /kəˈres/ *sustantivo & verbo*

• *s* (pl **-sses**) caricia

• *v* [tr] (3ª pers sing **-sses**) acariciar

caretaker /ˈkerteɪkər/ *s* **1** AmE persona que se ocupa del cuidado de una persona mayor o enferma **2** BrE portero -a, conserje ► En inglés americano se usa **janitor**

cargo /ˈkɑrgoʊ/ *s* (pl **-goes** o **-gos**) cargamento, carga

caricature /ˈkærəkətʃər/ *sustantivo & verbo*

• *s* caricatura

• *v* [tr] caricaturizar

caring /ˈkerɪŋ/ *adj* bondadoso -a, generoso -a

carnation /kɑrˈneɪʃən/ *s* clavel

carnival /ˈkɑrnəvəl/ *s* carnaval ► En los países anglosajones se trata de festejos que pueden tener lugar en cualquier época del año

carnivore /ˈkɑrnəvɔr/ *s* carnívoro -a

carnivorous /kɑrˈnɪvərəs/ *adj* carnívoro -a

carol /ˈkærəl/ *s* (también **Christmas carol**) villancico

carousel /kærəˈsel/ *s* **1** cinta/correa transportadora **2** AmE carrusel, tiovivo

ˈcar park *s* BrE parqueadero, (playa de) estacionamiento, parking ▶ En inglés americano se usa **parking lot** o **parking garage**

carpenter /ˈkɑrpəntər/ *s* carpintero -a

carpentry /ˈkɑrpəntri/ *s* carpintería

carpet /ˈkɑrpɪt/ *sustantivo & verbo*

• *s* **1** alfombra, tapete: *a Persian carpet* una alfombra persa **2** (de pared a pared) alfombra, alfombrado

• *v* [tr] alfombrar

carriage /ˈkærɪdʒ/ *s* **1** carruaje **2** BrE vagón, coche ▶ En inglés americano se usa **car**

carriageway /ˈkærɪdʒweɪ/ *s* BrE mano o vía de una autopista

carrier /ˈkæriər/ *s* **1** línea aérea **2** empresa de transportes **3** portador -a [de una enfermedad]

ˈcarrier ˌbag *s* BrE bolsa [de supermercado o tienda]

carrot /ˈkærət/ *s* zanahoria

carry /ˈkæri/ *v* (**-rries**, **-rried**) **1** [tr] llevar, cargar con: *Can you carry this bag for me?* ¿Me puedes llevar esta bolsa? | *I'm not going to **carry** that **around** all day.* No voy a estar cargando con eso todo el día. | *I **carried** the trunk **out of** the room.* Saqué el baúl del cuarto.
2 [tr] transportar, llevar [mercadería, pasajeros]
3 [tr] ser portador -a de [una enfermedad]
4 [tr] llevar encima [dinero]: *I don't usually carry that much cash with me.* Generalmente no llevo tanto dinero encima.
5 to carry arms portar armas, ir armado -a | **to carry a gun** estar armado -a
6 [intr] oírse desde lejos, transmitirse [sonido]: *She has the sort of voice that carries.* Tiene el tipo de voz que se oye desde lejos.
7 [tr] soportar, aguantar [un peso]
8 to get carried away entusiasmarse: *I got carried away and bought three pairs of shoes.* Me entusiasmé y me compré tres pares de zapatos. | *There's no need to get carried away.* No hay por qué pasarse.
9 to carry sth too far exagerar algo
PHRASAL VERBS
carry sth off lograr hacer algo sin problemas y sin quedar en ridículo
carry on seguir: ***Carry on with** your work.* Sigan trabajando. | **to carry on doing sth** seguir haciendo algo **carry on sth** **1** continuar con algo **2 to carry on a conversation** mantener una conversación
carry sth out **1** llevar algo a cabo, realizar algo **2** cumplir (con) algo [promesas, órdenes]
carry sth through llevar algo a cabo

ˈcarry-on *adj* **carry-on bags/baggage** equipaje de mano

cart /kɑrt/ *sustantivo & verbo*

• *s* **1** carro, carreta **2** AmE carrito [de supermercado]

• *v* [tr] (informal) cargar (con), acarrear: *I've been **carting** these books **around** all day.* Llevo todo el día cargando estos libros de aquí para allá.

carton /ˈkɑrtn/ *s* cartón, bote [envase tipo tetrapack]

cartoon /kɑrˈtun/ *s* **1** dibujo animado, monitos **2** chiste [dibujo cómico], mono **3** historieta, monitos

cartoonist /kɑrˈtunɪst/ *s* humorista [dibujante], monero -a

cartridge /ˈkɑrtrɪdʒ/ *s* cartucho

carve /kɑrv/ *v* **1** [tr/intr] esculpir, tallar: *a figure **carved in/from** marble* una figura esculpida/tallada en mármol **2** [tr] grabar **3** [tr/intr] trinchar, cortar la carne al servirla
carve sth out **to carve out a career/a reputation for yourself** labrarse una carrera profesional/forjarse una reputación
carve sth up repartirse algo

carving /ˈkɑrvɪŋ/ *s* **1** (objeto) talla **2** (actividad) tallado

cascade /kæˈskeɪd/ *sustantivo & verbo*

• *s* cascada

• *v* [intr] caer en cascada

case /keɪs/ *s* **1** caso: *They made an exception in my case.* Hicieron una excepción en mi caso. | **it's a case of**: *It's a case of getting there early.* Lo que hay que hacer es llegar temprano.
2 (de una enfermedad) caso
3 to be the case ser así: *That is not the case.* No es así.
4 in that case en ese caso
5 in any case de todos modos, en cualquier caso
6 (just) in case por las dudas, por si (acaso): *We should leave early just in case.* Deberíamos salir temprano por las dudas. | *Take an umbrella in case it rains.* Llévate un paraguas por si llueve.
7 (para anteojos, un instrumento, etc.) estuche
8 (para viajes) maleta, petaca
9 (para embalar) caja, cajón, jaba
10 (de botellas de vino) caja [de doce botellas]
11 (en derecho) juicio, caso
12 (asunto policial) caso
13 the case for/against sth los argumentos a favor/en contra de algo

cash /kæʃ/ *sustantivo & verbo*

• *s* **1** efectivo | **to pay (in) cash** pagar en efectivo **2** dinero: *I'm a little short of cash.* Ando con poco dinero. **3 cash card** tarjeta de débito [para sacar dinero de cajeros automáticos], tarjeta (de) ATM **cash desk** caja [en una tienda] **cash machine** BrE, también **cash dispenser** cajero (automático) ▶ En inglés americano se usa **ATM** **cash register** caja (registradora)

• *v* [tr] (3ª pers sing **cashes**) cobrar [un cheque]

cash sth in canjear/cobrar algo [bonos, acciones, etc.]
cash in on sth sacar provecho de algo, lucrarse de/con algo

cashew /ˈkæʃu/ *s* (también **cashew nut**) castaña de cajú, nuez de la India, almendra de marañón

cashier /kæˈʃɪr/ *s* cajero -a [persona]

cashmere /ˈkæʒmɪr/ *s* cachemir, cachemira

cashpoint /ˈkæʃpɔɪnt/ *s* BrE cajero (automático) ► En inglés americano se usa **ATM**

casino /kəˈsinoʊ/ *s* casino

casket /ˈkæskɪt/ *s* **1** cofre [para joyas], alhajero **2** AmE ataúd

casserole /ˈkæsəroʊl/ *s* **1** (también **casserole dish**) cacerola o fuente con tapa que va al horno **2** guiso, cazuela, guisado

cassette /kəˈset/ *s* **1** cassette **2 cassette player (a)** (portátil) grabador **(b)** (de un auto) pasacintas, (auto)estéreo, tocacassettes **cassette recorder** grabador, casetera

cast /kæst/ *verbo & sustantivo*
• *v* [tr] (pasado & participio **cast**) **1** darle/asignarle un papel a: *Tom Cruise was* **cast** *as the vampire.* A Tom Cruise le dieron el papel del vampiro. **2** arrojar (al agua) [redes de pesca, etc.] **3 to cast a look/glance (at sth/sb)** mirar (algo/a alguien), echarle una mirada (a algo/alguien) | **to cast an/your eye over sth** echarle un vistazo a algo **4 to cast your vote** emitir su voto, votar
cast sth aside desechar algo, dejar algo a un lado/de lado **cast sb aside** dejar a alguien a un lado/de lado
• *s* **1** elenco, reparto **2** yeso [para fracturas]

castaway /ˈkæstəweɪ/ *s* náufrago

caste /kæst/ *s* casta

cast ˈiron *s* hierro fundido, hierro colado

castle /ˈkæsəl/ *s* **1** castillo: *Windsor Castle* el castillo de Windsor **2** torre [en ajedrez]

castrate /ˈkæstreɪt/ *v* [tr] castrar

casual /ˈkæʒuəl/ *adj* **1** despreocupado -a, poco serio -a [persona, actitud]: *his casual attitude to work* su actitud despreocupada hacia el trabajo **2** superficial, poco serio -a [relación] **3 a casual acquaintance** un conocido/una conocida **4** casual, informal, de sport [ropa] **5** temporal, eventual [trabajo] **6** casual [encuentro] **7 a casual remark** un comentario al pasar **8 a casual glance** una ojeada rápida

casually /ˈkæʒuəli/ *adv* **1** como si no pasara nada, como quien no quiere la cosa **2** con ropa informal, de sport **3** por casualidad

casualty /ˈkæʒəlti/ *s* (pl **-ties**) **1** víctima, baja **2** BrE sala de urgencias, sala de emergencias, sala de guardia ► En inglés americano se usa **emergency room**

cat /kæt/ *s* **1** gato -a **2** felino

catalog AmE, **catalogue** BrE /ˈkætlɔg/ *sustantivo & verbo*
• *s* catálogo
• *v* [tr] catalogar

catalyst /ˈkætl-ɪst/ *s* catalizador

catapult /ˈkætəpʌlt/ *sustantivo & verbo*
• *s* BrE ► ver **slingshot**
• *v* **1** catapultar **2 to catapult sb to fame/stardom** catapultar a alguien a la fama/al estrellato

cataract /ˈkætərækt/ *s* catarata [en los ojos]

catastrophe /kəˈtæstrəfi/ *s* catástrofe

catastrophic /kætəˈstrɑfɪk/ *adj* catastrófico -a

catch /kætʃ/ *verbo & sustantivo*
• *v* (3ª pers sing **-ches**, pasado & participio **caught**)
1 [tr/intr] agarrar, atajar [una pelota, un objeto]
2 [tr] agarrar, atrapar, pillar [a un delincuente, a alguien que huye]: *You can't catch me!* ¡A que no me agarras!
3 [tr] pescar, pillar, agarrar: *His mom caught him smoking in the backyard.* Su mamá lo pescó fumando en el jardín.
4 [tr] tomar, agarrar [un tren, un bus/autobús]
5 [tr] pescarse, contagiarse [una enfermedad] | **to catch a cold** resfriarse
6 [tr] pescar: *They caught a salmon.* Pescaron un salmón.
7 [tr/intr] quedar o hacer que algo quede atrapado: *My skirt caught in the car door.* La falda se me quedó atorada con la puerta del auto. | *He caught his finger in the drawer.* Se machucó el dedo con el cajón.
8 [tr] oír, entender: *I didn't catch your name.* No oí bien su nombre.
9 to catch sight of sth/sb alcanzar a ver algo/a alguien | **to catch a glimpse of sth/sb** alcanzar a ver algo/a alguien

PHRASAL VERBS

catch on 1 ponerse de moda, imponerse **2** darse cuenta, caer
catch sb out agarrar/pillar a alguien en un descuido
catch up 1 ponerse al mismo nivel: *I had to run to catch up.* Tuve que correr para alcanzarlos. **to catch up with sb** alcanzar a alguien: *He soon caught up with them.* Pronto los alcanzó. **2** ponerse al día [en los estudios, el trabajo] | **to catch up with sb** alcanzar a alguien, ponerse al nivel de alguien **3 to catch up on your sleep** recuperar el sueño perdido **4 to catch up on your work/reading etc.** ponerse al día con el trabajo/la lectura etc. **catch sb up** BrE alcanzar a alguien
• *s* (plural **-ches**) **1** trampa, truco: *It's so cheap, there must be a catch.* Es tan barato que debe haber alguna trampa.
2 atrapada, atajada [de una pelota]
3 to play catch jugar a tirar y atajar una pelota
4 pesca [cantidad pescada]

5 broche, gancho, cierre
6 (informal) buen partido [referido a una persona]

catching /'kætʃɪŋ/ *adj* contagioso -a
catchphrase /'kætʃfreɪz/ *s* frase típica que caracteriza a un humorista, un político, etc.
catchy /'kætʃi/ *adj* (**-chier**, **-chiest**) pegajoso -a [melodía, canción]
catechism /'kætəkɪzəm/ *s* catecismo
categorical /kætə'gɔrɪkəl/ *adj* categórico -a, rotundo -a
categorically /kætə'gɔrɪkli/ *adv* categóricamente, rotundamente
categorize, -ise BrE /'kætəgəraɪz/ *v* [tr] catalogar, clasificar
category /'kætəgɔri/ *s* (pl **-ries**) categoría
cater /'keɪtər/ *v* [intr] hacer el servicio de banquetes/el catering
cater to sth AmE, **cater for sth** BrE satisfacer algo [una necesidad, la demanda de algo]: *New York has shops to cater to every need.* En Nueva York hay negocios para satisfacer todas las necesidades. **cater to sb** AmE, **cater for sb** BrE ofrecer servicios dirigidos a cierto sector de la población: *a travel company catering more to older people* una compañía de viajes que ofrece productos dirigidos más bien a la gente mayor
caterer /'keɪtərər/ *s* empresa o persona que se encarga del servicio de banquetes para una fiesta o evento
catering /'keɪtərɪŋ/ *s* **1** servicio de banquetes **2** (también **the catering industry**) hotelería y restaurantes
caterpillar /'kætərpɪlər/ *s* oruga, azotador, cuncuna
cathedral /kə'θidrəl/ *s* catedral
Catholic /'kæθəlɪk/ *adj & s* católico -a
Catholicism /kə'θɑləsɪzəm/ *s* catolicismo
cattle /'kætl/ *s pl* ganado (vacuno)
caught /kɔt/ pasado & participio de **catch**
cauldron /'kɔldrən/ *s* caldero, olla [grande]
cauliflower /'kɔlɪflaʊr/ *s* coliflor
cause /kɔz/ *sustantivo & verbo*
• *s* **1** (razón) causa: *What was the cause of the accident?* ¿Cuál fue la causa del accidente? **2 cause for concern/celebration** motivo de preocupación/festejo: *There is no cause for alarm.* No hay razón para alarmarse. **3** (proyecto, ideal) causa
• *v* [tr] **1** causar: *She's always trying to cause trouble.* Siempre está tratando de causar problemas. **2 to cause sth/sb to do sth** hacer que algo/alguien haga algo: *What caused the computer to crash?* ¿Qué hizo que la computadora dejara de funcionar?
causeway /'kɔzweɪ/ *s* carretera elevada
caustic /'kɔstɪk/ *adj* **1** mordaz, cáustico -a [comentario, lenguaje, etc.] **2** cáustico -a [sustancia]
caution /'kɔʃən/ *sustantivo & verbo*
• *s* **1** precaución, cautela **2** amonestación
• *v* **1 to caution sb against sth/to caution sb not to do sth** advertirle a alguien que no haga algo **2** hacerle una amonestación a
cautious /'kɔʃəs/ *adj* cauteloso -a, prudente
cautiously /'kɔʃəsli/ *adv* **1** cautelosamente **2 cautiously optimistic** mesuradamente optimista
cavalry /'kævəlri/ *s* caballería
cave /keɪv/ *sustantivo & verbo*
• *s* cueva
• *v* **cave in** **1** hundirse, derrumbarse **2** ceder [ante presiones]
caveman /'keɪvmæn/ *s* (pl **-men**) cavernícola
cavern /'kævərn/ *s* caverna
cavity /'kævəti/ *s* (pl **-ties**) **1** cavidad **2** caries
CD /si 'di/ *s* (= **compact disc**) CD, compacto
C'D player *s* reproductor de CD, compactera
CD-ROM /si di 'rɑm/ *s* (= **compact disc read-only memory**) CD-ROM
cease /sis/ *v* [intr] (formal) parar, cesar | **to cease to do sth/to cease doing sth** dejar de hacer algo
ceasefire /'sisfaɪr/ *s* cese al fuego, alto al fuego
ceaseless /'sisləs/ *adj* (formal) incesante
cedar /'sidər/ *s* cedro
cede /sid/ *v* [tr] ceder [territorios]
ceiling /'silɪŋ/ *s* **1** (de una habitación) techo, cielorraso **2** (de precios, salarios, etc.) tope, techo
celebrate /'seləbreɪt/ *v* [tr/intr] festejar, celebrar
celebrated /'seləbreɪtɪd/ *adj* célebre
celebration /selə'breɪʃən/ *s* festejo(s) | **in celebration of sth** para celebrar/festejar algo: *a party in celebration of their success* una fiesta para celebrar su triunfo
celebratory /'seləbrətɔri/ *adj* **a celebratory meal/drink etc.** una comida/copa etc. para festejar
celebrity /sə'lebrəti/ *s* (pl **-ties**) celebridad, famoso -a
celery /'seləri/ *s* apio
cell /sel/ *s* **1** celda **2** célula

cellar /'selər/ *s* **1** sótano **2** bodega [para guardar vino]

cellist /'tʃelɪst/ *s* (violon)chelista, (violon)cellista

cello /'tʃeloʊ/ *s* (violon)chelo, (violon)cello

cell phone, también **cellphone** /'sel foʊn/ *s* (teléfono) celular

cellular /'seljələr/ *adj* celular

ˌcellular 'phone *s* (teléfono) celular

cell phone

cement /sɪ'ment/ *s* **1** cemento **2** concreto, hormigón

cemetery /'seməteri/ *s* (pl **-ries**) cementerio

censor /'sensər/ *verbo & sustantivo*
- *v* [tr] censurar [una película, un libro, etc.]
- *s* censor -a

censorship /'sensərʃɪp/ *s* censura

censure /'senʃər/ *verbo & sustantivo*
- *v* (formal) censurar, condenar [en una declaración]
- *s* (formal) censura, condena

census /'sensəs/ *s* (pl **censuses**) censo

cent /sent/ *s* centavo

centenary /sen'tenəri/ *s* centenario

centennial /sen'teniəl/ *s* AmE centenario

center AmE, **centre** BrE /'sentər/ *sustantivo & verbo*
- *s* **1** (de un espacio, un objeto) centro, medio: *There was a table in the center of the room.* Había una mesa en el centro de la habitación. **2** (para una actividad) centro, núcleo: *a commercial/financial center* un centro comercial/financiero **3** (en fútbol americano) centro **4** (en básquetbol) pivote **5** BrE (de una ciudad) centro ► En inglés americano se usan frases con **downtown**
- *v* [tr] centrar

center around/on sth girar en torno a algo, centrarse en algo

ˌcenter 'forward *s* centrodelantero -a

ˌcenter 'half *s* (pl **center halves**) mediocampista

Centigrade /'sentəgreɪd/ *s* centígrado

centimeter AmE, **centimetre** BrE /'sentəmitər/ *s* centímetro

centipede /'sentəpid/ *s* ciempiés

central /'sentrəl/ *adj* **1** central: *central government* el gobierno central | *central Europe/Africa* Europa/África central | *central London* el centro de Londres **2** céntrico -a: *Our hotel is not very central.* Nuestro hotel no es muy céntrico. **3** (muy importante) central: *He played a central part in Duke's victory.* Jugó un papel central en la victoria del Duke.

ˌCentral A'merica *s* América Central, Centroamérica

ˌCentral A'merican *adj* centroamericano -a

ˌcentral 'heating *s* calefacción (central)

centralization, -isation BrE /sentrələ'zeɪʃən/ *s* centralización

centralize, -ise BrE /'sentrəlaɪz/ *v* [tr] centralizar

centrally /'sentrəli/ *adv* **1** centralmente: *a centrally planned economy* una economía centralmente planificada **2** en el centro: *a centrally located hotel* un hotel céntrico/ubicado en el centro

centre BrE ► ver **center**

century /'sentʃəri/ *s* (pl **-ries**) siglo: *the 21st century* el siglo XXI

ceramics /sə'ræmɪks/ *s* cerámica

cereal /'sɪriəl/ *s* **1** (planta, cultivo) cereal **2** (para el desayuno) cereal

cerebral /sə'ribrəl, BrE 'serɪbrəl/ *adj* **1** intelectual, cerebral **2** (en medicina) cerebral

ceremonial /serə'moʊniəl/ *adj & s* ceremonial

ceremony /'serəmoʊni/ *s* (pl **-nies**) ceremonia

certain /'sɜrtn/ *adj* **1 to be certain** estar seguro -a: *I'm **certain that** I've met him before.* Estoy seguro de que lo conozco de algún lado. **2 for certain** a ciencia cierta, seguro: *We don't know for certain what caused it.* No sabemos a ciencia cierta cuál fue la causa. | *Josh will be there for certain.* Seguro que Josh va a estar. **3** (alguno, determinado) cierto -a: *There are certain things we don't talk about.* Hay ciertas cosas de las que no hablamos. | ***A certain** Mr Roberts called.* Te llamó un tal Roberts. **4 to a certain extent/degree** hasta cierto punto: *I agree with you to a certain degree.* Estoy de acuerdo contigo hasta cierto punto. **5 to make certain (that)** asegurarse (de que): *I had another look, just to make certain.* Le eché otra ojeada, sólo para asegurarme. **6** (referido a sucesos futuros) seguro -a: *They are **certain to** win.* Seguro que ganarán.

certainly /'sɜrtnli/ *adv* **1** sin duda, por supuesto: *He is certainly one of the world's best athletes.* Es sin duda uno de los mejores atletas del mundo. | *We'll certainly consider your suggestion.* Por supuesto que consideraremos su sugerencia. **2** (como respuesta) cómo no, por supuesto: *"Two cups of coffee, please." "Certainly, ma'am."* –Dos cafés, por favor. –Cómo no, señora. | *"Can I come too?" "Certainly not!"* –¿Yo también puedo ir? –¡De ninguna manera!

certainty /'sɜrtnti/ *s* (pl **-ties**) certeza, seguridad

certificate /sər'tɪfɪkət/ *s* **1** certificado **2** (de nacimiento) partida, certificado, acta

certified /'sɜrtəfaɪd/ *adj* **1 a certified teacher** un maestro/una maestra con título **2 a certified nurse** un enfermero diplomado/una enfermera diplomada

certify /'sɜrtəfaɪ/ *v* [tr] (**-fies, -fied**) **1** certificar **2** declarar demente a

¿No estás seguro de si se usa **make** o **do**? Mira las entradas **hacer, make** y **do**.

cesarian AmE, **caesarian** BrE /sə'zeriən/ *s* cesárea

chain /tʃeɪn/ *sustantivo & verbo*

• *s* **1** (de metal) cadena | **in chains** encadenado -a **2** (de tiendas, hoteles, etc.) cadena

• *v* [tr] **1 to chain sth to sth** atar algo a algo (con una cadena) **2** (también **chain up**) encadenar

chainsaw /'tʃeɪnsɔ/ *s* motosierra

'chain-smoke *v* [tr/intr] fumar uno atrás del otro

chair /tʃer/ *sustantivo & verbo*

• *s* **1** silla, sillón **2** presidente -a [de una reunión, un comité, etc.] **3** cátedra **4 the chair** (informal) la silla eléctrica

• *v* [tr] presidir [una reunión, un comité, etc.]

chairman /'tʃermən/ *s* (pl **-men**) **1** (de una reunión, un comité, etc.) presidente **2** (de una empresa) presidente

chairperson /'tʃerpɜrsən/ *s* (pl **chairpersons**) presidente -a [de una reunión, un comité, etc]
▶ Se prefiere usar **chairperson** en lugar de **chairman** cuando la palabra puede hacer referencia tanto a un hombre como a una mujer

chairwoman /'tʃerwʊmən/ *s* (pl **-women**) **1** (de una reunión, un comité, etc.) presidenta **2** (de una empresa) presidenta

chalet /ʃæ'leɪ/ *s* **1** chalet **2** BrE alojamiento tipo motel o bungalow en un lugar de vacaciones

chalk /tʃɔk/ *sustantivo & verbo*

• *s* **1** tiza, gis: *a piece of chalk* una tiza/un gis **2** (piedra) caliza

• *v* [tr/intr] escribir con tiza/gis

challenge /'tʃæləndʒ/ *sustantivo & verbo*

• *s* **1** desafío **2** (cuestionamiento): *He resisted any **challenge** to his authority.* Se resistía a que se cuestionara su autoridad.

• *v* [tr] **1** desafiar: *We **challenged** them **to a** game of tennis.* Los desafiamos a un partido de tenis. **2** constituir un desafío para **3** cuestionar [una decisión, la autoridad de alguien, etc.]

challenger /'tʃæləndʒər/ *s* **1** rival **2** (en la competencia por un título) aspirante

challenging /'tʃæləndʒɪŋ/ *adj* que constituye un desafío porque requiere esfuerzo o habilidad: *a challenging problem* un problema que constituye un desafío

chamber /'tʃeɪmbər/ *s* **1** sala [en la que se reúne un organismo oficial] **2** cámara [de un cuerpo legislativo]: *the upper/lower chamber* la cámara alta/baja

chambermaid /'tʃeɪmbərmeɪd/ *s* camarera, mucama [de un hotel]

champagne /ʃæm'peɪn/ *s* champagne, champán

champion /'tʃæmpiən/ *sustantivo & verbo*

• *s* **1** campeón -ona: *the defending champion* el actual campeón/la actual campeona | *the world champion* el campeón/la campeona mundial **2** paladín

• *v* [tr] defender, abogar por

championship /'tʃæmpiənʃɪp/ *s* campeonato

chance /tʃæns/ *sustantivo, verbo & adjetivo*

• *s* **1** chance, posibilidad | **there's a chance (that)** es posible que, cabe la posibilidad de que: *There's a good chance that someone saw the robber.* Es muy posible que alguien haya visto al asaltante. | **not to have/stand a chance** no tener ningún chance
2 oportunidad, chance: *I'll explain if you'll give me the chance.* Si me das la oportunidad, te voy a explicar.
3 casualidad | **by chance** por/de casualidad
4 by any chance por casualidad: *Are you making coffee, by any chance?* ¿Vas a hacer café, por casualidad?
5 (the) chances are (that) lo más probable es que
6 no chance (informal) ni de casualidad: *"Do you think she'll go out with me?" "No chance!"* –¿Te parece que querrá salir conmigo? –¡Ni de casualidad!
7 to take a chance arriesgarse, correr el riesgo

• *v* **to chance it** (informal) arriesgarse

• *adj* **a chance encounter/discovery etc.** un encuentro/un descubrimiento etc. casual

chancellor /'tʃænsələr/ *s* **1** (también **Chancellor of the Exchequer**) (en Gran Bretaña) Ministro de Economía **2** presidente honorario de una universidad **3** (en Alemania y Austria) canciller [jefe del gobierno]

chandelier /ʃændə'lɪr/ *s* araña [lámpara]

change /tʃeɪndʒ/ *verbo & sustantivo*

• *v* **1** (a algo diferente) [intr] cambiar, [tr] cambiar (de): *The club changed its name in 1998.* El club cambió de nombre en 1998. | **to change from sth to sth** pasar de algo a algo: *The lights changed from green to red.* El semáforo pasó de verde a rojo. | **to change into sth** transformarse en algo, volverse algo
2 [tr] (una cosa por otra) cambiar: *Do you know how to change a tire?* ¿Sabes cambiar una llanta? | *Can I change these shoes?* ¿Puedo cambiar estos zapatos? | **to change schools/jobs etc.** cambiar de escuela/de trabajo etc.
3 [intr] (de ropa) cambiarse, [tr] cambiarse de: *Aren't you going to change?* ¿No te vas a cambiar? | *I changed my shirt.* Me cambié de camisa./Me cambié la camisa. | **to get changed** cambiarse: *Wait here while I get changed.* Espérame aquí mientras me cambio. | **to change into sth** (cambiarse y) ponerse algo: *At least change into a clean shirt.* Por lo menos ponte una camisa limpia. | **to change out of sth** quitarse/cambiarse algo
4 [intr] (en transportes) transbordar, hacer transbordo
5 [tr] (dinero) cambiar: *I **changed** some pesos **into***

dollars. Cambié unos pesos a dólares. ▶ ver también **mind**

change over cambiar: *when we **change over** to the new system* cuando cambiemos/nos pasemos al nuevo sistema

• *s* **1** cambio: *a change in the law* un cambio en la ley | **a change for the better/worse** un cambio para mejor/peor | **a change of heart** un cambio de idea/actitud | **to have a change of heart** cambiar de idea/actitud
2 for a change para variar: *Why don't we go to your house for a change?* ¿Por qué no vamos a tu casa, para variar? | **it makes a change** frase que expresa que un cambio es bienvenido: *It makes a change to eat out once in a while.* Es bueno salir a comer afuera de vez en cuando para variar.
3 (que se devuelve a quien paga algo) vuelto, cambio, vueltas: *Here's your change.* Aquí tiene el vuelto.
4 (en monedas o billetes pequeños) Según región: *sencilla/o, menuda/o, cambio (chico)* o *feria*: *I don't have any change.* No tengo sencilla.

changeable /ˈtʃeɪndʒəbəl/ *adj* cambiante, inestable

changeover /ˈtʃeɪndʒoʊvər/ *s* cambio [de un sistema a otro]

ˈchange purse *s* AmE monedero

ˈchanging room *s* **1** (en un gimnasio, etc.) vestuario, vestier, vestidor **2** (en una tienda de ropa) probador

channel /ˈtʃænl/ *sustantivo & verbo*
• *s* **1** (de televisión) canal: *Which channel is it on?* ¿En qué canal lo dan? **2** (de comunicación) canal, vía **3** (para la navegación, el riego) canal **4 the Channel**, también **the English Channel** el Canal de la Mancha
• *v* [tr] (**-led**, **-ling** AmE, **-lled**, **-lling** BrE) canalizar

ˈchannel-ˌsurf AmE, **ˈchannel-ˌhop** BrE *v* [intr] hacer zapping, zapear [cambiar constantemente de un canal a otro]

chant /tʃænt/ *sustantivo & verbo*
• *s* **1** (en un encuentro deportivo) cántico **2** (en una manifestación) consigna **3** canto: *Gregorian chant* canto Gregoriano
• *v* [tr/intr] **1** corear **2** cantar [cánticos, salmos, etc.]

chaos /ˈkeɪɑs/ *s* caos: *The kitchen was **in chaos**.* La cocina era un caos.

chaotic /keɪˈɑtɪk/ *adj* caótico -a

chap /tʃæp/ *s* BrE (informal) tipo: *a nice chap* un tipo simpático

chapel /ˈtʃæpəl/ *s* capilla

chaplain /ˈtʃæplɪn/ *s* capellán

chapped /tʃæpt/ *adj* agrietado -a

chapter /ˈtʃæptər/ *s* capítulo

char /tʃɑr/ *v* (**-rred**, **-rring**) **1** [tr] carbonizar **2** [intr] carbonizarse

character /ˈkærəktər/ *s* **1** personalidad, carácter | **to be in/out of character (for sb)** ser/no ser típico -a de alguien **2** (de un libro, una película, etc.) personaje **3** (de un edificio) estilo propio **4** (persona) tipo -a | **a real character/quite a character** todo un personaje, un personaje pintoresco

characteristic /kærəktəˈrɪstɪk/ *sustantivo & adjetivo*
• *s* característica
• *adj* característico -a | **to be characteristic of sth/sb** ser característico -a de algo/alguien

characteristically /ˌkærəktəˈrɪstɪkli/ *adv* **she was characteristically blunt/brief etc.** habló con la franqueza/brevedad etc. que la caracteriza

characterization, -isation BrE /kærəktərəˈzeɪʃən/ *s* **1** composición de personajes **2** caracterización

characterize, -ise BrE /ˈkærəktəraɪz/ *v* [tr] **1** caracterizar, distinguir **2** describir | **to characterize sth/sb as sth** definir algo/a alguien como algo

charade /ʃəˈreɪd, BrE ʃəˈrɑd/ *s* farsa

charcoal /ˈtʃɑrkoʊl/ *sustantivo & adjetivo*
• *s* **1** carbón **2** carboncillo
• *adj* (también **charcoal grey**) (de color) gris oscuro, (de color) gris marengo ▶ ver "Active Box" **colors** en **color**

charge /tʃɑrdʒ/ *sustantivo & verbo*
• *s* **1** cargo [dinero que se cobra por algo], recargo: *There is no charge for making a reservation.* Las reservaciones son sin cargo./No se cobran las reservaciones. | **free of charge** gratis **2 to be in charge** ser el/la responsable | **to be in charge of sth** estar a cargo de algo, encargarse de algo: *Andy's **in charge of** the music.* Andy está a cargo de la música. | **to take charge of sth** hacerse cargo de algo **3 to be in/under sb's charge** estar a cargo de alguien **4** (en los tribunales) acusación, cargo | **to bring/press charges (against sb)** presentar cargos (contra alguien) **5** (de un ejército) ataque, carga, (de un animal) embestida **6** (en electricidad) carga
• *v* **1** [tr/intr] cobrar: *How much did they charge you for the flowers?* ¿Cuánto te cobraron (por) las flores? | *We charge by the hour.* Cobramos por hora. **2** [tr] presentar cargos contra | **to be charged with sth** ser/estar acusado -a de algo **3** [intr] embestir, [tr] cargar/embestir contra **4** [intr] ir rápida y agresivamente: *He charged into my office.* Entró a mi oficina como una tromba. **5** (con energía eléctrica) [tr] cargar, [intr] cargarse

ˈcharge card *s* **1** tarjeta de crédito **2** tarjeta de crédito/pago [emitida por una cadena de comercios]

chariot /ˈtʃæriət/ *s* cuadriga

charisma /kəˈrɪzmə/ *s* carisma

charismatic /kærɪzˈmætɪk/ *adj* carismático -a

charitable /ˈtʃærətəbəl/ *adj* **1** de caridad **2** caritativo -a

charity /ˈtʃærəti/ *s* **1** obras de beneficencia/de bien público: *He raised $2,000 for charity.* Reunió $2,000 para obras de beneficencia. **2** (pl **-ties**) institución/entidad de bien público, institución/entidad de beneficencia **3** caridad, beneficencia

charm /tʃɑrm/ *sustantivo & verbo*
- *s* **1** encanto, atractivo **2** amuleto, dije **3** hechizo, conjuro **4 to work like a charm** funcionar como por arte de magia
- *v* [tr] conquistar, cautivar

charming /ˈtʃɑrmɪŋ/ *adj* encantador -a

chart /tʃɑrt/ *sustantivo & verbo*
- *s* **1** gráfico, tabla **2** mapa [en meteorología] **3** carta de navegación **4 the charts** el ránking [de los discos más populares], el hit parade
- *v* [tr] hacer un gráfico de, registrar

charter /ˈtʃɑrtər/ *sustantivo & verbo*
- *s* **1** estatuto(s), carta **2** cédula real
- *v* [tr] chartear, alquilar

ˈcharter flight *s* (vuelo) chárter

ˈcharter ˌschool *s* AmE escuela que recibe fondos del estado pero los administra independientemente

chase /tʃeɪs/ *verbo & sustantivo*
- *v* **1 to chase (after) sb** perseguir a alguien, dar caza a alguien: *I chased after the thief, but he got away.* Perseguí al ladrón, pero se escapó. **2 to chase sb away/off/out** sacar a alguien corriendo **3** [tr] estar/andar detrás de
  chase sth down AmE atrapar algo **chase sb down** AmE darle caza a alguien
  chase sth up BrE averiguar qué pasa/pasó con algo
- *s* persecución, caza

chasm /ˈkæzəm/ *s* abismo

chassis /ˈʃæsi/ *s* (pl **chassis** /ˈʃæsiːz/) chasís, chasis, bastidor

chastity /ˈtʃæstəti/ *s* castidad

chat /tʃæt/ *verbo & sustantivo*
- *v* [intr] (**-tted**, **-tting**) charlar, platicar | **to chat to/with sb** charlar/platicar con alguien | **to chat about sth** charlar sobre/de algo, platicar sobre/de algo
  chat sb up BrE (informal) tratar de conquistar a alguien [hablando]
- *s* charla, plática | **to have a chat with sb (about sth)** charlar/platicar con alguien (sobre algo)

chatline, también **chat line** /ˈtʃætlaɪn/ *s* servicio telefónico que permite acceder a grupos de conversación con el fin de conocer gente, intercambiar opiniones, etc.

ˈchat room *s* sala de chat, sala de chateo

ˈchat show *s* BrE talk-show ► En inglés americano se usa **talk show**

chatter /ˈtʃætər/ *verbo & sustantivo*
- *v* [intr] **1** hablar cháchara, echar carreta, cotorrear | **to chatter away (to sb)** hablar cháchara/echar carreta/cotorrear (con alguien) **2** castañetear [dientes]
- *s* cháchara, parloteo

chatty /ˈtʃæti/ *adj* (**-ttier**, **-ttiest**) (informal) **1** parlanchín -ina, hablador -a, carretudo -a **2** entretenido -a y lleno -a de noticias [carta]

chauffeur /ˈʃoʊfər/ *s* chofer [de un auto particular]

chauvinism /ˈʃoʊvənɪzəm/ *s* **1 (male) chauvinism** machismo **2** chauvinismo, patrioterismo, chovinismo

chauvinist /ˈʃoʊvənɪst/ *s & adj* **1 (male) chauvinist** machista **2** chauvinista, patriotero -a, chovinista

cheap /tʃip/ *adjetivo, adverbio & sustantivo*
- *adj* **1** barato -a, económico -a **2** ordinario -a **3** AmE (informal) agarrado -a, tacaño -a **4** bajo -a [moralmente] | **a cheap joke** una broma de mal gusto
- *adv* (informal) **to get sth cheap** comprar/conseguir algo barato | **not to come cheap** no ser barato -a | **to be going cheap** estar barato -a
- *s* **to do sth on the cheap** hacer algo escatimando dinero/recursos

cheapen /ˈtʃipən/ *v* [tr] **1** abaratar **2** rebajar, degradar

cheaply /ˈtʃipli/ *adv* barato, económicamente

cheapskate /ˈtʃipskeɪt/ *s* (informal) agarrado -a, tacaño -a

cheat /tʃit/ *verbo & sustantivo*
- *v* **1** [intr] (en un examen) copiar, copiarse: *Any student caught cheating will be expelled.* Se expulsará a todo alumno que se descubra copiando. **2** [intr] (en un juego) hacer trampa(s) | **to cheat at sth** hacer trampa con algo: *He always cheats at cards.* Siempre hace trampa(s) cuando juega cartas. **3** [tr] engañar, estafar | **to cheat sb out of sth** quitarle algo a alguien con engaños
  cheat on sb engañar a alguien [en una relación amorosa]
- *s* tramposo -a

check /tʃek/ *verbo, sustantivo & adjetivo*
- *v* **1** [tr/intr] chequear, fijarse, verificar, checar: *Check with your parents to make sure it's OK.* Chequea con tus padres para confirmar que no hay problema. | *Could you check if we have any coffee?* ¿Te podrías fijar si tenemos café? | *Check your work for mistakes before you hand it in.* Revisen el trabajo por si hay errores antes de entregarlo. **2** [tr] frenar, detener

PHRASAL VERBS

check in 1 (en un aeropuerto) chequear(se), registrarse, checar **2** (en un hotel) registrarse: *Can you wait while I check in?* ¿Me esperas a que me registre? | **to check into a hotel** registrarse

en un hotel **check sth in** despachar algo, checar algo [en el aeropuerto]
check sth off ir marcando algo [en una lista]
check out irse [de un hotel], dejar la habitación: *Ms. Smith checked out this morning.* La señora Smith se fue esta mañana. | **to check out of a hotel** irse de un hotel, chequear (de un hotel) **check sth out** **1** verificar algo **2** (informal) probar algo para ver qué tal es, ya sea usándolo, visitándolo, etc.: *Have you checked out the new club yet?* ¿Ya han estado en la nueva discoteca?
check up on sth verificar/confirmar algo
check up on sb controlar/vigilar a alguien
• *s* **1** AmE cuenta [en un restaurante]: *Can we get the check, please?* ¿Nos trae la cuenta, por favor?
2 AmE cheque | **a check for $500/$4.99** un cheque de $500/$4.99 | **to pay by check** pagar con cheque
3 AmE marca, palomita [para señalar un elemento en una lista, etc.]
4 control, inspección: *a security check* un control de seguridad | *Have a check in your backpack first.* Revisa tu mochila primero. | **to carry out/run a check on sth** realizar/hacer un control en algo: *They ran a few checks on the system.* Hicieron unos controles en el sistema. | **to keep a check on sth** controlar/vigilar algo
5 **a check on sth** un freno a algo | **to keep/hold sth in check** ponerle (un) freno a algo, controlar algo
6 jaque [en ajedrez]
• *adj* ▶ ver **checked**

checkbook AmE, **chequebook** BrE /ˈtʃekbʊk/ *s* chequera

checked /tʃekt/, también **check** /tʃek/ *adj* a/de cuadros, a/de cuadritos: *a checked tablecloth* un mantel a cuadros

checkers /ˈtʃekərz/ *s* AmE damas [juego]

ˈcheck-in *s* **1** (también **check-in desk**) mostrador (de chequeo) [en un aeropuerto] **2** chequeo, check-in

ˈchecking acˌcount *s* AmE cuenta corriente

checklist /ˈtʃeklɪst/ *s* lista (de control)

checkmate /ˈtʃekmeɪt/ *s* (jaque) mate

checkout /ˈtʃek-aʊt/ *s* caja [en un supermercado]

checkpoint /ˈtʃekpɔɪnt/ *s* puesto de control

checkup /ˈtʃek-ʌp/ *s* **1** (con un médico) chequeo **2** (con un dentista) chequeo, control

cheek /tʃik/ *s* **1** mejilla, cachete **2** BrE cara, descaro, patudez: *What a cheek!* ¡Qué cara! | **to have the cheek to do sth** tener la cara/el descaro/la patudez de hacer algo ▶ ver también **tongue**

cheeky /ˈtʃiki/ *adj* (**-kier**, **-kiest**) insolente, caradura, descarado -a: *He's so* ***cheeky to*** *his mother.* Es tan insolente con su madre. | *a cheeky grin* una sonrisa pícara

cheer /tʃɪr/ *verbo & sustantivo*
• *v* **1** [tr/intr] vitorear, aclamar **2** [tr] alegrar, levantarle el ánimo a
cheer sb on alentar a alguien
cheer up animarse: *Cheer up!* ¡Ánimo! **cheer sb up** levantarle el ánimo a alguien
• *s* viva, hurra | **three cheers for the winners/the girls etc.!** ¡vivan los ganadores/las chicas etc.!

cheerful /ˈtʃɪrfəl/ *adj* **1** alegre **2** **to be cheerful (about sth)** estar contento -a (por algo)

cheerfully /ˈtʃɪrfəli/ *adv* alegremente

cheerfulness /ˈtʃɪrfəlnəs/ *s* alegría

cheering /ˈtʃɪrɪŋ/ *s* vivas, hurras

cheerio! /tʃɪriˈoʊ/ *interj* BrE (informal) ¡chao!, ¡chau!

cheerleader /ˈtʃɪrlidər/ *s* porrista

cheers! /tʃɪrz/ *interj*
1 ¡salud!
2 BrE (informal) gracias
3 BrE (informal) chao, chau

cheerleader

cheery /ˈtʃɪri/ *adj* (**-rier**, **-riest**) alegre

cheese /tʃiz/ *s* queso

cheeseburger /ˈtʃizbɜrgər/ *s* hamburguesa con queso

cheesecake /ˈtʃizkeɪk/ *s* torta/tarta/pastel de queso, cheesecake

cheetah /ˈtʃitə/ *s* chita

chef /ʃef/ *s* chef

chemical /ˈkemɪkəl/ *sustantivo & adjetivo*
• *s* sustancia química, producto químico
• *adj* químico -a

chemist /ˈkemɪst/ *s* **1** químico -a **2** BrE farmacéutico -a ▶ En inglés americano se usa **pharmacist** | **chemist's (shop)** BrE farmacia ▶ En inglés americano se usa **drugstore** o **pharmacy**

chemistry /ˈkeməstri/ *s* química

cheque /tʃek/ *s* BrE **1** cheque ▶ En inglés americano se usa **check** | **a cheque for £500/£4.99 etc.** un cheque de £500/£4.99 etc. | **to pay by cheque** pagar con cheque **2** **cheque card**, también **cheque guarantee card** tarjeta que hay que mostrar cuando se paga con cheque en Gran Bretaña y que garantiza el pago del mismo por parte del banco

chequebook BrE ▶ ver **checkbook**

cherish /ˈtʃerɪʃ/ *v* [tr] (3ª pers sing **-shes**) **1** adorar, querer mucho [a una persona] **2** valorar mucho [una amistad, la independencia, etc.]: *his most cherished possession* su bien más preciado **3** **to cherish the memory of sth/sb** atesorar el recuerdo de algo/alguien

¿Quieres pedir una hamburguesa en inglés? Consulta la **guía de comunicación** al final del libro.

cherry /ˈtʃeri/ *sustantivo & adjetivo*
• *s* (pl **-rries**) **1** cereza **2** (también **cherry tree**) cerezo **3** (color) cereza
• *adj* de color cereza
chess /tʃes/ *s* **1** ajedrez: *We played chess.* Jugamos ajedrez. **2** **chess set** juego de ajedrez
chessboard /ˈtʃesbɔrd/ *s* tablero de ajedrez
chest /tʃest/ *s* **1** pecho [tórax] **2** arcón, baúl **3** **to get sth off your chest** desahogarse hablando de algo
chestnut /ˈtʃesnʌt/ *sustantivo & adjetivo*
• *s* **1** castaña **2** (también **chestnut tree**) castaño **3** (color) castaño
• *adj* **1** castaño [pelo] **2** zaino -a [caballo]
ˌchest of ˈdrawers *s* cómoda
chew /tʃu/ *v* [tr/intr] masticar
chew sth over darle vueltas a algo, pensar bien algo
ˈchewing gum *s* chicle
chewy /ˈtʃui/ *adj* (**-wier**, **-wiest**) **1** duro -a, fibroso -a [carne] **2** masticable [caramelo]
chick /tʃɪk/ *s* **1** pollito -a **2** pichón -ona
chicken /ˈtʃɪkən/ *sustantivo, adjetivo & verbo*
• *s* **1** (carne) pollo: *roast chicken* pollo al horno **2** (ave) pollo **3** (informal) (cobarde) gallina
• *adj* (informal) gallina [cobarde]
• *v* **chicken out** (informal) achicarse, acobardarse
chickenpox /ˈtʃɪkənpɑks/ *s* varicela, peste cristal
chickpea /ˈtʃɪkpi/ *s* garbanzo
chicory /ˈtʃɪkəri/ *s* **1** achicoria **2** BrE endivia, endibia ► En inglés americano se usa **endive**
chief /tʃif/ *adjetivo & sustantivo*
• *adj* **1** principal: *Our chief concern is safety.* Nuestra principal preocupación es la seguridad. **2** jefe -a
• *s* **1** (de una tribu) jefe -a **2** (de una organización) jefe -a: *the chief of police* el jefe de policía
chiefly /ˈtʃifli/ *adv* principalmente
child /tʃaɪld/ *s* (pl **children** /ˈtʃɪldrən/) **1** niño -a: *a four-year-old child* un niño de cuatro años | *children's TV* televisión para niños | **as a child** cuando era niño -a, de niño -a **2** hijo -a, niño -a: *They have three children.* Tienen tres hijos. | **to be an only child** ser hijo -a único -a **3** **to be child's play** ser un juego de niños
childbirth /ˈtʃaɪldbɜrθ/ *s* parto
childcare /ˈtʃaɪldker/ *s* cuidado de los niños mientras los padres trabajan
childhood /ˈtʃaɪldhʊd/ *s* niñez
childish /ˈtʃaɪldɪʃ/ *adj* infantil
childless /ˈtʃaɪldləs/ *adj* sin hijos
childlike /ˈtʃaɪldlaɪk/ *adj* de niño
childminder /ˈtʃaɪldmaɪndər/ *s* Así se le llama en Gran Bretaña a una persona que recibe niños en su propia casa y los cuida mientras los padres están en el trabajo.
children /ˈtʃɪldrən/ plural de **child**
Chile /ˈtʃɪli/ *s* Chile
Chilean /ˈtʃɪliən/ *adj & s* chileno -a
chili AmE, **chilli** BrE /ˈtʃɪli/ *s* (pl **-lies** AmE, **-llies** BrE) **1** chile, ají (picante) **2** chile en polvo
chill /tʃɪl/ *verbo & sustantivo*
• *v* **1** [tr] enfriar, [intr] enfriarse **2** **to be/feel chilled** estar helado -a
• *s* **1** frío, fresco **2** **to catch/get a chill** resfriarse **3** **to send a chill down sb's spine** darle escalofríos a alguien
chilling /ˈtʃɪlɪŋ/ *adj* escalofriante, espeluznante
chilly /ˈtʃɪli/ *adj* (**-llier**, **-lliest**) **1** (referido a la temperatura) frío -a **2** (poco amistoso) frío -a
chime /tʃaɪm/ *v* **1** [intr] sonar [timbre, reloj] **2** [intr] repicar [campana] **3** **to chime the hour/five o'clock etc.** dar la hora/las cinco etc. [reloj de péndulo, carillón, etc.]
chimney /ˈtʃɪmni/ *s* chimenea
chimpanzee /tʃɪmpænˈzi/, también **chimp** /ˈtʃɪmp/ *s* chimpancé
chin /tʃɪn/ *s* **1** barbilla, mentón, pera **2** **chin up!** ¡Ánimo!, ¡Arriba el ánimo!
China /ˈtʃaɪnə/ *s* China
china /ˈtʃaɪnə/ *sustantivo & adjetivo*
• *s* **1** (material) loza [fina], porcelana **2** (vajilla) loza
• *adj* de loza, de porcelana
Chinese /tʃaɪˈniz/ *adjetivo & sustantivo*
• *adj* chino -a
• *s* **1** (idioma) chino **2** **the Chinese** los chinos
chink /tʃɪŋk/ *s* **1** rendija, grieta **2** tintineo
chinos /ˈtʃinoʊz/ *s pl* (pantalones) chinos [pantalones de algodón grueso, generalmente beige]
chip /tʃɪp/ *sustantivo & verbo*
• *s* **1** AmE papa frita [de bolsa] **2** BrE papa frita: *egg and chips* huevo frito con papas fritas ► En inglés americano se usa **French fry** **3** (también **microchip**) chip **4** (de madera) astilla **5** (de piedra) esquirla **6** desportilladura, muesca **7** ficha [para apostar en la ruleta, etc.] **8** **to have a chip on your shoulder** (informal) ser un resentido/una resentida
• *v* (**-pped**, **-pping**) **1** [tr] desportillar, saltar **2** [intr] desportillarse, saltarse
chip away **to chip away at sth** minar/socavar algo
chip in (informal) **1** intervenir [en un diálogo] **2** aportar, colaborar [con dinero]
chirp /tʃɜrp/, también **chirrup** /ˈtʃɪrəp/ *v* [intr] **1** piar, gorjear [pájaro] **2** chirriar [insecto]
chirpy /ˈtʃɜrpi/ *adj* (**-pier**, **-piest**) BrE alegre ► En inglés americano se usa **perky**

chisel /ˈtʃɪzəl/ *sustantivo & verbo*
• *s* cincel, formón
• *v* [tr] (-led, -ling AmE, -lled, -lling BrE) cincelar, tallar

chivalry /ˈʃɪvəlri/ *s* caballerosidad

chives /tʃaɪvz/ *s pl* cebollinos, cebollines, ciboulettes

chlorine /ˈklɔrin/ *s* cloro

chock-a-block /ˈtʃɑk ə blɑk/ *adj* (informal) a tope, llenísimo -a

chocolate /ˈtʃɑklɪt/ *sustantivo & adjetivo*
• *s* **1** chocolate: *a bar of chocolate* una tableta de chocolate/un chocolate | **a chocolate cake/cookie etc.** un pastel/una galleta etc. de chocolate **2** bombón, chocolate: *a box of chocolates* una caja de bombones/chocolates **3** (bebida) chocolate **4** (también **chocolate brown**) color chocolate
• *adj* de color chocolate

choice /tʃɔɪs/ *sustantivo & adjetivo*
• *s* **1** (posibilidad de elegir) elección, opción | **to have a choice** poder elegir: *If you had a choice, where would you live?* Si pudieras elegir ¿dónde vivirías? | **to have no choice** no tener más remedio, no tener (otra) alternativa: *They had no choice but to pay.* No tuvieron más remedio que pagar. **2** (acción de elegir) decisión, elección: *It was a difficult choice* Fue una decisión difícil. | *I think you've made the right choice.* Creo que has elegido bien. **3** opciones, selección: *There is a* ***choice of*** *three main courses.* Se puede elegir entre tres platos principales.
• *adj* (formal) de primera, escogido -a

choir /kwaɪr/ *s* coro

choke /tʃoʊk/ *verbo & sustantivo*
• *v* **1** [intr] asfixiarse, ahogarse | **to choke on sth** atorarse/atragantarse con algo | **to choke to death (a)** morir asfixiado -a **(b)** morir atragantado -a **2** [tr] estrangular **3** [tr] atascar
• *s* estrangulador, ahogador

cholera /ˈkɑlərə/ *s* cólera [enfermedad]

cholesterol /kəˈlestərɔl/ *s* colesterol

choose /tʃuz/ *v* [intr] (pasado **chose**, participio **chosen**) **1** elegir, escoger: *Students may* ***choose from*** *a range of topics.* Los alumnos pueden elegir dentro de una gama de temas. | *They chose Rickie as team captain.* Eligieron a Rickie como capitán del equipo. | *I have to* ***choose between*** *selling the car* ***and*** *repairing it.* Tengo que elegir entre vender el auto o arreglarlo. **2 to choose to do sth** decidir hacer algo, optar por hacer algo: *Mike chose to go abroad to study.* Mike decidió ir a estudiar al exterior. **3** querer: *They can stay behind if they choose.* Pueden quedarse acá si quieren. **4 there's little/not much to choose between them** no hay gran diferencia entre ellos

choosy /ˈtʃuzi/ *adj* (-sier, -siest) selectivo -a, exigente | **to be choosy about sth** ser selectivo -a con algo

chop /tʃɑp/ *verbo & sustantivo*
• *v* [tr] (-pped, -pping) **1** (también **chop up**) picar, cortar en trocitos **2** (también **chop up**) cortar, hachar [leña] **3 to chop sth into cubes/pieces etc.** cortar algo en cubos/cuadritos/trozos etc.
chop sth down talar/cortar algo
chop sth off cortar algo
• *s* **1** chuleta, costilla: *pork chops* chuletas/costillas de cerdo **2** golpe, manotazo

chopper /ˈtʃɑpər/ *s* **1** (informal) helicóptero **2** BrE hacha [pequeña] ► En inglés americano se usa **hatchet**

ˈchopping board *s* tabla de picar

choppy /ˈtʃɑpi/ *adj* (-ppier, -ppiest) picado [mar]

chopsticks /ˈtʃɑpstɪks/ *s pl* palitos, palillos [para comida oriental]

choral /ˈkɔrəl/ *adj* coral: *choral music* música coral

chord /kɔrd/ *s* acorde

chore /tʃɔr/ *s* **1** tarea: *household chores* tareas domésticas **2** plomo, lata [tarea aburrida]

choreographer /kɔriˈɑgrəfər/ *s* coreógrafo -a

choreography /kɔriˈɑgrəfi/ *s* coreografía

chorus /ˈkɔrəs/ *s* (pl -ses) **1** estribillo **2** (parte coral de una composición) coro **3** (grupo de cantantes) coro **4 the chorus** (en una ópera o un musical) el coro

chose /tʃoʊz/ pasado de **choose**

chosen /ˈtʃoʊzən/ participio de **choose**

Christ /kraɪst/ *s* Cristo

christen /ˈkrɪsən/ *v* [tr] bautizar

christening /ˈkrɪsənɪŋ/ *s* bautismo, bautizo

Christian /ˈkrɪstʃən/ *s & adj* cristiano -a

Christianity /krɪstʃiˈænəti/ *s* cristianismo

ˈChristian name *s* nombre (de pila)

Christmas /ˈkrɪsməs/ *s* (pl -ses) **1** Navidad [también Pascua, en algunos países]: *Merry Christmas!* ¡Feliz Navidad!/¡Felices Pascuas! | **at Christmas** en/para Navidad **2 Christmas cake** pastel típico de Navidad hecho con pasas, frutas confitadas, almendras, etc. **Christmas card** tarjeta de Navidad **Christmas carol** villancico **Christmas cracker** Así se le llama al pequeño paquete sorpresa de papel de colores que se coloca junto al plato de cada comensal en la comida navideña. Al abrirlo tirando de sus extremos con la ayuda de otro comensal, produce un estallido. Contiene un sombrero de papel en forma de corona, que se lleva puesto

¿Se dice *on the table* o *in the table*? Mira la entrada **en**.

durante la comida, y un pequeño obsequio **Christmas present** regalo de Navidad **Christmas tree** árbol de Navidad

ˌChristmas ˈDay *s* (día de) Navidad, (día de) Pascua

ˌChristmas ˈEve *s* Nochebuena

chrome /kroʊm/, también **chromium** /kroʊmiəm/ *s* cromo

chromosome /ˈkroʊməsoʊm/ *s* cromosoma

chronic /ˈkrɑnɪk/ *adj* crónico -a

chronicle /ˈkrɑnɪkəl/ *s* crónica

chronological /krɑnəˈlɑdʒɪkəl/ *adj* cronológico -a

chrysalis /ˈkrɪsəlɪs/ *s* (pl **-ses**) crisálida

chrysanthemum /krɪˈsænθəməm/ *s* crisantemo

chubby /ˈtʃʌbi/ *adj* (**-bbier**, **-bbiest**) regordete, rellenito -a: *chubby cheeks* cachetes regordetes

chuck /tʃʌk/ *v* [tr] (informal) **1** tirar, aventar, botar: *Chuck it out the window!* ¡Tírala por la ventana! **2** AmE dejar [un trabajo, un curso, etc.] **3** BrE botar, dejar [a un novio, etc.] ▶ En inglés americano se usa **dump**

chuck sth away tirar/botar algo a la basura

chuck sth in BrE dejar algo [un trabajo, un curso, etc.]

chuck sth out tirar/botar algo a la basura

chuck sb out echar a alguien

chuckle /ˈtʃʌkəl/ *v* [intr] reírse [sin hacer mucho ruido] | **to chuckle about/over sth** reírse de/con algo

chum /tʃʌm/ *s* amigo -a, compinche, cuate

chunk /tʃʌŋk/ *s* pedazo, trozo

chunky /ˈtʃʌŋki/ *adj* (**-kier**, **-kiest**) **1** gordo -a, grueso -a [suéter/chomba] **2** grande, pesado -a [alhaja]

church /tʃɜrtʃ/ *s* **1** (pl **-ches**) iglesia: *an old Norman church* una antigua iglesia normanda **2 to go to church** ir a la iglesia **3 the church**, también **the Church** la Iglesia

churchyard /ˈtʃɜrtʃjɑrd/ *s* cementerio [junto a una iglesia]

churn /tʃɜrn/ *v* **1** [tr] (también **churn up**) remover **2** [intr] arremolinarse, revolverse

churn sth out (informal) producir algo como salchichas [rápidamente y sin mucho cuidado]

chute /ʃut/ *s* **1** (para la basura o la ropa sucia) ducto, chute **2** (de una piscina) tobogán, rodadero

cider /ˈsaɪdər/ *s* **1** AmE jugo de manzana **2** BrE sidra ▶ En inglés americano se usa **hard cider**

cigar /sɪˈgɑr/ *s* cigarro, puro, habano

cigarette /ˈsɪgəret/ *s* cigarrillo

cinch /sɪntʃ/ *s* **to be a cinch** (informal) ser pan comido

cinder /ˈsɪndər/ *sustantivo & sustantivo plural*

• *s* brasa

• **cinders** *s pl* cenizas, brasas

cinema /ˈsɪnəmə/ *s* **1** (arte, industria) cine: *German cinema* el cine alemán **2** BrE (edificio) cine ▶ En inglés americano se dice **movie theater** | **to go to the cinema** ir al cine, ir a cine ▶ En inglés americano se dice **to go to the movies**

cinnamon /ˈsɪnəmən/ *s* canela

circle /ˈsɜrkəl/ *sustantivo & verbo*

• *s* **1** (en geometría) círculo **2** (de personas, objetos) círculo, ronda: *Stand in a circle.* Formen un círculo. **3** (en un teatro) platea alta **4** (grupo) círculo: *a wide circle of friends* un amplio círculo de amigos

• *v* **1** [intr] volar en círculos **2** [tr] marcar con un círculo

circuit /ˈsɜrkɪt/ *s* **1** (de carreras) circuito, pista **2** (itinerario) circuito, vuelta **3** (en electricidad) circuito

circular /ˈsɜrkjələr/ *adjetivo & sustantivo*

• *adj* circular

• *s* circular

circulate /ˈsɜrkjəleɪt/ *v* **1** [intr] circular [sangre, aire] **2** [intr] circular [rumor], [tr] hacer circular [un rumor]

circulation /sɜrkjəˈleɪʃən/ *s* **1** (sanguínea) circulación **2** (de un diario o revista) circulación

circumference /sərˈkʌmfərəns/ *s* circunferencia

circumstance /ˈsɜrkəmstæns/ *s* **1** circunstancia **2 in/under the circumstances** dadas las circunstancias **3 under no circumstances** bajo ninguna circunstancia, de ningún modo

circus /ˈsɜrkəs/ *s* (pl **-ses**) circo

cistern /ˈsɪstərn/ *s* tanque, cisterna [del inodoro]

cite /saɪt/ *v* [tr] (formal) citar

citizen /ˈsɪtəzən/ *s* ciudadano -a: *a U.S. citizen* un ciudadano estadounidense

citizenship /ˈsɪtəzənʃɪp/ *s* ciudadanía

city /ˈsɪti/ *s* (pl **-ties**) **1** ciudad **2 city centre** BrE centro (de la ciudad) ▶ En inglés americano se usan frases con **downtown** **3 the City** la City [centro financiero de Londres]

civic /ˈsɪvɪk/ *adj* municipal | **civic center** lugar donde están reunidos los edificios de una municipalidad

civil /'sɪvəl/ *adj* **1** (no militar o religioso) civil **2 civil war** guerra civil | **civil liberties/rights** libertades/derechos civiles

ˌcivil engiˈneer *s* ingeniero -a civil

civilian /sə'vɪljən/ *s & adj* civil

civilization, -isation BrE /sɪvələ'zeɪʃən/ *s* civilización

civilized, -ised BrE /'sɪvəlaɪzd/ *adj* civilizado -a

ˌcivil ˈservant *s* funcionario -a (público -a)

ˌCivil ˈService *s* sistema de administración pública en el Reino Unido

clad /klæd/ *adj* **clad in sth** (formal) vestido -a con algo

claim /kleɪm/ *verbo & sustantivo*

- *v* **1** [tr] decir, afirmar: *He claimed that someone had tried to kill him.* Decía que alguien había tratado de matarlo. | **to claim to be sth** decir/afirmar ser algo: *A man turned up claiming to be my brother.* Apareció un hombre que decía ser mi hermano. | *I don't claim to be an expert.* No pretendo ser un experto. ▶ ver también **responsibility** **2** [tr] reclamar, solicitar **3** [tr] cobrarse [una vida]
- *s* **1** reclamo: *Her claim for compensation is being dealt with.* Se está tratando su reclamo de indemnización. | **to put in/make a claim (for sth)** hacer/presentar un reclamo (por algo) **2** afirmación

clairvoyant /kler'vɔɪənt/ *s & adj* clarividente

clam /klæm/ *sustantivo & verbo*

- *s* almeja
- *v* (**-mmed**, **-mming**) **clam up** (informal) quedarse callado -a

clamber /'klæmbər/ *v* [intr] treparse a un sitio o desplazarse con dificultad usando manos y piernas: *We all clambered onto the roof.* Todos nos encaramamos al techo.

clammy /'klæmi/ *adj* (**-mmier**, **-mmiest**) húmedo -a (y frío -a)

clamor AmE, **clamour** BrE /'klæmər/ *sustantivo & verbo*

- *s* clamor
- *v* [intr] **to clamor for sth** pedir algo a gritos, clamar por algo

clamp /klæmp/ *sustantivo & verbo*

- *s* **1** abrazadera **2** cepo, zapato [para inmovilizar un vehículo]
- *v* [tr] **1 to clamp two things together** sujetar dos cosas [con una abrazadera, etc.] **2** ponerle el cepo/zapato a [un vehículo]

  clamp down to clamp down on sth/sb tomar medidas drásticas contra algo/alguien

clampdown /'klæmpdaʊn/ *s* medidas drásticas para poner freno a una actividad: *a clampdown on drug dealers* una agresiva campaña contra los narcotraficantes

clan /klæn/ *s* clan

clandestine /klæn'destɪn/ *adj* clandestino -a

clang /klæŋ/ *v* [intr] sonar con ruido metálico

clank /klæŋk/ *v* [intr] sonar con un ruido metálico sordo y pesado

clap /klæp/ *verbo & sustantivo*

- *v* (**-pping**, **-pped**) **1** [intr] aplaudir **2 to clap your hands** acompañar con las palmas, golpear las manos
- *s* **1 to give sb a clap** aplaudir a alguien **2 a clap of thunder** un trueno

clarification /klærəfə'keɪʃən/ *s* aclaración

clarify /'klærəfaɪ/ *v* [tr] (**-fies**, **-fied**) aclarar, poner en claro

clarinet /klærə'net/ *s* clarinete

clarity /'klærəti/ *s* claridad

clash /klæʃ/ *verbo & sustantivo*

- *v* **1** [intr] (3ª pers sing **-shes**) chocar, enfrentarse | **to clash with sb** enfrentarse con alguien **2 to clash with sb (over sth)** tener un enfrentamiento con alguien (por algo), discutir con alguien (por algo) **3** desentonar: *That red clashes with her skirt.* Ese rojo desentona con su falda. **4** coincidir [fechas, eventos]
- *s* (pl **-shes**) choque, enfrentamiento

clasp /klæsp/ *sustantivo & verbo*

- *s* broche [de una cartera/un bolso, collar, etc.]
- *v* [tr] agarrar, apretar

class /klæs/ *sustantivo & verbo*

- *s* (pl **-sses**) **1** (grupo de alumnos) clase: *What class are you in?* ¿En qué clase estás? **2** (lección) clase: *When's your next class?* ¿Cuándo tienes la próxima clase? | *He was told off for talking in class.* Lo regañaron por hablar en clase. **3** (social) clase: *a working class family* una familia de clase trabajadora **4** (en una clasificación) categoría, clase | **to be in a class of your own** ser único -a, ser incomparable **5** (estilo) clase: *She certainly has class.* La verdad es que tiene clase.
- *v* [tr] (3ª pers sing **-sses**) **to class sth/sb as sth** clasificar algo/a alguien como algo, catalogar algo/a alguien como algo

classic /'klæsɪk/ *adjetivo & sustantivo*

- *adj* **1** clásico -a **2 a classic case/example etc.** un típico caso/ejemplo etc.
- *s* clásico

classical /'klæsɪkəl/ *adj* **1** clásico -a **2 classical music** música clásica

classics /'klæsɪks/ *s pl* estudio de las lenguas, literatura e historia de las antiguas Roma y Grecia

classified /'klæsəfaɪd/ *adj* confidencial, clasificado -a [documento, información]

ˌclassified ˈad, también **ˌclassified adverˈtisement** *s* (aviso) clasificado, (anuncio) clasificado

classify /'klæsəfaɪ/ *v* [tr] (**-fies**, **-fied**) clasificar

classmate /'klæsmeɪt/ *s* compañero -a (de clase)

classroom /'klæsrum/ *s* (salón de) clase, aula

classy /'klæsi/ *adj* (**-ssier**, **-ssiest**) elegante, de categoría

clatter /'klætər/ *verbo & sustantivo*

• *v* [intr] hacer el ruido que hacen los objetos duros al golpearse: *The saucepan clattered to the floor.* La cacerola se cayó al suelo con gran estrépito.

• *s* ruido que hacen los objetos duros al golpearse

clause /klɔz/ *s* cláusula

claustrophobia /klɔstrə'foubiə/ *s* claustrofobia

claustrophobic /klɔstrə'foubɪk/ *adj* claustrofóbico -a [persona], agobiante [ambiente, lugar]

claw /klɔ/ *sustantivo & verbo*

• *s* **1** (de un felino o ave de rapiña) garra **2** (de un cangrejo/una jaiba, langosta, etc.) pinza

• *v* [tr] arañar | **to claw at sth** arañar algo

clay /kleɪ/ *s* arcilla

clean /klin/ *adjetivo, verbo & adverbio*

• *adj* **1** (sin suciedad) limpio -a: *Their house is always neat and clean.* Su casa está siempre ordenada y limpia. **2 clean water** agua limpia/pura | **clean air** aire limpio **3** (referido a un juego, una pelea) limpio -a **4** sano -a [decente] **5** en blanco [hoja, papel] **6 to come clean** (informal) confesar, blanquear la situación

• *v* [tr/intr] limpiar

clean sth out limpiar y ordenar algo **clean sb out** (informal) desplumar a alguien, dejar a alguien sin un peso/un centavo

clean up limpiar y ordenar **clean sth up** limpiar/sanear algo **clean yourself up** lavarse

• *adv* (informal) completamente: *I clean forgot about it.* Me olvidé completamente.

cleaner /'klinər/ *s* **1** persona que hace la limpieza **2** limpiador [producto] **3 the cleaners** la tintorería

cleaning /'klinɪŋ/ *s* limpieza [acción de limpiar] | **to do the cleaning** hacer la limpieza

cleanliness /'klenlinəs/ *s* limpieza [cualidad de limpio], aseo

cleanly /'klinli/ *adv* limpiamente

cleanse /klenz/ *v* [tr] limpiar, lavar [la piel, una herida]

cleanser /'klenzər/ *s* crema de limpieza, crema limpiadora

cleanup /'klinʌp/ *s* limpieza [acción de limpiar]

clear /klɪr/ *adjetivo, verbo, adverbio & sustantivo*

• *adj* **1** (fácil de entender) claro -a: *It wasn't clear what he wanted.* No estaba claro qué era lo que quería. | **to make yourself clear** explicarse (bien) **2** (obvio) claro -a | **to make sth clear** dejar algo en claro **3 to be clear about sth** tener algo en claro: *I'm not clear about what we're meant to do.* No tengo en claro qué se supone que tenemos que hacer. **4** transparente [vidrio], clara [agua] **5** (fácil de ver u oír) claro -a, nítido -a **6** despejado -a [cielo, día] **7** (sin obstáculos) libre, despejado -a ► ver también **conscience**

• *v* **1 to clear sth from/off sth, to clear sth of sth** quitar/limpiar algo de algo: *I had to go out and clear the snow from the driveway.* Tuve que salir a quitar la nieve del camino. **2** despejar | **to clear a space in/on sth** hacer un lugar en algo **3** [tr] declarar inocente, absolver: *He was eventually cleared of murder.* Finalmente lo declararon inocente del cargo de asesinato. **4 to clear sth with sb** obtener la autorización de alguien para algo **5** [tr] autorizar

PHRASAL VERBS

clear sth away retirar o guardar algo al ordenar

clear off BrE (informal) largarse, irse, mandarse (a) cambiar: *Clear off!* ¡Lárgate!

clear sth out hacer una limpieza en algo [tirando las cosas viejas, etc.]

clear up 1 ordenar [recogiendo y limpiando] **2** despejarse [tiempo] **3** irse, mejorarse [un resfriado, etc.] **clear sth up 1** retirar o guardar algo al ordenar **2** aclarar algo [un malentendido, un punto]

• *adv* **1 clear of sth** fuera de algo: *We'll soon be clear of the town.* Pronto vamos a estar fuera de la ciudad. **2 to keep/steer/stand clear of sth/sb** mantenerse alejado -a de algo/alguien, no acercarse a algo/alguien **3 clear of sb** por delante de alguien ► ver también **loud**

• *s* **to be in the clear (a)** estar fuera de toda sospecha **(b)** estar curado -a

clearance /'klɪrəns/ *s* **1** autorización **2** erradicación, despeje

ˌclear-'cut *adj* claro -a, definido -a

clearing /'klɪrɪŋ/ *s* claro [en un bosque]

clearly /'klɪrli/ *adv* **1** claramente, obviamente: *He was clearly lying.* Claramente estaba mintiendo. **2** claramente, con claridad [hablar, ver, pensar, etc.]

clef /klef/ *s* clave [en música]

clench /klentʃ/ *v* (3ª pers sing **-ches**) **to clench your fist/your teeth** apretar el puño/los dientes

clergy /'klɜrdʒi/ *s pl* **the clergy** el clero

clergyman /'klɜrdʒimən/ *s* (pl **-men**) clérigo

clerical /'klerɪkəl/ *adj* **1** de oficina: *clerical work* trabajo de oficina | *a clerical worker* un oficinista **2** clerical

clerk /klɜrk, BrE klɑrk/ *s* **1** oficinista, empleado -a **2** (también **desk clerk**) AmE recepcionista [de un hotel]

clever /'klevər/ *adj* **1** inteligente, perspicaz: *She's much cleverer than her sister.* Es mucho más inteligente que su hermana. | *It was clever of you to notice.* Estuviste muy perspicaz al darte cuenta. **2** hábil **3** ingenioso -a [idea, solución, etc.]

cleverly /'klevərli/ *adv* con inteligencia, hábilmente

cleverness /'klevərnəs/ *s* **1** inteligencia **2** habilidad **3** brillantez, ingenio [de una idea, un plan]

¿Sabes cómo funcionan los **phrasal verbs**? Lee la explicación en el apartado de gramática.

cliché /kliˈʃeɪ/ *s* cliché, lugar común

click /klɪk/ *verbo & sustantivo*

• *v* **1** [intr] hacer clic [el sonido], [tr] hacer clic con | **to click open/shut** abrirse/cerrarse con un clic | **to click your fingers/tongue** (hacer) chasquear los dedos/la lengua **2** hacer clic [con el mouse/ratón]: *Now **click on** 'Send'.* Ahora haz clic en "Enviar". **3 it clicked** (informal) se me/le etc. prendió el bombillo, se me/le etc. prendió el foco **4** [intr] (informal) congeniar

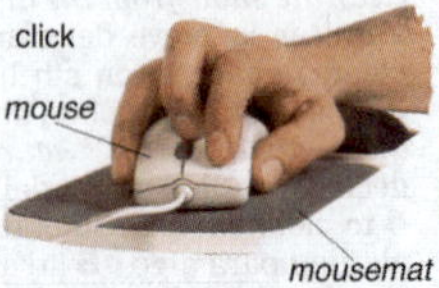

• *s* **1** (sonido) clic, chasquido **2** (de un mouse/ratón) clic

client /ˈklaɪənt/ *s* cliente -a

clientele /klaɪənˈtel/ *s* clientela

cliff /klɪf/ *s* acantilado

climate /ˈklaɪmət/ *s* **1** clima: *a hot/cold/mild climate* un clima caluroso/frío/templado **2 economic/political etc. climate** clima económico/político etc.

climatic /klaɪˈmætɪk/ *adj* climático -a

climax /ˈklaɪmæks/ *s* (pl **-xes**) clímax, apogeo

climb /klaɪm/ *verbo & sustantivo*

• *v* **1** [tr] (también **climb up**) subir: *The truck **climbed** slowly **up** the hill.* El camión subía lentamente la cuesta. **2** [tr] treparse, treparse a: *He had climbed a tree and couldn't get down.* Se había trepado a un árbol y no se podía bajar. | *She had to **climb out of** the window.* Tuvo que salir trepándose por la ventana. | *They **climbed into** the back of the truck.* Se treparon a la parte posterior del camión. **3** [tr/intr] escalar | **to go climbing** ir a escalar, ir de escalada **4** [intr] subir [avión, sol, camino] **5** [intr] subir, ascender [temperatura, precios etc.]

climb down **1** bajarse, descender **2** BrE dar marcha atrás, meter reversa [aceptando la derrota] ► En inglés americano se usa **to back down**

• *s* **1** subida **2** ascenso, escalada

climber /ˈklaɪmər/ *s* escalador -a, andinista, alpinista

climbing /ˈklaɪmɪŋ/ *s* alpinismo, andinismo

clinch /klɪntʃ/ *v* [tr] (3ª pers sing **-ches**) **1** decidir [un partido, un campeonato] **2** cerrar [un contrato, un acuerdo]

cling /klɪŋ/ *v* [intr] (pasado & participio **clung**) **to cling to/onto sth/sb** aferrarse a algo/alguien, abrazarse a algo/alguien

clingfilm /ˈklɪŋfɪlm/ *s* BrE film (transparente) [para envolver alimentos] ► En inglés americano se usa **plastic wrap**

clinic /ˈklɪnɪk/ *s* **1** clínica **2** consulta [de un médico]

clinical /ˈklɪnɪkəl/ *adj* **1** clínico -a **2** frío -a, aséptico -a

clink /klɪŋk/ *verbo & sustantivo*

• *v* [intr] tintinear, [tr] hacer sonar

• *s* tintineo

clip /klɪp/ *sustantivo & verbo*

• *s* **1** gancho, clip **2** horquilla [para el pelo] **3** clip, fragmento [de una película, etc.]

• *v* (**-pped**, **-pping**) **1** [tr] sujetar con un clip: ***Clip** the papers **together**.* Sujeta los papeles con un clip. | **to clip sth to/onto sth** sujetar algo a algo con un clip **2** [tr] podar, cortar | **to clip your nails** cortarse las uñas

clipboard /ˈklɪpbɔrd/ *s* **1** tabla con un sujetapapeles que sirve de apoyo al escribir **2** portapapeles [en computación]

clipboard

clippers /ˈklɪpərz/ *s pl* **1** (para el pelo) maquinilla **2** (para las uñas) cortaúñas

clipping /ˈklɪpɪŋ/ *s* **1** recorte [de diario, revista] **2** pedacito [de uña, pelo, hierba, etc.]

clique /klik/ *s* camarilla, grupo cerrado

cloak /kloʊk/ *s* capa

cloakroom /ˈkloʊk-rum/ *s* **1** guardarropas **2** lugar donde los alumnos de un colegio dejan sus abrigos y otras pertenencias **3** BrE (en un lugar público) baño ► En inglés americano se usa **restroom** **4** BrE (en una casa) baño social, baño (para las visitas)

clock /klɑk/ *s* **1** reloj [de pie, de pared, etc.] | **the kitchen/church etc. clock** el reloj de la cocina/iglesia etc. **2 around the clock** (las) veinticuatro horas

clock in/on marcar/checar tarjeta [al entrar al trabajo]

clock off/out marcar/checar tarjeta [al salir del trabajo]

clockwise /ˈklɑk-waɪz/ *adverbio & adjetivo*

• *adv* en el sentido de las agujas del reloj

• *adj* **in a clockwise direction** en el sentido de las agujas del reloj

clockwork /ˈklɑk-wɜrk/ *s* **1** mecanismo de cuerda **2 a clockwork toy/train etc.** un juguete/tren etc. de cuerda **3 to go like clockwork** andar como un reloj

clog /klɑg/ *v* [tr] (**-gged**, **-gging**) (también **clog up**) obstruir, tapar: *The roads were clogged with traffic* Las carreteras estaban obstruidas por el tráfico.

clone /kloʊn/ *sustantivo & verbo*

• *s* clon

• *v* [tr] clonar

close[1] /klouz/ *v* **1** (referido a puertas, libros, ojos) [tr] cerrar, [intr] cerrarse: *Do you mind if I close the window?* ¿Te importa si cierro la ventana? | *The door closed behind her.* La puerta se cerró tras ella. **2** [tr/intr] (referido a tiendas, oficinas) cerrar: *What time do you close?* ¿A qué hora cierran? **3** [intr/tr] (definitivamente) cerrar: *When did the factory close?* ¿Cuándo cerró la fábrica?
close down cerrar [empresa, institución, definitivamente]: *The store closed down two years ago.* La tienda cerró hace dos años. **close sth down** cerrar algo [una empresa, una institución, definitivamente]
close in 1 acercarse [para atacar] | **to close in on sth/sb** acercarse a algo/alguien, cercar algo/a alguien **2 the days are/were closing in** los días se están/estaban haciendo más cortos

close[2] /klous/ *adjetivo & adverbio*
• *adj* **1** cercano -a | **to be close** quedar cerca: *The stores are quite close.* Las tiendas quedan bastante cerca. | **close to sth** cerca de algo | **to be close to tears** estar a punto de llorar **2** íntimo -a: *close friends* amigos íntimos | *We were very close as children.* Éramos muy unidos de niños. | **to be close to sb** llevarse muy bien con alguien, querer mucho a alguien **3 a close relation/relative** un pariente cercano/una parienta cercana **4** estrecho -a [relación, cooperación] **5** minucioso -a, detenido -a [análisis] | **to pay close attention** prestar mucha atención | **to take a close look at sth** mirar algo con detenimiento | **to keep a close eye/watch on sth/sb** vigilar algo/a alguien de cerca, tener cuidado con algo/alguien **6** reñido -a [partido, competencia] **7** pesado -a [tiempo, día etc.]
• *adv* **1 close by** cerca **2 close together** juntos -as **3 to get closer** acercarse **4 to come close to doing sth** casi hacer algo: *I came close to hitting him.* Casi le pegué./Estuve a punto de pegarle. **5 close up/close to/up close** de cerca

close[3] /klouz/ *s* (formal) **1 at the close of** al final de **2 to draw to a close** acercarse/tocar a su fin

close[4] /klous/ *s* BrE calle ▶ Sólo se usa en nombres de calles: *26 Hillside Close*

closed /klouzd/ *adj* cerrado -a: *All the stores were closed.* Todas las tiendas estaban cerradas.

close-knit /klous 'nɪt/ *adj* unido -a [familia, comunidad]

closely /'klousli/ *adv* **1** con atención, detenidamente: *She examined the letter closely.* Examinó la carta detenidamente. **2** estrechamente | **to work closely with sb** trabajar en estrecha colaboración con alguien **3** inmediatamente: *Jack left, closely followed by the others.* Jack se fue, seguido inmediatamente por los demás. **4 a closely fought contest/game etc.** un concurso/partido etc. reñido

closet /'klɑzɪt/ *s* AmE clóset, armario [para ropa]

close-up /'klous ʌp/ *s* primer plano [en fotografía]

closing /'klouzɪŋ/ *adj* **1** final, de cierre **2 closing date** fecha límite, fecha de cierre **3 closing time** hora de cierre

closure /'klouʒər/ *s* cierre [de una empresa, un hospital, etc.]

clot /klɑt/ *s* **1** coágulo **2** BrE (informal) tonto -a

cloth /klɔθ/ *s* **1** tela **2** trapo **3** (también **tablecloth**) mantel

clothe /klouð/ *v* [tr] vestir: *enough to feed and clothe her children* lo suficiente como para alimentar y vestir a sus hijos | **fully clothed** totalmente vestido -a

clothes /klouðz/ *s pl* **1** ropa: *I need some new clothes.* Necesito ropa nueva. | *His clothes were dirty.* Tenía la ropa sucia. **2 clothes peg** BrE ▶ ver **clothespin**

clothesline /'klouzlaɪn/ *s* cuerda (de tender la ropa)

clothespin /'klouzpɪn/ AmE, **clothes peg** BrE *s* pinza, gancho, perrito [para colgar la ropa]

clothing /'klouðɪŋ/ *s* (formal) ropa, indumentaria | **an item/article of clothing** una prenda de vestir

cloud /klaud/ *sustantivo & verbo*
• *s* nube
• *v* **1** (también **cloud up/over**) [intr] empañarse, [tr] empañar [una ventana, un espejo] **2** [intr] (también **cloud over**) oscurecerse [cara, expresión]
cloud over nublarse

cloudy /'klaudi/ *adj* (**-dier**, **-diest**) **1** nublado -a **2** turbio -a [líquido]

clout /klaut/ *sustantivo & verbo*
• *s* (informal) **1** influencia, peso **2** tortazo, bofetada
• *v* [tr] (informal) darle un tortazo/una bofetada a

clove /klouv/ *s* **1** clavo de olor **2 a clove of garlic** un diente de ajo

clover /'klouvər/ *s* trébol

clown /klaun/ *s* payaso -a

club /klʌb/ *sustantivo, sustantivo plural & verbo*
• *s* **1** club **2** discoteca **3** palo [de golf] **4** garrote, cachiporra, porra
• **clubs** *s pl* trébol [palo de la baraja]
• *v* [tr] (**-bbed**, **-bbing**) **1** pegarle garrotazos a, aporrear | **to club sb to death** matar a alguien a golpes [con un garrote, etc.] **2 to go clubbing** ir a bailar
club together BrE hacer una vaca [poner dinero varias personas para comprar algo]: *They clubbed together to buy her some flowers.* Todos pusieron dinero para comprarle unas flores.

clue /klu/ *s* **1** (para esclarecer un misterio, etc.) pista: *There are no clues to the killer's identity.* No hay pistas de la identidad del asesino. **2** (de un crucigrama) pista, clave **3 not to have a clue** (informal) no tener (ni) idea, no tener (ni) la menor idea

clump /klʌmp/ *s* **1** (de árboles) grupo **2** (de plantas, flores) macizo **3** (de hierba) mata

clumsy /ˈklʌmzi/ *adj* (**-sier**, **-siest**) **1** torpe **2** tosco -a

clung /klʌŋ/ pasado & participio de **cling**

cluster /ˈklʌstər/ *sustantivo & verbo*

• *s* grupo, racimo

• *v* [intr] **to cluster together** apiñarse | **to cluster around sth/sb** apiñarse alrededor de algo/alguien

clutch /klʌtʃ/ *verbo, sustantivo & sustantivo plural*

• *v* (3ª pers sing **-ches**) **1** [tr] llevar/tener (apretado -a) **2** [tr] agarrarse de, tratar de agarrar **3** **to clutch at sth/sb** agarrarse de algo/alguien, tratar de agarrar algo/a alguien

• *s* (pl **-ches**) embrague, clutch, cloch

• **clutches** *s pl* **in sb's clutches** en las garras de alguien

clutter /ˈklʌtər/ *sustantivo & verbo*

• *s* cosas amontonadas y en desorden

• *v* [tr] (también **clutter up**) abarrotar

cm (= **centimeter**) cm

Co. /kəʊ/ (= **Company**) Cía.

coach /koʊtʃ/ *sustantivo & verbo*

• *s* (pl **-ches**) **1** entrenador -a **2** BrE autobús, pullman [de larga distancia, para excursiones] ► En inglés americano se usa **bus** | **by coach** en autobús, en pullman **3** coche (de caballos)

• *v* [tr/intr] (3ª pers sing **-ches**) **1** entrenar **2** [tr] darle clases particulares a, [intr] dar clases particulares

coaching /ˈkoʊtʃɪŋ/ *s* **1** entrenamiento **2** clases (particulares)

coal /koʊl/ *s* carbón

coalition /koʊəˈlɪʃən/ *s* coalición

ˈ**coal mine** *s* mina de carbón

coarse /kɔrs/ *adj* **1** grueso -a [arena, grava, etc.] **2** áspero -a, basto -a [textura, piel] **3** grosero -a, ordinario -a [persona, chiste]

coast /koʊst/ *sustantivo & verbo*

• *s* costa

• *v* [intr] avanzar en punto muerto o sin pedalear

coastal /ˈkoʊstl/ *adj* costero -a

coastguard /ˈkəʊstgɑrd/ *s* Guardacostas, Resguardo Marítimo

coastline /ˈkoʊstlaɪn/ *s* litoral, costa

coat /koʊt/ *sustantivo & verbo*

• *s* **1** (de mujer, hombre, niño) abrigo **2** (de médico, dentista) bata **3** (de pintura) mano, capa **4** (de un animal) pelaje

• *v* [tr] cubrir, bañar [con una capa de algo]

ˈ**coat** ˌ**hanger** *s* gancho, percha, colgador (de ropa)

coating /ˈkoʊtɪŋ/ *s* capa, baño [que cubre una superficie]

coax /koʊks/ *v* [tr] (3ª pers sing **-xes**) **1** convencer, persuadir [con paciencia y habilidad] | **to coax sb into doing sth/to coax sb to do sth** convencer a alguien para que haga algo **2** **to coax sth out of sb** sonsacarle algo a alguien

cobble /ˈkɑbəl/ *sustantivo & verbo*

• *s* adoquín

• *v* **cobble sth together** (informal) improvisar algo [un plan, una comida, etc.]

cobblestone /ˈkɑbəlˌstoʊn/ *s* adoquín

cobweb /ˈkɑbweb/ *s* telaraña

cocaine /koʊˈkeɪn/ *s* cocaína

cock /kɑk/ *sustantivo & verbo*

• *s* **1** BrE gallo ► En inglés americano se usa **rooster** **2** macho de cualquier ave

• *v* [tr] **1** **to cock your head (to one side)** ladear la cabeza **2** montar [un arma de fuego]

cockney /ˈkɑkni/ *sustantivo & adjetivo*

• *s* cockney [persona del este de Londres, zona que generalmente se asocia con la clase obrera; también el acento y dialecto del inglés típicos de la zona]

• *adj* cockney

cockpit /ˈkɑkpɪt/ *s* cabina (del piloto)

cockroach /ˈkɑk-roʊtʃ/ *s* (pl **-ches**) cucaracha

cocktail /ˈkɑkteɪl/ *s* coctel, cóctel

cocky /ˈkɑki/ *adj* (**-kier**, **-kiest**) (informal) gallito -a

cocoa /ˈkoʊkoʊ/ *s* **1** cacao **2** chocolate [bebida]

coconut /ˈkoʊkənʌt/ *s* coco

cocoon /kəˈkun/ *s* capullo [de una larva]

cod /kɑd/ *s* bacalao

code /koʊd/ *s* **1** código: *a code of conduct/practice* un código de conducta/de práctica **2** (de un mensaje secreto) código, clave **3** (también **dialling code** BrE) (de un número telefónico) código (de ciudad), código (de área), indicativo ► En inglés americano se usa **area code**

coed /koʊˈed/ *adj* AmE mixto -a [referido a instituciones de enseñanza]

coercion /koʊˈɜrʃən/ *s* coerción, coacción

coffee /ˈkɔfi/ *sustantivo & adjetivo*

• *s* **1** café: *a cup of coffee* una taza de café **2** color café con leche

• *adj* de color café con leche

ˈ**coffee** ˌ**shop,** también ˈ**coffee** ˌ**bar** *s* café, cafetería

ˈ**coffee** ˌ**table** *s* mesa de centro

coffin /ˈkɔfɪn/ *s* ataúd, cajón

cog /kɑg/ *s* rueda dentada, piñón

coherent /koʊˈhɪrənt/ *adj* coherente

coil /kɔɪl/ *sustantivo & verbo*

• *s* **1** (de soga, de alambre) rollo **2** (de humo) espiral **3** (de una serpiente) anillo

• *v* [tr] enrollar, enroscar, [intr] enrollarse, enroscarse: *The snake was* ***coiled around*** *a branch.* La serpiente estaba enroscada en una rama.

coin /kɔɪn/ *sustantivo & verbo*
- *s* moneda: *a 50-cent coin* una moneda de 50 centavos
- *v* [tr] acuñar [una palabra]

coincide /koʊɪn'saɪd/ *v* [intr] coincidir

coincidence /koʊ'ɪnsədəns/ *s* coincidencia, casualidad: *What a coincidence!* ¡Qué coincidencia!/¡Qué casualidad! | **by coincidence** por/de casualidad

coke /koʊk/ *s* **1** coque **2** (informal) coca [la droga]

Coke® /koʊk/ *s* Coca®, Coca Cola®

cold /koʊld/ *adjetivo & sustantivo*
- *adj* **1** (referido a la temperatura) frío -a: *a cold drink* una bebida fría | *It's very cold in here.* Aquí hace mucho frío. | *The weather **turned cold**.* Empezó a hacer frío. | **to be/feel cold** tener/sentir frío: *Are you cold?* ¿Tienes frío? | **to get/go cold** enfriarse: *The food went cold.* La comida se enfrió. **2** (poco amistoso) frío -a [persona, mirada, etc.] ► ver también **blood, foot**
- *s* **1** resfriado, resfrío, catarro | **to have a cold** estar resfriado -a | **to catch (a) cold** resfriarse **2** frío

,cold-'blooded *adj* **1** cruel, desalmado -a | **cold-blooded murder** asesinato a sangre fría **2** de sangre fría [animal]

coleslaw /'koʊlslɔ/ *s* ensalada de repollo, zanahoria y cebolla con mayonesa

collaborate /kə'læbəreɪt/ *v* [intr] colaborar

collaboration /kəlæbə'reɪʃən/ *s* colaboración | **in collaboration with** en colaboración con

collapse /kə'læps/ *verbo & sustantivo*
- *v* [intr] **1** derrumbarse, desmoronarse [edificio] **2** venirse abajo, desmoronarse [economía, institución] **3** desplomarse, caerse redondo -a [persona]
- *s* **1** colapso, derrumbe [de un sistema] **2** desmoronamiento, derrumbe [de un edificio] **3** caída, colapso [de una persona]

collar /'kɑlər/ *s* **1** cuello [de una prenda] **2** collar [de un gato o perro]

collarbone /'kɑlərboʊn/ *s* clavícula

colleague /'kɑlig/ *s* compañero -a de trabajo, colega

collect /kə'lekt/ *verbo & adverbio*
- *v* **1** [tr] juntar, recoger: *I'll **collect** the dirty glasses.* Voy a juntar los vasos sucios. **2** [tr] coleccionar [monedas, antigüedades, etc.] **3** [intr] hacer una colecta: *They're **collecting for** charity.* Están haciendo una colecta para obras de beneficencia. **4** [tr] ir a buscar, recoger: *Dad's collecting us from school.* Papá nos va a ir a buscar al colegio. **5** [intr] juntarse, reunirse **6 collected works** obras completas: *the collected works of Shakespeare* las obras completas de Shakespeare
- *adv* **to call sb collect** AmE llamar a alguien (con) cobro revertido, llamar a alguien por cobrar

collection /kə'lekʃən/ *s* **1** colección **2** serie, antología **3** recopilación [de información], recolección [de correo, basura]: *Your car is ready for collection.* Su auto está listo para que lo pase a buscar. **4** colecta **5** grupo

collective /kə'lektɪv/ *adjetivo & sustantivo*
- *adj* colectivo -a
- *s* cooperativa, colectivo

collector /kə'lektər/ *s* coleccionista

college /'kɑlɪdʒ/ *s* **1** AmE universidad | **to go to college** ir a la universidad **2** AmE facultad: *the College of Arts and Sciences* la Facultad de Humanidades y Ciencias

> En Gran Bretaña **college** designa tres cosas diferentes. Es una institución de enseñanza terciaria, a menudo dedicada a un área de estudio en particular, como un **Art College** (Escuela de Bellas Artes). También es el nombre de cada una de las instituciones que forman parte de universidades como Oxford y Cambridge (como **King's College**, de la Universidad de Cambridge). Por último, también hay **colleges** donde se pueden cursar asignaturas de los últimos años de la enseñanza secundaria.

collide /kə'laɪd/ *v* [intr] chocar: *The car had collided with a truck.* El auto había chocado con un camión.

collision /kə'lɪʒən/ *s* choque, colisión | **a head-on collision** un choque de frente

Colombia /kə'lʌmbiə/ *s* Colombia

Colombian /kə'lʌmbiən/ *adj & s* colombiano -a

colon /'koʊlən/ *s* **1** dos puntos [signo de puntuación] **2** colon

colonel /'kɜrnl/ *s* coronel

colonial /kə'loʊniəl/ *adj* colonial, colonialista

colony /'kɑləni/ *s* (pl **-nies**) colonia

color AmE, **colour** BrE /'kʌlər/ *sustantivo, sustantivo plural & verbo*
- *s* **1** color: *What color's your car?* ¿De qué color es tu carro? ► ver "Active Box" **colors** en página 76 **2** (informal) **to be/feel off color** no sentirse muy bien **3 color scheme** (combinación de) colores [en decoración de interiores] **color television** televisión a/de color

coloring

- **colors** *s pl* (de un equipo, un club, etc.) colores
- *v* [tr] **1** teñir **2** (también **color in**) colorear

3 to color sb's attitudes/views etc. influir en las actitudes/opiniones etc. de alguien

ˈcolor-ˌblind AmE, **ˈcolour-ˌblind** BrE *adj* **1** daltónico -a **2** no discriminatorio -a [respecto del origen étnico]

colored AmE, **coloured** BrE /ˈkʌlərd/ *adj* **1** de color, de colores: *colored glass* vidrio de colores | *a brightly colored shirt* una camisa de colores vivos **2** de color [persona] ▶ Muchas personas consideran que este uso es ofensivo y prefieren usar **black** o **Asian**

colorful AmE, **colourful** BrE /ˈkʌlərfəl/ *adj* **1** lleno -a de color, de colores vivos **2** pintoresco -a, interesante

coloring AmE, **colouring** BrE /ˈkʌlərɪŋ/ *s* **1** color de la piel, el pelo y los ojos: *She inherited her mother's coloring.* Heredó la tez y el color de pelo de su madre. **2** colorante **3** colorido [de un animal]

colorless AmE, **colourless** BrE /ˈkʌlərləs/ *adj* **1** incoloro -a **2** gris, anodino -a [personalidad, estilo, etc.]

colossal /kəˈlɑsəl/ *adj* colosal

colour /ˈkʌlə/ BrE ▶ ver **color**

column /ˈkɑləm/ *s* **1** columna **2** (de soldados, vehículos, etc.) columna, hilera

coma /ˈkoumə/ *s* coma [en medicina] | **to fall into a coma** entrar en coma

comb /koum/ *sustantivo & verbo*

- *s* peine, peinilla
- *v* [tr] **1 to comb your hair** peinarse | **to comb sb's hair** peinar a alguien **2** peinar, hacer un rastreo en, rastrear: *Police **combed** the area for more bombs.* La policía peinó la zona en busca de más bombas./La policía hizo un rastreo en la zona en busca de más bombas.

combat /ˈkɑmbæt/ *sustantivo & verbo*

- *s* combate
- *v* [tr] (**-ted**, **-ting** AmE, **-tted**, **-tting** BrE) combatir (contra)

combination /kɑmbəˈneɪʃən/ *s* combinación

combine /kəmˈbaɪn/ *v* **1** [tr] combinar | **to combine sth with sth** combinar algo con algo: *It's hard to combine family life with a career.* Es difícil combinar la vida familiar con una carrera. **2** [tr] mezclar, combinar [ingredientes], [intr] combinarse [sustancias]

come /kʌm/ *v* [intr] (pasado **came**, participio **come**) ▶ **Come** se combina con muchos sustantivos y adjetivos para formar distintas expresiones, como **to come to an agreement, to come true,** etc. Éstas están tratadas bajo el sustantivo o adjetivo correspondiente **1** venir: *Come with me.* Ven conmigo. | *Here comes Karen now.* Ahí viene Karen. | *I'm coming.* Ya voy. **2** llegar: *The letter came this morning.* La carta llegó esta mañana. **3** (en una secuencia) venir: *What comes after "u"?* ¿Qué viene después de la "u"? | **to come second/last etc.** llegar segundo -a/último -a etc.,

Active Box: colors

Los ejemplos de este **Active Box** son una guía para ayudarte a construir oraciones que hablan de los colores.

She was wearing red pants.	Tenía puestos unos pantalones rojos.
It is black.	Es negro.
Blue is my favorite color.	El azul es mi color preferido.
I like yellow.	Me gusta el amarillo.
They painted the living room white.	Pintaron la sala de blanco.
*She was dressed **in blue**.*	Estaba vestida de azul.
*The man **in** the **gray suit**.*	El hombre de traje gris.

quedar en segundo/último etc. lugar **4 to come up/down to** llegar hasta: *The water came up to their knees.* El agua les llegaba hasta las rodillas. **5** (referido a un producto) venir: *It doesn't come in my size.* No viene en mi talla. **6 to come undone** descoserse, desatarse | **to come loose** aflojarse **7 to come as a shock/surprise etc.** ser un shock/una sorpresa etc. **8 to come easily/naturally to sb** resultarle fácil a alguien: *Acting came naturally to her.* Actuar le resultaba fácil. **9 come to think of it** (informal) ahora que lo pienso

PHRASAL VERBS

come about darse, surgir: *How did this situation come about?* ¿Cómo se dio esta situación? | *How did it **come about that** you moved into his house?* ¿Cómo fue que te mudaste a su casa?

come across causar determinada impresión: *He **comes across as** a very nice guy.* Da la impresión de ser un tipo muy simpático. **come across sth** encontrar algo (de casualidad) **come across sb** conocer a alguien, toparse con alguien

come along 1 llegar, presentarse [oportunidad, oferta, etc.] **2** venir [uniéndose a otras personas]: *We're going downtown, do you want to come along?* Vamos al centro ¿quieres venir? **3** marchar: *How's your French coming along?* ¿Cómo marcha tu francés?

come apart deshacerse

come around 1 venir (a casa): *Why don't you come around for a drink?* ¿Por qué no vienes a tomar algo? **2** convencerse: *She'll **come around** to the idea eventually.* Al final se va a convencer y va a aceptar la idea. **3** AmE volver en sí

come away 1 separarse, despegarse **2** irse: ***Come away from** there!* ¡Ven, no te acerques ahí!

come back volver

¿No estás seguro del significado de alguna **abreviatura**? Mira la lista de abreviaturas en el interior de la cubierta.

come by pasar [de visita] **come by sth** conseguir algo | **to be hard to come by** ser difícil de conseguir
come down **1** bajar: *Cell phones have come down in price.* Los teléfonos celulares han bajado de precio. **2** venirse abajo, caerse
come down to sth reducirse a algo
come down with sth pescarse algo, contraer algo [una enfermedad]
come forward presentarse
come from **1** ser de: *Where do you come from?* ¿De dónde eres? **2** venir de: *Many English words come from Latin.* Muchas palabras inglesas vienen del latín.
come in **1** entrar | **come in!** ¡adelante!, ¡pase!/¡pasa!/¡pasen! **2** llegar [noticias] **3 to have no money coming in/to have $600 a week coming in etc.** no tener ingresos/tener ingresos de $600 por semana etc.
come in for sth recibir algo [críticas, elogios]
come into sth **1** heredar algo **2** tener que ver con algo: *Where do I come into this?* ¿Qué tengo que ver yo con esto?
come off **1** salirse, despegarse: *A button came off my shirt.* Se me ha salido un botón de la camisa. **2** salir [mancha] **3** resultar, salir: *I can't see their plan coming off.* No creo que su plan resulte. **4 come off it!** (informal) ¡anda!, ¡ándale! [expresando incredulidad]
come on **1 come on!** ¡dale!, ¡vamos!, ¡apúrate! **2** prenderse [luces, calefacción, etc.] **3** marchar [progresar]
come out **1** salir a la luz, revelarse **2** salir [a la venta] **3 to come out in support of sth** salir en apoyo de algo **4** salir, quitarse [mancha] **5** salir [foto] **6** salir [sol, luna] **7 I came out in spots/a rash etc.** me salieron granos/me salió un salpullido etc. **8 to come out with sth** salir con algo [con un comentario, etc.] **9** salir del clóset [homosexual]
come over **1** venir (a casa): *They came over last night.* Vinieron a casa anoche. **2** acercarse
come over sb invadir a alguien, apoderarse de alguien [sensación, deseo, etc.]: *I'm sorry, I don't know what came over me.* Perdón, no sé qué me dio.
come round BrE ► ver **come around**
come through sth pasar por algo, sobrevivir algo [momentos difíciles, etc.]
come to volver en sí **come to sth** **1** salir/costar algo: *The meal came to $50.* La comida salió $50. | *How much does it come to?* ¿Cuánto es en total? **2** llegar a algo: *The project never came to anything.* El proyecto nunca llegó a nada. | **when it comes to (doing) sth** cuando se trata de (hacer) algo, en lo que respecta a (hacer) algo
come up **1** salir, surgir [tema] **2** surgir [problema] **3** salir [sol, luna]
come up against sth toparse/enfrentarse con algo **come up to sb** acercarse a alguien
come up with sth sugerir [una idea, un plan etc.]

comeback /ˈkʌmbæk/ *s* **to make a comeback** **(a)** volver a ponerse de moda o a tener éxito **(b)** reanudar una actividad después de cierto tiempo

comedian /kəˈmidiən/ *s* humorista, cómico/actriz cómica

comedy /ˈkɑmədi/ *s* (pl **-dies**) **1** comedia **2 comedy program** AmE, **comedy programme** BrE programa cómico/humorístico

comet /ˈkɑmɪt/ *s* cometa [cuerpo celeste]

comfort /ˈkʌmfərt/ *sustantivo & verbo*
• *s* **1** comodidad, confort | **in comfort** con comodidad **2** consuelo ► ver también **creature**
• *v* [tr] consolar

comfortable /ˈkʌmftərbəl/ *adj* **1** cómodo -a | **to make yourself comfortable** ponerse cómodo -a **2** desahogado -a [económicamente] **3** amplio -a [mayoría, margen]

comfortably /ˈkʌmftərbli/ *adv* cómodamente | **to be comfortably off** vivir holgadamente

comforting /ˈkʌmfərtɪŋ/ *adj* reconfortante

comic /ˈkɑmɪk/ *adjetivo & sustantivo*
• *adj* cómico -a, gracioso -a
• *s* **1** humorista, cómico/actriz cómica **2** revista de historietas/chistes **3 comic book** AmE revista de historietas/chistes **comic strip** historieta

comical /ˈkɑmɪkəl/ *adj* cómico -a, gracioso -a

coming /ˈkʌmɪŋ/ *sustantivo & adjetivo*
• *s* **1 the coming of spring/the cell phone etc.** la llegada de la primavera/del teléfono celular etc. **2 the coming of Christ** el advenimiento de Cristo **3 comings and goings** (informal) idas y venidas
• *adj* próximo -a, que viene

comma /ˈkɑmə/ *s* coma [signo de puntuación]

command /kəˈmænd/ *sustantivo & verbo*
• *s* **1** orden **2** control [de una situación] | **to be in command** estar al mando | **to be in command of a situation** tener controlada una situación **3** comando [en computación] **4** dominio: *She has a good command of English.* Tiene un buen dominio del inglés.
• *v* **1** [tr] ordenar | **to command sb to do sth** ordenarle a alguien que haga algo **2** [tr] comandar, estar al mando de **3** [intr] dar órdenes **4** [tr] inspirar [respeto, admiración], concitar [atención]

commander /kəˈmændər/ *s* comandante

commemorate /kəˈmeməreɪt/ *v* [tr] conmemorar, recordar

commence /kəˈmens/ *v* [intr/tr] (formal) comenzar

commend /kəˈmend/ *v* [tr] (formal) elogiar

¿Se dice *I arrived in Miami* o *I arrived to Miami*? Mira la entrada **arrive**.

commendable /kəˈmendəbəl/ *adj* (formal) loable, encomiable

comment /ˈkɑment/ *sustantivo & verbo*

• *s* **1** comentario **2 no comment** sin comentarios

• *v* [intr] hacer comentarios, [tr] comentar: *Everyone **commented on** his new hairstyle.* Todos hicieron comentarios sobre su nuevo peinado.

commentary /ˈkɑmənteri/ *s* (pl **-ries**) **1** (en deportes) relato, comentario **2** (de un texto) comentario

commentator /ˈkɑmənteɪtər/ *s* **1** (en deportes) comentarista, relator -a **2** (en política, finanzas, etc.) comentarista, experto -a

commerce /ˈkɑmərs/ *s* comercio ▶ La palabra **trade** es más frecuente que **commerce** en inglés

commercial /kəˈmɜrʃəl/ *adjetivo & sustantivo*

• *adj* **1** comercial **2 commercial television/radio** televisión/radiodifusión comercial

• *s* anuncio, propaganda, comercial [en radio, TV]

commission /kəˈmɪʃən/ *sustantivo & verbo*

• *s* **1** (organización) comisión **2** (dinero) comisión | **on commission** a comisión **3** (para hacer un trabajo) encargo, comisión

• *v* [tr] encargar, comisionar | **to commission sb to do sth** comisionar a alguien para hacer algo, encargarle a alguien que haga algo

commissioner /kəˈmɪʃənər/ *s* comisionado -a, comisario

commit /kəˈmɪt/ *v* [tr] (**-tted**, **-tting**) **1** cometer [un crimen, un pecado] **2** comprometer | **to commit yourself (to doing sth)** comprometerse (a hacer algo) **3** asignar [dinero, recursos]

commitment /kəˈmɪtmənt/ *s* **1** compromiso: *her **commitment to** the cause* su compromiso con la causa **2** compromiso: *a prior commitment* un compromiso previo

committed /kəˈmɪtɪd/ *adj* dedicado -a, comprometido -a

committee /kəˈmɪti/ *s* comité, comisión | **to be on a committee** ser miembro de un comité/una comisión

commodity /kəˈmɑdəti/ *s* (pl **-ties**) producto, mercancía

common /ˈkɑmən/ *adjetivo & sustantivo*

• *adj* **1** (generalizado) común: *It's a common mistake.* Es un error común. **2** (compartido) común: *This problem is **common to** all big cities.* Este problema es común a todas las grandes ciudades. | *They shared a common interest in music.* Compartían el interés por la música. | *It's common knowledge that they have split up.* Todo el mundo sabe que se han separado. | **common ground** puntos en común **3** (referido a personas, sus modales, etc.) ordinario -a

• *s* **1 in common** en común: *I have nothing **in common with** him.* No tengo nada en común con él. **2** terreno arbolado o cubierto de hierba para uso común de los habitantes de un pueblo o distrito ▶ ver también **house**

commonly /ˈkɑmənli/ *adv* generalmente, comúnmente

commonplace /ˈkɑmənpleɪs/ *adj* común

ˌcommon ˈsense *s* sentido común

commotion /kəˈmoʊʃən/ *s* alboroto, barullo

communal /kəˈmjunl/ *adj* comunitario -a, común

commune /ˈkɑmjun/ *s* comuna [comunidad donde se comparte todo]

communicate /kəˈmjunəkeɪt/ *v* [intr] comunicarse, [tr] comunicar: *They **communicated with** each other frequently.* Se comunicaban a menudo. | **to communicate sth to sb** comunicarle/transmitirle algo a alguien

communication /kəmjunəˈkeɪʃən/ *sustantivo & sustantivo plural*

• *s* **1** comunicación **2** (formal) (mensaje) comunicación

• **communications** *s pl* comunicaciones

communion /kəˈmjunjən/ *s* (también **Holy Communion**) comunión, Sagrada Comunión | **to take communion** comulgar

Communism /ˈkɑmjənɪzəm/ *s* comunismo

Communist /ˈkɑmjənɪst/ *adj & s* comunista

community /kəˈmjunəti/ *s* (pl **-ties**) **1** (de una localidad) comunidad **2** (de gente que tiene algo en común) comunidad, colonia

commute /kəˈmjut/ *v* **1** [intr] viajar una distancia considerable a diario para ir al trabajo **2** [tr] conmutar

commuter /kəˈmjutər/ *s* persona que viaja una distancia considerable a diario para ir al trabajo

compact /kəmˈpækt/ *adj* compacto -a

ˌcompact ˈdisc *s* compact, disco compacto

companion /kəmˈpænjən/ *s* compañero -a

companionship /kəmˈpænjənʃɪp/ *s* compañerismo, compañía

company /ˈkʌmpəni/ *s* (pl **-nies**) **1** empresa, compañía **2** (de una persona) compañía | **to keep sb company** hacerle compañía a alguien **3** (de actores, bailarines, etc.) compañía

comparable /ˈkɑmpərəbəl/ *adj* comparable | **to be comparable to/with sth** ser comparable a algo, poderse comparar con algo

comparative /kəmˈpærətɪv/ *adjetivo & sustantivo*

• *adj* **1** comparativo -a **2** relativo -a

• *s* (en gramática) comparativo

comparatively /kəmˈpærətɪvli/ *adv* relativamente

compare /kəmˈper/ *v* **1** [tr] comparar | **to compare sth with/to sth** comparar algo con algo: *Their house is huge **compared with** ours.* Su casa es enorme comparada con la nuestra. **2** [intr] ser en comparación: *How does life in Argentina **compare with** life here?* ¿Cómo es la vida en Argentina en comparación con la vida aquí? **to compare favorably with/to sth** ser bueno -a en comparación con algo

comparison /kəm'pærəsən/ *s* **1** comparación | **by/in comparison** en comparación: *We were wealthy in comparison with some families.* En comparación con algunas familias éramos ricos. **2 there's no comparison** no hay punto de comparación

compartment /kəm'pɑrtmənt/ *s* compartimiento, compartimento

compass /'kʌmpəs/ *s* (pl **-sses**) **1** brújula **2** (también **compasses**) compás [para trazar círculos]: *a pair of compasses* un compás

compassion /kəm'pæʃən/ *s* compasión

compassionate /kəm'pæʃənət/ *adj* compasivo -a

compatible /kəm'pætəbəl/ *adj* compatible

compel /kəm'pel/ *v* [tr] (**-lled**, **-lling**) **to compel sb to do sth** obligar a alguien a hacer algo | **to be/feel compelled to do sth** verse/sentirse obligado -a a hacer algo

compelling /kəm'pelɪŋ/ *adj* **1** fascinante, cautivante [libro, película] **2** de peso [razones] **3** imperioso -a [necesidad]

compensate /'kɑmpənseɪt/ *v* [tr/intr] compensar | **to compensate for sth** compensar algo: *Their enthusiasm more than compensates for their lack of experience.* El entusiasmo que tienen compensa con creces su falta de experiencia. | **to compensate sb for sth** indemnizar/compensar a alguien por algo

compensation /kɑmpən'seɪʃən/ *s* **1** indemnización: *She received $25,000 in* ***compensation.*** Recibió $25,000 de indemnización. **2** compensación

compete /kəm'pit/ *v* [intr] competir: *hundreds of candidates* ***competing for*** *two jobs* cientos de postulantes compitiendo por dos puestos | **to compete with/against sth/sb** competir con algo/alguien

competence /'kɑmpətəns/ *s* competencia, capacidad

competent /'kɑmpətənt/ *adj* **1** competente **2** (de nivel) aceptable

competition /kɑmpə'tɪʃən/ *s* **1** competencia: *There is fierce competition between the local teams.* Hay una competencia feroz entre los equipos locales. | *She is* ***in competition with*** *200 other children for the place.* Está compitiendo por la vacante con otros 200 niños. **2** concurso, competencia | **to enter a competition** participar en un concurso

competitive /kəm'petətɪv/ *adj* **1** (referido a personas, actividades) competitivo -a **2** (referido a precios) competitivo -a

competitor /kəm'petətər/ *s* competidor -a, concursante

compilation /kɑmpə'leɪʃən/ *s* **1** compilación **2 compilation album** compilado, compilación [de temas musicales]

compile /kəm'paɪl/ *v* [tr] compilar

complacency /kəm'pleɪsənsi/ *s* autocomplacencia, autosatisfacción

complacent /kəm'pleɪsənt/ *adj* autosatisfecho -a [persona], de autosatisfacción [sonrisa, mirada]

complain /kəm'pleɪn/ *v* [tr/intr] quejarse: *The children* ***complain that*** *there's nowhere for them to play.* Los niños se quejan de que no tienen donde jugar. | **to complain (to sb) about sth** quejarse de algo (a alguien), presentar una queja por algo (a alguien)

complain of sth quejarse de algo [de un dolor, un malestar, etc.]

complaint /kəm'pleɪnt/ *s* **1** queja, reclamo | **to make a complaint about sth** presentar una queja por algo **2** afección

complement¹ /'kɑmpləment/ *v* [tr] complementar

complement² /'kɑmpləmənt/ *s* **1** complemento **2 full complement** número completo, dotación completa

complementary /kɑmplə'mentri/ *adj* (formal) complementario -a

complete /kəm'plit/ *adjetivo & verbo*

- *adj* **1** absoluto -a, total: *The party was a complete disaster.* La fiesta fue un absoluto desastre. **2** completo -a: *a complete set of knives* un juego completo de cuchillos **3** terminado -a **4 complete with sth** con algo incluido: *The computer comes complete with webcam.* La computadora viene con cámara web incluida.
- *v* [tr] **1** terminar, completar [un trabajo] **2** completar [una colección, un juego] **3** llenar, completar [un formulario]

completely /kəm'plitli/ *adv* completamente, totalmente

completion /kəm'pliʃən/ *s* finalización | **on completion of sth** al terminar algo

complex /kɑm'pleks, BrE 'kɑmpleks/ *adjetivo & sustantivo*

- *adj* complejo -a, complicado -a
- *s* (pl **-xes**) **1** (de edificios, instalaciones) complejo **2** (psicológico) complejo

complexion /kəm'plekʃən/ *s* cutis, tez

compliance /kəm'plaɪəns/ *s* (formal) **compliance with sth** cumplimiento de algo | **in compliance with sth** de acuerdo con algo, en cumplimiento de algo

complicate /'kɑmpləkeɪt/ *v* [tr] complicar

complicated /'kɑmpləkeɪtɪd/ *adj* complicado -a

complication /kɑmplə'keɪʃən/ *s* complicación

compliment¹ /'kɑmpləmənt/ *s* **1** cumplido, halago | **to pay sb a compliment** hacerle un

¿Quieres información sobre las differencias entre los **artículos** en inglés y en español? Lee la explicación en el apartado de gramática.

cumplido/un halago a alguien **2 with the compliments of (a)** con un atento saludo de **(b)** gentileza de

compliment² /'kɑmpləmənt/ *v* [tr] **to compliment sb (on sth)** felicitar a alguien (por algo)

complimentary /kɑmplə'mentri/ *adj* **1** elogioso -a **2** de obsequio, de cortesía [entrada, bebida, etc.]

comply /kəm'plaɪ/ *v* [intr] (**-plies**, **-plied**) (formal) obedecer | **to comply with sth** cumplir con algo, obedecer algo

component /kəm'pounənt/ *s* componente, pieza

compose /kəm'pouz/ *v* **1 to be composed of** componerse de, estar compuesto -a de **2** [tr/intr] componer [música] **3 to compose yourself** componerse, serenarse **4** [tr] escribir, redactar

composed /kəm'pouzd/ *adj* compuesto -a, sereno -a

composer /kəm'pouzər/ *s* compositor -a

composition /kɑmpə'zɪʃən/ *s* composición

compost /'kɑmpoust/ *s* abono, compost

composure /kəm'pouʒər/ *s* compostura, serenidad

compound¹ /'kɑmpaund/ *sustantivo & adjetivo*

- *s* **1** compuesto **2** palabra compuesta
- *adj* compuesto -a

compound² /'kɑmpaund/ *v* [tr] (formal) agravar

comprehend /kɑmprɪ'hend/ *v* [tr/intr] (formal) comprender

comprehensible /kɑmprɪ'hensəbəl/ *adj* comprensible

comprehension /kɑmprɪ'henʃən/ *s* **1** comprensión **2** ejercicio de comprensión

comprehensive /kɑmprɪ'hensɪv/ *adj* completo -a, exhaustivo -a

ˌcompreˈhensive ˌschool, también **comprehensive** *s*

> Así se les llama en Gran Bretaña a las instituciones estatales de enseñanza secundaria que admiten alumnos de cualquier nivel de aptitud. Comparar con **grammar school**.

compress /kəm'pres/ *v* [tr/intr] (3ª pers sing **-sses**) comprimir, condensar

comprise /kəm'praɪz/ *v* [tr] (formal) **1** (también **be comprised of**) estar compuesto -a por, componerse de **2** constituir: *Women comprise over 50% of college students.* Las mujeres constituyen más del 50% del alumnado universitario.

compromise /'kɑmprəmaɪz/ *sustantivo & verbo*

- *s* acuerdo [para llegar al cual las partes hacen concesiones]
- *v* **1** [intr] transar, ceder **2 to compromise your principles, beliefs etc.** comprometer sus principios, ideales etc. **3 to compromise yourself** ponerse en un compromiso [haciendo algo indebido, etc.]

compulsion /kəm'pʌlʃən/ *s* **1** compulsión **2** obligación

compulsive /kəm'pʌlsɪv/ *adj* compulsivo -a | **to be compulsive viewing/reading** ser verdaderamente fascinante

compulsory /kəm'pʌlsəri/ *adj* obligatorio -a

computer /kəm'pjutər/ *s* **1** computadora, computador **2 computer game** juego de computadora/computador **computer system** sistema informático

computerize, -ise BrE /kəm'pjutəraɪz/ *v* [tr] computarizar, informatizar

computing /kəm'pjutɪŋ/ *s* computación, informática

con /kɑn/ *verbo & sustantivo*

- *v* [tr] (**-nned**, **-nning**) (informal) estafar, embaucar | **to con sb into doing sth** engañar a alguien para que haga algo
- *s* estafa

conceal /kən'sil/ *v* [tr] **1** ocultar, esconder **2** (referido a sentimientos) ocultar, disimular | **to conceal sth from sb** ocultarle algo a alguien

concede /kən'sid/ *v* **1** [tr] admitir: *She conceded that I was right.* Admitió que yo tenía razón. | **to concede defeat** darse por vencido -a, rendirse **2** [intr] darse por vencido -a, rendirse **3 to concede a goal/point etc.** permitir que a uno le hagan un gol/le marquen un punto etc.

conceited /kən'sitɪd/ *adj* engreído -a

conceivable /kən'sivəbəl/ *adj* imaginable | **to be conceivable that**: *It is conceivable that the experts are wrong.* Cabe la posibilidad de que los expertos estén equivocados.

conceivably /kən'sivəbli/ *adv* adverbio usado para indicar posibilidad: *The painting could conceivably be genuine.* Cabe la posibilidad de que el cuadro sea auténtico.

conceive /kən'siv/ *v* **1** [tr] concebir [un plan] **2** [tr/intr] concebir [un hijo]

concentrate /'kɑnsəntreɪt/ *v* **1** [intr] concentrarse: *I found it impossible to concentrate on my work.* Me resultaba imposible concentrarme en mi trabajo. **2** [tr] concentrar [los esfuerzos, la energía, etc.]

concentrated /'kɑnsəntreɪtɪd/ *adj* concentrado -a [solución, líquido]

concentration /kɑnsən'treɪʃən/ *s* concentración: *her powers of concentration* su capacidad de concentración

ˌconcenˈtration ˌcamp *s* campo de concentración

concept /'kɑnsept/ *s* concepto

conception /kən'sepʃən/ *s* **1** concepción **2** concepto, idea

concern /kən'sɜrn/ *sustantivo & verbo*

• *s* **1** preocupación: *There is growing **concern** for his safety.* Crece la preocupación por su seguridad. **2** inquietud, tema de interés **3 to be sb's concern** ser asunto/responsabilidad de alguien

• *v* [tr] **1** concernir: *This matter does not concern you.* Este asunto no te concierne. **2** tratar sobre **3 to concern yourself with/about sth** preocuparse por algo, ocuparse de algo

concerned /kən'sɜrnd/ *adj* **1** preocupado -a: *I'm **concerned about** you.* Estoy preocupada por ti. **2** (implicado, afectado): *All those concerned will be informed.* Se informará a todos los interesados. | *Divorce is always painful, especially when children are concerned.* El divorcio siempre resulta doloroso, especialmente cuando hay niños de por medio. **3 as far as I'm/she's etc. concerned** por lo que a mí/ella etc. respecta, para mí/ella etc. **4** (interesado): *All we are concerned with is establishing the truth.* Lo único que nos importa es encontrar la verdad.

concerning /kən'sɜrnɪŋ/ *prep* sobre, relativo -a a

concert /'kɑnsərt/ *s* concierto, recital

concerted /kən'sɜrtɪd/ *adj* coordinado -a, conjunto -a | **to make a concerted effort to do sth** hacer un gran esfuerzo para hacer algo

'concert hall *s* sala de conciertos, auditorio

concerto /kən'tʃertoʊ/ *s* concierto [composición musical]

concession /kən'seʃən/ *s* **1** concesión: *The government will not **make any concessions** to terrorists.* El gobierno no hará concesiones de ningún tipo a los terroristas. **2** BrE tarifa reducida, descuento [para estudiantes, jubilados, etc.] ▶ En inglés americano se usa **discount**

con'cession ˌstand *s* AmE quiosco [en un estadio, una estación, etc.]

concise /kən'saɪs/ *adj* conciso -a

conclude /kən'klud/ *v* **1 to conclude that** llegar a la conclusión de que, concluir que **2** [tr/intr] concluir, finalizar **3** [tr] llegar a [un acuerdo]

concluding /kən'kludɪŋ/ *adj* final

conclusion /kən'kluʒən/ *s* **1** conclusión: *I had come to the conclusion that he was lying.* Había llegado a la conclusión de que estaba mintiendo. | **to jump to conclusions** sacar conclusiones apresuradas, precipitarse (a sacar conclusiones) **2** final, conclusión

conclusive /kən'klusɪv/ *adj* **1** concluyente [prueba, argumento] **2** contundente [victoria]

concoct /kən'kɑkt/ *v* [tr] **1** inventarse [una historia] **2** tramar [un plan] **3** preparar [una comida]

concourse /'kɑŋkɔrs/ *s* hall [de un edificio público]

concrete[1] /kɑn'krit, BrE 'kɑŋkrit/ *adj* **1** de concreto, de hormigón **2** concreto -a

concrete[2] /'kɑŋkrit/ *s* concreto, hormigón

concurrent /kən'kɜrənt/ *adj* simultáneo -a

concurrently /kən'kɜrəntli/ *adv* simultáneamente, al mismo tiempo

concussion /kən'kʌʃən/ *s* conmoción (cerebral)

condemn /kən'dem/ *v* [tr] **1** condenar [un atentado, una decisión, etc.] **2 to be condemned to sth** ser/estar condenado -a a algo

condemnation /kɑndəm'neɪʃən/ *s* condena, censura

condensation /kɑndən'seɪʃən/ *s* condensación [humedad en ventanas, paredes, etc.]

condense /kən'dens/ *v* **1** [intr] condensarse **2** [tr] resumir [una obra literaria]

condescend /kɑndɪ'send/ *v* **to condescend to do sth** dignarse/rebajarse a hacer algo

condescending /kɑndɪ'sendɪŋ/ *adj* **a condescending attitude/tone etc.** una actitud/un tono etc. de superioridad

condition /kən'dɪʃən/ *sustantivo, sustantivo plural & verbo*

• *s* **1** estado, condiciones | **to be in good/poor etc. condition** estar en buenas/malas etc. condiciones | **to be in no condition to do sth** no estar en condiciones de hacer algo **2 to be out of condition** no estar en forma **3** condición: *I'll lend you the money **on condition that** you pay it back next month.* Te presto el dinero con la condición de que me lo devuelvas el mes que viene. **4** problema [de salud], afección: *He has a heart condition.* Tiene un problema cardíaco.

• **conditions** *s pl* (situación) condiciones: *adverse weather conditions* condiciones climáticas adversas | **working/living conditions** condiciones laborales/de vida

• *v* [tr] **1** condicionar [a una persona, su comportamiento] **2** acondicionar [el pelo]

conditional /kən'dɪʃənəl/ *adj* **1** (sujeto a condiciones) condicional | **to be conditional on/upon sth** estar supeditado -a a algo, depender de algo **2** (en gramática) condicional

conditioner /kən'dɪʃənər/ *s* **1** (para el pelo) acondicionador **2** (para la ropa) suavizante

condolence /kən'doʊləns/ *s* condolencia | **to offer your condolences** dar el pésame, ofrecer sus condolencias

condom /'kɑndəm/ *s* preservativo, condón

condone /kən'doʊn/ *v* [tr] tolerar, aprobar

conducive /kən'dusɪv/ *adj* (formal) **to be conducive to sth** ser propicio -a para algo, invitar a algo

conduct[1] /kən'dʌkt/ *v* **1** [tr] realizar [un experimento, una campaña, etc.] **2** [tr/intr] dirigir [una orquesta] **3** [tr] conducir [la electricidad, el calor]

conduct[2] /'kɑndʌkt/ *s* conducta

conductor /kən'dʌktər/ *s* **1** director -a (de orquesta/coro) **2** AmE jefe de tren **3** BrE cobrador -a [en un bus/autobús] **4** conductor [de electricidad, de calor]

cone /koun/ *s* **1** cono, cucurucho **2** piña, baya [de un pino]

confectioners' sugar /kən,fekʃənərz 'ʃugər/ *s* AmE azúcar glas(é), azúcar en polvo, azúcar flor

confederation /kənfedə'reɪʃən/ *s* confederación

confer /kən'fɜr/ *v* (**-rred**, **-rring**) **1 to confer sth on/upon sb** otorgarle/conferirle algo a alguien **2** [intr] deliberar, consultar

conference /'kɑnfərəns/ *s* congreso, convención

confess /kən'fes/ *v* [tr/intr] (3ª pers sing **-sses**) **1** confesar: *She* ***confessed that*** *she didn't speak any French.* Confesó que no sabía hablar francés. | **to confess to (doing) sth** confesar (haber hecho) algo **2 to confess your sins** confesar sus pecados

confession /kən'feʃən/ *s* **1** (de un delito) confesión | **to make a confession** confesar: *I have a confession to make.* Tengo que confesar algo. **2** (sacramento) confesión | **to go to confession** ir a confesarse

confide /kən'faɪd/ *v* **to confide to sb that** confiarle a alguien que
confide in sb hacerle confidencias/una confidencia a alguien

confidence /'kɑnfədəns/ *s* **1** confianza: *I have* ***confidence in*** *his ability to do the job.* Tengo confianza en su capacidad para realizar el trabajo. **2** seguridad/confianza (en sí mismo -a) **3 to gain sb's confidence** ganarse la confianza de alguien **4 in (the strictest) confidence** de manera (estrictamente) confidencial

confident /'kɑnfədənt/ *adj* **1** seguro -a (de sí mismo -a) **2 to be confident of sth** estar seguro -a de algo: *We are confident of winning.* Estamos seguros de que ganaremos.

confidential /kɑnfə'denʃəl/ *adj* confidencial

confidently /'kɑnfədəntli/ *adv* **1** con seguridad (en sí mismo -a) **2** con certeza

configuration /kənfɪgjə'reɪʃən/ *s* configuración

confine /kən'faɪn/ *v* [tr] **1 to be confined to sth** limitarse a algo, afectar sólo a algo | **to confine yourself to sth** ceñirse/limitarse a algo **2** recluir | **to be confined to bed** tener que guardar cama

confined /kən'faɪnd/ *adj* **a confined space** un espacio reducido

confinement /kən'faɪnmənt/ *s* reclusión, confinamiento

confirm /kən'fɜrm/ *v* [tr] confirmar

confirmation /kɑnfər'meɪʃən/ *s* confirmación

confirmed /kən'fɜrmd/ *adj* **a confirmed bachelor** un soltero empedernido

confiscate /'kɑnfɪskeɪt/ *v* [tr] confiscar

conflict¹ /'kɑnflɪkt/ *s* conflicto: *She was always* ***in conflict with*** *her parents.* Siempre tenía conflictos con sus padres.

conflict² /kən'flɪkt/ *v* [intr] discrepar | **to conflict with sth** discrepar con algo, estar reñido -a con algo

conflicting /kən'flɪktɪŋ/ *adj* contradictorio -a, encontrado -a

conform /kən'fɔrm/ *v* [intr] **1** adaptarse [a las convenciones sociales, etc.] **2 to conform to a standard/a rule** cumplir (con) una norma/una regla, ajustarse a una norma/una regla

confront /kən'frʌnt/ *v* [tr] **1** (al acusar a alguien) pedirle explicaciones a: *I confronted him, but he denied having anything to do with it.* Le pedí explicaciones, pero negó tener nada que ver con el asunto. | **to confront sb with the evidence** enfrentar a alguien con las pruebas **2** (en actitud amenazante) enfrentar: *I was* ***confronted by*** *two armed men.* Me enfrentaron dos hombres armados. **3 to be confronted with sth** verse enfrentado -a a algo, encontrarse frente a algo

confrontation /kɑnfrən'teɪʃən/ *s* enfrentamiento, confrontación

confuse /kən'fjuz/ *v* [tr] **1** confundir [a una persona] **2 to confuse sth/sb with sth/sb** confundir algo/a alguien con algo/alguien: *I always confuse her with her sister.* Siempre la confundo con su hermana.

confused /kən'fjuzd/ *adj* **1** confundido -a | **to get confused** confundirse **2** confuso -a

confusing /kən'fjuzɪŋ/ *adj* confuso -a

confusion /kən'fjuʒən/ *s* confusión: *There is a lot of* ***confusion about*** *the new rules.* Hay gran confusión sobre las nuevas normas.

congenial /kən'dʒinjəl/ *adj* agradable [persona, ambiente]

congenital /kən'dʒenətl/ *adj* congénito -a

congested /kən'dʒestɪd/ *adj* **1** congestionado -a [de tráfico] **2** repleto -a (de gente) **3** tapado -a, bloqueado -a [nariz]

congestion /kən'dʒestʃən/ *s* **1** (de tráfico) congestión **2** (en medicina) congestión

conglomerate /kən'glɑmərət/ *s* grupo, conglomerado [de empresas]

congratulate /kən'grætʃəleɪt/ *v* [tr] felicitar | **to congratulate sb on sth** felicitar a alguien por algo: *Sue congratulated me on my engagement.* Sue me felicitó por mi compromiso.

congratulations /kən,grætʃu'leɪʃənz/ *s pl* felicitaciones | **congratulations!** ¡felicitaciones!, ¡felicidades!

congregate /'kɑŋgrəgeɪt/ *v* [intr] congregarse, reunirse

congregation /kɑŋgrə'geɪʃən/ *s* **1** fieles **2** (número de) feligreses

congress /'kɑŋgrɪs/ *s* **1** congreso **2 Congress** el Congreso [cuerpo legislativo de EU]

conifer /'kɑnəfər/ *s* conífera

conjecture /kən'dʒektʃər/ *s* (formal) conjetura

conjunction /kən'dʒʌŋkʃən/ *s* **1 in conjunction with** junto con, conjuntamente con **2** conjunción

conjure /'kandʒər/ *v* **conjure sth up** **1** evocar algo **2** hacer/lograr algo (como por arte de magia)

conjurer, también **conjuror** /'kandʒərər/ *s* mago -a, prestidigitador -a

'con man *s* (pl **con men**) estafador

connect /kə'nekt/ *v* **1** [tr] conectar, [intr] conectarse: *Have you connected the printer?* ¿Has conectado la impresora? | *They are coming to connect the telephone tomorrow.* Mañana vienen a conectar el teléfono. **2** [tr] comunicar: *Highway 1 connects Los Angeles and Santa Barbara.* La autopista 1 comunica a Los Ángeles con Santa Bárbara. **3** [tr] relacionar, asociar: *At first they did not **connect** her **with** the crime.* Al principio no la relacionaron con el crimen. **4** [tr] (por teléfono) comunicar: *Hold the line, I'm trying to connect you.* No cuelgue, estoy tratando de comunicarlo. **5** [intr] (hablando de trenes, vuelos, etc.) conectar: *This train **connects with** the 11:20 to Greenville.* Este tren conecta con el de las 11.20 a Greenville.

connected /kə'nektɪd/ *adj* **1** conectado -a: *All the computers are **connected to** this printer.* Todas las computadoras están conectadas a esta impresora. **2** relacionado -a: *This is **connected with** what I was saying earlier.* Esto está relacionado con lo que decía antes.

connection /kə'nekʃən/ *sustantivo & sustantivo plural*

• *s* **1** (entre ideas, sucesos, etc.) relación, conexión: *the **connection between** smoking **and** lung cancer* la relación entre el tabaquismo y el cáncer de pulmón | *That has no **connection with** what I was saying.* Eso no tiene relación con lo que estaba diciendo. **2** (telefónica, eléctrica) conexión **3** (en transportes) conexión, combinación **4 in connection with** en relación con

• **connections** *s pl* conexiones, contactos: *his Mafia connections* sus conexiones con la Mafia

connoisseur /kanə'sɜr/ *s* entendido -a

conquer /'kaŋkər/ *v* [tr] **1** conquistar, someter **2** vencer, dominar [miedos, adicciones, etc.]

conquest /'kaŋkwest/ *s* conquista

conscience /'kanʃəns/ *s* conciencia: *I can go out tonight **with a clear conscience**.* Esta noche puedo salir con la conciencia tranquila. | *She **had a guilty conscience about** leaving him on his own.* Se sentía culpable por dejarlo solo./Le remordía la conciencia por dejarlo solo. | **to have sth on your conscience** tener (un) cargo de conciencia por algo

conscientious /kanʃi'enʃəs/ *adj* responsable, concienzudo -a

conscious /'kanʃəs/ *adj* **1** consciente [paciente, enfermo] **2 to be conscious (of sth)** ser consciente (de algo): *She was conscious of him watching her.* Era consciente de que él la estaba mirando. **3** deliberado -a, consciente | **to make a conscious effort to do sth** esforzarse para/por hacer algo, tratar deliberadamente de hacer algo

consciously /'kanʃəsli/ *adv* deliberadamente, conscientemente

consciousness /'kanʃəsnəs/ *s* **1** conocimiento | **to lose/regain consciousness** perder/recobrar el conocimiento **2** conciencia: *There is a growing **consciousness of** the risks involved.* Cada vez hay más conciencia de los riesgos que acarrea.

conscript /'kanskrɪpt/ *s* conscripto -a

conscription /kən'skrɪpʃən/ *s* conscripción

consecutive /kən'sekjətɪv/ *adj* seguido -a, consecutivo -a

consensus /kən'sensəs/ *s* consenso | **to reach a consensus** llegar a un consenso

consent /kən'sent/ *sustantivo & verbo*

• *s* **1** consentimiento, permiso: *He refused to **give his consent to** the marriage.* Se negó a dar su consentimiento para el matrimonio. **2 by mutual/common consent** de común acuerdo

• *v* [intr] acceder, dar su consentimiento | **to consent to sth** acceder a algo, dar su consentimiento para algo

consequence /'kansəkwens/ *s* **1** consecuencia | **to take/suffer the consequences of sth** pagar/sufrir las consecuencias de algo **2 to be of little/no consequence** (formal) tener poca/no tener ninguna importancia

consequently /'kansəkwentli/ *adv* por consiguiente, en consecuencia

conservation /kansər'veɪʃən/ *s* **1** protección, conservación [del medio ambiente]: *wildlife conservation* protección/conservación de la vida silvestre **2 conservation area** zona protegida **3** ahorro, conservación: *energy conservation* ahorro/conservación de energía

Conservative /kən'sɜrvətɪv/ *adj & s* conservador -a [del Partido Conservador británico]

conservative /kən'sɜrvətɪv/ *adj* conservador -a [ideas, opiniones, etc.]

conservatory /kən'sɜrvətɔri/ *s* (pl **-ries**) **1** conservatorio **2** invernadero **3** jardín de invierno [habitación con techo de vidrio anexa a una casa]

conserve /kən'sɜrv/ *v* [tr] **1** preservar, proteger **2** ahorrar, conservar

consider /kən'sɪdər/ *v* [tr] **1** (pensar en) considerar: *I need some time to consider your offer.* Necesito tiempo para considerar su oferta. | *Have you ever considered living abroad?* ¿Has pensado alguna vez en la posibilidad de irte a

i ¿Quieres información sobre las diferencias entre los **posesivos** en inglés y en español? Lee la explicación en el apartado de gramática.

vivir al extranjero? **2** (ver como) considerar: *She is considered to be the best.* Se la considera la mejor. **3** tener en cuenta, tomar en consideración

considerable /kən'sɪdərəbəl/ *adj* considerable

considerably /kən'sɪdərəbli/ *adv* bastante, considerablemente

considerate /kən'sɪdərət/ *adj* considerado -a, comprensivo -a | **to be considerate towards sb** ser considerado -a con alguien

consideration /kənsɪdə'reɪʃən/ *s* **1** (estudio, deliberación): *There are several proposals under consideration.* Se están considerando varias propuestas. **to take sth into consideration** tener/tomar algo en cuenta **2** (hacia los demás) consideración | **to show consideration for sth/sb** tener consideración por algo/alguien | **out of consideration for** por respeto a **3** (factor) consideración

considering /kən'sɪdərɪŋ/ *preposición & conjunción*

- ***prep*** teniendo en cuenta, si se tiene en cuenta
- ***conj*** teniendo en cuenta que, si se tiene en cuenta que

consign /kən'saɪn/ *v* [tr] mandar [a la basura, etc.], relegar

consist /kən'sɪst/ *v* **consist of sth** consistir en/componerse de algo: *The collection consists of paintings, drawings and sculptures.* La colección se compone de pinturas, dibujos y esculturas.

consistency /kən'sɪstənsi/ *s* **1** regularidad **2** coherencia **3** (pl **-cies**) consistencia

consistent /kən'sɪstənt/ *adj* **1** constante, regular **2** coherente, sistemático -a **3 to be consistent with sth** concordar con algo, ser consecuente con algo

consistently /kən'sɪstəntli/ *adv* sistemáticamente, uniformemente

consolation /kɑnsə'leɪʃən/ *s* consuelo

console¹ /'kɑnsoʊl/ *s* consola: *a game console* una consola para juegos electrónicos

console² /kən'soʊl/ *v* [tr] consolar

consolidate /kən'sɑlədeɪt/ *v* [tr] consolidar

consonant /'kɑnsənənt/ *s* consonante

consortium /kən'sɔrtiəm/ *s* (pl **consortiums** o **consortia**) consorcio

conspicuous /kən'spɪkjuəs/ *adj* **1** que llama la atención: *I felt very conspicuous in my party dress.* Sentí que llamaba la atención con mi vestido de fiesta. **2 to be conspicuous by his/its etc. absence** brillar por su ausencia

conspiracy /kən'spɪrəsi/ *s* (pl **-cies**) conspiración

conspire /kən'spaɪr/ *v* [intr] **to conspire (with sb) to do sth** conspirar (con alguien) para hacer algo

constable /'kɑnstəbəl/ *s* agente (de policía) [en Gran Bretaña]

constant /'kɑnstənt/ *adj* constante

constantly /'kɑnstəntli/ *adv* constantemente

constipation /kɑnstə'peɪʃən/ *s* estreñimiento, constipación, estitiquez

constituency /kən'stɪtʃuənsi/ *s* (pl **-cies**) distrito/circunscripción electoral

constituent /kən'stɪtʃuənt/ *s* **1** persona residente en un distrito o una circunscripción electoral determinados **2** componente

constitute /'kɑnstətut/ *v* [tr] constituir

constitution /kɑnstə'tuʃən/ *s* constitución [de un país]

constitutional /kɑnstə'tuʃənəl/ *adj* constitucional

constraint /kən'streɪnt/ *s* restricción

constrict /kən'strɪkt/ *v* [intr] estrecharse, constreñirse

construct /kən'strʌkt/ *v* [tr] construir

construction /kən'strʌkʃən/ *s* construcción

constructive /kən'strʌktɪv/ *adj* constructivo -a

construe /kən'stru/ *v* [tr] **to construe sth as sth** interpretar algo como algo

consul /'kɑnsəl/ *s* cónsul

consulate /'kɑnsəlɪt/ *s* consulado

consult /kən'sʌlt/ *v* [tr] consultar

consultancy /kən'sʌltənsi/ *s* (pl **-cies**) **1** consultora **2** asesoría, consultoría

consultant /kən'sʌltənt/ *s* **1** asesor -a, consultor -a **2** BrE especialista [médico] ► En inglés americano se usa **specialist**

consultation /kɑnsəl'teɪʃən/ *s* **1** (debate, pedido de opinión) consulta | **in consultation with sb** tras consultar a alguien **2** (con un profesional) consulta

consume /kən'sum/ *v* [tr] **1** consumir **2 to be consumed with guilt** quedarse con/sentir un enorme cargo de conciencia

consumer /kən'sumər/ *s* consumidor -a

consumption /kən'sʌmpʃən/ *s* consumo

contact /'kɑntækt/ *sustantivo & verbo*

- ***s*** **1** (físico, comunicación, experiencia) contacto | **to get in contact (with sb)/to make contact (with sb)** ponerse en contacto (con alguien) | **to come into contact with sth** entrar en contacto con algo, encontrarse con algo **2** (persona) contacto **3** (en electricidad) contacto
- ***v*** [tr] contactar, contactarse con

'contact ˌlens *s* lente de contacto

contagious /kən'teɪdʒəs/ *adj* contagioso -a

contain /kən'teɪn/ *v* [tr] **1** (tener adentro) contener, tener **2** (no exteriorizar) contener | **to contain yourself** contenerse **3** controlar [un incendio, una epidemia, etc.]

container /kən'teɪnər/ *s* **1** recipiente, envase **2** contenedor, container

contaminate /kən'tæməneɪt/ *v* [tr] contaminar

contamination /kəntæmə'neɪʃən/ *s* contaminación

contemplate /'kɑntəmpleɪt/ *v* [tr] **1** pensar en, contemplar la posibilidad de | **to contemplate doing sth** pensar en hacer algo **2** (mirar) contemplar

contemporary /kən'tempəreri/ *adjetivo & sustantivo*
- *adj* **1** (moderno) contemporáneo -a, actual **2** (de la misma época) contemporáneo -a
- *s* (pl **-ries**) contemporáneo -a

contempt /kən'tempt/ *s* **1** desprecio | **to be beneath contempt** ser absolutamente despreciable, no merecerse el más mínimo respeto **2** (también **contempt of court**) desacato

contemptuous /kən'temptʃuəs/ *adj* despectivo -a, despreciativo -a | **to be contemptuous of sth/sb** tener una actitud despreciativa para con algo/alguien, desdeñar algo/a alguien

contend /kən'tend/ *v* **1 to contend (with sb) for sth** luchar por algo (con/contra alguien) **2 to contend that** sostener que
contend with sth lidiar con algo: *We've had all kinds of problems to contend with.* Hemos tenido que lidiar con todo tipo de problemas.

contender /kən'tendər/ *s* competidor -a | **a contender for sth** un candidato/una candidata a algo

content[1] /'kɑntent/ *sustantivo & sustantivo plural*
- *s* contenido
- **contents** *s pl* **1** contenido: *the contents of the letter* el contenido de la carta **2** (también **table of contents**) índice

content[2] /kən'tent/ *adjetivo & verbo*
- *adj* contento -a, satisfecho-a | **to be content with sth** estar satisfecho -a con algo | **to be content to do sth** contentarse/conformarse con hacer algo
- *v* [tr] **to content yourself with sth** conformarse con algo

contented /kən'tentɪd/ *adj* satisfecho -a, contento -a

contention /kən'tenʃən/ *s* **1** argumento | **it is my/his etc. contention that** sostengo/sostiene etc. que **2** polémica

contentious /kən'tenʃəs/ *adj* polémico -a

contentment /kən'tent˺mənt/ *s* satisfacción, felicidad

contest[1] /'kɑntest/ *s* **1** concurso **2** lucha, contienda

contest[2] /kən'test/ *v* [tr] **1** impugnar, apelar [un testamento, una decisión] **2** presentarse como candidato -a a [persona], presentar un candidato/una candidata a [partido]

contestant /kən'testənt/ *s* concursante, participante

context /'kɑntekst/ *s* contexto

continent /'kɑntənənt/ *s* **1** continente **2 the Continent** BrE Europa occidental excluyendo las Islas Británicas

continental /kɑntən'entl/ *adj* **1** continental **2** relativo a Europa occidental excluyendo las Islas Británicas **3 continental breakfast** desayuno consistente en café, pan, bollos, etc. por oposición al desayuno tradicional británico de huevos, tocino, etc.

continental breakfast

contingency /kən'tɪndʒənsi/ *s* (pl **-cies**) **1** eventualidad, contingencia **2 contingency plan** plan alternativo/de emergencia

contingent /kən'tɪndʒənt/ *s* contingente

continual /kən'tɪnjuəl/ *adj* continuo -a, constante

continually /kən'tɪnjuəli/ *adv* continuamente, constantemente

continuation /kəntɪnju'eɪʃən/ *s* **1** continuidad **2** continuación

continue /kən'tɪnju/ *v* **1** [intr] seguir, continuar: *The city's population will* ***continue to*** *grow.* La población de la ciudad seguirá creciendo. **2** [tr] seguir con, continuar (con) **3** [intr] seguir: *Continue along this road.* Siga por esta calle.

continued /kən'tɪnjud/ *adj* sostenido -a, continuo -a | **the continued existence of sth** la supervivencia/continuidad de algo

continuing /kən'tɪnjuɪŋ/ *adj* continuado -a

continuity /kɑntə'nuəti/ *s* continuidad

continuous /kən'tɪnjuəs/ *adj* **1** continuo -a, ininterrumpido -a **2 continuous assessment** evaluación continua

continuously /kən'tɪnjuəsli/ *adv* continuamente, sin parar

contour /'kɑntʊr/ *s* **1** contorno **2** (también **contour line**) curva de nivel

contraception /kɑntrə'sepʃən/ *s* anticoncepción | **method/means of contraception** método anticonceptivo

contraceptive /kɑntrə'septɪv/ *sustantivo & adjetivo*
- *s* anticonceptivo
- *adj* anticonceptivo -a

contract[1] /'kɑntrækt/ *s* contrato | **to be under contract (to sb)** tener contrato (con alguien)

contract[2] /kən'trækt/ *v* **1** [intr] contraerse **2** [tr] contraer [una enfermedad] **3 to contract (with sb) to do sth** firmar contrato (con alguien) para hacer algo

contraction /kən'trækʃən/ *s* **1** (reducción) contracción, retracción **2** (en el parto) contracción **3** (en gramática) contracción

¿No estás seguro de si se usa **make** o **do**? Mira las entradas **hacer**, **make** y **do**.

contractor /'kɑntræktər/ *s* persona o empresa que realiza trabajos o suministra materiales para otra

contradict /kɑntrə'dɪkt/ *v* [tr] **1** contradecir **2 to contradict yourself** contradecirse

contradiction /kɑntrə'dɪkʃən/ *s* contradicción

contradictory /kɑntrə'dɪktəri/ *adj* contradictorio -a

contrary /'kɑntreri/ *sustantivo & adjetivo*

- *s* (formal) **1 the contrary** lo contrario: *She wasn't disappointed. Quite the contrary – she was pleased.* No estaba desilusionada. Todo lo contrario, se quedó contenta. **2 on the contrary** al contrario, por el contrario **3 to the contrary** en (sentido) contrario: *unless you hear anything to the contrary* salvo que le avisen algo en contrario
- *adj* **1** contrario -a, opuesto -a **2 contrary to popular belief/opinion** contrariamente a lo que la gente cree/opina

contrast¹ /'kɑntræst/ *s* **1** contraste **2 in contrast/by contrast** en comparación **3 in contrast to** a diferencia de

contrast² /kən'træst/ *v* **to contrast (sth) with sth** contrastar (algo) con algo

contribute /kən'trɪbjut/ *v* **1** [tr] contribuir con, aportar: *I **contributed** $100 **to** the campaign.* Contribuí con $100 a la campaña. **2 to contribute to sth** contribuir a algo: *Various factors contributed to his downfall.* Diversos factores contribuyeron a su caída. **3** [intr] participar, tomar parte [en un debate, una conversación] **4** [tr/intr] escribir [para una publicación conjunta]

contribution /kɑntrə'bjuʃən/ *s* **1** contribución, aporte **2** colaboración [para una publicación]

contributor /kən'trɪbjətər/ *s* colaborador -a

control /kən'troul/ *sustantivo & verbo*

- *s* **1** control | **to lose control (of sth)** perder el control (de algo) | **to be under control** estar bajo control | **to be out of control** estar fuera de control | **to get/go out of control** quedar fuera de control: *The situation is getting out of control.* La situación se está volviendo incontrolable. | *The truck went out of control.* El conductor perdió el control del camión. **2** control, dominio [de una zona, un país, etc.] | **to be in control of sth** controlar/dominar algo **3** botón, control [del volumen, etc.] | **the controls** los mandos
- *v* [tr] (**-lled, -lling**) **1** controlar | **to control yourself** controlarse, contenerse **2** controlar, regular [la temperatura, el volumen, etc.] **3** controlar, dominar [una zona, un país, etc.] **4** controlar [una epidemia, etc.]

controlled /kən'trould/ *adj* controlado -a

controversial /kɑntrə'vɜrʃəl/ *adj* polémico -a, controvertido -a

controversy /'kɑntrəvɜrsi/ *s* (pl **-sies**) polémica, controversia | **controversy surrounding/over sth** polémica en torno a/acerca de algo

convene /kən'vin/ *v* **1** [tr] convocar **2** [intr] reunirse

convenience /kən'vinjəns/ *s* **1** (de una persona) comodidad, conveniencia **2** (algo práctico) comodidad **3** (también **public convenience**) BrE (formal) baño (público) ▶ En inglés americano se usa **restroom**

con'venience ˌstore *s* AmE comercio que vende alimentos, periódicos, etc. y está abierto las 24 horas

convenient /kən'vinjənt/ *adj* **1** conveniente: *at a convenient time* a una hora conveniente | *Would tomorrow be convenient?* ¿Le vendría bien mañana? **2** práctico -a, bien ubicado -a: *The house is **convenient for** the school.* La casa está en un lugar que queda muy práctico para ir al colegio.

conveniently /kən'vinjəntli/ *adv* **1** convenientemente | **to be conveniently situated/located** estar bien ubicado -a **2** (en sentido irónico) casualmente

convent /'kɑnvent/ *s* convento

convention /kən'venʃən/ *s* **1** (social) convención **2** (convenio) convención **3** (reunión) convención

conventional /kən'venʃənəl/ *adj* **1** (común) convencional, estándar **2** (tradicional) convencional **3** (no nuclear) convencional

converge /kən'vɜrdʒ/ *v* [intr] **1** confluir, converger **2 to converge on...** juntarse/reunirse en..., dirigirse a...

conversation /kɑnvər'seɪʃən/ *s* conversación: *I only said it to **make conversation**.* Lo dije sólo por decir algo. | **to have a conversation (with sb)** conversar (con alguien), tener una conversación (con alguien)

converse /kən'vɜrs/ *v* [intr] conversar

conversion /kən'vɜrʒən/ *s* **1** transformación, conversión **2** reforma [de un edificio, para darle otro uso] **3** conversión: *his conversion from Christianity to Islam* su conversión del cristianismo al islam

convert¹ /kən'vɜrt/ *v* **1** [tr] convertir, adaptar: *a converted barn* un granero convertido en vivienda | **to convert sth to/into sth** transformar/convertir algo en algo **2** [intr] convertirse, cambiar: *when we **convert to** the new system* cuando cambiemos al nuevo sistema **3 to convert to Judaism/Catholicism etc.** convertirse al judaísmo/al catolicismo etc.

convert² /'kɑnvɜrt/ *s* **1** converso -a **2 to become a convert to sth (a)** (a una religión) convertirse a algo **(b)** (a una idea, un producto, etc.) volverse partidario -a de algo, adoptar algo

convertible /kən'vɜrtəbəl/ *adj & s* convertible

¿No sabes cómo pronunciar una determinada palabra? Consulta el recuadro de **símbolos fonéticos** en el interior de la cubierta.

convey /kənˈveɪ/ *v* [tr] (formal) **1** transmitir [información, un mensaje], expresar [agradecimiento] **2** llevar, transportar

conveyor /kənˈveɪər/, también **conveyor belt** *s* cinta/correa/banda transportadora

convict[1] /kənˈvɪkt/ *v* [tr] condenar | **to be convicted of sth** ser condenado -a por algo

convict[2] /ˈkɑnvɪkt/ *s* convicto, preso: *an escaped convict* un convicto prófugo

conviction /kənˈvɪkʃən/ *s* **1** convicción **2 with/without conviction** con/sin convicción | **to lack conviction** no ser convincente | **to carry no conviction** no resultar para nada convincente **3** condena

convince /kənˈvɪns/ *v* [tr] convencer: *I convinced him that it was worth going.* Lo convencí de que valía la pena ir.

convinced /kənˈvɪnst/ *adj* convencido -a

convincing /kənˈvɪnsɪŋ/ *adj* convincente

convoy /ˈkɑnvɔɪ/ *s* convoy, caravana

convulsion /kənˈvʌlʃən/ *s* convulsión | **to have convulsions** tener convulsiones

cook /kʊk/ *verbo & sustantivo*

• *v* **1** [intr] cocinar: *I can't cook.* No sé cocinar. **2** [tr] hacer, preparar [alimentos]: *How do you cook your rice?* ¿Cómo haces el arroz? | *This meat is not cooked.* Esta carne no está cocida. | **to cook (the) lunch/dinner etc.** hacer el almuerzo/la cena etc. **3** [intr] cocinarse, hacerse
cook sth up (informal) inventarse algo

• *s* **1** cocinero -a **2 to be a good/poor etc. cook** cocinar bien/mal etc.

cookbook /ˈkʊkbʊk/, también **cookery book** BrE *s* libro de cocina

cooker /ˈkʊkər/ *s* BrE cocina, estufa [para cocinar] ► En inglés americano se usa **stove**

cookery /ˈkʊkəri/ *s* cocina [arte de cocinar]

cookie /ˈkʊki/ *s* AmE galleta, galletita [dulce]

cooking /ˈkʊkɪŋ/ *s* **1** (acción de cocinar): *I hate cooking.* Odio cocinar. | *Who does the cooking?* ¿Quién hace la comida? **2** comida, cocina: *I love Italian cooking.* Me encanta la comida italiana.

cool /kul/ *adjetivo, verbo & sustantivo*

• *adj* **1** fresco -a: *Keep in a cool place.* Mantener en un lugar fresco. **2 to stay/keep cool** mantener la calma **3 to be cool towards sb** estar frío -a con alguien **4** (informal) cool, chévere, genial

• *v* **1** (también **cool down**) [tr] enfriar, [intr] enfriarse: *Let the engine cool down.* Deje que el motor se enfríe. **2** [intr] enfriarse [entusiasmo, pasión], calmarse [ánimos]
cool down/off calmarse [persona]

• *s* **1 the cool** el fresco **2** (informal) **to keep/lose your cool** mantener/perder la calma

cooler /ˈkulər/ AmE, **coolbox** BrE *s* nevera portátil, hielera portátil

coop /kup/ *v* **coop sb up** tener encerrado -a a alguien | **to be cooped up** estar encerrado -a

cooperate /koʊˈɑpəreɪt/ *v* [intr] cooperar | **to cooperate with sb (to do sth)** cooperar con alguien (para hacer algo)

cooperation /koʊɑpəˈreɪʃən/ *s* cooperación

cooperative /koʊˈɑprətɪv/ *adjetivo & sustantivo*

• *adj* **1** dispuesto -a a ayudar, cooperativo -a **2** (referido al cooperativismo) cooperativo -a **3 a cooperative effort** un esfuerzo conjunto

• *s* cooperativa

coordinate /koʊˈɔrdneɪt/ *v* [tr] coordinar

coordination /koʊɔrdnˈeɪʃən/ *s* coordinación

cop /kɑp/ *s* (informal) policía

cope /koʊp/ *v* [intr] **1** arreglárselas: *I think I can cope.* Creo que me las puedo arreglar. | *I can't cope any more.* No puedo más. **2 to cope with sth (a)** poder con algo, dar abasto con algo: *Can you cope with all that?* ¿Puedes con todo eso? | *She can't cope with all the homework she has to do.* No da abasto con toda la tarea que tiene que hacer. **(b)** aguantar(se) algo

copper /ˈkɑpər/ *s* **1** cobre **2** BrE (informal) policía **3 copper wire** alambre de cobre

copy /ˈkɑpi/ *sustantivo & verbo*

• *s* (pl **-pies**) **1** copia **2** ejemplar [de un libro], número [de una revista], edición [de un diario]

• *v* (**-pies, -pied**) **1** [tr] copiar, hacer una copia de **2** [tr] copiar [lo que hace otro]: *I copied the idea from a magazine.* Copié la idea de una revista. **3** [tr/intr] copiarse [en un examen]
copy sth down anotar algo
copy sth out copiar algo

copyright /ˈkɑpiraɪt/ *s* derechos (de autor), copyright

coral /ˈkɔrəl/ *s* **1** coral **2 a coral reef** un arrecife de coral

cord /kɔrd/ *sustantivo & sustantivo plural*

• *s* **1** cordón, cuerda **2** AmE cable, cordón [eléctrico]

• **cords** *s pl* pantalones de pana/corderoy/cotelé

cordless /ˈkɔrdləs/ *adj* inalámbrico -a, sin cable

cordon /ˈkɔrdn/ *v* **cordon sth off** acordonar algo

corduroy /ˈkɔrdərɔɪ/ *s* pana, corderoy, cotelé

core /kɔr/ *s* **1** corazón, centro [de una manzana o pera] **2** nudo, centro: *the core of the problem* el nudo del problema | **to the core** hasta la médula **3 core subject** asignatura/materia obligatoria

coriander /ˈkɔriændər/ *s* cilantro, coriandro, culantro

cork /kɔrk/ *s* corcho

corkscrew /ˈkɔrkskru/ *s* sacacorchos

corn /kɔrn/ *s* **1** AmE maíz, elote, choclo, jojoto | **corn on the cob** maíz, elote, choclo, jojoto [en la mazorca] **2** BrE (cultivo) cereal ▶ El sinónimo **cereal** se usa tanto en inglés americano como en inglés británico **3** callo

corner /'kɔrnər/ *sustantivo & verbo*

• *s* **1** ángulo, punta: *I caught my shirt on the corner of the table.* Me agarré la camisa con la punta de la mesa. **2 at/on the corner** en la esquina | **(just) around the corner** a la vuelta (nomás): *a store* ***around the corner from*** *my school* una tienda a la vuelta de mi colegio **3** rincón **4** (también **corner kick**) córner, tiro/saque de esquina **5 to see sth out of the corner of your eye** ver algo de reojo

• *v* **1** [tr] acorralar, arrinconar **2 to corner the market (in sth)** acaparar el mercado (de algo) **3** [intr] doblar [auto]

cornerstone /'kɔrnərstoun/ *s* piedra angular

cornflakes /'kɔrnfleɪks/ *s pl* copos de maíz

cornstarch /'kɔrnstɑrtʃ/ AmE, **cornflour** /'kɔnflauə/ BrE *s* maicena®, almidón de maíz

coronation /kɔrə'neɪʃən/ *s* coronación

coroner /'kɔrənər/ *s* oficial responsable de llevar a cabo la investigación de la causa de una muerte violenta o repentina

corporal /'kɔrpərəl/ *s* cabo [en el ejército]

ˌcorporal 'punishment *s* castigo corporal

corporate /'kɔrpərət/ *adj* **1** corporativo -a **2** conjunto -a, colectivo -a

corporation /kɔrpə'reɪʃən/ *s* corporación, empresa

corps /kɔr/ *s* (pl **corps**) cuerpo [grupo de personas]: *the diplomatic corps* el cuerpo diplomático

corpse /kɔrps/ *s* cadáver

correct /kə'rekt/ *adjetivo & verbo*

• *adj* **1** (apropiado) correcto -a **2** (sin errores) correcto -a **3** (referido al comportamiento) correcto -a

• *v* [tr] corregir | **correct me if I'm wrong** si no me equivoco

correction /kə'rekʃən/ *s* corrección

correctly /kə'rektli/ *adv* correctamente

correlation /kɔrə'leɪʃən/ *s* correlación | **a correlation with/between** una correlación con/entre

correspond /kɔrə'spɑnd/ *v* [intr] **1** corresponderse, coincidir | **to correspond with/to sth** corresponderse con algo: *His version corresponds with what she told us.* Su versión se corresponde con lo que nos dijo ella. **2** (equivaler) **to correspond to sth** corresponder a algo **3** (por carta) **to correspond (with sb)** escribirse/cartearse (con alguien), mantener correspondencia (con alguien)

correspondence /kɔrə'spɑndəns/ *s* **1** correspondencia **2** coincidencia, conexión

correspondent /kɔrə'spɑndənt/ *s* **1** corresponsal, enviado -a **2** especialista, columnista

corresponding /kɔrə'spɑndɪŋ/ *adj* correspondiente

corridor /'kɔrədər/ *s* pasillo, corredor

corrugated /'kɔrəgeɪtɪd/ *adj* corrugado -a, ondulado -a | **corrugated iron** teja de zinc, chapa ondulada, calamina

corrupt /kə'rʌpt/ *adjetivo & verbo*

• *adj* corrupto -a

• *v* [tr] corromper

corruption /kə'rʌpʃən/ *s* **1** corrupción **2** deformación [de una palabra]

cosmetic /kɑz'metɪk/ *adj* **1** estético -a **2** cosmético -a, superficial

cosmetics /kɑz'metɪks/ *s pl* cosméticos

cosˌmetic 'surgery *s* cirugía estética | **to have cosmetic surgery** hacerse (la) cirugía estética

cosmopolitan /kɑzmə'pɑlətn/ *adj & s* cosmopolita

cost /kɔst/ *sustantivo, sustantivo plural & verbo*

• *s* **1** (dinero) costo | **at a cost of** a un costo de | **the cost of living** el costo de (la) vida **2 at all costs/at any cost** a toda costa **3 whatever the cost** cueste lo que cueste

• **costs** *s pl* **1** costos **2** costas [de un juicio]

• *v* [tr] **1** (pasado & participio **cost**) costar: *This dress cost me $200.* Este vestido me costó $200. **2** (pasado & participio **costed**) calcular el costo de

co-star /'kou stɑr/ *sustantivo & verbo*

• *s* coprotagonista

• *v* (**-rred**, **-rring**) **to co-star with sb in a movie** coprotagonizar una película con alguien

Costa Rica /kɑstə 'rikə/ *s* Costa Rica

Costa Rican /kɑstə 'rɪkən/ *adj & s* costarricense

ˌcost-efˌfective *adj* económico -a, rentable

costly /'kɔstli/ *adj* (**-lier**, **-liest**) costoso -a, caro -a

costume /'kɑstum/ *sustantivo & sustantivo plural*

• *s* **1** disfraz **2** (regional, de época) traje

• **costumes** *s pl* (en teatro) vestuario

cosy BrE ▶ ver **cozy**

cot /kɑt/ *s* **1** AmE catre **2** BrE cuna ▶ En inglés americano se usa **crib**

cottage /'kɑtɪdʒ/ *s* casita generalmente pequeña y acogedora, a menudo en el campo

ˌcottage 'cheese *s* queso cottage, requesón

cotton /'kɑtn/ *s* **1** algodón [material, planta] **2** AmE algodón [usado en cosmética, enfermería, etc.] **3** BrE hilo (de coser) ▶ En inglés americano se usa **thread** **4 a cotton shirt** una camisa de algodón

ˌcotton 'wool *s* BrE algodón [usado en cosmética, enfermería, etc.] ▶ En inglés americano se usa **cotton**

couch /kautʃ/ *sustantivo & verbo*

• *s* (pl **-ches**) sofá: *They sat on the couch.* Se sentaron en el sofá.

• *v* (3ª pers sing **-ches**) [tr] (formal) expresar

cough /kɔf/ *verbo & sustantivo*

• *v* **1** [intr] toser **2 to cough (up) blood** toser con sangre
cough (sth) up pagar (algo): *I had to cough up $200 for a new printer.* Tuve que pagar $200 por una nueva impresora.

• *s* tos | **to have a (bad) cough** tener (mucha) tos

could /kəd/ *v* [modal] ▶ ver recuadro

couldn't /'kʊdnt/ contracción de **could not**

could've /'kʊdəv/ contracción de **could have**

council /'kaʊnsəl/ *s* **1** consejo [grupo de personas] **2** concejo | **city/town council** municipalidad, alcaldía, ayuntamiento **3 council flat/house** BrE departamento/casa de la municipalidad etc. que se alquila a gente de bajos ingresos

councilor AmE, **councillor** BrE /'kaʊnsələr/ *s* concejal -a

counsel /'kaʊnsəl/ *sustantivo & verbo*

• *s* **1** (pl **counsel**) abogado -a **2** (literario) consejo(s)

• *v* (**-led**, **-ling** AmE, **-lled**, **-lling** BrE) (formal) **to counsel sb to do sth** aconsejar a alguien que haga algo

counseling AmE, **counselling** BrE /'kaʊnsəlɪŋ/ *s* asistencia psicológica, counseling

counselor AmE, **counsellor** BrE /'kaʊnsələr/ *s* persona que brinda asistencia psicológica

count /kaʊnt/ *verbo & sustantivo*

• *v* **1** [tr/intr] contar: *There were 23 of us, not counting the guide.* Éramos 23, sin contar al guía. **2** [intr] (ser considerado) contar: *This work **counts as** overtime.* Este trabajo cuenta como horas extra. **3** [tr] considerar: *I've always **counted** him **as** a friend.* Siempre lo he considerado un amigo. | **to count yourself lucky** considerarse afortunado -a **4** [intr] (ser válido) valer **5** [intr] (ser importante) contar, valer: *My opinion doesn't **count for** anything around here.* Mi opinión no cuenta para nada aquí.

PHRASAL VERBS

count sb in (informal) (incluir) contar con/a alguien
count on sth contar con algo: *Can we count on your vote?* ¿Podemos contar con tu voto? **count on sb** contar con alguien
count sb out (informal) (no incluir) no contar con/a alguien
count toward sth (ser válido) contar para algo

• *s* **1** recuento | **to keep/lose count (of sth)** llevar/perder la cuenta (de algo) **2 on two/several etc. counts** en dos/varios etc. aspectos **3** conde

countable /'kaʊntəbəl/ *adj* contable, numerable [referido a un sustantivo, que se puede usar precedido del artículo "a" o de un número y generalmente se puede pluralizar]

> **could**
>
> **1** PERMISO
> *Could I use your phone?* ¿Podría usar tu teléfono? | *He said I could go.* Dijo que me podía ir.
>
> **2** CAPACIDAD FÍSICA
> *He couldn't walk.* No podía caminar.
>
> **3** HABILIDAD ADQUIRIDA
> *She could read when she was four.* Sabía leer a los cuatro años.
>
> **4** CON VERBOS DE LOS SENTIDOS
> *I couldn't hear what she was saying.* No oía lo que decía.
>
> **5** POSIBILIDAD
> *You could be right.* A lo mejor tienes razón. | *You could have been killed.* Te podrías haber matado.
>
> **6** PEDIDOS
> *Could you close the door, please?* ¿Podrías cerrar la puerta, por favor?
>
> **7** SUGERENCIAS
> *We could take a taxi.* Podríamos tomar un taxi.
>
> **8** EXPRESANDO IRRITACIÓN
> *I could have killed him when he said that!* ¡Lo podría haber matado cuando dijo eso!

countdown /'kaʊntdaʊn/ *s* cuenta regresiva: *the **countdown to the** take-off* la cuenta regresiva antes del despegue

counter /'kaʊntər/ *sustantivo, verbo & adverbio*

• *s* **1** (en un comercio) mostrador **2** AmE (en una cocina) cubierta, mesón, tope **3** (en juegos de mesa) ficha **4** (de un grabador, etc.) contador

• *v* **1** [tr] contrarrestar **2** [tr/intr] responder, replicar **3** [tr] rebatir, refutar

• *adv* **to run/go counter to sth** ir en contra de algo

counteract /kaʊntər'ækt/ *v* [tr] contrarrestar

counterattack /'kaʊntərətæk/ *s* contraataque

counterclockwise /kaʊntər'klɑkwaɪz/ AmE, **anticlockwise** /ænti'klɑkwaɪz/ BrE *adverbio & adjetivo*

• *adv* en el sentido contrario al de las agujas del reloj

• *adj* **in a counterclockwise direction** en el sentido contrario al de las agujas del reloj

counterfeit /'kaʊntərfɪt/ *adj* falso -a [moneda, billete]

counterpart /'kaʊntərpɑrt/ *s* **1** homólogo -a, par [persona que tiene un cargo o rango equivalente] **2** equivalente

counterproductive /kaʊntərprə'dʌktɪv/ *adj* contraproducente

countess /'kaʊntɪs/ *s* condesa

countless /ˈkaʊntləs/ *adj* infinidad de, muchísimos -as

country /ˈkʌntri/ *s* (pl **-tries**) **1** país: *a very poor country* un país muy pobre **2** patria: *He did it for his country.* Lo hizo por su patria. **3 the country** el campo: *a day in the country* un día en el campo **4** terreno, zona: *They were in familiar country now.* Ahora estaban en terreno conocido.

ˌcountry and ˈwestern, también **ˈcountry ˈmusic** *s* música country

countryman /ˈkʌntrimən/ *s* (pl **-men**) **1** (también **fellow countryman**) compatriota [hombre] **2** campesino

countryside /ˈkʌntrisaɪd/ *s* **1** campo, campiña **2** paisaje [en el campo]

countrywoman /ˈkʌntriwʊmən/ *s* **1** (también **fellow countrywoman**) compatriota [mujer] **2** campesina

county /ˈkaʊnti/ *s* (pl **-ties**) condado

coup /ku/ *s* **1** (también **coup d'etat**) (pl **coups d'etat**) golpe (de estado) **2** éxito, golpe maestro

couple /ˈkʌpəl/ *sustantivo & verbo*
- *s* **1** par: *Could you bring **a couple** more chairs?* ¿Puedes traer un par de sillas más? **2 a couple of** un par de, unos -as: *I'll only be a couple of minutes.* Vuelvo en un par de minutos. **3** pareja | **a married couple** un matrimonio
- *v* [tr] **1** acoplar, enganchar **2 coupled with** junto con

coupon /ˈkupɑn/ *s* cupón, vale

courage /ˈkɜrɪdʒ/ *s* valor

courageous /kəˈreɪdʒəs/ *adj* valiente, valeroso -a

courgette /kʊrˈʒet/ BrE ▶ ver **zucchini**

courier /ˈkʊriər/ *s* mensajero -a

course /kɔrs/ *s* **1 of course** claro, por supuesto | **of course not** claro que no
2 (clases) curso | **a course in/on sth** un curso de algo: *a course on English literature* un curso de literatura inglesa
3 (de un avión, un barco) rumbo, ruta | **to be/go off course** haber perdido/perder el rumbo
4 (en una comida) plato | **first course** primer plato, entrada | **second/main course** segundo plato, plato principal/central
5 (de golf) campo, cancha
6 (de carreras de caballos) pista
7 (línea a seguir) camino, opción: *One course of action would be to increase the price.* Una medida a tomar sería aumentar el precio.
8 (de los acontecimientos) curso | **in/during the course of** en el transcurso de, durante
9 (en medicina) tratamiento | **a course of treatment** un tratamiento

coursebook /ˈkɔrsbʊk/ *s* BrE libro de texto ▶ **textbook** se usa tanto en inglés británico como en inglés americano

court /kɔrt/ *sustantivo & verbo*
- *s* **1** tribunal | **to go to court** ir a juicio | **to take sb to court** hacerle juicio a alguien, iniciarle una demanda a alguien **2 court case** causa (judicial) **3** cancha [de tenis o squash] **4** corte [de un monarca]
- *v* **to court disaster** tentar a la suerte | **to court death** desafiar al destino

courteous /ˈkɜrtiəs/ *adj* cortés

courtesy /ˈkɜrtəsi/ *s* (pl **-sies**) **1** cortesía **2 (by) courtesy of** (por) gentileza de

ˌcourt-ˈmartial *s* (pl **courts-martial**) consejo de guerra

courtship /ˈkɔrtʃɪp/ *s* noviazgo, cortejo

courtyard /ˈkɔrtjɑrd/ *s* patio

cousin /ˈkʌzən/ *s* primo -a | **first cousin** primo -a hermano -a | **second cousin** primo -a segundo -a

cove /koʊv/ *s* caleta

cover /ˈkʌvər/ *verbo, sustantivo & sustantivo plural*
- *v* **1** [tr] (también **cover up**) tapar: *She **covered** him with a blanket.* Lo tapó con una cobija.
2 [tr] cubrir | **to be covered in/with sth** estar cubierto -a de algo
3 [tr] abarcar [un área]
4 [tr] recorrer [una distancia]
5 [tr] tratar [un tema, un punto]
6 [tr] ocuparse de: *He covers the southwestern region.* Se ocupa de la región sudoeste.
7 [tr] cubrir [un periodista una noticia]
8 [tr] (ser suficiente para) alcanzar: *My salary just about covers the rent.* Mi sueldo apenas alcanza para el alquiler.
9 to cover for sb sustituir a alguien [en un trabajo]
cover sth up tapar/encubrir algo **cover up for sb** encubrir a alguien
- *s* **1** funda [para computadora, mueble, etc.]
2 tapa, funda [de un libro] | **to read sth from cover to cover** leerse algo de principio a fin
3 portada, tapa [de una revista]
4 resguardo | **to run for cover** correr a resguardarse | **to take cover (from sth)** resguardarse (de algo)
5 cobertura [de un seguro]
6 pantalla [para encubrir algo]
7 under cover of darkness resguardado -a por la oscuridad
- **covers** *s pl* **the covers** las mantas, la ropa de la cama

coverage /ˈkʌvərɪdʒ/ *s* cobertura [periodística]

covering /ˈkʌvərɪŋ/ *s* **1** cubierta, recubrimiento **2** capa [de polvo, etc.]

covert /ˈkoʊvɜrt/ *adj* encubierto -a

ˈcover-up *s* encubrimiento

covet /ˈkʌvət/ *v* [tr] (formal) codiciar

cow /kaʊ/ *s* vaca

coward /ˈkaʊərd/ *s* cobarde

cowardice /ˈkaʊərdɪs/ *s* cobardía

cowardly /ˈkaʊərdli/ *adj* cobarde

cowboy /ˈkaʊbɔɪ/ *s* **1** vaquero, cowboy **2** BrE (informal) pirata [persona deshonesta, especialmente un plomero, un constructor, etc.]

coy /kɔɪ/ *adj* tímido -a [con connotaciones de coquetería y/o falsedad]

cozy AmE, **cosy** BrE /ˈkoʊzi/ *adj* (**-ier**, **-iest**) **1** acogedor -a **2 a cozy chat** una charla amena, una linda charla

crab /kræb/ *s* cangrejo [de mar]

crack /kræk/ *verbo & sustantivo*

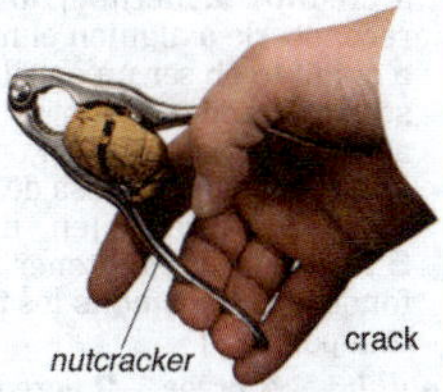

• *v* **1** [intr] resquebrajarse, agrietarse: *The ice cracked when I stepped on it.* El hielo se resquebrajó cuando lo pisé. **2** [tr] rajar: *a cracked mirror* un espejo rajado **3** [intr] crujir [rama] **4** [tr] hacer chasquear [un látigo] **5** [tr] golpear: *She fell and **cracked** her head **on** the step.* Se cayó y se golpeó la cabeza contra el escalón. **6** [intr] quebrarse [emocionalmente, ante una situación muy dura] **7** [intr] quebrarse [la voz de alguien] **8** [tr] romper [un huevo], cascar [una nuez] **9** [tr] resolver [un problema], descifrar [un código] **10 to crack a joke** (informal) hacer/contar un chiste **11 to get cracking** (informal) poner(se) manos a la obra

crack down to crack down (on sth/sb) tomar medidas duras (contra algo/alguien)

crack up (informal) quebrarse, sufrir un colapso nervioso

• *s* **1** abertura, rendija **2** grieta, rajadura **3** fisura, falla [en una relación, una política] **4** chasquido, estruendo **5 to have/take a crack at sth** (informal) tratar de hacer algo **6 at the crack of dawn** al amanecer, al alba

crackdown /ˈkrækdaʊn/ *s* medidas duras: *They're having a **crackdown on** traffic offenses.* Están aplicando medidas duras contra las infracciones de tránsito.

cracked /krækt/ *adj* **1** rajado -a **2** resquebrajado -a, agrietado -a **3** (informal) chiflado -a, loco -a

cracker /ˈkrækər/ *s* **1** galleta, galletita [salada] **2** ► ver **Christmas cracker**

crackle /ˈkrækəl/ *verbo & sustantivo*

• *v* [intr] **1** crepitar, crujir **2** emitir ruidos como de interferencia

• *s* **1** crepitar, crujido **2** interferencia

cradle /ˈkreɪdl/ *sustantivo & verbo*

• *s* cuna

• *v* [tr] acunar

craft /kræft/ *sustantivo & verbo*

• *s* **1** (pl **craft**) embarcación, nave **2** (pl **crafts**) manualidad(es), artesanía(s) **3** profesión, oficio

• *v* [tr] hacer a mano

craftsman /ˈkræftsmən/ *s* (pl **-men**) artesano -a

craftsmanship /ˈkræftsmənʃɪp/ *s* **1** destreza artesanal **2** trabajo [artesanal]

crafty /ˈkræfti/ *adj* (**-tier**, **-tiest**) astuto -a, pícaro -a

crag /kræg/ *s* risco

cram /kræm/ *v* (**-mmed**, **-mming**) **1 to cram sth into sth** meter algo en algo [a presión]: *I crammed as much as I could into one suitcase.* Metí todo lo que pude en una maleta. **2** [tr] abarrotar, colmar: *The shelves were **crammed with** books.* Los estantes estaban abarrotados de libros. **3 to cram into sth** meterse en algo, abarrotar algo: *Seven of us crammed into her car.* Nos metimos los siete en su carro. **4** [intr] estudiar [concentradamente, para un examen], macear, machetear

cramp /kræmp/ *sustantivo & sustantivo plural*

• *s* calambre(s)

• **cramps** *s pl* (también **stomach cramps**) retorcijones (de estómago)

cramped /kræmpt/ *adj* **1** reducido [espacio] | **cramped conditions** falta de espacio **2 to be cramped** estar apretado -a: *We're a little cramped in here.* Estamos un poco apretados aquí. **3** apretado -a [letra]

crane /kreɪn/ *sustantivo & verbo*

• *s* **1** grúa **2** grulla

• *v* [intr] **1** (también **crane forward**) estirarse **2 to crane your neck** estirar el cuello

crank /kræŋk/ *s* **1** (informal) fanático -a, maniático -a **2** manivela

crap /kræp/ *s* (grosero) **1** Según región: *pendejadas, huevadas* o *boludeces* **2 a load of crap** una porquería, una mierda

crash /kræʃ/ *verbo & sustantivo*

• *v* (3ª pers sing **-shes**) **1** [tr] chocar: *He crashed his father's new car.* Chocó el carro nuevo de su padre. **2** [intr] chocar, estrellarse: *The plane crashed on takeoff.* El avión se estrelló al despegar. | **to crash into sth** chocar contra algo **3** [intr] (hacer mucho ruido): *The roof came crashing down.* El techo se vino abajo con gran estrépito. **4** [intr] colgarse, congelarse, crashear(se) [programa, computadora], caerse [sistema, red]

• *s* (pl **-shes**) **1** choque, accidente | **car crash** choque (de autos) | **plane/train crash** accidente aéreo/ferroviario **2** estrépito **3** caída (de la bolsa)

ˈcrash course *s* curso intensivo

ˈcrash ˌhelmet *s* casco (protector)

crash ˈlanding *s* aterrizaje forzoso

¿Se dice *on the table* o *in the table*? Mira la entrada **en**.

crate /kreɪt/ *s* cajón, huacal, jaba [para transportar bebidas, frutas, etc.]

crater /ˈkreɪtər/ *s* cráter

crave /kreɪv/ *v* [tr] **1** ansiar **2** (también **crave for**) tener antojo(s) de, morirse por

craving /ˈkreɪvɪŋ/ *s* antojo | **to have/get a craving for sth** tener antojo de algo

crawl /krɔl/ *verbo & sustantivo*

• *v* [intr] **1** arrastrarse, gatear: *We crawled through a hole in the fence.* Pasamos arrastrándonos por un agujero del cerco. **2** pasearse [insecto]: *Flies were crawling all over the food.* Las moscas se paseaban por la comida. **3** (también **crawl along**) ir a paso de tortuga [vehículo] **4 to crawl to sb** arrastrarse/humillarse ante alguien **5 to be crawling with sth** estar infestado -a/repleto -a de algo

• *s* **1** paso de tortuga **2** crol | **to do the crawl** nadar (de) crol

crayfish /ˈkreɪˌfɪʃ/ *s* (pl **crayfish**) cangrejo [de río]

crayon /ˈkreɪɑn/ *s* **1** lápiz de color **2** Según región, *crayón, creyón, crayola, lápiz de cera*

craze /kreɪz/ *s* furor, moda | **craze for sth** furor de/por algo

crazy /ˈkreɪzi/ *adj* (**-zier**, **-ziest**) (informal) **1** loco -a [persona] | **to go crazy (a)** volverse loco -a, enloquecerse **(b)** ponerse furioso -a/ponerse como loco -a **2 to be crazy about sth** estar/ser loco -a por algo | **to be crazy about sb** estar loco -a por alguien **3** disparatado -a [idea, acción]

creak /krik/ *verbo & sustantivo*

• *v* [intr] crujir, chirriar

• *s* crujido, chirrido

cream /krim/ *sustantivo & adjetivo*

• *s* **1** crema (de leche) **2** (en cosmética, farmacia) crema **3** (para zapatos) betún, grasa, pasta **4 the cream of sth** lo mejor/lo más selecto de algo **5** color crema

• *adj* de color crema

ˌcream ˈcheese *s* queso crema

creamy /ˈkrimi/ *adj* (**-mier**, **-miest**) cremoso -a

crease /kris/ *sustantivo & verbo*

• *s* **1** arruga **2** doblez, pliegue, raya [de un pantalón]

• *v* **1** [intr] arrugarse **2** [tr] arrugar

create /kriˈeɪt/ *v* [tr] crear: *All it does is create more problems.* Lo único que hace es crear más problemas.

creation /kriˈeɪʃən/ *s* creación

creative /kriˈeɪtɪv/ *adj* creativo -a

creativity /krieɪˈtɪvəti/ *s* creatividad

creator /kriˈeɪtər/ *s* creador -a

creature /ˈkritʃər/ *s* **1** ser, criatura: *all living creatures* todos los seres vivos | *sea creatures* animales marinos **2** monstruo, ser (extraño) **3 a creature of habit** un animal de costumbres **4 creature comforts** comodidades (básicas)

crèche /kreʃ/ *s* **1** AmE pesebre [navideño] **2** BrE guardería (infantil)

credentials /krɪˈdenʃəlz/ *s pl* **1** (conocimientos, experiencia) antecedentes, trayectoria **2** (de un embajador) credenciales

credibility /kredəˈbɪləti/ *s* credibilidad

credible /ˈkredəbəl/ *adj* creíble, verosímil

credit /ˈkredɪt/ *sustantivo & verbo*

• *s* **1** crédito | **to buy sth on credit** comprar algo a crédito **2** mérito | **to give sb credit for sth** reconocerle a alguien el mérito de algo **3 to be a credit to sb** ser un orgullo para alguien | **to do sth/sb credit** ser motivo de orgullo para algo/alguien: *Your children really do you credit.* Puedes estar orgullosa de tus hijos. **4** depósito, suma acreditada [en una cuenta bancaria] **5 to be in credit** tener saldo positivo, tener fondos **6 the credits** los títulos, los créditos [en una película]

• *v* [tr] **1** creer **2** acreditar [dinero en una cuenta bancaria] **3 to credit sb with sth** atribuirle algo a alguien

ˈcredit card *s* tarjeta de crédito

creditor /ˈkredətər/ *s* acreedor -a

creek /krik/ *s* **1** AmE arroyo **2** BrE brazo [de mar, de río], cala [ensenada pequeña] **3 to be up the creek** (informal) estar en un lío, estar en aprietos

creep /krip/ *verbo & sustantivo*

• *v* [intr] (pasado & participio **crept**) **1** (ir sigilosamente): *They crept into the room.* Entraron sigilosamente al cuarto. | *I crept upstairs.* Subí la escalera sin hacer ruido. **2** (aparecer): *A few mistakes have crept into the text.* Se colaron algunos errores en el texto. | *Doubts crept into her mind.* Le surgieron dudas.

creep up on sb 1 acercarse sigilosamente a alguien **2** suceder sin que uno se dé cuenta: *Old age creeps up on you.* La vejez se te viene encima sin que te des cuenta.

• *s* **1** (informal) asqueroso -a **2** BrE (informal) chupamedias, lambiscón -ona, lambón -ona **3 to give sb the creeps** darle escalofríos a alguien

creepy /ˈkripi/ *adj* (**-pier**, **-piest**) tétrico -a, escalofriante

cremation /krɪˈmeɪʃən/ *s* cremación

crematorium /krimәˈtɔriәm/ *s* (pl **crematoriums** o **crematoria**) crematorio

crematory /ˈkrimətɔri, BrE ˈkremətəri/ *s* (pl **-ries**) AmE crematorio

crept /krept/ pasado & participio de **creep**

crescendo /krəˈʃendoʊ/ *s* crescendo

crescent /ˈkresənt/ *s* **1** (arco) media luna **2** calle en forma de arco **3 crescent moon** media luna [cuarto creciente o menguante]

cress /kres/ *s* especie de berro de hoja diminuta

crest /krest/ *s* **1** (de un cerro, una sierra) cima **2** (de una ola) cresta **3** (de un ave) cresta **4** (de una ciudad, una organización, etc.) emblema

crevice /ˈkrevɪs/ *s* grieta [en la roca]

crew /kru/ *s* **1** tripulación **2** equipo

ˈcrew cut *s* corte de pelo al rape/al estilo militar

crib /krɪb/ *s* **1** AmE cuna **2** BrE pesebre [navideño] ▶ En inglés americano se usa **crèche**

cricket /ˈkrɪkɪt/ *s* **1** grillo **2** cricket

cricketer /ˈkrɪkɪtə/ *s* jugador -a de cricket

crime /kraɪm/ *s* **1** delincuencia: *juvenile crime* delincuencia juvenil **2** delito, crimen: *They never found out who **committed** the **crime**.* Nunca se descubrió quién cometió el delito. **3** **crime prevention** prevención de la delincuencia **crime rate** índice de criminalidad

criminal /ˈkrɪmənəl/ *adjetivo & sustantivo*

• *adj* **1** delictivo -a | **a criminal offense** un delito **2** penal | **criminal record** antecedentes (penales) **3** vergonzoso -a [usado como crítica]

• *s* delincuente, criminal

crimson /ˈkrɪmzən/ *adj & s* (color) carmesí

cringe /krɪndʒ/ *v* [intr] **1** encogerse [de miedo] **2** morirse de vergüenza/pena

cripple /ˈkrɪpəl/ *sustantivo & verbo*

• *s* lisiado -a, inválido -a ▶ Algunas personas consideran que esta palabra es ofensiva y prefieren usar **disabled person**

• *v* [tr] **1** dejar lisiado -a/inválido -a **2** perjudicar seriamente

crippling /ˈkrɪplɪŋ/ *adj* **1** que causa parálisis o invalidez **2** agobiante, nefasto -a

crisis /ˈkraɪsɪs/ *s* (pl **crises**) crisis

crisp /krɪsp/ *sustantivo & adjetivo*

• *s* (también **potato crisp**) BrE papa frita [de paquete] ▶ En inglés americano se usa **chip** o **potato chip**

• *adj* **1** crujiente, crocante [tocino frito, galletas] **2** crujiente [capa de nieve, hojas secas] **3** fresco y crujiente [verduras] **4** frío -a y despejado -a [tiempo] **5** referido a cosas de tela o papel: limpio, bien planchado, y/o nuevo **6** referido a personas o su actitud: enérgico, casi brusco

crispy /ˈkrɪspi/ *adj* (**-pier**, **-piest**) crujiente, crocante

criterion /kraɪˈtɪriən/ *s* (pl **-ria**) criterio

critic /ˈkrɪtɪk/ *s* **1** crítico -a [de arte, cine, etc.] **2** detractor -a, crítico -a

critical /ˈkrɪtɪkəl/ *adj* **1** (que expresa desaprobación) crítico -a: *She's always so **critical of** everything he does.* Siempre está criticando todo lo que hace él. **2** (importante, decisivo) crucial, crítico -a | **to be critical to sth** ser crucial para algo **3** (grave, peligroso) crítico -a

critically /ˈkrɪtɪkli/ *adv* **1** **critically ill/injured** gravemente enfermo -a/herido -a | **critically important** sumamente importante **2** con ojo crítico

criticism /ˈkrɪtəsɪzəm/ *s* **1** (censura) crítica(s): *That is my only criticism.* Ésa es mi única crítica. | *He's never been able to accept criticism.* Nunca ha sido capaz de aceptar críticas. **2** (literaria, de arte, etc.) crítica

criticize, -ise BrE /ˈkrɪtəsaɪz/ *v* [tr/intr] criticar

critique /krɪˈtik/ *s* crítica, estudio crítico

croak /kroʊk/ *verbo & sustantivo*

• *v* **1** [intr] croar **2** [intr] hablar con voz ronca **3** [tr] decir con voz ronca

• *s* **1** (también **croaking**) croar, canto [de las ranas] **2** sonido grave emitido al hablar

crochet /kroʊˈʃeɪ/ *s* crochet, ganchillo

crockery /ˈkrɑkəri/ *s* vajilla, loza

crocodile /ˈkrɑkədaɪl/ *s* cocodrilo

crocus /ˈkroʊkəs/ *s* (pl **crocuses**) azafrán [flor]

croissant /krwɑˈsɑnt/ *s* croissant, cachito, cuernito

crook /krʊk/ *s* (informal) sinvergüenza

crooked /ˈkrʊkɪd/ *adj* **1** (informal) deshonesto-a **2** torcido -a

crop /krɑp/ *sustantivo & verbo*

• *s* **1** cultivo **2** cosecha **3** grupo, conjunto: *a new crop of young players* una nueva camada de jugadores jóvenes

• *v* [tr] (**-pped**, **-pping**) **1** cortar muy corto [el pelo] **2** **to crop the grass** pastar

crop up surgir

cross /krɔs/ *verbo, sustantivo & adjetivo*

• *v* (3ª pers sing **-sses**) **1** [tr/intr] (de un lado a otro) cruzar, atravesar: *We can cross over now.* Ahora podemos cruzar. **2** [intr] (intersectarse) cruzarse **3** [tr] (intersectar) cruzar **4** **to cross your arms/legs** cruzar los brazos/las piernas **5** [tr] (animales, plantas) cruzar **6** [tr/intr] (en deportes) cruzar: *He crossed to Zola.* Se la cruzó a Zola. **7** **to cross yourself** persignarse ▶ ver también **mind**

cross sth off tachar algo **cross sb off** tachar a alguien: *You can cross me off the list.* Puedes tacharme de la lista.

cross sth out tachar algo

• *s* (pl **-sses**) **1** (objeto) cruz **2** **a cross between**

sth and sth un cruce de algo con algo, una mezcla de algo y algo **3** (marca) cruz

• *adj* BrE enojado -a: *Are you **cross with** me?* ¿Estás enojado conmigo? | *Don't be cross.* No te enojes. | **to get cross** enojarse

crossbar /ˈkrɔsbɑr/ *s* **1** travesaño, horizontal [de un arco de fútbol, etc.] **2** barra, caño (superior) [de una bicicleta de hombre]

ˌcross-ˈcountry *adjetivo & adverbio*

• *adj* **1** a través del campo [carretera] **2 cross-country running** carreras cross country/a campo traviesa **3 cross-country skiing** esquí de fondo

• *adv* a campo traviesa, a través del campo

ˌcross-exˈamine *v* [tr] interrogar [a un testigo, etc.]

ˌcross-ˈeyed *adj* bizco -a

crossing /ˈkrɔsɪŋ/ *s* **1** (lugar para cruzar) cruce ▶ ver también **pedestrian crossing, zebra crossing** **2** (intersección) cruce **3** (viaje por mar) travesía, cruce

cross-legged /ˈkrɔs legɪd/ *adv* **to sit cross-legged** estar sentado -a con las piernas cruzadas

crossly /ˈkrɔsli/ *adv* BrE con enojo: *He looked at me crossly.* Me miró enojado.

crossover /ˈkrɔsoʊvər/ *s* cambio que hace un actor, un cantante, etc. de una actividad artística a otra

ˌcross-ˈpurposes *s* **1 to be at cross-purposes** no entenderse [dos personas], tener un enfoque diferente de las cosas **2 to be talking at cross-purposes** estar hablando de cosas distintas

ˌcross-ˈreference *s* remisión, referencia [en un texto]

crossroads /ˈkrɔsroʊdz/ *s* **1** cruce **2** encrucijada

ˈcross ˌsection *s* **1** corte transversal **2** muestra [en encuestas]

crosswalk /ˈkrɔswɔk/ *s* AmE cruce peatonal

crossword /ˈkrɔswərd/, también **ˈcrossword ˌpuzzle** *s* crucigrama, puzzle

crotch /krɑtʃ/, también **crutch** /krʌtʃ/ BrE *s* (pl **-ches**) entrepierna

crouch /kraʊtʃ/ *v* [intr] (3ª pers sing **-ches**) **1** (también **crouch down**) agacharse **2** agazaparse

crow /kroʊ/ *sustantivo & verbo*

• *s* **1** cuervo **2 as the crow flies** en línea recta

• *v* [intr] **1** cacarear, cantar [gallo] **2** alardear | **to crow over/about sth** alardear de algo

crowbar /ˈkroʊbɑr/ *s* palanca, barra

crowd /kraʊd/ *sustantivo & verbo*

• *s* **1** multitud: *I lost him in the crowd.* Lo perdí entre la multitud. | *crowds of people* multitudes de personas/montones de gente **2** público [en espectáculos deportivos] **3** (informal) grupo [de amigos, conocidos, etc.] **4 to go with/follow the crowd** dejarse llevar por la corriente/seguir la corriente

• *v* **1** [tr] atestar, abarrotar: *Tourists crowded the streets.* Las calles estaban atestadas de turistas. **2 to crowd around sth/sb** amontonarse alrededor de algo/alguien **3 to crowd into/onto sth** entrar/subir a un lugar gran cantidad de gente: *Fans were crowding into the stadium.* Montones de hinchas iban entrando al estadio. | *The passengers crowded onto the train.* Los pasajeros se amontonaron en el tren.

crowded /ˈkraʊdɪd/ *adj* lleno -a (de gente): *The train was very crowded.* El tren iba muy lleno. | **to be crowded with people/tourists etc.** estar lleno -a de gente/turistas etc.

crown /kraʊn/ *sustantivo & verbo*

• *s* **1** (de un monarca) corona **2 the Crown** la Corona **3** (de un sombrero) copa **4** (de la cabeza) coronilla **5** (de una colina) cima **6** (moneda) corona **7** (en odontología) corona

• *v* [tr] **1** coronar **2 to crown it all** (informal) para colmo (de males)

crucial /ˈkruʃəl/ *adj* crucial | **to be crucial to sth** ser crucial para algo

crucifix /ˈkrusəfɪks/ *s* (pl **-xes**) crucifijo

crucifixion /krusəˈfɪkʃən/ *s* crucifixión

crucify /ˈkrusəfaɪ/ *v* [tr] (**-fies**, **-fied**) **1** crucificar **2** (informal) destrozar

crude /krud/ *adj* **1** grosero -a **2** rudimentario -a **3 crude oil** petróleo crudo

cruel /ˈkruəl/ *adj* cruel | **to be cruel to sb** ser cruel con alguien

cruelty /ˈkruəlti/ *s* (pl **-ties**) crueldad | **cruelty to sth/sb** crueldad con algo/alguien

cruise /kruz/ *verbo & sustantivo*

• *v* **1** [intr] hacer un crucero **2** [intr] volar [a velocidad crucero], ir [a una velocidad constante]

• *s* **1** crucero [viaje] | **to go on a cruise** hacer un crucero **2 cruise ship** crucero [barco]

ˌcruise ˈmissile *s* misil de crucero

cruiser /ˈkruzər/ *s* **1** crucero [de guerra] **2** lancha, yate, barco [con camarotes]

crumb /krʌm/ *s* **1** miga **2 a crumb of comfort** un poco de consuelo

crumble /ˈkrʌmbəl/ *v* **1** [intr] deshacerse, desmenuzarse [queso, galletas, etc.] **2** [tr] deshacer, desmenuzar **3** [intr] (también **crumble away**) desmoronarse [edificio, pared] **4** [intr] derrumbarse [poder, régimen, etc.] **5** [intr] flaquear [voluntad]

crumple /ˈkrʌmpəl/ *v* (también **crumple up**) **1** [tr] arrugar, hacer un bollo **2** [intr] arrugarse

crunch /krʌntʃ/ *sustantivo & verbo*

• *s* **1** (pl **-ches**) crujido **2 when/if it comes to the crunch** a la hora de la verdad

• *v* (3ª pers sing **-ches**) **1** [intr] crujir

2 [tr/intr] morder, masticar [con ruido] | **to crunch on sth** morder/masticar algo

crunchy /'krʌntʃi/ *adj* (**-chier**, **-chiest**) crujiente [manzana, apio, etc.]

crusade /kru'seɪd/ *s* cruzada

crusader /kru'seɪdər/ *s* **1** cruzado [medieval] **2** persona que lucha denodadamente por una causa

crush /krʌʃ/ *verbo & sustantivo*
- *v* [tr] (3ª pers sing **-shes**) **1** aplastar | **to be crushed to death** morir aplastado -a **2** machacar [ajo], picar [hielo], triturar [piedras] **3** aplastar, sofocar [una revuelta, una rebelión, etc.] **4** destruir [las esperanzas, el entusiasmo de alguien]
- *s* **1** aglomeración, tumulto **2** (pl **-shes**) enamoramiento [típico de adolescente] | **to have a crush on sb** estar enamorado -a de alguien **3 orange/lemon etc. crush** naranjada/limonada etc.

crushing /'krʌʃɪŋ/ *adj* **a crushing defeat/blow etc.** una derrota/un golpe etc. aplastante

crust /krʌst/ *s* **1** corteza [de pan] **2** tapa [de masa] **3 the earth's crust** la corteza terrestre

crusty /'krʌsti/ *adj* (**-tier**, **-tiest**) crujiente [pan]

crutch /krʌtʃ/ *s* (pl **-ches**) **1** muleta: ***She was on crutches.*** Andaba con muletas. **2** sostén, apoyo **3** BrE ▶ ver **crotch**

crux /krʌks/ *s* meollo, nudo | **the crux of the matter** el quid de la cuestión

cry /kraɪ/ *verbo & sustantivo*
- *v* (pasado & participio **cried**) **1** [intr] llorar: ***She was crying with frustration.*** Lloraba de frustración. | ***It's stupid to cry over that.*** Es una tontería llorar por eso. **2** [tr/intr] (también **cry out**) gritar | **to cry for help** pedir ayuda a gritos **3 to cry your eyes/heart out** llorar a mares **4 to be crying out for sth** pedir a gritos algo [necesitar algo urgentemente]

  cry off BrE dar marcha atrás [con un plan]
- *s* (pl **cries**) **1** grito **2** llanto **3** aullido, chillido **4 to have a (good) cry** llorar (para desahogarse) **5 to be a far cry from sth** estar lejos de ser algo

crypt /krɪpt/ *s* cripta

cryptic /'krɪptɪk/ *adj* enigmático -a, críptico -a

crystal /'krɪstəl/ *s* **1** cristal **2 crystal ball** bola de cristal

ˌcrystal 'clear *adj* **1** cristalino -a **2** clarísimo -a, bien claro -a

cub /kʌb/ *s* cachorro

Cuba /'kjubə/ *s* Cuba

Cuban /'kjubən/ *adj & s* cubano -a

cube /kjub/ *s* **1** (cuerpo geométrico) cubo **2** (potencia en matemática) cubo **3** (de carne, queso, etc.) cubo ▶ ver también **ice**

cubic /'kjubɪk/ *adj* cúbico -a

cubicle /'kjubɪkəl/ *s* **1** (en una tienda de ropa) probador **2** (en los vestidores de un gimnasio, etc.) cubículo **3** (en un baño público) baño

cuckoo /'kuku/ *s* (pájaro) cucú, cuclillo

cucumber /'kjukʌmbər/ *s* pepino, cocombro

cuddle /'kʌdl/ *sustantivo & verbo*
- *s* abrazo, mimo, apapacho
- *v* **1** [tr] abrazar, hacerle mimos a, apapachar **2** [intr] abrazarse, hacerse mimos, apapacharse

  cuddle up to cuddle up to sb acurrucarse al lado de alguien

cuddly /'kʌdli/ *adj* (**-lier**, **-liest**) **1** adorable [que dan ganas de abrazarlo] **2 cuddly toy** BrE (muñeco de) peluche ▶ En inglés americano se usa **stuffed animal**

cue /kju/ *s* **1 cue for sth** señal/pie para algo | **cue to do sth** señal/pie para hacer algo **2** pie [para un actor] **3 (right) on cue** justo en ese (mismo) momento **4 to take your cue from sb** seguir el ejemplo de alguien **5** taco [de billar]

cuff /kʌf/ *sustantivo & verbo*
- *s* **1** puño [parte de la manga] **2** palmada **3** AmE (de un pantalón) dobladillo, vuelta
- *v* [tr] darle una palmada a

'cuff link *s* Según región: *gemelo, mancorna, mancuernilla* o *collera*

cuisine /kwɪ'zin/ *s* cocina, gastronomía

cul-de-sac /'kʌl də sæk/ *s* (pl **cul-de-sacs**) **1** calle sin salida/ciega **2** callejón sin salida

cull /kʌl/ *verbo & sustantivo*
- *v* [tr] **1** recopilar, seleccionar [información, documentación, etc.] **2** hacer una matanza selectiva de
- *s* matanza selectiva

culminate /'kʌlməneɪt/ *v* **to culminate in sth** terminar en algo

culmination /kʌlmə'neɪʃən/ *s* culminación

culprit /'kʌlprɪt/ *s* culpable

cult /kʌlt/ *s* **1** secta **2** culto **3 a cult movie/figure** una película/una figura de culto

cultivate /'kʌltəveɪt/ *v* [tr] **1** (en agricultura) cultivar **2** (fomentar) cultivar

cultivated /'kʌltəveɪtɪd/ *adj* **1** culto -a **2** cultivado -a

cultivation /kʌltə'veɪʃən/ *s* cultivo

cultural /'kʌltʃərəl/ *adj* cultural

culture /'kʌltʃər/ *s* **1** cultura **2** cultivo [en biología] **3 culture shock** shock cultural

cultured /'kʌltʃərd/ *adj* culto -a, refinado -a

cumbersome /'kʌmbərsəm/ *adj* **1** engorroso -a **2** voluminoso -a, incómodo -a

cumulative /'kjumjələtɪv/ *adj* acumulativo -a | **cumulative total** total (acumulado)

cunning /'kʌnɪŋ/ *adjetivo & sustantivo*
- *adj* **1** astuto -a **2** ingenioso -a [plan, recurso]
- *s* astucia

cup /kʌp/ *sustantivo & verbo*
- *s* **1** (recipiente) taza: *a cup of coffee* una taza de café ▶ ver recuadro **2** (también **cupful**) (contenido) taza **3** (trofeo, competencia) copa: *the Davis Cup* la Copa Davis **4 cup final** BrE final de copa **cup tie** BrE partido de copa **5 not to be my/her etc. cup of tea** no ser lo que más me/le etc. gusta, no ser mi/su etc. tipo

- *v* [tr] (**-pped**, **-pping**) **to cup your hands** ahuecar las manos | **to cup your hands around sth** poner las manos alrededor de algo

> **¿a cup of coffee o a coffee cup?**
>
> **A cup of coffee** hace referencia a una taza llena de café o al contenido de la misma. **A coffee cup** designa una taza para café, que puede estar vacía.

cupboard /ˈkʌbərd/ *s* armario, clóset

curate /ˈkjʊrət/ *s* en la Iglesia Anglicana, clérigo asistente del párroco

curator /ˈkjʊreɪtər/ *s* **1** curador -a [de una exposición, etc.] **2** director -a, curador -a [de un museo]

curb /kɜrb/ *verbo & sustantivo*
- *v* [tr] frenar, controlar
- *s* **1 a curb on sth** un freno a algo **2** AmE Según región: *sardinel, cuneta, borde de la banqueta* o *borde de la acera*

cure /kjʊr/ *verbo & sustantivo*
- *v* [tr] **1** curar **2** resolver, subsanar **3** curar [jamón, etc.] **4** curtir [cuero]
- *s* **1** (para una enfermedad) cura **2** (para un problema) remedio, cura

curfew /ˈkɜrfju/ *s* toque de queda

curiosity /kjʊriˈɑsəti/ *s* curiosidad | **out of curiosity** por curiosidad

curious /ˈkjʊriəs/ *adj* **1** (deseoso de saber) curioso -a: *I'm* ***curious to*** *know where she got the money.* Tengo curiosidad por saber dónde consiguió el dinero. | **to be curious about sth/sb** tener curiosidad por algo/por saber sobre alguien **2** (raro) curioso -a, extraño -a

curiously /ˈkjʊriəsli/ *adv* **1** con curiosidad **2** curiosamente, extrañamente

curl /kɜrl/ *sustantivo & verbo*
- *s* **1** rulo, rizo, chino **2** espiral/voluta [de humo]
- *v* **1** [tr] enrular, encrespar, enchinar **2** [intr] enrularse, encresparse, enchinarse **3** [intr] (también **curl up**) enroscarse, enrollarse **4** [intr] salir/subir en espiral [humo]

curl up acurrucarse, hacerse un ovillo

curler /ˈkɜrlər/ *s* (para el pelo) Según región: *rulo, marrón, tubo* o *chino*

curly /ˈkɜrli/ *adj* (**-lier**, **-liest**) crespo -a, enrulado -a, chino -a: *She has curly hair.* Tiene el pelo crespo.

currant /ˈkɜrənt/ *s* pasa de Corinto [pasa chiquita y oscura]

currency /ˈkɜrənsi/ *s* (pl **-cies**) **1** moneda, divisa: *foreign currency* moneda extranjera **2** aceptación | **to gain currency** difundirse, extenderse

current /ˈkɜrənt/ *adjetivo & sustantivo*
- *adj* **1** actual: *her current boyfriend* su novio actual | *the current issue of Vogue* el último número de Vogue **2 to be current (a)** tener vigencia [idea] **(b)** ser común [práctica, costumbre]
- *s* (de agua, de aire, eléctrica) corriente

ˌcurrent acˈcount *s* BrE cuenta corriente ▶ En inglés americano se usa **checking account**

ˌcurrent afˈfairs *s pl* actualidades, temas de actualidad

currently /ˈkɜrəntli/ *adv* actualmente, en este momento

curriculum /kəˈrɪkjələm/ *s* (pl **curriculums** o **curricula**) plan de estudios, programa

curry /ˈkɜri/ *s* (pl **-rries**) curry: *fish curry* pescado al curry

curse /kɜrs/ *verbo & sustantivo*
- *v* **1** [tr/intr] maldecir **2 to be cursed with sth** tener la mala suerte de tener algo
- *s* **1** palabrota, mala palabra **2** maleficio, maldición | **to put a curse on sth/sb** hacerle un maleficio a algo/alguien **3** flagelo, maldición

cursor /ˈkɜrsər/ *s* cursor

cursory /ˈkɜrsəri/ *adj* rápido -a, superficial

curt /kɜrt/ *adj* brusco -a, seco -a

curtail /kərˈteɪl/ *v* [tr] (formal) **1** acortar [una visita] **2** recortar [gastos, servicios]

curtain /ˈkɜrtn/ *s* **1** cortina | **to draw the curtains** correr las cortinas **2** telón

curtsy, curtsey /ˈkɜrtsi/ *sustantivo & verbo*
- *s* (pl **-sies** o **-seys**) reverencia
- *v* [intr] (**-sies** o **-seys**, **-sied** o **-seyed**) hacer una reverencia

curve /kɜrv/ *sustantivo & verbo*
- *s* curva
- *v* [intr] **1** torcer [un camino], estar combado -a [una superficie] **2** describir una curva

curved /kɜrvd/ *adj* curvo -a, encorvado -a

cushion /ˈkʊʃən/ *sustantivo & verbo*
- *s* **1** cojín, almohadón **2** colchón [de aire]
- *v* [tr] **1** amortiguar **2 to cushion sb against sth** proteger a alguien de algo

cushy /ˈkʊʃi/ *adj* (**-shier**, **-shiest**) **a cushy job/number** (informal) un trabajito fácil

custard /ˈkʌstərd/ *s* **1** tipo de flan **2** BrE crema inglesa [crema de leche y yemas que se sirve fría o caliente para acompañar postres]

custody /ˈkʌstədi/ *s* **1** custodia, tenencia [de un menor] **2 to be in custody** estar detenido -a | **to take sb into custody** detener a alguien ▶ ver también **remand**

custom /ˈkʌstəm/ *s* **1** costumbre **2** clientela

customary /ˈkʌstəmeri/ *adj* **1** habitual **2 it is customary to do sth** se acostumbra hacer algo

customer /ˈkʌstəmər/ *s* cliente -a

customize, -ise BrE /ˈkʌstəmaɪz/ *v* [tr] personalizar, adaptar [a los requisitos personales]

customs /ˈkʌstəms/ *s pl* **1** aduana | **to go through customs** pasar por la aduana **2** (también **customs duty**) derechos de aduana

cut /kʌt/ *verbo & sustantivo*

● *v* (pasado & participio **cut**, gerundio **cutting**)
1 [tr/intr] cortar: *My mom cuts my hair.* Mi mamá me corta el pelo. | *These scissors don't cut.* Esta tijera no corta. | **to cut sth in half/in two** cortar algo por la mitad/en dos | **to cut yourself (on sth)** cortarse (con algo)
2 [tr] segar [la mies, el trigo]
3 [tr] reducir, recortar: *The budget was cut by 10%.* Recortaron el presupuesto en un 10%.
4 [tr] suprimir, cortar [un párrafo, una escena]
5 [tr/intr] (en juegos de cartas) cortar
6 to cut sth short terminar abruptamente algo
7 to cut sb short cortar/interrumpir a alguien
8 to cut class/school AmE capar clase, hacer la cimarra, irse de pinta

PHRASAL VERBS

cut across sth 1 tomar un atajo a través de algo: *We can cut across the park.* Podemos tomar un atajo a través del parque. **2** trascender algo [divisiones sociales, políticas, etc.]

cut back hacer recortes/economías | **to cut back on spending/staffing etc.** recortar los gastos/el personal etc. **cut sth back 1** recortar/reducir algo [los gastos, las inversiones, etc.] **2** podar algo [una planta]

cut down reducir el consumo de algo: *I'm trying to cut down on smoking.* Estoy tratando de fumar menos. **cut sth down 1** talar algo [un árbol] **2** reducir algo [los gastos, el consumo]

cut in 1 interrumpir, meterse **2** meterse adelante [de otro vehículo]

cut sth off 1 cortar algo: *She cut a piece off the rope.* Le cortó un pedazo a la cuerda. **2** aislar algo [un lugar de otros]: *In winter the village is often cut off by snow.* En invierno muchas veces el pueblo queda aislado por la nieve. **3** cortar algo [la electricidad, el agua, etc.] **cut sb off 1** cortarle a alguien [por teléfono]: *I got cut off.* Se me cortó. **2** desheredar a alguien

cut sth out 1 recortar algo [con tijera] **2** suprimir algo [un párrafo, una escena, etc.] **3** eliminar/suprimir algo [de la dieta] **4** tapar/quitar algo [la luz, el brillo] **5 cut it/that out!** ¡basta!, ¡córtala (con eso)!, ¡ya párale! **6 to be cut out for sth/to be sth** (informal) estar hecho -a para algo/tener madera de algo

cut sth up cortar algo [en pedazos]

● *s* **1** (herida) cortadura, tajo
2 (en un neumático, un trozo de carne, etc.) tajo, incisión
3 (reducción) recorte: *a pay cut* un recorte salarial
4 (de pelo, de la ropa) corte
5 (de carne) corte
6 (supresión) corte
7 (informal) (en un reparto) tajada, parte
8 to be a cut above sth/sb estar por encima de algo/alguien, ser superior a algo/alguien

cutback /ˈkʌtbæk/ *s* recorte [en los gastos, de un servicio, etc.]

cute /kjut/ *adj* **1** adorable, amoroso -a: *What a cute little puppy!* ¡Qué cachorrito más adorable! **2** atractivo -a, lindo -a: *I wouldn't mind going out with him. I think he's really cute.* Me encantaría salir con él. Lo encuentro muy atractivo.

cutlery /ˈkʌtləri/ *s* cubiertos, cuchillería

cutlet /ˈkʌtlət/ *s* chuleta [pequeña]

cutoff, también **cut-off** BrE /ˈkʌtɔf/ *s* **1 cut-off (point)** límite, línea divisoria **2 cutoff (date)** fecha límite

ˌcut-ˈprice *adj* rebajado -a [con descuento]

cutting /ˈkʌtɪŋ/ *sustantivo & adjetivo*

● *s* **1** (de una planta) estaquilla, pie **2** BrE recorte [de diario, revista] ▶ En inglés americano se usa **clipping**

● *adj* **1** cortante [comentario, persona] **2 to be at the cutting edge (of sth)** estar a la vanguardia (de algo)

CV /si ˈvi/ *s* (= **curriculum vitae**) BrE CV ▶ En inglés americano se usa **résumé**

cyberspace /ˈsaɪbərspeɪs/ *s* ciberespacio

cycle /ˈsaɪkəl/ *sustantivo & verbo*

● *s* **1** ciclo **2** bicicleta

● *v* [intr] ir en bicicleta | **to go cycling** (ir a) montar/andar en bicicleta

cycling /ˈsaɪklɪŋ/ *s* ciclismo

cyclist /ˈsaɪklɪst/ *s* ciclista

cyclone /ˈsaɪkloun/ *s* ciclón

cylinder /ˈsɪləndər/ *s* **1** cilindro **2** (de gas) pipeta, tanque, balón **3** (de oxígeno) tubo

cylindrical /səˈlɪndrɪkəl/ *adj* cilíndrico -a

cymbal /ˈsɪmbəl/ *s* platillo [instrumento musical]

cynic /ˈsɪnɪk/ *s* cínico -a

cynical /ˈsɪnɪkəl/ *adj* cínico -a

cynicism /ˈsɪnɪsɪzəm/ *s* cinismo

cyst /sɪst/ *s* quiste

cystic fibrosis /ˌsɪstɪk faɪˈbrousɪs/ *s* fibrosis quística

¿No sabes cómo pronunciar una determinada palabra? Consulta el recuadro de **símbolos fonéticos** en el interior de la cubierta.

D¹, d /di/ *s* D, d ▶ ver "Active Box" **letters en letter**

D² /di/ *s* **1** (nota musical) re **2** calificación usada en exámenes, trabajos escolares, etc. ▶ ver recuadro en **grade**

dab /dæb/ *verbo & sustantivo*

• *v* (**-bbed**, **-bbing**) **1 to dab (at) your eyes/lips etc.** limpiarse los ojos/los labios etc. [con toques suaves] **2** [tr] poner/aplicar un poquito de: *She **dabbed** some suntan lotion **onto** her shoulders.* Se puso un poquito de bronceador en los hombros.

• *s* toque, poquito

dabble /ˈdæbəl/ *v* [intr] incursionar ocasionalmente en una actividad sin tomársela muy en serio

dad /dæd/ *s* (informal) papá

daddy /ˈdædi/ *s* (pl **-ddies**) (informal) papi

daffodil /ˈdæfədɪl/ *s* narciso

daft /dæft/ *adj* BrE (informal) bobo -a, tonto -a

dagger /ˈdægər/ *s* daga

daily /ˈdeɪli/ *adjetivo & adverbio*

• *adj* diario -a, cotidiano -a: *daily life* la vida cotidiana/diaria | *a daily paper* un diario

• *adv* a diario, todos los días

dainty /ˈdeɪnti/ *adj* (**-tier**, **-tiest**) delicado -a, fino -a

dairy /ˈderi/ *s* (pl **-ries**) **1** lechería [en un establecimiento agrícola] **2 dairy farm** granja lechera, lechería **dairy farmer** productor -a de leche **dairy products/produce** (productos) lácteos

daisy /ˈdeɪzi/ *s* (pl **-sies**) margarita

dam /dæm/ *sustantivo & verbo*

• *s* dique, represa

• *v* [tr] (**-mmed**, **-mming**) construir un dique/una represa en

damage /ˈdæmɪdʒ/ *sustantivo, sustantivo plural & verbo*

• *s* daño(s): *The storm caused considerable **damage to** the house.* La tormenta causó considerables daños a la casa.

• **damages** *s pl* daños y perjuicios

• *v* [tr] **1** dañar **2** ser perjudicial para, afectar

damaging /ˈdæmɪdʒɪŋ/ *adj* perjudicial

damn /dæm/ *adjetivo, sustantivo, interjección & verbo*

• *adj* (también **damned** /dæmd/) (informal) maldito -a

• *s* (informal) **I don't/she doesn't etc. give a damn** me/le etc. importa un bledo

• *interj* (informal) **damn (it)!** ¡maldita sea!

• *v* [tr] **1** (informal) (en exclamaciones): *Damn you!* ¡Vete al diablo! **2** condenar, criticar duramente

damning /ˈdæmɪŋ/ *adj* condenatorio -a, duramente crítico -a

damp /dæmp/ *adjetivo, sustantivo & verbo*

• *adj* húmedo -a ▶ **¿DAMP, HUMID O WET?** ver nota en **húmedo**

• *s* humedad

• *v* [tr] humedecer

dampen /ˈdæmpən/ *v* [tr] **1** humedecer **2 to dampen sb's enthusiasm** hacerle perder el entusiasmo a alguien

dance /dæns/ *verbo & sustantivo*

• *v* [tr/intr] bailar

• *s* **1** (arte, composición, serie de pasos) baile, danza **2** (fiesta) baile

dancer /ˈdænsər/ *s* **1** (profesional) bailarín -ina **2** (no profesional): *He's a good dancer.* Baila bien.

dancing /ˈdænsɪŋ/ *s* baile [acción de bailar]

dandelion /ˈdændəlaɪən/ *s* diente de león [flor]

dandruff /ˈdændrəf/ *s* caspa

Dane /deɪn/ *s* danés -esa

danger /ˈdeɪndʒər/ *s* **1** peligro, riesgo | **in danger** en peligro **2 to be in danger of sth** estar en peligro de algo, correr peligro de algo | **to be in danger of doing sth** correr el riesgo de hacer algo

dangerous /ˈdeɪndʒərəs/ *adj* peligroso -a

dangle /ˈdæŋgəl/ *v* **1** [intr] colgar [pender] **2** [tr] balancear, hacer oscilar

Danish /ˈdeɪnɪʃ/ *adjetivo & sustantivo*

• *adj* danés -esa

• *s* **1** (idioma) danés **2 the Danish** los daneses

dank /dæŋk/ *adj* frío -a y húmedo -a

dare /der/ *verbo & sustantivo*

• *v* ▶ **dare** a veces funciona como un verbo normal y va seguido de un infinitivo con **to**. A veces funciona como verbo modal y lo sigue un infinitivo sin **to** **1** [intr] atreverse, animarse: *Would you dare to do a parachute jump?* ¿Te atreverías a saltar en paracaídas? | *I didn't dare tell her.* No me atreví a decírselo. **2 how dare you/he etc.!** ¡cómo te atreves/se atreve etc.! **3 don't you dare!** ¡(que) ni se te ocurra! **4 I dare say** me imagino, me imagino que sí **5** [tr] desafiar | **to dare sb to do sth** desafiar a alguien a hacer algo

• *s* desafío, reto

daren't /ˈderənt/ contracción de **dare not**

daring /ˈderɪŋ/ *adjetivo & sustantivo*

• *adj* **1** audaz **2** atrevido -a, osado -a

• *s* audacia, osadía

dark /dɑrk/ *adjetivo & sustantivo*

• *adj* **1** (sin luz) oscuro -a | **to get/grow dark** oscurecer, oscurecerse **2** oscuro -a [ojos, pelo] |

¿Quieres más información sobre los **verbos modales**? Hay una explicación en el apartado de gramática.

dark blue/green etc. azul/verde etc. oscuro **3** moreno -a [persona]: *a tall, dark man* un hombre alto y moreno **4** sombrío -a, negro -a
• *s* **1 the dark** la oscuridad **2 before/after dark** antes/después del anochecer

darken /ˈdɑrkən/ *v* **1** [tr] oscurecer: *a darkened room* un cuarto oscuro **2** [intr] oscurecerse

ˌdark ˈglasses *s pl* anteojos/lentes oscuros

darkness /ˈdɑrknəs/ *s* oscuridad | **in darkness** a oscuras | **darkness fell** oscureció

darkroom /ˈdɑrkrum/ *s* cuarto oscuro [en fotografía]

darling /ˈdɑrlɪŋ/ *sustantivo & adjetivo*
• *s* **1** mi amor, querido -a, cariño: *What's the matter, darling?* ¿Qué pasa, mi amor? **2** encanto [persona]
• *adj* querido -a

dart /dɑrt/ *sustantivo & verbo*
• *s* dardo | **to play darts** jugar dardos
• *v* [intr] ir repentina y rápidamente: *The child* ***darted into*** *the road.* El niño salió disparado a la calzada.

dash /dæʃ/ *verbo & sustantivo*
• *v* **1** [intr] ir rápidamente: *Alice* ***dashed into*** *the house.* Alice se metió corriendo en la casa. | *He* ***dashed off*** *to catch the train.* Salió corriendo para no perder el tren. **2 I must dash** me tengo que ir **3 to dash sb's hopes** frustrar/liquidar las esperanzas de alguien
dash sth off escribir/mandar algo [rápidamente]
• *s* **1** corrida | **to make a dash for the door/exit etc.** precipitarse hacia la puerta/salida etc. **2** chorrito: *a dash of lemon juice* un chorrito de jugo de limón **3** raya, guión

dashboard /ˈdæʃbɔrd/ *s* tablero [de un auto]

data /ˈdeɪtə//ˈdætə/ *s* **1** datos **2 data processing** procesamiento de datos

database /ˈdeɪtəbeɪs/ *s* base de datos

date /deɪt/ *sustantivo & verbo*
• *s* **1** fecha: *date of birth* fecha de nacimiento | **to date** hasta la fecha ▶ ver también **out of date, up-to-date** **2** arreglo para salir con un muchacho o una muchacha: *Mike has a date tonight.* Mike va a salir con alguien esta noche. | *Did he ask you for a date?* ¿Te invitó a salir? **3** AmE persona con quien alguien sale en determinada ocasión: *Who's your date for tonight?* ¿Con quién vas a salir esta noche? **4** dátil
• *v* **1** [tr] ponerle la fecha a, fechar **2** [tr] determinar la antigüedad de **3** [tr] salir con: *How long has he been dating Monica?* ¿Cuánto hace que sale con Monica? **4** [intr] salir (juntos), salir con muchachos/muchachas: *We've been dating for six months.* Hace seis meses que salimos.
date back to date back to datar de, remontarse a
date from datar de

dated /ˈdeɪtɪd/ *adj* pasado -a de moda, anticuado -a

daughter /ˈdɔtər/ *s* hija

ˈdaughter-in-law *s* (pl **daughters-in-law**) nuera

daunting /ˈdɔntɪŋ/ *adj* abrumador -a [que intimida, que significa un gran reto]

dawdle /ˈdɔdl/ *v* [intr] perder el tiempo

dawn /dɔn/ *sustantivo & verbo*
• *s* amanecer, alba
• *v* [intr] amanecer
dawn on sb it dawned on me/him etc. that caí/cayó etc. en la cuenta de que

day /deɪ/ *s* **1** día: *I saw her again the following day.* La volví a ver al día siguiente. | *I've had an awful day.* He tenido un día espantoso. | **all day** todo el día | **by day** de día | **day after day**, también **day in day out** día tras día | **day by day** día a día | **the day after tomorrow** pasado mañana | **the day before yesterday** anteayer | **one day** (referido al pasado) un día | **one/some day** (referido al futuro) algún día | **the other day** el otro día ▶ ver "Active Box" **days of the week** en página 100 **2 in my/his etc. day** en mis/sus etc. tiempos | **to this day** hasta ahora/hoy | **these days** hoy (en) día **3 to call it a day** (informal) decidir dar algo por terminado

daycare center /ˈdeɪkeə ˌsentə/ *s* AmE guardería

daydream /ˈdeɪdrim/ *verbo & sustantivo*
• *v* [intr] soñar despierto -a
• *s* fantasía, ensueño

daylight /ˈdeɪlaɪt/ *s* luz del día | **in broad daylight** a plena luz del día

ˌday ˈoff *s* día libre

ˌday reˈturn *s* BrE boleto de ida y vuelta [para el mismo día]

daytime /ˈdeɪtaɪm/ *s* día [por oposición a noche] | **in/during the daytime** de día/durante el día

ˌday-to-ˈday *adj* diario -a, de todos los días

ˈday trip *s* excursión, salida [de un día]

daze /deɪz/ *s* **in a daze** aturdido -a

dazed /deɪzd/ *adj* aturdido -a

dazzle /ˈdæzəl/ *v* [tr] **1** encandilar **2** deslumbrar

dazzling /ˈdæzlɪŋ/ *adj* deslumbrante

dead /ded/ *adjetivo, adverbio & sustantivo*
• *adj* **1** muerto -a | **a dead body** un cadáver ▶ ver también **drop** **2** seco -a [árbol, planta, etc.] **3** gastado -a, descargado -a [pila] **4** referido a líneas telefónicas: desconectadas o cortadas: *All the lines were dead.* No había línea. **5 my foot/leg etc. has gone dead** se me durmió el pie/la pierna etc.
• *adv* **1** (informal) (para enfatizar): *You're dead right*. Tienes toda la razón. | *I'm dead against it.* Estoy absolutamente en contra. **it's dead easy/**

Active Box: days of the week

Los ejemplos de este **Active Box** son una guía para ayudarte a construir oraciones con los días de la semana:

*We could go and see her **Thursday morning/afternoon**.*	Podríamos ir a verla el jueves por la mañana/por la tarde.
*What are you doing **Saturday night**?*	¿Qué vas a hacer el sábado por la noche?
*See you **on Tuesday**.*	Nos vemos el martes.
We're not open (on) Sundays.	No abrimos los domingos.
There was an advertisement in Friday's paper.	Había un anuncio en el diario del viernes.
*I missed school **last Friday**.*	Falté a clase el viernes pasado.
*The party is **next Saturday**.*	La fiesta es el sábado que viene.
*She visits me **every Wednesday**.*	Me visita todos los miércoles.
*The club meets **every other Thursday**.*	El club se reúne cada dos jueves.
*We are leaving **a week from Monday**.*	Nos vamos no este lunes sino el siguiente
*He arrived **the Sunday before last**.*	Llegó no el domingo pasado sino el anterior.
*They are getting married **the Saturday after next**.*	Se casan de este sábado en ocho.

good etc. BrE es facilísimo/buenísimo etc. **2** justo, exactamente | **dead ahead** justo adelante/enfrente

• *s* **1 the dead** los muertos **2 in the dead of night/winter** en plena noche/en pleno invierno

deaden /ˈdedn/ *v* [tr] **1** calmar [un dolor] **2** amortiguar [un ruido]

ˌdead ˈend *s* callejón sin salida

ˌdead ˈheat *s* empate [en una carrera o competencia]

deadline /ˈdedlaɪn/ *s* fecha límite | **to meet/make a deadline** cumplir con un plazo

deadlock /ˈdedlɑk/ *s* punto muerto, estancamiento

deadly /ˈdedli/ *adjetivo & adverbio*

• *adj* (**-lier**, **-liest**) **1** mortal, letal **2 deadly enemies** enemigos a muerte

• *adv* **to be deadly serious** decirlo muy en serio, ir muy en serio

deaf /def/ *adjetivo & sustantivo*

• *adj* sordo -a | **to go deaf** quedarse sordo -a

• *s* **the deaf** los sordos

deafen /ˈdefən/ *v* [tr] ensordecer

deafening /ˈdefənɪŋ/ *adj* ensordecedor -a

deafness /ˈdefnəs/ *s* sordera

deal /dil/ *sustantivo & verbo*

• *s* **1** trato | **to strike/make a deal** cerrar/hacer un trato | **it's a deal** trato hecho **2** negocio: *It's a good deal.* Es buen negocio. | *a multi-million dollar deal* un negocio millonario **3** contrato **4 big deal!** (informal) ¡mira tú!, ¡pues vaya! **5 a great/good deal** mucho: *She earns **a great deal** of money.* Gana mucho dinero.

• *v* (pasado & participio **dealt**) **1** [tr/intr] repartir, dar [en juegos de cartas] **2** [intr] traficar con/en drogas, [tr] traficar

deal in sth 1 comerciar con algo **2** traficar algo

deal with sth 1 ocuparse de algo **2** resolver algo **3** tratar de algo **deal with sb 1** tratar con alguien **2** tener relaciones comerciales con alguien **3** atender a alguien **4** castigar a alguien, encargarse de alguien

dealer /ˈdilər/ *s* **1** comerciante, vendedor -a **2** (de armas, drogas) traficante **3** persona que reparte las cartas en un juego

dealings /ˈdilɪŋz/ *s pl* **1** relaciones, trato **2** transacciones, negocios **3 to have dealings with sb (a)** tratar con alguien **(b)** tener relaciones comerciales con alguien

dean /din/ *s* **1** decano -a **2** en la Iglesia Anglicana, clérigo a cargo de la administración de una catedral

dear /dɪr/ *interjección, adjetivo & sustantivo*

• *interj* **oh dear!** ¡ay!, ¡uy! [expresando pena o contrariedad]

• *adj* **1** (en el encabezamiento de una carta) querido -a, estimado -a: *Dear Laura* Querida Laura | *Dear Sir* Estimado Señor **2** (amado) querido -a **3** BrE caro -a ► También existe **expensive**, que es inglés universal

• *s* **1** (al dirigirse a un familiar o amigo) querido -a, cariño **2** (al dirigirse a un desconocido): *Can I help you, dear?* ¿En qué la puedo ayudar, señora?/¿En qué te puedo ayudar, muchacho? etc.

dearly /ˈdɪrli/ *adv* **1** muchísimo **2 to pay dearly for sth** pagar caro algo

death /deθ/ *s* **1** muerte | **to choke/starve etc. to death** morir ahogado -a/de hambre etc. | **to stab sb to death** matar a alguien a puñaladas | **to put sb to death** matar/ejecutar a alguien ► ver también **bored, matter, sick** **2 death penalty** pena

¿Se dice *I arrived in Miami* o *I arrived to Miami*? Mira la entrada **arrive**.

de muerte **death sentence** pena de muerte [condena] **death trap** (informal) trampa mortal

deathly /'deθli/ *adjetivo & adverbio*

- *adj* **a deathly silence/hush** un silencio sepulcral
- *adv* **deathly pale/cold** terriblemente pálido -a/frío -a

debatable /dɪ'beɪtəbəl/ *adj* discutible, cuestionable

debate /dɪ'beɪt/ *sustantivo & verbo*

- *s* debate
- *v* [tr/intr] debatir

debit /'debɪt/ *sustantivo & verbo*

- *s* débito
- *v* [tr] debitar [una suma]

debris /dɪ'bri, BrE 'deɪbri/ *s* restos, escombros [que quedan tras un accidente, una explosión, etc.]

debt /det/ *s* **1** deuda | **to be in debt** estar endeudado -a, tener deudas | **to be $100/$1,000 etc. in debt** deber $100/$1,000 etc. **2 to be in sb's debt** estar en deuda con alguien

debtor /'detər/ *s* deudor -a

debut /deɪ'bju/ *s* **1** debut **2 debut album** álbum debut

decade /'dekeɪd/ *s* década

decadence /'dekədəns/ *s* decadencia

decadent /'dekədənt/ *adj* decadente

decaffeinated /di'kæfəneɪtɪd/ *adj* descafeinado -a

decay /dɪ'keɪ/ *verbo & sustantivo*

- *v* **1** [intr] cariarse [dientes] **2** [intr] descomponerse [alimentos, cadáver] **3** [intr] deteriorarse [zona, edificio]
- *s* **1** caries **2** deterioro [de una zona, un edificio]

deceased /dɪ'sist/ *adjetivo & sustantivo*

- *adj* (formal) difunto -a
- *s* (formal) **the deceased** el difunto, la difunta

deceit /dɪ'sit/ *s* engaño(s)

deceitful /dɪ'sitfəl/ *adj* engañoso -a, mentiroso -a

deceive /dɪ'siv/ *v* [tr] engañar | **to deceive yourself** engañarse

December /dɪ'sembər/ *s* diciembre ► ver "Active Box" **months** en **month**

decency /'disənsi/ *s* **1** decencia, (buena) educación **2** decencia, decoro **3 to have the decency to do sth** tener la delicadeza de hacer algo

decent /'disənt/ *adj* **1** (adecuado) decente: *a decent salary* un sueldo decente **2** (amable) considerado -a, bueno -a **3** (moralmente) decente **4 to be decent** estar presentable

deception /dɪ'sepʃən/ *s* engaño(s)

deceptive /dɪ'septɪv/ *adj* engañoso -a

decide /dɪ'saɪd/ *v* **1** [tr/intr] decidir: *We've decided to sell the house.* Hemos decidido vender la casa. | **to decide against doing sth** decidir no hacer algo **2** [tr] (convencer) decidir: *What decided you to give up your studies?* ¿Qué fue lo que te decidió a dejar los estudios? **3** [tr] (determinar) decidir: *That goal decided the game.* Ese gol decidió el partido.

decide on sth decidirse por algo: *I decided on the red one.* Me decidí por el rojo.

decided /dɪ'saɪdɪd/ *adj* **1** claro -a [ventaja, mejora] **2 to be decided (about/on sth)** estar decidido -a (a algo), estar convencido -a (de algo) **3** firme [opiniones]

decidedly /dɪ'saɪdɪdli/ *adv* decididamente

decimal /'desəməl/ *adj & s* decimal: *the decimal system* el sistema decimal

ˌdecimal 'point *s* punto decimal

decimate /'desəmeɪt/ *v* [tr] diezmar

decipher /dɪ'saɪfər/ *v* [tr] descifrar

decision /dɪ'sɪʒən/ *s* decisión | **to make/take a decision** tomar una decisión

decisive /dɪ'saɪsɪv/ *adj* **1** decisivo -a **2** decidido -a **3** contundente

deck /dek/ *s* **1** cubierta [de un barco] **2** piso [de un ómnibus] **3** AmE mazo [de cartas] **4** patio o terraza con piso de madera

deckchair /'dektʃer/ *s* silla de playa, perezosa, silla reclinable

declaration /deklə'reɪʃən/ *s* declaración

declare /dɪ'kler/ *v* [tr] **1** declarar | **to declare sth open** inaugurar oficialmente algo **2** declarar [para el pago de impuestos]

decline /dɪ'klaɪn/ *sustantivo & verbo*

- *s* **1** descenso: ***a decline in profits*** un descenso en las ganancias **2 to go into decline** entrar en decadencia
- *v* **1** [intr] decaer **2** [tr] (formal) rehusar | **to decline to do sth** rehusarse a hacer algo

decompose /dikəm'pouz/ *v* [intr] descomponerse [un organismo]

decor /'deɪkɔr/ *s* decoración

decorate /'dekəreɪt/ *v* [tr] **1** pintar, empapelar **2** decorar, adornar **3 to decorate sb for sth** condecorar a alguien por algo

decorating the Christmas tree

decoration /dekə'reɪʃən/ *s* **1** adorno **2** decoración

decorative /'dekərətɪv/ *adj* decorativo -a

decorator /'dekəreɪtər/ *s* pintor -a [que también empapela paredes]

decoy /'dikɔɪ/ *s* señuelo

decrease¹ /'dikris/ *v* **1** [intr] disminuir, bajar **2** [tr] reducir, disminuir

decrease² /dɪˈkris/ *s* descenso, disminución | **a decrease in sth** una disminución de/en algo

decree /dɪˈkri/ *sustantivo & verbo*
- *s* decreto
- *v* [tr] decretar

decrepit /dɪˈkrepɪt/ *adj* decrépito -a

dedicate /ˈdedəkeɪt/ *v* **1 to dedicate yourself/your life to sth** dedicarse/dedicar su vida a algo **2 to dedicate sth to sb** dedicarle algo a alguien

dedicated /ˈdedəkeɪtɪd/ *adj* dedicado -a

dedication /dedɪˈkeɪʃən/ *s* **1** dedicación **2** dedicatoria

deduce /dɪˈdus/ *v* [tr] deducir: ***What can we deduce from these results?*** ¿Qué podemos deducir de estos resultados?

deduct /dɪˈdʌkt/ *v* [tr] descontar, deducir

deduction /dɪˈdʌkʃən/ *s* **1** deducción **2** descuento

deed /did/ *s* (formal) obra, acción

deem /dim/ *v* [tr] (formal) considerar, estimar

deep /dip/ *adjetivo & adverbio*
- *adj* **1** profundo -a: *a deep hole in the ground* un pozo profundo en el suelo | *The ditch is two meters deep.* La zanja tiene una profundidad de dos metros. **2** profundo -a [amor, admiración] **3** profundo -a [voz] **4** intenso -a **5 to take a deep breath** respirar hondo
- *adv* **1** hondo, profundo **2 deep down** en el fondo: *Deep down, I knew she was right.* En el fondo, sabía que ella tenía razón.

deepen /ˈdipən/ *v* **1** [intr] hacerse más profundo -a, profundizarse **2** [tr] hacer más profundo -a, profundizar **3** [intr] agudizarse [crisis]

ˌdeep ˈfreeze *s* congelador, freezer

deeply /ˈdipli/ *adv* **1** profundamente: *She is deeply grateful for all your help.* Te está profundamente agradecida por toda la ayuda que le diste. | *It is deeply worrying.* Es muy preocupante. **2 to sleep/breathe deeply** dormir/respirar profundamente

deer /dɪr/ *s* (pl **deer**) ciervo

default /dɪˈfɔlt/ *sustantivo & adjetivo*
- *s* **1 by default** a falta de otra alternativa **2 to win by default** ganar por walkover [por incomparecencia del adversario] **3** (formal) cesación de pagos
- *adj* predeterminado -a, por omisión [en computación]

defeat /dɪˈfit/ *sustantivo & verbo*
- *s* **1** derrota **2 to admit defeat** darse por vencido -a, reconocer la derrota
- *v* [tr] derrotar

defect¹ /ˈdifekt/ *s* defecto, falla

defect² /dɪˈfekt/ *v* [intr] desertar

defective /dɪˈfektɪv/ *adj* fallado -a, defectuoso -a

defence BrE ▶ ver **defense**

defenceless BrE ▶ ver **defenseless**

defend /dɪˈfend/ *v* **1** [tr] defender: ***They had to defend the town against rebel attacks.*** Tuvieron que defender la ciudad contra los ataques de los rebeldes **2** [tr] defender, justificar **3** [intr] (en fútbol, rugby) defenderse **4 the defending champion** el defensor/la defensora del título **5** [tr] (en un juicio) defender

defendant /dɪˈfendənt/ *s* acusado -a

defense¹ AmE, **defence** BrE /dɪˈfens/ *s* **1** defensa **2 the defense** (en un juicio) la defensa

defense² /ˈdifens/ AmE, **defence** BrE /dɪˈfens/ *s* (en deportes) defensa

defenseless AmE, **defenceless** BrE /dɪˈfensləs/ *adj* indefenso -a

defensive /dɪˈfensɪv/ *adj* defensivo -a

defer /dɪˈfɜr/ *v* [tr] (**-rred**, **-rring**) postergar

deference /ˈdefərəns/ *s* (formal) deferencia, respeto | **in deference to sth/sb** por respeto a algo/alguien

defiance /dɪˈfaɪəns/ *s* desafío, rebeldía

defiant /dɪˈfaɪənt/ *adj* desafiante

deficiency /dɪˈfɪʃənsi/ *s* (pl **-cies**) deficiencia, carencia

deficient /dɪˈfɪʃənt/ *adj* deficiente

deficit /ˈdefəsət/ *s* déficit

define /dɪˈfaɪn/ *v* [tr] definir

definite /ˈdefənət/ *adj* **1** claro -a, evidente **2** concreto -a, definitivo -a

ˌdefinite ˈarticle *s* artículo definido

definitely /ˈdefənətli/ *adv* sin duda(s), decididamente: ***She's definitely the best player.*** Sin duda es la mejor jugadora. | **definitely not** de ninguna manera, para nada

definition /defəˈnɪʃən/ *s* definición

definitive /dɪˈfɪnətɪv/ *adj* definitivo -a

deflate /dɪˈfleɪt/ *v* [intr] desinflarse

deflect /dɪˈflekt/ *v* [tr] desviar [una bala, una crítica etc.]

deform /dɪˈfɔrm/ *v* [tr] deformar

deformed /dɪˈfɔrmd/ *adj* deforme, deformado -a

deformity /dɪˈfɔrməti/ *s* (pl **-ties**) deformidad

defraud /dɪˈfrɔd/ *v* [tr] defraudar, estafar | **to defraud sb of thousands/hundreds etc. of dollars** estafar a alguien en miles/cientos etc. de dólares

defrost /dɪˈfrɔst/ *v* **1** [tr] descongelar **2** [intr] descongelarse

deft /deft/ *adj* hábil, diestro -a

defunct /dɪˈfʌŋkt/ *adj* desaparecido -a [organización]

defuse /diˈfjuz/ *v* [tr] **1** aliviar [la tensión, una crisis] **2** reducir la tensión de [una situación] **3** desactivar [una bomba]

defy /dɪˈfaɪ/ *v* [tr] (**-fies**, **-fied**) desafiar, oponerse a

degenerate /dɪˈdʒenəreɪt/ *v* [intr] deteriorarse | **to degenerate into sth** degenerar en algo

¿Quieres información sobre las diferencias entre los **artículos** en inglés y en español? Lee la explicación en el apartado de gramática.

degradation /degrə'deɪʃən/ *s* degradación

degrade /dɪ'greɪd/ *v* **1** [tr] denigrar, degradar **2** [intr] degradarse

degrading /dɪ'greɪdɪŋ/ *adj* denigrante, degradante

degree /dɪ'gri/ *s* **1** grado: *temperatures as high as 35 degrees* temperaturas de hasta 35 grados **2** grado, medida | **to some/a certain degree** en alguna/cierta medida **3** título (universitario) | **to have a degree in history/philosophy etc.** tener título universitario en historia/filosofía etc. **4 to do a degree** seguir una carrera (universitaria)

deity /'diəti, 'deɪti/ *s* (pl **-ties**) deidad

dejected /dɪ'dʒektɪd/ *adj* desilusionado -a, abatido -a

delay /dɪ'leɪ/ *sustantivo & verbo*

• *s* demora, retraso

• *v* **1** [tr] retrasar, aplazar: *I decided to delay my trip.* Decidí retrasar el viaje. **2** [intr] demorar, demorarse | **to delay doing sth** demorarse en hacer algo **3** [tr] demorar, retrasar: *Our flight was delayed by fog.* Nuestro vuelo fue demorado a causa de la niebla.

delegate¹ /'deləgət/ *s* delegado -a

delegate² /'deləgeɪt/ *v* **1** [tr/intr] delegar | **to delegate sth to sb** delegar algo en/a alguien **2 to delegate sb to do sth** encargarle a alguien hacer/que haga algo

delegation /delə'geɪʃən/ *s* delegación

delete /dɪ'lit/ *v* [tr] borrar, eliminar

deletion /dɪ'liʃən/ *s* supresión, eliminación

deliberate¹ /dɪ'lɪbərət/ *adj* deliberado -a

deliberate² /dɪ'lɪbəreɪt/ *v* [intr] deliberar

deliberately /dɪ'lɪbərətli/ *adv* deliberadamente, a propósito

deliberation /dɪlɪbə'reɪʃən/ *s* deliberación

delicacy /'delɪkəsi/ *s* (pl **-cies**) **1** exquisitez **2** delicadeza

delicate /'delɪkət/ *adj* delicado -a

delicatessen /delɪkə'tesən/ *s* charcutería, salsamentaria [tienda especializada en fiambres, quesos y otros alimentos finos]

delicious /dɪ'lɪʃəs/ *adj* delicioso -a, riquísimo -a [comida, pastel]

delight /dɪ'laɪt/ *sustantivo & verbo*

• *s* **1** placer | **to my/her etc. delight** para gran alegría mía/suya etc. **2** delicia **3 to take delight in doing sth** disfrutar haciendo algo

• *v* **1** [tr] deleitar **2 to delight in doing sth** disfrutar haciendo algo

delighted /dɪ'laɪtɪd/ *adj* encantado -a | **to be delighted with/at sth** estar encantado -a/muy contento -a con algo

delightful /dɪ'laɪtfəl/ *adj* encantador -a

delinquency /dɪ'lɪŋkwənsi/ *s* delincuencia [especialmente juvenil]

delinquent /dɪ'lɪŋkwənt/ *sustantivo & adjetivo*

• *s* delincuente

• *adj* delictivo -a [conducta]: *delinquent children* niños que cometen delitos

delirious /dɪ'lɪriəs/ *adj* **to be delirious** delirar

deliver /dɪ'lɪvər/ *v* **1** [tr/intr] entregar, repartir **2 to deliver a speech/lecture etc.** dar un discurso/una conferencia etc. **3 to deliver a baby** asistir en el parto de un bebé/bebe/guagua **4 to deliver on sth** cumplir con algo

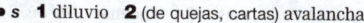

delivering newspapers

delivery /dɪ'lɪvəri/ *s* (pl **-ries**) **1** envío, reparto **2** parto

delude /dɪ'lud/ *v* **to delude yourself** engañarse

deluge /'deljudʒ/ *sustantivo & verbo*

• *s* **1** diluvio **2** (de quejas, cartas) avalancha

• *v* **to be deluged with orders/applications etc.** recibir una avalancha de pedidos/solicitudes etc.

delusion /dɪ'luʒən/ *s* falsa ilusión

deluxe, también **de luxe** /dɪ'lʌks/ *adj* de lujo

demand /dɪ'mænd/ *sustantivo & verbo*

• *s* **1** exigencia, demanda **2** reclamo **3 demand for a product/service etc.** demanda de un producto/servicio etc. | **to be in demand** estar muy solicitado -a

• *v* [tr] **1** exigir: *I demand to know what's going on!* ¡Exijo saber qué está sucediendo! **2** reclamar

demanding /dɪ'mændɪŋ/ *adj* exigente

demeaning /dɪ'minɪŋ/ *adj* degradante

demise /dɪ'maɪz/ *s* (formal) **1** desaparición **2** fallecimiento

demo /'demoʊ/ *s* (informal) **1** manifestación [de protesta] **2** demo [de una grabación musical, un juego de PC]

democracy /dɪ'mɑkrəsi/ *s* (pl **-cies**) democracia

Democrat /'deməkræt/ *s* demócrata [del partido demócrata estadounidense]

democrat /'deməkræt/ *s* demócrata

Democratic /demə'krætɪk/ *adj* demócrata [del partido demócrata estadounidense]

democratic /demə'krætɪk/ *adj* democrático -a

demolish /dɪ'mɑlɪʃ/ *v* [tr] (3ª pers sing **-shes**) demoler

demolition /demə'lɪʃən/ *s* demolición

demon /'dimən/ *s* demonio

demonstrate /'demənstreɪt/ *v* **1** [tr] (probar) demostrar **2** [tr] mostrar, hacer una demostración de **3** [intr] manifestarse | **to demonstrate in support of/against sth** manifestarse en apoyo de/en contra de algo

demonstration /demən'streɪʃən/ *s* **1** manifestación | **a demonstration in support of/against sth** una manifestación en apoyo/en contra de algo **2** demostración

demonstrator /'demənstreɪtər/ *s* manifestante

demoralize, -ise BrE /dɪ'mɔrəlaɪz/ *v* [tr] desmoralizar

demoralizing, -ising BrE /dɪ'mɔrəlaɪzɪŋ/ *adj* desmoralizante

den /den/ *s* **1** guarida [de un animal] **2** guarida, antro **3** AmE cuarto donde una familia ve TV, lee, etc.

denial /dɪ'naɪəl/ *s* negativa, desmentido

denim /'denəm/ *s* **1** denim, tela de jean, tela de mezclilla **2** **denim jacket** chaqueta de jean/mezclilla **denim jeans** jean(s), pantalones de mezclilla

Denmark /'denmɑrk/ *s* Dinamarca

denomination /dɪnɑmə'neɪʃən/ *s* **1** valor, denominación **2** confesión [creencia religiosa]

denounce /dɪ'nauns/ *v* [tr] condenar: *The bishop denounced the movie as immoral.* El obispo condenó la película por inmoral.

dense /dens/ *adj* **1** espeso -a, tupido -a **2** denso -a [niebla, humo] **3** (informal) burro -a, duro -a

density /'densəti/ *s* (pl **-ties**) densidad

dent /dent/ *sustantivo & verbo*

• *s* abolladura, marca

• *v* [tr] **1** abollar **2** **to dent sb's confidence** hacerle perder la confianza a alguien

dental /'dentl/ *adj* **1** dental, odontológico -a **2** **dental floss** hilo/seda dental

dentist /'dentɪst/ *s* dentista, odontólogo -a | **to go to the dentist** ir al dentista

deny /dɪ'naɪ/ *v* [tr] (**-nies**, **-nied**) **1** negar, rechazar | **to deny doing sth** negar hacer/haber hecho algo **2** no conceder [permiso] **3** denegar [una visa] **4** negar [un derecho]

deodorant /di'oudərənt/ *s* desodorante

depart /dɪ'pɑrt/ *v* [intr] partir, salir

department /dɪpɑrt'mənt/ *s* **1** departamento [de una organización, empresa] **2** servicio [de un hospital] **3** sección [de una tienda] **4** ministerio, departamento, secretaría: *the U.S. State Department* el Departamento de Estado de EU

de'partment ˌstore *s* almacén, tienda departamental/de departamentos

departure /dɪ'pɑrtʃər/ *s* partida, salida

depend /dɪ'pend/ *v* **it/that depends** depende: *"Are you going on Thursday?" "Well, it depends."* –¿Vas a ir el jueves? –Bueno, depende.

depend on/upon sth **1** depender de algo: *The island depends on tourism.* La isla depende del turismo. **2** confiar en algo **depend on/upon sb** **1** depender de alguien: *She depends on her daughter for transportation.* Depende de su hija para movilizarse. **2** confiar en alguien, contar con alguien

dependable /dɪ'pendəbəl/ *adj* de confianza, confiable

dependence /dɪ'pendəns/, también **dependency** /dɪ'pendənsi/ *s* **dependence on/upon sth/sb** dependencia de algo/alguien

dependent¹ /dɪ'pendənt/ *adj* **1** **to be dependent on/upon sth/sb** depender de algo/alguien **2** **dependent children/relatives** hijos/familiares a cargo

dependent² AmE, **dependant** BrE /dɪ'pendənt/ *s* persona que depende de otra para subsistir: *a single man with no dependents* un hombre soltero sin nadie a cargo

depict /dɪ'pɪkt/ *v* [tr] representar, describir

deplete /dɪ'plit/ *v* [tr] reducir

deplorable /dɪ'plɔrəbəl/ *adj* deplorable, lamentable

deplore /dɪ'plɔr/ *v* [tr] deplorar, condenar

deploy /dɪ'plɔɪ/ *v* [tr] desplegar [tropas, armas]

deport /dɪ'pɔrt/ *v* [tr] deportar

depose /dɪ'pouz/ *v* [tr] derrocar

deposit /dɪ'pɑzɪt/ *sustantivo & verbo*

• *s* **1** (primer pago) Según región: *depósito, entrega inicial, enganche, pie* | **to put down a deposit on sth** entregar un depósito para algo, hacer la entrega inicial de algo, pisar algo **2** (entregado como garantía) depósito **3** (en una cuenta bancaria) depósito **4** **deposit account** cuenta de ahorro(s), cuenta de depósito(s) (de ahorros)

• *v* [tr] **1** depositar [dinero, cosas de valor] **2** (formal) (poner) depositar

depot /'dipou, BrE 'depou/ *s* **1** depósito, almacén **2** BrE terminal [de autobuses]

depreciation /dɪpriʃi'eɪʃən/ *s* depreciación

depress /dɪ'pres/ *v* [tr] (3ª pers sing **-sses**) deprimir

depressed /dɪ'prest/ *adj* deprimido -a | **to get/become depressed** deprimirse

depressing /dɪ'presɪŋ/ *adj* deprimente

depression /dɪ'preʃən/ *s* depresión

deprivation /deprə'veɪʃən/ *s* **1** (penuria) privaciones **2** (de sueño, libertad) privación

deprive /dɪ'praɪv/ *v* **to deprive sb of sth** privar a alguien de algo

deprived /dɪ'praɪvd/ *adj* carenciado -a, con carencias

depth /depθ/ *s* **1** (dimensión) profundidad **2** (de conocimientos, etc.) profundidad | **in depth** en profundidad **3** **to be out of your depth (a)** sentirse perdido -a, no entender **(b)** no hacer pie, no tocar fondo

deputize, -ise BrE /'depjətaɪz/ *v* **to deputize for sb** reemplazar a alguien

deputy /'depjəti/ *s* (pl **-ties**) **1** segundo -a [asistente, sustituto] **2** diputado -a **3 deputy director** subdirector -a **deputy editor** subdirector -a editorial **deputy head** BrE vicedirector -a

derelict /'derəlɪkt/ *adj* abandonado -a, en ruinas

derivative /dɪ'rɪvətɪv/ *s* derivado

derive /dɪ'raɪv/ *v* **1 to derive great pleasure/satisfaction from sth** frase con la que se expresa que algo le proporciona un gran placer o le causa gran satisfacción a uno **2 to derive/be derived from sth** derivar de algo

derogatory /dɪ'rɑgətɔri/ *adj* despectivo -a

descend /dɪ'send/ *v* [tr/intr] (formal) descender **descend from** to be **descended from sb** descender de alguien

descendant /dɪ'sendənt/ *s* descendiente

descent /dɪ'sent/ *s* (formal) **1** descenso **2 to be of Polish/Spanish etc. descent** ser de ascendencia polaca/española etc.

describe /dɪ'skraɪb/ *v* [tr] **1** describir: *Describe him to me.* Descríbamelo. **2 to describe sth/sb as sth** calificar algo/a alguien de algo: *Conditions in the camps were described as atrocious.* Las condiciones en los campamentos fueron calificadas de atroces.

description /dɪ'skrɪpʃən/ *s* **1** descripción **2 of every description/of all descriptions** de todo tipo | **of some description** de algún tipo

desert[1] /'dezərt/ *s* desierto

desert[2] /dɪ'sɜrt/ *v* **1** [tr] abandonar **2** [intr] desertar

deserted /dɪ'zɜrtɪd/ *adj* desierto -a

desert 'island *s* isla desierta

deserve /dɪ'zɜrv/ *v* [tr] **1** merecer, merecerse [un descanso, una explicación, etc.] | **to deserve to win/to pass etc.** merecer ganar/aprobar etc. **2 to deserve consideration/investigation etc.** merecer ser considerado -a/investigado -a etc.

design /dɪ'zaɪn/ *sustantivo & verbo*

- *s* **1** diseño **2** diseño, motivo ▶ ver también **graphic design**
- *v* [tr] **1** diseñar **2 to be designed for sb/to do sth** estar pensado -a para alguien/para hacer algo: *The course is designed for beginners.* El curso está pensado para principiantes.

designate /'dezɪgneɪt/ *v* [tr] **1 to designate sth as sth** designar algo como algo **2 to designate sb as your spokesman/representative etc.** nombrar a alguien su vocero/representante etc. **3** (en un mapa, etc.) indicar

designer /dɪ'zaɪnər/ *sustantivo & adjetivo*

- *s* diseñador -a
- *adj* **designer jeans/clothes** jeans/ropa de diseñadores famosos

desirable /dɪ'zaɪrəbəl/ *adj* **1** deseable, conveniente **2** deseable, atractivo -a

desire /dɪ'zaɪr/ *sustantivo & verbo*

- *s* **1** deseo | **desire for sth** deseo(s) de algo | **desire to do sth** deseo(s) de hacer algo | **to have no desire to do sth** no querer hacer algo **2** deseo [sexual]
- *v* [tr] **1** (formal) desear **2 to leave a lot to be desired** dejar mucho que desear

desk /desk/ *s* **1** escritorio **2** pupitre, banco **3** recepción [en un hotel]

desktop /'desktɑp/ *s* **1** escritorio [en computación] **2 desktop computer** computadora de escritorio/de (sobre)mesa **desktop publishing** autoedición

desolate /'desələt/ *adj* desolado -a

despair /dɪ'sper/ *sustantivo & verbo*

- *s* desesperación | **in despair** desesperado -a, con desesperación
- *v* [intr] **1** desesperarse **2 to despair of sb** darse por vencido -a con alguien [haber perdido las esperanzas de que alguien cambie] **3 to despair of doing sth** perder la esperanza de hacer algo

despatch BrE ▶ ver **dispatch**

desperate /'despərət/ *adj* **1** desesperado -a | **to get/become desperate** (empezar a) desesperarse **2 to be desperate for a drink/a cigarette etc.** morirse por tomar algo/por un cigarrillo etc., estar desesperado -a por tomar algo/por un cigarrillo etc. | **to be desperate to do sth** morirse por hacer algo, estar desesperado -a por hacer algo **3** desesperante, urgente: *The situation is desperate.* La situación es desesperante.

desperately /'desprətli/ *adv* **1** desesperadamente, con desesperación **2** con urgencia **3** sumamente

desperation /despə'reɪʃən/ *s* desesperación

despicable /dɪ'spɪkəbəl/ *adj* despreciable, vil

despise /dɪ'spaɪz/ *v* [tr] despreciar

despite /dɪ'spaɪt/ *prep* a pesar de: *Despite our protests, the school was closed.* A pesar de nuestras protestas, la escuela se cerró.

despondent /dɪ'spɑndənt/ *adj* desanimado -a

dessert /dɪ'zɜrt/ *s* postre: *What's for dessert?* ¿Qué hay de postre?

dessertspoon /dɪ'zɜrtspun/ *s* **1** cuchara de postre **2** (también **dessertspoonful**) cucharada de postre

destination /destə'neɪʃən/ *s* destino: *He never reached his destination.* Nunca llegó a su destino.

destined /'destənd/ *adj* **1 to be destined for sth** estar destinado -a a algo | **to be destined to do sth** estar destinado -a a hacer algo **2 destined for** con destino a: *a cargo destined for New York* un cargamento con destino a Nueva York

destiny /'destəni/ *s* (pl **-nies**) destino [sino]

destitute /'destətut/ *adj* **to be destitute** estar en la miseria

destroy /dɪ'strɔɪ/ *v* [tr] **1** destruir **2** acabar con **3** sacrificar [un animal]

destroyer /dɪ'strɔɪər/ *s* destructor

destruction /dɪ'strʌkʃən/ *s* destrucción

destructive /dɪ'strʌktɪv/ *adj* destructivo -a

detach /dɪ'tætʃ/ *v* [tr] (3ª pers sing **-ches**) **1** desmontar, separar | **to detach sth from sth** quitarle algo a algo, separar algo de algo **2 to detach yourself (from sth)** distanciarse (de algo)/tomar distancia (de algo)

detachable /dɪ'tætʃəbəl/ *adj* desmontable, que se puede quitar

detached /dɪ'tætʃt/ *adj* **1 detached house** casa que no está pegada a las casas vecinas **2** distante | **to remain detached** mantener la distancia [no involucrarse afectivamente]

detachment /dɪ'tætʃmənt/ *s* **1** distancia **2** destacamento

detail /'diteɪl, dɪ'teɪl/ *sustantivo & verbo*

• *s* detalle, pormenor: *I don't want to know the details.* No quiero conocer los detalles. | *For further details, please visit our web site.* Para más información, visite nuestra página web. | **in detail** en detalle, detalladamente | **in great detail** con lujo de detalles | **to go into detail(s)** entrar en detalles

• *v* [tr] detallar

detailed /dɪ'teɪld, 'diteɪld/ *adj* detallado -a, minucioso -a

detain /dɪ'teɪn/ *v* [tr] **1** detener **2** entretener [retrasar]

detect /dɪ'tekt/ *v* [tr] **1** detectar **2** notar

detection /dɪ'tekʃən/ *s* detección

detective /dɪ'tektɪv/ *s* **1** investigador -a [policial] **2** detective **3 detective story** cuento/novela policial, cuento policíaco/novela policíaca

detention /dɪ'tenʃən/ *s* **1** detención | **in detention** en custodia, detenido -a **2** en la escuela, castigo consistente en quedarse después de clase: *He got a detention for talking in class.* Tuvo que quedarse después de clase por hablar. **3 detention center** AmE, **detention centre** BrE **(a)** correccional de menores **(b)** centro donde se alberga a refugiados e inmigrantes ilegales mientras se tramitan sus casos

deter /dɪ'tɜr/ *v* [tr] (**-rred**, **-rring**) disuadir | **to deter sb from doing sth** disuadir a alguien de hacer algo

detergent /dɪ'tɜrdʒənt/ *s* **1** jabón, detergente [para la ropa] **2** detergente [para máquinas lavavajillas]

deteriorate /dɪ'tɪriəreɪt/ *v* [intr] deteriorarse

deterioration /dɪtɪriə'reɪʃən/ *s* deterioro | **deterioration in sth** deterioro de algo, desmejora en algo

determination /dɪtɜrmə'neɪʃən/ *s* resolución, determinación

determine /dɪ'tɜrmɪn/ *v* [tr] **1** (establecer) determinar **2** (definir, dictar) determinar **3** (decidir) determinar

determined /dɪ'tɜrmɪnd/ *adj* decidido -a | **to be determined to do sth** estar decidido -a a hacer algo

determiner /dɪ'tɜrmənər/ *s* determinante

deterrent /dɪ'tɜrənt/ *s* **1** (elemento) disuasivo | **to act as a deterrent to thieves/vandals etc.** actuar como (un) disuasivo para los ladrones/vándalos etc. **2 nuclear deterrent** armamento nuclear que un país tiene como disuasivo

detest /dɪ'test/ *v* [tr] detestar

detonate /'detn-eɪt/ *v* [tr] detonar

detour /'ditʊr/ *s* desvío, desviación, rodeo

detract /dɪ'trækt/ *v* **to detract from sth** desmerecer algo

detriment /'detrəmənt/ *s* **to the detriment of sth** en detrimento/perjuicio de algo

detrimental /detrə'mentl/ *adj* perjudicial | **to be detrimental to sth** ser perjudicial para algo

devaluation /divælju'eɪʃən/ *s* devaluación

devalue /di'vælju/ *v* [tr/intr] devaluar

devastate /'devəsteɪt/ *v* [tr] devastar

devastated /'devəsteɪtɪd/ *adj* deshecho -a, destruido -a [emocionalmente]: *I was devastated by the news.* Quedé deshecha con la noticia.

devastating /'devəsteɪtɪŋ/ *adj* **1** devastador -a **2** terrible, tremendo -a

develop /dɪ'veləp/ *v* **1** [intr] crecer, desarrollarse: *Children develop very quickly.* Los niños crecen muy rápido. | **to develop into sth** transformarse en algo: *She developed into a charming young woman.* Se transformó en una joven encantadora. **2** [tr] desarrollar [los músculos, etc.] **3** [tr] desarrollar, elaborar [un plan, un producto] **4** [tr] (empezar a tener): *She developed pneumonia.* Contrajo una neumonía. | *She developed a liking for herbal tea.* Empezaron a gustarle las infusiones. **5** [tr] revelar [un rollo de fotos] **6** [tr] urbanizar

developed /dɪ'veləpt/ *adj* desarrollado -a

developer /dɪ'veləpər/ *s* empresa constructora, promotor inmobiliario

developing /dɪ'veləpɪŋ/ *adj* en vías de desarrollo

development /dɪ'veləpmənt/ *s* **1** desarrollo **2** suceso, novedad: *the latest developments in the peace talks* las últimas novedades de las negociaciones de paz **3** urbanización, desarrollo (inmobiliario) **4** complejo [de edificios]: *a new housing development* un nuevo complejo habitacional

deviate /'divieɪt/ *v* **to deviate from sth** desviarse/apartarse de algo

deviation /divi'eɪʃən/ *s* desviación

device /dɪ'vaɪs/ *s* **1** aparato, artefacto, dispositivo: *a handy little device for peeling potatoes* un práctico aparatico para pelar papas

¿Quieres información sobre las diferencias entre los **posesivos** en inglés y en español? Lee la explicación en el apartado de gramática.

2 to leave sb to their own devices dejar a alguien librado -a a sus propios medios

devil /'devəl/ *s* **1** demonio **2 the Devil** el diablo **3** (informal) término usado para referirse, a menudo afectuosamente, a alguien pícaro: *the cunning devil* el muy astuto | *that little devil* ese pícaro/ ese diablito **4 you lucky devil!** ¡qué suerte tienes! **5 talk of the devil** hablando de Roma.../ del rey de Roma... **6 be a devil!** BrE frase usada para animar a alguien a hacer algo que no debe: *Go on, be a devil, have another piece!* Anda, no seas tonto, cómete otro pedazo.

devious /'diviəs/ *adj* artero -a, zorro -a

devise /dɪ'vaɪz/ *v* [tr] idear, crear

devoid /dɪ'vɔɪd/ *adj* **to be devoid of sth** carecer de algo, estar desprovisto -a de algo

devolution /devə'luʃən/ *s* transferencia de poderes de un gobierno central a uno regional

devote /dɪ'vout/ *v* **1 to devote time/effort/ energy to sth** dedicar tiempo/esfuerzos/energía a algo: *She devoted her life to helping the poor.* Dedicó toda su vida a ayudar a los pobres. **2 to devote yourself to sth/sb** dedicarse a algo/alguien **3 to devote money/resources to sth** destinar dinero/recursos a algo

devoted /dɪ'voutɪd/ *adj* **1** abnegado -a [padre, etc.] **2** ferviente [seguidor, admirador, etc.] **3 to be devoted to sth/sb (a)** tener devoción por algo/alguien **(b)** estar dedicado -a a algo/alguien

devotion /dɪ'vouʃən/ *s* **1** devoción, cariño | **devotion to sb** devoción a/por alguien **2 devotion to sth** dedicación a algo

devour /dɪ'vaur/ *v* [tr] devorar, devorarse [comida, libros]

devout /dɪ'vaut/ *adj* devoto -a

dew /du/ *s* rocío

diabetes /daɪə'bitiz/ *s* diabetes

diabetic /daɪə'betɪk/ *adjetivo & sustantivo*

• *adj* **1** diabético -a **2** para diabéticos: *diabetic chocolate* chocolate para diabéticos

• *s* diabético -a

diabolical /daɪə'bɑlɪkəl/ *adj* **1** diabólico -a **2** BrE (informal) espantoso -a, terrible

diagnose /daɪəg'nous/ *v* [tr] **1** diagnosticar | **he was diagnosed with cancer/diabetes etc.** le diagnosticaron cáncer/diabetes etc. **2** encontrar [una falla, un problema]

diagnosis /daɪəg'nousɪs/ *s* (pl **diagnoses**) diagnóstico

diagonal /daɪ'ægənl/ *adj* diagonal

diagonally /daɪ'ægənl-i/ *adv* en diagonal

diagram /'daɪəgræm/ *s* diagrama

dial /'daɪəl/ *verbo & sustantivo*

• *v* [tr/intr] (**-led**, **-ling** AmE, **-lled**, **-lling** BrE) marcar: *I dialed the wrong number.* Marqué mal el número.

• *s* **1** cuadrante [de un reloj, un velocímetro, etc.] **2** dial [de una radio]

dialect /'daɪəlekt/ *s* dialecto

'dialling code *s* BrE código (de ciudad), código (de área), indicativo ▶ En inglés americano se usa **area code**

dialogue, también **dialog** AmE /'daɪəlɔg/ *s* diálogo

'dial tone AmE, **'dialling tone** BrE *s* tono de discado/marcar

diameter /daɪ'æmətər/ *s* diámetro: *It is two meters in diameter.* Tiene dos metros de diámetro.

diamond /'daɪmənd/ *sustantivo & sustantivo plural*

• *s* **1** diamante, brillante **2** rombo **3 diamond anniversary** AmE, también **diamond wedding (anniversary)** BrE bodas de diamante

• **diamonds** *s pl* diamantes [palo de la baraja]

diaper /'daɪpər/ *s* AmE pañal

diaphragm /'daɪəfræm/ *s* **1** (músculo) diafragma **2** (aparato) diafragma

diarrhea AmE, **diarrhoea** BrE /daɪə'riə/ *s* diarrea

diary /'daɪri/ *s* (pl **-ries**) **1** diario [íntimo] | **to keep a diary** llevar un diario **2** BrE agenda

dice /daɪs/ *sustantivo & verbo*

• *s* **1** (pl **dice**) dado | **to throw/roll the dice** tirar los dados **2** (juego de) dados | **to play dice** jugar a los dados

• *v* [tr] cortar en cubos/cubitos/cuadritos

dictate /'dɪkteɪt/ *v* **1** [tr/intr] dictar **2** [tr] determinar, decidir **3** [tr] imponer [condiciones, etc.]

dictate to sb darle órdenes a alguien

dictation /dɪk'teɪʃən/ *s* dictado | **to take dictation** tomar dictado

dictator /'dɪkteɪtər/ *s* dictador -a

dictatorship /dɪk'teɪtərʃɪp/ *s* dictadura

dictionary /'dɪkʃəneri/ *s* (pl **-ries**) diccionario

did pasado de **do**

didn't /'dɪdnt/ contracción de **did not**

die /daɪ/ *v* (pasado & participio **died**, gerundio **dying**) **1** [intr] morir, morirse | **to die of/from sth** morir(se) de algo: *They died of starvation.* Se murieron de hambre. | **to die for sth/sb** morir por algo/alguien: *He died for his country* Murió por su país. **2 to be dying for sth** morirse por algo: *I'm dying for a cup of coffee.* Me muero por una taza de café | **to be dying to do sth** morirse por hacer algo

die down 1 calmarse [tormenta, viento] **2** irse apagando [llamas] **3** decaer [interés], acallarse [risas, aplausos]

die off morir, ir muriendo

die out desaparecer

diesel /'dizəl/ *s* **1** diesel, gasoil, ACPM **2** (auto/motor etc.) diesel

diet /ˈdaɪət/ *sustantivo & verbo*
- **s** **1** dieta: *They live on a diet of fruit and insects.* Se alimentan de frutas e insectos. **2** dieta, régimen | **to be/go on a diet** estar/ponerse a dieta
- **v** [intr] hacer dieta/régimen

differ /ˈdɪfər/ *v* [intr] **1** ser diferente, diferir | **to differ from sth/sb** diferenciarse de alguien/algo **2 to differ with sb on/about sth** discrepar con alguien sobre algo, no estar de acuerdo con alguien sobre algo

difference /ˈdɪfrəns/ *s* **1** diferencia: *I see no **difference between** them.* No veo ninguna diferencia entre ellos. | *There is a big **difference in** price.* Hay una gran diferencia de precio. **2 a difference of opinion** una diferencia de opinión, una discrepancia | **to have your differences** tener sus diferencias **3 it makes no difference** no cambia las cosas, da igual: *Even if you'd tried to help it would have made no difference.* Aunque hubieras tratado de ayudar, no habría cambiado las cosas. | **to make no difference to sb** darle lo mismo a alguien: *It makes no difference to her if I'm there or not.* Le da lo mismo que yo esté o no.

different /ˈdɪfrənt/ *adj* diferente, distinto -a | **different from sth/sb** diferente de algo/alguien, distinto -a de algo/alguien: *It's different from the one I saw in the store.* Es diferente del que vi en la tienda. ► Existen también las estructuras **different than sth/sb**, frecuente en el inglés americano oral y **different to sth/sb**, muy común en el inglés británico oral

differentiate /dɪfəˈrenʃieɪt/ *v* **1** (reconocer como distinto) **to differentiate between** distinguir entre: *Most people can't differentiate between the two drinks.* La mayoría de la gente no distingue entre las dos bebidas. | **to differentiate sth from sth** distinguir algo de algo **2** [tr] (hacer distinto) distinguir | **to differentiate sth from sth** distinguir algo de algo

differently /ˈdɪfrəntli/ *adv* (de manera) diferente

difficult /ˈdɪfəkʌlt/ *adj* **1** difícil: *It was **difficult** to concentrate.* Era difícil concentrarse. | **to make life/things difficult for sb** complicarle la vida/las cosas a alguien **2** difícil [persona]: *a difficult customer* un cliente difícil | *He's just being difficult.* Se está haciendo el difícil.

difficulty /ˈdɪfɪkʌlti/ *s* (pl **-ties**) **1** problema | **to have difficulty (in) doing sth** tener problemas para hacer algo | **with difficulty** con dificultad: *She got out of her chair with difficulty.* Se levantó del sillón con dificultad. | **to be in difficulty/difficulties** tener problemas, estar en apuros | **to get/run into difficulties** empezar a tener problemas **2** dificultad

diffuse /dɪˈfjuz/ *v* [tr] difundir

dig /dɪg/ *verbo & sustantivo*
- **v** (gerundio **digging**, pasado & participio **dug**) **1** [intr] remover la tierra | **to dig for sth** excavar en busca de algo **2 to dig the garden** remover la tierra en el jardín **3 to dig a hole/tunnel etc.** cavar un pozo/túnel etc., hacer un pozo/túnel etc. **4 to dig sth into sth** clavar algo en algo | **to dig into sth** clavarse en algo: *The stones on the ground dug into my back.* Las piedras del suelo se me clavaban en la espalda.

digging the garden

dig in (informal) atacar [empezar a comer]
dig sth out **1** desenterrar algo **2** (informal) sacar algo [escondido o guardado]
dig sth up **1** arrancar algo, desenterrar algo **2** averiguar algo
- **s** **1 to give sb a dig** darle un codazo a alguien **2 to have a dig at sb/sth** (informal) burlarse de alguien/algo **3** excavación [arqueológica]

digest /daɪˈdʒest/ *v* [tr] **1** digerir **2** asimilar, digerir

digestion /daɪˈdʒestʃən/ *s* digestión

digestive /daɪˈdʒestɪv/ *adj* digestivo -a

digger /ˈdɪgər/ *s* excavadora

digit /ˈdɪdʒɪt/ *s* dígito, cifra: *an eight-digit identification number* un número de identificación de ocho dígitos

digital /ˈdɪdʒɪtl/ *adj* digital: *digital television* televisión digital

dignified /ˈdɪgnəfaɪd/ *adj* digno -a

dignity /ˈdɪgnəti/ *s* dignidad

dike, también **dyke** /daɪk/ *s* **1** dique, terraplén **2** zanja, acequia

dilapidated /dəˈlæpədeɪtɪd/ *adj* destartalado -a, derruido -a

dilemma /dəˈlemə/ *s* dilema | **to be in a dilemma** estar en un dilema

diligence /ˈdɪlədʒəns/ *s* diligencia, aplicación

diligent /ˈdɪlədʒənt/ *adj* **1** aplicado -a [alumno, trabajador, etc.] **2** concienzudo -a [trabajo, investigación, etc.]

dilute /dɪˈlut/ *v* [tr] **1** diluir **2** debilitar, diluir

dim /dɪm/ *adjetivo & verbo*
- **adj** (**-mmer**, **-mmest**) **1** tenue [luz] **2** borroso -a [figura, perfil, etc.] **3** vago -a [recuerdo, conciencia, etc.] **4** (informal) tonto -a, de pocas luces
- **v** (**-mmed**, **-mming**) **1** [tr] bajar: *Can you dim the lights a little?* ¿Puedes bajar un poquito las luces? **2 to dim your headlights** AmE bajar las luces [del auto] **3** [intr] atenuarse

dime /daɪm/ *s* (moneda de) diez centavos [en EU y Canadá]

dimension /dɪˈmenʃən/ *sustantivo & sustantivo plural*
- **s** dimensión
- **dimensions** *s pl* dimensiones

¿No estás seguro de si se usa **make** o **do**? Mira las entradas **hacer**, **make** y **do**.

diminish /dɪˈmɪnɪʃ/ *v* (3ª pers sing **-shes**) **1** [tr] disminuir, reducir **2** [intr] disminuir, reducirse

diminutive /dɪˈmɪnjətɪv/ *adjetivo & sustantivo*
- *adj* diminuto -a
- *s* diminutivo

dimly /ˈdɪmli/ *adv* **1 dimly lit** poco iluminado -a **2** vagamente

din /dɪn/ *s* estruendo, barullo

dine /daɪn/ *v* [intr] (formal) cenar, comer [por la noche] | **to dine on sth** cenar/comer algo
dine out cenar/comer afuera

diner /ˈdaɪnər/ *s* **1** AmE restaurante, generalmente económico, decorado en el estilo de los años cincuenta **2** comensal

dinghy /ˈdɪŋi/ *s* (pl **-ghies**) **1** barco a vela [pequeño] **2** bote de goma/caucho, lancha neumática

dingy /ˈdɪndʒi/ *adj* (**-gier**, **-giest**) sórdido -a [calle, habitación, etc.]

ˈdining room *s* comedor

dinner /ˈdɪnər/ *s* **1** cena, comida [por la noche] ▶ ver abajo **2 what's for dinner?** ¿qué hay de cenar/comer? **3 to have/eat dinner** cenar, comer | **to have sth for dinner** cenar/comer algo: *What do you want for dinner?* ¿Qué quieren cenar? **4 to ask sb to dinner** invitar a alguien a cenar/comer **5 to go out to dinner** salir a cenar/comer, ir a cenar/comer afuera

> En algunas partes de Gran Bretaña, sobre todo en el norte del país, la comida principal o **dinner** se come al mediodía. Entonces equivale a *almuerzo* o *comida*, según la región.

ˈdinner ˌjacket BrE ▶ ver **tuxedo**

ˈdinner ˌparty *s* (pl **-ties**) cena [con invitados]

dinnertime /ˈdɪnərtaɪm/ *s* hora de cenar/comer ▶ ver nota en **dinner**

dinosaur /ˈdaɪnəsɔr/ *s* dinosaurio

dip /dɪp/ *verbo & sustantivo*
- *v* (**-pped**, **-pping**) **1 to dip sth in/into sth** meter algo en algo, sumergir algo en algo: *I dipped my foot into the water.* Metí el pie en el agua. **2** [intr] hundirse: *The sun dipped below the horizon.* El sol se hundió en el horizonte. **3** [intr] bajar [precio, temperatura] **4 to dip your headlights** BrE bajar las luces [del auto]
  dip into sth to dip into your savings recurrir a sus ahorros
- *s* **1** (informal) chapuzón | **to go for a dip** (ir a) darse un chapuzón **2 a dip in sth** una baja en algo [temperaturas, precios] **3** bajada [en un camino] **4** dip, salsa (dip) [salsa en la que se mojan papas fritas, trozos de verduras crudas, etc.]

diploma /dɪˈploʊmə/ *s* diploma | **a diploma in sth** un diploma en algo

diplomacy /dɪˈploʊməsi/ *s* diplomacia

diplomat /ˈdɪpləmæt/ *s* diplomático -a

diplomatic /dɪpləˈmætɪk/ *adj* diplomático -a

dire /daɪr/ *adj* **1** nefasto -a, tremendo -a **2 to be in dire need of sth** tener una necesidad extrema de algo **3** (informal) espantoso -a

direct /dəˈrekt/ *adjetivo, verbo & adverbio*
- *adj* **1** directo -a: *the most direct route* el camino más directo **2** directo -a [resultado, consecuencia] **3** directo -a [respuesta, persona]
- *v* **1** [tr] (estar a cargo de) dirigir **2** [tr] dirigir: *My criticisms were directed at her, not at you.* Mis críticas iban dirigidas a ella, no a ti. **3 to direct sb to the station/the museum etc.** indicarle a alguien cómo llegar a la estación/el museo etc.: *Could you direct me to the hospital?* ¿Me podría indicar cómo llegar al hospital? **4** [tr/intr] (en cine, teatro) dirigir
- *adv* directamente

diˌrect ˈbilling AmE, **diˌrect ˈdebit** BrE *s* débito automático, débito directo, débito bancario [para pagos regulares]

direction /dəˈrekʃən/ *sustantivo & sustantivo plural*
- *s* **1** dirección, rumbo | **in the direction of** rumbo a, en dirección a | **in the opposite direction** en dirección contraria **2 under sb's direction** bajo la dirección de alguien
- **directions** *s pl* **to ask sb for directions** pedirle indicaciones a alguien | **to give sb directions** darle indicaciones a alguien

directly /dəˈrektli/ *adv* **1** directamente **2 directly in front of/behind/opposite etc.** justo delante/detrás/enfrente etc.: *She lives directly opposite me.* Vive justo enfrente de mi casa. **3** directamente, abiertamente

director /dəˈrektər/ *s* **1** (de una empresa, una organización, etc.) director -a **2** (de una obra, una película) director -a

directory /dəˈrektəri/ *s* (pl **-ries**) **1** (de teléfonos) guía (telefónica), directorio (telefónico) **2** (lista) guía, directorio **3** (en computación) directorio **4 directory assistance** AmE, **directory enquiries** BrE servicio telefónico que ofrece información sobre los números de los abonados

dirt /dɜrt/ *s* **1** suciedad **2** tierra | **a dirt track/road** un camino/una calle de tierra **3 to treat sb like dirt** tratar a alguien como a un perro

dirty /ˈdɜrti/ *adjetivo & verbo*
- *adj* (**-tier**, **-tiest**) **1** sucio -a: *Your hands are dirty.* Tienes las manos sucias. **2 a dirty joke** un chiste verde, un chiste colorado | **a dirty movie/magazine** una película/revista pornográfica **3 a dirty trick** una mala pasada, una jugarreta **4 to do sb's dirty work** hacerle el trabajo sucio a alguien
- *v* (**-ties**, **-tied**) **1** [tr] ensuciar **2** [intr] ensuciarse

disability /dɪsəˈbɪləti/ *s* (pl **-ties**) discapacidad, incapacidad

i ¿No sabes cómo pronunciar una determinada palabra? Consulta el recuadro de **símbolos fonéticos** en el interior de la cubierta.

disabled /dɪs'eɪbəld/ *adj* **1** discapacitado -a, incapacitado -a **2 the disabled** los discapacitados, los incapacitados

disadvantage /dɪsəd'væntɪdʒ/ *s* desventaja | **to be at a disadvantage** estar en desventaja

disadvantaged /dɪsəd'væntɪdʒd/ *adj* desfavorecido -a, carenciado -a

disadvantageous /dɪsædvæn'teɪdʒəs/ *adj* desfavorable

disagree /dɪsə'gri/ *v* [intr] (pasado & participio **disagreed**) no estar de acuerdo: *I'm sorry but I* ***disagree with*** *you.* Perdóname, pero no estoy de acuerdo contigo. | **to disagree on/about sth** discrepar en algo, no ponerse de acuerdo en algo: *We disagree on most things.* Discrepamos en casi todo.
disagree with sb (hablando de comida) caerle mal a alguien: *Radishes disagree with me.* Los rabanitos me caen mal.

disagreeable /dɪsə'griəbəl/ *adj* desagradable

disagreement /dɪsə'grimənt/ *s* **1** desacuerdo **2** discusión

disappear /dɪsə'pɪr/ *v* [intr] desaparecer: *My keys have disappeared.* Han desaparecido mis llaves. | *He* ***disappeared into*** *the kitchen.* Se metió en la cocina. | **to disappear from view/sight** perderse de vista

disappearance /dɪsə'pɪrəns/ *s* desaparición

disappoint /dɪsə'pɔɪnt/ *v* [tr] decepcionar

disappointed /dɪsə'pɔɪntɪd/ *adj* decepcionado -a, desilusionado -a: *He's* ***disappointed about*** *not being able to go.* Está decepcionado porque no puede ir. | *I was* ***disappointed with*** *the hotel.* El hotel me decepcionó. | *I'm* ***disappointed in*** *you, Sarah.* Me has decepcionado, Sarah.

disappointing /dɪsə'pɔɪntɪŋ/ *adj* decepcionante

disappointment /dɪsə'pɔɪntmənt/ *s* **1** (sentimiento) decepción, desilusión **2** (cosa o persona que decepciona): *The vacation was a real disappointment.* Las vacaciones nos decepcionaron. **to be a disappointment to sb** defraudar/decepcionar a alguien

disapproval /dɪsə'pruvəl/ *s* desaprobación

disapprove /dɪsə'pruv/ *v* **to disapprove of sth/sb** considerar que algo no está bien, o que alguien no actúa o piensa, etc. como corresponde: *I disapprove of him going out every night.* No me parece bien que salga todas las noches. | *My parents disapprove of my boyfriend.* A mis padres no les gusta mi novio.

disarm /dɪs'ɑrm/ *v* **1** [tr] desarmar **2** [intr] desarmarse

disarmament /dɪs'ɑrməmənt/ *s* desarme

disarray /dɪsə'reɪ/ *s* (formal) **in disarray (a)** (referido a una habitación, a la ropa de alguien, etc.) desarreglado -a **(b)** (referido a una organización, al gobierno): *The administration is in complete disarray.* Reina la confusión en el gobierno.

disassociate ▶ ver **dissociate**

disaster /dɪ'zæstər/ *s* **1** desastre, catástrofe **2** (fracaso) desastre

disastrous /dɪ'zæstrəs/ *adj* desastroso -a, catastrófico -a

disbelief /dɪsbə'lif/ *s* incredulidad

disc ▶ ver **disk**

discard /dɪ'skɑrd/ *v* [tr] (formal) botar, tirar, desechar

discern /dɪ'sɜrn/ *v* [tr] (formal) distinguir, discernir

discernible /dɪ'sɜrnəbəl/ *adj* (formal) perceptible

discharge¹ /dɪs'tʃɑrdʒ/ *v* [tr] **1** (del hospital) dar de alta: *He was discharged from the hospital the same day.* Lo dieron de alta del hospital el mismo día. **2** (de las fuerzas armadas) dar de baja **3** arrojar, verter

discharge² /'dɪstʃɑrdʒ/ *s* **1** emisión, vertido **2** secreción **3** alta [del hospital] **4** (de las fuerzas armadas) baja

discipline /'dɪsəplɪn/ *sustantivo & verbo*
• *s* disciplina
• *v* [tr] disciplinar, sancionar

'disc ,jockey ▶ ver **disk jockey**

disclose /dɪs'kloʊz/ *v* [tr] (formal) revelar

disco /'dɪskoʊ/ *s* baile [fiesta con DJ]

discomfort /dɪs'kʌmfərt/ *s* incomodidad, molestia(s)

disconcerting /dɪskən'sɜrtɪŋ/ *adj* desconcertante

disconnect /dɪskə'nekt/ *v* [tr] desconectar

discontented /dɪskən'tentɪd/ *adj* descontento -a, disconforme

discount¹ /'dɪskaʊnt/ *s* descuento: *They gave me a 20% discount* Me hicieron un 20% de descuento. | **at a discount** con descuento

discount² *v* [tr] **1** descartar **2** rebajar [un producto]

discourage /dɪ'skɜrɪdʒ/ *v* [tr] **1** desalentar | **to discourage sb from doing sth** disuadir a alguien de hacer algo **2** desanimar

discover /dɪ'skʌvər/ *v* [tr] descubrir: *Pluto was discovered in 1930.* Plutón fue descubierto en 1930. | *Did you ever discover who sent you the flowers?* ¿Al final descubriste quién te mandó las flores?

discovery /dɪ'skʌvəri/ *s* (pl **-ries**) descubrimiento: *an important scientific discovery* un descubrimiento científico importante | *the discovery of oil in Texas* el descubrimiento de petróleo en Texas | **to make a discovery** hacer un descubrimiento

discredit /dɪs'kredɪt/ *v* [tr] desacreditar, desprestigiar

discreet /dɪ'skrit/ *adj* discreto -a

discreetly /dɪ'skritli/ *adv* discretamente

discrepancy /dɪ'skrepənsi/ *s* (pl **-cies**) discrepancia

ⓘ Hay una tabla con los **números** en inglés y explicaciones sobre su uso en el apartado de gramática.

discretion /dɪ'skreʃən/ *s* **1** juicio, discreción | **at sb's discretion** a criterio de alguien, a discreción de alguien **2** (tacto) discreción

discriminate /dɪ'skrɪməneɪt/ *v* **1** [intr] discriminar: *It is illegal to **discriminate against** anyone on the grounds of race.* Es ilegal discriminar a alguien por cuestiones de raza. **2** [tr/intr] distinguir

discrimination /dɪskrɪmə'neɪʃən/ *s* discriminación

discuss /dɪ'skʌs/ *v* [tr] (3ª pers sing **-sses**) hablar de: *Have you **discussed** this **with** your mother?* ¿Has hablado de esto con tu madre?

discussion /dɪ'skʌʃən/ *s* conversación, discusión | **to have a discussion about sth** hablar de algo

disdain /dɪs'deɪn/ *s* desdén

disease /dɪ'ziz/ *s* enfermedad, enfermedades: *a contagious disease* una enfermedad contagiosa | *the risk of heart disease* el riesgo de enfermedades cardíacas ▶ **¿DISEASE O ILLNESS?** ver nota en **enfermedad**

disembark /dɪsɪm'bɑrk/ *v* [intr] desembarcar

disenchanted /dɪsɪn'tʃæntɪd/ *adj* desencantado -a

disfigure /dɪs'fɪgjər/ *v* [tr] desfigurar, afear

disgrace /dɪs'greɪs/ *sustantivo & verbo*

- *s* **1** vergüenza: *The food was a disgrace.* La comida era una vergüenza. **2** oprobio **3 in disgrace** castigado -a: *We were sent to bed in disgrace.* Nos mandaron a la cama castigados.
- *v* [tr] **1** hacerle pasar vergüenza a **2 to disgrace yourself** hacer un papelón, hacer el oso

disgraceful /dɪs'greɪsfəl/ *adj* vergonzoso -a

disgruntled /dɪs'grʌntld/ *adj* descontento -a

disguise /dɪs'gaɪz/ *sustantivo & verbo*

- *s* **1** disfraz **2 in disguise** disfrazado -a
- *v* [tr] **1** disfrazar **2** disimular

disgust /dɪs'gʌst/ *sustantivo & verbo*

- *s* indignación, asco | **in disgust** indignado -a: *We left in disgust.* Nos fuimos indignados. | **with disgust** con asco: *Everyone was looking at her with disgust.* Todos la miraban con asco.
- *v* [tr] darle asco a, indignar: *You disgust me!* ¡Me das asco!

disgusting /dɪs'gʌstɪŋ/ *adj* asqueroso -a, desagradable: *What's that disgusting smell?* ¿Qué es ese olor asqueroso?

dish /dɪʃ/ *sustantivo, sustantivo plural & verbo*

- *s* (pl **dishes**) **1** plato [hondo] **2** fuente **3** plato [comida]: *a seafood dish* un plato de mariscos
- **the dishes** *s pl* los platos, los trastes | **to do/wash the dishes** lavar los platos/trastes
- *v* **dish sth out** (informal) repartir algo
  dish sth up servir algo

disheartened /dɪs'hɑrtnd/ *adj* descorazonado -a

disheveled AmE, **dishevelled** BrE /dɪ'ʃevəld/ *adj* desaliñado -a, despeinado -a

dishonest /dɪs'ɑnɪst/ *adj* deshonesto -a

dishonestly /dɪs'ɑnɪstli/ *adv* de manera deshonesta

dishonesty /dɪs'ɑnɪsti/ *s* falta de honestidad

dishonor AmE, **dishonour** BrE /dɪs'ɑnər/ *sustantivo & verbo*

- *s* (formal) deshonra
- *v* [tr] (formal) deshonrar

dishonorable AmE, **dishonourable** BrE /dɪs'ɑnərəbəl/ *adj* deshonroso -a, falto -a de ética

'dish ˌtowel *s* AmE (para secar la vajilla) Según región: *toalla de cocina, limpión, secador* o *paño de cocina*

dishwasher /'dɪʃwɑʃər/ *s* (electrodoméstico) lavavajillas, lavaplatos

'dish-washing ˌliquid *s* AmE lavavajillas

disillusioned /dɪsə'luʒənd/ *adj* desilusionado -a

disinfect /dɪsɪn'fekt/ *v* [tr] desinfectar

disinfectant /dɪsɪn'fektənt/ *s* desinfectante

disintegrate /dɪs'ɪntəgreɪt/ *v* [intr] desintegrarse

disinterested /dɪs'ɪntrɪstɪd/ *adj* (formal) imparcial, desinteresado -a

disk, también **disc** BrE /dɪsk/ *s* **1** disco [en computación] ▶ ver también **floppy disk**, **hard disk** **2** AmE disco [de cualquier tipo]

'disk drive *s* unidad de disco

diskette /dɪ'sket/ *s* diskette, disquete

'disk ˌjockey AmE, **'disc ˌjockey** BrE *s* disc jockey

dislike /dɪs'laɪk/ *verbo & sustantivo*

- *v* [tr] encontrar algo o a alguien desagradable: *I dislike getting up early.* No me gusta levantarme temprano.
- *s* **1 dislike of/for sth** aversión a/por algo **2 to take a dislike to sth** tomarle/cogerle idea a algo | **to take a dislike to sb** tomarle/cogerle antipatía a alguien

dislocate /dɪs'loʊkeɪt/ *v* [tr] dislocarse

dislodge /dɪs'lɑdʒ/ *v* [tr] desencajar, hacer salir/caer

disloyal /dɪs'lɔɪəl/ *adj* desleal | **to be disloyal to sb** ser desleal con alguien

dismal /'dɪzməl/ *adj* **1** lúgubre, deprimente **2** nefasto -a

dismantle /dɪs'mæntl/ *v* [tr] desarmar

dismay /dɪs'meɪ/ (formal) *sustantivo & verbo*

- *s* consternación | **with/in dismay** consternado -a
- *v* [tr] consternar

dismiss /dɪs'mɪs/ *v* [tr] (3ª pers sing **-sses**) **1** descartar **2** (formal) despedir [de un trabajo]

dismissal /dɪs'mɪsəl/ *s* (formal) despido

dismissive /dɪs'mɪsɪv/ *adj* desdeñoso -a

disobedience /dɪsə'bidiəns/ *s* desobediencia

disobedient /dɪsə'bidiənt/ *adj* desobediente

disobey /dɪsə'beɪ/ *v* [tr/intr] desobedecer

disorder /dɪs'ɔrdər/ *s* **1** desorden | **in disorder** desordenado -a **2** disturbios

disorganized, -ised BrE /dɪs'ɔrgənaɪzd/ *adj* desorganizado -a

disoriented /dɪs'ɔrientɪd/, **disorientated** /dɪs'ɔrienteɪtɪd/ BrE *adj* desorientado -a

disown /dɪs'oʊn/ *v* [tr] renegar de [una persona, una amistad, etc.]

disparity /dɪ'spærəti/ *s* (pl **-ties**) disparidad

dispatch, también **despatch** BrE /dɪ'spætʃ/ *v* [tr] (3ª pers sing **-ches**) despachar, enviar

dispel /dɪ'spel/ *v* [tr] (**-lled**, **-lling**) **1** disipar [temores, dudas, etc.] **2** erradicar [creencias, ideas, etc.]

dispense /dɪ'spens/ *v* [tr] (formal) **1** suministrar [alimentos, medicamentos] **2** expender [bebidas, golosinas, etc.]

dispense with sth prescindir de algo

dispenser /dɪ'spensər/ *s* **1** máquina (expendedora) **2** dispensador, despachador [para jabón líquido] ▶ ver también **cash**

disperse /dɪ'spɜrs/ *v* **1** [tr] dispersar **2** [intr] dispersarse

displace /dɪs'pleɪs/ *v* [tr] **1** (sustituir) desplazar **2** (a personas) desplazar [obligar a abandonar su hogar y dirigirse a otro sitio]

display /dɪ'spleɪ/ *sustantivo & verbo*

• *s* **1** muestra, exhibición | **on display** en exhibición **2** despliegue **3** show, demostración **4** pantalla

• *v* [tr] **1** exhibir **2** demostrar

disposable /dɪ'spoʊzəbəl/ *adj* desechable

disposal /dɪ'spoʊzəl/ *s* **1** eliminación [de residuos, etc.] **2** **at your/my etc. disposal** a su/mi etc. disposición

dispose /dɪ'spoʊz/ *v* **dispose of sth** deshacerse de algo, desechar algo

disposed /dɪ'spoʊzd/ *adj* (formal) **to be disposed to do sth** sentirse dispuesto -a a hacer algo

disprove /dɪs'pruv/ *v* **to disprove a theory/an argument/an accusation** refutar una teoría/un argumento/una acusación

dispute /dɪ'spjut/ *sustantivo & verbo*

• *s* **1** conflicto | **to be in dispute with sb** estar en conflicto con alguien **2** discusión **3** **to be in dispute** estar en discusión

• *v* [tr] discutir, cuestionar

disqualify /dɪs'kwɑləfaɪ/ *v* [tr] (**-fies**, **-fied**) descalificar

disregard /dɪsrɪ'gɑrd/ *v* [tr] (formal) ignorar, no tener en cuenta

disrepute /dɪsrɪ'pjut/ *s* **to bring sth into disrepute** desacreditar algo

disrespect /dɪsrɪ'spekt/ *s* falta de respeto

disrupt /dɪs'rʌpt/ *v* [tr] **1** trastornar, impedir el desarrollo normal de [un proceso, una reunión, etc.] **2** desbaratar [planes]

disruption /dɪs'rʌpʃən/ *s* trastornos

disruptive /dɪs'rʌptɪv/ *adj* que perturba el normal desarrollo de una actividad

dissatisfaction /dɪsætɪs'fækʃən/ *s* insatisfacción , descontento

dissatisfied /dɪ'sætɪsfaɪd/ *adj* desconforme, insatisfecho -a | **to be dissatisfied with sth/sb** estar desconforme con algo/alguien

dissect /dɪ'sekt/ *v* [tr] disecar, hacer la disección de

dissent /dɪ'sent/ *s* desacuerdo, disenso

dissertation /dɪsər'teɪʃən/ *s* tesina, tesis

dissident /'dɪsədənt/ *s* disidente

dissociate /dɪ'soʊʃieɪt/ *v* **to dissociate yourself from sth/sb** desvincularse de algo/alguien

dissolve /dɪ'zɑlv/ *v* **1** (en líquido) [intr] disolverse, [tr] disolver **2** [tr] (poner fin a) disolver

dissuade /dɪ'sweɪd/ *v* **to dissuade sb (from doing sth)** disuadir a alguien (de hacer algo)

distance /'dɪstəns/ *sustantivo & verbo*

• *s* **1** distancia: *a vast distance* una enorme distancia | *The coast is only a* ***short distance*** *away.* La costa no está muy lejos. | *I live* ***within walking distance of*** *school.* Puedo ir caminando de mi casa a la escuela. **2** **at/from a distance** de lejos | **in the distance** a lo lejos **3** **to keep your distance (a)** mantenerse alejado -a **(b)** guardar las distancias

• *v* **to distance yourself from sth** tomar distancia de algo | **to distance yourself from sb** distanciarse de alguien

distant /'dɪstənt/ *adj* **1** lejano -a, remoto -a: *distant lands* tierras lejanas | *in the distant past* en el pasado remoto **2** lejano -a [pariente] **3** distante [en el trato]

distaste /dɪs'teɪst/ *s* desagrado, rechazo

distill AmE, **distil** BrE /dɪ'stɪl/ *v* [tr] (**-lled**, **-lling**) destilar

distillery /dɪ'stɪləri/ *s* (pl **-ries**) destilería

distinct /dɪ'stɪŋkt/ *adj* **1** distinto -a | **distinct from sth** distinto -a de algo **2** claro -a [posibilidad, ventaja] **3** inconfundible [olor]

distinction /dɪ'stɪŋkʃən/ *s* **1** distinción | **to make/draw a distinction** establecer una distinción | **without distinction** sin distinciones **2** honor **3** mención especial que se obtiene cuando un examen es muy bueno **4** **with distinction** con una notable actuación

distinctive /dɪ'stɪŋktɪv/ *adj* característico -a, inconfundible

distinguish /dɪ'stɪŋgwɪʃ/ *v* [tr] (3ª pers sing **-shes**) **1** distinguir: *How do you* ***distinguish between*** *the male and the female?* ¿Cómo distingues el macho de la hembra? | *He can't* ***distinguish*** *red* ***from*** *green.* No distingue el rojo del verde. **2** **to distinguish yourself** distinguirse, lucirse

distinguished /dɪ'stɪŋgwɪʃt/ *adj* **1** destacado -a **2** distinguido -a

¿Quieres pedir una hamburguesa en inglés? Consulta la **guía de comunicación** al final del libro.

distort /dɪ'stɔrt/ *v* [tr] **1** tergiversar **2** distorsionar

distortion /dɪ'stɔrʃən/ *s* **1** tergiversación **2** distorsión

distract /dɪ'strækt/ *v* [tr] distraer: *Don't distract me when I'm studying.* No me distraigas cuando estoy estudiando.

distraction /dɪ'strækʃən/ *s* distracción

distraught /dɪ'strɔt/ *adj* desesperado -a, angustiado -a

distress /dɪ'stres/ *sustantivo & verbo*
- *s* angustia | **in distress (a)** angustiado -a **(b)** en peligro [barco]
- *v* [tr] angustiar, afligir

distressed /dɪ'strest/ *adj* angustiado -a

distressing /dɪ'stresɪŋ/ *adj* angustiante

distribute /dɪ'strɪbjət/ *v* [tr] distribuir, repartir

distribution /dɪstrə'bjuʃən/ *s* distribución

distributor /dɪ'strɪbjətər/ *s* **1** (empresa) distribuidor -a **2** (en un automóvil) distribuidor

district /'dɪstrɪkt/ *s* **1** zona [de una ciudad] **2** región [de un país] **3** distrito, circunscripción

distrust /dɪs'trʌst/ *sustantivo & verbo*
- *s* desconfianza
- *v* [tr] desconfiar de

disturb /dɪ'stɜrb/ *v* [tr] **1** molestar: *I hope I'm not disturbing you.* No te estoy molestando, ¿no? | *"Do not disturb"* "No molestar" **2** perturbar

disturbance /dɪ'stɜrbəns/ *s* **1** molestia(s) **2** disturbio(s), alboroto

disturbed /dɪ'stɜrbd/ *adj* trastornado -a

disturbing /dɪ'stɜrbɪŋ/ *adj* inquietante, perturbador -a

disused /dɪs'juzd/ *adj* en desuso

ditch /dɪtʃ/ *sustantivo & verbo*
- *s* (pl **-ches**) zanja, cuneta
- *v* [tr] (3ª pers sing **-ches**) (informal) **1** botar, dejar [a un novio, etc.] **2** abandonar [un plan] **3** deshacerse de, botar [un objeto]

dither /'dɪðər/ *v* [intr] titubear

ditto /'dɪtəʊ/ *adv* ídem, igual

dive /daɪv/ *verbo & sustantivo*
- *v* [intr] (pasado **dived** o **dove** AmE, participio **dived**) **1** tirarse (al agua), zambullirse: ***A man dove in** and rescued her.* Un hombre se tiró al agua y la rescató. **2** tirarse: *The goalkeeper **dived for** the ball.* El portero se tiró para atajar la pelota.
- *s* zambullida, clavado

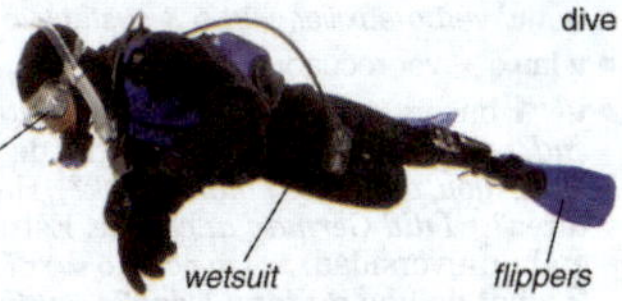

diver /'daɪvər/ *s* buzo [nadador]

diverse /də'vɜrs/ *adj* variado -a, diverso -a

diversify /də'vɜrsəfaɪ/ *v* (**-fies**, **-fied**) **1** [intr] diversificarse **2** [tr] diversificar

diversion /də'vɜrʒən/ *s* **1** distracción **2** BrE ▶ ver **detour**

diversity /də'vɜrsəti/ *s* diversidad

divert /də'vɜrt/ *v* [tr] **1** desviar **2 to divert attention from sth** desviar la atención de algo

divide /də'vaɪd/ *verbo & sustantivo*
- *v* **1 to divide sth (up) into sth** dividir algo en algo: *The teacher divided the class into two groups.* La profesora dividió la clase en dos grupos. | **to divide (up) into sth** dividirse en algo: *We divided up into groups of four.* Nos dividimos en grupos de cuatro. **2** separar | **to divide sth from sth** separar algo de algo **3 to divide sth between/among** dividir/repartir algo entre: *His fortune will be divided among his three children.* Su fortuna se va a dividir entre sus tres hijos. **4** [tr/intr] dividir: *100 **divided by** 20 is 5.* 100 dividido (entre/por) 20 es 5.
- *s* línea divisoria

di,vided 'highway *s* AmE autovía, carretera de doble vía/carril

dividend /'dɪvədend/ *s* dividendo | **to pay dividends** dar/rendir dividendos, reportar beneficios

divine /də'vaɪn/ *adj* divino -a

diving /'daɪvɪŋ/ *s* **1** buceo, submarinismo **2** clavadismo, saltos de trampolín

'diving board *s* trampolín [en una piscina]

division /də'vɪʒən/ *s* **1** (separación) división **2** (en matemática) división **3** departamento, sección **4** (desacuerdo) división **5** (en deporte) división

divorce /də'vɔrs/ *sustantivo & verbo*
- *s* divorcio | **to get a divorce** divorciarse
- *v* **1** [tr] divorciarse de **2** [intr] divorciarse **3 to get divorced** divorciarse

divorcee /dəvɔr'si/ *s* **1** (también **divorcée**) AmE divorciada **2** BrE divorciado -a

divulge /də'vʌldʒ/ *v* [tr] (formal) **1** divulgar **2 to divulge sth to sb** revelarle algo a alguien

DIY /di aɪ 'waɪ/ *s* (= **do-it-yourself**) BrE ▶ ver **do-it-yourself**

dizzy /'dɪzi/ *adj* (**-zzier**, **-zziest**) mareado -a | **to feel dizzy (a)** marearse, sentirse mareado -a **(b)** sentir vértigo: *I felt dizzy.* Me dio vértigo.

DJ /'di dʒeɪ/ *s* (= **disk jockey**) DJ

do /du/ *verbo auxiliar, verbo & sustantivo*

• *v* [aux] ▶ ver recuadro

• *v* **1** hacer: *Are you doing anything this weekend?* ¿Van a hacer algo este fin de semana? | *Have you done your homework?* ¿Has hecho la tarea? | *I did German at college.* Estudié alemán en la universidad. ▶ **¿TO DO O TO MAKE?** ver **hacer**
2 what do you do for a living? ¿en/de qué trabajas?, ¿a qué te dedicas?
3 what can I do for you? ¿en qué puedo ayudarlo?
4 to do the dishes lavar los platos/trastes
5 to do your hair peinarse | **to have your hair done** ir a la peluquería [a peinarse]
6 (desempeñarse, estar): *How did I do?* ¿Cómo estuve? | *The team is doing very well.* Al equipo le va muy bien. | *I did terribly in my audition.* Me fue horriblemente mal en la audición. | *How are you doing?* ¿Cómo te va?
7 (con períodos de tiempo): *He did five years in jail.* Pasó cinco años en la cárcel. | *I did two years as a teacher.* Trabajé dos años de profesor.
8 (hablando de alimentos) preparar, hacer: *Can you do the vegetables?* ¿Puedes preparar las verduras? | *She did roast chicken.* Hizo pollo al horno.
9 (hablando de productos en venta) tener, vender: *Do you do perfumed candles?* ¿Venden velas perfumadas?
10 (hablando de comidas) servir: *We don't do food in the evenings.* No servimos comida en la noche.
11 (con velocidades) ir a: *She was doing 120 mph.* Iba a 120 millas por hora.
12 (ser adecuado) alcanzar, servir: *Here's $20. That should do.* Toma $20. Te debería alcanzar. | *I have this old blanket. Will that do?* Tengo esta manta vieja. ¿Sirve? | **that will do!** ¡basta!

PHRASAL VERBS

do away with sth eliminar algo, abolir algo

do for to be done for (informal) estar perdido -a: *If he finds me here, I'm done for!* ¡Si me encuentra aquí, estoy perdido!

do sth up **1** (referido a prendas, botones, etc.) **to do your shirt/jacket/buttons etc. up** abrocharse la camisa/el saco/los botones etc. | **to do your zipper up** subirse el cierre/la cremallera | **to do your laces up** atarse/amarrarse los cordones/las agujetas, amarrarse los zapatos **2 to do a house up** (informal) arreglar/refaccionar una casa

do with sth **1 could do with sth** frase que se usa para expresar que algo vendría bien: *I could do with a drink.* Me vendría bien un trago. | *The door could do with some oil.* A la puerta le vendría bien un poco de aceite. **2 to be/to have to do with sth/sb** tener que ver con algo/alguien: *Her job is something to do with television.* Su trabajo tiene algo que ver con la televisión. | *It has nothing to do with you.* No tiene nada que ver contigo.

> **do** *verbo auxiliar*
>
> **1 EN LA FORMACIÓN DEL INTERROGATIVO**
>
> *Do you like apples?* ¿Te gustan las manzanas? | *Does Matt play in your band?* ¿Matt toca en tu banda? | *What did you say?* ¿Qué dijiste?
>
> **2 EN LA FORMACIÓN DEL NEGATIVO**
>
> *Don't touch that.* No toques eso. | *We didn't go out.* No salimos. | *She doesn't live here.* No vive acá.
>
> **3 PARA NO REPETIR UN VERBO**
>
> *She eats a lot more than I do.* Come mucho más que yo. | *"Who made the cake?" "I did."* –¿Quién hizo el pastel? –Yo. | *"I love chocolate." "So do I."* –Me encanta el chocolate. –A mí también.
>
> **4 EN "QUESTION TAGS"**
>
> *You know Tony, don't you?* Conoces a Tony ¿no? | *She didn't stay, did she?* No se quedó ¿no?
>
> **5 PARA ENFATIZAR**
>
> *Do be careful!* ¡Ten cuidado, por favor! | *I did tell you. You must have forgotten.* Sí que te lo dije. Te debes haber olvidado.

do without sth prescindir de algo, arreglárselas sin algo: *I can't do without the car.* No puedo prescindir del auto.

• *s* **1 the dos and don'ts (a)** las normas **(b)** lo que es aconsejable y lo que no es aconsejable hacer **2** BrE (informal) reunión, fiesta

docile /ˈdɑsəl, BrE ˈdəʊsaɪl/ *adj* dócil

dock /dɑk/ *sustantivo & verbo*

• *s* **1** dársena, muelle | **the docks** el puerto **2 the dock** el banquillo (de los acusados)

• *v* **1** [intr] llegar (a puerto) **2** [tr/intr] amarrar **3** [intr] acoplarse [referido a una nave espacial]

doctor /ˈdɑktər/ *sustantivo & verbo*

• *s* **1** doctor -a, médico -a | **to go to the doctor** ir al médico **2** doctor: *a Doctor of Philosophy* un doctor en filosofía

• *v* [tr] falsear [cifras, pruebas, un informe]

doctorate /ˈdɑktərət/ *s* doctorado

doctrine /ˈdɑktrɪn/ *s* doctrina

document[1] /ˈdɑkjəmənt/ *s* documento

document[2] /dɑkjəˈment/ *v* [tr] documentar

documentary /dɑkjəˈmentri/ *sustantivo & adjetivo*

• *s* (pl **-ries**) documental

• *adj* documental

documentation /dɑkjəmənˈteɪʃən/ *s* documentación

dodge /dɑdʒ/ *v* **1** [tr] esquivar **2** [intr] hacerse a un lado **3 to dodge behind a tree/a car etc.** esconderse detrás de un árbol/un auto etc. **4** [tr] eludir [a un perseguidor] **5 to dodge the issue/the question** eludir el tema

¿Se dice *on the table* o *in the table*? Mira la entrada **en**.

dodgy /ˈdɑdʒi/ *adj* (**-dgier**, **-dgiest**) BrE (informal) **1** no fiable: *He's a pretty dodgy character.* No es un tipo de fiar. | *He has a dodgy heart.* Tiene problemas de corazón. **2** delicado -a [situación]

doe /doʊ/ *s* hembra [de ciervo, conejo o liebre]

does /dəz, acentuado dʌz/ 3ª pers sing presente de **do**

doesn't /ˈdʌzənt/ contracción de **does not**

dog /dɔg/ *sustantivo & verbo*

- *s* perro -a
- *v* **to be dogged by misfortune/ill health etc.** ser perseguido -a por la mala suerte/las enfermedades etc.

dogged /ˈdɔgɪd/ *adj* tenaz, obstinado -a

dogsbody /ˈdɔgzbɑdi/ *s* (pl **-dies**) BrE persona que se ocupa de las tareas que nadie quiere hacer

doing /ˈduɪŋ/ *s* **1 to be your/his etc. doing** ser cosa tuya/suya etc.: *This is your doing, isn't it?* Esto es cosa tuya ¿verdad? **2 to take some doing** costar mucho trabajo

ˌdo-it-yourˈself, abreviatura **DIY** /ˌdi aɪ ˈwaɪ/ *s* bricolaje [actividad que consiste en decorar o hacer arreglos en la casa uno mismo]

dole /doʊl/ *s* BrE **the dole** el seguro de desempleo, el subsidio de cesantía | **to be/go on the dole** cobrar/anotarse para cobrar un seguro de desempleo, cobrar/anotarse para cobrar un subsidio de cesantía

doll /dɑl/ *s* muñeco -a

dollar /ˈdɑlər/ *s* dólar | **a dollar bill** un billete de dólar

dolphin /ˈdɑlfɪn/ *s* delfín

dome /doʊm/ *s* cúpula

domestic /dəˈmestɪk/ *adj* **1 domestic affairs/market** asuntos internos/mercado interno | **domestic flights** vuelos nacionales/domésticos **2** doméstico -a, de la casa | **domestic appliance** electrodoméstico

domesticated /dəˈmestɪkeɪtɪd/ *adj* **1** hogareño -a, de su casa **2** domesticado -a

dominance /ˈdɑmənəns/ *s* dominio, supremacía

dominant /ˈdɑmənənt/ *adj* dominante, predominante

dominate /ˈdɑməneɪt/ *v* [tr/intr] dominar

domination /dɑməˈneɪʃən/ *s* dominación

domineering /dɑməˈnɪrɪŋ/ *adj* dominante, autoritario -a

Dominican /dəˈmɪnɪkən/ *adj & s* **1** dominico -a **2** dominicano -a

Doˌminican ˈRepublic *s* República Dominicana

domino /ˈdɑmənoʊ/ *s* **1** (pl **-noes**) ficha [de dominó] **2 dominoes** dominó | **to play dominoes** jugar dominó **3 domino effect** efecto dominó

donate /ˈdoʊneɪt/ *v* [tr] donar

donation /doʊˈneɪʃən/ *s* donación | **to make a donation (to sth)** hacer una donación (para algo)

done¹ /dʌn/ *adj* **1** hecho -a, terminado -a **2** cocido -a **3 it's not the done thing** no está bien visto **4 done!** ¡(trato) hecho!

done² participio de **do**

donkey /ˈdɑŋki/ *s* burro

donor /ˈdoʊnər/ *s* donante

don't /doʊnt/ contracción de **do not**

donut, también **doughnut** /ˈdoʊnʌt/ *s* donut, dona [rosquilla o esfera de masa dulce frita]

doom /dum/ *v* **to be doomed to sth** estar condenado -a a algo

door /dɔr/ *s* **1** puerta: *There's someone at the door.* Llaman a la puerta. | **to answer/get the door** (ir a) abrir la puerta **2** casa: *He lives two doors down from us.* Vive en la segunda casa después de la nuestra. **3 (from) door to door** de puerta en puerta, (de) puerta a puerta

doorbell /ˈdɔrbel/ *s* timbre [de la puerta de entrada]

doorknob /ˈdɔrnɑb/ *s* pomo, perilla [de una puerta]

doorman /ˈdɔrmæn/ *s* (pl **-men**) portero

doormat /ˈdɔrmæt/ *s* tapete [para limpiarse los zapatos], felpudo, alfombrilla

doorstep /ˈdɔrstep/ *s* **1** umbral, escalón [de la puerta de entrada] **2 on your doorstep** en la puerta de su casa

ˌdoor-to-ˈdoor *adj* a domicilio, puerta a puerta

doorway /ˈdɔrweɪ/ *s* puerta, entrada [la abertura]

dope /doʊp/ *sustantivo & verbo*

- *s* (informal) **1** droga ▶ También, según región, *yerba, mota, mandanga*, etc. **2** bobo -a, zonzo -a
- *v* [tr] (informal) dopar, drogar

dormant /ˈdɔrmənt/ *adj* **1** latente **2 a dormant volcano** un volcán inactivo

dormitory /ˈdɔrmətɔri/ *s* (pl **-ries**) **1** AmE residencia universitaria **2** dormitorio [en un internado, un albergue, etc.]

dosage /ˈdoʊsɪdʒ/ *s* dosis

dose /doʊs/ *s* dosis

dot /dɑt/ *sustantivo & verbo*

- *s* **1** punto **2 on the dot** en punto: *at five on the dot* a las cinco en punto
- *v* [tr] (**-tted**, **-tting**) **1** ponerle el punto a, puntuar **2 to be dotted with sth** estar salpicado -a/lleno -a de algo: *The lake was **dotted with** boats.* El lago estaba salpicado de botes.

dot.com /dɑt ˈkɑm/ *adj & s* punto com

dote /doʊt/ *v* **dote on sb** adorar a alguien

doting /ˈdoʊtɪŋ/ *adj* **his doting father/mother etc.** su padre/madre etc. que lo adora

ˌdotted ˈline *s* **1** línea punteada **2 to sign on the dotted line** poner la firma

double /ˈdʌbəl/ *adjetivo, verbo, sustantivo, sustantivo plural & adverbio*

● *adj* **1** doble: *a double helping of ice cream* una porción doble de helado | *a double room* una habitación doble | *double doors* puerta de doble hoja **2 double figures** dos cifras [números superiores a 9]: *His score barely reached double figures.* Su puntaje apenas alcanzó las dos cifras. **3** BrE (usado al leer números): *My number is two nine double five.* Mi número es dos, nueve, cinco, cinco.

● *v* **1** [tr] duplicar **2** [intr] duplicarse **3** [tr] (también **double over**) doblar **4 to double (up) as sth** hacer las veces de algo

double back volver atrás

double up to double up with pain/laughter, también **to be doubled up with pain/laughter** retorcerse de dolor/desternillarse de la risa

● *s* **1** habitación doble: *"I'd like a room, please." "Would that be a double or a single, sir?"* –Quisiera una habitación, por favor. –¿Doble o sencilla, señor? **2** whisky, coñac, etc. doble **3** (persona idéntica a otra): *Caroline is her mother's double.* Caroline es el vivo retrato de su madre. **4** (de un actor) doble

● **doubles** *s pl* dobles [en tenis] | **men's/women's/mixed doubles** dobles masculinos/femeninos/mixtos

● *adv* **1 to see double** ver doble **2 to be bent double** estar doblado -a en dos **3 to fold sth double** doblar algo en dos

ˌdouble-ˈbarreled AmE, **double-barrelled** BrE *adj* **1** de dos cañones [fusil] **2 a double-barrelled name/surname** BrE un apellido compuesto, un doble apellido

double bass /dʌbəl ˈbeɪs/ *s* contrabajo

ˌdouble ˈbed *s* cama doble, cama matrimonial, cama de dos plazas

ˌdouble-ˈbreasted *adj* **a double-breasted jacket/coat etc.** un saco/un abrigo etc. cruzado

ˌdouble-ˈcheck *v* **1** [intr] volver a mirar **2** [tr] revisar

ˌdouble ˈcream *s* BrE crema de leche [espesa], crema doble

ˌdouble-ˈcross *v* [tr] (3ª pers sing **-sses**) traicionar

ˌdouble-ˈdecker, también **double-decker bus** *s* autobús/bus etc. de dos pisos

double decker

ˌdouble-ˈglazing *s* doble ventana, doble acristalamiento

doubly /ˈdʌbli/ *adv* doblemente

doubt /daʊt/ *sustantivo & verbo*

● *s* **1** duda: *She expressed doubts about his ability.* Expresó dudas sobre su capacidad. **2 no doubt** sin duda **3 to have your doubts (about sth/sb)** tener (sus) dudas (sobre algo/alguien) **4 if/when in doubt** en caso de duda **5 to be in doubt** ser incierto -a [el futuro de algo o alguien] **6 beyond doubt** fuera de duda, más allá de toda duda **7 without doubt** sin (lugar a) dudas

● *v* [tr] dudar (de): *I doubt she'll be back.* Dudo que vuelva.

doubtful /ˈdaʊtfəl/ *adj* **1** no convencido -a, dubitativo -a: *She agreed, but still looked doubtful.* Dijo que sí, pero no parecía convencida. | **to be doubtful about (doing) sth** tener (sus) dudas sobre (si hacer o no) algo **2** incierto -a [futuro] **3** poco probable **4** dudoso -a, cuestionable

doubtfully /ˈdaʊtfəli/ *adv* sin convicción

doubtless /ˈdaʊtləs/ *adv* (formal) sin dudas, seguramente

dough /doʊ/ *s* masa [para pan, bollos, etc.]

doughnut ► ver **donut**

douse, también **dowse** /daʊs/ *v* [tr] **1** apagar [el fuego con agua] **2 to douse sth/sb with sth** empapar algo/a alguien con algo

dove¹ /doʊv/ AmE pasado de **dive**

dove² /dʌv/ *s* paloma [de las pequeñas, que se suelen usar como símbolo de la paz]

down /daʊn/ *adverbio, preposición, adjetivo & sustantivo*

● *adv & prep* ► ver recuadro

● *adj* **1 to be/feel down** estar/sentirse deprimido -a **2** (informal) (para expresar la idea de "hecho"): *That's eight down, two to go.* Ya hicimos ocho, nos faltan dos. **3** (en informática): *The system is down.* Se cayó el sistema.

● *s* **1** plumón, duvet **2** pelusa [pelo de un bebé, etc.]

downcast /ˈdaʊnkæst/ *adj* abatido -a

downfall /ˈdaʊnfɔl/ *s* **1** caída, ruina **2** perdición: *Greed will be his downfall.* La codicia va a ser su perdición.

downgrade /ˈdaʊngreɪd/ *v* [tr] **1** bajar de categoría **2** desvalorizar, minimizar la importancia de

downhearted /daʊnˈhɑrtɪd/ *adj* desmoralizado -a, desanimado -a

downhill /daʊnˈhɪl/ *adverbio & adjetivo*

● *adv* **1** cuesta/barranca abajo **2 to go downhill** venirse abajo, ir de mal en peor

● *adj* **1** en bajada [cuesta abajo] **2 downhill skiing** esquí de montaña **3 it's downhill all the way/it's all downhill from here** de aquí en adelante es todo fácil

download /ˈdaʊnloʊd/ *v* [tr] bajar, descargar [de Internet]

downmarket /ˈdaʊnmɑrkɪt/ BrE ► ver **downscale**

down

ADVERBIO

1 ABAJO O HACIA ABAJO
Don't look down! ¡No mires para abajo! | *He came in with his head down.* Entró con la cabeza gacha.

2 HACIA EL SUR
I went down to Baltimore on the train. Fui a Baltimore en tren.

3 ALEJÁNDOSE DE QUIEN HABLA
They've gone down to the beach. Se fueron a la playa.

4 NÚMEROS, PRECIOS
Prices had come down. Los precios habían bajado. | *I'm down to my last $20.* Sólo me quedan $20. | *They were two goals down.* Iban perdiendo por dos goles. | **to be down to sb** corresponderle a alguien/depender de alguien | **down with the government/Jackson! etc.** ¡abajo el gobierno/Jackson! etc.

5 El adverbio **down** también forma parte de varios phrasal verbs como **go down, turn down,** etc. Éstos están tratados bajo el verbo correspondiente.

PREPOSICIÓN

1 DIRECCIÓN
We ran down the hill. Corrimos cuesta abajo. | *The bathroom is down those stairs.* El baño está bajando esa escalera. | *I glanced down the list.* Recorrí la lista con la vista.

2 A LO LARGO DE (= por)
They live farther down the road. Viven un poco más allá por esta calle. | *I was walking down the street.* Iba caminando por la calle.

ˌdown ˈpayment *s* Según región: *depósito, entrega inicial, enganche, pie* | **to make a down payment on sth** entregar el depósito para algo, hacer la entrega inicial de algo, pisar algo

downpour /ˈdaʊnpɔr/ *s* chaparrón, aguacero

downright /ˈdaʊnraɪt/ *adverbio & adjetivo*
• *adv* sumamente: *She was downright rude.* Estuvo sumamente grosera. | *He's downright lazy.* Es un auténtico vago.
• *adj* **a downright lie** una mentira lisa y llana, una mentira descarada

downscale /ˈdaʊnskeɪl/ *adj* AmE de poca categoría, dirigido -a a sectores populares

downside /ˈdaʊnsaɪd/ *s* inconveniente, desventaja

ˈDown's ˌsyndrome *s* síndrome de Down

downstairs /ˈdaʊnsterz/ *adverbio, adjetivo & sustantivo*
• *adv* abajo: *He's downstairs in the kitchen.* Está abajo, en la cocina. | *I ran downstairs* Bajé corriendo las escaleras.
• *adj* de la planta baja, de abajo: *a downstairs room* una habitación de la planta baja
• *s* **the downstairs** la planta baja

downstream /daʊnˈstrim/ *adv* río abajo

ˌdown-to-ˈearth *adj* práctico -a, realista

downtown /ˈdaʊntaʊn/ *adverbio & adjetivo*
• *adv* AmE en el centro [de una ciudad] | **to go downtown** ir al centro
• *adj* AmE **1 downtown Los Angeles/San Francisco etc.** el centro de Los Ángeles/San Francisco etc. **2** céntrico -a

downturn /ˈdaʊntɜrn/ *s* caída, baja [de la economía, etc.]: *a* ***downturn in*** *orders* una caída de los pedidos

downward /ˈdaʊnwərd/ *adverbio & adjetivo*
• *adv* (también **downwards**) **1** hacia/para abajo **2** para abajo: *everyone from the director downward* todos, del director para abajo
• *adj* **1** hacia abajo **2** a la baja

downwind /daʊnˈwɪnd/ *adv* en la dirección del viento

dowry /ˈdaʊri/ *s* (pl **-ries**) dote [bienes o dinero]

dowse ▶ ver **douse**

doze /doʊz/ *verbo & sustantivo*
• *v* [intr] dormitar
doze off quedarse dormido -a
• *s* **to have a doze** echarse una siesta

dozen /ˈdʌzən/ *s* **1** docena: *six dozen boxes* seis docenas de cajas **2 dozens (of)** montones/cantidades (de): *I've been there dozens of times.* He estado allí montones de veces.

Dr. /ˈdɑktə/ (= **Doctor**) Dr., Dra.

drab /dræb/ *adj* **1** sin gracia, soso -a [ropa] **2** gris [habitación, edificio]

draft /dræft/ *sustantivo & verbo*
• *s* **1** borrador [de un texto] **2 draft copy/version** borrador, versión preliminar **3 the draft** AmE la leva, el llamado a filas, la conscripción **4** (también **bank draft**) letra de cambio **5** AmE corriente [de aire] **6 on draft** AmE, también **on draught** BrE de barril [cerveza, sidra] | **draft beer** AmE cerveza de barril
• *v* [tr] **1** escribir un borrador de **2** llamar (a filas)

draftsman AmE, **draughtsman** BrE /ˈdræftsmən/ *s* (pl **-men**) dibujante (técnico)

drafty AmE, **draughty** BrE /ˈdræfti/ *adj* (**-tier, -tiest**) con mucha(s) corriente(s) [de aire]

drag /dræg/ *verbo & sustantivo*
• *v* (**-gged, -gging**) **1** [tr] arrastrar: *Don't drag your feet!* ¡No arrastres los pies! | *The protesters were* ***dragged away*** *by police.* La policía se llevó a los manifestantes a rastras. **2** [tr] hacer algo a la fuerza: *I managed to drag myself out of bed.* Logré levantarme a duras penas. | *I don't want to get dragged into their argument.* No quiero que me metan en su discusión. **3** [intr] (también **drag**

¿Sabes cómo funcionan los **phrasal verbs**? Lee la explicación en el apartado de gramática.

on) hacerse eterno -a, alargarse **4** [intr] (hablando de una prenda de vestir) arrastrar: *Your skirt is dragging in the mud.* La falda te va arrastrando por el barro. **5** [tr] dragar
• *s* **1 a drag** (informal) una lata, un plomo **2** pitada, fumada **3 a man in drag** un hombre vestido de mujer

dragon /ˈdrægən/ *s* dragón

dragonfly /ˈdrægənflaɪ/ *s* (pl **-flies**) libélula

drain /dreɪn/ *verbo & sustantivo*
• *v* **1** [tr] escurrir, colar [verduras, pasta, etc.] | **to drain sth from sth** vaciar/escurrir algo de algo **2** [intr] escurrirse [platos, etc.] **3** [tr] drenar **4** [intr] (también **drain away**) escurrirse [líquido] **5** [tr] vaciar [un vaso]
• *s* **1** (de una bañera, etc.) desagüe **2** (en la calle) alcantarilla, resumidero **3 the drains** (en una casa) la cloaca, el alcantarillado **4 to be a drain on sb's resources/the economy etc.** ser una sangría para los recursos de alguien/para la economía etc. **5 to go down the drain** desperdiciarse: *It's money down the drain.* Es botar dinero a la basura./Es tirar dinero a la basura.

drainage /ˈdreɪnɪdʒ/ *s* **1** alcantarillado, desagüe **2** drenaje

ˈdrain board AmE, también **draining board** BrE *s* escurridor, escurridero [para los platos]

drained /dreɪnd/ *adj* **to be/feel drained** estar/sentirse exhausto -a

drainpipe /ˈdreɪnpaɪp/ *s* caño del desagüe

drama /ˈdrɑmə, ˈdræmə/ *s* **1** obra (dramática) **2** teatro, arte dramático **3** drama, dramatismo **4 drama school** escuela de arte dramático **drama series** serie televisiva basada en una obra dramática

dramatic /drəˈmætɪk/ *adj* **1** (notable, sorprendente) drástico -a, espectacular **2** (emocionante) dramático -a **3** (relativo al teatro) teatral, dramático -a **4** (exagerado) teatral

dramatically /drəˈmætɪkli/ *adv* **1** espectacularmente, radicalmente **2** de manera teatral

dramatist /ˈdræmətɪst/ *s* dramaturgo -a

dramatize, -ise BrE /ˈdræmətaɪz/ *v* [tr] **1** adaptar [para el cine, la televisión, etc.] **2** dramatizar, exagerar

drank pasado de **drink**

drape /dreɪp/ *v* [tr] ▶ **To drape** significa colocar algo por encima de otra cosa de manera que cuelgue con elegancia, formando pliegues si se trata de una tela: *She **draped** a towel **around** her shoulders.* Se puso una toalla por los hombros. | *The casket had been **draped in** the national flag.* El féretro había sido cubierto con la bandera nacional.

drapes /dreɪps/ *s pl* AmE cortinas

drastic /ˈdræstɪk/ *adj* drástico -a

drastically /ˈdræstɪkli/ *adv* drásticamente

draught BrE *s* ▶ ver **draft 5, 6**

draughts /dræfts/ *s pl* BrE damas [juego] ▶ En inglés americano se usa **checkers**

draughtsman BrE ▶ ver **draftsman**

draughty BrE ▶ ver **drafty**

draw /drɔ/ *verbo & sustantivo*
• *v* (pasado **drew**, participio **drawn**)
1 [tr/intr] dibujar
2 [intr] moverse en determinada dirección: *The train drew into the station.* El tren entró a la estación. **to draw alongside (sth/sb)** ponerse al lado (de algo/alguien) | **to draw level (with sb)** alcanzar (a alguien) [en una carrera, etc.] | **to draw near** acercarse

draw

3 to draw sb aside llevar a alguien aparte
4 to draw the curtains correr las cortinas
5 to draw a gun sacar una pistola | **to draw a sword** desenvainar una espada
6 to draw comfort from sth sentirse reconfortado -a por algo | **to draw (your) inspiration from sth** inspirarse en algo | **to draw a comparison/distinction between sth and sth** establecer una comparación/distinción entre algo y algo | **to draw a parallel/an analogy between sth and sth** hacer un paralelo/una analogía entre algo y algo | **to draw a conclusion (from sth)** sacar una conclusión (de algo)
7 [tr] provocar [una reacción, una respuesta]
8 [tr] atraer: *What originally **drew** you **to** teaching?* ¿Qué fue lo que en un principio te atrajo de la docencia? | **to draw (sb's) attention to sth** hacer(le) notar algo (a alguien)
9 [tr] cobrar, percibir [un sueldo]
10 [tr] sacar [un naipe, un boleto en un sorteo, etc.] | **to draw lots** sortear [para decidir algo] | **to be drawn against sb** salir sorteado -a para jugar contra alguien
11 [tr/intr] BrE empatar ▶ En inglés americano se usa **tie**

PHRASAL VERBS

draw back retroceder

draw in the nights/days are drawing in está anocheciendo más temprano

draw on sth echar mano de algo, recurrir a algo

draw out the days are drawing out está anocheciendo más tarde **draw sth out** **1** retirar/extraer algo [dinero del banco] **2** prolongar algo [una reunión] **draw sb out** hacer hablar a alguien [procurando que se sienta cómodo]

draw up detenerse [un vehículo] **draw sth up** **1 to draw up a list** preparar una lista **2 to draw up a contract** redactar un contrato **3 to draw up a chair** acercar una silla

• *s* **1** empate
2 sorteo

drawback /ˈdrɔbæk/ *s* desventaja, inconveniente | **drawback of/to sth** inconveniente/desventaja de algo

drawer /drɔr/ *s* cajón, gaveta [de un mueble]

drawing /ˈdrɔ-ɪŋ/ *s* **1** dibujo: *a drawing of a woman's head* un dibujo de la cabeza de una mujer **2** dibujo: *drawing classes* clases de dibujo

ˈdrawing pin *s* BrE tachuela, chinche ► En inglés americano se usa **thumbtack**

ˈdrawing room *s* sala, salón [de una casa]

drawl /drɔl/ *verbo & sustantivo*
- *v* [tr] decir arrastrando las palabras, [intr] hablar arrastrando las palabras
- *s* forma de hablar de quienes arrastran las palabras alargando las vocales

drawn[1] /drɔn/ *adj* demacrado -a

drawn[2] participio de **draw**

dread /dred/ *verbo & sustantivo*
- *v* [tr] tenerle terror a: *I dreaded our meetings.* Les tenía terror a nuestros encuentros. | *I **dread to think** what the children will do.* No quiero ni pensar lo que van a hacer los niños.
- *s* terror, pánico

dreadful /ˈdredfəl/ *adj* **1** espantoso -a, terrible: *She looks dreadful in that dress.* Está espantosa con ese vestido. | *It was a dreadful mistake.* Fue un error terrible. **2** pésimo -a, espantoso -a [comida, actuación, etc.] **3 to feel dreadful** sentirse pésimo/muy mal

dreadfully /ˈdredfəli/ *adv* **1** terriblemente: *They're dreadfully busy.* Están terriblemente ocupados. **2** terriblemente mal: *They played dreadfully.* Jugaron terriblemente mal. **3** muchísimo: *He misses her dreadfully.* La extraña muchísimo.

dream /drim/ *sustantivo & verbo*
- *s* **1** sueño | **to have a dream about sth/sb** soñar con algo/alguien | **a bad dream** una pesadilla **2 a dream house/job etc.** una casa/un trabajo etc. de ensueño **3 to go around in a dream** vivir en las nubes
- *v* (pasado & participio **dreamed** o **dreamt**) **1** [tr/intr] soñar: *I dreamed I was in the jungle.* Soñé que estaba en la selva. | **to dream about sth/sb** soñar con algo/alguien **2 to dream of/about doing sth** soñar con hacer algo: *He'd always dreamed of owning a Jaguar.* Siempre había soñado con tener un Jaguar. **3** [tr] soñar, imaginarse: *You must have dreamt it.* Debes haberlo soñado./Te lo debes haber imaginado. **4** considerar una posibilidad: *I wouldn't **dream of** letting her go on her own.* No se me ocurriría dejarla ir sola.

dreamer /ˈdrimər/ *s* soñador -a

dreamy /ˈdrimi/ *adj* (**-mier**, **-miest**) **1** fantasioso -a **2** soñador -a **3** de ensueño

dreary /ˈdrɪri/ *adj* (**-rier**, **-riest**) deprimente, sombrío -a

dredge /dredʒ/ *v* [tr] dragar

dregs /dregz/ *s pl* **1** restos, borra, concho [de té, café, etc.] **2 the dregs of society** la escoria de la sociedad

drench /drentʃ/ *v* [tr] (3ª pers sing **-ches**) empapar | **drenched to the skin** totalmente empapado -a, calado -a hasta los huesos

dress /dres/ *verbo & sustantivo*
- *v* (3ª pers sing **-sses**) **1** [intr] vestirse: *He always dresses well.* Siempre se viste bien. | *Dress warmly. It's cold out.* Abrígate. Afuera hace frío. **2** [tr] vestir **3** [tr] curar [una herida] **4** [tr] aliñar, aderezar [una ensalada]

  dress up 1 disfrazarse | **to dress up as sth** disfrazarse de algo **2** ponerse elegante **dress sth up to dress sth up (as sth)** disfrazar algo (de algo): *However you dress it up, the job is basically that of a servant.* Por más que se lo disfrace, el trabajo es prácticamente el de una criada. **dress sb up to dress sb up as sth** disfrazar a alguien de algo
- *s* **1** (pl **-sses**) vestido [de mujer]: *She was wearing a red dress.* Tenía puesto un vestido rojo. **2** ropa, indumentaria: *informal dress* ropa informal **3** traje: *They were wearing Austrian national dress.* Iban vestidos con el traje nacional austríaco.

ˈdress ˌcircle BrE *s* platea alta [en un teatro]

dressed /drest/ *adj* vestido -a | **to get dressed** vestirse, ponerse la ropa | **dressed in/as sth** vestido -a de algo

dresser /ˈdresər/ *s* **1** cómoda **2** BrE ► ver nota en **hutch**

dressing /ˈdresɪŋ/ *s* **1** aliño, aderezo [para ensaladas] | **vinaigrette dressing** vinagreta **2** vendaje

ˈdressing gown *s* BrE bata (de baño) ► En inglés americano se usa **bathrobe** o **robe**

ˈdressing room *s* **1** camarín **2** vestidores, vestier [de un club deportivo]

ˈdressing ˌtable *s* tocador

dressmaker /ˈdresmeɪkər/ *s* modisto -a

ˈdress reˌhearsal *s* ensayo general

drew pasado de **draw**

dribble /ˈdrɪbəl/ *v* **1** [intr] babear **2** [tr/intr] driblar, driblear, regatear: *He dribbled the ball past his opponent.* Dribló a su adversario. **3** [intr] salir a chorritos **4 to dribble coffee/wine etc. down your front** chorrearse la ropa de café/vino etc.

dried[1] /draɪd/ *adj* **1** seco -a [flores, hongos] **2** en polvo [leche] **3 dried fruit** fruta seca/desecada [pasas de uva, ciruelas pasas, etc.]

dried[2] pasado & participio de **dry**

drier ► ver **dryer**

¿Quieres una lista de frases útiles para hablar de ti mismo? Consulta la **guía de comunicación** al final del libro.

drift /drɪft/ *verbo & sustantivo*

• *v* [intr] **1** desplazarse lentamente impulsado por el aire o el agua: *The raft drifted out to sea.* La balsa se fue lentamente mar adentro. | *We had drifted off course.* Habíamos perdido el rumbo. **2** ir a la deriva **3** cambiar de situación o caer en una situación sin proponérselo: *She drifted from one job to another.* Iba sin rumbo de un trabajo a otro. **4** acumularse [nieve, arena]

• *s* **1** acumulación [de nieve] **2** sentido general | **to catch/get the drift** captar la idea | **if you get my drift** sabes a qué me refiero

drill /drɪl/ *sustantivo & verbo*

• *s* **1** (herramienta) taladro **2** (de dentista) fresa, torno **3** (para aprender algo) ejercicio [mecánico] **4** (en el ejército) práctica, instrucción

• *v* **1** [tr] (con un taladro) perforar | **to drill a hole (in sth)** hacer un agujero (en algo) **2** [tr] (en odontología) pasar la fresa/el torno en **3 to drill for sth** hacer perforaciones en busca de algo **4 to drill sb in sth** enseñarle algo a alguien [haciéndoselo repetir] **5** [tr] dar instrucción a [soldados] **6** [intr] entrenarse [soldados]

drily ▸ ver **dryly**

drink /drɪŋk/ *verbo & sustantivo*

• *v* (pasado **drank**, participio **drunk**) **1** [tr/intr] tomar, beber | **to drink (to) sb's health** brindar por alguien, beber a la salud de alguien **2** [intr] tomar [bebidas alcohólicas] | **to drink and drive** manejar embriagado -a

drink to sth/sb brindar por algo/alguien

drink up terminar de tomar **drink sth up** terminar(se) (de tomar) algo: *Drink up your milk.* Termínate la leche.

• *s* **1** bebida: *a hot drink* una bebida caliente | *Can I have a drink of water?* ¿Puedo tomar un poco de agua? **2** copa, trago [de bebida alcohólica]: *We had a drink to celebrate.* Nos tomamos una copa para festejarlo. | **to go (out) for a drink** ir/salir a tomar algo **3** (la) bebida [alcohólica]

drinker /ˈdrɪŋkər/ *s* persona que suele tomar alcohol **to be a heavy drinker** tomar mucho

ˈdrinking ˌwater *s* agua potable

drip /drɪp/ *verbo & sustantivo*

• *v* (**-pped**, **-pping**) **1** [intr] gotear: *The faucet is dripping.* La llave está goteando. | *Water was dripping from the ceiling.* Caía agua del techo. **2** [tr/intr] chorrear | **to be dripping with sth** chorrear (de) algo

• *s* **1** (de líquido) gota **2** (sonido) goteo **3** (en medicina) goteo | **to put sb on a drip** ponerle goteo/suero a alguien

drive /draɪv/ *verbo & sustantivo*

• *v* (pasado **drove**, participio **driven**) **1** [tr/intr] manejar: *I can't drive.* No sé manejar. | *She drives a red Honda.* Tiene un Honda rojo. **2** [intr] ir/venir en auto: *Should we drive or take the train?* ¿Vamos en auto o en tren? **3** [tr] llevar [en auto]: *Can you drive me to the airport?* ¿Me puedes llevar al aeropuerto? **4 to drive sb crazy** volver loco -a a alguien | **to drive sb to drink** llevar a alguien a la bebida **5 to drive sb to do sth** llevar/impulsar a alguien a hacer algo **6** [tr] clavar **7 what are you/is he etc. driving at?** ¿qué estás/está etc. tratando de decir?

drive sth away ahuyentar algo **drive sb away** ahuyentar a alguien, hacer que alguien se vaya

drive off irse **drive sth off** ahuyentar algo **drive sb off** ahuyentar a alguien

• *s* **1** viaje [en auto]: *It's a three-day drive to Denver.* Son tres días de viaje en auto a Denver. | **to go for a drive** ir a pasear/ir de paseo [en auto] **2** (también **driveway**) entrada [para autos] **3** drive [golpe de tenis o golf] **4** campaña: *an economy drive* una campaña de ahorro **5** instinto, impulso **6** empuje **7 a four-wheel drive vehicle** un vehículo (de tracción) cuatro por cuatro **8** unidad de disco [en computación]

ˈdrive-in *s* **1** autocine, autocinema **2** restaurante donde se puede pedir la comida desde el auto

driven participio de **drive**

driver /ˈdraɪvər/ *s* conductor -a, chofer: *The driver of the vehicle was killed.* El conductor del vehículo murió. | *a truck/taxi driver* un(a) camionero -a/taxista | *He's not a very good driver.* No maneja muy bien.

ˈdriver's ˌlicense AmE, **driving licence** BrE *s* licencia de conducir/conductor, carné/permiso de conducir, brevete

driveway /ˈdraɪvweɪ/ *s* entrada [para autos]

driving /ˈdraɪvɪŋ/ *s* actividad de manejar un vehículo: *I did most of the driving.* Manejé yo la mayor parte del viaje. | *His driving is terrible.* Maneja terriblemente mal.

ˈdriving school *s* escuela de conducción/de manejo, academia/escuela de conductores

ˈdriving test *s* examen de manejo, examen de conducción

drizzle /ˈdrɪzəl/ *sustantivo & verbo*

• *s* llovizna, garúa

• *v* [intr] lloviznar, garuar

drone /droʊn/ *verbo & sustantivo*

• *v* [intr] **1** zumbar **2 to drone on (about sth)** hablar mucho y en forma aburrida (sobre algo)

• *s* ruido [de un avión, del tráfico, etc.]

drool /druːl/ *v* [intr] **1** babear [un bebé, un perro] **2 to drool over sth/sb**: *I hate to see her drooling over him like that.* Detesto ver cómo se le cae la baba por él.

droop /druːp/ *v* [intr] **1** ponerse mustio -a [planta] **2** caer [párpados] **3** (referido al estado de ánimo): *Our spirits drooped.* Nos desanimamos.

drop /drɑp/ *verbo & sustantivo*

• *v* **1** [tr] (**-pped**, **-pping**) dejar caer: *The dog dropped the stick at my feet.* El perro dejó caer el palito a mis pies. | *I must have dropped my wallet.* Se me debe haber caído la billetera. | *Don't drop it!* ¡Que no se te caiga! | **to drop a bomb** tirar/lanzar una bomba
2 [intr] caer(se): *I dropped into a chair, exhausted.* Caí exhausta en un sillón.
3 [intr] bajar, reducirse [precios, temperatura]
4 [tr] bajar, reducir [precios, temperatura]
5 [tr] abandonar [una idea, un plan], dejar [a un novio, etc.]: *I dropped history and did music instead.* Dejé historia e hice música. | *Just drop it!* ¡Córtala ya! | **to drop the subject** cambiar de tema | **to drop everything** dejar(lo) todo: *I can't just drop everything at a moment's notice.* No puedo dejar todo de un momento para otro.
6 to let it drop/to let the matter drop terminarla [con un tema]
7 [tr] sacar, no incluir: *He's been dropped from the team.* Lo sacaron del equipo.
8 [tr] (también **drop off**) alcanzar, dejar: *I can drop you on my way to work.* Te puedo alcanzar de camino al trabajo.
9 to work until you drop trabajar hasta no dar más
10 to drop dead caerse muerto -a | **drop dead!** (informal) ¡vete al diablo!

PHRASAL VERBS

drop around ▸ ver **drop in** **drop sth around** llevar algo [a la casa de alguien]
drop back quedarse atrás/rezagado -a
drop behind quedarse atrás, retrasarse
drop by ▸ ver **drop in**
drop in venir, ir [a visitar a alguien]: *Drop in any time.* Ven cuando quieras. | **to drop in on sb** ir/pasar por la casa de alguien
drop off **1** dormirse **2** decaer [el interés], caer [la demanda] **drop sth off** alcanzar algo: *I'll drop the photos off on my way to work.* Te alcanzo las fotos de camino al trabajo. **drop sb off** dejar a alguien [en un lugar]: *Can you drop Tom off at school?* ¿Puedes dejar a Tom en el colegio?
drop out **1** abandonar | **to drop out of a race** abandonar una carrera | **to drop out of college** dejar la universidad **2** rechazar las convenciones sociales, adoptando un modo de vida alternativo

• *s* **1** gota | **eye/ear drops** gotas para los ojos/oídos
2 (un poquito) **a drop of milk/vinegar etc.** una gotita/un chorrito de leche/vinagre etc.: *I like a drop of whiskey now and again.* Me gusta tomarme un whiskicito de vez en cuando.
3 (distancia) caída: *It's a 100-meter drop from the edge of the road.* Hay una caída de 100 metros desde el borde de la carretera.
4 a drop in temperature/prices etc. un descenso de la temperatura/los precios etc.
5 at the drop of a hat en cualquier momento, de un momento para el otro
6 a drop in the ocean una insignificancia

dropout /ˈdrɑp-aʊt/ *s* persona que rechaza las convenciones sociales, adoptando un modo de vida alternativo

drought /draʊt/ *s* sequía

drove pasado de **drive**

drown /draʊn/ *v* **1** (en el agua) [intr] ahogarse, [tr] ahogar **2** [tr] (también **drown out**) (un sonido) ahogar

drowsy /ˈdraʊzi/ *adj* (**-sier**, **-siest**) somnoliento -a, adormecido -a | **to feel drowsy** sentir somnolencia

drug /drʌg/ *sustantivo & verbo*

• *s* **1** droga | **to take/use drugs** drogarse | **to be on drugs** drogarse **2** droga, fármaco **3 drug abuse** abuso de drogas **drug addict** drogadicto -a **drug trafficking** tráfico de drogas

• *v* [tr] (**-gged**, **-gging**) **1** drogar [a una persona, a un animal] **2** poner (una) droga en [una bebida]

drugstore /ˈdrʌgstɔr/ *s* AmE farmacia [donde también se venden bebidas, golosinas, etc.]

drum /drʌm/ *sustantivo, sustantivo plural & verbo*

• *s* **1** (instrumento musical) tambor **2** (de una máquina) tambor **3** (de petróleo) barril

• **drums** *s pl* batería | **to play (the) drums** tocar la batería

• *v* (**-mmed**, **-mming**) **1** [tr/intr] golpetear: *The rain drummed on the roof.* La lluvia golpeteaba en el techo. | **to drum your fingers (on sth)** tamborilear los dedos (sobre algo) **2 to drum sth into sb** meterle algo en la cabeza a alguien **drum sth up** **to drum up support (for sth)** conseguir apoyo (para algo) | **to drum up interest (in sth)** despertar el interés (en algo)

¿Quieres más información sobre los **verbos modales**? Hay una explicación en el apartado de gramática.

drummer /'drʌmər/ *s* baterista

drumstick /'drʌmstɪk/ *s* **1** pata [de pollo o pavo] **2** palillo [para tambor o batería]

drunk¹ /drʌŋk/ *adjetivo & sustantivo*

• *adj* **1** borracho -a | **to get drunk (on sth)** emborracharse (con algo) **2 to be drunk with happiness/joy** estar loco -a de alegría | **to be drunk with power** estar ebrio -a de poder

• *s* (también **drunkard**) borracho -a

drunk² participio de **drink**

drunken /'drʌŋkən/ *adj* borracho -a, de borrachos

dry /draɪ/ *adjetivo & verbo*

• *adj* (**drier**, **driest**) **1** seco -a | **to run dry** secarse [un río, un lago, etc.] | **dry land** tierra firme **2** (referido al tiempo) seco -a, no lluvioso -a: *Tomorrow will be warm and dry.* Para mañana, cálido y seco. | *I hope it stays dry this weekend.* Espero que no llueva este fin de semana. **3** (referido al sentido del humor, etc.) mordaz **4** (referido al vino) seco -a

• *v* (pasado & participio **dried**) **1** [intr] secarse **2** [tr] secar | **to dry your eyes** secarse las lágrimas

dry off ▶ ver **dry out**

dry out secarse **dry sth out** secar algo

dry up **1** secarse [un río, un lago, etc.] **2** BrE secar (los platos) **3** agotarse [el dinero, los recursos] **dry sth up** secar algo

ˌdry-'clean *v* [tr] limpiar en/a seco

ˌdry 'cleaner's *s* lavandería [de limpieza en seco], tintorería

ˌdry 'cleaning *s* limpieza en/a seco

dryer, también **drier** /'draɪər/ *s* **1** secador/secadora (de pelo) **2** secadora (de ropa)

dryly, también **drily** /'draɪli/ *adv* con mordacidad

dryness /'draɪnəs/ *s* sequedad

dual /'duəl/ *adj* doble | **dual nationality/citizenship** doble nacionalidad/ciudadanía

ˌdual 'carriageway BrE ▶ ver **divided highway**

dub /dʌb/ *v* [tr] (**-bbed**, **-bbing**) doblar | **to dub a film into English/Italian etc.** doblar una película al inglés/italiano etc.

dubious /'dubiəs/ *adj* **1 to be dubious (about sth)** tener sus dudas (sobre algo) **2** dudoso -a, discutible **3** sospechoso -a

duchess /'dʌtʃɪs/ *s* (pl **-sses**) duquesa

duck /dʌk/ *sustantivo & verbo*

• *s* pato -a

• *v* **1** [intr] agacharse | **to duck behind sth** agacharse atrás de algo **2 to duck your head** agachar la cabeza **3 to duck the issue/question** esquivar el tema/la pregunta

duck out of (informal) **to duck out of sth/doing sth** eludir algo/hacer algo

duckling /'dʌklɪŋ/ *s* patito -a

dud /dʌd/ *adjetivo & sustantivo*

• *adj* (informal) **1** que no funciona [pila, válvula, etc.] **2** falso -a [billete, moneda] **3** sin fondos [cheque]

• *s* (informal) algo que no funciona: *This battery's a dud.* Esta pila no funciona.

due /du/ *adjetivo, adverbio, sustantivo & sustantivo plural*

• *adj* **1 to be due** expresión que indica cuándo se espera que suceda algo: *When is your baby due?* ¿Para cuándo esperas? | *The flight is due at 9:30.* El vuelo llega a las 9.30. | *The meeting is* ***due to*** *start at three.* La reunión está programada para las tres. | *She's not* ***due back*** *till Monday.* No vuelve hasta el lunes. | *My library books are* ***due back*** *tomorrow.* Tengo que devolver los libros a la biblioteca mañana. **2 due to** debido a: *The game was cancelled due to bad weather.* El partido se suspendió debido al mal tiempo. **3** (que le corresponde a alguien): *He never got the recognition* ***due to*** *him.* Nunca tuvo el debido reconocimiento. | *I think she's* ***due for*** *a pay raise.* Creo que le corresponde un aumento de sueldo. **4 with (all) due respect** con todo respeto **5 in due course** a su debido tiempo

• *adv* **due north/south/east/west** justo al norte/sur/este/oeste

• *s* **to give sb his/her due** para ser justos (con él/ella)

• **dues** *s pl* cuota

duel /'duəl/ *s* duelo [enfrentamiento]

duet /du'et/ *s* dúo

duffel coat, también **duffle coat** /'dʌfəl koʊt/ BrE ▶ ver **pea coat**

dug pasado & participio de **dig**

duke /duk/ *s* duque

dull /dʌl/ *adjetivo & verbo*

• *adj* **1** aburrido -a, tedioso -a **2** sin brillo, opaco -a | **a dull blue/green etc.** un azul/verde etc. apagado **3** sordo -a [sonido] **4** referido a un dolor: no muy fuerte pero constante **5** nublado -a [día, tiempo, cielo] **6** lerdo -a [intelectualmente] **7** desafilado -a [cuchillo, etc.]

• *v* [tr] **1** calmar [un dolor] **2** embotar [los sentidos]

duly /'duli/ *adv* **1** debidamente **2** como estaba previsto, a la hora prevista

dumb /dʌm/ *adj* **1** mudo -a | **deaf and dumb** sordomudo -a ▶ Algunas personas consideran que este adjetivo es ofensivo y prefieren usar **mute** **2** (informal) tonto -a

dummy /'dʌmi/ *s* (pl **dummies**) **1** maniquí **2** BrE (para bebés) ▶ ver **pacifier** **3** objeto que aparenta ser real, pero es inoperante o falso **4** (informal) tontico -a

dump /dʌmp/ *verbo & sustantivo*

• *v* [tr] **1** dejar tirado -a, tirar **2** botar, tirar,

verter [basura, desechos] **3** botar, dejar [algo o a alguien que uno se quiere sacar de encima] **4** botar, dejar [a un novio, etc.]

• *s* **1** basurero ▶ También, según región, *basural, botadero (de basura), tiradero* **2** depósito [militar] **3** (informal) lugar de mala muerte **4 to be down in the dumps** (informal) estar deprimido -a

dune /dun/ *s* duna

dung /dʌŋ/ *s* bosta, estiércol

dungarees /dʌŋgəˈriz/ *s pl* **1** AmE vaqueros, jeans **2** BrE overol ▶ En inglés americano se usa **overalls**

dungeon /ˈdʌndʒən/ *s* mazmorra

dunno /ˈdʌnəʊ/ (uso no estándar) no sé

duo /ˈduoʊ/ *s* dúo

dupe /dup/ *v* [tr] engañar | **to dupe sb into doing sth** engañar a alguien para que haga algo

duplicate[1] /ˈdupləkət/ *adjetivo & sustantivo*

• *adj* **a duplicate copy** un duplicado | **a duplicate key** una copia de la llave

• *s* copia, duplicado

duplicate[2] /ˈdupləkeɪt/ *v* [tr] **1** hacer copias de **2** repetir [reproducir]

durable /ˈdurəbəl/ *adj* durable

duration /duˈreɪʃən/ *s* (formal) duración | **for the duration of sth** mientras dure/duró algo, a lo largo de algo

during /ˈdurɪŋ/ *prep* durante: *I fell asleep a couple of times during the trip.* Me dormí un par de veces durante el viaje. | *We lived with my aunt during the war.* Vivimos con mi tía durante la guerra. ▶ **¿DURING O FOR?** ver nota en **durante**

dusk /dʌsk/ *s* anochecer | **at dusk** al anochecer

dust /dʌst/ *sustantivo & verbo*

• *s* **1** polvo **2 to give sth a dust** quitarle el polvo a algo

• *v* [tr/intr] quitarles el polvo a los muebles, sacudir (los muebles)

dust sth down/off quitarle el polvo a algo

dustbin /ˈdʌstbɪn/ BrE ▶ ver **garbage can**

duster /ˈdʌstər/ *s* trapo, franela [para quitar el polvo]

dustman /ˈdʌstmən/ *s* (pl **-men**) BrE basurero [recolector de basura] ▶ En inglés americano se usa **garbage collector**

dustpan /ˈdʌstpæn/ *s* pala [de la basura]

dusty /ˈdʌsti/ *adj* (**-tier**, **-tiest**) cubierto -a de polvo, polvoriento-a

Dutch /dʌtʃ/ *adjetivo & sustantivo*

• *adj* holandés -esa

• *s* **1** (idioma) holandés **2 the Dutch** los holandeses

Dutchman /ˈdʌtʃmən/ *s* (pl **-men**) holandés

Dutchwoman /ˈdʌtʃwʊmən/ *s* (pl **-women**) holandesa

dutiful /ˈdutɪfəl/ *adj* reponsable, obediente

duty /ˈduti/ *s* (pl **-ties**) **1** deber | **to do your duty** cumplir con su deber | **to have a duty to do sth** tener el deber de hacer algo **2** tarea, obligación **3 to be on/off duty** estar/no estar de guardia, estar/no estar en servicio **4** impuesto, tasa: *The **duty on** wine has gone up.* Ha subido el impuesto sobre el vino.

ˌduty-ˈfree *adj* **1** libre de impuestos **2 duty-free store** tienda libre de impuestos

duvet /duˈveɪ/ *s* edredón

dwarf /dwɔrf/ *sustantivo & verbo*

• *s* (pl **dwarfs** o **dwarves**) enano -a

• *v* [tr] hacer que parezca pequeño -a: *The cathedral is **dwarfed by** the surrounding buildings.* Los edificios que la rodean hacen que la catedral parezca pequeña.

dwell /dwel/ *v* [intr] (pasado & participio **dwelt** o **dwelled**) (literario) morar, vivir

dwell on/upon sth detenerse demasiado en algo

dwelling /ˈdwelɪŋ/ *s* (formal) vivienda

dwindle /ˈdwɪndl/ *v* [intr] (también **dwindle away**) irse reduciendo, ir disminuyendo | **to dwindle (away) to nothing** irse agotando hasta acabarse

dye /daɪ/ *sustantivo & verbo*

• *s* tintura, tinte, anilina

• *v* [tr] (3ª pers sing **dyes**, pasado & participio **dyed**, gerundio **dyeing**) teñir | **to dye sth black/red etc.** teñir algo de negro/rojo etc.: *She dyed her hair black.* Se tiñó (el pelo) de negro.

dying[1] /ˈdaɪ-ɪŋ/ *adjetivo & sustantivo*

• *adj* **1** moribundo -a **2** último -a: *his dying wish* su último deseo | *He scored in the dying minutes of the game.* Hizo un gol en los últimos minutos del partido.

• *s* **the dying** los moribundos

dying[2] gerundio de **die**

dyke ▶ ver **dike**

dynamic /daɪˈnæmɪk/ *adj* dinámico -a

dynamics /daɪˈnæmɪks/ *s* dinámica

dynamite /ˈdaɪnəmaɪt/ *s* dinamita

dynasty /ˈdaɪnəsti, BrE ˈdɪnəsti/ *s* (pl **-ties**) dinastía

dyslexia /dɪsˈleksiə/ *s* dislexia

dyslexic /dɪsˈleksɪk/ *adj & s* disléxico -a

¿Se dice *I arrived in Miami* o *I arrived to Miami*? Mira la entrada **arrive**.

E[1], **e** /i/ (letra) E, e ▶ ver "Active Box" **letters** en **letter**

E[2] *s* **1** (nota musical) mi **2** calificación usada en exámenes, trabajos escolares, etc. ▶ ver recuadro en **grade**

E[3] (= **east**) E

each /itʃ/ *adjetivo, pronombre & adverbio*

• ***adj*** cada: *Each bedroom has its own bathroom.* Cada habitación tiene su propio baño. ▶ **¿EACH O EVERY?** ver **cada**

• ***pron*** **1** cada uno -a: *I gave a piece of cake to each of them.* Le di un pedazo de pastel a cada uno. | *The children each have a bike.* Los niños tienen una bicicleta cada uno. **2 each and every one** todos -as y cada uno -a

• ***adv*** cada uno -a: *The tickets are $10 each.* Las entradas cuestan $10 cada una.

each 'other *pron* **each other** expresa que una acción es recíproca; en español esta idea de *el uno al otro* la expresan a menudo los verbos pronominales: *Do you know each other?* ¿Ustedes se conocen? | *They looked at each other.* Se miraron.

eager /ˈigər/ *adj* **1** impaciente, ansioso -a: *a line of eager children* una fila de niños impacientes | *We were all **eager to** get started.* Todos estábamos impacientes por empezar. **2 to be eager to please** esforzarse por complacer a los demás y caerles bien

eagerly /ˈigərli/ *adv* con impaciencia, ansiosamente

eagerness /ˈigərnəs/ *s* entusiasmo, ansiedad | **eagerness to do sth** entusiasmo por hacer algo, deseo/ansias de hacer algo

eagle /ˈigəl/ *s* águila

ear /ɪr/ *s* **1** oreja **2** oído | **to have an ear for music/languages etc.** tener oído para la música/los idiomas etc. **3** espiga [de trigo] **4 to be all ears** (informal) ser todo -a oídos **5 to play it by ear** ver sobre la marcha **6 to be up to your ears in debt/work etc.** (informal) estar lleno -a de deudas/trabajo etc.

earache /ˈɪreɪk/ *s* dolor de oído

earl /ɜrl/ *s* conde

early /ˈɜrli/ *adjetivo & adverbio*

• ***adj*** **(-lier, -liest) 1** al principio de: *in early April* en los primeros días de abril | *his early life* la primera parte de su vida | *a woman in her early thirties* una mujer de poco más de treinta años **in the early morning/afternoon** en la mañana/tarde temprano **2 to be early** llegar temprano: *You're early!* ¡Llegas temprano! | *The flight was an hour early.* El vuelo llegó una hora antes de lo previsto. **3 early death** muerte prematura/temprana | **early retirement** jubilación anticipada **4** primero -a: *early settlers in Virginia* los primeros colonos de Virginia **5 at the earliest** como muy temprano: *I won't be back till ten at the earliest.* No estaré de vuelta hasta las diez como muy temprano. **6 at/from an early age** de/desde niño -a, desde una edad temprana **7 in the early hours (of the morning)** en (las primeras horas de) la madrugada **8 to make an early start** salir/empezar temprano **9 to have an early night** acostarse temprano

• ***adv*** **1** temprano: *I got up very early.* Me levanté muy temprano. **2** al principio de: *early next year* en los primeros meses del año que viene/en las primeras semanas del año que viene | *early in the morning* en la mañana temprano | *It happens early in the book.* Ocurre al principio del libro. **3 early on** pronto

earmark /ˈɪrmɑrk/ *v* **to be earmarked for sth** estar reservado -a para algo

earn /ɜrn/ *v* **1** [tr] ganar: *She earns $45,000 a year.* Gana $45.000 por año. **2** [tr] ganarse, merecerse: *Enjoy your vacation. You've earned it.* Disfruta de las vacaciones. Te las has ganado. **3 to earn a/your living** ganarse la vida

earnest /ˈɜrnɪst/ *adj* **1** serio -a, formal **2 in earnest** en serio: *Then it started raining in earnest.* Entonces empezó a llover en serio. **3 to be in (deadly) earnest** decirlo/ir (muy) en serio

earnings /ˈɜrnɪŋz/ *s pl* **1** ingresos **2** ganancias

earphones /ˈɪrfoʊnz/ *s pl* audífonos

earring /ˈɪrɪŋ/ *s* arete, pendiente, aro

earshot /ˈɪrʃɑt/ *s* **within earshot** lo suficientemente cerca como para oír: *Everyone within earshot soon knew what she thought.* Todos los que podían oírla pronto supieron qué pensaba. | **out of earshot** demasiado lejos como para oír

earth /ɜrθ/ *s* **1 (the) earth**, también **(the) Earth** la tierra, el mundo: *the tallest building on earth* el edificio más alto del mundo | *the planet Earth* el planeta Tierra **2** (sustancia, superficie del planeta) tierra **3 to come back down to earth (with a bump)** bajar de las nubes (de golpe) **4 to cost/pay/charge the earth** (informal) costar/pagar/cobrar una fortuna **5 what/how/why etc. on earth?** (informal) ¿qué/cómo/por qué etc. diablos? **6** BrE (cable a) tierra ▶ En inglés americano se usa **ground**

earthly /ˈɜrθli/ *adj* **1 there's no earthly reason** no hay absolutamente ninguna razón | **there's no earthly use/point** no tiene el más mínimo sentido **2** terreno -a, terrenal

earthquake /'ɜrθkweɪk/ *s* terremoto

ease /iz/ *sustantivo & verbo*

• *s* **1 with ease** con facilidad **2** desenvoltura, soltura | **to be/feel at ease** estar/sentirse cómodo -a | **to be/feel ill at ease** estar/sentirse incómodo -a

• *v* **1** [tr] facilitar **2** [tr] mover o moverse lenta y cuidadosamente: *She eased herself up into a sitting position.* Se incorporó con cuidado hasta quedar sentada. **3** [tr] aliviar [un dolor, la tensión] **4** [tr] disminuir [la presión] **5** [intr] amainar [la lluvia, el viento] **6 to ease sb's mind** tranquilizar a alguien

ease off 1 aliviarse [un dolor] **2** disminuir [la presión] **3** amainar [la lluvia]

ease up 1 ▶ ver **ease off 2** tomarse las cosas con calma **3 to ease up on sb** (empezar a) tratar mejor a alguien

easel /'izəl/ *s* caballete

easily /'izəli/ *adv* **1** (sin dificultad) fácilmente, fácil **2** (para enfatizar) de lejos, fácil: *She is easily the most intelligent student in the class.* Es, de lejos, la alumna más inteligente de la clase. **3** (para expresar probabilidad): *I'd better remind him. He could easily forget.* Más vale que se lo recuerde. No sería raro que se le olvidara.

east /ist/ *sustantivo, adjetivo & adverbio*

• *s* **1** (el) este: *Which way is east?* ¿Hacia dónde está el este? | *in the east of the country* en el este del país | **to the east (of)** al este (de) **2 the East (a)** el Este, Oriente **(b)** el este [de EU]

• *adj* (del) este, oriental: *There was a strong east wind.* Había un fuerte viento (del) este.

• *adv* hacia el este, al este: *The house faces east.* La casa tiene orientación este.

eastbound /'istbaʊnd/ *adj* que va/iba etc. en dirección este

Easter /'istər/ *s* Pascua ▶ Cuando se refiere a las vacaciones, equivale a *Semana Santa* | **at Easter** en Pascua, en Semana Santa

'Easter egg *s* huevo de Pascua

easterly /'istərli/ *adj* (del) este | **in an easterly direction** en dirección este

eastern, también **Eastern** /'istərn/ *adj* **1** oriental [asiático] **2** (del) este, oriental

eastward /'istwərd/, también **eastwards** /'istwərdz/ *adv* hacia el este

easy /'izi/ *adjetivo & adverbio*

• *adj* (**-sier**, **-siest**) **1** fácil: *It's easy to make a mistake.* Es fácil equivocarse. **2** tranquilo -a: *I would feel easier if I knew where she was.* Estaría más tranquila si supiera dónde está. **3 an easy life** una vida fácil **4 to take the easy way out** optar por el camino más corto **5 I'm easy** (informal) me da lo mismo

• *adv* (**-sier**, **-siest**) **1 to take it/things easy** tomarse las cosas con calma **2 take it easy!** ¡cálmate! **3 to go easy on/with sth** no pasarse con algo: *Go easy on the garlic.* No te pases con el ajo. **4 to go easy on sb** no ser duro -a con alguien **5 that's/it's easier said than done** es más fácil decirlo que hacerlo

easygoing /izi'goʊɪŋ/ *adj* **1** fácil de tratar, tolerante [persona] **2** tranquilo -a [temperamento, actitud]

eat /it/ *v* [tr/intr] (pasado **ate**, participio **eaten**) **1** comer: *Would you like something to eat?* ¿Quieres comer algo? **2 what's eating him/you etc.?** (informal) ¿qué bicho le/te etc. picó? **3 to have sb eating out of your hand** tener a alguien a sus pies

PHRASAL VERBS

eat away to eat away at sth/to eat sth away comerse algo, corroer algo

eat into sth 1 comerse algo, corroer algo **2 to eat into sb's savings** comerse los ahorros de alguien

eat out (salir a) comer afuera

eat up terminar de comer **eat sth up 1** terminar de comer algo **2** consumir/agotar algo [dinero, espacio, etc.]

eaten /'itn/ participio de **eat**

eater /'itər/ *s* **1 to be a big eater** ser muy comilón -ona/comelón -ona **2 to be a fussy eater** ser mañoso -a para comer

eavesdrop /'ivzdrɑp/ *v* [intr] (**-pped**, **-pping**) **to eavesdrop (on sth/sb)** escuchar (algo/a alguien) [a escondidas]

ebb /eb/ *sustantivo & verbo*

• *s* **1 the ebb (tide)** el reflujo [de la marea] **2 to be at a low ebb (a)** estar deprimido -a **(b)** estar en un mal momento **3 the ebb and flow of sth** el ir y venir de algo [de la demanda, la moda, etc.]

• *v* [intr] **1** bajar [la marea] **2** (también **ebb away**) decaer, flaquear

ebony /'ebəni/ *s* ébano

eccentric /ɪk'sentrɪk/ *adj & s* excéntrico -a

echo /'ekoʊ/ *sustantivo & verbo*

• *s* (pl **echoes**) **1** eco **2** reminiscencia, similitud

• *v* **1** [intr] resonar: *The hall echoed with laughter.* El salón resonó con risas. **2** [tr] hacerse eco de

eclipse /ɪ'klɪps/ *sustantivo & verbo*

• *s* eclipse

• *v* [tr] eclipsar

ecological /ikə'lɑdʒɪkəl/ *adj* ecológico -a

ecologically /ikə'lɑdʒɪkli/ *adv* ecológicamente, desde el punto de vista de la ecología

ecologist /ɪ'kɑlədʒɪst/ *s* ecologista

ecology /ɪ'kɑlədʒi/ *s* ecología

economic /ekə'nɑmɪk/ *adj* **1** económico -a ▶ **¿ECONOMIC O ECONOMICAL?** ver **económico** **2** rentable

economical /ekə'nɑmɪkəl/ *adj* **1** económico -a: *This car is very economical to run.* Éste es un auto muy económico. ▶ **¿ECONOMIC O ECONOMICAL?** ver **económico** **2 to be economical with the truth** decir una/la verdad a medias

i ¿Quieres información sobre las diferencias entre los **artículos** en inglés y en español? Lee la explicación en el apartado de gramática.

economically /ekə'nɒmɪkli/ *adv* **1** económicamente, desde el punto de vista de la economía **2** de manera económica

economics /ekə'nɒmɪks/ *s* **1** economía ▶ ¿ECONOMICS O ECONOMY? ver **economía** **2 the economics of sth** los aspectos económicos de algo

economist /ɪ'kɒnəmɪst/ *s* economista

economize, -ise BrE /ɪ'kɒnəmaɪz/ *v* [intr] hacer economía | **to economize on sth** ahorrar (en) algo

economy /ɪ'kɒnəmi/ *sustantivo*

• *s* (pl **-mies**) **1** economía ▶ ¿ECONOMY O ECONOMICS? ver **economía** **2 to make economies** hacer economía **3 economy class** (clase) turista, clase económica **economy size/pack** tamaño/envase económico

ecstasy /'ekstəsi/ *s* (pl **-sies**) **1** éxtasis **2** (también **Ecstasy**) (droga) éxtasis **3 to go into ecstasies over sth** deshacerse en elogios por algo

ecstatic /ɪk'stætɪk/ *adj* contentísimo -a, eufórico -a

Ecuador /'ekwədɔr/ *s* Ecuador

Ecuadorian /ekwə'dɔriən/ *adj & s* ecuatoriano -a

edge /edʒ/ *sustantivo & verbo*

• *s* **1** borde: *the edge of the bed* el borde de la cama | *on the edge of town* en las afueras de la ciudad | *at the water's edge* a/en la orilla del agua **2** filo **3 to have the edge on/over sb** tener (una) ventaja sobre alguien **4 to be on edge** estar nervioso -a **5 to take the edge off sb's hunger/pain** calmarle el hambre/el dolor a alguien

• *v* [tr/intr] mover o moverse lentamente: *The car edged forward.* El auto avanzó lentamente. | *He edged his chair closer to mine.* Poco a poco fue acercando su silla a la mía. **to edge away (from sth/sb)** alejarse lentamente (de algo/alguien) | **to edge your way along sth** avanzar poco a poco por algo: *I **edged my way through** the crowd.* Me fui abriendo paso entre la multitud.

edible /'edəbəl/ *adj* comestible

edit /'edɪt/ *v* [tr] **1** editar [un libro, una película] **2** hacer modificaciones/recortes en, corregir [un texto para su publicación] **3** dirigir [un diario, una revista, etc.]

edition /ɪ'dɪʃən/ *s* edición

editor /'edətər/ *s* **1** (de un diario, una revista) director -a **2** (en una editorial) editor -a **3** (en cine) editor -a, montajista

educate /'edʒəkeɪt/ *v* [tr] educar

educated /'edʒəkeɪtɪd/ *adj* **1** culto -a, instruido -a **2 an educated guess** una conjetura basada en cierta información

education /edʒə'keɪʃən/ *s* **1** educación, formación **2** enseñanza, educación **3** pedagogía, ciencias de la educación

educational /edʒə'keɪʃənəl/ *adj* **1** educativo -a, educacional [sistema, institución, etc.] **2** educativo -a, instructivo -a [viaje, juguete, etc.]

eel /il/ *s* anguila

eerie /'ɪri/ *adj* **1** sobrecogedor [silencio] **2** inquietante [atmósfera, ruido]

effect /ɪ'fekt/ *sustantivo, sustantivo plural & verbo*

• *s* **1** efecto | **to have an effect (on sth/sb)** surtir efecto (sobre algo/alguien), tener/producir un efecto (sobre algo/alguien): *Their taunts **had no effect**.* Sus provocaciones no surtieron efecto. **2 to put sth into effect** poner algo en práctica | **to come into effect** entrar en vigencia **3 to take effect (a)** hacer efecto [droga] **(b)** entrar en vigencia [ley] **4 in effect** de hecho, en realidad **5 to this effect** con este propósito **6 to do sth for effect** hacer algo para impresionar

• **effects** *s pl* **1** (formal) pertenencias | **personal effects** efectos personales **2** efectos (visuales) | **special effects** efectos especiales

• *v* [tr] (formal) **1** lograr [una reconciliación, una cura] **2** efectuar [un cambio]

effective /ɪ'fektɪv/ *adj* **1** efectivo -a, eficaz: *The policy has been **effective in** reducing crime.* La política ha resultado efectiva para reducir la delincuencia. **2** efectivo -a: *The commercials were simple but very effective.* Los anuncios eran simples pero muy efectivos.

effectively /ɪ'fektɪvli/ *adv* **1** eficazmente **2** de hecho

effectiveness /ɪ'fektɪvnəs/ *s* eficacia

efficiency /ɪ'fɪʃənsi/ *s* eficiencia, rendimiento

efficient /ɪ'fɪʃənt/ *adj* eficiente

efficiently /ɪ'fɪʃəntli/ *adv* eficientemente, con eficiencia

effort /'efərt/ *s* **1** esfuerzo | **to put a lot of effort into sth** esforzarse mucho en algo: *I put a lot of effort into organizing the party.* Me esforcé mucho en la organización de la fiesta. | **to put some effort into sth** esforzarse en algo **2** intento: *We worked all night **in an effort to** finish it on time.* Trabajamos toda la noche en un intento de terminarlo a tiempo. **3 to make an effort to do sth** hacer un esfuerzo por/para hacer algo **4 it's (not) worth the effort** (no) vale la pena

EFL /i ef 'el/ *s* (= **English as a Foreign Language**) inglés como lengua extranjera

e.g., también **eg** BrE /i 'dʒi/ (= **for example**) p. ej.

egg /eg/ *sustantivo & verbo*

• *s* **1** huevo **2** óvulo **3 to put all your eggs in one basket** jugar todo a una sola carta

• *v* **egg sb on** incitar/empujar a alguien

eggplant /'egplænt/ *s* AmE berenjena

eggshell /ˈegʃel/ *s* cáscara de huevo
ego /ˈigoʊ/ *s* **1** ego **2 to boost sb's ego** alimentarle el ego a alguien
eh? /eɪ/ *interj* BrE **1** (para pedirle a alguien que repita lo que dijo) ¿qué?, ¿cómo? **2** (al final de una afirmación) ¿eh?, ¿no?
eight /eɪt/ *número* ocho
eighteen /eɪˈtin/ *número* dieciocho
eighteenth /eɪˈtinθ/ *número* **1** decimoctavo -a **2** dieciocho **3** decimoctavo, decimoctava parte
eighth /eɪtθ/ *número* **1** octavo -a **2** ocho **3** octavo, octava parte
eightieth /ˈeɪtiəθ/ *número* **1** octagésimo -a **2** ochentavo, octagésima parte
eighty /ˈeɪti/ *número* **1** ochenta **2 the eighties** los (años) ochenta **3 to be in your eighties** tener ochenta y pico/ochenta y tantos
either /ˈiðər/ *conjunción, adjetivo, pronombre & adverbio*
• *conj* **either... or... (a)** (en afirmaciones) o... o...: *Either he leaves or I do!* ¡O se va él o me voy yo! **(b)** (en negaciones) ni... ni...: *She hasn't been to either Rome or Florence.* No ha estado ni en Roma ni en Florencia.
• *adj & pron* **1** (en preguntas) alguno -a [de dos]: *Do either of you have a pencil?* ¿Alguno de ustedes tiene un lápiz?
2 (en afirmaciones) cualquiera (de los dos/de las dos): *In my opinion, either team could win.* Para mí, podría ganar cualquiera de los dos equipos.
3 (en negaciones) ninguno -a (de los dos/de las dos): *I've tried windsurfing and sailing, but I didn't like either much.* He probado el windsurf y la vela, pero ninguno de los dos deportes me gustó mucho.
4 either way (a) en cualquiera de los dos casos **(b)** en una u otra dirección
5 ambos: *on either side* a ambos lados/a cada lado | *at either end of the beach* en los dos/en ambos extremos de la playa
• *adv* tampoco: *"I don't like rap." "I don't either."* –No me gusta el rap. –A mí tampoco.
eject /ɪˈdʒekt/ *v* **1** [tr] (formal) expulsar, evacuar [a una persona] **2** [tr] expulsar [un CD, un cassette, etc.] **3** [intr] eyectarse [de un avión]
elaborate¹ /ɪˈlæbərət/ *adj* **1** complicado -a, muy elaborado -a [comida, plato] **2** intrincado -a [dibujo, talla] **3** detallado -a [plan]
elaborate² /ɪˈlæbəreɪt/ *v* [intr] dar más detalles | **to elaborate on sth** explicar algo en más detalle, desarrollar algo
elapse /ɪˈlæps/ *v* [intr] (formal) transcurrir
elastic /ɪˈlæstɪk/ *adjetivo & sustantivo*
• *adj* elástico -a
• *s* elástico
eˌlastic ˈband BrE ► ver **rubber band**
elbow /ˈelboʊ/ *sustantivo & verbo*
• *s* codo
• *v* [tr] darle un codazo a: *Dan* ***elbowed his way through the crowd.*** Dan se abrió paso a codazos entre la multitud.
elder /ˈeldər/ *adjetivo & sustantivo*
• *adj* mayor ► ver recuadro
• *s* **your/his etc. elders** tus/sus etc. mayores

> **¿elder o older?**
>
> **elder** sólo se usa para referirse a personas, especialmente a los miembros de una familia:
>
> *She has two elder brothers.* Tiene dos hermanos mayores.
>
> Como superlativo **elder** sólo se usa cuando se trata de dos personas:
>
> *Sarah is the elder of the two sisters.* Sarah es la mayor de las dos hermanas.
>
> **elder** no puede ir seguido de **than**. Para decir que una persona es mayor que otra, hay que usar **older**:
>
> *John is older than Lizzie.* John es mayor que Lizzie.

elderly /ˈeldərli/ *adj* mayor, anciano -a | **the elderly** (los) ancianos
eldest /ˈeldɪst/ *adj* **1 eldest brother/sister/daughter etc.** hermano/hermana/hija etc. mayor [de varios] **2 the eldest** el/la mayor ► ver recuadro

> **¿eldest o oldest?**
>
> **eldest** sólo se usa para referirse a personas, especialmente a los miembros de una familia:
>
> *I'm the eldest of three sisters.* Soy la mayor de tres hermanas.

elect /ɪˈlekt/ *v* [tr] elegir [mediante voto]
election /ɪˈlekʃən/ *s* elección, elecciones
electoral /ɪˈlektərəl/ *adj* electoral | **electoral college** colegio electoral
electorate /ɪˈlektərət/ *s* electorado
electric /ɪˈlektrɪk/ *adj* **1** eléctrico -a ► ¿ELECTRIC O ELECTRICAL? ver **eléctrico** **2** electrizante
electrical /ɪˈlektrɪkəl/ *adj* eléctrico -a ► ¿ELECTRICAL O ELECTRIC? ver **eléctrico**
electrician /ɪlekˈtrɪʃən/ *s* electricista
electricity /ɪlekˈtrɪsəti/ *s* electricidad
eˌlectric ˈshock *s* descarga eléctrica, choque eléctrico
electrify /ɪˈlektrəfaɪ/ *v* [tr] (**-fies**, **-fied**) **1** electrificar **2** electrizar [al público]
electrocute /ɪˈlektrəkjut/ *v* [tr] electrocutar
electron /ɪˈlektrɑn/ *s* electrón
electronic /ɪlekˈtrɑnɪk/ *adj* electrónico -a
electronics /ɪlekˈtrɑnɪks/ *s* electrónica
elegance /ˈeləgəns/ *s* elegancia
elegant /ˈeləgənt/ *adj* elegante

element /ˈeləmənt/ *s* **1** elemento **2 an element of truth/risk etc.** algo de verdad/cierto riesgo etc. **3** (en química) elemento **4 the elements** los elementos, el (mal) tiempo

elementary /eləˈmentri/ *adj* elemental, básico -a

eleˈmentary ˌschool, también **grade school** *s* AmE En EU, escuela para niños entre 5 y 11 años

elephant /ˈeləfənt/ *s* elefante

elevator /ˈeləveɪtər/ *s* AmE ascensor, elevador

eleven /ɪˈlevən/ *número* once

eleventh /ɪˈlevənθ/ *número* **1** undécimo -a **2** once **3** onceavo, onceava parte

elicit /ɪˈlɪsɪt/ *v* [tr] (formal) obtener [una respuesta, información, etc.]

eligible /ˈelədʒəbəl/ *adj* **1** que cumple con los requisitos | **to be eligible for sth** tener derecho a (hacer) algo | **to be eligible to do sth** tener derecho a hacer algo **2 an eligible bachelor** un buen partido

eliminate /ɪˈlɪməneɪt/ *v* [tr] eliminar, erradicar

elimination /ɪlɪməˈneɪʃən/ *s* eliminación, erradicación

elite /eɪˈlit/ *s* elite, élite

elm /elm/ *s* olmo

elope /ɪˈloʊp/ *v* [intr] fugarse [con el novio o la novia, etc.]

eloquent /ˈeləkwənt/ *adj* elocuente

El Salvador /el ˈsælvədɔr/ *s* El Salvador

else /els/ *adv* ▶ ver recuadro

elsewhere /ˈelswer/ *adv* a/en otra(s) parte(s)

ELT /i el ˈti/ *s* (= **English Language Teaching**) enseñanza de inglés a hablantes de otras lenguas

elusive /ɪˈlusɪv/ *adj* **1** esquivo -a, huidizo -a **2** difícil de recordar [palabra]

e-mail, también **email** /ˈi meɪl/ *sustantivo & verbo*

● *s* **1** (sistema) e-mail, correo electrónico **2** (mensaje) e-mail, mail

● *v* [tr] **1** mandarle un e-mail/mail a [una persona] **2** mandar por e-mail/mail [un mensaje]

emanate /ˈeməneɪt/ *v* (formal) **emanate from sth** provenir/emanar de algo

emancipation /ɪmænsəˈpeɪʃən/ *s* emancipación

embankment /ɪmˈbæŋkmənt/ *s* terraplén

embargo /ɪmˈbɑrgoʊ/ *s* (pl **-goes**) embargo

embark /ɪmˈbɑrk/ *v* [intr] embarcar, embarcarse: *He **embarked for** New York in 1892.* Se embarcó con destino a Nueva York en 1892.

embark on/upon sth emprender algo, embarcarse en algo

embarrass /ɪmˈbærəs/ *v* [tr] (3ª pers sing **-sses**) hacerle pasar vergüenza a, poner en evidencia a

embarrassed /ɪmˈbærəst/ *adj* **1 I feel/she is etc. embarrassed** me da/le da etc. vergüenza, me da/le da etc. pena: *He felt so embarrassed.* Le dio tanta vergüenza./Le dio tanta pena. | *I was embarrassed by her directness.* Su franqueza me hizo sentir incómoda. **2 an embarrassed silence** un silencio incómodo

> **else**
>
> **1** else va siempre precedido por palabras que empiezan con **any-**, **no-**, **some-** o por palabras interrogativas como **what, who,** etc.
>
> **2** A veces significa *más*:
>
> *Do you need anything else?* ¿Necesita algo más? | *Who else was at the party?* ¿Quién más estaba en la fiesta? | *There's nothing else to do.* No hay nada más que hacer.
>
> **3** A veces indica algo o alguien diferente:
>
> *It wasn't Joe, it was someone else.* No era Joe, era otra persona. | *What else could she have done?* ¿Qué otra cosa podría haber hecho? | *Let's go somewhere else.* Vayamos a otro lado.
>
> **4** También se usa en la expresión **or else**, que significa *si no*:
>
> *We'd better hurry, or else we'll be late.* Mejor que nos apuremos, si no vamos a llegar tarde. | *You keep quiet, or else!* Tú no digas nada. Si no, ya verás.

embarrassing /ɪmˈbærəsɪŋ/ *adj* que da vergüenza/pena, incómodo -a

embarrassment /ɪmˈbærəsmənt/ *s* **1** vergüenza, pena, incomodidad **2** persona o cosa que hace sentir vergüenza/pena: *Her family was an **embarrassment to** her.* Se avergonzaba de su familia.

embassy /ˈembəsi/ *s* (pl **-ssies**) embajada

embedded /ɪmˈbedɪd/ *adj* **to be embedded in sth** estar incrustado -a/clavado -a en algo, estar muy arraigado -a en algo

ember /ˈembər/ *s* brasa

emblem /ˈembləm/ *s* emblema, símbolo

embodiment /ɪmˈbɑdɪmənt/ *s* (formal) **the embodiment of sth** la encarnación/personificación de algo

embody /ɪmˈbɑdi/ *v* [tr] (**-dies**, **-died**) (formal) encarnar, ser la encarnación/personificación de

embrace /ɪmˈbreɪs/ *verbo & sustantivo*

● *v* **1** [tr] abrazar **2** [intr] abrazarse

● *s* abrazo

embroider /ɪmˈbrɔɪdər/ *v* [tr/intr] bordar

embroidery /ɪmˈbrɔɪdəri/ *s* bordado(s)

embryo /ˈembrioʊ/ *s* embrión

emerald /ˈemərəld/ *sustantivo & adjetivo*

● *s* esmeralda

● *adj* de color esmeralda

emerge /ɪˈmɜrdʒ/ *v* [intr] (formal) **1** salir, aparecer | **to emerge from sth** salir de algo [de un lugar, de una experiencia] **2** surgir | **it has emerged that** ha trascendido que

emergence /ɪˈmɜrdʒəns/ *s* surgimiento

emergency /ɪˈmɜrdʒənsi/ *s* **1** (pl **-cies**) emergencia **2** de emergencia: *an emergency* *meeting* una reunión de emergencia **emergency brake** AmE freno de mano/de emergencia **emergency exit** salida de emergencia **emergency room** AmE sala de urgencias, sala de emergencias, sala de guardia

emigrant /'eməgrənt/ *s* emigrante

emigrate /'eməgreɪt/ *v* [intr] emigrar

emigration /emə'greɪʃən/ *s* emigración

emission /ɪ'mɪʃən/ *s* emisión, emanación

emotion /ɪ'moʊʃən/ *s* emoción, sentimiento

emotional /ɪ'moʊʃənəl/ *adj* **1** emotivo -a, emocional **2 to become/get emotional** emocionarse **3** afectivo -a [problema, desarrollo]

emotionally /ɪ'moʊʃənəli/ *adv* **1** emocionalmente, desde el punto de vista emocional/afectivo **2** con emoción

emotive /ɪ'moʊtɪv/ *adj* cargado -a de emotividad, que despierta sentimientos fuertes

empathy /'empəθi/ *s* empatía

emperor /'empərər/ *s* emperador

emphasis /'emfəsɪs/ *s* (pl **-ses**) **1** énfasis | **to place/put emphasis on sth** hacer hincapié/poner énfasis en algo **2** acento [prosódico], énfasis

emphasize, -ise BrE /'emfəsaɪz/ *v* [tr] hacer hincapié en, recalcar

emphatic /ɪm'fætɪk/ *adj* **1** enfático -a [gesto] **2** categórico -a [victoria] **3** rotundo -a [negativa]

empire /'empaɪr/ *s* imperio

employ /ɪm'plɔɪ/ *v* [tr] emplear, contratar: *He was employed as a gardener.* Trabajaba de jardinero.

employee /ɪm'plɔɪ-i/ *s* empleado -a

employer /ɪm'plɔɪər/ *s* empleador -a, patrón -ona

employment /ɪm'plɔɪmənt/ *s* empleo, trabajo

empress /'emprɪs/ *s* (pl **-sses**) emperatriz

emptiness /'emptinəs/ *s* vacío, vacuidad

empty /'empti/ *adjetivo & verbo*

• *adj* (**-tier**, **-tiest**) **1** vacío -a **2** vacío -a [amenaza], vano -a [promesa]

• *v* (**-ties**, **-tied**) **1** [tr] vaciar | **to empty sth into/onto sth** vaciar algo en algo [recipiente], verter algo en algo [contenido]: *She emptied the bag onto the table.* Vació la bolsa en la mesa. **2** [intr] vaciarse, quedar vacío -a

empty-'handed *adj* con las manos vacías

enable /ɪ'neɪbəl/ *v* **to enable sb to do sth** permitirle a alguien hacer algo [hacérselo posible]

enamel /ɪ'næməl/ *s* esmalte

enchanting /ɪn'tʃæntɪŋ/ *adj* encantador -a

encircle /ɪn'sɜrkəl/ *v* [tr] rodear

enclose /ɪn'kloʊz/ *v* [tr] **1** adjuntar **2** encerrar, cercar

enclosure /ɪn'kloʊʒər/ *s* recinto

encore /'ɑŋkɔr/ *sustantivo & interjección*

• *s* bis [en un concierto o recital]

• *interj* **encore!** ¡otra!

encounter /ɪn'kaʊntər/ *verbo & sustantivo*

• *v* [tr] (formal) encontrar, encontrarse con

• *s* encuentro, contacto

encourage /ɪn'kɜrɪdʒ/ *v* [tr] **1** alentar, apoyar | **to encourage sb to do sth** alentar/animar a alguien a hacer algo **2** estimular, fomentar

encouragement /ɪn'kɜrɪdʒmənt/ *s* aliento, estímulo

encouraging /ɪn'kɜrɪdʒɪŋ/ *adj* alentador -a

encyclopedia, también **encyclopaedia** BrE /ɪnsaɪklə'pidiə/ *s* enciclopedia

end /end/ *sustantivo & verbo*

• *s* **1** (de un período de tiempo) fin, final: *They've given us until the end of the month to pay.* Nos han dado hasta fin de mes para pagar. | **at the end of sth** a fines de algo, al final de algo **2** (de un libro, una película, etc.) final **3** (de una calle) final **4** (de una soga, un palo, una mesa) extremo, punta **5 the deep/shallow end** la parte honda/poco profunda [de una piscina] **6** fin, propósito **7 to be at an end** haberse acabado/terminado | **to come to an end** llegar a su fin, terminarse | **to put an end to sth** poner fin a algo **8 in the end** al final **9 to change ends** cambiar de lado [en una cancha] **10 to be at the end of your rope** AmE no poder más | **to be at the end of your tether** BrE no poder más **11 to be at a loose end** no tener nada que hacer **12 to make ends meet** hacer alcanzar el dinero, llegar a fin de mes **13 to get (hold of) the wrong end of the stick** (informal) entender mal, entender cualquier cosa

• *v* [tr/intr] terminar

end in sth terminar en/con algo: *Their marriage ended in divorce.* Su matrimonio terminó en divorcio.

end up terminar: *He'll end up in jail.* Va a terminar en la cárcel. | **to end up doing sth** terminar haciendo algo: *I always end up picking up the tab.* Siempre termino pagando yo la cuenta.

endanger /ɪn'deɪndʒər/ *v* [tr] poner en peligro

endeavor AmE, **endeavour** BrE /ɪn'devər/ *sustantivo & verbo*

• *s* (formal) **1** esfuerzo, intento **2** emprendimiento

• *v* (formal) **to endeavor to do sth** hacer todo lo posible por hacer algo, esforzarse por hacer algo

ending /'endɪŋ/ *s* **1** final [de un cuento, una película, etc.] **2** desinencia

endive /'endaɪv/ *s* AmE endivia, endibia

endless /'endləs/ *adj* **1** interminable, infinito -a **2** innumerable

endlessly /'endləsli/ *adv* **1** constantemente **2** infinitamente

endorse /ɪn'dɔrs/ *v* [tr] **1** aprobar, apoyar **2** endosar [un cheque]

endorsement /ɪn'dɔrsmənt/ *s* aprobación, apoyo

endow /ɪnˈdaʊ/ *v* **to be endowed with sth** estar dotado -a de algo, contar con algo

endurance /ɪnˈdʊrəns/ *s* **1** (en sentido físico) resistencia **2** (mental, espiritual) entereza

endure /ɪnˈdʊr/ *v* [tr] soportar, sufrir [un dolor, una desgracia, etc.]

enduring /ɪnˈdʊrɪŋ/ *adj* perdurable, duradero -a

enemy /ˈenəmi/ *s* (pl **-mies**) enemigo -a

energetic /enərˈdʒetɪk/ *adj* **1** dinámico -a [persona] | **to feel energetic** sentirse con energía **2** enérgico -a [ejercicio, actividad]

energy /ˈenərdʒi/ *s* energía

enforce /ɪnˈfɔrs/ *v* [tr] hacer cumplir

enforcement /ɪnˈfɔrsmənt/ *s* aplicación [acción de hacer cumplir una norma]

engage /ɪnˈgeɪdʒ/ *v* [tr] (formal) **1** concitar, captar [la atención, el interés de alguien] **2** contratar: *We **engaged** a nanny to take care of the children.* Contratamos una niñera para que cuidara a los niños.

engage in sth (formal) involucrarse en algo

engage sb in sth to engage sb in conversation (formal) entablar conversación con alguien

engaged /ɪnˈgeɪdʒd/ *adj* **1** comprometido -a [para casarse] | **to get engaged** comprometerse | **to be engaged to sb** estar comprometido -a con alguien **2** BrE ocupado -a [línea telefónica] ► En inglés americano se usa **busy**

engagement /ɪnˈgeɪdʒmənt/ *s* **1** compromiso [para casarse] **2** noviazgo [después del compromiso] **3** (formal) compromiso [social, de negocios, etc.]

engine /ˈendʒɪn/ *s* **1** motor [de un vehículo] **2** BrE locomotora ► En inglés americano se usa **locomotive**

engineer /endʒəˈnɪr/ *s* **1** ingeniero -a **2** maquinista (naval) **3** AmE (de un tren) maquinista **4** BrE técnico -a [que hace reparaciones]

engineering /endʒəˈnɪrɪŋ/ *s* ingeniería

England /ˈɪŋglənd/ *s* Inglaterra

English /ˈɪŋglɪʃ/ *adjetivo & sustantivo*

- *adj* inglés -esa
- *s* **1** (idioma) inglés **2 the English** los ingleses **3 English breakfast** desayuno tradicional británico, que incluye huevos, tocino, etc.

full English breakfast

Englishman /ˈɪŋglɪʃmən/ *s* (pl **-men**) inglés

Englishwoman /ˈɪŋglɪʃwʊmən/ *s* (pl **-women**) inglesa

engrave /ɪnˈgreɪv/ *v* [tr] grabar

engrossed /ɪnˈgroʊst/ *adj* **to be engrossed in sth** estar absorto -a/enfrascado -a en algo

enhance /ɪnˈhæns/ *v* [tr] **1** realzar **2** aumentar, mejorar

enjoy /ɪnˈdʒɔɪ/ *v* [tr] **1** disfrutar (de): *She knows how to enjoy life.* Sabe disfrutar de la vida. | *Did you enjoy the movie?* ¿Te gustó la película? | **he enjoys singing/working with children etc.** le gusta cantar/trabajar con niños etc. | **to enjoy yourself** divertirse, pasarlo bien **2** tener, gozar de [buena salud, reputación, etc.]

enjoyable /ɪnˈdʒɔɪəbəl/ *adj* agradable, entretenido -a

enjoyment /ɪnˈdʒɔɪmənt/ *s* placer, disfrute

enlarge /ɪnˈlɑrdʒ/ *v* [tr] ampliar, agrandar

enlargement /ɪnˈlɑrdʒmənt/ *s* ampliación

enlighten /ɪnˈlaɪtn/ *v* (formal) **to enlighten sb (as to sth/about sth)** explicarle/aclararle algo a alguien

enlightened /ɪnˈlaɪtnd/ *adj* progresista

enlightenment /ɪnˈlaɪtnmənt/ *s* (formal) información que aclara algo o acción de darla

enlist /ɪnˈlɪst/ *v* **1 to enlist the help/services of sb** conseguir el apoyo de alguien/contratar los servicios de alguien **2** [intr] alistarse

enormous /ɪˈnɔrməs/ *adj* enorme

enormously /ɪˈnɔrməsli/ *adv* enormemente, muchísimo

enough /ɪˈnʌf/ *adverbio, adjetivo & pronombre*

- *adv* **1** bastante, suficiente: *He's old **enough** to understand.* Es lo bastante mayorcito como para entender. **2** ► Un adjetivo positivo como **friendly** (simpático) o **happy** (contento) seguido de **enough** puede indicar reserva (bastante simpático/contento, pero sólo hasta cierto punto): *She's nice enough, but she can be a little boring.* Es bastante simpática, pero a veces es un poco aburrida. **3** ► Un adjetivo negativo como **difficult** (difícil) o **bad** (malo) seguido de **enough** suele preceder a una frase que expresa que algo o alguien podría empeorar las cosas: *Things are bad enough without you interfering.* Las cosas ya andan bastante mal, como para que encima tú te metas. **4 oddly/funnily etc. enough** curiosamente, aunque parezca raro ► ver también **sure**
- *adj & pron* **1** suficiente, bastante: *We don't have enough glasses.* No tenemos suficientes vasos. | *I think we've done enough for one day.* Creo que ya hemos hecho bastante por un día. **2 to have had enough (of sth/sb)** estar harto -a (de algo/alguien) **3 that's enough!** ¡basta!

enquire ► ver **inquire**

enquiry ► ver **inquiry**

enrage /ɪnˈreɪdʒ/ *v* [tr] enfurecer

enrich /ɪnˈrɪtʃ/ *v* [tr] (3ª pers sing **-ches**) enriquecer

enroll AmE, **enrol** BrE /ɪnˈroʊl/ *v* (**-lled**, **-lling**) **1** [intr] inscribirse, apuntarse, matricularse | **to enroll in/on sth** inscribirse/apuntarse en algo **2** [tr] inscribir, apuntar, matricular

enrollment AmE, **enrolment** BrE /ɪn'roulmənt/ *s* **1** inscripción, inscripciones **2** matrícula [número de personas inscritas]

ensuing /ɪn'suɪŋ/ *adj* **1 in the ensuing days/weeks etc.** en los días/las semanas etc. siguientes **2 the ensuing war/conflict etc.** la guerra/el conflicto etc. que tuvo lugar a continuación

ensure, también **insure** AmE /ɪn'ʃʊr/ *v* [tr] asegurar | **to ensure that** asegurarse de que

entail /ɪn'teɪl/ *v* [tr] implicar, suponer

entangle /ɪn'tæŋgəl/ *v* [tr] enredar | **to become/get entangled in sth (a)** enredarse en algo **(b)** verse involucrado -a en algo

enter /'entər/ *v* **1** (formal) [tr] ingresar a, entrar a, [intr] ingresar, entrar: *He tried to enter the country with a false passport.* Trató de ingresar al país con un pasaporte falso. **2** [tr] (a una institución) ingresar a **3** (referido a competencias) [intr] presentarse, tomar parte, [tr] presentarse a, tomar parte en **4** [tr] (en computación) ingresar [información] **5** [tr] (al llenar un formulario) escribir

enter into sth 1 to enter into a contract/an agreement (formal) firmar un contrato/llegar a un acuerdo **2 to enter into discussions/negotiations etc.** (formal) iniciar conversaciones/negociaciones etc. **3 money/age etc. does not enter into it** el dinero/la edad etc. no tiene nada que ver

enterprise /'entərpraɪz/ *s* **1** empresa **2** emprendimiento **3** iniciativa [capacidad de tomar decisiones, etc.]

enterprising /'entərpraɪzɪŋ/ *adj* emprendedor -a

entertain /entər'teɪn/ *v* **1** [intr] recibir invitados, [tr] invitar [agasajar] **2** [tr] entretener

entertainer /entər'teɪnər/ *s* artista [del mundo del espectáculo], animador -a

entertaining /entər'teɪnɪŋ/ *adj* entretenido -a, divertido -a

entertainment /entər'teɪnmənt/ *s* **1** entretenimiento, diversión **2** espectáculo

enthralling /ɪn'θrɔlɪŋ/ *adj* cautivante, apasionante

enthusiasm /ɪn'θuziæzəm/ *s* entusiasmo: *their **enthusiasm** for the idea* su entusiasmo por la idea

enthusiast /ɪn'θuziæst/ *s* entusiasta

enthusiastic /ɪnθuzi'æstɪk/ *adj* entusiasta: *an enthusiastic audience* un público entusiasta | **to be enthusiastic about sth** estar entusiasmado -a con algo

entice /ɪn'taɪs/ *v* [tr] atraer, tentar

entire /ɪn'taɪr/ *adj* todo-a, entero -a

entirely /ɪn'taɪrli/ *adv* totalmente, del todo

entitle /ɪn'taɪtl/ *v* [tr] **1 to entitle sb to (do) sth** darle derecho a alguien a (hacer) algo | **to be entitled to (do) sth** tener derecho a (hacer) algo **2** intitular, titular

entitlement /ɪn'taɪtlmənt/ *s* derecho [a hacer algo]

entrance /'entrəns/ *s* **1** entrada [lugar] | **the entrance to/of sth** la entrada a/de algo **2 entrance fee** entrada [dinero que se paga]

entrant /'entrənt/ *s* participante [en un concurso, una competencia]

entrée /'ɑntreɪ/ *s* AmE plato principal

entrepreneur /ɑntrəprə'nɜr/ *s* empresario -a

entrust /ɪn'trʌst/ *v* [tr] **to entrust sb with sth/to entrust sth to sb** confiarle algo a alguien [una responsabilidad, una tarea, el cuidado de algo]

entry /'entri/ *s* (pl **-tries**) **1** entrada, ingreso: *Turkey's **entry** into the EU* el ingreso de Turquía a la UE | **to gain entry** entrar **2** trabajo que se presenta a un concurso **3** entrada [en un diccionario, etc.] **4** anotación [en el diario de una persona]

envelope /'envəloup/ *s* sobre

enviable /'enviəbəl/ *adj* envidiable

envious /'enviəs/ *adj* **1 to be envious of sb** tenerle envidia a alguien, envidiar a alguien | **to be envious of sth** envidiar algo | **to be envious** tener envidia **2** ▶ Cuando **envious** va delante de un sustantivo indica una característica más permanente y equivale a *envidioso -a*: *I'm not a naturally envious person.* No soy una persona envidiosa por naturaleza.

environment /ɪn'vaɪərnmənt/ *s* **1 the environment** el medio ambiente **2** ambiente, entorno

environmental /ɪnvaɪərn'mentl/ *adj* ambiental, ecológico -a | **environmental protection** protección del medio ambiente

environmentalist /ɪnvaɪərn'mentl-ɪst/ *s* ecologista

en,vironmentally 'friendly *adj* ecológico -a, que no daña el medio ambiente

envisage /ɪn'vɪzɪdʒ/ *v* [tr] prever, imaginarse [un suceso futuro]

envoy /'envɔɪ/ *s* enviado -a

envy /'envi/ *verbo & sustantivo*
- *v* [tr] (**-vies**, **-vied**) envidiar
- *s* envidia

enzyme /'enzaɪm/ *s* enzima

epic /'epɪk/ *adjetivo & sustantivo*
- *adj* épico -a
- *s* epopeya, épica

epidemic /epə'demɪk/ *s* epidemia

epilepsy /'epəlepsi/ *s* epilepsia

epileptic /epə'leptɪk/ *adj & s* epiléptico -a

episode /'epəsoud/ *s* **1** (de un programa de TV o radio) capítulo, episodio **2** (en la historia, en la vida de alguien) episodio

epitaph /'epətæf/ *s* epitafio

epitome /ɪ'pɪtəmi/ *s* **to be the epitome of sth** ser el arquetipo de algo, ser algo por excelencia

equal /'ikwəl/ *adjetivo, sustantivo & verbo*
- *adj* **1** igual: *A pound is **equal** to 454 grams.* Una libra equivale a 454 gramos.

¿No estás seguro de si se usa **make** o **do**? Mira las entradas **hacer**, **make** y **do**.

2 equal rights/opportunities igualdad de derechos/oportunidades **3 on an equal footing/on equal terms** en igualdad de condiciones

• *s* igual: *Young people want adults to treat them as equals.* Los jóvenes quieren que los adultos los traten como iguales.

• *v* [tr] (**-led**, **-ling** AmE, **-lled**, **-lling** BrE) **1** ser igual a: *Four plus four equals eight.* Cuatro más cuatro es igual a ocho. **2** igualar

equality /ɪ'kwɒləti/ *s* igualdad

equalize, -ise BrE /'ikwəlaɪz/ *v* **1** [intr] BrE igualar el marcador ▸ En inglés americano se usa **to tie** **2** [tr] igualar, equiparar

equally /'ikwəli/ *adv* **1** igualmente **2** en partes iguales, equitativamente **3** por igual, de la misma manera **4** por otro lado

equate /ɪ'kweɪt/ *v* **to equate sth with sth** equiparar algo con algo, pensar que algo equivale a algo

equation /ɪ'kweɪʒən/ *s* ecuación

equator /ɪ'kweɪtər/ *s* **the equator** el ecuador

equip /ɪ'kwɪp/ *v* [tr] (**-pped**, **-pping**) **1** equipar | **to equip sth/sb with sth** equipar algo/a alguien con algo **2 to equip sb to do sth** preparar a alguien para hacer algo

equipment /ɪ'kwɪpmənt/ *s* equipo, material

equitable /'ekwətəbəl/ *adj* justo -a, equitativo -a

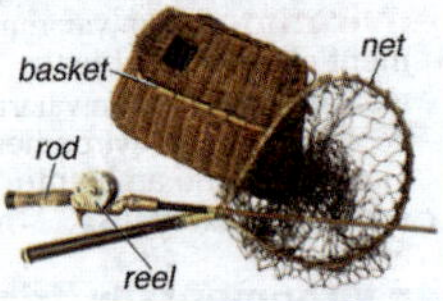

fishing equipment

equivalent /ɪ'kwɪvələnt/ *adjetivo & sustantivo*

• *adj* equivalente | **equivalent to sth** equivalente a algo

• *s* equivalente

era /'ɪrə, 'erə/ *s* era, época

eradicate /ɪ'rædəkeɪt/ *v* [tr] erradicar

erase /ɪ'reɪs/ *v* [tr] borrar: *Important data had been* ***erased from*** *the disk.* Se había borrado información importante del disco.

eraser /ɪ'reɪsər/ AmE *s* goma (de borrar), borrador

erect /ɪ'rekt/ *adjetivo & verbo*

• *adj* **1** erecto -a **2** erguido -a, parado -a

• *v* [tr] construir, erigir

erection /ɪ'rekʃən/ *s* erección

erode /ɪ'roʊd/ *v* **1** [tr] erosionar **2** [intr] erosionarse **3** [tr] minar, socavar

erosion /ɪ'roʊʒən/ *s* erosión

erotic /ɪ'rɑtɪk/ *adj* erótico -a

errand /'erənd/ *s* **to run an errand for sb** hacerle un mandado a alguien

error /'erər/ *s* error: *The letter was opened* ***in error***. la carta se abrió por error. | **human error** error humano

erupt /ɪ'rʌpt/ *v* [intr] **1** estallar [crisis, violencia, etc.] **2** entrar en erupción **3** estallar (en gritos)

eruption /ɪ'rʌpʃən/ *s* erupción

escalate /'eskəleɪt/ *v* **1** [intr] intensificarse, agravarse **2** [tr] intensificar, agravar **3** [intr] aumentar mucho, dispararse [precios, costos]

escalation /eskə'leɪʃən/ *s* escalada [aumento, intensificación]

escalator /'eskəleɪtər/ *s* escalera mecánica

escape /ɪ'skeɪp/ *verbo & sustantivo*

• *v* **1** [intr] (de un lugar) escapar(se), fugarse: *Three men have* ***escaped from*** *the prison.* Tres hombres se han fugado de la cárcel. **2** (referido a un peligro) [intr] salvarse, escapar(se), [tr] salvarse de | **to escape unhurt** salir/resultar ileso -a **3 the name/date etc. escapes me** no me acuerdo del nombre/de la fecha etc. **4 to escape sb's attention/notice** pasarle desapercibido -a a alguien

• *s* **1** (de un lugar) escape, fuga: *There's* ***no escape***. No hay posibilidad de escapar. **2 to have a narrow/lucky escape** salvarse por poco/de milagro **3** (de la realidad) escape

escort¹ /ɪ'skɔrt/ *v* [tr] **1** escoltar **2** acompañar

escort² /'eskɔrt/ *s* **1** escolta **2** acompañante

Eskimo /'eskəmoʊ/ *s* esquimal ▸ Algunas personas consideran que **Eskimo** es ofensivo y prefieren usar **Inuit** o **Aleut**

ESL /i es 'el/ (= **English as a Second Language**) inglés como segunda lengua

especially /ɪ'speʃəli/ *adv* **1** (para poner énfasis en algo) especialmente, particularmente: *She loves science, especially biology.* Le encanta la ciencia, especialmente la biología. **2** (específicamente) especialmente: *especially for you* especialmente para ti ▸ **¿ESPECIALLY O SPECIALLY?** ver **especialmente**

espionage /'espiənɑʒ/ *s* espionaje

essay /'eseɪ/ *s* **1** (ejercicio escolar de lengua) redacción, composición **2** (en la enseñanza superior) trabajo, monografía **3** (obra literaria) ensayo

essence /'esəns/ *s* esencia | **in essence** en esencia

essential /ɪ'senʃəl/ *adjetivo & sustantivo*

• *adj* esencial, fundamental

• *s* requisito/cosa esencial, necesidad | **the bare essentials** lo imprescindible

establish /ɪ'stæblɪʃ/ *v* [tr] (3ª pers sing **-shes**) **1** (crear) fundar, establecer **2** (decidir, averiguar) establecer **3 to establish yourself (as sth)** establecerse (como algo), ganarse un nombre/una reputación (como algo)

established /ɪ'stæblɪʃt/ *adj* **1** establecido -a **2** sólido -a, respetado -a [profesional] **3** oficial [religión]

establishment /ɪ'stæblɪʃmənt/ *s* **1** establecimiento **2** (acción de establecer)

¿No sabes cómo pronunciar una determinada palabra? Consulta el recuadro de **símbolos fonéticos** en el interior de la cubierta.

establecimiento, creación **3 the Establishment** el establishment [las instituciones que detentan el poder efectivo]

estate /ɪˈsteɪt/ *s* **1** complejo habitacional, urbanización **2** propiedad [extensa, especialmente en el campo] **3** herencia **4** (también **estate car**) BrE camioneta, station (wagon) ▶ En inglés americano se usa **station wagon**

esˈtate ˌagent *s* BrE **1** agente inmobiliario -a ▶ En inglés americano se usa **real estate agent** o **realtor** **2 estate agent's** inmobiliaria

esteem /ɪˈstim/ *s* estima, aprecio | **to hold sth/sb in high esteem** respetar algo/a alguien, tener buena opinión de algo/alguien

esthetic AmE, **aesthetic** BrE /esˈθetɪk/ *adj* estético -a

estimate[1] /ˈestəmət/ *s* **1** cálculo | **a rough estimate** un cálculo aproximado/estimativo **2** presupuesto [para un trabajo, un arreglo, etc.]

estimate[2] /ˈestəmeɪt/ *v* [tr] calcular

estimation /estəˈmeɪʃən/ *s* **1** opinión **2** cálculo

estuary /ˈestʃueri/ *s* (pl **-ries**) estuario

etching /ˈetʃɪŋ/ *s* aguafuerte, grabado

eternal /ɪˈtɜrnl/ *adj* eterno -a

eternity /ɪˈtɜrnəti/ *s* eternidad

ethical /ˈeθɪkəl/ *adj* ético -a

ethics /ˈeθɪks/ *s* ética

ethnic /ˈeθnɪk/ *adj* étnico -a

etiquette /ˈetɪket/ *s* etiqueta [normas de comportamiento]

EU /i ˈju/ (= **European Union**) UE

euphemism /ˈjufəmɪzəm/ *s* eufemismo

euro /ˈjʊroʊ/ *s* (pl **euro** o **euros**) euro

Europe /ˈjʊrəp/ *s* Europa

European /jʊrəˈpiən/ *adj & s* europeo -a

ˌEuropean ˈUnion *s* Unión Europea

evacuate /ɪˈvækjueɪt/ *v* [tr] evacuar [un edificio, a personas]

evade /ɪˈveɪd/ *v* [tr] eludir | **to evade the issue/question etc.** eludir el tema/la pregunta etc.

evaporate /ɪˈvæpəreɪt/ *v* **1** [intr] evaporarse **2** [tr] evaporar **3** [intr] desvanecerse [apoyo, esperanza]

evasion /ɪˈveɪʒən/ *s* **1** evasión **2** evasiva

evasive /ɪˈveɪsɪv/ *adj* evasivo -a

eve /iv/ *s* **on the eve of their departure/the election etc.** en la víspera de su partida/de las elecciones etc.

even /ˈivən/ *adverbio, adjetivo & verbo*

• *adv* **1** incluso, hasta: *Everyone enjoyed it, even the children.* Todo el mundo lo disfrutó, incluso los niños. | **even if/even though** aunque: *I'll finish it, even if it takes me all day.* Voy a terminarlo, aunque me lleve todo el día. | **not even** ni siquiera **2 even bigger/better etc.** todavía más grande/mejor etc. **3 even so/even then** aun así, igual

• *adj* **1** bien nivelado -a, liso -a [superficie] **2** parejo -a [color, distribución] **3** uniforme [ritmo] **4** constante [temperatura] **5 an even number** un número par **6** parejo -a [certamen, competencia] **7 to get even with sb** (informal) desquitarse con alguien

• *v* **even sth out** nivelar/emparejar algo

evening /ˈivnɪŋ/ *s* **1** noche, tarde [a partir de alrededor de las seis]: *What are you doing this evening?* ¿Qué haces esta noche? | *We went to a concert **in the evening**.* Fuimos a un concierto por/en la noche. | *I have a class **on** Thursday evenings.* Tengo clase los jueves por/en la noche. | *They're open until ten o'clock **in the evening**.* Tienen abierto hasta las diez de la noche. | **good evening** buenas noches, buenas tardes ▶ **¿AFTERNOON, EVENING O NIGHT?** ver **tarde**, **noche** **2 evening class** curso nocturno para adultos en el que se puede aprender desde un idioma extranjero hasta cocina, baile, natación, etc. **evening dress** traje/ropa de etiqueta **evening meal** comida [por la noche], cena

evenly /ˈivənli/ *adv* **1** uniformemente **2** en partes iguales, equitativamente **3 evenly matched** del mismo nivel

event /ɪˈvent/ *s* **1** acontecimiento, suceso **2** evento **3 in any event/at all events** en cualquier caso, de cualquier modo **4 in the event** al final **5 in the event of fire/an accident** (formal) en caso de incendio/accidente

eventful /ɪˈventfəl/ *adj* lleno -a de acontecimientos/incidentes [día, viaje, etc.]

eventual /ɪˈventʃuəl/ *adj* final

eventually /ɪˈventʃuəli/ *adv* **1** finalmente, al final **2** algún día

ever /ˈevər/ *adv* **1** (en preguntas y oraciones condicionales) alguna vez: *Have you ever been to China?* ¿Has estado alguna vez en China? | *if you're ever in Chicago* si alguna vez estás en Chicago

2 (con comparativos y superlativos) **better/worse etc. than ever** mejor/peor etc. que nunca | **the best meal I've ever had/the biggest mistake he's ever made etc.** la mejor comida que haya comido en mi vida/el error más grave que haya cometido en su vida etc.

3 (con negativos) nunca: *I don't think I've ever had oysters.* Me parece que nunca he comido ostras. | **hardly ever** casi nunca

4 ever since (a) desde entonces: *We've been friends ever since.* Hemos sido amigos desde entonces. **(b)** desde: *ever since I met him* desde que lo conocí

5 for ever para siempre ▶ ver **adverbios de frecuencia** en **always**

every /ˈevri/ *adj* ▶ ver recuadro en página 134

everybody /ˈevribɑdi/ *pron* ▶ ver **everyone**

everyday /ˈevrideɪ/ *adj* diario -a, cotidiano -a: *everyday life* la vida diaria

everyone /ˈevriwʌn/ *pron* todo el mundo, todos -as: *Everyone knows that's not true.* Todo el mundo sabe que eso no es verdad.

Hay una tabla con los **números** en inglés y explicaciones sobre su uso en el apartado de gramática.

every

1 every a veces equivale a *todos los* o *todas las* y a veces a *cada*:
Every student has to take the test. Todos los alumnos tienen que presentar el examen. | *Every page had a mistake on it.* En cada página había un error. | **every Sunday/Monday etc.** todos los domingos/lunes etc. | **every two months/five years etc.** cada dos meses/cinco años etc. | **every May/June etc.** todos los años en mayo/junio etc.
Para enfatizar se usa **every single**:
*He told Jan **every single** thing I said.* Le contó a Jan absolutamente todo lo que dije.

2 Usado en expresiones:
every now and then/every so often de vez en cuando/(una vez) cada tanto | **every other day/Monday etc.** día/lunes etc. por medio

everything /ˈevriθɪŋ/ *pron* todo

everywhere /ˈevriwer/ *adv* por/a todos lados: *I've been everywhere looking for you!* ¡He andado buscándote por todos lados!

evict /ɪˈvɪkt/ *v* [tr] desalojar

evidence /ˈevədəns/ *s* **1** pruebas | **a piece of evidence** una prueba **2** (en un tribunal) declaración | **to give evidence** prestar declaración

evident /ˈevədənt/ *adj* evidente

evidently /ˈevədentli/ *adv* **1** aparentemente, según parece **2** claramente, visiblemente

evil /ˈivəl/ *adjetivo & sustantivo*
• *adj* **1** malvado -a **2** maligno -a **3** pernicioso -a
• *s* mal

evoke /ɪˈvoʊk/ *v* [tr] **1** evocar [un recuerdo, una atmósfera, etc.] **2** provocar [una respuesta, una reacción]

evolution /evəˈluʃən/ *s* evolución

evolve /ɪˈvɑlv/ *v* [intr] desarrollarse, evolucionar

ewe /ju/ *s* oveja [hembra]

exact /ɪgˈzækt/ *adj* **1** exacto -a | **to be exact** para ser exactos **2 the exact opposite** todo lo contrario

exacting /ɪgˈzæktɪŋ/ *adj* exigente, riguroso -a

exactly /ɪgˈzæktli/ *adv* **1** exactamente **2 not exactly (a)** no exactamente: *"Did she agree to do it?" "Well, not exactly."* –¿Aceptó hacerlo? –Bueno, no exactamente. **(b)** no precisamente: *Why is Tim on a diet? He's not exactly fat!* ¿Por qué está a dieta Tim? ¡No es precisamente gordo!/¡No es gordo, que digamos! **3 exactly!** exacto

exaggerate /ɪgˈzædʒəreɪt/ *v* [tr/intr] exagerar

exaggerated /ɪgˈzædʒəreɪtɪd/ *adj* exagerado -a

exaggeration /ɪgzædʒəˈreɪʃən/ *s* exageración

exam /ɪgˈzæm/ *s* **1** examen: *a chemistry exam* un examen de química | **to take an exam**, también **to sit an exam** BrE presentar (un) examen, hacer/rendir un examen: *He'll be taking his final exams in May.* Va a presentar los exámenes finales en mayo. **2** AmE examen [médico], chequeo

examination /ɪgzæməˈneɪʃən/ *s* (formal) **1** (en educación) examen **2** (en medicina) examen, revisión **3** (observación) examen

examine /ɪgˈzæmɪn/ *v* [tr] **1** examinar, estudiar **2** (en medicina) revisar

example /ɪgˈzæmpəl/ *s* **1** ejemplo | **for example** por ejemplo **2 to set an example (to sb)** dar el ejemplo (a alguien)

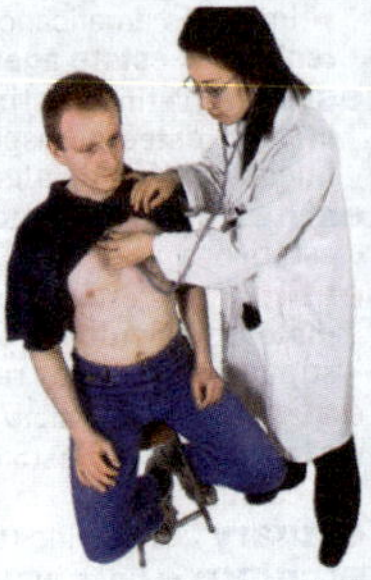
examining a patient

exasperate /ɪgˈzæspəreɪt/ *v* [tr] sacar de quicio

exasperation /ɪgzæspəˈreɪʃən/ *s* exasperación

excavate /ˈekskəveɪt/ *v* [tr/intr] excavar

exceed /ɪkˈsid/ *v* [tr] **1** exceder [una cantidad] **2** sobrepasar [un límite de velocidad] **3** abusar de [la autoridad]

exceedingly /ɪkˈsidɪŋli/ *adv* extremadamente, sumamente

excel /ɪkˈsel/ *v* [intr] (**-lled**, **-lling**) destacarse | **to excel at/in sth** sobresalir en algo | **to excel yourself** lucirse

excellence /ˈeksələns/ *s* excelencia

excellent /ˈeksələnt/ *adj* excelente

except /ɪkˈsept/ *preposición & conjunción*
• *prep* **except (for)** menos, salvo
• *conj* **except (that)** salvo que

exception /ɪkˈsepʃən/ *s* **1** excepción | **with the exception of** a excepción de **2 to take exception to sth** (formal) sentirse ofendido -a por algo

exceptional /ɪkˈsepʃənəl/ *adj* excepcional

excerpt /ˈeksɜrpt/ *s* pasaje [de una película, una pieza musical, etc.]

excess /ɪkˈses/ *s* **1** (pl **-sses**) exceso **2 in excess of** superior a **3 to excess** en exceso **4 excess baggage** exceso de equipaje

excessive /ɪkˈsesɪv/ *adj* excesivo -a

exchange /ɪksˈtʃeɪndʒ/ *sustantivo & verbo*
• *s* **1** intercambio | **in exchange (for)** a cambio (de): *What does he want in exchange?* ¿Qué quiere a cambio? **2** cambio [de dinero] | **foreign exchange** divisas **3 exchange rate** tipo de cambio **exchange program/visit** programa/visita de intercambio [estudiantil, cultural]
• *v* [tr] intercambiar | **to exchange sth for sth** cambiar algo por algo

excite /ɪkˈsaɪt/ *v* [tr] **1** despertar [interés, curiosidad, compasión] **2** excitar, estimular

excited /ɪk'saɪtɪd/ *adj* entusiasmado -a, excitado -a | **to get excited (about sth)** entusiasmarse (con algo)

excitement /ɪk'saɪtmənt/ *s* emoción, conmoción

exciting /ɪk'saɪtɪŋ/ *adj* **1** emocionante [película, aventura, etc.] **2** fascinante [lugar, posibilidad, etc.]

exclamation /ekskla'meɪʃən/ *s* exclamación

excla'mation ˌpoint AmE, **excla'mation mark** BrE *s* signo de admiración

exclude /ɪk'sklud/ *v* [tr] **1** excluir | **to exclude sth/sb from sth** excluir algo/a alguien de algo **2** descartar [una posibilidad]

excluding /ɪk'skludɪŋ/ *prep* excluyendo, sin incluir

exclusion /ɪk'skluʒən/ *s* exclusión

exclusive /ɪk'sklusɪv/ *adj* **1** exclusivo -a **2 exclusive of sth** sin incluir algo: *The price of the trip is $450, exclusive of meals.* El precio del viaje es $450, sin incluir las comidas.

exclusively /ɪk'sklusɪvli/ *adv* exclusivamente

excursion /ɪk'skɜrʒən/ *s* excursión

excuse[1] /ɪk'skjus/ *s* **1** razón, excusa: *What was his **excuse for** not sending the money?* ¿Qué razón dio para no haber mandado el dinero? | *There's **no excuse for** rudeness.* No hay excusa para la grosería./La grosería no tiene perdón. **2** pretexto, excusa | **to make excuses for sth/sb** tratar de justificar algo/a alguien

excuse[2] /ɪk'skjuz/ *v* [tr] **1 excuse me (a)** disculpe, disculpa: *Excuse me! Are these your gloves?* Disculpe ¿estos guantes son suyos? **(b)** permiso: *Excuse me, I need to get through.* Permiso, tengo que pasar. **(c)** AmE ¿cómo dijo?, ¿cómo? **(d)** AmE perdón [cuando uno pisó a alguien, etc.] **2** disculpar | **to excuse sb for (doing) sth** disculpar a alguien por haber hecho algo, disculparle algo a alguien **3** justificar **4 to excuse sb from doing sth** eximir a alguien de hacer algo

execute /'eksɪkjut/ *v* [tr] **1** (matar) ejecutar **2** (formal) (llevar a cabo) ejecutar

execution /eksɪ'kjuʃən/ *s* **1** (muerte) ejecución **2** (formal) (realización) ejecución

executioner /eksɪ'kjuʃənər/ *s* verdugo

executive /ɪg'zekjətɪv/ *s* **1** (persona) ejecutivo -a **2** (comité) ejecutivo **3 the executive** el (poder) ejecutivo

exempt /ɪg'zempt/ *adjetivo & verbo*

• *adj* **to be exempt (from sth)** estar exento -a (de algo)

• *v* **to exempt sth/sb (from sth)** eximir algo/a alguien (de algo)

exemption /ɪg'zempʃən/ *s* exención

exercise /'eksərsaɪz/ *sustantivo & verbo*

• *s* **1** (físico) ejercicio: *I need to get more exercise.* Necesito hacer más ejercicio. **2** (de práctica) ejercicio

• *v* **1** [intr] hacer ejercicio (físico) **2** [tr] ejercitar **3** [tr] ejercer, hacer uso de

exert /ɪg'zɜrt/ *v* [tr] **1** ejercer [presión, influencia, autoridad] **2 to exert yourself** hacer (un) esfuerzo, esforzarse

exertion /ɪg'zɜrʃən/ *s* esfuerzo

exhaust /ɪg'zɔst/ *verbo & sustantivo*

• *v* [tr] **1** agotar, fatigar **2** agotar [reservas, suministros]

• *s* **1** (también **exhaust pipe**) exhosto, tubo de escape, mofle **2** (también **exhaust fumes**) gases [del tubo de escape (o exhosto, etc.)]

exhausted /ɪg'zɔstɪd/ *adj* exhausto -a, agotado -a

exhausting /ɪg'zɔstɪŋ/ *adj* agotador -a

exhaustion /ɪg'zɔstʃən/ *s* agotamiento

exhibit /ɪg'zɪbɪt/ *verbo & sustantivo*

• *v* **1** [tr/intr] exponer [en un museo, una galería, etc.] **2** [tr] (formal) exhibir, mostrar

• *s* **1** objeto u obra expuesta en un museo, galería, etc. **2** AmE exposición, muestra

exhibition /eksə'bɪʃən/ *s* exposición, muestra

exhilarating /ɪg'zɪləreɪtɪŋ/ *adj* que estimula y da placer

exile /'egzaɪl/ *sustantivo & verbo*

• *s* **1** exilio **2** exiliado -a

• *v* [tr] exiliar

exist /ɪg'zɪst/ *v* [intr] **1** existir **2** subsistir | **to exist on sth** subsistir a base de algo

existence /ɪg'zɪstəns/ *s* existencia | **to be in existence** existir

existing /ɪg'zɪstɪŋ/ *adj* existente, actual

exit /'egzɪt/ *sustantivo & verbo*

• *s* salida: *an emergency exit* una salida de emergencia | **to make an exit** salir: *He made a hasty exit.* Salió apresuradamente.

• *v* (en computación) [tr] salir de, [intr] salir

expand /ɪk'spænd/ *v* **1** [tr] expandir, [intr] expandirse [un servicio, una empresa] **2** [tr] dilatar, [intr] dilatarse [un metal] **3** [tr] expandir, [intr] expandirse [un gas] **expand on sth** explayarse sobre algo, ampliar algo

expanse /ɪk'spæns/ *s* extensión

expansion /ɪk'spænʃən/ *s* **1** expansión **2** dilatación [de un metal] **3** expansión [de un gas]

expatriate /eks'peɪtriət/ *s & adj* expatriado -a [persona que por cualquier motivo vive fuera de su país]

expect /ɪk'spekt/ *v* [tr] **1** esperar: *You don't expect me to pay, do you?* No esperarás que pague yo ¿no? | **to expect to do sth** pensar hacer algo: *I expect to be there by lunchtime.* Pienso estar allí antes del mediodía. **2 to expect sth of/from sb** pretender algo de alguien **3** suponer, imaginarse: *I expect you're tired.* Supongo que estarás cansada. | **I expect so** supongo (que sí)

expectant /ɪk'spektənt/ *adj* **1** expectante **2 an expectant mother** una embarazada

expectation /ekspek'teɪʃən/ *s* esperanza, expectativa | **in (the) expectation of sth** con la expectativa de algo | **contrary to expectation(s)** contrariamente a lo que se esperaba
expedition /ekspə'dɪʃən/ *s* expedición
expel /ɪk'spel/ *v* [tr] (**-lled**, **-lling**) expulsar: *He was* ***expelled from** school when he was 15.* Lo expulsaron del colegio cuando tenía 15 años.
expenditure /ɪk'spendətʃər/ *s* gasto(s)
expense /ɪk'spens/ *s* **1** gasto **2 at sb's expense (a)** a cuenta de alguien: *We stayed there at his expense.* Nos quedamos ahí invitados por él. **(b)** a costa de alguien **3 all expenses paid** con todos los gastos pagos/pagados
expensive /ɪk'spensɪv/ *adj* caro -a: *It was an expensive mistake.* Fue un error que salió caro.
experience /ɪk'spɪriəns/ *sustantivo & verbo*
• *s* experiencia | **to know sth from experience** saber algo por experiencia (propia)
• *v* [tr] experimentar
experienced /ɪk'spɪriənst/ *adj* experimentado -a, con experiencia
experiment /ɪk'sperəmənt/ *sustantivo & verbo*
• *s* experimento
• *v* [intr] experimentar, hacer experimentos | **to experiment on sth/sb** hacer experimentos con algo/alguien | **to experiment with sth** experimentar con algo
expert /'ekspərt/ *sustantivo & adjetivo*
• *s* experto -a | **to be an expert on/in sth** ser (un) experto/(una) experta en algo
• *adj* de experto -a: *We need your expert advice.* Necesitamos su asesoramiento de experto.
expertise /ekspər'tiz/ *s* conocimiento y experiencia, pericia
expiration /ekspə'reɪʃən/ AmE, **expiry** /ɪk'spaɪəri/ BrE *s* **1** vencimiento, término **2 expiration date** fecha de vencimiento
expire /ɪk'spaɪr/ *v* [intr] vencer(se) [contrato, pasaporte, etc.], terminar [mandato, período, etc.]
explain /ɪk'spleɪn/ *v* **1** [tr/intr] explicar | **to explain sth to sb** explicarle algo a alguien **2 to explain yourself (a)** (justificar) dar una explicación **(b)** (decir claramente) explicarse
explanation /eksplə'neɪʃən/ *s* explicación | **to give an explanation of sth** explicar algo
explanatory /ɪk'splænətɔri/ *adj* explicativo -a
explicit /ɪk'splɪsɪt/ *adj* explícito -a
explode /ɪk'sploʊd/ *v* **1** [intr] explotar, [tr] hacer explotar [una bomba, etc.] **2** [intr] explotar, estallar [de rabia]
exploit[1] /ɪk'splɔɪt/ *v* [tr] explotar [recursos, a personas]
exploit[2] /'eksplɔɪt/ *s* hazaña
exploitation /eksplɔɪ'teɪʃən/ *s* explotación
exploration /eksplə'reɪʃən/ *s* **1** exploración **2** análisis, estudio
explore /ɪk'splɔr/ *v* **1** [tr/intr] explorar | **to explore for sth** explorar para encontrar algo **2** [tr] investigar, analizar
explorer /ɪk'splɔrər/ *s* explorador -a
explosion /ɪk'sploʊʒən/ *s* explosión
explosive /ɪk'sploʊsɪv/ *adjetivo & sustantivo*
• *adj* explosivo -a
• *s* explosivo
export[1] /'ekspɔrt/ *s* **1** exportación **2** (artículo de) exportación
export[2] /ɪk'spɔrt/ *v* [tr/intr] exportar
expose /ɪk'spoʊz/ *v* [tr] **1** dejar al descubierto, mostrar **2 to expose sth/sb to sth** exponer algo/a alguien a algo | **to expose yourself to sth** exponerse a algo **3** desenmascarar
exposure /ɪk'spoʊʒər/ *s* **1** exposición: *the risks of prolonged* ***exposure to** the sun* los riesgos de una prolongada exposición al sol **2** revelación, desenmascaramiento **3** congelamiento | **to die of exposure** morir congelado -a **4** (en fotografía) exposición
express /ɪk'spres/ *verbo, adjetivo & sustantivo*
• *v* [tr] **1** expresar [una opinión, agradecimiento] **2** manifestar [un deseo, interés] **3 to express yourself** expresarse
• *adj* expreso -a
• *s* **1** rápido [tren] **2** directo [bus/autobús] **3 express train** tren expreso/rápido
expression /ɪk'spreʃən/ *s* **1** frase, expresión **2** (en la cara) expresión **3** (señal) expresión, muestra | **as an expression of my/her etc. gratitude** como muestra de agradecimiento **4** expresividad
expressive /ɪk'spresɪv/ *adj* expresivo -a
expulsion /ɪk'spʌlʃən/ *s* expulsión
exquisite /ɪk'skwɪzɪt/ *adj* exquisito -a
extend /ɪk'stend/ *v* **1** [intr] extenderse: *The sea extended as far as the eye could see.* El mar se extendía hasta donde alcanzaba la vista. **2** [tr] extender, ampliar **3** [tr] extender [un plazo], prolongar [una estadía] **4 to extend credit** otorgar crédito **5 to extend a welcome to sb** darle la bienvenida a alguien **6** [tr] extender, tender [la mano], abrir [los brazos]
extension /ɪk'stenʃən/ *s* **1** ampliación, anexo: *the* ***extension** to the gallery* el anexo de la galería **2** extensión, prolongación [de una carretera, una línea de metro, etc.] **3** expansión [de la influencia, del poder] **4** extensión, anexo [línea telefónica] **5** teléfono (adicional) **6** prórroga, extensión **7** (también **extension cord** AmE) extensión [para un cable]
extensive /ɪk'stensɪv/ *adj* **1** extenso -a **2** amplio -a, exhaustivo -a **3** importante [de envergadura]: *The storm caused extensive damage.* La tormenta provocó importantes daños.
extensively /ɪk'stensɪvli/ *adv* **1** exhaustivamente, ampliamente **2 to travel extensively** viajar mucho

extent /ɪk'stent/ *s* **1** grado, medida | **to a certain extent/to some extent** en alguna medida, hasta cierto punto | **to a great/large extent** en gran medida/parte | **to a lesser/greater extent** en menor/mayor medida | **to such an extent that** hasta tal punto que | **to what extent** hasta qué punto, en qué medida **2** alcance [de un problema] **3** gravedad [de las heridas, los daños] **4** extensión [de un territorio]

exterior /ɪk'stɪriər/ *sustantivo & adjetivo*
- *s* **1** exterior [de un objeto] **2** apariencia [de una persona]
- *adj* exterior

exterminate /ɪk'stɜrməneɪt/ *v* [tr] exterminar

external /ɪk'stɜrnl/ *adj* **1** externo -a **2 external affairs** asuntos exteriores/externos | **external debt** deuda externa

extinct /ɪk'stɪŋkt/ *adj* **1** extinguido -a, extinto -a [animal, planta] | **to become extinct** extinguirse **2** extinto -a, apagado -a [volcán]

extinction /ɪk'stɪŋkʃən/ *s* extinción

extinguish /ɪk'stɪŋgwɪʃ/ *v* [tr] (3ª pers sing **-shes**) (formal) apagar, extinguir

extinguisher /ɪk'stɪŋgwɪʃər/ *s* extinguidor, extintor

extortionate /ɪk'stɔrʃənət/ *adj* exorbitante

extra /'ekstrə/ *adjetivo, adverbio & sustantivo*
- *adj* **1** (adicional, de más): *She asked for an extra pillow.* Pidió otra almohada. | *a mushroom pizza with extra cheese* una pizza de champiñones con una porción adicional de queso **at no extra cost** sin costo adicional **2 extra time** tiempo suplementario, tiempos extra
- *adv* **1** más, aparte: *I had to pay $20 extra for a single room.* Tuve que pagar $20 más por una habitación individual. | **to be extra**: *Drinks are extra.* Las bebidas son aparte. **2** muy, particularmente: *extra strong coffee* café muy fuerte
- *s* **1** (de un auto, una computadora) extra, opcional | **optional extras** opcionales | **hidden extras** cargos adicionales [no explicitados] **2** (en una película) extra

extract[1] /ɪk'strækt/ *v* [tr] **1** extraer, sacar **2 to extract a confession from sb** arrancarle una confesión a alguien | **to extract information from sb** sonsacarle información a alguien

extract[2] /'ekstrækt/ *s* **1** fragmento **2** extracto: *vanilla extract* extracto de vainilla

extraordinary /ɪk'strɔrdneri/ *adj* **1** extraordinario -a **2** increíble, asombroso -a

extravagance /ɪk'strævəgəns/ *s* **1** despilfarro, derroche **2** lujo

extravagant /ɪk'strævəgənt/ *adj* **1** derrochador -a, despilfarrador -a **2** lujoso -a, caro -a

extreme /ɪk'strim/ *adjetivo & sustantivo*
- *adj* **1** extremo -a: *people who live in extreme poverty* gente que vive en la pobreza extrema **2** extremista [opinión] | **the extreme left/right** la extrema izquierda/derecha
- *s* extremo | **to go to extremes** llegar a extremos | **to take sth to extremes** llevar algo al extremo

extremely /ɪk'strimli/ *adv* extremadamente, sumamente

extrovert /'ekstrəvɜrt/ *adj & s* extrovertido -a

extroverted /'ekstrəvɜrtɪd/ *adj* ► ver **extrovert**

eye /aɪ/ *sustantivo & verbo*
- *s* **1** ojo: *She has green eyes.* Tiene (los) ojos verdes. | **I/he couldn't believe my/his eyes** no podía creer lo que veía | **not to take your eyes off sth/sb** no quitarle los ojos de encima a algo/alguien
  2 to have your eye on sb estar vigilando a alguien | **to have your eye on sth/sb** tenerle echado el ojo a algo/alguien
  3 to keep your eye on sth/sb cuidar algo/a alguien
  4 to keep an eye out for sth/sb mantenerse atento para ver algo o a alguien: *Keep an eye out for a narrow turn on the left.* Mantente atento y vas a ver una calle angosta a mano izquierda.
  5 to lay/set eyes on sth/sb ver algo/a alguien
  6 before my/your very eyes ante mis/sus propios ojos
  7 to catch sb's eye llamarle la atención a alguien
  8 to turn a blind eye to sth hacerse el/la de la vista gorda frente a algo
- *v* [tr] (pasado & participio **eyed**, gerundio **eyeing** o **eying**) mirar [detenidamente]

eyeball /'aɪbɔl/ *s* globo ocular

eyebrow /'aɪbraʊ/ *s* ceja

'eye-ˌcatching *adj* llamativo -a

eyelash /'aɪlæʃ/ *s* (pl **-shes**) pestaña

eyelid /'aɪlɪd/ *s* párpado

eyeliner /'aɪlaɪnər/ *s* delineador (de ojos)

'eye ˌshadow *s* sombra (de ojos)

eyesight /'aɪsaɪt/ *s* vista, visión

eyesore /'aɪsɔr/ *s* adefesio

eyewitness /aɪ'wɪtnɪs/ *s* (pl **-sses**) testigo ocular

¿Se dice *on the table* o *in the table*? Mira la entrada **en**.

F

F¹, f /ef/ *s* (letra) F, f ▶ ver “Active Box” **letters** en **letter**

F² *s* **1** (nota musical) fa **2** calificación usada en exámenes, trabajos escolares, etc. ▶ ver recuadro en **grade**

fable /'feɪbəl/ *s* fábula

fabric /'fæbrɪk/ *s* tela

fabulous /'fæbjələs/ *adj* fabuloso -a, fantástico -a

facade, también **façade** /fə'sɑd/ *s* **1** (de un edificio) fachada **2** (apariencia) fachada

face /feɪs/ *sustantivo & verbo*

• *s* **1** cara: *He has a round face.* Tiene la cara redonda.
2 (expresión) cara: *a sad/happy face* una cara triste/alegre | **to make/pull a face** hacer una mueca | **to keep a straight face** no reírse, contener la risa
3 face to face cara a cara
4 to my/his etc. face en mi/su etc. propia cara: *I would never tell him to his face.* Nunca se lo diría en su propia cara.
5 face down/downward boca abajo
6 face up/face upward boca arriba
7 in the face of sth frente a algo
8 to lose face quedar mal | **to save face** salvar las apariencias
9 pared [de una montaña, un acantilado]
10 cuadrante [de un reloj]
11 cara [de un cuerpo geométrico]

• *v* [tr] **1** enfrentarse a, enfrentar: *He faces a prison sentence.* Se enfrenta a una pena de prisión. | *I can't face doing it all again.* Me muero si lo tengo que hacer todo de nuevo. | **to be faced with sth** estar frente a algo
2 afrontar, aceptar: *She has to face the fact that she will never walk again.* Tiene que afrontar el hecho de que no podrá volver a caminar. | **let's face it** seamos realistas: *Let's face it, I'm never going to pass this exam.* Seamos realistas, nunca voy a aprobar este examen.
3 ponerse/estar frente a: *They stood facing each other.* Estaban parados uno frente al otro.
4 dar a: *The house faces south.* La casa da al sur.
face up to sth 1 hacer frente a algo, enfrentar algo **2** aceptar algo

facelift /'feɪslɪft/ *s* **1** estiramiento facial, lifting **2 to give sth a facelift** remozar algo

ˌface 'value *s* **1 to take sth at face value** aceptar algo sin desconfiar o sin buscar significados ocultos **2** valor nominal

facial /'feɪʃəl/ *adjetivo & sustantivo*

• *adj* facial: *facial hair* vello facial

• *s* limpieza de cutis, tratamiento facial

facilitate /fə'sɪləteɪt/ *v* [tr] (formal) facilitar

facility /fə'sɪləti/ *sustantivo & sustantivo plural*

• *s* función [de un programa informático, un aparato, etc.]

• **facilities** *s pl* instalaciones, servicios: *The hotel has excellent facilities.* El hotel tiene unas instalaciones excelentes. | **sports/recreational facilities** instalaciones deportivas/recreativas

fact /fækt/ *s* **1** hecho **2 facts and figures** datos (concretos) **3 to know sth for a fact** saber algo a ciencia cierta **4** hechos reales: *The novel is based on fact.* La novela está basada en hechos reales. **5 in fact** de hecho, en realidad **6 the facts of life** la información básica sobre la sexualidad y la reproducción, especialmente en lo que concierne a cómo la adquieren los niños ▶ ver también **matter, matter-of-fact**

factor /'fæktər/ *s* factor

factory /'fæktəri/ *s* (pl **-ries**) fábrica

factual /'fæktʃuəl/ *adj* objetivo -a, basado -a en los hechos

faculty /'fækəlti/ *s* (pl **-ties**) **1** (capacidad) facultad **2** (de una universidad) facultad: *the Faculty of Engineering* la Facultad de Ingeniería **3 the faculty** AmE el personal/cuerpo docente

fad /fæd/ *s* **1** moda (pasajera) **2** manía [interés pasajero]

fade /feɪd/ *v* **1** [intr] perderse, desvanecerse **2** [intr] (también **fade away**) desaparecer (gradualmente) [sonido, música] **3** [tr] desteñir, [intr] desteñirse: *a pair of faded denim jeans* un par de jeans desteñidos

fag /fæg/ *s* BrE (informal) cigarrillo

fail /feɪl/ *verbo & sustantivo*

• *v* **1** [intr] fracasar **2 to fail to do sth** no hacer algo o no conseguir algo: *She failed to turn up for the interview.* No se presentó a la entrevista. | *The team failed to qualify for the championship.* El equipo no logró clasificar para el campeonato. **3** [tr/intr] **to fail (an exam/a test)** no aprobar/pasar (un examen/una prueba), reprobar (un examen/una prueba), salir mal (en un examen/una prueba): *He failed his history test.* No aprobó la prueba de historia. **4 to fail a student** reprobar a un estudiante **5** [intr] fracasar [empresa, negocio] **6** [intr] fallar [motor, pieza] **7** [intr] perderse [cosecha] **8** fallar [memoria, salud]

• *s* **1 without fail** sin falta **2** aplazado, reprobado

failing /'feɪlɪŋ/ *adjetivo, sustantivo & preposición*

• *adj* **failing health** salud delicada | **failing memory** falta de memoria

• *s* defecto, falla

• *prep* **1** a falta de **2 failing that** de no ser posible

failure /ˈfeɪljər/ *s* **1** fracaso: *The project was doomed to failure.* El proyecto estaba condenado al fracaso. **2 failure to do sth** hecho de no hacer algo o no conseguir algo: *Her failure to call worried me.* Me preocupó que no llamara. **3** fracasado -a, fracaso: *I feel like such a failure.* Me siento un fracasado. **4** falla | **heart/kidney etc. failure** falla cardiaca/renal etc. | **engine failure** falla en el motor

faint /feɪnt/ *adjetivo & verbo*

- *adj* **1** débil [sonido], tenue [luz], suave [brisa] **2 a faint hope** una leve esperanza | **a faint possibility** una posibilidad remota **3 to feel faint** estar mareado -a, marearse
- *v* [intr] desmayarse

faintly /ˈfeɪntli/ *adv* **1** débilmente **2** algo, ligeramente

fair /fer/ *adjetivo, adverbio & sustantivo*

- *adj* **1** justo -a: *It's not fair!* ¡No es justo! | **to be fair on sb** ser justo -a para alguien: *It's not fair on the children.* No es justo para los niños. | **to be fair to sb** ser justo -a con alguien: *The current law is not fair to women.* La ley actual no es justa con las mujeres. **2 a fair amount of money/water/food etc.** bastante dinero/agua/comida etc. | **a fair number of cases/vehicles etc.** un número considerable de casos/vehículos etc., bastantes casos/vehículos etc. **3** (referido al pelo) rubio -a ▶ También, según región: *güero -a, mono -a* o *catire* **4** (referido a la piel) blanco -a **5** limpio -a, justo -a **6** pasable **7 fair weather** buen tiempo **8 fair enough** está bien, es entendible **9 to be fair** para ser justo -a
- *adv* **1 to play fair** jugar limpio **2 to win fair and square** ganar con todas las de la ley
- *s* **1** feria, exposición: *a craft fair* una feria de artesanías **2** (también **funfair** BrE) parque de diversiones, parque de entretenciones

fairground /ˈfergraʊnd/ *s* terreno [para parques de diversiones/entretenciones]

fair-ˈhaired *adj* ▶ ver **fair 3**

fairly /ˈferli/ *adv* **1** bastante: *The house has a fairly large yard.* La casa tiene un jardín bastante grande. **2** con justicia

fairy /ˈferi/ *s* (pl **-ries**) hada

fairy tale, también **fairy story** BrE *s* cuento de hadas

faith /feɪθ/ *s* **1** fe | **to have faith in sth/sb** tener fe en algo/alguien, tenerle fe a algo/alguien | **to lose faith in sth/sb** perder la fe en algo/alguien | **to put your faith in sth/sb** confiar en algo/alguien **2** (religión) fe **3 in good faith** de buena fe

faithful /ˈfeɪθfəl/ *adj* **1** fiel, leal: *a faithful friend* un amigo fiel **2** (en una relación amorosa) fiel | **to be faithful to sb** serle fiel a alguien **3** (verídico) fiel

faithfully /ˈfeɪθfəli/ *adv* **1** con lealtad **2 yours faithfully** BrE (al final de una carta) (lo/la etc. saluda) atentamente ▶ ver también **yours**

fake /feɪk/ *sustantivo, adjetivo & verbo*

- *s* falsificación
- *adj* **1 fake diamonds** diamantes falsos **2 fake fur** piel sintética
- *v* **1** [tr/intr] fingir, simular **2** [tr] falsificar, falsear

falcon /ˈfælkən/ *s* halcón

fall /fɔl/ *verbo, sustantivo & sustantivo plural*

- *v* [intr] (pasado **fell**, participio **fallen**) **1** caerse: *I fell and hit my head.* Me caí y me pegué un golpe en la cabeza. **2** bajar, caer [precio, temperatura] **3 to fall asleep** quedarse dormido -a **4 to fall in love (with sb)** enamorarse (de alguien) **5** caer: *Christmas falls on a Saturday this year.* Navidad cae sábado este año. **6 night/darkness fell** cayó la noche

PHRASAL VERBS

fall apart deshacerse, caerse a pedazos

fall back on sth recurrir a algo

fall behind **1** quedarse atrás **2 to fall behind with sth** atrasarse con algo **fall behind sb** quedarse atrás con respecto a alguien

fall down **1** caerse: *She fell down and twisted her ankle.* Se cayó y se torció el tobillo. **2** fallar [argumento, teoría] **fall down sth to fall down the stairs** caerse por la escalera | **to fall down a hole** caerse en un pozo

fall for sth (informal) tragarse algo [un cuento, una excusa] **fall for sb** (informal) enamorarse de alguien

fall off **1** caerse, salirse **2** decaer, reducirse [demanda, ventas]

fall out **1** caerse [pelo, dientes] **2** pelearse: *I fell out with my brother years ago.* Me peleé con mi hermano hace años. **fall out of sth** caerse de algo: *He fell out of the window.* Se cayó por la ventana.

fall over caerse (al suelo) **fall over sth** tropezarse con algo: *He fell over a pile of books.* Se tropezó con una pila de libros.

fall through fracasar, quedar en la nada

- *s* **1** caída | **to have a fall** caerse **2** caída: *the recent fall in prices* la reciente caída de los precios **3** AmE otoño ▶ ver "Active Box" **seasons** en **season** **4** caída [de un gobierno, etc.]
- **falls** *s pl* cataratas

fallen¹ /ˈfɔlən/ *adj* caído -a

fallen² /ˈfɔlən/ participio de **fall**

false /fɔls/ *adj* **1** falso -a [información, acusación, etc.] **2 false teeth** dentadura postiza | **false eyelashes/nails** pestañas/uñas postizas **3 a false alarm** una falsa alarma

falsify /ˈfɔlsəfaɪ/ *v* [tr] (**-fies**, **-fied**) falsear, falsificar

falter /ˈfɔltər/ *v* [intr] titubear

fame /feɪm/ *s* fama | **to rise to fame** saltar a la fama

familiar /fəˈmɪljər/ *adj* **1** conocido -a: *He was glad to be back in familiar surroundings.* Estaba contento de volver a estar en un entorno conocido. | *That name sounds familiar.* Ese nombre me suena. **2 to be familiar with sth** estar familiarizado -a con algo, conocer algo **3 to be too familiar with sb** tomarse demasiada confianza con alguien

familiarity /fəmɪli'ærəti/ *s* **1** familiaridad **2 familiarity with sth** conocimiento de algo

familiarize, -ise BrE /fə'mɪljəraɪz/ *v* **to familiarize yourself with sth** familiarizarse con algo

family /'fæmli/ *s* (pl **-lies**) **1** familia: *I come from a big family.* Vengo de una familia grande. **2** hijos | **to start a family** tener hijos **3** familia [de animales, plantas, etc.] **4 family name** apellido **family tree** árbol genealógico

famine /'fæmɪn/ *s* hambruna, hambre

famous /'feɪməs/ *adj* famoso -a: *Cuba is famous for its cigars.* Cuba es famosa por sus cigarros.

fan /fæn/ *sustantivo & verbo*

• *s* **1** fan, admirador -a: *a chat room for fans of U2* una sala de chat para fans de U2 **2** hincha **3** ventilador **4** abanico **5 fan club** club de fans **fan mail** cartas (de los fans)

• *v* [tr] (**-nned**, **-nning**) **1** abanicar | **to fan yourself** abanicarse **2** avivar [el fuego, las llamas]

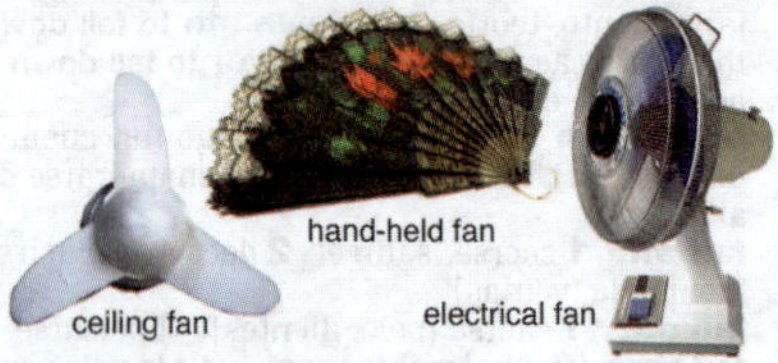

fanatic /fə'nætɪk/ *s* fanático -a

fanatical /fə'nætɪkəl/ *adj* fanático -a

fancy /'fænsi/ *verbo, sustantivo & adjetivo*

• *v* [tr] (3ª pers sing **-cies**, pasado & participio **-cied**) **1** tener ganas de, querer: *I fancy a pizza.* Tengo ganas de comer una pizza./Me provoca una pizza. **2** (para expresar sorpresa o indignación): *Fancy walking out without paying!* ¡Pero mira que irse sin pagar! | *Fancy seeing you again!* ¡Qué casualidad volver a encontrarnos! **fancy!/fancy that!** ¡mira (tú)! **3** BrE (informal) (sentirse atraído por): *All the girls fancied him.* Les gustaba a todas las chicas. **4 to fancy yourself** BrE (informal) ser un creído/una creída

• *s* **he took a fancy to me/to the girl etc.** le caí bien/la muchacha le cayó bien etc.

• *adj* (**-cier**, **-ciest**) **1** fino -a, elegante [hotel, restaurante] **2** complicado -a: *I'm only making pasta, nothing fancy.* Voy a hacer pasta nomás, nada complicado.

ˌfancy 'dress *s* BrE disfraz: *a fancy dress party* una fiesta de disfraces ▶ En inglés americano se usa **costume** y una fiesta de disfraces se dice **costume party**

fantasize, -ise BrE /'fæntəsaɪz/ *v* [intr] fantasear

fantastic /fæn'tæstɪk/ *adj* fantástico -a, genial

fantasy /'fæntəsi/ *s* (pl **-sies**) fantasía

FAQ /fæk, ef eɪ 'kju/ *s* (= **frequently asked questions**) sección de una página de Internet, etc. con una lista de las preguntas más frecuentes de los usuarios y sus correspondientes respuestas

far /fɑr/ *adverbio & adjetivo*

• *adv* (comparativo **farther** o **further**, superlativo **farthest** o **furthest**) **1** lejos: *It's not far from the library.* No queda lejos de la biblioteca. | *Let's see who can swim the farthest.* A ver quién puede nadar más lejos. | **how far is it to the station/the hospital etc.?** ¿a cuánto queda la estación/el hospital etc.?, ¿qué tan lejos queda la estación/el hospital etc.? | **far away** lejos
2 mucho: *It's far better this way.* Es mucho mejor así. | **by far** de lejos, con mucho: *They're the best team by far.* Es, de lejos, el mejor equipo.
3 as far as hasta: *as far as the bridge* hasta el puente
4 as far as I'm/we're etc. concerned por mí/nosotros etc., en lo que a mí/nosotros etc. respecta
5 as far as I know que yo sepa
6 far from lejos de: *Far from helping, you've made matters worse.* Lejos de ayudar, has empeorado las cosas. | *He's far from pleased.* No está contento ni mucho menos.
7 so far hasta ahora
8 to go too far ir demasiado lejos
9 to go far llegar lejos: *That girl has talent. She'll go far.* Esa muchacha tiene talento. Va a llegar lejos. | *$100 doesn't go very far these days.* Hoy en día no haces nada con $100.

• *adj* (comparativo **farther** o **further**, superlativo **farthest** o **furthest**) **1 in the far distance** a lo lejos
2 the far side/end el otro lado | **the far end** la otra punta, el otro extremo
3 the far north/south etc. el extremo norte/sur etc.
4 the far left/right la extrema izquierda/derecha

faraway /'fɑrəweɪ/ *adj* **1** lejano -a, distante **2 a faraway look** una mirada perdida

farce /fɑrs/ *s* farsa

fare /fer/ *sustantivo & verbo*

• *s* **fare** es tanto el precio de un boleto o un pasaje como el dinero para pagarlo: *They offered to pay my fare.* Se ofrecieron a pagarme el pasaje. | *Air fares are coming down.* Las tarifas aéreas están bajando.

• *v* [intr] (formal) **he fared well/badly** le fue bien/mal

farewell /fer'wel/ *s* **1 to say your farewells** despedirse **2 a farewell party** una (fiesta de) despedida

ˌfar-'fetched *adj* rebuscado -a, traído -a/jalado -a de los cabellos

farm /fɑrm/ *sustantivo & verbo*

• *s* Según el tipo de establecimiento, en diferentes regiones **farm** puede equivaler a *granja, chacra, hacienda, finca, rancho* o *fundo*

• *v* [intr] dedicarse a la agricultura o la ganadería

farmer /ˈfɑrmər/ *s* Según el tipo de establecimiento que se posea, **farmer** puede equivaler a *agricultor -a, ganadero -a* o, según la región, a *granjero -a, chacarero -a, ranchero -a* o *hacendado -a*

farmhouse /ˈfɑrmhaʊs/ *s* casa [de una granja, finca, hacienda, etc.]

farming /ˈfɑrmɪŋ/ *s* agricultura, cría de ganado

farmyard /ˈfɑrmjɑrd/ *s* corral

farsighted /ˈfɑrˌsaɪtɪd/ *adj* AmE **1** hipermétrope **2** con visión de futuro

fart /fɑrt/ *verbo & sustantivo*

• *v* [intr] (informal) tirarse/echarse un pedo

• *s* (informal) pedo

farther /ˈfɑrðər/ *adv & adj* ▶ ver **far**

farthest /ˈfɑrðəst/ *adv & adj* ▶ ver **far**

fascinate /ˈfæsəneɪt/ *v* [tr] fascinar

fascinating /ˈfæsəneɪtɪŋ/ *adj* fascinante

fascination /fæsəˈneɪʃən/ *s* fascinación | **to have a fascination with/for sth** tener (una) fascinación por algo

fascism /ˈfæʃɪzəm/ *s* fascismo

fascist /ˈfæʃɪst/ *s & adj* fascista

fashion /ˈfæʃən/ *s* **1** moda | **to be in fashion** estar/ponerse de moda | **to be out of fashion** estar fuera/pasado -a de moda | **to go out of fashion** pasar de moda **2** (formal) manera, modo

fashionable /ˈfæʃənəbəl/ *adj* de moda, a la moda

fast /fæst/ *adjetivo, adverbio, verbo & sustantivo*

• *adj* **1** rápido -a, veloz: *a fast car* un auto rápido | *She's a fast reader.* Lee rápido. ▶ ¿FAST O QUICK? ver **rápido** **2** adelantado: *My watch is five minutes fast.* Mi reloj está cinco minutos adelantado./Mi reloj (se) adelanta cinco minutos. **3** (referido a colores) firme

• *adv* **1** rápido: *He drives too fast.* Maneja demasiado rápido. | *How fast can this car go?* ¿A qué velocidad puede llegar este auto? **2 fast asleep** profundamente dormido -a

• *v* [intr] ayunar

• *s* ayuno

fasten /ˈfæsən/ *v* **1** [tr] abrochar(se), ajustar(se) **2** [intr] abrocharse: *The dress fastens at the back.* El vestido se abrocha en la espalda. **3** [tr] asegurar, trancar [una ventana, puerta, etc.] **4** [tr] (con tornillos, pegamento, etc.) sujetar **5** [tr] (con una soga) amarrar, atar

fast food *s* fast food [comida rápida]

fast ˈforward *sustantivo & verbo*

• *s* botón de avance rápido [en un grabador, un reproductor de CDs, etc.]

• *v* [tr] (también **fast-forward**) adelantar [una cinta de video o un cassette]

fat /fæt/ *adjetivo & sustantivo*

• *adj* (**-tter**, **-ttest**) **1** gordo -a: *You're too fat. You need to get more exercise.* Estás demasiado gordo. Tienes que hacer más ejercicio. | **to get fat** engordar **2** gordo -a: *a big fat book* un libro

grande y gordo

• *s* grasa(s): *You should eat less fat.* Deberías comer menos grasas.

fatal /ˈfeɪtl/ *adj* **1** fatal, mortal: *a fatal accident* un accidente fatal **2** fatídico -a, fatal: *She made the fatal mistake of giving him the money.* Cometió el fatídico error de darle el dinero.

fate /feɪt/ *s* **1** destino, suerte **2** el destino

fateful /ˈfeɪtfəl/ *adj* fatídico -a

father /ˈfɑðər/ *sustantivo & verbo*

• *s* **1** padre: *Her father is Canadian.* Su padre es canadiense. **2 Father** padre: *Father Thomas* el padre Thomas

• *v* **to father a child** tener un hijo ▶ El verbo **to father** sólo se usa cuando el sujeto es un varón

Father ˈChristmas *s* BrE ▶ ver **Santa Claus**

father-in-ˌlaw *s* (pl **fathers-in-law**) suegro

fatigue /fəˈtig/ *s* fatiga, cansancio

fatten /ˈfætn/ *v* [tr] engordar [a cerdos, etc.]

fattening /ˈfætn-ɪŋ/ *adj* **to be fattening** engordar: *Mayonnaise is fattening.* La mayonesa engorda.

fatty /ˈfæti/ *adj* (**-ttier**, **-ttiest**) grasoso -a, con grasa [comida, carne]

faucet /ˈfɔsət/ *s* AmE llave (de agua) ▶ También, según la región: *pluma, pila, caño, grifo* o *canilla*

fault /fɔlt/ *sustantivo & verbo*

• *s* **1 to be sb's fault** ser culpa de alguien: *It's all Martin's fault.* Todo es culpa de Martin. **2 to be at fault** tener la culpa **3 to find fault with sth** encontrarle fallas a algo, criticar algo **4** (de una máquina, un sistema, etc.) falla **5** (referido al carácter) defecto **6** (en la corteza terrestre) falla

• *v* [tr] criticar

faultless /ˈfɔltləs/ *adj* perfecto -a, impecable

faulty /ˈfɔlti/ *adj* (**-tier**, **-tiest**) defectuoso -a

fava bean /ˈfɑvə bin/ *s* AmE haba

favor AmE, **favour** BrE /ˈfeɪvər/ *sustantivo & verbo*

• *s* **1** favor | **to ask sb a favor/to ask a favor of sb** pedirle un favor a alguien: *Can I ask you a favor?* ¿Te puedo pedir un favor? | **to do sb a**

favor hacerle un favor a alguien: *Could you do me a favor and shut that window, please?* ¿Me podrías hacer el favor de cerrar la ventana? **2 to be in favor of (doing) sth** estar a favor de (hacer) algo: *Most of the students are in favor of the idea.* La mayoría de los estudiantes está a favor de la idea. **3 in sb's favor** a favor de alguien

• *v* [tr] **1** ser partidario -a de, apoyar **2** favorecer

favorable AmE, **favourable** BrE /ˈfeɪvərəbəl/ *adj* favorable

favorite AmE, **favourite** BrE /ˈfeɪvrət/ *adjetivo & sustantivo*

• ***adj*** preferido -a, favorito -a: *my favorite movie* mi película preferida

• ***s*** **1** (cosa, persona) preferido -a, favorito -a: *I like all her books, but this is my favorite.* Me gustan todos sus libros, pero éste es mi preferido. | *He always was Dad's favorite.* Siempre fue el preferido de mi papá. **2** (en apuestas) favorito -a

fax /fæks/ *sustantivo & verbo*

• ***s*** (pl **-xes**) **1** fax | **to send sth by fax** mandar algo por fax, faxear algo **2** (también **fax machine**) fax

• ***v*** (3ª pers sing **-xes**) **to fax sth to sb** mandarle algo por fax a alguien, faxearle algo a alguien

fear /fɪr/ *sustantivo & verbo*

• ***s*** **1** miedo, temor | **fear of sth** miedo a algo **2** (preocupación) temor

• ***v*** **1** [tr] (estar preocupado) temer: *They fear that he may not recover.* Temen que no se recupere. **2** [tr] (tener miedo a) temer **3 to fear for sth** temer por algo: *He feared for her safety.* Temía por su seguridad.

fearful /ˈfɪrfəl/ *adj* **1 to be fearful of (doing) sth** temer (hacer) algo **2** atemorizado -a

fearless /ˈfɪrləs/ *adj* temerario -a, intrépido -a

feasibility /fizəˈbɪləti/ *s* viabilidad

feasible /ˈfizəbəl/ *adj* viable

feast /fist/ *s* banquete, festín

feat /fit/ *s* hazaña

feather /ˈfeðər/ *s* pluma

feature /ˈfitʃər/ *sustantivo, sustantivo plural & verbo*

• ***s*** característica, rasgo

• **features** ***s pl*** rasgos [de la cara]

• ***v*** [tr] presentar: ***featuring** Marlon Brando **as** the Godfather* presentando a Marlon Brando como el Padrino

February /ˈfebjueri/ *s* febrero ► ver "Active Box" **months** en **month**

fed /fed/ pasado & participio de **feed**

ˌfed ˈup *adj* (informal) harto -a: *I'm **fed up with** being treated like a servant.* Estoy harta de que me traten como a una sirvienta. | **to get fed up with sth** hartarse/aburrirse de algo

fee /fi/ *s* **1** honorarios: *They paid all my medical fees.* Pagaron todos los honorarios de los médicos. **2** dinero que se paga para ser miembro de una institución, etc.: *school fees* cuotas del colegio | *There is no entrance fee.* No se cobra entrada.

feeble /ˈfibəl/ *adj* **1** débil **2 a feeble excuse** una excusa pobre

feed /fid/ *v* (pasado & participio **fed**) **1** [tr] darle de comer a [una persona, un animal] | **to feed the baby** darle de comer al bebé, darle de mamar al bebé, darle el biberón al bebé **2** [intr] comer | **to feed on sth** alimentarse de algo **3** [tr] alimentar

feeding a baby

feedback /ˈfidbæk/ *s* comentario [evaluativo], feedback

feel /fil/ *verbo & sustantivo*

• ***v*** (pasado & participio **felt**) **1** [intr] sentirse: *I feel better today.* Me siento mejor hoy. | **to feel hungry/cold** tener hambre/frío | **to feel sick** tener ganas de vomitar | **to feel guilty** sentirse culpable

2 [tr] sentir: *She felt something climbing up her leg.* Sintió algo que le subía por la pierna.

3 it feels great/strange etc. es genial/extraño etc.: *It feels great to be home again.* Es genial estar de vuelta en casa.

4 [tr] pensar: *I feel we should do something to help them.* Pienso que deberíamos hacer algo para ayudarlos.

5 [tr] palpar, tocar: *She felt his ankle but it wasn't broken.* Le palpó el tobillo pero no estaba roto.

6 [intr] tantear

7 not to feel yourself no sentirse bien

feel for sb I really feel for him/you etc. me da/me das etc. mucha pena, lo/te etc. compadezco

feel like sth **1** parecer algo: *I was there for two days but it felt like two weeks.* Estuve dos días, pero me parecieron dos semanas. **2** tener ganas de hacer algo: *I feel like a walk.* Tengo ganas de dar un paseo. | *She didn't feel like going to school.* No tenía ganas de ir al colegio.

• ***s*** **1** tacto, sensación

2 to have a modern/cozy etc. feel tener una onda moderna/una atmósfera acogedora etc.

feeling /ˈfilɪŋ/ *s* **1** sentimiento, sensación: *feelings of guilt* sentimientos de culpa **2** opinión: *What are his **feelings on** the matter?* ¿Cuál es su opinión sobre el asunto? **3 to have/get the feeling (that)** tener la impresión/la sensación de que **4** sensación: *a feeling of dizziness* una sensación de mareo **5** sensibilidad [en las piernas, los brazos, etc.] **6 I know the feeling** te entiendo perfectamente

feet /fit/ plural de **foot**

fell[1] /fel/ *v* [tr] talar

fell[2] /fel/ pasado de **fall**

fellow /ˈfeloʊ/ *s* **1** tipo, hombre **2 fellow countrymen** compatriotas **fellow passengers** compañeros -as de viaje

fellowship /ˈfeloʊʃɪp/ *s* **1** camaradería **2** AmE beca

felt[1] /felt/ *s* fieltro, pañolenci

felt[2] /felt/ pasado & participio de **feel**

felt tip ˈpen, también **felt tip** *s* marcador, plumón

female /ˈfimeɪl/ *adjetivo & sustantivo*

• *adj* **1** femenino -a: *the female sex* el sexo femenino ▶ **¿FEMALE O FEMININE?** ver **femenino** **2** hembra: *a female giraffe* una jirafa hembra

• *s* **1** hembra **2** (formal) mujer

feminine /ˈfemənɪn/ *adj* femenino -a ▶ **¿FEMALE O FEMININE?** ver **femenino**

feminism /ˈfemənɪzəm/ *s* feminismo

feminist /ˈfemənɪst/ *s & adj* feminista

fence /fens/ *sustantivo & verbo*

• *s* **1** (alrededor de un terreno, un jardín, etc.) cerco, cerca, valla **2** (en eventos hípicos) valla

• *v* **1** [tr] (también **fence off**) cercar **2** [intr] hacer esgrima

fencing /ˈfensɪŋ/ *s* **1** esgrima **2** cerco

fend /fend/ *v* **to fend for yourself** valerse por sí mismo -a

fender /ˈfendər/ *s* AmE Según región: *guardabarro(s), guardafango(s), salpicadera* o *tapabarro(s)*

fern /fɜrn/ *s* helecho

ferocious /fəˈroʊʃəs/ *adj* **1** feroz, fiero -a **2 a ferocious battle** una batalla encarnizada

ferry /ˈferi/ *sustantivo & verbo*

• *s* (pl **-rries**) **1** ferry **2** bote, balsa

• *v* [tr] (**-rries, -rried**) **to ferry sb from/to somewhere** llevar a alguien de/a un lugar

fertile /ˈfɜrtl/ *adj* fértil

fertilize, -ise BrE /ˈfɜrtlaɪz/ *v* [tr] **1** fecundar **2** fertilizar

fertilizer, -iser BrE /ˈfɜrtlaɪzər/ *s* fertilizante, abono

fester /ˈfestər/ *v* [intr] infectarse, enconarse

festival /ˈfestəvəl/ *s* festival

fetch /fetʃ/ *v* [tr] (3ª pers sing **-ches**) **1 the painting/vase etc. fetched $100,000** el cuadro/jarrón etc. se vendió en $100,000 **2** BrE ir a buscar, traer: *I had to fetch her from the station.* Tuve que ir a buscarla a la estación. ▶ También se usa **to get** en inglés universal **3** BrE **to fetch sb sth/to fetch sth for sb** ir a buscarle algo a alguien, traerle algo a alguien: *She fetched him his glasses.* Le fue a buscar los anteojos.

fete /feɪt/ *s* feria, kermesse, bazar [al aire libre]

fetus AmE, **foetus** BrE /ˈfitəs/ *s* (pl **-ses**) feto

feud /fjud/ *sustantivo & verbo*

• *s* enemistad, disputa

• *v* [intr] pelearse, enfrentarse | **to feud (with sb) over sth** pelearse/enfrentarse (con alguien) por algo

fever /ˈfivər/ *s* fiebre

feverish /ˈfivərɪʃ/ *adj* **1** con fiebre, afiebrado -a | **to be/feel feverish** tener fiebre, estar afiebrado -a **2** febril [actividad, movimiento]

few /fju/ *adj & pron* ▶ ver recuadro

fiancé /fiɑnˈseɪ/ *s* novio [después del compromiso], prometido

fiancée /fiˈɑnseɪ/ *s* novia [después del compromiso], prometida

fiasco /fiˈæskoʊ/ *s* fiasco, fracaso

fib /fɪb/ (informal) *sustantivo & verbo*

• *s* mentirita, mentirilla | **to tell fibs** mentir

• *v* [intr] (**-bbed, -bbing**) mentir

fiber AmE, **fibre** BrE /ˈfaɪbər/ *s* **1** fibra **2** hebra

fiberglass AmE, **fibreglass** BrE /ˈfaɪbərglæs/ *s* fibra de vidrio

fickle /ˈfɪkəl/ *adj* inconstante, cambiable

fiction /ˈfɪkʃən/ *s* **1** (en literatura) ficción **2** (apariencia, mentira) ficción

fictional /ˈfɪkʃənəl/ *adj* ficticio -a, ficcional

fictitious /fɪkˈtɪʃəs/ *adj* ficticio -a

fiddle /ˈfɪdl/ *verbo & sustantivo*

• *v* **1 to fiddle (around/about) with sth (a)** juguetear con algo **(b)** meter mano en algo, tocar algo **(c)** hacerle ajustes a algo **2** [tr] (informal) hacer chanchullos con

• *s* **1** violín **2** BrE (informal) chanchullo

few

1 ¿ a few o few?

a few unos -as/algunos -as: *Let's wait a few minutes.* Esperemos unos minutos. | *There are a few things I'd like to ask.* Hay algunas cosas que quisiera preguntar. | **few** pocos -as: *Few of her friends know.* Pocos de sus amigos lo saben. | *The library had very few books on the subject.* La biblioteca tenía muy pocos libros sobre el tema.

2 Otras construcciones:

quite a few bastantes/unos -as cuantos -as: *He's made quite a few friends at his new school.* Se ha hecho bastantes amigos en el nuevo colegio. | *Don't eat any more cookies. You've eaten quite a few already.* No comas más galletas. Ya te has comido unas cuantas. | **the next few days/months etc.** los próximos días/meses etc. **the last few days/months etc.** los últimos días/meses etc. **fewer than** menos que: *Fewer than 20 people came.* Vinieron menos de 20 personas.

fiddly /ˈfɪdli/ *adj* (**-lier**, **-liest**) (informal) engorroso -a

fidelity /fəˈdeləti/ *s* fidelidad

fidget /ˈfɪdʒət/ *v* [intr] moverse inquieto -a

field /fild/ *sustantivo & verbo*

• *s* **1** campo [para cultivos, ganado, etc.] **2** cancha, campo **3** campo, área: *an expert in the field* un experto en el campo

• *v* **1** [intr] fildear [jugar de jardinero/fildeador en un partido de béisbol] **2** [tr] parar, atrapar [una pelota]

fielder /ˈfildər/ *s* jardinero -a [en béisbol], fildeador -a

fiendish /ˈfindɪʃ/ *adj* **1** diabólico -a [trama, plan] **2** endemoniado -a [pregunta, etc.]

fierce /fɪrs/ *adj* **1** feroz, fiero -a **2** **a fierce attack** un ataque feroz **3** **fierce opposition/competition** oposición/competencia encarnizada

fifteen /fɪfˈtin/ *número* quince

fifteenth /fɪfˈtinθ/ *número* **1** decimoquinto -a **2** quince **3** quinceavo, quinceava parte

fifth /fɪfθ/ *número & sustantivo*

• *número* **1** quinto -a **2** cinco **3** quinto, quinta parte

• *s* (también **fifth gear**) (en la caja de cambios) quinta

fiftieth /ˈfɪftiəθ/ *número* **1** quincuagésimo -a **2** cincuentavo, cincuentava parte

fifty /ˈfɪfti/ *número* **1** cincuenta **2** **the fifties** los (años) cincuenta **3** **to be in your fifties** tener cincuenta y pico/cincuenta y tantos

ˌfifty-ˈfifty *adverbio & adjetivo*

• *adv* **1** mitad y mitad **2** **to go fifty-fifty (on sth)** ir a medias (en algo)

• *adj* **a fifty-fifty chance** un cincuenta por ciento de posibilidades

fig /fɪg/ *s* **1** higo **2** **fig tree** higuera

fight /faɪt/ *verbo & sustantivo*

• *v* (pasado & participio **fought**) **1** (en una guerra) [intr] pelear, luchar, [tr] pelear/luchar contra: *They had fought the Russians at Stalingrad.* Habían peleado contra los rusos en Stalingrado. | **to fight a war/battle** librar una guerra/una batalla

2 (cuerpo a cuerpo) [intr] pelearse, [tr] pelearse con: *Two men were fighting in the street.* Dos hombres se estaban peleando en la calle.

3 (en boxeo) [intr] enfrentarse, [tr] enfrentarse a

4 [intr] (verbalmente) pelearse, discutir | **to fight over/about sth** pelearse/discutir por algo

5 [intr] luchar: *We must fight for our rights.* Debemos luchar por nuestros derechos.

6 [tr] combatir, luchar contra [la delincuencia, la pobreza, etc.]

fight back **1** contraatacar **2** defenderse

fight sb off resistir a alguien

• *s* **1** (cuerpo a cuerpo) pelea | **to get into a fight** meterse en una pelea | **to pick a fight** buscar pelea/camorra/pleito

2 (de palabra) pelea, discusión | **to have a fight with sb** pelearse con alguien, discutir con alguien

3 (en boxeo) combate, pelea

4 lucha: *the **fight against** crime* la lucha contra la delincuencia | *the **fight for** justice* la lucha por la justicia

fighter /ˈfaɪtər/ *s* **1** **to be a good fighter** ser bueno -a peleando **2** luchador -a **3** (también **fighter plane**) (avión) caza

figure /ˈfɪgjər, BrE ˈfɪgə/ *sustantivo & verbo*

• *s* **1** cifra, número: *the unemployment figures* las cifras del desempleo **2** (del 0 al 9) dígito, cifra: *a six-figure number* un número de seis dígitos **3** (cantidad de dinero) cifra | **to put a figure on sth** hacer una estimación de algo **4** (cuerpo) figura, silueta **5** figura, personalidad **6** (forma) figura

• *v* **1** **to figure in sth** figurar en algo **2** [tr] calcular, figurarse: *I figured it was time we left.* Calculé que ya era hora de irnos. **3** **it/that figures** (informal) no me extraña

figure sth out entender algo, desentrañar algo

figure sb out entender a alguien: *I can't figure her out.* No logro entenderla.

file /faɪl/ *sustantivo & verbo*

• *s* **1** archivo, expediente, legajo | **to have a file on sb** tener fichado -a a alguien, tener un legajo/una ficha de alguien **2** carpeta, fólder **3** (en computación) archivo **4** (herramienta) lima **5** **in single file** en fila india

• *v* **1** [tr] archivar: *It's **filed** under "Paraguay".* Está archivado bajo "Paraguay". **2** **to file past sth** pasar en fila por delante de algo **3** [tr] limar | **to file your nails** limarse las uñas

fill /fɪl/ *v* **1** [tr] (también **fill up**) llenar: *Crowds of people filled the streets.* Multitudes de personas llenaron las calles. | *I **filled** the bottle **with** water.* Llené la botella de agua. **2** [intr] (también **fill up**) llenarse: *The hall was starting to fill up.* La sala se estaba empezando a llenar. | **to fill with sth** llenarse de algo **3** [tr] (también **fill in**) rellenar [un pozo, una grieta]

fill in **to fill in for sb** hacerle una suplencia a alguien, reemplazar a alguien **fill sth in** completar algo, llenar algo [una solicitud, un cupón]

fill sb in poner a alguien al tanto

fill sth out ▶ ver **fill sth in**

fillet, también **filet** AmE /fɪˈleɪ, BrE ˈfɪlət/ *s* filete

filling /ˈfɪlɪŋ/ *sustantivo & adjetivo*

• *s* **1** (en odontología) tapadura, calza, tapa **2** (de alimentos) relleno

• *adj* **to be (very) filling** llenar (mucho) [comida]

film /fɪlm/ *sustantivo & verbo*

• *s* **1** película, film **2** rollo **3** película [de grasa, aceite, etc.] **4** **film industry** industria cinematográfica

• *v* [tr/intr] filmar, rodar

ˈfilm-ˌmaker *s* director -a (de cine), realizador -a

¿Quieres más información sobre los **verbos modales**? Hay una explicación en el apartado de gramática.

film star *s* estrella de cine

filter /'fɪltər/ *sustantivo & verbo*

• *s* filtro

• *v* **1** [tr] filtrar **2** [intr] filtrarse **3 to filter in/out** entrar/salir (de a poco)

filth /fɪlθ/ *s* **1** mugre, roña **2** obscenidad, porquería

filthy /'fɪlθi/ *adj* (**-thier**, **-thiest**) **1** mugriento -a, roñoso -a **2** obsceno -a **3 filthy weather** (informal) tiempo asqueroso

fin /fɪn/ *s* aleta

final /'faɪnl/ *adjetivo, sustantivo & sustantivo plural*

• *adj* **1** final: *the final chapter* el capítulo final **2** definitivo -a | **my/your etc. final offer** mi/tu etc. última oferta

• *s* **1** final [en deportes, concursos] **2** AmE examen que se presenta al final de cada semestre

• **finals** *s pl* BrE exámenes que se presentan al final de la carrera universitaria

finalist /'faɪnl-ɪst/ *s* finalista

finalize, -ise BrE /'faɪnlaɪz/ *v* [tr] ultimar, dar los últimos toques a

finally /'faɪnl-i/ *adv* **1** finalmente, al final: *The plane finally took off at 11:30.* Al final, el avión salió a las 11.30. **2** por último: *Finally, I would like to thank all my colleagues.* Por último, me gustaría agradecer a todos mis colegas.

finance /fə'næns//'faɪnæns/ *sustantivo & verbo*

• *s* **1** finanzas **2** financiación, fondos

• *v* [tr] financiar

financial /fə'nænʃəl/ *adj* financiero -a, económico -a

financially /fə'nænʃəli/ *adv* económicamente

find /faɪnd/ *v* (pasado & participio **found**) **1** encontrar: *I can't find my keys.* No encuentro mis llaves. | *He found some money on the street.* Encontró dinero en la calle. **2** descubrir, encontrar: *She found that the door was locked.* Descubrió que la puerta estaba cerrada. **3 I find it useful/easy etc.** me resulta útil/fácil etc., lo encuentro útil/fácil etc. | **I find him attractive/boring etc.** me parece atractivo/aburrido etc., lo encuentro atractivo/aburrido etc.

find out enterarse | **to find out about sth** **(a)** enterarse de algo **(b)** averiguar sobre algo

find out sth **1** descubrir algo **2** averiguar algo: *I'll find out what time it arrives.* Averiguaré a qué hora llega. **find sb out** descubrir a alguien [que hace algo a escondidas]

finding /'faɪndɪŋ/ *sustantivo & sustantivo plural*

• *s* fallo (judicial)

• **findings** *s pl* conclusiones

fine /faɪn/ *adjetivo, adverbio, sustantivo & verbo*

• *adj* **1** (muy) bien: *"How are you?" "Fine, thanks."* –¿Cómo estás? –Muy bien, gracias. | **that's fine by/with me** por mí no hay problema **2** excelente [actuación, obra], fino -a [vino, producto] **3** bueno -a [referido al tiempo]: *If it's fine, we'll go for a walk.* Si hace buen tiempo, saldremos a dar un paseo. **4** fino -a [llovizna, hilo, cabello]

• *adv* (muy) bien: *Tomorrow suits me fine.* Mañana me viene muy bien.

• *s* multa

• *v* [tr] multar

finely /'faɪnli/ *adv* finamente, (muy) fino: *Chop the onion finely.* Picar finamente la cebolla.

finger /'fɪŋgər/ *s* **1** dedo: *I've cut my finger.* Me he cortado el dedo. | **index/first finger** (dedo) índice | **little finger** (dedo) meñique | **middle finger** dedo medio/mayor/corazón | **ring/third finger** (dedo) anular **2 not to lift a finger to help** no mover un dedo para ayudar

fingernail /'fɪŋgərneɪl/ *s* uña [de un dedo de la mano]

fingerprint /'fɪŋgərprɪnt/ *s* huella/impresión digital

fingertip /'fɪŋgərtɪp/ *s* **1** yema del dedo **2 to have sth at your fingertips** tener algo al alcance de la mano, tener fácil acceso a algo

finish /'fɪnɪʃ/ *verbo & sustantivo*

• *v* (3ª pers sing **-shes**) **1** [tr/intr] terminar, acabar: *I've finished my homework.* He terminado la tarea. | *What time does the game finish?* ¿A qué hora termina el partido? | **to finish doing sth** terminar/acabar de hacer algo **2** [tr] terminar: *Hurry up and finish your breakfast.* Apúrate y termina el desayuno. **3 to finish first/second/last etc.** terminar primero -a/segundo -a/último -a etc.

finish sth off **1** terminar algo: *You can finish it off tomorrow.* Lo puedes terminar mañana. **2** terminarse algo: *I finished off the cake.* Me terminé el pastel.

finish up terminar: *We finished up in a nightclub.* Terminamos en una discoteca. **finish sth up** terminarse algo

finish with sth terminar/acabar con algo: *Have you finished with the scissors?* ¿Has terminado con la tijera? **finish with sb** BrE terminar con alguien ► También se usa **to break up with sb**, que es inglés universal

• *s* (pl **-shes**) final, llegada | **a close finish** un apretado final

finished[1] /'fɪnɪʃt/ *adj* **1 finished product/article** producto/artículo terminado **2 to be finished** **(a)** estar acabado -a **(b)** (informal) haber terminado/acabado: *Hold on, I'm not finished yet.* Esperen, todavía no he terminado.

finished[2] pasado & participio de **finish**

'finish ˌline AmE, **'finishing ˌline** BrE *s* meta [en una carrera]

finite /'faɪnaɪt/ *adj* finito -a

Finland /'fɪnlənd/ *s* Finlandia

Finn /fɪn/ *s* finlandés -esa

Finnish /ˈfɪnɪʃ/ *adjetivo & sustantivo*
- *adj* finlandés -esa
- *s* **1** (idioma) finlandés **2 the Finnish** los finlandeses

fir /fɜr/, también **ˈfir tree** *s* abeto

fire /faɪr/ *sustantivo & verbo*
- *s* **1** (llamas) fuego | **to be on fire** estar en llamas | **to catch fire** prenderse fuego | **to set fire to sth/to set sth on fire** prenderle fuego a algo **2** incendio **3** (fogata) fuego | **to light a fire** hacer fuego **4** (de armas) fuego, disparos | **to come under fire** ser atacado -a | **to open fire (on sb)** abrir fuego (sobre alguien) **5** BrE estufa [para calefaccionar] ▶ También existe **heater,** que es inglés universal
- *v* **1** [tr/intr] disparar | **to fire at/on sth/sb** dispararle a algo/alguien: *The man started firing at the crowd.* El hombre comenzó a dispararle a la multitud. **2** [tr] echar, despedir [de un trabajo]

ˈfire aˌlarm *s* alarma contra incendios

firearm /ˈfaɪrɑrm/ *s* (formal) arma de fuego

ˈfire deˌpartment AmE, **fire brigade** BrE *s* (cuerpo de) bomberos

ˈfire ˌengine ▶ ver **fire truck**

ˈfire esˌcape *s* escalera de incendios

ˈfire exˌtinguisher *s* extinguidor/extintor (de incendios)

firefighter /ˈfaɪrfaɪtər/ *s* bombero -a

fireman /ˈfaɪrmən/ *s* (pl **-men**) bombero

fireplace /ˈfaɪrpleɪs/ *s* chimenea, hogar

ˈfire ˌstation *s* estación de bomberos, cuartel de bomberos

ˈfire truck *s* AmE camión de bomberos, (carro) bomba

firewood /ˈfaɪrwʊd/ *s* leña

firework /ˈfaɪrwɜrk/ *sustantivo & sustantivo plural*
- *s* artículo de pirotecnia
- **fireworks** *s pl* fuegos artificiales/de artificio

firing /ˈfaɪrɪŋ/ *s* disparos, tiroteo

ˈfiring squad *s* pelotón de fusilamiento

firm /fɜrm/ *adjetivo & sustantivo*
- *adj* **1** (no blando) firme, duro -a **2** (estable) firme **3 a firm offer/date etc.** una oferta/fecha etc. en firme | **a firm decision/belief etc.** una decisión/creencia etc. firme **4** (estricto) firme | **to be firm with sb** ser firme con alguien **5** (apretado) firme, fuerte
- *s* firma, empresa

first /fɜrst/ *adjetivo, adverbio & sustantivo*
- *adj* **1** primero -a: *We were first in line.* Estábamos primeros en la cola. **2** primordial [responsabilidad, objetivo, etc.] | **first things first** lo primero es lo primero **3 at first sight/glance** a primera vista **4 first thing** a primera hora **5 in the first place** en primer lugar **6 (in the) first person** (en) primera persona
- *adv* **1** primero **2 to come first (a)** (en una carrera, una competencia) salir primero -a **(b)** (tener prioridad) estar antes que nada **3 first of all (a)** primero (que nada), antes que nada **(b)** (al justificar algo) en primer lugar, para empezar **4** por primera vez: *We first met at a party.* Nos conocimos por primera vez en una fiesta. **5 at first** al principio **6 first come, first served** frase que expresa que algo se asigna o se distribuye por orden de llegada
- *s* **1** primero -a | **to be the first (to do sth)** ser el primero/la primera (en hacer algo) **2 the first** (en fechas) el primero: *the first of May* el primero de mayo **3 from the first** desde el principio **4** (también **first gear**) (en la caja de cambios) primera

ˌfirst ˈaid *s* primeros auxilios

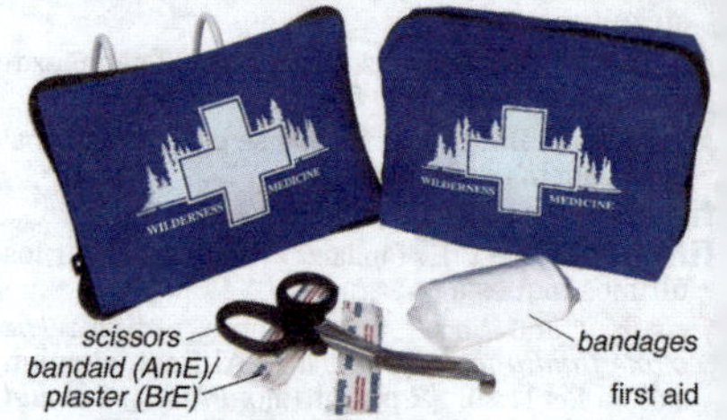

ˌfirst ˈclass *adverbio & adjetivo*
- *adv* **to travel first class** viajar en primera (clase)
- **first-class** *adj* **1** de primera, de primer nivel: *a first-class doctor* un médico de primera **2 a first-class ticket** un boleto de primera (clase)

firsthand /fɜrstˈhænd/ *adjetivo & adverbio*
- *adj* de primera mano: *firsthand information* información de primera mano
- *adv* en forma directa: *He experienced war firsthand.* Tiene experiencia directa de lo que es una guerra.

firstly /ˈfɜrstli/ *adv* en primer lugar, primero

ˈfirst name *s* nombre (de pila)

ˌfirst-ˈrate *adj* de primera, de primer nivel

fish /fɪʃ/ *sustantivo & verbo*
- *s* (pl **fish**) ▶ **fishes** es un uso anticuado **1** pez: *They keep tropical fish.* Tienen peces tropicales. **2** pescado: *Does she eat fish?* ¿Come pescado? | **fish and chips** pescado frito con papas fritas
- *v* [intr] pescar | **to go fishing** ir(se) de pesca/a pescar

fish around revolver: *I fished around in my bag for some coins.* Revolví la cartera buscando unas monedas.

fish sth out sacar algo

fisherman /ˈfɪʃərmən/ *s* (pl **-men**) pescador -a

fishing /ˈfɪʃɪŋ/ *s* pesca

ˈfishing rod, también **fishing pole** AmE *s* caña de pescar

fishmonger /ˈfɪʃmʌŋgər/ *s* BrE **1** pescadero -a, vendedor -a de pescado **2 fishmonger's** pescadería

¿Se dice *I arrived in Miami* o *I arrived to Miami*? Mira la entrada **arrive**.

fishy /'fɪʃi/ *adj* (**-shier**, **-shiest**)
1 (informal) sospechoso -a [asunto]: *There's something fishy about this.* Aquí hay gato encerrado.
2 a fishy smell/taste un olor/gusto a pescado

fist /fɪst/ *s* puño

fit /fɪt/ *verbo, adjetivo & sustantivo*
- *v* (pasado & participio **-tted** o **fit** AmE, gerundio **-tting**) **1** [tr/intr] Referido a prendas de vestir, **to fit** equivale a *quedar bien*, pero se puede usar con o sin complemento de persona: *Do the pants fit?* ¿Me queda bien el pantalón? | *The dress fitted perfectly.* El vestido le quedaba perfecto. | *These shoes don't fit me any more.* Estos zapatos ya no me caben.
2 [intr] caber, [tr] hacer caber: *Will we all fit in your car?* ¿Cabemos todos en tu carro? | **to fit sth into sth** meter/hacer caber algo en algo: *I couldn't fit everything into one suitcase.* No pude meter todo en una maleta.
3 [tr] poner [alfombra, ducha], instalar [cocina, baño]
4 to fit (sth) together encajar (algo)
5 to be fitted with sth estar equipado -a con algo
6 [tr] concordar con [una descripción]
fit in 1 encajar: *I never really felt I fit in.* Siempre sentí que no encajaba. **2 to fit in with sb's plans** amoldarse a los planes de alguien **fit sth in** hacerse tiempo para algo
- *adj* (**-tter**, **-ttest**) **1** adecuado -a | **to be fit to do sth (a)** ser apto -a para hacer algo: *He's not fit to be the team captain.* No es apto para ser el capitán del equipo. **(b)** estar en condiciones de hacer algo: *He wasn't fit to drive.* No estaba en condiciones de manejar. | **to be fit to eat/drink** poderse comer/beber, ser apto -a para el consumo
2 en buen estado físico | **to keep/stay fit** mantenerse en forma/en buen estado físico
- *s* **1 to have/throw a fit** (informal) enojarse mucho: *Dad's going to throw a fit when he sees this.* A mi papá le va a dar un ataque cuando vea esto.
2 ataque [de tos, risa, etc.]
3 convulsión
4 to be a good/tight/perfect etc. fit quedar bien/ajustado -a/perfecto -a etc.: *The pants are a perfect fit.* Los pantalones le quedan perfectos.

fitness /'fɪtnəs/ *s* **1** estado físico **2** idoneidad, capacidad **3 fitness class** clase de gimnasia **fitness instructor** profesor -a de gimnasia

fitted /'fɪtɪd/ *adj* **fitted sheet** sábana ajustable, sábana de cajón | **fitted wardrobe** BrE clóset ▶ En inglés americano se usa **(built-in) closet** | **fitted kitchen** BrE cocina integral, cocina modular | **fitted carpet(s)** BrE alfombra, alfombrado [de pared a pared]

fitting /'fɪtɪŋ/ *sustantivo, sustantivo plural & adjetivo*
- *s* prueba [en la modista, el sastre, etc.]
- **fittings** *s pl* accesorios, artefactos
- *adj* digno -a [final, homenaje]

five /faɪv/ *número* cinco

,five-a-'side, también **,five-a-side 'football** *s* BrE fútbol cinco, futbolito

fiver /'faɪvər/ *s* BrE (informal) (billete de) cinco libras

fix /fɪks/ *verbo & sustantivo*
- *v* [tr] (3ª pers sing **-xes**) **1** arreglar: *Can you fix my bike for me?* ¿Me puedes arreglar la bicicleta? **2** fijar [una fecha, una hora] **3 to fix sth to/onto sth** sujetar algo a algo **4** (informal) preparar [una comida, etc.]: *Can I fix you a drink?* ¿Te preparo un trago? **5 to fix a game/the elections etc.** arreglar un partido/las elecciones etc.
fix sth up 1 arreglar/organizar algo [un encuentro, un viaje, etc.] **2** arreglar algo [una casa, una habitación, etc.] **fix sb up** (informal) **1 to fix sb up with sth** conseguirle algo a alguien **2 fix sb up with sb** cuadrar a alguien con alguien [conseguirle pareja a alguien]
- *s* (pl **-xes**) (informal) **1 to be in a fix** estar en un aprieto/apuro **2** dosis [de algo a lo que uno es adicto] **3 a quick fix** una solución fácil

fixed /fɪkst/ *adj* **1** fijo -a **2 of no fixed abode/address** sin domicilio fijo

fixture /'fɪkstʃər/ *s* **1** instalación fija de una casa, como los artefactos de baño, cocina, etc. **2** BrE partido, encuentro ▶ También existe **game** que es inglés universal

fizz /fɪz/ *verbo & sustantivo*
- *v* [intr] (3ª pers sing **-zzes**) burbujear
- *s* burbujeo, efervescencia

fizzy /'fɪzi/ *adj* (**-zzier**, **-zziest**) gaseoso -a, con gas: *fizzy mineral water* agua mineral con gas

flabby /'flæbi/ *adj* (**-bbier**, **-bbiest**) fofo -a

flag /flæg/ *sustantivo & verbo*
- *s* bandera
- *v* [intr] (**-gged**, **-gging**) flaquear [persona], decaer [entusiasmo, conversación]

flair /fler/ *s* **to have a flair for sth** tener talento (natural) para algo, tener facilidad para algo: *Jackie has a flair for design.* Jackie tiene un talento natural para el diseño.

flake /fleɪk/ *sustantivo & verbo*
- *s* **1** copo [de nieve] **2** escama [de jabón, piel]
- *v* [intr] (también **flake off/away**) descascararse [pintura], salirse [enduido, yeso]

flamboyant /flæm'bɔɪənt/ *adj* **1** extravagante [persona, estilo] **2** llamativo -a [ropa]

flame /fleɪm/ *s* llama | **to burst into flames** estallar en llamas

flamingo /flə'mɪŋgoʊ/ *s* (pl **-goes**) flamenco [ave]

flammable /'flæməbəl/ *adj* inflamable

flank /flæŋk/ *sustantivo & verbo*
- *s* **1** costado [de un animal o una persona] **2** flanco [de un ejército]
- *v* [tr] (formal) flanquear

flannel /ˈflænl/ *s* **1** franela [tela] **2** BrE toallita [para lavarse] ▶ En inglés americano se usa **washcloth**

flap /flæp/ *sustantivo & verbo*
- *s* **1** solapa [de un sobre] **2** tapa [de un bolsillo] **3** extensión [de una mesa] **4** puerta [de una carpa] **5** alerón [de un avión]
- *v* (**-pped**, **-pping**) **1** [tr] batir [las alas] **2** [intr] agitarse [cortinas, ropa tendida, etc.]

flare /fler/ *verbo & sustantivo*
- *v* [intr] **1** llamear **2** (también **flare up**) estallar [violencia]
  flare up recrudecer [enfermedad]
- *s* bengala

flared /flerd/ *adj* **flared pants** pantalones acampanados/Oxford, pantalones de pata de elefante | **a flared skirt** una falda evasé/acampanada

flash /flæʃ/ *verbo & sustantivo*
- *v* (3ª pers sing **-shes**) **1** [intr] destellar | **to flash on and off** encenderse y apagarse (intermitentemente) **2** [tr] encender (una linterna, las luces, etc.): *The driver **flashed** his headlamps **at** me.* El conductor me hizo señales con las luces. **3 to flash by/past** **(a)** pasar velozmente/como una bala **(b)** pasar(se) volando [tiempo] **4** [intr] aparecer rápidamente y de improviso: *An image flashed up on the screen.* De repente, apareció una imagen en la pantalla.
- *s* (pl **-shes**) **1** destello | **a flash of lightning** un relámpago **2** flash [de una máquina fotográfica] **3 in/like a flash** en un abrir y cerrar de ojos **4 a flash of inspiration** un momento de inspiración

flashlight /ˈflæʃlaɪt/ *s* AmE linterna

flashy /ˈflæʃi/ *adj* (**-shier**, **-shiest**) ostentoso -a

flask /flæsk/ *s* **1** termo ▶ En inglés americano se usa **thermos®** **2** petaca [para bebidas alcohólicas]

flat /flæt/ *adjetivo, sustantivo & adverbio*
- *adj* (**-tter**, **-ttest**) **1** plano -a, llano -a **2** desinflado -a [llanta] **3** referido a una bebida: que ha perdido la efervescencia **4 E flat/B flat etc.** mi bemol/si bemol etc. **5** desafinado -a [en un tono más bajo del que corresponde] **6** fijo -a [precio, honorario, etc.] **7** de tacón bajo, de taco bajo, de piso [zapato] **8** BrE gastado -a, descargado -a [batería] ▶ En inglés americano se usa **dead**
- *s* **1** AmE pinchazo, pinchadura, ponchadura [de una llanta] **2** (en música) bemol **3** BrE departamento, apartamento: *a block of flats* un edificio de departamentos/apartamentos ▶ En inglés americano se usa **apartment** **4 the flat of your hand** la palma de la mano
- *adv* **1 to lie flat (a)** acostarse **(b)** estar acostado -a **2 in ten seconds/two minutes etc. flat** (informal) en menos de diez segundos/dos minutos etc. **3 flat out** (informal) a toda velocidad [trabajar, etc.] **4 to fall flat** no tener éxito [chiste, fiesta]

flatly /ˈflætli/ *adv* categóricamente [negar(se), rechazar]

flatmate /ˈflætmeɪt/ *s* BrE compañero -a de apartamento ▶ En inglés americano se usa **roommate**

flatten /ˈflætn/ *v* **1** [tr] (también **flatten out**) aplastar, aplanar **2** [tr] arrasar, tirar abajo
flatten out volverse más llano -a [terreno, camino, etc.]

flatter /ˈflætər/ *v* [tr] **1** halagar: *I was flattered by her interest.* Me sentí halagada por su interés. **2** [tr] favorecer, sentar bien **3 to flatter yourself** creerse que uno tiene ciertas habilidades o ha logrado algo: *Don't flatter yourself!* ¡No te engañes!

flattering /ˈflætərɪŋ/ *adj* que favorece [color, peinado, etc.]

flattery /ˈflætəri/ *s* halagos

flaunt /flɔnt/ *v* [tr] hacer ostentación de

flavor AmE, **flavour** BrE /ˈfleɪvər/ *sustantivo & verbo*
- *s* **1** (de helados, chicles, etc.) sabor, gusto: *Which flavor do you want?* ¿Qué sabor quieres? **2** (cualidad de sabroso) sabor: *The meat didn't have much flavor.* La carne no tenía mucho sabor.
- *v* [tr] darle sabor a

flavoring AmE, **flavouring** BrE /ˈfleɪvərɪŋ/ *s* aromatizante, saborizante

flaw /flɔ/ *s* **1** (en un objeto) falla, imperfección **2** (en un argumento, un plan) falla, error **3** (en la personalidad) defecto

flawed /flɔd/ *adj* **to be flawed** tener fallas/defectos

flawless /ˈflɔləs/ *adj* perfecto -a, impecable

flea /fli/ *s* pulga

flee /fli/ *v* (pasado & participio **fled**) **1** [intr] huir **2** [tr] huir de

fleece /flis/ *s* **1** polar [tela o prenda] **2** vellón

fleet /flit/ *s* flota [de barcos, de vehículos]

flesh /fleʃ/ *s* **1** carne [de una persona o de un animal] **2** pulpa [de una fruta] **3 in the flesh** en persona **4 my/his etc. own flesh and blood** alguien de mi/su etc. propia sangre

flew /flu/ pasado de **fly**

flex /fleks/ *verbo & sustantivo*
- *v* [tr] (3ª pers sing **-xes**) flexionar
- *s* (pl **-xes**) BrE cable, cordón [eléctrico] ▶ En inglés americano se usa **cord**

flexible /ˈfleksəbəl/ *adj* flexible

flick /flɪk/ *verbo & sustantivo*
- *v* **1** [tr] lanzar con un movimiento rápido de la mano, o del pulgar y un dedo: *They were **flicking** balls of paper **at** each other.* Se estaban tirando bolitas de papel. **2** [intr] moverse rápidamente: *The cow's tail flicked from side to side.* La cola de la vaca se sacudía de un lado para otro.

¿Quieres información sobre las diferencias entre los **artículos** en inglés y en español? Lee la explicación en el apartado de gramática.

3 [tr] mover [un interruptor]
flick through sth hojear algo
• *s* **1** movimiento rápido y repentino: *a flick of the wrist* un giro de la muñeca **2 at the flick of a switch** con sólo accionar un interruptor/con sólo apretar un botón **3** película

flicker /ˈflɪkər/ *verbo & sustantivo*
• *v* [intr] parpadear [vela, luz]
• *s* parpadeo [de una luz, etc.]

flier ▶ ver **flyer**

flight /flaɪt/ *s* **1** vuelo **2 in flight** en vuelo **3** tramo [de una escalera] **4** huida [de una situación de peligro]

flight atˌtendant *s* auxiliar de vuelo

flimsy /ˈflɪmzi/ *adj* (**-sier**, **-siest**) **1** (muy) ligero -a, (muy) fino -a [ropa] **2** endeble [pared, mueble, etc.] **3** poco convincente [evidencia, excusa, etc.]

flinch /flɪntʃ/ *v* [intr] (3ª pers sing **-ches**) **1** retroceder, estremecerse [de miedo, de dolor, etc.] **2 to flinch from sth/from doing sth** rehuir algo/hacer algo

fling /flɪŋ/ *verbo & sustantivo*
• *v* [tr] (pasado & participio **flung**) **1** tirar, arrojar, aventar: *He flung his coat down on a chair.* Tiró su abrigo en una silla. | *She flung her arms around his neck.* Le echó los brazos al cuello. **2 to fling open a door/window** abrir una puerta/ventana de golpe
• *s* (informal) aventura [amorosa]

flint /flɪnt/ *s* **1** sílex **2** pedernal, piedra [de un encendedor]

flip /flɪp/ *v* (**-pped**, **-pping**) **1** [tr] pasar [páginas] **2 to flip over** darse vuelta: *He* ***flipped over*** *onto his* ***back***. Se puso boca arriba. | **to flip sth over** dar vuelta algo **3 to flip a coin** echar una moneda a cara o sello/a cara o cruz, tirar una moneda, echar un volado [para decidir algo]

ˈflip-flop *sustantivo & verbo*
• *s* **1** AmE (informal) giro de 180 grados [cambio de idea] **2** Según región: *chancla, chancleta (de goma), chola* u *ojota*
• *v* [intr] (**-pped**, **-pping**) AmE (informal) dar un giro de 180 grados

flippant /ˈflɪpənt/ *adj* frívolo -a, displicente

flipper /ˈflɪpər/ *s* **1** (de una foca, etc.) aleta **2** (calzado para bucear) aleta, pata de rana

flirt /flɜrt/ *verbo & sustantivo*
• *v* [intr] flirtear, coquetear
• *s* persona que está siempre flirteando o coqueteando

float /floʊt/ *verbo & sustantivo*
• *v* **1** [intr] flotar: *They floated down the river.* Fueron flotando río abajo. **2** [tr] hacer flotar **3** [tr] sugerir [una idea]
• *s* **1** carro alegórico, carroza [de carnaval] **2** flotador [para pescar] **3** BrE flotador [para nadar] **4** gaseosa con helado

flock /flɑk/ *sustantivo & verbo*
• *s* **1** rebaño **2** bandada **3** muchedumbre
• *v* [intr] acudir en masa: *People flocked to see the show.* La gente acudió en masa a ver el espectáculo.

flog /flɑg/ *v* [tr] (**-gged**, **-gging**) **1** azotar **2** BrE (informal) vender

flood /flʌd/ *verbo & sustantivo*
• *v* **1** [intr] inundarse **2** [tr] inundar **3** [intr] desbordarse [río] **4** [intr] llegar o ir a algún lugar en grandes números: *People flooded into the city.* La ciudad se inundó de gente.
• *s* **1** inundación **2 a flood of complaints/letters etc.** una avalancha de quejas/cartas etc. **3 in floods of tears** hecho -a un mar de lágrimas

flooding /ˈflʌdɪŋ/ *s* inundación

floodlight /ˈflʌdlaɪt/ *s* reflector

floodlit /ˈflʌdlɪt/ *adj* iluminado -a con reflectores

floor /flɔr/ *sustantivo & verbo*
• *s* **1** (de una habitación) piso, suelo | **on the floor** en el piso **2** (de un edificio) piso: *We live on the third floor.* Vivimos en el tercer piso. ▶ ver nota abajo **3** (de un océano) fondo
• *v* [tr] **1** derribar **2** dejar sin saber qué decir

> **first/second etc. floor**
>
> En inglés americano a menudo se le llama **first floor** al piso al nivel de la calle, que en muchos países latinoamericanos se llama *planta baja*. El piso superior a éste es entonces el *second floor*, etc.

floorboard /ˈflɔrbɔrd/ *s* tabla [de un piso], duela

flop /flɑp/ *verbo & sustantivo*
• *v* [intr] (**-pped**, **-pping**) **1 to flop into/onto etc. sth** dejarse caer en/sobre algo, desplomarse en/sobre algo: *They* ***flopped down*** *on the grass.* Se dejaron caer sobre la arena. **2** (informal) fracasar [película, espectáculo, etc.]
• *s* (informal) fracaso

floppy /ˈflɑpi/ *adjetivo & sustantivo*
• *adj* (**-ppier**, **-ppiest**) caído -a [orejas], de ala blanda [sombrero]
• *s* (pl **-ppies**) diskette, disquete

ˌfloppy ˈdisk *s* diskette, disquete

florist /ˈflɔrɪst/ *s* **1** florista **2** AmE florería, floristería **3 florist's** BrE florería, floristería

floss /flɔs/ *sustantivo & verbo*
• *s* hilo dental, seda dental
• *v* [intr] usar hilo dental/seda dental

flounder /ˈflaʊndər/ *v* [intr] **1** no saber qué decir o hacer o qué decisión tomar **2** dar manotazos [para mantenerse a flote]

flour /flaʊr/ *s* harina

flourish /ˈflɜrɪʃ/ *v* (3ª pers sing **-shes**) **1** [intr] crecer bien [plantas, jardín, etc.]

2 [intr] prosperar, florecer [empresa, economía, etc.] **3** [tr] agitar, blandir

flow /floʊ/ *sustantivo & verbo*

• *s* **1** flujo **2 the flow of traffic** la circulación del tránsito **3** suministro **4 to interrupt sb's flow** hacerle perder el hilo a alguien **5 to go with the flow** (informal) ir con la corriente

• *v* [intr] **1** fluir, correr [líquido]: *Tears flowed down her cheeks.* Le corrían lágrimas por las mejillas. | *The river flows into the lake.* El río desemboca en el lago. **2** circular [tráfico] **3** fluir [palabras, ideas]

flower /ˈflaʊər/ *sustantivo & verbo*

• *s* flor

• *v* [intr] florecer

flower bed /ˈflaʊərbed/ *s* arriate [sección de un jardín donde se plantan flores y arbustos]

flowerpot /ˈflaʊərpɑt/ *s* maceta, tiesto, matera

flown /floʊn/ participio de **fly**

flu /flu/ *s* gripe, gripa

fluency /ˈfluənsi/ *s* fluidez

fluent /ˈfluənt/ *adj* **1 to be fluent in Chinese/German etc.** hablar chino/alemán etc. con fluidez | **to speak fluent Chinese/German etc.** hablar chino/alemán etc. con fluidez **2 to be a fluent reader** leer con fluidez

fluff /flʌf/ *s* pelusa

fluffy /ˈflʌfi/ *adj* (**-ffier**, **-ffiest**) **1** suave y peludito -a [animal] **2** esponjoso -a [toalla] **3** esponjoso -a [masa, pastel]

fluid /ˈfluɪd/ *sustantivo & adjetivo*

• *s* (formal) líquido, fluido

• *adj* **1** flexible **2** inestable, incierto -a [situación] **3** fluido -a [movimiento]

fluke /fluk/ *s* casualidad

flung /flʌŋ/ pasado & participio de **fling**

fluorescent /flʊˈresənt/ *adj* **1** fluorescente [tubo, iluminación] **2** fluorescente [color]

fluoride /ˈflɔraɪd/ *s* flúor

flurry /ˈflɜri/ *s* (pl **-rries**) **1 a flurry of activity** una explosión de actividad **2** ráfaga [de nieve]

flush /flʌʃ/ *verbo & sustantivo*

• *v* (3ª pers sing **-shes**) **1 to flush the toilet** bajar/soltar el inodoro, tirar (de) la cadena, jalarle (al excusado) | **to flush sth down the toilet** tirar algo al inodoro, echar algo al excusado **2** [intr] sonrojarse, ponerse colorado -a

• *s* (pl **-shes**) rubor

flustered /ˈflʌstərd/ *adj* nervioso -a

flute /flut/ *s* flauta (traversa)

flutter /ˈflʌtər/ *verbo & sustantivo*

• *v* **1** [intr] ondear [bandera] **2** [intr] revolotear [pájaro, mariposa] **3** [tr] agitar, [intr] agitarse [alas] **4** [intr] palpitar [corazón]

• *s* revoloteo [de alas]

fly /flaɪ/ *verbo & sustantivo*

• *v* (3ª pers pres **flies**, pasado **flew**, participio **flown**) **1** [intr] (persona) ir en avión: *We flew from Lima to Buenos Aires.* Fuimos en avión de Lima a Buenos Aires. | **to fly in/out/back** llegar/salir/volver [en avión]: *When do you fly out?* ¿Cuándo sale tu avión? **2** [intr] (pájaro, insecto) volar | **to fly away/off** irse volando **3** [intr] volar aviones, [tr] pilotar, pilotear **4** [tr] llevar, traer [en avión, en helicóptero]: *He was flown to the city by helicopter.* Lo llevaron a la ciudad en helicóptero. **5** [intr] moverse muy rápido: *She flew down the stairs.* Bajó volando las escaleras. **to fly open** abrirse de golpe [puerta] **6** [intr] pasar(se) volando [tiempo] **7** [tr] desplegar [una bandera] **8** [intr] ondear, flamear [bandera, pañuelo, etc.] ► ver **kite**

• *s* (pl **flies**) **1** mosca **2** (también **flies** BrE) cremallera [de pantalones de hombre], bragueta

flyer, también **flier** /ˈflaɪər/ *s* volante [papel]

flying /ˈflaɪ-ɪŋ/ *sustantivo & adjetivo*

• *s* **1** vuelo(s), aviación **2** viajar en avión, volar: *fear of flying* miedo a volar

• *adj* **1** volador -a: *flying insects* insectos voladores **2** que vuela [objeto]

flying ˈsaucer *s* platillo volador

flyover /ˈflaɪoʊvər/ BrE ► ver **overpass**

foam /foʊm/ *sustantivo & verbo*

• *s* **1** espuma **2** (también **foam rubber**) goma espuma

• *v* [intr] hacer espuma

focus /ˈfoʊkəs/ *verbo & sustantivo*

• *v* (3ª pers sing **-ses**) **1 to focus on sth** concentrarse en algo **2** [tr/intr] enfocar [lente, cámara, etc.] **3 to focus (your eyes) on sth** fijar la vista en algo

• *s* **1** eje [centro de atención] **2 in focus** enfocado -a | **out of focus** fuera de foco

fodder /ˈfɑdər/ *s* forraje

foetus BrE *s* ► ver **fetus**

fog /fɑg/ *s* niebla

foggy /ˈfɑgi/ *adj* (**-ggier**, **-ggiest**) de niebla [día]: *It was foggy.* Había niebla.

foil /fɔɪl/ *sustantivo & verbo*

• *s* (también **tinfoil**) papel (de) aluminio

• *v* [tr] (formal) frustrar [un plan, etc.]

fold /foʊld/ *verbo & sustantivo*

• *v* **1** [tr] doblar [ropa, papel] | **to fold sth in half/in two** doblar algo por la mitad/en dos **2** (también **fold up**) [tr] plegar, [intr] plegarse | **a folding chair** una silla plegable/abatible/plegadiza **3 to fold your arms** cruzar los brazos **4** [intr] fracasar [negocio], bajar de cartel [espectáculo]

• *s* pliegue

folder /ˈfoʊldər/ *s* **1** (para papeles) carpeta **2** (en computación) carpeta

foliage /ˈfoʊli-ɪdʒ/ *s* follaje

folk /foʊk/ *adjetivo, sustantivo & sustantivo plural*

• *adj* folklórico -a | **folk music** música folk/folklórica

• *s* gente: *city folk* gente de ciudad
• **folks** *s pl* (informal) **1** gente **2** famila, parientes

follow /ˈfɑloʊ/ *v* **1** [tr/intr] seguir: *Follow that car!* ¡Siga a ese auto! | *Did you follow the instructions?* ¿Seguiste las instrucciones? **2** [tr/intr] ocurrir inmediatamente después: *in the weeks that followed* en las semanas siguientes | *The movie will be followed by a talk.* Después de la película habrá una charla. **3 as follows (a)** (para introducir algo): *The winning numbers were as follows.* Los números sorteados fueron los siguientes. **(b)** (al dar una explicación) de la siguiente manera **4** [tr/intr] entender, seguir [una explicación]
follow sb around andar siguiendo a alguien
follow sth through llevar algo a término, acabar [un plan, un proyecto, etc.]
follow sth up 1 investigar algo [una sugerencia, una pista, etc.] **2** consolidar/reforzar algo

follower /ˈfɑloʊər/ *s* seguidor -a

following /ˈfɑloʊɪŋ/ *adjetivo, sustantivo & preposición*
• *adj* siguiente
• *s* **1** seguidores **2 the following** lo siguiente
• *prep* tras: *Following the success of her first movie, she moved to Hollywood.* Tras el éxito de su primera película, se mudó a Hollywood.

ˈfollow-up *s* **1** seguimiento **2** continuación [de un libro, una película, etc.]

fond /fɑnd/ *adj* **1 to be fond of sb** tenerle cariño a alguien **2 I'm/she's etc. fond of (doing) sth** me gusta/le gusta etc. (hacer) algo: *He's very fond of criticizing.* Le gusta mucho criticar. **3** cariñoso -a [mirada, sonrisa] **4 to have fond memories of sth/sb** tener muy lindos recuerdos de algo/alguien, recordar algo/a alguien con afecto

fondle /ˈfɑndl/ *v* [tr] acariciar

food /fud/ *s* **1** comida, alimento **2 to give sb food for thought** darle que pensar a alguien

ˈfood ˌpoisoning *s* intoxicación [por ingesta de alimentos]

ˈfood ˌprocessor *s* procesador/procesadora (de alimentos)

fool /ful/ *sustantivo & verbo*
• *s* **1** tonto -a **2 to make a fool of yourself** hacer un papelón, hacer el ridículo **3 to make a fool (out) of somebody** poner en ridículo a alguien
• *v* [tr] engañar
fool around 1 hacer tonterías **2 to fool around with sth** juguetear con algo

foolish /ˈfulɪʃ/ *adj* tonto -a: *It was **a foolish thing** to do.* Fue una tontería.

foolproof /ˈfulpruf/ *adj* infalible

foot /fʊt/ *s* **1** (pl **feet**) pie | **on foot** a pie **2 at the foot of the mountain/bed etc.** al pie de la montaña/cama etc. **3** (pl **feet** o **foot**) (unidad de longitud) pie [30.48 cm] ▶ ver nota abajo **4 to be on your feet** estar parado -a | **to rise/get to your feet** ponerse de pie **5 to put your feet up** descansar **6 to put your foot down** no dar el brazo a torcer **7 to put your foot in your mouth** BrE, también **to put your foot in it** (informal) meter la pata **8 to get cold feet** echarse atrás [por miedo]

> **five/six etc. feet**
>
> En inglés la altura de las personas y de los objetos a menudo se expresa en pies (**feet** o **foot** o la abreviatura **ft.**) y pulgadas (**inches** o el símbolo ").
>
> **five foot seven/five feet seven/5 ft. 7"** (cinco pies y siete pulgadas) equivale a 1.70m, **six foot/six feet** (seis pies) equivale a 1.80m

football /ˈfʊtbɔl/ *s* **1** En EU **football** se usa para referirse al *fútbol* (o *futbol*) americano. En Gran Bretaña se usa para hacer referencia a nuestro fútbol (que los americanos llaman **soccer**) **2** AmE pelota (de fútbol) **3 football game (a)** AmE partido de fútbol americano **(b)** BrE partido de fútbol **football player (a)** AmE jugador de fútbol americano **(b)** BrE futbolista

footballer /ˈfʊtbɔlər/ *s* BrE futbolista

footing /ˈfʊtɪŋ/ *s* **1 on a sound/firm footing** en una situación sólida ▶ ver también **equal** **2** equilibrio [al pisar] | **to lose/miss your footing** perder el equilibrio

footnote /ˈfʊtnoʊt/ *s* nota a pie de página

footpath /ˈfʊtpæθ/ *s* sendero, camino

footprint /ˈfʊtprɪnt/ *s* huella, pisada

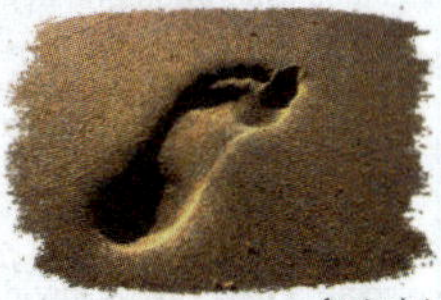
footprint

footstep /ˈfʊtstep/ *s* **1** paso [sonido] **2 to follow in sb's footsteps** seguir los pasos de alguien

footwear /ˈfʊtwer/ *s* calzado

for /fə, acentuado fɔr/ *prep* ▶ ver recuadro en página 152

forbid /fərˈbɪd/ *v* [tr] (pasado **forbade**, participio **forbidden**) **1** (formal) prohibir: *Alcohol is forbidden.* Está prohibido consumir alcohol. | **to forbid sb to do sth/to forbid sb from doing sth** prohibirle a alguien hacer algo: *Her family forbade her to see him.* Su familia le prohibió verlo. **2 God/Heaven forbid** Dios me/nos libre

forbidding /fərˈbɪdɪŋ/ *adj* intimidante [persona, actitud], imponente [lugar]

force /fɔrs/ *sustantivo & verbo*
• *s* **1** (violencia) fuerza | **by force** por la fuerza **2** (influencia) fuerza **3** (grupo de gente) fuerza: *the security forces* las fuerzas de seguridad **4 to join forces (to do sth)** unirse (para hacer algo) **5 to be in force/to come into force** estar/entrar en vigencia

for

1 DESTINO, PROPÓSITO (= para)
I've got a present for Dave. Tengo un regalo para Dave. | *What's this button for?* ¿Para qué es este botón? | *Is this the train for New York?* ¿Éste es el tren que va a Nueva York? | *He plays for the Boston Red Sox.* Juega en/con los Boston Red Sox.

2 AYUDA
Let me carry that for you. Deja que yo te lleve eso. | *What can I do for you?* ¿En qué lo puedo ayudar?

3 CAUSA (= por)
She gave me $5 for washing her car. Me dio $5 por lavarle el carro. | *She won a prize for her poem.* Ganó un premio por su poema.

4 CON PERÍODOS DE TIEMPO
I've known Chris for years. Hace años que conozco a Chris. | *Bake the cake for 40 minutes.* Hornear el pastel durante 40 minutos. | *I'm going away for ten days.* Me voy por diez días.
¿Cuál es la diferencia entre **for** y **since**? **for** se usa con períodos de tiempo. **Since** se usa con una fecha o momento en el pasado y equivale a *desde:*
I've been here for half an hour./*I've been here since five o'clock.* Hace media hora que estoy aquí./Estoy aquí desde las cinco.

5 CON INFINITIVO
We were waiting for Joe to arrive. Estábamos esperando que llegara Joe.

6 CON CANTIDADES
a check for $100 un cheque por $100 | *We walked for miles.* Caminamos millas y millas.

7 CON OCASIONES
What are you doing for Christmas? ¿Qué van a hacer para Navidad?

8 SIGNIFICADO
M for monkey M de mono | *What's the Spanish for "oil"?* ¿Cómo se dice "oil" en español?

9 EXPRESIONES
to be for sth estar a favor de algo: *Is he for or against the proposal?* ¿Está a favor o en contra de la propuesta?
| **to be (in) for it** tener problemas: *You'll be for it if they find out.* En la que te vas a meter si se enteran.

10 **for** también forma parte de varios **phrasal verbs** como **bargain for, stand for,** etc. Éstos están tratados bajo el verbo correspondiente

• *v* [tr] **1** obligar | **to force sb to do sth** obligar a alguien a hacer algo **2** forzar [una puerta, una cerradura]: *They **forced** their **way** into the building.* Entraron al edificio por la fuerza.
force sth on sb imponerle algo a alguien

forced /fɔrst/ *adj* **1** forzado -a [sonrisa] **2** forzoso -a [aterrizaje]

forceful /ˈfɔrsfəl/ *adj* **1** firme, fuerte [carácter, personalidad] **2** convincente [argumento, motivo]

forcibly /ˈfɔrsəbli/ *adv* por la fuerza

fore /fɔr/ *s* **to come to the fore** saltar a un primer plano, empezar a destacarse

forearm /ˈfɔrɑrm/ *s* antebrazo

forecast /ˈfɔrkæst/ *sustantivo & verbo*
• *s* pronóstico
• *v* [tr] (pasado & participio **forecast** o **forecasted**) pronosticar

forefinger /ˈfɔrfɪŋgər/ *s* (dedo) índice

forefront /ˈfɔrfrʌnt/ **to be in/at the forefront of sth** estar a la vanguardia/al frente de algo

foregone conˈclusion *s* **to be a foregone conclusion** ser totalmente previsible

foreground /ˈfɔrgraʊnd/ *s* primer plano

forehead /ˈfɔrhed, ˈfɔrɪd/ *s* frente [de la cara]

foreign /ˈfɔrɪn/ *adj* **1** extranjero -a: *foreign languages* idiomas extranjeros | *a foreign vacation* vacaciones en el exterior **2** exterior [política, etc.]: *the French Foreign Ministry* el Ministerio de Relaciones Exteriores de Francia **3 to be foreign to sth/sb** serle ajeno -a a algo/alguien

foreigner /ˈfɔrənər/ *s* extranjero -a

foreman /ˈfɔrmən/ *s* (pl **-men**) capataz

foremost /ˈfɔrmoʊst/ *adj* principal, más destacado -a

forerunner /ˈfɔrrʌnər/ *s* precursor -a

foresee /fɔrˈsi/ *v* [tr] (pasado **foresaw**, participio **foreseen**) prever

foreseeable /fɔrˈsiəbəl/ *adj* **1** previsible **2 for/in the foreseeable future** en un futuro cercano

foresight /ˈfɔrsaɪt/ *s* previsión

forest /ˈfɔrɪst/ *s* bosque, selva

foretell /fɔrˈtel/ *v* [tr] (pasado & participio **foretold**) (formal) predecir

forever /fəˈrevər/ *adv* **1** para/por siempre **2** siempre: *I'm forever telling him that.* Siempre le digo lo mismo. **3 to take/last forever** tardar/durar una eternidad

foreword /ˈfɔrwərd/ *s* prólogo

forgave /fərˈgeɪv/ pasado de **forgive**

forge /fɔrdʒ/ *verbo & sustantivo*
• *v* [tr] **1** falsificar | **a forged passport/banknote etc.** un pasaporte/billete etc. falso **2** forjar [vínculos, una alianza, etc.]
forge ahead avanzar a pasos agigantados
• *s* fragua

forgery /ˈfɔrdʒəri/ *s* (pl **-ries**) falsificación

forget /fərˈget/ *v* (pasado **forgot**, participio **forgotten**) **1** [tr/intr] olvidarse (de): *He never forgets my birthday.* Nunca se olvida de mi cumpleaños.

i ¿Quieres información sobre las diferencias entre los **posesivos** en inglés y en español? Lee la explicación en el apartado de gramática.

| **to forget to do sth** olvidarse de hacer algo **2** [tr] olvidar: *I'll never forget him.* Nunca lo olvidaré. **3 to forget about sth/sb** olvidarse de algo/alguien: *I'd forgotten about Ellen.* Me había olvidado de Ellen. **4 forget it (a)** (usado como una respuesta a una disculpa) no es nada **(b)** (para decir enfáticamente que no) ni hablar, olvídate/olvídese

forgetful /fər'getfəl/ *adj* olvidadizo -a

forgive /fər'gɪv/ *v* [tr/intr] (pasado **forgave**, participio **forgiven**) perdonar | **to forgive sb for (doing) sth** perdonarle a alguien (que haya hecho) algo

forgiveness /fər'gɪvnəs/ *s* perdón

forgiving /fər'gɪvɪŋ/ *adj* magnánimo -a, dispuesto -a a perdonar

forgot /fər'gɑt/ pasado de **forget**

forgotten /fər'gɑtn/ participio de **forget**

fork /fɔrk/ *sustantivo & verbo*

● *s* **1** tenedor **2** horqueta, horca [herramienta] **3** bifurcación

● *v* [intr] **1** bifurcarse **2 to fork left/right** (persona) doblar a la izquierda/derecha

fork out (informal) **to fork out for sth** desembolsar para algo, pagar algo **fork out sth** (informal) **to fork out/over $50/$200 etc.** desembolsar $50/$200 etc.

form /fɔrm/ *sustantivo & verbo*

● *s* **1** tipo: *a rare form of cancer* un tipo de cáncer poco frecuente **2** formulario, forma | **to fill in/out a form** completar/llenar un formulario, llenar una forma **3** forma | **in the form of** en forma de **4** BrE grado, curso, año [en la escuela] ► En inglés americano se usa **grade** **5** BrE nivel: *The team's form has improved.* El nivel del equipo ha mejorado. **6 to be in good/top form** estar en forma, estar en buen estado físico

● *v* **1** [tr] formar **2** [intr] formarse **3 to form an opinion/idea** formarse una opinión/hacerse una idea **4** [tr] constituir

formal /'fɔrməl/ *adj* **1** formal [cena, ropa] **2** oficial [declaración, anuncio] **3** formal [queja] **4 formal education** educación formal | **formal training** formación académica

formality /fər'mæləti/ *s* **1** (pl **-ties**) formalidad, trámite **2** (en el trato) formalidad

formally /'fɔrməli/ *adv* **1** (anunciar, reconocer, etc.) oficialmente **2** (vestirse) formalmente

format /'fɔrmæt/ *sustantivo & verbo*

● *s* formato [de un libro, un programa, etc.]

● *v* [tr] (**-tted**, **-tting**) formatear [un texto, un diskette]

formation /fər'meɪʃən/ *s* formación

former /'fɔrmər/ *adjetivo & sustantivo*

● *adj* antiguo -a: *the former USSR* la antigua URSS | **former president/wife etc.** ex-presidente/ex-esposa etc. | **in former times** en épocas pasadas

● *s* **the former** (formal) el/lo primero, la primera: *Of the two possibilities, the former seems more likely.* De las dos posibilidades, la primera parece más probable.

formerly /'fɔrmərli/ *adv* antiguamente

formidable /'fɔrmədəbəl//fɔr'mɪdəbəl/ *adj* **1** impresionante [que inspira respeto o temor] **2** inmenso -a, tremendo -a [tarea, desafío]

formula /'fɔrmjələ/ *s* (pl **-las** o **-lae**) fórmula

forsake /fər'seɪk/ *v* [tr] (pasado **forsook**, participio **forsaken**) (formal) **1** abandonar **2** renunciar a [principios, ideales, etc.]

fort /fɔrt/ *s* fuerte

forthcoming /fɔrθ'kʌmɪŋ/ *adj* **1** próximo -a [evento, reunión, etc.] **2 no help/explanation etc. was forthcoming** no se recibió ninguna ayuda/explicación etc., no se brindó ninguna ayuda/explicación etc.

forthright /'fɔrθraɪt/ *adj* directo -a [persona, respuesta]

fortieth /'fɔrtiəθ/ *número* **1** cuadragésimo -a **2** cuarentavo, cuarentava parte

fortifications /fɔrtəfə'keɪʃənz/ *s pl* fortificaciones

fortify /'fɔrtəfaɪ/ *v* [tr] (3ª pers sing **-fies**, pasado & participio **-fied**) **1** fortificar **2** fortalecer, dar fuerza a

fortnight /'fɔrtnaɪt/ *s* BrE quince días, dos semanas: *once a fortnight* cada quince días/cada dos semanas.

fortnightly /'fɔrtnaɪtli/ *adjetivo & adverbio*

● *adj* BrE quincenal ► En inglés americano se usa **biweekly**

● *adv* BrE quincenalmente, cada quince días/dos semanas

fortress /'fɔrtrəs/ *s* (pl **-sses**) fortaleza

fortunate /'fɔrtʃənət/ *adj* afortunado -a, con suerte: *a very fortunate man* un hombre muy afortunado | *It was fortunate that he arrived when he did.* Fue una suerte que llegara en ese momento.

fortunately /'fɔrtʃənətli/ *adv* por suerte

fortune /'fɔrtʃən/ *sustantivo & sustantivo plural*

● *s* **1** fortuna | **to make a fortune** hacer una fortuna | **to cost/spend a fortune** costar/gastarse una fortuna | **to be worth a fortune** valer una fortuna **2 to have the good fortune to do sth** tener la buena suerte de hacer algo

● **fortunes** *s pl* suerte

forty /'fɔrti/ *número* **1** cuarenta **2 the forties** los (años) cuarenta **3 to be in your forties** tener cuarenta y pico/cuarenta y tantos

forward /'fɔrwərd/ *adverbio, adjetivo, verbo & sustantivo*

● *adv* **1** (también **forwards**) hacia adelante: *She leaned forward to hear better.* Se inclinó hacia adelante para oír mejor. **2** (usado para expresar progreso): *I can't see any way forward.* No veo cómo salir adelante. **3 from that day/time etc.**

forward a partir de ese día/momento etc. ► **forward** también forma parte de varios **phrasal verbs** como **come forward, look forward to,** etc. Éstos están tratados bajo el verbo correspondiente

- *adj* **1** hacia adelante: *a sudden forward movement* un movimiento repentino hacia adelante **2 forward planning/thinking** previsión **3** (formal) delantero -a: *the forward section of the train* la parte delantera del tren **4** atrevido -a
- *v* **to forward sth to sb** remitirle algo a alguien [a una nueva dirección]
- *s* delantero -a

fossil /'fɑsəl/ *s* fósil

foster /'fɔstər/ *verbo & adjetivo*

- *v* [tr] **1** hospedar y cuidar transitoriamente (a un menor) sin adoptarlo legalmente **2** fomentar
- *adj* **foster father** padre sustituto/de tránsito | **foster mother** madre sustituta/de tránsito | **foster child** niño que vive con una familia de tránsito

fought /fɔt/ pasado & participio de **fight**

foul /faʊl/ *adjetivo, sustantivo & verbo*

- *adj* **1** asqueroso -a [gusto,olor] **2 to be in a foul temper/mood** estar de pésimo humor **3** grosero -a [lenguaje, etc.] **4** horrible [tiempo, día, etc.]: *The weather's been foul all week.* El tiempo ha estado horrible toda la semana.
- *s* foul, falta
- *v* [tr] foulear, cometerle una falta a
  foul sth up (informal) arruinar algo [un plan, una prueba, etc.]

found¹ /faʊnd/ pasado & participio de **find**

found² *v* [tr] fundar

foundation /faʊn'deɪʃən/ *sustantivo & sustantivo plural*

- *s* **1** fundamento, base **2** fundación **3** base (de maquillaje)
- **foundations** *s pl* cimientos

founder /'faʊndər/ *s* fundador -a

fountain /'faʊntən/ *s* fuente [de una plaza, etc.]

'fountain pen *s* estilógrafo, pluma (fuente), lapicera (de tinta)

four /fɔr/ *número* cuatro

fourteen /fɔr'tin/ *número* catorce

fourteenth /fɔr'tinθ/ *número* **1** decimocuarto -a **2** catorce **3** catorceavo, catorceava parte

fourth /fɔrθ/ *número & sustantivo*

- *número* **1** cuarto -a **2** cuatro **3** cuarto, cuarta parte
- *s* (también **fourth gear**) (en la caja de cambios) cuarta

fowl /faʊl/ *s* (pl **fowl** o **fowls**) ave (de corral)

fox /fɑks/ *s* (pl **-xes**) zorro

foyer /'fɔɪər/ *s* **1** foyer, vestíbulo [de un teatro, etc.] **2** AmE vestíbulo [en una casa]

fraction /'frækʃən/ *s* **1** (en matemáticas) fracción **2** (parte mínima) fracción: *a fraction of a second* una fracción de segundo

fracture /'fræktʃər/ *verbo & sustantivo*

- *v* **to fracture your arm/skull etc.** fracturarse el brazo/el cráneo etc.
- *s* fractura

fragile /'frædʒəl/ *adj* frágil

fragment¹ /'frægmənt/ *s* fragmento

fragment² /'fræg'ment/ *v* [intr] fragmentarse

fragrance /'freɪgrəns/ *s* **1** (olor) fragancia **2** (perfume) fragancia

fragrant /'freɪgrənt/ *adj* perfumado -a, aromático -a

frail /freɪl/ *adj* débil, frágil

frame /freɪm/ *sustantivo & verbo*

- *s* **1** marco [de una foto, una ventana, etc.] **2** armazón, estructura **3** cuadro, marco [de una bicicleta] **4** montura, armazón [de los anteojos] **5 to be in the right frame of mind for sth** estar de ánimo para algo
- *v* [tr] **1** enmarcar **2 to frame sb** (informal) hacerle la cama a alguien, tenderle una trampa a alguien

framework /'freɪmwɜrk/ *s* **1** armazón **2** marco [de ideas, de hechos, etc.]

France /fræns/ *s* Francia

frank /fræŋk/ *adj* franco -a: *I'll be perfectly frank with you.* Te voy a ser totalmente franco. | **to be frank** francamente: *To be frank, I don't know.* Francamente, no lo sé.

frankly /'fræŋkli/ *adv* con franqueza, francamente

frantic /'fræntɪk/ *adj* **1** frenético -a **2** desesperado-a: *I was frantic with worry.* Estaba desesperada de preocupación.

fraternity /frə'tɜrnəti/ *s* (pl **-ties**) **1 the legal/medical etc. fraternity** los abogados/los médicos etc. **2** en EU, asociación de estudiantes universitarios de sexo masculino **3** fraternidad

fraud /frɔd/ *s* **1** fraude, estafa **2** impostor -a

fraught /frɔt/ *adj* **1** tenso -a **2 to be fraught with problems** estar plagado -a de problemas

fray /freɪ/ *v* [intr] deshilacharse

freak /frik/ *sustantivo, adjetivo & verbo*

- *s* **1** bicho raro **2** (informal) fanático -a: *a fitness freak* un fanático de la actividad física
- *adj* **a freak accident** un accidente insólito | **a freak wave/storm** una ola/tormenta inusitada
- *v* (también **freak out**) (informal) friquearse

freckle /'frekəl/ *s* peca

free /fri/ *adjetivo, verbo & adverbio*

- *adj* **1** libre: *free elections* elecciones libres | **to be free to do sth** ser libre de hacer algo: *She is free to do what she likes.* Es libre de hacer lo que quiera. | **to set sb free** poner a alguien en libertad | **free speech** libertad de expresión **2** gratis, gratuito -a: *Entrance to the museum is free.* El ingreso al museo es gratuito. | **a free gift** un regalo [para promoción] **3** libre: *Are you free this weekend?* ¿Estás libre

ℹ ¿No estás seguro de si se usa **make** o **do**? Mira las entradas **hacer**, **make** y **do**.

este fin de semana? | **free time** tiempo libre **4** desocupado -a, libre: *Is this seat free?* ¿Este asiento está desocupado? **5 free from/of sth** sin algo, libre de algo: *free from artificial colorings* sin colorantes artificiales | *free from pain* libre de dolor **6 -free** sin, libre de: *a fat-free diet* una dieta sin grasas **7 feel free** frase con la que se le indica a alguien que no hay problema en que haga algo: *"Can I borrow your ruler?" "Feel free."* –¿Me prestas la regla? –Por supuesto. | *Feel free to ask questions.* Hagan todas las preguntas que quieran.

● *v* [tr] (pasado & participio **freed**) **1** liberar, soltar **2 to free sb from/of sth** liberar a alguien de algo **3** rescatar [de los escombros, etc.] **4** (también **free up**) liberar [recursos], dejar libre [tiempo]

● *adv* **1** gratis | **free of charge/for free** gratis **2 to break free** soltarse, escaparse

freedom /'fridəm/ *s* libertad | **freedom of speech/choice etc.** libertad de expresión/elección etc.

ˌfree 'kick *s* tiro libre

freelance /'frilæns/ *adjetivo & adverbio*

● *adj* por cuenta propia, freelance

● *adv* por cuenta propia

freely /'frili/ *adv* **1 to move/travel freely** moverse/viajar libremente | **to speak freely** hablar abiertamente **2 I freely admit/acknowledge that** no tengo problemas en admitir/reconocer que **3** generosamente, sin restricciones **4 to be freely available** conseguirse fácilmente

ˌfree-'range *adj* de granja [huevos, pollos, etc.]

freeway /'friweɪ/ *s* AmE autopista [especialmente en una ciudad]

freeze /friz/ *verbo & sustantivo*

● *v* (pasado **froze**, participio **frozen**) **1** [intr] congelarse, [tr] congelar **2** [intr] helar **3** [intr] congelarse [persona] **4** [tr] congelar [salarios, precios] **5** [intr] quedarse inmóvil | **freeze!** ¡alto!

freeze over congelarse [la superficie de un lago, etc.]

● *s* **1** congelamiento, congelación [de precios, salarios, etc.] **2** ola de frío

freezer /'frizər/ *s* **1** (también **deep freeze**) congelador, freezer **2** (compartimiento de refrigerador) congelador, freezer

freezing /'frizɪŋ/ *adjetivo & sustantivo*

● *adj* **1** (informal) **I'm/he's etc. freezing!** ¡estoy/está etc. helado! | **it was/it is etc. freezing** hacía/hace etc. un frío terrible **2 in freezing temperatures/conditions** con temperaturas bajo cero

● *s* **1 above/below freezing** sobre/bajo cero **2 freezing point** punto de congelación

freight /freɪt/ *s* **1** carga [mercadería] **2 freight train** AmE tren de carga

French /frentʃ/ *adjetivo & sustantivo*

● *adj* francés -esa

● *s* **1** (idioma) francés **2 the French** los franceses

ˌFrench 'fries *s pl* papas fritas, papas a la francesa

Frenchman /'frentʃmən/ *s* (pl **-men**) francés

ˌFrench 'windows *s pl* puerta ventana, ventana francesa

Frenchwoman /'frentʃwʊmən/ *s* (pl **-women**) francesa

frenzied /'frenzid/ *adj* **1 frenzied activity** actividad frenética **2 a frenzied attack** un ataque salvaje

frenzy /'frenzi/ *s* **a frenzy of activity** una actividad frenética

frequency /'frikwənsi/ *s* (pl **-cies**) **1** (de un suceso) frecuencia **2** (de radio, etc.) frecuencia

frequent[1] /'frikwənt/ *adj* frecuente

frequent[2] /'fri'kwent/ *v* [tr] (formal) frecuentar

frequently /'frikwəntli/ *adv* frecuentemente, con frecuencia

fresh /freʃ/ *adj*

fresh bread

1 (otro) nuevo -a, distinto -a: *She started again on a fresh sheet of paper.* Volvió a empezar en una hoja nueva. **2** (sin usar) limpio -a [sábana, toalla, etc.] **3 fresh fruit/milk/vegetables** fruta fresca/leche fresca/verduras frescas **4** (referido a la temperatura) fresco -a: *a fresh breeze* una brisa fresca **5** (referido a cómo alguien se siente) fresco -a, descansado -a **6 fresh water** agua dulce **7 fresh air** aire fresco **8 fresh in your mind/memory** fresco -a en la memoria **9 to make a fresh start** empezar de cero

freshen /'freʃən/ *v* **freshen up** lavarse [las manos y la cara]

freshly /'freʃli/ *adv* **freshly ground/squeezed etc.** recién molido -a/exprimido -a etc.: *freshly baked bread* pan recién salido del horno

freshwater /'freʃwɔtər/ *adj* de agua dulce

friction /'frɪkʃən/ *s* **1** tensión, fricciones: *I don't want to cause any friction between them.* No quiero causar tensión entre ellos. **2** fricción

Friday /'fraɪdi/ *s* viernes ► ver "Active Box" **days of the week** en **day**

fridge /frɪdʒ/ *s* refrigerador, refrigeradora, nevera

ˌfridge-'freezer *s* refrigerador-congelador, nevera con congelador [con dos puertas]

fried[1] /fraɪd/ *adj* frito -a

fried[2] pasado & participio de **fry**

¿No sabes cómo pronunciar una determinada palabra? Consulta el recuadro de **símbolos fonéticos** en el interior de la cubierta.

friend /frend/ *s* amigo -a: *She's my best friend.* Es mi mejor amiga. | *I invited a friend of his.* Invité a un amigo suyo. | **to be friends with sb** ser amigo -a de alguien | **to make friends** hacer(se) amigos -as | **to make friends with sb** hacerse amigo -a de alguien

friendly /ˈfrendli/ *adjetivo & sustantivo*
- *adj* (-lier, -liest) **1** simpático -a [persona, perro, etc.] **2** cordial [sonrisa, saludo, etc.] **3 to be friendly to/toward sb** ser simpático -a/amable con alguien **4 to be friendly with sb** ser amigo -a de alguien **5** acogedor -a **6** amistoso -a [partido, encuentro]
- *s* (pl -lies) BrE amistoso [partido, encuentro]

friendship /ˈfrendʃɪp/ *s* amistad

fright /fraɪt/ *s* **1** susto | **to give sb a fright** darle un susto a alguien | **to get/have a fright** asustarse **2** miedo

frighten /ˈfraɪtn/ *v* [tr] asustar
frighten sb away/off espantar/ahuyentar a alguien

frightened /ˈfraɪtnd/ *adj* asustado -a | **to be frightened of sth/sb** tenerle miedo a algo/alguien

frightening /ˈfraɪtnɪŋ/ *adj* que asusta, aterrador -a

frightful /ˈfraɪtfəl/ *adj* horrible, espantoso -a: *a frightful accident* un accidente horrible

frill /frɪl/ *s* volante, olán, vuelo

fringe /frɪndʒ/ *s* **1** flecos **2** BrE ▶ ver **bangs**

frivolous /ˈfrɪvələs/ *adj* frívolo -a

fro /froʊ/ *adv* ▶ ver **to**

frog /frɔg/ *s* rana

from /frəm, acentuado frɑm/ *prep* ▶ ver recuadro

front /frʌnt/ *sustantivo & adjetivo*
- *s* **1 the front** (la parte de) adelante: *Can I sit in the front, please?* ¿Me puedo sentar adelante, por favor? | *He sits at the front of the class.* Se sienta en las primeras filas. **2** (de un edificio) frente **3** (de una revista) tapa **4 in front of sth** (a)delante de algo, enfrente de algo **5 in front of sb** (a)delante de alguien **6 the car/runner etc. in front** el auto/el corredor etc. de adelante **7 to be in front (a)** llevar la delantera **(b)** ir adelante **8 to lie on your front** ponerse/acostarse boca abajo **9** (en una guerra) frente
- *adj* de adelante, delantero -a: *Two of his front teeth fell out.* Se le cayeron dos dientes de adelante. | *I don't like sitting in the front row.* No me gusta sentarme en la primera fila.

ˌfront ˈcover *s* portada

ˌfront ˈdoor *s* puerta de entrada

> **from**
>
> **1 PUNTO DE PARTIDA, ORIGEN** (= desde, de)
> *She drove all the way from Houston.* Se vino en auto desde Houston. | *It is translated from the French.* Está traducido del francés. | *"Where are you from?" "I'm from Madrid."* –¿De dónde eres? –De Madrid. | *It was a present from my mother.* Fue un regalo de mi madre.
>
> **2 TIEMPO** (= de)
> *The class is from 9 to 11.* La clase es de 9 a 11. | **from now on** de ahora en más/de ahora en adelante | **a week/a year etc. from now** dentro de una semana/un año etc.
>
> **3 PRECIOS, NÚMEROS** (= desde, de)
> *Prices range from $5 to $50.* Los precios van desde $5 hasta $50.
>
> **4 DISTANCIA** (= de)
> *20 kilometers from Boston* a 20 kilómetros de Boston
>
> **5 EN RESTAS**
> *I subtracted 45 from the total.* Le resté 45 al total. | *3 from 10 is 7* 10 menos 3 es 7
>
> **6 CAUSA** (= de, por)
> *He died from cancer.* Murió de cáncer.
>
> **7 EXPRESIONES**
> **to take sth (away) from sb** sacarle algo a alguien | **to make sth from sth** hacer algo con/de algo: *sandals made from old car tires* sandalias hechas con llantas viejas

frontier /frʌnˈtɪr/ *s* **1** frontera: *the **frontier** between Chile and Peru* la frontera entre Chile y Perú | *the **frontier** with Brazil* la frontera con Brasil **2 the frontiers of knowledge/science etc.** las fronteras del conocimiento/de la ciencia etc.

ˌfront ˈpage *s* primera plana/página

frost /frɔst/ *s* **1** escarcha **2** helada

frosting /ˈfrɔstɪŋ/ *s* AmE glaseado, baño [de un pastel]

frosty /ˈfrɔsti/ *adj* (-ier, -iest) **1 a frosty day/night** un día/una noche de helada | **in frosty weather** cuando hay/había heladas **2** cubierto -a de escarcha **3** frío -a [recepción, bienvenida, etc.]

froth /frɔθ/ *sustantivo & verbo*
- *s* espuma [en la superficie de un líquido]
- *v* [intr] hacer espuma

frown /fraʊn/ *verbo & sustantivo*
- *v* [intr] fruncir el ceño
  frown on/upon sth desaprobar una conducta, actitud, etc.: *Divorce was frowned upon.* El divorcio estaba mal visto.
- *s* ceño fruncido

froze /froʊz/ pasado de **freeze**

ℹ Hay una tabla con los **números** en inglés y explicaciones sobre su uso en el apartado de gramática.

frozen¹ /ˈfroʊzən/ *adj* **1** congelado -a [comida, agua] **2** congelado -a, helado -a [persona, pie, etc.]

frozen² participio de **freeze**

fruit /frut/ *s* (pl **fruit** o **fruits**) **1** fruta: *I eat a lot of fruit.* Como mucha fruta. **2** fruto, fruta **3** fruto [resultado]: *the fruit of more than ten years' hard work* el fruto de más de diez años de arduo trabajo **4 fruit salad** ensalada de fruta

fruitful /ˈfrutfəl/ *adj* fructífero -a

fruition /fruˈɪʃən/ *s* **to come to fruition** concretarse

fruitless /ˈfrutləs/ *adj* infructuoso -a, inútil

ˈfruit maˌchine *s* BrE máquina tragamonedas ▶ También existe **slot machine,** que es inglés universal

frustrated /ˈfrʌstreɪtɪd/ *adj* descontento -a, frustrado -a | **to get frustrated** frustrarse

frustrating /ˈfrʌstreɪtɪŋ/ *adj* frustrante

frustration /frʌˈstreɪʃən/ *s* frustración | **in/with frustration** con frustración

fry /fraɪ/ *v* [tr/intr] (3ª pers sing **fries**, pasado & participio **fried**) freír

ˈfrying ˌpan *s* sartén

ft (= **foot**) pie(s) ▶ ver nota en **foot**

fuel /fjul/ *s* combustible

fugitive /ˈfjudʒətɪv/ *s* fugitivo -a

fulfill AmE, **fulfil** BrE /fʊlˈfɪl/ *v* [tr] (**-lled, -lling**) **1 to fulfill my/your etc. promise** cumplir mi/tu etc. promesa | **to fulfill my/your etc. obligations** cumplir con mis/tus etc. obligaciones **2 to fulfill an ambition** hacer realidad una ambición **3 to fulfill a need** satisfacer una necesidad **4 to fulfill a function** desempeñar una función **5 to fulfill sb's expectations** colmar las expectativas de alguien

full /fʊl/ *adjetivo & adverbio*

• ***adj*** **1** lleno -a [lugar, recipiente, vehículo]: *The kitchen was full of smoke.* La cocina estaba llena de humo.
2 completo -a: *Give your full name and address.* Ponga su nombre y domicilio completos. | *the full price* el precio de lista
3 completo -a, detallado -a [descripción, informe]
4 (también **full up** BrE) (informal) lleno -a [después de comer]
5 at full speed/volume etc. a toda velocidad/a todo volumen etc.
6 in full view of the students/the neighbors etc. a la vista de los alumnos/vecinos etc.
7 to pay sth in full pagar la totalidad de algo
8 to the full al máximo
9 to be full of yourself ser engreído -a, ser/estar creído -a

• ***adv*** **1** de lleno, directamente: *The ball hit him full in the face.* La pelota le pegó de lleno en la cara.
2 al máximo: *The heating was full on.* La calefacción estaba al máximo.
3 to know full well (that) saber muy bien que

fullback /ˈfʊlbæk/ *s* **1** fulbac, corredor **2** lateral [en fútbol]

ˌfull ˈboard *s* BrE pensión completa

ˌfull-ˈlength *adj* **a full-length dress/coat** un vestido/abrigo largo

ˌfull ˈmoon *s* luna llena

ˌfull-ˈscale *adj* **1 a full-scale investigation** una investigación a fondo | **a full-scale war** una guerra declarada **2** a escala real

ˌfull ˈstop *s* BrE punto [al final de una oración] ▶ En inglés americano se usa **period**

ˌfull-ˈtime *adjetivo & adverbio*

• ***adj*** de tiempo completo, full-time

• ***adv*** a tiempo completo, full-time

fully /ˈfʊli/ *adv* totalmente, del todo

fumble /ˈfʌmbəl/ *v* [intr] **1 to fumble with sth** manejar algo con torpeza: *He fumbled with the buttons of his shirt.* Trató torpemente de desabrocharse la camisa. **2 to fumble for sth** buscar algo a tientas

fume /fjum/ *v* [intr] estar furioso -a

fumes /fjumz/ *s pl* gases, emanaciones

fun /fʌn/ *sustantivo & adjetivo*

• ***s*** **1 to be fun** ser divertido -a | **to have fun** divertirse **2 to make fun of sth/sb** burlarse de algo/alguien **3 for fun** por gusto

• ***adj*** divertido -a: *We had a fun day at the beach.* Pasamos un día divertido en la playa. ▶ **fun** es divertido en el sentido de entretenido, a diferencia de **funny** que es divertido en el sentido de cómico

function /ˈfʌŋkʃən/ *sustantivo & verbo*

• ***s*** **1** función **2** evento, ceremonia

• ***v*** [intr] **1** funcionar **2 to function as sth** servir de algo, usarse de algo

fund /fʌnd/ *sustantivo, sustantivo plural & verbo*

• ***s*** fondo [de dinero]

• **funds** ***s pl*** fondos | **to raise funds for sth** recaudar fondos para algo

• ***v*** [tr] financiar

fundamental /fʌndəˈmentl/ *adj* fundamental

funding /ˈfʌndɪŋ/ *s* fondos

ˈfund-ˌraising *s* recaudación de fondos

funeral /ˈfjunərəl/ *s* **1** funeral, entierro **2 funeral home** funeraria **funeral procession** cortejo fúnebre

funfair /ˈfʌnfer/ *s* BrE parque de diversiones, parque de entretenciones ▶ También existe **amusement park,** que es inglés universal

fungus /ˈfʌŋgəs/ *s* (pl **-gi** o **-guses**) hongo

funky /ˈfʌŋki/ *adj* (**-kier, -kiest**) (informal) **1** funky: *funky rhythms* ritmos funkys **2** con onda, de moda

funnel /ˈfʌnl/ *s* **1** embudo **2** BrE chimenea [de un barco o una locomotora]

funny /ˈfʌni/ *adj* (**-nnier**, **-nniest**) **1** gracioso -a, cómico, divertido -a: *I don't find his jokes funny.* Sus chistes no me parecen graciosos./No les veo la gracia a sus chistes. **2** raro -a, extraño -a: *It's funny Brian didn't come.* Es raro que Brian no haya venido. | *There's something funny going on here.* Aquí pasa algo raro.

fur /fɜr/ *s* **1** pelo, pelaje **2** piel [de un animal] **3 fur coat** abrigo de piel

furious /ˈfjʊriəs/ *adj* **1** furioso -a | **to be furious at/about sth** estar furioso -a por algo **2 a furious argument/battle** una discusión/batalla encarnizada **3 a furious pace** un ritmo vertiginoso

furnace /ˈfɜrnɪs/ *s* **1** horno [de fundición], incinerador **2** AmE caldera [en sistemas de calefacción]

furnish /ˈfɜrnɪʃ/ *v* [tr] (3ª pers sing **-shes**) **1** amueblar **2** proporcionar | **to furnish sb with sth** proporcionar algo a alguien

furnishings /ˈfɜrnɪʃɪŋz/ *s pl* muebles, alfombras, cortinas, etc.

furniture /ˈfɜrnɪtʃər/ *s* muebles, mobiliario: *All the furniture was smashed.* Todo los muebles quedaron destrozados. | *a beautiful piece of furniture* un mueble precioso

furrow /ˈfɜroʊ/ *s* surco

furry /ˈfɜri/ *adj* (**-rrier**, **-rriest**) peludo -a [animal]

further /ˈfɜrðər/ *adverbio & adjetivo*

- ***adv*** **1** (aún) más: *This scandal will further damage his reputation.* Este escándalo va a dañar (aún) más su reputación. **2** (también **farther**) más lejos: *It was further than we thought.* Era más lejos de lo que pensábamos. | *How much further is it?* ¿Cuánto más falta? | **further along/down/up etc. (the road)** más adelante: *Their house is further along (the road).* Su casa está más adelante. **3** (en el tiempo) **further on** más tarde **4 to get further** avanzar
- ***adj*** más: *I wrote off for further details.* Escribí para pedir más detalles.

ˌfurther eduˈcation *s* BrE cursos no formales para jóvenes y adultos

furthermore /ˈfɜrðərmɔr/ *adv* (formal) además, más aún

furthest /ˈfɜrðɪst/ *adjetivo & adverbio*

- ***adj*** (también **farthest** /ˈfɑrðəst/) más alejado -a, que está más lejos: *the seat furthest from the door* el asiento más alejado de la puerta
- ***adv*** (también **farthest**) más lejos: *He swam furthest.* Fue el que llegó más lejos nadando.

fury /ˈfjʊri/ *s* furia

fuse /fjuz/ *sustantivo & verbo*

- ***s*** fusible
- ***v*** [intr] saltar [fusible], quemarse [plancha, etc.]

fusion /ˈfjuʒən/ *s* fusión

fuss /fʌs/ *sustantivo & verbo*

- ***s*** **1** escándalo, lío: *I don't know what all the fuss is about.* No sé por qué tanto escándalo. **2 to kick up/make a fuss (about sth)** armar/hacer un escándalo (por algo) **3 to make a fuss over sb** AmE, **to make a fuss of sb** BrE consentir/mimar/apapachar a alguien
- ***v*** [intr] (3ª pers sing **-sses**) preocuparse

fussy /ˈfʌsi/ *adj* (**-ssier**, **-ssiest**) **1** exigente, mañoso -a: *She's very fussy **about** what she eats.* Es muy mañosa en lo que se refiere a la comida. **2** detallista **3 I'm/we're not fussy** me/nos da igual

futile /ˈfjutl/ *adj* vano -a, inútil

future /ˈfjutʃər/ *sustantivo & adjetivo*

- ***s*** **1 the future** el futuro: *What are his plans for the future?* ¿Qué planes tiene para el futuro? **2 in future** de ahora en adelante, de ahora en más: *In future, please ask before you borrow my bicycle.* De ahora en adelante, pídeme permiso antes de usarme la bicicleta. **3 in (the) future** en el futuro **4 in the near/immediate future** en un futuro cercano/inmediato **5** (referido a las perspectivas) futuro
- ***adj*** futuro -a | **future wife/husband etc.** futura esposa/futuro esposo etc.

fuzzy /ˈfʌzi/ *adj* (**-zzier**, **-zziest**) borroso -a

G

G[1], **g** /dʒi/ *s* (letra) G, g ▶ ver "Active Box" **letters** en **letter**

G[2] *s* (nota musical) sol

g (= **gram**) gr

gadget /ˈgædʒɪt/ *s* aparato

gag /gæg/ *verbo & sustantivo*

• *v* (**-gged**, **-gging**) **1** [tr] amordazar **2** [tr] silenciar **3** [intr] hacer arcadas | **to make sb gag** darle náuseas a alguien

• *s* **1** (informal) chiste **2** mordaza

gage /geɪdʒ/ AmE ▶ ver **gauge**

gain /geɪn/ *verbo & sustantivo*

• *v* **1** [tr] conseguir [apoyo, la independencia, etc.] | **to gain experience** adquirir experiencia | **to gain control of sth** tomar el control de algo **2 to gain weight** aumentar de peso, engordar | **to gain 5/10 etc. kilos** aumentar 5/10 etc. kilos, engordar 5/10 etc. kilos **3** [intr] adelantar [reloj] **gain on sb** acercarse a alguien [que va delante]

• *s* **1** aumento **2** avance, mejora

galaxy /ˈgæləksi/ *s* (pl **-xies**) galaxia

gale /geɪl/ *s* vendaval

gallant /ˈgælənt/ *adj* **1** aguerrido -a **2** galante

gallery /ˈgæləri/ *s* (pl **-ries**) **1** museo, galería (de bellas artes) **2** galería (de arte) **3** galería, paraíso [en un teatro o iglesia]

galley /ˈgæli/ *s* **1** cocina [en un barco o avión] **2** galera [barco]

gallon /ˈgælən/ *s* galón [3.78 litros en EU, 4.52 litros en GB]

gallop /ˈgæləp/ *verbo & sustantivo*

• *v* [intr] galopar, ir al galope

• *s* galope | **at a gallop** al galope

gallows /ˈgæloʊz/ *s* (pl **gallows**) horca, patíbulo

gamble /ˈgæmbəl/ *verbo & sustantivo*

• *v* [tr/intr] jugar [por dinero, a juegos de azar] | **to gamble sth on sth** jugarle algo a algo, apostarle algo a algo

• *s* **to be a gamble** ser una lotería, ser arriesgado -a | **to take a gamble** arriesgarse

gambler /ˈgæmblər/ *s* jugador -a [de juegos de azar]

gambling /ˈgæmblɪŋ/ *s* el juego [por dinero, a juegos de azar]

game /geɪm/ *sustantivo, sustantivo plural & adjetivo*

• *s* **1** juego, partido, partida: *card games* juegos de cartas | *a game of chess* una partida de ajedrez | *We played a game of hide-and-seek.* Jugamos a las escondidas. | *Did you see the game on TV last night?* ¿Viste el partido por televisión anoche? **2** game: *Agassi leads, five games to two.* Gana Agassi por cinco games a dos. **3** caza [animales] **4 to play games (with sb)** jugar (con alguien) [engañarlo, tomarle el pelo, etc.] **5 to give the game away** delatarse **6 to be fair game** ser un blanco fácil

• **games** *s pl* BrE educación física: *I was always hopeless at games.* Siempre fui pésima en educación física.

• *adj* **to be game for sth/to do sth** estar dispuesto -a a algo/a hacer algo, animarse a hacer algo

ˈ**game show** *s* programa de concursos [en TV]

gang /gæŋ/ *sustantivo & verbo*

• *s* **1** pandilla [de alborotadores, vándalos, etc.] **2** banda [de criminales] **3** grupo, pandilla [de amigos] **4** cuadrilla

• *v* **gang up on sb** intimidar a alguien [grupo de personas]

gangster /ˈgæŋstər/ *s* gángster [miembro de una banda]

gangway /ˈgæŋweɪ/ *s* **1** pasarela, escalerilla **2** BrE pasillo [en un avión, un teatro] ▶ También existe **aisle**, que es inglés universal

gap /gæp/ *s* **1** (entre objetos) espacio, separación: *the gap between his two front teeth* la separación que tiene entre los dos dientes delanteros **2** (en un texto) espacio en blanco **3** (en un cerco) abertura, hueco **4** brecha, diferencia: *the widening gap between the rich and the poor* la brecha cada vez mayor entre los ricos y los pobres | *a big age gap* una gran diferencia de edad

gape /geɪp/ *v* **to gape at sth/sb** mirar algo/a alguien boquiabierto -a

gaping /ˈgeɪpɪŋ/ *adj* enorme [hueco, herida, etc.]

garage /gəˈrɑʒ, BrE ˈgærɑʒ/ *s* **1** garaje, garage **2** taller mecánico **3** BrE gasolinera, estación de servicio ▶ En inglés americano se usa **gas station**

garbage /ˈgɑrbɪdʒ/ *s* AmE **1** basura **2** (informal) estupideces, tonterías

ˈ**garbage ˌcan** *s* AmE Según región: *caneca (de la basura), bote (de la basura), tobo (de la basura), tacho (de la basura)* o *basurero*

ˈ**garbage colˌlector** *s* AmE recogedor -a/recolector -a de basura, basurero -a

ˈ**garbage ˌdump** *s* AmE basural, basurero, vertedero

ˈ**garbage man** *s* (pl **-men**) AmE recogedor/recolector de basura, basurero

garbage can

garbled /ˈgɑrbəld/ *adj* confuso -a

garden /ˈgɑrdn/ *s* jardín ► **garden** se usa en inglés británico para referirse al área detrás o delante de una vivienda aunque ésta no tenga plantas ni flores. En inglés americano esto se llama **yard**

gardener /ˈgɑrdnər/ *s* jardinero -a

gardening /ˈgɑrdnɪŋ/ *s* jardinería | **to do the/some gardening** trabajar en el jardín

gargle /ˈgɑrgəl/ *v* [intr] hacer gárgaras

garish /ˈgærɪʃ/ *adj* chillón -ona, estridente [referido a colores, ropa, etc.]

garland /ˈgɑrlənd/ *s* guirnalda

garlic /ˈgɑrlɪk/ *s* ajo

garment /ˈgɑrmənt/ *s* prenda [de vestir]

garnish /ˈgɑrnɪʃ/ *verbo & sustantivo*

• *v* [tr] (3ª pers sing **-shes**) decorar [comida]

• *s* (pl **-shes**) decoración, adorno [en comida]

garrison /ˈgærəsən/ *s* guarnición

garter /ˈgɑrtər/ *s* liga [para medias]

gas /gæs/ *sustantivo & verbo*

• *s* **1** (pl **gases** o **gasses**) gas **2** AmE gasolina, bencina **3** AmE gases, flatulencia **4** **gas cylinder** pipeta/tanque/balón de gas

• *v* [tr] (**-ssed, -ssing**) asfixiar con gas

gash /gæʃ/ *s* (pl **-shes**) tajo, corte profundo

gasoline /gæsəˈlin/ *s* AmE gasolina, bencina

gasp /gæsp/ *verbo & sustantivo*

• *v* **1** [intr] jadear [por el cansancio] | **to be gasping for air/breath** respirar con dificultad, tratando de recobrar el aliento **2** [intr] dar un grito ahogado [de sorpresa, miedo, etc.]

• *s* grito ahogado [de sorpresa, miedo, etc.]

ˈgas ˌstation *s* AmE gasolinera, estación de servicio

gate /geɪt/ *s* **1** (de un jardín) portón, verja **2** (de una ciudad, un castillo) puerta **3** (en un aeropuerto) puerta (de embarque)

gate

gatecrash /ˈgeɪtkræʃ/ *v* (3ª pers sing **-shes**) [intr] colarse, [tr] colarse en [una fiesta]

gateway /ˈgeɪtweɪ/ *s* entrada [abertura en un muro o cerco]

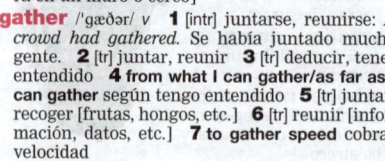

gather /ˈgæðər/ *v* **1** [intr] juntarse, reunirse: *A crowd had gathered.* Se había juntado mucha gente. **2** [tr] juntar, reunir **3** [tr] deducir, tener entendido **4** **from what I can gather/as far as I can gather** según tengo entendido **5** [tr] juntar, recoger [frutas, hongos, etc.] **6** [tr] reunir [información, datos, etc.] **7** **to gather speed** cobrar velocidad

gathering /ˈgæðərɪŋ/ *s* reunión

gaudy /ˈgɔdi/ *adj* (**-dier**, **-diest**) chillón -ona, estridente [referido a colores, ropa, etc.]

gauge, también **gage** AmE /geɪdʒ/ *sustantivo & verbo*

• *s* medidor [de combustible, aceite, etc.]

• *v* [tr] medir, calcular

gaunt /gɔnt/ *adj* demacrado -a

gauze /gɔz/ *s* gasa

gave /geɪv/ pasado de **give**

gay /geɪ/ *adjetivo & sustantivo plural*

• *adj* **1** gay, homosexual **2** alegre **3** vistoso -a ► El significado actual más frecuente de **gay** es el de homosexual y por eso se tiende a evitar el uso del término en las demás acepciones

• **gays** *s pl* gays, homosexuales

gaze /geɪz/ *verbo & sustantivo*

• *v* **to gaze at sth/sb** mirar fijo a algo/alguien

• *s* mirada [fija y larga]

GCSE /dʒi si es ˈi/ *s*

¿Qué es?

Es un examen (**General Certificate of Secondary Education**), que los estudiantes ingleses y galeses rinden en varias asignaturas a los 16 años.

¿Cómo se usa?

GCSE puede hacer referencia tanto al examen como al curso en el que se prepara o al certificado que se obtiene cuando se aprueba:

He takes his GCSEs this summer. Va a presentar los GCSEs este verano. | *He did Spanish at GCSE.* Estudió español en cuarto y quinto de la escuela secundaria. | *How many GCSEs do you have?* ¿Cuántos GCSEs tienes aprobados?

gear /gɪr/ *sustantivo & verbo*

• *s* **1** cambio, velocidad [en un auto, una bicicleta] | **to shift gear** cambiar de velocidad **2** equipo: *camping gear* equipo de camping **3** (informal) ropa **4** (informal) cosas, bártulos

• *v* **1** **to be geared to/toward sth/sb** estar orientado -a a alguien/algo: *The activities are geared toward younger children.* Las actividades están orientadas a niños más pequeños. **2** **to be geared up for sth/to do sth** estar preparado -a para algo/para hacer algo

gearbox /ˈgɪrbɑks/ *s* (pl **-xes**) caja de cambios o velocidades

geese /gis/ plural de **goose**

gel /dʒel/ *s* gel

gem /dʒem/ *s* **1** piedra preciosa **2** **to be a gem** ser una joya: *Your cousin is a real gem.* Tu prima es una verdadera joya.

¿Se dice *on the table* o *in the table*? Mira la entrada **en**.

Gemini /ˈdʒemənaɪ/ *s* **1** Géminis **2** persona del signo de Géminis: *She's a Gemini.* Es (de) Géminis.

gender /ˈdʒendər/ *s* **1** género, sexo **2** género [en lingüística]

gene /dʒin/ *s* gen

general /ˈdʒenərəl/ *adjetivo & sustantivo*

• *adj* **1** general: *a general strike* una huelga general **2** (sin detalles) general **3 in general** en general **4 as a general rule** por lo general, por regla general **5 the general public** el público

• *s* (en el ejército) general

ˌgeneral eˈlection *s* elecciones generales

generalization, -isation BrE /dʒenərələˈzeɪʃən/ *s* generalización

generalize, -ise BrE /ˈdʒenərəlaɪz/ *v* **to generalize about sth** generalizar sobre algo

ˌgeneral ˈknowledge *s* cultura general

generally /ˈdʒenərəli/ *adv* **1** generalmente: *She generally gets home about 7.* Generalmente llega a casa a eso de las 7. **2** (en opiniones generalizadas): *They're generally thought of as a punk band.* La mayoría de la gente los considera una banda punk. **3** en general: *It's nothing specific. I just feel generally unwell.* No es nada específico. Es que me siento mal en general. **4 generally speaking** en general, por lo general: *Generally speaking, he's doing very well.* En general, le va muy bien.

ˌgeneral pracˈtitioner BrE ► ver **G.P.**

ˌgeneral-ˈpurpose *adj* para todo uso, multiuso

generate /ˈdʒenəreɪt/ *v* [tr] generar

generation /dʒenəˈreɪʃən/ *s* **1** generación **2 the generation gap** la brecha generacional

generator /ˈdʒenəreɪtər/ *s* generador

generosity /dʒenəˈrɑsəti/ *s* generosidad

generous /ˈdʒenərəs/ *adj* **1** generoso -a: *It was very **generous of** him to offer.* Fue muy generoso de su parte ofrecerse. | **to be generous to sb** ser generoso -a con alguien **2** generoso -a, abundante: *The portions are generous.* Las porciones son generosas.

genetic /dʒəˈnetɪk/ *adj* genético -a

genetics /dʒəˈnetɪks/ *s* genética

genial /ˈdʒiniəl/ *adj* simpático -a, cordial

genitals /ˈdʒenətlz/, también **genitalia** /ˌdʒenɪˈteɪliə/ *s pl* genitales

genius /ˈdʒinjəs/ *s* (pl **-ses**) genio -a

genocide /ˈdʒenəsaɪd/ *s* genocidio

genre /ˈʒɑnrə/ *s* género [de una obra literaria]

gent /dʒent/ *s* BrE **1** (informal) caballero **2 the gents** BrE el baño (de hombres)

gentle /ˈdʒentl/ *adj* **1** dulce, delicado -a | **to be gentle with sth/sb** tratar algo/a alguien con delicadeza **2 a gentle breeze/voice** una brisa/voz suave **3 gentle exercise** ejercicios suaves

gentleman /ˈdʒentlmən/ *s* (pl **-men**) caballero

gentleness /ˈdʒentlnəs/ *s* delicadeza

gently /ˈdʒentli/ *adv* **1** con delicadeza **2** con suavidad, suavemente

genuine /ˈdʒenjuɪn/ *adj* **1** auténtico -a, genuino -a [cuadro, alhajas, etc.] **2** auténtico -a, genuino -a [interés, sentimiento]

genuinely /ˈdʒenjuɪnli/ *adv* verdaderamente, de verdad

geography /dʒiˈɑgrəfi/ *s* geografía

geological /dʒiəˈlɑdʒɪkəl/ *adj* geológico -a

geologist /dʒiˈɑlədʒɪst/ *s* geólogo -a

geology /dʒiˈɑlədʒi/ *s* geología

geometric /dʒiəˈmetrɪk/, también **geometrical** /ˌdʒiəˈmetrɪkəl/ *adj* geométrico -a

geometry /dʒiˈɑmətri/ *s* geometría

geranium /dʒəˈreɪniəm/ *s* geranio

geriatric /dʒeriˈætrɪk/ *adj* geriátrico -a

germ /dʒɜrm/ *s* germen, microbio

German /ˈdʒɜrmən/ *adjetivo & sustantivo*

• *adj* alemán -ana

• *s* **1** (idioma) alemán **2** alemán -ana

ˌGerman ˈmeasles *s* rubeola

Germany /ˈdʒɜrməni/ *s* Alemania

gesture /ˈdʒestʃər/ *sustantivo & verbo*

• *s* gesto

• *v* [intr] hacer gestos | **to gesture at/toward sth** señalar algo

get /get/ *v* (pasado **got**, participio **gotten** AmE o **got** BrE, gerundio **getting**) ► ver recuadro en página 162

PHRASAL VERBS

get about BrE **1** circular [noticia, información] ► En inglés americano se usa **get around** **2** movilizarse ► En inglés americano se usa **get around**

get sth across hacer entender algo, comunicar algo

get ahead progresar

get along **1** andar: *How's she getting along at school?* ¿Cómo anda en el colegio?/¿Cómo le va en el colegio? **2 to get along (with sb)** llevarse bien (con alguien)

get around **1** circular [noticia, información] **2** movilizarse **get around sth** eludir algo [una norma], sortear algo [un problema] **get around sb** convencer a alguien

get around to (doing) sth encontrar el momento para (hacer) algo

get at sth (informal) querer decir algo: *I couldn't understand what he was getting at.* No logré entender qué quería decir. **get at sb** (informal) agarrársela(s) con alguien

get away **1** irse **2** escaparse | **to get away from sth/sb** escaparse de algo/alguien | **to get away from it all** alejarse de todo

get away with sth hacer algo malo y salir impune: *You won't get away with this!* ¡Esto no se va a quedar así!

¿Quieres estudiar vocabulario por temas? Consulta el **minidiccionario ilustrado**.

get

1 CONSEGUIR
I couldn't get tickets for the concert. No pude conseguir entradas para el concierto. | *I couldn't **get** the car **to** start.* No pude hacer arrancar el carro.

2 COMPRAR
What did you get Paul for his birthday? ¿Qué le compraste a Paul para el cumpleaños?

3 RECIBIR
*I **got** an e-mail **from** her this morning.* Recibí un e-mail de ella esta mañana. | *How much did you **get for** the car?* ¿Cuánto te dieron por el auto?

4 LLEGAR, IR
We didn't get home until five in the morning. No llegamos a casa hasta las cinco de la mañana. | *Do you know how to get to Lucy's?* ¿Sabes ir a la casa de Lucy?

5 TOMAR
I got the last train. Tomé el último tren.

6 EN ESTRUCTURAS EQUIVALENTES A VERBOS PRONOMINALES
*Don't **get angry**.* No te enojes. | *He **got bored** and left.* Se aburrió y se fue. | *Don't get your feet wet.* No te mojes los pies.

7 METER
to get sth into/out of etc. sth meter algo en algo/sacar algo de algo etc.: *I can't get the laces through the holes.* No puedo pasar los cordones por los agujeros.

8 IR A BUSCAR
I went to get her from the airport. La fui a buscar al aeropuerto.

9 EXPRESANDO OPORTUNIDAD
to get to do sth: *He always gets to choose!* ¡Siempre elige él!

10 HACER
to get sth done: *I have to get this finished today.* Tengo que terminar esto hoy. | *You need to get that bike fixed.* Tienes que hacer arreglar esa bicicleta.

11 ENTENDER
You just don't get it. Es que no entiendes.

12 CONTESTAR
to get the phone/the door contestar el teléfono/abrir la puerta

13 Las expresiones **to have got** y **to have got to** están tratadas bajo el verbo **to have**.

get back **1** volver **2 to get back at sb** vengarse de alguien **get sth back** recuperar algo
get back to sb llamar a alguien (más tarde)
get behind atrasarse | **to get behind with sth** atrasarse con algo
get by arreglárselas: *She has to **get by on** $100 a week.* Se las tiene que arreglar con $100 a la semana.
get down **1** bajar **2** levantarse [de la mesa]
get sb down (informal) deprimir a alguien
get down to sth **to get down to (doing) sth** ponerse a hacer algo
get in **1** entrar **2** subirse [a un auto] **3** llegar [tren, avión] **4** llegar a casa **get in sth** subirse a algo [a un auto] **get sth in** entrar algo [la ropa tendida, etc.]
get into sth **1** entrar a algo **2** (referido a prendas de vestir): *I can't get into these pants anymore.* Estos pantalones ya no me entran. **3** meterse en algo: *She wants to get into modeling.* Quiere meterse en la carrera de modelo.
get off **1** bajarse [de una bicicleta, un caballo, un tren, etc.] **2 get off!** ¡sal!, ¡suelta! **3** salvarse [de un castigo] **4 to get off (work)** salir (del trabajo) **5 to get off with sb** BrE (informal) levantarse a alguien **get off sth** bajarse de algo [de una bicicleta, un caballo, un tren, etc.]
get on **1** subirse [a una bicicleta, un caballo, un tren, etc.] **2 to get on (with sb)** llevarse bien (con alguien): **3** *How is he getting on in his new job?* ¿Cómo le va en su nuevo trabajo? **4 to get on with sth** seguir con algo **get on sth** subirse a algo [a una bicicleta, un caballo, un tren, etc.]
get onto sb ponerse en contacto con alguien
get onto sth empezar a hablar de algo
get out **1** salir, escaparse | **get out!** ¡fuera de aquí! | **to get out of sth** salir/escaparse de algo **2** bajarse [de un auto, etc.] **3** saberse, trascender [secreto, noticia] **get out of (doing) sth** librarse de (hacer) algo **get sth out (of sth)** sacar algo (de algo): *He got the letter out of his pocket.* Sacó la carta del bolsillo. **get sth out of sb** sacarle algo a alguien
get over sth **1** reponerse de algo **2** superar algo [la timidez, un complejo] **get sth over with** acabar de una vez con algo
get round BrE ▶ ver **get around**
get through comunicarse [por teléfono] | **to get through to sb** comunicarse con alguien **get through sth** **1** superar algo [un momento o una experiencia difícil] **2** liquidarse algo [dinero, provisiones]
get through to sb **I can't get through to her/them etc.** no puedo lograr que me entienda/que me entiendan etc.
get together (with sb) juntarse (con alguien)
get sth/sb together reunir algo/a alguien
get up levantarse **get sb up** despertar a alguien
get up to sth **1** hacer algo [alguna travesura] **2** llegar a algo: *Where did we get up to last week?* ¿A dónde llegamos la semana pasada?

getaway /ˈgetəweɪ/ *s* **1 to make a/your getaway** darse a la fuga, escaparse **2 getaway car** auto utilizado para darse a la fuga

ˈget-go *s* AmE **from the get-go** (informal) desde el principio

ghastly /ˈgæstli/ *adj* (**-lier**, **-liest**) **1** espantoso -a **2 to look ghastly** tener muy mala cara

ghetto /ˈgetoʊ/ *s* (pl **-s** o **-es**) gueto

ghost /goʊst/ *s* **1** fantasma **2 to give up the ghost** (informal) pasar a mejor vida **3 ghost story** historia de fantasmas

giant /ˈdʒaɪənt/ *sustantivo & adjetivo*
- *s* gigante
- *adj* gigantesco -a

giddy /ˈgɪdi/ *adj* (**-ddier**, **-ddiest**) mareado -a: *It made me **feel giddy**.* Me hizo marear.

gift /gɪft/ *s* **1** regalo: *It was a **gift from** my wife.* Fue un regalo de mi esposa. **2** don especial | **to have a gift for (doing) sth** tener un don especial para (hacer) algo **3 gift shop** tienda de regalos

ˈgift cerˌtificate *s* AmE cupón de regalo, vale de regalo

gifted /ˈgɪftɪd/ *adj* talentoso -a, superdotado -a

ˈgift ˌtoken, también **gift voucher** *s* BrE ► En inglés americano se usa **gift certificate**

gig /gɪg/ *s* (informal) actuación [de una banda musical]

gigabyte /ˈgɪgəbaɪt/ *s* gigabyte

gigantic /dʒaɪˈgæntɪk/ *adj* gigantesco -a

giggle /ˈgɪgəl/ *verbo & sustantivo*
- *v* [intr] reírse [tratando de disimular, cuando no corresponde]
- *s* risita | **I/she etc. got (a fit of) the giggles** (informal) me/le etc. dio un ataque de risa

giggling

gilt /gɪlt/ *adj* dorado -a

gimmick /ˈgɪmɪk/ *s* ardid, truco [publicitario]

gin /dʒɪn/ *s* gin, ginebra | **a gin and tonic** una ginebra con tónica, un gin tonic

ginger /ˈdʒɪndʒər/ *sustantivo & adjetivo*
- *s* jengibre
- *adj* BrE (referido al color del pelo): *the girl with ginger hair* la muchacha pelirroja ► También se usa **red,** que es inglés universal

gingerly /ˈdʒɪndʒərli/ *adv* con cautela

gipsy ► ver **gypsy**

giraffe /dʒəˈræf/ *s* jirafa

girl /gɜrl/ *s* **1** (pequeña) niña, nena: *a little girl* una niñita **2** (mayor) muchacha, chica **3** hija

girlfriend /ˈgɜrlfrend/ *s* **1** novia **2** AmE amiga

gist /dʒɪst/ *s* **the gist (of sth)** lo esencial (de algo) | **to get the gist (of sth)** captar la idea (de algo)

give /gɪv/ *v* (pasado **gave**, participio **given**) ► ver recuadro

PHRASAL VERBS

give sth away **1** dar/regalar algo **2** revelar algo [un secreto] **give sb away** delatar a alguien **give yourself away** delatarse

give sth back devolver/regresar algo | **to give sth back to sb/to give sb back sth** devolverle/regresarle algo a alguien: *I must give Jane back the money I owe her.* Tengo que devolverle a Jane el dinero que le debo.

give in **1** (transigir) ceder | **to give in to sth/sb** ceder a algo/ante alguien **2** rendirse **give sth in** BrE entregar algo [un trabajo escolar] ► También existe **to hand sth in,** que es inglés universal

give sth out repartir algo

give up abandonar **give sth up** **1** abandonar algo: *He's given up trying to teach me Russian.* Ha abandonado sus intentos de enseñarme ruso. **2** dejar algo: *He's given up smoking.* Ha dejado de fumar. | **to give up doing sth** dejar de hacer algo **give yourself up** entregarse

give

1 DAR

Se dice **to give sb sth** o **to give sth to sb**

He gave me the information I needed. Me dio la información que necesitaba. | *Give this to your brother.* Dale esto a tu hermano. | *How much did they **give** you **for** your old computer?* ¿Cuánto te dieron por la computadora vieja?

2 REGALAR

They gave her a CD player for Christmas. Le regalaron un reproductor de CDs para Navidad.

3 OFRECER

His parents gave a party for his graduation. Sus padres dieron una fiesta cuando se graduó. | **to give a speech** pronunciar un discurso | **to give a wonderful/excellent etc. performance** ofrecer una interpretación maravillosa/excelente etc.

4 DAR DINERO

Do you give to charity? ¿Das dinero para obras de beneficencia?

5 CONTAGIAR

I don't want to give him my cold. No le quiero contagiar el resfriado.

6 CEDER

The leather will give a little. El cuero va a ceder un poco.

7 EXPRESIONES

don't give me that no me vengas con eso | **give or take a few minutes/inches etc.** minuto más, minuto menos/pulgada más, pulgada menos etc.

to give también forma parte de expresiones como **not to give a damn, to give way,** etc. Éstas están tratadas bajo el sustantivo correspondiente (**damn, way,** etc.).

¿Sabes cómo funcionan los **phrasal verbs**? Lee la explicación en el apartado de gramática.

given[1] /ˈgɪvən/ *adjetivo & preposición*

- *adj* dado -a [momento, cantidad]
- *prep* dado -a: *given the circumstances* dadas las circunstancias

given[2] participio de **give**

glad /glæd/ *adj* (**-dder**, **-ddest**) **1 to be glad that** alegrarse de que: *We're glad that you decided to stay.* Nos alegramos de que hayas decidido quedarte./Nos alegra que hayas decidido quedarte. | **to be glad to see/hear (that)** alegrarse de ver/oír que **2 to be glad to do sth** tener buena disposición para hacer algo: *"Can you give me a hand?" "I'd be glad to."* –¿Me das una mano? –Con gusto. **3 to be glad of sth** alegrarse de tener algo, agradecer algo

gladly /ˈglædli/ *adv* con gusto

glamorous /ˈglæmərəs/ *adj* glamoroso -a

glamour, también **glamor** AmE /ˈglæmər/ *s* glamour

glance /glæns/ *verbo & sustantivo*

- *v* **1 to glance at/through sth** echarle un vistazo a algo, darle una ojeada a algo **2 to glance at/towards sb** mirar a alguien
- *s* **1** mirada, vistazo | **to cast/take a glance at sth** echar un vistazo a algo **2 at a glance** con sólo echar una mirada **3 at first glance** a primera vista

gland /glænd/ *s* glándula

glare /gler/ *verbo & sustantivo*

- *v* [intr] **1** brillar de manera resplandeciente y que encandila **2 to glare at sb** fulminar a alguien con la mirada
- *s* **1** resplandor **2** mirada [de furia, odio, etc.]

glaring /ˈglerɪŋ/ *adj* **1** resplandeciente, deslumbrante **2** evidente [error, omisión, etc.]

glass /glæs/ *s* **1** vidrio **2** (pl **-sses**) vaso, copa: *a glass of wine* un vaso de vino **3** cristalería

glasses /ˈglæsɪz/ *s pl* anteojos, lentes: *I have another pair of glasses.* Tengo otro par de anteojos.

glaze /gleɪz/ *verbo & sustantivo*

- *v* [tr] vidriar
  glaze over his/their etc. eyes glazed over quedó/quedaron etc. con la mirada perdida
- *s* **1** vidriado [de cerámica] **2** glaseado [en cocina]

gleam /glim/ *verbo & sustantivo*

- *v* [intr] brillar, relucir
- *s* **1** brillo **2** brillo, chispa [de humor, picardía, etc.]

glean /glin/ *v* **to glean sth from sth/sb** obtener/sacar algo de algo/alguien

glee /gli/ *s* regocijo

glide /glaɪd/ *v* [intr] **1** deslizarse **2** planear

glider /ˈglaɪdər/ *s* planeador

glimmer /ˈglɪmər/ *sustantivo & verbo*

- *s* **1 a glimmer of hope** un rayito/un atisbo de esperanza **2** luz tenue | **a glimmer of light** una luz trémula
- *v* [intr] brillar débilmente

glimpse /glɪmps/ *sustantivo & verbo*

- *s* visión fugaz | **to get/catch a glimpse of sth** alcanzar a ver algo
- *v* [tr] alcanzar a ver

glint /glɪnt/ *verbo & sustantivo*

- *v* [intr] destellar, brillar
- *s* destello, brillo

glisten /ˈglɪsən/ *v* [intr] brillar

glitter /ˈglɪtər/ *verbo & sustantivo*

- *v* [intr] brillar, destellar
- *s* brillo, destello

gloat /gloʊt/ *v* **to gloat over sth** regodearse con algo

global /ˈgloʊbəl/ *adj* mundial, global | **global warming** calentamiento global

globe /gloʊb/ *s* **1 the globe** el mundo **2** globo terráqueo **3** (literario) esfera

gloom /glum/ *s* **1** oscuridad, penumbra **2** tristeza

gloomy /ˈglumi/ *adj* (**-mier**, **-miest**) **1** desalentador -a **2** sombrío -a [expresión, mirada] **3** apesadumbrado -a [persona] **4** lúgubre [lugar]

glorious /ˈglɔriəs/ *adj* **1** glorioso -a **2** espléndido -a

glory /ˈglɔri/ *sustantivo & verbo*

- *s* (pl **-ries**) **1** gloria **2** esplendor **3 the glories of sth** las maravillas de algo
- *v* (3ª pers sing **-ries**) **glory in sth** disfrutar de algo, enorgullecerse de algo

gloss /glɔs/ *sustantivo & verbo*

- *s* **1** brillo, lustre **2** (también **gloss paint**) (pintura) esmalte
- *v* (3ª pers sing **-sses**) **gloss over sth** quitarle importancia a algo

glossary /ˈglɔsəri/ *s* (pl **-ries**) glosario

glossy /ˈglɔsi/ *adj* (**-ssier**, **-ssiest**) **1** brillante, lustroso -a **2 glossy magazine** revista en papel satinado

glove /glʌv/ *s* guante

glow /gloʊ/ *sustantivo & verbo*

- *s* **1** brillo, resplandor **2 to feel a glow of pride/satisfaction etc.** sentirse colmado -a de orgullo/satisfacción etc.
- *v* [intr] **1** brillar, resplandecer **2** tener la cara roja **3 to glow with happiness/pride** estar radiante de felicidad/orgullo

glue /glu/ *sustantivo & verbo*

- *s* goma (de pegar), pegante

• *v* [tr] (gerundio **gluing** o **glueing**) **to glue sth to sth** pegar algo a algo | **to glue sth together** pegar algo

gm. (= **gram**) gr

gnaw /nɔ/ *v* [tr/intr] **to gnaw (at) sth** roer algo

gnaw at sb carcomer a alguien [culpa], atormentar a alguien [problema, dolor]

go /gou/ *verbo & sustantivo*

• *v* [intr] (pasado **went**, participio **gone**) ► ver recuadro

PHRASAL VERBS

go about BrE ► ver **go around** **go about sth** hacer algo: *How do you go about getting a work permit?* ¿Qué hay que hacer para sacar un permiso de trabajo?

go after sth tratar de conseguir algo **go after sb** ir tras alguien, perseguir a alguien

go against sth ir en contra de algo **go against sb** **1** no serle favorable a alguien [decisión, voto, etc.] **2** contrariar a alguien

go ahead **1** seguir adelante: *We're **going ahead with** the changes.* Vamos a seguir adelante con los cambios. **2** llevarse a cabo

go along **as you/we etc. go along** sobre la marcha

go along with sth aceptar algo [una sugerencia, etc.] **go along with sb** estar de acuerdo con alguien

go around **1** girar, dar vueltas **2** andar por ahí: *You shouldn't go around saying things like that.* No deberías andar por ahí diciendo ese tipo de cosas. **3** circular [rumor] **4** alcanzar: *Are there enough glasses to go around?* ¿Alcanzan los vasos para todos?

go away **1** irse **2** irse afuera [de viaje] **3** irse, pasarse [dolor] **4** desaparecer [problema]

go back volver

go back on sth faltar a algo [a su palabra, a una promesa]

go by pasar **go by sth** guiarse por algo

go down **1** bajar **2** ponerse [sol] **3** hundirse [barco] **4** caerse [avión] **5** (en computación) caerse **6** **to go down well/badly etc.** **(a)** caer bien/mal etc. [broma, comentario] **(b)** tener buena/mala etc. acogida [película, libro]

go down with sth BrE (informal) caer (en cama) con algo

go for sth **1** decidirse/optar por algo **2** ir tras algo **go for sb** **1** atacar a alguien **2** **and that goes for you/him etc. too** (informal) y eso también va para ti/él etc.

go in entrar

go in for sth **1** (hablando de preferencias): *I don't go in for modern art.* No me gusta mucho el arte moderno. **2** **to go in for a competition/contest** tomar parte en una competencia/concurso

go into sth **1** dedicarse a algo [a una profesión] **2** entrar en algo [en un tema, en detalles, etc.]

---

go *verbo*

1 **IR, IRSE**

A UN LUGAR

Where are you going? ¿Adónde vas? | *Let's **go and** see if it's open.* Vamos a ver si está abierto. | *Dad **went to** get the paper.* Mi papá fue a comprar el periódico.

En este sentido el participio puede ser **gone** o **been: they've gone to church** quiere decir que se han ido a la iglesia y están allá, **they've been to church** quiere decir que ya volvieron.

to go home ir/irse a casa | **to go for a walk/run** salir a caminar/correr | **to go shopping/swimming** ir de compras/a nadar

DE UN LUGAR

I don't want to go yet. No me quiero ir todavía. | *We ought to **be going**.* Nos tendríamos que ir.

EN UN LUGAR

Where does this go? ¿Dónde va esto?

2 **INTENCIÓN, SUCESO FUTURO**

to be going to ir a: *I'm going to paint my room white.* Voy a pintar mi cuarto de blanco. | *It's going to rain.* Va a llover.

3 **CAMBIAR DE ESTADO**

She went red. Se puso colorada. | *He's going deaf.* Se está quedando sordo. | *I'm going crazy!* ¡Me estoy volviendo loca!

4 **DESARROLLARSE, SUCEDER**

The party went really well. La fiesta estuvo muy buena. | *Everything's going fine.* Todo marcha bien. | *How's it going?* ¿Qué tal?

5 **LLEGAR**

The road goes all the way to Alaska. La carretera llega hasta Alaska.

6 **ANDAR**

The car won't go. El auto no anda.

7 **DESAPARECER**

My pencil's gone. Ha desaparecido mi lápiz. | *Has your headache gone?* ¿Se te ha ido el dolor de cabeza?

8 **PASAR, PASARSE**

The summer's gone so fast! ¡El verano se ha pasado tan rápido!

9 **DEJAR DE FUNCIONAR**

The fuse has gone. Se ha quemado el fusible. | *His sight's starting to go.* Le está fallando la vista.

10 **SONAR, EMITIR UN SONIDO**

Then the bell went. Entonces sonó la campana. | *Cows go "moo".* Las vacas hacen "mu".

11 **QUEDAR BIEN, PEGAR**

This sauce doesn't go with fish. Esta salsa no queda bien con pescado.

---

go off **1** irse | **to go off with sth** llevarse algo **2** explotar [bomba] **3** dispararse [revólver, etc.] **4** sonar [alarma] **5** apagarse [luz, calefacción, etc.] **6** BrE echarse a perder [alimento] ▶ En inglés americano se usa **to go bad** **7 to go off well/badly** salir bien/mal **go off sth/sb** BrE (informal) perder el gusto por algo/dejar de sentir simpatía por alguien: *I've gone off salads.* Ya no me gustan las ensaladas.

go on **1** seguir: *Go on with what you were doing.* Sigan con lo que estaban haciendo. | *Go on, I'm listening.* Sigue, te escucho. | **to go on doing sth** seguir haciendo algo **2** durar | **to go on for weeks/three hours etc.** durar semanas/tres horas etc. **3** pasar: *What's going on in there?* ¿Qué pasa ahí? **4** pasar [tiempo] **5** encenderse, prenderse [luz, calefacción, etc.] **6** (informal) dar la lata | **to go on at sb (to do sth)** darle la lata a alguien (para que haga algo) **7** (para animar a hacer algo): *Go on. Have some more cake.* Anda/ándale. Sírvete más pastel.

go out **1** salir **2** apagarse [luz, vela, etc.]

go over sth **1** revisar algo **2** (repetir) repasar algo

go round BrE ▶ ver **go around**

go through ser aprobado -a [solicitud] **go through sth** **1** pasar por algo [por una experiencia difícil] **2** revisar algo **3** repasar algo **4** consumir algo

go through with sth seguir adelante con algo, cumplir con algo

go together quedar bien, pegar [combinar]

go up **1** subir, aumentar **2** ser construido [edificio] **3** prenderse fuego, explotar | **to go up in flames** incendiarse

go without (sth) arreglarse (sin algo), pasársela (sin algo)

• *s* (pl **goes**) **1 to have a go (at doing sth)** intentar (hacer algo), hacer la prueba (de hacer algo) **2** turno [en un juego]: *It's your go.* Te toca a ti. **3 to be on the go** no parar **4 to make a go of sth** sacar algo adelante

'go-ahead *s* **to give sb the go-ahead** (informal) darle luz verde/el visto bueno a alguien

goal /goul/ *s* **1** gol | **to score a goal** hacer/anotar un gol **2** portería, arco **3** meta, objetivo

goalie /'gouli/ *s* (informal) portero -a, arquero -a, golero -a

goalkeeper /'goulkipər/, también **goaltender** /'goultendər/ AmE *s* portero -a, arquero -a, golero -a

goalpost /'goulpoust/ *s* poste [del arco]

goat /gout/ *s* cabra

gobble /'gabəl/, también **gobble up** *v* [tr] (informal) tragarse

'go-cart AmE, **go-kart** BrE *s* kart

god /gad/ *s* **1** dios **2 God** Dios **3 (my) God!** (informal) ¡Dios mío! | **God knows!** (informal) vaya uno a saber, y yo qué sé

godchild /'gadtʃaɪld/ (pl **godchildren**) *s* ahijado -a

goddaughter /'gaddɔtər/ *s* ahijada

goddess /'gadɪs/ *s* (pl **-sses**) diosa

godfather /'gadfaðər/ *s* padrino

godmother /'gadmʌðər/ *s* madrina

godparent /'gadperənt/ *s* padrino, madrina: *his godparents* sus padrinos

godson /'gadsʌn/ *s* ahijado

goggles /'gagəlz/ *s pl* gafas, antiparras, goggles

going /'gouɪŋ/ *sustantivo & adjetivo*

• *s* **1 to be good/heavy etc. going** (informal) Usado para referirse a la velocidad o facilidad con que se hace algo: *We got there in three hours, which was pretty good going.* Llegamos en tres horas, lo cual no estuvo nada mal. | *I find his novels heavy going.* Sus novelas me resultan pesadas. **2 while the going's good** mientras se pueda

• *adj* **1 the going rate** lo habitual [el costo normal de un servicio o un trabajo] **2 a going concern** **(a)** una empresa/un negocio en funcionamiento **(b)** una empresa/un negocio rentable

'go-kart BrE ▶ ver **go-cart**

gold /gould/ *sustantivo & adjetivo*

• *s* **1** oro **2** (color) dorado

• *adj* dorado -a: *gold shoes* zapatos dorados

golden /'gouldən/ *adj* **1** de oro **2** dorado -a **3 a golden opportunity** una oportunidad de oro

,golden 'raisin *s* AmE pasa sultana

goldfish /'gouldfɪʃ/ *s* (pl **goldfish**) pececito de colores

golf /galf/ *s* **1** golf **2 golf club** club de golf palo de golf **golf course** cancha/campo de golf

golfer /'galfər/ *s* golfista

gone[1] /gɔn/ *prep* BrE **it was gone midnight/6 o'clock etc.** era pasada la medianoche/eran más de las seis etc.

gone[2] participio de **go**

gonna /'gɔnə, gənə/

> **gonna** es la contracción de **going to** cuando se usa para expresar una acción futura. Muchos hablantes consideran que su uso es incorrecto:
>
> *You're gonna like it.* Te va a gustar.

good /gʊd/ *adjetivo & sustantivo*

• *adj* (comparativo **better**, superlativo **best**) **1** bueno -a: *a good book* un buen libro | *a good opportunity* una buena oportunidad | *Did you have a good weekend?* ¿Pasaste bien el fin de semana? | *Fruit is **good for you**.* La fruta es buena para la salud. **2 to be good at sth** ser bueno -a para algo: *I'm not very good at math.* No soy muy bueno para la matemática. **3** amable: *They were very **good to me**.* Fueron muy amables conmigo. **4 to be/taste good** estar rico -a/bueno -a [comida] **5** educado -a [niño] | **to be good** portarse bien **6 as good as** prácticamente **7 (as) good as new** como nuevo -a

• *s* **1** bien | **to do sb good** hacerle bien a alguien | **it's for your/her etc. own good** es por tu/su etc. propio bien **2 to be no good (a)** ser inútil: *It's no good complaining.* Es inútil quejarse. **(b)** no servir (para nada), no valer nada **3 for good** para siempre

goodbye /gʊd'baɪ/ *interj* **1** adiós, hasta luego ▶ La forma coloquial **bye** es mucho más frecuente **2 to say goodbye (to sb)** despedirse (de alguien)

good-'humored AmE, **ˌgood-'humoured** BrE *adj* **1** de buen humor [persona] **2** sin mala intención [bromas]

good-'looking *adj* buen mozo, guapo

good-'natured *adj* **1** amable [persona] **2** sin mala intención [broma]

goodness /'gʊdnəs/ *s* **1** bondad **2** (informal) **thank goodness!** ¡gracias a Dios! | **goodness knows!** ¡quién sabe! | **for goodness' sake!** ¡por Dios!

good 'night *interj* hasta mañana, buenas noches | **to say good night (to sb)** decir(le) hasta mañana (a alguien), dar(le) las buenas noches (a alguien)

goods /gʊdz/ *s pl* mercaderías, artículos | **manufactured goods** productos manufacturados

goodwill /gʊd'wɪl/ *s* buena voluntad

goof /guf/ *v* [intr] AmE (informal) pifiarla, embarrarla

goose /gus/ *s* (pl **geese**) ganso

gooseberry /'gusberi/ *s* (pl **-rries**) grosella verde

goose ˌbumps, también **'goose ˌpimples** *s pl* piel de gallina, carne de gallina

gorge /gɔrdʒ/ *s* desfiladero, cañón

gorgeous /'gɔrdʒəs/ *adj* (informal) divino -a, precioso -a

gorilla /gə'rɪlə/ *s* gorila

gory /'gɔri/ *adj* (**-rier**, **-riest**) **1** sangriento -a, violento -a **2 the gory details** los detalles escabrosos

gosh! /gɑʃ/ *interj* ¡vaya!, ¡mi Dios!

gospel /'gɑspəl/ *s* **1** evangelio **2** (también **gospel music**) (música) gospel

gossip /'gɑsəp/ *sustantivo & verbo*

• *s* **1** chismoso -a **2** chismes, chismorreo

• *v* [intr] chismosear, chismorrear, chismear | **to gossip about sb/sth** chismosear de/sobre alguien/algo

got /gɑt/ pasado & participio de **get**

Gothic /'gɑθɪk/ *adj* gótico -a

gotta /'gɑtə/

> gotta es la contracción de **got to** o **have got to**. Muchos hablantes consideran que su uso es incorrecto:
> *I gotta go.* Me tengo que ir. | *You've gotta help me.* Me tienes que ayudar.

gotten /gɑtn/ AmE participio de **get**

gouge /gaʊdʒ/ *v* [tr] hacer [un surco, un agujero]

gourmet /gʊr'meɪ/ *adjetivo & sustantivo*

• *adj* para/de gourmets

• *s* gourmet

govern /'gʌvərn/ *v* [tr/intr] gobernar

governess /'gʌvərnɪs/ *s* (pl **-sses**) institutriz

government /'gʌvərmənt/ *s* gobierno

governor /'gʌvənər/ *s* **1** gobernador -a: *the governor of California* el gobernador de California **2** (de una escuela, un hospital) miembro del consejo directivo **3** BrE (de una cárcel) director -a ▶ En inglés americano se usa **warden**

gown /gaʊn/ *s* **1** vestido [de fiesta] **2** bata (quirúrgica)

G.P. /dʒi 'pi/ *s* (= **general practitioner**) BrE médico -a general

GPA /dʒi pi 'eɪ/ *s* ▶ ver **grade point average**

grab /græb/ (**-bbed**, **-bbing**) *verbo & sustantivo*

• *v* [tr] **1** arrebatar, agarrar: *The thief grabbed my camera and ran off.* El ladrón me arrebató la cámara y salió corriendo. **2** (informal) **to grab some food/sleep etc.** comer algo rápido/dormir un rato etc. **3 to grab the chance/opportunity** aprovechar la oportunidad

• *s* **to make a grab for/at sth** tratar de agarrar algo

grace /greɪs/ *s* **1** gracia, elegancia **2 to have the grace to do sth** tener la delicadeza de hacer algo **3 a day's/week's etc. grace** un día/una semana etc. de gracia **4 to say grace** bendecir la mesa [rezando antes de comer]

graceful /'greɪsfəl/ *adj* lleno -a de gracia, elegante

gracious /'greɪʃəs/ *adj* **1** cortés, gentil **2** refinado -a, lujoso -a

grade /greɪd/ *sustantivo & verbo*

• *s* **1** nota, calificación | **to get good grades** sacar buenas notas/calificaciones ▶ ver recuadro **grades** **2** categoría, calidad **3 first/second/third etc. grade** AmE primer/segundo/tercer etc. grado, primer/segundo/tercer etc. año, primer/segundo/tercer etc. curso: *Becky's in fifth grade.* Becky está en quinto grado. **4 to make the grade** tener éxito, triunfar **5** AmE pendiente

¿Quieres más información sobre los **verbos modales**? Hay una explicación en el apartado de gramática.

• *v* [tr] **1** clasificar [por tamaño o calidad] **2** AmE corregir, calificar [exámenes, etc.]

> **grades**
>
> Las letras **A, B, C, D, E** y **F** se usan para calificar trabajos escolares, exámenes, etc. A es la calificación más alta y F la más baja. A veces, se agrega un signo más (+) o un signo menos (-) a la letra (por ejemplo, B+, A-) para lograr una mayor precisión en la nota.

ˈgrade ˌcrossing *s* AmE paso a nivel, crucero

ˈgrade point ˌaverage *s* AmE (en EU) promedio [de calificaciones]

ˈgrade ˌschool, también **eleˈmentary ˌschool** *s* AmE escuela primaria

gradient /ˈgreɪdiənt/ *s* BrE pendiente ▶ En inglés americano se usa **grade**

gradual /ˈgrædʒuəl/ *adj* gradual, paulatino -a

gradually /ˈgrædʒuəli/ *adv* gradualmente, poco a poco

graduate¹ /ˈgrædʒuət/ *sustantivo & adjetivo*

• *s* **1** AmE egresado -a [de la secundaria] **2** graduado -a (universitario), licenciado -a

graduate

• *adj* AmE **graduate student** estudiante de posgrado | **graduate course** curso de posgrado

graduate² /ˈgrædʒueɪt/ *v* [intr] **1** graduarse, recibirse [en una universidad]: *Ruth has just **graduated from** Yale.* Ruth se acaba de graduar de Yale. **2** AmE egresar (de la secundaria)

graduation /grædʒuˈeɪʃən/ *s* **1** (ceremonia de) graduación, (ceremonia de) entrega del título **2 after graduation** después de recibirme/recibirse etc.

graft /græft/ *sustantivo & verbo*

• *s* **1** injerto **2** AmE corrupción **3** BrE (informal) trabajo pesado

• *v* [tr] injertar

grain /greɪn/ *s* **1** grano | **a grain of rice/sand etc.** un grano de arroz/arena etc. **2** (cereal) grano **3** (de la madera) veta

gram /græm/ *s* gramo

grammar /ˈgræmər/ *s* **1** gramática **2 grammar book** gramática, libro de gramática

ˈgrammar ˌschool *s*

> grammar school es un tipo de colegio secundario británico, para ingresar al cual hay que dar un examen de aptitud académica.

grammatical /grəˈmætɪkəl/ *adj* gramatical, de gramática

gran /græn/ *s* BrE (informal) abuela, abuelita

grand /grænd/ *adjetivo & sustantivo*

• *adj* **1** grandioso -a **2** muy ambicioso -a **3** de alto copete

• *s* (pl **grand**) (informal) mil dólares/libras

grandchild /ˈgræntʃaɪld/ *s* (pl **-children**) nieto -a

granddad, también **grandad** /ˈgrændæd/ *s* (informal) abuelo, abuelito

granddaughter /ˈgrændɔtər/ *s* nieta

grandeur /ˈgrændʒər/ *s* grandiosidad

grandfather /ˈgrænfɑðər/ *s* abuelo

grandma /ˈgrænmɑ/ *s* (informal) abuela, abuelita

grandmother /ˈgrænmʌðər/ *s* abuela

grandpa /ˈgrænpɑ/ *s* (informal) abuelo, abuelito

grandparent /ˈgrænperənt/ *s* abuelo -a

Grand Prix /grɑn ˈpri/ *s* Gran Premio: *the Brazilian Grand Prix* el Gran Premio de Brasil

grandson /ˈgrænsʌn/ *s* nieto

grandstand /ˈgrændstænd/ *s* tribuna [de un estadio]

granite /ˈgrænɪt/ *s* granito

granny /ˈgræni/ *s* (pl **-nnies**) (informal) abuela, abuelita

grant /grænt/ *verbo & sustantivo*

• *v* [tr] **1 to take it for granted (that)** dar por sentado que **2 to take sth for granted** dar algo por sentado, dar algo por (un) hecho **3** otorgar, conceder

• *s* **1** subvención, subsidio **2** beca

grape /greɪp/ *s* **1** uva: *a bunch of grapes* un racimo de uvas **2 grape juice** jugo de uva

grapefruit /ˈgreɪpfrut/ *s* **1** (pl **grapefruit**) toronja, pomelo **2 grapefruit juice** jugo de toronja/pomelo

grapevine /ˈgreɪpvaɪn/ *s* **1 I/we etc. heard through the grapevine (that)** me/nos etc. contó/dijo un pajarito que **2** vid

graph /græf/ *s* gráfico

graphic /ˈgræfɪk/ *adj* gráfico -a

ˌgraphic deˈsign *s* diseño gráfico

graphics /ˈgræfɪks/ *s pl* gráficos, imágenes

grapple /ˈgræpəl/ *v* [intr] luchar (cuerpo a cuerpo), forcejear **grapple with sth** lidiar con algo **grapple with sb** forcejear con alguien

grasp /græsp/ *verbo & sustantivo*
- **v** [tr] **1** agarrar, agarrarse de [con fuerza]: *Grasp the rope with both hands.* Agárrate fuerte de la soga con las dos manos. **2** captar, entender
- **s** **1 to fall/slip from sb's grasp** caérsele/resbalársele de la mano a alguien **2** comprensión **3 to be within sb's grasp** estar al alcance de alguien

grass /græs/ *s* **1** pasto, hierba, zacate **2** césped: *"Please keep off the grass."* "Por favor, no pisar el césped" **3** (informal) marihuana ▶ También, según región, *hierba, mota, yerba*

grasshopper /ˈgræshɑpər/ *s* saltamontes

grassland /ˈgræslænd/ *s* pastizal

ˌgrass ˈroots *s pl* bases [de un partido]

grate /greɪt/ *verbo & sustantivo*
- **v** **1** [tr] rallar: *grated cheese* queso rallado **2** [intr] ser irritante | **to grate on sb's nerves** crisparle los nervios a alguien **3** [intr] chirriar
- **s** parrilla, rejilla [de la chimenea]

grateful /ˈgreɪtfəl/ *adj* agradecido -a: *I'm very **grateful to** Paul **for** all his help.* Le estoy muy agradecida a Paul por toda su ayuda.

grater /ˈgreɪtər/ *s* rallador

gratifying /ˈgrætəfaɪ-ɪŋ/ *adj* (formal) gratificante, gratificador -a

gratitude /ˈgrætətud/ *s* gratitud

gratuity /grəˈtuəti/ *s* (pl **-ties**) (formal) propina

grave /greɪv/ *sustantivo & adjetivo*
- **s** tumba
- **adj** grave, serio -a

gravel /ˈgrævəl/ *s* grava

gravestone /ˈgreɪvstoun/ *s* lápida

graveyard /ˈgreɪvjɑrd/ *s* cementerio

gravity /ˈgrævəti/ *s* **1** (fuerza) gravedad **2** (formal) (seriedad) gravedad

gravy /ˈgreɪvi/ *s* salsa hecha con el jugo que suelta la carne al asarse

gray, también **grey** BrE /greɪ/ *adjetivo & sustantivo*
- **adj** **1** gris ▶ ver "Active Box" **colors** en **color** **2 gray hairs** canas | **to go gray** ponerse canoso -a **3** gris [tiempo, día]
- **s** gris ▶ ver "Active Box" **colors** en **color**

graze /greɪz/ *verbo & sustantivo*
- **v** **1** [intr] pastar **2** [tr] rasparse: *He **grazed** his elbow **on the wall**.* Se raspó el codo con la pared. **3** [tr] rozar
- **s** raspón, rasguño

grease /gris/ *sustantivo & verbo*
- **s** grasa
- **v** [tr] **1** engrasar **2** enmantequillar, untar con aceite

greasy /ˈgrisi/ *adj* (**-sier**, **-siest**) grasiento -a, grasoso -a, graso -a

great /greɪt/ *adj* **1** (informal) genial, fantástico -a: *It was great to see him again.* Fue genial volver a verlo. | **to feel great** sentirse muy bien | **to have a great time** pasarla genial **2** (informal) genial: *"The car won't start." "Oh, great!"* –No arranca el auto. –¡Genial! **3** gran, grande: *We're great friends.* Somos grandes amigas. | *He's not a great talker.* No es un gran conversador. **4 a great big house/car/dog etc.** una casa/un auto/un perro etc. enorme **5** gran, grande: *the great civilizations of the past* las grandes civilizaciones del pasado ▶ ver también **deal**

ˌgreat-ˈgranddaughter *s* bisnieta

ˌgreat-ˈgrandfather *s* bisabuelo

ˌgreat-ˈgrandmother *s* bisabuela

ˌgreat-ˈgrandson *s* bisnieto

greatly /ˈgreɪtli/ *adv* muy, enormemente: *I was greatly impressed by their efficiency.* Quedé muy impresionada por su eficiencia.

Greece /gris/ *s* Grecia

greed /grid/ *s* **1** gula **2** codicia, ambición

greedily /ˈgridəli/ *adv* **1** vorazmente **2** con glotonería, con avidez

greedy /ˈgridi/ *adj* (**-dier**, **-diest**) **1** glotón -ona **2** ambicioso -a, codicioso -a | **to be greedy for sth** tener avidez de algo

Greek /grik/ *adjetivo & sustantivo*
- **adj** griego -a
- **s** **1** griego -a **2** (idioma) griego

green /grin/ *adjetivo, sustantivo & sustantivo plural*
- **adj** **1** (referido al color) verde: *The traffic lights are green.* El semáforo está en verde. ▶ ver "Active Box" **colors** en **color** **2** (con vegetación) verde: *the green areas of the city* los espacios verdes de la ciudad **3** (no maduro) verde **4** sin experiencia **5** verde, ecologista
- **s** **1** verde ▶ ver "Active Box" **colors** en **color** **2** (también **village green**) espacio verde en medio de un pueblo **3** green [en golf]
- **greens** *s pl* verduras (de hoja)

ˈgreen belt *s* cinturón ecológico [zona verde alrededor de una ciudad donde la edificación está estrictamente controlada]

ˌgreen ˈcard *s* documento que permite a un extranjero residir y trabajar en EU

greenery /ˈgrinəri/ *s* follaje

greengrocer /ˈgringrousər/ *s* **1** verdulero -a **2** BrE **greengrocer's** verdulería

greenhouse /ˈgrinhaus/ *s* invernadero

ˈgreenhouse efˌfect *s* efecto invernadero

ˌgreen ˈonion *s* AmE cebolleta, cebollita de cambray

greenhouse

¿Se dice *I arrived in Miami* o *I arrived to Miami*? Mira la entrada **arrive**.

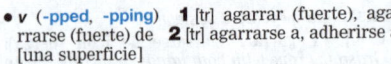

greet /grit/ *v* [tr] **1** saludar **2 to be greeted with sth** ser recibido -a con algo: *The proposal was greeted with anger.* La propuesta fue recibida con enojo.

greeting /ˈgritɪŋ/ *s* saludo | **to return sb's greeting** devolverle el saludo a alguien

grenade /grəˈneɪd/ *s* granada [arma]

grew /gru/ pasado de **grow**

grey BrE ▶ ver **gray**

greyhound /ˈgreɪhaʊnd/ *s* galgo

grid /grɪd/ *s* **1** rejilla **2** cuadrícula **3** línea de salida/largada, parrilla de salida

gridlock /ˈgrɪdlɑk/ *s* paralización total del tránsito

grief /grif/ *s* dolor, pena

grievance /ˈgrivəns/ *s* queja

grieve /griv/ *v* [intr] hacer el duelo | **to grieve for sb** llorar a alguien

grill /grɪl/ *verbo & sustantivo*
- *v* **1** [tr] hacer al grill/a la parrilla/a las brasas **2** [tr] (informal) acribillar a preguntas
- *s* **1** parrilla **2 mixed grill** distintos tipos de carnes a la parrilla, servidos con tomates, hongos, salchichas, etc. **3** reja **4** BrE grill, gratinador [en una cocina]

grille /grɪl/ *s* reja

grim /grɪm/ *adj* (**-mmer**, **-mmest**) **1** muy serio -a, adusto -a **2** muy malo -a, deprimente [noticias, perspectivas] **3** deprimente, lúgubre [lugar]

grimace /ˈgrɪməs/ *v* [intr] hacer una mueca [de dolor o desagrado]

grime /graɪm/ *s* mugre

grimy /ˈgraɪmi/ *adj* (**-mier**, **-miest**) mugriento -a, roñoso -a

grin /grɪn/ *verbo & sustantivo*
- *v* [intr] (**-nned**, **-nning**) **1** sonreír [de oreja a oreja o burlonamente] | **to grin at sb** sonreírle a alguien **2 to grin and bear it** aguantársela
- *s* sonrisa [burlona o de oreja a oreja]

grinning

grind /graɪnd/ *v* (pasado & participio **ground**) **1** [tr] moler [café, pimienta, etc.] **2** [tr] AmE moler, picar [carne] **3 to grind your teeth** hacer rechinar los dientes

grip /grɪp/ *sustantivo & verbo*
- *s* **1 to get a grip on sth** agarrar algo, agarrarse de algo | **to tighten your grip on sth** apretar algo más fuerte **2** empuñadura, grip **3** agarre, adherencia [de una llanta]
- *v* (**-pped**, **-pping**) **1** [tr] agarrar (fuerte), agarrarse (fuerte) de **2** [tr] agarrarse a, adherirse a [una superficie]

gripping /ˈgrɪpɪŋ/ *adj* cautivante, absorbente

grit /grɪt/ *sustantivo & verbo*
- *s* **1** grava **2** agallas
- *v* [tr] (**-tted**, **-tting**) **1 to grit your teeth** apretar los dientes **2** cubrir con grava [un camino]

groan /groʊn/ *verbo & sustantivo*
- *v* [intr] **1** gemir **2** refunfuñar, quejarse
- *s* **1** gemido [de dolor] **2** gruñido, quejido

grocer /ˈgroʊsər/ *s* tendero -a [dueño de una tienda de comestibles]

grocery /ˈgroʊsəri/ *sustantivo & sustantivo plural*
- *s* (pl **-ries**) **1** (también **grocery store**) AmE tienda de comestibles ▶ También, según región, *tienda de abarrotes, bodega* o *almacén* **2 grocery cart** AmE carrito [de supermercado]
- **groceries** *s pl* provisiones, comestibles, abarrotes

groin /grɔɪn/ *s* ingle

groom /grum/ *verbo & sustantivo*
- *v* [tr] cepillar [a un caballo]
- *s* **1** novio [en una boda] **2** mozo -a de cuadra, cuidador -a de caballos

groove /gruv/ *s* surco, ranura

grope /groʊp/ *v* [intr] andar a tientas | **to grope for sth** buscar algo a tientas

gross /groʊs/ *adj* **1 gross profit/weight** ganancia bruta/peso bruto **2 gross injustice** grave injusticia **3** (informal) asqueroso -a, repugnante **4** obeso -a

grossly /ˈgroʊsli/ *adv* exageradamente

ground[1] /graʊnd/ *sustantivo, sustantivo plural, verbo & adjetivo*
- *s* **1** suelo: *We sat on the ground.* Nos sentamos en el suelo. | *We work long hours **below ground**.* Trabajamos muchas horas bajo tierra. ▶ **¿GROUND O FLOOR?** ver **suelo** **2** terreno, suelo: *stony ground* terreno pedregoso **3** terreno, campo: *Ahead of them lay open ground.* Delante de ellos había campo abierto. **4** BrE cancha ▶ También existe **stadium,** que es inglés universal **5** AmE (cable a) tierra **6 hunting/fishing ground** zona de caza/pesca **7 to get off the ground** despegar **8 to gain/lose ground** ganar/perder terreno **9 to hold/stand your ground** mantenerse firme
- **grounds** *s pl* **1** terreno [alrededor de una casa, un hospital, etc.] **2 grounds for sth** motivos para algo
- *v* [tr] **1** dejar en tierra [un avión] **2** (informal) **to ground sb** castigar a alguien no dejándolo salir: *You're grounded for a week.* No puedes salir por una semana.
- *adj* molido -a

ground[2] pasado & participio de **grind**

ground 'beef *s* AmE carne molida, carne picada

ground 'floor *s* planta baja, primer piso | **on the ground floor** en la planta baja, en el primer piso ▶ ver recuadro en **floor**

grounding /'graʊndɪŋ/ *s* **a grounding in mathematics/chemistry etc.** conocimientos básicos de matemáticas/química etc.

groundless /'graʊndləs/ *adj* infundado -a

group /grup/ *sustantivo & verbo*

• *s* **1** grupo, agrupación **2** grupo: *a pop group* un grupo de música pop

• *v* **1** [tr] agrupar: *The stones can be* ***grouped*** *into four categories.* Las piedras se pueden agrupar en cuatro categorías. | **to group sth/sb together** agrupar algo/a alguien **2** [intr] agruparse, formar un grupo

grove /groʊv/ *s* bosquecillo, huerta

grovel /'grɑvəl/ *v* [intr] (**-led**, **-ling** AmE, **-lled**, **-lling** BrE) humillarse | **to grovel to sb** postrarse ante alguien

grow /groʊ/ *v* (pasado **grew**, participio **grown**)
1 [intr] crecer: *Hasn't she grown!* ¡Cómo ha crecido!/¡Qué grande está! | *He's grown two centimeters.* Ha crecido dos centímetros.
2 [tr] cultivar: *They grow their own vegetables.* Cultivan sus propias verduras.
3 [tr] **to grow a beard** dejarse la barba
4 [intr] crecer, aumentar | **to grow in strength** ganar fuerza | **her music/this sport etc. is growing in popularity** crece la popularidad de su música/este deporte etc.
5 [intr] Seguido de algunos adjetivos, **to grow** indica un cambio de estado que en español se suele expresar con verbos pronominales o intransitivos | **to grow old** envejecer | **to grow impatient** impacientarse | **to grow tired** cansarse: *She grew tired of waiting.* Se cansó de esperar.

PHRASAL VERBS

grow into sth convertirse en algo

grow on sb llegar a gustarle a alguien (con el tiempo)

grow out of sth quedarle pequeña una prenda a alguien porque ha crecido: *He'll grow out of that coat in no time.* Ese abrigo le va a quedar pequeño enseguida.

grow up 1 crecer [hacerse mayor] | **when I/you etc. grow up** cuando sea/seas etc. grande | **grow up!** ¡no seas infantil! **2** criarse: *I grew up on a farm.* Me crié en una granja.

growing /'groʊɪŋ/ *adj* **1** creciente, cada vez más | **a growing number** un número cada vez mayor **2** **a growing boy/girl** un niño/una niña que está creciendo

growl /graʊl/ *verbo & sustantivo*

• *v* [intr] gruñir [perro] | **to growl at sb** gruñirle a alguien

• *s* gruñido [de perro]

grown¹ /groʊn/ *adj* **a grown man** un hombre hecho y derecho, un adulto

grown² participio de **grow**

grown-'up *s & adj* adulto -a, mayor

growth /groʊθ/ *s* **1** crecimiento | **growth in/of sth** aumento/crecimiento de algo **2** crecimiento, desarrollo **3** bulto, tumor

grub /grʌb/ *s* **1** (informal) comida **2** larva

grubby /'grʌbi/ *adj* (**-bbier**, **-bbiest**) mugriento -a

grudge /grʌdʒ/ *sustantivo & verbo*

• *s* **to bear sb a grudge/to have a grudge against sb** guardarle rencor a alguien

• *v* ▶ ver **begrudge**

grudgingly /'grʌdʒɪŋli/ *adv* de mala gana

gruesome /'grusəm/ *adj* horripilante, espantoso -a

gruff /grʌf/ *adj* brusco -a, antipático -a

grumble /'grʌmbəl/ *verbo & sustantivo*

• *v* [intr] refunfuñar, rezongar | **to grumble about/at sth** refunfuñar/quejarse por algo

• *s* queja

grumpy /'grʌmpi/ *adj* (**-pier**, **-piest**) gruñón -ona, de mal humor

grunt /grʌnt/ *verbo & sustantivo*

• *v* [intr] gruñir

• *s* gruñido

guarantee /gærən'ti/ *verbo & sustantivo*

• *v* [tr] **1** garantizar, asegurar: *We* ***guarantee to*** *deliver the package before 10 o'clock.* Garantizamos la entrega del paquete antes de las 10. **2** garantizar [un producto]

• *s* **1** garantía | **to be under guarantee** estar en garantía **2** (certeza) garantía

guard /gɑrd/ *sustantivo & verbo*

• *s* **1** (vigilante) guardia **2** **to be on guard** estar de guardia **3** (grupo) guardia | **under guard** custodiado -a por una guardia **4** protector **5** **to be on your guard** estar alerta, tener cuidado **6** **to catch sb off guard** agarrar desprevenido -a a alguien **7** BrE jefe de tren ▶ En inglés americano se usa **conductor**

• *v* [tr] custodiar, vigilar

guard against sth protegerse de algo, evitar algo

guarded /'gɑrdɪd/ *adj* cauteloso -a

guardian /'gɑrdiən/ *s* **1** tutor -a, acudiente **2** guardián

Guatemala /gwɑtə'mɑlə/ *s* Guatemala

Guatemalan /gwɑtə'mɑlən/ *adj & s* guatemalteco -a

guerrilla /gə'rɪlə/ *s* **1** guerrillero -a **2** **guerrilla warfare** guerra de guerrillas

guess /ges/ *verbo & sustantivo*

• *v* [tr/intr] (3ª pers sing **-sses**) **1** adivinar: *You have to guess the weight of the cake.* Tienes que adivinar el peso del pastel. | *I'd guess that he's* *about 50.* Diría que tiene alrededor de 50. | *You'll never guess who I've just seen.* A que no te imaginas a quién acabo de ver. | **guess what!** ¿sabes qué?: *Guess what! Jane's getting married!* ¿Sabes qué? ¡Se casa Jane! | **to guess right** adivinar, acertar | **to guess wrong** equivocarse **2** suponer, imaginarse: *I guess she didn't feel like coming.* Supongo que no tenía ganas de venir. | **I guess so/not** supongo que sí/no, me imagino que sí/no

• *s* (pl **-sses**) intento o acción de adivinar: *"Did you know that?" "No, it was a guess."* –¿Lo sabías? –No, lo adiviné. | *I'll give you three guesses.* Te doy tres oportunidades para que adivines. | ***At a guess,*** *I'd say he's about 25.* Yo diría que tiene alrededor de 25. | **to take/make a guess** tratar de adivinar

guest /gest/ *s* **1** (a una casa) invitado -a **2** huésped **3** (en un programa) invitado -a

guesthouse /ˈgesthaʊs/ *s* **1** casa de huéspedes, pensión **2** AmE casa pequeña en el terreno de una más grande, para alojar invitados

guidance /ˈgaɪdns/ *s* orientación | **guidance on sth** orientación sobre algo

guide /gaɪd/ *sustantivo & verbo*

• *s* **1** (en turismo) guía **2** (también **guidebook**) guía **3 (Girl) Guide** BrE (Niña) Guía ▶ También existe **Girl Scout,** que es inglés universal

• *v* [tr] **1** guiar, llevar | **a guided tour** una visita guiada **2** guiar, orientar

guidebook /ˈgaɪdbʊk/ *s* guía [libro]

guideline /ˈgaɪdlaɪn/ *s* pauta, directiva

guilt /gɪlt/ *s* **1** culpa **2** culpabilidad

guilty /ˈgɪlti/ *adj* (**-tier**, **-tiest**) **1** (con remordimientos) culpable | **to feel guilty about sth** sentirse culpable por algo **2** (de un delito) culpable | **to find sb guilty/not guilty of sth** declarar a alguien culpable/inocente de algo

guinea pig /ˈgɪni pɪg/ *s* conejillo de Indias

guitar /gɪˈtɑr/ *s* guitarra

guitarist /gɪˈtɑrɪst/ *s* guitarrista

gulf /gʌlf/ *s* **1** golfo **2** brecha

gull /gʌl/ *s* gaviota

gullible /ˈgʌləbəl/ *adj* crédulo -a, incauto -a

gulp /gʌlp/ *v* **1** [tr] (también **gulp down**) tomarse de un trago **2** [intr] tragar saliva

gum /gʌm/ *s* **1** encía **2** chicle

gun /gʌn/ *sustantivo & verbo*

• *s* arma (de fuego) ▶ **gun** también puede significar específicamente *revólver, rifle, escopeta,* etc.

• *v* (**-nned**, **-nning**) **gun sb down** balear a alguien

gunfire /ˈgʌnfaɪr/ *s* disparos

gunman /ˈgʌnmən/ *s* (pl **-men**) pistolero, hombre armado

gunpoint /ˈgʌnpɔɪnt/ *s* **at gunpoint** a punta de pistola

gunpowder /ˈgʌnpaʊdər/ *s* pólvora

gunshot /ˈgʌnʃɑt/ *s* **1** disparo **2 gunshot wound** herida de bala

gurgle /ˈgɜrgəl/ *v* [intr] **1** gorgotear **2** gorjear [un bebé]

gush /gʌʃ/ *v* (3ª pers sing **-shes**) **to gush (out) from sth** salir a borbotones de algo

gust /gʌst/ *s* ráfaga

gut /gʌt/ *sustantivo, sustantivo plural & verbo*

• *s* **1** intestino **2 gut feeling** intuición **gut reaction** reacción instintiva

• **guts** *s pl* **1** (informal) agallas | **to have the guts to do sth** tener agallas para hacer algo **2 to hate sb's guts** (informal) no poder ver a alguien ni en pintura **3** tripas

• *v* [tr] (**-tted**, **-tting**) **1** limpiar [un pescado] **2** destruir el interior de [un edificio] **3 to be gutted** BrE (informal) quedar destruido -a

gutter /ˈgʌtər/ *s* **1** alcantarilla **2** canaleta

guy /gaɪ/ *s* **1** (informal) tipo: *a really nice guy* un tipo muy simpático **2 guys** se usa en lenguaje coloquial para dirigirse a un grupo de personas: *I'll see you guys later.* Los veo más tarde.

guzzle /ˈgʌzəl/ *v* [tr] (informal) **1** chupar [bebida] **2** tragarse [combustible]

gym /dʒɪm/ *s* gimnasio

gymnasium /dʒɪmˈneɪziəm/ *s* (pl **-nasiums** o **-nasia**) gimnasio

gymnastics /dʒɪmˈnæstɪks/ *s* gimnasia

gynecologist AmE, **gynaecologist** BrE /gaɪnəˈkɑlədʒɪst/ *s* ginecólogo -a

gypsy, también **gipsy** /ˈdʒɪpsi/ *s* (pl **-sies**) gitano -a

H

H, h /eɪtʃ/ *s* H, h ▸ ver "Active Box" **letters** en **letter**

ha /hɑ/ *interj* ¡ajá!

habit /ˈhæbɪt/ *s* **1** costumbre **2 to be in the habit of doing sth** tener la costumbre de hacer algo **3 to get into/in the habit of doing sth** acostumbrarse a hacer algo **4 out of habit/from habit** por costumbre **5** costumbre, vicio | **to break/kick the habit** dejar el vicio

habitat /ˈhæbətæt/ *s* hábitat

habitual /həˈbɪtʃuəl/ *adj* habitual

hack /hæk/ *v* [tr/intr] **1** cortar o descuartizar (algo) a cuchilladas, machetazos, etc. **2** (también **hack into**) hackear

hacksaw /ˈhæksɔ/ *s* sierra [para metales]

had /hæd/ pasado & participio de **have**

hadn't /ˈhædnt/ contracción de **had not**

hag /hæg/ *s* bruja [vieja fea o desagradable]

haggard /ˈhægərd/ *adj* demacrado -a

haggle /ˈhægəl/ *v* [intr] **to haggle over the price of sth** regatear el precio de algo

hah /hɑ/ *interj* ¡ajá!

ha ˈha! *interj* ¡ja, ja!

hail /heɪl/ *verbo & sustantivo*

• *v* **1 to hail a taxi/a cab** parar/llamar un taxi **2** [intr] granizar

hail sb/sth as sth aclamar algo/a alguien como algo: *He was hailed as a hero.* Se lo aclamó como un héroe.

• *s* **1** granizo **2 a hail of bullets/stones etc.** una lluvia de balas/piedras etc.

hailstorm /ˈheɪlstɔrm/ *s* granizada

hair /her/ *s* **1** pelo, cabello: *She brushed her hair.* Se cepilló el pelo. | *He has short, dark hair.* Es moreno de pelo corto. **2** (en piernas, axilas, etc.) vello **3** (de un animal) pelo **4 dark-haired** moreno -a, de pelo oscuro | **short-haired** de pelo corto ▸ ver también **fair-haired** **5 to let your hair down** (informal) relajarse

hairbrush /ˈherbrʌʃ/ *s* (pl **-shes**) cepillo (para el pelo)

haircut /ˈherkʌt/ *s* corte de pelo | **to have/get a haircut** cortarse el pelo

hairdo /ˈherdu/ *s* (informal) peinado

hairdresser /ˈherdresər/ *s* **1** peluquero -a **2 hairdresser's** BrE peluquería

hairdryer /ˈherdraɪər/ *s* secador/secadora (de pelo)

hairpin /ˈherpɪn/ *s* horquilla

hair-raising *adj* espeluznante

hairstyle /ˈherstaɪl/ *s* peinado

hairy /ˈheri/ *adj* (**-rier**, **-riest**) **1** peludo -a, velludo -a **2** (informal) de terror, espeluznante

half /hæf/ *sustantivo, adjetivo & adverbio*

• *s* (pl **halves**) **1** mitad: *He spent half of the money on candy.* Se gastó la mitad del dinero en golosinas. | **in half** por la mitad: *She cut the apple in half.* Cortó la manzana por la mitad. | **one/two etc. and a half** uno/dos etc. y medio: *My son is two and a half.* Mi hijo tiene dos años y medio. | **to cut/reduce sth by half** reducir algo a la mitad

2 half past one/two etc. la una/las dos etc. y media: *at half past three* a las tres y media

3 (en deportes) **the first/second half** el primer/segundo tiempo

• *adj* medio -a | **half a mile/half a second/half an hour etc.** media milla/medio segundo/media hora etc.: *He won by half a meter.* Ganó por medio metro. | **half the population/half the books etc.** la mitad de la población/de los libros etc.: *She only ate half her dinner.* Sólo comió la mitad de la comida.

• *adv* de algún modo: *I half expected her to shout at me.* De algún modo pensé que me iba a gritar. | **half-full/half-empty** medio lleno -a/medio vacío -a | **half-open/half-closed** entreabierto -a/entrecerrado -a

halfbrother /ˈhæfbrʌðər/ *s* medio hermano

ˌhalf-ˈhearted *adj* no muy entusiasta

halfsister /ˈhæfsɪstər/ *s* media hermana

ˌhalf ˈterm *s*

> Así se les llama en Gran Bretaña a las vacaciones escolares, generalmente de una semana, que hay a mitad de cada trimestre.

halftime /ˈhæftaɪm/ *s* medio tiempo, entretiempo

halfway /hæfˈweɪ/ *adverbio & adjetivo*

• *adv* **halfway between** a mitad de camino entre | **halfway up the stairs/through the season etc.** a mitad de la escalera/la temporada etc.

• *adj* **the halfway mark** la mitad [del recorrido]

hall /hɔl/ *s* **1** hall, entrada **2** pasillo, corredor **3** salón, sala **4 hall of residence** residencia estudiantil [en una universidad]

hallo /həˈləʊ/ BrE ▸ ver **hello**

Halloween /hæləˈwin/ *s*

> Así se le llama a la noche del 31 de octubre, víspera del día de Todos los Santos. La tradición de que los niños se disfracen de brujas, fantasmas, etc. y salgan a hacer correrías se inició en EU y se extendió luego a otros países

hallucinate /həˈlusəneɪt/ *v* [intr] alucinar

hallucination /həlusəˈneɪʃən/ *s* alucinación

hallway /ˈhɔlweɪ/ *s* hall, entrada

halo /ˈheɪloʊ/ *s* (pl **-los** o **-loes**) aureola

halt /hɔlt/ *verbo & sustantivo*

• *v* (formal) **1** [tr] detener, interrumpir

2 [intr] detenerse, interrumpirse

• *s* **1 to come/grind to a halt** detenerse **2 to bring sth to a halt** detener/interrumpir algo

halve /hæv/ *v* [tr] **1** reducir a la mitad **2** partir en dos

halves plural de **half**

ham /hæm/ *s* jamón

hamburger /ˈhæmbɜrgər/ *s* **1** hamburguesa **2** AmE carne molida/picada

hammer /ˈhæmər/ *sustantivo & verbo*

• *s* martillo

• *v* **1** [intr] martillar **2** [tr] clavar [un clavo]

hammock /ˈhæmək/ *s* hamaca

hamper /ˈhæmpər/ *verbo & sustantivo*

• *v* [tr] obstaculizar

• *s* canasta [navideña, de picnic]

hamster /ˈhæmstər/ *s* hámster

hand /hænd/ *sustantivo & verbo*

• *s* **1** mano: *Go and wash your hands, please.* Ve a lavarte las manos, por favor. | **to hold hands** estar tomados -as de la mano, tomarse de la mano: *They held hands through the entire movie.* Estuvieron tomados de la mano durante toda la película. | **to hold sb's hand** darle la mano a alguien: *I held his hand and we crossed the street.* Le di la mano y cruzamos la calle. ► ver también **left-handed, right-handed**

2 on hand/to hand a mano [cerca] | **(near/close) at hand** (bien) a mano

3 by hand a mano | **to deliver sth by hand** entregar algo personalmente/en mano

4 to give/lend sb a hand darle una mano a alguien | **to need a hand** necesitar ayuda

5 in sb's hands/in the hands of sb en manos de alguien

6 to get/lay your hands on sth conseguir/encontrar algo

7 the situation/problem got out of hand la situación/el problema se me/le etc. salió de las manos

8 hand in hand de la mano

9 on the one hand... on the other hand... por un lado... por el otro...

10 to have your hands full estar muy ocupado -a

11 aguja [del reloj]

12 mano [de naipes]

• *v* **to hand sb sth/to hand sth to sb** pasarle algo a alguien, entregarle algo a alguien

PHRASAL VERBS

hand sth around ofrecer algo, repartir algo

hand sth in **1** entregar algo [la tarea, una solicitud, etc.]: *I have to hand this essay in tomorrow.* Tengo que entregar esta redacción mañana. **2 to hand in your resignation** presentar la renuncia

hand sth out repartir algo

hand sth/sb over entregar algo/a alguien

handbag /ˈhændbæg/ *s* cartera, bolso, bolsa [de mujer]

handbook /ˈhændbʊk/ *s* manual

handbrake /ˈhændbreɪk/ *s* BrE freno de mano, freno de emergencia

handcuffs /ˈhændkʌfs/ *s pl* esposas

handful /ˈhændfʊl/ *s* **1** puñado **2 a handful of people/cars etc.** unas pocas personas/unos pocos autos etc.

handicap /ˈhændikæp/ *s* **1** minusvalía, discapacidad **2** desventaja

handicapped /ˈhændikæpt/ *adj* **to be mentally/physically handicapped** ser discapacitado -a físico -a/mental, ser minusválido -a ► Algunas personas consideran que el término **handicapped** es ofensivo y prefieren usar **to have learning difficulties** en lugar de **to be mentally handicapped** y **to have a disability** en lugar de **to be physically handicapped**

handkerchief /ˈhæŋkərtʃɪf/ *s* pañuelo [de mano]

handle /ˈhændl/ *verbo & sustantivo*

• *v* [tr] **1** encargarse de: *My assistant will handle the travel arrangements.* Mi asistente se encargará de los detalles del viaje. **2** soportar **3** tocar, manipular **4 to handle sth well/badly** llevar algo bien/mal, manejar algo bien/mal

• *s* **1** (también **door handle**) picaporte **2** (de una taza) asa **3** (de una sartén, una cacerola) mango **4** (de una maleta, una cartera/bolsa) asa, manija **5** (de un cuchillo, un destornillador) mango

handlebars /ˈhændlbɑrz/ *s pl* manubrio

handmade /hændˈmeɪd/ *adj* hecho -a a mano

handout /ˈhændaʊt/ *s* **1** notas [que se distribuyen en una clase, conferencia, etc.] **2** limosna

handshake /ˈhændʃeɪk/ *s* apretón de manos

handsome /ˈhænsəm/ *adj* **1** buen mozo, guapo **2 to make a handsome profit** sacar una buena ganancia

ˈhands-on *adj* **hands-on training** capacitación práctica

handwriting /ˈhændraɪtɪŋ/ *s* letra [forma en que alguien escribe]

handy /ˈhændi/ *adj* (**-dier**, **-diest**) **1** útil | **to come in handy** venir bien **2** (informal) **to have sth handy** tener algo a mano

hang[1] /hæŋ/ *verbo & sustantivo*

• *v* (pasado & participio **hung**) **1** [tr] colgar: *Hang your coat on the hook.* Cuelga el abrigo del gancho. **2** [intr] colgar, estar colgado -a **3** caer [tela, pelo] **4** [intr] flotar [niebla, olor, etc.] **5 to hang your head** bajar/agachar la cabeza

PHRASAL VERBS

hang around (informal) **1** estar en un lugar sin hacer nada concreto: *They just hang around the mall all day.* Andan todo el día dando vueltas por el centro comercial. **2** quedarse esperando **3 to hang around with sb** andar/juntarse con alguien

hang on **1** agarrarse (fuerte) **2 hang on!** (informal) ¡espera (un momento)!

hang sth out tender algo [la ropa lavada] **hang up** cortar, colgar [el teléfono] | **to hang up on sb** cortarle/colgarle a alguien **to hang sth up** colgar algo [una prenda de ropa]

- *s* **to get the hang of (doing) sth** (informal) agarrarle la onda a (hacer) algo, tomarle/agarrarle la mano a (hacer) algo

hang² *v* [tr] (pasado & participio **hanged**) ahorcar, colgar | **to hang yourself** ahorcarse

hanger /'hæŋər/ ▶ ver **coat hanger**

hang ˌglider *s* ala delta

hangover /'hæŋoʊvər/ *s* resaca, guayabo, cruda

hang-up *s* (informal) complejo, trauma

hankie, también **hanky** /'hæŋki/ *s* (pl **-kies**) (informal) pañuelo, pañuelito [para la nariz]

happen /'hæpən/ *v* [intr] **1** pasar, ocurrir: *Something strange **happened** to me today.* Hoy me pasó algo raro. **2 to happen to do sth** (cuando algo ocurre por casualidad): *If you happen to see him, could you tell him?* Si por casualidad lo ves ¿podrías avisarle? **3 it so happens that/as it happens** da la casualidad de que

happening /'hæpənɪŋ/ *s* suceso, acontecimiento

happily /'hæpəli/ *adv* **1** alegremente, felizmente **2** por suerte **3** con gusto

happiness /'hæpinəs/ *s* felicidad

happy /'hæpi/ *adj* (**-ppier**, **-ppiest**) **1** feliz: *a happy ending* un final feliz **2** alegre: *She's a happy little girl.* Es una niñita alegre. **3** contento -a: *She seems a lot happier.* Se la ve mucho más contenta. **4 to be happy to do sth** hacer algo con gusto

harass /hə'ræs, 'hærəs/ *v* [tr] (3ª pers sing **-sses**) acosar

harassment /hə'ræsmənt, 'hærəs-/ *s* acoso

harbor AmE, **harbour** BrE /'hɑrbər/ *sustantivo & verbo*

- *s* puerto [o bahía resguardada que sirve de fondeadero]
- *v* [tr] **1 to harbor suspicions/doubts** albergar sospechas/dudas | **to harbor a grudge** guardar rencor **2** dar refugio a [un delincuente, un fugitivo]

hard /hɑrd/ *adjetivo & adverbio*

- *adj* **1** duro -a: *a hard surface* una superficie dura
  2 difícil [pregunta, examen, etc.]: *It's **hard for her to accept defeat.*** Le cuesta darse por vencida.
  3 hard work ver ejemplos: *I want to thank you all for your hard work.* Quiero agradecerles a todos lo mucho que trabajaron. | *It was hard work persuading him.* Me costó convencerlo.
  4 (severo) duro -a [persona], crudo -a [invierno] | **to be hard on sb** ser duro -a con alguien
  5 to give sb a hard time (informal) hacerle pasar un mal rato a alguien
  6 hard cash (dinero) efectivo, dinero contante y sonante
  7 hard copy impresión [de un documento de computadora]
  8 hard facts/evidence hechos concretos/pruebas fehacientes
- *adv* **1 to work hard** trabajar mucho, trabajar duro | **to think hard** pensar mucho | **to rain hard** llover fuerte | **to try hard** esforzarse
  2 to push/kick hard empujar/dar una patada con fuerza
  3 to be hard up andar/estar mal de dinero

hardback /'hɑrdbæk/ *s* libro de tapa dura

ˌhard-'boiled *adj* **hard-boiled egg** huevo duro

ˌhard 'disk *s* disco duro

harden /'hɑrdn/ *v* **1** [intr] endurecerse **2** [tr] endurecer

hardly /'hɑrdli/ *adv* **1** apenas, casi no: *I hardly know him.* Apenas lo conozco./Casi no lo conozco. | **hardly anyone/anything** casi nadie/nada: *She'd eaten hardly anything.* No había comido casi nada. | **hardly ever** casi nunca: *She hardly ever goes out.* No sale casi nunca. **2** A veces **hardly** se usa en lugar de **not** para enfatizar una negación o darle tono irónico: *It's hardly an ideal situation.* No es precisamente una situación ideal.

hardship /'hɑrdʃɪp/ *s* privaciones, penurias

ˌhard 'shoulder *s* BrE berma, hombrillo [de una carretera] ▶ En inglés americano se usa **shoulder**

ˌhard 'up *adj* (informal) corto -a de dinero ▶ ver también **hard**

hardware /'hɑrdwer/ *s* **1** artículos de ferretería **2** (en computación) hardware **3 hardware store** ferretería

ˌhard-'working *adj* trabajador -a

hardy /'hɑrdi/ *adj* (**-dier**, **-diest**) fuerte, resistente

hare /her/ *s* liebre

harm /hɑrm/ *sustantivo & verbo*

- *s* **1** mal, daño: *One glass of wine won't **do you any harm**.* Una copita de vino no te va a hacer mal. | *Luckily they **came to no harm**.* Por suerte no les pasó nada. | **to do sb harm** hacerle mal/daño a alguien **2 there's no harm in asking/trying etc.** con preguntar/intentar etc. no se pierde nada **3 I/he etc. didn't mean any harm** no lo hice/hizo etc. con mala intención
- *v* [tr] **1** dañar, perjudicar **2** lastimar, hacerle daño a

harmful /'hɑrmfəl/ *adj* perjudicial, nocivo -a: ***harmful to** health* nocivo para la salud

harmless /'hɑrmləs/ *adj* **1** inofensivo -a [persona, animal] **2** inocuo -a [sustancia] **3** inocente [diversión, broma]

harmony /'hɑrməni/ *s* (pl **-nies**) armonía

harness /'hɑrnɪs/ *sustantivo & verbo*

- *s* (pl **-sses**) arnés
- *v* [tr] (3ª pers sing **-sses**) **1** ponerle el arnés a **2** aprovechar [la energía del sol, el viento, etc.]

harp /hɑrp/ *s* arpa

¿Quieres información sobre las diferencias entre los **posesivos** en inglés y en español? Lee la explicación en el apartado de gramática.

harsh /hɑrʃ/ *adj* **1** severo -a [castigo] **2** duro -a [persona, palabras, condiciones] **3** crudo -a [invierno] **4** fuerte, chillón -ona [color] **5** áspero -a [voz]

harshly /ˈhɑrʃli/ *adv* **1** con severidad **2** de manera cortante [hablar, contestar]

harvest /ˈhɑrvɪst/ *sustantivo & verbo*
- *s* cosecha
- *v* [tr] cosechar

has /həz, acentuado hæz/ 3ª pers sing presente de **have**

hasn't /ˈhæznt/ contracción de **has not**

hassle /ˈhæsəl/ *sustantivo & verbo*
- *s* (informal) fastidio, complicación
- *v* [tr] (informal) fastidiar

haste /heɪst/ *s* apuro, prisa | **in haste** apresuradamente

hasten /ˈheɪsən/ *v* **1** [tr] acelerar, precipitar **2 to hasten to do sth** apresurarse a hacer algo

hastily /ˈheɪstəli/ *adv* **1** precipitadamente [obrar] **2** rápidamente [vestirse, comer, etc.]

hasty /ˈheɪsti/ *adj* (**-stier**, **-stiest**) **1** precipitado -a **2** rápido -a

hat /hæt/ *s* sombrero

hatch /hætʃ/ *verbo & sustantivo*
- *v* (3ª pers sing **-ches**) **1** [intr] abrirse un huevo cuando nace un pollito: *All the chicks have hatched now.* Ya han nacido todos los pollitos. **2** [intr] (también **hatch out**) nacer [pollitos, pichones, etc.] **3 to hatch a plot/plan** tramar un complot/plan

chicks hatching

- *s* (pl **-ches**) **1** escotilla **2** pasaplatos [entre la cocina y el comedor]

hate /heɪt/ *verbo & sustantivo*
- *v* [tr] **1** odiar, detestar: *She hates having her picture taken.* Odia que le saquen fotos. **2** (para pedir disculpas o expresar pena) **to hate to do sth**: *I hate to disappoint you, but it's been sold.* Lamento decepcionarlo, pero está vendido.
- *s* **1** odio **2 my/his etc. pet hate** BrE lo que más detesto/detesta etc.

hateful /ˈheɪtfəl/ *adj* odioso -a, desagradable

hatred /ˈheɪtrəd/ *s* odio

haul /hɔl/ *verbo & sustantivo*
- *v* [tr] mover algo pesado en determinada dirección: *I hauled myself into the saddle.* Me subí como pude a la montura.
- *s* **1** botín **2** redada [de pescado] **3 a long haul** un largo camino

haunt /hɔnt/ *verbo & sustantivo*
- *v* [tr] **1** rondar [fantasma] **2** perseguir, obsesionar [recuerdo, pensamiento, etc.]
- *s* lugar frecuentado por alguien

haunted /ˈhɔntɪd/ *adj* embrujado -a [casa, castillo]

have¹ /hæv/ *v* [transitivo] ▶ ver recuadro

have² /həv, acentuado hæv/ *v* [auxiliar & modal] ▶ ver recuadro

haven /ˈheɪvən/ *s* refugio

haven't /ˈhævənt/ contracción de **have not**

have *verbo transitivo*

1 POSESIÓN (= tener)

They have a house in Acapulco. Tienen casa en Acapulco. | *He didn't **have** his passport with him.* No tenía el pasaporte.

También se usa **to have got,** sobre todo en inglés británico. **to have** y **to have got** significan lo mismo, pero forman el interrogativo y el negativo de manera diferente:

He has green eyes.|He's got green eyes. Tiene (los) ojos verdes. | *He doesn't have time.|He hasn't got time.* No tiene tiempo. | *Do you have a computer?|Have you got a computer?* ¿Tienes computadora?

2 ACTIVIDADES, EXPERIENCIAS

Did you have a good vacation? ¿Pasaste bien las vacaciones? | *I had a quick shower.* Me di una ducha rápida. | *We're having a party.* Vamos a hacer una fiesta.

3 CONSUMIR

Have you had breakfast? ¿Has desayunado? | *I'll have the fish, please.* Para mí el pescado, por favor. | *Can I have a drink of water?* ¿Puedo tomar agua?

4 RECIBIR

Have you had any news from Michael? ¿Has tenido noticias de Michael? | *I had lots of phone calls.* Recibí muchas llamadas.

5 EXPRESIONES Y PHRASAL VERBS

to have sth done ver ejemplos: *I've had a dress made for the wedding.* Me mandé a hacer un vestido para la boda. | *Have you had your hair done?* ¿Has ido a la peluquería? | *She had her camera stolen.* Le robaron la cámara. | **to have had it** no dar más: *These jeans have had it.* Estos jeans no dan más. | **to have sth on/to have got sth on** tener puesto -a algo: *He had a black coat on.* Tenía puesto un abrigo negro. | **to have sth out:** *She had a tooth out.* Le sacaron una muela.

6 have también forma parte de muchas expresiones, como **to have a cold, to have a go,** etc. Éstas están tratadas bajo el sustantivo correspondiente.

Hay un recuadro aparte para los usos de **have** como verbo auxiliar y modal.

have *verbo auxiliar & verbo modal*

1 El auxiliar **to have** se usa seguido de un participio para formar los tiempos compuestos:
"Have you seen my keys?" "No, I haven't." –¿Viste mis llaves? –No. | *He had lived there all his life.* Había vivido ahí toda su vida. | *You haven't told him, have you?* No le contaste ¿no?

2 El modal **to have** se usa en la estructura **to have to do sth** (*tener que hacer algo*):
I have to go and see my grandma. Tengo que ir a ver a mi abuela.
También se usa **to have got to do sth**, sobre todo en inglés británico. **to have** y **to have got** forman el negativo y el interrogativo de diferente manera:
Do we have to do this exercise?/Have we got to do this exercise? ¿Tenemos que hacer este ejercicio? | *We don't have to go./We haven't got to go.* No hace falta que vayamos.

3 La construcción **to have just done sth** está tratada bajo la palabra **just**.
Hay un recuadro aparte para los usos transitivos de **have**.

havoc /ˈhævək/ *s* **to cause/wreak havoc** hacer estragos | **to play havoc with sth** desbaratar algo, hacer estragos con algo

hawk /hɔk/ *s* halcón

hay /heɪ/ *s* heno

hay ˌfever *s* fiebre del heno, alergia al polen

hazard /ˈhæzərd/ *s* peligro, riesgo: *a health hazard* un peligro/riesgo para la salud

hazardous /ˈhæzərdəs/ *adj* peligroso -a

haze /heɪz/ *s* **1** bruma, humo o partículas de polvo en el aire que dificultan la visión **2 a haze of dust/smoke etc.** una nube de polvo/humo etc.

hazel /ˈheɪzəl/ *sustantivo & adjetivo*
• *s* avellano
• *adj* (de color) avellana

hazelnut /ˈheɪzəlnʌt/ *s* avellana

hazy /ˈheɪzi/ *adj* (**-zier**, **-ziest**) **1** brumoso -a **2** vago -a [idea] **3** borroso -a [recuerdo]

he /hi/ *pronombre & sustantivo*
• *pron* él ▶ Los pronombres de sujeto nunca se omiten en inglés: *He's my brother.* Es mi hermano.
• *s* Se usa *it's a he* para especificar que un bebé es varón o que un animal es macho

head /hed/ *sustantivo, sustantivo plural & verbo*
• *s* **1** cabeza: *I said the first thing that* ***came into my head.*** Dije lo primero que me vino a la cabeza. | **a head/per head** por cabeza: *$15 a head* $15 por cabeza | **from head to foot/toe** de la cabeza a los pies
2 jefe -a, director -a [de una organización]: *the head of the department* el jefe del departamento
3 cabecera [de una cama, una mesa]
4 BrE ▶ ver **head teacher**
5 principio [de una lista, una cola]
6 comienzo [de una página]
7 to laugh/scream etc. your head off reírse/gritar etc. como loco -a | **to get sth into your head** (informal) meterse algo en la cabeza | **to be/go over your head** ser demasiado difícil de entender: *It was all way over my head.* No entendí nada. | **to go to sb's head** írsele a la cabeza a alguien [bebida alcohólica, éxito]
• **heads** *s pl* cara [de una moneda]: *Heads or tails?* ¿Cara o sello?/¿Cara o cruz?/¿Águila o sol?
• *v* **1 to head for/toward sth/sb** dirigirse a/hacia algo/alguien
2 to be heading for sth, también **to be headed for sth** AmE ir rumbo a algo
3 [tr] (también **head up**) encabezar
4 [tr] cabecear [una pelota]

headache /ˈhedeɪk/ *s* dolor de cabeza

heading /ˈhedɪŋ/ *s* título, encabezamiento [de un texto]

headlight /ˈhedlaɪt/, también **headlamp** /ˈhedlæmp/ BrE *s* farola, faro, luz [de un vehículo]

headline /ˈhedlaɪn/ *s* **1** titular [en un periódico] **2 the headlines** los títulos [en un noticiero]

headmaster /ˈhedmæstər/ *s* BrE director [de una escuela] ▶ En inglés americano se usa **principal**

headmistress /ˈhedmɪstrɪs/ *s* (pl **-sses**) BrE directora [de una escuela] ▶ En inglés americano se usa **principal**

ˌhead ˈoffice *s* oficina central

ˌhead-ˈon *adverbio & adjetivo*
• *adv* de frente [chocar, atacar un problema]
• *adj* frontal [choque]

headphones /ˈhedfoʊnz/ *s pl* auriculares, audífonos

headquarters /ˈhedkwɔrtərz/, también **HQ** /ˌeɪtʃ ˈkju/ *s* **1** oficina central, sede **2** cuartel general, Comando en Jefe

ˌhead ˈstart *s* ventaja | **to have a head start (over/on sb)** llevar(le) ventaja (a alguien)

ˌhead ˈteacher *s* BrE director -a [de escuela] ▶ En inglés americano se usa **principal**

headway /ˈhedweɪ/ *s* **to make headway** hacer progresos, avanzar

heal /hil/, también **heal up** *v* **1** [intr] curarse, cicatrizar **2** [tr] curar

health /helθ/ *s* **1** salud | **to be in good/poor health** estar bien/mal de salud **2 health center** centro médico **health club** gimnasio **health food** alimentos naturales

healthy /ˈhelθi/ *adj* (**-thier**, **-thiest**) **1** sano -a, saludable [persona, dieta, comida] **2** robusto -a [empresa, organización, etc.] **3** sano -a [economía, cuentas, etc.]

¿No estás seguro de si se usa **make** o **do**? Mira las entradas **hacer**, **make** y **do**.

heap /hip/ *sustantivo & verbo*
- *s* **1** pila **2 to collapse in a heap** desplomarse
- *v* [tr] **1** (también **heap up**) amontonar **2 to be heaped with sth** estar repleto -a de algo [plato, mesa, etc.]

hear /hɪr/ *v* (pasado & participio **heard**) **1** [tr/intr] oír, escuchar: *Can you hear that noise?* ¿Oyes ese ruido? | *I heard someone crying.* Oí llorar a alguien. **2** [tr] enterarse de: *I heard that she was sick.* Me enteré de que estaba enferma. | **to hear about/of sth** enterarse de algo **3 to hear a case** ver un caso [en tribunales]
hear from sb tener noticias de alguien
hear of sth/sb oír hablar de algo/alguien
hear sb out escuchar a alguien (hasta el final)

heard /hɜrd/ pasado & participio de **hear**

hearing /ˈhɪrɪŋ/ *s* **1** oído, audición **2** audiencia **3 to give sb a (fair) hearing** escuchar a alguien [dando explicaciones]

ˈhearing aid *s* audífono [para sordos]

hearse /hɜrs/ *s* coche fúnebre

heart /hɑrt/ *sustantivo & sustantivo plural*
- *s* **1** corazón **2 to break sb's heart (a)** romperle el corazón a alguien **(b)** partirle el alma a alguien **3** (centro) **in the heart of the country/city** en pleno campo/en el corazón de la ciudad **4 the heart of the matter/problem** el quid de la cuestión/el meollo del problema **5** cogollo [de lechuga], corazón [de alcachofa] **6 to know/learn sth by heart** saber(se)/aprender(se) algo de memoria **7 at heart/in your heart** en el fondo (de su alma) **8 my/his etc. heart sank** el corazón me/le etc. dio un vuelco **9 not to have the heart to do sth** no tener el valor para hacer algo **10 to take/lose heart** animarse/desanimarse
- **hearts** *s pl* corazones [palo de baraja]

ˈheart atˌtack *s* ataque cardiaco

heartbeat /ˈhɑrtbit/ *s* latido [del corazón], pulso

heartbreaking /ˈhɑrtbreɪkɪŋ/ *adj* desgarrador -a, que parte el alma

heartbroken /ˈhɑrtbroʊkən/ *adj* desolado -a, acongojado -a

heartfelt /ˈhɑrtfelt/ *adj* sincero -a, de corazón

hearth /hɑrθ/ *s* hogar [de una chimenea]

heartily /ˈhɑrtl-i/ *adv* **1** abundantemente [comer] **2** alegremente [reír]

heartless /ˈhɑrtləs/ *adj* cruel

hearty /ˈhɑrti/ *adj* (**-tier**, **-tiest**) **1** abundante, sustancioso -a [comida] **2** caluroso -a [bienvenida] **3** sonoro -a [risa] **4** campechano -a

heat /hit/ *sustantivo & verbo*
- *s* **1** calor **2** temperatura **3** eliminatoria
- *v* **1** (también **heat up**) [tr] calentar, [intr] calentarse **2** [tr] calefaccionar

heated /ˈhitɪd/ *adj* **1** climatizado -a **2** acalorado -a [debate, discusión]

heater /ˈhitər/ *s* **1** estufa, calefactor **2** calefacción [de un auto]

heath /hiθ/ *s* extensión de terreno cubierta de pasto y matorrales

heather /ˈheðər/ *s* brezo [arbusto pequeño con flores]

heating /ˈhitɪŋ/ *s* calefacción

ˈheat wave *s* ola de calor

heave /hiv/ *v* **1** [tr/intr] subir, empujar o jalar algo en determinada dirección haciendo mucha fuerza: *We heaved the sacks onto the truck.* Subimos los costales al camión. **2** [tr] arrojar con fuerza [algo pesado]

heaven /ˈhevən/ *s* **1** (también **Heaven**) cielo **2 for heaven's sake** por Dios **3 (good) heavens!** ¡Dios mío!

heavenly /ˈhevənli/ *adj* **1** celestial **2** (relativo al cielo) celeste **3** (informal) divino -a, fantástico -a

heavily /ˈhevəli/ *adv* **1** mucho [llover, tomar]: *He drinks heavily.* Toma mucho. **2** muy [cargado, endeudado] **3** pesadamente

heavy /ˈhevi/ *adj* (**-vier**, **-viest**) **1** pesado -a: *This box is heavy.* Esta caja es pesada. | **how heavy is she/are you etc.?** ¿cuánto pesa/pesas etc.? **2** fuerte [lluvia, resfriado, multa] **3 heavy traffic** tráfico pesado **4 to be a heavy smoker/drinker** fumar/tomar mucho

heavyweight /ˈheviweɪt/ *s* peso pesado

heckle /ˈhekəl/ *v* [tr] interrumpir, molestar [a un orador o un conferenciante con preguntas y comentarios agresivos]

hectare /ˈhekter/ *s* hectárea

hectic /ˈhektɪk/ *adj* agitado -a [vida, semana, etc.]

he'd /hid/
- contracción de **he had**
- contracción de **he would**

hedge /hedʒ/ *s* seto (vivo), cerco [de arbustos o árboles]

hedgehog /ˈhedʒhɑg/ *s* erizo

heel /hil/ *s* **1** talón **2** tacón, taco [de un zapato] **3 to dig in your heels** mantenerse firme

hefty /ˈhefti/ *adj* (**-tier**, **-tiest**) (informal) **1** grandote -a [persona, objeto] **2** abultado -a [cuenta], fuerte [multa] **3** fuerte [puñetazo]

height /haɪt/ *s* **1** altura, estatura: *It is over 200 feet in height.* Tiene más de 200 pies de altura **2 at the height of summer/the tourist season etc.** en pleno verano/en plena temporada turística etc. **3 to be the height of fashion** ser el último grito de la moda

heighten /ˈhaɪtn/ *v* [tr] **1** aumentar, agudizar [la tensión] **2** acentuar [un efecto, una impresión]

heir /er/ *s* heredero -a | **the heir to sth** el heredero/la heredera de algo

heiress /ˈerɪs/ *s* (pl **-sses**) heredera [rica]

held /held/ pasado & participio de **hold**

¿No sabes cómo pronunciar una determinada palabra? Consulta el recuadro de **símbolos fonéticos** en el interior de la cubierta.

helicopter /ˈhelɪkɑptər/ *s* helicóptero

he'll /hil/ contracción de **he will**

hell /hel/ *s* **1** (también **Hell**) infierno **2 to be hell** (informal) ser un infierno: *The trip was absolute hell.* El viaje fue un infierno total. **3 who/what/where etc. the hell?** (informal) ¿quién/qué/dónde diablos etc.? **4 a/one hell of a** (informal) (usado para enfatizar): *a hell of a lot of money* muchísimo dinero | *I had one hell of a time trying to get here.* Me costó muchísimo llegar aquí. **5 to run/work like hell** correr/trabajar como loco -a | **to hurt like hell** doler muchísimo **6 (just) for the hell of it** (informal) porque sí (nomás) **7 all hell broke loose** (informal) se armó la gorda

hello /həˈloʊ/ *interj* **1** (al saludar) hola: *Hello, John. How are you?* Hola, John. ¿Cómo estás? | **to say hello to sb** saludar a alguien **2** (al contestar el teléfono) aló, hola, bueno

helm /helm/ *s* timón

helmet /ˈhelmət/ *s* casco

help /help/ *verbo & sustantivo*

• *v* **1** [tr/intr] ayudar: *Can I help you?* ¿Lo puedo ayudar en algo? | *They helped me find somewhere to live.* Me ayudaron a encontrar un lugar para vivir.

2 help! ¡socorro!

3 to help yourself to rice/wine etc. servirse arroz/vino etc.: *Help yourselves to more salad.* Sírvanse más ensalada. | **help yourself** (como respuesta): *"Can I borrow this pencil?" "Help yourself."* –¿Me prestas este lápiz? –Claro, tómalo.

4 I can't/couldn't help it (a) no puedo/no pude evitarlo **(b)** no es/no fue culpa mía | **I can't/couldn't help doing sth** no puedo/no pude evitar hacer algo: *I couldn't help overhearing what you said.* No pude evitar oír lo que decías.

help sb out darle una mano a alguien

• *s* **1** ayuda: *If I need any help, I'll let you know.* Si necesito ayuda, le aviso. | **to be a lot of help/a great help** ser de mucha/gran ayuda

2 with the help of sth con la ayuda de algo

helper /ˈhelpər/ *s* ayudante

helpful /ˈhelpfəl/ *adj* **1** útil: *I found her advice very helpful.* Sus consejos me resultaron muy útiles. **2** amable, servicial

helping /ˈhelpɪŋ/ *s* porción: *an extra helping of carrots* una porción más de zanahoria | **to have second helpings** repetir: *It was so delicious we all had second helpings.* Estaba tan rico que todos repetimos. | **do you want second helpings?** ¿quieren repetir?, ¿quieren más?

helpless /ˈhelpləs/ *adj* **1** indefenso -a **2** desvalido -a **3 to be helpless to do sth** ser incapaz de hacer algo

helpline /ˈhelplaɪn/ *s* número de asistencia [de un servicio de atención al cliente o de asistencia comunitaria]

hem /hem/ *s* dobladillo, ruedo, bastilla

hemisphere /ˈheməsfɪr/ *s* hemisferio

hen /hen/ *s* **1** gallina **2** hembra [de otras especies de ave]

hence /hens/ *adv* (formal) de ahí: *No sugar has been added, hence the sour taste.* No se le ha agregado azúcar, de ahí su sabor agrio.

her /hɜr/ *adj & pron* ▶ ver recuadro

herb /ɜrb/ *s* hierba [de uso culinario o medicinal]

herbal /ˈɜrbəl/ *adj* de hierbas, a base de hierbas

herd /hɜrd/ *sustantivo & verbo*

• *s* manada, hato

• *v* [tr] **1** arrear **2 we were herded into a room/onto a bus etc.** nos metieron como ganado en un cuarto/un autobús etc.

here /hɪr/ *adv & interj* ▶ ver recuadro en página 180

hereditary /həˈredəteri/ *adj* hereditario -a

heresy /ˈherəsi/ *s* (pl **-sies**) herejía

heretic /ˈherətɪk/ *s* hereje

heritage /ˈherətɪdʒ/ *s* patrimonio

hermit /ˈhɜrmɪt/ *s* ermitaño

hero /ˈhɪroʊ/ *s* (pl **-roes**) **1** héroe: *a war hero* un héroe de guerra **2** protagonista

heroic /hɪˈroʊɪk/ *adj* heroico -a

her

ADJETIVO

1 Puede equivaler a *su, sus* o *de ella*:

her car su auto | *her parents* sus padres | *This is her book, not yours.* Éste es el libro de ella, no el tuyo.

2 Los posesivos se usan en inglés en muchos contextos en los cuales usamos el artículo en español. Por ejemplo, delante de partes del cuerpo, pertenencias personales, etc.:

She broke her arm. Se rompió el brazo. | *She dropped her watch.* Se le cayó el reloj.

3 A veces **her** se usa como posesivo cuando se habla de autos, barcos o países:

America and her allies Estados Unidos y sus aliados

PRONOMBRE

1 COMPLEMENTO DIRECTO (= la)

I saw her last night. La vi anoche.

2 COMPLEMENTO INDIRECTO (= le, se)

He told her to wait. Le dijo que esperara. | *I gave it to her.* Se lo di (a ella).

3 DESPUÉS DE PREPOSICIÓN

This is for her. Esto es para ella.

4 EN COMPARACIONES, CON EL VERBO TO BE (= ella)

He's not as smart as her. Él no es tan inteligente como ella. | *Is that her over there?* ¿Ésa de ahí es ella?

5 A veces **her** se usa para referirse a autos, barcos o países:

Fill her up, please. Llénelo, por favor.

Hay una tabla con los **números** en inglés y explicaciones sobre su uso en el apartado de gramática.

here

ADVERBIO

1 En la mayoría de los casos equivale a *aquí* o *acá*:

Is George here? ¿George está aquí? | *Come here!* ¡Ven aquí! | **around here** por aquí: *There aren't many stores around here.* No hay muchas tiendas por aquí.

2 Muchas veces se usa precedido de **over** sobre todo cuando hay cierta distancia entre el hablante y la persona con quien habla:

The kids are over here. Los niños están aquí.

3 Cuando la frase empieza por **here comes, here come, here is** o **here are** puede equivaler a *ahí* o *aquí*:

Here comes the train. Ahí viene el tren. | *Here he is now.* Aquí está.

Fíjate que cuando la oración empieza con **here** el sujeto va después del verbo, excepto cuando es un pronombre:

4 Cuando se usa al ofrecer o entregar algo, equivale a *aquí*:

Here's the book you lent me. Aquí está el libro que me prestaste.

INTERJECCIÓN

1 PARA OFRECER (= tome, toma)

Here, have my paper. Toma mi periódico.

2 PARA LLAMAR LA ATENCIÓN (= ¡ey!, ¡eh!)

Here, you! Give that back! ¡Ey! ¡Devuelvan eso!

heroin /ˈheroʊɪn/ *s* **1** heroína [droga] **2 heroin addict** heroinómano -a

heroine /ˈheroʊɪn/ *s* **1** protagonista **2** heroína [mujer valiente]

heroism /ˈheroʊɪzəm/ *s* heroísmo

heron /ˈherən/ *s* garza

herring /ˈherɪŋ/ *s* (pl **herring** o **herrings**) arenque

hers /hɜrz/ *pron* Como los pronombres posesivos ingleses no varían en género ni en número, **hers** puede equivaler a *(el) de ella, (la) de ella, (los) de ella, (las) de ella, (el) suyo, (la) suya,* etc.: *This is my coat. Hers is over there.* Éste es mi abrigo. El de ella está ahí. | *My parents are older than hers.* Mis padres son mayores que los suyos. | *We went with a friend of hers.* Fuimos con un amigo suyo.

herself /həˈself/ *pron* ► ver recuadro

he's /hiz/

- contracción de **he is**
- contracción de **he has**

hesitant /ˈhezətənt/ *adj* vacilante, inseguro -a | **to be hesitant about doing sth** dudar si hacer algo o no

hesitate /ˈhezəteɪt/ *v* [intr] **1** dudar, vacilar **2 to hesitate to do sth** dudar en hacer algo: *Don't hesitate to ask if you need anything.* Si necesita algo, no dude en pedirlo.

herself

1 **herself** es la forma reflexiva de **she**. Su uso equivale en general al de los verbos reflexivos españoles o a oraciones con *sí misma*:

She's hurt herself. Se ha lastimado. | *She made herself a cup of coffee.* Se hizo un café. | *She is angry with herself.* Está enojada consigo misma. | *She was talking to herself.* Estaba hablando sola.

2 Tiene un uso enfático que equivale al de *ella misma*:

It's true. She told me herself. Es verdad. Me lo dijo ella misma.

3 La expresión **by herself** o **all by herself** significa *sola* (sin compañía o sin ayuda):

She lives by herself. Vive sola. | *Melanie did it all by herself.* Melanie lo hizo solita.

hesitation /hezəˈteɪʃən/ *s* vacilación | **without hesitation** sin dudar/vacilar | **to have no hesitation in doing sth** no tener ninguna duda en hacer algo

heterosexual /hetərəˈsekʃuəl/ *adj & s* heterosexual

hey! /heɪ/ *interj* ¡eh!: *Hey, look at this!* ¡Eh, miren esto!

heyday /ˈheɪdeɪ/ *s* **in its/her etc. heyday** en su apogeo, en su época de esplendor

hi /haɪ/ *interj* (informal) hola

hiccup, también **hiccough** /ˈhɪkʌp/ *s* **1** hipo | **to have the hiccups** tener hipo | **I got/you'll get etc. the hiccups** me dio/te va a dar etc. hipo **2** contratiempo

hid /hɪd/ pasado de **hide**

hidden¹ /ˈhɪdn/ *adj* oculto -a, escondido -a

hidden² participio de **hide**

hide /haɪd/ *v* (pasado **hid**, participio **hidden**) **1** [tr] esconder: *She hid the letter under a book.* Escondió la carta debajo de un libro. | **to hide sth from sb** ocultarle/esconderle algo a alguien **2** [intr] esconderse: *I hid behind the curtains.* Me escondí detrás de las cortinas. **3** [tr] ocultar: *He couldn't hide his disappointment.* No pudo ocultar su desilusión.

hide-and-ˈseek *s* escondidas | **to play hide-and-seek** jugar a las escondidas

hideous /ˈhɪdiəs/ *adj* horrible, espantoso -a

hiding /ˈhaɪdɪŋ/ *s* **1 to be in hiding** estar escondido -a | **to go into hiding** esconderse **2** (informal) **to give sb a hiding** darle una paliza a alguien | **to get a hiding** recibir una paliza

hierarchy /ˈhaɪrɑrki/ *s* (pl **-chies**) jerarquía

hi-fi /haɪ ˈfaɪ/ *s* equipo de sonido

high /haɪ/ *adjetivo, adverbio & sustantivo*

- *adj* **1** alto -a: *a very high fence* un cerco muy

alto | *a ten-foot high wall* un muro de diez pies de alto | **to be 100/200 etc. meters high** medir 100/200 etc. metros de altura | **how high?** ¿qué tan alto?: *How high is Mount Everest?* ¿Qué tan alto es el Everest?/¿Cuál es la altura del Everest?
▶ **¿HIGH O TALL?** ver recuadro en **alto**
2 (también **high up**) alto -a [techo, estante, etc.]
3 alto -a [presión, precio, etc.]: *Her blood pressure is very high.* Tiene la presión muy alta. | **to have a high temperature** tener mucha fiebre
4 to be high in fat/salt etc. tener un alto contenido de grasas/sal etc.
5 high season temporada alta
6 alto -a [nivel, calidad] | **to have a high opinion of sth/sb** tener una muy buena opinión de algo/alguien | **to have high hopes** tener grandes esperanzas | **to be in high spirits** estar de excelente humor
7 alto -a, agudo -a [sonido]
8 high winds vientos fuertes
9 to be high on sth (informal) haber tomado/fumado algo [una droga]
10 high tide/high water marea alta
• *adv* **1** (a gran distancia del suelo) alto | **high above** arriba en lo alto
2 (a un nivel, valor elevado) alto
• *s* **1** máximo: *Temperatures tomorrow will reach a high of seven degrees.* Mañana la temperatura alcanzará un máximo de siete grados.
2 (informal) viaje, pasón [por consumo de drogas]
3 to be on a high estar loco -a de contento -a

highbrow /ˈhaɪbraʊ/ *adj* dirigido a un público de alto nivel cultural e intelectual

high-ˈclass *adj* de primera (categoría)

High ˈCourt *s* tribunal de apelaciones en Inglaterra y Gales

higher eduˈcation *s* educación superior

high ˈheels *s pl* tacones, tacos, zapatos de tacón/de taco alto

high jump *s* salto (en) alto

highlands /ˈhaɪləndz/ *s pl* tierras altas, regiones montañosas

high-ˈlevel *adj* de alto nivel

highlight /ˈhaɪlaɪt/ *verbo, sustantivo & sustantivo plural*
• *v* [tr] **1** destacar, llamar la atención sobre **2** marcar con resaltador/rotulador **3** (en la computadora) seleccionar
• *s* momento culminante
• **highlights** *s pl* **1** reflejos, rayitos, luces [en el pelo] **2** (de un partido) mejores jugadas

highlighter /ˈhaɪlaɪtər/ *s* resaltador, rotulador

highly /ˈhaɪli/ *adv* **1** muy, altamente: *highly paid executives* ejecutivos muy bien pagados
2 to think highly of sb tener muy buena opinión de alguien | **to speak highly of sb** hablar muy bien de alguien

Highness /ˈhaɪnəs/ *s* (pl **-sses**) **His/Her/Your Highness** Su Alteza

ˌhigh-ˈpitched *adj* agudo -a [sonido, voz]

ˌhigh-ˈpowered *adj* **1** muy potente, de gran potencia **2** poderoso -a

ˌhigh-ˈpressure *adj* **1** muy estresante **2** de alta presión

ˈhigh-rise *adj* **a high-rise building** un edificio de muchos pisos | **a high-rise apartment** un apartamento [en un edificio de muchos pisos]

ˈhigh school *s*

> En EU y Canadá un **high school** es un colegio secundario para alumnos de entre 14 y 18 años. En Gran Bretaña sólo se usa en los nombres de algunos colegios.

ˈhigh-speed *adj* de/a alta velocidad

ˈHigh Street *s* BrE

> Así se le llama a la calle principal de un barrio o un pueblo, donde se concentra la mayoría de los comercios. En Estados Unidos el equivalente es **Main Street**.

high-tech, también **hi-tech** /haɪ ˈtek/ *adj* de alta tecnología, high tech

highway /ˈhaɪweɪ/ *s* AmE carretera, autopista

hijack /ˈhaɪdʒæk/ *verbo & sustantivo*
• *v* [tr] secuestrar [un avión, un barco, etc.]
• *s* secuestro [de un avión, un barco, etc.]

hijacker /ˈhaɪdʒækər/ *s* **1** secuestrador -a [de un autobús, tren, barco] **2** pirata (aéreo -a)

hike /haɪk/ *verbo & sustantivo*
• *v* [intr] hacer caminatas | **to go hiking** ir/salir de caminata
• *s* **1** caminata
2 (informal) suba (fuerte)

hikers

hiker /ˈhaɪkər/ *s* excursionista [que hace caminatas por el campo]

hilarious /hɪˈleriəs/ *adj* comiquísimo -a, graciosísimo

hill /hɪl/ *s* **1** colina, cerro **2** cuesta | **up/down the hill** cuesta arriba/abajo

hillside /ˈhɪlsaɪd/ *s* ladera

hilly /ˈhɪli/ *adj* (**-llier**, **-lliest**) accidentado -a, ondulado -a [con cerros, colinas, etc.]

hilt /hɪlt/ *s* empuñadura

him /hɪm/ *pron* **1** (como complemento directo) lo [referido a personas o animales]: *I congratulated him.* Lo felicité. **2** (como complemento indirecto) le, se: *She told him what had happened.* Le dijo lo que había pasado. | *I gave it to him.* Se lo di (a él). **3** (después de preposición, en comparaciones o tras el verbo "to be") él: *Are you going with him?* ¿Vas a ir con él? | *I'm younger than him.* Soy más joven que él. | *I don't think it's him.* Me parece que no es él.

himself /hɪm'self/ *pron* ▶ ver recuadro

hind /haɪnd/ *adj* **hind legs** patas traseras/de atrás

hinder /'hɪndər/ *v* [tr] entorpecer, dificultar

hindrance /'hɪndrəns/ *s* obstáculo, escollo

hindsight /'haɪndsaɪt/ *s* **with (the benefit of) hindsight** en retrospectiva, a posteriori

Hindu /'hɪndu/ *s & adj* hindú

Hinduism /'hɪnduɪzəm/ *s* hinduismo

hinge /hɪndʒ/ *sustantivo & verbo*

- *s* bisagra
- *v* **hinge on sth** depender de algo

hint /hɪnt/ *sustantivo & verbo*

- *s* **1** indirecta | **to drop a hint** lanzar una indirecta | **to take a/the hint** darse por aludido -a, captar una indirecta **2** sugerencia: *helpful hints on buying a computer* sugerencias útiles a la hora de comprar una computadora **3** toque: *a hint of garlic* un toque de ajo **4** pista, indicio
- *v* **1** [tr] insinuar, dar a entender **2 to hint at sth** insinuar algo, dar a entender algo

hip /hɪp/ *s* cadera

hippo /'hɪpoʊ/ *s* (pl **-ppos**) hipopótamo

hippopotamus /hɪpə'pɑtəməs/ *s* (pl **-muses**) hipopótamo

hire /haɪr/ *verbo & sustantivo*

- *v* [tr] **1** contratar [a una persona] **2** BrE alquilar [pagar para usar algo], rentar ▶ En inglés americano se usa **rent**
  hire sth out BrE alquilar [dar en alquiler], rentar ▶ En inglés americano se usa **rent out**
- *s* BrE alquiler, renta ▶ En inglés americano se usa **rent** | **for hire** se alquila: *"Boats for hire."* "Se alquilan barcos".

his /hɪz/ *adj & pron* ▶ ver recuadro

Hispanic /hɪ'spænɪk/ *adjetivo & sustantivo*

- *adj* **1** latino -a, hispano -a: *a Hispanic neighborhood in New York* un barrio latino en Nueva York **2** hispano -a **3 Hispanic Studies** carrera universitaria en la que se estudia la lengua y cultura de los países hispanohablantes y a veces también de los países de habla portuguesa
- *s* latino -a, hispano -a

hiss /hɪs/ *verbo & sustantivo*

- *v* (3ª pers sing **-sses**) **1** [intr] sisear una serpiente o emitir un sonido sibilante una máquina de vapor, un gato, etc. **2** [tr/intr] hacer un sonido sibilante en señal de desaprobación **3** [tr] decir entre dientes: *"Shut up!" she hissed.* –¡Cállate!– dijo entre dientes.
- *s* (pl **-sses**) **1** siseo de una serpiente o sonido sibilante emitido por una máquina de vapor, un gato, etc. **2** sonido sibilante que se hace en señal de desaprobación

historian /hɪ'stɔriən/ *s* historiador -a

historic /hɪ'stɔrɪk/ *adj* histórico -a: *a historic moment* un momento histórico

historical /hɪ'stɔrɪkəl/ *adj* histórico -a: *historical documents* documentos históricos

history /'hɪstəri/ *s* (pl **-ries**) **1** historia **2 to make history** hacer historia **3 to have a history of sth** tener un historial de algo

hit /hɪt/ *verbo & sustantivo*

- *v* [tr] (pasado & participio **hit**, gerundio **-tting**) **1** pegarle a: *Stop hitting her!* ¡Deja de pegarle! |

---

himself

1 **himself** es la forma reflexiva de **he**. Su uso equivale en general al de los verbos reflexivos españoles o a oraciones con *sí mismo*:

He enjoyed himself. Se divirtió. | *He looked at himself in the mirror.* Se miró en el espejo. | *He laughs at himself.* Se ríe de sí mismo. | *He was talking to himself.* Estaba hablando solo.

2 Tiene un uso enfático que equivale al de *él mismo*:

He can't even do it himself. Ni él mismo lo puede hacer.

3 La expresión **by himself** o **all by himself** significa *solo* (sin compañía o sin ayuda):

He came by himself. Vino solo. | *He can tie his shoes by himself.* Sabe atarse los cordones solito.

---

his

ADJETIVO

1 Puede equivaler a *su*, *sus* o *de él*:

his dog su perro | *his shirts* sus camisas | *This is his car, not yours.* Éste es el auto de él, no el tuyo.

2 Los posesivos se usan en inglés en muchos contextos en los cuales usamos el artículo en español. Por ejemplo, delante de partes del cuerpo, pertenencias personales, etc.:

He broke his leg. Se rompió la pierna. | *He forgot his umbrella.* Se le olvidó el paraguas.

PRONOMBRE

Como los pronombres posesivos ingleses no varían en género ni en número, **his** puede equivaler a *(el) de él, (la) de él, (los) de él, (las) de él, (el) suyo, (la) suya*, etc.:

These keys must be his. Estas llaves deben ser de él. | *This isn't Tom's jacket. His is blue.* Éste no es el saco de Tom. El de él es azul. | *A friend of his painted this.* Un amigo suyo pintó esto.

---

to hit sb over the head/on the nose etc. pegarle a alguien en la cabeza/en la nariz etc.
2 darle a: *The stone hit me on the shoulder.* La piedra me dio en el hombro.
3 golpearse | **to hit sth on/against sth** golpearse algo con/contra algo: *I fell and hit my head on the table.* Me caí y me golpeé la cabeza con la mesa.
4 chocar contra: *The car hit a tree.* El auto chocó contra un árbol.
5 alcanzar: *Our ship was hit by a torpedo.* Nuestro barco fue alcanzado por un torpedo. | **to hit sb in the eye/on the arm etc.** darle a alguien en el ojo/en el brazo etc. [un proyectil]
6 golpear, castigar: *the areas worst hit by the drought* las zonas más golpeadas por la sequía
7 to hit it off (informal) caerse bien, congeniar
hit back devolver el golpe | **to hit back at sb** devolverle el golpe a alguien
hit on sb AmE (informal) **to hit on sb** tratar de levantarse a alguien **hit on sth** **to hit on an idea/a plan etc.** dar con una idea/un plan etc.
• *s* **1** éxito, hit
2 impacto, golpe

hitch /hɪtʃ/ *verbo & sustantivo*
• *v* (3ª pers sing **-ches**) **1** [intr] (también **hitchhike**) viajar de aventón, echar/hacer dedo: *I was planning to hitch to Los Angeles.* Pensaba ir hasta Los Ángeles de aventón. **2 I hitched a ride with him/them etc.** me dio/dieron etc. aventón: *We hitched a ride with a trucker as far as Madison.* Un camionero nos dio aventón hasta Madison.
• *s* (pl **-ches**) problema: *a technical hitch* un problema técnico

hitchhiker /ˈhɪtʃhaɪkər/ *s* persona que pide aventón/echa dedo

hi-tech ► ver **high-tech**

HIV /eɪtʃ aɪ ˈvi/ *s* (= **human immunodeficiency virus**) VIH, HIV | **to be HIV positive** ser seropositivo -a, ser HIV positivo -a

hive /haɪv/ *s* (también **beehive**) colmena

hoard /hɔrd/ *sustantivo & verbo*
• *s* **1** tesoro **2** provisión [de comida]
• *v* [tr] acaparar, almacenar

hoarding /ˈhɔrdɪŋ/ *s* BrE ► ver **billboard**

hoarse /hɔrs/ *adj* ronco -a

hoax /houks/ *s* (pl **-xes**) engaño, farsa

hob /hɑb/ *s* BrE parte superior de una cocina/estufa

hobby /ˈhɑbi/ *s* (pl **-bbies**) hobby, pasatiempo

hockey /ˈhɑki/ *s* hockey ► Cuando no se especifica otra cosa, **hockey** significa hockey sobre hielo en inglés americano y hockey sobre césped en inglés británico

hoe /hou/ *s* azada

hog /hɑg/ *sustantivo & verbo*
• *s* AmE cerdo, chancho
• *v* [tr] (**-gged**, **-gging**) (informal) acaparar

hoist /hɔɪst/ *v* [tr] levantar, izar

hold /hould/ *verbo & sustantivo*
• *v* (pasado & participio **held**) **1** [tr] tener, sostener: *She was holding a knife in one hand.* Tenía un cuchillo en una mano. | *He held my books while I got the money out.* Me sostuvo los libros mientras yo sacaba el dinero.
2 to hold sb's hand tomar/agarrar a alguien de la mano | **to hold hands (with sb)** estar/ir de la mano (con alguien)
3 [tr] abrazar
4 [tr] agarrar: *Hold the rope tight.* Agarra la soga fuerte.
5 to hold a meeting/a party hacer una reunión/una fiesta | **to hold elections/an election** celebrar elecciones
6 to hold a conversation mantener una conversación
7 [tr] tener capacidad/lugar para
8 [tr] guardar [información]
9 [tr] tener detenido -a a | **to hold sb prisoner/hostage** tener a alguien prisionero -a/de rehén
10 [tr] aguantar: *That branch won't hold his weight.* Esa rama no va a aguantar su peso.
11 to hold a post/job ocupar un puesto/un cargo
12 to hold the record for sth tener el récord de algo | **to hold a title** ostentar un título
13 [intr] seguir en pie: *What I said yesterday still holds.* Lo que dije ayer sigue en pie.
14 [intr] (en el teléfono) esperar | **to hold the line** no cortar: *Hold the line, please.* No corte, por favor.

PHRASAL VERBS

hold against **to hold sth against sb** echarle algo en cara a alguien, guardarle rencor a alguien por algo
hold sth back **1** contener algo **2 to hold back your laughter/tears etc.** aguantarse la risa/las lágrimas etc. **hold sb back** **1** contener a alguien **2** frenar el desarrollo de alguien
hold sth down **1** sujetar algo **2** mantener algo [precios] **3 to hold down a job** mantener un trabajo **hold sb down** tener agarrado -a/sujeto -a a alguien
hold on **1** agarrarse: *Hold on tight and don't let go.* Agárrate fuerte y no te sueltes. **2** esperar: *Hold on a minute.* Espérame un minuto. **3** mantenerse firme, aguantar
hold onto sth **1** agarrarse/estar agarrado -a de algo **2** guardar/conservar algo **hold onto sb** agarrarse/estar agarrado -a de alguien
hold out **1** resistir, mantenerse firme **2** durar [provisiones, suministro]
hold sth up **1** levantar algo **2** retrasar algo
hold up sth **to hold up a bank/a store etc.** asaltar un banco/una tienda etc. **hold sb up** demorar a alguien
• *s* **1 to tighten/loosen your hold on sth** apretar más/soltar algo: *He tightened his hold on my arm.* Me apretó más el brazo. | **to take hold of sth** agarrar algo | **to keep hold of sth** no soltar algo

¿Se dice *on the table* o *in the table*? Mira la entrada **en**.

2 to get hold of sth conseguir algo: *Do you know where I can get hold of a secondhand piano?* ¿Sabes dónde puedo conseguir un piano usado? | **to get hold of sb** ubicar a alguien, conseguir a alguien | **to have a hold on/over sb** tener control sobre alguien
3 bodega [de un barco]

holdall /ˈhouldɔl/ *s* bolso

holder /ˈhouldər/ *s* **holder** designa a una persona que posee un documento, un abono o una entrada, que ostenta un título o que es el titular de una cuenta bancaria: *holders of EU passports* las personas que poseen pasaportes de la UE | *the name of the account holder* el nombre del titular de la cuenta | *the world record holder* la persona que ostenta el récord mundial

ˈhold-up *s* **1** embotellamiento, atasco, trancón **2** demora **3** atraco, asalto

hole /houl/ *s* **1** agujero, hueco **2** hoyo, bache **3** (en golf) hoyo **4** (de un zorro, un oso, etc.) madriguera, (de un conejo) conejera, (de un ratón) ratonera **5** (informal) lugar de mala muerte, cuchitril

holiday /ˈhɑlədeɪ/ *s* **1** día festivo, feriado | **public holiday** feriado nacional ► ver también **bank holiday** **2** BrE vacaciones: *We are going to Italy for our holidays.* Nos vamos a Italia de vacaciones. | **to be/go on holiday** vacacionar, estar/irse de vacaciones ► En inglés americano se usa **vacation**

holidaymaker /ˈhɑlədeɪmeɪkər/ BrE ► ver **vacationer**

Holland /ˈhɑlənd/ *s* Holanda

hollow /ˈhɑlou/ *adjetivo & sustantivo*

• *adj* **1** hueco -a **2 hollow words** palabras huecas | **hollow promises** promesas falsas

• *s* depresión [del terreno]

holly /ˈhɑli/ *s* acebo [planta con bayas rojas usada en decoraciones navideñas]

holocaust /ˈhɑləkɔst/ *s* holocausto

holy /ˈhouli/ *adj* (**-lier**, **-liest**) **1** santo -a, sagrado -a | **holy water** agua bendita **2** piadoso -a

homage /ˈhɑmɪdʒ/ *s* homenaje

home /houm/ *sustantivo, adverbio & adjetivo*

• *s* **1** (lugar donde uno vive) hogar, casa: *Most accidents happen in the home.* La mayoría de los accidentes suceden en el hogar. | **at home** en (su) casa: *He stayed at home and watched TV.* Se quedó en su casa a mirar la tele. | **to leave home (a)** salir de casa **(b)** irse de la casa de sus padres
2 to be/feel at home sentirse como en casa, sentirse a gusto | **to make yourself at home** ponerse cómodo -a
3 (en deportes) **to play/win/lose at home** jugar/ganar/perder en casa
4 país, ciudad, pueblo, etc. de donde uno es: *He misses his friends back at home.* Extraña a los amigos de su país (o de su pueblo etc.).
5 (propiedad) vivienda, casa: *affordable homes* viviendas a precios asequibles
6 (institución) residencia, hogar: *a retirement home* una residencia de ancianos
7 home address dirección particular **home comforts** comodidades **home cooking** comida casera **home movies** videos caseros

• *adv* a casa | **to get/go home** llegar/ir a casa | **to be home** estar [en su casa]: *Is Lee home?* ¿Está Lee?

• *adj* **1 home town/country** ciudad/país natal
2 familiar, doméstico -a: *a happy home life* una vida familiar feliz
3 nacional: *the home market* el mercado nacional
4 local: *the home team* el equipo local

homeland /ˈhoumlænd/ *s* patria, tierra natal

homeless /ˈhoumləs/ *adj* sin techo | **the homeless** los homeless, los sin techo

homely /ˈhoumli/ *adj* (**-lier**, **-liest**) **1** AmE medio feo -a, feúcho -a **2** BrE ► ver **homey**

homemade /houmˈmeɪd/ *adj* casero -a, hecho -a en casa

ˈhome page *s* **1** página de inicio **2** sitio (web)

ˌhome ˈrun *s* jonrón, home run

homesick /ˈhoumsɪk/ *adj* **to be/feel homesick** extrañar [la casa, el país natal, etc.]: *He was homesick for Quito.* Extrañaba Quito.

homeward /ˈhoumwərd/ *adjetivo & adverbio*

• *adj* **the homeward journey** el viaje a casa

• *adv* (también **homewards** /ˈhəumwədz/ BrE) rumbo a casa

homework /ˈhoumwɜrk/ *s* tarea, deberes [del colegio]

homey /ˈhoumi/ *adj* AmE (con calor) de hogar, familiar

homicide /ˈhɑməsaɪd/ *s* homicidio

homosexual /houməˈsekʃuəl/ *adj & s* homosexual

homosexuality /houməsekʃuˈæləti/ *s* homosexualidad

Honduran /hɑnˈdurən/ *adj & s* hondureño -a

Honduras /hɑnˈdurəs/ *s* Honduras

honest /ˈɑnɪst/ *adj* **1** honrado -a, honesto -a | **to be honest with sb** ser sincero -a/honesto -a con alguien **2 an honest answer/opinion** una respuesta/opinión sincera

honestly /ˈɑnɪstli/ *adv* **1** sinceramente: *He answered honestly.* Contestó sinceramente. | *It wasn't me. Honestly.* No fui yo. De verdad.
2 (para enfatizar) realmente **3** (expresando enojo): *Honestly! You could have told me before!* ¡La verdad, me lo podrías haber dicho antes!
4 honradamente

honesty /ˈɑnəsti/ *s* **1** honestidad, honradez **2** sinceridad

honey /ˈhʌni/ *s* **1** miel **2** AmE (como apelativo) cariño, querido -a

honeymoon /ˈhʌnimun/ *s* luna de miel, viaje de novios

honor AmE, **honour** BrE /ˈɑnər/ *sustantivo & verbo*

• *s* **1** honor **2 it is an honor to do sth** es un honor hacer algo | **to have the honor of doing sth** tener el honor de hacer algo **3 in sb's honor** en honor a alguien **4** honor, condecoración **5 Your Honor** Su Señoría

• *v* [tr] **1** honrar **2 to be/feel honored (to do sth)** estar/sentirse honrado -a (de hacer algo) **3 to honor a promise/an agreement** cumplir una promesa/un acuerdo

honorable AmE, **honourable** BrE /ˈɑnərəbəl/ *adj* respetable, honorable

honorary /ˈɑnəreri/ *adj* honorario -a

hood /hʊd/ *s* **1** capucha **2** AmE capó, capot, cofre

hoof /huf/ *s* (pl **hooves** o **hoofs**) pezuña, casco [de un caballo]

hook /hʊk/ *sustantivo & verbo*

• *s* **1** gancho, percha **2** anzuelo **3 off the hook** descolgado [teléfono]

• *v* **1** [intr] engancharse **2** [tr] enganchar

hooked /hʊkt/ *adj* **1** (informal) enganchado -a, enviciado -a | **to get hooked on sth** engancharse con algo, enviciarse con algo **2** ganchudo -a, con forma de gancho

hooligan /ˈhulɪgən/ *s* vándalo -a, cafre, hooligan

hooliganism /ˈhulɪgənɪzəm/ *s* vandalismo

hoop /hup/ *s* aro

hooray! /hʊˈreɪ/ *interj* ¡hurra!

hoot /hut/ *v* **1** [intr] ulular [lechuza] **2** [intr] pitar, tocar el pito/la bocina/el claxon | **to hoot at sb** tocarle la bocina/el claxon a alguien **3 to hoot your horn** tocar la bocina/el claxon

hoover /ˈhuvər/ *v* BrE ► ver **vacuum**

Hoover® /ˈhuvər/ *s* BrE aspiradora ► También existe **vacuum cleaner,** que es inglés universal

hooves /huvz/ plural de **hoof**

hop /hɑp/ *verbo & sustantivo*

• *v* [intr] (**-pped, -pping**) **1** saltar (en un pie) **2** avanzar dando pequeños saltos **to hop across the lawn/over to the door etc.** cruzar el césped/ir hasta la puerta etc. saltando en un pie **3 to hop out of bed/into the car etc.** saltar de la cama/subirse al auto etc. [rápidamente]

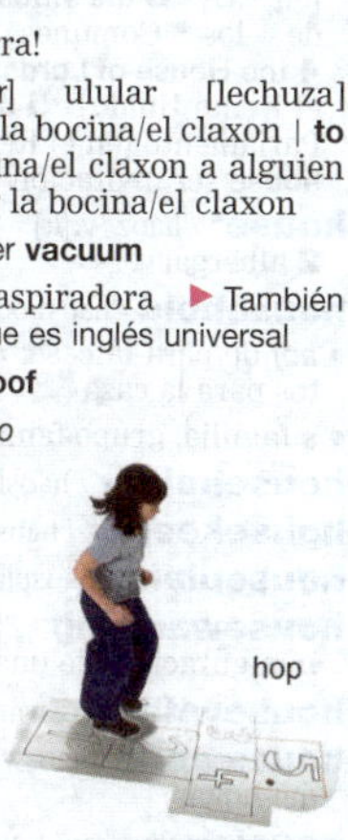

hop

• *s* saltico, saltito

hope /hoʊp/ *verbo & sustantivo*

• *v* **1** [tr] esperar: *I hope it doesn't rain.* Espero que no llueva. | *I was hoping that he'd be here.* Esperaba que estuviera aquí. | *She's hoping to study law at Harvard.* Espera poder estudiar abogacía en Harvard. **2 I hope so/not** espero que sí/no **3 to hope for sth** esperar algo/esperar que suceda algo: *We're hoping for good weather.* Esperamos que haga buen tiempo. **4 I should hope so!** es lo menos que podía/podían etc. hacer: *"She did apologize." "I should hope so too!"* –Pidió disculpas. –¡Es lo menos que podía hacer! | **I should hope not!** ¡faltaría más!

• *s* **1** esperanza: *There was no hope of escape.* No había ninguna esperanza de escapar. | *She has little hope of being selected.* Tiene pocas esperanzas de ser seleccionada. | *I came by* ***in the hope*** *of finding him at home.* Vine con la esperanza de encontrarlo en casa. | **to get your hopes up** hacerse ilusiones | **to have high hopes** tener muchas esperanzas **2 to be sb's last/only hope** ser la última/única esperanza de alguien

hopeful /ˈhoʊpfəl/ *adj* **1** ilusionado -a | **to be hopeful that** tener la esperanza de que **2** prometedor -a

hopefully /ˈhoʊpfəli/ *adv* **1** con suerte **2 she asked/said hopefully** preguntó/dijo esperanzada

hopeless /ˈhoʊpləs/ *adj* **1** desesperado -a [situación] **2** inútil | **to be hopeless at sth** ser un desastre para algo **3** imposible, inútil

hopelessly /ˈhoʊpləsli/ *adv* absolutamente, completamente

horde /hɔrd/ *s* horda

horizon /həˈraɪzən/ *sustantivo & sustantivo plural*

• *s* **the horizon** el horizonte

• **horizons** *s pl* **to broaden your horizons** ampliar sus horizontes

horizontal /hɔrəˈzɑntl/ *adjetivo & sustantivo*

• *adj* horizontal

• *s* **the horizontal** la horizontal

hormone /ˈhɔrmoʊn/ *s* hormona

horn /hɔrn/ *s* **1** cuerno **2** claxon, pito, bocina **3** (instrumento) cuerno

horoscope /ˈhɔrəskoʊp/ *s* horóscopo

horrendous /həˈrendəs/ *adj* **1** espantoso -a, horrendo -a **2** (informal) terrible

horrible /ˈhɔrəbəl/ *adj* **1** horrible **2** malo -a: *Don't be so horrible!* ¡No seas tan malo!

horrid /ˈhɔrɪd/ *adj* (informal) **1** malo -a, horroroso -a [tiempo, olor] **2** malo -a: *Don't be so horrid to your sister!* ¡No seas tan malo con tu hermana!

horrific /həˈrɪfɪk/ *adj* horroroso -a, espantoso -a [accidente, heridas]

horrify /ˈhɔrəfaɪ/ *v* [tr] (3ª pers sing **-fies**, pasado & participio **-fied**) horrorizar: *I was horrified by what I saw.* Me quedé horrorizada por lo que vi.

horrifying /ˈhɔrəfaɪ-ɪŋ/ *adj* horripilante, horrendo -a

horror /ˈhɔrər/ *s* **1** horror **2 to have a horror of sth** tenerle terror a algo **3 horror movie, horror film** película de terror

horse /hɔrs/ *s* **1** caballo **2** potro, caballo [en un gimnasio]

horseback /ˈhɔrsbæk/ *s* **on horseback** a caballo

ˈhorseback ˌriding *s* AmE **1** equitación **2 to go horseback riding** ir a montar/andar a caballo

horseman /ˈhɔrsmən/ *s* (pl **-men**) jinete

horsepower /ˈhɔrspaʊr/ *s* (pl **horsepower**) caballo de fuerza

ˈhorse ˌracing *s* carreras de caballos

ˈhorse ˌriding BrE ► ver **horseback riding**

horseshoe /ˈhɔrʃ-ʃu/ *s* herradura

horsewoman /ˈhɔrswʊmən/ *s* (pl **-women**) amazona

horticulture /ˈhɔrtəkʌltʃər/ *s* horticultura

hose /hoʊz/ *s* (también **hosepipe** BrE) manguera

hospice /ˈhɑspɪs/ *s* residencia donde se atiende a enfermos desahuciados

hospitable /hɑˈspɪtəbəl/ *adj* hospitalario -a | **to be hospitable to sb** ser hospitalario -a con alguien

hospital /ˈhɑspɪtl/ *s* hospital | **to be in the hospital** AmE, **to be in hospital** BrE estar en el hospital, estar internado -a/hospitalizado -a | **to go to/into the hospital** AmE, **to go to/into hospital** BrE internarse, ser internado -a/hospitalizado -a

hospitality /hɑspəˈtæləti/ *s* hospitalidad

host /hoʊst/ *sustantivo & verbo*

• *s* **1** anfitrión -ona **2** conductor -a, presentador -a **3 a (whole) host of sth** una multitud/gran cantidad de algo **4 host city** sede

• *v* [tr] **1** ser (la) sede de **2** conducir, presentar [un programa de televisión]

hostage /ˈhɑstɪdʒ/ *s* rehén | **to hold/take sb hostage** tener/tomar a alguien de rehén

hostel /ˈhɑstl/ *s* albergue

hostess /ˈhoʊstɪs/ *s* (pl **-sses**) **1** anfitriona **2** conductora, presentadora **3** cabaretera, alternadora, fichera

hostile /ˈhɑstl, BrE ˈhɑstaɪl/ *adj* **1** hostil, agresivo -a **2 to be hostile to/toward sth** ser hostil a algo **3 hostile territory** territorio enemigo

hostility /hɑˈstɪləti/ *s* (pl **-ties**) hostilidad

hot /hɑt/ *adj* (**-tter**, **-ttest**) **1** caliente: *a nice hot bath* un buen baño caliente **2** caluroso -a: *the hottest day of the year* el día más caluroso del año | **to be hot (a)** (referido a personas) tener calor: *I was hot and tired.* Tenía calor y estaba cansada. **(b)** (referido al tiempo) hacer calor: *It's hot in here.* Hace calor aquí. **3** picante: *a hot curry* un curry picante **4** (informal) muy de moda: *a hot new band* una nueva banda que está muy de moda

ˈhot dog *s* perro/perrito caliente

hotel /hoʊˈtel/ *s* hotel

hotly /ˈhɑtli/ *adv* **1** enérgicamente **2 hotly contested/debated** muy reñido -a/muy discutido -a

ˌhot-ˈwater ˌbottle *s* bolsa de agua caliente

hound /haʊnd/ *sustantivo & verbo*

• *s* sabueso, perro de caza

• *v* [tr] perseguir, acosar

hour /aʊr/ *sustantivo & sustantivo plural*

• *s* **1** hora: *an hour and a half* una hora y media | *I'll be back in an hour.* Vuelvo en una hora. | *I've been waiting here for hours.* Hace horas que te estoy esperando. | **10/50 miles etc. an hour** 10/50 millas etc. por hora **2 on the hour** a la hora en punto

• **hours** *s pl* **opening hours** horario [de una tienda] | **office/visiting hours** horario de oficina/de visita

hourly /ˈaʊrli/ *adjetivo & adverbio*

• *adj* **1 hourly departures/news programs etc.** salidas/noticieros etc. cada hora **2** por hora

• *adv* cada hora

house[1] /haʊs/ *s* (pl **houses**) **1** casa: *an old house* una casa antigua | *I'm going over to Ashley's house.* Me voy a la casa de Ashley. ► ¿HOUSE O HOME? ver **casa**

house

2 the House of Representatives la Cámara de Representantes [en EU] | **the Houses of Congress** el Congreso [en EU] **3 the House of Commons** la Cámara de los Comunes [en el Reino Unido] **4 the House of Lords** la Cámara de los Lores [en el Reino Unido] **5 the Houses of Parliament** el Parlamento [en el Reino Unido] **6 to be on the house** ser invitación de la casa

house[2] /haʊz/ *v* [tr] **1** alojar, dar alojamiento a **2** albergar

household /ˈhaʊshoʊld/ *adjetivo & sustantivo*

• *adj* de/para la casa: *household products* productos para la casa

• *s* familia, grupo familiar

householder /ˈhaʊshoʊldər/ *s* dueño -a de casa

housekeeper /ˈhaʊskipər/ *s* ama de llaves

houseplant /ˈhaʊsplænt/ *s* planta de interior

housewarming /ˈhaʊswɔrmɪŋ/ *s* fiesta de inauguración [de una casa]

housewife /ˈhaʊswaɪf/ *s* (pl **-wives**) ama de casa

housework /ˈhaʊswɜrk/ *s* tareas (domésticas/del hogar)

housing /ˈhaʊzɪŋ/ *s* vivienda(s)

ˈhousing ˌdevelopment AmE, **housing estate** BrE *s* complejo (habitacional)

hover /'hʌvər/ *v* [intr] **1** estar suspendido -a en el aire, planear **2 to hover by/around sth** rondar algo

hovercraft /'hʌvərkræft/ *s* aerodeslizador, hovercraft

how /haʊ/ *adv & conj* ▶ ver recuadro

however /haʊ'evər/ *adv* **1** sin embargo **2 however big/small/long etc. it is** por grande/pequeño/largo etc. que sea | **however long it takes** se tarde lo que se tarde | **however much it costs** cueste lo que cueste

howl /haʊl/ *verbo & sustantivo*
- *v* [intr] aullar
- *s* aullido

HQ /eɪtʃ 'kju/ *s* (= **headquarters**)

hr. *s* (= **hour**) h

hub /hʌb/ *s* centro, eje central

huddle /'hʌdl/ *v* [intr] **1** (también **huddle together**) apiñarse, amontonarse **2** (también **huddle up**) acurrucarse

hue /hju/ *s* tono [de un color]

huff /hʌf/ *s* **in a huff** enojado -a, enfurruñado -a

hug /hʌg/ *verbo & sustantivo*
- *v* (**-gged**, **-gging**)
  1 [intr] abrazarse
  2 [tr] abrazar
- *s* abrazo

hugging

huge /hjudʒ/ *adj* enorme

hull /hʌl/ *s* casco [de un barco]

hullo /hə'loʊ/ BrE ▶ ver **hello**

hum /hʌm/ *verbo & sustantivo*
- *v* (**-mmed**, **-mming**) **1** [intr] tararear [con la boca cerrada] **2** [intr] zumbar
- *s* zumbido

human /'hjumən/ *adjetivo & sustantivo*
- *adj* humano -a | **human nature** (la) naturaleza humana | **the human race** el género humano | **human rights** derechos humanos | **I'm/she's etc. only human** todos somos humanos
- *s* (también **human being**) ser humano

humane /hju'meɪn/ *adj* **humane methods/treatment** métodos humanitarios/tratamiento humanitario | **humane conditions** condiciones humanas

humanitarian /hjumænə'teriən/ *adj* **humanitarian aid/mission** ayuda/misión humanitaria

humanity /hju'mænəti/ *sustantivo & sustantivo plural*
- *s* humanidad
- **humanities** *s pl* humanidades

humble /'hʌmbəl/ *adj* humilde

humid /'hyumɪd/ *adj* húmedo -a [clima, día]

humidity /hju'mɪdəti/ *s* humedad

humiliate /hju'mɪlieɪt/ *v* [tr] humillar

---

how

ADVERBIO

1 MODO (= cómo)
How are you? ¿Cómo está(s)?/¿Cómo te/le va? | *How do you spell "foyer"?* ¿Cómo se escribe "foyer"? | *How do I look in this dress?* ¿Cómo me queda este vestido?

2 EXCLAMACIONES (= qué)
"He lost his job." "How awful!" –Se quedó sin trabajo. –¡Qué horrible!

3 SEGUIDO DE ADJETIVOS Y ADVERBIOS (= lo, cuán)
I was surprised how easy it was. Me sorprendió lo fácil que era. | *It depends on how important it is.* Depende de lo importante que sea./Depende de cuán importante sea.

4 SUGERENCIAS
how about...? ¿qué tal...?: *How about going out to eat?* ¿Qué tal si vamos a comer afuera? | *I can't on Thursday. How about Friday?* El jueves no puedo. ¿Qué tal el viernes?

5 PRESENTACIONES
how do you do? mucho gusto/encantado -a
Ésta es una expresión formal, a la que se responde con **how do you do?**

6 SORPRESA
how come: *How come you didn't phone?* ¿Cómo es que no llamaste? | *"I won't be here tomorrow." "How come?"* –Mañana no voy a estar. –¿Cómo es eso?/¿Cómo así?

7 **how tall, how old, how much, how many,** etc. están tratadas bajo el adjetivo, pronombre etc. correspondiente.

CONJUNCIÓN

1 EN PREGUNTAS (= cómo)
Do you remember how we did it? ¿Te acuerdas de cómo lo hicimos?

2 EN OTRAS FRASES (= como)
I'll live my life how I like. Mi vida la voy a vivir como yo quiera.

---

humiliating /hju'mɪlieɪtɪŋ/ *adj* humillante

humility /hju'mɪləti/ *s* humildad

hummingbird /'hʌmɪŋbɜrd/ *s* colibrí, picaflor

humor AmE, **humour** BrE /'hjumər/ *sustantivo & verbo*
- *s* **1** humor | **sense of humor** sentido del humor **2** gracia **3 good humor** buen humor
- *v* [tr] seguirle la corriente a, darle el gusto a

humorous /'hjumərəs/ *adj* gracioso -a [situación, comentario] | **a humorous story** una historia humorística/cómica

hump /hʌmp/ *s* **1** loma, montículo **2** joroba

hunch /hʌntʃ/ *s* (pl **-ches**) corazonada, presentimiento

hundred /ˈhʌndrəd/ *número* **1** cien: *a hundred years* cien años ► Cuando **hundred** se usa como numeral, su plural es invariable: *two hundred kilometers* doscientos kilómetros | *a few hundred dollars* unos cientos de dólares **2 hundreds of** cientos de

hundredth /ˈhʌndrədθ/ *número* **1** centésimo -a **2** centésimo

hung /hʌŋ/ pasado & participio de **hang**

hunger /ˈhʌŋgər/ *s* hambre

hungry /ˈhʌŋgri/ *adj* (**-rier**, **-riest**) **1 to be hungry** tener hambre: *I'm hungry, let's eat.* Tengo hambre, comamos algo. **2** hambriento -a: *hungry children* niños hambrientos **3 to go hungry** pasar hambre

hunk /hʌŋk/ *s* **1** trozo, pedazo **2** (informal) (hombre atractivo) churro, monumento, papacito

hunt /hʌnt/ *verbo & sustantivo*

• *v* **1** [tr/intr] cazar | **to go hunting** ir de caza **2 to hunt for sth/sb** buscar algo/a alguien **hunt sb down** darle caza a alguien

• *s* **1** cacería, partida de caza **2** búsqueda: *the **hunt** for the murderer* la búsqueda del asesino

hunter /ˈhʌntər/ *s* cazador -a

hunting /ˈhʌntɪŋ/ *s* caza

hurdle /ˈhɜrdl/ *s* **1** valla **2** obstáculo

hurl /hɜrl/ *v* **1 to hurl sth across/over etc. sth** tirar algo a través/por encima etc. de algo **2 to hurl abuse at sb** lanzar insultos contra alguien

hurrah! /hʊˈrɑ/ ► ver **hooray!**

hurricane /ˈhɜrɪkeɪn/ *s* huracán

hurried /ˈhɜrid/ *adj* rápido -a, apresurado -a

hurry /ˈhɜri/ *verbo & sustantivo*

• *v* (**-rries**, **-rried**) **1** [intr] apurarse: *If we hurry, we can catch the train.* Si nos apuramos, podemos agarrar el tren. | *He **hurried back** to the hotel.* Volvió de prisa al hotel. **2** [tr] apurar **hurry up** apurarse: *Hurry up! We're late.* ¡Apúrate, que llegamos tarde! **hurry sb up** apurar a alguien **hurry sth up** acelerar algo

• *s* **1 to be in a hurry** estar apurado -a **2 (there's) no hurry** no hay apuro **3 to be in no hurry** no tener ningún apuro

hurt /hɜrt/ *verbo & adjetivo*

• *v* (pasado & participio **hurt**) **1** [intr] doler: *My head hurts.* Me duele la cabeza. **2** [tr] lastimar: *I've hurt my hand.* Me lastimé la mano. | *Someone will **get hurt**.* Alguien se va a lastimar. | **to hurt yourself** lastimarse **3** [tr] (emocionalmente) lastimar, herir: *I was very hurt by what he said.* Me lastimó mucho lo que dijo./Me quedé muy dolida por lo que dijo. | **to hurt sb's feelings** herir a alguien

• *adj* dolido -a [expresión, tono]

hurtful /ˈhɜrtfəl/ *adj* hiriente, doloroso -a

hurtle /ˈhɜrtl/ *v* **to hurtle down/through etc. sth** moverse rápidamente, sin control: *The truck came hurtling down the hill.* El camión se precipitó por la cuesta.

husband /ˈhʌzbənd/ *s* marido, esposo

hush /hʌʃ/ *verbo & sustantivo*

• *v* (3ª pers sing **hushes**) **1** [intr] callarse | **hush!** ¡cállate!/¡cállese! **2** [tr] hacer callar **hush sth up** acallar algo

• *s* silencio

husky /ˈhʌski/ *adj* (**-kier**, **-kiest**) grave, ronco -a

hustle /ˈhʌsəl/ *verbo & sustantivo*

• *v* **1** [tr] empujar [a una persona para que se mueva]: *She was **hustled** into the taxi.* La metieron en el taxi a los empujones. **2** [intr] AmE correr **3** [tr] presionar

• *s* **hustle and bustle** ajetreo

hut /hʌt/ *s* cabaña, choza

hutch /hʌtʃ/ *s* (pl **-ches**) **1** jaula [para conejos] **2** AmE armario con puertas abajo y estantes en la parte superior

hydrant /ˈhaɪdrənt/ *s* **1** boca de incendio, hidrante (de incendios), grifo **2** boca de riego, hidrante

hydrogen /ˈhaɪdrədʒən/ *s* hidrógeno

hyena /haɪˈinə/ *s* hiena

hygienic /haɪˈdʒenɪk/ *adj* higiénico -a

hymn /hɪm/ *s* cántico, himno

hype /haɪp/ *sustantivo & verbo*

• *s* propaganda, despliegue publicitario

• *v* [tr] (también **hype up**) hacerle mucha propaganda a, dar un gran despliegue publicitario a

hyphen /ˈhaɪfən/ *s* guión [signo de puntuación]

hypnotism /ˈhɪpnətɪzəm/ *s* hipnotismo

hypnotist /ˈhɪpnətɪst/ *s* hipnotizador -a

hypnotize, -ise BrE /ˈhɪpnətaɪz/ *v* [tr] hipnotizar

hypochondriac /haɪpəˈkɑndriæk/ *s* hipocondríaco -a

hypocrisy /hɪˈpɑkrəsi/ *s* hipocresía

hypocrite /ˈhɪpəkrɪt/ *s* hipócrita

hypocritical /hɪpəˈkrɪtɪkəl/ *adj* hipócrita

hypothesis /haɪˈpɑθəsɪs/ *s* (pl **-ses**) hipótesis

hypothetical /haɪpəˈθetɪkəl/ *adj* hipotético -a

hysterical /hɪˈsterɪkəl/ *adj* **1** histérico -a, en estado de histeria **2** (informal) comiquísimo -a, para morirse de (la) risa

hysterics /hɪˈsterɪks/ *s pl* **1** histeria | **to go into hysterics** ponerse histérico -a **2 in hysterics** (informal) muerto -a de (la) risa

¿Quieres una lista de frases útiles para hablar de ti mismo? Consulta la **guía de comunicación** al final del libro.

I

I[1], i /aɪ/ *s* (pl **I's, i's**) (letra) I, i ▶ ver "Active Box" **letters** en **letter**

I[2] *pron* yo ▶ Los pronombres de sujeto nunca se omiten en inglés: *I'm 13.* Tengo 13 años. | *I love dancing.* Me encanta bailar.

ice /aɪs/ *s* **1** hielo **2 ice cube** cubito (de hielo)

iceberg /ˈaɪsbɜrg/ *s* iceberg

ˌice-ˈcold *adj* helado -a: *ice-cold drinks* bebidas heladas

ˌice ˈcream *s* helado: *strawberry ice cream* helado de fresa

ˈice ˌhockey *s* hockey sobre hielo ▶ En inglés americano se suele decir **hockey**

Iceland /ˈaɪslənd/ *s* Islandia

ˈice ˌlolly *s* (pl **-llies**) BrE paleta (helada/de helado), chupete (helado) ▶ En inglés americano se usa **Popsicle®**

ˈice rink *s* pista de (patinaje sobre) hielo

ˈice skate *verbo & sustantivo*
- *v* [intr] patinar sobre hielo
- *s* patín de cuchilla, patín de hielo

ˈice ˌskating *s* patinaje sobre hielo

icicle /ˈaɪsɪkəl/ *s* carámbano [de hielo]

icing /ˈaɪsɪŋ/ *s* BrE glaseado, baño [de un pastel] ▶ En inglés americano se usa **frosting**

ˈicing ˌsugar *s* BrE azúcar glas(é), azúcar en polvo, azúcar flor ▶ En inglés americano se usa **confectioners' sugar**

icon /ˈaɪkɑn/ *s* (en computación) icono

icy /ˈaɪsi/ *adj* (**icier, iciest**) **1** helado -a [viento, agua, manos, etc.] **2** cubierto -a de hielo [carretera], helado -a [estanque] **3** glacial [mirada]

I'd /aɪd/
- contracción de **I had**
- contracción de **I would**

ID /aɪ ˈdi/ *s* identificación, documento(s) de identidad

idea /aɪˈdiə/ *s* **1** idea: *Where did you get that idea?* ¿De dónde sacaste esa idea? **2 to have no idea** no tener idea **3 to get the idea** captar la idea

ideal /aɪˈdiəl/ *adjetivo & sustantivo*
- *adj* ideal: *an ideal place for a picnic* un lugar ideal para un picnic
- *s* ideal

idealism /aɪˈdiəlɪzəm/ *s* idealismo

idealist /aɪˈdiəlɪst/ *s* idealista

idealistic /aɪdiəˈlɪstɪk/ *adj* idealista

ideally /aɪˈdiəli/ *adv* **1** en una situación ideal: *Ideally, I'd like a balcony.* De ser posible, me gustaría tener balcón. | *Ideally, people should get more exercise.* Lo ideal sería que la gente hiciera más ejercicio. **2 to be ideally suited to/for sth** ser ideal para algo

identical /aɪˈdentɪkəl/ *adj* **1** idéntico -a: *Her dress was* ***identical to*** *mine.* Su vestido era idéntico al mío. **2 identical twins** gemelos (idénticos)

identification /aɪdentəfəˈkeɪʃən/ *s* **1** identificación **2** identificación, documento(s) de identidad

identify /aɪˈdentəfaɪ/ *v* [tr] (**-fies, -fied**) identificar
identify with sb identificarse con alguien

identity /aɪˈdentəti/ *s* (pl **-ties**) **1** identidad | **a case of mistaken identity** un caso de confusión de identidades **2 identity card** cédula de ciudadanía/de identidad, carnet de identidad

ideology /aɪdiˈɑlədʒi/ *s* (pl **-gies**) ideología

idiom /ˈɪdiəm/ *s* expresión idiomática, modismo

idiot /ˈɪdiət/ *s* idiota

idiotic /ɪdiˈɑtɪk/ *adj* idiota

idle /ˈaɪdl/ *adj* **1** holgazán -ana, flojo -a, haragán -ana **2 idle moments/days etc.** ratos/días etc. de ocio **3** desocupado -a [trabajador] **4** parado -a [maquinaria] **5 idle curiosity** pura curiosidad **6 idle threats** amenazas vanas

idleness /ˈaɪdlnəs/ *s* **1** ocio, inactividad **2** holgazanería, flojera, haraganería

idol /ˈaɪdl/ *s* ídolo

idolize, -ise BrE /ˈaɪdlaɪz/ *v* [tr] idolatrar

idyllic /aɪˈdɪlɪk/ *adj* idílico -a

i.e. /aɪ ˈi/ es decir

if /ɪf/ *conj* ▶ ver recuadro

igloo /ˈɪglu/ *s* iglú

> **if**
>
> **1 EN ORACIONES CONDICIONALES (= SI)**
>
> *If you see him, tell him to call me.* Si lo ves, dile que me llame. | *If I go to bed late, I can't get up in the morning.* Si me acuesto tarde, no me puedo levantar por la mañana. | *Mom will be mad if I tell her.* Mi mamá se va a enojar si se lo digo. | *I would help you if I could.* Te ayudaría si pudiera. | **if I were you** si yo fuera tú/yo que tú/yo en tu lugar/yo de ti: *I'd go by train if I were you.* Si yo fuera tú, iría en tren. | **if so** si es así
>
> **2 EN PREGUNTAS INDIRECTAS (= SI)**
>
> *She asked me if I had a girlfriend.* Me preguntó si tenía novia.
>
> **3 EXPRESANDO DESEOS**
>
> **if only:** *If only he was taller!* ¡Ojalá fuera más alto! | *If only I hadn't spent all that money!* ¡Ay, si no me hubiera gastado todo ese dinero!
>
> **4 even if** está tratado en **even**.

i ¿No sabes cómo pronunciar una determinada palabra? Consulta el recuadro de **símbolos fonéticos** en el interior de la cubierta.

ignite /ɪg'naɪt/ *v* (formal) **1** [tr] prenderle fuego a **2** [intr] prenderse fuego

ignition /ɪg'nɪʃən/ *s* **1** (lugar donde se pone la llave) contacto, arranque **2** (sistema) encendido

ignorance /'ɪgnərəns/ *s* ignorancia

ignorant /'ɪgnərənt/ *adj* **1** ignorante | **to be ignorant of sth** ignorar/desconocer algo | **to be ignorant about sth** no saber nada de algo **2** bruto -a, maleducado -a

ignore /ɪg'nɔr/ *v* [tr] **1** ignorar, no hacerle caso a [una persona] **2** no hacer caso de, hacer caso omiso de [un consejo, una advertencia]

I'll /aɪl/

• contracción de **I will**

• contracción de **I shall**

ill /ɪl/ *adj* **1 to be ill** estar enfermo -a | **to feel ill** sentirse mal | **to fall ill** enfermarse | **to be taken ill** BrE enfermarse ► También se usa **to fall ill,** que es inglés universal ► **¿ILL O SICK?** ver recuadro en **enfermo** **2** (malo) **ill health** mala salud | **ill effects** efectos negativos/adversos | **ill feeling** rencor

illegal /ɪ'ligəl/ *adj* ilegal

illegible /ɪ'ledʒəbəl/ *adj* ilegible

illegitimate /ɪlə'dʒɪtəmət/ *adj* ilegítimo -a

illicit /ɪ'lɪsɪt/ *adj* ilícito -a

illiterate /ɪ'lɪtərət/ *adj* analfabeto -a

illness /'ɪlnəs/ *s* (pl **-sses**) enfermedad: *serious illnesses* enfermedades graves | *minor illnesses* dolencias leves ► **¿ILLNESS O DISEASE?** ver recuadro en **enfermedad**

illogical /ɪ'lɑdʒɪkəl/ *adj* ilógico -a

ˌill-'treatment *s* maltrato, malos tratos

illuminate /ɪ'lumənеɪt/ *v* [tr] (formal) iluminar

illuminating /ɪ'lumənеɪtɪŋ/ *adj* (formal) esclarecedor -a

illusion /ɪ'luʒən/ *s* **1** ilusión **2 to be under the illusion (that)** creerse que, hacerse ilusiones de que

illustrate /'ɪləstreɪt/ *v* [tr] ilustrar

illustration /ɪlə'streɪʃən/ *s* **1** ilustración **2** ejemplo

I'm /aɪm/ contracción de **I am**

image /'ɪmɪdʒ/ *s* imagen: *the company's public image* la imagen pública de la empresa

imaginary /ɪ'mædʒəneri/ *adj* imaginario -a

imagination /ɪmædʒə'neɪʃən/ *s* imaginación

imaginative /ɪ'mædʒənətɪv/ *adj* imaginativo -a

imagine /ɪ'mædʒɪn/ *v* [tr] imaginar(se): *I can't imagine getting married.* No me imagino casándome. | *I imagine she knows.* Me imagino que lo sabe.

imbalance /ɪm'bæləns/ *s* desequilibrio

imbecile /'ɪmbəsəl/ *s* imbécil

imitate /'ɪmətеɪt/ *v* [tr] imitar

imitation /ɪmə'teɪʃən/ *sustantivo & adjetivo*

• *s* **1** (de una persona o una acción) imitación **2** (de un objeto) imitación

• *adj* (de) imitación

immaculate /ɪ'mækjələt/ *adj* inmaculado -a, impecable

immaterial /ɪmə'tɪriəl/ *adj* (formal) irrelevante

immature /ɪmə'tʃʊr/ *adj* inmaduro -a

immediate /ɪ'midiət/ *adj* **1** inmediato -a **2 the immediate vicinity/area** las inmediaciones **3 immediate family** familiares más cercanos

immediately /ɪ'midiətli/ *adv* **1** inmediatamente, de inmediato **2 immediately before/after sth** inmediatamente antes/después de algo | **immediately above/behind etc. sth/sb** justo arriba/detrás etc. de algo/alguien

immense /ɪ'mens/ *adj* inmenso -a, enorme

immerse /ɪ'mɜrs/ *v* [tr] **1 to be immersed in sth** estar absorto -a/inmerso -a en algo | **to immerse yourself in sth** concentrarse en algo [en el trabajo, etc.] **2** (formal) sumergir [en el agua]

immersion /ɪ'mɜrʒən/ *s* inmersión

immigrant /'ɪməgrənt/ *s* inmigrante

immigration /ɪmə'greɪʃən/ *s* **1** inmigración **2** control de inmigración/migración

immobile /ɪ'moubəl/ *adj* inmóvil

immobilize, -ise BrE /ɪ'moubəlaɪz/ *v* [tr] inmovilizar

immortal /ɪ'mɔrtl/ *adj* inmortal

immortality /ɪmɔr'tæləti/ *s* inmortalidad

immune /ɪ'mjun/ *adj* **immune (to sth)** inmune (a algo)

im'mune ˌsystem *s* sistema inmunológico, sistema inmune

immunity /ɪ'mjunəti/ *s* inmunidad

immunization, -isation BrE /ɪmjənə'zeɪʃən/ *s* inmunización

immunize, -ise BrE /'ɪmjənaɪz/ *v* **to immunize sb (against sth)** inmunizar a alguien (contra algo)

impact /'ɪmpækt/ *s* **1** impacto, efecto **2** (de un choque) impacto

impair /ɪm'per/ *v* [tr] afectar, dañar

impaired /ɪm'perd/ *adj* **1** afectado-a **2 visually/hearing impaired** con discapacidad visual/auditiva

impart /ɪm'pɑrt/ *v* [tr] (formal) **1** impartir | **to impart sth to sb** transmitirle/impartirle algo a alguien **2** conferir [una cualidad]

impasse /'ɪmpæs/ *s* punto muerto, impasse [en una situación]

impassive /ɪm'pæsɪv/ *adj* impasible

impatience /ɪm'peɪʃəns/ *s* impaciencia

impatient /ɪm'peɪʃənt/ *adj* **1** impaciente | **to be impatient to do sth** estar impaciente por hacer algo **2** (irritable): *He **gets impatient** with his students.* Los alumnos le hacen perder la paciencia.

impede /ɪm'pid/ *v* [tr] obstaculizar, dificultar

i ¿Quieres más información sobre los **verbos modales**? Hay una explicación en el apartado de gramática.

impediment /ɪm'pedəmənt/ *s* **1** (problema físico) defecto **2** (dificultad) impedimento

impending /ɪm'pendɪŋ/ *adj* inminente

imperative /ɪm'perətɪv/ *adjetivo & sustantivo*

• *adj* **1** imperioso -a | **it is imperative (that)** (formal) es imprescindible que **2** imperioso -a [gesto, tono de voz] **3** en imperativo [verbo, oración]

• *s* **the imperative** el imperativo

imperfect /ɪm'pɜrfɪkt/ *adjetivo & sustantivo*

• *adj* **1** imperfecto -a **2** con defectos/fallas

• *s* **the imperfect** el (pretérito) imperfecto

imperfection /ɪmpər'fekʃən/ *s* imperfección, defecto

imperial /ɪm'pɪriəl/ *adj* **1** imperial **2 the imperial system** Así se llama el sistema de pesos y medidas que incluye unidades como la pulgada **(inch)** la milla **(mile)**, etc. Algunas unidades, como la pinta **(pint)** y el galón **(gallon)** tienen valores diferentes en EU y en Gran Bretaña ▶ Para más información ver el apartado sobre **Gran Bretaña** en el apéndice

imperialism /ɪm'pɪriəlɪzəm/ *s* imperialismo

impersonate /ɪm'pɜrsəneɪt/ *v* [tr] hacerse pasar por, imitar

impersonation /ɪmpɜrsə'neɪʃən/ *s* imitación [de una persona]

impertinent /ɪm'pɜrt-nənt/ *adj* impertinente

impetus /'ɪmpətəs/ *s* impulso, ímpetu

implausible /ɪm'plɔzəbəl/ *adj* inverosímil, poco convincente

implement¹ /'ɪmpləment/ *v* [tr] implementar, poner en práctica

implement² /'ɪmpləmənt/ *s* **1** instrumento, herramienta, implemento **2** (de cocina) utensilio

implementation /ɪmpləmən'teɪʃən/ *s* implementación, puesta en práctica

implicate /'ɪmplɪkeɪt/ *v* **to implicate sb (in sth)** implicar/involucrar a alguien (en algo)

implication /ɪmplɪ'keɪʃən/ *s* **1** implicancia, consecuencia **2** insinuación **3** implicación [en un hecho delictivo]

implicit /ɪm'plɪsɪt/ *adj* **1** implícito -a **2** absoluto -a [fe, confianza]

implore /ɪm'plɔr/ *v* [tr] (formal) suplicar, implorar

imply /ɪm'plaɪ/ *v* [tr] (**-lies**, **-lied**) **1** insinuar **2** implicar, suponer

impolite /ɪmpə'laɪt/ *adj* descortés, maleducado -a

import¹ /'ɪmpɔrt/ *s* **1** importación **2** artículo importado/de importación

import² /ɪm'pɔrt/ *v* [tr] importar

importance /ɪm'pɔrtns/ *s* importancia | **to be of no importance** no tener importancia

important /ɪm'pɔrtnt/ *adj* importante: *My free time is* ***important*** *to me.* Mi tiempo libre es importante para mí.

impose /ɪm'poʊz/ *v* **1** [tr] imponer | **to impose sth on sth/sb** imponerle algo a algo/alguien **2 to impose (on/upon sb)** molestar/importunar (a alguien)

imposing /ɪm'poʊzɪŋ/ *adj* imponente

impossibility /ɪmpɑsə'bɪləti/ *s* imposibilidad

impossible /ɪm'pɑsəbəl/ *adj* **1** imposible **2** intolerable [situación] **3** intratable, insufrible [persona]

impossibly /ɪm'pɑsəbli/ *adv* **impossibly difficult/high etc.** increíblemente difícil/alto -a etc.

impotence /'ɪmpətəns/ *s* impotencia

impotent /'ɪmpətənt/ *adj* impotente

impoverished /ɪm'pɑvərɪʃt/ *adj* empobrecido -a

impractical /ɪm'præktɪkəl/ *adj* poco práctico -a

impress /ɪm'pres/ *v* [tr] (3ª pers sing **-sses**) **1** impactar, dejar admirado -a | **to be impressed by/with sth** quedar muy bien impresionado -a por/con algo, quedar impactado -a por/con algo **2 to impress sth on sb** recalcarle algo a alguien

impression /ɪm'preʃən/ *s* **1** impresión: *I got the* ***impression*** *he didn't like me.* Me quedé con la impresión de que no le caí bien. | **to make a good/bad etc. impression** causar una buena/mala etc. impresión **2** imitación [de la manera de hablar, actuar, etc. de alguien]

impressionable /ɪm'preʃənəbəl/ *adj* influenciable, impresionable

impressive /ɪm'presɪv/ *adj* impresionante, admirable

imprint /'ɪmprɪnt/ *s* huella, marca

imprison /ɪm'prɪzən/ *v* [tr] encarcelar a

imprisonment /ɪm'prɪzənmənt/ *s* encarcelamiento

improbable /ɪm'prɑbəbəl/ *adj* **1** poco probable, improbable **2** inverosímil [historia, pretexto]

impromptu /ɪm'prɑmptu/ *adj* improvisado -a

improper /ɪm'prɑpər/ *adj* **1** indebido -a [uso] **2** deshonesto -a [propósito, fin] **3** indecoroso -a [conducta]

improve /ɪm'pruv/ *v* [tr/intr] mejorar

improve on/upon sth superar algo

improvement /ɪm'pruvmənt/ *s* mejora, mejoría | **to be an improvement on sth** ser mejor que/superior a algo

improvise /'ɪmprəvaɪz/ *v* [tr/intr] improvisar

impulse /'ɪmpʌls/ *s* **1** impulso **2 on impulse** sin pensarlo, llevado -a por el impulso

impulsive /ɪm'pʌlsɪv/ *adj* impulsivo -a

in /ɪn/ *preposición, adverbio & adjetivo*

• *prep* ▶ ver recuadro en página 192

• *adv* **1 to be in** estar [en casa, en el trabajo]: *She's never in when I call.* Nunca está cuando la llamo. | *I'm sorry but Mr Spencer's not in.* Lo siento pero el Sr. Spencer no está. | **to stay in** quedarse en casa **2** (referido a algo que hay que entregar): *The homework has to be in by Friday.* Hay que entregar la tarea antes del viernes.

in *preposición*

1 LUGAR (= en)
We swam in the river. Nadamos en el río. | *the main character in the movie* el personaje principal de la película | **in here/in there** aquí/ahí: *It's freezing in here!* ¡Aquí hace un frío de morirse!

2 SUPERLATIVOS (= de)
the most expensive shirt in the store la camisa más cara de la tienda | *the best rock band in the country* la mejor banda de rock del país

3 MESES, ESTACIONES, PARTES DEL DÍA
I was born in May, 1986. Nací en mayo de 1986. | *He came in the afternoon.* Vino en la tarde. | *at six in the morning* a las seis de la mañana

4 DESPUÉS DE (= dentro de, en)
We're moving in two weeks. Nos mudamos dentro de dos semanas. | *I'll be ready in a few minutes.* En unos minutos estoy lista.

5 VESTIMENTA (= de)
a man in a blue coat un hombre de abrigo azul | *She was dressed in black.* Estaba vestida de negro.

6 MODO (= en)
He writes to me in English. Me escribe en inglés. | *in a low voice* en voz baja | *We stood in a line.* Nos pusimos en fila.

7 ÁREAS DE TRABAJO, DISCIPLINAS (= en)
Her father's in advertising. Su padre trabaja en publicidad.

8 SENTIMIENTOS, REACCIONES
She looked up in surprise. Levantó la vista sorprendida. | *He left in a rage.* Salió furioso.

9 TOTALIDAD
in all/in total en total: *There were six of us in all.* Éramos seis en total.

10 **in** también forma parte de varios **phrasal verbs** como **give in, go in**, etc. Éstos están tratados bajo el verbo correspondiente

3 he's in for a surprise/a disappointment etc. se va a llevar una sorpresa/una decepción etc.: *Mom's in for a shock when she sees my grades.* Mi mamá se va a llevar un shock cuando vea mis calificaciones.
4 to have (got) it in for sb tenerle idea a alguien, habérsela(s) agarrado con alguien
5 to be in on sth estar metido -a en algo, tomar parte en algo
• *adj* de moda: *Long skirts are in this summer.* Las faldas largas están de moda este verano.

inability /ɪnəˈbɪləti/ *s* **inability (to do sth)** incapacidad (para hacer algo): *his* ***inability to*** *make friends* su incapacidad para hacerse amigos

inaccurate /ɪnˈækjərət/ *adj* inexacto -a, erróneo -a

inactive /ɪnˈæktɪv/ *adj* inactivo -a

inadequacy /ɪnˈædəkwəsi/ *s* (pl **-cies**) **1** insuficiencia **2** ineptitud

inadequate /ɪnˈædəkwət/ *adj* **1** insuficiente, inadecuado -a **2** inepto -a

inadvertently /ɪnədˈvɜrtntli/ *adv* sin darse/darme etc. cuenta

inappropriate /ɪnəˈproupriət/ *adj* **1** inadecuado -a, poco apropiado -a **2** fuera de lugar [comentario, respuesta]

inaugural /ɪˈnɔgjərəl/ *adj* **1** inaugural **2** de apertura [sesión]

inaugurate /ɪˈnɔgjəreɪt/ *v* [tr] **1 to be inaugurated (as sth)** ser investido -a (como algo) **2** inaugurar

inbuilt /ˈɪnbɪlt/ *adj* **1** innato -a [referido a una característica personal] **2 inbuilt fax/modem** fax/modem incorporado

Inc. /ɪŋk/ (= **Incorporated**) S.A.

incapable /ɪnˈkeɪpəbəl/ *adj* **1 to be incapable of (doing) sth** ser incapaz de hacer algo **2** desvalido -a

incapacity /ɪnkəˈpæsəti/ *s* **incapacity (to do sth)** incapacidad (para hacer algo)

incentive /ɪnˈsentɪv/ *s* incentivo | **an incentive (for sb) to do sth** un incentivo (a alguien) para hacer algo

incessant /ɪnˈsesənt/ *adj* incesante

incessantly /ɪnˈsesəntli/ *adv* sin parar, incesantemente

incest /ˈɪnsest/ *s* incesto

inch /ɪntʃ/ *s* **1** (pl **-ches**) pulgada [2,54 cm.] **2 to not give/budge an inch** no ceder ni un milímetro

incidence /ˈɪnsədəns/ *s* (formal) índice: *a high incidence of heart disease* un elevado índice de enfermedades cardíacas

incident /ˈɪnsədənt/ *s* incidente | **without incident** sin incidentes

incidentally /ɪnsəˈdentli/ *adv* a propósito: *Incidentally, I saw Jane yesterday.* A propósito, vi a Jane ayer.

incisive /ɪnˈsaɪsɪv/ *adj* **1** incisivo -a [comentario, sentido del humor] **2** agudo -a [mente]

incite /ɪnˈsaɪt/ *v* [tr] incitar a [la violencia, etc.] | **to incite sb to do sth** incitar a alguien a hacer algo

inclination /ɪŋkləˈneɪʃən/ *s* **1** deseo, ganas: *She had no* ***inclination to*** *go with them.* No tenía el menor deseo de acompañarlos. **2** inclinación, tendencia

incline /ˈɪŋklaɪn/ *s* pendiente

inclined /ɪnˈklaɪnd/ *adj* **1 to be inclined to do sth (a)** tener (una) tendencia a hacer algo, tender a hacer algo **(b)** estar dispuesto -a a hacer algo **2 I am inclined to believe/think etc. (that)**

¿Se dice *I arrived in Miami* o *I arrived to Miami*? Mira la entrada **arrive**.

me inclino a creer/pensar etc. (que): *I'm inclined to agree with you.* Me inclino a pensar lo mismo que usted.

include /ɪn'klud/ *v* [tr] **1** incluir **2 myself/you etc. included** incluso yo/tú etc.

including /ɪn'kludɪŋ/ *prep* incluido -a, contando: *There were ten of us including the teacher.* Éramos diez contando al profesor. | *It is $10, **not including** shipping and handling.* Son $10, sin incluir gastos de envío.

inclusive /ɪn'klusɪv/ *adj* **1** con todo incluido | **to be inclusive of sth** incluir algo **2** inclusive

incoherent /ɪnkoʊ'hɪrənt/ *adj* incoherente

income /'ɪŋkʌm/ *s* **1** ingresos: *people on a low income* gente de bajo nivel de ingresos **2 income tax** impuesto a la renta/a los ingresos

incoming /'ɪnkʌmɪŋ/ *adj* **incoming flights** los vuelos que llegan/llegaban | **incoming calls** llamadas de entrada: *This phone only takes incoming calls.* Este teléfono es solamente para llamadas entrantes./Este teléfono es solamente para recibir llamadas.

incompetence /ɪn'kɑmpətəns/ *s* incompetencia, ineptitud

incompetent /ɪn'kɑmpətənt/ *adj* incompetente, inepto -a

incomplete /ɪnkəm'plit/ *adj* incompleto -a

incomprehensible /ɪnkɑmprɪ'hensəbəl/ *adj* incomprensible

inconceivable /ɪnkən'sivəbəl/ *adj* inconcebible

inconclusive /ɪnkən'klusɪv/ *adj* **1** no concluyente [pruebas, informe, análisis] **2** referido a una reunión, un informe, etc.: que no llega a ninguna conclusión o decisión: *The talks were inconclusive.* Las conversaciones no fueron fructíferas.

incongruous /ɪn'kɑŋgruəs/ *adj* incongruente

inconsiderate /ɪnkən'sɪdərət/ *adj* desconsiderado -a

inconsistent /ɪnkən'sɪstənt/ *adj* **1** irregular [desempeño, trabajo, etc.] **2** cambiante [opinión, actitud] **3** contradictorio -a [versión, relato]

inconspicuous /ɪnkən'spɪkjuəs/ *adj* poco llamativo -a | **to look inconspicuous** no llamar la atención: *I tried to look inconspicuous.* Traté de no llamar la atención./Traté de pasar desapercibido.

inconvenience /ɪnkən'vinjəns/ *sustantivo & verbo*

- *s* **1** molestia(s) **2** inconveniente
- *v* [tr] causarle molestias/inconvenientes a

inconvenient /ɪnkən'vinjənt/ *adj* **1** inoportuno -a [hora, momento]: *Tomorrow's a little inconvenient.* Mañana no me viene muy bien. **2** poco práctico, incómodo -a

incorporate /ɪn'kɔrpəreɪt/ *v* [tr] incorporar | **to incorporate sth into sth** incorporar algo a algo

incorrect /ɪnkə'rekt/ *adj* incorrecto -a

increase¹ /ɪn'kris/ *v* [tr/intr] aumentar: *Prices have **increased by** 10%.* Los precios han aumentado (en) un 10%.

increase² /'ɪŋkris/ *s* aumento | **an increase in sth** un aumento en/de algo | **to be on the increase** ir en aumento

increasing /ɪn'krisɪŋ/ *adj* creciente

increasingly /ɪn'krisɪŋli/ *adv* cada vez más

incredible /ɪn'kredəbəl/ *adj* increíble

incredibly /ɪn'kredəbli/ *adv* **1** increíblemente, aunque parezca increíble **2** (para intensificar) increíblemente

incubator /'ɪŋkjəbeɪtər/ *s* incubadora

incur /ɪn'kɜr/ *v* [tr] (**-rred**, **-rring**) **1** contraer [deudas] **2** incurrir en [gastos] **3** sufrir [pérdidas] **4** provocar [la ira]

indecent /ɪn'disənt/ *adj* indecente

indecisive /ɪndɪ'saɪsɪv/ *adj* indeciso -a

indeed /ɪn'did/ *adv* **1** (para enfatizar): *Thank you very much indeed.* Muchísimas gracias. | *"Do you know him?" "I do indeed."* –¿Lo conoces? –Lo conozco muy bien. **2** (para introducir información adicional) de hecho: *Many of the students, indeed about 60%, are from overseas.* Muchos de los estudiantes, de hecho alrededor del 60%, son extranjeros. **3** (para expresar desacuerdo o desaprobación): *"They said I was too old." "Too old indeed!"* –Dijeron que yo era demasiado mayor. –¡Sí, viejísimo! | *"I got home at 3 a.m." "Did you indeed!"* –Llegué a casa a las 3 de la mañana. –Conque a las tres de la mañana…

indefensible /ɪndɪ'fensəbəl/ *adj* indefendible, injustificable

indefinite /ɪn'defənət/ *adj* indefinido -a | **indefinite leave/imprisonment etc.** licencia/prisión etc. por tiempo indeterminado

in,definite 'article *s* artículo indefinido

indefinitely /ɪn'defənətli/ *adv* indefinidamente, por tiempo indeterminado

indemnity /ɪn'demnəti/ *s* (pl **-ties**) **1** inmunidad **2** indemnización

independence /ɪndɪ'pendəns/ *s* independencia

independent /ɪndɪ'pendənt/ *adj* **1** independiente [persona, estado] **2** independiente, imparcial [investigación, informe]

independently /ɪndɪ'pendəntli/ *adv* independientemente

'in-depth *adj* **1** profundo -a [conocimiento] **2** en profundidad [análisis, investigación]

indescribable /ɪndɪ'skraɪbəbəl/ *adj* indescriptible

index /'ɪndeks/ *s* **1** (pl **indexes**) (de un libro) índice **2** (pl **indexes**) fichero **3** (pl **indices** o **indexes**) (en economía, etc.) índice

'index ,finger *s* (dedo) índice

India /'ɪndiə/ *s* (la) India

Indian /'ɪndiən/ *adj & s* **1** (de la India) indio -a **2** (de América) indio -a ▶ Muchas personas consideran que el uso de **Indian** para referirse a los aborígenes de América es ofensivo y prefieren usar **Native American**

indicate /ˈɪndəkeɪt/ *v* **1** [tr] indicar, mostrar **2** [tr] (decir oralmente o por escrito) indicar, señalar **3** [intr] BrE poner la direccional/el intermitente/la luz de cruce ► En inglés americano se usa **to signal**

indication /ɪndəˈkeɪʃən/ *s* indicio

indicative /ɪnˈdɪkətɪv/ *adjetivo & sustantivo*
• *adj* indicativo -a
• *s* (modo) indicativo

indicator /ˈɪndəkeɪtər/ *s* **1** indicador **2** BrE direccional, intermitente, luz de cruce ► En inglés americano se usa **turn signal**

indices /ˈɪndəsiz/ plural de **index**

indictment /ɪnˈdaɪtmənt/ *s* **1 to be an indictment of sth** constituir una crítica/una condena a algo **2** AmE acusación (judicial)

indifference /ɪnˈdɪfrəns/ *s* indiferencia

indifferent /ɪnˈdɪfrənt/ *adj* **1** indiferente **2** regular, mediocre

indigenous /ɪnˈdɪdʒənəs/ *adj* autóctono -a | **indigenous to** autóctono -a de

indigestion /ɪndɪˈdʒestʃən/ *s* indigestión | **to get indigestion** indigestarse

indignant /ɪnˈdɪgnənt/ *adj* indignado -a | **to be indignant at sth** indignarse ante algo

indignity /ɪnˈdɪgnəti/ *s* (pl **-ties**) humillación, indignidad

indirect /ɪndəˈrekt/ *adj* **1** indirecto -a **2 indirect object** objeto indirecto | **indirect speech** discurso indirecto/referido

indirectly /ɪndəˈrektli/ *adv* indirectamente

indiscreet /ɪndɪˈskrit/ *adj* indiscreto -a

indiscretion /ɪndɪˈskreʃən/ *s* **1** falta de discreción **2** indiscreción, imprudencia

indiscriminate /ɪndɪˈskrɪmənət/ *adj* **1** indiscriminado -a **2** falto -a de criterio

indisputable /ɪndɪˈspjutəbəl/ *adj* irrefutable, indiscutible

indistinct /ɪndɪˈstɪŋkt/ *adj* **1** confuso -a [sonido] **2** borroso -a [imagen]

individual /ɪndəˈvɪdʒuəl/ *adjetivo & sustantivo*
• *adj* **1** (considerado por separado) **individual schools/departments etc.** cada colegio/departamento etc. | **each individual customer/case etc.** cada cliente/caso etc.: *Each individual leaf is different.* Cada hoja es diferente. | **individual cases** casos particulares **2** (para una persona) individual: *individual portions of rice* porciones individuales de arroz **3** (de cada persona): *It can be varied to suit individual needs.* Puede adaptarse a las necesidades de cada uno. | *Individual tastes vary enormously.* Los gustos personales varían muchísimo. **4** (referido a un estilo) personal, propio -a
• *s* individuo

individually /ɪndəˈvɪdʒuəli/ *adv* por separado, individualmente

indoctrination /ɪndɑktrəˈneɪʃən/ *s* adoctrinamiento

indoor /ˈɪndɔr/ *adj* **1** cubierto -a, techado -a [piscina, cancha] **2** de salón, bajo techo [juegos, actividades] **3** de interior(es) [planta]

indoors /ɪnˈdɔrz/ *adv* adentro | **to go indoors** entrar, ir adentro

induce /ɪnˈdus/ *v* [tr] **1 to induce sb to do sth** inducir/llevar a alguien a hacer algo **2** producir, provocar [una reacción, un cambio, etc.] **3** inducir, provocar [un parto], inducirle/provocarle el parto a [una mujer]

inducement /ɪnˈdusmənt/ *s* incentivo

induction /ɪnˈdʌkʃən/ *s* **1** iniciación **2 induction course** BrE curso introductorio [para un nuevo trabajo]

indulge /ɪnˈdʌldʒ/ *v* **1 to indulge in sth** permitirse algo, complacerse en algo **2** [tr] satisfacer [un gusto], consentir [un capricho] | **to indulge yourself** darse un/el gusto **3** [tr] darle el gusto a, consentir

indulgence /ɪnˈdʌldʒəns/ *s* **1** excesos [con la comida, la bebida, etc.], placeres **2** gusto, lujo **3** indulgencia

indulgent /ɪnˈdʌldʒənt/ *adj* indulgente

industrial /ɪnˈdʌstriəl/ *adj* **1** industrial **2 industrial park** AmE, **industrial estate** BrE zona/parque industrial **3 industrial action** BrE medidas de fuerza [acciones de protesta como huelgas, paros, etc. asociadas a una disputa laboral] ► En inglés americano se usa **job action**

industrialization, -sation BrE /ɪndʌstriələˈzeɪʃən/ *s* industrialización

industry /ˈɪndəstri/ *s* (pl **-tries**) industria

inedible /ɪnˈedəbəl/ *adj* **1** no comestible **2** incomible

ineffective /ɪnəˈfektɪv/ *adj* ineficaz

inefficiency /ɪnəˈfɪʃənsi/ *s* ineficiencia

inefficient /ɪnəˈfɪʃənt/ *adj* ineficiente, poco eficiente

ineligible /ɪnˈelədʒəbəl/ *adj* **to be ineligible for sth/to do sth** no tener derecho a algo/a hacer algo

inequality /ɪnɪˈkwɑləti/ *s* (pl **-ties**) desigualdad

inertia /ɪˈnɜrʃə/ *s* inercia

inescapable /ɪnəˈskeɪpəbəl/ *adj* ineludible, inevitable

inevitable /ɪˈnevətəbəl/ *adj* inevitable

inexcusable /ɪnɪkˈskjuzəbəl/ *adj* imperdonable, inexcusable

inexhaustible /ɪnɪgˈzɔstəbəl/ *adj* inagotable

inexpensive /ɪnɪkˈspensɪv/ *adj* económico -a, barato -a

inexperienced /ɪnɪkˈspɪriənst/ *adj* inexperto -a, sin experiencia

inexplicable /ɪnɪkˈsplɪkəbəl/ *adj* inexplicable

infallible /ɪn'fæləbəl/ *adj* infalible
infamous /'ɪnfəməs/ *adj* infame, tristemente célebre
infancy /'ɪnfənsi/ *s* **1** (primera) infancia **2 to be in its infancy** estar en pañales
infant /'ɪnfənt/ *s* **1** (formal) bebé, niño -a **2 infant mortality** mortalidad infantil **infant school** BrE escuela para niños que tienen entre 4 y 7 años
infantile /'ɪnfəntaɪl/ *adj* infantil, pueril
infantry /'ɪnfəntri/ *s* infantería
infatuated /ɪn'fætʃueɪtɪd/ *adj* encaprichado -a | **to become infatuated with sb** encapricharse con/de alguien
infatuation /ɪnfætʃu'eɪʃən/ *s* encaprichamiento, pasión [pasajera]
infect /ɪn'fekt/ *v* [tr] **1** contagiar, infectar | **to infect sb with sth** contagiarle algo a alguien **2** contagiar [un sentimiento]
infected /ɪn'fektɪd/ *adj* infectado -a | **to become infected (a)** (persona) contagiarse **(b)** (herida) infectarse
infection /ɪn'fekʃən/ *s* **1** (enfermedad) infección **2** (de una persona) contagio, (de una herida) infección
infectious /ɪn'fekʃəs/ *adj* contagioso -a
infer /ɪn'fɜr/ *v* [tr] (**-rred**, **-rring**) **1** inferir, deducir **2** insinuar ▶ Muchas personas consideran que el uso de **infer** con este significado es incorrecto
inference /'ɪnfərəns/ *s* **1** deducción, conclusión **2 by inference (a)** por deducción **(b)** por extensión
inferior /ɪn'fɪriər/ *adjetivo & sustantivo*
• *adj* **1** inferior **2** (de calidad) inferior
• *s* inferior
inferiority /ɪnfɪri'ɔrəti/ *s* **1** inferioridad **2 inferiority complex** complejo de inferioridad
infertile /ɪn'fɜrtl, BrE ɪn'fɜtaɪl/ *adj* estéril
infertility /ɪnfər'tɪləti/ *s* esterilidad
infest /ɪn'fest/ *v* [tr] infestar
infidelity /ɪnfə'deləti/ *s* (pl **-ties**) infidelidad
infiltrate /ɪn'fɪltreɪt/ *v* **1** [intr] infiltrarse **2** [tr] infiltrarse en
infinite /'ɪnfənət/ *adj* infinito -a
infinitely /'ɪnfənətli/ *adv* infinitamente
infinitive /ɪn'fɪnətɪv/ *s* infinitivo
infinity /ɪn'fɪnəti/ *s* **1** infinito, infinitud **2** infinito
infirmary /ɪn'fɜrməri/ *s* (pl **-ries**) (en una cárcel, un colegio, etc.) enfermería
inflamed /ɪn'fleɪmd/ *adj* inflamado -a
inflammable /ɪn'flæməbəl/ *adj* inflamable
inflammation /ɪnflə'meɪʃən/ *s* inflamación
inflammatory /ɪn'flæmətɔri/ *adj* incendiario -a, provocador -a
inflatable /ɪn'fleɪtəbəl/ *adj* inflable
inflate /ɪn'fleɪt/ *v* **1** [tr] inflar **2** [intr] inflarse
inflation /ɪn'fleɪʃən/ *s* inflación
inflexible /ɪn'fleksəbəl/ *adj* **1** inflexible **2** rígido -a [material]
inflict /ɪn'flɪkt/ *v* [tr] **1** causar [daño] | **to inflict suffering/pain on sb** ocasionarle sufrimientos/dolor a alguien **2 to inflict sth/sb on sb** endilgarle algo/alguien a alguien
influence /'ɪnfluəns/ *sustantivo & verbo*
• *s* influencia | **to be a bad/good influence on sb** ser una buena/mala influencia para alguien
• *v* [tr] influir en/sobre, influenciar
influential /ɪnflu'enʃəl/ *adj* influyente
influenza /ɪnflu'enzə/ *s* (formal) gripe, gripa
influx /'ɪnflʌks/ *s* (pl **-xes**) afluencia, oleada
inform /ɪn'fɔrm/ *v* **1** [tr] informar | **to inform sb of/about sth** informar a alguien de/sobre algo | **to keep sb informed (about/on sth)** mantener a alguien al tanto (de algo) **2 to inform on/against sb** delatar a alguien
informal /ɪn'fɔrməl/ *adj* **1** informal [ambiente, reunión] **2** informal [estilo, expresión] **3** informal [ropa]
informant /ɪn'fɔrmənt/ *s* informante
information /ɪnfər'meɪʃən/ *s* información | **information on/about sth** información sobre algo | **a piece of information** un dato
infor,mation 'superhighway *s* autopista de la información, autopista informática
infor'mation tech,nology *s* informática
informative /ɪn'fɔrmətɪv/ *adj* instructivo -a, informativo -a
informed /ɪn'fɔrmd/ *adj* **1** bien informado -a **2 to make an informed decision/choice** decidir/elegir con fundamento
informer /ɪn'fɔrmər/ *s* informante, delator -a
infrastructure /'ɪnfrəstrʌktʃər/ *s* infraestructura
infrequent /ɪn'frikwənt/ *adj* poco frecuente, infrecuente
infrequently /ɪn'frikwəntli/ *adv* raramente, rara vez
infringe /ɪn'frɪndʒ/ *v* [tr] **1** infringir [una regla] **2** violar [un derecho]
infringement /ɪn'frɪndʒmənt/ *s* violación, infracción
infuriate /ɪn'fjurieɪt/ *v* [tr] poner furioso -a a
infuriating /ɪn'fjurieɪtɪŋ/ *adj* exasperante
ingenious /ɪn'dʒinjəs/ *adj* ingenioso -a
ingenuity /ɪndʒə'nuəti/ *s* ingenio
ingredient /ɪn'gridiənt/ *s* ingrediente
inhabit /ɪn'hæbɪt/ *v* [tr] habitar, poblar
inhabitant /ɪn'hæbətənt/ *s* habitante
inhale /ɪn'heɪl/ *v* **1** [tr] inhalar **2** [intr] aspirar **3** [intr] tragar el humo [al fumar]

ingredients

inherent /ɪn'hɪrənt/ *adj* inherente | **to be inherent in sth** ser inherente a algo
inherently /ɪn'hɪrəntli/ *adv* intrínsecamente
inherit /ɪn'herɪt/ *v* [tr] heredar
inheritance /ɪn'herɪtəns/ *s* herencia
inhibit /ɪn'hɪbɪt/ *v* [tr] **1** inhibir [un proceso] **2** inhibir, cohibir [a una persona] | **to inhibit sb from doing sth** impedirle a alguien hacer algo
inhibited /ɪn'hɪbɪtɪd/ *adj* inhibido -a, cohibido -a
inhospitable /ɪnhɑ'spɪtəbəl/ *adj* **1** inhóspito -a **2** poco hospitalario -a
inhuman /ɪn'hjumən/ *adj* inhumano -a
initial /ɪ'nɪʃəl/ *adjetivo & sustantivo*
- *adj* inicial
- *s* inicial

initially /ɪ'nɪʃəli/ *adv* al principio
initiate /ɪ'nɪʃieɪt/ *v* [tr] **1** iniciar, comenzar **2** poner en marcha [reforma] **3 to initiate sb into sth** iniciar a alguien en algo
initiative /ɪ'nɪʃətɪv/ *s* **1** iniciativa: *Show some initiative!* ¡Muestra un poco de iniciativa! | **on your own initiative** por/con iniciativa propia **2** (plan) iniciativa **3 to take the initiative** tomar la iniciativa
inject /ɪn'dʒekt/ *v* [tr] inyectar | **to inject sb with sth** inyectarle algo a alguien
injection /ɪn'dʒekʃən/ *s* inyección
injure /'ɪndʒər/ *v* [tr] herir, lesionar: *Two people were injured in the accident.* Dos personas resultaron heridas en el accidente. | *She injured her knee.* Se lesionó la rodilla. | **to injure yourself** resultar herido -a, lesionarse
injured /'ɪndʒərd/ *adj* **1** lesionado -a, herido -a [persona, brazo, etc.] **2** herido -a [orgullo] **3** dolido -a, ofendido -a [tono]
injury /'ɪndʒəri/ *s* (pl **-ries**) **1** herida, lesión **2 injury time** BrE tiempo suplementario, (tiempo de) descuento [en deportes]
injustice /ɪn'dʒʌstɪs/ *s* injusticia
ink /ɪŋk/ *s* tinta | **in ink** con tinta: *Please write in ink.* Por favor, escriban con tinta.
inkjet printer /'ɪŋkdʒet prɪntər/ *s* impresora de inyección de tinta
inland /'ɪnlənd/ *adjetivo & adverbio*
- *adj* del interior
- *adv* tierra adentro, hacia el interior

ˌInland 'Revenue *s* ente recaudador de impuestos en Gran Bretaña ▶ El organismo equivalente en EU es el **IRS** o **Internal Revenue Service**
'in-laws *s pl* (informal) suegros
inlet /'ɪnlet/ *s* ensenada
inmate /'ɪnmeɪt/ *s* interno -a, recluso -a
inn /ɪn/ *s* posada
innate /ɪ'neɪt/ *adj* innato -a
inner /'ɪnər/ *adj* **1** interno -a, interior **2** íntimo -a
ˌinner 'city *s* (pl **-ties**) zona con problemas socioeconómicos en el centro de una gran ciudad
inning /'ɪnɪŋ/ *s* inning [cada una de las partes de un partido de béisbol o cricket]
innocence /'ɪnəsəns/ *s* inocencia
innocent /'ɪnəsənt/ *adj* inocente: *He is **innocent of** the charges against him.* Es inocente de los cargos que le imputan.
innocuous /ɪ'nɑkjuəs/ *adj* **1** inofensivo -a [comentario] **2** inocuo -a [sustancia]
innovation /ɪnə'veɪʃən/ *s* innovación
innovative /'ɪnəveɪtɪv/ *adj* innovador -a
innuendo /ɪnju'endoʊ/ *s* (pl **-s** o **-es**) insinuación, insinuaciones
innumerable /ɪ'numərəbəl/ *adj* innumerable
inoculate /ɪ'nɑkjəleɪt/ *v* [tr] vacunar, inocular
inoculation /ɪnɑkjə'leɪʃən/ *s* **1** vacunación, inoculación **2** vacuna
input /'ɪnpʊt/ *s* **1** contribución, aporte **2** ingreso [de datos]
inquest /'ɪŋkwest/ *s* investigación judicial | **to hold an inquest into sth** llevar a cabo una investigación (judicial) sobre algo
inquire, también **enquire** /ɪn'kwaɪr/ *v* (formal) **1** [tr] preguntar **2** [intr] pedir información, averiguar: *I **inquired about** hotels in the center of town.* Pedí información sobre hoteles en el centro. | *I'll go and inquire.* Iré a averiguar.
inquiry, también **enquiry** /'ɪŋkwəri, BrE ɪn'kwaɪəri/ *sustantivo & sustantivo plural*
- *s* (pl **-ries**) **1** pedido de información | **to make inquiries (about sth)** hacer averiguaciones (sobre algo), preguntar (sobre algo) **2** investigación
- **inquiries** *s pl* informaciones [mostrador, oficina]

inquisitive /ɪn'kwɪzətɪv/ *adj* curioso -a, inquisitivo -a
insane /ɪn'seɪn/ *adj* **1** loco -a [persona] delirante [idea] **2** demente
insanity /ɪn'sænəti/ *s* **1** locura **2** demencia
inscribe /ɪn'skraɪb/ *v* **to inscribe sth on/in sth** grabar/escribir algo en algo
inscription /ɪn'skrɪpʃən/ *s* **1** (en una piedra) inscripción **2** (en un libro) dedicatoria
insect /'ɪnsekt/ *s* insecto
insecticide /ɪn'sektəsaɪd/ *s* insecticida
insecure /ɪnsɪ'kjʊr/ *adj* inseguro -a
insecurity /ɪnsɪ'kjʊrəti/ *s* inseguridad
insensitive /ɪn'sensətɪv/ *adj* **1** insensible [persona] **2** sin tacto, de poco tacto [comentario, pregunta] **3 to be insensitive to sth** ser insensible a algo
insert /ɪn'sɜrt/ *v* [tr] **1** meter, introducir **2** (en computación) insertar
inside[1] /ɪn'saɪd, 'ɪnsaɪd/ *preposición & adverbio*
- *prep* dentro de, adentro de: *What's inside this package?* ¿Qué hay dentro de este paquete?
- *adv* adentro: *The keys were inside.* Las llaves estaban adentro. | *It's raining. We'll have to go inside.* Llueve. Vamos a tener que entrar.

inside[2] /ɪn'saɪd, 'ɪnsaɪd/ *s* **1 the inside** el interior, el lado/la parte de adentro **2 inside out** al revés [con la parte de adentro para afuera]: *He has his sweater on inside out.* Tiene el suéter puesto al revés. | **to turn sth inside out** dar vuelta algo **3 to know sth inside out** saberse algo al dedillo **4 my/your etc. insides** (informal) mis/tus etc. tripas

inside[3] /'ɪnsaɪd/ *adj* **1** interior: *an inside pocket* un bolsillo interior **2 the inside lane** BrE el carril lento ▶ En inglés americano se usa **slow lane** **3 inside information** información privilegiada

insight /'ɪnsaɪt/ *s* **1** lucidez, perspicacia **2** percepción que ayuda a entender algo: *It gives you an* ***insight into*** *their way of life.* Te permite entender mejor su manera de vivir.

insignificant /ɪnsɪg'nɪfəkənt/ *adj* insignificante

insincere /ɪnsɪn'sɪr/ *adj* falso -a

insincerity /ɪnsɪn'serəti/ *s* falsedad

insist /ɪn'sɪst/ *v* [intr] insistir | **to insist on (doing) sth** insistir en (hacer) algo: *He insisted on seeing the manager.* Insistió en ver al gerente. | **to insist that** insistir en que: *She* ***insisted that*** *she had seen him.* Insistió en que lo había visto.

insistence /ɪn'sɪstəns/ *s* insistencia, empeño

insistent /ɪn'sɪstənt/ *adj* insistente | **to be insistent that** insistir en que

insolence /'ɪnsələns/ *s* insolencia

insolent /'ɪnsələnt/ *adj* insolente

insomnia /ɪn'sɑmniə/ *s* insomnio

inspect /ɪn'spekt/ *v* [tr] **1** hacer una inspección de, inspeccionar [una fábrica, una escuela, etc.] **2** inspeccionar [un vehículo] **3** revisar [un producto, un documento]

inspection /ɪn'spekʃən/ *s* inspección

inspector /ɪn'spektər/ *s* **1** (en educación, sanidad laboral, etc.) inspector -a **2** (de policía) inspector -a **3** BrE (en el transporte) inspector -a, revisor -a

inspiration /ɪnspə'reɪʃən/ *s* inspiración

inspire /ɪn'spaɪr/ *v* [tr] **1** estimular, alentar **2** inspirar [respeto, confianza] **3 to inspire sb with confidence** inspirarle confianza a alguien | **to inspire sb with hatred/terror** infundirle odio/terror a alguien **4 to be inspired by sth** estar inspirado -a en algo [obra artística]

instability /ɪnstə'bɪləti/ *s* inestabilidad

install /ɪn'stɔl/ *v* [tr] instalar

installation /ɪnstə'leɪʃən/ *s* instalación

installment AmE, **instalment** BrE /ɪn'stɔlmənt/ *s* **1** cuota, mensualidad, plazo | **to pay for sth in/by installments** pagar algo en cuotas/en mensualidades/a plazos **2** (de una serie de TV, etc.) capítulo, episodio **3** (de una publicación) entrega, fascículo

instance /'ɪnstəns/ *s* **1 for instance** por ejemplo **2** caso

instant /'ɪnstənt/ *adjetivo & sustantivo*

- *adj* **1** instantáneo -a, inmediato -a **2 instant coffee** café instantáneo
- *s* **1** instante **2 this instant** en este mismo instante, ya mismo

instantaneous /ɪnstən'teɪniəs/ *adj* instantáneo -a, inmediato -a

instantly /'ɪnstəntli/ *adv* instantáneamente, de inmediato

instant 'replay *s* AmE replay, repetición de la jugada

instead /ɪn'sted/ *adv* **1 instead of** en lugar de, en vez de: *He took mine instead of his.* Se llevó el mío en lugar del suyo. **2** (en lugar de algo o alguien ya mencionado): *Lucy couldn't go, so I went instead.* Lucy no pudo ir, así que fui yo en su lugar. | *There was no rice, so we had potatoes instead.* No había arroz, así que comimos papas.

instigate /'ɪnstəgeɪt/ *v* [tr] instigar, promover

instill AmE, **instil** BrE /ɪn'stɪl/ *v* (**-lled**, **-lling**) **to instill a value in/into sb** inculcarle un valor a alguien | **to instill fear/hatred etc. in/into sb** infundirle temor/odio etc. a alguien

instinct /'ɪnstɪŋkt/ *s* instinto: *the* ***instinct to survive*** el instinto de supervivencia | *My first instinct was to say no.* Mi primera reacción fue decir que no.

instinctive /ɪn'stɪŋktɪv/ *adj* instintivo -a

institute /'ɪnstətut/ *sustantivo & verbo*

- *s* instituto
- *v* [tr] (formal) **1** establecer, instituir [un sistema, una norma, etc.] **2** iniciar [acciones legales]

institution /ɪnstə'tuʃən/ *s* **1** institución **2** hogar [para niños, ancianos] **3** hospital psiquiátrico

institutional /ɪnstə'tuʃənəl/ *adj* institucional

instruct /ɪn'strʌkt/ *v* [tr] **1** ordenar, indicar: *He instructed us not to leave the house.* Nos ordenó que no saliéramos de la casa. **2** instruir, darle instrucciones a | **to instruct sb in sth** instruir a alguien en algo, enseñarle algo a alguien

instruction /ɪn'strʌkʃən/ *s* **1** instrucción, orden: *He had instructions not to let anyone in.* Tenía instrucciones de no dejar entrar a nadie. **2** enseñanza, instrucción

instructive /ɪn'strʌktɪv/ *adj* instructivo -a

instructor /ɪn'strʌktər/ *s* instructor -a, profesor -a: *a skiing instructor* un instructor de esquí | *a swimming instructor* un profesor de natación

instrument /'ɪnstrəmənt/ *s* **1** instrumento | **scientific/surgical instruments** instrumental científico/quirúrgico **2** (en música) instrumento

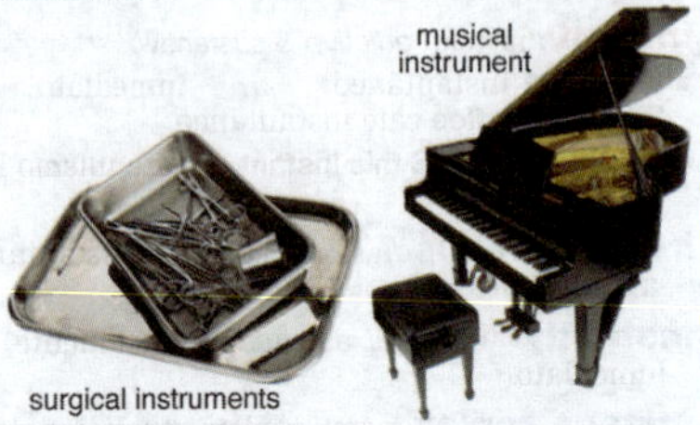

instrumental /ɪnstrə'mentl/ *adj* **1 to be instrumental in (doing) sth** desempeñar un papel fundamental en (hacer) algo **2** (en música) instrumental

insufficient /ɪnsə'fɪʃənt/ *adj* insuficiente

insulate /'ɪnsəleɪt/ *v* [tr] aislar [caños, cables, etc.]

insult¹ /ɪn'sʌlt/ *v* [tr] insultar

insult² /'ɪnsʌlt/ *s* **1** insulto **2 to add insult to injury** por si fuera poco, para peor

insulting /ɪn'sʌltɪŋ/ *adj* insultante, ofensivo -a

insurance /ɪn'ʃurəns/ *s* seguro | **to take out insurance on/against sth** sacar un seguro para/contra algo

insure /ɪn'ʃur/ *v* [tr] **1** asegurar: *The painting is **insured for** $100,000.* El cuadro está asegurado por $100,000. | *Are you **insured against** theft?* ¿Tienes seguro contra robo? **2** AmE ▶ ver **ensure**

intact /ɪn'tækt/ *adj* intacto -a

intake /'ɪnteɪk/ *s* **1** consumo: *He needs to reduce his fat intake.* Tiene que reducir su consumo de grasas. **2** matrícula [de alumnos]: *The intake is down from last year.* La matrícula es más baja que el año pasado.

integral /'ɪntəgrəl, ɪn'tegrəl/ *adj* esencial | **to be an integral part of sth** ser parte esencial de algo

integrate /'ɪntəgreɪt/ *v* **1** [tr] integrar **2** [intr] integrarse

integration /ɪntə'greɪʃən/ *s* **integration (into sth)** integración (a/en algo)

intellectual /ɪntə'lektʃuəl/ *adj & s* intelectual

intellectually /ɪntə'lektʃuəli/ *adv* intelectualmente

intelligence /ɪn'telədʒəns/ *s* inteligencia

intelligent /ɪn'telədʒənt/ *adj* inteligente

intelligible /ɪn'telədʒəbəl/ *adj* comprensible, inteligible

intend /ɪn'tend/ *v* [tr] **1 to intend to do sth/to intend doing sth** pensar hacer algo, tener la intención de hacer algo: *She intends to go to college.* Piensa ir a la universidad. | **to intend sb to do sth** (para expresar la intención de que alguien haga algo): *I intend Alan to oversee the whole process.* Mi intención es que Alan supervise todo el proceso. **2 to be intended for sth/sb** estar pensado -a para algo/alguien, ser para algo/alguien: *The book is intended for beginners.* El libro está pensado para principiantes. **3 to be intended as sth** (para indicar intención): *It was intended as a compliment.* Te quise hacer un elogio.

intense /ɪn'tens/ *adj* **1** intenso -a [dolor, calor] | **with intense interest** con sumo interés **2** intenso -a, fuerte [emoción] **3** vehemente, apasionado -a [persona]

intensely /ɪn'tensli/ *adv* profundamente, sumamente

intensify /ɪn'tensəfaɪ/ *v* (**-fies**, **-fied**) **1** [tr] intensificar **2** [intr] intensificarse

intensive /ɪn'tensɪv/ *adj* **1** intensivo -a **2 intensive care** terapia intensiva

intent /ɪn'tent/ *adjetivo & sustantivo*

- *adj* **1 to be intent on/upon doing sth** estar decidido -a a hacer algo **2** atento -a, reconcentrado -a [expresión] | **to be intent on/upon sth** estar concentrado -a en algo
- *s* **1 for/to all intents (and purposes)** en la práctica, en realidad: *For all intents and purposes, their marriage was over.* En la práctica, su matrimonio ya se había terminado. **2** intención

intention /ɪn'tenʃən/ *s* intención | **to have no intention of doing sth** no tener la menor intención de hacer algo

intentional /ɪn'tenʃənəl/ *adj* intencionado -a

intentionally /ɪn'tenʃənəli/ *adv* intencionadamente, deliberadamente

intently /ɪn'tentli/ *adv* atentamente, con atención

interact /ɪntər'ækt/ *v* [intr] interactuar

interaction /ɪntər'ækʃən/ *s* interacción

interactive /ɪntər'æktɪv/ *adj* interactivo -a

interchange¹ /'ɪntərtʃeɪndʒ/ *s* **1** intercambio, cambio **2** enlace, cruce [de carreteras]

interchange² /ɪntər'tʃeɪndʒ/ *v* [tr] intercambiar

interchangeable /ɪntər'tʃeɪndʒəbəl/ *adj* intercambiable

intercom /'ɪntərkɑm/ *s* **1** intercomunicador **2** interfón, portero eléctrico

interconnected /ɪntərkə'nektɪd/ *adj* interconectado -a

intercourse /'ɪntərkɔrs/ *s* (también **sexual intercourse**) (formal) relaciones (sexuales)

interest /'ɪntrəst/ *sustantivo & verbo*

- *s* **1** interés: *She shows no **interest** at all **in** sports.* No muestra ningún interés por el deporte. | **to take an interest in sth/sb** interesarse por/en algo/alguien **2** pasatiempo o actividad desarrollada en el tiempo libre **3 to be of interest** ser de interés | **to be of no interest to sb** no interesarle a alguien **4** (en finanzas) interés **5** (beneficio) interés: *It's **in everyone's interest** to solve this problem.* Es del interés de todos resolver este problema. | **in the interests of fairness/safety etc.** para ser justos/por razones de seguridad etc.

¿Quieres información sobre las diferencias entre los **posesivos** en inglés y en español? Lee la explicación en el apartado de gramática.

• *v* [tr] **1** interesar **2 to interest sb in sth** despertar el interés de alguien por algo

interested /ˈɪntrəstɪd, ˈɪntərestɪd/ *adj* interesado -a | **to be interested in (doing) sth** estar interesado -a en (hacer) algo: *She's interested in starting her own business.* Está interesada en poner su propio negocio. | *He's not interested in politics.* No le interesa la política. | **I'd/he'd etc. be interested to do sth** me/le etc. interesaría hacer algo: *I'd be interested to see how he gets along.* Me interesaría ver cómo le va.

interesting /ˈɪntrəstɪŋ, ˈɪntərestɪŋ/ *adj* interesante

interestingly /ˈɪntrəstɪŋli, ˈɪntərestɪŋli/ *adv* curiosamente

interfere /ɪntərˈfɪr/ *v* [intr] **1 to interfere (in sth)** entrometerse (en algo), meterse (en algo) **2 to interfere with sth (a)** afectar a algo: *You mustn't let it interfere with your schoolwork.* No debes permitir que afecte a tus estudios. **(b)** tocar algo, andar con algo [y estropearlo, romperlo, etc.]: *Who's been interfering with the video?* ¿Quién ha estado tocando la video?

interference /ɪntərˈfɪrəns/ *s* **1** intromisión **2** interferencia, ruido

interfering /ɪntərˈfɪrɪŋ/ *adj* entrometido -a

interior /ɪnˈtɪriər/ *s & adj* interior

interjection /ɪntərˈdʒekʃən/ *s* interjección

interlude /ˈɪntərlud/ *s* **1** intervalo **2** interludio

intermediate /ɪntərˈmidiət/ *adj* **1** de nivel intermedio [estudiante] **2** intermedio -a [etapa, nivel]

intermission /ɪntərˈmɪʃən/ *s* intervalo

intermittent /ɪntərˈmɪtnt/ *adj* intermitente

intern /ˈɪntɜrn/ *v* [tr] recluir

internal /ɪnˈtɜrnl/ *adj* **1** interno -a: *internal bleeding* hemorragia interna | *a country's internal affairs* los asuntos internos de un país **2** nacional, doméstico -a: *an internal flight* un vuelo nacional/doméstico

In,ternal ˈRevenue ,Service *s* ente recaudador de impuestos en EU

international /ɪntərˈnæʃənəl/ *adjetivo & sustantivo*

• *adj* internacional

• *s* **1** partido internacional **2** BrE internacional [jugador]

internationally /ɪntərˈnæʃənəli/ *adv* internacionalmente

Internet /ˈɪntərnet/ *s* **the Internet** Internet: *Are you connected to the Internet?* ¿Tienes conexión a Internet?

ˌInternet ˈService Proˌvider *s* proveedor de Internet, ISP

interpret /ɪnˈtɜrprɪt/ *v* **1** [tr] interpretar **2** [intr] traducir [oralmente], hacer de intérprete

interpretation /ɪntɜrprəˈteɪʃən/ *s* interpretación

interpreter /ɪnˈtɜrprətər/ *s* intérprete [traductor]

interrelated /ɪntərɪˈleɪtɪd/ *adj* interrelacionado -a

interrogate /ɪnˈterəgeɪt/ *v* [tr] interrogar

interrogation /ɪnterəˈgeɪʃən/ *s* interrogatorio

interrogative /ɪntəˈrɑgətɪv/ *adj* interrogativo -a

interrupt /ɪntəˈrʌpt/ *v* [tr/intr] interrumpir: *I hope I'm not interrupting anything.* Espero no estar interrumpiendo.

interruption /ɪntəˈrʌpʃən/ *s* interrupción

intersect /ɪntərˈsekt/ *v* **1** [tr] cortar, cruzar **2** [intr] cortarse, cruzarse

intersection /ˈɪntərsekʃən/ *s* intersección

interval /ˈɪntərvəl/ *s* **1** intervalo | **at regular intervals** a intervalos regulares | **at hourly/six-month etc. intervals** cada hora/seis meses etc. **2 sunny intervals** períodos de sol **3** BrE (en un concierto, etc.) intervalo ► En inglés americano se usa **intermission**

intervene /ɪntərˈvin/ *v* [intr] **1** intervenir | **to intervene in sth** intervenir en algo **2** interponerse

intervening /ɪntərˈvinɪŋ/ *adj* **the intervening years/months etc.** los años/meses, etc. entre dos momentos determinados

intervention /ɪntərˈvenʃən/ *s* intervención

interview /ˈɪntərvju/ *sustantivo & verbo*

• *s* entrevista

• *v* [tr] entrevistar

interviewee /ɪntərvjuˈi/ *s* entrevistado -a

interviewer /ˈɪntərvjuər/ *s* entrevistador -a

intestine /ɪnˈtestɪn/ *s* intestino | **the small/large intestine** el intestino delgado/grueso

intimacy /ˈɪntəməsi/ *s* intimidad

intimate /ˈɪntəmət/ *adj* **1** íntimo -a [amigo, amistad] **2** íntimo -a [ambiente, restaurante] **3 to have an intimate knowledge of sth** estar muy familiarizado -a con algo

intimidate /ɪnˈtɪmədeɪt/ *v* [tr] intimidar

intimidating /ɪnˈtɪmədeɪtɪŋ/ *adj* intimidante

into /ˈɪntə, ˈɪntʊ, acentuado ˈɪntu/ *prep* ► ver recuadro en página 200

intolerable /ɪnˈtɑlərəbəl/ *adj* insoportable, intolerable

intolerance /ɪnˈtɑlərəns/ *s* intolerancia

intolerant /ɪnˈtɑlərənt/ *adj* intolerante | **to be intolerant of sth** no tolerar algo, ser intolerante con algo

intonation /ɪntəˈneɪʃən/ *s* entonación

intransitive /ɪnˈtrænsətɪv/ *adj* intransitivo -a

intricate /ˈɪntrɪkət/ *adj* intrincado -a

intrigue¹ /ɪnˈtrig/ *v* [tr] intrigar

intrigue² /ˈɪntrig/ *s* intriga

intriguing /ɪnˈtrigɪŋ/ *adj* intrigante

intrinsic /ɪnˈtrɪnzɪk/ *adj* intrínseco -a

into

1 MOVIMIENTO HACIA EL INTERIOR DE ALGO
He fell into the river. Se cayó al río. | *I got into bed.* Me metí en la cama.

2 SITUACIONES, OCUPACIONES
He was always getting into trouble. Siempre se estaba metiendo en problemas. | *I want to go into teaching.* Quiero dedicarme a la docencia.

3 CAMBIO
Make the dough into a ball. Haga una bola con la masa. | *Break the chocolate into pieces.* Quiebre el chocolate en pedazos.

4 CONTACTO
The car crashed into a tree. El carro chocó contra un árbol.

5 DIRECCIÓN
She was staring into space. Estaba mirando fijamente al vacío.

6 TIEMPO
We talked long into the night. Nos quedamos hablando hasta bien entrada la noche.

7 DIVISIONES
12 into 36 is three. 36 dividido (por) 12 da tres.

8 INTERÉS
to be into sth: *Dave's really into sailing.* Dave tiene pasión por la náutica. | *I'm not into drugs.* No consumo drogas.

9 **Into** también forma parte de varios **phrasal verbs** como **enter into, run into,** etc. Éstos están tratados bajo el verbo correspondiente.

introduce /ɪntrə'dus/ *v* [tr] **1** presentar: *I was introduced to her father.* Me presentaron a su padre. | **to introduce yourself** presentarse **2** introducir [reformas, cambios, etc.] **3** establecer [un sistema, una política] **4 to introduce sb to sth** iniciar a alguien en algo **5** presentar [un programa de TV, radio, etc.]

introduction

introduction /ɪntrə'dʌkʃən/ *s* **1** (acción de introducir algo) introducción **2** (de un libro) introducción **3** (acción de presentar a alguien) presentación **4** (primera experiencia) **sb's introduction to sth** la iniciación de alguien en algo

introductory /ɪntrə'dʌktəri/ *adj* **1** introductorio -a **2 an introductory offer** una oferta de lanzamiento

introvert /'ɪntrəvɜrt/ *s* introvertido -a

intrude /ɪn'trud/ *v* [intr] entrometerse, importunar | **to intrude on/upon/into sth** inmiscuirse en algo

intruder /ɪn'trudər/ *s* intruso -a

intrusion /ɪn'truʒən/ *s* intromisión, invasión

intrusive /ɪn'trusɪv/ *adj* indiscreto -a, que invade la privacidad

intuition /ɪntu'ɪʃən/ *s* intuición

intuitive /ɪn'tuətɪv/ *adj* intuitivo -a

inundate /'ɪnəndeɪt/ *v* [tr] inundar | **to be inundated with calls/complaints etc.** recibir un alud de llamadas/quejas etc.

invade /ɪn'veɪd/ *v* [tr/intr] invadir

invader /ɪn'veɪdər/ *s* invasor -a

invalid¹ /ɪn'vælɪd/ *adj* **1** no válido -a [documento] **2** inválido -a [argumento]

invalid² /'ɪnvələd/ *s* inválido -a

invaluable /ɪn'væljəbəl/ *adj* invalorable

invariably /ɪn'veriəbli/ *adv* invariablemente

invasion /ɪn'veɪʒən/ *s* invasión

invent /ɪn'vent/ *v* [tr] **1** inventar **2** inventar(se) [un pretexto]

invention /ɪn'venʃən/ *s* invento, invención

inventive /ɪn'ventɪv/ *adj* creativo -a, ingenioso -a

inventor /ɪn'ventər/ *s* inventor -a

inventory /'ɪnvəntɔri/ *s* (pl **-ries**) inventario

in,verted 'commas *s pl* BrE comillas ► También existe **quotation marks,** que es inglés universal | **in inverted commas** entre comillas

invest /ɪn'vest/ *v* [tr/intr] **to invest (sth) in sth** invertir (algo) en algo

investigate /ɪn'vestəgeɪt/ *v* [tr/intr] investigar

investigation /ɪnvestə'geɪʃən/ *s* **investigation (into sth)** investigación (de/sobre algo)

investigative /ɪn'vestəgeɪtɪv/ *adj* de investigación [trabajo, periodismo]

investigator /ɪn'vestəgeɪtər/ *s* investigador -a, inspector -a

investment /ɪn'vestmənt/ *s* inversión

investor /ɪn'vestər/ *s* inversionista, inversor -a

invisible /ɪn'vɪzəbəl/ *adj* invisible

invitation /ɪnvə'teɪʃən/ *s* invitación: *an invitation to the party* una invitación para la fiesta

invite¹ /ɪn'vaɪt/ *v* [tr] **1** invitar: *I haven't been invited.* No me han invitado. | **to invite sb for dinner** invitar a alguien a cenar/comer | **to invite sb to sth/to do sth** invitar a alguien a algo/a hacer algo **2 to invite questions/comments etc.** invitar a que se hagan preguntas/comentarios etc. **3 to invite trouble** buscarse problemas

PHRASAL VERBS

invite sb back 1 invitar a alguien (a la casa de uno) [después de una salida] **2** devolverle/retribuirle la invitación a alguien

invite sb in invitar a alguien a pasar

invite sb out invitar a alguien (a salir)

invite sb over invitar a alguien (a casa)

invite sb round BrE ► ver **invite sb over**

invite² /'ɪnvaɪt/ *s* (informal) invitación

inviting /ɪn'vaɪtɪŋ/ *adj* tentador -a, apetitoso -a

invoice /'ɪnvɔɪs/ *s* factura

i ¿No estás seguro de si se usa **make** o **do**? Mira las entradas **hacer**, **make** y **do**.

involve /ɪn'vɑlv/ *v* [tr] **1** implicar, suponer: *Catching the first train would involve getting up at five in the morning.* Tomar el primer tren implicaría levantarse a las cinco de la mañana. | *What does the job involve?* ¿En qué consiste el trabajo? **2** involucrar: *a riot involving 45 prisoners* un motín que involucró a 45 reclusos **3 to involve sb (in sth)** hacer participar a alguien (en algo) | **to be involved in sth** participar en algo, estar involucrado -a en algo | **to get involved in sth** meterse en algo: *He got involved in a fight.* Se metió en una pelea. **4 to involve sb in sth** implicar a alguien en algo **5 to be/get involved with sb** mantener/entablar una relación (amorosa) con alguien, estar involucrado -a/involucrarse con alguien

involved /ɪn'vɑlvd/ *adj* enrevesado -a, complicado -a

involvement /ɪn'vɑlvmənt/ *s* **1 involvement (in sth)** participación/intervención (en algo) **2** relación [amorosa]

inward /'ɪnwərd/ *adverbio & adjetivo*
- *adv* (también **inwards**) hacia adentro, hacia el interior
- *adj* **1** interior **2** hacia adentro

IQ /aɪ 'kju/ *s* (= **intelligence quotient**) CI [coeficiente/cociente intelectual]

Ireland /'aɪrlənd/ *s* Irlanda

iris /'aɪrɪs/ *s* (pl **-ses**) **1** lirio **2** iris

Irish /'aɪrɪʃ/ *adjetivo & sustantivo*
- *adj* irlandés -esa
- *s* **the Irish** los irlandeses

Irishman /'aɪrɪʃmən/ *s* (pl **-men**) irlandés

Irishwoman /'aɪrɪʃwʊmən/ *s* (pl **-women**) irlandesa

iron /'aɪərn/ *sustantivo & verbo*
- *s* **1** hierro **2** plancha [para planchar]
- *v* [tr/intr] planchar
  iron sth out resolver algo

ironic /aɪ'rɑnɪk/ *adj* irónico -a

ironically /aɪ'rɑnɪkli/ *adv* irónicamente, con ironía

ironing /'aɪərnɪŋ/ *s* **1** ropa para planchar | **to do the ironing** planchar (la ropa) **2** ropa planchada **3 ironing board** tabla/burro de planchar

irony /'aɪrəni/ *s* (pl **-nies**) ironía

irrational /ɪ'ræʃənəl/ *adj* irracional

irregular /ɪ'regjələr/ *adj* irregular

irrelevant /ɪ'reləvənt/ *adj* irrelevante | **to be irrelevant to sth** no tener trascendencia en/para algo, ser irrelevante con respecto a algo

irrespective /ɪrɪ'spektɪv/ *adv* **irrespective of** independientemente de

irresponsible /ɪrɪ'spɑnsəbəl/ *adj* irresponsable

irrigation /ɪrɪ'geɪʃən/ *s* irrigación

irritate /'ɪrəteɪt/ *v* [tr] **1** irritar | **to get irritated (with sb)** irritarse (con alguien) **2** irritar [la piel, los ojos, etc.]

irritating /'ɪrəteɪtɪŋ/ *adj* irritante, molesto -a

irritation /ɪrə'teɪʃən/ *s* **1** irritación **2** inconveniente

IRS /aɪ ɑr 'es/ *s* (= **Internal Revenue Service**)

is /ɪz/ 3ª pers sing presente de **be**

Islam /'ɪzlɑm/ *s* Islam

Islamic /ɪz'læmɪk/ *adj* islámico -a, del Islam

island /'aɪlənd/ *s* isla: *They live on a small island.* Viven en una pequeña isla.

isle /aɪl/ *s* isla ▶ Este vocablo se usa sólo en contextos literarios o como parte de los nombres de algunas islas, p. ej. **the Isle of Cozumel**

isn't /'ɪzənt/ contracción de **is not**

isolate /'aɪsəleɪt/ *v* [tr] aislar

isolated /'aɪsəleɪtɪd/ *adj* aislado -a: *an isolated incident* un incidente aislado

isolation /aɪsə'leɪʃən/ *s* **1** aislamiento **2 in isolation** por separado, aisladamente

ISP /ai es 'pi/ *s* (= **Internet Service Provider**) proveedor de Internet, ISP

issue /'ɪʃu/ *sustantivo & verbo*
- *s* **1** tema, cuestión: *Tony **raised** the **issue** of membership fees.* Tony planteó la cuestión de las cuotas de los socios. **2** (de una revista) número, edición **3 to take issue with sth/sb** discrepar con algo/alguien, estar en desacuerdo con algo/alguien **4 to make an issue of sth** darle a algo más importancia de la que tiene **5** (de un pasaporte) expedición **6** (de billetes, estampillas) emisión
- *v* [tr] **1** emitir, hacer público [un comunicado] **2 to issue sb with sth** proveer a alguien de algo **3** expedir [un pasaporte] **4** emitir [billetes, estampillas]

IT /aɪ 'ti/ *s* (= **information technology**) informática

it /ɪt/ *pron* ▶ ver recuadro en página 202

Italian /ɪ'tæljən/ *adjetivo & sustantivo*
- *adj* italiano -a
- *s* **1** italiano -a **2** (idioma) italiano

italics /ɪ'tælɪks/ *s pl* cursiva

Italy /'ɪtl-i/ *s* Italia

itch /ɪtʃ/ *verbo & sustantivo*
- *v* [intr] (3ª pers sing **itches**) **1** picar: *My arm is itching.* Me pica el brazo. **2 to be itching to do sth** (informal) morirse de las ganas de hacer algo
- *s* (pl **itches**) picazón

itchy /'ɪtʃi/ *adj* (**-chier -chiest**) que pica [suéter, etc.]: *My eyes are itchy.* Me pican los ojos.

it'd /'ɪtəd/
- contracción de **it had**
- contracción de **it would**

it

1 Se usa para referirse a objetos o animales. También se puede referir a un bebé cuyo sexo se desconoce. Puede ocupar la posición de sujeto o de complemento. Cuando se usa como sujeto no tiene equivalente en español:

"Where's the letter?" "It's on your desk." –¿Dónde está la carta? –Está sobre tu escritorio. | *This horse needs a vet. It's not well.* Este caballo necesita un veterinario. No está bien.

Usado como complemento directo equivale a *lo:*

What are they going to name it if it's a boy? ¿Cómo lo van a llamar si es varón?

Usado como complemento indirecto equivale a *le:*

Give it a kick. Dale una patada.

También puede seguir a una preposición:

I put a sheet over it. Lo cubrí con una sábana. | *a house with a stream behind it* una casa con un arroyo detrás

2 Usado en construcciones impersonales:

PARA HABLAR DEL TIEMPO, LA HORA, FECHAS Y DISTANCIAS

It had been snowing. Había estado nevando. | *"What time is it?" "It's two o'clock."* –¿Qué hora es? –Son las dos. | *It's May 10th today.* Hoy es 10 de mayo. | *It's another 50 miles to Boston.* Todavía faltan 50 millas para Boston.

PARA IDENTIFICAR A PERSONAS O COSAS

Hello, it's Jenny. Could I speak to Sarah? Hola, soy/habla Jenny. ¿Podría hablar con Sarah? | *"What's in the package?" "It's a book."* –¿Qué hay en el paquete? –Es un libro.

PARA REFERIRSE A UNA SITUACIÓN

How's it going, Bob? ¿Cómo va la cosa, Bob? | *I can't stand it any longer – I'm leaving.* No aguanto más; me voy.

OTROS USOS IMPERSONALES Y PASIVOS

It looks like he's not coming. Parece que no va a venir. | *It's so nice to see you!* ¡Qué bueno verte! | *It is said that he's a millionaire.* Se dice que es millonario.

item /ˈaɪtəm/ *s* **1** elemento en una lista o un grupo: *item one on the agenda* el primer punto del orden del día | *There are over 100 items on the menu.* Hay más de 100 platos en el menú. | *each item in the catalog* cada artículo del catálogo **2 an item of clothing** una prenda de vestir | **an item of furniture** un mueble **3** nota (periodística), artículo: *a news item* una noticia

itinerary /aɪˈtɪnəreri/ *s* (pl **-ries**) itinerario

it'll /ˈɪtl/ contracción de **it will**

it's /ɪts/

- contracción de **it is**
- contracción de **it has**

its /ɪts/ *adj* su, sus [de un objeto, un sustantivo abstracto, un animal o un bebé cuyo sexo se desconoce]: *The plan has its merits.* El plan tiene sus ventajas. ► Los posesivos se usan en inglés en muchos contextos en los que usamos el artículo en español, como delante de partes del cuerpo, pertenencias, etc.: *The dog hurt its leg.* El perro se lastimó la pata. | *The baby dropped its spoon.* Al bebé se le cayó la cuchara.

itself /ɪtˈself/ *pron* ► ver recuadro

I've /aɪv/ contracción de **I have**

ivory /ˈaɪvəri/ *sustantivo & adjetivo*

- *s* **1** marfil **2** (color) marfil
- *adj* de color marfil

ivy /ˈaɪvi/ *s* hiedra

itself

1 **itself** es la forma reflexiva de **it**. Su uso equivale en general al de los verbos reflexivos españoles o a oraciones con *sí mismo* o *sí misma*:

The hedgehog curled itself into a ball. El erizo se hizo una bola. | *Germany's image of itself* la imagen que Alemania tiene de sí misma

2 A veces se usa para enfatizar:

The system itself is to blame. El propio sistema tiene la culpa. | *Life itself is a battle.* La vida misma es una lucha.

3 La expresión **by itself** o **all by itself** significa *solo* (sin compañía o sin ayuda):

I don't want to leave the dog by itself. No quiero dejar al perro solo. | *The door seemed to open by itself.* La puerta pareció abrirse sola.

4 **in itself** equivale a *en sí* o *de por sí*:

She passed. That in itself is quite an achievement. Aprobó. Eso de por sí ya es todo un logro.

J

J, j /dʒeɪ/ *s* J, j ► ver "Active Box" **letters** en **letter**

jab /dʒæb/ *verbo & sustantivo*

• ***v*** [tr/intr] (**-bbed**, **-bbing**) pinchar, clavar: *She **jabbed** the needle **into** my arm.* Me pinchó el brazo con la aguja. | *He **jabbed at** me with a stick.* Me amenazó con un bastón.

• ***s*** **1** golpe con la punta de un objeto, como una pistola, un paraguas, etc. **2** puñetazo, golpe **3** BrE (informal) inyección, vacuna

jack /dʒæk/ *s* **1** gato [herramienta] **2** jota [en la baraja francesa]

jacket /ˈdʒækɪt/ *s* **1** saco, chaqueta **2** (más casual) chompa, chamarra, campera **3** (de un libro) sobrecubierta

jackhammer /ˈdʒækˌhæmər/ *s* AmE martillo neumático

jackpot /ˈdʒækpɑt/ *s* premio mayor, pozo [en juegos de azar]

jade /dʒeɪd/ *s* jade

jaded /ˈdʒeɪdɪd/ *adj* hastiado -a, harto -a

jagged /ˈdʒægɪd/ *adj* **1** dentado -a [borde] **2** con bordes irregulares [roca]

jaguar /ˈdʒægwɑr/ *s* jaguar

jail, también **gaol** BrE /dʒeɪl/ *sustantivo & verbo*

• ***s*** cárcel, prisión

• ***v*** [tr] encarcelar

jam /dʒæm/ *sustantivo & verbo*

• ***s*** **1** mermelada **2** trancón, embotellamiento, congestión **3 to get into a jam** (informal) meterse en apuros/aprietos/un lío | **to be in a jam** (informal) estar en apuros/aprietos/un lío

• ***v*** (**-mmed**, **-mming**) **1** [tr] atascar, atrancar **2** [intr] atascarse, atrancarse: *The paper has jammed.* Se atascó el papel. **3 to jam sth into/under etc. sth** meter algo (a presión) en/debajo de etc. algo: *She jammed the letter into her pocket.* Se metió la carta en el bolsillo. **4** [tr] interferir [una señal de radio]

Jamaica /dʒəˈmeɪkə/ *s* Jamaica

Jamaican /dʒəˈmeɪkən/ *adj & s* jamaicano -a, jamaiquino -a

jangle /ˈdʒæŋgəl/ *v* [tr] hacer sonar, [intr] sonar [con sonido metálico]

janitor /ˈdʒænətər/ *s* AmE portero, conserje

January /ˈdʒænjueri/ *s* enero ► ver "Active Box" **months** en **month**

Japan /dʒəˈpæn/ *s* Japón

Japanese /dʒæpəˈniz/ *adjetivo & sustantivo*

• ***adj*** japonés -esa

• ***s*** **1** (idioma) japonés **2** japonés -esa | **the Japanese** los japoneses

jar /dʒɑr/ *sustantivo & verbo*

• ***s*** tarro, pote, frasco

• ***v*** (**-rred**, **-rring**) **1** [tr] hacer que (una parte del cuerpo) se resienta con un golpe **2 to jar on sb** irritar a alguien

jargon /ˈdʒɑrgən/ *s* jerga

jasmine /ˈdʒæzmɪn/ *s* jazmín

jaundice /ˈdʒɔndɪs/ *s* ictericia

javelin /ˈdʒævəlɪn/ *s* jabalina

jaw /dʒɔ/ *sustantivo & sustantivo plural*

• ***s*** **1** (de persona) mandíbula **2** (de animal) quijada

• **jaws** ***s pl*** fauces

jazz /dʒæz/ *sustantivo & verbo*

• ***s*** jazz

• ***v*** **jazz sth up** (informal) darle vida a algo

jealous /ˈdʒeləs/ *adj* **1** envidioso -a | **to be jealous of sth** tener envidia de algo, envidiar algo | **to be jealous of sb** tenerle envidia a alguien **2** celoso -a: *He **gets jealous** if I go out with my friends.* Se pone celoso si salgo con mis amigos.

jealousy /ˈdʒeləsi/ (pl **-sies**) s envidia, celos

jeans /dʒinz/ *s pl* bluyines, vaqueros, jeans, pantalones de mezclilla: *She bought some new jeans.* Se compró unos bluyines nuevos.

jeep, también **Jeep®** /dʒip/ *s* jeep

jeer /dʒɪr/ *v* **1** [intr] reírse [burlonamente] | **to jeer at sth/sb** burlarse de algo/alguien **2** [tr] abuchear

Jell-O®, también **jello** /ˈdʒelou/ *s* AmE gelatina [postre]

jelly /ˈdʒeli/ *s* (pl **-llies**) **1** jalea **2** BrE ► ver **Jell-O®**

jellyfish /ˈdʒelifɪʃ/ *s* (pl **jellyfish** o **jellyfishes**) medusa, aguamala, malagua

jeopardize, -ise BrE /ˈdʒepərdaɪz/ *v* [tr] arriesgar, poner en peligro

jeopardy /ˈdʒepərdi/ *s* **to be in jeopardy** peligrar | **to put/place sth in jeopardy** hacer peligrar algo

jerk /dʒɜrk/ *verbo & sustantivo*

• ***v*** [tr/intr] **1** mover repentina y bruscamente: *He **jerked** his hand **away**.* Sacó rápidamente la mano. **to jerk at/on sth** darle un tirón a algo **2** [intr] (referido a vehículos): *The train jerked to a halt.* El tren se detuvo con una sacudida.

• ***s*** **1** sacudida **2** tirón **3** (informal) estúpido -a, pendejo -a, huevón -ona

jersey /ˈdʒɜrzi/ *s* **1** suéter **2** (en deportes) camiseta **3** (tela) jersey, tela de punto

jet /dʒet/ *s* **1** jet, avión [con motor a reacción] **2** chorro **3 jet engine** motor a reacción **jet lag** jet lag [sensación de cansancio y desorientación tras un viaje largo en avión] **jet plane**, también **jet aircraft** jet, avión a reacción

jetty /ˈdʒeti/ *s* (pl **-tties**) muelle, embarcadero

Jew /dʒu/ *s* judío -a

jewel /ˈdʒuəl/ *sustantivo & sustantivo plural*

• *s* piedra preciosa, gema

• **jewels** *s pl* joyas, alhajas

jeweler AmE, **jeweller** BrE /ˈdʒuələr/ *s* **1** joyero -a **2 jeweller's** BrE joyería

jewelry AmE, **jewellery** BrE /ˈdʒuəlri/ *s* alhajas, joyas | **a piece of jewelry** una alhaja, una joya

Jewish /ˈdʒuɪʃ/ *adj* judío -a

jigsaw /ˈdʒɪgsɔ/, también **jigsaw puzzle** *s* rompecabezas, puzzle

jingle /ˈdʒɪŋgəl/ *verbo & sustantivo*

• *v* **1** [intr] tintinear **2** [tr] hacer tintinear

• *s* **1** jingle **2** tintineo

jinx /dʒɪŋks/ *sustantivo & verbo*

• *s* (pl **-xes**) maldición: *I think there's a **jinx on** this computer.* Creo que a esta computadora le ha caído una maldición.

• *v* [tr] (3ª pers sing **-xes**) hacer que (algo/alguien) sufra reveses o tenga mala suerte | **to be jinxed** tener una maldición [tener muy mala suerte]

job /dʒɑb/ *s* **1** (empleo) trabajo | **to be out of a job** quedarse sin trabajo | **to lose your job** quedarse sin trabajo, perder el trabajo ▶ **¿JOB O WORK?** ver **trabajo**

2 (tarea) trabajo: *I have a job for you.* Tengo un trabajo para ti. | *He **did** a poor **job on** the floor.* No se lució con el piso.

3 (responsabilidad): *It's my job to look after the money.* A mí me corresponde ocuparme de cuidar el dinero.

4 good job! AmE (informal) ¡bien hecho!

5 BrE (informal) (problema): *I had an awful job getting the stain out.* Me costó muchísimo quitar la mancha.

6 it's a good job BrE (informal) menos mal: *It was a good job he didn't see us.* Menos mal que no nos vio.

ˈjob ˌaction *s* AmE medidas de fuerza [acciones de protesta como huelgas, paros, etc. asociadas a una disputa laboral]

jobless /ˈdʒɑbləs/ *adj* desempleado -a, desocupado -a, cesante

jockey /ˈdʒɑki/ *s* jockey, jocketa

jog /dʒɑg/ *verbo & sustantivo*

• *v* (**-gged**, **-gging**) **1** [intr] correr/trotar [como ejercicio] | **to go jogging** salir a correr/trotar **2** [tr] empujar [levemente], mover **3 to jog sb's memory** refrescarle la memoria a alguien

• *s* **1 to go for a jog** salir a correr/trotar **2** empujoncito

jogger /ˈdʒɑgər/ *s* persona que sale a correr como ejercicio

jogging /ˈdʒɑgɪŋ/ *s* correr/trotar [como ejercicio]

join /dʒɔɪn/ *verbo & sustantivo*

• *v* **1** [intr] hacerse socio -a, [tr] hacerse socio -a de [un club]

2 [intr] afiliarse, [tr] afiliarse a [un partido, un sindicato]

3 [tr] entrar a [una empresa, una organización]

4 to join the army/navy etc. ingresar al ejército/a la armada etc.

5 [tr] unir | **to join sth to sth** unir algo con algo

6 [intr] confluir, [tr] desembocar en [ríos]

7 [intr] empalmar, [tr] empalmar con [carreteras]

8 [tr] unirse a una persona o un grupo: *Does he want to join us for lunch?* ¿Quiere almorzar con nosotros? | *I joined them in Rome.* Me junté con ellos en Roma.

join in (sth) tomar parte (en algo)

join up enrolarse, alistarse

• *s* unión

joint /dʒɔɪnt/ *sustantivo & adjetivo*

• *s* **1** articulación [de los huesos] **2** unión, junta **3** (informal) término usado para referirse a sitios como discotecas, bares, lugares para comer, etc.: *a hamburger joint* una hamburguesería **4** cigarrillo de marihuana o hachís ▶ Según región: **varillo, porro, toque** o **pito** **5** trozo de carne asado o para asar

• *adj* conjunto -a: *It was a joint effort.* Fue un trabajo en equipo./Fue un esfuerzo conjunto.

joke /dʒoʊk/ *sustantivo & verbo*

• *s* **1** chiste | **to tell a joke** contar un chiste **2** broma | **to play a joke on sb** hacerle/gastarle una broma a alguien

• *v* [intr] **1** bromear: *Don't **joke about** things like that.* No hagas bromas con cosas como ésa. **2 you must be joking!** ¿me estás tomando el pelo? **3 (all) joking apart/aside** hablando en serio

joker /ˈdʒoʊkər/ *s* **1** (informal) bromista, chistoso -a **2** joker, comodín

jolly /ˈdʒɑli/ *adjetivo & adverbio*

• *adj* (**-llier**, **-lliest**) alegre, jovial

• *adv* BrE (informal) usado para enfatizar: *Sounds like a jolly good idea.* Me parece una idea buenísima. | *He can jolly well do as he's told.* Que haga lo que se le dijo y punto.

jolt /dʒoʊlt/ *sustantivo & verbo*

• *s* **1** sacudida **2** shock, golpe [anímico]

• *v* **1** [intr] traquetear **2** [tr] sacudir

jostle /ˈdʒɑsəl/ *v* **1** [tr] empujar, zarandear **2** [intr] empujarse

jot /dʒɑt/ *v* (**-tted**, **-tting**) **jot sth down** anotar algo [rápidamente]

journal /ˈdʒɜrnl/ *s* **1** publicación, revista [académica] **2** diario [de un viaje, etc.]

journalism /ˈdʒɜrnlɪzəm/ *s* periodismo

journalist /ˈdʒɜrnl-ɪst/ *s* periodista

journey /ˈdʒɜrni/ *s* viaje | **to go on a journey** ir de viaje, hacer un viaje ▶ **¿JOURNEY, TRIP, TRAVEL O VOYAGE?** ver **viaje**

joy /dʒɔɪ/ *s* **1** alegría | **to jump for joy** saltar de alegría **2** placer: ***She is a joy to teach.*** Es un placer tenerla como alumna.

joyful /ˈdʒɔɪfəl/ *adj* alegre, feliz

joyriding /ˈdʒɔɪraɪdɪŋ/ *s* delito de robar un auto y salir a manejar por diversión

joystick /ˈdʒɔɪstɪk/ *s* **1** joystick **2** palanca (de mando) [de un avión]

Jr. (= **Junior**) AmE junior, hijo: *John Wallace, Jr.* John Wallace junior

jubilant /ˈdʒubələnt/ *adj* jubiloso- a, alborozado -a

jubilee /dʒubəˈli/ *s* aniversario [especialmente a los 25 ó 50 años de un hecho]

Judaism /ˈdʒudeɪɪzəm/ *s* judaísmo

judge /dʒʌdʒ/ *sustantivo & verbo*

• *s* **1** (en derecho) juez -a **2** (en un concurso) juez -a **3** persona entendida: *I'm no **judge of** these things.* Yo no soy experta en estas cosas.

• *v* [tr/intr] **1** juzgar **2 judging by/from sth** a juzgar por algo **3** calcular **4 to be judged (to be) sth** ser considerado -a algo

judgment, también **judgement** /ˈdʒʌdʒmənt/ *s* **1** criterio: *Use your own judgment.* Actúa según tu criterio. **2** juicio, opinión **3** veredicto

judo /ˈdʒudoʊ/ *s* judo

jug /dʒʌg/ *s* **1** AmE porrón, botijo **2** BrE jarra, jarro, pichel ▶ En inglés americano se usa **pitcher**

juggle /ˈdʒʌgəl/ *v* **1** [tr] hacer malabarismos con: *She has to juggle personal and family needs.* Tiene que hacer malabarismos con sus necesidades personales y las de su familia. **2** [intr] hacer malabarismos

juggling

juice /dʒus/ *s* jugo: *apple juice* jugo de manzana

juicy /ˈdʒusi/ *adj* (**-cier, -ciest**) **1** jugoso -a [fruta, carne, etc.] **2** (informal) jugoso -a [chisme, etc.]

jukebox /ˈdʒukbɑks/ *s* (pl **-xes**) rockola, jukebox

July /dʒʊˈlaɪ/ *s* julio ▶ ver "Active Box" **months** en **month**

jumble /ˈdʒʌmbəl/ *sustantivo & verbo*

• *s* revoltijo, mezcolanza

• *v* [tr] (también **jumble up**) revolver, mezclar

ˈjumble sale *s* BrE venta de ropa y objetos usados que se hace con fines benéficos ▶ En inglés americano se usa **rummage sale**

jumbo /ˈdʒʌmboʊ/, también **jumbo-sized** *adj* (informal) gigante, extra grande

ˈjumbo jet, también **jumbo** *s* jumbo

jump /dʒʌmp/ *verbo & sustantivo*

• *v* **1** [tr/intr] saltar: ***He jumped the** barrier.* Saltó por encima de la barrera. | ***He jumped into the** pool.* Se tiró a la piscina. | ***He jumped out of** bed.* Se levantó (de la cama) de un salto. | **to jump up and down** saltar, dar saltos **2** [intr] sobresaltarse | **to make sb jump** asustar a alguien

jumping

jump at sth no dejar pasar algo [una oportunidad, etc.]

• *s* **1** salto **2** valla, obstáculo

jumper /ˈdʒʌmpər/ *s* **1** AmE jumper **2** BrE suéter, pulóver, chompa ▶ También existe **sweater**, que es inglés universal

ˈjump rope *s* AmE Según región: *cuerda, lazo, cordel* o *reata de saltar*

junction /ˈdʒʌŋkʃən/ *s* cruce, empalme, entronque

June /dʒun/ *s* junio ▶ ver "Active Box" **months** en **month**

jungle /ˈdʒʌŋgəl/ *s* jungla, selva

junior /ˈdʒunjər/ *adjetivo & sustantivo*

• *adj* **1** ▶ ver **Jr. 2** (referido a personal) junior [de menor jerarquía] | **to be junior to sb** ser subalterno -a de alguien

• *s* **1 to be two years/six months etc. sb's junior** ser dos años/seis meses etc. menor que alguien **2** persona de bajo rango en una organización o profesión **3** AmE alumno del penúltimo año de la enseñanza secundaria o la universidad **4** (también **junior miss**) AmE tallas para jovencitas **5** BrE escolar de entre 7 y 11 años de edad

ˌjunior ˈcollege *s* en EU y Canadá, establecimiento universitario que ofrece cursos de dos años

ˌjunior ˈhigh school, también **junior high** *s* en EU, colegio secundario para alumnos de entre 12 y 14 años de edad

ˈjunior ˌschool *s* en Gran Bretaña, escuela para alumnos de entre 7 y 11 años de edad

junk /dʒʌŋk/ *s* **1** (informal) cachivaches **2** (informal) basura **3** muebles y otros objetos de segunda mano

ˈjunk food *s* comida chatarra, porquerías, chucherías

junkie /ˈdʒʌŋki/ *s* (informal) drogadicto -a, yonqui, pichicatero -a

ˈ**junk mail** *s* propaganda que se recibe por correo

Jupiter /ˈdʒupətər/ *s* Júpiter

juror /ˈdʒʊrər/ *s* miembro del jurado

jury /ˈdʒʊri/ *s* (pl **-ries**) jurado

just /dʒʌst/ *adverbio & adjetivo*

• *adv* **1** justo, exactamente: *It's just what I wanted.* Es justo lo que quería. | *She looks just like her mother.* Es igualita a su madre.
2 sólo, nomás: *"Are there any letters?" "Just bills."* –¿Llegó alguna carta? –Sólo cuentas. | *I saw her just yesterday.* La vi ayer nomás.
3 to have just done sth acabar de hacer algo: *He's just gone out.* Se acaba de ir./Recién se fue.
4 to be just doing sth ver ejemplos: *He's just coming.* Ya viene. | *We were just leaving.* Justo nos íbamos.
5 to be just about to do sth/to be just going to do sth (justo) estar por hacer algo, estar a punto de hacer algo: *I was just about to call the police.* Justo estaba por llamar a la policía./Estaba a punto de llamar a la policía.
6 just before/after etc. justo antes/después etc. | **just over/under** un poquito más/menos: *It's just over two meters.* Mide un poquito más de dos metros.
7 just as good/much etc. (as) (para reforzar una comparación): *She earns just as much as he does.* Gana tanto como él. | *This brand is just as good.* Esta marca es igual de buena.
8 (only) just justo: *We got there just in time.* Llegamos justo a tiempo. | *The rope was only just long enough.* El largo de la cuerda alcanzó justo.
9 just about casi: *just about everyone* casi todos | *I've just about finished.* Ya estoy por terminar.
10 (uso enfático y con imperativos): *We get along just fine.* Nos llevamos realmente bien. | *They'll just have to wait.* Van a tener que esperar y punto. | *Just let me finish this.* Déjame terminar esto.
11 just now (a) recién: *My keys were here just now.* Mis llaves recién estaban acá. **(b)** justo ahora, en este momento: *I'm busy just now.* Justo ahora estoy ocupada.
12 just in case por si las dudas, por las dudas
13 it's just as well (that) menos mal (que)

• *adj* (formal) justo -a

justice /ˈdʒʌstɪs/ *s* **1** justicia | **to bring sb to justice** llevar a alguien ante la justicia **2 to do justice to sth/sb, to do sth/sb justice** hacerle justicia/honor a algo/alguien: *This photo doesn't do her justice.* Esta foto no le hace justicia. **3 to do yourself justice** mostrar lo que uno es capaz de hacer: *She didn't do herself justice in the interview.* No demostró toda su capacidad en la entrevista. **4** (también **Justice**) juez -a

justifiable /dʒʌstəˈfaɪəbəl/ *adj* justificable

justifiably /dʒʌstəˈfaɪəbli/ *adv* con (justificada/mucha) razón

justification /dʒʌstəfəˈkeɪʃən/ *s* justificación

justified /ˈdʒʌstəfaɪd/ *adj* justificado -a | **to be justified in doing sth** tener motivos/razones para hacer algo

justify /ˈdʒʌstəfaɪ/ *v* [tr] (**-fies**, **-fied**) justificar

justly /ˈdʒʌstli/ *adv* **1** con razón **2** con justicia

jut /dʒʌt/, también **jut out** *v* [intr] (**-tted**, **-tting**) sobresalir [de una superficie]

juvenile /ˈdʒuvənl/ *adjetivo & sustantivo*

• *adj* **1** juvenil **2** infantil, pueril

• *s* menor

¿Se dice *on the table* o *in the table*? Mira la entrada **en**.

K

K, k /keɪ/ *s* K, k ▸ ver "Active Box" **letters** en **letter**
kabob /kəˈbɑb/ AmE, **kebab** /kɪˈbæb/ BrE *s* Según región: *pincho, brocheta, anticucho* o *alambre*
kaleidoscope /kəˈlaɪdəskoʊp/ *s* caleidoscopio
kangaroo /kæŋgəˈru/ *s* canguro
karat AmE, **carat** BrE /ˈkærət/ *s* quilate
karate /kəˈrɑti/ *s* karate
keen /kin/ *adj* **1 to be keen to do sth** estar ansioso -a por/deseoso -a de hacer algo: *She's keen to get back to work.* Está ansiosa por volver al trabajo. **2 to be keen on sth/sb** (para expresar gustos): *I'm not very keen on tennis.* No me gusta mucho el tenis. **3** entusiasta **4** fuerte, vivo [interés] **5 a keen sense of humor/smell etc.** un agudo sentido del humor/del olfato etc.
keep /kip/ *v* (pasado & participio **kept**)
1 [intr] quedarse, mantenerse: *Sit down and keep quiet.* Siéntate y quédate callado. | *He runs to keep in shape.* Sale a correr para mantenerse en forma.
2 [tr] mantener: *My job keeps me very busy.* El trabajo me mantiene muy ocupada. | **to keep sth clean/hot etc.** mantener algo limpio -a/caliente etc. | **to keep sb waiting** hacer esperar a alguien
3 [tr] dejar: *They kept him in the hospital overnight.* Lo dejaron ingresado hasta el día siguiente.
4 to keep (on) doing sth (a) seguir haciendo algo: *Keep trying./Keep on trying.* Sigue intentando. **(b)** (referido a acciones repetidas): *He keeps hitting me.* No deja de pegarme. | *I keep forgetting to mail this letter.* Siempre me olvido de mandar esta carta.
5 [tr] quedarse con: *You can keep the book.* Te puedes quedar con el libro.
6 [tr] guardar: *Where do you keep the scissors?* ¿Dónde guardas la tijera?
7 [tr] entretener: *Sorry to keep you.* Perdón que lo entretenga. | *What kept you?* ¿Por qué tardaste tanto?
8 [tr] criar [animales]
9 [tr] mantener [a una familia, etc.]
10 [intr] (referido a alimentos) conservarse (fresco -a)
11 [tr] llevar [un diario]
12 to keep sth/sb from doing sth evitar que algo/alguien haga algo
13 to keep a promise cumplir una promesa | **to keep an appointment** no faltar a una cita
14 to keep a secret guardar un secreto
15 to keep sth from sb no contarle algo a alguien
16 to keep sth to yourself guardarse algo, no contar algo | **to keep yourself to yourself** ser solitario -a, no ser muy sociable
17 to keep at it (informal) seguir dándole
PHRASAL VERBS
keep away no acercarse: *Keep away from the edge.* No te acerques al borde. **keep sth/sb away** mantener algo/a alguien alejado -a
keep back no acercarse, no avanzar **keep sth back** ocultar algo: *She was* ***keeping*** *something* ***back*** *from me.* Me estaba ocultando algo. **keep sb back** impedirle avanzar a alguien
keep sth down to keep prices down mantener bajos los precios
keep off sth 1 no pisar algo [el césped] **2** no hablar de algo **keep sth off** proteger algo de algo: *Cover the food to keep the flies off.* Cubra la comida para protegerla de las moscas.
keep on 1 to keep on about sth (informal) no parar de hablar de algo **2 to keep on at sb (about sth)** estarle encima a alguien (con algo)
keep out 1 no entrar | **keep out!** ¡prohibida la entrada! **2 to keep out of sth** no meterse en algo
keep sth/sb out no dejar pasar algo/a alguien
keep to sth 1 cumplir (con) algo [una promesa, etc.] **2** no apartarse de algo [un camino, una carretera]
keep up 1 mantenerse a la par: *She's having trouble* ***keeping up with*** *the others in English.* Le está costando mantenerse al nivel de los demás en inglés. **2** mantenerse al tanto **keep sth up** seguir con algo, sostener algo
keeper /ˈkipər/ *s* **1** portero -a, arquero -a **2** guardabosque **3** cuidador -a **4** curador -a
kennel /ˈkenl/ *s* **1** casilla [de un perro] **2** (también **kennels** BrE) guardería (canina), hotel de perros
kept /kept/ pasado & participio de **keep**
kerb BrE ▸ ver **curb**
kerosene /ˈkerəsin/ *s* AmE querosene
ketchup /ˈketʃəp/ *s* salsa de tomate [de botella], ketchup, catsup
kettle /ˈketl/ *s* **1** AmE olla **2** pava, tetera [para hervir agua]

kettle

key /ki/ *sustantivo, adjetivo & verbo*
• *s* **1** llave: *the front-door key* la llave de la puerta de entrada **2** tecla **3 the key to success/survival etc.** la clave del éxito/de la supervivencia etc. **4** (en música) tono **5** (de un mapa, etc.) referencias
• *adj* clave, fundamental
• *v* **key sth in** ingresar algo [datos]
keyboard /ˈkibɔrd/ *s* teclado

¿Quieres estudiar vocabulario por temas? Consulta el **minidiccionario ilustrado**.

keyhole /'kihoʊl/ *s* ojo de la cerradura
key ring *s* llavero
khaki /'kæki/ *sustantivo, adjetivo & sustantivo plural*
• *s* (color) caqui, kaki
• *adj* de color caqui/kaki ▶ ver "Active Box" **colors** en **color**
• **khakis** *s pl* AmE pantalón caqui/de soldado
kick /kɪk/ *verbo & sustantivo*
• *v* **1** [tr] patear, darle una patada a: *He **kicked** the ball over the wall.* Pateó la pelota al otro lado de la pared. **2** [intr] patear: *We had to **kick** the door **down**.* Tuvimos que derribar la puerta a las patadas. **3** [intr] patalear [bebé, persona enojada] **4 to kick yourself** darse la cabeza contra la pared [por haberse equivocado, etc.] ▶ ver también **bucket**
kick in (informal) **1** empezar a surtir efecto **2** entrar en vigor o empezar a actuar **3** AmE cooperar **kick in sth** AmE (informal) contribuir con algo
kick off 1 (informal) empezar **2** dar el puntapié inicial **kick sth off** (informal) empezar algo
kick sb out (informal) echar a alguien, poner a alguien de paticas/patitas en la calle: *He was **kicked out** of college.* Lo echaron de la universidad.
• *s* **1** patada, puntapié **2 to get a kick out of sth** (informal) sentir alegría o placer con algo: *He seems to get a kick out of annoying her.* Parece deleitarse haciéndola enojar. **3 to do sth for kicks** (informal) hacer algo por diversión/para divertirse

kick (soccer)

karate kick

kickoff /'kɪk-ɔf/ *s* comienzo, puntapié inicial
kid /kɪd/ *sustantivo & verbo*
• *s* (informal) **1** *niño -a* (También, según región, *chavalo -ala, escuincle -a* o *cabro -a*): *He's only a kid.* No es más que un niño. **2** hijo -a: *How many kids do they have?* ¿Cuántos hijos tienen? **3** cabrito **4** cabritilla **5 kid brother/sister** (informal) hermano/hermana menor
• *v* (**-dded**, **-dding**) (informal) **1** [intr] bromear: *I was just kidding.* Era un chiste nada más. **2 to kid sb that** hacerle creer a alguien que | **to kid yourself** engañarse **3 no kidding!** (informal) **(a)** ¡no me digas! **(b)** no es broma
kidnap /'kɪdnæp/ *v* [tr] (**-pped**, **-pping**) secuestrar
kidnapper /'kɪdnæpər/ *s* secuestrador -a
kidnapping /'kɪdnæpɪŋ/ *s* secuestro
kidney /'kɪdni/ *s* riñón

kill /kɪl/ *verbo & sustantivo*
• *v* **1** [tr/intr] matar **2 to be killed (a)** morir: *Three people were killed in the explosion.* Tres personas murieron en la explosión. **(b)** ser asesinado: *He was killed by the Mafia.* Lo mató la Mafia. **3 to kill yourself** suicidarse, matarse **4 to kill time** matar el tiempo
kill sth/sb off acabar con algo/alguien, matar algo/a alguien
• *s* **1** presa **2** cantidad de animales en una matanza
killer /'kɪlər/ *s* asesino -a
killing /'kɪlɪŋ/ *s* **1** asesinato **2** matanza **3 to make a killing** (informal) hacer un gran negocio
kilo /'kiloʊ/ *s* kilo
kilobyte /'kɪləbaɪt/ *s* kilobyte
kilogram, también **kilogramme** /'kɪləgræm/ *s* kilogramo
kilometer AmE, **kilometre** BrE /kɪ'lɑmətər, 'kɪləmitər/ *s* kilómetro
kilt /kɪlt/ *s* falda escocesa
kin /kɪn/ *s pl* familiares, parientes ▶ ver también **next of kin**
kind /kaɪnd/ *sustantivo & adjetivo*
• *s* **1** tipo, clase | **all kinds of** todo tipo/toda clase de **2 a kind of** una especie de **3 kind of** (informal) medio, un poco: *It seems kind of weird to me.* Me parece medio raro./Me parece un poco raro. **4 in kind** en especie
• *adj* (**-der**, **-dest**) amable, bueno -a: *They've been so **kind to** me.* Fueron tan amables conmigo.
kindly /'kaɪndli/ *adverbio & adjetivo*
• *adv* **1** gentilmente, amablemente **2 (will you) kindly** (formal) hágame el favor de: *Kindly don't interfere!* ¡Hágame el favor de no entrometerse! **3 not to take kindly to sth/sb** no aceptar algo/a alguien de buen grado: *She does not take kindly to criticism.* No le caen bien las críticas.
• *adj* (**-lier**, **-liest**) bondadoso -a, cariñoso -a
kindness /'kaɪndnəs/ *s* **1** amabilidad, bondad **2** (pl **-sses**) acto de bondad
king /kɪŋ/ *s* **1** rey: *King Edward VII* el rey Eduardo VII **2** (en ajedrez) rey
kingdom /'kɪŋdəm/ *s* reino
kingfisher /'kɪŋˌfɪʃər/ *s* martín pescador
kinship /'kɪnʃɪp/ *s* parentesco
kiosk /'kiɑsk/ *s* quiosco
kipper /'kɪpər/ *s* arenque ahumado
kiss /kɪs/ *verbo & sustantivo*
• *v* (3ª pers sing **kisses**) **1** [tr] besar | **to kiss sb goodbye** darle a alguien un beso de despedida **2** [intr] besarse
• *s* (pl **kisses**) **1** beso | **to give sb a kiss** darle un beso a alguien **2 to give sb the kiss of life** hacerle respiración boca a boca a alguien
kit /kɪt/ *s* **1** equipo [ropa para deportes] **2** modelo para armar **3** kit
kitchen /'kɪtʃən/ *s* cocina [habitación]

kite /kaɪt/ *s* Según región: *cometa, papalote, papagayo* o *volantín.* | **to fly a kite** encumbrar una cometa/un volantín, volar un papalote/un papagayo
kitten /ˈkɪtn/ *s* gatito -a
kitty /ˈkɪti/ *s* (pl **kitties**) fondo común, vaca, pozo
klutz /klʌts/ *s* (pl **-zes**) AmE (informal) torpe
km (= **kilometer**) km
knack /næk/ *s* (informal) habilidad, don | **to get the knack of sth** agarrarle la mano/la onda a algo
knead /nid/ *v* [tr] **1** amasar **2** masajear
knee /ni/ *s* rodilla | **on your knees** de rodillas, arrodillado -a: *He **got down on his knees** and prayed.* Se arrodilló para rezar.
kneecap /ˈnikæp/ *s* rótula
kneel /nil/, también **kneel down** *v* [intr] (pasado & participio **kneeled** o **knelt**) arrodillarse | **to be kneeling** estar arrodillado -a
knew /nu/ pasado de **know**
knickers /ˈnɪkərz/ BrE ▶ ver **panties**
knife /naɪf/ *s* (pl **knives**) **1** cuchillo **2** navaja
knight /naɪt/ *s* **1** (en la Edad Media) caballero **2** (título honorífico británico) caballero **3** (en ajedrez) caballo
knit /nɪt/ *v* [tr/intr] tejer
knitting /ˈnɪtɪŋ/ *s* **1** actividad de tejer: *One of her hobbies is knitting.* Una de sus aficiones es tejer **2** tejido [lo que se está tejiendo] **3 knitting kneedle** aguja de tejer
knives /naɪvz/ plural de **knife**
knob /nɑb/ *s* **1** pomo, manija [de una puerta] **2** perilla [de un aparato]
knock /nɑk/ *verbo & sustantivo*
• *v* **1** [intr] llamar [a la puerta]: *Why don't you knock before you come in?* ¿Por qué no llamas antes de entrar? | **to knock at/on the door** golpear la puerta, llamar a la puerta **2 to knock your head/knee etc. on sth** golpearse la cabeza/rodilla etc. contra algo: *He knocked his head on the table.* Se golpeó la cabeza contra la mesa. **3** [tr] darle un golpe a | **to knock sb to the floor** tirar a alguien al suelo de un golpe **4** [tr] (informal) criticar

PHRASAL VERBS

knock sth down **1** tirar algo abajo, derribar algo **2 to knock sth down to $100/$50 etc.** (informal) rebajar algo a $100/$50 etc. **3 to be/get knocked down** ser atropellado -a
knock off (informal) terminar de trabajar
knock sth off **1** tirar algo: *She knocked a vase off the shelf.* Tiró un florero de la repisa. **2** rebajar algo: *I got him to knock $10 off the price.* Logré que me rebajara $10. **3 knock it off!** (informal) ¡ya basta!, ¡párala/córtala ya!
knock sb out **1** noquear/dejar nocaut a alguien, dejar inconsciente a alguien **2** eliminar a alguien [de un campeonato, etc.]
knock sth over tirar algo **knock sb over** hacer caer a alguien (al suelo)

• *s* golpe: *a **knock on** the head* un golpe en la cabeza | *There was a **knock at** the door.* Alguien llamó a la puerta.
knockout /ˈnɑk-aʊt/ *s* **1** nocaut **2** eliminatoria, eliminatorio
knot /nɑt/ *sustantivo & verbo*
• *s* **1** (para atar) nudo | **to tie a knot (in sth)** hacer un nudo (con algo) **2** (unidad de velocidad de un barco) nudo **3** (en la madera) nudo **4** (de personas) puñado
• *v* [tr] anudar, hacer un nudo en
know /noʊ/ *v* (pasado **knew**, participio **known**)
1 [tr/intr] saber: *He **knows** a lot **about** cars.* Sabe mucho de autos. | *I don't know where she lives.* No sé dónde vive. | *She's really upset, you know.* Está muy disgustada ¿sabías? | **to know how to do sth** saber (cómo) hacer algo
2 [tr] conocer: *Do you know Patrick Clark?* ¿Conoces a Patrick Clark? | **to know each other** conocerse: *Do you two know each other?* ¿Se conocen? | **to get to know sth/sb** (llegar a) conocer algo/a alguien ▶ **¿KNOW O MEET?** ver recuadro en **conocer**
3 [tr] conocer [un lugar]: *I know Paris well.* Conozco bien París.
4 [tr] reconocer: *I'd know him anywhere.* Lo hubiera reconocido en cualquier lado.
5 to let sb know avisarle a alguien
6 as far as I know que yo sepa
7 you never know nunca se sabe
8 he/you etc. should know better debería/deberías etc. saber que está mal
know of sth/sb conocer algo/a alguien, saber de algo/alguien: *Do you know of any good restaurants around here?* ¿Conoces algún restaurante bueno por aquí?
knowing /ˈnoʊɪŋ/ *adj* **a knowing look/smile** una mirada/sonrisa cómplice
knowingly /ˈnoʊɪŋli/ *adv* **1** intencionalmente **2** de manera cómplice
knowledge /ˈnɑlɪdʒ/ *s* **1** conocimiento(s) | **knowledge of/about sth** conocimiento(s) de/sobre algo **2 without my knowledge** sin que yo lo supiera: *They recorded it without my knowledge.* Lo grabaron sin que yo lo supiera. **3 to my knowledge** que yo sepa **4 it's common knowledge (that)** todo el mundo sabe (que)
knowledgeable /ˈnɑlɪdʒəbəl/ *adj* entendido -a, conocedor -a: *He's very **knowledgeable about** wines.* Es muy entendido en vinos.
known[1] /noʊn/ *adj* **1** conocido -a **2 to be known for sth** ser conocido -a por algo
known[2] participio de **know**
knuckle /ˈnʌkəl/ *s* nudillo
koala /koʊˈɑlə/, también **koala bear** *s* koala
Korea /kəˈriə/ *s* Corea
Korean /kəˈriən/ *adjetivo & sustantivo*
• *adj* coreano -a
• *s* **1** coreano -a **2** (idioma) coreano
kph (= **kilometers per hour**) km/h

¿Sabes cómo funcionan los **phrasal verbs**? Lee la explicación en el apartado de gramática.

L, l /el/ *s* L, l ▶ ver "Active Box" **letters** en **letter**

lab /læb/ *s* (informal) laboratorio

label /ˈleɪbəl/ *sustantivo & verbo*

• *s* **1** etiqueta **2** (también **record label**) sello (discográfico)

• *v* [tr] (**-led**, **-ling** AmE, **-lled**, **-lling** BrE) **1** etiquetar **2 to label sth/sb (as) sth** tildar algo/a alguien de algo, calificar algo/a alguien de algo

labor AmE, **labour** BrE /ˈleɪbər/ *sustantivo & verbo*

• *s* **1** trabajo, mano de obra **2** (trabajadores) mano de obra **3** (trabajo de) parto | **to be in/go into labor** estar/entrar en trabajo de parto **4 labor relations** relaciones laborales **5 Labour** BrE, también **the Labour Party** el Partido Laborista, los laboristas

• *v* [intr] **1** trabajar **2 to labor to do sth** esforzarse por hacer algo

laboratory /ˈlæbrəˌtɔri, BrE ləˈbɒrətri/ *s* (pl **-ries**) laboratorio

labored AmE, **laboured** BrE /ˈleɪbərd/ *adj* **1** forzado -a [estilo] **2** dificultoso -a [respiración]

laborer AmE, **labourer** BrE /ˈleɪbərər/ *s* peón [de campo, en la construcción, etc.]

laborious /ləˈbɔriəs/ *adj* laborioso -a

ˈlabor ˌunion *s* AmE sindicato

labyrinth /ˈlæbərɪnθ/ *s* laberinto

lace /leɪs/ *sustantivo & verbo*

• *s* **1** encaje, puntilla **2** (también **shoelace**) cordón [de zapato], pasador, agujeta

• *v* (también **lace up**) [tr] amarrar, atar, [intr] amarrarse, atarse [los zapatos]

lack /læk/ *sustantivo & verbo*

• *s* falta | **for/through lack of sth** por falta de algo

• *v* [tr] carecer de: *He lacks imagination.* Le falta imaginación.

lacking /ˈlækɪŋ/ *adj* **1 to be lacking** faltar **2 to be lacking in sth** carecer de algo

lacquer /ˈlækər/ *s* **1** (pintura) laca **2** (para el pelo) (spray) fijador, laca

lacy /ˈleɪsi/ *adj* (**-cier**, **-ciest**) de encaje, con puntilla

lad /læd/ *s* (informal) muchacho ▶ También, según región, *chavo, chavalo* o *cabro*.

ladder /ˈlædər/ *s* **1** escalera [portátil] **2** BrE carrera [en una media] ▶ En inglés americano se usa **run**

laden /ˈleɪdn/ *adj* **to be laden (with sth)** estar cargado -a (de algo)

ladies /ˈleɪdiz/ **1** plural de **lady** **2 the ladies' room** AmE, **the ladies** BrE el baño (de damas)

ladle /ˈleɪdl/ *s* cucharón

lady /ˈleɪdi/ *s* (pl **-dies**) **1** señora, dama: *Ladies and gentlemen.* Señoras y señores./Damas y caballeros. **2 Lady** Lady [tratamiento dado a la esposa o hija de un hombre que tiene el título de "Sir" o "Lord"]: *Lady Churchill* Lady Churchill ▶ ver también **ladies**

ladybug /ˈleɪdibʌg/ AmE, **ladybird** /ˈleɪdibərd/ BrE *s* Según región: *mariquita, petaquita, catarina* o *chinita*

lag /læg/ *verbo & sustantivo*

• *v* (**-gged**, **-gging**) **to lag behind** quedarse atrás | **to lag behind sth/sb** ir atrás de algo/alguien, ir a la zaga de algo/alguien

• *s* (también **time lag**) intervalo

lager /ˈlɑgər/ *s* cerveza (rubia)

lagoon /ləˈgun/ *s* laguna [de agua salada]

laid /leɪd/ pasado & participio de **lay**

ˌlaid-ˈback *adj* (informal) despreocupado -a, relajado -a

lain /leɪn/ participio de **lie1**

lake /leɪk/ *s* lago

lamb /læm/ *s* cordero

lame /leɪm/ *adj* **1** cojo -a, renco -a, rengo -a **2** pobre [excusa]

lament /ləˈment/ *v* **1** [tr] lamentar, llorar **2** [intr] lamentarse | **to lament over sth** lamentarse de algo

lamp /læmp/ *s* lámpara

ˈlamp-post *s* poste (de luz)

lampshade /ˈlæmpʃeɪd/ *s* pantalla [de una lámpara]

land /lænd/ *sustantivo & verbo*

• *s* **1** (extensión de terreno) tierra(s): *Who owns this land?* ¿Quién es el dueño de esta(s) tierra(s)?

| **a piece of land** un terreno **2** (por oposición al mar) tierra | **by land** por tierra | **on land** en la tierra **3 the land** el campo | **to live off the land** vivir de la tierra | **to work the land** trabajar la tierra **4** (país, nación) tierra

• *v* **1** [tr/intr] aterrizar **2** [intr] desembarcar **3** [tr] descargar, desembarcar [provisiones, pasajeros, etc.] **4** [intr] caer(se), ir/venir a parar: *I slipped and landed on my back.* Me resbalé y me caí de espalda. **5** [tr] (informal) conseguir [un trabajo, un contrato, etc.]

land up terminar: *He'll land up in jail.* Terminará en la cárcel.

land sb with sth endilgarle/encajarle algo a alguien: *I got landed with all the cleaning up afterwards.* Me endilgaron el trabajo de limpiar todo después.

landing /ˈlændɪŋ/ *s* **1** descanso (de la escalera) **2** aterrizaje **3** desembarco, descarga

landlady /ˈlændleɪdi/ *s* (pl **-dies**) **1** (de una vivienda o pieza alquilada) dueña **2** BrE (de un pub) dueña, encargada

landlord /ˈlændlɔrd/ *s* **1** (de una vivienda o pieza alquilada) dueño **2** BrE (de un pub) dueño, encargado

landmark /ˈlændmɑrk/ *s* **1** punto de referencia [para orientarse en un lugar] **2** hito

landowner /ˈlændoʊnər/ *s* terrateniente

landscape /ˈlændskeɪp/ *s* paisaje

landslide /ˈlændslaɪd/ *s* **1** derrumbe, desprendimiento (de tierra/rocas) **2** (también **landslide victory**) victoria aplastante

lane /leɪn/ *s* **1** camino **2** carril | **the slow/right lane** el carril lento/derecho | **the fast/left lane** el carril de alta velocidad/izquierdo **3** (en natación, atletismo) carril, andarivel

language /ˈlæŋgwɪdʒ/ *s* **1** idioma, lengua **2** lenguaje **3 bad language** malas palabras **4 language skills** habilidades lingüísticas

lantern /ˈlæntərn/ *s* farol

lap /læp/ *sustantivo & verbo*

• *s* **1** regazo, falda: *She sat on her mother's lap.* Se sentó en el regazo de su madre. **2** vuelta [en una carrera]

• *v* (**-pped, -pping**) **1** [tr] besar, lamer [olas, mar] **2** [tr] (también **lap up**) tomar [a lengüetazos] **3** sacarle una vuelta de ventaja a

lapel /ləˈpel/ *s* solapa

lapse /læps/ *sustantivo & verbo*

• *s* **1** descuido, error: *a lapse of concentration* un descuido **2** (también **time lapse**) lapso (de tiempo)

• *v* [intr] **1** ir decayendo [conversación] **2** ir acabándose [relación] **3** vencer [contrato, suscripción] **4 to lapse into silence** quedarse callado -a | **to lapse into a coma** entrar en coma

laptop /ˈlæptɑp/ *s* notebook, computador/computadora portátil

large /lɑrdʒ/ *adj* **1** grande: *He comes from a large family.* Viene de una familia grande. | *a large amount of money* una gran cantidad de dinero ▶ ¿BIG O LARGE? ver **grande** **2** corpulento -a, grandote -a **3 the population/public etc. at large** la población/el público etc. en general

largely /ˈlɑrdʒli/ *adv* en gran parte/medida

large-ˈscale *adj* a/en gran escala

lark /lɑrk/ *s* alondra

laser /ˈleɪzər/ *s* **1** láser **2 laser beam** rayo láser **laser printer** impresora láser

lash /læʃ/ *verbo & sustantivo*

• *v* (3ª pers sing **lashes**) **1** [tr] azotar **2** [tr] atar, amarrar

lash out to lash out at sb arremeter contra alguien [física o verbalmente]

• *s* (pl **lashes**) **1** latigazo **2** pestaña

last /læst/ *adjetivo, adverbio, pronombre & verbo*

• *adj* **1** (más reciente) último -a, pasado -a: *the last time I saw her* la última vez que la vi | *last Sunday* el domingo pasado | **last night** anoche | **last week/year etc.** la semana pasada/el año pasado etc.

2 (final) último -a: *the last chapter* el último capítulo | **last thing at night** antes de acostarse | **last but one** penúltimo -a

• *adv* **1** por última vez: *when I saw her last/when I last saw her* cuando la vi por última vez

2 (al final): *They interviewed me last.* Me entrevistaron (de) último./Fui el último que entrevistaron. **last but not least** por último, pero no por eso menos importante

• *pron* **1 the last** el/la último -a, los/las últimos -as: *They were the last to leave.* Fueron los últimos en irse.

2 at (long) last por fin

3 the week before last hace dos semanas, la semana antepasada | **the year before last** el año antepasado, el anteaño pasado

4 the last of sth lo que queda/quedaba de algo: *We drank the last of the wine.* Nos tomamos lo que quedaba del vino.

• *v* **1** [tr/intr] durar: *The drought could last for months.* La sequía podría durar meses.

2 to last sb alcanzarle a alguien, durarle a alguien: *This money should last you till Friday.* Este dinero te debería alcanzar hasta el viernes.

lasting /ˈlæstɪŋ/ *adj* duradero -a

lastly /ˈlæstli/ *adv* por último

last-ˈminute *adj* de último momento, de última hora

ˈlast name *s* apellido

latch /lætʃ/ *sustantivo & verbo*

• *s* (pl **-ches**) pasador, pestillo

• *v* (3ª pers sing **-ches**) **latch on** (informal) **1** BrE entender, agarrar la onda **2 to latch on to sth (a)** pegarse a algo [una moda, tendencia] **(b)** BrE darse cuenta de algo **3 to latch on to sb** (seguir constantemente) pegársele a alguien

late /leɪt/ *adjetivo & adverbio*

• ***adj*** **1** tarde: *Sorry I'm late.* Perdón por llegar tarde. | *The train was 25 minutes late.* El tren llegó 25 minutos tarde. | *We had a late breakfast.* Desayunamos tarde. | **to be late for sth** llegar tarde a algo
2 (hacia el fin de un período): *in the late eighteenth century* a fines del siglo dieciocho | *a man in his late forties* un hombre de cuarenta y pico largos **it's getting late** se está haciendo tarde
3 difunto -a: *her late husband* su difunto esposo

• ***adv*** **1** (hasta) tarde: *I have to work late tonight.* Tengo que trabajar hasta tarde esta noche. | *Our flight arrived two hours late.* Nuestro vuelo llegó dos horas tarde.
2 late at night/late in the afternoon tarde en la noche/al final de la tarde

lately /ˈleɪtli/ *adv* últimamente

later /ˈleɪtər/ *adverbio & adjetivo*

• ***adv*** **1** después, más tarde: *He died three weeks later.* Murió tres semanas después. | *I'll see you later.* Hasta luego. | ***Later on** it started to rain.* Más tarde empezó a llover. **2 no later than** a más tardar

• ***adj*** **1** posterior **2 at a later date/stage** más adelante

latest /ˈleɪtɪst/ *adjetivo & sustantivo*

• ***adj*** último -a [más reciente]: *their latest album* su último álbum

• ***s*** **1 the latest** lo último: *the latest in educational software* lo último en software educativo
2 at the latest a más tardar

lather /ˈlæðər/ *s* espuma [de jabón]

Latin /ˈlætn, BrE ˈlætɪn/ *sustantivo & adjetivo*

• ***s*** latín

• ***adj*** latino -a, en latín

ˌLatin ˈAmerica *s* América Latina, Latinoamérica

Latin Aˈmerican *adj & s* latinoamericano -a

latitude /ˈlætətud/ *s* latitud

latter /ˈlætər/ *adjetivo & pronombre*

• ***adj*** **1** segundo -a: *in the latter half of 1996* en la segunda mitad de 1996 **2** último -a: *the latter part of his life* los últimos años de su vida

• ***pron*** **the latter** se usa para referirse al último de dos elementos mencionados: *Of the two I prefer the latter.* De los dos prefiero el segundo. | *There are several hotels and hostels but the latter need to be reserved well in advance.* Hay varios hoteles y albergues pero estos últimos se deben reservar con mucha anticipación.

laugh /læf/ *verbo & sustantivo*

• ***v*** [intr] reírse, reír: *I couldn't stop laughing.* No podía parar de reírme.
laugh at sth/sb reírse de algo/alguien

• ***s*** **1** risa | **to give a laugh** reírse **2 to do sth for a laugh** hacer algo para divertirse **3 to have the last laugh** reír último

laughter /ˈlæftər/ *s* risas: *You could hear laughter.* Se oían risas. | *He roared with laughter.* Se rió a carcajadas.

launch /lɔntʃ/ *verbo & sustantivo*

• ***v*** [tr] (3ª pers sing **-ches**) **1** lanzar [un ataque, una campaña, un producto] **2** lanzar [un misil, un cohete, etc.] **3** botar [un barco]
launch into sth comenzar algo [un discurso, una perorata, etc.] | **to launch into an account of sth** ponerse a contar algo

• ***s*** (pl **-ches**) **1** lanzamiento **2** lancha (a motor)

laundromat /ˈlɔndrəmæt/ AmE, **launderette** /lɔndəˈret/ BrE *s* lavandería (automática) [donde uno mismo lava la ropa]

laundry /ˈlɔndri/ *s* (pl **-dries**) **1** ropa [lavada o para lavar] | **to do the laundry** lavar la ropa **2** lavandería

lava /ˈlɑvə/ *s* lava

lavatory /ˈlævətɔri/ *s* (pl **-ries**) (formal) **1** taza (del baño), inodoro, excusado **2** baño

lavender /ˈlævəndər/ *s* lavanda

lavish /ˈlævɪʃ/ *adj* **1** espléndido -a, suntuoso -a **2 to be lavish with sth** ser muy generoso -a con algo

law /lɔ/ *s* **1 the law** la ley | **to be against the law** estar prohibido -a [por ley] | **to break the law** violar la ley | **by law** por ley | **law and order** el orden público **2** (norma legal) ley **3** derecho, abogacía **law school** facultad de derecho

lawful /ˈlɔfəl/ *adj* legítimo -a, legal

lawn /lɔn/ *s* césped, pasto

lawnmower /ˈlɔnmouər/ *s* cortadora de césped, podadora (de pasto), cortagrama

lawsuit /ˈlɔsut/ *s* juicio | **to file/bring a lawsuit against sb** llevar a alguien a juicio, entablar una demanda contra alguien

lawyer /ˈlɔjər/ *s* abogado -a ► ver recuadro en **abogado**

lay[1] /leɪ/ *verbo & adjetivo*

• ***v*** [tr] (pasado & participio **laid**) **1** poner, colocar: *She laid her hand on his shoulder.* Le puso la mano en el hombro. **2 to lay the table** poner la mesa **3** poner [alfombras] **4** tender [cables] **5** instalar [cañerías] **6** poner, echar [cimientos] **7** poner [un huevo] **8** poner, tender [una trampa] **9 to lay the blame (for sth) on sb** echarle la culpa (de algo) a alguien

PHRASAL VERBS

lay sth aside **1** dejar algo a un lado **2** dejar de lado algo **3** ahorrar algo, guardar algo

lay sth down **1** dejar algo [a un lado, en el suelo, etc.] **2 to lay down your arms** deponer las armas **3 to lay down rules/principles etc.** establecer normas/principios etc.

lay sb off dejar cesante a alguien [por falta de trabajo]

lay sth on ofrecer algo [comida, alojamiento, etc.]
lay sth out **1** extender algo, desplegar algo **2** diseñar algo
• *adj* **1** laico -a **2** lego -a
lay² pasado de **lie1**
layer /ˈleɪər/ *s* capa: *a fine layer of dust* una fina capa de polvo
layman /ˈleɪmən/ *s* (pl **-men**) lego | **in layman's terms** en términos sencillos
layout /ˈleɪaʊt/ *s* **1** trazado [de una ciudad] **2** diseño [de un edificio, un jardín] **3** diagramación [de una revista]
laze /leɪz/ *v* [intr] holgazanear, flojear, haraganear
laze around haraganear, holgazanear
lazy /ˈleɪzi/ *adj* (**-zier**, **-ziest**) **1** perezoso -a, flojo -a, holgazán -ana **2 a lazy day/afternoon etc.** un día/una tarde etc. sin hacer nada
lb (pl **lbs**) (= **pound**) libra [= 0.454 kg]
lead¹ /lid/ *verbo & sustantivo*
• *v* (pasado & participio **led**) **1** [tr] llevar, guiar: *A waiter led us to a table.* Un mesero nos llevó a la mesa. | **to lead sb away** llevarse a alguien
2 [tr] ir adelante de, encabezar
3 [intr] ir adelante
4 to lead to/down to etc. sth llevar a algo, conducir a algo
5 to lead to confusion/chaos etc. llevar a la confusión/al caos etc.
6 [tr] conducir [un debate]
7 [tr] liderar [un equipo]
8 [tr] irle ganando a: *Brazil led Germany 1-0.* Brasil le iba ganando a Alemania por 1 a 0.
9 [intr] ir ganando: *He was **leading by** two sets to one.* Iba ganando por dos sets a uno.
10 to lead sb to do sth llevar a alguien a hacer algo
11 to lead sb to believe (that) hacer creer a alguien (que)
12 to lead a normal/quiet etc. life llevar una vida normal/tranquila etc.
13 to lead the way (a) ir adelante, hacer de guía **(b)** llevar la delantera
lead sb on (informal) engañar a alguien [especialmente con falsas promesas]
lead up to sth **1** preceder a algo: *the events leading up to the coup* los acontecimientos que precedieron al golpe de estado **2** preparar el terreno para algo
• *s* **1 the lead** la delantera, el primer lugar | **to be in the lead** llevar la delantera | **to take the lead (a)** tomar la delantera **(b)** tomar la iniciativa
2 ventaja
3 pista, indicio
4 (papel) protagónico | **lead singer/guitarist** cantante/guitarrista líder
5 BrE correa, traílla [de un perro] ▶ En inglés americano se usa **leash**
6 BrE cable ▶ En inglés americano se usa **cord**
7 (en juegos de cartas) mano: *Whose lead is it?* ¿Quién es mano?
lead² /led/ *s* **1** plomo **2** mina [de un lápiz]
leaded /ˈledɪd/ *adj* con plomo
leader /ˈlidər/ *s* **1** líder, dirigente **2** primero -a [en una carrera, una competencia]
leadership /ˈlidərʃɪp/ *s* **1** liderazgo **2** capacidad de mando, autoridad **3** dirigencia, conducción
leading /ˈlidɪŋ/ *adj* protagónico -a, principal
leaf /lif/ *sustantivo & verbo*
• *s* (pl **leaves**) **1** hoja [de una planta, un árbol] **2 to take a leaf out of sb's book** seguir el ejemplo de alguien **3 to turn over a new leaf** empezar una nueva vida
• *v* **leaf through sth** hojear algo
leaflet /ˈliflət/ *s* folleto
league /lig/ *s* **1** (de equipos deportivos) liga **2** (de naciones, grupos políticos, etc.) liga, asociación **3 to be in league with sb** estar aliado -a/confabulado -a con alguien **4 league table** BrE tabla de posiciones, ranking ▶ En inglés americano se usa **standings**
leak /lik/ *verbo & sustantivo*
• *v* **1** [tr/intr] (referido a recipientes) tener una fuga/un escape: *This pipe is leaking.* Esta cañería tiene una fuga. | *The roof leaks.* El techo tiene goteras. **2** [intr] (referido a líquidos o gases): *Plutonium was **leaking out of** the reactor.* El reactor tenía una fuga de plutonio. **3** [tr] filtrar [información confidencial]
• *s* **1** fuga, escape **2** filtración [de información]
lean /lin/ *verbo & adjetivo*
• *v* (pasado & participio **leaned** o **leant** BrE)
1 to lean forward inclinarse hacia adelante | **to lean back** recostarse | **to lean out of the window** asomarse por la ventana
2 [intr] inclinarse, estar inclinado -a [árbol, poste, etc.] **3 to lean against/on sth** apoyarse contra/en algo | **to lean sth against/on sth** apoyar algo contra/en algo
• *adj* **1** delgado -a **2** magro -a

lean

leap /lip/ *verbo & sustantivo*
• *v* [intr] (pasado & participio **leaped** o **leapt**) **1** saltar, brincar: *He leapt over the stream.* Brincó por encima del arroyito. | *I leapt up the*

stairs. Subí la escalera a los brincos. | **to leap to your feet** ponerse de pie de un salto/brinco **2 my/his etc. heart leapt** (literario) me/le etc. dio un vuelco el corazón

● *s* **1** salto, brinco **2 by/in leaps and bounds** a pasos agigantados **3** fuerte subida, gran aumento

ˈleap year *s* año bisiesto

learn /lɜrn/ *v* [tr/intr] (pasado & participio **learned** o **learnt** BrE) **1** aprender: *She's learning fast.* Está aprendiendo muy rápido. **2 to learn (how) to do sth** aprender a hacer algo **3 to learn (of/about) sth** enterarse de algo

learner /ˈlɜrnər/ *s* **1** persona que está aprendiendo algo: *a book for learners of English* un libro para estudiantes de inglés **to be a slow learner** tener dificultades de aprendizaje | **to be a quick learner** aprender rápido **2** (también **learner driver**) BrE persona que está aprendiendo a manejar ► En inglés americano se usa **student driver**

learning /ˈlɜrnɪŋ/ *s* **1** aprendizaje **2** erudición

lease /lis/ *sustantivo & verbo*

● *s* **lease (on sth)** contrato de arrendamiento (de algo)

● *v* [tr] **1** (también **lease out**) dar en arrendamiento **2** tomar en arrendamiento

leash /liʃ/ *s* (pl **-shes**) correa, traílla [de un perro]

least /list/ *pronombre, adverbio & adjetivo*

● *pron* **1** menos: *The least he could do is apologize.* Lo menos que puede hacer es disculparse. | *This is worrying, **to say the least**.* Esto es, como mínimo, preocupante. | **at least (a)** por lo menos, como mínimo **(b)** al menos **2 not in the least** en lo más mínimo: *He wasn't in the least worried.* No estaba preocupado en lo más mínimo.

● *adv* menos: *I chose the least expensive one.* Elegí el menos caro. | *It happened when we least expected it.* Ocurrió cuando menos lo esperábamos. | *I wouldn't tell anyone, **least of all** her.* No se lo contaría a nadie, y menos a ella.

● *adj* **1** menor, menos **2 not the least bit** para nada, en lo más mínimo: *He wasn't the least bit sorry.* No estaba para nada arrepentido.

leather /ˈleðər/ *s* cuero | **a leather jacket/skirt** una chaqueta/falda de cuero

leave /liv/ *verbo & sustantivo*

● *v* (pasado & participio **left**) **1** [tr] irse de, salir de: *I left home at the age of 17.* Me fui de la casa a los 17 años.

2 [intr] irse, salir: *They're **leaving for** Rome tomorrow morning.* Salen para Roma mañana por la mañana.

3 [tr] (abandonar) dejar: *She left her job to have a baby.* Dejó su trabajo para tener un hijo. | **to leave school** dejar el colegio

4 [tr] (en cierto estado o lugar) dejar: *He left all the lights on.* Dejó todas las luces prendidas.

5 [tr] dejarse (olvidado -a)

6 to be left quedar: *Is there any milk left?* ¿Quedó (algo de) leche? | **to be left over** sobrar: *There was a lot of food left over.* Sobró un montón de comida.

7 [tr] (no hacer, comer, etc.) dejar: *Let's leave the dishes until later.* Dejemos los platos para después.

8 [tr] (en un testamento) dejar ► ver también **alone**

leave sth behind **1** dejar algo [no llevarlo] **2** dejarse (olvidado -a) algo

leave sth out omitir algo, no poner algo **leave sb out** **1** dejar a alguien afuera, excluir a alguien **2 to feel left out** sentirse excluido -a

● *s* licencia | **to be on leave** estar de licencia

leaves /livz/ plural de **leaf**

lecture /ˈlektʃər/ *sustantivo & verbo*

● *s* **1** conferencia | **to give a lecture (on sth)** dar una conferencia (sobre algo) **2** clase (teórica), clase de cátedra **3** sermón [reprimenda, advertencia]

● *v* **1** [tr] sermonear | **to lecture sb about sth** darle sermones a alguien sobre algo **2** [intr] dar/dictar/hacer clase(s) [en la universidad] | **to lecture on/in sth** dar clase sobre/de algo, hacer clase sobre/de algo

lecturer /ˈlektʃərər/ *s* **1** conferencista **2** BrE profesor -a (auxiliar) [en la universidad]

led /led/ pasado & participio de **lead**

ledge /ledʒ/ *s* **1** cornisa **2** saliente [en una montaña, etc.]

leek /lik/ *s* puerro, ajoporro

left¹ /left/ *adjetivo, adverbio & sustantivo*

● *adj* izquierdo -a

● *adv* a la izquierda: *Turn left at the church.* Doble a la izquierda en la iglesia.

● *s* **1** izquierda | **on the/your left** a la izquierda | **to the left of sth/sb** a la izquierda de algo/alguien **2 the left/the Left** (en política) la izquierda

left² pasado & participio de **leave**

ˌleft-ˈhand *adj* izquierdo -a | **on the left-hand side** a mano izquierda

ˌleft-ˈhanded *adj* zurdo -a, de zurda

leftover /ˈleftoʊvər/ *adj* sobrante

leftovers /ˈleftoʊvərz/ *s pl* sobras

ˌleft-ˈwing *adj* de izquierda, izquierdista

leg /leg/ *s* **1** (de una persona) pierna **2** (de un animal) pata **3** (como alimento) pata [de pollo], pierna [de cordero, cerdo] **4** (de un mueble) pata **5** (de un pantalón) pierna **6** (de un viaje) etapa **7** (de una carrera) etapa, vuelta **8 to pull sb's leg** (informal) tomarle el pelo a alguien **9** BrE (en un campeonato) ronda

legacy /ˈlegəsi/ *s* (pl **-cies**) herencia, legado

legal /ˈligəl/ *adj* **1** (establecido por ley) legal **2** (relativo a la ley) legal, jurídico -a | **to take legal action (against sb)** iniciar acciones legales (contra alguien)

legalize, -ise BrE /ˈligəlaɪz/ *v* [tr] legalizar

legally /'ligəli/ *adv* legalmente
legend /'ledʒənd/ *s* leyenda
legendary /'ledʒənderi/ *adj* legendario -a
leggings /'legɪŋz/ *s pl* leggings, mallas, chicles: *a pair of leggings* unos leggings
legislate /'ledʒəsleɪt/ *v* [intr] legislar
legislation /ledʒə'sleɪʃən/ *s* **1** legislación **2 a piece of legislation** una ley
legitimate /lɪ'dʒɪtəmət/ *adj* **1** legal, legítimo -a **2** fundado -a, válido -a [excusa, pregunta, etc.] **3** (referido a hijos) legítimo -a
leisure /'liʒər, BrE 'leʒə/ *s* **1** tiempo libre, rato(s) de ocio **2 at leisure** sin apuro **3 at your leisure** cuando te/le venga bien **4 leisure activities** actividades recreativas: *your leisure activities* tus actividades recreativas/lo que haces en tu tiempo libre **leisure centre** BrE polideportivo ▶ En inglés americano se usa **recreation center** **leisure time** tiempo libre
leisurely /'liʒərli, BrE 'leʒəli/ *adj* distendido -a, tranquilo -a
lemon /'lemən/ *s* **1** limón (amarillo) **2 lemon juice** jugo de limón **lemon tree** limonero
lemonade /lemə'neɪd/ *s* **1** limonada **2** BrE gaseosa [transparente, de sabor cítrico]
lend /lend/ *v* [tr] (pasado & participio **lent**) prestar | **to lend sb sth/to lend sth to sb** prestarle algo a alguien: *She asked me to lend her some money.* Me pidió que le prestara dinero. | *I've lent my flashlight to John.* Le he prestado mi linterna a John.
length /leŋθ/ *s* **1** largo, longitud: *The room is four meters in length.* El cuarto tiene cuatro metros de largo. **2** duración **3 to go to any/great lengths to do sth** hacer cualquier cosa/esforzarse mucho para hacer algo: *She'll go to any lengths to get what she wants.* Hace cualquier cosa por conseguir lo que quiere. **4 at length** largo y tendido, extensamente **5** trozo **6** (de tela) corte **7** (de una piscina) largo **8** (en una regata) largo **9** (en una carrera de caballos) cuerpo
lengthen /'leŋkθən/ *v* **1** [tr] alargar **2** [intr] alargarse, hacerse más largo -a
lengthwise /'leŋkθwaɪz/, también **lengthways** /'leŋkθweɪz/ *adv* a lo largo
lengthy /'leŋkθi/ *adj* (**-thier**, **-thiest**) larguísimo -a, prolongado -a
lenient /'linjənt/ *adj* indulgente
lens /lenz/ *s* (pl **-ses**) **1** (de los anteojos) lente, cristal **2** (de una cámara, etc.) lente
Lent /lent/ *s* cuaresma
lent /lent/ pasado & participio de **lend**
lentil /'lentəl/ *s* lenteja
Leo /'lioʊ/ *s* **1** Leo **2** persona del signo de Leo: *He's a Leo.* Es (de) Leo.
leopard /'lepərd/ *s* leopardo
leotard /'liətɑrd/ *s* malla, leotardo [para ballet o gimnasia]
lesbian /'lezbiən/ *s* lesbiana
less /les/ *adverbio, pronombre, adjetivo & preposición*

- ***adv*** menos: *The second test was **less** difficult than the first.* El segundo examen fue menos difícil que el primero. | **less and less** cada vez menos
- ***pron*** **1** menos: *She gave me **less than** him.* Me dio menos a mí que a él. **2 no less than** nada menos que, no menos de
- ***adj*** menos
- ***prep*** menos: *$500 less tax* $500 menos impuestos

lessen /'lesən/ *v* **1** [intr] disminuir **2** [tr] reducir
lesser /'lesər/ *adj* menor
lesson /'lesən/ *s* **1** clase: *a French lesson* una clase de francés | **to take lessons (in sth)** tomar clases (de algo) **2** lección | **let that be a lesson to you** que te sirva de lección **3 to learn your lesson** escarmentar **4 to teach sb a lesson** (informal) darle a alguien una lección
let /let/ *v* [tr] (pasado & participio **let**, gerundio **letting**) **1** dejar | **to let sb do sth** dejar hacer algo a alguien, dejar que alguien haga algo: *He doesn't let us play near the river.* No nos deja jugar cerca del río. | *Let me help you with that suitcase.* Déjame ayudarte con esa maleta. **2 to let sb have sth** darle algo a alguien: *I can let you have a copy.* Te puedo dar una copia. **3 to let yourself go (a)** dejarse llevar, relajarse **(b)** abandonarse **4 to let go (of sth/sb)** soltar (algo/a alguien) **5 to let sb know (sth)** avisarle (algo) a alguien **6** ▶ **let's,** la contracción de **let us,** se usa para hacer propuestas o exhortaciones. La forma negativa es **let's not**. En inglés británico también se usa **don't let's**: *Let's sit here.* Sentémonos aquí. | *Let's not argue.* No nos peleemos. **7 let's see** a ver **8 let alone** mucho menos: *He can't even get out of bed, let alone walk.* No puede ni levantarse de la cama, mucho menos caminar. **9** BrE alquilar, rentar [propietario] ▶ En inglés americano se usa **rent**

PHRASAL VERBS

let sb down decepcionar a alguien, fallarle a alguien
let sth in dejar entrar algo [la luz, el aire] **let sb in** dejar entrar a alguien, hacer pasar a alguien
let sth off tirar algo [fuegos artificiales], disparar algo [un arma] **let sb off** perdonar a alguien: *The teacher let us off from doing homework today.* El maestro nos perdonó los deberes hoy.
let sth out dejar salir algo [el calor, el agua, etc.] | **to let out a scream/cry etc.** dejar escapar un alarido/un grito etc. **let sb out** dejar salir a alguien

¿Se dice *I arrived in Miami* o *I arrived to Miami*? Mira la entrada **arrive**.

letdown /ˈletdaʊn/ *s* (informal) chasco, decepción
lethal /ˈliθəl/ *adj* letal, mortal
lethargic /ləˈθɑrdʒɪk/ *adj* aletargado -a
lethargy /ˈleθərdʒi/ *s* letargo
let's /lets/ contracción de **let us** ▶ ver **let**
letter /ˈletər/ *s* **1** carta: *Can you mail this letter for me?* ¿Me echas esta carta al buzón? **2** letra: *a three-letter word* una palabra de tres letras ▶ ver "Active Box" **letters** **3 to do sth to the letter** hacer algo al pie de la letra
letterbox /ˈletərbɑks/ *s* (pl **-xes**) BrE buzón ▶ En inglés americano se usa **mailbox**

letterboxes

lettuce /ˈletɪs/ *s* lechuga
leukemia AmE, **leukaemia** BrE /luˈkimiə/ *s* leucemia
level /ˈlevəl/ *sustantivo, adjetivo & verbo*
• *s* **1** nivel: *high levels of radiation* altos niveles de radiación **2** nivel, altura | **at eye level** a la altura de los ojos **3** (de un edificio) piso, nivel
• *adj* **1** nivelado -a, derecho -a **2 to be level with sth** estar a la (misma) altura de algo **3 to be level (with sb)** ir empatado -a (con alguien) **4 a level tablespoon/teaspoon etc.** una cucharada/una cucharadita etc. rasa/al ras
• *v* [tr] (**-led**, **-ling** AmE, **-lled**, **-lling** BrE) **1** nivelar, alisar **2** reducir a escombros
level off/out nivelarse, estabilizarse
level with sb (informal) ser sincero -a con alguien
ˌlevel ˈcrossing *s* BrE paso a nivel ▶ En inglés americano se usa **railroad crossing**
lever /ˈlevər, ˈlivər/ *s* palanca
leverage /ˈlevərɪdʒ, BrE ˈlivərɪdʒ/ *s* influencia, palanca
levy /ˈlevi/ *verbo & sustantivo*
• *v* (**-vies**, **-vied**) **to levy a tax (on sth)** aplicar un impuesto (a algo)
• *s* impuesto, gravamen
liability /laɪəˈbɪləti/ *s* (pl **-ties**) **1 liability (for sth)** responsabilidad (por algo) **2** estorbo, problema
liable /ˈlaɪəbəl/ *adj* **1 to be liable to do sth**: *The dog is liable to bite if provoked.* Es probable que el perro muerda si se lo provoca. **2 to be liable (for sth)** ser responsable (por algo) **3 to be liable to sth (a)** ser propenso -a a algo **(b)** estar sujeto -a a (pagar) algo [un impuesto, una multa]

Active Box: letters

Los ejemplos de este **Active Box** son una guía para ayudarte a construir oraciones que hablan de las letras:

D is for dog.	D de "dog".
Can you think of a name that begins with Q?	¿Se te ocurre un nombre que empiece con "q"?
"Kiosk" is spelled with a K.	"Kiosk" se escribe con "k".
Is that with a double F?	¿Se escribe con dos efes?
"American" is written with a capital A.	"American" se escribe con mayúscula.

liaise /liˈeɪz/ *v* **to liaise (with sb)** trabajar en colaboración (con alguien), hacer de enlace (con alguien)
liaison /liˈeɪzɑn/ *s* **1** coordinación, colaboración **2** aventura [sentimental]
liar /ˈlaɪər/ *s* mentiroso -a
libel /ˈlaɪbəl/ *s* calumnia(s), difamación
liberal /ˈlɪbərəl/ *adjetivo & sustantivo*
• *adj* **1** (de mente abierta) tolerante, liberal **2** (en política) liberal **3** (referido a porciones, etc.) generoso -a
• *s* liberal
liberate /ˈlɪbəreɪt/ *v* [tr] **1 to liberate sb (from sth)** liberar a alguien (de algo) **2** liberar [un país, una ciudad] **3** poner en libertad [a un prisionero]
liberation /lɪbəˈreɪʃən/ *s* liberación, puesta en libertad
liberty /ˈlɪbərti/ *s* (pl **-ties**) **1** libertad **2 to take liberties (with sth/sb)** tomarse libertades (con algo/alguien) **3 to be at liberty to do sth** (formal) poder hacer algo
Libra /ˈlibrə/ *s* **1** Libra **2** persona del signo de Libra: *She's a Libra.* Es (de) Libra.
librarian /laɪˈbreriən/ *s* **1** bibliotecario -a **2** bibliotecólogo -a
library /ˈlaɪbreri/ *s* (pl **-ries**) biblioteca: *I borrowed this book from the library.* Saqué este libro de la biblioteca.
lice /laɪs/ plural de **louse**
license[1] AmE, **licence** BrE /ˈlaɪsəns/ *s* **1** licencia, permiso ▶ ver también **driver's license** **2** licencia, libertad(es)
license[2] *v* [tr] autorizar la venta de [una droga, un producto] | **to be licensed to do sth** estar autorizado -a para hacer algo

ˈlicense ˌnumber *s* AmE (número de) patente/placa/chapa

ˈlicense plate AmE, **ˈnumber plate** BrE *s* patente, placa, chapa [de un vehículo]

lick /lɪk/ *verbo & sustantivo*

• *v* [tr] lamer

• *s* **1** probadita [de un helado] **2 a lick of paint** una manito de pintura

lid /lɪd/ *s* **1** tapa **2** párpado

lie[1] /laɪ/ *v* [intr] (pasado **lay**, participio **lain**, gerundio **lying**) **1** estar acostado -a/tirado -a | **to lie still/awake** estar quieto -a/despierto -a [en la cama, etc.] **2** acostarse, tumbarse | **to lie on your back/front** ponerse boca arriba/boca abajo **3** estar (situado -a): *The town lies in a valley.* La ciudad está situada en un valle. **4 to lie in/with sth** estar en algo, radicar en algo: *The problem lies with the computer system.* El problema está en el sistema informático.

PHRASAL VERBS

lie about/around 1 to leave sth lying about/around dejar algo tirado/botado **2** pasársela tirado -a: *He lies around the house all day.* Se la pasa todo el día tirado en casa.

lie ahead (hablando de lo que nos espera en el futuro): *the problems that lay ahead* los problemas que se venían | *Who knows what lies ahead?* ¿Quién sabe lo que nos espera en el futuro?

lie back recostarse

lie down acostarse, tirarse

lie in BrE dormir hasta tarde ▶ También existe **to sleep in,** que es inglés universal

lie[2] *verbo & sustantivo*

• *v* [intr] (pasado & participio **lied**, gerundio **lying**) mentir | **to lie to sb (about sth)** mentirle a alguien (sobre algo)

• *s* mentira | **to tell a lie** decir una mentira, mentir: *Don't tell lies!* ¡No digas mentiras!

lieutenant /luˈtenənt, BrE lefˈtenənt/ *s* teniente

life /laɪf/ *s* (pl **lives**) **1** vida: *I've never seen him before in my life.* Nunca lo he visto en mi vida. | *social life* vida social | *family life* vida familiar | **to save sb's life** salvarle la vida a alguien | **to lose your life** perder la vida | **to be a matter of life and death** ser una cuestión de vida o muerte | **in real life** en la vida real | **way of life** modo de vida **2** (actividad, energía) vida | **to bring sth to life** hacerle cobrar vida a algo | **to come to life** animarse, cobrar vida **3** (también **life imprisonment**) (prisión/cadena) perpetua

ˈlife ˌbelt *s* **1** AmE flotador, salvavidas **2** BrE salvavidas [en forma de aro] ▶ También existe **life buoy,** que es inglés universal

lifeboat /ˈlaɪfbout/ *s* bote salvavidas

ˈlife ˌbuoy *s* salvavidas [en forma de aro]

ˌlife exˈpectancy *s* esperanza/expectativa de vida

ˈlife ˌjacket *s* chaleco salvavidas

lifeless /ˈlaɪfləs/ *adj* **1** inerte, sin vida **2** anodino -a, sin vida

lifelong /ˈlaɪflɔŋ/ *adj* de toda la vida

lifestyle /ˈlaɪfstaɪl/ *s* estilo de vida

lifetime /ˈlaɪftaɪm/ *s* vida: *It's the chance of a lifetime.* Es la oportunidad de tu/su etc. vida. | *I don't think it will happen in my lifetime.* No creo que yo lo vaya a ver.

lift /lɪft/ *verbo & sustantivo*

• *v* **1** [tr] levantar, alzar: *Can you lift me up so I can see?* ¿Me puedes levantar así puedo ver? | *He lifted the suitcase onto the bed.* Subió la maleta a la cama. **2** [tr] levantar [un embargo, una veda, etc.] **3** [intr] disiparse [niebla, etc.] **4** [intr] elevarse [globo, etc.]

lift off despegar [nave espacial]

• *s* **1** aventón: *Do you want a lift?* ¿Quieres que te dé (un) aventón?/¿Quieres que te lleve? | **to give sb a lift** darle (un) aventón a alguien, llevar a alguien [en auto, etc.]: *I gave him a lift to the station.* Le di (un) aventón hasta la estación./Lo llevé hasta la estación. **2** BrE ascensor, elevador ▶ En inglés americano se usa **elevator**

light /laɪt/ *sustantivo, adjetivo, verbo & adverbio*

• *s* **1** (del sol, etc.) luz

2 (lámpara) luz | **to turn/switch/put the light on** prender la luz | **to turn/switch/put the light off** apagar la luz

3 (también **traffic light**) semáforo, luz: *He ran a red light.* Pasó con luz roja. | *The lights are green.* El semáforo está en verde.

4 (de un auto) luz

5 a light fuego [para un cigarrillo]: *Do you have a light?* ¿Tienes fuego?

6 to set light to sth prenderle fuego a algo

7 to come to light/be brought to light salir a la luz

• *adj* **1** (no oscuro) claro -a: *a light green dress* un vestido verde claro

2 (no pesado) liviano -a, ligero -a [objeto, comida]: *He gave me the lighter suitcase to carry.* Me dio la maleta más liviana para llevar. | *We had a light lunch.* Almorzamos liviano.

3 (no abrigado) liviano -a: *a light jacket* un saco liviano

4 suave [viento, golpe]

5 (con luz natural) luminoso -a

• *v* (pasado & participio **lit** o **lighted**) **1** [tr] prender, encender

2 [intr] prender(se), encender(se): *The fire won't light.* El fuego no prende.

3 [tr] iluminar | **poorly lit** mal iluminado -a

light up iluminarse [la cara, los ojos]: *His face lit up with glee.* Se le iluminó la cara de alegría.

light sth up iluminar algo

• *adv* **to travel light** viajar con lo mínimo

ˈlight bulb *s* Según región: *bombillo, foco, ampolleta, bujía* o *bombilla*

lighten /ˈlaɪtn/ *v* **1** [tr] aligerar, hacer más liviano -a **2** [tr] aclarar **3** [intr] aclararse, clarear

¿Quieres información sobre las diferencias entre los **artículos** en inglés y en español? Lee la explicación en el apartado de gramática.

lighter /ˈlaɪtər/ *s* encendedor

lightheaded /laɪtˈhedɪd/ *adj* mareado -a

lighthearted /laɪtˈhɑrtɪd/ *adj* **1** alegre, de buen ánimo **2** en broma

lighthouse /ˈlaɪthaʊs/ *s* faro

lighting /ˈlaɪtɪŋ/ *s* iluminación

lightly /ˈlaɪtli/ *adv* **1** suavemente **2** ligeramente **3 to get off/escape lightly** salir bien librado -a

lightning /ˈlaɪtnɪŋ/ *sustantivo & adjetivo*

- *s* **1** relámpagos: *thunder and lightning* truenos y relámpagos | **a flash of lightning** un relámpago | **to be struck by lightning** ser alcanzado -a por un rayo **2 as quick as lightning/like lightning** (rápido -a) como un rayo
- *adj* rapidísimo -a | **a lightning visit** una visita relámpago

lightweight /ˈlaɪtweɪt/ *adjetivo & sustantivo*

- *adj* **1** (que no es pesado o abrigado) liviano -a **2** (en boxeo) liviano -a
- *s* (peso) liviano

likable, también **likeable** /ˈlaɪkəbəl/ *adj* agradable, simpático -a

like /laɪk/ *preposición, verbo, sustantivo & conjunción*

- *prep* **1** (similar a) como: *I want a bike like yours.* Quiero una bicicleta como la tuya. | **to look like sth/sb** parecerse a algo/alguien, ser parecido -a a algo/alguien: *She **looks just like** her mother.* Es igualita a su mamá. | **to taste like sth** tener gusto a algo, saber a algo **2 like this/that** así, de este/ese modo **3 what's she/it etc. like?** ¿cómo es?, ¿qué tal es?: *What was the hotel like?* ¿Cómo era el hotel? **4** (hablando de lo que es característico de una persona): *It's just like him to spoil things for others.* Es típico de él arruinarles las cosas a los demás. **5** (por ejemplo) como: *green vegetables like spinach* verduras de hoja como la espinaca
- *v* [tr] ▶ ver recuadro
- *s* **1 his/her etc. likes and dislikes** sus preferencias, lo que le gusta y lo que no le gusta **2 the likes of us/him etc.** (informal) la gente como nosotros/tipos como él etc.
- *conj* (informal) **1** como si: *He acted like he hadn't seen us.* Hizo como si no nos hubiera visto. **2 like I say/said** como (ya) dije: *Like I said, we'll be on vacation in August.* Como ya dije, nos vamos de vacaciones en agosto.

like *verbo*

1 GUSTOS

Does she like science fiction? ¿Le gusta la ciencia ficción? | *She likes her coffee very strong.* Le gusta el café muy fuerte. | ***How** does he **like** his new school?* ¿Le gusta el colegio nuevo? | *I don't think he likes me.* Me parece que no le caigo bien.

To like puede ir seguido de un gerundio o de un infinitivo:

He likes playing tennis. Le gusta jugar al tenis. | *I like to watch TV.* Me gusta ver televisión.

Ver la entrada *gustar*.

2 FÓRMULAS DE CORTESÍA

I'd like a cup of coffee, please. Quisiera un café, por favor. | *Would you like some more cake?* ¿Quieres un poco más de pastel? | *Would you like to go to the movies?* ¿Te gustaría ir al cine?

3 DESEOS

I'd like you to see this. Quisiera que vieras esto. | *I'd like you to meet Pete.* Quiero presentarte a Pete.

4 EXPRESIONES

if you like si quieres | **whatever you like** lo que quieras | **whether you like it or not** te guste o no (te guste)

likelihood /ˈlaɪklihʊd/ *s* probabilidad(es), posibilidad(es)

likely /ˈlaɪkli/ *adjetivo & adverbio*

- *adj* (**-lier**, **-liest**) **1** probable: *Snow is likely tomorrow.* Es probable que nieve mañana. | **he's likely to notice/to turn up etc.** es probable que se dé cuenta/que aparezca etc. **2** (prometedor): *a list of likely candidates* una lista de candidatos con posibilidades
- *adv* probablemente | **most likely** lo más probable: *Most likely he forgot.* Lo más probable es que se haya olvidado.

likeness /ˈlaɪknəs/ *s* **1** parecido: *I see a strong **likeness to** his father.* Le veo un gran parecido con su padre. **2** (pl **-sses**) **to be a good likeness of sb** ser un buen retrato de alguien

likewise /ˈlaɪk-waɪz/ *adv* (formal) **1** asimismo | **to do likewise** hacer lo mismo **2** lo mismo digo

liking /ˈlaɪkɪŋ/ *s* **1 a liking for sth** una afición/un gusto por algo **2 to take a liking to sb** tomarle simpatía a alguien **3 to be to sb's liking** (formal) ser del agrado de alguien **4 for my/her etc. liking** para mi/su etc. gusto

lilac /ˈlaɪlɑk/ *sustantivo & adjetivo*

- *s* **1** (flor, árbol) lila **2** (color) lila
- *adj* (de color) lila ▶ ver "Active Box" **colors** en **color**

lily /ˈlɪli/ *s* (pl **-lies**) **1** lirio **2 (white) lily** azucena

limb /lɪm/ *s* **limb** significa *extremidad* pero se usa en contextos en los cuales usamos *pierna o brazo* en español | **to break a limb** romperse una pierna o un brazo

lime /laɪm/ *sustantivo & adjetivo*

- *s* **1** *lime* es el fruto esférico de cáscara verde que en algunos países se conoce como *limón (sutil)* y en otros como *lima* **2** tilo [árbol] **3** (también **lime**

green) (color) verde lima, verde limón **4** cal

• *adj* de color verde lima/limón

limelight /ˈlaɪmlaɪt/ *s* **to be in the limelight** ser el centro de atención

limestone /ˈlaɪmstoʊn/ *s* (piedra) caliza

limit /ˈlɪmɪt/ *sustantivo & verbo*

• *s* **1** límite | **time/speed etc. limit** límite de tiempo/velocidad etc. **2 within limits** dentro de ciertos límites **3 to be over the limit** haber tomado demasiado [para manejar]

• *v* [tr] **1** limitar: *Seating is limited to 500.* El número de asientos se limita a 500. **2 to limit yourself to sth** limitarse a algo

limitation /lɪməˈteɪʃən/ *s* limitación

limited /ˈlɪmɪtɪd/ *adj* limitado -a

limiting /ˈlɪmɪtɪŋ/ *adj* restrictivo -a

limousine /ˈlɪməzin/ *s* limusina

limp *adjetivo, verbo & sustantivo*

• *adj* **1** flojo -a [apretón de manos] **2** sin fuerzas [cuerpo] **3** mustio -a [lechuga, etc.]

• *v* [intr] cojear, renquear, renguear

• *s* cojera, renquera, renguera | **to walk with a limp** cojear, renquear, renguear

line /laɪn/ *sustantivo & verbo*

• *s* **1** línea: *The ball went over the line.* La pelota pasó la línea. | **in a straight line** en línea recta
2 fila, hilera | **in a line** en fila
3 AmE fila, cola [de personas, autos, etc.] | **to wait/stand in line** hacer fila/cola | **to get in line** ponerse en la fila/cola
4 cuerda, soga | **fishing line** sedal
5 (de teléfono) línea: *I have Mr. Ford on the line.* Tengo al Sr. Ford en la línea. | *Hold the line.* No cuelgue. | *It's a bad line.* Se oye muy mal.
6 (de ferrocarril) vía
7 (ruta) línea
8 something along those lines algo por el estilo
9 (de un texto) renglón, línea
10 (de una poesía) verso
11 to drop sb a line escribirle unas líneas a alguien
12 (de un actor) frase: *I have to learn my lines.* Tengo que aprenderme mi texto/mi papel.
13 to be in line for sth ser candidato -a a/para algo
14 to be on the right lines ir por el buen camino
15 to draw the line (at sth) Esta frase se usa para señalar el límite de lo que resulta aceptable: *I'd like to help him, but I draw the line at lying.* Me gustaría ayudarlo, pero a mentir no estoy dispuesta.

• *v* [tr] **1** forrar, recubrir | **to line sth with sth** forrar algo con algo
2 alinearse a los costados de, bordear
line up formar fila, hacer cola **line sth up** **1** alinear algo **2** (informal) preparar/organizar algo: *John's lined up a band for the party.* John ha organizado una banda para la fiesta. **line sb up** poner a alguien en fila

lined /laɪnd/ *adj* **1** forrado -a [prenda, caja] **2** rayado -a [papel] **3** arrugado -a [cara]

lineman /ˈlaɪnmən/ *s* (pl **-men**) (en fútbol americano) jugador -a de línea

linen /ˈlɪnən/ *s* **1** ropa blanca [ropa de cama, manteles, etc.] **2** lino, hilo

liner /ˈlaɪnər/ *s* barco/buque de pasajeros | **an ocean liner** un transatlántico

linesman /ˈlaɪnzmən/ *s* (pl **-men**) juez de línea

lineup /ˈlaɪnʌp/ *s* **1** formación, alineación [de un equipo para jugar un partido] **2** elenco [de una obra teatral], integrantes [de un grupo musical]

linger /ˈlɪŋgər/ *v* [intr] **1** demorarse [en un lugar] | **to linger over sth** demorarse con algo, entretenerse haciendo algo **2** (también **linger on**) perdurar [recuerdo], persistir [gusto, olor]

linguist /ˈlɪŋgwɪst/ *s* **1** persona que tiene facilidad para aprender idiomas: *I'm not much of a linguist.* No soy muy bueno para los idiomas. **2** lingüista

linguistics /lɪŋˈgwɪstɪks/ *s* lingüística

lining /ˈlaɪnɪŋ/ *s* forro

link /lɪŋk/ *verbo & sustantivo*

• *v* [tr] **1** relacionar, conectar [hechos, acontecimientos] | **to be linked to/with sth** estar relacionado -a/vinculado -a con algo **2** conectar [lugares]: *A tunnel links the hotel to the beach.* Un túnel conecta el hotel con la playa. **3 to link arms** tomarse del brazo
link up conectar(se), relacionarse

• *s* **1** (entre hechos, acontecimientos) relación, conexión **2** (entre lugares, sistemas de comunicación) conexión: *Rail links between the two cities are very good.* La conexión ferroviaria entre las dos ciudades es muy buena. **3** (en una página web) link, vínculo **4** (entre países, organizaciones) vínculo, lazo **5** (en una cadena) eslabón

lion /ˈlaɪən/ *s* león

lip /lɪp/ *s* **1** labio | **to lick your lips** relamerse **2 to read sb's lips** leerle los labios a alguien

lip-read /ˈlɪp rid/ *v* [intr] (pasado & participio **lip-read**) leer los labios

lipstick /ˈlɪpstɪk/ *s* lápiz labial, lápiz de labios | **to put (your) lipstick on** pintarse los labios

liqueur /lɪˈkɜr/ *s* licor

liquid /ˈlɪkwɪd/ *sustantivo & adjetivo*

• *s* líquido

• *adj* líquido -a

liquor /ˈlɪkər/ *s* AmE bebidas alcohólicas/espirituosas [fuertes]

lisp /lɪsp/ *verbo & sustantivo*

• *v* **1** [intr] cecear **2** [tr] decir ceceando

• *s* ceceo

list /lɪst/ *sustantivo & verbo*

• **s** lista: *I'm on the waiting list.* Estoy en lista de espera.

• **v** [tr] hacer una lista de, listar

listen /ˈlɪsən/ *v* [intr] **1** escuchar: *Listen! Did you hear that noise?* ¡Escucha! ¿Oíste ese ruido? | **to listen to sth/sb** escuchar algo/a alguien **2** hacer caso: *She never* ***listens*** *to me.* A mí nunca me hace caso.

listen (out) for sth/sb escuchar atentamente para oír algo, si viene alguien, etc.: *I was listening out for the mailman.* Estaba atento a ver si oía al cartero.

listener /ˈlɪsənər/ *s* **1** oyente [de radio] **2 to be a good listener** saber escuchar

lit /lɪt/ pasado & participio de **light**

liter AmE, **litre** BrE /ˈlitər/ *s* litro

literacy /ˈlɪtərəsi/ *s* (nivel de) alfabetización

literally /ˈlɪtərəli/ *adv* literalmente, en sentido literal

literary /ˈlɪtəreri/ *adj* literario -a

literate /ˈlɪtərət/ *adj* **1** alfabetizado -a, que sabe leer y escribir **2 to be computer literate** saber usar una computadora

literature /ˈlɪtərətʃər/ *s* **1** literatura **2** información, bibliografía

litre BrE ▶ ver **liter**

litter /ˈlɪtər/ *sustantivo & verbo*

• **s** **1** basura ▶ ¿LITTER, RUBBISH O GARBAGE? ver nota en **basura** **2** camada [de perritos, gatitos, etc.]

• **v to be littered with sth** estar cubierto -a/lleno -a de algo: *His desk was littered with papers.* Su escritorio estaba cubierto de papeles.

ˈ**litter bin** BrE ▶ ver **garbage can, trashcan**

little /ˈlɪtl/ *adjetivo, pronombre & adverbio*

• **adj** **1** (de tamaño) pequeño -a, chico -a: *This table is too little.* Esta mesa es demasiado pequeña. ▶ El uso de **little** delante de un sustantivo equivale en muchos casos al diminutivo español: *her little brother/sister* su hermanito/hermanita | *a little table* una mesita
2 (de edad) pequeño -a, chico -a: *when I was little* cuando era pequeña
3 (para enfatizar): *Poor little thing!* ¡Pobrecito! | *a little dog* un perrito
4 a little bit (of sth) un poquito (de algo) | **a little while** un ratico, un ratito

• **pron** (comparativo **less**, superlativo **least**)
1 poco: *I know very little about him.* Sé muy poco sobre él. | **as little as possible** lo menos posible
2 a little un poco, un poquito: *"Milk?" "Just a little, thanks."* –¿Leche? –Un poquito nomás, gracias.

• **adv** **1** poco: *We see him very little these days.* Lo vemos muy poco ahora.
2 a little, también **a little bit** BrE un poco, un poquito
3 little by little poco a poco

live¹ /lɪv/ *v* **1** [intr] (habitar) vivir: *Where do you live?* ¿Dónde vives? | *She lives in Toronto.* Vive en Toronto. **2** [intr] (estar vivo) vivir: *She lived to be 97.* Vivió hasta los 97 años. **3 to live a quiet/full etc. life** llevar una vida tranquila/plena etc. **4 to live it up** (informal) darse la gran vida

PHRASAL VERBS

live for sth vivir para/por algo

live off sth vivir/alimentarse de algo **live off sb** vivir a costa de alguien

live on sth **1** vivir con algo: *She has to live on $35 a week.* Tiene que vivir con $35 por semana. **2** alimentarse/vivir de algo: *He lives on a diet of burgers and pizza.* Se alimenta a base de hamburguesas y pizza.

live together vivir juntos -as

live up to sth estar a la altura de algo

live with sth (aprender a) convivir con algo

live² /laɪv/ *adjetivo & adverbio*

• **adj** **1** vivo -a **2** en vivo [actuación] **3** en directo, en vivo [transmisión] **4** Referido a municiones o balas, **live** significa que son de plomo y no de goma/de salva. Cuando se aplica a bombas, etc., indica que todavía pueden explotar

• **adv** en vivo, en directo

livelihood /ˈlaɪvlihʊd/ *s* (para referirse al modo de ganarse la vida): *Farming is their livelihood.* Viven de la agricultura.

lively /ˈlaɪvli/ *adj* (**-lier**, **-liest**) **1** vivaz, animado -a [persona] **2** muy vivo -a [imaginación] **3** animado -a [debate]

liven /ˈlaɪvən/ *v* **liven up** animarse **liven sth up** alegrar algo, darle vida a algo

liver /ˈlɪvər/ *s* hígado

lives /laɪvz/ plural de **life**

livestock /ˈlaɪvstɑk/ *s* animales [de un establecimiento agrícola], ganado

livid /ˈlɪvɪd/ *adj* furioso -a

living /ˈlɪvɪŋ/ *adjetivo & sustantivo*

• **adj** **1** vivo -a | **living things/creatures** seres vivos **2 the living** los (que están) vivos

• **s** **1** modo de ganarse la vida: *What does he do for a living?* ¿De qué trabaja? **to make/earn a living** ganarse la vida **2** vida: *country living* la vida en el campo

ˈ**living room** *s* sala (de estar), living

lizard /ˈlɪzərd/ *s* lagarto, lagartija

load /loʊd/ *sustantivo & verbo*

• **s** **1** carga **2 a load of/loads of** (informal) un montón de/montones de: *We have loads of time.* Tenemos un montón de tiempo. | *That's a load of nonsense!* ¡Qué sarta de estupideces!

• **v** **1** [tr/intr] cargar: *I* ***loaded*** *the suitcases* ***into*** *the car.* Cargué las maletas en el auto. | **to load a car/truck etc. (up) with sth** cargar un auto/un camión etc. de/con algo **2 to load a gun** cargar un arma | **to load a film** poner un rollo [en una

cámara] **3** [tr] cargar [un programa informático]
load down to be loaded down with sth estar cargado -a de algo

loaded /ˈloʊdɪd/ *adj* **1** cargado -a **2** (informal) forrado -a [de dinero] **3 a loaded question** una pregunta tendenciosa **4** AmE (informal) borracho -a, mamado -a

loaf /loʊf/ *s* (pl **loaves**) pan [unidad]: *a white loaf* un pan blanco | *a loaf of bread* un pan

loan /loʊn/ *sustantivo & verbo*
• *s* **1** préstamo, crédito | **to take out a loan** sacar un préstamo **2 on loan** prestado -a, en préstamo
• *v* [tr] prestar, dar en préstamo

loathe /loʊð/ *v* [tr] detestar

loaves /loʊvz/ plural de **loaf**

lobby /ˈlɑbi/ *sustantivo & verbo*
• *s* (pl **-bbies**) **1** lobby, hall **2** lobby, grupo de presión
• *v* (**-bbies, -bbied**) **1** [tr] hacer lobby en/con, ejercer presión sobre **2** [intr] hacer lobby, ejercer presión

lobster /ˈlɑbstər/ *s* langosta [de mar]

local /ˈloʊkəl/ *adjetivo & sustantivo*
• *adj* local, de la zona ▶ ver también **anesthetic**
• *s* **1** residente, vecino -a: *I asked one of the locals for directions.* Le pedí indicaciones a un vecino de la zona. **2** BrE pub del barrio donde uno vive

locally /ˈloʊkəli/ *adv* en la zona, a nivel local

locate /ˈloʊkeɪt/ *v* [tr] localizar, ubicar

location /loʊˈkeɪʃən/ *s* **1** ubicación **2** lugar **3 on location** fuera del estudio donde se filma una película: *He is on location in Africa.* Está filmando los exteriores en África.

lock /lɑk/ *verbo & sustantivo*
• *v* **1** [tr] cerrar (con llave) **2** [intr] cerrarse (con llave) **3** [intr] trabarse [frenos, mecanismo, etc.]
lock sth away guardar algo bajo llave
lock sb in encerrar/dejar encerrado -a a alguien
lock sb out dejar afuera a alguien (sin llaves)
lock up cerrar (con llave) **lock sth up** **1** guardar algo bajo llave **2** cerrar algo con llave **lock sb up** encerrar a alguien
• *s* **1** cerrojo, cerradura, chapa | **under lock and key** bajo llave **2** esclusa **3** mechón

locker /ˈlɑkər/ *s* locker, armario, casillero

lodge /lɑdʒ/ *verbo & sustantivo*
• *v* **1** [intr] alojarse, hospedarse | **to lodge with sb** hospedarse en la casa de alguien **2 to lodge a complaint/an appeal etc.** presentar una queja/una apelación etc.
• *s* **1** casa del casero/guarda **2** refugio [en la montaña] **3** portería [de un edificio, una escuela, etc.]

lodger /ˈlɑdʒər/ *s* inquilino -a [de una habitación en una casa de familia]

lodging /ˈlɑdʒɪŋ/ *sustantivo & sustantivo plural*
• *s* alojamiento
• **lodgings** *s pl* habitación [alquilada en una casa de familia]

loft /lɔft/ *s* **1** (apartamento) loft **2** pajar **3** BrE desván, ático, zarzo

log /lɔg/ *sustantivo & verbo*
• *s* **1** tronco, leño **2** libro de bitácora
• *v* (**-gged, -gging**) [tr] registrar
log on, también **log in** (en computación) entrar al sistema, iniciar una sesión
log off, también **log out** (en computación) salir del sistema, finalizar una sesión

logic /ˈlɑdʒɪk/ *s* lógica

logical /ˈlɑdʒɪkəl/ *adj* lógico -a

logo /ˈloʊgoʊ/ *s* logo, logotipo

lollipop, también **lollypop** AmE /ˈlɑlipɑp/ *s* chupete, chupeta, paleta

loneliness /ˈloʊnlinəs/ *s* soledad

lonely /ˈloʊnli/ *adj* (**-lier, -liest**) **1** solo -a [persona]: *Don't you ever feel lonely?* ¿Nunca te sientes solo? ▶ **¿LONELY** o **ALONE?** ver **solo** **2** solitario -a [lugar, vida]

loner /ˈloʊnər/ *s* solitario -a, ermitaño -a

long /lɔŋ/ *adjetivo, adverbio & verbo*
• *adj* **1** (referido a objetos, distancias) largo -a: *a long, black dress* un vestido negro largo | *The kitchen is four meters long.* La cocina mide cuatro metros de largo. | **to be a long way** quedar muy lejos: *It's a long way to the airport.* El aeropuerto queda muy lejos.
2 (referido a tiempo) largo -a: *It was a long wait.* Fue una larga espera. | **it's a long time** hace mucho tiempo: *It's a long time since we saw you.* Hace mucho tiempo que no te vemos | **a long time ago** hace mucho tiempo: *It happened a long time ago.* Sucedió hace mucho tiempo. | **to be**

¿Quieres información sobre las diferencias entre los **posesivos** en inglés y en español? Lee la explicación en el apartado de gramática.

three hours/five minutes etc. long durar tres horas/cinco minutos etc.
3 how long is/was...? (a) (en el tiempo) ¿Cuánto dura/duró...?: *How long was the trip?* ¿Cuánto duró el viaje? **(b)** (en el espacio) ¿Qué largo tiene...?/¿Cuánto mide...?: *How long is that shelf?* ¿Qué largo tiene aquel estante?/¿Cuánto mide de largo aquel estante?
• *adv* **1** mucho (tiempo): *Have you lived here long?* ¿Hace mucho tiempo que vives aquí? | *Those shoes didn't last very long.* Esos zapatos no duraron mucho. | *It took me longer than I'd planned.* Me llevó más tiempo de lo que había planeado. | *I haven't known her* ***for long.*** No hace mucho que la conozco. | *You can stay* ***as long as*** *you like.* Puedes quedarte el tiempo que quieras.
2 how long? (en el tiempo): *How long have you been a teacher?* ¿Cuánto hace que eres maestro?
3 long before/after mucho antes (de)/después (de)
4 no longer/not any longer: *She no longer works here.* No trabaja más aquí. | *I can't wait any longer.* No puedo esperar más.
5 before long poco después, dentro de poco
6 as/so long as siempre que
7 long ago hace mucho (tiempo)
8 all day/year etc. long todo el día/año etc.
• *v* **to long to do sth** ansiar hacer algo | **to long for sth** ansiar algo, anhelar algo

ˌlong-ˈdistance *adj* **1** (de) larga distancia [llamada] **2** de fondo [corredor, carrera]

longing /ˈlɔŋɪŋ/ *s* anhelo o deseo ferviente: *her* ***longing for*** *a child* su ferviente deseo de tener un hijo

longitude /ˈlɑndʒətud/ *s* longitud

ˈlong jump *s* salto (en) largo

ˌlong-ˈlife *adj* de larga duración | **long-life milk** leche UHT/larga vida

ˌlong-ˈrange *adj* **1** de largo alcance [misil] **2** a largo plazo [pronóstico, planes]

longsighted /lɔŋˈsaɪtɪd/ *adj* BrE hipermétrope ▶ En inglés americano se usa **farsighted**

ˌlong-ˈstanding *adj* de mucho tiempo, antiguo -a: *a long-standing relationship* una relación de mucho tiempo

ˌlong-ˈterm *adj* a largo plazo

loo /lu/ *s* BrE (informal) baño

look /lʊk/ *verbo, sustantivo & sustantivo plural*
• *v* [intr] **1** mirar: *I looked over the fence.* Miré por encima del cerco. | *Look what I made!* ¡Mira lo que hice! **2** parecer: *He looked sad.* Parecía triste./Tenía cara de triste. | *It* ***looks like*** *a gun.* Parece un revólver. | *You* ***look as if*** *you haven't slept all night.* Parece que no hubieras dormido en toda la noche. **3** buscar: *"I can't find my keys." "Where have you looked?"* –No encuentro las llaves. –¿Dónde has buscado? **4 to look sb in the eye** mirar a alguien a los ojos **5 to look south/east etc.** dar al sur/este etc. [edificio]

PHRASAL VERBS
look after sth/sb cuidar algo/a alguien | **to look after yourself** cuidarse
look ahead mirar hacia el futuro
look around **1** mirar **2** voltearse, darse (la) vuelta [para ver algo] **look around sth** ver algo, visitar algo
look at sth **1** mirar algo: *Richard looked at his watch.* Richard miró su reloj. **2** revisar algo, checar algo **3** estudiar algo [situación, posibilidades, etc.] **look at sb** mirar a alguien
look back mirar para atrás
look down on sth/sb menospreciar algo/a alguien
look for sth/sb buscar algo/a alguien
look forward to sth Esta frase se usa para hablar de un suceso futuro del que sabemos que será placentero: *I'm looking forward to seeing her again.* Tengo muchas ganas de volver a verla./Estoy deseando volver a verla.
look into sth investigar algo
look on mirar, quedarse mirando [sin hacer nada]
look out **look out!** ¡cuidado!
look out for sth/sb mirar atentamente para localizar algo/a alguien: *Look out for Jane at the conference.* Fíjate si ves a Jane en el congreso.
look sth/sb over echarle una ojeada a algo/alguien
look round BrE ▶ ver **look around**
look through sth **1** hojear algo **2** revisar algo, checar algo
look up **1** levantar la vista **2** (referido a situaciones) andar mejor **look sth up** buscar algo [en un diccionario, etc.] **look sb up** ir a visitar a alguien
look up to sb admirar a alguien
• *s* **1 to have/take a look (at sth)** mirar (algo), echar(le) una mirada (a algo) **2 to have a look (for sth)** buscar (algo) **3** expresión de la cara o la mirada: *Did you see the look on her face?* ¿Viste la cara que tenía?/¿Viste la cara que puso? | **to give sb a funny/severe etc. look** mirar a alguien de forma rara/muy serio -a etc.: *He gave me a funny look.* Me miró de forma rara. **4** aspecto, aire **5** moda, look: *the 60s look* la moda de los 60
• **looks** *s pl* atractivo [físico], belleza

lookout /ˈlʊk-aʊt/ *s* **1 to be on the lookout for sth** andar a la caza/pesca de algo, estar atento -a a algo **2** vigía, loro

loom /lum/ *v* [intr] **1** surgir o alzarse como una figura imponente o amenazante: *The ship* ***loomed up*** *out of the fog.* El buque surgió imponente de entre la niebla. **2** avecinarse, acercarse [tormenta, conflicto, etc.]

loony /ˈluni/ *sustantivo & adjetivo*
• *s* (pl **-nies**) chiflado -a
• *adj* chiflado -a

loop /lup/ *sustantivo & verbo*
• *s* **1** presilla, lazada **2** circuito, loop

• *v* **1 to loop sth over/round etc. sth** enrollar algo alrededor de algo **2** [intr] moverse en círculos

loophole /'luphoʊl/ *s* aspecto de la redacción de una ley o norma que permite evadir su cumplimiento prestándose a abusos

loose /lus/ *adjetivo & sustantivo*

• *adj* **1** flojo -a: *a loose tooth* un diente flojo **2** suelto -a: *Her hair hung loose.* Tenía el pelo suelto. **3** flojo -a, holgado -a [ropa] **4** suelto -a: *There is a murderer loose.* Anda suelto un asesino. | **to break loose** soltarse

• *s* **to be on the loose** andar suelto -a

loosely /'lusli/ *adv* **1** con holgura, sin apretar **2 loosely translated** traducido -a aproximadamente | **to be loosely based on sth** estar basado -a a grandes rasgos en algo

loosen /'lusən/ *v* **1** [tr] aflojar **2** [intr] aflojarse
loosen up relajarse

loot /lut/ *sustantivo & verbo*

• *s* botín

• *v* [tr/intr] saquear

lopsided /'lɑpsaɪdɪd/ *adj* torcido -a, chueco -a

lord /lɔrd/ *s* **1** (también **Lord**) lord **2** (en la Edad Media) señor **3** (Dios, Jesús) Señor: *Thank the Lord.* Gracias al Señor. **4 good Lord!/oh Lord!** (informal) ¡Dios mío! **5 the Lords** la Cámara de los Lores [del parlamento británico]

lorry /'lɔri/ *s* (pl **-rries**) BrE camión ► En inglés americano se usa **truck**

lose /luz/ *v* [tr/intr] (pasado & participio **lost**) **1** perder: *I've lost my gloves.* He perdido mis guantes. | *He lost a leg in the accident.* Perdió una pierna en el accidente. | *We were losing 3-0.* Íbamos perdiendo 3 a 0. **2** atrasar [reloj] **3 to have nothing to lose** no tener nada que perder ► **to lose** también forma parte de expresiones como **to lose your nerve, to lose weight,** etc. Éstas están tratadas bajo el sustantivo correspondiente
lose out salir perdiendo | **to lose out to sb** salir perdiendo/perder terreno frente a alguien | **to lose out on sth** perderse algo [una oportunidad, un negocio]

loser /'luzər/ *s* perdedor -a | **you are/he is etc. a good/bad loser** eres/es etc. un buen/mal perdedor

loss /lɔs/ *sustantivo & sustantivo plural*

• *s* (pl **losses**) **1** pérdida **2 to make a loss** sufrir una pérdida, perder | **to sell sth at a loss** vender algo perdiendo dinero **3 to be at a loss** no saber qué hacer/decir

• **losses** *s pl* bajas [en una guerra]

lost[1] /lɔst/ *adj* **1** perdido -a | **to get lost** perderse **2 get lost!** ¡vete al diablo!

lost[2] pasado & participio de **lose**

lot /lɑt/ *s* **1 a lot** mucho -a: *There's a lot to do.* Hay mucho que hacer. | **a lot of** mucho(s) -a(s): *A lot of people came to the meeting.* Vino mucha gente a la reunión. | **lots of** mucho(s) -a(s): *She's got lots of friends.* Tiene muchos amigos. **2 a lot quicker/better etc.** mucho más rápido/mejor etc. **3 the lot** todo-a: *She ate the lot.* Se lo comió todo. **4 thanks a lot** muchas gracias **5** AmE terreno **6** (en una subasta) lote

lotion /'loʊʃən/ *s* loción

lottery /'lɑtəri/ *s* (pl **-ries**) lotería

loud /laʊd/ *adjetivo & adverbio*

• *adj* **1** fuerte [ruido, música, etc.] **2** chillón -ona [color], llamativo -a [ropa]

• *adv* **1** fuerte: *Could you speak a little louder?* ¿Puedes hablar un poco más fuerte? **2 out loud** en voz alta **3 loud and clear** perfectamente

loudspeaker /'laʊdspikər/ *s* parlante, altoparlante, bocina

lounge /laʊndʒ/ *sustantivo & verbo*

• *s* **1** sala, salón [en un hotel, aeropuerto, etc.] **2** AmE bar **3** BrE sala (de estar), living ► También existe **living room,** que es inglés universal

• *v* **lounge about/around** holgazanear

lousy /'laʊzi/ *adj* (**-sier**, **-siest**) (informal) pésimo -a, asqueroso -a

lout /laʊt/ *s* matón, patán, gandalla

lovable, también **loveable** /'lʌvəbəl/ *adj* adorable

love /lʌv/ *sustantivo & verbo*

• *s* **1** amor, cariño: *a mother's **love for** her child* el amor de una madre por su hijo | **to be in love (with sb)** estar enamorado -a (de alguien) | **to fall in love (with sb)** enamorarse (de alguien)
2 (persona querida) amor: *He was my first love.* Fue mi primer amor.
3 afición, pasión: *She has a great **love of** music.* Tiene una gran afición por la música.
4 to make love (to sb) hacer el amor (con alguien)
5 love from (al final de una carta) un abrazo de, cariños de
6 to send/give your love to sb mandarle recuerdos/cariños a alguien
7 En inglés británico **love** a veces se usa para dirigirse afectuosamente a alguien, conocido o desconocido, especialmente a una mujer o un niño. Puede equivaler a *mi amor, tesoro, señora,* etc.
8 love affair aventura (sentimental), romance
love story historia de amor

• *v* [tr] **1** querer, amar: *Children need to feel loved.* Los niños tienen que sentirse queridos. | *I love you.* Te quiero./Te amo.
2 (para expresar gustos, deseos): *He loves pizza.* Le encanta la pizza. | *I'd love to meet her.* Me encantaría conocerla.

lovely /'lʌvli/ *adj* (**-lier**, **-liest**) **1** precioso -a, lindo -a **2** muy agradable: *It was lovely to see you again.* Me encantó volver a verte. | *Have a lovely time!* ¡Que lo pases muy bien! **3** riquísimo -a

¿No estás seguro de si se usa **make** o **do**? Mira las entradas **hacer**, **make** y **do**.

lover /ˈlʌvər/ *s* **1** (en una relación) amante **2** (muy aficionado) amante: *a music lover* un amante de la música

loving /ˈlʌvɪŋ/ *adj* cariñoso -a, afectuoso -a

low /loʊ/ *adjetivo, adverbio & sustantivo*

• *adj* **1** (de o a poca altura) bajo -a: *the lowest shelf* el estante más bajo **2** (referido a cantidades, niveles) bajo -a: *It's* ***low in calories.*** Es bajo en calorías. **3** (referido a sonidos) bajo -a, apagado -a: *The volume is too low.* El volumen está muy bajo. **4** deprimido -a

• *adv* bajo: *Turn the air conditioning down low.* Pon el aire acondicionado bien bajo.

• *s* mínimo -a: *a low of 8º* una mínima de 8 grados

ˌlow ˈcalorie, también **low-cal** *adj* bajo -a en calorías

lower /ˈloʊər/ *adjetivo & verbo*

• *adj* **1** inferior, de abajo: *the lower lip* el labio inferior | *the lower floors of the building* los pisos bajos del edificio **2** (referido a nivel, rango) más bajo -a

• *v* [tr] **1** bajar **2 to lower your voice** bajar la voz

ˌlower ˈcase *s* minúscula(s), letra(s) minúscula(s)

ˌlow-ˈfat *adj* de bajo contenido de grasas

ˌlow-ˈkey *adj* sencillo -a, discreto -a

ˌlow ˈtide *s* marea baja

loyal /ˈlɔɪəl/ *adj* leal, fiel

loyalty /ˈlɔɪəlti/ *s* (pl **-ties**) lealtad

LP /el ˈpi/ *s* long play, elepé

Ltd (= **Limited**) Ltda.

luck /lʌk/ *s* **1** suerte | **to be in luck/out of luck** tener/no tener suerte | **with any luck** con un poco de suerte **2 good luck!/best of luck!** ¡buena suerte! **3 hard luck!/bad luck!** ¡mala suerte!

luckily /ˈlʌkəli/ *adv* por suerte

lucky /ˈlʌki/ *adj* (**-ckier**, **-ckiest**) suertudo -a, afortunado -a | **to be lucky** tener suerte: *We've been very lucky with the weather.* Tuvimos mucha suerte con el tiempo. | *I was lucky enough to be invited.* Tuve la suerte de que me invitaran.

ludicrous /ˈludɪkrəs/ *adj* ridículo -a, absurdo -a

luggage /ˈlʌgɪdʒ/ *s* equipaje

lukewarm /lukˈwɔrm/ *adj* **1** tibio -a **2** poco entusiasta

lull /lʌl/ *verbo & sustantivo*

• *v* [tr] arrullar, adormecer

• *s* pausa, momento de calma

luggage

lullaby /ˈlʌləbaɪ/ *s* (pl **-bies**) canción de cuna

lumber /ˈlʌmbər/ *verbo & sustantivo*

• *v* [intr] **1 to lumber away/along etc.** irse/moverse etc. con pesadez: *The bear lumbered toward us.* El oso avanzaba pesadamente hacia nosotros. **2 to be/get lumbered with sth** tener que cargar con algo [con una actividad o una tarea no deseada]

• *s* madera [para construcción]

luminous /ˈlumənəs/ *adj* luminoso -a

lump /lʌmp/ *sustantivo & verbo*

• *s* **1** pedazo [de queso, carbón, etc.] **2** terrón [de azúcar] **3** grumo [en una salsa, etc.] **4** bulto [en el cuerpo] **5 a lump in your throat** un nudo en la garganta

• *v* **lump sth/sb together** meter algo/a alguien en una/la misma bolsa

ˌlump ˈsum *s* pago único

lumpy /ˈlʌmpi/ *adj* (**-pier**, **-piest**) **1** con grumos [salsa] **2** con bultos [colchón]

lunatic /ˈlunətɪk/ *s* loco -a

lunch /lʌntʃ/ *sustantivo & verbo*

• *s* (pl **-ches**) **1** almuerzo [al mediodía], comida: *I had fish for lunch.* Almorcé pescado. | **to have lunch** almorzar, comer: *What time do you have lunch?* ¿A qué hora almuerzas? **2 lunch hour** hora del almuerzo/de la comida

• *v* [intr] (3ª pers sing **-ches**) (formal) almorzar [al mediodía], comer

lunchtime /ˈlʌntʃtaɪm/ *s* hora del almuerzo [al mediodía], hora de la comida

lung /lʌŋ/ *s* pulmón

lurch /lɜrtʃ/ *verbo & sustantivo*

• *v* [intr] (3ª pers sing **-ches**) moverse a los sacudones: *The car lurched forward.* El auto dio una sacudida para adelante. | *He lurched to his feet.* Se paró tambaleándose.

• *s* (pl **-ches**) sacudón

lure /lʊr/ *v* [tr] atraer: *They were lured to Africa by the promise of gold.* Se fueron a África atraídos por la promesa del oro.

lurk /lɜrk/ *v* [intr] acechar

lush /lʌʃ/ *adj* exuberante

lust /lʌst/ *sustantivo & verbo*

• *s* **1** deseo, lujuria **2** ansia(s), sed: *his* ***lust for power*** sus ansias de poder

• *v* **lust after sth** codiciar algo **lust after sb** desear a alguien

luxurious /lʌgˈʒʊriəs/ *adj* lujoso -a

luxury /ˈlʌkʃəri/ *s* (pl **-ries**) lujo | **a luxury hotel/apartment etc.** un hotel/un apartamento etc. de lujo

lying /ˈlaɪ-ɪŋ/ gerundio de **lie**

lyrics /ˈlɪrɪks/ *s pl* letra [de una canción]

M

M, m /em/ *s* M, m ► ver "Active Box" **letters** en **letter**

M.A. /em 'eɪ/ *s* (= **Master of Arts**) título obtenido al completar una maestría en humanidades

Mac /mæk/ *s* AmE (informal) (para dirigirse a un desconocido) amigo, mano

mac /mæk/ *s* BrE impermeable ► También existe **raincoat,** que es inglés universal

macabre /mə'kɑbrə/ *adj* macabro -a

macaroni /mækə'roʊni/ *s* macarrones

machine /mə'ʃin/ *s* máquina

ma'chine gun *s* ametralladora

machinery /mə'ʃinəri/ *s* maquinaria

macho /'mɑtʃoʊ/ *adj* machista, de macho: *macho attitudes* actitudes machistas

mackerel /'mækərəl/ *s* caballa

mad /mæd/ *adj* (**-dder**, **-ddest**) **1** (informal) furioso -a: *Lisa was really* ***mad at me.*** Lisa estaba furiosa conmigo. | **to get/go mad** ponerse furioso -a **2** loco -a | **to go mad** volverse loco -a **3 to be mad about sth** ser fanático -a de algo | **to be mad about sb** estar loco -a por alguien **4 to laugh/shout like mad** reírse/gritar como loco -a | **to hurt like mad** doler horriblemente

madam /'mædəm/ *s* **1** (al dirigirse a una mujer) señora **2** (en una carta) señora: *Dear Madam* Estimada señora

maddening /'mædn-ɪŋ/ *adj* exasperante

made /meɪd/ pasado & participio de **make**

madly /'mædli/ *adv* **1 to be madly in love (with sb)** estar perdidamente enamorado -a (de alguien) **2** como (un -a) loco -a

madness /'mædnəs/ *s* locura

magazine /'mægəzin/ *s* revista

maggot /'mægət/ *s* gusano, larva

magic /'mædʒɪk/ *s* **1** magia **2 like magic/as if by magic** como por arte de magia

magical /'mædʒɪkəl/ *adj* mágico -a

magician /mə'dʒɪʃən/ *s* mago -a

magistrate /'mædʒɪstreɪt/ *s* juez que se ocupa de faltas menores

magnet /'mægnət/ *s* imán

magnetic /mæg'netɪk/ *adj* magnético -a

magnetism /'mægnətɪzəm/ *s* magnetismo

magnificence /mæg'nɪfəsəns/ *s* magnificencia

magnificent /mæg'nɪfəsənt/ *adj* magnífico -a

magnify /'mægnəfaɪ/ *v* [tr] (**-fies**, **-fied**) **1** ampliar [una imagen] **2** magnificar [un problema]

'magnifying ˌglass *s* (pl **-sses**) lupa

magnitude /'mægnətud/ *s* magnitud

mahogany /mə'hɑgəni/ *s* caoba | **a mahogany table/dresser** una mesa/un aparador de caoba

maid /meɪd/ *s* empleada (doméstica), sirvienta

maiden /'meɪdn/ *sustantivo & adjetivo*
- *s* doncella
- *adj* **maiden voyage/flight etc.** viaje/vuelo etc. de bautismo/inaugural

'maiden name *s* apellido de soltera

mail /meɪl/ *sustantivo & verbo*
- *s* **1** correspondencia **2 the mail** AmE el correo
- *v* AmE **to mail sth (to sb) (a)** mandar(le) algo (a alguien) por correo **(b)** mandar(le) algo (a alguien) por (e-)mail | **to mail sb** mandarle un (e-)mail a alguien

mailbox /'meɪlbɑks/ *s* (pl **-xes**) **1** AmE buzón **2** (en computación) casilla de correo, buzón

mailer /'meɪlər/ *s* **1** AmE sobre, caja, etc. que se usa para mandar algo por correo **2** AmE remitente **3** e-mail [servicio]

mailman /'meɪlmæn/ *s* (pl **-men**) AmE cartero

'mail ˌorder *s* venta por correo | **by mail order** por correo

maim /meɪm/ *verbo*
- *v* [tr] mutilar

main /meɪn/ *adjetivo & sustantivo*
- *adj* principal: *the main meal of the day* la comida principal del día | **the main thing** lo principal, lo más importante ► ver también **course**
- *s* cañería (principal/de distribución) | **the mains** BrE la red (de suministro)

mainland /'meɪnlænd/ *s* **1 the mainland** territorio de un país o continente, sin incluir sus islas: *Most of the islanders have moved to the mainland.* La mayoría de los isleños se mudaron a tierra firme. **2 mainland Europe/China etc.** Europa/(la) China etc. continental

ˌmain 'line *s* línea principal [en una red ferroviaria]

mainly /'meɪnli/ *adv* principalmente, sobre todo

ˌmain 'road *s* carretera principal

mainstream /'meɪnstrim/ *s* **the mainstream** la corriente dominante

'Main Street *s* AmE **1** Así se le llama a la calle principal de una ciudad pequeña o mediana, donde se concentran la mayoría de los comercios y edificios gubernamentales **2 Main Street America** los estadounidenses promedio: *The attacks had an effect on Main Street America.* Los atentados afectaron al ciudadano estadounidense promedio.

maintain /meɪn'teɪn/ *v* [tr] **1** (seguir teniendo) mantener **2** (conservar en buen estado) mantener **3** (afirmar) sostener

maintenance /ˈmeɪntn-əns/ *s* **1** mantenimiento **2** alimentos [dinero para mantener a un menor]

maize /meɪz/ *s* BrE maíz, elote, choclo, jojoto ▶ En inglés americano se usa **corn**

majestic /məˈdʒestɪk/ *adj* majestuoso -a

majesty /ˈmædʒəsti/ *s* (pl **-ties**) **1 Your/Her/His Majesty** su Majestad **2** majestuosidad

major /ˈmeɪdʒər/ *adjetivo, sustantivo & verbo*

• *adj* **1** muy importante: *It played a major part in their success.* Desempeñó un papel muy importante en relación con su éxito. | *It's not a major problem.* No es un problema serio. **2** principal: *Europe's major cities* las principales ciudades de Europa **3** (en música) mayor

• *s* (en el ejército) mayor

• *v* **major in sth** en EU, estudiar una asignatura como principal en un curso universitario: *He majored in biology.* Estudió biología en la universidad.

majority /məˈdʒɔrəti/ *s* (pl **-ties**) **1** mayoría: *The majority oppose/opposes the plan.* La mayoría se opone al plan. **2 to be in the majority** ser mayoría **3** [delante de otro sustantivo] mayoritario -a, de la mayoría

make /meɪk/ *verbo & sustantivo*

• *v* [tr] (pasado & participio **made**) **1** (crear, fabricar) hacer: *She makes all her own clothes.* Ella misma se hace toda la ropa. | *All the furniture is made in our factory.* Todos los muebles se hacen en nuestra fábrica. | **to make breakfast/lunch etc.** hacer el desayuno/el almuerzo etc. | **to make sb sth/make sth for sb** hacerle algo a alguien: *I'll make you a sandwich.* Te voy a hacer un sándwich.

2 (realizar) hacer [una sugerencia, un comentario, una promesa, un esfuerzo]: *I have to make a phone call.* Tengo que hacer una llamada. | **to make a mistake** equivocarse, cometer un error | **to make a decision** tomar una decisión | **to make a trip** hacer un viaje

3 (tener determinado efecto): *The snow makes driving difficult.* La nieve dificulta el manejo. **to make sb sad/nervous** poner triste/nervioso -a a alguien | **to make sb happy/angry** hacer feliz/hacer enojar a alguien

4 to make sb do sth (a) hacer hacer algo a alguien: *This movie will make you laugh.* Esta película lo hará reír. **(b)** obligar a alguien a hacer algo: *I didn't want to come, he made me.* Yo no quería venir, él me obligó.

5 to make sth into sth convertir algo en algo: *We made this room into a study* Convertimos este cuarto en estudio. | *The book has been made into a movie.* Hicieron una película basada en el libro.

6 to make sb sth nombrar a alguien algo, ascender a alguien a algo: *They made him captain of the team.* Lo nombraron capitán del equipo.

7 ganar [dinero]: *She makes $30,000 a year.* Gana 30,000 dólares al año.

8 ser: *She'd make a fantastic teacher.* Sería una profesora brillante.

9 (para expresar posibilidad, logro): *Can you make the 13th?* ¿Puedes el 13? | *We didn't make the final.* No llegamos a la final. **to make it (a)** llegar (a tiempo): *We only just made it.* Llegamos justo. **(b)** ir, venir: *I can't make it tonight.* No puedo venir esta noche. **(c)** triunfar, tener éxito

10 (en sumas) ser: *2 and 2 make 4.* 2 y 2 son 4. | *If you include Dan, that makes five of us.* Si cuentas a Dan, somos cinco.

11 (en cálculos, conjeturas): *I make that $53 altogether.* A mí me da $53 en total. | *What time do you make it?* ¿Qué hora tienes?

12 to make do (with sth) arreglárselas (con algo) ▶ **make** también forma parte de muchas expresiones como **to make friends, to make sure,** etc. Éstas están tratadas bajo el sustantivo, adjetivo, etc. correspondiente

PHRASAL VERBS

make for sth dirigirse hacia algo, ir para algo

make sth of sth/sb (para expresar o pedir opiniones, impresiones): *I don't know what to make of it.* No sé qué pensar. | *What did you make of her boyfriend?* ¿Qué te pareció su novio?

make off with sth escaparse con algo

make out (informal) **1** (pretender ser): *He makes out he's a genius.* Quiere hacer creer que es un genio. | *She's not as poor as she makes out.* No es tan pobre como dice. **2 to make out (with sb)** AmE (informal) besarse y abrazarse (con alguien), hacer el amor (con alguien) **make sth out to make out a check (for $50/$100 etc.)** hacer un cheque (por $50/$100 etc.) | **to make a check out to sb** hacer un cheque a nombre de/a la orden de alguien **make sth/sb out 1** entender algo/a alguien: *She couldn't make out the signature.* No pudo entender la firma. | *I can't make him out at all.* La verdad que no logro entenderlo. **2** distinguir algo/a alguien

make up 1 hacer las paces **2 to make up for sth** compensar algo **make up sth** componer algo, constituir algo: *Women make up 56% of the population.* Las mujeres constituyen el 56% de la población. **make sth up** inventar(se) algo [un pretexto, un cuento]

• *s* marca [de un producto que se vende]

maker /ˈmeɪkər/ *s* fabricante

makeshift /ˈmeɪkʃɪft/ *adj* provisorio -a, improvisado -a

makeup /ˈmeɪkʌp/ *s* **1** maquillaje **2** (de un equipo) formación, composición **3** (de una persona) forma de ser

making /ˈmeɪkɪŋ/ *s* **1** fabricación **2 in the making** en formación/gestación **3 to be the making of sb** (en la vida artística o profesional) consagrar a alguien **4 to have the makings of**

sth tener pasta de algo, tener condiciones para algo [persona], tener todos los ingredientes para algo [situación, cosa]

malaria /mə'leriə/ *s* malaria, paludismo

male /meɪl/ *adjetivo & sustantivo*

• *adj* **1** macho [animal] **2** **a male child** un varón | **male colleagues/friends** colegas/amigos (hombres) | **the male population** la población masculina **3** de hombre, masculino -a: *a male voice* una voz de hombre

• *s* macho, varón

malice /'mælɪs/ *s* mala intención, maldad

malicious /mə'lɪʃəs/ *adj* malintencionado -a, malicioso -a

malignant /mə'lɪgnənt/ *adj* maligno -a

mall /mɔl/ *s* centro comercial

malnutrition /mælnu'trɪʃən/ *s* desnutrición

malt /mɔlt/ *s* malta

mammal /'mæməl/ *s* mamífero

mammoth /'mæməθ/ *adjetivo & sustantivo*

• *adj* **1** titánico -a [tarea] **2** monumental [proyecto]

• *s* mamut

man /mæn/ *sustantivo & verbo*

• *s* (pl **men**) **1** hombre: *a young man* un (hombre) joven | *an old man* un anciano **2** el hombre: *the history of man* la historia del hombre

• *v* (**-nned**, **-nning**) **1** [tr] ocuparse de, tripular **2** [tr] tripular [una nave espacial, un barco]

manage /'mænɪdʒ/ *v* **1** [intr] arreglárselas: *Don't worry about me, I'll manage.* No te preocupes por mí, me las voy a arreglar. | *How does she manage to stay so slim?* ¿Cómo se las arregla para mantenerse tan delgada? **2** [tr] (para expresar posibilidad, logro): *I can't manage Friday.* El viernes no puedo. | *Can you manage that suitcase?* ¿Puedes con esa maleta? | *I could manage $10.* Podría poner $10. **3** [tr] dirigir, administrar [una empresa]

manageable /'mænɪdʒəbəl/ *adj* **1** manejable, fácil de manejar **2** (referido al pelo) dócil

management /'mænɪdʒmənt/ *s* **1** (actividad) administración, gestión **2** (directivos de una institución) gerencia, dirección **3** (campo de estudio) administración de empresas

manager /'mænɪdʒər/ *s* **1** (de un negocio, una empresa) gerente -a **2** (de un grupo musical, un cantante) manager, representante **3** (de un equipo de fútbol, etc.) (director -a) técnico -a

manageress /'mænɪdʒərəs/ *s* (pl **-sses**) encargada

managerial /mænə'dʒɪriəl/ *adj* gerencial, directivo -a

managing di'rector *s* director -a ejecutivo -a

mandate /'mændeɪt/ *s* mandato

mandatory /'mændətɔri/ *adj* obligatorio -a

mane /meɪn/ *s* **1** (de un caballo) crin(es) **2** (de un león) melena **3** (de una persona) melena

maneuver AmE, **manoeuvre** BrE /mə'nuvər/ *verbo & sustantivo*

• *v* [tr/intr] maniobrar: *She **maneuvered** the car into a tiny space.* Metió el carro en un lugar minúsculo haciendo maniobras.

• *s* maniobra

mango /'mæŋgoʊ/ *s* (pl **mangoes** o **mangos**) mango [fruta]

manhood /'mænhʊd/ *s* **1** adultez, edad adulta [en los varones] **2** virilidad, hombría

mania /'meɪniə/ *s* **1** furor, moda **2** manía, obsesión

maniac /'meɪniæk/ *s* **1** maníaco -a **2** loco -a: *He drives like a maniac.* Maneja como un loco. **3** maniático -a, fanático -a

manic /'mænɪk/ *adj* (informal) maníaco -a

manicure /'mænɪkjʊr/ *s* manicure [arreglo de las manos]

manifest /'mænɪfest/ (formal) *adjetivo & verbo*

• *adj* manifiesto -a, evidente

• *v* [tr] evidenciar, mostrar | **to manifest itself** manifestarse

manifestation /mænəfə'steɪʃən/ *s* (formal) manifestación, expresión

manifesto /mænə'festoʊ/ *s* (pl **-tos** o **-toes**) **1** manifiesto **2** (también **election manifesto**) plataforma electoral

manipulate /mə'nɪpjəleɪt/ *v* [tr] **1** manipular **2** manejar [datos]

manipulation /mənɪpjə'leɪʃən/ *s* manipulación

manipulative /mə'nɪpjəleɪtɪv/ *adj* manipulador -a

mankind /mæn'kaɪnd/ *s* humanidad, género humano

manly /'mænli/ *adj* (**-lier**, **-liest**) masculino -a, viril

,man-'made *adj* **1** sintético -a [tela] **2** artificial [lago, estanque, etc.]

manner /'mænər/ *sustantivo & sustantivo plural*

• *s* **1** actitud, trato **2** (formal) manera, forma: *in the same manner* de la misma manera/forma

• **manners** *s pl* modales, educación | **good/bad manners** buenos/malos modales: *It's **bad manners** to talk with your mouth full.* Es (de) mala educación hablar con la boca llena.

mannerism /'mænərɪzəm/ *s* gesto, particularidad

manoeuvre BrE ▶ ver **maneuver**

manor /'mænər/ *s* (también **manor house**) mansión [casa rodeada de tierras]

manpower /'mænpaʊr/ *s* mano de obra, personal

mansion /'mænʃən/ *s* mansión

manslaughter /'mænslɔtər/ *s* homicidio no premeditado

mantelpiece /ˈmæntlpis/ *s* repisa de la chimenea

manual /ˈmænjuəl/ *adjetivo & sustantivo*
• ***adj*** manual
• ***s*** manual

manufacture /mænjəˈfæktʃər/ *v* [tr] fabricar, manufacturar

manufacturer /mænjəˈfæktʃərər/ *s* fabricante

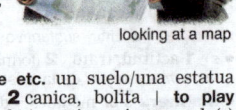

manure /məˈnʊr/ *s* estiércol, abono

manuscript /ˈmænjəskrɪpt/ *s* **1** original [para publicar] **2** manuscrito

many /ˈmeni/ *adj & pron* **1** muchos -as: *There aren't many tickets left.* No quedan muchas entradas. | *Many of them died.* Muchos de ellos murieron. | *"Does he have any friends?" "Not many."* –¿Tiene amigos? –No muchos. | **too many** demasiados -as | **so many** tantos -as **2 how many** cuántos -as: *How many children do they have?* ¿Cuántos hijos tienen? **3 as many... as** tantos -as... como: *There haven't been as many accidents as last year.* No ha habido tantos accidentes como el año pasado. **4 as many as (a)** todos los que/todas las que: *You can have as many as you want.* Puedes tomar todos los que quieras. **(b)** nada menos que: *As many as 60% did not know.* Nada menos que un 60% no sabía. ▶ ver **mucho -a**

map /mæp/ *s* mapa, plano

maple /ˈmeɪpəl/ *s* arce

marathon /ˈmærəθɑn/ *sustantivo & adjetivo*
• ***s*** maratón
• ***adj*** maratónico -a, maratoniano -a

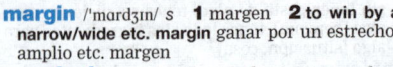

looking at a map

marble /ˈmɑrbəl/ *s* **1** mármol | **a marble floor/statue etc.** un suelo/una estatua etc. de mármol **2** canica, bolita | **to play marbles** jugar (a las) canicas, jugar a la(s) bolita(s)

March /mɑrtʃ/ *s* marzo ▶ ver "Active Box" **months** en **month**

march /mɑrtʃ/ *verbo & sustantivo*
• ***v*** [intr] (3ª pers sing **-ches**) **1** marchar: *200,000 people **marched on** the capital.* 200,000 personas marcharon hacia la capital. **2 to march off/out etc.** irse/salir etc. con paso firme
• ***s*** (pl **-ches**) marcha

marcher /ˈmɑrtʃər/ *s* manifestante

mare /mer/ *s* yegua

margarine /ˈmɑrdʒərɪn/ *s* margarina

margin /ˈmɑrdʒɪn/ *s* **1** margen **2 to win by a narrow/wide etc. margin** ganar por un estrecho/amplio etc. margen

marginal /ˈmɑrdʒənl/ *adj* **1** mínimo -a, leve **2** marginal

marginally /ˈmɑrdʒənl-i/ *adv* ligeramente, marginalmente

marijuana /mærəˈwɑnə/ *s* marihuana

marina /məˈrinə/ *s* marina [para fondear barcos]

marine /məˈrin/ *adjetivo & sustantivo*
• ***adj*** marino -a: *marine life* vida marina
• ***s*** infante de marina | **the Marines** el cuerpo de Infantería de Marina

marital /ˈmærətl/ *adj* conyugal | **marital status** estado civil

mark /mɑrk/ *verbo & sustantivo*
• ***v*** [tr] **1** marcar, señalar: *A cross marks the spot.* Una cruz señala el lugar. | *The envelope was marked "urgent".* En el sobre decía "urgente". **2** dejar marcas/una marca en, manchar **3** conmemorar, celebrar [un aniversario] **4** (en fútbol, básquet, etc.) marcar **5** BrE corregir, calificar [un trabajo escolar, un examen] ▶ En inglés americano se usa **grade**

mark sth down rebajar (el precio de) algo

mark sth up aumentar (el precio de) algo

• ***s*** **1** mancha **2 burn marks** quemaduras | **scratch marks** rasguños, arañazos **3** huella **4** marca | **a question/exclamation etc. mark** un signo de interrogación/admiración etc. **5** señal: *as a mark of respect* en señal de respeto **6** BrE nota, calificación: *She got full marks.* Sacó la nota máxima. ▶ En inglés americano se usa **grade** **7 to make your mark** dejar su impronta **8 on your marks, get set, go!** en/a sus marcas, listos, ¡ya!

marked /mɑrkt/ *adj* marcado -a, notable

marker /ˈmɑrkər/ *s* **1** indicador **2** (también **marker pen**) marcador, plumón

market /ˈmɑrkɪt/ *sustantivo & verbo*
• ***s*** **1** (donde se compran alimentos, etc.) mercado, feria **2** (en economía) mercado **3 on the market** a la venta, en el mercado
• ***v*** [tr] comercializar

marketing /ˈmɑrkɪtɪŋ/ *s* mercadeo, mercadotecnia, marketing

marketplace /ˈmɑrkɪtpleɪs/ *s* **1** lugar abierto donde se lleva a cabo una feria o un mercado **2** (en economía) mercado

market reˈsearch *s* investigación de mercado(s)

marking /ˈmɑrkɪŋ/ *s* mancha [en la piel de un animal]

marmalade /ˈmɑrməleɪd/ *s* mermelada [de cítricos]

maroon /məˈrun/ *adj & s* granate, concho de vino ▶ ver "Active Box" **colors** en **color**

marquee /mɑrˈki/ *s* **1** AmE marquesina [de un cine, etc.] **2** BrE carpa, toldo [donde se celebra un evento]

marriage /ˈmærɪdʒ/ *s* **1** matrimonio **2** boda, matrimonio, casamiento

married /ˈmærid/ *adj* casado -a: *She's **married to** a Chilean.* Está casada con un chileno. | **to get married** casarse

marrow /ˈmæroʊ/ *s* **1** médula **2** BrE calabaza larga de pulpa blanca y cáscara verde

marry /ˈmæri/ *v* (**-rries**, **-rried**) **1** [intr] casarse **2 to marry sb (a)** casarse con alguien **(b)** casar a alguien

Mars /mɑrz/ *s* Marte

marsh /mɑrʃ/ *s* (pl **-shes**) pantano

marshal /ˈmɑrʃəl/ *sustantivo & verbo*

• *s* **1** mariscal **2** AmE oficial de policía a cargo de un distrito **3** BrE miembro del personal de vigilancia en un evento público

• *v* [tr] (**-led**, **-ling** AmE, **-lled**, **-lling** BrE) **1** reunir [tropas] **2** ordenar [ideas, pensamientos]

marshmallow /ˈmɑrʃˌmɛloʊ/ *s* malvavisco ▶ También, según región, **masmelo, bombón** o **gomita**

martial arts /ˌmɑrʃəl ˈɑrts/ *s pl* artes marciales

Martian /ˈmɑrʃən/ *adj & s* marciano -a

martyr /ˈmɑrtər/ *s* mártir

martyrdom /ˈmɑrtərdəm/ *s* martirio

marvel /ˈmɑrvəl/ *sustantivo & verbo*

• *s* maravilla

• *v* (**-led**, **-ling** AmE, **-lled**, **-lling** BrE) **to marvel at sth** maravillarse por algo

marvelous AmE, **marvellous** BrE /ˈmɑrvələs/ *adj* maravilloso -a | **that's marvelous!** ¡qué maravilla!

Marxism /ˈmɑrksɪzəm/ *s* marxismo

Marxist /ˈmɑrksɪst/ *adj & s* marxista

marzipan /ˈmɑrzɪpæn/ *s* mazapán

mascara /mæˈskærə/ *s* rimmel, rímel, pestañina

mascot /ˈmæskɑt/ *s* mascota [de un equipo, un club, etc.]

masculine /ˈmæskjəlɪn/ *adjetivo & sustantivo*

• *adj* masculino -a

• *s* (en gramática) masculino

masculinity /mæskjəˈlɪnəti/ *s* masculinidad

mash /mæʃ/ *sustantivo & verbo*

• *s* BrE (informal) puré (de papas), naco ▶ También existe **mashed potatoes,** que es inglés universal

• *v* [tr] (3ª pers sing **-shes**) hacer un puré con, espichar, moler

mask /mæsk/ *sustantivo & verbo*

• *s* **1** (de gas) máscara **2** (de un cirujano) mascarilla, máscara **3** (para disfrazarse) careta, máscara

• *v* [tr] disimular, ocultar

masked /mæskt/ *adj* enmascarado -a

mass /mæs/ *sustantivo, adjetivo & verbo*

• *s* **1 a mass of sth** una masa/un montón de algo **2 the masses** las masas **3 masses of** BrE montones de, cantidades de **4** (también **Mass**) misa

• *adj* masivo -a, de masas | **mass media** medios masivos (de comunicación) | **mass murderer** autor -a de una matanza | **mass transit** AmE transporte público

• *v* **1** [tr] concentrar [tropas] **2** [intr] concentrarse [tropas, multitud] **3** [intr] juntarse

massacre /ˈmæsəkər/ *sustantivo & verbo*

• *s* masacre

• *v* [tr] masacrar

massage /məˈsɑʒ, BrE ˈmæsɑʒ/ *sustantivo & verbo*

• *s* masaje

• *v* [tr] masajear, hacer masajes

massive /ˈmæsɪv/ *adj* **1** enorme, grande **2 a massive heart attack** un infarto masivo

mass pro'duction *s* fabricación en serie

mast /mæst/ *s* **1** mástil **2** torre de transmisión

master /ˈmæstər/ *sustantivo & verbo*

• *s* **1** amo, dueño | **to be your own master** no rendirle/darle cuentas a nadie **2 a master of sth** un(a) maestro -a de algo, un(a) experto -a en algo **3** (de un libro) original, (de un disco) master **4 master's (degree)** maestría, master | **Master of Arts/Science** Master en Humanidades/Ciencias **5 master copy** original **master plan** plan maestro

• *v* [tr] **1 to master Chinese/the violin etc.** dominar el chino/el violín etc. **2** dominar, superar [el miedo]

masterpiece /ˈmæstərpis/ *s* obra maestra

mastery /ˈmæstəri/ *s* maestría, dominio: *her **mastery of** language* su dominio del idioma

mat /mæt/ *s* **1** tapete **2** (mantel) individual **3** posavasos, portavasos **4** salvamanteles, posafuentes

match /mætʃ/ *sustantivo & verbo*

• *s* (pl **-ches**) **1** fósforo, cerillo **2** partido [de fútbol, tenis, etc.] **3 to be a good/perfect match for sth** quedar bien/perfecto -a con algo **4 to be no match for sb** no poder contra alguien, no estar a la altura de alguien

• *v* (3ª pers sing **-ches**) **1** [tr] hacer juego con, combinar con **2** [intr] hacer juego, combinar: *a new dress with shoes **to match*** un vestido nuevo con zapatos haciendo juego **3** [tr] concordar con: *His story doesn't match the facts.* Su historia no concuerda con los hechos. **4** [intr] concordar **5** [tr] (también **match up**) establecer la conexión entre elementos que se corresponden: *The children have to **match** the animal pictures **to** the sounds.* Los niños tienen que encontrar el sonido que corresponde a cada animal. **6** [tr] igualar

match up 1 coincidir **2 to match up to sth** estar a la altura de algo

matchbox /'mætʃbɑks/ *s* (pl **-xes**) caja de fósforos/cerillos

matching /'mætʃɪŋ/ *adj* que hace juego con otra cosa

mate /meɪt/ *sustantivo & verbo*

• *s* **1** pareja [de un animal] **2** (en un barco) oficial de cubierta **3** BrE (informal) amigo -a, compinche, cuate **4** BrE (informal) (para dirigirse a un hombre) mano, hermano, güey

• *v* **1** [intr] aparearse **2** [tr] cruzar, aparear [a dos animales]

material /mə'tɪriəl/ *s* **1** tela **2** (para fabricar algo) material **3** (para un libro, una película, etc.) material

materialist /mə'tɪriəlɪst/ *s* materialista

materialistic /mətɪriə'lɪstɪk/ *adj* materialista

materialize, -ise BrE /mə'tɪriəlaɪz/ *v* [intr] concretarse

maternal /mə'tɜrnl/ *adj* **1** maternal **2 maternal grandfather/aunt etc.** abuelo materno/tía materna etc.

maternity /mə'tɜrnəti/ *s* maternidad [hecho de ser madre]

math /mæθ/ AmE, **maths** /mæθs/ BrE *s* matemática(s)

mathematical /mæθə'mætɪkəl/ *adj* matemático -a

mathematician /mæθmə'tɪʃən/ *s* matemático -a

mathematics /mæθ'mætɪks/ *s* matemática(s)

maths BrE ► ver **math**

matinee /,mætn'eɪ, BrE 'mætɪneɪ/ *s* matiné(e), función de la tarde

matrimonial /,mætrɪ'məʊniəl/ *adj* matrimonial, conyugal

matrimony /'mætrəmoʊni/ *s* (formal) matrimonio

matte AmE, **matt** BrE /mæt/ *adj* mate

matter /'mætər/ *sustantivo & verbo*

• *s* **1** asunto, cuestión: *This is a matter for the police.* Éste es un asunto para la policía. **2 the matter** (para referirse a algo que no anda bien): ***What's the matter?*** ¿Qué pasa? | ***What's the matter with Jan?*** ¿Qué le pasa a Jan? | *Is anything the matter?* ¿Pasa algo? | *There's something the matter with the phone.* Algo pasa con el teléfono. **3 as a matter of fact (a)** de hecho: *As a matter of fact I live next door to him.* De hecho vivo al lado de su casa. **(b)** es más: *I wasn't annoyed. As a matter of fact, I was pleased.* No me molestó. Es más, me alegró. **4 no matter how/where/what etc.** (en cualquier caso): *No matter how hard she tried, she couldn't open the door.* Por más que trataba, no podía abrir la puerta. | *No matter what I say, he disagrees.* Diga lo que diga, nunca está de acuerdo. **5** materia, sustancia: *organic matter* materia orgánica **6 to be a matter of practice/luck etc.** ser cuestión de práctica/suerte etc. **7 (in) a matter of days/seconds etc.** (en) cuestión de días/segundos etc. **8 it's only/just a matter of time** es (sólo) cuestión de tiempo **9 it's/that's a matter of opinion** es discutible, es cuestión de opinión/de gustos **10 a matter of life and death** una cuestión de vida o muerte

• *v* [intr] importar: *It's the only thing that* ***matters*** *to him.* Es lo único que le importa. | **it doesn't matter** no importa

matter-of-'fact *adj* práctico -a, pragmático -a

mattress /'mætrəs/ *s* (pl **-sses**) colchón

mature /mə'tʃʊr/ *adjetivo & verbo*

• *adj* maduro -a

• *v* **1** [intr] madurar [persona] **2** [tr] añejar [vino], estacionar [queso]

maturity /mə'tʃʊrəti/ *s* madurez

maul /mɔl/ *v* [tr] referido a un animal salvaje: atacar y herir

mauve /moʊv/ *adj & s* lila, malva ► ver "Active Box" **colors** en **color**

maximize, -ise BrE /'mæksəmaɪz/ *v* [tr] **1** aumentar al máximo, maximizar [las ganancias, el ingreso, etc.] **2** (en computación) maximizar

maximum /'mæksəməm/ *adjetivo & sustantivo*

• *adj* máximo -a

• *s* máximo

May /meɪ/ *s* mayo ► ver "Active Box" **months** en **month**

may /meɪ/ *v* [modal] ► ver recuadro

maybe /'meɪbi/ *adv* tal vez, a lo mejor, quizá(s): *Maybe I was wrong.* Tal vez me equivoqué. | *Maybe you should lower the price.* A lo mejor tendrías que bajar el precio.

mayonnaise /'meɪəneɪz/ *s* mayonesa

mayor /'meɪər, mer/ *s* alcalde

mayoress /'meɪərəs/ *s* (pl **-sses**) **1** alcaldesa, alcalde [mujer] **2** esposa de un alcalde

maze /meɪz/ *s* laberinto

MBA /em bi 'eɪ/ *s* (= **Master of Business Administration**) MBA [título obtenido al completar una maestría en Administración de Empresas]

me /mɪ, acentuado mi/ *pron* **1** (como objeto directo o indirecto) me: *She hates me.* Me odia. | *Give me that letter.* Dame esa carta.
2 (después de una preposición) mí: *Is this for me?* ¿Es para mí? | *Are you angry with me?* ¿Estás enojado conmigo?
3 (en comparaciones) yo: *He's older than me.* Es mayor que yo.
4 (después del verbo "to be") yo: *That's me, on the left.* Ése soy yo, a la izquierda.
5 me too yo también, a mí también

meadow /'medoʊ/ *s* pradera

meager AmE, **meagre** BrE /'migər/ *adj* magro -a, escaso -a

meal /mil/ *s* comida [desayuno, almuerzo, cena, etc.] | **to have a meal** comer | **to go out for a**

may

1 POSIBILIDAD

Tim may be able to help us. A lo mejor Tim nos puede ayudar./Puede ser que Tim nos pueda ayudar. | *He may have missed the train.* A lo mejor perdió el tren./Puede ser que haya perdido el tren.

2 PERMISO

En estos contextos el uso de **may** es más formal que el de **can**. Algunos hablantes consideran que es más cortés:

May I borrow your pencil? ¿Me prestaría el lápiz? | *You may go now.* Puede retirarse.

3 CONCESIÓN

She may be very intelligent but she's a bore. Será muy inteligente, pero es muy aburridora.

meal ir a comer afuera | **midday meal** almuerzo, comida | **evening meal** comida, cena

mean /min/ *verbo & adjetivo*

• *v* [tr] (pasado & participio **meant**) **1** significar, querer decir: *What does "random access" mean?* ¿Qué significa "random access"?/¿Qué quiere decir "random access"? | *What do you mean by that?* ¿Qué quieres decir con eso? | *I know what you mean.* Te entiendo.
2 I mean frase que se usa para ampliar o corregir lo que se acaba de decir: *He's very rude, I mean, he never even says hello!* Es muy grosero, o sea, ¡ni siquiera saluda! | *She plays the violin, I mean the viola.* Toca el violín, o mejor dicho la viola.
3 decir en serio: *Did you really mean it?* ¿Lo dijiste en serio? | *Don't touch that! I mean it!* ¡No toques eso! ¡Lo digo en serio!
4 (para expresar intención): *I've been meaning to call you.* Tenía pensado llamarte. | *She didn't mean to upset you.* No quiso disgustarte./No fue su intención disgustarte. | *Sorry, I didn't mean to do that.* Perdóname, lo hice sin querer.
5 significar, implicar: *The closure will mean the loss of 200 jobs.* El cierre significará la pérdida de 200 puestos de trabajo.
6 significar: *Money doesn't mean much to him.* El dinero no significa mucho para él./El dinero no le importa mucho. | *Her job means a lot to her.* Su trabajo es muy importante para ella.
7 to mean well tener buenas intenciones

• *adj* **1** malo -a: *Why are you being so **mean** to me?* ¿Por qué eres tan mala conmigo?
2 BrE tacaño -a, mezquino -a ▶ También existe **stingy,** que es inglés universal
3 (informal) genial, excelente

meander /mi'ændər/ *v* [intr] **1** serpentear **2** caminar sin apuro

meaning /'minɪŋ/ *s* significado, sentido

meaningful /'minɪŋfəl/ *adj* **1** significativo -a, importante **2** elocuente [mirada, sonrisa]

meaningless /'minɪŋləs/ *adj* sin sentido

means /minz/ *s* **1** medio, forma: *their only means of transportation* su único medio de transporte | **by means of** por medio de | **a means to an end** un medio para lograr un fin **2 by all means** cómo no, desde ya **3 by no means** para nada, de ninguna manera **4** medios, recursos [económicos]

meant /ment/ pasado & participio de **mean**

meantime /'mintaɪm/ *s* **(in the) meantime** mientras tanto

meanwhile /'minwaɪl/ *adv* mientras tanto

measles /'mizəlz/ *s* sarampión

measure /'meʒər/ *verbo & sustantivo*

• *v* **1** [tr/intr] medir **2** [tr] tomarle las medidas a: *They measured her for her costume.* Le tomaron las medidas para el traje.
measure up (to sth) estar a la altura (de algo)

• *s* **1** (para lograr algo) medida: *security measures* medidas de seguridad **2** (unidad para medir) medida **3 to be a measure of sth** (formal) ser una muestra de algo **4 for good measure** de regalo

measurement /'meʒərmənt/ *s* **1** medida | **to take sb's measurements** tomarle las medidas a alguien **2** medición

meat /mit/ *s* carne | **cold meats** fiambres

meatball /'mitbɔl/ *s* albóndiga

mechanic /mɪ'kænɪk/ *s* mecánico -a

mechanical /mɪ'kænɪkəl/ *adj* mecánico -a

mechanics /mɪ'kænɪks/ *s* **1** mecánica **2 the mechanics of sth** el funcionamiento de algo | **the mechanics of doing sth** cómo se hace para hacer algo

mechanism /'mekənɪzəm/ *s* mecanismo

medal /'medl/ *s* medalla

medalist AmE, **medallist** BrE /'medl-ɪst/ *s* **gold/silver etc. medalist** medalla de oro/plata etc. [persona que la gana]

meddle /'medl/ *v* [intr] **1** meterse, entrometerse **2 to meddle with sth** jugar con algo

media[1] /'midiə/ *s pl* **1 the media** los medios (de comunicación) **2 media coverage** cobertura periodística **media studies** curso en el que se estudian los medios de comunicación modernos

media[2] plural de **medium**

mediaeval BrE ▶ ver **medieval**

mediate /'midieɪt/ *v* [intr] mediar, actuar de mediador -a

medical /'medɪkəl/ *adjetivo & sustantivo*

• *adj* médico -a | **medical school/student** facultad/estudiante de medicina | **the medical profession** los médicos

• *s* examen médico

medication /medɪ'keɪʃən/ *s* medicación, medicamento

medicine /'medəsən/ *s* **1** remedio, medicamento **2** medicina [campo de estudio]

medieval, también **mediaeval** BrE /mɪ'divəl/ *adj* medieval, de la Edad Media

mediocre /midi'oʊkər/ *adj* mediocre

meditate /'medəteɪt/ *v* [intr] meditar

meditation /medə'teɪʃən/ *s* meditación

Mediterranean /medətə'reɪniən/ *adjetivo & sustantivo*

- *adj* mediterráneo -a
- *s* **the Mediterranean (Sea)** el (mar) Mediterráneo

medium /'midiəm/ *sustantivo & adjetivo*

- *s* **1** (pl **media**) medio [de comunicación] **2** (pl **mediums**) médium
- *adj* mediano -a: *a man of medium build* un hombre de complexión mediana

'medium-sized *adj* de tamaño mediano, mediano -a

meet /mit/ *v* (pasado & participio **met**)
1 [tr] conocer: *I met him in Paris.* Lo conocí en París. | **(it's) nice to meet you** encantado -a, mucho gusto/un gusto
2 [intr] conocerse: *Haven't we met before?* ¿No nos conocemos de algún lado? ► **¿MEET O KNOW?** ver nota en **conocer**
3 [tr] encontrarse (con): *I'll meet you at the door.* Nos encontramos en la puerta./Te veo en la puerta.
4 [intr] encontrarse: *We arranged to meet for lunch.* Quedamos en almorzar juntos.
5 [tr] ir/venir a buscar a: *There was no one to meet me at the airport.* Nadie vino a buscarme al aeropuerto.
6 [intr] juntarse [carreteras, líneas]: *Our eyes met.* Nuestras miradas se cruzaron.
7 [tr] juntarse con
8 [intr] reunirse
9 [tr] jugar contra
10 [tr] cumplir con [un requisito]
11 [tr] satisfacer [una demanda, una necesidad]
meet up juntarse, encontrarse [para salir, etc.]
meet with sth to meet with success/failure tener éxito/fracasar **meet with sb** reunirse/encontrarse con alguien

meeting /'mitɪŋ/ *s* **1** reunión, junta: *She's in a meeting.* Está en una reunión. | *I'd like to* ***have*** *a* ***meeting*** *with them.* Quisiera reunirme con ellos. **2** encuentro: *a chance meeting* un encuentro casual **3 meeting place** lugar de encuentro

megabyte /'megəbaɪt/ *s* mega(byte)

megaphone /'megəfoʊn/ *s* megáfono

melancholy /'melənkɑli/ *adjetivo & sustantivo*

- *adj* melancólico -a
- *s* melancolía

mellow /'meloʊ/ *adj* **1** suave y cálido -a [color] **2** melodioso -a, suave [voz, música] **3** añejo -a [vino] **4** apacible [persona] **5 to feel mellow** estar tranquilo -a y relajado -a

melodrama /'melədrɑmə/ *s* melodrama

melodramatic /melədrə'mætɪk/ *adj* melodramático -a

melody /'melədi/ *s* (pl **-dies**) melodía

melon /'melən/ *s* melón

melt /melt/ *v* **1** [tr] derretir, fundir **2** [intr] derretirse, fundirse **3 to melt in the/your mouth** deshacerse en la boca **4** [intr] derretirse, ablandarse [persona]
melt away desaparecer, esfumarse

member /'membər/ *s* **1** miembro [de una organización]: *a member of the family* un miembro de la familia | *a member of staff* un miembro del personal/un empleado **2** socio -a [de un club]

Member of 'Parliament, también **MP** /ˌem 'pi/ *s*

> Así se le llama a un parlamentario británico. El cargo equivalente en otros sistemas políticos es el de *diputado.*

membership /'membərʃɪp/ *s* **1** membresía: *I've taken out a year's membership.* Me he hecho socio por un año. **2** membresía, socios **3 membership card** carnet de socio **membership fee** cuota (de socio)

membrane /'membreɪn/ *s* membrana

memento /mə'mentoʊ/ *s* (pl **-toes** o **-tos**) recuerdo, souvenir

memo /'memoʊ/ *s* memo

memoirs /'memwɑrz/ *s pl* memorias [autobiografía]

memorabilia /memər'bɪliə/ *s pl* piezas/objetos de colección

memorable /'memrəbəl/ *adj* memorable

memorandum /memə'rændəm/ *s* (pl **memorandums** o **memoranda**) memorándum

memorial /mə'mɔriəl/ *adjetivo & sustantivo*

- *adj* conmemorativo -a
- *s* monumento [conmemorativo]

memorize, -ise BrE /'meməraɪz/ *v* [tr] memorizar

memory /'memri/ *s* (pl **-ries**) **1** memoria | **from memory** de memoria **2** recuerdo: *That brings back memories!* ¡Eso me trae recuerdos! **3** (de una computadora) memoria **4 in memory of** en memoria de

men /men/ plural de **man**

menace /'menəs/ *sustantivo & verbo*

- *s* peligro, amenaza: *a menace to society* un peligro para la sociedad
- *v* [tr] amenazar

menacing /'menɪsɪŋ/ *adj* amenazador -a, amenazante

mend /mend/ *v* [tr] **1** arreglar [un reloj, una bicicleta, zapatos, etc.] **2** remendar, zurcir [ropa]

¿Sabes cómo funcionan los **phrasal verbs**? Lee la explicación en el apartado de gramática.

mending /'mendɪŋ/ *s* **1** remiendo, zurcido | **to do the mending** remendar, zurcir **2** ropa para remendar/zurcir

menial /'miniəl/ *adj* **menial** se usa para describir tareas que son rutinarias y triviales o no requieren preparación o aptitudes especiales

meningitis /menən'dʒaɪtɪs/ *s* meningitis

menopause /'menəpɔz/ *s* menopausia

men's room *s* AmE baño de hombres

menstruation /menstru'eɪʃən/ *s* menstruación

menswear /'menzwer/ *s* ropa de hombre

mental /'mentl/ *adj* **1** mental | **a mental hospital** un (hospital) psiquiátrico **2** (informal) absurdo, delirante

mentality /men'tæləti/ *s* (pl **-ties**) mentalidad

mentally /'mentl-i/ *adv* mentalmente | **the mentally ill/handicapped** los enfermos/discapacitados mentales

mention /'menʃən/ *verbo & sustantivo*

• *v* [tr] **1** mencionar, decir: *Was my name mentioned?* ¿Se mencionó mi nombre? | *I'll mention it to her when I see her.* Se lo voy a decir cuando la vea. | **it's worth mentioning that** vale la pena/cabe mencionar que **2 don't mention it** no hay de qué **3 not to mention** para no hablar de, sin contar

• *s* mención

mentor /'mentɔr, -tər/ *s* mentor -a [guía, maestro]

menu /'menju/ *s* **1** (en un restaurante) menú: *the most expensive dish* ***on the menu*** el plato más caro de los que había en el menú **2** (en computación) menú

meow AmE, **miaow** BrE /mi'aʊ/ *sustantivo & verbo*

• *s* miau, maullido

• *v* [intr] maullar

mercenary /'mɜrsəneri/ *sustantivo & adjetivo*

• *s* (pl **-ries**) mercenario -a

• *adj* interesado -a

merchandise /'mɜrtʃəndaɪz/ *s* **1** mercadería, mercancía **2** merchandise [artículos relacionados con un artista, evento u organización famosos]

merciful /'mɜrsɪfəl/ *adj* compasivo -a, clemente

merciless /'mɜrsɪləs/ *adj* **1** despiadado -a **2** implacable [calor]

Mercury /'mɜrkjəri/ *s* Mercurio

mercury /'mɜrkjəri/ *s* mercurio

mercy /'mɜrsi/ *s* **1** piedad, clemencia | **have mercy on him/us etc.** ten piedad de él/nosotros etc. **2 to be at the mercy of sth/sb** estar a merced de algo/alguien

mere /mɪr/ *adj* solo -a, mero -a: *The mere thought made her furious.* La sola idea la ponía furiosa. | *This was no mere coincidence.* No se trató de una mera coincidencia. | *He's a mere child.* Es un niño, nomás.

merely /'mɪrli/ *adv* simplemente, solamente

merge /mɜrdʒ/ *v* **1** [tr] fusionar, [intr] fusionarse [empresas] **2** [tr] fundir, [intr] fundirse [sonidos, colores] **3 to merge into the background** pasar desapercibido -a

merger /'mɜrdʒər/ *s* fusión [de empresas]

meringue /mə'ræŋ/ *s* merengue

merit /'merɪt/ *sustantivo & verbo*

• *s* mérito, ventaja | **to judge sth on its (own) merits** juzgar algo según sus (propios) méritos

• *v* [tr] merecer, ser digno -a de

mermaid /'mɜrmeɪd/ *s* sirena

merry /'meri/ *adj* (**-rrier**, **-rriest**) **1** alegre **2 merry Christmas!** ¡feliz Navidad!

'merry-go-ˌround *s* carrusel, tiovivo

mesh /meʃ/ *s* (pl **-shes**) malla [metálica, plástica, etc.], anjeo | **wire mesh** tejido metálico, mosquitero

mesmerize, -ise BrE /'mezməraɪz/ *v* [tr] hipnotizar, cautivar

mess /mes/ *sustantivo & verbo*

• *s* **1** desorden: *Sorry about the mess.* Perdona el desorden. | *My hair is a mess!* ¡Mi pelo es un desastre! | **to be in a mess** estar hecho -a un desastre/un lío [casa, cuarto, etc.] **2** mugre: *Clear up this mess!* ¡Limpia esta mugre! **3** (referido a situaciones) desastre: *His life was a mess.* Su vida era un desastre. | **to get sb into a mess** meter a alguien en un lío | **to make a mess of sth** arruinar algo **4** (en las fuerzas armadas) casino, comedor

• *v* (3ª pers sing **-sses**) **mess around**, también **mess about** **1** tontear **2 to mess around with sth** jugar con algo **3 to mess around with sb** tener una aventura con alguien **mess sb around** (informal) jugar con alguien, tomarle el pelo a alguien

mess sth up (informal) **1** arruinar algo [un plan, un trabajo, etc.] **2** desordenar algo **3** hacer algo muy mal

mess with sth/sb meterse con algo/alguien: *Don't mess with me.* No te metas conmigo.

message /'mesɪdʒ/ *s* **1** mensaje, recado: *Can I take a message?* ¿Quiere dejarle un mensaje? **2 to get the message** (informal) entender, darse cuenta

messenger /'mesəndʒər/ *s* mensajero -a

Messiah /mə'saɪə/ *s* Mesías

messy /'mesi/ *adj* (**-ssier**, **-ssiest**) **1** desordenado -a **2** (informal) difícil [desagradable]

met /met/ pasado de **meet**

metabolism /mə'tæbəlɪzəm/ *s* metabolismo

metal /ˈmetl/ *sustantivo & adjetivo*
- *s* metal
- *adj* de metal

metallic /məˈtælɪk/ *adj* metálico -a
metaphor /ˈmetəfɔr/ *s* metáfora
meteor /ˈmitiər/ *s* meteorito
meteoric /mitiˈɔrɪk/ *adj* meteórico -a
meteorite /ˈmitiəraɪt/ *s* meteorito
meter[1] /ˈmitər/ *s* **1** medidor, contador [del gas, de la electricidad] **2** taxímetro
meter[2] AmE, **metre** BrE /ˈmitər/ *s* metro
method /ˈmeθəd/ *s* método: *teaching methods* métodos de enseñanza | *method of payment* forma de pago
methodical /məˈθɑdɪkəl/ *adj* metódico -a
Methodist /ˈmeθədɪst/ *adj & s* metodista
methodology /meθəˈdɑlədʒi/ *s* (pl **-gies**) metodología
methylated spirits /ˌmeθəleɪtɪd ˈspɪrɪts/ *s* alcohol azul, alcohol industrial
meticulous /məˈtɪkjələs/ *adj* meticuloso -a
metre BrE ▶ ver **meter**
metric /ˈmetrɪk/ *adj* métrico -a: *the metric system* el sistema métrico decimal
Mexican /ˈmeksɪkən/ *adj & s* mexicano -a
Mexico /ˈmeksɪkou/ *s* México
mg (= **milligram**) mg
miaow BrE ▶ ver **meow**
mice /maɪs/ *s* plural de **mouse**
microchip /ˈmaɪkroutʃɪp/ *s* microchip
microphone /ˈmaɪkrəfoun/ *s* micrófono
microprocessor /maɪkrouˈprɑsesər/ *s* microprocesador
microscope /ˈmaɪkrəskoup/ *s* microscopio
microscopic /maɪkrəˈskɑpɪk/ *adj* microscópico -a
microwave /ˈmaɪkrəweɪv/ *sustantivo & verbo*
- *s* (también **microwave oven**) (horno de) microondas
- *v* [tr] cocinar/hacer en el microondas

mid /mɪd/ *adj* **mid** se usa para designar el punto medio de un período: *in mid May* a mediados de mayo | *in the mid 70s* a mediados de los 70 | *She's in her mid 20s.* Tiene alrededor de 25 años. | *a mid-morning break* un descanso a media mañana
midair /mɪdˈer/ *sustantivo & adjetivo*
- *s* **in midair** en el aire
- *adj* **a midair collision** un choque en el aire/en vuelo

midday /ˈmɪd-deɪ/ *s* mediodía
middle /ˈmɪdl/ *sustantivo & adjetivo*
- *s* **1** centro | **in the middle (of sth)** en el medio/la mitad de algo: *in the middle of the night* en medio de la noche | *We were in the middle of lunch.* Estábamos en pleno almuerzo. **2 in the middle of nowhere** en el medio de la nada
- *adj* del medio: *the middle drawer* el cajón del medio | **middle age** madurez | **the Middle Ages** la Edad Media | **in the middle distance** en segundo plano [en un cuadro, etc.] ▶ ver también **finger**

ˌmiddle-ˈaged *adj* de mediana edad, de edad madura
ˌmiddle ˈclass *s* **the middle class(es)** la clase media
ˌmiddle-ˈclass *adj* de clase media
ˌMiddle ˈEast *s* **the Middle East** (el) Medio Oriente
middleman /ˈmɪdlmæn/ *s* (pl **-men**) intermediario
ˌmiddle ˈname *s*

> Así se le llama al nombre que algunas personas usan entre su primer nombre de pila y su apellido (por ejemplo **Jessica** en **Sarah Jessica Parker**). Se pueden tener varios **middle names**. Éstos no son necesariamente nombres de pila. Pueden ser, por ejemplo, el apellido materno, como en **Daniel Parker Stevens**.

ˈmiddle school *s* **1** en EU, escuela para niños de entre 11 y 14 años **2** en Gran Bretaña, escuela para niños de entre 8 y 12 años
middleweight /ˈmɪdlweɪt/ *s* peso mediano
midfield /ˈmɪdfild/ *s* mediocampo
midfielder /ˈmɪdfildər/, también **ˈmidfield ˌplayer** *s* mediocampista
midge /mɪdʒ/ *s* insecto que pica, similar a un jején
midget /ˈmɪdʒɪt/ *s* enano -a ▶ Algunas personas consideran que este término es ofensivo
midnight /ˈmɪdnaɪt/ *s* medianoche
midriff /ˈmɪdrɪf/ *s* estómago: *a short top which exposed her midriff* un top corto que le dejaba el estómago al aire
midst /mɪdst/ *s* **in the midst of sth** en medio de algo | **in our/their etc. midst** entre nosotros/ellos etc.
midsummer /mɪdˈsʌmər/ *s* la mitad del verano, pleno verano
midway /ˈmɪdweɪ/ *adv* **1 midway through sth** en mitad de algo [una película, un partido etc.] **2 midway between** a medio camino entre
midweek /mɪdˈwik/ *adjetivo & adverbio*
- *adj* **a midweek game** un partido de mitad de semana
- *adv* a mitad/mediados de semana

midwife /ˈmɪdwaɪf/ *s* (pl **-wives**) partera, comadrona, matrona
midwinter /ˌmɪdˈwɪntər/ *s* la mitad del invierno, pleno invierno

might /maɪt/ *verbo & sustantivo*
- **v** [modal] ▶ ver recuadro
- **s** (formal) poderío | **with all his/your etc. might** con todas sus/tus etc. fuerzas

might've /ˈmaɪtəv/ contracción de **might have**

mighty /ˈmaɪti/ *adjetivo & adverbio*
- **adj** (-tier, -tiest) **1** poderoso -a **2** imponente **3 a mighty kick** una patada fortísima/una soberana patada
- **adv** AmE (informal) muy: *That food smells mighty good.* Esa comida huele muy bien.

migraine /ˈmaɪgreɪn/ *s* migraña, jaqueca

migrant /ˈmaɪgrənt/ *s* **1** migrante **2** ave migratoria, animal migratorio **3 migrant worker** trabajador -a itinerante

migrate /ˈmaɪgreɪt/ *v* [intr] emigrar, migrar

migration /maɪˈgreɪʃən/ *s* emigración, migración

migratory /ˈmaɪgrətɔri/ *adj* migratorio -a

mike /maɪk/ *s* (informal) micrófono

mild /maɪld/ *adj* **1** templado -a [clima]: *a mild winter* un invierno no muy frío **2** leve, ligero -a [castigo, síntoma, etc.]: *I had a mild case of the flu.* Estuve con un cuadro gripal leve. **3** suave, poco picante [sabor, comida] **4** suave, dulce [modales] **5** suave [jabón, detergente, etc.]

mildly /ˈmaɪldli/ *adv* **1** levemente, ligeramente **2 to put it mildly** por no decir algo peor

mile /maɪl/ *s* **1** milla [= 1,6 km]: *You can see for miles.* Se puede ver a millas de distancia. **2 miles from anywhere/nowhere** a millas de la civilización **3 to be miles away (a)** estar pensando en otra cosa **(b)** quedar lejísimos **4 miles** (informal) mil veces: *She's miles better than you at tennis.* Es mil veces mejor que tú jugando tenis.

mileage /ˈmaɪlɪdʒ/ *s* **1** millaje ▶ El equivalente en los países que usan el sistema métrico es *kilometraje* **2 to get a lot of mileage out of sth** sacarle el jugo a algo

milestone /ˈmaɪlstoʊn/ *s* **1** hito **2** mojón

militant /ˈmɪlətənt/ *adjetivo & sustantivo*
- **adj** combativo -a, militante
- **s** militante

military /ˈmɪləteri/ *adjetivo & sustantivo*
- **adj** militar
- **s the military** las fuerzas armadas, los militares

militia /məˈlɪʃə/ *s* milicia

milk /mɪlk/ *sustantivo & verbo*
- **s** **1** leche **2 milk shake** malteada, batido, licuado [de frutas, chocolate, etc.]
- **v** [tr] ordeñar

milkman /ˈmɪlkmæn/ *s* (pl -men) lechero

milky /ˈmɪlki/ *adj* (-kier, -kiest) **1** con (mucha) leche [café, té, etc.] **2** lechoso -a [color, líquido]

> **might** *verbo modal*
>
> **1 POSIBILIDAD**
>
> *They might come anyway.* A lo mejor igual vienen. | *She might not have heard.* Puede ser que no haya oído./Podría ser que no hubiera oído.
>
> A veces es el pasado de **may**:
>
> *I thought you might be angry with me.* Pensé que a lo mejor estabas enojado conmigo.
>
> **might have** seguido de un participio indica que algo que podría haber sucedido, no sucedió:
>
> *The way he was driving, they might have been killed.* Con la manera como manejaba, se podrían haber matado.
>
> A veces se usa para hacer reproches:
>
> *You might have told me she was coming!* ¡Me podrías haber dicho que venía ella!
>
> A veces expresa falta de sorpresa ante algo:
>
> *I might have known he'd forget.* Debería haberme imaginado que se le iba a olvidar.
>
> **2 PERMISO**
>
> Este uso de **might** es o bien muy formal o humorístico:
>
> *Might I suggest the oysters, sir?* ¿Me permite que le sugiera las ostras, señor? | *And what, might I ask, is that?* ¿Y eso qué es, si se puede preguntar?

mill /mɪl/ *sustantivo & verbo*
- **s** **1** molino **2** fábrica | **a paper mill** una fábrica de papel/una papelera | **a steel mill** una fundición de acero/una acería **3** molinillo
- **v** [tr] moler

millennium /mɪˈleniəm/ *s* (pl -nnia) milenio

milligram /ˈmɪləgræm/ *s* miligramo

milliliter AmE, **millilitre** BrE /ˈmɪləlitər/ *s* mililitro

millimeter AmE, **millimetre** BrE /ˈmɪləmitər/ *s* milímetro

million /ˈmɪljən/ *número* **1** millón: *a million years* un millón de años ▶ Cuando **million** se usa como numeral, su plural es invariable: *350 million dollars* 350 millones de dólares **2 millions of** millones de

millionaire /mɪljəˈner/ *s* millonario -a

millionth /ˈmɪljənθ/ *número* **1** millonésimo -a **2** millonésimo, millonésima parte

mime /maɪm/ *sustantivo & verbo*
- **s** **1** mimo [actor] **2** mímica
- **v** [intr] hacer (la) mímica, [tr] hacer la mímica de

mimic /ˈmɪmɪk/ *verbo & sustantivo*
- **v** [tr] (pasado & participio -cked, gerundio -cking) imitar
- **s** imitador -a

mince /mɪns/ *verbo & sustantivo*
• *v* [tr] moler [carne]
• *s* BrE carne molida, carne picada ▶ En inglés americano se usa **ground beef**

mincemeat /ˈmɪnsmit/ *s* **1** mezcla de pasas, especias, manzana y grasa, usada como relleno en repostería **2 to make mincemeat (out) of sb** (informal) hacer puré a alguien

ˌmince ˈpie *s* pastelillo relleno de **mincemeat** que se come en la época de Navidad

mind /maɪnd/ *sustantivo & verbo*
• *s* **1** mente, cabeza: *My mind was on other things.* Tenía la cabeza en otra cosa. | **to get sth/sb out of your mind** quitarse algo/a alguien de la cabeza: *I can't get her out of my mind.* No puedo quitármela de la cabeza. | **at the back of your mind** en el fondo
2 (intelecto) mente: *one of the greatest minds of the century* una de las mentes más brillantes del siglo
3 opinión | **to change your mind** cambiar de opinión/idea/parecer | **to make up your mind** decidirse: *I can't make up my mind.* No me puedo decidir. | **to my mind** a mi parecer, en mi opinión | **to be in two minds** no poder decidir(se): *I'm in two minds about whether to accept.* No puedo decidir si aceptar o no.
4 to bear/keep (sth) in mind tener (algo) en cuenta
5 to cross/enter sb's mind ocurrírsele a alguien: *The thought never entered my mind.* Ni se me ocurrió.
6 to have sth/sb in mind tener algo/a alguien en mente
7 to be on sb's mind preocupar a alguien
8 to be/go out of your mind estar/volverse loco -a
9 to put sb's mind at rest tranquilizar a alguien
10 to put your mind to sth proponerse algo
11 to take sb's mind off sth distraer a alguien de algo, hacer olvidar algo a alguien
• *v* **1** [tr/intr] importar: *Her parents don't mind how late she stays out.* A sus padres no les importa a qué hora vuelve a casa. | **do you mind...?/would you mind...?** ¿te/le importa...?/¿te/le importaría...?: *Do you mind if I close the window?* ¿Te importa si cierro la ventana? | *Would you mind waiting a moment?* ¿Le importaría esperar un momento?
2 never mind (informal) no te preocupes, no se preocupe(n)
3 I wouldn't mind a cup of coffee/a break etc. (informal) no me vendría nada mal un café/un descanso etc.
4 [intr] (informal) tener cuidado
5 never you mind (informal) a ti no te importa
6 [tr] cuidar
7 don't mind him/me etc. (informal) no le/me etc. hagas caso
8 [tr] BrE (informal) tener cuidado con: *Mind the cat!* ¡Ten cuidado con el gato! | **mind (out)!** ¡cuidado!

minder /ˈmaɪndər/ *s* BrE guardaespaldas ▶ También existe **bodyguard,** que es inglés universal

mindful /ˈmaɪndfəl/ *adj* (formal) **mindful of sth** consciente de algo, atento -a a algo

mindless /ˈmaɪndləs/ *adj* **1** sin sentido [violencia, vandalismo] **2** tonto -a [trabajo, entretenimiento]

mine /maɪn/ *pronombre, sustantivo & verbo*
• *pron* Como los pronombres posesivos ingleses no varían ni en género ni en número, **mine** puede equivaler a *(el) mío, (la) mía, (los) míos* o *(las) mías*: *"Whose scarf is this?" "It's mine."* –¿De quién es esta bufanda? –Es mía. | *some friends of mine from school* unos amigos míos del colegio | *Can I borrow your shirt? Mine's dirty.* ¿Me prestas tu camisa? La mía está sucia.
• *s* **1** (yacimiento) mina **2** (artefacto explosivo) mina
• *v* **1** [intr] realizar excavaciones mineras **2** [tr] extraer [minerales] **3** [tr] sembrar minas en

minefield /ˈmaɪnfild/ *s* **1** campo minado **2** terreno conflictivo

miner /ˈmaɪnər/ *s* minero -a

mineral /ˈmɪnərəl/ *s* mineral

ˈmineral ˌwater *s* agua mineral

mingle /ˈmɪŋgəl/ *v* **1** [tr] mezclar **2** [intr] mezclarse **3 to mingle together** confundirse [sonidos, perfumes] **4** [intr] circular [en una reunión social]: *She mingled with the audience after the show.* Circuló entre el público después del espectáculo.

miniature /ˈmɪniətʃər/ *adjetivo & sustantivo*
• *adj* **1** en miniatura [tren] **2** enano -a [planta, animal]
• *s* miniatura

minibus /ˈmɪnibʌs/ *s* (pl **-buses**) buseta, minibús, microbús

minicab /ˈmɪnikæb/ *s* BrE tipo de taxi que no se puede parar en la calle sino que debe pedirse por teléfono

minimal /ˈmɪnəməl/ *adj* mínimo -a

minimize, -ise BrE /ˈmɪnəmaɪz/ *v* [tr] **1** reducir al mínimo, minimizar **2** (en computación) minimizar

minimum /ˈmɪnəməm/ *adjetivo & sustantivo*
• *adj* mínimo -a
• *s* mínimo | **to keep sth to a minimum** reducir algo al mínimo

mining /ˈmaɪnɪŋ/ *s* **1** minería **2 a mining company** una compañía minera **the mining industry** la industria minera

miniskirt /ˈmɪniskɜrt/ *s* minifalda

ⓘ ¿Quieres más información sobre los **verbos modales**? Hay una explicación en el apartado de gramática.

minister /ˈmɪnəstər/ *s* **1** pastor -a, clérigo -a **2** ministro -a, secretario -a: *the Minister of Agriculture* el Ministro de Agricultura

ministerial /mɪnəˈstɪriəl/ *adj* ministerial

ministry /ˈmɪnəstri/ *s* (pl **-tries**) **1** ministerio, secretaría: *the Ministry of Defense* el Ministerio de Defensa **2 the ministry** el ministerio (religioso), el sacerdocio

minivan /ˈmɪnivæn/ *s* AmE van, combi

mink /mɪŋk/ *s* visón

minor /ˈmaɪnər/ *adjetivo & sustantivo*

• *adj* **1** (no muy importante) leve [herida], menor [operación], secundario -a [camino] **2** (tono musical) menor

• *s* menor (de edad)

minority /məˈnɔrəti/ *s* (pl **-ties**) **1** minoría: *ethnic minorities* minorías étnicas **2 to be in the/a minority** estar en minoría **3 minority interests/culture** intereses minoritarios/cultura minoritaria

mint /mɪnt/ *sustantivo & verbo*

• *s* **1** pastilla de menta **2** menta **3** casa de la moneda

• *v* [tr] acuñar

minus /ˈmaɪnəs/ *preposición & sustantivo*

• *prep* **1** menos: *17 minus 12 is five* 17 menos 12 es (igual a) cinco **2 minus 15/30 etc. degrees** 15/30 etc. grados bajo cero: *The temperature can go as low as minus 20.* La temperatura puede descender hasta los 20 grados bajo cero. **3** (informal) sin: *He came home minus his coat.* Volvió a casa sin el abrigo.

• *s* **1** (también **minus sign**) signo (de) menos **2** desventaja | **pluses and minuses** pros y contras

minute[1] /ˈmɪnɪt/ *sustantivo & sustantivo plural*

• *s* **1** minuto **2** minuto, momento: *She was here a minute ago.* Estuvo aquí hace un momento. | **in a minute** enseguida | **wait a minute/just a minute** espera/espere (un momento) **3 at the last minute** a último momento **4 the minute (that)** en cuanto: *The minute I saw him, I knew something was wrong.* En cuanto lo vi, supe que pasaba algo. | **(at) any minute/any minute now** de un momento a otro **5 this minute** ya mismo

• **minutes** *s pl* acta(s) | **to take the minutes** levantar el acta/las actas

minute[2] /maɪˈnut/ *adj* **1** diminuto -a [letra] **2** mínimo -a [cantidad] **3** minucioso -a | **in minute detail** con todo detalle

miracle /ˈmɪrəkəl/ *s* **1** milagro **2 by a miracle** de milagro | **to work miracles** hacer milagros

miraculous /mɪˈrækjələs/ *adj* milagroso -a

mirage /mɪˈrɑʒ/ *s* espejismo

mirror /ˈmɪrər/ *sustantivo & verbo*

• *s* **1** espejo **2** espejo (retrovisor)

• *v* [tr] reflejar

misbehave /mɪsbɪˈheɪv/ *v* [intr] portarse mal

miscalculate /mɪsˈkælkjəleɪt/ *v* [tr/intr] calcular mal

miscarriage /ˈmɪskærɪdʒ/ *s* **1** aborto (espontáneo) | **to have a miscarriage** perder un/el bebé **2 a miscarriage of justice** un fallo injusto o errado

miscellaneous /mɪsəˈleɪniəs/ *adj* diverso -a, heterogéneo -a

mischief /ˈmɪstʃɪf/ *s* **1** travesuras | **to get into mischief** hacer travesuras **2** malicia

mischievous /ˈmɪstʃəvəs/ *adj* **1** travieso -a **2** malicioso -a

misconception /mɪskənˈsepʃən/ *s* falsa idea | **it is a popular/common misconception that** es un error difundido/común creer que

misconduct /mɪsˈkɑndʌkt/ *s* mala conducta [en el ejercicio de una profesión]

miser /ˈmaɪzər/ *s* avaro -a

miserable /ˈmɪzərəbəl/ *adj* **1** triste, deprimido -a | **you look/she looks etc. miserable** tienes/tiene etc. cara de estar triste: *Don't look so miserable!* ¡Alégrate un poco! **2** deprimente: *The weather was miserable.* El tiempo estaba deprimente. **3** amargado -a: *He's a miserable old devil.* Es un viejo amargado. **4** miserable: *a miserable salary* un sueldo miserable

miserably /ˈmɪzərəbli/ *adv* **1** con tristeza, con abatimiento **2 to fail miserably** fracasar de manera lamentable

misery /ˈmɪzəri/ *s* (pl **-ries**) **1** sufrimiento **2 to put sb out of his/her etc. misery** dejar de torturar a alguien: *Put us out of our misery and tell us what happened.* Deja de torturarnos y cuéntanos qué pasó. **3** BrE (informal) (referido a personas) **you're/she's etc. such a misery** eres/es etc. tan amargado -a

misfortune /mɪsˈfɔrtʃən/ *s* desgracia | **to have the misfortune to do sth** tener la desgracia/la mala suerte de hacer algo

misgiving /mɪsˈgɪvɪŋ/ *s* **1** recelo | **with misgiving** con recelo **2 to have misgivings about sth** tener dudas sobre algo

misguided /mɪsˈgaɪdɪd/ *adj* **1** mal encaminado -a [intento, esfuerzo] **2** insensato -a, errado -a [persona]

mishap /ˈmɪshæp/ *s* contratiempo

misinform /mɪsɪnˈfɔrm/ *v* [tr] informar mal

misinterpret /mɪsɪnˈtɜrprɪt/ *v* [tr] malinterpretar

misjudge /mɪsˈdʒʌdʒ/ *v* [tr] **1** juzgar mal a, equivocarse al juzgar a **2** calcular mal

mislay /mɪsˈleɪ/ *v* [tr] (pasado & participio **mislaid**) **to have mislaid sth** no recordar dónde se dejó algo: *I seem to have mislaid my gloves.* Me parece que se me perdieron los guantes./No sé dónde dejé los guantes.

mislead /mɪsˈlid/ *v* [tr] (pasado & participio **misled**) confundir, inducir a error | **to mislead sb about sth** engañar a alguien acerca de algo

misleading /mɪs'lidɪŋ/ *adj* engañoso -a

mismanagement /mɪs'mænɪdʒmənt/ *s* mala administración

misprint /'mɪsprɪnt/ *s* error de imprenta, errata

misread /mɪs'rid/ *v* [tr] (pasado & participio **misread**) **1** leer mal **2** malinterpretar

Miss /mɪs/ *s* Srta., señorita

miss /mɪs/ *verbo & sustantivo*

• *v* ▶ ver recuadro
miss out to miss out on sth perderse algo: *I felt I was missing out on all the fun.* Sentía que me estaba perdiendo toda la diversión. **miss sth out** BrE saltar(se) algo ▶ También existe **to skip sth,** que es inglés universal **miss sb out** BrE dejar a alguien afuera, excluir a alguien ▶ También existe **to leave sb out,** que es inglés universal

• *s* (pl **-sses**) **1** tiro errado, fallo **2 to give sth a miss** (informal) decidir no hacer algo: *I think I'll give rehearsals a miss this week.* Creo que esta semana no voy a ir al ensayo.

missile /'mɪsəl, BrE 'mɪsaɪl/ *s* **1** misil **2** proyectil

missing /'mɪsɪŋ/ *adj* **1 to be missing** faltar: *There's a button* ***missing from*** *this shirt.* A esta camisa le falta un botón. **2** que falta/faltaba etc.: *I found the missing piece of the jigsaw.* Encontré la pieza que faltaba del rompecabezas. **3** desaparecido -a | **missing person** persona extraviada **4 to go missing** desaparecer

mission /'mɪʃən/ *s* misión

missionary /'mɪʃəneri/ *s* (pl **-ries**) misionero -a

mist /mɪst/ *sustantivo & verbo*

• *s* neblina

• *v* **mist up**, también **mist over** empañarse **mist sth up** empañar algo

mistake /mɪ'steɪk/ *sustantivo & verbo*

• *s* error, equivocación | **to make a mistake** equivocarse, cometer un error | **by mistake** por error

• *v* [tr] (pasado **mistook**, participio **mistaken**) **1 to mistake sth/sb for sth/sb** confundir algo/a alguien con algo/alguien: *I'm always being mistaken for my sister.* Siempre me confunden con mi hermana. **2 there's no mistaking sth/sb** algo/alguien es inconfundible: *There's no mistaking that accent.* Ese acento es inconfundible. **3** interpretar mal

mistaken /mɪ'steɪkən/ *adj* **1** equivocado -a | **if I'm not mistaken** si no me equivoco **2** (referido a ideas) erróneo -a, equivocado -a **3 mistaken identity** confusión de identidades

mistakenly /mɪ'steɪkənli/ *adv* erróneamente

Mister /'mɪstər/ *s* forma completa de **Mr** señor

mistletoe /'mɪsəltoʊ/ *s* muérdago

mistook /mɪ'stʊk/ pasado de **mistake**

mistreat /mɪs'trit/ *v* [tr] maltratar

miss *verbo*

1 UN PROGRAMA, UN PARTIDO, UNA OPORTUNIDAD (= perderse)
He missed the game because of an injury. Se perdió el partido porque estaba lesionado. | *I had to miss breakfast because I was late.* No pude desayunar porque estaba retrasada.
UN ENSAYO, UNA REUNIÓN (= faltar a)

2 LLEGAR TARDE (= perderse, perder)
We missed the start of the movie. Nos perdimos el principio de la película. | *Hurry up, we're going to miss the flight.* Apúrate que vamos a perder el vuelo.

3 EXTRAÑAR
I really miss Steve. Extraño mucho a Steve./Me hace mucha falta Steve. | *The thing I miss most about California is the climate.* Lo que más extraño de California es el clima.

4 ERRAR, NO DAR EN EL BLANCO
He missed an easy catch. Erró una atajada fácil.

5 EVITAR UNA CONSECUENCIA NO DESEADA
The bullet only just missed me. La bala me pasó raspando. | *The two planes missed each other by a few meters.* Los dos aviones no chocaron por unos pocos metros.

6 NO VER, NO NOTAR
They missed each other in the crowd. No se vieron en medio de la multitud. | *a mistake that everyone else had missed* un error que los demás no habían notado | **you can't miss it** lo vas a ver enseguida

7 EXPRESIÓN
to miss the point no entender

mistress /'mɪstrəs/ *s* (pl **-sses**) **1** amante [mujer] **2** dueña, ama [de un animal] **3** BrE profesora ▶ También existe **teacher,** que es inglés universal

mistrust /mɪs'trʌst/ *sustantivo & verbo*

• *s* desconfianza

• *v* [tr] desconfiar de

misty /'mɪsti/ *adj* (**-tier**, **-tiest**) neblinoso -a

misunderstand /mɪsʌndər'stænd/ *v* [tr/intr] (pasado & participio **misunderstood**) entender mal

misunderstanding /mɪsʌndər'stændɪŋ/ *s* malentendido

misuse[1] /mɪs'jus/ *s* **1** uso indebido [de equipos, recursos] **2** abuso [de poder] **3** malversación [de fondos]

misuse[2] /mɪs'juz/ *v* [tr] **1** abusar de [el poder, la autoridad] **2** utilizar/emplear mal [un equipo, una palabra]

mix /mɪks/ *verbo & sustantivo*

• *v* (3ª pers sing **-xes**) **1** [tr] mezclar: *I* ***mixed*** *the* *flour and sugar together*. Mezclé la harina con el azúcar. **2** [intr] mezclarse **3** [intr] ser sociable, circular [en una reunión social] | **to mix with sb** tratarse/relacionarse con alguien

mix sth up **1** confundir algo **2** mezclar algo

mix sb up **1** confundir a alguien: *People mix her up with her sister.* La gente la confunde con su hermana. **2 to be mixed up in sth** estar metido -a en algo | **to get mixed up in sth** meterse en algo, verse involucrado -a en algo

• **s** mezcla, combinación

mixed /mɪkst/ *adj* **1** mixto -a, variado -a: *a mixed salad* una ensalada mixta/de verduras variadas **2** diverso -a: *The play received mixed reviews.* La obra recibió críticas muy diversas. | **to have mixed feelings (about sth)** tener sentimientos encontrados (acerca de algo)

mixer /ˈmɪksər/ *s* **1** batidora **2 to be a good/bad mixer** ser/no ser una persona sociable

mixture /ˈmɪkstʃər/ *s* **1** mezcla, combinación **2** (medicamento) preparado

mix-up *s* (informal) confusión

ml *s* (= **milliliter**) ml

mm (= **millimeter**) mm

moan /moʊn/ *verbo & sustantivo*

• **v** **1** [intr] gemir, quejarse [de dolor] **2** [tr/intr] quejarse | **to moan about sth** quejarse de algo

• **s** gemido, quejido

mob /mɑb/ *sustantivo & verbo*

• **s** **1** muchedumbre **2 the mob** las masas **3 the Mob** la mafia

• **v** [tr] (**-bbed**, **-bbing**) asediar, acosar

mobile /ˈmoʊbəl, BrE moʊbaɪl/ *sustantivo & adjetivo*

• **s** **1** móvil [objeto de adorno] **2** BrE (teléfono) celular ▶ En inglés americano se usa **cell phone**

• **adj** **1 mobile library/clinic** biblioteca/sanatorio ambulante | **mobile home** casa rodante **2 to be mobile** tener movilidad: *She's less mobile now that she has arthritis.* Tiene menor movilidad ahora que sufre de artritis.

mobile ˈphone *s* BrE teléfono celular ▶ En inglés americano se usa **cell phone**

mobility /moʊˈbɪləti/ *s* movilidad

mobilize, -ise BrE /ˈmoʊbəlaɪz/ *v* **1** [tr] movilizar **2** [intr] movilizarse

mock /mɑk/ *verbo, adjetivo, sustantivo & sustantivo plural*

• **v** **1** [tr] burlarse de **2** [intr] burlarse

• **adj** **1 a mock exam/interview** un examen/una entrevista de práctica **2** (de) imitación [producto, estilo]: *a mock Tudor house* una casa imitación estilo Tudor **3** fingido -a [sorpresa, seriedad, etc.]

• **s to make (a) mock of sth** poner algo en ridículo

• **mocks** *s pl* BrE exámenes de práctica que se hacen como preparación para los **GCSEs** y **A levels** en Gran Bretaña

mockery /ˈmɑkəri/ *s* **1** burla **2 to make a mockery of sth** poner algo en ridículo

ˌmodal ˈverb, también **modal** /ˌmoʊdl/ *s* verbo modal/de modalidad ▶ Un verbo modal es un verbo como **can, will, might,** etc. que no agrega **s** en la tercera persona del singular, no tiene infinitivo con **to,** gerundio, ni participio y forma el negativo y el interrogativo sin usar el auxiliar **to do**

mode /moʊd/ *s* **1** (formal) modo, medio | **mode of production** modo de producción | **mode of transportation** medio de transporte **2** modo, modalidad [de operación]

model /ˈmɑdl/ *sustantivo, adjetivo & verbo*

• **s** **1** (copia a escala) maqueta, modelo **2** (de modas, de un pintor) modelo **3** (ejemplo) modelo **4** (de un automóvil, una máquina) modelo

• **adj** **1 a model car/airplane** un automóvil/avión a escala **2 a model parent/pupil etc.** un padre/alumno etc. modelo

• **v** (**-led**, **-ling** AmE, **-lled**, **-lling** BrE) **1** [tr] lucir **2** [intr] modelar **3 to model sth on sth/sb** tomar algo/a alguien como modelo para algo: *He had modeled himself on Martin Luther King.* Había tomado como modelo a Martin Luther King.

modeling AmE, **modelling** BrE /ˈmɑdl-ɪŋ/ *s* modelaje, profesión/trabajo de modelo: *a career in modeling* una carrera como modelo

modem /ˈmoʊdəm/ *s* módem

moderate[1] /ˈmɑdərət/ *adjetivo & sustantivo*

• **adj** **1** (en cantidad, grado, nivel) moderado -a **2** (en política) moderado -a

• **s** moderado -a

moderate[2] /ˈmɑdəreɪt/ *v* (formal) **1** [tr] moderar **2** [intr] calmarse [viento]

moderately /ˈmɑdərətli/ *adv* **1** relativamente **2** con moderación

moderation /mɑdəˈreɪʃən/ *s* moderación | **in moderation** con moderación

modern /ˈmɑdərn/ *adj* moderno -a: *modern art* arte moderno | *modern languages* lenguas modernas

modernity /maˈdərnəti/ *s* modernidad

modernize, -ise BrE /ˈmɑdərnaɪz/ *v* **1** [tr] modernizar **2** [intr] modernizarse

modest /ˈmɑdɪst/ *adj* **1** modesto -a | **to be modest about sth** no hacer alarde de algo **2** moderado -a [aumento, éxito, mejora] **3** modesto -a [suma, ingreso] **4** modesto -a [casa, estilo de vida, etc.] **5** recatado -a

modesty /ˈmɑdəsti/ *s* **1** modestia **2** pudor

modify /ˈmɑdəfaɪ/ *v* [tr] (**-fies**, **-fied**) (formal) modificar

modular /ˈmɑdʒələr/ *adj* modular, (dividido -a) en módulos

module /ˈmɑdʒul/ *s* módulo

moist /mɔɪst/ *adj* húmedo -a

moisten /ˈmɔɪsən/ *v* **1** [tr] humedecer **2** [intr] humedecerse

moisture /ˈmɔɪstʃər/ *s* humedad

moisturize, -ise BrE /ˈmɔɪstʃəraɪz/ *v* [tr] hidratar

moisturizer, -iser BrE /ˈmɔɪstʃəraɪzər/ *s* hidratante, humectante

molar /ˈmoulər/ *s* muela, molar

mold AmE, **mould** BrE /mould/ *sustantivo & verbo*

• *s* **1** moho, hongos **2** molde

• *v* [tr] moldear

moldy AmE, **mouldy** BrE /ˈmouldi/ *adj* (**-dier, -diest**) con moho, con hongos

mole /moul/ *s* **1** topo **2** lunar **3** espía

molecular /məˈlekjələr/ *adj* molecular

molecule /ˈmɑləkjul/ *s* molécula

molest /məˈlest/ *v* [tr] abusar de [sexualmente]

molten /ˈmoultn/ *adj* fundido -a, líquido -a

mom /mɑm/ AmE, **mum** /mʌm/ BrE *s* AmE (informal) mamá: *My mom's a teacher.* Mi mamá es maestra.

moment /ˈmoumənt/ *s* **1** momento: *I need to sit down **for a moment**.* Tengo que sentarme un momento. | **in a moment** enseguida | **just a moment/wait a moment** un momento **2 at the moment** ahora, en este momento | **for the moment** por el momento **3 the moment (that)** en cuanto: *Call me the moment you arrive.* Llámame en cuanto llegues. | **(at) any moment** en cualquier momento | **at/until the last moment** a/para último momento

momentarily /ˌmoumənˈterəli, BrE ˈmouməntərəli/ *adv* **1** por un momento, momentáneamente **2** AmE enseguida

momentary /ˈmoumənteri/ *adj* momentáneo -a

momentous /mouˈmentəs/ *adj* trascendental

momentum /mouˈmentəm/ *s* **1** impulso, empuje | **to gain/gather momentum** cobrar/adquirir impulso **2** (en física) momento (cinético)

mommy /ˈmɑmi/ AmE, **mummy** /ˈmʌmi/ BrE *s* (pl **-mmies**) (informal) mami

monarch /ˈmɑnərk/ *s* monarca

monarchy /ˈmɑnərki/ *s* (pl **-chies**) monarquía

monastery /ˈmɑnəsteri/ *s* (pl **-ries**) monasterio

Monday /ˈmʌndi, -deɪ/ *s* lunes ► ver "Active Box" **days of the week** en **day**

monetary /ˈmɑnəteri/ *adj* monetario-a

money /ˈmʌni/ *s* **1** dinero, plata: *Do you have any money?* ¿Tienes dinero? | **to earn/make money** ganar/hacer dinero | **to save/spend money** ahorrar/gastar dinero **2 to get your money's worth** sacarle el jugo al dinero **3 to be made of money** (informal) tener mucho dinero, ser millonario -a

monitor /ˈmɑnətər/ *sustantivo & verbo*

• *s* (en computación, en medicina, etc.) monitor

• *v* [tr] **1** controlar, monitorear **2** escuchar [transmisiones de radio, llamadas telefónicas]

monk /mʌŋk/ *s* monje

monkey /ˈmʌŋki/ *s* mono, mico, chango

monogamous /məˈnɑgəməs/ *adj* monógamo -a

monogamy /məˈnɑgəmi/ *s* monogamia

monologue, también **monolog** AmE /ˈmɑnlɔg/ *s* monólogo

monopolize, -ise BrE /məˈnɑpəlaɪz/ *v* [tr] monopolizar

monopoly /məˈnɑpəli/ *s* (pl **-lies**) **monopoly (on/of sth)** monopolio (de algo)

monotonous /məˈnɑtn-əs/ *adj* monótono -a

monoxide /məˈnɑksaɪd/ *s* monóxido

monsoon /mɑnˈsun/ *s* monzón

monster /ˈmɑnstər/ *s* monstruo

monstrosity /mɑnˈstrɑsəti/ *s* (pl **-ties**) monstruosidad

monstrous /ˈmɑnstrəs/ *adj* monstruoso -a, gigantesco -a

month /mʌnθ/ *s* mes: *a six-month-old baby* un bebé de seis meses | *I haven't seen him for months.* Hace meses que no lo veo./No lo he visto en meses. | **this/next month** este mes/el mes que viene | **once/twice etc. a month** una vez/dos veces etc. por/al mes ► ver "Active Box" **months**

monthly /ˈmʌnθli/ *adjetivo & adverbio*

• *adj* mensual

• *adv* mensualmente

monument /ˈmɑnjəmənt/ *s* monumento | **a monument to sth/sb** un monumento a algo/alguien

monumental /mɑnjəˈmentl/ *adj* **1** monumental [tarea] **2** garrafal [error] **3** excepcional [logro] **4** monumental [escultura, etc.]

mood /mud/ *s* **1** humor [estado de ánimo] | **to be in a good/bad etc. mood** estar de buen/mal etc. humor | **to be in the mood for (doing) sth** estar de humor para (hacer) algo, tener ganas de (hacer) algo: *I'm **in no mood for** jokes!* ¡No estoy de humor para chistes! **2** mal humor | **to be in a mood** estar de mal humor **3** (en gramática) modo

moody /ˈmudi/ *adj* (**-dier, -diest**) **1** malhumorado -a **2** temperamental

moon /mun/ *s* **1** luna: *There is no life on the moon.* No hay vida en la luna. | *a full moon* una luna llena | *a new moon* una luna nueva **2 once in a blue moon** muy de vez en cuando **3 over the moon** BrE (informal) loco-a de contento-a

moonlight /ˈmunlaɪt/ *s* luz de la luna

moonlit /ˈmunlɪt/ *adj* iluminado -a por la luz de la luna [paisaje, calle, etc.] | **a moonlit night** una noche de luna

---

ℹ ¿Quieres información sobre las diferencias entre los **artículos** en inglés y en español? Lee la explicación en el apartado de gramática.

Active Box: months

Los ejemplos de este **Active Box** son una guía para ayudarte a construir oraciones que hablan de los meses del año. Fíjate que los nombres de los meses se escriben con mayúscula en inglés.

*The elections will be **in July**.*	Las elecciones van a ser en julio.
*We moved here **last April**.*	Nos mudamos aquí en abril de este año./ Nos mudamos aquí en abril del año pasado.
*They're getting married **next September**.*	Se casan en septiembre.
*The festival takes place **every December**.*	El festival se lleva a cabo todos los años en diciembre.
He was born on February 8th.	Nació el 8 de febrero.

En inglés británico también se puede escribir **on 8th February** en el último ejemplo. Al hablar se dice **on February eighth** o, en inglés británico, **on the eighth of February**.

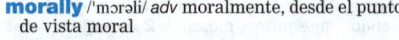

moor /mʊr/ *sustantivo & verbo*
- *s* páramo
- *v* [tr/intr] amarrar

mooring /ˈmʊrɪŋ/ *sustantivo & sustantivo plural*
- *s* amarradero
- **moorings** *s pl* amarras

moorland /ˈmʊrlənd/ *s* páramo

mop /mɑp/ *sustantivo & verbo*
- *s* **1** Según región: *trapeador, lampazo, fregona* o *coleto* **2** pelambre
- *v* [tr] (**-pped**, **-pping**) **1** trapear, pasarle el lampazo/la fregona etc. a [el piso] **2** secar [una superficie] **3** secarse [la cara]

mop sth up secar algo [un líquido]

moped /ˈmoʊped/ *s* motoneta, ciclomotor, bicimoto

moped

moral /ˈmɔrəl/ *adjetivo, sustantivo & sustantivo plural*
- *adj* **1** moral **2 moral support** apoyo moral
- *s* moraleja
- **morals** *s pl* moral, ética

morale /məˈræl/ *s* moral [estado de ánimo]

morality /məˈræləti/ *s* moralidad, moral

morally /ˈmɔrəli/ *adv* moralmente, desde el punto de vista moral

morbid /ˈmɔrbɪd/ *adj* morboso -a

more /mɔr/ *adverbio, adjetivo & pronombre*
- *adv* **1** (en el comparativo de adjetivos y adverbios de dos o más sílabas) más: *She's **more** intelligent **than** her brother.* Es más inteligente que el hermano. | *The rain started to fall **more** heavily.* Empezó a llover más fuerte. **2** (con mayor frecuencia, en mayor medida) más: *You need to practice **more**.* Tienes que practicar más. | *Children watch TV **more than** they used to.* Los niños miran más televisión que antes. **3 more or less** más o menos **4 more and more** cada vez más
- *adj* más: *two more chairs* dos sillas más | *Would you like some more coffee?* ¿Quieres más café? | ***More** people are getting divorced **than** ever before.* Se está divorciando más gente que nunca.
- *pron* **1** más: *He earns **more than** I do.* Gana más que yo. | ***more than** 200 people* más de 200 personas **2 no/not more than 10/50 etc.** no más de 10/50 etc.: *He was no more than a boy.* No era más que un niño. **3 the more... the more** cuanto más... más: *The more he has, the more he wants.* Cuanto más tiene, más quiere. | **the more... the less** cuanto más... menos ► ver también **any**, **once**

moreover /mɔrˈoʊvər/ *adv* (formal) además, lo que es más

morning /ˈmɔrnɪŋ/ *s* **1** mañana: *I got a card from them **this morning**.* Recibí una postal de ellos esta mañana. | *We could go shopping **in the morning**.* Podríamos ir de compras por la mañana. | ***at 8 o'clock in the morning*** a las 8 de la mañana | ***on Sunday morning*** el domingo por/en la mañana | ***on the morning** of July 15th* la mañana del 15 de julio | **yesterday/tomorrow morning** ayer/mañana por la mañana, ayer/mañana en la mañana **2 (good) morning!** ¡buenos días! **3 morning paper/coffee etc.** periódico/café etc. de la mañana

moron /ˈmɔrɑn/ *s* (informal) imbécil

mortal /ˈmɔrtl/ *adj & s* mortal

mortality /mɔrˈtæləti/ *s* mortalidad

mortar /ˈmɔrtər/ *s* **1** (para la construcción) mezcla, argamasa, mortero **2** (para moler) mortero, molcajete **3** (arma pesada) mortero

mortgage /ˈmɔrgɪdʒ/ *sustantivo & verbo*
- *s* hipoteca
- *v* [tr] hipotecar

mortuary /ˈmɔrtʃueri/ *s* (pl **-ries**) morgue

mosaic /moʊˈzeɪ-ɪk/ *s* mosaico

Moslem ► ver **Muslim**

mosque /mɑsk/ *s* mezquita

mosquito /mə'skitoʊ/ *s* (pl **-toes** o **-tos**) **1** zancudo, mosquito, mosco **2 mosquito net** mosquitero

moss /mɔs/ *s* (pl **-sses**) musgo

most /moʊst/ *adjetivo, adverbio & pronombre*

• ***adj*** **1** la mayoría de: *He gets along well with most people.* Se lleva bien con la mayoría de la gente. | *I see her most days.* La veo casi todos los días.
2 más: *Who has **the most** money?* ¿Quién tiene más dinero? | *the player who scores **the most** points* el jugador que consigue el mayor número de puntos

• ***adv*** **1** (en el superlativo de adjetivos y adverbios de dos o más sílabas) más: *the most beautiful girl in the world* la muchacha más hermosa del mundo | *the question most frequently asked* la pregunta formulada con más frecuencia
2 (con la mayor frecuencia, en la mayor medida) más: *Which band do you listen to most?* ¿Cuál es el grupo musical que escuchas más? | **most of all** más que nada

• ***pron*** **1** la mayoría, la mayor parte: *All the rooms have a TV and most have bathrooms.* Todas las habitaciones tienen televisión y la mayoría tiene baño. | *most of the time* la mayor parte del tiempo
2 (la mayor cantidad): *Dan contributed most.* Dan fue el que más aportó. | ***The most** I can give you is $100.* Lo máximo que te puedo dar es $100.
3 at most como máximo
4 to make the most of sth aprovechar algo al máximo, sacarle el mejor partido posible de algo

mostly /'moʊstli/ *adv* principalmente, en su mayoría

motel /moʊ'tel/ *s* motel

moth /mɔθ/ *s* **1** mariposa nocturna, mariposa de la luz, palomilla **2** (también **clothes moth**) polilla

mother /'mʌðər/ *sustantivo & verbo*

• ***s*** madre

• ***v* to mother sb** tratar a alguien como si uno fuera su madre

motherhood /'mʌðərhʊd/ *s* maternidad

'mother-in-ˌlaw *s* (pl **mothers-in-law**) suegra

'Mother's Day *s* día de la madre

ˌmother 'tongue *s* lengua materna

motif /moʊ'tif/ *s* **1** tema **2** motivo

motion /'moʊʃən/ *sustantivo & verbo*

• ***s*** **1** movimiento: *the motion of the train* el movimiento del tren **2** (formal) ademán, movimiento **3** moción: *The motion was carried.* La moción fue aprobada. **4 to put/set sth in motion** poner algo en marcha **5 in slow motion** en cámara lenta **6 to go through the motions (of doing sth)** cumplir con la formalidad (de hacer algo)

• ***v* to motion (for) sb to do sth** hacerle señas a alguien para que haga algo

motionless /'moʊʃənləs/ *adj* inmóvil

ˌmotion 'picture *s* AmE película

motivate /'moʊtəveɪt/ *v* [tr] **1** motivar **2 politically motivated** motivado -a por razones políticas

motivation /moʊtə'veɪʃən/ *s* **1** motivación **2** motivo

motive /'moʊtɪv/ *s* motivo, móvil: *the **motive** for the murder* el móvil del crimen

motor /'moʊtər/ *s* motor

motorbike /'moʊtərbaɪk/ BrE ► ver **motorcycle**

motorboat /'moʊtərboʊt/ *s* lancha a motor

motorcycle /'moʊtərsaɪkəl/ *s* motocicleta, moto

motorist /'moʊtərɪst/ *s* automovilista, conductor -a

'motor ˌracing *s* carreras de autos

motorway /'moʊtərweɪ/ *s* BrE autopista ► En inglés americano se usa **freeway**

motto /'mɑtoʊ/ *s* (pl **mottoes** o **mottos**) lema

mould BrE ► ver **mold**

mouldy BrE ► ver **moldy**

mound /maʊnd/ *s* **1** montículo **2** montón

mount /maʊnt/ *verbo & sustantivo*

• ***v*** **1** [intr] (también **mount up**) acumularse, aumentar **2** [tr] organizar, montar [una campaña] **3** [tr] montar [un ataque] **4** [tr] montarse en, subirse a [un caballo, una bicicleta] **5** [intr] montar [en un caballo] **6** montar [una foto, un cuadro, etc.]

• ***s*** **1 Mount** es parte del nombre de algunas montañas. A veces no se traduce al español: *Mount Sinai* el Monte Sinaí | *Mount Everest* el Everest **2** (de un jinete) cabalgadura **3** (de una lámina, una foto, etc.) montura, marialuisa

mountain /'maʊntn/ *s* **1** montaña **2 mountain bike** bicicleta de montaña **3** (informal) montaña, montón **4 to make a mountain out of a molehill** hacer una montaña de un grano de arena

mountaineer /maʊntn'ɪr/ *s* andinista, alpinista

mountaineering /maʊntn'ɪrɪŋ/ *s* andinismo, alpinismo

mountainous /'maʊntn-əs/ *adj* montañoso -a

mountainside /'maʊntnsaɪd/ *s* ladera de la/una montaña

mourn /mɔrn/ *v* **1 to mourn (for) sb** llorar a alguien **2** [tr] llorar [la pérdida de algo]

mourner /'mɔrnər/ *s* doliente, deudo -a

¿Quieres escribir un email en inglés? Consulta la **guía de comunicación** al final del libro.

mourning /ˈmɔrnɪŋ/ *s* duelo, luto | **to be in mourning** estar de duelo/luto

mouse /maʊs/ *s* (pl **mice**) **1** ratón **2** (en computación) mouse, ratón

mousse /mus/ *s* **1** (en cocina) mousse, espuma **2** (para el pelo) mousse, espuma

moustache BrE ▶ ver **mustache**

mouth /maʊθ/ *s* **1** boca: *Don't talk with your mouth full!* ¡No hables con la boca llena! **2** (de una cueva, un túnel) entrada **3** (de un recipiente, etc.) boca **4** (de un río) desembocadura, barra **5 to keep your mouth shut** (informal) no decir (una) palabra, quedarse callado -a

mouthful /ˈmaʊθfʊl/ *s* **1** (de comida) bocado **2** (de líquido) trago

mouthpiece /ˈmaʊθpis/ *s* **1** (de un teléfono) micrófono **2** (de una organización) portavoz

mouthwash /ˈmaʊθwɑʃ/ *s* enjuague bucal

move /muv/ *verbo & sustantivo*

• *v* **1** [tr] mover: *I couldn't move my leg.* No podía mover la pierna.
2 [intr] moverse: *Don't move, or I'll shoot!* ¡Si te mueves, disparo! | *She could hear someone moving around upstairs.* Oía a alguien moviéndose arriba.
3 [tr] cambiar de lugar: *You've moved all the furniture.* Has cambiado todos los muebles de lugar.
4 [intr] cambiarse de lugar: *I'm going to move, I can't see a thing here.* Me voy a cambiar de lugar, porque aquí no veo nada. | *He's been moved into a different class.* Lo cambiaron a otra clase.
5 [intr] (también **move away**) mudarse: *They moved to Germany.* Se mudaron a Alemania.
6 to move house BrE mudarse, cambiarse
7 [tr] emocionar, conmover
8 to move sb to do sth llevar a alguien a hacer algo

PHRASAL VERBS

move in mudarse, cambiarse [a una casa]: *When are you moving in?* ¿Cuándo te mudas? | **to move in with sb** ir a vivir con alguien

move off ponerse en marcha, arrancar

move on **1** seguir (viaje) **2** (en una discusión) seguir [pasar a lo siguiente]: *Let's move on to the next point.* ¿Pasamos al siguiente punto?

move out mudarse, cambiarse [de una casa]

move over correrse [hacia un lado]

• *s* **1** paso | **a good move** una buena decisión
2 mudanza, trasteo
3 jugada: *It's your move.* Te toca a ti./Es tu turno.
4 to make a move (a) actuar **(b)** mover(se): *He made a move for his gun.* Se movió como para agarrar el revólver. **(c)** BrE (informal) irse
5 to get a move on (informal) apurarse, moverse

movement /ˈmuvmənt/ *s* **1** (cambio de posición) movimiento **2** (en política, arte) movimiento **3** (en música) movimiento

movie /ˈmuvi/ *s* película | **to go to the movies** ir al/a cine

moviemaker /ˈmuvimeikər/ *s* AmE cineasta, realizador -a (de cine)

ˈmovie star *s* AmE estrella de cine

ˈmovie ˌtheater *s* cine [lugar]

moving /ˈmuvɪŋ/ *adj* **1** conmovedor-a **2** movible **3** móvil, en movimiento | **fast/slow moving** rápido/lento

mow /moʊ/ *v* [tr] (participio **mown** o **mowed**) cortar [el pasto]

mow sb down masacrar/aniquilar a alguien

mower /ˈmoʊər/ *s* cortadora de césped, podadora (de pasto), cortagrama

MP /em ˈpi/ *s* (= **Member of Parliament**) ▶ ver **Member of Parliament**

mph (= **miles per hour**) millas por hora

Mr. /ˈmɪstər/ *s* Sr., señor

Mrs. /ˈmɪsəz/ *s* Sra., señora

Ms. /mɪz, məz/ *s* Sra., señora

> **¿Ms., Mrs. o Miss?**
>
> Se usa **Ms.** cuando no se quiere hacer distinción en cuanto al estado civil. Un número cada vez mayor de mujeres prefiere este tratamiento al uso de **Mrs.** o **Miss**.

M.S. /em ˈes/ (= **Master of Science**) título obtenido al completar una maestría en ciencias exactas

MSc /ˌem es ˈsi/ *s* (= **Master of Science**) título obtenido al completar una maestría en ciencias exactas

much /mʌtʃ/ *adverbio, adjetivo & pronombre*

• *adv* **1** mucho: *I feel much better.* Me siento mucho mejor. | *He doesn't go out much.* No sale mucho. | *Thank you very much!* ¡Muchísimas gracias! | *It's much too big.* Es demasiado grande.
2 too much demasiado
3 so much tanto: *I miss her so much.* La extraño tanto.
4 much as I love him/I like it etc. a pesar de quererlo como lo quiero/a pesar de que me gusta tanto etc.

• *adj & pron* **1** mucho -a: *There isn't much time.* No hay mucho tiempo. | *Was there much traffic?* ¿Había mucho tránsito? | *He didn't say much.* No dijo mucho.
2 how much...? ¿cuánto -a...?: *How much money do you have?* ¿Cuánto dinero tienes?
3 too much demasiado -a
4 so much tanto -a: *Don't waste so much paper.* No desperdicies tanto papel.
5 much of gran parte de: *Much of the city was destroyed.* Gran parte de la ciudad fue destruida.
6 not much of a: *I'm not much of a cook.* No soy muy bueno como cocinero./No soy un gran cocinero.

muck /mʌk/ *sustantivo & verbo*
- **s** **1** porquería **2** BrE estiércol, abono ▶ También existe **manure,** que es inglés universal
- **v** **muck about/around** BrE (informal) tontear

mucus /ˈmjukəs/ *s* mucosidad

mud /mʌd/ *s* barro

muddle /ˈmʌdl/ *sustantivo & verbo*
- **s** **1** lío **2** BrE desorden ▶ También existe **mess,** que es inglés universal **3 to get into a muddle (a)** desordenarse **(b)** armarse un lío, confundirse
- **v** [tr] **1** confundir **2** (también **muddle up**) desordenar **3 to get sth/sb muddled up** confundir algo/a alguien: *I always get those two movies muddled up* Siempre confundo esas dos películas.

muddy /ˈmʌdi/ *adj* (**-ddier, -ddiest**) **1** embarrado -a [ropa, zapatos, etc.] **2** turbio -a [agua]

muesli /ˈmjusli/ *s* mezcla de cereales, pasas, frutos secos, etc. que se toma para el desayuno

muffin /ˈmʌfən/ *s* **1** mollete, muffin, panquecito **2 English muffin** tipo de pancito/bolillo que se come tostado

muffled /ˈmʌfəld/ *adj* sordo -a [ruido], apagado -a [voz], ahogado -a [grito]

mug /mʌg/ *sustantivo & verbo*
- **s** taza [alta y sin platillo], tarro
- **v** [tr] (**-gged, -gging**) asaltar

mug

mugger /ˈmʌgər/ *s* asaltante, atracador -a

mugging /ˈmʌgɪŋ/ *s* asalto, atraco [en la vía pública]

mule /mjul/ *s* **1** mula **2** chinela, pantufla [sin talón]

mull /mʌl/ *v* **mull sth over** meditar sobre algo

multi-colored AmE, **multi-coloured** BrE /mʌltiˈkʌlərd/ *adj* multicolor

multimedia /mʌltɪˈmidiə/ *adj* multimedia

multinational /mʌltɪˈnæʃənl/ *adj & s* multinacional

multiple /ˈmʌltəpəl/ *adjetivo & sustantivo*
- **adj** múltiple
- **s** múltiplo

multiple sclerosis /mʌltəpəl skləˈrousɪs/ *s* esclerosis múltiple

multiplication /mʌltəpləˈkeɪʃən/ *s* multiplicación

multiply /ˈmʌltəplaɪ/ *v* (**-plies, -plied**) **1** [tr] multiplicar **2** [intr] multiplicarse

multiracial /mʌltɪˈreɪʃəl/ *adj* multirracial, plurirracial

multi-ˈstorey *adj* BrE **multi-storey car park** parqueadero, estacionamiento, parking [de varios pisos] ▶ En inglés americano se usa **parking garage**

multitude /ˈmʌltətud/ *s* (formal o literario) **1** multitud **2 a multitude of problems/uses etc.** una infinidad de problemas/usos etc.

mum BrE ▶ ver **mom**

mumble /ˈmʌmbəl/ *v* **1** [intr] mascullar, hablar entre dientes **2** [tr] decir entre dientes, mascullar

mummy /ˈmʌmi/ *s* **1** momia **2** BrE (informal) ▶ ver **mommy**

mumps /mʌmps/ *s* paperas

munch /mʌntʃ/ *v* (3ª pers sing **-ches**) **to munch (on/at) sth** masticar algo, mascar algo

mundane /mʌnˈdeɪn/ *adj* rutinario -a

municipal /mjuˈnɪsəpəl/ *adj* municipal

mural /ˈmjʊrəl/ *s* mural

murder /ˈmɜrdər/ *sustantivo & verbo*
- **s** **1** asesinato, homicidio ▶ **¿MURDER O ASSASSINATION?** ver nota en **asesinato** **2 to be murder** (informal) ser la muerte, ser insoportable **3 to get away with murder** (informal) hacer cualquier cosa [sin ser castigado]
- **v** [tr] asesinar ▶ **¿MURDER O ASSASSINATE?** ver nota en **asesinar**

murderer /ˈmɜrdərər/ *s* asesino -a, homicida ▶ **¿MURDERER O ASSASSIN?** ver nota en **asesino**

murderous /ˈmɜrdərəs/ *adj* asesino -a

murky /ˈmɜrki/ *adj* (**-kier, -kiest**) oscuro -a, turbio -a

murmur /ˈmɜrmər/ *sustantivo & verbo*
- **s** **1** murmullo **2 without a murmur** sin decir palabra
- **v** [tr/intr] murmurar

muscle /ˈmʌsəl/ *s* **1** músculo **2** fuerza **3 political/military etc. muscle** poder político/militar etc.

muscular /ˈmʌskjələr/ *adj* **1** musculoso -a **2** muscular

muse /mjuz/ *v* **to muse on/about sth** meditar sobre algo

museum /mjuˈziəm/ *s* museo

mushroom /ˈmʌʃrum/ *s* hongo, champiñón, callampa

music /ˈmjuzɪk/ *s* **1** música | **a piece of music** una obra musical **2** partitura | **to read music** leer música

musical /ˈmjuzɪkəl/ *adjetivo & sustantivo*
- **adj** **1** musical **2** bueno -a para la música [persona]
- **s** musical

musician /mjuˈzɪʃən/ *s* músico -a

Muslim /ˈmʌzləm/, **Moslem** /ˈmɑzləm/ *adj & s* musulmán -ana

muslin /ˈmʌzlən/ *s* muselina

ℹ ¿Quieres información sobre las diferencias entre los **posesivos** en inglés y en español? Lee la explicación en el apartado de gramática

mussel /ˈmʌsəl/ *s* mejillón

must /məst, acentuado mʌst/ *verbo & sustantivo*
- *v* [modal] ▶ ver recuadro
- *s* **a must** algo que es imprescindible o muy aconsejable hacer: *This movie is a must.* Tienes que ver esta película. | *Warm clothes are a must on this trip.* Para este viaje, es imprescindible llevar ropa de abrigo.

mustache /ˈmʌstæʃ/ AmE, **moustache** /məˈstɑʃ/ BrE *s* bigote(s)

mustard /ˈmʌstərd/ *s* mostaza

muster /ˈmʌstər/ *v* **1** [tr] (también **muster up**) juntar [coraje], obtener [apoyo], reunir [fuerzas] **2** [tr] reunir, [intr] reunirse [ejército, tropas]

mustn't /ˈmʌsənt/ contracción de **must not**

musty /ˈmʌsti/ *adj* (**-tier**, **-tiest**) con olor a humedad | **to smell musty** tener olor a humedad

mute /mjut/ *adjetivo & sustantivo*
- *adj* mudo -a
- *s* **1** mudo -a **2** sordina [de un instrumento musical]

muted /ˈmjutɪd/ *adj* **1** apagado -a [color] **2** sordo -a [ruido], apagado -a [voz, tono] **3** débil [crítica, apoyo]

mutilate /ˈmjutleɪt/ *v* [tr] mutilar

mutiny /ˈmjutn-i/ *s* (pl **-nies**) motín

mutter /ˈmʌtər/ *v* [tr/intr] murmurar

mutton /ˈmʌtn/ *s* carne de un ovino mayor que un cordero

mutual /ˈmjutʃuəl/ *adj* **1** mutuo -a **2 a mutual friend/interest** un(a) amigo -a/un interés en común

mutually /ˈmjutʃuəli/ *adv* **1 mutually beneficial** beneficioso -a para ambos -as | **mutually acceptable** aceptable para todos **2 to be mutually exclusive** excluirse mutuamente

muzzle /ˈmʌzəl/ *sustantivo & verbo*
- *s* **1** hocico **2** bozal **3** boca [de un arma de fuego]
- *v* [tr] **1** ponerle un bozal a **2** amordazar

my /maɪ/ *adj* mi, mis: *my sister* mi hermana | *my parents* mis padres ▶ Los posesivos se usan en inglés en muchos contextos en los que usamos el artículo en español, como delante de partes del cuerpo, pertenencias personales, etc.: *I've hurt my hand.* Me he lastimado la mano. | *I think I've lost my keys.* Creo que he perdido las llaves.

myself /maɪˈself/ *pron* ▶ ver recuadro

mysterious /mɪˈstɪriəs/ *adj* misterioso -a

mystery /ˈmɪstəri/ *s* (pl **-ries**) **1** misterio | **to be a mystery to sb** ser un misterio para alguien **2** novela/obra de teatro/película de misterio **3 mystery tour** viaje a un destino desconocido

mystical /ˈmɪstɪkəl/, también **mystic** /ˈmɪstɪk/ *adj* místico -a

must *verbo modal*

1 OBLIGACIÓN (= debo, debes, tengo que, tienes que, etc.)

All passengers must wear seatbelts. Todos los pasajeros deben usar cinturones de seguridad. | *It's late. I really must go.* Es tarde. De verdad me tengo que ir. | *"Are you coming?" "Must I?* –¿Vienes? –¿Tengo que ir? | *Must you always be so unpleasant?* ¿Tienes que ser siempre tan desagradable? | *"Can I put the radio on?" " If you must. "* –¿Puedo poner la radio? –Si no hay más remedio...

mustn't expresa prohibición:

You mustn't tell anyone. No se lo debes decir a nadie.

2 CONJETURA (= debo, debes, etc.)

She must be almost 80 by now. Ya debe tener casi 80 años. | *You must be crazy.* Tú debes estar loco.

Para hacer conjeturas sobre el pasado se usa **must have** seguido de un participio:

He must have been drunk. Debe haber estado borracho.

3 INTENCIÓN, INVITACIONES, RECOMENDACIONES (= tengo que, tienes que, etc.)

I must phone them. Los tengo que llamar. | *You must come around for lunch sometime.* Tienes que venir a almorzar algún día. | *You must see this movie.* Tienes que ver esta película.

myself

1 **myself** es la forma reflexiva de **I**. Su uso equivale en general al de los verbos reflexivos españoles o a oraciones con *mí mismo -a*:

I hurt myself. Me lastimé. | *I bought myself a new computer.* Me compré una computadora nueva. | *I'm pleased with myself.* Estoy contenta conmigo misma. | *I was just talking to myself.* Estaba hablando solo.

2 Tiene un uso enfático que a veces equivale al de *yo mismo -a*:

I saw them myself. Yo misma los vi. | *I'm a stranger here myself.* Yo tampoco soy de aquí.

3 La expresión **by myself** o **all by myself** significa *solo -a* (sin compañía o sin ayuda):

I don't like going to the movies by myself. No me gusta ir al cine sola. | *Look! I did it all by myself!* ¡Mira! ¡Lo hice sola!

mystify /ˈmɪstəfaɪ/ *v* [tr] (**-fies**, **-fied**) desconcertar, dejar perplejo -a a

myth /mɪθ/ *s* mito

mythical /ˈmɪθɪkəl/ *adj* mítico -a

mythology /mɪˈθɑlədʒi/ *s* (pl **-gies**) mitología

N

N[1], **n** /en/ *s* N, n ► ver "Active Box" **letters** en **letter**

N[2] (= north) N

nag /næg/ *v* (**-gged**, **-gging**) **1 to nag sb (to do sth)** estarle encima a alguien (para que haga algo) **2** [intr] rezongar **3** [tr] preocupar [problema] | **to nag at sb** acosar a alguien [las dudas]

nagging /ˈnægɪŋ/ *adj* **1 a nagging pain** un dolor persistente | **a nagging doubt** una duda acuciante **2 a nagging husband/wife etc.** un marido rezongón/una esposa rezongona etc.

nail /neɪl/ *sustantivo & verbo*
- *s* **1** uña | **to bite your nails** comerse las uñas **2** clavo **3 to hit the nail on the head** dar en el clavo **4 nail file** lima de uñas **nail polish**, también **nail varnish** BrE esmalte de uñas
- *v* [tr] clavar | **to nail sth to sth** clavar algo a/en algo

  nail sth down clavar algo **nail sb down** **1** sacarle a alguien una respuesta concreta **2 to nail sb down to sth** lograr que alguien se comprometa a algo

naive /nɑˈiv/ *adj* ingenuo -a

naked /ˈneɪkɪd/ *adj* **1** desnudo -a **2 with/to the naked eye** a simple vista **3 a naked bulb** un bombillo (un foco/una ampolleta, etc.) sin pantalla | **a naked flame** una llama

name /neɪm/ *sustantivo & verbo*
- *s* **1** nombre: *Write your full name.* Escriba su nombre completo. | *What's your name?* ¿Cómo te llamas? | *My name's Peter.* Me llamo Peter. | *an Italian **by the name of** Lomazzo* un italiano llamado Lomazzo

  2 to put your name down for sth apuntarse para algo

  3 fama, nombre | **to make a name for yourself** hacerse un nombre

  4 to call sb names insultar a alguien

  5 in the name of sth/sb en nombre de algo/alguien
- *v* [tr] **1** llamar: *We decided to name her Sarah.* Decidimos llamarla Sarah./Decidimos ponerle Sarah (de nombre). | *He was **named after** his grandfather.* Le pusieron el nombre de su abuelo.

  2 (identificar) nombrar

  3 (referido a fechas, precios) fijar

  4 (para un cargo) nombrar

namely /ˈneɪmli/ *adv* concretamente, a saber

namesake /ˈneɪmseɪk/ *s* tocayo -a

nanny /ˈnæni/ *s* (pl **-nnies**) niñera

nap /næp/ *s* siesta | **to take a nap** dormir una siesta

nape /neɪp/ *s* **the nape of your/the neck** la nuca

napkin /ˈnæpkɪn/, también **ˈtable ˌnapkin** s servilleta

nappy /ˈnæpi/ *s* (pl **-ppies**) BrE pañal ► En inglés americano se usa **diaper**

narcotic /nɑrˈkɑtɪk/ *sustantivo & adjetivo*
- *s* narcótico
- *adj* narcótico -a

narrate /ˈnæreɪt/ *v* [tr] narrar

narrative /ˈnærətɪv/ *sustantivo & adjetivo*
- *s* **1** narración **2** narrativa
- *adj* narrativo -a

narrator /ˈnæreɪtər/ *s* narrador -a

narrow /ˈnæroʊ/ *adjetivo & verbo*
- *adj* **1** angosto -a: *a narrow corridor* un corredor angosto **2 a narrow victory/defeat** una victoria, una derrota por escaso margen **3 to have a narrow escape** salvarse por muy poco
- *v* **1** [intr] angostarse, [tr] angostar [un camino etc.] **2** [intr] reducirse, [tr] reducir [una brecha]

  narrow sth down reducir algo: *They have narrowed the list down to six names.* Redujeron la lista a seis nombres.

narrowly /ˈnæroʊli/ *adv* por poco: *The car narrowly missed a cyclist.* El auto por poco atropella a un ciclista.

ˌnarrow-ˈminded *adj* de mentalidad cerrada, intolerante

nasal /ˈneɪzəl/ *adj* nasal

nasty /ˈnæsti/ *adj* (**-tier**, **-tiest**) **1** malo -a | **to be nasty to sb** ser malo -a con alguien **2** horrible, maluco -a [olor, sabor]: *It tastes nasty* Tiene un gusto horrible./Sabe maluco. **3** feo -a, maluco -a [corte, herida] **4** serio -a [accidente] **5** desagradable [sorpresa, experiencia, etc.] | **to have a/the nasty habit of doing sth** tener la mala costumbre de hacer algo

nation /ˈneɪʃən/ *s* nación

national /ˈnæʃənl/ *adjetivo & sustantivo*
- *adj* nacional
- *s* ciudadano -a: *US nationals* ciudadanos estadounidenses

ˌnational ˈanthem *s* himno nacional

ˌNational ˈHealth ˌService *s* en Gran Bretaña, sistema estatal que provee atención médica gratis para toda la población

nationalism /ˈnæʃənlɪzəm/ *s* nacionalismo

nationalist /ˈnæʃənl-ɪst/ *adj & s* nacionalista

nationality /næʃəˈnæləti/ *s* (pl **-ties**) nacionalidad

nationalize, -ise BrE /ˈnæʃnəlaɪz/ *v* [tr] nacionalizar

¿No estás seguro de si se usa **make** o **do**? Mira las entradas **hacer**, **make** y **do**.

nationally /ˈnæʃənl-i/ *adv* a nivel nacional, por/en todo el país

ˌnational ˈpark *s* parque nacional

nationwide /neɪʃənˈwaɪd/ *adjetivo & adverbio*
- *adj* nacional
- *adv* a nivel nacional, por/en todo el país

native /ˈneɪtɪv/ *adjetivo & sustantivo*
- *adj* **1** natal: *a visit to his native Poland* una visita a su Polonia natal | **native land** tierra natal **2 native language** lengua materna | **native speaker** hablante nativo -a **3** autóctono -a | **native to China/India etc.** autóctono -a de la China/la India etc., originario -a de la China/la India etc. **4 a native New Yorker/Bosnian etc.** una persona nacida en Nueva York/Bosnia etc.
- *s* **1** (referido a personas) **a native of Texas/Maine etc.** una persona nacida en Texas/Maine etc. **2** (referido a plantas, especies) **to be a native of Australia/South America etc.** ser autóctono -a de Australia/Sudamérica etc., ser originario -a de Australia/Sudamérica etc. **3** indígena, nativo -a ▶ Este uso de **native** puede resultar ofensivo

natural /ˈnætʃərəl/ *adj* **1** natural, normal | **it's only natural that** es natural/lógico que **2** natural: *natural resources* recursos naturales **3** innato -a, nato -a: *a natural ability* una habilidad innata | *He's a natural actor.* Es un actor nato.

naturalist /ˈnætʃərəlɪst/ *s* naturalista

naturally /ˈnætʃərəli/ *adv* **1** naturalmente, por supuesto **2** naturalmente, por naturaleza: *He is not naturally aggressive.* No es agresivo por naturaleza. **3 to come naturally to sb** no costarle nada a alguien, resultarle fácil a alguien **4** con naturalidad

nature /ˈneɪtʃər/ *s* **1** (también **Nature**) la naturaleza **2** (carácter) naturaleza | **to be in sb's nature (to do sth)** ser típico de alguien (hacer algo) **3** (tipo) naturaleza: *comments of a personal nature* comentarios de naturaleza personal

naughty /ˈnɔti/ *adj* (**-tier**, **-tiest**) **1** malo -a, travieso -a [referido a niños y su comportamiento]: *You're a naughty girl!* ¡Eres muy mala!/¡Te portas muy mal! | *Has he been naughty?* ¿Se ha portado mal? **2** atrevido -a

nausea /ˈnɔziə, ˈnɔʃə/ *s* náusea(s)

nauseating /ˈnɔzieɪtɪŋ/ *adj* **1** nauseabundo -a **2** repugnante

nauseous /ˈnɔʃəs, -ziəs/ *adj* **to feel nauseous** tener ganas de vomitar | **to make sb nauseous** darle ganas de vomitar a alguien

nautical /ˈnɔtɪkəl/ *adj* náutico -a

naval /ˈneɪvəl/ *adj* naval

nave /neɪv/ *s* nave central [de una iglesia]

navel /ˈneɪvəl/ *s* ombligo

navigate /ˈnævəgeɪt/ *v* **1** [intr] (en un barco, un avión) navegar [determinar el rumbo] **2** [intr] (en un auto) hacer de copiloto **3** [tr] gobernar, llevar el timón de [un barco] **4** [tr] navegar por [el mar, un río, etc.]

navigation /nævəˈgeɪʃən/ *s* navegación

navigator /ˈnævəgeɪtər/ *s* navegador -a, navegante

navy /ˈneɪvi/ *sustantivo & adjetivo*
- *s* **1** (pl **-vies**) marina, armada **2 the Navy**, también **the navy** la marina, la armada **3** (también **navy blue**) azul marino
- *adj* (también **navy blue**) azul marino ▶ ver "Active Box" **colors** en **color**

NE (= **northeast**) NE

near /nɪr/ *adverbio, preposición & adjetivo*
- *adv* **1** cerca | **to come/get etc. near** acercarse: *Don't come any nearer!* ¡No te acerques más! **2 near perfect/impossible etc.** casi perfecto/imposible etc.
- *prep* (también **near to**) cerca de: *They live near the school.* Viven cerca de la escuela. | *near the end of the movie* casi al final de la película
- *adj* **1** cercano -a: *the nearest town* el pueblo más cercano | *Which station is nearer?* ¿Cuál de las estaciones está más cerca? **2 in the near future** en un futuro cercano/próximo **3 the nearest thing to** lo más parecido a

nearby /nɪrˈbaɪ/ *adjetivo & adverbio*
- *adj* cercano -a
- *adv* cerca: *There were some children playing nearby.* Había unos niños jugando cerca.

nearly /ˈnɪrli/ *adv* **1** casi: *It's nearly Christmas.* Estamos casi en Navidad. | **very nearly** por poco: *He very nearly died.* Por poco se muere. **2 not nearly as good/bad etc. as...** no tan bueno -a/malo -a etc. como... ni mucho menos, ni por casualidad tan bueno -a/malo -a etc. como ... **3 to be not nearly enough** no ser suficiente ni mucho menos

neat /nit/ *adj* **1** ordenado -a | **neat and clean** limpio -a y ordenado -a **2** pulcro -a **3 neat handwriting** buena letra **4** AmE genial, chévere, padre **5** ingenioso -a **6** (referido a bebidas) solo -a

neatly /ˈnitli/ *adv* **1** ordenadamente, cuidadosamente **2** perfectamente **3** con habilidad

necessarily /nesəˈserəli/ *adv* necesariamente | **not necessarily** no necesariamente

necessary /ˈnesəseri/ *adj* **1** necesario -a: *It won't be **necessary for** him to be present.* No será necesario que él esté presente. | **if necessary** si fuera necesario **2** inevitable

necessity /nəˈsesəti/ *s* **1 the necessity for sth** la necesidad de algo | **out of necessity** por necesidad **2** (pl **-ties**) (cosa necesaria) necesidad | **the bare necessities** las necesidades básicas

neck /nek/ *s* **1** cuello: *He hurt his neck.* Se lastimó el cuello. **2** (de una camisa, un vestido, etc.) cuello, escote **3** (de una botella) cuello **4 to be up to your neck in work/debt etc.** (informal) estar hasta el cuello de trabajo/deudas etc. **5 to be breathing down sb's neck** (informal) estarle encima a alguien **6 to be neck and neck** (informal) ir cabeza a cabeza, ir parejos -as ▶ ver también **pain**

necklace /ˈnek-ləs/ *s* collar

neckline /ˈnek-laɪn/ *s* escote

nectarine /nektəˈrin/ *s* nectarina [durazno sin pelusa]

need /nid/ *verbo & sustantivo*

- *v* [tr] ▶ ver recuadro
- *s* **1 need (for sth/to do sth)** necesidad (de algo/de hacer algo) | **there's no need** no es necesario: *There's no* ***need*** *for you to come with me.* No es necesario que me acompañes. | **to be in need of sth** necesitar algo **2 if need(s) be** si fuera necesario

needle /ˈnidl/ *s* aguja

needless /ˈnid-ləs/ *adj* **1** innecesario -a **2 needless to say** de más está decir (que): *Needless to say, she was furious.* De más está decir que se puso furiosa.

needlework /ˈnidlwɜrk/ *s* labores de bordado, costura, etc.

needn't /ˈnidnt/ contracción de **need not**

needy /ˈnidi/ *adjetivo & sustantivo*

- *adj* (**-dier**, **-diest**) necesitado -a
- *s* **the needy** los necesitados

negative /ˈnegətɪv/ *adjetivo & sustantivo*

- *adj* negativo -a
- *s* negativo [de una foto]

neglect /nɪˈglekt/ *verbo & sustantivo*

- *v* [tr] **1** descuidar **2 to neglect to do sth** no hacer algo [por descuido, olvido, etc.]
- *s* descuido, abandono

negligence /ˈneglɪdʒəns/ *s* negligencia

negligent /ˈneglɪdʒənt/ *adj* negligente

negligible /ˈneglɪdʒəbəl/ *adj* insignificante

negotiate /nɪˈgoʊʃieɪt/ *v* **1** [tr/intr] negociar **2** [tr] salvar [un obstáculo] **3** [tr] tomar [una curva]

negotiation /nɪgoʊʃiˈeɪʃən/ *s* negociación

neigh /neɪ/ *verbo & sustantivo*

- *v* [intr] relinchar
- *s* relincho

neighbor AmE, **neighbour** BrE /ˈneɪbər/ *s* **1** vecino -a **2** prójimo

neighborhood AmE, **neighbourhood** BrE /ˈneɪbərhʊd/ *s* **1** barrio **2** vecindario, vecindad **3 in the neighborhood** en los alrededores **4 in the neighborhood of 30%/$5 million etc.** alrededor del 30%/de $5 millones etc.

---

need *verbo*

1 PRECISAR (= necesitar)

I need the money. Necesito el dinero. | *He badly needs help.* Necesita ayuda urgentemente. | **to need sb to do sth** necesitar que alguien haga algo | **to need cleaning/fixing etc.**: *That fence needs fixing.* Hay que arreglar ese cerco.

2 PARA EXPRESAR OBLIGACIÓN O NECESIDAD

to need to do sth tener que hacer algo: *Do we need to make a reservation?* ¿Tenemos que reservar?/¿Es necesario reservar?

Se puede usar **needn't** en lugar de **don't need to** o **doesn't need to** para formar el negativo:

He needn't come if he doesn't want to./*He doesn't need to come if he doesn't want to.* No es necesario que venga si no quiere.

Este uso corresponde al de un verbo modal y por lo tanto no agrega **s** en la tercera persona del singular ni va seguido de **to**.

Para expresar que se hizo algo que no era necesario, se usa la estructura **needn't have done sth:**

You needn't have bothered. No era necesario que te molestaras.

---

neighboring AmE, **neighbouring** BrE /ˈneɪbərɪŋ/ *adj* vecino -a, cercano -a

neither /ˈniðər, ˈnaɪðə/ *adjetivo, pronombre, adverbio & conjunción*

- *adj & pron* ninguno de los dos, ninguna de las dos: *Neither team played well.* Ninguno de los dos equipos jugó bien | *I asked them, but neither of them wants to go.* Los invité pero ninguno de los dos quiere ir. | *"Tea or coffee?" "Neither, thanks."* –¿Té o café? –Ninguno de los dos, gracias.
- *adv* **1 neither... nor** ni... ni: *Neither his mother nor his father spoke English.* Ni su madre ni su padre hablaban inglés. **2 me neither** (informal) yo tampoco, a mí tampoco: *"I don't want to go." "Me neither."* –No quiero ir. –Yo tampoco.
- *conj* tampoco: *She couldn't swim and neither could her boyfriend.* No sabía nadar y su novio tampoco. ▶ ver **tampoco**

neon /ˈniɑn/ *s* neón

nephew /ˈnefju/ *s* sobrino: *all his nephews and nieces* todos sus sobrinos

Neptune /ˈneptun/ *s* Neptuno

nerve /nɜrv/ *sustantivo & sustantivo plural*

- *s* **1** nervio **2** agallas, coraje | **to lose your nerve** perder el temple, acobardarse **3** descaro, caradurismo: *What a nerve!* ¡Qué descaro!
- **nerves** *s pl* **1** nervios **2 to get on sb's nerves** (informal) irritar a alguien, sacar a alguien de quicio

ˈnerve-ˌracking *adj* que destroza los nervios

Hay una tabla con los **números** en inglés y explicaciones sobre su uso en el apartado de gramática.

nervous /ˈnɜrvəs/ *adj* **1** nervioso -a | **to be nervous about sth** estar nervioso -a por algo | **to be nervous of sth** tenerle miedo a algo | **to make sb nervous** poner nervioso -a a alguien **2 the nervous system** el sistema nervioso

ˌnervous ˈbreakdown *s* colapso nervioso

nervousness /ˈnɜrvəsnəs/ *s* nerviosismo

nest /nest/ *s* nido

nestle /ˈnesəl/ *v* [tr/intr] poner, ponerse o estar en una posición cómoda o protegida: *He nestled his head against her shoulder.* Recostó la cabeza contra su hombro. | *a village nestling in a wooded valley* un pueblo enclavado en un valle boscoso **to nestle against sb** acurrucarse contra alguien

net /net/ *sustantivo, adjetivo & verbo*

• *s* **1** red **2 the Net** la red [Internet] | **to surf the Net** navegar por la red **3** tul **4 net curtains** cortinas de velo

• *adj* (también **nett** BrE) neto -a [ingreso, ganancia, peso]

• *v* [tr] (**-tted**, **-tting**) **1** ganar [dinero] **2** pescar [con red]

netball /ˈnetbɔl/ *s* deporte parecido al básquet, practicado especialmente por niñas en Gran Bretaña

Netherlands /ˈneðərləndz/ *s* **the Netherlands** los Países Bajos

netting /ˈnetɪŋ/ *s* malla [tejido]

nettle /ˈnetl/ *s* ortiga

network /ˈnetwɜrk/ *s* **1** (de radio o televisión) cadena **2** (de carreteras, ferrocarriles) red **3** (de personas, organizaciones) red **4** (en computación) red

neurotic /nʊˈrɑtɪk/ *adj & s* neurótico -a

neutral /ˈnutrəl/ *adjetivo & sustantivo*

• *adj* **1** neutral **2** neutro -a [color]

• *s* punto muerto

never /ˈnevər/ *adv* **1** nunca: *She's never been to Russia.* Nunca ha estado en Rusia. | *I'll never forget her.* Nunca la voy a olvidar. **2** En los siguientes contextos **never** equivale a un simple negativo: *I never knew you played the guitar!* ¡No sabía que tocabas la guitarra! | *I e-mailed her but she never answered.* Le mandé un e-mail pero no me contestó. **3 never again** nunca más: *This must never happen again.* Esto no debe pasar nunca más. **4 never ever** jamás: *I'll never ever forgive him.* Jamás lo voy a perdonar. ► ver también **mind** y **adverbios de frecuencia** en **always**

nevertheless /nevərðəˈles/ *adv* sin embargo, no obstante

new /nu/ *adj* **1** nuevo -a: *my new shoes* mis zapatos nuevos | **as good as new** como nuevo -a **2** (desconocido) nuevo -a: *This is all new to me.* Todo esto es nuevo para mí. **3** (inexperto o recién incorporado) nuevo -a: *She's new to the area.* Es nueva en la zona. **4** (diferente) otro -a, nuevo -a: *I started on a new sheet of paper.* Empecé en otra hoja.

newborn /ˈnubɔrn/ *adj* recién nacido -a

newcomer /ˈnukʌmər/ *s* **1** recién llegado -a **2 to be a newcomer to sth** ser nuevo -a en algo

newly /ˈnuli/ *adv* **newly built/married etc.** recién construido -a/casado -a etc.

news /nuz/ *s* **1** noticia(s): *the news of their accident* la noticia de su accidente | *I have some bad news for you.* Tengo malas noticias para ti. | **a piece of news** una noticia | **to break the news (to sb)** dar(le) la (mala) noticia (a alguien) **2 the news** el noticiero **3 that's news to me!** ¡para mí es una novedad!

newsagent /ˈnuzeɪdʒənt/ *s* BrE **1** dueño o empleado de una tienda donde se venden periódicos, revistas, golosinas, etc. **2 newsagent's** tienda donde se venden periódicos, revistas, golosinas, etc.

newscaster /ˈnuzkæstər/ *s* AmE presentador -a, locutor -a [de un noticiero]

newsletter /ˈnuzletər/ *s* boletín informativo [de un club, una organización]

newspaper /ˈnuzpeɪpər/ *s* **1** periódico, diario **2** papel de diario

newsreader /ˈnuzridər/ *s* BrE presentador -a, locutor -a [de un noticiero] ► En inglés americano se usa **newscaster**

newsstand /ˈnuzstænd/ *s* quiosco (de periódicos y revistas), puesto de periódicos

newt /nut/ *s* tritón [anfibio parecido a una salamandra]

ˌNew ˈYear *s* **1** Año Nuevo: *Happy New Year!* ¡Feliz Año Nuevo! **2 in the New Year**, también **in the new year** a principios del año que viene, en el año que viene

ˌNew Year's ˈDay *s* el día de Año Nuevo

ˌNew Year's ˈEve *s* (el día/la noche de) Fin de Año

New Zealand /nu ˈzilənd/ *s* Nueva Zelanda

New Zealander /nu ˈziləndər/ *s* neozelandés -esa

next /nekst/ *adjetivo, pronombre & adverbio*

• *adj* **1** próximo -a, siguiente: *the next day* el día siguiente/al día siguiente | *I will be busy for the next few days.* Los próximos días voy a estar ocupado. | *Who's next?* ¿Quién sigue? | **next time** la próxima vez | **next Monday/month etc.** el lunes/mes etc. que viene, el lunes/mes etc. entrante | **next May/July etc.** el próximo mayo/julio etc.
2 de al lado: *the next room* la habitación de al lado

• *pron* **1** siguiente: *Next, please!* ¡El siguiente, por favor! | **the next** el/la siguiente, los/las siguientes
2 the year/Sunday etc. after next dentro de dos

años/domingos etc., el año/el domingo etc. que viene no, el otro

• *adv* **1** después, luego: *What comes next?* ¿Qué sigue después? | *What should we do next?* ¿Y ahora qué hacemos?
2 next to al lado de, junto a: *I sat next to Jan.* Me senté al lado de Jan.
3 next to nothing casi nada

ˌnext ˈdoor *adv* al lado: *Who lives next door?* ¿Quién vive al lado? | *the house next door* la casa de al lado

ˈnext-door *adj* de al lado: *my next-door neighbors* mis vecinos de al lado

ˌnext of ˈkin *s* (pl **next of kin**) familiar más cercano

nibble /ˈnɪbəl/ *v* **to nibble (on/at) sth** mordisquear algo

nibbling

Nicaragua /ˌnɪkəˈrɑgwə/ *s* Nicaragua

Nicaraguan /ˌnɪkəˈrɑgwən/ *adj & s* nicaragüense

nice /naɪs/ *adj* **1** lindo -a: *If it's a nice day we can go out.* Si el día está lindo podemos salir. | *You look nice today.* ¡Qué linda estás hoy! | *What a nice dress!* ¡Qué vestido más bonito! **2** rico -a: *Those cookies **look nice**.* Esas galletas parecen ricas. | **to taste nice** estar rico -a | **to smell nice** oler bien **3** Referido a personas o actitudes **nice** puede significar *amable, simpático -a* o *bueno -a*: *It was **nice of** him to ask us.* Fue amable de su parte invitarnos. | *She's one of the nicest people I know.* Es una de las personas más buenas que conozco./Es una de las personas más simpáticas que conozco. | **to be nice to sb** ser amable/bueno -a con alguien **4 nice to meet you/nice meeting you** encantado -a (de conocerlo -a)

ˌnice-ˈlooking *adj* atractivo -a, guapo -a

nicely /ˈnaɪsli/ *adv* **1** bien **2** amablemente, de buenos modos

niche /nɪtʃ, BrE niʃ/ *s* **1** (en el mercado, una organización) espacio, nicho **2** (en una pared) nicho

nick /nɪk/ *sustantivo & verbo*
• *s* **1 in the nick of time** justo a tiempo **2** mella, muesca **3 the nick** BrE (informal) **(a)** la estación de policía, la comisaría **(b)** la cárcel, la guandoca, el bote
• *v* [tr] **1** rasguñar **2** BrE (informal) robar, volarse **3** BrE (informal) agarrar [cometiendo un delito]

nickel /ˈnɪkəl/ *s* **1** en EU y Canadá, moneda de cinco centavos **2** níquel

nickname /ˈnɪkneɪm/ *sustantivo & verbo*
• *s* sobrenombre
• *v* [tr] **to nickname sb Curly/Ginger etc.** ponerle Curly/Ginger etc. de sobrenombre a alguien

nicotine /ˈnɪkətin/ *s* nicotina

niece /nis/ *s* sobrina: *my nephews and nieces* mis sobrinos

night /naɪt/ *s* **1** noche: *It's very cold here at night.* Aquí hace mucho frío de noche. | *at 11 o'clock at night* a las 11 de la noche | *on Friday night* el viernes por/en la noche | **last night** anoche | **all night (long)** toda la noche ► **¿NIGHT O EVENING?** ver nota en **noche** **2 good night!** ¡buenas noches!, ¡hasta mañana! | **night night!** (informal) ¡buenas noches!, ¡hasta mañana! **3 to have an early/a late night** acostarse temprano/tarde **4 to have a night out** salir [de noche] **5 night train/flight etc.** tren/vuelo etc. de la noche, tren/vuelo etc. nocturno -a

nightclub /ˈnaɪtklʌb/ *s* discoteca

nightdress /ˈnaɪtdres/ *s* (pl **-sses**) camisón

nightfall /ˈnaɪtfɔl/ *s* anochecer

nightgown /ˈnaɪtgaʊn/ *s* camisón

nightie /ˈnaɪti/ *s* (informal) camisón

nightingale /ˈnaɪtngeɪl/ *s* ruiseñor

nightlife /ˈnaɪtlaɪf/ *s* vida nocturna

nightly /ˈnaɪtli/ *adjetivo & adverbio*
• *adj* **1** de todas las noches **2** nocturno -a
• *adv* todas las noches

nightmare /ˈnaɪtmer/ *s* pesadilla

nighttime /ˈnaɪt-taɪm/ *s* noche [horas de oscuridad] | **at nighttime** de noche

nil /nɪl/ *s* **1** nulo -a **2** BrE cero: *The score was three nil.* El resultado fue tres a cero. ► También se puede decir **nothing**, que es inglés universal

nimble /ˈnɪmbəl/ *adj* ágil

nine /naɪn/ *número* nueve

nineteen /naɪnˈtin/ *número* diecinueve

nineteenth /naɪnˈtinθ/ *número* **1** decimonoveno -a **2** diecinueve **3** diecinueveavo, diecinueveava parte

ninetieth /ˈnaɪntiəθ/ *número* **1** nonagésimo -a **2** noventavo, noventava parte

ninety /ˈnaɪnti/ *número* (pl **-ties**) **1** noventa **2 the nineties** los (años) noventa **3 to be in your eighties** tener noventa y pico/noventa y tantos

ninth /naɪnθ/ *número* **1** noveno -a **2** nueve **3** noveno, novena parte

nip /nɪp/ *v* (**-pped**, **-pping**) **1** [tr] mordisquear **2 to nip out/down etc.** BrE (informal) salir/bajar etc. un momento ► También existe **to dash out/down, etc.**, que es inglés universal

nipple /ˈnɪpəl/ *s* **1** pezón, tetilla **2** AmE chupo, chupón, chupete [de un biberón]

nitrogen /ˈnaɪtrədʒən/ *s* nitrógeno

no /noʊ/ *adv, adj & s* ► ver recuadro

nobility /noʊˈbɪləti/ *s* nobleza

noble /ˈnoʊbəl/ *adj* **1** (bueno) noble, generoso -a **2** (de la nobleza) noble

¿Quieres pedir una hamburguesa en inglés? Consulta la **guía de comunicación** al final del libro.

no

ADVERBIO

1 PARA CONTESTAR O EXPRESAR DESACUERDO (= no)

"Would you like some coffee?" "No, thanks." –¿Quieres un café? –No, gracias.

Generalmente se completa la negación con un verbo auxiliar en negativo:

"Is she Italian?" "No, she isn't." –¿Es italiana? -No. | *"Did you go on your own?" "No, I didn't."* –¿Fuiste sola? –No. | **to say no** decir que no

2 DELANTE DE COMPARATIVOS

no later/fewer etc. than: *no later than Thursday* el jueves a más tardar | *no fewer than ten* no menos de diez | *It's no bigger than a credit card.* No es más grande que una tarjeta de crédito.

ADJETIVO

1 En los casos en que en inglés se usa **no** delante de un sustantivo, en español se suele aplicar la negación al verbo:

There are no tickets left. No quedan entradas. | *He has no time to help.* No tiene tiempo para ayudar. | **to be no fool/no expert etc.** no ser ningún tonto/experto etc.

2 EN PROHIBICIONES

no smoking/swimming etc. prohibido fumar/ nadar etc.

SUSTANTIVO

La traducción es *no*. El plural inglés es **noes**: *a definite no* un no rotundo

ver también el recuadro **no** en el lado español

nobody /ˈnoubʌdi/ *pronombre & sustantivo*

• **pron** nadie: *Nobody came.* No vino nadie.

• **s** (pl **-dies**) (don) nadie

nocturnal /nɑkˈtɜrnl/ *adj* nocturno -a

nod /nɑd/ *verbo & sustantivo*

• **v** (**-dded**, **-dding**) **1** [tr/intr] asentir | **to nod one's head** asentir (con la cabeza) **2** [intr] saludar con la cabeza | **to nod to sb** saludar a alguien con la cabeza **3** [intr] hacer un gesto con la cabeza: *He **nodded at** her to sit down.* Le hizo un gesto con la cabeza para indicarle que se sentara.

nod off quedarse dormido -a

• **s** movimiento de la cabeza **to give (sb) a nod of approval/thanks etc.** hacerle a alguien una señal de aprobación/agradecimiento etc. con la cabeza

noise /nɔɪz/ *s* ruido | **to make a noise** hacer ruido: *Don't make so much noise!* ¡No hagas tanto ruido!

noisily /ˈnɔɪzəli/ *adv* ruidosamente, haciendo ruido

noisy /ˈnɔɪzi/ *adj* (**-sier**, **-siest**) ruidoso -a: *a noisy engine* un motor ruidoso | *It's very noisy in here.* Hay mucho ruido aquí.

nomad /ˈnoumæd/ *s* nómada

nomadic /nouˈmædɪk/ *adj* nómada

nominal /ˈnɑmənl/ *adj* **1** simbólico -a [suma] **2** nominal

nominally /ˈnɑmənl-i/ *adv* en teoría

nominate /ˈnɑməneɪt/ *v* [tr] **1** proponer, postular [a un candidato] | **to nominate sb as presidential candidate/class representative etc.** proponer/postular a alguien como candidato a la presidencia/delegado de clase etc. | **to nominate sth/sb for sth** nominar algo/a alguien para algo [para un Oscar, etc.] **2** nombrar | **to nominate sb (as) your representative** nombrar a alguien (su) representante

nomination /nɑməˈneɪʃən/ *s* **1** postulación **2** nombramiento **3** nominación

nominee /nɑməˈni/ *s* nominado -a, candidato -a

nonalcoholic /nɑnælkəˈhɔlɪk/ *adj* sin alcohol

none /nʌn/ *pron & adv* ► ver recuadro

nonetheless /nʌnðəˈles/ *adv* (formal) no obstante

non-existent /ˌnɑn ɪgˈzɪstənt/ *adj* inexistente

ˌnon-ˈfiction *s* obras que no pertenecen al género de ficción

none

1 none a veces equivale a *nada* o *ninguno -a*:

None of this will affect you. Nada de esto te va a afectar. | *She had four children but none survived.* Tuvo cuatro hijos pero ninguno sobrevivió.

2 A veces no tiene equivalente en la oración española:

I wanted some cake but there was none left. Quería pastel pero no había más.

3 Cuando **none of** va seguido de un sustantivo plural, el verbo puede ir en singular o en plural. El plural es más frecuente en el lenguaje hablado:

None of the guests have arrived yet.|None of the guests has arrived yet. Todavía no ha llegado ninguno de los invitados.

4 EXPRESIONES

none other than ni más ni menos que: *It turned out to be none other than her own son.* Resultó ser ni más ni menos que su propio hijo. | **none the wiser/worse:** *I was none the wiser for his explanation.* Su explicación no me ayudó para nada. | *She seems to be none the worse for her experience.* La experiencia no parece haberle hecho nada mal. | **none too clean/pleased:** *His hands were none too clean.* No tenía las manos nada limpias. | *She was none too pleased when she heard.* No se quedó contenta ni mucho menos cuando se enteró.

nonprofit /nɑn'prɑfɪt/ AmE, **non-profitmaking** /nɑn'prɑfɪtmeɪkɪŋ/ BrE *adj* sin fines de lucro

nonsense /'nɑnsens/ *s* disparates, tonterías: *Don't talk nonsense!* ¡No digas disparates!

nonsmoker /nɑn'smoʊkər/ *s* no fumador -a

nonsmoking /nɑn'smoʊkɪŋ/ *adj* para no fumadores

non-stop /ˌnɑn 'stɑp/ *adverbio & adjetivo*

• *adv* **1** sin parar **2** sin escalas

• *adj* **1** directo -a, sin escalas **2** ininterrumpido -a

noodles /'nudlz/ *s pl* fideos

noon /nun/ *s* mediodía | **at noon** a mediodía: *at twelve noon* a las doce del mediodía

'no one ► ver **nobody**

noose /nus/ *s* **1** soga [en un patíbulo u horca] **2** lazo [hecho con una soga]

nor /nɔr/ *conjunción & adverbio*

• *conj* tampoco: *"I can't understand it." "Nor can I."* –No puedo entenderlo. –Yo tampoco. | *I don't smoke and nor does James.* Yo no fumo y James tampoco. ► ver también **tampoco**

• *adv* ► ver **neither**

norm /nɔrm/ *s* norma

normal /'nɔrməl/ *adj* normal | **to be/get back to normal** haber vuelto a la normalidad

normality /nɔr'mæləti/ *s* normalidad

normally /'nɔrməli/ *adv* normalmente

north /nɔrθ/ *sustantivo, adjetivo & adverbio*

• *s* (el) norte: *Which way is north?* ¿Hacia dónde está el norte? | *in the north of the country* en el norte del país | **to the north (of)** al norte (de)

• *adj* (del) norte, septentrional: *the north coast of Africa* la costa septentrional de África

• *adv* **1** hacia el norte, al norte: *We sailed north.* Navegamos hacia el norte. **2 up north** en el norte

North A'merica *s* América del Norte, Norteamérica

North A'merican *adj & s* norteamericano -a

northbound /'nɔrθbaʊnd/ *adj* que va/iba en dirección norte

northeast /nɔrθ'ist/ *sustantivo, adjetivo & adverbio*

• *s* (el) noreste, (el) nororiente

• *adj* (del) noreste/nororiente, nororiental

• *adv* hacia el noreste/nororiente, en dirección nororiental

northeastern /nɔrθ'istərn/ *adj* (del) noreste/nororiente, nororiental

northerly /'nɔrðərli/ *adj* (del) norte | **in a northerly direction** en dirección norte

northern, también **Northern** /'nɔrðərn/ *adj* (del) norte, norteño -a

northerner, también **Northerner** /'nɔrðərnər/ *s* norteño -a

North 'Pole *s* **the North Pole** el Polo Norte

northward /'nɔrθwərd/, también **northwards** /'nɔrθwərdz/ *adv* hacia el norte

northwest /nɔrθ'west/ *sustantivo, adjetivo & adverbio*

• *s* (el) noroeste, (el) noroccidente

• *adj* (del) noroeste/noroccidente, noroccidental

• *adv* hacia el noroeste/noroccidente, en dirección noroccidental

northwestern /nɔrθ'westərn/ *adj* (del) noroeste/noroccidente, noroccidental

Norway /'nɔrweɪ/ *s* Noruega

Norwegian /nɔr'widʒən/ *adjetivo & sustantivo*

• *adj* noruego -a

• *s* **1** noruego -a **2** (idioma) noruego

nose /noʊz/ *s* **1** nariz | **to blow your nose** sonarse la nariz **2 (right) under sb's nose** delante de las narices de alguien **3 to poke/stick your nose into sth** (informal) meterse/entrometerse en algo **4 to turn your nose up at sth** despreciar algo **5** (de un avión) nariz

nosebleed /'noʊzblid/ *s* hemorragia nasal

nostalgia /nɑ'stældʒə/ *s* **nostalgia (for sth)** nostalgia (de algo)

nostril /'nɑstrəl/ *s* fosa nasal, agujero de la nariz

nosy, también **nosey** /'noʊzi/ *adj* (**-sier**, **-siest**) (entro)metido -a, metiche

not /nɑt/ *adv* **1** no: *We are not open on Sundays.* Los domingos no abrimos. *"Can we go to the park?" "Not today."* –¿Podemos ir al parque? –Hoy no. | *I told you not to touch it.* Te dije que no lo tocaras. ► **not** se reduce a **n't** cuando se combina con verbos auxiliares o modales en una contracción: *They aren't here.* No están aquí. | *I didn't know.* No sabía. ► **¿NO O NOT?** ver la entrada del lado español **no**

2 I hope not espero que no

3 not at all para nada, en absoluto

4 not a/not one ni uno -a: *Not one of the students knew the answer.* Ni uno de los alumnos supo la respuesta.

5 not even ni siquiera

6 not only... (but) also no sólo... sino (que) también: *She's not only funny, she's also intelligent.* No es sólo divertida, sino también inteligente.

notable /'noʊtəbəl/ *adj* notorio -a, destacado -a | **to be notable for sth** destacarse por algo

notably /'noʊtəbli/ *adv* **1** en particular **2** notablemente

notch /nɑtʃ/ *sustantivo & verbo*

• *s* (pl **-ches**) muesca

• *v* (3ª pers sing **-ches**) **notch sth up** (informal) anotarse algo [un éxito, una victoria]

note /noʊt/ *sustantivo, sustantivo plural & verbo*

• *s* **1** nota | **to make a note of sth** apuntar/

¿Se dice *on the table* o *in the table*? Mira la entrada **en**.

anotar algo **2 to take note of sth** prestar atención a algo, tener en cuenta algo **3** (en música) nota **4** tecla **5** BrE billete: *a five-pound note* un billete de cinco libras ▶ En inglés americano se usa **bill**

- **notes** *s pl* apuntes, notas | **to take notes** tomar apuntes
- *v* [tr] **1** observar, fijarse en **2** tener en cuenta **3** señalar **4** (también **note down**) anotar

notebook /ˈnoʊtbʊk/ *s* **1** cuaderno, libreta **2** notebook, computador/computadora portátil

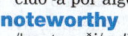

notebook and pencils

noted /ˈnoʊtɪd/ *adj* **noted for sth** conocido -a por algo

noteworthy /ˈnoʊtwɜrði/ *adj* notable, digno -a de destacar

nothing /ˈnʌθɪŋ/ *pronombre & adverbio*

- *pron* **1** nada: *There was nothing to do.* No había nada para hacer. | *I have nothing to wear.* No tengo qué ponerme. | *We had **nothing but** problems.* No tuvimos más que problemas. ▶ ¿NOTHING O ANYTHING? ver recuadro en **nada**
2 cero: *We beat them three to nothing.* Les ganamos tres a cero.
3 for nothing (a) gratis **(b)** en vano
4 to have nothing to do with sth no tener nada que ver con algo | **to have nothing to do with sb** no ser problema de alguien, no importarle a alguien
5 nothing much no mucho, poca cosa
- *adv* **1 to be nothing like sth/sb** no parecerse en nada a algo/alguien
2 to be nothing short of a miracle/tragedy etc. no ser ni más ni menos que un milagro/una tragedia etc.

notice /ˈnoʊtɪs/ *verbo & sustantivo*

- *v* **1** [tr] darse cuenta de: *Max noticed that I was getting nervous.* Max se dio cuenta de que me estaba poniendo nerviosa. **2** [intr] darse cuenta: *I said hello but she didn't notice.* La saludé pero no se dio cuenta. **3 to be/get noticed** hacerse notar, llamar la atención
- *s* **1 not to take any notice/to take no notice (of sth)** no hacer caso (de algo) | **not to take any notice/to take no notice (of sb)** no hacerle caso (a alguien) **2** cartel, letrero **3** (aviso dado con anticipación): *They only **gave** me two days' **notice**.* Me avisaron con sólo dos días de anticipación. | *It's very **short notice**.* Me avisas con muy poco tiempo. **until further notice** hasta nuevo aviso | **without notice** sin previo aviso | **at a moment's notice** de un momento para (el) otro **4** (en el trabajo) **to hand in/give in your notice** presentar la renuncia | **to give sb their notice** despedir a alguien [con preaviso]

noticeable /ˈnoʊtɪsəbəl/ *adj* **1** evidente [mejora, diferencia] **2 to be noticeable** notarse: *It's hardly noticeable.* Apenas se nota.

noticeboard /ˈnoʊtɪsbɔrd/ *s* BrE cartelera, tablero (de anuncios) ▶ En inglés americano se usa **bulletin board**

notify /ˈnoʊtəfaɪ/ *v* [tr] (**-fies**, **-fied**) (formal) avisar, notificar | **to notify sb of sth** avisar a alguien de algo

notion /ˈnoʊʃən/ *s* **1** idea: *She has no notion of the difficulties involved.* No tiene idea de las dificultades que implica. **2 the notion that** la creencia/idea de que

notorious /noʊˈtɔriəs/ *adj* famoso -a [por algo malo] | **to be notorious for sth** ser conocido -a por algo

nought /nɔt/ *s* BrE cero ▶ También existe **zero**, que es inglés universal

noun /naʊn/ *s* sustantivo, nombre

nourish /ˈnɜrɪʃ/ *v* [tr] (3ª pers sing **-shes**) **1** nutrir **2** fomentar

nourishing /ˈnɜrɪʃɪŋ/ *adj* nutritivo -a

nourishment /ˈnɜrɪʃmənt/ *s* (formal) alimento

novel /ˈnɑvəl/ *sustantivo & adjetivo*

- *s* novela
- *adj* novedoso -a

novelist /ˈnɑvəlɪst/ *s* novelista

novelty /ˈnɑvəlti/ *s* (pl **-ties**) **1** novedad **2** lo novedoso

November /noʊˈvembər/ *s* noviembre ▶ ver "Active Box" **months** en **month**

novice /ˈnɑvɪs/ *s* principiante, novato -a

now /naʊ/ *adverbio & conjunción*

- *adv* **1** ahora, ahorita | **right now** ahora mismo | **by now** ya: *She should be back by now.* Ya debería haber vuelto. | **from now on** a partir de ahora | **for now** por ahora **2** (al decir cuánto hace de algo): *It's been over five years now.* Ya pasaron más de cinco años. **3** (tras una pausa) bueno, bien, a ver: *Now, who wants to go first?* Bueno ¿quién quiere ser el primero?
- *conj* (también **now that**) ahora (que): *now they've gone* ahora que se han ido

nowadays /ˈnaʊədeɪz/ *adv* hoy (en) día

nowhere /ˈnoʊwer/ *adv* **1** a/en ningún lado: *"Where are you going?" "Nowhere."* –¿Adónde vas? –A ningún lado. | *They have nowhere to live.* No tienen donde vivir. **2 to be nowhere to be found/seen** no aparecer/estar por ningún lado: *My passport was nowhere to be found.* Mi pasaporte no aparecía por ningún lado. **3 nowhere near (a)** lejísimos: *We were nowhere near her house.* Estábamos lejísimos de su casa. **(b)** ni remotamente, ni mucho menos: *The house is nowhere near finished.* La casa no está terminada ni mucho menos.

nuclear /ˈnukliər/ *adj* nuclear

nucleus /ˈnukliəs/ *s* (pl **nuclei**) núcleo

nude /nud/ *adjetivo & sustantivo*
• *adj* desnudo -a
• *s* **1 in the nude** desnudo -a **2** (en arte) desnudo

nudge /nʌdʒ/ *verbo & sustantivo*
• *v* [tr] **1** codear **2 to nudge sth/sb toward sth** empujar suavemente algo/a alguien hacia algo
• *s* codazo (suave) | **to give sb a nudge** darle un codazo (suave) a alguien

nuisance /ˈnusəns/ *s* **1** fastidio | **what a nuisance!** ¡qué fastidio! **2** persona molesta: *Stop being a nuisance!* ¡Deja de dar la lata! | *He's a nuisance.* Es un fastidioso.

null /nʌl/ *adj* **null and void** nulo -a

numb /nʌm/ *adjetivo & verbo*
• *adj* **1** entumecido -a, entumido -a, dormido -a [dedos, cara, etc.] **2** atontado -a | **numb with shock/fear etc.** paralizado -a del susto/de miedo etc.
• *v* [tr] **1** insensibilizar **2** adormecer

number /ˈnʌmbər/ *sustantivo & verbo*
• *s* **1** número: *an odd number* un número impar **2** (de teléfono) número: *You have the wrong number.* Número equivocado. **3** número, cantidad: *The number of accidents has increased.* Ha aumentado el número de accidentes. | **a number of** varios -as | **any number of** una infinidad de **4** BrE (de un auto) (número de) patente/placa/chapa ▶ En inglés americano se usa **license number**
• *v* [tr] **1** numerar **2** ser en total: *The victims number at least 7,000.* El número de víctimas es de por lo menos 7,000. **3 his/their etc. days are numbered** tiene/tienen etc. los días contados

ˈnumber ˌplate *s* BrE patente, placa, chapa [de un auto] ▶ En inglés americano se usa **license plate**

numerical /nuˈmerɪkəl/ *adj* numérico -a

numerous /ˈnumərəs/ *adj* (formal) numeroso -a

nun /nʌn/ *s* monja

nurse /nɜrs/ *sustantivo & verbo*
• *s* enfermero -a
• *v* **1** [tr] cuidar **2 to nurse an ambition/a grudge** tener una ambición/guardar rencor **3** [tr/intr] amamantar **4** [intr] mamar, tomar (el) pecho

nursery /ˈnɜrsəri/ *s* (pl **-ries**) **1** habitación de un niño o niños pequeños **2** vivero **3** BrE guardería ▶ En inglés americano se usa **daycare center** **4 nursery education** enseñanza preescolar **nursery rhyme** canción infantil **nursery school** jardín infantil, jardín de niños, kinder

nursing /ˈnɜrsɪŋ/ *s* enfermería

ˈnursing home *s* hogar de ancianos

nurture /ˈnɜrtʃər/ *v* [tr] **1** cuidar [una planta] **2** nutrir, cultivar [una amistad, el talento]

nut /nʌt/ *s* **1** fruto seco [nuez, almendra, avellana, etc.] **2** tuerca **3** (informal) loco -a, chiflado -a

nutcase /ˈnʌtkeɪs/ *s* loco -a, chiflado -a

nutmeg /ˈnʌtmeg/ *s* nuez moscada

nutrient /ˈnutriənt/ *s* nutriente

nutrition /nuˈtrɪʃən/ *s* nutrición

nutritional /nuˈtrɪʃənl/ *adj* nutricional

nutritious /nuˈtrɪʃəs/ *adj* nutritivo -a

nuts /nʌts/ *adj* (informal) **1 to be nuts** estar chiflado -a/loco -a | **to go nuts** volverse loco -a **2 to be nuts about sb** estar loco -a por alguien | **to be nuts about sth** enloquecerse por algo

nutshell /ˈnʌtʃel/ *s* **(to put it) in a nutshell** (para decirlo) en pocas palabras

nutter /ˈnʌtə/ *s* BrE (informal) loco -a, chiflado -a

nutty /ˈnʌti/ *adj* (**-ttier**, **-ttiest**) **1 a nutty flavor** un sabor a fruto seco **2** (informal) loco -a, descabellado -a [idea]

NW (= **northwest**) NO

nylon /ˈnaɪlɑn/ *s* nylon

O

O, o /oʊ/ *s* **1** O, o ► ver "Active Box" **letters** en **letter** **2** (al leer un número) cero

oak /oʊk/ *s* roble

oar /ɔr/ *s* remo

oasis /oʊ'eɪsɪs/ *s* (pl **oases**) oasis

oath /oʊθ/ *s* **1** juramento | **to be under oath** estar bajo juramento **2** juramento, maldición

oats /oʊts/ *s pl* **1** avena **2** copos de avena, avena (arrollada)

obedience /ə'bidiəns/ *s* **obedience (to sth)** obediencia (a algo)

obedient /ə'bidiənt/ *adj* obediente

obese /oʊ'bis/ *adj* (formal) obeso -a

obey /ə'beɪ/ *v* [tr/intr] obedecer

obituary /ə'bɪtʃueri/ *s* (pl **-ries**) obituario

object[1] /'ɑbdʒɪkt/ *s* **1** (cosa) objeto **2** (propósito) objetivo **3** (en gramática) complemento, objeto

object[2] /əb'dʒekt/ *v* **1** [intr] oponerse: *I don't think anyone will object.* No creo que nadie se oponga. | *I object to being spoken to like that.* No voy a permitir que me hablen de ese modo. **2** [tr] objetar

objection /əb'dʒekʃən/ *s* inconveniente, objeción: *I have no **objection to** her being invited.* No tengo inconveniente en que la inviten. | **to make an objection** hacer una objeción

objective /əb'dʒektɪv/ *sustantivo & adjetivo*

• *s* objetivo

• *adj* objetivo -a

obligation /ɑblə'geɪʃən/ *s* obligación | **to be under no obligation to do sth** no tener obligación de hacer algo | **without obligation** sin compromiso

obligatory /ə'blɪgətɔri/ *adj* (formal) obligatorio -a

oblige /ə'blaɪdʒ/ *v* **1** [tr] obligar | **to be/feel obliged to do sth** estar/sentirse obligado -a a hacer algo **2 I'd be glad/happy to oblige** frase con la que se expresa buena disposición para hacer un favor: *If you need a ride, I'd be happy to oblige.* Si necesita que lo lleve, encantada.

obliged /ə'blaɪdʒd/ *adj* (formal) **(I'm) much obliged (to you)** (le) estoy muy agradecido -a | **I'd be obliged if** le agradecería que

obliging /ə'blaɪdʒɪŋ/ *adj* servicial

obliterate /ə'blɪtəreɪt/ *v* [tr] **1** arrasar **2** borrar [un recuerdo, etc.]

oblivion /ə'blɪviən/ *s* **1** olvido **2** estado de no estar consciente o de no ser consciente de algo

oblivious /ə'blɪviəs/ *adj* **to be oblivious to/of sth** no tener conciencia de algo, estar ajeno -a a algo

oblong /'ɑblɔŋ/ *adjetivo & sustantivo*

• *adj* rectangular

• *s* rectángulo

obnoxious /əb'nɑkʃəs/ *adj* detestable, odioso -a

obscene /əb'sin/ *adj* obsceno -a

obscure /əb'skjʊr/ *adjetivo & verbo*

• *adj* **1** poco claro -a, oscuro -a **2** oscuro -a, poco conocido -a

• *v* [tr] ocultar

observant /əb'zɜrvənt/ *adj* observador -a

observation /ɑbzər'veɪʃən/ *s* **1** observación | **to keep sb under observation (a)** mantener a alguien bajo vigilancia **(b)** (en el hospital) mantener a alguien en observación **2** observación, comentario | **to make an observation** hacer una observación

observe /əb'zɜrv/ *v* [tr] **1** observar [mirar] **2** notar **3** observar [una norma, una regla] **4** celebrar, festejar [una fiesta religiosa] **5** (formal) observar [comentar]

observer /əb'zɜrvər/ *s* observador -a

obsess /əb'ses/ *v* [tr] (3ª pers **-sses**) obsesionar: *She's **obsessed with** losing weight.* Está obsesionada con adelgazar.

obsession /əb'seʃən/ *s* **obsession (with/for sth/sb)** obsesión (con/por algo/alguien)

obsessive /əb'sesɪv/ *adj* obsesivo -a | **to be obsessive about sth** ser obsesivo -a/maniático -a con algo

obstacle /'ɑbstɪkəl/ *s* obstáculo: *an **obstacle to** progress* un obstáculo para el progreso

obstruct /əb'strʌkt/ *v* [tr] obstruir

obtain /əb'teɪn/ *v* [tr] (formal) obtener

obvious /'ɑbviəs/ *adj* obvio -a, evidente

obviously /'ɑbviəsli/ *adv* evidentemente, obviamente: *He obviously hadn't heard me.* Evidentemente no me había oído. | *"Does he know yet?" "Obviously not."* –¿Ya lo sabe? –Es obvio que no.

occasion /ə'keɪʒən/ *s* **1** ocasión | **on this/that occasion** en esta/aquella ocasión | **on several occasions** en varias oportunidades **2** ocasión, acontecimiento **3** (formal) motivo, oportunidad

occasional /ə'keɪʒənl/ *adj* **1** (usado para referirse a algo que sucede esporádicamente): *She gets occasional headaches.* Tiene dolores de cabeza de vez en cuando. | *He smokes the occasional cigar.* Se fuma un cigarro de vez en cuando. **2 occasional showers** chaparrones aislados

occasionally /ə'keɪʒənl-i/ *adv* cada tanto, de vez en cuando ► ver recuadro **adverbios de frecuencia** en **always**

¿Sabes cómo funcionan los **phrasal verbs**? Lee la explicación en el apartado de gramática.

occupation /ɑkjə'peɪʃən/ *s* **1** (actividad profesional) ocupación **2** (actividad en el tiempo libre) pasatiempo, ocupación **3** (de un territorio, un edificio, etc.) ocupación

occupational /ɑkjə'peɪʃənl/ *adj* ocupacional | **occupational hazard** riesgo del oficio/de la profesión | **occupational therapy** terapia ocupacional

occupied /'ɑkjəpaɪd/ *adj* **1** ocupado -a **2 to be occupied with sth** estar ocupado -a con algo | **to keep sb/yourself occupied** mantener a alguien/mantenerse ocupado -a

occupy /'ɑkjəpaɪ/ *v* [tr] (**-pies**, **-pied**) **1** ocupar [el tiempo, un espacio] **2** ocupar [un país, un edificio, etc.] **3 to occupy yourself** ocupar el tiempo

occur /ə'kɜr/ *v* [intr] (**-rred**, **-rring**) **1** (formal) suceder, ocurrir **2** presentarse, darse [fenómeno, enfermedad, etc.] **3 to occur to sb** ocurrírsele a alguien: *It didn't occur to me to call.* No se me ocurrió llamar por teléfono.

occurrence /ə'kɜrəns/ *s* **1** hecho, incidente | **to be a common/rare occurrence** ser/no ser frecuente **2** incidencia, frecuencia

ocean /'oʊʃən/ *s* océano

o'clock /ə'klɑk/ *adv* **two/three etc. o'clock** las dos/tres etc.

October /ɑk'toʊbər/ *s* octubre ▶ ver "Active Box" **months** en **month**

octopus /'ɑktəpəs/ *s* (pl **-ses**) pulpo

odd /ɑd/ *adj* **1** raro -a: *It's odd that she hasn't written.* Es raro que no haya escrito. **2 an odd number** un número impar **3 twenty/thirty etc. odd** veinte/treinta etc. y tantos -as **4 odd socks/gloves etc. (a)** medias/guantes etc. sin compañero **(b)** medias distintas/guantes distintos etc. **5 odd pieces of material/wood etc.** restos de tela/pedazos sueltos de madera etc. **6 to be the odd one out** ser la excepción **7** BrE ▶ ver **occasional 1**

oddly /'ɑdli/ *ad* **1** extrañamente **2 oddly enough** por raro que parezca

odds /ɑdz/ *s pl* **1** probabilidades | **the odds are (that)** lo más probable es que **2 against all (the) odds** aunque parezca increíble **3 to be at odds (with sb) over sth** estar enfrentado -a (con alguien) por algo **4 odds and ends** (informal) cosas sueltas, chucherías

odor AmE, **odour** BrE /'oʊdər/ *s* (formal) olor

of /ə, əv, acentuado ɑv/ *prep* **1** de: *a cup of coffee* una taza de café | *a girl of eight* una niña de ocho años | *the city of New Orleans* la ciudad de Nueva Orleans | *It was very kind of her.* Fue muy amable de su parte. | *There were six of them and four of us.* Ellos eran seis y nosotros cuatro. **2** (con posesivos) de: *a friend of Sam's* un amigo de Sam | *a friend of hers* un amigo suyo | *She wants to have a car of her own.* Quiere tener un auto propio. **3** (indicando causa) de: *She died of cancer.* Murió de cáncer. **4** (en fechas) de: *the 27th of July* el 27 de julio **5** AmE (al decir la hora): *It's a quarter of seven.* Son las siete menos cuarto.

off /ɔf/ *adv, prep & adj* ▶ ver recuadro

offend /ə'fend/ *v* [tr] ofender | **to be offended** ofenderse, estar ofendido -a

offender /ə'fendər/ *s* **1** infractor -a, delincuente **2** culpable [causa de un problema]

offense[1] AmE, **offence** BrE /ə'fens/ *s* **1** infracción | **a criminal offense** un delito **2 to take offense (at sth)** ofenderse (por algo)

offense[2] /'ɔfens/ *s* AmE (en deportes) ataque

offensive /ə'fensɪv/ *adjetivo & sustantivo*
- *adj* **1 offensive (to sb)** ofensivo -a (para alguien) **2** muy desagradable [olor] **3** ofensivo -a [táctica]
- *s* **1** ofensiva **2 to be on the offensive** estar a la ofensiva, tener una actitud agresiva

offer /'ɔfər/ *verbo & sustantivo*
- *v* **1 to offer sb sth/to offer sth to sb** ofrecerle algo a alguien **2 to offer (to do sth)** ofrecerse (a hacer algo): *It was nice of her to offer.* Estuvo muy amable en ofrecerse.
- *s* **1** oferta, ofrecimiento: *an offer of help* un ofrecimiento de ayuda **2** oferta [reducción de precio]

offhand /ɔf'hænd/ *adverbio & adjetivo*
- *adv* así de pronto
- *adj* poco atento -a, brusco -a

office /'ɔfɪs/ *s* **1** (edificio) oficina **2** (cuarto) oficina, despacho **3** AmE consultorio [de médico] **4** cargo | **in office** en el cargo, en el poder **5 office hours** horario de trabajo

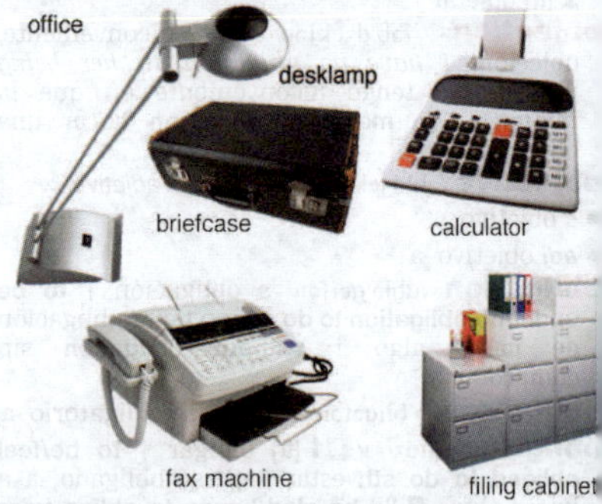

officer /'ɔfəsər/ *s* **1** oficial [en el ejército, etc.] **2** agente [de policía] **3** funcionario -a

official /ə'fɪʃəl/ *adjetivo & sustantivo*
- *adj* oficial
- *s* **1** (en el gobierno) funcionario -a **2** (de un sindicato) dirigente

'off-ˌlicence *s* BrE estanco [tienda donde se venden bebidas alcohólicas para llevar] ▶ En inglés americano se usa **liquor store**

off

ADVERBIO & PREPOSICIÓN

1 ALEJAMIENTO, SEPARACIÓN
We're off to Paris for a few days. Nos vamos unos días a París. | *I can't get the lid off this jar.* No le puedo quitar la tapa a este frasco. | *She jumped off the wall.* Saltó del muro.

2 DESCUENTOS
I got 10% off. Me hicieron un 10% de descuento. | *20% off the total* 20% de descuento sobre el total

3 NO ASISTENCIA
I have the day off tomorrow. Mañana tengo el día libre. | *He's been off school for a week.* Hace una semana que falta al colegio. | *I was off for a week with a bad cold.* Estuve una semana sin ir al trabajo porque estaba muy resfriado.

4 DISTANCIA
Spring is still a long way off. Todavía falta mucho para la primavera. | *The town was another three miles off.* Faltaban otras tres millas hasta la ciudad. | *an island off the coast of Florida* una isla frente a la costa de Florida | *a street off Ocean Avenue* una calle que sale de Ocean Avenue

5 EXPRESIONES
how are you off for time/money? ¿cómo andas de tiempo/dinero? | **off and on/on and off:** *We've been going out together for five years off and on.* En total hace cinco años que salimos juntos, pero con interrupciones.

6 off también forma parte de varios **phrasal verbs** como **put off, take off,** etc. Éstos están tratados bajo el verbo correspondiente.
Ver también las entradas **badly, better, worse, colour** y **chance.**

ADJETIVO

1 LUCES, APARATOS (= apagado -a)
The lights were off. Las luces estaban apagadas.

2 LLAVES DE AGUA (= cerrado -a)

3 NO PUESTO
Cook with the lid off. Cocine destapado.

4 CANCELACIONES
The party's off. Se ha cancelado la fiesta.

5 ALIMENTOS
The meat was off. La carne estaba pasada/mala/en mal estado. | *This milk is off.* Esta leche se ha echado a perder/está cortada.

6 El adjetivo **off** también se usa en la expresión **to have an off day** *(tener un mal día)*.

offline /ɔf'laɪn/ *adjetivo & adverbio*
• *adj* desconectado -a
• *adv* sin conexión (a Internet)

ˌoff-ˈpeak *adj* **1** reducido -a [tarifa] **2** de menor consumo [período] **3 off-peak travel** viaje fuera de las horas pico/en temporada baja

ˈoff-ˌputting *adj* desagradable, molesto -a

offshore /ɔf'ʃɔr/ *adjetivo & adverbio*
• *adj* **1** costa afuera [exploración] **2** costero -a [pesca] **3** de tierra [viento] **4** costa afuera [corriente] **5** costera [isla]
• *adv* cerca de la costa

offside /ɔf'saɪd/ *adjetivo & adverbio*
• *adj* offside, orsay
• *adv* en offside/orsay

offspring /'ɔfsprɪŋ/ *s* (pl **offspring**) (formal) **1** hijo(s), descendencia **2** cría(s)

often /'ɔfən/ *adv* **1** a menudo, con frecuencia: *I don't see them very often.* No los veo muy a menudo. **2 how often?** ¿con qué frecuencia? ▸ ver recuadro **adverbios de frecuencia** en **always**

oh /oʊ/ *interj* **1** ah: *Oh, I didn't know.* Ah, no sabía. **2** ay: *Oh, how awful!* ¡Ay, qué horror! **3** (al contradecir a alguien): *"He said he's going in your car." "Oh no he's not."* –Dijo que va a ir en tu carro. –No, en mi carro no.

oil /ɔɪl/ *sustantivo, sustantivo plural & verbo*
• *s* **1** petróleo **2** (en cocina, mecánica) aceite **3 oil painting** (pintura al) óleo **oil rig** plataforma petrolera **oil slick** marea negra **oil tanker** petrolero **oil well** pozo petrolero
• **oils** *s pl* óleos | **to paint in oils** pintar con óleos
• *v* [tr] aceitar, engrasar

oily /'ɔɪli/ *adj* (**-lier, -liest**) **1** graso -a, grasoso -a [piel] **2** engrasado -a, grasiento -a [trapo, etc.] **3** aceitoso -a, grasoso -a [sustancia, comida]

ointment /'ɔɪntmənt/ *s* pomada, ungüento

OK, también **okay** /oʊ'keɪ/ *adjetivo, interjección, adverbio, verbo & sustantivo*
• *adj* **1** bien: *I feel OK now.* Ahora me siento bien. **2** para pedir o dar permiso: *Is it OK if I do it tomorrow?* ¿Está bien si lo hago mañana?/¿Hay algún problema si lo hago mañana? | *If it's OK with your Dad, it's OK by me.* Si tu papá está de acuerdo, yo no tengo problema. **3** para decir que algo es aceptable pero no muy bueno: *It's OK, but I liked the other one better.* No está mal, pero el otro me gustó más.
• *interj* (para expresar acuerdo o introducir un comentario) bueno, okey: *"How about going out for dinner?" "OK."* –¿Qué tal si salimos a cenar? –Bueno. | *OK, let's get started.* Bueno, empecemos.
• *adv* bien: *He's doing OK at school.* Le va bien en el colegio.
• *v* [tr] (informal) darle el visto bueno a
• *s* **to give/get the OK** dar/conseguir permiso

i ¿Quieres una lista de frases útiles para hablar de ti mismo? Consulta la **guía de comunicación** al final del libro.

old /oʊld/ *adj* **1** (no nuevo) viejo -a: *a pair of old shoes* un par de zapatos viejos **2** (para hablar de la edad): *I'm twelve years old.* Tengo doce años. | *How old are you?* ¿Cuántos años tienes? | *Tina's older than me.* Tina es mayor que yo. **a five-year-old (boy/girl)** un niño/una niña de cinco años **3** (no joven) mayor, viejo | **the old** los ancianos **4** (referido a instituciones, edificios) antiguo -a: *the oldest university in the country* la universidad más antigua del país **5** (de antes) **my old teacher/job etc.** mi antigua maestra/mi antiguo trabajo etc.

ˌold ˈage *s* vejez

ˌold-ˈfashioned *adj* **1** pasado -a de moda **2** anticuado -a **3** tradicional

ˌOld ˈTestament *s* **the Old Testament** el Antiguo Testamento

olive /ˈɑlɪv/ *sustantivo & adjetivo*

- *s* **1** aceituna **2** **olive oil** aceite de oliva
- *adj* (también **olive green**) (de color verde) aceituna

Oˌlympic ˈGames *s pl* **the Olympic Games**, también **the Olympics** los Juegos Olímpicos, las Olimpíadas

omelette, también **omelet** AmE /ˈɑmlət/ *s* omelette, omelet, tortilla

omen /ˈoʊmən/ *s* presagio

ominous /ˈɑmənəs/ *adj* que presagia algo malo

omit /oʊˈmɪt/ *v* [tr] (**-tted**, **-tting**) **1** omitir **2 to omit to do sth** omitir hacer algo

on /ɔn, ɑn/ *preposición, adjetivo & adverbio*

- *prep* ▶ ver recuadro
- *adj* **1** prendido -a, encendido -a [luz, horno, etc.] **2** abierto -a [llave de agua] **3** puesto -a: *He had his jacket on.* Tenía el saco puesto. | *Cook with the lid on.* Cocine con la tapa puesta. **4** (referido a espectáculos, eventos): *What's on at the movies?* ¿Qué dan en el cine? | *Is the party still on?* ¿Se hace la fiesta?
- *adv* **1 on and on** interminablemente **2 from then/that day etc. on** a partir de entonces/ese día etc. **3 to play/read etc. on** seguir tocando/leyendo etc. ▶ El adverbio **on** también forma parte de varios phrasal verbs como **carry on, put on,** etc. Éstos están tratados bajo el verbo correspondiente

once /wʌns/ *adverbio & conjunción*

- *adv* **1** una vez | **once a week/month etc.** una vez a la semana/al mes etc. | **once or twice** una o dos veces, un par de veces | **once more/once again** una vez más | **once in a while** una vez cada tanto, de vez en cuando **2 at once (a)** de inmediato **(b)** a la vez **3 all at once** de repente **4** en una época, alguna vez: *an island that once belonged to Portugal* una isla que en una época perteneció a Portugal | **once upon a time there was...** había una vez... **5 for once** por una vez: *Will you just listen, for once?* ¿Quieres escuchar, por una vez? **6 once and for all** de una vez y para siempre

on *preposición*

1 POSICIÓN (= sobre, en)
I left it on your desk. Lo dejé sobre tu escritorio | *on page 44* en la página 44 | *He grew up on a farm.* Se crió en una granja. | **on the left/right** a la izquierda/derecha

2 DÍAS, FECHAS
It's closed on Mondays. Los lunes está cerrado. | *on the 22nd of April* el 22 de abril

3 TELEVISIÓN, RADIO
Is there anything good on TV? ¿Hay algo bueno en la tele? | *I heard it on the radio.* Lo oí por la radio.

4 TEMA (= sobre)
a book on gardening un libro sobre jardinería

5 APARATOS, MÁQUINAS
I was on the phone. Estaba hablando por teléfono. | *I did it on the computer.* Lo hice en la computadora.

6 CONSUMO
She's on antibiotics. Está tomando antibióticos.

7 ACTIVIDADES
They met on a trip to Spain. Se conocieron en un viaje a España. | *She's on vacation.* Está de vacaciones.

8 INVITACIONES
It's on the house. La casa invita.

9 MOMENTO (= al)
On hearing the news she fainted. Al escuchar la noticia se desmayó. | *on his arrival in Ireland* al llegar a Irlanda

- *conj* una vez que: *Once he arrives, we can start.* Una vez que él llegue, podemos empezar.

one /wʌn/ *número, pronombre & adjetivo*

- *número* **1** uno -a, un: *One cup of coffee and two beers, please.* Un café y dos cervezas, por favor. **2** la una: *I have a meeting at one.* Tengo una reunión a la una. **3 one or two** uno -a o dos, un par de: *We've made one or two changes.* Hemos hecho un par de cambios.
- *pron* **1** (en lugar de un sustantivo que ya se mencionó) uno -a: *This suitcase is too small, I need a bigger one.* Esta maleta es demasiado pequeña, necesito una más grande. | **the one** el/la: *the one I like best* el que más me gusta | *the one in the box* la que está en la caja | **the ones** los/las: *the most expensive ones* las más caras | **this one** éste -a | **that one** ése -a | **which one?** ¿cuál? **2 one by one** uno a uno/una a una, uno por uno/una por una **3 one after the other/one after another** uno tras otro/una tras otra **4** (formal) (uso impersonal) uno -a: *One has to be careful.* Uno tiene que tener cuidado.
- *adj* **1 one day/afternoon etc.** un día/una tarde etc. **2** uno -a: *There's one person I have to*

¿No sabes cómo pronunciar una determinada palabra? Consulta el recuadro de **símbolos fonéticos** en el interior de la cubierta.

thank. Hay una persona a la que debo agradecer. | *If there's one thing I hate it's liver.* Si hay algo que odio es el hígado. **3** único -a: *My one worry is that she won't pass.* Mi única preocupación es que no apruebe.

ˌone anˈother *pron* **one another** expresa que una acción es recíproca. En español esta idea de *el uno al otro* la expresan a menudo los verbos pronominales: *They shook hands with one another.* Se dieron la mano. | *You have to try and help one another.* Tienen que tratar de ayudarse mutuamente.

ˈone-off BrE *adjetivo & sustantivo*
- **adj** único -a: *a one-off payment* un pago único
- **s** acontecimiento excepcional

oneself /wʌnˈself/ *pron* (formal) ► ver recuadro

ˌone-ˈway *adj* **1** de sentido único, de un solo sentido **2** de ida, sencillo

ongoing /ˈɔŋgoʊɪŋ/ *adj* en curso [proceso]

onion /ˈʌnjən/ *s* cebolla

online /ɔnˈlaɪn/ *adjetivo & adverbio*
- **adj** **1** online, en línea: *online shopping* compras online/por Internet **2** conectado -a
- **adv** online, por Internet

onlooker /ˈɔnlʊkər/ *s* espectador -a

only /ˈoʊnli/ *adverbio, adjetivo & conjunción*
- **adv** **1** sólo: *I only wanted to help.* Sólo quería ayudar. | *I only heard yesterday.* Recién lo supe ayer. **2** exclusivamente: *Parking is for customers only.* El estacionamiento es exclusivamente para clientes. **3 only just (a)** hace muy poco: *She's only just left.* Acaba de irse./Recién se fue. **(b)** apenas: *There's only just room for a bed.* Apenas hay lugar para una cama. **4 not only... but (also)** no sólo... sino también **5 to be only too pleased/happy etc. to do sth** estar encantado -a de hacer algo
- **adj** **1** único -a **2 the only thing is** el único problema es que ► ver también **child**
- **conj** (informal) lo que pasa es que: *I'd help you, only I'm really busy.* Yo te ayudaría, lo que pasa es que estoy muy ocupada.

onset /ˈɔnset/ *s* llegada [del invierno], inicio [de hostilidades, de la pubertad, etc.]

onslaught /ˈɑnslɔt/ *s* embestida

onto /ˈɔntə, ˈɔntʊ, acentuado ˈɔntu/ *prep* **1** (expresando movimiento) a: *He climbed onto the roof.* Subió al techo. | *Water was dripping onto the floor.* Caían gotas de agua al piso. | *The cat jumped onto the table.* El gato se subió a la mesa de un salto. **2 to be onto sb** (informal) andar tras alguien, seguirle la pista a alguien **3 to be onto a good thing/a winner** (informal) haber dado con algo bueno

onward /ˈɔnwərd/ *adjetivo & adverbio*
- **adj** hacia adelante: *the onward march of scientific progress* el avance del progreso científico
- **adv** (también **onwards**) **1 from two o'clock/1998 etc. onward** de las dos/de 1998 etc. en adelante **2** (hacia) adelante

> **oneself**
>
> **1** **oneself** es la forma reflexiva del pronombre impersonal **one**. Su uso equivale en general al de los verbos reflexivos españoles:
>
> *One can easily hurt oneself.* Uno se puede lastimar muy fácilmente./Es fácil lastimarse.
>
> **2** Tiene un uso enfático que equivale al de *uno mismo*:
>
> *It's quicker to do it oneself.* Es más rápido hacerlo uno mismo.
>
> **3** La expresión **by oneself** significa *solo -a* (sin compañía ni ayuda).

oops! /ʊps/ *interj* ¡uy!

ooze /uz/ *v* **1** [tr] exudar [humedad, etc.] **2 to ooze pus** supurar **3 to ooze from/out of sth** salir lentamente de algo **4 to ooze (with) charm/confidence etc.** irradiar encanto/confianza etc.

opaque /oʊˈpeɪk/ *adj* opaco -a

open /ˈoʊpən/ *adjetivo, verbo & sustantivo*
- **adj** **1** abierto -a: *Who left the window open?* ¿Quién dejó la ventana abierta? | *We're open until 8 pm on Thursdays.* Los jueves tenemos abierto hasta las 8 de la noche. **2 open country/countryside** campo abierto **3 in the open air** al aire libre **4** (referido a personas, actitudes, etc.) abierto -a **5 to be open with sb** ser sincero -a con alguien
- **v** **1** [tr] abrir: *She opened her eyes.* Abrió los ojos. **2** [intr] abrir, abrirse: *What time does the bank open?* ¿A qué hora abre el banco? **3** [tr] inaugurar, abrir [un edificio nuevo, etc.] **4** [intr] estrenarse [película, etc.] **5** [tr] iniciar, [intr] iniciarse [reunión, etc.]

  open into/onto sth dar a algo: *The kitchen opens onto the back yard.* La cocina da al patio trasero.

  open up abrir(se) **open sth up** abrir algo
- **s (out) in the open (a)** al aire libre **(b)** (no oculto) a la luz

ˌopen-ˈair *adj* al aire libre

opener /ˈoʊpənər/ *s* destapador, abridor

opening /ˈoʊpənɪŋ/ *sustantivo & adjetivo*
- **s** **1** (hueco) abertura **2** (de un evento) apertura **3** (de un edificio nuevo) inauguración **4** (de una novela, una película) comienzo **5** (trabajo) vacante **6** oportunidad
- **adj** **1 opening ceremony/speech etc.** ceremonia/discurso etc. inaugural | **opening chapter** capítulo inicial **2 opening hours** horario (de atención al público) **3 opening night** noche de estreno

openly /ˈoʊpənli/ *adv* abiertamente

ˌopen-ˈminded *adj* abierto -a [actitud] | **to be open-minded** tener una actitud abierta

¿Quieres más información sobre los **verbos modales**? Hay una explicación en el apartado de gramática.

openness /ˈoʊpən-nəs/ *s* **1** honestidad, franqueza **2** actitud abierta

opera /ˈɑprə/ *s* **1** ópera **2 opera house** teatro de ópera

operate /ˈɑpəreɪt/ *v* **1** [tr] usar, manejar [una máquina] **2** [intr] funcionar [máquina] **3** [tr] aplicar [un sistema] **4** [intr] funcionar [sistema, servicio] **5** [intr] (en cirugía) operar | **to operate on sb** operar a alguien: *They had to operate on his spine.* Tuvieron que operarlo de la columna. **6** [intr] operar [empresa, delincuentes]

operation /ɑpəˈreɪʃən/ *s* **1** (en cirugía) operación | **to have an operation**: *She had an operation on her knee.* La operaron de la rodilla. **2** (de la policía, de rescate, etc.) operación **3** funcionamiento **4 to be in operation (a)** estar en funcionamiento [máquina] **(b)** estar en vigencia [ley]

operational /ɑpəˈreɪʃənl/ *adj* **1** en servicio **2** de operación

operator /ˈɑpəreɪtər/ *s* **1** operador -a, telefonista **2** operario -a [de una máquina] **3 a computer operator** un(a) operador -a de computadora **4** operador -a [empresa]

opinion /əˈpɪnjən/ *s* opinión: *What's your opinion of her as a teacher?* ¿Qué opinas de ella como profesora? | **in my opinion** en mi opinión

oˈpinion poll *s* encuesta de opinión

opponent /əˈpoʊnənt/ *s* **1** contrincante, adversario -a **2** opositor -a | **to be an opponent of sth** oponerse a algo

opportunity /ɑpərˈtunəti/ *s* (pl **-ties**) oportunidad: *I haven't had the* ***opportunity to*** *thank him yet.* Todavía no he tenido la oportunidad de agradecerle. | **to take the opportunity to do sth** aprovechar la oportunidad para hacer algo

oppose /əˈpoʊz/ *v* [tr] **1** oponerse a **2** (en competencias, elecciones, etc.) enfrentarse a

opposed /əˈpoʊzd/ *adj* **1** opuesto -a [principios, ideas] **2 to be opposed to sth** oponerse a algo, estar en contra de algo **3 as opposed to** a diferencia de, en contraposición a

opposing /əˈpoʊzɪŋ/ *adj* contrario -a, opuesto -a

opposite /ˈɑpəzɪt/ *adjetivo, adverbio, preposición & sustantivo*

- ***adj*** **1** contrario -a **2 in the opposite direction** en la dirección opuesta **3** de enfrente: *the building opposite* el edificio de enfrente | *on the opposite side of the road* al otro lado de la calle/en la acera de enfrente **4 the opposite sex** el sexo opuesto
- ***adv*** enfrente: *the man who lives opposite* el hombre que vive enfrente
- ***prep*** frente a: *We put the piano opposite the couch.* Pusimos el piano frente al sillón.
- ***s*** contrario | **the opposite** lo contrario: *She's the complete* ***opposite of*** *her sister.* Es todo lo contrario de su hermana.

opposition /ɑpəˈzɪʃən/ *s* **1 opposition (to sth/sb)** oposición (a algo/alguien) **2 the opposition (a)** el bando contrario **(b)** (en política) la oposición

oppress /əˈpres/ *v* [tr] (3ª pers sing **-sses**) **1** oprimir **2** agobiar

oppressed /əˈprest/ *adj* oprimido -a

oppression /əˈpreʃən/ *s* opresión

oppressive /əˈpresɪv/ *adj* **1** opresivo -a **2** sofocante, agobiante

opt /ɑpt/ *v* **to opt for sth** optar por algo | **to opt to do sth** decidir hacer algo

opt out borrarse, no participar | **to opt out of sth** borrarse de algo, decidir no participar en algo

optical /ˈɑptɪkəl/ *adj* óptico -a: *optical instruments* instrumentos ópticos

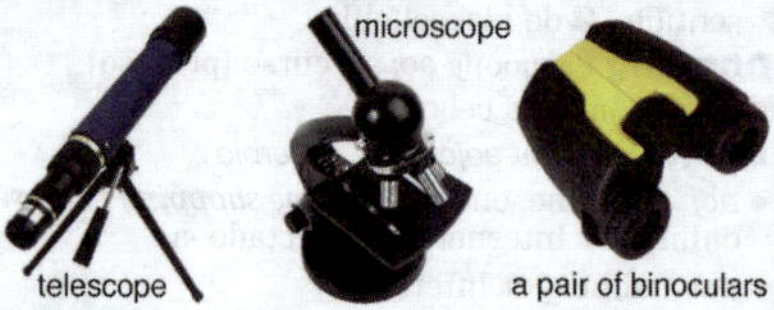

optician /ɑpˈtɪʃən/ *s* ► ver **optometrist**

optimism /ˈɑptəmɪzəm/ *s* optimismo

optimist /ˈɑptəmɪst/ *s* optimista

optimistic /ɑptəˈmɪstɪk/ *adj* optimista: *Tom's* ***optimistic about*** *finding a job.* Tom es optimista y piensa que va a encontrar trabajo.

option /ˈɑpʃən/ *s* opción: *I had* ***no option but to*** *accept.* No me quedó otra opción que aceptar.

optional /ˈɑpʃənl/ *adj* optativo -a, opcional | **an optional extra** un opcional

optometrist /ɑpˈtɑmətrɪst/ *s* optómetra, óptico -a ► En los países anglosajones los optómetras u ópticos son los profesionales que examinan la vista y recetan anteojos, tareas que en muchos países llevan a cabo los oculistas

or /ər, acentuado ɔr/ *conj* **1** o, u: *Is he sick or something?* ¿Está enfermo o algo así? **2** (tras un verbo en negativo) ni: *They don't eat meat or fish.* No comen carne ni pescado. **3** (también **or else**) o, si no: *Hurry, or you'll miss the train.* Apúrate o vas a perder el tren. **4 a minute/a mile etc. or so** alrededor de un minuto/una milla etc. ► ver también **either, else**

oral /ˈɔrəl/ *adjetivo & sustantivo*

- ***adj*** oral
- ***s*** (examen/prueba) oral

orange /ˈɔrɪndʒ/ *sustantivo & adjetivo*

- ***s*** **1** (fruta) naranja **2** (color) naranja ► ver "Active Box" **colors** en **color**
- ***adj*** (de color) naranja ► ver "Active Box" **colors** en **color**

orbit /ˈɔrbɪt/ *sustantivo & verbo*

- ***s*** órbita

¿No estás seguro del significado de alguna **abreviatura**? Mira la lista de abreviaturas en el interior de la cubierta.

• *v* **1** [tr] girar alrededor de **2** [intr] girar, estar en órbita | **to orbit around sth** girar alrededor de algo

orchard /'ɔrtʃərd/ *s* huerto, huerta [de árboles frutales]

orchestra /'ɔrkɪstrə/ *s* orquesta

orchid /'ɔrkɪd/ *s* orquídea

ordeal /ɔr'dil/ *s* suplicio, terrible experiencia

order /'ɔrdər/ *sustantivo & verbo*

• *s* **1** (secuencia) orden: *in alphabetical order* en orden alfabético **2** (mandato) orden: *He gave the order to fire.* Dio la orden de disparar. **3** (en un restaurante) pedido: *The waiter came to take our order.* El mesero vino a tomar nuestro pedido. **4** (en un comercio) pedido | **to place an order (for sth)** hacer un pedido (de algo), encargar algo **5 in order to** para, a fin de: *politicians who make promises in order to win votes* políticos que hacen promesas para obtener votos | **in order that** (formal) para que **6 to be in order (a)** estar en orden **(b)** estar permitido -a **7 to be out of order (a)** estar desordenado -a **(b)** no funcionar **8 order form** formulario de pedidos

• *v* **1** (en un restaurante) [tr] pedir, [intr] hacer el pedido: *Are you ready to order?* ¿Ya decidieron qué van a pedir? **2** [tr] ordenar | **to order sb to do sth** ordenarle a alguien que haga algo **3** [tr] (poner en orden) ordenar **4** [tr] (en un comercio) pedir | **to order sth for sth/sb** encargar algo para algo/alguien

order sb about BrE mandonear a alguien

order sb around mandonear a alguien

orderly /'ɔrdərli/ *adj* **1** (prolijo) ordenado -a **2** (tranquilo) ordenado -a, pacífico -a

ordinarily /ɔrdn'erəli/ *adv* generalmente

ordinary /'ɔrdneri/ *adj* **1** común: *Ordinary people can't afford it.* La gente común no puede pagarlo. **2** común y corriente, normal **3 out of the ordinary** fuera de lo común

ore /ɔr/ *s* mineral

organ /'ɔrgən/ *s* **1** (parte del cuerpo) órgano **2** (instrumento) órgano

organic /ɔr'gænɪk/ *adj* orgánico -a, biológico -a: *organic food* alimentos orgánicos

organization, -isation BrE /ɔrgənə'zeɪʃən/ *s* organización

organize, -ise BrE /'ɔrgənaɪz/ *v* **1** [tr] organizar [una fiesta, una marcha, etc.] **2** [tr] organizar, [intr] organizarse [personas] **3** [tr] ordenar [los pensamientos, las ideas]

organized, -ised BrE /'ɔrgənaɪzd/ *adj* organizado -a | **to get (yourself) organized** organizarse

organizer, -iser BrE /'ɔrgənaɪzər/ *s* organizador -a

Orient /'ɔriənt/ *s* **the Orient** (el) Oriente

orient /'ɔrient/ AmE, **orientate** /'ɔrienteɪt/ BrE *v* [tr] orientar | **to orient sth/sb to/toward sth** orientar algo/a alguien hacia algo | **to orient yourself** adaptarse, orientarse

orientation /ɔriən'teɪʃən/ *s* orientación

origin /'ɔrədʒɪn/ *s* **1** (principio, causa) origen **2** (también **origins**) (clase social, nacionalidad) origen

original /ə'rɪdʒənl/ *adjetivo & sustantivo*

• *adj* **1** (primero) original **2** (novedoso) original **3** (no copiado) original

• *s* original | **in the original** en la versión original

originally /ə'rɪdʒənl-i/ *adv* en un principio: *Originally, we had planned to go to Scotland.* En un principio, habíamos planeado ir a Escocia. | *She is originally from Poland.* Es oriunda de Polonia.

originate /ə'rɪdʒəneɪt/ *v* **1** [intr] originarse | **to originate in/from sth** originarse en algo **2** [tr] crear

ornament /'ɔrnəmənt/ *s* adorno

ornamental /ɔrnə'mentl/ *adj* ornamental, de adorno

ornate /ɔr'neɪt/ *adj* **1** ornamentado -a **2** (en exceso) recargado -a

orphan /'ɔrfən/ *sustantivo & verbo*

• *s* huérfano -a

• *v* **to be orphaned** quedar huérfano -a

orphanage /'ɔrfənɪdʒ/ *s* orfanato, orfelinato

orthodox /'ɔrθədɑks/ *adj* ortodoxo -a

ostrich /'ɑstrɪtʃ/ *s* (pl **-ches**) avestruz

other /'ʌðər/ *adjetivo & pronombre*

• *adj* **1** otro -a: *She has three other brothers.* Tiene otros tres hermanos. | *They live on the other side of the lake.* Viven del otro lado del lago. | **the other one** el otro/la otra: *Here's one of the gloves. Where's the other one?* Aquí está uno de los guantes. ¿Dónde está el otro? **2 some other time** en algún otro momento **3 the other day** el otro día **4 other than** aparte de, salvo: *Other than that, it was a very nice party.* Aparte de eso, fue una fiesta muy agradable. ▶ ver también **every** y recuadro en **otro**

• *pron* **1 the other** el otro/la otra: *I'll take this bed and you can have the other.* Yo ocupo esta cama y tú puedes usar la otra. | **others** otros -as: *Others are not so sure.* Otros no están tan seguros. | *Some houses were in better condition than others.* Algunas casas estaban en mejores condiciones que otras. | **the others** los/las demás **2 somehow or other** de alguna forma | **something or other** algo ▶ ver también **none**

otherwise /'ʌðərwaɪz/ *adverbio & conjunción*

• *adv* **1** aparte/fuera de eso, por lo demás: *The dress is a little long, but otherwise it fits all right.* El vestido es un poco largo, pero aparte de eso le queda bien. **2 to think otherwise** pensar de otra manera **3 to do/decide etc. otherwise** hacer/decidir etc. otra cosa

• *conj* si no

otter /'ɑtər/ *s* nutria

ouch! /aʊtʃ/ *interj* ¡ay!

oughtn't /'ɔtnt/ contracción de **ought not**

ought to /'ɔt tu/ *v* [modal] ► ver recuadro

ounce /aʊns/ *s* **1** onza [=28,35gm] **2 an ounce of sense/intelligence etc.** una pizca de sentido común/inteligencia etc.

our /aʊr/ *adj* nuestro -a, nuestros -as: *Our daughter lives in France.* Nuestra hija vive en Francia. | *our customers* nuestros clientes ► Los posesivos se usan en inglés en muchos contextos en los que usamos el artículo en español, como delante de partes del cuerpo, pertenencias personales, etc.: *We jumped in the pool with our clothes on.* Nos tiramos a la piscina con la ropa puesta.

ours /aʊrz/ *pron* Como los pronombres posesivos ingleses no varían en género ni en número, **ours** puede equivaler a *(el) nuestro, (la) nuestra, (los) nuestros* o *(las) nuestras*: *This is your room. Ours is next door.* Ésta es tu habitación. La nuestra está al lado. | *It's a little joke of ours.* Es un pequeño chiste nuestro.

ourselves /aʊr'selvz/ *pron* ► ver recuadro

out /aʊt/ *adverbio, adjetivo & preposición*

• *adv & adj* **1** afuera: *They're out in the back yard.* Están afuera en el jardín.
2 (referido a personas) **to be out** no estar: *You were out when I called.* Cuando fui no estabas.
3 (referido a luces) **to be out** estar apagado -a: *The lights were out.* Las luces estaban apagadas.
4 (referido al sol) **to be out**: *The sun was out.* Había sol.
5 (de una competencia) **to be out** estar/quedar eliminado -a
6 (referido a publicaciones) **to be out** salir, haber salido: *Their album is out this week.* Su álbum sale esta semana. | *Her new novel's out.* Ya salió su nueva novela.
7 (referido a posibilidades) **to be out** quedar descartado -a: *Skiing's out because it's too expensive.* Esquiar queda descartado porque es demasiado caro.
8 BrE (referido a cálculos) **to be out** estar errado -a/equivocado -a | **to be out by $5/to be $5 out** errar/equivocarse por $5
9 to be out for sth/to do sth (indicando propósito): *You're out for only one thing: his money.* Lo único que quieres es su dinero. | *He's just out to get attention.* Lo que busca es llamar la atención. ► **out** también forma parte de varios phrasal verbs como **take out, turn out,** etc. Éstos están tratados bajo el verbo correspondiente

• **out of** *prep* ► ver recuadro

outage /'aʊtɪdʒ/ *s* AmE corte de electricidad, apagón

outbreak /'aʊtbreɪk/ *s* **1** estallido [de la guerra, de violencia] **2** brote [de una enfermedad]

outburst /'aʊtbɜrst/ *s* **1** arrebato [de ira] **2** estallido [de risa] **3** arranque [de energía, actividad]

outcome /'aʊtkʌm/ *s* resultado

outcry /'aʊtkraɪ/ *s* (pl **-cries**) protesta(s)

outdated /aʊt'deɪtɪd/ *adj* anticuado -a

> **ought to**
>
> **1** CONSEJOS, RECOMENDACIONES (= debería, deberías, etc.)
>
> *You ought to see a doctor.* Deberías ir al médico. | *You ought to have apologized.* Te deberías haber disculpado.
>
> **2** El negativo de **ought to** es **ought not to** o **oughtn't to,** que es más frecuente en inglés británico:
>
> *He ought not to have taken it without permission.* No debería haberlo tomado sin permiso.
>
> **3** PROBABILIDAD (= debería, deberías, etc.)
>
> *They ought to be there by now.* Ya deberían haber llegado.

outdo /aʊt'du/ *v* [tr] (3ª pers sing **-does**, pasado **-did**, participio **-done**) superar

outdoor /'aʊtdɔr/ *adj* **outdoor activities/pool** actividades/piscina al aire libre | **outdoor clothing** ropa para actividades al aire libre

outdoors /aʊt'dɔrz/ *adverbio & sustantivo*

• *adv* afuera, al aire libre

• *s* **the outdoors** la naturaleza

outer /'aʊtər/ *adj* exterior, externo -a | **outer space** el espacio exterior

outfit /'aʊtfɪt/ *s* **1** conjunto, tenida [de ropa] **2 a cowboy outfit** un disfraz de vaquero

outgoing /'aʊtgoʊɪŋ/ *adj* **1** sociable **2 the outgoing president/government etc.** el presidente/gobierno etc. saliente **3 outgoing mail/calls** correo saliente/llamadas salientes | **outgoing flights** vuelos de salida

outgrow /aʊt'groʊ/ *v* [tr] (pasado **-grew**, participio **-grown**) **1 to have outgrown your coat/your dress etc.** frase que expresa que alguien ha crecido mucho y el abrigo, el vestido, etc. le queda pequeño: *Lucy's already outgrown her uniform.* A Lucy ya le queda pequeño el uniforme. **2** dejar atrás [una actividad, un interés]

outing /'aʊtɪŋ/ *s* excursión, paseo

outlaw /'aʊtlɔ/ *verbo & sustantivo*

• *v* [tr] declarar ilegal

• *s* forajido -a, malhechor -a

outlet /'aʊtlet/ *s* **1** desahogo, válvula de escape **2** punto de venta **3** conducto de desagüe

outline /'aʊtlaɪn/ *sustantivo & verbo*

• *s* **1** bosquejo, esbozo **2** contorno

• *v* [tr] **1** delinear, esbozar **2** contornear, trazar

outlive /aʊt'lɪv/ *v* [tr] **1** vivir más tiempo que **2 to outlive its usefulness** no ser más de utilidad, ya no servir

outlook /'aʊtlʊk/ *s* **1 outlook (on sth)** actitud (ante algo) **2** perspectivas, pronóstico: *The outlook for tomorrow is more rain.* Las perspectivas para mañana son de más lluvia.

outnumber /aʊt'nʌmbər/ *v* [tr] superar [en cantidad]

ourselves

1 **ourselves** es la forma reflexiva de **we**. Su uso equivale en general al de los verbos reflexivos españoles:

We all introduced ourselves. Todos nos presentamos. | *Let's make ourselves comfortable.* Pongámonos cómodos.

2 Tiene un uso enfático que equivale al de *nosotros mismos* o *nosotras mismas*:

We had to do it ourselves. Tuvimos que hacerlo nosotros mismos.

3 La expresión **by ourselves** o **all by ourselves** significa *solos* o *solas* (sin compañía o sin ayuda):

We would prefer to live by ourselves. Preferiríamos vivir solos. | *We learned to do it all by ourselves.* Aprendimos solas a hacerlo.

out of 'date *adj* **1** desactualizado -a [publicación] **2** vencido -a [medicamento] **3** pasado -a de moda [ropa]

output /'aʊtpʊt/ *s* **1** producción **2** salida [de electricidad]

outrage[1] /'aʊtreɪdʒ/ *s* **1** indignación **2** atrocidad **3** escándalo

outrage[2] /aʊt'reɪdʒ/ *v* [tr] indignar: *People were outraged.* La gente se indignó.

outrageous /aʊt'reɪdʒəs/ *adj* **1** escandaloso -a, atroz **2** estrafalario -a, extravagante

outright[1] /aʊt'raɪt/ *adv* **1** abiertamente **2** completamente **3 to win (sth) outright** ganar (algo) indiscutiblemente **4 to be killed outright** morir en el acto

outright[2] /'aʊtraɪt/ *adj* **1** indiscutible [ganador] **2** descarado -a [mentira] | **an outright refusal** una negativa rotunda **3** absoluto -a [prohibición, abolición]

outset /'aʊtset/ *s* **at/from the outset** al/desde el principio

outside[1] /aʊt'saɪd, 'aʊtsaɪd/ *preposición, sustantivo & adverbio*

• *prep* (también **outside of** AmE) **1** fuera de, afuera de: *outside the building* fuera del edificio | *He left it outside the door.* Lo dejó en la puerta. **2** en las afueras de: *a small town just outside Kansas City* un pueblo en las afueras de Kansas City **3 outside office hours** fuera del horario de oficina

• *s* **1 the outside** el exterior | **from the outside** desde afuera, desde el exterior **2 on the outside** por afuera, en apariencia

• *adv* afuera, fuera: *We waited outside.* Esperamos afuera. | **to go outside** salir: *I went outside to get some fresh air.* Salí para tomar un poco de aire fresco.

outside[2] /'aʊtsaɪd/ *adj* **1** externo -a, exterior [aspecto, pared, etc.] **2** externo -a [ayuda, intervención] **3 outside interests** intereses fuera de los del trabajo/estudio etc.

out of *preposición*

1 DENTRO DE UN GRUPO MAYOR (= de)

Which do you like best out of these? ¿Cuál te gusta más de éstos? | *two out of (every) ten women* dos de cada diez mujeres

2 RAZÓN (= por)

out of curiosity/interest por curiosidad/interés

3 MATERIAL, ORIGEN (= de)

It's made out of glass. Es de vidrio. | *I got the idea out of a magazine.* Saqué la idea de una revista. | **to be out of sth** haberse quedado sin algo: *We're out of milk.* No tenemos más leche./Se nos acabó la leche.

4 **out of** también forma parte de expresiones como **out of control, out of order,** etc. Éstas están tratadas bajo el sustantivo correspondiente.

outsider /aʊt'saɪdər/ *s* **1** persona que no pertenece a determinado grupo **2** competidor con pocas posibilidades de ganar

outskirts /'aʊtskɜrts/ *s pl* **the outskirts** las afueras: *They live **on the outskirts of** Paris.* Viven en las afueras de París.

outspoken /aʊt'spoʊkən/ *adj* muy franco -a | **to be an outspoken critic/opponent of sth** criticar algo abiertamente/oponerse abiertamente a algo

outstanding /aʊt'stændɪŋ/ *adj* **1** notable, excepcional **2** destacado -a [característica, ejemplo] **3** pendiente [deuda, asunto] **4** pendiente de pago [suma]

outstretched /aʊt'stretʃt/ *adj* extendido -a

outward /'aʊtwərd/ *adj* **1** externo -a, aparente **2 outward journey/flight etc.** viaje/vuelo etc. de ida

outwardly /'aʊtwərdli/ *adv* aparentemente, exteriormente

outwards /'aʊtwərdz/, también **outward** /'aʊtwərd/ AmE *adv* hacia afuera

outweigh /aʊt'weɪ/ *v* [tr] superar, pesar más que

oval /'oʊvəl/ *sustantivo & adjetivo*

• *s* óvalo

• *adj* ovalado -a

ovary /'oʊvəri/ *s* (pl **-ries**) ovario

oven /'ʌvən/ *s* horno

over /'oʊvər/ *adverbio, preposición & adjetivo*

• *adv* ► ver recuadro en página 264

• *prep* **1** encima de, por encima de: *There was a sign over the door.* Había un cartel encima de la puerta. | *She was wearing a jacket over her sweater.* Llevaba una chaqueta encima del suéter. | *I put a blanket over him.* Lo tapé con una manta./Le puse una manta por encima. **2 over the road/street** enfrente: *There's a drugstore over the road.* Hay una farmacia enfrente. **3**

3 más de: *It cost over $500.* Costó más de $500. **4** durante, a lo largo de: *I saw Hugh over the summer.* Vi a Hugh durante el verano. | *over a period of ten years* a lo largo de un período de diez años **5 over here/over there** aquí/allá **6** por, a causa de: *a fuss over nothing* un escándalo por nada | *They quarreled over their inheritance.* Pelearon a causa de la herencia. **7 over the phone/radio** por teléfono/radio **8 over and above sth** encima de algo: *$500 over and above what he already owed* $500 encima de lo que ya debía

• *adj* **to be over** haber(se) terminado: *when this program is over* cuando haya terminado este programa

overall /oʊvər'ɔl/ *adjetivo, adverbio, sustantivo & sustantivo plural*

• *adj* **1** total **2** general **3 overall winner** ganador -a absoluto -a

• *adv* **1** en total **2** en general

• *s* BrE bata, delantal

• **overalls** *s pl* **1** AmE overol [pantalón con peto] **2** BrE overol [de manga larga]

overboard /'oʊvərbɔrd/ *adv* **1** por la borda, al agua **2 to go overboard** (informal) exagerar [al hacer algo]

overcame /oʊvər'keɪm/ pasado de **overcome**

overcast /'oʊvərkæst/ *adj* nublado -a, cubierto -a

overcharge /oʊvər'tʃɑrdʒ/ *v* [tr/intr] cobrar de más: *She **overcharged** me **by** $2.* Me cobró $2 de más.

overcoat /'oʊvərkoʊt/ *s* abrigo [largo]

overcome /oʊvər'kʌm/ *v* (pasado **-came**, participio **-come**) **1** [tr] vencer [la timidez, el temor] **2** [tr] superar [un problema] **3** [tr/intr] vencer [a un enemigo, un contrincante] **4 overcome with emotion/grief etc.** embargado -a por la emoción/abrumado -a por la pena etc. **5 to be overcome by fumes/smoke** sufrir principio de asfixia (debido a las emanaciones/al humo)

overcrowded /oʊvər'kraʊdɪd/ *adj* **1** abarrotado -a (de gente) [autobús, playa, etc.] **2** superpoblado -a [ciudad, planeta]

overcrowding /oʊvər'kraʊdɪŋ/ *s* hacinamiento

overdid /oʊvər'dɪd/ pasado de **overdo**

overdo /oʊvər'du/ *v* [tr] (3ª pers sing **-does**, pasado **-did**, participio **-done**) **1 to overdo it (a)** exagerar **(b)** trabajar demasiado **2** cocer demasiado [la carne, las verduras, etc.]

overdone /oʊvər'dʌn/ participio de **overdo**

overdose /'oʊvərdoʊs/ *s* sobredosis

overdraft /'oʊvərdræft/ *s* descubierto [en una cuenta bancaria], sobregiro

overdue /oʊvər'du/ *adj* **1** vencido -a [factura] **2** referido a un libro que se sacó de una biblioteca: pasado del plazo de devolución

overestimate /oʊvər'estəmeɪt/ *v* [tr] sobreestimar

over *adverbio*

1 AL PISO O HACIA ABAJO

I saw him push the bike over. Lo vi tirar la bicicleta de un empujón.

2 A O HACIA UN LUGAR

I went over to say hello to Pete. Fui/me acerqué a saludar a Pete. | *Come over for dinner tomorrow.* Ven a cenar mañana.

3 POR ENCIMA

Planes fly over every few minutes. Pasan aviones muy seguido.

4 CON NÚMEROS, CANTIDADES (= más)

scores of 86 or over puntajes de 86 o más

5 EXPRESIONES

(all) over again (todo) de nuevo: *We had to start all over again.* Tuvimos que empezar todo de nuevo. | **over and over again** una y otra vez

6 Over también forma parte de varios phrasal verbs como **fall over, take over,** etc. Éstos están tratados bajo el verbo correspondiente.

overflow¹ /oʊvər'floʊ/ *v* **1** [intr] desbordarse [líquido, recipiente] **2** [tr] desbordar: *The river overflowed its banks* El río desbordó su cauce. **3** [intr] desbordarse [río]

overflow² /'oʊvərfloʊ/ *s* **1** desborde **2** desagüe **3** exceso [de huéspedes, asistentes, etc.]

overgrown /oʊvər'groʊn/ *adj* **1** cubierto -a (de vegetación) **2** que ha crecido demasiado

overhaul¹ /oʊvər'hɔl/ *v* [tr] poner a punto, hacerle una revisión general a

overhaul² /'oʊvərhɔl/ *s* puesta a punto

overhead¹ /oʊvər'hed/ *adv* en lo alto: *The moon shone overhead.* La luna brillaba en lo alto. | *A plane flew overhead.* Pasó un avión.

overhead² /'oʊvərhed/ *adj* **overhead cables** cables aéreos

overhear /oʊvər'hɪr/ *v* [tr/intr] (pasado & participio **-heard**) oír [accidentalmente]: *I couldn't help overhearing their conversation.* No pude evitar oír su conversación.

overjoyed /oʊvər'dʒɔɪd/ *adj* contentísimo -a, encantado -a: *They were **overjoyed at** the prospect of moving to Miami.* Estaban contentísimos con la perspectiva de irse a vivir a Miami.

overland /'oʊvərlænd/ *adverbio & adjetivo*

• *adv* por tierra

• *adj* por tierra

overlap¹ /oʊvər'læp/ *v* (**-pped, -pping**) **1** [intr] superponerse [en parte] **2** [tr] superponer, encimar **3 to overlap (with sth)** coincidir en parte (con algo)

overlap² /'oʊvərlæp/ *s* superposición

overleaf /'oʊvər,lif/ *adv* a la vuelta de la página, al dorso

overload[1] /oʊvər'loʊd/ *v* [tr] sobrecargar
overload[2] /'oʊvərloʊd/ *s* sobrecarga
overlook /oʊvər'lʊk/ *v* [tr] **1** dar a: *My room overlooks the sea.* Mi ventana da al mar. **2** pasar por alto [no ver] **3** dejar pasar [perdonar]: *I decided to overlook his rudeness.* Decidí dejar pasar su grosería.
overnight[1] /oʊvər'naɪt/ *adv* **1** de noche: *They traveled overnight.* Viajaron de noche. | **to stay overnight** quedarse a pasar la noche, quedarse a dormir **2** de la noche a la mañana
overnight[2] /'oʊvərnaɪt/ *adj* **1 overnight trip** viaje de noche | **overnight flight/train** vuelo/tren nocturno | **overnight stay** estadía de una noche **2 to be an overnight success** ser un éxito de la noche a la mañana
overpass /'oʊvərpæs/ (pl **-sses**) *s* AmE paso/puente a desnivel, paso elevado
overpower /oʊvər'paʊr/ *v* [tr] dominar, reducir
overpowering /oʊvər'paʊrɪŋ/ *adj* **1** fuertísimo -a [olor] **2** agobiante [calor]
overrated /oʊvər'reɪtɪd/ *adj* sobrevalorado -a
overreact /oʊvəri'ækt/ *v* [intr] reaccionar de manera exagerada
override /oʊvər'raɪd/ *v* [tr] (pasado **-rode**, participio **-ridden**) **1** anular [un fallo, una norma] **2** hacer caso omiso de [un deseo, un consejo] **3** prevalecer sobre
overrule /oʊvər'rul/ *v* [tr] **1** desestimar [una objeción] **2** anular [un fallo]
overseas[1] /oʊvər'siz/ *adv* en el extranjero/exterior, al extranjero/exterior
overseas[2] /'oʊvərsiz/ *adj* extranjero -a, exterior
oversee /oʊvər'si/ *v* [tr] (pasado **-saw**, participio **-seen**) supervisar
overshadow /oʊvər'ʃædoʊ/ *v* [tr] **1** empañar, ensombrecer [un acontecimiento] **2** hacerle sombra a [una persona]
oversight /'oʊvərsaɪt/ *s* descuido
oversleep /oʊvər'slip/ *v* [intr] (pasado & participio **-slept**) quedarse dormido -a, dormirse [no despertarse]: *He overslept and missed the train.* Se quedó dormido y perdió el tren.
overt /oʊ'vɜrt/ *adj* (formal) **1** abierto -a [oposición, crítica] **2** declarado -a [hostilidad]
overtake /oʊvər'teɪk/ *v* (pasado **-took**, participio **-taken**) **1** [tr/intr] pasar [un vehículo a otro] **2** [tr] sobrepasar
overthrow[1] /oʊvər'θroʊ/ *v* [tr] (pasado **-threw**, participio **-thrown**) derrocar
overthrow[2] /'oʊvərθroʊ/ *s* derrocamiento
overtime /'oʊvərtaɪm/ *s* **1** horas extra **2** AmE tiempo suplementario [en deportes]
overtone /'oʊvərtoʊn/ *s* tono, trasfondo
overtook /oʊvər'tʊk/ pasado de **overtake**
overture /'oʊvərtʃər/ *s* **1** obertura **2 to make overtures to sb** procurar un acercamiento con alguien
overturn /oʊvər'tɜrn/ *v* **1** [tr] volcar, [intr] volcar(se) [vehículo] **2 to overturn a decision/verdict etc.** anular una decisión/un fallo etc.
overview /'oʊvərvju/ *s* visión general
overweight /oʊvər'weɪt/ *adj* excedido -a de peso, gordo -a | **to be 10 kilos/20 pounds etc. overweight** tener 10 kilos/20 libras etc. de más, tener un sobrepeso de 10 kilos/20 libras etc.
overwhelm /oʊvər'welm/ *v* [tr] **1** abrumar: *She was* ***overwhelmed with*** *grief.* Estaba abrumada por el dolor. **2** aplastar [derrotar]
overwhelming /oʊvər'welmɪŋ/ *adj* **1** agobiante, incontenible **2 an overwhelming majority** una mayoría abrumadora
overworked /oʊvər'wɜrkt/ *adj* sobrecargado -a de trabajo
ow! /aʊ/ *interj* ¡ay!
owe /oʊ/ *v* [tr] deber [dinero, un favor]
owing to *prep* debido a
owl /aʊl/ *s* lechuza

owl

own /oʊn/ *adjetivo, pronombre & verbo*
• *adj* **1** propio -a: *He wants his own computer.* Quiere su propia computadora. | *I prefer to do it my own way.* Prefiero hacerlo a mi manera. **2 own goal** autogol, gol en contra
• *pron* **1 my own/your own etc.** el mío/el tuyo etc., la mía/la tuya etc.: *The bed was comfortable but I prefer my own.* La cama era cómoda pero prefiero la mía. | **of my/your etc. own** propio -a: *At last she would be able to have a room of her own.* Por fin podría tener su propia habitación. **2 (all) on my/your etc. own** solo -a: *He lives on his own.* Vive solo. **3 to get your own back (on sb)** (informal) vengarse (de alguien), desquitarse
• *v* [tr] tener, ser dueño -a de: *He owns two houses on Long Island.* Tiene dos casas en Long Island. | *Who owns the land?* ¿De quién es la tierra?
own up 1 confesar **2 to own up to (doing) sth** admitir haber hecho algo
owner /'oʊnər/ *s* propietario -a, dueño -a
ownership /'oʊnərʃɪp/ *s* propiedad [hecho de ser propietario]
ox /ɑks/ *s* (pl **oxen**) buey
oxygen /'ɑksɪdʒən/ *s* oxígeno
oyster /'ɔɪstər/ *s* ostra
oz (= **ounce**) onza
ozone /'oʊzoʊn/ *s* **1** ozono **2 ozone layer** capa de ozono

P

P, p /pi/ *s* P, p ► ver "Active Box" **letters** en **letter**

p /pi/ *s* (= **pence**) penique

PA /pi ˈeɪ/ *s* (= **personal assistant**) BrE secretario -a privado -a, asistente -a personal

pace /peɪs/ *sustantivo & verbo*
- *s* **1** paso **2** ritmo | **to keep pace with sth** mantener el ritmo de algo | **to keep pace with sb** seguirle el ritmo a alguien
- *v* **to pace up and down (a room/a corridor etc.)** caminar de arriba para abajo (por una habitación/un pasillo etc.)

pacemaker /ˈpeɪsmeɪkər/ *s* marcapasos

pacifier /ˈpæsəfaɪr/ *s* AmE Según región: *chupón, chupo, chupa* o *chupete*

pacifist /ˈpæsəfɪst/ *s* pacifista

pacify /ˈpæsəfaɪ/ *v* [tr] (**-fies**, **-fied**) **1** tranquilizar **2** pacificar

pack /pæk/ *verbo & sustantivo*
- *v* **1** [intr] hacer las maletas, empacar (la ropa) **2** [tr] llevar, poner en la maleta: *Don't forget to pack your swimsuit.* No te olvides de llevar el traje de baño. | **to pack a bag/suitcase** empacar, hacer un bolso/una maleta **3** [tr] envasar, empaquetar **4** [tr] embalar **5** [tr] atestar, llenar hasta el tope [un lugar]

  pack sth in BrE **1** (informal) dejar algo [el trabajo, una actividad] **2 pack it in!** ¡ya basta!

  pack sb off (informal) despachar a alguien [mandarlo a algún lugar]

  pack up 1 (informal) dejar (de trabajar) **2** BrE (informal) descomponerse [dejar de funcionar]
- *s* **1** paquete: *a free information pack* un paquete gratuito de información ► **¿PACK, PACKAGE, PACKET O PARCEL?** ver **paquete** **2** AmE (de cigarrillos, galletitas, etc.) paquete **3** (también **backpack**) mochila, morral **4** manada, jauría **5** BrE mazo [de cartas] ► En inglés americano se usa **deck**

package /ˈpækɪdʒ/ *sustantivo & verbo*
- *s* paquete ► **¿PACK, PACKAGE, PACKET O PARCEL?** ver **paquete**
- *v* [tr] envasar

package tour, también **package holiday** BrE *s* paquete turístico

packaging /ˈpækɪdʒɪŋ/ *s* empaque, envoltorio

packed /pækt/ *adj* **1** repleto -a (de gente): *The train was packed.* El tren iba repleto. **2 packed with/packed full of** lleno -a de: *The guide is packed with useful information.* La guía está llena de información útil.

packed ˈlunch *s* (pl **-ches**) BrE almuerzo fríc que se lleva al colegio, a una excursión, etc.

packet /ˈpækɪt/ *s* BrE paquete: *a packet of biscuits* un paquete de galletas ► **¿PACK, PACKAGE, PACKET O PARCEL?** ver nota en **paquete**

packing /ˈpækɪŋ/ *s* **1 to do your packing** hacer las maletas, empacar **2** embalaje

pact /pækt/ *s* pacto

pad /pæd/ *sustantivo & verbo*
- *s* **1** almohadilla **knee pads** rodilleras | **shoulder pads** hombreras **2** (de algodón) trozc **3** (para escribir) bloc
- *v* (**-dded**, **-dding**) [tr] acolchar

padding /ˈpædɪŋ/ *s* relleno, acolchado

paddle /ˈpædl/ *sustantivo & verbo*
- *s* **1** pala [remo corto o de dos hojas] **2** AmE paleta [de ping-pong]
- *v* **1** [tr/intr] remar, palear **2** [intr] BrE mojarse los pies [en el mar, etc.]

padlock /ˈpædlɑk/ *sustantivo & verbo*
- *s* candado
- *v* [tr] cerrar con candado

page /peɪdʒ/ *sustantivo & verbo*
- *s* página: *on page 31* en la página 31
- *v* [tr] **1** llamar por altoparlante **2** mandarle un mensaje a [a través de un buscapersonas o beeper]

pageant /ˈpædʒənt/ *s* **1** (también **beauty pageant**) concurso (de belleza) **2** representación de un hecho histórico

pager /ˈpeɪdʒər/ *s* buscapersonas, pager, beeper

paid pasado & participio de **pay**

pain /peɪn/ *s* **1** dolor: *He woke up with a terrible pain in his stomach.* Se despertó con un dolor de estómago terrible. | *I have a pain in my foot.* Me duele el pie. | **to be in pain**: *Are you in pain?* ¿Te duele? | **to feel pain**: *Do you feel any pain?* ¿Te duele? ► **¿PAIN O ACHE?** ver nota en **dolor** **2 to be a pain (in the neck)** (informal) **(a)** ser un pesado/una pesada **(b)** ser una lata **3 to take pains over/with sth** esmerarse/esforzarse con algo

pained /peɪnd/ *adj* afligido -a, apenado -a

painful /ˈpeɪnfəl/ *adj* **1** doloroso -a | **to be painful** doler **2** doloroso -a [recuerdo] **3** difícil [decisión]

painfully /ˈpeɪnfəli/ *adv* **1** con dolor **2 to be painfully clear/obvious** ser a todas luces evidente **3 to be painfully shy/slow etc.** ser de una timidez/lentitud etc. lamentable

painkiller /ˈpeɪnkɪlər/ *s* analgésico, calmante

painless /ˈpeɪnləs/ *adj* **1** sin dolor, indoloro -a **2** (informal) fácil

painstaking /ˈpeɪnzteɪkɪŋ/ *adj* concienzudo -a, minucioso -a

paint /peɪnt/ *sustantivo & verbo*
- *s* pintura
- *v* [tr/intr] pintar | **to paint sth red/blue etc.** pintar algo de rojo/azul etc.

paintbrush /ˈpeɪntbrʌʃ/ *s* (pl **-shes**) pincel, brocha

painter /ˈpeɪntər/ *s* pintor -a

painting /ˈpeɪntɪŋ/ *s* **1** cuadro, pintura **2** (actividad) pintura

pair /per/ *s* **1** par: *a pair of shoes* un par de zapatos | *a pair of gloves* un par de guantes | *a pair of scissors* una(s) tijera(s) | *a pair of shorts* un short/unos shorts | *a pair of pants* un pantalón/unos pantalones **2** pareja | **to work in pairs** trabajar de a dos
pair off juntarse por parejas **pair sb off to pair sb off (with sb)** enganchar a alguien (con alguien)
pair up formar pareja **pair sb up** poner a alguien en parejas

pajamas AmE, **pyjamas** BrE /pəˈdʒɑməz/ *s pl* pijama, piyama: *a pair of pajamas* un/una pijama

Pakistan /pækɪˈstæn/ *s* Pakistán

Pakistani /pækɪˈstæni/ *adj & s* pakistaní

pal /pæl/ *s* (informal) amigo -a, compinche, cuate

palace /ˈpæləs/ *s* palacio

palate /ˈpælət/ *s* paladar

pale /peɪl/ *adjetivo & verbo*
- *adj* **1** claro -a: *pale green* verde claro **2** pálido -a | **to go/turn pale** ponerse pálido -a
- *v* [intr] ponerse pálido -a, palidecer

palm /pɑm/ *s* **1** palma [de la mano] **2** (también **palm tree**) palmera
palm sth off to palm sth off on sb encajarle algo a alguien [algo que no necesita o no quiere]
palm sb off to palm sb off with sth hacer callar a alguien con algo

paltry /ˈpɔltri/ *adj* mísero -a: *a paltry 2% pay increase* un mísero aumento de sueldo del 2%

pamper /ˈpæmpər/ *v* [tr] mimar

pamphlet /ˈpæmflət/ *s* panfleto, folleto

pan /pæn/ *s* **pan** significa indistintamente *cacerola* o *perol, olla* o *sartén*. En inglés americano también puede hacer referencia a un *molde* o *placa* para horno

Panama /ˈpænəmɑ/ *s* Panamá

Panamanian /pænəˈmeɪniən/ *adj & s* panameño -a

pancake /ˈpænkeɪk/ *s* **1** (grueso) panqueque, panqueca, hot cake **2** (delgado) crepe, crepa, panqueque

panda /ˈpændə/ *s* (oso -a) panda

pander /ˈpændər/ *v* **pander to sth/sb** ser complaciente con algo/alguien

pane /peɪn/ *s* vidrio [de una ventana, etc.] ▶ ver también **window**

panel /ˈpænl/ *s* **1** panel [de una puerta, una pared] **2** panel, jurado **3 instrument/control panel** tablero

pang /pæŋ/ *s* sensación o sentimiento fuerte y repentino: *hunger pangs* retortijones de hambre | *pangs of guilt* remordimiento de conciencia

panic /ˈpænɪk/ *sustantivo & verbo*
- *s* pánico | **in a panic** presa del pánico
- *v* [intr] (**-cked**, **-cking**) dejarse llevar por el pánico

pant /pænt/ *v* [intr] jadear

panther /ˈpænθər/ *s* pantera

panties /ˈpæntiz/ *s pl* calzones, pantaletas, pantys: *a pair of panties* unos calzones/unas pantaletas etc.

pantomime /ˈpæntəmaɪm/ *s* **1** en Gran Bretaña, obra teatral cómica que se suele representar durante la época navideña **2** pantomima

pants /pænts/ *s pl* **1** AmE pantalones **2** BrE calzoncillos, interiores ▶ También existe **underpants,** que es inglés universal **3** BrE calzones, pantaletas, pantys ▶ También existe **panties,** que es inglés universal

pantyhose /ˈpæntihoʊz/ AmE *s pl* Según región: *pantimedias, (medias) panties, medias pantalón* o *panty*

paper /ˈpeɪpər/ *sustantivo, sustantivo plural & verbo*
- *s* **1** papel: *a piece of paper* un (pedazo de) papel **2** periódico, diario: *yesterday's paper* el periódico de ayer **3** ponencia, trabajo [académico] **4** examen escrito o una de sus partes **5 on paper (a)** por escrito **(b)** en teoría
- **papers** *s pl* **1** papeles **2** documentos [de identidad]
- *v* [tr] empapelar

paperback /ˈpeɪpərbæk/ *s* libro de pasta blanda

paperwork /ˈpeɪpərwɜrk/ *s* **1** trabajo administrativo **2** papeleo

ˈPap smear, también **Pap test** *s* AmE Papanicolau, citología

par /pɑr/ *s* **1 to be on a par with sth** estar a la par/al mismo nivel de algo **2 below par** por

ⓘ ¿Quieres información sobre las diferencias entre los **posesivos** en inglés y en español? Lee la explicación en el apartado de gramática.

debajo de las expectativas | **to feel below/under par** no sentirse del todo bien

parachute /'pærəʃut/ *sustantivo & verbo*
- *s* paracaídas
- *v* [intr] lanzarse en paracaídas

parade /pə'reɪd/ *sustantivo & verbo*
- *s* desfile, parada
- *v* **1** [intr] desfilar **2 to parade around** exhibirse **3** [tr] hacer ostentación de

paradise /'pærədaɪs/ *s* paraíso

paradox /'pærədɑks/ *s* (pl **-xes**) paradoja

paraffin /'pærəfɪn/ *s* BrE querosene ▶ En inglés americano se usa **kerosene**

paragraph /'pærəgræf/ *s* párrafo

Paraguay /'pærəgwaɪ/ *s* Paraguay

Paraguayan /pærə'gwaɪən/ *adj & s* paraguayo -a

parallel *adjetivo & sustantivo*
- *adj* paralelo -a
- *s* **1** paralelo **2 in parallel** en paralelo

paralysis /pə'ræləsɪs/ *s* parálisis

paralyze AmE, **paralyse** BrE /'pærəlaɪz/ *v* [tr] paralizar

paramedic /pærə'medɪk/ *s* paramédico -a

paramilitary /pærə'mɪləteri/ *adj* paramilitar

paramount /'pærəmaʊnt/ *adj* primordial

paranoia /pærə'nɔɪə/ *s* paranoia

paranoid /'pærənɔɪd/ *adj* **1** paranoico -a **2** (en psiquiatría) paranoico -a, paranoide

paraphrase /'pærəfreɪz/ *v* [tr] parafrasear

parasite /'pærəsaɪt/ *s* parásito

parcel /'pɑrsəl/ *s* paquete ▶ **¿PACK, PACKAGE, PACKET O PARCEL?** ver **paquete**

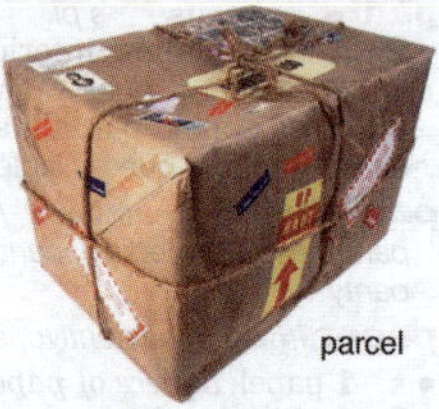
parcel

pardon /'pɑrdn/ *interjección, verbo & sustantivo*
- *interj* **1 pardon?**, también **pardon me?** AmE ¿cómo?, ¿qué dijo/dijiste?, ¿mande? **2 pardon me (a)** (para disculparse) perdón **(b)** AmE (para abordar a alguien) perdón
- *v* [tr] **1** indultar **2** (formal) perdonar, disculpar
- *s* **1** indulto **2** perdón

parent /'perənt/ *s* padre o madre indistintamente: *my parents* mis padres ▶ ver también **single parent**

parental /pə'rentl/ *adj* de los padres

parentheses /pə'renθəsiz/ *s pl* paréntesis | **in parentheses** entre paréntesis

parenthood /'perənthud/ *s* paternidad o maternidad indistintamente

parish /'pærɪʃ/ *s* (pl **-shes**) parroquia

park /pɑrk/ *sustantivo & verbo*
- *s* parque
- *v* [intr] parquear, estacionar(se), [tr] parquear, estacionar | **no parking** prohibido parquear/estacionar(se)

parking /'pɑrkɪŋ/ *s* lugar para parquear/estacionar(se): *There's plenty of parking nearby.* Hay mucho lugar para parquear cerca./Hay mucho lugar para estacionar cerca.

'parking ˌgarage *s* AmE parqueadero, estacionamiento, parking [de varios pisos]

'parking lot *s* AmE parqueadero, (playa de) estacionamiento, parking [al aire libre]

'parking ˌmeter *s* parquímetro

'parking ˌticket *s* multa [por mal estacionamiento]

parliament, también **Parliament** /'pɑrləmənt/ *s* parlamento

parliamentary /pɑrlə'mentri/ *adj* parlamentario -a

parody /'pærədi/ *sustantivo & verbo*
- *s* (pl **-dies**) parodia
- *v* [tr] parodiar

parole /pə'roʊl/ *s* libertad condicional

parrot /'pærət/ *s* loro, perico

parsley /'pɑrsli/ *s* perejil

parsnip /'pɑrsnɪp/ *s* apio del campo, chirivía, pastinaca [hortaliza de forma similar a la de una zanahoria y de color blanco amarillento]

part /pɑrt/ *sustantivo, verbo & adverbio*
- *s* **1** parte: *What part of England does he come from?* ¿De qué parte de Inglaterra es? | *I only saw the first part of the program.* Sólo vi la primera parte del programa. **2** (de una máquina) pieza **3** (también **spare part**) repuesto, pieza de recambio, refacción **4** (función) papel: *Sports play a big part in his life.* El deporte tiene un papel muy importante en su vida. **5** (en una obra) papel: *He plays the part of Hamlet.* Hace (el papel) de Hamlet. **6 to take part (in sth)** participar (en algo) **7 on my/his etc. part** de mi/su etc. parte: *It was a mistake on her part.* Fue un error de su parte. **8 for the most part** en general **9 in part** en parte **10 for my/his etc. part** por mi/su etc. parte **11** AmE partido, raya, partidura [del pelo]
- *v* **1 to be parted from sb** estar separado -a de alguien **2 to part your hair** peinarse con partido/raya/partidura **3** [tr] abrir **4** [intr] abrirse

part with sth 1 desprenderse de algo **2** desembolsar algo
- *adv* en parte: *part written, part spoken* en parte escrito, en parte oral

partial /'pɑrʃəl/ *adj* **1** (no completo) parcial **2 to be partial to sth** tener debilidad por algo, ser aficionado -a a algo **3** (con parcialidad) parcial

partially /'pɑrʃəli/ *adv* parcialmente

participant /pɑr'tɪsəpənt/ *s* participante

participate /pɑr'tɪsəpeɪt/ *v* **to participate (in sth)** participar (en algo)

participation /pɑrtɪsə'peɪʃən/ *s* participación

participle /'pɑrtəsɪpəl/ *s* participio

particle /'pɑrtɪkəl/ *s* partícula

particular /pər'tɪkjələr/ *adjetivo, sustantivo & sustantivo plural*

• *adj* **1** particular: *on that particular occasion* en esa ocasión particular | *for no particular reason* por ninguna razón en particular **2** especial, particular **3 to be particular about sth** ser exigente con algo

• *s* **in particular** en especial, en particular

• **particulars** *s pl* datos personales

particularly /pər'tɪkjələrli/ *adv* particularmente, especialmente: *I'm not particularly interested.* No me interesa particularmente. | *"Did you enjoy the movie?" "Not particularly."* –¿Te gustó la película? –No mucho.

parting /'pɑrtɪŋ/ *s* **1** despedida **2** BrE partido, raya, partidura [del pelo] ▶ En inglés americano se usa **part**

partition /pɑr'tɪʃən/ *s* **1** tabique **2** división [de un país]

partly /'pɑrtli/ *adv* en parte, parcialmente

partner /'pɑrtnər/ *s* **1** (en un baile, un juego) pareja, compañero -a **2** (en una empresa) socio -a **3** (en una relación) pareja, compañero -a

partnership /'pɑrtnərʃɪp/ *s* **1** asociación o colaboración entre dos personas, dos organizaciones, etc.: *a partnership between parents and the school* una empresa conjunta entre los padres y la escuela **in partnership with sth/sb** en asociación con algo/alguien **2** (en los negocios) sociedad | **to be in partnership** estar asociado -a | **to go into partnership** asociarse

part of 'speech *s* categoría gramatical, clase de palabra

part-'time *adjetivo & adverbio*

• *adj* de tiempo parcial, de medio tiempo, part-time

• *adv* a tiempo parcial, a medio tiempo

party /'pɑrti/ *s* (pl **-ties**) **1** fiesta | **to have/give a party** hacer una fiesta, dar una fiesta **2** partido [político] **3** grupo, partida: *a party of schoolchildren* un grupo de escolares **4** parte [en cuestiones legales]

pass /pæs/ *verbo & sustantivo*

• *v* (3ª pers sing **-sses**) **1** [tr] pasar por: *I pass the club on my way to school.* Paso por la puerta del club de camino al colegio. | *We passed each other on the stairs.* Nos cruzamos en las escaleras. **2** [intr] pasar **3 pass through/behind etc.** pasar por/detrás de etc.: *The new road passes right behind our house.* La nueva carretera pasa justo detrás de nuestra casa. **4** [intr] pasar [tiempo, tormenta] **5** [intr] pasarse [dolor, mal humor] **6 to pass the time** pasar el rato **7** [tr/intr] aprobar, pasar [un examen, una asignatura] **8** [tr] aprobar [una ley] **9** [tr] (entregar) pasar, alcanzar **10** (en deportes) [tr] pasar, [intr] pasar la pelota, hacer un pase

PHRASAL VERBS

pass sth around **1** servir/ofrecer algo **2** hacer circular algo

pass away fallecer

pass by pasar: *Several cars passed by, but nobody stopped.* Pasaron varios autos, pero nadie paró. **pass sb by** pasar a alguien de largo

pass for sth/sb pasar por algo/alguien: *She could pass for a boy with that haircut.* Podía pasar por un muchacho con ese corte de pelo.

pass sth/sb off as sth/sb hacer pasar algo/a alguien por algo/alguien

pass sth on pasar algo [un mensaje, etc.]

pass out desmayarse

pass sth round ▶ ver **pass sth around**

pass sth up desaprovechar algo [una oportunidad]

• *s* (pl **-sses**) **1** (en deportes) pase **2** (permiso) pase **3** (para el transporte) abono [en general], pase [de jubilado, escolar] **4** (en un examen) aprobado **5** (entre montañas) paso **6 to make a pass at sb** insinuársele a alguien

passable /'pæsəbəl/ *adj* **1** aceptable, pasable **2** transitable

passage /'pæsɪdʒ/ *s* **1** (también **passageway**) pasillo, corredor, pasadizo **2** (en un texto) pasaje, trozo **3** (acción de pasar) paso **4** (en anatomía) conducto

passenger /'pæsəndʒər/ *s* pasajero -a

passerby /pæsər'baɪ/ *s* (pl **passers-by**) transeúnte

passing *sustantivo & adjetivo*

• *s* **1** transcurso, paso [del tiempo] **2 in passing** de pasada, al pasar

• *adj* **1** que pasa(n), que pasaba(n): *with each passing day* con cada día que pasaba **2 a passing reference/comment etc.** una referencia/un comentario al pasar **3 a passing interest/phase etc.** un interés pasajero/una etapa pasajera etc.

passion /'pæʃən/ *s* pasión

passionate /'pæʃənət/ *adj* **1** apasionado -a [creencia, interés] **2** encendido -a [discurso, defensa] **3** apasionado -a [beso, amor, etc.]

passive /'pæsɪv/ *adjetivo & sustantivo*

• *adj* **1** pasivo -a **2** en pasiva [verbo, frase, etc.]

• *s* (también **passive voice**) pasiva | **in the passive** en voz pasiva

passport /'pæspɔrt/ *s* pasaporte

password /'pæswɜrd/ *s* contraseña, clave (de acceso)

past /pæst/ *adjetivo, preposición, sustantivo & adverbio*

• *adj* **1** anterior, pasado -a: *He has learned from*

¿No estás seguro de si se usa **make** o **do**? Mira las entradas **hacer**, **make** y **do**.

past experience. Ha aprendido de experiencias anteriores. **2** último -a, pasado -a: *Tim's been in Spain for the past three months.* Tim ha estado en España los últimos tres meses. **3 to be past** haber terminado: *Winter is past.* El invierno ya pasó. **4 past champion/president etc.** ex campeón -ona/presidente -a etc.

• *prep* **1** después de, pasando: *a mile past the bridge* una milla después del puente **2** (con verbos de movimiento): *Will you be going past the drugstore?* ¿Vas a pasar por la farmacia? | *She walked straight past me.* Pasó de largo por mi lado. **3** (hablando de la hora): *It's ten past nine.* Son las nueve y diez. | *It was already past ten o'clock.* Ya eran más de las diez. **4 to be past sth** haber pasado cierto límite: *It's past your bedtime.* Ya pasó la hora de acostarte./Ya deberías estar acostada. **5 I wouldn't put it past him/her etc. (to do sth)** lo/la etc. creo muy capaz (de hacer algo)

• *s* **1** pasado **2 the past**, también **the past tense** el pasado

• *adv* **1 to drive/walk etc. past** pasar en auto/caminando etc.: *Just at that moment, Hal drove past.* Justo en ese momento pasó Hal en su auto. **2 to go past** pasar: *Several weeks went past.* Pasaron varias semanas.

pasta /ˈpɑstə/ *s* pasta(s) [espaguetis, ravioles, etc.]

paste /peɪst/ *sustantivo & verbo*

• *s* **1** engrudo, pegamento **2** pasta [mezcla] **3** (de anchoas, aceitunas, etc.) pasta, (de carne, pescado, etc.) tipo de paté

• *v* [tr] **1** (con engrudo, etc.) pegar **2** (en computación) pegar

pastel /pæˈstel, BrE ˈpæstl/ *adjetivo & sustantivo*

• *adj* pastel [referido a colores]

• *s* pastel [para pintar]

pastime /ˈpæstaɪm/ *s* pasatiempo

pastor /ˈpæstər/ *s* pastor -a [de una iglesia]

ˌpast ˈparticiple *s* participio (pasado)

ˌpast ˈperfect *s* antecopretérito, pretérito pluscuamperfecto

pastry /ˈpeɪstri/ *s* **1** masa [para tartas, pasteles] **2** (pl **-tries**) pastelito

pasture /ˈpæstʃər/ *s* pastura

pat /pæt/ *verbo & sustantivo*

• *v* [tr] (**-tted**, **-tting**) darle palmaditas/una palmadita a

• *s* **1** palmadita **2 a pat on the back** una felicitación

patch /pætʃ/ *sustantivo & verbo*

• *s* (pl **-ches**) **1** remiendo, parche **2** mancha: *damp patches on the wall* manchas de humedad en la pared **3** zona: *a patch of ice on the road* una zona de hielo en el camino | *a bald patch* un pelado/una pelada/una calva **4** huerta [parte de un terreno dedicada al cultivo de verduras] **5 not to be a patch on sth** no ser ni por asom… algo | **not to be a patch on sb** no llegarle ni a lo… talones a alguien **6 a bad patch** una mal… racha

• *v* [tr] (3ª pers sing **-ches**) emparchar, remendar **patch sth up** arreglar algo [una disputa] | t… **patch things up with sb** arreglar las cosas co… alguien

patchwork /ˈpætʃwɜrk/ *s* patchwork [labo… hecha con retazos de telas de colores]

patchwork ha…

patchy /ˈpætʃi/ *adj* (**-chier**, **-chiest**)
1 patchy fog bancos de niebla | **patchy drizzle** lloviznas aisladas **2** fragmentario -a [conocimiento] **3** desparejo -a [interpretación] **4** irregular [servicio]

pâté /pɑˈteɪ, BrE ˈpæteɪ/ *s* paté

patent /ˈpætnt/ *sustantivo, verbo & adjetivo*

• *s* patente [de un invento, etc.]

• *v* [tr] patentar

• *adj* patente [mentira, etc.]

patently /ˈpætntli/ *adv* **patently obvious/fals… etc.** a todas luces evidente/falso -a etc.

paternal /pəˈtɜrnl/ *adj* **1** paternal **2 pater… nal grandmother/aunt etc.** abuela/tía etc… paterna

paternity /pəˈtɜrnəti/ *s* paternidad

path /pæθ/ *s* **1** sendero **2** paso | **to make … path for sb** abrirle paso a alguien **3** trayectori… **4** camino [curso de acción] | **the path t… freedom/happiness etc.** el camino a l… libertad/la felicidad etc.

pathetic /pəˈθetɪk/ *adj* **1** (informal) lamentabl… **2** patético -a

pathology /pəˈθɑlədʒi/ *s* patología

patience /ˈpeɪʃəns/ *s* **1** paciencia | **to los… (your) patience** perder la paciencia **2** BrE **t… play patience** jugar (al) solitario ► En inglé… americano se usa **to play solitaire** | **a game o… patience** un solitario ► En inglés americano s… usa **a game of solitaire**

patient /ˈpeɪʃənt/ *sustantivo & adjetivo*

• *s* paciente: *The doctor is seeing a patient righ… now.* Ahora mismo la doctora está atendiendo … un paciente.

• *adj* paciente | **to be patient** ser paciente, tene… paciencia

patio /ˈpætioʊ/ *s* patio [parte pavimentada de u… jardín]

patriot /ˈpeɪtriət/ *s* patriota

patriotic /peɪtriˈɑtɪk/ *adj* patriótico -a

patrol /pəˈtroʊl/ *sustantivo & verbo*

- *s* patrulla, ronda | **to be on patrol** patrullar
- *v* [tr/intr] (**-lled**, **-lling**) patrullar

patron /ˈpeɪtrən/ *s* **1** (de una organización) patrocinador -a, (de un artista) mecenas **2** (de un comercio) cliente

patronize, -ise BrE /ˈpeɪtrənaɪz/ *v* [tr] **1** tratar con condescendencia **2** (formal) ser cliente de

patronizing, -sing BrE /ˈpeɪtrənaɪzɪŋ/ *adj* condescendiente

patter /ˈpætər/ *verbo & sustantivo*

- *v* [intr] golpetear, tamborilear
- *s* golpeteo, tamborileo

pattern /ˈpætərn/ *s* **1** patrón, pauta: *behavior patterns* patrones de conducta **2** dibujo, diseño **3** (en costura) patrón, molde **4** (en gramática) estructura

patterned /ˈpætərnd/ *adj* estampado -a, con dibujos

pause /pɔz/ *verbo & sustantivo*

- *v* [intr] detenerse
- *s* pausa

pave /peɪv/ *v* [tr] **1** pavimentar, empedrar **2 to pave the way (for sth)** allanar el camino (para algo)

pavement /ˈpeɪvmənt/ *s* **1** AmE pavimento **2** BrE ▶ ver **sidewalk**

pavilion /pəˈvɪljən/ *s* pabellón

ˈpaving stone *s* losa, baldosón [de piedra]

paw /pɔ/ *sustantivo & verbo*

- *s* **1** pata, garra **2** (informal) forma peyorativa de referirse a la mano de una persona
- *v* [tr] manosear, toquetear

pawn /pɔn/ *verbo & sustantivo*

- *v* [tr] empeñar
- *s* **1** (en ajedrez) peón **2** (persona que es usada) títere

pawnbroker /ˈpɔnbroʊkər/ *s* prestamista

pay /peɪ/ *verbo & sustantivo*

- *v* (pasado & participio **paid**) **1** [tr/intr] pagar: *We **paid** $220,000 **for** this house.* Pagamos $220,000 por esta casa. | *How much did you **pay for** the tickets?* ¿Cuánto te costaron las entradas? | *I paid the taxi driver.* Le pagué al taxista. | **to be/get paid** cobrar | **to pay by check/credit card** pagar con cheque/tarjeta de crédito **2** [intr] valer la pena **3** [intr] dar (ganancias) **4 to pay your way** mantenerse solo -a, hacerse cargo de los propios gastos **5** ▶ ver también **attention**, **compliment**, **visit**

PHRASAL VERBS

pay sth back devolver algo: *Did I pay you back that $5?* ¿Te devolví aquellos $5? **pay sb back** devolverle dinero/$50 etc. a alguien: *He hasn't paid me back.* No me devolvió el dinero. | *Could you lend me $20? I'll pay you back tomorrow.* ¿Me prestarías $20? Te los devuelvo mañana.

pay sth in depositar algo, consignar algo

pay off dar frutos **pay sth off** terminar de pagar algo

pay up (informal) pagar [cuando uno se resiste a hacerlo]

- *s* **1** sueldo, salario, paga **2 pay day** día de pago **pay raise/increase** aumento de sueldo

payable /ˈpeɪəbəl/ *adj* **1** pagadero -a **2 to make a check payable to sb** extender/hacer un cheque a nombre de alguien

payment /ˈpeɪmənt/ *s* **1** pago: *He received no **payment for** his work.* No recibió pago alguno por el trabajo. **2 as/in payment for sth** como/en pago por algo

ˈpay phone *s* teléfono público

payroll /ˈpeɪroʊl/ *s* planilla (de sueldos), nómina

PC /pi ˈsi/ *sustantivo & adjetivo*

- *s* (= **personal computer**) PC, computador, computadora
- *s* (= **police constable**) BrE agente [de policía]
- *adj* (= **politically correct**) políticamente correcto -a ▶ ver nota en **politically correct**

PE /pi ˈi/ *s* (= **physical education**) educación física

pea /pi/ *s* Según región: *arveja, chícharo, petit poi* o *guisante*

peace /pis/ *s* **1** paz **2** tranquilidad [calma] | **peace and quiet** paz y tranquilidad **3 peace of mind** tranquilidad [no preocupación] **4 to make (your) peace with sb** hacer las paces con alguien **5 peace talks** negociaciones de paz

peaceful /ˈpisfəl/ *adj* **1** pacífico -a **2** tranquilo -a

peach /pitʃ/ *sustantivo & adjetivo*

- *s* (pl **-ches**) **1** (fruta) durazno **2** (color) durazno
- *adj* de color durazno

ˈpea coat, también **pea jacket** AmE *s* trenca, montgomery

peacock /ˈpikɑk/ *s* pavo real

peak /pik/ *sustantivo, verbo & adjetivo*

- *s* **1** punto máximo, apogeo **2** pico, cumbre **3** visera
- *v* [intr] alcanzar su punto máximo
- *adj* **1 peak rate** tarifa máxima, tarifa en horas pico | **peak season** temporada alta **2 peak times/hours** horas pico

peanut /ˈpinʌt/ *sustantivo & sustantivo plural*

- *s* maní, cacahuate
- **peanuts** *s pl* (informal) una miseria: *They work for peanuts.* Trabajan por una miseria.

peanut ˈbutter *s* mantequilla de maní/cacahuate

pear /per/ *s* **1** pera **2 pear tree** peral

pearl /pɜrl/ *s* perla

peasant /ˈpezənt/ *s* campesino -a

Hay una tabla con los **números** en inglés y explicaciones sobre su uso en el apartado de gramática.

peat /pit/ *s* turba

pebble /ˈpebəl/ *s* guijarro, piedrita

peck /pek/ *verbo & sustantivo*

- *v* [tr/intr] picotear, picar
- *s* **1 to give sb a peck on the cheek** darle un besito a alguien en la mejilla **2** picotazo

peckish /ˈpekɪʃ/ *adj* **to be/feel peckish** BrE (informal) tener un poco de hambre

peculiar /pɪˈkjuljər/ *adj* **1** extraño -a, raro -a **2 to be peculiar to sth/sb** ser típico -a de algo/alguien, ser exclusivo -a de algo/alguien

peculiarity /pɪkjuliˈærəti/ *s* (pl **-ties**) peculiaridad

peculiarly /pɪˈkjuljərli/ *adv* **1** particularmente **2** de una manera extraña **3 peculiarly American/male etc.** típicamente americano -a/masculino -a etc.

pedal /ˈpedl/ *sustantivo & verbo*

- *s* pedal
- *v* [intr] (**-led**, **-ling** AmE, **-lled**, **-lling** BrE) pedalear

pedantic /pəˈdæntɪk/ *adj* puntilloso -a

pedestrian /pəˈdestriən/ *s* peatón -ona

peˌdestrian ˈcrossing *s* BrE cruce peatonal
► En inglés americano se usa **crosswalk**

pedigree /ˈpedəgri/ *sustantivo & adjetivo*

- *s* **1** pedigree, pedigrí **2** genealogía
- *adj* con pedigree/pedigrí, de raza

pee /pi/ *verbo & sustantivo*

- *v* [intr] hacer(se) pipí/pis, hacer(se) del uno, mear(se)
- *s* pipí, pis

peek /pik/ *verbo & sustantivo*

- *v* [intr] **1 to peek (at sth)** mirar (algo) [a hurtadillas] **2 to peek out** asomar la cabeza
- *s* **to take a peek at sth/sb** echarle una miradita a algo/alguien

peel /pil/ *verbo & sustantivo*

- *v* **1** [tr] pelar **2** [intr] despellejarse, pelarse [nariz, espalda, etc.] **3** [intr] desconcharse, salirse [pintura]
  peel off 1 desconcharse, salirse [pintura] **2** pelarse [piel] **peel sth off** despegar algo
- *s* cáscara [de una naranja, una manzana]

peep /pip/ *verbo & sustantivo*

- *v* [intr] **1** echar un vistazo: *I opened the door a crack and peeped out.* Abrí apenas la puerta y eché un vistazo. **2** espiar: *I caught him peeping through the keyhole.* Lo pillé espiando por el agujero de la cerradura. **3** asomar(se): *The sun peeped through the clouds.* El sol se asomó entre las nubes.
- *s* **1 to take a peep at sth** echarle un vistazo a algo, espiar algo **2 not a peep** (informal) ni una palabra, ni mu

peer /pɪr/ *sustantivo & verbo*

- *s* **1** (de la misma edad o condición social) par, igual **2** (miembro de la nobleza británica) par
- *v* **to peer at/through etc.** mirar algo esforzándose por ver con claridad: *He peered at the map.* Escudriñó el mapa. | *Someone was peering through the window.* Alguien estaba atisbando por la ventana.

peeved /pivd/ *adj* (informal) molesto -a [enojado]

peg /peg/ *sustantivo & verbo*

- *s* **1** gancho [para colgar abrigos, etc.] **2** (también **tent peg**) estaca **3** (también **clothes peg**) BrE pinza, gancho, perrito [para colgar la ropa]
  ► En inglés americano se usa **clothespin**
- *v* [tr] (**-gged**, **-gging**) (también **peg out**) colgar, tender [la ropa]

pelican /ˈpelɪkən/ *s* pelícano

pellet /ˈpelət/ *s* **1** bolita [de papel, pan, etc.] **2** perdigón

pelt /pelt/ *verbo & sustantivo*

- *v* **1 to pelt sb with sth** arrojarle algo a alguien **2 to be pelting down** estar lloviendo a cántaros **3 to pelt along/down etc.** ir muy rápido: *He pelted down the road.* Corrió como loco por la calle.
- *s* **1** piel, cuero **2 at full pelt** a toda máquina

pen /pen/ *s* **1** (también **fountain pen**) estilógrafo, pluma (fuente), lapicera (de tinta) **2** (también **ballpoint pen**) bolígrafo, esfero(gráfico), pluma atómica **3** corral

penalize, -ise BrE /ˈpinlaɪz/ *v* [tr] **1** perjudicar, colocar en desventaja **2** penalizar, sancionar

penalty /ˈpenlti/ *s* (pl **-ties**) **1** multa **2** pena | **the death penalty** la pena de muerte **3** (en fútbol americano, etc.) penalización **4** (en fútbol, etc.) penal, pénal, penalty

pence /pens/ BrE plural de **penny**

pencil /ˈpensəl/ *s* lápiz | **in pencil** con lápiz

ˈpencil ˌsharpener *s* sacapuntas, tajalápiz

pendant, también **pendent** /ˈpendənt/ *s* colgante [alhaja]

pending /ˈpendɪŋ/ *preposición & adjetivo*

- *prep* (formal) en espera de
- *adj* (formal) pendiente

pendulum /ˈpendʒələm/ *s* péndulo

penetrate /ˈpenətreɪt/ *v* **1** [tr/intr] penetrar **to penetrate through sth** atravesar algo **2** [tr] infiltrarse en

penetrating /ˈpenətreɪtɪŋ/ *adj* penetrante [mirada, voz, pregunta]

ˈpen friend *s* BrE ► ver **pen pal**

penguin /ˈpeŋgwɪn/ *s* pingüino

penicillin /penəˈsɪlən/ *s* penicilina

peninsula /pəˈnɪnsələ/ *s* península

penis /ˈpinɪs/ *s* pene

penitentiary /penəˈtenʃəri/ *s* (pl **-ries**) penitenciaría, prisión

penknife /ˈpennaɪf/ *s* (pl **-knives**) cortaplumas, navaja

penniless /'penɪləs/ *adj* pobre, sin un centavo

penny /'peni/ *s* **1** (pl **pennies**) (en EU) (moneda de un) centavo: *It costs a few pennies.* Cuesta unos centavos. | *a bag full of pennies* una bolsa llena de monedas de un centavo **2** (en Gran Bretaña) (moneda de un) penique ▶ Cuando se refiere a precios el plural es **pence**. Cuando designa la moneda, el plural es **pennies**

pen pal *s* AmE persona, generalmente residente en el extranjero, con la cual uno se cartea

pension /'penʃən/ *s* jubilación, pensión

pensioner /'penʃənər/ *s* jubilado -a, pensionado -a, pensionista

pentagon /'pentəgɑn/ *s* **1** pentágono **2 the Pentagon** el Pentágono [el ministerio/la secretaría de Defensa de EU]

penultimate /pɪ'nʌltəmət/ *adj* penúltimo -a

people /'pipəl/ *s* **1** [pl] (la) gente: *People think we are sisters.* La gente cree que somos hermanas. **2** [pl] personas: *There were five people waiting.* Había cinco personas esperando. ▶ ver recuadro en **gente** y nota en **persona** **3** [pl] ciudadanos, habitantes: *the people of Rome* los ciudadanos de Roma | **the people** (la gente común) el pueblo: *The people rose up against him.* El pueblo se sublevó contra él. **4** [sing] (nación) pueblo ▶ Este sentido es numerable y tiene plural: *all the peoples of the world* todos los pueblos del mundo

pepper /'pepər/ *s* **1** pimienta **2** Según región: *pimiento, pimentón, rocoto, rocote* o *morrón*: *a red pepper* un pimiento rojo

peppermint /'pepərmɪnt/ *s* **1** menta **2** pastilla de menta

per /pər/ *prep* por: *$60 per person per night* $60 por persona por noche | *He charges $30 per lesson.* Cobra $30 la clase.

perceive /pər'siv/ *v* [tr] (formal) **1** considerar, ver **2** percibir, notar

percent, también **per cent** /pər'sent/ *adj & adv* por ciento: *I agree with you one hundred percent.* Estoy un cien por ciento de acuerdo contigo.

percentage /pər'sentɪdʒ/ *s* porcentaje

perception /pər'sepʃən/ *s* **1** punto de vista, concepción **2** percepción **3** perspicacia

perceptive /pər'septɪv/ *adj* perspicaz

perch /pɜrtʃ/ *sustantivo & verbo*

- *s* (pl **-ches**) percha [de un ave]
- *v* **1 to be perched on sth** estar encaramado -a en algo, estar (sentado- a) sobre algo **2 to perch yourself on sth** encaramarse en algo, sentarse en (el borde de) algo **3** [intr] posarse [ave]

percussion /pər'kʌʃən/ *s* percusión

perennial /pə'reniəl/ *adj* **1** eterno -a [problema, cuestión, etc.] **2** perenne [planta]

perfect¹ /'pɜrfɪkt/ *adjetivo & sustantivo*

- *adj* **1** perfecto -a **2** ideal: *This rug is perfect for my bedroom.* Esta alfombra es ideal para mi cuarto. **3** (usado para enfatizar): *I felt like a perfect idiot.* Me sentí como una verdadera idiota. | *a perfect stranger* un perfecto desconocido
- *s* **the perfect (tense)** el pretérito perfecto compuesto

perfect² /pər'fekt/ *v* [tr] perfeccionar

perfection /pər'fekʃən/ *s* **1** perfección | **to perfection** a la perfección **2** perfeccionamiento

perfectionist /pər'fekʃənɪst/ *s* perfeccionista

perfectly /'pɜrfɪktli/ *adv* **1** (a la perfección) perfectamente **2** (usado para enfatizar) perfectamente, totalmente | **to know perfectly well** saber muy bien

perform /pər'fɔrm/ *v* **1** [intr] actuar ▶ La traducción también puede ser cantar, bailar o tocar según se trate de cantantes, bailarines o músicos **2** [tr] interpretar [una pieza de música] **3** [tr] representar [una obra de teatro] **4** [tr] practicar [una operación quirúrgica] **5** [tr] desempeñar [una tarea] **6 to perform well/badly etc.** tener un buen/mal etc. desempeño

performance /pər'fɔrməns/ *s* **1** (en el teatro, el cine) función, representación **2** (de un músico) interpretación **3** (de un actor) actuación, interpretación **4** (de un auto, un motor) performance, rendimiento **5** (de un estudiante, un trabajador) desempeño **6** (de funciones, tareas) desempeño

performer /pər'fɔrmər/ *s* **1** (en teatro) actor, actriz **2** (en música) intérprete **3** (en un circo) artista

perfume /'pɜrfjum, pər'fjum/ *s* **1** perfume **2** (literario) aroma [de una flor]

perhaps /pər'hæps/ *adv* a lo mejor, tal vez, quizás: *Perhaps she didn't hear you.* A lo mejor no te oyó. | **perhaps not** puede que no, quizás no

peril /'perəl/ *s* (formal) peligro, riesgo

period /'pɪriəd/ *sustantivo & adjetivo*

- *s* **1** período | **over a period of time** a lo largo de un período **2** (en la historia) época **3** período, regla, menstruación **4** AmE punto [en puntuación] **5** tiempo [de un partido de hockey] **6** hora [en la escuela]: *What do you have first period?* ¿Qué tienes en la primera hora?
- *adj* **period costume/furniture etc.** traje/muebles etc. de época

periodic /pɪri'ɑdɪk/, también **periodical** /ˌpɪəri'ɑdɪkəl/ *adj* periódico -a

peripheral /pə'rɪfərəl/ *adjetivo & sustantivo*

- *adj* secundario -a
- *s* (en computación) periférico

perish /'perɪʃ/ *v* [intr] (3ª pers sing **-shes**) (literario) perecer, fallecer

perishable /'perɪʃəbəl/ *adj* perecedero -a

perjury /'pɜrdʒəri/ *s* perjurio

perk /pɜrk/ *sustantivo & verbo*
- s (de un trabajo) beneficio (adicional), ventaja
- v **perk up** animarse **perk sb up** animar a alguien

perky /'pɜrki/ *adj* (**-kier**, **-kiest**) alegre

perm /pɜrm/ *sustantivo & verbo*
- s permanente [en el cabello]
- v **to get/have your hair permed** hacerse la/un permanente

permanent /'pɜrmənənt/ *adjetivo & sustantivo*
- adj **1** permanente **2** irreparable [daño, pérdida]
- s AmE permanente [en el cabello]

permanently /'pɜrmənəntli/ *adv* permanentemente, para siempre

permissible /pər'mɪsəbəl/ *adj* (formal) permisible, tolerable

permission /pər'mɪʃən/ s permiso: *Did he give you permission to use the car?* ¿Te dio permiso para usar el carro?

permit¹ /pər'mɪt/ v (**-tted**, **-tting**) [tr] (formal) permitir: *Smoking is not permitted.* No se permite fumar. | **to permit sb to do sth** permitirle a alguien hacer algo | **weather permitting** si el tiempo lo permite, si hace buen tiempo

permit² /'pɜrmɪt/ s permiso: *a work permit* un permiso de trabajo

perpetual /pər'petʃuəl/ *adj* perpetuo -a, eterno -a

perplexed /pər'plekst/ *adj* perplejo -a

persecute /'pɜrsɪkjut/ v [tr] perseguir [por razones políticas, religiosas]

persecution /pɜrsɪ'kjuʃən/ s persecución

perseverance /pɜrsə'vɪrəns/ s perseverancia

persevere /pɜrsə'vɪr/ v **to persevere (with sth)** perseverar (en algo), seguir insistiendo (con algo)

persist /pər'sɪst/ v [intr] **1** persistir, insistir | **to persist in doing sth** insistir en hacer algo **2** persistir, seguir

persistence /pər'sɪstəns/ s **1** tenacidad, perseverancia **2** persistencia

persistent /pər'sɪstənt/ *adj* **1** persistente [tos, lluvia, etc.] **2** tenaz, insistente [persona] **3** continuo -a, repetido -a [intento]

person /'pɜrsən/ s **1** (pl **people**) persona: *There were several people waiting.* Había varias personas esperando. **2** (pl **persons**) ▶ Este plural sólo se utiliza en lenguaje formal o técnico: *a person or persons unknown* una persona o personas desconocidas **3** **in person** personalmente, en persona **4** (pl **persons**) (en gramática) persona

personal /'pɜrsənəl/ *adj* **1** personal: *I know from personal experience.* Lo sé por experiencia personal. **2** personal, privado -a: *his personal life* su vida privada **3** (dirigido a una persona) personal [comentario, etc.] | **it's nothing personal** no tengo nada en tu/su etc. contra

personality /pɜrsə'næləti/ s (pl **-ties**) **1** (carácter) personalidad **2** (persona famosa) personalidad, figura

personalized, -ised BrE /'pɜrsənəlaɪzd/ *adj* **1** personalizado -a [servicio] **2** con membrete [papel] **3** con las iniciales [camisa, pañuelo, etc.]

personally /'pɜrsənəli/ *adv* **1** (al dar una opinión) personalmente: *Personally, I think it's a bad idea.* Personalmente, creo que es una mala idea. **2** (referido a una persona en particular) personalmente: *I'm holding you personally responsible.* Te hago personalmente responsable. **3** **to know sb personally** conocer a alguien personalmente **4** **to take it personally** ofenderse

personal 'stereo s walkman®

personnel /pɜrsə'nel/ s **1** (empleados) personal **2** (departamento) personal

perspective /pər'spektɪv/ s **1** (punto de vista) perspectiva **2** (en dibujo) perspectiva **3** **to keep things in perspective** no exagerar la importancia de algo

perspiration /pɜrspə'reɪʃən/ s (formal) transpiración, sudor

perspire /pər'spaɪr/ v [intr] (formal) transpirar, sudar

persuade /pər'sweɪd/ v [tr] **1** **to persuade sb to do sth** convencer a alguien de que haga algo: *They persuaded her to let them stay.* La convencieron de que los dejara quedarse. **2** **to persuade sb of sth** convencer a alguien de algo

persuasion /pər'sweɪʒən/ s **1** persuasión, insistencia **2** (formal) convicción, opinión

persuasive /pər'sweɪsɪv/ *adj* convincente, persuasivo -a

pertinent /'pɜrtn-ənt/ *adj* pertinente

perturb /pər'tɜrb/ v [tr] preocupar, perturbar

perturbed /pər'tɜrbd/ *adj* preocupado -a, perturbado -a

Peru /pə'ru/ s (el) Perú

Peruvian /pə'ruviən/ *adj & s* peruano -a

perverse /pər'vɜrs/ *adj* **1** retorcido -a, difícil [persona, creencia] **2** malsano -a, morboso -a [satisfacción]

pervert¹ /pər'vɜrt/ v [tr] pervertir, desviar

pervert² /'pɜrvɜrt/ s degenerado -a, pervertido -a

pessimism /'pesəmɪzəm/ s pesimismo

pessimist /'pesəmɪst/ s pesimista

pessimistic /pesə'mɪstɪk/ *adj* pesimista

pest /pest/ s **1** animal o insecto dañino **2** (informal) pesado -a

pester /'pestər/ v [tr] darle la lata a, [tr] dar la lata: *The children were **pestering** me **for** a story.* Los niños me estaban dando la lata para que les contara un cuento.

pesticide /'pestəsaɪd/ s pesticida

pet /pet/ *sustantivo & adjetivo*
• *s* **1** mascota, animal [doméstico]: *Do you have any pets?* ¿Tienes alguna mascota?/¿Tienes algún animalito? **2** preferido -a, consentido -a: *the teacher's pet* el preferido de la maestra
• *adj* **1** preferido -a [tema, teoría, etc.] **2 her pet monkey/rabbit etc.** el mono/el conejo etc. que tiene de mascota **3 one of my/her etc. pet peeves** AmE, **one of my/her etc. pet hates** BrE una de las cosas que más odio/odia etc.
petal /ˈpetl/ *s* pétalo
peter /ˈpitər/ *v* **peter out** **1** perderse [camino, sendero] **2** decaer [conversación]
petition *sustantivo & verbo*
• *s* petición
• *v* [tr] elevar una petición a
petrified /ˈpetrəfaɪd/ *adj* **1** aterrado -a **2** petrificado -a [bosque, madera, etc.]
petrol /ˈpetrəl/ *s* BrE gasolina, bencina ▶ En inglés americano se usa **gasoline** o **gas**
petroleum /pəˈtroʊliəm/ *s* petróleo
petrol ˌstation *s* BrE gasolinera, estación de servicio ▶ En inglés americano se usa **gas station**
petticoat /ˈpetikoʊt/ *s* enagua, fondo
petty /ˈpeti/ *adj* (**-ttier**, **-ttiest**) **1** insignificante, nimio -a **2 petty crime** delitos menores, faltas **3 petty cash** caja chica [dinero] **4** mezquino -a
pew /pju/ *s* banco [de iglesia]
phantom /ˈfæntəm/ *sustantivo & adjetivo*
• *s* (literario) fantasma
• *adj* **1** imaginario -a **2** fantasma
pharmaceutical /fɑrməˈsutɪkəl/ *adj* farmacéutico -a
pharmacist /ˈfɑrməsɪst/ *s* farmacéutico -a, farmaceuta, farmacista
pharmacy /ˈfɑrməsi/ *s* **1** (pl **-cies**) (comercio) farmacia **2** (carrera) farmacia
phase /feɪz/ *sustantivo & verbo*
• *s* fase, etapa
• *v* **phase sth in** introducir algo gradualmente **phase sth out** eliminar algo gradualmente
Ph.D. /pi eɪtʃ ˈdi/ *s* (= **Doctor of Philosophy**) **1** doctorado **2** doctor -a [en cualquier rama del saber]
pheasant /ˈfezənt/ *s* (pl **-s** o **pheasant**) faisán
phenomenal /fɪˈnɑmənl/ *adj* fenomenal
phenomenon /fɪˈnɑmənən/ *s* (pl **phenomena**) fenómeno
phew! /fju/ *interj*

> Según exprese alivio, cansancio o que uno tiene mucho calor, esta interjección puede equivaler a *¡menos mal!*, *¡puf!*, *¡bf!*, etc.

philosopher /fɪˈlɑsəfər/ *s* filósofo -a
philosophical /fɪləˈsɑfɪkəl/ *adj* filosófico -a
philosophy /fɪˈlɑsəfi/ *s* (pl **-phies**) filosofía
phobia /ˈfoʊbiə/ *s* fobia
phone /foʊn/ *sustantivo & verbo*
• *s* **1** teléfono | **by phone** por teléfono **2 to be on the phone (a)** estar hablando por teléfono **(b)** tener teléfono
• *v* [tr/intr] (también **phone up** BrE) llamar (por teléfono): *Don't phone me at work.* No me llames al trabajo. | *I phoned to confirm.* Llamé por teléfono para confirmar.
ˈphone book *s* directorio (telefónico), guía (telefónica)
ˈphone booth AmE, **phone box** BrE *s* cabina (telefónica/de teléfonos), caseta (telefónica/de teléfonos)
ˈphone call *s* llamada (telefónica)
phonecard /ˈfoʊnkɑrd/ *s* tarjeta telefónica
ˈphone-in *s* programa de radio o televisión al que el público llama para hacer preguntas, expresar opiniones, etc.
ˈphone ˌnumber *s* número de teléfono
phoney, también **phony** AmE /ˈfoʊni/ *adjetivo & sustantivo*
• *adj* (informal) falso -a, fingido -a
• *s* farsante
photo /ˈfoʊtoʊ/ *s* foto | **to take a photo** sacar/tomar una foto
photocopier /ˈfoʊtəkɑpiər/ *s* fotocopiadora
photocopy /ˈfoʊtəkɑpi/ *sustantivo & verbo*
• *s* (pl **-pies**) fotocopia
• *v* [tr] (**-pies**, **-pied**) fotocopiar
photograph /ˈfoʊtəgræf/ *sustantivo & verbo*
• *s* fotografía | **to take a photograph** sacar/tomar una fotografía
• *v* [tr] fotografiar, sacarle/tomarle una foto a
photographer /fəˈtɑgrəfər/ *s* fotógrafo -a
photographic /ˌfoʊtəˈgræfɪk/ *adj* fotográfico -a
photography /fəˈtɑgrəfi/ *s* fotografía
ˌphrasal ˈverb *s*

> Un **phrasal verb** es un verbo compuesto por un verbo principal y un adverbio o una preposición o ambos, como **to give up, to look up to,** etc. Los **phrasal verbs** aparecen bajo el verbo principal en el diccionario.

phrase /freɪz/ *sustantivo & verbo*
• *s* frase, expresión
• *v* [tr] expresar, formular
physical /ˈfɪzɪkəl/ *adjetivo & sustantivo*
• *adj* físico -a
• *s* (también **physical examination**) examen/reconocimiento médico
physically /ˈfɪzɪkli/ *adv* **1** físicamente **2 physically impossible** materialmente imposible

ˌphysical ˈtherapist *s* AmE fisioterapeuta, kinesiólogo -a

ˌphysical ˈtherapy *s* AmE fisioterapia, kinesiología

physician /fɪˈzɪʃən/ *s* (formal) médico -a

physicist /ˈfɪzəsɪst/ *s* físico -a

physics /ˈfɪzɪks/ *s* física

physiology /fɪziˈɑlədʒi/ *s* fisiología

physiotherapist /fɪzioʊˈθerəpɪst/ *s* BrE fisioterapeuta, kinesiólogo -a ▶ En inglés americano se usa **physical therapist**

physiotherapy /fɪzioʊˈθerəpi/ *s* BrE fisioterapia, kinesiología

physique /fɪˈzik/ *s* físico [cuerpo]

pianist /piˈænɪst/ *s* pianista

piano /piˈænoʊ/ *s* piano: *He plays the piano beautifully.* Toca el piano maravillosamente.

pick /pɪk/ *verbo & sustantivo*

• *v* [tr] **1** elegir, escoger, seleccionar **2** cortar [una flor] **3** recoger [fruta, etc.] **4 to pick sth off/from sth** sacar(se) algo de algo: *She was picking pieces of lint off her sweater.* Se estaba sacando pelusas del suéter. | **to pick a lock** forzar una cerradura | **to pick your nose** hurgarse la nariz, meterse los dedos en la nariz | **to pick your teeth** escarbarse los dientes **5 to pick a fight/a quarrel with sb** buscarle pelea/pleito a alguien, buscar camorra con alguien **6 to pick your way through/across etc.** caminar con mucho cuidado por/a través de etc. **7 to pick sb's pocket** robarle algo del bolsillo a alguien

PHRASAL VERBS

pick on sb agarrársela(s) con alguien, montársela a alguien

pick sth/sb out 1 identificar algo/a alguien **2** (percibir) distinguir algo/a alguien

pick up 1 repuntar: *Sales should pick up before Christmas.* Las ventas deberían repuntar antes de Navidad. **2** aumentar [viento] **pick up sth to pick up speed** aumentar la velocidad

pick sth up 1 levantar/recoger algo **2** pasar a buscar algo **3** aprender algo: *You'll soon pick up the language.* No vas a tardar en aprender el idioma. **4** adquirir algo [una mala costumbre] **5** contagiarse/pescarse algo **pick sb up 1** levantar a alguien **2** pasar a buscar a alguien **3** llevarse (preso -a) a alguien **4** levantarse a alguien [en una fiesta, un bar, etc.]

• *s* **1 take your pick** elige el/la que quieras | **to have your pick of sth/sb** tener para elegir entre algo/alguien **2 the pick of sth** lo mejor de algo **3** pico, piqueta [herramienta]

pickax AmE, **pickaxe** BrE /ˈpɪk-æks/ *s* pico, piqueta [herramienta]

picket /ˈpɪkɪt/ *verbo & sustantivo*

• *v* **1** [intr] hacer piquetes/un piquete **2** [tr] hacer piquetes/un piquete en

• *s* **1** piquete **2 picket fence** AmE cerca/valla de madera [hecha de tablas verticales terminadas en punta]

pickle /ˈpɪkəl/ *sustantivo & sustantivo plural*

• *s* **1** AmE pepinillos en vinagre **2** BrE salsa agridulce que se usa para acompañar sándwiches u otros platos

• **pickles** *s pl* encurtidos, pickles

pickpocket /ˈpɪkpɑkɪt/ *s* carterista, bolsista

pickup, también **pickup truck** /ˈpɪkʌp/ *s* camioneta

picky /ˈpɪki/ *adj* (**-ckier, -ckiest**) (informal) maniático -a, quisquilloso -a

picnic /ˈpɪknɪk/ *s* picnic | **to have a picnic** hacer un picnic

having a picnic

picture /ˈpɪktʃər/ *sustantivo & verbo*

• *s* **1** cuadro **2** dibujo | **to draw a picture** hacer un dibujo **3** foto | **to take a picture (of sth/sb)** sacar(le) una foto (a algo/alguien), tomar una foto (de algo/alguien) **4** imagen, idea [mental] **5** imagen [de televisión] **6** película | **to go to the pictures** BrE ir al cine **7 to get the picture** (informal) entender: *Do you get the picture?* ¿Entiendes?

• *v* [tr] imaginarse, ver

picturesque /pɪktʃəˈresk/ *adj* pintoresco -a

pie /paɪ/ *s* pastel, pay

piece /pis/ *sustantivo & verbo*

• *s* **1** pedazo, trozo | **to smash/tear sth to pieces** romper algo en mil pedazos/en pedacitos **2** (elemento de un conjunto) pieza | **to take sth to pieces** desarmar algo **3 a piece of** se usa seguido de algunos sustantivos no contables para designar una unidad: *a piece of furniture* un mueble | *a piece of advice* un consejo **4** (de música) pieza **5** moneda: *a 50-cent piece* una moneda de 50 centavos **6 to go to pieces** derrumbarse [anímicamente] **7 in one piece (a)** sano -a y salvo -a [persona] **(b)** intacto -a [objeto] **8 to give sb a piece of your mind** hacerle saber a alguien lo que uno piensa **9 to be a piece of cake** (informal) ser pan comido

• *v* **piece sth together** reconstruir algo sobre la base de la información disponible: *He eventually* *pieced together what had happened.* Con el tiempo, ató cabos y pudo deducir qué había sucedido.

a piece of pizza

a piece of cheese

pier /pɪr/ *s* muelle, embarcadero

pierce /pɪrs/ *v* [tr] **1** perforar, atravesar **2 to have your ears pierced** hacerse agujerear/perforar las orejas

piercing /ˈpɪrsɪŋ/ *adj* **1** agudo -a [grito] **2** penetrante [ojos, mirada]

pig /pɪg/ *s* **1** cerdo -a ► También, según región, *marrano -a, chancho -a* o *puerco -a* **2** (informal) glotón -ona

pigeon /ˈpɪdʒən/ *s* paloma

pigeonhole /ˈpɪdʒənhoʊl/ *s* casillero

piglet /ˈpɪglət/ *s* cerdito -a, chanchito -a, puerquito -a

pigsty /ˈpɪgstaɪ/ *s* (pl **-sties**) pocilga, chiquero

pigtail /ˈpɪgteɪl/ *s* (de pelo) colita, trenza

pile /paɪl/ *sustantivo, sustantivo plural & verbo*

• *s* **1** pila, montón **2 a pile of/piles of** (informal) un montón de/montones de, una pila de/pilas de

• **piles** *s pl* BrE hemorroides ► También se usa **haemorrhoids,** que en inglés americano se escribe **hemorrhoids**

• *v* [tr] **1** amontonar **2 piled (high) with sth** colmado -a de algo

pile into sth (informal) meterse en algo [apretujados y en forma desordenada]

pile up acumularse, amontonarse **pile sth up** amontonar algo

pile-up *s* (informal) choque múltiple/en cadena, carambola

pilgrim /ˈpɪlgrəm/ *s* peregrino -a

pilgrimage /ˈpɪlgrəmɪdʒ/ *s* peregrinaje

pill /pɪl/ *s* **1** pastilla, píldora **2 the pill** la píldora (anticonceptiva): *She's on the pill.* Está tomando la píldora.

pillar /ˈpɪlər/ *s* pilar, columna

pillow /ˈpɪloʊ/ *s* almohada

pillowcase /ˈpɪloʊkeɪs/ *s* funda [de almohada]

pilot /ˈpaɪlət/ *sustantivo & verbo*

• *s* **1** (en un avión) piloto **2 a pilot project/program etc.** un proyecto/programa etc. piloto

• *v* [tr] pilotear

pimple /ˈpɪmpəl/ *s* grano, barro, espinilla [en la piel]

PIN /pɪn/ *s* (= **personal identification number**) PIN, NIP [clave para un cajero electrónico]

pin /pɪn/ *sustantivo & verbo*

• *s* **1** alfiler **2** AmE prendedor, broche **3** AmE insignia, pin, botón **4 pins and needles** hormigueo [en los pies, las piernas, etc.]

• *v* [tr] (**-nned**, **-nning**) **1 to pin sth together** prender algo con alfileres | **to pin sth to/on sth (a)** (con alfileres) prender algo en algo **(b)** (con chinches) clavar algo en algo **2** inmovilizar, sujetar [a una persona]

pin sth down identificar algo [la causa de algo, un problema] **pin sb down** hacer que alguien se defina

pinball /ˈpɪnbɔl/ *s* flipper

pincer /ˈpɪnsər/ *sustantivo & sustantivo plural*

• *s* pinza [de un cangrejo, una langosta]

• **pincers** *s pl* tenaza

pinch /pɪntʃ/ *verbo & sustantivo*

• *v* (3ª pers sing **-ches**) **1** [tr] pellizcar **2** (zapatos) [tr] apretar, [intr] quedar pequeños **3** [tr] (informal) robar, chorear

• *s* (pl **-ches**) **1 a pinch of salt/pepper etc.** una pizca de sal/pimienta etc. **2** pellizco **3 in a pinch** AmE, **at a pinch** BrE si fuera necesario, en el último de los casos

pine /paɪn/ *sustantivo & verbo*

• *s* **1** pino [árbol] **2** pino [madera] | **a pine table/bed etc.** una mesa/cama etc. de pino

• *v* [intr] (también **pine away**) languidecer

pine for sth/sb añorar algo/a alguien

pineapple /ˈpaɪnæpəl/ *s* piña [fruta comestible]

ping-pong /ˈpɪŋpɑŋ/ *s* (informal) ping-pong

pink /pɪŋk/ *adjetivo & sustantivo*

• *adj* **1** rosado -a, rosa [cielo, vestido, etc.] ► ver "Active Box" **colors** en **color** **2** sonrosado -a [mejillas]

• *s* rosado, rosa ► ver "Active Box" **colors** en **color**

pinnacle /ˈpɪnəkəl/ *s* (punto más alto) pináculo

pinpoint /ˈpɪnpɔɪnt/ *v* [tr] **1** identificar **2** ubicar exactamente

pint /paɪnt/ *s* **1** pinta [= 0.47 litros en EU y 0.57 litros en Gran Bretaña] **2** BrE (informal) (pinta de) cerveza | **to go for a pint** ir a tomar una cerveza

pinup /ˈpɪnʌp/ *s* foto de alguien atractivo, como una estrella de cine, un cantante pop, etc. o persona que aparece en dicha foto

pioneer /paɪəˈnɪr/ *sustantivo & verbo*

• *s* pionero -a, precursor -a

• *v* [tr] ser pionero -a en

pious /ˈpaɪəs/ *adj* **1** devoto -a **2** santurrón -ona, pechoño -a

pip /pɪp/ *s* BrE semilla, pepita [de manzana, naranja, etc.] ► También existe **seed,** que es inglés universal

pipe /paɪp/ *sustantivo & verbo*

• *s* **1** caño, tubo **2** pipa | **to smoke a pipe** fumar en pipa **3** flauta **4 the pipes** la gaita

• *v* [tr] transportar [por cañerías, gasoducto]
pipe down (informal) callarse (la boca), cerrar el pico

pipeline /'paɪp-laɪn/ *s* **1** gasoducto, oleoducto **2 to be in the pipeline** estar en camino [algo que ha sido planeado]

piracy /'paɪrəsi/ *s* piratería

pirate /'paɪrət/ *sustantivo & verbo*
• *s* pirata
• *v* [tr] piratear

Pisces /'paɪsiz/ *s* **1** Piscis **2** persona del signo de Piscis: *My sister's a Pisces.* Mi hermana es (de) Piscis.

piss /pɪs/ *s* (grosero) **1** meada, meado(s) **2 to take the piss out of sb** BrE tomarle el pelo a alguien

pissed /pɪst/ *adj* (grosero) **1** AmE enojado -a ► También, según región, *bravo -a, encabronado -a, choreado -a,* etc. ► También existe **pissed off,** que es inglés universal **2** BrE borracho -a

pistol /'pɪstl/ *s* pistola

piston /'pɪstən/ *s* pistón

pit /pɪt/ *sustantivo & verbo*
• *s* **1** hoyo, pozo, fosa **2** mina **3** AmE pepa, carozo, hueso **4 the pit** AmE, **the pits** BrE los boxes **5 the pit of your stomach** la boca del estómago **6 the pit** el foso (de la orquesta) **7 to be the pits** (informal) ser lo peor que hay
• *v* (-tted, -tting) **pit sb against sth/sb** **1** enfrentar a alguien con algo/alguien **2 to pit your wits/strength etc. against sb** medir su inteligencia/fuerza etc. contra alguien

pitch /pɪtʃ/ *sustantivo & verbo*
• *s* (pl -ches) **1** punto, grado [de tensión, emoción, etc.] **2** tono [de una nota, un instrumento, etc.] **3** lanzamiento [en béisbol] **4** BrE cancha ► En inglés americano se usa **field**
• *v* (3ª pers sing -ches) **1** [tr] lanzar, arrojar **2** [tr/intr] (en béisbol) pichear, lanzar **3 to pitch forward/backward etc.** caer(se) de bruces/de espaldas etc. **4** [tr] armar [una carpa] | **to pitch camp** acampar **5** [intr] cabecear [barco, avión] **6** [tr] dirigir [un producto, una charla, etc.]: *The movie is pitched at a preteen audience.* La película se dirige a un público preadolescente.
pitch in (informal) dar una mano | **to pitch in with sth** colaborar con algo

ˌpitch 'black *adj* **1** oscurísimo, oscuro -a como boca de lobo **2** renegrido -a, negro -a como el carbón

pitcher /'pɪtʃər/ *s* **1** jarra, jarro, pichel **2** (en béisbol) pitcher, lanzador -a

pitfall /'pɪtfɔl/ *s* escollo

pitiful /'pɪtɪfəl/ *adj* **1** penoso -a **2** lamentable [muy pobre]

pittance /'pɪtns/ *s* miseria: *She earns a pittance.* Gana una miseria.

pity /'pɪti/ *sustantivo & verbo*
• *s* **1 it's a pity (that)** es una lástima/pena que: *It's a pity you can't come.* Es una lástima que no puedas venir. | **what a pity!** ¡qué lástima!/¡qué pena! **2** lástima, compasión | **to take pity on sb** apiadarse de alguien
• *v* [tr] (-ties, -tied) compadecer a, compadecerse de

pivot /'pɪvət/ *s* **1** eje **2** pivote

pizza /'pitsə/ *s* pizza

placard /'plækərd/ *s* **1** pancarta **2** cartel, letrero

placate /'pleɪkeɪt/ *v* [tr] aplacar

place /pleɪs/ *sustantivo & verbo*
• *s* **1** lugar, sitio: *Do you know any good places to eat?* ¿Conoces algún lugar bueno para comer? | *Keep it in a safe place.* Guárdalo en un lugar seguro. | **in place** en su lugar
2 (informal) casa: *They have a place in the country.* Tienen una casa en el campo. | *We went to Jeff's place for coffee.* Fuimos a la casa de Jeff a tomar un café.
3 to take place tener lugar, suceder
4 (en un curso, un equipo) lugar, plaza: *She got a place on the swim team.* Se ganó un lugar en el equipo de natación.
5 (para sentarse) lugar, asiento: *Save me a place.* Guárdame un lugar.
6 to take the place of sth/sb reemplazar a algo/alguien, ocupar el lugar de algo/alguien
7 in first/second etc. place en primer/segundo etc. lugar
8 in the first/second place en primer/segundo lugar, primero/segundo
9 (situación) lugar | **to put sb in his/her etc. place** poner a alguien en su lugar [bajarle los humos]
10 all over the place (informal) **(a)** por todos lados, por todas partes **(b)** (hecho -a) un caos, desordenado -a
11 out of place fuera de lugar: *I felt really out of place.* Me sentí totalmente fuera de lugar.
• *v* [tr] **1** colocar, poner
2 (identificar) ubicar: *I'm sure I've met him before, but I can't place him.* Estoy segura de que lo conozco, pero no lo ubico.
3 to place an advertisement poner un aviso | **to place an order/a bet** hacer un pedido/una apuesta

placid /'plæsɪd/ *adj* plácido -a, tranquilo -a

plague /pleɪg/ *sustantivo & verbo*
• *s* **1** peste, plaga **2 a plague of rats/locusts etc.** una plaga de ratas/langostas etc.
• *v* [tr] acosar, asediar

plaice /pleɪs/ *s* platija [pescado plano, similar al lenguado]

plain /pleɪn/ *adjetivo, sustantivo & adverbio*
• *adj* **1** evidente, claro -a: *It's plain that he's not interested.* Es evidente que no le interesa. | **to make it plain that** dejar en claro que

2 sencillo -a: *a very plain dress* un vestido muy sencillo **3** liso -a: *a plain carpet* una alfombra lisa | **plain paper** papel sin renglones **4** feo -a, feúcho -a

- *s* llanura
- *adv* (informal) sencillamente: *It's just plain stupid.* Es sencillamente una estupidez.

plainclothes /pleɪn'kloʊz/ *adj* de civil [policía]

plainly /'pleɪnli/ *adv* **1** claramente **2** con sencillez **3** sin vueltas/rodeos **4** evidentemente

plaintiff /'pleɪntɪf/ *s* demandante

plait /pleɪt, BrE plæt/ *verbo & sustantivo*

- *v* [tr] trenzar
- *s* trenza ▶ En inglés americano se usa **braid**

plan /plæn/ *sustantivo & verbo*

- *s* **1** plan: *I don't have any plans for the weekend.* No tengo planes para el fin de semana. | **to go according to plan** salir según lo planeado **2** plano **3** esquema
- *v* (**-nned**, **-nning**) **1** [tr/intr] planear: *She'd been planning the trip for months.* Hacía meses que estaba planeando el viaje. **2** **to plan on doing sth/to plan to do sth** pensar hacer algo **3** **to plan ahead** planear las cosas de antemano

plane /pleɪn/ *s* **1** avión | **by plane** en avión **2** plano [nivel] **3** cepillo de carpintero

planet /'plænɪt/ *s* planeta

plank /plæŋk/ *s* tablón, tabla

planning /'plænɪŋ/ *s* **1** planificación **2** **planning permission** permiso de obra(s)

plant /plænt/ *sustantivo & verbo*

- *s* **1** (vegetal) planta, mata **2** (fábrica) planta **3** (equipos) maquinaria **4** **plant pot** maceta, matera, ma(ce)tero
- *v* [tr] **1** plantar, sembrar **2** poner [una bomba] **3** (informal) **to plant a kiss on sb's cheek/head etc.** plantarle un beso a alguien en la mejilla/la cabeza etc. | **to plant your feet on the table etc.** plantar los pies en la mesa etc. **4** **to plant sth on sb** plantarle/colocarle algo a alguien [para incriminarlo]

plantation /plæn'teɪʃən/ *s* plantación

plaque /plæk/ *s* **1** placa **2** placa dental

plaster /'plæstər/ *sustantivo & verbo*

- *s* **1** yeso, revoque **2** **in plaster** enyesado -a | **to put sb's arm/leg etc. in plaster** enyesarle el brazo/la pierna etc. a alguien **3** BrE curita® ▶ En inglés americano se usa **Band-Aid®**
- *v* [tr] **1** **to plaster sth with sth** cubrir/llenar algo de algo: *Her bedroom walls were plastered with posters.* Las paredes de su cuarto estaban cubiertas de pósters. **2** revocar

plaster 'cast *s* yeso [para fracturas]

plastic /'plæstɪk/ *sustantivo & adjetivo*

- *s* plástico
- *adj* de plástico: *a plastic bag* una bolsa de plástico

plasticine® /'plæstəsin/ *s* BrE plastilina, plasticina

ˌplastic 'surgery *s* cirugía plástica

ˌplastic 'wrap *s* AmE film (transparente) [para envolver alimentos]

plate /pleɪt/ *s* **1** plato **2** plancha [de metal] **3** placa [con una inscripción] **4** patente, placa, chapa [de un vehículo] **5** lámina [en un libro]

plateau /plæ'toʊ/ *s* (pl **plateaus** o **plateaux**) meseta

platform /'plætfɔrm/ *s* **1** (en una estación de trenes) andén, plataforma **2** (para oradores) tarima, estrado **3** (de un partido político, etc.) plataforma

platinum /'plætn-əm/ *s* platino

platoon /plə'tun/ *s* sección [del ejército, al mando de un teniente]

plausible /'plɔzəbəl/ *adj* **1** verosímil **2** creíble

play /pleɪ/ *verbo & sustantivo*

- *v* **1** [tr] jugar (a): *Does she play hockey?* ¿Juega hockey? | *Let's play pirates.* Juguemos a los piratas.
  2 [intr] jugar: *He **plays for** the Mariners.* Juega para los Mariners. | *They're **playing with** the train set.* Están jugando con el tren.
  3 **to play (against) sb** jugar contra alguien: *They are playing the Pumas tomorrow.* Juegan contra los Pumas mañana.
  4 [tr/intr] tocar [un instrumento musical]: *My sister plays the flute.* Mi hermana toca la flauta.
  5 [intr] oírse: *Music was playing in the background.* Se oía música en el fondo.
  6 **to play a CD/tape etc.** poner un CD/un cassette etc.
  7 [tr] hacer de, interpretar el papel de [un personaje en teatro, cine, etc.]
  8 **to play a trick/joke on sb** hacerle una broma a alguien
  9 **to play the fool/the innocent etc.** hacerse el tonto/el inocente etc.
  10 **to play (it) safe** ir a lo seguro, no arriesgarse

  PHRASAL VERBS

  play at sth **1** jugar a algo **2** **to play at doctors/soldiers etc.** jugar a los doctores/a los soldados etc.
  play sth back poner [una grabación]
  play sth down restarle importancia a algo
  play on sth explotar algo [los miedos, las preocupaciones de alguien]
  play up BrE **1** portarse mal **2** andar mal [televisor, auto, etc.] **play sth up** exagerar algo
- *s* **1** obra (de teatro) | **to put on a play** poner en escena una obra
  2 (actividad recreativa) juego
  3 (en deportes, etc.) juego: *Rain stopped play.* La

lluvia puso fin al juego. **4 to come into play** entrar en juego [factores]

'Play-Doh® *s* masa (para modelar)

player /'pleɪər/ *s* **1** jugador -a **2** músico -a | **guitar/violin etc. player** guitarrista/violinista etc.

playful /'pleɪfəl/ *adj* **1** juguetón -ona [gatito, niño, etc.] **2** pícaro -a [beso, sonrisa] **3** juguetón -ona [humor]

playground /'pleɪgraʊnd/ *s* **1** patio [de una escuela] **2** zona de un parque destinada a juegos infantiles

playgroup /'pleɪgrup/ *s* tipo de jardín infantil organizado por los padres de los niños

'playing card *s* carta, naipe

'playing field *s* campo/cancha de deportes

'play-off *s* (partido de) desempate

playtime /'pleɪtaɪm/ *s* (hora del) recreo

playwright /'pleɪraɪt/ *s* dramaturgo -a

plc /pi el 'si/ (= **public limited company**) en Gran Bretaña, tipo de sociedad comercial similar a una sociedad anónima

plea /pli/ *s* **1** pedido, ruego: ***a plea for help*** un pedido de ayuda | **to make a plea for sth** hacer un llamado a algo, pedir/solicitar algo **2 to enter a plea of guilty/not guilty** declararse culpable/inocente [acusado], presentar un alegato de culpabilidad/inocencia [abogado]

plead /plid/ *v* (pasado & participio **pleaded** o **pled** AmE) **1** [intr] suplicar, rogar: *Amy **pleaded** with them to help her.* Amy les suplicó que la ayudaran. | **to plead for sth** suplicar (por) algo **2 to plead guilty/not guilty** declararse culpable/inocente

pleasant /'plezənt/ *adj* agradable

pleasantly /'plezəntli/ *adv* **1** agradablemente **2** amablemente

please /pliz/ *interjección & verbo*

- ***interj*** por favor ► **please** se usa en inglés con más frecuencia que *por favor* en español. También se usa en contextos en los cuales en español se emplean otras fórmulas de cortesía: *Sit down, please.* Siéntese, por favor. | *"More coffee?" "Yes, please."* –¿Más café? –Sí, gracias. | *Please may I use your phone?* ¿Podría usar el teléfono? | *"May I sit here?" "Please do."* –¿Puedo sentarme aquí? –Seguro./Por supuesto.
- ***v*** [tr/intr] **1** complacer: *He's always been hard to please.* Siempre ha sido difícil de complacer. **2 to please yourself**: *She can please herself as far as I'm concerned.* Por mí, puede hacer lo que quiera. **3 whatever/wherever etc. you please** lo que/donde etc. quieras

pleased /plizd/ *adj* **1** contento -a: *She's **pleased** about the results.* Está contenta con los resultados. | *I'm so pleased you can come.* Me alegro tanto de que puedas venir. | **to be pleased to do sth** alegrarse de hacer algo: *We are pleased to be able to help.* Nos alegramos de poder ayudar. **2 pleased to meet you** (formal) encantado -a (de conocerlo/la)

pleasing /'plizɪŋ/ *adj* (formal) **1** agradable **2** satisfactorio -a [resultado]

pleasurable /'pleʒərəbəl/ *adj* (formal) placentero -a

pleasure /'pleʒər/ *s* **1** placer: *This car is **a pleasure to drive**.* Es un placer manejar este auto. **2 it's a pleasure/my pleasure** (formal) no hay de qué, de nada **3 with pleasure** (formal) con gusto **4 to take pleasure in sth/in doing sth** disfrutar con algo/haciendo algo

pleat /plit/ *s* tabla, pliegue [en una prenda]

pleated /'plitɪd/ *adj* tableado -a

pled /pled/ AmE pasado & participio de **plead**

pledge /pledʒ/ *sustantivo & verbo*

- ***s*** promesa, compromiso
- ***v*** [tr] **1** prometer [dinero, apoyo, etc.] **2 to pledge yourself to do sth** comprometerse a hacer algo

plentiful /'plentɪfəl/ *adj* abundante

plenty /'plenti/ *pronombre & adverbio*

- ***pron*** **1** mucho -a: *There's plenty to do in the city.* Hay mucho para hacer en la ciudad. | *We have **plenty of** time.* Tenemos mucho tiempo./Tenemos tiempo de sobra. **2** suficiente: *No, thank you. I've had plenty.* No gracias. He comido suficiente.
- ***adv* plenty more** mucho -a más, muchos -as más: *There's plenty more space upstairs.* Hay mucho más lugar arriba.

pliers /'plaɪərz/ *s pl* alicate(s): *a pair of pliers* un alicate

plight /plaɪt/ *s* situación [mala]: *These children are in a terrible plight.* Estos niños están en una situación terrible.

plod /plɑd/ *v* (**-dded**, **-dding**) **to plod along/through etc. sth** caminar lenta y pesadamente por/a través de etc. algo

plot /plɑt/ *sustantivo & verbo*

- ***s*** **1** conspiración, complot **2** argumento, trama **3** parcela | **a plot of land** un terreno
- ***v*** (**-tted**, **-tting**) **1** [tr] tramar **2** [intr] conspirar **3** [tr] marcar [un punto en un mapa] **4** [tr] trazar [un rumbo]

plow AmE, **plough** BrE /plaʊ/ *sustantivo & verbo*

- ***s*** arado
- ***v*** [tr/intr] arar

plow sth back reinvertir algo
plow into sth estrellarse contra algo
plow on seguir adelante
plow through sth leerse algo [pesado y largo]

¿Quieres una lista de frases útiles para hablar de ti mismo? Consulta la **guía de comunicación** al final del libro.

ploy /plɔɪ/ *s* treta

pluck /plʌk/ *v* [tr] **1** puntear [una cuerda, una guitarra, etc.] **2** depilarse [las cejas] **3** desplumar [un ave] **4 to pluck sth from/off sth** (literario) arrancar algo de algo

plug /plʌg/ *sustantivo & verbo*

• *s* **1** enchufe [de un aparato eléctrico] **2** tapón [de una bañera, etc.] **3** (informal) **to give a book/film etc. a plug** hacerle propaganda a un libro/una película etc.

• *v* [tr] (**-gged**, **-gging**) **1** (también **plug up**) tapar **2** (informal) hacerle propaganda a

plug sth in enchufar algo

plum /plʌm/ *s* **1** ciruela **2 plum tree** ciruelo

plumage /ˈplumɪdʒ/ *s* plumaje

plumber /ˈplʌmər/ *s* Según región: *plomero -a, fontanero -a, gasfitero -a o gasfiter*

plumbing /ˈplʌmɪŋ/ *s* cañerías, tuberías

plummet /ˈplʌmɪt/ *v* [intr] caer en picada

plump /plʌmp/ *adj* **1** rellenito -a [persona, mejillas] **2** gordo -a [pollo, etc.] **3** mullido -a [almohadón, cojín]

plunder /ˈplʌndər/ *v* [tr] saquear

plunge /plʌndʒ/ *verbo & sustantivo*

• *v* [intr] **1** caer: *The van plunged into the river.* La camioneta cayó al río. **2** caer en picada, derrumbarse [precios] **3 to plunge into sth (a)** zambullirse en algo **(b)** tirarse de cabeza a algo **4 to plunge sth/sb into sth** sumir algo/a alguien en algo: *The country was plunged into war.* El país se vio sumido en la guerra. **5 to plunge sth into sth** hundir/meter/clavar algo en algo

• *s* **1 to take the plunge** decidirse, arriesgarse **2** caída [abrupta], derrumbe

plural /ˈplurəl/ *adj & s* plural

plus /plʌs/ *preposición, sustantivo & adjetivo*

• *prep* **1** más: *Three plus six is nine.* Tres más seis es nueve. **2** más, además de: *all the household chores, plus the cooking* todas las tareas de la casa, además de cocinar

• *s* (pl **-ses** o **-sses**) **1** ventaja **2** signo (de) más

• *adj* **1** en exceso de: *$5,000 plus* más de $5,000/en exceso de $5,000 | *a man of 50 plus* un hombre de más de 50/un hombre de 50 y pico **2 a plus factor/point** un elemento a favor/una ventaja

Pluto /ˈplutoʊ/ *s* Plutón

plutonium /pluˈtoʊniəm/ *s* plutonio

plywood /ˈplaɪwʊd/ *s* madera prensada/laminada

pm ► ver **p.m.**

p.m., P.M. /pi ˈem/ p.m., de la tarde/noche: *at 3 p.m.* a las 3 de la tarde

pneumatic /nʊˈmætɪk/ *adj* neumático -a: *a pneumatic drill* un taladro neumático

pneumonia /nʊˈmoʊnjə/ *s* neumonía, pulmonía

PO (= **Post Office**) correo

poach /poʊtʃ/ *v* **1** [tr] cocer a fuego lento, escalfar | **poached egg** huevo escalfado **2** [tr/intr] cazar/pescar furtivamente **3** [tr] robarse [empleados, jugadores, ideas]

pocket /ˈpɑkɪt/ *sustantivo & verbo*

• *s* **1** (de una prenda de vestir) bolsillo, bolsa **2** (presupuesto) bolsillo: *prices to suit every pocket* precios para todos los bolsillos **3 pocket calculator/dictionary etc.** calculadora/diccionario etc. de bolsillo **pocket knife** navaja, cortaplumas **pocket money** dinero que se le da a un niño, generalmente cada semana, para sus gastos ► ver también **pick**

• *v* [tr] **1** embolsarse **2** guardarse en el bolsillo

pocketbook /ˈpɑkɪtbʊk/ *s* AmE **1** billetera, cartera **2** monedero

ˈpocket-ˌsize, también **pocket-sized** *adj* (de) tamaño bolsillo, de bolsillo

pod /pɑd/ *s* vaina [de un vegetal]

podium /ˈpoʊdiəm/ *s* estrado, podio

poem /ˈpoʊəm/ *s* poema

poet /ˈpoʊɪt/ *s* poeta, poetisa

poetic /poʊˈetɪk/ *adj* poético -a

poetry /ˈpoʊətri/ *s* poesía [el arte, el género]

poignant /ˈpɔɪnjənt/ *adj* conmovedor -a

point /pɔɪnt/ *sustantivo & verbo*

• *s* **1** (idea, tema) punto: *There is one point on which we all agree.* Hay un punto en el que todos estamos de acuerdo. | *That's a very good point.* Eso es muy cierto./Tienes mucha razón. | **to make a point** señalar algo: *He made a very interesting point.* Señaló algo muy interesante. | **to have a point** tener razón: *I think Richard has a point there.* Creo que Richard tiene razón en eso. | **I see his/your etc. point** lo/te etc. entiendo

2 to make a point of doing sth proponerse hacer algo, preocuparse por hacer algo

3 (cosa más importante) **the point is (that)** el problema es que | **that's the point** ése es el problema: *I don't want to marry him – that's the point.* No me quiero casar con él. Ése es el problema. | **that's not the point** no se trata de eso | **that's beside the point** eso no viene al caso | **to get to the point** ir al grano

4 (en el tiempo) momento: *At that point it started to rain.* En ese momento, empezó a llover. | **to be on the point of doing sth** estar a punto de hacer algo

5 (lugar) punto: *the point where two lines cross each other* el punto donde se cruzan dos líneas

6 (lógica) sentido: ***What's the point in waiting?*** ¿Qué sentido tiene esperar? | ***There's no point in trying to persuade him.*** No tiene sentido tratar de convencerlo.

7 (de una aguja, etc.) punta

8 (en un juego o competencia) punto: *They beat us by six points.* Nos ganaron por seis puntos.

9 (en números) punto (decimal)

10 point of view punto de vista

11 up to a point hasta cierto punto

12 boiling/freezing point punto de ebullición/congelamiento

• *v* **1 to point at/to sth/sb** señalar algo/a alguien [con el dedo]
2 to point sth at sth/sb apuntarle a algo/alguien con algo
3 [tr] indicar: *A sign pointed the way to the beach.* Un letrero indicaba el camino a la playa.
point sth out (to sb) señalar(le) algo (a alguien)

ˌpoint-ˈblank *adjetivo & adverbio*

• *adj* **1 at point-blank range** a quemarropa **2 a point-blank refusal** una negativa categórica

• *adv* **1** a quemarropa **2** de plano, categóricamente [rehusarse] **3** a boca de jarro [preguntar]

pointed /ˈpɔɪntɪd/ *adj* **1** puntiagudo -a, puntudo -a **2 a pointed remark/look etc.** una observación/una mirada etc. intencionada

pointer /ˈpɔɪntər/ *s* **1** puntero [en computación, etc.] **2** sugerencia **3 a pointer (to sth)** un indicador (de algo)

pointless /ˈpɔɪntləs/ *adj* **1** sin sentido **2** inútil

poise /pɔɪz/ *s* **1** aplomo **2** elegancia

poised /pɔɪzd/ *adj* **1** listo -a, preparado -a | **to be poised to do sth** estar listo -a/preparado -a para hacer algo **2** desenvuelto -a, aplomado -a

poison /ˈpɔɪzən/ *sustantivo & verbo*

• *s* veneno

• *v* [tr] **1** envenenar **2** contaminar

poisoning /ˈpɔɪzənɪŋ/ *s* envenenamiento, intoxicación ▶ ver también **food poisoning**

poisonous /ˈpɔɪzənəs/ *adj* venenoso -a

poke /poʊk/ *verbo & sustantivo*

• *v* **1** [tr/intr] golpear o tocar con algo puntiagudo: *You nearly poked me in the eye!* ¡Casi me metes eso en el ojo! **2** [tr] sacar por o meter en una abertura: *Sheila **poked** her head **around** the door.* Sheila asomó la cabeza por la puerta. | *He **poked** his finger **into** the gap.* Metió el dedo en el hueco. **to poke through/out of sth** asomarse por algo

• *s* acción de golpear con algo puntiagudo: *I gave her a poke in the ribs.* Le di un codazo en las costillas./Le clavé el dedo en las costillas.

poker /ˈpoʊkər/ *s* **1** póker, póquer **2** atizador

pokey, también **poky** /ˈpoʊki/ *adj* (**-kier**, **-kiest**) minúsculo -a

Poland /ˈpoʊlənd/ *s* Polonia

polar /ˈpoʊlər/ *adj* polar

ˈpolar ˌbear *s* oso -a polar

Pole /poʊl/ *s* polaco -a

pole /poʊl/ *s* **1** palo **2** (telegráfico) poste **3** (en geografía, electricidad) polo **4 to be poles apart** ser polos opuestos

ˈpole vault *s* salto con garrocha

police /pəˈlis/ *sustantivo plural & verbo*

• *s pl* **1 the police** la policía: *The police is after them.* La policía anda tras ellos. **2** policías: *armed police* policías armados

• *v* [tr] **1** vigilar, mantener el orden (público) en **2** supervisar (a)

poˈlice ˌcar *s* (auto) radiopatrulla, patrulla

poˈlice force *s* (cuerpo de) policía

policeman /pəˈlismən/ *s* (pl **-men**) policía [hombre]

poˈlice ˌofficer *s* (agente/oficial de) policía

poˈlice ˌstation *s* estación de policía, comisaría, delegación de policía

policewoman /pəˈliswʊmən/ *s* (pl **-women**) policía [mujer]

policy /ˈpɑləsi/ *s* (pl **-cies**) **1 policy (on sth)** política (en materia de/en lo que respecta a algo) **2** póliza

polio /ˈpoʊlioʊ/ *s* polio

Polish /ˈpoʊlɪʃ/ *adjetivo & sustantivo*

• *adj* polaco -a

• *s* **1** (idioma) polaco **2 the Polish** los polacos

polish /ˈpɑlɪʃ/ *verbo & sustantivo*

• *v* [tr] (3ª pers sing **-shes**) **1** lustrar, embolar, bolear [zapatos] **2** limpiar, sacarle brillo a [la plata, etc.]
polish sth off (informal) acabar con algo, liquidarse algo [un pastel, una pizza, etc.]
polish sth up pulir algo, perfeccionar algo

• *s* (pl **-shes**) **1** (para zapatos) betún, grasa, pasta **2** lustrador (de muebles), lustramuebles **3** limpiador de metales, limpiametales **4 to give sth a polish** lustrar algo, sacarle brillo a algo ▶ ver también **nail**

polished /ˈpɑlɪʃt/ *adj* **1** lustrado -a [zapatos, piso, etc.] **2** pulido -a [actuación] **3** refinado -a [persona, estilo]

polite /pəˈlaɪt/ *adj* cortés, (bien) educado -a [persona]: *She wasn't very **polite to** me.* No estuvo muy cortés conmigo. | *It's not **polite to** talk with your mouth full.* No es de buena educación hablar con la boca llena.

political /pəˈlɪtɪkəl/ *adj* político -a | **political asylum** asilo político

poˌlitically corˈrect *adj* políticamente correcto -a [referido al lenguaje y las actitudes que procuran no ofender a las minorías étnicas, a las mujeres, etc.]

politician /pɑləˈtɪʃən/ *s* político -a

politics /ˈpɑlətɪks/ *s* **1** (actividad) política **2** (disciplina de estudio) ciencias políticas **3 your/his etc. politics** tu/su etc. orientación política

poll /poʊl/ *sustantivo, sustantivo plural & verbo*

• *s* (también **opinion poll**) encuesta (de opinión), sondeo (de opinión)

• **polls** *s pl* **the polls** las elecciones | **to go to the**

ⓘ ¿Quieres más información sobre los **verbos modales**? Hay una explicación en el apartado de gramática.

polls votar [en las elecciones]

• *v* [tr] **1** encuestar **2** obtener [votos]

pollen /ˈpɑlən/ *s* **1** polen **2 pollen count** índice de concentración de polen en el aire

pollute /pəˈlut/ *v* [tr/intr] contaminar ▶ **¿POLLUTE O CONTAMINATE?** ver **contaminar**

pollution /pəˈluʃən/ *s* contaminación ▶ **¿POLLUTION O CONTAMINATION?** ver **contaminación**

polo /ˈpoulou/ *s* polo [deporte]

ˈ**polo neck** *s* BrE suéter de cuello de tortuga, suéter de cuello alto/volcado ▶ En inglés americano se usa **turtleneck**

polyester /ˈpɑliestər/ *s* poliéster

polystyrene /pɑliˈstaɪrin/ *s* BrE poliestireno ▶ En inglés americano se usa **styrofoam®**

pompous /ˈpɑmpəs/ *adj* pomposo -a, pedante

pond /pɑnd/ *s* estanque, laguna

ponder /ˈpɑndər/ *v* **to ponder (on/over) sth** meditar (sobre/acerca de) algo

pony /ˈpouni/ *s* (pl **-nies**) pony

ponytail /ˈpouniteɪl/ *s* cola de caballo [peinado]

poodle /ˈpudl/ *s* poodle, caniche

pool /pul/ *sustantivo, sustantivo plural & verbo*

• *s* **1** (también **swimming pool**) piscina, alberca **2** billarpool, pool [juego parecido al billar] **3** charco [de sangre, etc.] **4** laguna [entre las rocas, etc.] **5** reserva [de trabajadores, voluntarios, etc.] **6** fondo común, vaca [de dinero]

pool table

• **pools** *s pl* **the pools** juego de azar que consiste en tratar de acertar los resultados de los partidos de fútbol de una fecha

• *v* [tr] **1** reunir: *We pooled all our money and bought a pizza.* Reunimos todo el dinero que teníamos y compramos una pizza. **2** poner en común [ideas]

poor /pur/ *adjetivo & sustantivo plural*

• *adj* **1** pobre: *Her family was very poor.* Su familia era muy pobre. **2** (deficiente) pobre: *Her work is very poor.* Su trabajo es muy pobre. | *He's a poor swimmer.* No es buen nadador. | *She suffers from poor health.* Su salud es precaria. **3** (para expresar compasión) pobre: *The poor girl was soaked.* La pobre niña estaba empapada. | *You poor thing!* ¡Pobrecito!

• *s pl* **the poor** los pobres

poorly /ˈpurli/ *adverbio & adjetivo*

• *adv* mal: *a poorly paid job* un trabajo mal pagado

• *adj* BrE (informal) mal [de salud]: *He's feeling poorly.* Se siente mal.

pop /pɑp/ (**-pped, -pping**) *verbo & sustantivo*

• *v* **1 to pop sth in/on etc. sth** (informal) poner algo rápida o repentinamente en determinado lugar: *I popped the bread in the oven.* Metí el pan en el horno. | *Harry popped his head around the door.* Harry asomó la cabeza por la puerta. **2** [intr] saltar [corcho] **3** [tr/intr] reventar [globo] **pop in** hacer una visita muy corta: *I only popped in to say hello.* Sólo pasé un momento a saludar. **pop out 1** salir un momentito **2 to pop out (of sth)** asomarse (de algo), saltar (de algo) **pop up** aparecer [de repente]

• *s* **1** (también **pop music**) música pop **2** sonido que produce un globo al reventarse, un corcho al saltar, etc. **to go pop** reventar **3** AmE (informal) papá, pa **4** (informal) cualquier refresco efervescente **5 pop concert** recital de música pop **pop singer** cantante pop

popcorn /ˈpɑpkɔrn/ *s* Según región: *maíz pira, crispetas, cotufas, pipocas, canguil, palomitas de maíz* o *cabritas*

pope /poup/ *s* papa | **the Pope** el Papa

poplar /ˈpɑplər/ *s* álamo

poppy /ˈpɑpi/ *s* (pl **-ppies**) amapola

Popsicle ® /ˈpɑpsɪkəl/ *s* AmE paleta (helada/de helado), chupete (helado)

popular /ˈpɑpjələr/ *adj* **1** (que le gusta a mucha gente): *a popular teacher* una profesora popular entre los alumnos/una profesora muy querida **to be popular with sb** tener mucho éxito con alguien **2 a popular belief/misconception** una creencia generalizada/un error generalizado **3** (del o para el pueblo) popular: *the popular press* la prensa popular

popularity /pɑpjəˈlærəti/ *s* popularidad

popularize, -ise BrE /ˈpɑpjələraɪz/ *v* [tr] popularizar

populate /ˈpɑpjəleɪt/ *v* **to be populated (by)** estar habitado -a (por) | **densely/sparsely etc. populated** densamente/escasamente etc. poblado -a

population /pɑpjəˈleɪʃən/ *s* **1** población | **what's the population of Tokyo/Boston etc.?** ¿cuántos habitantes tiene Tokyo/Boston etc.? **2 population explosion** explosión demográfica

porcelain /ˈpɔrsəlɪn/ *s* porcelana

porch /pɔrtʃ/ *s* (pl **-ches**) **1** porche **2** AmE (más grande, con columnas) galería, porche

porcupine /ˈpɔrkjəpaɪn/ *s* puercoespín

pore /pɔr/ *sustantivo & verbo*

• *s* poro

• *v* **pore over sth** mirar algo detenidamente

pork /pɔrk/ *s* **1** (carne de) cerdo ▶ También, según región, *(carne de) marrano/chancho/puerco* **2 pork chop** costilla/chuleta de cerdo etc.

pornography /pɔrˈnɑgrəfi/ *s* pornografía

porous /ˈpɔrəs/ *adj* poroso -a

porridge /ˈpɑrɪdʒ/ *s* plato consistente en avena arrollada cocida en agua o leche, que se come en el desayuno

port /pɔrt/ *s* **1** puerto **2** (en computación) puerto **3** oporto **4** babor

portable /ˈpɔrtəbəl/ *adj* portátil

porter /ˈpɔrtər/ *s* **1** (en una estación, un aeropuerto) maletero -a **2** (en un hospital) camillero -a **3** (de un hotel) botones

porthole /ˈpɔrthoul/ *s* ojo de buey

portion /ˈpɔrʃən/ *s* **1** parte: *a large portion of the money* una buena parte del dinero **2** porción

portrait /ˈpɔrtrɪt/ *s* retrato

portray /pɔrˈtreɪ/ *v* [tr] **1** representar, describir | **to portray sth/sb as sth** mostrar algo/a alguien como algo **2** interpretar [un papel dramático]

portrayal /pɔrˈtreɪəl/ *s* **1** representación, descripción **2** interpretación [de un papel dramático]

Portugal /ˈpɔrtʃəgəl/ *s* Portugal

Portuguese /pɔrtʃəˈgiz/ *adjetivo & sustantivo*

- *adj* portugués -esa
- *s* **1** (idioma) portugués **2** **the Portuguese** los portugueses

pose /pouz/ *verbo & sustantivo*

- *v* **1** [tr] representar [un problema, una amenaza] **2** [tr] plantear [una pregunta] **3** **to pose (for sth/sb)** posar (para algo/alguien) **4** **to pose as sb** hacerse pasar por alguien
- *s* pose

posh /pɑʃ/ *adj* **1** elegante [barrio, hotel, ropa] **2** BrE de la jai, pituco -a [voz, acento]

position /pəˈzɪʃən/ *sustantivo & verbo*

- *s* **1** posición | **in position** en su lugar | **in a sitting position** sentado -a | **in a kneeling position** de rodillas **2** situación | **to be in a/no position to do sth** estar/no estar en condiciones de hacer algo **3** **position (on sth)** postura (en relación con algo): *the position of the Church on this issue* la postura de la Iglesia en relación con este tema **4** (en una carrera, una competencia) lugar **5** (formal) (trabajo) puesto
- *v* [tr] ubicar, colocar

positive /ˈpɑzətɪv/ *adj* **1** positivo -a **2** segurísimo -a: *"Are you sure it was him?" "Positive."* –¿Estás seguro de que fue él? –Segurísimo. | **to be positive about sth/(that)** estar seguro -a de algo/de que **3** **a positive miracle/disgrace etc.** un verdadero milagro/una verdadera vergüenza etc.

positively /ˈpɑzətɪvli/ *adv* **1** (para enfatizar): *This is positively the last time I'm doing this.* Esta es definitivamente la última vez que hago esto. | *She was positively ecstatic at the news.* Se puso absolutamente eufórica con la noticia. **2** positivamente | **to think positively** ser positivo -a

possess /pəˈzes/ *v* [tr] (3ª pers sing **-sses**) (formal) **1** tener, poseer **2** **what possessed you/him etc.?** frase usada para expresar incredulidad: *What possessed you to tell your mother?* ¿Cómo se te ocurrió contarle a tu madre?

possession /pəˈzeʃən/ *s* **1** pertenencia **2** (formal) posesión | **to be in possession of sth/to have sth in your possession** estar en posesión de algo/tener algo en su posesión

possessive /pəˈzesɪv/ *adj* posesivo -a

possibility /pɑsəˈbɪləti/ *s* (pl **-ties**) **1** (probabilidad) posibilidad: *There is a* ***possibility that*** *he may never recover.* Existe la posibilidad de que no se recupere. **2** (opción) posibilidad **3** **to have possibilities** tener posibilidades/potencial

possible /ˈpɑsəbəl/ *adj* posible: *It is possible they may still be alive.* Es posible que aún estén con vida. | **if possible** si es/fuera posible, de ser posible | **as soon/quickly etc. as possible** lo más pronto/rápido etc. posible, tan pronto/rápido etc. como sea posible

possibly /ˈpɑsəbli/ *adv* **1** posiblemente **2** **possibly** se usa con **can** y **could** para pedir algo de manera cortés o para agregar énfasis: *Could you possibly help us?* ¿Podría ayudarnos, por favor? | *I couldn't possibly accept!* ¡No puedo aceptar de ninguna manera! | *We did everything we possibly could.* Hicimos todo lo que estuvo a nuestro alcance.

post /poust/ *sustantivo & verbo*

- *s* **1** poste **2** puesto [de trabajo] **3** BrE correspondencia ► En inglés americano se usa **mail** **4** BrE **the post** (sistema postal) el correo ► En inglés americano se usa **the mail**
- *v* [tr] **1** **to keep sb posted (about sth)** mantener a alguien informado (acerca de algo) **2** destinar [a un soldado, un diplomático] **3** apostar [guardias] **4** BrE **to post sth (to sb)** mandar(le) algo (a alguien) [por correo] ► En inglés americano se usa **to mail**

postage /ˈpoustɪdʒ/ *s* **1** franqueo | **postage and handling** gastos de envío **2** **postage stamp** sello (postal), estampilla, timbre

postal /ˈpoustl/ *adj* postal, de correo

postbox /ˈpoustbɑks/ *s* (pl **-xes**) BrE buzón ► En inglés americano se usa **mailbox**

postcard /ˈpoustkɑrd/ *s* tarjeta, postal

postcode /ˈpoustkoud/ *s* BrE código postal ► En inglés americano se usa **zip code**

poster /ˈpoustər/ *s* **1** póster, afiche **2** (de publicidad) afiche

posterity /pɑˈsterəti/ *s* (formal) posteridad

postgraduate /poustˈgrædʒuɪt/ *sustantivo & adjetivo*

- *s* estudiante de posgrado ► En EU también se puede referir a quien prosigue sus estudios tras haber terminado la enseñanza secundaria
- *adj* de posgrado

¿Se dice *I arrived in Miami* o *I arrived to Miami*? Mira la entrada **arrive**.

postman /ˈpoustmən/ *s* (pl **-men**) BrE cartero ▶ En inglés americano se usa **mailman**

postmark /ˈpoustmɑrk/ *s* sello, matasellos

post-mortem /poust ˈmɔrtəm/ *s* autopsia

post ˌoffice *s* correo [edificio]

postpone /pousˈpoun/ *v* [tr] posponer

posture /ˈpɑstʃər/ *s* **1** postura [del cuerpo] **2** actitud, postura

postwar /poustˈwɔr/ *adj* de posguerra

postwoman /ˈpoustˌwumən/ *s* (pl **-women**) BrE cartero [mujer]

pot /pɑt/ *s* **1** tetera, cafetera **2** olla: *pots and pans* ollas y sartenes/trastes **3** tarro **4** maceta, matera, matero, macetero **5** (informal) marihuana ▶ También, según región, *hierba, mota, yerba* **6 to go to pot** (informal) echarse a perder **7 pot plant** planta/mata de interior(es)

potato /pəˈteɪtou/ *s* (pl **-toes**) papa: *roast potatoes* papas al horno | *mashed potato* puré de papas/naco

poˈtato chip *s* AmE papa frita [de paquete], papa chip

potent /ˈpoutnt/ *adj* potente

potential /pəˈtenʃəl/ *adjetivo & sustantivo*

- *adj* potencial, en potencia
- *s* **1** potencial **2 potential for sth** posibilidades de algo: *The potential for abuse is obvious.* Las posibilidades de abuso son evidentes.

potentially /pəˈtenʃəli/ *adv* potencialmente, en potencia

pothole /ˈpɑthoul/ *s* bache, hueco

potted /ˈpɑtɪd/ *adj* **a potted history/version etc.** una historia/una versión etc. resumida

potter /ˈpɑtər/ *sustantivo & verbo*

- *s* alfarero -a, ceramista
- *v* BrE ▶ ver **putter**

pottery /ˈpɑtəri/ *s* **1** (objetos) cerámica(s) **2** (actividad) alfarería, cerámica **3** (pl **-ries**) (fábrica, taller) alfarería

potty /ˈpɑti/ *sustantivo & adjetivo*

- *s* (pl **-tties**) bacinica, bacinilla, pato
- *adj* (**-ttier**, **-ttiest**) BrE (informal) loco -a

pouch /pautʃ/ *s* (pl **-ches**) **1** bolsa, bolsillo **2** (de canguro) bolsa

poultry /ˈpoultri/ *s* **1** aves de corral **2** carne de ave

pounce /pauns/ *v* **1 to pounce (on sth/sb)** abalanzarse (sobre algo/alguien) **2 to pounce on sb's mistakes** saltar para señalar los errores de alguien

pound /paund/ *sustantivo & verbo*

- *s* **1** (unidad de peso) libra [= 0.45 kg] **2** (moneda) libra: *a five pound note* un billete de cinco libras
- *v* **1 to pound (on) sth** golpear algo (con fuerza) **2** [intr] latir (con fuerza) **3** [tr] majar, machacar

pour /pɔr/ *v* **1** [tr] verter, echar: *Pour the milk into a pitcher.* Vierta la leche en una jarra. **2** [tr] servir [algo líquido]: *She poured herself a glass of juice.* Se sirvió un vaso de jugo. **3 to pour from/out of etc. sth** salir a chorros de algo **4 to pour (down)** llover a cántaros

pour in 1 caer a chorros [lluvia, agua] **2** llover [ofrecimientos, donaciones] **pour sth in** añadir algo

pour out salir [grandes cantidades de personas] **pour sth out 1** servir algo [un líquido] **2 to pour sth out to sb** desahogarse contándole algo a alguien

pouring

pout /paut/ *v* [intr] hacer mohínes/pucheros

poverty /ˈpɑvərti/ *s* pobreza

powder /ˈpaudər/ *sustantivo & verbo*

- *s* polvo
- *v* [tr] **to powder your face/nose** empolvarse la cara/la nariz

power /paur/ *sustantivo & verbo*

- *s* **1** poder | **to be in power** estar en el poder **2** energía: *nuclear power* energía nuclear **3** fuerza **4** potencia: *a world power* una potencia mundial **5** facultad: *the power of speech* la facultad del habla **6 to do everything in your power** hacer todo lo que esté en sus manos **7 the powers that be** (informal) los que mandan **8 to do sb a power of good** hacerle mucho bien a alguien **9 power cut** BrE corte de electricidad, apagón **power plant** central eléctrica
- *v* propulsar | **to be powered by electricity/batteries etc.** funcionar con electricidad/a pila etc.

powerful /ˈpaurfəl/ *adj* **1** poderoso -a [organización, persona] **2** potente [máquina, arma] **3** fuerte [músculos, nadador] **4** potente [droga] **5** de gran fuerza, convincente [argumento] **6** de gran impacto [película, obra]

powerless /ˈpaurləs/ *adj* impotente: *We were powerless to prevent it.* No pudimos hacer nada para impedirlo.

PR /pi ˈɑr/ *s* (= **public relations**) RR.PP. [relaciones públicas]

practicable /ˈpræktɪkəbəl/ *adj* factible

practical /ˈpræktɪkəl/ *adj* **1** (concreto) práctico -a **2** (pragmático) realista **3** (factible) práctico -a **4** (útil) práctico -a **5 practical joke** broma [que se hace, no simplemente de palabra]

practically /'præktɪkli/ *adv* **1** prácticamente **2** de manera práctica

practice[1] /'præktɪs/ *s* **1** práctica, entrenamiento: *We have soccer practice today.* Hoy tenemos entrenamiento de fútbol. **2** práctica, costumbre | **it's common/standard practice** es lo que se acostumbra hacer **3 in practice** en la práctica **4** estudio [de abogados], consultorio [de médicos] **5** ejercicio [de una profesión] **6 to be out of practice** estar fuera de práctica

practice[2] AmE, **practise** BrE *v* **1** [tr/intr] practicar: *He wanted to practice his English on me.* Quería practicar inglés conmigo. **2** [tr] practicar [una religión, una costumbre] **3** [tr/intr] ejercer | **to practice law/medicine** ejercer la abogacía/la medicina, ejercer como abogado -a/médico -a

practicing AmE, **practising** BrE /'præktɪsɪŋ/ *adj* **a practicing Catholic/Muslim etc.** un católico/musulmán etc. practicante

practise BrE ► ver **practice[2]**

practitioner /præk'tɪʃənər/ *s* (formal) **1 a medical/legal practitioner** un -a médico -a/abogado -a **2** persona que ejerce una profesión, emplea una técnica, etc.

pragmatic /præg'mætɪk/ *adj* pragmático -a

prairie /'preri/ *s* pradera

praise /preɪz/ *verbo & sustantivo*

- *v* [tr] **1** elogiar, alabar **2 to praise God** alabar a Dios
- *s* **1** elogios | **to be full of praise for sth** no tener más que elogios para algo **2** alabanza

pram /præm/ *s* BrE cochecito [de bebé] ► En inglés americano se usa **baby carriage**

prawn /prɔn/ *s* camarón, langostino

pray /preɪ/ *v* [intr] rezar, orar: *We're **praying for** good weather tomorrow.* Estamos rezando para que mañana haga buen tiempo.

prayer /prer/ *s* oración [rezo]

preach /pritʃ/ *v* (3ª pers sing **-ches**) **1** [intr] predicar **2** [tr] dar [un sermón] **3** [tr] predicar [la tolerancia, etc.] **4** [tr] pregonar [las virtudes de algo] **5** [intr] dar un sermón, sermonear

preacher /'pritʃər/ *s* predicador -a

precarious /prɪ'keriəs/ *adj* precario -a

precaution /prɪ'kɔʃən/ *s* precaución | **to take the precaution of doing sth** tener la precaución de hacer algo

precede /prɪ'sid/ *v* [tr] (formal) preceder (a)

precedence /'presədəns/ *s* **to take/have precedence over sth/sb** tener prioridad sobre algo/alguien, tener precedencia sobre algo/alguien

precedent /'presədənt/ *s* (formal) precedente | **to set/create a precedent** sentar/crear un precedente

preceding /prɪ'sidɪŋ/ *adj* anterior [en el tiempo o el espacio]

precinct /'prisɪŋkt/ *s* **1** AmE distrito [policial] **2** AmE estación de policía, comisaría, delegación de policía **3 pedestrian precinct** BrE zona peatonal | **shopping precinct** BrE centro comercial ► En inglés americano se usa **shopping mall**

precious /'preʃəs/ *adjetivo & adverbio*

- ***adj*** precioso -a: *He wasted precious time.* Desperdició un tiempo precioso. | *These pictures are very **precious to** her.* Estas fotos tienen gran valor para ella.
- ***adv* precious little/few** muy poco -a/muy pocos -as

precipice /'presəpɪs/ *s* precipicio

precise /prɪ'saɪs/ *adj* **1** preciso -a, exacto -a | **to be precise** para ser exacto -a **2** preciso -a [descripción] **3** meticuloso -a [persona]

precisely /prɪ'saɪsli/ *adv* **1** exactamente | **at two/three etc. o'clock precisely** a las dos/tres etc. en punto **2** precisamente, justamente **3** cuidadosamente, con precisión

precision /prɪ'sɪʒən/ *s* precisión

preconceived /prikən'sivd/ *adj* preconcebido -a

predator /'predətər/ *s* predador -a, depredador -a

predecessor /'predɪsesər/ *s* antecesor -a, predecesor -a

predicament /prɪ'dɪkəmənt/ *s* situación difícil

predict /prɪ'dɪkt/ *v* [tr] predecir, pronosticar

predictable /prɪ'dɪktəbəl/ *adj* predecible, previsible

prediction /prɪ'dɪkʃən/ *s* predicción, pronóstico

predominant /prɪ'dɑmənənt/ *adj* predominante

predominantly /prɪ'dɑmənəntli/ *adv* predominantemente

preempt /pri'empt/ *v* [tr] **1** adelantarse a [lo que alguien va a decir o hacer] **2** evitar [que algo suceda]

preface /'prefəs/ *s* prefacio

prefect /'prifɛkt/ *s* en Gran Bretaña, alumno o alumna de los cursos superiores de una escuela secundaria que ayuda a mantener la disciplina

prefer /prɪ'fɜr/ *v* [tr] (**-rred**, **-rring**) preferir: *I **prefer** cats **to** dogs.* Prefiero los gatos a los perros. | *I'd prefer it if you didn't smoke.* Prefiriría que no fumaras. | **to prefer to do sth, to prefer doing sth** preferir hacer algo

preferable /'prefərəbəl/ *adj* preferible

preferably /'prefərəbli/ *adv* de ser posible, preferiblemente

preference /'prefərəns/ *s* **1** preferencia: *It comes in light or dark green. Do you have any preference?* Viene en verde claro y oscuro. ¿Tiene alguna preferencia? **2 to give preference to sb** dar preferencia a alguien

prefix /'prifɪks/ *s* (pl **-xes**) prefijo

pregnancy /'pregnənsi/ *s* (pl **-cies**) embarazo

¿Quieres información sobre las differencias entre los **artículos** en inglés y en español? Lee la explicación en el apartado de gramática.

pregnant /'pregnənt/ *adj* **1** embarazada | **to be three/six etc. months pregnant** estar embarazada de tres/seis etc. meses | **to get pregnant** quedar embarazada **2** preñada [animal]

prehistoric /prihɪ'stɔrɪk/ *adj* prehistórico -a

prejudice /'predʒədɪs/ *sustantivo & verbo*
- *s* prejuicio
- *v* [tr] **1** afectar la imparcialidad de | **to prejudice sb against sth/sb** predisponer a alguien en contra de algo/alguien **2** perjudicar

prejudiced /'predʒədɪst/ *adj* prejuiciado -a, prejuicioso -a | **to be prejudiced against sth/sb** tener prejuicios en contra de algo/alguien

preliminary /prɪ'lɪməneri/ *adjetivo & sustantivo plural*
- *adj* preliminar
- **preliminaries** *s pl* **1** prolegómenos **2 the preliminaries** (en deportes) la ronda clasificatoria, los preliminares

prelude /'preljud/ *s* **1 a prelude to sth** el preludio de algo **2** (en música) preludio

premature /primə'tʃʊr, BrE 'premətʃə/ *adj* prematuro -a

premeditated /prɪ'medəteɪtɪd/ *adj* premeditado -a

premier /prɪ'mɪr, BrE 'premiə/ *sustantivo & adjetivo*
- *s* primer -a ministro -a
- *adj* mejor, principal

premiere /prɪ'mɪr, BrE 'premieə/ *s* estreno, premiere

premises /'premɪsɪz/ *s pl* **1** local [de un comercio, un restaurante] **2** oficinas [de una empresa] **3** instalaciones [de un club, un hospital, una escuela] **4 on/off the premises** dentro/fuera del local

premium /'primiəm/ *s* **1** prima [de un seguro] **2 to be at a premium** escasear

premonition /primə'nɪʃən/ *s* premonición

preoccupation /priɑkjə'peɪʃən/ *s* **1** preocupación **2 preoccupation with sth** gran interés en algo, preocupación por algo

preoccupied /pri'ɑkjəpaɪd/ *adj* absorto -a, preocupado -a

preparation /prepə'reɪʃən/ *sustantivo & sustantivo plural*
- *s* preparación
- **preparations** *s pl* preparativos | **to make preparations for sth/to do sth** hacer preparativos para algo/para hacer algo

preparatory /prə'pærətɔri/ *adj* preparatorio -a, preliminar

prepare /prɪ'per/ *v* **1** [tr] preparar **2** [intr] prepararse | **to prepare for sth/to do sth** prepararse para algo/para hacer algo

prepared /prɪ'perd/ *adj* **1 to be prepared to do sth** estar dispuesto -a a hacer algo **2 to be prepared for sth** estar preparado -a para algo

preposition /prepə'zɪʃən/ *s* preposición

preposterous /prɪ'pɑstərəs/ *adj* absurdo -a

'prep school *s* **1** en Estados Unidos, establecimiento privado que prepara a los alumnos para el ingreso a la enseñanza superior **2** en Gran Bretaña, escuela privada para niños de entre 8 y 13 años

prerequisite /pri'rekwizət/ *s* **prerequisite (for/of sth)** prerrequisito (para/de algo)

preschool /'pri skul/ *adjetivo & sustantivo*
- *adj* preescolar [educación], de edad preescolar [niño]
- *s* AmE jardín infantil, jardín de niños, kinder

prescribe /prɪ'skraɪb/ *v* [tr] **1** recetar **2** (formal) prescribir

prescription /prɪ'skrɪpʃən/ *s* **1** receta [de medicamentos] **2** acción de recetar un medicamento

presence /'prezəns/ *s* **1** presencia | **in the presence of sb/in sb's presence** en (la) presencia de alguien, delante de alguien **2** (de un actor, etc.) presencia, carisma **3 presence of mind** presencia de ánimo, aplomo

present[1] /'prezənt/ *adjetivo & sustantivo*
- *adj* **1 to be present (at sth)** estar presente (en algo) [persona] **2 to be present (in sth)** encontrarse (en algo), estar presente (en algo) [sustancia] **3** actual: *in the present situation* en la situación actual | **at the present time** en este momento | **to the present day** hasta el presente **4 the present tense** el (tiempo) presente
- *s* **1** regalo | **to give sb a present** hacerle un regalo a alguien **2 the present** el presente **3 at present** en este momento

present[2] /pri'zent/ *v* [tr] **1 to present sb with sth/to present sth to sb** hacerle entrega de algo a alguien **2** poner en escena [una obra de teatro] **3 to present a radio/TV program** presentar un programa de radio/de televisión **4 to present a problem** constituir un problema: *His inability to speak Portuguese presents a problem.* El hecho de que no hable portugués constituye un problema. | **to present a challenge/threat** representar un desafío/una amenaza **5 to present itself** presentarse [oportunidad]

presentable /prɪ'zentəbəl/ *adj* presentable | **to make yourself presentable** arreglarse

presentation /prizən'teɪʃən, BrE prezən'teɪʃən/ **1** presentación | **to give a presentation (on sth)** hacer una presentación (sobre algo) **2** entrega [de premios, etc.] **3** (aspecto) presentación

'present-day *adj* actual, de hoy en día

presenter /prɪ'zentər/ *s* presentador -a

presently /'prezəntli/ *adv* (formal) **1** en un momento, enseguida: *The doctor will be here* *presently.* El doctor estará aquí en un momento. **2** en este momento, actualmente **3** al poco rato, enseguida

present ˈparticiple *s* participio presente, gerundio

preservation /prezərˈveɪʃən/ *s* conservación, preservación

preservative /prɪˈzɜrvətɪv/ *s* preservante, conservante

preserve /prɪˈzɜrv/ *verbo & sustantivo*

• *v* [tr] **1** conservar, preservar **2 to preserve sth/sb from sth** proteger algo/a alguien de algo **3** conservar [alimentos]

• *s* **1** terreno exclusivo: *Banking used to be a male preserve.* El trabajo bancario era un terreno exclusivo de los hombres. **2** mermelada **3** AmE reserva [de flora y fauna]

preside /prɪˈzaɪd/ *v* **to preside (at/over sth)** presidir (algo)

presidency /ˈprezədənsi/ *s* (pl **-cies**) presidencia

president, también **President** /ˈprezədənt/ *s* presidente -a

presidential /prezəˈdenʃəl/ *adj* presidencial

press /pres/ *verbo & sustantivo*

• *v* (3ª pers sing **-sses**) **1** [tr] apretar | **to press on/against sth** apretar algo **2 to press a button** apretar un botón | **to press the doorbell** tocar el timbre | **to press the accelerator** pisar el acelerador **3** [tr] planchar **4** [tr] prensar [aceitunas, uvas, flores] **5** presionar | **to press for sth** presionar para que se haga algo: *She pressed for changes in the law.* Presionó para que se modificara la ley. | **to press sb for sth** insistirle a alguien para que haga algo: *He was pressing me for an answer.* Me insistía para que le diera una respuesta.

press ahead with sth seguir adelante con algo

press on (with sth) seguir adelante (con algo)

• *s* (pl **-sses**) **1 the press** la prensa: *Several reports appeared in the press.* Aparecieron varios artículos en la prensa. **2** (máquina) prensa **3** (también **printing press**) imprenta **4 press conference** conferencia de prensa **press clipping** AmE, **press cutting** BrE recorte de prensa **press release** comunicado de prensa

pressed /prest/ *adj* **to be pressed for time/money** estar escaso -a de tiempo/dinero

pressing /ˈpresɪŋ/ *adj* apremiante, urgente

ˈpress-up BrE ▶ ver **push-up**

pressure /ˈpreʃər/ *sustantivo & verbo*

• *s* **1** presión **2** (que se ejerce sobre alguien) presión: *She is under a lot of pressure at work.* Está sometida a mucha presión en el trabajo. | **to put pressure on sb (to do sth)** presionar a alguien (para que haga algo)

• *v* **to pressure sb (to do sth/into doing sth)** presionar a alguien (para que haga algo)

ˈpressure ˌcooker *s* olla a presión, olla exprés, olla presto

ˈpressure group *s* grupo de presión

pressurize, -ise BrE /ˈpreʃəraɪz/ *v* ▶ ver **pressure**

prestige /preˈstiʒ/ *s* prestigio

prestigious /preˈstidʒəs/ *adj* prestigioso -a

presumably /prɪˈzuməbli/ *adv* **presumably they'll let us know/you've seen this before etc.** supongo que nos avisarán/que ya has visto esto etc.: *Presumably they know by now.* Supongo que ya lo saben.

presume /prɪˈzum/ *v* [tr] **1** suponer: *I presumed that he had been delayed.* Supuse que se había retrasado. **2** (formal) **to presume to do sth** atreverse a hacer algo

presumption /prɪˈzʌmpʃən/ *s* **1** presunción **2** audacia, atrevimiento

presumptuous /prɪˈzʌmptʃuəs/ *adj* atrevido -a

presuppose /prisəˈpouz/ *v* [tr] (formal) presuponer

pretend /prɪˈtend/ *verbo & adjetivo*

• *v* [intr] **1** fingir: *She pretended that she hadn't seen me.* Fingió que no me había visto./Hizo como si no me hubiera visto. | **to pretend to be asleep/dead etc.** hacerse el dormido/el muerto etc., hacerse la dormida/la muerta etc.: *The children pretended to be asleep.* Los niños se hicieron los dormidos. **2** [tr] pretender: *I don't pretend to be an expert.* No pretendo ser un experto. **3** (en juegos infantiles): *Let's pretend we're on the moon.* Vamos a hacer de cuenta que estamos en la luna.

• *adj* (informal) **a pretend gun** un revólver de mentira | **pretend money** dinero de mentira

pretense /ˈpritens/ AmE, **pretence** /ˈprɪtens/ BrE *s* **1** acción de fingir algo: *It was all a pretense.* Era puro teatro. | *How long are you going to keep up this pretense?* ¿Cuánto tiempo más vas a seguir fingiendo? **2 under false pretenses** de manera fraudulenta

pretentious /prɪˈtenʃəs/ *adj* pretencioso -a

pretext /ˈpritekst/ *s* pretexto

pretty /ˈprɪti/ *adverbio & adjetivo*

• *adv* (informal) **1** bastante: *I'm pretty sure.* Estoy bastante seguro. | *Dad was pretty angry.* Mi papá estaba bastante enojado. **2 pretty much/pretty well** prácticamente, casi: *The town looks pretty much the same.* El pueblo está casi igual.

• *adj* (**-ttier**, **-ttiest**) **1** bonito -a, lindo -a: *What pretty flowers!* ¡Qué flores más bonitas! **2 he/she/it etc. was not a pretty sight** no era nada agradable de ver

prevail /prɪˈveɪl/ *v* [intr] **1** predominar [costumbre, actitud] **2** imponerse, prevalecer

prevail on/upon sb to prevail on/upon sb to do sth convencer a alguien de que haga algo

prevailing /prɪˈveɪlɪŋ/ *adj* **1** reinante [situación] **2** predominante [tendencia, punto de vista]

prevalent /ˈprevələnt/ *adj* **1** corriente, frecuente **2** predominante

prevent /prɪˈvent/ *v* [tr] **1 to prevent an accident** prevenir un accidente, evitar un accidente | **to prevent an illness** prevenir una enfermedad **2** impedir | **to prevent sb from doing sth** impedir que alguien haga algo

prevention /prɪˈvenʃən/ *s* prevención

preventive /prɪˈventɪv/, también **preventative** /prɪˈventətɪv/ *adj* preventivo -a

preview /ˈprivju/ *s* **1** preestreno **2** anticipo

previous /ˈpriviəs/ *adj* **1 the previous day/year** el día/año anterior | **a previous marriage** un matrimonio anterior | **previous experience** experiencia previa **2 previous to sth** antes de algo: *Previous to that I worked in Berlin.* Antes de eso trabajé en Berlín.

previously /ˈpriviəsli/ *adv* anteriormente, antes | **two months/ten years etc. previously** dos meses/diez años etc. antes

prewar /priˈwɔr/ *adj* de preguerra

prey /preɪ/ *sustantivo & verbo*

• *s* presa ► ver también **bird of prey**

• *v* **prey on sth** alimentarse de algo **prey on sb** **1** aprovecharse de alguien **2 to prey on sb's mind** preocupar a alguien

price /praɪs/ *sustantivo & verbo*

• *s* **1** precio: *I got it for half price.* Lo conseguí a mitad de precio. | **to go up/come down in price** subir/bajar de precio **2 at any price** a toda costa | **not at any price** por nada del mundo, de ninguna manera

• *v* **to be priced at $50/$20 etc.** estar a $50/$20 etc.: *The rackets are priced at $75.* Las raquetas están a $75. | **to be moderately/reasonably priced** tener un precio razonable: *These shoes are very reasonably priced.* Estos zapatos tienen un precio muy razonable.

priceless /ˈpraɪsləs/ *adj* **1** de valor inestimable **2** (informal) para morirse de risa

pricey, también **pricy** /ˈpraɪsi/ *adj* (**-cier, -ciest**) (informal) carito -a

prick /prɪk/ *verbo & sustantivo*

• *v* **1** [tr] pinchar, chuzar, picar: *I pricked my finger on the needle.* Me pinché el dedo con la aguja. | **to prick yourself** pincharse, chuzarse, picarse **2 to prick up its ears** parar las orejas [animal] | **to prick up your ears** parar la oreja [persona]

• *s* pinchazo, chuzón, piquete

prickle /ˈprɪkəl/ *s* espina, púa

prickly /ˈprɪkli/ *adj* (**-lier, -liest**) que pincha/chuza/pica [barba, suéter], espinoso -a [planta]

pricy ► ver **pricey**

pride /praɪd/ *sustantivo & verbo*

• *s* **1** orgullo **2** soberbia, orgullo **3 to take pride in (doing) sth** estar orgulloso -a de (hacer) algo, enorgullecerse de (hacer) algo **4 to hurt sb's pride** herir a alguien en su orgullo/amor propio **5 to be sb's pride and joy** ser el orgullo de alguien

• *v* **to pride yourself on sth** preciarse de algo, estar orgulloso -a de algo

priest /prist/ *s* sacerdote, cura

priesthood /ˈpristhʊd/ *s* **the priesthood** el sacerdocio

primarily /praɪˈmerəli, BrE ˈpraɪmərəli/ *adv* principalmente, fundamentalmente

primary /ˈpraɪmeri/ *adjetivo & sustantivo*

• *adj* **1** principal **2** primario -a

• *s* (pl **-ries**) (también **primary election**) (elecciones) primarias/internas partidarias

ˈprimary ˌschool *s* BrE En Gran Bretaña, escuela para niños de entre 5 y 11 años ► La institución paralela en EU se llama **elementary school**

prime /praɪm/ *adjetivo, sustantivo & verbo*

• *adj* **1** principal **2** excelente, de primera **3 a prime example** un ejemplo perfecto

• *s* **to be in your prime/in the prime of life** estar en la flor de la vida

• *v* **to prime sb (for sth/to do sth)** preparar a alguien (para algo/para hacer algo)

ˌprime ˈminister, también **Prime Minister** *s* primer -a ministro -a

primitive /ˈprɪmətɪv/ *adj* primitivo -a

primrose /ˈprɪmroʊz/ *sustantivo & adjetivo*

• *s* **1** (planta, flor) primavera **2** (color) amarillo claro

• *adj* de color amarillo claro

prince /prɪns/ *s* príncipe

princess /ˈprɪnsəs/ *s* princesa

principal /ˈprɪnsəpəl/ *adjetivo & sustantivo*

• *adj* principal

• *s* AmE director -a [de una escuela]

principle /ˈprɪnsəpəl/ *s* **1** principio: *It's against her principles.* Va contra sus principios. | **on principle** por principio **2 in principle** en principio

print /prɪnt/ *verbo & sustantivo*

• *v* **1** [tr/intr] imprimir **2** [tr] publicar **3** [tr] estampar [una tela]
print sth off/out imprimir algo

• *s* **1** texto (impreso): *columns of print* columnas de texto | **in print** publicado -a: *She loves to see her name in print.* Le encanta ver su nombre publicado. **2** letra: *in large print* en letra grande **3 to be out of print** estar agotado -a | **to be in print** estar a la venta **4** (cuadro) grabado **5** (de una foto) copia **6** huella, marca **7** estampado

printer /ˈprɪntər/ *s* **1** (máquina) impresora **2** (persona) tipógrafo -a | **the printer's** la imprenta

printing /ˈprɪntɪŋ/ *s* **1** (técnica) imprenta **2** (proceso) impresión **3 printing error** error de imprenta

printout /ˈprɪntaʊt/ *s* copia impresa

prior /ˈpraɪr/ *adverbio & adjetivo*

• *adv* (formal) **prior to (doing) sth** antes de (hacer) algo

• *adj* (formal) **a prior engagement** un compromiso previo

prioritize, -ise BrE /praɪˈɔrətaɪz/ *v* [tr] priorizar

priority /praɪˈɔrəti/ *s* (pl **-ties**) prioridad | **to have/take priority over sth** tener prioridad sobre algo | **to get your priorities right** saber qué es lo más importante

prise /praɪz/ BrE ▶ ver **pry**

prison /ˈprɪzən/ *s* **1** cárcel, prisión: *He was sentenced to seven years in prison.* Fue condenado a siete años de prisión. | **to send sb to prison/to put sb in prison** meter preso -a a alguien, encarcelar a alguien **2 prison camp** campo de prisioneros

prisoner /ˈprɪzənər/ *s* **1** preso -a, recluso -a **2** prisionero -a | **to take sb prisoner** hacer prisionero -a a alguien

pristine /ˈprɪstin/ *adj* inmaculado -a, impecable | **in pristine condition** en perfecto estado

privacy /ˈpraɪvəsi, BrE ˈprɪvəsi/ *s* intimidad, privacidad

private /ˈpraɪvət/ *adjetivo & sustantivo*

• *adj* **1** (para uso individual) particular, privado -a: *a private tutor* un profesor particular **2** (secreto) privado -a, personal: *private letters* cartas personales | *my private life* mi vida privada **3 private school** colegio privado/escuela particular | **private hospital** hospital privado | **private enterprise** la empresa privada **4** privado -a [lugar] **5** reservado -a [persona]

• *s* **1 in private** en privado **2** (también **Private**) soldado (raso)

privately /ˈpraɪvətli/ *adv* **1** en privado **2 privately educated** educado -a en un colegio privado/una escuela particular | **privately owned** privado -a [tierra, empresa, etc.]

privatize, -ise BrE /ˈpraɪvətaɪz/ *v* [tr] privatizar

privilege /ˈprɪvəlɪdʒ/ *s* privilegio

privileged /ˈprɪvəlɪdʒd/ *adj* privilegiado -a

prize /praɪz/ *sustantivo, adjetivo & verbo*

• *s* premio

• *adj* **1 prize pigs/tomatoes** cerdos/tomates premiados **2 a prize idiot/fool etc.** (informal) un -a idiota/tonto -a etc. de marca mayor

• *v* [tr] preciar, valorar: *his most prized possession* su bien más preciado

pro /proʊ/ *s* **1** (informal) profesional: *a golf pro* un jugador profesional de golf **2 the pros and cons** los pros y los contras

probability /prɑbəˈbɪləti/ *s* (pl **-ties**) probabilidad | **in all probability**: *In all probability he missed the flight.* Es muy probable que haya perdido el vuelo.

probable /ˈprɑbəbəl/ *adj* probable: *It is probable that she will make a full recovery.* Es probable que se recupere del todo.

probably /ˈprɑbəbli/ *adv* probablemente: *She'll probably call later.* Probablemente llame más tarde./Es probable que llame más tarde.

probation /proʊˈbeɪʃən/ *s* **on probation (a)** en libertad bajo palabra **(b)** a prueba [empleado]

probe /proʊb/ *verbo & sustantivo*

• *v* **1 to probe (into) sth** investigar algo **2** [tr] tantear, sondar

• *s* **1** sonda **2** investigación

problem /ˈprɑbləm/ *s* **1** problema: *That's your problem.* Es problema tuyo. **2 no problem (a)** (informal) de nada: *"Thanks very much for all your help." "No problem."* –Muchas gracias por tu ayuda. –De nada. **(b)** sí, no hay problema: *"Could you drive me to the airport?" "No problem."* –¿Me puedes llevar al aeropuerto? –Sí, no hay problema.

problematic /prɑbləˈmætɪk/, también **problematical** /ˌprɑbləˈmætɪkəl/ *adj* problemático -a

procedure /prəˈsidʒər/ *s* trámite, procedimiento | **to be standard procedure** ser la norma/lo habitual

proceed /prəˈsid/ *v* [intr] **1 to proceed (with sth)** (formal) continuar/seguir adelante (con algo) **2 he proceeded to drink it/sell it etc.** acto seguido se lo tomó/lo vendió etc. **3** (formal) dirigirse: *Please proceed to the nearest exit.* Por favor, diríjanse a la salida más próxima. **4** (formal) proceder, obrar

proceedings /prəˈsidɪŋz/ *s pl* **1 the proceedings** (el desarrollo de) los acontecimientos **2** acciones legales, trámites

proceeds /ˈproʊsidz/ *s pl* dinero recaudado [en un concierto, etc.]

ⓘ ¿Quieres información sobre las diferencias entre los **posesivos** en inglés y en español? Lee la explicación en el apartado de gramática.

process /'prɑses/ *sustantivo & verbo*
• *s* (pl **-sses**) **1** proceso **2 to be in the process of doing sth** estar haciendo algo: *They are in the process of moving to new premises.* Se están mudando a un local nuevo. **3 in the process** entretanto
• *v* [tr] **1** procesar [alimentos] **2 to process information** procesar información | **to process an application** procesar/dar curso a una solicitud **3 to process a roll of film** revelar un rollo de película

processing /'prɑsesɪŋ/ *s* **1** (de alimentos) procesamiento **2** (en fotografía) revelado **3** (en computación) procesamiento

procession /prə'seʃən/ *s* desfile, procesión

processor /'prɑsesər/ *s* procesador ► ver también **food processor**

proclaim /proʊ'kleɪm/ *v* [tr] (formal) proclamar, declarar

prod /prɑd/ *v* (**-dded**, **-dding**) **1 to prod (at) sth/sb** pinchar algo/a alguien, chuzar algo/a alguien, empujar algo/a alguien **2 to prod sb into doing sth** empujar a alguien para que haga algo

prodigy /'prɑdədʒi/ *s* (pl **-gies**) prodigio

produce[1] /prə'dus/ *v* [tr] **1** producir [trigo, petróleo, vino, etc.] **2** causar, producir [una reacción, un efecto] **3** dar [un resultado] **4** sacar [un revólver, una carta, etc.] **5** presentar [pruebas] **6** (en cine, TV) producir, realizar

produce[2] /'prɑdus/ *s* productos: *dairy produce* productos lácteos

producer /prə'dusər/ *s* **1** (país, empresa) productor -a **2** (en cine, TV, teatro) productor -a, realizador -a

product /'prɑdʌkt/ *s* **1** producto **2 to be the product of sth** ser producto de algo

production /prə'dʌkʃən/ *s* **1** (fabricación, cultivo) producción **2** (película, programa) producción **3 on production of sth** contra presentación de algo, con la presentación de algo **4 production line** línea de producción

productive /prə'dʌktɪv/ *adj* productivo -a, provechoso -a

productivity /proʊdək'tɪvəti/ *s* productividad

profession /prə'feʃən/ *s* profesión: *He's a lawyer by profession.* Es abogado de profesión. | **the medical/teaching etc. profession** los médicos/los docentes etc.

professional /prə'feʃənl/ *adjetivo & sustantivo*
• *adj* profesional
• *s* profesional, profesionista

professionalism /prə'feʃənlɪzəm/ *s* profesionalidad, profesionalismo

professor /prə'fesər/ *s* profesor -a [de universidad] ► En EU todos los profesores de universidad que tienen un doctorado son **professors**. En Gran Bretaña el término **professor** se aplica únicamente a los catedráticos

proficiency /prə'fɪʃənsi/ *s* competencia

proficient /prə'fɪʃənt/ *adj* **a proficient reader** un lector/una lectora competente | **to be proficient in English/French etc.** hablar bien inglés/francés etc.: *She is proficient in three languages.* Habla bien tres idiomas.

profile /'proʊfaɪl/ *s* perfil | **in profile** de perfil

profit /'prɑfɪt/ *sustantivo & verbo*
• *s* ganancia(s), utilidades: *They sold the business at a huge profit.* Sacaron enormes ganancias de la venta del negocio. | **to make/turn a profit** sacar ganancias, obtener utilidades | **to make a profit of** sacar una ganancia de, obtener utilidades de: *I made a profit of $50.* Saqué una ganancia de $50.
• *v* **to profit (from sth)** beneficiarse (con algo)

profitable /'prɑfɪtəbəl/ *adj* **1** rentable, redituable **2** fructífero -a, provechoso -a

profound /prə'faʊnd/ *adj* fuerte, profundo -a

profoundly /prə'faʊndli/ *adv* profundamente | **to be profoundly deaf** padecer de sordera total

program AmE, **programme** BrE /'proʊgræm/ *sustantivo & verbo*
• *s* **1** (de TV, radio) programa **2** (en computación) programa ► En esta acepción también se usa la grafía **program** en Gran Bretaña **3** (de actividades) programa: *the US space program* el programa espacial de los Estados Unidos **4** (de un concierto, un espectáculo, etc.) programa
• *v* [tr] **1** programar [una videocasetera, un horno, etc.] **2 to be programmed to do sth** estar programado -a para hacer algo **3** (en computación) programar ► En esta acepción también se usa la grafía **program** en Gran Bretaña

programmer /'proʊgræmər/ *s* programador -a

programming /'proʊgræmɪŋ/ *s* programación

progress[1] /'prɑgres, BrE 'prəʊgres/ *s* **1** progreso(s) | **to make progress** progresar **2 in progress** (formal) en curso: *The meeting was in progress when I arrived.* La reunión ya había comenzado cuando llegué. **3** avance

progress[2] /prə'gres/ *v* [intr] (3ª pers sing **-sses**) **1** avanzar, progresar **2** desarrollarse [acontecimientos] **3** pasar [tiempo]

progressive /prə'gresɪv/ *adj* **1** progresista, avanzado -a **2** progresivo -a

prohibit /proʊ'hɪbɪt/ *v* [tr] (formal) **1** prohibir: *Smoking is prohibited.* Está prohibido fumar. | **to prohibit sb from doing sth** prohibirle a alguien hacer algo **2 to prohibit sth/sb from doing sth** impedir que algo/alguien haga algo

prohibition /,proʊə'bɪʃən/ *s* prohibición

project[1] /'prɑdʒekt/ *s* **1** proyecto **2** (en el colegio) trabajo [sobre un tema específico]: *a project on pollution* un trabajo sobre la polución

3 the projects en EU, complejos de viviendas construidas por el estado para familias de escasos recursos

project² /prəˈdʒekt/ *v* **1** [tr] pronosticar, prever [las ventas, las ganancias, etc.] **2** [intr] sobresalir **3** [tr] proyectar [sobre una pantalla]

projection /prəˈdʒekʃən/ *s* **1** proyección **2** saliente

projector /prəˈdʒektər/ *s* proyector

prolific /prəˈlɪfɪk/ *adj* prolífico -a

prologue /ˈprouləg/ *s* **prologue (to sth)** prólogo (de algo)

prolong /prəˈlɔŋ/ *v* [tr] alargar, prolongar

prolonged /prəˈlɔŋd/ *adj* prolongado -a

promenade /ˌprɑməˈneɪd/ *s* malecón, costanera

prominence /ˈprɑmənəns/ *s* importancia

prominent /ˈprɑmənənt/ *adj* **1** destacado -a **2** prominente

promiscuous /prəˈmɪskjuəs/ *adj* promiscuo -a

promise /ˈprɑmɪs/ *verbo & sustantivo*

• *v* [tr/intr] prometer: *He promised to fix it.* Prometió que lo iba a arreglar. | **to promise sb sth** prometerle algo a alguien

• *s* **1** promesa | **to break/keep a promise** romper/cumplir una promesa **2 to show (a lot of) promise** prometer (mucho)

promising /ˈprɑmɪsɪŋ/ *adj* prometedor -a

promote /prəˈmout/ *v* [tr] **1** promocionar [un producto] **2** ascender: *She has been **promoted** to sales manager.* La ascendieron a gerente de ventas. **3** promover, fomentar

promoter /prəˈmoutər/ *s* promotor -a

promotion /prəˈmouʃən/ *s* **1** ascenso [en el trabajo] | **to get a promotion** ser ascendido -a **2** promoción

prompt /prɑmpt/ *verbo, adjetivo & adverbio*

• *v* **1** [tr] provocar, dar lugar a | **to prompt sb to do sth** mover a alguien a hacer algo: *What prompted you to change your plans?* ¿Qué te movió a cambiar los planes? **2** [tr] hacerle de apuntador a, [intr] hacer de apuntador

• *adj* **1** rápido -a, pronto -a **2** puntual

• *adv* en punto

promptly /ˈprɑmptli/ *adv* **1** rápidamente, con prontitud **2** puntualmente **3** de inmediato

prone /proun/ *adj* **to be prone to sth** ser propenso -a a algo | **to be prone to do sth** tener tendencia a hacer algo

pronoun /ˈprounaun/ *s* pronombre

pronounce /prəˈnauns/ *v* [tr] **1** pronunciar **2** declarar: *She pronounced herself satisfied.* Se declaró satisfecha.

pronounced /prəˈnaunst/ *adj* pronunciado -a, marcado -a

pronunciation /prənʌnsiˈeɪʃən/ *s* pronunciación

proof /pruf/ *s* **1** prueba(s): *They have no proof that it was him.* No tienen pruebas de que haya sido él. **2 proof of identity** documento de identidad: *You need proof of identity.* Necesitas un documento de identidad .

prop /prɑp/ *verbo, sustantivo & sustantivo plural*

• *v* [tr] (**-pped**, **-pping**) **to prop sth (up) against sth** apoyar algo contra algo

prop sth up 1 apuntalar algo, sostener algo **2** mantener algo a flote

• *s* **1** puntal **2** sostén, apoyo

• **props** *s pl* utilería, attrezzo

propaganda /prɑpəˈgændə/ *s* propaganda [política]

propel /prəˈpel/ *v* [tr] (**-lled**, **-lling**) propulsar

propeller /prəˈpelər/ *s* hélice

proper /ˈprɑpər/ *adj* **1** adecuado -a, apropiado -a: *I didn't have the proper clothes for sailing.* No tenía la ropa adecuada para navegar. **2** correcto -a [pronunciación] **3** (socialmente aceptable) **to be proper** estar bien, ser lo correcto **4** propiamente dicho -a: *It's not part of the city proper.* No forma parte de la ciudad propiamente dicha. ▶ En esta acepción el sustantivo precede al adjetivo **5** BrE (real, auténtico): *my first proper boyfriend* mi primer novio en serio | *a proper meal* una comida como es debido

properly /ˈprɑpərli/ *adv* bien, como es debido

proper ˈnoun *s* nombre propio

property /ˈprɑpərti/ *s* (pl **-ties**) **1** propiedad, bienes: *This is government property.* Esto es propiedad del gobierno. | *He left all his property to his son.* Dejó todos sus bienes a su hijo. | *stolen property* objetos robados **2** propiedad inmobiliaria, bienes raíces **3** inmueble **4** (cualidad) propiedad

prophecy /ˈprɑfəsi/ *s* (pl **-cies**) profecía

prophesy /ˈprɑfəsaɪ/ *v* [tr] (**-sies**, **-sied**) predecir, vaticinar

prophet /ˈprɑfɪt/ *s* profeta/profetisa

proportion /prəˈpɔrʃən/ *sustantivo & sustantivo plural*

• *s* **1** porcentaje **2** proporción | **in proportion to sth** en proporción a algo **3 in proportion with sth** en proporción con algo, proporcionado -a con respecto a algo | **out of proportion (with sth)** desproporcionado -a (con respecto a algo) **4 to get things out of proportion** exagerar (las cosas)

• **proportions** *s pl* dimensiones

proportional /prəˈpɔrʃənl/ *adj* **proportional (to sth)** proporcional (a algo)

proposal /prəˈpouzəl/ *s* **1** propuesta **2** propuesta de matrimonio, proposición matrimonial

propose /prəˈpouz/ *v* **1** [tr] proponer **2 to propose (to sb)** proponer(le) matrimonio (a alguien) **3 to propose to do sth, to propose doing sth**

(formal) pensar hacer algo: *What do you propose to do about it?* ¿Qué piensa hacer al respecto?

proposition /prɑpəˈzɪʃən/ *s* propuesta, proposición

proprietor /prəˈpraɪətər/ *s* dueño -a, propietario -a

prose /proʊz/ *s* prosa

prosecute /ˈprɑsəkjut/ *v* **1** [tr] procesar: *He was prosecuted for theft.* Fue procesado por robo. **2** [intr] entablar una demanda

prosecution /prɑsəˈkjuʃən/ *s* **1 the prosecution** la acusación **2** proceso, juicio

prosecutor /ˈprɑsəkjutər/ *s* fiscal

prospect /ˈprɑspekt/ *sustantivo & sustantivo plural*

• *s* **1** posibilidad, posibilidades: *There's little prospect of reaching an agreement.* Hay pocas posibilidades de alcanzar un acuerdo. **2** perspectiva: *The prospect of speaking in public terrifies me.* La perspectiva de hablar en público me llena de terror.

• **prospects** *s pl* perspectivas (de futuro), porvenir: *a man with no prospects* un hombre sin perspectivas de futuro

prospective /prəˈspektɪv/ *adj* posible, futuro -a

prospectus /prəˈspektəs/ *s* (pl **-ses**) folleto informativo [de un establecimiento educativo]

prosper /ˈprɑspər/ *v* [intr] prosperar

prosperity /prɑˈsperəti/ *s* prosperidad

prosperous /ˈprɑspərəs/ *adj* próspero -a

prostitute /ˈprɑstətut/ *s* prostituto -a

prostitution /prɑstəˈtuʃən/ *s* prostitución

protagonist /proʊˈtægənɪst/ *s* protagonista

protect /prəˈtekt/ *v* [tr/intr] proteger | **to protect sth/sb from sth** proteger algo/a alguien de algo | **to protect (sth/sb) against sth** proteger (algo/a alguien) contra algo

protection /prəˈtekʃən/ *s* protección

protective /prəˈtektɪv/ *adj* **1** protector -a [casco, antiparras, etc.], de protección [ropa] **2** protector -a [persona, gesto]

protein /ˈproʊtin/ *s* proteína

protest[1] /ˈproʊtest/ *s* protesta: *a strike in protest against the layoffs* un paro en señal de protesta contra los despidos | **under protest** bajo protesta

protest[2] /prəˈtest/ *v* [tr/intr] protestar | **to protest (against/about) sth** protestar contra/por algo

Protestant /ˈprɑtəstənt/ *adj & s* protestante

protester /ˈproʊtestər/ *s* manifestante

prototype /ˈproʊtətaɪp/ *s* prototipo

protrude /proʊˈtrud/ *v* [intr] sobresalir | **to have protruding teeth** tener los dientes salidos

proud /praʊd/ *adj* **1** (satisfecho) orgulloso -a | **to be proud of sth/sb** estar orgulloso -a de algo/alguien **2** (en sentido negativo) arrogante, orgulloso -a

proudly /ˈpraʊdli/ *adv* con orgullo

prove /pruv/ *v* (participio **proved** o **proven**) **1** [tr] probar, demostrar: *They couldn't prove that she was guilty.* No pudieron probar que fuera culpable. | **to prove sb right/wrong** demostrar que alguien tiene razón/está equivocado -a **2 to prove to be useful/easy etc.** resultar ser útil/fácil etc. **3 to prove yourself** demostrar tener capacidad para algo

proven[1] /ˈpruvən/ *adj* comprobado -a, probado -a

proven[2] participio de **prove**

proverb /ˈprɑvərb/ *s* proverbio

provide /prəˈvaɪd/ *v* [tr] **1** proporcionar, suministrar [dinero, información, etc.] | **to provide sb with sth** proporcionarle algo a alguien: *I was provided with a car and a guide.* Me proporcionaron un auto y un guía. **2** ofrecer [un servicio]

provide for sb mantener a alguien **provide for sth** prever algo, tener algo en cuenta [una eventualidad, una necesidad, etc.]

provided /prəˈvaɪdɪd/, también **provided that** *conj* siempre que, siempre y cuando

providing /prəˈvaɪdɪŋ/, también **providing that** *conj* ► ver **provided**

province /ˈprɑvɪns/ *s* **1** provincia **2 to be sb's province** ser el terreno de alguien: *That's not really my province.* En realidad ése no es mi terreno.

provincial /prəˈvɪnʃəl/ *adj* **1** provincial **2** pueblerino -a, provinciano -a

provision /prəˈvɪʒən/ *sustantivo & sustantivo plural*

• *s* **1** suministro, provisión **2** previsiones: *There is no provision for disabled people.* No se han tomado previsiones para las necesidades de los discapacitados. | **to make provision(s) for sb** asegurar el futuro económico de alguien

• **provisions** *s pl* provisiones, víveres

provisional /prəˈvɪʒənl/ *adj* provisional

proviso /prəˈvaɪzoʊ/ *s* condición | **with the proviso that** con la condición de que

provocation /prɑvəˈkeɪʃən/ *s* provocación

provocative /prəˈvɑkətɪv/ *adj* **1** provocador -a **2** provocativo -a

provoke /prəˈvoʊk/ *v* [tr] **1** provocar [a una persona] **2** provocar [una respuesta] **3** producir [una reacción] **4 to provoke sb to do sth, to provoke sb into doing sth** empujar a alguien a hacer algo, hacer que alguien haga algo

prow /praʊ/ *s* proa

prowl /praʊl/ *verbo & sustantivo*

• *v* **to prowl around/about** merodear, rondar

• *s* **to be on the prowl** estar al acecho

prude /prud/ *s* mojigato -a

prudent /ˈprudnt/ *adj* prudente

prune /prun/ *verbo & sustantivo*

• *v* [tr] **1** podar **2** recortar [los costos, el

presupuesto]
• *s* ciruela pasa, ciruela seca
pry /praɪ/ *v* (**pries**, **pried**) **1 to pry (into sth)** entrometerse (en algo) **2 to pry sth off (sth)** sacar algo (de algo) [haciendo palanca] | **to pry sth open** abrir algo a la fuerza
P.S. /pi 'es/ (= **postscript**) PD
psalm /sɑm/ *s* salmo
pseudonym /'sudnɪm/ *s* seudónimo
psychiatric /saɪki'ætrɪk/ *adj* psiquiátrico -a
psychiatrist /saɪ'kaɪətrɪst/ *s* psiquiatra
psychiatry /saɪ'kaɪətri/ *s* psiquiatría
psychic /'saɪkɪk/ *adjetivo & sustantivo*
• *adj* **1** parapsicológico -a **2 to be psychic** ser adivino -a **3** psíquico -a
• *s* vidente
psychoanalysis /saɪkoʊə'næləsɪs/ *s* psicoanálisis
psychological /saɪkə'lɑdʒɪkəl/ *adj* psicológico -a
psychologist /saɪ'kɑlədʒɪst/ *s* psicólogo -a
psychology /saɪ'kɑlədʒi/ *s* psicología
psychopath /'saɪkəpæθ/ *s* psicópata
pub /pʌb/ *s* bar [especialmente en Gran Bretaña e Irlanda]
puberty /'pjubərti/ *s* pubertad
pubic /'pjubɪk/ *adj* púbico -a
public /'pʌblɪk/ *adjetivo & sustantivo*
• *adj* público -a: *public opinion* la opinión pública | *public transportation* transporte público | **to make sth public** divulgar algo, hacer público algo
• *s* **1 the (general) public** el público (en general) **2 in public** en público
publication /pʌblə'keɪʃən/ *s* publicación
publicity /pə'blɪsəti/ *s* **1** publicidad **2 publicity campaign** campaña publicitaria **publicity stunt** ardid publicitario
publicize, -ise BrE /'pʌbləsaɪz/ *v* [tr] **1** dar a conocer, divulgar **2** publicitar, promocionar
publicly /'pʌblɪkli/ *adv* públicamente
public re'lations *s* relaciones públicas
public ˌschool *s* **1** AmE escuela pública **2** BrE colegio particular, a menudo tradicional y exclusivo
publish /'pʌblɪʃ/ *v* [tr] (3ª pers sing **-shes**) **1** publicar **2** hacer público -a
publisher /'pʌblɪʃər/ *s* **1** editorial, casa editora **2** editor -a
publishing /'pʌblɪʃɪŋ/ *s* **1** mundo editorial **2 publishing house** editorial
pudding /'pʊdɪŋ/ *s* **1** crema [postre] **2** budín, pudín **3** BrE postre ► También existe **dessert**, que es inglés universal
puddle /'pʌdl/ *s* charco
Puerto Rican /pɔrtə 'rikən, pwertoʊ-/ *adj & s* puertorriqueño -a
Puerto Rico /pɔrtə 'rikoʊ, pwertoʊ-/ *s* Puerto Rico
puff /pʌf/ *verbo & sustantivo*
• *v* **1** [intr] resoplar, jadear **2** [tr] echar: *Don't puff smoke into my face.* No me eches humo en la cara. **3 to puff at/on sth** darle pitadas/una pitada a algo
puff sth out to puff out your cheeks/chest inflar las mejillas/el pecho
puff up hincharse **puff sth up**, también **puff sth out** erizar [las plumas]
• *s* **1** pitada [de un cigarrillo] **2** bocanada [de humo] **3** ráfaga [de aire] **4** soplido
puffy /'pʌfi/ *adj* (**-ffier**, **-ffiest**) hinchado -a [ojos, cara, etc.]
pull /pʊl/ *verbo & sustantivo*
• *v* **1** [intr] jalar, tirar: *You have to pull hard.* Tienes que jalar fuerte. **2** [tr] jalar, tirar de [una soga, el pelo, etc.] | **to pull sth into/away from etc.**: *Pull the chair nearer to the fire.* Acerca la silla al fuego. | **to pull sth open**: *I managed to pull the drawer open.* Logré abrir el cajón de un jalón. **3** [tr] jalar, tirar de [una carreta, etc.] **4** [tr] jalar [el gatillo] **5 to pull a gun/knife on sb** amenazar a alguien con un revólver/un cuchillo **6 to pull a muscle** desgarrar(se) un músculo **7 to pull yourself together** calmarse **8** ► ver también **leg, weight**
PHRASAL VERBS
pull sth apart **1** separar algo **2** desarmar algo, hacer pedazos algo
pull away **1** arrancar [vehículo] **2** zafarse, soltarse
pull sth down **1** bajar algo **2** demoler algo, tirar abajo algo
pull in **1** parar [vehículo] **2** llegar [tren]
pull sth off **1** arrancar algo **2** quitarse algo [una prenda de vestir] **3** conseguir algo, lograr algo
pull sth on ponerse algo
pull out **1** arrancar [vehículo] **2** cambiar de carril/pista [para pasar a otro vehículo] **3 to pull out (of sth)** abandonar (algo), retirarse (de algo) **pull sth out** sacar algo
pull over acercarse a la acera y parar [vehículo]
pull through recuperarse, reponerse
pull up **1** parar [vehículo] **2 to pull up a chair** acercar una silla **pull sth up** arrancar algo [una planta]
• *s* **1 to give sth a pull** jalar/tirar de algo, darle un jalón/tirón a algo **2** fuerza [de gravedad, de una corriente] **3 the pull of sth** la atracción de algo
pulley /'pʊli/ *s* polea
pullover /'pʊloʊvər/ *s* suéter, pulóver, chompa
pulp /pʌlp/ *s* pulpa
pulpit /'pʊlpɪt/ *s* púlpito
pulsate /'pʌlseɪt/ *v* [intr] latir, palpitar: *pulsating rhythm* ritmo palpitante

pulse /pʌls/ *sustantivo & sustantivo plural*
• *s* pulso
• **pulses** *s pl* legumbres (secas)
pump /pʌmp/ *sustantivo & verbo*
• *s* **1** bomba [de agua] **2** surtidor [de gasolina] **3** inflador, bomba (de aire), bombín **4** zapato de mujer sencillo y liviano **ballet pumps** zapatillas de baile **5** BrE zapatilla [de lona]
• *v* **1** [tr/intr] bombear **2 to pump sb for information** (informal) tratar de (son)sacarle información a alguien **3 to pump money into sth** invertir (dinero) en algo
pump sth up inflar algo
pumpkin /ˈpʌmpkɪn/ *s* calabaza
pun /pʌn/ *s* juego de palabras
punch /pʌntʃ/ *verbo & sustantivo*
• *v* [tr] (3ª pers sing **-ches**) **1** darle un puñetazo a **2** perforar, ponchar [un boleto] | **to punch a hole in sth** hacerle un agujero a algo
• *s* (pl **-ches**) **1** puñetazo **2** ponche **3** perforadora [para papel]
punchline /ˈpʌntʃlaɪn/ *s* remate [de un chiste]
ˈ**punch-up** *s* BrE (informal) pelea [a los puñetazos]
punctual /ˈpʌŋktʃuəl/ *adj* puntual
punctuality /pʌŋktʃuˈæləti/ *s* puntualidad
punctuate /ˈpʌŋktʃueɪt/ *v* [tr] **1** ponerle signos de puntuación a, puntuar **2 to be punctuated by/with sth** ser interrumpido -a por algo
punctuation /pʌŋktʃuˈeɪʃən/ *s* puntuación
ˌ**punctuˈation mark** *s* signo de puntuación
puncture /ˈpʌŋktʃər/ *sustantivo & verbo*
• *s* **1** pinchazo, punción **2** BrE pinchazo, pinchadura, ponchadura [de una llanta] ▶ En inglés americano se usa **flat**
• *v* **1** [tr] pinchar, ponchar **2** [intr] pincharse, poncharse
punish /ˈpʌnɪʃ/ *v* [tr] (3ª pers sing **-shes**) castigar
punishment /ˈpʌnɪʃmənt/ *s* castigo
punk /pʌŋk/ *s* **1** (también **punk rock**) punk **2** (también **punk rocker**) punk **3** AmE vándalo -a, cafre, hooligan
pup /pʌp/ *s* **1** cachorro -a **2** cría [de foca, nutria, etc.]
pupil /ˈpjupəl/ *s* **1** pupila [del ojo] **2** BrE alumno -a ▶ También existe **student,** que es inglés universal
puppet /ˈpʌpɪt/ *s* títere, marioneta
puppy /ˈpʌpi/ *s* (pl **-ppies**) cachorro -a
purchase /ˈpɜrtʃəs/ (formal) *verbo & sustantivo*
• *v* [tr] (formal) comprar, adquirir
• *s* (formal) compra, adquisición
pure /pjʊr/ *adj* **1** puro -a: *pure wool* pura lana **2 by pure chance/coincidence** de pura casualidad

puree, también **purée** /pjʊˈreɪ, BrE ˈpjʊəreɪ/ *s* puré
purely /ˈpjʊrli/ *adv* puramente, meramente | **purely and simply** lisa y llanamente
purge /pɜrdʒ/ *verbo & sustantivo*
• *v* **to purge sth (of sth/sb)** purgar algo (de algo/alguien) [un partido político, una organización]
• *s* purga
purify /ˈpjʊrəfaɪ/ *v* (**-fies**, **-fied**) purificar
purity /ˈpjʊrəti/ *s* pureza
purple /ˈpɜrpəl/ *sustantivo & adjetivo*
• *s* morado, violeta
• *adj* morado -a, violeta ▶ ver "Active Box" **colors** en **color**
purpose /ˈpɜrpəs/ *s* **1** propósito, motivo: *He went there* ***with the purpose of*** *seeing his son.* Fue allí con el propósito de ver a su hijo. **2 to do sth on purpose** hacer algo a propósito **3** claridad de objetivos: *a woman full of purpose* una mujer con objetivos claros
purposeful /ˈpɜrpəsfəl/ *adj* decidido -a [actitud, mirada, etc.]
purposely /ˈpɜrpəsli/ *adv* intencionadamente, a propósito
purr /pɜr/ *v* [intr] ronronear
purse /pɜrs/ *sustantivo & verbo*
• *s* **1** AmE cartera, bolsa [de mujer] **2** BrE monedero, portamonedas ▶ En inglés americano se usa **change purse**
• *v* **to purse your lips** fruncir la boca
pursue /pərˈsu/ *v* [tr] (formal) **1** hacer, forjarse [una carrera profesional] **2** adoptar [una política] **3** tratar de alcanzar [una meta] **4 to pursue the matter** continuar con el tema **5** perseguir
pursuit /pərˈsut/ *s* (formal) **1 the pursuit of happiness/fame etc.** la búsqueda de la felicidad/la fama etc. **2 in pursuit** en persecución: *He ran off in pursuit of the thief.* Salió corriendo tras el ladrón. **3** actividad
push /pʊʃ/ *verbo & sustantivo*
• *v* (3ª pers sing **-shes**) **1** [tr/intr] empujar: *Can you push harder?* ¿Puedes empujar más fuerte? | *He tried to* ***push*** *me* ***into*** *the water.* Trató de tirarme al agua (de un empujón). | *We* ***pushed*** *the car* ***off*** *the road.* Sacamos el auto de la carretera empujándolo. **2** [tr] apretar [un botón] **3** [tr] vender, traficar (con) [drogas] **4 to push past sb** pasar por al lado de alguien empujándolo | **to push your way through/toward etc.** abrirse paso a los empujones entre/hacia etc. **5 to push sb to do sth** empujar a alguien para que haga algo **6 to be pushed for time** (informal) andar corto -a de tiempo **7 to be pushing 40/50 etc.** estar pisando los 40/50 etc.
push ahead (with sth) seguir adelante (con algo)
push sb around (informal) mandonear/

mangonear a alguien
push off largarse, irse

• *s* (pl **-shes**) **1 to give sth/sb a push** darle un empujón a algo/alguien **2 at the push of a button** con sólo apretar un botón **3 to give sb the push** (informal) echar a alguien | **to get the push** (informal): *He got the push.* Lo echaron.

pushchair /ˈpʊʃtʃer/ *s* BrE cochecito de paseo, carreola [plegable] ► En inglés americano se usa **stroller**

ˈ**push-up, press-up** BrE *s* flexión (de brazos), lagartija

pushy /ˈpʊʃi/ *adj* (**-shier**, **-shiest**) agresivo -a, avasallador -a

pussy /ˈpʊsi/ *s* (pl **-ssies**) (informal) (también **pussycat**) gatito

put /pʊt/ *v* [tr] (pasado & participio **put**) **1** poner: *Put the bags on the table.* Pon las bolsas sobre la mesa. | *The delay put us all in a bad mood.* La demora nos puso a todos de mal humor. **2 to put sb out of work/out of a job** dejar a alguien sin trabajo **3** (escribir) poner: *Put your name at the top of the page.* Pon tu nombre en la parte de arriba de la hoja. **4** decir, expresar | **to put it another way** por decirlo de otra manera | **to put a question to sb** hacerle una pregunta a alguien **5 to put sth to sb** proponerle algo a alguien [un plan, una idea] ► **to put** también forma parte de expresiones como **to put sth behind you, to put an end to sth,** etc. Búscalas bajo **behind, end,** etc.

PHRASAL VERBS

put sth across comunicar algo [ideas, etc.]

put sth aside **1** dejar algo a un lado **2** guardar algo, reservar algo

put sth away guardar algo

put sth back **1** volver a poner algo (en su lugar) **2** posponer algo **3** retrasar algo [un reloj]

put sth down **1** dejar algo: *He put his suitcase down in the hall.* Dejó su maleta en la entrada. **2** anotar/apuntar algo **3** sacrificar algo [un animal] **4** sofocar algo [una rebelión, etc.] **put sb down** menospreciar a alguien

put sth down to sth atribuirle algo a algo: *He puts everything down to stress.* Se lo atribuye todo al estrés.

put sth forward **1** presentar algo [una propuesta] **2** plantear algo [una idea, un argumento] **3** proponer algo [un plan] **4** adelantar algo [un reloj] **put sb forward** proponer a alguien [para un cargo]

put sth in **1** instalar/poner algo [calefacción, un baño, etc.] **2** colocar algo [un vidrio doble, etc.] **3** invertir algo [tiempo, esfuerzo] **4** presentar algo [un pedido, un reclamo]

put sth off postergar algo **put sb off** **1 to put sb off (doing) sth** quitarle a alguien las ganas de hacer algo **2** distraer a alguien

put sth on **1** ponerse algo [ropa, crema, etc.] **2 to put lipstick/make-up on** pintarse los labios/maquillarse **3** poner algo [música, la televisión, etc.] **4** prender algo [la luz, etc.] **5 to put on weight** engordar: *I put on weight when I gave up smoking.* Engordé cuando dejé de fumar. | **to put on two pounds/five pounds etc.** engordar dos libras/cinco libras etc. **6** dar/ofrecer algo [un concierto] **7** poner algo en escena [una obra de teatro] **8** fingir algo

put sth out **1** apagar algo [las luces, un incendio] **2** sacar algo [la basura] **3 to put your tongue out** sacar la lengua **put sb out** **1** molestar a alguien: *Would it put you out if I brought a friend?* ¿Te molestaría que trajera a un amigo? | *Don't put yourself out on my account.* No te molestes por mí. **2 to be/feel put out** ofenderse/sentirse ofendido -a

put sb through comunicar a alguien [por teléfono]: *I'll **put you through to** the sales department.* Lo comunico con el departamento de ventas. **put sb through sth** **1** hacer pasar a alguien por algo [por una situación desagradable] **2** someter a alguien a algo [a una prueba]

put sth together **1** juntar algo **2** armar algo [un mueble] **3** preparar algo: *The band is putting a new album together.* La banda está preparando un nuevo álbum.

put sth up **1** construir algo [un edificio] **2** armar/montar algo [una carpa] **3** poner algo [en la pared] **4** subir algo [los precios, los impuestos, etc.] **5 to put your hand up** levantar la mano **put sb up** alojar/darle alojamiento a alguien

put up with sth/sb aguantar algo/a alguien, soportar algo/a alguien

putter /ˈpʌtər/ AmE, **potter** /ˈpɑtər/ BrE *v* [intr] hacer cositas [por la casa, el jardín, etc.]

puzzle /ˈpʌzəl/ *sustantivo & verbo*

• *s* **1** rompecabezas, puzzle **2** enigma

• *v* **1** [tr] desconcertar **2 to puzzle over sth** cavilar sobre algo

puzzle

puzzled /ˈpʌzəld/ *adj* perplejo -a, desconcertado -a

puzzling /ˈpʌzlɪŋ/ *adj* desconcertante

pygmy /ˈpɪgmi/ *s* (pl **-mies**) pigmeo

pyjamas BrE ► ver **pajamas**

pylon /ˈpaɪlɑn/ *s* torre de alta tensión

pyramid /ˈpɪrəmɪd/ *s* pirámide

python /ˈpaɪθɑn/ *s* pitón

Q

Q, q /kjuː/ *s* Q, q ▶ ver "Active Box" **letters** en **letter**

quack /kwæk/ *verbo & sustantivo*
- ***v*** [intr] hacer cua cua, graznar
- ***s*** graznido

quadruple /kwɑˈdrupəl/ *verbo & adjetivo*
- ***v*** **1** [tr] cuadruplicar **2** [intr] cuadruplicarse
- ***adj*** cuádruple

quail /kweɪl/ *sustantivo & verbo*
- ***s*** (pl **quail** o **quails**) codorniz
- ***v*** **to quail (at sth)** temblar (ante algo)

quaint /kweɪnt/ *adj* **1** pintoresco -a **2** anticuado y extraño

quake /kweɪk/ *sustantivo & verbo*
- ***s*** terremoto
- ***v*** [intr] temblar

qualification /kwɑləfəˈkeɪʃən/ *s* **1** título, certificado ▶ El término **qualification** tiene una aplicación muy amplia e incluye desde los exámenes que se dan en la escuela secundaria hasta un doctorado **2** requisito, cualidad **3** clasificación [en una competencia deportiva] **4** salvedad, reserva

qualified /ˈkwɑləfaɪd/ *adj* **1** recibido -a, que tiene título/diploma **2** capacitado -a: *I don't feel **qualified** to give an opinion.* No me siento capacitada para opinar. **3** con reservas [aprobación, aceptación, etc.]

qualifier /ˈkwɑləfaɪər/ *s* eliminatoria

qualify /ˈkwɑləfaɪ/ *v* (**-fies**, **-fied**) **1** [intr] recibirse | **to qualify as a doctor/teacher etc.** recibirse de médico -a/maestro -a etc. **2 to qualify sb to do sth** habilitar a alguien para hacer algo **3 to qualify (for sth)** (en deportes) clasificar(se) (para algo) **4 to qualify (for a discount/a grant etc.)** tener derecho (a un descuento/una beca etc.) **5** [intr] contar | **to qualify as sth** contar/considerarse como algo **6** [tr] hacer una salvedad en relación con (una afirmación)

qualifying /ˈkwɑləfaɪ-ɪŋ/ *adj* eliminatorio -a

quality /ˈkwɑləti/ *sustantivo & adjetivo*
- ***s*** (pl **-ties**) **1** calidad: ***high quality*** alta calidad | *The recording is of very poor **quality**.* La grabación es de muy mala calidad. **2** cualidad
- ***adj*** de calidad

qualm /kwɑm/ *s* **to have no qualms about doing sth** no tener escrúpulos para hacer algo

quandary /ˈkwɑndəri/ *s* **to be in a quandary (about/over sth)** estar en un dilema (con respecto a algo)

quantity /ˈkwɑntəti/ *s* (pl **-ties**) cantidad

quarantine /ˈkwɔrəntin/ *s* cuarentena

quarrel /ˈkwɔrəl/ *sustantivo & verbo*

- ***s*** **1** pelea, discusión | **to have a quarrel (with sb)** pelearse/discutir (con alguien) **2 to have no quarrel with sth** no tener objeciones a algo
- ***v*** (**-led**, **-ling** AmE, **-lled**, **-lling** BrE) **to quarrel (with sb)** discutir/pelearse (con alguien): *What are they **quarreling about**?* ¿Por qué discuten?

quarry /ˈkwɔri/ *s* (pl **-rries**) **1** cantera **2** presa

quart /kwɔrt/ *s* cuarto de galón [= 1,137 litros]

quarter /ˈkwɔrtər/ *s* **1** cuarto, cuarta parte: *Cut the tomatoes into quarters.* Corte los tomates en cuartos. | *The theater was only a quarter full.* Sólo una cuarta parte del teatro estaba llena. **2** (en expresiones de tiempo) **a quarter of an hour** un cuarto de hora | **three quarters of an hour** tres cuartos de hora | **quarter of two/three etc.** AmE, **quarter to two/three etc.** BrE las dos/tres etc. menos cuarto, un cuarto para las dos/tres etc. | **quarter after two/three etc.** AmE, **quarter past two/three etc.** BrE las dos/tres etc. y cuarto **3** (en EU y Canadá) moneda de veinticinco centavos **4** cuarto de libra [4 onzas] **5** barrio

quarterback /ˈkwɔrtərbæk/ *s* (en fútbol americano) mariscal de campo, coreback

quarterfinal /kwɔrtərˈfaɪnl/ *s* cuarto de final

quarterly /ˈkwɔrtərli/ *adjetivo & adverbio*
- ***adj*** trimestral
- ***adv*** trimestralmente

quartet /kwɔrˈtet/ *s* cuarteto

quartz /kwɔrts/ *s* cuarzo

quash /kwɑʃ/ *v* [tr] (3ª pers sing **-shes**) (formal) **1** anular [un veredicto, un fallo, etc.] **2** aplastar, sofocar [una rebelión]

quay /keɪ, ki/ *s* muelle

queen /kwin/ *s* **1** reina: *Queen Victoria* la Reina Victoria **2** (en ajedrez, juegos de cartas) reina

queer /kwɪr/ *adjetivo & sustantivo*
- ***adj*** **1** raro -a **2** maricón ▶ Este uso de **queer** es ofensivo
- ***s*** maricón ▶ Este uso de **queer** es ofensivo

quell /kwel/ *v* [tr] **1** calmar [el miedo, las dudas] **2** sofocar [un disturbio] **3** acallar [la oposición]

quench /kwentʃ/ *v* (3ª pers sing **-ches**) **to quench your thirst** quitar/saciar la sed

query /ˈkwɪri/ *sustantivo & verbo*
- *s* (pl **-ries**) pregunta, consulta
- *v* [tr] (**-ries**, **-ried**) cuestionar

quest /kwest/ *s* (literario) búsqueda

question /ˈkwestʃən/ *sustantivo & verbo*
- *s* **1** pregunta | **to ask (sb) a question** hacer(le) una pregunta (a alguien) | **to answer a question** contestar una pregunta **2** cuestión: *the question of the environment* la cuestión del medio ambiente **3** duda: *There's no question that she should have won.* No hay duda de que debería haber ganado. | **beyond question** fuera de duda | **to call sth into question** cuestionar algo | **without question (a)** sin duda alguna **(b)** sin cuestionamientos **4 there's no question of me/him etc. doing sth** de ninguna manera voy/va etc. a hacer algo | **to be out of the question** ser imposible **5 the day/person etc. in question** (formal) el día/la persona etc. en cuestión
- *v* [tr] **1** interrogar **2** cuestionar

ˈquestion mark *s* signo de interrogación

questionnaire /kwestʃəˈner/ *s* cuestionario

ˈquestion tag *s*

> Un **question tag** es una fórmula equivalente a *¿no?, ¿no es cierto?*, etc. que se agrega al final de la oración sobre todo en el inglés británico. Si la oración es afirmativa, la **question tag** se forma con el negativo del verbo modal o auxiliar:
>
> *They're Scottish, aren't they?* Son escoceses ¿no? | *James can drive, can't he?* James sabe manejar ¿no?
>
> Si no hay verbo modal o auxiliar, se usa la forma correspondiente del auxiliar **to do:**
>
> *You speak German, don't you?* Hablas alemán ¿no?
>
> Si la oración es negativa, el verbo auxiliar o modal va en afirmativo:
>
> *You didn't see them, did you?* Tú no los viste ¿no?

queue /kju/ *sustantivo & verbo*
- *s* BrE fila, cola [de personas, auto, etc.] ▶ En inglés americano se usa **line**
- *v* [intr] (también **queue up**) BrE formar fila, hacer cola ▶ En inglés americano se usa **to wait/stand in line**

quibble /ˈkwɪbəl/ *v* **to quibble (about/over sth)** crear/poner problemas (por algo) [por una nimiedad]

quick /kwɪk/ *adjetivo & adverbio*
- *adj* **1** rápido -a: *Have you finished already? That was quick!* ¿Has terminado ya? ¡Qué rápido! | *Be quick! The bus is coming!* ¡Apúrate! ¡Ahí viene el autobús! | **to be quick to do sth** no tardar en hacer algo **2** breve: *I need to make a quick phone call.* Tengo que hacer una llamada breve. **3** (inteligente) rápido -a
- *adv* rápido, rápidamente

quicken /ˈkwɪkən/ *v* **1** [intr] acelerarse **2 to quicken your pace** acelerar el paso

quickly /ˈkwɪkli/ *adv* rápido, rápidamente

quid /kwɪd/ *s* (pl **quid**) BrE (informal) libra [moneda]: *ten quid* diez libras

quiet /ˈkwaɪət/ *adjetivo & sustantivo*
- *adj* **1** callado -a: *He's a quiet, serious boy.* Es un niño callado y serio. | **to be quiet** estar callado -a | **be quiet!** ¡cállate!/¡cállense! **2** silencioso -a [motor] | **in a quiet voice** en voz baja **3** tranquilo -a [calle, pueblo, vida]
- *s* **1** silencio **2 on the quiet** (informal) a escondidas

quieten /ˈkwaɪətn/, también **quiet** /ˈkwaɪət/ AmE *v* **to quieten (down)** calmarse, tranquilizarse | **to quieten sb (down)** calmar/tranquilizar a alguien

quietly /ˈkwaɪətli/ *adv* **1** silenciosamente, sin hacer ruido | **to speak quietly** hablar en voz baja **2** discretamente

quilt /kwɪlt/ *s* edredón, acolchado

quintet /kwɪnˈtet/ *s* quinteto

quirk /kwɜrk/ *s* rareza, peculiaridad

quit /kwɪt/ *v* (pasado & participio **quit**, gerundio **quitting**) **1** [tr] dejar | **to quit your job/school etc.** dejar el trabajo/el colegio etc. | **to quit doing sth** dejar de hacer algo **2** [intr] renunciar, dejar el trabajo **3** [intr] abandonar

quite /kwaɪt/ *adv* **1** bastante: *She's quite young.* Es bastante joven. **2** totalmente: *I'm not quite sure.* No estoy totalmente seguro. | *You're quite right.* Tienes toda la razón. | *"Are you ready?" "Not quite."* –¿Estás listo? –No del todo. **3 quite a lot** bastante: *I go there quite a lot.* Voy bastante a ese lugar. | *We had quite a lot of problems.* Tuvimos bastantes problemas. | **quite a few** unos cuantos, unas cuantas, bastantes: *Quite a few people didn't turn up.* Hubo unas cuantas personas que no aparecieron. | **quite a bit** bastante

quiver /ˈkwɪvər/ *v* [intr] temblar [de furia, nervios, etc.]

quiz /kwɪz/ *s* (pl **-zzes**) **1** concurso **2 quiz show** programa de preguntas y respuestas

quota /ˈkwoʊtə/ *s* **1** cupo **2** cuota

quotation /kwoʊˈteɪʃən/ *s* **1** cita [de un libro, etc.] **2** presupuesto [cálculo del costo de un trabajo]

quoˈtation ˌmarks *s pl* comillas

quote /kwoʊt/ *verbo & sustantivo*
- *v* **1 to quote (from) sth/sb** citar algo/a alguien **2** [tr] presupuestar, [intr] hacer un presupuesto [por un trabajo, un arreglo, etc.]
- *s* **1** cita [de un libro, etc.] **2** presupuesto

R

R, r /ɑr/ *s* R, r ▶ ver 'Active Box' **letters** en **letter**
rabbit /ˈræbɪt/ *s* conejo
rabies /ˈreɪbiz/ *s* rabia [enfermedad]
race /reɪs/ *sustantivo & verbo*
• *s* **1** carrera **2** raza | **race relations** relaciones (inter)raciales
• *v* **1** [intr] competir, correr (carreras) | **to race against sb** correr contra alguien **2** [tr] echarle una carrera a, correr contra **3** [tr] correr con [un caballo, un auto] **4 to race in/out etc.** entrar/salir etc. corriendo: *I raced downstairs to open the door.* Corrí escaleras abajo para abrir la puerta. | **to race through sth** hacer algo rápidamente **5 to race by/past** pasar volando [las horas, los meses, etc.] **6** [intr] acelerar(se) [pulso, corazón]
race car AmE, **racing car** BrE *s* auto de carrera(s)
racecourse /ˈreɪs-kɔrs/ *s* **1** AmE pista, circuito **2** BrE hipódromo ▶ En inglés americano se usa **racetrack**
racehorse /ˈreɪshɔrs/ *s* caballo de carreras
racetrack /ˈreɪs-træk/ *s* **1** pista, circuito **2** AmE hipódromo
racial /ˈreɪʃəl/ *adj* racial
racing /ˈreɪsɪŋ/ *s* (las) carreras | **motor/horse etc. racing** carreras de autos/caballos etc.
racing car BrE ▶ ver **race car**
racism /ˈreɪsɪzəm/ *s* racismo
racist /ˈreɪsɪst/ *adj & s* racista
rack /ræk/ *sustantivo & verbo*
• *s* **1** (para platos) escurridor **2** (para revistas) revistero **3 the rack** (instrumento de tortura) el potro ▶ ver también **roof rack**
• *v* **to rack your brain** devanarse los sesos

spice rack

newspaper rack

racket /ˈrækɪt/ *s* **1** (también **racquet** BrE) raqueta **2** (informal) barullo, bulla **3** (informal) negocio [sucio], estafa
radar /ˈreɪdɑr/ *s* radar
radiance /ˈreɪdiəns/ *s* **1** brillo **2** resplandor
radiant /ˈreɪdiənt/ *adj* **1** radiante | **to be radiant with joy/health** estar radiante de alegría/salud **2** resplandeciente
radiate /ˈreɪdieɪt/ *v* **1** [tr/intr] irradiar [calor, entusiasmo] **2 to radiate from sth** salir de algo [calles]
radiation /reɪdiˈeɪʃən/ *s* radiación
radiator /ˈreɪdieɪtər/ *s* radiador
radio /ˈreɪdioʊ/ *sustantivo & verbo*
• *s* radio | **on the radio** en/por la radio
• *v* **1** [tr] transmitir por radio [un mensaje, una posición] **2** [tr] llamar por radio a [un lugar] **3 to radio for help** pedir ayuda por radio
radioactivity /reɪdioʊækˈtɪvəti/ *s* radiactividad
ˈradio ˌstation *s* (emisora/estación de) radio
radish /ˈrædɪʃ/ *s* rábano, rabanito
radius /ˈreɪdiəs/ *s* (pl **radii**) radio | **within a 200-mile/10-meter etc. radius** en un radio de 200 millas/10 metros etc.
raffle /ˈræfəl/ *s* rifa
raft /ræft/ *s* balsa
rafter /ˈræftər/ *s* viga
rag /ræg/ *sustantivo & sustantivo plural*
• *s* trapo
• **rags** *s pl* harapos
rage /reɪdʒ/ *sustantivo & verbo*
• *s* **1** furia | **(to be) in a rage** (estar) furioso -a | **to fly into a rage** enfurecerse **2 to be all the rage** (informal) ser el último grito de la moda
• *v* [intr] **1** continuar con toda su furia [tormenta] **2** hacer estragos [incendio] **3 to rage at/against sth** protestar furiosamente por/contra algo
ragged /ˈrægɪd/ *adj* **1** hecho -a jirones/harapos [ropa] **2** harapiento -a, andrajoso -a [persona] **3** deshilachado-a [borde]
raging /ˈreɪdʒɪŋ/ *adj* **1** enloquecedor -a [sed, dolor de cabeza] **2** altísimo -a [fiebre] **3** embravecido -a [mar]
raid /reɪd/ *sustantivo & verbo*
• *s* **1** (operación militar) **a raid (on sth)** un ataque (a algo), una incursión (sobre algo) **2** (operación policial) redada **3** (robo) **a raid (on sth)** un asalto (a algo)
• *v* [tr] **1** allanar **2** tomar por asalto [un pueblo, un territorio] **3** asaltar [un banco] **4** asaltar, atacar [el refrigerador, la alacena, etc.]
raider /ˈreɪdər/ *s* saqueador -a, asaltante
rail /reɪl/ *s* **1** baranda, barandal **2** pasamanos **3 clothes rail** perchero | **towel rail** toallero **4** riel [de vías ferroviarias] **5 by rail** por ferrocarril
railing /ˈreɪlɪŋ/, también **railings** /ˈreɪlɪŋz/ *s* verja, rejas
railroad /ˈreɪlroʊd/ AmE, **railway** /ˈreɪlweɪ/ BrE *s* **1** ferrocarril **2** línea de ferrocarril **3** (también **railroad/railway line, railroad/railway track**) vía(s)
ˈrailroad ˌcrossing *s* AmE paso a nivel

¿Quieres estudiar vocabulario por temas? Consulta el **minidiccionario ilustrado**.

ˈrailroad ˌstation AmE, **railway station** BrE *s* estación de tren/de ferrocarril

rain /reɪn/ *sustantivo & verbo*

- *s* lluvia: *I got caught in the rain.* Me agarró la lluvia. | *It looks like rain.* Parece que va a llover.
- *v* [intr] llover: *It was raining hard.* Llovía mucho.

rain off, **rain out** **to be rained out** AmE, **to be rained off** BrE suspenderse por lluvia [partido]

rainbow /ˈreɪnboʊ/ *s* arco iris

raincoat /ˈreɪnkoʊt/ *s* impermeable

rainfall /ˈreɪnfɔl/ *s* precipitaciones, lluvias

ˈrain ˌforest *s* selva tropical

rainy /ˈreɪni/ *adj* (**-nier**, **-niest**) lluvioso -a, de lluvia | **the rainy season** la estación de lluvias

raise /reɪz/ *verbo & sustantivo*

- *v* [tr] **1** levantar: *Raise your hand if you know the answer.* Levanten la mano si saben la respuesta. **2** aumentar, subir [los impuestos, los precios, etc.] **3 to raise standards** mejorar el nivel **4** criar [hijos, animales] **5** provocar [la risa] **6** suscitar [dudas] **7** despertar [sospechas] **8** plantear [una cuestión, una objeción] **9** sacar [un tema] **10** recaudar, reunir [fondos] **11** reclutar [un ejército] **12 to raise your eyebrows** arquear las cejas **13 to raise your glass (to sb)** hacer un brindis (a la salud de alguien) ► ver también **voice**
- *s* AmE aumento [de sueldo]

raisin /ˈreɪzən/ *s* pasa (de uva) [negra]

rake /reɪk/ *sustantivo & verbo*

- *s* rastrillo [herramienta]
- *v* **1 to rake (over) sth** rastrillar algo **2** [tr] (también **rake up**) juntar con un rastrillo [hojas]

rake sth in **to be raking it in** (informal) estar llenándose de dinero

rake sth up (informal) sacar a relucir algo [un tema, el pasado]

rally /ˈræli/ *verbo & sustantivo*

- *v* (**-llies**, **-llied**) **1 to rally to sb's defense/support** unirse en defensa/apoyo de alguien **2** [tr] congregar, unir [seguidores, etc.] **3** [tr] reunir [apoyo] **4** [intr] recuperarse

rally around juntarse [para ayudar]

- *s* (pl **-llies**) **1** (reunión política) concentración **2** (carrera de autos) rally **3** (en tenis) peloteo, punto

RAM *s* (= **random access memory**) (memoria) RAM

ram /ræm/ *verbo & sustantivo*

- *v* (**-mmed**, **-mming**) **1 to ram (into) sth/sb** embestir (contra) algo/a alguien, chocar (contra) algo/a alguien **2 to ram sth into sth** clavar/embutir algo en algo
- *s* carnero

ramble /ˈræmbəl/ *verbo & sustantivo*

- *v* [intr] **1 to go rambling** ir de caminata [por el campo] **2** divagar

ramble on **to ramble on (about sth/sb)** hablar mucho y de forma aburrida (sobre algo/alguien)

- *s* caminata [por el campo]

ramp /ræmp/ *s* rampa

rampage¹ /ræmˈpeɪdʒ/ *v* [intr] hacer estragos, arrasar

rampage² /ˈræmpeɪdʒ/ *s* **to go on the rampage** **(a)** salir a hacer destrozos [persona] **(b)** arrasar con todo [animal]

rampant /ˈræmpənt/ *adj* **1** endémico -a [problema] **2** galopante [inflación]

ramshackle /ˈræmʃækəl/ *adj* venido -a abajo [casa, etc.]

ran /ræn/ pasado de **run**

ranch /ræntʃ/ *s* (pl **-ches**) hacienda/finca (ganadera), rancho (ganadero), fundo

rancid /ˈrænsɪd/ *adj* rancio -a

random /ˈrændəm/ *adj* **1** (hecho -a) al azar [inspección, etc.] **2** aleatorio -a [muestra] **3 at random** al azar

rang /ræŋ/ pasado de **ring**

range /reɪndʒ/ *sustantivo & verbo*

- *s* **1** variedad, gama: *a wide range of subjects* una amplia variedad de temas **2** límites entre los que varía un valor: *Your weight is within the normal range for your height.* Tu peso está dentro de los límites normales para tu altura. | *There wasn't anything in my price range.* No había nada dentro de mi nivel de precios. **3** (de productos) línea, gama **4** (de un arma, un transmisor) alcance | **range of vision** campo visual | **within range** dentro del alcance, a tiro | **out of range** fuera del alcance **5** (de montañas) cadena
- *v* **1 to range from/between sth to sth** variar entre algo y algo, ir de algo a algo: *Prices range from $5 to $50.* Los precios varían entre $5 y $50. **2** [tr] acomodar, disponer [sillas, adornos, etc.]

rank /ræŋk/ *sustantivo & verbo*

- *s* **1** rango: *He was promoted to the rank of general.* Lo ascendieron al rango de general. **2 the ranks** la tropa **3** nivel [social] **4 the rank and file** las bases [de un partido político o sindicato]
- *v* **1 to rank among sth** estar entre algo: *She ranks among the greatest of American poets.* Está entre las más grandes poetas estadounidenses. **2** [tr] clasificar | **to rank sth/sb as sth** considerar algo/a alguien (como) algo

ransack /ˈrænsæk/ *v* [tr] **1** saquear **2** revolver [un cajón, una habitación]

ransom /ˈrænsəm/ *s* **1** rescate [dinero en un secuestro] **2 to hold sb (to) ransom** extorsionar a alguien [tratar de imponerle algo a la fuerza]

rap /ræp/ *verbo & sustantivo*

- *v* [tr/intr] (**-pped**, **-pping**) golpear [con los nudillos]
- *s* **1** golpe, golpecito **2** (en música) rap

rape /reɪp/ *verbo & sustantivo*
• *v* [tr] violar [a una persona]
• *s* **1** violación **2** colza [planta]
rapid /'ræpɪd/ *adj* rápido -a
rapidly /'ræpɪdli/ *adv* rápidamente
rapids /'ræpɪdz/ *s pl* rápidos
rapist /'reɪpɪst/ *s* violador -a
rapport /ræ'pɔr/ *s* (buena) relación [entre personas] | **to establish a rapport with sb** establecer una buena relación con alguien
rapture /'ræptʃər/ *s* **1** éxtasis **2 to go into raptures over/at sth** deshacerse en elogios respecto de algo
rare /rer/ *adj* **1** raro -a, poco común: ***It's rare** for her to miss a rehearsal.* Es raro que falte a un ensayo. **2** excepcional, poco frecuente [caso, visita] | **on rare occasions** en contadas ocasiones **3** (referido al punto de cocción de la carne) bien jugoso -a, a la inglesa
rarely /'rerli/ *adv* rara vez, casi nunca ▶ ver nota **adverbios de frecuencia** en **always**
rarity /'rerəti/ *s* (pl **-ties**) **1 to be a rarity** ser una rareza, ser algo fuera de lo común **2** cosa rara, objeto raro **3** lo raro
rash /ræʃ/ *adjetivo & sustantivo*
• *adj* precipitado -a, imprudente
• *s* (pl **-shes**) salpullido, sarpullido | **to come out/break out in a rash** brotarse [con sarpullido]
raspberry /'ræzberi/ *s* (pl **-rries**) frambuesa
rat /ræt/ *s* **1** rata **2** (informal) canalla
rate /reɪt/ *sustantivo & verbo*
• *s* **1** ritmo [al que sucede algo] | **at a rate of** a razón de | **at this rate** a este paso **2** tasa [de inflación, interés, etc.] **3** índice [de delincuencia] **4** tarifa: *There is a reduced **rate** for children.* Hay una tarifa reducida para niños. | *We pay an hourly **rate** of $10.* Pagamos $10 por hora. | **rate of pay** sueldo **5 at any rate** de todos modos, por lo menos
• *v* **1** [tr] considerar, clasificar **2 to be rated as sth/to rate as sth** estar considerado -a como algo: *He is **rated** as one of the best guitarists around.* Se lo considera uno de los mejores guitarristas que hay. **3 to rate sth/sb highly** tener una excelente opinión de algo/alguien
rather /'ræðər/ *adv* **1** bastante: *I was **rather** surprised to see him.* Me sorprendió bastante verlo. **2 I would/he would etc. rather do sth** prefiero/prefiere etc. hacer algo: *I 'd **rather** stay here.* Prefiero quedarme aquí. | **I would rather you/he etc. did sth** preferiría que hicieras/hiciera etc. algo: *I'd **rather** you didn't smoke.* Preferiría que no fumaras. **3 rather than (a)** en lugar de, antes que: *I'd go in the spring **rather than** the summer.* Yo iría en primavera en lugar de en verano. **(b)** más que: *It was a discussion **rather than** a lecture.* Fue un debate más que una conferencia. **4 or rather** o mejor dicho

rating /'reɪtɪŋ/ *s* **1** clasificación | **popularity rating** índice de popularidad **2 the ratings** el rating, el índice de audiencia
ratio /'reɪʃiou/ *s* proporción: *The **ratio** of nurses to doctors is two to one.* La proporción de enfermeros con respecto a médicos es de dos a uno.
ration /'ræʃən/ *verbo & sustantivo*
• *v* [tr] racionar
• *s* ración
rational /'ræʃənl/ *adj* racional
rationale /ræʃə'næl/ *s* razones, lógica: *the **rationale** behind their decision* las razones de su decisión/la lógica de su decisión
rationalize, -ise BrE /'ræʃnəlaɪz/ *v* [tr] **1** racionalizar, justificar **2** (en una empresa) racionalizar
rationing /'ræʃənɪŋ/ *s* racionamiento
'rat race *s* **the rat race** (informal) la constante competencia en la vida
rattle /'rætl/ *verbo & sustantivo*
• *v* **1** [tr] sacudir [haciendo ruido], hacer sonar **2** [intr] hacer ruido, vibrar **3 to rattle along/past etc.** ir/pasar etc. traqueteando **4** [tr] (informal) poner nervioso -a a
rattle sth off decir algo de un tirón/jalón
• *s* **1** ruido [de algo suelto, una vibración, etc.] **2** sonajero, sonaja, cascabel **3** matraca
rattlesnake /'rætlsneɪk/ *s* serpiente (de) cascabel
ravage /'rævɪdʒ/ *v* [tr] arrasar, devastar
rave /reɪv/ *verbo & sustantivo*
• *v* [intr] **1 to rave at sth/sb** despotricar contra algo/alguien **2** delirar **3 to rave about/over sth** hablar maravillas de algo
• *s* fiesta que suele durar toda la noche y generalmente se asocia con la música house, el consumo de drogas, etc.
raven /'reɪvən/ *s* cuervo
ravenous /'rævənəs/ *adj* muerto -a de hambre
ravine /rə'vin/ *s* quebrada
raw /rɔ/ *adj* **1** crudo -a [carne, verduras, etc.] **2** sin refinar [azúcar] **3** crudo -a, salvaje [seda] **4 raw materials** materia(s) prima(s) **5** en carne viva [piel] **6** enrojecido -a [manos] **7** fuerte y frío, cortante [viento] **8** novato -a
ray /reɪ/ *s* rayo [de luz, de sol]
razor /'reɪzər/ *s* **1** (con hojas) máquina/cuchilla de afeitar, rastrillo **2** (eléctrica) máquina de afeitar/rasurar, afeitadora, rasuradora **3** navaja, barbera
'razor blade *s* hoja de afeitar/rasurar, cuchilla de afeitar, hojilla (de afeitar)
Rd. *s* (= **Road**) ▶ ver **road 2**
reach /ritʃ/ *verbo & sustantivo*
• *v* (3ª pers sing **-ches**) **1** [tr] llegar a [un lugar], llegarle a [una persona]: *The letter took four days to **reach** me.* La carta tardó cuatro días en llegarme.
2 to reach for sth tratar de agarrar algo, estirar la mano para agarrar algo

¿Sabes cómo funcionan los **phrasal verbs**? Lee la explicación en el apartado de gramática.

3 [intr] alcanzar, llegar [hasta algo]: *I can't reach.* No alcanzo. | *The water* ***reached up*** *to my knees.* El agua me llegaba a las rodillas. **4** [tr] (también **reach down**) alcanzar, pasar [un objeto] **5** [tr] llegar a, alcanzar [determinada edad, temperatura, etc.]: *They reached the semifinals.* Llegaron a las semifinales. **6** [tr] llegar a [un acuerdo, una decisión] **7** [tr] localizar, ubicar [a una persona]: *Where can I reach you in an emergency?* ¿Donde lo puedo localizar en caso de emergencia?

• *s* **1 out of (your) reach** fuera del alcance, fuera de mi/su etc. alcance | **within (your) reach** al alcance, a mi/su etc. alcance **2 within (easy) reach of sth** (muy) cerca de algo

react /ri'ækt/ *v* [intr] **1 to react (to sth/sb)** reaccionar (ante algo/alguien) | **to react by doing sth**: *She reacted by walking out.* Su reacción fue irse. **2 to react (against sth/sb)** reaccionar (en contra de algo/alguien)

reaction /ri'ækʃən/ *s* **reaction (to sth)** reacción (a/ante algo)

read /rid/ *v* (pasado & participio **read** /red/) **1** [tr/intr] leer: *He was reading a magazine.* Estaba leyendo una revista. | **to read about/of sth** leer sobre algo | **to read (sth) to sb** leerle (algo) a alguien **2** [tr] decir [texto, cartel]: *It should read 'Benson', not 'Fenton'.* Debería decir 'Benson', no 'Fenton'. **3** [tr] marcar [termómetro, etc.]

PHRASAL VERBS

read into to read sth into sth interpretar algo de determinada manera: *You're reading too much into it.* Le estás dando demasiada importancia.

read sth out leer algo [en voz alta]

read sth through leer algo del principio al fin

read up to read up on sth investigar algo, leyendo sobre el tema **read sth up** repasar/estudiar algo

readable /'ridəbəl/ *adj* **1** ameno -a, fácil de leer **2** legible

reader /'ridər/ *s* **1** lector -a **2 to be a fast/slow reader** leer rápido/despacio

readership /'ridərʃɪp/ *s* lectores

readily /'redl-i/ *adv* **1** fácilmente **2** de buena gana

readiness /'redinəs/ *s* **1 readiness to do sth** (buena) disposición para hacer algo **2 in readiness (for sth)**: *The whole town was cleaned up in readiness for her visit.* Limpiaron toda la ciudad para que estuviera lista para su visita.

reading /'ridɪŋ/ *s* **1** lectura: *He enjoys reading.* Le gusta mucho leer./Le gusta mucho la lectura. **2** lo que marca un instrumento de medición: *Thermometer readings were taken every two hours.* Se tomaba la temperatura cada dos horas.

ready /'redi/ *adj* (**-dier**, **-diest**) **1 ready (for sth/to do sth)** listo -a (para algo/para hacer algo): *We're ready to leave now.* Ya estamos listos para salir. | *When will lunch be ready?* ¿Cuando va a estar listo el almuerzo? | **to get ready** prepararse | **to get sth ready** preparar algo **2 ready (for sth/to do sth)** preparado -a/listo -a (para algo/para hacer algo): *He doesn't feel ready to get married.* Siente que no está preparado para casarse. **3 to be ready to do sth (a)** estar a punto de hacer algo: *I was just about ready to give up.* Estaba casi a punto de abandonar. **(b)** estar dispuesto -a a hacer algo **4 ready cash/money** dinero en efectivo

ˌready-ˈmade *adj* **1 a ready-made suit** un traje de confección | **ready-made curtains** cortinas ya hechas **2** (referido a comidas) (comprado -a) hecho -a

real /ril/ *adj* **1** auténtico -a: *real gold* oro auténtico **2** real, concreto -a: *in real life* en la vida real **3** verdadero -a: *What's the real reason you were late?* ¿Cuál es la verdadera razón por la que llegaste tarde? **4** (para enfatizar) verdadero -a: *He's a real idiot.* Es un verdadero idiota.

ˈreal esˌtate *s* AmE propiedades, inmuebles, bienes raíces

ˈreal estate ˌagent *s* AmE agente inmobiliario -a

realistic /riə'lɪstɪk/ *adj* realista

reality /ri'æləti/ *s* (pl **-ties**) **1** realidad **2 in reality** en realidad

realization, -isation BrE /riələ'zeɪʃən/ *s* **1** hecho de darse cuenta de algo: *She finally came to the realization that Jeff had been lying.* Finalmente se dio cuenta de que Jeff había estado mintiendo. **2** logro

realize, -ise BrE /'riəlaɪz/ *v* [tr] **1 to realize (that)** darse cuenta (de que): *Do you realize you're an hour late?* ¿Te das cuenta de que llegas una hora tarde? | **to realize sth** darse cuenta de algo **2** cumplir [una ambición] **3** lograr [un objetivo]

really /'riəli/ *adv* **1** realmente, en realidad: *I don't really know.* Realmente no sé. **2** muy: *It's really kind of you.* Es muy amable de tu parte. **3** mucho: *It really annoys me.* Me molesta mucho. **4** (usado para enfatizar): *I'm fine, really!* Estoy bien, te juro. | *I really don't mind.* De verdad que no me importa. **5 really? (a)** (para expresar sorpresa) ¿de veras?, ¿en serio? **(b)** (para expresar interés) ¿ah sí? **6 really!** (para expresar sorpresa) ¡no te/le puedo creer! **7 not really** la verdad que no

realtor /'rɪəltər, -ɔr/ *s* AmE agente inmobiliario -a

reap /rip/ *v* [tr] **1** cosechar [granos] **2 to reap the benefits/rewards of sth** beneficiarse con/cosechar los frutos de algo

reappear /riə'pɪr/ *v* [intr] reaparecer, volver

rear /rɪr/ *sustantivo, verbo & adjetivo*
• *s* **1 the rear** la parte de atrás **2 at the rear (of)** en la parte de atrás (de), al fondo (de)
• *v* [tr] criar
• *adj* trasero -a, de atrás
rearrange /riəˈreɪndʒ/ *v* [tr] **1** cambiar de lugar, reacomodar **2** cambiar [de día, hora, etc.]
reason /ˈrizən/ *sustantivo & verbo*
• *s* **1** motivo, razón: *We can only guess at his reasons.* Sólo podemos conjeturar cuáles fueron sus motivos | *I see no* ***reason why*** *she can't come.* No veo por qué ella no puede venir. | **the reason I bought it/she lied etc. was...** lo compré/mintió etc. porque... | **reason for sth** motivo para/de algo: *What was the reason for the delay?* ¿Cuál fue el motivo del retraso? | **reason(s) for doing sth** motivo(s) para hacer algo **2 to listen to reason/to see reason** atender razones/entrar en razón **3 within reason** dentro de lo razonable **4** (facultad) razón
• *v* **1 to reason (that)** pensar que **2** [intr] razonar **reason with sb** hacer entrar en razón a alguien
reasonable /ˈrizənəbəl/ *adj* **1** (sensato) razonable: *Be reasonable!* ¡Sé razonable! **2** aceptable [resultado, calidad]: *She has a* ***reasonable chance*** *of passing the exam.* Tiene bastantes posibilidades de aprobar el examen. **3** (adecuado, no excesivo) razonable
reasonably /ˈrizənəbli/ *adv* **1** bastante **2** razonablemente
reasoning /ˈrizənɪŋ/ *s* razonamiento
reassurance /riəˈʃurəns/ *s* **1** acción de tranquilizar a alguien: *She needs constant reassurance that she is doing the right thing.* Necesita que le digan constantemente que está haciendo lo que corresponde. **2** comentario o declaración que busca tranquilizar
reassure /riəˈʃur/ *v* [tr] tranquilizar, asegurar
reassuring /riəˈʃurɪŋ/ *adj* tranquilizador -a
rebate /ˈribeɪt/ *s* reembolso
rebel¹ /ˈrebəl/ *s* rebelde
rebel² /rɪˈbel/ *v* [intr] (**-lled**, **-lling**) rebelarse
rebellion /rɪˈbeljən/ *s* **1** rebelión **2** rebeldía
rebellious /rɪˈbeljəs/ *adj* rebelde
rebound¹ /ˈribaʊnd, rɪˈbaʊnd/ *v* **1 to rebound (off sth)** rebotar (contra algo) **2 to rebound on sb** volverse en contra de alguien
rebound² /ˈribaʊnd/ *s* **on the rebound (a)** de rebote **(b)** por despecho
rebuild /riˈbɪld/ *v* [tr] (pasado & participio **rebuilt**) reconstruir
rebuke /rɪˈbjuk/ *verbo & sustantivo*
• *v* [tr] (formal) reprender
• *s* (formal) reprimenda
recall /rɪˈkɔl/ *v* [tr] **1** (formal) recordar | **to recall doing sth** recordar haber hecho algo **2** retirar [un producto del mercado] **3** retirar [a un embajador de un país] **4** convocar [el parlamento]

recap /ˈrikæp/ *sustantivo & verbo*
• *s* resumen
• *v* [tr/intr] (**-pped**, **-pping**) resumir
recapture /riˈkæptʃər/ *v* [tr] **1** recuperar, recobrar [la juventud, etc.] **2** capturar [a alguien que se había escapado] **3** volver a tomar [una ciudad, un territorio]
recede /rɪˈsid/ *v* [intr] **1 to recede (into the distance)** ir perdiéndose (en la distancia) **2** desvanecerse [posibilidad] **3** alejarse [peligro] **4** retirarse [agua, marea] **5** (referido al cabello): *His hair was beginning to recede.* Se le estaban empezando a formar entradas. | **a receding hairline** entradas [en el cabello]
receipt /rɪˈsit/ *sustantivo & sustantivo plural*
• *s* **1 receipt (for sth)** recibo (de algo): *Can I have a receipt please?* ¿Me puede dar un recibo, por favor? **2** (formal) recepción, recibo [acción de recibir]
• **receipts** *s pl* recaudación, ingresos
receive /rɪˈsiv/ *v* [tr] **1** (formal) recibir **2** sufrir [una herida]
receiver /rɪˈsivər/ *s* **1** auricular, bocina [del teléfono] | **to pick up/put down the receiver** levantar/colgar el auricular **2** receptor [de radio, TV]
recent /ˈrisənt/ *adj* **1** reciente **2 in recent years** en los últimos años
recently /ˈrisəntli/ *adv* **1** hace poco, hacía poco: *She had recently gotten married.* Hacía poco que se había casado. | **until recently** hasta hace poco **2** últimamente **3** (antes de participio pasado) recientemente: *a recently published biography* una biografía recientemente publicada
reception /rɪˈsepʃən/ *s* **1** (evento social) recepción **2** acogida, recibimiento **3** (en radio, TV) recepción **4** BrE (en un hotel, una oficina) recepción **5 reception desk** (mostrador de) recepción
receptionist /rɪˈsepʃənɪst/ *s* recepcionista
receptive /rɪˈseptɪv/ *adj* receptivo -a, dispuesto -a a escuchar | **receptive to sth** abierto -a a algo
recess /ˈrises/ *s* **1** (en el parlamento) receso **2** (en una audiencia judicial) intermedio **3** (en el colegio) recreo **4** (en una pared) hueco
recession /rɪˈseʃən/ *s* recesión
recharge /ˈritʃardʒ/ *v* [tr] (volver a) cargar
recipe /ˈresəpi/ *s* **1 recipe (for sth)** receta (de algo): *Can you give me the recipe for this cake?* ¿Me puedes dar la receta de este pastel? **2 to be a recipe for disaster** ser una invitación al desastre
recipient /rɪˈsɪpiənt/ *s* (formal) **1** destinatario -a [de una carta, una encomienda] **2** receptor -a [de un órgano trasplantado]
reciprocal /rɪˈsɪprəkəl/ *adj* (formal) recíproco -a
reciprocate /rɪˈsɪprəkeɪt/ *v* [tr] (formal) **1** retribuir, reciprocar [una invitación, hospitalidad] **2** corresponder a, reciprocar [afecto, amor]
recital /rɪˈsaɪtl/ *s* **1** recital [de música clásica, poesía] **2** relato

¿Quieres una lista de frases útiles para hablar de ti mismo? Consulta la **guía de comunicación** al final del libro.

recite /rɪ'saɪt/ *v* **1** [tr/intr] recitar **2** [tr] enumerar

reckless /'rekləs/ *adj* **1** insensato -a **2** imprudente, irresponsable | **reckless driving** imprudencia para manejar

reckon /'rekən/ *v* [tr] **1 to reckon (that)** creer/pensar que: *Do you reckon they'll get married?* ¿Crees que se van a casar? **2** calcular: *How much do you reckon she earns?* ¿Cuánto calculas que gana? **3 to be reckoned to be sth** considerarse como algo
reckon on tener pensado, pensar: *We didn't reckon on spending so much.* No teníamos pensado gastar tanto.
reckon with sth tener en cuenta algo **reckon with sb** vérselas con alguien

reckoning /'rekənɪŋ/ *s* cálculos | **by my reckoning** según mis cálculos

reclaim /rɪ'kleɪm/ *v* [tr] **1** reclamar [equipaje, un objeto perdido] **2** ganar [terreno, al mar, al desierto, etc.]

reclamation /reklə'meɪʃən/ *s* recuperación, reciclaje

recline /rɪ'klaɪn/ *v* **1 to recline in/on sth** (formal) recostarse en algo **2** [tr] reclinar, [intr] reclinarse | **reclining seats** asientos reclinables

recognition /rekəg'nɪʃən/ *s* **1** reconocimiento | **to have changed beyond recognition** estar irreconocible **2** (aprecio) reconocimiento | **in recognition of sth** en reconocimiento a algo **3** (aceptación) reconocimiento **4** (de un país) reconocimiento

recognize, -ise BrE /'rekəgnaɪz/ *v* [tr] **1** reconocer **2** (aceptar, admitir) **to recognize (that)** reconocer que

recoil /'rikɔɪl/ *v* [intr] **1** retroceder **2 to recoil from sth** rehuir algo

recollect /rekə'lekt/ *v* [tr] recordar

recollection /rekə'lekʃən/ *s* recuerdo | **to have no recollection of sth** no recordar algo

recommend /rekə'mend/ *v* [tr] recomendar

recommendation /rekəmən'deɪʃən/ *s* recomendación | **on sb's recommendation** por recomendación de alguien

reconcile /'rekənsaɪl/ *v* **1 to be reconciled (with sb)** reconciliarse (con alguien), estar reconciliado -a (con alguien) **2 to reconcile sth with sth** conciliar algo con algo

reconciliation /rekənsɪli'eɪʃən/ *s* **1** reconciliación **2** conciliación

reconsider /rikən'sɪdər/ *v* **1** [tr] reconsiderar **2** [intr] recapacitar

reconstruct /rikən'strʌkt/ *v* [tr] reconstruir

record¹ /'rekərd/ *s* **1** registro | **to keep a record of sth** llevar un registro de algo | **on record:** *Last winter was the warmest on record.* El invierno pasado fue el más cálido del que se tenga registro. **2** récord | **to break/beat a record** batir un récord **3** disco [de música] **4** trayectoria, antecedentes ▶ ver también **criminal** **5 to put/set the record straight** poner las cosas en su lugar

record² /rɪ'kɔrd/ *v* **1** [tr] registrar, anotar **2** [tr/intr] grabar **3** [tr] registrar [temperaturas, velocidades, etc.]

'record ˌcompany *s* (compañía) discográfica

recorder /rɪ'kɔrdər/ *s* **1** grabador -a ▶ ver también **cassette recorder, tape recorder** **2** flauta dulce **3** AmE funcionario de la dependencia gubernamental donde se registran nacimientos, defunciones, etc.

recording /rɪ'kɔrdɪŋ/ *s* grabación

'record ˌplayer *s* tocadiscos

recover /rɪ'kʌvər/ *v* **1 to recover (from sth)** recuperarse/reponerse (de algo) **2** [tr] recuperar [bienes robados, la salud, el equilibrio]

recovery /rɪ'kʌvəri/ *s* **1 recovery (from sth)** recuperación (de algo) **2** recuperación [de bienes robados, dinero, etc.]

recreation /rekri'eɪʃən/ *s* **1** esparcimiento **2** pasatiempo

recre'ation ˌcenter *s* AmE polideportivo

recruit /rɪ'krut/ *verbo & sustantivo*

• *v* [tr/intr] **1** contratar, seleccionar [personal]: *I **was recruited** as Tom's replacement.* Me contrataron para reemplazar a Tom. | *They are **recruiting** for salespeople at the moment.* Están buscando vendedores en este momento. **2** reclutar [soldados]

• *s* **1** (en el ejército) recluta **2** (de una organización) miembro

recruitment /rɪ'krutmənt/ *s* **1** contratación, selección, reclutamiento [de personal] **2** reclutamiento [de soldados]

rectangle /'rektæŋgəl/ *s* rectángulo

rectify /'rektəfaɪ/ *v* [tr] (**-fies**, **-fied**) (formal) rectificar

recuperate /rɪ'kupəreɪt/ *v* **1 to recuperate (from sth)** recuperarse/reponerse (de algo) **2** [tr] recuperar [las pérdidas, los costos]

recur /rɪ'kɜr/ *v* [intr] (**-rred**, **-rring**) (formal) repetirse

recycle /ri'saɪkəl/ *v* [tr] reciclar

red /red/ *adjetivo & sustantivo*

recycling bin

• *adj* (**-dder**, **-ddest**) **1** rojo -a ▶ ver "Active Box" **colors** en **color** **2 to have red hair** ser pelirrojo -a **3** colorado -a | **to go red** ponerse colorado -a **4 red wine** vino tinto

• *s* rojo ▶ ver "Active Box" **colors** en **color**

redeem /rɪ'dim/ *v* [tr] **1** redimir **2 to redeem yourself** rehabilitarse [haciendo méritos] **3** desempeñar [un objeto empeñado]

redemption /rɪ'dempʃən/ *s* redención

redevelopment /ridə'veləpmənt/ *s* reurbanización

redhead /'redhed/ *s* pelirrojo -a

ed-'hot *adj* al rojo vivo
edo /ri'du/ *v* (pasado **redid**, participio **redone**) rehacer
ed 'tape *s* trámites (burocráticos), papeleo
reduce /rɪ'dus/ *v* [tr] **1** reducir: *They have* ***reduced*** *inflation* ***by*** *2%.* Redujeron la inflación en un 2%. **2** rebajar: *The shirt was* ***reduced from*** *$40* ***to*** *$20.* Rebajaron la camisa de $40 a $20. **3 to reduce sth to rubble/ashes** reducir algo a escombros/cenizas **4 to reduce sb to tears/silence** hacer llorar/callar a alguien
reduction /rɪ'dʌkʃən/ *s* **1 reduction (in sth)** reducción (de algo) **2** rebaja, descuento | **a reduction of $10/5% etc.** una rebaja de $10/del 5% etc.
redundancy /rɪ'dʌndənsi/ *s* (pl **-cies**) BrE despido [por cese de actividad o reducción de personal de una empresa]
redundant /rɪ'dʌndənt/ *adj* **1** superfluo -a **2** BrE cesante | **to make sb redundant** dejar cesante a alguien, despedir a alguien [por falta de trabajo] ▶ También existe **to lay sb off,** que es inglés universal
reed /rid/ *s* **1** junco, carrizo **2** lengüeta [de un instrumento musical]
reef /rif/ *s* arrecife
reek /rik/ *v* [intr] apestar | **to reek of sth** **(a)** apestar a algo **(b)** oler a algo [a algo sospechoso, sucio, etc.]
reel /ril/ *sustantivo & verbo*
• *s* **1** (de película, cable) rollo **2** (en pesca) carrete **3** (de hilo) carrete
• *v* [intr] **1** tambalearse **2** dar vueltas [cabeza]
reel sth off recitar algo de un tirón/de un jalón
refer /rɪ'fɜr/ *v* [tr] (**-rred**, **-rring**) remitir, derivar
refer to sth consultar algo **refer to sth/sb** referirse a algo/alguien
referee /refə'ri/ *sustantivo & verbo*
• *s* **1** réferi, árbitro **2** BrE ▶ ver **reference 4**
• *v* **1** [tr] actuar como réferi en **2** [intr] actuar como réferi
reference /'refrəns/ *s* **1** referencia: *He* ***made no reference to*** *what had happened.* No hizo referencia alguna a lo ocurrido. | **with reference to** (formal) con referencia a **2** (búsqueda de información) consulta **3** (carta) referencia **4** AmE persona que da referencias sobre el desempeño de alguien en un trabajo
refill¹ /ri'fɪl/ *v* [tr] volver a llenar, rellenar
refill² /'rifɪl/ *s* **1** repuesto, recarga **2** (al ofrecer bebidas): *Can I give you a refill?* ¿Te sirvo otro trago?/¿Te sirvo más té? etc.
refine /rɪ'faɪn/ *v* [tr] **1** perfeccionar [un método, una técnica, etc.] **2** refinar
refined /rɪ'faɪnd/ *adj* **1** refinado -a [azúcar, aceite] **2** refinado -a, fino -a [persona, modales]
refinement /rɪ'faɪnmənt/ *s* **1** perfeccionamiento, mejora **2** refinamiento
refinery /rɪ'faɪnəri/ *s* (pl **-ries**) refinería
reflect /rɪ'flekt/ *v* **1** [tr] (devolver) reflejar [el calor, la luz, etc.] **2** [tr] (mostrar) reflejar **3 to reflect (on/upon sth)** reflexionar (sobre algo)
reflect on sth to reflect badly/well on sth dar una mala/buena imagen de algo **reflect on sb** dar una (mala) impresión de alguien
reflection /rɪ'flekʃən/ *s* **1** reflejo **2** reflexión | **on reflection** pensándolo bien **3 to be no reflection on sth/sb** no significar una crítica de algo/alguien
reflex /'rifleks/ *s* (pl **-xes**) **1** reflejo **2 reflex action** acto reflejo
reform /rɪ'fɔrm/ *verbo & sustantivo*
• *v* **1** [tr] reformar **2** [intr] reformarse
• *s* reforma
refrain /rɪ'freɪn/ *v* [intr] (formal) abstenerse | **to refrain from (doing) sth** abstenerse de (hacer) algo
refresh /rɪ'freʃ/ *v* (3ª pers sing **-shes**) [tr] **1** refrescar **2 to refresh sb's memory (of/about sth)** refrescarle la memoria a alguien (acerca de algo)
refreshing /rɪ'freʃɪŋ/ *adj* **1** refrescante **2** reconfortante, alentador -a
refreshment /rɪ'freʃmənt/ *sustantivo & sustantivo plural*
• *s* (formal) comida y bebida
• **refreshments** *s pl* bebidas y alimentos livianos que se sirven o se pueden comprar en el intervalo de un espectáculo, en una reunión de trabajo, etc.: *Refreshments will be served.* Se ofrecerá un pequeño refrigerio.
refrigerate /rɪ'frɪdʒəreɪt/ *v* [tr] refrigerar
refrigerator /rɪ'frɪdʒəreɪtər/ *s* refrigerador, refrigeradora, nevera
refuge /'refjudʒ/ *s* refugio | **to take/seek refuge (in sth)** refugiarse/buscar refugio (en algo)
refugee /refjʊ'dʒi/ *s* refugiado -a
refund¹ /'rifʌnd/ *s* reembolso, devolución
refund² /ri'fʌnd/ *v* [tr] reembolsar, devolver [dinero]
refurbish /rɪ'fɜrbɪʃ/ *v* [tr] renovar
refusal /rɪ'fjuzəl/ *s* **1 refusal (to do sth)** negativa (a hacer algo) **2** rechazo [de un ofrecimiento, una invitación] **3** denegación [de una solicitud]
refuse¹ /rɪ'fjuz/ *v* **1 to refuse (to do sth)** negarse (a hacer algo) **2** [tr] negar: *The government refused him a visa.* El gobierno le negó la visa. **3** [tr] rechazar [un ofrecimiento, una invitación]
refuse² /'refjus/ *s* (formal) residuos [basura]
regain /rɪ'geɪn/ *v* [tr] recuperar | **to regain control (of sth)** recuperar el control (de algo)
regal /'rigəl/ *adj* majestuoso -a
regard /rɪ'gɑrd/ *sustantivo, sustantivo plural & verbo*
• *s* **1** consideración, respeto: *She has no* ***regard for*** *other people's feelings.* No tiene consideración por los sentimientos de los demás. | **without regard to sth** sin tener en cuenta/

¿Quieres más información sobre los **verbos modales**? Hay una explicación en el apartado de gramática.

consideración algo **2 in this/that regard** (formal) en este/ese sentido **3 with/in regard to** (formal) con respecto a

- **regards** *s pl* saludos: *John sends his regards.* John manda saludos. | **(best) regards** (al final de una carta) saludos
- *v* **to regard sth/sb as sth** considerar a algo/alguien (como) algo: *I've always regarded him as a friend.* Siempre lo consideré como un amigo. | **to regard sth/sb with admiration/contempt etc.** sentir admiración/desprecio etc. por algo/alguien

regarding /rɪˈgɑrdɪŋ/ *prep* (formal) con respecto a

regardless /rɪˈgɑrdləs/ *adv* pase lo que pase | **regardless of** independientemente de, sin tener en cuenta

reggae /ˈregeɪ/ *s* (música) reggae

regime /reɪˈʒim/ *s* régimen [sistema]

regiment /ˈredʒəmənt/ *s* regimiento

region /ˈridʒən/ *s* **1** región **2 (somewhere) in the region of** alrededor de

regional /ˈridʒənl/ *adj* regional

register /ˈredʒəstər/ *sustantivo & verbo*

- *s* **1** registro **2** BrE (en el colegio) ▶ ver **roll 5**
- *v* **1** [tr] registrar [una muerte] **2** [tr] inscribir [un nacimiento] **3** [tr] matricular [un barco, un vehículo] **4** [intr] inscribirse: *Have you registered to vote?* ¿Te has inscrito para votar? **5** [tr] denotar, mostrar [sorpresa, desaprobación, etc.] **6** [tr] registrar [temperatura, velocidad, etc.]

registered /ˈredʒəstərd/ *adj* recomendado -a, registrado -a, certificado -a [carta, paquete]

registrar /ˈredʒəstrɑr/ *s* **1** BrE ▶ ver **recorder 3** **2** (en una universidad británica) secretario -a de alumnos/de admisiones **3** (en un hospital británico) médico -a interno -a

registration /redʒəˈstreɪʃən/ *s* **1** inscripción, matrícula [de alumnos] **2** registro [de una muerte] **3** matrícula [de un barco, un vehículo] **4** BrE ▶ ver **registration number**

regiˈstration ˌnumber *s* BrE (número de) patente/placa/chapa

ˈregistry ˌoffice, también **register office** *s* BrE registro civil, juzgado de paz

regret /rɪˈgret/ *verbo & sustantivo*

- *v* [tr] (**-tted**, **-tting**) lamentar, arrepentirse de: *I regret selling that painting.* Lamento haber vendido ese cuadro. | *You won't regret it if you go.* Si vas, no te vas a arrepentir. | **I regret to inform you that** (formal) lamento informarle que
- *s* **1** pesar, pena **2 to have no regrets (about sth)** no arrepentirse (de algo)

regrettable /rɪˈgretəbəl/ *adj* lamentable

regular /ˈregjələr/ *adjetivo & sustantivo*

- *adj* **1** regular [pulso, respiración, ingresos, etc.] | **at regular intervals (a)** (en el espacio) a intervalos regulares **(b)** (en el tiempo) con regularidad | **on a regular basis** regularmente **2** (frecuente) habitual [cliente, usuario]: *He's a regular visitor here.* Viene aquí con regularidad. **3** (acostumbrado, usual): *He's not our regular mailman.* No es el cartero de siempre. **4** (en gramática) regular
- *s* (informal) cliente asiduo -a

regularly /ˈregjələrli/ *adv* **1** regularmente, con regularidad **2** a menudo

regulate /ˈregjəleɪt/ *v* [tr] **1** regular, reglamentar [una industria, una profesión] **2** regular [la temperatura, etc.]

regulation /regjəˈleɪʃən/ *s* **1** norma: *health and safety regulations* normas sanitarias y de seguridad **2** regulación, reglamentación

rehearsal /rɪˈhɜrsəl/ *s* ensayo

rehearse /rɪˈhɜrs/ *v* [tr/intr] ensayar

reign /reɪn/ *sustantivo & verbo*

- *s* reinado
- *v* [intr] **1** reinar **2 the reigning champion** el/la campeón -ona actual

reimburse /riɪmˈbɜrs/ *v* [tr] reembolsar: *We will reimburse you for your travel expenses.* Le reembolsaremos los gastos de viaje.

rein /reɪn/ *s* rienda

reindeer /ˈreɪndɪr/ *s* (pl **reindeer**) reno

reinforce /riɪnˈfɔrs/ *v* [tr] **1** reafirmar [los prejuicios, la conducta] **2** reforzar [una estructura]

reinforcement /riɪnˈfɔrsmənt/ *sustantivo & sustantivo plural*

- *s* **1** reafirmación **2** refuerzo
- **reinforcements** *s pl* refuerzos [tropas]

reinstate /riɪnˈsteɪt/ *v* [tr] reincorporar [a un empleado]

reject[1] /rɪˈdʒekt/ *v* [tr] rechazar

reject[2] /ˈridʒekt/ *s* **1** artículo defectuoso, producto de segunda **2** marginado -a

rejection /rɪˈdʒekʃən/ *s* **1** rechazo **2** respuesta negativa [a una solicitud de empleo]

rejoice /rɪˈdʒɔɪs/ *v* (literario) **to rejoice (at/in sth)** alegrarse mucho/regocijarse (por algo)

rejoin /riˈdʒɔɪn/ *v* [tr] **1** volver a reunirse con **2** reincorporarse a

relapse /rɪˈlæps/ *s* recaída | **to have a relapse** sufrir una recaída

relate /rɪˈleɪt/ *v* **1 to relate (to sth)** relacionarse/estar relacionado -a con algo **2 to relate sth (to sth)** relacionar algo (con algo) **3** [tr] (formal) relatar

relate to sth (entender) sentirse identificado -a con algo **relate to sb** llevarse bien con alguien

related /rɪˈleɪtɪd/ *adj* **1** relacionado -a **2 to be related** ser parientes, estar emparentados -as: *Are you and Harry related?* ¿Tú y Harry son parientes? | **to be related to sb** ser pariente de alguien, estar emparentado -a con alguien

relation /rɪˈleɪʃən/ *sustantivo & sustantivo plural*

- *s* **1** pariente: *He's no relation.* No es pariente (mío/suyo). | *Is she any relation to you?* ¿Es pariente tuya? **2 relation (of sth to sth/**

between) relación (de algo con algo/entre) | **in relation to** en relación con

• **relations** *s pl* relaciones: *diplomatic relations* relaciones diplomáticas

relationship /rɪˈleɪʃənʃɪp/ *s* **1** (entre personas) relación: *The police have a good relationship with the community.* La policía tiene una buena relación con la comunidad. **2** (entre ideas, hechos) **relationship (to sth/between)** relación (con algo/entre) **3** (amorosa) relación **4** (lazo familiar) parentesco

relative /ˈrelətɪv/ *sustantivo & adjetivo*

• *s* pariente

• *adj* **1** relativo -a **2 relative to** en relación con

relatively /ˈrelətɪvli/ *adv* relativamente | **relatively speaking** en términos relativos

relax /rɪˈlæks/ *v* (3ª pers sing **-xes**) **1** [intr] tranquilizarse, relajarse **2** [intr] aflojarse, relajarse [músculos] **3** [tr] aflojar [la disciplina, las restricciones]

relaxation /rilækˈseɪʃən/ *s* **1** descanso o distensión: *I play the piano for* ***relaxation****.* Toco el piano para relajarme. **2** relajación [de los músculos] **3** disminución [del control, de las restricciones, etc.]

relaxed /rɪˈlækst/ *adj* **1** relajado -a [persona] **2** distendido -a [ambiente, atmósfera]

relaxing /rɪˈlæksɪŋ/ *adj* relajante

relay¹ /ˈrileɪ/ *s* **1** (también **relay race**) carrera de relevos **2 to do sth in relays** hacer algo por relevos

relay² /ˈrileɪ, rɪˈleɪ/ *v* [tr] (pasado & participio **relayed**) **1** transmitir **2** (en radio, TV) (re)transmitir

release /rɪˈlis/ *verbo & sustantivo*

• *v* [tr] **1** poner en libertad **2 to release your grip/hold on sth** soltar algo **3** publicar, dar a conocer [una noticia] **4** estrenar [una película] **5** sacar (a la venta), lanzar [un disco]

• *s* **1** liberación **2** película, disco o video: *their new release* su nuevo disco/video | *the latest video releases* los videos más recientes **3** estreno [de una película] **4** lanzamiento [de un disco]

relegate /ˈreləgeɪt/ *v* [tr] **1** relegar **2** BrE (en deportes) **to be relegated to the second/third etc. division** descender a segunda/tercera etc.

relegation /reləˈgeɪʃən/ *s* BrE (en deportes) descenso

relent /rɪˈlent/ *v* [intr] ceder, ablandarse

relentless /rɪˈlentləs/ *adj* **1** implacable [persona] **2** incesante [lucha, embate]

relevance /ˈreləvəns/ *s* **1** pertinencia, relación **2 to have little/no relevance to sth** tener poco/no tener nada que ver con algo

relevant /ˈreləvənt/ *adj* pertinente [información, documentos, página, etc.] | **to be relevant to sth**: *That is not* ***relevant to*** *the point we are discussing.* Eso no tiene nada que ver con el tema que estamos tratando.

reliability /rɪlaɪəˈbɪləti/ *s* **1** confiabilidad [de estadísticas, una máquina, etc.] **2** formalidad, responsabilidad [de una persona]

reliable /rɪˈlaɪəbəl/ *adj* **1** confiable [estadísticas, una máquina, etc.] | **reliable sources** fuentes fidedignas **2** responsable, que inspira confianza [persona] **3** seguro -a [método]

reliance /rɪˈlaɪəns/ *s* **reliance on sth/sb** dependencia de algo/alguien

relic /ˈrelɪk/ *s* **1** vestigio [de algo ocurrido en el pasado] **2** reliquia

relief /rɪˈlif/ *s* **1** alivio | **to my/our etc. great relief** por suerte, para gran alivio mío/nuestro etc. **2** ayuda [humanitaria] **3** (suplente) relevo **4** (en arte, geografía) relieve

relieve /rɪˈliv/ *v* [tr] **1** aliviar, paliar **2 to relieve yourself** orinar **3** relevar **4 to relieve sb of sth** (formal) ayudar a alguien con algo [con un bulto pesado, una tarea, etc.]

relieved /rɪˈlivd/ *adj* aliviado -a

religion /rɪˈlɪdʒən/ *s* religión

religious /rɪˈlɪdʒəs/ *adj* religioso -a

relish /ˈrelɪʃ/ *verbo & sustantivo*

• *v* [tr] (3ª pers sing **-shes**) referido a perspectivas o experiencias: encontrarlas agradables: *I didn't relish the prospect of spending Christmas with them.* No me hacía ninguna gracia la perspectiva de pasar la Navidad con ellos.

• *s* **with (great) relish** con (gran) placer/entusiasmo

reluctance /rɪˈlʌktəns/ *s* renuencia [hecho de ser reacio a hacer algo] | **to show great reluctance to do sth** mostrarse muy reacio -a a hacer algo

reluctant /rɪˈlʌktənt/ *adj* reacio -a: *She was very* ***reluctant to*** *intervene.* Se mostró muy reacia a intervenir./No quería intervenir.

reluctantly /rɪˈlʌktəntli/ *adv* de mala gana

rely /rɪˈlaɪ/ *v* (**-lies**, **-lied**) **rely on sth** depender de algo: *The island* ***relies on*** *tourism* ***for*** *its income.* La isla depende del turismo para sus ingresos. **rely on sb** confiar en alguien | **to rely on sb for sth** depender de alguien para algo | **to rely on sb to do sth** contar con que alguien haga algo

remain /rɪˈmeɪn/ *v* [intr] (formal) **1** (en determinado estado) permanecer: *Please remain seated.* Por favor, permanezcan sentados. **2** (en un lugar) quedarse **3** (seguir existiendo) quedar **4 it remains to be seen** está por verse

remainder /rɪˈmeɪndər/ *s* **1** resto | **the remainder of sth** el resto de algo **2** (de una suma) saldo

remaining /rɪˈmeɪnɪŋ/ *adj* restante, que queda(n)/quedaba(n)

remains /rɪˈmeɪnz/ *s pl* **1** restos **2** ruinas

remake /ˈrimeɪk/ *s* remake, nueva versión [de una película]

remand /rɪˈmænd/ *verbo & sustantivo*

• *v* BrE **to be remanded in custody** quedar en prisión preventiva

• *s* BrE **to be on remand** estar en prisión preventiva

¿Se dice *I arrived in Miami* o *I arrived to Miami*? Mira la entrada **arrive**.

remark /rɪˈmɑrk/ *sustantivo & verbo*
• *s* comentario
• *v* [tr] comentar, observar
remark on/upon sth comentar algo, decir algo sobre/acerca de algo
remarkable /rɪˈmɑrkəbəl/ *adj* notable, extraordinario -a | **to be remarkable for sth** destacarse por algo
remarkably /rɪˈmɑrkəbli/ *adv* extraordinariamente, notablemente
remedy /ˈremədi/ *sustantivo & verbo*
• *s* (pl **-dies**) remedio, solución
• *v* [tr] (**-dies**, **-died**) remediar
remember /rɪˈmembər/ *v* **1** [tr] acordarse de, recordar: *I hope he remembered the wine.* Espero que se haya acordado del vino. | ***Remember to** lock the door.* Acuérdate de cerrar la puerta con llave. | *I **remember telling** her.* Me acuerdo de habérselo dicho. **2** [intr] acordarse, recordar: *I can't remember.* No me acuerdo. **3 to remember (that)** tener en cuenta que **4** [tr] (conmemorar) recordar a **5** usado para mandar saludos: ***Remember** me **to** Terry.* Dale saludos a Terry./Dale recuerdos a Terry.
remind /rɪˈmaɪnd/ *v* [tr] **1** recordar: *Why didn't you remind me?* ¿Por qué no me lo recordaste? | ***Remind** me **to** go to the bank.* Recuérdame que vaya al banco. | **that reminds me!** ¡a propósito! **2 to remind sb of sth/sb** recordarle algo/alguien a alguien: *The scenery reminded her of Scotland.* El paisaje le recordó Escocia.
reminder /rɪˈmaɪndər/ *s* **1** recordatorio **2** (por escrito) nota
reminiscent /reməˈnɪsənt/ *adj* **to be reminiscent of sth** hacer recordar algo
remnant /ˈremnənt/ *s* **1 the remnants (of sth)** los restos (de algo) **2** retazo
remorse /rɪˈmɔrs/ *s* remordimiento
remorseless /rɪˈmɔrsləs/ *adj* **1** implacable [persona] **2** incontenible [avance]
remote /rɪˈmoʊt/ *adj* **1** remoto -a [pasado, galaxia] **2** apartado -a [lugar] **3** remoto -a [posibilidad] **4** distante [persona]
reˌmote conˈtrol *s* control remoto
removable /rɪˈmuvəbəl/ *adj* desmontable, de quitar y poner
removal /rɪˈmuvəl/ *s* **1** traslado [de un mueble, basura, etc.] **2** eliminación [de manchas, del vello] **3** extirpación [de un quiste, de las amígdalas, etc.] **4** BrE mudanza, trasteo
▶ También existe **move**, que es inglés universal
remove /rɪˈmuv/ *v* [tr] **1** sacar, quitar: *Three bullets were **removed from** his chest.* Le sacaron tres balas del pecho. **2** (formal) quitarse [una prenda de vestir] **3** eliminar [una mancha, un problema] **4 to remove sb from office** destituir/remover a alguien de su cargo
Renaissance /ˈrenəˌzɑns, BrE rəˈneɪsəns/ *s* **the Renaissance** el Renacimiento
rename /riˈneɪm/ *v* [tr] cambiarle el nombre a

render /ˈrendər/ *v* [tr] **1 to render sth useless/unsafe etc.** hacer que algo resulte inservible/inseguro -a etc. **2 to render assistance/a service** (formal) prestar ayuda/un servicio **3** traducir
rendezvous /ˈrɑndeɪvu/ *s* (pl **rendezvous**) **1** encuentro **2** lugar de reunión
renew /rɪˈnu/ *v* [tr] **1** renovar [un contrato, un pasaporte, etc.] **2** reemplazar, cambiar [una pieza, un repuesto] **3** reanudar [un ataque, las relaciones, etc.]
renewable /rɪˈnuəbəl/ *adj* renovable
renewal /rɪˈnuəl/ *s* **1** renovación **2** reanudación
renounce /rɪˈnaʊns/ *v* [tr] **1** renunciar a [un cargo, un derecho, etc.] **2** abjurar de [creencias, valores, etc.]
renovate /ˈrenəveɪt/ *v* [tr] remodelar
renovation /renəˈveɪʃən/ *s* remodelación
renowned /rɪˈnaʊnd/ *adj* renombrado -a | **to be renowned for/as sth** ser famoso -a por/como algo
rent /rent/ *sustantivo & verbo*
• *s* alquiler, renta | **for rent** se alquila/renta
• *v* **1** [tr/intr] alquilar, rentar | **to rent (sth) from sb** alquilarle/rentarle (algo) a alguien: *I rent the house from my uncle.* Le alquilo la casa a mi tío. ▶ **¿RENT O HIRE?** ver **alquilar** **2** [tr] (también **rent out**) alquilar, rentar: *We **rent out** the house **to** tourists.* Alquilamos la casa a turistas.
rental /ˈrentl/ *s* alquiler, renta [de un video, un televisor, etc.]
reopen /riˈoʊpən/ *v* [tr/intr] reabrir, volver a abrir
reorganize, -ise BrE /riˈɔrgənaɪz/ *v* **1** [tr] reorganizar **2** [intr] reorganizarse
rep /rep/ *s* (= **representative**) (informal) representante, delegado -a
repaid /rɪˈpeɪd/ pasado & participio de **repay**
repair /rɪˈper/ *verbo & sustantivo*
• *v* [tr] **1** arreglar, reparar [algo roto] | **to get sth repaired** hacer arreglar algo **2** reparar [un error, un daño]
• *s* **1** arreglo, reparación | **to be beyond repair** no tener arreglo | **to be under repair** estar en arreglo/reparación **2 to be in good/poor repair** estar en buen/mal estado

repairing a bicycle

repay /riˈpeɪ/ *v* [tr] (pasado & participio **repaid**) **1** devolver [una suma de dinero, un acto de bondad] **2** pagar [una deuda, un préstamo] **3 to repay sb** devolverle dinero/un favor etc. a alguien: *How can I ever repay you?* ¿Cómo voy a poder devolverte el favor?
repayment /riˈpeɪmənt/ *s* **1** (cantidad pagada) cuota **2** (acto de pagar) pago

repeat /rɪˈpit/ *verbo & sustantivo*

• *v* **1** [intr/tr] repetir **2** [tr] contar, decir [un secreto a otra persona]: *Don't repeat this to anyone.* No le cuentes esto a nadie. **3 to repeat yourself** repetirse

• *s* repetición

repeated /rɪˈpitɪd/ *adj* repetido -a, reiterado -a

repeatedly /rɪˈpitɪdli/ *adv* en reiteradas ocasiones, repetidamente

repel /rɪˈpel/ *v* [tr] (**-lled**, **-lling**) **1** repugnar, causar rechazo a **2** repeler

repellent /rɪˈpelənt/ *s* repelente

repent /rɪˈpent/ *v* (formal) **1** [intr] arrepentirse **2 to repent (of) sth** arrepentirse de algo

repentance /rɪˈpentns/ *s* arrepentimiento

repercussion /ripərˈkʌʃən/ *s* repercusión, consecuencia

repertoire /ˈrepərtwɑr/ *s* repertorio

repetition /repəˈtɪʃən/ *s* repetición

repetitive /rɪˈpetətɪv/ *adj* repetitivo -a

replace /rɪˈpleɪs/ *v* [tr] **1** reemplazar (a): *They are not going to replace her when she leaves.* No la van a reemplazar cuando se vaya. **2 to replace sth/sb with sth/sb** sustituir algo/a alguien por algo/alguien: *The company is replacing its DC10s with Boeing 747s.* La empresa va a sustituir los DC10 por Boeing 747. **3** cambiar [algo gastado o roto] **4** volver a poner (en su lugar)

replacement /rɪˈpleɪsmənt/ *s* **1** (persona) sustituto -a **2** objeto que sustituye a otro: *You'll have to get a replacement for the one you broke.* Vas a tener que reemplazar el que rompiste. **3** (acto de reemplazar) sustitución, reposición

replay /ˈripleɪ/ *s* **1** partido de desempate **2** (en TV) repetición (de la jugada)

reply /rɪˈplaɪ/ *verbo & sustantivo*

• *v* [tr/intr] (**-plies**, **-plied**) responder, contestar: *I haven't* ***replied to*** *his letter yet.* Todavía no he contestado su carta.

• *s* (pl **-plies**) respuesta: *We've had 250 replies.* Recibimos 250 respuestas. | *There's no reply.* No contestan.

report /rɪˈpɔrt/ *sustantivo & verbo*

• *s* **1** informe **2** nota, informe, reportaje [en TV, radio, periódico] **3** noticia: *Reports are just coming in of an earthquake in Turkey.* Nos están llegando noticias de un terremoto en Turquía. **4** BrE ▶ ver **report card**

• *v* **1** [tr/intr] decir, informar: *70 people are reported to have died.* Se dice que murieron 70 personas. **2 to report (on sth)** (en periodismo) informar/reportar (sobre algo) **3** [tr] denunciar, reportar [un delito, a una persona] **4** [tr] reportar, dar parte de [un accidente] **5 to report to** presentarse en: *Please report to reception.* Sírvase presentarse en recepción. **6 to report to sb** estar bajo las órdenes de alguien

reˈport card *s* AmE boletín/boleta de calificaciones, boletín/boleta de notas, reporte

reportedly /rɪˈpɔrtɪdli/ *adv* según se dice/informa

reporter /rɪˈpɔrtər/ *s* periodista, reportero -a

represent /reprɪˈzent/ *v* [tr] **1** representar **2 to represent sth/sb as sth** mostrar algo/a alguien como algo

representation /reprɪzenˈteɪʃən/ *s* representación

representative /ˌreprɪˈzentətɪv/ *sustantivo & adjetivo*

• *s* **1** representante, delegado -a **2** (también **Representative**) AmE miembro de la Cámara Baja en el Congreso de Estados Unidos, cargo equivalente al de un representante o un diputado según el país

• *adj* representativo -a

repress /rɪˈpres/ *v* [tr] (3ª pers sing **-sses**) **1** reprimir **2** contener

repressed /rɪˈprest/ *adj* reprimido -a

repressive /rɪˈpresɪv/ *adj* represivo -a

reprieve /rɪˈpriv/ *sustantivo & verbo*

• *s* **1** indulto **2** aplazamiento [de algo desagradable o no deseado]

• *v* [tr] indultar

reprimand /ˈreprəmænd/ *verbo & sustantivo*

• *v* [tr] reprender

• *s* reprimenda

reprisal /rɪˈpraɪzəl/ *s* represalia

reproach /rɪˈproʊtʃ/ *sustantivo & verbo*

• *s* reproche | **beyond/above reproach** irreprochable

• *v* (3ª pers sing **-ches**) **to reproach sb (for sth)** reprochar a alguien (por algo)

reproduce /riprəˈdus/ *v* **1** [tr] reproducir **2** [intr] reproducirse

reproduction /riprəˈdʌkʃən/ *s* reproducción

reproductive /riprəˈdʌktɪv/ *adj* reproductor -a

reptile /ˈreptaɪl/ *s* reptil

republic /rɪˈpʌblɪk/ *s* república

Republican /rɪˈpʌblɪkən/ *adj & s* republicano -a [referido al partido político estadounidense o a uno de los partidos republicanos de Irlanda del Norte]

republican /rɪˈpʌblɪkən/ *adj & s* republicano -a

repulsive /rɪˈpʌlsɪv/ *adj* repulsivo -a

reputable /ˈrepjətəbəl/ *adj* de confianza, de buena reputación

reputation /repjəˈteɪʃən/ *s* reputación | **to have a reputation for sth** tener fama de algo

reputed /rɪˈpjutɪd/ *adj* supuesto -a | **to be reputed to be/do sth** tener fama de ser/hacer algo: *She is reputed to be a millionaire.* Tiene fama de ser millonaria./Se dice que es millonaria.

reputedly /rɪˈpjutɪdli/ *adv* según se dice

request /rɪˈkwest/ *sustantivo & verbo*

• *s* solicitud, pedido: *his* ***request for*** *political asy-*

lum su solicitud de asilo político | **to make a request for sth** hacer una solicitud de algo, pedir algo | **at sb's request** a pedido de alguien

• *v* (formal) **to request sth (from/of sb)** solicitar(le) algo (a alguien) | **to request sb to do sth** solicitarle/pedirle a alguien que haga algo

require /rɪˈkwaɪr/ *v* [tr] **1** requerir, necesitar **2 to require sb to do sth** (formal) exigirle a alguien que haga algo | **to require sth of sb** exigirle algo a alguien

requirement /rɪˈkwaɪrmənt/ *s* **1** necesidad **2** requisito

rescue /ˈreskju/ *verbo & sustantivo*

• *v* [tr] rescatar, salvar

• *s* **1** rescate | **to go/come to sb's rescue** ir/venir en auxilio de alguien **2 a rescue attempt/operation** un intento/una operación de rescate

research /ˈrisɜrtʃ, rɪˈsɜrtʃ/ *sustantivo & verbo*

• *s* **research (into/on sth)** investigación (de/sobre algo) [en el campo académico]

• *v* [tr/intr] (3ª pers sing **-ches**) investigar | **to research (into) sth** investigar algo

researcher /rɪˈsɜrtʃər/ *s* investigador -a [académico]

resemblance /rɪˈzembləns/ *s* parecido, semejanza | **to bear little/no resemblance to sth** tener poca/no tener ninguna semejanza con algo

resemble /rɪˈzembəl/ *v* [tr] (formal) asemejarse a

resent /rɪˈzent/ *v* [tr] sentir enojo por (algo que se considera injusto): *He resented having to ask her for permission.* Le molestaba tener que pedirle permiso.

resentful /rɪˈzentfəl/ *adj* **1** (cargado -a) de resentimiento [mirada, silencio] **2 to be resentful at/about sth** estar resentido -a por algo | **to be resentful of sb's success/popularity etc.** envidiar el éxito/la popularidad etc. de alguien

resentment /rɪˈzentmənt/ *s* resentimiento

reservation /rezərˈveɪʃən/ *s* **1** (de una mesa, entradas, etc.) reservación, reserva | **to make a reservation** hacer una reservación **2** (duda) reserva | **to have reservations (about sth)** tener reservas (respecto de algo) **3** (de indios americanos) reservación **4** AmE (de flora y fauna) reserva

reserve /rɪˈzɜrv/ *verbo & sustantivo*

• *v* [tr] reservar

• *s* **1** (provisión) reserva | **to have/keep sth in reserve** tener algo de reserva **2** (timidez, introversión) reserva **3** (en deportes) reserva **4** BrE (de flora y fauna) ▶ ver **preserve**

reserved /rɪˈzɜrvd/ *adj* reservado -a

reservoir /ˈrezərvwɑr/ *s* embalse, represa, presa

reshuffle /riˈʃʌfəl/ *s* **1** reorganización **2 a cabinet reshuffle** una reorganización del gabinete/una crisis ministerial

reside /rɪˈzaɪd/ *v* [intr] (formal) residir

residence /ˈrezədəns/ *s* **1** (formal) (casa) residencia **2 to take up residence (in sth)** instalarse (en algo) **3** (permiso para vivir en un país) residencia ▶ ver también **hall**

resident /ˈrezədənt/ *sustantivo & adjetivo*

• *s* **1** residente [en una casa] **2** vecino -a [de un barrio, una zona] **3** huésped [de un hotel]

• *adj* **1 to be resident in** (formal) residir en **2** residente [médico, tutor]

residential /rezəˈdenʃəl/ *adj* **1** residencial **2** con alojamiento [curso] **3** con internado [escuela]

residue /ˈrezədu/ *s* residuo(s)

resign /rɪˈzaɪn/ *v* **1** [intr] renunciar: *She resigned from the committee.* Renunció a su cargo en el comité. **2** [tr] renunciar a **3 to resign yourself to sth** resignarse a algo

resignation /rezɪgˈneɪʃən/ *s* **1** renuncia **2** resignación

resigned /rɪˈzaɪnd/ *adj* **to be resigned to (doing) sth** estar resignado -a a (hacer) algo

resilience /rɪˈzɪljəns/, también **resiliency** /rɪˈzɪljənsi/ *s* **1** poder de recuperación [de una persona] **2** elasticidad [de un material]

resilient /rɪˈzɪljənt/ *adj* **1 to be very resilient** tener un gran poder de recuperación [persona] **2** elástico -a [material]

resist /rɪˈzɪst/ *v* **1** [tr] resistir [un ataque] **2** [tr] resistirse a [un cambio, etc.] **3** [intr] (oponer resistencia) resistir **4** [tr] (hablando de tentaciones) resistir, resistirse a

resistance /rɪˈzɪstəns/ *s* **resistance (to sth)** resistencia (a algo): *There has been a lot of resistance to the new system.* Ha habido mucha resistencia al nuevo sistema.

resistant /rɪˈzɪstənt/ *adj* **to be resistant to sth (a)** ser resistente a algo **(b)** resistirse a algo

resit¹ /riˈsɪt/ *v* [tr] (gerundio **-tting**, pasado & participio **-sat**) BrE volver a presentarse a [un examen]

resit² /ˈrisɪt/ *s* BrE ▶ ver **retake²**

resolute /ˈrezəlut/ *adj* resuelto -a, firme

resolutely /ˈrezəlutli/ *adv* con firmeza

resolution /rezəˈluʃən/ *s* **1** resolución [decisión] **2** solución [de un problema] **3** (formal) determinación [de una persona] **4 to make a resolution to do sth** tomar la determinación de hacer algo

resolve /rɪˈzɑlv/ *verbo & sustantivo*

• *v* [tr] **1** resolver [un problema, un conflicto] **2 to resolve to do sth** resolver hacer algo | **to resolve that** resolver que

• *s* determinación

resort /rɪˈzɔrt/ *sustantivo & verbo*

• *s* **1** centro vacacional, resort ▶ ver también **seaside** **2 as a last resort** como último recurso

• *v* **resort to sth** recurrir a algo

resounding /rɪˈzaʊndɪŋ/ *adj* **1 a resounding success/victory** un éxito clamoroso/una victoria arrasadora **2** estrepitoso -a

resource /ˈrisɔrs, rɪˈsɔrs/ *s* recurso

resourceful /rɪ'sɔrsfəl/ *adj* de recursos: *He showed himself to be quite resourceful.* Demostró que era una persona de numerosos recursos.

respect /rɪ'spekt/ *sustantivo & verbo*

• *s* **1** (estima) respeto: *I **have great respect for** her as a writer.* Le tengo gran respeto como escritora. **2** (consideración) respeto: *She shows no **respect for** other people's feelings.* No muestra ningún respeto por los sentimientos de los demás. | **with (all due) respect** con el debido respeto **3 in this/every respect** en este aspecto/en todos los aspectos **4 with respect to** (formal) con respecto a

• *v* [tr] respetar

respectable /rɪ'spektəbəl/ *adj* **1** respetable **2** presentable: *Do I look respectable?* ¿Estoy presentable? **3** bastante bueno -a [resultado, puntaje, etc.]

respectful /rɪ'spektfəl/ *adj* respetuoso -a

respective /rɪ'spektɪv/ *adj* respectivo -a: *We said goodbye and went our respective ways.* Nos dijimos adiós y seguimos nuestros respectivos caminos.

respite /'respɪt/ *s* respiro

respond /rɪ'spɑnd/ *v* [intr] **1** responder, reaccionar: *The government **responded by** sending in troops.* El gobierno respondió enviando tropas. **2** (formal) responder [contestar]

response /rɪ'spɑns/ *s* **1** reacción, respuesta | **in response to** en respuesta a **2** respuesta [a una pregunta]

responsibility /rɪspɑnsə'bɪləti/ *s* (pl **-ties**) **1** (autoridad) responsabilidad **2** (tarea, obligación) responsabilidad | **to have a responsibility to sb** tener ciertas responsabilidades para con alguien **3** (culpa) responsabilidad | **to accept/take responsibility (for sth)** hacerse responsable (de algo), asumir la responsabilidad (en/por algo) | **to claim responsibility (for sth)** reclamar/reivindicar la autoría (de algo)

responsible /rɪ'spɑnsəbəl/ *adj* **1** responsable: *I felt **responsible for** the accident.* Me sentía responsable del accidente. | *Those responsible will be punished.* Los responsables serán castigados. **2** (a cargo) **to be responsible (for sth/sb)** estar a cargo (de algo/alguien) **3 a responsible job/position** un trabajo/cargo de responsabilidad **4** (sensato) responsable

responsive /rɪ'spɑnsɪv/ *adj* que reacciona rápida y positivamente: *a very responsive audience* un público muy receptivo | *The brakes are not very responsive.* Los frenos no responden muy bien. **to be responsive to sth** ser sensible a algo, atender (rápidamente/eficientemente) a algo

rest /rest/ *sustantivo & verbo*

• *s* **1 the rest (a)** el resto: *He ate the rest of the pizza.* Comió el resto de la pizza. **(b)** los/las demás: *The rest were Japanese.* Los demás eran japoneses. **2** descanso: *I need a rest.* Necesito un descanso. | *Try to **get some rest**.* Trata de descansar. | **to take a rest** descansar **3 to come to rest** detenerse **4 give it a rest!** (informal) ¡ya basta! **5 to lay/put sth to rest** acallar algo [rumores], disipar algo [temores] ▶ ver también **mind**

• *v* **1** [tr/intr] descansar **2** [intr] estar apoyado -a: *The ladder was **resting against** the wall.* La escalera estaba apoyada contra la pared. **3** [tr] apoyar

'rest ˌarea *s* AmE zona para detenerse y descansar al costado de una carretera

restaurant /'restərɑnt/ *s* restaurante

restful /'restfəl/ *adj* tranquilo -a, relajante

restless /'restlɪs/ *adj* **1** inquieto -a, impaciente | **to get/grow restless** impacientarse **2 to have a restless night** pasar una mala noche

restoration /restə'reɪʃən/ *s* **1** restauración [de un edificio, un cuadro, etc.] **2** restauración, restablecimiento [de la monarquía] **3** reinstauración [de la democracia] **4** (formal) restitución [de bienes, territorios]

restore /rɪ'stɔr/ *v* [tr] **1** devolver [la salud, la confianza en sí mismo, etc.] **2** restablecer [la paz, el orden] **3** restaurar [un edificio, un cuadro, etc.] **4** reinstaurar [la democracia] **5** restaurar, restablecer [la monarquía]

restrain /rɪ'streɪn/ *v* [tr] **1** contener [a una persona, un animal] | **to restrain sb from doing sth** contener a alguien para que no haga algo | **to restrain yourself** contenerse: *I could hardly **restrain myself from** hitting him.* Me costó mucho contenerme para no pegarle. **2** contener [un impulso]

restrained /rɪ'streɪnd/ *adj* **1** (referido al comportamiento) medido -a **2** (referido a estilos, colores) sobrio -a

restraint /rɪ'streɪnt/ *s* **1** compostura, moderación **2** restricción, limitación **3** (formal) fuerza [para controlar a alguien]

restrict /rɪ'strɪkt/ *v* [tr] **1** restringir, limitar **2 to restrict yourself to (doing) sth** limitarse a (hacer) algo

restricted /rɪ'strɪktɪd/ *adj* **1** reducido -a, limitado -a **2 to be restricted to** estar restringido -a/limitado -a a

restriction /rɪ'strɪkʃən/ *s* **restriction (on sth)** restricción/limitación (a algo)

restroom /'restrum/ *s* AmE baño (público)

result /rɪ'zʌlt/ *sustantivo & verbo*

• *s* resultado | **as a result** en consecuencia | **as a result of sth** como consecuencia de algo

• *v* **to result (from sth)** ser el resultado (de algo)

result in sth tener algo como resultado

resume /rɪ'zum/ *v* (formal) **1** [tr] reanudar **2** [intr] reanudarse **3 to resume your seat** volver a su asiento

résumé /'rezəmeɪ/ *s* AmE currículum (vitae), hoja de vida

resurgence /rɪ'sɜrdʒəns/ *s* resurgimiento

resurrect /rezə'rekt/ *v* [tr] resucitar, desempolvar [algo olvidado, antiguo, etc.]

resurrection /rezə'rekʃən/ *s* resurrección

resuscitate /rɪˈsʌsəteɪt/ *v* [tr] resucitar

retail /ˈriteɪl/ *sustantivo & verbo*

- *s* **1** venta al por menor, venta al menudeo, venta al detalle **2 retail price** precio (de venta) al público
- *v* **to retail for/at $15 etc.** venderse a $15 etc.

retailer /ˈriteɪlər/ *s* minorista, detallista

retain /rɪˈteɪn/ *v* [tr] (formal) **1** conservar **2** retener [en la memoria] **3** retener [agua, calor, humedad, etc.]

retake[1] /riˈteɪk/ *v* [tr] (pasado **retook**, participio **retaken**) **1** volver a presentarse a [un examen] **2** retomar, volver a tomar [una ciudad, un territorio]

retake[2] /ˈriteɪk/ *s* BrE examen de recuperación, examen supletorio/recuperatorio

retaliation /rɪtæliˈeɪʃən/ *s* represalia | **in retaliation for** en represalia por

retarded /rɪˈtɑrdɪd/ *adj* retrasado -a (mental) ► Hoy en día este adjetivo se considera ofensivo

retch /retʃ/ *v* [intr] (3ª pers sing **-ches**) hacer arcadas

rethink /riˈθɪŋk/ *v* [tr] (pasado & participio **rethought**) replantearse

retire /rɪˈtaɪr/ *v* [intr] **1** jubilarse **2** (formal) (irse) retirarse **3** (formal) (acostarse) retirarse

retired /rɪˈtaɪrd/ *adj* jubilado -a

retirement /rɪˈtaɪrmənt/ *s* jubilación

retiring /rɪˈtaɪrɪŋ/ *adj* **1** retraído -a **2 the retiring principal/chairperson etc.** el director/presidente etc. próximo a dejar su cargo

retrace /riˈtreɪs/ *v* [tr] **1** seguir [la misma ruta] **2** reconstruir [los movimientos de alguien] **3 to retrace your steps** volver sobre sus pasos

retract /rɪˈtrækt/ *v* **1** [intr] (formal) retractarse **2** [tr] (formal) retractarse de [una declaración, confesión, etc.] **3** [tr] retraer, [intr] retraerse [garras] **4** [tr] replegar, [intr] replegarse [tren de aterrizaje]

retreat /rɪˈtrit/ *verbo & sustantivo*

- *v* [intr] **1** retroceder **2** retirarse [ejército] **3 to retreat from/to sth** refugiarse de/en algo
- *s* **1** retirada [de un ejército] **2 to make/beat a retreat** batirse en retirada **3** refugio **4** retiro [religioso]

retribution /retrɪˈbjuʃən/ *s* (formal) **1** castigo **2** represalias, venganza

retrieval /rɪˈtrivəl/ *s* recuperación

retrieve /rɪˈtriv/ *v* [tr] **1** recuperar **2 to retrieve the situation** salvar/enmendar la situación

retrospect /ˈretrəspekt/ *s* **in retrospect** en retrospectiva, analizándolo ahora

retrospective /retrəˈspektɪv/ *adjetivo & sustantivo*

- *adj* **1** retroactivo -a [decisión, aumento de salario] **2** retrospectivo -a
- *s* (exposición) retrospectiva

return /rɪˈtɜrn/ *verbo & sustantivo*

- *v* **1** [intr] volver, regresar **2** [tr] devolver, regresar [dinero, un libro, etc.] **3** [tr] volver a poner, regresar: *I **returned** the book **to** the shelf.* Volví a poner el libro en el estante. **4** [intr] volver a aparecer [síntomas, dolor] **5** [tr] devolver, regresar [una llamada, un favor, etc.] **6** [tr] retribuir [el amor de alguien]
- *s* **1** regreso | **on my/his etc. return** a mi/su etc. regreso **2** devolución, restitución **3** (de un síntoma, un dolor) reaparición **4** (a una actividad, un estado) retorno, vuelta: *the **return to** democracy* el retorno a la democracia **5 return (on sth)** (en finanzas) rendimiento (de algo) **6** BrE viaje de ida y vuelta, viaje redondo **7** (tecla) retorno **8 in return (for sth)** a cambio (de algo) **9 many happy returns** que cumplas muchos más **10 return fare** BrE ► ver **round trip 2 return ticket** BrE ► ver **round trip 2**

reunion /riˈjunjən/ *s* **1** reencuentro **2** reunión [de ex alumnos, antiguos colegas]

reunite /rijuˈnaɪt/ *v* **1** [tr] reunificar, [intr] reunificarse **2** [tr] volver a reunir **3 to be reunited (with sb)** volver a reunirse (con alguien)

rev /rev/, también **rev up** *v* [tr/intr] (**-vved**, **-vving**) acelerar

revamp /riˈvæmp/ *v* [tr] (informal) renovar

reveal /rɪˈvil/ *v* [tr] **1** dejar al descubierto **2** revelar

revealing /rɪˈvilɪŋ/ *adj* revelador -a

revel /ˈrevəl/ *v* (**-led**, **-ling** AmE, **-lled**, **-lling** BrE) **revel in sth** regodearse en algo, deleitarse con algo | **to revel in doing sth** regodearse/deleitarse haciendo algo: *She reveled in making me suffer.* Se regodeaba haciéndome sufrir.

revelation /revəˈleɪʃən/ *s* **1** revelación **2 to be a revelation (to sb)** ser una revelación (para alguien)

revenge /rɪˈvendʒ/ *sustantivo & verbo*

- *s* venganza | **to get/take (your) revenge (on sb)** vengarse (de alguien)
- *v* [tr] vengar

revenue /ˈrevənu/, también **revenues** *s* ingresos [del Estado, de una organización]

reversal /rɪˈvɜrsəl/ *s* **1** (en una política, un proceso) giro de ciento ochenta grados **2** (de roles) inversión **3** (problema) revés

reverse /rɪˈvɜrs/ *verbo, sustantivo & adjetivo*

- *v* **1** [intr] echar/meter reversa, dar marcha atrás: *She **reversed out** of the garage.* Salió del garaje en reversa./Salió del garaje dando marcha atrás. **2** [tr] echar/meter reversa con, dar marcha atrás con **3** [tr] revertir [una tendencia, un proceso] **4** [tr] revocar [un fallo] **5 to reverse the order of sth** invertir el orden de algo **6 to reverse the charges** BrE llamar (con) cobro revertido, llamar por cobrar ► En inglés americano se usa **to call sb collect**
- *s* **1 the reverse (of sth)** lo contrario (de algo) | **quite the reverse** todo lo contrario **2** (también **reverse gear**) reversa, marcha atrás **3** reverso [de una moneda] **4** dorso [de una hoja de papel]

• *adj* **1 in reverse order** en orden inverso **2 the reverse side** el dorso

revert /rɪˈvɜrt/ *v* **revert to sth** volver a algo [a un estado anterior] **revert to sb** revertir a alguien [propiedad]

review /rɪˈvju/ *sustantivo & verbo*

• *s* **1** revisión | **to be under review** estar siendo revisado -a/reconsiderado -a **2** crítica, reseña **3** AmE repaso [para un examen, etc.] | **to do some review work** repasar **4** revista [inspección de tropas, etc.]

• *v* **1** [tr] examinar **2** [tr] reseñar **3** [tr] pasar revista a [tropas] **4 to review (for an exam/a test)** AmE repasar (para un examen/una prueba)

reviewer /rɪˈvjuər/ *s* crítico -a [de cine, libros, etc.]

revise /rɪˈvaɪz/ *v* **1** [tr] cambiar, modificar **2** [tr] revisar: *a revised edition* una edición revisada **3 to revise (for an exam/a test)** BrE repasar (para un examen/una prueba) ► En inglés americano se usa **to review**

revision /rɪˈvɪʒən/ *s* **1** corrección [de un informe, etc.] **2** BrE repaso [para un examen, etc.] ► En inglés americano se usa **review** | **to do some/your revision** repasar ► En inglés americano se usa **to do some review work**

revival /rɪˈvaɪvəl/ *s* **1** revival, resurgimiento [en moda, literatura, decoración, etc.] **2** reactivación [económica] **3** reposición [de una obra de teatro] **4** renacimiento **5** (también **revival meeting**) reunión evangélica

revive /rɪˈvaɪv/ *v* **1** [tr] revivir, reanimar, [intr] revivir, reanimarse [enfermo] **2** [tr] reactivar, [intr] reactivarse [economía] **3** [tr] revitalizar, [intr] revitalizarse [planta, persona] **4** [tr] reavivar [recuerdos, temores] **5** [tr] restablecer [una tradición]

revolt /rɪˈvoʊlt/ *verbo & sustantivo*

• *v* **1 to revolt (against sth/sb) (a)** sublevarse (contra algo/alguien) **(b)** rebelarse (contra algo/alguien) **2** [tr] darle asco a, repugnar: *I was **revolted by** the way he ate.* Me daba asco su forma de comer.

• *s* **1** sublevación, revuelta **2** rebelión

revolting /rɪˈvoʊltɪŋ/ *adj* asqueroso -a, repugnante

revolution /revəˈluʃən/ *s* revolución

revolutionary /revəˈluʃəneri/ *adj & s* revolucionario -a

revolve /rɪˈvɑlv/ *v* **1** [intr] girar **2** [tr] (hacer) girar **3 to revolve around sth** girar en torno a/alrededor de algo

reˌvolving ˈdoor *s* puerta giratoria

reward /rɪˈwɔrd/ *sustantivo & verbo*

• *s* recompensa

• *v* [tr] recompensar | **to reward sb for sth** recompensar a alguien por algo

rewarding /rɪˈwɔrdɪŋ/ *adj* gratificante

rewind /riˈwaɪnd/ *v* (pasado & participio **rewound**) **1** [tr] rebobinar **2** [intr] rebobinarse

rewrite /riˈraɪt/ *v* [tr] (pasado **rewrote**, participio **rewritten**) volver a escribir, reescribir

rhetoric /ˈretərɪk/ *s* retórica

rhinoceros /raɪˈnɑsərəs/ *s* (pl **-ses** o **rhinoceros**) rinoceronte

rhyme /raɪm/ *sustantivo & verbo*

• *s* **1** (poesía) rima **2** palabra que rima **3** (técnica) rima

• *v* [tr/intr] rimar

rhythm /ˈrɪðəm/ *s* ritmo

rib /rɪb/ *s* costilla

ribbon /ˈrɪbən/ *s* **1** cinta, listón **2 to be in ribbons** estar hecho -a jirones

ˈrib cage *s* caja torácica

rice /raɪs/ *s* arroz

ˌrice ˈpudding *s* arroz con leche

rich /rɪtʃ/ *adj* **1** rico -a: *Her family is very rich.* Su familia es muy rica. | **to get rich** hacerse rico -a | **the rich** los ricos **2** rico -a [en nutrientes, ideas, etc.]: *Oranges are **rich in** vitamin C.* Las naranjas son ricas en vitamina C. **3** Cuando se refiere a una salsa, un postre, etc. **rich** significa que tiene un alto contenido graso, de azúcares o de huevos **4** intenso -a [color]

riches /ˈrɪtʃɪz/ *s pl* (literario) riquezas

richly /ˈrɪtʃli/ *adv* **1** suntuosamente [ornamentado, bordado, etc.] **2 richly colored** de colores intensos **3 richly deserved** bien merecido -a

rickety /ˈrɪkəti/ *adj* destartalado -a, desvencijado -a

rid /rɪd/ *adjetivo & verbo*

• *adj* **1 to get rid of sth (a)** quitarse algo de encima, eliminar/sacar algo: *I can't get rid of this cough.* No puedo quitarme de encima esta tos. **(b)** deshacerse de algo **2 to get rid of sb** deshacerse de alguien, quitarse a alguien de encima: *You won't get rid of me that easily.* No te vas a deshacer de mí tan fácilmente.

• *v* [tr] (pasado **rid**, participio **rid**, gerundio **ridding**) **to rid sth/sb of sth** librar a algo/alguien de algo

ridden /ˈrɪdn/ participio de **ride**

riddle /ˈrɪdl/ *s* **1** adivinanza **2** misterio, enigma

riddled /ˈrɪdld/ *adj* **to be riddled with sth** estar lleno -a/plagado -a de algo

ride /raɪd/ *verbo & sustantivo*

• *v* (pasado **rode**, participio **ridden**) **1** [intr] montar/andar a caballo | **to go riding** ir a montar/andar a caballo **2** [tr] montar **3** [tr/intr] desplazarse en bicicleta, moto, etc.: *Can you ride a bike?* ¿Sabes montar en bicicleta? | *She got on her bike and **rode off**.* Se subió a la bicicleta y se fue. **4** AmE [tr] ir en, [intr] andar [en tren, metro, etc.]

• *s* **1** cabalgata **2** vuelta, paseo [en bicicleta, moto] | **to go for a ride** ir a dar una vuelta **3** viaje **4** aventón: *Do you want a ride?* ¿Quieres que te dé (un) aventón?/¿Quieres que te lleve? | **to give sb a ride** darle (un) aventón a alguien, llevar a alguien [en auto, moto, etc.]: *I* *gave him a ride to the airport.* Le di (un) aventón hasta el aeropuerto./Lo llevé hasta el aeropuerto. **5** juego [en un parque de diversiones/entretenciones]

rider /ˈraɪdər/ *s* **1** jinete **2** ciclista **3** motociclista

ridge /rɪdʒ/ *s* **1** cresta [de un cerro] **2** sierra, cadena **3** saliente, lomo [en una superficie]

ridicule /ˈrɪdəkjul/ *sustantivo & verbo*
- *s* ridículo
- *v* [tr] burlarse de

ridiculous /rɪˈdɪkjələs/ *adj* ridículo -a

riding /ˈraɪdɪŋ/ *s* equitación

rife /raɪf/ *adj* **1 to be rife** abundar [delito, corrupción] **2 to be rife with corruption/problems etc.** ser sumamente corrupto -a/estar plagado -a de problemas etc.

rifle /ˈraɪfəl/ *s* rifle, escopeta

rift /rɪft/ *s* ruptura

rig /rɪg/ *verbo & sustantivo*
- *v* [tr] (**-gged**, **-gging**) amañar, arreglar [una elección, un concurso, etc.]
- *s* **1** plataforma petrolera **2** AmE (informal) camión

right /raɪt/ *adjetivo, adverbio, sustantivo & verbo*
- *adj* **1** correcto -a: *the right answer* la respuesta correcta | *Is that the right time?* ¿Es ésa la hora? | **that's right** sí, así es
2 to be right (about sth) tener razón (en algo): *You're quite right.* Tienes toda la razón.
3 como debería ser: *I knew something wasn't right.* Yo sabía que pasaba algo./Yo sabía que algo andaba mal. **to put sth right** arreglar algo
4 derecho -a [mano, lado, etc.]
5 adecuado -a, indicado -a
6 bien: *It's not **right that** he should pay.* No está bien que él pague. | *You were **right to** tell me.* Hiciste bien en contarme.
7 right? ¿no (es así)?, ¿verdad?: *There were two men, right?* Había dos hombres ¿no es así?
8 BrE (informal) verdadero -a: *I feel like a right idiot.* Me siento una verdadera idiota.
- *adv* **1** justo | **right in front of sth/sb** justo delante de algo/alguien | **right behind sth/sb** justo detrás de algo/alguien
2 enseguida: *I'll be right with you.* Enseguida estoy con usted. | **right away** ahora/ya mismo | **right now (a)** en este momento: *She's busy right now.* Está ocupada en este momento. **(b)** enseguida
3 bien, correctamente: *They haven't spelled my name right.* No han escrito bien mi nombre. | *You guessed right.* Acertaste.
4 to get sth right (a) acertar algo [una respuesta] **(b)** hacer algo bien
5 a la derecha: *Turn right at the light.* Gire a la derecha en el semáforo.
6 BrE bien: *Right! Let's get started.* ¡Bien! Empecemos.
- *s* **1** derecho | **to have the right to (do) sth** tener derecho a (hacer) algo: *You had no right to interfere.* No tenías derecho a interferir. | **right of way** prioridad/derecho (de paso), preferencia [al manejar]
2 the right (a) la derecha: *the door **on the right*** la puerta de la derecha **(b)** (en política) la derecha
3 bien: *the difference between right and wrong* la diferencia entre el bien y el mal
4 to be in the right tener razón
5 in his/its etc. own right por derecho propio, propiamente dicho -a
- *v* **to right a wrong** reparar un daño

ˌright ˈangle *s* ángulo recto

righteous /ˈraɪtʃəs/ *adj* **1** con pretensiones de superioridad moral: *He was full of **righteous** indignation.* Sentía que tenía todos los motivos para estar indignado. **2** recto -a, honrado -a

rightful /ˈraɪtfəl/ *adj* legítimo -a

ˌright-ˈhand *adj* **the right-hand lane** el carril de la derecha | **the bottom right-hand corner** el ángulo inferior derecho | **on the right-hand side** a mano derecha

ˌright-ˈhanded *adj* diestro -a [que usa la mano derecha]

rightly /ˈraɪtli/ *adv* con razón | **quite rightly** con toda la razón | **rightly or wrongly** para bien o para mal

ˌright ˈwing *s* **the right wing** el ala derecha

ˌright-ˈwing *adj* de derecha, derechista

rigid /ˈrɪdʒɪd/ *adj* **1** estricto -a, inflexible **2** (referido a materiales) rígido -a

rigor AmE, **rigour** BrE /ˈrɪgər/ *s* rigor

rim /rɪm/ *s* **1** borde [de un vaso, etc.] **2** rin, aro [de una rueda] **3** armazón [de anteojos]

rind /raɪnd/ *s* **1** cáscara [de limón, naranja, queso] **2** piel [del tocino]

ring[1] /rɪŋ/ *s* **1** anillo **2** círculo: *We sat in a ring.* Nos sentamos en círculo. **3** aro [de cebolla, etc.] **4** rodaja [de piña] **5** hornilla, quemador [de una estufa/cocina] **6** sonido [de un timbre] | **a ring at the door**: *There was a ring at the door.* Sonó el timbre de la puerta. **7 to give sb a ring** BrE llamar a alguien [por teléfono] ► También se usa **to give sb a call,** que es inglés universal **8 a drug/spy ring** una red de narcotráfico/espionaje **9** cuadrilátero, ring [en boxeo, lucha] **10** pista [en un circo] **11** ruedo [en las corridas de toros] **12 to run rings around sb** (informal) darle mil vueltas a alguien [superarlo ampliamente]

ring[2] *v* (pasado **rang**, participio **rung**) **1** [tr] tocar [un timbre] **2** [intr] sonar: *The telephone's ringing.* Suena el teléfono. **3** [intr] resonar, retumbar [oídos] **4** (también **ring up**) BrE [tr] llamar a, [intr] llamar [por teléfono] ► También se usa **to call,** que es inglés universal **5 to ring for sth** BrE llamar para pedir algo

ring back BrE volver a llamar ► Se usa también **to call back,** que es inglés universal **ring sb back** BrE volver a llamar a alguien [que llamó antes], devolverle la llamada a alguien ► Se usa también **to call sb back,** que es inglés universal

ring off BrE cortar, colgar [el teléfono] ▶ Se usa también **to hang up,** que es inglés universal

ring³ *v* [tr] (pasado & participio **ringed**) **1** rodear **2** marcar con un círculo [un error, una falta, etc.] **3** ponerle un anillo a [un ave]

ringleader /ˈrɪŋlidər/ *s* cabecilla

ring road *s* BrE ▶ ver **beltway**

rink /rɪŋk/ *s* pista [de patinaje] ▶ ver también **ice rink**

rinse /rɪns/ *verbo & sustantivo*

• *v* [tr] **1** enjuagar | **to rinse sth out** enjuagar algo **2** lavar [verduras]

• *s* **1 to give sth a rinse** darle un enjuague a algo **2** matizador [para el cabello]

riot /ˈraɪət/ *sustantivo & verbo*

• *s* **1** disturbios, motín **2 to run riot** descontrolarse

• *v* [intr] causar disturbios, amotinarse

rioting /ˈraɪətɪŋ/ *s* disturbios

rip /rɪp/ *verbo & sustantivo*

• *v* (**-pped, -pping**) **1** [tr] enganchar, romper **2** [intr] rasgarse, romperse **3 to rip sth open** abrir algo [rasgándolo]

rip sb off (informal) estafar a alguien

rip sth off/out arrancar algo

rip sth up romper algo en pedazos [rasgándolo]

• *s* rasgón, rasgadura

ripe /raɪp/ *adj* **1** maduro -a [fruta, queso] **2 to be ripe for sth** estar en el momento justo para algo

ripen /ˈraɪpən/ *v* [tr] hacer madurar, [intr] madurar [fruta]

rip-off *s* (informal) robo, estafa [referido a un precio, etc.]

ripple /ˈrɪpəl/ *verbo & sustantivo*

• *v* [intr] **1** rizarse [agua] **2** [intr] mecerse [pastos, campos de trigo, etc.]

• *s* **1 a ripple of applause/laughter etc.** un murmullo de aplausos/risas etc. **2** rizo [en la superficie del agua]

rise /raɪz/ *verbo & sustantivo*

• *v* [intr] (pasado **rose**, participio **risen**) **1** aumentar, subir | **to rise by $5,000/2% etc.** aumentar $5,000/el 2% etc. | **rising unemployment/tension etc.** creciente desempleo/tensión etc. **2** subir [nivel de un río, marea, camino] **3** levantarse [niebla, humo] **4** pararse | **to rise to your feet** ponerse de pie **5** elevarse [en rango, importancia] **6** alzarse, subir de tono [voz] **7** salir [sol, luna, etc.] | **the rising sun** el sol naciente **8** levar, leudar [masa, pastel] **9** (también **rise up**) (literario) sublevarse | **to rise against sth/sb** sublevarse contra algo/alguien

• *s* **1** aumento [de cantidad, población, etc.]: *a rise in temperature* un aumento de la temperatura **2** aumento, subida [de precios, costos, etc.] **3** ascenso [a la fama, el poder, etc.] **4 to give rise to sth** dar origen a algo **5** subida [en un camino] **6** BrE aumento [de sueldo] ▶ En inglés americano se usa **raise**

risk /rɪsk/ *sustantivo & verbo*

• *s* riesgo: *There is a risk of brain damage.* Hay riesgo de daño cerebral. | **to take a risk** correr un riesgo | **to run the risk of doing sth** correr el riesgo de hacer algo | **to be at risk** estar en riesgo, peligrar | **at your own risk** bajo tu/su etc. propia responsabilidad

• *v* [tr] **1** arriesgar | **to risk your neck** (informal) arriesgar el pescuezo **2 to risk arrest/defeat etc.** exponerse a la detención/derrota etc., arriesgarse a ser detenido -a/derrotado -a etc. **3 to risk doing sth** arriesgarse a hacer algo

risky /ˈrɪski/ *adj* (**-kier, -kiest**) riesgoso -a

rite /raɪt/ *s* rito

rival /ˈraɪvəl/ *sustantivo, adjetivo & verbo*

• *s & adj* rival

• *v* (**-led, -ling** AmE, **-lled, -lling** BrE) **to rival sth/sb** competir con algo/alguien: *Not many people can rival him for nerve.* Pocas personas pueden competir con él en cuanto a agallas.

rivalry /ˈraɪvəlri/ *s* (pl **-ries**) rivalidad

river /ˈrɪvər/ *s* río: *the river Nile* el río Nilo

ˈriver ˌbank, riverbank /ˈrɪvərbæŋk/ *s* ribera

riverside /ˈrɪvərsaɪd/ *s* ribera | **a riverside apartment/house** un apartamento/una casa a orillas del río

rivet /ˈrɪvət/ *verbo & sustantivo*

• *v* [tr] **1 riveted to/on sth** clavado -a a/en algo: *He sat riveted to the TV screen.* Estaba sentado, clavado a la pantalla del televisor. **2** remachar

• *s* remache

riveting /ˈrɪvətɪŋ/ *adj* fascinante

road /roud/ *s* **1** carretera | **by road** por tierra **2** calle | **just down the road** aquí nomás | **across/over the road** enfrente ▶ **Road,** escrito con mayúscula, forma parte de nombres de calles como **Maple Road, Richmond Road,** etc. **3 the road to success/stardom etc.** el camino al éxito/al estrellato etc.

ˈroad ˌaccident *s* accidente de tránsito

roadblock /ˈroudblɑk/ *s* control policial [en una carretera]

ˈroad ˌconstruction *s* AmE obras viales

ˈroad rage *s* conducta violenta del conductor de un vehículo hacia otro conductor

roadside /ˈroudsaɪd/ *s* costado de la carretera

ˈroad sign *s* señal de tránsito, cartel (indicador)

roadway /ˈroudweɪ/ *s* calzada

roadwork /ˈroudwɜrk/ AmE, **roadworks** /ˈrəudwɜːks/ BrE *s pl* obras viales

roam /roum/ *v* **1** [intr] vagar, deambular **2** [tr] vagar por, deambular por

roar /rɔr/ *verbo & sustantivo*

• *v* **1** [intr] rugir [león, viento, fuego] **2** [tr] bramar, gritar **3 to roar (with laughter)** reírse a carcajadas **4 to roar past/overhead etc.** pasar haciendo un gran estruendo

• *s* **1** rugido **2** estruendo [del tráfico]

roaring /ˈrɔrɪŋ/ *adj* **1 a roaring fire** un buen fuego **2 to do a roaring trade (in sth)** vender algo como pan caliente

roast /roʊst/ *verbo, adjetivo & sustantivo*
- *v* **1** [tr] asar, hacer al horno **2** [intr] asarse **3** [tr] tostar [café, maníes/cacahuates, etc.]
- *adj* **roast lamb/chicken etc.** cordero/pollo etc. al horno, cordero/pollo etc. asado
- *s* plato consistente en cualquier tipo de carne asada al horno

rob /rɑb/ *v* [tr] (**-bbed**, **-bbing**) asaltar, atracar [un banco] | **to rob sb of sth** robarle algo a alguien: *She felt she had been robbed of the Olympic gold medal.* Sentía que le habían robado la medalla olímpica de oro. ▶ **¿ROB, STEAL O BURGLE?** ver recuadro en **robar**

robber /ˈrɑbər/ *s* asaltante, ladrón ▶ **¿THIEF, BURGLAR O ROBBER?** ver nota en **ladrón**

robbery /ˈrɑbəri/ *s* (pl **-ries**) **1** robo **2** asalto, atraco: *armed robbery* asalto/atraco/robo a mano armada ▶ **¿ROBBERY, BURGLARY O THEFT?** ver recuadro en **robo**

robe /roʊb/ *s* **1** toga [de un juez, un universitario] **2** bata [de baño, para levantarse de la cama], levantadora

robin /ˈrɑbɪn/ *s* **1** (pájaro americano) mirlo primavera, zorzal petirrojo **2** (pájaro europeo) petirrojo

robot /ˈroʊbɑt/ *s* robot

robust /roʊˈbʌst/ *adj* **1** robusto -a, fuerte **2** enérgico -a [defensa, discurso]

rock /rɑk/ *sustantivo & verbo*
- *s* **1** roca **2** AmE piedra **3** (también **rock music**) rock **4 to be on the rocks** (informal) andar muy mal [matrimonio] **5 scotch/vodka etc. on the rocks** whisky/vodka etc. con hielo **6 rock band** banda de rock
- *v* **1** [tr] mecer **2** [intr] mecerse **3** [tr] acunar [a un bebé] **4** [intr] sacudirse, temblar **5** [tr] sacudir, hacer temblar

ˌrock and ˈroll, también **rock 'n' roll** *s* rock and roll

ˌrock ˈbottom *s* (informal) **to be at rock bottom** estar por el piso/por los suelos | **to hit/reach rock bottom** tocar fondo

ˈrock ˌclimbing *s* escalada en roca

rocket /ˈrɑkɪt/ *sustantivo & verbo*
- *s* cohete, misil
- *v* [intr] dispararse [precios, etc.]

ˈrocking chair *s* mecedora

rocky /ˈrɑki/ *adj* (**-kier**, **-kiest**) **1** rocoso -a, pedregoso -a **2** (informal) incierto -a, inestable

rod /rɑd/ *s* **1** barra [de metal] **2** vara **3** (también **fishing rod**) caña (de pescar)

rode /roʊd/ pasado de **ride**

rodent /ˈroʊdnt/ *s* roedor

rogue /roʊg/ *s* **1** pícaro -a, pillo -a **2** sinvergüenza

role /roʊl/ *s* **1** papel, rol | **to play a major/key etc. role (in sth)** desempeñar un papel importante/clave etc. (en algo) **2** (en teatro, cine) papel **3 role model** modelo (de rol)

roll /roʊl/ *verbo & sustantivo*
- *v* **1** [intr] rodar: *The ball rolled into the street.* La pelota rodó a la calle. **2** [tr] hacer rodar [una canica, etc.] **3** [tr] tirar [los dados] **4** [intr] (girar): *The dog had been rolling in the mud.* El perro se había estado revolcando en el barro. | *He rolled onto his back.* Se puso boca arriba. **5 to be rolling in it** (informal) estar forrado -a, estar podrido -a en plata **6** [tr] enrollar | **to roll a cigarette** armar/liar un cigarrillo **7** [intr] rolar [barco], balancearse [avión]

PHRASAL VERBS

roll sth down to roll the window down bajar la ventanilla

roll in (informal) llover [grandes cantidades]: *The money came rolling in after the appeal on TV.* Después del llamado por televisión, llovió el dinero.

roll sth out desenrollar algo, estirar algo

roll over darse vuelta

roll up (informal) aparecer [llegar] **roll sth up to roll the window up** subir la ventanilla | **to roll your sleeves up** (ar)remangarse

- *s* **1** rollo [de papel, película, etc.] **2** fajo [de billetes] **3** pancito, bolillo: *a cheese roll* un pancito con queso/una torta de queso **4** cabeceo [de un barco, un avión] **5** AmE lista [en el colegio] | **to call (the) roll** pasar/tomar lista

ˈroll call *s* acto de pasar lista

roller /ˈroʊlər/ *s* **1** rodillo **2** (para rizar el pelo) rulo, tubo, rulero

Rollerblades® /ˈroʊlərbleɪdz/ *s pl* rollerblades, rollers, patines en línea

Rollerblades

ˈroller ˌcoaster *s* montaña rusa

ˈroller skate *s* patín (de ruedas)

rolling /ˈroʊlɪŋ/ *adj* ondulado -a [colinas, paisaje]

ˈrolling pin *s* rodillo/palo de amasar, uslero

ROM /rɑm/ *s* (= **read-only memory**) ROM

romance /ˈroʊmæns, roʊˈmæns/ *s* **1** romance [relación] **2** amor **3** romanticismo **4** historia de amor [novela]

romantic /roʊˈmæntɪk/ *adj & s* romántico -a

roof /ruf/ *s* **1** techo, tejado **2 the roof of the/your mouth** el paladar **3 to hit the roof** (informal) ponerse furioso -a

ˈroof rack *s* (parrilla) portaequipajes

rooftop /ˈruftɑp/ *s* techo

rook /rʊk/ *s* **1** grajo [pájaro europeo] **2** torre [en ajedrez]

room /rum/ *s* **1** cuarto, pieza, habitación | **a meeting room** una sala de reuniones **2** lugar, espacio: *There wasn't enough room to lie down.* No había lugar suficiente para acostarse. | **to make room for sth/sb** hacer lugar para algo/hacerle lugar a alguien **3 room for doubt** lugar a dudas | **there's room for improvement** queda margen para mejorar **4 room and board** AmE pensión completa

roommate /ˈrum-meɪt/ *s* compañero -a de cuarto/apartamento etc.

ˈroom ˌservice *s* servicio de habitaciones, room service

ˈroom ˌtemperature *s* temperatura ambiente

roomy /ˈrumi/ *adj* (**-mier**, **-miest**) amplio -a

rooster /ˈrustər/ *s* AmE gallo

root /rut, rʊt/ *sustantivo & verbo*

• *s* **1** (de una planta, del pelo) raíz **2** (de un problema) raíz | **the root cause (of sth)** la causa fundamental (de algo) **3 to take root** arraigarse **4 to put down roots** echar raíces

• *v* **to root in/through sth** hurgar en algo

root for sb (informal) alentar a alguien

root sth out **1** erradicar algo [la corrupción, el racismo, etc.] **2** (informal) buscar algo

rope /roup/ *sustantivo & verbo*

• *s* **1** soga, cuerda **2 to know the ropes** (informal) estar al tanto de todo **3 to show sb the ropes** (informal) poner a alguien al tanto

• *v* **to rope sth to sth** atar/amarrar algo a algo

rope sb in (informal) **to rope sb in to do sth** enganchar/agarrar a alguien para hacer algo

rope sth off acordonar algo

rose[1] /rouz/ *s* rosa [flor]

rose[2] pasado de **rise**

rosette /rouˈzet/ *s* escarapela, cucarda

roster /ˈrɑstər/ *s* lista (de turnos)

rosy /ˈrouzi/ *adj* (**-sier**, **-siest**) **1** sonrosado -a **2** halagüeño -a [futuro, perspectiva]

rot /rɑt/ *v* (**-tted**, **-tting**) **1** [tr] pudrir **2** [intr] pudrirse

rota /ˈroutə/ *s* BrE ▶ ver **roster**

rotate /ˈrouteɪt/ *v* **1** [intr] girar **2** [tr] (hacer) girar **3** [tr/intr] (para hacer una tarea): *We rotate the boring jobs.* Nos rotamos para hacer los trabajos aburridos.

rotation /rouˈteɪʃən/ *s* rotación | **to do sth in rotation** rotarse para hacer algo

rotten /ˈrɑtn/ *adj* **1** podrido -a **2** (informal) malo -a, malvado -a | **a rotten thing to do** una maldad **3** (informal) pésimo -a: *I'm a rotten cook.* Soy un pésimo cocinero.

rough /rʌf/ *adjetivo, sustantivo, verbo & adverbio*

• *adj* **1** áspero -a **2** lleno de baches/huecos, poceado -a [camino, sendero] **3** aproximado -a [cálculo, idea] | **rough copy/draft** borrador **4** brusco -a [juego, persona] **5** peligroso -a [zona, barrio] **6** (informal) malo -a: *I've had a really rough day.* He tenido un día verdaderamente malo. | **to feel rough** BrE sentirse mal **7** injusto -a, duro -a **8** picado -a [mar] **9** tormentoso -a [tiempo]

• *s* **1 to take the rough with the smooth** aceptar lo bueno y lo malo **2 in rough** en borrador

• *v* **to rough it** (informal) vivir sin comodidades

• *adv* **to play rough** jugar duro | **to sleep rough** BrE dormir a la intemperie

roughly /ˈrʌfli/ *adv* **1** aproximadamente | **roughly speaking** en líneas generales **2** bruscamente

round /raund/ *adjetivo, adverbio, preposición, sustantivo & verbo*

• *adj* **1** redondo -a **2 in round figures** en cifras redondas

• *adv* BrE **1** a un lugar o en un lugar: *Do you want to come round to my house?* ¿Quieres venir a mi casa? | *He's round at David's.* Está en la casa de David. **2 all round (a)** alrededor **(b)** en todos los aspectos **3 round about** en los alrededores **4 round about 10 o'clock/the same time etc.** alrededor de las 10/la misma hora etc. ▶ En inglés americano se usa **around** en lugar de **round**. Lo mismo sucede con muchos **phrasal verbs** como **show around, turn around,** etc. Éstos están tratados bajo el verbo correspondiente

• *prep* BrE ▶ ver **around**

• *s* **1** ronda: *the latest round of peace talks* la última ronda de negociaciones de paz **2** (del cartero, lechero, etc.) ronda, recorrido | **to be (out) on your rounds** estar de ronda, estar haciendo visitas a domicilio [médico] **3** (de bebidas) ronda, vuelta: *It's your round.* Esta ronda te toca a ti. **4** (en golf) vuelta **5** (en boxeo) round, asalto **6** (en una competencia) vuelta **7 a round (of ammunition)** una bala **8 a round of applause** un aplauso

• *v* **to round the corner** dar la vuelta a la esquina | **to round a bend** dar una curva

round sth down redondear algo para abajo [una cifra]

round sth off (with sth) rematar algo (con algo)

round sth up **1** reunir algo [el ganado, las ovejas] **2** redondear algo para arriba [una cifra] **round sb up** **1** reunir a alguien **2** capturar a alguien

roundabout /ˈraundəbaut/ *sustantivo & adjetivo*

• *s* BrE **1** ▶ ver **traffic circle** **2** carrusel, tiovivo

• *adj* **a roundabout route** un camino menos directo | **in a roundabout way** de una manera indirecta

round trip /raund ˈtrɪp/ *s* **1** viaje de ida y vuelta, viaje redondo **2 round-trip ticket**, **return ticket** BrE boleto/pasaje de ida y vuelta, boleto/pasaje redondo **round-trip fare**, **return fare** BrE boleto/pasaje de ida y vuelta, boleto/pasaje redondo [el dinero que cuesta]

rouse /raʊz/ *v* [tr] **1** (literario) despertar | **to rouse sb from his/her etc. sleep** despertar a alguien (de su sueño) **2** provocar | **to rouse sb to action** incitar a alguien a la acción

rousing /ˈraʊzɪŋ/ *adj* vehemente, motivador -a [discurso]

route /rut, raʊt/ *s* camino, ruta

routine /ruˈtin/ *sustantivo & adjetivo*

• *s* **1** rutina **2** (en comedia, danza, etc.) rutina, número

• *adj* **1** de rutina **2** rutinario -a

routinely /ruˈtinli/ *adv* habitualmente

row¹ /roʊ/ *sustantivo & verbo*

• *s* **1** hilera, fila | **in a row/in rows** en hilera(s), en fila(s) **2** **three/four etc. times in a row** tres/cuatro etc.veces seguidas

• *v* [tr/intr] remar: *She **rowed** across the lake.* Cruzó el lago a remo.

row² /raʊ/ *s* BrE (informal) **1** pelea | **to have a row (with sb)** pelearse (con alguien) **2** **row (about/over sth)** disputa (por algo) [en el ámbito público] **3** barullo, bulla

rowdy /ˈraʊdi/ *adj* (**-dier**, **-diest**) **1** escandaloso -a, bulloso -a [persona] **2** tumultuoso -a, bulloso -a [reunión]

ˈrow house *s* AmE casa en una hilera de viviendas iguales o parecidas con medianeras compartidas

royal /ˈrɔɪəl/ *adj* real

royalty /ˈrɔɪəlti/ *s* realeza

rub /rʌb/ *verbo & sustantivo*

• *v* (**-bbed**, **-bbing**) **1** [tr] frotar: ***Rub** the cream into the leather using a cloth.* Aplique la pomada al cuero frotando con un trapo. | **to rub your eyes** restregarse/refregarse los ojos | **to rub your hands (together)** frotarse las manos **2** [intr] tallar, rozar [zapatos] **3** **to rub it in** (informal) refregarle una derrota, una equivocación, etc. a alguien

rub sth down **1** secar algo [con una toalla, etc.] **2** lijar algo

rub off **to rub off on sb** contagiársele a alguien [optimismo, mal humor, etc.] **rub sth off** quitar algo [restregándolo]

rub sth out borrar algo

• *s* **to give sth a rub (a)** frotar algo **(b)** masajear algo [la espalda, los pies, etc.]

rubber /ˈrʌbər/ *s* **1** goma, caucho, hule **2** AmE (informal) condón **3** BrE goma (de borrar), borrador ► También existe **eraser,** que es inglés universal

ˌrubber ˈband *s* Según región: *caucho, goma (elástica), liga (elástica)* o *elástico*

rubbish /ˈrʌbɪʃ/ *s* BrE **1** basura ► En inglés americano se usa **garbage** o **trash** **2** (informal) tonterías, disparates

ˈrubbish ˌdump BrE ► ver **garbage dump**

rubble /ˈrʌbəl/ *s* escombros

ruby /ˈrubi/ (pl **-bies**) *s* rubí

rucksack /ˈrʌksæk/ *s* BrE mochila, morral ► También existe **backpack,** que es inglés universal

rudder /ˈrʌdər/ *s* timón

rude /rud/ *adj* **1** grosero -a, maleducado -a: *He was very rude.* Estuvo muy grosero. | ***It's rude** to ask people's age.* Es de mala educación preguntar la edad. | **to be rude to sb** ser grosero -a/maleducado -a con alguien **2** grosero -a [broma] **3** obsceno -a [foto, libro, etc.]

ruffle /ˈrʌfəl/ *v* [tr] **1** alborotar [el pelo de alguien] **2** rizar, agitar [el agua]

ruffled /ˈrʌfəld/ *adj* alterado -a

rug /rʌg/ *s* **1** alfombra, carpeta, tapete **2** manta [de viaje]

rug

rugby /ˈrʌgbi/ *s* rugby

rugged /ˈrʌgɪd/ *adj* **1** escarpado -a [terreno, montaña] **2** anguloso -a [cara, facciones]

ruin /ˈruɪn/ *verbo & sustantivo*

• *v* [tr] **1** arruinar [los planes, una prenda, las vacaciones, etc.] **2** arruinar [económicamente]

• *s* **1** ruina [de un edificio] **2** ruina [económica] **3** **to be in ruins** estar en ruinas

rule /rul/ *sustantivo & verbo*

• *s* **1** regla, norma | **to be against the rules** estar prohibido -a **2** dominio, gobierno **3** reinado **4** **as a (general) rule** como regla general | **a rule of thumb** una regla general

• *v* **1** [tr/intr] gobernar, reinar | **to rule over sth/sb** gobernar algo/a alguien **2** [tr/intr] fallar, dictaminar

rule sth out descartar algo **rule sb out** excluir a alguien

ruler /ˈrulər/ *s* **1** gobernante, soberano -a **2** regla [para trazar líneas]

ruling /ˈrulɪŋ/ *sustantivo & adjetivo*

• *s* fallo, resolución

• *adj* dominante, gobernante

rum /rʌm/ *s* ron

rumble /ˈrʌmbəl/ *verbo & sustantivo*

• *v* [intr] **1** retumbar [truenos, tráfico] **2** sonar, hacer ruido [estómago]

• *s* ruido sordo

rummage /ˈrʌmɪdʒ/ *v* [intr] hurgar, esculcar | **to rummage about/around** hurgar, revolver [buscando algo] | **to rummage through sth** hurgar en algo, revolver algo

ˈrummage sale *s* venta de ropa y objetos usados que se hace con fines benéficos

rumor AmE, **rumour** BrE /ˈrumər/ *s* rumor | **rumor has it that** corre la voz/el rumor de que

rump /rʌmp/ *s* **1** ancas **2** corte de carne de calidad, conocido según el país como lomo, punta trasera o cadera

run /rʌn/ *verbo & sustantivo*

• *v* (pasado **ran**, participio **run**, gerundio **running**)
1 [tr/intr] correr: *I run four miles every morning.* Corro cuatro millas todas las mañanas. | *Some children* ***ran past*** *me.* Unos niños pasaron corriendo por mi lado. | *He* ***ran upstairs.*** Subió las escaleras corriendo.
2 [tr] llevar, dirigir [un negocio]
3 [tr] organizar, ofrecer [un curso]
4 [intr] (referido a servicios de transporte): *The number 22 runs every ten minutes.* El 22 pasa cada diez minutos. **to run late/on time** estar atrasado -a/andar a tiempo
5 [intr] correr [líquidos]: *The sweat was running down his face.* El sudor le corría por la cara. | *I must have left a faucet running.* Debo haber dejado una llave abierta. | *His nose was running.* Le estaba goteando la nariz.
6 [tr] pasar: *She ran her fingers through her hair.* Se pasó los dedos por el pelo. | **to run your eye over sth** echarle un vistazo a algo
7 [intr] extenderse: *The road runs along the valley.* La carretera corre a lo largo del valle. | *There was a barbed-wire fence running around the building.* Había un cerco de alambre de púas alrededor del edificio.
8 [intr] funcionar, [tr] hacer funcionar: *Don't run the engine for too long.* No hagas funcionar el motor demasiado tiempo. | *A car was waiting with the engine running.* Había un auto esperando con el motor en marcha. | **to run on diesel/batteries etc.** funcionar a diesel/a pila etc.
9 [tr] ejecutar [un programa de computadora]
10 to run a bath preparar un baño
11 [intr] postularse, presentarse: *He's going to run for president.* Se va a postular para presidente.
12 [intr] **to run smoothly** marchar sobre ruedas
13 [intr] estar en cartel: *The play* ***ran for*** *two years.* La obra estuvo dos años en cartel.
14 [tr] mantener: *I can't afford to run a car.* No me alcanza el dinero para mantener un auto.
15 [intr] desteñirse, de(s)colorarse [color]
16 to be running short of/low on sth estar quedándose sin algo | **time is running short** se está acabando el tiempo
17 to run in the family ser una característica familiar
18 to be running at 10%/20% etc. ser del 10%/20% etc.: *Inflation was running at 15%.* La tasa de inflación era del 15%.
19 to run wild (com)portarse como (un) salvaje
20 to run dry secarse [un pozo, un río]

PHRASAL VERBS

run across sth encontrar algo **run across sb** encontrarse a alguien
run after sb correr tras alguien, perseguir a alguien
run away (from sth/sb) escaparse (de algo/alguien)
run down gastarse [pila, batería] **run sb down 1** atropellar a alguien [con un vehículo] **2** (informal) criticar a alguien
run into sth 1 chocar contra algo [con un vehículo] **2 to run into trouble/problems** tropezarse con problemas | **to run into debt** endeudarse **run into sb 1** encontrarse a alguien **2** atropellar/chocar a alguien [con un vehículo]
run off escaparse, salir corriendo
run out 1 acabarse | **to run out of sth** quedarse sin algo **2** vencer [visa, contrato]
run sb over atropellar a alguien [con un vehículo]: *He was run over by a truck.* Lo atropelló un camión.
run through sth ensayar/repasar algo

• *s* **1** carrera | **to go for a run** ir a correr | **to make a run for it** tratar de escaparse
2 (en béisbol, etc.) carrera
3 (en una media) carrera
4 to be on the run estar fugitivo -a
5 a run of good/bad luck una racha de buena/mala suerte
6 in the long run a largo plazo, a la larga | **in the short run** a corto plazo

runaway /ˈrʌnəweɪ/ *adjetivo & sustantivo*

• *adj* **1** fuera de control, desenfrenado -a **2** fugitivo -a **3** aplastante [victoria] **4** arrollador -a [éxito]

• *s* niño que se escapó de su casa

ˌrun-ˈdown *adj* **1** venido -a a menos, decadente **2** cansado -a

rung[1] /rʌŋ/ *s* peldaño, escalón

rung[2] participio de **ring**

runner /ˈrʌnər/ *s* corredor -a

ˌrunner-ˈup *s* (pl **runners-up**) **to be runner-up** quedar en segundo lugar

running /ˈrʌnɪŋ/ *adjetivo, sustantivo & adverbio*

• *adj* **1 running water** agua corriente **2 a running battle/argument** una lucha/discusión continua

• *s* **1** acción de correr o deporte: *He's good at running and swimming.* Es buen corredor y nadador. **2 the running of sth** la conducción de algo [de una empresa o un país] **3 to be in the running (for sth)** estar en carrera (para algo)

• *adv* **three years/five times etc. running** tres años seguidos/cinco veces seguidas etc., tres años consecutivos/cinco veces consecutivas etc.

runny /ˈrʌni/ *adj* (**-nnier**, **-nniest**) **1 I have/he has etc. a runny nose** me/le etc. gotea la nariz **2** líquido -a

runway /ˈrʌnweɪ/ *s* pista, cancha [de aterrizaje]

rural /ˈrʊrəl/ *adj* rural

rush /rʌʃ/ *verbo & sustantivo*

• *v* (3ª pers sing **rushes**) **1** [intr] correr: *Everyone was* ***rushing to*** *buy the new album.* Todo el mundo corría a comprar el nuevo álbum. | *David* ***rushed into*** *the bathroom.* David entró corriendo al baño. **2** [intr] apurarse **3** [tr] hacer algo muy rápido: *Don't rush your food.* No coman a la carrera. **to rush (into) things** precipitarse, tomar decisiones precipitadas **4** [tr] apurar | **to**

rush sb into sth apurar a alguien a hacer algo **5** [tr] llevar rápidamente: *She was rushed to the hospital with appendicitis.* La llevaron de urgencia al hospital porque tenía apendicitis.
rush around correr de un lado para otro
• *s* (pl **-shes**) **1** desbandada | **to make a rush for sth** precipitarse hacia algo **2** momento en que mucha gente trata de hacer lo mismo: *Let's leave early and avoid the rush.* Salgamos temprano para no coincidir con la hora en que sale todo el mundo. **3** apuro: *There's no rush.* No hay apuro. | **to be in a rush** estar apurado -a **4** junco

rushed /rʌʃt/ *adj* (hecho -a) a las carreras

ˈrush hour *s* hora pico

Russia /ˈrʌʃə/ *s* Rusia

Russian /ˈrʌʃən/ *adjetivo & sustantivo*
• *adj* ruso -a
• *s* **1** (idioma) ruso **2** ruso -a

rust /rʌst/ *sustantivo & verbo*
• *s* óxido, herrumbre
• *v* **1** [tr] oxidar **2** [intr] oxidarse

rustle /ˈrʌsəl/ *verbo & sustantivo*
• *v* [intr] crujir, susurrar
• *s* crujido, susurro

rusty /ˈrʌsti/ *adj* (**-tier**, **-tiest**) **1** oxidado -a **2** (referido a destrezas, conocimientos): *My German is very rusty.* Tengo muy olvidado el alemán. | *If you don't practice, you get rusty.* Si no practicas, le pierdes la mano.

rut /rʌt/ *s* **1 to be (stuck) in a rut** estar estancado -a [en una rutina] **2** surco [en un camino]

rutabaga /rutəˈbeɪgə/ *s* AmE colinabo, nabo sueco

ruthless /ˈruθləs/ *adj* despiadado -a, implacable

ruthlessly /ˈruθləsli/ *adv* sin piedad

rye /raɪ/ *s* centeno

S

S[1], **s** /es/ *s* S, s ▶ ver "Active Box" **letters** en **letter**

S[2] (= **south**) S

sabotage /'sæbətɑʒ/ *verbo & sustantivo*

• *v* [tr] sabotear

• *s* sabotaje

saccharin /'sækərɪn/ *s* sacarina

sachet /sæ'ʃeɪ, BrE 'sæʃeɪ/ *s* sobrecito, sachet

sack /sæk/ *sustantivo & verbo*

• *s* **1** saco, costal, bolsa **2 to give sb the sack** BrE (informal) botar/echar a alguien [del trabajo] ▶ También existe **to fire sb,** que es inglés universal | **to get the sack** BrE (informal): *You'll get the sack.* Te van a botar. ▶ También existe **to get fired,** que es inglés universal

• *v* [tr] BrE (informal) botar, echar [del trabajo]: *He was sacked.* Lo botaron. ▶ También existe **to fire,** que es inglés universal

sacred /'seɪkrɪd/ *adj* sagrado -a

sacrifice /'sækrəfaɪs/ *verbo & sustantivo*

• *v* [tr] sacrificar

• *s* sacrificio | **to make sacrifices** hacer sacrificios

sad /sæd/ *adj* (**-dder**, **-ddest**) **1** triste: *He looked **sad**.* Se veía triste. | *We were **sad to** see her go.* Nos apenó verla irse. **2** lamentable [estado, situación] **3** (informal) aburrido -a, deprimente [que da pena]

sadden /'sædn/ *v* [tr] entristecer, apenar

saddle /'sædl/ *s* **1** (de un caballo) silla (de montar), montura **2** (de una bicicleta) asiento

sadness /'sædnəs/ *s* tristeza

safe /seɪf/ *adjetivo & sustantivo*

• *adj* **1** seguro -a: *Will my car be safe here?* ¿Es seguro este lugar para dejar el carro? | *Is it **safe** to swim here?* ¿Se puede nadar aquí sin peligro? | **to be on the safe side** por las dudas **2 a safe driver** un conductor/una conductora prudente **3** sin lesiones o daños: *Thank God you're safe!* ¡Gracias a Dios no te pasó nada! **to be safe from sth** estar a salvo de algo | **safe and sound** sano -a y salvo -a | **better safe than sorry** más vale prevenir que curar

• *s* caja fuerte

safeguard /'seɪfgɑrd/ *sustantivo & verbo*

• *s* salvaguarda | **as a safeguard** como medida preventiva

• *v* [tr] salvaguardar, proteger

safely /'seɪfli/ *adv* **1** sin correr riesgos: *He cannot safely be left on his own.* No se lo puede dejar solo sin que corra riesgos. **2** sin problemas/percances **3** sin lugar a dudas [suponer, decir]

safety /'seɪfti/ *s* seguridad: *road safety* seguridad en la carretera

'safety belt *s* cinturón de seguridad

'safety pin *s* gancho, alfiler de gancho/seguridad, seguro

sag /sæg/ *v* [intr] (**-gged**, **-gging**) **1** combarse [por el peso] **2** hundirse [cama, sillón]

Sagittarius /sædʒə'teriəs/ *s* **1** Sagitario **2** persona del signo de Sagitario: *My sister's a Sagittarius.* Mi hermana es (de) Sagitario.

said /sed/ pasado & participio de **say**

sail /seɪl/ *verbo & sustantivo*

• *v* **1** [intr] navegar | **to go sailing** salir a navegar **2** [tr] navegar por | **to sail the Atlantic** cruzar el Atlántico **3** [tr] timonear, navegar [un barco] **4** [intr] zarpar, hacerse a la mar [de un puerto]

• *s* **1** vela **2 to set sail** zarpar, hacerse a la mar

sailboat /'seɪlbout/ AmE, **sailing boat** BrE *s* velero, barco de vela

sailing /'seɪlɪŋ/ *s* navegación (deportiva)

sailor /'seɪlər/ *s* marinero -a

saint /seɪnt/ *s* santo -a: *Saint John* San Juan | *Saint Mary* Santa María

sake /seɪk/ *s* **for the sake of sth/sb, for sth's/sb's sake** por (el bien de) algo/alguien | **for heaven's/goodness' sake!** ¡por el amor de Dios!

salad /'sæləd/ *s* ensalada: *a potato salad* una ensalada de papas

salami /sə'lɑmi/ *s* salami, salame

salary /'sæləri/ *s* (pl **-ries**) sueldo, salario ▶ **¿SALARY O WAGE?** ver recuadro en **wage**

sale /seɪl/ *sustantivo & sustantivo plural*

• *s* **1** venta | **for/on sale** en venta, a la venta | **"for sale"** "se vende" **2** liquidación, rebajas, barata: *There's a sale (on) at Saks.* Hay liquidación en Saks. | *the January sales* las liquidaciones/baratas de enero

• **sales** *s pl* (sección de) ventas

'sales as,sistant *s* vendedor -a, dependiente -a

salesman /'seɪlzmən/ *s* (pl **-men**) vendedor, dependiente

salesperson /'seɪlzpərsən/ *s* (pl **-people**) vendedor -a, dependiente -a

saleswoman /'seɪlzwʊmən/ *s* (pl **-women**) vendedora, dependienta

saliva /sə'laɪvə/ *s* saliva

salmon /'sæmən/ *s* salmón

salon /sə'lɑn, BrE 'sælɑn/ *s* **1** peluquería **2** salón (de belleza)

saloon /sə'lun/ *s* **1** bar **2** (también **saloon car**) BrE sedán ▶ En inglés americano se usa **sedan**

salsa /'sælsə/ *s* **1** (baile) salsa **2** salsa cruda a base de tomate con la que se acompañan diversos platos

salt /sɔlt/ *s* sal

salted /'sɔltɪd/ *adj* salado -a, con sal: *salted peanuts* maníes/cacahuates salados

ⓘ ¿Se dice *on the table* o *in the table*? Mira la entrada **en**.

salty /'sɔlti/ *adj* (**-tier**, **-tiest**) salado -a [con mucha sal]

salvage /'sælvɪdʒ/ *verbo & sustantivo*

- *v* [tr] **1** rescatar [los restos de un naufragio, bienes, etc.] **2** salvar [la reputación, el orgullo, etc.]
- *s* salvamento, rescate

same /seɪm/ *adjetivo, pronombre & adverbio*

- *adj* **the same** el mismo/la misma: *We live in the same street.* Vivimos en la misma calle. | *She goes to **the same** school **as** me.* Va a la misma escuela que yo. | *We left **the very same** day.* Nos fuimos ese mismo día. | **at the same time** al mismo tiempo | **it comes/amounts to the same thing** viene a ser lo mismo
- *pron* **1 the same** lo mismo, igual: *It's not the same any more.* Ya no es lo mismo. **2 (the) same to you!** ¡igualmente! **3 all/just the same** de todos modos **4 same here** (informal) yo también
- *adv* **1 the same** de la misma manera, igual: *Everyone was dressed the same.* Todo el mundo estaba vestido de la misma manera. **2 (the) same as** igual que, como: *He's sixteen, same as you.* Tiene dieciséis años, igual que tú.

sample /'sæmpəl/ *sustantivo & verbo*

- *s* muestra
- *v* [tr] probar, degustar

sanction /'sæŋkʃən/ *sustantivo & verbo*

- *s* **1** sanción | **to impose sanctions against/on sb** imponerle sanciones a alguien **2** autorización
- *v* [tr] sancionar, aprobar

sanctuary /'sæŋktʃueri/ *s* (pl **-ries**) **1** refugio | **to seek/take sanctuary (in sth)** buscar refugio (en algo)/refugiarse (en algo) **2** reserva [de animales]

sand /sænd/ *s* arena

sandal /'sændl/ *s* sandalia, huarache

sandcastle /'sændkæsəl/ *s* castillo de arena

sandpaper /'sændpeɪpər/ *s* papel de lija

sandwich /'sændwɪtʃ/ *s* (pl **-ches**) sándwich: *a tomato and mayonnaise sandwich* un sándwich de tomate y mayonesa

sandy /'sændi/ *adj* (**-dier**, **-diest**) arenoso -a

sane /seɪn/ *adj* **1** cuerdo -a, en su sano juicio **2** sensato -a

sang /sæŋ/ pasado de **sing**

sanitary napkin, también **sanitary pad** *s* toalla sanitaria/higiénica, paño higiénico

sanity /'sænəti/ *s* **1** cordura **2** sensatez

sank /sæŋk/ pasado de **sink**

Santa Claus /'sæntə klɔz/ *s* Papá Noel, Santa Claus, (el) Viejo Pascuero

sap /sæp/ *sustantivo & verbo*

- *s* **1** savia **2** ingenuo -a, infeliz
- *v* [tr] (**sapped**, **sapping**) socavar, minar

sapphire /'sæfaɪr/ *s* zafiro

sarcasm /'sɑrkæzəm/ *s* sarcasmo

sarcastic /sɑr'kæstɪk/ *adj* sacástico -a

sardine /sɑr'din/ *s* sardina

sash /sæʃ/ *s* (pl **-shes**) faja [en la cintura, etc.]

sass /sæs/ *v* [tr] (3ª pers sing **sasses**) AmE (informal) faltarle el/al respeto a

sassy /'sæsi/ *adj* (**-ssier**, **-ssiest**) AmE **1** fresco -a, insolente **2** provocativo -a

sat /sæt/ pasado & participio de **sit**

satchel /'sætʃəl/ *s* maletín escolar, cartera (del colegio)

satellite /'sætlaɪt/ *s* **1** satélite **2 satellite dish** antena parabólica **satellite television** televisión satelital/vía satélite

satin /'sætn/ *s* satín

satisfaction /sætɪs'fækʃən/ *s* satisfacción

satisfactory /sætɪs'fæktəri/ *adj* satisfactorio -a

satisfied /'sætɪsfaɪd/ *adj* **1** satisfecho -a: *I'm not **satisfied with** your work.* No estoy satisfecho con tu trabajo. **2 to be satisfied that** estar convencido -a de que

satisfy /'sætɪsfaɪ/ *v* [tr] (**-fies**, **-fied**) **1** satisfacer **2** cumplir [un requisito, una condición] **3 to satisfy sb that** convencer a alguien de que

satisfying /'sætɪsfaɪ-ɪŋ/ *adj* que satisface

saturate /'sætʃəreɪt/ *v* [tr] **1** empapar **2** saturar

Saturday /'sætərdi, -deɪ/ *s* sábado ► ver "Active Box" **days of the week** en **day**

Saturn /'sætərn/ *s* Saturno

sauce /sɔs/ *s* salsa

saucepan /'sɔs-pæn/ *s* olla, cacerola

saucer /'sɔsər/ *s* platillo [de una taza]

sauna /'sɔnə/ *s* sauna | **to have/take a sauna** darse un (baño) sauna

sausage /'sɔsɪdʒ/ *s* salchicha

sausage 'roll *s* especie de empanada de carne de salchicha envuelta en masa de hojaldre

savage /'sævɪdʒ/ *adjetivo, sustantivo & verbo*

- *adj* **1** salvaje [animal] **2** brutal [ataque, asesinato]
- *s* salvaje
- *v* [tr] atacar con fiereza

save /seɪv/ *verbo & sustantivo*

- *v* **1** [tr] salvar: *Nothing was **saved from** the fire.* Nada se salvó del fuego. **2** [tr/intr] (también **save up**) ahorrar [dinero] | **to save (up) for sth/to do sth** ahorrar para algo/para hacer algo **3** [tr] ahorrar [tiempo, combustible, etc.]: *We'll save time if we take a taxi.* Vamos a ahorrar tiempo si tomamos un taxi. **4** [tr] guardar [para utilizar más tarde]: *I'll save you a seat.* Te guardaré un asiento. **5** [tr] juntar [cupones, tapitas, etc.] **6** [tr] (en computación) salvar, guardar **7** [tr] (en deportes) atajar, salvar **8 to save sb (doing) sth** ahorrarle a alguien (hacer) algo: *She did it to save me the trouble.* Lo hizo para ahorrarme la molestia.
- *s* (en deportes) atajada, salvada

saving /ˈseɪvɪŋ/ *sustantivo & sustantivo plural*
• *s* ahorro: *a saving of 15% on the normal price* un ahorro del 15% respecto del precio habitual
• **savings** *s pl* ahorros

savior AmE, **saviour** BrE /ˈseɪvjər/ *s* salvador -a

savory AmE, **savoury** BrE /ˈseɪvəri/ *adj* **1** salado -a [por oposición a dulce] **2** sabroso -a

saw¹ /sɔ/ *sustantivo & verbo*
• *s* serrucho, serrote
• *v* [tr] (participio **sawn** o **sawed** AmE) serruchar, aserrar, cortar (con un serrucho/serrote)
saw sth off serruchar/aserrar/cortar algo
saw sth up cortar algo en pedazos (con un serrucho/serrote)

saw² pasado de **see**

sawdust /ˈsɔdʌst/ *s* aserrín

saxophone /ˈsæksəfoun/ *s* saxofón

say /seɪ/ *verbo & sustantivo*
• *v* (pasado & participio **said**) **1** [tr/intr] decir: *What did you say?* ¿Qué dijiste? | *I asked her but she wouldn't say.* Le pregunté pero no quiso decir nada. | **to say yes/no** decir que sí/que no | **to say sth to sb** decirle algo a alguien ▶ **¿SAY O TELL?** ver recuadro en **decir** **2** [tr] marcar, decir: *The clock says nine thirty.* El reloj marca las nueve y media. | *What do the instructions say?* ¿Qué dicen las instrucciones? **3** (en suposiciones o aproximaciones): *Say you won the lottery, what would you do?* Imagínate que te toca la lotería ¿qué harías? | *It'll take me a while, say a week.* Me va a llevar un tiempo, digamos una semana. **4 it goes without saying that** de más está decir que **5 you don't say!** (informal) ¡no me digas!
• *s* **to have a say (in sth)** tener voz (en algo) | **to have your say** dar su opinión

saying /ˈseɪ-ɪŋ/ *s* dicho, refrán

scab /skæb/ *s* costra

scaffolding /ˈskæfəldɪŋ/ *s* andamio(s)

scald /skɔld/ *v* [tr] escaldar, quemar

scale /skeɪl/ *sustantivo, sustantivo plural & verbo*
• *s* **1** (tamaño) dimensión, escala: *The scale of the problem is staggering.* La dimensión del problema es pasmosa. **2** (sistema de medición) escala: *on a scale of 1 to 10* en una escala de 1 a 10 | *a large-scale map* un mapa a gran escala **3** (en música) escala **4** escama [de un pez, un reptil]
• **scales** *s pl* (también **scale** AmE) balanza
• *v* [tr] escalar
scale sth back/down reducir algo [las operaciones, el gasto, etc.]

scallion /ˈskælyən/ *s* AmE cebollín, cebolleta, cebollita de cambray

scalp /skælp/ *s* cuero cabelludo

scalpel /ˈskælpəl/ *s* bisturí, escalpelo

scampi /ˈskæmpi/ *s* langostinos/camarones grandes, generalmente servidos salteados o a la milanesa

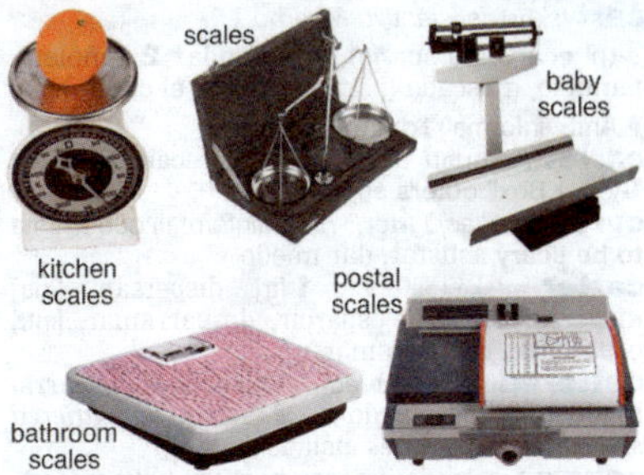

scan /skæn/ *verbo & sustantivo*
• *v* [tr] (**-nned**, **-nning**) **1** (también **scan through**) leer rápidamente [para hacerse una idea general o buscando un dato concreto] **2** escudriñar [el horizonte, etc.] **3** (en computación) escanear **4** (en medicina) hacerle una ecografía/una tomografía/una resonancia magnética a
• *s* ecografía, tomografía, resonancia magnética

scandal /ˈskændl/ *s* escándalo

scandalize, -ise BrE /ˈskændlaɪz/ *v* [tr] escandalizar

scandalous /ˈskændl-əs/ *adj* escandaloso -a

scanner /ˈskænər/ *s* **1** escáner **2** cualquier aparato como un ecógrafo, un tomógrafo, etc. usado para hacer ciertos estudios médicos **3** (en un aeropuerto) detector de metales **4** (en la caja de una tienda) lector de código de barras

scapegoat /ˈskeɪpgout/ *s* chivo expiatorio

scar /skɑr/ *sustantivo & verbo*
• *s* cicatriz
• *v* [tr] (**-rred**, **-rring**) dejar una cicatriz en | **to be scarred** tener cicatrices/una cicatriz

scarce /skers/ *adj* escaso -a | **to be scarce** escasear

scarcely /ˈskersli/ *adv* **1** apenas: *The city has scarcely changed.* La ciudad apenas ha cambiado. **2** no... ni mucho menos: *She's scarcely the best person to ask.* No es la persona más indicada para preguntarle ni mucho menos.

scarcity /ˈskersəti/ *s* (pl **-ties**) escasez

scare /sker/ *verbo & sustantivo*
• *v* [tr] asustar
scare sb off/away **1** ahuyentar a alguien **2** asustar a alguien [para desalentarlo de hacer algo]
• *s* **1** susto | **to give sb a scare** (informal) darle un susto a alguien **2** pánico [generalizado] | **a bomb scare** una amenaza de bomba

scarecrow /ˈskerkrou/ *s* espantapájaros

scared /skerd/ *adj* asustado -a | **to be scared (of sth/sb)** tener(le) miedo (a algo/alguien): *I'm scared of dogs.* Les tengo miedo a los perros. | **to be scared stiff/to death** (informal) estar muerto -a de miedo

scarf /skɑrf/ *sustantivo & verbo*
• *s* (pl **scarves** o **scarfs**) **1** bufanda **2** pañoleta, pañuelo, mascada [para la cabeza, el cuello]
• *v* AmE (informal) tragarse, engullir

scarlet /ˈskɑrlət/ *adj & s* (rojo) escarlata ▶ ver "Active Box" **colors** en **color**

scary /ˈskeri/ *adj* (**-rier**, **-riest**) (informal) que asusta | **to be scary** asustar, dar miedo

scatter /ˈskætər/ *v* **1** [tr] dispersar, [intr] dispersarse **2** [tr] esparcir, desparramar, [intr] esparcirse, desparramarse

scattered /ˈskætərd/ *adj* **1** tirado -a, desparramado -a, desperdigado -a **2** aislado -a: *scattered showers* chaparrones aislados

scenario /sɪˈneriou/ *s* perspectiva | **the worst-case scenario** la peor de las posibilidades

scene /sin/ *s* **1** (en teatro, cine) escena **2** (vista o cuadro) escena **3** (lugar) escena, escenario: *Firefighters arrived at the scene within minutes.* Los bomberos llegaron a la escena en minutos. **4** (discusión en público) escena | **to make a scene** hacer una escena, hacer escenas **5** (entorno) ambiente: *the fashion scene* el ambiente de la moda **6 behind the scenes** entre bastidores/bambalinas

scenery /ˈsinəri/ *s* **1** paisaje **2** escenografía, decorado

scenic /ˈsinɪk/ *adj* panorámico -a

scent /sent/ *s* **1** perfume [cosmético] **2** aroma **3** rastro

scented /ˈsentɪd/ *adj* perfumado -a

sceptic BrE ▶ ver **skeptic**

sceptical BrE ▶ ver **skeptical**

scepticism BrE ▶ ver **skepticism**

schedule /ˈskedʒul, BrE ˈʃedjul/ *sustantivo & verbo*
• *s* **1** programa (de actividades), agenda: *I have a very busy schedule for today.* Tengo un programa muy apretado para hoy. | **ahead of/behind schedule** adelantado o retrasado con respecto a lo previsto: *The building was finished three months ahead of schedule.* El edificio se terminó tres meses antes de lo previsto. | *The building of the stadium is behind schedule.* La construcción del estadio va atrasada. | **on schedule** al día [trabajo, proyecto] **2** AmE horario
• *v* [tr] programar [una reunión, un evento]

scheme /skim/ *sustantivo & verbo*
• *s* **1** plan [para hacer algo arriesgado o ilegal] **2** BrE programa ▶ En inglés americano se usa **program** **3** ▶ ver **color**
• *v* **to scheme (to do sth)** intrigar (para hacer algo) | **to scheme against sb** conspirar contra alguien

schizophrenia /skɪtsəˈfriniə/ *s* esquizofrenia

schizophrenic /skɪtsəˈfrenɪk/ *adj & s* esquizofrénico -a

scholar /ˈskɑlər/ *s* **1** erudito -a, estudioso -a **2** becario -a

scholarship /ˈskɑlərʃɪp/ *s* **1** beca **2** erudición

school /skul/ *s* **1** colegio, escuela: *Which school do you go to?* ¿A qué colegio vas? | *He's not old enough to go to school.* No tiene edad para ir al colegio. | **to be at school (a)** estar en el colegio/la escuela **(b)** (estar escolarizado) ir al colegio/a la escuela **2** clase, clases: *There's no school tomorrow.* Mañana no hay clase. **3** escuela [de arte dramático, de danza, etc.] **4** facultad: *the school of medicine* la facultad de medicina **5 school of thought** escuela (de opinión/de pensamiento) **6 the school year** el año escolar

schoolboy /ˈskulbɔɪ/ *s* escolar [varón]

schoolchild /ˈskul-tʃaɪld/ *s* (pl **-children**) escolar

schoolgirl /ˈskulgɜrl/ *s* escolar [niña]

schoolteacher /ˈskultitʃər/ *s* maestro -a, profesor -a

science /ˈsaɪəns/ *s* ciencia

ˌscience ˈfiction *s* ciencia ficción

scientific /saɪənˈtɪfɪk/ *adj* científico -a

scientist /ˈsaɪəntɪst/ *s* científico -a

sci-fi /saɪ ˈfaɪ/ *s* (informal) ciencia ficción

scissors /ˈsɪzərz/ *s pl* tijera(s): *a pair of scissors* una tijera

scoff /skɔf/ *v* **1 to scoff (at sth)** burlarse (de algo) **2** [tr] BrE (informal) tragarse, engullir

scold /skould/ *v* **to scold sb (for sth)** reprender/regañar a alguien (por algo)

scoop /skup/ *sustantivo & verbo*
• *s* **1** pala, poruña [para arroz, harina, etc.] **2** cuchara [para servir helado] **3** cucharada: *a scoop of ice cream/mashed potatoes* una bola de helado/una cucharada de puré **4** primicia

• *v* **to scoop sth out/up etc.** sacar/recoger etc. algo [con una cuchara, la mano ahuecada, etc.]

scooter /ˈskutər/ *s* **1** (también **motor scooter**) motoneta, escúter, Vespa® **2** patineta [con manubrio], monopatín, patín del diablo

scope /skoup/ *s* **1** alcance | **beyond/within the scope of sth** fuera/dentro del alcance de algo **2 scope for sth/to do sth** posibilidades de algo/de hacer algo

scorch /skɔrtʃ/ *v* (3ª pers sing **-ches**) **1** [tr] quemar [levemente] **2** [intr] quemarse [levemente]

scorching /ˈskɔrtʃɪŋ/ *adj* abrasador -a: *It was a scorching hot day.* Era un día de calor abrasador.

score /skɔr/ *sustantivo, sustantivo plural & verbo*
• *s* **1** (en deportes, juegos) resultado: *The final score was 35-17.* El resultado final fue 35 a 17. | *What's the score?* ¿Cómo van? | **to keep (the) score** llevar la cuenta [de los tantos] **2** (en un examen, un concurso) puntaje **3** partitura **4 on that score** en ese sentido: *I have no worries on that score.* En ese sentido, no me preocupo. **5 to know the score** (informal) saber bien cómo

son las cosas, estar al tanto de una situación

● **scores** *s pl* montones: *scores of tourists* montones de turistas

● *v* **1** [tr/intr] anotar: *Denver scored in the final minute of the game.* Denver anotó en el minuto final del partido. **2** [tr] sacar(se): *I scored 19 out of 20.* Me saqué 19 sobre 20. **3** [tr] valer: *A basket from behind this line scores three points.* Una canasta desde atrás de esta línea vale tres puntos. **4** [intr] (en un juego de cartas, de mesa) anotar [el puntaje]

scoreboard /ˈskɔrbɔrd/ *s* marcador

scorer /ˈskɔrər/ *s* persona que anota uno o más tantos: *the team's top goal scorer* el mejor goleador del equipo

scorn /skɔrn/ *sustantivo & verbo*

● *s* desdén, desprecio

● *v* [tr] (formal) desdeñar

Scorpio /ˈskɔrpiou/ *s* **1** Escorpio **2** persona del signo de Escorpio: *My son's a Scorpio.* Mi hijo es (de) Escorpio.

scorpion /ˈskɔrpiən/ *s* escorpión, alacrán

Scot /skɑt/ *s* escocés -esa

Scotch /skɑtʃ/ *s* (pl **-ches**) whisky [escocés]

ˌScotch ˈtape® *s* AmE cinta Scotch®, cinta pegante, (cinta) durex®

Scotland /ˈskɑtlənd/ *s* Escocia

Scotsman /ˈskɑtsmən/ *s* (pl **-men**) escocés

Scotswoman /ˈskɑtswumən/ *s* (pl **-women**) escocesa

Scottish /ˈskɑtɪʃ/ *adj* escocés -esa

scour /skauər/ *v* [tr] **1 to scour sth (for sth/sb)** recorrer algo (en busca de algo/alguien) **2** fregar

Scout /skaut/ *s* **1** (también **Boy Scout**) scout **2** (también **Girl Scout**) scout

scout /skaut/ *sustantivo & verbo*

● *s* explorador -a (de reconocimiento)

● *v* **to scout around (for sth)** explorar (en busca de algo)

scowl /skaul/ *verbo & sustantivo*

● *v* [intr] fruncir el ceño | **to scowl at sb** mirar a alguien con el ceño fruncido

● *s* ceño fruncido

scramble /ˈskræmbəl/ *verbo & sustantivo*

● *v* [intr] **1 to scramble up/over etc. sth** trepar con dificultad por/pasar con dificultad por encima de etc. algo **2 to scramble for sth/to do sth** pelearse por algo/por hacer algo

● *s* batalla, trifulca: *the **scramble** for the best seats* la batalla para conseguir los mejores asientos

ˌscrambled ˈeggs *s pl* huevos revueltos, huevos pericos

scrap /skræp/ *sustantivo, sustantivo plural & verbo*

● *s* **1** pedacito: *a scrap of paper* un pedacito de papel **2** (de tela) retazo **3** chatarra **4** (informal) pelea **5 scrap iron/metal** chatarra **6 scrap paper** papel borrador

● **scraps** *s pl* sobras [de comida]

● *v* [tr] (**-pped**, **-pping**) (informal) **1** descartar [un proyecto, una idea] **2** desguazar, desarmar, deshuesar [un vehículo, una máquina]

scrapbook /ˈskræpbuk/ *s* álbum de recortes

scrape /skreɪp/ *verbo & sustantivo*

● *v* **1** [tr] **to scrape sth off/away** quitar algo raspándolo: *I scraped the mud off my boots.* Les quité el barro a las botas raspándolas. **2** [tr] rasparse [la rodilla, el codo]: *She fell down and scraped her knee.* Se cayó y se raspó la rodilla. **3** [tr] hacer chirriar, [intr] chirriar [silla, uñas, etc.] | **to scrape along/against sth** rozar algo

scrape by arreglárselas apenas

scrape through (sth) aprobar (algo) raspando

scrape sth together/up juntar algo a duras penas

● *s* chirrido, raspón

scratch /skrætʃ/ *verbo & sustantivo*

● *v* (3ª pers sing **-ches**) **1** [tr] rascar(se): *Don't scratch those bites!* ¡No te rasques esas picaduras! **2** [intr] rascarse: *The dog was scratching at the door.* El perro estaba arañando la puerta. **3** [tr] rayar **4** [tr/intr] arañar [lastimar]

● *s* (pl **-ches**) **1** rayón [con algo puntiagudo] **2** rasguño **3 to have a scratch** rascarse **4 from scratch** (empezando) de/desde cero: *I had to start from scratch again.* Tuve que volver a empezar de cero. **5 to be/come up to scratch** estar a la altura de lo que debería ser, ser satisfactorio -a

scrawl /skrɔl/ *verbo & sustantivo*

● *v* [tr] garabatear

● *s* garabato(s)

scream /skrim/ *verbo & sustantivo*

● *v* [tr/intr] gritar | **to scream in terror/fear** gritar de terror/miedo | **to scream with laughter** reírse a carcajadas

● *s* **1** grito: *screams of terror* gritos de terror **2 to be a scream** (informal) ser divertidísimo -a

screech /skritʃ/ *verbo & sustantivo*

● *v* (3ª pers sing **-ches**) **1** [tr/intr] chillar **2** [intr] chirriar [frenos, ruedas]

● *s* (pl **-ches**) **1** chillido **2** chirrido

screen /skrin/ *sustantivo & verbo*

● *s* **1** pantalla **2** cine: *a play adapted for the screen* una obra adaptada al cine **3** biombo

● *v* [tr] **1** someter a un chequeo [para detectar una enfermedad] **2** investigar los antecedentes de **3** emitir [un programa de televisión]

screw /skru/ *sustantivo & verbo*

● *s* tornillo

● *v* **1 to screw sth to/onto etc. sth** atornillar algo a algo **2 to screw sth on/onto sth** enroscar(le) algo a algo **3 to screw sth (up) into a ball** hacer una bola con algo

screw sth up 1 estrujar algo 2 (informal) arruinar algo 3 **to screw up your face/eyes** hacer una mueca

screwdriver /ˈskrudraɪvər/ s destornillador, desatornillador

scribble /ˈskrɪbəl/ *verbo & sustantivo*
- *v* [tr/intr] garabatear
- *s* garabato(s)

script /skrɪpt/ s 1 guión [de una película, etc.] 2 alfabeto, escritura: *in Arabic script* en alfabeto arábigo

scripture /ˈskrɪptʃər/ s 1 (también **the Holy Scriptures**) las Sagradas Escrituras 2 escrito sagrado

scroll /skroul/ *sustantivo & verbo*
- *s* pergamino, rollo
- *v* **to scroll up/down** (en computación) desplazar el texto hacia arriba/abajo

scrounge /skraundʒ/ *v* [tr/intr] (informal) gorrear, goterear, bolsear: *He's always* ***scrounging*** *cigarettes* ***from*** *me.* Vive gorreándome cigarrillos.

scrounger /ˈskraundʒər/ s (informal) gorrón -ona, bolsero -a

scrub /skrʌb/ *verbo & sustantivo*
- *v* [tr/intr] (**-bbed**, **-bbing**) fregar
- *s* 1 **to give sth a scrub** fregar algo 2 matorrales

scruff /skrʌf/ s **by the scruff of the neck** por el pescuezo

scruffy /ˈskrʌfi/ *adj* (**-ffier**, **-ffiest**) 1 desaliñado -a 2 desarrapado -a, rotoso -a

scrum /skrʌm/ s scrum

scruples /ˈskrupəlz/ *s pl* escrúpulos

scrupulous /ˈskrupjələs/ *adj* escrupuloso -a

scrupulously /ˈskrupjələsli/ *adv* meticulosamente, escrupulosamente

scrutinize, -ise BrE /ˈskrutnaɪz/ *v* [tr] examinar

scrutiny /ˈskrutn-i/ s examen

scuba diving /ˈskubə daɪvɪŋ/ s buceo [con tanques de aire]

scuff /skʌf/ *v* [tr] raspar(se) [los zapatos]

scuffle /ˈskʌfəl/ s refriega, trifulca

sculptor /ˈskʌlptər/ s escultor -a

sculpture /ˈskʌlptʃər/ s escultura

scum /skʌm/ s 1 espuma [en la superficie del caldo, etc.] 2 (informal) escoria (humana)

scurry /ˈskɜri/ *v* [intr] (**-rries**, **-rried**) caminar a paso rápido y corto **to scurry away/off** irse corriendo

scuttle /ˈskʌtl/ *v* [intr] caminar a paso rápido y corto: *The crab scuttled under a rock.* El cangrejo se metió a toda velocidad debajo de una roca.

scythe /saɪð/ s guadaña

SE (= **southeast**) SE

sea /si/ s 1 mar: *a house by the sea* una casa junto al mar | *We spent three months* ***at sea.*** Pasamos tres meses navegando. | **by sea** por/en barco 2 **a sea of people/faces etc.** un mar de gente/miles de caras etc. 3 [delante de otro sustantivo] marino -a, de mar: *The sea air will do him good.* El aire marino le va a hacer bien.

sea bed /ˈsibed/ s fondo del mar

seafood /ˈsifud/ s mariscos

seagull /ˈsigʌl/ s gaviota

seal /sil/ *sustantivo & verbo*
- *s* 1 foca 2 sello 3 **seal of approval** aprobación
- *v* [tr] 1 (también **seal up**) cerrar (herméticamente), sellar [una entrada, un túnel, etc.] 2 cerrar [un sobre, un paquete]

ˈsea ˌlevel s nivel del mar

seam /sim/ s 1 costura [en una prenda, etc.] 2 veta

search /sɜrtʃ/ *sustantivo & verbo*
- *s* (pl **-ches**) 1 **search (for sth/sb)** búsqueda (de algo/alguien) | **in search of sth** en busca de algo 2 (por parte de la policía, etc.) Según región y según se trate de un lugar o una persona: *registro, esculque, cateo, requisa* o *cacheo*
- *v* (3ª pers sing **-ches**) 1 [intr] buscar: *They are still* ***searching for*** *a solution.* Todavía están buscando una solución. 2 [tr] (cuando lo hace la policía, etc.) Según región y según se trate de un lugar o una persona: *registrar, esculcar, catear, requisar* o *cachear* | **to search sth/sb for sth** registrar algo/a alguien en busca de algo

searching /ˈsɜrtʃɪŋ/ *adj* inquisitivo -a

searchlight /ˈsɜrtʃlaɪt/ s reflector [para buscar algo]

seashell /ˈsiʃel/ s concha (de mar)

seashore /ˈsiʃɔr/ s **the seashore** la playa, la orilla del mar

seasick /ˈsisɪk/ *adj* **to be/feel seasick** estar/sentirse mareado -a [por el movimiento de un barco] | **to get seasick** marearse

seaside /ˈsisaɪd/ s 1 **the seaside** la playa, la costa 2 **seaside resort** lugar de vacaciones, balneario [en la costa]

season /ˈsizən/ *sustantivo & verbo*
- *s* 1 estación [del año] ► ver "Active Box" **seasons** 2 temporada: *Plums are* ***in season*** *now.* Ahora es temporada de ciruelas. | **the football/baseball etc. season** la temporada de fútbol/béisbol etc. | **high/low season** temporada alta/baja
- *v* [tr] condimentar

seasonal /ˈsizənəl/ *adj* 1 temporal, temporalero -a [trabajo, trabajador] 2 de temporada/estación [fruta, verdura]

seasoning /ˈsizənɪŋ/ s condimento

ˈseason ˌticket s abono [para el transporte público, el teatro]

seat /sit/ *sustantivo & verbo*
- *s* 1 asiento: *There are no seats left on that flight.* En ese vuelo no quedan asientos. 2 **to take/have a seat** sentarse, tomar asiento 3 **the back/front seat** el asiento trasero/delantero [en un auto] 4 (en un órgano legislativo) escaño, banca 5 **to have a seat on the board** ser miembro de la junta directiva
- *v* [tr] 1 **to be seated** (formal) **(a)** estar sentado -a

Active Box: seasons

Los ejemplos de este **Active Box** son una guía para ayudarte a construir oraciones que hablan de las estaciones del año.

We often eat outside ***in summer***.	A menudo comemos afuera en verano.
We'll come and visit you ***in the summer***.	Los vendremos a visitar durante el verano.
They're going to the Caribbean ***next winter***.	Van a ir al Caribe el invierno próximo.
Last fall *we went on vacation to Florida.*	El otoño pasado nos fuimos de vacaciones a Florida.
We first met ***in the spring of 1999***.	Nos conocimos en la primavera de 1999.

(b) sentarse **2 to seat 50/700 etc. people** tener capacidad para 50/700 etc. personas [auditorio, teatro, etc.]

ˈseat belt *s* cinturón de seguridad

seating /ˈsitɪŋ/ *s* asientos

seaweed /ˈsiwid/ *s* algas, alga

secluded /sɪˈkludɪd/ *adj* **1** apartado -a [lugar] **2** recluido -a, solitario -a [vida]

second /ˈsekənd/ *número, sustantivo, sustantivo plural & verbo*

● *número* **1** segundo -a **2** dos ► ver también **thought**

● *s* **1** (unidad de tiempo) segundo **2** (también **second gear**) (en la caja de cambios) segunda **3 second hand** segundero

● **seconds** *s pl* (en una comida): *We all went back for seconds.* Todos nos volvimos a servir./Todos repetimos/Todos nos repetimos.

● *v* [tr] secundar [una moción, una propuesta]

secondary /ˈsekənderi/ *adj* **1** secundario -a **2 secondary education** enseñanza/educación secundaria

ˈsecondary ˌschool *s* (colegio) secundario, (escuela) secundaria

ˌsecond ˈbest *adj* segundo -a mejor: *the second best score* el segundo mejor puntaje | **to be second best** ser la segunda opción [no lo que uno preferiría]

ˌsecond ˈclass *adjetivo & adverbio*

● *adv* **to travel second class** viajar en segunda clase

● **second-class** *adj* **a second-class ticket** un boleto/pasaje de segunda clase

secondhand /sekəndˈhænd/ *adj & adv* de segunda mano, usado -a

secondly /ˈsekəndli/ *adv* en segundo lugar [al hacer una enumeración]

ˌsecond-ˈrate *adj* de segunda categoría

secrecy /ˈsikrəsi/ *s* **1** confidencialidad **2 in secrecy** en secreto

secret /ˈsikrɪt/ *adjetivo & sustantivo*

● *adj* secreto -a | **to keep sth secret** mantener algo en secreto

● *s* **1** secreto | **to keep a secret** guardar un secreto **2 in secret** en secreto

secretarial /sekrəˈteriəl/ *adj* **secretarial work** trabajo de secretario -a | **a secretarial course** un (curso de) secretariado

secretary /ˈsekrəteri/ *s* (pl **-ries**) secretario -a

ˌSecretary of ˈState *s* **1** AmE Secretario -a de Estado [cargo equivalente al de un Ministro/Secretario de Relaciones Exteriores] **2** BrE ministro -a, secretario -a | **Secretary of State for Defence/Health etc.** Ministro de Defensa/Salud etc., Secretario -a de Defensa/Salud etc.

secretive /ˈsikrətɪv/ *adj* reservado -a, hermético -a | **to be secretive about sth** ser reservado -a respecto de algo

secretly /ˈsikrɪtli/ *adv* en secreto, a escondidas

sect /sekt/ *s* secta

section /ˈsekʃən/ *s* **1** parte, sección: *The rocket is built in three sections.* El cohete se construye en tres partes. | *the smoking section of the restaurant* el sector para fumadores del restaurante **2** (de un periódico) sección **3** (de la población, la sociedad) sector **4** (de una organización) sección **5** (en arquitectura, dibujo) corte

sector /ˈsektər/ *s* sector | **the public/private sector** el sector público/privado

secure /sɪˈkjʊr/ *adjetivo & verbo*

● *adj* **1** seguro -a: *a secure job* un trabajo seguro **2** bien cerrado -a [ventana, puerta], seguro -a [cárcel]

● *v* [tr] **1** lograr [un acuerdo, la liberación de alguien, etc.] **2** cerrar bien, sujetar bien **3** asegurar [el futuro de algo o alguien]

securely /sɪˈkjʊrli/ *adv* **securely fastened/locked etc.** bien sujeto -a/cerrado -a etc.

security /sɪˈkjʊrəti/ *s* **1** seguridad **2** (para un préstamo) garantía **3 security forces** fuerzas de seguridad **security guard** guardia de seguridad

sedan /sɪˈdæn/ *s* sedán

sedate /sɪˈdeɪt/ *adjetivo & verbo*

● *adj* **1** solemne [paso, desfile] **2** reposado -a [estilo de vida]

● *v* [tr] sedar

sedation /sɪˈdeɪʃən/ *s* sedación | **to be under sedation** estar sedado -a

sedative /ˈsedətɪv/ *adj & s* sedante

seduce /sɪˈdus/ *v* [tr] **1** seducir **2** tentar

seduction /sɪˈdʌkʃən/ *s* seducción

seductive /sɪˈdʌktɪv/ *adj* **1** seductor -a **2** tentador -a

see /si/ *v* (pasado **saw**, participio **seen**) **1** [tr/intr] ver: *We had already seen the movie.* Ya habíamos visto la película. | *I can't see from*

here. No veo desde aquí. | *I went to see her in the hospital.* La fui a ver al hospital. | *"Can we go to the beach tomorrow?" "We'll see."* –¿Podemos ir a la playa mañana? –Ya veremos.
2 [tr/intr] ver, entender: *Oh, I see!* ¡Ah, ya veo! | *Do you see what I mean?* ¿Entiende lo que le quiero decir?
3 [tr] ver, averiguar: *I'll see what time the train leaves.* Voy a ver a qué hora sale el tren. | *Go and see if Molly's ready.* Vayan a ver si Molly está lista.
4 [tr] salir con: *She's seeing somebody else now.* Ahora está saliendo con otro.
5 [tr] estar con: *We saw the Clarks last night.* Anoche estuvimos con los Clark.
6 to see (that) asegurarse de que: *See that he brushes his teeth.* Asegúrate de que se lave los dientes.
7 let's see/let me see (vamos) a ver, veamos
8 see you (later)! (informal) ¡hasta luego!
9 to see sb home/to the door etc. acompañar a alguien a (su) casa/hasta la puerta etc.
PHRASAL VERBS
see about sth 1 ocuparse de algo: *She's gone to see about her passport.* Fue a sacarse/renovar etc. el pasaporte./Fue a averiguar lo del pasaporte. | *I'll see about getting the tickets.* Yo me encargo de sacar las entradas. **2 we'll (soon) see about that!** ¡eso ya lo veremos!
see sb off despedir a alguien [que se va]
see sb out acompañar a alguien hasta la puerta: *Don't worry, I'll see myself out.* No te preocupes, no es necesario que me acompañes.
see through sth no dejarse engañar por algo
see sth through llevar algo a buen término
see through sb tener a alguien calado -a: *I can see right through you.* Te tengo bien calado.
see to sth 1 ocuparse de algo | **to see to it that** ocuparse/encargarse de que **2 to get sth seen to** hacer arreglar algo

seed /sid/ *s* (pl **seeds** o **seed**) **1** semilla **2 number one/three etc. seed** (en tenis) primer -a/tercer -a etc. cabeza de serie

seedy /'sidi/ *adj* (**-dier, -diest**) (informal) de mala muerte [hotel, bar]

ˌseeing 'eye dog® *s* AmE perro guía

seek /sik/ *v* [tr] (pasado & participio **sought**) (formal) **1** buscar: *young people seeking employment* jóvenes que buscan trabajo **2 to seek to do sth** intentar hacer algo **3 to seek advice/help etc.** pedir consejo/ayuda etc.

seem /sim/ *v* parecer: *Henry didn't seem very sure.* Henry no parecía estar muy seguro. | *We seem to have lost the map.* Parece que hemos perdido el mapa. | **it seems to me/us etc. (that)** me/nos etc. parece que | **it seems as if/as though...** parece que...: *It seems as if you've made a few enemies here.* Parece que te has hecho algunos enemigos aquí. | **to seem like** parecer: *Teri seemed like a nice girl.* Teri parecía una niña agradable. | *It seems like we're both looking for the same thing.* Parece que los dos estamos buscando lo mismo.

seemingly /'simɪŋli/ *adv* aparentemente

seen /sin/ participio de **see**

seep /sip/ *v* **to seep into/through etc.** filtrarse a/por etc.

seesaw /'sisɔ/ *s* subibaja

seethe /sið/ *v* [intr] **1 to be seething with tourists/ants etc.** ser un hervidero de turistas/estar plagado -a de hormigas etc. **2 he is/was etc. seething (with rage)** está que explota/estaba que explotaba etc. (de furia)

ˌsee-through *adj* transparente [tela, prenda]

segment /'segmənt/ *s* **1** (de la sociedad, la población) segmento, sector **2** (de una naranja, etc.) gajo **3** (en geometría) segmento

segregate /'segrəgeɪt/ *v* **to segregate sb (from sb)** segregar a alguien (de alguien)

seize /siz/ *v* [tr] **1** agarrar: *She seized my hand.* Me agarró de la mano. | **to seize sth from sb** arrebatarle algo a alguien **2** tomar [un edificio, una ciudad] | **to seize power** tomar el poder **3** incautar [drogas, bienes, etc.] **4 to seize an opportunity/a chance** aprovechar una oportunidad
seize on sth aferrarse a algo [a una idea, una excusa]
seize up 1 engranarse [motor] **2** agarrotarse [músculos]

seldom /'seldəm/ *adv* rara vez, muy pocas veces ▶ ver nota sobre **adverbios de frecuencia** en **always**

select /sɪ'lekt/ *verbo & adjetivo*
• *v* [tr] seleccionar, elegir
• *adj* **1** selecto -a **2** exclusivo -a [restaurante, hotel, etc.]

selection /sɪ'lekʃən/ *s* **1** selección **2** surtido: *We stock a wide selection of swimwear.* Tenemos en stock un amplio surtido de trajes de baño.

selective /sɪ'lektɪv/ *adj* selectivo -a

self /self/ *s* (pl **selves**) carácter o comportamiento habitual de una persona: *He's not his usual smiling self.* No está tan sonriente como de costumbre.

ˌself-'centered AmE, **self-centred** BrE *adj* egocéntrico -a

ˌself-'confident *adj* seguro -a de sí mismo -a, con confianza en sí mismo -a

ˌself-'conscious *adj* **self-conscious (about sth)** cohibido -a (por algo), acomplejado -a (por algo)

ˌself-con'trol *s* autocontrol

ˌself-'defense AmE, **self-defence** BrE *s* **1** defensa propia **2** defensa personal

ˌself-em'ployed *adj* autónomo -a, por cuenta propia [trabajador]

ˌself-es'teem *s* autoestima

ˌself-'interest *s* interés personal

selfish /'selfɪʃ/ *adj* egoísta

ˌself-'pity *s* autocompasión

ˌself-'portrait *s* autorretrato

ˌself-re'liant *adj* independiente

¿Quieres más información sobre los **verbos modales**? Hay una explicación en el apartado de gramática.

ˌself-reˈspect *s* amor propio

ˌself-ˈsatisfied *adj* suficiente, pagado -a de sí mismo -a

self-ˈservice *adj* de autoservicio

sell /sel/ *v* (pasado & participio **sold**) **1** [tr] vender: *I sold the bike to my cousin.* Le vendí la bicicleta a mi primo. **2** [intr] venderse: *Her latest CD is selling very well.* Su último CD se está vendiendo muy bien. | **to sell at/for $10/$500 etc.** venderse a/en $10/$500 etc.

sell sth off liquidar algo

sell out agotarse: *Tickets sold out within a week.* Las entradas se agotaron en una semana. | *Sorry, we've **sold out of** newspapers.* Lo siento, no nos quedan más periódicos.

sell up BrE vender todo

ˈsell-by date *s* fecha de vencimiento

seller /ˈselər/ *s* vendedor -a

Sellotape® /ˈseləteɪp/ *s* BrE cinta Scotch®, cinta pegante, (cinta) durex® ▶ En inglés americano se usa **Scotch tape®**

sellout /ˈselaʊt/ *s* espectáculo con lleno total: *The concert was a sellout.* El concierto tuvo un lleno total.

selves /selvz/ plural de **self**

semester /səˈmestər/ *s* semestre

semi¹ /ˈsemaɪ/ *s* AmE mula, camión con remolque/acoplado, tráiler

semi² /ˈsemi/ *s* BrE (informal) ▶ ver **semi-detached house**

semicircle /ˈsemisɜrkəl/ *s* **1** semicircunferencia **2** semicírculo

semicolon /ˈsemikoʊlən/ *s* punto y coma

ˌsemi-detached ˈhouse *s* una de dos casas iguales que comparten la medianera

semi-detached house

semifinal /ˈsemifaɪnl/ *s* semifinal

seminar /ˈsemənɑr/ *s* seminario [curso universitario]

senate, también **Senate** /ˈsenət/ *s* senado

senator, también **Senator** /ˈsenətər/ *s* senador -a

send /send/ *v* [tr] (pasado & participio **sent**) **1** mandar, enviar [una carta, un paquete, etc.]: *I sent her an e-mail yesterday.* Le mandé un e-mail ayer. **2** mandar [a una persona a un lugar]: *I sent him to buy some bread.* Lo mandé a comprar pan. **3** producir un determinado efecto: *The punch sent him sprawling across the floor.* El golpe lo dejó tendido en el suelo.

PHRASAL VERBS

send away ▶ ver **send off**

send sth back mandar algo de vuelta, devolver algo

send for sth pedir algo | **to send for help/an ambulance etc.** (mandar) pedir ayuda/una ambulancia etc. **send for sb** (mandar) llamar a alguien

send sth in mandar algo, enviar algo [por correo] **send sb in 1** hacer pasar a alguien **2** enviar (a) alguien [tropas, etc.]

send off to send off for sth escribir pidiendo algo **send sth off** mandar algo, despachar algo [por correo] **send sb off** BrE (en fútbol) expulsar a alguien

send sth out 1 mandar algo, enviar algo [invitaciones, etc.] **2** emitir algo [una señal, luz, calor] **send sb out** mandar afuera a alguien, hacer salir a alguien

send sth/sb up (informal) burlarse de algo/alguien

sender /ˈsendər/ *s* remitente

ˈsend-off *s* (informal) despedida

senile /ˈsinaɪl/ *adj* senil

senior /ˈsinjər/ *adjetivo & sustantivo*

• ***adj*** de mayor rango/antigüedad | **to be senior to sb** tener un cargo más alto que alguien

• ***s*** **1 to be two/five etc. years sb's senior** ser dos/cinco etc. años mayor que alguien **2** AmE alumno del último año de la escuela secundaria o la universidad ▶ ver también **Sr.**

ˌsenior ˈcitizen, también **senior** *s* persona de la tercera edad

ˌsenior ˈhigh school *s* en EU, centro donde se imparte el segundo ciclo de la enseñanza secundaria a alumnos de entre 14 y 18 años

seniority /sinˈjɔrəti/ *s* antigüedad [años trabajados]

sensation /senˈseɪʃən/ *s* **1** sensación **2** sensibilidad **3 to cause a sensation** causar sensación

sensational /senˈseɪʃənl/ *adj* **1** sensacional **2** (también **sensationalist**) sensacionalista

sense /sens/ *sustantivo & verbo*

• ***s*** **1** sentido común, sensatez: *She has no sense at all.* No tiene ni el más mínimo sentido común. **2** sensación: *a sense of complete helplessness* una sensación de total indefensión **3 to make sense** tener sentido: *These instructions don't make sense to me.* Para mí estas instrucciones no tienen sentido. | **to make sense of sth** entender algo | **to make sb see sense** hacer que alguien entre en razón **4** sentido [vista, olfato, etc.] | **sense of direction** sentido de orientación | **sense of humor** sentido del humor | **sense of time** noción del tiempo **5** sentido [de una palabra, etc.] **6 to come to your senses** entrar en razón **7 in a sense** en cierto sentido

• ***v*** [tr] sentir, percibir

senseless /ˈsensləs/ *adj* **1** sin sentido, absurdo -a **2** inconsciente, sin sentido | **to beat/knock sb senseless** pegarle a alguien hasta dejarlo inconsciente

sensibility /sensəˈbɪləti/ *s* (pl **-ties**) sensibilidad

sensible /ˈsensəbəl/ *adj* **1** sensato -a [persona, decisión] **2** cómodo -a y práctico -a [ropa, zapatos]

sensibly /ˈsensəbli/ *adv* **1** con sensatez, con buen criterio **2 to dress sensibly** vestirse con ropa cómoda y práctica

sensitive /ˈsensətɪv/ *adj* **1** sensible [a los sentimientos de otros, al frío, a la luz, etc.] **2** susceptible: *Lara's very **sensitive about** her nose.* Lara es muy susceptible respecto de su nariz. **3** delicado -a [piel, tema, cuestión]

sensitivity /sensəˈtɪvəti/ *s* **1** sensibilidad [a los sentimientos de otros] **2** susceptibilidad [a las críticas] **3** sensibilidad [de la piel] **4** confidencialidad, lo delicado [de una cuestión, un tema]

sensual /ˈsenʃuəl/ *adj* sensual

sensuous /ˈsenʃuəs/ *adj* sensual

sent /sent/ pasado & participio de **send**

sentence /ˈsentns/ *sustantivo & verbo*

• *s* **1** oración [en gramática] **2** condena ▶ ver también **death**

• *v* [tr] condenar | **to sentence sb to five/ten etc. years (in prison)** condenar a alguien a cinco/diez etc. años (de prisión)

sentiment /ˈsentəmənt/ *s* **1** (formal) sentimiento, opinión **2** sentimentalismo

sentimental /sentəˈmentl/ *adj* **1** sentimental **2** sensiblero -a

separate¹ /ˈseprət/ *adj* **1** separado -a **2** distinto -a: *He has been warned on three separate occasions.* Se le han hecho advertencias en tres oportunidades distintas.

separate² /ˈsepəreɪt/ *v* **1** [tr] separar: *The two towns are separated by a river.* Las dos ciudades están separadas por un río. **2** [tr] dividir, [intr] dividirse: *We **separated into** four groups.* Nos dividimos en cuatro grupos. **3** [intr] separarse [pareja]

separately /ˈseprətli/ *adv* por separado

separation /sepəˈreɪʃən/ *s* separación

September /sepˈtembər/ *s* septiembre ▶ ver "Active Box" **months** en **month**

sequel /ˈsikwəl/ *s* **1 sequel (to sth)** continuación (de algo) [de una película, un libro] **2** secuela

sequence /ˈsikwəns/ *s* **1** sucesión [de acontecimientos] **2** orden | **to be in sequence/out of sequence** estar/no estar en orden **3** secuencia [en cine, TV]

sequin /ˈsikwɪn/ *s* lentejuela

sergeant /ˈsɑrdʒənt/ *s* sargento

serial /ˈsɪriəl/ *sustantivo & adjetivo*

• *s* serie, serial [de TV, radio]

• *adj* en serie | **serial killer** asesino -a serial, asesino -a en serie

series /ˈsɪriz/ *s* (pl **series**) **1** serie: *a series of lectures* una serie de conferencias **2** sucesión, serie [de acontecimientos] **3** serie [de TV, radio]

serious /ˈsɪriəs/ *adj* **1** serio -a [accidente, problema], grave [error, enfermedad] **2 to be serious** hablar en serio: *He's not serious, is he?* No habla en serio ¿no?/No lo dice en serio ¿no? | *Jane's **serious about** becoming a nun.* Jane habla en serio cuando dice que quiere ser monja. **3** serio -a [persona, cara]

seriously /ˈsɪriəsli/ *adv* **1** en serio | **to take sth/sb seriously** tomarse algo/a alguien en serio **2** gravemente, seriamente

sermon /ˈsɜrmən/ *s* sermón

servant /ˈsɜrvənt/ *s* sirviente -a

serve /sɜrv/ *verbo & sustantivo*

• *v* **1** [tr/intr] servir: *Breakfast is served between 7 and 9.* El desayuno se sirve entre las siete y las nueve. | **to serve sth (up)** servir algo **2** [tr] atender: *Are you being served?* ¿La atienden? **3 to serve with/in sth** (en las fuerzas armadas) prestar servicios con/en algo | **to serve on a committee** integrar un comité **4** [tr] proveer servicios en (un lugar): *the buses that serve the surrounding towns* los autobuses que van a los pueblos de alrededor **5 it serves you/her etc. right** lo tienes/tiene etc. bien merecido **6** [tr] cumplir [una condena, años en prisión] **7** [tr/intr] sacar [en tenis, etc.]

serve sth out completar algo [una condena, un mandato]

• *s* saque: *It's my serve.* Me toca sacar a mí.

server /ˈsɜrvər/ *s* **1** (en computación) servidor **2** (en tenis) servidor -a

service /ˈsɜrvɪs/ *sustantivo, sustantivo plural & verbo*

• *s* **1** servicio | **the postal/fire etc. service** el servicio postal/de bomberos etc. | **military service** servicio militar **2** (en un restaurante, etc.) servicio: *Service is not included.* El servicio no está incluido. **3** (de un vehículo) servicio, revisión **4** oficio religioso | **morning/evening service** oficio matutino/vespertino **5** (en tenis) saque **6 tea/dinner service** juego de té/mesa etc. **7 to be of service** (formal) ayudar **8 service charge** recargo por servicio **9 service station** estación de servicio, gasolinera, bencinera, bomba (de gasolina), grifo

• **services** *s pl* **1** (en una carretera) área de servicios **2 the services** las fuerzas armadas

• *v* [tr] hacerle el servicio/la revisión a [un auto]

serviette /sɜrviˈet/ *s* BrE servilleta ▶ También existe **napkin**, que es inglés universal

serving /ˈsɜrvɪŋ/ *s* porción

session /ˈseʃən/ *s* sesión

set /set/ *verbo, sustantivo & adjetivo*

• *v* (pasado & participio **set**, gerundio **setting**) ▶ **Set** también forma parte de muchas expresiones como **to set sail, to set your heart on sth,** etc. Éstas están tratadas bajo el sustantivo correspondiente **1** [tr] fijar: *Have they set a date for the elections?* ¿Ya han fijado la fecha de las elecciones? | *Don't set yourself unrealistic goals.* No te fijes metas inalcanzables.
2 to set an example dar ejemplo
3 to set a record marcar/establecer un récord
4 [tr] programar, poner: *I've set the VCR to record*

that program. He programado la video para grabar esa película. | *Set the oven to 180º.* Ponga el horno a 180º.
5 [tr] ambientar: *The novel is set in 17th century Japan.* La novela está ambientada en el Japón del siglo XVII.
6 [tr] BrE asignar, mandar [una tarea]: *He set us an essay to do for Friday.* Nos mandó una composición para el viernes. ► En inglés americano se usa **to assign**
7 to set fire/light to sth prenderle fuego a algo | **to set sb free** poner a alguien en libertad | **to set sth/sb loose** soltar algo/a alguien | **to set to work** ponerse a trabajar
8 [tr] (formal) poner, depositar: *She set the tray down on the bed.* Puso la bandeja sobre la cama.
9 [intr] cuajar [gelatina], fraguar [cemento]
10 [intr] ponerse [sol]

PHRASAL VERBS

set about sth to set about doing sth ponerse a hacer algo: *I set about clearing up the mess.* Me puse a ordenar el lío que había.
set sth aside apartar/reservar algo [dinero]
set sth back retrasar algo [un proceso] **set sb back** (informal) **to set sb back $50/$300 etc.** costarle $50/$300 etc. a alguien
set off salir: *We set off very early the next morning.* Salimos muy temprano a la mañana siguiente. **set sth off 1** desencadenar algo **2** hacer explotar algo [una bomba] **3** hacer sonar algo [una alarma]
set out 1 salir: *We set out for Bogotá the next day.* Salimos para Bogotá al día siguiente. **2 to set out to do sth** proponerse hacer algo
set sth up 1 poner algo [un negocio, una empresa] **2** crear algo [un organismo] **3** organizar algo [una reunión] **4** armar algo [una carpa] **5** preparar algo [una cámara, un equipo]

• *s* **1** juego: *a set of knives/tools* un juego de cuchillos/herramientas
2 aparato: *a TV set* un aparato de televisión
3 (en el teatro) escenografía
4 (en cine, televisión) set
5 (en tenis) set
6 (de personas) grupo

• *adj* **1** situado -a
2 fijo -a: *a set amount* una cantidad fija | **set book/text** BrE libro o texto que forma parte del programa de un curso | **set menu/meal** menú fijo
3 to be set on doing sth estar decidido -a a hacer algo
4 to be all set (to do sth) (informal) estar listo -a (para hacer algo) | **get set**: *On your marks, get set, go!* A sus marcas, listos, ¡ya!

setback /'setbæk/ *s* revés, contratiempo

settee /se'ti/ *s* sofá

setting /'setɪŋ/ *s* **1** escenario [de una novela, una película, etc.] **2** entorno **3 the setting of the sun** la puesta del sol

settle /'setl/ *v* **1** [tr] instalar, acomodar, [intr] instalarse, acomodarse **2** [intr] asentarse [polvo], formar una capa [nieve] **3 to settle on sth** posarse sobre algo [pájaro, insecto] **4 to settle an argument/dispute etc.** resolver una discusión/una disputa etc. **5** [tr] decidir: *That's settled, then.* Queda decidido, entonces. | **that settles it!** ¡listo!, ¡asunto arreglado! **6 to settle a bill/an account etc.** pagar una factura/una cuenta etc. **7** [tr] calmar [los nervios], [intr] calmarse [persona] **8** [intr] establecerse [en un país, una ciudad] **9** [tr] colonizar

PHRASAL VERBS

settle back recostarse
settle down 1 acomodarse **2** sentar cabeza **3** calmarse
settle for sth conformarse con algo
settle in adaptarse | **to settle into sth** adaptarse a algo
settle on sth decidirse por algo
settle up arreglar las cuentas | **to settle up with sb** pagarle a alguien

settled /'setld/ *adj* estable

settlement /'setlmənt/ *s* **1** acuerdo **2** asentamiento

setup /'setʌp/ *s* **1** (informal) forma de organizar o disponer las cosas: *once people have gotten used to the new setup* una vez que la gente se haya acostumbrado al nuevo sistema **2** (en computación) configuración

seven /'sevən/ *número* siete

seventeen /sevən'tin/ *número* diecisiete

seventeenth /sevən'tinθ/ *número* **1** decimoséptimo -a **2** diecisiete **3** diecisieteavo, diecisieteava parte

seventh /'sevənθ/ *número* **1** séptimo -a **2** siete **3** séptimo, séptima parte

seventieth /'sevəntiəθ/ *número* **1** septuagésimo -a **2** setentavo, septuagésima parte

seventy /'sevənti/ *número* (pl **-ties**) **1** setenta **2 the seventies** los (años) setenta **3 to be in your seventies** tener setenta y pico/setenta y tantos

sever /'sevər/ *v* [tr] (formal) **1** seccionar, cortar [un dedo, una pierna, etc.] **2** romper [relaciones, vínculos]

several /'sevərəl/ *adj & pron* varios -as: *I asked her several times.* Se lo pedí varias veces. | *several of my friends* varios de mis amigos

severe /sə'vɪr/ *adj* **1** grave [herida, lesión] **2** serio -a [problema, dificultad] **3** fuerte [dolor] **4** fuerte, duro -a [invierno] **5** duro -a [crítica, golpe] **6** severo -a [persona, expresión]

severely /sə'vɪrli/ *adv* **1** gravemente, seriamente **2** duramente **3** con severidad

sew /soʊ/ *v* [tr/intr] (participio **sewed** o **sewn**) coser
sew sth on coser algo: *Could you sew this button on for me?* ¿Me podrías coser este botón?
sew sth up coser algo [un agujero, etc.]

sewage /'suɪdʒ/ *s* aguas negras, aguas residuales, aguas servidas

sewer /'suər/ *s* alcantarillado, cloaca, albañal

sewing /'soʊɪŋ/ *s* costura [actividad, labor]

sewn /soʊn/ participio de **sew**

sex /seks/ *s* (pl **-xes**) **1** sexo **2 to have sex (with sb)** tener relaciones sexuales (con alguien)

sexism /'seksɪzəm/ *s* sexismo

sexist /'seksɪst/ *adj & s* sexista

sexual /'sekʃuəl/ *adj* sexual | **sexual intercourse** relaciones sexuales

sexuality /sekʃu'æləti/ *s* **1** sexualidad **2** orientación sexual

sexy /'seksi/ *adj* (**-xier**, **-xiest**) sexy

shabby /'ʃæbi/ *adj* (**-bbier**, **-bbiest**) **1** muy gastado -a [ropa, sofá] **2** mal arreglado -a [persona] **3** injusto -a, mezquino -a [trato] | **a shabby trick** una jugada sucia

shack /ʃæk/ *s* casucha, choza ▶ También, según región, *bohío, rancho* o *jacal*

shade /ʃeɪd/ *sustantivo, sustantivo plural & verbo*

- *s* **1** sombra | **in the shade (of sth)** a la sombra (de algo): *I'd prefer to sit in the shade.* Preferiría sentarme a la sombra. ▶ **¿SHADE O SHADOW?** ver **sombra** **2** pantalla [de una lámpara] **3** AmE persiana **4** tono [de un color] **5 a shade taller/darker etc.** apenas un poquito más alto -a/oscuro -a etc. **6 shades of meaning** matices de significado
- **shades** *s pl* (informal) gafas negras/de sol, anteojos negros/de sol, lentes oscuros/de sol
- *v* [tr] proteger [de la luz, el sol], dar sombra a

shadow /'ʃædoʊ/ *sustantivo & verbo*

- *s* **1** sombra ▶ **¿SHADE O SHADOW?** ver **sombra** **2 without/beyond a shadow of a doubt** sin sombra de duda
- *v* [tr] hacer un seguimiento de

shady /'ʃeɪdi/ *adj* (**-dier**, **-diest**) **1** sombreado -a **2** turbio -a [negocio, asunto]

shaft /ʃæft/ *s* **1** asta [de un arpón, una flecha] **2** mango [de un palo de golf, un hacha] **3** hueco, pozo [del ascensor/elevador] **4** pozo [de una mina] **5 a shaft of light/sunlight** un rayo de luz/de sol

shaggy /'ʃægi/ *adj* (**-ggier**, **-ggiest**) **1** largo -a y enmarañado -a [barba, pelo] **2** lanudo -a [animal]

shake /ʃeɪk/ *verbo & sustantivo*

- *v* (pasado **shook**, participio **shaken**) **1** [intr] temblar | **to shake with fear/anger etc.** temblar de miedo/ira etc. **2** [tr] sacudir, agitar **3 to shake hands with sb/to shake sb's hand** darle la mano a alguien [como saludo] | **to shake hands** darse la mano **4 to shake your head (a)** decir que no con la cabeza **(b)** sacudir la cabeza [con incredulidad, asombro, etc.] **5** [tr] impresionar, conmocionar: *Mark was very shaken by the news.* Mark quedó muy impresionado con la noticia. **6 to shake sb's confidence/faith etc.** hacer tambalear la confianza/la fe etc. de alguien

  shake sth/sb off sacarse/quitarse algo/a alguien de encima: *I can't seem to shake off this cold.* Parece que no me puedo sacar este resfriado de encima.

  shake sth up reorganizar algo
- *s* **1 to give sth a shake** sacudir algo | **a shake of the head**: *A shake of the head was her only answer.* Su respuesta consistió en negar con la cabeza. **2** ▶ ver **milk shake**

shaken /'ʃeɪkən/ participio de **shake**

shakeup /'ʃeɪkʌp/ *s* reorganización

shaky /'ʃeɪki/ *adj* (**-kier**, **-kiest**) **1** tembloroso -a **2** poco firme **3** poco exhaustivo -a, escaso -a

shall /ʃəl/ *v* [modal] (contracción **'ll**, negativo **shan't** o, más formal, **shall not**) ▶ ver recuadro

shallow /'ʃæloʊ/ *adj* **1** poco profundo -a | **the shallow end** la parte menos profunda [de una piscina/ alberca] **2** superficial

shambles /'ʃæmbəlz/ *s* (informal) **to be a shambles (a)** estar hecho -a un desastre **(b)** ser un caos

shame /ʃeɪm/ *sustantivo & verbo*

- *s* **1 what a shame!** ¡qué lástima! | **it's a shame (that)** es una lástima que **2** vergüenza, pena: *I thought I would die of shame.* Creí que me iba a morir de vergüenza. **3** deshonra **4 shame on you!** ¡debería darte vergüenza! **5 to put sb to shame** hacerle pasar vergüenza a alguien [por ser mucho mejor]
- *v* [tr] **1** avergonzar, apenar **2** deshonrar

shameful /'ʃeɪmfəl/ *adj* vergonzoso -a

shameless /'ʃeɪmləs/ *adj* descarado -a

shampoo /ʃæm'pu/ *sustantivo & verbo*

- *s* **1** shampoo, champú **2** lavado [en la peluquería]
- *v* [tr] lavar | **to shampoo your hair** lavarse el pelo/la cabeza

shan't /ʃænt/ contracción de **shall not**

shantytown /'ʃænti taʊn/ *s* Según región: *barrio de tugurios, barriada, ranchos, (población) callampa, ciudad perdida* o *pueblo joven*

shape /ʃeɪp/ *sustantivo & verbo*

- *s* **1** forma: *What shape is the table?* ¿Qué forma

shall

1 SUGERENCIAS Y PREGUNTAS

Este uso es más frecuente en inglés británico. Sólo es posible con **I** y **we**.

Shall I open the window? ¿Abro la ventana? | *What shall I wear?* ¿Qué me pongo? | *Shall we ask her?* ¿Le preguntamos?

2 FUTURO

Este uso es formal y mucho más frecuente en inglés británico (aunque cada vez se usa menos). Sólo es posible con **I** y **we**. En el lenguaje hablado se usa **will** o la contracción **'ll**.

I shall have finished by Friday. Para el viernes, ya voy a haber terminado. | *We shall be at home on Saturday.* Estaremos en casa el sábado.

tiene la mesa? | *a card in the shape of a heart* una tarjeta con forma de corazón **2** figura **3 to be in good/bad shape** estar en buen estado/ estar mal **4** (buen estado físico) **to stay/keep in shape** mantenerse en forma | **to be out of shape** no estar en forma **5 to take shape** tomar forma

• *v* [tr] **1** determinar, dar forma a **2 to shape sth into sth** formar algo con algo: *Shape the dough into balls.* Forme bolas con la masa.

shapeless /ˈʃeɪpləs/ *adj* **1** sin forma **2** sin estructura clara

share /ʃer/ *verbo & sustantivo*

• *v* **1** [tr/intr] compartir: *I share a room with my sister.* Comparto un cuarto con mi hermana. **2** [tr] (también **share out**) repartir | **to share sth between/among sb** repartir(se) algo entre alguien: *We shared the money among the four of us.* Nos repartimos el dinero entre los cuatro. **3** [tr] compartir [una opinión] **4 to share a secret/problem etc. with sb** confiarle un secreto/un problema etc. a alguien

sharing

• *s* **1** parte: *I calculated my share of the check.* Calculé cuánto era mi parte de la cuenta. | *They want a* ***share*** *in the profits.* Quieren una participación en las ganancias. **2** acción [en finanzas]

shark /ʃɑrk/ *s* tiburón

sharp /ʃɑrp/ *adjetivo, adverbio & sustantivo*

• *adj* **1** filoso -a, filudo -a: *a sharp knife* un cuchillo filoso **2** con punta [lápiz, vara] **3** cerrado -a [giro, curva, etc.] **4** punzante [dolor] **5** agudo -a [sonido] **6** fuerte (y algo ácido) [sabor] **7** brusco -a [aumento, caída] **8** nítido -a [imagen] **9** perspicaz | **to have a sharp mind** ser despierto -a/listo -a **10** cortante [respuesta, tono] | **to be sharp with sb** ser cortante/brusco -a con alguien **11** cortante [viento] **12** AmE elegante **13 F sharp/C sharp etc.** fa/do etc. sostenido

• *adv* **1 at ten thirty/two o'clock etc. sharp** a las diez y media/las dos etc. en punto **2 to sing/ play sharp** desafinar [en un tono más alto del que corresponde]

• *s* (en música) sostenido

sharpen /ˈʃɑrpən/ *v* [tr] **1** afilar [un cuchillo] **2** sacarle punta a [un lápiz]

sharpener /ˈʃɑrpənər/ *s* **1** sacapuntas, tajalápiz [para lápices] **2** afilador [para cuchillos]

sharply /ˈʃɑrpli/ *adv* **1** con dureza [hablar] **2** abruptamente [aumentar, bajar] **3** marcadamente [contrastar]

shatter /ˈʃætər/ *v* **1** [tr] hacer añicos, [intr] hacerse añicos **2 to shatter sb's hopes/illusions** destruir las esperanzas/ilusiones de alguien

shattered /ˈʃætərd/ *adj* **1** destrozado -a [anímicamente] **2** BrE (informal) agotado -a [de cansancio]

shattering /ˈʃætərɪŋ/ *adj* demoledor -a, tremendo -a

shave /ʃeɪv/ *verbo & sustantivo*

• *v* **1** [tr] afeitar, rasurar | **to shave your head** raparse (la cabeza) | **to shave your legs/armpits** afeitarse las piernas/las axilas, rasurarse las piernas/las axilas **2** [intr] afeitarse, rasurarse

shave sth off to shave your beard/your mustache off afeitarse la barba/el bigote, rasurarse la barba/el bigote

• *s* afeitada, rasurada | **to have a shave** afeitarse, rasurarse

shaver /ˈʃeɪvər/ *s* máquina de afeitar, rasuradora

ˈshaving cream *s* crema de afeitar/rasurar

shawl /ʃɔl/ *s* chal

she /ʃɪ, acentuado ʃi/ *pronombre & sustantivo*

• *pron* **1** ella ▶ Los pronombres de sujeto nunca se omiten en inglés: *What did she say?* ¿Qué dijo? **2 she** también se usa a veces para referirse a un barco, un auto o un tren

• *s* hembra: *Is your dog a he or a she?* Tu perro ¿es macho o hembra?

shear /ʃɪr/ *v* (participio **sheared** o **shorn**) **1** [tr] esquilar, trasquilar **2** (también **shear off**) [tr] cortar, partir, [intr] cortarse, partirse

shears /ʃɪrz/ *s pl* tijera de podar, podaderas: *a pair of shears* una tijera de podar

sheath /ʃiθ/ *s* funda [de una espada, etc.]

she'd /ʃid/

• contracción de **she had**

• contracción de **she would**

shed /ʃed/ *sustantivo & verbo*

• *s* cobertizo, galpón

• *v* [tr] (pasado & participio **shed**, gerundio **shedding**) **1** dar [luz] **2** perder [hojas, pelo] **3** cambiar, mudar [la piel] **4** librarse de [las inhibiciones, kilos de más] **5** derramar [lágrimas, sangre]

sheep /ʃip/ *s* (pl **sheep**) oveja

sheepish /ˈʃipɪʃ/ *adj* avergonzado -a

sheer /ʃɪr/ *adj* **1** puro -a | **sheer chance/ coincidence etc.** pura suerte/casualidad etc. **2 the sheer weight/size etc. of sth** el mero peso/ tamaño etc. de algo **3 a sheer drop** una caída (en) vertical **4** transparente, muy fino -a [tela]

sheet /ʃit/ *s* **1** sábana **2** hoja [de papel] **3** chapa [de metal] | **a sheet of glass** un vidrio/ una placa de vidrio **4** capa [de hielo]

sheik, también **sheikh** /ʃik, ʃeɪk/ *s* jeque

shelf /ʃelf/ *s* (pl **shelves**) estante, anaquel

she'll /ʃil/ contracción de **she will**

shell /ʃel/ *sustantivo & verbo*

• *s* **1** cáscara [de un huevo, una nuez]

2 caparazón, carapacho [de una tortuga, un crustáceo] **3** concha [de un molusco] **4** proyectil

• *v* [tr] bombardear

shellfish /ˈʃelfɪʃ/ *s* (pl **shellfish**) **1** marisco(s) **2** crustáceo(s)

shelter /ˈʃeltər/ *sustantivo & verbo*

• *s* **1 shelter (from sth)** resguardo (de algo) | **to take/seek shelter (from sth)** refugiarse/buscar refugio (de algo), resguardarse (de algo) **2** refugio: *an air-raid shelter* un refugio antiaéreo

• *v* **1 to shelter sth/sb (from sth)** proteger algo/a alguien (de algo), resguardar algo/a alguien (de algo) **2** [tr] ocultar [a un delincuente, un fugitivo] **3 to shelter (from sth)** resguardarse/refugiarse (de algo)

sheltered /ˈʃeltərd/ *adj* **1 to lead a sheltered life** tener una vida protegida, vivir en una burbuja **2** protegido -a, resguardado -a [lugar]

shelve /ʃelv/ *v* [tr] archivar [un proyecto, etc.]

shelves /ʃelvz/ plural de **shelf**

shepherd /ˈʃepərd/ *s* pastor -a

sherry /ˈʃeri/ *s* (pl **-rries**) jerez

she's /ʃiz/

• contracción de **she is**

• contracción de **she has**

shield /ʃild/ *sustantivo & verbo*

• *s* escudo

• *v* **to shield sth/sb (from sth)** proteger algo/a alguien (de algo)

shift /ʃɪft/ *verbo & sustantivo*

• *v* **1** [intr] moverse: *Donna shifted uncomfortably in her seat.* Donna se movió incómoda en su asiento. **2** [tr] (informal) mover: *Can you help me shift this table?* ¿Me ayudas a mover esta mesa? **3** [tr] desplazar, [intr] desplazarse [atención, énfasis] **4 to shift the blame (for sth) onto sb** echarle la culpa (de algo) a alguien

• *s* **1 a shift in sth** un cambio en algo [en la opinión, el énfasis, etc.] **2** turno | **to work shifts** trabajar por turnos | **day/night shift** turno diurno/nocturno **3** (también **shift key**) tecla de mayúsculas

shifty /ˈʃɪfti/ *adj* (**-tier**, **-tiest**) **1** sospechoso -a [persona] **2** huidizo -a [mirada]

shimmer /ˈʃɪmər/ *v* [intr] brillar [con luz temblorosa]

shin /ʃɪn/ *s* espinilla, canilla [de la pierna]

shine /ʃaɪn/ *verbo & sustantivo*

• *v* (pasado & participio **shone**) **1** [intr] brillar: *Her eyes shone.* Le brillaban los ojos. | *The light was shining in my eyes.* La luz me daba en los ojos. **2 to shine a light/a flashlight etc.** alumbrar con una luz/una linterna etc. **3 to shine (at/in sth)** destacarse (en algo), ser brillante (en algo): *She never shone academically.* Nunca se destacó en los estudios.

• *s* brillo

shiny /ˈʃaɪni/ *adj* (**-nier**, **-niest**) reluciente, brillante

ship /ʃɪp/ *sustantivo & verbo*

• *s* barco, buque | **by ship** por/en barco | **on board (the) ship** a bordo

• *v* [tr] (**-pped**, **-pping**) mandar/enviar [por barco]: *I'm having my car **shipped out** later.* Después mando el auto.

shipment /ˈʃɪpmənt/ *s* **1** cargamento **2** envío

shipping /ˈʃɪpɪŋ/ *s* **1** barcos, buques **2** transporte, envío **3 shipping company/industry** compañía/industria naviera **shipping lane** ruta de navegación

shipwreck /ˈʃɪp-rek/ *sustantivo & verbo*

• *s* naufragio

• *v* **to be shipwrecked** naufragar

shirk /ʃɜrk/ *v* **1 to shirk your duties/responsibilities etc.** eludir sus obligaciones/responsabilidades etc. **2** [intr] holgazanear, flojear

shirt /ʃɜrt/ *s* camisa

shiver /ˈʃɪvər/ *verbo & sustantivo*

• *v* [intr] temblar, tiritar | **to be shivering with cold/fear etc.** estar temblando de frío/miedo etc.

• *s* escalofrío: *The scream sent shivers down my spine.* El grito me dio escalofríos.

shock /ʃɑk/ *sustantivo & verbo*

• *s* **1** shock, golpe: *The news **came as a** complete **shock to** her.* La noticia fue un shock tremendo para ella. **2** susto, impresión **3** (en medicina) shock | **to be in shock/to be suffering from shock** estar en estado de shock **4** (también **electric shock**) (golpe de) corriente, descarga eléctrica, toque **5** sacudida, temblor [de un terremoto, una explosión]

• *v* **1** [tr] impresionar, conmocionar: *I was shocked to hear that she had died.* Me quedé impresionada cuando me enteré de que había muerto. **2** [tr/intr] escandalizar

shocking /ˈʃɑkɪŋ/ *adj* **1** escandaloso -a **2** terrible, impresionante **3** BrE (informal) espantoso -a

shoddy /ˈʃɑdi/ *adj* (**-ddier**, **-ddiest**) **1** chapucero -a, de mala calidad **2** sucio -a, mezquino

shoe /ʃu/ *sustantivo & verbo*

• *s* **1** zapato **2** herradura **3 to be in sb's shoes** estar en el lugar de alguien: *If I were in her shoes I'd resign.* Si estuviera en su lugar, renunciaría.

• *v* [tr] (pasado & participio **shod**) ponerle herraduras a [un caballo]

shoelace /ˈʃuleɪs/ *s* cordón [de zapato], pasador, agujeta

ˈshoe ˌpolish *s* betún, grasa, pasta [para zapatos]

ˈshoe store AmE, **shoe shop** BrE *s* zapatería

shoestring /ˈʃustrɪŋ/ *s* **on a shoestring** con poquísimo dinero

shone /ʃəʊn, BrE ʃɑn/ pasado & participio de **shine**
shook /ʃʊk/ pasado de **shake**
shoot /ʃut/ *verbo & sustantivo*
• *v* (pasado & participio **shot**) **1** [tr] pegarle un tiro/balazo a, dispararle a: *They shot him in the leg.* Le pegaron un tiro en la pierna. | **to shoot sb dead** matar de un tiro/a tiros a alguien | **to shoot yourself** pegarse un tiro **2 to shoot (at sth/sb)** disparar(le a algo/alguien) **3** [tr] disparar [una pistola], lanzar [una flecha] **4** [tr/intr] cazar **5** [tr] fusilar **6** [intr] (en deportes) tirar: *He shot at the goal.* Tiró al arco. **7 to shoot up/past etc. sth** subir algo/pasar por al lado de algo etc. como un bólido: *He shot up the stairs.* Subió la escalera como un bólido. **8** [tr] lanzar [una mirada]
shoot sth down derribar algo [un avión]
shoot sb down matar a alguien a tiros/de un tiro
shoot up **1** dispararse [precios] **2** pegar un/el estirón [niño] **3** crecer de golpe [planta] **4** (informal) pincharse, picarse [inyectarse drogas]
• *s* **1** brote, retoño **2** rodaje, sesión de fotografías
shooting /ˈʃutɪŋ/ *s* **1** asesinato, incidente [relacionado con armas de fuego] **2** tiroteo, balacera **3** caza
shop /ʃɑp/ *sustantivo & verbo*
• *s* **1** BrE tienda, comercio: *a clothes shop* una tienda de ropa | *a furniture shop* una mueblería ▶ En inglés americano se usa **store** **2** taller [mecánico, de reparación, etc.]
• *v* [intr] (**-pped**, **-pping**) hacer compras | **to go shopping** ir de compras | **to shop for sth** buscar algo [en las tiendas]: *We're shopping for Christmas presents.* Andamos buscando regalos de Navidad.
shop around comparar precios [en distintas tiendas]
shop asˌsistant *s* BrE vendedor -a, dependiente -a ▶ También existe **sales assistant,** que es inglés universal
shopkeeper /ˈʃɑpkipər/ *s* BrE comerciante, tendero -a ▶ En inglés americano se usa **storekeeper**
shoplifting /ˈʃɑplɪftɪŋ/ *s* robo de mercadería en una tienda: *He was accused of shoplifting.* Lo acusaron de robar mercaderías.
shopping /ˈʃɑpɪŋ/ *s* **1** hacer compras | **to do the shopping** hacer las compras, hacer el mercado **2** compras **3 shopping bag** bolsa para las compras
shopping ˌcenter AmE, **shopping centre** BrE *s* centro comercial
shopping mall *s* centro comercial
shore /ʃɔr/ *s* **1** orilla: *on the shores of the Mediterranean* a orillas del Mediterráneo **2** tierra (firme), costa: *a mile off shore* a una milla de la costa | **to go on shore** desembarcar **3** playa
shorn /ʃɔrn/ participio de **shear**

short /ʃɔrt/ *adjetivo, adverbio & sustantivo*
• *adj* **1** corto -a [pelo, falda, etc.] | **a short way** cerca: *They only live a short way from here.* Viven muy cerca de aquí. **2** bajo -a [persona] **3** corto -a [tiempo, visita, etc.], breve [demora] | **a short time ago** hace poco **4** (para expresar falta de algo): *I'm still $10 short.* Todavía me faltan $10. | *We're **short of** milk.* Queda poca leche. | *I'm a little **short of** money.* Ando un poco corto de dinero. **5 to be short for sth** ser el apócope/el diminutivo de algo **6 for short** para abreviar **7 in short** en resumen **8 to have a short memory** tener mala memoria **9 to have a short temper** tener muy mal carácter ▶ ver también **notice, term**
• *adv* ▶ ver, **cut, run, stop, supply**
• *s* **1** (informal) corto(metraje) **2** BrE (informal) trago [de bebida fuerte] **3** (informal) ▶ ver **short circuit**
shortage /ˈʃɔrtɪdʒ/ *s* escasez
ˌshort ˈcircuit *s* cortocircuito
shortcoming /ˈʃɔrtkʌmɪŋ/ *s* defecto, deficiencia
ˈshort ˌcut *s* **1** atajo | **to take a short cut** tomar un atajo, (a)cortar camino **2 a short cut to (doing) sth** una fórmula mágica/un método mágico para (hacer) algo
shorten /ˈʃɔrtn/ *v* **1** [tr] acortar **2** [intr] acortarse
shorthand /ˈʃɔrthænd/ *s* taquigrafía
ˈshort list *s* lista de candidatos preseleccionados
ˈshort-list *v* BrE **to be short-listed for sth** ser preseleccionado -a para algo
ˌshort-ˈlived *adj* efímero -a, pasajero -a
shortly /ˈʃɔrtli/ *adv* **1** dentro de poco **2** poco: *shortly before/after midnight* poco antes/después de medianoche
shorts /ʃɔrts/ *s pl* **1** short, shorts, pantaloncillos (cortos): *a pair of shorts* un short/unos shorts **2** AmE calzoncillos, interiores
ˌshort-ˈsighted *adj* **1** miope, corto -a de vista **2** con escasa visión de futuro
ˌshort-ˈterm *adj* a corto plazo
shot¹ /ʃɑt/ *s* **1** tiro, disparo, balazo **2** tiro [en fútbol] **3** golpe [en golf, tenis] **4** toma [en una película] **5** foto [en fotografía] **6** (informal) intento | **to have a shot (at doing sth)** hacer la prueba (de hacer algo) **7** inyección **8 like a shot** inmediatamente, sin pensarlo
shot² pasado & participio de **shoot**
shotgun /ˈʃɑtgʌn/ *s* escopeta
should /ʃəd, acentuado ʃʊd/ *v* [modal] (contracción **'d**, negativo **shouldn't** o, más formal, **should not**) ▶ ver recuadro en página 336
shoulder /ˈʃoʊldər/ *sustantivo & verbo*
• *s* **1** hombro **2 a shoulder to cry on** un paño de lágrimas **3** AmE berma, hombrillo [de una carretera]
• *v* [tr] cargar con [la culpa, una responsabilidad]

should

1 Para expresar que algo es aconsejable o deseable:
You should seek advice. Deberías asesorarte. | *The oven should be very hot.* El horno tiene que estar bien caliente. | *I shouldn't have lent it to her.* No se lo debería haber prestado.

2 Para indicar probabilidad:
She should be back by two. Debería estar de regreso antes de las dos. | *How should I know?* ¿Cómo lo voy a saber?

3 Las expresiones **I should think so** y **I should think not** se usan como respuesta para expresar acuerdo, indignación, etc. enfáticamente:
"He apologized." "I should think so too!" –Pidió disculpas. –¡Era lo menos que podía hacer! | *"I don't want to pay more than $100." "I should think not!"* –No quiero pagar más de $100. –¡No, desde luego!

ˈ**shoulder bag** *s* cartera, bolsa [que se lleva colgada del hombro]

ˈ**shoulder blade** *s* omoplato, omóplato

shouldn't /ˈʃʊdnt/ contracción de **should not**

should've /ˈʃʊdəv/ contracción de **should have**

shout /ʃaʊt/ *verbo & sustantivo*

• *v* [tr/intr] **1** gritar: *I shouted for help.* Grité pidiendo ayuda./Pedí ayuda a gritos. **2 to shout to sb/to shout at sb** gritarle a alguien: *She shouted to me to call an ambulance.* Me gritó que llamara a la ambulancia. ► Para expresar agresividad o enojo por parte de quien grita, se usa **to shout at sb**: *Don't shout at me!* ¡No me grites!
shout sb down hacer callar a alguien a gritos

• *s* grito

shove /ʃʌv/ *verbo & sustantivo*

• *v* **1** [tr/intr] empujar **2 to shove sth into/under etc. sth** (informal) meter algo en/debajo de etc. algo [rápidamente o sin cuidado]: *He shoved the clothes into the bag.* Metió la ropa en el bolso.

• *s* empujón

shovel /ˈʃʌvəl/ *sustantivo & verbo*

• *s* pala

• *v* [tr] (**-led**, **-ling** AmE, **-lled**, **-lling** BrE) mover con una pala: *We **shoveled** the snow **off** the driveway.* Sacamos la nieve del camino con una pala.

show /ʃoʊ/ *verbo & sustantivo*

• *v* (participio **shown**) **1** [tr] (hacer ver) mostrar | **to show sb sth/to show sth to sb** mostrarle algo a alguien: *Show me what you've bought.* Muéstrame lo que has comprado. | *Have you shown Pat the photos?/Have you shown the photos to Pat?* ¿Le has mostrado las fotos a Pat? **2** [tr] (dejar en claro) mostrar, demostrar **3** [tr] (expresar) demostrar, mostrar [interés, enojo, etc.], exteriorizar [los sentimientos] **4** [tr] (presentar) mostrar [un pasaporte, un boleto] **5 to show sb how to do sth** enseñarle a alguien cómo hacer algo **6** [intr] (dejarse ver) notarse: *His happiness showed in his face.* La felicidad se le notaba en la cara. **7** [tr] dar, proyectar: *The local movie theater is showing Tarzan.* En el cine del barrio están dando Tarzán. ► ver también **rope**

PHRASAL VERBS

show sb around (sth) acompañar a alguien a hacer una recorrida (por algo)
show sb in hacer pasar a alguien
show off presumir, lucirse **show sth off** **1** realzar/hacer resaltar algo **2** lucir algo, hacer alarde de algo
show sb out acompañar a alguien a la puerta
show sb round (sth) BrE ► ver **show around**
show up (informal) aparecer **show sth up** revelar algo **show sb up** hacerle pasar vergüenza/pena a alguien

• *s* **1** espectáculo [en teatro] **2** programa [en TV, radio] **3** desfile [de modelos], exposición [de cuadros, artesanías, etc.], exhibición [aeronáutica, etc.] **4 to be on show** estar expuesto -a **5 for show** para aparentar **6 a show of strength** una demostración de fuerza

ˈ**show business** *s* el mundo del espectáculo

showdown /ˈʃoʊdaʊn/ *s* confrontación

shower /ˈʃaʊr/ *sustantivo & verbo*

• *s* **1** (aparato) ducha, regadera **2** (baño) ducha, regaderazo | **to take a shower** AmE, **to have a shower** BrE ducharse, darse una ducha/un regaderazo **3** chubasco: *scattered showers* chubascos aislados | *heavy showers* chaparrones **4 a shower of sparks/confetti etc.** una lluvia de chispas/papel picado etc.

• *v* **1** [intr] ducharse, darse una ducha/un regaderazo **2 to shower sb with sth** colmar a alguien de algo [de besos, regalos, etc.]

shown /ʃoʊn/ participio de **show**

ˈ**show-off** *s* (informal) fanfarrón -ona

showroom /ˈʃoʊrum/ *s* salón de exhibición/exposición [de autos, muebles, etc.]

shrank /ʃræŋk/ pasado de **shrink**

shred /ʃred/ *sustantivo & verbo*

• *s* **1 there isn't a shred of doubt/evidence etc.** no existe la menor duda/la más mínima prueba etc. **2 to be in shreds/to be torn to shreds** estar hecho -a jirones

• *v* [tr] (**-dded**, **-dding**) destruir [cortando en tiras]

shrewd /ʃrud/ *adj* **1** sagaz **2** hábil, inteligente [decisión, inversión]

shriek /ʃrik/ *verbo & sustantivo*

• *v* [tr/intr] chillar

• *s* chillido, grito

shrill /ʃrɪl/ *adj* estridente, agudo -a

shrimp /ʃrɪmp/ *s* En inglés americano, **shrimp** es un término general que se aplica a camarones o langostinos de diferentes tipos y tamaños. En inglés británico se reserva para los más pequeños

¿Quieres información sobre las diferencias entre los **posesivos** en inglés y en español? Lee la explicación en el apartado de gramática.

shrine /ʃraɪn/ *s* santuario

shrink /ʃrɪŋk/ *verbo & sustantivo*
• *v* (pasado **shrank**, participio **shrunk**) **1** [intr] encoger(se) **2** [intr] reducirse **3 to shrink from sth** rehuir algo, eludir algo
• *s* (informal) psicoanalista, psiquiatra

shrivel /ˈʃrɪvəl/, también **shrivel up** *v* (**-led**, **-ling** AmE **-lled**, **-lling** BrE) [intr] marchitarse, secarse

shroud /ʃraʊd/ *v* [tr] **1 shrouded in mist** envuelto -a en neblina **2 shrouded in secrecy/mystery** envuelto -a en un velo de silencio/misterio

shrub /ʃrʌb/ *s* arbusto

shrug /ʃrʌg/ *verbo & sustantivo*
• *v* [intr] (**-gged**, **-gging**) encogerse de hombros | **to shrug your shoulders** encogerse de hombros **shrug sth off** hacer caso omiso de algo
• *s* **with a shrug** encogiéndose de hombros

shrunk /ʃrʌŋk/ participio de **shrink**

shudder /ˈʃʌdər/ *verbo & sustantivo*
• *v* [intr] **1** estremecerse, temblar | **to shudder with sth** estremecerse/temblar de algo **2** dar una sacudida
• *s* **1** estremecimiento **2** sacudida

shuffle /ˈʃʌfəl/ *v* **1 to shuffle along/across sth** ir por/cruzar algo arrastrando los pies **2 to shuffle your feet** mover los pies **3** [tr/intr] barajar

shut /ʃʌt/ *verbo & adjetivo*
• *v* (pasado & participio **shut**, gerundio **shutting**) **1** [tr] cerrar: *Could you shut the door, please?* ¿Podrías cerrar la puerta, por favor? **2** [intr] cerrarse **3 to shut sth in the door/drawer etc.** agarrarse algo con la puerta/el cajón etc.: *He shut his finger in the door.* Se agarró el dedo con la puerta. **4** [intr] cerrar [temporaria o definitivamente]: *The stores shut at 5.30.* Las tiendas cierran a las 5.30.

PHRASAL VERBS

shut sb away encerrar a alguien **shut yourself away** encerrarse
shut down cerrar [dejar de operar]: *The factory is going to shut down next year.* La fábrica va a cerrar el año que viene. **shut sth down** cerrar algo [una fábrica, una mina, etc.]
shut sb in encerrar a alguien
shut off apagarse [máquina, calefacción, etc.]
shut sth off **1** apagar algo [un motor, una máquina] **2** cortar algo [el agua, la electricidad, etc.]
shut sth out no dejar entrar algo **shut sb out** dejar a alguien afuera
shut up callarse **shut sth up** cerrar [temporalmente] **shut sb up** hacer callar a alguien

• *adj* cerrado -a: *Is the door completely shut?* ¿Está bien cerrada la puerta?

shutter /ˈʃʌtər/ *s* postigo, persiana

shuttle /ˈʃʌtl/ *s* **1** puente aéreo **2** (también **space shuttle**) transbordador espacial **3** servicio de enlace [de trenes, autobuses, etc.]

shy /ʃaɪ/ *adjetivo & verbo*
• *adj* (**shier**, **shiest** o **shyer**, **shyest**) tímido -a
• *v* **shy away from sth** rehuir algo

shyly /ˈʃaɪli/ *adv* con timidez, tímidamente

shyness /ˈʃaɪnəs/ *s* timidez

sick /sɪk/ *adjetivo & sustantivo plural*
• *adj* **1** enfermo -a | **to be out sick** AmE, **to be off sick** BrE estar ausente por enfermedad, estar con licencia por enfermedad ► **¿SICK O ILL?** ver recuadro en **enfermo**
2 (con náuseas) **to be sick** vomitar | **to feel sick** tener ganas de vomitar
3 (informal) **to be sick of sth/sb** estar harto -a de algo/alguien: *I'm sick of doing your work for you.* Estoy harta de hacer tu trabajo. | **sick and tired of sth/sb** absolutamente harto -a de algo/alguien | **sick to death of sth/sb** absolutamente harto -a de algo/alguien
4 to make sb sick enfermar a alguien
5 de mal gusto: *a sick joke* una broma de mal gusto
• *s pl* **the sick** los enfermos

sickening /ˈsɪkənɪŋ/ *adj* que da asco, indignante

sickly /ˈsɪkli/ *adj* (**-lier**, **-liest**) **1** enfermizo -a **2** (referido a sabores) empalagoso -a **3** (referido a olores) nauseabundo -a

sickness /ˈsɪknəs/ *s* **1** enfermedad **2** náusea(s)

side /saɪd/ *sustantivo, adjetivo & verbo*
• *s* **1** lado: *the French side of the border* el lado francés de la frontera | **by sb's side** al lado de alguien | **side by side** juntos -as, uno al lado del otro/una al lado de la otra | **on either side** a cada lado
2 (de una mesa, etc.) borde
3 (de un edificio, un auto, etc.) lado, costado
4 (de una montaña) ladera
5 (de un cubo) cara
6 (de un cassette, un disco, una hoja) lado
7 (de una moneda) cara
8 from side to side de un lado a otro | **from all sides** de todos lados
9 (de un problema, una situación) aspecto, lado
10 (en una disputa) parte | **to be on sb's side** estar del lado de alguien: *I thought you were on my side!* ¡Pensé que estabas de mi lado! | **to take sides** tomar partido
11 (del cuerpo) costado
12 to get on sb's good/bad side (informal)

ganarse la simpatía/antipatía de alguien
13 BrE (en deportes) equipo ► También existe **team,** que es inglés universal

• *adj* **1** lateral: *a side entrance* una entrada lateral | *a side view* una vista lateral **2 a side dish/order** un plato para acompañar, una guarnición | **a side salad** una ensalada como guarnición **3 a side street/road** una calle/un camino lateral

• *v* **to side with/against sb** ponerse del lado de/ponerse en contra de alguien

sideboard /ˈsaɪdbɔrd/ *s* aparador, seibó

ˈside efˌfect *s* efecto secundario, efecto colateral

sideline /ˈsaɪdlaɪn/ *s* **1** actividad suplementaria **2 the sidelines** zona que rodea el campo de juego

sidetrack /ˈsaɪdtræk/ *v* **to get sidetracked** dejarse desviar de un tema

sidewalk /ˈsaɪdwɔk/ *s* AmE Según región: *acera, andén, vereda o banqueta*

sideways /ˈsaɪdweɪz/ *adverbio & adjetivo*

• *adv* **1** hacia un costado, de costado **2 to glance sideways** mirar de reojo

• *adj* **1** lateral [movimiento] **2** de reojo [mirada]

siege /sidʒ/ *s* sitio

sieve /sɪv/ *sustantivo & verbo*

• *s* tamiz, cernidor, cedazo

• *v* [tr] tamizar, cernir

sift /sɪft/ *v* **1** [tr] tamizar **2 to sift through sth** examinar algo

sigh /saɪ/ *verbo & sustantivo*

• *v* [intr] suspirar

• *s* suspiro

sight /saɪt/ *s* **1** (sentido) vista: *She's losing her sight.* Está perdiendo la vista. **2** acto de ver algo: *They waited for hours for a sight of the singer.* Esperaron durante horas para ver a la cantante. **3** (lo que se ve) imagen, escena **4 to see the sights** ver los lugares de interés turístico **5 at first sight** a primera vista **6 in/within sight** a la vista **7 out of sight** fuera de la vista **8 to know sb by sight** conocer a alguien de vista **9 I/he etc. can't stand the sight of them** no los puedo/puede etc. ni ver

sightseeing /ˈsaɪtsiɪŋ/ *s* visitas a lugares de interés turístico **to go sightseeing** ir a visitar lugares de interés turístico

sign /saɪn/ *sustantivo & verbo*

• *s* **1** señal, indicio: *There was no sign of her.* No había señal de ella. | *There were signs that someone had already been there.* Había indicios de que ya había estado alguien allí. **2** letrero, señal [de tránsito] **3** signo: *the signs of the Zodiac* los signos del zodíaco **4** seña

• *v* **1** [tr/intr] firmar **2** [tr] contratar, fichar **3** [intr] firmar contrato, fichar
sign up 1 to sign up for sth anotarse/inscribirse en algo **2 to sign up with sb** firmar contrato/fichar con alguien **sign sb up** contratar/fichar a alguien

signal /ˈsɪgnəl/ *sustantivo & verbo*

• *s* **1** (gesto) seña **2** (indicación) señal **3** (en radio, televisión) señal **4** (en el ferrocarril) señal

• *v* (-led, -ling AmE, -lled, -lling BrE) **1 to signal (to) sb to do sth** hacerle señas a alguien de que haga algo **2** [tr] indicar **3** [intr] poner la direccional/el intermitente/la luz de cruce

signature /ˈsɪgnətʃər/ *s* firma

significance /sɪgˈnɪfəkəns/ *s* importancia, trascendencia

significant /sɪgˈnɪfəkənt/ *adj* importante, trascendente

signify /ˈsɪgnəfaɪ/ *v* [tr] (3ª pers sing -fies, pasado & participio -fied) **1** significar, indicar **2** manifestar

ˈsign ˌlanguage *s* lenguaje de señas

signpost /ˈsaɪnpoʊst/ *s* señal [vial]

silence /ˈsaɪləns/ *sustantivo & verbo*

• *s* silencio | **in silence** en silencio

• *v* [tr] hacer callar

silent /ˈsaɪlənt/ *adj* **1** callado -a, silencioso -a | **to fall silent** quedarse en silencio **2 silent movies** películas mudas **3** (referido a una letra) muda

silently /ˈsaɪləntli/ *adv* silenciosamente, en silencio

silhouette /sɪluˈet/ *sustantivo & verbo*

• *s* silueta

• *v* **to be silhouetted against sth** recortarse contra algo

silicon /ˈsɪlɪkən/ *s* silicio

silk /sɪlk/ *s* **1** seda **2 a silk shirt/tie** una camisa/corbata de seda

sill /sɪl/ *s* alféizar

silly /ˈsɪli/ *adj* (-llier, -lliest) **1** tonto -a, ridículo -a **2 that was a silly thing to do/say** lo que hiciste/dijiste fue una tontería

silver /ˈsɪlvər/ *s* **1** plata **2** platería **3 a silver bracelet/tray** una pulsera/bandeja de plata **4 silver paint/a silver car** pintura plateada/un auto plateado **5 silver medal** medalla de plata

similar /ˈsɪmələr/ *adj* parecido -a, similar | **to be similar to sth** ser parecido -a a algo: *Those shoes are very similar to mine.* Esos zapatos son muy parecidos a los míos.

similarity /sɪməˈlærəti/ *s* (pl -ties) similitud, parecido

similarly /ˈsɪmələrli/ *adv* **1** de manera parecida, de modo similar **2** asimismo

simmer /ˈsɪmər/ *v* [tr/intr] hervir [a fuego lento]

simple /ˈsɪmpəl/ *adj* **1** simple, sencillo -a [vestido, decoración, etc.] **2** simple, sencillo -a [explicación, respuesta, etc.] **3** sencillo -a, fácil [tarea] **4** (para enfatizar) sencillo -a, puro -a **5** (natural, no refinado) sencillo -a

simplicity /sɪmˈplɪsəti/ *s* **1** sencillez **2** facilidad, simplicidad

simplify /ˈsɪmpləfaɪ/ *v* [tr] (3ª pers sing -fies pasado & participio -fied) simplificar

simply /'sɪmpli/ *adv* **1** sencillamente, de manera sencilla **2** simplemente, sencillamente: *The food was simply fantastic.* La comida era sencillamente fantástica.

simulation /sɪmjə'leɪʃən/ *s* simulación

simultaneous /saɪməl'teɪniəs/ *adj* simultáneo -a

simultaneously /saɪməl'teɪniəsli/ *adv* simultáneamente

sin /sɪn/ *sustantivo & verbo*

• *s* pecado

• *v* [intr] (**-nned**, **-nning**) pecar

since /sɪns/ *prep, adv & conj* ▶ ver recuadro

sincere /sɪn'sɪr/ *adj* sincero -a

sincerely /sɪn'sɪrli/ *adv* **1** sinceramente **2 sincerely (yours)** AmE, **yours sincerely** BrE (al final de una carta) ▶ ver recuadro en **yours**

sincerity /sɪn'serəti/ *s* sinceridad

sing /sɪŋ/ *v* [tr/intr] (pasado **sang**, participio **sung**) cantar: *Sing us a song!* ¡Cántanos una canción! | **to sing (sth) for sb** cantar (algo) para alguien | **to sing to sb** cantarle a alguien

singer /'sɪŋər/ *s* cantante

singing /'sɪŋɪŋ/ *s* canto

single /'sɪŋgəl/ *adjetivo, sustantivo, sustantivo plural & verbo*

• *adj* **1** solo -a, único -a: *Write your answer on a single sheet of paper.* Escriban la respuesta en una sola hoja. **2** soltero -a **3 single bed** cama sencilla/individual/de una plaza | **single room** habitación individual **4 every single word/day etc.** absolutamente todas las palabras/todos los días etc. **5 a single ticket** BrE un boleto de ida/sencillo ▶ También existe **one-way ticket**, que es inglés universal

• *s* **1** simple, sencillo [disco] **2** BrE boleto de ida/sencillo ▶ También existe **one-way ticket**, que es inglés universal

• **singles** *s pl* singles

• *v* **single sth out** señalar algo **single sb out 1** señalar a alguien **2 to single sb out for praise/criticism** alabar/criticar a alguien en particular

single 'file *s* **in single file** en fila india

single-'handedly, también **single-handed** *adv* en solitario, sin ayuda de nadie

single-'minded *adj* resuelto -a, decidido -a

single 'parent *s* **1** padre o madre que cría solo a sus hijos **2 single-parent family** familia monoparental

singular /'sɪŋgjələr/ *adjetivo & sustantivo*

• *adj* singular

• *s* singular | **in the singular** en singular

sinister /'sɪnɪstər/ *adj* siniestro -a

sink /sɪŋk/ *verbo & sustantivo*

• *v* (pasado **sank** o **sunk**, participio **sunk**) **1** [tr] hundir **2** [intr] hundirse **3** [intr] dejarse caer: *She sank into an armchair with a sigh.* Se dejó caer en un sillón con un suspiro. **4** reducirse **5 to sink sth into sth (a)** clavar algo en algo **(b)** invertir algo en algo **sink in it hasn't sunk in yet** todavía no lo he/ha etc. comprendido del todo

• *s* **1** (en la cocina) lavaplatos, fregadero, lavadero **2** AmE (en el baño) lavamanos, lavatorio, lavabo

since

1 Cuando señala un momento en el pasado, **since** equivale a *desde, desde que* o *desde entonces*. El verbo que lo acompaña va en los tiempos perfectos:

He's been living here since June. Vive acá desde junio. | *I've been waiting since ten o'clock.* Estoy esperando desde las diez. | *I've known her since she was a child.* La conozco desde que era chica. | *He left in 1999 and I haven't seen him since.* Se fue en 1999 y no lo he visto desde entonces.

2 Cuando señala una razón, la conjunción **since** equivale a *ya que* o *como*:

We could go and see them, since we're in the area. Podríamos ir a verlos, ya que estamos en la zona.

sip /sɪp/ *verbo & sustantivo*

• *v* [tr] (**-pped**, **-pping**) tomar a sorbos

• *s* sorbo

sipping

Sir /sər, acentuado sɜr/ *s* **1** Sir: *Sir Winston Churchill* Sir Winston Churchill **2** (en una carta) **Dear Sir** Estimado señor

sir /sər, acentuado sɜr/ *s* **1** señor: *Can I help you, sir?* ¿En qué puedo ayudarlo, señor? **2** BrE palabra usada por los niños de las escuelas británicas para dirigirse a un maestro o profesor

siren /'saɪrən/ *s* sirena

sister /'sɪstər/ *s* **1** (miembro de la familia) hermana **2** (también **Sister**) (religiosa) hermana, monja **3** (también **Sister**) BrE enfermera jefe **4 sister company** empresa asociada **sister ship** barco gemelo

'sister-in-,law (pl **sisters-in-law**) *s* cuñada

sit /sɪt/ *v* (pasado & participio **sat**, gerundio **sitting**) **1** [intr] estar sentado -a: *The children were sitting on the floor.* Los niños estaban sentados en el suelo. **2** [intr] (también **sit down**) sentarse **3 to sit sb on/by sth** sentar a alguien en/al lado de algo **4** [intr] estar ubicado -a **5 to sit an exam** BrE presentar (un) examen, hacer/rendir un examen ▶ También se usa **to take an exam**, que es inglés universal

¿No sabes cómo pronunciar una determinada palabra? Consulta el recuadro de **símbolos fonéticos** en el interior de la cubierta.

PHRASAL VERBS
sit around estar sentado sin hacer nada productivo: *They just sit around drinking coffee all day.* Se pasan todo el día sentados tomando café.
sit back **1** recostarse, ponerse cómodo -a **2** cruzarse de brazos
sit down sentarse
sit in on sth asistir a algo
sit up incorporarse

sitcom /ˈsɪtkɑm/ *s* (= **situation comedy**) comedia

site /saɪt/ *s* **1** (también **web site**) sitio (web) **2** yacimiento **3** sitio donde tuvo lugar un hecho importante **4** emplazamiento | **a building/construction site** una obra

sitting /ˈsɪtɪŋ/ *s* **1** turno [de comidas] **2** sesión [del Parlamento]

ˈ**sitting room** *s* sala (de estar), living

situated /ˈsɪtʃueɪtɪd/ *adj* ubicado -a, situado -a

situation /sɪtʃuˈeɪʃən/ *s* **1** situación **2** ubicación **3** **situations vacant** ofertas de empleo

six /sɪks/ *número* seis

sixteen /sɪkˈstin/ *número* dieciséis

sixteenth /sɪksˈtinθ/ *número* **1** decimosexto -a **2** dieciséis **3** dieciseisavo, decimosexta parte

sixth /sɪksθ/ *número* **1** sexto -a **2** seis **3** sexto, sexta parte

ˈ**sixth form** *s*

> Así se les llama en Gran Bretaña a los dos últimos años de la enseñanza secundaria, el sexto y el séptimo (**lower sixth** y **upper sixth** respectivamente). Durante ellos se preparan los **A Levels**, exámenes que son requisito para entrar a la universidad.

sixtieth /ˈsɪkstiəθ/ *número* **1** sexagésimo -a **2** sesentavo, sesentava parte

sixty /ˈsɪksti/ *número* **1** sesenta **2** **the sixties** los (años) sesenta **3** **to be in your sixties** tener sesenta y pico/sesenta y tantos

sizable, también **sizeable** /ˈsaɪzəbəl/ *adj* considerable

size /saɪz/ *s* **1** tamaño **2** talla: *What size is the dress?* ¿Qué talla es el vestido? | *What size shoes do you take?* ¿Qué número calza? **3** dimensión, magnitud [de un problema]

sizzle /ˈsɪzəl/ *v* [intr] crepitar, chisporrotear

skate /skeɪt/ *sustantivo & verbo*
• *s* patín
• *v* [intr] patinar | **to go skating** ir a patinar

skateboard /ˈskeɪtbɔrd/ *s* patineta, skate

skating /ˈskeɪtɪŋ/ *s* **1** patinaje sobre hielo **2** patinaje

skeleton /ˈskelətn/ *sustantivo & adjetivo*
• *s* esqueleto
• *adj* **a skeleton staff/service** personal/servicio de guardia [durante un feriado, una huelga, etc.]

skeptic AmE, **sceptic** BrE /ˈskeptɪk/ *s* escéptico -a

skeptical AmE, **sceptical** BrE /ˈskeptɪkəl/ *adj* escéptico -a

skepticism AmE, **scepticism** BrE /ˈskeptəsɪzəm/ *s* escepticismo

sketch /sketʃ/ *sustantivo & verbo*
• *s* (pl **-ches**) **1** boceto, bosquejo **2** sketch
• *v* [tr/intr] (3ª pers sing **-ches**) dibujar, bosquejar

ski /ski/ *sustantivo & verbo*
• *s* esquí
• *v* [intr] (pasado & participio **skied**, gerundio **skiing**) esquiar | **to go skiing** ir a esquiar

skid /skɪd/ *verbo & sustantivo*
• *v* [intr] (**-dded**, **-dding**) patinar, derrapar [vehículo]
• *s* patinada, derrape

skies /skaɪz/ plural de **sky**

skiing /ˈski-ɪŋ/ *s* esquí

skilful BrE ▶ ver **skillful**

skilfully BrE ▶ ver **skillfully**

skill /skɪl/ *s* habilidad, destreza: *my driving skill* mi habilidad al volante | *language skills* competencias lingüísticas | **skill at sth** habilidad para algo | **skill in doing sth** habilidad para hacer algo

skilled /skɪld/ *adj* **1** calificado -a | **to be skilled at/in sth** ser experto -a en algo **2** **a skilled job** un trabajo especializado

skillful AmE, **skilful** BrE /ˈskɪlfəl/ *adj* **1** hábil, diestro -a **2** habilidoso -a

skillfully AmE, **skilfully** BrE /ˈskɪlfəli/ *adv* hábilmente, con habilidad

skim /skɪm/ *v* (**-mmed**, **-mming**) **1** [tr] (también **skim through**) darle/echarle un vistazo a **2** [tr] pasar rozando

skim ˈ**milk** AmE, **skimmed milk** BrE *s* leche descremada

skin /skɪn/ *sustantivo & verbo*
• *s* **1** piel, cutis **2** piel [de zorro, oso, etc.] **3** cáscara [de pera, papa, etc.], piel [de tomates, uvas, etc.] **4** nata [de la leche] **5** **by the skin of your teeth** (informal) por un pelo
• *v* [tr] (**-nned**, **-nning**) **1** desollar [un animal] **2** pelar [fruta, verdura]

skinhead /ˈskɪnhed/ *s* skinhead, cabeza rapada

skinny /ˈskɪni/ *adj* (**-nnier**, **-nniest**) (informal) flaco -a

skip /skɪp/ *verbo & sustantivo*
• *v* (**-pped**, **-pping**) **1** [intr] saltar, brincar [avanzar dando saltitos]: *She skipped along beside her mother.* Iba saltando al lado de su madre. **2** [tr] (informal) **to skip class** faltar a clase | **to skip breakfast/lunch etc.** saltarse el desayuno/el

Hay una tabla con los **números** en inglés y explicaciones sobre su uso en el apartado de gramática.

almuerzo etc. **3** [tr] (también **skip over**) saltarse [un párrafo, un capítulo, etc.] **4** [intr] (también **skip rope** AmE) saltar (a la cuerda/al lazo/al cordel), brincar la reata
- *s* **1** salto **2** BrE contenedor

'skipping ,rope *s* BrE Según región: *cuerda, lazo, cordel o reata de saltar* ► En inglés americano se usa **jump rope**

skirt /skɜrt/ *sustantivo & verbo*
- *s* falda
- *v* [tr] rodear, bordear

skull /skʌl/ *s* cráneo

sky /skaɪ/ *s* (pl **skies**) cielo, firmamento: *There wasn't a cloud in the sky.* No había ni una nube en el cielo.

skylight /'skaɪlaɪt/ *s* claraboya, tragaluz

skyscraper /'skaɪskreɪpər/ *s* rascacielos

slab /slæb/ *s* losa [de cemento, piedra, etc.] placa [de mármol]

slack /slæk/ *adjetivo & verbo*
- *adj* **1** flojo -a **2** de poca actividad **3** descuidado -a, negligente
- *v* [intr] (también **slack off**) aflojar (el ritmo de trabajo)

slam /slæm/ *v* (**-mmed**, **-mming**) **1 to slam the door (shut)** dar un portazo | **the door slammed (shut)** la puerta se cerró de un portazo **2** [tr] **to slam sth down** (indicando un movimiento rápido y violento): *He slammed the phone down.* Colgó el teléfono dando un golpe. | *He slammed the hood down in despair.* Desesperado, bajó el capot de un golpe. **3** [tr] (informal) criticar duramente

slang /slæŋ/ *s* argot, jerga | **a slang word/expression** una palabra/expresión argótica

slant /slænt/ *verbo & sustantivo*
- *v* [intr] inclinarse
- *s* **1 at/on a slant** inclinado -a **2** enfoque, sesgo

slap /slæp/ *verbo & sustantivo*
- *v* [tr] (**-pped**, **-pping**) **1** pegarle a [con la palma de la mano] | **to slap sb across the face** darle una cachetada a alguien | **to slap sb on the back** darle una palmadita en la espalda a alguien **2** (indicando un movimiento rápido y violento): *I slapped the money* ***down*** *on the counter.* Planté el dinero en el mostrador.

  slap sth on dar algo [una mano de pintura, etc.] rápidamente y sin cuidado]
- *s* **1** palmada, cachetada | **to give sb a slap** pegarle a alguien **2 to feel/be like a slap in the face** ser como una cachetada/bofetada **3 I/she etc. got a slap on the wrist** (informal) me/le etc. dieron un tirón de orejas

slash /slæʃ/ *verbo & sustantivo*
- *v* [tr] (3ª pers sing **-shes**) **1** tajear, acuchillar | **to slash your wrists** cortarse las venas **2** (informal) recortar drásticamente
- *s* **1** corte, cuchillada **2** barra (oblicua): *forward slash* barra hacia adelante

slate /sleɪt/ *s* pizarra

slaughter /'slɔtər/ *sustantivo & verbo*
- *s* **1** masacre **2** matanza
- *v* [tr] **1** masacrar **2** matar [un animal] **3** (informal) darle una paliza a [otro equipo, un contrincante]

slave /sleɪv/ *sustantivo & verbo*
- *s* **1** esclavo -a **2 to be a slave to sth** ser esclavo -a de algo
- *v* [intr] (también **slave away**) trabajar como (un) burro/(una) burra | **to slave at/over sth** trabajar como (un) burro/(una) burra con/en algo

slavery /'sleɪvəri/ *s* esclavitud

sleazy /'slizi/ *adj* (**-zier**, **-ziest**) (informal) sórdido -a, de mala muerte

sled /sled/ AmE, **sledge** /sledʒ/ BrE *s* trineo

sleek /slik/ *adj* **1** liso y brillante [cabello] **2 a sleek car** un auto de líneas elegantes

sled/sledge

sleep /slip/ *verbo & sustantivo*
- *v* (pasado & participio **slept**) **1** [intr] dormir **2 to sleep on it** (informal) consultarlo con la almohada **3 to sleep 5/10 etc. people** tener camas para 5/10 etc. personas

  PHRASAL VERBS

  sleep in dormir hasta tarde

  sleep sth off **1** dormir para reponerse de algo **2 to sleep it off** dormir la rasca/la borrachera

  sleep through dormir de un tirón **sleep through sth** seguir durmiendo pese a algo

  sleep together tener relaciones (sexuales)

  sleep with sb acostarse con alguien
- *s* **1** estado de estar dormido: *He talks in his sleep.* Habla dormido. | *I had no sleep at all last night.* Ayer no dormí en toda la noche. **to go to sleep** dormirse **2 to have a sleep** echarse un sueño, hacerse una siestecita

sleeper /'slipər/ *s* **1 to be a heavy/light sleeper** tener sueño pesado/liviano **2** tren con coches cama

'sleeping bag *s* saco de dormir

sleepless /'sliplәs/ *adj* **a sleepless night** una noche en vela

sleepy /'slipi/ *adj* (**-pier**, **-piest**) **1** somnoliento -a | **to be/feel sleepy** tener sueño **2 a sleepy village** un pueblo muy tranquilo

sleet /slit/ *s* aguanieve

sleeve /sliv/ *s* **1** manga | **long-/short-sleeved** de manga larga/corta **2** funda [de un disco] **3 to have sth up your sleeve** (informal) tener algo planeado

sleeveless /'slivlәs/ *adj* sin mangas

sleigh /sleɪ/ *s* trineo

slender /ˈslendər/ *adj* **1** esbelto -a **2** escaso -a, remoto -a [posibilidad]

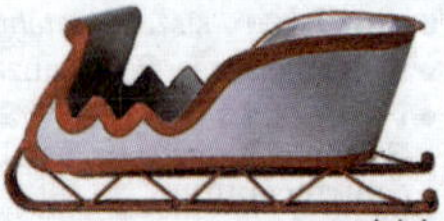
sleigh

slept /slept/ pasado & participio de **sleep**

slice /slaɪs/ *sustantivo & verbo*

● *s* **1** rebanada [de pan] **2** pedazo [de pastel] **3** tajada [de carne] **4** rodaja [de tomate, cebolla, etc.] **5** loncha, tajada [de jamón] **6** (informal) parte [del mercado, las ganancias, etc.]

● *v* **1** [tr] (también **slice up**) cortar [en rebanadas, tajadas, etc.] **2** **to slice through sth** cortar algo [con facilidad] **3** **to slice sth off** cortar algo

slick /slɪk/ *adjetivo & sustantivo*

● *adj* **1** con mucha labia **2** **a slick performance/production** una interpretación/producción pulida **3** hábil [maniobra, movimiento]

● *s* ▶ ver **oil**

slide /slaɪd/ *verbo & sustantivo*

● *v* (pasado & participio **slid**) **1** (sobre una superficie) [tr] deslizar, [intr] deslizarse **2** **to slide sth into your pocket/bag etc.** meterse algo discretamente en el bolsillo/la cartera etc. **3** **to slide into a room/out of a house etc.** entrar sigilosamente a una habitación/salir sigilosamente de una casa etc.

● *s* **1** Según región: *tobogán, rodadero, resbalín* o *resbaladilla* **2** diapositiva, transparencia **3** (de los precios, etc.) caída **4** BrE (para el cabello) Según región: *broche, hebilla, pasador* o *traba* ▶ En inglés americano se usa **barrette**

ˌsliding ˈdoor *s* puerta deslizable

slight /slaɪt/ *adj* **1** ligero -a, leve: *I had a slight headache.* Tenía un ligero dolor de cabeza. **2** **I haven't/he hasn't etc. the slightest idea** no tengo/no tiene etc. ni la más mínima idea **3** **not in the slightest** ni en lo más mínimo

slightly /ˈslaɪtli/ *adv* **1** **slightly bigger/higher/better etc.** un poco más grande/más alto/mejor etc., ligeramente más grande/más alto/mejor etc. | **to be slightly hurt** resultar levemente herido -a **2** **to move/change etc. slightly** moverse/cambiar etc. ligeramente

slim /slɪm/ *adjetivo & verbo*

● *adj* (**-mmer**, **-mmest**) **1** delgado -a **2** poco voluminoso -a **3** escaso -a, remoto -a [posibilidad]

● *v* [intr/tr] (**-mmed**, **-mming**) (también **to slim down** AmE) adelgazar: *I'm trying to slim down.* Estoy tratando de adelgazar.

slim sth down reducir algo

slime /slaɪm/ *s* **1** cualquier sustancia viscosa como el limo **2** baba [de caracol, etc.]

slimy /ˈslaɪmi/ *adj* (**-mier**, **-miest**) **1** viscoso -a **2** obsecuente

sling /slɪŋ/ *verbo & sustantivo*

● *v* [tr] (pasado & participio **slung**) **1** tirar **2** colgar

● *s* **1** cabestrillo **2** portabebé, saco canguro

slingshot /ˈslɪŋʃɑt/ *s* AmE Según región: *cauchera, china, honda o resortera*

slip /slɪp/ *verbo & sustantivo*

● *v* (**-pped**, **-pping**) **1** [intr] resbalarse **2** **to slip past sb** pasar sigilosamente por al lado de alguien | **to slip through sth** meterse/salir etc. sigilosamente por algo **3** [tr] indica un movimiento rápido, fluido o disimulado: *He slipped his arm around her waist.* Le pasó el brazo por la cintura. | *I slipped a note into his hand.* Le pasé una nota disimuladamente. **4** [intr] escaparse [de la mano, etc.]: *The knife slipped.* Se me escapó el cuchillo. **5** [intr] empeorar **6** **it completely slipped my/his etc. mind.** me olvidé/se olvidó etc. totalmente

PHRASAL VERBS

slip into sth ponerse algo [una prenda de ropa]

slip sth off quitarse algo [una prenda de ropa]

slip sth on ponerse algo [una prenda de ropa]

slip out **1** escaparse, irse sin ser visto **2** escaparse [palabras, secreto]: *It just slipped out.* Se me escapó.

slip out of sth **1** sacarse algo [una prenda de ropa] **2** **to slip out of the room/house etc.** escaparse de la habitación/la casa etc.

slip up cometer un error

● *s* **1** **a slip of paper** un papelito **2** error | **a slip of the tongue/pen** un lapsus **3** **to give sb the slip** (informal) zafarse de alguien **4** enagua, combinación, fondo

slipper /ˈslɪpər/ *s* pantufla, chancla

slippery /ˈslɪpəri/ *adj* **1** resbaloso -a **2** **to be a slippery customer** (informal) no ser de fiar

slit /slɪt/ *sustantivo & verbo*

● *s* rendija, abertura

● *v* [tr] (pasado & participio **slit**, gerundio **slitting**) **1** abrir | **to slit sth open** abrir algo [con un cuchillo] **2** **to slit sb's throat** degollar a alguien, cortarle/rajarle el pescuezo a alguien

sliver /ˈslɪvər/ *s* **1** astilla [de vidrio, madera] **2** tajada fina [de queso, carne, etc.]

slob /slɑb/ *s* (informal) dejado -a, vago -a

slog /slɑg/ *verbo & sustantivo*

● *v* (**-gged**, **-gging**) (informal) **1** desplazarse con dificultad: *We **slogged up** the hill.* Subimos la cuesta con dificultad. **2** **to slog through sth** leerse algo [pesado y largo]

● *s* **to be a slog** BrE (informal) dar mucho trabajo

slogan /ˈsloʊgən/ *s* **1** eslogan **2** consigna

slope /sloʊp/ *sustantivo & verbo*

● *s* **1** pendiente, ladera **2** pista (de esquí) **3** ángulo

● *v* [intr] tener pendiente/inclinación | **to slope down/up to sth** bajar/subir hacia algo

sloppy /ˈslɑpi/ *adj* (**-ppier**, **-ppiest**) **1** descuidado -a **2** holgado -a **3** sensiblero -a

¿Quieres pedir una hamburguesa en inglés? Consulta la **guía de comunicación** al final del libro.

slot /slɑt/ *sustantivo & verbo*
• *s* **1** ranura, surco **2** (en radio, televisión) espacio **3** (en un ránking) puesto
• *v* **to slot into sth** encajar en algo

'slot ma,chine *s* **1** máquina tragamonedas **2** BrE máquina expendedora ► También existe **vending machine,** que es inglés universal

slow /sloʊ/ *adjetivo & verbo*
• *adj* **1** lento -a: *a very slow process* un proceso muy lento **2 to be slow to do sth/in doing sth** tardar en hacer algo **3** atrasado -a: *My watch is ten minutes slow.* Mi reloj está diez minutos atrasado. **4 business/trade is slow** hay poco movimiento en el negocio **5** corto -a (de entendederas)
• *v* **1** [tr] hacer más lento **2** [intr] disminuir/bajar la velocidad
slow down, también **slow up** disminuir la velocidad, aflojar (el paso) **slow sth down** hacer más lento algo **slow sb down** hacer ir más lento a alguien

slowly /ˈslouli/ *adv* **1** lentamente, despacio **2** poco a poco

,slow 'motion *s* **in slow motion** en cámara lenta

slug /slʌg/ *s* babosa

slum /slʌm/ *s* zona de viviendas precarias dentro de una ciudad

slump /slʌmp/ *verbo & sustantivo*
• *v* [intr] **1** caer [ventas, ganancias] **2 to slump into a chair/onto the bed etc.** desplomarse en una silla/sobre la cama etc.
• *s* **1** caída **2** recesión

slung /slʌŋ/ pasado & participio de **sling**

slur /slɜr/ *s* injuria

slush /slʌʃ/ *s* nieve derretida

sly /slaɪ/ *adj* (**slier**, **sliest** o **slyer**, **slyest**) **1** astuto -a **2** pícaro -a

smack /smæk/ *verbo & sustantivo*
• *v* [tr] pegarle a
• *s* palmada | **to give sb a smack** darle una palmada a alguien, pegarle a alguien

small /smɔl/ *adj* **1** (de tamaño) chico -a, pequeño -a **2** sin importancia, pequeño -a [problema, error, etc.] **3** (joven) chico -a **4 a small 'a'/'b' etc.** una 'a'/'b' etc. minúscula **5 a small fortune** una pequeña fortuna **6 to make sb feel small** hacer sentir a alguien poca cosa

'small ad *s* BrE ► ver **classified ad**

smallpox /ˈsmɔlpɑks/ *s* viruela

'small talk *s* **to make small talk** hablar de cosas triviales para mantener un diálogo con alguien en una reunión social, etc.

smart /smɑrt/ *adj* **1** inteligente, listo -a: *He's a smart kid.* Es un niño inteligente. **2** BrE elegante [traje, abrigo] **3** BrE elegante [hotel, restaurante]

smash /smæʃ/ *verbo & sustantivo*

smashing

• *v* (3ª pers sing **-shes**)
1 [tr] romper, hacer añicos
2 [intr] romperse, hacerse añicos
3 to smash against/into sth estrellarse contra algo
4 to smash sb's face/head in (informal) romperle/partirle la cara a alguien
smash sth up destrozar algo
• *s* **1** estrépito **2** (también **smash hit**) (informal) éxito **3** BrE (informal) choque

smear /smɪr/ *sustantivo & verbo*
• *s* **1** mancha **2** calumnia **3** (también **smear test**) BrE Papanicolau, citología ► En inglés americano se usa **Pap smear** o **Pap test**
• *v* [tr] **1 to smear sth with cream/grease etc.** **(a)** embadurnar algo con crema/grasa etc. **(b)** manchar algo con crema/grasa etc. **2 to smear cream/grease etc. over sth** embadurnar algo con crema/grasa etc.

smell /smel/ *sustantivo & verbo*
• *s* **1** olor **2** olfato
• *v* (pasado & participio **smelled** o **smelt** BrE) **1** [intr] oler | **to smell of/like sth** oler a algo, tener olor a algo **2** [intr] oler mal, tener mal olor **3** [tr] oler, sentir olor a: *I can smell gas.* Huelo gas. **4** [tr] oler, sentir el olor de: *Smell my new perfume.* Huele mi nuevo perfume.

smelly /ˈsmeli/ *adj* (**-llier**, **-lliest**) hediondo -a, con (mal) olor

smile /smaɪl/ *verbo & sustantivo*
• *v* [intr] sonreír | **to smile at sb** sonreírle a alguien
• *s* sonrisa | **to give sb a smile** sonreírle a alguien

smirk /smɜrk/ *sustantivo & verbo*
• *s* sonrisita
• *v* [intr] sonreír [con burla, suficiencia, etc.]

smog /smɑg/ *s* smog [mezcla de emanaciones y niebla]

smoke /smoʊk/ *sustantivo & verbo*
• *s* humo
• *v* **1** [tr/intr] fumar **2** [intr] echar humo **3** [tr] ahumar

smoker /ˈsmoʊkər/ *s* fumador

smokestack /ˈsmoʊkstæk/ *s* AmE chimenea [de un barco o una fábrica]

smoky, también **smokey** /ˈsmouki/ *adj* (**-kier**, **-kiest**) **1** lleno -a de humo **2** ahumado -a

smolder AmE, **smoulder** BrE /ˈsmoʊldər/ *v* [intr] arder [sin llamas]

smooth /smuð/ *adjetivo & verbo*
• *adj* **1** (parejo, sin irregularidades) suave, liso -a **2** sin grumos, cremoso -a **3** (referido a movimientos) suave, fluido -a **4** (referido a bebidas)

suave **5 a smooth salesman** un vendedor con mucha labia
• *v* [tr] **1** (también **smooth out**) alisar, extender **2** (también **smooth down**) alisar
smooth sth over allanar algo [dificultades, diferencias, etc.]
smoothly /ˈsmuðli/ *adv* **to go smoothly** marchar/salir bien [sin problemas]
smother /ˈsmʌðər/ *v* [tr] **1** asfixiar **2** sofocar [las llamas]
smudge /smʌdʒ/ *sustantivo & verbo*
• *s* mancha
• *v* [tr] correr, [intr] correrse [tinta, maquillaje]
smug /smʌg/ *adj* (**-gger**, **-ggest**) **a smug expression/smile** una expresión/sonrisa de suficiencia | **to be/look smug** estar/parecer muy satisfecho -a consigo mismo -a
smuggle /ˈsmʌgəl/ *v* [tr] contrabandear, hacer contrabando de | **to smuggle sth out of/into the country** sacar algo del país/entrar algo al país de contrabando
smuggler /ˈsmʌglər/ *s* contrabandista
snack /snæk/ *s* **to have a snack** comer algo liviano/un tentempié

ˈsnack bar *s* bar donde se venden bebidas frías y calientes, sándwiches, etc.
snag /snæg/ *s* inconveniente
snail /sneɪl/ *s* caracol
ˈsnail mail *s* (informal) Se usa **snail mail** para referirse humorísticamente al correo normal por oposición al electrónico.
snake /sneɪk/ *s* serpiente, culebra
snap /snæp/ *verbo, sustantivo & adjetivo*
• *v* (**-pped**, **-pping**) **1** [tr] romper, partir **2** [intr] romperse, partirse **3 to snap sth shut** cerrar algo [como un monedero o algo que tiene un broche que hace "clic"] **4 to snap your fingers** chasquear los dedos **5** [intr] decir bruscamente | **to snap at sb** hablarle a alguien de mal modo
• *s* **1** chasquido **2** AmE botón a/de presión, broche a/de presión **3** BrE ► ver **snapshot**
• *adj* **a snap decision/judgement** una decisión precipitada/un juicio precipitado
snapshot /ˈsnæpʃɑt/ *s* foto
snarl /snɑrl/ *v* [intr] gruñir
snatch /snætʃ/ *v* [tr] (3ª pers sing **-ches**) **1** (agarrar) sacar, arrebatar **2** (robar) arrebatar **3** aprovechar **4** secuestrar

sneak /snik/ *verbo & sustantivo*
• *v* (pasado & participio **sneaked** o **snuck** AmE) **1 to sneak in/out** entrar/salir sin ser visto -a | **to sneak past sb** pasar por al lado de alguien sin ser visto -a **2 to sneak sth up/in etc.** subir/meter etc. algo a escondidas **3 to sneak a look (at sth)** mirar (algo) con disimulo
sneak on sb (informal) acusar a alguien
sneak up to sneak up on sb aparecérsele de repente a alguien
• *s* (informal) **1** AmE zorro -a [persona], taimado -a **2** BrE acusetas, acusón -ona
sneaker /ˈsnikər/ *s* AmE zapatilla, (zapato) tenis
sneer /snɪr/ *verbo & sustantivo*
• *v* **1** [intr] adoptar un aire despectivo | **to sneer at sth/sb** burlarse de algo/alguien **2** [tr] decir despectivamente
• *s* mueca (de desprecio)
sneeze /sniz/ *verbo & sustantivo*
• *v* [intr] estornudar
• *s* estornudo
snicker /ˈsnɪkər/ AmE, **snigger** /ˈsnɪgə/ BrE *verbo & sustantivo*
• *v* [intr] reírse (por lo bajo) | **to snicker at sth/sb** reírse de algo/alguien
• *s* risita
sniff /snɪf/ *verbo & sustantivo*
• *v* **1** [intr] inspirar ruidosamente por la nariz cuando se está resfriado o llorando **2** [tr/intr] oler | **to sniff at sth** olfatear algo **3** [tr] aspirar, inhalar [pegamento, cocaína, etc.]
• *s* **to take a sniff of sth** oler algo
snip /snɪp/ *v* [tr] (**-pped**, **-pping**) cortar (con tijera) | **to snip sth off** cortar algo
sniper /ˈsnaɪpər/ *s* francotirador -a
snippet /ˈsnɪpɪt/ *s* **a snippet of information/news** un dato
snob /snɑb/ *s* esnob
snobbery /ˈsnɑbəri/ *s* esnobismo
snooker /ˈsnʊkər, BrE ˈsnukə/ *s* juego similar al billar con quince bolas rojas y seis de colores
snoop /snup/ *v* [intr] **to snoop around/about** curiosear
snooze /snuz/ (informal) *verbo & sustantivo*
• *v* [intr] echarse una siestecita/un pisto, dormitar
• *s* **to have a snooze** echarse una siestecita/un pisto
snore /snɔr/ *v* [intr] roncar
snorkel /ˈsnɔrkəl/ *s* esnórquel
snort /snɔrt/ *v* [intr] resoplar
snot /snɑt/ *s* (informal) mocos
snout /snaʊt/ *s* hocico
snow /snoʊ/ *sustantivo & verbo*
• *s* nieve
• *v* [intr] **1** nevar: *It's snowing.* Está nevando. **2 to be snowed in** estar aislado -a por la nieve **3 to be snowed under (with work)** estar desbordado -a de trabajo

snowball /ˈsnoʊbɔl/ *sustantivo & verbo*
• *s* bola de nieve
• *v* [intr] crecer

snowboarding /ˈsnoʊbɔrdɪŋ/ *s* snowboarding

snowdrift /ˈsnoʊdrɪft/ *s* masa de nieve acumulada por el viento

snowfall /ˈsnoʊfɔl/ *s* nevada

snowflake /ˈsnoʊfleɪk/ *s* copo de nieve

snowman /ˈsnoʊmæn/ *s* (pl **-men**) muñeco de nieve

snowplow AmE, **snowplough** BrE /ˈsnoʊplaʊ/ *s* (vehículo) quitanieves

snowy /ˈsnoʊi/ *adj* (**-wier**, **-wiest**) **1** nevado -a **2 a snowy day** un día de nieve/nevoso

snub /snʌb/ *v* [tr] (**-bbed**, **-bbing**) desairar

snuck /snʌk/ AmE pasado & participio de **sneak**

snug /snʌg/ *adj* (**-gger**, **-ggest**) **1** acogedor -a **2** cómodo -a y a gusto

snuggle /ˈsnʌgəl/ *v* **to snuggle up (together)** acurrucarse (bien juntos) | **to snuggle up to sth/sb** acurrucarse junto a algo/alguien | **to snuggle down** acurrucarse

snuggle

so /soʊ/ *adverbio & conjunción*
• *adv* **1** tan | **so good/big etc. (that)** tan bueno -a/grande etc. (que): *She drives so fast!* ¡Maneja tan rápido! | *He's so fat that he can hardly move.* Es tan gordo que casi ni puede moverse. | **so much/many** tanto -a/tantos -as
2 I think so creo que sí | **I don't think so** creo que no, no creo | **I hope so** espero que sí, eso espero | **I told you so** te lo dije
3 if so si es así
4 so am I/so can she/so will my dad etc. yo también/ella también/mi papá también etc. ▶ ver recuadro en **también**
5 bueno: *So, what did you think of the play?* Bueno ¿qué te pareció la obra?
6 10 miles/5 hours etc. or so alrededor de 10 millas/5 horas etc.
7 and so on etcétera
8 so (what)? (informal) ¿y (qué)?: *"You're late." "So what?"* –Llegaste tarde. –¿Y qué?
• *conj* **1** así que: *I heard a noise so I got out of bed.* Oí un ruido así que me levanté.
2 so (that) para que: *I left the light on so she wouldn't be scared.* Dejé la luz prendida para que no tuviera miedo.
3 so as (not) to para (no): *I took my shoes off so as not to wake everyone up.* Me quité los zapatos para no despertar a todo el mundo.

soak /soʊk/ *v* **1** [tr] poner/dejar en remojo **2 to leave sth to soak** dejar algo en remojo **3** [tr] empapar | **to get soaked** empaparse **4 to soak through sth** filtrarse por algo
soak sth up absorber algo

soaked /soʊkt/ *adj* empapado -a

soaking /ˈsoʊkɪŋ/, también ˌ**soaking ˈwet** *adj* empapado -a

soap /soʊp/ *s* jabón

ˈ**soap** ˌ**opera,** también **soap** *s* telenovela, culebrón

soapy /ˈsoʊpi/ *adj* (**-pier**, **-piest**) jabonoso -a

soar /sɔr/ *v* [intr] **1** dispararse [precios] **2** volar alto **3** subir, trepar [avión, cohete, etc.]

sob /sɑb/ *verbo & sustantivo*
• *v* [intr] (**-bbed**, **-bbing**) sollozar
• *s* sollozo

sober /ˈsoʊbər/ *adjetivo & verbo*
• *adj* **1** (no ebrio) sobrio -a **2** (sencillo, discreto) sobrio -a **3** serio -a
• *v* **sober up I/he etc. sobered up** se me/le etc. pasó la borrachera **sober sb up** quitarle la borrachera a alguien

ˈ**so-called** *adj* dizque, supuesto -a: *a so-called expert* dizque un experto/un supuesto experto

soccer /ˈsɑkər/ *s* fútbol, futbol ▶ ver nota en **football**

sociable /ˈsoʊʃəbəl/ *adj* sociable

social /ˈsoʊʃəl/ *adj* **1** (relativo a la sociedad) social: *social problems* problemas sociales **2** (relativo a actividades, reuniones, etc.) social: *my social life* mi vida social

socialism /ˈsoʊʃəlɪzəm/ *s* socialismo

socialist /ˈsoʊʃəlɪst/ *s & adj* socialista

socialize, -ise BrE /ˈsoʊʃəlaɪz/ *v* [intr] hacer vida social | **to socialize with sb** tener trato social con alguien

ˌ**social seˈcurity** *s* **1** AmE seguro social [sistema de seguros estatal] **2** BrE seguridad social, asistencia social ▶ En inglés americano se usa **welfare**

ˈ**social** ˌ**worker** *s* asistente social, trabajador -a social

society /səˈsaɪəti/ *s* (pl **-ties**) **1** sociedad: *We live in a multicultural society.* Vivimos en una sociedad multicultural. **2** (asociación) sociedad **3** (clase alta) sociedad

sociologist /soʊsiˈɑlədʒɪst/ *s* sociólogo -a

sociology /soʊsiˈɑlədʒi/ *s* sociología

sock /sɑk/ *s* calcetín, media: *a pair of socks* un par de medias

socket /ˈsɑkɪt/ *s* **1** (en la pared) enchufe, tomacorriente **2** (en un aparato eléctrico) enchufe **3** (en una computadora) socket

soda /ˈsoʊdə/ *s* **1** (también **soda pop**) AmE gaseosa, refresco **2** (también **soda water**) soda

sodden /ˈsɑdn/ *adj* empapado -a

sofa /ˈsoʊfə/ *s* sofá

soft /sɔft/ *adj* **1** blando -a | **to go soft** ablandarse **2** suave [piel, cabello, toalla] **3** suave [música, voz] | **in a soft voice** en voz baja **4** suave [color, iluminación] **5** suave [brisa, lluvia] **6** (no estricto) blando -a | **to be soft on sb/sth** ser blando -a con alguien/algo **7** (informal) fácil

softball /ˈsɔftbɔl/ *s* sóftball

ˌsoft drink *s* refresco, gaseosa

ˌsoft ˈdrug *s* droga blanda

soften /ˈsɔfən/ *v* **1** [tr] suavizar, ablandar [hacer menos duro] **2** [intr] suavizarse, ablandarse [hacerse menos duro] **3** [tr] suavizar [una actitud, un golpe] **4** [intr] suavizarse [expresión, actitud, voz]

softhearted /sɔftˈhɑrtɪd/ *adj* de buen corazón

softly /ˈsɔftli/ *adv* **1** suavemente **2** en voz baja

software /ˈsɔft-wer/ *s* software

soggy /ˈsɑgi/ *adj* (**-ggier**, **-ggiest**) húmedo -a y blando -a

soil /sɔɪl/ *sustantivo & verbo*

• *s* **1** suelo: *fertile soil* suelo fértil **2 on Italian/French etc. soil** (formal) en suelo italiano/francés etc.

• *v* [tr] (formal) ensuciar

solar /ˈsoulər/ *adj* solar

ˈsolar ˌsystem *s* sistema solar

sold /sould/ pasado & participio de **sell**

soldier /ˈsouldʒər/ *s* soldado

ˌsold ˈout *adj* agotados -as [entradas, pasajes, etc.] | **the concert/game etc. was sold out** no quedaban localidades para el concierto/partido etc., las localidades para el recital/partido etc. estaban agotadas

sole /soul/ *adjetivo & sustantivo*

• *adj* **1** único -a **2 sole importer** importador exclusivo | **sole rights** derechos exclusivos

• *s* **1** planta [del pie] **2** suela [de un zapato] **3** lenguado

solely /ˈsouli/ *adv* únicamente, solamente

solemn /ˈsɑləm/ *adj* **1** solemne, serio -a **2 a solemn promise** una promesa solemne

solicitor /səˈlɪsətər/ *s* BrE abogado -a ▶ También existe **lawyer,** que es inglés universal y **attorney,** que se usa en inglés americano

solid /ˈsɑlɪd/ *adjetivo & sustantivo*

• *adj* **1** sólido -a **2 solid foods** alimentos sólidos **3 to be frozen solid** estar totalmente congelado -a **4** sólido -a, fuerte [mueble] **5 made of solid gold/oak etc.** de oro/roble etc. macizo -a **6 solid evidence** pruebas contundentes **7 two solid hours/weeks etc.** dos horas/semanas etc. seguidas

• *s* sólido

solidarity /sɑləˈdærəti/ *s* solidaridad

solidify /səˈlɪdəfaɪ/ *v* [intr] (3ª pers sing **-fies**, pasado & participio **-fied**) solidificarse

solitaire /ˈsɑləter/ *s* AmE (juego de cartas) solitario | **to play solitaire** jugar (al) solitario | **a game of solitaire** un solitario

solitary /ˈsɑləteri/ *adj* **1** solo -a **2** solitario -a

solo /ˈsoulou/ *adjetivo & sustantivo*

• *adj* **1 a solo piece** una pieza para (instrumento) solista **2 a solo flight/voyage** un vuelo/viaje en solitario

• *s* solo [en música]

soloist /ˈsoulouɪst/ *s* solista

soluble /ˈsɑljəbəl/ *adj* soluble

solution /səˈluʃən/ *s* **1** (a un problema, un crucigrama, etc.) solución **2** (líquido) solución

solve /sɑlv/ *v* [tr] **1** resolver, solucionar [un problema] **2** resolver, esclarecer [un misterio, un caso, etc.]

somber AmE, **sombre** BrE /ˈsɑmbər/ *adj* **1** sombrío -a [humor, ceremonia] **2** sombrío -a [habitación] **3** apagado -a [color]

some /səm, acentuado sʌm/ *adj, pron & adv* ▶ ver recuadro

somebody ▶ ver **someone**

someday /ˈsʌmdeɪ/ *adv* algún día

somehow /ˈsʌmhaʊ/ *adv* de alguna manera: *Somehow she managed to get here on time.* De alguna manera, se las arregló para llegar a tiempo. | **somehow or other** de una u otra forma

someone /ˈsʌmwʌn/, también **somebody** /ˈsʌmbɑdi, ˈsʌmbədi/ *pron* ▶ ver recuadro

someplace /ˈsʌmpleɪs/ *adv* AmE ▶ ver **somewhere**

some

ADJETIVO & PRONOMBRE

1 A veces equivale a *unos/unas*, *algunos/algunas* o *parte* pero muchas veces no tiene equivalente en español, sobre todo cuando precede o sustituye a un sustantivo singular:

We need some bread. Necesitamos pan. | *He brought some cookies.* Trajo (unas) galletas. | *Some of the cups were broken.* Algunas de las tazas estaban rotas. | *I left some of the paper in the box.* Dejé parte del papel en la caja.

En oraciones negativas no se usa **some** sino **any**.

2 **some** se usa en oraciones interrogativas cuando se espera una respuesta afirmativa:

The coffee is still hot. Would you like some? El café todavía está caliente. ¿Quieres (un poco)?

3 A veces equivale a *bastante* o *unos cuantos/unas cuantas*:

It was some time before the ambulance arrived. Pasó bastante tiempo antes de que llegara la ambulancia. | *I've known them for some years now.* Ya hace unos cuantos años que los conozco.

ADVERBIO

1 Se usa en aproximaciones:

some 30 people unas treinta personas | *It cost some $200.* Costó unos $200.

2 **some more** significa *más*:

We need some more envelopes. Necesitamos más sobres.

someone

1 En general equivale a *alguien*:

Someone has taken my chocolate. Alguien se ha llevado mi chocolate.

En oraciones negativas no se usa **someone** ni **somebody** sino **anyone** o **anybody**.

En oraciones interrogativas **someone/somebody** se usa cuando se espera una respuesta afirmativa:

Did someone help you? ¿Te ayudó alguien?

2 **someone else** equivale a *otra persona/otro -a*:

She's seeing someone else now. Ahora está saliendo con otro.

somersault /'sʌmərsɔlt/ *s* **1** voltereta, vuelta de campana/de carnero | **to do a somersault** dar una voltereta, dar una vuelta de campana/de carnero **2** salto mortal | **to do a somersault** ejecutar un salto mortal

something /'sʌmθɪŋ/ *pron* ► ver recuadro

sometime /'sʌmtaɪm/ *adv* en un momento, día, etc. no definido: *Can we meet sometime this afternoon?* ¿Nos podemos reunir esta tarde en algún momento? | *Our house was built sometime around 1900.* Nuestra casa fue construida alrededor del 1900. | *They're going to find out sometime.* Algún día se van a enterar.

sometimes /'sʌmtaɪmz/ *adv* a veces: *Kate sometimes comes with me.* Kate a veces me acompaña. ► ver **adverbios de frecuencia** en **always**

somewhat /'sʌmwʌt/ *adv* (formal) algo, un poco: *She was somewhat annoyed.* Estaba algo molesta.

somewhere /'sʌmwer/, también **someplace** /sʌmpleɪs/ AmE *adv* ► ver recuadro

son /sʌn/ *s* hijo

song /sɔŋ/ *s* canción

'son-in-ˌlaw *s* (pl **sons-in law**) yerno

soon /sun/ *adv* **1** pronto: *They'll be going soon.* Se van a ir pronto. | **soon after** poco después **2** **how soon...?** ¿cuándo...?, ¿qué tan pronto...?: *How soon could you start?* ¿Cuándo podrías empezar? **3** **the sooner the better** cuanto antes mejor: *The sooner we leave the better.* Cuanto antes salgamos mejor. **4** **as soon as** en cuanto: *We came as soon as we heard the news.* Vinimos en cuanto oímos la noticia. **5** **I'll call you/I'll fix it as soon as possible** te llamaré/lo arreglaré en cuanto pueda **6** **sooner or later** tarde o temprano **7** **I'd sooner** preferiría: *I'd sooner die than marry you!* ¡Preferiría morirme antes que casarme contigo!

soot /sʊt/ *s* hollín

soothe /suð/ *v* [tr] **1** tranquilizar **2** calmar

sophisticated /sə'fɪstəkeɪtɪd/ *adj* **1** sofisticado -a [persona, gustos] **2** sofisticado -a [arma, sistema]

soprano /sə'prænoʊ/ *s* soprano

sordid /'sɔrdɪd/ *adj* sórdido -a

something

1 En general equivale a *algo*:

I have something in my eye. Tengo algo en el ojo.

En oraciones negativas no se usa **something** sino **anything**.

En oraciones interrogativas **something** se usa cuando se espera una respuesta afirmativa:

Would you like something to eat? ¿Quieres comer algo?

2 **something else** equivale a *otra cosa*:

I would prefer something else. Preferiría otra cosa.

3 APROXIMACIONES

something like 100 cars/$40 etc. unos 100 autos/unos $40 etc.

4 EXPRESIONES

to be (really) something ser extraordinario -a: *It was really something to see the dolphins.* Fue extraordinario ver a los delfines. | **or something** o algo por el estilo: *Her name was Judith or Julie, or something.* Se llamaba Judith o Julie o algo por el estilo.

somewhere

1 En general equivale a *en algún lugar/lado* o *a algún lugar/lado*:

They live somewhere near Detroit. Viven en algún lugar cerca de Detroit. | *Let's go somewhere different tonight.* Vayamos a algún lugar distinto esta noche.

En oraciones negativas no se usa **somewhere** sino **anywhere**.

En oraciones interrogativas **somewhere** se usa cuando se espera una respuesta afirmativa:

Did you manage to find somewhere to eat? ¿Pudiste encontrar algún lugar para comer?

2 **somewhere else** equivale a *en otro lugar/lado* o *a otro lugar/lado*:

Let's go somewhere else for our vacation this year. Vayamos a otro lugar de vacaciones este año.

3 APROXIMACIONES

somewhere around alrededor de: *A good one costs somewhere around $600.* Uno bueno cuesta alrededor de $600.

sore /sɔr/ *adjetivo & sustantivo*

● *adj* **1** adolorido -a, dolorido -a: *My finger's really sore.* Tengo el dedo muy adolorido./Me duele mucho el dedo. | *I have a sore throat.* Me duele la garganta. **2** AmE (informal) enojado -a

● *s* llaga

sorrow /'sɑroʊ/ *s* pesar, pena

sorry /ˈsɑri/ *adj* (**-rrier**, **-rriest**) **1 sorry/I'm sorry (a)** (para pedir perdón) perdón/perdóname/perdóneme etc., disculpa/discúlpame/disculpe etc.: *Sorry, did I step on your foot?* Perdón ¿te pisé? | *I'm sorry to bother you.* Disculpe que lo moleste. | *I'm terribly sorry.* Lo siento mucho. **(b)** (para expresar desacuerdo) discúlpame/discúlpeme etc.: *I'm sorry, but that isn't what I said.* Discúlpame, pero eso no es lo que dije.
2 to say sorry pedir perdón
3 I feel sorry for him/them etc. me da/me dan etc. lástima
4 to be sorry lamentar: *I'm sorry you had to wait.* Lamento que haya tenido que esperar. | *I'm sorry I'm late.* Perdón por llegar tarde.
5 sorry? ¿cómo?, ¿perdón?

sort /sɔrt/ *sustantivo & verbo*
• ***s*** **1** tipo, clase: *What sort of music do you like?* ¿Qué tipo de música te gusta? | **all sorts of** toda clase de, todo tipo de: *They sell all sorts of things.* Venden todo tipo de cosas. **2 sort of** (informal) como, un poco: *She looked sort of tense.* Parecía como tensa. | **a sort of** BrE una especie de: *a sort of greenish blue* una especie de azul verdoso
• ***v*** [tr] clasificar, separar [en pilas, montones, etc.]
sort sth out 1 organizar algo: *I must sort out my CDs.* Tengo que organizar los CD. **2** solucionar algo: *I'll try and sort things out and call you back.* Voy a tratar de solucionar las cosas y después te vuelvo a llamar.

SOS /es oʊ ˈes/ *s* SOS

ˈso-so *adv* (informal) más o menos: *"How are you feeling?" "So-so."* –¿Cómo te sientes? –Más o menos.

sought /sɔt/ pasado & participio de **seek**

soul /soʊl/ *s* **1** alma **2 not a soul** ni un alma **3** (también **soul music**) música soul

sound /saʊnd/ *sustantivo, verbo, adjetivo & adverbio*
• ***s*** **1** ruido: *a strange sound* un ruido extraño **2** sonido **3** volumen **4 by the sound of it** según parece
• ***v*** **1** [intr] sonar, parecer [por lo que alguien dice]: *The hotel sounds absolutely awful.* El hotel suena absolutamente espantoso. | *Her boyfriend sounds like a nice guy.* Su novio parece ser un buen tipo. | **it sounds as if he's happy/as if there's trouble etc.** parece que está contento/que hay problemas etc. **2** [intr] **to sound upset/excited etc.** tener voz de estar disgustado -a/entusiasmado -a etc.: *You sound upset. What's the matter?* Tienes voz de estar disgustada. ¿Qué pasa? **3** [intr] sonar: *That piano sounds terrible!* ¡Ese piano suena horrible! **4** [intr] sonar [timbre] **5 to sound the alarm** dar la voz de alarma
sound sb out tantear a alguien
• ***adj*** **1** sensato -a **2 sound knowledge** sólidos conocimientos **3** en buenas condiciones
• ***adv*** **sound asleep** profundamente dormido -a

ˈsound bite *s* fragmento de un discurso o declaración, en particular de un político, que condensa un mensaje

ˈsound efˌfects *s pl* efectos de sonido

soundly /ˈsaʊndli/ *adv* **1 to sleep soundly** dormir profundamente **2 to be soundly beaten** recibir una buena paliza [en un partido de fútbol, etc.]

soundproof /ˈsaʊndpruf/ *adj* con aislamiento acústico

soundtrack /ˈsaʊndtræk/ *s* banda sonora

soup /sup/ *s* sopa: *tomato soup* sopa de tomate

sour /saʊr/ *adj* **1** ácido -a, agrio -a **2** agrio -a [leche] **3 to go/turn sour (a)** cortarse, agriarse [leche] **(b)** echarse a perder [una relación, un plan]

source /sɔrs/ *s* **1** fuente [de ingresos, proteínas, etc.] **2** origen [de un problema] **3** fuente [de información] **4** nacimiento [de un río]

south /saʊθ/ *sustantivo, adjetivo & adverbio*
• ***s*** (el) sur: *Which way is south?* ¿Hacia dónde está el sur? | *the south of Mexico* el sur de México | **to the south (of)** al sur (de)
• ***adj*** (del) sur, meridional: *a small town on the south coast* una pequeña ciudad en la costa sur
• ***adv*** **1** hacia el sur, al sur: *We sailed south.* Navegamos hacia el sur. **2 down south** en el sur

ˌSouth ˈAfrica *s* Sudáfrica

ˌSouth ˈAfrican *adj & s* sudafricano -a

ˌSouth Aˈmerica *s* América del Sur, Sudamérica

ˌSouth Aˈmerican *adj & s* sudamericano -a

southbound /ˈsaʊθbaʊnd/ *adj* que va/iba en dirección sur

southeast /saʊθˈist/ *sustantivo, adjetivo & adverbio*
• ***s*** (el) sudeste, (el) suroriente: *the southeast of Italy* el sudeste/suroriente de Italia
• ***adj*** (del) sudeste/suroriente, suroriental: *southeast wind* viento del sudeste/suroriente
• ***adv*** hacia el sudeste/suroriente, en dirección suroriental

southeastern /saʊθˈistərn/ *adj* (del) sudeste/suroriente, suroriental

southerly /ˈsʌðərli/ *adj* (del) sur | **in a southerly direction** en dirección sur

southern, también **Southern** /ˈsʌðərn/ *adj* (del) sur, sureño -a

southerner, también **Southerner** /ˈsʌðərnər/ *s* sureño -a

ˌSouth ˈPole *s* **the South Pole** el Polo Sur

southward /ˈsaʊθwərd/, también **southwards** /ˈsaʊθwədz/ *adv* hacia el sur

southwest /saʊθˈwest/ *sustantivo, adjetivo & adverbio*
• ***s*** (el) sudoeste, (el) suroccidente: *the southwest of the U.S.* el sudoeste/suroccidente de los EU
• ***adj*** (del) sudoeste/suroccidente, suroccidental:

A southwest wind was blowing. Soplaba viento del sudoeste.

• ***adv*** hacia el sudoeste/suroccidente, en dirección suroccidental

southwestern /sauθ'westərn/ *adj* (del) sudoeste/suroccidente, suroccidental

souvenir /suvə'nɪr/ *s* souvenir, recuerdo

sovereign *s & adj* soberano -a

sow[1] /sou/ *v* [intr] (pasado **sowed**, participio **sowed** o **sown**) plantar [semillas]

sow[2] /sau/ *s* cerda, marrana, chancha [animal]

soy bean, también **soya bean** /'sɔɪ bin/ *s* frijol (de) soya/soja, poroto de soya

soy 'sauce *s* salsa de soya/soja

spa /spɑ/ *s* **1** balneario [de aguas termales] **2** AmE jacuzzi

space /speɪs/ *sustantivo & verbo*

• ***s*** **1** lugar: *There's space for a table and two chairs.* Hay lugar para una mesa y dos sillas. **2** lugar, espacio: *a parking space* un lugar para estacionar | *I cleared a space for my new computer.* Hice lugar para mi computadora nueva. **3** espacio: *outer space* el espacio (exterior) **4 in/within the space of** en el plazo de

• ***v*** [tr] (también **space out**) espaciar, dejar separación entre

spaceship /'speɪsʃɪp/, también **spacecraft** /'speɪskræft/ *s* nave espacial

'space ˌshuttle *s* transbordador espacial

spacious /'speɪʃəs/ *adj* amplio -a

spade /speɪd/ *sustantivo & sustantivo plural*

• ***s*** pala

• **spades** ***s pl*** picas, pique [palo de la baraja]

spaghetti /spə'geti/ *s* espaguetis, spaghetti

Spain /speɪn/ *s* España

spam /spæm/ *s* spam [propaganda indeseada que se recibe por e-mail]

span /spæn/ *v* [tr] (**-nned**, **-nning**) **1** extenderse a lo largo de, abarcar **2** extenderse sobre, cruzar

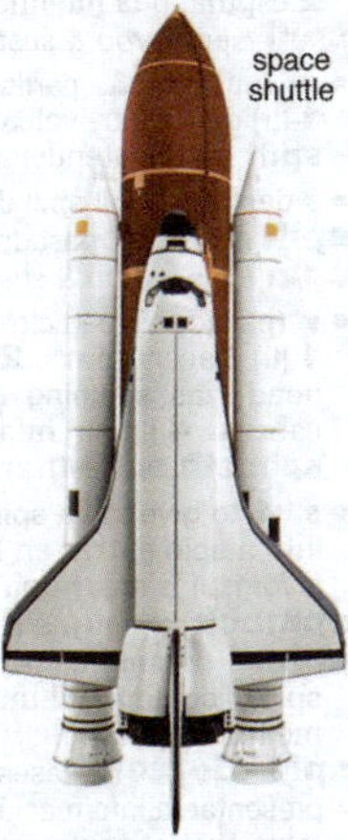
space shuttle

Spaniard /'spænjərd/ *s* español -a

Spanish /'spænɪʃ/ *adjetivo & sustantivo*

• ***adj*** español -a

• ***s*** **1** (idioma) español, castellano **2 the Spanish** los españoles

spank /spæŋk/ *v* [tr] pegarle a, darle unas palmadas/nalgadas a

spanner /'spænər/ *s* BrE llave inglesa ► En inglés americano se usa **wrench**

spare /sper/ *adjetivo, verbo & sustantivo*

• ***adj*** **1 a spare key/battery etc.** una llave/pila etc. de repuesto | **spare part** repuesto, refacción **2** de más: *Do you have a spare pencil?* ¿Tienes un lápiz de más? **3 spare room** habitación de huéspedes **4 spare time** tiempo libre **5 spare tire** llanta de repuesto, rueda de auxilio

• ***v*** [tr] **1** disponer de, dar: *I can't spare the time.* No dispongo del tiempo. | *Could you spare me a couple of minutes?* ¿Me podrías dedicar un par de minutos? **2 time/money etc. to spare** tiempo/dinero etc. de sobra **3 to spare sb the trouble** ahorrarle a alguien la molestia **4 to spare no expense** no escatimar gastos

• ***s*** repuesto, refacción

spark /spɑrk/ *sustantivo & verbo*

• ***s*** chispa

• ***v*** [tr] (también **spark off**) provocar [disturbios, una discusión]

sparkle /'spɑrkəl/ *verbo & sustantivo*

• ***v*** [intr] brillar

• ***s*** brillo

sparkler /'spɑrklər/ *s* luz de bengala, estrellita

sparkling /'spɑrklɪŋ/ *adj* **sparkling mineral water** agua mineral con gas | **sparkling white wine** vino blanco espumoso/espumante

sparrow /'spærou/ *s* gorrión

sparse /spɑrs/ *adj* escaso -a, ralo -a

spasm /'spæzəm/ *s* espasmo

spat /spæt/ pasado & participio de **spit**

spate /speɪt/ *s* **a spate of burglaries/murders etc.** una serie de robos/asesinatos etc.

spatter /'spætər/ *v* [tr] salpicar

speak /spik/ *v* (pasado **spoke**, participio **spoken**) **1** [intr] hablar | **to speak to sb**, también **to speak with sb** AmE hablar con alguien: *Could I speak to Alan, please?* ¿Podría hablar con Alan? | **to speak about sth** hablar de algo | **not to be on speaking terms with sb** no hablarse con alguien [por haberse peleado, etc.] **2** [tr] hablar: *Do you speak English?* ¿Hablas inglés? **3 so to speak** por así decirlo

speak for sb hablar en nombre de alguien, hablar por alguien **speak for sth** **1 to speak for itself/themselves** hablar por sí solo/solos, ser elocuente/elocuentes **2 to be spoken for** estar reservado -a

speak up hablar más alto

speaker /'spikər/ *s* **1** orador -a **2 Spanish/English etc. speaker** hispanohablante/angloparlante etc., hablante del español/inglés etc. **3** parlante, baffle, bocina

spear /spɪr/ *sustantivo & verbo*

• ***s*** lanza, arpón

• ***v*** [tr] clavarle una lanza/un arpón/un tenedor a

special /'speʃəl/ *adjetivo & sustantivo*

• ***adj*** especial: *special treatment* trato especial | *Are you looking for anything special?* ¿Busca algo en especial? | **nothing special** nada especial

¿Quieres una lista de frases útiles para hablar de ti mismo? Consulta la **guía de comunicación** al final del libro.

| **special occasion** ocasión especial | **special offer** oferta especial

• *s* **1** especial [programa de radio o televisión] **2** plato del día

spe͵cial 'effects *s pl* efectos especiales

specialist /'speʃəlɪst/ *s* especialista

specialize, -ise BrE /'speʃəlaɪz/ *v* **to specialize in sth** especializarse en algo

specialized, también **-ised** BrE /'speʃəlaɪzd/ *adj* especializado -a

specially /'speʃəli/ *adv* **1** especialmente **2** (informal) en particular

specialty /'speʃəlti/ AmE, **speciality** /͵speʃi'æləti/ BrE *s* (pl **-ties**) **1** (tema) especialidad **2** (plato) especialidad

species /'spiʃiz/ *s* (pl **species**) especie

specific /spɪ'sɪfɪk/ *adj* **1** específico -a, en particular: *I'm not talking about any specific person.* No hablo de ninguna persona en particular. **2** preciso -a: *They gave us very specific instructions.* Nos dieron instrucciones muy precisas.

specify /'spesəfaɪ/ *v* [tr] (**-fies**, **-fied**) especificar

specimen /'spesəmən/ *s* **1** muestra **2** ejemplar, espécimen

speck /spek/ *s* **1** mota [de polvo] **2** mancha [de sangre, grasa, etc.]

speckled /'spekəld/ *adj* moteado -a

specs /speks/ *s pl* (informal) ▶ ver **spectacles**

spectacle /'spektəkəl/ *sustantivo & sustantivo plural*

• *s* espectáculo

• **spectacles** *s pl* (formal) gafas, anteojos, lentes

spectacular /spek'tækjələr/ *adj* espectacular

spectator /'spekteɪtər/ *s* espectador -a

speculate /'spekjəleɪt/ *v* [intr] **1** hacer conjeturas, especular **2** especular [con dinero, etc.]

sped /sped/ pasado & participio de **speed**

speech /spitʃ/ *s* (pl **-ches**) **1** discurso | **to give/make a speech** dar un discurso **2 the power of speech** el habla **3 freedom of speech** libertad de expresión **4** parlamento [en una pieza teatral]

speechless /'spitʃləs/ *adj* mudo -a [por la sorpresa, el enojo, etc.]: *He was speechless with rage.* Estaba mudo de la rabia.

'speech marks *s pl* comillas

speed /spid/ *sustantivo & verbo*

• *s* **1** velocidad: *What speed were you traveling at?* ¿A qué velocidad iba? | **at top speed** a toda velocidad **2** rapidez

• *v* [intr] (pasado & participio **sped** o **speeded**) **1 to speed by/off etc.** pasar/escapar etc. a toda velocidad **2 to be speeding** exceder el límite de velocidad

speed up **1** (ir más rápido) acelerar **2** (trabajar más rápido) acelerar **speed sth up** acelerar algo

speedboat /'spidbout/ *s* lancha (rápida)

speedy /'spidi/ *adj* (**-dier**, **-diest**) pronto -a, rápido -a: *a speedy recovery* una pronta recuperación

spell /spel/ *verbo & sustantivo*

• *v* (pasado & participio **spelled** o **spelt** BrE) [tr] deletrear, escribir: *Could you spell your last name for me, please?* ¿Me podría deletrear su apellido, por favor? | *How do you spell "Birmingham"?* ¿Cómo se escribe "Birmingham"?

spell sth out explicar algo en detalle

• *s* **1** hechizo | **to put a spell on sb** hechizar a alguien **2** temporada, racha

spelling /'spelɪŋ/ *s* **1** ortografía **2** grafía

spelt /spelt/ BrE pasado & participio de **spell**

spend /spend/ *v* [tr] (pasado & participio **spent**) **1** gastar: *I spent $70 on a new dress.* Gasté $70 en un vestido nuevo. **2** pasar: *We spent the afternoon playing cards.* Pasamos la tarde jugando a las cartas.

spending /'spendɪŋ/ *s* gasto(s)

spent /spent/ pasado & participio de **spend**

sperm /spɜrm/ *s* **1** (pl **sperm** o **sperms**) espermatozoide **2** esperma

sphere /sfɪr/ *s* **1** esfera **2** ámbito

spherical /'sfɪrɪkəl/ *adj* esférico -a

spice /spaɪs/ *s* especia

spicy /'spaɪsi/ *adj* (**-cier**, **-ciest**) muy condimentado -a, picante, picoso -a

spider /'spaɪdər/ *s* araña

spike /spaɪk/ *s* **1** pincho, púa [de metal] **2** espina, púa [de una planta]

spill /spɪl/ *verbo & sustantivo*

• *v* (pasado & participio **spilled** o **spilt** BrE) **1** [tr] derramar, volcar **2** [intr] derramarse

spill over extenderse

• *s* derrame | **oil spill** derrame de petróleo

spilt /spɪlt/ BrE pasado & participio de **spill**

spin /spɪn/ *verbo & sustantivo*

• *v* (pasado & participio **spun**, gerundio **spinning**) **1** [tr] hacer girar **2** [intr] girar **3 my/her etc. head was spinning** me/le etc. daba vueltas la cabeza **4** [tr/intr] hilar **5** [tr] centrifugar

spin sth out estirar algo

• *s* **1 to give sth a spin** hacer girar algo **2 to go into a spin** entrar en barrena **3 to go for a spin** (informal) ir a dar una vuelta [en auto]

spinach /'spɪnɪtʃ/ *s* espinaca(s)

spinal /'spaɪnl/ *adj* de la columna (vertebral) | **spinal column** columna vertebral | **spinal cord** médula espinal

'spin ͵doctor *s* asesor político especializado en presentar la información de modo que resulte favorable para el gobierno o un partido

spine /spaɪn/ *s* **1** columna (vertebral) **2** espina, púa **3** lomo [de un libro]

spineless /'spaɪnləs/ *adj* pusilánime, cobarde

spinster /'spɪnstər/ *s* soltera, solterona

spiral /'spaɪrəl/ *sustantivo, adjetivo & verbo*

• *s* espiral

• *adj* de espiral | **spiral staircase** escalera (de) caracol

• *v* [intr] (**-led**, **-ling** AmE, **-lled**, **-lling** BrE) **1** subir/caer en espiral **2** dispararse [los precios]

spire /spaɪr/ *s* aguja [en una iglesia, torre, etc.]

spirit /ˈspɪrɪt/ *sustantivo & sustantivo plural*

• *s* **1** (alma) espíritu **2** (fantasma) espíritu **3** (actitud) espíritu: *a true spirit of cooperation* un verdadero espíritu de cooperación

• **spirits** *s pl* **1** ánimo | **to be in high/low spirits** estar animado -a/desanimado -a **2** BrE bebidas alcohólicas/espirituosas [fuertes] ► En inglés americano se usa **liquor**

spiritual /ˈspɪrɪtʃuəl/ *adj* espiritual

spit /spɪt/ *verbo & sustantivo*

• *v* (pasado & participio **spat** o **spit** AmE, gerundio **spitting**) **1** [intr] escupir | **to spit at sb** escupirle a alguien **2 to spit sth out** escupir algo **3 it's spitting (with rain)** está lloviznando **4 to be the spitting image of sb** ser el (vivo) retrato de alguien

• *s* **1** saliva, baba **2** asador, espiedo

spite /spaɪt/ *sustantivo & verbo*

• *s* **1 in spite of** a pesar de: *in spite of the bad weather* a pesar del mal tiempo **2** rencor, maldad: *She just broke it out of spite.* Lo rompió sólo por rencor.

• *v* [tr] hacer enojar a, molestar

spiteful /ˈspaɪtfəl/ *adj* rencoroso -a

splash /splæʃ/ *verbo & sustantivo*

• *v* (3ª pers sing **-shes**) **1 to splash on/over sth** salpicar algo: *The wine splashed all over my shirt.* El vino me salpicó toda la camisa. **2** [tr] mojar | **to splash sth on sth** mojar algo con algo: *He splashed some cold water on his face.* Se mojó la cara con agua fría. **3** [intr] (también **splash around/about**) chapotear

splash out to splash out on sth (informal) gastarse un dineral en algo

• *s* (pl **-shes**) **1** ruido de algo que cae al agua **2** mancha [de sangre, tinta, etc.] **3 to make a splash** (informal) causar sensación **4 a splash of milk/brandy etc.** un chorrito de leche/coñac etc.

splatter /ˈsplætər/ *v* [tr] salpicar | **to splatter on/over sth** salpicar algo

splendid /ˈsplendɪd/ *adj* espléndido -a

splint /splɪnt/ *s* entablillado

splinter /ˈsplɪntər/ *sustantivo & verbo*

• *s* astilla

• *v* [intr] astillarse

split /splɪt/ *verbo, sustantivo & sustantivo plural*

• *v* (pasado & participio **split**, gerundio **splitting**) **1** [intr] partirse, abrirse: *The wood had split in two.* La madera se había partido en dos. **2** [tr] partir, abrir **3** (también **split up**) [tr] dividir, [intr] dividirse: *The class **split** into four groups.* La clase se dividió en cuatro grupos. **4** (también **split up**) [tr] escindir, [intr] escindirse **5** [tr] repartir: *They **split** the money **between** them.* Se repartieron el dinero entre ellos.

split up separarse [pareja] | **to split up with sb** separarse de alguien, terminar con alguien

• *s* **1** abertura [en una falda] **2** escisión

• **splits** *s pl* **to do the splits** hacer la tijera [un acróbata, una bailarina, etc.]

ˌsplit ˈsecond *s* **a split second** una fracción de segundo

splitting /ˈsplɪtɪŋ/ *adj* **a splitting headache** un dolor de cabeza espantoso

splutter /ˈsplʌtər/ *v* [tr/intr] farfullar

spoil /spɔɪl/ *v* (pasado & participio **spoiled** o **spoilt** BrE) **1** [tr] arruinar **2** [tr] malcriar, consentir

spoiled[1] /spɔɪld/, también **spoilt** /spɔɪlt/ BrE *adj* malcriado -a, consentido -a

spoiled[2], también **spoilt** BrE pasado & participio de **spoil**

spoilsport /ˈspɔɪlspɔrt/ *s* (informal) aguafiestas

spoke[1] /spoʊk/ *s* rayo [de una rueda]

spoke[2] pasado de **speak**

spoken /ˈspoʊkən/ participio de **speak**

spokesman /ˈspoʊksmən/ *s* (pl **-men**) vocero

spokesperson /ˈspoʊkspɜrsən/ *s* (pl **spokes-people**) vocero -a

spokeswoman /ˈspoʊkswʊmən/ *s* (pl **-women**) vocera

sponge /spʌndʒ/ *sustantivo & verbo*

• *s* **1** esponja **2** BrE ► ver **sponge cake**

• *v* (informal) **to sponge off sb** vivir a costillas de alguien

ˈsponge cake *s* bizcocho, bizcochuelo

sponsor /ˈspɑnsər/ *sustantivo & verbo*

• *s* patrocinador -a, sponsor

• *v* [tr] patrocinar, financiar

sponsored /ˈspɑnsərd/ *adj*

> **A sponsored walk**, por ejemplo, es una caminata que un grupo de personas hace para recaudar fondos con fines benéficos. Cada participante tiene que obtener el apoyo de sus amigos y familiares, que se comprometen a pagarle una determinada cantidad de dinero por cada milla recorrida. Para pedir este apoyo se pregunta **Will you sponsor me?** Además de **sponsored walks** se hacen **sponsored swims, sponsored runs,** etc.

sponsorship /ˈspɑnsərʃɪp/ *s* auspicio, patrocinio

spontaneous /spɑnˈteɪniəs/ *adj* espontáneo -a

spooky /ˈspuki/ *adj* (**-kier**, **-kiest**) (informal) que da miedo, espeluznante

spool /spul/ *s* carrete, carretel

spoon /spun/ *sustantivo & verbo*

• *s* **1** cuchara **2** (también **spoonful**) cucharada

• *v* **to spoon sth into/over etc. sth** poner algo en/sobre etc. algo (con una cuchara)

sport /spɔrt/ *s* deporte

sporting /ˈspɔrtɪŋ/ *adj* **sporting events/activities** eventos deportivos/actividades deportivas

sports /spɔrts/ *adj* deportivo -a, de deportes: *a sports club* un club deportivo

'sports car *s* (auto/carro) deportivo, auto/carro sport

'sports ˌcenter AmE, **sports centre** BrE *s* polideportivo

sportsman /'spɔrtsmən/ *s* (pl **-men**) deportista [hombre]

sportswoman /'spɔrtswumən/ *s* (pl **-women**) deportista [mujer]

sporty /'spɔrti/ *adj* BrE (informal) **to be sporty** ser deportista: *She's very sporty.* Es muy deportista.

spot /spɑt/ *sustantivo, sustantivo plural & verbo*

• *s* **1** lugar, sitio: *a beautiful spot for a picnic* un lugar precioso para un picnic **2** mancha **3 on the spot (a)** de inmediato **(b)** en el lugar de los hechos **4 to put sb on the spot** poner a alguien en un aprieto **5** spot, espacio: *an advertising spot* un spot publicitario **6** BrE grano, barro, espinilla [en la piel] ▶ En inglés americano se usa **pimple**

• **spots** *s pl* lunares [en una tela]

• *v* [tr] (**-tted**, **-tting**) **1** descubrir [un error] **2** ubicar, divisar

spotless /'spɑtləs/ *adj* **1** impecable **2** intachable

spotlight /'spɑtlaɪt/ *s* **1** foco, spot **2 to be in the spotlight** ser el centro de atención

spotted /'spɑtɪd/ *adj* a lunares

spotty /'spɑti/ *adj* (**-ttier**, **-ttiest**) BrE (informal) con granos [en la piel]

spouse /spaus/ *s* (formal) cónyuge

spout /spaut/ *sustantivo & verbo*

• *s* pico [de una tetera, una regadera, etc.]

• *v* **1** [intr] salir, manar [en grandes cantidades] **2** [tr] expulsar [lava, humo, etc.]

sprain /spreɪn/ *verbo & sustantivo*

• *v* **to sprain your ankle/wrist etc.** hacerse un esguince en el tobillo/la muñeca etc.

• *s* esguince

sprang /spræŋ/ pasado de **spring**

sprawl /sprɔl/ *v* [intr] **1** (también **sprawl out**) sentarse o tumbarse despatarrado **2** extenderse [ciudad]

spray /spreɪ/ *sustantivo & verbo*

• *s* **1** aerosol **2 hair spray** (spray) fijador, laca **3** rocío producido por la rompiente de las olas, una catarata, etc.

• *v* **1** [tr] rociar [las plantas] **2** [tr] fumigar [los cultivos] **3** [tr] echar [agua, perfume, desodorante de ambientes] **4** [intr] salir [en forma de lluvia]

spread /spred/ *verbo & sustantivo*

• *v* (pasado & participio **spread**) **1** [tr] (también **spread out**) extender: *Alex spread the map out on the floor.* Alex extendió el mapa sobre el suelo. **2** [tr] propagar, [intr] propagarse [fuego, enfermedad, etc.] **3** [tr] propagar, [intr] propagarse [rumor, ideas, etc.]: *News spread quickly through the school.* La noticia se propagó rápidamente por la escuela. **4** [tr] extender | **to spread butter/jelly etc. on the bread** untar el pan con mantequilla/mermelada etc.: *Spread a little butter on the bread.* Unte el pan con un poco de mantequilla. **5** (también **spread out**) [tr] estirar, extender, [intr] estirarse, extenderse | **to be evenly spread** estar distribuido -a de forma pareja

• *s* **1** propagación, difusión **2** cualquier pasta untable como una margarina, un queso untable, etc.

spreadsheet /'spredʃit/ *s* hoja de cálculo

spree /spri/ *s* **to go on a shopping/spending etc. spree** salir a comprarse de todo/a gastar a lo loco etc.

spring /sprɪŋ/ *sustantivo & verbo*

• *s* **1** primavera ▶ ver "Active Box" **seasons** en **season** **2 spring weather/morning etc.** clima/mañana etc. de primavera **3** resorte **4** manantial

• *v* [intr] (pasado **sprang** o **sprung** AmE, participio **sprung**) **1** saltar, brincar **2 to spring open/shut** abrirse/cerrarse de un golpe **3 tears sprang into my/his etc. eyes** se me/le etc. llenaron los ojos de lágrimas

spring from sth surgir de algo, originarse en algo

spring sth on sb (informal) decirle algo a alguien de buenas a primeras

springboard /'sprɪŋbɔrd/ *s* trampolín

ˌspring-'clean *v* [tr/intr] hacer una limpieza general (de)

ˌspring-'cleaning *s* limpieza general

ˌspring 'onion *s* cebollín, cebolleta, cebollita de cambray

springtime /'sprɪŋtaɪm/ *s* primavera: *These flowers bloom in the springtime.* Estas flores florecen en primavera.

sprinkle /'sprɪŋkəl/ *v* [tr] **1 to sprinkle sth with sugar/cheese etc.** espolvorear algo con azúcar/queso etc. | **to sprinkle sugar/cheese etc. on sth** espolvorear algo con azúcar/queso etc. | **to sprinkle water/perfume etc. on sth** rociar algo con agua/perfume etc. **2** AmE **it's sprinkling** está lloviznando

sprinkler /'sprɪŋklər/ *s* **1** regador, aspersor **2** rociador [contra incendios]

sprint /sprɪnt/ *verbo & sustantivo*

• *v* [intr] correr

• *s* **1** (en ciclismo) sprint **2** (en atletismo) carrera (corta)

sprout /spraut/ *verbo & sustantivo*

• *v* [intr] **1** (también **sprout up**) aparecer/proliferar como hongos **2** brotar, salir [hojas, brotes] **3** brotar [plantas, semillas] **4** salir, crecer [pelo, alas, cuernos]

• *s* **1** brote **2** ▶ ver **brussels sprout**

sprung /sprʌŋ/ participio de **spring**

spun /spʌn/ pasado & participio de **spin**

spur /spɜr/ *sustantivo & verbo*

• *s* **1 to do sth on the spur of the moment** hacer algo de un momento para otro **2** estímulo **3** espuela

• *v* [tr] (**-rred**, **-rring**) (también **spur on**) alentar

spurt /spɜrt/ *verbo & sustantivo*

• *v* [intr] salir a chorros

• *s* chorro

spy /spaɪ/ *sustantivo & verbo*

• *s* (pl **spies**) espía

• *v* [intr] (**spies**, **spied**) espiar | **to spy on sb** espiar a alguien

squabble /ˈskwɑbəl/ *verbo & sustantivo*

• *v* **to squabble (about/over sth)** pelearse/discutir (por algo)

• *s* pelea, discusión

squad /skwɑd/ *s* **1** selección, equipo [en deportes] **2** brigada **3** pelotón

squadron /ˈskwɑdrən/ *s* escuadrón

squalid /ˈskwɑlɪd/ *adj* **1** sucio -a, miserable **2** sórdido -a

squalor /ˈskwɑlər/ *s* miseria

squander /ˈskwɑndər/ *v* [tr] despilfarrar, derrochar

square /skwer/ *adjetivo, sustantivo & verbo*

• *adj* **1** cuadrado -a **2 square meters/feet etc.** metros/pies etc. cuadrados **3 a square meal** una comida decente **4 to be (all) square** (informal) estar/quedar a mano **5** anguloso -a [cara, barbilla, etc.]

• *s* **1** cuadrado **2** plaza: *There's a market in the square every Friday.* Hay mercado en la plaza todos los viernes. **3 to be back to square one** estar otra vez en foja(s) cero, volver a empezar desde cero **4** casilla [en un juego de mesa]

• *v* [tr] elevar al cuadrado

square up arreglar cuentas **square up to sb** plantarse frente a alguien [dispuesto a pelear]

ˌsquare ˈroot *s* raíz cuadrada

squash /skwɑʃ/ *verbo & sustantivo*

• *v* (3ª pers sing **-shes**) **1** [tr] aplastar, espichar, apachurrar | **to get squashed** aplastarse **2 to squash into a car/elevator etc.** apretujarse en un auto/un ascensor etc. | **to squash sth into a suitcase/drawer etc.** meter algo todo apretujado en una maleta/un cajón etc.

• *s* **1** squash **2 it's a squash** estamos/van etc. todos -as apretados -as **3** tipo de calabaza **4** BrE concentrado que se diluye con agua para preparar refrescos de frutas

squat /skwɑt/ *verbo & adjetivo*

• *v* [intr] (**-tted**, **-tting**)

1 (también **squat down**) ponerse en cuclillas

2 vivir ilegalmente en un inmueble

• *adj* rechoncho -a

squatting

squatter /ˈskwɑtər/ *s* ocupante ilegal

squawk /skwɔk/ *verbo & sustantivo*

• *v* [intr] graznar

• *s* graznido

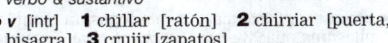

squeak /skwik/ *verbo & sustantivo*

• *v* [intr] **1** chillar [ratón] **2** chirriar [puerta, bisagra] **3** crujir [zapatos]

• *s* **1** chillido [de un ratón] **2** chirrido [de una puerta, bisagra] **3** crujido [de los zapatos]

squeaky /ˈskwiki/ *adj* (**-kier**, **-kiest**) **1** chillón -ona [voz] **2 a squeaky door** una puerta que chirría/chirriaba

squeal /skwil/ *verbo & sustantivo*

• *v* [intr] chillar

• *s* chillido

squeamish /ˈskwimɪʃ/ *adj* impresionable

squeeze /skwiz/ *verbo & sustantivo*

• *v* **1** [tr] apretar **2** [tr] exprimir [limones, naranjas, etc.] **3 to squeeze into/between etc.** meterse/pasar por etc. [refiriéndose a espacios muy reducidos]: *We all squeezed into the elevator.* Todos nos metimos en el ascensor. | *Can I squeeze past?* ¿Me dejas un lugarcito para pasar? | **to squeeze sth into sth** meter algo (todo apretujado) en algo

• *s* **1 it was a (tight) squeeze** íbamos/estaban etc. todos -as apretados -as **2** apretón **3** chorrito

squid /skwɪd/ *s* (pl **squid** o **squids**) calamar

squint /skwɪnt/ *verbo & sustantivo*

• *v* [intr] **1** entrecerrar los ojos, mirar entrecerrando los ojos **2** bizquear, ser bizco -a

• *s* **to have a squint** bizquear, ser bizco -a

squirm /skwɜrm/ *v* [intr] **1** retorcerse **2 to squirm with embarrassment** morirse de vergüenza

squirrel /ˈskwɜrəl/ *s* ardilla

squirt /skwɜrt/ *verbo & sustantivo*

• *v* **1** [tr] echar un chorro de **2** [intr] salir a chorros

• *s* chorrito

Sr. (= **Senior**) padre: *James Wilson Sr.* James Wilson padre

St.

• (= **Street**) calle

• (= **Saint**) S., Sto., Sta.

¿Se dice *I arrived in Miami* o *I arrived to Miami*? Mira la entrada **arrive**.

stab /stæb/ *verbo & sustantivo*
• *v* [tr] (**-bbed**, **-bbing**) **1** apuñalar **2** (también **stab at**) pinchar
• *s* **1** puñalada **2 to have a stab at (doing) sth** (informal) intentar (hacer) algo

stabbing *adjetivo & sustantivo*
• *adj* **a stabbing pain** un dolor punzante
• *s* apuñalamiento

stability /stəˈbɪləti/ *s* estabilidad

stabilize, -ise BrE /ˈsteɪbəlaɪz/ *v* **1** [tr] estabilizar **2** [intr] estabilizarse

stable /ˈsteɪbəl/ *adjetivo & sustantivo*
• *adj* **1** (que no se mueve) estable **2** estable [relación, país, condición, etc.] **3** equilibrado -a
• *s* caballeriza, cuadra

stack /stæk/ *sustantivo, sustantivo plural & verbo*
• *s* pila, montón
• **stacks** *s pl* (informal) **1** montones/un montón, pilas/una pila: *We have stacks of time.* Tenemos montones de tiempo.
• *v* [tr] (también **stack up**) apilar

stadium /ˈsteɪdiəm/ *s* (pl **-diums** o **-dia**) estadio

staff /stæf/ *sustantivo & verbo*
• *s* personal
• *v* **to be staffed by volunteers/students etc.** estar atendido -a por voluntarios/estudiantes etc.

stag /stæg/ *s* venado, ciervo

stage /steɪdʒ/ *sustantivo & verbo*
• *s* **1** etapa: *Children go though various stages of development.* Los niños atraviesan varias etapas de desarrollo. **2 at this stage** a esta altura: *At this stage, it's hard to say what will happen.* A esta altura, es difícil saber qué va a pasar. **3 in stages**, también **by stages** por etapas, paso a paso **4** escenario | **to go on stage** salir a escena **5 the stage** las tablas [el teatro]
• *v* [tr] **1** poner en escena, montar **2 to stage a demonstration/strike etc.** organizar una manifestación/huelga etc.

stagger /ˈstægər/ *v* **1** [intr] caminar a los tumbos: *We staggered home about two o'clock in the morning.* Llegamos tambaleándonos a casa cerca de las dos de la mañana. **2** [tr] escalonar

staggered /ˈstægərd/ *adj* pasmado -a | **to be staggered at sth** quedarse pasmado -a por algo

staggering /ˈstægərɪŋ/ *adj* pasmoso -a

stain /steɪn/ *sustantivo & verbo*
• *s* mancha
• *v* [tr] manchar

ˌstainless ˈsteel *s* acero inoxidable

stair /ster/ *sustantivo & sustantivo plural*
• *s* escalón
• **stairs** *s pl* escalera(s) | **to go up/down the stairs** subir/bajar las escaleras | **to run up/down the stairs** subir/bajar las escaleras corriendo | **to fall down the stairs** caerse por las escaleras: *I fell down the stairs and broke my leg.* Me caí por las escaleras y me rompí la pierna. ▶ **¿STAIRS O STAIRCASE?** ver nota en **escalera**

staircase /ˈsterkeɪs/ *s* escalera(s) ▶ **¿STAIRCASE O STAIRS?** ver nota en **escalera**

stairway /ˈsterweɪ/ *s* escalera(s)

stake /steɪk/ *sustantivo & sustantivo plural*
• *s* **1 to be at stake** estar en juego **2 to have a stake in sth** tener participación en algo **3** estaca
• **stakes** *s pl* **1** apuesta **2 the stakes are high** es mucho lo que está en juego **3 to raise the stakes** aumentar la tensión [en un conflicto]

stale /steɪl/ *adj* **1** duro -a [pan, pastel, etc.] **2** viciado -a [aire, atmósfera, etc.] **3** aburrido -a [en un trabajo, una situación]

stalk /stɔk/ *sustantivo & verbo*
• *s* tallo
• *v* [tr] acechar

stalker /ˈstɔkər/ *s* persona que acecha a otra

stall /stɔl/ *sustantivo, sustantivo plural & verbo*
• *s* puesto
• **stalls** *s pl* BrE luneta, platea
• *v* **1** [intr] pararse, atascarse [motor]: *The car stalled as he tried to pull away.* Se le paró el motor cuando trató de irse. **2 I stalled the engine/I stalled** se me paró el motor **3** [intr] (informal) hacer maniobras dilatorias, andar con evasivas **4** [tr] (informal) **to stall sb** entretener a alguien [para ganar tiempo]

stallion /ˈstæljən/ *s* semental

stamina /ˈstæmənə/ *s* resistencia, aguante

stammer /ˈstæmər/ *verbo & sustantivo*
• *v* [tr/intr] tartamudear
• *s* **to have a stammer** tartamudear

stamp /stæmp/ *sustantivo & verbo*
• *s* **1** (de correo) estampilla, sello, timbre **2** (distintivo oficial) sello **3** (aparato para sellar) sello, timbre
• *v* **1 to stamp around** ir y venir pisando fuerte | **to stamp on sth** aplastar algo con el pie | **to stamp your foot** dar patadas en el suelo **2** [tr] sellar
stamp sth out erradicar algo

stance /stæns/ *s* postura, posición

stand /stænd/ *verbo & sustantivo*
• *v* (pasado & participio **stood**) **1** [intr] estar parado -a: *He was standing by the door.* Estaba parado junto a la puerta.
2 to stand still quedarse quieto -a
3 to stand back/aside apartarse
4 [intr] (también **stand up**) pararse, ponerse de pie: *He stood up and opened the door.* Se paró y abrió la puerta.
5 [intr] estar: *The house stands on a hill.* La casa está en un cerro.
6 [tr] soportar, aguantar: *She* ***can't stand*** *this kind of music.* No soporta este tipo de música. | *I* ***can't stand*** *our English teacher.* No aguanto a la profesora de inglés.

7 [intr] seguir en pie: *What I said still stands.* Lo que dije sigue en pie.
8 to know where sb stands on sth saber cuál es la posición de alguien con respecto a algo
9 [tr] resistir
10 [intr] BrE postularse, presentarse [como candidato] ▶ También existe **to run,** que es inglés universal
11 to stand in sb's way, también **stand in the way** interponerse en el camino de alguien
12 it stands to reason es lógico
13 to stand a chance (of doing sth) tener la posibilidad (de hacer algo)
14 to stand on your own two feet valerse por uno mismo

PHRASAL VERBS

stand around estar sin hacer nada
stand by **1** quedarse cruzado -a de brazos **2** estar preparado -a, estar listo -a **stand by sth** mantener algo [promesa, acuerdo] **stand by sb** apoyar a alguien
stand for sth **1** significar algo **2 I/he etc. won't stand for sth** no voy/va etc. a tolerar algo: *I won't stand for this sort of behavior.* No voy a tolerar esta clase de conducta. **3** representar algo
stand in to stand in (for sb) sustituir (a alguien)
stand out destacarse
stand up sostenerse [idea, propuesta, etc.]
stand sb up dejar plantado -a a alguien, darle la plancha a alguien
stand up for sth/sb defender algo/a alguien
stand up to sb/sth hacerle frente a alguien/algo

• *s* **1** perchero: *a coat stand* un perchero
2 atril
3 puesto: *a hotdog stand* un puesto de perritos calientes
4 postura, posición | **to take a stand on sth** adoptar una posición respecto de algo
5 tribuna [en un estadio]
6 AmE estrado

standard /ˈstændərd/ *sustantivo & adjetivo*
• *s* **1** nivel, estándar: *standard of living* nivel de vida | **to meet a standard** alcanzar un nivel **2** punto de vista, criterio
• *adj* estándar, normal: *the standard rate* la tarifa estándar

standardize, -ise BrE /ˈstændərdaɪz/ *v* [tr] estandarizar, normalizar

standby /ˈstændbaɪ/ *sustantivo & adjetivo*
• *s* **to be on standby (a)** estar en estado de alerta **(b)** estar en lista de espera
• *adj* **1** de emergencia **2** stand-by [pasaje]

stand-in *s* suplente, doble [en una película]

standing /ˈstændɪŋ/ *adjetivo, sustantivo & sustantivo plural*
• *adj* **1 a standing joke** algo que siempre es motivo de bromas: *His clothes are a standing joke at school.* La ropa que usa siempre es motivo de bromas en la escuela. **2 standing order** orden permanente de pago **3 a standing invitation** una invitación a ir a algún lugar cuando uno quiera **4 standing ovation** ovación de pie
• *s* **1** posición **2 of many years' standing** con muchos años de antigüedad | **of 5/10 years' standing** de 5/10 años de antigüedad
• **standings** *s pl* AmE tabla de posiciones, ranking

standoff /ˈstændɔf/ *s* impasse [en un enfrentamiento]

standpoint /ˈstændpɔɪnt/ *s* punto de vista

standstill /ˈstændstɪl/ *s* **to be at a standstill** estar paralizado -a | **to bring sth to a standstill** paralizar algo, detener algo | **to come to a standstill** paralizarse, detenerse (por completo)

stank /stæŋk/ pasado de **stink**

staple /ˈsteɪpəl/ *sustantivo, verbo & adjetivo*
• *s* grapa, ganchito, corchete [para unir papeles]
• *v* [tr] grapar, engra(m)par, corchetear [papeles, una fotografía]
• *adj* básico -a [alimento, dieta]

stapler /ˈsteɪplər/ *s* grapadora, engra(m)padora, corchetera

star /stɑr/ *sustantivo & verbo*
• *s* **1** (cuerpo celeste) estrella **2** (persona famosa) estrella: *a movie star* una estrella del cine | *a rock star* una estrella del rock **3** (forma) estrella **4 two-star/four-star etc.** de dos/cuatro etc. estrellas: *a four-star hotel* un hotel de cuatro estrellas
• *v* (**-rred, -rring**) **1** [intr] ser protagonista: *He's already starred in six movies.* Ya ha sido protagonista de seis películas. **2** [tr] tener como protagonista a

stardom /ˈstɑrdəm/ *s* estrellato

stare /ster/ *verbo & sustantivo*
• *v* [intr] mirar (fijamente) | **to stare at sth/sb** mirar algo/a alguien (fijamente)
• *s* mirada

stark /stɑrk/ *adjetivo & adverbio*
• *adj* **1** austero -a **2** marcado -a, claro -a: *in stark contrast* en marcado contraste **3** crudo -a, duro -a [realidad, etc.]
• *adv* **stark naked** completamente desnudo -a

Stars and ˈStripes *s* **the Stars and Stripes** la bandera de EU

ˈstar sign *s* signo (del zodíaco)

start /stɑrt/ *verbo & sustantivo*
• *v* **1** [tr/intr] empezar: *Are you ready to start?* ¿Están listos para empezar? | *Have you started that book yet?* ¿Ya has empezado ese libro? | **to start doing sth/to start to do sth** empezar a hacer algo, ponerse a hacer algo: *It started raining.* Empezó a llover. | *She started to shiver.* Se puso a temblar. | **to start all over again** volver a empezar desde cero
2 [intr] empezar, iniciarse: *What time does the movie start?* ¿A qué hora empieza la película? |

¿Quieres información sobre las diferencias entre los **artículos** en inglés y en español? Lee la explicación en el apartado de gramática.

How did the fire start? ¿Cómo se inició el incendio?
3 [tr] provocar: *Are you trying to start a fight?* ¿Quieres provocar una pelea?
4 to start with (a) al principio **(b)** para empezar
5 [intr] (también **start out**) salir [iniciar un viaje]
6 (también **start up**) [tr] hacer arrancar, [intr] arrancar [auto, motor]
7 [tr/intr] (también **start up**) arrancar [computadora]
8 (también **start up**) poner, establecer [una empresa, una organización]
9 prices start at $15/$50 etc. los precios van de $15/$50 etc. para arriba
10 [intr] nacer [río]
11 [intr] sobresaltarse

PHRASAL VERBS

start off **1** empezar: *Let's start off by reviewing what we did last week.* Empecemos por repasar lo que hicimos la semana pasada. **2** ponerse en camino **start sth off** empezar algo, iniciar algo
start on sth empezar a hacer algo, empezar con algo
start out **1** empezar **2** ponerse en camino
start over AmE volver a empezar
• *s* **1** principio: *the start of the show* el principio del espectáculo
2 to get off to a good/bad start empezar bien/mal
3 (right) from the start desde el principio
4 for a start para empezar
5 susto, sobresalto

starter /'stɑrtər/ *s* BrE entrada [primer plato] ► En inglés americano se usa **appetizer**

startle /'stɑrtl/ *v* [tr] asustar, sobresaltar

starvation /stɑr'veɪʃən/ *s* hambre, inanición

starve /stɑrv/ *v* **1** [intr] morirse de hambre, pasar hambre **2** [tr] matar de hambre a

starving /'stɑrvɪŋ/ *adj* **1** (informal) muerto -a de hambre: *Is dinner ready yet? I'm starving!* ¿Está lista la comida? ¡Estoy muerta de hambre! **2** hambriento -a: *starving children* niños hambrientos

stash /stæʃ/ *v* [tr] (3ª pers sing **-shes**) (también **stash away**) (informal) esconder

state /steɪt/ *sustantivo, sustantivo plural, adjetivo & verbo*
• *s* **1** (condición) estado: *What state was the car in?* ¿En qué estado estaba el auto? | *state of mind* estado de ánimo **2** (también **State**) (administración nacional) estado, Estado: *The cost is refunded by the State.* El costo es reembolsado por el Estado. **3** (nación) estado **4** (también **State**) (unidad administrativa) estado: *the state of California* el estado de California **5 to be in a state** estar muy angustiado -a, estar muy mal
• *s pl* **the States** (informal) (los) Estados Unidos: *She lives in the States.* Vive en Estados Unidos.
• *adj* **state visit/opening etc.** visita/inauguración etc. oficial
• *v* [tr] **1** decir, manifestar **2** establecer, estipular

statement /'steɪtmənt/ *s* **1** declaración | **to make/issue a statement** hacer/emitir una declaración **2** estado/extracto de cuenta

state-of-the-'art *adj* **state-of-the-art technology/design** tecnología/diseño de punta

'state ˌschool *s* **1** AmE universidad mantenida por el gobierno del estado en el cual se encuentra **2** BrE escuela pública ► En inglés americano se usa **public school**

statesman /'steɪtsmən/ *s* (pl **-men**) estadista

static /'stætɪk/ *adjetivo & sustantivo*
• *adj* estacionario -a [precios, nivel]
• *s* (también **static electricity**) electricidad estática

station /'steɪʃən/ *sustantivo & verbo*
• *s* **1** estación: *Could you take me to the station?* ¿Me podrías llevar a la estación? **2** radio, emisora
• *v* **to be stationed somewhere** estar destinado -a en algún lugar

stationary /'steɪʃəneri/ *adj* detenido -a [tren, auto, etc.]

stationer's /'steɪʃənərz/ *s* BrE papelería ► En inglés americano se usa **stationery store**

stationery /'steɪʃəneri/ *s* **1** artículos de papelería/escritorio **2** papel de carta **3 stationery store** AmE papelería

'station ˌwagon *s* AmE camioneta, station (wagon)

statistics /stə'tɪstɪks/ *s pl* estadísticas

statue /'stætʃu/ *s* estatua

stature /'stætʃər/ *s* (formal) **1** talla **2** estatura

status /'steɪtəs, 'stæ-/ *s* **1** condición: *as proof of my student status* como prueba de mi condición de estudiante | *marital status* estado civil **2** estatus

staunch /stɔntʃ/ *adj* incondicional, acérrimo -a [oponente, defensor, etc.]

stave /steɪv/ *v* **stave off sth to stave off disaster/a crisis** evitar el desastre/una crisis | **to stave off hunger** engañar el estómago

stay /steɪ/ *verbo & sustantivo*
• *v* [intr] **1** quedarse, seguir: *Stay where you are!* ¡Quédate donde estás! | *Can you stay a little longer?* ¿Puedes quedarte un poquito más?
2 to stay awake/calm/dry etc. mantenerse despierto -a/tranquilo -a/seco -a etc. | **to stay open** permanecer abierto -a | **to stay alive** mantenerse vivo -a/con vida
3 (en un hotel, una ciudad, etc.) quedarse: *How long are you staying in Denver?* ¿Cuánto tiempo te vas a quedar en Denver? | **to stay with sb** quedarse en la casa de alguien

PHRASAL VERBS

stay away from sb no acercarse a alguien
stay away from sth no acercarse a algo: *Stay*

away from the river. It's dangerous. No te acerques al río: es peligroso.
stay behind quedarse: *I had to stay behind after school.* Tuve que quedarme después de clase.
stay in quedarse en casa: *We just stayed in and watched television.* Nos quedamos en casa mirando televisión.
stay on quedarse [más tiempo]: *Sharon always stays on after 5:30.* Sharon siempre se queda después de las 5.30. | **to stay on at school** seguir estudiando
stay out to stay out late/until three etc. no volver a casa hasta tarde/hasta las tres etc.
stay out of sth no meterse en algo: *Stay out of this, Fraser!* ¡No te metas en esto, Fraser!
stay up quedarse levantado -a
• *s* estadía, estancia

steady /ˈstedi/ *adjetivo & verbo*
• *adj* (-dier, -diest) **1** firme: *Keep the camera steady.* Mantén la cámara firme. **2** sostenido -a, continuo -a [aumento, mejora, etc.] **3** regular [velocidad, movimiento] **4** estable, fijo -a
• *v* [tr] (-dies, -died) **1** mantener firme **2 to steady your nerves** calmarse

steak /steɪk/ *s* **1** filete, bistec, churrasco: *steak and fries* filete con papas fritas **2** (de pescado) filete, posta

steal /stil/ *v* (pasado **stole**, participio **stolen**) [tr/intr] robar | **to steal (sth) from sb** robarle (algo) a alguien: *I stole $5 from my sister.* Le robé $5 a mi hermana. ▶ **¿STEAL, BURGLARIZE O ROB?** ver recuadro en **robar**

stealth /stelθ/ *s* **by stealth** furtivamente

stealthy /ˈstelθi/ *s* (-thier, -thiest) furtivo -a

steam /stim/ *sustantivo & verbo*
• *s* **1** vapor **2 to let/blow off steam** descargar energías, desahogarse **3 to run out of steam** perder empuje/ímpetu **4 steam engine** motor a vapor **steam train** locomotora a vapor
• *v* **1** [tr] cocinar al vapor **2** [intr] humear
steam up empañarse

steamed ˈup *adj* **1** empañado -a **2** (informal) enojado -a, bravo -a: *What are you so steamed up about?* ¿Por qué estás tan enojado?

steamer /ˈstimər/ *s* barco/buque de vapor

steamroller /ˈstimroulər/ *s* aplanadora

steel /stil/ *s* acero

steep /stip/ *adj* **1** empinado -a: *a very steep hill* una cuesta muy empinada **2** marcado -a [aumento, descenso] **3** (informal) caro -a

steeple /ˈstipəl/ *s* campanario

steer /stɪr/ *v* **1** [intr] manejar, llevar la dirección/el timón **2** [tr] llevar, conducir **3 to steer the conversation away from sth/toward sth** desviar la conversación de algo/llevar la conversación hacia algo **4 to steer sb toward sth/away from sth** conducir a alguien hacia algo/alejar a alguien de algo **5 to steer clear of sth/sb** (informal) evitar algo/a alguien

ˈsteering wheel *s* dirección, volante, timón

stem /stem/ *sustantivo & verbo*
• *s* **1** tallo **2** pie [de una copa]
• *v* [tr] (-mmed, -mming) contener [el flujo de la sangre, las lágrimas, etc.]
stem from sth provenir de algo, ser producto de algo

stench /stentʃ/ *s* (pl **-ches**) hedor

step /step/ *sustantivo, sustantivo plural & verbo*
• *s* **1** paso: *He took a step backward.* Dio un paso atrás. | **to be in step/out of step with sb** llevar el paso/no llevar el paso de alguien **2** paso: *an important first step* un primer paso importante | **to take steps to do sth** tomar medidas para hacer algo | **step by step** paso a paso **3** escalón **4 to watch your step (a)** mirar por dónde se camina **(b)** andarse con cuidado **5** paso [de baile]
• **steps** *s pl* **1** (en un edificio) escalera(s) **2** BrE ▶ **stepladder**
• *v* [intr] (-pped, -pping) **1 to step forward/back** dar un paso adelante/atrás | **to step in sth** pisar algo | **to step on sth** pisar algo | **to step over sth** pasar por encima de algo **2 to step out of line** desobedecer
step aside dar un paso al costado
step down dejar un cargo
step in intervenir
step sth up intensificar algo, redoblar algo

stepbrother /ˈstepbrʌðər/ *s* hermanastro

ˌstep-by-ˈstep *adj* paso a paso

stepchild /ˈstep-tʃaɪld/ *s* (pl **-children**) hijastro -a

stepdaughter /ˈstepdɔtər/ *s* hijastra

stepfather /ˈstepfɑðər/ *s* padrastro

stepladder /ˈsteplædər/ *s* escalera [de tijera]

stepmother /ˈstepmʌðər/ *s* madrastra

ˈstep-ˌparent *s* padrastro/madrastra

ˈstepping-ˌstone *s* **1** escalón, peldaño [para llegar a algo mejor] **2** cada una de las piedras colocadas para cruzar un arroyo, riachuelo, etc.

stepsister /ˈstepsɪstər/ *s* hermanastra

stepson /ˈstepsʌn/ *s* hijastro

stereo /ˈsterioʊ/ *sustantivo & adjetivo*
• *s* **1** equipo (estéreo/estereofónico) **2 in stereo** en estéreo
• *adj* estereofónico -a

stereotype /ˈsteriətaɪp/ *s* estereotipo

sterile /ˈsterəl, BrE ˈsteraɪl/ *adj* **1** (esterilizado) estéril **2** (que no puede tener hijos) estéril

sterilize, -ise BrE /ˈsterəlaɪz/ *v* [tr] **1** esterilizar [jeringas, instrumentos, etc.] **2** esterilizar [a una persona]

sterling /ˈstɜrlɪŋ/ *sustantivo & adjetivo*
• *s* libra (esterlina): *ten pounds sterling* diez libras esterlinas
• *adj* **sterling silver** plata de ley

stern /stɜrn/ *adjetivo & sustantivo*
• *adj* severo -a
• *s* popa [en un barco]

¿Quieres escribir un email en inglés? Consulta la **guía de comunicación** al final del libro.

stew /stu, BrE stju/ *sustantivo & verbo*
- *s* guiso, estofado: *a lamb stew* un guiso de cordero
- *v* **1** [tr] cocinar, cocer, estofar [carne, pescado, etc.] **2** [tr] hacer compota de [fruta]

steward /ˈstuərd, BrE ˈstjuəd/ *s* **1** camarero [en un barco] **2** auxiliar de vuelo [hombre] ▶ Actualmente se prefiere el término **flight attendant,** que se usa tanto para hombres como para mujeres **3** (en una carrera) comisario -a

stewardess /ˈstuərdes/ *s* (pl **-sses**) aeromoza, azafata, cabinera ▶ Actualmente se prefiere el término **flight attendant,** que se usa tanto para hombres como para mujeres

stick /stɪk/ *verbo, sustantivo & sustantivo plural*
- *v* (pasado & participio **stuck**) **1** [tr] clavar: *The nurse stuck a needle in my arm.* La enfermera me clavó una aguja en el brazo.
2 [tr] pegar, [intr] pegarse: *We stuck our vacation photos in the album.* Pegamos las fotos de las vacaciones en el álbum. | **to stick sth to sth** pegar algo a algo
3 [tr] (informal) poner: *Stick the boxes in the kitchen.* Pon las cajas en la cocina.
4 [intr] atascarse, atorarse
5 I can't stick that guy/that kind of music etc. BrE (informal) no soporto a ese tipo/esa clase de música etc.

PHRASAL VERBS

stick around (informal) quedarse: *I think I'll just stick around here for a while.* Me parece que me voy a quedar un rato.

stick at sth BrE persistir en algo

stick by sb no abandonar a alguien **stick by sth** mantener algo [una opinión, una versión de algo, etc.]

stick out sobresalir, salir **stick sth out** **1** sacar algo, extender algo | **to stick your tongue out** sacar la lengua **2** (informal) aguantarse algo

stick to sth seguir con algo: *We decided to stick to our original plan.* Decidimos seguir con nuestro plan original

stick together **1** pegarse **2** (informal) mantenerse unidos -as

stick up **1** sobresalir **2** estar parado -a [cabello] **stick up for sb** (informal) defender a alguien

- *s* **1** ramita, palo
2 (también **walking stick**) bastón
3 (en hockey) palo
4 a stick of chewing gum un chicle | **a stick of celery** un tallo/una penca de apio | **a stick of dynamite** un cartucho de dinamita
- **sticks** *s pl* **(out) in the sticks** (informal) en la Cochinchina

sticker /ˈstɪkər/ *s* **1** etiqueta (autoadhesiva) **2** pegatina

ˈstick shift *s* AmE **1** palanca de cambios/velocidades **2** auto con cambios manuales

sticky /ˈstɪki/ *adj* (**-kier**, **-kiest**) **1** pegajoso -a: *My hands are sticky.* Tengo las manos pegajosas. | *sticky candy* golosinas pegajosas **2** pegajoso -a: *a hot sticky day* un día caluroso y pegajoso **3** (informal) complicado -a

stiff /stɪf/ *adjetivo & adverbio*
- *adj* **1** entumecido, agarrotado: *I woke up with a stiff neck.* Me desperté con tortícolis. | *I have a stiff back.* Me duele la espalda. **2** duro -a [manija, cajón/gaveta, puerta, etc.] **3** duro -a, rígido -a [papel, cartón] **4** firme [mezcla, masa] **5** severo -a, duro -a: *a stiff fine* una multa severa | *stiff competition* competencia dura **6 a stiff wind/breeze** un viento/una brisa fuerte **7 a stiff drink** una bebida fuerte
- *adv* (informal) **bored stiff** aburrido -a como una ostra | **scared stiff** muerto -a de miedo | **worried stiff** preocupadísimo -a

stifle /ˈstaɪfəl/ *v* [tr] **1** ahogar, reprimir **2** contener [un bostezo, un grito]

stifling /ˈstaɪflɪŋ/ *adj* sofocante

stiletto /stɪˈletoʊ/ (pl **-ttos** o **-ttoes**) *s* zapato de tacón/taco aguja

still /stɪl/ *adverbio & adjetivo*
- *adv* **1** todavía, aún: *I still love him.* Todavía lo quiero. | *You still haven't finished your homework.* Todavía no has terminado la tarea. **2** aun así, igual: *He was tired but he still won the race.* Estaba cansado pero aun así ganó la carrera.
- *adj* **1 to keep/stand still** quedarse quieto -a **2** calmo -a: *The lake was completely still.* El lago estaba totalmente calmo. **3** BrE sin gas, no efervescente [agua]

ˌstill ˈlife *s* (pl **still lifes**) naturaleza muerta

stilted /ˈstɪltɪd/ *adj* forzado -a, poco natural

stilts /stɪlts/ *s pl* zancos

stimulate /ˈstɪmjəleɪt/ *v* [tr] **1** (propiciar) estimular **2** (interesar, animar) estimular

stimulating /ˈstɪmjəleɪtɪŋ/ *adj* estimulante

stimulus /ˈstɪmjələs/ *s* (pl **stimuli**) **1** estímulo [para el desarrollo, el crecimiento, etc.] **2** estímulo [visual, táctil, etc.]

sting /stɪŋ/ *verbo & sustantivo*
- *v* (pasado & participio **stung**) **1** [tr] picar: *Lucy was stung by a wasp.* A Lucy la picó una avispa. **2** [intr] arder, escocer: *This may sting a little.* Esto puede arder un poco.
- *s* picadura

stingy /ˈstɪndʒi/ *adj* (**-gier**, **-giest**) (informal) tacaño -a

stink /stɪŋk/ *verbo & sustantivo*
- *v* [intr] (pasado **stank**, participio **stunk**) **1** apestar | **to stink of sth** apestar a algo **2** (informal) ser un asco, apestar: *The way they treated her really stinks.* Es un asco como la trataron.
- *s* mal olor

stinking /ˈstɪŋkɪŋ/ *adjetivo & adverbio*
- *adj* **1** maloliente, apestoso -a **2** (informal) a **stinking cold** un resfrío apestoso/espantoso

● *adv* (informal) **stinking drunk** borracho -a perdido -a | **stinking rich** asquerosamente rico -a

stint /stɪnt/ *s* temporada, período

stir /stɜr/ *verbo & sustantivo*

● *v* (**-rred**, **-rring**) **1** [tr] revolver, rebullir, menear: *Stir the paint well.* Revuelva bien la pintura. **2** [intr] moverse, agitarse

stir up sth provocar algo, suscitar algo

● *s* **1 to give sth a stir** revolver/rebullir/menear algo **2 to cause a stir** causar revuelo

'stir-fry *v* [tr] (3ª pers sing **-fries**, pasado & participio **-fried**) freír a fuego fuerte, revolviendo constantemente

stirring /'stɜrɪŋ/ *adjective* emocionante, conmovedor -a

stirrup /'stɜrəp/ *s* estribo

stitch /stɪtʃ/ *sustantivo, sustantivo plural & verbo*

● *s* (pl **-ches**) **1** (en costura) puntada **2** (en tejido) punto **3** (para una herida) punto **4** (dolor) punzada

● **stitches** *s pl* **to have sb in stitches** hacer morir de risa a alguien

● *v* [tr] (3ª pers sing **-ches**) coser

stock /stɑk/ *sustantivo & verbo*

● *s* **1** reserva: *stocks of coal* reservas de carbón **2** stock, mercadería | **in stock** en stock/existencias: *We should have it in stock next week.* La semana próxima deberíamos tenerlo en stock. | **to be out of stock** estar agotado -a **3** caldo **4** valor, acción **5 to take stock (of sth)** hacer un balance (de algo), de una situación, etc.

● *v* [tr] **to stock sth** tener algo en stock, vender algo

stock up abastecerse **stock up on sth** abastecerse de algo

stockbroker /'stɑkbroʊkər/ *s* corredor -a de bolsa

'stock ex,change *s* bolsa (de valores)

stocking /'stɑkɪŋ/ *s* media [de mujer: de nylon, etc.]

'stock ,market *s* bolsa (de valores)

stockpile /'stɑkpaɪl/ *v* [tr] hacer acopio de

stocky /'stɑki/ *adj* (**-ckier**, **-ckiest**) bajo -a y fornido -a

stodgy /'stɑdʒi/ *adj* (**-dgier**, **-dgiest**) pesado -a [comida, pastel, etc.]

stole /stoʊl/ pasado de **steal**

stolen /'stoʊlən/ participio de **steal**

stomach /'stʌmək/ *sustantivo & verbo*

● *s* **1** estómago | **it turns/turned etc. my stomach** me revuelve/revolvió etc. el estómago **2** panza, barriga, guata

● *v* [tr] aguantar, soportar

stomachache /'stʌməkeɪk/ *s* dolor de estómago

stone /stoʊn/ *s* **1** piedra **2** (material) piedra | **a stone wall** un muro de piedra **3** (rubí, diamante, etc.) piedra: *precious stones* piedras preciosas **4** (pl **stone** o **stones**) unidad de peso que equivale a 6,35 kg. ► Los británicos suelen expresar el peso de una persona en **stones** y **pounds** (libras). Los americanos sólo lo expresan en pounds **5** BrE pepa, carozo, hueso ► En inglés americano se usa **pit**

,stone-'cold *adj* **1** helado -a **2 to be stone-cold sober** no haber tomado ni una gota

stoned /stoʊnd/ *adj* (informal) (drogado) volado -a, trabado -a

stony /'stoʊni/ *adj* (**-nier**, **-niest**) **1** pedregoso -a **2** hostil [silencio] **3** frío -a [mirada, expresión, etc.]

stood /stʊd/ pasado & participio de **stand**

stool /stul/ *s* banca, taburete, banco

stoop /stup/ *v* [intr] (también **stoop down**) agacharse

stoop to doing sth llegar tan bajo como para hacer algo, rebajarse a algo

stop /stɑp/ *verbo & sustantivo*

● *v* (**-pped**, **-pping**) **1** [intr] parar, detenerse: *The taxi stopped outside a big hotel.* El taxi paró frente a un gran hotel. | *My watch has stopped.* Se me ha parado el reloj. **2** [tr] parar, detener: *We were stopped by the police.* Nos paró la policía. | *Can you stop the car for a minute?* ¿Puedes parar un momentito? | **to stop doing sth** dejar de hacer algo, parar de hacer algo: *I've stopped smoking.* He dejado de fumar. | *Has it stopped raining?* ¿Ha parado de llover? **3 stop it!** ¡basta! **4** [tr] impedir | **to stop sb (from) doing sth** impedir que alguien haga algo **5** [intr] parar: *At one o'clock we stop for lunch.* A la una paramos para almorzar. **6 to stop short of (doing) sth** no llegar a (hacer) algo

stop by pasar [por un lugar]: *He always stops by when he's in town.* Siempre que está en la ciudad pasa por aquí.

stop off parar: *Can we stop off at the supermarket?* ¿Podemos parar en el supermercado?

● *s* **1** paradero, parada: *I get off at the next stop.* Bajo en el próximo paradero. | *This is my stop.* Me bajo aquí. **2 to come to a stop (a)** detenerse, pararse **(b)** interrumpirse **3 to put a stop to sth** poner fin a algo

stoplight /'stɑplaɪt/ *s* AmE semáforo

stopover /'stɑpoʊvər/ *s* escala [en un vuelo]

stopper /'stɑpər/ *s* tapón

stopwatch /'stɑpwɑtʃ/ *s* (pl **-ches**) cronómetro

storage /'stɔrɪdʒ/ *s* almacenamiento | **storage space** lugar para guardar cosas

store /stɔr/ *sustantivo & verbo*

● *s* **1** AmE tienda: *a record store* una tienda de discos **2** almacén, tienda (departamental/de departamentos): *The stores were packed with Christmas shoppers.* Las tiendas estaban llenas de gente haciendo compras de Navidad. ► También existe **department store**, que es inglés universal **3** reserva, provisión **4** depósito, almacén, bodega **5 to have sth in store for sb** tenerle algo reservado a alguien: *He still had a few surprises in store for us.* Todavía nos tenía reservadas algunas sorpresas.

• *v* [tr] **1** guardar **2** almacenar

storekeeper /'stɔrkipər/ *s* AmE comerciante, tendero -a

storeroom /'stɔr-rum/ *s* depósito, almacén, bodega

storey /'stɔri/ BrE ► ver **story 3**

stork /stɔrk/ *s* cigüeña

storm /stɔrm/ *sustantivo & verbo*

• *s* **1** tormenta **2 a storm of protest/criticism** una ola de protestas/críticas

• *v* **1** [tr] asaltar, tomar por asalto **2 to storm in/out/off etc.** entrar/salir/irse etc. furioso -a

stormy /'stɔrmi/ *adj* (**-mier**, **-miest**) **1** tormentoso -a [tiempo, noche] **2** tormentoso -a [relación]

story /'stɔri/ *s* (pl **-ries**) **1** cuento | **to tell/read sb a story** contarle/leerle un cuento a alguien **2** noticia, nota **3** piso: *a five-story apartment building* un edificio de departamentos de cinco pisos

stout /staʊt/ *adj* robusto -a

stove /stoʊv/ *s* **1** AmE (para cocinar) cocina, estufa | **to leave sth on the stove** dejar algo en el fuego **2** (para dar calor) estufa, calentador

straddle /'strædl/ *v* [tr] **1** sentarse a caballo de **2** extenderse a ambos lados de [un río, la frontera, etc.]

straggler /'stræglər/ *s* rezagado -a

straggly /'strægli/ *adj* (**-gglier**, **-ggliest**) desgreñado -a

straight /streɪt/ *adjetivo & adverbio*

• *adj* **1** recto -a [línea, borde, carretera] **2** liso, lacio **3** derecho -a: *Is my tie straight?* ¿Tengo la corbata derecha? **4** seguidos -as, consecutivos -as [victorias, derrotas] **5** directo -a [respuesta] **6 to be straight with sb** ser franco -a con alguien **7 to get sth straight** poner algo en claro

• *adv* **1** derecho: *The truck was heading straight for them.* El camión iba derecho hacia ellos. **2 to sit/stand up straight** sentarse/pararse derecho -a **3 straight after** enseguida de **4** sin parar: *fourteen hours straight* catorce horas sin parar **5 I can't see/think straight** no veo bien/no puedo pensar **6 straight home** derechito/directamente a casa | **straight from school/work etc.** directamente de la escuela/del trabajo etc.

straightaway /streɪtə'weɪ/ *adv* BrE enseguida ► También existe **right away**, que es inglés universal

straighten /'streɪtn/ *v* **1** (también **straighten out**) [tr] enderezar, [intr] enderezarse **2** [intr] (también **straighten up**) (erguirse) enderezarse **3** [tr] (también **straighten up**) ordenar **4 to straighten things out** arreglar las cosas

straightforward /streɪt'fɔrwərd/ *adj* **1** sencillo -a **2** franco -a

strain /streɪn/ *sustantivo & verbo*

• *s* **1** estrés, presiones: *the strain of being a teacher* el estrés de ser profesor **2** sobreexigencia **3** (fuerza física) tensión, presión **4** (de un virus) cepa

• *v* **1** [tr] lesionarse [la espalda, etc.] **2** [tr] forzarse [un músculo] **3 to strain your eyes** forzar la vista **4 to strain to hear/see sth** esforzarse para oír/ver algo **5** [tr] colar, escurrir **6** [tr] sobreexigir [recursos] **7** [tr] provocar tirantez en [una relación]

strained /streɪnd/ *adj* **1** tenso -a: *Janet looked strained.* Janet parecía tensa. **2** tirante, tenso -a [relaciones]

strainer /'streɪnər/ *s* colador

strait /streɪt/ *s* **1** (también **straits**) estrecho: *the Florida Straits* el Estrecho de la Florida **2 to be in dire straits** estar en una situación desesperada

straitjacket /'streɪtdʒækɪt/ *s* camisa de fuerza

strand /strænd/ *s* **1** hebra | **a strand of hair** un pelo **2** línea argumental, hilo

stranded /'strændɪd/ *adj* varado -a, botado -a

strange /streɪndʒ/ *adj* **1** extraño -a, raro -a: *He's such a strange child.* Es un niño tan extraño. **2** desconocido -a

strangely /'streɪndʒli/ *adv* **1** de manera extraña **2 strangely enough** curiosamente

stranger /'streɪndʒər/ *s* desconocido -a

strangle /'stræŋgəl/ *v* [tr] estrangular

strap /stræp/ *sustantivo & verbo*

• *s* **1** correa [de un reloj, una cartera, etc.] **2** tirante, bretel [de un vestido] **3** tira [de un zapato]

• *v* [tr] (**-pped**, **-pping**) **1 to strap sth on** sujetar/amarrar algo (con correas) **2 to strap sb in** ponerle el cinturón de seguridad a alguien

strategic /strə'tidʒɪk/ *adj* **1** (que forma parte de un plan) estratégico -a: *a strategic move* una medida estratégica **2** estratégico -a: *strategic weapons* armas estratégicas

strategy /'strætədʒi/ *s* (pl **-gies**) estrategia

straw /strɔ/ *s* **1** paja | **straw hat/basket etc.** sombrero/cesta etc. de paja **2** pitillo, pajilla, popote **3 to be the last/final straw** ser el colmo, ser la gota que colma el vaso

strawberry /'strɔberi/ *s* (pl **-rries**) fresa, frutilla | **strawberry jam/ice cream** mermelada/helado de fresa

stray /streɪ/ *verbo, adjetivo & sustantivo*

• *v* [intr] **1** alejarse **2** desviarse

• *adj* **a stray dog/cat etc.** un perro/gato etc. callejero

• *s* animal callejero o perdido

streak /strik/ *sustantivo & verbo*

• *s* **1** raya, mechón **2** veta **3 to be on a losing/winning streak** estar en una racha perdedora/ganadora

• *v* **1 to streak past/across etc.** pasar/cruzar etc. como un rayo **2 to be streaked with paint/sweat etc.** estar chorreado -a de pintura/sudor etc.

stream /strim/ *sustantivo & verbo*

• *s* **1** arroyo **2** (de gente, autos) caravana, fila **3** (de cartas, preguntas) torrente **4** (de insultos) sarta

• *v* **to stream out (a)** salir a chorros [líquido] **(b)** referido a gente o vehículos: salir en grandes cantidades

streamer /ˈstrimər/ *s* serpentina

streamline /ˈstrimlaɪn/ *v* [tr] hacer más eficiente, racionalizar

streamlined /ˈstrimlaɪnd/ *adj* aerodinámico -a

street /strit/ *s* **1** calle: *a busy street* una calle con mucho tránsito ▶ La palabra **Street** forma parte del nombre de muchas calles (**Oxford Street, Washington Street,** etc.). No se suele omitir al dar una dirección, como en cambio sucede en español **2 the street/the streets** la calle: *She's been living on the streets for years.* Hace años que vive en la calle. **3 to be streets ahead of sb** BrE (informal) estar muy por encima de alguien

streetcar /ˈstritkɑr/ *s* AmE tranvía, carro

ˈstreet ˌlight, también **streetlight** /ˈstritlaɪt/ *s* farol [de alumbrado público]

strength /streŋkθ/ *s* **1** fuerza(s): *with all my strength* con todas mis fuerzas **2** resistencia [de una pared, una cuerda, etc.] **3** solidez [de una creencia, una relación] **4** poderío: *military strength* poderío militar **5** concentración [de una solución] **6** punto fuerte **7 on the strength of sth** sobre la base de algo, como resultado de algo

strengthen /ˈstreŋkθən/ *v* **1** [tr] fortalecer [los músculos, el cuerpo] **2** [tr] reforzar [un edificio, los cimientos, etc.] **3** [tr] afianzar, [intr] afianzarse [relación, vínculo] **4** [tr] consolidar [un equipo, la economía, etc.]

strenuous /ˈstrenjuəs/ *adj* **1** extenuante, agotador -a [actividad, ejercicio] **2** enérgico -a, denodado -a [esfuerzos]

stress /stres/ *sustantivo & verbo*

• *s* (pl **-sses**) **1** estrés, tensión | **to be under a lot of stress** estar sometido -a a (un) gran estrés **2** (énfasis) hincapié **3** acento **4** (en un material, una estructura) presión

• *v* [tr] (3ª pers sing **-sses**) **1** hacer hincapié en, destacar **2** acentuar

stressed /strest/, también **stressed out** *adj* estresado -a

stressful /ˈstresfəl/ *adj* estresante

stretch /stretʃ/ *verbo & sustantivo*

• *v* (3ª pers sing **-ches**) **1** [tr] estirar **2** [intr] estirarse: *If I stretch I can reach it.* Si me estiro, lo alcanzo. **3 to stretch your legs** (informal) estirar las piernas **4** (referido a prendas de ropa) [tr] estirar, [intr] estirarse **5** [intr] extenderse: *Their land stretches for miles.* Sus tierras se extienden millas y millas. **6** [tr] tender, extender **7** [intr] alcanzar [dinero, ahorros, etc.]

stretch out (informal) tenderse/tumbarse [en una cama, un sillón]

• *s* (pl **-ches**) **1** trecho [de un camino, río, etc.] **2** período | **at a stretch** sin parar **3** (en gimnasia) elongación **4 to work at full stretch** trabajar al máximo

stretcher /ˈstretʃər/ *s* camilla

strewn /strun/ *adj* desparramado -a

stricken /ˈstrɪkən/ *adj* (formal) **1** afectado -a, devastado -a [zona] **2 poverty stricken** sumamente pobre, asolado -a por la pobreza | **panic stricken** presa del pánico | **to be grief stricken** estar acongojado -a

strict /strɪkt/ *adj* **1** estricto -a [padres, profesor, etc.] **2** estricto -a [normas, instrucciones, etc.]

strictly /ˈstrɪktli/ *adv* **1** estrictamente | **that's not strictly true** eso no es del todo cierto | **strictly speaking** para ser exactos -as **2 strictly prohibited/forbidden** terminantemente prohibido -a

stride /straɪd/ *verbo & sustantivo*

• *v* (pasado & participio **strode**) **to stride into/out of/across sth** entrar en/salir de/cruzar algo a grandes pasos: *He strode across the room.* Cruzó la habitación a grandes pasos.

• *s* **1** tranco, zancada **2 to take sth in your stride** tomarse algo con tranquilidad

strike /straɪk/ *verbo & sustantivo*

• *v* (pasado & participio **struck**) **1 it struck me that** me di cuenta (de) que, se me ocurrió que | **it strikes me that** se me ocurre que | **to strike sb as interesting/strange etc.** parecerle a alguien interesante/extraño -a etc. | **I was struck by their enthusiasm/her beauty etc.** me llamó la atención su entusiasmo/su belleza etc. **2** [intr] hacer huelga **3** [tr] (formal) pegarle a [accidentalmente] **4** [tr] (formal) golpear, pegarle a **5** [tr] caer en: *Their house was struck by lightning.* Cayó un rayo en su casa. **6** [tr] encender, prender [un fósforo] **7** [tr/intr] dar [la hora]: *The clock struck four.* El reloj dio las cuatro.

strike back contraatacar

strike up sth to strike up a conversation/a friendship entablar una conversación/una amistad

• *s* **1** huelga | **to be (out) on strike** estar en huelga, estar de paro | **to go on strike** ir a la huelga, hacer paro **2** ataque

striker /ˈstraɪkər/ *s* **1** huelguista **2** delantero [en fútbol]

striking /ˈstraɪkɪŋ/ *adj* **1** sorprendente **2** atractivo -a

string /strɪŋ/ *sustantivo, sustantivo plural & verbo*

• *s* **1** piola, pita, cordel, mecate **2 a string of pearls/beads etc.** una sarta de perlas/cuentas etc. **3** serie [de preguntas, ataques] **4** cadena [de hoteles, negocios] **5** cuerda [de violín, guitarra] **6 with no strings attached** sin condiciones **7 to pull strings** mover hilos

¿No estás seguro de si se usa **make** o **do**? Mira las entradas **hacer**, **make** y **do**.

• **strings** *s pl* cuerdas [instrumentos musicales]

• *v* [tr] (pasado & participio **strung**) colgar, tender
string sb along (informal) crearle a alguien falsas expectativas
string sth out estirar/alargar algo [una reunión, una conversación]

stringent /ˈstrɪndʒənt/ *adj* riguroso -a

strip /strɪp/ *verbo & sustantivo*

• *v* (**-pped**, **-pping**) **1** (también **strip off**) [tr] desnudar, desvestir, [intr] desnudarse, desvestirse: *We stripped off and jumped in the water.* Nos desnudamos y nos tiramos al agua. | **to strip off your clothes** desnudarse, quitarse la ropa **2** [tr] quitarle la pintura/el papel etc. a [un mueble, una pared, etc.] **3 to strip sb of sth** quitarle algo a alguien **4** [tr] (también **strip down**) desarmar, desmontar

• *s* **1** tira [de papel, tela, etc.] **2** franja [de tierra] **3** BrE equipo [que lleva un jugador de fútbol, rugby, etc.] ► En inglés americano se usa **uniform**

stripe /straɪp/ *s* raya, franja [de color]

striped /straɪpt/ *adj* rayado -a

stripy, también **stripey** /ˈstraɪpi/ BrE ► ver **striped**

strive /straɪv/ *v* [intr] (pasado **strove**, participio **striven**) (formal) **to strive for sth** esforzarse por lograr algo | **to strive to do sth** esforzarse por hacer algo

strode /stroʊd/ pasado & participio de **stride**

stroke /stroʊk/ *sustantivo & verbo*

• *s* **1 at one stroke/at a stroke** de un solo golpe: *All our problems were solved at one stroke.* Todos nuestros problemas se resolvieron de un solo golpe. **2** ataque de apoplejía **3** brazada **4** estilo [en natación] **5 on the stroke of six/seven etc.** a las seis/siete etc. en punto **6 a stroke of luck/genius** un golpe de suerte/una genialidad

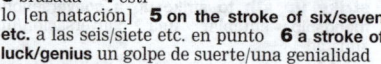

stroking a dog

• *v* [tr] acariciar

stroll /stroʊl/ *verbo & sustantivo*

• *v* **to stroll across/around/along sth** pasear por algo

• *s* paseo | **to go for a stroll** salir a pasear

stroller /ˈstroʊlər/ *s* AmE cochecito de paseo, carreola [plegable]

strong /strɔŋ/ *adj* **1** (con fuerza física) fuerte **2** resistente [cuerda, tela, etc.] **3** fuerte [líder, divisa, etc.] **4** (sólido y duradero) fuerte [relaciones, vínculo] **5** (intenso) fuerte [olor, gusto, acento, etc.] **6** fuerte [viento, corriente] **7 there's a strong possibility/chance that** hay muchas posibilidades de que **8 your/his etc. strong point** tu/su etc. punto fuerte **9 500/10,000 etc. strong** de 500/10,000 etc.: *a 50,000 strong crowd* una multitud de 50,000 personas **10 strong language** lenguaje subido de tono: *The movie contains strong language.* En la película se usa lenguaje subido de tono.

strongly /ˈstrɔŋli/ *adv* **1** fuertemente, firmemente **2 to smell/taste strongly of sth** tener mucho olor/gusto a algo

strove /stroʊv/ pasado de **strive**

struck /strʌk/ pasado & participio de **strike**

structural /ˈstrʌktʃərəl/ *adj* estructural

structure /ˈstrʌktʃər/ *sustantivo & verbo*

• *s* estructura

• *v* [tr] estructurar

struggle /ˈstrʌgəl/ *verbo & sustantivo*

• *v* [intr] **1** luchar | **I/we etc. struggle to do sth** me/nos etc. cuesta hacer algo **2** forcejear: *She struggled desperately with her attacker.* Forcejeó desesperadamente con su atacante. **3 to struggle toward/into etc.** avanzar con dificultad hacia/entrar con dificultad en etc.
struggle on seguir luchando

• *s* **1** lucha: *the struggle for independence* la lucha por la independencia **2** forcejeo

strung /strʌŋ/ pasado & participio de **string**

ˌstrung ˈout *adj* esparcido -a

strut /strʌt/ *verbo & sustantivo*

• *v* [intr] (**-tted**, **-tting**) **to strut into the house/office etc.** entrar a la casa/oficina etc. pavoneándose | **to strut around** pavonearse

• *s* puntal

stub /stʌb/ *sustantivo & verbo*

• *s* **1** colilla, pucho **2** talón [de una entrada, un cheque, etc.]

• *v* (**-bbed**, **-bbing**) **to stub your toe** golpearse el dedo del pie
stub sth out apagar algo [un cigarrillo]

stubble /ˈstʌbəl/ *s* **1** barba **2** rastrojo

stubborn /ˈstʌbərn/ *adj* **1** terco -a, testarudo -a **2** persistente [tos] **3** rebelde [mancha]

stuck¹ /stʌk/ *adj* **1 to be stuck** estar atascado -a: *The car was stuck in the snow.* El auto estaba atascado en la nieve. | *Can you help me with my homework? I'm stuck.* ¿Me ayudas con la tarea? Estoy atascada. **2 to get stuck** quedarse atascado -a: *I got stuck on the third question.* Me quedé atascada con la tercera pregunta. **3** (sin poder salir) atrapado -a **4 to be stuck with sth/sb** tener que aguantarse algo/a alguien

stuck² pasado & participio de **stick**

ˌstuck-ˈup *adj* (informal) estirado -a, engreído -a

stud /stʌd/ *s* **1** tachuela **2** arete **3** semental

student /ˈstudnt/ *s* **1** estudiante: *a language student* un estudiante de lenguas **2** alumno: *the best student in the class* el mejor alumno de la clase **3 student driver** persona que está aprendiendo a manejar

studio /ˈstudioʊ/ *s* **1** estudio [de grabación, televisión, cine] **2** estudio, atelier **3** (también **studio apartment** AmE) (apartamento pequeño) estudio, apartaestudio

studious /ˈstudiəs/ *adj* estudioso -a

study /ˈstʌdi/ *sustantivo, sustantivo plural & verbo*

● *s* (pl **-dies**) **1** estudio, investigación **2** estudio [habitación]

● **studies** *s pl* estudios, estudio

● *v* [tr/intr] (**-dies**, **-died**) **1** estudiar: *I'm studying for my exams.* Estoy estudiando para los exámenes. | *She wants to study law.* Quiere estudiar abogacía. **2** examinar, estudiar

stuff /stʌf/ *sustantivo & verbo*

● *s* (informal) **1** cosas: *Your stuff's in my room.* Tus cosas están en mi cuarto. **2** cualquier sustancia o material: *What's this stuff on the floor?* ¿Qué es esto que hay en el piso?

● *v* [tr] **1** meter [rápidamente]: *I stuffed the letter into my pocket.* Me metí la carta en el bolsillo. **2** llenar: *He **stuffed** his bag **with** clothes and left.* Llenó la maleta de ropa y se fue. **3** rellenar [tomates, pollo, etc.] **4 to stuff yourself** (informal) atiborrarse de comida **5** embalsamar [un animal]

stuffed ˈanimal *s* AmE (muñeco de) peluche

stuffing /ˈstʌfɪŋ/ *s* **1** (de un almohadón, un muñeco, etc.) relleno **2** (en cocina) relleno

stuffy /ˈstʌfi/ *adj* (**-ffier**, **-ffiest**) **1** referido a ambientes, con aire viciado: *It's very stuffy in here.* Aquí falta el aire./Aquí el aire está muy viciado. **2** acartonado -a

stumble /ˈstʌmbəl/ *v* [intr] tropezar(se), trastabillar

stumble across sth, también **stumble on sth** encontrar algo, toparse con algo

stump /stʌmp/ *sustantivo & verbo*

● *s* **1** tocón, cepa **2** muñón

● *v* dejar sin saber qué decir, desorientar

stun /stʌn/ *v* [tr] (**-nned**, **-nning**) **1** dejar pasmado -a **2** aturdir [con un golpe]

stung /stʌŋ/ pasado & participio de **sting**

stunk /stʌŋk/ participio de **stink**

stunning /ˈstʌnɪŋ/ *adj* **1** impresionante [belleza, silueta, etc.] **2** deslumbrante [paisaje, vista, etc.] **3** apabullante [revelación, victoria, etc.]

stunt /stʌnt/ *sustantivo & verbo*

● *s* **1** escena peligrosa **2** truco: *a publicity stunt* un truco publicitario **3 stunt man** doble

● *v* atrofiar, detener [el crecimiento, el desarrollo, etc.]

stupid /ˈstupɪd/ *adj* **1** tonto -a, estúpido -a: *Don't be so stupid!* ¡No seas tan tonto! | *It was a really stupid thing to do.* Fue una verdadera estupidez. **2** (informal) (expresando irritación) maldito -a: *I can't get this stupid door open!* ¡No puedo abrir esta maldita puerta!

stupidity /stuˈpɪdəti/ *s* estupidez

stupor /ˈstupər/ *s* **in a drunken stupor** completamente borracho -a

sturdy /ˈstɜrdi/ *adj* (**-dier**, **-diest**) **1** sólido -a, resistente **2** robusto -a, fuerte

stutter /ˈstʌtər/ *verbo & sustantivo*

● *v* [tr/intr] tartamudear

● *s* **to have a stutter** tartamudear

sty /staɪ/ *s* **1** (pl **sties**) pocilga, chiquero **2** (también **stye**) (pl **styes**) orzuelo

style /staɪl/ *sustantivo & verbo*

● *s* **1** (forma, modo) estilo: *his style of leadership* su estilo de liderazgo **2** (en arte) estilo **3** (de una prenda) modelo **4** moda **5 to have style** tener estilo

● *v* **to style sb's hair** peinar a alguien [hacerle un peinado]

stylish /ˈstaɪlɪʃ/ *adj* elegante

styrofoam /ˈstaɪrəfoʊm/ *s* AmE poliestireno

sub /sʌb/ *s* (informal) **1** submarino **2** AmE (sándwich) submarino **3** suplente, reserva [en deportes] **4** AmE suplente [en la enseñanza]

subconscious /sʌbˈkɑnʃəs/ *s & adj* subconsciente

subdue /səbˈdu/ *v* [tr] dominar, someter

subdued /səbˈdud/ *adj* **1** tenue **2** apagado -a

subject[1] /ˈsʌbdʒɪkt/ *sustantivo & adjetivo*

● *s* **1** tema: *a book on the subject* un libro sobre el tema | **to change the subject** cambiar de tema: *Don't try to change the subject.* No trates de cambiar de tema. **2** asignatura, materia: *English is my favorite subject.* Inglés es mi asignatura preferida. **3** (de un experimento, una investigación, etc.) sujeto **4** súbdito -a **5** (en gramática) sujeto

● *adj* **subject to sth** sujeto -a a algo

subject[2] /səbˈdʒekt/ *v* **to subject sth/sb to sth** someter algo/a alguien a algo

subjective /sʌbˈdʒektɪv/ *adj* subjetivo -a

subjunctive /səbˈdʒʌŋktɪv/ *s* subjuntivo

submarine /ˈsʌbmərin/ *s* submarino

ˌsubmarine ˈsandwich *s* AmE (sandwich) submarino

submerge /səbˈmɜrdʒ/ *v* **1** [tr] sumergir **2** [intr] sumergirse

submission /səbˈmɪʃən/ *s* sumisión

submit /səbˈmɪt/ (**-tted**, **-tting**) *v* **1 to submit to sb/sth** someterse a alguien/algo **2** [tr] presentar, entregar [un contrato, una tarea, una solicitud, etc.]

subordinate /səˈbɔrdənət/ *adjetivo & sustantivo*

● *adj* secundario -a, subalterno -a | **to be subordinate to sb** estar subordinado -a a alguien

● *s* subalterno -a

subpoena /səˈpinə/ *s* citación, citatorio

subscribe /səbˈskraɪb/ *v* **1 to subscribe to a newspaper/magazine etc. (a)** suscribirse a un periódico/una revista etc. **(b)** estar suscrito -a a un periódico/una revista etc. **2 to subscribe to an idea/opinion etc.** (formal) suscribir una idea/opinión etc.

subscription /səb'skrɪpʃən/ *s* suscripción

subsequent /'sʌbsəkwənt/ *adj* (formal) posterior | **subsequent to sth** con posterioridad a algo: *subsequent to his death* con posterioridad a su muerte

subsequently /'sʌbsəkwentli/ *adv* (formal) posteriormente

subside /səb'saɪd/ *v* [intr] **1** apagarse [risa, gritos] **2** calmarse [dolor] **3** amainar [tormenta] **4** hundirse [edificio, pavimento]

subsidence /'sʌbsɪdəns/ *s* hundimiento [de un edificio, el pavimento, etc.]

subsidiary /səb'sɪdieri/ *sustantivo & adjetivo*

- *s* (pl **-ries**) subsidiaria, filial
- *adj* secundario -a

subsidize, -ise BrE /'sʌbsədaɪz/ *v* [tr] subvencionar, subsidiar

subsidy /'sʌbsədi/ *s* (pl **-dies**) subsidio

substance /'sʌbstəns/ *s* sustancia

substantial /səb'stænʃəl/ *adj* **1** abultado -a, cuantioso -a **2** grande, importante

substantially /səb'stænʃəli/ *adv* considerablemente: *Prices have increased substantially.* Los precios han aumentado considerablemente.

substitute /'sʌbstətut/ *sustantivo & verbo*

- *s* **1** sustituto -a **2** (en deportes) suplente **3** AmE (en la enseñanza) suplente
- *v* **to substitute X for Y** sustituir Y por X: *You can substitute yogurt for the cream.* Puede sustituir la crema por yogurt.

substitute 'teacher AmE, **supply teacher** BrE *s* suplente [en la enseñanza]

subtitles /'sʌbtaɪtlz/ *s pl* subtítulos

subtle /'sʌtl/ *adj* **1** sutil [cambio, diferencia] **2** sutil [chiste] **3** sutil [olor, sabor] **4** discreto -a, delicado -a [comentario, persona]

subtract /səb'trækt/ *v* [tr] restar: *What do you get if you **subtract** 15 **from** 100?* ¿Cuánto da si le restas 15 a 100?

subtraction /səb'trækʃən/ *s* resta

suburb /'sʌbɜrb/ *s* barrio residencial, colonia [en las afueras de una ciudad] | **the suburbs** los barrios suburbanos, las zonas residenciales

suburban /sə'bɜrbən/ *adj* suburbano -a

subway /'sʌbweɪ/ *s* **1** AmE metro **2** BrE pasaje subterráneo ► También existe **underpass,** que es inglés universal

succeed /sək'sid/ *v* **1** [intr] Este verbo expresa la idea de *lograr* o *conseguir* algo: *If you don't succeed the first time, keep trying.* Si no lo logras la primera vez, sigue intentando. | **to succeed in doing sth** lograr hacer algo, conseguir hacer algo: *They succeeded in reaching the summit.* Lograron llegar a la cima. **2** [tr] (en un cargo) suceder **3 to succeed to the throne** acceder al trono **4** [intr] (en una profesión) tener éxito, triunfar

succeeding /sək'sidɪŋ/ *adj* sucesivo -a

success /sək'ses/ *s* (pl **-sses**) **1** (logro) éxito: *I tried to calm her down, but without success.* Traté de tranquilizarla, pero no tuve éxito./Traté de tranquilizarla, pero no lo logré. **2** (referido a fiestas, películas, etc.) éxito: *The party was a great success.* La fiesta fue todo un éxito.

successful /sək'sesfəl/ *adj* **1** exitoso -a: *a successful advertising campaign* una campaña publicitaria exitosa **2 to be successful in doing sth** lograr hacer algo: *The company has been very successful in selling its products to teenagers.* La empresa ha logrado vender muy bien sus productos entre los adolescentes. **3** de éxito, exitoso -a [artista, profesional]: *a successful singer* una cantante de éxito **4** (referido a películas, espectáculos) **to be successful** ser un éxito, tener mucho éxito: *The movie was hugely successful in Europe.* La película fue un éxito enorme en Europa.

succession /sək'seʃən/ *s* **1 five times/three years etc. in succession** cinco veces seguidas/tres años seguidos etc . **2 a succession of** una serie de **3** sucesión

successive /sək'sesɪv/ *adj* sucesivo -a

successor /sək'sesər/ *s* sucesor -a

succumb /sə'kʌm/ *v* (formal) **to succumb (to sth)** sucumbir (a algo)

such /sʌtʃ/ *adjetivo, adverbio & pronombre*

- *adj & adv* **1** tan: *I feel like such an idiot!* ¡Me siento tan idiota! | *He has such enormous feet!* ¡Tiene unos pies tan enormes! | **such... (that)** tan... que: *It's such a tiny kitchen there's no room for a dishwasher.* Es una cocina tan diminuta que no hay lugar para un lavaplatos. **2** tal, semejante: *In such a situation you should call the police immediately.* En tal situación, debería llamar a la policía de inmediato. | *Such behavior is unacceptable.* Semejante conducta es inaceptable. | **such as** (tal/tales) como, como por ejemplo: *big cities such as Buenos Aires* grandes ciudades como Buenos Aires | **I did/I said etc. no such thing!** ¡yo no hice/no dije etc. tal cosa! | **there's no such thing** no hay tal cosa: *There's no such thing as a perfect marriage.* El matrimonio perfecto no existe.
- *pron* **as such** propiamente dicho -a: *He doesn't have a diploma as such.* No tiene título propiamente dicho.

suck /sʌk/ *v* **1** [tr] chupar **2 to suck sth up** sorber algo **3** [intr] AmE (informal) ser un asco, apestar: *Their new CD sucks.* Su nuevo CD es un asco.

sudden /'sʌdn/ *adj* **1** repentino -a: *a sudden change of plan* un cambio de planes repentino **2 all of a sudden** de repente: *All of a sudden the lights went out.* De repente, las luces se apagaron.

suddenly /'sʌdnli/ *adv* de repente: *Suddenly I heard a noise.* De repente, oí un ruido.

suds /sʌdz/ *s pl* **1** espuma [del jabón] **2** AmE (informal) cerveza

sue /su/ *v* **1** [tr] demandar | **to sue sb for sth** demandar a alguien por algo **2** [intr] entablar una demanda

suede /sweɪd/ *s* gamuza

suffer /ˈsʌfər/ *v* **1** [tr/intr] sufrir: *The doctors said he didn't suffer.* Los médicos dijeron que no sufrió. | **to suffer from sth** sufrir de algo: *Many people suffer from depression.* Muchas personas sufren de depresión. **2** [intr] verse afectado -a: *His work is suffering.* Su trabajo se está viendo afectado. **3 to suffer a loss/a defeat etc.** sufrir una pérdida/una derrota etc.

sufferer /ˈsʌfərər/ *s* **asthma/hay fever etc. sufferers** las personas que sufren de asma/fiebre del heno etc.

sufficient /səˈfɪʃənt/ *adj* suficiente

suffix /ˈsʌfɪks/ *s* (pl **-xes**) sufijo

suffocate /ˈsʌfəkeɪt/ *v* **1** [tr] ahogar [por asfixia] **2** [intr] ahogarse [por asfixia]

suffocating /ˈsʌfəkeɪtɪŋ/ *adj* sofocante, asfixiante

sugar /ˈʃʊgər/ *s* azúcar

ˈsugar ˌbowl *s* azucarera, azucarero

suggest /səgˈdʒest/ *v* [tr] **1** sugerir: *She suggested that we write to the manager.* Sugirió que le escribiéramos al gerente. | **to suggest doing sth** sugerir que se haga algo: *Tim suggested going together in one car.* Tim sugirió que fuéramos todos en un solo carro. **2** recomendar **3** indicar: *All the evidence seems to suggest that he is guilty.* Todas las pruebas parecen indicar que es culpable. **4** insinuar

suggestion /səgˈdʒestʃən/ *s* **1** sugerencia: *Do you have a better suggestion?* ¿Tienes una sugerencia mejor? | **to make a suggestion** hacer una sugerencia **2** insinuación

suicidal /suəˈsaɪdl/ *adj* **1** suicida: *suicidal tendencies* tendencias suicidas **2 to be suicidal (a)** (referido a una acción) ser suicida, ser una verdadera locura: *It would be suicidal to attack in daylight.* Sería una verdadera locura atacar durante el día. **(b)** (referido a una persona) querer suicidarse

suicide /ˈsuəsaɪd/ *s* suicidio | **to commit suicide** suicidarse

suit /sut/ *sustantivo & verbo*

• *s* **1** (de chaqueta y pantalones o falda) traje, vestido, terno **2 to follow suit** hacer lo mismo **3** (en juegos de naipes) palo **4** (en derecho) juicio

• *v* [tr] **1** venirle bien a: *Does Thursday suit everybody?* ¿El jueves les viene bien a todos? **2** quedarle bien a: *Short hair doesn't suit me.* El pelo corto no me queda bien. **3 suit yourself** haz lo que quieras

suitable /ˈsutəbəl/ *adj* adecuado -a, apropiado -a

suitably /ˈsutəbli/ *adv* **to be suitably dressed/prepared etc.** estar vestido -a/preparado -a etc. como corresponde

suitcase /ˈsutkeɪs/ *s* maleta, petaca

suite /swit/ *s* **1** (en un hotel) suite **2** juego | **a three-piece suite** juego de living compuesto por un sofá y dos sillones

suited /ˈsutɪd/ *adj* **1 to be suited to sth** ser apropiado -a para algo, servir para algo **2 to be ideally suited for sth** ser ideal para algo

sulfur AmE, **sulphur** BrE /ˈsʌlfər/ *s* azufre

sulk /sʌlk/ *v* [intr] estar enfurruñado -a, estar con cara larga: *Stop sulking!* ¡Cambia esa cara!

sullen /ˈsʌlən/ *adj* malhumorado -a

sultan /ˈsʌltən/ *s* sultán

sultana /sʌlˈtænə/ *s* BrE pasa sultana ► En inglés americano se usa **golden raisin**

sum /sʌm/ *sustantivo & verbo*

• *s* **1** suma: *a small sum of money* una pequeña suma de dinero **2** suma, total **3** BrE cuenta

• *v* (**-mmed**, **-mming**) **sum up** to sum up en resumen, para resumir **sum sth up 1** resumir algo **2** evaluar algo

summarize, -ise BrE /ˈsʌməraɪz/ *v* [tr/intr] resumir

summary /ˈsʌməri/ *s* (pl **-ries**) resumen

summer /ˈsʌmər/ *s* **1** verano ► ver "Active Box" **seasons** en **season** **2 summer clothes/dress** ropa/vestido de verano | **summer vacation** vacaciones de verano

summertime /ˈsʌmərtaɪm/ *s* verano

summit /ˈsʌmɪt/ *s* **1** (de una montaña) cumbre **2** (reunión) cumbre

summon /ˈsʌmən/ *v* [tr] (formal) **1** citar, llamar: *He was summoned to the principal's office.* Lo llamaron a la oficina del director. **2** (también **summon up**) juntar [coraje, fuerza, etc.]

summons /ˈsʌmənz/ *s* (pl **-ses**) citación, citatorio

sun /sʌn/ *sustantivo & verbo*

• *s* **1** sol: *The sun's come out.* Ha salido el sol. | *Let's go and sit in the sun.* Vamos a sentarnos al sol. **2** (estrella) sol

• *v* (**-nned**, **-nning**) **to sun yourself** tomar (el) sol

sunbathe /ˈsʌnbeɪð/ *v* [intr] tomar (el) sol

sunblock /ˈsʌnblɑk/ *s* bloqueador solar

sunburn /ˈsʌnbɜrn/ *s* quemaduras de sol

sunburned /ˈsʌnbɜrnd/, también **sunburnt** /ˈsʌnbɜrnt/ *adj* quemado -a [por exceso de sol]

sundae /ˈsʌndi, -deɪ/ *s* sundae

Sunday /ˈsʌndi, -deɪ/ *s* domingo ► ver "Active Box" **days of the week** en **day**

sundry /ˈsʌndri/ *adj* **1 all and sundry** todo el mundo **2** (formal) diversos -as

sunflower /ˈsʌnflaʊər/ *s* girasol, maravilla

sung /sʌŋ/ participio de **sing**

sunglasses /ˈsʌnglæsɪz/ *s pl* gafas negras/de sol, anteojos negros/de sol, lentes oscuros/de sol

sunk /sʌŋk/ participio de **sink**

sunken /ˈsʌŋkən/ *adj* hundido -a

sunlight /ˈsʌnlaɪt/ *s* luz del sol

sunny /ˈsʌni/ *adj* (**-nnier**, **-nniest**) **1** de sol, soleado -a: *a sunny day* un día de sol | *It's sunny.* Hay sol. **2** alegre

sunrise /'sʌnraɪz/ s **1** amanecer: *We leave at sunrise.* Nos vamos al amanecer. **2** salida del sol: *a beautiful sunrise* una hermosa salida de sol

sunscreen /'sʌnskrin/ s pantalla solar, filtro solar

sunset /'sʌnset/ s **1** atardecer: *before sunset* antes del atardecer **2** puesta de sol: *a beautiful sunset* una hermosa puesta de sol

sunshine /'sʌnʃaɪn/ s sol [luz y calor]: *sitting in the sunshine* sentado al sol

sunstroke /'sʌnstrouk/ s insolación | **to get sunstroke** insolarse

suntan /'sʌntæn/ s bronceado | **to get a suntan** broncearse

'suntan ˌlotion, también **suntan oil** s bronceador

super /'supər/ *adjetivo, adverbio & sustantivo*
- **adj** genial: *That's a super idea!* ¡Es una idea genial!
- **adv** súper, requete: *The computer was super expensive.* La computadora salió súper cara.
- **s** (informal) ▶ ver **superintendent**

superb /sʊ'pɜrb/ *adj* magnífico -a

superficial /supər'fɪʃəl/ *adj* **1** superficial [conocimientos, inspección] **2** superficial [herida] **3** superficial [persona, actitud]

superflous /sʊ'pɜrfluəs/ *adj* superfluo -a | **to be superfluous** estar de más

superglue® /'supərglu/ s adhesivo/pegante instantáneo

superintendent /supərɪn'tendənt/ s **1** AmE persona a cargo de todas las escuelas de un distrito **2** AmE encargado -a, portero -a [de un edificio de apartamentos] **3** BrE comisario -a

superior /sə'pɪriər/ *adjetivo & sustantivo*
- **adj 1** superior: *Our product is* ***superior*** *to theirs.* Nuestro producto es superior al suyo. **2** de calidad **3** superior [oficial, autoridad] **4 a superior look/smile** una mirada/sonrisa de superioridad
- **s** superior

superiority /səpɪri'ɔrəti/ s **1** (mejor calidad) superioridad **2** (arrogancia) superioridad

superlative /sə'pɜrlətɪv/ *adjetivo & sustantivo*
- **adj** (muy bueno) extraordinario -a
- **s the superlative** el superlativo

supermarket /'supərmɑrkɪt/ s supermercado

supermodel /'supərmɑdl/ s supermodelo

supernatural /supər'nætʃərəl/ *sustantivo & adjetivo*
- **s the supernatural** lo sobrenatural
- **adj** sobrenatural

supersede /supər'sid/ *v* [tr] reemplazar

supersonic /supər'sɑnɪk/ *adj* supersónico -a

superstar /'supərstɑr/ s superestrella

superstition /supər'stɪʃən/ s superstición

superstitious /supər'stɪʃəs/ *adj* supersticioso -a

superstore /'supərstɔr/ s hipermercado

supervise /'supərvaɪz/ *v* [tr] supervisar

supervision /supər'vɪʒən/ s supervisión

supervisor /'supərvaɪzər/ s supervisor -a

supper /'sʌpər/ s cena, comida [por la noche]

supple /'sʌpəl/ *adj* flexible

supplement /'sʌpləmənt/ *sustantivo & verbo*
- **s 1** (de la dieta) suplemento **2** (de un periódico) suplemento **3** cargo adicional
- **v** [tr] complementar

supplementary /sʌplə'mentəri/ *adj* adicional

supplier /sə'plaɪər/ s proveedor -a

supply /sə'plaɪ/ *sustantivo, sustantivo plural & verbo*
- **s** (pl **-lies**) **1** suministro, provisión **2 to be in short supply** escasear: *Gasoline was in short supply.* La gasolina escaseaba. **3 the gas/water etc. supply** el suministro de gas/agua etc.
- **supplies** *s pl* provisiones
- **v** [tr] (**-plies**, **-plied**) suministrar | **to supply sb with sth** suministrarle algo a alguien, proporcionarle algo a alguien | **to supply sth to sb** suministrarle algo a alguien, proporcionarle algo a alguien

sup'ply ˌteacher BrE ▶ ver **substitute teacher**

support /sə'pɔrt/ *verbo & sustantivo*
- **v** [tr] **1** apoyar, respaldar: *We all support the proposal.* Todos apoyamos la propuesta. | *We'll support you, whatever career you choose.* Te apoyaremos, sea cual sea la carrera que elijas. **2** sostener **3** mantener: *I can't support a family on my salary.* No puedo mantener una familia con mi sueldo. **4** BrE ser hincha de: *I support Arsenal.* Soy hincha de Arsenal.
- **s 1** apoyo | **in support of** en apoyo de **2** ayuda

supporter /sə'pɔrtər/ s **1** partidario -a **2** AmE suspensorio, suspensor **3** BrE hincha

suppose /sə'pouz/ *v* [tr] **1** suponer, imaginarse: *I suppose we'll never know.* Supongo que nunca lo sabremos. | *I suppose your job must be very dangerous at times.* Me imagino que tu trabajo debe ser muy peligroso a veces.

2 to be supposed to (a) (para expresar lo que se espera que suceda): *There's supposed to be a train at four o'clock.* Se supone que a las cuatro pasa un tren. | *This was supposed to be a vacation!* ¡Se suponía que éstas iban a ser unas vacaciones! **(b)** (para expresar lo que se debe hacer): *I'm supposed to be home by midnight.* Se supone que tengo que estar en casa antes de la medianoche. | *You're not supposed to look.* No debes mirar. **(c)** (para expresar una opinión o creencia generalizada): *The book is supposed to be very interesting.* Dicen que el libro es muy interesante.

3 I suppose so supongo que sí, si no hay más remedio | **I suppose not** supongo que no

4 suppose.../supposing... ¿y si...?: *Suppose your mom found out...* ¿Y si tu mamá se enterara?

supposedly /sə'pouzɪdli/ *adv* supuestamente

suppress /sə'pres/ *v* [tr] (3ª pers sing **-sses**) **1** sofocar, reprimir [una rebelión, etc.] **2** ocultar [pruebas, la verdad] **3** contener [un deseo, la risa]

supremacy /sə'preməsi/ *s* supremacia

supreme /sə'prim/ *adj* supremo -a

surcharge /'sɜrtʃɑrdʒ/ *s* recargo

sure /ʃʊr/ *adjetivo & adverbio*

• *adj* **1** seguro -a: *I'm sure it was him.* Estoy seguro de que era él. | *Are you **sure** about that?* ¿Estás segura de eso? | *I'm not **sure of** the exact date.* No estoy segura de la fecha exacta.
2 to make sure asegurarse: *I made sure that the doors were all locked.* Me aseguré de que todas las puertas estuvieran cerradas con llave.
3 a sure sign of sth una señal clara de algo
4 sure of myself/himself etc. seguro -a de mí/sí etc. mismo -a
5 he's sure to pass/call etc. seguro que aprueba/que llama etc. | **be sure to tell him/call me etc.** no dejes de decírselo/de llamarme etc.

• *adv* **1 for sure** con seguridad: *We don't know for sure what happened.* No sabemos con seguridad qué pasó. | **one thing's for sure** una cosa es segura, de una cosa no cabe duda | **that's for sure** no te quepa la menor duda
2 sure enough como era de esperar: *Sure enough, Mike got lost.* Como era de esperar, Mike se perdió.
3 (informal) por supuesto: *"Can I phone my Dad?" "Sure!"* –¿Puedo llamar a mi papá? –Por supuesto.

surely /'ʃʊrli/ *adv* **1** (para expresar sorpresa o incredulidad): *Surely you don't find him attractive!* ¡No me digas que te parece atractivo! **2** sin duda: *There must surely be an explanation.* Sin duda debe haber una explicación.

surf /sɜrf/ *verbo & sustantivo*

• *v* **1** [intr] hacer surf, surfear | **to go surfing** ir a hacer surf/a surfear **2 to surf the Net** navegar por Internet

surfing

• *s* olas

surface /'sɜrfəs/ *sustantivo & verbo*

• *s* **1** superficie **2 on the surface** en apariencia

• *v* [intr] salir a la superficie, emerger

surfboard /'sɜrfbɔrd/ *s* tabla de surf

surfing /'sɜrfɪŋ/ *s* surf

surge /sɜrdʒ/ *verbo & sustantivo*

• *v* **to surge forward** abalanzarse

• *s* **1** oleada [de entusiasmo, emoción] **2 a surge in prices/profits etc.** un aumento repentino de los precios/las ganancias etc.

surgeon /'sɜrdʒən/ *s* cirujano -a

surgery /'sɜrdʒəri/ *s* **1** cirugía | **to have surgery** ser sometido -a a una intervención quirúrgica, ser operado -a: *He had to have surgery on his knee.* Tuvieron que operarlo de la rodilla. **2** (pl **-ries**) BrE consulta [de un médico] **3** (pl **-ries**) BrE consultorio ▶ En inglés americano se usa **office**

surgical /'sɜrdʒɪkəl/ *adj* quirúrgico -a

surname /'sɜrneɪm/ *s* apellido

surpass /sər'pæs/ *v* [tr] (3ª pers sing **-sses**) superar

surplus /'sɜrplʌs/ *sustantivo & adjetivo*

• *s* excedente, superávit

• *adj* excedente, de más

surprise /sər'praɪz/ *sustantivo & verbo*

• *s* sorpresa: *I have a little surprise for you.* Tengo una sorpresita para ti. | **to take sb by surprise** tomar a alguien por sorpresa, sorprender a alguien

• *v* [tr] **1** (darle una sorpresa a) sorprender **2** (descubrir) sorprender

surprised /sər'praɪzd/ *adj* **1** sorprendido -a [persona] | **to be surprised** sorprenderse: *Andrew was very surprised when I walked in.* Andrew se sorprendió mucho cuando entré. | *"She finally left him." " I'm not surprised!"* –Al final lo dejó. –¡No me sorprende! | *I was **surprised by** her behavior.*/*I was **surprised at** her behavior.* Me sorprendió su conducta. **2** de sorpresa [expresión, mirada]

surprising /sər'praɪzɪŋ/ *adj* sorprendente

surprisingly /sər'praɪzɪŋli/ *adv* sorprendentemente

surrender /sə'rendər/ *verbo & sustantivo*

• *v* **1** [intr] rendirse **2** [tr] (formal) entregar [a las autoridades]

• *s* rendición

surrogate mother /ˌsʌrəgət 'mʌðər/ *s* madre sustituta, madre de alquiler

surround /sə'raʊnd/ *v* [tr] rodear | **surrounded by sth/sb** rodeado -a de algo/alguien

surrounding /sə'raʊndɪŋ/ *adjetivo & sustantivo plural*

• *adj* de alrededor, circundante

• **surroundings** *s pl* alrededores, entorno

surveillance /sər'veɪləns/ *s* **1** vigilancia | **to keep sth/sb under surveillance** mantener algo/a alguien bajo vigilancia **2 surveillance cameras** cámaras de vigilancia **surveillance equipment** equipo para vigilancia

survey¹ /'sɜrveɪ/ *s* **1** encuesta, estudio **2** relevamiento [de tierras, de una zona]

survey² /sər'veɪ/ *v* [tr] **1** encuestar **2** estudiar [una escena, un mapa, etc.] **3** relevar [tierras, una zona]

survival /sər'vaɪvəl/ *s* supervivencia

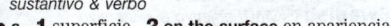

survive /sər'vaɪv/ *v* **1** [tr] sobrevivir a, [intr] sobrevivir: *The refugees may not survive the winter.* Es posible que los refugiados no sobrevivan al invierno. **2** [tr] superar [una crisis], [intr] perdurar **3 to survive on sth** sobrevivir a base de algo, sobrevivir con algo

survivor /sər'vaɪvər/ *s* sobreviviente

susceptible /sə'septəbəl/ *adj* **to be susceptible to sth** ser propenso -a a algo

suspect¹ /sə'spekt/ *v* [tr] **1** sospechar: *The police suspect that she has already left the country.* La policía sospecha que ya se ha ido del país. **2 to suspect sb** sospechar de alguien | **to suspect sb of (doing) sth** sospechar que alguien hizo algo

suspect² /'sʌspekt/ *s & adj* sospechoso -a

suspend /sə'spend/ *v* [tr] **1** suspender [las negociaciones, un partido, la venta de un producto] **2** suspender [a una persona] | **to suspend sb from sth** suspender a alguien de algo **3** (formal) **to suspend sth from sth** colgar algo de algo

suspenders /sə'spendərz/ *s pl* **1** AmE (para pantalones) Según región: *tirantas, cargaderas, tirantes* o *suspensores* **2** BrE ligas [de un portaligas]

suspense /sə'spens/ *s* suspenso | **to keep sb in suspense** tener a alguien en suspenso/en vilo

suspension /sə'spenʃən/ *s* **1** (postergación) suspensión, aplazamiento **2** (sanción) suspensión **3** (en un vehículo) suspensión

suspicion /sə'spɪʃən/ *s* **1** sospecha: *She had a suspicion that Steve might be right.* Tenía la sospecha de que quizás Steve tuviera razón. **2** desconfianza **3 on suspicion of** bajo sospecha de

suspicious /sə'spɪʃəs/ *adj* **1** desconfiado -a | **to be suspicious of sth/sb** desconfiar de algo/alguien **2** sospechoso -a: *a suspicious package* un paquete sospechoso

suspiciously /sə'spɪʃəsli/ *adv* **1** sospechosamente, con actitud sospechosa **2** con desconfianza

sustain /sə'steɪn/ *v* [tr] **1** sostener [el crecimiento] **2** mantener [el entusiasmo] **3** mantener en pie, mantener con fuerzas **4** (formal) sufrir [heridas, bajas, etc.]

SW (= **southwest**) SO

swagger /'swægər/ *v* [intr] caminar con aire arrogante

swallow /'swɑloʊ/ *verbo & sustantivo*

• *v* **1** [tr] tragar, tragarse **2** [intr] tragar **3** [tr] (informal) (aceptar) tragar: *I find that story hard to swallow.* Ese cuento yo no me lo trago.

swallow sth up tragarse algo

• *s* **1** golondrina **2** trago

swam /swæm/ pasado de **swim**

swamp /swɑmp/ *sustantivo & verbo*

• *s* pantano

• *v* **to be swamped with letters/calls etc.** (informal) recibir una avalancha de cartas/llamadas etc. | **to be swamped with work** (informal) estar inundado -a de trabajo

swan /swɑn/ *s* cisne

swap, también **swop** /swɑp/ *v* (**-pped**, **-pping**) **to swap sth (with sb)** cambiarle algo (a alguien), intercambiar algo (con alguien): *I swapped hats with Natasha.* Le cambié el sombrero a Natasha. | **to swap sth for sth** cambiar algo por algo | **to swap places (with sb)** cambiar de lugar (con alguien): *Will you swap places so I can sit with Mick?* ¿Cambiamos de lugar así me puedo sentar con Mick? | **to swap sth around** (informal) cambiar algo de lugar

swarm /swɔrm/ *sustantivo & verbo*

• *s* **1** enjambre **2** multitud

• *v* **to swarm through sth/out of sth etc.** atravesar algo/salir de algo etc. [grandes cantidades de personas, en forma desordenada] | **to be swarming with people/tourists etc.** estar repleto -a de gente/turistas etc.

sway /sweɪ/ *v* **1** [intr] balancearse **2** [tr] convencer, hacer cambiar de opinión

swear /swer/ *v* (pasado **swore**, participio **sworn**) **1** [intr] decir malas palabras/palabrotas | **to swear at sb** insultar a alguien [usando malas palabras]: *He was arrested for swearing at a policeman.* Lo llevaron preso por insultar a un policía. **2** [tr/intr] jurar, prometer | **to swear to do sth** jurar hacer algo: *Do you swear to tell the truth?* ¿Jura decir la verdad?

swear by sth (informal) tenerle (una) fe ciega a algo

swear sb in tomarle juramento a alguien

'swear word *s* mala palabra, palabrota

sweat /swet/ *verbo, sustantivo & sustantivo plural*

• *v* **1** [intr] sudar, transpirar **2 to sweat it out** aguantar [esperando ayuda, una decisión, etc.]

• *s* sudor, transpiración

• **sweats** *s pl* AmE **1** ► ver **sweatsuit** **2** ► ver **sweat pants**

sweater /'swetər/ *s* suéter, pulóver, chompa

'sweat ˌpants *s pl* AmE pantalones deportivos, pantalones de gimnasia

sweatshirt /'swetʃɜrt/ *s* sudadera, polerón

sweatsuit /'swetsut/ *s* AmE equipo de deportes/gimnasia ► También, según región: *buzo, sudadera, pants* o *mono*

sweaty /'sweti/ *adj* (**-tier**, **-tiest**) **1** sudado -a, transpirado -a **2 sweaty socks/shirts etc.** medias/camisas etc. con olor a transpiración

Swede /swid/ *s* sueco -a

swede /swid/ *s* BrE rutabaga, colinabo, nabo sueco ► En inglés americano se usa **rutabaga**

Sweden /'swidn/ *s* Suecia

Swedish /'swidɪʃ/ *adjetivo & sustantivo*

• *adj* sueco -a

• *s* **1** (idioma) sueco **2 the Swedish** los suecos

sweep /swip/ *v* (pasado & participio **swept**) **1 to sweep the floor/the kitchen etc.** barrer el suelo/la cocina etc. | **to sweep the chimney** deshollinar la chimenea **2 to sweep into/out of a room** irrumpir en/salir de una habitación [con aire de autoridad, confianza en sí mismo, etc.] **3** [tr] azotar [viento, olas, tormentas] **4 to sweep the country** arrasar en todo el país [moda, manía] **5** [tr] quitar, meter, etc. con un movimiento rápido de la mano o del brazo

sweep sth away arrasar con algo: *Many houses were swept away by the floods.* Las inundaciones arrasaron con muchas casas.
sweep up barrer, limpiar **sweep sth up** barrer (y recoger) algo

sweeping /ˈswipɪŋ/ *adj* **1** radical [reforma, cambio, etc.] **2 a sweeping statement** una generalización

sweet /swit/ *adjetivo & sustantivo*
- *adj* **1** dulce [bebida, pastel, etc.] **2** dulce, amable [persona, sonrisa] **3** agradable [música, voz, etc.] **4** adorable, amoroso -a
- *s* BrE **1** dulce, golosina, caramelo ▶ En inglés americano se usa **(piece of) candy** **2** postre ▶ También existe **dessert,** que es inglés universal

sweetcorn /ˈswitkɔrn/ *s* maíz (tierno), elote, choclo, jojoto

sweeten /ˈswitn/ *v* [tr] **1** endulzar **2** (también **sweeten up**) (informal) ablandar, convencer

sweetener /ˈswitn-ər/ *s* endulzante, edulcorante

sweetheart /ˈswithɑrt/ *s* (al dirigirse a alguien) mi amor, mi vida

sweetly /ˈswitli/ *adv* con dulzura, de un modo agradable

sweetness /ˈswitnəs/ *s* **1** dulzor [de una fruta, un postre, etc.] **2** dulzura [de una persona, sonrisa, etc.]

sweet poˈtato *s* batata, boniato, camote

swell /swel/ *verbo & sustantivo*
- *v* (participio **swollen**) **1** [intr] (también **swell up**) hincharse, inflamarse **2** [intr] aumentar
- *s* oleaje

swelling /ˈswelɪŋ/ *s* hinchazón, inflamación

swept /swept/ pasado & participio de **sweep**

swerve /swɜrv/ *v* [intr] dar un volantazo, virar bruscamente: *The car swerved across the road into a wall.* El auto viró bruscamente, atravesó la calle y se estrelló contra una pared.

swift /swɪft/ *adjetivo & sustantivo*
- *adj* **1** rápido -a: *with one swift movement* con un movimiento rápido **2 to be swift to do sth** no tardar en hacer algo: *The police were swift to react.* La policía no tardó en reaccionar.
- *s* pájaro pequeño similar a una golondrina

swiftly /ˈswɪftli/ *adv* rápidamente

swim /swɪm/ *verbo & sustantivo*
- *v* (pasado **swam**, participio **swum**, gerundio **swimming**) **1** [intr] nadar: *I can't swim.* No sé nadar. | **to go swimming** ir a nadar **2** [tr] cruzar a nado: *the first person to swim the English Channel* la primera persona que cruzó el Canal de la Mancha a nado **3 my head is/was swimming** me da/daba vueltas la cabeza **4 to be swimming in oil/sauce etc.** nadar en aceite/salsa etc.
- *s* baño [en el mar, una piscina] | **to go for a swim** darse un baño

swimmer /ˈswɪmər/ *s* nadador -a

swimming /ˈswɪmɪŋ/ *s* natación

swimming ˌcostume BrE ▶ ver **swimsuit**

ˈswimming pool *s* piscina, alberca

ˈswimming trunks *s pl* traje de baño, pantalón de baño, calzoneta [de varón]

swimsuit /ˈswɪmsut/ *s* vestido de baño, traje de baño [de mujer]

swindle /ˈswɪndl/ *verbo & sustantivo*
- *v* [tr] estafar: *He swindled his customers out of $200,000.* Estafó a sus clientes en $200,000.
- *s* estafa

swing /swɪŋ/ *verbo & sustantivo*
- *v* (pasado & participio **swung**) **1** [intr] oscilar, balancearse: *The pendulum continued to swing to and fro.* El péndulo siguió oscilando de un lado a otro. **2** [tr] balancear **3** [tr/intr] moverse o hacer que algo se mueva describiendo una curva: *The door swung shut behind her.* La puerta se cerró tras ella. | *He swung the sacks off the truck as if they were empty.* Descargaba las bolsas del camión como si estuvieran vacías. **to swing open/shut** abrirse/cerrarse, una puerta, un portón **4** [intr] cambiar, oscilar [estado de ánimo, opinión] **5** [intr] columpiarse
  swing around, también **swing round** BrE girar sobre sus talones
- *s* **1** columpio **2** cambio [de humor] **3** viraje [de la opinión pública] **4 to take a swing at sth/sb** tratar de pegarle a algo/a alguien

swipe /swaɪp/ *verbo & sustantivo*
- *v* **1 to swipe at sth/sb** (informal) tratar de pegarle a algo/a alguien **2** [tr] (informal) pegarle a **3** [tr] (informal) robar **4 to swipe a card** pasar una tarjeta por un lector de banda magnética
- *s* (informal) **to take a swipe at sth/sb** tratar de pegarle a algo/a alguien

swirl /swɜrl/ *verbo & sustantivo*
- *v* [intr] arremolinarse, girar
- *s* remolino

Swiss /swɪs/ *adjetivo & sustantivo*
- *adj* suizo -a
- *s* **the Swiss** los suizos

switch /swɪtʃ/ *verbo & sustantivo*
- *v* (3ª pers sing **-ches**) **1** [tr] cambiar, cambiar de: *I switched jobs in June.* Cambié de trabajo en junio. **2** [intr] cambiar | **to switch to sth** pasar/cambiar a algo: *He switches easily from Spanish to English.* Pasa con facilidad del español al inglés. | **to switch over to sth** cambiar a algo **3** [tr] intercambiar, cambiar: *Someone has switched the labels.* Alguien intercambió las etiquetas. | **to switch places (with sb)** cambiar de lugar con alguien: *I switched places with Jan so she could see.* Cambié de lugar con Jan para que ella pudiera ver.
  switch off apagarse **switch sth off** apagar algo
  switch on prenderse, encenderse **switch sth on** prender algo, encender algo
- *s* (pl **-ches**) **1** llave, suiche, apagador: *a light switch* una llave/un suiche de la luz **2** cambio

switchboard /'swɪtʃbɔrd/ *s* conmutador, centralita
Switzerland /'swɪtsərlənd/ *s* Suiza
swivel /'swɪvəl/ *v* (-led, -ling AmE, -lled, -lling BrE) **1** [tr] hacer girar **2** [intr] girar
swollen¹ /'swoulən/ *adj* hinchado -a, inflamado -a
swollen² participio de **swell**
swoop /swup/ *verbo & sustantivo*
• *v* [intr] **1 to swoop (down)** descender en picada **2** hacer una redada [la policía]
• *s* redada
swop ► ver **swap**
sword /sɔrd/ *s* espada
swordfish /'sɔrdfɪʃ/ *s* (pl **swordfish**) pez espada
swore /swɔr/ pasado de **swear**
sworn¹ /swɔrn/ *adj* **1 to be sworn enemies** ser enemigos -as a muerte **2 sworn statement** declaración jurada
sworn² participio de **swear**
swot /swɑt/ *s* BrE (informal) (alumno muy estudioso) Según región: *mazo -a, piloso -a, mateo -a, chancón -ona* o *matado -a*
swum /swʌm/ participio de **swim**
swung /swʌŋ/ pasado & participio de **swing**
syllable /'sɪləbəl/ *s* sílaba
syllabus /'sɪləbəs/ *s* (pl **syllabuses** o **syllabi**) programa [de una asignatura]
symbol /'sɪmbəl/ *s* símbolo: *The dove is a symbol of peace.* La paloma es un símbolo de paz.
symbolic /sɪm'bɑlɪk/ *adj* simbólico -a | **to be symbolic of sth** simbolizar algo
symbolize, -ise BrE /'sɪmbəlaɪz/ *v* [tr] simbolizar
symmetrical /sɪ'metrɪkəl/ *adj* simétrico -a
symmetry /'sɪmətri/ *s* simetría
sympathetic /sɪmpə'θetɪk/ *adj* **1** comprensivo -a **2 to be sympathetic to/towards sth** mostrarse favorable a algo
sympathize, -ise BrE /'sɪmpəθaɪz/ *v* [intr] ser comprensivo -a | **to sympathize with sth (a)** comprender algo **(b)** estar de acuerdo con algo | **to sympathize with sb** comprender a alguien, compadecer a alguien
sympathy /'sɪmpəθi/ *sustantivo & sustantivo plural*
• *s* **1** lástima, compasión: *I have no sympathy for him.* No siento ninguna lástima por él **2 to have sympathy with sth** apoyar algo [una causa, un objetivo, etc.]
• **sympathies** *s pl* **1** simpatías **2** condolencias
symphony /'sɪmfəni/ *s* (pl **-nies**) sinfonía
symptom /'sɪmptəm/ *s* **1** síntoma **2 to be a symptom of sth** ser un síntoma de algo
synagogue /'sɪnəgɑg/ *s* sinagoga
syndicate /'sɪndəkət/ *s* grupo, consorcio
syndrome /'sɪndroum/ *s* síndrome
synonym /'sɪnənɪm/ *s* sinónimo
syntax /'sɪntæks/ *s* sintaxis
synthesizer, -iser BrE /'sɪnθəsaɪzər/ *s* sintetizador
synthetic /sɪn'θetɪk/ *adj* sintético -a
syringe /sə'rɪndʒ/ *s* jeringa
syrup /'sɜrəp/ *s* **1** almíbar: *peaches in syrup* duraznos en almíbar **2** jarabe: *maple syrup* jarabe de arce/miel de maple | *cough syrup* jarabe para la tos
system /'sɪstəm/ *s* **1** sistema: *the public transportation system* el sistema de transporte de pasajeros | *a computer system* un sistema informático | *the tax system* el sistema fiscal **2** cuerpo, organismo | **to get sth out of your system** desahogarse (de algo)
systematic /sɪstə'mætɪk/ *adj* sistemático -a

T

T, t /ti/ T, t ▶ ver "Active Box" **letters** en **letter**
tab /tæb/ *s* **1** tecla Tab: *Press tab.* Pulse la tecla Tab. **2 to pick up the tab (for sth)** pagar la cuenta (de algo), correr con los gastos (de algo)
table /'teɪbəl/ *s* **1** mesa: *Maggie was already sitting at the table.* Maggie ya estaba sentada a la mesa. | **to set the table** poner la mesa **2** cuadro, tabla [en un texto, en computación] | **table of contents** índice **3 two/ten etc. times table** tabla del dos/diez etc.
tablecloth /'teɪbəlklɔθ/ *s* mantel
tablespoon /'teɪbəlspun/ *s* **1** cucharada grande **2** cuchara (de servir)
tablet /'tæblət/ *s* tableta, pastilla
table ˌtennis *s* ping-pong, tenis de mesa
tabloid /'tæblɔɪd/ *s* tabloide | **the tabloid press** la prensa amarilla/sensacionalista
taboo /tə'bu/ *sustantivo & adjetivo*
• *s* tabú
• *adj* tabú | **a taboo subject** un tema tabú
tack /tæk/ *sustantivo & verbo*
• *s* tachuela, chinche [para tapicería, etc.]
• *v* **1** [tr] clavar **2** [intr] navegar de ceñida **3** [tr] hilvanar
tackle *sustantivo & verbo*
• *s* **1** (en fútbol americano, rugby) tackle, tacle **2** (en fútbol) ataque, taco, entrada fuerte **3 fishing tackle** aparejos de pesca
• *v* [tr] **1** abordar, tratar de resolver [un problema] **2** encarar [una tarea] **3 to tackle sb about sth** encarar a alguien por (el tema de) algo **4** (en fútbol americano) tacklear, hacerle un tackle/tacle a **5** (en fútbol) atacar, hacerle un taco/una entrada fuerte a

tackling

tacky /'tæki/ *adj* (**-ckier**, **-ckiest**) (informal) **1** lobo -a, chabacano -a, naco -a **2** cursi
taco /'tɑkoʊ/ *s* taco [plato mexicano]
tact /tækt/ *s* tacto, prudencia
tactful /'tæktfəl/ *adj* con tacto, prudente
tactic /'tæktɪk/ *sustantivo & sustantivo plural*
• *s* táctica
• **tactics** *s pl* (en la guerra) táctica
tactless /'tæktləs/ *adj* falto -a de tacto
tadpole /'tædpoʊl/ *s* renacuajo
tag /tæg/ *sustantivo & verbo*
• *s* etiqueta
• *v* [tr] (**-gged**, **-gging**) ponerle una etiqueta a
tag along (informal) ir con alguien: *Is it all right if I tag along?* ¿Les importa si voy con ustedes?
tail /teɪl/ *sustantivo, sustantivo plural & verbo*
• *s* **1** (de un animal) rabo, cola **2** (de un avión) cola
• **tails** *s pl* **1** frac **2** ▶ ver **heads** en **head**
• *v* [tr] (informal) seguir
tail off **1** decaer [ventas, interés] **2** apagarse [voz]
tailback /'teɪlbæk/ *s* BrE caravana [de autos]
tailor /'teɪlər/ *sustantivo & verbo*
• *s* sastre
• *v* **to tailor sth to sth** hacer algo a la medida de algo
ˌtailor-'made *adj* hecho -a a (la) medida
tailpipe /'teɪlpaɪp/ *s* AmE tubo de escape, exhosto
take /teɪk/ *v* [tr] (pasado **took**, participio **taken**) ▶ ver recuadro en página 372. Las expresiones como **to take part, to take offense,** etc. están tratadas bajo el sustantivo correspondiente.

PHRASAL VERBS

take after sb parecerse a alguien, salir a alguien
take sth apart desarmar/desmontar algo
take sth away **1** quitar/sacar algo: *They took away his passport and locked him up.* Le quitaron el pasaporte y lo metieron en la cárcel. | **to take sth away from sb** quitarle algo a alguien: *Don't take his toys away from him!* ¡No le quites los juguetes! **2 to take sth away from sth** restarle algo a algo **take sb away** llevarse a alguien [a la cárcel, un hospital, etc.]
take sth back **1** devolver/regresar algo [a una tienda] **2** retirar algo [un comentario]
take sth down **1** desarmar/desmontar algo **2** anotar algo
take sb in **1** recoger/acoger a alguien **2 to be taken in** ser engañado -a **take sth in** **1** asimilar algo [una noticia, información] **2** achicar algo [un vestido, etc.]
take off **1** despegar, decolar [avión] **2** (informal) largarse [irse] **3** tomar vuelo **take sth off** **1** quitarse algo [una prenda de ropa, el maquillaje, etc.] **2 to take sth off the bed/table etc.** quitar algo de la cama/la mesa etc. **3 to take a day/week etc. off** tomarse un día/una semana etc. (libre)
take sth on hacerse cargo de algo, aceptar algo: *I've taken too much work on recently.* Me he hecho cargo de demasiado trabajo últimamente.
take on sth adquirir algo [interés, importancia] **take sb on** **1** enfrentarse a alguien

take

1 LLEVAR (A UN LUGAR)
Can you take this upstairs, please? ¿Puedes llevar esto arriba, por favor? | *She took the children to school.* Llevó a los niños al colegio.

2 LLEVAR (TIEMPO)
to take five minutes/two hours etc. llevar/tomar cinco minutos/dos horas etc.: *It took me two hours to do my homework.* Me llevó dos horas hacer la tarea.

3 TOMAR, TOMARSE (UNA MEDICINA)
Take a couple of aspirins. Tómate un par de aspirinas.

4 TOMAR (CLASES DE), CURSAR
I'm going to take Spanish next year. Voy a tomar español el año que viene. | **to take a test** hacer una prueba/presentar (un) examen | **to take an exam** presentar (un) examen/hacer un examen/rendir un examen

5 REQUERIR
it takes courage/patience etc. se necesita valor/paciencia etc. | **it takes a lot of money/$500 etc.** se necesita mucho dinero/$500 etc.

6 TOMAR, AGARRAR
He took a pencil from your desk. Tomó un lápiz de tu escritorio. | *Someone's taken my camera!* ¡Alguien se llevó mi cámara!

7 ACEPTAR
Do you take credit cards? ¿Aceptan tarjetas de crédito?

8 OCUPAR
Excuse me, is this seat taken? Perdón ¿este asiento está ocupado?

9 CALZAR, USAR
What size do you take? ¿Qué número calzas?/¿Qué talla usa?

10 TOMAR (UNA CALLE, UN TAXI, UN TREN, ETC.)
Take the second on the right. Tome la segunda a la derecha. | *We took the first train to Rye.* Tomamos el primer tren a Rye.

11 ANOTAR
I took down his number. Anoté su número. | *Can I take a message?* ¿Quiere dejar un mensaje?

12 TOMAR/SACAR (UNA FOTO)
Can I take your photo? ¿Puedo tomarte una foto?

13 CONSIDERAR
to take sth seriously/lightly tomarse algo en serio/a la ligera

14 MEDIR
to take sb's temperature/blood pressure etc. tomarle la temperatura/la presión etc. a alguien

2 contratar a alguien: *The team has taken on a new coach.* El equipo ha contratado a un nuevo entrenador.

take sth out **1** sacar algo [de un bolsillo, una cartera, etc.]: *He took out a penknife and began to peel the orange.* Sacó una navaja y empezó a pelar la naranja. **2 to take sb's tooth out** sacarle una muela/un diente a alguien **3 to take out insurance/a loan etc.** sacar un seguro/un préstamo etc. **take sb out** llevar a alguien a algún lado: *Richard took me out for a meal.* Richard me llevó a comer afuera. | *I'd like to take her out.* Me gustaría invitarla a salir.

take sth out on sb **1 to take your anger/frustration etc. out on sb** desquitarse la rabia/frustración etc. con alguien **2 to take it out on sb** agarrársela(s) con alguien

take over hacerse cargo: *John Dale will take over when Michael leaves the company.* John Dale se hará cargo cuando Michael se vaya de la empresa. **take sth over** hacerse cargo de algo [un negocio, una empresa, etc.]

take to sb **I/they etc. took to him immediately** me/les etc. cayó bien de inmediato

take sth up **1** acortar algo [una prenda de ropa] **2 to take sth up with sb** tratar algo con alguien **take up sth** **1** empezar a hacer algo | **to take up golf/tennis etc.** empezar a jugar golf/tenis etc. | **to take up the piano/the violin etc.** empezar a estudiar piano/violín etc. **2** llevar algo, ocupar algo: *My English homework took up the whole evening.* La tarea de inglés me llevó casi toda la tarde.

take sb up on sth aceptarle un ofrecimiento a alguien: *I might take you up on that.* A lo mejor te acepto el ofrecimiento.

taken /ˈteɪkən/ participio de **take**

take-off *s* despegue, decolaje [de un avión]

takeout /ˈteɪk-aʊt/ AmE, **takeaway** /ˈteɪkəweɪ/ BrE *s*

> Así se le llama a una comida hecha que se compra para llevar a casa:
> *We always have a takeout on Friday.* Los viernes siempre compramos comida hecha.
> También se le llama **takeout** al comercio que vende comida para llevar. Son muy típicos los locales que venden comida china. A **takeout pizza/takeout Chinese** es una pizza/una comida china comprada en uno de estos locales.

talcum powder /ˈtælkəm paʊdər/, también **talc** /tælk/ *s* talco

tale /teɪl/ *s* **1** cuento **2 to tell tales** (informal) chivatear, andar con cuentos

talent /ˈtælənt/ *s* talento

talented /ˈtæləntɪd/ *adj* talentoso -a

talk /tɔk/ *verbo, sustantivo & sustantivo plural*

• *v* **1** [intr] (decir cosas) hablar, (conversar) hablar, platicar: *We talked all night.* Hablamos toda la noche. | **to talk about sth** hablar/platicar de algo

| **to talk to sb**, también **to talk with sb** AmE hablarle a alguien: *Sorry, were you talking to me?* Perdón, ¿me hablabas a mí? | **to talk to yourself** hablar solo -a **2** [intr] (chismosear) hablar: *If they see us together, people will talk.* Si nos ven juntos, la gente va a hablar. **3 to talk nonsense/sense** decir tonterías/cosas sensatas **4 to know what you are talking about** saber de qué habla uno

PHRASAL VERBS

talk back to sb contestarle (mal) a alguien

talk down to sb tratar a alguien como si fuera tonto -a

talk sb into sth convencer a alguien de que haga algo: *Kath talked me into helping her.* Kath me convenció de que la ayudara.

talk sb out of sth convencer a alguien de que no haga algo: *Dad talked me out of buying it.* Papá me convenció de que no lo comprara.

talk sth over discutir algo

• *s* **1** conversación, charla, plática | **to have a talk (with sb)** hablar (con alguien) [sobre un tema serio]: *You and I need to have a talk.* Tú y yo tenemos que hablar. **2** (conferencia) charla, plática | **to give a talk** dar una charla/plática

• **talks** *s pl* conversaciones

talkative /ˈtɔkətɪv/ *adj* conversador -a, parlanchín -ina

talk show *s* AmE talk-show

tall /tɔl/ *adj* **1** alto -a: *He's the tallest boy in the class.* Es el niño más alto de la clase. | *one of the tallest buildings in the world* uno de los edificios más altos del mundo | **to be six feet/ten centimeters/seventy meters etc. tall** medir seis pies/diez centímetros/setenta metros etc.: *The statue was just three inches tall.* La estatuilla sólo medía tres pulgadas. | **how tall are you/is he etc.?** ¿cuánto mides/mide etc.?: *How tall is your dad?* ¿Cuánto mide tu papá? ▶ **¿TALL O HIGH?** ver **alto** **2 a tall tale**, también **a tall story** BrE un cuento chino

tambourine /tæmbəˈrin/ *s* pandereta

tame /teɪm/ *adjetivo & verbo*

• *adj* manso -a, domesticado -a

• *v* [tr] domesticar

tamper /ˈtæmpər/ *v* **tamper with sth** **1** tocar algo, andar con algo [y cambiarlo, estropearlo, etc.]: *The brakes had been tampered with.* Alguien había tocado los frenos. **2** adulterar algo [un documento, alimentos]

tampon /ˈtæmpɑn/ *s* tampón, tampax®

tan /tæn/ *verbo, sustantivo & adjetivo*

• *v* (**-nned**, **-nning**) [intr] broncearse, [tr] broncear

• *s* bronceado | **to get a tan** broncearse

• *adj* **1** (de) color canela, (de) color habano **2** AmE bronceado -a

tangerine /tændʒəˈrin/ *s* mandarina, tangerina

tangle /ˈtæŋgəl/ *verbo & sustantivo*

• *v* [intr] (también **tangle up**) enredarse, enmarañarse

• *s* enredo, maraña

tangled /ˈtæŋgəld/ *adj* (también **tangled up**) enredado -a, enmarañado -a | **to get tangled (up)** enredarse, enmarañarse

tank /tæŋk/ *s* **1** tanque: *gas tank* tanque de gasolina **2** pecera **3** (vehículo militar) tanque

tanker /ˈtæŋkər/ *s* **1** buque cisterna **2** camión cisterna, carro tanque, pipa

tanned /tænd/ *adj* bronceado -a

tantrum /ˈtæntrəm/ *s* berrinche, rabieta, pataleta | **he had/threw a tantrum** hizo un berrinche, le dio una rabieta/una pataleta

tap /tæp/ *verbo & sustantivo*

• *v* (**-pped**, **-pping**) **1** [tr/intr] dar un golpecito en, golpear levemente: *He tapped the screen with his finger.* Golpeó levemente la pantalla con el dedo. | **to tap sb on the shoulder** tocarle el hombro a alguien | **to tap your feet** mover los pies [al ritmo de la música o con impaciencia] **2** [tr] (también **tap into**) aprovechar **3** [tr] intervenir [una línea telefónica] **4** [tr] interceptar [una llamada]

• *s* **1** BrE ▶ ver **faucet** **2** golpecito

tape /teɪp/ *sustantivo & verbo*

• *s* **1** cinta [para grabar] **2** cassette **3** cinta (adhesiva) **4** cinta [de tela]

• *v* [tr] **1** grabar **2 to tape sth to sth** pegar algo a algo [con cinta adhesiva]

tape sth up pegar algo con cinta adhesiva

ˈtape ˌmeasure *s* cinta métrica, metro

ˈtape reˌcorder *s* grabador, grabadora

tar /tɑr/ *s* alquitrán, chapopote

target /ˈtɑrgɪt/ *sustantivo & verbo*

• *s* **1** blanco | **to hit the target** dar en el blanco **2** objetivo, meta **3** blanco [de críticas]

• *v* [tr] tener como objetivo | **to target sth at sb** dirigir algo a alguien

tarmac /ˈtɑrmæk/ *s* **1** asfalto, chapopote **2 the tarmac** la pista [de aterrizaje]

tart /tɑrt/ *s* tarta, pastel [con masa debajo], kuchen

tartan /ˈtɑrtn/ *s* **1** tela escocesa **2** dibujo escocés, tartán

task /tæsk/ *s* tarea

taste /teɪst/ *sustantivo & verbo*

• *s* **1** sabor: *It had a bitter taste.* Tenía sabor amargo. | **sense of taste** sentido del gusto **2** gusto: *We both have the same taste in music.* Los dos tenemos el mismo gusto en materia de música. | **to have good/bad taste** tener buen/mal gusto **3 to have a taste (of sth)** probar (algo) **4 in good/bad taste** de buen/mal gusto

• *v* [tr] **1 to taste of sth** tener sabor a algo | **to taste bitter/sour etc.** tener sabor amargo/agrio etc. **2** probar

tasteful /ˈteɪstfəl/ *adj* de buen gusto

tasteless /ˈteɪstləs/ *adj* **1** de mal gusto [vestido, decoración, muebles] **2** de mal gusto [comentario, broma] **3** desabrido -a, soso -a

tasty /ˈteɪsti/ *adj* (**-tier**, **-tiest**) sabroso -a

tattered /ˈtætərd/ *adj* ajado -a, hecho -a jirones

tattle /ˈtætl/ *v* AmE andar con cuentos, chivatear

tattoo /tæˈtu/ *sustantivo & verbo*
- *s* tatuaje
- *v* [tr] tatuar

taught /tɔt/ pasado & participio de **teach**

taunt /tɔnt/ *verbo & sustantivo*
- *v* [tr] burlarse de, provocar | **to taunt sb with/about sth** provocar a alguien con algo/burlarse de alguien por algo
- *s* burla

Taurus /ˈtɔrəs/ *s* **1** Tauro **2** persona del signo de Tauro: *My husband's a Taurus.* Mi marido es (de) Tauro.

taut /tɔt/ *adj* **1** tenso -a, tirante [cuerda, cable] **2** tenso -a [expresión, cara]

tax /tæks/ *sustantivo & verbo*
- *s* (pl **-xes**) impuesto
- *v* [tr] (3ª pers sing **-xes**) **1** gravar **2** cobrarle impuestos a **3 to tax sb's patience/strength** poner a prueba la paciencia/resistencia de alguien

taxation /tækˈseɪʃən/ *s* **1** impuestos, cargas fiscales **2** sistema tributario

taxi /ˈtæksi/ *sustantivo & verbo*
- *s* (también **taxicab**) taxi
- *v* [intr] carretear [avión]

ˈtaxi ˌdriver *s* taxista

ˈtaxi ˌstand, también **taxi rank** BrE *s* paradero/sitio de taxis

taxpayer /ˈtækspeɪər/ *s* contribuyente

ˈtax reˌturn *s* declaración de impuestos

tea /ti/ *s* **1** té: *a cup of tea* una taza de té | *mint tea* té de menta/yerbabuena **2** BrE merienda, té, onces **3** BrE comida que se toma en la tardecita o de noche temprano ► ver también **cup**

teabag /tibæg/ *s* bolsita/saquito de té

teach /titʃ/ *v* (3ª pers sing **-ches**, pasado & participio **taught**) **1** [tr] enseñar [inglés, matemática, etc.]: *She teaches French to elementary school children.* Enseña francés a niños de primaria. **2** [tr] dar clase(s) a [adultos, niños, etc.]: *Do you prefer teaching adults or children?* ¿Prefieres darles clase a adultos o a niños? **3** [intr] trabajar, dar clase(s): *I teach at the local school.* Trabajo en la escuela del barrio. **4 to teach sb (how) to do sth** enseñarle a alguien a hacer algo **5** enseñar [valores, actitudes] **6 that'll teach you!** (informal) ¡así vas a aprender! ► ver también **lesson**

teacher /ˈtitʃər/ *s* maestro -a, profesor -a: *my music teacher* mi profesor de música

teaching /ˈtitʃɪŋ/ *sustantivo & sustantivo plural*
- *s* enseñanza, docencia
- **teachings** *s pl* enseñanzas

teacup, también **tea cup** /ˈtikʌp/ *s* taza (de té) ► ver nota en **cup**

team /tim/ *sustantivo & verbo*
- *s* equipo: *a soccer team* un equipo de fútbol
- *v* **team up** asociarse | **to team up with sb** asociarse con alguien

ˈteam-mate, también **teammate** /ˈtimˌmeɪt/ *s* compañero -a de equipo

teapot /ˈtipɑt/ *s* tetera [para hacer té]

tear[1] /ter/ *verbo & sustantivo*
- *v* (pasado **tore**, participio **torn**) **1** [tr] romper, rasgar | **to tear sth out** arrancar algo **2** [intr] romperse, rasgarse **3 to tear away/off** salir disparado -a **4 to tear sth off (sth)** arrancar algo (de algo) **5 to be torn between sth and sth** debatirse entre algo y algo
  tear sth apart destrozar algo **tear sb apart** desgarrar a alguien
  tear sth down demoler/tirar abajo algo
  tear sth up hacer pedazos/romper algo
- *s* rasgadura, roto

tear[2] /tɪr/ *s* lágrima | **to be in tears** estar llorando | **to burst into tears** ponerse a llorar

tearful /ˈtɪrfəl/ *adj* emotivo -a

tease /tiz/ *v* **1** [tr] tomarle el pelo a, mamarle gallo a: *She's always teasing her little brother.* Siempre le está tomando el pelo a su hermanito. | **to tease sb about sth** tomarle el pelo a alguien por algo **2** [intr] mamar gallo: *I was only teasing.* Te/le etc. estaba tomando el pelo nomás./Estaba mamando gallo nomás.

teaspoon /ˈtispunful/ *s* **1** cucharita **2** (también **teaspoonful**) cucharadita

teatime /ˈtitaɪm/ *s* BrE **1** hora del té **2** hora de la comida/cena

ˈtea ˌtowel BrE ► ver **dish towel**

technical /ˈteknɪkəl/ *adj* técnico -a | **a technical problem/hitch** un problema técnico/una dificultad técnica

ˈtechnical ˌcollege *s* escuela técnica

technicality /teknɪˈkæləti/ *sustantivo & sustantivo plural*
- *s* (pl **-ties**) tecnicismo
- **technicalities** *s pl* detalles técnicos

technically /ˈteknɪkli/ *adv* **1** en rigor **2** desde el punto de vista técnico

technician /tekˈnɪʃən/ *s* técnico -a

technique /tekˈnik/ *s* técnica

technological *adj* tecnológico -a

technology /tekˈnɑlədʒi/ *s* (pl **-gies**) tecnología

¿Quieres más información sobre los **verbos modales**? Hay una explicación en el apartado de gramática.

teddy /'tedi/ *s* (pl **-ddies**) (también **teddy bear**) oso, osito de peluche

tedious /'tidiəs/ *adj* tedioso -a, aburridor -a

tee /ti/ *s* **1** (para sostener la pelota) tee **2** tee, punto de salida

teenage /'tineɪdʒ/ *adj* **1** (también **teenaged**) adolescente: *a teenage girl* una adolescente **2** para adolescentes

teenager /'tineɪdʒər/ *s* adolescente

teens /tinz/ *s pl* **1** adolescentes **2** adolescencia | **to be in your teens** ser adolescente

teenagers

tee shirt ▶ ver **T-shirt**

teeth /tiθ/ plural de **tooth**

teethe /tið/ *v* **1 the baby is/was etc. teething** al bebé le están/estaban etc. saliendo los dientes **2 teething pains** AmE, **teething troubles** BrE problemas de implementación

telecommunications /teləkəmjunə'keɪʃənz/ *s pl* telecomunicaciones

telegram /'teləgræm/ *s* telegrama

telephone /'teləfoun/ *sustantivo & verbo*

• *s* **1** teléfono: *The telephone was ringing.* El teléfono estaba sonando. | **by telephone** por teléfono, telefónicamente **2 to be on the telephone (a)** estar hablando por teléfono **(b)** tener teléfono

• *v* [tr/intr] (formal) llamar (por teléfono): *She telephoned to say that she was ill.* Llamó para avisar que estaba enferma.

telephone book *s* directorio telefónico, guía telefónica

telephone booth AmE, **telephone box** BrE *s* cabina telefónica

telephone call *s* llamada telefónica

telephone directory *s* (pl **-ries**) directorio telefónico, guía telefónica

telephone number *s* número de teléfono

telescope /'teləskoup/ *s* telescopio

televise /'teləvaɪz/ *v* [tr] televisar, transmitir por televisión

television /'teləvɪʒən/ *s* **1** (también **television set**) televisor **2** televisión: *What's on television tonight?* ¿Qué dan esta noche en (la) televisión? | **to watch television** mirar televisión **3 television program** programa de televisión **television series** serie de televisión

telephone box

tell /tel/ *v* (pasado & participio **told**) **1** [tr] decir: *She told me she didn't want it.* Me dijo que no lo quería. | **I told you so!** ¡te lo dije! ▶ **¿TELL O SAY?** ver **decir**

2 to tell sb about sth contarle a alguien de algo: *Tell us about your trip to Japan.* Cuéntanos de tu viaje a Japón.

3 to tell a story/joke contar un cuento/un chiste

4 to tell the truth/a lie decir la verdad/una mentira

5 to tell sb to do sth decirle a alguien que haga algo: *He told me to shut the door.* Me dijo que cerrara la puerta.

6 [tr/intr] darse cuenta: *How can you tell?* ¿Cómo te das cuenta? | **you can/could tell (that)** se nota/se notaba que: *You can tell he's not well.* Se nota que no está bien.

7 to tell sth from sth distinguir algo de algo: *Can you tell a counterfeit bill from a real one?* ¿Puedes distinguir un billete falso de uno verdadero? | **to tell the difference** notar la diferencia

8 to tell on sb (informal) delatar a alguien

9 to tell (the) time decir la hora

10 you're telling me! (informal) ¡dímelo a mí!, ¡me lo vas a decir a mí!

PHRASAL VERBS

tell sth apart distinguir algo (de otra cosa): *You can't tell the two paintings apart.* Es imposible distinguir las dos pinturas. **tell sb apart** distinguir a alguien (de otra persona): *I can never tell the twins apart.* Nunca puedo distinguir a los gemelos (entre sí).

tell sb off to tell sb off (for doing sth) regañar/retar a alguien (por hacer algo): *My dad told me off for swearing.* Mi papá me regañó por decir malas palabras. | **to get told off (for doing sth)** llevarse un regaño/un reto (por hacer algo)

telling-'off *s* **to get a telling-off** llevarse un regaño/un reto | **to give sb a telling-off** regañar/retar a alguien

telly /'teli/ *s* (pl **-llies**) BrE (informal) tele | **to watch telly** mirar (la) tele

temper /'tempər/ *s* **1** genio **2 to be in a temper** BrE estar de mal humor ▶ También existe **to be in a bad mood,** que es inglés universal | **to be in a bad/foul temper** estar de un humor de perros **3 to keep/lose your temper** conservar la calma/perder los estribos

temperamental /temprə'mentl/ *adj* **1** temperamental **2** caprichoso -a

temperate /'temprət/ *adj* templado -a

temperature /'temprətʃər/ *s* **1** temperatura **2** (de una persona) temperatura | **to have a temperature/to be running a temperature** tener fiebre/calentura | **to take sb's temperature** tomarle la temperatura a alguien

template /'templeɪt/ *s* **1** (en computación) plantilla **2** (para dibujar, recortar) plantilla

temple /'tempəl/ *s* **1** templo **2** sien

i ¿No estás seguro del significado de alguna **abreviatura**? Mira la lista de abreviaturas en el interior de la cubierta.

temporary /ˈtempəreri/ *adj* **1** temporal, temporario -a **2** provisional, provisorio -a

tempt /tempt/ *v* [tr] **1** tentar | **to be tempted to do sth** estar tentado -a de hacer algo **2 to tempt sb to do sth** convencer a alguien de que haga algo, tentar a alguien para que haga algo

temptation /tempˈteɪʃən/ *s* tentación | **to resist the temptation (to do sth)** resistir la tentación (de hacer algo)

tempting /ˈtemptɪŋ/ *adj* tentador -a

ten /ten/ *número* diez

tenant /ˈtenənt/ *s* inquilino -a

tend /tend/ *v* [tr] **1 to tend to do sth** tener tendencia a hacer algo, tender a hacer algo: *He tends to catch colds easily.* Tiene tendencia a resfriarse con facilidad. **2** (formal) cuidar, atender

tendency /ˈtendənsi/ *s* (pl **-cies**) tendencia, inclinación: *people with artistic tendencies* personas con inclinaciones artísticas | **a tendency to/toward sth** una tendencia a/hacia algo | **to have a tendency to do sth** tener tendencia a hacer algo, soler hacer algo

tender /ˈtendər/ *adjetivo & verbo*

• *adj* **1** tierno -a, blando -a [carne, verduras] **2** adolorido -a, sensible [parte del cuerpo] **3** cariñoso -a, tierno -a

• *v* **1 to tender for sth** presentarse a una licitación para algo **2 to tender your resignation** (formal) presentar la renuncia

tenderly /ˈtendərli/ *adv* cariñosamente, tiernamente

tenderness /ˈtendərnəs/ *s* **1** ternura **2** sensibilidad, dolor

tenement /ˈtenəmənt/, también **tenement building** *s* inquilinato, vecindad, conventillo

tenner /ˈtenə/ *s* BrE (informal) billete de diez libras

tennis /ˈtenɪs/ *s* tenis

tenor /ˈtenər/ *s* tenor

ˌtenpin ˈbowling BrE ▶ ver **bowling**

tense /tens/ *adjetivo, verbo & sustantivo*

• *adj* **1** tenso -a, nervioso -a **2** tenso -a [músculo]

• *v* [intr] (también **tense up**) tensionarse, ponerse tenso -a

• *s* tiempo [verbal]: *the present/past tense* el (tiempo) presente/pasado

tension /ˈtenʃən/ *s* **1** (nerviosismo) tensión **2** (hostilidad) tensión: *racial tensions* tensiones raciales **3** (tirantez) tensión

tent /tent/ *s* carpa, tolda, tienda de campaña | **to put up a tent** armar una carpa/tolda/tienda de campaña

tentacle /ˈtentəkəl/ *s* tentáculo

tentative /ˈtentətɪv/ *adj* **1** tentativo -a, provisional **2** vacilante

tenth /tenθ/ *número* **1** décimo -a **2** diez **3** décimo, décima parte

tepid /ˈtepɪd/ *adj* **1** tibio -a **2** tibio -a, poco entusiasta

term /tɜrm/ *sustantivo, sustantivo plural & verbo*

• *s* **1** término: *a medical term* un término médico **2** plazo: *the term of the loan* el plazo del préstamo | **a 30-year/six-month etc. prison term** una condena de 30 años/seis meses etc. | **in the long/short term** a largo/corto plazo **3 term of office** mandato **4** trimestre [en la enseñanza]

• **terms** *s pl* **1** (de un contrato, una oferta) términos, condiciones **2 in financial/political etc. terms** desde el punto de vista financiero, político etc. | **in terms of** en función de **3 to be on good/bad etc. terms with sb** tener buenas/malas etc. relaciones con alguien **4 to come to terms with sth** aceptar algo

• *v* [tr] llamar, calificar de: *The campaign could hardly be termed a success.* La campaña difícilmente podría calificarse de exitosa.

terminal /ˈtɜrmənl/ *sustantivo & adjetivo*

• *s* **1** (de autobuses, aviones, etc.) terminal **2** (en computación) terminal

• *adj* terminal

terminate /ˈtɜrməneɪt/ (formal) *v* **1** [tr] rescindir **2** [intr] vencer, caducar **3 to terminate at** terminar el recorrido en **4** [tr] interrumpir [un embarazo]

terminus /ˈtɜrmənəs/ *s* (pl **termini** o **terminuses**) **1** terminal [de autobuses] **2** estación terminal [de trenes]

terrace /ˈterəs/ *s* **1** (de un bar, un restaurante) terraza **2** (para cultivos) terraza **3** BrE hilera de casas iguales o parecidas con medianeras compartidas

ˌterraced ˈhouse *s* BrE casa en una hilera de viviendas iguales o parecidas con medianeras compartidas ▶ En inglés americano se usa **row house**

terraced houses

terrain /təˈreɪn/ *s* terreno [desde el punto de vista de sus características: llano, escarpado, etc.]

terrible /ˈterəbəl/ *adj* **1** terrible: *She still has terrible nightmares.* Sigue teniendo unas pesadillas terribles. **2** pésimo -a: *I'm a terrible cook.* Soy un pésimo cocinero.

terribly /ˈterəbli/ *adv* **1** terriblemente | **terribly worried** terriblemente preocupado -a, preocupadísimo -a **2** pésimo, terriblemente mal

terrific /təˈrɪfɪk/ *adj* (informal) **1** genial, bárbaro -a, padre **2** tremendo -a

terrified /ˈterəfaɪd/ *adj* aterrorizado -a | **I'm terrified of heights/spiders etc.** me da pánico la altura/les tengo terror a las arañas etc.

terrify /ˈterəfaɪ/ *v* [tr] (3ª pers sing **-fies**, pasado & participio **-fied**) aterrar

terrifying /ˈterəfaɪ-ɪŋ/ *adj* aterrador -a

¿Se dice *I arrived in Miami* o *I arrived to Miami*? Mira la entrada **arrive**.

territory /'terətɔri/ *s* (pl **-ries**) **1** (tierra) territorio **2** (de un animal) territorio **3** (de conocimiento, experiencia) campo, terreno

terror /'terər/ *s* terror | **in terror** aterrorizado -a

terrorism /'terərɪzəm/ *s* terrorismo

terrorist /'terərɪst/ *s & adj* terrorista

test /test/ *sustantivo & verbo*

• *s* **1** prueba, examen: *driving test* examen de conducir/de manejo | **to take a test** hacer una prueba, presentar un examen **2** análisis, examen: *a blood test* un análisis de sangre | *an eye test* un examen de la vista **3** prueba [de un producto, una máquina] **4 a test of strength/of our friendship etc.** una prueba de resistencia/de nuestra amistad etc. | **to put sth to the test** poner algo a prueba

• *v* [tr] **1** tomarle pruebas de evaluación a | **to test sb on sth** tomarle una prueba de algo a alguien, tomarle algo a alguien [una lección, etc.]: *Can you test me on my German?* ¿Me tomas alemán? | **to test sb's knowledge of sth** evaluar los conocimientos que tiene alguien de algo **2** examinar, analizar | **to test sth for sth** analizar algo para determinar la presencia de algo | **to test sb for sth** hacerle un análisis a alguien para determinar si tiene algo **3** poner a prueba [una máquina, un arma etc.] **4** probar, someter a pruebas [un fármaco, un producto, etc.] **5** comprobar [la temperatura, el funcionamiento de algo]

testify /'testəfaɪ/ *v* [tr/intr] (3ª pers sing **-fies**, pasado & participio **-fied**) declarar, testificar, prestar declaración

testimony /'testəmouni/ *s* (pl **-nies**) testimonio, declaración

test tube *s* tubo de ensayo, probeta

tether /'teðər/ ► ver **end**

text /tekst/ *s* **1** (escrito) texto **2** (de un discurso, una nota) texto **3** (también **text message**) (mensaje) mensaje de texto

textbook /'tekstbʊk/ *s* libro (de texto)

textile /'tekstaɪl/ *s* textil

texture /'tekstʃər/ *s* textura, consistencia

than /ðən, acentuado ðæn/ *conj & prep* ► ver recuadro

thank /θæŋk/ *v* [tr] **1** ► ver también entrada **thank you** **2** agradecerle a, darle las gracias a | **to thank sb for (doing) sth** agradecerle algo a alguien/agradecerle a alguien que haya hecho algo: *She thanked me for the flowers.* Me agradeció las flores. **3 thank God/goodness** gracias a Dios

thankful /'θæŋkfəl/ *adj* agradecido -a | **to be thankful for sth** agradecer algo, estar agradecido -a por algo

thankfully /'θæŋkfəli/ *adv* por suerte, gracias a Dios

thanks /θæŋks/ *interjección & sustantivo plural*

• *interj* (informal) **1** gracias | **no thanks** no gracias **2 thanks for (doing) sth** gracias por (hacer) algo: *Thanks for doing the dishes.* Gracias por lavar los platos.

• *s pl* **1** agradecimiento: *a letter of thanks* una carta de agradecimiento **2 thanks to** gracias a: *Thanks to people like you, these children will get a good education.* Gracias a gente como usted, estos niños van a recibir una buena educación.

Thanksgiving /θæŋks'gɪvɪŋ/, también **Thanksgiving Day** *s* ► ver abajo

---

than

1 EN COMPARACIONES (= que, de, de lo que)

You're taller than me. Eres más alta que yo. | *It's more than 500 miles.* Son más de 500 millas. | *It's a lot cheaper than I thought.* Es mucho más barato de lo que pensaba.

2 EN EXPRESIONES

I would rather... than/I would sooner... than prefiero... a: *I'd rather walk than go in his car.* Prefiero ir a pie a ir en su auto./Antes que ir en su auto, prefiero ir a pie. | **no sooner had I finished/had he left etc. than** en cuanto terminé/se fue etc.: *No sooner had I walked in than the phone rang.* En cuanto entré, sonó el teléfono.

Fíjate que el verbo va delante del sujeto en la expresión anterior y que **than** no tiene equivalente en la estructura española.

Muchos de los primeros colonos ingleses que llegaron a América del Norte murieron de hambre durante su primer invierno en el nuevo mundo. Fueron los indígenas quienes les enseñaron a cultivar maíz y otros alimentos para poder subsistir. Los colonos celebraron su primera cosecha conjuntamente con los indígenas con una comida y ofrecieron una ceremonia de acción de gracias. Esto es lo que se conmemora en Estados Unidos en **Thanksgiving**, el cuarto jueves de noviembre, que es feriado nacional. Las familias se reúnen y preparan una comida especial de pavo al horno, pan de maíz, tarta de calabaza, etc.

Thanksgiving dinner

thank you *interj* **1** gracias: *"How are you?" "Fine, thank you."* –¿Cómo estás? –Bien, gracias. | **no thank you** no gracias **2 thank you for (doing) sth** gracias por (hacer) algo: *Thank you for washing the car.* Gracias por lavar el carro.

that /ðət, acentuado ðæt/ *adj, pron, adv & conj* ▶ ver recuadro

thatched /θætʃt/ *adj* **thatched cottage** casita con techo de paja/quincha | **thatched roof** techo de paja/quincha

thaw /θɔ/ *verbo & sustantivo*

• *v* **1** [tr] derretir, [intr] derretirse **2** (también **thaw out**) [tr] descongelar, [intr] descongelarse

• *s* deshielo

the /ðə, ðɪ, acentuado ði/ *art* ▶ ver recuadro

theater AmE, **theatre** BrE /'θiətər/ *s* **1** teatro [edificio] **2** teatro [actividad] **3** (también **movie theater**) AmE cine [edificio] **4** BrE quirófano, sala de operaciones

theatrical /θi'ætrɪkəl/ *adj* **1** teatral, de teatro **2** (exagerado, fingido) teatral

theft /θeft/ *s* robo ▶ **¿ROBBERY, BURGLARY O THEFT?** ver recuadro en **robo**

their /ðer/ *adj* su, sus, de ellos/ellas: *their son* su hijo/el hijo de ellos | *their daughters* sus hijas/las hijas de ellos ▶ Los posesivos se usan en inglés en muchos contextos en los cuales usamos el artículo en español, como delante de partes del cuerpo, pertenencias personales, etc.: *They washed their hands.* Se lavaron las manos. | *They had lost their tickets.* Habían perdido los boletos. ▶ **their** también se usa con pronombres de tercera persona del singular, como **someone, everyone,** etc.: *Everyone brought their own food.* Cada uno se trajo su propia comida.

theirs /ðerz/ *pron* Como los pronombres posesivos ingleses no varían en género ni en número, **theirs** puede equivaler a *(el) de ellos/ellas, (la) de ellos/ellas, (los) de ellos/ellas, (las) de ellos/ellas, (el) suyo, (la) suya,* etc.: *When my car broke down, I borrowed theirs.* Cuando se me averió el auto, me prestaron el suyo. | *She's a friend of theirs.* Es amiga suya./Es amiga de ellos. ▶ **theirs** también se usa con pronombres de tercera persona del singular, como **someone, everyone,** etc.: *No one would admit that the dog was theirs.* Nadie quería reconocer que el perro fuera suyo.

them /ðəm, acentuado ðem/ *pron* **1** (como complemento directo) los, las: *Have you seen my keys? I can't find them.* ¿Has visto mis llaves? No las encuentro. **2** (como complemento indirecto) les, se: *I told them I'd be late.* Les dije que iba a llegar tarde. | *I sent it to them.* Se lo mandé (a ellos). **3** (después de preposición, en comparaciones o tras el verbo "to be") ellos, ellas: *I spoke to them yesterday.* Hablé con ellos ayer. | *We played better than them.* Jugamos mejor que ellos. | *It was them who told my parents.* Fueron ellos los que se lo dijeron a mis padres. **4** (usado en lugar de "him" o "her") le: *If anyone calls, tell them I'll be back later.* Si llama alguien, dile que vuelvo más tarde.

that

ADJETIVO & PRONOMBRE

1 **that** equivale a *ese, esa, aquel* o *aquella* o a sus formas pronominales acentuadas y también al pronombre **eso:**

Who's that man? ¿Quién es ese hombre?/¿Quién es aquel hombre? | *I prefer that color.* Prefiero ese color./Prefiero aquel color. | *I prefer* ***that one*** *over there.* Prefiero aquél (de allá). | *What's that?* ¿Qué es eso? | ***That's why*** *she doesn't like it.* Es por eso que no le gusta. | *Do it* ***like that.*** Hazlo así.

El plural de **that** es **those,** que está tratado aparte.

2 Por teléfono:

Is that Sophie? ¿(Hablo con) Sophie?

3 EXPRESIONES

that is es decir: *We can go on Friday. If you're free, that is.* Podemos ir el viernes. Es decir, si puedes. | **that's that!** ¡punto!: *You're not going and that's that!* ¡Dije que no vas y punto!

ADVERBIO

USOS

that big/tall etc. así de grande/alto -a etc.: *The fish I caught was that big.* El pescado que saqué era así de grande. | **it's not that big/tall etc.** no es tan grande/alto -a etc.: *Come on, he's not that stupid!* ¡Vamos, no es tan estúpido! | **not all that big/tall etc.:** *The food wasn't all that good.* La comida no era tan buena.

CONJUNCIÓN

1 PARA INTRODUCIR SUBORDINADAS (= que)

Los paréntesis significan que se suele omitir en el lenguaje hablado:

She said (that) she was tired. Dijo que estaba cansada. | *The fact that you didn't know is no excuse.* El hecho de que no supieras no es excusa.

2 COMO PRONOMBRE RELATIVO (= que)

Los paréntesis significan que se suele omitir en el lenguaje hablado:

Did you get the books (that) I sent? ¿Recibiste los libros que envié? | *the day (that) she was born* el día en que nació

3 EXPRESANDO CONSECUENCIA

so... that/such... that tan... que: *He's so annoying that no one will work with him.* Es tan fastidioso que nadie quiere trabajar con él. | *She got such bad grades that she wasn't allowed to go.* Sacó tan malas notas que no la dejaron ir.

4 CON SUPERLATIVOS (= que)

the greatest player that ever lived el mejor jugador que haya existido

¿Quieres información sobre las diferencias entre los **artículos** en inglés y en español? Lee la explicación en el apartado de gramática.

the

1 El artículo definido **the** no varía ni en género ni en número y equivale a *el, la, los* y *las*:

the sun el sol | *the moon* la luna | *the clouds* las nubes | *the birds* los pájaros

2 También se usa delante de adjetivos sustantivados:

You're asking the impossible. Estás pidiendo lo imposible | *the British* los británicos

3 Su uso difiere del de los artículos españoles en los siguientes ejemplos:

They pay me by the hour. Me pagan por hora. | *Monday the first* el lunes primero

Otras diferencias de uso están explicadas en la entrada **el**.

4 La siguiente expresión establece relaciones directa o inversamente proporcionales:

the... the: *The more I see him, the more I like him.* Cuanto más lo veo, más me gusta. | *The less said about it the better.* Cuanto menos se diga sobre el asunto, mejor.

theme /θim/ *s* tema

theme park *s* parque temático

theme tune *s* tema musical

themselves /ðəm'selvz/ *pron* ▶ ver recuadro

then /ðen/ *adv* **1** (para ese) entonces, en aquella época: *Won't you be away on vacation then?* ¿No vas a estar de vacaciones para ese entonces? | *I lived in Paris then.* Vivía en París en aquella época. | **by then** para entonces: *I will have finished by then.* Para entonces, ya habré terminado. | **from then on** a partir de ese momento | **just then** en ese momento: *Just then the phone rang.* En ese momento, sonó el teléfono. | **until then** hasta ese momento: *They had never used a computer until then.* Jamás habían usado una computadora hasta ese momento. ▶ ver también **there**
2 después: *We had lunch and then went to the store.* Almorzamos y después fuimos a la tienda.
3 entonces: *If she's going, then I'm going too.* Si ella va, entonces yo también voy.
4 but then (again) pero bueno (, tampoco): *I don't spend much, but then I don't go out much.* No gasto mucho dinero, pero bueno, tampoco salgo mucho.

theoretical /θiə'retɪkəl/ *adj* **1** (relacionado con la teoría) teórico -a **2** (no existente) teórico -a

theory /'θiəri/ *s* (pl **-ries**) teoría | **in theory** en teoría

therapeutic /θerə'pjutɪk/ *adj* **1** terapéutico -a **2** relajante

therapist /'θerəpɪst/ *s* terapeuta, terapista

therapy /'θerəpi/ *s* (pl **-pies**) terapia | **to be in therapy** estar en tratamiento (psiquiátrico/psicológico)

there /ðer/ *pron & adv* ▶ ver recuadro en página 380

themselves

1 themselves es la forma reflexiva de **they**. Su uso equivale en general al de los verbos reflexivos españoles o a oraciones con *sí mismos/sí mismas*:

They bought themselves a new car. Se compraron otro auto. | *They should be proud of themselves.* Deberían sentirse orgullosos (de sí mismos).

2 Tiene un uso enfático que equivale al de *(ellos/ellas) mismos -as*:

They painted the house themselves. Ellos mismos pintaron la casa. | *Doctors themselves say the treatment doesn't always work.* Los médicos mismos dicen que el tratamiento no siempre surte efecto.

3 La expresión **by themselves** o **all by themselves** significa *solos -as* (sin compañía o sin ayuda):

They did it all by themselves. Lo hicieron solos.

4 themselves también se usa con pronombres de tercera persona del singular, como **anyone, someone,** etc.:

If anyone wants a drink, they can help themselves. Si alguien quiere tomar algo, se puede servir.

thereabouts /ðerə'bauts/ *adv* **1 two hours/six miles etc. or thereabouts** alrededor de dos horas/seis millas etc. **2 in 1900/at 9 o'clock etc. or thereabouts** alrededor del año 1900/de las nueve etc.: *We met at ten o'clock or thereabouts.* Nos vimos alrededor de las diez.

thereby /ðer'baɪ/ *adv* (formal) de ese modo, así

therefore /'ðerfɔr/ *adv* (formal) por lo tanto, en consecuencia

thermal /'θɜrməl/ *adj* **1** térmico -a [energía] **2** termal **3** térmico -a [ropa interior]

thermometer /θər'mɑmətər/ *s* termómetro

Thermos® /'θɜrməs/, también **Thermos® flask** *s* termo

these /ðiz/ *adj & pron* **these** es el plural de **this** y equivale a *estos, estas* o a sus formas pronominales acentuadas: *Where did you get these cushions?* ¿Dónde compraste estos cojines? | *I'll take four of these.* Voy a llevar cuatro de éstas.

thesis /'θisɪs/ *s* (pl **-ses**) **1** tesis [de licenciatura, maestría, etc.] **2** teoría, tesis

they /ðeɪ/ *pron* ellos -as ▶ Los pronombres de sujeto nunca se omiten en inglés: *They never go on vacation.* Nunca salen de vacaciones. | *They're English books.* Son libros de inglés. ▶ **they** también se usa para referirse a una persona o a personas cuya identidad no se especifica: *If anyone saw anything, will they please contact the police.* Si alguien vio algo, que por favor se ponga en contacto con la policía. | *They've closed the factory.* Han cerrado la fábrica.

there

PRONOMBRE

Seguido de formas del verbo **to be, there** equivale a *haber*. El verbo va en singular o en plural según se use con un sustantivo singular o plural:

***There's** a bus stop on the corner.* Hay un paradero/una parada en la esquina. | ***Is there** any coffee?* ¿Hay café? | ***There are** three bedrooms upstairs.* Hay tres dormitorios arriba. | ***There was** a terrible storm.* Hubo una tormenta terrible. | ***Were there** many people?* ¿Había mucha gente? | ***There seems to be** a misunderstanding.* Parece haber un malentendido. | ***There might be** a problem.* Podría haber un problema. | ***There must be** some mistake.* Debe haber un error. | ***There were** five of us.* Éramos cinco.

ADVERBIO

1 En la mayoría de los casos equivale a *ahí, allí* o *allá*:

The book is there, on the table. El libro está ahí, en la mesa. | *We know you're **in there**!* ¡Sabemos que están ahí adentro! | *Leave your boots **out there**.* Deja las botas ahí afuera.

Fíjate que cuando la oración empieza con **there** el sujeto va después del verbo, excepto cuando es un pronombre:

There's Peter. Ahí está Peter. | *There he is.* Ahí está.

2 Muchas veces se usa precedido de **over,** sobre todo para indicar mayor distancia:

He lives in Canada and we're going over there to see him. Vive en Canadá y vamos a ir allá a verlo.

3 También se usa para llamar la atención sobre algo:

Look! There's a squirrel! ¡Mira! ¡Una ardilla! | *There goes the phone again!* ¡Otra vez el teléfono!

4 Expresiones:

there and then/then and there en el acto/en ese mismo momento | **there you are/there you go** aquí tiene/tienes

they'd /ðeɪd/
- contracción de **they had**
- contracción de **they would**

they'll /ðeɪl/ contracción de **they will**

they're /ðər/ contracción de **they are**

they've /ðeɪv/ contracción de **they have**

thick /θɪk/ *adjetivo, adverbio & sustantivo*
- ***adj*** **1** grueso -a | **it is three feet/one centimeter etc. thick** tiene tres pies/un centímetro etc. de espesor **2** espeso -a: *a thick soup* una sopa espesa **3** denso -a [nube, humo] **4** denso -a [vegetación, bosque] **5** poblado -a [barba]: *He has thick hair.* Tiene mucho pelo. **6** cerrado -a, fuerte [acento] **7** BrE (informal) burro -a: *He's a bit thick.* Es medio burro.
- ***adv*** **to cut/slice sth thick** cortar algo grueso | **to spread sth thick** untar algo formando una capa gruesa
- ***s*** **1 to be in the thick of sth** estar en el centro de algo **2 through thick and thin** en las verdes y en las maduras

thicken /ˈθɪkən/ *v* [tr] espesar, [intr] espesarse

thickly /ˈθɪkli/ *adv* **1 thickly cut** cortado grueso/cortada gruesa | **thickly sliced** cortado -a en rebanadas gruesas | **thickly padded/carpeted** bien acolchado -a/con gruesas alfombras | **to spread sth thickly** untar algo formando una capa gruesa **2** densamente, copiosamente

thickness /ˈθɪknəs/ *s* **1** espesor, grosor **2** capa

thief /θif/ *s* (pl **thieves**) ladrón -ona ▶ **¿THIEF, BURGLAR O ROBBER?** ver nota en **ladrón**

thigh /θaɪ/ *s* muslo

thimble /ˈθɪmbəl/ *s* dedal

thin /θɪn/ *adjetivo, adverbio & verbo*
- ***adj*** (**-nner, -nnest**) **1** fino -a, delgado -a [vestido, libro, etc.] **2** delgado -a, flaco -a [persona] **3** aguado -a, poco espeso -a [sopa, salsa] **4** ralo -a, poco abundante [pelo] **5 to be thin on the ground** escasear ▶ ver también **thick**
- ***adv*** (**-nner, -nnest**) **to cut/slice sth thin** cortar algo fino -a/en rebanadas finas
- ***v*** (**-nned, -nning**) **1** [tr] diluir, rebajar **2** (también **thin out**) [tr] entresacar, [intr] ralear

thing /θɪŋ/ *sustantivo & sustantivo plural*
- ***s*** **1** cosa: *Can you bring me a few things from the house?* ¿Me puedes traer algunas cosas de la casa? | *That was a stupid thing to say.* Decir eso fue una estupidez. | *A funny thing happened yesterday.* Ayer pasó algo curioso. | **the main thing** lo principal/lo más importante
  2 (referido a personas o animales): *You poor thing!* ¡Pobrecito! | *She's such a sweet thing.* Es tan dulce.
  3 you won't feel a thing/I didn't see a thing etc. no vas a sentir nada/no vi nada etc.: *I don't know a thing about opera.* No sé nada de ópera.
  4 first/last thing a primera hora/a última hora
  5 to be just the thing ser lo ideal
  6 the thing is la cosa es que
  7 for one thing para empezar
  8 it's a good thing (that) menos mal que
  9 it's just one of those things son cosas que pasan
  10 to do my/your etc. own thing (informal) hacer lo mío/lo tuyo etc., hacer lo que me/te etc. provoque ▶ ver también **such**
- **things** ***s pl*** cosas: *The way things are, we won't be able to go.* Tal como están las cosas, no vamos a poder ir. | *How are things with you?* ¿Qué tal andas?

think /θɪŋk/ *verbo & sustantivo*

• *v* (pasado & participio **thought**) **1** [tr] pensar: *She thinks I'm crazy.* Piensa que estoy loca. | *I didn't think anyone would believe me.* No pensé que nadie me fuera a creer. | **what do you think of...?** ¿qué te/le parece...?
2 [intr] (reflexionar) pensar: *Think carefully before you decide.* Piensa bien antes de decidirte. | **to think about/of sth** pensar en algo: *I've been thinking about what you said.* Estuve pensando en lo que dijiste.
3 [tr/intr] (considerar) pensar: *I thought we could eat out tonight.* Pensé que podríamos comer afuera esta noche. | **to think of/about doing sth** pensar en hacer algo: *Have you ever thought about buying a car?* ¿Alguna vez pensaste en comprar un carro?
4 [tr] creer: *I think so.* Creo que sí. | *I don't think so.* Creo que no./No creo. | *I think he's gone out.* Creo que salió.
5 not to think much of sb/sth no tener una buena opinión de algo/alguien | **to think highly of sb** tener muy buena opinión de alguien
6 [tr/intr] imaginarse: *I can't think why he bought it.* No puedo imaginarme por qué lo compró. | *Who'd have thought it?* ¿Quién lo hubiera dicho? | *Just think!* ¡Imagínate! | **I should think so (a)** me imagino que sí **(b)** ¡era lo menos que podías/podían etc. hacer!: *"I apologized." "I should think so!"* –Pedí disculpas. –¡Era lo menos que podías hacer!
7 to think twice (before doing sth) pensarlo dos veces (antes de hacer algo)

PHRASAL VERBS

think of sth 1 I thought of a name/a solution etc. se me ocurrió un nombre/una solución etc.: *Richard thought of a way of getting out.* A Richard se le ocurrió una forma de salir. **2** recordar: *I can't think of the lead singer's name.* No recuerdo el nombre del cantante principal. **think of sb 1** pensar en alguien: *It was nice of you to think of me.* Qué amable de tu parte pensar en mí. **2 I thought of sb for the job/to do the job etc.** se me ocurrió alguien para el puesto/para hacer el trabajo etc.: *Can you think of anyone who could do it?* ¿Se te ocurre alguien que pudiera hacerlo?
think sth out pensar bien algo
think sth over pensar algo
think sth up idear algo, inventar algo

• *s* **to have a think (about sth)** pensar (algo): *Have a think and let me know.* Piénsalo y avísame.

thinker /ˈθɪŋkər/ *s* pensador -a

thinking /ˈθɪŋkɪŋ/ *s* **1** opinión, ideas **2 quick thinking** rapidez mental ▶ ver también **wishful thinking**

thinly /ˈθɪnli/ *adv* **1 thinly cut** cortado fino/cortada fina | **thinly sliced** cortado -a en rebanadas finas/delgadas | **to spread sth thinly** untar una capa delgada de algo **2 thinly populated** escasamente poblado -a **3 thinly disguised/veiled etc.** apenas disimulado -a/velado -a etc.

third /θɜrd/ *número & sustantivo*

• ***número*** **1** tercer, tercero -a **2** tres **3** tercio, tercera parte

• *s* (también **third gear**) (en la caja de cambios) tercera

thirdly /ˈθɜrdli/ *adv* en tercer lugar

ˌthird ˈparty *s* (pl **-ties**) **third party insurance** seguro contra terceros

ˌThird ˈWorld *s* **the Third World** el Tercer Mundo

thirst /θɜrst/ *s* **1** sed **2 thirst for knowledge/power etc.** ansia(s) de conocimiento/poder etc.

thirsty /ˈθɜrsti/ *adj* (**-tier**, **-tiest**) sediento -a | **to be thirsty** tener sed

thirteen /θɜrˈtin/ *número* trece

thirteenth /θɜrˈtinθ/ *número* **1** decimotercero -a **2** trece **3** treceavo, decimotercera parte

thirtieth /ˈθɜrtiəθ/ *número* **1** trigésimo -a **2** treinta **3** treintavo, treintava parte

thirty /ˈθɜrti/ *número* (pl **-ties**) **1** treinta **2 the thirties** los (años) treinta **3 to be in your thirties** tener treinta y pico/treinta y tantos

this /ðɪs/ *adj, pron & adv* ▶ ver recuadro

thistle /ˈθɪsəl/ *s* cardo

thongs /θɔŋz/ *s pl* AmE Según región: *chancla, chancleta (de goma), chola* u *ojota*

thorn /θɔrn/ *s* espina [de una planta]

thorough /ˈθɜroʊ/ *adj* **1** exhaustivo -a, a fondo **2** meticuloso -a

thoroughly /ˈθɜroʊli/ *adv* **1** meticulosamente **2 thoroughly depressing/miserable etc.** totalmente deprimente/completamente infeliz etc.

those /ðoʊz/ *adj & pron* **those** es el plural de **that** y equivale a *esos, esas, aquellos* o *aquellas* o a sus formas pronominales acentuadas: *Who are those people?* ¿Quiénes son esas personas?/¿Quiénes son aquellas personas? | *I prefer those shoes.*

this

ADJETIVO & PRONOMBRE

1 this equivale a *este, esta* o a sus formas pronominales acentuadas y también al pronombre *esto*:

Do you like this skirt? ¿Te gusta esta falda? | *I prefer this color.* Prefiero este color. | *I'd get **this one**.* Yo me compraría ésta. | *What's this?* ¿Qué es esto? | *Do it **like this**.* Hazlo así.

El plural de **this** es **these**, que está tratado aparte.

2 Por teléfono:

Hello Ellie, this is Paul. Hola Ellie, habla Paul.

ADVERBIO

this big/tall etc. así de grande/alto -a etc.: *He's this tall.* Es así de alto. | *Give me this much.* Dame un tanto así. | *We can't call this late.* No podemos llamar tan tarde.

Prefiero esos zapatos./Prefiero aquellos zapatos. | *I prefer those over there.* Prefiero aquéllos (de allá).

though /ðoʊ/ *conjunción & adverbio*

• *conj* **1** aunque: *Though she was only seven, she played the piano brilliantly.* Aunque sólo tenía siete años, tocaba el piano maravillosamente. **2** pero: *I bought it in Mexico, though it's probably cheaper here.* Lo compré en México, pero es probable que sea más barato aquí. ► ver también **as, even**

• *adv* (informal) (sin embargo): *We had to stand in line for an hour. It was worth it, though.* Tuvimos que hacer una hora de cola, pero valió la pena.

thought[1] /θɔt/ *s* **1** pensamiento, idea | **the thought of (doing) sth** la sola idea de hacer algo: *The thought of food makes me feel sick.* La sola idea de comer me da náuseas. **2** reflexión | **to give sth a lot of thought** pensar/reflexionar mucho algo | **to be lost/deep in thought** estar abstraído -a en sus/mis etc. pensamientos **3** (filosofía) pensamiento **4 on second thoughts** pensándolo bien

thought[2] pasado & participio de **think**

thoughtful /ˈθɔtfəl/ *adj* **1** pensativo -a **2** amable, considerado -a

thoughtless /ˈθɔtləs/ *adj* desconsiderado -a

thousand /ˈθaʊzənd/ *número* **1** mil: *a thousand years* mil años ► Cuando **thousand** se usa como numeral, su plural es invariable: *two thousand kilometers* dos mil kilómetros | *a few thousand dollars* unos miles de dólares **2 thousands of** miles de

thousandth /ˈθaʊzənθ/ *número* **1** milésimo -a **2** milésimo, milésima parte

thrash /θræʃ/ *v* [tr] (3ª pers sing **-shes**) **1** (como castigo) darle una paliza a **2** (informal) (vencer) darle una paliza a

thrash around sacudirse, retorcerse

thread /θred/ *sustantivo & verbo*

• *s* **1** hilo: *a needle and thread* una aguja e hilo **2** (en una historia, conversación, etc.) hilo

• *v* [tr] **1** enhebrar **2 to thread sth through sth** pasar algo por algo [un cable, un alambre, etc.] **3 to thread sth onto sth** enhebrar algo con algo

threat /θret/ *s* **1** amenaza: *a death threat* una amenaza de muerte **2** (peligro) amenaza | **a threat to sb/sth** una amenaza para alguien/algo

threaten /ˈθretn/ *v* [tr] **1** amenazar: *Don't you threaten me!* ¡No me amenaces! | **to threaten to do sth** amenazar con hacer algo | **to threaten sb with sth** amenazar a alguien con algo **2** (poner en peligro) amenazar

three /θri/ *número* tres

three-diˈmensional *adj* tridimensional

threshold /ˈθreʃhoʊld/ *s* **1** umbral **2 pain threshold** umbral de dolor, resistencia al dolor

threw /θru/ pasado de **throw**

thrill /θrɪl/ *sustantivo & verbo*

• *s* emoción: *the thrill of driving a fast car* la emoción de manejar un auto veloz | **to get a thrill out of doing sth** disfrutar de hacer algo

• *v* [tr] emocionar

thrilled /θrɪld/ *adj* contentísimo -a, encantado -a | **to be thrilled with sth** estar/quedarse contentísimo -a con algo | **to be thrilled to do sth** estar encantado -a/contentísimo -a de hacer algo

thriller /ˈθrɪlər/ *s* **1** novela de suspenso **2** película de suspenso

thrilling /ˈθrɪlɪŋ/ *adj* emocionante

thrive /θraɪv/ *v* [intr] (pasado **thrived** o **throve**, participio **thrived**) **1** prosperar [empresa, economía] **2** crecer bien [planta] **3 she thrives on pressure/hard work etc.** rinde mucho bajo presión/está muy bien cuando tiene mucho trabajo etc.

thriving /ˈθraɪvɪŋ/ *adj* próspero -a, floreciente

throat /θroʊt/ *s* **1** garganta: *I have a sore throat.* Me duele la garganta. **2** cuello

throb /θrɑb/ *verbo & sustantivo*

• *v* [intr] (**-bbed**, **-bbing**) **1 my head/foot etc. was throbbing** tenía un dolor punzante en la cabeza/el pie etc. **2** vibrar [motor] **3** latir con fuerza, latir a toda velocidad

• *s* vibración

throne /θroʊn/ *s* trono

throttle /ˈθrɑtl/ *v* [tr] estrangular

through, también **thru** AmE /θru/ *preposición, adverbio & adjetivo*

• *prep* **1** a través de, por: *I pushed my way through the crowd.* Me abrí camino a través de la multitud. | *I saw her through the window.* La vi por la ventana. | *The bullet went right through his leg.* La bala le atravesó la pierna de lado a lado.
2 (del principio al fin) (durante) todo -a: *We worked through the night to finish it.* Trabajamos toda la noche para terminarlo.
3 a causa de, por
4 a través de, gracias a: *I got the job through a friend.* Conseguí el trabajo a través de un amigo.
5 May through July/Monday through Friday etc. AmE de mayo a julio (inclusive)/de lunes a viernes (inclusive) etc.

• *adv* **1** (de un lado a otro): *Let me through!* ¡Déjenme pasar! | *There was a gap in the fence so we climbed through.* Como había una abertura en el cerco, nos metimos por ahí.
2 (del principio al fin) **all night through** toda la noche | **I slept/he yawned etc. all the way through** dormí/bostezó etc. desde que empezó hasta que terminó [la película, la conferencia, etc.]
3 through and through de cabo a rabo

• *adj* **1 to be through (with sth/sb)** haber terminado (algo/con alguien) | **to be through doing sth** haber terminado de hacer algo
2 through train/service etc. tren directo/ruta directa etc. | **no through road** calle sin salida
► **through** también forma parte de varios phrasal

verbs como **to look through, to sit through,** etc. Éstos están tratados bajo el verbo correspondiente

throughout /θru'aʊt/ *preposición & adverbio*

• *prep* **1** en todo -a: *throughout the country* en todo el país **2** (durante) todo -a: *throughout the concert* durante todo el concierto

• *adv* **1 it's painted white/carpeted etc. throughout** está todo -a pintado -a de blanco/alfombrado -a etc. **2** del principio al fin, todo el tiempo: *He remained calm throughout.* Mantuvo la calma del principio al fin.

throw /θroʊ/ *verbo & sustantivo*

• *v* (pasado **threw**, participio **thrown**)
1 [tr/intr] tirar, aventar, lanzar: *The crowd began throwing bottles.* La muchedumbre empezó a tirar botellas. | **to throw sth at sth/sb** tirarle/aventarle algo a algo/alguien [para pegarle]: *Someone threw a rock at the car.* Alguien le tiró una piedra al auto. | **to throw sth to sb** tirarle/aventarle algo a alguien [para que lo ataje]: *The goalkeeper threw the ball to Alan.* El portero le tiró la pelota a Alan. | **to throw sb sth** tirarle/aventarle algo a alguien [para que lo ataje]: *Throw me a towel, will you?* ¿Me tiras una toalla?
2 [tr] tirar, arrojar, aventar: *He threw me to the ground.* Me tiró al suelo./Me aventó al suelo.
3 to throw your arms around sb's neck echarle los brazos al cuello a alguien | **to throw your head back** echar la cabeza para atrás
4 to throw sb into jail meter a alguien preso -a | **to throw sb into confusion** dejar a alguien desorientado -a
5 [tr] (informal) desconcertar
6 [tr] proyectar [una sombra] ► ver también **fit**, **weight**
throw sth away **1** tirar/botar algo [a la basura] **2** desperdiciar algo [una oportunidad]
throw sth out **1** tirar/botar algo [a la basura] **2** rechazar algo **throw sb out** echar a alguien
throw up (informal) devolver, vomitar

• *s* **1** tiro, lanzamiento: *his third throw* su tercer tiro/su tercer lanzamiento
2 tiro, marca: *a throw of over 80 meters* una marca de más de 80 metros
3 (en un juego de dados) tiro: *It's your throw.* Te toca tirar.

thrown /θroʊn/ participio de **throw**

thru /θru/ AmE ► ver **through**

thrust /θrʌst/ *verbo & sustantivo*

• *v* [tr] (pasado & participio **thrust**) empujar | **to thrust sth into sth** meter algo en algo [con fuerza o brusquedad] | **to thrust at sb (with sth)** lanzarle una estocada a alguien (con algo)
thrust on/upon **to thrust sth on/upon sb** imponerle algo a alguien [una responsabilidad, una tarea]

• *s* **1** estocada **2 the (main) thrust of sth** la idea central de algo

thud /θʌd/ *sustantivo & verbo*

• *s* ruido sordo

• *v* [intr] (**-dded**, **-dding**) producir un ruido sordo al caerse, golpear contra algo, etc.: *The ball thudded into a tree.* La pelota pegó en un árbol con un ruido sordo. | *Her heart began to thud violently.* El corazón le empezó a latir con fuerza.

thug /θʌg/ *s* matón

thumb /θʌm/ *sustantivo & verbo*

• *s* **1** pulgar, dedo gordo [de la mano] **2 to give sth the thumbs up/down** (informal) aprobar/rechazar algo **3 to be under sb's thumb** estar dominado -a por alguien

• *v* (informal) **to thumb a ride** AmE, **to thumb a lift** BrE pedir aventón/cola, echar/hacer/tirar dedo
thumb through sth hojear algo

thumbtack /'θʌmtæk/ *s* AmE tachuela, chinche

thump /θʌmp/ *verbo & sustantivo*

• *v* **1** [tr] dar una trompada/un puñetazo a **2** [intr] golpear [con fuerza] **3** [intr] latir con fuerza

• *s* **1** puñetazo, golpe [con el puño] **2** ruido sordo

thunder /'θʌndər/ *sustantivo & verbo*

• *s* **1** truenos ► ver también **clap** **2** estruendo

• *v* [intr] **1** tronar **2** bramar

thunderstorm /'θʌndərstɔrm/ *s* tormenta eléctrica

Thursday /'θɜrzdi,. -deɪ/ *s* jueves ► ver "Active Box" **days of the week** en **day**

thus /ðʌs/ *adv* (formal) **1** así **2** (también **thusly** AmE) de esa manera

thwart /θwɔrt/ *v* [tr] frustrar [un plan, etc.]

tick /tɪk/ *sustantivo & verbo*

• *s* **1** tictac **2** BrE ► ver **check 3**

• *v* **1** [tr] BrE marcar, chulear [algo en un texto] **2** [intr] hacer tictac
tick away, también **tick by** transcurrir, pasar [tiempo, minutos]
tick sth off BrE ir marcando algo [en una lista] ► En inglés americano se usa **check sth off** **tick sb off** (informal) **1** AmE fastidiar, irritar **2** BrE regañar/retar a alguien

ticket /'tɪkɪt/ *s* **1** entrada **2** boleto, tiquete, pasaje **3** multa: *I got a ticket.* Me pusieron una multa. **4** etiqueta

'ticket ˌoffice *s* AmE ventanilla (de venta de pasajes/boletos) [en una estación o terminal]

tickle /'tɪkəl/ *v* **1** [tr] hacerle cosquillas a **2** [tr] hacer picar, pinchar, [intr] picar, pinchar [suéter, tela]

'tidal wave *s* tsunami, ola gigante

tide /taɪd/ *s* marea | **the tide is in/out** la marea está alta/baja | **at high/low tide** cuando la marea está alta/baja

tidy /'taɪdi/ *adjetivo & verbo*

• *adj* (**-dier**, **-diest**) ordenado -a ► ver también **neat**

• *v* [tr/intr] (3ª pers sing **-dies**, pasado & participio **-died**) (también **tidy up**) ordenar, arreglar

tie /taɪ/ *verbo & sustantivo*

• *v* (pasado & participio **tied**, gerundio **tying**) **1** [tr] amarrar, atar | **to tie sth/sb to sth** amarrar/atar algo/a alguien a algo: *They tied him to a tree.* Lo amarraron a un árbol. **2** [tr] amarrarse, atarse [los cordones/las agujetas], hacerse el nudo de [la corbata] | **to tie a knot in sth** hacerle un nudo a algo **3** [intr] empatar

tie sb down atar a alguien [trabajo, matrimonio, etc.]

tie sth up **1** atar/amarrar algo **2** **to be tied up** estar invertido -a [dinero, capital] **3** cerrar algo [un trato] **tie sb up** **1** atar/amarrar a alguien **2** **to be tied up** estar ocupado -a

• *s* **1** corbata **2** (vínculo) lazo **3** empate **4** lastre, atadura

tier /tɪr/ *s* **1** (de asientos) grada **2** (de un pastel) piso

tiger /ˈtaɪgər/ *s* tigre

tight /taɪt/ *adjetivo, adverbio & sustantivo plural*

• *adj* **1** ajustado -a, apretado -a, estrecho -a: *tight leather pants* pantalones de cuero ajustados | *My shoes were too tight.* Los zapatos me quedaban demasiado apretados. **2** tirante [cuerda, soga, piel, etc.] **3** ajustado -a [tornillo, tapa, nudo] **4** estricto -a: *Security is very tight.* Las medidas de seguridad son muy estrictas. **5** ajustado -a, escaso -a | **time is tight** ando/anda etc. corto -a de tiempo | **money is tight** ando/anda etc. escaso -a de dinero **6** **a tight bend** una curva cerrada **7** parejo -a, reñido -a

• *adv* fuerte: *Hold on tight.* Agárrate fuerte.

• **tights** *s pl* **1** malla(s) **2** BrE ▶ ver **pantyhose**

tighten /ˈtaɪtn/ *v* **1** [tr] apretar, ajustar, estrechar **2** [tr] tensar **3** [intr] tensarse **4** [tr] (también **tighten up**) hacer más estricto -a **5** **to tighten your hold/grip on sth** agarrar algo más fuerte

tightly /ˈtaɪtli/ *adv* **1** firmemente, fuerte **2** estrictamente

tightrope /ˈtaɪtroʊp/ *s* cuerda floja

tile /taɪl/ *s* **1** teja **2** azulejo **3** baldosa

tiled /taɪld/ *adj* **1** de tejas **2** azulejado -a **3** de baldosas

till /tɪl/ *preposición & sustantivo*

• *prep* ▶ ver **until**

• *s* BrE caja (registradora) ▶ En inglés americano se usa **cash register**

tilt /tɪlt/ *v* **1** [tr] inclinar **2** [intr] inclinarse

timber /ˈtɪmbər/ *s* **1** árboles [talados para madera] **2** BrE ▶ ver **lumber**

time /taɪm/ *sustantivo & verbo*

• *s* ▶ ver recuadro

• *v* [tr] **1** elegir el momento/la hora de [una llegada, una partida, un anuncio] **2** **to be timed to do sth** estar programado -a para hacer algo **3** **to be well/badly timed** ser oportuno -a/no ser oportuno -a **4** tomar el tiempo de, medir con un cronómetro

---

time *sustantivo*

1 TIEMPO

Do you have time for a coffee? ¿Tienes tiempo para un café? | *Learning a language takes time.* Aprender un idioma lleva tiempo. | *I don't have to wear glasses all the time.* No tengo que usar anteojos todo el tiempo. | **a long time** mucho (tiempo): *She took a long time.* Tardó mucho (tiempo). | **I haven't seen her etc. for some time** hace tiempo que no la veo etc. | **to take your time** tomarse su tiempo: *Take your time. There's no hurry.* Tómate tu tiempo. No hay apuro. | **to have a good/great etc. time** pasarla bien/genial etc.: *Did you have a good time in Dallas?* ¿La pasaron bien en Dallas? | **in time:** *We got there in time for lunch.* Llegamos a tiempo para almorzar. | *You'll get used to it in time.* Con el tiempo te acostumbrarás.

2 HORA

What time is it?/*What's the time?* ¿Qué hora es? | *It's time to go home.* Es hora de que nos vayamos a casa. | **on time** a tiempo: *Try to be on time.* Traten de llegar a tiempo/de ser puntuales.

3 VEZ

Every time I call, he's out. Cada vez que llamo, no está. | *I go to the gym three times a week.* Voy al gimnasio tres veces por semana. | *next time I see her* la próxima vez que la vea | *the last time I went out with him* la última vez que salí con él | **three times as long/big etc.; three times longer/bigger etc.** tres veces más largo -a/grande etc. | **two/five etc. at a time** de uno en uno/de cinco en cinco etc. | **at times** a veces | **from time to time** de vez en cuando

4 MOMENTO

Have I come at a bad time? ¿Vine en mal momento? | **by the time** para cuando: *By the time you get this letter, I'll be in Canada.* Para cuando recibas esta carta, estaré en Canadá. | **this time tomorrow/next year etc.** mañana a esta hora/el año que viene a esta altura etc. | **for the time being** por ahora/por el momento | **at all times** en todo momento | **at the time** en aquel momento | **time after time/time and time again** una y otra vez

5 ÉPOCA, PERÍODO

the happiest time of my life la época más feliz de mi vida | **for a time** por un tiempo/por una época | **in a week's time/a month's time etc.** dentro de una semana/un mes etc.

6 COMPÁS

in time to the music al compás de la música

7 Las expresiones como **to bide your time, once upon a time,** etc. están tratadas en **bide, once,** etc.

¿No estás seguro de si se usa **make** o **do**? Mira las entradas **hacer, make** y **do**.

ˈtime ˌlimit *s* límite de tiempo, plazo
timely /ˈtaɪmli/ *adj* (**-lier**, **-liest**) oportuno -a
ˌtime ˈoff *s* días (libres)
timer /ˈtaɪmər/ *s* reloj [de una cocina, etc.], temporizador
times /taɪmz/ *prep* (al multiplicar) por: *Two times two is four.* Dos por dos es cuatro.
timetable /ˈtaɪmteɪbəl/ *s* BrE **1** (de trenes, autobuses, etc.) horario ▶ En inglés americano se usa **schedule** **2** (de clases) horario ▶ En inglés americano se usa **schedule**
timid /ˈtɪmɪd/ *adj* **1** tímido -a **2** poco aventurado -a
timing /ˈtaɪmɪŋ/ *s* momento elegido para hacer algo: *That was good timing!* ¡Elegiste un buen momento para llegar!
tin /tɪn/ *s* **1** estaño, hojalata **2** BrE lata, tarro: *a tin of soup* una lata/un tarro de sopa ▶ También existe **can,** que es inglés universal
tinfoil /ˈtɪnfɔɪl/ *s* papel (de) aluminio
tinge /tɪndʒ/ *sustantivo & verbo*
• *s* **1** tinte [de la piel, etc.] **2** dejo, matiz [de emoción, tristeza, etc.]
• *v* **to be tinged with sth** tener un dejo de algo, estar teñido -a de algo [emoción, tristeza]
tingle /ˈtɪŋgəl/ *v* **my fingers/legs etc. were tingling** sentía un hormigueo en los dedos/las piernas etc.
tinned /tɪnd/ BrE ▶ ver **canned**
ˈtin ˌopener *s* BrE ▶ ver **can opener**
tinsel /ˈtɪnsəl/ *s* guirnaldas [para adornar el árbol de Navidad]
tint /tɪnt/ *sustantivo & verbo*
• *s* **1** tinte, tono **2** tinte, tintura
• *v* [tr] teñir
tinted /ˈtɪntɪd/ *adj* **1** polarizado -a, ahumado -a [anteojos, etc.] **2** teñido -a [pelo]
tiny /ˈtaɪni/ *adj* (**-nier**, **-niest**) **1** diminuto -a **2** ínfimo -a
tip /tɪp/ *sustantivo & verbo*
• *s* **1** extremo, punta | **it's on the tip of my tongue** lo tengo en la punta de la lengua **2** propina **3** consejo | **to give sb a tip (on sth)** darle un consejo a alguien (para algo)
• *v* (**-pped**, **-pping**) **1** [tr] inclinar | **to tip sth back/up etc.** echar algo para atrás/levantar algo etc. **2** [intr] inclinarse | **to tip back/up etc.** reclinarse/levantarse etc. [asientos] **3 to tip sth into/onto sth (a)** tirar/derramar algo en algo **(b)** verter/echar algo en algo: *I tipped the milk into the bowl.* Vertí la leche en el bol. | **to tip sth out** tirar/botar algo [vaciando una caja, etc.] **4** [tr] darle propina a **5 he's being tipped to win the Oscar/to succeed the director etc.** los pronósticos coinciden en que va a ganar el Oscar/va a suceder al director etc.
tip sb off alertar a alguien
tip over caerse, volcarse **tip sth over** tirar/volcar algo

tiptoe /ˈtɪptoʊ/ *sustantivo & verbo*
• *s* **on tiptoe(s)** en puntas de pie, de puntillas/puntitas
• *v* [intr] caminar en puntas de pie, caminar de puntillas/puntitas | **to tiptoe into/out of a room** entrar a/salir de una habitación en puntas de pie
tire /taɪr/ *verbo & sustantivo*
• *v* **1** [intr] cansarse **2** [tr] cansar **3 to tire of sb** cansarse/hartarse de alguien | **to tire of (doing) sth** hartarse de (hacer) algo, cansarse de (hacer) algo
tire sb out agotar a alguien **tire yourself out** agotarse
• *s* AmE **(tyre** BrE) llanta, caucho, neumático
tired /taɪrd/ *adj* **1** cansado -a | **tired out** agotado -a **2 to be tired of sb** estar cansado -a/harto -a de alguien | **to be tired of (doing) sth** estar cansado -a/harto -a de (hacer) algo: *She was tired of being a secretary.* Estaba harta de ser secretaria. ▶ ver también **sick**
tiresome /ˈtaɪrsəm/ *adj* **1** tedioso -a **2** pesado -a
tiring /ˈtaɪrɪŋ/ *adj* cansador -a
tissue /ˈtɪʃu/ *s* **1** pañuelo de papel, pañuelo desechable **2** (en biología) tejido
tit /tɪt/ *s* **1** paro [pequeño pájaro europeo] **2** (informal) teta
title /ˈtaɪtl/ *s* **1** título [de un libro, una canción, etc.] **2** tratamiento, título **3** título (de nobleza) **4** (en deportes) título
ˈtitle ˌholder *s* campeón -ona
ˈtitle role *s* papel protagónico
T-junction /ˈti dʒʌŋkʃən/ *s* BrE cruce [en forma de T]
to¹ /tə, tʊ, acentuado tu/ **1** parte del infinitivo o usado para sustituirlo: *to think* pensar | *to walk* caminar | *He wants to stay.* Se quiere quedar. | *"Why don't you go with them?" "Because I don't want to."* –¿Por qué no vas con ellos? –Porque no quiero. **2** (expresando propósito) para: *I'm saving up to buy a bike.* Estoy ahorrando para comprarme una bicicleta. **3 to tell/ask etc. sb to do sth** decirle/pedirle etc. a alguien que haga algo: *They told me to wait.* Me dijeron que esperara. **4 to be easy to do/hard to understand etc.** ser fácil de hacer/difícil de entender etc.
to² /tə, tʊ, acentuado tu/ *prep* ▶ ver recuadro en página 386
to³ /tu/ *adv* **to and fro** de un lado a otro
toad /toʊd/ *s* sapo
toast /toʊst/ *sustantivo & verbo*
• *s* **1** tostadas, pan tostado: *I made some toast.* Hice tostadas./Hice pan tostado. | **a piece/slice of toast** una tostada, una rebanada de pan tostado **2** brindis
• *v* [tr] **1** brindar a la salud de, brindar por **2** tostar
toaster /ˈtoʊstər/ *s* tostadora, tostador

to *preposición*

1 DESTINO (= a)

She went to Australia. Se fue a Australia. | *I walked over to the window.* Fui a la ventana. | *I'm going to bed.* Me voy a dormir.

2 DIRECCIÓN (= para)

Can you move to the right a little? ¿Te puedes correr un poco para la derecha?

3 POSICIÓN (= a)

To your left is the abbey. A su izquierda está la abadía. | *20 miles to the south of Chicago* 20 millas al sur de Chicago

4 ALCANCE (= hasta, a)

The water came up to my knees. El agua me llegaba hasta las rodillas. | *She can count to ten.* Sabe contar hasta diez. | *from Monday to Friday* de lunes a viernes | *It's only two weeks to Christmas.* Sólo faltan dos semanas para Navidad.

5 CON COMPLEMENTO INDIRECTO (= a)

He gave the money to his wife. Le dio el dinero a su esposa. | *Say something to me!* ¡Dime algo!

6 PARA CON, HACIA

to be kind/cruel etc. to sb ser amable/cruel etc. con alguien: *You were very rude to him.* Estuviste muy grosera con él.

7 PERTENENCIA, RELACIÓN (= de)

the key to the back door la llave de la puerta de atrás | *She's assistant to the manager.* Es asistente del gerente.

8 COMPARACIONES (= a)

I prefer chicken to fish. Prefiero el pollo al pescado. | *They beat us by two goals to one.* Nos ganaron por dos goles a uno.

9 LÍMITES

two to three weeks/20 to 30 people etc. entre dos y tres semanas/entre 20 y 30 personas etc.

10 HORA

ten to five diez para las cinco/las cinco menos diez | *twenty to one* veinte para la una/la una menos veinte

11 RESULTADO

to my surprise/relief etc. para mi sorpresa/alivio etc.

tobacco /tə'bækoʊ/ *s* tabaco

tobacconist /tə'bækənɪst/ *s* **1** encargado de una casa de artículos para fumadores **2** (también **tobacconist's** BrE) tabaquería

today /tə'deɪ/ *adverbio & sustantivo*

• *adv* **1** hoy: *Are you going to work today?* ¿Vas a trabajar hoy? **2** hoy (en) día, actualmente **3 a week (from) today**, también **today week** BrE dentro de una semana: *I leave school a week today.* Dentro de una semana termino la escuela.

• *s* **1** hoy: *Have you read today's paper yet?* ¿Ya has leído el periódico de hoy? **2** hoy, hoy (en) día: *today's women* las mujeres de hoy

toddler /'tɑdlər/ *s* niño que está aprendiendo a caminar

toe /toʊ/ *s* **1** dedo [del pie] | **big toe** dedo gordo [del pie] **2** punta [de una media, un zapato, etc.] **3 to step on sb's toes** AmE, **to tread on sb's toes** BrE **(a)** pisar a alguien **(b)** ofender a alguien **4 to keep sb on their toes** mantener despierto -a/alerta a alguien

toenail /'toʊneɪl/ *s* uña [de los pies]

toffee /'tɔfi/ *s* dulce hecho de mantequilla y azúcar

together /tə'geðər/ *adv* **1** (en un lugar) junto -a: *Put it all together in that drawer.* Ponlo todo junto en ese cajón. **2** (en compañía) juntos -as: *The teacher doesn't let us sit together.* La profesora no nos deja sentarnos juntos. **3** al mismo tiempo, a la vez: *You need to press the two buttons together.* Tiene que apretar los dos botones a la vez. **4 to tie sth together** amarrar/atar algo | **to add sth together** sumar algo | **to join sth together** unir algo | **to mix sth and sth together** mezclar algo con algo **5 together with** junto con

toilet /'tɔɪlət/ *s* **1** taza (del baño), inodoro, poceta **2** BrE (en una casa) (cuarto de) baño | **to go to the toilet** ir al baño **3** BrE baño [público] ▶ En inglés americano se usa **restroom**

'toilet ˌpaper *s* papel higiénico, papel sanitario, papel confort

toiletries /'tɔɪlətriz/ *s pl* artículos de tocador

token /'toʊkən/ *sustantivo & adjetivo*

• *s* **1** ficha [para una máquina, etc.] **2** muestra [de afecto, gratitud, etc.] ▶ ver también **gift token**

• *adj* **a token gesture/payment** un gesto/pago simbólico

told /toʊld/ pasado & participio de **tell**

tolerance /'tɑlərəns/ *s* tolerancia

tolerant /'tɑlərənt/ *adj* tolerante | **to be tolerant of sth/sb** ser tolerante con algo/alguien

tolerate /'tɑləreɪt/ *v* [tr] tolerar

toll /toʊl/ *sustantivo & verbo*

• *s* **1** peaje, cuota [en una carretera] **2** número de víctimas | **death toll** número de víctimas fatales **3 it has taken its toll on his health/marriage etc.** ha afectado su salud/matrimonio etc .

• *v* [intr] sonar [campana]

tomato /tə'meɪtoʊ, BrE tə'mɑtoʊ/ *s* (pl **-toes**) tomate, jitomate

tomb /tum/ *s* tumba

tomboy /'tɑmbɔɪ/ *s* niña poco femenina

tombstone /'tumstoʊn/ *s* lápida

tomorrow /tə'mɑroʊ/ *adverbio & sustantivo*

• *adv* mañana: *See you tomorrow!* ¡Hasta mañana! | *What are you doing tomorrow?* ¿Qué vas a hacer mañana? | **tomorrow morning/night etc.**

mañana por/en la mañana/noche etc.: *I'll do it tomorrow morning.* Lo haré mañana por la mañana. | **the day after tomorrow** pasado mañana

● *s* **1** mañana: *tomorrow's meeting* la reunión de mañana **2** el (día de) mañana: *tomorrow's computers* las computadoras del mañana

ton /tʌn/ *s* **1** (pl **tons** o **ton**) tonelada ▶ ver abajo **2 tons of sth** (informal) montones de algo **3 to weigh a ton** (informal) pesar una tonelada

> **a ton** equivale a 907 kg en el sistema americano y a 1,016 kg en el británico. La tonelada métrica (1,000 kg) se conoce como **metric ton** o **tonne**.

tone /toʊn/ *sustantivo & verbo*

● *s* **1** tono [de voz] **2** (de un instrumento, una voz) timbre, tono **3** (atmósfera, carácter) tono **4** (de un color) tono **5** (sonido electrónico) señal: *Leave a message after the tone.* Deje su mensaje después de la señal.

● *v* **tone sth down** bajar el tono de algo

tongue /tʌŋ/ *s* **1** lengua | **to stick your tongue out at sb** sacarle la lengua a alguien **2 tongue in cheek** en broma, en tono irónico: *"You're going to enjoy this," he said, tongue in cheek.* "Esto te va a gustar", dijo en tono irónico. **3** (literario) lengua | **mother tongue** lengua materna ▶ ver también **slip, tip**

tonic /ˈtɑnɪk/ *s* **1** (también **tonic water**) (agua) tónica, aguaquina **2** tónico, reconstituyente

tonight /təˈnaɪt/ *adverbio & sustantivo*

● *adv* esta noche: *Call me tonight.* Llámame esta noche.

● *s* esta noche: *tonight's news bulletin* el noticiero de esta noche

tonne /tʌn/ *s* (pl **-s** o **tonne**) tonelada [métrica]

tonsils /ˈtɑnsəlz/ *s pl* amígdalas

too /tu/ *adv* **1** demasiado: *She was driving too fast.* Manejaba demasiado rápido. | *It's too cold to go out.* Hace demasiado frío para salir. | **too much/many** demasiado -a, demasiados -as | **too little** demasiado poco -a | **too few** demasiados pocos -as | **much too expensive/young etc.** carísimo -a/jovencísimo -a etc. | **far too expensive/young etc.** carísimo -a/jovencísimo -a etc. | **he wasn't too happy/pleased etc.** no estaba muy feliz/contento etc. que digamos **2** también: *"I'm really hungry." "Me too."* –Tengo mucha hambre. –Yo también.

took /tʊk/ pasado de **take**

tool /tul/ *s* herramienta

tool kit *s* caja de herramientas

tooth /tuθ/ *s* (pl **teeth**) **1** diente, muela | **to clean/brush your teeth** lavarse los dientes | **I/he etc. had a tooth out** me/le etc. sacaron una muela, me/le etc. sacaron un diente **2** (de un peine, un serrucho) diente **3 to get your teeth into sth** (informal) hincarle el diente a algo **4 to have a sweet tooth** ser dulcero -a/goloso -a **5 to grit your teeth** apretar los dientes [seguir adelante a pesar de las dificultades]

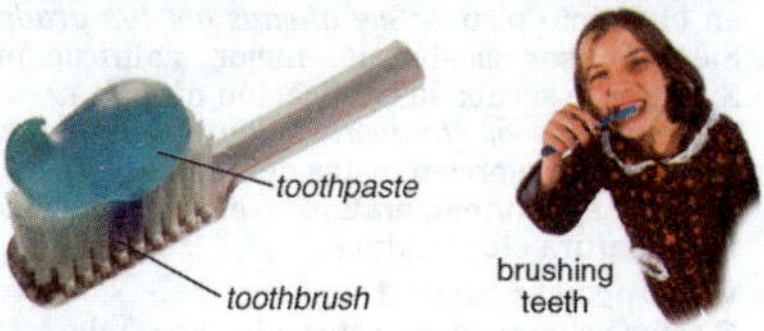

toothache /ˈtuθeɪk/ *s* dolor de muelas | **I have/he has etc. a toothache** me/le etc. duele una muela

toothbrush /ˈtuθbrʌʃ/ *s* (pl **-shes**) cepillo de dientes

toothpaste /ˈtuθpeɪst/ *s* crema de dientes, pasta de dientes, dentífrico

toothpick /ˈtuθpɪk/ *s* palillo (de dientes), mondadientes

top /tɑp/ *sustantivo, adjetivo & verbo*

● *s* **1** cumbre, cima [de una montaña]
2 copa [de un árbol]
3 borde [de un vaso]: *I filled the glass right to the top.* Llené el vaso hasta el borde.
4 (en una clasificación, una lista): *They are at the top of the league.* Están a la cabeza de la liga. | *Your name is at the top of the list.* Tu nombre está primero en la lista.
5 parte superior [de una página]: *at the top of the page* en la parte superior de la página
6 tapa [de una mesa, un piano, etc.]
7 tapa [de un frasco, una botella, etc.]
8 tapa, capuchón [de un bolígrafo]
9 cualquier prenda liviana que cubre la parte superior del cuerpo y se usa con faldas o pantalones: *She was wearing a sleeveless beige top.* Tenía puesta una blusa beige sin mangas. | *your sweatsuit top/your bikini top* la parte de arriba de tu equipo deportivo/la parte de arriba de tu bikini
10 the top la cima [en una profesión, una organización, etc.]: *She is at the top of her profession.* Se encuentra en la cima de su profesión.
11 the top of the street el final de la calle
12 at the top of the table en la cabecera (de la mesa)
13 on top (por) encima: *Sprinkle the cheese on top.* Espolvoree el queso por encima.
14 on top of (a) encima de, arriba de: *It's on top of the refrigerator.* Está encima del refrigerador. **(b)** encima de, además de
15 to be on top of things/of the situation tener el control de las cosas/de la situación
16 off the top of your head (informal) sin pensarlo mucho
17 at the top of your voice a todo pecho, a grito pelado
18 to be on top of the world sentirse la mujer/el hombre más feliz del planeta
19 from top to bottom de arriba a abajo

● *adj* **1** (más alto): *It's in the top drawer.* Está en el primer cajón. | *They live on the top floor.* Viven en el último piso. | *She always got top grades.* Siempre se sacaba la mejor calificación./Siempre se sacaba la calificación más alta. **2** mejor: *one of the world's top tennis players* una de las mejores tenistas del mundo **3 top speed/temperature etc.** velocidad/temperatura etc. máxima

● *v* [tr] (**-pped**, **-pping**) **1** superar **2** estar primero -a en, estar a la cabeza de **3 to be topped with** estar cubierto -a de/con **4 and to top it all** y para colmo
top sth up llenar algo [un vaso, etc.]

ˌtop ˈhat *s* sombrero de copa

topic /ˈtɑpɪk/ *s* tema

topical /ˈtɑpɪkəl/ *adj* de interés, de actualidad [tema, asunto]

topless /ˈtɑpləs/ *adj* topless [con el torso desnudo]

topping /ˈtɑpɪŋ/ *s* cualquier ingrediente o baño que se pone encima de un helado, una pizza, etc.: *ice cream with chocolate topping* helado con baño de chocolate | *What topping do you want on your pizza?* ¿De qué quiere la pizza?

topple /ˈtɑpəl/ *v* **1** [intr] (también **topple over**) caerse, perder el equilibrio **2** [intr] trastabillar **3** [tr] derribar **4** [tr] derrocar

ˌtop-ˈsecret *adj* ultrasecreto -a

torch /tɔrtʃ/ *s* (pl **-ches**) **1** BrE linterna ► En inglés americano se usa **flashlight** **2** antorcha

tore /tɔr/ pasado de **tear**

torment /ˈtɔrment/ *sustantivo & verbo*

● *s* tormento

● *v* [tr] **1** atormentar **2** martirizar: *He loves to torment his little sister.* Le encanta martirizar a su hermanita.

torn /tɔrn/ participio de **tear**

tornado /tɔrˈneɪdoʊ/ *s* (pl **-does**) tornado

torrent /ˈtɔrənt/ *s* **1** (de agua) torrente **2 a torrent of abuse/criticism** una catarata de insultos/críticas

tortoise /ˈtɔrtəs/ *s* tortuga [de tierra]

torture /ˈtɔrtʃər/ *sustantivo & verbo*

● *s* **1** (de un prisionero, etc.) tortura **2** (sufrimiento) tortura

● *v* [tr] **1** torturar **2** atormentar

Tory /ˈtɔri/ *s* (pl **-ries**) conservador -a [del Partido Conservador británico]

toss /tɔs/ *verbo & sustantivo*

● *v* (3ª pers sing **-sses**) **1** [tr] tirar, aventar: *He tossed his jacket onto the bed.* Tiró la chaqueta sobre la cama. **2** [tr] zarandear [un barco] **3 to toss and turn** dar vueltas [en la cama, sin poder dormir] **4** [tr] mezclar [una ensalada] **5** [tr] darle la vuelta a [un crepe, etc.] **6 to toss a coin** tirar una moneda al aire, echar un volado [para decidir algo] | **to toss (up) for it** echar (una moneda) a cara o cruz para decidir, tirar una moneda para decidir, echar un volado para decidir **7 to toss your head** echar la cabeza para atrás

● *s* **to decide sth on the toss of a coin** decidir algo tirando una moneda al aire/echando un volado | **to win/lose the toss** ganar/perder el sorteo [en un encuentro deportivo]

total /ˈtoʊtl/ *adjetivo, sustantivo & verbo*

● *adj* **1 a total diasaster** un desastre total, un verdadero desastre | **a total stranger** un perfecto deconocido/una perfecta deconocida **2** total [número, costo, etc.]

● *s* total | **in total** en total

● *v* [tr] (**-led**, **-ling** AmE, **-lled**, **-lling** BrE) **1** ascender a: *Sales totaled $350,000 last year.* Las ventas ascendieron a $350,000 el año pasado. **2** (también **total up**) sumar | **to total (up) the scores** sumar los puntajes

totally /ˈtoʊtl-i/ *adv* totalmente, completamente

totter /ˈtɑtər/ *v* [intr] tambalearse

touch /tʌtʃ/ *verbo & sustantivo*

● *v* (3ª pers sing **-ches**) **1** [tr] tocar: *Someone touched me on the shoulder.* Alguien me tocó el hombro. **2** [intr] tocarse: *Our knees were touching.* Nuestras rodillas se tocaban. **3** [tr] emocionar: *It touched me that the old man remembered me.* Me emocionó que el viejo se acordara de mí. **4** [tr] (en oraciones negativas) probar: *You haven't touched your food.* No has probado la comida. **5** [tr] alcanzar: *She's a fantastic tennis player. No one can touch her.* Es una tenista brillante. Nadie la alcanza.
touch down aterrizar
touch on sth, también **touch upon sth** tocar algo, mencionar algo
touch sth up retocar algo, arreglar algo

● *s* **1** tacto | **to the touch** al tacto **2** roce, caricias **3 to be in touch (with sb)** estar en contacto (con alguien) | **to get in touch (with sb)** ponerse en contacto (con alguien) | **to keep in touch (with sb)** mantenerse en contacto (con alguien) | **to lose touch (with sb)** perder contacto (con alguien) **4 to be in touch/out of touch with sth** estar/no estar al tanto de algo **5** detalle **6 to put the finishing/final touches to sth** darle los toques finales a algo **7 to lose your touch** perder la mano **8** poquito, pizca **9** toque [de distinción, etc.]

touchdown /ˈtʌtʃdaʊn/ *s* **1** aterrizaje **2** (en fútbol americano) anotación, touchdown **3** (en rugby) try, tanto

touched /tʌtʃt/ *adj* **to be touched** emocionarse, conmoverse

touching /ˈtʌtʃɪŋ/ *adj* conmovedor -a, enternecedor -a

touchy /ˈtʌtʃi/ *adj* (**-chier**, **-chiest**) **1** susceptible **2 a touchy subject** un tema delicado

tough /tʌf/ *adj* **1** difícil: *a tough question* una pregunta difícil **2** fuerte [persona] **3** resistente [material] **4** severo -a, duro -a | **to get tough with sb** ponerse duro -a con alguien **5** duro -a [carne, verdura, etc.] **6** (informal) (injusto) duro -a | **tough luck** mala suerte

toughen /ˈtʌfən/ *v* [tr] endurecer, hacer más fuerte/resistente

tour /tʊr/ *sustantivo & verbo*

• *s* **1** gira, tour | **to be on tour** estar de gira/de tour **2** visita: *We were given a guided tour of the house and gardens.* Hicimos una visita guiada de la casa y los jardines. **3** viaje: *We're going on a ten-day tour of Egypt.* Vamos a hacer un viaje de diez días por Egipto.

• *v* **1** [tr] hacer un tour por, recorrer: *They were touring the Greek islands.* Estaban haciendo un tour por las islas de Grecia. **2** [intr] viajar: *They spent the summer touring in the Middle East.* Pasaron el verano viajando por Medio Oriente. **3** [intr] hacer una gira **4** [tr] hacer una gira por

tourism /ˈtʊrɪzəm/ *s* turismo

tourist /ˈtʊrɪst/ *s* turista

tournament /ˈtʊrnəmənt/ *s* torneo

tow /toʊ/ *verbo & sustantivo*

• *v* [tr] remolcar

tow sth away llevarse algo [un vehículo]

• *s* **1 to give sb a tow** llevar a alguien a remolque **2 to arrive with sb in tow** (informal) llegar con alguien (a la zaga): *They arrived with all the kids in tow.* Llegaron con todos los niños.

towards /tɔrdz/, también **toward** /tɔrd/ AmE *prep* **1** (en dirección a) hacia: *I saw a man coming towards me.* Vi a un hombre que venía hacia mí. **2** (para lograr algo) hacia, por: *the first step towards an agreement* el primer paso hacia un acuerdo **3** (hablando de actitudes, sentimientos) hacia: *my feelings towards him* mis sentimientos hacia él **4 to give sb money towards sth** darle dinero a alguien para ayudar a pagar algo **5** cerca de, hacia: *farther towards the coast* más cerca de la costa

towel /ˈtaʊəl/ *s* toalla

tower /ˈtaʊər/ *sustantivo & verbo*

• *s* torre

• *v* **to tower above sb** ser mucho más alto -a que alguien | **to tower above sth** elevarse por encima de algo

church tower

tower block *s* BrE edificio [de muchos pisos]

town /taʊn/ *s*

1 ciudad, pueblo: *the town of Hudson* la ciudad de Hudson | *The whole town knows about it.* Todo el pueblo lo sabe. ► ¿TOWN O CITY? ver nota en **ciudad**

2 (zona comercial) centro: *I got it from a store in town.* Lo compré en una tienda del centro. | **to go into town** ir al centro **3 to go to town on sth** (informal) tirar la casa por la ventana para algo **4 to go out on the town** (informal) salir de parranda

ˌtown ˈhall *s* alcaldía, municipalidad, ayuntamiento [edificio]

toy /tɔɪ/ *sustantivo & verbo*

• *s* juguete | **toy train/gun etc.** tren/pistola etc. de juguete

• *v* **toy with sth** **1** contemplar/considerar algo [una idea] **2** juguetear con algo

trace /treɪs/ *verbo & sustantivo*

• *v* [tr] **1** localizar, ubicar | **to trace a call** averiguar de dónde proviene una llamada **2** establecer el origen de: *Her problems can be traced back to childhood.* Sus problemas se originaron en su infancia. | *He can trace his family back to the 17th century.* Los orígenes de su familia se remontan al siglo XVII. **3** detallar **4** calcar **5** trazar, dibujar

• *s* **1** rastro | **to disappear/vanish without trace** desaparecer sin dejar rastro **2** vestigio, rastros

track /træk/ *sustantivo, sustantivo plural & verbo*

• *s* **1** camino, senda: *We drove up the track to the farm.* Fuimos por el camino hasta la granja. **2** pista: *a running track* una pista de atletismo **3** vía [del ferrocarril] **4** tema, track [de un CD] **5 to be on the right/wrong track** estar bien/mal encaminado -a **6 to keep track of sth** mantenerse al tanto de algo, llevar un control de algo | **to keep track of sb** seguirle la pista a alguien | **to lose track of sth/sb** perderle la pista a algo/alguien **7 off the beaten track** fuera de las rutas turísticas

• **tracks** *s pl* huellas [de un animal, un vehículo]

• *v* [tr] rastrear, seguir la pista de

track sth down ubicar/encontrar algo **track sb down** dar con alguien, localizar a alguien

ˌtrack and ˈfield *s* AmE atletismo

ˈtrack ˌrecord *s* trayectoria [de una persona, empresa, etc.]

tracksuit /ˈtræksut/ BrE ► ver **sweatsuit**

trade /treɪd/ *sustantivo & verbo*

• *s* **1** comercio: *Trade between Japan and Europe is increasing.* El comercio entre Japón y Europa está aumentando. **2** actividad comercial en determinado campo: *the hotel trade* la hotelería **3** oficio | **by trade** de oficio: *a jeweler by trade* un joyero de oficio

• *v* **1** [intr] comerciar, hacer negocios **2** [tr/intr] AmE hacer un canje, hacer un cambio | **to trade (sb) sth for sth** cambiar(le a alguien) algo por algo: *I'll trade you this CD for your computer game.* Te cambio este CD por tu juego de computadora.

trade sth in **to trade sth in for sth** entregar algo en parte de pago por algo: *I traded my old car in for a new model.* Entregué mi auto viejo en parte de pago por un modelo nuevo.

trademark /ˈtreɪdmɑrk/ *s* marca (registrada)

trader /ˈtreɪdər/ *s* **1** comerciante **2** (en la Bolsa) operador -a

ˌtrade ˈunion *s* BrE sindicato ▶ En inglés americano se usa **labor union**

tradition /trəˈdɪʃən/ *s* tradición

traditional /trəˈdɪʃənəl/ *adj* tradicional

traffic /ˈtræfɪk/ *sustantivo & verbo*

• *s* **1** (de autos, camiones, etc.) tránsito, tráfico: *heavy traffic* tránsito pesado/mucho tráfico **2** (de aviones, barcos, etc.) tráfico **3** (de artículos ilegales) tráfico

• *v* (pasado & participio **-cked**) **to traffic in sth** traficar con algo

ˈtraffic ˌcircle *s* AmE glorieta, rotonda, óvalo [en una calle o carretera]

ˈtraffic ˌjam *s* trancón, embotellamiento

trafficker /ˈtræfɪkər/ *s* traficante: *a drug trafficker* un narcotraficante

ˈtraffic ˌlight *s* semáforo

ˈtraffic ˌwarden *s* agente de tránsito

tragedy /ˈtrædʒədi/ *s* (pl **-dies**) tragedia

tragic /ˈtrædʒɪk/ *adj* trágico -a

trail /treɪl/ *verbo & sustantivo*

• *v* **1** [intr/tr] arrastrar **2** **to trail along behind sth/sb** ir atrás de algo/alguien **3** [intr] ir perdiendo

• *s* **1** rastro, pista | **to be on sb's trail** estar sobre la pista de alguien **2** **a trail of blood/smoke etc.** un reguero de sangre/una estela de humo etc. **3** camino, senda

trailer /ˈtreɪlər/ *s* **1** remolque **2** AmE Según región: *casa rodante, casa de remolque, tráiler* o *cámper* **3** avance, corto [de una película]

train /treɪn/ *sustantivo & verbo*

• *s* **1** tren: *When is the next train to Greenwich?* ¿Cuándo sale el próximo tren a Greenwich? | **by train** en tren **2** **train of events** serie de sucesos | **my/her etc. train of thought** el hilo de mis/sus etc. pensamientos

• *v* **1** [intr] capacitarse, entrenarse | **to train as a doctor/lawyer etc./to train to be a doctor/lawyer etc.** estudiar medicina/derecho etc. **2** [tr] capacitar, entrenar **3** [tr] adiestrar, amaestrar **4** [tr/intr] entrenar [en deportes]

trainee /treɪˈni/ *s* **1** pasante, aprendiz -a **2** **trainee manager** persona que está haciendo prácticas de gerencia **trainee teacher** practicante [que hace práctica docente]

trainer /ˈtreɪnər/ *s* **1** entrenador -a **2** adiestrador -a, amaestrador -a **3** BrE zapatilla, (zapato) tenis ▶ En inglés americano se usa **sneaker**

training /ˈtreɪnɪŋ/ *s* **1** capacitación **2** entrenamiento | **to be in training for sth** estar entrenando para algo

trait /treɪt/ *s* rasgo, característica [de la personalidad]

traitor /ˈtreɪtər/ *s* traidor -a

tram /ˈtræm/ *s* BrE tranvía, carro ▶ En inglés americano se usa **streetcar**

tramp /træmp/ *sustantivo & verbo*

• *s* vagabundo -a

• *v* [intr] caminar (pesadamente)

trample /ˈtræmpəl/ *v* [tr] pisotear | **to trample on/over sth** pisotear algo | **to be trampled to death** morir aplastado -a

trampoline /træmpəˈlin/ *s* cama elástica

trance /træns/ *s* **to be in a trance** estar en trance

tranquil /ˈtræŋkwəl/ *adj* tranquilo -a [lugar, ambiente, etc.]

tranquilizer AmE, **tranquillizer** BrE /ˈtræŋkwəlaɪzər/ *s* tranquilizante

transfer[1] /trænsˈfɜr/ *v* (**-rred**, **-rring**) **1** [tr] trasladar, [intr] trasladarse [empleado] **2** [tr] transferir [fondos] **3** [tr] transferir [el poder] **4** [tr] pasar [una llamada], comunicar [a alguien que llama] **5** [intr] hacer transbordo, transbordar

transfer[2] /ˈtrænsfər/ *s* **1** traslado [de un empleado] **2** transferencia [de dinero] **3** traspaso [de poderes] **4** transbordo [en transportes] **5** calcomanía **6** BrE pase [de un jugador a otro equipo]

transform /trænsˈfɔrm/ *v* [tr] transformar | **to transform sth into sth** transformar algo en algo

transformation /trænsfərˈmeɪʃən/ *s* transformación

translate /ˈtrænzleɪt/ *v* [tr/intr] traducir | **to translate (sth) from French into German etc.** traducir (algo) del francés al alemán etc.

translation /trænzˈleɪʃən/ *s* traducción | **translation from Russian into English etc.** traducción del ruso al inglés etc. | **to read sth in translation** leer la versión traducida de algo

translator /ˈtrænzleɪtər/ *s* traductor -a

transmission /trænzˈmɪʃən/ *s* **1** (por radio, televisión) transmisión **2** (de una enfermedad) transmisión

transmit /trænzˈmɪt/ *v* [tr] (**-tted**, **-tting**) **1** transmitir [un programa] **2** transmitir, contagiar [una enfermedad]

transmitter /trænzˈmɪtər/ *s* transmisor

transparent /trænsˈpærənt/ *adj* transparente

transplant[1] /ˈtrænsplænt/ *s* transplante: *a heart transplant* un transplante de corazón

transplant[2] /trænsˈplænt/ *v* [tr] **1** (en jardinería) transplantar **2** (en medicina) transplantar

transport /trænsˈpɔrt/ *v* [tr] transportar

transportation /trænspərˈteɪʃən/ AmE, **transport** /ˈtrænspɔrt/ BrE *s* transporte: *public transportation* transporte público | *Do you have your own transportation?* ¿Dispone de vehículo propio?

trap /træp/ *sustantivo & verbo*

• *s* **1** (para animales) trampa: *a mouse trap* una ratonera **2** (engaño) trampa | **to fall/walk into a trap** caer en una trampa

• *v* [tr] (**-pped**, **-pping**) **1** atrapar **2** cazar [con trampas] **3** agarrarse: *I trapped my finger in the door.* Me agarré un dedo en la puerta.

¿Se dice *on the table* o *in the table*? Mira la entrada **en**.

trapdoor /træp'dɔr/ *s* trampilla [abertura con una puerta en el suelo o el cielorraso]

trash /træʃ/ *s* **1** AmE basura **2** (informal) basura, porquería(s): *There's so much trash on TV these days.* Hoy en día dan tanta basura en la televisión.

trashcan /'træʃkæn/ *s* AmE Según región: *caneca (de basura), bote (de basura), tarro (de basura), tacho (de basura), tobo (de basura), tambo (de basura)* o *basurero*

traumatic /trɔ'mætɪk/ *adj* traumático -a

travel /'trævəl/ *verbo & sustantivo*

• *v* (**-led**, **-ling** AmE, **-lled**, **-lling** BrE) **1** [intr] viajar | **to travel by train/car etc.** viajar en tren/auto etc. **2** [intr] ir: *The car was traveling at 95 mph.* El auto iba a 95 millas por hora. | *News travels fast.* Las noticias vuelan. **3** [tr] hacer, recorrer: *We traveled 200 miles before lunch.* Hicimos 200 millas antes del almuerzo.

• *s* viajes: *foreign travel* los viajes al extranjero ▶ **¿TRAVEL, JOURNEY, TRIP O VOYAGE?** ver nota en **viaje**

'travel ˌagency *s* (pl **-cies**) agencia de viajes

'travel ˌagent *s* **1** agente de viajes **2 travel agent's** BrE agencia de viajes

traveler AmE, **traveller** BrE /'trævələr/ *s* viajero -a

'traveler's ˌcheck AmE, **traveller's cheque** BrE *s* cheque de viajero

tray /treɪ/ *s* bandeja, azafate, charola

treacherous /'tretʃərəs/ *adj* **1** (desleal) traicionero -a, traidor -a **2** (peligroso) traicionero -a

treachery /'tretʃəri/ *s* traición

tread /tred/ *verbo & sustantivo*

• *v* (pasado **trod**, participio **trodden**) **1 to tread in/on sth** pisar algo **2 to tread carefully** andar con cuidado ▶ ver también **toe** **3 to tread mud into the carpet** embarrar la alfombra [pisándola]

• *s* (de una llanta) banda de rodamiento

treason /'trizən/ *s* traición [a la patria]

treasure /'treʒər/ *sustantivo & verbo*

• *s* tesoro

• *v* [tr] atesorar | **to treasure the memory of sth** atesorar el recuerdo de algo, recordar algo con cariño | **a treasured possession** un bien preciado

treasurer /'treʒərər/ *s* tesorero -a

treasury /'treʒəri/ *s* **the Treasury** organismo gubernamental encargado de administrar la hacienda pública

treat /trit/ *verbo & sustantivo*

• *v* [tr] **1** tratar: *He **treats** me **like** a child.* Me trata como a un niño. | *We were not badly treated.* No nos trataron mal. | *She **treats** everything **as** a joke.* Se lo toma todo a risa. **2** tratar, atender [a un paciente] **3** invitar | **to treat sb to sth** invitar a alguien a algo, comprarle algo a alguien: *They treated me to dinner.* Me invitaron a cenar. | *I treated him to some ice cream.* Le compré un helado. **4 to treat yourself to sth** darse el gusto de (hacer) algo **5** tratar [el metal, la madera, etc.]

• *s* **1** gusto que se le da a alguien haciéndole un regalo, llevándolo a algún lugar, etc.: *He took me to a concert as a special treat.* Me llevó a un concierto para darme un gusto. **2 (this is) my treat** invito yo **3** placer

treatment /'tritmənt/ *s* **1** tratamiento **2** trato

treaty /'triti/ *s* (pl **-ties**) tratado

treble /'trebəl/ *sustantivo & verbo*

• *s* **1** (el) triple **2** agudos **3** soprano

• *v* **1** [tr] triplicar **2** [intr] triplicarse

tree /tri/ *s* árbol ▶ **tree** también forma parte del nombre de muchos tipos de árbol, como **apple tree** (manzano) o **pine tree** (pino). Éstos aparecen en el diccionario bajo **apple, pine** etc.

trek /trek/ *verbo & sustantivo*

• *v* [intr] (**-kked**, **-kking**) **1** caminar **2 to go trekking** hacer treking

• *s* caminata

tremble /'trembəl/ *v* [intr] temblar | **to tremble with anger/cold etc.** temblar de rabia/frío etc.

tremendous /trɪ'mendəs/ *adj* **1** tremendo -a [ruido, pelea, esfuerzo, etc.] | **a tremendous amount** muchísimo **2** formidable

tremendously /trɪ'mendəsli/ *adv* muchísimo, tremendamente

tremor /'tremər/ *s* temblor

trench /trentʃ/ *s* (pl **-ches**) **1** zanja, surco **2** trinchera

trend /trend/ *s* **1** tendencia | **trend in/toward sth** tendencia en/hacia algo **2** moda | **to set the trend** marcar tendencias

trendy /'trendi/ *adj* (**-dier**, **-diest**) de moda, moderno -a

trespass /'trespæs/ *v* [intr] (3ª pers sing **-sses**) entrar sin permiso a una propiedad privada

trespasser /'trespæsər/ *s* intruso -a [que entra sin permiso a una propiedad privada]

trial /'traɪəl/ *s* **1** juicio | **to be on trial (for sth)** estar siendo procesado -a (por algo) **2** prueba: *clinical trials* pruebas clínicas | **to take sth on trial** llevar/comprar algo a prueba | **to do sth by**

trial and error hacer algo por ensayo y error **3 trial period** período de prueba

triangle /'traɪæŋgəl/ *s* triángulo

tribe /traɪb/ *s* tribu

tribute /'trɪbjut/ *s* tributo, homenaje | **to pay tribute to sb** rendirle tributo/homenaje a alguien

trick /trɪk/ *sustantivo & verbo*

• *s* **1** trampa, ardid | **a dirty/mean trick** una mala pasada **2** broma | **to play a trick on sb** hacerle una broma a alguien **3** secreto: *The trick is to bend your knees as you catch the ball.* El secreto está en doblar las rodillas al atajar la pelota. **4 a drop of oil/a dab of glue etc. should do the trick** con una gota de aceite/un poco de pegamento etc. se arregla **5 the tricks of the trade** los trucos del oficio **6** (en magia, prestidigitación) truco **7 to use every trick in the book** usar todas las artimañas habidas y por haber

• *v* [tr] engañar | **to trick sb into doing sth** engañar a alguien para que haga algo | **to trick sb out of sth** birlarle algo a alguien

trickle /'trɪkəl/ *verbo & sustantivo*

• *v* [intr] **1** gotear, caer [poco a poco] **2 to trickle in/out** entrar/salir poco a poco

• *s* **1** hilito [de agua, sangre, etc.] **2 a trickle of customers/visitors etc.** algún que otro cliente/visitante etc.

'trick ˌquestion *s* pregunta capciosa

tricky /'trɪki/ *adj* (**-ckier**, **-ckiest**) **1** complicado -a, difícil [decisión, problema] **2** delicado -a [situación]

tried /traɪd/ pasado & participio de **try**

trifle /'traɪfəl/ *s* **1 a trifle nervous/angry etc.** (formal) ligeramente nervioso -a/enojado -a etc. **2** postre inglés a base de bizcocho, crema, gelatina y frutas **3** (algo sin importancia) tontería

trigger /'trɪgər/ *sustantivo & verbo*

• *s* gatillo

• *v* [tr] (también **trigger off**) desencadenar [un acontecimiento], traer [un recuerdo]

trillion /'trɪljən/ *número* **1** billón ▶ En inglés a **billion** no es un billón sino mil millones: *a trillion dollars* un billón de dólares ▶ Cuando **billion** se usa como numeral, su plural es invariable: *six trillion dollars* seis billones de dólares **2 trillions of** (informal) infinidad de

trim /trɪm/ *verbo & sustantivo*

• *v* [tr] (**-mmed**, **-mming**) **1** recortar [el pelo, la barba, etc.] **2** recortar [el presupuesto, el personal]

• *s* **1** recorte: *My hair needs a trim.* Tengo que recortarme el pelo./Tengo que cortarme las puntas. **2** elemento decorativo como el ribete de una prenda o un cojín, el tapizado de un auto, etc.

trimming /'trɪmɪŋ/ *sustantivo & sustantivo plural*

• *s* ribetes

• **trimmings** *s pl* guarnición

trip /trɪp/ *sustantivo & verbo*

• *s* viaje | **a business/road trip** un viaje de negocios/por carretera | **to go on a trip** irse de viaje ▶ **¿TRIP, JOURNEY, TRAVEL O VOYAGE?** ver nota en **viaje**

• *v* (**-pped**, **-pping**) **1** [intr] tropezarse | **to trip on/over sth** tropezarse con algo **2** [tr] hacerle una zancadilla a

trip up 1 tropezarse **2** equivocarse **trip sb up 1** hacerle una zancadilla a alguien **2** hacer que alguien se equivoque

triple /'trɪpəl/ *adjetivo, sustantivo & verbo*

• *adj* triple

• *s* (en béisbol) triplete

• *v* **1** [tr] triplicar **2** [intr] triplicarse

triplet /'trɪplət/ *s* trillizo -a

triumph /'traɪəmf/ *sustantivo & verbo*

• *s* triunfo: *a brave woman's **triumph over** adversity* el triunfo de una mujer valiente sobre la adversidad

• *v* [intr] triunfar | **to triumph over sth/sb** triunfar sobre algo/alguien

trod /trɑd/ pasado de **tread**

trodden /'trɑdn/ participio de **tread**

trolley /'trɑli/ *s* **1** (también **trolley car**) AmE tranvía, carro **2** BrE carrito [de supermercado, para equipaje] ▶ En inglés americano se usa **cart**

trombone /trɑm'boʊn/ *s* trombón

troop /trup/ *verbo & sustantivo plural*

• *v* **to troop in/out** entrar/salir en tropel | **to troop into/out of somewhere** entrar en tropel a algún lugar/salir en tropel de algún lugar

• **troops** *s pl* tropas

trophy /'troʊfi/ *s* (pl **-phies**) trofeo

tropical /'trɑpɪkəl/ *adj* tropical

tropics /'trɑpɪks/ *s pl* **the tropics** el trópico

trot /trɑt/ *verbo & sustantivo*

• *v* [intr] (**-tted**, **-tting**) **1** trotar **2 to trot down to the pharmacy/the bakery etc.** ir corriendo a la farmacia/la panadería etc.

• *s* trote

trouble /'trʌbəl/ *sustantivo, sustantivo plural & verbo*

• *s* **1** problema, problemas: *What's the trouble?* ¿Cuál es el problema?/¿Qué pasa? | *We're having **trouble with** the air conditioning.* Tenemos problemas con el aire acondicionado. | **to have trouble doing sth** tener problemas para hacer algo | **the trouble with** lo que pasa con: *The trouble with Pete is that he doesn't listen.* Lo que pasa con Pete es que no escucha. | **the trouble is** el problema es: *The trouble is, I don't have the money.* El problema es que no tengo dinero. **2** problemas [de salud]: *stomach/heart trouble* problemas de estómago/corazón **3** molestia: *It's no trouble.* No es ninguna molestia. | **to go to a lot of trouble over sth/to do sth** tomarse muchas molestias con algo/para hacer algo

4 disturbios, líos **5 to be in trouble (with sb)** tener problemas (con alguien): *She's always in trouble at school.* Siempre tiene problemas en el colegio. | **to get into trouble** meterse en un lío/en líos: *I'll get into trouble if I'm late.* Me voy a meter en un lío si llego tarde. | **to be asking for trouble** (informal) buscársela: *You're asking for trouble if you leave the car unlocked.* Te la estás buscando si no cierras el carro con llave.

• **troubles** *s pl* problemas [económicos, sentimentales]

• *v* [tr] **1** preocupar **2** (formal) molestar: *I'm sorry to trouble you.* Lamento molestarte.

troubled /'trʌbəld/ *adj* **1** difícil [época, tiempo, etc.] **2** plagado -a de problemas [economía, zona, etc.] **3** preocupado -a, afligido -a

troublemaker /'trʌbəlmeɪkər/ *s* alborotador -a

troublesome /'trʌbəlsəm/ *adj* **1** molesto -a **2** problemático -a, conflictivo -a

trough /trɔf/ *s* **1** bebedero **2** comedero

trousers /'traʊzərz/ *s pl* BrE pantalones ► En inglés americano se usa **pants**

trout /traʊt/ *s* (pl **trout**) trucha

trowel /'traʊəl/ *s* **1** pala [chica, para jardinería] **2** cuchara [de albañil]

truant /'truənt/ *adjetivo & sustantivo*

• *adj* **to be truant** AmE faltar a la escuela [sin permiso]

• *s* **1** alumno que falta a la escuela sin permiso **2 to play truant** BrE faltar a la escuela [sin permiso] ► También, según región: *capar clase, hacer la cimarra o irse de pinta*

truce /trus/ *s* tregua

truck /trʌk/ *s* AmE camión

trudge /trʌdʒ/ *v* [intr] caminar, avanzar [pesadamente o con dificultad]

true /tru/ *adj* **1** (basado en hechos) real, verdadero -a: *a true story* una historia real | **to be true (that)** ser cierto (que): *Is it true you're leaving?* ¿Es cierto que te vas? | **to come true** hacerse realidad: *It's like a dream come true.* Es como un sueño hecho realidad. **2** (genuino) verdadero -a: *true love* amor verdadero | *the true value of the necklace* el valor real del collar **3 to remain true to sth/sb** mantenerse fiel a algo/alguien

truly /'truli/ *adv* **1** verdaderamente: *a truly wonderful performance* una actuación verdaderamente maravillosa **2** de veras, de verdad: *I'm truly sorry.* Lo siento de veras./Lo siento de verdad. ► ver también **well, yours**

trumpet /'trʌmpɪt/ *s* trompeta

truncheon /'trʌnʃən/ *s* (de un policía) bolillo, macana, cachiporra

trunk /trʌŋk/ *sustantivo & sustantivo plural*

• *s* **1** tronco **2** AmE baúl, maleta, cajuela [de un auto] **3** trompa [de un elefante] **4** baúl [para guardar cosas]

• **trunks** *s pl* traje de baño, pantalón de baño, calzoneta [de varón]

trust /trʌst/ *sustantivo & verbo*

• *s* **1** confianza: *a position of trust* un cargo de confianza | **trust in sth/sb** confianza en algo/alguien **2 to hold sth in trust** mantener algo en fideicomiso

• *v* **1** [tr] confiar en: *I trust her completely.* Confío en ella totalmente. | **to trust sb to do sth** confiar en que alguien va a hacer algo: *I trusted you not to tell anyone.* Confié en que no se lo ibas a decir a nadie. **2 to trust sb with sth** confiarle algo a alguien: *Hundreds of people trusted him with their money.* Cientos de personas le confiaron su dinero. **3 I trust (that) you are well/you will forgive me etc.** (formal) espero que esté bien/que me perdone etc.

trust to sth confiar en algo: *We'll have to trust to luck.* Tendremos que confiar en la suerte.

trusted /'trʌstɪd/ *adj* de confianza

trustee /trʌ'sti/ *s* fideicomisario -a

trustworthy /'trʌstwɜrði/ *adj* confiable

truth /truθ/ *s* verdad: *We never found out the truth.* Nunca descubrimos la verdad. | **to tell the truth** decir la verdad: *You must tell me the truth.* Tienes que decirme la verdad. | **to tell you the truth** la verdad es que: *To tell you the truth, I don't like her.* La verdad es que no me gusta.

truthful /'truθfəl/ *adj* **1** sincero -a **2** veraz

try /traɪ/ *verbo & sustantivo*

• *v* (3ª pers sing **tries**, pasado & participio **tried**) **1 to try to do sth** tratar de hacer algo: *He's only trying to help.* Sólo está tratando de ayudar. ► Además de **try to** se puede decir **try and,** que es un poco más coloquial: *Try to be a little more polite.*/*Try and be a little more polite.* Trata de ser un poquito más cortés. | **to try not to do sth** tratar de no hacer algo: *I tried not to laugh.* Traté de no reírme. **2** [intr] esforzarse: *I'm not very good at French, but at least I try.* No soy muy bueno para el francés, pero al menos me esfuerzo. | **to try hard** esforzarse mucho **3 to try sth** tratar de hacer algo: *He tried a double somersault.* Trató de hacer un mortal doble. **4** [tr] (experimentar) probar: *I've tried all kinds of diets but nothing works.* Probé todo tipo de dietas pero nada funciona. **5** [tr] (degustar) probar: *Try some of this cake.* Prueba un poco de este pastel. **6 to try the door/window etc.** tratar de abrir la puerta/la ventana etc. **7** [tr] juzgar: *He is being **tried** for murder.* Lo están juzgando por asesinato.

try sth on probarse algo: *Can I try this shirt on please?* ¿Podría probarme esta camisa?

try sth out probar algo, poner a prueba algo

• *s* (pl **tries**) **1** intento | **to have a try** hacer un

intento | **it was/it's worth a try** valió/vale la pena intentarlo
2 to give sth a try (a) hacer el intento (de algo), intentar algo: *I don't know if I can persuade her but I'll give it a try.* No sé si podré convencerla pero voy a hacer el intento. **(b)** probar algo, ver qué tal es algo: *Let's give that new restaurant a try.* Vamos a probar ese nuevo restaurante.
3 (en rugby) try, ensayo

trying /ˈtraɪ-ɪŋ/ *adj* difícil

T-shirt /ˈti ʃɜrt/ *s* camiseta, playera

tub /tʌb/ *s* **1** AmE bañera, tina **2** maceta, matera, tiesto **3** tarro, pote: *a tub of margarine* un tarro de margarina

tube /tub/ *s* **1** tubo **2** tubo [de dentífrico, etc.] **3 the tube (a)** AmE la tele **(b)** BrE el metro ► En inglés americano se usa **the subway**

tuck /tʌk/ *v* **1 to tuck sth behind/under sth** poner algo atrás/abajo de algo, meter algo atrás/abajo de algo **2 to tuck sth into sth** meter algo en algo: *Tuck your shirt into your pants!* ¡Métete la camisa en el pantalón! **3 to tuck sth around sth** envolver algo con algo: *I tucked the blanket around her legs.* Le envolví las piernas con la manta.
tuck sth away 1 (to be) tucked away (estar) escondido -a [difícil de encontrar]: *I found the key tucked away at the back of the cupboard.* Encontré la llave escondida en el fondo del armario. **2** (informal) ahorrar, guardar [dinero]
tuck in (informal) **tuck in!** ataquen! [empiecen a comer] **tuck sth in** meter algo adentro: *Tuck your shirt in!* ¡Métete la camisa adentro! **tuck sb in**, también **tuck sb up** arropar a alguien
tuck into sth (informal) atacar algo [comida]

Tuesday /ˈtuzdi, -deɪ/ *s* martes ► ver "Active Box" **days of the week** en **day**

tuft /tʌft/ *s* **1** (de pelo) mechón **2** (de hierba) manojo

tug /tʌg/ *verbo & sustantivo*
• *v* [tr/intr] (**-gged**, **-gging**) jalar (de), tirar de | **to tug at sth** jalar (de) algo, tirar de algo
• *s* **1** jalón, tirón | **to give sth a tug** darle un jalón/tirón a algo **2** (también **tugboat**) remolcador

tuition /tuˈɪʃən/ *s* **1** BrE clases: *private tuition* clases particulares **2** (también **tuition fees** BrE) matrícula, colegiatura

tulip /ˈtulɪp/ *s* tulipán

tumble /ˈtʌmbəl/ *verbo & sustantivo*
• *v* [intr] **1** caerse: *I tumbled backward.* Me caí para atrás. **2** caer [precios]
tumble down venirse abajo
• *s* caída

tummy /ˈtʌmi/ *s* (pl **-mmies**) (informal) barriga, pancita, guatita | **tummy ache** dolor de barriga

tumor AmE, **tumour** BrE /ˈtumər/ *s* tumor

tuna /ˈtunə/ *s* (pl **tuna**) (también **tuna fish**) atún

tune /tun/ *sustantivo & verbo*
• *s* **1** tonada, melodía **2 in tune** afinado -a | **out of tune** desafinado -a
• *v* [tr] **1** afinar **2** afinar [un motor] **3 to tune to a station** sintonizar una radio/una emisora | **stay tuned!** ¡manténgase en nuestra sintonía!
tune in sintonizar un canal de televisión o una radio
tune up afinar

tunnel /ˈtʌnl/ *sustantivo & verbo*
• *s* túnel
• *v* (**-led**, **-ling** AmE, **-lled**, **-lling** BrE) **to tunnel under/through sth** hacer un túnel bajo/a través de algo

turban /ˈtɜrbən/ *s* turbante

turbulence /ˈtɜrbjələns/ *s* **1** turbulencia **2** agitación

turbulent /ˈtɜrbjələnt/ *adj* **1** turbulento -a **2** agitado -a [carrera, periodo, etc.]

turf /tɜrf/ *s* **1** césped **2** AmE territorio [de una pandilla]

Turk /tɜrk/ *s* turco -a

Turkey /ˈtɜrki/ *s* Turquía

turkey /ˈtɜrki/ *s* pavo -a, guajolote, chompipe [animal y carne]

turkey

Turkish /ˈtɜrkɪʃ/ *adjetivo & sustantivo*
• *adj* turco -a
• *s* (idioma) turco

turmoil /ˈtɜrmɔɪl/ *s* agitación | **to be in turmoil** ser un caos

turn /tɜrn/ *verbo & sustantivo*
• *v* **1** [intr] voltearse: *She turned to speak to me.* Se volteó para hablarme. | **to turn away** voltearse: *I turned away so she couldn't see my face.* Me volteé para que no me viera la cara.
2 [tr] voltear: *The dog turned his head toward the sound.* El perro volteó la cabeza hacia el lugar de donde venía el sonido.
3 [intr] torcer: *The river turns east after a few miles.* El río tuerce hacia el este después de unas pocas millas.
4 [tr] hacer girar: *He turned the key in the lock.* Hizo girar la llave en la cerradura.
5 [intr] girar: *The wheels slowly began to turn.* Lentamente las ruedas comenzaron a girar.
6 [intr] ponerse, volverse: *The weather had turned cold.* El tiempo se había puesto frío. | **to turn into sth** convertirse en algo
7 [tr] volver: *It turned the water red.* Volvió el agua roja./Hizo que el agua se pusiera roja. | **to turn sth/sb into sth** transformar algo/a alguien en algo, convertir algo/a alguien en algo
8 to turn the page pasar la página
9 to turn left/right voltear a la izquierda/derecha, dar vuelta a la izquierda/derecha: *Turn left at the next intersection.* Voltee a la izquierda en el próximo cruce. | **to turn off (the road/the freeway etc.)** salir (de la carretera/la autopista etc.)
10 to turn thirty/forty etc. cumplir treinta/

cuarenta etc.: *He turned forty last week.* Cumplió cuarenta la semana pasada.
11 to turn sth inside out voltear algo (del revés): *Turn the sweater inside out to iron it.* Voltea el suéter del revés para plancharlo.
12 to turn sth upside down poner algo boca abajo

PHRASAL VERBS

turn against sb ponerse en contra de alguien
turn sb against sb poner a alguien en contra de alguien
turn around voltearse: *I just turned around and walked out.* Simplemente me volteé y me fui. **turn sth around**, también **turn sth round** **1** voltear algo: *Turn the card around so we can all see it.* Voltea la carta para que todos la veamos. **2 to turn a company around** sanear una empresa
turn sb away **1** no dejar entrar a alguien: *They turned away anyone who wasn't well dressed.* No dejaban entrar a nadie que no estuviera bien vestido. **2** negarle ayuda a alguien
turn back volver: *It was getting dark, so we decided to turn back.* Estaba oscureciendo así que decidimos volver.
turn sth down **1** bajarle (el volumen) a algo: *Can you turn the TV down, please?* ¿Puedes bajarle a la tele, por favor? **2** rechazar algo: *She turned down several job offers.* Rechazó varias ofertas de trabajo. **turn sb down** rechazar a alguien
turn sth in entregar algo [un trabajo]
turn sth off **1** apagar algo: *I turned off the lights and went to bed.* Apagué las luces y me metí en la cama. **2** cerrar algo [una llave de agua] **3** cortar algo: *We'll have to turn the electricity off for a couple of hours.* Vamos a tener que cortar la electricidad por un par de horas. **turn sb off** (informal) hacerle perder el interés a alguien, sacarle las ganas a alguien
turn sth on **1** prender algo [la luz, la radio, el motor] **2** abrir algo [una llave de agua] **3** conectar algo [la electricidad, el gas] **turn on sb** atacar a alguien **turn sb on** (informal) excitar a alguien
turn out **1** salir: *Everything will turn out fine.* Todo va a salir bien. **2 it turned out that** resultó que: *It turned out that he was her cousin.* Resultó que él era su primo. **3** presentarse [en un lugar] **turn sth out** **to turn the light out** apagar la luz **turn sb out** echar a alguien
turn over voltearse: *He turned over and went to sleep.* Se volteó y se durmió. **turn sth over** voltear algo: *Turn the steaks over.* Voltea los filetes.
turn round BrE ▶ ver **turn around** **turn sth round** BrE ▶ ver **turn sth around**
turn to sth **1** recurrir a algo **2 to turn to page 15/100 etc.** ir a la página 15/100 etc. **turn to sb** acudir a alguien
turn up **1** aparecer: *Don't worry, it's bound to turn up somewhere.* No te preocupes, seguro que aparece por algún lado. **2** llegar: *Steve turned up late as usual.* Steve llegó tarde como de costumbre. **turn sth up** subirle (el volumen) a algo: *Can you turn the TV up?* ¿Puedes subirle a la tele?
• *s* **1** turno | **it's my/his etc. turn** me toca a mí/le toca a él etc.: *Whose turn is it?* ¿A quién le toca? | *It's your turn to drive.* Te toca manejar a ti. | **to take it in turns/to take turns** turnarse
2 in turn uno por uno
3 bocacalle: *It's the second turn on the left.* Es la segunda (bocacalle) a la izquierda. | *We missed the turn.* Nos pasamos (de donde teníamos que voltear). | **to make a left/right turn** doblar a la izquierda/derecha
4 vuelta: *Give it another turn.* Dale otra vuelta.
5 at the turn of the century al final del siglo
6 turn of events giro [de los acontecimientos]
7 turn of phrase manera de expresarse
8 to do sb a good turn hacerle un favor a alguien
9 to take a turn for the better/worse mejorar/empeorar

turning /ˈtɜrnɪŋ/ *s* BrE ▶ ver **turn 3**
ˈturning point *s* momento decisivo
turnip /ˈtɜrnɪp/ *s* nabo
turnout /ˈtɜrnaʊt/ *s* **1** número de asistentes **2** participación [en una elección]
turnover /ˈtɜrnoʊvər/ *s* **1** facturación, volumen de ventas **2** movimiento [de mercaderías, de personal] **3** tipo de empanada **4** pérdida de posesión (del balón)
ˈturn ˌsignal *s* AmE direccional, intermitente, luz de cruce
turntable /ˈtɜrnteɪbəl/ *s* bandeja (giradiscos), tornamesa
turquoise /ˈtɜrkwɔɪz/ *sustantivo & adjetivo*
• *s* **1** (color) turquesa ▶ ver "Active Box" **colors** en **color** **2** (piedra) turquesa
• *adj* turquesa ▶ ver "Active Box" **colors** en **color**
turret /ˈtɜrət/ *s* **1** torre [pequeña] **2** torreta [de un tanque]
turtle /ˈtɜrtl/ *s* tortuga
turtleneck /ˈtɜrtlˌnɛk/ *s* AmE suéter de cuello de tortuga, suéter de cuello alto/volcado
tusk /tʌsk/ *s* colmillo [de un elefante]
tutor /ˈtutər/ *s* **1** profesor -a particular **2** profesor que guía y supervisa a un alumno universitario
tutorial /tuˈtɔriəl/ *s* en la universidad, reunión de un alumno o un pequeño grupo de alumnos con un profesor que actúa como guía
tuxedo /tʌkˈsidoʊ/ *s* AmE smoking, esmoquin
TV /ti ˈvi/ *s* **1** (también **TV set**) televisor **2** tele, televisión: *We were watching TV when he phoned.* Estábamos mirando la tele cuando llamó. | *What's on TV tonight?* ¿Qué dan hoy en la tele? **3 TV program** un programa de televisión **TV series** una serie de televisión
tweezers /ˈtwizərz/ *s pl* pinza [de depilar, etc.]
twelfth /twelfθ/ *número* **1** duodécimo -a **2** doce **3** doceavo, doceava parte

twelve /twelv/ *número* doce

twentieth /ˈtwentiəθ/ *número* **1** vigésimo -a **2** veinte **3** veinteavo, veinteava parte

twenty /ˈtwenti/ *número & sustantivo*

• *número* **1** veinte **2 the twenties** los (años) veinte **3 to be in your twenties** tener veintipico, tener veintitantos años

• *s* AmE billete de veinte

twice /twaɪs/ *adv* dos veces | **twice a day/week** dos veces por día/semana | **twice as much/many** el doble: *She earns twice as much as me.* Gana el doble que yo. | **twice as big/long etc.** el doble de grande/largo -a etc.

twiddle /ˈtwɪdl/ *v* **1** [tr] girar [un dial, una perilla] **2 to twiddle with sth** juguetear con algo

twig /twɪg/ *s* ramita

twilight /ˈtwaɪlaɪt/ *s* crepúsculo

twin /twɪn/ *sustantivo & adjetivo*

• *s* **1** gemelo -a, mellizo -a **2 twin beds** camas gemelas **twin brother/sister** hermano mellizo/hermana melliza **twin room** habitación con camas gemelas

• *adj* gemelo -a, doble

twinge /twɪndʒ/ *s* **1** (dolor) tirón, punzada **2 I felt a twinge of guilt/regret etc.** por un momento me sentí culpable/arrepentida etc.

twinkle /ˈtwɪŋkəl/ *verbo & sustantivo*

• *v* [intr] **1** titilar **2** brillar

• *s* **a twinkle in sb's eye** un brillo pícaro en la mirada de alguien

twirl /twɜrl/ *v* **1** [intr] girar, dar vueltas **2** [tr] hacer girar, hacer dar vueltas

twist /twɪst/ *verbo & sustantivo*

• *v* **1** [intr] retorcerse, enrollarse **2** [tr] retorcer, enrollar **3 to twist your ankle** torcerse el tobillo **4 to twist the top/cap etc. off** desenroscar el tapón/la tapa etc. **5** [intr] serpentear **6** [tr] tergiversar

• *s* **1** vuelta, giro **2** recodo [de un río, un camino] **3** giro [de los acontecimientos, etc.] **4 a twist of lemon** una cascarita de limón

twisted /ˈtwɪstɪd/ *adj* **1** (doblado) retorcido -a **2** (tortuoso) retorcido -a

twitch /twɪtʃ/ *verbo & sustantivo*

• *v* **1** [intr] temblar **2** [tr] mover [la cola, las orejas, etc.]

• *s* tic: *a nervous twitch* un tic nervioso

two /tu/ *número* **1** dos **2 in two** en dos: *I broke it in two.* Lo partí en dos. **3 to put two and two together** atar cabos

two-ˈfaced *adj* falso -a [persona]

two-ˈway *adj* **two-way traffic/street** tránsito/calle de doble sentido | **a two-way mirror** vidrio con apariencia de espejo, que permite ver desde el otro lado | **a two-way radio** un aparato emisor y receptor de radio

tycoon /taɪˈkun/ *s* magnate

tying /ˈtaɪ-ɪŋ/ gerundio de **tie**

type /taɪp/ *sustantivo & verbo*

• *s* **1** tipo: *You need a special type of paper.* Necesitas un tipo especial de papel. **2** tipo: *He's not my type.* No es mi tipo.

• *v* [tr/intr] escribir a máquina

typewriter /ˈtaɪpraɪtər/ *s* máquina de escribir

typhoid /ˈtaɪfɔɪd/ *s* tifoidea, tifus

typical /ˈtɪpɪkəl/ *adj* típico: *a typical middle-class family* una típica familia de clase media | ***It's typical of him to lose his temper.*** Es típico de él perder los estribos.

typically /ˈtɪpɪkli/ *adv* **1** típicamente **2** generalmente

typing /ˈtaɪpɪŋ/ *s* **1** acción de escribir a máquina **2** mecanografía

typist /ˈtaɪpɪst/ *s* mecanógrafo -a

tyranny /ˈtɪrəni/ *s* (pl **-nnies**) tiranía

tyrant /ˈtaɪrənt/ *s* tirano -a

tyre BrE ▸ ver **tire**

U

U, u /ju/ *s* U, u ▶ ver "Active Box" **letters** en **letter**
UFO /'jufoʊ, ju ef 'oʊ/ *s* (= **unidentified flying object**) OVNI
ugh! /ʊg, ʌk/ *interj* ¡puaj!
ugly /'ʌgli/ *adj* (**-lier**, **-liest**) **1** feo -a **2** muy desagradable
UK /ju 'keɪ/ *s* (= **United Kingdom**) Reino Unido ▶ ver nota en **United Kingdom**
ulcer /'ʌlsər/ *s* **1** úlcera **2** llaga [en la boca]
ultimate /'ʌltəmət/ *adjetivo & sustantivo*
• *adj* **1** final **2 the ultimate insult/disgrace** el peor de los insultos/la peor de las vergüenzas | **the ultimate challenge/sacrifice** el mayor de los desafíos/sacrificios
• *s* **the ultimate in sth** la última palabra en algo
ultimately /'ʌltəmətli/ *adv* en última instancia, a la larga
umbrella /ʌm'brelə/ *s* **1** paraguas, sombrilla **2** (también **beach umbrella**) sombrilla
umpire /'ʌmpaɪr/ *s* árbitro [en tenis, cricket]
unable /ʌn'eɪbəl/ *adj* **to be unable to do sth** no poder hacer algo: *Many people were unable to escape from the building.* Mucha gente no pudo escapar del edificio.

umbrella

unacceptable /ʌnək'septəbəl/ *adj* inaceptable, inadmisible
unaffected /ʌnə'fektɪd/ *adj* **1 unaffected by sth** no afectado -a por algo **2** natural
unaided /ʌn'eɪdɪd/ *adv* sin ayuda
unambiguous /ʌnæm'bɪgjuəs/ *adj* inequívoco -a
unanimous /ju'nænəməs/ *adj* **1** unánime **2 to be unanimous in supporting/rejecting etc. sth** apoyar/rechazar algo etc. de forma unánime, apoyar/rechazar algo etc. unánimemente | **to be unanimous in one's condemnation of sth/opposition to sth etc.** condenar/oponerse a algo etc. de forma unánime, condenar/oponerse a algo etc. unánimemente
unarmed /ʌn'ɑrmd/ *adj* desarmado -a
unattended /ʌnə'tendɪd/ *adj* no vigilado -a, solo -a
unattractive /ʌnə'træktɪv/ *adj* poco atractivo -a
unavailable /ʌnə'veɪləbəl/ *adj* **1 to be unavailable** no conseguirse [artículo, producto] **2 he is/they are etc. unavailable** no puede/no pueden etc. atenderlo
unavoidable /ʌnə'vɔɪdəbəl/ *adj* inevitable
unaware /ʌnə'wer/ *adj* **to be unaware of sth** no ser/estar consciente de algo | **to be unaware that** no ser consciente de que, no saber que
unbearable /ʌn'berəbəl/ *adj* insoportable
unbeatable /ʌn'bitəbəl/ *adj* **1** imbatible [precio] **2** insuperable [calidad] **3** invencible [equipo, deportista]
unbeaten /ʌn'bitn/ *adj* invicto -a
unbelievable /ʌnbɪ'livəbəl/ *adj* increíble
unbroken /ʌn'broʊkən/ *adj* **1** ininterrumpido -a: *25 years of unbroken peace* 25 años de paz ininterrumpida **2** no superado -a [récord]
uncanny /ʌn'kæni/ *adj* (**-nnier**, **-nniest**) extraordinario -a, asombroso -a
uncertain /ʌn'sɜrtn/ *adj* **1** poco seguro -a | **to be uncertain about sth** no estar seguro -a de algo **2** incierto -a: *an uncertain future* un futuro incierto
uncertainty /ʌn'sɜrtnti/ *s* (pl **-ties**) **1** inseguridad **2** incertidumbre
unchanged /ʌn'tʃeɪndʒd/ *adj* **to be/remain unchanged** seguir siendo el mismo/la misma etc.: *My feelings are unchanged.* Mis sentimientos siguen siendo los mismos.
uncle /'ʌŋkəl/ *s* tío
unclear /ʌn'klɪr/ *adj* **1** poco claro -a [explicación, texto] **2 to be unclear about sth** no tener claro algo: *I am unclear about what happened.* No tengo claro qué sucedió.
uncomfortable /ʌn'kʌmftərbəl/ *adj* **1** incómodo -a: *This chair is so uncomfortable!* ¡Esta silla es tan incómoda! **2** violento -a, incómodo -a: *It was an uncomfortable situation.* Fue una situación violenta. | *I always feel uncomfortable with him.* Siempre me siento incómodo con él.
uncommon /ʌn'kɑmən/ *adj* raro -a, poco común
unconscious /ʌn'kɑnʃəs/ *adj* **1** inconsciente: *She was found unconscious but alive.* La encontraron inconsciente pero con vida. **2** inconsciente, involuntario -a [deseo, reacción] **3 to be unconscious of sth** no ser consciente de algo
uncover /ʌn'kʌvər/ *v* [tr] **1** descubrir, revelar [un plan, la verdad, etc.] **2** destapar [una olla]
undecided /ʌndɪ'saɪdɪd/ *adj* **1 to be undecided about sth** estar indeciso -a sobre algo **2** sin definición [torneo, elección, etc.]
undeniable /ʌndɪ'naɪəbəl/ *adj* innegable

ⓘ ¿Quieres más información sobre los **verbos modales**? Hay una explicación en el apartado de gramática.

under /ˈʌndər/ *preposición & adverbio*
- ***prep*** **1** debajo de, abajo de: *It's under the couch.* Está debajo del sofá. **2** menos de: *It took me just under four hours.* Me llevó poco menos de cuatro horas. **3 to be under pressure** estar sometido -a a presión **4 to be under discussion** estar en discusión, estarse discutiendo **5 to be under attack** ser objeto de ataques: *The town is under attack.* Están atacando la ciudad. **6** bajo: *under Communist rule* bajo el régimen comunista | *Everything is now under control.* Ahora todo está bajo control. **7 the under-fives/under-fifteens etc.** los menores de cinco/quince etc. años **8** a su mando: *She has a team of salespeople under her.* Tiene un equipo de vendedores a su mando. ▶ ver también **underway**
- ***adv*** **1** menos: *Everything costs $5 or under.* Todo cuesta $5 o menos. | *children aged 12 and under* niños de 12 años para abajo **2** abajo, debajo

undercover /ʌndərˈkʌvər/ *adj* encubierto -a

underdeveloped /ʌndərdɪˈveləpt/ *adj* subdesarrollado -a

underestimate /ʌndərˈestəmeɪt/ *v* [tr] subestimar

undergo /ʌndərˈgoʊ/ *v* [tr] (pasado **underwent**, participio **undergone**) **1** experimentar, sufrir [un cambio, una transformación] **2 to undergo surgery** ser sometido -a a una intervención quirúrgica

undergraduate /ʌndərˈgrædʒuɪt/ *s* estudiante (universitario -a)

underground¹ /ˈʌndərgraʊnd/ *adjetivo & sustantivo*
- ***adj*** **1** subterráneo -a **2** clandestino -a
- ***s*** **the underground (a)** la resistencia **(b)** BrE el metro ▶ En inglés americano se usa **subway**

underground² /ʌndərˈgraʊnd/ *adv* **1** bajo tierra **2 to go underground** pasar a la clandestinidad

undergrowth /ˈʌndərgroʊθ/ *s* maleza

underline /ˈʌndərlaɪn/ *v* [tr] **1** subrayar **2** destacar

underlying /ˈʌndərlaɪ-ɪŋ/ *adj* subyacente

undermine /ˈʌndərmaɪn/ *v* [tr] minar, debilitar | **to undermine sb's authority** desautorizar a alguien

underneath /ʌndərˈniθ/ *preposición, adverbio & sustantivo*
- ***prep*** debajo de, abajo de: *I left the key underneath a rock.* Dejé la llave debajo de una piedra.
- ***adv*** **1** abajo, debajo: *She was wearing a black jacket with a white shirt underneath.* Tenía puesta una chaqueta negra con una blusa blanca abajo. **2** en el fondo: *She seems aggressive, but underneath she's very nice.* Parece agresiva pero en el fondo es muy simpática.
- ***s*** **the underneath** la parte de abajo, la parte inferior

underpaid /ʌndərˈpeɪd/ *adj* mal pagado -a

underpants /ˈʌndərpænts/ *s pl* **1** (de hombre) calzoncillos, interiores **2** AmE (de mujer) calzones, pantaletas, pantys

undershirt /ˈʌndərʃɜrt/ *s* AmE camiseta [prenda interior]

underside /ˈʌndərsaɪd/ *s* **the underside** la parte inferior, la parte de abajo

understand /ʌndərˈstænd/ *v* (pasado & participio **understood**) **1** [tr/intr] entender, comprender: *I'm sorry, I don't understand.* Perdón, pero no entiendo. | *She doesn't understand English.* No entiende inglés. **2** [tr/intr] comprender: *My parents don't understand me.* Mis padres no me comprenden. **3** [tr] interpretar: *I understood it to mean that the flight had been canceled.* Yo lo interpreté como que habían cancelado el vuelo. **4** (formal) **to understand (that)** tener entendido que: *I understand you've recently moved here.* Tengo entendido que se acaban de mudar a esta zona.

understandable /ʌndərˈstændəbəl/ *adj* comprensible

understandably /ʌndərˈstændəbli/ *adv* como es/era de esperar, como es/era lógico: *She was understandably annoyed.* Estaba enojada, como era de esperar.

understanding /ʌndərˈstændɪŋ/ *sustantivo & adjetivo*
- ***s*** **1** acuerdo, arreglo: *I'm sure we can come to some understanding.* Seguro que podemos llegar a un acuerdo. **2** idea, comprensión: *our understanding of how the brain functions* nuestra idea de cómo funciona el cerebro **3** comprensión: *You could show a little understanding.* Podrías mostrar un poco de comprensión. **4 my/his etc. understanding of sth** mi/su etc. interpretación de algo
- ***adj*** comprensivo -a

understatement /ˈʌndərsteɪtmənt/ *s* Cuando algo se califica de **understatement** quiere decir que se queda corto en lo que expresa: *To say it was disappointing would be an understatement.* Decir que fue decepcionante sería quedarse corto.

understood /ʌndərˈstʊd/ pasado & participio de **understand**

undertake /ʌndərˈteɪk/ *v* [tr] (pasado **undertook**, participio **undertaken**) (formal) **1** asumir [una responsabilidad] **2** emprender [una tarea] **3 to undertake to do sth** comprometerse a hacer algo

undertaker /ˈʌndərteɪkər/ *s* **1** empleado o director de una empresa funeraria **2 the undertaker's** BrE la empresa/agencia funeraria

undertaking /ˈʌndərteɪkɪŋ/ *s* **1** emprendimiento, empresa **2** (formal) compromiso, promesa

undertook /ʌndərˈtʊk/ pasado de **undertake**

underwater /ʌndərˈwɔtər/ *adjetivo & adverbio*
- *adj* submarino -a
- *adv* debajo del agua, por abajo del agua

underway, también **under way** /ʌndərˈweɪ/ *adj* **to be underway (a)** estar llevándose a cabo **(b)** estar en movimiento

underwear /ˈʌndərwer/ *s* ropa interior

underwent /ʌndərˈwent/ pasado de **undergo**

undesirable /ʌndɪˈzaɪrəbəl/ *adj* **1** indeseable [persona, conducta] **2** no deseado -a [efecto, consecuencia]

undid /ʌnˈdɪd/ pasado de **undo**

undisturbed /ʌndɪˈstɜrbd/ *adj* **1** sin ser molestado -a **2** sin ser tocado -a

undo /ʌnˈdu/ *v* [tr] (pasado **undid**, participio **undone**) **1** deshacer [un paquete, un nudo] **2 to undo your buttons/your shirt etc.** desabrocharse los botones/la camisa etc. | **to undo your laces** desamarrarse los cordones/las agujetas/los pasadores **3** reparar [un error, un daño] | **to undo sb's good work** arruinar el buen trabajo de alguien

undone[1] /ʌnˈdʌn/ *adj* **1** desamarrado -a, desatado -a, desabrochado -a | **to come undone** desamarrarse, desatarse, desabrocharse **2 to leave sth undone** dejar algo sin hacer

undone[2] participio de **undo**

undoubted /ʌnˈdaʊtɪd/ *adj* indudable

undoubtedly /ʌnˈdaʊtɪdli/ *adv* sin duda, indudablemente

undress /ʌnˈdres/ *v* (3ª pers sing **-sses**) **1** [intr] desvestirse **2** [tr] desvestir

undressed /ʌnˈdrest/ *adj* desvestido -a | **to get undressed** desvestirse

undue /ʌnˈdu/ *adj* (formal) demasiado -a, excesivo -a

unduly /ʌnˈduli/ *adv* (formal) excesivamente, demasiado

unearth /ʌnˈɜrθ/ *v* [tr] **1** sacar a la luz **2** desenterrar

unease /ʌnˈiz/ *s* malestar, desazón

uneasy /ʌnˈizi/ *adj* (**-sier**, **-siest**) **1** inquieto -a, preocupado -a: *I'm uneasy about this whole affair.* Todo este asunto me tiene inquieto. **2 an uneasy silence** un silencio incómodo

unemployed /ʌnɪmˈplɔɪd/ *adj* desocupado -a, desempleado -a: *She's been unemployed for six months.* Hace seis meses que está desocupada. | **the unemployed** los desocupados/desempleados/cesantes

unemployment /ʌnɪmˈplɔɪmənt/ *s* desempleo, desocupación

unequal /ʌnˈikwəl/ *adj* desigual

uneven /ʌnˈivən/ *adj* **1** desparejo -a [superficie] **2** irregular [respiración, distribución]

uneventful /ʌnɪˈventfəl/ *adj* sin incidentes, tranquilo -a

unexpected /ʌnɪkˈspektɪd/ *adj* inesperado -a

unexpectedly /ʌnɪkˈspektɪdli/ *adv* inesperadamente, sorpresivamente

unfair /ʌnˈfer/ *adj* **1** injusto -a: *It's so unfair!* ¡No es justo! **2 to be unfair on sb** ser injusto -a con alguien **3 unfair competition** competencia desleal

unfaithful /ʌnˈfeɪθfəl/ *adj* infiel | **to be unfaithful to sb** serle infiel a alguien

unfamiliar /ʌnfəˈmɪljər/ *adj* **1** desconocido -a: *in unfamiliar surroundings* en un entorno desconocido **2 to be unfamiliar with sth** no conocer algo

unfashionable /ʌnˈfæʃənəbəl/ *adj* pasado -a de moda

unfasten /ʌnˈfæsən/ *v* [tr] desabrochar | **to unfasten your coat/pants etc.** desabrocharse el abrigo/los pantalones etc.

unfavorable AmE, **unfavourable** BrE /ʌnˈfeɪvərəbəl/ *adj* **1** desfavorable [situación, trato] **2** negativo -a, desfavorable [informe]

unfinished /ʌnˈfɪnɪʃt/ *adj* sin terminar, inconcluso -a

unfit /ʌnˈfɪt/ *adj* **1 to be unfit** no estar en forma **2 unfit for sth** no idóneo -a para algo, no apto -a para algo | **unfit to do sth** no idóneo -a para hacer algo, no apto -a para hacer algo

unfold /ʌnˈfoʊld/ *v* **1** [tr] desdoblar, extender **2** [intr] desarrollarse

unforeseen /ʌnfɔrˈsin/ *adj* imprevisto -a

unforgettable /ʌnfərˈgetəbəl/ *adj* inolvidable

unforgivable /ʌnfərˈgɪvəbəl/ *adj* imperdonable

unfortunate /ʌnˈfɔrtʃənət/ *adj* **1** desafortunado -a: *It was an unfortunate accident.* Fue un accidente desafortunado. | *I was unfortunate enough to live next door to him.* Tuve la mala suerte de ser su vecino. **2** lamentable **3** desacertado -a, inoportuno -a

unfortunately /ʌnˈfɔrtʃənətli/ *adv* lamentablemente, desafortunadamente

unfriendly /ʌnˈfrendli/ *adj* (**-lier**, **-liest**) antipático -a, poco amistoso -a | **to be unfriendly to/toward sb** ser antipático -a con alguien

ungrateful /ʌnˈgreɪtfəl/ *adj* desagradecido -a

unhappiness /ʌnˈhæpinəs/ *s* **1** tristeza **2** descontento, disconformidad

unhappy /ʌnˈhæpi/ *adj* (**-ppier**, **-piest**) **1** infeliz, desdichado -a: *an unhappy childhood* una niñez infeliz | *I'd never been so unhappy in my life.* Nunca en la vida me había sentido tan desdichada. **2** no contento -a: *She's unhappy in her job.* No está contenta con su trabajo. | **to be unhappy with/about sth** estar disconforme con algo, estar descontento -a con algo

¿Se dice *I arrived in Miami* o *I arrived to Miami*? Mira la entrada **arrive**.

unharmed /ʌn'hɑrmd/ *adj* ileso -a

unhealthy /ʌn'helθi/ *adj* (**-thier**, **-thiest**) **1** poco saludable, insalubre: *a very unhealthy lifestyle* un estilo de vida muy poco saludable **2** enfermo -a, de mala salud **3** morboso -a, malsano -a

unheard-of /ʌn'hɜrd ɑv/ *adj* insólito -a, sin precedentes

unhelpful /ʌn'helpfəl/ *adj* **1** poco servicial [personal] **2** que no ayuda [respuesta, sugerencia]

uniform /'junəfɔrm/ *sustantivo & adjetivo*

• *s* **1** uniforme | **in uniform** de uniforme **2** AmE equipo [que lleva un jugador de fútbol, rugby, etc.]

• *adj* uniforme

unify /'junəfaɪ/ *v* [tr] (3ª pers sing **-fies**, pasado & participio **-fied**) unificar

unimportant /ʌnɪm'pɔrtnt/ *adj* sin importancia

uninhabited /ʌnɪn'hæbɪtɪd/ *adj* deshabitado -a

unintentional /ʌnɪn'tenʃənl/ *adj* involuntario -a, no deliberado -a

uninterested /ʌn'ɪntrəstɪd/ *adj* indiferente | **to be uninterested in sth/sb** no tener interés en algo/alguien

uninterrupted /ʌnɪntə'rʌptɪd/ *adj* **1** ininterrumpido -a, sin interrupciones **2 an uninterrupted view** una vista despejada

union /'junjən/ *s* **1** (también **labor union** AmE) sindicato **2** unión

Union 'Jack *s* **the Union Jack** la bandera del Reino Unido

unique /ju'nik/ *adj* **1** único -a **2 to be unique to sth/sb** ser peculiar de algo/alguien, ser propio -a de algo/alguien

unison /'junəsən/ *s* **1 to say sth/speak/sing in unison** decir algo/hablar/cantar al unísono **2 to act/work in unison** actuar/trabajar en forma conjunta

unit /'junɪt/ *s* **1** unidad: *Turn to unit six in your textbooks.* Vayan a la unidad seis en el libro. **2** (departamento) unidad **3** (de medición) unidad **4 kitchen/bathroom unit** módulo de cocina/de baño

unite /ju'naɪt/ *v* **1** [intr] unirse **2** [tr] unir **3 to unite against sth/sb** unirse contra algo/alguien

united /ju'naɪtɪd/ *adj* **1** unido -a **2** conjunto -a

U,nited 'Kingdom *s* **the United Kingdom** el Reino Unido

> El nombre oficial del país es **the United Kingdom of Great Britain and Northern Ireland.** (**Great Britain** incluye a Inglaterra, Escocia y Gales, pero no a Irlanda del Norte.) En contextos menos formales, se suele usar **the UK** o incluso **Great Britain** o **Britain** para referirse al Reino Unido.

U,nited 'States *s* **the United States (of America)** los Estados Unidos (de América)

> El nombre oficial del país es **the United States of America (USA)**. En contextos menos formales se usa **the US, the States** o **America**. Cuando **the United States (of America)** es el sujeto de la oración, el verbo va en singular:
> *The United States is opposed to the plan.* Los Estados Unidos se oponen al plan.

unity /'junəti/ *s* **1** unión **2** unidad

universal /junə'vɜrsəl/ *adj* **1** (de todos por igual) general, universal **2** (del mundo entero) universal

universally /junə'vɜrsəli/ *adv* mundialmente, universalmente

universe /'junəvɜrs/ *s* **the universe** el universo

university /junə'vɜrsəti/ *s* (pl **-ties**) universidad | **to go to university** BrE ir a la universidad

unjust /ʌn'dʒʌst/ *adj* injusto -a

unkind /ʌn'kaɪnd/ *adj* **1** poco amable: *It was very unkind of you to say that to her.* Fue muy poco amable de tu parte decirle eso. | **to be unkind to sb** tratar mal a alguien **2** desagradable, hiriente

unknown /ʌn'noʊn/ *adj* **1** desconocido -a [cantidad, destino, territorio] **2** desconocido -a [cantante, actor]

unleaded /ʌn'ledɪd/ *adj* sin plomo

unless /ʌn'les/ *conj* **1** a menos que, si no: *He won't go to sleep unless you read him a story.* No se va a dormir a menos que le leas un cuento. **2 unless I'm very much mistaken** si no me equivoco

unlike /ʌn'laɪk/ *prep* **1** a diferencia de: *Unlike his father, he had no musical talent.* A diferencia de su padre, no tenía talento para la música. **2 to be unlike sth/sb** ser diferente de algo/alguien **3 to be unlike sb to do sth** ser raro que alguien haga algo: *It's unlike Frank to forget my birthday.* Es raro que Frank se haya olvidado de mi cumpleaños.

unlikely /ʌn'laɪkli/ *adj* (**-lier**, **-liest**) **1** poco probable: *in the unlikely event of a fire* en el caso poco probable de que se produjera un incendio | *It's **unlikely that** he'll come.* Es difícil que venga. | *They're **unlikely to** agree.* Es muy poco probable que accedan. **2** increíble, inverosímil

unlimited /ʌn'lɪmɪtɪd/ *adj* ilimitado -a

unload /ʌn'loʊd/ *v* [tr/intr] descargar

unlock /ʌn'lɑk/ *v* [tr] abrir [algo que estaba cerrado con llave]

unlucky /ʌn'lʌki/ *adj* (**-ckier**, **-ckiest**) **1** desafortunado -a, sin suerte: *An unlucky defeat cost them the title.* Una derrota desafortunada les costó el título. | *It was unlucky for* *her that the boss walked in.* Tuvo la mala suerte de que entrara el jefe. **2 to be unlucky** tener mala suerte: *He was so unlucky.* Tuvo tan mala suerte. **3** que trae mala suerte: *It's unlucky to walk under a ladder.* Pasar por debajo de una escalera trae mala suerte.

unmarried /ʌn'mærid/ *adj* soltero -a, no casado -a

unmistakable /ʌnmɪ'steɪkəbəl/ *adj* inconfundible

unnatural /ʌn'nætʃərəl/ *adj* **1** anormal **2** artificial, poco natural [color] **3** forzado -a

unnecessary /ʌn'nesəseri/ *adj* **1** innecesario -a **2** de más

unnoticed /ʌn'noutɪst/ *adj* **to go unnoticed** pasar desapercibido -a/inadvertido -a: *His absence had not gone unnoticed.* Su ausencia no había pasado desapercibida.

unofficial /ʌnə'fɪʃəl/ *adj* no oficial, extraoficial

unorthodox /ʌn'ɔrθədɑks/ *adj* poco ortodoxo -a

unpack /ʌn'pæk/ *v* **1** [tr] deshacer [una maleta] **2** [intr] desempacar

unpaid /ʌn'peɪd/ *adj* **1** pendiente, impago -a: *a pile of unpaid bills* una pila de cuentas pendientes **2** no remunerado -a

unpleasant /ʌn'plezənt/ *adj* **1** desagradable, maluco -a [olor, efecto, sorpresa] **2** desagradable [persona, comentario]: *She was pretty unpleasant to me.* Estuvo bastante desagradable conmigo.

unplug /ʌn'plʌg/ *v* [tr] (**-gged**, **-gging**) desenchufar

unpopular /ʌn'pɑpjələr/ *adj* **1** poco popular, no querido -a **2 to be unpopular with sb** caerle mal a alguien

unprecedented /ʌn'presədentɪd/ *adj* sin precedentes

unpredictable /ʌnprɪ'dɪktəbəl/ *adj* imprevisible, impredecible

unqualified /ʌn'kwɑləfaɪd/ *adj* no calificado -a, sin título

unravel /ʌn'rævəl/ *v* (**-led**, **-ling** AmE, **-lled**, **-lling** BrE) **1** [tr] deshacer, desenredar **2** [intr] deshacerse, deshilacharse **3** [tr] desentrañar [hechos, una historia]

unreal /ʌn'riəl/ *adj* **1** increíble, irreal **2** no real

unrealistic /ʌnriə'lɪstɪk/ *adj* poco realista

unreasonable /ʌn'rizənəbəl/ *adj* **1** poco razonable **2** excesivo -a

unrelated /ʌnrɪ'leɪtɪd/ *adj* **1** no relacionado -a | **to be unrelated to sth** no estar relacionado -a con algo **2** no emparentado -a

unreliable /ʌnrɪ'laɪəbəl/ *adj* **1** no confiable, poco confiable **2** irresponsable

unrest /ʌn'rest/ *s* descontento, malestar

unruly /ʌn'ruli/ *adj* **1** indisciplinado -a, revoltoso -a **2** rebelde [pelo]

unsafe /ʌn'seɪf/ *adj* **1** peligroso -a **2** inseguro -a [en peligro]

unsatisfactory /ʌnsætɪs'fæktəri/ *adj* insatisfactorio -a

unscrew /ʌn'skru/ *v* [tr] **1** desenroscar **2** destornillar, desatornillar

unscrupulous /ʌn'skrupjələs/ *adj* inescrupuloso -a

unseen /ʌn'sin/ *adjetivo & adverbio*

• ***adj*** invisible, oculto -a

• ***adv*** sin ser visto -a

unsettled /ʌn'setld/ *adj* **1** inestable [situación, lugar] **2** no resuelto -a **3 unsettled weather** tiempo inestable

unshaven /ʌn'ʃeɪvən/ *adj* sin afeitar/rasurar

unskilled /ʌn'skɪld/ *adj* **1** no calificado -a [trabajador] **2** no especializado -a [trabajo]

unspoiled /ʌn'spɔɪld/, también **unspoilt** /ʌn'spɔɪlt/ BrE *adj* referido a un lugar: no estropeado por el desarrollo, la edificación, etc.

unstable /ʌn'steɪbəl/ *adj* **1** inestable [edificio, estructura] **2** inestable [situación, país] **3** (mentalmente) inestable

unsteady /ʌn'stedi/ *adj* (**-dier**, **-diest**) **1** inseguro -a [al caminar] **2** poco firme

unstuck /ʌn'stʌk/ *adj* **to come unstuck** despegarse

unsuccessful /ʌnsək'sesfəl/ *adj* **1 to be unsuccessful in sth** no tener éxito en algo: *The team was unsuccessful in its attempt to cross Antarctica.* El equipo no tuvo éxito en su intento de cruzar la Antártida. | **to be unsuccessful in doing sth** no lograr hacer algo **2** infructuoso -a [esfuerzo, intento]

unsuccessfully /ʌnsək'sesfəli/ *adv* sin éxito

unsuitable /ʌn'sutəbəl/ *adj* **1** inadecuado -a, inapropiado -a **2** poco idóneo -a

unsure /ʌn'ʃʊr/ *adj* **1** no seguro -a, poco seguro -a: *We were unsure which road to take.* No estábamos seguros de qué camino tomar. | **to be unsure about/of sth** no estar seguro -a de algo: *Is there anything you're unsure about?* ¿Hay algo de lo que no estés seguro? **2 to be unsure of yourself** sentirse inseguro -a, no tenerse confianza

unsympathetic /ʌnsɪmpə'θetɪk/ *adj* indiferente, poco comprensivo -a

unthinkable /ʌn'θɪŋkəbəl/ *adj* impensable

untidy /ʌn'taɪdi/ *adj* (**-dier**, **-diest**) desordenado -a

untie /ʌn'taɪ/ *v* [tr] (pasado & participio **untied**, gerundio **untying**) desamarrar, desatar

until, también **till** /tɪl/ /ən'tɪl/ *preposición & conjunción*

• ***prep*** **1** hasta: *She's on vacation until next Monday.* Está de vacaciones hasta el próximo lunes. **2** hasta llegar a: *Stay on this road until the traffic light.* Siga por esta calle hasta llegar al semáforo.

¿Quieres información sobre las differencias entre los **artículos** en inglés y en español? Lee la explicación en el apartado de gramática.

• *conj* hasta que: *He kept practicing until he got it right.* Siguió practicando hasta que le salió bien.

untouched /ʌn'tʌtʃt/ *adj* **1** no afectado -a: *an area untouched by the war* una zona no afectada por la guerra **2** intacto -a **3 to leave your food/drink etc. untouched** no probar la comida/ bebida etc.

untrue /ʌn'tru/ *adj* falso -a

unused¹ /ʌn'juzd/ *adj* sin usar

unused² /ʌn'just/ *adj* **to be unused to sth/sb** no estar acostumbrado -a a algo/alguien

unusual /ʌn'juʒuəl/ *adj* **1** raro -a [inusual] | **it's unusual for sb to do sth** es raro que alguien haga algo **2** original [regalo, diseño]

unusually /ʌn'juʒuəli/ *adv* excepcionalmente, inusitadamente

unveil /ʌn'veɪl/ *v* [tr] **1** revelar **2** descubrir [una placa, un monumento]

unwanted /ʌn'wʌntɪd/ *adj* **1** no deseado -a, indeseado -a: *an unwanted pregnancy* un embarazo no deseado **2** que no se necesita

unwelcome /ʌn'welkəm/ *adj* **1** no bienvenido -a: *They made me feel unwelcome.* Me hicieron sentir que no era bienvenida. **2** indeseado -a [publicidad] **3** desagradable [noticia, suceso]

unwell /ʌn'wel/ *adj* **to be/feel unwell** estar/ sentirse mal

unwilling /ʌn'wɪlɪŋ/ *adj* reacio -a, involuntario -a | **to be unwilling to do sth** no estar dispuesto -a a hacer algo, ser reacio -a a hacer algo

unwind /ʌn'waɪnd/ (pasado & participio **unwound**) *v* **1** [intr] relajarse **2** [tr] desenrollar **3** [intr] desenrollarse

unwise /ʌn'waɪz/ *adj* imprudente

unwittingly /ʌn'wɪtɪŋli/ *adv* sin darse cuenta

unwound /ʌn'waʊnd/ pasado & participio de **unwind**

up /ʌp/ *adverbio, adjetivo, preposición & sustantivo*

• *adv & adj* ▶ ver recuadro

• *prep* **1** (dirección): *We walked slowly up the hill.* Subimos la cuesta lentamente. | *I climbed up the ladder.* Subí la escalera. **2** (a lo largo de) por: *They live just up the road.* Viven un poco más allá (por esta calle). | *We went on a boat trip up the Mississippi.* Dimos un paseo en barco por el Mississippi.

• *s* **ups and downs** altibajos

upbringing /'ʌpbrɪŋɪŋ/ *s* crianza, educación

update¹ /ʌp'deɪt/ *v* [tr] **1** actualizar [un archivo, un informe, etc.] **2 to update sb on sth** poner a a alguien al día sobre algo **3** modernizar [la casa, el vestuario, etc.]

update² /'ʌpdeɪt/ *s* **to give sb an update on sth** poner a alguien al tanto de las últimas noticias/novedades

upgrade¹ /'ʌpgreɪd/ *v* **1** [tr] actualizar [en computación] **2** [intr] cambiar [a algo mejor]

upgrade² *s* actualización [en computación]

upheaval /ʌp'hivəl/ *s* revuelo, agitación

uphill /ʌp'hɪl/ *adjetivo & adverbio*

• *adj* **1** cuesta arriba, en subida: *It's uphill all the way.* Todo el camino es cuesta arriba. **2 an uphill struggle** una dura batalla

• *adv* cuesta arriba

uphold /ʌp'hoʊld/ *v* [tr] (pasado & participio **upheld**) **1** mantener [una ley, un principio, etc.] **2** confirmar [una decisión legal]

upholstery /ə'poʊlstəri/ *s* tapizado

upkeep /'ʌpkip/ *s* mantenimiento

upon /ə'pɑn/ *prep* **1** (para expresar proximidad en el tiempo): *Christmas is almost upon us.* Ya casi tenemos la Navidad encima. **2** (formal) al: *Upon arrival, please proceed to passport control.* Al llegar, sírvase dirigirse al control de inmigración. **3** (formal) sobre: *She placed the box with great care upon the table.* Puso la caja sobre la mesa con mucho cuidado. **4** (para expresar gran cantidad): *row upon row of tulips* fila tras fila de tulipanes | *thousands upon thousands of letters* miles y miles de cartas ▶ ver también **once**

upper /'ʌpər/ *adj* **1** superior, de arriba: *His upper lip was swollen.* Tenía el labio superior hinchado. | *the upper floors* los pisos superiores | *the upper branches* las ramas de más arriba **2** alto -a: *the upper classes* las clases altas

ˌupper-'class *adj* de clase alta

upright /'ʌpraɪt/ *adjetivo & adverbio*

• *adj* **1** vertical: *in an upright position* en posición vertical **2** honrado -a, recto -a

• *adv* en posición vertical

uprising /'ʌpraɪzɪŋ/ *s* levantamiento

uproar /'ʌp-rɔr/ *s* **1** alboroto **2** protesta airada

uproot /ʌp'rut/ *v* [tr] **1** arrancar [una planta] **2** desarraigar

upset¹ /ʌp'set/ *adjetivo & verbo*

• *adj* **1** disgustado -a: *She's upset because Jamie forgot her birthday.* Está disgustada porque Jamie se olvidó de su cumpleaños. | **upset about/by sth** disgustado -a por algo | **to get upset** ponerse mal, disgustarse: *Don't get upset. I'm sure he didn't mean it.* No te pongas mal. Estoy seguro de que no lo hizo a propósito. **2 to have an upset stomach** estar mal del estómago

• *v* [tr] (pasado & participio **upset**, gerundio **upsetting**) **1** darle un disgusto a, disgustar **2** AmE derrotar **3** desbaratar [un plan] **4** volcar [un frasco, la leche] **5** alterar [el equilibrio]

upset² /'ʌpset/ *s* **1** inconveniente **2** sorpresa **3 to have a stomach upset** estar mal del estómago

ˌupside 'down *adv* **1** al revés, boca abajo: *You're looking at the map upside down.* Estás mirando el mapa al revés. | *I put the glasses upside down to drain.* Puse los vasos boca abajo

up *adverbio & adjetivo*

1 ARRIBA O HACIA ARRIBA

Dave's up in his room. Dave está arriba en su cuarto. | *Move the picture up a little.* Pon el cuadro un poquito más arriba.

2 NO ACOSTADO NI SENTADO

to be up estar levantado -a/estar parado -a: *Are you still up?* ¿Todavía estás levantado? | *Could you get me my glasses while you're up?* ¿Me alcanzas los anteojos, ya que estás parado?

3 TERMINADO

your time is up/the two months were up etc. se te acabó el tiempo/se habían cumplido los dos meses etc.

4 EN O HACIA EL NORTE

I had to fly up to Canada. Tuve que volar a Canadá. | *They live up north.* Viven en el norte.

5 NÚMEROS, PRECIOS

Inflation is up by 1.5%. La inflación aumentó un 1.5%. | *Travel fares are going up again.* Las tarifas del transporte van a volver a subir.

6 SUCESOS

what's up? ¿qué pasa? | **what's up with you/him etc.?** ¿qué te/le etc. pasa? | **something is/was etc. up** algo pasa/pasaba etc.

7 HASTA

up to hasta: *These watches can cost up to a thousand dollars each.* Estos relojes pueden costar hasta mil dólares cada uno. | *The work could take up to four weeks.* El trabajo podría llevar hasta cuatro semanas.

8 PUNTAJES

to be two goals/ten points etc. up ir ganando por dos goles/diez puntos etc.

9 DECISIONES

it's up to you/him etc.: *"Do you want to go?" "It's up to you."* –¿Quieres ir? –Como tú quieras. | *It's entirely up to you whether you come or not.* Eres tú la que tienes que decidir si vienes o no.

10 EXPRESIONES

up and down: *He was jumping up and down with excitement.* Estaba que saltaba del entusiasmo. | *She was pacing impatiently up and down.* Caminaba para arriba y para abajo impacientemente. | **to be up against sth/sb** enfrentarse a algo/alguien | **to be up to something** estar tramando algo | **to be up to no good** estar haciendo de las suyas | **to be up to the job** tener las condiciones necesarias para el trabajo | **not to be up to much** dejar bastante que desear

11 **up** también forma parte de varios **phrasal verbs** como **look up, take up** etc. Están tratados bajo el verbo correspondiente.

para que se escurrieran. **2 to turn the house/room upside down** dejar la casa/el cuarto patas arriba [buscando algo]

upstairs /ʌpˈsterz/ *adverbio & adjetivo*

• *adv* **1** arriba [en el piso superior]: *The bathroom is upstairs on the right.* El baño está arriba a la derecha. **2 to go/run etc. upstairs** subir/subir corriendo etc.: *She's gone upstairs to lie down.* Ha subido a acostarse. | *The children raced upstairs to find their presents.* Los niños subieron corriendo a buscar los regalos.

• *adj* **an upstairs window/room etc.** una ventana/un cuarto etc. del piso de arriba

upstream /ʌpˈstrim/ *adv* río arriba

upsurge /ˈʌpsɜrdʒ/ *s* **upsurge (in sth)** aumento repentino (de algo)

uptake /ˈʌpteɪk/ *s* **to be slow/quick on the uptake** (informal) ser lento -a/rápido -a (de entendederas)

ˌup-to-ˈdate *adj* **1** moderno -a [computadora, tecnología] **2** actualizado -a [guía, mapa, lista]: *We must have up-to-date information.* Necesitamos información actualizada. **3 to be/keep up to date with sth** estar/mantenerse al día con algo

upturn /ˈʌptɜrn/ *s* repunte | **upturn in sth** repunte de/en algo

upward /ˈʌpwərd/ *adj* **1** hacia arriba, cuesta arriba **2** ascendente [tendencia]

upward, también **upwards** /ˈʌpwərdz/ *adv* **1** hacia arriba: *She pointed upward.* Señaló hacia arriba. **2 salaries/prices etc. are moving upward** los salarios/precios etc. están aumentando **3 upward of** más de, arriba de: *Upward of 20,000 people were at the game.* En el partido había más de 20,000 personas.

uranium /jʊˈreɪniəm/ *s* uranio

Uranus /jʊˈreɪnəs, ˈjʊrənəs/ *s* Urano

urban /ˈɜrbən/ *adj* urbano -a

urge /ɜrdʒ/ *verbo & sustantivo*

• *v* **to urge sb to do sth** pedirle insistentemente a alguien que haga algo, instar a alguien a hacer algo

urge sb on animar a alguien

• *s* ganas, impulso | **urge to do sth** ganas de hacer algo

urgency /ˈɜrdʒənsi/ *s* **1** urgencia **2** insistencia

urgent /ˈɜrdʒənt/ *adj* **1** urgente: *an urgent message* un mensaje urgente | **to be in urgent need of sth** tener una urgente necesidad de algo **2** insistente

urgently /ˈɜrdʒəntli/ *adv* urgentemente, con urgencia

urine /ˈjʊrɪn/ *s* orina

Uruguay /ˈjʊrəgweɪ/ *s* Uruguay

Uruguayan /jʊrəˈgwaɪən◂/ *adj & s* uruguayo -a

us /əs, acentuado ʌs/ *pron* **1** (como complemento directo o indirecto) nos: *He didn't see us.* No nos vio. | *He gave us the money.* Nos dio el dinero. **2** (después de preposición, en comparaciones o tras el verbo "to be") nosotros -as: *Do you want to come with us?* ¿Quieres venir con nosotros? | *They're bigger than us.* Son más grandes que nosotros. | *It was us.* Fuimos nosotros.

U.S. /ju 'es/, también **U.S.A.** /ju es 'eɪ/ *s* (= **United States (of America)**) EU, EUA, Estados Unidos

> **the US** se usa tanto en el lenguaje hablado como escrito:
>
> *She studied in the US.* Estudió en Estados Unidos.
>
> También se puede usar delante de otro sustantivo:
>
> *a US citizen/soldier* un ciudadano/soldado estadounidense

usage /ˈjusɪdʒ/ *s* uso

use¹ /juz/ *v* [tr] **1** usar, utilizar [un objeto, un recurso]: *Can I use your telephone?* ¿Puedo usar tu teléfono? | *I don't use the car to go to work.* No uso el auto para ir a trabajar. **2** consumir [electricidad, etc.] **3** usar [a una persona]: *I feel I've been used.* Me siento usado. **4** usar, emplear [una palabra, una expresión]

use sth up terminar algo

use² /jus/ *s* **1** uso: *The drug has many uses.* El fármaco tiene muchos usos. **2** uso: *The pool is for the use of guests only.* La piscina es para uso exclusivo de los huéspedes del hotel. **3 to be in use** estar en uso **4 to be no use** no servir para nada: *This corkscrew's no use at all.* Este sacacorchos no sirve para nada. | *It's no use. I can't fix it.* Es inútil. No puedo arreglarlo. | *He's no use.* Es un inútil. | **it's no use talking to him/calling them etc.** es inútil hablarle/llamarlos etc. **5 to be of use (to sb)** (formal) serle útil (a alguien), servir(le a alguien) **6 to make use of sth** hacer uso de algo, aprovechar algo **7 what's the use?** ¿qué sentido tiene?, ¿de qué sirve?

used¹ /just/ *adj* **to be used to (doing) sth** estar acostumbrado -a a (hacer) algo: *We're used to getting up early.* Estamos acostumbrados a levantarnos temprano. | **to get used to (doing) sth** acostumbrarse a (hacer) algo: *I'll have to get used to walking to work.* Tendré que acostumbrarme a ir caminando al trabajo. ▶ No confundir con el verbo modal **used to**. Ver más abajo

used² /juzd/ *adj* usado -a, de segunda mano

used to /ˈjust tu/ *v* [modal] ▶ ver recuadro

useful /ˈjusfəl/ *adj* útil | **to come in useful** venir bien, ser útil

> **used to**
>
> **1** **used to** se usa para referirse a algo que sucedía antes y ya no sucede o que era así antes y ya no lo es. Equivale al uso del imperfecto en español
>
> *We used to go for walks together in the park.* Íbamos a caminar juntos por el parque./Solíamos ir a caminar juntos por el parque. | *She used to be really thin.* Antes era delgadísima. | *"Do you play tennis?" "No, but I used to."* –¿Juegas tenis? –No, pero antes jugaba.
>
> **2** Su negativo e interrogativo se forman con el auxiliar did y la forma **use**
>
> *You didn't use to smoke.* Antes no fumabas. | *Didn't he use to have a beard?* ¿Antes no tenía barba?
>
> **3** No confundir con el adjetivo **used**. Ver más arriba.

usefulness /ˈjusfəlnəs/ *s* utilidad

useless /ˈjusləs/ *adj* **1** inservible | **to be useless** no servir para nada: *These scissors are useless.* Esta tijera no sirve para nada. **2** (informal) inútil: *She's useless in the kitchen.* Es una inútil para la cocina.

user /ˈjuzər/ *s* usuario -a

user-ˈfriendly *adj* fácil de usar, amigable

usual /ˈjuʒuəl/ *adj* **1** de siempre, de costumbre, usual: *at the usual time* a la hora de siempre | *He ate less than usual.* Comió menos que de costumbre. **2 as usual** como de costumbre, como es usual

usually /ˈjuʒuəli/ *adv* generalmente, normalmente, usualmente ▶ ver recuadro **adverbios de frecuencia** en **always**

utility /juˈtɪləti/ *s* (pl **-ties**) servicio público [agua, electricidad, etc.]

utmost /ˈʌtmoust/ *adjetivo & sustantivo*

- *adj* sumo -a
- *s* **to do your utmost (to do sth)** (formal) hacer todo lo posible (para hacer algo)

utter /ˈʌtər/ *adjetivo & verbo*

- *adj* total
- *v* [tr] (formal) pronunciar

U-turn /ˈju tɜrn/ *s* **1** giro/vuelta en U | **to do a U-turn** girar en U **2** cambio de ciento ochenta grados [en una política]

V, v /vi/ *s* V, v ▶ ver "Active Box" **letters** en **letter**

vacancy /ˈveɪkənsi/ *s* (pl **-cies**) **1** habitación libre **2** vacante

vacant /ˈveɪkənt/ *adj* **1** libre, vacío **2** vacante **3** ausente [expresión, mirada]

vacation /veɪˈkeɪʃən, BrE vəˈkeɪʃən/ *sustantivo & verbo*

- *s* **1** AmE vacaciones: *We are **on vacation** for the next two weeks.* Estamos de vacaciones los próximos quince días. **2** (en la universidad) vacaciones
- *v* [intr] AmE vacacionar, estar/ir de vacaciones

vacationer /veɪˈkeɪʃənər/ *s* AmE turista, veraneante

vaccination /væksəˈneɪʃən/ *s* vacunación | **to have a measles/polio etc. vaccination** vacunarse contra el sarampión/la polio etc.

vaccine /vækˈsin/ *s* vacuna

vacuum /ˈvækjum/ *sustantivo & verbo*

- *s* **1** ▶ ver **vacuum cleaner** **2** vacío **3 to leave a vacuum in sb's life** dejar un vacío en la vida de alguien
- *v* **1** [intr] pasar la aspiradora **2** [tr] pasar la aspiradora por

ˈvacuum ˌcleaner *s* aspiradora

vagina /vəˈdʒaɪnə/ *s* vagina

vague /veɪg/ *adj* **1** vago -a [idea, recuerdo] **2** vago -a, impreciso -a [descripción, respuesta] | **to be vague about sth** ser poco preciso -a acerca de algo **3** impreciso -a [contorno]

vaguely /ˈveɪgli/ *adv* **1** (un poco) vagamente, levemente: *Her face is vaguely familiar.* Su cara me resulta vagamente familiar. **2** (de forma poco clara) vagamente: *I vaguely remember it.* Lo recuerdo vagamente.

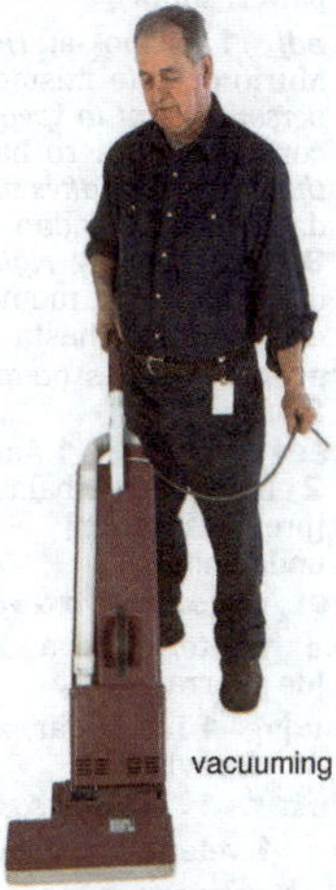

vacuuming

vain /veɪn/ *adj* **1** vanidoso -a **2** vano -a: *in a vain attempt to find her* en un vano intento de encontrarla **3 in vain** en vano

valentine /ˈvæləntaɪn/ *s* ▶ ver nota en **Valentine's day**

ˈValentine's ˌDay *s*

> El 14 de febrero se celebra **Valentine's Day**, el día de San Valentín o día de los enamorados. En esa fecha se le mandan tarjetas, flores o chocolates a la persona de quien uno está enamorado. **A valentine** o **a valentine card** es la tarjeta, que generalmente se envía de forma anónima. **Sb's valentine** es la persona de quien alguien está enamorado y a quien le manda la tarjeta o el regalo.

valid /ˈvælɪd/ *adj* **1** válido -a [pasaporte, pasaje] **2** válido -a [razón, comentario]

valley /ˈvæli/ *s* valle

valuable /ˈvæljəbəl/ *adjetivo & sustantivo plural*

- *adj* **1** valioso -a [anillo, cuadro, etc.] **2** valioso -a [consejo, tiempo, etc.]
- **valuables** *s pl* objetos de valor

valuation /væljuˈeɪʃən/ *s* tasación, avalúo

value /ˈvælju/ *sustantivo, sustantivo plural & verbo*

- *s* **1** valor: *the value of the house* el valor de la casa **2** (importancia) valor **3 it's/they're good value (for money)** la relación calidad-precio es buena
- **values** *s pl* valores: *social values* valores sociales
- *v* [tr] **1** valorar, apreciar: *I value my health too much to smoke.* Valoro mucho mi salud como para fumar. **2** tasar, avaluar

valve /vælv/ *s* válvula

vampire /ˈvæmpaɪr/ *s* vampiro

van /væn/ *s* camioneta, furgoneta

vandal /ˈvændl/ *s* vándalo

vandalism /ˈvændlɪzəm/ *s* vandalismo

vandalize, -ise BrE /ˈvændlaɪz/ *v* [tr] destrozar, destruir [un auto, un edificio, etc. a propósito]

vanilla /vəˈnɪlə/ *s* **1** vainilla **2 vanilla ice cream** helado de vainilla

vanish /ˈvænɪʃ/ *v* [intr] desaparecer ▶ ver también **air**, **trace**

vanity /ˈvænəti/ *s* (pl **-ties**) vanidad

vantage point /ˈvæntɪdʒ pɔɪnt/ *s* posición (estratégica)

vapor AmE, **vapour** BrE /ˈveɪpər/ *s* vapor

variable /ˈveriəbəl/ *adj & s* variable

variant /ˈveriənt/ *s* variante

variation /veriˈeɪʃən/ *s* variación | **variation in sth** variación con respecto a algo

varied /ˈverid/ *adj* variado -a

variety /vəˈraɪəti/ *s* (pl **-ties**) **1 a variety of** una variedad de: *a variety of colors* una variedad de colores **2** diversidad **3** variedad [de una planta]

various /ˈveriəs/ *adj* varios -as, diversos -as: *I tried various places.* Probé en varios lugares.

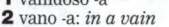

¿Quieres información sobre las diferencias entre los **posesivos** en inglés y en español? Lee la explicación en el apartado de gramática.

varnish /'vɑrnɪʃ/ *sustantivo & verbo*
- *s* barniz
- *v* [tr] barnizar

vary /'veri/ *v* [tr/intr] (3ª pers sing **varies**, pasado & participio **varied**) variar | **to vary in price/size etc.** variar en precio/tamaño etc.
vase /veɪs, veɪz, BrE vɑz/ *s* florero
vast /væst/ *adj* **1** enorme, vasto -a **2 the vast majority** la inmensa mayoría
vastly /'væstli/ *adv* ampliamente
VAT /vi eɪ 'ti, væt/ *s* (= **value added tax**) IVA
vat /væt/ *s* **1** barril **2** tanque
vault /vɔlt/ *sustantivo & verbo*
- *s* **1** bóveda (de seguridad) **2** panteón, bóveda
- *v* [tr] saltar [apoyándose en las manos o con una garrocha] | **to vault over sth** saltar por encima de algo

VCR /vi si 'ɑr/ *s* (= **video cassette recorder**) video [aparato], videocasetera
VDT /vi di 'ti/ *s* (= **visual display terminal**) monitor, pantalla
veal /vil/ *s* ternera
veer /vɪr/ *v* **to veer to the left/right** girar a la izquierda/derecha [bruscamente] | **to veer off course** salirse del rumbo
vegetable /'vedʒtəbəl/ *s* **1** verdura **2 vegetable soup** sopa de verduras
vegetarian /vedʒə'terion/ *s & adj* vegetariano -a
vegetation /vedʒə'teɪʃən/ *s* vegetación
vehicle /'viɪkəl/ *s* vehículo
veil /veɪl/ *s* velo
vein /veɪn/ *s* **1** vena **2** veta
Velcro® /'velkrou/ *s* velcro
velvet /'velvɪt/ *s* terciopelo | **velvet curtains/a velvet dress etc.** cortinas/un vestido etc. de terciopelo
'vending ma,chine *s* máquina expendedora
vendor /'vendər/ *s* vendedor -a
veneer /və'nɪr/ *s* **1** enchapado [de cedro, etc.] **2** barniz, apariencia [de respetabilidad, etc.]
Venezuela /venəzweɪlə/ *s* Venezuela
Venezuelan /venə'zweɪlən◂/ *adj & s* venezolano -a
vengeance /'vendʒəns/ *s* **1** venganza **2 with a vengeance** con todo, con ganas
venom /'venəm/ *s* **1** (sustancia tóxica) veneno **2** (odio) veneno
venomous /'venəməs/ *adj* **1** venenoso -a [serpiente] **2** venenoso -a, envenenado -a [mirada, comentario]
vent /vent/ *sustantivo & verbo*
- *s* **1** rejilla, conducto [de ventilación] **2 to give vent to sth** (formal) dar rienda suelta a algo
- *v* **to vent sth (on sth/sb)** desahogar algo (en algo/alguien)

ventilation /ventl'eɪʃən/ *s* ventilación
ventilator /'ventl-eɪtər/ *s* **1** extractor **2** respirador (artificial)
venture /'ventʃər/ *sustantivo & verbo*
- *s* empresa [proyecto]
- *v* **1 to venture out** aventurarse/arriesgarse a salir **2 to venture an opinion** (formal) aventurar una opinión

venue /'venju/ *s* lugar, local [en que se lleva a cabo una reunión, un evento, etc.]
Venus /'vinəs/ *s* Venus
veranda, también **verandah** /və'rændə/ *s* galería, porche
verb /vɜrb/ *s* verbo
verbal /'vɜrbəl/ *adj* verbal, de palabra
verdict /'vɜrdɪkt/ *s* **1** veredicto **2** juicio, opinión
verge /vɜrdʒ/ *sustantivo & verbo*
- *s* **1 to be on the verge of sth** estar al borde de algo | **to be on the verge of doing sth** estar a punto de hacer algo **2** BrE borde de la carretera/del camino
- *v* **verge on sth** rayar en algo

verify /'verəfaɪ/ *v* [tr] (**-fies**, **-fied**) **1** verificar [hechos, información] **2** confirmar, corroborar [una sospecha, una declaración]
versatile /'vɜrsətl/ *adj* versátil
verse /vɜrs/ *s* **1** estrofa **2** poesía, verso **3** versículo
version /'vɜrʒən/ *s* versión
versus /'vɜrsəs/ *prep* **1** contra **2** frente a, en oposición a
very /'veri/ *adverbio & adjetivo*
- *adv* **1** muy: *He's very tall.* Es muy alto. | *I'm very sorry.* Lo siento mucho. | *"Are you hungry?" "Not very."* –¿Tienes hambre? –No mucha. **2 very much** mucho: *I'm very much better, thanks.* Estoy mucho mejor, gracias. **3 very well** muy bien, bueno **4** (para enfatizar): *by Friday at the very latest* para el viernes a más tardar | *a room of your very own* una habitación para ti solita
- *adj* **1** mismo -a: *He died in this very room.* Murió en este mismo cuarto. | *You're the very person I want to speak to.* Eres justo la persona con la que quiero hablar. **2** solo -a: *The very thought of it makes me feel sick.* La sola idea me da náuseas./Me dan náuseas de sólo pensarlo. **3** (para enfatizar): *right from the very beginning* desde el primer momento | *I stayed till the very end.* Me quedé hasta el último minuto.

vessel /'vesəl/ *s* (formal) **1** nave [embarcación] **2** vasija
vest /vest/ *s* **1** AmE chaleco [sin mangas] **2** chaleco [antibalas, etc.] **3** BrE camiseta [prenda interior] ► En inglés americano se usa **undershirt**
vet /vet/ *sustantivo & verbo*
- *s* **1** veterinario -a **2** AmE (informal) veterano -a [de guerra]
- *v* [tr] **1** investigar, averiguar los antecedentes de **2** revisar

veteran /'vetərən/ *sustantivo & adjetivo*
- *s* **1** veterano -a (de guerra) **2** veterano -a
- *adj* veterano -a

veto /ˈvitoʊ/ *verbo & sustantivo*
- *v* [tr] vetar
- *s* (pl **-es**) veto

via /ˈvaɪə, ˈviə/ *prep* **1** vía **2** a través de [una persona]
viable /ˈvaɪəbəl/ *adj* viable
vibrate /ˈvaɪbreɪt/ *v* [intr] vibrar
vicar /ˈvɪkər/ *s* En la Iglesia Anglicana el **vicar**, que puede ser tanto un hombre como una mujer, es el equivalente del párroco en la Iglesia Católica
vice /vaɪs/ *s* **1** vicio **2** delincuencia
vice ˈpresident *s* vicepresidente -a
vice versa /vaɪs ˈvɜrsə/ *adv* viceversa
vicinity /vəˈsɪnəti/ *s* **in the vicinity (of sth)** (formal) en las cercanías (de algo)
vicious /ˈvɪʃəs/ *adj* **1** brutal [ataque, asesino, etc.] **2** feroz [perro] **3** despiadado -a [campaña, persona] **4** malicioso -a [rumor, chisme] **5 a vicious circle**, también **a vicious cycle** AmE un círculo vicioso
victim /ˈvɪktɪm/ *s* **1** víctima **2 to fall victim to sth** ser víctima de algo
victimize, -ise BrE /ˈvɪktəmaɪz/ *v* [tr] tratar injustamente, discriminar
victorious /vɪkˈtɔriəs/ *adj* ganador -a, victorioso -a
victory /ˈvɪktəri/ *s* (pl **-ries**) victoria, triunfo: *their victory over Italy* su victoria sobre Italia
video /ˈvɪdioʊ/ *sustantivo & verbo*
- *s* **1** video [cinta] **2** videoclip **3** (también **video cassette recorder**) BrE video [aparato], videocasetera ▶ También existe **VCR**, que es inglés universal **4 video camera** videocámara, cámara de video **video game** videojuego
- *v* [tr] grabar [con una videocasetera]

ˈvideo arˌcade *s* AmE local de videojuegos
videotape /ˈvɪdioʊteɪp/ *s* video(casete), (cinta de) video
view /vju/ *sustantivo & verbo*
- *s* **1 view (on/about sth)** opinión (sobre algo) | **in my/your etc. view** en mi/tu etc. opinión **2** (idea) visión **3** (referido al campo de visión): *I had a good view of the stage.* Veía bien el escenario. | *There was a woman blocking my view.* Había una mujer que me obstruía la visión. **4** (panorama) vista **5 in view of** (formal) en vista de **6 with a view to doing sth** con miras a hacer algo, con la idea de hacer algo ▶ ver también **point**
- *v* [tr] **1** (formal) ver, mirar **2 to view sth (as sth)** ver/considerar algo (como algo)

viewer /ˈvjuər/ *s* **1** televidente **2** visor [de diapositivas]
viewpoint /ˈvjupɔɪnt/ *s* punto de vista
vigil /ˈvɪdʒəl/ *s* vigilia
vigilant /ˈvɪdʒələnt/ *adj* alerta, atento -a
vigorous /ˈvɪgərəs/ *adj* **1** enérgico -a [ejercicio] **2** enérgico -a [defensor, campaña] **3** vigoroso -a [persona, crecimiento]

vile /vaɪl/ *adj* **1** asqueroso -a [sabor, tiempo] **2** de perros [humor]
villa /ˈvɪlə/ *s* casa, chalet [de vacaciones, de fin de semana]
village /ˈvɪlɪdʒ/ *s* pueblo, pueblito
villager /ˈvɪlɪdʒər/ *s* vecino -a [habitante de un pueblo]
villain /ˈvɪlən/ *s* villano -a, malo -a [de una película, un cuento]
vine /vaɪn/ *s* vid, parra
vinegar /ˈvɪnɪgər/ *s* vinagre
vineyard /ˈvɪnjərd/ *s* viñedo, viña

vintage /ˈvɪntɪdʒ/ *adjetivo & sustantivo*
- *adj* **1** añejo -a **2 vintage car** auto antiguo [fabricado entre 1919 y 1930] **3** clásico -a, típico -a
- *s* cosecha

vinyl /ˈvaɪnl/ *s* vinilo, plástico
violate /ˈvaɪəleɪt/ *v* [tr] (formal) **1** violar [un reglamento, una norma] **2** violar [la privacidad] **3** profanar
violence /ˈvaɪələns/ *s* **1** (fuerza física) violencia **2** (intensidad) violencia
violent /ˈvaɪələnt/ *adj* **1** violento -a [persona, crimen, etc.] **2** violento -a, de violencia [película, etc.] **3** violento -a [tormenta, explosión]
violet /ˈvaɪələt/ *sustantivo & adjetivo*
- *s* **1** (flor) violeta **2** (color) violeta
- *adj* violeta ▶ ver "Active Box" **colors** en **color**

violin /vaɪəˈlɪn/ *s* violín
virgin /ˈvɜrdʒɪn/ *adj & s* virgen
Virgo /ˈvɜrgoʊ/ *s* **1** Virgo **2** persona del signo de Virgo: *She's a Virgo.* Es (de) Virgo.
virtual /ˈvɜrtʃuəl/ *adj* **1** (casi total): *Their victory is a virtual certainty.* Su triunfo es prácticamente seguro. **2** (en computación) virtual | **virtual reality** realidad virtual
virtually /ˈvɜrtʃuəli/ *adv* prácticamente
virtue /ˈvɜrtʃu/ *s* **1** (de una persona) virtud **2** (ventaja) virtud **3 by virtue of** en virtud de
virus /ˈvaɪrəs/ *s* (pl **-ses**) **1** (microorganismo) virus **2** (en computación) virus
visa /ˈvizə/ *s* visa
vis-à-vis /viz ə ˈvi/ *prep* (formal) **1** con respecto a, en relación con **2** frente a
visibility /vɪzəˈbɪləti/ *s* visibilidad
visible /ˈvɪzəbəl/ *adj* **1** visible | **to be visible** verse **2** evidente, notorio -a [cambio, mejora, etc.]

¿No estás seguro de si se usa **make** o **do**? Mira las entradas **hacer**, **make** y **do**.

vision /ˈvɪʒən/ *s* **1** (sentido) vista, visión **2** (imagen mental) visión **3** (experiencia religiosa) visión **4** visión (de futuro), imaginación

visit /ˈvɪzɪt/ *verbo & sustantivo*

• *v* **1** [tr] visitar [una ciudad, un país] **2** [tr] visitar, ir a ver [a una persona] **3 to be visiting** estar de visita [en una ciudad, etc.] **4 to visit the dentist/doctor etc.** ir al dentista/al médico etc.

• *s* visita | **to pay sb a visit** visitar/ir a ver a alguien

visitor /ˈvɪzətər/ *s* **1** visitante [a un museo, un país] **2** visita: *You have a visitor.* Tienes (una) visita.

visual /ˈvɪʒuəl/ *adj* visual

visualize, -ise BrE /ˈvɪʒuəlaɪz/ *v* [tr] imaginar, imaginarse | **to visualize yourself doing sth** verse haciendo algo

vital /ˈvaɪtl/ *adj* vital, fundamental

vitality /vaɪˈtæləti/ *s* vitalidad

vitally /ˈvaɪtl-i/ *adv* **vitally important** de vital importancia

vitamin /ˈvaɪtəmən, BrE ˈvɪtəmɪn/ *s* vitamina

vivid /ˈvɪvɪd/ *adj* **1** vívido -a [recuerdo, descripción] **2** fértil [imaginación] **3** vivo -a [color]

V-neck /ˈvi nek/ *s* **a V-neck (sweater)** un suéter en V, un suéter de escote en V

vocabulary /voʊˈkæbjəleri/ *s* (pl **-ries**) vocabulario, léxico

vocal /ˈvoʊkəl/ *adj* **1** vocal: *vocal cords* cuerdas vocales **2** que hace oír su opinión: *They are a small but very vocal minority.* Son una minoría reducida, pero se hacen oír.

vocalist /ˈvoʊkəlɪst/ *s* cantante, vocalista

vocals /ˈvoʊkəlz/ *s pl* voces [en un grupo de música]

vocation /voʊˈkeɪʃən/ *s* vocación: *She has no vocation for nursing.* No tiene vocación de enfermera.

vocational /voʊˈkeɪʃənl/ *adj* profesional | **vocational course** curso orientado a preparar para un oficio o una profesión

vodka /ˈvɑdkə/ *s* vodka

vogue /voʊg/ *s* **vogue (for sth)** moda (de algo) | **to be in vogue** estar de moda

voice /vɔɪs/ *sustantivo & verbo*

• *s* **1** voz | **to lose your voice** quedarse afónico -a | **to raise/lower your voice** levantar/bajar la voz | **to keep your voice down** bajar la voz **2** (opinión) voz | **to have a voice in sth** tener voz en algo **3 voice mail** buzón telefónico, voice mail

• *v* [tr] (formal) expresar

void /vɔɪd/ *adjetivo & sustantivo*

• *adj* nulo -a ▶ ver también **null**

• *s* vacío

volatile /ˈvɑlətl, BrE ˈvɒlətaɪl/ *adj* **1** volátil, inestable **2** imprevisible, voluble

volcano /vɑlˈkeɪnoʊ/ *s* (pl **-noes**) volcán

volley /ˈvɑli/ *s* **1** andanada, ráfaga [de disparos] **2** lluvia [de piedras, golpes] **3** sarta [de insultos] **4** volea [en tenis]

volleyball /ˈvɑlibɔl/ *s* voleibol, voley

volt /voʊlt/ *s* voltio

voltage /ˈvoʊltɪdʒ/ *s* voltaje

volume /ˈvɑljəm/ *s* **1** (capacidad, cantidad) volumen **2** (nivel de sonido) volumen **3** (libro) volumen

voluntary /ˈvɑlənteri/ *adj* **1** (sin remuneración) voluntario -a **2** (por propia voluntad) voluntario -a

volunteer /vɑlənˈtɪr/ *sustantivo & verbo*

• *s* voluntario -a

• *v* **1 to volunteer (to do sth)** ofrecerse (a hacer algo) | **to volunteer for the army/navy etc.** alistarse como voluntario -a en el ejército/la armada etc. **2** [tr] ofrecer [por propia iniciativa]

vomit /ˈvɑmɪt/ *verbo & sustantivo*

• *v* [tr/intr] vomitar

• *s* vómito

vote /voʊt/ *sustantivo & verbo*

• *s* **1** voto **2** votación | **to take a vote on sth, to put sth to a vote** someter algo a votación **3 the vote** el derecho al voto

• *v* **1** [intr] votar | **to vote for/against sth/sb** votar por/en contra de algo/alguien | **to vote Democrat/Republican etc.** votar por los demócratas/republicanos etc. **2 she was voted most promising player/best director etc.** salió votada (como) la jugadora más prometedora/la mejor directora etc. **3** [tr] aprobar [una asignación de fondos] **4** [tr] (informal) votar por: *I vote we eat out.* Voto por salir a comer afuera.

voter /ˈvoʊtər/ *s* votante

voting /ˈvoʊtɪŋ/ *s* votación

vouch /vaʊtʃ/ *v* **vouch for sth** dar fe de algo **vouch for sb** responder por alguien

voucher /ˈvaʊtʃər/ *s* vale

vow /vaʊ/ *sustantivo & verbo*

• *s* voto, promesa

• *v* **to vow (that)** jurar (que) | **to vow to do sth** jurar hacer algo

vowel /ˈvaʊəl/ *s* vocal

voyage /ˈvɔɪ-ɪdʒ/ *s* viaje [por mar o por el espacio] ▶ **¿VOYAGE, JOURNEY, TRIP O TRAVEL?** ver nota en **viaje**

vs. (= **versus**) vs., v.: *Italy vs. France* Italia vs. Francia

vulgar /ˈvʌlgər/ *adj* **1** ordinario -a, grosero -a **2** de mal gusto, vulgar

vulture /ˈvʌltʃər/ *s* **1** buitre **2** Según región: *chulo, gallinazo, zamuro o zopilote*

W

W¹, w /ˈdʌbəlju/ *s* W, w ▶ ver "Active Box" **letters** en **letter**

W² (= **west**) O

wade /weɪd/ *v* [intr] caminar con esfuerzo en el agua, el barro, etc. | **to wade across sth** vadear algo

wade through sth leerse algo [pesado y largo]

wafer /ˈweɪfər/ *s* **1** oblea **2** barquillo

wag /wæg/ *v* (**-gged, -gging**) [tr] mover, [intr] moverse: *He was wagging his tail.*/*His tail was wagging.* Movía la cola.

wage /weɪdʒ/ *sustantivo & verbo*

• *s* (también **wages**) salario, sueldo ▶ ver abajo

• *v* **to wage (a) war** librar una guerra | **to wage war on sth/sb** luchar contra algo/alguien

¿wage o salary?
a **wage** se paga por hora, por día o por semana por trabajos generalmente manuales, mientras que a **salary** se paga mensualmente por trabajos profesionales o de oficina.

wagon, también **waggon** BrE /ˈwægən/ *s* **1** carro, carreta **2** BrE vagón, coche ▶ En inglés americano se usa **car**

wail /weɪl/ *verbo & sustantivo*

• *v* **1** [intr] gemir, lamentarse **2** [intr] aullar [viento, sirena]

• *s* **1** gemido **2** aullido

waist /weɪst/ *s* **1** cintura **2** (de una prenda) talle, cintura

waistband /ˈweɪstbænd/ *s* pretina, cintura

waistcoat /ˈweɪskəʊt/ *s* BrE chaleco [sin mangas] ▶ En inglés americano se usa **vest**

waistline /ˈweɪstlaɪn/ *s* cintura, talle

wait /weɪt/ *verbo & sustantivo*

• *v* **1** [intr] esperar | **to wait for sth/sb** esperar algo/a alguien | **to keep sb waiting** hacer esperar a alguien | **wait a minute/second** espera (un momento), un momentito | **to wait and see** esperar a ver **2 to wait your turn** esperar su turno/que le toque **3 I can't wait to get home/for vacation etc.** (informal) no veo la hora de llegar a casa/de que empiecen las vacaciones etc.

wait around quedarse esperando [sin hacer otra cosa]

wait on sb atender a alguien

wait up (for sb) esperar levantado -a (a alguien)

• *s* espera: *We had a long wait.* Tuvimos una espera larga./Tuvimos que esperar mucho.

waiter /ˈweɪtər/ *s* mesero, mesonero

ˈ**waiting room** *s* sala de espera

waitress /ˈweɪtrəs/ *s* (pl **-sses**) mesera, mesonera

waive /weɪv/ *v* **1 to waive your right to do sth** renunciar a su derecho a hacer algo **2 to waive a charge/a fine etc.** no aplicar un cargo/una multa etc.

wake /weɪk/ *verbo & sustantivo*

• *v* (pasado **woke**, participio **woken**) **1** [tr] despertar **2** [intr] despertarse: *I woke early that morning.* Me desperté temprano esa mañana.

wake up despertarse: *What time did you wake up?* ¿A qué hora te despertaste? **wake sb up** **1** despertar a alguien **2** hacer reaccionar a alguien

wake up to sth darse cuenta de algo

• *s* **1 in the wake of the scandal/the drought etc.** tras el escándalo/la sequía etc. **2 to leave sth in your wake** dejar algo a su paso **3** velorio, velatorio **4** estela [de un barco]

Wales /weɪlz/ *s* Gales

walk /wɔk/ *verbo & sustantivo*

• *v* **1** [intr] caminar, ir a pie: *She can hardly walk.* Apenas puede caminar. | *He walks to work.* Va al trabajo a pie. **2 to walk ten miles/a long way etc.** caminar diez millas/un largo trecho etc. | **I/we etc. couldn't walk another step** no podía/podíamos etc. dar un paso más **3 to walk the dog** pasear el perro **4 to walk sb home** acompañar a alguien a la casa **5 to go walking** ir a hacer excursiones a pie

PHRASAL VERBS

walk away **1** irse, alejarse: *Don't walk away when I'm talking to you!* ¡No te vayas cuando te estoy hablando! **2 to walk away unhurt** salir ileso -a

walk in entrar: *Everyone went quiet when I walked in.* Todos se callaron cuando entré.

walk into sb llevarse a alguien por delante: *I turned the corner and walked straight into her.* Di vuelta la esquina y justo me la llevé por delante. **walk into sth** **1** entrar a algo: *He walked into the room and looked at us.* Entró a la habitación y nos miró. **2** llevarse algo por delante: *He was looking the other way and walked into a tree.* Estaba mirando para otro lado y se llevó un árbol por delante.

walk off with sth (informal) **1** llevarse algo: *Someone's walked off with my new jacket!* ¡Alguien se llevó mi chaqueta nueva! **2** llevarse algo [un premio]

walk out **1** salir **2** irse [enojado, etc.]: *We had a fight and he walked out.* Tuvimos una

Hay una tabla con los **números** en inglés y explicaciones sobre su uso en el apartado de gramática.

pelea y él se fue. **3** retirarse [de negociaciones, etc.] **4** hacer abandono del trabajo
walk out on sb abandonar a alguien
walk over to walk over (to sth/sb) acercarse (a algo/a alguien): *She walked over to the window.* Se acercó a la ventana.
walk up to walk up (to sth/sb) acercarse (a algo/a alguien): *He walked up to me and kissed me.* Se me acercó y me dio un beso.
• *s* **1** caminata: *It's a long walk.* Es una caminata larga. | *It's a five-minute walk.* Son cinco minutos a pie. | **to go for a walk** ir a caminar, (ir a) dar un paseo | **to take the dog for a walk** sacar el perro a pasear, pasear el perro **2** camino **3** forma de caminar **4 from all walks of life** de todas las profesiones

walker /ˈwɔkər/ *s* **1 to be a fast/slow walker** caminar rápido/lento **2** excursionista

ˈwalking stick *s* bastón

Walkman® /ˈwɔkmən/ *s* walkman®

wall /wɔl/ *s* **1** muro, muralla **2** pared **3 to drive sb up the wall** (informal) sacar a alguien de quicio

walled /wɔld/ *adj* **1** cercado -a **2** amurallado -a

wallet /ˈwalɪt/ *s* billetera, cartera

wallpaper /ˈwɔlpeɪpər/ *s* papel (de empapelar)

walnut /ˈwɔlnʌt/ *s* nuez, nuez de Castilla

waltz /wɔlts/ *sustantivo & verbo*
• *s* (pl **-zes**) vals
• *v* [intr] (3ª pers sing **-zes**) bailar el vals

wand /wand/ *s* (también **magic wand**) varita mágica

wander /ˈwandər/ *v* **1** [intr] vagar, deambular | **to wander around (sth)** dar vueltas (por algo): *We spent the day wandering around the market.* Pasamos el día dando vueltas por el mercado. | **to wander the streets** vagar por las calles **2** [intr] (también **wander off**) alejarse **3 to wander off the point** desviarse del tema

wane /weɪn/ *verbo & sustantivo*
• *v* [intr] decaer
• *s* **to be on the wane** estar decayendo

wannabe /ˈwʌnəbi/ *s* (informal) persona que quiere ser como alguien famoso: *Madonna wannabes* muchachas que quieren ser como Madonna

want /wʌnt/ *verbo & sustantivo*
• *v* [tr] **1** querer: *Do you want a drink?* ¿Quieres un trago? | **to want to do sth** querer hacer algo: *She wants to go home.* Quiere irse a su casa. | **to want sb to do sth** querer que alguien haga algo: *They want you to give them a ride.* Quieren que los lleves en el auto. **2** necesitar: *Mom wants you in the kitchen.* Mamá te necesita en la cocina. | *You're wanted on the phone.* Hay una llamada para ti. **3** necesitar: *The car wants washing.* El auto necesita un lavado. **4 you want to do sth** (al dar un consejo) deberías hacer algo: *You want to see a doctor about that cough.* Deberías ir al médico por esa tos.
• *s* **for want of sth** a falta de algo: *We watched TV for want of anything better to do.* Miramos televisión a falta de algo mejor que hacer. | *It's not for want of trying.* No será porque no lo haya intentado.

ˈwant ad *s* AmE anuncio/aviso (clasificado)

wanted /ˈwʌntɪd/ *adj* buscado por la policía: *He's a wanted man.* Lo busca la policía./Tiene pedida la captura.

war /wɔr/ *s* **1** guerra | **to be at war (with sb)** estar en guerra (con alguien) **2 a war against/on sth** una guerra contra algo | **to declare war on sb** declararle la guerra a alguien **3** (de precios, etc.) guerra

ward /wɔrd/ *sustantivo & verbo*
• *s* sala
• *v* **ward sth off** protegerse de algo

warden /ˈwɔrdn/ *s* **1** AmE (de una cárcel) director -a **2** BrE (en un parque nacional, una reserva) guardabosque ▶ ver también **traffic warden**

warder /ˈwɔrdər/ *s* BrE guardia [en una cárcel]

wardrobe /ˈwɔrdroʊb/ *s* **1** (ropa) guardarropa **2** BrE (mueble) closet, armario ▶ En inglés americano se usa **closet**

warehouse /ˈwerhaʊs/ *s* bodega, depósito

warfare /ˈwɔrfer/ *s* **nuclear warfare** guerra nuclear | **gang warfare** guerra entre bandas

warhead /ˈwɔrhed/ *s* cabeza [de un misil]

warm /wɔrm/ *adjetivo & verbo*
• *adj* **1** caliente: *Relax in a warm bath.* Relájese dándose un baño caliente. **2** tibio -a: *The water is only just warm.* El agua está apenas tibia. **3 to be warm** (persona) no tener frío: *Are you warm enough?* ¿No tienes frío? | **to get warm** calentarse | **to keep warm** mantener el calor **4** caliente: *It's nice and warm in here.* Aquí está bien calientico./Aquí está bien calentito. **5** cálido -a [país, clima] | **to be warm** hacer calor: *It's very warm today.* Hace mucho calor hoy. **6** abrigador -ora, caliente [chaqueta, guantes, etc.] **7** afectuoso -a, cálido -a [persona, sonrisa,etc.] **8** caluroso -a [bienvenida, etc.]
• *v* **1** [tr] calentar: *I warmed my hands over the fire.* Me calenté las manos en el fuego. **2** [intr] calentarse
warm up 1 entrar en calor, hacer ejercicios de calentamiento [atleta] **2** calentarse [motor, máquina] **warm sth up** calentar algo

warming /ˈwɔrmɪŋ/ *s* calentamiento

warmly /ˈwɔrmli/ *adv* **1** afectuosamente, calurosamente **2 to dress up warmly** abrigarse

warmth /wɔrmθ/ *s* **1** calor **2** calidez

ˈwarm-up *s* calentamiento

warn /wɔrn/ *v* [tr] **1** advertir, avisar: *They had been **warned of** the risks.* Les habían advertido que había riesgos. | *I **warned** him **about** the stairs.* Le avisé que había una escalera./Le avisé que la escalera era peligrosa. **2 to warn sb to do sth** aconsejarle a alguien que haga algo, advertirle a alguien que haga algo: *I warned him to slow down.* Le aconsejé que bajara la velocidad. | **to warn sb against doing sth** aconsejarle a alguien que no haga algo

warning /'wɔrnɪŋ/ *s* **1** advertencia **2** aviso **3** amonestación

warp /wɔrp/ *v* [intr] combarse, arquearse

warped /wɔrpt/ *adj* retorcido -a [mente, sentido de humor]

warrant /'wɔrənt/ *s* orden: *a search warrant* una orden de cateo/una orden de allanamiento

warranty /'wɔrənti/ *s* (pl **-ties**) garantía [de compra]

warren /'wɔrən/ *s* **1** conejera **2** laberinto

warrior /'wɔriər/ *s* guerrero -a

warship /'wɔrʃɪp/ *s* barco/buque de guerra

wart /wɔrt/ *s* verruga

wartime /'wɔrtaɪm/ *s* **in wartime** durante la guerra

wary /'weri/ *adj* (**-rier**, **-riest**) **1** cauteloso -a **2 to be wary of sth/sb** no fiarse de algo/alguien **3 to be wary of doing sth** cuidarse de hacer algo

was /wəz, acentuado wɑz/ pasado de **be**

wash /wɑʃ/ *verbo & sustantivo*

• *v* (3ª pers sing **-shes**) **1** [tr] lavar: *Could you wash the car for me?* ¿Me podrías lavar el carro? | **to wash your hands/hair** lavarse las manos/la cabeza: *How often do you wash your hair?* ¿Cada cuánto te lavas la cabeza? **2** [intr] lavarse: *She washed, dressed and had her breakfast.* Se lavó, se vistió y tomó el desayuno. **3** [tr] arrastrar: *The body was washed out to sea.* El cadáver fue arrastrado mar adentro.

wash sth away arrasar algo [lluvias, inudaciones]

wash off salir [mancha, al lavar] **wash sth off** sacar algo [con agua]

wash up **1** AmE lavarse: *Go wash up before lunch.* Ve a lavarte antes de almorzar. **2** BrE lavar los platos ▶ También se usa **to do/wash the dishes,** que es inglés universal **wash sth up** **1** traer algo [a la costa, la orilla] **2** BrE lavar algo [platos, cubiertos, etc.]

• *s* **1** lavada: *That shirt could do with a wash.* A esa camisa no le vendría mal una lavada. | **to have a wash** lavarse | **to have a quick wash** darse una lavada | **to give sth a wash** lavar algo **2 to be in the wash** estar lavándose [ropa] **3** estela [de un barco]

washable /'wɑʃəbəl/ *adj* lavable

washbasin /'wɑʃbeɪsən/, también **washbowl** AmE *s* lavabo, lavamanos, lavatorio

washcloth /'wɑʃklɔθ/ *s* AmE toallita [para lavarse]

washing /'wɑʃɪŋ/ *s* BrE ropa [en relación con su lavado] | **to do the washing** lavar la ropa

'washing ma,chine *s* lavadora, máquina de lavar

'washing ,powder *s* BrE detergente para la ropa, jabón en polvo

,washing-'up *s* BrE platos sucios | **to do the washing-up** lavar los platos ▶ También existe **to do/wash the dishes,** que es inglés universal

,washing-'up ,liquid *s* BrE lavavajillas, detergente para los platos ▶ En inglés americano se usa **dish-washing liquid**

washroom /'wɑʃrum/ *s* AmE baño(s) [en un lugar público]

wasn't /'wɑzənt/ contracción de **was not**

wasp /wɑsp/ *s* avispa

waste /weɪst/ *sustantivo, verbo & adjetivo*

• *s* **1** desperdicio: *What a waste!* ¡Qué desperdicio! | **to go to waste** desperdiciarse **2 a waste of time** una pérdida de tiempo: *The meeting was a waste of time.* La reunión fue una pérdida de tiempo. **3 it was a waste of money** fue tirar el dinero: *That car was a waste of money.* Comprar ese auto fue tirar el dinero. **4** residuos, desperdicios: *nuclear waste* residuos nucleares

• *v* [tr] **1** desperdiciar [recursos, espacio] **2** perder [tiempo]: *There's no time to waste!* ¡No hay tiempo que perder! | **to waste no time (in) doing sth** no perder tiempo en hacer algo **3** tirar [el dinero] | **to waste money on sth** tirar el dinero en algo **4** desperdiciar [una oportunidad]

waste away consumirse

• *adj* **waste products** productos de desecho

wastebasket /'weɪstbæskɪt/ *s* AmE caneca [para papeles], papelera, canasto/cesto de papeles

wasted /'weɪstɪd/ *adj* inútil, perdido -a

wasteful /'weɪstfəl/ *adj* **1** despilfarrador -a, derrochador -a **2 a wasteful system/habit** un sistema poco económico/una costumbre poco económica

wasteland /'weɪstlænd/ *s* páramo, baldío

wastepaper basket /weɪst'peɪpər bæskɪt/, también **wastepaper bin** BrE *s* caneca [para papeles], papelera, canasto/cesto de papeles

watch /wɑtʃ/ *verbo & sustantivo*

• *v* (3ª pers sing **-ches**) **1** [tr/intr] mirar, observar: *We sat watching the birds and the squirrels.* Estábamos sentados mirando los pájaros y las ardillas. | **to watch sb do sth/to watch sb doing sth** ver hacer algo a alguien: *She likes to sit and watch the children playing.* Le gusta sentarse y ver jugar a los niños.

2 to watch television/a movie mirar televisión/una película

3 [tr] tener cuidado con | **watch it! (a)** ¡cuidado! **(b)** ¡ojo!

4 [tr] cuidar, vigilar

5 [tr] espiar, vigilar

PHRASAL VERBS

watch for sth estar(se) atento -a a algo **watch for sb** estar(se) atento -a a ver si viene alguien

watch out tener cuidado

watch out for sth/sb **1** estar(se) atento -a a

ver si se ve algo/a alguien **2** tener cuidado con algo/alguien
watch over sth vigilar algo **watch over sb** cuidar a alguien
• *s* (pl **-ches**) **1** reloj (pulsera) **2 to keep watch** hacer guardia | **to keep a watch on sth/sb** vigilar algo/a alguien

watchful /'wɑtʃfəl/ *adj* atento -a

water /'wɔtər/ *sustantivo, sustantivo plural & verbo*
• *s* agua: *Can I have a drink of water, please?* ¿Me das agua, por favor?
• **waters** *s pl* aguas: *British territorial waters* aguas territoriales británicas
• *v* **1** [tr] regar **2 my/his etc. eyes were watering** me/le etc. lloraban los ojos **3 it makes my mouth /it made our mouths etc. water** se me hace/se nos hacía etc. agua la boca
water sth down **1** suavizar algo **2** aguar algo

watercolor AmE, **watercolour** BrE /'wɔtərkʌlər/ *sustantivo & sustantivo plural*
• *s* acuarela [cuadro]
• **watercolors** *s pl* acuarelas [material]

watercress /'wɔtərkres/ *s* berro

waterfall /'wɔtərfɔl/ *s* cascada, salto de agua

waterfront /'wɔtərfrʌnt/ *s* zona que bordea un lago o un río en una ciudad

'watering can *s* regadera

watermelon /'wɔtərmelən/ *s* sandía, patilla

waterproof /'wɔtərpruf/ *adj* impermeable

'water-ˌskiing *s* esquí acuático | **to go water-skiing** (ir a) hacer esquí acuático

'water ˌsports *s pl* deportes acuáticos

watertight /'wɔtərtaɪt/ *adj* **1** hermético -a [recipiente] **2** estanco -a [compartimento] **3** irrebatible [argumento]

waterway /'wɔtərweɪ/ *s* vía navegable

watery /'wɔtəri/ *adj* **1** aguado -a [sopa, etc.] **2** débil [luz] **3** pálido -a [color]

watt /wɑt/ *s* vatio

wave /weɪv/ *sustantivo & verbo*
• *s* **1** (en el mar) ola **2** movimiento de la mano para saludar: *With a wave of his hand he was gone.* Hizo adiós con la mano y se fue. **3** (de sonido, radio) onda **4** (de protestas, delitos,etc.) ola **5** (en el pelo) onda

waving goodbye

• *v* **1 to wave (your hand)** saludar con la mano, hacer adiós con la mano | **to wave at/to sb (a)** hacerle señas a alguien **(b)** saludar a alguien [con la mano], hacerle adiós a alguien | **to wave sb on/through** hacerle señas a alguien para que siga/pase **2** [tr] agitar [una bandera, un pañuelo] **3** [intr] flamear, agitarse
wave sth aside desechar algo [una idea, una objeción]
wave sb off despedir a alguien

wavelength /'weɪvleŋkθ/ *s* **1** longitud de onda **2 to be on the same wavelength/on a different wavelength** estar en la misma onda/en ondas diferentes

waver /'weɪvər/ *v* [intr] **1** flaquear **2** titubear **3** temblar [voz]

wavy /'weɪvi/ *adj* (**-vier**, **-viest**) **1** ondulado -a, ondeado -a [pelo] **2** ondulado -a [línea, borde]

wax /wæks/ *s* cera

way /weɪ/ *sustantivo & adverbio*
• *s* ▶ ver recuadro
• *adv* **1 way too long/slow etc.** demasiado largo -a/lento -a etc.: *The movie was way too long.* La película era demasiado larga. | **way above/below sth** muy por encima/por debajo de algo | **way ahead** muy por delante | **way behind (sb)** muy a la zaga (de alguien) **2 way back in the 20s/70s etc.** allá por los 20/los 70 etc. **3 way off** muy lejos, en la lejanía **4 way out (a)** errado -a por mucho [cálculo, etc.] **(b)** muy lejos

ˌway 'out *s* (pl **ways out**) salida

WC /dʌbəlju 'si/ *s* (= **water closet**) **1** baño, WC **2** taza (del baño), inodoro, poceta

we /wi/ *pron* nosotros ▶ Los pronombres de sujeto nunca se omiten en inglés: *We had breakfast early.* Desayunamos temprano.

weak /wik/ *adj* **1** (físicamente) débil: *She's still very weak.* Todavía está muy débil. **2** (de carácter) débil **3** (referido a conocimientos, destrezas) flojo -a **4** (poco poderoso) débil, endeble **5** (referido a excusas, argumentos) poco convincente, pobre **6** liviano -a, poco cargado -a [café, té]

weaken /'wikən/ *v* **1** [tr/intr] disminuir [poder, influencia] **2** [intr] debilitarse, [tr] debilitar [físicamente]: *Her father was weakening daily.* Su padre se estaba debilitando día a día. **3** [tr] debilitar, hacer más endeble [una estructura]

weakness /'wiknəs/ *s* **1** (falta de fuerza) debilidad **2** (falta de carácter) debilidad **3** (falta de poder) debilidad **4** flaqueza, falla **5 to have a weakness for sth** tener debilidad por algo

wealth /welθ/ *s* **1** riqueza **2 a wealth of information/material etc.** gran abundancia de información/material etc. | **a wealth of experience** una vasta experiencia

wealthy /'welθi/ *adj* (**-thier**, **-thiest**) **1** adinerado -a, rico -a **2 the wealthy** los ricos

weapon /'wepən/ *s* arma

wear /wer/ *verbo & sustantivo*
• *v* (pasado **wore**, participio **worn**) **1** [tr] tener

way *sustantivo*

1 MANERA, FORMA

This is the best way to do it. Ésta es la mejor manera de hacerlo. | *I have no way of contacting him.* No tengo forma de contactarlo. | **one way or another** de una u otra forma | **in a way** en cierto modo/de alguna manera | **way of life** estilo de vida

2 CAMINO

We came back a different way. Volvimos por un camino distinto. | *Can you tell me the way to the library?* ¿Me puede decir cómo ir a la biblioteca? | **to lose your way** perderse | **on the way** en el camino: *We stopped on the way to get the paper.* Paramos en el camino para comprar el periódico. | **on my way home/to school etc.** camino a casa/al colegio etc.: *I can get the milk on my way home.* Puedo comprar la leche camino a casa. | **to make your way to/toward sth** dirigirse a algo/ir hacia algo: *We made our way to the exit.* Nos dirigimos a la salida. | **to pave the way for sth** allanar el terreno para algo

3 LADO, DIRECCIÓN

Which way did he go? ¿Para qué lado se fue? | *Face this way.* Miren para acá.

4 DISTANCIA

There's some way to go yet. Todavía falta un trecho. | *I ran **all the way** home.* Corrí todo el camino hasta la casa. | **a long way** muy lejos: *It's a long way to the coast.* La costa queda muy lejos.

5 PASO

It was blocking my way. Me impedía el paso. | **to be in the way** estorbar/molestar: *Your bike's in the way there.* Tu bicicleta estorba ahí. | *Am I **in your way** if I sit here?* ¿Te molesto si me siento aquí? | **to get out of the way** correrse/hacerse a un lado: *Get **out of my way**!* ¡Córrete!/¡Sal de ahí! | **to make way for sth/sb** dejar pasar algo/a alguien, abrirle paso a algo/alguien

6 LADO

the right way around al derecho/del derecho | **the wrong way around** al revés/del revés

7 OTRAS EXPRESIONES

by the way a propósito | **to get your (own) way** salirse con la suya | **give way** BrE ceda el paso | **the floor/ceiling gave way** el suelo/techo se hundió | **to go out of your way to do sth** esforzarse mucho por hacer algo | **to learn sth the hard way** aprender algo a palos | **no way!** ¡ni hablar! | **to pay your way** pagar su parte/pagar lo suyo

puesto -a, llevar: *He was wearing a blue shirt.* Tenía puesta una camisa azul. | *Why aren't you wearing your glasses?* ¿Por qué no tienes puestos los anteojos? | *What dress should I wear?* ¿Qué vestido me pongo? **2** [tr] gastar, [intr] gastarse [alfombra, neumáticos, etc.] | **I've worn a hole in my pants/sleeve etc.** se me ha hecho un agujero en los pantalones/la manga etc. [con el uso] **3** [intr] durar: *These shoes have worn well.* Estos zapatos han durado bastante.

PHRASAL VERBS

wear away borrarse, gastarse **wear sth away** erosionar algo, desgastar algo

wear down gastarse [taco, neumático, etc.] **wear sth down** desgastar/gastar algo **wear sb down** hacer que alguien ceda, minar la resistencia de alguien

wear off pasar, pasarse: *The novelty will soon wear off.* Pronto pasará la novedad.

wear out gastarse [zapatos, ropa]: *These shoes have worn out quickly.* Estos zapatos se gastaron muy pronto. **wear sth out** gastar algo [la ropa, los zapatos] **wear sb out** agotar a alguien

• *s* **1** desgaste | **wear and tear** desgaste natural **2** uso: *I got years of wear out of those boots.* Esas botas me dieron años de uso. **3** ropa: *casual wear* ropa sport | *evening wear* ropa de vestir

weary /ˈwɪri/ *adj* (**-rier**, **-riest**) **1** cansado -a **2** **to be weary of sth** estar cansado -a de algo

weather /ˈweðər/ *s* **1** tiempo: *What's the weather like?* ¿Cómo está el tiempo? **2** **to be under the weather** no andar bien [persona]

ˈweather ˌforecast *s* pronóstico del tiempo

weave¹ /wiv/ *v* (pasado **wove**, participio **woven**) **1** [tr] tejer [en un telar] **2** [tr] entretejer

weave² *v* [intr] (pasado & participio **weaved**) serpentear, zigzaguear

web /web/ *s* **1** telaraña **2** **the (World-Wide) Web** la Red, la Web **3** **a web of lies/deceit** una maraña de mentiras/falsedades

ˈweb ˌbrowser *s* navegador [en computación]

ˈweb page *s* página web

website /ˈwebsaɪt/ *s* sitio web

we'd /wid/

• contracción de **we had**

• contracción de **we would**

wedding /ˈwedɪŋ/ *s* **1** matrimonio, boda, casamiento **2** **wedding cake** pastel de boda(s), torta de novios **wedding dress** vestido/traje de novia **wedding ring** alianza/argolla (de matrimonio), anillo de boda

wedge /wedʒ/ *sustantivo & verbo*

• *s* **1** calce, cuña **2** (de torta, queso) pedazo [triangular]

• *v* **1** **to be wedged between two things** estar apretado -a/atascado -a entre dos cosas | **to be wedged between two people** estar entre dos personas sin poder moverse **2** **to wedge sth open** ponerle un calce a algo [para mantenerlo abierto]

Wednesday /ˈwenzdi, -deɪ/ *s* miércoles ► ver "Active Box" **days of the week** en **day**

¿Se dice *on the table* o *in the table*? Mira la entrada **en.**

wee /wi/ *adj* (informal) pequeñito -a, chiquito -a: *a wee boy* un niño pequeñito/un niñito | **a wee bit** un poquitico/un poquitito

weed /wid/ *sustantivo & verbo*

• *s* hierbajo, maleza

• *v* **to weed the garden** desmalezar el jardín

weed sth out eliminar algo **weed sb out** descartar a alguien

week /wik/ *s* **1** semana **2 a week from Tuesday** AmE, **a week on Tuesday** BrE no este martes, sino el siguiente | **Tuesday week** no este martes, sino el siguiente | **a week from today/tomorrow, a week today/tomorrow** BrE dentro de una semana/dentro de una semana a partir de mañana

weekday /ˈwikdeɪ/ *s* día de semana

weekend /ˈwikend/ *s* fin de semana | **on the weekend** AmE, **at the weekend** BrE el fin de semana | **on weekends** AmE, **at weekends** BrE los fines de semana | **a long weekend** un fin de semana largo

weekly /ˈwikli/ *adjetivo, adverbio & sustantivo*

• *adj* semanal: *weekly magazine* revista semanal

• *adv* semanalmente

• *s* (pl **-lies**) semanario

weep /wip/ *v* [tr/intr] (pasado & participio **wept**) llorar

weigh /weɪ/ *v* **1** [intr] pesar: *How much do you weigh?* ¿Cuánto pesas? | *I weigh 168 pounds.* Peso 168 libras. **2** [tr] pesar: *Weigh the flour and add it to the mixture.* Pese la harina y agréguesela a la mezcla. **3** [tr] (también **weigh up**) considerar | **to weigh sth against sth** comparar algo con algo **4 to weigh against/in favor of** pesar a favor/en contra de **5 to weigh on sb's mind** pesar en la conciencia de alguien

weigh sb down 1 pesarle mucho a alguien | **to be weighed down with sth** estar/ir cargado -a de algo **2** abrumar a alguien

weigh sth out pesar algo

weigh sth up sopesar algo **weigh sb up** evaluar a alguien

weight /weɪt/ *sustantivo & verbo*

• *s* **1** peso: *The fruit is sold by weight.* La fruta se vende al peso. | **to put on weight** engordar, subir de peso | **to lose weight** adelgazar, bajar de peso **2 a (heavy) weight** un objeto pesado, un peso: *I mustn't lift heavy weights.* No debo levantar objetos pesados. **3** pesa **4 to carry weight** tener peso [opinión] **5 to pull your weight** poner de su parte **6 to throw your weight around/about** (informal) mandonear **7 that's a weight off my/your etc. mind** me saqué/te sacaste etc. un peso de encima

• *v* [tr] (también **weight down**) darle peso a

weightless /ˈweɪtləs/ *adj* ingrávido -a

weightlifting /ˈweɪtlɪftɪŋ/ *s* levantamiento de pesas

weir /wɪr/ *s* dique

weird /wɪrd/ *adj* **1** (informal) (fuera de lo común) raro -a **2** (misterioso) inquietante

welcome /ˈwelkəm/ *verbo, adjetivo & sustantivo*

• *v* [tr] **1** darle la bienvenida a **2** recibir con gusto [sugerencias, etc.]

• *adj* **1** bienvenido -a **2** (agradable, bien recibido): *A glass of water would be very welcome.* Me vendría muy bien un vaso de agua. **3 to be welcome to do sth** (para ofrecer algo): *You're welcome to borrow my racket.* Puedes usar mi raqueta, si quieres./Si quieres usar mi raqueta, con todo gusto. **4 you're welcome** de nada

• *s* recibimiento, acogida

welfare /ˈwelfer/ *s* **1** bienestar **2** AmE seguridad social **3** asistencia social **4 the welfare state** el Estado de bienestar

we'll /wil/

• contracción de **we will**

• contracción de **we shall**

well /wel/ *adverbio, interjección, adjetivo, sustantivo & verbo*

• *adv* (comparativo **better**, superlativo **best**) **1** bien: *Did you sleep well?* ¿Dormiste bien? | **to go well** salir bien | **well done!** ¡muy bien! | **to do well (a)** tener buen desempeño: *He's not doing very well at school.* No le está yendo muy bien en el colegio. **(b)** estar bien [paciente]

2 well and truly completamente: *I got well and truly soaked.* Me empapé de la cabeza a los pies.

3 as well también ► ver nota en **también**

4 as well as además de

5 may/might/could well se usa para expresar probabilidad: *It may well rain.* Es muy probable que llueva. | *She could well be right.* Podría ser que tuviera razón.

6 may/might as well se usa para hacer sugerencias o expresar que algo se hizo en vano: *We may as well get started.* ¿Por qué no empezamos? | *We might as well stay and see the movie.* Ya que estamos, mejor nos quedamos y vemos la película. | *I might just as well not have bothered.* Más valdría que no me hubiera molestado.

7 can't/couldn't very well do sth se usa para expresar que algo no es aconsejable: *I can't very well leave him on his own.* No me parece bien dejarlo solo. | *I couldn't very well tell her the truth.* ¿Cómo iba a decirle la verdad?

• *interj* **1** (empezando o continuando con un tema) bueno, bien: *Well, what are we going to do today?* Bueno, ¿qué hacemos hoy?

2 (expresando duda, vacilación) bueno, este...: *"Can you lend me $50?" "Well, I'll think about it."* –¿Me puedes prestar $50? –Este...lo voy a pensar.

3 (también **oh well**) (expresando resignación) y bueno

4 (expresando sorpresa): *Well, well, if it isn't Richard!* ¡Vaya, vaya, si es Richard!

5 (en tono de pregunta) ¿y?: *Well? How did it go?* ¿Y? ¿Cómo anduvo?

• *adj* (comparativo **better**, superlativo **best**) **1** bien:

"How are you?" "I'm very well, thank you." –¿Cómo estás? –Estoy muy bien, gracias.
2 get well soon! ¡que te mejores pronto!
3 it's just as well (that) menos mal (que)
• *s* **1** aljibe, pozo
2 ► ver **oil**
• *v* [intr] (también **well up**) brotar

ˌwell-beˈhaved *adj* bien educado -a | **to be well-behaved** portarse bien, ser bien educado -a

ˌwell-ˈbeing *s* bienestar

ˌwell-ˈdressed *adj* bien vestido -a

ˌwell-ˈearned *adj* bien merecido -a

wellington /ˈwelɪŋtən/, también **wellington boot** *s* BrE bota de goma

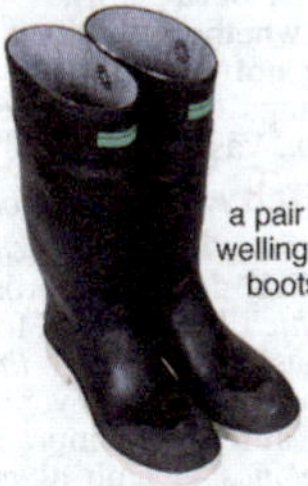
a pair of wellington boots

ˌwell-ˈkept *adj*
1 bien cuidado -a [jardín, edificio]
2 celosamente guardado -a [secreto]

ˌwell-ˈknown *adj*
1 conocido -a, famoso -a **2 it is a well-known fact that** es sabido que

ˌwell-ˈmeaning *adj* bien intencionado -a

ˌwell-ˈoff *adj* (comparativo **better off**) de posición acomodada, rico -a | **to be well off** tener una buena posición económica

ˌwell-ˈtimed *adj* oportuno -a

ˌwell-to-ˈdo *adj* de posición acomodada, rico -a

Welsh /welʃ/ *adjetivo & sustantivo*
• *adj* galés -esa
• *s* **1** (idioma) galés **2 the Welsh** los galeses

Welshman /ˈwelʃmən/ *s* (pl **-men**) galés

Welshwoman /wʊmən/ *s* (pl **-women**) galesa

went /went/ pasado de **go**

wept /wept/ pasado & participio de **weep**

we're /wɪr/ contracción de **we are**

were /wər, acentuado wɜr/ pasado de **be**

weren't /wɜrnt/ contracción de **were not**

west /west/ *sustantivo, adjetivo & adverbio*
• *s* **1** (el)oeste, occidente: *Which way is west?* ¿Hacia dónde está el oeste? | *the west of Ireland* el oeste de Irlanda | **to the west (of)** al oeste (de)
2 the West (a) Occidente **(b)** el oeste [de EU]
• *adj* (del) oeste, occidental: *the west coast of Australia* la costa occidental de Australia
• *adv* hacia el oeste, al oeste: *I live just west of Madison* Vivo al oeste de Madison.

westbound /ˈwestbaʊnd/ *adj* que va/iba en dirección oeste

westerly /ˈwestərli/ *adj* **1** (del) oeste/occidente **2** occidental, al oeste | **in a westerly direction** en dirección oeste/occidental

western, también **Western** /ˈwestərn/ *adjetivo & sustantivo*
• *adj* **1** (como concepto político) occidental
2 del oeste/occidente, occidental
• *s* película/historia de vaqueros

westward /ˈwestwərd/, también **westwards** /ˈwestwədz/ *adv* hacia el oeste

wet /wet/ *adjetivo & verbo*
• *adj* (**-tter**, **-ttest**) **1** mojado -a: *My hair's wet.* Tengo el pelo mojado. | **to get wet** mojarse | **to get your shoes/your hair etc. wet** mojarse los zapatos/el pelo etc. | **wet through** empapado -a
2 lluvioso -a [día, tiempo] | **the wet** la lluvia
3 fresco -a [pintura]
• *v* [tr] (pasado & participio **wet** o **wetted**, gerundio **wetting**) **1** mojar **2 to wet yourself** orinarse, hacerse pipí (encima) | **to wet the bed** orinarse en la cama, hacerse pipí en la cama

ˌwet ˈblanket *s* (informal) aguafiestas

we've /wiv/ contracción de **we have**

whack /wæk/ *verbo & sustantivo*
• *v* [tr] (informal) pegarle fuerte a
• *s* (informal) **to give sth/sb a whack** pegarle a algo/alguien [con fuerza]

whale /weɪl/ *s* ballena

wharf /wɔrf/ *s* (pl **wharfs** o **wharves**) muelle

what /wʌt, BrE wɑt/ *adjetivo & pronombre*
• *adj* **1** qué: *What kind of dog is that?* ¿Qué tipo de perro es ese? | *I don't know what dress to wear.* No sé qué vestido ponerme.
2 what a good idea!/what a beautiful day! etc. ¡qué buena idea!/¡qué lindo día! etc.: *What a shame you can't come!* ¡Qué lástima que no puedas venir! | **what stupid people!/what lovely flowers! etc.** ¡qué gente más tonta!/¡qué flores más preciosas! etc.
3 what food there was/what money they had etc. (toda) la comida que había/(todo) el dinero que tenían etc.
• *pron* **1** qué: *What are you doing?* ¿Qué estás haciendo? | *I don't know what you're talking about.* No sé de qué estás hablando.
2 lo que: *I didn't see what happened.* No vi lo que pasó.
3 so what? ¿y qué?
4 what? ¿qué?, ¿cómo?
5 what about?: *What about a glass of wine?* ¿Qué tal si tomamos una copa de vino? | *What about Jim? Is he coming with us?* ¿Y Jim? ¿Viene con nosotros?
6 what for? ¿para qué?: *What's this button for?* ¿Para qué es este botón?
7 what if...? ¿y si...?: *What if you lose it?* ¿Y si la pierdes?

whatever /wʌtˈevər/ *pronombre, adverbio & adjetivo*
• *pron* **1** lo que, todo lo que: *Take whatever you need.* Toma lo que necesites. **2 whatever you**

decide/whatever he suggests etc. decidas lo que decidas/sugiera lo que sugiera etc.: *Whatever he does, she always complains.* Haga lo que haga, ella siempre se queja. **3 whatever you do** (al hacer recomendaciones) sobre todo: *Whatever you do, don't tell her.* Sobre todo, no se lo cuentes a ella. **4 or whatever** o lo que sea: *a pizza, a sandwich, or whatever* una pizza, un sándwich o lo que sea **5** qué (diablos): *Whatever are you talking about?* ¿Qué diablos estás diciendo? | **whatever next!** ¡es el colmo!

• ***adv*** (también **whatsoever** /wʌtsou'evər/) absolutamente: *There's no doubt whatever.* No hay absolutamente ninguna duda.

• ***adj*** cualquier: *I'll take whatever flight is available.* Tomaré cualquier vuelo que esté disponible.

wheat /wit/ *s* trigo

wheel /wil/ *sustantivo & verbo*

• ***s*** **1** rueda **2** dirección, volante, timón

• ***v*** **1** [tr] empujar [una bicicleta, etc.] **2** [tr] llevar [a una persona en silla de ruedas, etc.] **3** [intr] revolotear [pájaro] **4** [intr] dar vueltas [avión] **5 to wheel around** darse media vuelta

wheelbarrow /'wilbærou/ *s* carretilla

wheelchair /'wil-tʃer/ *s* silla de ruedas

wheeze /wiz/ *v* [intr] respirar con dificultad

when /wen/ *adverbio, pronombre & conjunción*

• ***adv*** cuándo: *When is he coming?* ¿Cuándo viene? | *I don't know when she left.* No sé cuándo se fue.

• ***pron*** en que: *There are times when I want to give up.* Hay momentos en que abandonaría todo.

• ***conj*** **1** cuando: *I met him when I was living in Paris.* Lo conocí cuando vivía en París. **2** si: *Why throw it away when it still works?* ¿Por qué tirarlo si todavía funciona?

whenever /wen'evər/ *conj* **1** cada vez que, siempre que: *Whenever I go it's always closed.* Cada vez que voy, está cerrado. **2** cuando: *Do it whenever it's convenient.* Hazlo cuando te venga bien.

where /wer/ *adverbio, pronombre & conjunción*

• ***adv*** dónde: *Where did you buy it?* ¿Dónde lo compraste? | *I asked her where she lived.* Le pregunté dónde vivía.

• ***pron*** donde: *the store where I bought it* la tienda donde lo compré

• ***conj*** donde: *Sit where you like.* Siéntate donde quieras.

whereabouts /'werəbauts/ *adverbio & sustantivo*

• ***adv*** por dónde, en qué parte de

• ***s*** paradero

whereas /wer'æz/ *conj* (formal) mientras que [al establecer contrastes]

wherever /wer'evər/ *conjunción & adverbio*

• ***conj*** **1** dondequiera que: *wherever I go* dondequiera que vaya/voy **2** donde: *Sleep wherever you like.* Duerme donde quieras.

• ***adv*** (de) dónde diablos, (de) dónde: *Wherever did you get that idea?* ¿De dónde diablos sacaste esa idea?

whet /wet/ *v* (**-tted**, **-tting**) **1 to whet sb's appetite** abrirle el apetito a alguien **2 to whet sb's appetite for sth** avivar el interés de alguien por algo

whether /'weðər/ *conj* **1** si: *I'm not sure whether she's coming.* No estoy seguro de si va a venir o no. | *She doesn't know whether he's in London or New York.* No sabe si está en Londres o Nueva York. ▶ ¿WHETHER O IF? ver **si** **2 whether you like it or not/whether she comes or not etc.** te guste o no te guste/venga o no venga etc.: *You're going whether you like it or not.* Vas a ir, te guste o no te guste.

which /wɪtʃ/ *pronombre & adjetivo*

• ***pron*** **1** cuál: *Which of these books is yours?* ¿Cuál de estos libros es tuyo? | *He asked me which I liked best.* Me preguntó cuál me gustaba más. **2** que, cual: *the house which is for sale* la casa que está en venta | *the car which we bought* el auto que compramos | *the club to which he belongs* el club al cual pertenece ▶ Los dos ejemplos anteriores son formales. En el lenguaje hablado es más frecuente omitir **which** y decir *the car we bought* y *the club he belongs to*

• ***adj*** **1** cuál, qué: *Which one do you like?* ¿Cuál te gusta? | *I couldn't decide which CD to buy.* No podía decidir qué CD comprar. **2** (como relativo): *It doesn't matter which school he goes to.* No importa a qué colegio va. | *I arrived at 7, by which time he'd gone.* Llegué a las 7, y (para esa hora) ya se había ido. **3 in which case** en cuyo caso

whichever /wɪtʃ'evər/ *pron & adj* **1** el (que), la (que): *You can take whichever you like.* Puedes tomar el que quieras. **2 whichever way you look at it/whichever day you go etc.** lo mires como lo mires/vayas el día que vayas etc.

whiff /wɪf/ *s* olor, dejo

while /waɪl/ *conjunción & sustantivo*

• ***conj*** **1** mientras | **while you're at it** ya que estás **2** mientras que: *He has plenty of money while I have none.* Tiene mucho dinero, mientras que yo no tengo un centavo. **3** (formal) aunque, a pesar de que: *While I sympathize with you, I can't help you.* Aunque comprendo su situación, no lo puedo ayudar.

• ***s*** **1 a while** un rato, un tiempo: *Can you stay a while?* ¿Te puedes quedar un rato? | *We lived in Miami for a while.* Vivimos un tiempo en Miami. **2 to be worth sb's while** valerle la pena a alguien

whilst /waɪlst/ *conj* BrE (formal) ▶ ver **while**

whim /wɪm/ *s* antojo, capricho

¿Sabes cómo funcionan los **phrasal verbs**? Lee la explicación en el apartado de gramática.

whimper /ˈwɪmpər/ *verbo & sustantivo*
- *v* [intr] lloriquear
- *s* gemido, quejido

whine /waɪn/ *verbo & sustantivo*
- *v* **1** [tr/intr] quejarse **2** [intr] aullar [perro]
- *s* gemido

whip /wɪp/ *sustantivo & verbo*
- *s* **1** látigo **2** (de un jinete) fuete, fusta
- *v* (**-pped**, **-pping**) **1** [tr] azotar **2** [tr/intr] mover o moverse rápidamente: *She whipped around to face him.* Giró sobre sus talones y quedó frente a frente con él. **to whip sth out/off** sacar(se) algo rápidamente **3** [tr] batir: *whipped cream* crema batida
  whip sth up **1** conseguir algo [apoyo] **2** despertar algo [entusiasmo] **3** improvisar algo [una comida]

whirl /wɜrl/ *verbo & sustantivo*
- *v* **1** [intr] dar vueltas, girar [bailarín]: *Couples were whirling around the dance floor.* Las parejas daban vueltas por la pista de baile. **2** [intr] arremolinarse [polvo, hojas] **3** [tr] arremolinar **4** [intr] dar vueltas [cabeza]
- *s* **1** remolino [de polvo] **2** **my/her etc. head was in a whirl** la cabeza me/le etc. daba vueltas

whirlpool /ˈwɜrlpul/ *s* remolino [en el agua]

whirlwind /ˈwɜrlwɪnd/ *sustantivo & adjetivo*
- *s* torbellino
- *adj* **a whirlwind romance/tour** un romance arrollador/una gira relámpago

whirr /wɜr/ *verbo & sustantivo*
- *v* [intr] (**-rred**, **-rring**) zumbar
- *s* ruido, zumbido

whisk /wɪsk/ *verbo & sustantivo*
- *v* [tr] batir
  whisk sth away retirar algo rápidamente **whisk sb away/off** llevar(se) a alguien a toda velocidad
- *s* batidor

whiskers /ˈwɪskərz/ *s pl* **1** (de un animal) bigotes **2** (de un hombre) patillas, pelos de la barba

whiskey, whisky /ˈwɪski/ *s* (pl **-skeys**, **-skies**) whisky ▶ **whiskey** se usa para referirse al que se hace en Irlanda, Estados Unidos y Canadá mientras que **whisky** se usa para referirse al que se hace en Escocia

whisper /ˈwɪspər/ *verbo & sustantivo*
- *v* **1** [tr/intr] cuchichear, susurrar **2** [intr] susurrar [viento, hojas]
- *s* **1** susurro **2** rumor

whistle /ˈwɪsəl/ *verbo & sustantivo*
- *v* **1** [tr/intr] silbar, chiflar **2** [intr] tocar el silbato, pitar
- *s* **1** silbido, chiflido **2** silbato, pito

white /waɪt/ *adjetivo & sustantivo*
- *adj* **1** blanco -a ▶ ver "Active Box" **colors** en **color** **2** (por enfermedad, susto, etc.) pálido -a **3** (color de piel) blanco -a **4** **white coffee** café con leche **5** **white wine** vino blanco
- *s* **1** blanco ▶ ver "Active Box" **colors** en **color** **2** (también **White**) (referido a personas) blanco -a **3** (de un huevo) clara **4** (del ojo) blanco

ˌwhite-ˈcollar *adj* administrativo -a, no manual [trabajador, trabajo]

ˌwhite ˈlie *s* mentira piadosa

whiz kid, también **whizz kid** /ˈwɪzkɪd/ *s* (informal) genio

who /hu/ *pronombre*
- *pron* **1** (en preguntas directas o indirectas) quién, a quién: *Who are these people?* ¿Quiénes son estas personas? | *She asked me who had done it.* Me preguntó quién lo había hecho. ▶ En los siguientes ejemplos, en los cuales **who** es complemento en lugar de sujeto, se usaría **whom** en lenguaje muy formal: *I'm not sure who she's invited.* No sé bien a quién invitó. | *Who were you talking to?* ¿Con quién estabas hablando? ▶ comparar con **whom** **2** (relativo) que: *the people who moved in next door* la gente que se mudó al lado | *I phoned my sister, who's a doctor.* Llamé a mi hermana, que es médica.

who'd /hud/
- contracción de **who had**
- contracción de **who would**

whoever /huˈevər/ *pron* **1** quien, quienquiera: *I can take whoever wants to go.* Yo puedo llevar a quien quiera ir. **2** quien [la persona que]: *Whoever did this will be punished.* Quien haya hecho esto va a ser castigado. **3** quién (diablos)

whole /houl/ *adjetivo & sustantivo*
- *adj* **1** **the whole country/the whole morning etc.** todo el país/toda la mañana etc.: *The whole town was there.* Toda la ciudad estaba ahí. **2** (informal) (para enfatizar): *I'm sick of the whole thing.* Estoy harto de todo el asunto. **3** entero -a
- *s* **1** **the whole of** todo -a: *the whole of next week* toda la semana que viene **2** **as a whole** en su totalidad, como un todo **3** **on the whole** en general

wholehearted /houlˈhɑrtɪd/ *adj* incondicional [apoyo, aprobación]

wholemeal /ˈhoulmil/ *adj* BrE integral [pan, harina] ▶ También existe **whole wheat,** que es inglés universal

wholesale /ˈhoulseɪl/ *adjetivo & adverbio*
- *adj* **1** mayorista, al por mayor **2** total [destrucción] **3** radical [reforma]
- *adv* al por mayor

wholesaler /ˈhoulseɪlər/ *s* mayorista

wholesome /ˈhoulsəm/ *adj* **1** saludable **2** sano -a [moralmente]

ˌwhole ˈwheat *s* AmE integral [pan, harina]

who'll /hul/ contracción de **who will**

wholly /ˈhouli/ *adv* totalmente

whom /hum/ *pron* **1** (formal) (a) quién: *Whom did you see?* ¿A quién viste? | *To whom are you speaking?* ¿Con quién está hablando? | *I don't know to whom you are referring.* No sé a quién se refiere. ▶ Las siguientes son alternativas más frecuentes y menos formales de los ejemplos anteriores: *Who did you see?, Who are you speaking to?, I don't know who you are referring to* **2** quien, el cual/la cual etc.: *His wife, whom I had met earlier, was older.* Su esposa, a quien yo ya conocía, era mayor. | *The club has 200 members, most of whom are men.* El club tiene 200 socios, la mayoría de los cuales son hombres.

whoops! /wups/ *interj* ¡epa!, ¡uy!

who's /huz/
- contracción de **who is**
- contracción de **who has**

whose /huz/ *adj & pron* **1** (en preguntas directas e indirectas) de quién: *Whose car is this?* ¿De quién es este auto? | *I don't know whose book this is.* No sé de quién es este libro. | *Whose are these shoes?* ¿De quién son estos zapatos? **2** (uso relativo) cuyo -a: *a friend whose house is in the same area* un amigo cuya casa está en la misma zona

who've /huv/ contracción de **who have**

why /waɪ/ *adv* **1** por qué: *Why is she crying?* ¿Por qué está llorando? | *Why don't you take a break?* ¿Por qué no te tomas un descanso? | **why not?** ¿por qué no? **2** (uso relativo) **that's why he resigned/I didn't tell you etc.** fue por eso que renunció/que no te lo dije etc.

wicked /ˈwɪkɪd/ *adj* **1** malvado -a **2** pícaro -a [sonrisa, etc.] **3** (informal) para referirse a algo que gusta mucho: *That's a wicked car.* Ese carro es fabuloso.

wicker /ˈwɪkər/ *s* mimbre | **a wicker basket/chair etc.** una cesta/silla etc. de mimbre

wide /waɪd/ *adjetivo & adverbio*
- *adj* **1** ancho -a: *a very wide street* una calle muy ancha | **to be two meters/miles etc. wide** tener dos metros/millas etc. de ancho | **how wide?**: *How wide is the door?* ¿Cuánto mide la puerta de ancho?/¿Qué ancho tiene la puerta? ▶ ¿WIDE O BROAD? ver **ancho** **2** amplio -a [gama, surtido, etc.]: *It comes in a wide variety of colors.* Viene en una amplia gama de colores. **3** amplio -a [margen], grande [brecha, diferencia]
- *adv* **1 wide apart** bien separados -as | **wide open** bien abierto -a, abierto -a de par en par **2 wide awake** bien despierto -a

widely /ˈwaɪdli/ *adv* **1** ampliamente, mucho: *widely publicized* ampliamente publicitado | **it is/they are etc. widely available** se puede/se pueden etc. conseguir con facilidad | **it is/they are etc. widely used** es/son etc. de uso corriente, es muy usado -a/son muy usados -as etc. **2 to vary/differ widely** variar mucho/ser muy diferente

widen /ˈwaɪdn/ *v* **1** [tr] ensanchar **2** [intr] ensancharse **3** [tr] ampliar **4** [intr] ampliarse

wide-ranging *adj* **1** amplio -a [debate, poderes] **2** diverso -a [intereses]

widespread /waɪdˈspred/ *adj* **1** extendido -a [uso] **2** (muy) difundido -a [costumbre] **3** generalizado -a [crítica, apoyo]

widow /ˈwɪdou/ *s* viuda

widowed /ˈwɪdoud/ *adj* viudo -a

widower /ˈwɪdouər/ *s* viudo

width /wɪdθ/ *s* ancho, anchura | **two meters/five inches etc. in width** dos metros/cinco pulgadas etc. de ancho

wield /wild/ *v* [tr] **1** detentar [el poder] **2** blandir [un arma]

wife /waɪf/ *s* (pl **wives**) esposa, mujer

wig /wɪg/ *s* peluca

wiggle /ˈwɪgəl/ *v* **1** [tr] menear **2** [intr] menearse **3** [tr] mover [los dedos de los pies]

wild /waɪld/ *adjetivo & sustantivo*
- *adj* **1** silvestre [flor, planta] **2** agreste [paisaje, región] **3** salvaje [animal] **4** alocado -a [risa] **5 to go wild (a)** enloquecerse **(b)** enfurecerse **6** estruendoso -a [aplauso] **7** alocado -a [persona], descontrolado -a [fiesta] **8** sin fundamento [conjetura, acusación] **9** tormentoso -a [día, tiempo]
- *s* **1 the wild** la naturaleza | **in the wild** en la naturaleza, en su hábitat natural [no en cautiverio] **2 the wilds of Alaska/Africa etc.** las zonas más remotas de Alaska/África etc.

wilderness /ˈwɪldərnəs/ *s* zona silvestre, jungla

wildlife /ˈwaɪldlaɪf/ *s* fauna y flora, vida silvestre

wildly /ˈwaɪldli/ *adv* **1** como loco -a **2** a rabiar [aplaudir] **3** a lo loco [reírse]

will[1] /wɪl/ *v* [modal] (contracción **'ll**, negativo **won't** o, más formal, **will not**) ▶ ver recuadro

will[2] *sustantivo & verbo*
- *s* **1 will (to do sth)** voluntad (de hacer algo) **2** testamento **3** deseo(s) **4 against your will** contra tu voluntad
- *v* **to will sb to do sth** desear con todas las fuerzas que alguien haga algo

willful AmE, **wilful** BrE /ˈwɪlfəl/ *adj* **1** terco -a, testarudo -a **2** deliberado -a [daño, negligencia]

willfully /ˈwɪlfəli/ AmE, **wilfully** BrE /ˈwɪlfəli/ *adv* deliberadamente

willing /ˈwɪlɪŋ/ *adj* **1** dispuesto -a | **to be willing to do sth** estar dispuesto -a a hacer algo **2** servicial

willingly /ˈwɪlɪŋli/ *adv* **1** con gusto **2** por propia voluntad

willingness /ˈwɪlɪŋnəs/ *s* buena voluntad | **willingness to do sth** buena disposición para hacer algo

willow /ˈwɪlou/, también **willow tree** *s* sauce

ⓘ ¿Quieres una lista de frases útiles para hablar de ti mismo? Consulta la **guía de comunicación** al final del libro.

will *verbo modal*

1 FUTURO

There will be a party next Friday. Habrá una fiesta el próximo viernes. | *When will you be arriving?* ¿Cuándo llegas? | *You won't leave me, will you?* No me vas a dejar ¿no?

2 VOLUNTAD

He won't tell me. No me quiere decir. | *The doctor will see you now.* El médico lo atenderá ahora. | *The car won't start.* El auto no arranca.

3 PEDIDOS, SUGERENCIAS

Will you call me later? ¿Me llamas luego? | *Shut the door, will you?* ¿No me cierras la puerta? | *Won't you have some more cake?* ¿No quieres más pastel?

4 HÁBITOS, COSAS INEVITABLES

He will keep interrupting! ¡Está siempre interrumpiendo! | *Accidents will happen.* Es inevitable que ocurran accidentes./Son cosas que pasan.

5 CAPACIDAD

The hall will seat 2,000 people. La sala tiene capacidad para 2,000 personas.

6 CONJETURAS

"There's someone at the door." "That'll be Nick." –Llaman a la puerta. –Debe ser Nick.

willpower /ˈwɪlpaʊr/ *s* (fuerza de) voluntad

wilt /wɪlt/ *v* [intr] **1** marchitarse **2** sentirse sin fuerzas [a causa del calor]

win /wɪn/ *verbo & sustantivo*

• *v* (pasado & participio **won**, gerundio **winning**) **1** [tr/intr] ganar: *We're winning by two goals to one.* Vamos ganando dos a uno. | *She won first prize.* Ganó el primer premio. | **to win at sth** ganar a algo **2** [tr] obtener [una victoria] **3** [tr] ganarse [amigos] **4** [tr] ganarse [apoyo, reconocimiento]
win sth/sb back recuperar algo/a alguien
win sb over, también **win sb round** BrE conquistar/convencer a alguien

• *s* victoria, triunfo: *Saturday's **win** over the Tigers* la victoria del sábado frente a los Tigers | *Our team's had three wins so far.* Nuestro equipo ha ganado tres veces hasta ahora.

wince /wɪns/ *v* [intr] **1** hacer una mueca de dolor **2** hacer un gesto que expresa vergüenza

wind¹ /wɪnd/ *s* **1** viento **2 to get/catch wind of sth** (informal) enterarse de algo **3 to get your wind (back)** recobrar el aliento **4** BrE gases [intestinales] ► En inglés americano se usa **gas**

wind² /waɪnd/ *v* (pasado & participio **wound**) **1 to wind sth around sth** enrollar/enroscar algo alrededor de algo **2 to wind a tape forward/back** adelantar/rebobinar un cassette **3 to wind the window up/down** subir/bajar la ventanilla **4** [intr] serpentear
wind down relajarse [persona]
wind up to wind up in jail/at sb's house etc. (informal) ir a parar a la cárcel a/la casa de alguien etc. **wind sth up 1** darle cuerda a algo **2** poner fin a algo **3** liquidar algo [un negocio], interrumpir algo [la producción, las operaciones] **wind sb up** BrE (informal) darle cuerda a alguien, provocar a alguien

windmill /ˈwɪndmɪl/ *s* molino (de viento)

windmill

window /ˈwɪndoʊ/ *s* **1** ventana: *Can I open the window?* ¿Puedo abrir la ventana? **2** (también **windowpane**) vidrio (de la ventana) **3** ventanilla [en un auto] **4** (también **store window**) vitrina, aparador | **to go window shopping** ir a mirar vitrinas/aparadores, ir a vitrinear **5** (en computación) ventana

windowsill /ˈwɪndoʊsɪl/ *s* alféizar (de la ventana), repisa (de la ventana)

windshield /ˈwɪndʃild/ AmE, **windscreen** /ˈwɪndskrin/ BrE *s* parabrisas

ˈwindshield ˌwiper AmE, **windscreen wiper** BrE *s* limpiabrisas, limpiaparabrisas, limpiador

windsurfing /ˈwɪndsɜrfɪŋ/ *s* windsurf

windy /ˈwɪndi/ *adj* (**-dier**, **-diest**) ventoso -a, con mucho viento

wine /waɪn/ *s* vino

wineglass /ˈwaɪnglæs/ *s* copa [para vino]

wing /wɪŋ/ *s* **1** (de un pájaro, un insecto, un avión) ala **2** (de un edificio) ala **3** (en política, deportes) ala

wink /wɪŋk/ *verbo & sustantivo*

• *v* **1** [intr] guiñar un ojo, hacer guiños | **to wink at sb** guiñarle un ojo a alguien **2** [intr] titilar

• *s* **1** guiño **2 not to sleep a wink/not to get a wink of sleep** no pegar un/el ojo

winner /ˈwɪnər/ *s* ganador -a

winning /ˈwɪnɪŋ/ *adjetivo & sustantivo plural*

• *adj* **1 the winning team/side** el equipo ganador | **the winning goal** el gol de la victoria **2 a winning smile** una sonrisa encantadora

• **winnings** *s pl* ganancias [obtenidas en el juego]

winter /ˈwɪntər/ *sustantivo & verbo*

• *s* **1** invierno ► ver "Active Box" **seasons** en **season** **2 winter vacation/clothes etc.** vacaciones/ropa etc. de invierno

• *v* [intr] invernar, pasar el invierno

wipe /waɪp/ *verbo & sustantivo*

• *v* **1** [tr] limpiar | **to wipe your feet** limpiarse los zapatos [al entrar a un lugar]: *Wipe your feet before you come in.* Límpiate los zapatos antes de entrar. | **to wipe your eyes** secarse las lágrimas **2 to wipe sth off/from sth** limpiar algo de algo [con un trapo] **3 to wipe sth over/across sth** pasar algo por algo: *She wiped a hand over her eyes.* Se pasó una mano por los ojos. **4** [tr] borrar [datos, una grabación]

wipe sth down limpiar algo

wipe out AmE (informal) estrellarse **wipe sth out** **1** aniquilar algo, exterminar algo **2** erradicar algo **wipe sb out** (informal) agotar a alguien

wipe sth up limpiar/secar algo [un líquido derramado]

• *s* **to give sth a wipe** limpiar algo, pasarle un trapo a algo

wiper /ˈwaɪpər/ ► ver **windshield wiper**

wire /waɪr/ *sustantivo & verbo*

• *s* **1** alambre **2** cable **3** AmE telegrama

• *v* [tr] **1** (también **wire up**) hacer la instalación eléctrica de [una casa], instalar el cableado de [un enchufe] **2** conectar | **to wire sth (up) to sth** conectar algo a algo **3** girar [dinero] **4** AmE telegrafiar [una noticia], mandar un telegrama a [una persona]

wired /waɪrd/ *adj* AmE (informal) excitado -a, nervioso -a

wireless /ˈwaɪrlɪs/ *adj* inalámbrico -a

wiring /ˈwaɪrɪŋ/ *s* cableado, instalación eléctrica

wisdom /ˈwɪzdəm/ *s* **1** sabiduría **2** sensatez, prudencia [de una decisión, etc.]

ˈwisdom tooth *s* (pl **-teeth**) muela de(l) juicio, (muela) cordal

wise /waɪz/ *adj* **1** sensato -a, prudente: *It would be wise to make a reservation.* Sería prudente hacer una reserva. **2** sabio -a **3 to be none the wiser** seguir en las mismas [sin entender]

wish /wɪʃ/ *verbo & sustantivo*

• *v* (3ª pers sing **-shes**) **1** [tr] (para expresar un deseo): *I wish I didn't have to go.* Ojalá no tuviera que ir. | *I wish you'd hurry up!* ¡Apúrate, por favor! | *He wished it were Friday already.* Hubiera deseado que ya fuera viernes. **2 to wish for sth** desear algo **3** [tr] (formal) querer: *I wish to make a complaint.* Quiero presentar una queja. **4 to wish sb luck/a happy birthday etc.** desearle suerte/feliz cumpleaños etc. a alguien

• *s* (pl **-shes**) **1** deseo | **a wish for sth/to do sth** un deseo de algo/de hacer algo | **against sb's wishes** en contra de la voluntad de alguien **2 to make a wish** pedir un deseo **3 (with) best wishes** **(a)** (al final de una carta) saludos, un saludo afectuoso/cariñoso **(b)** (en una tarjeta) (con) mis/nuestros mejores deseos

ˈwishful ˌthinking *s* Se dice que algo es **wishful thinking** cuando expresa la ilusión o el deseo de que algo bueno esté sucediendo o vaya a suceder, aunque en realidad sea muy poco probable

wistful /ˈwɪstfəl/ *adj* nostálgico -a, pensativo -a

wit /wɪt/ *sustantivo & sustantivo plural*

• *s* **1** agudeza, ingenio **2** persona ocurrente **3** inteligencia

• **wits** *s pl* **1** inteligencia | **to keep your wits about you** estar alerta **2 to scare/frighten sb out of their wits** (informal) darle un susto horrible a alguien **3 to be at your wits' end** estar desesperado -a

witch /wɪtʃ/ *s* (pl **-ches**) bruja

witchcraft /ˈwɪtʃkræft/ *s* brujería

ˈwitch ˌdoctor *s* brujo, hechicero

with /wɪð, wɪθ/ *prep* ► ver recuadro

withdraw /wɪθˈdrɔ/ *v* (pasado **withdrew**, participio **withdrawn**) **1** [tr] retirar, sacar [dinero] **2** [tr] retirar [una oferta, el apoyo, un producto del mercado] **3** [tr] (formal) retractarse de [una acusación, un comentario] **4 to withdraw (from sth)** retirarse (de algo) [de un concurso, una carrera, etc.]

withdrawal /wɪθˈdrɔəl/ *s* **1** retiro [de dinero, apoyo, de una oferta, etc.] **2** retiro, retirada [de tropas] **3 withdrawal symptoms** síndrome de abstinencia

withdrawn /wɪθˈdrɔn/ *adj* retraído -a

wither /ˈwɪðər/ *v* (también **wither away**) [intr] marchitarse, [tr] marchitar

withhold /wɪθˈhoʊld/ *v* [tr] (pasado & participio **withheld**) **1** retener [un pago] **2** ocultar [información] **3** no revelar [el nombre de alguien]

within /wɪðˈɪn/ *prep* **1** (en expresiones de tiempo): *An ambulance arrived within minutes.* Llegó una ambulancia a los pocos minutos. | *He was back within the hour.* Volvió en menos de una hora. **2** (en expresiones de distancia): *The hotel is within a mile of the airport.* El hotel queda a menos de una milla del aeropuerto. | *The school is within walking distance.* A la escuela se puede ir a pie. **3** (formal) dentro de: *the changes within the department* los cambios dentro del departamento **4 within the law** dentro de la ley

without /wɪðˈaʊt/ *prep* sin: *I can't see without my glasses.* No veo sin anteojos. | *She left without him.* Se fue sin él. | *You have to do it without looking.* Debes hacerlo sin mirar. | *She left without my knowing.* Se fue sin que yo supiera. ► ver también **do without**, **go without**

withstand /wɪθˈstænd/ *v* [tr] (pasado & participio **withstood**) soportar, resistir

witness /ˈwɪtnəs/ *sustantivo & verbo*

• *s* (pl **-sses**) **witness (to sth)** testigo (de algo)

• *v* [tr] **1** presenciar, ser testigo de **2** atestiguar [una firma]

¿Quieres más información sobre los **verbos modales**? Hay una explicación en el apartado de gramática.

with

1 Equivale a *con* en la mayoría de los contextos: *I saw her with him.* Yo la vi con él. | *I'll be right with you.* Enseguida estoy con usted. | *What are you going to buy with the money?* ¿Qué te vas a comprar con el dinero? | *Cut it with the scissors.* Córtalo con la tijera. | *a house with a garage* una casa con garaje | *Careful with that knife.* Cuidado con ese cuchillo.

2 EXCEPCIONES

CAUSA

I was shivering with cold. Estaba temblando de frío. | *She's sick with worry.* Está preocupadísima.

CARACTERÍSTICA

the girl with long hair la niña de pelo largo | *that guy with glasses* ese tipo de anteojos

EMPLEO

Are you still with GEC? ¿Sigues trabajando en GEC?

3 La expresión coloquial **with it** significa *moderno, con onda* o *lúcido*:

Your mom's so with it! ¡Tu mamá es tan moderna! | *I'm not feeling very with it today.* Hoy no ando muy lúcida.

4 La expresión **I'm not with you** significa *no te entiendo.*

5 **with** también forma parte de varios **phrasal verbs** como **put up with, deal with,** etc. Éstos están tratados bajo el verbo correspondiente

witty /ˈwɪti/ *adj* (**-ttier**, **-ttiest**) ingenioso -a, ocurrente

wives /waɪvz/ plural de **wife**

wizard /ˈwɪzərd/ *s* **1** mago, brujo **2** (experto) genio: *She's a wizard at chess.* Es un genio jugando al ajedrez.

wizard

wobble /ˈwabəl/ *v* **1** [intr] tambalearse [mesa, silla] **2** [intr] temblar [gelatina] **3** [tr] mover, sacudir **4** [intr] ir/venir tambaleándose

wobbly /ˈwabli/ *adj* (**-lier**, **-liest**) (informal) **1** desvencijado -a, que se tambalea [mesa, silla, etc.] **2** flojo -a [diente] **3** tembloroso -a [voz]

wok /wak/ *s* wok [especie de sartén muy hondo usado en la cocina china]

woke /wouk/ pasado de **wake**

woken /ˈwoukən/ participio de **wake**

wolf /wulf/ *sustantivo & verbo*

• *s* (pl **wolves**) lobo -a

• *v* [tr] (informal) (también **wolf down**) tragarse, devorar(se)

woman /ˈwumən/ *s* (pl **women**) mujer: *a women's magazine* una revista para mujeres | *a woman doctor* una doctora

womb /wum/ *s* útero

won /wʌn/ pasado & participio de **win**

wonder /ˈwʌndər/ *verbo & sustantivo*

• *v* **1** [tr/intr] preguntarse: *He wondered if she knew.* Se preguntaba si ella sabía. | *I wonder what's in this box.* ¿Qué habrá en esta caja? **2** [tr] (para hacer pedidos y sugerencias corteses): *I wonder if I could use your phone?* ¿Podría usar su teléfono? | *We were wondering if you'd like to go to the movies.* Estábamos pensando si te gustaría ir al cine. **3 to wonder at sth** extrañarse de algo, maravillarse con/de algo

• *s* **1** asombro **2** maravilla **3 (it's) no wonder** no me sorprende (que) **4 it's a wonder (that)** es increíble que **5 to do/work wonders** hacer maravillas

wonderful /ˈwʌndərfəl/ *adj* maravilloso -a | **that's wonderful!/how wonderful!** ¡qué maravilla!

won't /wount/ contracción de **will not**

wood /wud/ *s* **1** madera, leña **2** bosque | **the woods** el bosque

wooden /ˈwudn/ *adj* **1** de madera: *a wooden box* una caja de madera **2** inexpresivo -a [actuación]

woodland /ˈwudlənd/ *s* bosque

woodpecker /ˈwudpekər/ *s* (pájaro) carpintero

woodwind /ˈwudwɪnd/ *s* instrumentos de viento de madera

woodwork /ˈwudwɜrk/ *s* **1** zócalos, molduras, puertas y ventanas de madera en una casa o habitación **2** BrE ▶ ver **woodworking**

woodpecker

woodworking /ˈwudwɜrkɪŋ/ *s* AmE carpintería [actividad]

wool /wul/ *s* lana

woolen AmE, **woollen** BrE /ˈwulən/ *adjetivo & sustantivo plural*

• *adj* de lana: *a white woolen sweater* un suéter de lana blanco

• **woolens** *s pl* prendas de lana

woolly, también **wooly** AmE /ˈwuli/ *adj* (**-llier**, **-lliest**) **1** de lana **2** confuso -a, falto -a de claridad [argumentos, pensamiento]

word /wɜrd/ *sustantivo & verbo*

• *s* **1** palabra: *He didn't say a word.* No dijo ni una palabra. | *What's the French word for 'house'?* ¿Cómo se dice 'casa' en francés? | **in**

other words en otras palabras **2** noticia: *Word soon got around.* La noticia no tardó en difundirse./Pronto se corrió la voz. | **not to breathe a word (about sth)** no decir ni una palabra (de algo) | **the word is that/word has it that** se dice que **3 to give sb your word (that)** darle su palabra a alguien (de que) | **to keep your word** cumplir su palabra **4 to have a word with sb** hablar con alguien | **to have the last/final word** tener la última palabra **5 to say the word** dar la orden **6 in a word** en una palabra **7 to put in a (good) word for sb** recomendar a alguien **8 to take sb's word for it** creerle a alguien **9 word for word** textualmente **10 a word of advice** un consejo | **a word of warning** una advertencia

• *v* [tr] **1** redactar [un documento] **2** formular [una pregunta]

wording /ˈwɜrdɪŋ/ *s* redacción, formulación

ˈword ˌprocessing *s* procesamiento de textos

ˈword ˌprocessor *s* procesador de textos

wore /wɔr/ pasado de **wear**

work /wɜrk/ *verbo, sustantivo & sustantivo plural*

• *v* **1** [intr] trabajar: *She **works for** Microsoft.* Trabaja para Microsoft. | *He **works as** a salesman.* Trabaja de vendedor. | *You need to **work on** your pronunciation.* Tienes que mejorar tu pronunciación. | *He spent his life **working for** peace.* Dedicó su vida a trabajar por la paz.
2 [intr] funcionar: *The elevator isn't working.* El ascensor no funciona.
3 [intr] funcionar, resultar: *Your idea will never work.* Tu idea no funcionará nunca.
4 to work (its way) loose aflojarse [tornillo, etc.]
5 [tr] hacer trabajar [a una persona]
6 [tr] trabajar [el cuero, la arcilla, etc.]
7 [tr] explotar [una mina], trabajar [la tierra]

PHRASAL VERBS

work out 1 salir, resultar **2** solucionarse **3** hacer ejercicio **4 to work out at $10 each/$20 an hour etc.** salir (a razón de) $10 cada uno/$20 la hora etc. **work sth out 1** calcular algo **2** descifrar algo, entender algo **3** idear algo [un plan, una solución] **4** decidir algo: *Have you worked out which class you're going to take?* ¿Has decidido qué curso vas a tomar?

work up sth Expresando la idea de generar: *I can't work up much enthusiasm for this trip.* No me entusiasma mucho este viaje. | *We went for a walk to work up an appetite.* Hicimos una caminata para que se nos abriera el apetito. **work sb up** excitar/alterar a alguien | **to get worked up** ponerse nervioso -a/ansioso -a

work up to sth armarse de valor para hacer algo

• *s* **1** (empleo) trabajo: *She's **at work**.* Está en el trabajo. | *I finish work at 5.30.* Salgo de trabajar a las 5.30. | **to be out of work** estar sin trabajo ▶ ¿WORK O JOB? ver **trabajo**
2 (tiempo y esfuerzo) trabajo: *It must have taken a lot of work.* Debe haber llevado mucho trabajo. | **to get down to work** empezar/ponerse a trabajar
3 (resultado de trabajar) trabajo: *an example of his work* una muestra de su trabajo | *This is an excellent **piece of work**.* Éste es un excelente trabajo.
4 (de literatura, pintura, etc.) obra | **a work of art** una obra de arte

• **works** *s pl* **1** fábrica
2 obras [de construcción, reparación]

workable /ˈwɜrkəbəl/ *adj* viable

worker /ˈwɜrkər/ *s* trabajador -a, obrero -a

workforce /ˈwɜrkfɔrs/ *s* **1** personal [de una empresa] **2** población (económicamente) activa [de un país]

working /ˈwɜrkɪŋ/ *adjetivo & sustantivo plural*

• *adj* **1** que trabaja(n) [madre, padres] **2** (económicamente) activo -a [población] **3** de trabajo [condiciones, horas] **4** laboral [día, semana] **5 to have a working knowledge of sth** tener conocimientos básicos de algo **6 to be in good/perfect working order** funcionar bien/perfectamente

• **workings** *s pl* **the workings of sth** el funcionamiento de algo

ˌworking ˈclass *s* clase trabajadora

ˌworking-ˈclass *adj* de clase trabajadora

workload /ˈwɜrkloʊd/ *s* (volumen de) trabajo

workman /ˈwɜrkmən/ *s* (pl **-men**) obrero

workmanship /ˈwɜrkmənʃɪp/ *s* trabajo [habilidad con que se hace algo y calidad de lo hecho]: *a high standard of workmanship* un trabajo de gran calidad

workmate /ˈwɜrkmeɪt/ *s* compañero -a de trabajo

workout /ˈwɜrk-aʊt/ *s* ejercicio, sesión de ejercicios

workplace /ˈwɜrkpleɪs/ *s* lugar de trabajo

workshop /ˈwɜrkʃɑp/ *s* **1** (de reparación) taller **2** (grupo de estudio) taller

workstation /ˈwɜrksteɪʃən/ *s* (en computación) terminal (de trabajo)

worktop /ˈwɜrktɑp/, también **ˈwork ˌsurface** *s* BrE cubierta, mesón, tope [en una cocina] ▶ En inglés americano se usa **counter**

world /wɜrld/ *sustantivo & adjetivo*

• *s* **1** mundo: *the tallest building **in the world*** el edificio más alto del mundo | **all over the world** en/por todo el mundo | **the whole world** todo el mundo **2** (campo de actividad) mundo: *the world of show business* el mundo del espectáculo **3 to do sb a world of good** hacerle muchísimo bien a alguien **4 to think the world of sb** tener un altísimo concepto de alguien

• *adj* mundial: *a world record* un récord mundial | *the World Cup* el Mundial/la Copa del Mundo

ˌworld-ˈfamous *adj* mundialmente famoso -a

¿Se dice *I arrived in Miami* o *I arrived to Miami*? Mira la entrada **arrive**.

worldly /ˈwɜrldli/ *adj* (**-lier**, **-liest**) **1** mundano -a | **worldly goods** bienes materiales **2** con mundo | **to be wordly** ser un hombre/una mujer de mundo

worldwide /wɜrldˈwaɪd/ *adjetivo & adverbio*
- *adj* mundial
- *adv* mundialmente, en/por todo el mundo

worm /wɜrm/ *s* gusano, lombriz

worn /wɔrn/ participio de **wear**

worn ˈout *adj* **1** agotado -a [persona] **2 worn-out** muy gastado -a, raído -a: *a pair of worn-out jeans* un bluyín muy gastado

worried /ˈwɜrid/ *adj* preocupado -a | **to be worried about sth/sb** estar preocupado -a por algo/alguien | **to get worried** preocuparse | **to be worried (that)** tener miedo de (que): *I'm worried that we won't have enough money.* Tengo miedo de que no nos alcance el dinero.

worry /ˈwɜri/ *verbo & sustantivo*
- *v* (**-rries**, **-rried**) **1 to worry (about sth/sb)** preocuparse (por algo/alguien) **2** [tr] inquietar, preocupar: *It **worries** me **that** she hasn't called.* Me preocupa que no haya llamado.
- *s* (pl **-rries**) **1** problema, preocupación | **money worries** problemas de dinero **2** (intranquilidad) preocupación

worrying /ˈwɜri-ɪŋ/ *adj* preocupante, inquietante

worse /wɜrs/ *adjetivo, sustantivo & adverbio*
- *adj* (comparativo de **bad**) **1** peor: *The weather is worse than yesterday.* El tiempo está peor que ayer. | **to get worse** empeorar **2 to make matters/things worse** por si fuera poco, para colmo de males
- *s* lo peor: *Worse was yet to come.* Todavía faltaba lo peor.
- *adv* (comparativo de **badly**) peor: *I did worse than you on my exams.* Me fue peor que a ti en los exámenes.

worsen /ˈwɜrsən/ *v* [tr/intr] empeorar

worse ˈoff *adj* en peor situación

worship /ˈwɜrʃɪp/ *verbo & sustantivo*
- *v* (**-ped**, **-ping** AmE, **-pped**, **-pping** BrE) **1** [tr] rendir culto a **2** [intr] rendir culto **3** [tr] (querer mucho) adorar
- *s* culto

worshiper AmE, **worshipper** BrE /ˈwɜrʃɪpər/ *s* fiel, adorador -a

worst /wɜrst/ *adjetivo, adverbio & sustantivo*
- *adj* (superlativo de **bad**) peor: *He's the worst player on the team.* Es el peor jugador del equipo. | *What's the worst thing that can happen?* ¿Qué es lo peor que puede pasar?
- *adv* (superlativo de **badly**) peor: *the worst-dressed man* el hombre peor vestido | *the cities worst affected by the war* las ciudades más afectadas por la guerra
- *s* **1 the worst** lo peor, el/la peor, los/las peores: *She's the worst in the class.* Es la peor de la clase. **2 at (the) worst, if the worst comes to the worst** en el peor de los casos

worth /wɜrθ/ *adjetivo & sustantivo*
- *adj* **1** con un valor de, por (un) valor de: *paintings worth millions of dollars* cuadros con un valor de millones de dólares | **to be worth $10/a fortune etc.** valer $10/una fortuna etc.: *How much is it worth?* ¿Cuánto vale?/¿Qué valor tiene? **2 to be worth doing sth** valer la pena hacer algo | **it's not worth it** no vale la pena ► ver también **while**
- *s* **1** (mérito, importancia) valor, valía **2** valor (monetario) | **$8,000 worth of jewelry/$500 worth of goods etc.** joyas por (un) valor de $8,000/artículos por (un) valor de $500 etc. **3** (en tiempo): *I have a week's worth of work left.* Me queda trabajo como para una semana.

worthless /ˈwɜrθləs/ *adj* **1** inútil **2** sin valor | **to be worthless** no tener ningún valor

worthwhile /wɜrθˈwaɪl/ *adj* valioso -a, que vale la pena | **to be worthwhile doing sth** valer la pena hacer algo

worthy /ˈwɜrði/ *adj* (**-thier**, **-thiest**) **1** digno -a [oponente, sucesor] **2** noble [causa] **3** honorable, respetable [persona] **4 to be worthy of sth** ser digno -a de algo

would /wʊd/ *v* [modal] (contracción **'d**, negativo **wouldn't** o, más formal, **would not**) ► ver recuadro

> **would**
>
> **1 CONDICIONAL**
>
> *She'd be furious if she knew.* Se pondría furiosa si lo supiera. | *What would you do if you won the lottery?* ¿Qué harías si te sacaras la lotería? | *I would help her if she asked me.* Yo la ayudaría si me lo pidiera. | *I would've bought the cheapest one.* Yo habría comprado el más barato.
>
> **2 VOLUNTAD**
>
> *He wouldn't stay.* No se quiso quedar.
>
> **3 OFRECIMIENTOS, PEDIDOS**
>
> *Would you like some coffee?* ¿Quieres café? | *Would you close the door, please?* ¿Puede cerrar la puerta, por favor?
>
> **4 ESTILO INDIRECTO**
>
> *She said she would try and come.* Dijo que trataría de venir. | *I thought she would like it but she hated it.* Pensé que le iba a gustar pero le pareció horrible.
>
> **5 HECHOS HABITUALES EN EL PASADO**
>
> *We would often have lunch together.* A menudo almorzábamos juntos. | *She would always insist on paying.* Siempre insistía en pagar.
>
> **6 DESAPROBACIÓN**
>
> *You would go and spoil everything!* ¡Típico de ti, ir y echarlo todo a perder!

ˈwould-be *adj* **a would-be pop star/artist etc.** un -a aspirante a estrella de pop/artista etc.
wouldn't /ˈwʊdnt/ contracción de **would not**
would've /ˈwʊdəv/ contracción de **would have**
wound[1] /wund/ *sustantivo & verbo*
• *s* herida
• *v* [tr] herir
wound[2] /waʊnd/ pasado & participio de **wind**
wove /woʊv/ pasado de **weave**
woven /ˈwoʊvən/ participio de **weave**
wow! /waʊ/ *interj* (informal) ¡guau! [para expresar sorpresa]
wrap /ræp/ *v* [tr] (**-pped**, **-pping**) **1** envolver: *Wrap the plates in newspaper.* Envuelva los platos en papel de periódico. **2 to wrap sth around sth/sb**: *She wrapped a scarf around her neck.* Se puso un pañuelo alrededor del cuello. | *I wrapped my arms around his neck.* Le rodeé el cuello con los brazos. **3 to be wrapped up in sth** estar absorto -a en algo, estar muy metido -a en algo | **to be wrapped up in sb** no vivir más que para alguien
wrap up to wrap up warm/well abrigarse bien
wrap sth up 1 envolver algo **2** (informal) terminar algo
wrapper /ˈræpər/ *s* envoltorio, papel
wrapping /ˈræpɪŋ/ también **wrappings** /ˈræpɪŋz/ *s* envoltorio, envoltura
ˈwrapping ˌpaper *s* papel de regalo
wreath /riθ/ *s* corona [de flores]
wreck /rek/ *verbo & sustantivo*
• *v* [tr] **1** arruinar, estropear **2** destrozar **3 to be wrecked** naufragar
• *s* **1** restos de un barco que naufragó, de un vehículo accidentado, etc. **2 to be a nervous wreck** (informal) tener los nervios destrozados
wreckage /ˈrekɪdʒ/ *s* restos [de un vehículo, un edificio, etc. después de un accidente]
wrench /rentʃ/ *verbo & sustantivo*
• *v* [tr] (3ª pers sing **-ches**) **1 to wrench sth off/from sth** arrancar algo de algo | **to wrench sth/yourself free** soltar algo/soltarse **2** torcerse, dislocarse
• *s* **1** (pl **-ches**) AmE llave inglesa **2** dolor [de una despedida] **3** jalón, tirón
wrestle /ˈresəl/ *v* **1** [intr] luchar **2 to wrestle with sth** luchar con algo [un paquete, un problema, etc.]
wrestling /ˈreslɪŋ/ *s* lucha (libre)
wretched /ˈretʃɪd/ *adj* **1** desgraciado -a, desdichado -a **2** (informal) maldito -a
wriggle /ˈrɪgəl/ *v* **1** [intr] moverse, no quedarse quieto -a: *Stop wriggling!* ¡Quédate quieto! **2 to wriggle under/through etc. sth** colarse por debajo de algo/a través de algo etc. **3** [intr] **to wriggle free** escurrirse, soltarse
wring /rɪŋ/ *v* [tr] (pasado & participio **wrung**) **1 to wring sth from/out of sb** arrancarle algo a alguien [dinero, una confesión] **2** (también **wring out**) retorcer, escurrir **3 to wring sb's neck** (informal) retorcerle el pescuezo a alguien
wrinkle /ˈrɪŋkəl/ *sustantivo & verbo*
• *s* arruga
• *v* **1** [tr] arrugar [un papel, una tela] **2** [intr] arrugarse [papel, tela] **3 to wrinkle your nose/forehead** arrugar la nariz/fruncir el ceño
wrist /rɪst/ *s* muñeca [articulación]
writ /rɪt/ *s* orden judicial
write /raɪt/ *v* (pasado **wrote**, participio **written**) **1** [tr/intr] escribir | **to write to sb** escribirle a alguien **2** [tr] componer [música] **3** [tr] hacer, extender [un cheque]

PHRASAL VERBS

write away ▸ ver **write off**
write back (to sb) contestar(le a alguien)
write sth down apuntar algo, anotar algo
write in escribir [a una empresa, un programa de radio, etc.]: *Hundreds of viewers wrote in to complain.* Cientos de televidentes escribieron para quejarse.
write off to write off for sth escribir pidiendo algo **write sth off 1** dar algo por perdido -a: *They wrote the project off as a complete disaster.* Dieron el proyecto por perdido, considerándolo un desastre absoluto. **2** BrE destrozar algo [un vehículo en un accidente] **3** cancelar algo [una deuda] **write sb off** descartar a alguien [por inútil, inepto, etc.]
write sth out 1 escribir algo **2** hacer/extender algo [un cheque] **3** pasar algo en limpio
write sth up redactar algo, pasar algo en limpio
ˈwrite-off *s* BrE **to be a write-off (a)** quedar destrozado -a [vehículo] **(b)** ser un desastre [día, velada, etc.]
writer /ˈraɪtər/ *s* escritor -a
writhe /raɪð/ *v* **to writhe in pain/agony** retorcerse de dolor
writing /ˈraɪtɪŋ/ *sustantivo & sustantivo plural*
• *s* **1** (forma de comunicación) escritura | **in writing** por escrito **2** obra literaria: *This is some of her best writing.* Éste es uno de sus mejores libros/poemas etc. **3** actividad de escribir: *She lives for her writing.* Vive para escribir. **4** (manera de escribir) letra: *Your writing is very neat.* Tienes muy buena letra.
• **writings** *s pl* escritos, obras
ˈwriting ˌpaper *s* papel de carta
written[1] /ˈrɪtn/ *adj* **1** por escrito **2** escrito -a [examen, prueba]
written[2] participio de **write**
wrong /rɔŋ/ *adjetivo, adverbio & sustantivo*
• *adj* **1** equivocado -a | **to be wrong** estar mal, estar equivocado -a [respuesta, suma, etc.] | **this is the wrong house/street etc.** ésta no es la

¿Sabes cómo funcionan los **phrasal verbs**? Lee la explicación en el apartado de gramática.

casa/la calle etc., me equivoqué/nos equivocamos de casa/calle etc.: *You have the wrong number.* Se equivocó de número. | *It's the wrong color.* No es el color que quiero/que necesitamos etc. | *We're going in the wrong direction.* Vamos mal en esta dirección.

2 to be wrong equivocarse [persona]: *I'm sorry, I was wrong.* Perdón, me equivoqué.

3 (moralmente) malo -a: *I haven't done anything wrong.* No he hecho nada malo. | *It's **wrong to** steal.* Robar está mal.

4 (referido a problemas): *What's wrong?* ¿Qué pasa? | *What's **wrong with** him?* ¿Qué le pasa? | *There's something **wrong with** the car.* Al auto le pasa algo.

• ***adv*** **1** mal: *You've spelled my name wrong.* Has escrito mi nombre mal.

2 to go wrong (a) descomponerse [aparato] **(b)** equivocarse **(c)** salir mal, fracasar

3 to get an answer wrong equivocarse en una respuesta | **you've got it wrong/she's got it wrong etc.!** ¡entendiste/entendió etc. mal! | **don't get me wrong** no me malinterpretes

• s **1** mal

2 injusticia

3 to be in the wrong estar equivocado -a

wrongful /ˈrɔŋfəl/ *adj* **wrongful arrest/dismissal** arresto/despido injusto

wrongly /ˈrɔŋli/ *adv* **1** mal, equivocadamente **2** injustamente

wrote /rout/ pasado de **write**

wrung /rʌŋ/ pasado & participio de **wring**

wry /raɪ/ *adj* irónico -a

X, x /eks/ *s* X, x ► ver "Active Box" **letters** en **letter**

Xmas /ˈkrɪsməs/ *s* (informal) Navidad

X-ray /ˈeks reɪ/ *sustantivo, sustantivo plural & verbo*

• *s* radiografía

• **X-rays** *s pl* rayos x

• *v* [tr] hacer una radiografía de

xylophone /ˈzaɪləfoʊn/ *s* xilófono, xilofón

Y, y /waɪ/ *s* Y, y ► ver "Active Box" **letters** en **letter**

yacht /jɑt/ *s* yate, velero

yacht

yachting /ˈjɑtɪŋ/ *s* navegación (a vela) [deporte]

Yank *s* BrE (informal) gringo -a, yanqui [norteamericano -a]

yank /jæŋk/ *v* **to yank (at/on) sth** (informal) tirar/jalar de algo

Yankee /ˈjæŋki/ *s* (informal) yanqui [persona del norte de EU]

yard /jɑrd/ *s* **1** AmE jardín **2** yarda [= 0.9 metros] **3** patio

yardstick /ˈjɑrdstɪk/ *s* patrón, criterio

yarn /jɑrn/ *s* **1** hilo **2** (informal) historia, cuento

yawn /jɔn/ *verbo & sustantivo*

• *v* [intr] bostezar

• *s* bostezo

yawning /ˈjɔnɪŋ/ *adj* **a yawning gap/gulf** una brecha abismal

yeah /jeə/ *interj* (informal) sí

year /jɪr/ *s* **1** año: *He's four years old.* Tiene cuatro años. | *a six-year-old girl* una niña de seis años | **all (the) year round** durante todo el año ► ver también **old** **2 in/for years** hace años: *I haven't been there in years.* Hace años que no voy allí. | **it's years since I saw her/I went to a concert etc.** hace años que no la veo/que no voy a un concierto etc. **3** BrE (en los estudios) año *What year are you in?* ¿En qué año estás?

yearly /ˈjɪrli/ *adjetivo & adverbio*

• *adj* anual | **on a yearly basis** cada año, una vez al año

• *adv* anualmente: *We pay our fees yearly.* Pagamos nuestras cuotas anualmente. | *twice yearly* dos veces al año

yearn /jɜrn/ *v* **to yearn for sth/to do sth** anhelar algo/hacer algo

yearning /ˈjɜrnɪŋ/ *s* **yearning for sth/to do sth** anhelo de algo/de hacer algo

yeast /jist/ *s* levadura

yell /jel/ *verbo & sustantivo*

• *v* **1** [tr/intr] (también **yell out**) gritar: *I yelled in pain.* Grité de dolor. **2 to yell at sb** gritarle a alguien

• *s* grito

yellow /ˈjeloʊ/ *sustantivo & adjetivo*

• *s* amarillo

• *adj* amarillo -a ► ver "Active Box" **colors** en **color**

yelp /jelp/ *v* [intr] **1** aullar [animal] **2** gritar [persona]

yes /jes/ *interjección & sustantivo*

• *interj* sí: *"Would you like some more?" "Yes, please."* –¿Quieres más?" –Sí, por favor.

• *s* (pl **yeses**) sí

yesterday /ˈjestərdi, -deɪ/ *adverbio & sustantivo*

• *adv* ayer: *What did you do yesterday?* ¿Qué hiciste ayer? | **yesterday morning/afternoon etc.** ayer por/en la mañana/tarde etc. | **the day before yesterday** antier, anteayer

• *s* ayer: *Do we still have yesterday's paper?* ¿Todavía tenemos el periódico de ayer?

yet /jet/ *adverbio & conjunción*

• *adv* **1** (en preguntas) ya: *Are you ready yet?* ¿Ya estás listo? ► ver recuadro en **ya**
2 (en frases negativas) todavía: *I haven't finished yet.* Todavía no he terminado. | *"Should I tell her?" "Not yet."* –¿Se lo digo? –Todavía no.
3 as yet hasta ahora: *As yet, there's been no news.* Hasta ahora no ha habido noticias.
4 (referido al futuro) todavía: *They'll be hours yet.* Todavía faltan horas para que lleguen. | *He may yet succeed.* Todavía puede ser que lo logre.
5 (para enfatizar) aún, todavía: *That one is yet more expensive.* Ése es aún más caro. | **yet again** otra vez
6 (después de un superlativo) hasta ahora: *It's their best record yet.* Es su mejor disco hasta ahora.

• *conj* pero, sin embargo: *a simple yet effective solution* una solución simple pero eficaz

yew /ju/, también **yew tree** *s* tejo [tipo de árbol]

yield /jild/ *verbo & sustantivo*
- *v* **1** [tr] rendir, producir **2 to yield (to sth/sb)** ceder (ante algo/alguien)
- *s* rendimiento

yogurt, también **yoghurt** /ˈjoʊgərt, BrE ˈjɒgət/ *s* yogur, yoghurt: *strawberry yogurt* yogur de fresa

yolk /joʊk/ *s* yema [de huevo]

you /jə, jʊ, acentuado ju/ *pron* ▶ ver recuadro

you'd /jud/
- contracción de **you had**
- contracción de **you would**

you'll /jul/
- contracción de **you will**
- contracción de **you shall**

young /jʌŋ/ *adjetivo & sustantivo*
- *adj* joven: *You're still young.* Todavía eres joven. | *She's a year younger than you.* Es un año menor que tú. | *I have a younger brother.* Tengo un hermano menor. | *a young man/woman* un joven/una joven | *young people* los jóvenes
- *s* **1 the young** los jóvenes **2** cría(s)

you

1 Como sujeto puede equivaler a *tú, usted* o *ustedes*. Los pronombres de sujeto nunca se omiten en inglés:

Do you want a cup of coffee? ¿Quieres un café? | *You both have to sign it.* Tienen que firmarlo los dos.

2 Como complemento directo puede equivaler a *te, lo, los, la* o *las*:

I can't hear you. No te oigo. | *Let me help you.* Permítame que la ayude. | *I haven't seen you for so long.* Hace tanto tiempo que no los veo.

3 Como complemento indirecto puede equivaler a *te, le* o *les*:

Did I give you the money back? ¿Te devolví el dinero?

4 Después de una preposición o en comparaciones puede equivaler a *ti, tú, usted* o *ustedes*:

Can you take her with you? ¿La pueden llevar con ustedes? | *He's older than you.* Es mayor que tú.

5 Uso impersonal:

Fruit is good for you. La fruta es buena para la salud./La fruta hace bien. | *You can buy them anywhere.* Se pueden comprar en cualquier parte. | *You never know what might happen.* Uno nunca sabe qué puede suceder.

6 Al dirigirse a alguien:

You idiot! ¡Idiota! | *You boys stay here.* Niños, ustedes quédense aquí.

your /jər, acentuado jʊr/ *adj* **1** tu(s), su(s): *Is that your sister?* ¿Ésa es tu hermana? ▶ Los posesivos se usan en inglés en muchos contextos en los que usamos el artículo en español, como delante de partes del cuerpo, pertenencias personales, etc.: *You've had your hair cut.* Te has cortado el pelo. | *Put your shoes on.* Ponte los zapatos. **2** (uso impersonal): *It's good for your health.* Es bueno para la salud. | *Your ears never stop growing.* Las orejas nunca paran de crecer.

you're /jʊr/ contracción de **you are**

yours /jʊrz/ *pron* **1** Como los pronombres posesivos ingleses no varían en género ni en número, **yours** puede equivaler a *(el) tuyo/suyo, (la) tuya/suya, (los) tuyos/suyos, (las) tuyas/suyas, (el) de usted(es)*, etc.: *Are they friends of yours?* ¿Son amigos tuyos? | *This is my pencil. That's yours.* Éste es mi lápiz. Aquél es el suyo. **2** (al final de una carta) **yours truly**, también **sincerely (yours), yours sincerely** (lo/la saluda) atentamente ▶ ver abajo

yours truly, sincerely (yours), etc.

Al final de una carta formal encabezada **Dear Sir/Madam,** se usa **yours truly** en inglés americano y **yours faithfully** en inglés británico.

Si se menciona el nombre del destinatario en el encabezamiento (**Dear Mr. Whitlam/ Dear Ms. Jarman**), la firma va precedida de **sincerely (yours)** en inglés americano o de **yours sincerely** en inglés británico.

Para cerrar una carta menos formal, se usa **yours:**

Yours, John. Saludos, John.

yourself /jərˈself/ *pron* (pl **-selves**) ▶ ver recuadro

yourself

1 **yourself/yourselves** son las formas reflexivas de **you**. Su uso equivale en general al de los verbos reflexivos españoles o a oraciones con *tú mismo -a, usted(es) mismo(s) -a(s)*:

Did you hurt yourself? ¿Te lastimaste? | *Behave yourselves!* ¡Pórtense bien! | *You look pleased with yourself.* Parece que estás contento contigo mismo. | *You're talking to yourself.* Estás hablando solo.

2 Tiene un uso enfático que equivale al de *tú mismo -a, usted(es) mismo(s) -a(s)*:

Why don't you do it yourself? ¿Por qué no lo haces tú mismo?

3 La expresión **(all) by yourself/yourselves** significa *solo(s) -(as)* (sin compañía o sin ayuda):

You can't walk home by yourselves. No pueden irse caminando a casa solos. | *Did you make this all by yourself?* ¿Lo hiciste solito?

youth /juθ/ *s* **1** (etapa de la vida) juventud | **in my/his etc. youth** cuando era joven, en mi/su etc. juventud **2** (gente joven) juventud **3** (pl **-s**) joven

youthful /ˈjuθfəl/ *adj* juvenil

ˈyouth ˌhostel *s* albergue juvenil

you've /juv/ contracción de **you have**

Z

Z, z /zed, zi/ *s* Z, z ▶ ver "Active Box" **letters** en **letter**

zeal /zil/ *s* fervor, celo

zebra /ˈzibrə, BrE ˈzebrə/ *s* (pl **zebras** o **zebra**) cebra

zebra

zebra ˈcrossing *s* BrE cruce peatonal ▶ En inglés americano se usa **crosswalk**

zero /ˈzɪroʊ/ *número* (pl **-os** o **-oes**) cero

zest /zest/ *s* **1 zest (for sth)** entusiasmo/pasión (por algo) **2** (de naranja, limón, etc.) cáscara

zigzag /ˈzɪgzæg/ *sustantivo, adjetivo & verbo*
- *s* zigzag
- *adj* en zigzag
- *v* [intr] (**-gged**, **-gging**) zigzaguear

zinc /zɪŋk/ *s* zinc, cinc

zip /zɪp/ *sustantivo & verbo*
- *s* **1** AmE (informal) cero, nada **2** AmE (informa código postal **3** BrE ▶ ver **zipper**
- *v* (**-pped**, **-pping**) **to zip sth open/shut** abrir cerrar algo [que tiene cremallera]
  zip sth up subir la cremallera de algo

ˈzip code *s* AmE código postal

zipper /ˈzɪpər/ *s* AmE cremallera, cierre, zíper (cierre) eclair

zodiac /ˈzoʊdiæk/ *s* **the zodiac** el zodíaco ▶ ve también **sign**

zone /zoʊn/ *s* zona

zoo /zu/ *s* zoológico

zoology /zoʊˈɑlədʒi/ *s* zoología

zoom /zum/ *verbo & sustantivo*
- *v* [intr] **to zoom off/past etc.** (informal) salir/pasa etc. zumbando, salir/pasar etc. a toda velocidad
  zoom in to zoom in on sth/sb enfocar de cerca algo/a alguien [con una cámara cinematográ fica, etc.]
- *s* ▶ ver **zoom lens**

ˈzoom ˌlens *s* teleobjetivo, zoom

zucchini /zʊˈkini/ *s* AmE Según región: *calabacita, calabacín, zapallo italiano* o *zucchini*

¿Quieres más información sobre los **verbos modales**? Hay una explicación en el apartado de gramática.

DICCIONARIO ILUSTRADO

Food and drink A2 – A3

Fruit A4

Vegetables A5

Clothes A6 – A7

Parts of the body A8

School
A9

Electronics and telecommunications
A10 – A11

Sports A12 – A13

Prepositions A14 – A15

Adjectives
A16

Food and drink

cake

cookies (AmE)/ biscuits (BrE)

jam

marmalade

chocolates

chocolate

ice cream

candy (AmE)/sweets (BrE)

tea

coffee

1 lemonade
2 orange juice
3 cola
4 water
5 white wine
6 beer
7 red wine

Fruit

1 avocado
2 banana
3 grape
4 kiwi fruit
5 mango
6 melon
7 papaya
8 pineapple

9 apple
10 nectarine
11 peach
12 pear
13 plum
14 raspberry
15 rhubarb
16 strawberry

grapefruit

lime

lemon

orange

cherry

coconut

lychee

starfruit

watermelon

17 date
18 fig
19 prune
20 raisin

Vegetables

1 mushroom
2 runner bean
3 spinach
4 spring onion
5 watercress
6 zucchini (AmE)/courgette (BrE)

7 asparagus
8 celery
9 eggplant (AmE)/ aubergine (BrE)
10 French bean
11 lettuce
12 peas

beetroot

carrot

13 broccoli
14 cabbage
15 cauliflower

cucumber

garlic

leek

onion

red pepper

green pepper

potato

pumpkin

radish

squash

corn on the cob (AmE)/sweetcorn (BrE)

tomato

turnip

Clothes

coat

dress

sweatshirt

jeans

1 T-shirt
2 shorts
3 shirt
4 tie
5 jacket
6 trousers
7 jacket
8 blouse
9 skirt

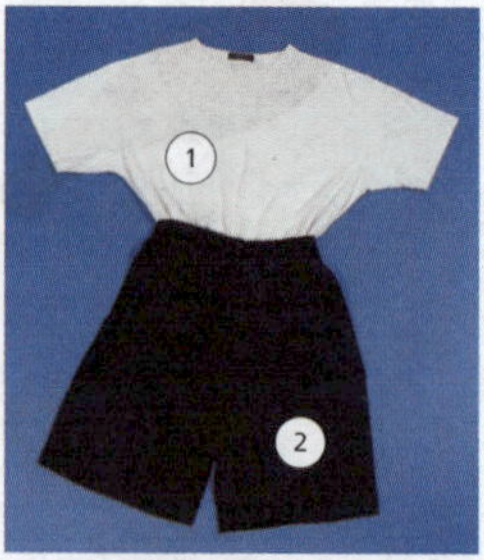

10 sweat suit (AmE)/ tracksuit (BrE)
11 bikini
12 swimsuit
13 swimming trunks
14 sneakers (AmE)/ trainers (BrE)

men's shoes

women's shoes

socks

ankle socks

gloves

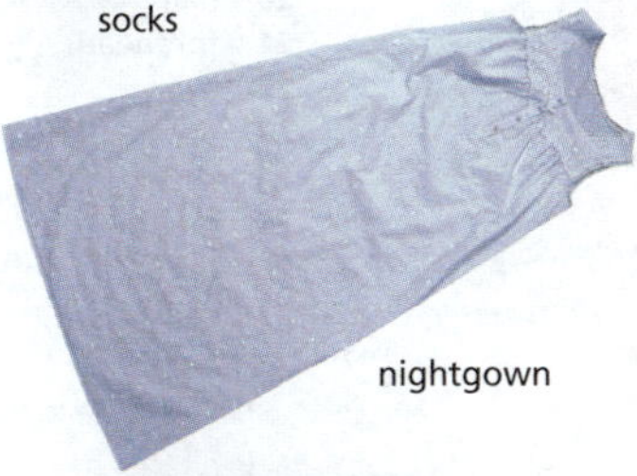
nightgown

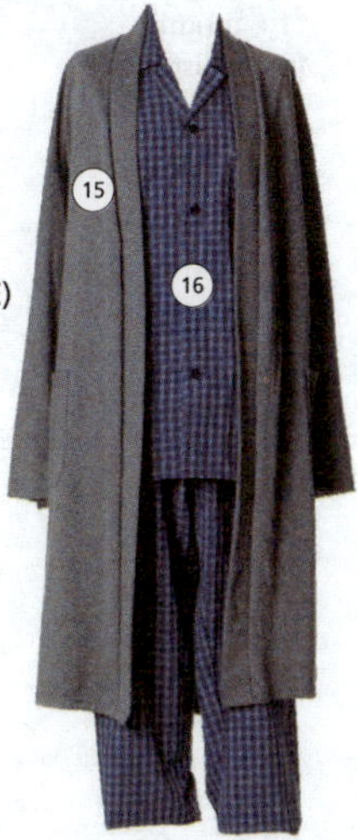

15 robe (AmE)/ dressing gown (BrE)
16 pajamas (AmE)/ pyjamas (BrE)

briefcase

handbag

Parts of the body

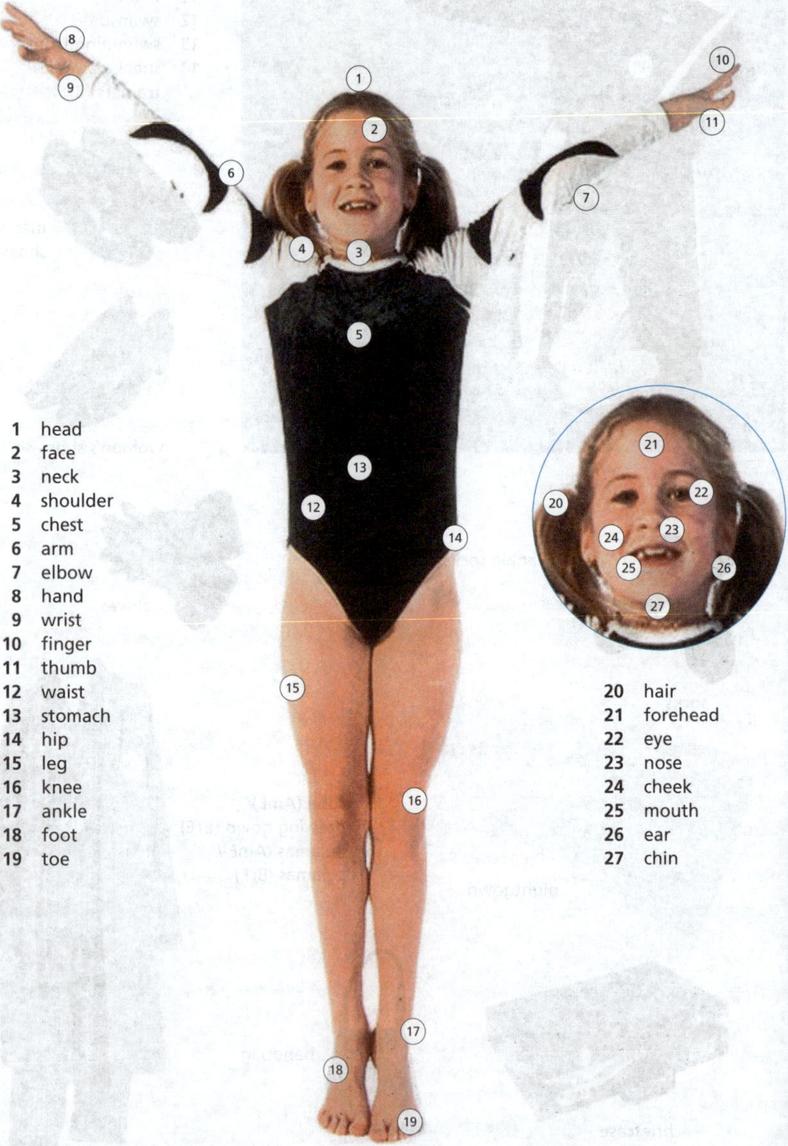

1 head
2 face
3 neck
4 shoulder
5 chest
6 arm
7 elbow
8 hand
9 wrist
10 finger
11 thumb
12 waist
13 stomach
14 hip
15 leg
16 knee
17 ankle
18 foot
19 toe

20 hair
21 forehead
22 eye
23 nose
24 cheek
25 mouth
26 ear
27 chin

School

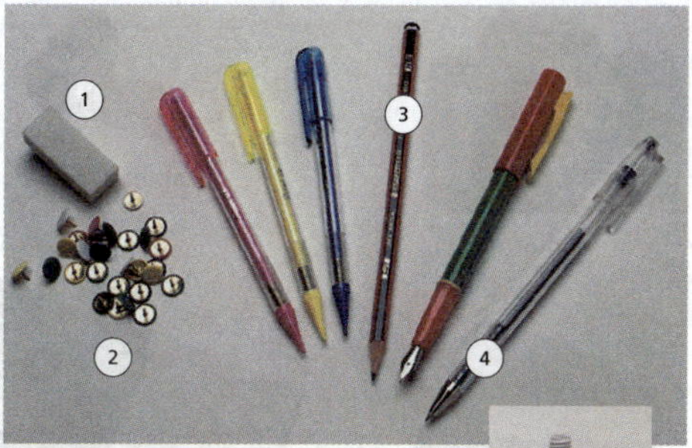

1 eraser (AmE)/rubber (BrE)
2 drawing pins
3 pencil
4 (ballpoint) pen

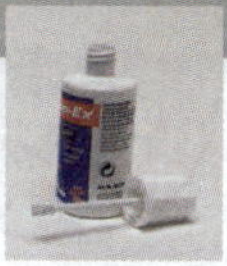

correction fluid

compass

pencil sharpener

ruler

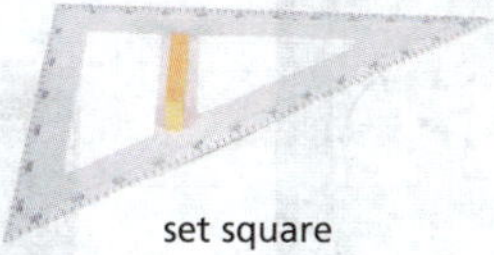

set square

elastic bands/
rubber bands

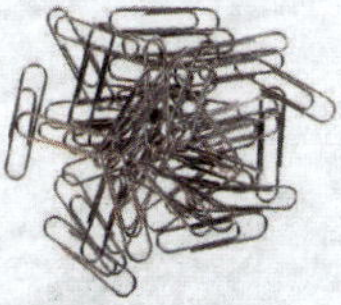

paper clips

hole punch

stapler

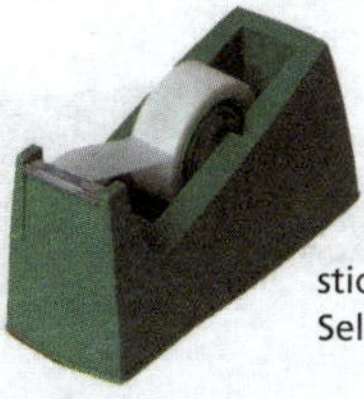

sticky tape/
Sellotape

Electronics and telecommunications

camera

camera film

camera lens

CD player

CD-Rom

clock radio

pocket calculator

photocopier

television

video recorder

video cassette

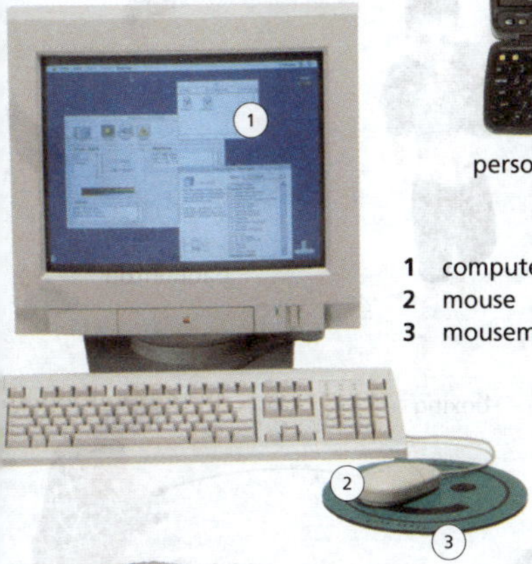

1 computer
2 mouse
3 mousemat

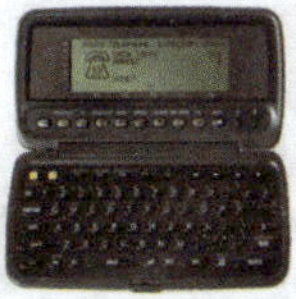

personal organiser

floppy disks/diskettes

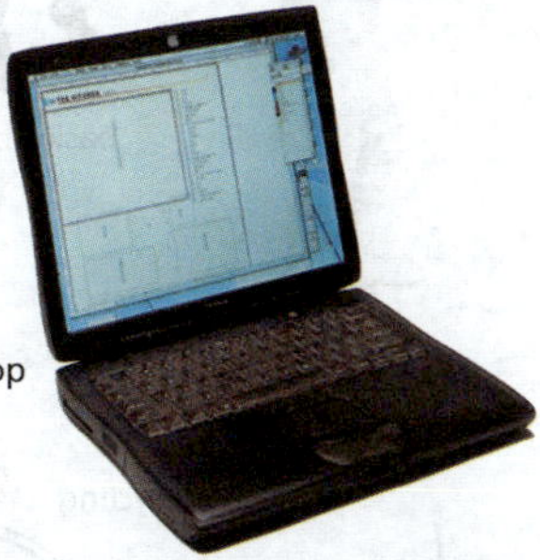

laptop

printer

console and gamepad

joystick

answering machine

fax machine

cell phone (AmE)/
mobile phone (BrE)

telephone

pager

Sports

baseball
basketball
boxing
badminton
fishing
cycling
climbing
golf
football (AmE)/
American
football (BrE)
gymnastics
ice hockey
karate

rollerblading/
in-line skating

running/jogging

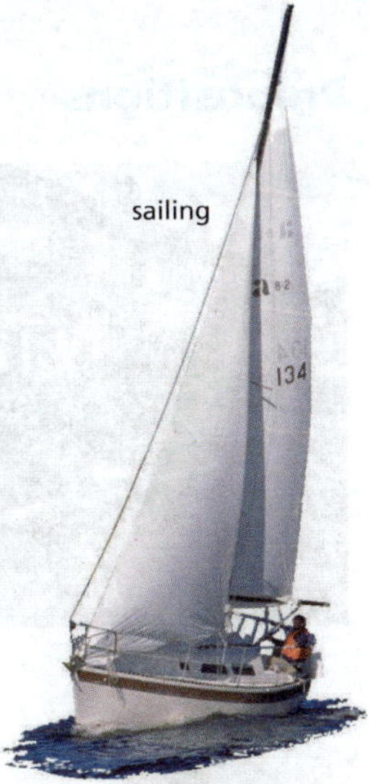
sailing

skate boarding

scuba diving

skiing

soccer (AmE)/
football (BrE)

squash

surfing

tennis

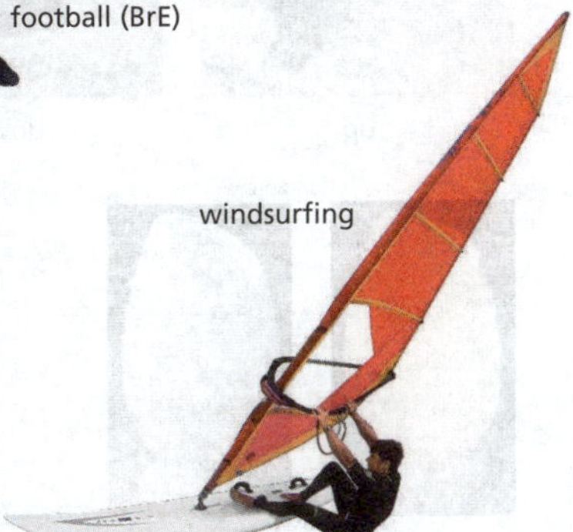
windsurfing

Prepositions

from

to

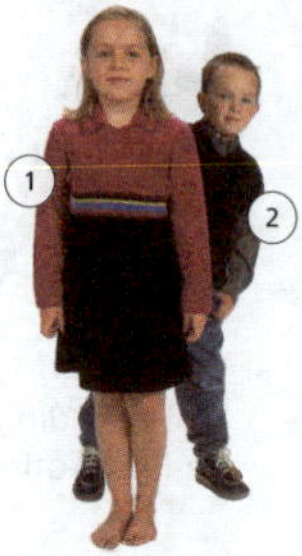

1 in front of
2 behind
3 over
4 under
5 in
6 out

up

down

onto

off

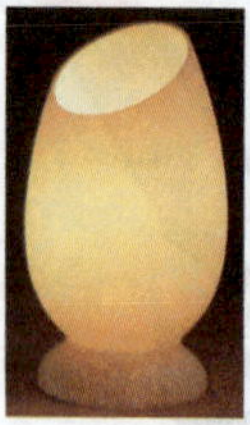

on

off

round

between

against

beside/next to

across

away from

towards

7 outside
8 inside
9 into
10 through
11 out of
12 at the top
13 in the middle
14 at the bottom
15 on top of
16 under/underneath

along

Adjectives – opposites

neat (AmE)/
tidy (BrE)

messy (AmE)/
untidy (BrE)

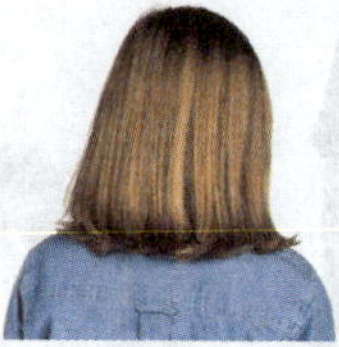

dry

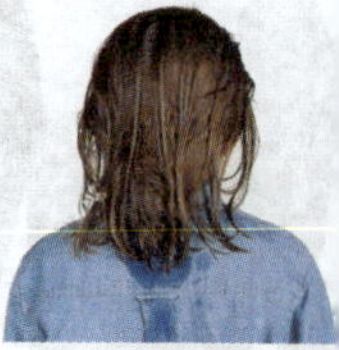

wet

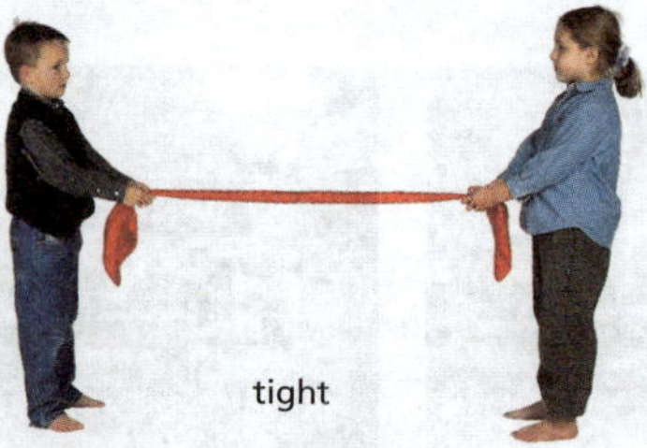

tight

loose

heavy light

open

closed

empty

full

short

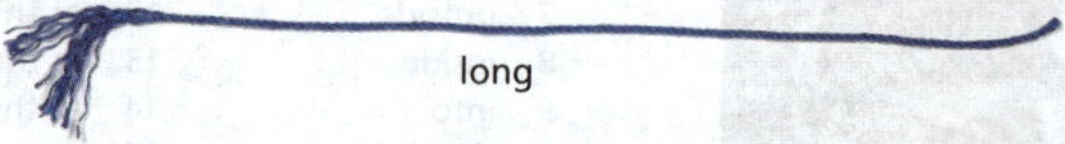

long

near/close

far

1 narrow
2 wide
3 hard
4 soft

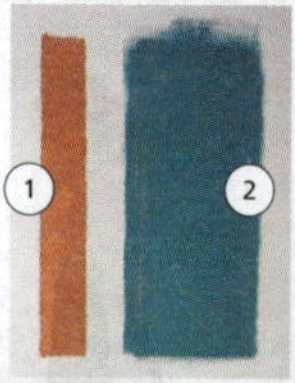

A

A, a *s* A, a ▶ ver "Active Box" **letras del alfabeto** en **letra**

a *prep* ▶ ver recuadro

abadía *s* abbey

abajo *adverbio, preposición & interjección*

• *adv* **1** (posición, dirección) **aquí/ahí abajo** down here/down there: *Ponlo ahí abajo.* Put it down there. | **para abajo** down: *Si miro para abajo, me da vértigo.* If I look down, I get vertigo. **el cajón/el estante de abajo (a)** (el último) the bottom drawer/shelf **(b)** (el siguiente) the next drawer/shelf down **2** (en una casa, un edificio) downstairs: *El baño está abajo.* The bathroom is downstairs. **3 tirar la puerta abajo** to break the door down: *Tiraron la puerta abajo para entrar.* They broke the door down to get in. | **tirar una pared/un edificio abajo** to knock a wall/a building down **4 venirse abajo (a)** (derrumbarse) to collapse: *La estantería se vino abajo.* The shelves collapsed. **(b)** (deteriorarse) to fall apart: *Esta casa se está viniendo abajo.* This house is falling apart.

• **abajo de** *prep* **1 abajo de la mesa/de la cama etc** under the table/the bed etc **2 abajo de la rodilla/la cintura etc** below the knee/the waist etc

• *interj* **¡abajo el dictador/el presidente etc!** down with the dictator/the president etc!

abandonado, -a *adj* (casa, pueblo, persona) abandoned: *un hogar para niños abandonados* a home for abandoned children

abandonar *v* **1** (a una persona) to abandon **2** (un país, una ciudad) to leave: *Tuvieron que abandonar el país.* They had to leave the country. **3** (un plan, una idea) to abandon **4 abandonar los estudios** to drop out of school/college etc: *Abandonó los estudios para ponerse a trabajar.* She dropped out of college in order to start work.

abanicarse *v* to fan yourself: *Se abanicaba con una revista.* She was fanning herself with a magazine.

abanico *s* **1** (objeto) fan **2 un amplio abanico de posibilidades/opciones** a wide range of possibilities/options

abarcar *v* **1** (comprender) to cover: *El programa abarca desde el siglo XVI hasta la revolución.* The syllabus covers the period from the 16th century to the revolution. **2** (ocupar) to extend over: *El parque abarca 285.000 hectáreas.* The park extends over 285,000 hectares. **3** (en duración) to span: *el periodo que abarca de 1970 a 1995* the period spanning from 1970 to 1995

abarrotado, -a *adj* **1** (de gente) packed: *El estadio estaba abarrotado de hinchas.* The stadium was packed with fans. **2** (de objetos) crammed: *estantes abarrotados de libros* shelves crammed with books

abastecer *v* **abastecer a alguien (de algo)** to supply sb (with sth)

a *preposición*

1 = TO

DIRECCIÓN

Nos vamos al club. We are going to the club. | *el vuelo a Nueva York* the flight to New York

INTENCIÓN, FINALIDAD

Salgo a comprar leche. I'm going out to buy some milk. | *Se fue a buscar a su novia.* He went to get his girlfriend.

2 = AT

HORAS

Se despertó a las ocho. She woke up at eight. | *No puedes llamar a estas horas.* You can't call at this time.

EDADES

A los quince años ya era famoso. At fifteen he was already famous.

PRECIOS

Tienen camisas a $15. They have shirts at $15. | *¿A cuánto están las peras?* How much are the pears?

VELOCIDADES

Iban a 100 km por hora. They were going at 100 kilometers an hour.

3 OTROS CASOS

TRAS

a la semana/a los dos días etc a week later/two days later etc: *A los tres días estaba listo.* It was ready three days later.

DISTANCIAS

Está a 50 km de la capital. It's 50 kilometers from the capital. | *Vive a media hora del centro.* He lives half an hour from the center of town.

RESULTADOS DEPORTIVOS

El partido terminó 0 a 0. The game ended zero-zero. | *Ganamos por 2 a 1.* We won 2-1.

COMPLEMENTOS VERBALES

Invitaron a Matías. They invited Matías. | *Le di las llaves a Rita.* I gave Rita the keys./I gave the keys to Rita. | *Les expliqué el problema a los niños.* I explained the problem to the children.

4 Las expresiones como **al sur, a mano, a la derecha,** etc. están tratadas bajo el sustantivo correspondiente.

abasto *s* **no doy/da etc. abasto** I/he etc. can't cope: *Tengo tanto trabajo que no doy abasto.* I can't cope with all the work I have.

abdomen *s* abdomen

abdominal *adjetivo & sustantivo plural*
- ***adj*** abdominal
- **abdominales** ***s pl*** (ejercicios) sit-ups: *Hace abdominales todas las mañanas.* She does sit-ups every morning.

abecedario *s* alphabet

abedul *s* (árbol, madera) birch (plural -ches)

abeja *s* bee: *Me picó una abeja.* I was stung by a bee.
abeja reina queen bee

abejorro *s* bumblebee

abertura *s* opening

abeto *s* **1** (árbol) fir **2** (madera) deal

abiertamente *adv* openly: *Lo dijo abiertamente.* She said it openly.

abierto, -a *adj* ► ver recuadro

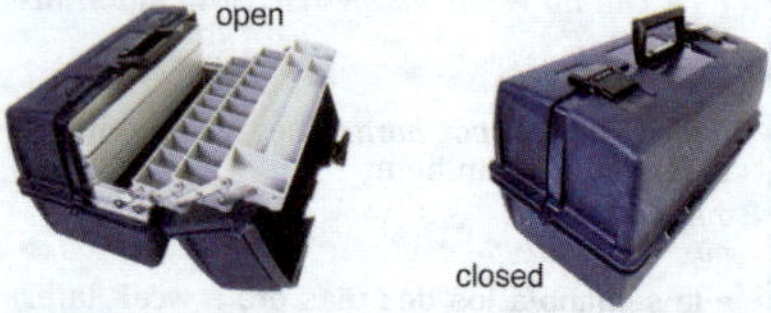

abismo *s* **1** (brecha) gulf: *el abismo entre ricos y pobres* the gulf between rich and poor **2** (profundidad) abyss

ablandar *v* **ablandar algo (a)** (a propósito) to soften something: *Ablande la mantequilla con una cuchara de madera.* Soften the butter with a wooden spoon. **(b)** (accidentalmente) to make sth go soft: *El calor ablanda el asfalto.* The heat makes the tarmac go soft.
ablandarse *v* (mantequilla, cera) to soften up

abofetear *v* to slap

abogacía *s* law: *Quiere estudiar abogacía.* She wants to study law.

abogado, -a *s* lawyer: *Su madre es abogada.* Her mother is a lawyer./Her mother is an attorney.

> En inglés hay varios términos que significan *abogado*. **Lawyer** es el término más general y en inglés americano también se usa **attorney** como término general.
> El abogado que defiende a su cliente en las cortes superiores se llama **barrister** en Gran Bretaña mientras que el **solicitor** británico se ocupa de muchas de las tareas que en otros países realizan los escribanos.

abolición *s* abolition

abolir *v* to abolish

abolladura *s* dent

> **abierto -a**
>
> **1** La traducción **open** es válida en la mayoría de los contextos:
> *Las ventanas estaban abiertas.* The windows were open. | *Duerme con la boca abierta.* He sleeps with his mouth open. | *un barrio con pocos espacios abiertos* an area with few open spaces
>
> **2** Excepción:
> REFERIDO A LLAVES DE AGUA
> *La llave está abierta.* The faucet is running. | *Dejaste la llave abierta.* You left the faucet running.

abollar *v* to dent
abollarse *v* to get dented

abonado, -a *adjetivo & sustantivo*
- ***adj*** **estar abonado -a al cable** to have cable (television) | **estar abonado -a a Internet** to have an Internet account
- ***s*** subscriber

abonar *v* **1** (pagar) to pay: *¿Hay que abonar en efectivo?* Do you have to pay cash? **2** (fertilizar) to fertilize
abonarse *v* **abonarse al cable** to subscribe to cable (television) | **abonarse a Internet** to get an Internet account

abono *s* **1** (de transporte, para conciertos, etc.) season ticket: *un abono mensual* a monthly season ticket | **sacar un abono** to buy a season ticket **2** (a Internet) account: *un abono a Internet* an Internet account **3** (fertilizante) fertilizer

abordar *v* **1** (un tema, a una persona) to approach **2** (una embarcación) to board

aborigen *adjetivo & sustantivo*
- ***adj*** (lengua, población, etc.) indigenous
- ***s* los aborígenes de la región/del continente etc.** the indigenous people of the region/of the continent etc. ► En inglés el término **aborigine** se aplica casi exclusivamente a los aborígenes australianos

aborrecer *v* to detest

abortar *v* **1** (voluntariamente) to have an abortion, (accidentalmente) to have a miscarriage **2** (en computación) to cancel, to abort

aborto *s* (provocado) abortion, (accidental) miscarriage

abotonar *v* **abotonarle el vestido/la camisa etc. a alguien** to do up sb's dress/shirt etc., to button up sb's dress/shirt etc.
abotonarse *v* **abotonarse la camisa/el vestido etc.** to do up your dress/your shirt etc., to button up your shirt/your dress etc.: *Abotónate los puños.* Do your cuffs up./Button your cuffs up.

abrazado, -a *adj* **abrazado -a (a algo/alguien)** with your arms around sth/sb: *Se durmió abrazado al osito.* He went to sleep with his arms around his teddy bear.

abrazar *v* **abrazar a alguien** to give sb a hug, to hug sb
abrazarse *v* **1** (dos o más personas) to hug each other: *Se abrazaron con fuerza.* They hugged each other tightly. **2 abrazarse a algo/con alguien** to hug sth/sb: *Se abrazó a su muñeca.* She hugged her doll.

abrazo *s* **1** hug | **darle un abrazo a alguien** to give sb a hug: *Ven a darme un abrazo.* Come and give me a hug. **2** (al final de una carta): *Un abrazo, Juan.* All the best, Juan./Love, Juan. ▶ **Love** es más afectuoso que **All the best**

abrelatas *s* can opener, tin opener (BrE)

abreviar *v* to abbreviate: *¿Cómo se abrevia "usted"?* How do you abbreviate "usted"?

abreviatura *s* abbreviation: *"Sr." es la abreviatura de "señor".* "Sr." is the abbreviation of "señor".

abridor *s* bottle opener

abrigado, -a *adj* **estar bien abrigado -a** to be wearing warm clothes

abrigador, -a *adj* (ropa, manta) warm: *un suéter muy abrigador* a very warm sweater

abrigar *v* (dar calor) to be warm: *Esta camisa no abriga nada.* This shirt isn't at all warm.
abrigarse *v* **abrigarse bien** to wrap up warm: *Abríguense bien si van al partido.* Wrap up warm if you're going to the game.

abrigo *s* **1** (prenda) coat: *Me quité el abrigo.* I took my coat off. | *Ponte el abrigo.* Put your coat on. **2 ropa/prendas de abrigo** warm clothing/garments

abril *s* April ▶ ver "Active Box" **meses** en **mes**

abrir *v* ▶ ver recuadro

abrochar *v* **1 abrochar un botón** to do a button up **2 abrocharle el abrigo/la camisa a alguien** to do sb's coat/shirt up: *¿Me abrochas el vestido?* Can you do my dress up for me?
abrocharse *v* **1 abrocharse la camisa/el abrigo** to do your shirt/coat up: *Abróchate el pantalón.* Do your pants up. **2 abrocharse un collar/una pulsera etc.** to fasten a necklace/a bracelet etc.

abrupto, -a *adj* **1** (descenso, reducción) sharp **2** (cambio, partida, final) abrupt **3** (terreno) rugged

absolutamente *adv* absolutely: *Estoy absolutamente segura.* I'm absolutely sure.

absoluto, -a *adj* **1** (total) total, absolute ▶ **absolute** se suele usar para cosas negativas: *El recital fue un éxito absoluto.* The concert was a total success. | *un absoluto desastre* an absolute disaster **2 en absoluto (a)** (como respuesta) not at all: *–¿Está cansado? –En absoluto.* "Are you tired?" "Not at all." **(b)** (con un verbo en negativo) in the slightest: *No me importa en absoluto lo que digan.* I don't care in the slightest what they say. **3** (mayoría, poder, etc.) absolute

absolver *v* **1** (en un juicio) to acquit **2** (en la confesión) to absolve

abrir

1 La traducción **to open** es válida en la mayoría de los contextos, tanto para *abrir* como para *abrirse*:

¿Le importa si abro la ventana? Do you mind if I open the window? | *Se abrió la puerta y apareció la directora.* The door opened and the principal appeared. | *Abran el libro en la página 19.* Open your books on page 19. | *Abre la boca.* Open your mouth. | *Quiero abrir mis regalos.* I want to open my presents. | *¿A qué hora abre la biblioteca?* What time does the library open? | *Quisiera abrir una cuenta corriente.* I'd like to open a checking account.

2 Excepciones:

REFERIDO A LLAVES DE AGUA (= to turn on)

Abre la llave del agua caliente. Turn the hot water faucet on.

REFERIDO A CIERRES, CREMALLERAS (= to come undone)

Se te ha abierto la cremallera. Your zipper has come undone.

absorbente *adj* **1** (papel, material) absorbent **2** (persona) domineering **3** (trabajo, actividad) demanding

absorber *v* to absorb

absorto, -a *adj* **(estar) absorto -a en algo** (to be) engrossed in sth

abstemio, -a *adjetivo & sustantivo*
• *adj* teetotal
• *s* teetotaler (AmE), teetotaller (BrE)

abstención *s* abstention

abstenerse *v* **1** (no votar) to abstain **2 abstenerse de hacer algo** to refrain from doing sth

abstinencia *s* abstinence

abstracto, -a *adj* **1** (concepto, idea) abstract **2** (arte) abstract

absurdo, -a *adj* absurd

abuchear *v* to boo

abuelo, -a *s* **abuelo** grandfather | **abuela** grandmother | **abuelos** (abuelo y abuela) grandparents ▶ Existen términos más coloquiales y cariñosos, como **grandad** para abuelo y **grandma** para abuela: *Mi abuelo vive solo.* My grandad lives on his own. | *A los niños los cuida la abuela.* The children are taken care of by their grandmother. | *Mis abuelos son españoles.* My grandparents are Spanish.

abundancia *s* **1** (gran cantidad) abundance | **en abundancia** in abundance **2 vivir en la abundancia** to be very well-off

abundante *adj* **1 abundante comida/agua etc** plenty of food/water etc **2** (porción) generous

abundar *v* Existe el verbo **to abound,** pero es bastante formal. **There are many...** o **There is plenty of...**, en cambio, se pueden usar en cualquier contexto: *En este bosque abundan los pinos.*

There are many pine trees in this wood. | *donde abunda el agua* where there is plenty of water

aburrición ▶ ver **aburrimiento**

aburrido, -a *adjetivo & sustantivo*

- *adj* **1** bored **2** boring ▶ ver abajo
- *s* bore: *Eres un aburrido.* You're a bore.

> **¿bored o boring?**
>
> **bored** se dice de alguien que está aburrido: *Me fui porque estaba aburrida.* I left because I was bored. | **estar aburrido -a de hacer algo** to be fed up with doing sth: *Estaban aburridos de jugar cartas.* They were fed up with playing cards.
>
> **boring** se dice de algo o alguien que aburre a los demás:
>
> *una clase aburrida* a boring class | *La obra me pareció aburridísima.* I thought the play was incredibly boring.

aburridor, -a *adj* boring

aburrimiento *s* **1** (estado) boredom | **morirse de aburrimiento** to get bored to tears: *En el pueblo nos morimos de aburrimiento.* We get bored to tears in our village. **2** (cosa aburrida) bore: *El viaje en tren es un aburrimiento.* The train trip is a bore.

aburrir *v* to bore: *Aburre a la gente con sus cuentos.* He bores people with his stories.

aburrirse *v* **1** to get bored: *Me aburro en la casa de mi abuela.* I get bored at my grandma's. **2 aburrirse de hacer algo** to get fed up with doing sth: *Me aburrí de escucharlo.* I got fed up with listening to him.

abusar *v* **1 abusar del vino/chocolate etc.** to drink too much wine/to eat too much chocolate etc. **2 abusar de la generosidad de alguien** to take advantage of sb's generosity

abuso *s* **ser un abuso** to be totally unreasonable: *$50 la entrada es un abuso.* $50 for a ticket is totally unreasonable.

acá *adv* here | **acá abajo/arriba** down here/up here | **acá adentro/afuera** in here/out here

acabar *v* **1** (terminar) to finish: *Cuando acabes, avísame.* When you've finished, let me know. **2 acabar de hacer algo** (hablando de acciones recientes) to have just done sth: *Acabo de verlo.* I've just seen him. | *Se notaba que se acababa de levantar.* You could tell he had just got up. **3 acabar haciendo algo/por hacer algo** to end up doing sth: *Van a acabar rompiéndolo.* They're going to end up breaking it.

acabarse *v* **1 se acabó el pan/el café** there isn't any bread/coffee left | **se acabaron los chocolates/las galletas** there aren't any chocolates/cookies left: *Se habían acabado las entradas.* There weren't any tickets left. | **se me/le/nos etc. acabó el dinero** I/he/we etc. ran out of money | *Se me está acabando la paciencia.* I'm running out of patience. **2 ¡se acabaron las peleas/las discusiones!** that's enough fighting/arguing!

academia *s* **1** (instituto privado) school **2** (de manejo) driving school **3** (sociedad de artes, letras, etc.) academy (plural -mies)

acampar *v* to camp: *Acampamos cerca del río.* We camped near the river. | **ir a acampar** to go camping

acantilado *s* cliff

acaparar *v* to hog: *No acapares la computadora.* Don't hog the computer.

acariciar *v* **1** (a un animal) to stroke: *Se agachó para acariciar al gato.* She bent down to stroke the cat. **2** (a una persona) **acariciar a alguien** to stroke sb's head/face etc.: *¿Puedo acariciar al bebé?* Can I stroke the baby's head? ▶ En inglés se menciona la parte del cuerpo que se acaricia

acaso *adv* **por si acaso** just in case: *Lleva dinero por si acaso.* Take some money just in case.

acatar *v* (una orden, una norma) to obey

acceder *v* **1** (en computación) **acceder a algo** to access sth **2** (aceptar) **acceder a hacer algo** to agree to do sth

accesible *adj* **1** (precio, producto) affordable **2** (persona) accessible **3** (lenguaje) accessible

acceso *s* **1 tener acceso a algo** to have access to sth: *No teníamos acceso a esa información.* We didn't have access to that information. **2** (entrada, a un edificio) entrance | **los accesos a la ciudad** the roads into the city

accesorio *s* accessory (plural -ries)

accidentado, -a *adj* **1** (terreno) rough, rugged **2** (viaje, semana) eventful

accidente *s* accident: *Tuvo un accidente con el auto.* She had a car accident.

accidente aéreo/de avión plane crash (plural -shes) **accidente de trabajo** accident at work **accidente de tránsito/tráfico** road accident **accidente geográfico** geographical feature

acción *s* **1** (actividad) action: *La acción transcurre en Berlín en 1939.* The action takes place in Berlin in 1939. **2 una buena acción** a good deed: *mi buena acción del día* my good deed for the day **3** (de una empresa) share

accionista *s* shareholder, stockholder (AmE)

aceite *s* (para cocinar y en mecánica) oil

aceite de girasol sunflower oil **aceite de maíz** corn oil **aceite de oliva** olive oil

aceituna *s* olive

acelerador *s* accelerator | **pisar el acelerador** to put your foot on the accelerator

acelerar *v* **1** (manejando) to accelerate **2** (un proceso) **acelerar algo** to speed sth up

acelga *s* chard, swiss chard

acento *s* **1** (ortográfico) accent: *"Examen" no lleva acento.* There's no accent on the word "examen". **2** (pronunciación) accent: *Habla con acento francés.* He speaks with a French accent.

acentuar *v* **1** (al escribir) **se acentúa/no se acentúa** it has an accent/it doesn't have an

¿Quieres información sobre las diferencias entre los **artículos** en inglés y en español? Lee la explicación en el apartado de gramática.

accent **2** (al hablar) to stress: *Se acentúa la segunda sílaba.* You stress the second syllable.

acepción *s* sense, meaning

aceptable *adj* passable: *Habla un inglés aceptable.* He speaks passable English.

aceptar *v* **1** (una oferta, un regalo, etc.) to accept: *Me invitaron a ir con ellos y acepté.* They invited me to go with them and I accepted. **2** (admitir) to admit | **aceptar la derrota** to admit defeat **3** (acceder) **aceptar hacer algo** to agree to do sth: *Aceptó venir con nosotros.* He agreed to come with us.

acera *s* sidewalk (AmE), pavement (BrE): *Iba en bicicleta por la acera.* She was riding her bicycle along the sidewalk. | **la acera de enfrente** the other side of the road: *Me gritó desde la acera de enfrente.* He shouted to me from the other side of the road.

acerca de *prep* about: *Habló acerca de la situación en el colegio.* He talked about the situation at school.

acercar *v* **1 acercar algo a algo** to move sth closer to sth: *Acerca el sofá a la ventana.* Move the couch closer to the window.
2 acercar a alguien a/hasta un lugar to give someone a ride somewhere (AmE), to give someone a lift somewhere (BrE): *Me acercó hasta la estación.* He gave me a ride to the station.

acercarse *v* **1** (a algo o alguien) to get close: *No te acerques tanto al televisor.* Don't get so close to the television.
2 acercársele a alguien (para hablarle, etc.) to go up to sb, to come up to sb ► Se usa **to come up to sb** cuando el movimiento es hacia el hablante: *Se me acercó para charlar.* He came up to me to have a chat.
3 (en el tiempo) to approach: *Se acercaba el día de la operación.* The day of the operation was approaching.

acero *s* steel
acero inoxidable stainless steel

acertado, -a *adj* **una decisión/una elección acertada** the right decision/the right choice

acertar *v* **1** (adivinar) to guess: *Tienes que tratar de acertar el resultado del partido.* You have to try to guess the result of the game. **2 acertar una respuesta** to get an answer right | **acertar el número ganador** to pick the winning number

achacar *v* **achacarle la culpa de algo a alguien** to blame sth on sb, to blame sb for sth | **achacarle un error/un problema a alguien** to blame sb for a mistake/problem

achicar *v* **achicar un vestido/una falda etc.** to take a dress/a skirt etc. in: *Tuve que achicar los pantalones.* I had to take the pants in.

achicarse *v* **1** (encoger) to shrink: *El suéter se achicó al lavarlo.* The sweater shrank in the wash. **2** (acobardarse) to be intimidated: *Los muchachos no se achicaron.* The boys weren't intimidated.

achicharrarse *v* **1** (tener mucho calor) to roast: *¡Me estoy achicharrando!* I'm roasting! **2** (cocinarse demasiado) to get burned to a crisp: *Se me achicharraron las hamburguesas.* The hamburgers got burned to a crisp.

acidez *s* **1** acidity **2 acidez (estomacal)** heartburn

ácido, -a *adjetivo & sustantivo*
- *adj* (referido al sabor) acidic, tart
- **ácido** *s* **1** (en química) acid **2** (droga) acid

acierto *s* good decision: *Comprar esta casa fue un acierto.* Buying this house was a good decision.

aclarar *v* **1** (explicar) to clear up, to clarify: *Quisiera aclarar algunos puntos.* I'd like to clear up a few points./I'd like to clarify a few points. | **aclararle a alguien que...** to make (it) clear to sb that...: *Nos aclaró que no sabía mucho sobre el tema.* She made it clear to us that she didn't know much about the subject. **2** (amanecer) to get light: *Me despierto apenas empieza a aclarar.* I wake as soon as it starts to get light. **3** (despejarse) to clear up: *Parece que va a aclarar.* It looks as if it's going to clear up.

acné *s* acne: *Tiene acné.* He has acne.

acobardarse *v* to lose your nerve: *Se acobardó y no se lo dijo.* She lost her nerve and didn't tell him.

acogedor, -a *adj* **1** (ambiente, casa) cozy (AmE), cosy (BrE) **2** (ciudad) welcoming, friendly

acoger *v* **acoger a alguien** to take sb in

acolchado, -a *adjetivo & sustantivo*
- *adj* padded
- **acolchado** *s* **1** (que se pone encima de las cobijas) eiderdown **2** (que se usa con funda en lugar de cobijas) duvet

acomodado, -a *adj* (adinerado) well-off: *una familia acomodada* a well-off family

acomodador, -a *s* usher

acomodarse *v* **1** (instalarse) to make yourself comfortable: *Nos acomodamos en el asiento de atrás.* We made ourselves comfortable in the back seat. **2 acomodarse los anteojos/la corbata** to adjust your glasses/your tie

acompañante *s* **1** (de una persona) ver ejemplos: *Puedes venir con un acompañante.* You can bring someone with you. | *Es acompañante asiduo de la estrella.* He is a constant companion of the star. ► **companion** se usa cuando el énfasis está en la relación entre las personas **2** (en un vehículo) passenger: *el asiento del acompañante* the passenger seat **3** (músico) accompanist

acompañar *v* **1** (ir con) to go with, (venir con) to come with: *El perro lo acompaña a todas partes.* His dog goes everywhere with him. ► Si se trata de acompañar al hablante, se usa **to come with**: *¿Me acompañas al supermercado?* Will you come to the supermarket with me? ► Existe también **to accompany,** que es más formal **2 acompañar a alguien hasta la puerta** to see sb

¿Quieres estudiar vocabulario por temas? Consulta el **minidiccionario ilustrado**.

to the door: *Te acompaño hasta la puerta.* I'll see you to the door. **3** (a un cantante o músico) to accompany: *Daniel nos acompañó con la guitarra.* Daniel **accompanied** us **on** the guitar.

acomplejado, -a *adj* Ver ejemplos: *una niña muy acomplejada* a girl with a lot of hang-ups | *Está acomplejado por su acné.* He has a complex about his acne.

acondicionado ▶ ver **aire**

acondicionador *s* (para el pelo) conditioner
acondicionador de aire air-conditioning unit

aconsejable *adj* advisable

aconsejar *v* **1** to advise: *¿Qué me aconsejas?* What do you advise me to do? **2 aconsejarle a alguien que haga algo** to advise sb to do sth: *Nos aconsejaron que llegáramos temprano.* They advised us to get there early.

acontecimiento *s* event: *un acontecimiento histórico* a historic event | *Fue todo un acontecimiento.* It was quite an occasion.

acordar *v* (convenir) to agree
acordarse *v* to remember: *–¿Dónde lo pusiste? –No me acuerdo.* "Where did you put it?" "I can't remember." | **acordarse de algo/alguien** to remember sth/sb: *¿Te acuerdas de Betty?* Do you remember Betty? | **acordarse de hacer algo** to remember to do sth: *Acuérdate de traerme los libros.* Remember to bring me the books. | *No se acordó de llamarla.* He forgot to call her. | **acordarse de haber hecho algo** to remember doing sth: *No me acuerdo de haber dicho eso.* I don't remember saying that.

acorde *s* (en música) chord

acordeón *s* accordion

acortar *v* **acortar un vestido/una falda etc.** to take up a dress/a skirt etc.: *¿Me ayudas a acortar estos pantalones?* Can you help me take up these pants?
acortarse *v* (días) to get shorter: *Se están empezando a acortar los días* The days are beginning to get shorter.

acosar *v* to harass | **acosar sexualmente a alguien** to sexually harass sb

acoso *s* harassment
acoso sexual sexual harassment

acostado, -a *adj* **1** (en la cama) in bed: *Estaban todos acostados.* They were all in bed. **2 estar acostado -a en el piso/en el pasto etc.** to be lying on the floor/on the grass etc.

acostar *v* **acostar a alguien** to put sb to bed
acostarse *v* **1** (irse a dormir) to go to bed: *Anoche me acosté tarde.* I went to bed late last night. **2** (tenderse) to lie down: *Me voy a acostar un rato.* I'm going to lie down for a while.

acostumbrado, -a *adj* **estar acostumbrado -a a (hacer) algo** to be used to (doing) sth: *El equipo está acostumbrado a ganar.* The team is used to winning.

acostumbrar *v* **acostumbrar a alguien a hacer algo** to get sb used to doing sth: *Lo acostumbraron a comer de todo.* They got him used to eating all sorts of things.
acostumbrarse *v* **acostumbrarse a (hacer) algo** to get used to (doing) sth: *No me puedo acostumbrar a almorzar tan temprano.* I can't get used to having lunch so early.

acreedor, -a *s* creditor

acribillar *s* **1 acribillar a alguien a tiros/a balazos** to riddle sb with bullets, to gun sb down **2 acribillar a alguien a preguntas** to bombard sb with questions

acrobacia *s* **hacer acrobacias** to do acrobatics
acrobacia aérea aerobatics

acróbata *s* acrobat

acta *s* (de una reunión) minutes *pl*: *¿Quién redactó el acta de la reunión?* Who wrote up the minutes of the meeting?
acta de nacimiento birth certificate

actitud *s* attitude: *Me sorprendió su actitud hacia sus padres.* I was surprised by his attitude toward his parents

actividad *s* activity (plural -ties): *Tengo muchas actividades después de clase.* I do a lot of activities after school.

activo, -a *adj* active

acto *s* **1** (acción) act: *un acto de valor* an act of bravery | *No es responsable de sus actos.* She isn't responsible for her actions. **2** (ceremonia) ceremony (plural -nies): *Nos invitaron al acto de inauguración.* We were invited to the opening ceremony. **3 en el acto** immediately, there and then: *Me contestaron en el acto.* They gave me an answer immediately./They gave me an answer there and then. **4** (de una obra de teatro) act

actor, actriz *s* **actor** actor | **actriz** actress (plural -sses), actor ▶ ver nota en **actress**

actuación *s* **1** (de un actor, una banda, etc.) performance: *La actuación de Roberts es excelente.* Roberts gives an excellent performance. **2** (arte dramático) acting

actual *adj* **1** (situación, circunstancias, etc.) current, present: *los actuales dueños de la escuela* the current owners of the school/the present owners of the school **2 la sociedad/el mundo actual** society/the world today: *los problemas de la sociedad actual* the problems of society today **3 la Alemania/el México etc. actual** present-day Germany/Mexico etc.

actualidad *s* **1 en la actualidad (a)** (en este momento) currently: *En la actualidad reside en Brasil.* He is currently living in Brazil. **(b)** (hoy en día) nowadays: *En la actualidad eso se hace por computadora.* Nowadays that is done by computer. **2** (realidad actual) current situation: *la actualidad en Medio Oriente* the current situation in the Middle East **3 un tema de (gran) actualidad** a (highly) topical subject

actualizar *v* **1** (información, software, etc.) to update **2 mantenerse actualizado -a** (persona) to keep up to date

actualmente *adv* **1** (en este momento) currently: *Actualmente viven en Madrid.* They are currently living in Madrid. **2** (hoy en día) nowadays: *Actualmente la gente vive más tiempo.* Nowadays people live longer.

actuar *v* **1** (comportarse) to behave: *Actuó muy mal, y lo sabe.* He behaved very badly and he knows it. **2** (obrar) to act: *Actuó sin reflexionar.* He acted without thinking. **3** (como actor) to act: *Había actuado en muchas películas.* He had acted in many movies. | *No sabe actuar.* He can't act.

acuarela *s* (técnica, material, cuadro) watercolor (AmE), watercolour (BrE)

Acuario *s* Aquarius: *Soy (de) Acuario.* I'm an Aquarius./I'm an Aquarian.

acuario *s* **1** (edificio) aquarium **2** (pecera) fish tank, aquarium

acuático, -a *adj* **1 deportes acuáticos** water sports **2 aves/plantas acuáticas** water birds/plants, aquatic birds/plants | **animales acuáticos** aquatic animals

acuerdo *s* **1 estar de acuerdo** to agree: *Laura está de acuerdo conmigo.* Laura agrees with me. | *No están de acuerdo en nada.* They don't agree about anything. **2 ponerse de acuerdo** to agree: *Nos pusimos de acuerdo para ir juntos.* We agreed to go together. | *A ver si nos ponemos de acuerdo sobre esto.* Let's see if we can agree about this./Let's see if we can reach an agreement about this. **3 de acuerdo** all right, OK: *–¿Te paso a buscar a las 8? –De acuerdo.* "Should I come by and get you at 8?" "All right./OK." **4** (trato) agreement: *un acuerdo entre el club y los jugadores* an agreement between the club and the players | **llegar a un acuerdo** to reach an agreement **5 de acuerdo con** (según) according to: *De acuerdo con las últimas encuestas, ha perdido popularidad.* According to the latest polls, his popularity has declined.

acumular *v* to accumulate

acumularse *v* **1** (nieve, arena, basura) to pile up, to accumulate ▶ **To accumulate** es más formal **2** (trabajo) to mount up

acupuntura *s* acupuncture

acurrucarse *v* to curl up: *Me acurruqué en el sillón para mirar la tele.* I curled up in the chair to watch television.

acusación *s* accusation ▶ En contextos legales también se usa **charge**

acusado, -a *s* **el acusado/la acusada** the accused | **los acusados/las acusadas** the accused

acusar *v* **acusar a alguien de algo** to accuse sb of sth: *La acusó de mentirosa.* He accused her of lying. ▶ En contextos legales también se usa **to charge sb with sth**

acusetas o **acusete -a** *s* tattletale (AmE), snitch (plural -ches) (BrE)

acústica *s* (de un recinto) acoustics *pl*

acústico, -a *adj* acoustic

adaptador *s* (para un enchufe) adapter

adaptar *v* to adapt

adaptarse *v* to adapt: *Me adapté enseguida al nuevo colegio.* I adapted to my new school in no time.

adecuado, -a *adj* **1** (apropiado) suitable: *No es un regalo adecuado para una muchacha joven.* It isn't a suitable present for a young girl. | **el momento adecuado/la palabra adecuada** the right moment/the right word: *No era el momento adecuado para sacar el tema.* It wasn't the right moment to bring the subject up. **2** (suficiente en cantidad o calidad) adequate: *una alimentación adecuada* an adequate diet

adelantado, -a *adj* **1** (hablando de relojes) fast: *Tu reloj está adelantado.* Your watch is fast. **2 por adelantado** in advance: *Tuve que pagar todo por adelantado.* I had to pay for everything in advance. **3** (hablando de un trabajo) Ver ejemplos: *El otro grupo va más adelantado.* The other group is further ahead. | *Voy bastante adelantada con el trabajo sobre los Incas.* I've done quite a lot on my project about the Incas. **4** (país, alumno) advanced: *Es la alumna más adelantada de la clase.* She is the most advanced student in the class. **5 adelantado -a a su época/tiempo** ahead of your time: *un científico adelantado a su tiempo* a scientist who was ahead of his time ▶ ver **posición**

adelantar *v* **1 adelantar un viaje/una fiesta etc.** to bring a trip/a party etc. forward: *Nos adelantaron el examen para el 9.* They brought the exam forward to the 9th. **2 adelantar un reloj** to put a clock/watch forward **3** (una suma de dinero) to advance: *Me adelantaron $100 del sueldo.* They advanced me $100 against my pay.

adelantarse *v* **1** (verano, frío) to come early: *El verano se adelantó este año.* Summer came early this year. **2 mi/tu etc. reloj se adelanta** my/your etc. watch gains: *Llevé el reloj a arreglar porque se adelantaba.* I took my watch to be fixed because it was gaining. **3 se adelantó a su época/a su tiempo** she was ahead of her time/he was ahead of his time

adelante *adverbio, preposición & interjección*

- ***adv*** **1** (lugar) in front: *Me senté adelante de todo.* I sat right in front. | *el taxi de adelante* the taxi in front **2** (dirección) forward: *Dio un paso adelante.* She took a step forward. | *Se inclinó hacia adelante.* He leaned forward. **3 más adelante (a)** (en el espacio) further on: *Está unos kilómetros más adelante.* It's a few kilometers further on. **(b)** (en el tiempo) later: *Más adelante se radicó en Lima.* Later he settled in Lima. **4 seguir adelante** to carry on: *Siguieron adelante a pesar de todo.* They carried on in spite of everything.
- ***prep*** **adelante de algo/alguien** in front of sth/sb
- **¡adelante!** ***interj*** **1** (invitando a pasar, desde adentro) come in: *–Permiso. –Adelante.* "Excuse

me." "Come in." **2** (desde afuera) go in: *Adelante, está abierto.* Go in, it's open.

adelanto *s* **1** (científico, etc.) advance: *los adelantos en las comunicaciones* advances in communications **2** (de dinero) advance: *Tuvo que pedir un adelanto.* He had to ask for an advance.

adelgazar *v* to lose weight: *Tengo que adelgazar.* I have to lose weight. | **adelgazar un kilo/veinte kilos etc.** to lose a kilo/twenty kilos etc.: *Adelgazó cinco kilos.* He lost five kilos.

además *adverbio & preposición*

• ***adv*** **1** (para agregar información) besides: *Es tarde. Además, estoy cansado.* It's late. Besides, I'm tired. **2** (también) also, as well: *Estudia ingeniería y además trabaja.* She studies engineering and she also works./She studies engineering and she works as well.

• **además de** ***prep*** apart from, as well as: *Además de bonita, es inteligente.* Apart from being pretty, she's also smart./She's smart as well as pretty. ▶ En preguntas siempre se usa **apart from**: *¿Qué te gusta hacer, además de tocar la guitarra?* What do you like doing, apart from playing the guitar?

adentro *adverbio & preposición*

• ***adv*** **1** inside: *Abre el cajón y dime qué hay adentro.* Open the drawer and tell me what's inside. ▶ Si se trata de un edificio, también se dice **indoors**: *Vamos a tener que comer adentro.* We're going to have to eat inside./We're going to have to eat indoors. **2 aquí/ahí adentro** in here/in there: *Ponlo aquí adentro.* Put it in here.

• **adentro de** ***prep*** inside: *Van una adentro de la otra.* They go one inside the other

aderezo *s* **1** (para ensaladas) dressing **2** (condimento) seasoning

adhesivo, -a *adj* sticky, adhesive ▶ ver **cinta**

adicción *s* addiction: *Se recuperó de su adicción a la heroína.* He recovered from his heroin addiction. | **crear adicción** to be addictive: *El tabaco crea adicción.* Tobacco is addictive.

adicto, -a *adjetivo & sustantivo*

• ***adj*** addicted: *Es adicto a los calmantes.* He's addicted to painkillers.

• ***s*** addict: *Crece el número de adictos a Internet.* The number of Internet addicts is increasing.

adiestrar *v* to train

adiós *interj* **1** (al despedirse) bye, goodbye | **hacerle adiós (con la mano) a alguien** to wave goodbye to sb: *Hazle adiós a la abuela.* Wave goodbye to grandma. **2** (al pasar por al lado de alguien) hi, hello

aditivo *s* additive

adivinanza *s* riddle: *¿Sabes alguna adivinanza?* Do you know any riddles?

adivinar *v* **1** (acertar) to guess: *Adivina cuántos años tiene.* Guess how old she is. | **¿a que no adivinas quién/cómo etc.?** you'll never guess who/how etc.!: *¿A que no adivinas a quién vi?* You'll never guess who I saw! ▶ ver **pensamiento** **2 adivinarle el futuro a alguien** to tell sb's fortune

adivino, -a *s* fortune-teller

adjetivo *s* adjective

adjuntar *v* **1** (a un e-mail, a un informe) to attach: *Le adjunto el documento.* I am attaching the document. **2** (a una carta, en un sobre) to enclose: *Adjunte su currículum a la carta.* Enclose your resumé with the letter.

adjunto, -a *adj* **1** (a un e-mail, a un informe) attached: *el gráfico adjunto* the attached graph | *No pude abrir el documento adjunto.* I couldn't open the attachment. **2** (a una carta, en un sobre) enclosed: *Ver el currículum adjunto.* See the enclosed resumé.

administración *s* **1** (de fondos, recursos) management: *la administración de los recursos naturales* the management of natural resources **2** (secretaría) Administration **3** (gobierno) administration

Administración de Empresas Business Studies **la Administración Pública** the civil service

administrador, -a *s* manager: *Es administradora de un hotel.* She's a hotel manager.

administrar *v* **1** (dinero) to manage: *No sabe administrar bien el dinero.* She isn't good at managing her money. **2** (un servicio) to run, (una empresa) to run, to manage

administrativo, -a *adjetivo & sustantivo*

• ***adj*** **1 el personal administrativo** the administrative staff, the admin staff **2 trabajo administrativo** administrative work, admin work

• ***s*** (empleado) administrative assistant, admin assistant

admirable *adj* **1** (coraje, honestidad, etc.) admirable **2** (conocimientos, currículum, etc.) impressive

admiración *s* admiration: *Siento una gran admiración por ella.* I have great **admiration for** her. ▶ ver **signo**

admirador, -a *s* admirer

admirar *v* to admire: *Lo admiro por su honestidad.* I admire him for his honesty.

admisión *s* admission

admitir *v* **1** (reconocer) to admit: *Admito que me equivoqué.* I admit that I made a mistake. **2** (como alumno, socio, etc.) to admit

ADN *s* (= **ácido desoxirribonucleico**) DNA

adolescencia *s* adolescence

adolescente *sustantivo & adjetivo*

• ***s*** teenager: *Es un adolescente típico.* He's a typical teenager. ▶ ver abajo

• ***adj*** teenage: *Tiene dos hijos adolescentes.* She has two teenage children. ▶ Existe también **adolescent** pero se usa en contextos más técnicos o formales

ⓘ ¿Quieres información sobre las diferencias entre los **posesivos** en inglés y en español? Lee la explicación en el apartado de gramática

adolorido, -a *adj* **estar adolorido -a** to be in pain: *Está muy adolorida.* She's in a lot of pain. | **tengo la pierna/la mano etc. adolorida** my leg/hand etc. hurts: *Tenía el ojo adolorido.* My eye hurts. | *Tengo todo el cuerpo adolorido.* My whole body hurts.

adonde *pron* where: *el hospital adonde lo llevaron* the hospital where he was taken

adónde *pron* where: *¿Adónde va Lucas?* Where's Lucas going?

adoptado, -a *adj* adopted: *Tienen dos hijos adoptados.* They have two adopted children.

adoptar *v* **1** (a un niño) to adopt **2** (una actitud, una medida) to take, to adopt

adoptivo, -a *adj* **1** (hijo) adopted **2** (madre, padre, familia) adoptive **3 mi/su etc. patria adoptiva** my/his etc. adopted country

adorar *v* **1** (querer mucho) to adore: *Tu abuela te adora.* Your grandmother adores you. **2** (disfrutar mucho de) to love, to adore: *Adoro el chocolate.* I love chocolate./I adore chocolate. **3** (a una divinidad) to worship

adornar *v* to decorate ▶ Existe también **to adorn,** pero se usa en contextos formales o literarios

adorno *s* **1** (objeto) ornament: *Los estantes estaban llenos de adornos.* The shelves were full of ornaments. **2** (navideño) decoration: *Compré unos adornos para el árbol.* I bought some decorations for the tree.

adquirir *v* **1** (experiencia) to gain, (conocimientos) to acquire **2** (comprar) to buy, to purchase ▶ **to purchase** se usa en contextos más formales.

aduana *s* customs *sing* | **pasar por la aduana** to go through customs

adulterio *s* adultery

adulto, -a *s & adj* adult

adverbio *s* adverb

adversario, -a *s* opponent: *Derrotó a su adversario en cuatro sets.* He beat his opponent in four sets.

advertencia *s* warning: *Es la última advertencia que te hago.* This is the last warning I'm going to give you.

advertir *v* to warn: *Le advertí que no lo hiciera.* I warned him not to do it.

aéreo, -a *adj* **1 una vista/una foto aérea** an aerial view/photo **2 un ataque aéreo** an air raid | **el tráfico aéreo** air traffic ▶ ver **fuerza, línea, puente, vía**

aerobics o **aeróbicos** *s* aerobics

aerolínea *s* airline

aeromodelismo *s* model airplane making (AmE), model aeroplane making (BrE)

aeromoza *s* stewardess (plural -sses) ▶ Las aeromozas prefieren el término **flight attendant** para referirse a sí mismas

aeropuerto *s* airport: *Nos vamos a encontrar en el aeropuerto.* We're going to meet at the airport. | *¿Cuánto se tarda en llegar al aeropuerto?* How long does it take to get to the airport?

aerosol *s* aerosol

afán *s* **1** (prisa) **tener afán** to be in a hurry: *No me puedo quedar, tengo afán.* I can't stay, I'm in a hurry. | *No tengo afán de irme.* I'm in no hurry to leave. **2** (aspiración) desire: *gente con afán de superación* people with a desire to better themselves | *No tengo afán de revancha.* I have no desire for revenge. | **tener afán de aprender/de superarse** to be eager to learn/to better oneself

afanador, -a *s* (limpiador) cleaner

afanarse *v* **1** (preocuparse) to worry: *No te afanes que yo me ocupo.* Don't worry, I'll take care of it. **2** (darse prisa) to hurry, to hurry up **3** (esforzarse) **afanarse en/por hacer algo** to try hard to do sth: *Se afana por sacar buenas notas.* He tries hard to get good grades.

afectado, -a *adj* **1** (perjudicado) affected: *una de las zonas afectadas por la inundación* one of the areas affected by the flood **2** (poco natural) affected

afectar *v* **1** (conmover) to upset, to affect: *La muerte de su abuelo lo afectó muchísimo.* His grandfather's death upset him terribly. ▶ **to affect** se usa en contextos más formales **2** (incumbir, perjudicar) to affect: *medidas que afectan a los estudiantes universitarios* measures that affect college students

afecto *s* affection: *La trata con mucho afecto.* He treats her with great affection. | **tenerle afecto a alguien** to be fond of sb: *Le tengo mucho afecto.* I'm very fond of him.

afectuoso, -a *adj* affectionate

afeitadora *s* **1** (eléctrica) shaver, electric razor **2** (de hojas) razor

afeitarse *v* **1** to shave: *Se afeita todos los días.* He shaves every day. **2 afeitarse las piernas/las axilas etc.** to shave your legs/your armpits etc.: *Se quiere afeitar la cabeza.* He wants to shave his head. **3 afeitarse la barba/el bigote** to shave your beard/your mustache off (AmE), to shave your beard/your moustache off (BrE): *Se había afeitado el bigote.* He had shaved his mustache off.

afeminado, -a *adj* effeminate

aferrarse *v* **aferrarse a algo** to cling to sth

afiche *s* poster: *un afiche de Britney Spears* a Britney Spears poster

afición *s* interest, love: *Comparten la afición por la fotografía.* They share **an interest in** photography./They share **a love of** photography.

aficionado, -a *adjetivo & sustantivo*

- *adj* **1 ser aficionado -a a algo** to be fond of sth: *Es aficionado a la pesca.* He's fond of fishing. **2** (no profesional) amateur
- *s* **1 los aficionados al tenis/al buceo etc.** tennis/diving etc. fans | **los aficionados a la informática** computer enthusiasts | **los aficiona-**

dos a la música/a la ópera music/opera lovers **2** (no profesional) amateur

afilado, -a *adj* sharp

afilar *v* to sharpen

afiliarse *v* **afiliarse a un partido/a un sindicato** to join a party/a labor union

afinar *v* (un piano, una guitarra) to tune

afirmación *s* statement

afirmar *v* to say, to state: *Afirmó que en un mes estaría jugando nuevamente.* He said that he would be playing again within a month. ► **to state** se usa en contextos más formales o enfáticos

afirmativo, -a *adj* affirmative

afligido, -a *adj* upset: *Están afligidos por la noticia.* They are **upset at** the news.

aflojar *v* **1** (un tornillo, una tuerca) to loosen **2** (ceder) to give in: *Al final aflojó.* In the end she gave in.

aflojarse *v* **1 aflojarse la corbata/el cinturón** to loosen your tie/your belt **2** (tornillo, tuerca) to work loose

afluente *s* tributary (plural -ries)

afónico, -a *adj* **estar afónico -a** to have lost your voice: *Estoy afónica.* I've lost my voice. | **quedarse afónico -a** to lose your voice: *Nos quedamos afónicos de tanto gritar.* We shouted so much that we lost our voices.

afortunado, -a *adj* fortunate, lucky

África *s* Africa

africano, -a *adj & s* African

afrontar *v* **afrontar un desafío/el futuro** to face a challenge/the future | **afrontar un problema/la realidad** to face up to a problem/to reality

afuera *adverbio, preposición & sustantivo plural*

- *adv* **1** (lugar) outside: *Los niños están jugando afuera.* The children are playing outside. | *De afuera parece enorme.* From the outside it looks huge. **2 ir a comer/almorzar etc. afuera** to go out for a meal/to go out for lunch etc. **3** (del país) abroad: *Quiero estudiar afuera.* I want to go abroad to study.
- **afuera de** *prep* outside: *afuera de la ciudad* outside the city
- **afueras** *s pl* **las afueras** the outskirts: *en las afueras de Cali* on the outskirts of Cali

agacharse *v* **1** (ponerse en cuclillas) to crouch down **2** (inclinarse) to bend down

agalla *sustantivo & sustantivo plural*

- *s* (de un pez) gill
- **agallas** *s pl* (coraje) guts | **tener agallas** to have guts

agarrado, -a *adj* **1 agarrado -a de/a algo** holding on to sth: *Estaba agarrado de la soga.* He was holding on to the rope. **2** (tacaño) tight, tight-fisted

agarrar *v* **1 agarrar a alguien de la mano/del brazo (a)** (para cruzar la calle, etc.) to take sb's hand/arm: *La agarró de la mano para cruzar.* He took her hand to cross the road. **(b)** (con violencia) to grab sb by the hand/arm: *Me quise escapar pero me agarró del brazo.* I tried to escape but he grabbed me by the arm. **2** (tomar) to take: *Alguien agarró mi calculadora.* Somebody's taken my calculator. **3** (atrapar) to catch: *Lo agarraron robando en una tienda.* He was caught shoplifting. | *Los agarraron con 3 kilos de cocaína.* They were caught with 3 kilos of cocaine on them. **4 agarrar (por) una calle/una carretera etc. (a)** (ir por) to take a street/road etc., to go along a street/road etc.: *Conviene agarrar la avenida.* The best idea is to take the boulevard./The best idea is to go along the boulevard. **(b)** (doblar por) to turn up a street/road etc., to turn down a street/road etc.: *Agarra por la que viene.* Turn up the next street./Turn down the next street.

agarrarse *v* **1** (sostenerse) to hold on: *¡Agárrate fuerte!* Hold on tight! | **agarrarse de algo** to hold on to sth: *Se agarró del pasamanos.* He held on to the handrail. **2 agarrarse un resfriado/una pulmonía etc.** to catch a cold/to catch pneumonia etc. **3 agarrárselas con alguien** to take it out on sb: *No te las agarres conmigo.* Don't take it out on me.

agencia *s* **1** (comercial) agency (plural -cies) **2** (estatal) department

agencia de empleo employment agency (plural -cies) **agencia de noticias** news agency (plural -cies) **agencia de publicidad** advertising agency (plural -cies) **agencia de viajes** travel agency (plural -cies)

agenda *s* datebook (AmE), diary (plural -ries) (BrE): *Lo anoté en mi agenda.* I wrote it in my datebook.

agenda electrónica PDA, personal digital assistant

agente *s* **1 agente (de policía)** police officer **2** (representante) representative

agente de bolsa stockbroker **agente de viajes** travel agent **agente secreto** secret agent

ágil *adj* (persona, mente, animal) agile

agilidad *s* (de una persona, un animal) agility

agilizar *s* (un proceso, el tránsito) to speed up

agitado, -a *adj* **1** (ajetreado) hectic: *Lleva una vida muy agitada.* She leads a very hectic life. **2** (sin aliento) out of breath **3** (mar) choppy

agitar *s* **1** (un frasco, una botella) to shake: *Agite bien antes de usar.* Shake well before use. **2** (un pañuelo, los brazos) to wave

agitarse *v* **1** (quedarse sin aliento) to get out of breath: *Si camina muy rápido, se agita.* If he walks very fast, he gets out of breath. **2** (en el viento) (bandera) to flap, (árbol) to wave

agobiante *adj* **1** (calor) stifling, oppressive: *Hace un calor agobiante.* The heat is stifling./The heat is oppressive. **2** (angustiante) ver ejemplos: *Es una situación agobiante.* It's a desperate situation. | *Vivir en la ciudad me resulta agobiante.* I find living in the city oppressive.

agobiar *v* **1** (abrumar) to overwhelm: *Se sentía agobiado por tantos problemas.* He felt overwhelmed by so many problems. **2** (calor) ver ejemplo: *Este calor me agobia.* I find this heat stifling./I find this heat oppressive.

agonía *s* **1** (que precede a la muerte) **tener una lenta/terrible etc. agonía** to die a slow/terrible etc. death **2** (angustia) anguish

agonizar *s* **estar agonizando** to be dying

agosto *s* August ▶ ver "Active Box" **meses** en **mes**

agotado, -a *adj* **1** (persona) exhausted: *Terminamos agotados.* We were exhausted when we finished. **2 estar agotado -a (a)** (entradas, pasajes, etc.) to be sold out: *Las entradas para el recital están agotadas.* The tickets for the concert are sold out. **(b)** (libro) to be sold out [cuando es temporalmente], to be out of print [cuando ya no se publica]

agotador, -a *adj* exhausting

agotamiento *s* **1** (cansancio) exhaustion **2** (por el uso) exhaustion

agotar *v* **1 agotar a alguien** to wear sb out: *Me agota su permanente charla.* His constant chattering wears me out. **2** (recursos) to exhaust

agotarse *v* **1** (cansarse) to wear yourself out: *Me agoté subiendo la escalera.* I wore myself out climbing the stairs. **2** (localidades, pasajes, libro, etc.) to sell out: *La primera edición se agotó en una semana.* The first edition sold out in a week

agradable *adj* **1** (persona, lugar, temperatura) nice, pleasant: *una muchacha muy agradable* a very nice girl/a very pleasant girl **2** (viaje, tarde) nice, enjoyable: *Pasamos un día muy agradable en el campo.* We had a very nice day in the country./We had a very enjoyable day in the country.

agradecer *v* **1 agradecerle (algo) a alguien** to thank sb (for sth): *Le mandé un e-mail para agradecerle.* I sent her an e-mail to thank her. | *Me olvidé de agradecerle la postal.* I forgot to thank him for the postcard. | *Ni me lo agradeció.* She didn't even thank me for it. **2** (sentir gratitud por) to be grateful for: *Le agradezco muchísimo lo que hizo por mí.* I'm very grateful for what she did for me.

agradecido, -a *adj* grateful: *Estoy muy agradecido por la ayuda que nos dieron.* I'm very grateful for the help they gave us. | *Le quedaría muy agradecido si me pudiera enviar más información.* I would be very grateful if you could send me more information.

agradecimiento *s* gratitude

agrandar *v* **1 agrandar un vestido/una falda etc.** to let a dress/a skirt etc. out: *Tuve que agrandar los pantalones.* I had to let the pants out. **2** (una casa, un cuarto) to extend

agrandarse *v* **1** (aumentar de tamaño) to get larger/bigger: *Las pupilas se agrandan en la oscuridad.* Your pupils get larger in the dark./Your pupils get bigger in the dark. **2** (estirar) to stretch: *Se me agrandó el suéter.* The sweater stretched.

agrario, -a *adj* **1** (zona, región) agricultural **2** (sociedad) agrarian

agravar *v* **agravar un problema** to make a problem worse: *La tormenta agravó la situación.* The storm made the situation worse. ▶ Existe también **to aggravate,** pero es más formal

agravarse *v* **1** (crisis, problema) to get worse, to worsen **2** (enfermo) to get worse, to deteriorate

agredir *v* **1** (físicamente) to assault, to attack: *El cantante agredió a uno de los fotógrafos.* The singer assaulted one of the photographers. **2** (verbalmente) to attack, (con grosería) to be insulting to: *Deja de agredirme.* Stop being insulting to me.

agregar *v* to add: *Agrégale un poco más de leche.* Add a little more milk. | *–Y no es culpa mía –agregó.* "And it isn't my fault," she added.

agresión *s* **1** (militar) aggression **2** (a un individuo) assault, attack **3** (verbal) attack

agresivo, -a *adj* aggressive

agrícola *adj* agricultural

agricultor, -a *s* farmer

agricultura *s* farming, agriculture

agridulce *adj* sweet-and-sour: *salsa agridulce* sweet-and-sour sauce

agrietarse *v* **1** (manos, piel) to get chapped **2** (revoque, tierra) to crack

agrio, -a *adj* **1** (referido al sabor) sour | **ponerse agrio -a** to go sour: *La leche se puso agria.* The milk went sour. **2** (persona) bad-tempered **3** (cara, expresión) sour **4** (discusión, pelea) bitter

agrónomo, -a *s* agronomist

agrupación *s* group

agua *s* **1** water: *Un vaso de agua, por favor.* A glass of water, please. **2 se me hace agua la boca** it makes my mouth water

agua con gas sparkling water **agua corriente** running water **agua de la llave** tap water **agua destilada** distilled water **agua dulce** fresh water **agua mineral** mineral water **agua oxigenada** peroxide, hydrogen peroxide **agua potable** drinking water **agua salada** salt water **agua sin gas** still water **agua tónica** tonic water

aguacate *s* avocado

aguacero *s* downpour: *Cayó un aguacero.* There was a downpour.

aguachento, -a *adj* watery

aguafiestas *s* spoilsport, killjoy

aguamala o **aguaviva** *s* jellyfish (plural -fish): *Me picó una aguamala.* I was stung by a jellyfish.

aguantar *v* ▶ ver recuadro

aguante *s* **tener aguante (a)** (tener resistencia física) to have stamina **(b)** (tener empuje) to have spirit: *El equipo no tiene aguante.* The team has no spirit. **(c)** (tener paciencia) to be patient: *¡Qué aguante tienes!* You're so patient!

aguardar *v* **1** to await, to wait for ▶ **to await** es más formal: *Aguardaban la llegada del presidente.* They were awaiting the arrival of the president./They were waiting for the president to arrive. **2 aguarde, por favor** (por teléfono) hold on, please

aguarrás *s* turpentine

agudo, -a *adjetivo & sustantivo plural*

• *adj* **1** (dolor) sharp **2** (crisis) acute, severe **3** (grito, voz) high-pitched, (si es desagradable) shrill **4** (ángulo) acute **5 una palabra aguda** a word which is stressed on the last syllable

• **agudos** *s pl* **los agudos** the treble: *Sube un poco los agudos.* Turn the treble up a little.

aguijón *s* stinger (AmE), sting (BrE)

águila *s* eagle

aguinaldo *s* En los países anglosajones no existe el aguinaldo. Si quieres explicar qué es, di *it's an extra month's salary or a gift that workers get at Christmas or on special holidays.*

aguja *s* **1** (de coser) needle **2** (de una jeringa) needle **3** (de un reloj) hand **4** (de una brújula, una balanza, etc.) needle

aguja de tejer knitting needle

agujerito *s* **hacerse agujeritos en las orejas** to have your ears pierced | **tener agujeritos (en las orejas)** to have pierced ears

agujero *s* hole: *Tengo un agujero en el bolsillo.* I have a hole in my pocket. | **hacer un agujero** to make a hole

agujero de ozono ozone hole, hole in the ozone layer **agujero negro** black hole

agujeta *s* shoelace

ahí *adv* **1** there: *Ahí está Emilia.* There's Emilia. | *Fuimos a la casa de Pablo y almorzamos ahí.* We went to Pablo's and had lunch there. ▶ Si uno puede señalar el lugar al que se refiere, a menudo se dice **over there**: *–¿Has visto mis anteojos? –Están ahí.* "Have you seen my glasses?" "They're over there." | **ahí abajo/arriba** down there/up there: *Deja las botellas ahí abajo.* Leave the bottles down there. | **ahí adentro/afuera** in there/out there: *Dejé la bicicleta ahí afuera.* I left my bike out there.

2 (con verbos como venir, llegar, etc.) here: *Ahí llegan los niños.* Here come the children.

3 por ahí over there somewhere: *–¿Dónde pongo esto? –Déjalo por ahí.* "Where should I put this?" "Leave it over there somewhere."

ahijado, -a *s* **ahijado** godson | **ahijada** goddaughter ▶ Si no se especifica el sexo, se usa **godchild** (plural **godchildren**): *No tengo ahijados.* I don't have any godchildren.

aguantar

1 En el sentido de soportar algo o a alguien desagradable, usa **to put up with:**

Sólo la aguanto porque es tu novia. I only put up with her because she's your girlfriend.

Si la oración es negativa o interrogativa, usa **to stand** o **to bear,** siempre con **can** o **could** (**to bear** es un poco más formal):

A ese tipo no lo aguanto. I can't stand that guy./I can't bear that man. | *¿Cómo aguantas el calor aquí adentro?* How can you stand the heat in here?/How can you bear the heat in here? | *No podía aguantar el dolor.* He couldn't bear the pain./He couldn't stand the pain.

2 En el sentido de sostener un peso, usa **to take (the weight of):**

¿Aguantará los diccionarios este estante? Do you think this shelf will take the weight of the dictionaries? | *Esta bolsa no va a aguantar tanto peso.* This bag won't take that much weight.

3 En el sentido de contener, guíate por estos ejemplos:

Aguanta la respiración. Hold your breath. | *No pude aguantar la risa.* I couldn't stop myself from laughing.

4 Si te refieres a las ganas de ir al baño, usa **to hold on:**

¿Puedes aguantar hasta que lleguemos? Can you hold on until we get there?

ahogado, -a *adj* **morir ahogado -a** to drown: *Muchos murieron ahogados.* Many people drowned.

ahogar *v* to drown

ahogarse *v* **1** (en el agua) to drown: *No sabía nadar y casi se ahoga.* He couldn't swim and he nearly drowned. **2** (por falta de aire) to suffocate: *Me estoy ahogando.* I'm suffocating.

ahora *adv* **1** (en este momento, en la actualidad) now: *Ahora viven en la capital.* They live in the capital city now. **2** (en este preciso momento) right now: *¿Tiene que ser ahora?* Does it have to be right now? | *Ahora está ocupada.* She's busy at the moment./She's busy right now. **3** (dentro de un momento) in a moment, in a minute: *Ahora la llamo.* I'll call her in a moment./I'll call her in a minute. | *–¡Mamá! –¡Ahora voy!* "Mom!" "I'm just coming!" **4 por ahora** for now, for the moment: *Deja tus cosas aquí por ahora.* Leave your things here for now./Leave your things here for the moment. **5 hasta ahora** so far, up until now: *Hasta ahora no he tenido ningún problema con el carro.* I haven't had any problems with the car so far./I haven't had any problems with the car up until now. **6 de ahora en adelante/desde ahora** from now on: *Voy a tener más cuidado de ahora en adelante.* I'll be more careful from now on.

ahorcado *s* (juego) hangman: *Estaban jugando al ahorcado.* They were playing hangman.
ahorcar *v* **1** (en la horca, en un árbol) to hang **2** (con las manos, con una media, etc) to strangle
ahorcarse *v* to hang oneself
ahorrar *v* (dinero, tiempo, agua, energía) to save: *Si lo haces en la computadora, ahorras tiempo.* If you do it on the computer, you save time. | *Había ahorrado $100.* She had saved $100. ► Cuando no se menciona la cantidad de dinero, se suele usar **to save up**: *Estoy ahorrando para un DVD.* I'm saving up for a DVD player.
ahorrarse *v* **1** (dinero) to save, to save yourself: *Fui caminando y me ahorré el boleto.* I walked and saved (myself) the bus fare. **2 ahorrarse el viaje/la molestia** to save yourself the trip/the bother
ahorrativo, -a *adj* **1** (cuidadoso con el dinero) thrifty **2** (con hábitos de ahorro) good at saving
ahorro *sustantivo & sustantivo plural*
- *s* (acción de ahorrar) saving: *el ahorro de energía* energy saving
- **ahorros** *s pl* (dinero) savings: *Se gastó todos los ahorros en una cámara digital.* She spent all her savings on a digital camera.

ahumado, -a *adj* smoked
ahuyama *s* pumpkin
aire *s* **1** air: *El aire fresco te va a hacer bien.* The fresh air will do you good. **2 al aire libre** in the open air: *Es mejor hacer ejercicio al aire libre.* It's better to exercise in the open air. | *un concierto de rock al aire libre* an open-air rock concert **3 en el aire** in the air, in mid-air: *El avión explotó en el aire.* The plane exploded in the air./The plane exploded in mid-air. **4 tomar el aire** (disfrutar del aire libre) to get some fresh air: *Salimos a tomar el aire.* We went out to get some fresh air. | **tomar aire** (respirar hondo) to take a deep breath **5 estar en el aire (a)** (en radio, televisión) to be on air, to be on the air **(b)** (sin definirse) to be up in the air: *Todavía todo está en el aire.* Everything is still up in the air.
aire acondicionado air conditioning: *¿Hay aire acondicionado en la habitación?* Does the room have air conditioning?
airear *v* (una habitación, las sábanas) to air
airearse *v* **1** (tomar el aire) to get some fresh air: *Salgan a airearse un poco.* Go out for a while and get some fresh air. **2** (ventilarse) to air: *Abre la ventana para que se airee el cuarto.* Open the window and let the room air.
aislado, -a *adj* **1** (zona, vida) isolated **2 quedar aislado -a (de algo)** to be cut off (from sth) **3** (hecho, caso) isolated: *casos aislados de cólera* isolated cases of cholera | *chaparrones aislados* isolated showers
aislamiento *s* isolation
aislante *adj* **un material aislante** an insulating material
aislar *v* **1** (a un país, una comunidad) to isolate **2** (un gen, un virus) to isolate **3** (un cable) to insulate
aislarse *v* (persona) **aislarse de algo/alguien** to cut yourself off from sth/sb
ajedrez *s* chess: *¿Juegas ajedrez?* Do you play chess?
ajeno, -a *adj* (de otra persona) somebody else's, (de otras personas) other people's: *No te puedes portar así en casa ajena.* You can't behave like that in somebody else's house. | *el respeto por la propiedad ajena* respect for other people's property
ajetreado, -a *adj* hectic, busy
ají *s* chili (plural -lies) (AmE), chilli (plural -llies) (BrE)
ajo *s* garlic ► ver **cabeza, diente**
ajoporro *s* leek
ajustado, -a *adj* tight: *La blusa le queda demasiado ajustada.* The blouse is too tight for her. ► Cuando se trata del estilo de la prenda, se dice **tight-fitting**: *una muchacha con bluyines ajustados* a girl in tight-fitting jeans
ajustar *v* **1** (el volumen, la temperatura, etc.) to adjust **2** (un tornillo, una tuerca) to tighten, to tighten up
al[1] contracción de **a+el** ► ver **a**
al[2] *conj* ► ver recuadro
ala *s* **1** (de un ave, un insecto, un avión) wing **2** (de un edificio) wing **3** (de una organización política) wing **4** (de un sombrero) brim
ala delta (a) (deporte) hang-gliding: *hacer ala delta* to go hang-gliding **(b)** (aparato) hang-glider
ala pivote forward-center
alabar *v* to praise
alacrán *s* scorpion
aladeltismo *s* hang-gliding
alambrada o **alambrado** *s* wire fence
alambre *s* wire
alambre de púa(s) barbed wire
álamo *s* poplar

al *conjunción*

1 CUANDO

Usa **when** seguido de sujeto y verbo:

Tome una pastilla al acostarse y otra al levantarse. Take one tablet when you go to bed and another one when you get up.

2 COMO

Usa **as** seguido de sujeto y verbo:

Al ver que no venía nadie, se fue. As he could see that nobody was coming, he left.

3 SI

Usa **if** seguido de sujeto y verbo o **by** seguido de gerundio:

Al pagar por adelantado, ahorras $45. If you pay in advance, you save $45./By paying in advance, you save $45.

alargado, -a *adj* long

alargar *v* **1 alargar un vestido/una falda etc.** to let a dress/a skirt etc. down **2** (en el tiempo) to prolong

alargarse *v* **1** (días) to get longer: *Ya se empiezan a alargar los días.* The days are beginning to get longer. **2** (reunión, conferencia) to go on: *Estas reuniones siempre se alargan demasiado.* These meetings always go on for too long.

alargue *s* (de un partido de fútbol) overtime (AmE), extra time (BrE): *Italia ganó 2-1 en el alargue.* Italy won 2-1 in overtime.

alarido *s* **1** (de terror, histeria) shriek **2** (de dolor) howl

alarma *s* **1** (dispositivo) alarm: *Sonó la alarma.* The alarm went off. ▶ ver **falso** **2 dar la alarma** to raise the alarm **3** (preocupación) alarm

alarma antirrobo **(a)** (de un auto) car alarm, anti-theft alarm **(b)** (de una casa) burglar alarm

alarma contra incendios fire alarm

alarmar *v* to alarm

alarmarse *v* to be alarmed: *No hay por qué alarmarse.* There's no reason to be alarmed.

albahaca *s* basil

albañil *s* builder

albaricoque *s* apricot

alberca *s* pool, swimming pool

albergue *s* **1 albergue (juvenil)** youth hostel: *¿Sabes si hay un albergue en Quito?* Do you know if there's a youth hostel in Quito? **2** (de montaña) refuge **3** (para gente necesitada) hostel, refuge

albino, -a *s* albino

albóndiga *s* meatball

alborotar *v* **alborotar a alguien** **(a)** (excitar) to get sb excited **(b)** (revolucionar) to get sb stirred up

alborotarse *v* **1** (entusiasmarse) to get very excited **2** (haciendo mucho ruido, etc.) to get very rowdy

alboroto *s* commotion: *Se armó tanto alboroto que vino la policía.* There was such a commotion that the police came.

álbum *s* **1 álbum (de fotos)** (photo) album **2 álbum (de cromos/figuritas/estampitas)** (sticker) book, (sticker) album **3 álbum (de estampillas/sellos)** (stamp) album **4** (disco) album

alcachofa *s* artichoke

alcance *s* **1** (en sentido económico) **está a mi/su etc. alcance** I/he etc. can afford it: *un producto al alcance de todo el mundo* a product that anyone can afford | **está fuera de mi/tu etc. alcance** I/you etc. can't afford it: *Las cuotas del club están fuera de nuestro alcance.* We can't afford the club membership fees. **2 al alcance de la mano** to hand: *En una cocina chiquita todo está al alcance de la mano.* Everything is at hand in a small kitchen.

alcancía *s* piggy bank, coin box (plural -xes) (AmE), money box (plural -xes) (BrE)

alcantarilla *s* drain

alcanzar *v* **1** (ser suficiente) to be enough: *¿Alcanzan las sillas?* Are there enough chairs? | **no me/te etc. alcanza** I/you etc. don't have enough: *No me alcanzó el tiempo.* I didn't have enough time. | *No le alcanza el dinero para comprarse el que le gusta.* She doesn't have enough money to buy the one she likes.
2 (llegar) to reach: *Pablito no alcanza el timbre.* Pablito can't reach the doorbell.
3 (a una persona) to catch up with: *Si corres, la alcanzas.* If you run, you'll catch up with her.
4 (un tren, un bus) to catch: *Vamos a tener que correr para alcanzar el tren.* We're going to have to run to catch the train.
5 (pasar) to pass: *¿Me alcanzas el martillo?* Can you pass me the hammer?
6 alcanzar a hacer algo to manage to do sth: *No alcancé a contestar la última pregunta.* I didn't manage to answer the last question.
7 (una temperatura, una altura, etc.) to reach: *La temperatura alcanzó los 38 grados.* The temperature reached 38 degrees.

alcaparra *s* caper

alce *s* moose (plural moose), elk (plural elk)

alcohol *s* **1** (para desinfectar) rubbing alcohol (AmE), surgical spirit (BrE) **2** (bebidas alcohólicas) alcohol **3** (sustancia química) alcohol

alcohólico, -a *adjetivo & sustantivo*

• *adj* **1** (bebida) alcoholic **2 ser alcohólico -a** to be an alcoholic

• *s* alcoholic

alcoholismo *s* alcoholism

alegrar *v* **1** (poner contento) **alegrar a alguien** to make sb happy: *La noticia nos alegró mucho.* The news made us very happy. **2 alegrar una casa/un cuarto** to brighten up a house/a room

alegrarse *v* to be pleased: *No sabes cómo se alegró cuando le conté.* You can't imagine how pleased she was when I told her. | **me alegro (mucho)** I'm (very) glad, I'm (very) pleased: *Me alegro de que te guste.* I'm glad you like it./I'm pleased you like it. | **me alegro mucho por ti/por ellos etc.** I'm very happy for you/for them etc.

alegre *adj* **1** (referido a personas) happy, cheerful: *Daniel es un tipo muy alegre.* Daniel is a very happy guy./Daniel is a very cheerful guy. | *Estaba muy alegre.* She was very happy./She was very cheerful. **2** (habitación, casa) bright **3** (color) bright **4** (música) lively **5** (por haber bebido) **estar alegre** to be tipsy

alegría *s* **1** joy: *la alegría de volver a verla* the joy of seeing her again | **¡qué alegría!** that's wonderful!: *¿Entonces vienes? ¡Qué alegría!* So you're coming! That's wonderful! **2 darle una alegría a alguien** to make sb happy: *Ve a decírselo a tu abuela. Le va a dar una gran alegría.* Go and tell your grandma. It'll make her very happy.

¿Quieres pedir una hamburguesa en inglés? Consulta la **guía de comunicación** al final del libro.

alejar *v* **alejar algo/a alguien de algo** to move sth/sb away from sth: *¡Cuidado! Aleja eso del fuego.* Be careful! Move that away from the fire.
alejarse *v* Se suele usar un phrasal verb con **away**. Ver ejemplos: *No te alejes demasiado.* Don't go too far away. | *Aléjate del borde.* **Move away from** the edge.

alemán, -ana *adjetivo & sustantivo*
• *adj & s* German | **los alemanes** (the) Germans
• **alemán** *s* (idioma) German

Alemania *s* Germany

alentar *v* **1 alentar a un jugador/a un equipo** to cheer a player/a team on: *Fuimos a alentar al equipo del colegio.* We went to cheer the school team on. **2** (apoyar) to encourage: *Mi papá me alentó a seguir adelante.* My father encouraged me to carry on.

alergia *s* **1** allergy (plural -gies) **2 tenerle alergia a algo** to be allergic to sth: *Les tengo alergia a los mariscos.* I'm allergic to shellfish.

alérgico, -a *adj* **1 ser alérgico -a a algo** to be allergic to sth: *Soy alérgica a las plumas.* I'm allergic to feathers. **2** (reacción) allergic

alero *s* **1** (en básquet) forward **2** (de una casa) eaves *pl*

alerta *sustantivo & adjetivo*
• *s* **1 en estado de alerta** on alert: *La policía de la zona está en estado de alerta.* The police in the area are on alert. **2 dar la/el alerta** to raise the alarm **3** (aviso) warning: *una alerta meteorológica* a weather warning
alerta roja red alert
• *adj* **estar alerta** to be alert

aleta *s* **1** (de un pez) fin **2** (para buceo) flipper

alfabético, -a *adj* alphabetical

alfabeto *s* alphabet

alfarería *s* pottery

alfarero, -a *s* potter

alfil *s* bishop

alfiler *s* pin
alfiler de gancho safety pin

alfombra *f* **1** (de pared a pared) carpet **2** (que cubre parte del piso) rug

alfombrar *v* to carpet

alfombrilla *s* (para limpiarse los pies) doormat

algas *s pl* seaweed *sing*

álgebra *s* algebra

algo *pron & adv* ▶ ver recuadro

algodón *s* **1** (tejido, planta) cotton | **una camisa/un vestido de algodón** a cotton shirt/dress **2** (en cosmética, enfermería, etc.) cotton (AmE), cotton wool (BrE): *Tengo que comprar algodón.* I have to buy some cotton. | *un algodón* a piece of cotton

alguien *pron* ▶ ver recuadro

algún ▶ ver **alguno**

alguno, -a *adj & pron* ▶ ver recuadro en página 444

algo

PRONOMBRE

1 EN ORACIONES AFIRMATIVAS (= something)

Tengo algo que decirte. I have something to tell you. | *Aquí pasa algo.* There's something going on here.

2 EN PREGUNTAS Y EN ORACIONES CON "IF" (= anything)

¿Algo más? Anything else? | *Si necesitas algo, pídemelo.* If you need anything, ask me.

Pero se suele usar **something** cuando se espera una respuesta afirmativa:

¿Tienes algo que decirme? Have you got something to tell me?

3 EXPRESIONES

algo es algo it's better than nothing | **o algo así** or something like that | **por algo será** there must be a reason for it

ADVERBIO (= a little, slightly)

Está algo nerviosa. She's a little nervous./ She's slightly nervous.

alguien

1 EN ORACIONES AFIRMATIVAS (= someone, somebody)

Buscan a alguien con experiencia. They are looking for someone with experience.

2 EN PREGUNTAS Y EN ORACIONES CON "IF" (= anyone, anybody)

¿Conoces a alguien que nos pueda ayudar? Do you know anyone who can help us? | *Avísame si viene alguien.* Let me know if anyone comes.

Pero se suele usar **someone** o **somebody** cuando se espera una respuesta afirmativa:

¿Es alguien que conozco? Is it someone I know?

alhaja *s* piece of jewelry (AmE), piece of jewellery (BrE): *una alhaja muy cara* a very expensive piece of jewelry ▶ Se usa **jewelry** (o **jewellery** en inglés británico) para hablar de *alhajas* en general: *No usa alhajas.* She doesn't wear jewelry.

alhajero *s* jewelry box (plural boxes) (AmE), jewellery box (plural boxes) (BrE)

aliado, -a *adjetivo & sustantivo*
• *adj* allied: *las tropas aliadas* the allied troops
• *s* ally (plural allies)

alianza *s* **1** (entre personas, países, etc.) alliance **2** (anillo) wedding ring

aliarse *v* **aliarse con alguien** to form an alliance with sb

alias *adv & s* alias

alicates *s pl* **1** (herramienta) pliers **2** (para las uñas) nail clippers

aliciente *s* incentive

alguno -a

ADJETIVO

1 En oraciones afirmativas se traduce por **some**:

Algún día te lo contaré. I'll tell you some day. | *Algunas personas resultaron heridas.* Some people were hurt.

Pero cuando el sustantivo singular español implica más de uno, en inglés se usa un sustantivo plural:

Ya leí algún artículo sobre el tema. I've read some articles on the subject./I've read one or two articles on the subject.

2 En oraciones interrogativas se traduce por **any**:

¿Has visto alguna película interesante últimamente? Have you seen any interesting movies recently?

3 Algunas combinaciones tienen traducciones especiales:

***Algunas veces** me acuesto temprano.* **Sometimes** I go to bed early. | *Lo había guardado **en algún lugar**.* I had put it away **somewhere**. | *¿**Alguna vez** estuviste en su casa?* Have you **ever** been to her house? | **no hay razón alguna/peligro alguno** there is no reason at all/no danger at all

PRONOMBRE

1 Cuando significa uno se traduce por **one**:

Alguno de nosotros tiene que hacerlo. One of us has to do it. | *Necesito un almanaque. ¿Tienes alguno?* I need a calendar. Do you have one?

2 Cuando significa más de uno se traduce por **some** en oraciones afirmativas y por **any** en oraciones interrogativas:

Algunos de ellos ya pagaron. Some of them have already paid. | *Me olvidé de comprar huevos. ¿Tienes alguno?* I forgot to get eggs. Do you have any?

aliento s **1** (olor) breath: *Tiene mal aliento.* She has bad breath. **2** (respiración) breath | **sin aliento** out of breath: *Llegó sin aliento.* He was out of breath when he arrived. | **me quedé/se quedó etc. sin aliento** (de la impresión, etc.) I was/he was etc. speechless: *Me quedé sin aliento cuando lo vi.* I was speechless when I saw him. **3** (ánimo) encouragement: *unas palabras de aliento* a few words of encouragement

alimentación s diet: *una alimentación sana* a healthy diet

alimentar v **1** (ser nutritivo) to be nutritious: *El pan blanco no alimenta mucho.* White bread isn't very nutritious. **2** (darle de comer a) to feed
alimentarse v **1 alimentarse de algo** to live on sth: *Se alimenta de arroz y verduras.* She lives on rice and vegetables. **2 alimentarse bien** to eat well

alimenticio, -a adj (nutritivo) nutritious

alimento s food: *alimentos nutritivos* nutritious foods

alineación s (en fútbol) line-up

aliñar v (una ensalada) to dress

aliño s (para la ensalada) dressing

aliscafo o **alíscafo** s hydrofoil: *¿De dónde sale el aliscafo?* Where does the hydrofoil leave from?

alistarse v to enlist

aliviar v (un dolor) to relieve: *Esto te va a aliviar el dolor de estómago.* This will relieve your stomachache.
aliviarse v (dolor) to ease off: *Se me alivió el dolor de cabeza.* My headache eased off.

alivio s relief: *¡Qué alivio!* What a relief! | *Sentí un gran alivio cuando se fue.* I felt a great sense of relief when he left.

allá adv **1** (lugar) there: *Allá está Pablo.* There's Pablo. ► Si uno puede señalar el lugar al que se refiere, a menudo se dice **over there**: *Está allá, al lado del supermercado.* It's over there, next to the supermarket. | **allá abajo/arriba** down there/up there: *allá arriba, en el último estante* up there, on the top shelf | **allá adentro/afuera** in there/out there **2 más allá (a)** (para aquel lado) further over, further over that way: *Pon el florero más allá.* Move the vase further over that way./Move the vase further over. **(b)** (más adelante) further on: *La playa está dos kilometros más allá.* The beach is two kilometers further on. | **más allá del puente/del aeropuerto etc** beyond the bridge/the airport etc **3 allá por los 80/por 1995 etc.** back in the 80s/in 1995 etc. | **allá tú/él etc.** that's your/his etc. problem: *Si igual quiere ir, allá él.* If he still wants to go, that's his problem.

allí adv there: *Allí estaba, esperándonos.* There she was, waiting for us. ► Si uno puede señalar el lugar al que se refiere, a menudo se dice **over there**: *Viven allí, en aquel edificio.* They live over there, in that building. | **allí abajo/arriba** down there/up there: *allí arriba, en el último estante* up there, on the top shelf | **allí adentro/afuera** in there/out there

alma s **1** soul **2 un amigo/una amiga del alma** a very close friend **3 con toda mi alma** with all my heart **4 no había ni un alma** there wasn't a soul there

almacén *sustantivo & sustantivo plural*
- *s* **1** (tienda) store ► ver también **almacenes** **2** (depósito) warehouse **3** (de comestibles) grocery store
- **almacenes** *s pl* (tienda grande) department store *sing*

almacenar v **1** (mercancías) to store **2** (en informática) to store

almanaque s calendar

almeja s clam

almendra s almond

almendro s almond tree

almíbar *s* syrup: *duraznos en almíbar* peaches in syrup
almidón *s* starch
almirante *s* admiral
almohada *s* pillow
almohadón *s* cushion
almorzar *v* **1** (al mediodía) to have lunch: *Almorzamos en la cocina.* We had lunch in the kitchen. | *Me invitó a almorzar afuera.* He invited me out for lunch. | **almorzar pescado/pollo etc.** to have fish/chicken etc. for lunch **2** (a media mañana) to have a mid-morning snack
almuerzo *s* **1** (al mediodía) lunch: *¿A qué hora sirven el almuerzo?* What time do they serve lunch? | *a la hora del almuerzo* at lunchtime **2** (a media mañana) mid-morning snack
aló *interj* (por teléfono) hello
alojamiento *s* accommodations (AmE), accommodation (BrE): *El precio incluye el alojamiento.* The price includes accommodations.
alojar *v* **alojar a alguien** to put sb up: *la familia que nos alojó* the family that put us up
alojarse *v* to stay: *Se alojaron en un hotel cerca de la playa.* They stayed in a hotel near the beach.
alondra *s* lark
alpaca *s* (animal, tela) alpaca
alpargata *s* espadrille
alpinismo *s* climbing, mountaineering
alpinista *s* climber, mountaineer
alpiste *s* birdseed
alquilar *v* ▶ ver recuadro
alquiler *s* **1** (pago) rent: *Todavía no han pagado el alquiler.* They haven't paid the rent yet. **2** (acción de alquilar) ver ejemplos: *alquiler de bicicletas* bicycle rental (AmE)/bicycle hire (BrE) | *un auto de alquiler* a rental car (AmE)/a hire car (BrE)
alquitrán *s* tar
alrededor *adverbio, preposición & sustantivo plural*
- *adv* around | **a mi/tu/su etc. alrededor** around me/you/her etc.: *Miré a mi alrededor.* I looked around me.
- **alrededor de** *prep* **1** (en torno a) around: *Se sentaron alrededor de la mesa.* They sat around the table. **2** (aproximadamente) around: *Dura alrededor de una hora.* It lasts around an hour.
- **alrededores** *s pl* **en los alrededores de la ciudad** on the outskirts of the city | **en los alrededores del estadio/de la catedral etc.** in the area around the stadium/the cathedral etc.

alta *s* **darle el alta a alguien** (a un enfermo) to discharge sb: *Mañana le dan el alta.* He's being discharged tomorrow.
altar *s* altar

alquilar

1 Cuando quien alquila es el inquilino o el usuario:

UNA VIVIENDA (= to rent)

El verano pasado alquilamos una casa en Pinamar. Last summer we rented a house in Pinamar.

UNA BICICLETA, UN VEHÍCULO, ROPA (= to rent AmE, to hire BrE)

Alquilaron un auto por dos semanas. They rented a car for two weeks.

UN VIDEO, UN DVD (= to rent)

¿Alquilamos una película para esta noche? Do you want to rent a movie for tonight?

2 Cuando quien alquila es el propietario:

UNA VIVIENDA (= to rent out)

Me fui a vivir con mis padres y alquilé el apartamento. I moved in with my parents and rented out my apartment. | *Se alquila.* For rent. (AmE)/To let. (BrE)

VEHÍCULOS, BICICLETAS, ROPA (= to rent out AmE, to hire out BrE)

¿Alquilan bicicletas? Do you rent out bicycles?

VIDEOS, DVDS (= to rent out)

altavoz *s* **1** (en un lugar público) loudspeaker | **anunciar algo por los altavoces** to announce sth over the loudspeakers **2** (de un equipo de música) speaker
alterar *v* **1** (cambiar) to alter, to change **2** (disgustar) to upset
alterarse *v* to get upset
alternativa *s* alternative: *No me queda otra alternativa.* I have no alternative.
alternativo, -a *adj* **1** (no convencional) alternative: *el rock alternativo* alternative rock **2** (de segunda opción) alternative: *una solución alternativa* an alternative solution
altibajos *s pl* ups and downs: *Su trabajo tiene altibajos.* Her work has its ups and downs.
altillo *s* attic
altiplano *s* high plateau
altitud *s* altitude: *a 5,860 metros de altitud* at an altitude of 5,860 meters
alto, -a *adjetivo, adverbio, sustantivo & interjección*
- *adj* ▶ ver recuadro en página 446

alta costura *s* haute couture, high fashion **alta fidelidad** *s* hi-fi: *un equipo de alta fidelidad* a hi-fi system **alta mar** *s: en alta mar* on the high seas **alta sociedad** *s* high society
- **alto** *adv* **1** (hablar) loudly: *No hablen tan alto.* Don't talk so loudly. | *Habla más alto que no te oigo.* Speak up, I can't hear you. **2** (volar) high: *Volaba muy alto.* It was flying very high
- **alto** *s* **1** (altura) **¿cuánto tiene/mide de alto?** how high/tall is it?: *¿Cuánto mide de alto ese árbol?* How tall is that tree? | **tiene/mide 30**

alto -a *adjetivo*

1 Para referirse a personas, edificios y árboles se usa **tall**:

Es muy alto para su edad. He's very tall for his age. | *Es más alta que su mamá.* She's taller than her mother. | *el edificio más alto del mundo* the tallest building in the world

2 **Tall** se usa también para otros objetos angostos y altos:

una columna alta a tall column | *Ponlas en un florero más alto.* Put them in a taller vase.

3 Para referirse a objetos más anchos que altos como *vallas* y *muros* se usa **high**:

Construyeron un muro más alto. They built a higher wall.

4 Con sustantivos abstractos como *precio, calidad*, etc. se usa **high**:

Siempre saca la nota más alta. She always gets the highest grade.

5 Para referirse a la posición o el nivel de algo se usa **high**:

un estante alto a high shelf | *El desempleo está muy alto.* Unemployment is very high. | *No alcanzo al timbre, está muy alto.* I can't reach the bell, it's too high.

6 Para referirse a sonidos se usa **loud**:

La tele está demasiado alta. The television's too loud.

7 Para referirse a funcionarios, directivos, etc. se usa **high-ranking**:

un alto ejecutivo a high-ranking executive

8 *clase alta, temporada alta*, etc. están tratadas bajo el sustantivo correspondiente.

metros de alto it's 30 meters high/tall: *La cerca tiene dos metros de alto.* The fence is two meters high. ▶ En el recuadro se explica cuándo usar **high** y cuándo **tall** **2** (pausa) **hacer un alto (en el camino)** to stop (along the way)
alto al fuego *s* cease-fire

• **¡alto!** *interj* stop!, halt!

altoparlante ▶ ver **altavoz**

altura *s* **1** (alto, estatura) height: *la altura del edificio* the height of the building | **¿cuánto tiene/mide de altura?** how high/tall is it?: *¿Cuánto mide de altura la biblioteca?* How tall is the bookcase? ▶ En el recuadro **alto -a** se explica cuándo usar **high** y cuándo **tall.** | **tiene/mide cinco metros de altura** it's five meters high/tall: *La montaña tiene 5,000 metros de altura.* The mountain is 5,000 meters high. **2** (de vuelo, sobre el nivel del mar) height, altitude: *El avión empezó a perder altura.* The plane began to lose height./The plane began to lose altitude. | *un refugio de montaña a 3,000 metros de altura* a mountain refuge at an altitude of 3,000 meters **3** (referido a calles) **¿a qué altura de la 43/de la avenida etc. queda?** how far along 43rd Street/along the avenue etc. is it? **4** **a esta altura/a estas alturas** ver ejemplos: *A estas alturas ya deben estar terminando el álbum.* They should be finishing the album by now. | *A esta altura ya no me importa.* At this stage I no longer care. | **a esta altura de su carrera/su vida etc.** at this stage of her career/life etc. **5** **estar a la altura de alguien** to be on a par with sb: *El boxeador no estuvo a la altura de su rival.* The boxer wasn't on a par with his opponent. | **estar a la altura de las circunstancias** to be up to it: *Su sustituto no estuvo a la altura de las circunstancias.* His replacement wasn't up to it.

alucinación *s* hallucination

alucinante *adj* (genial) amazing

alud *s* **1** (de nieve) avalanche **2** (de barro, piedras) landslide **3** **un alud de quejas/cartas etc.** an avalanche of complaints/letters etc.

aludido, -a *adj* **no darse por aludido -a** not to take the hint: *No se dio por aludida.* She didn't take the hint.

alumbrar *v* Ver ejemplos: *Esta lámpara no alumbra mucho.* This lamp doesn't give out much light. | *Alumbré el camino con la linterna.* I lit the way with the flashlight. | *Cuando lo alumbraron los faros pude ver quién era.* When the headlights shone on him, I saw who it was.

aluminio *s* aluminum (AmE), aluminium (BrE) | **una cacerola/un cucharón de aluminio** an aluminum saucepan/ladle (AmE), an aluminium saucepan/ladle (BrE) ▶ ver **papel**

alumno, -a *s* student: *el mejor alumno de la clase* the best student in the class ▶ En inglés británico se usa **pupil** para referirse a los alumnos de primaria y a veces a los de secundaria

alzar *v* **1** (una copa, un trofeo, el telón) to raise **2** **alzar la mirada/la vista** to look up

amabilidad *s* kindness | **¿tendría la amabilidad de ayudarme/esperar etc.?** would you be so kind as to help me/wait etc.?

amable *adj* **1** kind: *Fue muy amable conmigo.* She was very kind to me. **2** **muy amable** (como agradecimiento) thank you: *–Siéntese. –Muy amable.* "Have a seat." "Thank you." **3** **si fuera tan amable** if you would be so kind

amaestrado, -a *adj* trained

amaestrar *v* to train

amamantar *v* **1** (a un bebé) to breastfeed **2** (un animal a su cría) to suckle

amanecer *sustantivo & verbo*

• *s* **1** (hora) dawn: *Salimos al amanecer.* We left at dawn. **2** (salida del sol) sunrise: *Vimos el* *amanecer juntos.* We watched the sunrise together.

- **v** to get light: *Está amaneciendo.* It's getting light./Dawn is breaking.

amante s **1** (de una persona) lover **2 los amantes de la ópera/el arte etc.** opera lovers/art lovers etc.

amapola s poppy (plural -ppies)

amar v to love: *Te amo.* I love you.

amarse v to love each other

amargado, -a adj **1** (resentido) bitter: *una vieja amargada* a bitter old woman **2** (disgustado) fed up: *Estoy amargado porque perdió mi equipo.* I'm fed up because my team lost.

amargar v **amargarle el día/la vida etc. a alguien** to ruin sb's day/life etc.

amargarse v to get upset: *No te amargues por eso.* Don't get upset about that.

amargo, -a adj **1** (referido al sabor) bitter: *naranjas amargas* bitter oranges **2** (sin azúcar) ver ejemplo: *Tomo el café amargo.* I don't take sugar in my coffee.

amargura s bitterness

amarillento, -a adj yellowish

amarillo, -a adjetivo & sustantivo

- **adj** yellow ▶ ver **página, tarjeta**
- **amarillo** s yellow ▶ ver "Active Box" **colores** en **color**

amarra s mooring rope | **echar amarras** to moor | **soltar amarras** to cast off

amarrar v **1** (atar) to tie: *Amarró la cuerda al árbol.* He tied the rope to the tree. | **amarrar a alguien** to tie sb up **2** (una embarcación) to moor: *Amarraron el yate.* They moored the yacht.

amarrarse v **amarrarse los zapatos** to do your shoes up, to tie your shoelaces | **amarrarse los pantalones** to do your pants up | **amarrarse el pelo** to tie your hair back

amarrete, -a adjetivo & sustantivo

- **adj** tight-fisted, stingy
- **s** skinflint

amasar v **1** (en cocina) to knead **2 amasar una fortuna** to amass a fortune

amateur adj & s amateur

amatista s amethyst

Amazonas s **el Amazonas** the Amazon

amazónico, -a adj Amazonian

ámbar s amber

ambición s ambition: *Su ambición es tocar en una banda de rock.* Her ambition is to play in a rock band.

ambicioso, -a adj (persona, proyecto) ambitious

ambientado, -a adj set: *una novela ambientada en los años cuarenta* a novel set in the forties

ambiental adj environmental: *contaminación ambiental* environmental pollution ▶ ver **música**

ambiente s **1** (entorno) environment: *un ambiente de trabajo agradable* a pleasant working environment **2** (atmósfera) atmosphere: *un ambiente tenso* a tense atmosphere ▶ ver **medio**

ambiguo, -a adj ambiguous

ambos, -as adj & pron both: *Ambos equipos tienen 20 puntos.* Both teams have 20 points. | *A ambos nos gusta el tenis.* We both like tennis.

ambulancia s ambulance: *¡Llamen a la ambulancia!* Call an ambulance!

ambulante ▶ ver **vendedor**

amén interj amen

amenaza s threat

amenaza de bomba bomb threat **amenaza de muerte** death threat

amenazante adj threatening

amenazar v to threaten | **amenazar a alguien de muerte** to threaten to kill sb: *Lo habían amenazado de muerte* They had threatened to kill him. | **amenazar (a alguien) con hacer algo** to threaten to do sth: *Nos amenazó con denunciarnos a la policía.* He threatened to report us to the police.

América s the Americas, America ▶ Se usa más **the Americas** porque **America** también significa *Estados Unidos* en inglés: *el río más largo de América* the longest river in the Americas

América Central Central America **América del Norte** North America **América del Sur** South America **América Latina** Latin America

americano, -a adj & s

> **American** significa fundamentalmente *estadounidense.* Para expresar *del continente americano* se suele usar **in the Americas, from the Americas,** etc. si hay riesgo de ambigüedad:
>
> *la principal cadena montañosa americana* the main mountain chain in the Americas | *el continente americano* the American continent
>
> *Los americanos* se dice **(the) Americans** si se refiere a los estadounidenses y **(the) people from the Americas** si designa a los habitantes del continente.

ametralladora s machine gun

amígdalas s pl tonsils | **me/lo etc. operaron de las amígdalas** I had my tonsils out/he had his tonsils out etc.

amigo, -a sustantivo & adjetivo

- **s** friend: *Laura es mi mejor amiga.* Laura is my best friend. | **un amigo mío/nuestro etc./una amiga mía/nuestra etc.** a friend of mine/ours etc.: *un gran amigo suyo* a great friend of hers | **ser amigo -a de alguien** to be a friend of sb's: *Es amigo mío.* He's a friend of mine. | *Era amiga de mi mamá.* She was a friend of my mother's. | **hacerse amigo -a de alguien** to make friends with sb: *Me hice amiga de los vecinos.* I made friends with the neighbors. | **hacerse amigos -as** to become friends: *Nos hicimos amigas enseguida.* We became friends right away.

• *adj* **ser muy amigos -as** to be very good friends | **ser muy amigo -a de alguien** to be a good friend of sb's: *Es muy amiga nuestra.* She's a good friend of ours.

amistad *sustantivo & sustantivo plural*

• *s* (relación) friendship: *mi amistad con Juan* my friendship with Juan | **hacer amistad con alguien** to make friends with sb

• **amistades** *s pl* (amigos) friends: *todas sus amistades* all her friends

amistoso, -a *adjetivo & sustantivo*

• *adj* **1 partido amistoso** exhibition game (AmE), friendly (BrE) **2** (saludo, tono, relación) friendly

• **amistoso** *s* exhibition game (AmE), friendly (plural -lies) (BrE): *un amistoso con Brasil* an exhibition game against Brazil

amnistía *s* amnesty (plural -ties)

amo, -a *s* owner

ama de casa housewife (plural -wives) ► Actualmente se prefiere el término **homemaker,** que se puede aplicar tanto a la mujer como al hombre que se ocupa de la casa y no trabaja fuera

amonestación *s* (a un jugador) yellow card, booking (BrE)

amonestar *v* (a un jugador) to yellow-card, to book (BrE): *Lo amonestaron por demorar un tiro libre.* He was yellow-carded for delaying a free kick.

amontonar *v* **amontonar algo** to pile sth up: *una cantidad de ropa amontonada en una silla* lots of clothes piled up on a chair

amontonarse *v* **1** (apilarse) to pile up: *La basura se amontonaba en las calles.* Garbage was piling up in the streets. **2** (personas) to crowd together: *Se amontonaron alrededor del escenario.* They crowded together around the stage.

amor *s* **1** (sentimiento) love: *el amor por la música* the **love of** music | *su amor por Romeo* her **love for** Romeo | **¡por amor de Dios!** for goodness' sake! **2 hacer el amor** to make love **3** (persona amada) love: *Sí, mi amor.* Yes, my love.

amor propio pride

amordazar *v* to gag

amoroso, -a *adj* **1 vida amorosa** love life | **relaciones amorosas** relationships **2** (encantador) lovely: *una niña amorosa* a lovely girl

amortiguador *s* shock absorber

ampliación *s* **1** (de una foto) enlargement **2** (del vocabulario) widening **3** (de un plazo) extension

ampliar *v* **1** (una foto) to enlarge **2** (el vocabulario) to widen **3** (un plazo) to extend **4** (una casa) to extend

amplificador *s* amplifier

amplio, -a *adj* **1** (casa, habitación) spacious, large **2** (sofá, cama) large **3** (chaqueta, pantalones, etc.) loose-fitting **4** (gama, margen) wide **5 en el sentido amplio de la palabra/del término** in the broad sense of the word/term

ampolla *s* **1** (en la piel) blister **2** (de vidrio) vial

ampolleta *s* (de luz) light bulb

amputar *v* to amputate

amueblado, -a *adj* furnished

amueblar *v* to furnish

amuleto *s* charm, amulet

analfabetismo *s* illiteracy

analfabeto, -a *adjetivo & sustantivo*

• *adj* illiterate

• *s* illiterate person (plural illiterate people)

analgésico *s* painkiller ► También existe **analgesic,** pero es un término técnico

análisis *s* **1** (en medicina) test: *un análisis de sangre/orina* a blood/urine test | **hacerse análisis** to have tests done: *Se tiene que hacer unos análisis.* He has to have some tests done. **2** (de un texto, de un problema) analysis (plural -lyses) | **hacer un análisis de algo** to analyze sth (AmE), to analyse sth (BrE)

analista *s* analyst

analista de sistemas systems analyst

analizar *v* to analyze (AmE), to analyse (BrE)

anaranjado, -a *adjetivo & sustantivo*

• *adj* orange

• **anaranjado** *s* orange ► ver "Active Box" **colores** en **color**

anarquía *s* anarchy

anarquista *adj & s* anarchist

anatomía *s* anatomy

ancho, -a *adjetivo & sustantivo*

• *adj* **1** (calle, río, cinturón, tela) wide: *una ancha avenida* a wide boulevard **2** (frente, cara, hombros, caderas) broad: *un hombre de cara ancha* a man with a broad face | *Es ancho de hombros.* He has broad shoulders. **3** (boca) wide **4** (pantalón, saco) loose-fitting

• **ancho** *s* width: *el ancho de la tela* the width of the material | **¿cuánto tiene/mide de ancho?** how wide is it?: *¿Cuánto tiene de ancho esta puerta?* How wide is this door? | **tiene/mide dos metros de ancho** it's two meters wide: *La cama mide 90 cm de ancho.* The bed is 90 cm wide.

ancho de banda bandwidth

anchoa *s* anchovy (plural -vies)

anciano, -a *sustantivo & adjetivo*

• *s* (persona) **anciano** elderly man (plural men) | **anciana** elderly woman (plural women) | **los ancianos** the elderly

• *adj* elderly

ancla *s* anchor

ándale ► ver **ándele**

andamio *s* scaffolding

andar *v* **1** (estar) to be: *¿Cómo andas?* How are you?/How are you doing? | *–¿Dónde está papá? –Anda por el jardín.* "Where's Dad?" "He's in the

garden." | *Siempre anda quejándose.* He's always complaining. | **andar cansado-a/triste etc.** to be tired/sad etc.: *Ando preocupada por los exámenes.* I'm worried about the exams.
2 ¿en qué anda/andas etc.? what's he up to?/what are you up to? etc.
3 (funcionar) to work: *No me anda el reloj.* My watch isn't working.
4 andar bien/mal (a) (negocio) to be going well/badly **(b)** (radio, aspiradora, etc.) to be working well/not to be working well: *El auto anda mal.* There's something wrong with the car. **(c)** (persona): *Anda mal de dinero.* He has money problems. | *Sonia anda mal de salud.* Sonia's not very well.
5 andar por los quince/los veinte etc. to be about fifteen/twenty etc.: *Debe andar por los cuarenta.* She must be about forty.
6 andar con alguien to mix with sb, to hang out with sb: *No les gusta la gente con la que ando.* They don't like the people I mix with./They don't like the people I hang out with. ► ver **bicicleta, caballo, moto**

andarivel *s* **1** (de una piscina, una pista de atletismo) lane **2** (en un centro de esquí) ski lift, (de silla) chair lift **3** (para ayudarse a caminar) walking frame

ándele, ándale *interj* **1** (para apurar a alguien) hurry up!, come on! **2** (para animar a alguien) come on!

andén *s* **1** (en una estación) platform: *¿De qué andén sale el tren?* Which platform does the train leave from? **2** (acera) sidewalk (AmE), pavement (BrE): *Estaban jugando en el andén.* They were playing on the sidewalk

Andes *s pl* **los Andes** the Andes

andinismo *s* climbing, mountaineering

andinista *s* climber, mountaineer

andino, -a *adj* Andean

anécdota *s* anecdote | **contar una anécdota** to tell an anecdote

anemia *s* anemia (AmE), anaemia (BrE) | **tener anemia** to be anemic (AmE), to be anaemic (BrE)

anestesia *s* anesthesia (AmE), anaesthesia (BrE) | **con/sin anestesia** with/without an anesthetic (AmE), with/without an anaesthetic (BrE) | **ponerle/darle anestesia a alguien** to give sb an anesthetic (AmE), to give sb an anaesthetic (BrE)
anestesia general/local general/local anesthetic (AmE), general/local anaesthetic (BrE)

anestesiar *s* to anesthetize (AmE), to anaesthetize (BrE)

anestesista *s* anesthetist (AmE), anaesthetist (BrE)

anexo *s* **1** (de un edificio) annex (AmE), annexe (BrE) **2** (a un texto, a un documento) appendix (plural -dices)

anfetamina *s* amphetamine

anfibio, -a *adjetivo & sustantivo*
- *adj* **1** (animal, planta) amphibious **2** (vehículo) amphibious
- **anfibio** *s* amphibian

anfitrión, -ona *s* **anfitrión** host | **anfitriona** hostess (plural -sses)

ángel *s* angel
ángel de la guarda guardian angel

anginas *s pl* **1** (amígdalas) tonsils **2** (inflamación) tonsillitis *sing*

anglicano, -a *adj & s* Anglican ► La rama americana de la Iglesia Anglicana se llama **Episcopalian** o **Episcopal Church**. Los miembros de dicha iglesia se conocen como **Episcopalians**

anglosajón, -ona *adjetivo & sustantivo*
- *adj* **1** (de los pueblos de lengua inglesa) **la cultura anglosajona** the culture of the English-speaking nations | **el mundo anglosajón** the English-speaking world **2** (del pueblo de la antigüedad) Anglo-Saxon
- *s* **los anglosajones (a)** (la gente de habla inglesa) English-speaking people **(b)** (en la antigüedad) the Anglo-Saxons

angosto, -a *adj* narrow

anguila *s* eel

ángulo *s* **1** (en geometría) angle: *un ángulo recto/agudo/obtuso* a right/acute/obtuse angle | *un ángulo de 30º* a 30º angle **2** (punto de vista) angle **3** (esquina) corner

angustia *s* **1** (sufrimiento) distress, anguish **2** (inquietud) anxiety

angustiar *v* **me angustia (a)** (me hace sufrir) it distresses me **(b)** (me inquieta) it makes me anxious
angustiarse *v* **1** (sufrir) to get distressed, to get upset **2** (inquietarse) to get anxious

anillo *s* ring: *un anillo de brillantes* a diamond ring
anillo de boda wedding ring **anillo periférico** beltway (AmE), ring road (BrE)

animado, -a *adj* **1** (referido a personas) cheerful: *Lo vi muy animado.* He seemed very cheerful. **2** (entretenido) lively: *una animada conversación* a lively conversation **3** (película) animated ► ver **dibujo**

animador, -a *s* **1** (de dibujos, películas, etc.) animator **2** (de televisión) presenter **3** (en una colonia de vacaciones) monitor **4** (de fiestas infantiles) children's entertainer

animal *s* **1** animal: *¿Te gustan los animales?* Do you like animals? **2** (mascota) pet: *¿Tienes algún animal?* Do you have any pets? **3** (persona bruta) brute, (persona ignorante) idiot: *¡Es una animal!* She's such a brute!/She's such an idiot!

ⓘ ¿Quieres una lista de frases útiles para hablar de ti mismo? Consulta la **guía de comunicación** al final del libro.

animal doméstico domestic animal **animal salvaje** wild animal

animar *v* **1 animar a alguien (a)** (levantarle el ánimo) to cheer sb up **(b)** (a un equipo, un jugador) to cheer sb on **2** (alentar) **animar a alguien a hacer algo** to encourage sb to do sth: *La animé a que se presentara al concurso.* I encouraged her to enter the competition. **3 animar una fiesta** to liven up a party

animarse *v* **1** (alegrarse) to cheer up: *¡Anímate un poco!* Cheer up a little! **2** (atreverse) **animarse a hacer algo** to dare do sth: *No me animo a decirle la verdad.* I don't dare tell her the truth. | *¿Te animas a tirarte del trampolín más alto?* Do you dare dive off the top board? | **¡a que no te animas!** I dare you!

ánimo *s* **1 levantarle el ánimo a alguien** to cheer sb up **2 ¿cómo estás/está etc. de ánimo?** how are you/is he etc. feeling? **3 estar/andar con el ánimo por el suelo/piso** to be really down **4 darle ánimo a alguien (a)** (a un equipo, un jugador) to cheer sb on **(b)** (a una persona desanimada) to encourage sb

anís *s* **1** (semilla) aniseed **2** (bebida) anisette

aniversario *s* **1** anniversary (plural -ries) **2 aniversario (de casamiento)** (wedding) anniversary

ano *s* anus

anoche *adv* last night: *¿Qué hiciste anoche?* What did you do last night? | *¿Qué tal la fiesta de anoche?* How was last night's party?

anochecer *verbo & sustantivo*

- *v* to get dark: *¿A qué hora anochece?* What time does it get dark?/What time does night fall?
- *s* **1** nightfall, dusk **2 al anochecer** at dusk: *Al anochecer empieza a refrescar un poco.* At dusk it begins to get a little cooler./When night falls it begins to get a little cooler.

anónimo, -a *adjetivo & sustantivo*

- *adj* anonymous ▶ ver **sociedad**
- **anónimo** *s* anonymous letter

anorexia *s* anorexia

anoréxico, -a *adj & s* anorexic

anormal *adj* abnormal

anotar *v* **1** (escribir) **anotar algo** to write sth down: *Anoté la dirección en un papel.* I wrote the address down on a piece of paper. **2** (marcar) to score: *Anotaron seis goles en dos partidos.* They scored six goals in two games.

ansias *s pl* **tener ansias de aventuras/libertad etc.** to long for adventure/freedom etc. | **tener ansias de aprender/viajar etc.** to long to learn, travel etc.

ansiedad *s* anxiety | **con ansiedad** anxiously

ansioso, -a *adj* anxious, worried

antártico, -a *adj* Antarctic

Antártico *s* **el (océano) Antártico** the Antarctic Ocean

Antártida *s* **la Antártida** the Antarctic, Antarctica

ante *prep* **1** (en presencia de) before: *Tuvo que declarar ante el juez.* She had to give evidence before the judge. **2** (frente a) faced with: *¿Qué haría usted ante tal situación?* What would you do if you were faced with such a situation? **3** (en deportes) **jugar ante alguien** to play against sb | **perder ante alguien** to lose to sb: *Boston perdió ante Toronto.* Boston lost to Toronto. **4 ante todo (a)** (sobre todo) above all: *Ante todo, conserven la calma.* Above all, keep calm. **(b)** (antes que nada) first and foremost: *Ante todo, quiero pedirles disculpas.* First and foremost, I want to apologize.

anteanoche *adv* the night before last

anteayer *adv* the day before yesterday

antebrazo *s* forearm

antecedente *sustantivo & sustantivo plural*

- *s* (de una enfermedad) Se usa la palabra **history**. *¿Hay algún antecedente de diabetes en la familia?* Is there any history of diabetes in the family?
- **antecedentes** *s pl* **1** (profesionales, académicos) record *sing*: *Tiene excelentes antecedentes académicos.* She has an excellent academic record. **2 tener antecedentes (penales)** to have a (criminal) record

antecesor, -a *s* **1** (predecesor) predecessor **2** (antepasado) ancestor

antecopretérito *s* past perfect

antefuturo *s* future perfect

antelación ▶ ver **anticipación**

antemano **de antemano** in advance, beforehand: *Lo sabíamos de antemano.* We knew in advance./We knew beforehand.

antena *s* **1** (de TV, radio) antenna (plural -nnas) (AmE), aerial (BrE) **2** (de un insecto) antenna (plural -nnae)

antena parabólica/satelital satellite dish (plural -shes)

antenoche *adv* the night before last

anteojos *s pl* glasses: *¿Laura usa anteojos?* Does Laura wear glasses?
anteojos negros/de sol sunglasses

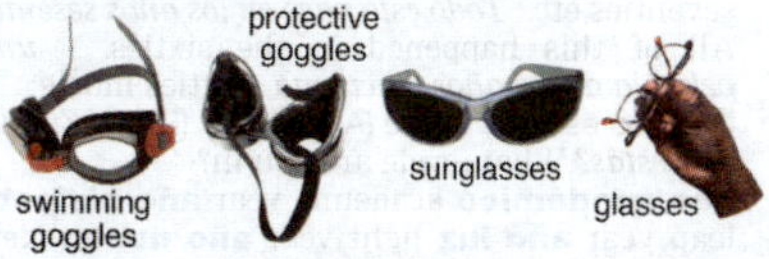

antepasado, -a *adjetivo & sustantivo*
• *adj* **la semana antepasada/el año antepasado etc.** the week before last/the year before last etc.
• *s* (antecesor) ancestor

antepenúltimo, -a *adj* antepenultimate

antepospretérito *s* conditional perfect

antepresente *s* present perfect

anterior *adj* previous: *el capítulo anterior* the previous chapter | *La habían visto con él el día anterior.* They had seen her with him the day before./They had seen her with him the previous day. | **anterior a algo** before sth: *La noche anterior al viaje no pude dormir.* The night before the trip I couldn't sleep.

antes *adv & conj* **1** (previamente) before: *¿Por qué no me lo dijiste antes?* Why didn't you tell me before? | **antes de algo** before sth: *Nos vemos antes de la clase.* I'll see you before class. | *Llámame antes de salir.* Call me before you leave. | **antes que alguien** before sb: *Yo llegué antes que ella.* I got here before her./I got here before she did.
2 (en una época anterior) Esto se suele expresar en inglés con el modal **used to,** sin necesidad de usar un adverbio: *Antes me gustaba pero ahora no lo puedo ver.* I used to like him but now I can't stand him. | *Antes no usabas anteojos ¿no?* You didn't use to wear glasses, did you?
3 (en el espacio) **está antes del cine/de la plaza etc.** it's before the movie theater/the square etc.
4 (en una fila, etc.) first: *Disculpe, yo estaba antes.* Excuse me, I was here first. | **antes que alguien** before sb: *Ellos están antes que nosotros.* They're before us.
5 antes que nada first of all: *Antes que nada, miremos el mapa.* First of all, let's look at the map.
6 lo antes posible as soon as possible
antes de ayer the day before yesterday

antibiótico *s* antibiotic

anticipación *s* **1 con anticipación** in advance: *Hay que sacar las entradas con anticipación.* You have to get the tickets in advance. **2 con dos días/un mes etc. de anticipación** two days/a month etc. in advance

anticipar *v* **1** (adelantar) **anticipar algo** to move sth up (AmE), to bring sth forward (BrE): *Anticiparon el examen.* They moved the test up. **2** (prever) to anticipate

anticipo *s* **1** (del sueldo, etc.) advance: *Voy a pedir un anticipo.* I'm going to ask for an advance. **2** (dinero que se paga) down payment

anticonceptivo, -a *adjetivo & sustantivo*
• *adj* contraceptive
• **anticonceptivo** *s* contraceptive

anticuado, -a *adj* (ropa, persona, idea) old-fashioned: *Sus papás son muy anticuados.* His parents are very old-fashioned.

anticuario, -a *sustantivo*
• *s* (persona) antique dealer
• **anticuario** *s* (tienda) antique shop

anticucho *s* kabob (AmE), kebab (BrE)

antídoto *s* antidote | **un antídoto contra algo** an antidote to sth

antier *adv* the day before yesterday

antifaz *s* mask

antiguamente *adv* in the past

antigüedad *sustantivo & sustantivo plural*
• *s* **1** (de un fósil, un edificio, etc.) age **2 la Antigüedad** antiquity **3** (en el trabajo) seniority
• **antigüedades** *s pl* antiques: *Compran y venden antigüedades.* They buy and sell antiques. | *una tienda de antigüedades* an antique shop

antiguo, -a *adj* **1** (edificio, ciudad) old: *una preciosa casa antigua* a beautiful old house **2** (mueble, jarrón, joya) antique, old **3** (anterior) former: *su antiguo socio* his former partner **4** (civilización, sociedad) ancient: *las antiguas civilizaciones de América* the ancient civilizations of the Americas
el Antiguo Testamento the Old Testament

antílope *s* antelope

antipático, -a *adjetivo & sustantivo*
• *adj* unfriendly, unpleasant ► **unpleasant** expresa mayor desagrado que **unfriendly**
• *s* En inglés se usa el adjetivo: *Es una antipática.* She's very unfriendly./She's very unpleasant.

antisemita *adjetivo & sustantivo*
• *adj* anti-Semitic
• *s* anti-Semite

antojarse *v* **1** Este verbo no tiene equivalente en inglés. La idea se puede expresar con las frases **to take it into your head that** o **to have a sudden urge to do sth.** Guíate por los ejemplos: *Se le antojó que tenía que verla.* **He got it into his head that** he had to see her. | *Se le antojó salir a*

¿Quieres más información sobre los **verbos modales**? Hay una explicación en el apartado de gramática.

la una de la mañana. She had a sudden urge to go out at one in the morning. **2 hacer lo que se me/te etc. antoja** to do as I/you etc. please: *Yo con mi dinero hago lo que se me antoja.* I do as I please with my money. **3 cuando se me/te etc. antoja** when I/you etc. feel like it, when I/you etc please: *Se levanta cuando se le antoja.* She gets up when she feels like it./She gets up when she pleases.

antojo *s* **tener antojo (de algo)** to have a craving (for sth): *Tengo antojo de higos.* I have a craving for figs.

antorcha *s* torch (plural -ches)

antropología *s* anthropology

antropólogo, -a *s* anthropologist

anual *adj* annual

anular *verbo & sustantivo*

- *v* **1** (un gol) to disallow **2** (una reservación, un contrato) to cancel **3** (un matrimonio) to annul
- *s* (dedo) ring finger

anunciar *v* **1** (dar aviso de) to announce: *Anunciaron su compromiso matrimonial.* They announced their engagement. | *¿Ya han anunciado nuestro vuelo?* Have they called our flight yet? **2** (pronosticar) to forecast: *Se anuncian lluvias para mañana.* Rain is forecast for tomorrow.

anuncio *s* **1** (propaganda en TV, radio) advertisement, commercial: *un anuncio de una marca de bluyines* an advertisement for a brand of jeans/a commercial for a brand of jeans **2** (propaganda en un periódico, una revista) ad, advertisement **3** (pidiendo algo) ad, advertisement: *Había un anuncio pidiendo voluntarios.* There was an ad asking for volunteers./There was an advertisement asking for volunteers. **4** (avisando algo) announcement | **hacer un anuncio** to make an announcement

anzuelo *s* hook

añadir *v* to add

añicos *s pl* **hacerse añicos** to shatter into tiny pieces, to shatter: *El jarrón se hizo añicos.* The vase shattered into tiny pieces./The vase shattered.

año *s* **1** (para expresar edad) **tener 7/16 etc. años** to be 7/16 etc. years old ▶ Al hablar de la edad de una persona frecuentemente se omite **years old**: *Tengo 17 años.* I'm 17./I'm 17 years old. | *Ese edificio tiene más de 100 años.* That building is over 100 years old. | **¿cuántos años tienes/tiene etc.?** how old are you/is he etc.?: *¿Cuántos años tiene tu amiga?* How old is your friend? **2 una niña de seis años/un hombre de cuarenta años etc.** a six-year-old girl/a forty-year-old man etc., a girl of six/a man of forty etc. **3** (período, momento) year: *¿En qué año naciste?* What year were you born? | *Vivimos dos años en Miami.* We lived in Miami for two years. | *Hace un año que no lo veo.* I haven't seen him for a year. | **el año pasado** last year: *Se casó el año pasado.* He got married last year. | **el año que viene** next year: *El año que viene voy a aprender a manejar.* Next year I'm going to learn to drive. **4 los años cincuenta/setenta etc.** the fifties/seventies etc.: *Todo esto pasó en los años sesenta.* All of this happened in the sixties. | *una película de los años cincuenta* a fifties movie **5** (curso escolar) grade (AmE), year (BrE): *¿En que año estás?* What grade are you in?

año académico academic year **año bisiesto** leap year **año luz** light year **año nuevo** New Year: *¡Feliz año nuevo!* Happy New Year!

apachurrar *s* **1** (un insecto, una lata, una caja) to crush: *Apachurró la lata de cerveza.* He crushed the beer can. | **lo apachurró un bus/un camión etc** he was run over by a bus/a truck etc **2** (en cocina) to mash: *Apachurre el banano junto con el azúcar.* Mash the banana with the sugar. **3** (una tecla, un botón, el acelerador) to press

apachurrarse *v* to get squashed

apagado, -a *adj* **1 estar apagado -a (a)** (luz, aparato) to be off: *La calefacción estaba apagada.* The heating was off. | *¿Qué haces ahí con la luz apagada?* What are you doing there with the light off? **(b)** (fuego) to be out **2** (persona) subdued: *Está un poco apagada hoy.* She's a little subdued today. **3** (color) dull

apagador *s* switch (plural switches)

apagar *v* **1 apagar la luz/la radio etc.** to turn the light/the radio etc. off, to switch the light/the radio etc. off: *Apaga la computadora.* Turn the computer off./Switch the computer off. **2 apagar un incendio/un cigarrillo** to put a fire/a cigarette out: *Los bomberos apagaron el incendio en una hora.* The fire fighters put the fire out in an hour.

apagarse *v* **1** (luz, vela) to go out: *De repente se apagó la luz.* Suddenly the light went out. **2** (calefacción, aparato) to go off: *La calefacción se apaga a las once.* The heating goes off at eleven.

apagón *s* outage (AmE), power cut (BrE)

apapachar *v* **1** (abrazar, etc.) to cuddle **2** (mimar, consentir) to pamper

apapacho *s* cuddle

aparador *s* **1** (mueble de comedor) sideboard **2** (de una tienda) store window (AmE), shop window (BrE) | **ir a ver/mirar aparadores** to go window-shopping

aparato *sustantivo & sustantivo plural*

- *s* **1** (máquina) machine: *un aparato para grabar compacts* a machine to record CDs **2** (instrumento técnico) device: *aparatos detectores de explosivos* devices to detect explosives **3** (electrodoméstico) appliance **4** (o **aparatos**) (para los dientes) braces: *Tengo que usar aparatos.* I have to wear braces.
- **aparatos** *s pl* (de gimnasia) apparatus *sing*, machines | **hacer aparatos** to work out on the machines

aparato circulatorio circulatory system **aparato digestivo** digestive system **aparato reproductor** reproductive system

aparecer *v* **1** (mostrarse) to appear: *Aparecieron manchas en la pared.* Stains appeared on the wall. **2** (ser encontrado) to turn up: *Tus llaves no han aparecido.* Your keys haven't turned up. **3** (llegar) to show up, to turn up: *Apareció a las 8, medio dormido.* He showed up at 8 o'clock, half asleep./He turned up at 8 o'clock, half asleep.
aparecerse *v* **se le apareció el diablo/un espíritu etc.** the Devil/a spirit etc. appeared to him

aparentar *v* **1** (parecer) to look: *Tiene 40 años, pero aparenta menos.* She's 40, but she looks younger. **2** (presumir) to show off: *Sólo lo hacen para aparentar.* They do it just to show off.

aparición *s* **1** (en cine, televisión) appearance **2** (de una publicación) publication, appearance, (de un disco) release: *la inminente aparición de su último álbum* the imminent release of their latest album **3 hacer su aparición** to appear

apariencia *s* appearance | **las apariencias engañan** appearances can be deceptive

apartado, -a *adjetivo & sustantivo*
- *adj* **1** (lugar) isolated **2 apartado -a de algo** a long way out of sth: *una casa apartada del pueblo* a house a long way out of the village
- **apartado** *s* (de un texto) section
apartado postal P.O. Box

apartamento *s* apartment, flat (BrE): *¿Vives en casa o apartamento?* Do you live in a house or an apartment?

apartar *v* **1 apartar algo** to put sth to one side: *Aparta las peras maduras.* Put the ripe pears to one side. **2 apartar los ojos/la mirada** to avert your eyes/your gaze

aparte *adverbio, preposición & adjetivo*
- *adv* **1** (además) anyway, besides: *Es feo, y aparte es caro.* It's ugly and anyway, it's expensive./It's ugly and besides, it's expensive. **2** (por separado) separately: *¿Me los puede envolver aparte?* Can you wrap them separately? **3 poner algo aparte** to put sth to one side: *Puse mis CDs aparte.* I put my CDs to one side. **4** (no incluido en un precio) extra: *Las bebidas son aparte.* Drinks are extra.
- **aparte de** *prep* apart from, as well as: *Aparte de cansada, estoy deprimida.* Apart from being tired, I'm depressed./As well as being tired, I'm depressed. ► En preguntas y negaciones siempre se usa **apart from**: *¿Qué hiciste, aparte de tomar sol?* What did you do, apart from sunbathing? | *Aparte de eso no me dijo nada.* Apart from that she didn't say anything.
- *adj* separate: *Duerme en un cuarto aparte.* She sleeps in a separate bedroom.

apasionado, -a *adj* passionate

apasionante *adj* fascinating, thrilling

apasionar *v* **me apasiona la música/mi trabajo etc.** I love music/my work etc.

apelar *v* **apelar (una sentencia)** to appeal (against a sentence)

apellido *s* last name, surname
apellido de casada married name **apellido de soltera** maiden name

apenado, -a *v* **1** (con vergüenza) ashamed, embarrassed ► **embarrassed** se usa cuando se trata más de timidez que de conciencia de haber obrado mal: *¿No está apenado por lo que hizo?* Aren't you ashamed of what you did? **2** (triste) sad

apenar *v* **1** (hacer sentir vergüenza a) **me/le etc. apena** I'm/he's etc. ashamed, I'm/he's etc. embarrassed: *Me apena reconocerlo.* I'm ashamed to admit it. ► ver nota en **apenado** **2** (entristecer) to sadden: *Me apena que no haya hecho amigos.* It saddens me that he hasn't made any friends.

apenas *adverbio & conjunción*
- *adv* **1** (sólo) only: *Tiene apenas tres años.* She's only three. | *–Me voy. –¡Pero apenas son las 10!* "I'm going." "But it's only 10 o'clock!" **2** (casi no) hardly: *Apenas me conocen.* They hardly know me. | *Apenas le alcanzó para el boleto.* She hardly had enough for the ticket.
- *conj* as soon as: *Apenas lo vi, lo reconocí.* As soon as I saw him, I recognized him.

apéndice *s* **1** (órgano) appendix (plural -dixes) **2** (de un texto) appendix (plural -dices)

apendicitis *s* appendicitis | **operarse de apendicitis** to have your appendix out

aperitivo *s* aperitif

apertura *s* **1** (inauguración) opening: *la ceremonia de apertura del museo* the opening ceremony for the museum **2** (a otras ideas, culturas, etc.) opening-up **3** (en economía) opening-up

apestar *v* to stink | **apestar a algo** to stink of sth

apetito *s* appetite | **me/le etc. abrió el apetito** it gave me/him etc. an appetite

apilar *v* **apilar algo (a)** (ordenadamente) to put sth in a pile: *Apila los libros en el rincón.* Put the books in a pile in the corner. **(b)** (desordenadamente) to pile sth up
apilarse *v* to pile up: *Los papeles se iban apilando sobre el escritorio.* Papers were piling up on the desk.

apio *s* celery

aplanadora *s* road roller, steamroller

aplastante *s* **1 una derrota aplastante** a crushing defeat | **una victoria aplastante** a resounding win | **una mayoría aplastante** an overwhelming majority **2 hace un calor aplastante** the heat is oppressive

aplastar *v* **1** (estrujar) to crush: *El árbol se cayó y aplastó un auto.* The tree fell and crushed a car. **2** (hacer puré con) to mash: *Aplaste las papas con un tenedor.* Mash the potatoes with a fork. **3** (una rebelión, una huelga) to crush

¿Se dice *I arrived in Miami* o *I arrived to Miami*? Mira la entrada **arrive**.

aplaudir *v* to clap: *El público los aplaudió sin parar.* The audience kept on clapping. ▶ Existe el verbo **to applaud,** que se usa en contextos más formales

aplauso *s* round of applause: *¡Un aplauso para Sandra!* Let's have a round of applause for Sandra! ▶ **applause,** que es incontable, se puede usar para traducir el plural *aplausos*: *Hubo fuertes aplausos.* There was loud applause.

aplazar *v* **aplazar algo** to put sth back, to postpone sth

aplicación *s* **1** (uso) application, use **2** (en computación) application

aplicado, -a *adj* **1** (alumno) hard-working **2 ciencia/tecnología aplicada** applied science/technology

aplicar *v* **1** (una crema, un cosmético) to apply **2** (una ley) to enforce, to implement **3** (un método) to use, to apply **4** (una pena) to apply, to impose **5** (un plan) to implement **6** (una inyección) to administer

apoderarse *v* **apoderarse de algo** (de tierras, bienes, etc.) to seize sth

apodo *s* nickname

aportación ▶ ver **aporte**

aportar *v* **1** (ideas, sugerencias) to come up with: *Todos tenemos que aportar ideas.* We all have to come up with ideas. **2** (dinero) to contribute: *Cada uno aportaba lo que podía.* Everyone contributed what they could.

aporte *s* **1** (de dinero) contribution **2** (de ideas, trabajo, etc.) contribution

apostar *v* **1** to bet | **(qué/cuánto) te apuesto (a) que...** I bet you...: *Te apuesto a que llega tarde.* I bet you she's late. **2** to bet | **apostarle $20/$40 etc. a algo** to bet $20/$40 etc. on sth: *Le apostó $20 al caballo negro.* He bet $20 on the black horse.

apóstol *s* apostle

apóstrofe o **apóstrofo** *s* apostrophe

apoyar *v* **1** (poner) **apoyar algo en/contra algo** to lean sth on/against sth: *Apoya la escalera contra la pared.* Lean the ladder against the wall. | *Apoyó la cabeza en la almohada.* She leaned/rested her head on the pillow. **2** (respaldar) to support: *La mayoría apoya al nuevo gobierno.* The majority supports the new government.

apoyarse *v* **apoyarse en/contra algo** to lean on/against sth: *Se apoyó en el mostrador.* He leaned on the counter.

apoyo *s* support: *No puedo hacerlo sin tu apoyo.* I can't do it without your support. | **contar con el apoyo de alguien** to have sb's support

apreciar *v* **1 apreciar a alguien** to be fond of sb, to think highly of sb ▶ **to be fond of sb** implica más afecto, **to think highly of sb** que se tiene buena opinión de alguien: *A Javier lo aprecio mucho.* I'm very fond of Javier. | *Sus colegas la aprecian mucho.* Her colleagues think very highly of her. **2** (valorar) to appreciate: *Aprecio mucho lo que hiciste por mí.* I really appreciate what you did for me.

aprecio *s* **tenerle aprecio a alguien** to be fond of sb, to think highly of sb ▶ ver nota en **apreciar**

aprender *v* to learn: *Estoy aprendiendo ruso.* I'm learning Russian. | **aprender a hacer algo** to learn to do sth: *Me gustaría aprender a manejar.* I'd like to learn to drive.

aprenderse *v* **1** to learn: *Me lo tengo que aprender para mañana.* I have to learn it for tomorrow. **2 aprenderse algo de memoria** to learn sth by heart: *Me aprendí la canción de memoria.* I learned the song by heart.

aprendizaje *s* learning

apresurarse *v* **1** to hurry up: *¡Apresúrense!* Hurry up! **2 apresurarse a hacer algo** to hasten to do sth: *Se apresuró a decir que no.* She hastened to say no.

apretado, -a *adj* **1** (falda, pantalón) tight: *Estos pantalones me quedan demasiado apretados.* These pants are too tight on me. **2** (en un lugar) cramped: *Íbamos muy apretados en el auto.* We were very cramped in the car. **3 estar/andar apretado -a de dinero** to be short of money **4** (tornillo, tuerca) tight

apretar *v* **1** (hacer presión sobre) to squeeze: *¡No me aprietes el brazo!* Don't squeeze my arm! **2 apretar un botón** to press a button: *Aprieta el botón de pausa.* Press the pause button. **3 apretar el acelerador/el freno** to press the accelerator/the brake: *Apretó el acelerador a fondo.* She pressed the accelerator right down. **4** (ser ajustado) (zapatos, ropa) to be tight: *¡Cómo me aprietan estos zapatos!* These shoes are really tight! **5** (ajustar) (un tornillo, un nudo) to tighten **6 apretar los dientes** to grit your teeth | **apretar los puños** to clench your fists

apretón de manos *s* handshake

aprieto *s* difficult situation | **estar en un aprieto/en aprietos** to be in a difficult situation/in trouble | **sacar a alguien de un aprieto** to get sb out of a difficult situation/out of trouble | **poner a alguien en un aprieto** to put sb in a difficult situation

aprobación *s* **1** (visto bueno) approval **2** (de una ley) passing

aprobado, -a *s* (calificación) pass: *Le pusieron aprobado.* They gave him a pass.

aprobar *v* **1** (un examen, una materia, a un alumno) to pass: *¿Aprobaste?* Did you pass? | *No sé si voy a aprobar este examen.* I don't know if I'm going to pass this test. | *Nos aprobó a todos.* She passed us all. | **aprobar justo/raspando** to just scrape through: *Aprobé raspando.* I just scraped through. **2** (una ley, un proyecto) to pass **3** (un plan, un presupuesto) to approve

apropiado, -a *adj* suitable

aprovechador, -a *s* En inglés se usa la expresión **to take advantage**: *Ese tipo es un aprovechador.* That guy takes advantage of people.

aprovechar *v* **1** (el día, el tiempo, el sol) to make the most of: *Salgamos temprano para aprovechar el día.* Let's leave early to make the most of the day. | **aprovechar bien algo** to make good use of sth, to make the most of sth: *Aprovecha bien el tiempo.* Make good use of your time./Make the most of your time. | **aprovechar algo al máximo** to make the most of sth **2** (una oportunidad, una ocasión) to take advantage of: *Aprovechó la oportunidad para irse.* He took advantage of the opportunity to leave. **3** (usar) to use: *Aproveché la tela para hacer una falda.* I used the material to make a skirt. **4 aprovechar para hacer algo** to take the opportunity to do sth: *Aprovecha para conocer gente.* Take the opportunity to meet people.
aprovecharse *v* **aprovecharse de alguien/algo** to take advantage of sb/sth: *Se aprovechan de la ignorancia de la gente.* They take advantage of people's ignorance.

aproximado, -a *adj* approximate

aptitud *sustantivo & sustantivo plural*
- *s* aptitude: *una prueba de aptitud* an aptitude test
- **aptitudes** *s pl* aptitude *sing* | **tener aptitudes para algo** to have an aptitude for sth

apto, -a *adj* **apto -a para algo/alguien** suitable for sth/sb

apuesta *s* bet: *una apuesta de $10* a $10 bet | **hacer una apuesta** to have a bet | **hacerle una apuesta a alguien** to have a bet with sb: *Le hice una apuesta a Gerardo.* I had a bet with Gerardo.

apunarse *v* to get altitude sickness

apuntar *v* **1** (escribir) **apuntar algo** to write sth down: *Apuntó el número en un papel.* She wrote the number down on a piece of paper. **2** (inscribir) **apuntar a alguien en algo** to write somebody's name down for something: *Mi papá me apuntó en el curso de alemán.* My dad wrote my name down for the German course. **3** (con un arma) to aim | **apuntarle a algo/alguien** to aim at sth/sb: *Me apuntó a la cabeza.* He aimed at my head. **4** (señalar) (flecha, veleta) to point: *La flecha apunta hacia la izquierda.* The arrow points to the left.
apuntarse *v* (inscribirse) to join: *Se apuntó a las clases de guitarra.* She joined the guitar lessons.

apuntes *s pl* notes: *¿Me prestas tus apuntes?* Can I borrow your notes? | **tomar/sacar apuntes** to take notes

apuñalar *v* to stab

apurado, -a *adj* in a hurry | **estar apurado -a** to be in a hurry: *Estoy apurada, después te llamo.* I'm in a hurry, I'll call you later.

apurar *v* to hurry: *Tranquila, nadie te apura.* Take it easy, no one's hurrying you.
apurarse *v* to hurry up: *Apúrate que perdemos el tren.* Hurry up or we'll miss the train.

apuro *s* **1** (aprieto) **estar en un apuro/en apuros** to be in a difficult situation/in trouble | **sacar a alguien de un apuro** to get sb out of a difficult situation/out of trouble | **poner a alguien en un apuro** to put sb in a difficult situation **2** (prisa) rush, hurry: *No hay apuro.* There's no rush./There's no hurry. | **con el apuro** in the rush: *Con el apuro, dejé la llave adentro.* In the rush, I left my key inside.

aquel, aquella *adjetivo & pronombre*
- *adj* **1** (en el espacio) that (plural those): *¿Te gusta aquella muchacha?* Do you like that girl? | *¿Me pasas aquellos libros?* Can you pass me those books? ▶ Para indicar mayor distancia se suele agregar **over there**: *El libro va en aquel estante.* The book goes on that shelf **over there.** **2** (en el tiempo) that (plural those): *Aquel día me había levantado tarde.* I'd gotten up late that day. | *¿Te acuerdas de aquella vez que nos disfrazamos de brujas?* Do you remember that time we dressed up as witches? | **en aquella época** in those days
- *pron* ▶ ver **aquél**

aquél, aquélla *pron* that one (plural those): *Aquéllos son los más baratos.* Those are the cheapest. ▶ Para indicar mayor distancia se suele agregar **over there**: *Esa revista no, aquélla.* Not that magazine, that one **over there.**

aquello *pron* that: *¿Qué es aquello de allá?* What's that over there? | **aquello que me dijiste/que te pregunté etc.** what you told me/I asked you etc.: *¿Te acuerdas de aquello que te conté?* Do you remember what I told you?

aquí *adv* **1** here: *Aquí están tus llaves.* Here are your keys. | **aquí abajo/arriba** down here/up here: *Aquí arriba hay menos gente.* It's less crowded up here. | **aquí adentro/afuera** in here/out here: *Ponlos aquí adentro.* Put them in here. **2 por aquí (a)** (para indicar el camino) this way: *Por aquí, por favor.* This way, please. **(b)** (en un lugar impreciso) around here: *Creo que vive por aquí.* I think he lives around here.

árabe *adjetivo & sustantivo*
- *adj* Arab, Arabic ▶ **Arabic** se usa para referirse a todo lo relacionado con el idioma: *la comida árabe* Arab food | *una palabra árabe* an Arabic word
- *s* **1** (persona) Se usa **Arab** para referirse a un hombre y **Arab woman, Arab girl,** etc. para referirse a una mujer | **los árabes** the Arabs **2** (idioma) Arabic

arado *s* plow (AmE), plough (BrE)

araña *s* **1** (insecto) spider **2** (lámpara) chandelier

arañar *v* to scratch

arañazo *s* scratch (plural -ches)

arar *v* to plow (AmE), to plough (BrE)

arbitrario, -a *adj* arbitrary
árbitro *s* **1** (en fútbol, básquet, boxeo) referee **2** (en tenis, béisbol) umpire
árbol *s* tree
árbol de Navidad Christmas tree **árbol genealógico** family tree

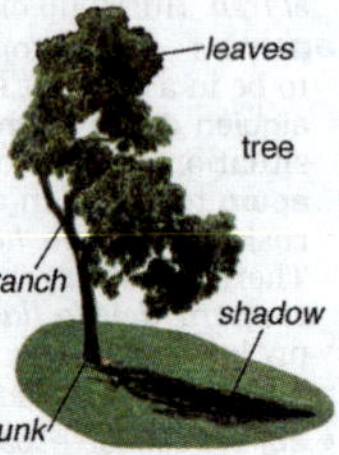

arbusto *s* bush (plural -shes)
arcada *sustantivo & sustantivo plural*
• *s* **1** (en arquitectura) arcade **2** (de juegos) video arcade
• **arcadas** *s pl* **hacer arcadas** to retch
archipiélago *s* archipelago
archivar *v* **1** (un documento) to file **2** (un caso, una investigación) to close the file on
archivo *s* **1** (en computación) file: *Guarde el archivo.* Save the file. **2** (lugar) archive
arcilla *s* clay
arco *s* **1** (en fútbol, hockey, etc.) goal | **tirar al arco** to shoot at goal **2** (arma) bow **3** (de un violín) bow **4** (en arquitectura) arch (plural -ches)
arco iris rainbow
arder *v* **1** (ojos, herida) to sting: *Me arden los ojos por el cloro.* My eyes are stinging from the chlorine. **2** (estar muy caliente) to burn: *Te arde la cara, tal vez tengas fiebre.* Your face is burning, maybe you have a fever. **3** (quemarse) to burn: *La leña ardía en la chimenea.* The firewood was burning in the grate. **4 la cosa está que arde** things are extremely tense
ardilla *s* squirrel
ardor *s* burning sensation
ardor de estómago heartburn
área *s* **1** (zona) area: *un área de clima seco* an area with a dry climate **2** (en fútbol, hockey, etc.) penalty area **3** (sector) field: *el área de investigación y desarrollo* the field of research and development
área chica six-yard box
arena *s* sand
arenque *s* herring
arete *s* earring
Argentina *s* Argentina
argentino, -a *adjetivo & sustantivo*
• *adj* Argentine, Argentinian
• *s* Argentine, Argentinian | **los argentinos** (the) Argentines, (the) Argentinians
argolla *s* **1** (cualquier aro) ring **2** (anillo de bodas) wedding ring **3** (para las orejas) earring
argumento *s* **1** (de una novela, una película, etc.) plot, storyline **2** (razón) argument
árido, -a *adj* arid
Aries *s* Aries: *Soy (de) Aries.* I'm an Aries./I'm an Arian.

arisco, -a *adj* **1** (persona) unsociable, unfriendly **2** (animal) unfriendly
aristocracia *s* aristocracy (plural -cies)
aristócrata *s* aristocrat
aritmética *s* arithmetic
arma *s* **1** (pistola, espada, etc.) weapon: *El arma estaba cargada.* The weapon was loaded. ▶ Se usa el sustantivo plural **arms**, para referirse a las armas en contextos relativos a su venta, fabricación, etc.: *el tráfico de armas* the arms trade **2** (recurso) weapon: *Su mejor arma es el sarcasmo.* Her best weapon is sarcasm.
arma biológica biological weapon **arma blanca** En inglés no hay un término equivalente. Hay que mencionar el arma concreta: *Lo agredieron con un arma blanca.* He was attacked with a knife/a machete, etc. **arma de fuego** firearm **arma nuclear** nuclear weapon
armada *s* navy (plural -vies)
armadura *s* suit of armor (AmE), suit of armour (BrE)
armamento *s* weapons *pl*, arms *pl* ▶ ver nota en **arma**
armar *v* **1** (una máquina, un mueble) to assemble **2** (un rompecabezas) to do **3** (un cigarrillo) to roll **4 armar una carpa** to put a tent up ▶ ver **escándalo, lío**
armario *s* **1** (para ropa) closet (AmE), wardrobe (BrE) **2** (para otros usos) cupboard
armazón *s* **1** (de anteojos) frames *pl*: *Quiero un armazón de carey.* I want tortoiseshell frames. **2** (de un edificio) framework
armonía *s* harmony
armónica *s* harmonica, mouth organ
aro *s* **1** (cualquier argolla) ring **2** (en básquet) hoop **3** (en el circo, para gimnasia, etc.) hoop **4** (alhaja) earring
aroma *s* **1** (de flores) scent, fragrance **2** (de café) aroma
aromático, -a *adj* aromatic
aromatizante ambiental *s* air freshener
arpa *s* harp
arpón *s* harpoon
arqueología *s* archeology (AmE), archaeology (BrE)
arqueólogo, -a *s* archeologist (AmE), archaeologist (BrE)
arquero, -a *s* goalkeeper
arquitecto, -a *s* architect
arquitectura *s* architecture
arracada *s* hoop earring
arraigado, -a *adj* (hábito, prejuicio) deep-rooted
arraigarse *v* (en un país, etc.) to settle
arrancar *v* **1 arrancar una hoja/una página** to tear a page out **2 arrancar una flor** to pick a flower | **arrancar una planta** to pull a plant up **3 arrancarle algo a alguien** to snatch sth from sb: *Le arrancó la cámara y salió corriendo.* He

¿Quieres estudiar vocabulario por temas? Consulta el **minidiccionario ilustrado.**

snatched the camera from her and ran off. **4** (vehículo) to start: *El auto no arranca.* The car won't start.

arranque *s* **1** (de un auto) **tener problemas de arranque** to have starting problems **2** (inicio) start

arrasar *v* **1** (fuego, ejército) **arrasar (con) algo** to completely destroy sth: *Las llamas arrasaron con todo.* The flames completely destroyed everything. **2** (tener mucho éxito) to be hugely successful **3** (en un concurso, una competencia) to sweep the board

arrastrar *v* **1** to drag: *El caballo lo arrastró unos metros.* The horse dragged him along for several meters. | *La corriente lo arrastraba mar adentro.* The current was carrying him out to sea. **2 arrastrar los pies** to drag your feet **3** (con el mouse) to drag

arrastrarse *v* **1** (persona) to crawl, to drag yourself: *Se arrastró hasta la puerta.* He crawled to the door./He dragged himself to the door. ► **to drag yourself** implica que uno tiene dificultad para desplazarse porque está herido, etc. **2** (serpiente) to slither along

arrayán *s* myrtle

arrear *v* (ganado) to drive, to herd

arrecife *s* reef: *un arrecife de coral* a coral reef

arreglado, -a *adj* **1** (solucionado, resuelto) arranged: *Está todo arreglado.* Everything's arranged. | *Tenemos todo arreglado para la fiesta.* We have everything arranged for the party. **2** (referido a torneos, partidos, etc.) fixed: *El partido estaba arreglado.* The game was fixed. **3** (bien vestido, etc.) **estar/venir/andar arreglado -a** to look sharp (AmE), to look smart (BrE): *¡Qué arreglada te viniste hoy!* You look very sharp today! **4** (ordenado) neat (AmE), tidy (BrE): *Siempre tiene el cuarto muy arreglado.* His room is always very neat. **5** (reparado) fixed: *El auto ya está arreglado.* The car's fixed now.

arreglar *v* **1** (reparar) (un auto, un aparato) to fix, to repair, (zapatos) to mend, to repair: *No me pudo arreglar la computadora.* He couldn't fix the computer. | **mandar a arreglar algo/hacer arreglar algo** to get sth fixed/repaired/mended: *Tengo que mandar a arreglar la aspiradora.* I have to get the vacuum cleaner fixed. | *No vale la pena hacerlo arreglar.* It isn't worth getting it fixed.
2 (ponerse de acuerdo) to arrange: *Arreglamos para encontrarnos a las 8.* We arranged to meet at 8.
3 (solucionar) **arreglar algo** to sort sth out: *Esto lo vamos a arreglar entre nosotros.* We'll sort this out between ourselves.

arreglarse *v* **1** (prepararse) to get ready: *Necesita horas para arreglarse.* She needs hours to get ready.
2 (vestir bien, etc.) Si se trata de vestir con elegancia, se dice **to dress nicely**. Preocuparse por el aspecto personal en general es **to take care over your appearance**: *Ya no se arregla como antes.* She doesn't dress as nicely as she used to. | *Se arregla mucho.* She takes great care over her appearance.
3 arreglarse (con algo) to manage (with sth): *De alguna manera nos vamos a arreglar.* We'll manage somehow.
4 arreglárselas to manage: *¿Cómo se las arregla para estar siempre tan elegante?* How does she manage to look so smart all the time?
5 (solucionarse) to sort itself out: *Las cosas no se arreglan solas.* Things don't sort themselves out on their own.

arreglo *s* **1** (reparación) Existe el sustantivo **repair** pero a menudo se usa el verbo: *Hacen todo tipo de arreglos.* They do all types of repairs. | *¿Cuánto te costó el arreglo de la lavadora?* How much did it cost you to get the washing machine fixed? | **no tiene arreglo (a)** (aparato) it can't be fixed, it's beyond repair **(b)** (persona) he/she's a hopeless case **2** (acuerdo) arrangement, agreement | **llegar a un arreglo (con alguien)** to come to an agreement (with sb): *Llegamos a un arreglo con los vecinos.* We came to an agreement with the neighbors. **3** (musical) arrangement

arremangarse *v* **arremangarse la camisa/el suéter etc.** to roll your sleeves up | **arremangarse los pantalones** to roll your pants up (AmE), to roll your trousers up (BrE)

arrendar *v* ► ver recuadro

arrepentido, -a *adj* **estar arrepentido -a** to be sorry, to regret it ► **to regret it** es más formal o más enfático: *Sabe que actuó mal y está arrepentido.* He knows he behaved badly and he's sorry./He knows he behaved badly and he regrets it. | **estar arrepentido -a de algo** to be

arrendar

1 Cuando quien arrienda es el inquilino o el usuario:

UNA VIVIENDA (= to rent)

Arrendó una casa en las afueras de Bogotá. She rented a house on the outskirts of Bogotá.

UN VEHÍCULO, ROPA (= to rent AmE, to hire BrE)

Arrendó una bicicleta por el día. He rented a bicycle for the day.

UN VIDEO, UN DVD (= to rent)

Arrendamos una película buenísima. We rented a really good movie.

2 Cuando quien arrienda es el propietario:

UNA VIVIENDA (= to rent out)

Le arrendó la casa a un americano. She rented the house out to an American. | *Se arrienda.* For rent. (AmE)/To let. (BrE)

VEHÍCULOS, ROPA (= to rent out AmE, to hire out BrE)

Arriendan disfraces. They rent out costumes.

VIDEOS, DVDS (= to rent out)

sorry about sth, to regret sth: *Está arrepentido de lo que hizo.* He's sorry about what he did./He regrets what he did. | **estar arrepentido -a de haber hecho algo** to be sorry you did sth, to regret doing sth: *Estoy arrepentido de habérselo dicho.* I'm sorry I told her./I regret telling her.

arrepentirse *v* to be sorry, to regret it ▶ **to regret it** es más formal o más enfático: *Te vas a arrepentir.* You'll be sorry./You'll regret it. | **arrepentirse de algo** to be sorry about sth, to regret sth: *Me arrepentí de lo que había hecho.* I was sorry about what I had done./I regretted what I had done. | **arrepentirse de haber hecho algo** to be sorry you did sth, to regret doing sth: *Se va a arrepentir de haber dicho que no.* He'll be sorry he said no./He'll regret saying no.

arrestar *v* to arrest

arresto *s* arrest

arresto domiciliario house arrest

arriar *v* (una bandera, las velas) to lower

arriba *adverbio, preposición & interjección*

• *adv* **1** (posición) **aquí/allá arriba** up here/up there: *Ponlo allá arriba.* Put it up there | **el estante/el cajón de arriba (a)** (el siguiente) the next shelf/drawer up **(b)** (el primero) the top shelf/drawer

2 desde arriba (a) (desde un avión, un piso superior) from above: *Visto desde arriba parecía diminuto.* Seen from above it looked tiny. **(b)** (desde la parte de arriba de un edificio, una montaña) from the top: *Desde arriba se veía toda la ciudad.* From the top you could see the whole city.

3 para arriba up: *Miren para arriba.* Look up. | *niños de siete años para arriba* children aged seven and above

4 (en una casa, un edificio) upstairs: *El baño está arriba.* The bathroom is upstairs.

5 mirar a alguien de arriba abajo to look sb up and down | **limpiar la casa de arriba abajo** to clean the house from top to bottom

• **arriba de** *prep* **1** (sobre) **arriba de la mesa/del escritorio** on the table/the desk

2 arriba del ropero/del armario on top of the wardrobe/the closet

3 (en una posición más alta que) above: *arriba de las nubes* above the clouds | *el apartamento de arriba del nuestro* the apartment above ours

• **¡arriba!** *interj* ver ejemplos: *¡Arriba todo el mundo!* Come on, everybody up! | *¡Arriba ese ánimo!* Cheer up! | *¡Arriba Deportivo!* Come on, Deportivo! ▶ ver **mano**

arriesgado, -a *adj* **1** (peligroso) risky **2** (valiente, atrevido) daring

arriesgar *v* to risk: *Arriesgó la vida tratando de salvarla.* He risked his life trying to save her.

arriesgarse *v* to risk it: *Podría funcionar, pero no me quiero arriesgar.* It could work, but I don't want to risk it. | **arriesgarse mucho/demasiado** to take a big risk/to take too much of a risk | **arriesgarse a hacer algo** to risk doing sth: *Te arriesgas a perderlo todo.* You risk losing everything. | **arriesgarse a que**: *No quiero arriesgarme a que me vean.* I don't want to risk being seen./I don't want to run the risk of being seen.

arrimar *v* **arrimar algo a algo** to move sth closer to sth: *Arrima el sofá a la pared.* Move the couch closer to the wall.

arrimarse *v* **arrimarse a algo** to move closer to sth: *Arrímate al fuego.* Move closer to the fire.

arrodillarse *v* to kneel down

arrogante *adj* arrogant

arrojar *v* (una piedra, una pelota) to throw

arroyo *s* stream

arroz *s* rice

arroz con leche, **arroz de leche** rice pudding

arruga *s* **1** (en la piel) wrinkle **2** (en la ropa) crease

arrugado, -a *adj* **1** (ropa) creased **2** (cara) wrinkled, lined **3** (papel) crumpled

arrugar *v* **1** (una camisa, una sábana, etc.) to crease **2** (una hoja de papel, el periódico etc.) to crumple

arrugarse *v* **1** (ropa) to get creased: *Se le arrugó la falda.* Her skirt got creased. ▶ Cuando se trata de una característica de una tela, se usa **to crease**: *El lino se arruga mucho.* Linen creases a lot. **2** (piel, cara) to get wrinkled

arruinar *v* (echar a perder) to ruin: *El marido le arruinó la vida.* Her husband ruined her life.

arruinarse *v* **1** (estropearse) to be ruined: *Se mojó y se arruinó.* It got wet and was ruined. **2** (económicamente) to go bankrupt

arte *s* **1** art: *el arte moderno* modern art ▶ ver **bello, obra** **2 como por arte de magia** as if by magic **3 tener arte para hacer algo** to be good at doing sth

artes marciales *s pl* martial arts **artes plásticas** *s pl* plastic arts

artesanía *sustantivo & sustantivo plural*

• *s* (trabajo artesanal) craftwork: *la artesanía típica de la zona* typical local craftwork

• **artesanías** *s pl* (objetos) handicrafts: *Les venden sus artesanías a los turistas.* They sell their handicrafts to tourists.

artesano, -a *s* **artesano** craftsman (plural -men) | **artesana** craftswoman (plural -women)

ártico, -a *adj* Arctic

Ártico *s* **el (océano) Ártico** the Arctic (Ocean)

articulación *s* (en anatomía) joint

artículo *s* **1** (en un periódico, una revista) article **2** (en gramática) article **3** (producto) item **4** (de la Constitución, de una ley) article

artículos de limpieza *s pl* cleaning products

artículos de tocador *s pl* toiletries

artificial *adj* artificial ▶ ver **fuego, inteligencia, respiración**

artillería *s* artillery

artista *s* **1** (pintor, escultor) artist **2** (de cine, de teatro) actor ▶ También se puede usar **actress** si se trata de una mujer, pero muchas actrices prefieren el término **actor**

artístico, -a *adj* artistic

artritis *s* arthritis

arveja *s* pea

arzobispo *s* archbishop

as *s* (en cartas, dados) ace: *el as de diamantes* the ace of diamonds

asado, -a *adjetivo & sustantivo*

• *adj* **1** (al horno) roast, roasted, baked ▶ ver nota abajo **2** (a las brasas) barbecued: *cordero asado* barbecued lamb

• **asado** *s* **1** (reunión) barbecue | **hacer un asado** to have a barbecue **2** (carne al horno) roast

> La traducción puede ser **roast, roasted** o **baked** según qué se asa y cómo se prepara. **roast** se usa sobre todo hablando de carnes que se hacen al horno en su jugo o con aceite, etc.: **roast chicken** (pollo asado), **roast lamb** (cordero asado). **roasted** se usa sobre todo hablando de vegetales: **roasted tomatoes** (tomates asados). **baked** se usa para hablar de pescados y de frutas: **baked salmon** (salmón asado), **baked apples** (manzanas asadas). Las *papas asadas* se conocen como **baked potatoes** si se hacen con su cáscara. Si se pelan y se asan con aceite, mantequilla, etc. se llaman **roast potatoes**.

asaltante *s* **1** (ladrón) robber **2** (agresor) attacker

asaltar *v* **1** (un banco, un comercio) to rob: *Habían asaltado un banco.* They had robbed a bank. **2** (a una persona) to mug: *Me asaltaron en la calle.* I was mugged in the street.

asalto *s* **1** robbery (plural -ries): *un asalto a un banco* a bank robbery **2** (militar) assault

asalto a mano armada armed robbery (plural -ries)

asamblea *s* **1** (reunión) meeting **2** (cuerpo legislativo) assembly (plural -lies)

asar *v* **1** (al horno) (carne, verduras con aceite, etc.) to roast, (pescado, fruta, papas con cáscara) to bake: *Mañana vamos a asar un pollo.* Tomorrow we're going to roast a chicken. | *Asé unas manzanas.* I baked some apples. **2** (a las brasas) to barbecue

asarse *v* **me estoy asando** I'm roasting, I'm boiling

ascender *v* **1** (de categoría deportiva) to be promoted: *Ascendieron a la primera división el año pasado.* They were promoted to the first division last year. **2** (en el trabajo) to be promoted | **ascender a alguien (a supervisor -a/director -a etc.)** to promote sb (to supervisor/director etc.) **3** (una montaña) to climb **4** (avión) to climb

ascenso *s* **1** (en deporte) promotion: *Consiguieron el ascenso a primera división.* They gained promotion to the first division. **2** (en el trabajo) promotion: *Me ofrecieron un ascenso.* I was offered a promotion. **3** (de una montaña) ascent: *El ascenso no fue fácil.* The ascent was not easy.

ascensor *s* elevator (AmE), lift (BrE): *Subimos en el ascensor.* We went up in the elevator.

asco *s* **1 dar asco** to be disgusting: *Esta cocina da asco.* This kitchen is disgusting. ▶ Cuando se trata de repulsión moral, se usa **it makes you sick**: *Da asco ver cómo tratan a los animales.* It makes you sick to see how they treat the animals. **2 me/le etc. da asco** I think/he thinks etc. it's disgusting: *El olor a pescado le da asco.* She thinks the smell of fish is disgusting./She can't stand the smell of fish. **3 ¡qué asco!** how disgusting!, how revolting! | **¡qué asco de tiempo!** what horrible weather! **4 ser un asco** to be disgusting: *Este lugar es un asco.* This place is disgusting. **5 hecho -a un asco** in a disgusting state: *Dejaron la casa hecha un asco.* They left the house in a disgusting state.

aseado -a *adj* clean

asegurar *v* **1** (afirmar) to assure: *Te lo aseguro.* I assure you. | *Nos aseguró que el lavaplatos tenía menos de un año.* He assured us that the dishwasher was less than a year old. **2** (un auto, una casa, etc.) to insure

asegurarse *v* **asegurarse de que** to make sure that: *Asegúrate de que el gas esté apagado.* Make sure the gas is off.

aseo *s* (de la casa) cleaning | **hacer el aseo** to do the cleaning

aseo personal personal hygiene

aserrín *s* sawdust

asesinar *v* to murder: *Lo asesinaron a sangre fría.* He was murdered in cold blood. ▶ Existe el verbo **to assassinate,** pero sólo se usa cuando se trata de una persona importante: *cuando asesinaron a Kennedy* when Kennedy was assassinated

asesinato *s* murder | **cometer un asesinato** to commit murder ▶ Existe el sustantivo **assassination,** pero sólo se usa cuando se trata de una persona importante

asesino, -a *s* murderer ▶ Existe el sustantivo **assassin,** pero sólo se usa para referirse a quien mata a una persona importante

asesino -a serial/en serie serial killer

asesor, -a *s* adviser, consultant ▶ **adviser** se suele usar en contextos políticos y **consultant** en contextos comerciales.

asesorar *v* to advise

asesorarse *v* **asesorarse con alguien** to consult sb

asfaltar *v* to tarmac

asfalto *s* tarmac

asfixia *s* suffocation ▶ Existe el sustantivo **asphyxia,** pero es un término técnico

¿Quieres información sobre las diferencias entre los **posesivos** en inglés y en español? Lee la explicación en el apartado de gramática.

asfixiar *v* to suffocate
asfixiarse *v* to suffocate ▶ Existe el verbo **to asphyxiate,** pero es un término técnico

así *adverbio, adjetivo & conjunción*
● *adv & adj* **1** (de esa manera, como eso) like that, (de esta manera, como esto) like this: *No me mires así.* Don't look at me like that. | *Yo nunca haría una cosa así.* I'd never do anything like that. **2 así de grande/alto etc.** this big/this small etc. | **es así de fácil/sencillo etc.** it's as easy/as simple etc. as that | **así es** that's right: *–¿Ustedes son primos? –Así es.* "Are you cousins?" "That's right."
● *conj* (entonces) then: *Quédate a cenar; así lo conoces.* Stay for dinner; then you can meet him. | **así que** so: *Ya terminé, así que me voy.* I've finished, so I'm going. | *¿Así que te vas a Europa?* So you're off to Europe?

Asia *s* Asia

asiático, -a *adjetivo & sustantivo*
● *adj* Asian
● *s* Asian | **los asiáticos** (the) Asians

asiento *s* seat | **tomar asiento** to sit down: *Tomen asiento, por favor.* Please sit down. ▶ También existe **to take a seat,** que es más formal.

asignar *v* **1** (un rol, una tarea) to assign **2** (una cantidad de dinero, una vivienda) to allocate

asilo *s* **1 asilo (político)** (political) asylum **2** (hogar para niños) children's home **3 asilo (de ancianos)** retirement home, nursing home

asimilar *v* to assimilate

asistencia *s* **1** (acto de presencia) attendance: *La asistencia al acto es obligatoria.* Attendance at the ceremony is compulsory. **2** (ayuda) assistance
asistencia médica medical attention: *No recibieron asistencia médica.* They did not receive medical attention. ▶ Cuando se trata del servicio, se dice **health care**: *el derecho a la asistencia médica gratuita* the right to free health care

asistente *s* **1** (ayudante) assistant **2** (concurrente) **los asistentes a la reunión/a la ceremonia** those present at the meeting/the ceremony
asistente social social worker

asistir *v* **asistir (a una clase/a una conferencia/a una reunión etc.)** to attend (a class/a lecture/a meeting etc.)

asma *s* asthma: *Tiene asma.* He has asthma. | *un ataque de asma* an asthma attack

asmático, -a *adj & s* asthmatic

asociación *s* **1** (agrupación) association **2 asociación de ideas** association of ideas

asociar *v* **asociar (algo/a alguien con algo/alguien)** to associate (sth/sb with sth/sb): *Asocian el rock con la droga.* They associate rock music with drugs.
asociarse *v* **asociarse (con alguien)** to go into partnership (with sb)

asomar *v* **asomar la cabeza por la ventana** to stick your head out of the window
asomarse *v* **1 asomarse por la ventanilla** to lean out of the window **2 asomarse a la ventana/la puerta** to go to the window/door, to look out of the window/door

asombrado, -a *adj* **1 estar asombrado -a** to be amazed **2 quedarse asombrado -a (por algo)** to be amazed (at sth): *Se quedó asombrado por lo que oyó.* He was amazed at what he heard.

asombrar *v* to amaze: *Me asombra ver lo rápido que aprende.* It amazes me to see how quickly he learns. ▶ En oraciones negativas se usa **to surprise**: *No me asombra que esté harta.* It doesn't surprise me that she's fed up.
asombrarse *v* to be amazed

asombro *s* amazement: *Me miraron con asombro.* They looked at me in amazement.

asombroso, -a *adj* amazing

aspa *s* **1** (de un molino) sail **2** (de un ventilador) blade

aspecto *s* **1** (apariencia) appearance: *su aspecto distinguido* his distinguished appearance | **tener buen/mal aspecto** to look good/bad: *Este pollo tiene muy buen aspecto.* This chicken looks very good. | **tener (el) aspecto de algo** to look like sth: *Tiene el aspecto de un cangrejo.* It looks like a crab. | *Tiene aspecto de extranjero.* He looks foreign. **2** (faceta) aspect: *el aspecto más importante del debate* the most important aspect of the debate | **en ese aspecto** in that respect: *En ese aspecto tienes razón.* You're right in that respect.

áspero, -a *adj* (piel, tela) rough: *Tiene las manos ásperas.* His hands are rough.

aspiración *s* ambition: *Su máxima aspiración es ser futbolista.* His greatest ambition is to be a soccer player.

aspiradora *s* vacuum cleaner | **pasar la aspiradora** to vacuum: *Pasa la aspiradora por el comedor.* Vacuum the dining room.

aspirante *s* **1** (a un trabajo) candidate: *Hay varios aspirantes al cargo de gerente.* There are several **candidates for** the position of manager. **2** (a un título) challenger: *Es un firme aspirante al título.* He's a strong **challenger for** the title.

aspirar *v* **1** (inspirar) to inhale, to breathe in **2 aspirar a algo** to aspire to sth: *No aspiro a nada mejor.* I don't aspire to anything better. | *Todos aspiran al título de campeón.* They all aspire to become champion. | **aspirar a hacer algo** to hope to do sth, to aspire to do sth ▶ **to aspire to do sth** es más formal: *Aspira a convertirse en una top model.* She hopes to become a top model. **3** (aspiradora) to suck

aspirina® *s* aspirin: *Me voy a tomar una aspirina.* I'm going to take an aspirin.

asqueroso, -a *adj* (repugnante) disgusting, revolting: *un olor asqueroso* a disgusting smell

asta *s* **1** (de una bandera) flagpole **2 a media asta** at half mast

asterisco *s* asterisk
astilla *s* splinter: *Me clavé una astilla en el dedo.* I got a splinter in my finger.
astillero *s* shipyard
astro *s* **1** (hombre famoso) star **2** (en astronomía) star
astrología *s* astrology
astrólogo, -a *s* astrologer
astronauta *s* astronaut
astronomía *s* astronomy
astronómico, -a *adj* **1** (precio, sueldo) astronomical **2** (de la astronomía) astronomical
astrónomo, -a *s* astronomer
astuto, -a *adj* **1** (ingenioso) shrewd **2** (malicioso) cunning, crafty
asumir *v* **1** (un problema, una situación) to accept: *No puede asumir que se separaron.* He can't accept that they've separated. **2 asumir un cargo** to take up a post | **asumir una responsabilidad** to take on a responsibility
asunto *s* **1** (cuestión) matter: *un asunto de vida o muerte* a matter of life and death ▶ A veces no se traduce: *¿Me explicas el asunto de la beca?* Can you explain to me about the grant? **2 no es asunto mío/tuyo etc.** it's none of my/your etc. business
asustar *v* to frighten, to scare: *¡Ay, me asustaste!* Oh, you frightened me!/Oh, you gave me a fright! *El trueno lo asustó.* The thunder frightened him.
asustarse *v* to be scared: *No te asustes, no pasa nada.* Don't be scared, it's all right. | *Se asustó con el ruido.* She was scared by the noise.
atacar *v* **1** (agredir) to attack **2** (un problema) to tackle: *medidas para atacar el desempleo* measures to tackle unemployment **3** (criticar) to attack
atajar *v* **1** (una pelota, un objeto) to catch **2** (un penal) to save
atajo *s* short cut | **tomar (por) un atajo** to take a short cut
ataque *s* **1** (físico, verbal) attack **2 me/le etc. dio un ataque** I/he etc. had a fit: *Cuando lo vio casi le da un ataque.* When she saw it she nearly had a fit. **3 le dio un ataque de furia/celos** she had a fit of rage/jealousy | **le dio un ataque de risa/llanto** she had a fit of the giggles/she burst into tears
ataque al corazón, ataque cardiaco heart attack **ataque de tos** coughing fit
atar *v* to tie: *Lo amordazaron y lo ataron a una silla.* They gagged him and tied him to a chair.
atarse *v* **atarse los zapatos** to tie your shoes, to do up your shoes | **atarse el pelo** to tie your hair back
atardecer *s* **1** (puesta del sol) sunset: *Fuimos a ver el atardecer.* We went to watch the sunset. **2** (hora) dusk | **al atardecer** at dusk
atareado, -a *adj* busy
atascamiento *s* (en el tránsito) traffic jam
atascarse *v* **1** (persona) to get stuck: *Me atasqué en la tercera pregunta.* I got stuck on the third question. **2** (auto, ascensor) to get stuck (papel, mecanismo) to jam: *El ascensor se atascó en el segundo piso.* The elevator got stuck on the second floor. | *Se atascó el papel en la impresora.* The paper jammed in the printer. **3** (caño) to get blocked (up)
ataúd *s* coffin, casket (AmE)
atención *s* **1** (cuidado) attention: *Su atención, por favor.* Your attention, please. **2 leer/escuchar con atención** to read/to listen carefully **3 prestar/poner atención** to pay attention | **prestarle atención a alguien** to listen to sb: *¿Me estás prestando atención?* Are you listening to me? | **prestar(le) atención a algo** to pay attention to sth: *No presta atención a lo que le digo.* He doesn't pay attention to what I tell him. **4 llamar la atención** (atraer la atención) to attract attention: *Habla así para llamar la atención.* She talks like that to attract attention. **5 me llama/me llamó la atención que** I'm/I was surprised (that): *Me llama la atención que no haya llegado.* I'm surprised she hasn't arrived. **6** (servicio) service: *La atención es muy buena.* The service is very good.
atención al cliente customer services **atención médica** ▶ ver **asistencia médica**
atender *v* **1** (el teléfono) to answer: *¿Puedes atender el teléfono?* Can you answer the phone? **2** (a un cliente, en una tienda) to serve: *¿Lo atienden?* Are you being served? | *Trabaja en un banco atendiendo al público.* He works in a bank dealing with the public. **3** (en una oficina, un consultorio, etc.) to see: *Nos atendieron enseguida.* We were seen immediately. **4** (prestar atención) to pay attention
atentado *s* **1** (terrorista) terrorist attack: *el atentado contra la embajada* the terrorist attack on the embassy **2** (contra una persona) **un atentado contra el presidente/el Papa etc.** an assassination attempt on the president/the Pope etc.
atentamente *adv* **1** (leer, escuchar) carefully **2 (lo saluda) atentamente** (en una carta) sincerely (yours) (AmE), yours sincerely (BrE) ▶ ver recuadro en **yours**
atentar *v* **atentar contra alguien** to attempt to assassinate sb
atento, -a *adj* **1 estar atento -a (a algo)** to pay attention (to sth): *No estás atento, concéntrate.* You're not paying attention, concentrate. | *No está atenta a lo que pasa a su alrededor.* She doesn't pay attention to what goes on around her. | *Tienes que estar atento al tránsito.* You have to watch the traffic. **2** (considerado) thoughtful: *una muchacha muy atenta* a very thoughtful girl
ateo, -a *s* atheist: *Es ateo.* He's an atheist.
aterrador, -a *adj* terrifying
aterrizaje *s* landing
aterrizaje forzoso emergency landing

¿No estás seguro de si se usa **make** o **do**? Mira las entradas **hacer**, **make** y **do**.

aterrizar *v* to land: *Aterrizaron en el aeropuerto de Miami.* They landed at Miami airport.

aterrorizar *v* to terrify

atestado, -a *adj* packed **atestado -a de gente/de turistas etc.** packed with people/tourists etc.

ático *s* attic

Atlántico *s* **el Atlántico** the Atlantic

atlántico, -a *adj* Atlantic

atlas *s* atlas (plural -ses): *Búscalo en el atlas.* Look it up in the atlas.

atleta *s* athlete

atlético, -a *adj* athletic

atletismo *s* track and field (AmE), athletics *sing* (BrE)

atmósfera *s* atmosphere

atmosférico, -a *adj* atmospheric

atolondrado, -a *adj* scatterbrained

atómico, -a *adj* atomic

átomo *s* atom

atontado, -a *adj* (por un golpe, etc.) stunned, dazed

atorarse *v* (auto, elevador) to get stuck (papel, mecanismo) to jam: *El auto se atoró en la arena.* The car got stuck in the sand. | *Se atoró el papel en la fotocopiadora.* The paper jammed in the photocopier.

atormentar *v* to torment

atornillar *v* to screw: ***Atornillé** el estante **a** la pared.* I screwed the shelf to the wall.

atracador, -a *s* **1** (de bancos, tiendas) robber **2** (que agrede a una persona) mugger

atracar *v* **1** (barco) to dock: *La nave atracó en el puerto.* The ship docked at the port. **2 atracar un banco/un supermercado etc.** to hold up a bank/a supermarket etc. | **atracar a alguien** to mug sb

atracción *s* **1** (de un lugar) attraction: *las atracciones turísticas de Cartagena* the tourist attractions in Cartagena **2 sentir atracción por alguien** to be attracted to sb **3** (en física) attraction

atraco *s* **1** (a un banco, una tienda) hold-up: *Este mes ha habido varios atracos a bancos.* This month there have been several bank hold-ups. **2** (a una persona) mugging **3** (injusticia) ver ejemplo: *El partido fue un atraco.* They stole the game from us. | *Estos precios son un atraco.* These prices are daylight robbery.

atraco a mano armada armed robbery

atractivo, -a *adjetivo & sustantivo*

- ***adj*** attractive
- **atractivo** *s* **1** (de un lugar, una actividad, etc.) attraction: *uno de los atractivos del hotel* one of the attractions of the hotel **2** (de una persona) appeal | **no sé qué atractivo le ves** I don't know what you see in him/her

atraer *v* **1** (interesar) **me/nos etc. atrae** it appeals to me/us etc.: *No me atrae mucho la idea.* The idea doesn't appeal to me very much. **2 sentirse atraído -a por alguien** to feel attracted to sb **3** (captar) to attract: *promociones para atraer clientes* special promotions to attract customers

atragantarse *v* **atragantarse (con algo)** to choke (on sth)

atrapado, -a *adj* **quedar atrapado -a (a)** (en una trampa, etc.) to get caught, to get trapped **(b)** (en un edificio, un cuarto) to get shut in

atrapar *v* to catch

atrás *adverbio & preposición*

- ***adv*** **1** (lugar) at the back: *Siempre se sienta atrás.* He always sits at the back. | *el auto de atrás* the car behind **2** (dirección) back: *Dio un paso atrás.* She took a step back. | *Muévelo un poco para atrás.* Move it back a little. **3 dejar algo/a alguien atrás** to leave sth/sb behind: *Los dejamos atrás enseguida.* We left them behind right away. **4 quedarse atrás** to get left behind: *Corrí para no quedarme atrás.* I ran so I wouldn't get left behind.
- ***prep*** **atrás de algo/alguien** behind sth/sb: *Mira atrás de la puerta.* Look behind the door. | **atrás mío/suyo etc.** behind me/him etc.: *Se sentó atrás mío.* He sat behind me.

atrasado, -a *adj* **1** (reloj) **estar atrasado** to be slow: *Tienes el reloj atrasado.* Your watch is slow. **2** (avión, tren) **estar/llegar atrasado** to be late **3** (en la escuela, con un trabajo, etc.) **estar atrasado -a** to be behind: *Estoy un poco atrasada.* I'm a bit behind. | **el trabajo atrasado** the backlog of work **4** (país, mentalidad) backward

atrasar *v* **1** (reloj) (estar atrasado) to be slow, (atrasarse constantemente) to lose time **2 atrasar un reloj** to put a clock/watch back: *Tienes que atrasar el reloj cuatro horas.* You have to put your watch back four hours. **3** (posponer) **atrasar un viaje/una reunión** to postpone a trip/a meeting | **atrasar la fecha de algo** to postpone the date of sth

atrasarse *v* (en la escuela, con el trabajo, etc.) to get behind: *Me atrasé porque falté mucho.* I got behind because I missed a lot of classes.

atraso *s* **1** delay: *Hay dos horas de atraso.* There's a two-hour delay. | **con una hora/dos semanas etc. de atraso** an hour/two weeks etc. late: *El vuelo llegó con una hora de atraso.* The flight was an hour late. **2** (en el desarrollo) backwardness | **atraso tecnológico/económico etc.** technological/economic etc. backwardness

atravesar *v* **1** (un objeto) **atravesar algo** to go through sth: *La bala atravesó la puerta del auto.* The bullet went through the car door. **2** (un río, una cordillera, un país) to cross **3 atravesar una crisis/un mal momento** to go through a crisis/a bad period

atreverse *v* **atreverse a hacer algo** to dare do sth: *No se atrevió a decírselo.* She didn't dare tell him.

atrevido, -a *adj* (caradura) sassy (AmE), cheeky (BrE)

atribuir *v* **1 atribuirle algo a algo** to put sth down to sth: *Se lo atribuyó al calor.* He put it down to the hot weather. ▶ También existe **to attribute sth to sth,** que es más formal **2 atribuirle un atentado/un asesinato etc. a alguien** to blame an attack/a killing etc. on sb

atribuirse *v* **atribuirse un atentado/un asesinato etc.** to claim responsibility for an attack/a murder etc.

atril *s* **1** (para partituras) music stand **2** (para libros) lectern

atropellar *v* **lo atropelló un auto/un camión etc. (a)** (tirándolo al suelo) he was knocked down by a car/a truck etc. **(b)** (pasándole por encima) he was run over by a car/a truck etc.

atroz *adj* **1** (historia, crimen) terrible **2** (tiempo, condiciones, comida) atrocious, terrible

atún *s* tuna fish, tuna

audaz *adj* daring

audición *s* **1** (prueba) audition **2** (capacidad auditiva) hearing

audiencia *s* **1** (de un programa de radio, TV, etc.) audience **2** (entrevista) meeting ▶ Se usa **audience** si se trata de una audiencia con un monarca o con el Papa

audífono *sustantivo & sustantivo plural*

- *s* (para sordos) hearing aid
- **audífonos** *s pl* (para escuchar música) headphones, earphones ▶ **earphones** son los pequeños, como los de los walkman

auditorio *s* (sala) concert hall

aula *s* **1** (en una escuela) classroom **2** (en la universidad) lecture hall, lecture theatre (BrE): *en el aula 2* in lecture hall 2

aullar *v* to howl

aullido *s* howl

aumentar *v* **1 aumentar dos kilos/medio kilo etc.** to put on two kilos/half a kilo etc. | **aumentar de peso** to put on weight **2** (precios, impuestos) to go up, to increase: *Ha aumentado el costo de la vida.* The cost of living has gone up. **3** (desempleo, delincuencia) to rise: *Está aumentando el desempleo.* Unemployment is rising. **4** (pedidos, demanda) to increase **5 aumentarle el sueldo a alguien** to give sb a raise (AmE), to give sb a rise (BrE): *A mi papá le han aumentado el sueldo.* They gave my dad a raise. **6 aumentar el precio de algo** to put up the price of sth | **aumentar los impuestos** to increase taxes

aumento *s* **1 el aumento de la leche/del pan etc.** the increase in the price of milk/bread etc.: *Han anunciado un aumento de impuestos.* They have announced an increase in taxes. **2 el aumento del desempleo/de la delincuencia etc.** the rise in unemployment/crime etc. **3 el aumento de los pedidos/la demanda etc.** the increase in orders/demand etc. **4 aumento (de sueldo)** (pay) raise (AmE), (pay) rise (BrE): *Pedí un aumento.* I asked for a raise. **5 anteojos/lentes con mucho aumento** glasses with very strong lenses

aun *conj* **1** (incluso) even: *aun los más experimentados* even the most experienced people **2 y aun así** but even so: *Nos hicieron descuento y aun así salió carísimo.* They gave us a discount, but even so it worked out really expensive.

aún *adv* **1** still **2** yet **3** even ▶ ver también recuadro en **todavía**

aunque *conj* **1** (incluso si) even if: *Dile que es lindo aunque no te guste.* Tell her it's nice even if you don't like it. | *Aunque supiera, no te lo diría.* Even if I knew, I wouldn't tell you.
2 (a pesar de que) although, even though: *Aunque sus padres son mexicanos, no habla español.* Although/Even though her parents are Mexican, she doesn't speak Spanish.
3 aunque sea un rato/un poco etc even if it's only for a while/even if it's just a little etc

auricular *sustantivo & sustantivo plural*

- *s* (del teléfono) receiver
- **auriculares** *s pl* headphones, earphones ▶ **earphones** son los pequeños, como los de los walkman

aurora *s* dawn

ausencia *s* absence

ausente *adj* (de una clase, una reunión, etc.) absent | **estar ausente** to be absent: *¿Quién estuvo ausente el día de la prueba?* Who was absent on the day of the test?

Australia *s* Australia

australiano, -a *adjetivo & sustantivo*

- *adj* Australian
- *s* Australian | **los australianos** (the) Australians

Austria *s* Austria

austríaco -a, austriaco -a *adjetivo & sustantivo*

- *adj* Austrian
- *s* Austrian | **los austríacos/los austriacos** (the) Austrians

auténtico, -a *adj* **1** (cuero) real, genuine **2** (cuadro, documento) genuine, authentic **3** (interés, razón) genuine, real

autitos chocadores *s pl* bumper cars, dodgems (BrE)

auto *s* car | **en auto** by car: *¿Fuiste en auto?* Did you go by car?/Did you drive? | **me/lo etc. llevó en auto** she drove me/him etc. there
auto de carrera race car (AmE), racing car (BrE) **auto sport** sports car

autoadhesivo, -a *adj* self-adhesive

autobiografía *s* autobiography

autobús *s* bus (plural buses) | **en autobús** by bus

autodidacta *adj* self-taught

autódromo *s* circuit, racetrack

autoestéreo *s* car stereo

Hay una tabla con los **números** en inglés y explicaciones sobre su uso en el apartado de gramática.

autogol *s* own goal

autógrafo *s* autograph: *Le pedimos un autógrafo.* We asked her for her autograph.

automático, -a *adj* automatic ▶ ver **cajero, contestador**

automóvil *s* car, automobile (AmE)

automovilismo *s* (deporte) car racing (AmE), motor racing (BrE): *un campeón de automovilismo* a car racing champion

automovilista *s* driver ▶ Para referirse a un piloto de carreras se usa **race car driver** en inglés americano y **racing driver** en inglés británico

autonomía *s* autonomy

autopista *s* freeway (AmE), motorway (BrE) | **ir por la autopista** to take the freeway

autopsia *s* post-mortem, autopsy (plural -sies) | **hacerle una autopsia a alguien** to perform a post-mortem/an autopsy on sb

autor, -a *s* **1** (escritor) author: *el autor de esta novela* the author of this novel **2** (de un asesinato, un atentado) perpetrator

autoridad *sustantivo & sustantivo plural*

- *s* **1** (poder) authority: *Le falta autoridad.* She lacks authority. **2** (experto) authority (plural -ties): *Es una autoridad en temas de ecología.* He is an authority on environmental subjects.
- **autoridades** *s pl* authorities: *las autoridades de la escuela* the school authorities

autoritario, -a *adj* authoritarian

autorización *s* authorization

autorizar *v* to authorize | **autorizar a alguien a hacer algo** to give sb permission to do sth, to authorize sb to do sth ▶ **to authorize sb to do sth** se usa en contextos formales: *El profesor los autorizó a salir temprano.* The teacher gave them permission to leave early. | *Fueron autorizados a ingresar al país.* They were authorized to enter the country.

autorretrato *s* self-portrait

autoservicio *s* **1** (tienda) supermarket **2** (restaurante) self-service restaurant **3** (gasolinera) (self-service) gas station (AmE), (self-service) petrol station (BrE)

autostop o **auto-stop** *s* hitchhiking | **hacer autostop** to hitchhike: *Recorrí el país haciendo autostop.* I hitchhiked around the country. | *Nos fuimos a Medellín haciendo autostop.* We hitchhiked to Medellín.

auxiliar *sustantivo masculino & femenino & sustantivo masculino*

- *s* [masc & fem] (persona) assistant
- *s* [masc] (verbo) auxiliary (plural -ries)

auxilio *sustantivo & interjección*

- *s* help | **pedir auxilio** to ask for help
- **¡auxilio!** *interj* help!

auyama *s* pumpkin

avalancha *s* **1** (de nieve) avalanche **2** (de barro, piedras) landslide **3 una avalancha de llamadas/quejas etc.** a flood of calls/complaints etc. | **una avalancha de cartas/pedidos etc.** a deluge of letters/orders etc.

avanzar *v* **1** (ir hacia adelante) to move forward: *La cola avanzaba lentamente.* The line moved forward slowly. ▶ También existe **to advance** que se usa por ejemplo para referirse al movimiento de un ejército, o cuando se menciona hacia dónde: *Les dieron la orden de avanzar.* They were given the order to advance. | *Avanzó hacia ellos blandiendo un cuchillo.* He advanced toward them waving a knife. **2** (progresar) (persona) to make progress, (ciencia, conocimientos) to advance: *No avanza mucho en sus estudios.* He isn't making much progress in his studies. | *una ciencia que avanza velozmente* a rapidly advancing science

avaro *adjetivo & sustantivo*

- *adj* miserly
- *s* miser

ave *s* bird

ave de rapiña bird of prey **aves de corral** *s pl* poultry *sing*

avellana *s* hazelnut

avemaría o **Ave María** *s* Hail Mary (plural -rys) | **rezar un avemaría** to say a Hail Mary

avena *s* **1** (cereal) oats *pl* **2** (harina) oatmeal **avena arrollada**, **avena en hojuelas** porridge oats, rolled oats

avenida *s* avenue

aventar *v* **aventar algo** to throw sth: *La novia aventó el ramo.* The bride threw her bouquet. | **aventarle algo a alguien** to throw sth to sb

aventarse *v* (arrojarse) to throw yourself: *Se aventó de la camioneta.* She threw herself from the van.

aventón *s* **pedir (un) aventón** to hitch (a ride), to hitch (a lift) (BrE): *Decidieron pedir un aventón para volver.* They decided to hitch a ride back. | **darle (un) aventón a alguien** to give sb a ride (AmE), to give sb a lift (BrE) | **irse de aventón** to hitchhike

aventura *s* **1** (peripecia) adventure | **un libro/una película de aventuras** an adventure story/movie **2** (romance) fling

aventurero, -a *sustantivo & adjetivo*
- *s* adventurer
- *adj* adventurous

avergonzado, -a *adj* **estar/sentirse avergonzado -a (de algo)** to be/feel ashamed (of sth), to be/feel embarrassed (about sth) ► **embarrassed** se usa cuando se está avergonzado por timidez y **ashamed** cuando uno ha hecho algo malo: *Estoy avergonzada de lo que hice anoche.* I'm ashamed of what I did last night.

avergonzar *v* **1 me/nos etc. avergüenza reconocerlo** I'm/we're etc. ashamed to admit it **2 me avergüenza lo que hice/mi comportamiento etc.** I'm ashamed of what I did/of my behavior etc.

avergonzarse *v* **1** to be ashamed of yourself: *¡Deberías avergonzarte!* You should be ashamed of yourself! **2 avergonzarse de algo/alguien** to be ashamed of sth/sb: *No te avergüences de tus orígenes.* Don't be ashamed of your roots.

averiguar *v* **1 averiguar algo** to find sth out: *No pude averiguar nada.* I couldn't find anything out. | *¿Me podrías averiguar su número de teléfono?* Can you find out his telephone number for me? **2 averiguar por algo** to enquire about sth: *Llamo para averiguar por los cursos.* I'm calling to enquire about the courses.

avestruz *s* ostrich (plural -ches)

aviación *s* **1** (fuerza aérea) air force **2** (sistema de transporte) aviation

avión *s* **1** plane ► El término americano **airplane** y el británico **aeroplane** son algo más formales **2 viajar/ir en avión** to fly: *Me encanta viajar en avión.* I love flying. | *Fuimos en avión.* We flew. **3 mandar una carta/un paquete por avión** to send a letter/a package (by) airmail

avioneta *s* light plane, light aircraft (plural -craft)

avisar *v* **1** (decir) **avisarle algo a alguien** to let sb know sth: *Me avisó que iba a llegar tarde.* He let me know that he was going to be late. **2** (advertir) to warn: *No digas que no te avisé.* Don't say I didn't warn you.

aviso *s* **1** (anuncio) **hasta nuevo aviso** until further notice | **sin previo aviso** without prior warning **2** (advertencia) warning **3 aviso (clasificado)** (classified) advertisement, (classified) ad: *El aviso pide una persona con experiencia.* The advertisement is for someone with experience.
aviso luminoso/de neón neon sign

avispa *s* wasp: *Me picó una avispa.* I was stung by a wasp.

axila *s* armpit, underarm

ay *interj* **1** (de dolor) ouch!: *¡Ay! ¡No me tires del pelo!* Ouch! Don't pull my hair! **2** (de contrariedad) oh!, oh, dear!: *¡Ay ¡Qué pena!* Oh! What a shame! **3** (ante un pequeño accidente) oops!: *¡Ay! ¡Casi me caigo!* Oops! I nearly fell over!

ayer *adv* yesterday | **la clase/el periódico etc. de ayer** yesterday's class/newspaper etc. | **ayer por/en la mañana** yesterday morning: *Llegó ayer por la mañana.* She arrived yesterday morning. | **ayer por/en la tarde** yesterday afternoon, yesterday evening ► ver también **tarde**

ayuda *s* help: *¿Necesitan ayuda?* Do you need any help? | *sin la ayuda de nadie* without anybody's help

ayudante *s* assistant: *Tuvo que tomar un ayudante.* She had to hire an assistant. ► En contextos menos formales se usa **helper**: *La maestra pidió un ayudante.* The teacher asked for a helper.

ayudar *v* to help: *¿Quieres que te ayude?* Do you want me to help you? | **ayudar a alguien a hacer algo** to help sb to do sth: *¿Me ayudas a hacer este ejercicio?* Can you help me do this exercise? | **ayudar a alguien con algo** to help sb with sth

ayunar *v* to fast

ayunas *s pl* **en ayunas** Ver ejemplos: *Estoy en ayunas.* I haven't eaten anything. | *Para hacerse el análisis, hay que ir en ayunas.* You mustn't eat anything before you have the test done.

ayuno *s* **hacer ayuno** to fast

azabache *s* jet

azafata *s* flight attendant

azafrán *s* saffron

azar *s* **al azar** at random ► ver **juego**

azotador *s* (oruga) caterpillar

azotea *s* roof ► Como en los países anglosajones la mayoría de los techos son a dos aguas, se dice **flat roof** si se quiere especificar que se trata de una azotea

azúcar *s* sugar: *una cucharadita de azúcar* a teaspoon of sugar
azúcar flor/en polvo/glas confectioners' sugar (AmE), icing sugar (BrE) **azúcar morena** brown sugar

azucarera o **azucarero** *s* sugar bowl

azucena *s* lily (plural -lies)

azul *adjetivo & sustantivo*
- *adj* blue ► ver **príncipe**
- *s* blue ► ver "Active Box" **colores** en **color**

azul marino navy blue

azulejo *s* tile

B

B, b *s* B, b ▶ ver "Active Box" **letras del alfabeto** en **letra**

baba *s* **1** (de persona) dribble, drool (AmE) **2** (de perro, caballo, etc.) slaver **3** (de caracol, babosa) slime **4 se le cae la baba por ella/él** (le gusta mucho) he's besotted with her/she's besotted with him | **se le cae la baba por su nieto/su hija** he dotes on his grandson/his daughter

babero *s* bib

babosa o **baboso** *s* slug

bacalao *s* cod ▶ El bacalao seco se conoce como **salt cod**

bacano, -a *adjetivo & adverbio*

• ***adj*** great: *Juan es un tipo bacano.* Juan is a great guy.

• **bacano** ***adv*** **pasarla bacano** to have a great time

bache *s* (en una calle o carretera) pothole

bacinilla o **bacinica** *s* **1** (para niños) potty **2** (antigua) chamber pot

bacteria *s* germ ▶ Existe la palabra **bacterium,** pero pertenece al lenguaje técnico. Su plural, **bacteria,** sí se usa en el lenguaje corriente: *Los antibióticos atacan a las bacterias.* Antibiotics attack bacteria.

bafle *s* (de un equipo de música) speaker

bahía *s* bay

bailar *v* **1** (danzar) to dance: *¿Sabes bailar el tango?* Can you dance the tango? | *Bailas muy bien.* You're a good dancer. | **sacar a bailar a alguien** to ask sb to dance **2 ir/salir a bailar** to go clubbing

bailarín, -ina *s* dancer

baile *s* **1** (fiesta) dance ▶ Se usa **ball** para referirse a un baile de gala **2** (composición) dance: *un baile típico de mi país* a traditional dance from my country **3** (acción) dancing: *clases de baile* dancing lessons ▶ ver **pista**

baja *s* **1** (descenso) drop, fall: *una baja de los precios* a drop in prices/a fall in prices **2** (en la guerra) casualty (plural -ties)

bajada *s* **1** (acción) descent ▶ Este término es bastante formal. Ver alternativa en el ejemplo: *La bajada es más fácil.* The descent is easier./Going down is easier. **2** (en una carretera, una calle) downhill stretch (plural -ches) **3 ir en bajada** to go downhill

bajar *v* **1** (ir hacia abajo) to go down, to come down ▶ Se usa **to come down** cuando el movimiento es hacia el hablante: *Bajé a abrir la puerta.* I went down to open the door. | *¿Bajas a comer?* Are you coming down to eat? | **bajar la escalera/una cuesta etc.** to go down the stairs/down a hill etc., to come down the stairs/down a hill etc. ▶ Se usa **to come down** cuando el movimiento es hacia el hablante | **bajar por la escalera** to walk down the stairs
2 (de un tren, un auto, etc.) ▶ ver **bajarse**
3 (temperatura) to go down, to drop
4 (precio) to come down: *Los precios de las computadoras están bajando.* Computer prices are coming down.
5 bajar de peso to lose weight | **bajar un kilo/medio kilo etc.** to lose a kilo/half a kilo etc.
6 bajar los precios to lower prices | **bajarle el sueldo a alguien** to cut sb's salary | **bajar el desempleo** to bring down unemployment
7 bajar la música/la radio etc. to turn the music/the radio etc. down | **bajar la voz** to lower your voice: *Bajó la voz para que yo no oyera.* He lowered his voice so that I wouldn't hear. | *¡Baja la voz!* Keep your voice down.
8 bajar algo de un lugar to get sth down from somewhere: *Baja la maleta del desván.* Get the case down from the attic.
9 bajar algo de Internet to download sth from the Internet: *Puedes bajar el programa gratis.* You can download the program for free.

bajarse *v* **1** (de un tren, un autobús, un caballo, una moto) to get off: *Yo me bajo en el próximo paradero.* I'm getting off at the next stop. | *Se cayó al bajarse del caballo.* She fell as she was getting off the horse.
2 (de un auto) to get out: *No se bajaron del taxi.* They didn't get out of the taxi.
3 bajarse de un muro/una mesa etc. to get down off a wall/a table etc. | **bajarse de un árbol** to get down out of a tree | **bajarse de un salto** to jump down: *¡Bájate de ahí!* Get down from there! | *Se bajó del muro de un salto.* He jumped down off the wall.

bajista *s* bass player

bajo, -a *adjetivo, adverbio, preposición & sustantivo*

• ***adj*** ▶ ver recuadro

• **bajo** ***adv*** **1** (hablar) softly **2** (volar) low **3 caer muy bajo/tan bajo** to stoop very low/so low

• **bajo** ***prep*** **1** (debajo de) under: *Dormimos bajo un puente.* We slept under a bridge. | *con un periódico bajo el brazo* with a newspaper under his arm | **bajo el sol/la lluvia** in the sun/the rain: *Me encanta caminar bajo la lluvia.* I love walking in the rain. **2 bajo la dirección/la protección etc. de alguien** under sb's direction/protection etc. ▶ ver **cero, fianza, juramento**

• **bajo** *s* **1** (instrumento) bass, bass guitar **2** (bajista) bass player **3** (cantante) bass **4** (vivienda) first floor apartment (AmE), ground floor flat (BrE)

bajo -a *adjetivo*

1 =SHORT

ESTATURA DE UNA PERSONA

Es bajo para su edad. He's short for his age. | *Eres más baja que yo.* You're shorter than me. | *la niña más baja de la clase* the shortest girl in the class

2 =LOW

ALTURA DE UN OBJETO

un cerco bajo a low fence

POSICIÓN

El cuadro está demasiado bajo. The picture's too low. | *un estante bajo* a low shelf | *el estante más bajo* the bottom shelf

SUELDO, PRECIO, NOTA, TEMPERATURA

a un precio más bajo at a lower price | *la nota más baja de la clase* the lowest grade in the class

SONIDO

Pon la radio bajita. Put the radio on low.

BAJO EN CALORÍAS

una dieta/una bebida baja en calorías a low-calorie diet/drink | **ser bajo -a en calorías** to be low in calories

3 =DOWN

BAJADO

Las persianas estaban bajas. The blinds were down.

4 **planta baja, temporada baja, en voz baja,** etc. están tratadas bajo el sustantivo correspondiente.

bala *s* **1** bullet **2 como una bala** like a shot **3 ni a bala va a renunciar/voy a ir etc.** there's no way she'll resign/I'm going etc. ▶ ver **prueba**

balaca *s* **1** (accesorio) hairband **2** (en deportes) headband, sweatband

balanza *s* scale (AmE), scales *pl* (BrE): *¿Tienes una balanza?* Do you have a scale?

balazo *s* **1** (tiro) shot | **pegarle un balazo a alguien** to shoot sb: *Le pegaron un balazo en la cabeza.* He was shot in the head. **2** (herida) bullet wound

balcón *s* balcony (plural -nies)

balde *s* **1** bucket: *un balde de agua* a bucket of water **2 en balde** in vain

baldosa *s* floor tile

baliza *s* **1** (en navegación) buoy, marker **2** (en aviación) runway light

ballena *s* whale

ballet *s* ballet

balneario *s* **1** (en la costa) resort, seaside resort **2** (de aguas termales) spa

balón *s* (en deportes) ball

balón de gas gas cylinder **balón de oxígeno** oxygen cylinder

baloncesto *s* ▶ ver **básquetbol**

balonmano *s* handball

balsa *s* raft

bambú *s* bamboo

banano *s* banana

banca *s* **1 la banca** the banks: *la banca privada* private banks **2** (de senador, diputado) seat **3 banca (de suplentes)** (substitutes') bench

bancario, -a *adj* **un crédito bancario/una cuenta bancaria** a bank loan/a bank account | **instituciones/operaciones bancarias** banking institutions/transactions

bancarrota *s* bankruptcy | **estar/quedar en bancarrota** to be/to go bankrupt

banco *s* **1** (establecimiento) bank: *Trabaja en un banco.* She works in a bank. **2** (en una plaza, parque, etc.) bench (plural -ches) **3** (pupitre) desk ▶ El mueble del aula se llama **desk** pero mira cómo se traducen estos ejemplos: *Me siento en el primer banco.* I sit in the front row. | *mi compañero de banco* the boy who sits next to me in class **4** (en una iglesia) pew **5** (taburete) stool

banco de arena sandbank **banco de datos** database, data bank **banco de sangre** blood bank

banda *s* **1** (musical) band: *Toco en una banda de rock.* I play in a rock band. **2** (de delincuentes) gang

banda ancha broadband **banda sonora** soundtrack **banda terrorista** terrorist group

bandeja *s* **1** tray **2 servirle algo en bandeja a alguien** to hand sth to sb on a plate

bandera *s* flag

bandera blanca/roja white/red flag

banderín *s* **1** (de un equipo, un club, etc.) pennant **2 banderín (del corner)** (corner) flag

banderines de colores (para adornar calles, etc.) colored bunting

bandido, -a *s* **1** (hablando de un niño) rascal, little rascal **2** (persona deshonesta) crook **3** (bandolero) bandit

bando *s* side: *Se pasó al otro bando.* He went over to the other side.

banquero, -a *s* banker

banqueta *s* **1** (para sentarse) stool **2** (acera) sidewalk (AmE), pavement (BrE)

banquete *s* banquet, dinner

banquillo *s* **1 banquillo (de suplentes)** (substitutes') bench **2** (de los acusados) dock

bañar *v* **1** (a un bebé) to bath **2** (un pastel) to cover

bañarse *v* **1** (en bañera) to take a bath, to have a bath **2** (en ducha/regadera) to take a shower, to have a shower: *Se levantó y se bañó.* She got up and took a shower./She got up and had a shower. **3** (en el mar, un río, etc.) to have a swim, to go for a swim

bañera *s* bathtub (AmE), tub (AmE), bath (BrE)

baño *s* **1** (en una casa, un hotel) bathroom: *El baño está arriba.* The bathroom is upstairs. | *Quisiera una habitación con baño.* I'd like a

room with a bathroom. **2** (en una escuela, un restaurante, etc.) bathroom (AmE), toilet (BrE): *¿Dónde queda el baño?* Where's the bathroom? **3** (acción de bañarse en la bañera) bath, (en el mar, en un río, etc.) swim | **darse un baño (a)** (en la bañera) to take a bath, to have a bath: *Me di un baño antes de acostarme.* I took a bath before I went to bed./I had a bath before I went to bed. **(b)** (en el mar, en un río, etc.) to have a swim, to go for a swim: *¿Vamos a darnos un baño?* Shall we have a swim?/Shall we go for a swim? **4 un reloj con baño de plata/de oro** a silver-plated/gold-plated watch
baño maría bain-marie: *a baño maría* in a bain-marie

bar *s* bar

baraja *s* (mazo) deck (AmE), pack (BrE): *la baraja francesa/española* the French/Spanish deck of cards | **jugar baraja(s)** to play cards

barajar *v* (cartas) to shuffle

baranda o **barandilla** *s* **1** (de una escalera) banister **2** (de un balcón) rail

barandal *s* ▶ ver **baranda**

barato, -a *adjetivo & adverbio*

- *adj* cheap: *¿Tiene algo más barato que esto?* Do you have anything cheaper than this?
- **barato** *adv* **comprar algo barato/comer barato** to buy sth cheaply/to eat cheaply

barba *s* beard: *Tiene barba.* He has a beard. | *un hombre de barba* a man with a beard/a bearded man | **dejarse la barba** to grow a beard: *Se está dejando la barba.* He's growing a beard.

barbaridad *s* **1 hacer una barbaridad** to do something stupid | **decir barbaridades** to talk nonsense **2 ¡qué barbaridad!** (para expresar indignación) that's outrageous! **3 costar/gastar una barbaridad** to cost/spend a fortune

barco *s* **1** ship, boat ▶ En general **ship** se usa para referirse a un barco grande y **boat** a uno pequeño **2 ir/viajar en barco** to go/travel by sea, to go/travel by boat
barco de vela (a) (grande) sailing ship, sailing boat **(b)** (pequeño) sailboat (AmE), sailing boat (BrE) **barco de vapor** steamship

barda *s* **1** (cerco) fence **2** (muro) wall **3** (en béisbol) wall | **volarse la barda** to hit the ball over the wall

barítono *s & adj* baritone

barman *s* bartender (AmE), barman (plural -men) (BrE)

barniz *s* **1** (para madera) varnish **2** (para cerámica) glaze

barnizar *v* **1** (madera) to varnish **2** (cerámica) to glaze

barómetro *s* barometer

barón, -onesa *s* **barón** baron | **baronesa** baroness

barquillo *s* **1** (de helado) cone **2** (galleta) wafer

barra *s* **1** (en un bar) bar: *Me tomé un café en la barra.* I had a coffee at the bar. **2** (de chocolate, de cereales) bar **3** (de metal) bar **4** (signo ortográfico) slash **5** (pandilla) gang
barra brava No hay un término equivalente en inglés. Para hablar de la barra brava de un equipo di *a fanatical gang of Colo-Colo/Toluca/Sporting Cristal etc. supporters* **barra fija** beam **barras paralelas** *s pl* parallel bars

barrendero, -a *s* road sweeper

barrer *v* **1** (el suelo) to sweep **2 barrer la cocina/el comedor** to sweep the kitchen floor/the dining room floor **3 barrer las hojas/los vidrios rotos** to sweep up the leaves/the broken glass

barrera *s* **1** (para impedir el paso) barrier: *La barrera estaba baja.* The barrier was down. **2** (en un tiro libre) wall **3** (obstáculo) barrier

barriada *s* **1** ▶ ver **barrio** **2** (de viviendas precarias) shanty town

barricada *s* barricade

barriga *s* **1** (internamente) stomach, tummy (plural -mmies) ▶ **tummy** es característico del lenguaje infantil, pero también lo puede usar un adulto: *Me duele la barriga.* I have a stomach ache./I have a tummy ache. **2** (panza) belly (plural -llies): *una barriga enorme* a huge belly

barril *s* barrel

barrio *s* **1** area, neighborhood (AmE), neighbourhood (BrE): *Vivo en un barrio tranquilo.* I live in a quiet area./I live in a quiet neighborhood. ▶ Cuando se trata de un barrio con características especiales, se usa **quarter**: *el Barrio Latino* the Latin Quarter **2 el supermercado/el colegio/la escuela etc. del barrio** the local supermarket/school etc. | **un cine de barrio** a local movie theater (AmE), a local cinema (BrE)
barrio de invasión, también **barrio de tugurios** shanty town **barrio residencial** (expensive) residential area

barrito *s* (en la piel) spot, pimple

barro *s* **1** (lodo) mud **2** (en cerámica) clay | **una olla/un jarrón de barro** an earthenware pot/jug **3** (en la piel) spot

bártulos *s pl* things, stuff *sing*

barullo *s* (ruido) racket | **armar/hacer barullo** to make a racket: *No armen tanto barullo.* Don't make such a racket.

basar *v* **basar algo en algo** to base sth on sth
basarse *v* **1 basarse en algo** (libro, teoría, decisión) to be based on sth: *La película se basa en una novela de Chandler.* The film is based on a novel by Chandler. **2 ¿en qué te basas para decir/negar etc.?** what grounds do you have for saying/denying etc.?

base *sustantivo femenino, sustantivo masculino & femenino & sustantivo plural*

- *s* [fem] **1** (de un triángulo, una pirámide) base **2** (de una columna, un jarrón, etc.) base **3** (en béisbol) base **4** (fundamento) basis: *la base de una buena relación* the basis of a good relationship **5 un plato a base de pescado/carne etc.** a fish-based/meat-based etc. dish

6 con base en/sobre la base de on the basis of: *con base en los últimos resultados* on the basis of the latest results **7** (militar) base

base de datos database

• *s* [masc & fem] (en básquet) guard

• **bases** *s pl* **1** (de un concurso) rules **2 las bases** (de un partido político, etc.) the grass roots

básico, -a *adj* basic

básquet o **basket** *s* ▶ ver **básquetbol**

básquetbol o **basketball** *s* basketball: *un partido de básquetbol* a basketball game | **jugar básquetbol** to play basketball

basta *interj* that's enough!

bastante *adjetivo, pronombre & adverbio*

• *adj & pron* **1** (cantidad considerable) **bastante trabajo/espacio/dinero etc.** quite a lot of work/room/money etc.: *Habían tomado bastante cerveza.* They had drunk quite a lot of beer. | **bastantes cosas/amigos etc.** quite a few things/friends etc., quite a lot of things/friends etc.: *Tuvo bastantes faltas de ortografía.* He made quite a few spelling mistakes./He made quite a lot of spelling mistakes. | **hace bastante calor/frío** it's quite hot/cold | **queda bastante por hacer/estudiar etc.** there's quite a lot left to do/to study etc. **2** (suficiente) enough: *Ya tengo bastantes problemas.* I have enough problems as it is. | *Ya es bastante por hoy.* That's enough for today.

• *adv* **1** (considerablemente) **bastante caro -a/sucio -a etc.** quite expensive/dirty etc.: *Estoy bastante cansada.* I'm quite tired. | **bastante mejor/más grande/más alto -a etc.** quite a lot better/bigger/taller etc.: *Agrégale bastante más leche.* Add quite a lot more milk. | **trabaja/gana etc. bastante** he works/earns etc. quite a lot: *Me dolió bastante.* It hurt quite a lot. **2** (lo suficiente) enough: *No comes bastante.* You don't eat enough. | *No estudia bastante.* He doesn't work hard enough.

bastar *v* to be enough: *Creo que basta por hoy.* I think that's enough for today. | *¿Basta con esto?* Is this enough?

bastón *s* walking stick, stick

bastos *s pl* La baraja española no es muy conocida en el mundo anglosajón. Para explicar qué son los bastos di *It is one of the four suits in a Spanish pack of cards.*

basura *s* **1** (desperdicios) garbage (AmE), rubbish (BrE): *¿Dónde botas la basura?* Where do you put the garbage? ▶ También existe la palabra **litter,** que se usa para referirse a la basura que la gente tira en los lugares públicos: *No tire basura en la calle.* Don't drop litter in the street. **2 sacar la basura** to take the garbage out (AmE), to take the rubbish out (BrE) **3 tirar/botar algo a la basura** to throw sth away: *Boté esos papeles a la basura.* I threw those papers away. **4 ser una basura (a)** (libro, película, etc.) to be trash, to be rubbish (BrE) **(b)** (persona) to be a swine

basural *s* ▶ ver **basurero 2**

basurero *s* **1** (persona) garbage collector (AmE), dustman (plural -men) (BrE) **2** (vertedero) garbage dump (AmE), rubbish dump (BrE) **3** (en la cocina) trash can (AmE), bin (BrE) ▶ El basurero más grande que se pone en la calle para la recolección de residuos se llama **garbage can** en EU y **dustbin** en Gran Bretaña

basurero nuclear nuclear waste dump

bata *s* **1** (para estar en casa) dressing gown, robe (AmE) **2** (para salir del baño) bathrobe, robe (AmE) **3** (de médico, dentista) coat

batalla *s* battle

batalla naval (juego) battleships: *Juguemos a la batalla naval.* Let's play battleships.

batallón *s* batallion

batata *s* sweet potato

bate *s* bat

bateador, -a *s* (en béisbol) batter

batear *v* [vt] to hit, [vi] to bat

batería *sustantivo femenino & sustantivo masculino & femenino*

• *s* [fem] **1** (instrumento musical) drums *pl* | **tocar la batería** to play the drums **2** (de un vehículo) battery (plural -ries): *Me quedé sin batería.* My battery's flat. **3** (para celulares, notebooks, etc.) battery (plural -ries)

batería de cocina cookware set

• *s* [masc & fem] ▶ ver **baterista**

baterista *s* drummer

batidor *s* (para batir a mano) whisk

batidora *s* (eléctrica) mixer

batir *v* **1** (huevos, mantequilla, etc.) to beat **2** (claras de huevos) to whisk, to beat **3** (crema) to whip **4** (un récord) to beat

batirse *v* **batirse a/en duelo** to fight a duel

batuta *s* baton

baúl *s* **1** (arcón) trunk, chest **2** (de un auto) trunk (AmE), boot (BrE)

bautismo o **bautizo** *s* **1** (sacramento) baptism **2** (ceremonia) christening

bautizar *v* **1** (a una persona) to baptize, to christen **2** (un barco) to name

bazo *s* spleen

bebe, -a ▶ ver **bebé**

bebé *s* baby (plural -bies) | **estar esperando un bebé** to be expecting a baby

beber *v* to drink: *No bebe café.* She doesn't drink coffee. | *Bebe demasiado.* He drinks too much.
beberse *v* to drink: *Se bebieron toda la cerveza.* They drank all the beer. | *Me lo bebí todo.* I drank all of it.

bebida *s* **1** drink **2 la bebida** (la adicción) drink, drinking | **dejar la bebida** to give up drink/drinking
bebidas alcohólicas/sin alcohol *s pl* alcoholic/non-alcoholic drinks

beca *s* **1** (de una entidad privada, un gobierno extranjero) scholarship **2** (del estado) grant

beige *adj & s* beige ▶ ver "Active Box" **colores** en **color**

béisbol o **beisbol** *s* baseball | **jugar béisbol** to play baseball

beisbolista *s* baseball player

belga *adjetivo & sustantivo*
- *adj* Belgian
- *s* Belgian | **los belgas** (the) Belgians

Bélgica *s* Belgium

bélico, -a *adj* **1 un conflicto/enfrentamiento bélico** a military conflict/confrontation **2 la industria bélica** the arms industry

belleza *s* **1** (cualidad) beauty **2 ser una belleza** to be absolutely beautiful

bello, -a *adj* beautiful
bellas artes *s pl* fine art

bellota *s* acorn

bemol *adj* **mi/la etc. bemol** E/A etc. flat

bencina *s* (gasolina) gasoline (AmE), petrol (BrE)

bencinera *s* (gasolinera) gas station (AmE), petrol station (BrE)

bendecir *v* to bless

bendición *s* **1** (en religión) blessing **2 ser una bendición** to be a blessing

beneficencia *s* charity | **vivir de la beneficencia** to live on charity

beneficiar *v* to benefit
beneficiarse *v* **beneficiarse (con/de algo)** to benefit (from sth)

beneficio *sustantivo & sustantivo plural*
- *s* **1** (ventaja) benefit **2 a beneficio de algo/alguien** in aid of sth/sb: *un festival a beneficio de las víctimas de las inundaciones* a festival in aid of the flood victims
- **beneficios** *s pl* (ganancias) profits

benéfico, -a *adj* **un concierto/un festival benéfico** a charity concert/festival | **una organización/una institución benéfica** a charity

bengala *s* flare ▶ ver **luz**

berberecho *s* cockle

berenjena *s* eggplant (AmE), aubergine (BrE)

berma *s* (en la carretera) shoulder (AmE), hard shoulder (BrE)

bermudas *s pl* Bermuda shorts

berrinche *s* tantrum | **hizo/le dio un berrinche** she/he had a tantrum

berro *s* watercress

besar *v* to kiss | **besar a alguien en la mejilla/la boca** to kiss sb on the cheek/lips
besarse *v* to kiss each other: *Nos besamos en la mejilla.* We kissed each other on the cheek. ▶ Se usa también **to kiss** cuando quienes se besan son una pareja: *Se besaron apasionadamente.* They kissed passionately.

beso *s* **1** kiss | **darle un beso a alguien** to give sb a kiss: *Dale un beso a tu abuela.* Give your grandma a kiss. **2** (al final de una carta): *Un beso, Ana* Lots of love, Ana

bestia *adjetivo & sustantivo*
- *adj* **1** (poco inteligente) dumb, thick (BrE) **2** (poco delicado) rough
- *s* **1** (persona poco inteligente) dummy (plural -mmies), dimwit **2** (persona poco delicada) **ser una bestia** to be very rough **3** (persona violenta) animal **4** (animal) beast **5 trabajar como una bestia/como bestias** to slog your guts out: *Trabajaron como bestias para terminar a tiempo.* They slogged their guts out to finish on time. **6 comer como una bestia** to eat like a horse

besugo *s* red bream (plural red bream)

betabel o **betarraga** *s* beet (AmE), beetroot (BrE)

betún *s* polish, shoe polish | **echarles betún a los zapatos** to polish your shoes

biblia *s* Bible | **la Biblia** the Bible

bibliografía *s* **1** (para un curso) booklist **2** (en un libro) bibliography (plural -phies)

biblioteca *s* **1** (sala) library (plural -ries): *Estudio en la biblioteca.* I study in the library. **2** (conjunto de libros) library (plural -ries), collection of books: *una biblioteca completísima* a very extensive library/a very extensive collection of books **3** (mueble) bookcase: *el primer estante de la biblioteca* the top shelf in the bookcase

bibliotecario, -a *s* librarian

bicarbonato *s* bicarbonate

bicho *s* **1** (insecto) bug, creepy-crawly (plural -lies): *Me ha picado un bicho.* Something's bitten me. **2** (cualquier animal) animal, critter (AmE) **3 ¿qué bicho te/le etc. picó?** what's up with you/him etc.?
bicho raro weirdo

bici *s* bike ▶ ver ejemplos en **bicicleta**

bicicleta *s* **1** bike, bicycle ▶ **bike** es más coloquial y más frecuente: *Fui a dar una vuelta en* *bicicleta*. I went for a ride on my bike. **2 montar/andar en bicicleta** to ride a bike/a bicycle: *No sabe montar en bicicleta*. She can't ride a bike. | *Fuimos a andar en bicicleta*. We went for a ride on our bikes. **3 ir/venir en bicicleta** to cycle: *Voy al colegio en bicicleta*. I cycle to school. | *Vino en bicicleta*. He cycled here./He came on his bike.

bicicleta de carreras racing bike **bicicleta de montaña** mountain bike

bicimoto *s* moped

bidé o **bidet** *s* bidet

bidón *s* can

bien *adverbio, adjetivo, sustantivo, interjección & sustantivo plural*

• ***adv & adj*** **1** (satisfactoriamente) well: *Lo sé muy bien*. I know that very well. | *Llegamos bien*. We arrived safely. | *No ando muy bien*. I'm not very well. ► Cuando te preguntan cómo estás puedes decir **very well** o **fine**: *–¿Cómo estás? –Bien ¿y tú?* "How are you?" "Fine, and you?"

2 bien vestido -a/alimentado -a etc. well dressed/well fed etc. ► Estos adjetivos compuestos se escriben con guión cuando van delante de un sustantivo: *una niña bien vestida* a well-dressed girl | *Están muy bien entrenados*. They are very well trained.

3 está bien (de acuerdo) all right then: *Está bien, no lo hagas*. All right then, don't do it.

4 (correcto) right: *Esta cuenta no está bien*. This sum isn't right. | *No está bien que digas eso*. It's not right for you to say that.

5 (muy) very, really: *Le gusta el café bien caliente*. He likes his coffee very hot./He likes his coffee really hot.

6 (suficiente) enough: *Con eso ya está bien*. That's enough.

7 o bien... o bien either... or ► **hacer bien, llevarse bien, pasarla bien,** etc. se tratan bajo el verbo correspondiente

• ***s*** **1 el bien** (lo bueno) good: *el bien y el mal* good and evil

2 por mi/tu/su etc. bien for my/your/his etc. own good: *Lo hace por tu bien*. He's doing it for your own good.

• **¡bien!** ***interj*** **1** (para expresar entusiasmo) great!: *–¡Y de postre, helado! –¡Bien!* "And we've got ice cream for dessert!" "Great!"

2 (para expresar aprobación) well done!: *–Aprobé matemáticas. –¡Bien!* "I've passed math." "Well done!"

• **bienes** ***s pl*** possessions: *Heredó todos sus bienes*. She inherited all his possessions.

bienestar *s* well-being

bienvenida *s* welcome | **darle la bienvenida a alguien** to welcome sb

bienvenido, -a *adjetivo & interjección*

• ***adj*** welcome

• **¡bienvenido -a!** ***interj*** welcome! | **¡bienvenido -a a casa!** welcome home! | **¡bienvenido -a a nuestra ciudad/a este país etc.!** welcome to our city/this country etc.!

bife *s* (filete) steak

bigote *s* **1** (de persona) mustache (AmE), moustache (BrE): *Tiene bigote*. He has a mustache. | *Me voy a afeitar el bigote*. I'm going to shave off my mustache. | **dejarse el bigote** to grow a mustache **2** (de gato) whiskers *pl*

bikini *s* bikini

bilingüe *adj* bilingual

bilis *s* bile

billar *s* billiards *sing* | **jugar billar** to play billiards ► En el mundo anglosajón el billar se juega en una mesa con seis troneras **(pockets)**

billete *s* **1** (de dinero) bill (AmE), note (BrE) | **un billete de cien/mil etc. pesos** a one hundred/one thousand etc. peso bill **2** (de lotería) ticket

billetera *s* wallet

billón *s* trillion ► En inglés **billion** equivale a mil millones

binario, -a *adj* binary

bingo *s* **1** (juego) bingo | **jugar bingo** to play bingo **2** (local) bingo hall

biodegradable *adj* biodegradable

biografía *s* biography (plural -phies)

biología *s* biology

biológico, -a *adj* **1** (relativo a cultivos, alimentos, etc.) organic **2** (relativo a la biología) biological

biólogo, -a *s* biologist

biombo *s* screen

biopsia *s* biopsy (plural -sies)

bioquímico, -a *s* biochemist ► La persona que trabaja haciendo análisis de laboratorio se llama **laboratory analyst**

bis *s* encore | **hacer un bis** to play/sing an encore

bisabuelo, -a *s* **bisabuelo** great-grandfather | **bisabuela** great-grandmother | **bisabuelos** (bisabuelo y bisabuela) great-grandparents

bisagra *s* hinge

bisiesto *adj* **ser bisiesto** to be a leap year

bisnieto, -a *s* **bisnieto** great-grandson | **bisnieta** great-granddaughter | **bisnietos** (bisnietos y bisnietas) great-grandchildren

bisonte *s* bison (plural bison)

bistec *s* steak

bisturí *s* scalpel

bit *s* bit

bizco, -a *adj* cross-eyed

bizcocho *s* (pastel) cake: *un bizcocho de chocolate* a chocolate cake

bizcocho de novia wedding cake

bizcochuelo *s* sponge cake

biznieto, -a ► ver **bisnieto**

blanca *s* **1** (en música) half note (AmE), minim (BrE) **2** (en ajedrez) white piece

blanco, -a *adjetivo & sustantivo*

• ***adj*** **1** (camisa, papel, casa, etc.) white ► ver

"Active Box" **colores** en **color** **2** (piel, cutis) fair **3** (pálido) pale **4** (raza, persona) white ▶ ver **bandera, vino**

• *s* (persona de raza blanca) **blanco** white man (plural men) | **blanca** white woman (plural women) | **los blancos** white people

• **blanco** *s* **1** (color) white ▶ ver "Active Box" **colores** en **color** **2** (objetivo) target | **tirar al blanco** to shoot at the target | **dar en el blanco** to hit the target **3 en blanco** (hoja, papel, etc.) blank: *un cheque en blanco* a blank check | *Deja un espacio en blanco después del título.* Leave a blank space after the title. | *Complete los espacios en blanco.* Fill in the blanks. **4 una película/una foto en blanco y negro** a black and white movie/photograph | **la televisión en blanco y negro** black and white television **5 el blanco del ojo** the white of the eye

blancura *s* whiteness

blando, -a *adj* **1** (cama, almohada, mantequilla, masa) soft | **ponerse blando -a** to go soft: *Las galletas se pusieron blandas.* The cookies have gone soft. **2** (benévolo) **ser blando -a con alguien** to be soft on sb

blanqueador *s* bleach

blanquear *v* **1** (dinero) to launder **2** (con pintura, cal) to whitewash

blindado, -a *adj* (auto, puerta) armored (AmE), armoured (BrE)

bloc o **block** *s* pad, notepad

bloque *s* **1** (de piedra, de cemento) block **2** (de países, partidos) bloc **3** (de legisladores) (parliamentary) group

bloquear *v* **1** (una calle, la salida) to block **2** (radiaciones) **bloquear algo** to block sth out

bloquearse *v* **1** (al hablar) to get tongue-tied **2** (al escribir) to get a mental block

bloqueo *s* **1** (de una calle) road block **2** (a un país) blockade: *el bloqueo comercial a la isla* the trade blockade of the island

bloqueo mental mental block

blusa *s* blouse

bluyín *s* **1** (tela) denim: *una falda de bluyín* a denim skirt **2** ▶ ver **bluyines**

bluyines o **bluyín** *s* jeans *pl*: *Tenía puestos unos bluyines viejos.* She was wearing an old pair of jeans./She was wearing some old jeans. | *unos bluyines/un bluyín* a pair of jeans

bobina *s* **1** (de hilo) reel, (de máquina de coser) spool **2** (en electricidad) coil

bobo, -a *adjetivo & sustantivo*

• *adj* dumb (AmE), silly

• *s* idiot

boca *s* **1** (parte del cuerpo) mouth **2 boca abajo (a)** (referido a personas) on your stomach: *Se puso boca abajo.* He lay down on his stomach. | *Duerme boca abajo.* He sleeps on his stomach. **(b)** (referido a objetos) face down: *Dejó el libro boca abajo.* He left the book face down. **3 boca arriba (a)** (referido a una persona) on your back: *Pónganse boca arriba.* Lie down on your backs. *Duerme boca arriba.* He sleeps on his back. **(b)** (referido a un objeto) face up **4 callarse la boca** to shut up **5 no abrir la boca** not to open your mouth: *No abrió la boca en toda la noche.* He didn't open his mouth all night. **6 con la boca abierta** (sorprendido) dumbfounded: *Se quedó con la boca abierta.* She was dumbfounded.

boca del estómago pit of the stomach **boca de metro** subway entrance (AmE), underground entrance (BrE)

bocacalle *s* **1** (calle) side street: *una bocacalle de la Avenida Huntington* a side street off Huntington Avenue **2** (cruce) crossroads (plural crossroads)

bocadillo *s* (dulce) Si quieres explicar qué es di *It's a type of sweet made of guava*

bocado *s* (de comida) mouthful

boceto *s* **1** (de una obra artística) sketch (plural -ches) **2** (de un proyecto) outline

bochinche *s* (ruido) racket **armar/hacer bochinche** to make a racket: *¡Qué bochinche armaron!* You made such a racket!

bocina *s* **1** (del teléfono) receiver **2** (del auto) horn | **tocar la bocina** to blow the horn **3** (de un equipo de música, una computadora) speaker

boda *s* wedding: *una fiesta de boda(s)* a wedding reception

bodas de oro/plata golden/silver wedding anniversary **boda por lo civil** registry office wedding **boda por la iglesia** church wedding

bodega *s* **1** (para almacenar cosas: edificio) warehouse, (habitación) storeroom **2** (donde se produce el vino) winery (plural -ries) **3** (tienda de comestibles) grocery store, grocer's (BrE) **4** (para almacenar vino) cellar **5** (en un barco, un avión) hold

bofetada *s* ▶ ver **cachetada**

bohemio, -a *adj & s* bohemian

boicotear *v* to boycott

boina *s* beret

bol *s* bowl

bola *s* **1** (cuerpo esférico) ball **2 se corre la bola de que** word has it (that) **3 estar/aparecer etc. en bola(s)** to be/to appear etc. stark naked

bola de cristal crystal ball **bola de nieve** snowball

bolera *s* bowling alley

boleta *s* **1** (entrada) ticket **2** (de compra) receipt **3 boleta (electoral)** voting paper, voting slip **4 boleta (de calificaciones)**, **boleta (de notas)** report card (AmE), (school) report (BrE)

boletería *s* **1** (que vende entradas para un espectáculo) box office **2** (en una estación, etc.) ticket office

¿Quieres una lista de frases útiles para hablar de ti mismo? Consulta la **guía de comunicación** al final del libro.

boletín *s* **1 boletín (de calificaciones/notas)** report card (AmE), (school) report (AmE) **2** (publicación) newsletter **3 boletín (informativo)** news bulletin

boleto *s* **1** (de autobús, de tren, etc.) ticket: *Un boleto para Las Condes, por favor.* A ticket to Las Condes, please. | **sacar (un) boleto** to get a ticket: *Tengo que sacar boleto.* I have to get a ticket. **2** (tarifa) fare: *¿Cuánto cuesta el boleto de tren?* How much is the train fare? **3** (para un espectáculo) ticket

boleto de ida one-way (ticket), single (ticket) (BrE) **boleto de ida y vuelta, boleto redondo** round trip (ticket) (AmE), return (ticket) (BrE)

boliche *s* **1** (juego) ▶ ver **bolos** **2** (local) bowling alley

bolígrafo *s* ballpoint pen

bolillo *s* **1** (de policía) nightstick (AmE), truncheon (BrE) **2** (pan) bread roll, roll

bolívar *s* (moneda) bolívar

Bolivia *s* Bolivia

boliviano, -a *adjetivo & sustantivo*

- ***adj*** Bolivian
- ***s*** (persona) Bolivian | **los bolivianos** (the) Bolivians
- **boliviano *s*** (moneda) boliviano

bolos *s* (juego) bowling, tenpin bowling (BrE) | **ir a jugar bolos** to go bowling

bolsa *sustantivo & sustantivo plural*

- ***s*** **1** (de papel, plástico, etc.) bag: *una bolsa de caramelos* a bag of candy **2** (de arena, papas, etc.) sack: *una bolsa de papas de 50 kg* a 50 kilo sack of potatoes **3** (de mujer) purse (AmE), handbag (BrE) **4** (bolsillo) pocket **5** (o **Bolsa**) (en finanzas) stock exchange, stock market
- **bolsas *s pl*** (debajo de los ojos) bags

bolsa de agua caliente hot water bottle
bolsa de (la) basura garbage sack (AmE), bin bag (BrE)

bolsillo *s* **1** pocket | **el bolsillo de mi saco/de mi pantalón etc.** my jacket pocket/my trouser pocket etc. **2 una edición/una calculadora etc. de bolsillo** a pocket edition/a pocket calculator etc.

bolsita de té *s* teabag

bolso *s* **1** (de viaje,de deportes, etc.) bag **2** (de mujer) purse (AmE), handbag (BrE)

bomba *s* **1** (explosivo) bomb | **poner/tirar una bomba** to plant/to drop a bomb: *Pusieron una bomba en la embajada.* They planted a bomb in the embassy. **2** (globo) balloon **3 bomba (de gasolina)** gas station (AmE), petrol station (BrE) **4 bomba (de aire)** pump **5** (de agua) pump **6 ser una bomba de tiempo** to be a time bomb

bomba atómica atomic bomb

bombardear *v* to bombard

bombardeo *s* bombing

bombero, -a *s* **bombero** fireman (plural -men), firefighter | **bombera** firefighter | **los bomberos** the fire department (AmE), the fire brigade (BrE)

bombillo o **bombilla** *s* (de luz) bulb, light bulb: *Se quemó el bombillo.* The bulb's gone.

bombín *s* **1** (sombrero) derby (AmE), bowler hat (BrE) **2** (inflador) pump

bombo *s* (instrumento) bass drum

bombón *s* **1** (helado) Popsicle® **2** (de chocolate) chocolate **3** (malvavisco) marshmallow

bómper *s* bumper

bondad *s* kindness | **tener la bondad de hacer algo** to be kind enough to do sth: *Tuvo la bondad de ayudarme.* He was kind enough to help me.

bongó *s* bongo

boniato *s* sweet potato

bonito -a *adj* **1** (mujer, cara, vestido) pretty **2** (día, paisaje, cuadro) nice

bono *s* **1** (vale) voucher **2** (en finanzas) bond

boquilla *s* **1** (de un instrumento) mouthpiece **2** (para un cigarrillo) cigarette holder

bordado, -a *adjetivo & sustantivo*

- ***adj*** embroidered: *sábanas bordadas a mano* hand-embroidered sheets
- **bordado** *s* **1** (decoración) embroidered pattern: *un bordado en el bolsillo* an embroidered pattern on the pocket ▶ El sustantivo **embroidery** es incontable: *con bordados y encaje* with embroidery and lace **2** (actividad) embroidery

bordar *v* to embroider

borde *s* **1** (de una mesa, un pañuelo, un camino, etc.) edge: *el borde de la piscina* the edge of the swimming pool **2** (de una taza, un vaso) brim: *Llenó las copas hasta el borde.* She filled the glasses to the brim. **3 borde (de la acera/la banqueta)** curb (AmE), kerb (BrE) **4 estar al borde de la quiebra/la locura etc.** to be on the verge of bankruptcy/madness etc. **5 estar al borde de la muerte** to be at death's door

bordo *s* **a bordo** on board: *Hay 60 pasajeros a bordo.* There are 60 passengers on board. | **a bordo de un avión/un barco** on board a plane/a ship: *Iban a bordo de un 737.* They were on board a 737.

borrachera *s* **agarrar(se) una borrachera** to get drunk | **tener una borrachera espantosa** to be terribly drunk

borracho, -a *adjetivo & sustantivo*

• ***adj*** drunk: *Estaban todos borrachos.* They were all drunk.

• ***s*** drunk: *un bar lleno de borrachos* a bar full of drunks

borrador *s* **1** (para el pizarrón) eraser (AmE), board rubber (BrE) **2** (goma de borrar) eraser (AmE), rubber (BrE) **3** (versión preliminar) rough draft | **hacer algo en borrador** to do sth in rough: *Hazlo primero en borrador.* Do it in rough first.

borrar *v* **1** (con goma) **borrar algo** to erase sth, to rub sth out (BrE) **2** (el pizarrón/la pizarra) to clean **3** (en computación) to delete **4** (una grabación) to erase

borrarse *v* **borrarse de un club/una clase** to stop going to a club/a class ▸ También existe **to cancel your membership of a club** pero es más formal

borrón *s* smudge

borroso, -a *adj* **1** (imagen, foto) blurred **2** (idea, recuerdo) vague

bosque *s* wood, forest ▸ A veces se usa el plural **woods** en lugar de **wood. forest** implica un bosque de mayor extensión: *un paseo por el bosque* a walk in the woods

bostezar *v* to yawn

bostezo *s* yawn

bota *s* boot

botas de caña alta *s pl* knee-length boots **botas de esquí** *s pl* ski boots **botas de goma/de caucho, botas pantaneras** *s pl* rubber boots, wellington boots (BrE)

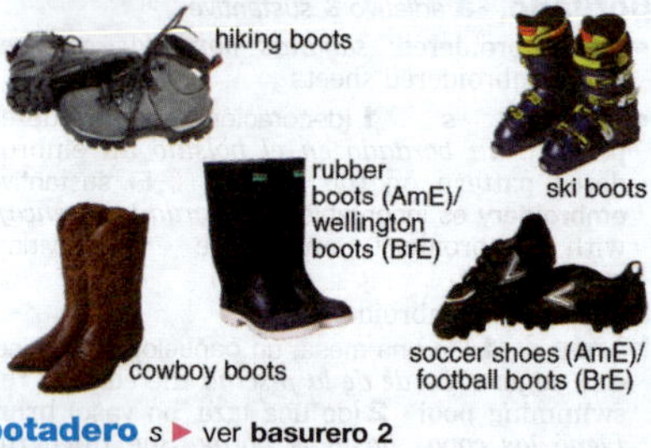

botadero *s* ▸ ver **basurero 2**

botana *s* appetizer, snack

botánica *s* botany

botar *v* **1** (desechar) **botar algo (a la basura)** to throw sth away: *No lo botes.* Don't throw it away. | *Bota esos papeles a la basura.* Throw those papers away. **2 botar (el) dinero** to throw (your) money away **3** (tirar, arrojar) to throw: *Botó la piedra al agua.* He threw the stone into the water. **4 botar a alguien (a)** (de un lugar) to throw sb out: *Nos botaron a la calle.* They threw us out in the street. **(b)** (del trabajo) to fire sb, to sack sb (BrE): *La quieren botar del trabajo.* They want to fire her. **5 botar al novio/a la novia** to ditch your boyfriend/girlfriend, to chuck your boyfriend/girlfriend (BrE) **6** (pelota) ▸ ver **rebotar**

bote *s* **1** (embarcación) boat **2** (de una pelota) bounce **3 bote (de la basura)** (en la cocina) trash can (AmE), bin (BrE) ▸ El bote más grande que se pone en la calle para la recolección de residuos se llama **garbage can** en EU y **dustbin** en Gran Bretaña

bote de remos rowboat (AmE), rowing boat (BrE) **bote inflable** inflatable dinghy **bote salvavidas** lifeboat

botella *s* bottle: *Trajo una botella de vino.* She brought a bottle of wine. | *botellas de cerveza vacías* empty beer bottles ▸ ver nota en **bottle**

botín *s* **1** (bota corta) ankle boot **2** (de fútbol, rugby, etc.) boot **3** (de un robo) haul

botiquín *s* (armario) bathroom cabinet

botiquín de primeros auxilios first-aid kit, first-aid box

botón *s* **1** (de la ropa) button **2** (de un aparato) button

botones *s* bellboy, bellhop (AmE)

boulevard *s* boulevard

bóveda *s* vault

bowling *s* bowling | **ir a jugar bowling** to go bowling

box o **boxeo** *s* (deporte) boxing

boxeador, -a *s* boxer

boxear *v* to box

boya *s* **1** (señal) buoy **2** (de una caña de pescar) float

bozal *s* muzzle

bragueta *s* fly, flies *pl* (BrE): *Tiene la bragueta abierta.* His fly's undone.

brasa *s* **1** ember **2 pollo/pescado etc. a la(s) brasa(s)** barbecued chicken/fish etc., chargrilled chicken/fish etc.

brasier *s* bra

Brasil *s* Brazil

brasileño, -a *adjetivo & sustantivo*

• ***adj*** Brazilian

• ***s*** Brazilian | **los brasileños** (the) Brazilians

bravo, -a *adjetivo & interjección*

• ***adj*** **1** (mar) rough **2** (enojado) mad: *Está bravo por lo de ayer.* He's mad because of what happened yesterday. | **ponerse bravo -a** to get mad: *Se va a poner brava cuando se entere.* She's going to get mad when she finds out.

• **¡bravo!** ***interj*** bravo!

brazada *s* stroke

brazo *s* **1** (miembro) arm: *Se rompió el brazo.* He broke his arm. | **en brazos** in your arms: *Tenía a su hija en brazos.* He was carrying his daughter in his arms. | **del brazo** arm in arm: *Iban del brazo.* They were walking along arm in arm. | **con los brazos cruzados** with your arms crossed: *Estaba parada con los brazos cruzados.* She was standing with her arms crossed. |

estar/quedarse de brazos cruzados to do absolutely nothing **2** (de un río) branch

brecha *s* **1** (abertura) breach **2** (división) rift
brecha generacional generation gap

breve *adj* **1** brief, short: *una breve visita a Cartagena* a brief visit to Cartagena/a short visit to Cartagena **2 en breve** shortly: *El embajador regresará en breve a su país.* The ambassador will return home shortly.

brigada *s* **1** (militar) brigade **2** (policial) squad

brillante *adjetivo & sustantivo*
- *adj* **1** (luz, color) bright **2** (pelo, tela, zapatos) shiny **3** (ojos) sparkling **4** (metal) gleaming **5** (muy inteligente) brilliant
- *s* diamond

brillar *v* **1** (sol, luz, pelo) to shine **2** (brillante, ojos) to sparkle **3** (metal) to gleam

brillo *s* **1** (del pelo) shine, (de una estrella) brightness, (del metal) gleam, (de un brillante) sparkle | **sacarle brillo al suelo/a un mueble etc.** to polish the floor/a piece of furniture etc. **2** (para labios) lip gloss **3** (para uñas) clear nail polish

brilloso, -a *adj* shiny

brincar *v* to jump | **brincar una cerca/un muro etc.** to jump over a fence/wall etc. ▸ ver **reata**

brinco *s* jump | **dar/pegar un brinco** to jump: *Dio un brinco del susto.* She jumped in fright.

brindar *v* (al beber) to drink a toast | **brindar por algo/alguien** to drink a toast to sth/sb ▸ Al proponer un brindis también se suele decir **here's to...**: *¡Brindemos por los novios!* Here's to the bride and groom!/Let's drink a toast to the bride and groom!

brindis *s* toast | **hacer un brindis** to drink a toast

brisa *s* breeze

británico, -a *adjetivo & sustantivo*
- *adj* British
- *s* **los británicos** the British

brocha *s* (de pintor) brush, paintbrush

broche *s* **1** (cierre de un monedero, etc.) clasp **2** (joya) brooch **3** (para el pelo) barrette (AmE), hair slide (BrE)

brocheta *s* kabob (AmE), kebab (BrE)

brócoli *s* broccoli

broma *s* **1** joke: *Me pareció una broma pesada.* I thought the joke was in bad taste. | **hacerle/gastarle una broma a alguien** to play a joke on sb **2 lo dije/lo dijo etc. en/de broma** I/he etc. was only joking | **hacer algo en broma** to do something as a joke: *Lo hizo en broma.* He did it as a joke. **3 ¡ni en broma!** no way!, you must be joking!

bromear *v* to joke

bronca *s* **1** (lío, pelea) fight, row (BrE) | **se armó/se va a armar etc. bronca** there was/there's going to be etc. trouble **2** (antipatía) **tenerle bronca a alguien** to have it in for sb: *No sé por qué me tiene bronca.* I don't know why he's got it in for me. **3** (rabia, enojo) anger | **me/le etc. da bronca que** it makes me/him etc. mad that: *Me da bronca que no me creas.* It makes me mad that you don't believe me.

bronce *s* **1** (para estatuas, medallas) bronze **2** (para picaportes, herrajes) brass

bronceado, -a *adjetivo & sustantivo*
- *adj* (piel, piernas, cara, etc.) tanned, brown | **estar bronceado -a** to have a tan, to be brown: *Estaba muy bronceada.* She had a deep tan./She was very brown.
- **bronceado** *s* tan, suntan

bronceador *s* suntan lotion

broncearse *v* to get a tan

bronquitis *s* bronchitis

brotar *v* (planta, hoja) to sprout
brotarse *v* (con salpullido) to come out in a rash

brote *s* **1** (de una planta) shoot **2** (de una enfermedad) outbreak **3** (de violencia, racismo, etc.) outbreak

bruja *s* **1** (hechicera) witch (plural -ches) **2** (mujer vieja y fea) old hag **3** (mujer mala) witch (plural -ches)

brujería *s* witchcraft

brujo *s* **1** (de una tribu) witchdoctor **2** (hechicero) wizard

brújula *s* compass (plural -sses)

brusco, -a *adj* **1** (movimiento) abrupt **2** (cambio) abrupt, sudden

brushing *s* blow-dry (plural -dries): *¿Cuánto cuesta el lavado y brushing?* How much is it for a wash and blow-dry? | **hacerse (el) brushing (a)** (uno mismo) to blow-dry your hair **(b)** (en la peluquería) to have a blow-dry

brutal *adj* **1** (crimen, represión) brutal **2** (persona) cruel

bruto, -a *adj* **1** (ignorante) dumb (AmE), thick (BrE) **2** (violento) rough **3** (poco delicado) crude, insensitive **4 ingresos brutos/ganancia bruta** gross income/gross profit | **ganar $1,000/$500 brutos** to earn $1,000/$500 before tax ▸ ver **producto**

buceador, -a *s* diver

bucear *v* to dive | **ir a bucear** to go diving ▸ Si se bucea con snorkel, se dice **to go snorkelling.** Si se usa un tanque de aire, **to go scuba diving**

buceo *s* diving ▸ Si se bucea con snorkel, se dice **snorkelling**. Si se usa un tanque de aire, **scuba diving**

budín *s* pudding

budismo *s* Buddhism

budista *adj & s* Buddhist

buen ▸ ver **bueno**

buen mozo o **buenmozo** *adj* good-looking

bueno, -a *adjetivo, sustantivo & interjección*
- *adj* ▸ ver recuadro en página 476
- *s* (en una película) goody (plural -dies) ▸ Para hombres también se usa **good guy**: *Ahora llega el*

bueno y la salva. Now the good guy comes along and saves her.

• **bueno** ***interj*** **1** (expresando acuerdo) all right: *–¿Me acompañas? –Bueno.* "Will you come with me?" "All right." ► Pero para aceptar algo que alguien te ofrece, di **yes, please**: *–¿Quieres más jugo? –Bueno.* "Would you like more juice?" "Yes, please."
2 (para calmar a alguien) all right: *Bueno, no te enojes.* All right, don't get angry.
3 (expresando enojo) all right: *¡Bueno, basta! ¡Me cansé!* All right, that's it! I've had enough!
4 (al contestar el teléfono) hello

buey *s* ox (plural oxen)

búfalo *s* buffalo

bufanda *s* scarf (plural scarves)

búho *s* owl

buitre *s* vulture

bujía *s* **1** (del auto) spark plug **2** (de luz) bulb, light bulb: *Se ha quemado la bujía.* The bulb's gone.

bulevar *s* boulevard

bulimia *s* bulimia

bulla *s* **hacer/meter bulla** to make a racket

bulto *s* **1** (protuberancia) bulge **2** (en el cuerpo) lump: *Tengo un bulto en el brazo.* I have a lump on my arm. **3** (de equipaje) item of luggage: *Sólo se pueden llevar dos bultos.* You can only take two items of luggage. | *Viaja con muchos bultos.* She travels with a lot of luggage.
4 (forma imprecisa) figure, shape

buñuelo *s* fritter

buque *s* ship
buque de guerra warship **buque pesquero** fishing boat

burbuja *s* bubble

burla *s* **hacerle burla a alguien** to make fun of sb: *Los compañeros le hacen burla.* His classmates make fun of him.

burlarse *v* **burlarse de algo/alguien** to make fun of sth/sb

burocracia *s* red tape, bureaucracy

burro, -a *sustantivo & adjetivo*
• *s* **1** (animal) donkey **2** (persona) dimwit, idiot
• ***adj*** (poco inteligente) dumb (AmE), thick (BrE)

bus *s* bus (plural buses) | **en bus** by bus | **tomar/perder el bus** to take/miss the bus

buscador *s* (en Internet) search engine

buscar *v* **1** (tratar de encontrar) **buscar algo** to look for sth: *¿A quién estás buscando?* Who are you looking for? ► Si no se menciona lo que se busca, se usa **to look**: *Ya busqué en todas partes.* I've already looked everywhere. | **se busca** wanted
2 (recoger) **ir a buscar algo/a alguien** to pick sth/sb up: *¿Me puedes ir a buscar las medicinas a la farmacia?* Can you pick my medicines up from the pharmacy? | *Mis padres me fueron a buscar al colegio.* My parents picked me up from school.
3 (traer) to get: *Carlos fue a buscar a mi mamá.* Carlos went to get my mom. | *Ve a buscar la cámara.* Go and get the camera.
4 buscar algo en el diccionario to look sth up in the dictionary | **buscar algo en Internet** to look for sth on the Internet, to search for sth on the Internet

> **bueno -a** *adjetivo*
>
> **1** La traducción **good** es válida en la mayoría de los contextos:
>
> *¡Qué buena idea!* What a good idea! | *¿Conoces un buen restaurante por aquí?* Do you know a good restaurant round here? | *Sea buena y cómaselo todo.* Be good and eat it all up. | *Es bueno comer mucha fruta.* Eating a lot of fruit is good for you. | *Lo bueno es que es gratis.* The good thing is that it's free.
>
> **2** EXCEPCIONES
>
> **Referido a personas bondadosas, se usa nice o kind:**
>
> *Tu mamá es muy buena.* Your mom's really nice./Your mom's really kind.
>
> **Referido a personas atractivas, se usa gorgeous:**
>
> *¡Qué bueno está tu primo!* Your cousin is gorgeous!
>
> **Usado para intensificar:**
>
> *Nos metió en un buen lío.* He got us into a real mess. | *Me llevé un buen regaño.* I got a real telling-off. | *Tuvimos que esperar un buen rato.* We had to wait a really long time.
>
> **3** **Buen viaje, buen provecho, buenas tardes,** etc. están tratados bajo el sustantivo correspondiente.

buseta *s* minibus

búsqueda *s* search (plural -ches) | **búsqueda (de algo/alguien)** search (for sth/sb)

busto *s* **1** (de una mujer) bust, breasts *pl* | **tener mucho/poco busto** to have big/small breasts
2 (estatua) bust

butaca *s* **1** (en cine, teatro) seat **2** (sillón) armchair

buzo *s* **1** (suéter) sweater **2** (equipo deportivo) sweatsuit (AmE), tracksuit (BrE) **3** (buceador) diver

buzón *s* **1** (en la calle) mailbox (plural -xes) (AmE), postbox, letterbox (plural -xes) (BrE) **2** (de una casa) mailbox (plural -xes) (AmE), letterbox (plural -xes) (BrE) **3 buzón (electrónico)** e-mail address | **enviar algo al buzón de alguien** to e-mail sth to sb: *Me enviaron la contraseña a mi buzón.* They e-mailed me my password.
4 buzón (de voz) voice mail

byte *s* byte

C

C, c *s* C, c ► ver "Active Box" **letras del alfabeto** en **letra**

cabalgata *s* ride

caballa *s* mackerel

caballería *s* cavalry (plural -ries)

caballero *s* **1** (hombre educado) gentleman (plural -men): *Es todo un caballero.* He's a real gentleman. **2** (hombre) man (plural men): *zapatos para caballeros* men's shoes **3** (de la Edad Media) knight

caballete *s* **1** (para pintar) easel **2** (de una mesa) trestle

caballitos *s pl* merry-go-round *sing*

caballo *s* **1** (animal) horse | **montar/andar a caballo** to ride, to ride a horse: *¿Sabes montar a caballo?* Can you ride (a horse)? | **ir a montar/andar a caballo** to go horseback riding (AmE), to go riding (BrE): *Podríamos ir a montar a caballo.* We could go riding. **2** (en ajedrez) knight **3** (en naipes) La baraja española no es muy conocida en el mundo anglosajón. Para explicar qué es el caballo di *It's a card in the Spanish deck, equivalent to a queen*

horse

caballo de carreras racehorse **caballo de fuerza** horsepower

cabaña *s* cabin

cabecear *v* **1** (en fútbol) to head the ball **2** (dormitar) to nod off

cabecera *s* **1** (parte de la cama) headboard | **junto a la cabecera de alguien** at sb's bedside **2 en/a la cabecera (de la mesa)** at the head of the table

cabecilla *s* ringleader

cabello *s* hair

caber *v* **1** (un objeto en una caja, un mueble en una pieza, etc.) to fit: *El regalo no cabe en la caja.* The present won't fit in the box.
2 (haber lugar para) Se usa la construcción **there is room**: *En esta maleta no cabe nada más.* There's no room for anything else in this suitcase. | *¿Quepo yo también?* Is there room for me as well?

cabeza *s* **1** (parte del cuerpo) head: *Se golpeó la cabeza.* She banged her head.
2 (mente) mind: *Tiene la cabeza en otro lado.* Her mind is elsewhere. | *Ni se me pasó por la cabeza.* It never even entered my mind. | **la fama/el dinero etc. se le subió a la cabeza** fame/money etc. has gone to his head
3 $20/$50 etc. por cabeza $20/$50 etc. each, $20/$50 etc. a head
4 estar/ir a la cabeza to be in the lead: *Simonet va a la cabeza.* Simonet is in the lead.
5 (de un clavo, un alfiler) head
cabeza de ajo bulb of garlic **cabeza dura** *adj & s* **ser muy cabeza dura/ser un cabeza dura** to be very pig-headed

cabezazo *s* **1 darse un cabezazo** to bang your head **2** (en fútbol) header

cabezón, -ona *adj* (terco) pig-headed

cabina *s* **1** (del piloto) cockpit **2** (para los pasajeros) cabin **3** (de un camión) cab **4 cabina (de teléfonos)** telephone booth (AmE), phone box (BrE)

cable *s* **1** (eléctrico, telefónico, etc.) wire, cable ► **cable** se usa para cables gruesos **2** (sistema de TV) cable, cable television: *¿Tienes cable?* Do you have cable (television)?

cabo *s* **1 al fin y al cabo** after all **2 al cabo de unos días/tres meses etc.** after a few days/three months etc. **3 llevar a cabo una investigación/una reforma etc.** to carry out an investigation/a reform etc. **4** (en el ejército) corporal **5** (en geografía) cape

cabra *s* goat

cabrilla *s* (de un vehículo) steering wheel

cabritas *s pl* (de maíz) popcorn *sing*

cabrito *s* kid

caca *s* poop (AmE), poo (BrE) | **caca de perro** dog poop (AmE), dog poo (BrE) ► Esto es lo que diría un niño. Un adulto usaría **dog mess** **hacer caca** to do a poop (AmE), to do a poo (BrE) | **hacerse caca (encima)** to mess yourself

cacao *s* cocoa

cacarear *v* **1** (gallo) to crow **2** (gallina) to cluck

cacería *s* hunting expedition | **ir de cacería** to go hunting

cacerola *s* saucepan

cachetada o **cachetazo** *s* **darle una cachetada a alguien** to slap sb's face: *Me contestó y le di una cachetada.* He answered back and I slapped his face.

cachete *s* cheek

cachiporra *s* (palo) billy club (AmE), nightstick (AmE), truncheon (BrE)

cachito *s* (bollo) croissant ► ver **cacho**

cachivache *s* piece of junk ► *Se usa* **junk** para referirse a cachivaches en general: *un cuarto lleno de cachivaches* a room full of junk

cacho *s* **1 un cacho/un cachito** (un pedazo) a piece/a little bit: *un cacho de pan* a piece of bread | *¿Me das un cachito?* Can I have a little bit? **2** (cuerno) horn

cachorro *s* **1** (de un perro) puppy (plural -ppies) **2** (de un león, un puma, etc.) cub

cachucha *s* (gorro) cap: *una cachucha de béisbol* a baseball cap

cacique *s* chieftain

cactus *s* cactus (plural cactuses o cacti)

cada *adj* **1** (referido a los elementos de un grupo) each: *Cada alumno tiene su computadora.* Each student has his or her own computer. | **cada uno -a** each: *Cuestan $5 cada uno.* They cost $5 each. | *Hay dos para cada uno.* There are two each. | *Les di una galleta a cada uno.* I gave each of them a cookie. | **cada cual** everyone: *Cada cual sabe lo que tiene que hacer.* Everyone knows what they have to do.
2 (de frecuencia) **cada tres horas/cada dos días etc.** every three hours/every two days etc.: *Me lo dice cada vez que lo veo.* He tells me every time I see him.
3 (de progresión) **cada vez más gordo/insoportable etc.** fatter and fatter/more and more unbearable etc.: *Hace cada vez más frío.* It's getting colder and colder.
4 (en exclamaciones) Ver ejemplos: *¡Dice cada cosa!* He says some really strange things! | *¡Viene con cada idea!* He comes up with the weirdest ideas!

cadáver *s* body (plural -dies), dead body (plural -dies), corpse

cadena *s* **1** (para amarrar algo) chain **2** (o **cadenita**) (joya) chain: *una cadenita de oro* a gold chain **3** (de hoteles, supermercados, etc.) chain **4 jalar la cadena/tirar (de) la cadena** (en el baño) to flush the toilet **5** (de televisión) channel
cadena perpetua life imprisonment

cadera *s* (parte del cuerpo) hip

cadete *s* (de escuela militar) cadet

caducar *v* **1** (pasaporte, permiso, oferta) to expire **2** (medicamento) to expire

caducidad *s* ▶ ver **fecha**

caer *v* **1** (persona) Ver ejemplos: *¿Qué tal te cayó el novio de Vicky?* What did you think of Vicky's boyfriend? | **caer bien/mal**: *Pedro me cae bien.* I like Pedro. | *Ese tipo de gente me cae muy mal.* I really don't like people like that.
2 me cayó mal lo que me dijo/lo que hizo etc. I was upset by what he said/what he did etc.
3 el café/el vino etc. me cae mal coffee/wine etc. doesn't agree with me: *Le cayó mal la comida.* The food didn't agree with him.
4 (precipitarse) to fall: *La piedra cayó en la fuente.* The stone fell into the fountain.
5 cayó un chaparrón there was a downpour | **cayó una nevada** it snowed
6 (entender) to get it: *¡Ah claro, ahora caigo!* Oh, of course, now I get it!
7 (aparecer) to turn up: *Cayó con dos amigas.* She turned up with a couple of friends.
8 cae (en) jueves/domingo etc. it falls on a Thursday/Sunday etc.
9 (dictadura, gobierno) to fall
10 (precios, ventas) to drop

caerse *v* **1** to fall: *Se cayó y se rompió el tobillo.* He fell and broke his ankle. | *Te vas a caer al agua.* You're going to **fall into** the water. | *Se cayó por la escalera.* He **fell down** the stairs. | *Se cayeron del andamio.* They **fell off** the scaffolding. ▶ Cuando no se trata de caerse de una altura sino de caerse al ir caminando, etc., y no hay complemento, se usa **to fall over**: *¡Ay, casi me caigo!* Oops, I nearly fell over!
2 se me cayó el lápiz/la taza etc. I dropped my pencil/the cup etc. ▶ Si se trata de algo que uno lleva puesto, se usa **to fall off**: *Se me cayeron los anteojos.* My glasses fell off.
3 se me/le etc. cayó un diente one of my teeth/his teeth etc. fell out | **se me/le etc. está cayendo el pelo** I'm losing my hair/he's losing his hair etc.

café *s* **1** (bebida, planta) coffee: *Me gusta el café fuerte.* I like my coffee strong. | *Nos tomamos un café.* We had a cup of coffee. **2** (bar) café: *Te espero en el café.* I'll wait for you in the café. **3** (color) brown ▶ ver "Active Box" **colores** en **color**
café con leche coffee with cream (AmE), white coffee (BrE) ▶ En un bar o un restaurante se pide un **latte** **café instantáneo** instant coffee **café negro, café tinto, café solo** black coffee

cafeína *s* caffeine

cafetal *s* coffee plantation

cafetera *s* **1** (para hacer café) coffee maker **2** (para servir café) coffee pot

cafetero, -a *s* coffee grower

caída *s* **1** (accidente) fall **2** (de un dictador, etc.) fall **3** (en los precios, las ventas, etc.) drop, fall **4 la caída del cabello** hair loss

caído, -a *adjetivo & sustantivo plural*
• *adj* **1** (hoja, árbol) fallen **2** (párpados) drooping **3** (pechos) sagging
• **caídos** *s pl* **los caídos** (en una guerra) the fallen

caimán *s* alligator

caja *s* **1** (recipiente) box (plural -xes): *una caja de zapatos* a shoe box | *una caja de chocolates* a box of chocolates **2** (en un supermercado) checkout **3** (en un negocio) cash desk **4** (en un banco) window
caja de ahorros (a) (banco) savings bank **(b)** (cuenta) savings account **caja de cambios, caja de velocidades** gearbox (plural -xes) **caja fuerte** safe **caja negra** black box, flight recorder **caja registradora** cash register, till

cajero, -a *s* **1** (persona) cashier **2 cajero (automático)** ATM (AmE), cash machine (BrE)

cajetilla *s* **1** (de cigarrillos) pack (AmE), packet (BrE) **2** (de fósforos/cerillos) box (plural -xes)

¿Quieres información sobre las diferencias entre los **artículos** en inglés y en español? Lee la explicación en el apartado de gramática.

cajón *s* **1** (de un mueble) drawer **2** (para frutas, botellas) crate **3** (ataúd) coffin, casket (AmE)

cajuela *s* (del auto) trunk (AmE), boot (BrE)

cal *s* lime

calabacín o **calabacita** *s* zucchini (AmE), courgette (BrE)

calabaza *s* **1** (redonda) pumpkin **2** (con forma de pera) butternut squash (plural -shes)

calabozo *s* **1** (celda) cell **2** (prisión antigua) dungeon

calado, -a *adj* **estar calado -a hasta los huesos** to be soaked to the skin

calamar *s* squid (plural squid)

calambre *s* cramp | **me/le dio etc. un calambre** I/she etc. got a cramp (AmE), I/she etc. got cramp (BrE)

calamina *s* corrugated iron

calar *v* **calar a alguien** to size sb up: *Lo calé enseguida.* I sized him up right away.

calavera *s* skull

calcar *v* to trace

calcinado, -a *adj* charred

calcio *s* calcium

calco *s* **ser un calco de alguien** to be the spitting image of sb | **ser un calco de algo** to be exactly like sth

calcomanía *s* decal (AmE), transfer (BrE)

calculadora *s* calculator

calcular *v* **1** (suponer) to figure: *Calculo que llegaremos a las 3.* I figure we'll get there at 3. **2** (aritméticamente) **calcular algo** to work sth out: *Calcula cuánta tela necesitas.* Work out how much material you need.

cálculo *s* **1** (cuenta) calculation: *Tengo que hacer unos cálculos.* I have to make some calculations. **2** (presupuesto) estimate: *Presentó un cálculo de los costos.* He presented an estimate of the costs. **3** (en medicina) stone
cálculos en la vesícula *s pl* gallstones **cálculos en los riñones** *s pl* kidney stones

caldera *s* (para calefacción) boiler

caldo *s* **1** (para cocinar) stock: *caldo de verduras* vegetable stock **2** (para tomar) clear soup

calefacción *s* heating: *Enciende la calefacción.* Put the heating on.
calefacción central central heating

calendario *s* calendar

calentador *s* **1** (para el agua) water heater **2** (para la calefacción) heater

calentamiento *s* (en deportes) warm-up: *ejercicios de calentamiento* warm-up exercises
calentamiento global global warming

calentar *v* **1 calentar algo** (comida) to heat sth up: *Lo calenté en el microondas.* I heated it up in the microwave. **2 calentar el motor** to warm the engine up **3** (generar calor) to give out heat: *Este radiador no calienta nada.* This radiator hardly gives out any heat.

calentarse *v* **1** (objeto) to get hot, (plancha, horno, comida) to heat up, (motor) to warm up: *Espera a que se caliente la plancha.* Wait till the iron heats up. **2** (en deportes) to warm up: *Corrieron un rato para calentarse.* They jogged for a while to warm up.

calentura *s* (fiebre) fever | **tener calentura** to have a fever

calibre *s* (de un arma) caliber (AmE), calibre (BrE)

calidad *s* quality: *¿Es de buena calidad?* Is it good quality? | *ropa de la mejor calidad* top-quality clothes

cálido, -a *adj* (clima, persona, color) warm

caliente *adj* hot: *Cuidado, que está caliente.* Be careful, it's hot. | *Necesito un baño caliente.* I need a hot bath.

calificación *s* (nota) grade (AmE), mark (BrE): *Tienes que mejorar las calificaciones.* You have to improve your grades.

calificado, -a *adj* **1** (obrero, mano de obra) skilled **2** (profesional) qualified

calificar *v* **1** (un trabajo, un examen) to grade (AmE), to mark (BrE) **2** (a un alumno) to give a grade to (AmE), to give a mark to (BrE)

callado, -a *adj* **1 estar callado -a** to be quiet: *Estás muy callada. ¿Qué te pasa?* You're very quiet. What's the matter? **2 ser callado -a** to be quiet: *Es muy callado.* He's very quiet. **3 quedarse callado -a** Ver ejemplos: *Ahora siéntate aquí y quédate callado.* Now sit down here and be quiet. | *Cuando le pregunté se quedó callada.* When I asked her she didn't say anything.

callampa *s* **1** (hongo) mushroom **2** (o **población callampa**) shantytown

callar *v* **hacer callar a alguien** to get sb to be quiet: *¿Puedes hacer callar a los niños?* Can you get the children to be quiet? ▶ Para expresar irritación se usa **to get sb to shut up**: *Le pegué un codazo para hacerla callar.* I jabbed her with my elbow to get her to shut up.
callarse *v* to go quiet: *Todos se callaron cuando apareció ella.* They all went quiet when she appeared. ▶ Para pedirle a alguien que se calle se usa **be quiet** o **shut up**, que suena más grosero: *Cállate, por favor.* Be quiet, please. | *¡Cállense la boca!* Shut up!

calle *s* **1** street, road: *¿En qué calle vives?* What street do you live in?/What road do you live in? ▶ **street** y **road** se escriben con mayúscula en nombres de calles: **Washington Street, Elm Road,** etc. **2 en la calle** (afuera) out: *Me pasé todo el día en la calle.* I was out all day. **3 quedar(se) en la calle (a)** (sin trabajo) to lose your job **(b)** (en bancarrota) to lose everything
calle de sentido único, calle de una vía one-way street **calle ciega** dead end, cul-de-sac **calle peatonal** pedestrian street

callejero, -a *adj* **1 perro callejero** stray dog **2 artista/músico callejero** street artist/musician **3 puesto callejero** street stall

callejón *s* alley
callejón sin salida dead end: *Estamos en un callejón sin salida.* We have reached a dead end.

callo *s* (en los pies) corn

calma *s* calm | **mantener la calma** to keep calm | **perder la calma** to lose your cool: *Ahí perdí la calma y le grité.* At that point I lost my cool and shouted at him. | **tómatelo con calma** take it easy | **tómate las cosas con calma** take it easy/take things easy

calmante *s* **1** (para dolores) painkiller **2** (sedante) tranquilizer

calmar *v* **1** (el dolor) to relieve: *Le dieron algo para calmarle el dolor.* They gave him something to relieve the pain. **2 calmar la sed** to quench your thirst **3 calmar a alguien** to calm sb down: *Las aeromozas trataban de calmar a la gente.* The flight attendants tried to calm people down.
calmarse *v* to calm down: *Cálmate, no ha pasado nada.* Calm down, it's all right.

calor *s* **1** heat: *No quiero salir con este calor.* I don't want to go out **in this heat.** | **hacer calor** to be hot: *¡Qué calor hace!* It's so hot! | *Ayer hizo muchísimo calor.* It was terribly hot yesterday. | **tener calor** to be hot: *Tengo mucho calor.* I'm very hot. **2 entrar en calor** to warm up: *ejercicios para entrar en calor* warm-up exercises

caloría *s* calorie: *alimentos bajos en calorías* low-calorie foods

calumnia *s* lie: *¡Eso es una calumnia!* That's a lie! ▶ En lenguaje legal se usa **slander** si la calumnia es oral y **libel** si se hace por escrito. Estos sustantivos son incontables y por lo tanto no tienen plural ni pueden ir precedidos de **a**

caluroso, -a *adj* **1** (clima, día, lugar) hot **2** (aplauso) warm

calvo, -a *adj* bald: *Es calvo y usa anteojos.* He's bald and wears glasses. | **quedarse calvo -a** to go bald

calzado, -a *adjetivo & sustantivo*
- *adj* (con zapatos puestos) **estar calzado -a** to have your shoes on: *Ve tú, que estás calzada.* You go, you've got your shoes on.
- **calzado** *s* footwear: *calzado cómodo* comfortable footwear

calzador *s* shoehorn

calzar *v* **calzar (un) 36/38 etc.** to take a size 36/38 etc., to wear a size 36/38 etc.: *Carlos calza 41.* Carlos takes a size 41./Carlos wears a size 41. | *¿Qué número calzas?* What size do you take?/What size do you wear?
calzarse *v* to put your shoes on: *Espera que me calzo.* Just wait while I put my shoes on.

calzas *s pl* leggings

calzón o **calzones** *s* (de mujer) panties, knickers (BrE), pants (BrE): *unos calzones de encaje* a pair of lace panties

calzoncillo o **calzoncillos** *s* underpants: *unos calzoncillos blancos* a pair of white underpants

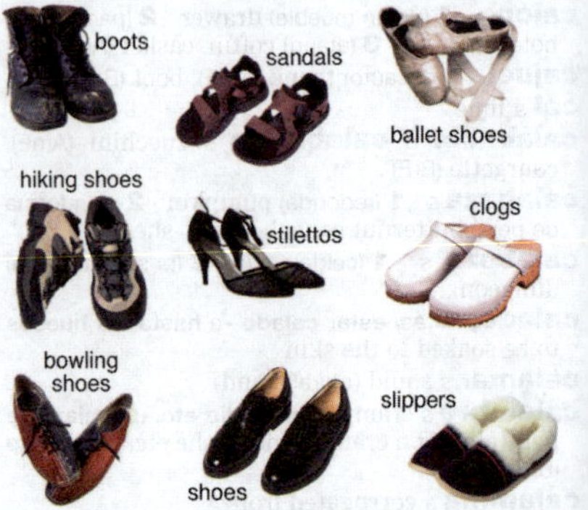

cama *s* bed | **estar en cama** to be in bed: *Está en cama con fiebre.* He's in bed with a temperature. | **irse a la cama** to go to bed | **hacer/tender la cama** to make the bed
cama camarote bunk bed **cama sencilla, cama de una plaza** single bed **cama doble, cama de dos plazas** double bed **cama solar** sunbed

camada *s* (cría) litter

camaleón *s* chameleon

cámara *s* **1** (de fotos, de cine) camera: *¿Trajiste la cámara?* Have you brought your camera? **2 en cámara lenta** in slow motion **3** (de una llanta) inner tube **4** (institución, recinto) chamber
cámara de diputados Chamber of Deputies **cámara de gas** gas chamber **Cámara de Representantes** House of Representatives **Cámara de Senadores** Senate **cámara de video** camcorder, video camera

camarín *s* **1** (en un teatro) dressing room **2** (o **camarines**) (de un club deportivo) changing room, locker room

camarógrafo, -a *s* **camarógrafo** cameraman | **camarógrafa** camerawoman

camarón *s* prawn

camarote *s* cabin ▶ ver **cama**

cambiante *adj* changeable

cambiar *v* ▶ ver recuadro

cambio *s* **1** (alteración) change | **un cambio de planes/de táctica** a change of plan/of tactic | **un cambio de temperatura/de clima** a change in temperature/in the climate

cambiar, cambiarse

1 La traducción **to change** es válida en la mayoría de los casos:

Tengo que cambiarle la pila al reloj. I have to change the battery in my watch. | *Este barrio ha cambiado mucho.* This area has changed a lot. | *Si no te gusta, lo puedes cambiar.* If you don't like it, you can change it. | *Tengo que cambiar dinero.* I have to change some money.

2 Cuando significa canjear se dice **to trade** o **to swap**:

cambiarle algo a alguien por algo to trade sb sth for sth (AmE), to swap sb sth for sth (BrE): *Te cambio la mochila por el walkman.* I'll trade you my backpack for your Walkman. | **¡te lo cambio!** I'll trade you! (AmE), I'll swap you! (BrE)

3 La traducción de *cambiar de* y *cambiarse de* suele ser **to change** (es decir, no se traduce *de*):

cambiar de canal to change channels | **cambiar de forma/de color** to change shape/color | **cambiar de idea/de opinión** to change your mind: *Cambié de idea, voy a ir.* I've changed my mind, I'm going to go. | **cambiar de actitud/de enfoque** to change your attitude/your approach | **cambiarse de ropa/zapatos etc.** to change your clothes/shoes etc.: *Cámbiate de camisa.* Change your shirt | **cambiarse de colegio/club etc.** to change schools/clubs etc.: *Me voy a cambiar de colegio.* I'm going to change schools.

Cuando significa cambiar de casa o trasladar se dice **to move:**

¿Cuándo se cambian? When are you moving? | **cambiar a alguien de habitación/de colegio etc.** to move sb to another room/school etc.: *Nos cambiaron de aula.* We were moved to another classroom. | **cambiar algo de lugar** to move sth: *Cambiamos la cama de lugar.* We moved the bed.

cambiarse (de ropa) se dice **to change** o **to get changed:**

¿No te vas a cambiar? Aren't you going to change?/Aren't you going to get changed?

2 (en una tienda) Existe el sustantivo **exchange** pero es más frecuente usar el verbo: *No hacen cambios.* They don't exchange goods. **3** (dinero) change: *¿Tiene cambio?* Do you have any change? **4** (en moneda extranjera) exchange rate: *¿A cuánto está el cambio?* What's the exchange rate? **5** (de un auto, una bicicleta) gear | **hacer los cambios** to change gear **6 en cambio** whereas: *Tú sales mucho, en cambio yo no.* You go out a lot, whereas I don't. **7 a cambio (de algo)** in exchange (for sth): *¿Qué te dieron a cambio?* What did they give you in exchange?

cambur *s* banana

camello *s* camel

camerino *s* **1** (en un teatro) dressing room **2** (o **camerinos**) (de un club deportivo) changing room, locker room

camilla *s* stretcher

caminar *v* to walk: *Caminamos 5 kilómetros.* We walked 5 kilometers. | **ir/salir a caminar** to go for a walk: *Fuimos a caminar por la playa.* We went for a walk on the beach. | **ir/venir caminando** to walk: *–¿Cómo viniste? –Caminando.* "How did you get here?" "I walked."

caminata *s* walk: *una caminata de tres kilómetros* a three-kilometer walk

camino *s* **1** (ruta) way: *No conozco el camino.* I don't know the way. **2** (viaje) journey: *Hizo todo el camino solo.* He did the whole trip on his own. **3 camino (de tierra)** (dirt) track **4** (sendero) path **5 de camino** on the way: *Mi casa está de camino.* My house is on the way. | **de camino al colegio/al trabajo etc.** on your way to school/work etc.: *Te lo alcanzo de camino al colegio.* I'll bring it over on my way to school. **6 a medio camino (entre)** halfway (between): *Paramos a medio camino para cargar gasolina.* We stopped halfway to get some gas. | *a medio camino entre Santiago y Viña del Mar* halfway between Santiago and Viña del Mar **7 por el camino** on the way: *A lo mejor lo perdiste por el camino.* Maybe you lost it on the way.

camión *s* **1** (de carga) truck, lorry (BrE) (plural -rries) **2** (autobús) bus (plural -ses): *¿Dónde tomas el camión?* Where do you catch the bus? | **en camión** by bus
camión cisterna tanker **camión de la basura** garbage truck (AmE), dustcart (BrE) **camión de bomberos** fire truck, fire engine **camión de mudanzas, camión de trasteos** moving van (AmE), removal van (BrE)

camionero, -a *s* **1** (de camión de carga) truck driver, lorry driver (BrE) **2** (de autobús) bus driver

camioneta *s* **1** (de uso comercial) van **2** (auto familiar) station wagon (AmE), estate car (BrE)

camisa *s* **1** (de hombre o de mujer) shirt **2** (de un equipo deportivo) ▶ ver **camiseta 3**
camisa de fuerza straitjacket

camiseta *s* **1** (prenda exterior) T-shirt **2** (prenda interior) undershirt (AmE), vest (BrE) **3** (de un equipo deportivo) jersey (AmE), shirt (BrE), (de un ciclista), jersey: *la camiseta del Junior* the Juniors' jersey | *Recuperó la camiseta amarilla.* He regained the yellow jersey.

camisón *s* nightdress (plural -sses)

camorra *s* **buscar camorra** to look for a fight: *Fueron a buscar camorra.* They went looking for a fight.

camorrero, -a *s* troublemaker

camorrista *s* troublemaker

campamento *s* **1 irse/salir de campamento** to go camping: *Nos vamos de campamento a la montaña.* We're going camping in the mountains. **2** (grupo de carpas) camp

campana *s* (de una iglesia, en el colegio) bell | **tocar la campana** to ring the bell

campanada *s* **1** (de un reloj) stroke | **sonaron tres/cuatro etc. campanadas** the clock struck three/four etc. **2** (de una campana) **se escucharon tres/cinco etc. campanadas** the bell chimed three/five etc. times

campanario *s* bell tower

campaña *s* campaign
campaña electoral electoral campaign **campaña publicitaria** advertising campaign

campeón, -ona *s* champion: *el campeón de Europa* the European champion

campeonato *s* championship

campesino, -a *s* country person (plural country people): *Era hijo de campesinos.* His parents were country people. ► En contextos históricos o relativos al tercer mundo se usa **peasant**: *Explotaban a los campesinos.* They exploited the peasants.

camping *s* **1** (lugar) campsite **2** (actividad) camping | **irse de camping** to go camping

campo *s* **1** (campiña) country: *Vive en el campo.* She lives in the country. **2** (plantación, extensión de terreno) field: *Se inundaron varios campos.* Several fields were flooded. **3** (área) field: *el campo de los estudios sociales* the field of social studies
campo de concentración concentration camp **campo de deportes** playing field **campo de golf** golf course **campo de juego** field

camuflaje *s* camouflage

camuflarse *v* to camouflage yourself

cana *s* (pelo blanco) gray hair (AmE), grey hair (BrE)

Canadá *s* Canada

canadiense *adjetivo & sustantivo*
- *adj* Canadian
- *s* Canadian | **los canadienses** (the) Canadians

canal *s* **1** (de TV) channel: *¿En qué canal dan la película?* What channel is the film on? **2** (de agua) channel, canal ► **channel** se usa para los canales naturales y **canal** para los artificiales: *el canal de la Mancha* the English Channel | *el canal de Panamá* the Panama Canal
canal de riego irrigation channel, irrigation canal

canario *s* canary (plural -ries)

canasta *s* **1** (de mimbre, plástico, etc.) basket **2** (juego de cartas) canasta **3** (en básquetbol) basket

canasto *s* **1** basket **2 canasto (de los papeles)** wastebasket (AmE), wastepaper basket (BrE) **3** (en básquetbol) basket

cancelar *v* (un vuelo, una reunión) to cancel

Cáncer *s* Cancer: *Soy (de) Cáncer.* I'm a Cancer./ I'm a Cancerian.

cáncer *s* cancer: *cáncer de piel* skin cancer

cancha *s* **1 cancha (de fútbol/de rugby)** (soccer/rugby) field (AmE), (football/rugby) pitch (plural -ches) (BrE) **2 cancha (de tenis/de básquetbol)** (tennis/basketball) court: *una cancha de polvo de ladrillo* a clay court **3 cancha (de golf)** (golf) course

canciller *s* **1** (ministro) Foreign Minister ► El puesto equivalente en Estados Unidos lo ocupa el **Secretary of State** y en Gran Bretaña el **Foreign Secretary** **2** (jefe de estado) chancellor

cancillería, Cancillería *s* Foreign Ministry ► La institución equivalente en Estados Unidos es el **State Department** y en Gran Bretaña el **Foreign Office**

canción *s* song
canción de amor love song **canción de cuna** lullaby (plural -bies)

candado *s* padlock

candidato, -a *s* candidate

caneca *s* **caneca (de la basura)** (en la cocina) trash can (AmE), bin (BrE) ► La caneca más grande que se pone en la calle para la recolección de residuos se llama **garbage can** o **trash can** en EU y **dustbin** en Gran Bretaña

canela *s* cinnamon

canelones *s pl* canelloni

cangrejo *s* **1** (de mar) crab **2** (de río) crayfish (plural crayfish)

canguil *s* popcorn

canguro *s* kangaroo

caníbal *adj & s* cannibal

canica *s* marble | **jugar (a las) canicas** to play marbles

canilla *s* (parte de la pierna) shin

ℹ ¿Quieres información sobre las diferencias entre los **posesivos** en inglés y en español? Lee la explicación en el apartado de gramática.

canillera *s* shin pad
canino, -a *adjetivo & sustantivo*
• **adj** canine
• **canino** *s* canine tooth (plural teeth), canine
canjear *v* **canjear algo (por algo)** to exchange sth (for sth): *Canjeó los patines por una cámara de fotos.* She exchanged her skates for a camera.
canoa *s* canoe
canoso, -a *adj* **1** (persona) gray-haired (AmE), grey-haired (BrE) | **ser canoso -a** to have gray hair **2** (pelo) gray (AmE), grey (BrE)
cansado, -a *adj* **1** (agotado) tired: *Estoy muy cansado.* I'm very tired. **2** (harto) **estar cansado -a de algo** to be tired of sth, to be fed up with sth | **estar cansado -a de hacer algo** to be tired of doing sth, to be fed up with doing sth: *Estoy cansada de hacer todo sola.* I'm tired of doing everything on my own./I'm fed up with doing everything on my own. | **me tiene cansado -a** I'm tired of him/it etc., I'm fed up with him/it etc. **3** (que cansa) tiring
cansador, -a *adj* tiring
cansancio *s* tiredness | **estar muerto -a de cansancio** to be absolutely worn out
cansar *v* **1** **cansar a alguien** to tire sb out: *La caminata nos cansó.* The walk tired us out. **2** (ser agotador) to be tiring
cansarse *v* **1** (físicamente) to get tired: *Si te cansas, siéntate.* If you get tired, sit down. ▶ Si se trata de agotarse por tratar de hacer demasiado, se usa **to tire yourself out**: *Despacito, no te canses.* Slowly, don't tire yourself out. **2** (hartarse) **cansarse de algo/alguien** to get tired of sth/sb, to get fed up with sth/sb | **cansarse de hacer algo** to get tired of doing sth, to get fed up with doing sth: *Se cansó de esperar.* She got tired of waiting./She got fed up with waiting.
cansón, -ona *adj* **1** (pesado, fastidioso) (persona) tiresome, (película, programa, etc.) tedious **2** (que cansa físicamente) tiring
cantante *s* singer
cantar *v* **1** (persona) to sing **2** (pájaro) to sing **3** (gallo) to crow **4** (leer en voz alta) **cantar algo** to call sth out, to read sth out
cantera *s* (de piedras) quarry (plural -rries)
cantidad *s* ▶ ver recuadro
cantimplora *s* water bottle, canteen
canto *s* **1** (actividad artística) singing: *clases de canto* singing lessons **2** (de las aves) song **3** (borde) edge | **de canto** on its side
caña *s* cane
caña de azúcar sugar cane **caña de bambú** bamboo cane **caña de pescar** fishing rod
cañería *s* **1** (caño) pipe **2** (sistema de caños) pipes *pl*
caño *s* **1** (tubo) pipe **2** (llave de agua) faucet (AmE), tap (BrE) **3** (en fútbol) **hacerle un caño a alguien** to nutmeg sb

cantidad

1 Para hablar de una cantidad de algo, usa **amount** si se trata de algo incontable y **number** si de algo contable:
la cantidad de agua/sal/mantequilla que necesito the amount of water/salt/butter I need | *depende de la cantidad de horas/páginas/alumnos* it depends on the number of hours/pages/students
En lugar de **amount** también se puede usar **quantity,** que es más formal:
enormes cantidades de comida huge quantities of food
También se usa **quantity** cuando se establece un contraste entre calidad y cantidad:
La calidad es más importante que la cantidad. Quality is more important than quantity.
2 Cuando cantidad implica *mucho -a* o *muchos -as*, se traduce por **a lot of, lots of, how much, how many,** etc. Mira los ejemplos:
Perdió una cantidad de sangre. She lost a lot of blood. | *Había cantidades de gente.* There were lots of people there. | *¡Qué cantidad de niños!* What a lot of children! | *Mira la cantidad de ropa que trajo.* Look how many clothes she's brought.
3 Cuando se refiere a una suma de dinero, se usa **amount** o **sum,** que es más formal:
No puede pagar la cantidad que piden. He can't pay the amount they are asking.

cañón *s* **1** (arma) cannon **2** (de una escopeta) barrel **3** (en geografía) canyon
caoba *s* mahogany
caos *s* chaos | **ser un caos/estar hecho -a un caos** to be in chaos: *El tránsito era un caos.* The traffic was in chaos./It was chaos on the roads.
caótico, -a *adj* chaotic
capa *s* **1** (de pintura, barniz, etc.) coat **2** (nivel, estrato) layer: *capas de chocolate y de crema* layers of chocolate and cream **3** (abrigo) cloak
capa de ozono ozone layer
capacidad *s* **1** (aptitud) ability (plural -ties) | **capacidad de/para hacer algo** ability to do sth: *su capacidad para convencer a la gente* his ability to persuade people | **tener capacidad para algo** to have an aptitude for sth: *Tiene capacidad para los idiomas.* She has an aptitude for languages. | **capacidad de aprendizaje/de adaptación** ability to learn/to adapt **2** (de un recipiente, de un recinto, en informática) capacity (plural -ties)
capacitación *s* training
capacitado, -a *adj* qualified | **estar capacitado -a para algo** to be qualified for sth
capar *v* **capar clase** to cut class (AmE), to cut school (AmE), to skive off (BrE)
caparazón *s* shell

capataz, -a *s* **capataz** foreman (plural -men) | **capataza** forewoman (plural -women)

capaz *adj* **1** (competente, hábil) able, capable: *Es un alumno muy capaz.* He's a very able student./He's a very capable student.
2 ser capaz de hacer algo (a) (por capacidad) to be able to do sth: *No fue capaz de encontrar la solución.* He wasn't able to find the solution. **(b)** (por atrevimiento, etc.) to be capable of doing sth: *Es muy capaz de salir sin permiso.* He's quite capable of going out without permission. | **ser capaz de cualquier cosa** to be capable of anything | **no eres/no fuiste etc. capaz de** (reproche) you don't/you didn't etc. even bother to: *¡Y no fuiste capaz de avisarme!* And you didn't even bother to let me know!
3 capaz que perhaps, maybe: *Capaz que ya lo sabe.* Perhaps he already knows./Maybe he already knows.

capicúa *adj & s* **un (número) capicúa** a number that reads the same both ways

capilla *s* chapel

capital *sustantivo femenino & sustantivo masculino*
• *s* [fem] **1** (ciudad principal) capital: *Soy de la capital.* I'm from the capital. **2** (centro importante) capital: *la capital mundial de la moda* the fashion capital of the world
• *s* [masc] (dinero, bienes) capital

capitalismo *s* capitalism

capitalista *adj* capitalist

capitán, -ana *s* (de un equipo, en el ejército, de un barco) captain

capítulo *s* **1** (de un libro) chapter **2** (de una serie de TV) episode

capo, -a *s* (jefe) boss (plural -sses), chief

capó, capot *s* hood (AmE), bonnet (BrE)

capricho *s* whim: *No es un capricho, lo necesito.* It isn't a whim, I need it.

caprichoso, -a *adj & s* **ser muy caprichoso -a/ser un -a caprichoso -a (a)** (ser difícil) to be difficult: *No seas caprichoso y cómetelo todo.* Don't be difficult and eat it up. **(b)** (ser antojadizo) to be always wanting things: *Eres una caprichosa. ¡Si te acabas de comprar un vestido!* You're always wanting things. You've just bought a new dress!

Capricornio *s* Capricorn: *Es (de) Capricornio.* He's a Capricorn./He's a Capricornian.

cápsula *s* **1** (de un medicamento) capsule **2** (de una nave espacial) capsule

captar *v* **1** (una idea, una indirecta) to get: *No captó la indirecta.* He didn't get the hint. **2** (un concepto) to grasp **3** (un canal, una transmisión) to get **4 captar el interés/la atención de alguien** to capture sb's interest/attention

captura *s* capture

capturar *v* to capture

capucha *s* hood

capuchino, capuccino *s* cappuccino

capuchón *s* (de un bolígrafo) top, cap

capul *s* bangs *pl* (AmE), fringe (BrE)

capullo *s* **1** (de una flor) bud **2** (de un insecto) cocoon

caqui *adjetivo & sustantivo*
• *adj* khaki
• *s* **1** (color) khaki ► ver "Active Box" **colores** en **color** **2** (fruta) persimmon

cara *s* **1** (rostro) face: *Se me rió en la cara.* He laughed in my face.
2 (expresión, aspecto) **tener cara de cansado -a/dormido -a etc.** to look tired/sleepy etc.: *Tenía cara de preocupada.* She looked worried. | **tener mala cara** (persona) not to look well: *Tienes mala cara.* You don't look well.
3 (descaro) **tener cara (para hacer algo)** to have the nerve (to do sth): *No tuve cara para decírselo.* I didn't have the nerve to tell him.
4 (de una moneda) heads: *Salió cara.* It came up heads. | **cara o sello/cara o cruz** heads or tails | **echar (una moneda) a cara o sello/cara o cruz** to toss a coin, to flip a coin
5 cara a cara face to face
6 dar la cara to face people
7 dar la cara por alguien to stand up for sb
8 me echó en cara que no hubiera ido/que no la hubiera ayudado etc. she had a go at me for not going/for not helping her etc.

caracol *s* **1** (de tierra) snail **2** (de mar) sea snail

caracola *s* (conchilla) shell

carácter *s* **1** (modo de ser) character | **ser de carácter fuerte/tener mucho carácter** to have a strong character | **tener mal carácter** to be bad-tempered **2** (en imprenta, informática) character

característica *s* (rasgo típico) characteristic, feature

característico, -a *adj* characteristic

caracterizarse *v* **caracterizarse por algo** to be characterized by sth

caradura *adjetivo & sustantivo*
• *adj* **ser muy caradura** to have some nerve, to be very cheeky (BrE): *Es muy caradura.* He has some nerve./He's very cheeky.
• *s* **eres un/una caradura** you have some nerve, you've got a cheek (BrE)

carambola *s* **1** (choque) pile-up **2** (fruta) starfruit

carambolo *s* (fruta) starfruit

caramelo *s* **1** (azúcar derretida) caramel **2** (golosina) piece of candy (AmE), sweet (BrE)

carátula *s* **1** (de un libro, una revista) cover **2** (de un disco) sleeve, jacket (AmE) **3** (de un CD) cover

¿No estás seguro de si se usa **make** o **do**? Mira las entradas **hacer**, **make** y **do**.

caravana *s* **1** (de autos, etc.) long line **2** (en el desierto) caravan **3** (reverencia) bow | **hacer una caravana** to bow, to make a bow

carbón *s* **1** (mineral) coal **2** (vegetal) charcoal

carboncillo o **carbonilla** *s* charcoal | **dibujar algo a carboncillo** to draw sth in charcoal

carburador *s* carburetor (AmE), carburettor (BrE)

carcajada *s* roar of laughter: *Oíamos carcajadas.* We could hear roars of laughter. | **soltar una carcajada** to burst out laughing | **reírse a carcajadas** to laugh your head off, to roar with laughter

cárcel *s* prison, jail: *Le dieron 20 años de cárcel.* She got 20 years in prison./She got 20 years in jail. | **meter a alguien en la cárcel** to put sb in prison, to put sb in jail

cardenal *s* (eclesiástico) cardinal

cardíaco -a o **cardiaco -a** *adj* **un problema cardíaco** a cardiac problem, a heart problem ▸ ver **ataque, paro**

cardinal *adj* ▸ ver **punto**

cardiólogo, -a *s* cardiologist

cardo *s* thistle

carecer *v* **carecer de algo** to lack sth

careta *s* [fem] (máscara) mask

carga *s* **1** (peso) load: *una carga de 25 kilos* a 25 kilo load | *No puedo con tanta carga.* I can't handle such a heavy load. **2** (responsabilidad) burden: *No quiero ser una carga para ustedes.* I don't want to be a burden to you. **3** (de un avión, un barco) cargo: *una carga de té* a cargo of tea **4** (de un camión) load **5** (acción) loading: *horarios de carga y descarga* loading and unloading times **6** (en electricidad) charge **7** (de un arma) charge

cargaderas *s pl* (para pantalones) suspenders (AmE), braces (BrE)

cargado, -a *adj* **1 cargado -a de algo** loaded with sth: *estantes cargados de libros* shelves loaded with books | *Llegó cargada de paquetes.* She arrived **loaded down** with packages. **2** (arma) loaded **3** (café, té) strong

cargador *s* **1** (para pilas, baterías) charger **2** (de un arma) magazine

cargamento *s* **1** (de un barco, un avión) cargo (plural cargoes o cargos) **2** (de un camión) load

cargar *v* **1** (llevar) to carry: *No puedo cargar tanto peso.* I can't carry all this weight. | **cargar con algo** to carry sth: *Cargó con su maleta y la de ella.* He carried his suitcase and hers. **2** (un auto, un camión) to load: *Los hombres empezaron a cargar el camión.* The men began to load the truck. **3 cargar gasolina** to get some gas (AmE), to get some petrol (BrE) **4** (datos, un programa) to load **5** (un arma) to load

cargo *s* **1 estar a cargo de algo** to be in charge of sth: *¿Quién está a cargo de la comida?* Who's in charge of the food? | **estar a cargo de alguien** to be responsible for sb: *Estoy a cargo de 50 alumnos.* I'm responsible for 50 students./I have 50 students in my charge.
2 hacerse cargo de algo to take care of sth: *¿Te puedes hacer cargo de la bebida?* Can you take care of the drinks? | *Se hizo cargo de la empresa cuando murió su padre.* He took charge of the company when his father died. | **hacerse cargo de alguien** to take care of sb: *Ella se hizo cargo de los niños.* She took care of the children.
3 (puesto) post: *Tiene el cargo de supervisor.* He holds the post of supervisor.
4 (cobro) charge: *sin cargos extra* at no extra charge
5 (acusación) charge

Caribe *s* Caribbean

caribeño, -a *adjetivo & sustantivo*
- *adj* Caribbean
- *s* **los caribeños** (the) Caribbeans

caricatura *s* caricature

caricia *s* **hacerle una caricia a alguien** to stroke sb's head/face etc. ▸ ver **acariciar**

caridad *s* charity | **vivir de la caridad** to live on charity

caries *s* **1** (agujero) cavity (plural -ties) **2** (proceso) **la caries dental** tooth decay

carilla *s* page

cariño *sustantivo & sustantivo plural*
- *s* **1** affection: *Les falta cariño.* They don't get enough affection. **2 tenerle cariño a alguien** to be fond of sb: *Le tengo mucho cariño a Sofía.* I'm very fond of Sofía. | **tenerle cariño a algo** to be very attached to sth, to be fond of sth: *Le tengo cariño a esta casa.* I'm very attached to this house.
- **cariños** *s pl* **1** (al final de una carta) love: *Cariños, Valeria.* Love, Valeria. **2 cariños a tu madre/a Juan etc.** give my love to your mother/to Juan etc., say hello to your mother/to Juan etc. for me

cariñoso, -a *adj* affectionate

carisma *s* charisma

carmelito, -a *adjetivo & sustantivo*
- *adj* brown
- **carmelito** *s* brown ▸ ver "Active Box" **colores en color**

carnada *s* bait

carnaval *s* carnival ▸ ver nota en **carnival**

carne *s* **1** (para comer) meat: *Manuel no come carne.* Manuel doesn't eat meat. **2** (del cuerpo) flesh **3 ser de carne y hueso** to have feelings: *Yo también soy de carne y hueso.* I have feelings too.
carne de cañón cannon fodder **carne de cerdo** pork **carne de gallina** goose bumps (AmE), goose pimples (BrE): *Se me pone la carne de gallina de pensarlo.* I get goose bumps when I think about it. **carne de res, carne de vaca**

beef **carne molida, carne picada** ground beef (AmE), mince (BrE) **carnes frías** *s pl* cold cuts (AmE), cold meat (BrE)

carné, carnet *s* **1** (de un club, una asociación) card **2** (de una biblioteca) card, library card ▶ ver **foto**
carné de conducir driver's license (AmE), driving licence (BrE) **carné de identidad** identity card **carné de socio -a** membership card

carnero *s* ram

carnicería *s* **1** (comercio) butcher shop (AmE), butcher's (BrE): *Tengo que ir a la carnicería.* I have to go to the butcher shop. **2** (matanza) massacre

carnicero, -a *s* butcher

carnívoro, -a *adj* carnivorous

caro, -a *adj* **1** expensive: *Se compra ropa cara.* He buys expensive clothes. | *un restaurante carísimo* a really expensive restaurant **2 costarle/salirle caro algo a alguien** to be expensive: *La bicicleta me costó carísima.* The bike was really expensive.

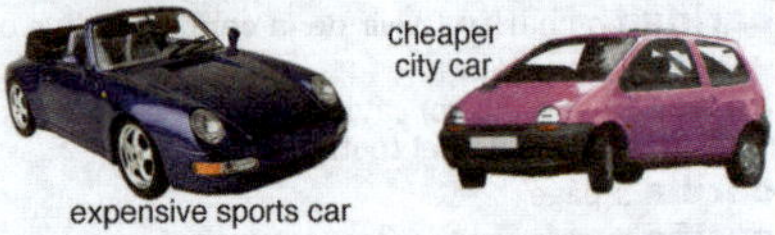

carozo *s* **1** (de una fruta) pit (AmE), stone (BrE) **2** (de una aceituna) pit

carpa *s* **1** (para acampar) tent | **armar una carpa** to put up a tent **2** (de un circo) big top, tent

carpeta *s* **1** (para papeles) file, folder **2** (en computación) folder

carpintería *s* **1** (taller) carpenter's workshop (AmE), carpenter's (BrE) **2** (actividad) carpentry

carpintero, -a *s* carpenter

carreola *s* stroller (AmE), pushchair (BrE), buggy (plural -ggies) (BrE)

carrera *s* **1** (en deportes) race: *una carrera de carros* a car race | **jugarle/echarle una carrera a alguien** to race sb: *Te juego/echo una carrera hasta la esquina.* I'll race you to the corner.
2 (en la universidad) degree course: *Ahora hay muchas carreras nuevas.* There are a lot of new degree courses now. | *No terminó la carrera.* He didn't finish his degree. | **seguir/hacer una carrera** to do a degree: *¿Qué carrera vas a hacer?* What degree are you going to do? | *Hice la carrera de Historia.* I did a history degree./I did a degree in history.
3 (en una profesión) career: *Dejó su carrera de modelo para ser actriz.* She abandoned her career as a model to become an actress.
4 hacer carrera to be successful: *Quiere hacer carrera como abogado.* He wants to be a successful lawyer.
5 (calle) street
carrera de costales, carrera de ensacados, carrera de sacos sack race **carrera de obstáculos (a)** (en atletismo, equitación) steeplechase **(b)** (de niños) obstacle race **carrera de postas, carrera de relevos** relay race

carreta *s* (cubierta) wagon, (descubierta) cart

carrete o **carretel** *s* spool (AmE), reel (BrE): *un carrete de hilo* a spool of cotton

carretera *s* road, highway (AmE): *la carretera a Cali* the road to Cali | **por carretera** by road
carretera circunvalar, carretera de circunvalación bypass (plural -sses), beltway (AmE), ring road (BrE) **carretera de peaje/de cuota** toll road, tollway (AmE), turnpike (AmE) **carretera de doble vía, carretera de doble carril** divided highway (AmE), dual carriageway (BrE)

carretilla *s* wheelbarrow

carril *s* **1** (de una calle, carretera) lane: *el carril de la derecha* the right-hand lane | **cambiarse de carril** to change lane **2** (en atletismo) lane
carril lento/rápido slow/fast lane

carrito *s* (de supermercado, aeropuerto) cart (AmE), trolley (BrE)
carritos chocones *s pl* bumper cars (AmE), dodgem cars (BrE)

carro *s* **1** (auto) car | **en carro** by car: *¿Fuiste en carro?* Did you go by car?/Did you drive? | *Los llevé en carro hasta el aeropuerto.* I drove them to the airport. **2** (tirado por caballos) cart **3** (de tren) car (AmE), carriage (BrE) **4** (tranvía) streetcar (AmE), tram (BrE)
carro bomba (a) (explosivo) car bomb **(b)** ▶ ver **carro de bomberos carros chocones, carros locos** *s pl* bumper cars (AmE), dodgem cars (BrE) **carro de bomberos** fire truck (AmE), fire engine (BrE)

carrocería *s* bodywork

carrotanque *s* tanker

carroza *s* **1** (de carnaval, etc.) float **2** (antigua) carriage

carruaje *s* carriage

carrusel *s* (para niños) merry-go-round

carta *s* **1** letter: *Me escribió una carta.* She wrote me a letter. | **mandar una carta** to send a letter: *Le mandé la carta a la nueva dirección.* I sent the letter to her new address. ▶ Si se trata de llevar la carta al correo o echarla al buzón, se dice **to post a letter**: *Tengo que mandar esta carta.* I have to post this letter.
2 (naipe) card: *¿Jugamos (a las) cartas?* Do you want to play cards? ▶ Se dice **hand** para referirse a las cartas que le tocan a uno en una mano: *Tengo cartas muy malas.* I've got a terrible hand. | **dar las cartas** to deal the cards | **tirarle/echarle las cartas a alguien** to tell sb's fortune
3 (menú) menu: *¿Me trae la carta, por favor?* Can you bring me the menu, please?
carta certificada registered letter **carta de recomendación** letter of recommendation, reference **cartas de tarot** tarot cards **cartas**

de póker, también **cartas francesas** French playing cards **cartas españolas** Spanish playing cards

cartel *s* **1** (letrero) sign **2** (afiche) poster **3** (también **cártel**) cartel

cartelera *s* **1** (para poner avisos) bulletin board (AmE), notice board (BrE) **2** (de espectáculos, en un periódico) listings *pl* **3** (de publicidad) billboard (AmE), hoarding (BrE) **4 estar en cartelera** to be showing: *La película todavía está en cartelera.* The movie is still showing.

cartera *s* **1** (billetera) wallet, billfold (AmE) **2** (de mujer) purse (AmE), handbag (BrE): *una cartera de cuero* a leather purse **3** (maletín) briefcase

carterista *s* pickpocket

cartero, -a *s* **cartero** letter carrier (AmE), mailman (plural -men) (AmE), postman (plural -men) (BrE) | **cartera** letter carrier (AmE), mailwoman (plural -women) (AmE), postwoman (plural -women) (BrE)

cartón *s* **1** cardboard: *una caja de cartón* a cardboard box **2** (de leche, jugo, etc.) carton **3** (de cigarrillos) carton

cartucho *s* **1** (de tinta) cartridge **2** (de un arma) cartridge

cartulina *s* construction paper (AmE), card (BrE): *Recorte un círculo de cartulina.* Cut out a circle of construction paper.

casa *s* ▶ ver recuadro

casa de cambio bureau de change **Casa de Gobierno** presidential palace **casa de muñecas** dollhouse (AmE), doll's house (BrE) **casa de remolque, casa rodante (a)** (que se remolca) trailer (AmE), caravan (BrE) **(b)** (tipo camioneta) camper, RV (AmE)

casado, -a *adjetivo & sustantivo*

- *adj* married | **estar casado -a con alguien** to be married to sb: *Está casado con una modelo.* He's married to a model.
- *s* **casado** married man (plural men) | **casada** married woman (plural women) ▶ ver **recién**

casamiento *s* wedding

casarse *v* to get married: *¿Cuándo se casa Elena?* When's Elena getting married? | **casarse con alguien** to marry sb: *Se casó con un francés.* She married a Frenchman. | *¿Te quieres casar conmigo?* Will you marry me? | **casarse por (la) iglesia** to get married in church | **casarse por (lo) civil** to get married in a civil ceremony (AmE), to get married in a registry office (BrE) ▶ Esta traducción implica que uno se casa sólo por lo civil, ya que en los países anglosajones no hay ceremonia civil para la gente que opta por un matrimonio religioso

cascabel *s* **1** (de bebé) rattle **2** (bolita de metal) bell

cascada *s* waterfall

cascanueces *s* nutcracker

casa

1 Para referirse al edificio, se usa **house**:

Están construyendo una casa de dos pisos. They are building a two-story house. | *¿Vives en casa o en apartamento?* Do you live in a house or an apartment?

2 En las expresiones que se refieren a la casa como el lugar donde uno vive, se usa **home**:

estar/quedarse en la casa to be/to stay at home: *Se quedó en la casa todo el día.* He stayed at home all day. | *–¿Y tu hermana? –Está en la casa.* "What about your sister?" "She's at home." | **irse a la casa** to go home: *Me fui a la casa a las cinco.* I went home at five. | **irse de su casa** to leave home: *Se fue de su casa a los 18 años.* He left home at 18.

3 Para referirse a la casa de alguien en particular se puede usar **house** pero es muy frecuente omitir el sustantivo:

Me quedé en la casa de mi abuela. I stayed at my grandma's./I stayed at my grandma's house. | *La fiesta fue en la casa de Juan.* The party was at Juan's. | *Sugirió que nos reuniéramos en su casa.* He suggested we meet at his house.

4 Cuando significa comercio, se traduce por **store** en inglés americano y **shop** en inglés británico:

una casa de artículos de cuero a leather goods store

cáscara *s* **1** (de una manzana) peel **2** (de una pera, una papa) skin **3** (de un cítrico) peel, rind **4** (de un banano) skin: *una cáscara de banano* a banana skin **5** (de un huevo, una nuez) shell **6** (del queso) rind **7** (del pan) crust

casco *s* (para la cabeza) helmet

casero, -a *adj* **1** (comida, pan) homemade **2** (referido a una persona) home-loving

caseta *s* **caseta telefónica, caseta de teléfonos** phone booth (AmE), phone box (plural -xes) (BrE)

casetera *s* cassette player, cassette deck

casi *adv* **1** Cuando significa prácticamente, se traduce por **nearly** o **almost**: *Estoy casi lista.* I'm nearly ready./I'm almost ready. | *¡Uy, casi lo rompo!* Oops, I nearly broke it! ▶ Fíjate que en el ejemplo anterior el verbo va en pasado en inglés **2** (seguido de un adverbio negativo) Cuando le sigue un adverbio negativo, en inglés se usa **hardly** y no se usa negación en el verbo: *Casi no se oye la música.* You can hardly hear the music. | *Casi ni se conocen.* They hardly know each other. | *Casi no quedaba agua.* There was hardly any water left. | **casi nada** hardly anything: *No compró casi nada.* He hardly bought anything. | **casi nadie** hardly anybody: *No había casi nadie.* There was hardly anyone there. | **casi nunca** hardly ever: *Casi nunca lo veo.* I hardly ever see him.

casilla *s* **1** (de un crucigrama, un tablero de juego de mesa) square **2 casilla (electrónica)** e-mail address | **enviar algo a la casilla de alguien** to e-mail sth to sb **3** (de perro) kennel
casilla postal, casilla de correo(s) post office box, P. O. Box

casino *s* **1** (para jugar) casino **2** (club) club **3** (comedor) canteen

caso *s* **1** (situación) case: *El suyo es un caso especial.* Hers is a special case. | **en ese caso** in that case: *En ese caso, avíseme.* In that case, let me know.
2 en el mejor de los casos at best | **en el peor de los casos** if the worst comes to the worst
3 hacerle caso a alguien to do as sb says: *Háganle caso a su papá.* Do as your dad says. | **no hacerle caso a alguien** not to take any notice of sb: *No me hagas caso.* Don't take any notice of me.
4 no hay/hubo caso it's/it was no good: *Se lo expliqué, pero no hubo caso.* I explained it to him, but it was no good.
5 yo en tu caso if I were you: *Yo en tu caso haría lo mismo.* If I were you, I'd do the same.
6 en todo caso (a) (si es necesario) always: *En todo caso, pueden quedarse a dormir aquí* You can always stay the night here. **(b)** (sea como sea) in any case: *En todo caso, lo que él dice no es cierto.* In any case, what he says is not true.
7 (en medicina) case: *un caso grave* a serious case
8 (policial) case: *un caso de falsificación* a case of forgery

caspa *s* dandruff

cassette *s* cassette, tape

castaña *s* chestnut

castaño, -a *adjetivo & sustantivo*
• *adj* brown
• **castaño** *s* **1** (color) brown ▶ ver "Active Box" **colores** en **color** **2** (árbol) chestnut (tree)

castañuelas *s pl* castanets

castellano *s* Spanish

castigar *v* to punish | **castigar a alguien por hacer algo** to punish sb for doing sth

castigo *s* punishment
castigo físico corporal punishment

castillo *s* castle
castillo de arena sandcastle

castor *s* beaver

castrar *v* (a un gato, un perro, etc.) to neuter
▶ Existe el verbo **to castrate,** que es más técnico

casual *adj* **1 un encuentro casual** a chance meeting **2 un comentario casual** a casual remark

casualidad *s* **1** coincidence: *¡Qué casualidad!* What a coincidence! **2 de casualidad** by chance: *Nos encontramos de casualidad.* We met by chance. **3 por casualidad (a)** (en preguntas) by any chance: *¿Tienes un bolígrafo, por casualidad?* You wouldn't have a pen by any chance, would you? **(b)** (de casualidad) by chance

casualmente *s* as it happens: *Casualmente pensaba llamarte.* As it happens, I was thinking of calling you.

catalán, -ana *adjetivo & sustantivo*
• *adj* Catalan
• *s* (persona) Catalan | **los catalanes** (the) Catalans
• **catalán** *s* (idioma) Catalan

catálogo *s* catalog (AmE), catalogue (BrE)

catarata *s* **1** (salto de agua) waterfall **2** (en el ojo) cataract

catarina *s* ladybug (AmE), ladybird (BrE)

catarro *s* (resfriado) cold | **tener catarro** to have a cold

catástrofe *s* catastrophe, disaster

catecismo *s* **1** (libro) catechism **2** (instrucción) **ir al catecismo/tener catecismo** to go to catechism/to have catechism: *Tengo catecismo los viernes por la tarde.* I have catechism on Friday afternoons.

catedral *s* cathedral

categoría *s* **1** (clase) category (plural -ries): *Está en la categoría junior.* She's in the junior category. **2 de (primera) categoría** first-rate: *un hotel de categoría* a first-rate hotel

católico, -a *adjetivo & sustantivo*
• *adj* Catholic | **ser católico -a** to be a Catholic
• *s* Catholic

catorce *número* **1** (número, cantidad) fourteen **2** (en fechas) fourteenth

catre *s* folding bed, camp bed

catsup *s* ketchup

cauce *s* **1** (curso de un río) course **2** (lecho de un río) bed

cauchera *s* slingshot (AmE), catapult (BrE)

caucho *s* **1** (banda elástica) rubber band, elastic band (BrE) **2** (material) rubber **3** (neumático) tire (AmE), tyre (BrE)

caudillo *s* leader

causa *s* **1** (razón) cause: *la causa del problema* the cause of the problem **2 a causa de** because of: *Suspendieron el viaje a causa de su enfermedad.* They canceled the trip because of his illness. **3 por mi/su etc. causa** because of me/because of her etc. **4** (ideal, finalidad) cause: *Es por una buena causa.* It's for a good cause.

causar *v* **1** (ser la causa de) to cause: *Nos causó muchos problemas.* It caused us a lot of problems. **2 causarle gracia a alguien** to make sb laugh: *Me causó gracia lo que dijo.* What she said made me laugh./I thought what she said was funny. | **causarle alegría/tristeza a alguien** to make sb happy/sad

cautela *s* caution | **con cautela** cautiously

cautiverio *s* captivity | **en cautiverio** in captivity: *tigres en cautiverio* tigers in captivity
cautivo, -a *sustantivo & adjetivo*
- *s* captive, prisoner
- *adj* captive | **tener a alguien cautivo -a** to hold sb captive

cavar *v* to dig
caverna *s* cave
caviar *s* caviar
caza *sustantivo femenino & sustantivo masculino*
- *s* [fem] hunting, shooting ▶ **hunting** se usa para hablar de la caza mayor y de la caza del zorro y **shooting** para la caza con escopeta: *la caza del jabalí* boar hunting | **ir/salir de caza** to go hunting, to go shooting
  caza de brujas witch-hunt **caza submarina** underwater fishing
- *s* [masc] (avión) fighter, fighter plane

cazador, -a *s* hunter
cazador -a furtivo -a poacher
cazar *v* **1** (animales en general) to hunt, to shoot ▶ **to shoot** se usa cuando se caza con escopeta: *Cazaban y pescaban para subsistir.* They hunted and fished to survive. | *Su padre lo llevaba a cazar.* His father used to take him shooting. | **ir/salir a cazar** to go hunting, to go shooting **2** (si se menciona el animal) to shoot, to catch ▶ **to shoot** se usa cuando se caza con escopeta: *Cazaron dos tigres.* They shot two tigers. | *Les gustaba cazar mariposas.* They liked catching butterflies.
cazuela *s* **1** (comida) stew **2** (recipiente de barro) dish (plural -shes): *una cazuela de barro* an earthenware dish
CD *s* CD: *Me regaló dos CDs.* He gave me two CDs.
CD-ROM *s* CD-ROM
cebada *s* barley
cebo *s* **1** (para atraer animales) bait **2** (señuelo) **usar algo como cebo** to use sth as bait
cebolla *s* onion: *cebolla picada* chopped onion
cebolleta o **cebollita de cambray** *s* spring onion, green onion (AmE), scallion (AmE)
cebollinos o **cebollines** *s* chives
cebra *s* zebra
cecear *v* to lisp
ceder *v* **1** (transigir) to give way: *Finalmente tuvo que ceder.* He finally had to give way. | **ceder a algo** to give in to sth: *No cedió a las demandas de los secuestradores.* He didn't give in to the demands of the kidnappers. **2 cederle algo a alguien** (ganancias, bienes, herencia) to give sth away to sb: *Le cedió una casa a cada uno de sus hijos.* He gave each of his children a house. | **cederle el asiento a alguien** to give up your seat to sb | **cederle la palabra a algn** to give sb the floor: *Me cedió la palabra.* She gave me the floor. **3** (pantalón, zapatos, etc.) to give: *El cuero siempre cede un poco.* Leather always gives a little. **4** (techo, estantería) to give way
cedro *s* **1** (árbol) cedar, cedar tree **2** (madera) cedar, cedarwood
cédula *s* **cédula (de identidad/ciudadanía)** identity card
cegar *v* to blind
ceguera *s* blindness
ceja *s* eyebrow: *Se depila las cejas.* She plucks her eyebrows.
celda *s* **1** (en la cárcel) cell **2** (en una planilla de cálculo) cell
celebración *s* (festejo) celebration
celebrar *v* **1** (festejar) to celebrate **2** (una reunión, elecciones) to hold: *La reunión se celebrará en Medellín.* The meeting will be held in Medellín. **3 celebrar misa** to say mass
celeste *adjetivo & sustantivo*
- *adj* light blue
- *s* (color) light blue ▶ ver "Active Box" **colores** en **color**

cellista *s* cellist
cello *s* cello: *Mi hermano toca el cello.* My brother plays the cello.
celo *sustantivo & sustantivo plural*
- *s* **(estar) en celo** (hembra) (to be) in heat (AmE), (to be) on heat (BrE)
- **celos** *s pl* jealousy *sing*: *Lo hizo por celos.* She did it out of jealousy. | **tener celos de algo/alguien** to be jealous of sth/sb | **me/le etc. da celos** it makes me/him etc. jealous: *Me da celos verlos juntos.* It makes me jealous to see them together. | **darle celos a alguien** to make sb jealous: *Salió con su amigo para darle celos.* She went out with his friend to make him jealous.

celofán *s* Cellophane®
celoso, -a *adj* jealous: *Es muy celosa.* She's very jealous | *un novio celoso* a jealous boyfriend | **estar celoso -a (de alguien)** to be jealous (of sb): *Está celosa de su hermana.* She's jealous of her sister. | **ponerse celoso -a** to get jealous
célula *s* **1** (en biología) cell **2** (de una organización) cell
celular *s* **1** (teléfono) cell phone (AmE), mobile (BrE): *¿Tienes mi número de celular?* Do you have my cell phone number? **2** (camión) police van
celulitis *s* cellulite
cementerio *s* cemetery (plural -ries) ▶ Se usa **graveyard** para referirse a un cementerio que está junto a una iglesia
cementerio de autos/carros scrap yard
cemento *s* **1** (en la construcción) cement **2** (pegamento) adhesive
cemento de contacto contact adhesive
cena *s* dinner, supper: *¿Está la cena?* Is dinner ready? ▶ Para algunas personas **dinner** implica una comida más formal que la cena de todos los días

cenar *s* **1** to have dinner, to have supper ▶ ver nota en **cena**: *¿Qué hay de cenar?* What's for dinner? | *¿A qué hora cenan?* What time do you have dinner? **2 cenar pescado/pasta etc.** to have fish/pasta etc. for dinner, to have fish/pasta etc. for supper: *Cenamos pollo con arroz.* We had chicken and rice for dinner.

cenicero *s* ashtray

ceniza *sustantivo & sustantivo plural*
• *s* ash ▶ ver **miércoles**
• **cenizas** *s pl* (de una persona) ashes

censo *s* census (plural -ses)
censo electoral electoral list (AmE), electoral roll (BrE)

censura *s* censorship

censurar *v* **1** (un libro, una película, etc.) to censor **2** (reprobar) to censure

centavo *s* cent | **no tiene/no tengo etc. ni un centavo** he's/I'm etc. flat broke

centena *s* hundred: *unidades, decenas y centenas* units, tens and hundreds

centenar *sustantivo & sustantivo plural*
• *s* **un centenar de personas/metros etc.** about a hundred people/meters etc.
• **centenares** *s pl* (muchos) hundreds: *Había centenares de personas.* There were hundreds of people.

centenario *s* centenary (plural -ries), centennial (AmE)

centeno *s* rye: *pan de centeno* rye bread

centésimo, -a *adjetivo & sustantivo*
• *adj* hundredth
• **centésimo** *s* (fracción) hundredth

centígrado, -a *adj* centigrade, Celsius: *25 grados centígrados* 25 degrees centigrade/25 degrees Celsius

centímetro *s* (unidad) centimeter (AmE), centimetre (BrE)
centímetro cuadrado square centimeter
centímetro cúbico cubic centimeter

centinela *s* **1** (soldado) sentry (plural -tries) **2** (persona que vigila) lookout

centolla *s* crab

central *adjetivo & sustantivo*
• *adj* **1** (zona, punto) central ▶ ver **calefacción** **2** (gobierno, banco, oficina) central **3** (principal) central, main
• *s* **1** (usina) power plant (AmE), power station (BrE): *una central nuclear* a nuclear power plant **2** (oficina central) head office, headquarters *sing*: *La central de la empresa está en Italia.* The company's head office is in Italy./The company's headquarters is in Italy.

centrar *v* to center (AmE), to centre (BrE)

céntrico, -a *adj* **un hotel céntrico/una calle céntrica** a downtown hotel/a downtown street (AmE), a central hotel/a central street (BrE)

centrifugar *v* to spin

centro *s* **1** (parte central) center (AmE), centre (BrE): *el centro de un círculo* the center of a circle **2** (de un pueblo, una ciudad) downtown (AmE), centre (BrE): *No podría vivir en el centro.* I couldn't live downtown./I couldn't live in the centre. | **ir al centro** to go downtown (AmE), to go to the centre (BrE) **3** (en fútbol) cross | **tirarle un centro a alguien** to cross to sb
centro cultural arts center (AmE), arts centre (BrE) **centro comercial** shopping mall, shopping center (AmE), shopping centre (BrE)

Centroamérica *s* Central America

centroamericano, -a *adj* Central American

centrocampista o **centrohalf** *s* midfielder

centrodelantero o **centroforward** *s* center forward (AmE), centre forward (BrE)

ceño *s* **fruncir el ceño** to frown

cepillar *v* **1** (la ropa, el calzado, etc.) to brush **2** (la madera) to plane
cepillarse *v* **cepillarse el pelo/los dientes** to brush your hair/teeth

cepillo *s* brush (plural -shes) ▶ **hairbrush** es un cepillo para el pelo y **clothes brush** uno para la ropa
cepillo de carpintero plane **cepillo de dientes** toothbrush (plural -shes)

cepo *s* clamp | **me/le etc. pusieron el cepo** I got clamped/she got clamped etc.

cera *s* **1** (de vela, para pisos) wax **2 cera (depilatoria)** (hair-removing) wax **3** (en las orejas) wax, earwax
cera de abejas beeswax

cerámica *s* **1** (material) ceramic | **un jarrón/un plato de cerámica** a ceramic vase/plate **2** (actividad, artesanía) pottery, ceramics **3** (objeto) piece of pottery

¿Se dice *on the table* o *in the table*? Mira la entrada **en**.

cerca *adverbio & sustantivo*

- *adv* **1 cerca de la escuela/del club etc.** near the school/the club etc., close to the school/the club etc.: *El hotel está muy cerca del aeropuerto.* The hotel is very near the airport./The hotel is very close to the airport. | **cerca de mí/de nosotros etc.** near me/us etc.: *Se sentó cerca de nosotros.* She sat near us. ► Cuando está sobreentendido cerca de qué, se usa **nearby**: *¿Hay algún restaurante cerca?* Is there a restaurant nearby? | *Queda cerca.* It's nearby./It's not far. **2 cerca de** (casi) almost, nearly: *Ayer hizo cerca de 30 grados.* Yesterday it was almost 30 degrees./Yesterday it was nearly 30 degrees. **3 de cerca** close up: *Míralo de cerca.* Look at it close up. | *De cerca no es tan linda.* She doesn't look so pretty close up. **4 estar cerca** (en el tiempo) to be getting close
- *s* fence

cercano, -a *adj* **1 un -a pariente cercano -a** a close relative **2 un pueblo cercano /una ciudad cercana** a nearby village/a nearby town | **el pueblo más cercano/la ciudad más cercana** the nearest village/the nearest town **3 en un futuro cercano** in the near future **4 cercano -a a algo/alguien** close to sth/sb: *un restaurante cercano al hotel* a restaurant close to the hotel

cercar *v* **1** (rodear) to surround **2** (poner un cerco alrededor de) **cercar un campo/un terreno** to fence off a field/a piece of land

cerco *s* fence

cerdo, -a *sustantivo*

- *s* **1** (animal) pig ► Éste es el término genérico. También existe **hog,** más común en inglés americano. Para referirse a una hembra se dice **sow** **2 comer como un cerdo** to stuff yourself **3** (mala persona) swine
- **cerdo** *s* (carne) pork: *No come cerdo.* He doesn't eat pork. ► ver **chuleta**

cereal *s* **1** cereal **2** (o **cereales**) (para el desayuno) cereal

cerebral *adj* **una lesión cerebral** brain damage | **un tumor cerebral** a brain tumor (AmE), a brain tumour (BrE) ► ver **conmoción, derrame**

cerebro *s* **1** (órgano) brain: *el cerebro humano* the human brain **2** (persona) brains *sing*: *el cerebro de la banda* the brains behind the gang **3** (inteligencia) brains *pl* ► ver **fuga, lavado**

ceremonia *s* (acto) ceremony (plural -nies)

cereza *s* **1** (fruta) cherry (plural -rries) **2** (grano de café) bean
cereza de café coffee bean

cerezo *s* cherry tree

cerillo *s* match (plural -ches)

cero *número* **1** zero ► ver nota **2 bajo cero** below zero: *diez grados bajo cero* ten degrees below zero **3 empezar de cero** to start from scratch

> **zero, nought, nil, nothing**
>
> Al leer un número de varias cifras se suele usar **zero.** En inglés británico, el cero también se lee como si fuera la letra **o:**
>
> *Mi extensión es cuatro ocho cero uno.* My extension is four eight zero one./My extension is four eight oh one.
>
> En matemáticas se dice **zero** o **nought:**
>
> *cero coma cinco* zero point five/nought point five
>
> En resultados deportivos se dice **nothing** o **zero** en inglés americano y **nil** en inglés británico. En tenis se usa **love:**
>
> *Ganamos tres a cero.* We won three to nothing./We won three nil. | *quince cero* fifteen love

cerquillo *s* bangs *pl* (AmE), fringe (BrE)

cerrado, -a *adj* ► ver recuadro

cerradura *s* lock

cerrajero, -a *s* locksmith

cerrar *v* ► ver recuadro en página 492

cerro *s* **1** (colina) hill **2** (montaña) mount: *el cerro Otto* Mount Otto

cerrojo *s* bolt | **cerrar con cerrojo** to bolt the door

certamen *s* competition, contest

> **cerrado -a**
>
> **1** La traducción **closed** es válida en la mayoría de los contextos. También existe **shut,** que es más frecuente en el lenguaje hablado y sólo tiene el significado básico (referido a puertas, ventanas, etc.):
>
> *La ventana está cerrada.* The window is closed./The window is shut. | *Tenía los ojos cerrados.* Her eyes were closed./Her eyes were shut. | *Todos los restaurantes estaban cerrados.* All the restaurants were closed.
>
> **2** Excepciones:
>
> *cerrado con llave* se dice **locked:**
>
> *La puerta estaba cerrada con llave.* The door was locked.
>
> REFERIDO A LLAVES DE AGUA (= off)
>
> *La llave está cerrada.* The faucet is off.
>
> REFERIDO A LA MANERA DE HABLAR
>
> *un acento cerrado* a broad accent/a thick accent
>
> POCO TOLERANTE (= narrow-minded)
>
> *Sus padres son muy cerrados.* His parents are very narrow-minded.
>
> REFERIDO A CURVAS (= sharp)
>
> *una curva cerrada* a sharp bend

cerrar

1 La traducción **to close** es válida en la mayoría de los contextos, tanto para *cerrar* como para *cerrarse*. **To shut** es frecuente en el lenguaje hablado para hablar de cerrar puertas, ventanas, etc. pero no se usa, por ejemplo, para cuentas de banco:

¿Cierro la ventana? Should I shut the window?/Should I close the window? | *Cierra los ojos.* Shut your eyes./Close your eyes. | *¿A qué hora cierra el correo?* What time does the post office close? | *La puerta se cerró tras ella.* The door closed behind her. | *Cerré mi cuenta de ahorros.* I closed my savings account.

2 Excepciones:

cerrar con llave se dice **to lock:**

Cerré el cajón con llave. I locked the drawer.

REFERIDO A LLAVES DE AGUA (= to turn off)

Cierra la llave del agua caliente. Turn the hot water faucet off.

Cuando un comercio o fábrica cierra para siempre, a menudo se usa **to close down:**

¿Ha cerrado el restaurante chino? Has the Chinese restaurant closed down?

REFERIDO A ROPA (= to do up, to fasten)

El vestido cierra atrás. The dress does up at the back./The dress fastens at the back. | *No me cierra la falda.* I can't do my skirt up.

REFERIDO A SOBRES (= to seal)

certeza *s* certainty | **saber algo con certeza** to know sth for certain, to know sth for sure | **tener la certeza de que** to be certain that

certificado, -a *adjetivo & sustantivo*
- ***adj*** (referido a envíos) registered: *una carta certificada* a registered letter | *Lo voy a mandar certificado.* I'm going to send it by registered mail.
- **certificado s** certificate: *un certificado médico* a medical certificate
  certificado de nacimiento birth certificate

cerveza *s* beer: *¿Nos tomamos una cerveza?* Shall we have a beer?
cerveza de barril draft beer (AmE), draught beer (BrE) **cerveza negra** stout **cerveza rubia** lager **cerveza sin alcohol** alcohol-free beer

cesante *adjetivo & sustantivo*
- ***adj*** **estar cesante** to be out of work | **dejar a alguien cesante** to lay sb off | **quedar cesante** to be laid off
- ***s*** unemployed person (plural unemployed people) | **los cesantes** the unemployed

cesar *v* **sin cesar** incessantly, constantly

césped *s* **1** (en un jardín) lawn | **cortar el césped** to mow the lawn **2** (en una plaza, un parque) grass: *Prohibido pisar el césped.* Keep off the grass. **3** (en tenis) grass **4** (planta) grass

cesto o **cesta** *s* **1** (canasto) basket **2 hacer cesto** (en básquetbol) to score (a basket)

ceviche o **cebiche** *s* Si quieres explicar qué es el ceviche, di *It's a dish consisting of raw fish marinated in lemon or lime juice*

chabacano, -a *adj* (de mal gusto) vulgar, tasteless

chabacano *s* (fruta) apricot

chal *s* shawl

chaleco *s* vest (AmE), waistcoat (BrE)
chaleco antibalas bulletproof vest **chaleco salvavidas** life jacket

chalequear *v* **chalequear a alguien** to make fun of sb, to tease sb

chalet o **chalé** *s* house

chamaco, -a *s* (informal) kid

chamarra *s* jacket

chamba *s* **1** (trabajo en general) work **2** (empleo) job

champán, champaña *s* champagne

champiñón *s* mushroom

champú *s* shampoo

chancho, -a *sustantivo & adjetivo*
- ***s*** **1** (animal) pig ▶ ver nota en **cerdo** **2** (persona sucia) dirty pig
- ***adj*** disgusting: *¡No seas chancha!* Don't be so disgusting!

chancla o **chancleta** *s* **1** (con tira entre los dedos) thong (AmE), flip-flop (BrE) **2** (pantufla) slipper

chantaje *s* blackmail ▶ **blackmail** es incontable y no puede ir precedido de artículo: *¡Esto es un chantaje!* This is blackmail! | **hacerle chantaje a alguien** to blackmail sb

chantajear *v* to blackmail

chantajista *s* blackmailer

chao *interj* ciao!, bye!

chapa *s* **1** (cerradura) lock **2** (lámina de metal) sheet **3** (insignia) badge

chaparro, -a *adj* short

chaparrón *s* downpour

chapopote *s* tar

chapotear *v* ▶ ver **chapucear**

chapucear *v* (en el agua) to splash around

chapuzón *s* **darse un chapuzón** to go for a dip, to have a dip

chaqueta *s* jacket | **chaqueta de jean/mezclilla** denim jacket

charango *s* Si quieres explicar qué es un charango, di *It's a small guitar made from the shell of an armadillo*

charco *s* puddle | **un charco de sangre/aceite** a pool of blood/oil

charla *s* **1** (conversación) chat: *Tuvimos una larga charla.* We had a long chat. **2** (conferencia) talk: *Dio una charla sobre sus películas.* She gave a talk about her movies.

charlar *v* to chat | **charlar con alguien** to chat to sb | **charlar de algo** to chat about sth

charlatán, -ana *adjetivo & sustantivo*

• *adj* (conversador) talkative

• *s* **1** (embaucador) fraud **2** (persona conversadora) chatterbox (plural -xes)

charol *s* patent leather | **zapatos de charol** patent leather shoes

charola *s* tray

chárter *adj & s* charter: *un vuelo chárter* a charter flight

chasco *s* **llevarse un chasco** to be let down

chasis *s* chassis (plural chassis)

chasquear *v* **1 (hacer) chasquear la lengua** to click your tongue **2 (hacer) chasquear los dedos** to snap your fingers **3 (hacer) chasquear un látigo** to crack a whip

chasquido *s* **1** (de la lengua) click **2** (de los dedos) snap

chasquilla *s* bangs *pl* (AmE), fringe (BrE)

chatarra *s* (material) scrap, scrap metal ▶ ver **comida**

chatear *v* to chat (on the Internet)

chato, -a *adj* **1** (nariz) snub **2** (casa, edificio) low, squat **3** (vida, ambiente) humdrum

chavalo, -a *s* **1** (niño, niña) kid **2** (joven) **chavalo** guy | **chavala** girl

checar *v* ▶ ver **chequear**

chelista *s* cellist

chelo *s* cello

cheque *s* check (AmE), cheque (BrE): *¿Puedo pagar con cheque?* Can I pay by check? | *un cheque sin fondos* a bad check | *un cheque por $450* a check for $450 | **hacerle un cheque a alguien** to write sb a check | **cobrar un cheque** to cash a check

cheque de viajero/viaje traveller's check

chequear *v* to check: *Chequeó el horario de la película.* She checked the times of the movie. | **chequear el mail** to check your e-mail

chequeo *s* check-up | **hacerse un chequeo** to have a check-up

chequera *s* checkbook (AmE), cheque book (BrE)

chévere *adj* great

chicha *s* Si quieres explicar qué es la chicha, di *it's an alcoholic drink made from fermented corn*

chícharo *s* pea

chicharra *s* **1** (cigarra) cicada **2** (timbre, sonido) buzzer

chichón *s* bump | **hacerse un chichón** to get a bump

chicle *sustantivo & sustantivo plural*

• *s* chewing gum ▶ **chewing gum** es incontable. Para referirse a *un chicle* hay que decir **a piece of chewing gum**: *No me gusta el chicle.* I don't like chewing gum. | *Le ofrecí un chicle.* I offered her a piece of chewing gum. | **mascar chicle** to chew gum

• **chicles** *s pl* leggings

chico, -a *sustantivo & adjetivo*

• *s* **1** (niño) **chico** boy | **chica** girl | **chicos** (niños y niñas) children: *un chico de cinco años* a five-year-old boy/a five-year-old child ▶ **child** se usa para hablar indistintamente de un chico o una chica, como en: *el vocabulario de un chico de tres años* the vocabulary of a three-year-old child **2** (muchacho) **chico** guy | **chica** girl | **chicos** (muchachos y muchachas) guys

• *adj* **1** (de tamaño) small **2** (de edad) young

chiflado, -a *sustantivo & adjetivo*

• *s* nutcase, nutter (BrE)

• *adj* crazy, nuts

chiflar *v* **1** (silbar) (persona, viento) to whistle **2** (a un actor, a un cantante, etc.) to boo

chiflarse *v* to go off your head: *Se chifló.* He went off his head. | **se chifla/me chiflo etc. con algo** he's/I'm etc. crazy about sth

Chile *s* Chile

chilena *s* overhead kick

chileno, -a *adjetivo & sustantivo*

• *adj* Chilean

• *s* Chilean | **los chilenos** (the) Chileans

chillar *v* **1** (persona) to scream **2** (cerdo) to squeal **3** (ratón, murciélago) to squeak **4** (gaviota) to screech

chillido *s* **1** (grito) scream | **dar/pegar un chillido** to scream **2** (de un cerdo) squeal ▶ Si se trata de *chillidos* continuos, se usa **squealing** **3** (de un ratón, un murciélago) squeak ▶ Si se trata de *chillidos* continuos, se usa **squeaking** **4** (de una gaviota) screech ▶ Si se trata de *chillidos* continuos, se usa **screeching**

chillón, -ona *adj* **1** (color) garish, lurid **2** (voz) shrill

chimbomba *s* balloon

chimenea *s* **1** (hogar) fireplace: *El living tiene chimenea.* There's a fireplace in the living room. | **prender/encender la chimenea** to light a fire **2** (conducto) chimney **3** (de un barco) funnel

chimpancé *s* chimpanzee

China *s* **(la) China** China

china *s* slingshot (AmE), catapult (BrE)

chinche *s* **1** (insecto) bedbug **2** (clavito) thumbtack (AmE), drawing pin (BrE)

chinita *s* ladybug (AmE), ladybird (BrE)

chino, -a *adjetivo & sustantivo*

• *adj* **1** (de la China) Chinese **2** (rizado) curly

• *s* **1** (persona de la China) **chino** Chinese man (plural men) | **china** Chinese woman (plural women) | **los chinos** the Chinese **2** (niño) kid

• **chino** *s* **1** (idioma) Chinese **2** (rizo) curl **3** (para rizarse el pelo) curler, roller

chip *s* chip, microchip

chiquero *s* (para cerdos) pigsty (plural -sties)

chirimoya *s* custard apple

chirriar *v* **1** (frenos, ruedas) to screech **2** (puerta, bisagra) to creak

chirrido *s* **1** (de frenos, ruedas) screech ▶ Si se trata de *chirridos* continuos, se usa **screeching** **2** (de una puerta, una bisagra) creak ▶ Si se trata de *chirridos* continuos, se usa **creaking**

chisme *s* gossip ▶ **gossip** es incontable y no puede ir precedido de **a**: *¿Quieres que te cuente un chisme?* Do you want to hear some gossip? | *Vengo con muchos chismes.* I have lots of gossip to tell you. | **contar chismes/andar con chismes** to gossip

chismoso, -a *sustantivo & adjetivo*

• *s* gossip

• *adj* **ser muy chismoso -a** to be a real gossip

chispa *s* **1** (de fuego, de electricidad) spark **2** (vivacidad) wit | **tener chispa** to be witty **3 está que echa chispas** he's/she's hopping mad

chistar *v* **sin chistar** without a word

chiste *s* **1** joke | **contar un chiste** to tell a joke **2 lo dije/lo dijo etc. en chiste** I/he etc. was joking | **fue en chiste** it was only a joke

chistoso, -a *adjetivo & sustantivo*

• *adj* (referido a una persona) funny

• *s* joker

chiva *s* **1** (autobús) bus (plural -ses) **2** (cabra) goat **3** (barba) goatee

chivatear *v* **chivatear a alguien** to tell on sb

chivato, -a *s* **1** (entre niños) tattletale (AmE), telltale (BrE) **2** (de la policía) informer

chivera *s* goatee

chivo *s* (cabrito) kid

chivo expiatorio scapegoat

chocar *v* **1** (estrellarse) to crash | **chocar a alguien** to crash into sb: *El taxi me chocó.* The taxi crashed into me. | **chocar contra algo** to crash into sth | *Chocó contra un árbol.* It crashed into a tree. **2** (molestar) to annoy **3** (sorprender, causar impresión) **me chocó/le chocó etc.** I was taken aback/he was taken aback etc.: *Me chocó que me contestara eso.* I was taken aback when he said that.

chocarse *v* **chocarse contra algo** to crash into sth

chochear *adj* to be gaga

chocho, -a *adj* (reblandecido) gaga

chocolate *s* **1** chocolate | **pastel/helado de chocolate** chocolate cake/chocolate ice cream **2** (golosina individual) chocolate: *Me regaló una caja de chocolates.* He gave me a box of chocolates. **3** (bebida caliente) hot chocolate

chocolatina *s* chocolate bar

chócolo o **choclo** *s* **1** (granos) sweetcorn **2** (con la mazorca) corn on the cob

chofer o **chófer** *s* **1** (de un bus, camión, etc.) driver **2** (de un particular, de una empresa) chauffeur

cholo, -a *s & adj* Si quieres explicar qué es un cholo, di *It's a person of mixed race*

chompa *s* **1** (chaqueta) jacket **2** (suéter) sweater, jumper (BrE)

chompipe *s* turkey

choque *s* **1** (colisión) crash: *un choque de trenes* a train crash **2** (enfrentamiento) clash, conflict

chorrear *v* **1** (ropa, tela, etc.) to be dripping wet: *Las mantas chorreaban (agua).* The blankets were dripping wet. **2 chorrear aceite/pintura etc.** to be dripping with oil/paint etc. **3 estar chorreando de sudor** to be dripping with sweat **4** (perder líquido) (botella, tanque) to leak **5** (verter) to spill: *Chorreó café en la alfombra.* He spilled coffee on the carpet.

chorro *s* **1** Se usa **jet** cuando el líquido sale con fuerza y **trickle** o **dribble** para referirse a un chorrito débil: *Un chorro de agua le dio en la cara.* A jet of water hit him in the face. | *Apenas salía un chorrito de agua de la manguera.* There was hardly a trickle/dribble of water coming out of the hose. ▶ **dash** se usa para referirse a chorritos de leche, aceite, etc.: *Le agregó un chorrito de coñac.* He added a dash of brandy. | **salir a chorros** to pour out, to gush out **2** (llave de agua) faucet (AmE), tap (BrE)

choza *s* hut

chuchería *sustantivo & sustantivo plural*

• *s* (objeto de poco valor) trinket, knick-knack

• **chucherías** *s pl* (referido a alimentos) junk *sing*: *No comas tantas chucherías.* Don't eat so much junk.

chueco, -a *adj* (torcido) crooked

chuleta *s* chop | **chuleta de cerdo/de cordero** pork/lamb chop

chulo *s* **1** (marca) check (AmE), tick (BrE) **2** (ave) vulture

chupa *s* ▶ ver **chupete 1**

chupar *s* **1** (un caramelo, etc.) to suck **2** (absorber) to soak up, to absorb **3** (tomar alcohol) to drink

chupete *s* **1** (de bebé) pacifier (AmE), dummy (plural -mmies) (BrE) **2** (golosina) lollipop

chupete helado Popsicle® (AmE), ice lolly (plural -llies) (BrE)

chupo *s* **1** (de biberón) nipple (AmE), teat (BrE) **2** (de bebé) ▶ ver **chupete 1**

chupón *s* ▶ ver **chupete 1**

churro *sustantivo & adjetivo*

• *s* Si quieres explicar qué son los churros, puedes decir *They are coils of fried dough, sometimes with a sweet filling*

• *adj* gorgeous, dishy (BrE)

chutar *v* to shoot | **chutar (la pelota) al arco** to shoot at goal

chuzar *v* **chuzar algo con un palillo/un tenedor etc.** to stick a knitting needle/a fork etc. into sth

Cía. (= **compañía**) Co.

cibercafé *s* Internet café, cybercafé

ciberespacio *s* cyberspace
cibernauta *s* cybernaut
cibernética *s* cybernetics
cibernético, -a *adj* cybernetic
cicatriz *s* scar
cicatrizar *v* to heal, to heal up
cicla *s* bike ▶ ver ejemplos en **bicicleta**
ciclismo *s* cycling
ciclista *s* cyclist
ciclo *s* **1** (de cine) season: *un ciclo de cine japonés* a season of Japanese movies **2** (de conferencias) series **3** (sucesión de fases) cycle: *el ciclo del agua* the water cycle
ciclón *s* cyclone
ciego, -a *adjetivo & sustantivo*
• *adj* blind | **quedarse ciego -a** to go blind: *Se está quedando ciego.* He's going blind.
• *s* blind person ▶ Para referirse a los ciegos en general se usa **blind people** o **the blind**
cielo *s* **1** (firmamento) sky: *un cielo despejado* a clear sky **2** (en religión) heaven | **irse al cielo** to go to heaven
cielo raso ceiling
ciempiés *s* centipede
cien *número* **1** a hundred, one hundred ▶ **a hundred** es más frecuente que **one hundred** pero tras *mil* siempre se usa **one hundred**: *Hay cien invitados.* There are a hundred guests. | *dos mil cien* two thousand one hundred **2 cien por cien/cien por ciento** a hundred per cent: *Es cien por cien algodón.* It's a hundred per cent cotton.
ciencia *s* science: *los avances de la ciencia* advances in science
ciencia ficción science fiction **ciencias exactas** *s pl* exact sciences **ciencias naturales** *s pl* natural science(s) **ciencias sociales** *s pl* social science(s)
científico, -a *adjetivo & sustantivo*
• *adj* scientific
• *s* scientist
ciento *número & sustantivo plural*
• *número* **1** (en cifras) a hundred, one hundred ▶ **a hundred** es más frecuente que **one hundred** pero tras *mil* siempre se usa **one hundred**: *ciento veinte* a hundred and twenty/one hundred and twenty | *tres mil ciento veinte dólares* three thousand one hundred and twenty dollars **2 el 30/el 15 etc. por ciento** 30/15 etc. per cent: *el 30 por ciento de la gente* 30 per cent of people
• **cientos** *s pl* (centenares) hundreds: *Llegaron cientos de turistas.* Hundreds of tourists came.
cierre *s* **1** (de una fábrica, una empresa, etc.) closure **2** (de un collar, etc.) clasp, fastener **3** (de cremallera) zipper (AmE), zip (BrE) | **subirse el cierre** to do your zipper up (AmE), to do your zip up (BrE): *Súbeme el cierre, por favor.* Can you do my zipper up, please? | *Se subió el cierre de la falda.* She did up the zipper on her skirt. | **bajarse el cierre** to undo your zipper (AmE), to undo your zip (BrE): *No me puedo bajar el cierre.* I can't undo my zipper.
cierto, -a *adj* **1** (verdadero) true: *Eso no es cierto.* That's not true. | *¿Es cierto que te vas a Chile?* Is it true you're going to Chile?
2 ¿(no es) cierto? ▶ Para traducir esta frase, usa un **question tag**. Mira la nota en esa entrada: *Es bonito, ¿no es cierto?* It's pretty, isn't it? | *Nos gritó, ¿cierto?* She shouted at us, didn't she?
3 (indefinido) **cierto placer/cierto encanto etc.** a certain pleasure/a certain charm etc.: *Lo que dice tiene cierta lógica.* There's a certain logic in what she says.
4 (determinado) certain: *Ciertas personas no están de acuerdo.* Certain people don't agree.
ciervo *s* deer (plural deer) ▶ **deer** es el término genérico. Para hablar de un macho se dice **stag** o **buck** y para referirse a una hembra **doe**
cifra *s* **1** (cantidad) figure: *Necesito la cifra exacta.* I need the exact figure. **2** (dígito) figure, digit: *un número de seis cifras* a six-figure number/a six-digit number
cigarra *s* cicada
cigarrillo *s* cigarette: *una cajetilla/un paquete de cigarrillos* a pack of cigarettes
cigarro *s* **1** (cigarrillo) cigarette **2** (habano) cigar
cigüeña *s* stork
cilantro *s* coriander, cilantro (AmE)
cilindro *s* **1** (en geometría, en mecánica) cylinder **2 cilindro (de oxígeno)** oxygen cylinder
cima *s* summit, top
cimarra *s* **hacer la cimarra** to cut class (AmE), to cut school (AmE), to skive off (BrE)
cimientos *s pl* foundations
cinc *s* ▶ ver **zinc**
cincel *s* chisel
cinco *número* **1** (número, cantidad) five **2** (en fechas) fifth
cincuenta *número* fifty | **los años cincuenta** the fifties
cine *s* **1** (lugar) movie theater (AmE), cinema (BrE): *La dan en un cine del centro.* It's showing at a movie theater downtown. | **ir a(l) cine** to go to the movies (AmE), to go to the cinema (BrE): *Me invitaron a ir a(l) cine con ellos.* They asked me to go to the movies with them. **2** (arte, industria) cinema: *el cine argentino* Argentinian cinema | **una actriz/un crítico de cine** a movie actor/critic (AmE), a film actor/critic (BrE)
el cine mudo silent movies (AmE), silent films (BrE)
cineasta *s* moviemaker (AmE), film maker (BrE)
cinematográfico, -a *adj* **la industria cinematográfica** the movie industry (AmE), the film industry (BrE) | **una producción/una adaptación cinematográfica** a movie production/adaptation (AmE), a film production/adaptation (BrE)

¿Quieres una lista de frases útiles para hablar de ti mismo? Consulta la **guía de comunicación** al final del libro.

cínico, -a *adjetivo & sustantivo*

● *adj* cynical

● *s* cynic

cinta *s* **1** (de audio, de video) tape **2** (para el pelo, un paquete, etc.) ribbon
cinta adhesiva/pegante **(a)** ▶ ver **cinta Scotch®** **(b)** (para gasas, vendas) sticking plaster **cinta aislante** insulating tape **cinta métrica** tape measure **cinta Scotch®** Scotch tape® (AmE), Sellotape® (BrE) **cinta transportadora** conveyor belt

cintura *s* **1** (de una persona) waist: *¿Cuánto mides de cintura?* What is your waist measurement? **2** (de una prenda) waist

cinturón *s* belt
cinturón de seguridad seat belt **cinturón ecológico** green belt

ciprés *s* cypress (plural -sses)

circo *s* circus (plural -ses)

circuito *s* **1** (eléctrico) circuit **2** (automovilístico) circuit, track
circuito cerrado closed circuit: *cámaras de circuito cerrado* closed-circuit TV cameras

circulación *s* **1** (de la sangre) circulation **2** (tránsito) traffic

circular *adjetivo, verbo & sustantivo*

● *adj* circular, round

● *v* **1** (en un vehículo) to drive: *Por aquí no se puede circular.* You can't drive along here. **2** (vehículos) to travel: *El tránsito circula por la derecha.* Traffic travels on the right-hand side of the road. **3** (sangre) to circulate **4** (agua) to flow

● *s* (carta) circular

círculo *s* circle | **en círculo** in a circle: *Siéntense en círculo.* Sit in a circle.
el Círculo Polar Ártico/Antártico the Arctic/the Antarctic Circle **círculo vicioso** vicious circle

circunferencia *s* circumference

circunstancias *s pl* (situación) circumstances | **dadas las circunstancias** under the circumstances

ciruela *s* plum
ciruela pasa, **ciruela seca** prune

ciruelo *s* plum tree

cirugía *s* surgery
cirugía estética cosmetic surgery **cirugía plástica** plastic surgery

cirujano, -a *s* surgeon

cisne *s* swan

cisterna *s* cistern

cita *s* **1** (con un profesional) appointment | **hacer una cita (con alguien)** to make an appointment (with sb): *Hice una cita con el abogado.* I made an appointment with the lawyer. **2** (para salir con un muchacho, una muchacha) date: *Pedro me llamó para pedirme una cita.* Pedro called to ask me for a date. **3** (en un texto) quotation: *una cita de García Márquez* a quotation from García Márquez

citar *v* **1 citar a alguien para las tres/las cinco etc.** to give sb an appointment for three/five etc. o'clock | **citar a alguien a declarar** to call sb as a witness **2** (a un autor) to quote: *Citó a Borges.* He quoted Borges.

citófono *s* speaker phone (AmE), entryphone (BrE)

cítrico *s* citrus fruit

ciudad *s* **1** city (plural -ties), town ▶ ver abajo **2 mi/tu etc. ciudad natal** my/your etc. home city, my/your etc. home town

> **¿city o town?**
>
> En inglés la palabra **city** se suele reservar para ciudades grandes. Para ciudades chicas se usa **town:**
>
> *la ciudad de Caracas* the city of Caracas | *una ciudad de 30,000 habitantes* a town with a population of 30,000 | *la vida en la gran ciudad* life in the big city

ciudadanía *s* citizenship: *Pidió la ciudadanía italiana.* He applied for Italian citizenship.

ciudadano, -a *sustantivo & adjetivo*

● *s* citizen

● *adj* ▶ ver **inseguridad**

cívico, -a *adj* civic: *derechos y deberes cívicos* civic rights and responsibilities

civil *adjetivo & sustantivo*

● *adj* **1** (autoridades, aviación) civil **2** (población) civilian **3** (derecho, responsabilidad) civil ▶ ver **estado, registro**

● *s* **1** (persona) civilian: *Murieron varios civiles.* Several civilians were killed. **2 de civil (a)** (militar) in civilian clothes **(b)** (policía) in plain clothes ▶ ver **casarse**

civilización *s* civilization: *la civilización inca* the Inca civilization

civilizado, -a *adj* civilized

clandestino, -a *adj* clandestine

clara *s* **clara (de huevo)** (egg) white: *Bata las claras aparte.* Beat the whites separately.

claridad *s* **1** (de una idea, una explicación) clarity | **con claridad** clearly **2** (luz) light

clarinete *s* clarinet

clarinetista *s* clarinettist

claro, -a *adjetivo, interjección & adverbio*

● *adj* **1** (no confuso) clear: *Las instrucciones son claras.* The instructions are clear. | **quedar claro** to be clear: *Quedó claro que no tenía ni idea.* It was clear that she didn't have a clue. | *Quiero que esto quede claro.* I want to make this clear. | **no me queda/no me quedó claro** I'm not quite sure/I wasn't quite sure: *No me queda claro qué es lo que tengo que hacer.* I'm not quite sure what it is I have to do.
2 (color) light: *La alfombra es verde claro.* The

carpet is light green. ▶ Para decir que alguien tiene *ojos claros* en inglés hay que especificar el color: *Tiene ojos claros.* He has blue/green/gray eyes.

3 (sonido, voz) clear: *Habló con voz clara.* He spoke in a clear voice.

4 (piel, pelo) fair

• **claro** *interj* of course, sure: *–¿Vienes mañana? –Claro.* "Are you coming tomorrow?" "Of course./Sure." | *–¿Puedo usar el teléfono? –Sí, claro.* "Can I use the phone?" "Sure./Of course you can." | **claro que sí** of course | **claro que no** of course not

• **claro** *adv* **1** clearly: *Lo dijo muy claro.* She said it very clearly.

2 hablar claro (sin rodeos) to say what you mean: *¿Por qué no hablas claro?* Why don't you say what you mean? | *Te voy a hablar claro.* I'll be straight with you.

clase *s* **1** (lección) class (plural -sses), lesson ▶ ver abajo **2 dar/hacer clases (de algo)** to teach (sth): *Daba clases en un colegio del barrio.* He used to teach at a local school. | *Da clases de historia.* She teaches history. **3** (grupo escolar) class (plural -sses): *Invité a los niños de mi clase.* I invited the kids from my class. **4** (aula) classroom **5** (tipo) sort, kind: *No me gusta esa clase de música.* I don't like that sort of music. **6** (en el transporte público) class: *boletos de segunda clase* second-class tickets

7 clase (social) (social) class: *gente de distintas clases sociales* people of different social classes

clase alta/baja/media upper/lower/middle class **clase ejecutiva** (en avión) business class **clase de manejar** driving lesson **clase obrera, clase trabajadora** working class **clase particular** private class, private lesson **clase turista** economy class

> **lesson, class, lecture**
>
> **class** es más frecuente en inglés americano y **lesson** en inglés británico:
>
> *una clase de inglés* an English class/an English lesson | *Hoy tengo clase de guitarra.* I have a guitar class today./I've got a guitar lesson today.
>
> En los ejemplos que siguen, la primera traducción corresponde a un contexto escolar y la segunda a una clase de idioma, música, etc. fuera de la escuela:
>
> *El jueves no hay clase.* There's no school on Thursday./There's no lesson on Thursday. | *Faltó a clase.* She missed school./She didn't come to the lesson.
>
> **lecture** se usa para referirse a las clases que se dictan a grupos grandes de alumnos en la universidad.

clásico, -a *adjetivo & sustantivo*

• *adj* **1** (ropa, muebles, estilo) classic **2** (típico) classic: *Es la clásica niña mimada.* She's the classic spoilt child. **3** (de la antigüedad griega y romana) classical ▶ ver **música**

• **clásico** *s* **1** (en fútbol) big game (AmE), big match (BrE): *el clásico América-Millonarios* the big game between América and Millonarios

2 (en literatura, cine, etc.) classic

clasificación *s* **1** (acción de clasificarse) qualification: *Se aseguraron la clasificación.* They made sure of qualification. | *un partido de clasificación* a qualifying game **2** (ordenamiento) classification

clasificar *v* to classify

clasificarse *v* (en deportes) to qualify: *Se clasificaron para el Mundial.* They qualified for the World Cup. | **clasificarse para la segunda ronda/para las semifinales etc.** to go through to the second round/the semi-finals etc.

claustrofobia *s* claustrophobia

claustrofóbico, -a *adj* claustrophobic

clausura *s* **1** (de un local, un negocio) closure

2 (de un evento) **ceremonia/sesión de clausura** closing ceremony/session

clausurar *s* **clausurar un bar/una discoteca etc.** to close a bar down/to close a club down etc.

clavado *s* **echarse/hacer un clavado** to dive

clavar *v* **1** (con clavos) to nail: *Clavó el letrero en el árbol.* He nailed the sign to the tree.

2 (meter) to stick: *Le clavó el puñal en la espalda.* She stuck the knife in his back. | **clavar un clavo** to hammer in a nail | **clavarle las uñas/los dientes a alguien** to sink your nails/teeth into sb: *Me clavó los dientes en el brazo.* He sank his teeth into my arm.

3 clavar los ojos/la mirada en algo to stare at sth | **clavarle los ojos/la mirada a alguien** to stare at sb

clavarse *v* **1 clavarse una astilla** to get a splinter in your finger/hand etc. | **clavarse una aguja/un alfiler etc. en el dedo** to stick a needle/pin etc. in your finger

2 clavarse a estudiar to study really hard

clave *sustantivo & adjetivo*

• *s* **1** (código) code | **en clave** coded, in code: *un mensaje en clave* a coded message/a message in code **2** (de un misterio) key **3** (instrumento) harpsichord

clave de sol/de fa treble/bass clef

• *adj* key: *un factor clave* a key factor

clavel *s* carnation

clavícula *s* collarbone

clavo *s* **1** nail | **dar en el clavo** to hit the nail on the head | **sacarse el clavo de algo** to get even for sth, to get your own back for sth (BrE)

2 clavo (de olor) clove

claxon *s* horn | **tocar el claxon** to sound your horn, to honk your horn

cliente *s* **1** (de una tienda) customer **2** (de una empresa) client, customer **3** (de un profesional) client

clima *s* **1** (de una región) climate: *un país de clima tropical* a country with a tropical climate **2** (de una situación) atmosphere: *Había un clima tenso.* There was a tense atmosphere. **3 al clima** at room temperature: *Se sirve al clima.* It should be served at room temperature.

climatizado, -a *adj* **1** (local) air-conditioned **2** (piscina) heated

clímax *s* climax (plural -xes)

clínica *s* clinic

clip *s* **1** (o **video clip**) clip, video clip **2** (para papeles) paperclip

cloaca *s* sewer

cloch o **cloche** *s* clutch (plural -ches)

cloro *s* chlorine

clorofila *s* chlorophyll

clóset o **closet** *s* closet (AmE), wardrobe (BrE) ► En inglés británico se dice **fitted wardrobe** cuando se quiere especificar que es empotrado

club *s* club: *un club de tenis* a tennis club | *Nos vemos en el club.* I'll see you at the club.

cm (= **centímetro**) cm

coágulo *s* clot

coartada *s* alibi: *una coartada perfecta* a perfect alibi

cobarde *adjetivo & sustantivo*

• ***adj*** cowardly: *una actitud cobarde* a cowardly attitude | **ser cobarde** to be a coward: *No seas tan cobarde.* Don't be such a coward.

• *s* coward

cobardía *s* cowardice

cobija *s* blanket

cobra *s* cobra

cobrar *v* **1** (por un servicio o producto) to charge: *Cobra $25 la clase.* She charges $25 a class. | *¿Cuánto te cobró por arreglarte la bicicleta?* How much did he charge to fix your bike? | *¿Me cobra, por favor?* Can I pay, please? | **cobrarle algo a alguien** to charge sb for sth: *No nos cobró los cafés.* He didn't charge us for the coffees. | **cobrarle de más/de menos a alguien** to overcharge/to undercharge sb: *Me cobraron de más.* They overcharged me.
2 (recibir el sueldo) to be paid: *Hace dos meses que no cobran.* They haven't been paid for two months. | *Lo compraré cuando cobre.* I'll buy it when I get paid. ► Cuando se especifica la cantidad, se dice **to get**: *Cobra $500 de jubilación.* She gets a pension of $500.
3 cobrar un cheque to cash a check (AmE), to cash a cheque (BrE)

cobre *s* copper | **una olla/una moneda de cobre** a copper pot/coin

cobro revertido *s* **llamar (con/por) cobro revertido** to make a collect call (AmE), to reverse the charges (BrE) | **llamar a alguien (con/por) cobro revertido** to call sb collect (AmE), to call sb and reverse the charges (BrE)

coca *s* **1** (cocaína) coke **2** (planta) coca

cocaína *s* cocaine

Coca® o **Coca Cola®** *s* Coke®

coche *s* car | **en coche** by car: *Fuimos en coche.* We went by car. | *Juan los llevó en coche a la estación.* Juan drove them to the station.
coche bomba car bomb **coche cama** sleeping car, sleeper **coche comedor** dining car **coche fúnebre** hearse

cochecito *s* **cochecito (de bebé) (a)** (para llevar al bebé acostado) baby carriage (AmE), pram (BrE) **(b)** (tipo sillita) stroller (AmE), pushchair (BrE)

cochinada *s* **1** (mala pasada) dirty trick | **hacerle una cochinada a alguien** to play a dirty trick on sb **2** (referido a algo sucio, repugnante) Usa los adjetivos **disgusting** o **revolting**: *Dejaron la casa hecha una cochinada.* They left the house in a disgusting state. | *No pienso comer esa cochinada.* I'm not eating that revolting stuff.

cochino, -a *adj* **1** (manos, casa, ropa) dirty **2** (película, libro, chiste, etc.) dirty **3** (tramposo) **ser cochino -a** to be a cheat

cocido, -a *adj* **1** (no crudo) cooked: *Este pollo no está cocido.* This chicken isn't cooked./This chicken isn't done **2** (hervido) boiled

cocina *s* **1** (lugar) kitchen: *Desayunamos en la cocina.* We had breakfast in the kitchen. **2** (actividad) cooking, cookery: *un curso de cocina.* a cooking course/a cookery course **3** (comida) cuisine: *cocina internacional* international cuisine **4** (electrodoméstico) stove (AmE), cooker (BrE)
cocina a gas gas stove (AmE), gas cooker (BrE) **cocina eléctrica** electric stove (AmE), electric cooker (BrE)

cocinar *v* to cook: *¿Sabes cocinar?* Can you cook? ► Cuando se piensa en la tarea doméstica, se dice **to do the cooking**: *En mi casa cocina mi papá.* In my house it's Dad who does the cooking.
cocinarse *v* **1** (hacerse) to cook: *El arroz se cocina en veinte minutos.* Rice cooks in twenty minutes. **2** (tener mucho calor) to bake: *¡Me estoy cocinando!* I'm baking!/It's baking!

cocinero, -a *s* cook: *Es muy buena cocinera.* She's a very good cook.

coco *s* **1** (fruto) coconut **2** (ser imaginario) bogeyman
coco rallado dessicated coconut

cocoa *s* cocoa

cocodrilo *s* crocodile

coctel o **cóctel** *s* **1** (bebida) cocktail **2** (reunión) cocktail party (plural -ties)

cocuyo *s* (insecto) firefly (plural -flies), lightning bug (AmE)

codazo *s* **pegarle un codazo a alguien** (por descuido o con violencia) to elbow sb | **darle/pegarle un codazo a alguien** (como señal) to nudge sb | **abrirse paso a los codazos** to elbow your way through

codificar *v* to encode

código *s* **1** code: *un código secreto* a secret code **2 código (de área)** area code (AmE), code, dialling code (BrE): *el código de Ecuador* the **code for** Ecuador
código civil civil code **código de barras** bar code **código de (la) circulación** highway code **código penal** penal code **código postal** zipcode (AmE), postcode (BrE)

codo *s* **1** elbow **2 hablar hasta por los codos** to talk nineteen to the dozen

codorniz *s* quail (plural quail o quails)

coeficiente *s* coefficient
coeficiente intelectual IQ ▶ **IQ** se pronuncia leyendo las letras por separado

cofre *s* **1** (para joyas, etc.) chest **2** (de un auto) hood (AmE), bonnet (BrE)

coger *v* **1** (tomar, agarrar) to take: *Coge lo que quieras.* Take whatever you want. | *Lo cogí de la mano para cruzar la calle.* I took his hand to cross the road./I took him by the hand to cross the road. | *Te conviene coger el bus.* You'd be better off catching the bus./You'd be better off taking the bus. **2** (atrapar, atajar) to catch: *No pudo coger la pelota.* He couldn't catch the ball. | *Si nos cogen aquí, se va a armar lío.* If they catch us here, there'll be trouble. **3** (entender) to understand, to get: *Nunca coge los chistes.* She never understands jokes./She never gets jokes. | *No cogió la indirecta.* She didn't take the hint. **4** (atropellar) **me/lo etc. cogió un carro/auto** I/he etc. got hit by a car **5** (recoger) (flores, hongos, etc.) to pick
cogerse *v* **1** (sujetarse) to hold on | **cogerse de algo** to hold on to sth: *Se cogió de mi brazo.* She held on to my arm. **2 cogerse de la mano/del brazo** to take each other's hand/arm | **cogidos -as de la mano** hand in hand | **cogidos -as del brazo** arm in arm: *Caminaban cogidas del brazo.* They walked along arm in arm.

coherencia *s* **1** (lógica) logic **2** (entre los principios y la conducta, etc.) consistency

coherente *adj* **1** (explicación, declaración) coherent **2** (actitud, conducta) **coherente (con algo)** consistent (with sth)

cohete *s* **1** (nave espacial) rocket **2** (en pirotecnia) rocket

coima *s* (dinero) bribe, (acción) bribery

coimear *s* to bribe: *Lo quisieron coimear.* They tried to bribe him.

coincidencia *s* coincidence

coincidir *v* **1** (ocurrir al mismo tiempo) **coincidir (con algo)** to coincide (with sth): *Su cumpleaños coincide con el de Juan.* Her birthday coincides with Juan's. ▶ Si la coincidencia causa inconvenientes, se usa **to clash**: *Me coinciden los horarios de las dos clases.* The times of the two classes clash. **2** (versiones, descripciones) to match

cojear *v* **1** (persona) to limp **2** (mueble) to wobble

cojín *s* cushion

cojo, -a *adj* lame

col *s* cabbage

cola *s* **1** (de gente que espera) line (AmE), queue (BrE): *Hay mucha cola.* There's a long line. | **hacer cola** to wait in line (AmE), to queue (BrE): *Hay que hacer cola para entrar.* You have to wait in line to get in. | **saltarse la cola** to cut in line (AmE), to jump the queue (BrE) **2** (de un animal) tail **3** (de una persona) bottom, butt (AmE) **4** (de un avión) tail **5** (de un vestido) train **6** (pegamento) glue
cola de caballo (peinado) ponytail

colaboración *s* collaboration | **en colaboración (con alguien)** in collaboration (with sb)

colaborador, -a *s* **1** (ayudante) collaborator **2** (de un periódico o revista) contributor

colaborar *v* **1** (contribuir) **colaborar con algo** to contribute sth: *Colaboró con $50.* He contributed $50. **2** (ayudar) to collaborate, to help

colador *s* **1** (para pasta, verduras) colander **2** (para té) (tea) strainer

colar *v* **1** (pasta, verduras) to drain **2** (té) to strain **3** (café) to filter
colarse *v* **1** (en una cola) to cut in line (AmE), to jump the queue (BrE): *Ése se está queriendo colar.* He's trying to cut in line. **2** (en el autobús, el tren) to sneak on without paying **3** (en un partido, un recital) to get in without paying **4** (en una fiesta) to gatecrash

colcha *s* bedspread

colchón *s* mattress (plural -sses)

colchoneta *s* **1** (inflable) air bed **2** (para gimnasia) mat

colección *s* collection

coleccionar *v* to collect

coleccionista *s* collector

colecta *v* collection | **hacer una colecta** to make a collection

colectivo, -a *adjetivo & sustantivo*
- *adj* collective: *un esfuerzo colectivo* a collective effort
- **colectivo** *s* Si quieres explicar qué es, di *it's a type of taxi that people who don't know each other share*

colega *s* colleague

colegial, -a *s* **colegial** schoolboy | **colegiala** schoolgirl

colegio *s* school: *¿A qué colegio vas?* What school do you go to? | *Ayer no fui al colegio.* I didn't go to school yesterday. | *Te veo mañana en el colegio.* I'll see you tomorrow at school.
colegio de curas/monjas Catholic school **colegio estatal/público, colegio del**

ℹ ¿Se dice *I arrived in Miami* o *I arrived to Miami*? Mira la entrada **arrive**.

estado public school (AmE), state school (BrE) **colegio privado** private school

cólera *s* (enfermedad) cholera: *una epidemia de cólera* a cholera epidemic

colesterol *s* cholesterol

colgado, -a *adj* **1** hanging: *un murciélago colgado de una rama* a bat **hanging from** a branch | *un calendario colgado en la pared* a calendar **hanging on the wall** **2 dejar a alguien colgado -a** to stand sb up

colgante *s* pendant

colgar *v* **1 colgar algo (a)** (un abrigo, un vestido, etc.) to hang sth up: *Cuelga la chaqueta ahí.* Hang your jacket up there. **(b)** (un cuadro, un espejo, etc.) to hang sth: *Colgó un cartel en la puerta.* He hung a sign on the door. **2** (por teléfono) to hang up | **colgarle a alguien** to hang up on sb: *¡Me colgó!* He hung up on me! **3** (ahorcar) to hang

colgarse *v* **colgarse de algo** to hang from sth: *Se colgó de una rama.* He hung from a branch.

colibrí *s* hummingbird

cólico *s* colic ▶ **colic** es incontable. No puede ir precedido de **a** y no tiene plural: *Está con cólicos.* He has colic.

cólico renal renal colic

colilla *s* cigarette butt, cigarette end (BrE)

colina *s* hill

colirio *s* eye drops *pl*

collar *s* **1** (alhaja) necklace: *un collar de perlas* a pearl necklace **2** (de un perro, un gato) collar

colmena *s* beehive

colmillo *s* **1** (de una persona, un perro, etc.) canine **2** (de un elefante) tusk **3** (de un vampiro) fang

colmo *s* **1 ser el colmo** to be the limit: *¡Esto es el colmo!* This is the limit! **2 para colmo** to top it all: *Y para colmo, empezó a llover.* And to top it all, it started to rain.

colocar *v* **1** (poner) to place, to put **2** (emplear) **colocar a alguien** to find sb a job

colocarse *v* **colocarse de/como algo** to find a job as sth

Colombia *s* Colombia

colombiano, -a *adjetivo & sustantivo*

- *adj* Colombian
- *s* Colombian | **los colombianos** (the) Colombians

colonia *s* **1** (territorio) colony (plural -nies) | **(la época de) la colonia** the colonial era **2** (de extranjeros) community (plural -ties) **3 colonia (de vacaciones), colonia (de verano)** summer camp **4** (perfume) cologne **5** (complejo habitacional) housing development

colonial *adj* colonial

colonización *s* colonization

colonizador, -a *s* colonizer

color *s* color (AmE), colour (BrE): *¿De qué color es tu bicicleta?* What color is your bike? | **una foto/una impresora etc. a/en color** a color photo/printer etc. (AmE), a colour photo/printer etc. (BrE) | **lápices/tizas etc. de colores** colored pencils/chalks etc. (AmE), coloured pencils/chalks etc. (BrE) ▶ ver "Active Box" **colores**

colorado, -a *adj* **1 ponerse colorado -a** to blush **2** ▶ ver **rojo**

colorante *s* coloring (AmE), colouring (BrE)

colorear *v* **colorear algo** to color sth in (AmE), to colour sth in (BrE)

colorete *s* blusher, blush (AmE)

columna *s* **1** (pilar) column **2 columna (vertebral)** spine **3** (en un texto) column **4** (en periodismo) column

columpio *s* swing: *Se cayó del columpio.* She fell off the swing.

coma *sustantivo femenino & sustantivo masculino*

- *s* [fem] (signo de puntuación) comma
- *s* [masc] (en medicina) coma | **estar en coma** to be in a coma

comadreja *s* weasel

comandante *s* **1** (piloto) captain **2** (grado militar) major

comandante en jefe commander in chief

comando *s* **1** (en computación) command **2** (grupo armado) squad: *un comando terrorista* a terrorist squad

combate *s* combat

combatir *v* to combat

combi *s* minibus (plural -ses)

combinación *s* **1** (mezcla) combination: *una rara combinación de colores* an unusual combination of colors **2** (de una caja fuerte) combination **3** (prenda de mujer) slip

combinar *s* **1** (armonizar) to go well, to go: *El negro combina con todo.* Black goes well with everything./Black goes with everything. **2** (mezclar) to combine

combustible *s* fuel

comedia *s* comedy (plural -dies)

comedor *s* **1** (en una casa) dining room **2** (en una escuela) cafeteria, lunchroom (AmE) **3** (o **juego de comedor**) dining room suite

comelón, -ona *adj* **ser muy comelón -ona** to be a big eater

comentar *v* **1** (decir) **comentar que** to mention that, to comment that | **comentarle algo a alguien** to mention sth to sb: *¿Le comentaste que nos vamos de vacaciones?* Did you mention to her that we're going on vacation? **2** (hablar de) to talk about: *Estuvimos comentando la película.* We talked about the film.

comentario *s* **1** (opinión) comment, remark | **hacer un comentario** to make a comment, to make a remark: *Siempre hace comentarios estúpidos.* He always makes stupid

Active Box: colores

Los ejemplos de este **Active Box** son una guía para ayudarte a construir oraciones que hablan de los colores.

una camisa blanca	a white shirt
Mi color preferido es el azul.	Blue is my favorite color.
Me gusta el rojo.	I like red.
Prefiero ***el verde.***	I prefer **the** green **one.**
la mujer ***de*** *abrigo gris*	the woman **in** the gray coat
Estaba vestida ***de*** *negro.*	She was dressed **in** black.
Pintó la habitación de rosa.	She painted the room pink.

comments./He always makes stupid remarks. | **sin comentarios** no comment **2** (en deportes) commentary (plural -ries)

comentarista *s* commentator **comentarista deportivo** sports commentator

comenzar *v* **1** to begin, to start **2 comenzar a hacer algo** to begin to do sth, to start to do sth: *Comezó a llover.* It started to rain./It started raining.

comer *v* **1** to eat: *No comiste el pollo.* You didn't eat your chicken. | *Come mucho.* He eats a lot. | **darle de comer a alguien** to feed sb: *¿Le diste de comer al perro?* Have you fed the dog? | **comer bien/mal** (referido a los hábitos alimenticios) to eat well/not to eat well: *Tú no comes bien.* You don't eat well. | **comer como una lima/fiera/vaca** to eat like a horse
2 (refiriéndose a la comida de la noche) to have dinner: *Anoche comimos temprano.* We had dinner early last night. | **¿qué hay de comer?** what's for dinner? | **comer pescado/pasta etc.** to have fish/pasta etc. for dinner: *Esta noche vamos a comer ravioles.* We're having ravioli for dinner tonight.
3 (refiriéndose a la comida del mediodía) to have lunch: *Ayer comí con Elena.* I had lunch with Elena yesterday. | **¿qué hay de comer?** what's for lunch? | **comer ensalada/arroz etc.** to have salad/rice etc. for lunch: *Al mediodía come sólo fruta.* She only has fruit for lunch.
4 (en ajedrez, damas, etc.) to take: *Le comí la torre.* I took her rook.

comerse *v* **1** (referido a alimentos) to eat: *Se comió toda la pizza.* She ate all the pizza. | **cómetelo todo/me lo comí todo etc.** eat it all up/I ate it all up etc.
2 (al escribir) **se comió la hache/el acento** he missed out the "h"/he missed out the accent
3 (al hablar) **se come las eses** he doesn't pronounce his S's ▶ ver **uña**

comercial *adjetivo & sustantivo*
• *adj* commercial
• *s* (en televisión) commercial, advert (BrE)

comerciante *s* storekeeper (AmE), shopkeeper (BrE)

comercio *s* **1** (tienda) store (AmE), shop (BrE): *una calle con muchos comercios* a street with a lot of stores on it **2** (actividad) trade: *Aumentó el comercio con Brasil.* Trade with Brazil has increased.
comercio exterior/interior foreign/domestic trade **comercio internacional** (carrera universitaria) international business studies

comestible *adjetivo & sustantivo plural*
• *adj* edible
• **comestibles** *s pl* groceries

cometa *s* **1** (en astronomía) comet **2** (juguete) kite | **volar una cometa** to fly a kite

cometer *v* **1 cometer un error/una falta** to make a mistake: *Comete muchas faltas de ortografía.* He makes lots of spelling mistakes. **2 cometer un delito** to commit a crime **3 cometer un pecado** to commit a sin

comic o **cómic** *s* comic

cómico, -a *adjetivo & sustantivo*
• *adj* **1** (divertido) funny: *el programa más cómico de la televisión* the funniest program on television **2 un actor/personaje cómico** a comedy actor/character
• *s* **cómico** comedian, comic | **cómica** comedienne, comic

comida *s* **1** (alimento) food: *Había mucha comida.* There was a lot of food. | *Me encanta la comida china.* I love Chinese food. **2** (desayuno, almuerzo, etc.) meal: *¿Las comidas están incluidas?* Are meals included? | **hacer la comida (a)** (de la noche) to make dinner **(b)** (del mediodía) to make lunch **(c)** (sin especificar) to do the cooking: *Hoy te toca a ti hacer la comida.* It's your turn to do the cooking today.
comida chatarra junk food **comida (lista) para llevar** takeout food (AmE), takeaway food (BrE)

comienzo *s* beginning | **al comienzo** at the beginning | **a comienzos del siglo/del año etc.** at the beginning of the century/the year etc.

comillas *s pl* quotation marks, inverted commas (BrE) | **entre comillas** in quotation marks, in inverted commas (BrE)

comilón, -ona *adj* **ser muy comilón -ona** to be a big eater

comino *s* **me importa un comino** I couldn't care less

comisaría *s* **1** (división administrativa) province **2** (de policía) police station

comisario *s* (en la policía) captain (AmE), superintendent (BrE)

¿Quieres información sobre las diferencias entre los **artículos** en inglés y en español? Lee la explicación en el apartado de gramática.

comisión *s* **1** (porcentaje de dinero) commission: *Cobran una comisión del 10%.* They charge 10% commission. **2** (junta) committee

comité *s* committee

como *adv, prep & conj* ▶ ver recuadro

cómo *adv* **1** (en preguntas directas e indirectas) how: *¿Cómo te sientes?* How do you feel? | *No entiendo cómo funciona.* I don't understand how it works. | *¿Cómo está su madre?* How's your mother? | **¿cómo es tu hermana/la profesora etc.?** what's your sister like?/what's the teacher like? etc.: *–¿Cómo es el profesor nuevo? –Insoportable.* –What's the new teacher like? –Unbearable. ▶ Para preguntar cómo es físicamente se dice **what does the new teacher look like?**
2 (para pedirle a alguien que repita lo que dijo) **¿cómo?** sorry?: *¿Cómo? No te oí.* Sorry? I didn't hear what you said. | *¿Cómo dijiste?* What did you say?
3 (para expresar disgusto o sorpresa) **¿cómo?** what?: *–Perdí los $20. –¿Cómo?* –I lost the $20. –What? | **¿cómo que te olvidaste/que no hiciste la tarea etc.?** what do you mean, you forgot?/what do you mean, you didn't do your homework? etc.: *¿Cómo que no te ayudé?* What do you mean, I didn't help you?
4 (en exclamaciones): *¡Cómo me gusta!* I really like it! | *¡Cómo nos divertimos!* We had great fun! | *¡Cómo llueve!* It's absolutely pouring down!
5 ¡cómo no! of course!: *–¿Me ayudarías con esto? –¡Cómo no!* –Could you help me with this? –Of course!

cómoda *s* (mueble) chest of drawers, dresser (AmE)

comodidad *s* **1** (conveniencia) convenience: *la comodidad de vivir al lado del colegio* the convenience of living next door to the school **2** (confort) comfort: *la comodidad de un hotel de cinco estrellas* the comfort of a five star hotel

comodín *s* joker

cómodo, -a *adj* **1** (confortable) comfortable: *un sofá muy cómodo* a very comfortable couch | **ponerse cómodo -a** to make yourself comfortable **2** (práctico) convenient: *Me resulta más cómodo tomar el tren.* It's more convenient for me to go by train. **3** (perezoso) lazy: *No seas tan cómoda.* Don't be so lazy.

compact o **compact disc** *s* **1** (disco) CD, compact disc **2** (reproductor) CD player

compacto, -a *adjetivo & sustantivo*
- ***adj*** compact
- **compacto** *s* ▶ ver **compact**

compadecer *v* **compadecer a alguien** to sympathize with sb: *Te compadezco, el dolor de muelas es terrible.* I sympathize with you, toothache is horrible.

compadecerse *v* **compadecerse de alguien** to feel sorry for sb: *Deja de compadecerte de ti mismo.* Stop feeling sorry for yourself.

compañerismo *s* comradeship, camaraderie

compañero, -a *s* **1** (de clase) classmate: *Invitó a varios de sus compañeros.* He invited several of his classmates. | *Fuimos compañeros de colegio.* We were at school together. | **mi compañero -a de banco, mi compañero -a de pupitre** the boy/girl who sits next to me **2** (de trabajo) colleague **3** (pareja) partner

compañía *s* **1** (empresa) company (plural -nies) **2 hacerle compañía a alguien** to keep sb company: *¿Por qué no te quedas y me haces com-*

como

1 IGUAL A, DEL MISMO MODO QUE (= like)
Quiero unos patines como los de Pati. I want some skates like Pati's. | *Come como un cerdo.* He eats like a pig.
Cuando va seguido de verbo, usa **the way:**
Hazlo como te dijo la maestra. Do it the way the teacher told you. | *Deja todo como estaba.* Leave everything the way it was.
En expresiones:
como siempre/como de costumbre as usual: *Llegó tarde, como siempre.* He was late, as usual. | **como si** as if: *Me miró como si no me conociera.* He looked at me as if he didn't know me.

2 SEGÚN (= as, like)
Como te expliqué, no tengo dinero. As I explained to you, I haven't got any money./Like I explained to you, I haven't got any money.

3 PARA INTRODUCIR EJEMPLOS (= such as, like)
anfibios como la rana y el sapo amphibians such as frogs and toads/amphibians like frogs and toads

4 EN EL PAPEL DE (= as)
con Harrison Ford como Indiana Jones with Harrison Ford as Indiana Jones

5 APROXIMADAMENTE (= about)
Cuesta como cien pesos. It costs about a hundred pesos.

6 PUESTO QUE (= as, since)
Como no entendía, le pregunté a la profesora. As I didn't understand, I asked the teacher./Since I didn't understand, I asked the teacher.

7 SI (= if)
Como lo pierdas, te mato. If you lose it, I'll kill you.

8 QUE
Vas a ver como le gusta. She'll like it, you'll see. | *Todos vieron como me pegó.* Everyone saw him hit me.

pañía? Why don't you stay and keep me company?
compañía aérea airline

comparación *s* comparison | **en comparación con algo/alguien** compared to sth/sb: *Es brillante en comparación con el resto de la clase.* She is brilliant compared to the rest of the class. | **hacer una comparación** to draw a comparison

comparar *v* to compare | **comparar algo/a alguien con algo/alguien** to compare sth/sb to sth/sb: *No puedes comparar su estilo con el de Oasis.* You can't compare their style to Oasis's.

compartir *v* **compartir (algo con alguien)** to share (sth with sb)

compás *s* **1** (instrumento) compass (plural -sses) **2** (ritmo) rhythm, beat | **al compás de la música** in time to the music, to the beat of the music **3** (serie de notas) bar: *el primer compás* the opening bar

compasión *s* pity | **sentir compasión por alguien** to feel pity for sb | **tener compasión de alguien** to have pity on sb

compatible *adj* compatible

compatriota *s* (varón) fellow countryman (plural -men), (mujer) fellow countrywoman (plural -men)

compensar *v* **1** (contrarrestar) to make up for: *Su entusiasmo compensa su falta de experiencia.* His enthusiasm makes up for his lack of experience. **2** (valer la pena) to be worth it: *No compensa hacerlo por ese dinero.* It's not worth doing it for that amount of money. **3** (retribuir) **compensar a alguien por algo** to repay sb for sth: *Lo hago para compensarte por todo lo que me ayudaste.* I'm doing it to repay you for all your help. **4** (indemnizar) to compensate

competencia *s* **1** (en deportes) competition: *una competencia deportiva* a sports competition **2** (rivalidad) competition | **hacerle la competencia a alguien** to compete with sb **3 la competencia** (los rivales) the competition **4** (aptitud) competence

competidor, -a *s* competitor

competir *v* to compete | **competir con algo/alguien** to compete with sth/sb: *No pueden competir con los clubes grandes.* They can't compete with the big clubs. | **competir por algo** to compete for sth: *Competía por el título mundial.* He was competing for the world title.

competitivo, -a *adj* competitive

complejo, -a *adjetivo & sustantivo*

• ***adj*** complex: *un tema complejo* a complex issue

• **complejo** *s* **1** (en psicología) complex (plural -xes): *Tiene muchos complejos.* He has a lot of complexes./He has a lot of hang-ups. **2** (instalaciones) complex (plural -xes)
complejo de inferioridad inferiority complex
complejo deportivo sports complex
complejo turístico tourist complex

complemento *s* **1** (alimenticio, vitamínico) supplement **2** (accesorio) accessory (plural -ries) **3** (en fútbol) second half **4** (de un verbo) object

completar *v* **1** (terminar) to finish, to complete **2 completar un formulario** to fill in a form, to fill out a form

completo, -a *adj* **1** (sin faltar nada) complete: *las obras completas de Carrasquilla* the complete works of Carrasquilla **2** (lleno) full: *El hotel está completo.* The hotel is full. ▶ ver **pensión 3 por completo** completely: *Me olvidé por completo.* I completely forgot.

complicado, -a *adj* complicated

complicar *v* **1** to complicate: *No compliques más las cosas.* Don't complicate things even more. **2 complicar a alguien en algo** to involve sb in sth
complicarse *v* to get complicated: *Las cosas se complicaron cada vez más.* Things got more and more complicated.

cómplice *s* accomplice

complot *s* conspiracy (plural -cies)

componer *v* **1** (una sinfonía) to compose **2** (una canción) to write **3** (reparar) to fix
componerse *v* **1 componerse de** to be made up of: *El equipo se compone de once jugadores.* The team is made up of eleven players. **2** (mejorar) (tiempo) to improve, (persona) to get better: *Cuando me componga, te haré una visita.* I'll visit you when I get better.

comportamiento *s* behavior (AmE), behaviour (BrE)

comportarse *s* to behave: *Se comportó como un idiota.* He behaved like an idiot.

composición *s* **1** (redacción) essay, composition **2** (pieza musical) composition

compositor, -a *s* composer

compota *s* compote: *compota de ciruelas* plum compote

compra *s* **1 ir/salir de compras** to go shopping: *Fueron de compras al centro.* They've gone shopping in town. | *Salió de compras con su mamá.* She went shopping with her mom. | **hacer las compras** to do the shopping: *Ya hice las compras para la fiesta.* I've already done the shopping for the party. **2 ser una buena compra** to be a good buy **3** (acción de comprar) purchase: *la compra de la casa* the purchase of the house/buying the house ▶ **purchase** es una palabra formal

comprar *v* to buy: *Compré dos libros por $10.* I bought two books for $10. | **comprarle algo a alguien (a)** (comprar algo para alguien) to buy sth for sb, to buy sb sth: *¿Le compraste algo a Alicia?* Have you bought anything for Alicia?/Have you bought Alicia anything? **(b)** (comprar algo de alguien) to buy sth from sb: *Le compré los patines a mi primo.* I bought the skates from my cousin.
comprarse *v* to buy: *Me tuve que comprar una impresora nueva.* I had to buy a new printer.

▶ Se usa **to buy yourself** cuando se trata de comprarse algo para darse un gusto: *Me compré unos bombones.* I bought myself some chocolates.

comprender *v* **1** (entender) to understand **2** (abarcar) to include

comprensión *s* understanding **comprensión de textos** reading comprehension **comprensión oral** listening comprehension

comprensivo, -a *adj* understanding

comprimido *s* tablet

comprimir *v* (en computación) to zip ▶ También existe **to compress,** que se usa en contextos más formales o técnicos

comprobar *v* **1** (verificar) to check: *Vamos a comprobar si lo que dijo es cierto.* Let's check if what he said is true. **2 está comprobado que** it has been proved that: *Está comprobado que la mujer vive más que el hombre.* It has been been proved that women live longer than men.

comprometerse *v* **1 comprometerse a hacer algo** to promise to do sth: *Me comprometí a ayudarla.* I promised to help her. **2** (para casarse) **comprometerse (con alguien)** to get engaged (to sb)

comprometido, -a *adj* (para casarse) **estar comprometido -a (con alguien)** to be engaged (to sb)

compromiso *s* **1** (obligación) **por compromiso** out of a sense of duty: *Acepté por compromiso.* I agreed out of a sense of duty. | **sin compromiso** with no obligation: *Pruébeselo sin compromiso.* Try it with no obligation. **2** (para casarse) engagement

compuesto, -a *adjetivo & sustantivo*

• *adj* **1 estar compuesto -a de/por** to be made up of: *Nuestro equipo está compuesto por cuatro personas.* Our team is made up of four people. **2** (oración, palabra) compound

• **compuesto** *s* (en química) compound

computación *s* La asignatura se llama **IT**, que se pronuncia letra por letra. Para referirse a todo lo relacionado con las computadoras se dice **computers** o, en inglés británico, también **computing**: *Tenemos computación en la tercera hora.* We have IT third period. | *Sabe mucho de computación.* He knows a lot about computers./He knows a lot about computing.

computador o **computadora** *s* computer

comulgar *v* to take communion

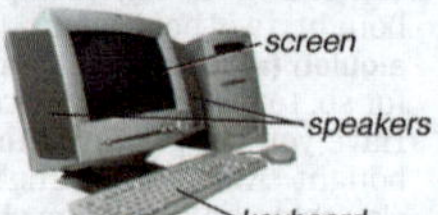

computer

común *adj* **1** (normal, no especial) ordinary: *la gente común* ordinary people | *vino común* ordinary wine | **común y corriente** perfectly ordinary: *una persona común y corriente* a perfectly ordinary person **2** (frecuente) common: *un error común* a common mistake **3** (compartido) common: *Tienen características comunes.* They have some common characteristics. | **tener mucho/muy poco en común** to have a lot/very little in common: *No tienen nada en común.* They have nothing in common. ▶ ver **sentido**

comunicación *s* **1** (entre personas) communication **2** (telefónica) **se cortó la comunicación** the line went dead

comunicar *v* **1 comunicarle algo a alguien** to inform sb of sth: *Nos comunicó su decisión.* He informed us of his decision. | **comunicarle a alguien que** to inform sb that: *Tengo el placer de comunicarle que...* I am pleased to inform you that... **2** (por teléfono) **comunicar a alguien** to put sb through: *¿Me comunica con Ventas?* Could you put me through to Sales?

comunicarse *v* **1** (relacionarse, transmitirse información) to communicate: *Nos comunicamos por e-mail.* We communicate by e-mail. **2** (ponerse en contacto) to get in touch: *No pude comunicarme con ella.* I couldn't get in touch with her./I couldn't contact her. **3** (referido a habitaciones) to be connected: *El comedor se comunica con la cocina.* The dining room is connected to the kitchen.

comunidad *s* community (plural -ties)

comunión *s* communion | **hacer la (primera) comunión** to take (your first) communion

comunismo *s* communism

comunista *adj & s* communist

con *prep* ▶ ver recuadro

concebir *v* **1** (una idea, un plan) to conceive **2** (entender) to understand **3** (quedar embarazada) to conceive

conceder *v* **1** (un préstamo, una entrevista) to give **2** (un deseo) to grant **3** (una beca, un premio) to give ▶ También existe **to award** pero es más formal

concejal, -a *s* councilor (AmE), councillor (BrE)

concejo *s* council **concejo municipal** city council, town council

concentración *s* **1** (de la atención) concentration: *Este ejercicio requiere mucha concentración.* This exercise requires a lot of concentration. **2** (manifestación) rally (plural -llies) **3** (de una sustancia) concentration **4** (acumulación) concentration **5** (en deportes) pre-game preparation, pre-match preparation (BrE) ▶ ver **campo**

concentrado, -a *adj* **1** (atento) **estar concentrado -a (en algo)** to be concentrating (on sth): *Estaba tan concentrada que no te oí.* I was concentrating so hard that I didn't hear you. **2** (sustancia) concentrated: *jugo de naranja concentrado* concentrated orange juice **3** (acumu-

con

1 La traducción **with** es válida en la mayoría de los contextos:

Ven con nosotros. Come with us. | *¿Con qué lo abriste?* What did you open it with? | *un niño con pecas* a boy with freckles | *Estaba satisfecha con el trabajo.* She was happy with the work they'd done.

2 Excepciones:

MODO O MANERA CON CIERTOS SUSTANTIVOS

con cuidado carefully | *con ironía* ironically | *con amor* lovingly | *con dificultad* with difficulty

HACIA (= to/towards)

ser amable/cruel/malo con alguien to be kind/cruel/mean to sb | *Es muy fría con él.* She's very cold towards him.

NOMBRES DE ALGUNOS ALIMENTOS (= and)

pan con mantequilla bread and butter | *galletas con queso* cheese and crackers

CONTENIDO

un frasco con bichos a jar with insects in it

lado) concentrated: *La industria está concentrada en las ciudades.* Industry is concentrated in the cities.

concentrar *v* **concentrar la atención en algo** to focus your attention on sth | **concentrar los esfuerzos en algo** to concentrate your efforts on sth

concentrarse *v* **1** (fijar la atención) **concentrarse (en algo)** to concentrate (on sth): *Le cuesta concentrarse.* He finds it hard to concentrate. | *Concéntrate en lo que te estoy diciendo.* Concentrate on what I'm saying to you. **2** (reunirse) to gather together: *Los manifestantes se concentraron en la plaza.* The demonstrators gathered together in the square.

concepto *s* **1** (idea) concept **2** (opinión) opinion | **tener buen/mal concepto de alguien** to have a high/low opinion of sb **3 bajo ningún concepto** under any circumstances: *No deben entrar ahí bajo ningún concepto.* You must not go in there under any circumstances.

concha *s* shell, seashell

conciencia *s* **1** (moral) conscience: *Tengo la conciencia tranquila.* I have a clear conscience. | **me/le etc. remuerde la conciencia** I feel/he feels etc. guilty **2** (percepción) awareness: *Ahora hay más conciencia del problema.* There is more awareness of the problem now. | **tener conciencia de algo** to be aware of sth: *No tienen conciencia del peligro.* They are not aware of the danger. | **tomar conciencia de algo** to become aware of sth

concierto *s* **1** (evento) concert **2** (obra) concerto

conclusión *s* **1** conclusion **2 llegar a la conclusión de que** to come to the conclusion that, to reach the conclusion that: *He llegado a la conclusión de que está loco.* I've come to the conclusion that he's crazy. | **sacar una conclusión (de algo)** to draw a conclusion (from sth) | **sacar la conclusión de que** to come to the conclusion that

concretar *v* **1** (una fecha) to set, to fix **2** (detalles) to settle

concreto, -a *adjetivo & sustantivo*

● ***adj*** **1** (dato, pregunta) specific **2** (fecha, hora) definite

● **concreto** *s* (material) concrete

concurrido, -a *adj* (bar, restaurante) busy, popular | **estar muy concurrido -a** to be very busy, to be very crowded

concursante *s* contestant

concursar *v* **1** (participar) to take part: *No van a concursar.* They're not going to take part. **2** (competir) **concursar por algo** to compete for sth

concurso *s* competition: *un concurso literario* a literary competition

concurso de belleza beauty contest

condado *s* county (plural -ties)

conde, -esa *s* **1** (en Gran Bretaña) **conde** earl | **condesa** countess **2** (en otros países) **conde** count | **condesa** countess

condecoración *s* medal

condecorar *s* to decorate, to award a medal to

► Estas traducciones se suelen usar en la voz pasiva: *Lo condecoraron por su valor.* He was decorated for bravery./He was awarded a medal for bravery.

condena *s* (judicial) sentence: *Ya cumplió su condena.* He has served his sentence.

condenado, -a *adj* (maldito) damned

condenado a muerte *s* condemned man **condenada a muerte** *s* condemned woman

condenar *s* **condenar a alguien a algo** to sentence sb to sth: *Lo condenaron a dos años de cárcel.* He was sentenced to two years in prison. | *Fueron condenados a muerte.* They were condemned to death./They were sentenced to death. | **condenar a alguien por algo** to convict sb of sth: *Lo condenaron por robo.* He was convicted of robbery.

condición *sustantivo & sustantivo plural*

● ***s*** condition | **con una condición** on one condition: *Puedes ir con una condición: que estés en casa antes de las doce.* You can go on one condition: you have to be home by twelve. | **a condición de que/con la condición de que** on condition that: *Te lo presto con la condición de que lo cuides.* I'll lend it to you on condition that you look after it.

● **condiciones** ***s pl*** **1** (situación) conditions: *Viven en condiciones espantosas.* They live in

appalling conditions. **2 en buenas/malas etc. condiciones** in good/bad etc. condition: *La casa está en buenas condiciones.* The house is in good condition. **3 estar en condiciones de hacer algo** (tener estado físico) to be fit to do sth: *No está en condiciones de manejar.* She's not fit to drive./She's not in a fit state to drive. **4** (aptitudes) talent: *Tiene condiciones para la pintura.* She has a talent for painting. | *No tiene condiciones para ser profesor.* He's not cut out to be a teacher.
condiciones de trabajo working conditions
condiciones de vida living conditions

condicional *adj & s* conditional

condimentar *v* **1** (con sal, pimienta, etc.) to season **2** (una ensalada) to dress, to put dressing on ▶ **dressing** es un condimento ya preparado

condimento *sustantivo & sustantivo plural*
- *s* seasoning: *condimento para aves* seasoning for poultry
- **condimentos** *s pl* En inglés se mencionan específicamente condimentos concretos. Por ejemplo, si son especias, **spices,** si son hierbas **herbs,** si es sal, pimienta, etc. **salt, pepper,** etc.

condón *s* condom

conducta *s* behavior (AmE), behaviour (BrE)

conductor, -a *s* (de un vehículo) driver

conectar *v* **1 conectar algo a algo** to connect sth to sth: *Se puede conectar la cámara a la computadora.* The camera can be connected to the computer. **2** (el teléfono, el gas) to connect: *Nos conectaron el teléfono.* They connected our phone.
conectarse *v* **1** (a Internet) to connect: *No me pude conectar.* I couldn't connect. **2 conectarse con alguien** to get in touch with sb, to contact sb

conejillo de Indias *s* guinea pig: *Los usaron de conejillo de Indias.* They were used as guinea pigs.

conejo, -a *s* rabbit

conexión *s* connection: *la conexión a Internet* connection to the Internet

conferencia *s* **1** (charla, exposición) lecture: *una conferencia sobre Rulfo* a **lecture on** Rulfo **2** (congreso) conference
conferencia de prensa press conference

confesar *v* **1** to confess: *Confesó que había sido él.* He confessed that it had been him. | **confesar la verdad** to tell the truth | **confesar un delito** to confess to a crime | **confesar haber hecho algo** to confess to having done sth: *Confesó haber robado la cámara.* He confessed to having stolen the camera. **2 confesar a alguien** (sacerdote) to hear sb's confession
confesarse *v* to go to confession

confesión *s* confession

confesionario *s* confessional

confeti *s* confetti

confiable *adj* **1** (información) reliable **2** (persona) reliable, trustworthy ▶ **reliable** implica una persona responsable, formal, y **trustworthy** que merece confianza por su honestidad

confianza *s* **1** (fe) confidence, trust: *gente que no inspira confianza* people who don't inspire confidence | **tenerle confianza a alguien** to trust sb: *No le tengo confianza.* I don't trust him. | **tener confianza en sí mismo -a** to have self-confidence: *Tiene mucha confianza en sí misma.* She has a lot of self-confidence. **2 de confianza** trustworthy, reliable: *Es un empleado de confianza.* He's a trustworthy employee. ▶ ver nota en **confiable** **3 tener confianza con alguien** to know sb well: *No tengo mucha confianza con Lucía.* I don't know Lucía very well.

confianzudo, -a *adj* forward, familiar

confiar *v* **1 confiar en alguien** to trust sb: *Confía en mí.* Trust me. **2** (esperar) **confiar en que** to hope that: *Confío en que haga buen tiempo.* I hope the weather will be fine.
confiarse *v* to be too confident: *Se confió y le fue mal.* He was too confident and things went badly for him | **confiarse en algo** to rely on sth: *No te confíes en que te van a ayudar.* Don't rely on them helping you.

confidencial *adj* confidential

confirmar *v* to confirm: *Te llamo mañana para confirmar.* I'll call you tomorrow to confirm. | *¿Has confirmado el vuelo?* Have you confirmed the flight?

confiscar *v* to confiscate, to seize

confite *s* piece of candy (plural candy) (AmE), sweet (BrE)

conflicto *s* conflict

conformarse *v* **conformarse con algo (a)** (resignarse) to make do with sth, to settle for sth: *Se tuvo que conformar con la mitad.* He had to make do with half./He had to settle for half. **(b)** (contentarse) to be happy with sth: *Me conformo con aprobar.* I'd be happy with a pass. | *¡No te conformas con nada!* You're never satisfied!

conforme *adj* **estar conforme (con algo)** to be happy (with sth): *No está conforme con el sueldo.* He's not happy with the salary.

confundir *v* **1** (desorientar) to confuse: *Me estás confundiendo.* You're confusing me. **2** (ser confuso) to be confusing: *Esos carteles confunden.* Those signs are confusing. **3 confundir a alguien con alguien** to mistake sb for sb: *Me confundió con mi hermana.* He mistook me for my sister.
confundirse *v* (equivocarse) to go wrong: *No te puedes confundir.* You can't go wrong. | **me confundí de puerta/de casa etc.** I got the wrong door/house etc.: *Se confundió de palabra.* He used the wrong word.

confusión *s* **1** (equivocación) mix-up **2** (desconcierto) confusion

confuso, -a *adj* **1** (idea, explicación) confused **2** (recuerdo) hazy

congelado, -a *adj* **1** frozen **2 estar congelado -a (a)** (persona) to be freezing: *Estoy congelada.* I'm freezing. **(b)** (agua, comida) to be frozen: *El agua estaba congelada.* The water was frozen.

congelador *s* **1** (electrodoméstico) freezer **2** (de un refrigerador) freezer compartment

congelar *v* (comida) to freeze

congelarse *v* **1** (agua, río) to freeze **2** (persona) to freeze: *Te vas a congelar sin abrigo.* You'll freeze without a coat. **3** (computador, programa) to crash

congestionado, -a *adj* **1** (calle, zona) congested, busy **2** (persona) **estar congestionado -a** to be suffering from congestion

congreso *s* **1** (reunión) conference **2 el Congreso** (órgano legislativo) Congress

congrio *s* (pez) kingclip

cónico, -a *adj* conical

conjugación *s* conjugation

conjunción *s* (clase de palabra) conjunction

conjuntivitis *s* conjunctivitis

conjunto *s* **1** (de ropa) Si nos referimos a todo lo que se lleva puesto en determinada ocasión, usamos la palabra **outfit**. Cuando se trata de dos piezas, fíjate en el ejemplo: *un conjunto ideal para un casamiento* an ideal outfit for a wedding | *un conjunto de falda y suéter* a matching skirt and sweater **2** (de música clásica) ensemble **3** (de música popular) group, band **4** (de obras) collection: *un conjunto de fotografías* a collection of photographs **5** (en matemática) set

conmemorar *v* to commemorate

conmigo *pron* with me: *¿Vienes conmigo?* Are you coming with me? | *Es muy simpática conmigo.* She's very nice to me. | **conmigo mismo -a** with myself

conmoción *s* shock

conmoción cerebral concussion

conmovedor, -a *adj* moving, touching

conmover *v* **1** (emocionar) to move: *La escena la conmovió.* The scene moved her. **2** (estremecer) to shake: *La noticia conmovió a la población.* People were shaken by the news.

conmoverse *v* to be moved: *Me conmoví con la película.* I was moved by the movie.

conmutador *s* switchboard

cono *s* cone

conocer *v* ► ver recuadro

conocido, -a *adjetivo & sustantivo*

• *adj* **1** (famoso) well-known: *una actriz conocida* a well-known actress **2** (familiar) familiar: *Aquí hay muchas caras conocidas.* There are a lot of familiar faces here.

• *s* acquaintance: *un conocido mío* an acquaintance of mine

conocimiento *sustantivo & sustantivo plural*

• *s* **1** (saber) knowledge **2** (sentido) **perder/recobrar el conocimiento** to lose/to regain consciousness

• **conocimientos** *s pl* knowledge *sing*: *Tiene conocimientos de inglés.* She has some knowledge of English

Cono Sur *s* Southern Cone

conquista *s* (de un territorio) conquest

conquistador, -a *s* **1** (de América) conquistador (plural conquistadors) **2** (de otras regiones) conqueror

conquistar *v* **1** (un territorio) to conquer **2** (cautivar) **conquistar a alguien** to win sb's heart

consciente *adj* **1 ser/estar consciente de algo** to be aware of sth: *No es consciente del peligro.* He is not aware of the danger. **2 estar consciente** to be conscious: *El enfermo estaba consciente.* The patient was conscious.

conscripción *s* **hacer la conscripción** to do your military service

conscripto *s* conscript

---

conocer

1 *conocer* y *conocerse* pueden equivaler a **to know** o **to meet.**

to know significa tener trato con alguien o saber cómo es alguien o algo:

La conozco desde hace mucho. I've known her for a long time. | *A Pancho lo conozco muy bien.* I know Pancho very well.

to meet significa conocer a alguien por primera vez:

La conocí en una fiesta I met her at a party. | *Nos conocimos en un viaje a Chile.* We met on a trip to Chile. | *Se conocieron en el 99.* They met in 1999.

to meet es más frecuente en los siguientes contextos, pero fíjate en el tiempo verbal:

¿Conoces al hermano de Sol? Have you met Sol's brother?/Do you know Sol's brother? | *Todavía no conozco a tu novio.* I haven't met your boyfriend yet. | *¿De dónde se conocen?* Where did you meet?

2 Cuando se trata de si se conoce o no un lugar, se puede usar **to know** o **to have been to:**

No conozco Uruguay. I haven't been to Uruguay. | *¿Conoces Cancún?* Have you been to Cancún?

3 **to know of** se usa en el sentido de *saber de la existencia de:*

¿Conoces algún dentista bueno? Do you know of a good dentist?

¿No estás seguro de si se usa **make** o **do**? Mira las entradas **hacer**, **make** y **do**.

consecuencia *s* consequence | **a/como consecuencia de algo** as a result of sth

consecutivo, -a *adj* in a row, consecutive: *Ganaron cuatro partidos consecutivos.* They won four games in a row./ They won four consecutive games.

conseguir *v* ▶ ver recuadro

consejo *s* (recomendación) piece of advice: *Te voy a dar un consejo.* I'm going to give you a piece of advice. ▶ **advice,** que es incontable, es la traducción de *consejos* o de *consejo* en general: *Me dio muchos consejos útiles.* He gave me lots of useful advice. | *Seguí el consejo de la profesora.* I followed the teacher's advice. | **pedirle consejo a alguien** to ask sb's advice: *Fui a pedirle consejo.* I went to ask her advice.

consentido, -a *adj* spoiled, spoilt (BrE)

conservación *s* conservation

conservador, -a *adj & s* conservative

conservante *s* preservative

conservar *v* **1** (preservar) (alimentos) to preserve, (el calor) to retain **2** (guardar) to keep: *Conservar en el refrigerador.* Keep refrigerated.

conservarse *v* **1** (preservarse) (alimentos) to keep: *Se conserva varios meses.* It keeps for several months. **2 se conserva muy bien** (persona) she looks very well for her age/he looks very well for his age **3** (subsistir) to survive: *Todavía se conserva la fachada.* The façade still survives.

conservatorio *s* conservatoire

considerable *adj* **1** (tamaño) considerable **2** (suma, cifra) substantial, considerable

considerado, -a *adj* considerate

considerar *v* **1** (analizar) to consider: *Consideremos otras opciones.* Let's consider other alternatives. **2** (tener en cuenta) to bear in mind: *Hay que considerar que todavía es muy joven.* You have to bear in mind that he's still very young. **3** (pensar) to believe, to consider: *Considero que se equivocó.* I believe he made a mistake./I consider he made a mistake. **4 considerar a alguien algo** to consider sb to be sth: *Se lo considera el mejor.* He is considered to be the best.

consigo *pron* **1** (con él) with him **2** (con ella) with her **3** (con ellos, con ellas) with them **4** (con usted, con ustedes) with you: *Recuerde llevar el pasaporte consigo.* Remember to take your passport with you. **5 consigo mismo** with himself | **consigo misma** with herself: *Estaba enojada consigo misma.* She was angry with herself.

consistencia *s* consistency (plural -cies)

consistir *v* **consistir en algo (a)** (componerse de) to consist of sth: *El complejo consiste en cinco edificios.* The complex consists of five buildings./The complex comprises five buildings. **(b)** (al definir algo) ver ejemplos: *El juego consiste en acumular puntos.* The object of the game is to accumulate points. | *¿En qué consiste la felicidad?* What is happiness?

conseguir

1 OBTENER (= to get)

Consiguió una beca para estudiar en Canadá. He got a scholarship to study in Canada.

En oraciones negativas, **to get** a menudo se usa con **can't** o **couldn't**:

No consigue trabajo. He can't get a job./He can't get work.

Para expresar dificultad, se puede usar **to manage to get**:

¿Conseguiste entradas? Did you manage to get tickets?

Si se trata de lugares, se usa **to find**:

No conseguimos lugar para sentarnos. We couldn't find a place to sit. | *¿Consiguieron hotel?* Did you find a hotel?

2 LOGRAR (= to achieve)

Consiguió su objetivo. She achieved her objective. | **conseguir hacer algo** to manage to do sth: *Al final consiguió convencerla.* He managed to persuade her in the end. | **conseguir que alguien haga algo** to get sb to do sth: *Conseguí que me lo prestara.* I got him to lend it to me.

consola *s* console

consola de juegos game console

consolar *v* **consolar a alguien** to console sb | **me consuela pensar que/ver que etc.** it is some comfort to think that/to see that etc.

consolarse *v* to console yourself: *Me compré un montón de ropa para consolarme.* I bought lots of clothes to console myself. | *Yo con eso no me consuelo.* I don't take any comfort from that.

consonante *s* consonant

conspiración *s* conspiracy (plural -cies), plot

conspirar *v* **1 conspirar contra algo/alguien** to conspire against sth/sb, to plot against sb **2 conspirar para hacer algo** to conspire/plot to do sth

constante *adj* (continuo) constant

constar *v* **1 me consta/le consta que** I know/he knows that: *Me consta que hiciste todo lo posible.* I know you did everything you could **2 que conste que** I want to make it quite clear that: *Que conste que yo no sabía nada.* I want to make it quite clear that I didn't know anything about it. **3 constar de algo** to consist of sth: *El libro consta de dos partes.* The book consists of two parts.

constelación *s* constellation

constipado, -a *adj* **estar constipado -a (a)** (estar resfriado) to have a cold **(b)** (estar estreñido) to be constipated

constitución, Constitución *s* constitution

constitucional *adj* constitutional

construcción *s* **1 en construcción** under construction: *El edificio está en construcción.* The building is under construction. **2** (edificio) structure: *una construcción sólida* a solid structure

constructor, -a *s* builder

construir *v* **1** (una casa, un puente) to build **2** (una frase, una oración) to construct

consuelo *s* **1 ser un consuelo** to be comforting: *Es un consuelo verla tan contenta.* It's comforting to see her so happy. **2 tener el consuelo de** to have the comfort of: *Al menos tengo el consuelo de saber que está bien.* At least I have the comfort of knowing that he's all right. **3 si te sirve de consuelo** if it's any consolation

cónsul *s* consul

consulado *s* consulate

consulta *s* **1** (pregunta) question | **hacerle una consulta a alguien** to ask sb a question **2** (con un profesional) consultation: *¿Cuánto cobra la consulta?* How much does he charge for a consultation? **3 horario de consulta** (de un médico) office hours (AmE), surgery hours (BrE)

consultar *v* **1** (a una persona) to ask, to consult ▶ **to consult** se usa cuando se trata de profesionales: *¿Te puedo consultar algo?* Can I ask you something? | *Consultó a un especialista.* He consulted a specialist. | **consultar (algo) con alguien** to ask sb (about sth), to consult sb (about sth): *Consúltalo con tus padres.* Ask your parents about it. | *Consulté con un arquitecto.* I consulted an architect. **2 consultar un diccionario** to look in a dictionary, to look sth up in a dictionary

consultorio *s* (de un médico, dentista) office (AmE), surgery (plural -ries) (BrE)

consumidor, -a *s* consumer

consumir *v* **1** (comprar) to buy: *No consumen productos importados.* They don't buy imported products. **2** (referido a combustibles) to use: *Este carro consume mucha gasolina.* This car uses a lot of gas. **3** (comer) to eat: *Deberíamos consumir más pescado.* We should eat more fish.

consumismo *s* consumerism

consumista *adj* consumerist, materialistic

consumo *s* **1** (de productos, de combustible) consumption: *Aumentó el consumo de alcohol.* Consumption of alcohol has increased. **2** (en economía) spending: *medidas para estimular el consumo* measures to stimulate spending

contabilidad *s* (disciplina, materia) accountancy

contactar *v* to contact, to get in touch with

contactarse *v* **contactarse con alguien** to contact sb, to get in touch with sb: *No pudieron contactarse con ella.* They couldn't contact her./They couldn't get in touch with her.

contacto *s* **1** (relación, comunicación) **ponerse en contacto con alguien** to get in touch with sb, to contact sb: *Ponte en contacto con él.* Get in touch with him. | *Me puse en contacto con un abogado.* I contacted a lawyer. | **poner a alguien en contacto con alguien** to put sb in touch with sb: *Me puso en contacto con una muchacha holandesa.* He put me in touch with a Dutch girl. | **tener contacto con alguien/estar en contacto con alguien** to be in touch with sb, to have contact with sb **2** (roce) contact **3** (de una pila, una batería, etc.) contact

contado *s* **1 pagar al contado** to pay cash: *Pagamos al contado.* We paid cash. | **comprar algo al contado** to pay cash for sth **2 precio de contado** cash price

contador, -a *s* accountant

contados, -as *adj* **1** very few: *en contadas ocasiones* on very few occasions **2 con los minutos contados** with minutes to spare

contagiar *v* **1 contagiarle un resfriado/las paperas etc. a alguien** to give sb a cold/mumps etc.: *Me contagió el sarampión.* She gave me the measles. **2 me has contagiado el miedo/los nervios etc.** you've made me scared/nervous etc.

contagiarse *v* to get, to catch: *Se contagió los hongos en la piscina.* She got athlete's foot at the swimming pool./She caught athlete's foot at the swimming pool. | **contagiarse (algo) de alguien** to get sth from sb, to catch sth from sb: *Me contagié de Roxi.* I got it from Roxi./I caught it from Roxi.

contagioso, -a *adj* **1** (enfermedad) contagious, infectious **2** (risa) infectious

container *s* container

contaminación *s* **1** (del medio ambiente) pollution **2** (del agua potable, de alimentos) contamination

contaminación ambiental environmental pollution **contaminación sonora** noise pollution

contaminado, -a *adj* **1** (medio ambiente, río) polluted **2** (agua potable, alimentos) contaminated

contaminar *v* **1** (el medio ambiente, un río) to pollute **2** (el agua potable, los alimentos) to contaminate

contar *v* **1** (decir los números) to count: *Sabe contar hasta diez.* He can count up to ten.

2 (dinero, objetos) to count: *¿Contaste el dinero?* Have you counted the money?

3 (relatar) **contarle algo a alguien** to tell sb sth: *Le contó un secreto.* She told him a secret. | *Cuéntanos un cuento.* Tell us a story. | *Me contó lo de Natalia.* She told me about Natalia. | **¿qué cuentas?** how are things?

4 (incluir) to count: *A mí no me cuentes.* Don't count me.

5 (valer) to count: *La actitud es lo que cuenta.* It's your attitude that counts.

6 contar con alguien to count on sb: *Sabes que puedes contar con nosotros.* You know you can count on us. ▶ El imperativo se traduce por **you can count on me/us,** etc.: *Cuenta conmigo para*

ⓘ Hay una tabla con los **números** en inglés y explicaciones sobre su uso en el apartado de gramática.

lo que necesites. You can count on me for anything you need.
7 contar con algo to count on sth: *Cuento con tu ayuda.* I'm counting on your help.

contemporáneo, -a *adjetivo & sustantivo*
• ***adj*** contemporary
• ***s*** contemporary (plural -ries)

contenedor *s* **1** (para escombros) dumpster (AmE), skip (BrE) **2** (para transporte) container

contener *v* **1** (tener) to contain: *La leche contiene calcio.* Milk contains calcium. **2 contener a alguien** to hold sb back: *No podían contener a los hinchas.* They could not hold back the fans. **3 contener la respiración** to hold your breath | **contener la risa** to stop yourself laughing: *No pudo contener la risa.* He couldn't stop himself laughing. | **contener las lágrimas** to hold back the tears **4 contener una epidemia** to contain an epidemic
contenerse *v* to control yourself: *No me pude contener y le grité.* I couldn't control myself and I shouted at her.

contenido *s* **1** (de un recipiente) contents *pl* **2** (de una carta, un artículo) contents *pl* **3 contenido graso/vitamínico** fat/vitamin content

contento, -a *adj* happy: *Está contenta de ser parte del equipo.* She's happy to be part of the team.

contestación *s* answer, reply (plural -plies)

contestador o **contestador automático** *s* answering machine

contestar *v* **1** (una pregunta) to answer: *No me contestaste la pregunta.* You didn't answer my question. **2** (una carta, un mail) to answer, to reply to: *¿Te contestó el mail?* Did he answer your e-mail?/Did he reply to your e-mail? **3** (el teléfono) to answer: *Nunca contesta el teléfono.* She never answers the phone. | *No contestan.* There's no answer. **4** (con insolencia) to answer back: *¡No me contestes!* Don't answer me back!

contestón, -ona *adj* **eres/es etc. muy contestón -ona** you're/he's/she's etc. always answering back

contigo *pron* with you: *Voy contigo.* I'm coming with you. | *Contigo es simpática.* She's nice to you. | **contigo mismo -a** with yourself

continente *s* continent

continuación *s* **1 a continuación (a)** (después) then: *A continuación le indicó que se sentara.* Then he told her to sit down. **(b)** (en un texto) below: *el texto que se reproduce a continuación* the text reproduced below **2** (de una película) sequel **3** (de un programa) next part **4** (de una calle) continuation

continuar *v* to continue | **continuar haciendo algo** to continue doing sth, to continue to do sth: *Continuó hablando.* He continued speaking. | *Continúa subiendo la temperatura.* The temperature continues to rise.

continuo, -a *adj* **1** (muy frecuente) constant, continual **2** (ininterrumpido) continuous

contorno *s* outline

contra *preposición & sustantivo*
• ***prep*** **1** (indicando oposición) against: *Jugaron contra Italia.* They played against Italy. | **en contra (de algo)** against (sth): *12 votos a favor y 15 en contra* 12 votes for and 15 against | **en contra de ella/de nosotros etc.** against me/us etc.
2 (indicando contacto o dirección) against: *Ponlo contra la pared.* Put it against the wall. ► El verbo puede exigir el uso de otra preposición: *Chocamos contra un poste.* We crashed into a post.
• ***s*** **1** (desventaja) disadvantage ► ver **pro**
2 llevarle la contra a alguien (a) (en una conversación) to contradict sb **(b)** (hacerlo enojar) to annoy sb: *Lo hace para llevarme la contra.* He does it to annoy me.

contraataque *s* counter-attack

contrabajo *s* double bass

contrabandear *v* to smuggle

contrabandista *s* smuggler

contrabando *s* **1** (actividad) smuggling: *medidas para frenar el contrabando* measures to curb smuggling | *contrabando de armas* gun-running | **cigarrillos/relojes etc. de contrabando** smuggled cigarettes/watches etc. | **entrar/pasar algo de contrabando** to smuggle sth in: *Entraron las cámaras de contrabando.* They smuggled the cameras in. **2** (lo contrabandeado) contraband

contradecir *v* (a una persona) to contradict
contradecirse *v* **1** (uno mismo) to contradict yourself **2** (dos o más personas, versiones) to contradict each other

contradicción *s* contradiction

contradictorio, -a *adj* contradictory

contraer *v* **1** (una enfermedad) to contract **2** (un músculo) to contract **3** (una deuda) to incur
contraerse *v* **1** (metal, madera) to contract **2** (persona) to tense up **3** (músculo) to contract

contralto *s* contralto, alto

contraluz *s* **a contraluz** against the light

contramano *s* **ir/manejar etc. a contramano** to go/drive etc. the wrong way down the street, to drive etc. on the wrong side of the road

contrario, -a *adjetivo & sustantivo*
• ***adj*** **1 al contrario** on the contrary: *Al contrario, lo pasé muy bien.* On the contrary, I had a really good time.
2 lo contrario (de algo) the opposite (of sth): *Yo digo algo y él dice lo contrario.* I say one thing and he says the opposite. | *Fue lo contrario de lo que esperaba.* It was the opposite of what I had expected.
3 todo lo contrario (a) the complete opposite:

Ella es simpática pero el novio es todo lo contrario. She is nice but her boyfriend is the complete opposite. **(b)** (como respuesta) on the contrary: *–Así que no te gusta la idea. –Todo lo contrario, me parece genial.* "So you don't like the idea." "On the contrary, I think it's brilliant." **4** (sentido, dirección) opposite **5** (punto de vista, opinión) opposing **6** (rival) opposing: *el equipo contrario* the opposing team
• *s* opponent

contraseña *s* password

contrastar *v* **contrastar (con algo)** to contrast (with sth)

contraste *s* **1** (diferencia) contrast **2** (en una pantalla de TV) contrast

contratar *v* **contratar a alguien (a)** (a un empleado) to hire sb: *la empresa que lo contrató* the firm that hired him **(b)** (a un cantante, un futbolista) to sign sb: *Los contrató una discográfica inglesa.* They were signed by an English record company.

contrato *s* contract

contravía *s* **ir/manejar etc. en contravía** to go/drive etc. the wrong way down the street, to drive etc. on the wrong side of the road

contribuir *v* **1 contribuir con algo** to contribute sth: *Contribuyó con $20.* She contributed $20. **2 contribuir al éxito de algo** to contribute to the success of sth | **contribuir a hacer algo** to help to do sth, to help do sth

contribuyente *s* taxpayer

control *s* **1** (dominio) control: *Todo está bajo control.* Everything is under control. | **tener control sobre algo** to have control over sth | **perder el control (a)** (de un vehículo) to lose control **(b)** (enojarse) to lose control (of yourself) **2** (de un aparato) control: *el control de volumen* the volume control **3** (inspección) control: *Estén listos para el control de pasaportes.* Be ready to go through passport control. | **llevar el control de algo** to keep a check on sth
control antidóping drug test, dope test **control de calidad** quality control **control remoto** remote control

controlador aéreo, controladora aérea *s* air traffic controller

controlar *v* **1** (dominar, manejar) to control **2** (regular) to control
controlarse *v* **1** (dominarse) to control yourself: *Contrólate, por favor.* Please control yourself. **2 controlarse el peso/la presión etc.** to check your weight/blood pressure etc.

convalidar *v* (un título) to validate

convencer *v* **1 convencer a alguien (de algo/de que)** to convince sb (of sth/that): *La convencí de que teníamos razón.* I convinced her that we were right. **2 convencer a alguien (de/para que haga algo)** to persuade sb (to do sth): *Lo convencí para que me prestara el carro.* I persuaded him to lend me the car. **3 no me convence la tela/el color etc.** I'm not sure about the material/the color etc.
convencerse *v* to be convinced: *Al final me convencí de que me decía la verdad.* In the end I was convinced that he was telling me the truth.

convencido, -a *adj* **estar convencido -a (de algo)** to be sure (about sth) | **estar convencido -a de que** to be convinced (that), to be sure (that): *Estoy convencida de que me mintió.* I'm convinced that he lied to me.

conveniente *adj* **1** (aconsejable) **ser conveniente** to be a good idea, to be advisable ▶ **to be advisable** es más formal: *Es conveniente esperar unos días.* It's a good idea to wait a few days./It's advisable to wait a few days. **2** (cómodo) convenient: *¿A qué hora es más conveniente para usted?* What time is most convenient for you?

convenio *s* agreement

convenir *v* **1** (ser aconsejable) to be advisable, to be a good idea ▶ **to be a good idea** es menos formal: *Conviene reservar antes.* It's advisable to make a reservation. | *No te conviene comprar ése.* It's not a good idea to buy that one. **2** (ser cómodo) to be convenient: *El horario no me conviene.* The times aren't very convenient for me. | *Haz lo que te convenga.* Do whatever is convenient for you.

convento *s* **1** (de religiosas) convent **2** (de religiosos) monastery (plural -ries)

conversación *s* conversation: *una conversación telefónica* a telephone conversation

conversador, -a *adj* chatty

conversar *v* **conversar (sobre algo)** to talk (about sth)

convertible *s* convertible

convertir *v* **1 convertir algo/a alguien en algo** to turn sth/sb into sth: *La serie lo convirtió en un actor famoso.* The series turned him into a famous actor. **2 convertir dólares a libras/gramos a onzas etc.** to convert dollars into pounds/grams into ounces etc.
convertirse *v* **1 convertirse en algo** to become sth, to turn into sth ▶ **to turn into sth** o **to turn to sth** se usan cuando el cambio es repentino o inesperado o cuando afecta a la esencia de algo o alguien: *Se convirtió en estrella de rock.* He became a rock star. | *Todo lo que tocaba se convertía en oro.* Everything he touched turned to gold. **2 convertirse al hinduismo/catolicismo etc.** to convert to Hinduism/Catholicism etc.

convexo, -a *adj* convex

convidar *v* **convidar a alguien con algo/convidarle algo a alguien** to offer sb sth: *Nos convidó un café.* He offered us a cup of coffee. | **convidar a alguien a hacer algo** to invite sb to do sth: *Nos convidaron a ir con ellos.* They invited us to go with them.

¿Quieres pedir una hamburguesa en inglés? Consulta la **guía de comunicación** al final del libro.

convivir *v* to live together: *Queremos convivir en paz.* We want to live together in peace. | **convivir con alguien** to live with sb

convocar *v* **convocar a una asamblea/una huelga etc.** to call a meeting/a strike etc. | **convocar a elecciones** to call elections

coñac *s* brandy (plural -dies)

cooperación *s* co-operation

cooperar *v* **1** to cooperate, to help **2 cooperar en algo** to help with sth **3 cooperar con alguien** to work together with sb

coordinador, -a *s* co-ordinator

copa *sustantivo & sustantivo plural*

• *s* **1** (recipiente, contenido) glass (plural -sses): *¿Cuál es tu copa?* Which is your glass? ▸ **glass** significa tanto *vaso* como *copa* **2** (premio) cup: *Ganaron la copa.* They won the cup. **3** (de un árbol) top **4** (de un sombrero) crown

• **copas** *s pl* La baraja española no es muy conocida en el mundo anglosajón. Para explicar qué son las copas di *It's one of the four suits in the Spanish pack of cards.*

¿a glass of wine o a wine glass?

a glass of wine/a glass of sherry, etc. hacen referencia a una copa llena de vino, jerez, etc. o a su contenido. Para hablar de una copa para vino, jerez, etc., que puede estar vacía, se dice **a wine glass/a sherry glass**, etc.:

¿Quieres una copa de vino? Would you like a glass of wine? | *Rompí una de las copas de coñac.* I broke one of the brandy glasses.

copia *s* copy (plural -pies) | **hacer/sacar una copia de algo** to make a copy of sth

copiar *v* **1** (transcribir) to copy: *Lo copié del pizarrón.* I copied it from the blackboard. **2** (imitar) to copy

copiarse *v* **1** (en un examen) to copy, to cheat: *Lo agarraron copiándose.* He was caught copying./He was caught cheating. **2 copiarse de alguien** (en un examen) to copy from sb: *Me copié todo de Pancho.* I copied everything from Pancho.

copiloto *s* **1** (en un avión) co-pilot **2** (en un auto de carreras) co-driver **3** (persona que va mirando el mapa, etc.) navigator | **hacer de copiloto** to navigate

copión, -ona *s* copycat

copo *s* **copo (de nieve)** snowflake

copos de maíz *s pl* cornflakes

coquetear *v* **coquetear con alguien** to flirt with sb

coqueto, -a *adj* **1** (persona) **ser coqueto -a (a)** (referido a quien cuida su aspecto) to be careful about your appearance: *Abuela es muy coqueta.* Grandma is very careful about her appearance. **(b)** (referido a quien coquetea mucho) to be a flirt **2** (apartamento, cuarto) nicely decorated

coraje *s* (valor) courage

coral *s* coral: *arrecifes de coral* coral reefs | **una pulsera/un collar de coral** a coral bracelet/necklace

corazón *sustantivo & sustantivo plural*

• *s* **1** (órgano) heart: *Sufre del corazón.* She has heart trouble. **2** (sentimientos) heart: *No tienes corazón.* You have no heart. | **me/te etc. rompe el corazón** it breaks my/your etc. heart: *Verlo así me rompe el corazón.* It breaks my heart to see him like this. | **de (todo) corazón** from the bottom of your heart: *Te lo deseo de todo corazón.* I want it for you from the bottom of my heart. **3** (de una manzana) core **4** (de una alcachofa) heart

• **corazones** *s pl* (en naipes) hearts

corazonada *s* hunch: *Tuve la corazonada de que me iba a llamar.* I had **a hunch** he was going to call me.

corbata *s* tie: *Vino de corbata.* He came wearing a tie.

corbata de moño/de lacito/de humita bow tie

corchea *s* eighth note (AmE), quaver (BrE)

corcho *s* **1** (de una botella) cork **2** (material) cork

cordel *s* string

cordero *s* (animal y carne) lamb

cordial *adj* **1** friendly **2 un cordial saludo** (en una carta) kind regards

cordillera *s* mountain range: *la cordillera de Los Andes* the Andes

córdoba *s* (moneda) cordoba

cordón *s* **1** (del zapato) lace, shoelace: *Tienes los cordones desatados.* Your laces are undone. **2** (para electricidad) ▸ ver **cable 3** (de policías, manifestantes, etc.) cordon

cordón umbilical umbilical cord

coreografía *s* choreography

coriandro *s* coriander, cilantro (AmE)

córnea *s* cornea

córner *s* corner | **lanzar/sacar un córner** to take a corner

corneta *s* **1** (instrumento) bugle **2** (de un vehículo) horn | **tocar la corneta** to sound your horn, to honk your horn

cornisa *s* ledge, cornice

corno *s* (instrumento) horn

corno inglés English horn (AmE), cor anglais (BrE)

coro *s* **1** (grupo) choir: *el coro del colegio* the school choir **2** (pieza musical, estribillo) chorus (plural -ses)

corona *s* **1** (de un monarca) crown | **la Corona** the Crown **2** (para una muela) crown **3** (funeraria) wreath

coronación *s* coronation

coronar *v* **1** (a un monarca) to crown **2** (en ajedrez) to queen

coronel *s* colonel

corpulento, -a *adj* heavy-set, heavily built

corral *s* **1** (para ovejas, cerdos) pen, (para caballos) corral, (para gallinas) yard **2** (para niños) playpen

corralito *s* playpen

correa *s* **1** (del reloj) strap, band (AmE): *Le cambié la correa al reloj.* I changed the strap on my watch./I changed the band on my watch. **2** (para un perro) leash (AmE), lead (BrE): *Ponle la correa.* Put his leash on. **3** (de una máquina) belt: *la correa del ventilador* the fan belt

corrección *s* **1** (rectificación) correction **2** (de un examen, un trabajo, etc.) grading (AmE), marking (BrE)

correcto, -a *adj* **1** (respuesta, decisión) correct, right: *Ésa es la respuesta correcta.* That is the correct answer./That is the right answer. | **lo correcto** the right thing: *Creo que hice lo correcto.* I think I did the right thing. **2** (educado, amable) correct

corredizo, -a *adj* ▶ ver **puerta**

corredor, -a *sustantivo*

• *s* **1** (deportista) runner **2** (en automovilismo) driver, racing driver **3** (vendedor) representative, rep

corredor -a de seguros insurance broker

• **corredor** *s* (pasillo) corridor

corregir *v* **1** (un examen, un trabajo) to grade (AmE), to mark (BrE): *¿Ya corrigió las pruebas?* Have you graded the tests yet? **2** (un error, una falta) to correct: *Corregí las faltas de ortografía.* I corrected the spelling mistakes. **3** (a una persona) to correct: *Corrígeme si me equivoco.* Correct me if I'm wrong.

correo *s* **1** (edificio) post office: *¿Sabe dónde queda el correo?* Do you know where the post office is? **2** (servicio) mail, mail service (AmE), post, postal service (BrE) | **mandar algo por correo** to send sth through the mail, to mail sth (AmE), to send sth by post, to post sth (BrE): *Mandé el paquete por correo.* I mailed the package.

correo electrónico e-mail: *Ingrese su dirección de correo electrónico.* Enter your e-mail address.

correr *v* **1** (moverse rápido) to run: *Tuve que correr para llegar a tiempo.* I had to run to get there in time. | **salir corriendo** to run off: *Salieron corriendo cuando vieron a mi papá.* They ran off when they saw my Dad.
2 (como ejercicio) to run, to jog | **ir/salir a correr** to go running/jogging: *Voy a correr todos los días.* I go running every day.
3 (ir apurado) to rush: *Fui corriendo a llamar al médico.* I rushed to call the doctor. | **salir corriendo para un lugar** to rush off somewhere: *Salimos corriendo para el aeropuerto.* We rushed off to the airport.
4 (manejar rápido) to go fast, to drive fast: *No corras tanto.* Don't go so fast.
5 (mover) **correr algo** to move sth over: *¿Puedes correr la mesa un poquito?* Can you move the table over a little? | *Corre el sillón para allá.* Move the chair over that way. ▶ ver **cortina**
6 (calle) to run: *Soriano corre paralela a San José.* Soriano runs parallel to San José.
7 (río) to flow
8 ▶ **correr peligro, correr el riesgo,** etc. están tratadas bajo el sustantivo correspondiente

correrse *v* **1** (moverse) to move over: *Córrete, no veo nada.* Move over, I can't see a thing. | *Me corrí para que pasara.* I moved aside so that she could get past.
2 (tinta, color) to run | **se me/te etc. corrió el rímel** my /your etc. mascara ran
3 se me/te etc. han corrido las medias my/your etc. pantyhose have run (AmE), I've laddered my tights/you've laddered your tights etc. (BrE)

correspondencia *s* (cartas) correspondence

corresponder *v* **1** (cuando se trata de derechos) **me corresponde la mitad/me corresponden dos etc.** I'm entitled to half/I'm entitled to two etc.: *Le corresponde un 50% de las ganancias.* He's entitled to 50% of the profits. ▶ En contextos más coloquiales se usa el verbo **to get**: *A ti te corresponde una sola.* You only get one.
2 (cuando se trata de obligaciones) ver ejemplos: *Te corresponde a ti decírselo.* You're the one who should tell her. | *No me corresponde a mí pedir perdón.* It's not up to me to apologize.
3 (ser parte de) **corresponder a algo** to belong to sth, to be part of sth: *Esta ficha no corresponde a este juego.* This piece doesn't belong in this set./This piece isn't part of this set.
4 hacer algo como corresponde to do sth properly: *¡Siéntate y come como corresponde!* Sit down and eat properly!

correspondiente *adj* **1** (adecuado) appropriate: *Ponga una cruz en la casilla correspondiente.* Put a cross in the appropriate box. **2** (relativo) **correspondiente a algo** for sth: *el pago correspondiente al mes de enero* the payment for January | *el código correspondiente a cada país* the code for each country **3** (paralelo) corresponding

corresponsal *s* correspondent

corrida *s* **1 corrida (de toros)** bullfight **2 corrida (bancaria)** run on the banks | **corrida (cambiaria)** rush to buy foreign currency

corriente *sustantivo & adjetivo*

• *s* **1** (electricidad) power, electricity: *No hay corriente.* There's no power./There's no electricity. | **me/le etc. dio (la) corriente, me/le etc. cogió la corriente** I/he etc. got a shock off it | **corriente (eléctrica)** (electric) current **2** (de agua) current: *Los arrastró la corriente.* The current swept them away. **3 corriente (de aire)** draft (AmE), draught (BrE): *Aquí hay corriente.* There's a **draft** in here./It's drafty in here.

• *adj* **1** (normal, no especial) ordinary: *el lector corriente* the ordinary reader **2** (frecuente) common: *una situación corriente* a common situation ▶ ver **común, cuenta**

corrupción *s* corruption

corrupto, -a *adj* corrupt

cortacésped *s* lawnmower

cortada *s* (herida) cut: *una cortada profunda* a deep cut | *Me hice una cortada en la frente.* I cut my forehead.

cortado, -a *adj* **1** (echado a perder) **estar cortada (a)** (leche) to be sour, to be off **(b)** (mayonesa) to be curdled **2** (bloqueado) **estar cortado -a (a)** (calle) to be closed off **(b)** (tránsito): *El tránsito está cortado cerca del Congreso.* Roads are closed near Congress.

cortagrama o **cortadora (de pasto)** *s* lawnmower

cortaplumas *s* penknife

cortar *v* **1** (con una tijera, un cuchillo, etc.) to cut: *Ahora vamos a cortar el pastel.* Now we're going to cut the cake. | **cortar algo en tajadas/rebanadas** to slice sth: *Corte el pan en rebanadas.* Slice the bread. ▶ ver **césped, pelo, uña**
2 (por teléfono) to hang up | **cortarle a alguien** to hang up on sb
3 (novios) **cortar (con alguien)** to split up (with sb): *Cortamos hace un mes.* We split up a month ago. | *Tina cortó con Jorge.* Tina's split up with Jorge.
4 cortar la luz/el gas etc. to cut the electricity/the gas etc. off: *No pagaron la cuenta y les cortaron el gas.* They didn't pay the bill and their gas was cut off. ▶ La traducción es diferente si es un corte momentáneo: *Cortaron el agua para arreglar el caño.* They turned the water off to repair the pipe.
5 (censurar) to cut: *Tuvo que cortar varias escenas.* He had to cut several scenes.
6 cortar una calle to close a street off: *Cortaron la Avenida Bolívar por la manifestación.* Avenida Bolívar has been closed off because of the demonstration. | **cortar el tránsito** to close the road(s) to traffic
7 (jugando a las cartas) to cut

cortarse *v* **1** (lastimarse) to cut yourself: *Me corté con un vidrio.* I **cut myself on** a piece of glass. | **cortarse el dedo/el pie etc.** to cut your finger/foot etc.: *Se cortó la mano.* She cut her hand.
2 se cortó (la comunicación) I was/we were etc. cut off
3 se cortó la luz there was a power outage (AmE), there was a power cut (BrE)
4 (leche) to go sour, to go off
5 (mayonesa) to curdle

corte *sustantivo masculino & sustantivo femenino*
• *s* [masc] **1 corte (de pelo)** haircut: *¿Cuánto cobran el corte?* How much do they charge for a haircut? **2** (herida) ▶ ver **cortada**
corte de luz power outage (AmE), power cut (BrE): *Hubo un corte de luz.* There was a power outage.
• *s* [fem] **1** (de un monarca) court **2** (tribunal) court

cortés *adj* polite

cortesía *s* courtesy, politeness: *Se rió por cortesía.* He laughed **out of courtesy**.

corteza *s* **1** (de un árbol) bark **2** (del pan) crust
corteza cerebral cerebral cortex **la corteza terrestre** the earth's crust

cortina *s* **1** curtain | **correr las cortinas** to draw the curtains **2 cortina (musical)** theme tune
cortina de humo smokescreen

corto, -a *adjetivo & sustantivo*
• *adj* **1** (en longitud) short: *una falda corta* a short skirt | *una niña de pelo corto* a girl with short hair | **me/te etc. queda corto -a** it's too short on me/you etc.: *El vestido le queda corto.* The dress is too short on her. **2** (en duración) short: *La reunión fue corta.* The meeting was short. **3 estar/andar corto -a de algo** to be short of sth: *Ando corto de tiempo.* I'm short of time. **4 me quedé corto -a con la cerveza/la comida etc.** I didn't buy enough beer/I didn't make enough food etc.
corto -a de vista short-sighted
• **corto** *s* ▶ ver **cortometraje**

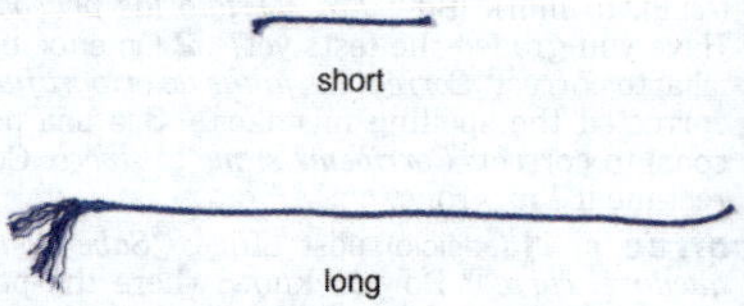

cortocircuito *s* short circuit

cortometraje *s* short (movie) (AmE), short (film) (BrE)

cosa *s* **1** (objeto, tarea, asunto) thing: *Compré muchas cosas.* I bought lots of things. | *Tengo muchas cosas que hacer.* I have a lot of things to do. | *¿Cómo van las cosas?* How are things going?
2 una cosa something: *Tengo que decirte una cosa.* I have something to tell you. | *Me pasó una cosa espantosa.* Something terrible happened to me.
3 hacer las cosas de la casa to do the housework
4 la cosa es que the thing is: *La cosa es que no tiene dinero.* The thing is he doesn't have any money.
5 cualquier cosa (si es necesario) Usa una oración con **if**: *Cualquier cosa, llámame.* If you have any

problems/if you need anything, call me.
6 no sea cosa que (a) (por si) in case: *Llévate un suéter, no sea cosa que haga frío.* Take a sweater in case it's cold. **(b)** (para que no): *Explícale bien, no sea cosa que se enoje.* Explain it to him clearly, so he doesn't get angry.
7 no ser gran cosa to be nothing special: *La película no es gran cosa.* The movie is nothing special.
8 esto es cosa de tu hermano/de Betty etc. this was your brother's/Betty's etc. idea: *Seguro que esto es cosa de Daniel.* I bet this was Daniel's idea.

cosecha *s* harvest

cosechar *v* to harvest

coser *v* **1** to sew: *No sé coser.* I can't sew. | **coser un botón** to sew a button on: *¿Me coses este botón?* Can you sew this button on for me? **2 coser a máquina** ver ejemplos: *Cosió el dobladillo a máquina.* He stitched the hem on the machine. | *¿Sabes coser a máquina?* Can you use a sewing machine? **3 coserle una herida a alguien** to stitch sb's wound up: *Le cosieron la herida.* They stitched his wound up.

cosmético, -a *adjetivo & sustantivo*
- *adj* cosmetic
- **cosmético** *s* cosmetic

cosquillas *s pl* **tener cosquillas** to be ticklish: *¿Tienes cosquillas?* Are you ticklish? | **hacerle cosquillas a alguien** to tickle sb: *¡No me hagan cosquillas!* Don't tickle me! | *Le hice cosquillas en los pies.* I tickled her feet.

costa *s* **1** coast: *un pueblo de la costa* a town on the coast/a coastal town **2 a costa mía/tuya etc.** at my/your etc. expense: *Odio que se diviertan a costa mía.* I hate them having a laugh at my expense. | **a costa de alguien** at sb's expense: *a costa del consumidor* at the consumer's expense | **vivir a costa de alguien** to live off sb: *Todos viven a costa del abuelo.* They all live off their grandfather. **3 a toda costa** at all costs

costado *s* **1** side: *Me duele este costado.* This side hurts. | *Hay una puerta al costado.* There's a door at the side. **2 pasar de costado** to go through sideways: *Tuve que pasar de costado.* I had to go through sideways. | **dormir de costado** to sleep on your side: *Duermo de costado.* I sleep on my side.

costal *s* sack: *un costal de papas de 50 kg* a 50 kilo sack of potatoes

costanera *s* **1** (de un río) riverside **2** (del mar) seafront

costar *v* **1** (valer) to cost: *Éste cuesta $15.* This one costs $15./This one is $15. | *¿Cuánto cuesta la entrada?* How much do the tickets cost?/How much are the tickets? | *Me costó $5.* It cost me $5. | *¿Cuánto te costó el CD?* How much did the CD cost you? | **costar caro/barato** to be expensive/cheap: *¡Me costó baratísima!* It was really cheap! **2 cuesta entender/decidir etc.** it's hard to understand/decide etc. | **me cuesta el francés/la matemática etc.** I find French/math etc. hard: *Me cuesta levantarme temprano.* I **find it** hard to get up early. | *Le costó entender por qué.* He **found it** hard to understand why. **3 ¿qué te cuesta?** go on!: *Préstamelo ¿qué te cuesta?* Lend it to me, go on!

Costa Rica *s* Costa Rica

costarricense *adjetivo & sustantivo*
- *adj* Costa Rican
- *s* Costa Rican | **los costarricenses** (the) Costa Ricans

costilla *s* (del cuerpo) rib

costo *s* cost
costo de (la) vida cost of living

costoso, -a *adj* costly, expensive

costra *s* (de una herida) scab

costumbre *s* **1** (de una persona) habit | **tener la costumbre de hacer algo** to be in the habit of doing sth: *No tengo la costumbre de tomar café.* I'm not in the habit of drinking coffee./I don't usually drink coffee. | *Tiene la mala costumbre de entrar sin golpear.* He has this bad habit of coming in without knocking. | **como de costumbre** as usual **2** (de una sociedad) custom: *Se adaptó bien a las costumbres locales.* She adapted well to the local customs.

costura *s* **1** (en una prenda) seam: *Se está descosiendo la costura.* The seam's coming undone. **2** (actividad) sewing: *clases de costura* sewing lessons

costurera *s* seamstress

costurero *s* (caja) sewing box

cotidiano, -a *adj* everyday, daily: *la vida cotidiana* everyday life/daily life

cotorra *s* parrot | **hablar como una cotorra** to chatter away

cotufas *s* popcorn

coyote *s* coyote

crack *s* **1** (campeón) star **2** (droga) crack

cráneo *s* skull

crashear, también **crashearse** *v* (programa, computador) to crash

cráter *s* crater

crawl *s* crawl | **nadar (estilo) crawl** to do the crawl

crayón o **crayola®** *s* wax crayon

creación *s* creation

creador, -a *s* creator

crear *v* **1** to create **2 crear problemas** to create problems | **crearle problemas a alguien** to create problems for sb, to cause sb problems

creativo, -a *adj* creative

crecer *s* **1** (persona, animal, planta, uñas, etc.) to grow: *Marita ha crecido mucho este año.* Marita has grown a lot this year. | *Te ha crecido muchísimo el pelo.* Your hair has really grown.

2 dejarse crecer el pelo to grow your hair, to let your hair grow: *Me voy a dejar crecer el pelo.* I'm going to grow my hair./I'm going to let my hair grow. | **dejarse crecer la barba** to grow a beard | *Se dejó crecer la barba.* He grew a beard. **3** (desocupación, inflación) to increase **4** (río) to rise

creciente *adj* growing: *el creciente interés por los temas ecológicos* the growing interest in ecological issues

crecimiento *s* growth

crédito *s* **1** (préstamo) loan: *Pidió un crédito para comprarse un auto.* She applied for a loan to buy a car. **2** (en una tienda) credit: *Tengo crédito en la librería.* I have credit at the bookstore. | **comprar algo a crédito** to buy sth on credit **3** (en la universidad) credit

credo *s* **1** (creencias) creed **2** (oración) **el Credo** the Creed

crédulo, -a *adj* gullible

creencia *s* belief

creer *v* **1** (pensar) to think: *Yo creía que me iban a invitar.* I thought they were going to invite me. | *–¿La vas a ver hoy? –No creo.* "Are you going to see her today?" "I don't think so." ▶ Fíjate que en los siguientes ejemplos es el verbo **to think** que se pone en negativo: *Creo que no están.* I don't think they're in. | *Cree que no va a poder venir.* She doesn't think she'll be able to come.
2 creerle a alguien to believe sb: *No me creyó.* He didn't believe me.
3 (tener fe) **creer en algo/alguien** to believe in sth/sb: *Creen en la reencarnación.* They believe in reincarnation. | *¿Tú crees en Dios?* Do you believe in God?
creerse *v* **1** (aceptar como cierto) to believe: *Se creyó todo lo que le dije.* He believed everything I told him. | *¡Te crees cualquier cosa!* You'd believe anything!
2 (considerarse) to think: *¿Quién te crees que eres?* Who do you think you are? | *Se cree la dueña.* She thinks she owns the place.

creído, -a *adj* conceited

crema *s* **1 crema (de leche)** cream | **crema (chantilli)** (whipped) cream ▶ La crema batida se suele servir sin azúcar en los países anglosajones.: *fresas con crema* strawberries and cream **2** (cosmético) cream **3 color crema** cream: *cortinas color crema* cream curtains
crema de afeitar shaving cream **crema de enjuague** conditioner **crema de dientes** toothpaste **crema de limpieza** cleansing cream **crema doble** heavy cream (AmE), double cream (BrE) **crema humectante**, **crema hidratante** moisturizer, moisturizing cream **crema pastelera** crème pâtissière

crematorio *s* crematorium (plural -ria o -riums)

crepe o **crepa** *s* crepe

crespo, -a *adj* curly: *Tiene el pelo crespo.* He has curly hair.

cresta *s* **1** (de un gallo) comb **2** (de plumas) crest

creyente *adjetivo & sustantivo*
• *adj* **ser creyente** to believe in God
• *s* believer

creyón o **creyola** *s* wax crayon

cría *s* **1** (animal): *una cría de pingüino* a baby penguin | *una hembra con sus crías* a female with her young **2** (camada) **la cría** the young, the litter **3 tener cría** La traducción depende del tipo de animal: *La perra tuvo cría.* The dog had puppies. | *¿Tu gata ya tuvo cría?* Has your cat had kittens yet? **4** (actividad) breeding, rearing ▶ **breeding** implica que se hace para mejorar la raza: *la cría de caballos* horse breeding

criar *v* **1 criar a alguien** to bring sb up: *Me criaron mis abuelos.* My grandparents brought me up./I was brought up by my grandparents. **2** (animales) to keep: *Crían patos y gallinas.* They keep ducks and hens. ▶ Cuando se trata de mejorar la raza, se usa **to breed**: *Cría caballos de polo.* He breeds polo horses.
criarse *v* to grow up, to be brought up: *Me crié en el campo.* I grew up in the country./I was brought up in the country.

crimen *s* **1** (asesinato) murder: *el lugar del crimen* the murder scene **2** (delito grave) crime **3 el crimen** (la delincuencia) crime: *el crimen organizado* organized crime
crimen de guerra war crime **crimen de lesa humanidad** crime against humanity

criminal *adj & s* criminal
criminal de guerra war criminal

crisis *s* crisis (plural crises): *El país está en crisis.* The country is in crisis.
crisis de identidad identity crisis

crispetas *s* popcorn

cristal *s* **1** (material) crystal | **un jarrón/una copa de cristal** a crystal vase/glass **2** (de anteojos) lens (plural lenses) **3** (en química) crystal
cristal líquido liquid crystal

cristianismo *s* **el cristianismo** Christianity

cristiano, a *adj & s* Christian

Cristo *s* Christ

criterio *s* **1** (principio) criterion (plural criteria) *Unifiquemos criterios.* Let's agree on our criteria. **2** (opinión) view, opinion: *No compartimos su criterio.* We don't share his view.

crítica *s* **1** (ataque) criticism ▶ **criticism** es incontable y no tiene plural: *Recibieron más críticas que elogios.* They got more criticism than praise. **2** (artículo sobre una película, etc.) review: *Le hicieron buenas críticas.* It had good reviews. **3 la crítica** (los críticos) the critics: *la reacción de la crítica* the reaction of the critics
crítica literaria literary criticism

criticar *v* to criticize

crítico, -a *sustantivo & adjetivo*
● *s* critic: *Es crítico de cine.* He's a movie critic.
● *adj* critical
crocante *adj* crispy
crochet *s* crochet
crol *s* ▶ ver **crawl**
crónica *s* (periodística) report, article
crónico, -a *adj* chronic
cronológico, -a *adj* chronological
cronómetro *s* stopwatch (plural -ches)
croqueta *s* croquette
cruce *s* **1** (de calles, carreteras) crossroads (plural -roads): *un cruce peligroso* a dangerous crossroads **2** (acción) crossing: *el cruce de los Andes* the crossing of the Andes
cruce peatonal, cruce de peatones **(a)** (en una calle) pedestrian crossing, crosswalk (AmE), zebra crossing (BrE) **(b)** (puente) footbridge
crucero *s* **1** (viaje) cruise | **hacer un crucero** to go on a cruise **2** (barco para viajes de placer) cruise ship **3** (buque de guerra) cruiser
crucificar *v* to crucify
crucifijo *s* crucifix (plural -xes)
crucigrama *s* crossword | **hacer un crucigrama** to do a crossword
cruda *s* (causada por el alcohol) hangover
crudo, -a *adjetivo & sustantivo*
● *adj* **1** (sin cocinar) raw: *Comen pescado crudo.* They eat raw fish. **2** (poco cocido) underdone, not properly cooked **3** (invierno) harsh **4 la cruda realidad** the harsh reality ▶ ver **jamón**
● **crudo** *s* (petróleo) crude oil
cruel *adj* cruel
crueldad *s* **1** cruelty **2 ser una crueldad** to be cruel
crujido *s* **1** (de la madera, de una puerta) creak ▶ Si se trata de *crujidos* continuos, se usa **creaking** **2** (de la nieve, la grava) crunch ▶ Si se trata de *crujidos* continuos, se usa **crunching**
crujiente *adj* **1** (galleta) crisp **2** (pan) crusty **3** (manzana) crunchy
crujir *v* **1** (madera, puerta) to creak **2** (nieve, grava) to crunch
crustáceo *s* crustacean
cruz *s* **1** (figura) cross (plural -sses) **2** (de una moneda) tails *sing*: *Salió cruz.* It was tails.
la Cruz del Sur the Southern Cross **cruz esvástica** swastika **la Cruz Roja** the Red Cross
cruzado, -a *adj* **1 con los brazos cruzados** with your arms folded, with your arms crossed: *Estaba sentado con los brazos cruzados.* He was sitting with his arms folded. | **con las piernas cruzadas** with your legs crossed **2 un saco/un traje cruzado** a double-breasted jacket/suit **3 un tiro cruzado** an angled shot

cruzar *v* **1** (atravesar) to cross: *Mira antes de cruzar.* Look before you cross. **2 cruzar las piernas** to cross your legs | **cruzar los brazos** to fold your arms | **cruzar los dedos** (para tener suerte) to cross your fingers
cruzarse *v* **1 cruzarse con alguien** to bump into sb: *¿No te cruzaste con Ale?* Didn't you bump into Ale? **2** (desencontrarse) to pass each other: *Se deben haber cruzado.* You must have passed each other. **3 se me cruzó un auto/una bicicleta etc.** a car/a bike etc. pulled out in front of me: *Se le cruzó una moto.* A motorcycle pulled out in front of her.
cuaderno *s* exercise book, notebook
cuadra *s* block: *Está a dos cuadras de aquí.* It's two blocks from here.
cuadrado, -a *adjetivo & sustantivo*
● *adj* **1** (referido a la forma) square **2 metro/kilómetro etc. cuadrado** square meter/kilometer etc.: *Tiene 60 metros cuadrados.* It measures 60 square meters.
● **cuadrado** *s* **1** (figura geométrica) square **2** (de un número) square: *22 al cuadrado* 22 squared/the square of 22
cuadrar *v* (un vehículo) to park
cuadrarse *v* **1** (estacionarse) to park: *Me cuadré frente al teatro.* I parked opposite the theater. **2** (ennoviarse) **cuadrarse (con alguien)** to get engaged (to sb) **3** (soldado) to stand to attention
cuadriculado, -a *adj* (papel, hoja) squared
cuadro *s* **1** (en la pared) picture: *un cuadro de la Virgen* a picture of the Virgin ▶ Si se trata de una pintura, se dice **painting**: *un cuadro de Picasso* a painting by Picasso **2** (esquema) table: *Ver cuadro 3.* See Table 3. **3** (cuadrado) square | **a cuadros/a cuadritos** checked: *una camisa a cuadritos* a checked shirt
cuadro sinóptico diagram
cual *pron* ▶ ver recuadro en página 518
cuál *pron* what: *¿Cuál es la diferencia?* What's the difference? | *¿Cuál es tu nombre?* What's your name? ▶ Cuando las posibles respuestas son limitadas, se usa **which** o **which one**: *¿Cuál de los tres te gusta más?* Which of the three do you like best? | *–Vi la película. –¿Cuál?* –I saw the movie. –Which one?
cualidad *s* **1** (virtud) good quality (plural -ties): *Tiene muchas cualidades.* She has many good qualities. **2** (característica) quality (plural -ties)
cualquier *adj* any: *Puede llegar en cualquier momento.* He could arrive at any moment. | *–¿Qué le digo? –Cualquier cosa, no importa.* –What shall I tell him? –Anything, it doesn't matter. ▶ ver **cosa, manera**
cualquiera *adjetivo & pronombre*
● *adj* (no importa cuál) any: *Dame un papel cualquiera.* Give me any piece of paper. ▶ Cuando el negativo se usa para expresar que algo o alguien es

cual

1 *lo cual* se traduce por **which**:

Está cansada, lo cual es de esperar. She's tired, which is only to be expected.

2 *el cual, la cual, los cuales* y *las cuales* se pueden traducir por **whom** si se trata de personas y por **which** en los demás casos. Pero estos relativos son muy formales en inglés, sobre todo **whom**. La primera traducción de cada ejemplo muestra una alternativa menos formal, sin relativo y con la preposición al final si la hay:

un hombre al cual todos admiran a man everybody admires/a man whom everybody admires | *una profesora de la cual aprendí mucho* a teacher I learned a lot from/a teacher from whom I learned a lot | *medidas con las cuales no están de acuerdo* measures they don't agree with/measures with which they don't agree

3 *cada cual* y *tal cual* están tratados en *cada* y *tal* respectivamente.

especial, se traduce por **not just any**: *Hoy no es un día cualquiera.* Today is not just any day.

• ***pron*** ▶ ver recuadro

cuando *conj* **1** (en el momento que) when: *Cuando llegué, llovía.* It was raining when I arrived. | *Avísame cuando termines.* Let me know when you've finished. **2 de vez en cuando/de cuando en cuando** every now and again, from time to time: *Me llama de vez en cuando.* He calls me every now and again./He calls me from time to time.

cuándo *pron* when: *¿Cuándo es el examen?* When's the exam? | *Todavía no sabemos cuándo llegan.* We still don't know when they are arriving. ▶ ver **desde, hasta**

cuanto, -a *adjetivo, pronombre & conjunción*

• ***adj & pron*** **unos cuantos/unas cuantas** quite a few: *Vinieron unas cuantas personas.* Quite a few people came. | *Dame unas cuantas.* Give me quite a few.

• ***conj*** **1** La estructura equivalente a las comparaciones que empiezan con *cuanto más* o *cuanto menos* es **the + comparativo, the + comparativo**: *Cuanto antes, mejor.* The sooner, the better. | *Cuanto más lo piensas, peor es.* The more you think about it, the worse it is. | *Cuanto menos hable, mejor.* The less he talks, the better. **2 en cuanto** as soon as: *En cuanto termine nos vamos.* As soon as I'm finished we'll go. **3 cuanto antes** as soon as possible: *Ven cuanto antes.* Come as soon as possible./Come as soon as you can.

cuánto, -a *adj & pron* ▶ ver recuadro

cuarenta *número* forty | **los (años) cuarenta** the forties

cuaresma *s* Lent

cualquiera *pronombre*

1 Cuando se refiere a personas en general, se traduce por **anyone** o **anybody:**

Le puede pasar a cualquiera. It can happen to anyone.

Pero si se trata de sólo dos personas, la traducción es **either:**

–¿Quiere hablar con mi mamá o con mi papá? –Con cualquiera (de los dos). "Do you want to speak to Mom or Dad?" "To either (of them).

Para expresar *una persona nada especial,* se dice **just anyone:**

Yo no salgo con cualquiera. I don't go out with just anyone.

2 Cuando se refiere a cosas en general, se traduce por **any** o **any one:**

cualquiera de esos libros any of those books/ any one of those books

Pero si se trata de sólo dos cosas, la traducción es **either:**

–¿El viejo o el nuevo? –Cualquiera. "The old one or the new one?" "Either".

cuánto

1 EN PREGUNTAS

Usa **how much** si te refieres a un sustantivo en singular y **how many** si a uno en plural:

¿Cuánto café queda? How much coffee is there left? | *¿Cuántas niñas hay en tu clase?* How many girls are there in your class? | *–Necesito unos alfileres. –¿Cuántos?* "I need some pins". "How many?"

Guíate por el sustantivo inglés y no por el español:

¿Cuánta gente vino? How many people came?

Usa **how much** si se trata de dinero:

¿Cuánto le debo? How much do I owe you? | *No sé cuánto cuesta.* I don't know how much it is.

Usa **how long** si se trata de tiempo:

¿Cuánto tiempo te vas a quedar? How long are you going to stay? | *¿Cuánto falta para comer?* How long is it till dinner? | *¿Cuántos años hace que viven aquí?* How long have you been living here?

2 EN EXCLAMACIONES (= what a lot)

¡Cuánta gente! What a lot of people! | *¡Cuánta comida!* What a lot of food!

La traducción es diferente si se trata de tiempo:

¡Cuánto tiempo sin verte! I haven't seen you for **such a long time**! | *¡Cuánto tardaste!* You took **such a long time**!

cuarta *s* (en la caja de cambios) fourth, fourt gear

cuartel *s* (militar) barracks *pl* **cuartel de bomberos** fire station **cuartel general** headquarters

cuarto *s* **1** (habitación) room **2** (al dar la hora) quarter | **las cuatro/cinco etc. y cuarto** a quarter after four/five etc. (AmE), a quarter past four/five etc. (BrE): *Son las 3 y cuarto.* It's a quarter after three./It's a quarter past three. | **un cuarto para las seis/siete etc., las seis/siete etc. menos cuarto** a quarter of six/seven etc. (AmE), a quarter to six/seven etc. (BrE): *a las cinco menos cuarto* at a quarter of five/at a quarter to five **3** (cuarta parte) quarter: *un cuarto de jamón/un cuarto de kilo de jamón* a quarter of a kilo of ham
cuarto creciente first quarter **cuarto de hora** quarter of an hour: *un cuarto de hora* a quarter of an hour | *tres cuartos de hora* three quarters of an hour **cuarto de huéspedes** guest room **cuarto de servicio** maid's room **cuarto menguante** last quarter **cuartos de final** *s pl* quarter-finals

cuarto, -a *número* **1** fourth **2 la cuarta parte** a quarter: *la cuarta parte de los alumnos* a quarter of the students

cuarzo *s* quartz

cuate *s* **1** (amigo) pal, buddy (plural -ddies) (AmE), mate (BrE) **2** (tipo) guy **3** (gemelo) twin

cuatro *número* **1** (número cantidad) four **2** (en fechas) fourth

cuatrocientos, -as *número* four hundred

Cuba *s* Cuba

cubano, -a *adjetivo & sustantivo*
- ***adj*** Cuban
- ***s*** Cuban | **los cubanos** (the) Cubans

cubeta *s* (para agua) bucket

cubetera *s* ice tray

cúbico, -a *adj* cubic

cubierta *s* **1** (de un barco) deck | **en cubierta** on deck **2** (de un libro) cover **3** (en una cocina) counter (AmE), worktop (BrE)

cubierto, -a *adj* **1** (tapado) **cubierto -a de algo** covered with sth: *Las calles estaban cubiertas de hojas.* The streets were covered with leaves. **2** (cielo) overcast

cubierto *s*
1 (para comer) Las palabras **silverware** (en inglés americano) y **cutlery** (en inglés británico) son incontables y significan *cubiertos*. Para referirse a *un cubierto* se usa **a piece of silverware, a piece of cutlery,** o su nombre específico (**knife, spoon** o **fork**): *Pon los cubiertos.* Put out the cutlery. | *Faltan dos cubiertos del juego.* There are two pieces of silverware missing from the set. **2** (en un restaurante) cover charge: *Cobran $2.50 el cubierto.* There's a $2.50 cover charge.

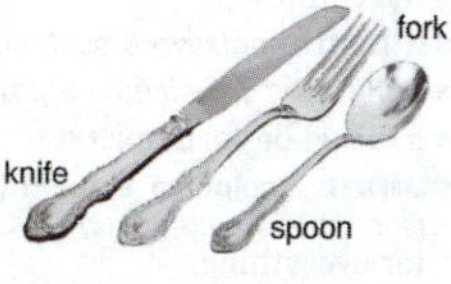

cubilete *s* shaker

cubitera *s* (para hielo) ice tray

cubito o **cubito de hielo** *s* ice cube

cubo *s* **1** (cuerpo geométrico) cube **2** (en matemáticas) **al cubo** cubed: *21 al cubo* 21 cubed

cubrecama *s* bedspread

cubrir *v* **1** (tapar) to cover: *Lo cubrió con una cobija.* She covered him with a blanket. **2** (seguro) to cover: *¿Lo cubre el seguro?* Is it covered by the insurance? **3 cubrir los gastos/los costos** to cover your expenses/costs

cucaracha *s* cockroach (plural -ches)

cuchara *s* **1** (cubierto) spoon **2** (cucharada) spoonful

cucharada *s* spoonful

cucharadita *s* teaspoonful

cucharita *s* **1** (cubierto) teaspoon **2** (cucharadita) teaspoonful

cucharón *s* ladle

cuchichear *v* to whisper

cuchilla *s* **1** (de una licuadora) blade **2** (cuchillo) kitchen knife
cuchilla de afeitar razor blade

cuchillo *s* knife (plural knives)

cucurucho *s* (de helado) cone, cornet (BrE)

cuello *v* **1** (de una persona) neck **2** (de una camisa, un saco, etc.) collar **3** (de una botella) neck
cuello en V V-neck **cuello redondo** round neck **cuello tortuga, cuello vuelto** turtleneck (AmE), polo neck (BrE)

cuenca *s* (de un río) basin

cuenta *s* **1** (factura) bill: *la cuenta del gas* the gas bill
2 (en un restaurante) check (AmE), bill (BrE): *¿Nos trae la cuenta, por favor?* Can we get the check please?/Can we have the bill please?
3 (en aritmética) math problem (AmE), sum (BrE) | **hacer una cuenta** to do a math problem (AmE), to do a sum (BrE) | **hacer/sacar la cuenta (de algo)** to work sth out: *Todavía no hemos hecho la cuenta.* We haven't worked it out yet. | **perder la cuenta (de algo)** to lose count (of sth): *Perdí la cuenta otra vez.* I've lost count again.
4 darse cuenta (de algo) to notice (sth), to realize (sth) ► **to notice** se usa cuando se trata de algo visual: *Me teñí el pelo y ni se dio cuenta.* I dyed my hair and he didn't even notice | *Al rato me di cuenta de quién era.* After a while I realized who it was. | *Se dio cuenta de que había metido la pata.* He realized he had put his foot in it. | **tener/tomar algo en cuenta** to take sth into account, to bear sth in mind ► En oraciones imperativas se suele usar **bear in mind**: *No tuvieron en cuenta el clima.* They didn't take the climate into account. | *Ten en cuenta que*

todavía es joven. Bear in mind that he's still young.
5 hacer algo por su cuenta to do sth on your own, to do sth off your own bat (BrE) (informal): *Lo hice por mi cuenta.* I did it on my own./I did it off my own bat.
6 (en un banco) account
cuenta atrás, cuenta regresiva countdown **cuenta corriente** checking account (AmE), current account (BrE) **cuenta de ahorro** savings account **cuenta de depósito** deposit account

cuentakilómetros *s* **1** (que marca la velocidad) speedometer **2** El instrumento que registra la distancia recorrida se llama **odometer** en inglés americano y **mileometer** en inglés británico

cuento *s* **1** (narración) story (plural -ries): *¿Me cuentas un cuento, mami?* Tell me a story, mom. ► En literatura se usa **short story**: *un cuento de Rulfo* a short story by Rulfo **2** (mentira) story (plural -ries)
cuento de hadas fairy tale

cuerda *sustantivo & sustantivo plural*
• *s* **1** (soga) rope | **saltar a la cuerda** to jump rope, to skip rope (AmE), to skip (BrE) | **cuerda (de saltar)** jump rope (AmE), skipping rope (BrE) **2** (de una guitarra, un violín) string **3 de cuerda** clockwork: *un juguete de cuerda* a clockwork toy | **darle cuerda a algo** to wind sth up: *Dale cuerda al reloj.* Wind the clock up. **4 estar en la cuerda floja** to be walking on a tightrope
• **cuerdas** *s pl* (instrumentos) strings
cuerdas vocales vocal chords

cuerdo, -a *adj* sane

cuernito *s* (para comer) croissant

cuerno *s* **1** (de un toro) horn **2** (de un ciervo) antler **3 ponerle/meterle los cuernos a alguien** to be unfaithful to sb

cuero *s* **1** leather | **una chaqueta/una falda de cuero** a leather jacket/skirt **2 en cueros** stark naked
cuero cabelludo scalp

cuerpo *s* **1** (de una persona, un animal) body (plural -dies): *loción para el cuerpo* body lotion **2** (cadáver) body (plural -dies) **3** (en física) body (plural -dies)
cuerpo diplomático diplomatic corps

cuervo *s* raven

cuesta *s* hill | **cuesta arriba/abajo** uphill/downhill: *Tuvimos que empujar el auto cuesta arriba.* We had to push the car uphill.

cuestión *s* **1** (asunto) matter: *Eso es otra cuestión.* That's another matter. **2 la cuestión es** the thing is: *La cuestión es que no tengo dinero.* The thing is, I don't have any money. **3 es cuestión de gustos/tiempo etc.** it's a matter of taste/time etc. | **es cuestión de practicar/tener paciencia etc.** it's a question of practicing/being patient etc. **4 en cuestión de segundos/minutos etc.** in a matter of seconds/minutes etc.

cuestionario *s* questionnaire

cueva *s* cave

cuidado *sustantivo & interjección*
• *s* **1 (tener) cuidado con algo** (to be) careful with sth: *¡Cuidado con ese cuchillo!* Careful with that knife! | *Ten cuidado con ese jarrón.* Be careful with that vase. ► A menudo se dice **watch out** para advertir a alguien de un peligro que puede no haber notado: *Cuidado con el escalón.* Watch out for the step. **2 con cuidado** carefully: *Lávalo con cuidado.* Wash it carefully.
cuidados intensivos intensive care
• **¡cuidado!** *interj* careful!: *¡Cuidado! ¡Está caliente!* Careful! It's hot!

cuidadoso, -a *adj* careful

cuidar *v* **1 cuidar a un niño/un enfermo** to take care of a child/a sick person, to look after a child/a sick person **2 cuidar algo** (los libros, la ropa) to take care of sth: *No cuida los juguetes.* He doesn't take care of his toys. | **cuidarle algo a alguien** to watch sth for sb: *Cuídame la bicicleta un segundo.* Can you watch my bike for me for a minute?
cuidarse *v* to look after yourself, to take care of yourself: *¡Cuídate!* Look after yourself!/Take care! | *Tiene que cuidarse con la comida.* He has to be careful what he eats.

culantro *s* coriander, cilantro (AmE)

culata *s* (de un arma) butt

culebra *s* (animal) snake

culo *s* **1** (trasero) butt (AmE), bum (BrE) **2** (de una botella) bottom

culpa *s* **1** fault: *Es culpa mía.* It's my fault. | **tienes/tuvo etc. la culpa** it's your/it was his etc. fault: *La culpa la tuvieron ellos.* It was their fault. | *¿Quién tuvo la culpa?* Whose fault was it? | *Tú tienes la culpa de todo.* It's all your fault. | **echarle la culpa (de algo) a alguien** to blame sb (for sth): *Le echaron la culpa de todo a Pedro.* They blamed Pedro for everything. **2 por culpa de algo/alguien** because of sth/sb: *Llegamos tarde por su culpa.* We were late because of him. | *Fue por culpa del tránsito.* It was because of the traffic.

culpable *adjetivo & sustantivo*
• *adj* guilty: *Me siento culpable.* I feel guilty.
• *s* (de un delito) culprit

culpar *v* **culpar a alguien (de algo)** to blame sb (for sth): *Me culparon de todo.* They blamed me for everything.

cultivar *v* **1** (cereales, plantas) to grow **2 cultivar la tierra** to farm the land

cultivo *s* **1** (producto) crop **2** (acción de cultivar) **el cultivo de papas/cereales etc.** potato/cereal etc. growing

culto, -a *adjetivo & sustantivo*
- *adj* cultured
- **culto** *s* **1 el culto a la belleza/al cuerpo etc.** the cult of beauty/of the body etc. **2 una película/un músico etc. de culto** a cult movie/musician etc. **3** (práctica religiosa) worship

cultura *s* **1** (civilización) culture **2** (conocimientos) culture
cultura general general knowledge

cultural *adj* cultural

cumbia *s* cumbia

cumbre *s* **1** (de una montaña) summit **2** (reunión) summit, summit meeting

cumpleaños *s* birthday: *¡Feliz cumpleaños!* Happy birthday! | *Mañana es mi cumpleaños.* Tomorrow is my birthday. | **una fiesta/un regalo de cumpleaños** a birthday party/present

cumplido, -a *adj* **1** (puntual) punctual **2** (atento) polite

cumplir *v* **1** (años) En inglés se usa una construcción con **to be**. Ver ejemplos: *Mañana cumplo 12 años.* I'm going to be 12 tomorrow. | *¿Cuántos años cumples?* How old are you? | *Se fue de casa cuando cumplió 18.* He left home when he was 18. **2** (una promesa) to keep: *No cumpliste tu promesa.* You didn't keep your promise. **3 cumplir una orden** to carry out an order **4** (una condena) to serve **5** (hacer lo debido) to do your part: *Yo ya he cumplido.* I've done my part. **6 cumplir con su deber** to do your duty
cumplirse *v* **1** (sueño, deseo) to come true: *Se me cumplió el sueño.* My dream came true. **2** (referido a aniversarios, etc.): *Hoy se cumple un año de su muerte.* He died a year ago today.

cuna *s* **1** (cama) crib (AmE), cot (BrE) **2** (que se puede hamacar) cradle

cuneta *s* **1** (al lado de la carretera) ditch (plural -ches) **2** (borde de la acera) curb (AmE), kerb (BrE)

cuñado, -a *s* **cuñado** brother-in-law (plural brothers-in-law) | **cuñada** sister-in-law (plural sisters-in-law)

cuota *s* **1** (de un club) membership fee **2** (pago parcial) installment (AmE), instalment (BrE): *las cuotas del auto* the **installments on** the car | **en cuotas** in installments (AmE), in instalments (BrE): *Lo compré en cuotas.* I paid for it in installments. **3** (de un colegio) fees *pl*: *las cuotas del colegio* the school fees
cuota inicial downpayment

cupón *s* voucher

cura *sustantivo masculino & sustantivo femenino*
- *s* [masc] priest
- *s* [fem] **1** (tratamiento) cure: *una enfermedad que no tiene cura* a disease for which there's no cure **2** (para heridas) ► ver **curita®**

curandero, -a *s* healer ► El uso peyorativo de *curandero -a* para referirse a un mal médico, se traduce por **quack**

curar *v* **1** (una enfermedad) to cure **2** (una herida) to dress
curarse *v* to get better, to recover: *cuando te cures* when you get better/when you recover | **curarse de algo** to get over sth: *Ya se curó de la varicela.* She's gotten over the chicken pox.

curiosidad *s* **1** (deseo de saber) curiosity: *Fui por curiosidad.* I went **out of curiosity**. | **tener curiosidad por hacer algo** to be curious to do sth: *Tenía mucha curiosidad por ver dónde vivían.* I was very curious to see where they lived. | **me/le etc. da curiosidad** I'm/she's etc. curious **2** (hecho curioso) curiosity (plural -ties)

curioso, -a *adj* **1** (metido) nosy: *No seas curioso.* Don't be nosy. **2** (inquieto) inquisitive: *Siempre he sido muy curioso.* I've always been very inquisitive. **3** (extraño) odd, curious: *Qué curioso ¿no?* Isn't that odd?

curita® *s* Band-Aid® (AmE), plaster (BrE): *Ponte una curita.* Put a Band-Aid on it.

curriculum o **curriculum vitae** *s* résumé (AmE), CV (BrE)

cursar *v* **1** (una carrera) to study: *Está cursando medicina.* She's studying medicine. **2** (una materia) to study: *Voy a cursar tres materias este trimestre.* I'm going to study three subjects this term.

cursi *adj* tacky, twee (BrE)

cursiva *s* **en cursiva** in italics

curso *s* **1** (clases) course: *un curso de francés* a French course **2** (grupo de alumnos) class: *mis compañeros de curso* my classmates
curso a distancia correspondence course (AmE), distance learning course (BrE) **curso intensivo** crash course, intensive course: *un curso intensivo de inglés* a crash course in English/an intensive course in English

cursor *s* cursor

curul *s* seat

curva *s* **1** (en una carretera) bend: *una curva cerrada* a sharp bend | **tomar una curva** to take a bend **2** (línea) curve

curvo, -a *adj* curved

custodia *s* **1** (de un niño) custody **2** (de una persona importante) security staff

custodiar *v* to guard

cutis *s* skin: *una crema para cutis graso* a cream for oily skin ► Cuando se habla de la calidad del cutis, se usa **complexion**: *un cutis perfecto/un cutis delicado* a perfect complexion/a delicate complexion

cuyo, -a *adj* **1** (hablando de una persona) whose: *un actor cuyo nombre no recuerdo* an actor whose name I forget **2** (hablando de una cosa): *un informe cuyo contenido no fue revelado* a report, the contents **of which** were not made public

D

D, d *s* D, d ▶ ver "Active Box" **letras del alfabeto** en **letra**

dado *sustantivo, adjetivo & conjunción*

- *s* dice (plural dice) | **tirar los dados** to throw the dice | **jugar a los dados** to play dice
- *adj* **en un momento dado** at a given moment
- **dado que** *conj* since, given that

dálmata *s* dalmatian

dama *sustantivo & sustantivo plural*

- *s* **1** (mujer, señora distinguida) lady (plural -dies) | **damas y caballeros** ladies and gentlemen **2** (en juegos de cartas) queen **3** (en el juego de las damas) king
- **damas** *s pl* (juego) checkers (AmE), draughts (BrE) | **jugar (a las) damas** to play checkers (AmE), to play draughts (BrE)

damasco *s* (fruta) apricot

danés, -esa *adjetivo & sustantivo*

- *adj* Danish
- *s* (persona) Dane | **los daneses** (the) Danes
- **danés** *s* (idioma) Danish

danza *s* dance

dañar *v* **1** (un televisor, una batidora, etc.) to break: *Me dañó la cámara.* He broke my camera. **2** to damage

dañarse *v* **1** (vehículo) to break down: *Se nos dañó el carro.* Our car broke down. **2** (televisor, batidora, etc.) to break: *Se ha vuelto a dañar la impresora.* The printer has broken again. **3** (leche, pescado, etc.) to go off, to go bad

daño *s* **hacerse daño** to hurt yourself: *Me caí pero no me hice daño.* I fell but I didn't hurt myself. | **hacerle daño a alguien** to hurt sb

daños y perjuicios *s pl* damages

dar *v* **1** (entregar, comunicar) to give: *Me dio $5.* He gave me $5. | *Le di la llave a Pablo.* I gave Pablo the key./I gave the key to Pablo. | *¿Me das tu teléfono?* Can you give me your phone number?/Can I have your phone number? | *Todavía no le dieron la noticia.* They still haven't told her the news.
2 (aplicar) to give: *Dele una mano de pintura.* Give it a coat of paint.
3 (una película, una obra) Se usa una construcción con **on**: *¿Dónde la dan?* Where's it on?/Where are they showing it? | *¿Qué dan hoy en canal 7?* What's on channel 7 today?
4 (adjudicar) (un premio, una beca) to award
5 darle a un botón/una tecla to press a button/a key | **darle a una pelota** to hit a ball: *Dale fuerte.* Hit it hard.
6 dar a la calle/al mar etc. to look onto the street/the sea etc.: *El cuarto da al jardín.* The room looks onto the garden.
7 a todo lo que da (a) (a todo volumen) full blast: *Tenía la radio a todo lo que da.* She had the radio on full blast. **(b)** (a toda velocidad) at full speed: *van por la carretera a todo lo que da* they're driving along the road at full speed

darse *v* **1 darse contra una puerta/un farol etc.** to bump into a door/a lamp-post etc.
2 se las da de intelectual/de experto etc. he likes to think he's an intellectual/an expert etc.
▶ *dar clases, dar miedo, darse un golpe*, etc. están tratados bajo el sustantivo o adjetivo correspondiente

dardo *v* dart | **jugar (a los) dardos** to play darts

dátil *s* date

dato *s* information ▶ **information** es incontable y en muchos casos equivale a *datos*: *Aquí tiene los datos que me pidió.* Here's the information you asked for. | *¿Quién te dio el dato?* Who told you?/Who gave you the information? ▶ *datos* también puede traducirse por **data,** que es una palabra más técnica: *los datos almacenados en la computadora* the data stored on the computer ▶ ver **banco, base**

datos personales *s pl* details, personal details

d.C. (= **después de Cristo**) AD: *en el 300 d.C.* in 300 AD

de *prep* ▶ ver recuadro

debajo *adverbio & preposición*

- *adv* underneath: *Pon un plato debajo.* Put a plate underneath it.
- **debajo de** *prep* **1** under: *debajo de la cama* under the bed **2 por debajo del 20%/de los 25 grados etc.** below 20%/25 degrees etc.: *temperaturas por debajo de 0°* temperatures below 0°

debate *s* debate

deber *verbo, sustantivo & sustantivo plural*

- *v* **1** ▶ El verbo auxiliar está tratado en el recuadro **2** (dinero, un favor) to owe: *Me debes $3.* You owe me $3. | *Le debo el regalo de cumpleaños.* I owe him a birthday present.

  deberse *v* **deberse a algo** to be due to sth: *Esto se debe al agujero de ozono.* This is due to the hole in the ozone layer. | **¿a qué se debe?** what is the reason for?: *¿A qué se debe la demora?* What's the reason for the delay?/Why is it late?
- *s* duty (plural -ties): *Cumplió con su deber.* He did his duty.
- **deberes** *s pl* homework *sing* | **hacer los deberes** to do your homework: *¿Ya has hecho los deberes?* Have you done your homework yet?

debido, -a *adjetivo & preposición*

- *adj* **con el debido respeto** with all due respect | **hacer algo como es debido** to do sth well
- **debido a** *prep* because of: *El partido se sus-*

ⓘ ¿Se dice *I arrived in Miami* o *I arrived to Miami*? Mira la entrada **arrive**.

de

1 PERTENENCIA
Si se trata de algo que pertenece a una persona, se usa el nombre del poseedor seguido de **'s**:
los amigos de Jairo Jairo's friends | *la bufanda de la niña* the girl's scarf
Si el sustantivo termina en **s** se usa sólo el apóstrofe:
las calificaciones de sus alumnos her students' grades | *el auto de Luis* Luis' car
Si se trata de algo que es parte de un objeto, *de* no se traduce y el objeto se menciona antes que la parte:
la ventana del baño the bathroom window | *la pantalla de la computadora* the computer screen

2 TEMA
El tema se menciona antes y *de* no se traduce:
una clase de ballet a ballet class | *una película de terror* a horror film

3 MATERIAL
El material se menciona antes y *de* no se traduce:
una vaso de plástico a plastic cup | *una chaqueta de cuero* a leather jacket

4 PROCEDENCIA, ORIGEN (= from)
Soy de Guayaquil. I'm from Guayaquil. | *¿De dónde eres?* Where are you from?

5 CONTENIDO (= of)
un vaso de agua a glass of water

6 CON SUPERLATIVOS (= in)
el país más grande del mundo the largest country in the world | *el muchacho más buen mozo del colegio* the best-looking boy in the school

7 PERTENENCIA A UN GRUPO (= of)
uno de los niños one of the children | *la mejor de sus canciones* the best of their songs

8 CARACTERÍSTICA
una muchacha de pelo corto a girl **with** short hair | *ése de barba* that guy **with** a beard | *la mujer de chaqueta negra* the woman **in** the black jacket

9 AUTORÍA (= by)
una canción de los Beatles a song by the Beatles

10 OCUPACIÓN (= as)
Trabaja de mesera. She works as a waitress.

11 DESDE (= from)
La clase es de 9 a 11. The class is from 9 o'clock to 11 o'clock. | *¿Cuánto se tarda de Miami a Orlando?* How long does it take to get from Miami to Orlando?

deber *verbo auxiliar*

1 SUPOSICIÓN
EN ORACIONES AFIRMATIVAS (= must)
Debe (de) tener unos 30 años. She must be about 30. | *Ya se debe (de) haber ido.* He must have left by now.
EN ORACIONES NEGATIVAS
No debe (de) ser muy difícil. It can't be very difficult. | *No debe (de) haber entendido nada.* He probably didn't understand a word./I bet he didn't understand a word.

2 OBLIGACIÓN
usa **must** si la oración está en presente y **should** si está en condicional o en pasado:
Es algo que debemos tener en cuenta. It is something we must take into account. | *Deberías llamarla.* You should call her. | *Me debiste haber avisado.* You should have told me.

pendió debido a la lluvia. The game was canceled because of the rain.

débil *adj* weak ▶ ver **punto**

debilidad *s* **1** (física, de carácter) weakness **2** (fuente de placer) weakness (plural -sses): *El chocolate es mi debilidad.* Chocolate is my weakness.

debutar *v* to make your debut: *Debutó en televisión en 1991.* He made his debut on television in 1991.

década *s* decade | **la década de los ochenta/del sesenta etc.** the eighties/the sixties etc.

decadencia *s* **1** (proceso) decline | **estar en (plena) decadencia** to be in (total) decline **2** (estado decadente) decadence

decaído, -a *adj* **estar/andar decaído -a** to be feeling low

decano, -a *s* dean

decapitar *v* to behead

decena *s* **1** ten: *Se venden por decena.* They're sold in tens. **2** (en aproximaciones) **decenas de casos/veces etc.** dozens of cases/times etc.

decente *adj* **1** (aceptable) decent: *un sueldo decente* a decent salary **2** (honesto) decent

decepción *s* disappointment | **me llevé/se llevó etc. una decepción** I was disappointed/she was disappointed etc.

decepcionar *v* to disappoint: *Su reacción me decepcionó.* I was disappointed by his reaction.

decidido, -a *adj* **1** (seguro) **estar decidido -a** to have made up your mind: *No estoy muy decidida.* I haven't quite made up my mind. **2** (empeñado) **estar decidido -a a hacer algo** to be determined to do sth: *Está decidida a conseguir la beca.* She's determined to get the scholarship. **3** (resuelto) decisive: *una niña muy decidida* a very decisive girl

decidir *v* to decide: *¿Qué has decidido?* What have you decided? | **decidir hacer algo** to decide to do sth

decidirse *v* to make up your mind: *Vamos, decídete.* Come on, make up your mind.

decimal *adj & s* decimal

décimo, -a *número* tenth

decimoctavo, -a *número* eighteenth

decimocuarto, -a *número* fourteenth

decimonoveno, -a *número* nineteenth

decimoprimero, -a *número* eleventh

decimoquinto, -a *número* fifteenth

decimoséptimo, -a *número* seventeenth

decimosexto, -a *número* sixteenth

decimotercero, -a *número* thirteenth

decir *v* ► ver recuadro

decisión *s* decision | **tomar una decisión** to make/take a decision: *Tienes que tomar una decisión.* You have to make a decision.

decisivo, -a *adj* **1** (papel, factor) decisive **2** (momento) crucial

declaración *s* **1** (a la prensa) statement **2** (anuncio oficial) declaration **3 tomarle declaración a alguien** (policía) to take a statement from sb | **prestar declaración (a)** (ante la policía) to make a statement **(b)** (en un juicio) to give evidence

declaración de guerra declaration of war **declaración de independencia** declaration of independence **declaración jurada** affidavit

declarar *v* **1** (en la aduana) to declare: *¿Tiene algo que declarar?* Do you have anything to declare? **2** (ante un juez) to testify **3 declarar a alguien culpable/inocente** to find sb guilty/innocent **4 declararle la guerra a alguien** to declare war on sb

declararse *v* **declararse culpable/inocente** to plead guilty/not guilty

decodificador *s* decoder

decoración *s* **1** (de una casa, un bar, etc.) decor: *La decoración es muy moderna.* The decor is very modern. **2** (acción de decorar) decoration

decoración de interiores interior design, interior decoration

decorado *s* (en teatro, cine, etc.) set

decorar *v* to decorate

decorativo, -a *adj* decorative

dedal *s* thimble

dedicación *s* dedication

dedicar *v* **1 dedicarle algo a alguien** to dedicate sth to sb: *Me dedicó la canción.* He dedicated the song to me. **2 dedicarle tiempo a algo/alguien** to devote time to sth/sb

dedicarse *v* **dedicarse a (hacer) algo** ver ejemplos: *¿A qué te dedicas?* What do you do?/What do you do for a living? | *Se dedica al periodismo.* He's a journalist. | *Me dedico a diseñar páginas web.* I design web pages.

decir

1 La traducción puede ser **to say** o **to tell**.

Si no se indica a quién se le dice algo, se usa **to say:**

¿Qué dijiste? What did you say? | *No dije nada.* I didn't say anything. | *¿Cómo se dice "queso" en francés?* How do you say "cheese" in French?

Si se indica a quién se le habla, se usa **to tell:**

Me dijo que venía. She told me she was coming.

También se puede usar **to say,** pero seguido de **to:**

Eso no es lo que me dijo a mí. That's not what she said to me./That's not what she told me.

decir la verdad y *decir mentiras* siempre se traducen con *to tell:*

Dije la verdad. I told the truth. | *No digas mentiras.* Don't tell lies.

2 ÓRDENES

Dice que lo esperemos. He says to wait for him. | *Mi mamá dijo que no tocaras eso.* My mom said not to touch that. | **decirle a alguien que haga algo** to tell sb to do sth: *Dile que espere.* Tell her to wait. | *¡Te dije que me dejes en paz!* I told you to leave me alone!

3 LLAMAR (= to call)

Le dicen Chicho. They call him Chicho.

4 EXPRESIONES

querer decir to mean: *¿Qué quiere decir "obsoleto"?* What does "obsolete" mean? | *No quise decir eso.* I didn't mean that. | **¿qué dices?/¿qué dice?** how are things?: *¿Qué dices, Julio?* How are things, Julio? | **digo** I mean: *Hay dos, digo, tres.* There are two, I mean, three. | **dicho sea de paso** by the way: *Dicho sea de paso, qué feo es el novio.* By the way, isn't her boyfriend ugly? | **es decir** that is/that is to say: *El 28, es decir, a fin de mes.* The 28th, that is (to say), at the end of the month.

dedicatoria *s* dedication

dedo *s* **1** (de la mano) finger: *Me corté el dedo.* I cut my finger. **2** (del pie) toe **3 hacer/echar dedo** to hitchhike: *Hicimos dedo hasta Antofagasta.* We hitchhiked as far as Antofagasta. **4 ir a dedo** to hitch, to hitchhike: *Pensamos ir a dedo.* We're planning to hitch./We're planning to hitchhike.

dedo anular ring finger **dedo gordo (a)** (del pie) big toe **(b)** (de la mano) thumb **dedo índice** forefinger **dedo mayor, dedo corazón, dedo medio** middle finger **dedo meñique** little finger

deducir *v* to deduce

defecto *s* **1** (de una persona) fault: *Todos tenemos defectos.* We all have our faults. **2** (de una cosa) defect: *un defecto de fabricación* a manufac-

¿Quieres información sobre las diferencias entre los **artículos** en inglés y en español? Lee la explicación en el apartado de gramática.

turning defect ▶ Se usa **fault** si se trata de defectos mecánicos o técnicos y **flaw** para referirse a un defecto en una tela o tejido.

defecto físico physical defect

defender *v* to defend: *Los amigos fueron a defenderlo.* His friends went to defend him. ▶ En el sentido de sacar la cara por alguien, se usa **to stick up for sb**: *Tú siempre lo defiendes.* You always stick up for him.

defenderse *v* **1** (protegerse) to defend yourself | **defenderse de algo/alguien** to defend yourself against sth/sb **2** (arreglárselas) to get by: *No hablo francés tan bien como ella, pero me defiendo.* I don't speak French as well as she does, but I get by. | *No es un gran jugador pero se defiende.* He's not a great player but he's not bad.

defensa *sustantivo femenino, sustantivo masculino & femenino & sustantivo plural*

- *s* [fem] **1** (protección) defense (AmE), defence (BrE): *la defensa de los derechos de la mujer* the defense of women's rights | *la defensa del medio ambiente* the protection of the environment | **en defensa propia** in self-defense **2** (de un equipo deportivo) defense (AmE), defence (BrE) **3** (en un juicio) defense (AmE), defence (BrE) **4** (de un auto) bumper
- *s* [masc & fem] (en deportes) defender: *Juega de defensa.* He's a defender,
- **defensas** *s pl* defenses (AmE), defences (BrE): *Tiene las defensas bajas.* Her defenses are low.

defensivo, -a *adj* **1** defensive **2 estar/ponerse a la defensiva** to be/go on the defensive: *Enseguida se puso a la defensiva.* He immediately went on the defensive.

defensor, -a *s* **1** (militante) defender: *un defensor de la democracia* a defender of democracy **2** (en deportes) defender: *Juega de defensor.* He's a defender. ▶ ver **abogado**

deficiencia *s* deficiency (plural -cies)

deficiente *adjetivo & sustantivo*

- *adj* **1** inadequate: *una alimentación deficiente* an inadequate diet **2 deficiente en algo** deficient in sth: *una dieta deficiente en vitamina A* a diet that is deficient in vitamin A
- *s* (o **deficiente mental**) mentally handicapped person

definición *s* **1** (de una palabra) definition **2** (de una imagen) definition

definir *v* to define

definitivamente *adv* (para siempre) for good: *Dejó la música definitivamente.* He's given up music for good.

definitivo, -a *adj* **1** (respuesta) definite: *No me dio una respuesta definitiva.* She didn't give me a definite answer. **2** (versión, solución) final, definitive **3 en definitiva** in short

deforestación *s* deforestation

deforme *adj* deformed

defraudar *v* (decepcionar) to disappoint: *La película me defraudó.* I was disappointed by the movie.

degenerado, -a *s* **1** (pervertido sexual) pervert **2** (mala persona) degenerate

dejar *v* ▶ ver recuadro

dejarse *v* **1 dejarse la barba/los bigotes etc.** to grow a beard/mustache etc.: *Se está dejando la barba.* He's growing a beard. **2 se dejó ganar/engañar etc.** she let herself be beaten/be cheated etc., she let him/them etc. beat her/cheat her etc.: *Me dejé convencer.* I let myself be persuaded. | *Se dejó besar.* He let her kiss him. **3 dejarse de tonterías** to stop being silly | **dejarse de hacer algo** to stop doing sth: *Déjate de decir estupideces.* Stop talking nonsense.

del contracción de **de+el** ▶ ver **de**

delantal *s* (de cocina) apron

delante *preposición & adverbio*

- *prep* **delante de algo/alguien** in front of sth/sb: *Le gritó delante de todos.* He shouted at her in front of everybody. | *No te sientes delante de mí.* Don't sit in front of me.

dejar

1 Si buscas el sentido de *permitir* o *dejar de hacer algo*, mira más abajo. Los demás usos de *dejar* se traducen por **to leave:**

Deja la llave en el cajón. Leave the key in the drawer. | *Dejaste la luz encendida.* You left the light on. | *El marido la dejó.* Her husband left her. | *¡Déjame tranquila!* Leave me alone! | *El abuelo le dejó mucho dinero.* His grandfather left him a lot of money.

Fíjate en las preposiciones en los siguientes ejemplos:

Le dejó el bebé a la vecina. She **left** the baby **with** her neighbor. | *Déjale un poco de jugo a tu hermano.* **Leave** some juice **for** your brother. | *¿Lo dejamos para otro día?* Should we **leave** it **for** another day?

Cuando alguien te lleva en auto, taxi, etc. y te deja en un lugar **they drop you off:**

Déjeme en la esquina, por favor. Just drop me off on the corner, please.

2 PERMITIR (= to let)

Dejé correr el agua. I let the water run. | *Déjame ver.* Let me see. | *Deja que te explique.* Let me explain.

Cuando la oración es negativa, se suele usar **won't let** o **wouldn't let:**

Mis padres no me dejan ir. My parents won't let me go. | *Yo quise ayudar pero no me dejaron.* I wanted to help but they wouldn't let me.

3 PARAR DE HACER ALGO (= to stop doing sth)

¡Deja de gritar! Stop shouting! | *Dejó de fumar.* He stopped smoking./He gave up smoking.

• ***adv*** **por delante (a)** (en el tiempo) ahead: *Tienes toda la vida por delante.* You have your whole life ahead of you. **(b)** (en el espacio) at the front: *La falda cierra por delante.* The skirt fastens at the front. | **llevarse algo/a alguien por delante** to walk into sth/sb: *Me llevé la puerta por delante.* I walked into the door.

delantera *s* **1** (en fútbol) forwards *pl*, strikers *pl* (BrE) **2 llevar la delantera** to be in the lead

delantero, -a *sustantivo & adjetivo*
• ***s*** (en deporte) forward
• ***adj*** **el asiento delantero/las ruedas delanteras etc.** the front seat/the front wheels etc.

delegado, -a *s* representative

deletrear *v* to spell

delfín *s* dolphin

delgado, -a *adj* **1** (persona) thin, slim ► **slim** tiene connotaciones positivas y no se usa, por ejemplo, para decir que alguien está demasiado delgado **2** (pared, labios, lámina, etc.) thin

delicado, -a *adj* **1** (tema, situación) delicate **2** (tela, objeto) delicate **3** (persona, facciones) delicate

delicioso, -a *adj* delicious

delincuencia *s* crime: *la lucha contra la delincuencia* the fight against crime

delincuente *s* criminal

delirar *v* **1** (por la fiebre) to be delirious **2** (decir incoherencias) to talk nonsense

delito *s* crime | **cometer un delito** to commit a crime

delta *s* (en geografía) delta

demanda *s* **1** (en economía) demand: *la demanda de este tipo de producto* the **demand for** this type of product **2** (en derecho) lawsuit | **presentar una demanda contra alguien** to bring a lawsuit against sb, to sue sb **3** (exigencia) demand

demandar *v* **1 demandar a alguien por algo** to sue sb for sth: *Los demandó por calumnias.* She sued them for libel. **2** (exigir) to demand

demás *adjetivo & pronombre*
• ***adj*** other: *Las demás canciones son malísimas.* The other songs are terrible./The rest of the songs are terrible.
• ***pron*** **1 todo lo demás** everything else: *Yo me encargo de todo lo demás.* I'll take care of everything else. **2 lo demás** the rest: *Lo demás no es importante.* The rest isn't important. **3 las/los demás (a)** (el resto) the others: *Esperemos a los demás.* Let's wait for the others. **(b)** (el prójimo) other people: *Nunca piensa en los demás.* He never thinks of other people.

demasiado, -a *adjetivo, pronombre & adverbio*
• ***adj & pron*** Usa **too much** si el sustantivo inglés es singular y **too many** si es plural: *demasiado ruido* too much noise | *demasiado trabajo* too much work | *demasiados autos* too many cars | *demasiados turistas* too many tourists | *Aquí hay demasiada gente.* There are too many people here.
• **demasiado** ***adv*** **1 demasiado grande/lejos/caro -a etc.** too big/far/expensive etc.: *Vas demasiado rápido.* You're going too fast. **2 comer/fumar etc. demasiado** to eat/to smoke etc. too much: *Te preocupas demasiado.* You worry too much. | **trabajar demasiado** to work too hard

democracia *s* democracy (plural -cies)

demócrata *adjetivo & sustantivo*
• ***adj*** democratic
• ***s*** democrat ► Se escribe con mayúscula cuando se refiere a un miembro del partido demócrata de EU

democrático, -a *adj* democratic

demoler *v* to demolish

demonio *s* **1** devil **2 ser un demonio** (niño) to be a little devil

demora *s* delay: *Se disculpó por la demora.* He apologized for the delay.

demorar *v* **1** (tardar) to take: *Demoraste mucho.* You took a long time. | *¿Cuánto se demora en avión?* How long does it take by plane? | **demoré diez minutos/una hora etc. en hacer algo** it took me ten minutes/an hour etc. to do sth: *Demoramos cuarenta minutos en llegar a casa.* It took us forty minutes to get home. **2** (retrasar) **demorar algo** to postpone sth: *María demoró el viaje hasta el mes próximo.* María postponed the trip until next month. | **demorar a alguien** to hold sb up, to delay sb: *No te quiero demorar.* I don't want to hold you up./I don't want to delay you.

demorarse *v* **1** (tardar) to be slow: *¡Cómo se demora esa niña!* How slow that girl is! | *No te demores.* Don't be long. | **demorarse en hacer algo** to take too long to do sth, to be too slow in doing sth **2** (retrasarse) to be delayed: *Se demoraron por el tránsito.* They were delayed because of the traffic.

demostración *s* **1** (de cómo se hace algo) demonstration | **hacer una demostración de algo** to give a demonstration of sth, to demonstrate sth **2** (muestra) show: *una demostración de fuerza* a show of strength **3** (en ciencia) proof

demostrar *v* **1** (probar) to prove: *Demuéstrales que eres capaz de hacerlo.* Prove to them that you're capable of doing it. **2** (mostrar) to show: *No demuestra sus sentimientos.* He doesn't show his feelings.

densidad *s* **1** (de un material) density **2** (de la vegetación) thickness
densidad de población population density

denso, -a *adj* thick

dentadura *s* teeth *pl*: *Tiene una dentadura buenísima.* She has excellent teeth.
dentadura postiza false teeth, dentures

dental *adj* dental

dentífrico *s* toothpaste

dentista *s* dentist | **ir al dentista** to go to the dentist: *Odio ir al dentista.* I hate going to the dentist.

dentro *adverbio & preposición*

- *adv* **por dentro** inside: *Por dentro se moría de rabia.* Inside, he was furious. | *Es suave por dentro.* It's soft **on the inside**.
- **dentro de** *prep* **1 dentro de una hora/dos semanas etc.** in an hour/in two weeks etc.: *Se casan dentro de dos meses.* They are getting married in two months. | *No lo vamos a ver hasta dentro de mucho tiempo.* We're not going to see him for a long time. | **dentro de poco (tiempo)** soon: *Se mudan dentro de poco.* They are moving soon.
  2 dentro de la caja/del edificio etc. inside the box/inside the building etc.
  3 dentro de lo posible as far as I/you etc. can: *Trato de llamarla todos los días, dentro de lo posible.* I try to phone her every day, as far as I can.

denuncia *s* **1** (de un robo, etc.) report | **hacer/presentar una denuncia (de algo)** to report sth: *Hizo la denuncia del robo del auto.* She reported the theft of the car. **2 presentar una denuncia contra alguien** to report sb

denunciar *v* to report: *Denunciaron el robo a la policía.* They reported the theft to the police.

departamento *s* **1** (sección) department **2** (vivienda) apartment, flat (BrE): *un departamento de dos dormitorios* a two-bedroom apartment

dependencia *s* **1** (subordinación) **dependencia (de algo)** dependence on sth **2** (sección) department

depender *v* **1 depender de algo** to depend on sth: *Depende del tamaño.* It depends on the size. | **depender de qué/cómo etc.** to depend what/how etc.: *Depende de cómo lo quieras.* It depends how you want it. | **depende** it depends: *–¿Qué vas a hacer? –No sé, depende.* "What are you going to do?" "I don't know, it depends." **2 depender de alguien** (económica o emocionalmente) to be dependent on sb: *Como no trabaja, depende de sus padres.* Since he doesn't have a job, he is dependent on his parents.

dependiente, -a *s* (en una tienda) salesclerk (AmE), shop assistant (BrE)

depilarse *v* **1** (con cera) **depilarse las piernas/las axilas etc.** to have your legs/your underarms etc. waxed, to wax your legs/underarms etc. ▶ La segunda traducción implica que lo hace uno mismo: *Me fui a depilar las piernas.* I went to have my legs waxed. **2** (con pinza) **depilarse las cejas** to pluck your eyebrows

deporte *s* **1** sport | **hacer deporte** to do sports: *No hace deporte.* She doesn't do any sports. **2 por deporte** for fun: *Juega por deporte.* He plays for fun.

deportes acuáticos *s pl* water sports
deportes náuticos *s pl* water sports

deportista *sustantivo & adjetivo*

- *s* (mujer) sportswoman (plural -women), (varón) sportsman (plural -men)
- *adj* sporty

deportivo, -a *adjetivo & sustantivo*

- *adj* **1 un evento deportivo** a sporting event | **un periodista deportivo** a sports journalist **2 espíritu deportivo** sporting spirit
- **deportivo** *s* (auto) sports car

depositar *v* **depositar dinero/un cheque** to deposit money/a check (AmE), to pay money/a cheque in (BrE): *Quisiera depositar este cheque.* I'd like to deposit this check. | *Depositó el dinero en mi cuenta.* He deposited the money into my account.

depósito *s* **1** (de dinero) deposit: *Me pidieron un depósito.* They asked me for a deposit. | **hacer un depósito de $50/$200 etc.** (en el banco) to deposit $50/$200 etc. (AmE), to pay in $50/$200 etc. (BrE) **2** (almacén) warehouse

depredador, -a *adjetivo & sustantivo*

- *adj* predatory
- *s* predator

depresión *s* depression

deprimente *adj* depressing

deprimir *v* to depress: *Este clima me deprime.* This climate depresses me.
deprimirse *v* to get depressed

derecha *s* **1 la derecha** (la mano) your right hand: *Escribe con la derecha.* He writes with his right hand. **2 a la derecha** on the right: *la primera calle a la derecha* the first street on the right | **doblar/girar a la derecha** to turn right | **a la derecha de algo** to the right of sth: *Está a la derecha de la puerta.* It's to the right of the door. | **a la derecha de alguien** on sb's right: *Estaba sentada a la derecha de Viviana.* She was sitting on Viviana's right. | **el/la de la derecha** the one on the right: *El de la derecha es mi primo.* The one on the right is my cousin. | **de derecha a izquierda** from right to left **3** (en política) right: *el candidato de la derecha* the candidate of the right | **de derecha** right-wing: *un partido de derecha* a right-wing party

derecho, -a *adjetivo, sustantivo & adverbio*

- *adj* **1** (mano, pie, etc.) right: *Se lastimó la mano derecha.* He hurt his right hand. **2 en el/del lado derecho** on the right-hand side

3 (recto, no torcido) straight: *Siéntense derechos.* Sit up straight. | *Puso el cuadro derecho.* She put the picture straight.

• **derecho** *s* **1** (de una persona, un ciudadano, etc.) right: *los derechos de la mujer* women's rights | **el derecho a algo** the right to sth: *el derecho a la educación* the right to education | **tener derecho a hacer algo** to have the right to do sth: *No tienes derecho a abrirle las cartas.* You don't have the right to open her letters. | **tener derecho a algo** to be entitled to sth: *Tenemos derecho a una explicación.* We're entitled to an explanation. | **¿con qué derecho lees mis cartas/me hablas así etc.?** what right do you have to read my letters/talk to me like that etc.?
2 (de una tela, una prenda de ropa) **el derecho** the right side
3 (disciplina) law: *Estudia derecho.* She's studying law.
derechos humanos *s pl* human rights

• **derecho** *adv* straight: *Me fui derecho a la cama.* I went straight to bed. | *Siga derecho por esta calle.* Carry straight on down this street.

deriva *s* **a la deriva** adrift: *El barco iba a la deriva.* The boat was adrift.

dermatólogo, -a *s* dermatologist

derramarse *v* to get spilled, to get spilt: *Se derramó la leche.* The milk got spilled.

derrame *s* **1** (de petróleo) spill **2 derrame (cerebral)** brain hemorrhage (AmE), brain haemorrhage (BrE)

derretir *v* to melt
derretirse *v* to melt

derribar *v* **1** (un gobierno) to overthrow **2** (un edificio) to demolish **3 derribar un avión** to bring a plane down **4 derribar una puerta** to break a door down **5 derribar a alguien** to knock sb down

derrocar *v* to overthrow

derrochar *v* to waste

derrota *s* defeat

derrotar *v* to defeat

derrumbarse *v* to collapse

desabrigado, -a *adj* **estar desabrigado -a** not to be wearing enough clothes | **salir desabrigado -a** to go out without enough clothes on

desabrochar *v* to undo
desabrocharse *v* **1** (camisa, falda) to come undone: *Se te ha desabrochado el botón.* Your button has come undone. **2 desabrocharse la camisa/la falda etc.** to undo your shirt/your skirt etc.

desactivar *v* **1** (una alarma) to deactivate **2** (una bomba) to defuse

desafiar *v* **1** (retar) **desafiar a alguien (a hacer algo/a que haga algo)** to dare sb (to do sth), to challenge sb (to do sth): *Me desafió a que lo probara.* He dared me to try it. | *Te desafío a correr una carrera.* I challenge you to a race. **2** (el peligro, la muerte) to defy **3** (no obedecer) **desafiar a alguien/la autoridad de alguien** to defy sb/sb's authority

desafinado, -a *adj* out of tune

desafinar *v* (al cantar) to sing out of tune, (al tocar un instrumento) to play out of tune

desafío *s* challenge

desagradable *adj* unpleasant

desagradecido, -a *adj* ungrateful

desagüe *s* drain (AmE), plughole (BrE)

desahogarse *v* **1** (cuando se tiene rabia) to vent your anger: *Se desahoga gritándole al gato.* She vents her anger by shouting at the cat. **2** (cuando se está triste): *Déjala que llore y se desahogue.* Let her cry and she'll feel better.

desalentador, -a *adj* discouraging

desalentar *v* to discourage
desalentarse *v* to get discouraged

desalojar *v* **1** (un edificio) to evacuate: *Los bomberos desalojaron el edificio.* The firefighters evacuated the building. **2** (a un ocupante, un huelguista) to remove **3** (a un inquilino) to evict

desamarrar *v* (un nudo) to untie, (a una persona) to untie | **desamarrar un animal** to untie an animal, to let an animal loose
desamarrarse *v* **1** (paquete, nudo) to come undone: *Ten cuidado, se te desamarraron los zapatos.* Careful, your shoelaces have come undone. **2** (persona) to get free, (animal) to get loose

desamparado, -a *adj* defenseless (AmE), defenceless (BrE)

desangrado, -a *adj* **morir desangrado -a** to bleed to death

desanimado, -a *adj* downhearted

desanimar *v* to discourage
desanimarse *v* to get discouraged

desaparecer *v* to disappear: *Ha desaparecido mi cuaderno.* My notebook has disappeared.

desaparición *s* disappearance

desapercibido, -a *adj* **pasar desapercibido -a** to go unnoticed

desaprovechar *v* **1** (una oportunidad) to waste, to miss **2** (material, espacio) to waste

desarmar *v* **1 desarmar un juguete/un teléfono/un aparato** to take a toy/a telephone/a piece of equipment apart **2 desarmar una carpa** to take a tent down **3 desarmar un motor** to strip an engine down **4** (quitarle las armas a) to disarm

desarme *s* disarmament

desarrollado, -a *adj* developed

desarrollar *v* **1** (los músculos, la inteligencia) to develop **2** (un producto) to develop
desarrollarse *v* (acontecimiento, acción) to take place: *La acción se desarrolla en Cali.* The action takes place in Cali.

desarrollo *s* development

¿Quieres información sobre las diferencias entre los **posesivos** en inglés y en español? Lee la explicación en el apartado de gramática.

desastre *s* **1** disaster: *un desastre ecológico* an environmental disaster | *La fiesta fue un desastre.* The party was a disaster. **2 ser un desastre** (referido a una persona) to be hopeless

desastroso, -a *adj* awful: *Tus notas son desastrosas.* Your grades are awful. ► Existe también el adjetivo **disastrous,** que se usa sobre todo con sustantivos como **results, consequences** y **effects**

desatar *v* ► ver **desamarrar**

desatascar *v* (un desagüe, el inodoro) to unblock

desatornillar *v* to unscrew

desayunar *v* to have breakfast: *¿Has desayunado?* Have you had breakfast? | **desayunar huevos/cereales etc.** to have eggs/cereal etc. for breakfast: *¿Qué desayunaste?* What did you have for breakfast?

desayuno *s* breakfast: *¿Qué tomas de desayuno?* What do you have for breakfast?

descafeinado, -a *adj* decaffeinated

descalificar *v* (de una competencia) to disqualify: *Nos descalificaron.* We were disqualified.

descalzarse *v* to take your shoes off

descalzo, -a *adj* barefoot: *No andes descalza.* Don't go around barefoot./Don't go around in your bare feet.

descansar *v* **1** (de una actividad) to rest, to take a break: *Necesito descansar un rato.* I need to rest for a while. **2 que descanses** sleep well **3 descansar la vista/los ojos** to rest your eyes

descansillo *s* landing

descanso *s* **1** (reposo) rest ► Existe también la palabra **break,** que implica una interrupción de lo que se estaba haciendo: *Necesito un descanso.* I need a rest./I need a break. | *Se tomó unos días de descanso.* She took a few days off. **2** (de la escalera) landing

descapotable *adj & s* convertible

descarado, -a *adj* **1** (atrevido) **ser descarado -a** to have some nerve, to be cheeky (BrE) **2** (desvergonzado) shameless **3 una mentira descarada** a barefaced lie

descarga *s* **1** (de mercancías) unloading: *zona de carga y descarga* loading and unloading area **2 recibir una descarga (eléctrica)** to get an electric shock

descargado, -a *adj* **1** (batería) dead, flat (BrE) **2** (celular) **estar descargado -a** to need recharging

descargar *v* (un camión, un arma) to unload

descargarse *v* (batería) to go dead, to go flat (BrE)

descaro *s* **tener el descaro de hacer algo** to have the nerve to do sth

descarrilamiento *s* derailment

descarrilarse *v* to derail, to be derailed

descartar *v* **descartar una idea/una sugerencia etc.** to rule out an idea/a suggestion etc.: *Yo no descartaría esta posibilidad.* I wouldn't rule out that possibility.

descendencia *s* descendants *pl*

descender *v* **1** (en un ránking) to drop: *Descendió al tercer lugar.* He dropped to third place. **2** (de una categoría a otra) to be relegated: *Van a descender a tercera división.* They're going to be relegated to the third division. **3** (provenir) **descender de alemanes/italianos etc.** to be of German/Italian etc. descent | **descender de alguien** to be descended from sb **4** (temperatura) to drop, to fall

descendiente *s* descendant | **ser descendiente de alemanes/italianos etc.** to be of German/Italian etc. descent | **ser descendiente de alguien** to be descended from sb: *Es descendiente del famoso compositor.* He's descended from the famous composer.

descenso *s* **1** (de una montaña, en un avión) descent: *Vamos a iniciar el descenso.* We are about to begin our descent. **2 irse al descenso** (en deportes) to be relegated **3** (referido a cifras, temperaturas) **un descenso de algo** a fall in sth, a drop in sth: *un descenso de las temperaturas* a drop in temperatures/a fall in temperatures

descifrar *v* **1** (un mensaje) to decode **2** (un código) to decipher **3** (un misterio) to solve

descolgar *v* **1 descolgar un cuadro/un espejo** to take a picture/a mirror down **2 descolgar el teléfono** to pick up the phone | **dejar el teléfono descolgado** to leave the phone off the hook

descolorido, -a *adj* faded

descomponer *v* **descomponer a alguien (a)** (revolverle el estómago) to make sb feel queasy: *El olor a pescado me descompone.* The smell of fish makes me feel queasy. **(b)** (marearlo) to make sb feel faint: *El calor la descompuso.* The heat made her feel faint.

descomponerse *v* **1** (vehículo, electrodoméstico) to break down **2** (sentir náuseas) to feel queasy **3** (marearse) to feel faint **4** (del estómago) to have diarrhea (AmE), to have diarrhoea (BrE) **5** (cadáver) to decompose

descompuesto, -a *adj* **1 el refrigerador/el televisor etc. está descompuesto** the refrigerator/the TV etc. isn't working, the refrigerator/the TV etc. has broken down | **el ascensor/el teléfono está descompuesto** the elevator/the phone is out of order **2 estar descompuesto -a** (del estómago) to have an upset stomach

desconectar *v* to disconnect

desconectarse *v* **1** (de Internet) to disconnect **2** (del trabajo) to switch off **3 desconectarse de alguien** to lose touch with sb: *Me fui desconectando de mis compañeras.* I gradually lost touch with my classmates.

desconfiado, -a *adj* distrustful, suspicious

desconfianza *s* suspicion

desconfiar *v* **desconfiar de algo/alguien** to be suspicious of sth/sb: *Desconfía de todo el mundo.* He is suspicious of everyone./He doesn't trust anyone.

descongelar *v* **1** (un pollo, un pastel, etc.) to defrost **2** (un refrigerador) to defrost

descongelarse *v* (alimentos) to defrost

desconocido, -a *adjetivo & sustantivo*

- *adj* **1** (actor, escritor, motivo) unknown **2** (lugar, ciudad) unfamiliar
- *s* stranger

descontar *v* **1** (de un precio) **descontarle el 10%/el 20% etc. a alguien** to give sb a 10%/a 20% etc. discount: *Me descontaron el 15%.* I was given a 15% discount. **2** (del sueldo) to deduct: *Te lo descuentan del sueldo.* They deduct it from your salary. **3** (de un puntaje) **descontar un punto/dos puntos etc.** to take one point/two points etc. off, to deduct one point/two points etc. **4** (en un partido de fútbol) **descontar dos/tres etc. minutos** to add on two/three etc. minutes for stoppages

descontrolarse *v* to lose control

descortés *adj* rude

descoserse *v* **1** (costura) to come undone, to come unstitched **2** (botón) to come off **3** (pantalón, falda) to come unstitched at the seams

descremado, -a *adj* **1 leche descremada** skim milk (AmE), skimmed milk (BrE) **2** (yogur) low-fat

describir *v* to describe

descripción *s* description

descubierto, -a *adj* **1** (cara) uncovered **2** (cabeza) bare, uncovered

descubridor, -a *s* discoverer

descubrimiento *s* discovery (plural -ries): *el descubrimiento de América* the discovery of America

descubrir *v* **1** (enterarse de) to find out, to discover: *Descubrí que era mentira.* I found out that it was a lie. **2** (un lugar, un fenómeno) to discover: *La penicilina se descubrió en 1950.* Penicillin was discovered in 1950. **3 descubrir a alguien** to find sb out: *Nos van a descubrir.* They're going to find us out.

descuento *s* **1** (del precio) discount: *un descuento del 20%* a 20% discount | *Lo compró con descuento.* He bought it **at a discount**. | **hacerle descuento a alguien** to give sb a discount: *Me hizo el 10% de descuento.* She gave me a 10% discount. **2 (tiempo de) descuento** stoppage time

descuidado, -a *adj* **1** (edificio, jardín) neglected **2** (negligente) careless

descuidar *v* to neglect: *No descuidaron ni un detalle.* They didn't neglect a single detail.

descuidarse *v* (distraerse) ver ejemplos: *Si te descuidas, te puedes perder.* If you aren't careful, you can get lost. | *Se descuidó un minuto y le robaron la maleta.* His attention strayed for a moment and his suitcase got stolen.

descuido *s* **1** ver ejemplos: *En un descuido le robaron la maleta.* She took her eye off her suitcase for a second and somebody stole it. | *En un descuido de la madre, se escapó y se cayó al agua.* His mother took her eye off him for a moment and he ran off and fell in the water. **2** (olvido) oversight

desde *prep* ▶ ver recuadro

desear *v* **1 desearle algo a alguien** to wish sb sth: *Te deseo suerte.* I wish you luck. | *Les deseo lo mejor.* I wish you all the best. **2 estoy deseando que llegue mi cumpleaños/que empiecen las vacaciones etc.** I can't wait for my birthday/for vacation etc., I'm really looking forward to my birthday/to vacation etc. | **estar deseando hacer algo** to be looking forward to sth: *Estoy deseando volver a verlo.* I'm looking forward to seeing him again. **3 ¿qué desea?** (en un negocio) what can I help you with?, what would you like?

desechar *v* **1** (una idea) to reject **2** (botar) **desechar algo** to throw sth away

desechos *s pl* waste *sing*: *desechos industriales* industrial waste

desembarcar *v* (pasajeros) to disembark

desembocadura *s* **1** (de un río) mouth **2** (de una calle) end

desembocar *v* **1** (río) **desembocar en el Orinoco/el Amazonas etc.** to flow into the Orinoco/the Amazon etc. **2** (calle) **desembocar en la avenida/la calle 54 etc.** to come out onto the avenue/54th Street etc.

desempatar *v* ver ejemplos: *Jugaron otro partido para desempatar.* They played a deciding game. | *Desempataron en el último minuto.* They broke the deadlock in the last minute.

desempate *s* **producirse el desempate**: *En el último minuto se produjo el desempate.* The deadlock was broken in the final minute. | **jugar el desempate** to play a decider

desempeñar *v* **1** (un cargo) to hold **2** (un papel) to play

desempeñarse *v* **1** (trabajar) **desempeñarse como docente/periodista etc.** to work as a teacher/journalist etc. **2** (desenvolverse) **desempeñarse bien** to do well

desempleado, -a *adjetivo & sustantivo*

- *adj* unemployed
- *s* unemployed person (plural unemployed people): *miles de desempleados* thousands of unemployed people | **los desempleados** the unemployed

desempleo *s* unemployment: *Hay mucho desempleo.* There's a lot of unemployment.

desenchufar *v* to unplug

desenfocado, -a *adj* out of focus

desde

1 LUGAR (= from)

Desde aquí se ve mejor. You can see better from here. | *Vine corriendo desde la playa.* I ran all the way from the beach. | **desde... hasta...** from... to...: *la carretera que va desde Cali hasta Santa Marta* the road that runs from Cali to Santa Marta

2 TIEMPO (= since)

Ha cambiado mucho desde que se casó. He's changed a lot since he got married.

Cuando en español el verbo va en presente, en inglés va en el **present perfect** o el **present perfect continuous**:

No lo veo desde el viernes. I haven't seen him since Friday. | *Toca la guitarra desde que tenía cinco años.* She has been playing the guitar since she was five.

En oraciones afirmativas *desde hace* equivale a **for**:

Estudio inglés desde hace tres años. I've been learning English for three years.

EXPRESIONES

desde... hasta... from... to.../from... until...: *Me quedé desde el 31 hasta el 8.* I stayed from the 31st through the 8th./I stayed from the 31st until the 8th. | **¿desde cuándo ...?** how long ...?: *¿Desde cuándo la conoces?* How long have you known her? | *¿Desde cuándo vas a yoga?* How long have you been going to yoga? ▶ El uso irónico se traduce por **since when**: *¿Desde cuándo te interesa la política?* Since when have you been interested in politics?

3 VARIEDAD (= from)

Hay entradas desde $5. There are tickets from $5. | **desde... hasta...** from... to...: *Venden desde autos hasta relojes.* They sell everything from cars to watches.

desengaño *s* disappointment | **llevarse un desengaño** to be disappointed

desenredar *v* **desenredarle el pelo a alguien** to untangle sb's hair

desenredarse *v* **desenredarse el pelo** to untangle your hair

desentenderse *v* **desentenderse de algo** to wash your hands of sth: *Se desentendió del asunto.* He washed his hands of the affair.

desenterrar *v* **desenterrar algo** to dig sth up

desentonar *v* **1** (al cantar) to sing out of tune **2** (en un lugar, un ambiente) to look out of place

desenvolver *v* (un paquete) to unwrap

deseo *s* wish (plural wishes): *Pide un deseo.* Make a wish.

desequilibrado, -a *adj* unbalanced

desertar *v* **1** (del ejército) to desert **2** (de un país, un régimen) to defect

desértico, -a *adj* **un clima/un paisaje desértico** a desert climate/landscape

desesperación *s* desperation: *Lo hizo por desesperación.* He did it out of desperation. | **¡qué desesperación!** it is/was etc. so frustrating!

desesperado, -a *adj* desperate | **estar desesperado -a** to be desperate: *Está desesperado porque no consigue trabajo.* He's desperate because he can't find a job. | **estar desesperado -a por hacer algo** to be desperate to do sth: *Están desesperados por vender la casa.* They're desperate to sell the house.

desesperante *adj* exasperating

desesperar *v* Para decir que algo te desespera, usa los adjetivos **exasperating** o **frustrating**: *Me desespera que no entiendan.* It's exasperating that they don't understand. | *Me desespera no poder hacer nada por él.* I find it frustrating that I can't do anything for him.

desesperarse *v* **1** (angustiarse) to get exasperated, to get frustrated **2** (perder las esperanzas) to despair: *No te desesperes.* Don't despair.

desfiladero *s* gorge

desfilar *v* **1** (modelos) ver ejemplos: *Desfilaron más de 50 modelos.* Over 50 models took part in the show. | *Van a desfilar en traje de baño.* They'll be modeling swimsuits./They'll be going down the catwalk in swimsuits. **2** (soldados) to parade

desfile *s* **1 desfile (de modas)** (fashion) show **2** (de soldados) parade

desgarrarse *v* **desgarrarse un músculo/un ligamento** to tear a muscle/a ligament

desgarre o **desgarro** *s* (en un músculo) torn muscle, (en un ligamento) torn ligament | **sufrir/tener un desgarre** to tear a muscle/to tear a ligament: *Sufrió un desgarre en el muslo.* He tore a thigh muscle.

desgracia *s* **1** (tragedia) tragedy (plural -dies) | **¡qué desgracia!** how terrible! **2** (mala suerte) misfortune: *Tiene la desgracia de estar casada con él.* She has the misfortune of being married to him. **3 por desgracia** unfortunately: *Por desgracia, me vio.* Unfortunately, he saw me.

desgraciado, -a *s* **1** (persona mala) swine: *Los desgraciados no me pagaron.* The swines didn't pay me. **2** (persona infeliz) **un pobre desgraciado/una pobre desgraciada** a poor devil

deshabitado, -a *adj* **1** (casa) empty, unoccupied **2** (pueblo, isla) uninhabited

deshacer *v* **1** (un nudo) to undo **2 deshacer la maleta/el equipaje** to unpack **3** (derretir) to melt

deshacerse *v* **1** (nudo, trenza) to come undone: *Se te ha deshecho la trenza.* Your braid has come undone. **2** (desintegrarse) to disintegrate: *Lo tocas y se deshace.* If you touch it it disintegrates. **3** (disolverse) to dissolve **4 deshacerse de algo/alguien** to get rid of sth/

sb: *Te tienes que deshacer de todos estos trastos viejos.* You have to get rid of all this old junk.

deshielo *s* thaw

deshilachado, -a *adj* frayed

deshincharse *v* **se me deshinchó la cara/la rodilla etc.** the swelling in my face/on my knee etc. has gone down

deshonesto, -a *adj* dishonest

desierto, -a *adjetivo & sustantivo*

• *adj* (ciudad, calle) deserted

• **desierto** *s* desert

designar *v* to appoint: *Fue designado director.* He was appointed director.

desigualdad *s* inequality (plural -ties): *la desigualdad social* social inequality

desilusión *s* disappointment | **llevarse una desilusión** to be disappointed: *Nos llevamos una gran desilusión.* We were terribly disappointed.

desilusionado, -a *adj* disappointed

desilusionar *v* to disappoint

desilusionarse *v* to be disappointed: *Me desilusioné cuando lo vi.* I was disappointed when I saw it.

desinfectante *s* disinfectant

desinfectar *v* to disinfect

desinflarse *v* (llanta, globo) to go down

desintegrarse *v* **1** (materia, objeto) to disintegrate **2** (grupo, familia) to break up

desinterés *s* **1** (falta de interés) lack of interest **2** (generosidad) unselfishness

desinteresado, -a *adj* (generoso) unselfish

desleal *adj* **1** (persona) disloyal **2** (competencia) unfair

deslizarse *v* **1** (hacia abajo) to slide: *Se deslizaron por la pendiente.* They slid down the hill. **2** (al bailar, patinar) to glide

deslumbrante *adj* dazzling

deslumbrar *v* to dazzle

desmayarse *v* to faint: *Casi me desmayo.* I nearly fainted.

desmayo *s* **sufrir un desmayo** to faint

desmentir *v* (una noticia, un rumor) to deny

desmenuzar *v* **1** (pan, bizcocho) to crumble **2** (pollo) to shred

desmontar *v* **1** (una máquina) to dismantle, to take apart **2** (un motor) to strip **3 desmontar un stand/un andamio etc.** to take down a stand/some scaffolding etc. **4** (de un caballo) to dismount

desnudarse *v* to get undressed, to take your clothes off

desnudo, -a *adjetivo & sustantivo*

• *adj* **1** (persona) naked **2** (pies, hombros) bare

• **desnudo** *s* **1** (en pintura) nude **2** (en cine) nude scene

desnutrido, -a *adj* malnourished

desobedecer *v* (una orden, a una persona) to disobey: *No me desobedezcas.* Don't disobey me.

desobediente *adj* disobedient

desocupación *s* unemployment: *Ha aumentado la desocupación.* Unemployment has risen.

desocupado, -a *adjetivo & sustantivo*

• *adj* **1** (desempleado) unemployed: *Hay mucha gente desocupada.* There are a lot of unemployed people. **2** (asiento) free: *¿Está desocupado?* Is this free?

• *s* unemployed person (plural unemployed people): *miles de desocupados* thousands of unemployed people | **los desocupados** the unemployed

desodorante *s* deodorant

desorden *sustantivo & sustantivo plural*

• *s* (en una casa, un cuarto, etc.) mess: *¡Qué desorden!* What a mess!

• **desórdenes** *s pl* **1** (disturbios) disturbances: *desórdenes callejeros* disturbances on the streets **2** (en medicina, psiquiatría) disorders

desordenado, -a *adj* (casa, cuarto, persona) messy (AmE), untidy (BrE): *Soy muy desordenado.* I'm very messy.

desordenar *v* **desordenar algo** to mess sth up: *Desordenaron todo.* They messed everything up.

desorganizado, -a *adj* disorganized

desorientado, -a *adj* **1** (en el espacio) **estar desorientado -a** to get turned around (AmE), to have lost your bearings (BrE): *Estoy desorientada. ¿Dónde queda el aeropuerto?* I've got turned around. Which way is the airport? **2** (sin saber qué hacer) confused

desorientar *v* to confuse

desorientarse *v* to lose your bearings: *Me desorienté cuando salí del metro.* I lost my bearings when I came out of the subway.

despacho *s* **1** (oficina) office **2** (en una casa) study (plural -dies)

despacio *adv* (lento) slowly: *¿Puede hablar más despacio?* Can you speak more slowly?

desparramar *v* to scatter

desparramarse *v* **1** (líquido) to spill **2** (objetos) to scatter

despectivo, -a *adj* (actitud, tono) contemptuous

despedida *s* **1** (adiós) goodbye: *No me gustan las despedidas.* I don't like goodbyes./I don't like saying goodbye. **2 una fiesta/una cena etc. de despedida** a farewell party/dinner etc.

despedida de soltera girls' night out (AmE), hen night (BrE) **despedida de soltero** stag night

despedir *v* **1 despedir a alguien** (decirle adiós) to see sb off: *La fuimos a despedir al aeropuerto.* We went to the airport to see her off. **2 despedir a alguien** (del trabajo) to dismiss sb, to lay sb off ▶ **to dismiss** implica mala conducta por parte del empleado. Si se trata de despidos por falta de trabajo o dificultades de la empresa, se usa **to lay**

off: *Los despidieron a todos.* They were all dismissed./They were all laid off. **3 salir despedido -a (a)** (hacia adelante) to be thrown forward **(b)** (por el aire) to be thrown into the air

despedirse *v* to say goodbye: *Nos despedimos en la estación.* We said goodbye at the station. | **despedirse de alguien** to say goodbye to sb: *¿Te despediste de Paula?* Did you say goodbye to Paula?

despegar *v* **1 despegar algo (de algo)** to get sth off (sth): *No puedo despegar la calcomanía de la ventana.* I can't get the transfer off the window. **2** (avión) to take off

despegarse *v* (cartel, etiqueta, foto) to come off

despegue *s* (de un avión) takeoff

despeinado, -a *adj* **estoy/estaba etc. despeinado -a** my hair is/was etc. messy (AmE), my hair is/was etc. untidy (BrE): *Siempre anda despeinado.* His hair's always messy.

despeinar *v* **despeinar a alguien** to mess sb's hair up

despeinarse *v* to mess your hair up: *Te despeinaste.* You've messed your hair up. | *Me despeiné con el viento.* The wind messed my hair up.

despejado, -a *adj* (cielo, noche) clear

despejar *v* **1** (un lugar) to clear: *Despejen la entrada, por favor.* Clear the entrance, please. **2** (en fútbol) **despejar (la pelota/el centro)** to clear (the ball/the cross) **3** (una incógnita) to find the value of

despejarse *v* **1** (hablando del tiempo) to clear up: *Se está despejando.* It's clearing up. **2** (persona) to clear your head: *Salí un rato para despejarme.* I went out for a bit to clear my head.

despensa *s* larder

desperdiciar *v* **1** (papel, material) to waste **2** (una ocasión, una oportunidad) to waste, to miss

desperdicio *sustantivo & sustantivo plural*

• *s* **1** (gasto) waste: *un desperdicio de tiempo* a waste of time **2 no tener desperdicio** to be brilliant: *Esta novela no tiene desperdicio.* This novel's brilliant.

• **desperdicios** *s pl* (basura) garbage (AmE), rubbish (BrE) | **no bote/no arroje desperdicios** (en un cartel) no dumping (AmE), no tipping (BrE)

desperezarse *v* to stretch

despertador *s* alarm, alarm clock: *No sonó el despertador.* The alarm clock didn't go off. | *Pon el despertador para las 7.* Set the alarm for 7 o'clock.

despertar *v* **despertar a alguien** to wake sb up: *Despiértame a las 8.* Wake me up at 8.

despertarse *v* to wake up: *Yo me despierto temprano.* I wake up early.

despido *s* dismissal, lay-off ► **dismissal** implica que hubo mala conducta o no se respetó el contrato. Cuando es por falta de trabajo o dificultades de la empresa, se habla de **lay-off**

despierto, -a *adj* awake: *¿Estás despierta?* Are you awake?

despilfarrar *v* to squander

despistado, -a *adj* **ser despistado -a** to be absent-minded: *Es un poco despistado.* He's rather absent-minded. | **estar/ir despistado -a** to be daydreaming: *Iba despistado y no nos vio.* He was daydreaming and didn't see us.

despistar *v* **1** (desorientar) to confuse: *un plan para despistar al enemigo* a plan to confuse the enemy **2** (hacerle perder la pista a) **despistar a alguien** to throw sb off the scent: *Las huellas despistaron a la policía.* The prints threw the police off the scent.

despistarse *v* to get mixed up: *Me despisté y terminé en otro lado.* I got mixed up and ended up somewhere else.

despiste *s* **¡tienes/tiene etc. un despiste! (a)** (en determinado momento) you're/he's etc. miles away!: *¡Qué despiste tienes hoy!* You're miles away today! **(b)** (como característica permanente) you're/he's etc. so absent-minded!

desplazar *v* (suplantar) to replace: *Desplazó a Sampras del primer puesto.* He replaced Sampras at the top of the rankings. ► Al referirse a nuevos productos, ideas, etc. se suele usar **to supersede,** frecuentemente en la voz pasiva: *El DVD está desplazando al video.* Video is being superseded by DVD.

desplazarse *v* (persona) to get around: *Tiene dificultad para desplazarse.* He has problems getting around.

desplegar *v* **1** (un mapa) to spread out, to unfold **2** (una bandera) to unfurl **3** (tropas) to deploy **4 desplegar las alas** to spread your wings

despoblado, -a *adj* **1** (deshabitado) uninhabited **2** (con pocos habitantes) underpopulated

despreciable *adj* (persona, actitud) despicable

despreciar *v* **1** (mirar por encima del hombro a) to look down on **2** (considerar despreciable) to despise

desprecio *s* contempt | **sentir desprecio por alguien** to feel contempt for sb

desprenderse *v* **1** (soltarse) to come off: *Se desprendió la etiqueta.* The label came off. **2 desprenderse de algo (a)** (deshacerse de algo) to part with sth: *No me quiero desprender de estos juguetes.* I don't want to part with these toys. **(b)** (soltar algo) to let go of sth: *No se desprendió de su muñeca.* She never let go of her doll.

desprestigiar *v* to discredit

desprevenido, -a *adj* **pillar/tomar a alguien desprevenido -a** to catch sb unawares

desproporcionado, -a *adj* **1** disproportionate **2 tiene las manos desproporcionadas/los pies desproporcionados etc.** his hands/feet etc. are out of proportion

después *adv & conj* **1** (más tarde) later: *Después te llamo.* I'll call you later. | *varios años después* several years later
2 (a continuación) then: *Después se puso a cantar.* Then she started singing. ► Para expresar después de algo que ya se mencionó también se puede usar **afterwards**: *La ceremonia es a las siete y después hay una fiesta.* The ceremony is at seven and afterwards there's a party./The ceremony is at seven, then there's a party.
3 después de algo after sth: *Te veo después de la clase.* I'll see you after class. | **después de hacer algo** after doing sth: *No conviene nadar después de comer.* It's not advisable to swim after eating. | **después de desayunar/almorzar** after breakfast/lunch: *¿Qué hicieron después de almorzar?* What did you do after lunch? | **después de que** after: *Llegaron después de que hablé contigo.* They arrived after I spoke to you.
4 (en el espacio) **después del banco/del puente etc.** after the bank/the bridge etc.
5 (expresando turno) **después de alguien** after sb: *¿Quién está después del señor?* Who's after this gentleman?
6 (también) then: *Después tienes éstos de $5.* Then you have got these at $5.
7 después de todo after all: *Después de todo, es mi casa.* It's my house, after all.

desquitarse *v* to get even, to get your own back

destacado, -a *adj* **1** (artista, científico) prominent, distinguished **2** (rol) prominent

destacar *v* **1** (poner de relieve) to stress, to highlight **2** (o **destacarse**) (sobresalir) to stand out: *Se destaca entre las demás jugadoras.* She **stands out from** the rest of the players. | **destacarse/destacar por algo** to be noted for sth: *No se destaca por su sentido del humor.* He's not noted for his sense of humor.

destapador *s* bottle opener

destapar *v* **1** (un frasco, un tarro) to take the lid off, to open **2** (una botella) to take the top off, to open **3** (a alguien que está acostado) to take the covers off **4** (un caño, un desagüe) to unblock
destaparse *v* (en la cama) to throw the covers off

destartalado, -a *adj* dilapidated

destemplarse *v* **se me/le etc. destemplan los dientes** it sets my/his etc. teeth on edge

desteñir o **desteñirse** *v* Si algo pierde el color por estar al sol o por mucho lavarlo, se usa **to fade.** Si se trata de cosas que destiñen al lavarlas y manchan otras prendas, se usa **to run,** generalmente con el color como sujeto: *una camisa negra desteñida* a faded black shirt | *Lávalo con agua fría para que no destiña.* Wash it in cold water so the color doesn't run.

destinatario, -a *s* (de una carta) addressee

destino *s* **1** (de un viaje) destination: *cuando llegaron a su destino* when they arrived at their destination **2 con destino a** ver ejemplos: *los pasajeros con destino a Lima* passengers traveling to Lima | *Salieron con destino a Cuba.* They left for Cuba. **3** (referido al curso de los acontecimientos) fate, destiny (plural -nies): *las vueltas del destino* the quirks of fate

destituir *v* **destituir a alguien** to remove sb from office

destornillador *s* screwdriver

destreza *s* skill
destreza manual manual dexterity

destrozado, -a *adj* **1** (anímicamente) devastated: *Quedó destrozada con la noticia.* She was devastated by the news. **2** (arruinado, roto) ruined

destrozar *v* **1** (destruir) to destroy: *El huracán destrozó medio pueblo.* The hurricane destroyed half the town.
2 (arruinar) to ruin: *Destrozó los zapatos jugando fútbol.* He ruined his shoes playing soccer.
3 (romper a propósito) to smash up: *Destrozaron la habitación del hotel.* They smashed up the hotel room.
4 (emocionalmente) to devastate ► Generalmente se usa en la voz pasiva: *La enfermedad del hijo la destrozó.* She was devastated by her son's illness. | **destrozarle la vida a alguien** to ruin sb's life | **destrozarle el corazón a alguien** to break sb's heart

destrozos *s pl* damage *sing*: *La inundación causó grandes destrozos.* The flood caused a lot of damage.

destrucción *s* destruction

destructivo, -a *adj* destructive

destruir *v* to destroy

desvalido, -a *adj* (anciano, niño) helpless

desvalijar *v* **1 desvalijar una casa/una tienda** to clean a house/a store out: *Otra vez les desvalijaron la tienda.* Their store was cleaned out again. **2 desvalijar a alguien** to rob sb of everything he/she etc. has: *La desvalijaron en el tren.* She was robbed of everything she had on the train. **3 desvalijar un carro/auto** to steal everything from a car

desván *s* attic

desvelarse *v* **1** La traducción depende de si ya estabas durmiendo o no: *Tomé café y me desvelé.* I had some coffee and it kept me awake. | *Se despertó con el ruido y se desveló.* The noise woke him up and he couldn't get back to sleep. **2 se desvela por sus hijos/por él etc.** she'll do anything for her children/for him etc.

desventaja *s* disadvantage | **estar en desventaja** to be at a disadvantage

desvestir *v* to undress
desvestirse *v* to undress, to get undressed

desviar *v* (el tránsito, un vuelo) to divert
desviarse *v* **1** (vehículo, conductor) to turn off **2** (barco, avión) to go off course **3 desviarse del tema** to go off the subject

desvío *s* (del tránsito) diversion

detalladamente *adv* in detail

detallado, -a *adj* detailed

detalle *s* **1** (pormenor) detail: *Se fija en todos los detalles.* He notices every detail. ▶ ver **lujo** **2** (de un cuadro) detail **3** (atención, gesto) nice thought, nice gesture

detallista *adj* **1** (atento) thoughtful **2** (minucioso) particular, meticulous

detectar *v* to detect

detective *s* detective: *un detective privado* a private detective

detector *s* detector
detector de mentiras lie detector **detector de metales** metal detector

detención *s* **1** (arresto) arrest **2** (encarcelamiento) detention

detener *v* **1** (arrestar) to arrest: *Fue detenido en el aeropuerto.* He was arrested at the airport. **2** (parar) to stop: *No podían detener el fuego.* They couldn't stop the fire.
detenerse *v* (parar) to stop: *Se detuvo en el semáforo.* She stopped at the traffic light.

detenidamente *adv* carefully

detenido, -a *adjetivo & sustantivo*

- ***adj*** **estar detenido -a** to be under arrest
- ***s*** En inglés se usa el verbo **to arrest**: *Hubo más de 40 detenidos.* More than 40 people were arrested.

detergente *s* **1** (para lavar la ropa) detergent, laundry detergent (AmE), washing powder (BrE) **2** (para lavar los platos) dishwashing liquid (AmE), washing-up liquid (BrE)

deteriorarse *v* to deteriorate

determinado, -a *adj* (cierto) certain: *Deben cumplir con determinados requisitos.* They must fulfill certain requirements.

determinar *v* **1** (precisar) to establish, to determine: *Están tratando de determinar si fue o no un accidente.* They are trying to establish whether or not it was an accident. **2** (causar) to cause

detestar *v* to hate, to detest | **detestar hacer algo** to hate doing sth, to detest doing sth

detrás *preposición & adverbio*

- ***prep*** **1 detrás de algo (a)** (en el espacio) behind sth: *Se escondió detrás de la puerta.* He hid behind the door. **(b)** (en una secuencia) after sth: *Dijo una tontería detrás de la otra.* She said one stupid thing after another. **(c)** (indicando responsabilidad o causa) behind sth: *¿Quién está detrás de todo esto?* Who's behind all this?
2 detrás de mí/él etc. behind me/him etc.: *Quédate detrás de mí.* Stay behind me.
3 estar detrás de algo/alguien to be after sth/sb
- ***adv*** behind: *El perro venía detrás.* The dog came behind.

deuda *s* **1** debt: *Tiene muchas deudas.* He has a lot of debts./He is heavily in debt. **2 estar en deuda con alguien** to be indebted to sb
deuda externa foreign debt

devaluación *s* devaluation

devaluar *v* to devalue
devaluarse *v* (moneda) to fall

devastador, -a *adj* devastating

devoción *s* **1** (admiración) great admiration | **sentir devoción por algo/alguien** to be a great admirer of sth/sb **2** (cariño) devotion | **sentir devoción por alguien** to be devoted to sb **3** (en religión) devotion

devolución *s* **1** (de dinero) refund: *Exigió la devolución del dinero.* He demanded a refund of the money. **2** (de una compra): *Estas prendas no tienen devolución.* These garments cannot be exchanged or returned./No refunds are given on these garments. **3** (de una pertenencia) return

devolver *v* **1 devolverle algo a alguien** to give sth back to sb, to give sb sth back: *Le tengo que devolver este CD a Lucía.* I have to give this CD back to Lucía. | *¿Te devolví aquellos $5?* Did I give you back that $5? | *No me quisieron devolver el dinero.* They wouldn't give me my money back./They wouldn't give me a refund. | **devolver un libro a la biblioteca** to take a book back to the library, to return a book to the library
2 (vomitar) to be sick: *Devolvió en el auto.* She was sick in the car.
3 estoy devolviendo el ajo/la cebolla etc. I can still taste the garlic/onion etc.

devorar *v* to devour
devorarse *v* **1** (comida) **devorarse algo** to devour sth, to wolf sth down: *Se devoraron el pastel de fresas.* They devoured the strawberry cake. **2** (un libro) to devour

devoto, -a *adjetivo & sustantivo*

- ***adj*** devout
- ***s*** (aficionado) devotee: *los devotos de la ópera* devotees of opera

devuelta *s* **1** (dinero) change **2** ▶ ver **devolución**

día *s* **1** (24 horas) day: *Mayo tiene 31 días.* May has 31 days. | *¿Qué día es hoy?* What day is it today? | **todos los días** every day: *Lo veo todos los días.* I see him every day. | **todo el día** all day: *Estuvo todo el día aquí.* He was here all day. | **día por medio** every other day: *Me llama día por medio.* She calls me every other day. | **al día siguiente** the following day: *Se fueron al día siguiente.* They left the following day. | **por día** a day: *Trabaja ocho horas por día.* She works eight hours a day. | **el otro día** the other day: *Lo conocí el otro día.* I met him the other day. | **de un día para (el) otro** overnight: *Cambió de idea de un día para el otro.* She changed her mind overnight. | **estar/mantenerse al día** to be/keep up to date: *Estamos al día con el trabajo.* We're up to date with our work. | *Es difícil mantenerse al día con las computadoras.* It's difficult to keep up to

date with computers. ▶ ver "Active Box" **días de la semana**
2 (hablando del tiempo) day: *¡Qué lindo día!* What a lovely day! | *un día nublado* a cloudy day
3 (claridad) daylight: *La asaltaron en pleno día.* They attacked her in broad daylight. | **de día** in the daytime: *Prefiero manejar de día.* I prefer driving in the daytime. | *Duerme de día.* He sleeps during the day./He sleeps in the daytime. | *¿Ya es de día?* Is it morning yet?
4 (en fechas) No se traduce al inglés: *Llegan el día 3 de junio.* They arrive on June 3rd.
5 buenos días good morning
día de la Madre Mother's Day **día del Padre** Father's Day **día hábil** working day

diabetes *s* diabetes

diabético, -a *adj & s* diabetic

diablo *s* **1** devil **2 el Diablo** the Devil

diadema *s* **1** (para sujetar el pelo) hair band **2** (corona) tiara **3** (con audífonos) headset

diagnosticar *v* to diagnose | **diagnosticarle algo a alguien** to diagnose sb with sth, to diagnose sb as having sth: *Le diagnosticaron diabetes.* She was diagnosed with diabetes./She was diagnosed as having diabetes.

diagnóstico *s* diagnosis

diagonal *adjetivo & sustantivo*
- *adj* diagonal
- *s* (línea) diagonal line, diagonal | **en diagonal** diagonally: *Cruzamos en diagonal.* We crossed diagonally.

diagrama *s* diagram

diálogo *s* **1** (en un libro, una película, etc.) dialogue **2** (conversación) conversation

diamante *sustantivo & sustantivo plural*
- *s* diamond | **un anillo/un collar de diamantes** a diamond ring/necklace
- **diamantes** *s pl* (en naipes) diamonds

diámetro *s* diameter

diapositiva *s* slide

diario *sustantivo & adjetivo*
- *s* **1** (periódico) newspaper: *Lo leí en el diario.* I read it in the newspaper. **2** (memorias) diary (plural -ries): *el diario de Anna Frank* the diary of Anne Frank
- **diario, -a** *adj* **1** (cotidiano) daily, everyday: *la vida diaria* daily life/every day life **2** (por día) a day: *Trabaja ocho horas diarias.* He works eight hours a day.

diarrea *s* diarrhea (AmE), diarrhoea (BrE)

dibujante *s* (hombre) draftsman (plural -men) (AmE), draughtsman (plural -men) (BrE), (mujer) draftswoman (plural -women) (AmE), draughtswoman (plural -women) (BrE)
dibujante de historietas cartoonist

dibujar *v* to draw: *Me encanta dibujar.* I love drawing.

dibujo *s* **1** (obra) drawing: *¡Qué lindo dibujo!* What a lovely drawing! | **hacer un dibujo de algo** to draw sth **2** (actividad) drawing: *Toma clases de dibujo.* He goes to drawing lessons. ▶ El nombre de la asignatura es **art**: *Mañana tenemos dibujo.* We have Art tomorrow.
dibujos animados *s pl* cartoons

Active Box: días de la semana

Los ejemplos de este **Active Box** son una guía para ayudarte a construir oraciones que hablan de los días de la semana. Recuerda que en inglés los días de la semana llevan mayúscula.

Se fue el lunes por la mañana.	She left Monday morning.
¿Qué hicieron el viernes por la noche?	What did you do Friday night?
Nos vemos el miércoles.	See you **on** Wednesday.
Mi mamá no trabaja los sábados.	My mom doesn't work **on** Saturdays.
el periódico del miércoles	**Wednesday's** paper
El examen es el martes que viene.	The exam is next Tuesday.
Salimos todos los viernes.	We go out every Friday.
Se reúnen cada dos jueves.	They meet every other Thursday.
Llegan no este martes sino el siguiente.	They are arriving a week **from** Tuesday.
La fiesta no fue el sábado pasado sino el anterior.	The party was **the** Saturday **before last.**
Mi cumpleaños es de domingo en ocho.	My birthday is **the** Sunday **after next.**

diccionario *s* dictionary (plural -ries) | **buscar algo en el diccionario** to look sth up in the dictionary: *Tuve que buscar tres palabras en el diccionario.* I had to look three words up in the dictionary.
diccionario bilingüe bilingual dictionary

dicho *participio & sustantivo*
- *participio* **1 tenerle dicho algo a alguien** to have told sb sth: *¡Te tengo dicho que no grites!* I've told you not to shout! **2 mejor dicho** rather, or rather: *Es tarde, mejor dicho, tardísimo.* It's late, or rather, very late.
- *s* saying: *como dice el dicho* as the saying goes

diciembre *s* December ▶ ver "Active Box" **meses** en **mes**

dictado *s* (en la escuela) dictation

dictador, -a *s* dictator

dictadura *s* dictatorship
dictadura militar military dictatorship

dictar *v* **1** (un texto) to dictate: *El profesor nos dictó el poema.* The teacher dictated the poem to us. **2** (una asignatura) to teach | **dictar clase** to teach

didáctico, -a *adj* (programa, juguete) educational

diecinueve *número* **1** (número, cantidad) nineteen **2** (en fechas) nineteenth

dieciocho *número* **1** (número, cantidad) eighteen **2** (en fechas) eighteenth

dieciséis *número* **1** (número, cantidad) sixteen **2** (en fechas) sixteenth

diecisiete *número* **1** (número, cantidad) seventeen **2** (en fechas) seventeenth

diente *s* **1** (de persona, animal) tooth (plural teeth): *Me rompí un diente.* I broke a tooth. | *Tiene los dientes torcidos.* His teeth are crooked. | **lavarse/cepillarse los dientes** to brush your teeth: *¿Te lavaste los dientes?* Have you brushed your teeth? | **se me/le etc. cayó un diente** I/he etc. lost a tooth, one of my/his etc. teeth came out: *Todavía no se le han caído los dientes.* He hasn't lost his baby teeth yet. **2** (de un peine) tooth (plural teeth)
diente de ajo clove of garlic **diente de leche** baby tooth (plural teeth) (AmE), milk tooth (plural teeth) (BrE) **dientes postizos** *s pl* false teeth, dentures

diesel *s & adj* diesel: *un motor diesel* a diesel engine

diestro, -a *adj* (que usa la mano derecha) right-handed

dieta *s* **1** (régimen) diet | **estar a dieta** to be on a diet: *Estoy a dieta.* I'm on a diet | **ponerse a dieta** to go on a diet **2** (alimentación) diet: *una dieta equilibrada* a balanced diet

dietético, -a *adj* **alimentos dietéticos** diet foods | **bebidas dietéticas** diet drinks

diez *número* **1** (número, cantidad) ten **2** (en fechas) tenth

diferencia *s* **1** (desigualdad) difference: *¿Qué diferencia hay entre estos dos?* What's the difference between these two? | *No hay mucha diferencia de precio.* There's not much **difference in** the price. **2 a diferencia de** unlike: *A diferencia de su mamá, Marita es muy alta.* Unlike her mother, Marita is very tall. **3 la diferencia** (el resto) the difference: *Quédate con la diferencia.* You keep the difference.

diferenciar *v* **1** to differentiate between, to distinguish between: *Todavía no diferencia los colores.* He still can't differentiate between colors. **2 diferenciar algo/a alguien de algo/alguien** to make sth/sb different from sth/sb, to differentiate sth/sb from sth/sb: *¿Qué los diferencia de otras bandas de rock?* What differentiates them from other rock bands?
diferenciarse *v* **¿en qué se diferencia... de...?** how is... different from...?, what's the difference between... and...?: *¿En qué se diferencia su estilo del de los Beatles?* How is their style different from that of the Beatles?/What's the difference between their style and that of the Beatles?

diferente *adj* **1** (distinto) different **2 diferente a/de** different from: *Este CD es muy diferente al primero.* This CD is very different from the first one. ▶ Existen también las estructuras **different than**, frecuente en el inglés americano oral, y **different to**, muy común en el inglés británico oral **3 diferentes** (varios) different: *Usaron diferentes tipos de madera.* They used different types of wood.

difícil *adj* **1** difficult, hard: *El examen fue muy difícil.* The exam was very difficult./The exam was very hard. | *Es muy difícil de entender.* It's very difficult to understand./It's very hard to understand. **2** (improbable) unlikely: *Lo veo difícil.* I think it's unlikely./I don't think it's very likely.

dificultad *s* **1** (problema) problem: *Tienen dificultades económicas.* They have financial problems. | *La dificultad está en recordar todos los pasos.* The difficult thing is remembering all the steps. **2 respirar/caminar etc. con dificultad** to have difficulty breathing/walking etc.

difundir *v* **1** (hablando de noticias) **difundir algo** to make sth public: *Se difundió la versión oficial.* The official version was made public. ▶ Si la difusión se hace por radio o TV, se usa **to broadcast** y si en la prensa escrita, **to publish**: *Los medios difundieron la noticia rápidamente.* The media were quick to broadcast the news./The media were quick to publish the news. **2** (hablando de las ideas, la obra de alguien) to disseminate

difunto, -a *adjetivo & sustantivo*
● **adj** late: *su difunta madre* his late mother
● **s el difunto/la difunta** the deceased

digerir *v* (un alimento) to digest

digestión *v* digestion | **hacer la digestión** to digest (your food)

digital *adj* digital

dignarse *v* **dignarse (a) hacer algo** to deign to do sth: *Ni se dignó (a) contestar.* He didn't even deign to reply.

dignidad *s* dignity

digno, -a *adj* **1** (salario, vivienda) decent **2** (actitud) honorable (AmE), honourable (BrE) **3 ser digno -a de respeto/admiración etc.** to be worthy of respect/admiration etc., to deserve respect/admiration etc.: *una actuación digna de* *un Oscar* a performance worthy of an Oscar | **ser digno -a de verse** to be worth seeing | **es digno de lástima/compasión** he is to be pitied

dije *sustantivo & adjetivo*

• *s* **1** (para pulsera) charm **2** (para colgar del cuello) pendant

• *adj* (agradable) nice

dilatarse *v* **1** (metal) to expand **2** (pupila) to dilate

diluir *v* **1** (un líquido) to dilute **2** (pintura) to thin **3** (un polvo, una pastilla) to dissolve

diluviar *v* to pour, to pour with rain

diluvio *s* deluge

el Diluvio Universal the Flood

dimensión *sustantivo & sustantivo plural*

• *s* (magnitud) dimension: *en tres dimensiones* in three dimensions/in 3-D

• **dimensiones** *s pl* **1** (de un cuarto, un terreno, etc.) dimensions, size **2** (de un problema, una tragedia, etc.) magnitude

diminutivo *s* diminutive

diminuto, -a *adj* tiny, minute

dimitir *v* to resign

Dinamarca *s* Denmark

dinámica *s* dynamics *sing*

dinámico, -a *adj* (persona) dynamic

dinamita *s* dynamite

dinastía *s* dynasty (plural -ties)

dineral *s* **costar/gastar un dineral** to cost/to spend a fortune

dinero *s* money: *No tengo dinero.* I don't have any money./I haven't got any money. | *Me pidió dinero.* He asked me for (some) money.

dinosaurio *s* dinosaur

dios *sustantivo masculino & sustantivo masculino & femenino*

• *s* [masc] **1 Dios** God: *¿Crees en Dios?* Do you believe in God? **2 gracias a Dios** thank God: *Está bien, gracias a Dios* . She's all right, thank God. **3 ¡por Dios!** for God's sake!: *¡Basta, por Dios!* That's enough, for God's sake! **4 ¡Dios mío! (a)** (para expresar sorpresa) (Good) God! **(b)** (para expresar angustia) my God! **5 ¡Dios me libre!** God forbid!, heaven forbid!

• **dios, -a** *s* [masc & fem] **dios** god | **diosa** goddess: *la diosa Afrodita* the goddess Aphrodite

dióxido *s* dioxide: *dióxido de carbono* carbon dioxide

diploma *s* diploma

diplomacia *s* **1** (actividad, carrera) diplomacy **2** (conjunto de diplomáticos) diplomatic corps **3** (tacto) diplomacy

diplomático, -a *adjetivo & sustantivo*

• *adj* **1** (cargo, relaciones, servicio) diplomatic **2** (en el trato) diplomatic

• *s* diplomat

diptongo *s* diphthong

diputado, -a *s*

> El cargo equivalente al de diputado en EU es el de **Representative** y en Gran Bretaña el de **Member of Parliament** o **MP**. Para referirse a un diputado de otro país se usa **deputy**, cuyo plural es **deputies**.

dique *s* dyke

dirección *s* **1** (domicilio) address (plural -sses) **2** *¿Cuál es tu dirección?* What's your address? **3** (sentido) direction: *en dirección oeste* in a westerly direction | *Iban en dirección a Caracas.* They were going toward Caracas. **4** (oficina del director) principal's office (AmE), head teacher's office (BrE): *Lo mandaron a la dirección.* He was sent to the principal's office. **5** (de un vehículo) steering

dirección de e-mail, dirección electrónica e-mail address

direccional *s* turn signal (AmE), indicator (BrE) | **poner la(s) direccional(es)** to signal (AmE), to indicate (BrE)

directamente *adv* **1** (derecho) straight: *Lo llevaron directamente al hospital.* He was taken straight to hospital. **2** (sin intermediarios) directly: *La orden viene directamente del Presidente.* The order comes directly from the president.

directivo, -a *s* director

directo, -a *adj* **1** (camino, ruta, vuelo) direct: *¿Cuál es la ruta más directa?* What is the most direct route? **2** (contacto, comunicación) direct: *No tengo contacto directo con él.* I'm not in direct contact with him. **3 un tren directo** a through train, a direct train **4** (lenguaje) direct, (respuesta) straight **5 en directo** live: *¿Lo dan en directo?* Are they showing it live? | *una entrevista en directo* a live interview

director, -a *s* **1** (de una escuela) principal (AmE), head (BrE), head teacher (BrE) **2** (de una empresa) director **3** (de una institución) director **4** (de cine, teatro) director **5** (de una publicación) editor **6** (de una orquesta) conductor

director -a técnico -a head coach (plural -ches) (AmE), manager (BrE)

directorio *s* **1 directorio (telefónico)** (telephone) directory | **buscar un número en el directorio** to look up a number in the directory **2** (de una empresa, un banco) board, board of directors: *una reunión de directorio* a board meeting **3** (en computación) directory (plural -ries)

dirigente *s* leader

dirigir *v* **1** (una empresa, una institución) to manage, to run **2** (una publicación) to edit, to be the editor of **3** (una película, una obra de teatro) to direct **4** (una carta) to address: *La carta está dirigida a ti.* The letter is addressed to you. **5** (un debate) to chair, (un partido político) to lead, to be the leader of

dirigirse *v* **1** (hablar) **dirigirse a alguien** to speak to sb **2** (ir) **dirigirse a** to head for: *Se dirigió a la sala de reuniones.* He headed for the meeting room.

discado directo *s* direct dialing

discapacitado, -a *adjetivo & sustantivo*

● *adj* disabled

● *s* disabled person | **los discapacitados** disabled people, the disabled: *los derechos de los discapacitados* the rights of disabled people/the rights of the disabled

disciplina *s* **1** (normas) discipline **2** (científica, etc.) discipline

discípulo, -a *s* disciple

disc jockey *s* disc jockey

disco *s* [masc] **1** (de música) record: *el mejor disco de Bob Dylan* Bob Dylan's best record ▶ Si se trata de un compacto se dice **CD**: *Le regalé un disco.* I gave her a CD. | **poner un disco** to put a CD on, to put a record on | **grabar un disco** (para una discográfica) to make a record **2** (en computación) disk **3** (en atletismo) discus (plural -ses)

disco compacto compact disc, CD **disco duro, disco rígido** hard disk **disco flexible** diskette, floppy disk

discográfica *s* record company (plural -nies)

discográfico, -a *adj* **la industria discográfica** the record industry | **una compañía discográfica** a record company

discoteca *s* club

discotequero, -a *adj* **un hit/un ritmo etc. discotequero** a disco hit/beat etc.

discreción *s* discretion | **con discreción** discreetly, tactfully

discreto, -a *adj* **1** (persona) discreet **2** (color) discreet **3** (traje, vestido) sober

discriminación *s* discrimination | **discriminación de/contra alguien** discrimination against sb

discriminar *v* **discriminar (a alguien)** to discriminate (against sb): *Los discriminan porque son diferentes.* They discriminate against them because they're different.

disculpa *s* **1** apology (plural -gies): *Le debo una disculpa.* I owe you an apology. **2 pedirle disculpas a alguien** to say you're sorry, to apologize to sb: *Pídele disculpas.* Say you're sorry./ Apologize to him.

disculpar *v* **disculpa/disculpe (a)** (para pedir perdón) sorry, I'm sorry: *Discúlpame, no te vi.* Sorry, I didn't see you. **(b)** (al abordar a alguien) excuse me: *Disculpe ¿tiene hora?* Excuse me, do you have the time?

disculparse *v* **disculparse (por algo)** to apologize (for sth): *Se disculpó por la demora.* She apologized for the delay. | **disculparse con alguien** to apologize to sb: *¿Te disculpaste con Sandra?* Did you apologize to Sandra?

discurso *s* speech (plural -ches) | **dar/pronunciar un discurso** to give/make a speech

discusión *s* **1** (pelea) argument: *Tuvimos una discusión terrible.* We had a terrible argument. **2** (debate) discussion

discutir *v* **1** (pelearse) to argue: *No discutamos más.* Let's not argue any more. | **discutir por algo** to argue about sth: *Discutieron por dinero.* They argued about money./They had an argument about money. **2** (cuestionar) to question: *Nadie se atreve a discutir sus órdenes.* No one dares to question his orders. | *Me discute todo.* She questions everything I say. **3** (debatir) to discuss: *Se discutieron varios temas.* Several issues were discussed.

disecar *v* (un animal) (para conservarlo) to stuff, (hacer la disección de) to dissect

diseñador, -a *s* designer

diseñador -a de modas fashion designer **diseñador -a gráfico -a** graphic designer

diseñar *v* to design

diseño *s* design

diseño de modas fashion design **diseño gráfico** graphic design

disfraz *s* **1** (para divertirse) costume: *un disfraz de vampiro* a vampire costume | *Me puse el disfraz.* I put the costume on. | **ir de disfraz** to go in costume (AmE), to go in fancy dress (BrE): *Hay que ir de disfraz.* You have to go in costume. ▶ ver **fiesta** **2** (para ocultarse) disguise

disfrazado, -a *adj* **1** (para divertirse) in costume (AmE), in fancy dress (BrE): *Estaban todos disfrazados.* They were all in costume. | **disfrazado -a de algo** dressed up as sth **2** (para ocultarse) in disguise | **disfrazado -a de algo** disguised as sth: *Entró al país disfrazado de mujer.* He entered the country disguised as a woman.

disfrazarse *v* **disfrazarse (de algo) (a)** (para divertirse) to dress up (as sth): *Me voy a disfrazar de Superman.* I'm going to dress up as Superman. **(b)** (para ocultarse) to disguise yourself (as sth): *Se disfrazaron de monjas.* They disguised themselves as nuns.

disfrutar *v* **disfrutar (de) algo** to enjoy sth: *Disfrutaron mucho del viaje.* They really enjoyed the trip. | **disfrutar haciendo algo** to enjoy doing sth: *Disfruta viéndolo jugar.* She enjoys watching him play.

disgustar *v* to upset

disgusto *s* **llevarse un disgusto** to be upset: *Mi mamá se llevó un disgusto enorme.* My mom was really upset. | **darle un disgusto a alguien** to upset sb

disimulado, -a *adj* **1** (persona) discreet: *Trata de ser más disimulado.* Try to be a little more discreet./Try not to make it so obvious. **2 hacerse el disimulado/la disimulada** to play the innocent: *No te hagas la disimulada.* Don't play the innocent with me.

¿Sabes cómo funcionan los **phrasal verbs**? Lee la explicación en el apartado de gramática.

disimular *v* ver ejemplos: *No sabe disimular.* He's no good at hiding things. | *No podía disimular los nervios.* She couldn't hide the fact that she was nervous.

disimulo *s* **1 con disimulo** discreetly: *Miró el reloj con disimulo.* He looked at his watch discreetly./He looked at his watch, hoping nobody would notice. **2 sin ningún disimulo** quite blatantly: *Mienten sin ningún disimulo.* They lie quite blatantly.

diskette *s* floppy disk

dislocarse *v* **dislocarse el tobillo/el hombro etc.** to dislocate your ankle/your shoulder etc.

disminución *s* drop: *una disminución de los ingresos* a **drop in** income

disminuir *v* **1** (reducirse) to drop: *Ha disminuido el número de accidentes de tránsito.* The number of road accidents has dropped. | **disminuir un 10%/un 5% etc.** to drop by 10%/5% etc. **2 disminuir la velocidad** to reduce your speed, to slow down

disolver *v* **1** (en un líquido) to dissolve **2** (una manifestación) to break up

disolverse *v* **1** (en un líquido) to dissolve **2** (manifestación) to break up

disparar *v* **1** (un arma, un tiro) to fire: *Dispararon tres veces.* They fired three times. **2 dispararle (a alguien)** Cuando se le dispara a alguien, se usa **to shoot** si se acierta y **to shoot at** o **to fire at** si no se acierta: *Le dispararon por la espalda.* They shot him from behind./They shot at him from behind. | *¡No dispares!* Don't shoot! | **disparar contra alguien** to fire at sb, to fire on sb: *Dispararon contra los manifestantes.* They fired at the demonstrators./They fired on the demonstrators.

disparate *s* **decir disparates** to talk nonsense, to talk rubbish (BrE) | **hacer un disparate** to do something stupid

disparo *s* shot

disponer *v* **1 disponer de tiempo/dinero etc.** to have time/money etc. **2** (colocar) to arrange: *Dispuso las piezas sobre la mesa.* She arranged the pieces on the table.

disponerse *v* **disponerse a hacer algo** to be about to do sth

disponible *adj* available

dispositivo *s* device

dispuesto, -a *adj* **estar dispuesto -a a hacer algo** to be prepared to do sth: *No estoy dispuesto a aceptarlo.* I'm not prepared to accept it.

disquería *s* record store (AmE), record shop (BrE)

disquete *s* floppy disk

disquetera *s* disk drive

distancia *s* distance: *¿Qué distancia hay entre Cuzco y Lima?* What's the distance between Cuzco and Lima? | **¿a qué distancia está?** how far is it?: *¿A qué distancia está de la estación?* How **far** is it **from** the station? | **a una distancia de 50 m/100 km etc.** at a distance of 50 m/100 km etc. ▶ ver **curso**

distinción *s* (diferencia) distinction | **hacer una distinción/distinciones** to make a distinction/distinctions | **no hacer distinciones** to make no distinction

distinguir *v* **1** (diferenciar) **distinguir cosas/a personas** to tell things/people apart: *Me cuesta distinguir a los gemelos.* I find it hard to tell the twins apart. | **no distingo una cosa de otra/entre una cosa y otra** I can't tell one thing from another, I can't tell the difference between one thing and another: *No distingue un carro de otro.* He can't tell one car from another./He can't tell the difference between one car and another. **2** (ver) **distinguir algo** to make sth out: *No distingo el número del bus.* I can't make out the number on the bus.

distinguirse *v* **distinguirse de algo/alguien** to stand out from sth/sb: *un barrio que se distingue de los demás* an area that stands out from the rest | **distinguirse por algo** to be noted for sth: *Estas aves se distinguen por su plumaje.* These birds are noted for their plumage.

distinto, -a *adj* **1** (diferente) different: *Las dos hermanas son muy distintas.* The two sisters are very different. | **distinto -a a/de** different from: *Es muy distinta a la mamá.* She's very different from her mom. | *La dieta de los japoneses es muy distinta de la nuestra.* The Japanese diet is very different from ours. ▶ Existe también **different to,** pero es menos frecuente que **different from**. En inglés americano también se usa **different than** **2 distintos -as** (varios) various: *Hay distintas formas de hacerlo.* There are various ways of doing it.

distracción *s* **1** (entretenimiento) entertainment ▶ Este sustantivo es incontable y por lo tanto no tiene plural: *Necesita un poco de distracción.* He needs some entertainment. | *Aquí no hay muchas distracciones.* There isn't much entertainment around here. **2** (falta de atención): *En un momento de distracción lo perdí de vista.* I was distracted for a moment and lost sight of him.

distraer *v* **1** (apartar la atención de) to distract **2** (entretener) **distraer a alguien** to keep sb amused: *Puse la televisión para distraer a los niños.* I put the TV on to keep the kids amused.

distraerse *v* **1** (desconcentrarse) to get distracted: *Se distrae con facilidad.* He gets distracted easily./He's easily distracted. **2** (entretenerse) to keep yourself amused: *Se distrae haciendo crucigramas.* He keeps himself amused doing crossword puzzles.

distraído, -a *adj* **1** (como característica permanente) absent-minded: *Soy muy distraída.* I'm very absent-minded. | *un niño distraído* an absent-minded boy **2 estar distraído -a** not to be paying attention: *Últimamente está muy* *distraído en clase.* He hasn't been paying attention in class lately. ▶ La traducción del ejemplo siguiente muestra una alternativa muy frecuente en el lenguaje hablado: *Perdóname, estaba distraído.* Sorry, I wasn't paying attention./Sorry, I was miles away.

distribución *s* **1** (reparto) distribution **2** (de las habitaciones en una casa) layout

distribuir *v* **1** (alimentos, folletos, dinero) to distribute: *El dinero se distribuyó entre varias obras benéficas.* The money was distributed among several charities. **2** (tareas) to allocate **3** (mercaderías, productos) to distribute **4** (ubicar) to arrange

distrito *s* district
distrito electoral district (AmE), constituency (plural -cies) (BrE) **Distrito Federal** Mexico City

disturbio *s* riot

diversión *s* **1** (disfrute) **hacer algo por diversión** to do sth for fun: *Compone canciones por diversión.* He composes songs for fun. **2** (actividad recreativa) form of entertainment: *su diversión favorita* his favorite form of entertainment ▶ *diversiones* se puede traducir por el sustantivo incontable **entertainment**: *No hay diversiones para los niños.* There is no entertainment for the children./There is nothing for the children to do.

diversos, -as *adj* various

divertido, -a *adj* **1** (entretenido) fun: *un juego divertido* a fun game | **ser/estar muy divertido -a** to be great fun: *La fiesta estuvo muy divertida.* The party was great fun. | *Tus amigos son muy divertidos.* Your friends are great fun. **2** (cómico) funny: *una anécdota divertida* a funny anecdote ▶ ver abajo

> **¿funny o fun?**
>
> **funny** sólo se aplica a lo que te hace reír como chistes, incidentes, personas, etc.
>
> Una fiesta, un juego, unas vacaciones, son **fun** y no **funny**.

divertir *v* **me/le etc. divierte hacer algo** I enjoy/he enjoys etc. doing sth: *Me divierte jugar con los pequeños.* I enjoy playing with the little ones.
divertirse *v* to have a good time, to enjoy yourself: *¿Te divertiste?* Did you have a good time?/Did you enjoy yourself? | *¡Que se diviertan!* Have a good time!/Enjoy yourselves!

dividir *v* to divide | **dividir algo por algo** to divide sth by sth: *Tienes que dividir cien por cuatro.* You have to divide a hundred by four.
dividirse *v* **1 dividirse algo** to split sth: *Se dividieron el premio entre los cuatro.* They split the prize between the four of them. **2 dividirse en grupos/equipos** to split up into groups/teams

divino, -a *adj* divine

divisa *sustantivo & sustantivo plural*
• *s* currency (plural -cies)
• **divisas** *s pl* **1** (moneda extranjera) foreign currency *sing* **2** (moneda fuerte) strong currency *sing*

división *s* **1** (operación matemática) division | **hacer una división** to do a division **2** (en deportes) division: *Han ascendido a primera división.* They've been promoted to the first division. **3** (separación) division

divorciado, -a *adjetivo & sustantivo*
• *adj* divorced: *Sus padres están divorciados.* Her parents are divorced.
• *s* divorcee

divorciarse *v* to get divorced | **divorciarse de alguien** to divorce sb

divorcio *s* divorce

dizque *adverbio & adjetivo*
• *adv* supposedly: *Estaba dizque estudiando.* He was supposedly studying. | *Murió dizque de pena.* They say he died of grief.
• *adj* so-called: *los dizque representantes del pueblo* the so-called representatives of the people

do *s* C

dobladillo *s* hem

doblado, -a *adj* (referido a películas) dubbed

doblaje *s* dubbing

doblar *v* **1** (un papel, una carta, etc.) to fold | **doblar algo en dos/cuatro etc.** to fold sth in two/four etc.
2 (una camisa, una sábana, etc.) to fold
3 doblar las piernas/las rodillas etc. to bend your legs/your knees etc.: *Dobla el brazo.* Bend your arm.
4 (girar) to turn: *No sé dónde hay que doblar.* I don't know where we have to turn. | *Dobló en la esquina.* He turned the corner. | **doblar a la derecha/izquierda** to turn right/left
5 (una película) to dub: *Está doblada al español.* It's **dubbed into** Spanish.
6 (duplicar) to double
doblarse *v* (curvarse) to bend

doble *adjetivo, sustantivo masculino, sustantivo masculino & femenino & sustantivo plural*
• *adj* double: *un whisky doble* a double whisky
doble ciudadanía *s* dual nationality **doble falta** *s* (en tenis) double fault **doble sentido** *s* (de algo que se dice) double meaning: *un chiste de doble sentido* a joke with a double meaning
• *s* [masc] **1 el doble** twice as much: *Me costó el doble.* It cost me twice as much. | **el doble de dinero/de tiempo etc.** twice as much money/time etc.: *Necesito el doble de tiempo.* I need twice as much time. | *Tiene el doble de edad que ella.* He's twice her age. | **el doble de largo/rápido etc.** twice as long/fast etc.: *Esta computadora es el doble de rápida que la otra.* This computer is twice as fast as the other one.

2 (en básquet) **(hacer un) doble** (to score a) two-pointer
• *s* [masc & fem] **1** (persona parecida) double **2** (en el cine) stand-in, double
• **dobles** *s pl* (en tenis) doubles

doce *número* **1** (número, cantidad) twelve **2** (en fechas) twelfth

doceavo, -a *número* twelfth

docena *s* dozen: *una docena de rosas* a dozen roses ▶ **dozen** se usa en singular aunque se hable de varias docenas: *dos docenas de huevos* two dozen eggs | *Los venden por docena.* They sell them **by the dozen.**

docencia *s* teaching: *Quiere dedicarse a la docencia.* She wants to go into teaching.

docente *s* teacher

doctor, -a *s* **1** (en medicina) doctor: *Llamemos al doctor.* Let's call the doctor. | *Lo atendió la Doctora Lecue.* He was seen by Doctor Lecue. **2** (en otras carreras) **ser doctor -a en algo** to have a PhD in sth: *Es doctora en lingüística.* She has a PhD in linguistics.

doctorado *s* PhD | **hacer un doctorado (en algo)** to do a PhD (in sth)

documentación *s* **1** (de una persona) papers *pl* **2** (de un vehículo) documents *pl*, papers *pl* **3** (sobre un tema) material

documental *s* documentary (plural -ries) | **un documental sobre algo** a documentary on/about sth

documento *s* document
documento de identidad identity card: *Había perdido el documento de identidad.* She had lost her identity card. | *Tiene que presentar algún documento de identidad.* You must show some form of identification.

dólar *s* dollar

doler *v* ▶ ver recuadro

dolor *s* **1** (físico) pain: *El dolor era insoportable.* The pain was unbearable. ▶ El sustantivo **ache,** que indica un dolor continuo, se usa sobre todo en los compuestos que aparecen más abajo **2** (pena) grief, sorrow
dolor de cabeza headache: *Tengo un dolor de cabeza terrible.* I've got a terrible headache. | *¿Tienes algo para el dolor de cabeza?* Do you have anything for **a headache**? **dolor de estómago/barriga** stomach ache **dolor de garganta** sore throat **dolor de muelas** toothache **dolor de oídos** earache

doloroso, -a *adj* **1** (inyección, tratamiento) painful **2** (experiencia, recuerdo) painful

domador, -a *s* tamer

domar *v* **1** (un león, un tigre) to tame **2 domar un caballo** to break a horse in

doméstico, -a *adj* domestic

domicilio *s* address (plural -sses)
domicilio particular home address

doler

1 La traducción general es **to hurt:**

¿La inyección duele? Does the shot hurt?

Para dolores continuos y no muy fuertes se usa **to ache**. Tanto **to hurt** como **to ache** se suelen usar sin complemento, es decir, *me, le,* etc. no se traducen:

Me duele cuando me jalas el pelo. It hurts when you pull my hair. | *Le duelen los pies.* His feet ache. | *Ya no le duele.* It doesn't hurt any more. | *Me duele todo el cuerpo.* My whole body aches.

2 Fíjate que hay traducciones especiales para ciertos dolores específicos:

me duele la cabeza I have a headache: *Le dolía horriblemente la cabeza.* She had a terrible headache. | **me duele la muela** I have a toothache: *No pude dormir porque me dolía una muela.* I couldn't sleep because I had a toothache. | **me duele el estómago/la barriga** I have a stomach ache/a tummy ache | **me duele el oído** I have an earache | **me duele la garganta** I have a sore throat: *¿Te duele la garganta?* Do you have a sore throat?

3 **to hurt** también se usa para dolores no físicos:

Me duele que digas eso. It hurts to hear you say that.

dominante *adj* **1** (referido a una persona) domineering **2** (que destaca) dominant **3** (ideología, clase social) dominant **4** (gen) dominant

dominar *v* **1** (conocer bien) **dominar el francés/el inglés etc.** to have a very good command of French/English etc.: *Domina el español.* She has a very good command of Spanish. | **dominar un tema** to be an expert on a subject **2** (a una persona) to dominate: *El novio la dominaba.* Her boyfriend dominated her. **3 dominar una situación** to be in control of a situation

domingo *s* Sunday ▶ ver "Active Box" **días de la semana** en **día**
Domingo de Pascua/Resurrección Easter Sunday **Domingo de Ramos** Palm Sunday

dominicano, -a *adjetivo & sustantivo*
• *adj* Dominican
• *s* Dominican | **los dominicanos** (the) Dominicans

dominio *s* **1** (de un idioma, un tema) command: *Tiene un buen dominio del inglés.* He has a good command of English. **2** (control) control

dominó *s* dominoes *sing*: *un partido de dominó* a game of dominoes | **jugar dominó** to play dominoes

don *s* gift: *un don natural para las lenguas* a natural gift for languages

dona *s* doughnut, donut

donación, donativo *s* **hacer una donación** to make a donation

donante *s* donor: *un donante de órganos* an organ donor

donar *v* **1** (sangre, un órgano) to donate **2** (dinero) to donate

donde *pron* where: *el lugar donde nació Bolívar* the place where Bolívar was born | *Lo volví a poner donde lo encontré.* I put it back where I found it. | **el lugar de donde vienen/hacia donde van etc.** the place they come from/they are going to etc. ► Se usa **wherever** cuando se quiere indicar que no importa el lugar: *Siéntate donde quieras.* Sit wherever you like.

dónde *pron* where: *¿Dónde vives?* Where do you live? | *No sé dónde puse las llaves.* I don't know where I put my keys. | *¿De dónde es?* Where's he from? | *¿De dónde sacaste ese libro?* Where did you get that book from? | *¿Por dónde queda Maracaibo?* Whereabouts is Maracaibo? | *¿Por dónde tenemos que ir?* Which way do we have to go?

donut *s* doughnut, donut

dopar *v* to dope

doparse *v* to take drugs

dorado, -a *adj* **1** (de color oro) **botones/zapatos etc. dorados** gold buttons/shoes etc. ► También existe **golden,** que es literario y se usa para referirse al color de la arena, del cabello, etc. **2 época dorada** golden age

dormido, -a *adj* **1 estar dormido -a** to be asleep: *Estaba medio dormida.* She was half asleep. **2 quedarse dormido -a (a)** (conciliar el sueño) to fall asleep: *Se quedó dormida enseguida.* She fell asleep right away. **(b)** (no despertarse) to oversleep: *Me quedé dormido y llegué tarde al colegio.* I overslept and was late for school. **3 tengo la pierna dormida/el pie dormido etc.** my leg's asleep/my foot's asleep etc. (AmE), my leg's gone to sleep/my foot's gone to sleep etc. (BrE)

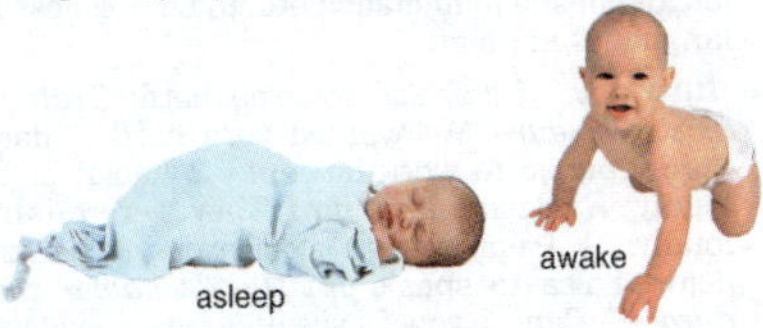

dormilón, -ona *adjetivo & sustantivo*

- *adj* **ser dormilón -ona** to be a sleepyhead
- *s* sleepyhead

dormir *v* to sleep: *¿Cómo dormiste?* How did you sleep? | *Que duermas bien.* Sleep well. ► Para decir que alguien está durmiendo, es más frecuente usar **to be asleep**: *No hagas ruido, están todos durmiendo.* Don't make any noise, they're all asleep. | **irse a dormir** to go to bed: *Me fui a dormir temprano.* I went to bed early. | **quedarse a dormir** to stay the night: *Me quedé a dormir en la casa de Marta.* I stayed the night at Marta's.

dormirse *v* **1** (conciliar el sueño) to fall asleep: *Se durmió en clase.* He fell asleep in class. **2** (no despertarse a tiempo) to oversleep: *Me dormí y llegué tarde.* I overslept and arrived late. **3 se me ha dormido la mano/pierna etc.** my hand's asleep/my leg's asleep etc. (AmE), my hand's gone to sleep/my leg's gone to sleep etc. (BrE)

dormitorio *s* bedroom: *Éste es el dormitorio de los niños.* This is the children's bedroom. | *una casa con dos dormitorios* a two-bedroomed house

dos *número* **1** (número, cantidad) two: *Tienen dos hijos.* They have two children. | **las dos manos/los dos zapatos etc.** both hands/both shoes etc.: *Se rompió las dos piernas.* He broke both legs. | **los dos/las dos** both (of them): *Me gustan los dos.* I like both of them./I like both. | **ninguno de los dos/ninguna de las dos** neither (of them): *Ninguno de los dos quiso venir.* Neither of them wanted to come. ► Cuando el verbo va en negativo, se usa **either** en lugar de **neither**: *No compró ninguno de los dos.* She didn't buy either of them. **2** (en fechas) second

dos puntos colon

doscientos, -as *número* two hundred

dosis *s* dose

Dr. (= **doctor**) Dr.: *el Dr. Garrido* Dr. Garrido

Dra. (= **doctora**) Dr.: *la Dra. Sánchez* Dr. Sánchez

dragón *s* dragon

drama *s* **1** (situación triste) plight: *el drama de los refugiados* the plight of the refugees **2** (obra teatral) play **3** (película) drama

dramático, -a *adj* **1** (terrible) terrible **2** (emocionante) dramatic **3** (relacionado con el teatro) **una obra dramática** a play | **un autor dramático** a playwright

droga *s* **1** (narcótico) drug **2** (en medicina) drug **droga blanda** soft drug **droga dura** hard drug

drogadicción *s* drug addiction

drogadicto, -a *s* drug addict

drogar *v* to drug

drogarse *v* to take drugs

droguería *s* (farmacia) drugstore (AmE), chemist's (BrE)

dromedario *s* dromedary (plural -ries)

ducha *s* shower: *una ducha rápida* a quick shower | **darse/pegarse una ducha** to take a shower (AmE), to have a shower (BrE)

ducharse *v* to take a shower (AmE), to have a shower (BrE): *¿Ya te has duchado?* Have you taken a shower yet?

duda *s* **1** (interrogante) question: *Si tienes alguna duda, pregúntame.* If you have any questions, just ask me. **2** (incertidumbre) doubt: *No tengo ninguna duda.* I have no doubt whatsoever. | **no cabe duda de que** there is no doubt that | **poner algo en duda** to question sth

¿Quieres más información sobre los **verbos modales**? Hay una explicación en el apartado de gramática.

3 por las dudas just in case: *Llévate el paraguas por las dudas.* Take your umbrella just in case.

dudar *v* (tener dudas sobre) to doubt: *–¿Te parece que vendrán? –Lo dudo.* "Do you think they'll come?" "I doubt it." | **dudar de algo** to doubt sth: *Nadie duda de su talento.* Nobody doubts his talent. | **dudar (de) que** to doubt (that): *Dudo que quiera ir.* I doubt that she'll want to go.

dudoso, -a *adj* dubious, questionable: *gente de dudosa reputación* people with a dubious reputation

duelo *s* **1** (luto) mourning | **estar de duelo** to be in mourning **2** (combate) duel | **batirse a duelo** to fight a duel

duende *s* pixie, elf (plural elves)

dueño, -a *s* owner

dulce *adjetivo & sustantivo*

● *adj* **1** (referido al gusto) sweet: *Está demasiado dulce.* It's too sweet. **2** (persona, voz, sonrisa) sweet ▶ ver **agua**

● *s* **1** (golosina) piece of candy (AmE), sweet (BrE): *¿Quieres un dulce?* Do you want a piece of candy? **2** (mermelada) jam, preserve

dulce de membrillo quince jelly

duna *s* dune

dúo *s* **1** (de actores, músicos) duo: *el dúo Laurel y Hardy* the Laurel and Hardy duo **2** (en música) duet: *un dúo de guitarras* a guitar duet | **cantar a dúo** to sing a duet

duodécimo, -a *número* twelfth

dúplex *s* **1** (apartamento) duplex (apartment), maisonette (BrE) **2** (casa) duplex (AmE), semi-detached house (BrE)

duque, -esa *s* **duque** duke | **duquesa** duchess

duración *s* length | **de dos horas/tres meses etc. de duración** two-hour/three-month etc.: *un documental de 40 minutos de duración* a 40-minute documentary

duradero, -a *adj* lasting

durante *prep* ▶ ver recuadro

durar *v* **1** (objeto, situación) to last: *Estas pilas duran más.* These batteries last longer. | **durar mucho** to last a long time, to last: *Son caros pero duran mucho.* They're expensive but they last a long time./They're expensive but they last. | **durar poco** not to last, not to last long: *La relación duró poco.* Their relationship didn't last long./Their relationship didn't last. **2** (clase, película, reunión) **durar una hora/dos semanas etc.** to be an hour/two weeks etc. long, to last an hour/two weeks etc.: *El curso duró seis meses.* The course was six months long./The course lasted six months. | *La entrevista duró una hora.* The interview lasted an hour./The interview was an hour long. | *¿Cuánto dura la película?* How long is the movie?/How long does the movie last? ▶ Para expresar que algo dura demasiado, se suele usar **to go on for**: *Las reuniones duran horas.* The meetings go on for hours.

> **durante**
>
> **1** Se traduce por **during** cuando significa *en el transcurso de* un evento o un período:
>
> *durante las vacaciones* during the vacation | *No tengo tiempo durante la semana.* I don't have time during the week.
>
> **2** Se traduce por **for** cuando se refiere a una cantidad de tiempo:
>
> *Lo esperé durante horas.* I waited for him for hours. | *Vivimos allí durante tres años.* We lived there for three years.
>
> **3** La traducción de *durante todo el/durante toda la* depende de si se trata de un período o un evento:
>
> **durante todo el mes/toda la tarde etc.** all month/all afternoon etc.: *Está abierto durante todo el año.* It's open all year./It's open all year round. | **durante toda la guerra/la película etc.** all through the war/the movie etc., throughout the war/the movie etc.: *Hablaron durante toda la película.* They talked all through the movie./They talked throughout the movie.

duraznero *s* peach tree

durazno *s* peach (plural -ches)

dureza *s* **1** (de un material) hardness **2** (en el trato) severity, harshness | **con dureza** severely, harshly **3** (callosidad) callus

duro, -a *adjetivo & adverbio*

● *adj* **1** (material, asiento, cama) hard: *La cama es un poco dura.* The bed is a little hard. **2** (carne) tough: *La carne estaba durísima.* The meat was really tough. **3** (pan) stale **4** (difícil) (trabajo) hard, tough, (situación) tough **5** (severo) (persona, crítica, castigo) severe, harsh | **ser/estar duro -a con alguien** to be hard on sb: *Creo que estuviste demasiado dura con él.* I think you were too hard on him. **6** (poco hábil) **ser duro -a para los idiomas/la matemática etc.** to be hopeless at languages/math etc.

● **duro** *adv* **1** (trabajar, estudiar) hard: *Trabajamos muy duro.* We worked very hard. | **darle duro y parejo** to work flat out **2** (hablar, gritar) loudly: *Hablaban muy duro.* They were talking loudly. ▶ Para pedirle a alguien que hable más duro se usa **to speak up**: *¿Puede hablar más duro?* Can you speak up, please? **3** (agarrarse) tight

E, e *s* E, e ▶ ver "Active Box" **letras del alfabeto** en **letra**

ébano *s* ebony

echar *v* **1** (tirar) to throw
2 (servir) to pour: *¿Me echas un poco de cerveza?* Can you pour me a little beer?
3 (poner) **echarle sal/azúcar etc. a algo** to put salt/sugar etc. in sth: *¿Le echaste sal?* Did you put any salt in it?
4 (del trabajo) to fire, to sack (BrE): *Están echando a mucha gente.* They are firing a lot of people.
5 (de la escuela) to expel: *Lo van a echar del colegio.* He is going to be expelled from school.
6 (de un bar, la casa de alguien, etc.) **echar a alguien** to throw sb out: *Los echaron del bar.* They were thrown out of the bar. | *El padre lo echó de la casa.* His father threw him out.
7 (expeler) **echar humo** to smoke: *Los restos todavía echaban humo.* The remains were still smoking.
8 echar a correr to start running, to break into a run: *Echamos a correr más rápido.* We started running faster.
9 echar(le) un vistazo/una mirada (a algo) to have a look (at sth): *Vayamos a echar un vistazo.* Let's go have a look. | *Échale una mirada a la salsa.* Have a look at the sauce. ▶ Expresiones como *echarle la culpa/una mano a alguien* etc., están tratadas bajo **culpa, mano,** etc.

echarse *v* **1** (tumbarse) to lie down: *¿Quieres echarte aquí un rato?* Do you want to lie down here for a while?
2 echarse a llorar to start crying, to burst into tears | **echarse a reír** to start laughing, to burst out laughing
3 echarse a perder (fruta, carne) to go bad: *La fruta se echó a perder.* The fruit went bad.
4 echarse atrás to back out: *Pensaba ir sola, pero me eché atrás.* I was planning to go on my own but then I backed out.
5 echársele encima a alguien to leap on sb: *Se le echó encima y le pegó.* He leapt on her and hit her.

eclipse *s* eclipse

eco *s* echo (plural echoes)

ecografía *s* scan, ultrasound (AmE) | **hacerse una ecografía** to have a scan, to have an ultrasound (AmE) ▶ **scan** también se usa para referirse a otros tipos de estudio. El término técnico para especificar que se trata de una ecografía es **ultrasound scan**

ecología *s* ecology

ecológico, -a *adj* **1** (equilibrio, desastre) ecological **2** (producto) environmentally friendly

ecologista *adjetivo & sustantivo*
- ***adj*** environmental, ecological
- ***s*** environmentalist, ecologist

economía *s* **1** (de un país) economy (plural -mies) **2** (disciplina) economics *sing*
3 hacer economía to economize: *Tenemos que hacer economía.* We have to economize.
economía de mercado market economy

económico, -a *adj* **1** (problemas, recursos, situación) financial: *Tienen problemas económicos.* They have financial problems. **2** (crisis, política, prosperidad) economic **3** (barato) cheap, inexpensive **4** (que gasta poco) (auto, sistema de calefacción) economical

economista *s* economist

ecuación *s* equation

Ecuador *s* (país) Ecuador

ecuador *s* **el ecuador** (la línea) the equator

ecuatoriano, -a *adjetivo & sustantivo*
- ***adj*** Ecuadorean
- ***s*** Ecuadorean | **los ecuatorianos** (the) Ecuadoreans

edad *s* **1** (de una persona) age: *Tenemos la misma edad.* We're the same age. | *A tu edad yo ya trabajaba.* At your age I was already working. | **gente de mi/tu etc. edad** people my/your etc. age: *No había niños de mi edad.* There weren't any children my age. | **¿qué edad tiene/tienes etc.?** how old is he?/how old are you? etc. | **un hombre de 25/30 etc. años de edad** a man of 25/30 etc.: *Ramiro, de 26 años de edad, es abogado.* Ramiro, who is 26, is a lawyer. ▶ ver **mayor, menor, tercero**
2 (en la historia) age
3 estar en edad de hacer algo (ser lo suficientemente mayor) to be old enough to do sth: *Está en edad de vivir solo.* He's old enough to live alone. | **no estar en edad de hacer algo** (ser demasiado mayor) to be too old to do sth: *Ya no está en edad de usar bikini.* She's too old to wear a bikini.
edad de oro golden age **la Edad Media** the Middle Ages *pl*

edición *s* **1** (de un libro, un festival, un programa) edition: *Ya ha salido la nueva edición.* The new edition has already come out. **2** (de un disco: puesta en venta) release **3** (de un disco: versión) version, edition **4** (acción de editar) editing

edificio *s* **1** (construcción) building: *un edificio público* a public building **2 edificio (de apartamentos/departamentos)** (apartment) building (AmE), block (of flats) (BrE): *Vivo en ese edificio.* I live in that building.

editar *v* **1** (publicar) to publish **2** (revisar, corregir) to edit **3** (un programa, una película) to edit

ⓘ ¿Se dice *I arrived in Miami* o *I arrived to Miami*? Mira la entrada **arrive**.

editor, -a *s* **1** (que publica) publisher **2** (que revisa) editor

editorial *sustantivo femenino & sustantivo masculino*
- *s* [fem] (empresa) publishing house, publishing company
- *s* [masc] (en un periódico) editorial

edredón *s* **1** (colcha) eiderdown, comforter (AmE) **2** (que se usa en lugar de cobijas) duvet, comforter (AmE)

educación *s* **1** (enseñanza) education: *el nuevo plan de educación* the new education plan **2** (modales) manners: *Es una falta de educación.* It's bad manners.
educación a distancia correspondence course (AmE), distance learning (BrE) **educación especial** special education **educación física** physical education **educación sexual** sex education

educado, -a *adj* polite, well-mannered

educar *v* **1** (instruir) to educate: *Los educaron en los mejores colegios.* They were educated at the best schools. **2** (criar) **educar a alguien** to bring sb up: *No sabe educar a sus hijos.* She doesn't know how to bring up her children. **3** (a un perro) to train

educativo, -a *adj* **1** (programa, juego) educational **2 el sistema educativo** the education system

edulcorante *s* sweetener

EE. UU. *s* ▶ ver **EU**

efectivo *adjetivo & sustantivo*
- *adj* (sistema, remedio) effective
- *s* cash: *¿Efectivo o tarjeta?* Cash or credit card? | **en efectivo** in cash: *Pagó el pasaje en efectivo.* She paid for the ticket in cash. | **$10/$20 etc. en efectivo** $10/$20 etc. cash: *un premio de $200 en efectivo* a prize of $200 cash/a cash prize of $200

efecto *s* **1** (consecuencia) effect: *los efectos nocivos del alcohol* the harmful effects of alcohol | **hacerle efecto a alguien** to have effect on sb: *El calmante no le hizo efecto.* The painkiller had no effect on him. | **surtir efecto** to work **2** (impresión) impression: *Me causó mal efecto.* He made a bad impression on me. **3** (en tenis) spin: *La tiró con efecto.* She put some spin on it.
el efecto invernadero the greenhouse effect **efecto secundario** side effect **efectos de sonido** *s pl* sound effects **efectos especiales** *s pl* special effects **efectos personales** *s pl* personal effects

efervescente *adj* **1** (bebida) sparkling, fizzy **2** (pastilla) effervescent

eficacia *s* effectiveness

eficaz *adj* (método, medida, remedio) effective

eficiencia *s* efficiency

eficiente *adj* efficient

egoísmo *s* selfishness

egoísta *adjetivo & sustantivo*
- *adj* (actitud, persona) selfish
- *s* **ser un/una egoísta** to be very selfish

egresado, -a *s* **1** (de la universidad) graduate: *Es egresada de la Universidad de Los Andes.* She's a graduate of the University of Los Andes. **2** (de la secundaria) high-school graduate (AmE), school leaver (BrE)

egresar *v* **1** (de la universidad) to graduate **2** (de la secundaria) to graduate (AmE), to leave school (BrE): *los que egresaron en 1999* those who graduated in 1999/those who left school in 1999

eh *interj* **1** (al hacer pausas) umm: *Se llama... eh... Tina, creo.* Her name is... umm... Tina, I think. **2 ¿eh? (a)** (en advertencias) OK?: *Cuídalo ¿eh?* Take care of it, OK? **(b)** (cuando no se oyó algo) sorry?: *¿Eh? ¿Me hablabas?* Sorry? Were you talking to me? **3** (para atraer la atención de alguien) **¡eh!** hey!, excuse me!

ej. (= **ejemplo/por ejemplo**) e.g.

eje *s* **1** (de un vehículo) axle **2** (de un cuerpo) axis (plural axes)
eje de las abscisas x-axis **eje de las ordenadas** y-axis

ejecución *s* execution

ejecutar *v* **1** (en computación) to run, to execute **2** (a una persona) to execute **3 ejecutar una orden/un plan** to carry out an order/a plan

ejecutivo, -a *adjetivo & sustantivo*
- *adj* executive ▶ ver **poder**
- *s* executive

ejemplar *sustantivo & adjetivo*
- *s* **1** (de un libro, una revista) copy (plural -pies) **2** (de un animal, un árbol) specimen
- *adj* **un padre/hijo etc. ejemplar** a model father/son etc.

ejemplo *s* **1** (muestra) example: *¿Puede dar un ejemplo?* Can you give an example? | **por ejemplo** for example: *Ésta, por ejemplo, es barata.* This one, for example, is cheap. **2** (modelo de conducta) **dar un buen/mal ejemplo** to set a good/bad example | **seguir el ejemplo de alguien** to follow sb's example

ejercer *v* **1** (referido a profesiones) to practice (AmE), to practise (BrE): *Es arquitecto, pero no ejerce.* He's an architect, but he doesn't practice. | **ejercer la medicina/la abogacía** to practice medicine/law **2** (un derecho) to exercise **3** (poder, presión) to exert

ejercicio *s* **1** (de lengua, de piano, etc.) exercise: *¿Has hecho los ejercicios de matemáticas?* Have you done the math exercises? **2** (físico) exercise: *un ejercicio para fortalecer los muslos* an exercise to strengthen your thighs | **hacer ejercicio** to get exercise: *No haces ejercicio.* You don't get any exercise.

ejército *s* army (plural -mies) | **entrar en el ejército** to join the army

ejote *s* green bean
el, la *art* ▶ ver recuadro
él *pron* **1** (como sujeto) he: *Me lo dijo él.* He told me. ▶ Pero tras el verbo **to be** se usa **him**: *Fue él.* It was him.
2 (tras preposiciones) him: *Se lo di a él.* I gave it to him. | *Voy a ir con él.* I'm going with him. | *¿Has recibido carta de él?* Have you had a letter from him? ▶ Cuando **de él** significa *suyo* se traduce por **his**: *¿Estos CDs son de él?* Are these CDs his?
3 (en comparaciones) him: *Tú eres más alto que él.* You're taller than him. | *Nadie juega como él.* Nobody plays like him.
4 (referido a cosas) it
elaborar *v* **1** (un informe) to prepare, to write **2** (un producto) to make, to produce **3 elaborar un plan/un proyecto** to draw up a plan/to put together a project
elástico, -a *adjetivo & sustantivo*
• *adj* elastic
• **elástico** *s* **1** (de una prenda) elastic **2** (banda elástica) rubber band, elastic band (BrE)
elección *sustantivo & sustantivo plural*
• *s* **1** (opción, decisión) choice: *Fue una mala elección.* It was a bad choice. | **a elección** ver ejemplos: *El premio es un CD a elección.* The prize is a CD of your choice. | *El color es a elección.* You can choose the color. **2** (por votación) election: *la elección de Ramos como presidente* the election of Ramos as president
• **elecciones** *s pl* elections *pl*, election *sing* | **llamar/convocar a elecciones** to call an election, to call elections
elecciones generales general election **elecciones legislativas** legislative elections
electorado *s* electorate
electoral *adj* **sistema/reforma electoral** electoral system/reform | **resultados electorales** election results | **campaña electoral** election campaign ▶ ver **distrito**
electricidad *s* electricity
electricista *s* electrician
eléctrico, -a *adj* **1** (luz, corriente, estufa, guitarra, cocina) electric **2** (instalación, artefacto) electrical: *aparatos eléctricos* electrical appliances ▶ ver **escalera, portero, silla**
electrocutarse *v* to get electrocuted
electrodoméstico *s* electrical appliance
electrónica *s* electronics *sing*
electrónico, -a *adj* electronic ▶ ver **buzón, correo**
elefante, -a *s* elephant
elegancia *s* elegance
elegante *adj* **1** (persona) elegant: *una mujer muy elegante* a very elegant woman | **estar muy elegante** to look very elegant: *Estaba muy elegante.* She looked very elegant. **2** (restaurante, zona) stylish

el/la

1 La traducción es **the** salvo en los casos que se señalan más abajo:
¿Dónde está el gato? Where's the cat? | *Te espero en el restaurante.* I'll wait for you in the restaurant.

2 No se usa **the** en los siguientes casos:
Cuando se habla de algo en general:
Me gusta el chocolate. I like chocolate. | *No me interesa la política.* I'm not interested in politics. | *El kiwi tiene vitamina C.* Kiwis contain vitamin C.
Con títulos:
Llamó el Sr. Lagos. Mr. Lagos phoned. | *Ésta es la Dra. Ramallo.* This is Dr. Ramallo.
Con la hora y los días de la semana y otras expresiones de tiempo:
Es la una. It's one o'clock. | *¿Vienes el sábado?* Are you coming on Saturday? | *el mes pasado* last month | *la semana que viene* next week
En algunas construcciones con el verbo *tener:*
Tiene el pelo corto. She has short hair. | *Tiene la nariz pequeña.* She has a small nose.

3 Con partes del cuerpo y objetos personales se usa un posesivo:
Lávate la cara. Wash your face. | *Se olvidó el celular.* She forgot her cell phone.

4 En construcciones sin sustantivo se usa **the one:**
Pruébate el más grande. Try the bigger one on. | *Me gusta la de madera.* I like the wooden one. | *Nora es la de la derecha.* Nora's the one on the right.
A menos que haya un posesivo:
El de Juan es el modelo nuevo. Juan's is the new model. | *La mía está rota.* Mine is broken.

elegir *v* **1** (escoger) to choose: *Elige tú la película.* You choose the movie. | *Puedes elegir entre estos tres.* You can choose among these three. **2** (por votación) to elect: *Lo eligieron delegado.* They elected him as their representative.
elemental *adj* (curso, nivel) elementary
elemento *s* **1** (componente) element **2** (en química) element
elevado, -a *adj* **1** (alto) high **2 tres elevado al cuadrado/al cubo** three squared/cubed | **tres elevado a la quinta/sexta etc.** three to the power of five/six etc.
elevador *s* elevator (AmE), lift (BrE)
elevar *v* **1** (aumentar) to raise **2** (en matemáticas) **elevar un número al cuadrado/al cubo** to square/cube a number | **elevar un número a la cuarta/a la quinta etc.** to raise a number to the power of four/five etc.
elevarse *v* (globo) to rise, (avión) to climb

¿Quieres información sobre las diferencias entre los **artículos** en inglés y en español? Lee la explicación en el apartado de gramática.

eliminar *v* **1** (en deportes) **eliminar a un equipo/a un jugador** to knock a team/a player out: *Quedó eliminada en los cuartos de final.* She was knocked out in the quarterfinals. **2** (un olor, una mancha, un problema, etc.) to eliminate, to get rid of **3** (hormigas, cucarachas, etc.) to kill, to get rid of

eliminatoria *s* **1** (en una carrera) heat **2** (serie de partidos) qualifying round **3** (partido) qualifying game, qualifying match (BrE)

ella *pron* **1** (como sujeto) she: *Me lo regaló ella.* She gave it to me. ▶ Pero tras el verbo **to be** se usa **her**: *Fue ella.* It was her.
2 (tras preposiciones) her: *Es para ella.* It's for her. | *Recibí un mail de ella.* I had an e-mail from her. ▶ Pero cuando **de ella** significa *suyo* se traduce por **her** o **hers**: *el hermano de ella* her brother | *Ese libro no es de ella.* That book isn't hers.
3 (en comparaciones) her: *Él es más joven que ella.* He is younger than her. | *La hermana no es como ella.* Her sister isn't like her.
4 (referido a cosas) it

ellos, -as *pron* **1** (como sujeto) they: *Me lo mandaron ellas.* They sent it to me. | *Ellos no saben nada.* They don't know anything. ▶ Pero tras el verbo **to be** se usa **them**: *Deben de haber sido ellos.* It must have been them.
2 (tras preposiciones) them: *Las cervezas son para ellos.* The beers are for them. | *Me despedí de ellos.* I said goodbye to them. ▶ Pero cuando **de ellos -as** significa *suyo(s)* se traduce por **their** o **theirs**: *Ésa es la casa de ellos.* That's their house. | *Las azules son de ellos.* The blue ones are theirs.
3 (en comparaciones) them: *Ustedes ganan más que ellas.* You earn more than them. | *Tú no eres como ellos.* You're not like them.

elogiar *v* to praise | **elogiarle algo a alguien** to compliment sb on sth: *Me elogiaron el dibujo.* They complimented me on my picture.

elogio *s un elogio* se traduce por **a compliment** pero el plural *elogios* se traduce por **praise**: *No es una crítica sino un elogio.* It isn't a criticism, it's a compliment. | *Recibió muchos elogios.* He received a lot of praise.

elote *s* **1** (granos) sweetcorn, corn (AmE) **2** (mazorca) corncob

e-mail o **email** *s* **1** (sistema) e-mail: *¿Tienes e-mail?* Do you have e-mail? | **mandarle algo a alguien por e-mail** to e-mail sb sth: *Le mandé la receta por e-mail.* I e-mailed the recipe to him. **2** (mensaje) e-mail: *Le mandé un e-mail.* I sent her an e-mail.

embajada *s* embassy (plural -ssies)

embajador, -a *s* ambassador

embalar *v* to pack

embalse *s* reservoir

embarazada *adjetivo & sustantivo*
• *adj* pregnant | **quedar embarazada** to get pregnant | **estar embarazada de tres/cinco etc. meses** to be three/five etc. months pregnant
• *s* pregnant woman (plural women)

embarazo *s* pregnancy (plural -cies)

embarcar *v* **1** (en un avión) to board: *¿Por qué puerta embarcas?* Which gate are you boarding through? **2** (en un barco) to join the ship, to board the ship: *la gente que embarcó en Montevideo* the people who joined the ship in Montevideo | *Estábamos esperando para embarcar.* We were waiting to board the ship. **3** (mercaderías) to load

embargo *s* **1 sin embargo** however: *Sin embargo, no todos están de acuerdo.* However, not everyone agrees. | **y sin embargo** but it/he etc. still: *No lo habíamos ensayado y sin embargo salió bien.* We hadn't rehearsed it, but it still went well. **2** (económico, de armamentos, etc.) embargo (plural -goes) | **levantar un embargo** to lift an embargo **3** (de bienes) seizure

embarque *s* boarding

embarrado, -a *adj* muddy | **estar/quedar embarrado -a (a)** (camino, cancha) to be/get muddy **(b)** (alfombra, zapatos, etc.) to be/get covered in mud, to be/get muddy

embarrar *v* **1 embarrar el piso/la alfombra** to get mud all over the floor/the carpet **2 embarrarla** to put your foot in it: *Me parece que la embarré.* I think I put my foot in it.
embarrarse *v* to get covered in mud | **embarrarse los zapatos/la ropa** to get mud all over your shoes/your clothes

embestir *v* **1** (vehículo) to hit, to smash into: *El camión embistió a un auto.* The truck hit a car./The truck smashed into a car. **2** (animal) to charge

embolador *s* bootblack, shoeshine boy

embolar *s* (zapatos) to shine, to polish

emborracharse *v* to get drunk

emboscada *s* ambush (plural -shes) | **tenderle una emboscada a alguien** to lay an ambush for sb

embotellamiento *s* traffic jam

embrague *s* clutch (plural -ches)

embrión *s* embryo (plural -os)

embrujado, -a *adj* haunted: *una casa embrujada* a haunted house

embudo *s* funnel

emergencia *s* emergency (plural -cies): *en caso de emergencia* in case of emergency

emigración *s* **1** (a otro país) emigration **2** (del campo a la ciudad, etc.) migration **3** (de animales) migration

emigrante *s* emigrant

emigrar *v* **1** (a otro país) to emigrate: *Emigraron a España.* They emigrated to Spain. **2** (del campo a la ciudad, etc.) to migrate **3** (aves) to migrate

emisión *s* **1** (de radio, TV) broadcast **2** (de gases, líquidos, etc.) emission **3** (de monedas, bonos, etc.) issue
emisora *s* radio station
emitir *v* **1** (en radio, TV) to broadcast **2** (sonido, luz) to emit
emoción *s* **1** (cuando se está conmovido) emotion: *Lloraba de la emoción.* She was crying with emotion. **2** (expectación, interés) excitement: *Al partido le faltó emoción.* The game lacked excitement. | **¡qué emoción!** how exciting!
emocionado, -a *adj* emotional: *El novio estaba muy emocionado.* The bridegroom was very emotional.
emocionante *adj* **1** (apasionante) exciting: *un partido emocionante* an exciting game **2** (conmovedor) moving: *un momento emocionante* a moving moment
emocionar *v* to move ► **to move** se suele usar en la voz pasiva: *Lo que dijo me emocionó.* I was moved by what she said.
emocionarse *v* to be moved: *Se emocionó cuando le dieron el premio.* She was moved when she received the prize.
empacar *v* to pack
empalagar *v* **el merengue/la miel etc. me empalaga** I find meringue/honey etc. too sweet: *¿No te empalaga ese postre?* Don't you find that dessert too sweet?
empalagoso, -a *adj* sickly sweet
empalmar *v* **empalmar con una carretera/una avenida etc.** to join a road/an avenue etc.
empanada *s* La palabra *empanada* se usa en inglés pero si tienes que explicar lo que es, di *it's a pastry filled with chicken, corn or other fillings*: *una empanada de pollo* a chicken empanada
empanizar *v* (carne, verduras) to coat in breadcrumbs
empañado, -a *adj* (vidrio, anteojos) steamed up
empañarse *v* to steam up
empapado, -a *adj* soaking wet: *Estaba empapado.* He was soaking wet.
empapar *v* to soak, to drench: *Pasó un auto y me empapó de arriba abajo.* A car went past and soaked me./A car went past and drenched me. ► **to soak** no se usa en el siguiente tipo de contexto: *Empapó el colchón.* He got the mattress soaking wet./He drenched the mattress.
empaparse *v* to get soaked: *Salí sin paraguas y me empapé.* I went out without my umbrella and got soaked.
empapelar *v* to wallpaper
emparejar *v* **1** (un terreno, una superficie) to make level **2** (el pelo) to make even **3 emparejar un partido/el tanteador** to level the scores
empatado, -a *adj* **1** (en fútbol, básquet, etc.) **estar/ir empatados -as** to be tied (AmE), to be level (BrE) | **van empatados -as uno a uno/dos a dos etc.** they're tied one one/two two etc. (AmE), it's one all/two all etc. (BrE) **2** (en juegos): *Iban empatados hasta la última pregunta.* The scores were even until the last question.
empatar *v* **1** (al dar el resultado) to tie (AmE), to draw (BrE): *Empatamos 1 a 1.* We tied 1-1. | *Empatamos con los de sexto.* We tied with the sixth graders. **2** (durante el partido) to even the scores (AmE), to level the scores (BrE): *Empató a los diez minutos.* He evened the scores after ten minutes. **3** (en una votación) to tie
empate *s* **1** (en fútbol, básquet, etc.) tie (AmE), draw (BrE): *Lograron el empate con un penal.* They got a tie thanks to a penalty./They tied thanks to a penalty. **2** (en una votación) tie
empedrado, -a *adjetivo & sustantivo*
- *adj* cobbled
- **empedrado** *s* cobbles *pl*

empeine *s* instep
empeñado, -a *adj* **estar empeñado -a en hacer algo** to be determined to do sth: *Está empeñado en conseguir ese puesto.* He's determined to get that job. ► Para expresar que se trata de algo que te parece ridículo, puedes decir *He's got it into his head to do sth/She's got it into her head to do sth*: *Está empeñada en comprarse otro perro.* She's got it into her head to buy another dog.
empeñar *v* to pawn: *Empeñó todas sus joyas.* She pawned all her jewelry.
empeñarse *v* **empeñarse en hacer algo** to insist on doing sth: *Se empeñó en pagarlo todo.* She insisted on paying for everything.
empeño *s* determination: *Lo consiguió gracias a su empeño.* She got it thanks to her determination. | **poner empeño en algo** to put a lot of effort into sth
empeorar *v* **1** (volverse peor) to get worse: *El tiempo está empeorando.* The weather's getting worse. **2 empeorar algo** to make sth worse: *Vas a empeorar las cosas si se lo dices.* You're going to make things worse if you tell her.
emperador, emperatriz *s* **emperador** emperor | **emperatriz** empress (plural -sses)
empezar *v* **1** (clase, partido, etc.) to start, to begin: *La clase empieza a las 10.* The class starts at 10 o'clock./The class begins at 10 o'clock. | *¿A qué hora empieza la película?* What time does the movie start?/What time does the movie begin?
2 (palabra, canción) to begin, to start: *palabras que empiezan con "e"* words that begin with an "e"/words that start with an "e"
3 (un trabajo, una actividad, un libro) to start: *Mañana empiezo francés.* I start French classes tomorrow. | *¿Cuándo empezaste la dieta?* When did you start your diet?
4 (una botella, un paquete) to start, to open: *Empieza otra botella.* Start another bottle./Open another bottle.
5 empezar a hacer algo to start doing sth, to

start to do sth: *Empieza a pelar las papas.* Start peeling the potatoes./Start to peel the potatoes. | *Me empecé a reír.* I started laughing./I started to laugh. | **empezar a llover/nevar etc.** to start raining/snowing etc.: *Empezó a hacer frío.* It started getting cold.
6 empezar haciendo algo to start off doing sth: *Empezó trabajando de cartero.* He started off working as a mailman.

empinado, -a *adj* steep

empleado, -a *s* **1** (de una empresa, del estado) employee **2** (en una tienda) salesclerk (AmE), shop assistant (BrE)
empleado -a de banco bank employee
empleado -a de oficina office worker

emplear *v* **1** (dar trabajo a) to employ: *Emplean a más de 150 trabajadores.* They employ more than 150 workers. **2** (contratar) **emplear a alguien** to take sb on: *Van a emplear más gente.* They are going to take on more people.

empleo *v* **1** (puesto) job: *Tiene un buen empleo.* She has a good job. **2** (trabajo en general) work, employment ▶ **employment** es formal: *gente buscando empleo* people looking for work/people looking for employment | **estar sin empleo** to be out of work

empresa *s* company (plural -nies), firm
empresa de pompas fúnebres, empresa funeraria funeral parlor (AmE), undertaker's (BrE) **empresa multinacional** multinational, multinational company (plural -nies)

empresariales *s pl* business studies

empresario, -a *s* **empresario** businessman (plural -men) | **empresaria** businesswoman (plural -women)

empujar *v* **1** (físicamente) to push: *¡No empujen!* Stop pushing! | *Tuvimos que empujar el carro.* We had to push the car. **2** (instigar) to push: *Me empujó para que me presentara al concurso.* She pushed me to enter the competition.

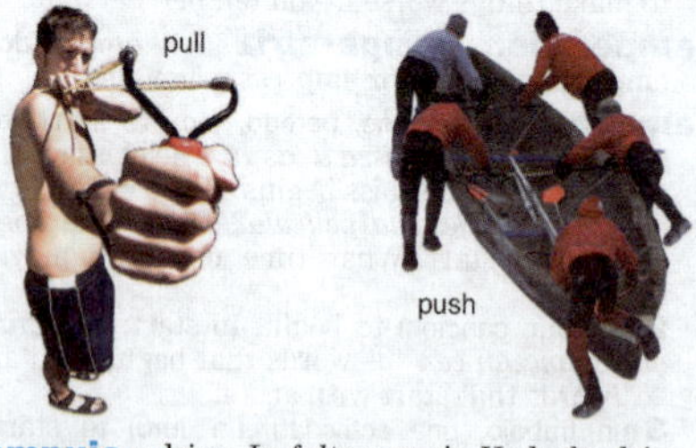

empuje *v* drive: *Le falta empuje.* He lacks drive.

empujón *s* **1 darle un empujón a alguien** to push sb: *Me dio un empujón.* He pushed me. **2 a (los) empujones** ver ejemplos: *Entraron a los empujones.* They shoved their way in. | *Lo metieron en el auto a empujones.* They shoved him into the car.

en *prep* ▶ ver recuadro

enamorado, -a *adj* **estar enamorado -a (de alguien)** to be in love (with sb): *Estamos muy enamorados.* We are very much in love. | *Estoy enamorado de ella.* I'm in love with her.

enamorarse *v* **enamorarse (de alguien)** to fall in love with sb: *Se enamoró perdidamente de ella.* He fell madly in love with her.

enano, -a *s* **1** (persona) dwarf (plural dwarfs o dwarves) ▶ Muchas personas consideran que **dwarf** es un término ofensivo **2** (en los cuentos) dwarf (plural dwarfs o dwarves)
enano de jardín garden gnome

encabezado *s* **1** (en un periódico, una revista) headline **2** (en un documento) heading

encabezamiento *s* (de una carta) heading

encabezar *v* **1** (una lista, un ránking) to be top of: *El tema "Luna" encabeza el ránking de esta semana.* "Luna" is top of this week's charts **2** (una marcha, un desfile) to head **3** (una sublevación) to lead

encadenar *v* to chain

encajar *v* **1** (entrar) to fit, to go in: *Esta pieza encaja aquí.* This piece fits here./This piece goes in here. **2 encajarle tres/cuatro etc. goles a alguien** to put three/four etc. goals past sb **3 encajarle una patada a alguien** to kick sb | **encajarle un puñetazo a alguien** to punch sb: *Le encajé un puñetazo en la cara.* I punched him in the face.

encaje *s* lace

encandilar *v* to dazzle

encantado, -a *adj* **1** (feliz) delighted: *Está encantada con su nueva casa.* She's delighted with her new house. **2** (en presentaciones) pleased to meet you: *–Ésta es mi tía. –Encantada.* "This is my aunt." "Pleased to meet you." **3** (hechizado) enchanted: *una casa encantada* an enchanted house

encantador, -a *adj* lovely, charming

encantar *v* **1** (gustar) Se traduce usando el verbo **to love** con la persona como sujeto: *Le encanta el chocolate.* She loves chocolate. | *Antes me encantaba patinar.* I used to love skating. **2** (hechizar) **encantar a alguien** to cast a spell on sb

encanto *s* **1 ser un encanto** (persona) to be charming: *Es un encanto.* She's charming. **2** (atractivo) charm: *No me pude resistir a sus encantos.* I couldn't resist his charms.

encapricharse *v* **encapricharse con algo** Usa la frase *to get it into your head that...* Guíate por los ejemplos: *Se ha encaprichado con una notebook.* She's got it into her head that she has to have a laptop. | *Se encaprichó con que la falda tenía que ser negra.* She got it into her head that the skirt had to be black.

encapuchado, -a *adj* hooded

encarar *v* **1** (enfocar) (una tarea, un problema) to approach: *No sabe cómo encarar el problema.* He

en

1 LUGAR

ADENTRO DE (= in)

Ponlo en el cajón. Put it in the drawer. | *Alejo está en el baño.* Alejo's in the bathroom.

SOBRE (= on)

Déjamelo en el escritorio. Leave it on my desk. | *Échate en el sofá.* Lie down on the sofa.

CIUDAD, PAÍS, REGIÓN (= in)

en Londres in London | *en Chile* in Chile | *en el sur* in the south

OTROS LUGARES

Está en casa. She's at home. | *Vive en el tercer piso.* He lives on the third floor. | *Ya estábamos en el tren/en el avión.* We were already on the train/on the plane.

Cuando se piensa en un lugar no como un edificio sino como el sitio donde se realiza determinada actividad, se usa **at** y no **in**:

Está en la oficina/en el teatro/en el club. He's at the office/at the theater/at the club.

Con algunos sustantivos se omite el artículo:

Estábamos en el colegio/la iglesia. We were at school/at church.

2 TIEMPO

AÑOS, MESES, ESTACIONES (= in)

en 1987 in 1987 | *en octubre* in October | *en invierno* in winter

DURANTE

Siempre nos reunimos en Navidad. We always get together at Christmas. | *en las vacaciones* during vacation

DENTRO DE (= in)

El avión sale en una hora. The plane's leaving in an hour.

TIEMPO INVERTIDO (= in)

Lo hice en cinco minutos. I did it in five minutes.

3 MODO, MEDIO, FORMATO (= in)

No salgas en camisón. Don't go out **in your** nightgown. | *Viene en tres tamaños.* It comes in three sizes. | *Escríbelo en inglés.* Write it in English. | *La canción está en MP3.* The song is in MP3 format.

4 MEDIO DE TRANSPORTE

FORMA DE VIAJAR (= by)

en autobús by bus | *en tren* by train | *en metro* by subway | *Vinimos en auto.* We came by car./We drove. | *Fuimos en avión.* We flew./We went by plane.

5 Para expresar posición, se usa **in** en el caso de autos y **on** en el caso de trenes, aviones, autobuses, etc.:

Lo dejé en el auto. I left it in the car. | *Ya estábamos en el tren.* We were already on the train.

---

doesn't know how to approach the problem. **2** (un desafío, el futuro) to face

encarcelar *v* to imprison

encargado, -a *adjetivo & sustantivo*

• ***adj* (estar) encargado -a de algo** (to be) in charge of sth, (to be) responsible for sth ► La traducción con **responsible** es más formal: *Está encargado de juntar el dinero.* He's in charge of collecting the money.

• ***s* (ser) el encargado/la encargada de algo** (to be) in charge of sth, (to be) responsible for sth ► La traducción con **responsible** es más formal: *el encargado de seguridad* the person in charge of security/the person responsible for security | *Ella es la encargada de organizar el recital.* She's in charge of organizing the concert./She's responsible for organizing the concert.

encargar *v* **1** (en una tienda) (flores, comida, un libro, etc.) to order: *Encarguemos unas pizzas.* Let's order some pizzas. **2 encargarle algo a alguien (a)** (pedirle que lo compre) to ask sb to get sth for you: *Me encargó unos libros de arte.* She asked me to get some art books for her. **(b)** (pedirle que lo haga) to ask sb to do sth: *Me encargó que no dejara entrar a nadie.* He asked me not to let anybody in.

encargarse *v* **1 encargarse de algo/alguien** to take care of sth/sb: *Yo me encargo de la comida.* I'll take care of the food. ► A veces no se traduce: *Encárgate de avisarles a los demás.* You let the others know. **2 encargarse de que alguien haga algo** to make sure (that) sb does sth: *Se encargó de que nadie se aburriera.* He made sure that nobody got bored.

encargo *s* **1** (que se hace en una tienda) order | **por encargo** to order: *Sólo los hacemos por encargo.* We only make them to order. **2** (que se le hace a un amigo) **hacerle un encargo a alguien** to ask sb to get sth for you: *Me hicieron miles de encargos.* Lots of people asked me to get things for them. **3** (recado) errand | **hacer un encargo** to run an errand

encariñarse *v* **encariñarse con algo/alguien** to become very attached to sth/sb

encendedor *s* lighter

encender *v* **1 encender la luz/la televisión etc.** to turn the light/the TV etc. on: *Enciende la luz.* Turn the light on. **2** (un cigarrillo, una vela, el fuego) to light

encendido, -a *adjetivo & sustantivo*

• ***adj* estar encendido -a (a)** (luz, aparato) to be on: *La calefacción no está encendida.* The heating isn't on. **(b)** (cigarrillo, vela, fuego) to be lit: *Las velas estaban encendidas.* The candles were lit. ► **lit** siempre va en el predicado. Si no, se dice **lighted**: *una vela encendida* a lighted candle

• **encendido** *s* (de un auto) ignition

encerar *v* (el piso) to polish

encerrar *v* **encerrar a alguien (a)** (con llave) to lock sb in **(b)** (sin llave) to shut sb in: *Encerré al*

¿Quieres información sobre las diferencias entre los **posesivos** en inglés y en español? Lee la explicación en el apartado de gramática.

perro en la cocina. I shut the dog in the kitchen.
encerrarse *v* **1** (con llave) to lock yourself in: *Corrió a encerrarse en el baño.* She ran and locked herself in the bathroom. **2** (sin llave) to shut yourself in: *Me encerré en mi cuarto a estudiar.* I shut myself in my room to study.

encestar *v* (en básquet) to score

enchilada *s* Si quieres explicar qué es una enchilada, di *It's a tortilla filled with meat and covered with tomato and chili sauce*

enchinarse *v* **1** (el pelo) to curl **2 se me enchinó la piel/el cuero** I got goosebumps (AmE), I got goosepimples (BrE)

enchufar *v* **enchufar algo** to plug sth in: *Enchufa el televisor.* Plug the TV in.

enchufe *s* **1** (de un aparato) plug: *el enchufe de la plancha* the **plug on** the iron **2** (en la pared) socket, outlet (AmE)

encía *s* gum

enciclopedia *s* encyclopedia, encyclopaedia (BrE)

encima *preposición & adverbio*

- *prep* **1 encima de algo/alguien** on sth/sb, on top of sth/sb: *encima del televisor* on the television/on top of the television
2 estar encima de algo/alguien (a) (para que haga algo) to keep on at sb: *Hay que estar encima de él para que estudie.* You have to keep on at him to study. **(b)** (controlando) to keep a close watch on sth/sb: *Está encima de los empleados.* He keeps a close watch on the staff.
3 estar por encima de algo to come before sth: *Mis hijos están por encima de todo.* My children come before everything else.
4 estar por encima de alguien to be above sb: *Se cree que está por encima de los demás.* He thinks he's above everyone else.
- *adv* **1** (además) not only that: *Hacía frío y encima llovía.* It was cold, and not only that, it was raining.
2 (arriba) on top: *Se puso dos suéters encima.* She put on two sweaters on top.
3 tener/llevar algo encima (dinero, documentos, etc.) to have sth on you: *No tengo dinero encima.* I don't have any money on me. | **tenemos el examen/las vacaciones etc. encima** the exam/the vacation is right on top of us: *Ya tenemos la Navidad encima.* Christmas is upon us already.
4 por encima (por arriba) on top: *Espolvoréalo con azúcar por encima.* Sprinkle some sugar on top. | **leer/mirar etc. algo por encima** to have a quick look at sth: *Leyó el periódico por encima.* He had a quick look at the newspaper.
5 quitarse algo/a alguien de encima to get rid of sth/sb: *No me lo podía sacar de encima.* I couldn't get rid of him.

encina *s* holm oak (plural holm oaks)

encoger o **encogerse** *v* to shrink: *Este tipo de tela encoge.* This kind of material shrinks. | *Lo lavé a máquina y se encogió.* I washed it in the machine and it shrank.

encontrar *v* **1** (hallar) to find: *No encuentro mi billetera.* I can't find my wallet. **2** (considerar) to find: *Lo encuentro muy arrogante.* I find him very arrogant.
encontrarse *v* **1** (hallar) to find: *Me la encontré en la calle.* I found it in the street.
2 (reunirse) to meet: *¿Por qué no nos encontramos en la puerta del restaurante?* Why don't we meet outside the restaurant?
3 encontrarse con alguien (a) (por casualidad) to meet sb, to bump into sb: *Se encontró con un amigo en el avión.* He met a friend of his on the plane./He bumped into a friend of his on the plane. **(b)** (habiendo hecho un arreglo) to meet up with sb: *Me encontré con Daniela para charlar.* I met up with Daniela for a chat.
4 (sentirse) to feel: *No me encuentro muy bien.* I don't feel very well.
5 (descubrir) **encontrarse con que** to discover that, to find that: *Se encontró con que le habían robado el carro.* He discovered that his car had been stolen.

encorvado, -a *adj* **ser/estar encorvado -a** to have a stoop | **caminar encorvado -a** to walk with a stoop

encuadernar *v* to bind

encubrir *v* **encubrir a alguien** to cover up for sb

encuentro *s*
1 (de personas) meeting
2 (en deportes) game, match (plural -ches) (BrE)

encuesta *s* survey, poll

enderezar *v* to straighten
enderezarse *v* to straighten up, to stand up straight

endeudarse *v* to get into debt

endivia o **endibia** *s* endive, chicory (BrE)

endulzar *v* to sweeten

endurecer *v* to harden
endurecerse *v*
1 (material) to go hard
2 (persona) to harden

enemigo, -a *sustantivo & adjetivo*
- *s* enemy (plural -mies)
- *adj* **el ejército enemigo** the enemy army | **un país enemigo** an enemy country

enemistarse *v* **enemistarse (con alguien)** to fall out (with sb)

energía *s* **1** (en física) energy: *una fuente de energía* a source of energy
2 (fuerza, capacidad) energy: *una pérdida de tiempo y energía* a waste of time and energy
energía eléctrica electricity **energía nuclear** nuclear power/nuclear energy **energía solar** solar power/solar energy

enérgico, -a *adj*
1 (actitud, tono) firm

2 (discurso, defensa) forceful
3 (movimiento, gesto) energetic

enero *s* January ▶ ver "Active Box" **meses** en **mes**

enésimo, -a *adj*
1 (vez) umpteenth: *Te lo repito por enésima vez.* This is the umpteenth time I've told you.
2 (en matemáticas) nth: *un número elevado a la enésima potencia* a number raised to the nth power

énfasis *s* emphasis | **poner (el) énfasis en algo** to emphasize sth

enfatizar *v* to emphasize, to stress

enfermarse *v* to get sick (AmE), to fall ill: *No pudo venir porque se enfermó.* He couldn't come because he got sick.

enfermedad *s* illness (plural -sses), disease ▶ ver abajo

¿illness o disease?

Cuando se habla de una enfermedad sin darle un nombre específico, se puede usar tanto **illness** como **disease**. **Disease** es más frecuente cuando la enfermedad es contagiosa:

una enfermedad muy grave a very serious illness/a very serious disease | *una enfermedad infecciosa/contagiosa* an infectious/contagious disease

Cuando se especifica a qué parte del cuerpo afecta, se suele usar **disease,** que a veces equivale a *enfermedades:*

una enfermedad de la piel a skin disease | *las enfermedades del corazón* heart disease

En los siguientes contextos se usa **illness:**

una enfermedad mental a mental illness | *una enfermedad terminal* a terminal illness

Cuando se habla de contraer o contagiarse una enfermedad, se usa **disease:**

Contrajo la enfermedad en un viaje al Amazonas. She caught the disease on a trip to the Amazon.

Para referirse al tiempo que uno está enfermo o al estado de estar enfermo, se usa **illness:**

Murió ayer tras una corta enfermedad. She died yesterday after a short illness. | *No pudo asistir por razones de enfermedad.* She wasn't able to attend because of illness.

enfermería *s*
1 (lugar) infirmary (plural -ies)
2 (disciplina) nursing

enfermero, -a *s* nurse

enfermo, -a *adjetivo & sustantivo*

● ***adj*** sick, ill ▶ ver abajo

● ***s*** **1** Si mencionas la enfermedad que tiene, guíate por estos ejemplos: *un enfermo de sida* an AIDS sufferer/a man who has AIDS | *una enferma de cáncer* a cancer sufferer/a woman who has cancer | *los enfermos terminales/mentales* people who are terminally/mentally ill
2 Desde el punto de vista de un médico o de un hospital *un enfermo* es **a patient**: *El doctor salió a visitar a un enfermo.* The doctor has gone out to visit a patient. | *la sala de los enfermos de sida* the AIDS patients' ward
3 Para hablar de enfermos en general, usa **sick people**: *Trabaja como voluntaria cuidando enfermos.* She does voluntary work looking after sick people.

¿ill o sick?

Delante de un sustantivo se usa **sick:**

un niño enfermo a sick child | *animales enfermos* sick animals

estar enfermo -a se dice **to be sick** en inglés americano y **to be ill** en inglés británico:

Está muy enfermo. He's very sick./He's very ill.

gravemente enfermo -a siempre es **seriously ill:**

Su madre estaba gravemente enferma. His mother was seriously ill.

enfocar *v* **1** (un tema, un problema) to approach
2 (en cine y fotografía) to focus: *No enfocaste bien.* You didn't focus well. | **enfocar algo** to focus on sth: *La cámara enfocó el collar de la actriz.* The camera focused on the actress's necklace.

enfoque *s* (de un tema, un problema) approach (plural -ches) | **enfoque (de algo)** approach (to sth)

enfrentarse *v* **1** (equipos deportivos) to meet, to play each other | **enfrentarse a/con alguien** to meet sb, to play sb: *Se enfrentan al equipo chileno este fin de semana.* They meet the Chilean team this weekend./They play the Chilean team this weekend. **2** (boxeadores) to fight: *Se enfrentan por el título mundial.* They are fighting for the world championship. | **enfrentarse a/con alguien** to fight sb **3** (hacerle frente a) **enfrentarse a/con algo** to face up to sth: *Tuvo que enfrentarse con la realidad.* He had to face up to reality. **4** (con violencia) **enfrentarse con alguien** to clash with sb: *Los huelguistas se enfrentaron con la policía.* The strikers clashed with the police.

enfrente *preposición & adverbio*

● ***prep*** **1 enfrente de algo (a)** (del otro lado de la calle) opposite sth, across the road from sth: *Vive enfrente de la florería.* She lives opposite the florist./She lives across the road from the florist. **(b)** (de la misma acera) in front of sth: *Plantamos un árbol enfrente de la casa.* We planted a tree in front of the house.
2 enfrente de alguien (a) (delante) in front of sb: *Lo dijo enfrente de todos.* She said it in front of

everybody. **(b)** (cara a cara) facing sb: *Estaba sentado enfrente de nosotros.* He sat facing us.

- *adv* (del otro lado de la calle) across the road: *Voy enfrente a comprar chicle.* I'm going across the road to get some gum. | *La biblioteca está enfrente.* The library is across the road. | **justo enfrente** right opposite, directly opposite: *Hay un banco justo enfrente.* There's a bank right opposite.

enfriar *v* **dejar enfriar algo** to let sth cool down: *Hay que dejar enfriar el motor.* You have to let the engine cool down. ► Cuando no se quiere que algo se enfríe, se usa **to let sth get cold**: *No dejes enfriar la sopa.* Don't let the soup get cold.
enfriarse *v* to get cold

enfurecer *v* **enfurecer a alguien** to make sb furious
enfurecerse *v* to get furious

enganchar *v* **1 enganchar algo a algo** (con un gancho) to hook sth onto sth **2 enganchar a alguien para hacer algo/para que haga algo** to rope sb in to do sth: *Me han enganchado para cuidar a los niños.* They've roped me in to take care of the children.
engancharse *v* **1** (quedar atrapado) to get caught: *El anzuelo se enganchó en la red.* The hook got caught in the net. **2** (con la droga, el cigarrillo, etc.) **engancharse (con algo)** to get hooked (on sth)

enganche *s* (primer pago) deposit

engañar *v* **1** (mentirle a) to fool: *Nos engañó a todos.* He fooled us all. ► También existe **to deceive,** que se usa en contextos más formales **2** (ser infiel a) **engañar a alguien** to cheat on sb: *La engañó con su mejor amiga.* He cheated on her with her best friend.

engordar *v* **1** (aumentar de peso) to put on weight: *Ha engordado mucho.* He's put on a lot of weight. | **engordar un kilo/tres kilos etc.** to put on a kilo/three kilos etc.: *Engordó seis kilos en dos meses.* He put on six kilos in two months. **2** (referido a alimentos) to be fattening: *Las verduras no engordan.* Vegetables aren't fattening.

engrampadora *s* stapler

engrampar *v* to staple

engrapadora *s* stapler

engrapar *v* to staple

engrasar *v* **1** (con aceite) to oil: *Engrasó las bisagras de la puerta.* He oiled the door hinges. **2** (con grasa) to grease **3 me engrasé las manos/la ropa etc.** my hands/clothes etc. got greasy

engreído, -a *adjetivo & sustantivo*

- *adj* big-headed
- *s* big-head

enhebrar *v* to thread

enjabonarse *v* **enjabonarse la cara/las manos etc.** to soap your face/your hands etc.

enjambre *s* swarm

enjuagar *v* (la ropa, los platos etc.) to rinse
enjuagarse *v* **enjuagarse la boca/el pelo etc.** to rinse your mouth/your hair etc.

enlace *s* **1** (en Internet) link **2** (aéreo) connection | **vuelo de enlace** connecting flight

enlatado, -a *adj* canned, tinned (BrE)

enloquecer *v* **enloquecer a alguien** to drive sb crazy: *Me estás enloqueciendo con tantas preguntas.* You're driving me crazy with all these questions.
enloquecerse *v* to go crazy

enmarcar *v* (una lámina, una foto) to frame

enojado, -a *adj* **estar enojado -a (con alguien)** to be angry (with sb), to be mad (at sb) (AmE), to be cross (with sb) (BrE) ► **to be cross** y **to be mad** expresan un enojo menos serio que **to be angry**. Puedes estar **mad** o **cross** con tu hermano porque te rompió la bicicleta, una madre puede estar **mad** o **cross** con un niño desobediente, etc. pero se usa **angry** cuando se trata de algo más serio

enojarse *v* **enojarse (con alguien)** to get angry (with sb), to get mad (at sb) (AmE), to get cross (with sb) (BrE) ► Ver nota en **enojado**: *No te enojes conmigo.* Don't get angry with me.

enojo *s* anger

enorme *adj* huge, enormous

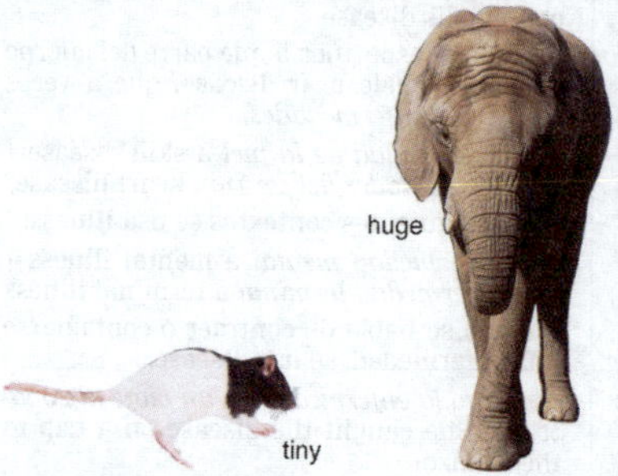

enredadera *s* creeper, climbing plant

enredado, -a *adj* tangled: *Tiene el pelo enredado.* Her hair is tangled.

enredar *v* **enredar algo** to tangle sth, to tangle sth up: *El gato me enredó la lana.* The cat tangled my wool./The cat tangled up my wool.
enredarse *v* (pelo, lana, hilo) to get tangled up: *Se me ha enredado el pelo.* My hair has gotten tangled up.

enrejado *s* (verja) railings *pl*

enriquecer *v* (en sentido no material) to enrich
enriquecerse *v* (hacerse rico) to get rich

enrollar *v* **1 enrollar una alfombra/un periódico etc.** to roll a carpet/a newspaper etc. up **2** (un cable, una manguera) to coil

enrulado, -a *adj* curly

¿No sabes cómo pronunciar una determinada palabra? Consulta el recuadro de **símbolos fonéticos** en el interior de la cubierta.

ensalada *s* salad: *una ensalada de lechuga y tomate* a lettuce and tomato salad
ensalada de frutas fruit salad

ensaladera *s* salad bowl

ensanchar *v* (una calle, una carretera) to widen
ensancharse *v* (calle) to widen

ensangrentado, -a *adj* covered in blood: *Tenía la cara ensangrentada.* His face was covered in blood. ▶ Para referirse a telas y prendas de ropa se usa **bloodstained**: *un pañuelo ensangrentado* a bloodstained handkerchief

ensayar *v* (para un espectáculo) to rehearse

ensayo *s* **1** (de un espectáculo) rehearsal: *Mañana tengo ensayo.* I have a rehearsal tomorrow. **2** (en literatura) essay **3** (en fútbol americano) touchdown **4** (prueba) test | **ensayo y error** trial and error
ensayo general dress rehearsal

enseguida, en seguida *adv* immediately, right away: *Enseguida la reconocí.* I recognized her immediately./I recognized her right away. ▶ Ejemplos típicos que se traducen de forma diferente: *Enseguida vuelvo.* I'll be right back. | *Enseguida termino.* I won't be a minute. | *Enseguida voy.* I'll be right there.

enseñanza *s* **1** (acción de enseñar) teaching: *la enseñanza de las lenguas extranjeras* the teaching of foreign languages **2** (sistema educativo) education: *la reforma de la enseñanza* the reform in education
enseñanza primaria/secundaria primary/secondary education

enseñar *v* to teach: *Enseña inglés.* He teaches English. | *Enséñame esa canción.* Teach me that song. | **enseñarle a alguien a hacer algo** to teach sb (how) to do sth: *Le está enseñando a nadar.* She's teaching him to swim. | *Me enseñó a bailar salsa.* He taught me how to dance the salsa.

ensillar *v* to saddle

ensordecedor, -a *adj* deafening

ensuciar *v* **ensuciar algo** to get sth dirty: *¡Estás ensuciando todo!* You're getting everything dirty!/You're making a mess!
ensuciarse *v* to get dirty: *No te ensucies.* Don't get dirty. | **ensuciarse el vestido/los pantalones etc.** to get your dress/your pants etc. dirty: *Me ensucié la camisa.* I got my shirt dirty. | **ensuciarse la ropa de helado/chocolate etc.** to get ice cream/chocolate etc. on your clothes: *Se ensució la corbata de salsa.* He got sauce on his tie.

entender *v* **1** (una explicación, un idioma) to understand: *Perdón, no entendí.* Sorry, I didn't understand. **2** (a una persona) to understand: *Nadie me entiende.* Nobody understands me. **3 entender de algo** to know about sth: *No entiendo nada de fútbol.* I don't know anything about soccer.
entenderse *v* (dos o más personas) to understand each other

enterado, -a *adj* **estar enterado -a (de algo)** to know (sth): *Está enterado de todo.* He knows everything. | *¿Ya estás enterada?* Have you heard?

enterarse *v* **1** (referido a una noticia) **enterarse (de algo)** to hear (about sth): *Me enteré ayer.* I heard yesterday. | *¿Te has enterado de lo de Ana?* Have you heard about Ana? **2** (descubrir) to find out: *Si se entera, me mata.* If he finds out, he'll kill me.

enternecedor, -a *adj* touching, moving

entero, -a *adj* **1** (completo) whole: *un año entero* a whole year | *Se tomó la botella entera.* He drank the whole bottle. **2 leche entera** whole milk (AmE), full-cream milk (BrE) | **yogur entero** full-fat yoghurt **3** (número) whole

enterrar *v* to bury

entierro *s* funeral ▶ Existe el término **burial,** que significa acción de enterrar, pero para referirse a la ceremonia se suele usar **funeral**

entonces *adv* **1** (para introducir una consecuencia) then: *–No quiero ir. –Entonces no vayas.* "I don't want to go." "Don't go then." | *¿Entonces qué hago?* What should I do then? **2** (en ese momento) then: *Yo entonces tenía seis años.* I was six then.

entrada *s* **1** (de un lugar) entrance: *La entrada está a la vuelta.* The entrance is around the corner. | *Te espero en la entrada del restaurante.* I'll wait for you outside the restaurant. **2** (para un espectáculo) ticket: *¿Cuánto cuesta la entrada?* How much are the tickets? **3** (acción de entrar) entry: *"Prohibida la entrada"* "No entry" **4** (primer plato) appetizer (AmE), starter (BrE): *¿Qué vas a pedir de entrada?* What are you going to have as a starter? **5** (en béisbol) inning

entrar *v* **1** (pasar adentro) to come in, to go in
▶ ver recuadro en página 556
2 entramos (al colegio) a las ocho/las nueve etc. school starts at eight/nine etc. | **entrar (a trabajar)** to start work: *Los lunes entran más tarde.* They start work later on Mondays.
3 (meter adentro) **entrar algo** to bring sth in: *Tenemos que entrar la ropa.* We have to bring the laundry in.
4 (caber) to go in: *Estos libros no entran.* These books won't go in. | *Aquí ya no entra nada más.* There's no room for anything else in here.
5 esta falda/este vestido etc. no me entra I can't get into this skirt/this dress etc.: *Estos pantalones no me entran.* I can't get into these pants.
6 (meterse) ver ejemplos: *Cierra la puerta, entra frío.* Shut the door, it's getting cold in here. | *Abre la ventana para que entre aire.* Open the window to let some air in. | *Me entró arena en el ojo.* I got some sand in my eye.
7 no me/le etc. entra I can't get it into my head/he can't get it into his head etc.: *Se lo he dicho mil veces pero no le entra.* I've told him a thousand times, but he just can't get it into his head.

8 (ser admitido) **entrar a un colegio/a la universidad etc.** to get into a school/into a university etc. | **entrar a una empresa/una organización etc.** to join a company/an organization etc.: *Entró a la empresa en 1999.* He joined the company in 1999. | **entrar como algo** to start as sth: *Entró como vendedor.* He started as a salesman. **9 me entró frío/sueño etc.** I started feeling cold/sleepy etc.

¿to go in o to come in?

En general se usa **to go in** si la persona que habla está afuera y **to come in** si está adentro:

Entra sin hacer ruido. Go in quietly. | *Entré por la puerta de atrás.* I came in through the back door. | *La vi **entrar a** su casa.* I saw her **go into** his house.

Para pedir permiso para entrar a alguien que está adentro se usa **to come in.** Si se le pregunta a alguien que está afuera, se usa **to go in:**

¿Puedo entrar? May I come in?/May I go in?

Para expresar dificultad se usa **to get in:**

Entraron por la ventana del baño. They got in through the bathroom window.

entre *prep* ▶ ver recuadro

entreabierto, -a *adj* **1** (puerta) ajar **2** (ventana) half-open

entreacto *s* intermission

entrecerrado, -a *adj* (ojos) half-closed

entrega *s* **1** (de premios en una ceremonia) awards ceremony: *la entrega de premios de MTV* the MTV awards ceremony **2** (de mercaderías) delivery (plural -ries)

entrega a domicilio home delivery

entregar *v* **1** (dar) **entregarle algo a alguien** to give sb sth, to hand sth to sb: *Le entregó la carta al gerente.* He gave the manager the letter./He handed the letter to the manager. **2** (deberes, una tarea) **entregar algo** to hand sth in: *¿Cuándo hay que entregar el trabajo?* When does the project have to be handed in? **3 entregarle un premio a alguien** to present sb with a prize: *Le entregaron el premio en una ceremonia especial.* He was presented with the prize at a special ceremony. **4** (mercaderías) to deliver **5** (a un delincuente, un rehén) **entregar a alguien** to hand sb over

entregarse *v* (a una autoridad) to give yourself up: *Se entregó a la policía.* He gave himself up to the police.

entrenador, -a *s* **1** (de un atleta, un tenista, etc.) trainer, coach **2** (de un equipo) coach (plural -ches) (AmE), manager (BrE)

entrenador -a personal personal trainer

entre

1 PUNTO INTERMEDIO (= between)

Siéntate entre Inés y Ana. Sit between Inés and Ana. | *Cuesta entre $25 y $30.* It costs between $25 and $30. | *Es entre azul y verde.* It's somewhere between blue and green.

2 COOPERACIÓN (= between)

Lo hicimos entre los tres. We did it between the three of us. | *Lo pagamos entre todos.* We shared the cost between all of us.

3 RELACIÓN (= between)

No hay nada entre él y yo. There's nothing between him and me.

4 PERTENENCIA A UN GRUPO (= among)

Tu dibujo estaba entre los mejores. Your drawing was among the best. | *Eso es común entre la gente mayor.* That is common among old people.

5 INTERCALADO CON (= in among)

Estaba entre tus papeles. It was in among your papers.

6 DISTRIBUCIÓN

Si es entre dos personas, se usa **between.** Si es entre más, **among:**

Repártanse la pizza entre los dos. Share the pizza between you. | *Reparte los dulces entre los niños.* Share the candy out among the children.

7 SUMA DE ELEMENTOS

Entre el regalo y las flores gasté un montón. What with the present and the flowers, I spent a lot of money. | *Entre todos éramos más de veinte.* Altogether there were more than twenty of us.

entrenamiento *s* **1** (sesión) training session: *Hoy tengo entrenamiento.* I have a training session today. **2** (acción) training

entrenar *v* **1** (a un atleta, un tenista, etc.) to train, to coach **2** (a un equipo) to coach: *Entrena al equipo infantil.* He coaches the children's team. **3** (hacer ejercicio) to train: *Entreno dos veces por semana.* I train twice a week.

entrenarse *v* to train

entretanto, entre tanto *adv* in the meantime

entretención *s* entertainment

entretener *v* **entretener a alguien** to keep sb amused

entretenerse *v* to keep yourself amused: *Me entretengo haciendo solitarios.* I keep myself amused playing solitaire.

entretenido, -a *adj* entertaining: *un programa entretenido* an entertaining program | **ser/no ser muy entretenido -a** to be a lot of fun/not to be much fun: *Este juego no es muy entretenido.* This game isn't much fun.

entretenimiento *s* entertainment

entrevista *s* **1** (en los medios) interview | **hacerle una entrevista a alguien** to interview sb: *Le hicieron una entrevista en la televisión.* She was interviewed on TV. **2** (para un trabajo) interview: *Llegó tarde a la entrevista.* He was late for the interview.

entrevistado, -a *s* interviewee

entrevistador, -a *s* interviewer

entrevistar *v* (en los medios, para un trabajo) to interview: *Me entrevistó el director.* I was interviewed by the director.

entristecer *v* **me/nos etc. entristece** it makes me/us etc. sad: *Me entristece verla así.* It makes me sad to see her like that. ▶ También existe **to sadden,** que se usa en contextos más formales: *La noticia lo entristeció mucho.* The news made him very sad./The news saddened him greatly.

entusiasmado, -a *adj* **estar entusiasmado -a (con algo)** to be excited (about sth): *Estoy muy entusiasmada con el viaje.* I'm really excited about the trip.

entusiasmar *v* Usa **to be excited about** con la persona como sujeto: *No me entusiasma mucho la idea.* I'm not very excited about the idea.
entusiasmarse *v* **entusiasmarse (con algo)** to get excited (about sth): *Se entusiasmó con el plan.* She got excited about the plan.

entusiasmo *s* enthusiasm

entusiasta *adjetivo & sustantivo*
- *adj* enthusiastic
- *s* enthusiast

envase *s* **1** (botella vacía) empty bottle ▶ En plural se suele usar **empties:** *¿Dónde guardas los envases?* Where do you keep the empties?/Where do you keep the empty bottles? **2** (de un producto) El término general es **container.** Se usa **jar** para referirse a un frasco de vidrio, **carton** para un envase de cartón y **tub** para los de margarina
envase no retornable non-returnable container/bottle etc.

envejecer *v* **1** (hacerse viejo) to get old, to grow old: *Le da miedo envejecer.* He's afraid of getting old./He's afraid of growing old. **2** (referido al aspecto físico) to age: *Había envejecido mucho.* She had aged a lot.

envenenar *v* to poison

enviado, -a *s* **1** (corresponsal) correspondent **2** (en política) envoy

enviar *v* to send | **enviar algo por barco/por avión** to send sth by sea/by air

envidia *s* envy, jealousy: *No podía ocultar su envidia.* He couldn't conceal his envy./He couldn't conceal his jealousy. | **¡qué envidia!** I'm so envious!/I'm so jealous! | **darle envidia a alguien** ver ejemplos: *¿No te da envidia?* Aren't you envious?/Aren't you jealous? | *Me dio un poco de envidia.* I was a little envious./I was a little jealous. | **tenerle envidia a alguien** to be jealous of sb, to be envious of sb: *Me tienen envidia.* They're jealous of me./They're envious of me. | **morirse de envidia** to be green with envy: *¿Te vas a Río? ¡Me muero de envidia!* You're off to Rio? I'm green with envy!

envidioso, -a *adjetivo & sustantivo*
- *adj* envious
- *s* En inglés se usa el adjetivo y se suele expresar qué es lo que se envidia: *Es un envidioso.* He's so envious of other people./He's so envious of what other people have, etc.

enviudar *v* to be widowed

envolver *v* **envolver algo** to wrap sth, to wrap sth up: *Lo envolví en papel de periódico.* I wrapped it in newspaper./I wrapped it up in newspaper. | **envolver algo para regalo** to gift-wrap sth: *¿Se lo envuelvo para regalo?* Do you want me to gift-wrap it for you?

enyesado, -a *adj* in a cast (AmE), in plaster (BrE): *Tengo el brazo enyesado.* My arm is in a cast. | *Había una niña con la pierna enyesada.* There was a girl with her leg in a cast.

enyesar *v* **enyesarle el brazo/la pierna etc. a alguien** to put sb's arm/leg etc. in a cast (AmE), to put sb's arm/leg etc. in plaster (BrE): *Me enyesaron el brazo.* They put my arm in a cast.

epicentro *s* epicenter (AmE), epicentre (BrE)

epidemia *s* epidemic: *una epidemia de cólera* a cholera epidemic

epilepsia *s* epilepsy

epiléptico, -a *adj & s* epileptic

episodio *s* episode

época *s* **1** (período) time: *En aquella época se podía vivir con poco dinero.* At that time, you didn't need much money to live on./In those days you didn't need much money to live on. | **en época de clases** when school is in session (AmE), during term time (BrE): *No salgo mucho en época de clases.* I don't go out much when school is in session./I don't go out much during term time.
2 (del año) time of year: *Hace frío en esta época.* It's cold at this time of year.
3 (histórica) times *pl*, era ▶ **times** se usa con adjetivos **(in Victorian/medieval times). era** es más formal y puede usarse tanto con adjetivos como con sustantivos **(the Clinton era, the Victorian era):** *en la época de la colonia* in colonial times/in the colonial era | *en la época de la dictadura* during the dictatorship
4 traje de época period costume | **película de época** historical movie (AmE), historical film (BrE)

equilátero, -a *adj* equilateral

equilibrado, -a *adj* **1** (persona) well-balanced **2** (dieta) balanced

¿Quieres pedir una hamburguesa en inglés? Consulta la **guía de comunicación** al final del libro.

equilibrio *s* **1** balance: *el equilibrio ecológico* the ecological balance **2 perder el equilibrio** to lose your balance | **mantener el equilibrio** to keep your balance

equilibrista *s* tightrope walker

equipado, -a *adj* equipped: *La casa está bien equipada.* The house is well-equipped. | *un auto equipado con lector de CD* a car fitted with a CD player/a car equipped with a CD player

equipaje *s* luggage: *¿Tienes mucho equipaje?* Do you have a lot of luggage? ▶ ver **exceso**
equipaje de mano hand luggage

equipo *s* **1** (en deportes) team: *el equipo de volley del colegio* the school volleyball team **2** (de profesionales o técnicos) team: *el equipo médico* the medical team **3 trabajar en equipo** to work as a team
equipo de buceo diving gear **equipo de gimnasia** Phys. Ed. uniform (AmE), gym kit (BrE) **equipo de música/sonido** sound system

equitación *s* riding, horseback riding (AmE), horse riding (BrE) | **hacer equitación** to ride

equivalente *adj & s* equivalent: *Costó el equivalente a $10.* It cost the equivalent of $10.

equivaler *v* **equivaler a algo** to be equivalent to sth

equivocación *s* mistake | **por equivocación** by mistake: *Tomó otro tren por equivocación.* He took another train by mistake.

equivocado, -a *adj* **1 estar equivocado -a** to be wrong, to be mistaken ▶ **mistaken** es un poco más formal que **wrong**: *Creo que estás equivocado.* I think you're wrong./I think you're mistaken. **2** (al llamar por teléfono): *–¿Está Luis? –No, equivocado.* "Is Luis there?" "No, you have the wrong number."

equivocarse *v* **1** (cometer un error) to make a mistake: *Cualquiera se puede equivocar.* Anyone can make a mistake. | *Te equivocaste, es el rojo.* You're wrong, it's the red one. | **equivocarse de puerta/de número etc.** to get the wrong door/to dial the wrong number etc.: *Se equivocó de tren.* He got on the wrong train. **2** (estar equivocado) to be wrong, to be mistaken ▶ **mistaken** es algo más formal que **wrong**: *Con Juan te equivocaste.* You were wrong about Juan. | *Creo que se equivoca.* I think you're mistaken.

era *s* era, age: *la era de Internet* the Internet era/the age of the Internet
la era cristiana the Christian era **la era espacial** the space age

erección *s* erection

erizar *v* **erizar a alguien** to set sb's teeth on edge: *Ese ruido me eriza.* That noise sets my teeth on edge.

erizo *s* **1** hedgehog **2 erizo (de mar)** sea urchin

erosión *s* erosion

erosionar *v* to erode
erosionarse *v* to be eroded

erótico, -a *adj* erotic

erradicar *v* to eradicate

errar *v* **1** (un tiro, un penal) to miss **2 errarle (a)** (no dar en el blanco) to miss: *¡Le erraste!* You missed! **(b)** (en un cálculo) ver ejemplos: *Le erré.* I miscalculated. | *Le erró por mucho.* He was way out.

errata *s* misprint

erróneo, -a *adj* incorrect

error *s* mistake ▶ También existe **error,** que se usa en contextos más formales o técnicos | **cometer un error** to make a mistake
error de ortografía spelling mistake

eructar *v* to burp, to belch ▶ **to burp** es más coloquial

eructo *s* burp, belch ▶ **burp** es más coloquial

erupción *s* **1** (en la piel) rash **2** (de un volcán) eruption

escala *s* **1** (en un viaje) stopover: *Volamos a Nueva York con escala en Miami.* We flew to New York with a stopover in Miami. | *un vuelo sin escalas* a non-stop flight/a direct flight | **hacer escala en (a)** (avión) to stop over in: *El avión hizo escala en Lima.* The plane stopped over in Lima. **(b)** (barco) to call at **2** (serie jerárquica) scale: *en una escala de uno a diez* on a scale of one to ten **3** (en música) scale **4** (proporción) scale | **dibujar algo a escala** to draw sth to scale
escala de Richter Richter scale **escala de valores** scale of values **escala técnica** refueling stop (AmE), refuelling stop (BrE)

escalada *s* (de una montaña) climb: *una escalada difícil* a difficult climb | **ir de escalada** to go climbing

escalar *v* (una montaña) to climb

escalera *s* **1** (de un edificio) stairs *pl*, staircase ▶ En general, con verbos de movimiento se usa **stairs.** Si se trata de describir la estructura se usa **staircase**: *una escalera de mármol* a marble staircase | *una escalera de madera* a wooden staircase | **bajar/subir las escaleras** to go down/up the stairs: *Ten cuidado al bajar las escaleras.* Careful as you go down the stairs. | **bajar/subir las escaleras corriendo** to run down/up the stairs | **bajar/subir por las escaleras** to take the stairs, to walk up/down the stairs: *Tuvimos que subir por las escaleras.* We had to take the stairs./We had to walk up the stairs. | **caerse por las escaleras** to fall down the stairs
2 (portátil) **ladder** es una escalera que se apoya en la pared y **stepladder** o **steps** una escalera de tijera. **steps** es un sustantivo plural que sólo se usa en inglés británico: *¿Dónde está la escalera?* Where's the stepladder?/Where are the steps?
escalera (de) caracol, escalera espiral

spiral staircase **escalera mecánica, escalera eléctrica** escalator

escalofrío *s* **1** (de frío o fiebre) shiver ▶ A menudo se usa el verbo **to shiver**: *Tiene escalofríos.* He's shivering. | *Me dio un escalofrío.* I shivered. **2** (de miedo) shiver (of fear): *Sintió un escalofrío.* She felt a shiver (of fear).

escalón *s* **1** (fijo, en un edificio) step: *Cuidado con el escalón.* Careful of the step. **2** (de una escalera portátil) rung

escama *s* scale

escandalizarse *v* to be shocked

escándalo *s* **1** (alboroto) racket | **armar escándalo** to make a racket: *Llegaron armando escándalo.* They arrived making a racket. **2** (quejas, protestas) **armar un escándalo** to make a scene: *Armó un escándalo terrible.* He made a terrible scene. **3** (asunto escandaloso) scandal | **¡es un escándalo!** it's outrageous!

escandinavo, -a *adj & s* Scandinavian

escáner *s* scanner

escaño *s* seat

escaparate *s* **1** (para la ropa) wardrobe **2** (aparador) sideboard

escaparse *v* **1** (de la cárcel, de una jaula, etc.) to escape: *Un león se escapó ayer del zoológico.* A lion escaped from the zoo yesterday. **2** (salir corriendo) to run off, to run away: *No dejes que se escape el perro.* Don't let the dog run off. **3 escaparse de su/la casa** to run away from home: *Se escapó de la casa a los dieciséis años.* He ran away from home when he was sixteen. **4** (secreto) **se me/le etc. escapó** I/he etc. let it slip: *Se me escapó lo de la fiesta sorpresa.* I let it slip about the surprise party. **5 se me/le etc. escapó una carcajada** I/he etc. couldn't help laughing | **se me/le etc. escapó un eructo** I/he etc. burped **6** (pasar desapercibido) **no se te/le etc. escapa nada** you don't/he doesn't etc. miss a thing

escape *s* **1** (salida) escape **2** (pérdida) leak: *un escape de gas* a gas leak

escarabajo *s* beetle

escarbadientes, escarbadiente *s* toothpick

escarbar *v* **escarbar (en) la tierra/la arena** to dig in the earth/the sand

escarbarse *v* **escarbarse los dientes** to pick your teeth

escarcha *s* frost

escarlatina *s* scarlet fever

escarpín *s* bootee

escasez *s* shortage: *la escasez de petróleo* the shortage of oil/the oil shortage

escaso, -a *adj* **1** (recursos, información, conocimientos) limited: *una persona de escasos recursos* a person of limited means **2 estar/andar escaso -a de algo** to be short of something: *Estaba escaso de dinero.* He was short of money. **3 a escasos diez centímetros/cinco días etc.** just ten centimeters/five days etc. away: *una casa a escasos metros de la playa* a house just a few meters away from the beach

escena *s* **1** (de una obra, una película) scene: *una escena cómica* a funny scene **2 hacer/montar una escena** to make a scene: *Me hizo una escena de celos.* He made a jealous scene. **3** (escenario) **entrar en/salir a escena** to go on stage | **poner una obra en escena** to stage a play **4** (situación) scene: *escenas de la vida cotidiana* scenes of daily life **5** (lugar) scene: *la escena del crimen* the scene of the crime

escenario *s* **1** (en un teatro, etc.) stage | **subir al escenario** to go up onto the stage: *Subió al escenario para recibir el premio.* She went up onto the stage to receive the award. **2** (lugar) scene: *el escenario del crimen* the scene of the crime

escéptico, -a *adjetivo & sustantivo*

- ***adj*** skeptical (AmE), sceptical (BrE)
- ***s*** skeptic (AmE), sceptic (BrE)

esclavitud *s* slavery

esclavo, -a *s* slave

escoba *s* **1** (para barrer) broom **2** (de bruja) broomstick

escocés, -esa *adjetivo & sustantivo*

- ***adj*** **1** (de Escocia) Scottish ▶ También existe el adjetivo **Scots,** que los escoceses prefieren en ciertos contextos (**a Scots woman, a Scots miner,** etc.). **Scotch** hoy en día se usa casi exclusivamente para referirse al whisky **2** (a cuadros) tartan ▶ ver **falda**
- ***s*** (persona) **escocés** Scot, Scotsman (plural -men) | **escocesa** Scot, Scotswoman (plural -women) | **los escoceses** the Scots
- **escocés** *s* (idioma) Scots

Escocia *s* Scotland

escoger *v* to choose: *No sé cuál escoger.* I don't know which one to choose. | *Tienes que escoger uno de esta lista.* You have to **choose** one **from** this list.

escolar *adjetivo & sustantivo*

- ***adj*** **el año/el reglamento escolar** the school year/the school rules | **las vacaciones escolares** the school vacation (AmE), the school holidays (BrE) | **edad escolar** school age: *un niño en edad escolar* a child of school age
- ***s*** (niña) schoolgirl, (niño) schoolboy ▶ Para referirse a escolares en general se usa **schoolchildren**: *Muchos escolares visitan el museo.* Many schoolchildren visit the museum.

escolta *sustantivo masculino & femenino & sustantivo femenino*

- ***s*** [masc & fem] (guardaespaldas) bodyguard
- ***s*** [fem] guard: *la escolta presidencial* the presidential guard | **escolta policial** police escort

escoltar *v* to escort

escombros *s pl* rubble

esconder *v* to hide: *Escondió la carta debajo del libro.* She hid the letter under the book.
esconderse *v* to hide: *Me escondí debajo de la cama.* I hid under the bed. | **esconderse de alguien** to hide from sb

escondida *s* **1 jugar a la(s) escondida(s)** to play hide-and-seek **2 a escondidas** in secret: *Fuman a escondidas.* They smoke in secret. | *Se ve con él a escondidas de sus padres.* She's seeing him behind her parents' back.

escondidillas *s pl* **jugar a las escondidillas** to play hide-and-seek

escondite *s* **1** (lugar) hiding place **2 jugar al escondite** to play hide-and-seek

escopeta *s* shotgun

Escorpio o **Escorpión** *s* Scorpio: *Mariana es (de) Escorpio.* Mariana's a Scorpio.

escorpión *s* scorpion

escotado, -a *adj* low-cut: *un vestido escotado* a low-cut dress

escote *s* **1** (de una prenda de vestir) neckline: *un escote cuadrado* a square neckline | *un escote grande* a low neckline **2** (de una persona) chest **escote en V** V-neck: *un suéter con escote en V* a V-neck jumper

escribir *v* **1** (persona) to write: *Escribe con la derecha.* She writes with her right hand. | **escribirle a alguien** to write to sb: *Te escribiré todos los días.* I'll write to you every day. | **escribir a máquina** to type: *No sabe escribir a máquina.* She can't type. | **escribir algo a mano** to write sth by hand: *Tuve que escribir la carta a mano.* I had to write the letter by hand.
2 (hablando de la ortografía) to spell: *¿Cómo se escribe tu apellido?* How do you spell your surname? | *Se escribe con K.* It's spelled with a K.
3 (bolígrafo, lápiz) to write: *Este bolígrafo no escribe.* This ballpoint doesn't write.
escribirse *v* (tener correspondencia) to write to each other: *Se escribieron durante muchos años.* They wrote to each other for many years.

escrito, -a *adjetivo & sustantivo*
- *adj* written: *una prueba escrita* a written test | **una carta escrita a mano/a máquina** a handwritten/typed letter | **por escrito** in writing: *Tenemos que presentar las conclusiones por escrito.* We have to present our conclusions in writing.
- **escrito** *s* (documento) document

escritor, -a *s* writer

escritorio *s* **1** (mueble) desk **2** (oficina) office **3** (cuarto en una casa) study (plural -dies)

escritura *s* **1** (acción de escribir) writing **2** (sistema) script: *la escritura cuneiforme* cuneiform script **3** (de una propiedad) deed **4 las Sagradas Escrituras** the Holy Scriptures

escuadra *s* **1** (útil) set square **2** (de buques) squadron

escuadrón *s* **1** (de caballería) squadron **2** (del ejército) troop **3** (de aviones) squadron

escuchar *v* **1** (con atención) to listen: *¡Escucha!* Listen! | **escuchar algo/a alguien** to listen to sth/sb: *Escucha lo que te digo.* Listen to what I'm saying. | *Nunca escucho la radio.* I never listen to the radio. **2** (oír) to hear: *¿Escuchaste eso?* Did you hear that? ▶ ver también **oír**

escudo *s* **1** (arma) shield **2** (insignia) emblem **3** (que se lleva en la solapa, etc.) badge

escuela *s* **1** (institución, edificio) school: *A esta hora está en la escuela.* She's at school at this time of day. | **ir a la escuela** to go to school: *¿A qué escuela vas?* Which school do you go to? **2** (tendencia) school: *la escuela florentina de arte* the Florentine school of art **3** (facultad) faculty (plural -ties), school
escuela de conducción, escuela de conductores, escuela de manejo driving school **escuela primaria** primary school, elementary school (AmE) **escuela privada** private school **escuela pública** public school (AmE), state school (BrE) ▶ En Gran Bretaña **public school** es un tipo de colegio privado **escuela secundaria** secondary school **escuela técnica** technical college

esculcar *v* (un cajón, un armario, etc.) to rummage around in: *La encontré esculcando en mi oficina.* I found her rummaging around in my office. | *No me esculques los bolsillos.* Don't go through my pockets.

escultor, -a *s* sculptor

escultura *s* sculpture

escupir *v* to spit | **escupir a alguien** to spit at sb: *Me escupió.* He spat at me. | *Me escupió la cara.* He spat in my face. | **escupir algo** to spit sth out

escurridor *s* **1** (para platos) dish rack **2** (colador) colander

escurrir *v* **1** (los platos, la verdura) to drain: *Deja escurrir los platos.* Leave the plates to drain. | *Poner la espinaca en un colador para que escurra.* Drain the spinach in a colander. **2 escurrir la ropa** to wring the washing out
escurrirse *v* **1** (resbalarse) to slip: *El jarrón se me escurrió de las manos.* The vase slipped out of my hand. **2** (escaparse) to slip away: *Se escurrió entre la multitud.* He slipped away into the crowd.

ese, -a *adjetivo & pronombre*
- *adj* that: *Dame ese libro.* Give me that book. | *Ese día estaba en mi casa.* I was at home that day. ▶ ver también **esos**
- *pron* ▶ ver **ése -a**

ése, -a *pron* that one: *–¿Cuál te gusta? –Ésa.* "Which one do you like?" "That one." | *El novio es ése que está ahí.* Her boyfriend is that one over there. ▶ ver también **ésos**

esencia *s* **1** (lo fundamental) essence | **en esencia** essentially **2** (extracto) essence: *esencia de vainilla* vanilla essence

esencial *adj* essential | **lo esencial es** the main thing is: *Lo esencial es no ponerse nervioso.* The main thing is not to get nervous.

esfera *s* **1** (en geometría) sphere **2** (del reloj) face **3** (campo, área) sphere

esfero *s* pen, ballpoint pen

esforzarse *v* to make an effort, to try hard: *Se esfuerza por ser amable con ella.* He makes an effort to be nice to her./He tries hard to be nice to her. | **esforzarse más** to make more of an effort, to try harder: *Tienes que esforzarte más.* You have to make more of an effort./You have to try harder.

esfuerzo *s* **1** effort | **hacer un esfuerzo/hacer esfuerzos** (tratar) to try: *Hagan un esfuerzo por venir.* Try to come. | *Hacía esfuerzos para no dormirse.* He was trying hard not to fall asleep. | **hacer esfuerzos** (físicamente) to exert yourself: *El médico le recomendó que no hiciera esfuerzos.* The doctor advised her not to exert herself. **2** (intento) attempt

esgrima *s* fencing | **practicar esgrima** to fence

esguince *s* sprain | **hacerse un esguince en el tobillo/la rodilla** to sprain your ankle/to twist your knee

eslogan *s* slogan

esmalte *s* **1** (barniz) enamel **2** (de los dientes) enamel

esmalte de uñas nail polish, nail varnish (BrE)

esmeralda *s* (piedra) emerald | **un collar/un anillo de esmeraldas** an emerald necklace/ring

esmerarse *v* **esmerarse (en hacer algo)** to try hard (to do sth), to take great care (to do sth): *Me esmeré en hacer buena letra.* I tried hard to write neatly./I took great care to write neatly.

esmoquin *s* tuxedo (AmE), dinner jacket (BrE)

eso *pron* **1** that: *No digas eso.* Don't say that. | *Eso está mal.* That's wrong. | *¿Qué es eso de que no vas a ir?* What's all this about you not going?
2 por eso that's why: *Se esfuerza mucho, por eso le va bien.* She tries hard, that's why she does well.
3 a eso de las dos/las seis etc. at around two o'clock/six o'clock etc.: *Nos encontramos a eso de las ocho.* We met at around eight.
4 y eso que even though: *Todavía extraña. Y eso que hace años que vive acá.* She still gets homesick, even though she's lived here for years.
5 en eso just then: *En eso los oí entrar.* Just then I heard them come in.
6 eso es that's right
7 ¿y con eso qué? so what?

esófago *s* esophagus (AmE), oesophagus (BrE)

esos, -as *adjetivo & pronombre*
- *adj* those: *Me gustan esos zapatos.* I like those shoes. | *¿Puedo comer una de esas galletas?* Can I have one of those cookies?
- *pron* ► ver **ésos -as**

ésos, -as *pron* those: *–¿Te gustan estos zapatos? –Prefiero ésos.* "Do you like these shoes?" "I prefer those." | *Ésas son mis amigas.* Those are my friends.

espacial *adj* **vuelo espacial** space flight | **sonda espacial** space probe | **un viaje espacial** a journey into space ► ver **estación, nave**

espacio *s* **1** (lugar) room, space: *Necesito más espacio.* I need more room./I need more space. | *Ocupa demasiado espacio.* It takes up too much room. **2** (entre palabras, líneas) space: *Deja un espacio después de la coma.* Leave a space after the comma. | *una página a doble espacio* a double-spaced page **3** (en astronomía) **el espacio** space: *la conquista del espacio* the conquest of space **4 espacio (en blanco)** (en un ejercicio) blank

espada *sustantivo & sustantivo plural*
- *s* sword
- **espadas** *s pl* (en naipes) La baraja española no es muy conocida en el mundo anglosajón. Para explicar qué son las espadas di *It's one of the four suits in the Spanish deck of cards*

espaguetis *s pl* spaghetti *sing*

espalda *s* **1** (parte del cuerpo) back: *Me duele la espalda.* My back hurts. | **darle la espalda a alguien** to sit/stand with your back to sb: *No le des la espalda a María.* Don't stand with your back to María. | **de espaldas a alguien** with your back to sb: *Estaba de espaldas a mí.* He had his back to me. | **de espaldas** (boca arriba) on your/my etc. back: *Duermo de espaldas.* I sleep on my back. | **a espaldas de alguien** behind sb's back: *Lo hizo a sus espaldas.* He did it behind her back. **2** (en natación) backstroke: *Nada espalda.* She swims backstroke. | *los 100 metros espalda* the 100 meters backstroke

espantapájaros *s* scarecrow

espantoso, -a *adj* **1** (muy feo) terrible, hideous: *Ese peinado te queda espantoso.* That hairstyle looks terrible on you. **2** (que asusta) horrible, horrific: *Tuve un sueño espantoso.* I had a horrible dream. **3** (usado para enfatizar) terrible: *un dolor de cabeza espantoso* a terrible headache ► Delante de un adjetivo, usa el adverbio **really**: *Hace un frío espantoso.* It's really cold.

España *s* Spain

español, -a *adjetivo & sustantivo*
- *adj* Spanish
- *s* Spaniard | **los españoles** the Spanish, Spaniards
- **español** *s* (idioma) Spanish

espárrago *s* asparagus spear ► Para traducir el plural, usa el sustantivo incontable **asparagus**: *Me encantan los espárragos.* I love asparagus.

espátula *s* spatula

especia *s* spice

especial *adj* **1** (particular, diferente) special: *una ocasión especial* a special occasion **2** (específico) special: *una dieta especial para el acné* a special diet for people with acne **3 en especial** especially: *Me gusta la música, en especial la tecno.* I like music, especially techno.

especialidad *s* specialty (plural -ties) (AmE), speciality (plural -ties) (BrE): *Nuestra especialidad son los pasteles.* Cakes are our specialty.

especialista *s* **1** (profesional) specialist **2 especialista en arte/computación etc.** art/computer etc. expert

especializarse *v* **especializarse en algo** to specialize in sth: *Quisiera especializarme en biotecnología.* I would like to specialize in biotechnology.

especialmente *adv* **1** (sobre todo) especially, particularly: *Hay muchos extranjeros, especialmente italianos.* There are a lot of foreigners, especially Italians. **2** (específicamente) specially: *Está pensado especialmente para jóvenes.* It's specially designed for young people.

especie *s* **1** (clase, tipo) kind, sort: *una especie de sopa fría* a kind of cold soup **2** (en biología, etc.) species (plural species): *una especie en peligro* an endangered species

especificar *v* to specify

específico, -a *adj* specific

espectacular *adj* (actuación, show, puesta de sol) spectacular, impressive ► En el sentido coloquial de *muy bueno, muy lindo*, etc. usa **fantastic** o **wonderful**: *Tienen una casa espectacular.* They have a fantastic house.

espectáculo *s* (de cine, teatro, etc.) show

espectador, -a *s* **1** (en un cine, en un teatro) member of the audience ► Para traducir el plural se usa **audience**: *Había muchos espectadores.* There was a big audience./There were a lot of people in the audience. | *Los espectadores aplaudieron al terminar la obra.* The audience clapped at the end of the play. **2** (de televisión) viewer **3** (en un encuentro deportivo) spectator

especulador, -a *s* speculator

especular *v* to speculate

espejismo *s* mirage

espejo *s* mirror | **mirarse al/en el espejo** to look at yourself in the mirror: *Se pasa el día mirándose en el espejo.* He spends the whole day looking at himself in the mirror.

espejo retrovisor rearview mirror

espera *s* wait: *una larga espera* a long wait | **estar a la espera de algo** to be waiting for sth | **quedo a la espera de tus noticias** I look forward to hearing from you

esperanza *s* hope | **tener esperanzas/la esperanza de hacer algo** to hope to do sth, to have hopes of doing sth: *Tengo esperanzas de ganar el partido.* I hope to win the match./I have hopes of winning the match. | **perder las esperanzas (de hacer algo)** to give up hope (of doing sth): *No pierdas las esperanzas.* Don't give up hope. | *Perdieron todas las esperanzas de encontrarlo con vida* They gave up all hope of finding him alive.

esperar *v* **1** (aguardar) to wait: *Esperó hasta las 11.* He waited until 11 o'clock. | *Espera un minuto.* Wait a minute. | **esperar a alguien** to wait for sb: *Lo esperé hasta el mediodía.* I waited for him until noon. | *Hace media hora que la estoy esperando.* I've been waiting for her for half an hour. ► Para decir dónde te vas a encontrar con alguien, usa el verbo **to meet**: *Te espero en la boletería.* I'll meet you at the ticket office. | **esperar el bus/el tren etc.** to wait for the bus/the train etc.: *Estaba esperando el tren.* I was waiting for the train. | **esperar a que** to wait until: *Espere a que se apague la luz roja.* Wait until the red light goes out.
2 (desear) to hope: *Espero que mis padres no se enojen.* I hope my parents won't be angry. | *Espero que estés bien.* I hope you are well. | *Espero que me contestes pronto.* I look forward to hearing from you soon. | **esperar hacer algo** to hope to do sth: *Espero verte pronto.* I hope to see you soon. | *Espero conseguir entradas.* I hope I can get tickets./I hope to be able to get tickets. | **espero que sí** I hope so: *–¿Aprobaste? –Espero que sí.* "Have you passed?" "I hope so." | **espero que no** I hope not: *–¿Viene Marita? –Espero que no.* "Is Marita coming?" "I hope not."
3 (imaginar, prever) to expect: *Fue más fácil de lo que esperaba.* It was easier than I expected. | *Se espera mal tiempo para los próximos días.* Bad weather is expected for the next few days.
4 esperar un bebé to be expecting a baby: *Está esperando su segundo hijo.* She's expecting her second child.

esperarse *v* (imaginar, prever) to expect: *Me esperaba otra cosa.* I was expecting something else.

esperma *s* sperm

espeso, -a *adj* **1** (salsa, chocolate) thick **2** (neblina, niebla) thick **3** (bosque, vegetación) dense

espía *s* spy (plural spies)

espiar *v* to spy: *Espiaba para los rusos.* He was spying for the Russians. | **espiar a alguien** to spy on sb: *No espíes a los vecinos.* Don't spy on the neighbors.

espichar *v* **1** (un botón, una tecla) to press **2** (aplastar) to squash, to crush **3 lo espichó un auto/un bus etc.** he was run over by a car/a bus etc.

espicharse *v* **se me espichó un caucho/una llanta** I had a flat (AmE), I had a puncture (BrE)

espiga *s* ear: *una espiga de trigo* an ear of corn

espina *s* **1** (de pescado) bone: *Tiene muchas espinas.* It has a lot of bones. **2** (de una planta)

thorn: *Me pinché con una espina.* I pricked myself on a thorn.
espina dorsal spine, backbone
espinaca o **espinacas** *s* spinach
espinilla *s* **1** (grano) pimple, spot (BrE) **2** (punto negro) blackhead
espionaje *s* spying, espionage
espiral *s* (objeto) spiral ► ver **escalera**
espiritismo *s* spiritualism | **una sesión de espiritismo** a seance
espíritu *s* spirit
el Espíritu Santo the Holy Spirit
espiritual *adj* spiritual
espolvorear *v* to sprinkle, to dust: *Espolvorear el pastel con azúcar.* Sprinkle the cake with sugar./Dust the cake with sugar.
esponja *s* sponge
esponjoso, -a *adj* fluffy, light
espontáneo, -a *adj* spontaneous
esposas *s pl* handcuffs | **ponerle las esposas a alguien** to handcuff sb
esposo, -a *s* **esposo** husband | **esposa** wife (plural wives)
espuela *s* spur
espuma *s* **1** (de jabón) lather, foam | **hacer espuma** to lather: *Este jabón no hace espuma.* This soap doesn't lather. **2** (de un líquido) froth **3** (de una ola) surf: *la espuma del mar* the surf **4** (plato dulce) mousse **5** (para el pelo) styling mousse
espuma de afeitar/rasurar shaving foam
esquelético, -a *adj* terribly thin
esqueleto *s* **1** skeleton **2 estar hecho -a un esqueleto/ser un esqueleto** to be as thin as a rake, to be all skin and bone
esquema *s* **1** (resumen) summary (plural -ries) **2** (diagrama) diagram
esquí *s* **1** (deporte) skiing | **hacer esquí** to go skiing: *Hicimos esquí en Pucón.* We went skiing in Pucón. **2** (tabla) ski: *Necesito esquíes nuevos.* I need some new skis.
esquí acuático water skiing: *Hace esquí acuático.* She goes water skiing. **esquí de fondo** cross-country skiing, Nordic skiing

esquiador, -a *s* skier
esquiar *v* to ski | **ir a esquiar** to go skiing
esquimal *s & adj* Inuit ► Existe el término **Eskimo,** pero muchas personas lo consideran ofensivo
esquina *s* **1** (entre dos calles) corner: *Te espero en la esquina.* I'll meet you on the corner. | *la panadería de la esquina* the bakery on the corner **2** (ángulo) corner: *la esquina de la mesa* the corner of the table
esquivar *v* **1** (un obstáculo) to avoid **2** (un golpe) to dodge **3** (a una persona) to avoid
esquizofrénico, -a *adj & s* schizophrenic
estabilidad *s* stability
estable *adj* stable
establecer *v* **1** (determinar) to establish: *Están tratando de establecer la hora del crimen.* They are trying to establish the time of the murder. **2** (dictaminar) to lay down, to state: *Es lo que establece la Constitución.* It is what is laid down in the Constitution. **3** (un contacto, una comunicación) to establish **4** (un régimen, un gobierno) to establish **5 establecer una comparación** to draw a comparison
establecerse *v* to settle: *Se establecieron en la capital.* They settled in the capital.
establo *s* stable
estaca *s* **1** (de una carpa) peg **2** (palo) stake
estación *s* **1** (del año) season: *las cuatro estaciones* the four seasons | **un saco/un abrigo de media estación** a lightweight jacket/coat ► ver "Active Box" **estaciones del año** en página 564 **2** (de tren, de metro) station: *Este tren para en todas las estaciones.* This train stops at every station.
estación de gasolina, estación de servicio gas station (AmE), petrol station (BrE) **estación de policía** police station, precinct (AmE) **estación espacial** space station
estacionamiento *s* **1** (para muchos autos) parking lot (AmE), parking garage (AmE), car park (BrE) ► **parking lot** se usa para un estacionamiento al aire libre y **parking garage** para uno cubierto: *Hay un estacionamiento en la esquina.* There's a parking lot on the corner. **2** (lugar libre) parking place: *No encontré estacionamiento.* I couldn't find a parking place. **3** (acción de estacionar) parking
estacionar o **estacionarse** *v* to park: *"Prohibido estacionar(se)"* "No parking"
estadio *s* (para deportes) stadium (plural -s o stadia)
estadística *sustantivo & sustantivo plural*
- **s** (disciplina) statistics *sing*
- **estadísticas s pl** (datos) statistics *pl*: *según las últimas estadísticas* according to the latest statistics

Active Box: estaciones del año

Los ejemplos de este **Active Box** son una guía para ayudarte a construir oraciones que hablan de las estaciones del año

*Este **verano** nos vamos de viaje.*	We're going away next summer.
*Me encanta Nueva York **en otoño**.*	I love New York in the fall/autumn.
***En invierno** no voy a la playa.*	I don't go to the beach in the winter.
*Fuimos a Cuba **el verano pasado**.*	We went to Cuba last summer.
*Se conocieron **en la primavera** de 2002.*	They first met in the spring of 2002.

estado *s* **1** (condición, situación) state: *el estado de la cancha* the state of the field/the condition of the field **2 estar en mal estado (a)** (referido a alimentos) to be bad, to be off (BrE): *El pescado estaba en mal estado.* The fish was bad. **(b)** (referido a calles, edificios) to be in bad condition **3** (o **Estado**) (órgano de gobierno) state **4** (división territorial) state: *el estado de Florida* the state of Florida
estado civil marital status **estado de ánimo** state of mind **estado de bienestar** welfare state **estado de emergencia** state of emergency

Estados Unidos *s pl* El nombre oficial del país es **the United States of America,** pero es mucho más frecuente hablar de **the States, America** o **the U.S.**: *Vive en Estados Unidos.* He lives in the States./He lives in America./He lives in the U.S.

Estados Unidos Mexicanos *s pl* United States of Mexico

estadounidense *adjetivo & sustantivo*
- ***adj*** American, US: *una empresa estadounidense* an American company/a US company
- ***s*** American | **los estadounidenses** (the) Americans

estafa *s* fraud

estafador, -a *s* swindler ▶ Si se trata de un hombre, es frecuente el uso de **conman,** cuyo plural es **conmen**. También existe **con artist,** que es coloquial

estafar *v* to defraud, to swindle ▶ **To defraud** es más formal o más técnico: *Nos estafaron.* They swindled us. | *Estafó a sus socios.* He defrauded his partners.

estallar *v* **1** (bomba, granada) to go off, to explode **2** (guerra) to break out

estallido *s* **1** (explosión) explosion **2** (de una guerra) outbreak

estampado, -a *adjetivo & sustantivo*
- ***adj*** patterned: *una blusa estampada* a patterned blouse
- **estampado** *s* pattern, print

estampilla *s* (de correos) stamp

estancado, -a *adj* (agua) stagnant

estanco *s* liquor store (AmE), off licence (BrE)

estándar *adj & s* standard

estanque *s* **1** (en un parque, un jardín) pond **2** (para la cría de peces, etc.) tank

estante *s* **1** (repisa) shelf (plural shelves) **2** (mueble) set of shelves, shelving unit

estar *verbo & sustantivo*
- ***v*** ▶ ver recuadro
- ***s*** living room

estatal *adj* **una empresa estatal** a state-owned company | **un canal de televisión estatal** a state television channel | **un empleado estatal** a civil servant, a public-sector employee | **una escuela estatal** a public school (AmE), a state school (BrE) ▶ En Gran Bretaña **public school** es un tipo de colegio privado

estatua *s* statue

estatura *s* height: *un hombre de mediana estatura* a man of medium height

este[1], -a *adjetivo & pronombre*
- ***adj*** this: *Nos gusta mucho esta casa.* We like this house very much. | *¿Me prestas este libro?* Can I borrow this book? ▶ ver también **estos**
- ***pron*** ▶ ver **éste -a**

este[2] *sustantivo & adjetivo*
- ***s*** east, East ▶ ver "Active Box" **puntos cardinales** en **punto**
- ***adj*** east, eastern

éste, -a *pron* this one: *–¿Cuál te gusta? –Ésta.* "Which one do you like?" "This one." | *Mi hermano es éste que está al lado de la novia.* This one's my brother, the one next to the bride. ▶ ver también **éstos**

estela *s* **1** (de un avión) trail, vapor trail (AmE), vapour trail (BrE) **2** (de una lancha, etc.) wake

estera *s* mat

estéreo *adjetivo & sustantivo*
- ***adj*** stereo: *El televisor es estéreo.* The television is stereo.
- ***s*** (equipo de música) stereo

estéril *s* **1** (persona) sterile **2** (suelo, terreno) infertile

esterilizar *v* to sterilize

esternón *s* breastbone ▶ El término técnico es **sternum**

estético, -a *adj* esthetic (AmE), aesthetic ▶ ver **cirugía**

estiércol *s* manure

estilista *s* hair stylist

¿Quieres una lista de frases útiles para hablar de ti mismo? Consulta la **guía de comunicación** al final del libro.

estar

VERBO

1 En general equivale a **to be**:
Aquí están las llaves. Here are the keys. | *¿Cómo está tu hermana?* How's your sister? | *Ayer estuvimos en el club.* We were at the club yesterday. | *El pollo estaba riquísimo.* The chicken was delicious. | **¿está Inés/el señor Obes etc.?** is Inés?/Mr. Obes etc. in? | **estar parado -a/sentado -a/acostado -a** to be standing/sitting/lying | **¿has estado en Perú/la nueva discoteca etc.?** have you been to Peru/the new club etc.?: *Nunca he estado en la casa de Gabi.* I've never been to Gabi's. | **estar con paperas/sarampión etc.** to have the mumps/measles etc.

2 A veces el uso de *estar* en lugar de *ser* expresa un estado temporal o el resultado de un proceso por oposición a una característica permanente. Los siguientes ejemplos ilustran cómo se expresa esa idea en inglés:
Estás muy elegante. You look very sharp. | *La novia estaba muy linda.* The bride looked lovely. | *Los niños están altísimos.* The children have gotten really tall. | *Está muy delgada.* She's looking very thin./She's lost a lot of weight.

VERBO AUXILIAR

estar haciendo algo to be doing sth: *Está leyendo una revista.* She's reading a magazine. | **está lloviendo/nevando etc.** it's raining/snowing etc. | **estar por hacer algo** to be about to do sth: *Justo estaba por llamarte.* I was just about to phone you.

estilo *s* **1** (característica personal) style: *Los dos jugadores tienen distintos estilos.* The two players have different styles. **2** (en arte) style: *el estilo neoclásico* the neoclassical style | *muebles de estilo colonial* colonial-style furniture **3 algo por el estilo** something like that **4** (en natación) stroke: *Te enseñan a nadar en todos los estilos.* They teach you how to swim all the different strokes. **5** (clase, distinción) style
estilo de vida lifestyle **estilo directo** direct speech **estilo indirecto** reported speech, indirect speech **estilo libre** freestyle

estilógrafo o **estilográfica** *s* pen, fountain pen

estimado, -a *adj* (en cartas) dear: *Estimada Sra:* Dear Madam,

estimulante *adjetivo & sustantivo*
- *adj* stimulating
- *s* stimulant

estimular *v* **1** (a una persona) to encourage, to stimulate **2** (la exportación, una inversión) to encourage

estímulo *s* encouragement

estirado, -a *adj* **1** (creído) snooty: *Son muy estirados.* They're really snooty. **2** (piernas, brazos) stretched out

estirar *v* **1** (los brazos, las piernas) to stretch: *No hay espacio para estirar las piernas.* There's no room to stretch your legs. | **estirar el cuello** to crane your neck **2 estirar el dinero/la comida** to make the money/food go further **3 estirar una sábana/un mantel** to smooth a sheet/a tablecloth out
estirarse *v* **1** (suéter) to stretch **2** (para alcanzar algo) to stretch **3** (crecer) to shoot up

estirón *s* **dar/pegar un estirón** to shoot up

esto *pron* this: *¿Qué es esto?* What's this? | *¡Esto es muy divertido!* This is really funny! | *Esto de tener dos exámenes en un día no es justo.* This business of having two exams in one day just isn't fair.

estofado *s* stew

estómago *s* stomach: *Me duele el estómago.* I have (a) stomach ache. | *Tengo el estómago revuelto.* I feel a little nauseous.

estorbar *v* to be in the way: *Esa silla ahí estorba.* That chair's in the way there. | **estorbar a alguien** to be in sb's way: *¿Te estorban los niños?* Are the kids in your way?

estornudar *v* to sneeze

estornudo *s* sneeze

estos, -as *adjetivo & pronombre*
- *adj* these: *Mira estas fotos.* Look at these photos. | *¿Me pongo estos zapatos?* Should I put these shoes on?
- *pron* ► ver **éstos -as**

éstos, -as *pron* these: *–¿Cuáles son tus guantes? –Éstos.* "Which are your gloves?" "These." | *Éstas son mis tías.* These are my aunts.

estrafalario, -a *adj* (ropa, ideas) outlandish

estragos *s pl* **hacer/causar estragos** to wreak havoc: *La tormenta causó estragos en todo el país.* The storm wreaked havoc all over the country.

estrangular *v* to strangle: *Murió estrangulada.* She was strangled. | *Me dieron ganas de estrangularlo.* I felt like strangling him.

estrategia *s* strategy (plural -gies)

estratégico, -a *adj* strategic

estrechar *v* **1 estrechar a alguien (entre los brazos)** to hold sb (in your arms), to hug sb: *Estréchame fuerte.* Hold me tight. **2 estrechar una falda/una camisa etc.** to take in a skirt/a shirt etc.
estrecharse *v* (carretera, río) to narrow, to get narrower

estrecho, -a *adjetivo & sustantivo*
- *adj* **1** (calle, pasillo) narrow **2** (falda, pantalón) tight **3** (relación, vínculo) close

- **estrecho** *s* strait, straits *pl*: *el Estrecho de Magallanes* the Straits of Magellan/the Magellan Strait

estrella *s* **1** (en el cielo) star **2** (de cine, de fútbol, etc.) star **3** (que indica categoría) star: *un hotel de cinco estrellas* a five-star hotel **4 ver (las) estrellas** to see stars: *Vi estrellas cuando el dentista me puso la inyección.* I saw stars when the dentist gave me the injection.
estrella de cine movie star, film star (BrE) **estrella de mar** starfish **estrella fugaz** shooting star

estrellado, -a *adj* **un cielo estrellado/una noche estrellada** a starry sky/a starry night: *El cielo estaba estrellado.* The sky was filled with stars.

estrellarse *v* to crash: *Se estrelló un avión en la selva.* A plane crashed in the jungle. | **estrellarse contra algo** to crash into sth, to smash into sth: *Iba borracho y se estrelló contra un árbol.* He was drunk and crashed into a tree./He was drunk and smashed into a tree.

estremecerse *v* to shiver: *Se estremeció de frío.* He shivered with cold.

estrenar *v* **1 estrenar una falda/unos jeans etc.** to wear a new skirt/a new pair of jeans etc., to wear a skirt/a pair of jeans etc. for the first time: *Estoy estrenando zapatos.* I'm wearing new shoes.
2 (una película) to release: *Todavía no se ha estrenado en Colombia.* It hasn't been released in Colombia yet. ► Al hablar de la función de gala se dice **to premiere**: *Se estrenó en Nueva York el mes pasado.* It premiered in New York last month./It was premiered in New York last month.
3 (una obra de teatro) Usa el verbo **to open** con la obra como sujeto: *¿Cuándo estrenan el musical?* When does the musical open?

estreno *s* **1** (de una película) premiere: *la noche del estreno de la película* the night of the movie premiere **2** (de una obra teatral) opening night: *Fuimos al estreno.* We went to the opening night.

estreñido, -a *adj* constipated

estreñimiento *s* constipation

estrés *s* stress

estresado, -a *adj* **estar/andar muy estresado -a** to be stressed out

estresante *adj* stressful

estría *s* (en la piel) stretch mark

estribillo *s* chorus (plural -ses)

estribo *s* **1** (para montar) stirrup **2** (de un vehículo) step **3** (de una moto) footrest **4 perder los estribos** to lose your temper

estricto, -a *adj* strict: *un profesor muy estricto* a very strict teacher

estridente *adj* **1** (ruido, música) raucous, strident **2** (color) loud, garish

estrofa *s* verse

estropear *v* **1** (ropa, zapatos, etc.) to ruin **2** (un plan, un proyecto) to ruin, to spoil **3** (un mecanismo) to damage
estropearse *v* to get damaged

estructura *s* structure

estruendo *s* **1** (de algo que se cae) crash **2** (de maquinaria, una explosión, un volcán en erupción) roar

estuario *s* estuary (plural -ries)

estuche *s* case

estudiante *s* student: *Es estudiante de abogacía.* He's a law student.

estudiar *v* **1** to study: *Tengo que estudiar para la prueba.* I have to study for the test. | *Estudia psicología.* She's studying psychology. | *Tienes que estudiar más.* You have to work harder. **2** (asistir a clases) Se usa el verbo **to go**: *Estudia en un colegio bilingüe.* She goes to a bilingual school. | **dejar de estudiar (a)** (en el colegio) to leave school: *Dejó de estudiar a los quince años.* She left school when she was fifteen. **(b)** (en la universidad) to drop out of college (AmE), to drop out of university (BrE)

estudio *sustantivo & sustantivo plural*
- *s* **1** (de cine, televisión) studio **2** (en una casa) study (plural -dies): *Papá está en su estudio.* Dad's in his study. **3** (investigación) study (plural -dies): *un estudio sobre el calentamiento global* a study on global warming **4** (análisis médico) test | **hacerse un estudio** to have a test done: *Se está haciendo unos estudios.* She's having some tests done.
estudio de grabación recording studio
- **estudios** *s pl* studies: *Quiere dejar los estudios.* She wants to give up her studies. ► **Studies** se suele referir a los estudios superiores
estudios primarios/secundarios primary school/secondary school education

estudioso, -a *adj* Existe el adjetivo **studious** pero no es tan frecuente como *estudioso* en español. Mira las alternativas: *Mi hermano es muy estudioso.* My brother works very hard./My brother is a very good student.

estufa *s* **1** (para cocinar) stove, cooker (BrE) **2** (para dar calor) heater, fire (BrE)

estupidez *s* **1** (que se dice) **¡qué estupidez!** what a stupid thing to say! | **decir una estupidez** to say something stupid | **decir estupideces** to talk nonsense: *¡Déjate de decir estupideces!* Stop talking nonsense! **2** (que se hace) **¡qué estupidez!** what a stupid thing to do! | **ser una estupidez** to be stupid: *Es una estupidez hacerlo de nuevo.* It's stupid to do it over again. | **hacer una estupidez** to do something stupid

estúpido, -a *adjetivo & sustantivo*
- *adj* stupid
- *s* **ser un estúpido/una estúpida** to be a stupid idiot

etapa *s* stage | **por etapas** in stages

¿Quieres más información sobre los **verbos modales**? Hay una explicación en el apartado de gramática.

etc. etc.

eternidad *s* **1 una eternidad** (mucho tiempo) ages: *Tardó una eternidad en abrir la puerta.* He took ages to open the door. | *Diez minutos pueden parecer una eternidad.* Ten minutes can feel like an eternity. **2** (perpetuidad) eternity

eterno, -a *adj* eternal

ética *s* ethics *sing*

ético, -a *adj* ethical

etiqueta *s* **1** (en un cuaderno, una botella, etc.) label **2** (de una prenda) label | **la etiqueta del precio** the price tag **3** (protocolo) etiquette | **vestirse de etiqueta** to wear formal dress

étnico, -a *adj* ethnic

EU *s* (= **Estados Unidos**) U.S.A., U.S.: *en EU* in the U.S.A. /in the U.S.

eucalipto *s* eucalyptus (plural -ses)

Eucaristía *s* **la Eucaristía** the Eucharist

eufórico, -a *adj* ecstatic, euphoric

Europa *s* Europe

europeo, -a *adj & s* European

eutanasia *s* euthanasia

evacuar *v* to evacuate: *Tuvieron que evacuar el edificio.* They had to evacuate the building.

evadir *v* to evade

evadirse *v* to take your mind off things: *Fui al cine para evadirme.* I went to the movies to take my mind off things. | **evadirse de la realidad** to escape from reality

evaluación *s* **1** (valoración) assessment **2** (prueba) test: *la evaluación de mitad de año* the midyear test

evaluar *v* to assess

evangelio *s* gospel: *el evangelio según San Mateo* the gospel according to Saint Matthew

evaporación *s* evaporation

evaporarse *v* to evaporate

evasión *s* (escape) escape: *una evasión de la realidad* an escape from reality

evasión fiscal/de impuestos tax evasion

evasiva *s* **contestar con evasivas** not to give a straight answer

evidencia *s* **1** evidence **2 poner algo en evidencia** to show sth | **poner a alguien en evidencia** to show sb up

evidente *adj* obvious: *Es evidente que hay un problema.* It's obvious there's a problem./There's obviously a problem.

evitar *v* **1** (impedir) to avoid: *Para evitar problemas, le voy a hablar.* To avoid any trouble, I'll talk to her. | **evitar que alguien haga algo** to prevent sb doing sth, to prevent sb from doing sth: *No pudimos evitar que se enterara.* We couldn't prevent him finding out. | **no puedo/no puede etc. evitar hacer algo** I /he etc. can't help doing sth: *No puedo evitar ponerme colorado.* I can't help blushing. **2** (eludir) to avoid: *Eviten las expresiones demasiado coloquiales.* Avoid expressions which are too colloquial. | **evitar hacer algo** to avoid doing sth: *Evita mencionar a su ex novia.* Avoid mentioning his ex-girlfriend. **3** (a una persona) to avoid: *Si puede, me evita.* He avoids me if he can.

evolución *s* **1** (cambio, desarrollo) development: *la evolución del país* the country's development **2** (en biología) evolution

evolucionar *v* **1** (transformarse, desarrollarse) to change, to evolve **2** (en biología) to evolve

ex o **ex-** *prefijo* ex-: *mi ex novio/novia* my ex-boyfriend/ex-girlfriend ► También se usa **former** cuando se habla de cargos: *el ex presidente del Paraguay* the former president of Paraguay/the ex-president of Paraguay

exacto, -a *adj* **1** (preciso) exact: *Necesitamos las medidas exactas.* We need the exact measurements. | *Llegué en el momento exacto en que empezaba.* I arrived just as it was starting. **2** (sin errores) accurate: *una descripción exacta* an accurate description | *No es del todo exacto.* It isn't completely accurate. ► ver **ciencia**

exageración *s* exaggeration

exagerado, -a *adj* **1** (referido a personas) **no seas exagerado -a** don't exaggerate | **eres/es etc. muy exagerado -a** you're/he's/she's etc. always exaggerating | **¡qué exagerado -a!** you're/he's etc. always exaggerating! **2** (gesto, reacción) exaggerated

exagerar *v* to exaggerate

examen *s* exam, examination ► **examination** es más formal: *Tengo examen de francés.* I have a French exam. | *¿Cómo te fue en el examen?* How did your exam go? | **presentar/rendir (un) examen** to take an exam, to do an exam: *Hay que presentar un examen.* You have to take an exam./You have to do an exam. | *los alumnos que van a presentar examen en julio* students who are taking the exam in July/students who are doing the exam in July | **aprobar/pasar/ganar un examen** to pass an exam | **reprobar un examen** to fail an exam

examen de ingreso entrance examination

examen de manejo, examen de conducción driving test **examen final** final exam

examen médico medical checkup

examinar *v* **1** (a un paciente, una herida) to examine | **examinarle la vista a alguien** to test sb's eyesight **2** (a un estudiante) to examine **3** (analizar) (una propuesta, una situación, etc.) to study

excavadora *s* digger

excavar *v* **1** (un túnel, un pozo) to dig **2** (en arqueología) to excavate

excelente *adj* excellent

excéntrico, -a *adj* eccentric

excepción *s* exception: *una excepción a la regla* an exception to the rule | **hacer una excepción** to make an exception: *Por hoy voy a hacer una* *excepción.* I'm going to make an exception just for today. | **sin excepción** without exception: *Esto se aplica a todos los alumnos sin excepción.* This applies to all students without exception. | **a/con excepción de** except: *todos a excepción de Juan* everyone except Juan

excepcional *adj* exceptional: *un jugador excepcional* an exceptional player

excepto *prep* except, except for: *Hice todos los ejercicios excepto el último.* I did all the exercises except the last one./I did all the exercises except for the last one.

exceso *s* excess (plural -sses)
exceso de equipaje excess baggage **exceso de velocidad** speeding: *un accidente causado por exceso de velocidad* an accident caused by speeding

excitar *v* **1** (poner nervioso) **el café/el té etc. me excita** coffee/tea etc. stops me sleeping **2** (sexualmente) to arouse
excitarse *v* **1** (ponerse nervioso) to get overexcited **2** (sexualmente) to get aroused

exclamación *s* exclamation ► ver **signo**

exclamar *v* to exclaim

excluir *v* to exclude | **excluir a alguien de algo** to exclude sb from sth: *La excluyen de sus juegos.* They exclude her from their games. | *Lo excluyeron del equipo.* He was dropped from the team.

exclusivo, -a *adj* exclusive

excursión *s* trip: *una excursión a los lagos* a trip to the lakes | **ir(se)/salir de excursión** to go on a trip: *Nos fuimos de excursión a Minas.* We went on a trip to Minas.

excusa *s* (pretexto, justificación) excuse: *Siempre tiene una excusa para todo.* He always has an excuse for everything. | *¿Qué excusa me vas a dar hoy?* What's your excuse today? | *Puso la excusa de que estaba ocupado.* His excuse was that he was busy. | **con la excusa de** on the pretext that: *Volvió a entrar con la excusa de que se había olvidado del paraguas.* She came back in on the pretext that she had left her umbrella behind.

excusado *s* toilet | **bajar/vaciar el excusado, jalarle al excusado** to flush the toilet | **echar algo al excusado** to flush sth down the toilet

exhibición *s* **1** (espectáculo) display: *una exhibición de patinaje artístico* a figure skating display **2** (exposición) exhibition

exhibicionista *s* **1** (que quiere llamar la atención) exhibitionist **2** (en sentido sexual) flasher

exhibir *v* **1** (exponer) to exhibit: *la sala donde se exhiben los objetos* the room where the pieces are exhibited/the room where the pieces are on display **2** (mostrar) to show **3** (una película) to screen

exhosto *s* exhaust pipe, tailpipe (AmE), exhaust (BrE)

exigente *adj* demanding: *un profesor exigente* a demanding teacher

exigir *v* **1** (esperar de alguien) **exigir mucho/demasiado** to be very/too demanding, to expect a lot/too much: *El profesor nos exige demasiado.* The teacher is too demanding./The teacher expects too much of us. **2** (reclamar) (una respuesta, una disculpa, etc.) to demand: *Exijo que me devuelvan el dinero.* I demand that you give me my money back. **3** (requerir) to require, to call for: *Exige mucha concentración.* It requires a lot of concentration./It calls for a lot of concentration.

exiliado, -a *adjetivo & sustantivo*
• *adj* (escritor, político) exiled | **estar exiliado -a** to be in exile: *Estuvieron exiliados en Suecia.* They were in exile in Sweden.
• *s* exile: *un exiliado político* a political exile

exiliarse *v* to go into exile

exilio *s* exile | **en el exilio** in exile

existencia *sustantivo & sustantivo plural*
• *s* existence
• **existencias** *s pl* stock *sing*, stocks *pl*

existir *v* **1** (ser real) to exist: *Los fantasmas no existen.* Ghosts don't exist./There's no such thing as ghosts. **2** (haber) **existe/existen** there is/there are: *Existen otras posibilidades.* There are other possibilities.

éxito *s* **1** (buen resultado) success (plural -sses): *El desfile fue un éxito.* The fashion show was a success. | **tener éxito** to be successful: *Tuvo mucho éxito en España.* She was very successful in Spain. | **no tener éxito (a)** (no ser exitoso) not to be successful **(b)** (al tratar de hacer algo) not to succeed, to be unsuccessful: *Lo intentamos, pero no tuvimos éxito.* We tried but we didn't succeed./We tried but we were unsuccessful. **2** (disco, película) hit: *el último éxito de la banda* the band's latest hit

exitoso, -a *adj* successful

exótico, -a *adj* exotic

expectativa *sustantivo & sustantivo plural*
• *s* **1** (inquietud) expectation: *un clima de mucha expectativa* an atmosphere of great expectation **2** (espera) **estar a la expectativa de algo** to be waiting to hear sth: *Estaba a la expectativa del resultado del estudio.* She was waiting to hear the test result.
expectativa de vida life expectancy
• **expectativas** *s pl* **1** (perspectivas) prospects: *la falta de expectativas* the lack of prospects **2** (esperanzas) expectations: *No creemos falsas expectativas.* Let's not create false expectations. | **tener expectativas** to have hopes: *No tengo muchas expectativas.* I don't have very high hopes.

expedición *s* **1** (viaje) expedition: *una expedición al Polo Sur* an expedition to the South

Pole **2** (personas) expedition: *La expedición llegó a la cima.* The expedition reached the summit.

expensas *s* **a expensas de algo/alguien** at the expense of sth/at sb's expense | **vivir a expensas de algo/alguien** to live off sth/sb: *Viven a expensas del estado.* They live off the state.

experiencia *s* **1** (de trabajo) experience: *No tiene experiencia.* He has no experience. | *un empleado con mucha experiencia* a very experienced worker | *Tiene experiencia en informática.* She has experience with computers. **2** (vivencia) experience: *una experiencia inolvidable* an unforgettable experience | *Es algo que sabe por experiencia propia.* It's something he knows from his own experience.

experimentado, -a *adj* experienced

experimental *adj* experimental

experimentar *v* **1** (hacer experimentos) to experiment **2** (sentimientos, sensaciones) to experience **3** (cambios) to undergo

experimento *s* experiment | **hacer un experimento** to do an experiment: *Hicimos un experimento de química.* We did a chemistry experiment.

experto, -a *sustantivo & adjetivo*

• *s* expert | **un experto/una experta en algo** an expert on sth: *una experta en el tema* an expert on the subject

• *adj* expert: *Es un cocinero experto.* He's an expert cook. | **ser experto -a en algo** to be an expert on sth

explicación *s* explanation | **darle una explicación a alguien** to give sb an explanation

explicar *v* **explicarle algo a alguien** to explain sth to sb: *¿Me explicas este ejercicio?* Could you explain this exercise to me? | *Le expliqué que no era posible.* I explained to her that it wasn't possible.

explicarse *v* **1** (comprender) to understand: *No me explico por qué me fue mal.* I can't understand why I did badly. **2** (hacerse entender) to explain yourself: *Se explicó mal.* He didn't explain himself very well. | *¿Me explico?* Is that clear?

explorador, -a *s* **1** explorer **2** (en computación) browser

explorar *v* to explore

explosión *s* (de una bomba) explosion | **hacer explosión** to explode

explosión demográfica population explosion

explosivo, -a *adjetivo & sustantivo*

• *adj* explosive

• **explosivo** *s* explosive

explotar *v* **1** (estallar) to explode: *Explotó el tanque de combustible.* The fuel tank exploded. ▶ Cuando se trata de bombas, es más frecuente usar **to go off**: *La bomba no explotó.* The bomb didn't go off. **2** (a una persona) to exploit: *Explotan a sus empleados.* They exploit their workers. **3** (recursos naturales) to exploit

exponer *v* **1** (obras de arte) to exhibit: *Expone en la Galería Zurbarán.* She exhibits at the Galería Zurbarán. **2** (objetos en una vitrina, etc.) to display **3** (un tema, un plan) to present, to explain **4 exponer algo al sol/aire etc.** to expose sth to sunlight/the air etc.: *No exponer directamente al sol.* Do not expose to direct sunlight.

exponerse *v* **exponerse a algo (a)** (arriesgarse) to risk sth: *Se expuso a que lo echaran.* He risked being fired. **(b)** (a rayos, radiaciones) to expose yourself to sth | **exponerse al sol** to expose your skin to the sun: *No se exponga al sol al mediodía.* Don't expose your skin to the midday sun.

exportación *s* export

exportador, -a *adjetivo & sustantivo*

• *adj* **un país exportador de petróleo** an oil-exporting country | **un país exportador de vino/carne etc.** a country that exports wine/meat etc.

• *s* exporter

exportar *v* **1** (vender al extranjero) to export **2** (en computación) to export

exposición *s* **1** (de obras de arte) exhibition **2** (de un tema, de un plan) presentation **3 exposición al calor/al sol etc.** exposure to heat/to the sun etc.

expresar *v* (preocupación, una opinión etc.) to express

expresarse *v* to express yourself: *Me cuesta expresarme en inglés.* I find it hard to express myself in English.

expresión *s* expression

expresivo, -a *adj* expressive

expreso, -a *adjetivo & sustantivo*

• *adj* **1** (tren, autobús) express: *Hay un tren expreso a las 10.* There's an express train at 10 o'clock. **2** (explícito) express: *Fue su pedido expreso.* It was his express wish.

• **expreso** *s* **1** (tren, autobús) express (plural -sses): *el expreso de las 10* the 10 o'clock express **2** (café) espresso

exprimidor *s* **1** (manual) lemon squeezer **2** (eléctrico) juicer, juice extractor

exprimir *v* to squeeze

expulsar *v* **1** (a un alumno) to expel: *Lo han expulsado de tres colegios.* He has been expelled from three schools. **2 expulsar a un jugador** to send a player off: *Lo expulsaron en el primer tiempo.* He was sent off in the first half.

expulsión *s* **1** (de la escuela) expulsion **2** (en deportes) sending-off (plural sendings-off)

exquisito, -a *adj* (comida, sabor) delicious

éxtasis *s* **1** (estado) ecstasy **2** (droga) ecstasy

extender *v* **1 extender los brazos/las piernas** to stretch your arms/your legs out **2** (un plazo, un contrato) to extend: *El plazo se ha extendido hasta mañana.* The deadline has been extended until tomorrow. **3 extender una sábana/un mantel** to spread a sheet/a tablecloth out **4** (las alas) to spread

extenderse *v* **1** (en el espacio) to stretch: *La llanura se extiende hasta la cordillera.* The plain stretches as far as the mountains. **2** (en el tiempo) to go on **3** (fuego, incendio) to spread

extensión *s* **1** (superficie) area: *¿Qué extensión tiene el terreno?* What is the area of the plot of land? | *un parque de gran extensión* a very large park **2** (de un texto) length **3** (de teléfono) extension

extenso, -a *adj* **1** (texto, poema) lengthy **2** (conocimientos) extensive **3** (en el espacio) extensive, vast **4** (en el tiempo) long

exterior *adjetivo & sustantivo*

- ***adj*** (de afuera) (pared, aspecto) external: *la parte exterior* the outside ▶ ver **comercio**
- ***s*** **1** (extranjero) **vivir/trabajar en el exterior** to live/to work abroad | **viajar al exterior** to travel abroad **2 el exterior** (de un edificio) the outside: *Están pintando el exterior del museo.* The outside of the museum is being painted.

exterminar *v* **1** (una plaga, insectos) to exterminate **2 exterminar a la población/una tribu etc.** to wipe out the population/a tribe etc.

externo, -a *adj* external: *un módem externo* an external modem | *fuerzas externas* external forces ▶ ver **deuda**

extinción *s* extinction: *una especie en peligro de extinción* an endangered species/a species in danger of extinction

extinguidor o **extintor** *s* **extinguidor/extintor de incendios** fire extinguisher

extra *adjetivo & sustantivo*

- ***adj*** **1** (adicional) extra: *He tenido muchos gastos extra este mes.* I've had a lot of extra expenses this month. ▶ ver **hora** **2 de calidad extra** superior quality, top-quality
- ***s*** (actor, actriz) extra

extracurricular *adj* extracurricular

extraer *v* **1** (un diente, una muela) to extract **2** (información, datos) to extract: *Tienen que extraer la información del texto.* You need to extract the information from the text. **3** (petróleo) to extract, (agua) to draw

extraescolar *adj* out-of-school

extranjero, -a *adjetivo & sustantivo*

- ***adj*** foreign: *una lengua extranjera* a foreign language
- ***s*** **1** (persona) foreigner **2 vivir/trabajar en el extranjero** to live/to work abroad | **viajar al extranjero** to travel abroad

extrañar *v* **1** (sentir nostalgia) to be homesick: *Volvió antes porque extrañaba.* She came back early because she was homesick. | **extrañar algo/a alguien** to miss sth/sb: *Te extraño mucho.* I really miss you. **2** (sorprender) **me extraña (que)** I'm surprised: *No me extraña.* I'm not surprised. | *Me extraña que no estén.* I'm surprised they're not in.

extrañarse *v* to be surprised: *No te extrañes si vuelve a hacerlo.* Don't be surprised if he does it again. | *¿De qué te extrañas?* Why are you so surprised?

extraño, -a *adjetivo & sustantivo*

- ***adj*** **1** (referido a una situación) odd, strange: *¡Qué extraño!* How odd! | *Es extraño que no haya llegado.* It's strange she hasn't arrived. **2** (referido a personas) strange: *Es una mujer extraña.* She's a strange woman.
- ***s*** stranger: *No hables con extraños.* Don't talk to strangers.

extraordinario, -a *adj* **1** (fuera de lo común) extraordinary: *un talento extraordinario* an extraordinary talent **2** (buenísimo) outstanding: *una película extraordinaria* an outstanding movie **3** (reunión, asamblea, edición) extraordinary

extraterrestre *adjetivo & sustantivo*

- ***adj*** extraterrestrial
- ***s*** alien, extraterrestrial

extremidades *s pl* extremities

extremo, -a *adjetivo & sustantivo*

- ***adj*** (de grado máximo) extreme: *extrema pobreza* extreme poverty
  extrema derecha extreme right **extrema izquierda** extreme left **Extremo Oriente** Far East
- **extremo** *s* **1** (punta) end: *el extremo norte del país* the northern end of the country **2** (en la actitud) extreme: *¡Pasas de un extremo al otro!* You go from one extreme to the other!

extrovertido, -a *adj & s* extrovert

F

F, f *s* F, f ▶ ver "Active Box" **letras del alfabeto** en **letra**

fa *s* (nota musical) F

fábrica *s* factory (plural -ries): *una fábrica de muebles* a furniture factory ▶ *una fábrica de cerveza* es **a brewery** y *una fábrica de papel* **a paper mill**

fabricación *s* manufacture | **de fabricación chilena/colombiana etc.** made in Chile/

¿Quieres información sobre las differencias entre los **artículos** en inglés y en español? Lee la explicación en el apartado de gramática.

Colombia etc., Chilean-made/Colombian-made etc.
fabricación en serie mass production
fabricante *s* manufacturer
fabricar *v* to manufacture, to make | **fabricar algo en serie** to mass produce sth
fábula *s* fable
fabuloso, -a *adj* fantastic, fabulous
facha *s* look: *No me gusta la facha del novio.* I don't like the look of her boyfriend. | *Con esta facha no puedo salir.* I can't go out looking like this. | **tener facha de algo** to look like sth
fachada *s* (de un edificio) façade
fácil *adjetivo & adverbio*
• ***adj*** (sencillo) easy: *Este ejercicio es más fácil.* This exercise is easier. | **ser fácil de hacer/usar etc.** to be easy to do/to use etc.: *El programa es fácil de instalar.* The program is easy to install.
• ***adv*** easily: *Son fácil 200 páginas.* It's easily 200 pages. | *Eso se arregla fácil.* That's easily fixed.
facilidad *s* **1 con facilidad** easily **2 tener facilidad para los idiomas/la música etc.** to be good at languages/music etc.
factor *s* factor
factura *s* (cuenta) bill: *la factura del teléfono* the telephone bill
facultad *s* **1** (o **Facultad**) (dentro de una universidad) faculty (plural -ties): *la Facultad de Ingeniería* the Faculty of Engineering ► En el nombre de algunas facultades se usa **school**: *la Facultad de Medicina/Arquitectura* the School of Medicine/Architecture **2** (universidad) college (AmE), university (BrE): *Lo conocí en la facultad.* I met him in college/at university.
fagot *s* bassoon
faisán *s* pheasant
faja *s* **1** (prenda interior) girdle **2** (de un vestido, un uniforme) sash **3** (de tierra) strip
fajo *s* (de billetes) wad
falda *s* **1** (prenda de vestir) skirt **2** (regazo) lap **3** (de una montaña) side
falda escocesa (de mujer) tartan skirt, (de hombre) kilt **falda pantalón** culottes *pl*
falla *s* **1** (en una máquina, un sistema, etc.) fault: *una falla en el motor* an engine fault **2** (error) mistake: *Perdimos por una falla de la defensa.* We lost because of a mistake by the defense.
fallar *v* **1** (salir mal) to fail: *El plan falló.* The plan failed. **2** (funcionar mal) to go wrong: *Empezó a fallar el motor.* The engine started to go wrong. | *Le falla la memoria.* His memory's failing. **3** (errar) to miss: *Falló el penal.* He missed the penalty. **4 fallarle a alguien** to let sb down: *No me falles.* Don't let me down.
fallecer *v* to pass away
fallo *s* **1** (veredicto) verdict **2** (decisión sobre un punto específico) ruling
falsificación *s* forgery (plural -ries)
falsificar *v* to forge
falso, -a *adj* **1** (dinero, billete) counterfeit **2** (documento, pasaporte) forged, false **3** (perla, brillante) fake **4** (persona) two-faced: *Es muy falso.* He's really two-faced. **5** (sonrisa) false **6** (no cierto) false
falsa alarma *s* false alarm
falta *s* **1** (inasistencia) absence: *tres faltas no autorizadas* three unauthorized absences | *Tienes tres faltas.* You've been absent three times. | **ponerle falta a alguien** to mark sb absent: *Me puso falta.* She marked me absent. **2 falta (de ortografía)** (spelling) mistake: *Tiene faltas de ortografía.* He makes spelling mistakes. **3** (carencia) lack: *la falta de recursos* the lack of resources ► En contextos más coloquiales se usan construcciones con **not enough**: *No lo terminé por falta de tiempo.* I didn't finish it because I didn't have enough time. **4 hacer falta** Se usan construcciones con **to need**: *Hace falta otra silla.* We need another chair. | *Hacían falta medicamentos.* Medicine was needed. | **no hace falta** there's no need: *No hace falta gritar.* There's no need to shout. | *No hace falta que llames.* There's no need for you to call. | **me/te etc. hace falta** I/you etc. need: *Me hace falta una maleta.* I need a suitcase. **5 sin falta** without fail: *el sábado sin falta* on Saturday without fail **6** (en fútbol) foul **7** (en tenis) fault **8 ser una falta de educación** to be rude **9 ser una falta de respeto** to be disrespectful
faltar *v* ► ver recuadro en página 572
fama *s* **1** fame **2 tener fama de (ser) algo** to have a reputation for being sth: *Tiene fama de tacaño.* He's got a reputation for being stingy. **3 tener mala/buena fama** to have a bad/good name, to have a bad/good reputation
familia *s* family (plural -lies)
familiar *adjetivo & sustantivo*
• ***adj*** **1** (de la familia) **una reunión/tradición familiar** a family gathering/tradition **2** (referido al tamaño) family-size: *Viene en tamaño familiar.* It comes in a family-size pack. **3** (conocido) familiar **4** (lenguaje) colloquial
• ***s*** relative: *un familiar suyo* a relative of hers
famoso, -a *adjetivo & sustantivo*
• ***adj*** famous: *una actriz famosa* a famous actress | **hacerse famoso -a** to become famous
• ***s*** celebrity (plural -ties)
fan *s* fan
fanático, -a *adjetivo & sustantivo*
• ***adj*** **1** (aficionado) **ser fanático -a de algo** to be crazy about sth: *Es fanática de Asterix.* She's crazy about Asterix. **2** (de una ideología o religión) fanatical
• ***s*** **1** (aficionado) fan **2** (de una ideología o religión) fanatic
fandango *s* party (plural ties)

faltar

1 NO ESTAR (= to be missing)
Espera, falta Luis. Wait a minute, Luis is missing./Wait a minute, Luis is not here. | *A este libro le faltan varias hojas.* There are several pages missing from this book./This book has several pages missing. | *Me falta una media.* I'm missing a sock.

2 NO HABER SUFICIENTE
Se usan construcciones con **not enough:**
Faltan sillas. There aren't enough chairs. | *Faltaba espacio.* There wasn't enough space. | *Me faltó tiempo.* I didn't have enough time. | **le falta sal/pimienta etc.** it needs more salt/pepper etc.

3 QUEDAR
faltan cuatro días/tres semanas etc. para there are four days/three weeks etc. to go until: *Faltan dos días para el examen.* There are two days to go until the exam./The exam is two days away. | **me faltan diez minutos/dos meses etc. para** I have ten minutes/two months etc. to go before: *Le falta un año para recibirse.* He has one year to go before he graduates. | **falta poco/mucho** Ver ejemplos: *Falta poco para las vacaciones.* It's not long until the vacation. | *Falta mucho para mi cumpleaños.* My birthday's a long way off. | *¿Falta mucho para que llegue Martín?* Will Martín be here soon? | *¿Te falta mucho?* Will you be long? | *Me falta poco para terminar.* I've nearly finished.

4 QUEDAR POR HACER
Se usan construcciones con **still have to:**
Falta lavar los platos. We still have to wash the dishes. (O: You still have to etc., I still have to etc.) | *Me falta el último ejercicio.* I still have to do the last exercise.

5 NO ASISTIR
faltar (a clase) to be absent (from school): *Otra vez faltó Laura.* Laura was absent again. | *¿Por qué faltaste?* Why didn't you come?

6 AL DECIR LA HORA
faltan cinco para las dos/diez etc. it's five of two/ten etc. (AmE), it's five to two/ten etc. (BrE) | **faltando cinco para las dos/diez etc.** at five of two/ten etc., at five to two/ten etc.

fanfarrón, -ona *adjetivo & sustantivo*
• *adj* **ser fanfarrón -ona** to be a show-off
• *s* show-off

fantasía *s* fantasy (plural -sies): *un mundo de fantasía* a fantasy world

fantasma *s* ghost

fantástico, -a *adj* fantastic

farmaceuta o **farmacista** *s* ► ver **farmacéutico**

farmacéutico, -a *sustantivo & adjetivo*
• *s* pharmacist, chemist (BrE)
• *adj* pharmaceutical

farmacia *s* **1** (negocio) pharmacy (plural -cies), drugstore (AmE), chemist's (BrE): *¿Hay una farmacia por aquí?* Is there a pharmacy around here? **2** (estudios) pharmacy
farmacia de turno all-night pharmacy (AmE), duty chemist's (BrE)

faro *s* **1** (en la costa) lighthouse **2** (de un vehículo) headlight

farol *s* **1** (de la calle) streetlight **2** (para campamento, de jardín) lamp ► Se suele especificar el combustible: **gas lamp, oil lamp, paraffin lamp** **3** (de papel) lantern **4** (de un vehículo) headlight

farola *s* **1** (de la calle) streetlight **2** (de un vehículo) headlight

fascículo *s* installment (AmE), instalment (BrE)

fascinante *adj* fascinating

fascinar *v* **me fascina bailar/el chocolate etc.** I love dancing/chocolate etc.

fascismo *s* fascism

fascista *adj & s* fascist

fase *s* stage, phase

fastidiar *v* (irritar, molestar) to annoy: *Le fastidiaba la lentitud de Julio.* Julio's slowness annoyed him./He was annoyed by Julio's slowness. | *Al perro le fastidia que lo cepillen.* The dog hates being brushed.
fastidiarse *v* (molestarse) to get annoyed: *Se fastidia por cualquier cosa.* She gets annoyed at the slightest thing.

fastidio *s* **1** (molestia) nuisance, pain | **¡qué fastidio!** what a nuisance!, what a pain! **2** (asco) **los gusanos/las cucarachas etc. me dan fastidio, les tengo fastidio a los gusanos/las cucarachas etc.** I think worms/cockroaches etc. are revolting | **¡qué fastidio!** how revolting!

fatal *adj* **1** (mortal) fatal **2** (muy grave) terrible: *un error fatal* a terrible mistake **3 estar fatal** to be behaving terribly: *Los niños están fatales hoy.* The children are behaving terribly today.

fatiga *s* fatigue, tiredness

fauna *s* fauna

favor *s* **1 por favor** please: *Dos cafés, por favor.* Two cups of coffee, please.
2 (que se le hace a alguien) favor (AmE), favour (BrE): *Te debo un favor.* I owe you a favor. | **hacerle un favor a alguien** to do sb a favor: *¿Me haces un favor?* Will you do me a favor? | **pedirle un favor a alguien** to ask sb a favor: *¿Te puedo pedir un favor?* Can I ask you a favor?
3 a favor in favor: *diez votos a favor* ten votes in favor | **a favor de (hacer) algo** in favor of (doing) sth: *Yo estoy a favor de ir en tren.* I'm in favor of going on the train. | **estar a favor de alguien** to support sb: *Están todos a favor de ella.* They all support her.

favorable *adj* favorable (AmE), favourable (BrE): *una respuesta favorable* a favorable reply | *Hubo 42 votos favorables.* There were 42 votes in favor.

favorecer *v* **1** (sentar bien) to suit: *Ese color te favorece.* That color suits you. **2** (beneficiar) to favor (AmE), to favour (BrE)

favorito, -a *adjetivo & sustantivo*

- *adj* favorite (AmE), favourite (BrE): *Es mi programa favorito.* It's my favorite program.
- *s* favorite (AmE), favourite (BrE): *Es el favorito del torneo.* He's the favorite to win the tournament.

fax *s* **1** (documento) fax (plural -xes) **2** (aparato) fax, fax machine | **mandar algo por fax** to fax sth: *Mándale los datos por fax.* Fax the information to her. | **mandarle/ponerle un fax a alguien** to fax sb, to send sb a fax: *Dile que me ponga un fax para avisarme.* Tell him to fax me to let me know./Tell him to send me a fax to let me know.

fe *s* **1** faith: *la fe cristiana* the Christian faith **2 tener fe en algo/alguien** to have faith in sth/sb: *Tengo mucha fe en él.* I have a lot of faith in him. | **tenerle fe a alguien** to have faith in sb **3 de buena/mala fe** in good/bad faith: *Lo hizo de buena fe.* He did it in good faith.

febrero *s* February ► ver "Active Box" **meses** en **mes**

fecha *sustantivo & sustantivo plural*

- *s* **1** date: *¿Qué fecha es hoy?/¿A qué fecha estamos?* What's the date today?/What date is it today? | *Atrasaron la fecha del examen.* They postponed the date of the exam. **2 hasta la fecha** to date: *No ha habido problemas hasta la fecha.* There haven't been any problems to date.
  fecha de nacimiento date of birth **fecha de vencimiento/caducidad (a)** (de un alimento) sell-by date **(b)** (de un medicamento) expiration date (AmE), expiry date (BrE)
- **fechas** *s pl* (época) **en/por estas fechas** around this time

fecundación *v* fertilization
  fecundación in vitro in vitro fertilization

federación *s* **1** (de estados, países) federation **2** (en deportes) federation

federal *adj* federal

felicidad *sustantivo & interjección*

- *s* happiness
- **¡felicidades!** *interj* **1** (por un logro) congratulations! **2** (por un cumpleaños) happy birthday! **3** (en Navidad) merry Christmas! **4** (en Año Nuevo) happy New Year!

felicitación *sustantivo & interjección*

- *s* **una carta de felicitación** a congratulatory letter | **una tarjeta de felicitación** a greeting card
- **¡felicitaciones!** *interj* **1** (por un logro) congratulations!: *¡Felicitaciones por el examen!* **Congratulations on** your exam! **2** (por un cumpleaños) happy birthday!

felicitar *v* **1** (por un logro) to congratulate: *Llamó para felicitarte.* He phoned to congratulate you. | **te/lo etc. felicito** congratulations: *Los felicito, tocaron muy bien.* Congratulations, you played very well. **felicitar a alguien por algo** to congratulate sb on sth: *La felicitaron por su actuación.* They congratulated her on her performance. **2** (por un cumpleaños) **felicitar a alguien** to wish sb a happy birthday: *Llámalo para felicitarlo.* Call him and wish him a happy birthday.

feliz *adj* **1** happy: *Estoy muy feliz aquí.* I'm very happy here. | *¡Que sean felices!* I hope you'll be happy! **2 ¡feliz Año (Nuevo)!** happy New Year! | **¡feliz cumpleaños!** happy birthday! | **¡feliz Navidad!** merry Christmas!

felpudo *s* doormat

femenino, -a *adjetivo & sustantivo*

- *adj* **1** (en biología) female **2** (referido al aspecto, la actitud) feminine **3 revistas femeninas** women's magazines **4** (en tenis) **los dobles femeninos** the women's doubles **5** (en gramática) feminine
- **femenino** *s* (en gramática) feminine

feminismo *s* feminism

feminista *adj & s* feminist

fenómeno *sustantivo & adverbio*

- *s* **1** (suceso) phenomenon (plural phenomena): *los fenómenos naturales* natural phenomena **2** (hablando de una persona) **ser un fenómeno** to be fantastic: *Es un fenómeno para los números.* She's fantastic with numbers.
- *adv* great: *–¿Entonces a las 8? –Fenómeno.* "See you at 8 then?" "Great."

feo, -a *adj* **1** (edificio, pueblo, objeto) ugly: *un jarrón muy feo* a very ugly vase **2** (persona, nariz, etc.) ugly: *Tiene una boca muy fea.* She has a very ugly mouth. ► También existe **plain,** que es más suave: *Es fea de cara.* She has a plain face. **3** (olor, sabor) nasty **4 es feo hacer eso/hablar así etc.** (no está bien) it isn't nice to do that/to talk like that etc. **5 ponerse feo -a (a)** (hablando de una situación) to get nasty, to get unpleasant: *La cosa se empezó a poner fea.* Things started to get nasty/unpleasant. **(b)** (hablando del tiempo) to cloud over: *Se está poniendo feo.* It's clouding over.

féretro *s* coffin, casket (AmE)

feria *s* **1** (exposición) fair: *la feria del libro* the book fair **2** (de alimentos, etc.) market: *Los lunes hay feria.* There is a market on Mondays. **3** (dinero) change, small change
  feria de muestras trade fair

feriado *s* national holiday (AmE), bank holiday (BrE): *El lunes es feriado.* Monday is a national holiday.

feroz *adj* **1** (lucha, competencia, ataque) fierce **2 tener un hambre feroz** to be ravenous **3** (animal) ferocious, fierce

ferretería *s* **1** (tienda) hardware store, ironmonger's (BrE) **2** (productos) hardware, ironmongery (BrE)

ferrocarril s railroad (AmE), railway (BrE): *las vías del ferrocarril* the railroad tracks

ferroviario, -a *adjetivo & sustantivo*

• ***adj*** **un accidente ferroviario** a rail accident | **un obrero ferroviario** a railroad worker (AmE), a railway worker (BrE)

• ***s*** railroad worker (AmE), railway worker (BrE)

ferry s ferry (plural -rries)

fértil, -a *adj* fertile

fertilidad s fertility

festejar v to celebrate: *Vamos a festejar.* Let's celebrate.

festín s feast, banquet

festival s festival: *un festival de rock* a rock festival

feto s fetus (plural -ses) (AmE), foetus (plural -ses) (BrE)

fiambre s **1** (picnic) picnic **2** (carnes frías) cold cuts *pl* (AmE), cold meat *pl* (BrE)

fiambrera s lunchbox (plural -xes)

fianza s bail **bajo fianza** on bail: *Salió bajo fianza.* He was released on bail.

fiar v **1** to give credit: *No fiamos.* We don't give credit. | **fiarle algo a alguien** to let sb have sth on credit: *Nos fió las cervezas.* She let us have the beers on credit. **2 ser de fiar** to be trustworthy: *Ese tipo no es de fiar.* That guy isn't trustworthy./That guy isn't to be trusted.

fiarse v **fiarse de alguien** to trust sb: *Te puedes fiar de ella.* You can trust her.

fibra s **1** (material) fiber (AmE), fibre (BrE): *fibras naturales/sintéticas* natural/man-made fibers **2** (estropajo) scouring pad, scourer

fibra de vidrio fiberglass (AmE), fibreglass (BrE) **fibra óptica** optical fiber (AmE), optical fibre (BrE)

ficción s fiction ► ver **ciencia**

ficha s **1** (de damas) checker (AmE), draught (BrE) **2** (de dominó) domino (plural dominoes) **3** (de otros juegos de mesa) counter **4** (en el casino) chip **5** (de teléfono, etc.) token **6** (con datos) index card

ficha médica medical record

fichar v **1** (hablando de jugadores, bandas, etc.) to sign: *Fichó por un equipo italiano.* He signed for an Italian team. | *Los fichó una discográfica sueca.* They were signed up by a Swedish record company. **2** (a un delincuente) to open a file on

fichero s **1** (mueble) filing cabinet **2** (caja) card index box (plural -xes)

ficho s voucher

fidelidad s **1** (de una persona) loyalty, faithfulness ► **faithfulness** se usa cuando se trata de una relación amorosa **2** (de una copia) faithfulness ► ver **alto**

fideo s noodle

fiebre s fever: *Ya le ha bajado la fiebre.* His fever has come down. | *Por la noche le subió la fiebre.* In the evening his fever got worse. | **tener fiebre** to have a fever, to have a temperature: *Tiene mucha fiebre.* She has a high fever./She has a high temperature. | *Tiene 40 grados de fiebre.* He has a fever of 40 degrees./He has a temperature of 40 degrees. | **tomarle la fiebre a alguien** to take sb's temperature

fiel *adjetivo & sustantivo plural*

• ***adj*** faithful, loyal | **ser fiel a algo** to be faithful to sth: *Es fiel a sus ideas.* She is faithful to her ideas. | **ser(le) fiel a alguien** to be loyal to sb, to be faithful to sb ► **faithful** se usa cuando se trata de una relación amorosa

• **fieles** ***s pl*** believers | **los fieles** the faithful

fiera s wild animal, beast

fiero, -a *adj* (feroz) fierce

fierro *sustantivo & sustantivo plural*

• ***s*** **1** (hierro) iron **2** (pieza de metal) piece of metal

• **fierros** ***s pl*** (para los dientes) braces (AmE), brace *sing* (BrE)

fiesta *sustantivo & sustantivo plural*

• ***s*** **1** party (plural -ties): *La invité a la fiesta.* I invited her to the party. | **hacer/dar una fiesta** to have a party, to throw a party: *Vamos a dar una fiesta para celebrarlo.* We're going to have a party to celebrate./We're going to throw a party to celebrate. **2 estar de fiesta** to be celebrating, to be in a party mood **3 un vestido de fiesta** an evening dress

fiesta de cumpleaños birthday party **fiesta de disfraces** costume party (AmE), fancy dress party (BrE) **fiesta de quince** El cumpleaños de quince no es un cumpleaños especial en las culturas anglosajonas. Si quieres explicar qué es una fiesta de quince, puedes decir *it's a special party held to celebrate a child, especially a girl, turning fifteen* **fiesta patria** national holiday

• **fiestas** ***s pl*** **1 las fiestas** the holidays (AmE), the Christmas holidays (BrE): *Toda la familia se reunió para las fiestas.* The whole family got together for the holidays. **2 felices fiestas** Merry Christmas, Happy Holidays (AmE), Happy Christmas (BrE)

figura s **1** (cuerpo, silueta) figure: *Se preocupa por su figura.* She worries about her figure. **2** (representación) figure: *una figura de cera* a wax figure **3** (persona importante) figure

figura geométrica geometric shape

figurar v (estar) to be: *La isla no figura en el mapa.* The island isn't on the map.

fijar v **1** (una fecha, una hora) to fix, to set: *¿Ya han fijado la fecha del examen?* Have they fixed a date for the exam yet?
2 fijar la vista/la mirada en algo to fix your gaze on sth
3 fijar la atención (en algo) to concentrate (on sth)
4 (un objetivo, un límite) to set

fijarse v **1 fijarse en algo (a)** (notarlo) to notice sth: *Se fija en todo.* He notices everything. **(b)** (prestarle atención) to watch sth: *Fíjate en lo*

¿Quieres información sobre las diferencias entre los **posesivos** en inglés y en español? Lee la explicación en el apartado de gramática.

que estás haciendo. Watch what you're doing. **2** (mirar) **fijarse en alguien** to look at sb: *Ni se fijó en ella.* He didn't even look at her.

fijo, -a *adjetivo & adverbio*

• *adj* **1** (domicilio) fixed: *No tiene domicilio fijo.* He has no fixed abode. **2** (que no se mueve) fixed: *un punto fijo* a fixed point **3 un trabajo/un empleo fijo** a permanent job **4 tener la mirada/la vista fija en algo/alguien** to be staring at sth/sb

• **fijo** *adv* **1 mirar fijo algo/a alguien** to stare at sth/sb: *Me miró fijo.* She stared at me. **2 fijo que aprobó/se olvidó etc.** he's bound to have passed/forgotten etc. | **fijo que no viene/no llamó etc.** I bet he doesn't come/he didn't call etc.

fila *s* **1** (de asientos) row: *en la primera fila* in the front row **2** (de personas, de cosas) line: *el último de la fila* the last one in the line | **formar/hacer (una) fila** to get in a line: *Formen fila.* Get in a line. | **en fila india** in single file: *Caminaban en fila india.* They were walking in single file. **3** (de una tabla) row

filatelia *s* stamp collecting ▶ También existe **philately** que es más formal

filete *s* **1** (de carne) steak **2** (de pescado) filet (AmE), fillet (BrE): *un filete de lenguado* a sole filet

filmadora *s* camcorder, video camera

filmar *s* to film: *Papá filmó mi fiesta.* Dad filmed my party. | **filmar una película** to make/to shoot a movie (AmE), to make/to shoot a film (BrE)

filo *s* edge, cutting edge | **tener filo** to be sharp: *No tiene filo.* It isn't very sharp.

filoso, -a *adj* sharp

filosofía *s* philosophy (plural -phies)

filósofo, -a *s* philosopher

filtrar *v* **1** (un líquido) to filter **2** (información) to leak: *Filtró la información a la prensa.* He leaked the information to the press.

filtrarse *v* **1** (un líquido) to seep in, to seep out ▶ Se usa **seep in** cuando el líquido entra a un lugar y **seep out** cuando sale: *El agua se filtraba por una grieta.* The water was seeping in/out through a crack. **2** (luz, ruidos) to filter in: *La luz del sol se filtraba por las persianas.* The sunlight filtered in through the shutters.

filtro *s* filter

fin *s* **1** (término) end: *el fin del mundo* the end of the world | *la fiesta de fin de curso* the end-of-year party | **a fin de mes/año** at the end of the month/year: *Se casan a fin de mes.* They're getting married at the end of the month. | **a fines de agosto/de 1996 etc.** at the end of August/of 1996 etc.

2 (de un cuento, una película, etc.) end: *"Fin"* "The End"

3 al/por fin at last: *¡Por fin llegaste!* You've gotten here at last!

4 al fin y al cabo after all: *Al fin y al cabo no es tan difícil.* After all it isn't so difficult.

5 en fin anyway: *En fin ¿a quién le importa?* Anyway, who cares?

6 (objetivo) goal: *Su único fin era llamar la atención.* Her only goal was to attract attention. | *El fin no justifica los medios.* The end does not justify the means. | **a fin de hacer algo/con el fin de hacer algo** in order to do sth

fin de año New Year's Eve: *¿Dónde vas a pasar el fin de año?* Where are you going to spend New Year's Eve? **fin de semana** weekend: *Nos vemos el fin de semana.* I'll see you **this weekend.** | *Vinieron a pasar el fin de semana.* They came **for the weekend.**

final *sustantivo masculino, sustantivo femenino & adjetivo*

• *s* [masc] (término) end: *Nos quedamos hasta el final.* We stayed till the end. ▶ Al hablar de cómo es el final de un libro, una película, etc., se usa **ending**: *Tiene un final muy triste.* It has a very sad ending. | **al final del partido/de la clase etc.** at the end of the game/the class etc. | **al final** in the end: *Al final me quedé en casa.* In the end I stayed at home. | **a finales de** at the end of

• *s* [fem] final

• *adj* final: *el toque final* the final touch

finalista *s* finalist

financiar *v* to finance, to fund

finés, -esa • ▶ ver **finlandés**

fingir *v* to pretend: *Fingió que dormía.* He pretended to be asleep.

finlandés, -esa *adjetivo & sustantivo*

• *adj* Finnish

• *s* (persona) Finn | **los finlandeses** (the) Finns

• **finlandés** *s* (idioma) Finnish

Finlandia *s* Finland

fino, -a *adj* **1** (delgado) (tela, papel, dedos, bigote) thin, (pelo, polvo) fine: *Tiene los labios finos.* She has thin lips. **2** (de calidad) (vino, ropa, mueble) fine **3** (refinado) (persona) polite, (gustos) refined **4 tener el oído/el olfato fino** to have a very good sense of hearing/sense of smell

firma *s* **1** (escrita) signature **2** (acción) signing: *Hoy es la firma del contrato.* Today is the signing of the contract. **3** (empresa) company (plural -nies)

firmar *v* to sign

firme *adj* **1** (estricto) firm: *Se mantuvo firme.* She stood firm. | **ponerse firme** to put your foot down: *Mi mamá se puso firme.* My mother put her foot down. **2** (mano, paso, trazo) firm **3** (estable) (escalera, mesa) steady, (superficie) firm: *La escalera no está firme.* The ladder isn't steady. **4 en firme** definite: *No hay nada en firme.* There's nothing definite. **5 ¡firme/firmes!** attention!

fiscal *sustantivo & adjetivo*

• *s* district attorney (AmE), public prosecutor (BrE)

• *adj* ▶ ver **evasión**

fisgonear *v* **fisgonear (en algo)** to nose around (in sth)

física *s* physics *sing*

físico, -a *adjetivo, sustantivo masculino & femenino & sustantivo masculino*

- *adj* physical ▶ ver **educación**
- *s* [masc & fem] (científico) physicist
- **físico** *s* [masc] **tener buen físico (a)** (hablando de un hombre) to have a good physique **(b)** (hablando de una mujer) to have a good figure

fisioterapeuta *s* physiotherapist

fisioterapia *s* physiotherapy

flaco *adj* (persona, cara, piernas) thin, slim ▶ **slim** tiene connotaciones positivas y no se usa, por ejemplo, para decir que alguien está demasiado flaco. **skinny** a veces tiene connotaciones negativas: *Es alto y flaco.* He's tall and thin./He's tall and slim. | *Está muy flaco.* He's too thin./He's too skinny. | *Está más flaca.* She's lost weight.

flamenco *s* **1** (animal) flamingo **2** (música) flamenco **3** (idioma) Flemish

flan *s* crème caramel

flash *s* flash (plural -shes)

flauta *s* flute

flauta dulce recorder **flauta traversa** flute, transverse flute

flautista *s* flautist

flecha *s* **1** (arma) arrow **2** (indicación) arrow

fleco *sustantivo & sustantivo plural*

- *s* (en el pelo) ▶ ver **flequillo**
- **flecos** *s pl* **1** (adorno) fringes **2** (de una prenda gastada) frayed edges

flequillo *s* bangs *pl* (AmE), fringe (BrE): *Tiene flequillo.* She has bangs.

flexible *adj* flexible

flojear *v* to laze around

flojo, -a *adj* **1** (suelto) loose: *un tornillo flojo* a loose screw **2** (perezoso) lazy **3** (mediocre) poor: *Tu prueba estaba bastante floja.* Your test was pretty poor. | **estar flojo -a en una materia/un tema** to be weak in a subject/on a subject **4** (cobarde) **ser muy flojo -a** to be a coward ▶ ver también **cuerda**

flor *s* (planta) flower: *un ramo de flores* a bunch of flowers | **estar en flor** to be in flower ▶ Cuando se trata de un árbol frutal también se usa **in blossom**: *un naranjo en flor* an orange tree in blossom/an orange tree in flower

flora *s* flora

florecer *v* **1** (árbol) to flower, to blossom **2** (planta) to flower **3** (arte, industria, actividad) to flourish

florería *s* flower shop, florist (AmE), florist's (BrE)

florero *s* vase

floristería *s* flower shop, florist (AmE), florist's (BrE)

flota *s* fleet

flotador *s* **1** (tabla) float **2** (alrededor del brazo) armband

flotar *v* to float

flote *s* **1 mantenerse a flote** to stay afloat **2 salir a flote** to pull through: *El equipo salió a flote.* The team pulled through.

fluidez *s* fluency | **con fluidez** fluently: *Habla inglés con fluidez.* She speaks English fluently.

flúor *s* **1** (en odontología) fluoride **2** (en química) fluorine

fluorescente *adj* fluorescent

fo *interj* ugh!, yuk!

fobia *s* phobia | **tenerle fobia a algo** to have a phobia about sth: *Les tiene fobia a las cucarachas.* He has a phobia about cockroaches.

foca *s* seal

foco *s* **1** (bombilla) bulb, light bulb: *Se quemó el foco.* The light bulb's gone. **2** (para iluminar monumentos, escenarios, etc.) spotlight **3** (en cine y fotografía) **fuera de foco** out of focus: *Esta foto está fuera de foco.* This photo is out of focus. | **en foco** in focus **4 el foco de atención** the center of attention, the focus of attention

fogata *s* bonfire

fogón *s* **1** (para cocinar) stove **2** (quemador) burner **3** (al aire libre) campfire

folklore o **folclore** *s* **1** (música) folk music **2** (baile) folk dance **3** (tradición) folklore

folklórico -a o **folclórico -a** *adj* **música/danza folklórica** folk music/dance

folleto *s* Si es de una sola página, se llama **flyer** o **leaflet.** Si tiene varias páginas es un **booklet,** pero si tiene forma de revista, con fotos, etc., como por ejemplo los de las agencias de viajes, se dice **brochure**

fondo *sustantivo & sustantivo plural*

- *s* **1** (del mar, de un pozo, de una caja) bottom **2** (de una calle, un corredor) end: ***Está al fondo a la derecha.*** It's **at the end** on the right. **3** (de una habitación) back: ***El piano está al fondo de la sala.*** The piano is **at the back** of the hall.

4 (de un cuadro, una escena, un diseño) background: *flores rojas sobre un fondo blanco* red flowers on a white background
5 una limpieza/un repaso a fondo a thorough clean/revision | **una investigación/un análisis a fondo** an in-depth investigation/analysis | **limpiar algo a fondo** to give sth a good clean, to clean sth thoroughly
6 en el fondo deep down: *En el fondo se quieren mucho.* Deep down they're very fond of each other.
7 (de dinero) fund
fondo común kitty (plural -ties): *Hicieron un fondo común para comprar las bebidas.* They all put money into a kitty to buy the drinks.

• **fondos** *s pl* funds: *Están recaudando fondos para una nueva iglesia.* They are raising funds for a new church.

fonética *s* phonetics *sing*

fontanero, -a *s* (plomero) plumber

forense *s* forensic scientist

forestal *adj* **un incendio/una reserva forestal** a forest fire/reserve

forma *s* **1** (contorno) shape: *piedras de distintas formas* stones of different shapes | *una caja en forma de corazón* a heart-shaped box
2 (formulario) form | **llenar una forma** to fill in/out a form
3 (modo) way: *su forma de pensar* his way of thinking | *Ésa es su forma de ser.* That's just the way he is. | **no hay/no hubo forma** there's/there was no way: *No hay forma de que me haga caso.* There's no way he'll take any notice of me. | *No hubo forma de que entendiera.* There was no way to make him understand.
4 estar en forma to be in shape, to be fit: *Se nota que está en forma.* You can see that she's in shape./You can see that she's fit.
5 de forma que so that: *Se lo dijo al oído, de forma que nadie pudiera escuchar.* She whispered it in his ear, so that nobody could hear. | **de todas formas** anyway: *Gracias de todas formas.* Thanks anyway.
forma de solicitud application form

formación *s* **1** (para un oficio, una profesión) training: *su formación de soldado* his training as a soldier **2** (educación) education: *una buena formación artística* a good artistic education **3** (creación) formation

formal *adj* **1** (ropa, lenguaje, ocasión) formal **2** (serio) responsible, reliable

formar *v* **1** (crear) to form: *Formaron un equipo de trabajo.* They formed a work team. **2 formado -a por** (constituido por) made up of: *Una molécula está formada por átomos.* A molecule is made up of atoms. **3** (preparar) to train: *Ha formado a muchos músicos jóvenes.* He has trained a lot of young musicians.
formarse *v* **1** (crearse) to form: *Se formaron unas nubes negras.* Some black clouds formed.
2 (educarse) to be educated: *Se formó en los mejores colegios.* He was educated at the best schools.

formato *s* **1** (forma) format **2** (formulario) form | **llenar un formato** to fill in/out a form

fórmula *s* **1** (en ciencias) formula (plural -lae) **2 la fórmula de la felicidad** the recipe for happiness | **la fórmula del éxito** the formula for success **3** (convención) expression: *las fórmulas de cortesía* polite expressions **4** (receta médica) prescription
Fórmula 1 Formula 1: *una carrera de Fórmula 1* a Formula 1 race

formulario *s* form: *Ya he llenado el formulario.* I've already filled out the form.

forrar *v* **1** (un libro, un álbum, etc.) to cover: *Lo forró con papel azul.* He covered it with blue paper. **2** (una prenda de vestir, una caja, etc.) to line: *un abrigo forrado de piel* a fur-lined coat

forro *s* **1** (de un libro, un cuaderno, etc.) cover **2** (de una prenda de ropa, una caja, etc.) lining

fortalecer *v* to strengthen
fortalecerse *v* to get stronger

fortaleza *s* **1** (moral) strength of character **2** (edificio) fortress (plural -sses)

fortuna *s* **1** (dinero) fortune: *Hizo una fortuna en la bolsa.* He made a fortune on the stock market. **2** (suerte) **por fortuna** fortunately, luckily

forzado, -a *adj* forced: *una sonrisa forzada* a forced smile

forzar *v* **1** (obligar) to force | **forzar a alguien a hacer algo** to force sb to do sth: *No pueden forzarme a hablar.* They can't force me to talk. **2** (una cerradura, una puerta) to force **3 forzar la vista** to strain your eyes

fosa *s* **1** (tumba) grave **2** (hoyo) pit
fosa común common grave **fosas nasales** *s pl* nostrils

fosforescente *adj* (referido a colores) fluorescent

fósforo *s* **1** (para encender fuego) match (plural -ches) | **prender/encender un fósforo** to light a match **2** (en química) phosphorus

fósil *s* fossil

foso *s* **1** (zanja) ditch (plural -ches) **2** (de un castillo) moat **3 el foso (de la orquesta)** the (orchestra) pit

foto *s* photo, picture: *la foto de mi novio* the photo of my boyfriend/the picture of my boyfriend | **sacar/tomar una foto** to take a photo, to take a picture: *Saqué muchas fotos.* I took a lot of photos. | **sacarle/tomarle una foto a alguien** to take sb's photo, to take sb's picture: *Les quiero sacar una foto a las niñas.* I want to take the girls' photo./I want to take a picture of the girls. | **sacarse/tomarse una foto** to have your photo taken, to have your picture taken: *Nos sacamos*

¿No sabes cómo pronunciar una determinada palabra? Consulta el recuadro de **símbolos fonéticos** en el interior de la cubierta.

una foto todos juntos. We had our photo taken all together.
foto (de) carnet, foto tamaño cédula passport photo

fotocopia *s* photocopy (plural -pies) | **sacarle una fotocopia a algo** to photocopy sth

fotocopiadora *s* photocopier

fotocopiar *v* to photocopy

fotogénico, -a *adj* photogenic

fotografía *s* **1** (arte, técnica) photography **2** (foto) photograph

fotografiar *v* to photograph

fotográfico, -a *adj* photographic

fotógrafo, -a *s* photographer

frac *s* tail coat | **estar de frac** to be wearing tails

fracasar *v* to fail

fracaso *s* failure

fracción *s* **1** (parte) fraction: *una fracción de segundo* a fraction of a second **2** (en matemática) fraction

fractura *s* fracture

fracturarse *v* **fracturarse una pierna/la cadera etc.** to fracture a leg/your hip etc.

fragancia *s* scent

frágil *adj* **1** (objeto) fragile **2** (salud) delicate

fragmento *s* **1** (de un objeto) fragment **2** (de un texto) extract: *Leímos un fragmento del cuento.* We read an extract from the story.

fraile *s* friar

frambuesa *s* raspberry (plural -rries)

francamente *adv* frankly

francés, -esa *adjetivo & sustantivo*

- *adj* French
- *s* (persona) **francés** Frenchman (plural -men) | **francesa** Frenchwoman (plural -women) | **los franceses** the French
- **francés** *s* (idioma) French

Francia *s* France

franco, -a *adj* **1** (sincero) frank: *Sé franca conmigo.* Be frank with me. **2** (evidente) marked: *un franco deterioro* a marked deterioration **3** (libre) **tener el día franco/la tarde franca etc.** to have the day off/the afternoon off etc.

franela *s* **1** (tela) flannel **2** (para limpiar) cloth, (para quitar el polvo) dustcloth (AmE), duster (BrE) **3** (prenda interior) undershirt (AmE), vest (BrE) **4** (prenda exterior) T-shirt

franja *s* **1** (raya) stripe **2** (zona) **una franja de tierra** a strip of land | **la franja costera** the coastal area

frasco *s* **1** (de alimentos envasados) jar: *un frasco de mermelada* a jar of jam ► Si se trata de un frasco vacío no se dice **a jar of jam** sino **a jam jar** **2** (de perfume, jarabe) bottle

frase *s* **1** (oración) sentence **2** (sin verbo conjugado) phrase
frase hecha set phrase

fraude *s* fraud

frazada *s* blanket

frecuencia *s* frequency (plural -cies) | **con frecuencia** frequently
frecuencia modulada FM, frequency modulation

frecuente *adj* **1** (común) common: *un error muy frecuente* a very common mistake **2** (que sucede a menudo) frequent: *frecuentes inundaciones* frequent floods

freezer *s* freezer

fregadero *s* **1** (para lavar platos) sink, kitchen sink **2** (para lavar ropa) sink

fregar *v* **1** (lavar) to wash, to scrub **2** (molestar) to pester: *¡Deja ya de fregarme!* Stop pestering me!/Stop being such a pain! **3** (arruinar) **fregarle los planes/la noche etc. a alguien** to ruin sb's plans/evening etc. **4** (fastidiar) to wreck things for, to mess things up for: *Se pasó a la competencia y nos fregó a todos.* She went over to the competition and wrecked things for us.
fregarse *v* **1** (arruinarse) **se nos fregó la noche/la fiesta etc.** our evening/the party etc. was ruined: *Se me fregó la PC.* My PC's kaput. **2** (fastidiarse): *¡Y si no estás de acuerdo, te friegas!* And if you don't agree, that's tough! **3 ¡no friegues!** (para expresar sorpresa) you're kidding!

fregona *s* mop

freidora *s* deep-fat fryer

freír *v* to fry

frenar *v* to brake

frenillos *s pl* braces (AmE), brace *sing* (BrE)

freno *sustantivo & sustantivo plural*

- *s* (de un auto, de una bicicleta) brake
  freno de mano/de emergencia emergency brake (AmE), handbrake (BrE): *Puso el freno de mano.* He put the emergency brake on.
- **frenos** *s pl* (para los dientes) braces (AmE), brace *sing* (BrE)

frente *sustantivo femenino, sustantivo masculino & preposición*

- *s* [fem] (parte del cuerpo) forehead: *Tiene la frente ancha.* She has a high forehead.
- *s* [masc] **1** (parte delantera) front: *el frente del edificio* the front of the building | **pasar al frente** to go to the front: *La profesora me hizo pasar al frente.* The teacher made me go to the front. | **dar un paso al frente** to take a step forward
  2 de frente ver ejemplos: *Le daba el sol de frente.* The sun was shining in his face. | *Chocaron de frente contra un camión.* They crashed head-on into a truck.
  3 frente a frente face to face: *Es hora de hablar frente a frente.* It's time we talked face to face.
  4 estar al frente de algo to head up sth: *Está al frente de la empresa.* She heads up the company
  5 (en meteorología) front | **hacerle frente a la realidad/a un problema etc.** to face reality/a problem etc.
  6 (militar) front
  7 (político) front

Hay una tabla con los **números** en inglés y explicaciones sobre su uso en el apartado de gramática.

• **frente a** ***prep*** **1** (delante de) in front of: *Está todo el día sentado frente al televisor.* He sits in front of the television all day.
2 (de cara a) facing: *Estaba sentado frente a ella.* He was sitting facing her./He was sitting opposite her. | *una casa frente al mar* a house facing the sea

fresa *s* strawberry (plural -rries)

fresco, -a *adjetivo & sustantivo*

• ***adj*** **1** (hablando del tiempo) Usa **cool** cuando está agradablemente fresco y **chilly** cuando hace bastante frío: *Aquí en la sombra está más fresco.* It's cooler here in the shade. | *Está bastante fresco, lleva un suéter.* It's pretty chilly, take a sweater.
2 (hablando de bebidas) cold
3 (hablando de alimentos) fresh: *Este pescado no está fresco.* This fish is not fresh.
4 (hablando de pintura) wet: *La pintura todavía está fresca* The paint is still wet.
5 (poco abrigado) light: *un vestido fresco* a light dress
6 (noticia) fresh
7 (descansado) fresh: *Estoy más fresca en la mañana.* I feel fresher in the morning.

• **fresco** ***s*** **1** Usa **cool** para referirte a una temperatura agradable y **chill** cuando hace frío: *al fresco de la mañana* in the cool of the morning | **hace fresco** it's chilly | **tomar el fresco** to get some fresh air
2 (pintura) fresco (plural -coes)

frialdad *s* (indiferencia) coldness | **tratar a alguien con frialdad** to treat sb coldly

frigorífico *s* meat processing plant

frijol o **fríjol** *s* bean: *No me gustan los frijoles.* I don't like beans.

frío, -a *adjetivo & sustantivo*

• ***adj*** **1** (referido a la temperatura) cold: *un invierno muy frío* a very cold winter | *La comida estaba fría.* The food was cold. **2** (hablando de una persona, su mirada, etc.) cold: *Es un hombre frío.* He's a cold man.

• **frío** ***s*** cold: *No soporta el frío.* He can't stand the cold. | **hace frío** it's cold: *Hacía mucho frío.* It was very cold. | **tener frío** to be cold: *¿Tienes frío?* Are you cold? | **morirse de frío** to freeze to death: *Con esa ropa te vas a morir de frío.* You're going to freeze to death in those clothes.

cold

hot

friolento, -a *adj* **ser muy friolento -a** to really feel the cold: *Vivi es muy friolenta.* Vivi really feels the cold.

frito, -a *adjetivo & sustantivo plural*

• ***adj*** fried: *cebolla frita* fried onion ▶ ver **papa**

• **fritos** ***s pl*** fried food: *Le prohibieron comer fritos.* He was told not to eat fried food.

frontera *s* (entre países) border: *la frontera con Brasil* the border with Brazil ▶ También existe **frontier** que es más formal

frontón *s* **1** (deporte) pelota | **jugar frontón** to play pelota **2** (cancha) pelota court **3** (pared) wall

frotar *v* to rub
frotarse *v* to rub yourself: *Frótate con la toalla.* Rub yourself with the towel. | **frotarse las manos/los ojos** to rub your hands/your eyes

fruncir *v* **1 fruncir la nariz** to wrinkle your nose **2** (tela) to gather

frustración *s* frustration

frustrado, -a *adj* **1** (referido a una persona) frustrated: *Se siente muy frustrado.* He feels very frustrated. **2 un actor frustrado/una bailarina frustrada etc.** a frustrated actor/ballet dancer etc.

fruta *s* fruit: *Me encanta la fruta.* I love fruit. ▶ Para referirse a una pera, una manzana, etc. se dice **a piece of fruit**: *A mediodía come un yogurt y una fruta.* She has a yogurt and a piece of fruit for lunch.
fruta seca (higos, ciruelas, etc.) dried fruit

frutilla *s* strawberry (plural -rries)

fruto *s* **1** (de una planta) fruit **2** (resultado) fruit: *el fruto de años de trabajo* the fruit of years of work **3 dar frutos** to bear fruit
frutos secos *s pl* **(a)** (nueces, avellanas, etc.) nuts **(b)** (higos, ciruelas, etc.) dried fruit

fucsia *adj & s* fuchsia ▶ ver "Active Box" **colores** en **color**

fuego *s* **1** (sustancia) fire: *Tardaron tres días en apagar el fuego.* It took them three days to put the fire out. | **prenderle fuego a algo** to set fire to sth: *Lo roció con gasolina y le prendió fuego.* He sprinkled gasoline on it and set fire to it. | **prenderse fuego** to catch fire: *Se prendió fuego la cortina.* The curtain caught fire. **2** (de un fogón, de la chimenea) fire **3** (en cocina) heat: *Saca la leche del fuego.* Take the milk off the heat. | **a fuego lento/fuerte** over a low/high heat **4** (para un cigarrillo) light: *¿Me das fuego?* Can you give me a light? **5** (de armas) **abrir fuego** to open fire | **¡fuego!** fire!
fuegos artificiales/de artificio *s pl* fireworks

fuente *s* **1** (de agua) fountain **2** (origen) source: *una fuente de inspiración* a source of inspiration **3** (para servir) serving dish, platter
fuente de soda soda fountain

fuera *adverbio, preposición & interjección*

- ***adv*** **por fuera** on the outside: *Era verde por fuera.* It was green on the outside. ► Cuando significa *visto desde afuera* se traduce por **from the outside**: *No parecía tan grande por fuera.* It didn't look so big from the outside.
- **fuera de** ***prep*** **1** (un lugar) out of: *Está fuera del país.* He's out of the country.
  2 (excepto) apart from: *Fuera de unos rasguños, no se hizo nada.* He wasn't hurt, apart from a few grazes.
  3 fuera de lo común/normal unusual: *una persona fuera de lo común* an unusual person
  4 fuera de peligro out of danger
  5 fuera de juego, fuera de lugar offside: *Estaba fuera de juego.* He was offside.
  6 fuera de combate out of action
  7 fuera de borda outboard: *un motor fuera de borda* an outboard motor
- **¡fuera!** ***interj*** (get) out!

fuerte *adjetivo, adverbio & sustantivo*

- ***adj & adv*** ► ver recuadro
- ***s*** **1** (fortaleza) fort **2** (especialidad) forte: *La historia no es mi fuerte.* History is not my forte.

fuerza *sustantivo, interjección & sustantivo plural*

- ***s*** **1** (energía) strength | **tener fuerza** to be strong: *Hay que tener mucha fuerza para levantarlo.* You have to be very strong to lift it. | **tener fuerza en las piernas/los brazos etc.** to have strong legs/arms etc. | **con fuerza** hard: *Jala con fuerza.* Pull hard.
  2 hacer fuerza La traducción depende del tipo de esfuerzo que se haga. Si se trata de empujar algo, es **to push hard,** si de jalar de algo, **to pull hard,** etc.: *Tienes que hacer mucha fuerza.* You have to push really hard./You have to pull really hard etc.
  3 (en física) force
  4 (del viento) strength
  5 a/por la fuerza (obligado) by force: *Se lo llevaron a la fuerza.* They took him away by force. | **a fuerza de hacer algo** by doing sth: *Lo aprendí a fuerza de repetirlo.* I learned it by repeating it over and over again. | **a fuerza de sacrificios/economías etc.** by making sacrifices/by economizing etc.
  fuerza aérea air force **fuerza de gravedad** force of gravity **fuerza de voluntad** willpower: *Hay que tener fuerza de voluntad para dejar de fumar.* You have to have willpower to give up smoking.
- **¡fuerza!** ***interj*** come on!, you can do it!
- **fuerzas** ***s pl*** **1** (energía) strength *sing*: *Me quedé sin fuerzas.* I don't have any strength left. | **recuperar las fuerzas** to get your strength back
  2 (militares) forces
  fuerzas armadas *s pl* armed forces

fuerte

ADJETIVO

1 PERSONA (= strong)
un niño muy fuerte a very strong boy | *Tienes que ser fuerte.* You have to be strong.

2 VOLUMEN (= loud)
La música está demasiado fuerte. The music's too loud. | **poner algo más fuerte** to turn sth up: *Pon la televisión más fuerte que no oigo.* Turn the TV up, I can't hear.

3 DOLOR (= bad, intense)
un dolor de cabeza muy fuerte a very bad headache

4 OLOR, SABOR (= strong)
un fuerte olor a ajo a strong smell of garlic

5 ABRAZO (= big)
Me dio un fuerte abrazo. He gave me a big hug.
El equivalente de *un fuerte abrazo* al final de una carta es **love**.

6 MONEDA (= strong)
una divisa fuerte a strong currency

7 LLUVIA, NEVADA (= heavy)
las fuertes lluvias de la semana pasada last week's heavy rains

8 VIENTO (= strong)

9 GOLPE, PATADA (= hard)

ADVERBIO

1 LLOVER (= hard)
Estaba lloviendo fuerte. It was raining hard.

2 HABLAR, GRITAR (= loud)
No griten tan fuerte. Don't shout so loud. | *Habla más fuerte, que no te oigo.* Speak up, I can't hear you.

3 PATEAR, EMPUJAR (= hard)
Empuja fuerte. Push hard.

4 AGARRARSE, ABRAZAR (= tight)
Agárrate bien fuerte. Hold on really tight.

fuga *s* **1** (huida) escape | **darse a la fuga** to flee
2 (de agua, gas) leak
fuga de capitales flight of capital **fuga de cerebros** brain drain

fugarse *v* to escape: *Se fugaron de la cárcel.* They escaped from prison.

fugaz *adj* **una visita fugaz** a fleeting visit | **un encuentro fugaz** a very brief meeting ► ver **estrella**

fugitivo, -a *s & adj* fugitive

fulano, -a *s* so-and-so | **fulano de tal** so-and-so, what's-his-name/what's-her-name

fulbito *s* five-a-side, five-a-side soccer (AmE), five-a-side football (BrE)

¿Quieres pedir una hamburguesa en inglés? Consulta la **guía de comunicación** al final del libro.

fulminante *adj* **1** (efecto, reacción) instant, instantaneous **2** (infarto, ataque) massive **3** (mirada) withering

fumador, -a *s* smoker | **la zona de no fumadores** the no-smoking area

fumar *v* to smoke | **prohibido fumar** no smoking | **fumar en pipa** to smoke a pipe | **dejar de fumar** to give up smoking: *Mi papá ha dejado de fumar.* My dad's given up smoking.

función *s* **1** (en un cine) showing **2** (en un teatro, un circo) performance **3** (de una persona) job: *Su función es ayudar a los clientes.* Her job is to help the clients. | **cumplir con sus funciones** to carry out your duties **4** (de un aparato, un órgano, etc.) function

función de gala gala performance

funcionamiento *s* **1** (de una máquina, un órgano) working **2** (de una institución, una empresa) running

funcionar *v* **1** (máquina, plan) to work: *¿Cómo funciona?* How does it work? | **funcionar a/con pilas** to run off batteries **2 no funciona** (en un cartel) out of order

funcionario, -a *s* (empleado) employee, official

funcionario -a público -a government employee, civil servant

funda *s* **1** (de una almohada) pillowcase **2** (de un almohadón, un sillón) cover **3** (de una guitarra) case **4** (de una raqueta) cover **5** (de una pistola) holster

fundación *s* **1** (institución) foundation **2** (acción de fundar) founding

fundador, -a *s* founder

fundamental *adj* fundamental, essential | **lo fundamental** the most important thing

fundar *v* to found

fundido, -a *adj* (metal) molten: *hierro fundido* molten iron

fundir *v* (un metal) to melt

fundirse *v* **1** (empresa, comerciante) to go bust **2** (motor) to burn out **3** (fusible) to blow

fundo *s* farm, ranch (plural -ches) ▶ **ranch** sugiere un establecimiento ganadero americano o australiano

fúnebre *adj* (color, aspecto, ambiente) funereal ▶ ver **coche, empresa**

funeral *s* funeral

funeraria *s* funeral home (AmE), undertaker's (BrE)

funicular *s* cable car

furia *s* fury | **estar/ponerse hecho -a una furia** to be/to get in a rage

furioso, -a *adj* furious: *Se puso furioso cuando lo vio.* He was furious when he saw it.

fusible *s* fuse: *Saltó/Se fundió un fusible.* A fuse has blown.

fusil *s* rifle

fusilar *v* to shoot: *Lo fusilaron.* He was shot.

fusión *s* **1** (de empresas, instituciones) merger **2** (de elementos, ideas, etc.) fusion

fútbol o **futbol** *s* soccer (AmE), football (BrE) ▶ ver abajo

fútbol americano, futbol americano football (AmE), American football (BrE)

> **¿football o soccer?**
>
> En inglés americano **football** significa *fútbol americano*, en cambio en inglés británico **football** es la palabra más frecuente para referirse a nuestro fútbol.
>
> *un partido de fútbol* se dice **a soccer game** en inglés americano y **a football match** en inglés británico. Un partido informal entre amigos es **a game of soccer/football**
>
> *jugar fútbol* es **to play soccer/football**

futbolista *s* soccer player (AmE), footballer (BrE)

futbolito *s* **1** (deporte) ▶ ver **fulbito** **2** (juego mecánico) foosball (AmE), table football (BrE)

futuro *sustantivo & adjetivo*

• *s* **1** (tiempo que va a venir) future: *nuestros planes para el futuro* our plans for the future **2** (posibilidad de éxito) future | **tener mucho futuro** to have a great future **3** (en gramática) future

• *adj* **mi futura esposa/nuestro futuro presidente etc.** my future wife/our future president etc. ▶ *futura esposa* también se puede traducir por **wife-to-be** y *futuro esposo* por **husband-to-be.**

futura mamá *s* mother-to-be

G

G, g¹ *s* G, g ▶ ver "Active Box" **letras del alfabeto** en **letra**

g² (= **gramo**) g

gabinete *s* (de ministros) cabinet

gacela *s* gazelle

gafas *s pl* **1** (para ver) glasses: *Tengo que usar gafas para leer.* I have to wear glasses for

reading. **2** (para nadar, esquiar, etc.) goggles
gafas de sol sunglasses

gaita *s* (instrumento) bagpipes *pl*

gajes *s pl* **son gajes del oficio** it's a drawback of the job

gajo *s* (de una naranja, mandarina) segment

gala *s* **1 función/cena de gala** gala performance/dinner **2 ir/vestirse de gala** to wear formal dress | **uniforme de gala** full-dress uniform

galaxia *s* galaxy (plural -xies)

galería *s* **1** (comercial) shopping arcade **2** (balcón) balcony (plural -nies) **3** (en un teatro, cine) gallery (plural -ries)
galería de arte art gallery (plural -ries)

Gales *s* Wales

galés, - esa *adjetivo & sustantivo*
- *adj* Welsh
- *s* (persona) **galés** Welshman (plural -men) | **galesa** Welshwoman (plural -women) | **los galeses** the Welsh
- **galés** *s* (idioma) Welsh

galgo *s* greyhound

gallego, -a *adjetivo & sustantivo*
- *adj* **1** (de Galicia) Galician **2** (español) Spanish
- *s* **1** (de Galicia) Galician **2** (español) Spaniard
- **gallego** *s* (idioma) Galician

galleta *s* **1** (dulce) cookie (AmE), biscuit (BrE) **2** (salada) cracker

gallina *sustantivo femenino, sustantivo masculino & femenino & adjetivo*
- *s* [fem] (ave) hen ▶ ver **carne, piel**
- *s* [masc & fem] (cobarde) chicken
- *adj* chicken: *No seas gallina.* Don't be chicken.

gallinero *s* henhouse

gallo *s* **1** (animal) cockerel, rooster (AmE), cock (BrE) **2** (al cantar) false note

galón *s* **1** (medida) gallon **2** (en uniformes) stripe

galopar *s* to gallop

galope *s* gallop | **al galope** at a gallop

gama *s* range: *una variada gama de artículos* a wide range of articles

gambeta *s* dummy | **hacerle una gambeta a alguien** to sell sb a dummy

gambetear *v* **gambetear a alguien** to sell sb a dummy

gamuza *s* **1** suede | **zapatos/guantes de gamuza** suede shoes/gloves **2** (paño) soft cloth

gana *s* ▶ ver recuadro

ganadería *s* (actividad) cattle farming

ganado *s* **1 ganado (vacuno/bovino)** cattle **2** (en general) livestock
ganado equino horses *pl* **ganado ovino** sheep *pl* **ganado porcino** pigs *pl*

ganador, -a *sustantivo & adjetivo*
- *s* winner

gana

1 CON EL VERBO "TENER"

tener ganas de salir/escuchar música etc. to feel like going out/listening to music etc.: *No tenía ganas de estudiar.* I didn't feel like studying. | *–¿Vienes? –No tengo ganas.* "Are you coming?" "I don't feel like it." | **tener ganas de vomitar** to feel nauseous (AmE), to feel sick (BrE): *Tenía ganas de vomitar.* I felt nauseous. | **tener ganas de ir al baño** to need to go to the bathroom

2 CON EL VERBO "DAR"

te dan ganas de pegarle/matarlo etc. you feel like hitting him/killing him etc.: *Cuando dice eso te dan ganas de matarlo.* When he says that, you feel like killing him. | **me dieron ganas de llorar/de verlo etc.** I felt like crying/seeing it etc.: *De repente me dieron ganas de comer chocolate.* I suddenly felt like eating chocolate. | **no me/le etc. da la gana** I don't /she doesn't etc. feel like it: *No fui porque no me dio la gana.* I didn't go because I didn't feel like it. | **hace lo que se le da la gana/haces lo que se te da la gana etc.** he does exactly what he wants/you do exactly what you want etc.: *Lo dejan hacer lo que le da la gana.* They let him do exactly what he wants. | *Haz lo que te dé la gana.* Do as you please./Do what you want.

3 OTRAS EXPRESIONES

de buena gana: *Lo hizo de buena gana.* He did it willingly. | *De buena gana me iría con ella si pudiera.* I'd gladly go with her if I could. | **de mala gana** reluctantly: *Me invitó a pasar de mala gana.* She reluctantly asked me in. | **con/sin ganas:** *Se reía con ganas.* She laughed wholeheartedly. | *Lo comí sin ganas.* I ate it without being hungry. | **¡qué ganas de verte/de conocerlo etc.!** I'm dying to see you/to meet him etc.! **¡qué ganas de que lleguen las vacaciones/de que sea viernes etc.!** I can't wait till vacation/till Friday etc.! **me quedé/te quedaste etc. con las ganas de hacer algo** I/you etc. never got to do sth: *Me quedé con las ganas de ir.* I never got to go.

- *adj* **la película ganadora/el número ganador etc.** the winning movie/number etc.

ganancia *s* profit

ganar *v* **1** (en competencias, concursos, etc.) to win: *Ganaron el partido.* They won the game. | *¿Quién va ganando?* Who's winning? | *Ganamos tres a uno.* We won three-one. | *la película que ganó el Óscar* the Oscar-winning movie | **ganarle a alguien (a algo)** to beat sb (at sth): *¡Te gané!* I beat you! | *Siempre me gana al tenis.* He always beats me at tennis.
2 (trabajando) to earn: *Gana un buen sueldo.* She earns a good salary.
3 (referido a negocios, empresas) to make a profit:

¿Se dice *on the table* o *in the table*? Mira la entrada **en**.

No ganaron mucho el año pasado. They didn't make much profit last year.
4 (en juegos de azar, apuestas) to win: *Ganó la apuesta.* He won the bet.
5 (conseguir) to gain: *No ganó nada con eso.* He didn't gain anything by doing that.
ganarse *v*
1 ganarse la vida to earn one's living: *Se gana la vida como maestro.* He earns his living as a teacher.
2 ganarse a alguien to win sb over: *Enseguida se la ganó.* He won her over right away. | **ganarse el amor/el respeto etc. de alguien** to win sb's love/respect etc.
gancho *s* **1** (garfio) hook: *Cuélgalo del gancho.* Hang it on the hook. **2** (o **ganchito**) (en la ropa) hook **3 gancho (de nodriza)** safety pin **4 gancho (de pelo) (a)** (alambre doblado) bobby pin (AmE), hairgrip (BrE) **(b)** (de carey, nácar, etc.) barrette (AmE), hair slide (BrE) **5** (para tender la ropa) clothes pin (AmE), clothes peg (BrE) **6** (para colgar ropa en un armario) hanger **7** (en boxeo) hook
gancho de cosedora staple
ganga *s* bargain
ganso, -a *s* (ave) goose (plural geese) ► **goose** es el término genérico. Para referirse específicamente a un macho se dice **gander**
garabato *s* **1** (dibujo) scribble, doodle ► **doodle** es el tipo de garabato que se hace distraídamente, por ejemplo mientras uno habla por teléfono | **hacer garabatos** to scribble, to doodle **2** (escritura) scrawl: *Firmó con un garabato.* He signed with a scrawl.
garaje o **garage** *s* garage
garantía *s* **1** (de algo comprado) guarantee: *Tiene un año de garantía.* It has a year's guarantee. | **estar en garantía** to be under guarantee **2** (seguridad) guarantee: *No le puedo dar ninguna garantía.* I can't give you any guarantee.
garantizar *v* to guarantee
garbanzo *s* chickpea, garbanzo bean (AmE)
garganta *s* throat: *Me duele la garganta.* I have a sore throat.
gargantilla *s* choker, necklace
gárgaras *s* **hacer(se) gárgaras** to gargle
garra *s* **1** (de un león, tigre) claw **2** (de un ave de rapiña) talon **3** (fuerza, empuje) spirit
garrapata *s* tick
garrocha *s* pole ► ver **salto**
garza *s* heron
gas *sustantivo & sustantivo plural*
• *s* gas (plural -ses)
gas lacrimógeno tear gas
• **gases** *s pl* **1** (en el intestino) gas *sing* (AmE), wind *sing* (BrE): *Las lentejas me dan gases.* Lentils give me gas. **2** (emanaciones) fumes: *gases tóxicos* toxic fumes
gasa *s* **1** (para curaciones) dressing **2** (tela) chiffon

gaseosa *s* soft drink: *¿Qué gaseosas tienen?* What soft drinks do you have?
gasfiter o **gasfíter** *s* plumber
gasfitero, -a *s* plumber
gasoil *s* **1** (para vehículos) diesel **2** (para calefacción) oil
gasolina *s* gasoline, gas (AmE), petrol (BrE) | **ponerle/echarle gasolina al auto** to get some gas (AmE), to get some petrol (BrE) | **cargar gasolina** to fill up with gas (AmE), to fill up with petrol (BrE)
gasolina normal regular gasoline (AmE), three-star petrol (BrE) **gasolina sin plomo**, **gasolina verde** unleaded gasoline (AmE), unleaded petrol (BrE) **gasolina súper** premium gasoline (AmE), four-star petrol (BrE)
gasolinera o **gasolinería** *s* gas station (AmE), petrol station (BrE)
gastado, -a *adj* worn, worn out ► **worn out** no se usa con **very**: *Estos zapatos están muy gastados.* These shoes are badly worn. | *una chaqueta vieja y gastada* an old, worn-out jacket
gastar *v* **1** (referido a dinero) to spend: *Estamos gastando demasiado.* We're spending too much. | **gastar dinero/$100 etc. en algo** to spend money/$100 etc. on sth: *Gasta mucho en ropa.* She spends a lot on clothes.
2 (consumir) to use: *No gastes tanta electricidad.* Don't use so much electricity. | *Me vas a gastar las pilas.* You'll run down the batteries.
3 (agotar) **gastar algo** to use sth up: *¡Me gastaste el shampú!* You've used up all my shampoo! ► ver **broma**
gastarse *v* (referido a dinero) to spend | **gastarse el dinero/los ahorros etc. en algo** to spend your money/savings etc. on sth: *Se gastó todos los ahorros en un monitor nuevo.* He spent all his savings on a new monitor.
gasto *s* expense: *Compartimos los gastos.* We share the expenses. | **correr con todos los gastos** to pay for everything
gasto público public expenditure **gastos comunes** *s pl* maintenance charges **gastos de envío** *s pl* postage and handling (AmE), postage and packing (BrE)
gastritis *s* gastritis
gatear *v* to crawl
gatillo *s* trigger | **apretar el gatillo** to pull the trigger
gato, -a *sustantivo masculino & femenino & sustantivo masculino*
• *s* [masc & fem] **1** cat ► **cat** es el término que se usa para referirse tanto a un gato como a una gata. En contextos en los que se quiere especificar el sexo, se usa **tom-cat** o **tom** para referirse a un macho y **female cat** o **female** para referise a una hembra: *¿Es gato o gata?* Is it a tom or a female? ► *gatito* se dice **kitten** **2 aquí hay gato encerrado** there's something fishy going on here
gato siamés Siamese cat
• **gato** *s* [masc] (herramienta) jack

gaveta *s* drawer
gaviota *s* seagull
gay *adj & s* gay
gel *s* (para el pelo) gel
gel de baño **(a)** (para la ducha) shower gel **(b)** (para la tina) bath gel
gelatina *s* **1** (postre) Jello® (AmE), jelly (plural -llies) (BrE): *gelatina de limón* lemon Jello **2** (sustancia) gelatine
gemelo, -a *sustantivo & adjetivo*
• *s* twin
gemelos -as idénticos -as identical twins
• *adj* **mi hermano gemelo/hermana gemela** my twin brother/sister
• **gemelo** *s* (para camisas) cufflink
gemido *s* moan, groan
Géminis *s* Gemini: *Soy (de) Géminis.* I'm a Gemini.
gen o **gene** *s* gene
genealógico -a ▶ ver **árbol**
generación *s* generation: *una computadora de última generación* a latest-generation computer
general *adjetivo & sustantivo*
• *adj* **1** general: *un tema de interés general* a subject of general interest **2 en general (a)** (sin entrar en detalles) in general: *Estoy hablando en general.* I'm talking in general. | *Le gustan los animales en general.* He likes animals in general. **(b)** (generalmente) usually: *En general, me levanto tarde.* I usually get up late. **3 por lo general** usually ▶ ver **elección, ensayo**
• *s* (militar) general
generalizar *v* to generalize: *No hay que generalizar.* You shouldn't generalize.
género *s* **1** (masculino o femenino) gender **2** (en clasificaciones biológicas) genus (plural genera) **3** (literario, musical) genre **4** (tela) material
el género humano humankind, the human race
generoso, -a *adj* generous | **ser generoso -a con alguien** to be generous to sb
genética *s* genetics *sing*
genético, -a *adj* genetic
genial *adj* brilliant: *Estuviste genial.* You were brilliant. | *una idea genial* a brilliant idea | **pasarla genial** to have a great time
genio *s* **1** (persona) genius (plural -ses): *¡Eres un genio!* You're a genius! **2 tener mal genio** to have a bad temper, to be bad-tempered: *Tengo muy mal genio.* I have a terrible temper. **3 estar/ponerse de mal genio** to be in a bad mood/to get into a mood: *Esta mañana está de mal genio.* He's in a bad mood this morning.
genital *adjetivo & sustantivo plural*
• *adj* genital
• **genitales** *s pl* genitals
gente *s* ▶ ver recuadro
geografía *s* geography

> **gente**
>
> **1** En general se traduce por **people**.
> **people** es un sustantivo plural y por lo tanto se usa con verbos en plural, con **many** y no con **much**, etc.:
> *Había demasiada gente.* There were too many people.
> Cuando se refiere a las personas en general **people** se usa sin artículo:
> *cuando la gente está ocupada* when people are busy | *el nivel de vida de la gente* people's standard of living
> Cuando se refiere a un grupo determinado de personas, va con artículo:
> *la gente que conocí en el viaje* the people I met on the trip
>
> **2** Para decir *toda la gente* usa **everyone** o **everybody**:
> *Llamé a toda la gente del equipo.* I called everyone on the team.
>
> **3** La expresión *como la gente* se traduce por **decent**:
> *una comida como la gente* a decent meal
>
> **4** Cuando *gente* se usa en lugar de persona:
> *Lo recuerdo como una gente muy cariñosa.* I remember him as a very affectionate person. | *Soy una gente trabajadora.* I'm hard-working.

geología *s* geology
geometría *s* geometry
geranio *s* geranium
gerente *s* manager
gerente de banco bank manager **gerente de personal/de ventas** personnel/sales manager
germen *s* (bacteria, virus) germ
germen de trigo wheatgerm
gerundio *s* present participle
gestión *sustantivo & sustantivo plural*
• *s* **1** (gobierno) administration **2** (de una empresa) management
• **gestiones** *s pl* (trámites) procedure: *las gestiones para conseguir la visa* the procedure for getting a visa | *Tuve que hacer muchas gestiones para conseguir el certificado.* I had to do a lot of paperwork to get the certificate.
gesto *s* **1** gesture: *un gesto cariñoso* an affectionate gesture ▶ Los gestos característicos de una persona se llaman **mannerisms**: *Tiene los mismos gestos que el abuelo.* He has the same mannerisms as his grandfather. **2 hacerle un gesto a alguien (para que haga algo)** to gesture to sb (to do sth) **3 comunicarse por gestos** to communicate using sign language
gigante *adjetivo & sustantivo*
• *adj* gigantic
• *s* (personaje) giant

gimnasia *s* **1** (ejercicio) exercise: *una clase de gimnasia* an exercise class ▶ También existe **gymnastics** pero sólo se usa a nivel de competencias o para referirse a especialidades | **hacer gimnasia** to exercise: *Hace gimnasia todos los días.* She exercises every day. **2** (en la escuela) gym: *Hoy tuvimos gimnasia.* We had gym today.
gimnasia artística gymnastics **gimnasia correctora** remedial gymnastics

gimnasio *s* gym: *¿Cuándo vas al gimnasio?* When do you go to the gym?

gimnasta *s* gymnast

gin *s* gin
gin tonic gin and tonic

ginebra *s* gin

ginecólogo, -a *s* gynecologist (AmE), gynaecologist (BrE)

gira *s* tour: *su última gira por Europa* their last European tour | **estar/irse de gira** to be/to go on tour: *Se fueron de gira por Latinoamérica.* They went on tour in Latin America.

girar *v* **1** (planeta, astro, disco) to revolve **2 girar alrededor de/en torno a algo** (conversación) to revolve around sth

girasol *s* sunflower

giratoria ▶ ver **puerta**

giro *s* **1** (vuelta) turn **2 giro (postal)** money transfer
giro bancario bank draft, banker's draft

gis *s* **1** (trozo, barra) piece of chalk: *un gis blanco* a piece of white chalk **2** (material) chalk: *Lo escribieron con gis.* They wrote it in chalk.

gitano, -a *sustantivo & adjetivo*
• *s* gypsy (plural -sies)
• *adj* **una canción/tradición gitana** a gypsy song/tradition

glaciar *s* glacier

glándula *s* gland

global *adj* **1** (de todo el mundo) global: *el calentamiento global* global warming **2** (de conjunto) overall: *una visión global del tema* an overall view of the subject

globalización *s* globalization

globo *s* **1** (de goma) balloon: *Se me reventó el globo.* My balloon burst. **2** (para volar) balloon **3 hacer globos** (con un chicle) to blow bubbles: *¿Sabes hacer globos?* Can you blow bubbles?
globo terráqueo globe

glóbulo *s* blood cell, cell
glóbulo blanco white corpuscle **glóbulo rojo** red corpuscle

gloria *s* (fama) glory

glorieta *s* traffic circle (AmE), roundabout (BrE)

glotón, -ona *sustantivo & adjetivo*
• *s* glutton
• *adj* greedy

gobernador, -a *s* governor

gobernante *adjetivo & sustantivo*
• *adj* **el partido/la clase gobernante** the ruling party/class
• *s* leader, government leader

gobernar *v* (presidente, partido) to govern: *Gobernó el país entre 1983 y 1989.* He governed the country between 1983 and 1989.

gobierno o **Gobierno** *s* government, Government

gol *s* goal: *Perdimos por 2 goles a 1.* We lost by 2 goals to 1. | **marcar/meter/hacer un gol** to score, to score a goal: *Nos marcaron un gol en el último minuto.* They scored against us in the last minute.
gol de cabeza headed goal **gol en contra** own goal

goleador, -a *s* **1** goal-scorer **2** (o **máximo goleador**) top goal-scorer

golear *v* to thrash: *Los goleamos por 8 a 0.* We thrashed them 8-0.

golero, -a *s* goalkeeper

golf *s* golf | **jugar golf** to play golf

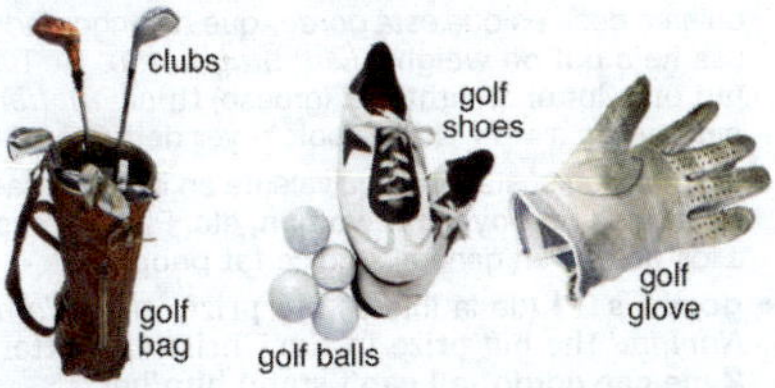

golfo *s* gulf: *el golfo de México* the Gulf of Mexico

golondrina *s* swallow

golosina *s* piece of candy (AmE), sweet (BrE)

goloso, -a *adj* **ser goloso -a** to have a sweet tooth

golpe *s* **1** (que recibe una persona) blow: *Los golpes en la cabeza pueden ser peligrosos.* Blows to the head can be dangerous. | **darse un golpe en la cabeza/rodilla etc.** to bang your head/knee etc. | **agarrarse a golpes** to start hitting each other: *Se agarraron a golpes en el recreo.* They started hitting each other at recess. | **matar a alguien a golpes** to beat sb to death
2 (que se le da a un objeto) **darle un golpe a algo** to bang sth: *Le di un golpe a la televisión y se arregló.* I banged the TV and that fixed it.
3 (ruido) bump, knock
4 (disgusto, desgracia) blow: *Fue un golpe tremendo para ella.* It was a terrible blow for her.
5 golpe (de estado) coup (d'état) | **golpe (militar)** (military) coup
6 de golpe (de repente) suddenly: *De golpe me acordé.* I suddenly remembered.
7 (en golf) shot

golpear *v* **1** (a la puerta) to knock: *Están golpeando a la puerta.* Someone's knocking at the door. **2** (pegarle a) to hit: *Tienes que golpear la* *pelota con el bate.* You have to hit the ball with the bat. **3** (dar golpes en) to bang on: *¿Quién está golpeando la pared?* Who's banging on the wall? **4** (lluvia) to beat

golpearse *v* **1** to hit yourself: *¿Te golpeaste?* Did you hit yourself? **2 golpearse el dedo/la cabeza etc.** to hit your finger/head etc.: *Se golpeó el dedo con el martillo.* He hit his finger with the hammer.

goma *s* **1 goma (de borrar)** eraser, rubber (BrE) ▶ **eraser** se usa poco en inglés británico **2** (material) rubber | **guantes/suelas de goma** rubber gloves/soles ▶ ver **bota** **3** (en béisbol) mound **4 goma (de pegar)** glue **5 goma (elástica)** rubber band, elastic band (BrE)

goma de mascar chewing gum

gordo, -a *adjetivo & sustantivo*

- ***adj*** **1** (referido a personas, animales) fat: *Soy más gordo que él.* I'm fatter than him. | *Este pantalón me hace ver gorda.* These trousers make me look fat. ▶ La palabra **plump** es más suave que **fat**: *una niña gordita* a plump little girl ▶ **he's fat** se puede interpretar como **es gordo**. Si lo que quieres decir es que *está gordo*, que ha engordado, usa **he's put on weight**: *Está muy gordo.* He has put on a lot of weight. **2** (grueso) thick: *un libro muy gordo* a very thick book ▶ ver **dedo**
- ***s*** No hay un sustantivo equivalente en inglés. Usa **a fat man, a fat boy, a fat woman,** etc. Para referirse a los gordos en general se dice **fat people**
- **gordo** ***s*** **1** (de la lotería) big prize: *el gordo de Navidad* the big prize in the Christmas lottery **2 me cae gordo -a** I can't stand him/her

gorila *s* gorilla

gorra *s* **1** cap **2 de gorra** for free: *Viajamos de gorra.* We traveled for free.

gorra de baño **(a)** (para la ducha) shower cap **(b)** (para nadar) swimming cap

gorrear o **gorronear** *v* to scrounge, to freeload | **gorrearle algo a alguien** to scrounge sth from sb, to bum sth from sb (AmE), to scrounge sth off sb (BrE)

gorrión *s* sparrow

gorro *s* **1** (con visera) cap **2** (sin visera) hat | **un gorro de lana** a woolen hat **3** (de bebé) bonnet

gorro de baño ▶ ver **gorra**

gorrón, -ona *s* scrounger, free-loader

gorronear ▶ ver **gorrear**

gota *s* **1** (de lluvia, sangre, etc.) drop **2** (de transpiración) bead **3** (remedio para los ojos, los oídos, etc.) drop **4 ser la gota que colma el vaso** to be the last straw

gotear *v* **1** (llave de agua) to drip: *Esta llave gotea.* This faucet drips **2** (lloviznar) to spit, to spit with rain: *Está goteando.* It's spitting./It's spitting with rain.

gotera *s* Existe el sustantivo **leak,** pero es más frecuente usar el verbo con el techo como sujeto: *La casa tiene goteras.* The roof leaks.

gótico, -a *adj* Gothic

gozar *v* **1 gozar de algo** to enjoy sth: *Goza de buena salud.* She enjoys good health. **2 gozar haciendo algo** to delight in doing sth

grabación *s* recording: *una grabación de 1968* a recording from 1968/a 1968 recording

grabado *s* **1** (obra) print **2** (técnica) engraving

grabador o **grabadora** *s* tape recorder

grabar *v* **1** (una canción, un álbum) to record: *Están grabando un nuevo álbum.* They are recording a new album. **2** (una conversación, una entrevista) to record **3** (pasar a un cassette) to tape: *¿Me grabarías este CD?* Would you tape this CD for me? **4** (en video) to tape, to record: *Quiero grabar el partido de esta noche.* I want to tape tonight's game./I want to record tonight's game. **5** (en metal) to engrave

gracia *sustantivo, interjección & sustantivo plural*

- ***s*** **1** (comicidad) **me/le etc. hace gracia** I think/she thinks etc. it's funny: *No me hace ninguna gracia.* I don't think it's at all funny. | **no me hace ninguna gracia hacer algo** I'm not at all enthusiastic about doing sth: *No me hace ninguna gracia estudiar en verano.* I'm not at all enthusiastic about studying during the summer. | **tener gracia para contar chistes** to be good at telling jokes **2** (cosa divertida) funny thing: *Todos se ríen de sus gracias.* Everyone laughs at the funny things he does.
- **gracias** ***interj & s pl*** ▶ ver recuadro

gracioso, -a *adjetivo & sustantivo*

- ***adj*** funny: *un chiste muy gracioso* a very funny joke | *No me parece nada gracioso.* I don't think it's at all funny. | *Tu hermano es muy gracioso.* Your brother is very funny.
- ***s*** (bromista) joker: *¿Quién fue el gracioso que se comió mi postre?* Who's the joker who ate my dessert? | **hacerse el gracioso/la graciosa** to try to be funny

grado *s* **1** (de temperatura) degree: *El agua hierve a 100 grados centígrados.* Water boils at 100 degrees centigrade. | **hace diez/treinta etc. grados** it's ten/thirty etc. degrees **2** (nivel) degree: *quemaduras de tercer grado* third-degree burns **3** (en la escuela) grade (AmE), year (BrE): *¿En qué grado estás?* What grade are you in? ▶ Para decir que *Martín está en cuarto grado*, en EU se dice **Martín is in fourth grade** y en Gran Bretaña **Martín is in year four**. Para decir que pasó a cuarto grado: **Martín will be starting fourth grade** o **year four next term** **4** (en la universidad) degree: *una carrera de grado* a degree program **5 en mayor o menor grado** to a greater or lesser extent **6** (de un ángulo) degree: *un ángulo de treinta grados* a thirty-degree angle

graduación *s* graduation

graduarse *v* to graduate | **graduarse en ingeniería/ciencias políticas etc.** to graduate in engineering/political science etc., to get a degree in engineering/political science etc. | **graduarse de/como médico/abogado etc.** to qualify as a doctor/lawyer etc. | **graduarse de la**

gracias

(= thank you, thanks)

–¡Gracias! —De nada. "Thank you!" "It's a pleasure." | *Muchas gracias.* Thanks very much. | **gracias por (hacer) algo** thank you for (doing) sth: *Gracias por ayudarme.* Thank you for helping me. | *Gracias por todo.* Thanks for everything. | *¡Mil gracias por el regalo!* Thanks a lot for the present! | **gracias a algo/alguien** thanks to sth/sb: *Pude hacerlo gracias a Hugo.* I was able to do it thanks to Hugo. | **¡gracias a Dios!** thank God!: *¡Gracias a Dios que salimos temprano!* Thank God we set off early! | **darle las gracias a alguien** to thank sb/to say thank you to sb: *Quiero darte las gracias por lo que hiciste.* I want to thank you for what you did. | *Dale las gracias al señor.* Say thank you to the gentleman.

secundaria to graduate from high school (AmE), to finish secondary school (BrE)

gráfico, -a *adjetivo, sustantivo & sustantivo plural*

• *adj* graphic ▶ ver **diseño**

• **gráfico** *s* graph | **hacer un gráfico** to draw a graph

gráfico de barras bar chart **gráfico de sectores** pie chart

• **gráficos** *s pl* graphics

grafiti o **graffiti** *s* graffiti: *paredes cubiertas de grafiti(s)* walls covered in graffiti ▶ **graffiti** es incontable. Para referirse a un graffiti hay que usar **a piece of graffiti**

gramática *s* grammar

gramo *s* gram

gran ▶ ver **grande**

Gran Bretaña *s* Britain, Great Britain

> **Gran Bretaña** comprende tres países: Inglaterra, Escocia y Gales (**England, Scotland and Wales**). Junto con Irlanda del Norte (**Northern Ireland**) forma el Reino Unido (**the United Kingdom**). **Great Britain** es un término bastante formal y se da más que nada en contextos políticos. En el uso diario, la gente dice **Britain**.

grande *adjetivo & sustantivo*

• *adj* **1** (referido al tamaño) large, big: *–Una coca-cola. –¿Grande o pequeña?* "A Coke, please." "Large or small?" | *Tu perro es más grande que el mío.* Your dog's bigger than mine. | *el cuarto más grande de la casa* the biggest room in the house/the largest room in the house | **me/te etc. está grande, me/te etc. queda grande** it's too big for me/you etc.: *Estos zapatos me quedan grandes.* These shoes are too big for me.
2 (referido a la cantidad) large: *un gran número de errores* a large number of mistakes
3 (referido a la edad: en comparaciones) El comparativo es **older** y el superlativo **oldest**: *Es más grande que yo.* She's older than me. | *Soy la más grande de la clase.* I'm the oldest in the class. ▶ También existen **elder** y **eldest**, que tienen restricciones de uso ▶ ver nota en **elder, eldest**
4 (mayor, adulto) grown-up: *Tienen hijos grandes.* They have grown-up children. ▶ Pero hablando con un niño se dice **a big boy/girl**: *No hagas eso, ya eres grande.* Don't do that, you're a big boy/a big girl now. | **cuando sea/seas etc. grande** when he grows up/you grow up etc.: *¿Qué quieres ser cuando seas grande?* What do you want to be when you grow up? | **de grande** as an adult: *Empecé a tocar la guitarra de grande.* I started playing the guitar as an adult.
5 (referido a la importancia, calidad) great: *una gran amiga mía* a great friend of mine

gran danés Great Dane

• *s* (adulto) grown-up: *Los niños se sentaron con los grandes.* The children sat with the grown-ups

granero *s* barn

granito *s* (en la piel) pimple, spot (BrE): *¡No te aprietes los granitos!* Don't squeeze your pimples! | *Tiene la cara llena de granitos.* He has a really pimply face. | **me/le etc. salió un granito** I/he etc. got a pimple

granizar *v* to hail: *Está granizando.* It's hailing.

granizo *s* hail: *Cayó granizo.* It hailed.

granja *s* (en el campo) farm | **vivir/trabajar en una granja** to live/work on a farm | **granja (lechera)** (dairy) farm

granjero, -a *s* farmer

grano *s* **1** (de trigo, arroz, etc.) grain | **un grano de café** a coffee bean | **un grano de pimienta** a peppercorn **2** (de arena) grain **3** (en la piel) ▶ ver **granito**

grapa *s* (para papeles) staple

grapadora *s* stapler

grapar *v* to staple, to staple together

grasa *s* **1** (de los animales, vegetales) fat: *Se come la grasa del filete.* He eats the fat on the steak. | *carne con mucha grasa* very fatty meat | *Tiene que consumir menos grasas.* You have to cut down on fatty foods. **2** (suciedad) grease: *una mancha de grasa* a grease stain **3** **grasa (para zapatos)** (shoe) polish **4** (para una máquina) oil

¿Quieres una lista de frases útiles para hablar de ti mismo? Consulta la **guía de comunicación** al final del libro.

grasiento, -a *adj* greasy

graso, -a *adj* **1** (pelo) greasy **2** (piel) oily **3** (carne) fatty

grasoso, -a *adj* greasy

gratis *adjetivo & adverbio*

- **adj** free: *entradas gratis* free tickets
- **adv viajar/entrar etc. gratis** to travel/get in etc. for free: *Comimos gratis.* We ate for free.

gratuito, -a *adj* (gratis) free: *La entrada es gratuita.* Entrance is free.

grave *adjetivo & sustantivo plural*

- **adj** **1** (referido a un enfermo) seriously ill: *los enfermos graves* seriously ill patients | *Hay muchos heridos graves.* Many people have been seriously injured. | **estar grave** to be seriously ill **2** (enfermedad, herida) serious **3** (situación, crisis) serious: *La situación es grave.* The situation is serious. **4** (voz, sonido) deep: *Tiene una voz muy grave.* He has a very deep voice. **5 una palabra grave** a word which is stressed on the penultimate syllable
- **graves** *s pl* **los graves** the bass: *Baja un poco los graves.* Turn the bass down a little.

gravedad *s* **1** (importancia) seriousness **2** (en física) gravity

Grecia *s* Greece

gremio *s* **1** (sector de actividad) industry (plural -ries): *el gremio de la construcción* the construction industry **2** (grupo de profesionales) ver ejemplos: *el gremio de los docentes* the teaching profession/teachers | *el gremio de los taxistas* taxi drivers **3** (sindicato) union, labor union (AmE), trade union (BrE)

griego, -a *adjetivo & sustantivo*

- **adj** Greek
- **s** Greek | **los griegos** (the) Greeks
- **griego** *s* (idioma) Greek

grieta *s* crack

grifo *s* **1** (llave de agua) faucet (AmE), tap (BrE) **2** (estación de servicio) gas station (AmE), petrol station (BrE)

grillo *s* cricket

gringo, -a *sustantivo & adjetivo*

- **s** **1** (norteamericano) American, Yank **2** (extranjero en general) gringo, foreigner
- **adj** **1** (norteamericano) American, Yankee **2** (no-hispanohablante, sobre todo de Europa) gringo, foreign

gripa *s* **1** (o **gripe**) (influenza) flu | **tener gripa** to have the flu, to have flu (BrE) **2** (resfriado) cold

gris *adjetivo & sustantivo*

- **adj** **1** (referido al color) gray (AmE), grey (BrE) **2** (día, tarde) gray (AmE), grey (BrE)
- **s** (color) gray (AmE), grey (BrE) ▶ ver "Active Box" **colores** en **color**

gritar *v* **1** to shout: *Oímos que alguien gritaba.* We could hear somebody shouting. ▶ Cuando se grita para pedir ayuda, se puede usar **shout** o **cry**: *Gritaba pidiendo ayuda.* She was crying for help./She was shouting for help. **2 gritarle a alguien (a)** (con enojo) to shout at sb: *No le grites.* Don't shout at her. **(b)** (para decirle algo) to shout to sb: *Les grité pero no me oyeron.* I shouted to them but they didn't hear me. | *Nos gritó que tuviéramos cuidado.* She shouted to us to be careful. **3 gritar de dolor/horror etc.** to scream with pain/horror etc.

grito *s* **1** shout: *Oí un grito fuerte.* I heard a loud shout. ▶ Para decir *gritos* se suele usar **shouting**: *Tus gritos se oían desde la esquina.* I could hear your shouting from the corner. **2 pegar un grito (de dolor/alegría etc.)** to cry out (in pain/with happiness etc.): *Pegó un grito y cayó al suelo.* He cried out and fell to the ground. | *Cuando se lo dije pegó un grito de alegría.* When I told him, he cried out with happiness. **3 pegarle un grito a alguien (a)** (para decirle algo) to give sb a shout: *Te pego un grito cuando termine.* I'll give you a shout when I'm finished. **(b)** (para regañarlo) to shout at sb: *El padre le pegó un grito y se calló.* His father shouted at him and he shut up. **4 pedir algo a gritos** to scream for sth: *Los hinchas pedían a gritos que volviera.* The fans were screaming for him to come back on. **5 empezar a los gritos** to start shouting: *Me enojé y empecé a los gritos.* I got annoyed and started shouting. | **hablar a los gritos** to shout: *Hay tanto ruido que tienes que hablar a los gritos.* It's so noisy that you have to shout.

grosella *s* redcurrant

grosella negra blackcurrant

grosería *s* **1** (que se dice o se hace) **ser una grosería** to be rude: *Es una grosería irse sin despedirse.* It's rude to leave without saying goodbye. | **¡qué grosería!** how rude! **2** (mala palabra) swearword **3** (de una persona) rudeness

grosero, -a *adjetivo & sustantivo*

- **adj** rude
- **s ser un grosero/una grosera** to be very rude

grosor *s* thickness | **10 mm/20 cm etc. de grosor** 10 mm/20 cm etc. thick: *una tabla de 3 cm de grosor* a 3 cm thick board

grúa *s* **1** (para vehículos mal estacionados) tow truck: *Una grúa se nos llevó el carro.* Our car was towed away. **2** (para vehículos descompuestos) tow truck (AmE), breakdown truck (BrE) **3** (en una obra, en el puerto) crane

grueso, -a *adj* thick: *Pedí una cobija más gruesa.* I asked for a thicker blanket. | **cortar algo grueso** to cut sth in thick slices ▶ ver **intestino**

grumo *s* lump | **salsa/puré etc. con grumos** lumpy sauce/mash etc.
gruñido *s* **1** (de un perro) growl **2** (de un cerdo) grunt **3** (de una persona) grunt
gruñir *v* **1** (perro) to growl **2** (cerdo) to grunt **3** (persona) to grumble
gruñón, -ona *adjetivo & sustantivo*
• *adj* grumpy
• *s* grump
grupo *s* **1** (de personas, animales, cosas) group | **trabajar en grupo** to work in groups, to work in a group ▶ La segunda traducción se usa cuando hay un solo grupo | **dividirse en grupos** to split up into groups: *Nos dividimos en grupos de cinco.* We split up into groups of five. **2** (de pop, rock etc.) group, band
grupo sanguíneo blood group
gruta *s* **1** (natural) cave **2** (artificial) grotto
guácala *interj* ugh!, yuck!
guacamayo o **guacamaya** *s* (ave) macaw
guacamole *s* guacamole
guacamote *s* yucca, cassava
guagua *s* **1** (bebé) baby (plural -bies) **2** (vehículo) bus
guajolote *s* turkey
guante *s* glove
guantera *s* glove compartment
guarda *s* (de zoológico) keeper
guarda de seguridad security guard **guarda de tránsito** traffic cop (AmE), traffic policeman (BrE)
guardabarros *s* fender (AmE), mudguard (BrE)
guardabosque o **guardabosques** *s* **1** (en una propiedad) gamekeeper **2** (en un parque nacional) ranger, forest ranger
guardacostas *s* coastguard cutter
guardaespaldas *s* bodyguard
guardafangos *s* fender (AmE), mudguard (BrE)
guardaparque *s* ranger, park ranger
guardar *v* ▶ ver recuadro
guardarropa *s* (habitación) cloakroom
guardavidas *s* lifeguard
guardería *s* nursery (plural -ries)
guardia *sustantivo femenino & sustantivo masculino & femenino*
• *s* [fem] **1** (turno de trabajo) shift: *una guardia de 12 horas* a 12-hour shift | **hacer guardia/estar de guardia (a)** (médico) to be on duty, to be on call ▶ **to be on duty** implica que el médico está en el hospital, la clínica, etc. **to be on call** significa que se lo puede llamar para consultas, emergencias, etc.: *¿Quién está de guardia?* Who's the doctor on duty? **(b)** (policía, soldado) to be on duty **2** (conjunto de personas) guard
• *s* [masc, fem] **1** (de un banco, un edificio, etc.) guard, security guard **2** (en básquet) guard
guarida *s* **1** (de animales) den, lair **2** (de ladrones) hideout
guarura *s* bodyguard

guardar

1 PONER EN SU LUGAR

guardar algo to put sth away: *Guarden sus libros.* Put your books away. | *Guarden todo que vamos a comer.* Put everything away, we're going to eat.

2 PONER

guardar algo en el bolsillo/en un cajón etc. to put sth in your pocket/in a drawer etc.: *Guardó las llaves en la cartera.* She put the keys in her purse. | *¿Dónde guardo los cuchillos?* Where should I put the knives?

3 TENER (= to keep)

Lo guarda en el closet. She keeps it in her closet | *Lo guardé de recuerdo.* I kept it as a souvenir. | *Guardo los dibujos de cuando era niña.* I still have the pictures I did when I was a girl. | **guardar un secreto** to keep a secret

4 RESERVAR (= to save)

Te guardé un poco de sopa. I saved you some soup. | *¿Me guardas el sitio?* Would you save my place for me?

guata *s* (barriga) stomach, belly (plural -llies)
Guatemala *s* Guatemala
guatemalteco, -a *adjetivo & sustantivo*
• *adj* Guatemalan
• *s* Guatemalan | **los guatemaltecos** (the) Guatemalans
guayaba *s* guava
guayabo *s* **1** (de una borrachera) hangover: *Amaneció con un guayabo terrible.* He woke up with a terrible hangover. **2** (árbol) guava tree
güero, -a *adj* **1** (pelo) blonde, blond **2** (persona) (de tez blanca) fair-skinned, (de pelo rubio) fair-haired
guerra *s* war | **estar en guerra** to be at war | **declararle la guerra a alguien** to declare war on sb
guerrero, -a *s* warrior
guerrilla *s* **1** (grupo) guerrilla group **2** (tipo de lucha) guerrilla warfare
guerrillero, -a *s* guerrilla
gueto *s* ghetto
guía *sustantivo masculino & femenino & sustantivo femenino*
• *s* [masc, fem] (persona) guide | **guía (turístico -a)** (tourist) guide
• *s* [fem] **1** (libro) guide: *los hoteles en la guía* the hotels in the guide **2** (orientación) guide: *Lo usé de guía.* I used it as a guide./I used it for guidance. **3 guía (de teléfonos), guía (telefónica)** phone book ▶ También existe **telephone directory** que es más formal: *Lo busqué en la guía.* I looked it up in the phone book. **4** (en el movimiento scout) (girl) guide

¿Quieres más información sobre los **verbos modales**? Hay una explicación en el apartado de gramática.

gustar

1 Se usa el verbo **to like** con la persona a quien le gusta algo como sujeto de la oración:

me gusta el chocolate/le gustan los helados etc. I like chocolate/she likes ice cream etc.: *¿Te gusta la ciencia ficción?* Do you like science fiction? | *A mi hermano le gusta el béisbol.* My brother likes baseball. | *A Susi no le gusta el ajo.* Susi doesn't like garlic.

2 Para decir que algo te gusta mucho usa **I really like... o I love...:**

Me gusta mucho esta canción. I really like this song./I love this song.

I like... very much suena un poco más formal:

Me gusta mucho tu poema. I like your poem very much.

3 Para decir que algo te gusta más que otra cosa, usa **I prefer... (to...)** o **I like... better (than...):**

Nos gusta más el azul. We prefer the blue one./We like the blue one better. | *Me gusta más el tenis que el golf.* I prefer tennis to golf./I like tennis better than golf.

4 Cuando va seguido de un infinitivo, se suele usar el gerundio en inglés aunque el infinitivo también es posible. Tras **would** siempre se usa el infinitivo:

¿Te gusta jugar al ajedrez? Do you like playing chess? | *A mi papá le gusta escuchar música mientras trabaja.* My dad likes listening to music while he works./My dad likes to listen to music while he works. | *¿Te gustaría ir con nosotros?* Would you like to come with us?

5 Cuando va seguido de **que + subjuntivo** se usa **to like sb to do sth:**

Le gusta que lleguemos temprano. She likes us to get there early. | *Me gustaría que vinieras.* I'd like you to come.

Cuando no se especifica quién realiza la acción, se usa la voz pasiva:

A los gatos les gusta que los acaricien. Cats like being stroked. | *No le gusta que le digan la verdad.* She doesn't like being told the truth.

guiar *v* to guide
guiarse *v* to be guided: *Se guió por su intuición.* He was guided by his intuition.

guiñar *v* **guiñarle un ojo a alguien** to wink at sb

guiño *s* **hacerle un guiño a alguien** to wink at sb

guión *s* **1** (para unir o separar palabras) hyphen **2** (para señalar pausa, en diálogos) dash (plural -shes) **3** (de una película, un programa) script

guionista *s* scriptwriter

guiso *s* stew, casserole

guitarra *s* guitar | **tocar la guitarra** to play the guitar
guitarra eléctrica electric guitar

guitarrista *s* guitarist

gusano *s* **1** (como nombre genérico) worm ► Los gusanos cortos que se encuentran en la fruta o en la carne en descomposición y los que se usan en la pesca se llaman **maggots** **2** (de mariposa) caterpillar
gusano de seda silkworm

gustar *v* ► ver recuadro

gusto *s* **1** (preferencia) taste: *Tenemos los mismos gustos en música.* We have the same taste in music. **2 para mi gusto** La traducción depende de si se trata o no de comida: *Para mi gusto, está demasiado salado.* It's too salty for my taste. | *La película es demasiado violenta para mi gusto.* The movie is too violent for my liking. **3 tener buen/mal etc. gusto** (hablando de la capacidad de apreciar) to have good/bad etc. taste: *Tiene mucho gusto para vestirse.* She has very good taste in clothes./She has very good dress sense. | *Tienen un gusto horrible.* They have terrible taste. | **de mal gusto** (referido a una broma, un chiste) in bad taste: *Es una broma de muy mal gusto.* It's a joke that's in very bad taste. **4** (placer, satisfacción) pleasure: *Da gusto verlos tan contentos.* It's a pleasure to see them so happy./It's lovely to see them so happy. | *¡Qué gusto verte!* How lovely to see you! **5 mucho gusto** (en presentaciones formales) pleased to meet you: *–Soy el nuevo coordinador. –Mucho gusto.* "I'm the new coordinator." "Pleased to meet you." **6 darse un gusto** to treat yourself: *Me di el gusto de ir en primera.* I treated myself to traveling first class. **7 estar a gusto (a)** (con alguien) to feel at ease, to feel comfortable: *No está a gusto con ellos.* He doesn't feel at ease with them./He doesn't feel comfortable with them. **(b)** (en un lugar) to be happy, to feel at home **8** ► ver **sabor**

H

H, h *s* H, h ► ver "Active Box" **letras del alfabeto** en **letra**

haba *s* broad bean

habano *s* (cigarro) cigar

haber *v* ► ver recuadro

habichuela *s* **1** (verde) green bean **2** (seca) bean

hábil *adj* (político, jugador, maniobra, jugada) skillful (AmE), skilful (BrE) | **ser hábil para algo**

haber

1 EXISTIR, ESTAR, SUCEDER
Usa **there** seguido del verbo **to be** en singular o plural según el sustantivo inglés:
Hay una carta para ti. There's a letter for you. | *Hay dos o tres cosas que tenemos que hablar.* There are two or three things we need to talk about. | *Había mucha gente esperando.* There were lots of people waiting. | *Hubo un accidente.* There was an accident. | *Hubo inundaciones.* There were floods. | *Va a haber problemas.* There's going to be trouble. | **¿qué hay/qué hubo?** how are things?; what's new?
Para traducir *no hay de qué*, mira la nota en *de nada*

2 EN LOS TIEMPOS COMPUESTOS (= to have)
Hemos terminado por hoy. We've finished for today. | *No te había visto.* I hadn't seen you. | *Te lo habría dicho.* I would have told you.

3 NECESIDAD, OBLIGACIÓN
Se usa la voz pasiva o un sujeto concreto:
hay que hacer algo: *Hay que arreglarlo.* It needs to be fixed./We have to fix it. | *Hay que hacer este ejercicio.* We have to do this exercise. | *Hay que usar el ratón/mouse.* You have to use the mouse.

to be good at sth: *Es muy hábil para lograr lo que quiere.* She's very good at getting what she wants. ▶ ver **día**

habilidad *s* skill | **tener habilidad para algo** to be good at sth

habilidoso, -a *adj* **1** (para trabajos manuales, etc.) good with your hands **2** (jugador) skillful (AmE), skilful (BrE)

habilitación *s* (o **examen/prueba de habilitación**) makeup exam/test (AmE), resit (BrE)

habitación *s* room: *¿Tienen habitaciones con baño?* Do you have any rooms with a bath? | *una casa con muchas habitaciones* a house with a lot of rooms
habitación doble double room **habitación individual, habitación simple** single room

habitante *s* inhabitant ▶ Para traducir el plural es frecuente el uso de **population**: *El país tiene alrededor de tres millones de habitantes.* The country has around three million inhabitants./The country has a population of around three million. | *los habitantes de las zonas rurales* people living in rural areas/the rural population

habitar *v* **1** (vivir en, ocupar) to live in: *las aves que habitan la zona* the birds that live in the area | *¿Esta casa está habitada?* Does anyone live in this house?/Is this house inhabited? ▶ La traducción con **inhabited** es más formal **2** (vivir) to live: *La mayoría de los aymaras habita en Bolivia.* Most of the Aymara people live in Bolivia.

hábitat *s* habitat

hábito *s* **1** (costumbre) habit: *malos hábitos* bad habits | **tener el hábito de hacer algo** to be in the habit of doing sth | **adquirir el hábito de hacer algo** to get into the habit of doing sth **2** (de un monje, una monja) habit

habla *s* **1** (lengua) **un país de habla hispana/inglesa etc.** a Spanish-speaking/an English-speaking etc. country **2** (capacidad) speech

hablador, -a *adj* (que habla mucho) talkative

hablante *s* speaker: *¿Cuántos hablantes de español hay en el mundo?* How many Spanish speakers are there in the world?

hablantín, -ina *adj* talkative

hablar *v* **1** (conversar, comunicarse) to talk: *Tenemos que hablar.* We have to talk. | *No hables tan fuerte.* Don't talk so loudly. | **hablarle a alguien/hablar con alguien** to talk to sb: *Te tengo que hablar./Tengo que hablar contigo.* I have to talk to you. | *¿Con quién estabas hablando?* Who were you talking to? | **hablar de algo/alguien** to talk about sth/sb: *No hablamos de ellos.* We didn't talk about them. | *Hablemos de tus calificaciones.* Let's talk about your grades.
2 (referido a la capacidad) to talk: *Empezó a hablar al año y medio.* He started talking when he was a year and a half old.
3 (referido a un idioma) to speak: *¿Hablas ruso?* Do you speak Russian? | ***Se habla español.*** Spanish spoken here. | **hablarle a alguien en inglés/francés etc.** to speak to sb in English/French etc.: *Nos habló en inglés.* He spoke to us in English.
4 (por teléfono) ver ejemplos: *Estoy hablando por teléfono.* I'm on the phone. | *Quisiera hablar con Lara, por favor./¿Podría hablar con Lara, por favor?* Could I speak to Lara, please? | *¿Quién habla?* Who's calling? | *Hola, habla Vicky.* Hello, it's Vicky here.
5 (tratar) to discuss: *Lo hablé con mis compañeros.* I discussed it with my classmates./I talked it over with my classmates.
6 hablar bien de alguien to speak highly of sb: *Hablan muy bien de ella.* People speak very highly of her. | *Me habló muy bien de ti.* He spoke very highly of you. | **hablar mal de alguien** to criticize sb: *No hables mal de tus amigos.* Don't criticize your friends.
hablarse *v* (dirigirse la palabra) to speak to each other, to talk to each other: *No nos hablamos.* We're not speaking to each other./We're not talking to each other.

hacendado, -a *s* **1** (dueño de una hacienda) ranch owner **2** (terrateniente) landowner

hacer *v* ▶ ver recuadro en página 592
hacerse *v* **1 hacerse un sandwich/una falda etc.** to make yourself a sandwich/a skirt etc.: *Me hice un filete.* I made myself a steak. ▶ ver **análisis**, **chequeo**, **permanente** **2** (volverse) to become: *Se quiere hacer cura.* He wants to become a priest. | *Se hicieron famosos con esa canción.* They became famous with that song.

i ¿Se dice *I arrived in Miami* o *I arrived to Miami*? Mira la entrada **arrive**.

hacer *verbo no pronominal*

1 Hay dos verbos ingleses que traducen *hacer* según el contexto: **to do** y **to make**. Sus usos están ilustrados abajo. Las frases como *hacer un favor*, *hacer un gol*, etc. están tratadas bajo el sustantivo correspondiente.

2 ACTOS, ACTIVIDADES (= to do)

¿Qué vas a hacer esta noche? What are you doing tonight? | *¿Tu papá qué hace?* What does your dad do?

3 UN VESTIDO, UNA COMIDA, UN PRODUCTO (= to make)

Me hizo un pantalón. She made me a pair of pants. | *Hice sopa de verduras.* I made some vegetable soup.

4 UN DIBUJO, UN EJERCICIO (= to do)

Te he hecho un dibujo. I've done you a drawing.

5 UNA CASA, UN EDIFICIO (= to build)

Están haciendo una casa de dos plantas. They're building a two-story house.

UNA COMPOSICIÓN, UNA REDACCIÓN (= to write)

6 DINERO (= to make)

Hizo mucho dinero el año pasado. He made a lot of money last year.

7 TIEMPO TRANSCURRIDO

hace diez minutos que se fue/que lo vi he left/I saw him ten minutes ago: *Hace muchos años que murió.* He died many years ago. | **hace una hora que espero/que llueve** I've been waiting/it's been raining for an hour: *Hace meses que trabajo ahí./Trabajo ahí desde hace meses.* I've been working there for months. | **hace una semana que no lo veo/que no llama** I haven't seen him/he hasn't phoned for a week

8 RECORRER (= to do)

Hicimos todo el camino a pie. We did the whole trip on foot.

9 EXPRESIONES

me hace ver flaca/gorda etc. it makes me look slim/fat etc.: *Esa falda te hace ver gorda.* That skirt makes you look fat. | **hacer de comer/cenar etc.:** *¿Qué hiciste de almorzar?* What did you make for lunch? | **hacer reír/pensar etc. a alguien** to make sb laugh/think etc.: *Le hizo repetir el ejercicio.* He made her do the exercise again. | **hacer arreglar/limpiar etc. algo** to have sth fixed/cleaned etc.: *Tengo que hacer arreglar la impresora.* I have to get the printer fixed. | **hacer bien** to do you/her etc. good: *Hace bien tomarse unas vacaciones.* It does you good to take a vacation. | **hacer mal:** *Hace mal tomar el sol al mediodía.* Sunbathing at lunchtime is bad for you. | **hizo como que no sabía/no oía etc.** he pretended he didn't know/he couldn't hear etc. | **no le hace** it doesn't matter

3 hacerse el dormido/la distraída etc. to pretend to be asleep/not to notice etc. ▶ ver **sordo**, **tonto**, **vivo** **4** (acostumbrarse) **hacerse a algo** to get used to sth: *No me hago a este nuevo horario.* I can't get used to this new schedule. **5** (cocinarse) to cook: *Se hace en diez minutos.* It cooks in ten minutes.

hacha *s* ax (plural axes) (AmE), axe (BrE)

hacia *prep* **1** (para indicar dirección) toward, towards: *Íbamos hacia la costa.* We were heading toward the coast. ▶ En inglés hay maneras especiales de decir **hacia arriba/hacia afuera** etc.: *La arrojó hacia arriba/hacia abajo.* He threw it **up/down**. | *Empújalo hacia afuera/hacia adentro.* Push it **out/in**. | *Caminen hacia adelante/hacia atrás.* Walk forwards/backwards. **2** (para indicar tiempo aproximado) **hacia las diez/las ocho etc.** around ten o'clock/eight o'clock etc.: *Llegaremos hacia las seis.* We'll arrive around six o'clock. | **hacia fines de mayo/principios del verano etc.** around the end of May/the beginning of summer etc.: *Se construyó hacia fines del siglo XIX.* It was built around the end of the 19th century.

hacienda *s* farm, ranch (plural -ches) ▶ **ranch** sugiere un establecimiento ganadero americano o australiano

hada *s* fairy (plural -ries)

hada madrina fairy godmother

halar *v* ▶ ver **jalar**

halcón *s* falcon

hall *s* **1 hall (de entrada)** (entrance) hall **2** (de un teatro) foyer **3** (de un hotel) lobby (plural -bbies)

hallazgo *s* discovery (plural -ries)

hamaca *s* **1** (para echarse) hammock **2** (en una plaza) swing

hamacar *v* **1** (en una hamaca) to push: *¿Me hamacas?* Can you push me? **2** (a un bebé) to rock

hamacarse *v* (en una hamaca) to swing

hambre *s* **1 tener hambre** to be hungry: *Tengo mucha hambre.* I'm very hungry. **2 morirse de hambre (a)** (tener ganas de comer) to be starving: *Me muero de hambre. Vamos a comer algo.* I'm starving. Let's go and have something to eat. **(b)** (estar en la miseria) to live in poverty: *Los jubilados se están muriendo de hambre.* Retirees are living in poverty. **(c)** (por inanición) to die of starvation: *La gente se moría de hambre por la sequía.* People were dying of starvation because of the drought. **3 matarse de hambre** (comer poco) to starve yourself: *Me maté de hambre para que me entrara el vestido.* I starved myself so that I could get into my dress. **4** (falta de alimentos) hunger: *Cada vez hay más hambre en el país.* Hunger is more and more common in this country.

hamburguesa *s* hamburger: *Una hamburguesa con papas fritas, por favor.* A hamburger and French fries, please.

hamburguesa con queso cheeseburger **hamburguesa de pollo** chicken burger

hámster *s* hamster

handball *s* handball | **jugar (al) handball** to play handball

haragán, -ana *adjetivo & sustantivo*

• **adj** lazy

• **s** lazybones, layabout (BrE)

harapo *s* rag

harina *s* flour

harina de maíz cornmeal **harina integral** whole wheat flour (AmE), wholemeal flour (BrE) **harina con levadura, harina leudante** self-rising flour (AmE), self-raising flour (BrE)

hartarse *v* **1** (aburrirse) **hartarse (de algo/alguien)** to get fed up (with sth/sb): *Me harté y me fui.* I got fed up and left. | *Se está hartando del novio.* She's getting fed up with her boyfriend. | **hartarse de hacer algo** to get fed up (with) doing sth: *Se hartó de esperar.* She got fed up waiting. **2 comer hasta hartarse** to stuff yourself

harto, -a *adjetivo & adverbio*

• **adj** **1** (aburrido) **estar harto -a (de algo)** to be fed up (with sth): *Estoy harta de tus mentiras.* I'm fed up with your lies. | **estar harto -a de hacer algo** to be fed up with doing sth: *Estamos hartos de ir siempre al mismo lugar.* We're fed up with going to the same place all the time. | **me tienes/tiene etc. harto -a** I'm fed up with you/him etc. **2** (mucho) **harto dinero/hartas fotos etc.** loads of money/loads of photos etc.

• **harto adv** **1** (muy) really: *una historia harto triste* a really sad story **2** (mucho) a lot: *Es harto más pequeño de lo que parecía.* It's a lot smaller than it looked.

hasta *preposición & adverbio*

• **prep** **1** (referido al tiempo) until: *Te espero hasta las 10.* I'll wait for you until 10 o'clock. | *No me enteré hasta abril.* I didn't find out until April. ▶ En algunas regiones el negativo se omite en el ejemplo español anterior (*Me enteré hasta abril*) pero sigue siendo necesario en inglés. | **hasta que lleguen/que entiendas etc.** until they arrive/you understand etc. | **¿hasta cuándo...?** how long...?: *¿Hasta cuándo estarás en Londres?* How long are you going to be in London? | **hasta ahora** so far: *Hasta ahora, nadie ha contestado.* Nobody has replied so far. **2** (referido al espacio) ver ejemplos: *¿Hasta dónde vas?* How far are you going? | *Desde aquí hasta mi casa son 10 minutos.* From here to my house takes 10 minutes. | *El agua me llegaba hasta las rodillas.* The water came up to my knees. | *La falda le llega hasta los tobillos.* The skirt is ankle-length on her. | *Me llevó hasta mi casa.* He took me home. **3** (referido a la cantidad) up to: *Puedo gastar hasta diez pesos.* I can spend up to ten pesos. **4 hasta luego** see you, see you later | **hasta mañana** see you tomorrow | **hasta el lunes/martes etc.** see you on Monday/Tuesday etc.

• **adv** (incluso) even: *Sabe hasta un poco de ruso.* She even knows a little Russian.

haya *s* (árbol, madera) beech (plural -ches)

hebilla *s* **1** (de un cinturón, zapato, etc.) buckle **2** (para el pelo) barrette (AmE), hair slide (BrE)

hechicero, -a *s* **1** (mago) **hechicero** wizard | **hechicera** witch (plural -ches) **2** (de una tribu) witch doctor

hechizar *s* to cast a spell on: *La bruja lo hechizó.* The witch cast a spell on him.

hechizo *s* spell

hecho, -a *adjetivo & sustantivo*

• **adj** **1** (convertido en) ver ejemplos: *Está hecho un tonto desde que la conoció.* He's been silly since he met her. | *¡Tu mamá está hecha una niña!* Your mom looks really young! | *Dejaron todo hecho un caos.* They left everything in a real mess. ▶ ver **asco**, **furia** **2 hecho -a a mano** handmade **3 un vestido bien hecho/mal hecho** a well-made/badly-made dress | **un trabajo bien hecho/mal hecho** a good job/a bad job ▶ ver **frase**

• **hecho** *s* **1** (realidad) fact: *el hecho de que no hayan llamado* the fact that they haven't phoned **2** (suceso) event: *una versión diferente de los hechos* a different version of events **3** (acto) action **4 de hecho** (en realidad) in fact

hectárea *s* hectare

helada *s* frost

heladería *s* ice-cream parlor (AmE), ice-cream parlour (BrE)

helado, -a *adjetivo & sustantivo*

• **adj** **1** (muy frío) freezing: *Estoy helada.* I'm freezing. | *No me voy a bañar porque el agua está helada.* I'm not going for a swim because the water is freezing. | *Tengo los pies helados.* My feet are frozen. | *Esta casa está helada.* This house is freezing. **2 me/lo/la etc. dejó helado -a** (de la sorpresa, etc.) I/he etc. was stunned: *La noticia me dejó helado.* I was stunned by the news. | **quedarse helado -a** (de la sorpresa, etc.) to be stunned: *Me quedé helado cuando me enteré.* I was stunned when I found out.

• **helado** *s* **1** ice cream: *Pidió helado de vainilla.* She asked for vanilla ice cream. **2** ice cream cone (AmE), ice cream (BrE): *un helado de chocolate* a chocolate ice cream cone

helar *v* **1** (referido al tiempo) **heló/va a helar etc.** there was a frost/there's going to be a frost etc. **2** (congelar) to freeze

helarse *v* **1** (sentir mucho frío) to freeze: *Me estoy helando.* I'm freezing. | **se me heló la nariz/se me helaron los pies etc.** my nose/feet etc. froze **2** (lago, río) to freeze, to freeze over

helecho *s* fern

hélice *s* (de avión, barco) propeller

helicóptero *s* helicopter

hembra *adj & s* female: *¿Es macho o hembra?* Is it a male or a female? | *un avestruz hembra* a female ostrich

hemisferio *s* hemisphere

hemorragia *s* hemorrhage (AmE), haemorrhage (BrE)

hepatitis *s* hepatitis

herbívoro, -a *adjetivo & sustantivo*

- *adj* herbivorous
- *s* herbivore

heredar *v* **1** (referido a bienes, dinero, etc.) to inherit: *Heredó una fortuna.* She inherited a fortune. | *Heredé una casa de mis abuelos.* I inherited a house from my grandparents. **2** (referido a características familiares) ver ejemplos: *Heredó los ojos verdes de la madre.* He has his mother's green eyes. | *¿De quién heredó ese carácter?* Who did he get that temperament from? **3** (referido a ropa usada, juguetes, etc.) **heredé la ropa/estos zapatos (de alguien)** my clothes/these shoes were handed down (from sb): *Hereda toda la ropa del primo.* All his clothes are handed down from his cousin.

heredero, -a *s* heir: *Yo soy la única heredera.* I'm the only heir. ▶ Para referirse a una mujer que va a heredar mucho dinero se usa **heiress** (plural **heiresses**): *Es la heredera de una gran fortuna.* She's the heiress to a large fortune.

hereditario, -a *adj* hereditary

herencia *s* inheritance

herida *s* wound

herida de bala bullet wound

herido, -a *adjetivo & sustantivo*

- *adj* **1** (en un accidente) injured: *Cinco niños resultaron heridos.* Five children were injured. **2** (de arma) wounded: *un hombre herido de bala* a wounded man/a man with a bullet wound **3** (emocionalmente) hurt: *Se sintió herida por lo que dijiste.* She was hurt by what you said.
- *s* **1** (en un accidente) injured person ▶ El plural suele ser **injured**: *Hubo dos muertos y doce heridos.* There were two dead and twelve injured. | *el hospital donde fueron tratados los heridos* the hospital where the injured were treated **2** (de arma) wounded person: *Llevaban a un herido en camilla.* They were carrying a wounded man on a stretcher. ▶ El plural suele ser **wounded**: *los muertos y los heridos* the dead and wounded

herir *v* **1** (con un arma) to wound: *Lo hirieron en la cabeza.* He was wounded in the head. **2** (emocionalmente) to hurt

hermanastro, -a *s* **hermanastro** stepbrother | **hermanastra** stepsister

hermano, -a *s* **1** (pariente) **hermano** brother: *Éste es mi hermano.* This is my brother. | *mi hermano mayor* my older brother | **hermana** sister | *Tengo cuatro hermanas.* I have four sisters. | *mi hermana del medio* my middle sister | **hermanos** (varones o mujeres) brother(s) and sister(s) | *¿Tienes hermanos?* Do you have any brothers or sisters? ▶ También existe **siblings** que es más formal: *Pablo y Belén son hermanos.* Pablo and Belén are brother and sister./Pablo and Belén are siblings. **2** (de una orden religiosa) **hermano** brother: *el hermano Miguel* brother Miguel | **hermana** sister | *la hermana Teresa* sister Teresa

hermético, -a *adj* (envase, cierre) airtight

hermoso, -a *adj* beautiful

hermosura *s* beauty (plural -ties)

héroe *s* hero (plural -roes)

heroína *s* **1** (mujer) heroine **2** (droga) heroin

herradura *s* horsehoe

herramienta *s* tool

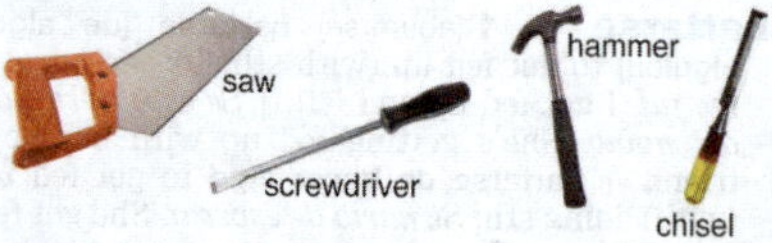

herrero, -a *s* blacksmith

hervir *v* **1** to boil **2 el café/la sopa etc. está hirviendo** (demasiado caliente) the coffee/soup etc. is boiling hot

heterosexual *adj & s* heterosexual

hibernar *v* to hibernate

hidratante *adj* moisturizing

hidrato de carbono *s* carbohydrate

hidrógeno *s* hydrogen

hiedra *s* ivy

hielera *s* refrigerator, fridge

hielera portátil cooler (AmE), coolbox (BrE)

hielo *s* ice

hiena *s* hyena

hierba *s* **1** (aromática, medicinal) herb **2** (césped) grass **3** (marihuana) pot

hierbabuena *s* mint

hierro *s* **1** (metal) iron | **un portón/un candado de hierro** an iron gate/padlock **2 una salud de hierro** an iron constitution **3** (elemento químico) iron

hígado *s* **1** (en anatomía) liver **2** (como alimento) liver

higiene *s* hygiene

higiénico hygienic ▶ ver **papel**

higo *s* fig

higuera *s* fig tree

hijastro, -a *s* **hijastro** stepson | **hijastra** stepdaughter | **hijastros** (varones y mujeres) stepchildren

hijo, -a *s* **hijo** son | **hija** daughter | **hijos** (varones y mujeres) children: *mi hija Vera* my daughter Vera | *¿Cuántos hijos tienes?* How many children do you have? | *sus hijos Martín y Pablo* her sons Martín and Pablo

hijo -a adoptivo -a adopted child ▶ Se usa **adopted son** para referirse específicamente a un varón y **adopted daughter** a una mujer **hijo -a único -a** only child: *Soy hija única.* I'm an only child.

hilera s row

hilo s **1** (para coser) thread: *Siempre llevo aguja e hilo en la maleta.* I always have a needle and thread in my case. | *un carrete de hilo negro* a reel of black thread **2** (lino) linen | **un mantel/una camisa de hilo** a linen tablecloth/shirt **3 seguir/perder el hilo de la conversación etc.** to follow/to lose the thread of a conversation etc.: *Me cuesta seguir el hilo del relato.* I'm finding it difficult to follow the thread of the story.

himno s **1 himno (nacional)** national anthem: *Cantamos el himno.* We sang the national anthem. **2** (cántico) hymn

hincapié s **hacer hincapié en algo** to emphasize sth: *Hicimos hincapié en nuestra experiencia.* We emphasized our experience.

hincha s (de un equipo) fan | **ser hincha de Nacional/del América etc.** to be a Nacional/America etc. fan

hinchado, -a *adj* swollen

hinchar *v* **hinchar por alguien** to cheer sb on: *Fuimos a hinchar por el equipo del colegio.* We went to cheer the school team on.

hincharse *v* to swell up | **se me hinchó la rodilla/el tobillo etc.** my knee/my ankle etc. swelled up

hinchazón s swelling

hindú *adj & s* **1** (referido a la religión) Hindu **2** (de la India) Indian

hinduismo s Hinduism

hinojo s fennel

hípico, -a *adj* **club hípico** riding club | **concurso hípico** showjumping competition

hipnotizar *v* **1** (por hipnosis) to hypnotize **2** (por atracción) to mesmerize

hipo s hiccups *pl* | **tener hipo** to have hiccups, to have the hiccups

hipocresía s hypocrisy

hipócrita *adjetivo & sustantivo*

- *adj* hypocritical
- *s* hypocrite

hipódromo s racetrack (AmE), racecourse (BrE)

hipopótamo s hippopotamus (plural -muses o -mi)

hipoteca s mortgage | **pedir una hipoteca** to take out a mortgage

hipótesis s hypothesis (plural -theses)

hippie o **hippy** *adj & s* hippie, hippy (plural -ppies)

hisopo s (de algodón) Q-tip® (AmE), cotton bud (BrE)

hispanohablante *adjetivo & sustantivo*

- *adj* Spanish-speaking
- *s* Spanish speaker

histérico, -a *adjetivo & sustantivo*

- *adj* hysterical | **ponerse histérico -a** to get hysterical: *No te pongas histérico.* There's no need to get hysterical.
- *s* (persona muy nerviosa) **es un histérico/una histérica** he/she gets hysterical about things

historia s **1** (disciplina, asignatura) history: *el profesor de historia* the history teacher **2** (narración) story (plural -ries) **3** (chisme) story (plural -ries)

historia clínica, historia médica medical history

historiador, -a s historian

histórico, -a *adj* **1** (referido a la historia) historical: *un hecho histórico* a historical fact **2** (memorable) historic: *un triunfo histórico* a historic victory

historieta s comic strip: *la página de historietas del periódico* the cartoon page of the paper

hobby s hobby (plural -bbies): *¿Tienes algún hobby?* Do you have a hobby? | *Mi hobby es coleccionar monedas.* I collect coins as a hobby.

hocico s (de un perro) muzzle, snout, (de un cerdo) snout, (de un gato) nose

hockey s hockey | **jugar hockey** to play hockey: *En el colegio juego hockey.* I play hockey at school. ▶ ver nota del lado inglés

hockey sobre hielo ice hockey, hockey (AmE)

hockey sobre césped field hockey (AmE), hockey (BrE)

hockey sobre patines roller hockey

hogar s **1** (casa, familia) home | **sin hogar** homeless: *niños sin hogar* homeless children **2** (chimenea) fireplace

hogar de ancianos old people's home

hogareño, -a *adj* **una persona/una mujer hogareña** a home-loving person/woman | **ser hogareño -a** to be a homebody

hoguera s bonfire

hoja s **1 hoja (de papel)** sheet of paper: *¿Me das otra hoja?* Can I have another sheet of paper? | *Me quedé sin hojas.* I ran out of paper. **2** (de un libro, un periódico) page **3** (de un árbol, una planta) leaf (plural leaves) **4** (de un cuchillo, una navaja) blade

hoja de afeitar razor blade **hoja de cálculo** spreadsheet **hoja de vida** résumé (AmE), CV, curriculum vitae (BrE)

hojaldre s puff pastry

hojear *v* **hojear un libro/una revista etc.** to leaf through a book/a magazine etc.: *Estaba hojeando el periódico.* I was leafing through the newspaper. ▶ Si se hace rápidamente, se usa **to flick through**: *Sólo tuve tiempo de hojear el libro.* I only had time to flick through the book.

hojilla *s* **hojilla (de afeitar)** razor blade
hojuelas de maíz *s pl* cornflakes
hola *interj* **1** (saludo) hello: *¡Hola! ¿Cómo estás?* Hello! How are you? **2** (por teléfono) hello
Holanda *s* Holland
holandés, -esa *adjetivo & sustantivo*
• *adj* Dutch
• *s* **holandés** Dutchman (plural -men) | **holandesa** Dutch woman (plural women) | **los holandeses** the Dutch, Dutch people
• **holandés** *s* (idioma) Dutch
holgazán, -ana *adjetivo & sustantivo*
• *adj* lazy
• *s* **ser un holgazán/una holgazana** to be a lazy-bones, to be a layabout (BrE)
holgazanear *v* to laze around
holocausto *s* holocaust
hombre *s* **1** (persona de sexo masculino) man (plural men) **2** (ser humano) **el hombre** man: *la aparición del hombre en la Tierra* the appearance of man on the Earth
hombre lobo werewolf (plural -wolves) **hombre rana** frogman (plural -men)
hombrera *s* shoulder pad
hombrillo *s* (de una carretera) shoulder (AmE), hard shoulder (BrE)
hombro *s* shoulder | **encogerse de hombros** to shrug, to shrug your shoulders
homenaje *s* **1** (tributo) tribute | **rendirle homenaje a alguien** to pay tribute to sb | **en homenaje a alguien** in honor of sb (AmE), in honour of sb (BrE) | **un álbum/CD homenaje** a tribute album/CD **2** (acto) En inglés hay que especificar de qué tipo de acto se trata: *Le están preparando un homenaje al director.* They're preparing a dinner/reception/ceremony in honor of the director.
homicidio *s* murder ► También existe el término **homicide,** que es más frecuente en inglés americano. El término **manslaughter** corresponde a la figura jurídica del homicidio no premeditado. | **cometer un homicidio** to commit murder
homosexual *adj & s* homosexual
honda *s* (en forma de Y) slingshot (AmE), catapult (BrE)
hondo, -a *adj* (piscina, río) deep ► ver **plato**
Honduras *s* Honduras
hondureño, -a *adjetivo & sustantivo*
• *adj* Honduran
• *s* Honduran | **los hondureños** (the) Hondurans
honestidad *s* honesty
honesto, -a *adj* honest
hongo *sustantivo & sustantivo plural*
• *s* **1** (comestible) mushroom: *una salsa de hongos* a mushroom sauce **2** (en términos científicos) fungus (plural -gi)
• **hongos** *s pl* (en los pies) athlete's foot: *Tengo hongos.* I have athlete's foot.
honor *s* **1** (reputación, integridad) honor (AmE), honour (BrE): *el honor de la familia* the family's honor | *un hombre de honor* a man of honor **2** (privilegio) honor (AmE), honour (BrE): *Sería un honor para mí.* It would be an honor. | **tener el honor de hacer algo** to have the honor of doing sth **3 en honor de alguien** in honor of sb | **en mi/su etc. honor** in my/their etc. honor
honorario, -a *adjetivo & sustantivo plural*
• *adj* honorary
• **honorarios** *s pl* fees
honradez *s* honesty
honrado, -a *adj* honest
hora *s* **1** (sesenta minutos) hour: *Tuve que esperar dos horas.* I had to wait two hours. **2** (parte del día) time: *¿Qué hora es?* What time is it? | *¿A qué hora te levantas?* What time do you get up? | **sobre la hora** just in time | **a altas horas de la madrugada/noche** in the small hours: *Volvieron a altas horas de la madrugada.* They got back in the small hours. | **a estas horas** by now: *A estas horas ya deben de estar en Francia.* They should be in France by now. | **comer entre horas** to eat between meals **3** (momento) time: *Es la hora del recreo.* It's recess. (AmE)/It's break time. (BrE) | *Es hora de ir a la cama.* It's time for bed./It's bedtime. | **a la hora del almuerzo/de la comida** at lunchtime/dinnertime | **a última hora** at the last moment: *A última hora cambió de idea.* She changed her mind at the last moment. | **no veo la hora de verla/terminar esto etc.** I can't wait to see her/to finish this etc. | **es hora de que empecemos/te vayas etc.** it's time we started/you left etc.: *Es hora de que tomen una decisión.* It's time they made a decision. | **¡ya era hora!** and about time too!: *–He terminado. –¡Ya era hora!* "I've finished." "And about time too!" **4** (con el médico, etc.) appointment
horas pico *s pl* rush hour **horas extra** *s pl* overtime
horario *s* **1** (de clases, de transportes) schedule (AmE), timetable (BrE): *Nos han cambiado el horario.* They've changed our schedule. | *¿Tienes el horario?* Do you have the schedule? **2 horario (de trabajo)** hours, working hours: *¿Qué horario tienes?* What hours do you work? **3** (de una oficina, un negocio) business hours *pl*: *¿Qué horario tienen los bancos?* What business hours do the banks keep? **4** (referido a espectáculos): *Mira el horario del cine.* Look to see what time the movies are showing.
horca *s* **la horca** the gallows
horizontal *adj* horizontal
horizonte *s* horizon
hormiga *s* ant
hormigón *s* concrete
hormigón armado reinforced concrete
hormigueo *s* pins and needles *pl*

hormiguero *s* ants' nest ▶ El montículo que se puede ver en el suelo se llama **anthill** ▶ ver **oso**

hornilla *s* **1** (eléctrica) hotplate, ring **2** (a gas) burner

horno *s* **1** (para cocinar) oven | **pollo/cordero al horno** roast chicken/lamb | **papas al horno (a)** (peladas, con aceite, etc.) roast potatoes **(b)** (sin pelar) baked potatoes | **manzanas/pescado al horno** baked apples/fish **2 ser un horno** to be like an oven: *Este cuarto es un horno en verano.* This room is like an oven in the summer. **3** (para cerámica) kiln **4** (en la industria) furnace

horno (a) microondas microwave oven

horóscopo *s* horoscope

horquilla *s* (para el pelo) bobby pin (AmE), hairgrip (BrE)

horrible *adj* **1** (trágico, tremendo) terrible, awful: *Le pasó algo horrible.* Something terrible happened to her. | *¡Qué horrible que te hagan eso!* What a terrible thing for them to do to you! **2** (referido al tiempo) terrible, awful: *El tiempo estaba horrible.* The weather was terrible./The weather was awful. | **hace un frío/calor horrible** it's horribly cold/hot: *Hacía un frío horrible.* It was horribly cold. **3** (muy feo) awful, terrible: *Estás horrible con ese sombrero.* You look awful in that hat. **4** (muy malo) terrible: *Hacen un café horrible.* Their coffee is terrible.

horror *sustantivo, sustantivo plural & adverbio*

- *s* horror: *Siento horror de sólo pensarlo.* Just thinking about it fills me with horror. | **¡qué horror!** how terrible!, how awful!: *¡Qué horror que te digan eso!* How awful for someone to say that to you! | **ser un horror** to be terrible, to be awful: *Fue un horror.* It was terrible. | *Ese sombrero es un horror.* That hat is awful.
- **horrores** *s pl* (cosas horribles) horrors: *los horrores de la guerra* the horrors of war
- **horrores** *adv* **sufrir horrores** to suffer terribly: *Sufrieron horrores con el divorcio de sus padres.* They suffered terribly when their parents divorced. | **lo/las etc. extraño horrores** I miss him/them etc. terribly | **me/le etc. cuesta horrores hacer algo** I find it terribly hard/he finds it terribly hard etc. to do sth: *Me cuesta horrores entenderle.* I find it terribly hard to understand him.

horroroso *adj* **1** (muy feo) hideous: *un vestido horroroso* a hideous dress **2** (referido al tiempo) terrible, awful **3** (trágico, tremendo) horrific: *las horrorosas imágenes que vimos por televisión* the horrific images we saw on television

hortaliza *s* vegetable

hospital *s* hospital: *¿Hay algún hospital cerca?* Is there a hospital anywhere near? | *Trabaja en el hospital.* She works at the hospital. | *¿En qué hospital está internado?* Which hospital is he in? | *Tuvimos que llevarla al hospital.* We had to take her to the hospital.

hospitalidad *s* hospitality

hospitalizar *v* **hospitalizar a alguien** to hospitalize sb, to admit sb to hospital

hostia *s* **1** (consagrada) host **2** (antes de consagrarla) wafer, communion wafer

hot cake *s* pancake

hotel *s* hotel

hotelería *s* (carrera, profesión) hotel and restaurant management

hoy *adv* **1** today: *¿Qué día es hoy?* What day is it today? | *Hoy nos vamos de excursión.* We're going on a trip today. | **por hoy** for today: *Por hoy hemos terminado.* We've finished for today. | **el periódico/las noticias de hoy** today's paper/news **2** (nuestros días) today | **la música/el cine de hoy** the music/the cinema of today | **hoy (en) día** these days: *Hoy en día nadie usa máquina de escribir.* No one uses a typewriter these days.

hoyo *s* **1** (en la tierra, en la arena) hole, pit | **hacer/cavar un hoyo** to dig a hole, to dig a pit **2** (en golf) hole

hoyuelos *s pl* dimples

huacal *s* **1** (para verduras, frutas, etc.) crate **2** (para transportar perros, gatos, etc.) pet carrier

hueco, -a *adjetivo & sustantivo*

- *adj* hollow | **sonar a hueco** to sound hollow: *Cuando lo golpeas, suena a hueco.* When you hit it, it sounds hollow.
- **hueco** *s* **1** (hoyo) hole **2** (en un camino, una carretera) pothole **3** (lugar vacío) space: *un hueco entre dos piedras* a space between two rocks **4** (cavidad) **el hueco del ascensor** the elevator shaft (AmE), the lift shaft (BrE)

huelga *s* strike: *una huelga de docentes* a teachers' strike | **ponerse en huelga** to go on strike | **estar en huelga** to be on strike

huelga de hambre hunger strike **huelga general** general strike

huelguista *s* striker

huella *s* **1** (de pies, calzado) footprint: *Hay unas huellas junto a la ventana.* There are some footprints by the window. **2** (de un animal) track: *las huellas de un puma* the tracks of a puma **3** (de un vehículo) track

huella digital fingerprint

huérfano, -a *adjetivo & sustantivo*

- *adj* orphaned: *un hogar para niños huérfanos* a home for orphaned children | **ser huérfano -a** to be an orphan | **quedarse huérfano -a** to be orphaned: *Se quedó huérfano cuando tenía seis años.* He was orphaned when he was six.
- *s* orphan

huerta *s* **1** (para explotación comercial) truck farm (AmE), market garden (BrE) **2** (en una casa) vegetable garden: *Estos tomates son de nuestra huerta.* These tomatoes are from our vegetable garden.

huerto *s* **1** (de verduras) vegetable garden **2** (de árboles frutales) orchard

¿Quieres información sobre las diferencias entre los **posesivos** en inglés y en español? Lee la explicación en el apartado de gramática.

hueso *s* **1** (en anatomía) bone **2** (de una ciruela, un durazno, una aceituna) pit (AmE), stone (BrE)

huésped *s* guest ► ver **cuarto**

huevo *s* (de ave, tortuga, etc.) egg: *Compró una docena de huevos.* She bought a dozen eggs. | **poner un huevo** to lay an egg **huevo de pascua** Easter egg **huevo duro** hard-boiled egg **huevo frito** fried egg **huevo tibio, huevo pasado por agua** soft-boiled egg, boiled egg (BrE) **huevos revueltos, huevos pericos** *s pl* scrambled eggs

huida *s* escape

huir *v* to escape | **huir de alguien** to escape from sb: *Logró huir de la policía.* He managed to escape from the police. | **huir de la cárcel** to escape from prison | **huir del país** to flee the country

hule *s* **1** (tela) oilcloth **2** (goma) rubber

humanidad *sustantivo & sustantivo plural*

- *s* **1 la humanidad** (los seres humanos) humanity, mankind: *un crimen contra la humanidad* a crime against humanity **2** (compasión) humanity
- **humanidades** *s pl* (literatura, historia, etc.) humanities

humanitario, -a *adj* humanitarian

humano, -a *adjetivo & sustantivo*

- *adj* **1** (del hombre) human: *el conocimiento humano* human knowledge ► ver también **derecho, ser** **2** (solidario, comprensivo) humane: *una sociedad más humana* a more humane society
- *s* human, human being

humedad *s* **1** (en una pared, el techo) damp: *una mancha de humedad* a damp stain **2** (hablando del tiempo) humidity

húmedo, -a *adj* **1** damp **2** humid ► ver abajo

¿damp o humid?

un poco mojado [=damp]

Las sábanas todavía están húmedas. The sheets are still damp.

referido a una vivienda [=damp]

Esta casa es muy húmeda. This house is very damp.

hablando del clima [=humid]

un clima muy húmedo a very humid climate | *un país muy húmedo* a very humid country

humilde *adj* **1** (en lo económico) humble: *una casa humilde* a humble house | *una familia humilde* a poor family/a humble family **2** (modesto) modest: *No seas tan humilde.* Don't be so modest.

humillación *s* humiliation

humillante *adj* humiliating

humo *sustantivo & sustantivo plural*

- *s* **1** (de algo que se quema) smoke **2** (de un vehículo) fumes
- **humos** *s pl* **tener/darse humos** to put on airs: *Tiene muchos humos.* She really puts on airs. | **se te/le etc. subieron los humos** you've/he's etc. gotten conceited **bajarle los humos a alguien** to take sb down a peg or two

humor *s* **1** (estado de ánimo) mood | **de buen/mal humor** in a good/bad mood: *Hoy está de buen humor.* She's in a good mood today. | **no estar de humor para algo** not to be in the mood for sth: *No estoy de humor para salir.* I'm not in the mood for going out. | **poner a alguien de mal humor** to put sb in a bad mood **2** (humorismo) humor (AmE), humour (BrE) | **una película/un programa de humor** a comedy | **un libro de humor** a humorous book **humor negro** black humor (AmE), black humour (BrE)

humorista *s* **1** (de historietas) cartoonist **2** (actor) comedian, (actriz) comedienne

hundido, -a *adj* (barco) sunken

hundir *v* **1** (un barco, una flota) to sink **2** (arruinar) (un negocio, a un comerciante, etc.) to destroy: *Han hundido al país.* They have destroyed the country./They have ruined the country. **hundirse** *v* **1** (barco) to sink: *Se hundió frente a la costa de Florida.* It sank off the Florida coast. **2** (piso, techo) to collapse **3** (empresa) to fold, to go bust

huracán *s* hurricane

huso horario *s* time zone

I

I, i *s* I, i ► ver "Active Box" **letras del alfabeto** en **letra**

iceberg *s* iceberg

ícono o **icono** *s* icon

ida *s* **1** (viaje) **la ida** the trip there, the outward trip ► **the outward trip** es más formal: *La ida se me hizo más larga que la vuelta.* The trip there seemed to take much longer than the journey back. | **a la ida** on the way there: *A la ida vamos a parar en San Fernando.* On the way there we'll stop in San Fernando. **2** (en transportes) one-way ticket (AmE), single (ticket) (BrE): *Dos de ida a Tunja, por favor.* Two one-way tickets to

Tunja, please. | **ida y vuelta** round-trip ticket (AmE), return (ticket) (BrE): *Saca de ida y vuelta.* Get a round-trip ticket.

idea *sustantivo & sustantivo plural*

• *s* **1** (ocurrencia) idea: *Tengo una idea.* I have an idea. | **se me/le etc. ocurrió una idea** I/he etc. had an idea **2** (noción, conocimiento) idea: *Tienes una idea equivocada de lo que significa estudiar.* You have the wrong idea about what studying means. **3 ¡(no tengo) ni idea!** (I have) no idea! | **no tener ni idea de cuánto cuesta/de cómo se hace etc.** to have no idea how much it costs/how it's done etc.: *No tengo ni idea de dónde vive.* I have no idea where he lives. **4** (intención) idea: *La idea es empezar mañana mismo.* The idea is to start tomorrow. | **cambiar de idea** to change your mind: *He cambiado de idea.* I've changed my mind.

• **ideas** *s pl* (creencias) ideas

ideal *adj & s* ideal

idealista *adjetivo & sustantivo*

• *adj* idealistic

• *s* idealist

idéntico, -a *adj* identical: *Son idénticos.* They're identical. | **ser idéntico -a a algo** to be identical to sth: *Su bicicleta es idéntica a la mía.* Her bike is identical to mine. | **ser idéntico -a a alguien (a)** (físicamente) to look just like somebody: *Es idéntico a Antonio Banderas.* He looks just like Antonio Banderas. **(b)** (en la manera de ser) to be just like somebody: *Eres idéntica a tu madre.* You're just like your mother.

identidad *s* identity (plural -ties) ▶ ver **cédula, documento**

identificado -a *adj* **sentirse identificado -a con alguien** to identify with sb: *Me siento totalmente identificada con el personaje de la hija.* I identify completely with the character of the daughter.

identificar *v* to identify

identificarse *v* **1** (darse a conocer) to identify yourself **2 identificarse con alguien** to identify with sb

ideología *s* ideology (plural -gies)

idioma *s* language: *¿Cuántos idiomas hablas?* How many languages do you speak?

idiota *adjetivo & sustantivo*

• *adj* stupid

• *s* idiot

idiotez *s* **1** (que se dice) **¡qué idiotez!** what a stupid thing to say! | **decir una idiotez** to say something stupid | **decir idioteces** to talk nonsense: *¡Déjate de decir idioteces!* Stop talking nonsense! **2** (que se hace) **¡qué idiotez!** what a stupid thing to do! | **ser una idiotez** to be stupid: *Es una idiotez hacerlo de nuevo.* It's stupid to do it over again. | **hacer una idiotez** to do something stupid

ídolo, -a *s* idol: *un ídolo del fútbol* a football idol

iglesia *s* **1** (edificio) church (plural -ches) **2** (o **Iglesia**) (institución) church ▶ ver **casarse**

ignorancia *s* ignorance

ignorante *adjetivo & sustantivo*

• *adj* ignorant

• *s* ignoramus (plural -ses)

ignorar *v* **1 ignorar a alguien** to ignore sb: *Me ignoró completamente.* He totally ignored me. **2** (desconocer) not to know

igual *adjetivo, adverbio, sustantivo masculino & femenino & sustantivo masculino*

• *adj* **1** (idéntico) the same: *Los dos dibujos son iguales.* The two drawings are the same. | *Necesito dos sobres iguales.* I need two envelopes the same. | *Tengo uno igual a éste.* I have one the same as this.

2 ser igual a/que algo to be the same as sth: *El walkman de Sofía es igual al mío.* Sofia's Walkman is the same as mine. | **ser igual a/que alguien** to be just like sb: *Es igual que mi madre.* She's just like my mother. | **ser iguales de edad/tamaño etc.** to be the same age/size etc.: *Somos iguales de altura.* We're the same height.

3 (en operaciones matemáticas) Para traducir *ser igual a* usa **is** o **equals**: *3 por 2 es igual a 6.* 3 times 2 is 6./3 times 2 equals 6. | *4 más 5 es igual a 9.* 4 plus 5 is 9./4 plus 5 equals 9.

4 quince/treinta/cuarenta iguales (en tenis) fifteen/thirty/forty all

• *adv* **1 da igual** it doesn't matter: *Da igual, no te preocupes.* It doesn't matter, don't worry. | **me/te etc. da igual** I/you etc. don't mind: *–¿Fruta o helado? –Me da igual.* "Fruit or ice cream?" "I don't mind."

2 (de la misma manera) the same: *Yo pienso igual que tú.* I think the same as you.

3 (de todos modos) still: *No tengo hambre pero igual lo quiero probar.* I'm not hungry but I still want to try it.

4 ser igual de caros/feos etc. to be equally expensive/ugly etc. | **eres igual de tonto -a/culpable etc. que...** you're just as stupid/just as much to blame etc. as...

• *s* [masc & fem] equal: *Te habla de igual a igual.* He talks to you as an equal.

• *s* [masc] (signo matemático) equal sign (AmE), equals sign (BrE)

igualdad *s* equality | **la igualdad entre los sexos** equality between the sexes

igualdad de derechos equal rights *pl*

igualdad de oportunidades equal opportunities *pl*

igualmente *adv* (como respuesta) the same to you: *–Feliz Navidad. –Gracias, igualmente.* "Merry Christmas!" "Thank you, and the same to you." | *–Que la pasen bien. –Igualmente.* "Have a good time." "The same to you."/"You too."

iguana *s* iguana

ilegal *adj* illegal

ilegítimo, -a *adj* (hijo) illegitimate

ilimitado, -a *adj* unlimited

iluminación *s* lighting: *un cuarto con buena iluminación* a room with good lighting/a well-lit room

iluminar *v* (una calle) to light, (un edificio) to illuminate: *Es una calle bien iluminada.* It's a well-lit street.

ilusión *s* **1** dream: *Tiene la ilusión de trabajar en Hollywood.* Her dream is to work in Hollywood. **2** (esperanza) hope **3 hacerse ilusiones** to get your hopes up: *No te hagas ilusiones.* Don't get your hopes up.

ilusión óptica optical illusion

ilusionado, -a *adj* **estar ilusionado -a con algo** to be excited about sth: *Está muy ilusionada con su fiesta de cumpleaños.* She's very excited about her birthday party.

ilustración *s* illustration

ilustrar *v* (con dibujos, pinturas, etc.) to illustrate

imagen *s* **1** (apariencia) image: *un cambio de imagen* a change of image **2** (de una figura pública) image **3** (de un televisor) picture: *La imagen se ve borrosa.* The picture is fuzzy. **4** (en la mente) picture: *la imagen mental que tenía de él* the mental picture I had of him **5** (en un espejo) reflection **6** (en computación) image **7** (estatua) image: *una imagen de la Virgen* an image of the Virgin **8** (en literatura) image

imaginación *s* imagination: *Tiene mucha imaginación.* She has a vivid imagination.

imaginar *v* to imagine

imaginarse *v* **1** (suponer) to imagine: *–Estoy muy contenta. –¡Me imagino!* "I'm very happy." "I can imagine!" | *¡Me imagino que no se lo habrás dicho!* I hope you didn't tell her! **2 me lo imaginaba gordo/alto etc.** I imagined him to be fat/tall etc.: *Me la imaginaba distinta.* I imagined her differently./I had a different mental picture of her. | *No me lo imagino trabajando en una oficina.* I can't imagine him working in an office.

imaginario, -a *adj* imaginary

imán *s* magnet

imbécil *adjetivo & sustantivo*

- **adj** stupid
- **s** idiot

imitación *s* **1** (de una persona) impression: *Hace muy buenas imitaciones.* He does very good impressions. **2** (hablando de un reloj, un modelo, etc.) imitation ▶ Cuando el reloj, etc. está hecho con el fin de engañar al comprador, se usa **fake**: *Es una imitación.* It's an imitation./It's a fake. | *Venden relojes de imitación.* They sell imitation watches.

imitar *v* **1** (parodiar) to do an impression of: *Imita muy bien a la directora.* She does a very good impression of the principal. **2** (copiar) to copy: *Imita a la hermana en todo.* She copies everything her sister does.

impaciente *adj* impatient | **estar impaciente por hacer algo** to be impatient to do sth: *Estoy impaciente por saber las notas.* I'm impatient to know what grades I got.

impacto *s* **1** (impresión) impact | **causar impacto** to make an impact: *Lo que dijo causó mucho impacto.* What he said made quite an impact. **2** (colisión) impact

impar *adj* odd: *un número impar* an odd number

imparcial *adj* impartial, unbiased

impecable *adj* **1** (muy limpio) spotless: *La casa estaba impecable.* The house was spotless. **2** (referido a la ropa) immaculate: *una impecable camisa blanca* an immaculate white shirt | **estar impecable** to be immaculately dressed: *Siempre está impecable.* She's always immaculately dressed. **3** (perfecto) impeccable: *Habla un inglés impecable.* He speaks impeccable English.

impedir *v* **impedirle la entrada a alguien** to stop sb going in: *Nos impidió la entrada.* He stopped us going in./He wouldn't let us in. | **impedirle el paso a alguien** to block sb's way: *La policía nos impidió el paso.* The police blocked our way./The police wouldn't let us through. | **impedirle a alguien hacer algo/impedir que alguien haga algo** to prevent sb from doing sth, to stop sb doing sth ▶ **to prevent** es más formal: *La enfermedad le impidió seguir con las clases de ballet.* The illness prevented her from continuing with her ballet lessons. | *No pudimos impedir que se lo dijera.* We couldn't stop her telling him.

imperativo, -a *adjetivo & sustantivo*

- **adj** (en gramática) imperative
- **imperativo** *s* (en gramática) imperative

imperfecto, -a *adjetivo & sustantivo*

- **adj** **1** (en gramática) imperfect **2** (no perfecto) imperfect
- **imperfecto** *s* (en gramática) imperfect

imperialismo *s* imperialism

imperialista *adj* imperialist

imperio *s* empire

impermeable *adjetivo & sustantivo*

- **adj** (tela, pintura) waterproof
- **s** (prenda) raincoat

impersonal *adj* **1** (en gramática) impersonal **2** (no personal) impersonal

implicar *v* **1 implicar a alguien en algo** to involve sb in sth | **estar implicado -a (en algo)** to be involved (in sth) **2** (significar) to mean: *Eso implica que nos tenemos que levantar a las cinco.* That means we have to get up at five.

imponer *v* **1** (una tarea) to set **2** (una multa, un castigo, silencio) to impose

imponerse *v* to assert your authority

importación *s* **1** importation **2 artículos/productos de importación** imported goods/products

importado, -a *adj* imported

importador, -a *s* importer

i ¿No sabes cómo pronunciar una determinada palabra? Consulta el recuadro de **símbolos fonéticos** en el interior de la cubierta.

importancia *s* importance | **un tema/un acontecimiento etc. de gran importancia** a very important issue/event etc. | **darle importancia a algo** to attach importance to sth: *No le des tanta importancia.* Don't attach so much importance to it. | **no tiene importancia** it doesn't matter, it's not important

importante *adj* **1** important: *Es un examen muy importante.* It's a very important exam. | *una mujer muy importante* a very important woman | *Tengo que decirte algo muy importante.* I have something very important to tell you. | *Es muy importante que aprendas inglés.* It's very important that you learn English. | **lo importante es** the main thing is: *Lo importante es que te mejores.* The main thing is that you get better. | **ser importante para algo/alguien** to be important for sth/to sb: *La música es muy importante para mí.* Music is very important to me. **2** (cantidad, número) considerable

importar *v* **1 no importa** it doesn't matter: *–¡Perdimos el tren! –No importa.* "We've missed the train!" "It doesn't matter." | *No importa que no esté perfecto.* It doesn't matter if it's not perfect.
2 no me/le etc. importa (a) (para expresar indiferencia) I don't/she doesn't etc. care: *–Está enojada contigo. –No me importa.* "She's angry with you." "I don't care." | *No le importa lo que digan los demás.* She doesn't care what other people say. **(b)** (para expresar que no hay problema) I don't/she doesn't etc. mind: *–Tienes que volver mañana. –No me importa.* "You have to come back tomorrow." "I don't mind." | *No me importa hacerlo sola.* I don't mind doing it on my own. | **lo que me/le etc. importa** ver ejemplos: *Lo único que le importa es el fútbol.* The only thing he cares about is soccer. | *Lo que me importa es aprobar la asignatura.* What matters to me is passing the subject.
3 ¿(y) a ti qué te importa? (it's) none of your business: *–¿Con quién hablabas? –¿Y a ti qué te importa?* "Who were you talking to?" "(It's) none of your business." | **¿(y) a mí qué me importa?** what do I care?
4 ¿te/le/les importa...? (fórmula de cortesía) do you mind...?: *¿Le importa si me siento aquí?* Do you mind if I sit here? | *¿Te importaría cerrar la ventana?* Would you mind closing the window?
5 (de otro país) to import: *Importan mucha fruta de Brasil.* They import a lot of fruit from Brazil.
6 (en informática) to import

imposible *adj* **1** impossible: *Me resulta imposible creerlo.* I find it impossible to believe. | **es imposible que esté listo -a/que lo sepa etc.** it can't possibly be ready/he can't possibly know etc. | **hacer lo imposible** to do everything you can: *Voy a hacer lo imposible para aprobar.* I'm going to do everything I can to pass. **2** (referido a una persona) impossible: *¡Eres imposible!* You're impossible!

impotente *adj* **1** (incapaz) **sentirse impotente** to feel powerless **2** (sexualmente) impotent

imprenta *s* **1** (taller) print shop (AmE), printer's (BrE) **2** (máquina) printing press

imprescindible *adj* essential

impresión *s* **1** (sensación, efecto) **causarle una buena/mala impresión a alguien** to make a good/bad impression on sb: *No sé si le causé buena impresión.* I don't know if I made a good impression on him. **2 me/te etc. da la impresión de que...** I/you etc. get the impression (that)...: *Me dio la impresión de que no te gustó.* I got the impression you didn't like it. ▶ Para referirse al futuro se usa **I/you etc. get the feeling (that)...**: *Me da la impresión de que no van a venir.* I get the feeling that they aren't going to come. | **tener la impresión de que...** to have the feeling (that)...: *Tengo la impresión de que me olvidé de algo.* I have the feeling I've forgotten something. **3** (fuerte) shock: *Se desmayó de la impresión.* She fainted from the shock. **4 me/te etc. da impresión** ver ejemplos: *Me da impresión mirar para abajo desde tan alto.* I get scared looking down from so high up. | *Me da impresión tocar pescado crudo.* Touching raw fish makes me feel queasy. | *Nos dio impresión verla tan mal.* We were shocked to see her looking so ill.

impresionante *adj* **1** (admirable) amazing: *Fue un recital impresionante.* It was an amazing concert. | *Es impresionante cómo ha mejorado.* It's amazing how much he has improved. **2** (muy grande) enormous: *una cantidad impresionante de gente* an enormous number of people **3** (que produce shock) horrific: *un accidente impresionante* a horrific accident

impresionar *v* **1** (causar una mala impresión a) to shock: *Nos impresionó verla tan flaca.* We were shocked to see her looking so thin. *La noticia lo impresionó mucho.* He was very shocked at the news. **2** (causar admiración) to impress: *Quedamos muy impresionados con Roma.* We were very impressed with Rome.

impresionarse *v* **1** (sentir admiración) to be impressed | **impresionarse con algo** to be impressed with sth, to be impressed by sth **2** (sufrir shock) to be shocked: *Se impresionó al verlo tan desfigurado.* She was shocked to see how disfigured he was.

impreso, -a *adj* printed

impresora *s* printer
impresora color color printer (AmE), colour printer (BrE) **impresora de inyección de tinta** ink-jet printer **impresora láser** laser printer

imprevisible *adj* unpredictable

imprevisto -a *adjetivo & sustantivo*
- *adj* **1** (inesperado) unexpected **2** (para lo cual no se tomaron precauciones) unforeseen
- *s* **surgió un imprevisto** something unexpected came up

imprimir *v* to print

improvisar *v* to improvise

imprudente *adj* rash: *No seas tan imprudente.* Don't be so rash. ► Cuando se trata de la forma de manejar, se usa **reckless**: *Es muy imprudente para manejar.* He's a very reckless driver.

impuesto *s* tax (plural taxes) | **pagar los impuestos** to pay your taxes

impuesto al valor agregado ► ver **IVA**

impulsar *v* **1 impulsar a alguien a hacer algo (a)** (animar) to encourage sb to do sth: *Sus padres la impulsaron a seguir estudiando.* Her parents encouraged her to carry on studying. **(b)** (estimular) to drive sb to do sth: *La situación los impulsó a irse del país.* The situation drove them to leave the country. **2** (hacer mover) to propel

impulsivo, -a *adj* impulsive

impulso *s* **1** (deseo) impulse **2 tomar impulso** to get up speed: *Tomó impulso y saltó.* He got up speed and jumped.

impureza *s* impurity (plural -ties)

inaccesible *adj* **1** (referido a un lugar) inaccessible **2** (referido a precios) unaffordable **3** (referido a una persona) inaccessible

inagotable *adj* inexhaustible

inalámbrico, -a *adjetivo & sustantivo*
- *adj* wireless, cordless
- **inalámbrico** *s* (teléfono) cordless telephone

inauguración *s* opening

inaugurar *v* **1** (un hospital, un colegio) to open, to inaugurate **2** (una exposición, etc.) to open

incapaz *adj* **ser incapaz de hacer algo (a)** (no tener capacidad) to be incapable of doing sth: *Es incapaz de entenderlo.* He's incapable of understanding it. **(b)** (no tener voluntad) Usa la construcción **can't be bothered/couldn't be bothered**: *Es incapaz de ayudarme.* She can't be bothered to help me. | *Fue incapaz de llamarla.* He couldn't be bothered to phone her.

incendiar *v* to set fire to: *Le incendiaron el negocio.* They set fire to his store.

incendiarse *v* **1** (quedar destruido) (edificio, bosque) to be burned down: *Se incendió una gran parte del bosque.* A large part of the forest was burned down. **2** (prenderse fuego) to catch fire: *Pudieron impedir que se incendiara la casa de al lado.* They were able to stop the house next door from catching fire.

incendio *s* fire: *Hubo un incendio en el colegio.* There was a fire in the school. | **apagar un incendio** to put a fire out: *No pudieron apagar el incendio.* They were unable to put the fire out.

incentivo *s* incentive

incertidumbre *s* uncertainty

incidente *s* (contratiempo, conflicto) incident

inclinación *s* **1** (tendencia, afición) inclination: *Tiene inclinaciones artísticas.* She has artistic inclinations./She has artistic leanings. **2** (pendiente, dirección) inclination **3** (de la cabeza) nod

inclinado, -a *adj* **1** (torre, poste) leaning: *la torre inclinada de Pisa* the leaning tower of Pisa | **estar inclinado -a hacia un lado** to lean to one side | **estar inclinado -a sobre algo/alguien** to be leaning over sth/sb **2 sentirse inclinado -a a hacer algo** to feel inclined to do sth **3 una superficie inclinada** a sloping surface | **un plano inclinado** an inclined plane

inclinar *v* **1 inclinar la cabeza (a)** (bajarla) to lower your head **(b)** (hacia un lado) to tilt your head **2** (un objeto) **inclinar algo hacia un lado/hacia atrás/hacia adelante** to tilt sth to one side/back/forward

inclinarse *v* **1** (doblar el cuerpo) to lean over: *Se inclinó para mirarlo de cerca.* She leaned over to have a closer look at it. | **inclinarse hacia adelante** to lean forward **2 inclinarse por hacer algo** to be inclined to do sth: *Me inclino por ir en avión.* I'm inclined to go by plane.

incluido, -a *adj* included: *una habitación con desayuno incluido* a room with breakfast included | **unas vacaciones con todo incluido** an all-inclusive vacation

incluir *v* **1** (comprender) to include: *El precio no incluye el desayuno.* The price does not include breakfast. **2** (poner) to include: *Me han incluido en el equipo.* I've been included in the team.

inclusive *adv* **1** including: *Tenemos tiempo hasta el 6 inclusive.* We have up to and including the 6th. | **del 3 al 10 de junio/del número 5 al 20 etc. inclusive** from June 3rd to June 10th/from number 5 to number 20 etc. inclusive **2** ► ver **incluso**

incluso *adv* even: *Les gustó a todos, incluso al profesor.* Everyone liked it, even the teacher. | *Se lo contó incluso a sus padres.* She even told her parents.

incógnito *s* **de incógnito** incognito: *Vino de incógnito.* He came incognito.

incoloro, -a *adj* colorless (AmE), colourless (BrE)

incómodo, -a *adj* **1** (sillón, cama) uncomfortable: *una cama muy incómoda* a very uncomfortable bed **2 estar incómodo -a** to be uncomfortable: *Estoy muy incómoda en esta silla.* I'm very uncomfortable in this chair. **3 sentirse incómodo -a** to feel uncomfortable: *Me sentía incómoda entre tanta gente importante.* I felt uncomfortable among so many important people. **4** (situación) awkward

incompatible *adj* incompatible

incompleto, -a *adj* incomplete

incomprensible *adj* incomprehensible

inconsciente *adjetivo & sustantivo*
- *adj* **1** (sin conocimiento) unconscious: *Estuvo inconsciente unos minutos.* She was unconscious for a few minutes. **2** (involuntario) (movimiento, reacción) unconscious **3** (imprudente)

irresponsible: *¡No seas tan inconsciente!* Don't be so irresponsible!

• *s* **ser un/una inconsciente** to be very irresponsible

inconveniente *s* **1** (problema, obstáculo) problem: *Cualquier inconveniente, llámame.* Any problem, give me a call. | **surgió un inconveniente/surgieron inconvenientes** a problem came up/there were problems **2 no tener (ningún) inconveniente en hacer algo (a)** (objeción) to have no objection to doing sth: *No tengo inconveniente en prestarle mi bicicleta.* I have no objection to lending him my bicycle. **(b)** (problema) to have no problem doing sth: *No tuve ningún inconveniente en llegar aquí.* I had no problem getting here. **3** (desventaja) disadvantage: *Tiene el inconveniente de que consume mucha gasolina.* It has the disadvantage of using a lot of gas.

incorporar *v* (agregar) to add

incorporarse *v* **1 incorporarse a algo** (ingresar en algo) to join sth: *Se incorporó a un grupo de teatro.* He joined a theater group. **2** (en la cama, etc.) to sit up

incorrecto, -a *adj* (equivocado, erróneo) incorrect, wrong ▶ **incorrect** es más formal

incrédulo, -a *adjetivo & sustantivo*

• ***adj*** skeptical (AmE), sceptical (BrE)

• ***s*** skeptic (AmE), sceptic (BrE)

increíble *adj* **1** (de no creer) incredible, unbelievable: *¡Parece increíble!* It seems incredible! **2** (excepcional) amazing: *un músico increíble* an amazing musician

incubadora *s* incubator

incurable *adj* (enfermedad) incurable

indecente *adj* **1** (escote, bikini) indecent **2** (gesto, palabra) obscene

indeciso, -a *adj* **1** indecisive: *Es muy indecisa.* She's very indecisive. **2 estar indeciso -a** not to be able to make up your mind: *Estoy indeciso.* I can't make up my mind.

indefenso, -a *adj* defenseless (AmE), defenceless (BrE): *Me sentía indefensa.* I felt defenseless.

indefinido, -a *adj* **1** (período, tiempo) indefinite **2** (impreciso, vago) indeterminate: *Es de un color indefinido.* It's an indeterminate color. **3** (en gramática) indefinite

indemnización *s* compensation

independencia *s* independence

independiente *adj* **1** (persona) independent **2** (país) independent **3** (trabajador) self-employed, freelance

independizarse *v* **1** (persona) to become independent **2** (país) to gain independence, to become independent

indestructible *adj* indestructible

indeterminado, -a *adj* **1** (tiempo, período) indefinite **2** (número, cantidad) indeterminate

India o **la India** *s* India

indicación *sustantivo & sustantivo plural*

• ***s*** **por indicación médica** on medical advice: *Tiene que hacer reposo por indicación médica.* She has to rest on medical advice.

• **indicaciones** ***s pl*** **1** (para ir a un lugar) directions: *Seguí sus indicaciones.* I followed his directions. **2** (instrucciones) instructions: *Seguimos las indicaciones del manual.* We followed the instructions in the manual. **3** (consejos) advice *sing*

indicado, -a *adj* **1** (adecuado, apropiado) **el lugar indicado/la persona indicada etc.** the right place/the right person etc.: *Me parece que no es el momento indicado.* I don't think it's the right moment. | **no es el momento más indicado/la persona más indicada etc.** it's not the best time/she's not the best person etc. **2** (señalado) specified: *la dirección indicada en el aviso* the address (specified) in the advertisement

indicar *v* **1** (señalar) to show, to indicate: *Me indicó la puerta roja.* He showed me the red door./He indicated the red door. | *Una flecha indica el camino.* An arrow points the way. **2** (marcar) to mark: *Indicar la respuesta correcta con una cruz.* Mark the correct answer with a cross. **3** (explicar) to explain: *Me indicó cómo hacerlo.* He explained to me how to do it. **4** (aconsejar) to advise: *El profesor me indicó que leyera este libro.* The teacher advised me to read this book.

indicativo, -a *adjetivo & sustantivo*

• ***adj*** (en gramática) indicative

• **indicativo** ***s*** **1** (en telefonía) area code **2** (en gramática) indicative

índice *s* **1** (dedo) forefinger **2** (de un libro, documento) index (plural -xes): *Búscalo en el índice.* Look it up in the index. **3** (tasa) rate: *el índice de desempleo* the rate of unemployment **índice de mortalidad** mortality rate **índice de natalidad** birth rate

indicio *s* (señal) indication, sign

Índico *s* **el (océano) Índico** the Indian Ocean

indiferencia *s* indifference

indiferente *s* (insensible) indifferent | **ser indiferente a algo** to be indifferent to sth | **me/le etc. es indiferente** I don't/she doesn't etc. mind, it makes no difference to me/her etc.

indígena *adjetivo & sustantivo*

• ***adj*** (población, lengua, civilización) indigenous: *las comunidades indígenas de América* the indigenous communities of America

• ***s*** native ▶ Para traducir *los indígenas* usa **the indigenous people**. El uso de **the natives** puede resultar ofensivo: *los indígenas del Amazonas* the indigenous people of the Amazon

indigestión *s* indigestion

indignado, -a *adj* indignant | **estar indignado -a** to be indignant, to be incensed | **estar indignado -a por algo** to be indignant at sth, to be incensed at sth: *Estaban indignados por la* *decisión.* They were indignant at the decision./They were incensed at the decision.

indignar *v* to incense: *Me indigna la injusticia.* Injustice incenses me.

indignarse *v* to be incensed: *El profesor se indignó cuando se enteró.* The teacher was incensed when he found out.

indio, -a *adjetivo & sustantivo*

• ***adj*** (de América, de la India) Indian ▶ ver abajo

• ***s*** (de América, de la India) Indian | **los indios** (the) Indians ▶ Muchas personas consideran que el uso de **Indian** para referirse a los aborígenes de América es ofensivo y prefieren usar **Native American**

indirecta *s* hint | **echarle/lanzarle una indirecta a alguien** to drop sb a hint: *Le lancé una indirecta pero no se dio por aludida.* I dropped her a hint but she didn't take it.

indirecto, -a *adj* **1** (no directo) indirect **2** (en gramática) indirect

indiscreción *s* indiscretion

indiscreto, -a *adj* **1** (referido a personas) indiscreet, tactless **2** (pregunta, palabra, mirada) indiscreet

indiscutible *adj* indisputable

indispensable *adj* **1** indispensable **2 es indispensable que** it is essential that: *Es indispensable que vengas.* It is essential that you come. **3 lo indispensable** the absolute essentials: *Llévate lo indispensable.* Take only the absolute essentials./Take only what is absolutely necessary.

indispuesto -a *adj* **estar indispuesto -a** to be unwell

individual *adj* **1** (habitación, asiento, cama) single **2** (derechos, libertades) individual

individuo *s* **1** (hombre) man (plural men): *un individuo de unos 50 años* a man about 50 years old **2** (persona en general) individual

indudable *adj* **es indudable que** there's no doubt that: *Es indudable que lo sobornaron.* There's no doubt he was bribed.

indulto *s* pardon

industria *s* industry (plural -ries)

industrial *adjetivo & sustantivo*

• ***adj*** industrial

• ***s*** industrialist

inédito, -a *adj* **1** (obra, libro) unpublished **2** (tema, canción) unreleased **3** (sin precedentes) unprecedented

ineficaz *adj* ineffective

ineficiente *adj* inefficient

inercia *s* **1 hacer algo por inercia** to do sth out of inertia: *Siguió en ese trabajo por inercia.* She stayed in that job out of inertia. **2** (en física) inertia

inesperado, -a *adj* unexpected

inestable *adj* **1** (tiempo) changeable **2** (trabajo, economía) unstable **3** (persona) unstable

inevitable *adj* inevitable

inexperto, -a *adj* inexperienced

infancia *s* childhood | **amigos -as/recuerdos de la infancia** childhood friends/memories

infantería *s* infantry

infantil *adj* **1 un programa/una revista infantil** a children's program/a comic book (AmE), a children's programme/a comic (BrE) **2 las enfermedades infantiles** childhood diseases **3** (referido a personas y su comportamiento) childish: *No seas tan infantil.* Don't be so childish. | *una reacción infantil* a childish reaction ▶ ver **jardín**

infarto *s* heart attack: *Tuvo un infarto.* She had a heart attack.

infección *s* infection

infeccioso, -a *adj* infectious

infectar *v* **1** (a una persona) to infect **2** (un archivo, un programa) to infect

infectarse *v* to get infected: *Se le infectó la herida.* Her wound got infected.

infeliz *adj* (desdichado) unhappy

inferior *adj* **1** (más bajo) lower: *la parte inferior* the lower part | *en un nivel inferior* at a lower level **2 el labio/la mandíbula inferior** the lower lip/jaw **3** (no bueno) inferior: *un producto de calidad inferior* an inferior quality product **4** (en cantidad) **inferior a** below: *un sueldo inferior a $800* a salary below $800 **5** (hablando de una persona) **sentirse inferior (a alguien)** to feel inferior (to sb): *Se siente inferior a sus compañeros.* He feels inferior to his classmates.

infiel *adj* unfaithful | **serle infiel a alguien** to be unfaithful to sb

infierno *s* hell | **irse al infierno** to go to hell

infinidad *s* **infinidad de veces/casos etc.** many times/cases etc.: *Se lo he dicho infinidad de veces.* I've told him many times.

infinitivo *s* infinitive

infinito, -a *adjetivo & sustantivo*

• ***adj*** infinite

• **infinito** *s* infinity

inflación *s* inflation

inflamable *adj* flammable

inflamación *s* swelling, inflammation | **tener una inflamación en la rodilla/el pie etc.** to have a swollen knee/foot etc.

inflamarse *v* (tobillo, rodilla, etc.) to swell up, to become inflamed: *Se me inflamó el tobillo.* My ankle swelled up.

inflar *v* **1 inflar algo (a)** (un globo) to blow sth up **(b)** (un neumático, un balón, un colchón de goma) to inflate sth **2 inflar el precio de algo** to inflate the price of sth

influencia *s* influence | **tener influencia en/sobre algo/alguien** to have an influence on sth/sb: *Tuvo mucha influencia en sus contemporáneos.* He had a great influence on his contemporaries. ▶ Se usa la preposición **over**

cuando se trata de poder, control: *Tiene demasiada influencia sobre él.* She has too much influence over him.

influir *v* **influir en algo/alguien** to influence sth/sb: *Eso no influyó en mi decisión.* That did not influence my decision. | **influir mucho en algo/alguien** to have a big influence on sth/sb: *Influyó mucho en los músicos de su generación.* She had a big influence on the musicians of her generation.

información *s* **1** (datos) information: *Necesitamos más información.* We need more information. **2** (en los medios) news *sing*: *Y ahora, la información deportiva.* And now, the sports news. **3** (o **Información**) (en el servicio telefónico) information (AmE), directory assistance (AmE), directory enquiries (BrE) **4** (o **informaciones**) (en una estación, un centro comercial, etc.) information desk: *Primero vaya a informaciones.* Go to the information desk first.

informal *adj* **1** (ropa) casual **2** (lenguaje, charla, comida) informal

informar *v* **informar a alguien (de algo)** to inform sb (about sth): *Tenemos que informar a sus padres.* We have to inform his parents. | *No me informaron del cambio.* I wasn't informed about the change. | **me/te etc. informaron mal** I was/you were etc. misinformed

informarse *v* ver ejemplos: *Infórmese llamando a este número.* For more information, call this number. | *Infórmate bien antes de ir.* Make sure you get all the information before you go. | *¿Te has informado sobre los vuelos?* Have you found out about the flights?

informática *s* information technology ► También se usa mucho la abreviatura **IT,** que se lee letra por letra. La carrera universitaria se llama **computer science** o **computer studies** | **un curso de informática** a computer course

informático, -a *adj* **un programa informático/una red informática etc.** a computer program/a computer network etc.

informativo, -a *adjetivo & sustantivo*

- *adj* **una campaña informativa/un folleto informativo etc.** an information campaign/an information leaflet etc. ► ver **boletín**
- **informativo** *s* **el informativo** the news *sing*: *el informativo de las ocho* the eight o'clock news

informe *sustantivo & sustantivo plural*

- *s* report: *un informe médico* a medical report
- **informes** *s pl* (información) details: *informes en el 0800* for more details, call 0800

infracción *s* offense (AmE), offence (BrE): *una infracción de tránsito* a traffic offense

in fraganti *adv* **sorprender/pillar a alguien in fraganti** to catch sb red-handed

infrarrojo, -a *adj* infrared

infusión *s* herbal tea | **una infusión de menta** a mint tea

ingeniarse *v* **ingeniárselas para hacer algo** to manage to do sth: *Se las ingenió para conseguir entradas.* She managed to get tickets.

ingeniería *s* engineering
ingeniería civil civil engineering **ingeniería electrónica** electronic engineering **ingeniería industrial** industrial engineering

ingeniero, -a *s* engineer
ingeniero -a agrónomo -a agronomist **ingeniero -a civil** civil engineer **ingeniero -a de sonido** sound engineer **ingeniero -a electrónico -a** electronic engineer **ingeniero -a industrial** industrial engineer

ingenio *s* **1** (gracia, agudeza) wit **2** (inventiva) ingenuity

ingenioso, -a *adj* **1** (solución, idea) ingenious **2** (persona) witty

ingenuo, -a *adjetivo & sustantivo*

- *adj* naive
- *s* **ser un ingenuo/una ingenua** to be very naive

Inglaterra *s* England

> **¿England, Britain, Great Britain o United Kingdom?**
>
> Inglaterra es uno de los tres países que forman Gran Bretaña (**Great Britain** o **Britain**). Los otros dos son Escocia (**Scotland**) y Gales (**Wales**). Gran Bretaña e Irlanda del Norte forman el Reino Unido (**the United Kingdom**).

ingle *s* groin

inglés, -esa *adjetivo & sustantivo*

- *adj* English
- *s* (persona) **inglés** Englishman (plural -men) | **inglesa** Englishwoman (plural -women) | **los ingleses** the English
- **inglés** *s* (idioma) English: *¿Hablas inglés?* Do you speak English? | *Está escrito en inglés.* It's written in English.

> **¿English o British?**
>
> No uses **English** para referirte a personas, ciudades, etc. que no son de Inglaterra. La gente de Escocia o de Gales es **British** pero no **English**. Lee la nota en *Inglaterra*.

ingrediente *s* ingredient

ingresar *v* **1 ingresar en el ejército/en una organización** to join the army/an organization **2 ingresar a la universidad** to start at college (AmE), to start at university (BrE) **3 ingresar al hospital** to be admitted to the hospital (AmE), to be admitted to hospital (BrE) **4** (en computación, etc.) to enter: *Ingrese su código.* Enter your PIN number. **5** (una tarjeta) to insert

ingreso *s* **1** (o **ingresos**) (entrada de dinero) income *sing*: *un ingreso mensual de $800* a monthly income of $800 **2** (a un país, a un recinto) entry: *Le prohibieron el ingreso al país.* He was refused **entry into** the country. **3** (a una organización) entry: *el ingreso de otros países al Mercosur* the **entry** of other countries **into** Mercosur **4** (a un hospital) admission

inhalador *s* inhaler

inhalar *v* to inhale

inhibido, -a *adj* inhibited

inhibir *v* to inhibit

inhibirse *v* to get inhibited

inhumano, -a *adj* inhuman

inicial *adj & s* initial

iniciar *v* to start

iniciarse *v* to start

iniciativa *s* initiative | **tomar la iniciativa** to take the initiative

inicio *s* **1** (comienzo) start **2** (en informática) start: *Haga clic en "inicio".* Click on "start".

injusticia *s* injustice: *la injusticia social* social injustice | **es/fue etc. una injusticia** it's/it was etc. unfair

injusto, -a *adj* unfair | **ser injusto -a con alguien** to be unfair to sb: *No seas injusta con él.* Don't be unfair to him.

inmaduro, -a *adj* immature

inmediato, -a *adj* **1** immediate **2 de inmediato** immediately, right away, straightaway (BrE): *Vino de inmediato.* She came immediately.

inmenso, -a *adj* **1** (enorme) huge **2 la inmensa mayoría** the vast majority

inmigración *s* immigration

inmigrante *s* immigrant

inmigrar *v* to immigrate

inmobiliaria *s* real estate agency (plural -cies) (AmE), estate agent's (BrE)

inmoral *adj* immoral

inmortal *adj* immortal

inmóvil *adj* still | **permanecer/quedarse inmóvil** to stand absolutely still, to stand motionless

inmundo, -a *adj* (comida, olor) disgusting

inmutarse *v* **no se inmutó/ni se inmutaron etc.** he/they etc. didn't bat an eyelid

innato, -a *adj* innate

innecesario, -a *adj* unnecessary

innovación *s* innovation

innovador, -a *adj* innovative

innumerable *adj* countless

inocencia *s* **1** (no culpabilidad) innocence **2** (ingenuidad) innocence

inocente *adjetivo & sustantivo*

• *adj* **1** (no culpable) innocent **2** (ingenuo) naive

• *s* innocent person (plural innocent people)

inodoro *s* toilet, toilet bowl

inofensivo, -a *adj* harmless

inolvidable *adj* unforgettable

inoportuno, -a *adj* **1** (visita) untimely **2** (comentario, intervención) ill-timed **3** (persona) **eres/es etc. muy inoportuno -a** you always pick/he always picks etc. the wrong moment

inoxidable ▶ ver **acero**

inquietar *v* to worry

inquietarse *v* to worry: *No te inquietes.* Don't worry.

inquieto, -a *adj* **1** (preocupado) worried **2** (activo, curioso) inquisitive **3** (movedizo) restless, fidgety

inquilino, -a *s* tenant

inscribir *v* **1** (en un curso, etc.) to enroll (AmE), to enrol (BrE): *Sus padres lo inscribieron en un curso de computación.* His parents enrolled him in a computer course. **2 inscribir a alguien para un torneo etc.** to put sb's name down for a tournament etc.: *Su madre la inscribió para el torneo de ajedrez.* Her mother put her name down for the chess tournament. **3** (en un registro) to register

inscribirse *v* **1** (en un curso) to enroll (AmE), to enrol (BrE): *Se inscribió en un curso de inglés.* He enrolled in an English course. **2 inscribirse en un concurso** to enter a competition **3 inscribirse para un examen** to register for an exam **4 inscribirse en un torneo** to sign up for a tournament, to put your name down for a tournament

inscripción *s* **1** (para un curso) enrollment (AmE), enrolment (BrE): *¿Cuándo es la inscripción?* When is enrollment? | *¿Cuánto cuesta la inscripción?* How much does it cost to enroll? **2** (para un examen) registration

insecticida *s* insecticide

insecto *s* insect

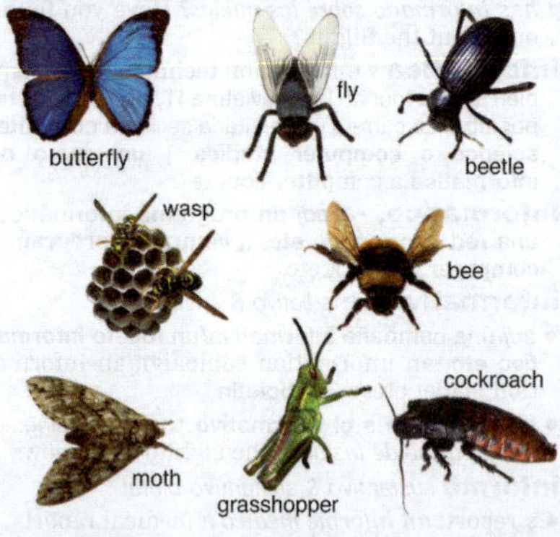

inseguridad *s* **1** (en sí mismo, en la situación laboral) insecurity **2 inseguridad (ciudadana)** En inglés se suele hablar directamente de la delincuencia en las calles o **street crime**: *Está aumentando la inseguridad en Bogotá.* Street crime is increasing in Bogotá./Bogotá is becoming less safe.

inseguro, -a *adj* **1** (persona) insecure: *Es muy inseguro.* He's very insecure. **2** (ciudad, barrio) unsafe

i ¿Quieres estudiar vocabulario por temas? Consulta el **minidiccionario ilustrado**.

insensible *adj* (en lo afectivo) insensitive | **ser insensible a algo** to be insensitive to sth: *Es insensible a los problemas de los demás.* She is insensitive to other people's problems.

inseparable *adj* inseparable

insignificante *adj* **1** (suma, cantidad) insignificant **2** (diferencia) insignificant **3** (detalle) small

insinuar *v* **1** (sugerir) to hint: *Me insinuó que no era el momento oportuno.* He hinted to me that it wasn't the right moment. **2** (algo negativo) to insinuate: *¿Qué estás insinuando?* What are you insinuating?

insípido, -a *adj* (sin sabor) tasteless

insistente *adj* **1** (reclamo, pedido) repeated **2** (persona) insistent

insistir *v* **1** (diciendo algo) to insist: *–¿Por qué no te quedas a almorzar? –Ya que insistes...* "Why don't you stay for lunch?" "Well, if you insist..." ▶ Para expresar irritación ante la insistencia de alguien, usa **to go on about sth**: *Me volvió a insistir con el tema de la fiesta.* He started going on about the party again. | *¡No insistas más!* Don't go on about it! | **insistir en hacer algo** to insist on doing sth: *Insiste en llamarme Pocha.* He insists on calling me Pocha. | **insistir en que** to insist (that): *Ella insiste en que es verdad.* She insists that it's true. | *Insistieron en que me quedara a dormir.* They insisted that I should stay the night. **2** (haciendo algo) to keep trying: *Insiste/Sigue insistiendo hasta que contesten.* Keep trying until they answer.

insolación *s* sunstroke | **me/le etc. dio (una) insolación** I/he etc. got sunstroke

insomnio *s* insomnia | **estar con insomnio/tener insomnio** to have insomnia

insoportable *adj* unbearable: *Su hermana es insoportable.* His sister is unbearable. | *Hace un calor insoportable.* It's unbearably hot.

inspección *s* inspection

inspector, -a *s* inspector

inspiración *s* inspiration

inspirar *v* **inspirarle confianza/respeto a alguien** to inspire sb with confidence/respect: *Tu dentista no me inspira confianza.* Your dentist doesn't inspire me with confidence. | *La pobre niña inspira lástima.* You have to feel sorry for the poor girl.

inspirarse *v* **inspirarse en algo/alguien** to be inspired by sth/sb

instalación *sustantivo & sustantivo plural*

• *s* (acto) installation

• **instalaciones** *s pl* (de un club, un hotel, etc.) facilities: *El club tiene muy buenas instalaciones.* The club has very good facilities.

instalación eléctrica electrical installation

instalar *v* (una cocina) to install, to put in, (una computadora) to set up

instalarse *v* **1** (establecerse) to settle: *Se instalaron en el norte del país.* They settled in the north of the country. **2** (mudarse) to move: *Nos vamos a instalar en Pando.* We're going to move to Pando.

instantáneo, -a *adj* (inmediato) instant ▶ ver **café**

instante *s* moment: *Lo vi hace un instante.* I saw him a moment ago. | *En ese instante se cortó la luz.* Just at that moment there was a power outage. | **al instante** right away: *Me lo dieron al instante.* They gave it to me right away.

instinto *s* instinct: *el instinto materno* the maternal instinct | **por instinto** instinctively

institución *s* institution

instituto *s* **1** (organismo) institute: *el Instituto Cervantes* the Cervantes Institute **2** (de idiomas) language school: *Estudio inglés en un instituto.* I'm studying English at a language school.

instrucción *sustantivo & sustantivo plural*

• *s* **1** (orden) instruction **2** (educación) education: *una persona sin instrucción* a person with no education

• **instrucciones** *s pl* (indicaciones) instructions

instructor, -a *s* instructor

instrumento *s* **1** (musical) instrument: *instrumentos de viento/cuerda/percusión* wind/string/percussion instruments | **tocar un instrumento** to play an instrument: *Sabe tocar varios instrumentos.* She can play several instruments. **2** (herramienta) tool **3** (de laboratorio) instrument

instrumento de trabajo tool

insuficiente *adjetivo & sustantivo*

• *adj* **1** (cantidad, recursos) insufficient **2** (trabajo, nivel) unsatisfactory

• *s* (calificación) **sacar insuficiente en química/inglés etc.** to fail chemistry/English etc.

insultar *v* to insult

insultarse *v* to insult each other

insulto *s* insult

intacto, -a *adj* **1** (sin daño) intact | **conservarse/mantenerse intacto -a** to remain intact: *El edificio se mantiene intacto.* The building remains intact. **2** (sin probar) untouched: *Dejó el café intacto.* She left her coffee untouched.

integrado, -a *adj* **integrado -a por** made up of: *Colombia está integrada por 32 departamentos.* Colombia is made up of 32 departments.

integral *adj* **1** (harina, pan) whole wheat (AmE), wholemeal (BrE) **2** (arroz) brown

integrar *v* **1** (componer) to make up: *los políticos que integran la comisión* the politicians who make up the committee **2** (formar parte de) to form part of: *Fue elegido para integrar el equipo.* He was chosen to form part of the team. **3** (culturas, razas) to integrate

integrarse *v* **1** (incorporarse) to fit in: *Se ha integrado muy bien en la clase.* He has fitted in very well in the class. **2** (en una cultura, un ambiente) to integrate: *No hacen esfuerzos por integrarse.* They make no effort to integrate.

intelectual *adj & s* intellectual

inteligencia *s* intelligence
inteligencia artificial artificial intelligence

inteligente *adj* intelligent

intemperie *s* **a la intemperie** out in the open: *Pasamos la noche a la intemperie.* We spent the night out in the open.

intención *s* **1** intention: *Vino con la intención de ayudar.* She came with the intention of helping. **2 tener (la) intención de hacer algo/ tener intenciones de hacer algo** to intend to do sth: *Tiene intenciones de hacer un Master en Estados Unidos.* He intends to do a Master's degree in the States. **3 tener buenas intenciones** to mean well: *Tiene buenas intenciones.* He means well. **4 no lo dijo/hizo etc. con mala intención** he/she etc. didn't mean to upset anyone

intencionado, -a *adj* **bien intencionado -a** well-meaning: *una persona bien intencionada* a well-meaning person | **mal intencionado -a** malicious

intensidad *s* intensity (plural -ties)

intensivo, -a *adj* intensive: *un curso intensivo de inglés* an intensive English course ▶ ver **cuidado, terapia**

intenso, -a *adj* **1** (frío, calor) intense **2** (dolor) intense, acute **3** (color, luz) intense **4** (olor) strong **5** (vida) intense

intentar *v* to try: *He intentado varias veces.* I've tried several times. | **intentar hacer algo** to try to do sth: *Intentaré llegar temprano.* I'll try to arrive early.

intento *s* attempt: *Lo consiguió al primer intento.* He managed to do it on the first attempt. | **un intento de fuga/sucidio etc.** an attempted escape/suicide etc.

intercambiar *v* **1** (ideas, opiniones) to exchange **2** (estampillas, etc.) to swap, to trade (AmE)

intercambio *s* **1** (estudiantil) exchange: *Se fue a Washington en un intercambio.* He went to Washington on an exchange. **2** (de ideas, opiniones) exchange

interés *sustantivo & sustantivo plural*

• *s* **1** (curiosidad) interest: *Escuchó con mucho interés.* He listened with great interest. | **tener interés en/por (hacer) algo** to be interested in (doing) sth: *Tienen interés por conocerte.* They're interested in meeting you. | **no tener interés en (hacer) algo** not to be interested in (doing) sth: *No tengo ningún interés en ver esa película.* I'm not the slightest bit interested in seeing that movie. | **perder el interés (en/por algo)** to lose interest (in sth)
2 (en finanzas) interest: *Te cobran un 5% de interés.* They charge you 5% interest.
3 por interés (por conveniencia) out of self-interest: *Me ayudó por interés.* He helped me out of self-interest.

• **intereses** *s pl* **1** (de una persona, un grupo) interests: *los intereses de las multinacionales* the interests of the multinationals
2 (en finanzas) interest *sing*: *los intereses de la deuda externa* the interest on the foreign debt

interesado, -a *adj* **1** interested | **estar interesado -a en (hacer) algo** to be interested in (doing) sth: *Estaba interesada en nuestro proyecto.* She was interested in our project. **2 es/eres etc. muy interesado -a** he always acts/ you always act etc. out of self-interest

interesante *adj* interesting: *Parece una idea interesante.* It seems like an interesting idea. | *¡Qué interesante!* That's interesting!

interesar *v* **me/le etc. interesa (algo)** I'm/he's etc. interested (in sth): *Me interesa muchísimo el tema.* I'm very interested in the subject. | *Me interesaría saber cuánto cuesta.* I'd be interested to know how much it costs.
interesarse *v* **interesarse por algo** to be interested in sth: *La gente no se interesa mucho por estos temas.* People aren't very interested in these subjects.

interferencia *s* (en radio, teléfono) interference: *Hay mucha interferencia.* There's a lot of interference.

interior *sustantivo, sustantivo plural & adjetivo*

• *s* **1** (de un país) **el interior** the interior: *Viaja mucho por el interior.* He travels a lot in the interior. **2 en el interior (del edificio/de la tienda etc.)** inside (the building/the store etc.): *Había mucha gente en el interior.* There were a lot of people inside. **3** (de una persona) **en mi/su etc. interior** deep down: *En su interior estaba arrepentido.* Deep down he was sorry.

• **interiores** *s pl* **1** (calzoncillos) underpants, pants (BrE) **2** (ropa interior) underwear *sing* **3** (en cine) studio takes ▶ ver **decoración**

• *adj* **1** (de adentro) **la parte interior de algo** the inside of sth | **un bolsillo interior** an inside pocket | **una habitación interior** an inner room, an inside room **2 política interior** domestic policy ▶ ver **comercio, ropa**

interjección *s* interjection

intermediario, -a *s* (mediador) intermediary (plural -ries)

intermedio, -a *adjetivo & sustantivo*

• *adj* intermediate: *un curso de nivel intermedio* an intermediate level course

• **intermedio** *s* **por intermedio de algo/alguien** through sth/sb: *Lo conocí por intermedio de Pedro.* I met him through Pedro.

interminable *adj* **1** endless **2 se me/le etc. hizo interminable** it seemed to go on forever: *La clase se me hizo interminable.* The class seemed to go on forever.

internacional *adj* international

internado, -a *adjetivo & sustantivo*

• ***adj*** (en un hospital) **estar internado -a** to be in the hospital (AmE), to be in hospital (BrE): *Estará internada una semana.* She'll be in the hospital for a week. | *¿Dónde está internada tu abuela?* Which hospital is your grandmother in?

• **internado** *s* (colegio) boarding school

internar *v* (en un hospital, etc.) to admit ► **to admit** es bastante formal. Mira las alternativas que muestran los ejemplos: *Lo internaron el jueves.* He was admitted (to the hospital) on Thursday./He went into the hospital on Thursday. | *Tuvieron que internarlo de urgencia.* He had to be rushed to the hospital.

Internet *s* the Internet: *¿Tienes Internet?* Are you on the Internet? | **bajar algo de Internet** to download sth from the Internet: *Este programa se puede bajar de Internet.* This program can be downloaded from the Internet. | **conectarse a Internet (a)** (por primera vez) to get connected to the Internet, to get on-line **(b)** (regularmente) to get on the Internet, to go on the Internet: *No puedo conectarme a Internet.* I can't get on the Internet. | **navegar por Internet** to surf the Net: *Se pasa horas navegando por Internet.* He spends hours surfing the Net. | **buscar algo en Internet** to look sth up on the Internet

interno, -a *adjetivo & sustantivo*

• ***adj*** **1** (problema, comunicación) internal **2** (órgano, hemorragia) internal **3** (módem) internal **4** (patio) inner, interior

• ***s*** **1** (alumno) boarder **2** (médico) intern (AmE), houseman (plural -men) (BrE) **3** (en una cárcel) inmate

interpretación *s* **1** (de un texto, un hecho, un sueño) interpretation: *una interpretación muy subjetiva* a very subjective interpretation **2** (de un personaje) portrayal: *una magnífica interpretación de Hamlet* a magnificent portrayal of Hamlet **3** (de una pieza musical) rendition **4** (traducción simultánea) interpreting

interpretar *v* **1** (un hecho, un texto, un sueño) to interpret **2** (a un personaje) to play **3** (una obra musical, una canción) to perform

intérprete *s* **1** (actor, músico) performer **2** (traductor) interpreter

interrogación ► ver **signo**

interrogar *v* **1** (a un detenido) to question, to interrogate ► **to interrogate** implica una actitud más agresiva: *La interrogaron durante más de seis horas.* She was interrogated for over six hours. **2** (a un testigo) to question

interrogatorio *s* **1** (de un detenido) questioning, interrogation ► **interrogation** implica una actitud más agresiva. **questioning** no se puede usar precedido de **a**: *Lo sometieron a un largo interrogatorio.* He was subjected to lengthy questioning./He was subjected to a long interrogation. **2** (de un testigo) questioning

interrumpir *v* **1** (a una persona) to interrupt: *No me interrumpas.* Don't interrupt me. **2** (una conversación, una clase, una actividad) to interrupt **3** (el tráfico) to hold up **4** (un programa de televisión, de radio) to interrupt **5 interrumpir un viaje/unas vacaciones** to cut short a trip/a vacation

interrupción *s* interruption | **sin interrupción** without interruption

interruptor *s* switch (plural -ches)

intervalo *s* interval

intervenir *v* **1** (actuar) to intervene: *Juan tuvo que intervenir para separarlos.* Juan had to intervene to separate them. **2** (tomar parte) **intervenir en una conversación/un debate** to take part in a conversation/a debate: *Nunca interviene en clase.* He never participates in class. **3** (un teléfono) to tap

intestino *s* intestine | **cáncer de intestino** bowel cancer

intestino delgado small intestine **intestino grueso** large intestine

intimidad *s* (privacidad) privacy: *Aquí no tengo intimidad.* I don't have any privacy here. | **en la intimidad** in private: *En la intimidad es otra persona.* In private she's a different person.

íntimo, -a *adj* **1** (amigo) close: *Es una amiga íntima.* She's a close friend. **2** (tema, asunto) private: *No me gusta hablar de cosas íntimas.* I don't like talking about private things. **3** (ambiente) intimate **4** (fiesta) small **5** (diario) private

intolerante *adj* intolerant

intoxicación *s* **1** (causada por alimentos) food poisoning **2** (causada por drogas, gases, etc.) intoxication

intoxicarse *v* (por consumir alimentos en mal estado) to get food poisoning

intriga *s* suspense | **quedarse con la intriga** to be left in suspense | **dejar a alguien con la intriga** to leave sb in suspense

intrigar *v* **me/te etc. intriga** I'm/you're etc. intrigued: *Me intriga saber quién lo hizo.* I'm intrigued to know who did it.

introducción *s* introduction

introducir *v* **1** (un cambio, una medida) to introduce **2** (meter) to insert: *Introduzca dos monedas de un peso.* Insert two one-peso coins. **3** (en computación) (datos, información) to input, to enter

introvertido, -a *adj* introverted

intruso, -a *s* intruder

intuición *s* intuition | **tengo la intuición de que...** I have a feeling that...

inundación *s* flood

inundar *v* to flood

inundarse *v* **1** (casa, campos, etc.) to flood: *Se nos inundó la cocina.* The kitchen flooded. **2** (motor) to flood

inútil *adjetivo & sustantivo*

• ***adj*** (cosa, persona) useless | **es inútil (insistir/que te quejes etc.)** it's no use (going on about it/complaining etc.): *Fue inútil.* It was no use. |

Es inútil apurarse ahora. It's no use rushing now.

• **s ser un/una inútil** to be useless

invadir *v* to invade

inválido, -a *adjetivo & sustantivo*

• **adj** **1** (erróneo) (argumento, razones) invalid **2** (persona) disabled

• **s** disabled person (plural disabled people)

invasión *s* **1** invasion **2** (de terrenos) illegal occupation

inventar *v* to invent

inventarse *v* to make up: *Me inventé una excusa.* I made up an excuse.

invento *s* (descubrimiento) invention

inventor, -a *s* inventor

invernadero *s* greenhouse ▶ ver **efecto**

inversión *s* investment

inverso, -a *adj* **1 en sentido inverso** in the opposite direction | **en orden inverso** in reverse order | **hacer el camino inverso** to go back the way you came **2 a la inversa** the other way around

invertir *v* **1** (dinero) to invest: *Invirtieron millones en nuestro país.* They invested millions in our country. **2 invertir el orden de algo** to reverse the order of sth

investigación *s* **1** (policial) investigation **2** (científica) research

investigador, -a *s* researcher

investigar *v* **1** (averiguar) to investigate: *La policía está investigando los motivos del crimen.* The police are investigating the motives for the crime. **2** (a una persona, una empresa) **lo/los etc. están investigando** he is/they are etc. under investigation, he is/they are etc. being investigated **3** (estudiar) **investigar (sobre) algo** to carry out research into sth

invierno *s* winter ▶ ver "Active Box" **estaciones del año** en **estación**

invisible *adj* invisible

invitación *s* **1** (acción) invitation: *No acepté su invitación.* I didn't accept his invitation. **2** (tarjeta) invitation

invitado, -a *sustantivo & adjetivo*

• **s** guest: *Los invitados empezaron a llegar a las diez.* The guests started arriving at ten. | *la lista de invitados* the guest list

• **adj estar invitado -a** to be invited: *–¿Vas a ir a la fiesta? –No estoy invitada.* "Are you going to the party?" "I'm not invited."

invitar *v* **1** (a una fiesta, a una cena, etc.) to invite: *Nos invitó a su cumpleaños.* She invited us to her birthday party. | **invitar a alguien a salir** to ask sb out: *No se animó a invitarla a salir.* He couldn't pluck up the courage to ask her out. | *Me ha invitado a ir al cine con él.* He's asked me to go to the movies with him. **2** (pagar) to pay: *Yo invito.* I'm paying.

involuntario, -a *adj* involuntary

inyección *s* injection | **darle/ponerle una inyección a alguien** to give sb an injection

ir *verbo & verbo auxiliar*

• **v** ▶ ver recuadro

irse *v* **1** (de un lugar) to leave: *Se han ido.* They've left. | *Se fue de su casa.* She left home. **2** (pasarse) to go: *Se me ha ido el dolor de cabeza.* My headache has gone. | *Se me ha ido el hambre.* I've lost my appetite.

• **v** [aux] **ir a** [+ infinitivo] to be going to [+ infinitivo]: *Le voy a decir la verdad.* I'm going to tell him the truth. | *Nos íbamos a reunir el viernes.* We were going to meet on Friday.

Irlanda *s* Ireland

irlandés, -esa *adjetivo & sustantivo*

• **adj** Irish

• **s** (persona) **irlandés** Irishman (plural -men) | **irlandesa** Irishwoman (plural -women) | **los irlandeses** the Irish

• **irlandés** *s* (idioma) Gaelic, Irish

ironía *s* irony (plural -nies)

irónico, -a *adj* ironic

irracional *adj* irrational

irreal *adj* unreal

irregular *adj* irregular: *un verbo irregular* an irregular verb

irresponsable *adjetivo & sustantivo*

• **adj** irresponsible: *una actitud irresponsable* an irresponsible attitude

• **s ser un/una irresponsable** to be very irresponsible

irritar *v* **1** (enojar) to irritate **2** (causar ardor) to irritate

irritarse *v* **1** (enojarse) to get irritated: *Su tía se irritó mucho con él.* His aunt got very irritated with him. **2** (piel, ojos, etc.) to get irritated: *Se me irritaron los ojos.* My eyes got irritated.

irrompible *adj* unbreakable

isla *s* island: *Viven en una isla en el Caribe.* They live on an island in the Caribbean.

las Islas Británicas the British Isles

> **¿island o isle?**
>
> **island** es la traducción de *isla* en la mayoría de los contextos. **isle** sólo se usa en los nombres de algunas islas o en lenguaje literario.

Islam *s* Islam

islámico, -a *adj* Islamic

Italia *s* Italy

italiano, -a *adjetivo & sustantivo*

• **adj** Italian

• **s** (persona) Italian | **los italianos** (the) Italians

• **italiano** *s* (idioma) Italian

itinerario *s* route

IVA *s* sigla de **Impuesto al Valor Agregado** VAT

ir *verbo*

1 DIRIGIRSE (= to go)

¿Adónde vas? Where are you going? | *Este tren no va al aeropuerto.* This train doesn't go to the airport. | **ir al dentista, al médico etc.** to go to the dentist, the doctor etc.: *Tengo que ir al dentista.* I have to go to the dentist.

Las construcciones **ir en avión, ir en bicicleta,** etc. están tratadas bajo el sustantivo correspondiente.

2 ACUDIR (= to come)

–¡Tomás! –¡Voy! "Tomás!" "(I'm) coming!"

3 CAMINO, CARRETERA

la carretera que va a Cuzco the road to Cuzco

4 MARCHAR

¿Cómo va todo? How are things going? | **irle bien/mal a alguien:** *–¿Cómo te va? –Bien.* "How are you?" "Fine." | *–¿Cómo te fue en la prueba? –Más o menos.* "How did the test go?" "So-so."

5 EN DEPORTES, JUEGOS

–¿Cómo van? –2 a 0. "What's the score?" "Two-zero." | *El equipo del colegio va primero.* The school team is in the lead.

6 EN UNA LECTURA, UN TRABAJO

ir por: *–¿Por dónde vas? –Estoy leyendo el primer capítulo.* "How far have you gotten?" "I'm reading the first chapter." | *Ya va por el último ejercicio.* He's already on the last exercise.

7 UBICACIÓN (= to go)

Estos libros van aquí. These books go here.

8 MODO

El tren iba lleno. The train was full. | *Va siempre muy maquillada.* She always wears a lot of make-up.

9 VESTIR

ir de traje/de negro etc. to wear a suit/to wear black etc.: *Iba de largo.* She wore a long dress.

10 COMBINAR

ir (bien) con to go (well) with: *El naranja no va con el rojo.* Orange doesn't go with red.

11 EXPRESIONES

vaya a saber who knows?: *Vaya a saber por qué lo hizo.* Who knows why he did it? | **¡qué le vamos/vas a hacer!** what can we/you do about it? | **vamos** come on: *Vamos, Claudia, no te enojes.* Come on Claudia, don't get angry. | **vamos a ver:** *Vamos a ver, ¿qué pasó?* Now then, what happened? | *Vamos a ver qué hicieron.* Let's see what they've done.

izquierda *s* **1 la izquierda** (la mano) your left hand: *Escribe con la izquierda.* He writes with his left hand. **2 a la izquierda** on the left: *la primera calle a la izquierda* the first street on the left | **doblar a la izquierda** to turn left | **a la izquierda de algo** to the left of sth: *Está a la izquierda de la puerta.* It's to the left of the door. | **a la izquierda de alguien** on sb's left: *Se sentó a la izquierda de Marta.* She sat on Marta's left. | **el/la de la izquierda** the one on the left: *El de la izquierda es mi tío.* The one on the left is my uncle. | **de izquierda a derecha** from left to right **3** (en política) left: *La izquierda se opuso.* The left objected. | **de izquierda** left-wing: *un partido de izquierda* a left-wing party

izquierdo, -a *adj* **1** (mano, pie, etc.) left: *Se lastimó el pie izquierdo.* She hurt her left foot. **2 en el/del lado izquierdo** on the left-hand side

J

J, j *s* J, j ▶ ver "Active Box" **letras del alfabeto** en **letra**

jabalí *s* wild boar

jabalina *s* javelin

jabón *s* soap: *Se lavó las manos con agua y jabón.* He washed his hands with soap and water.

jabón de tocador toilet soap **jabón lavaplatos** dishwashing liquid (AmE), washing up liquid (BrE) **jabón en polvo** laundry detergent (AmE), washing powder (BrE)

jabonera *s* soap dish (plural -shes)

jactarse *s* to brag | **jactarse de algo** to brag about sth

jaguar *s* jaguar

jalado, -a *adj* (borracho) **estar jalado -a** to have had a few too many

jalar o **halar** *v* **1** (tirar) **jalar (de) algo** to pull sth: *No me jales el pelo.* Don't pull my hair. | *Me jalaba del brazo con desesperación.* He was tugging deperately at my arm. **2** (agarrar) to take **3 jalarle a algo** ver ejemplos: *¿Le jalas a un trago?* Would you like a drink? | *Ya sabes que no*

le jalo al heavy metal. You know I'm not into heavy metal.
jalarse *v* (emborracharse) to have a few too many
jalea *s* jelly (plural jellies)
jalea real royal jelly
jamás *adv* never: *Jamás pierde la paciencia.* He never loses his patience.
jamón *s* ham: *un sandwich de jamón* a ham sandwich
jamón dulce, jamón cocido cooked ham
jamón crudo cured ham
Japón *s* Japan
japonés, -esa *adjetivo & sustantivo*
- *adj* Japanese
- *s* (persona) **japonés** Japanese man (plural men) | **japonesa** Japanese woman (plural women) | **los japoneses** the Japanese
- **japonés** *s* (idioma) Japanese

jaque *s* check
jaque mate checkmate
jaqueca *s* migraine: *Tenía unas jaquecas terribles.* She had terrible migraines.
jarabe *s* syrup: *jarabe para la tos* cough syrup
jardín *s* **1** (en lugar público) garden **2** (de una casa) yard (AmE), garden (BrE): *Estaban jugando en el jardín.* They were playing in the yard.
jardín botánico botanical garden **jardín infantil** nursery school **jardín zoológico** zoo
jardinera *s* **1** (para plantas) window box (plural -xes) **2** (prenda de vestir) overalls *pl* (AmE), dungarees *pl* (BrE)
jardinería *s* gardening
jardinero, -a *s* gardener
jarra *s* pitcher (AmE), jug (BrE): *una jarra de agua* a pitcher of water
jarro *s* **1** (para servir) pitcher (AmE), jug (BrE): *un jarro de leche* a pitcher of milk **2** (taza alta) mug **3** (para flores) vase
jarrón *s* vase
jartera *s* **1** (pereza) **me/nos etc. da jartera** I/we etc. don't feel like it: *Me da jartera salir.* I don't feel like going out. **2** (hastío, aburrimiento) **ser una jartera/dar jartera** to be a bore | **¡qué jartera de libro/partido etc.!** what a boring book/game etc.!
jarto, -a *adj* **1 estar jarto -a de algo/alguien** to be fed up with sth/sb: *Estoy jarto del Gran Hermano.* I'm fed up with Big Brother. | **estar jarto -a de hacer algo** to be fed up of doing sth: *Ya estoy jarta de oírte quejándote.* I'm fed up of listening to you complaining. **2** (aburrido) (película, clase, libro, etc.) boring
jaula *s* cage
jazmín *s* jasmine
jazz *s* jazz: *una banda de jazz* a jazz band
jeans *s pl* (pantalón) jeans *pl*: *Me puse jeans y una camisa.* I put on some jeans and a T-shirt.
jefe, -a *s* **1** (en el trabajo) boss (plural bosses) **2** (de un partido, un sindicato) leader **3** (de una tribu) chief
Jefe de Estado head of state **jefe de policía** chief of police, police chief (AmE), chief constable (BrE)
jengibre *s* ginger
jerarquía *s* hierarchy (plural -chies)
jerez *s* sherry (plural -rries)
jerga *s* jargon
jeringa *s* syringe
jeroglífico *s* (escritura) hieroglyph (plural hieroglyphics)
Jesucristo *s* Jesus Christ
Jesús *s* Jesus
jilguero *s* goldfinch (plural -ches)
jinete, -a *s* rider
jirafa *s* giraffe
jockey *s* jockey
jonrón *s* home run
jornada *s* (día) day: *la noticia más importante de la jornada* the most important news of the day
jornada laboral working day
joroba *s* hump
jorobado, -a *adjetivo & sustantivo*
- *adj* hunchbacked
- *s* hunchback

jota *s* **1 no entender/saber ni jota** not to understand/know a thing: *No entendió ni jota.* She didn't understand a thing. **2** (naipe) jack
joven *adjetivo & sustantivo*
- *adj* young: *Es muy joven todavía.* He's still very young. | *Mi mamá es más joven que mi papá.* My mother is younger than my father.
- *s* (varón) young man (plural men), (mujer) girl, young woman (plural women): *un joven de 18 años* a young man of 18 | *Es un lugar ideal para los jóvenes.* It's an ideal place for young people.

joya *s* (alhaja) piece of jewelry (AmE), piece of jewellery (BrE): *una joya muy valiosa* a very valuable piece of jewelry ► **a jewel** significa **una piedra preciosa**. Para hablar de joyas en general se usa **jewelry** (o **jewels** si son muy valiosas): *Le robaron todas las joyas.* All her jewelry was stolen. | *las joyas de la corona* the crown jewels

joyería *s* (comercio) jewelry store (AmE), jeweller's (BrE)
joyero, -a *sustantivo masculino & femenino & sustantivo masculino*
- *s* [masc & fem] (persona) jeweler (AmE), jeweller (BrE)
- **joyero** *s* [masc] (caja) jewelry box (plural -xes) (AmE), jewellery box (BrE)

jubilación *s* **1** (dinero) pension: *Cobra una buena jubilación.* She gets a good pension.

¿Quieres más información sobre los **verbos modales**? Hay una explicación en el apartado de gramática.

2 (condición) retirement: *Ya está pensando en su jubilación.* He's already thinking about his retirement.

jubilado, -a *adjetivo & sustantivo*

- **adj** retired: *Está jubilada.* She is retired.
- **s** retiree (AmE), pensioner (BrE)

jubilarse *v* to retire

judaísmo *s* Judaism

judío, -a *adjetivo & sustantivo*

- **adj** Jewish
- **s** Jew

judo *s* judo | **hacer judo** to do judo

juego *s* **1** (actividad recreativa) game: *Jugamos a un juego muy divertido.* We played a fun game. **2** (por dinero) **el juego** gambling: *El juego le arruinó la vida.* Gambling ruined his life. **3** (en tenis, squash, etc.) game: *Va ganando por dos juegos a uno.* She's winning two games to one. **4** (conjunto) set: *un juego de sábanas* a set of bedlinen | *un juego de té* a tea set **5 hacer juego** to match: *El pantalón y la camisa no hacen juego.* The pants and the shirt don't match. | **hacer juego con algo** to match sth **6 estar en juego** to be at stake: *Está en juego tu futuro.* Your future is at stake. **7 los juegos (a)** (tobogán, columpios, etc.) the swings: *Quieren ir a los juegos.* He wants to go to the swings. **(b)** (en un parque de diversiones) the rides

juego de azar game of chance **juego de cartas** card game **juego de la oca** Si quieres explicar qué es el juego de la oca, di *it's a board game similar to "chutes and ladders"* **juego de mesa** board game **juego de palabras** play on words **juego de video** video game **juego limpio** fair play **Juegos Olímpicos** *s pl* Olympic Games **juego sucio** foul play

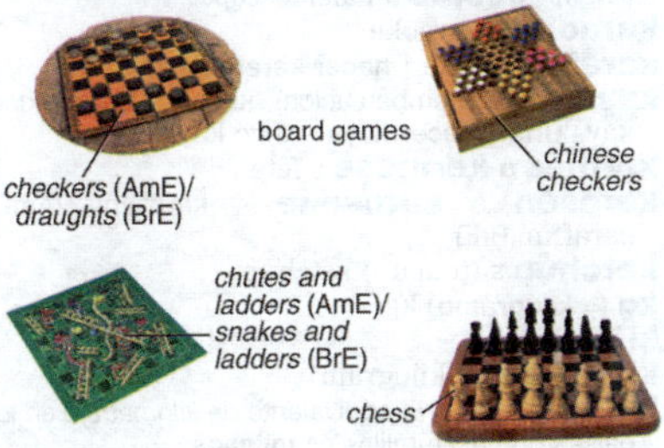

jueves *s* Thursday ▶ ver "Active Box" **días de la semana** en **día**

Jueves Santo Holy Thursday, Maundy Thursday (BrE)

juez, jueza *s* judge

juez de línea (a) (hombre) linesman (plural -men) **(b)** (mujer) lineswoman (plural -women)

jugada *s* **1** (en fútbol, básquet, etc.) play (AmE), move (BrE): *la mejor jugada del primer tiempo* the best play of the first half **2** (en ajedrez) move

jugador, -a *s* **1** (de un deporte o juego) player: *un jugador de fútbol* a soccer player **2** (que tiene el vicio del juego) gambler

jugar *v* **1** (realizar una actividad recreativa) to play: *Jugaron juntos toda la tarde.* They played together all afternoon. | **jugar cartas/ajedrez etc.** to play cards/chess etc.
2 (hablando de deportes) to play | **jugar fútbol/básquet etc.** to play soccer/basketball etc.: *Juega tenis muy bien.* He plays tennis very well. | **jugar contra/con alguien** to play sb: *México juega contra Colombia el domingo.* Mexico plays Colombia on Sunday.
3 (por dinero) to gamble: *Sale todas las noches a jugar.* He goes out gambling every night. | **jugar ruleta/póker etc.** to play roulette/poker etc.
4 (apostar) to bet: *Le jugó todo al 27.* He bet everything on number 27.
5 (referido al turno en un juego) En ajedrez o damas se dice **to move,** en otros juegos de mesa **to play**: *¿Ya has jugado?* Have you moved yet?/Have you played yet? | *Me toca jugar a mí.* It's my turn./It's my go.
6 jugar limpio to play fair | **jugar sucio** to play dirty

jugarse *v* **1** (apostar) **jugarse algo** to gamble sth away: *Se jugó el dinero de la herencia.* He gambled away his inheritance.
2 (arriesgar) **jugarse la vida/el empleo etc.** to risk your life/your job etc., to put your life/your job etc. at risk

jugo *s* (de fruta) juice: *jugo de naranja* orange juice

jugoso, -a *adj* (carne, fruta) juicy

juguete *s* toy | **un auto/un revólver etc. de juguete** a toy car/gun etc.

juguetería *s* toy shop, toy store

juicio *s* **1** (en derecho) trial | **llevar a alguien a juicio** to take sb to court: *Le hizo juicio a su vecino.* He took his neighbor to court. **2** (opinión) **a mi/su etc. juicio** in my/her etc. opinion | **a juicio de alguien** in sb's opinion **3 perder el juicio** to go crazy ▶ ver **muela**

julio *s* July ▶ ver "Active Box" **meses** en **mes**

jungla *s* jungle

junio *s* June ▶ ver "Active Box" **meses** en **mes**

junta *s* **1** (reunión) meeting **2** (comisión) committee

junta militar military junta

juntar *v* **1** (acercar) **juntar las manos/dos mesas etc.** to put your hands/two tables etc. together: *Juntamos las dos camas.* We put the two beds together. | **juntar algo con algo** to put sth and sth together: *No juntes tus lápices con los míos.* Don't put your pencils together with mine. **2** (reunir) (firmas, alimentos, etc.) to collect: *Están juntando alimentos para los damnificados por las inundaciones.* They are collecting food for the flood victims. **3 juntar (dinero) para algo** to save up for sth: *Estoy juntando dinero para un DVD.* I'm saving up for a DVD. | **juntar el dinero**

¿No estás seguro del significado de alguna **abreviatura**? Mira la lista de abreviaturas en el interior de la cubierta.

para algo to get the money together for sth: *Ya han juntado el dinero para el viaje.* They've already gotten the money together for the trip. **4 juntar a familiares/amigos -as etc.** to get relatives/friends etc. together: *Decidieron juntar a toda la familia para Navidad.* They decided to get the whole family together for Christmas. **5** (coleccionar) to collect: *Junta monedas antiguas.* He collects old coins.

juntarse *v* **1** (reunirse) to get together: *Nos juntamos a jugar cartas.* We get together to play cards. | **juntarse con alguien (a)** (en determinada ocasión) to get together with sb: *Me junté con Carmen para hacer el trabajo.* I got together with Carmen to do the assignment. **(b)** (tener trato con) to mix with sb: *No te juntes con ellos.* Don't mix with them. **2** (acercarse) to move close together: *Júntense más.* Move closer together.

junto, -a *adjetivo & adverbio*

- ***adj*** together: *Fuimos juntos a la fiesta.* We went to the party together. | *Las mesas están demasiado juntas.* The tables are too close together.
- ***adv*** **junto a** next to: *Se sentó junto a ella.* He sat next to her. | **junto con** (together) with

Júpiter *s* Jupiter

jurado *s* **1** (en un juicio) jury (plural -ries) **2** (en un concurso) panel, panel of judges

juramento *s* oath | **prestar juramento** to take an oath | **bajo juramento** under oath

jurar *v* **1** to swear: *Me juró que era verdad.* He swore to me that it was true. | *No fui yo, te lo juro.* It wasn't me, I swear. **2 jurar (la) bandera** to swear allegiance to the flag

jurídico, -a *adj* legal: *el sistema jurídico* the legal system

justamente *adv* **1** (precisamente) precisely: *Es justamente por eso que queremos ir.* That is precisely why we want to go. | *Fue ella, justamente, la que quiso hacerlo así.* It was precisely her who wanted to do it like this. **2** (casualmente) just: *Justamente estaba por llamarte.* I was just about to call you.

justicia *s* **1** (equidad) justice | **se hizo/se hará justicia** justice was done/will be done **2 la justicia** (el sistema) the law

justificar *v* **1** (una actitud, un gasto) to justify **2** (fundamentar) to give reasons for: *Justificar la respuesta.* Give reasons for your answer.

justificarse *v* to justify what you do: *No intentes justificarte* Don't try to justify what you did.

justo, -a *adjetivo & adverbio*

- ***adj*** **1** (apropiado, exacto) **en el momento justo/a la hora justa etc.** just at the right moment/time etc.: *Llegamos en el momento justo.* We arrived just at the right moment. **2** (apenas suficiente) **el dinero/tiempo justo** just enough money/time: *Tengo el dinero justo para el autobús.* I have just enough money for the bus. **3** (de acuerdo con la justicia) fair: *un castigo justo* a fair punishment | *No es justo.* It's not fair. **4** (ajustado) (pantalones, falda) tight
- **justo** ***adv*** **1** (precisamente) precisely: *Es justo por eso que estoy preocupada.* That's precisely why I'm worried. | **justo en ese momento/cuando...** just at that moment/just when...: *justo cuando estaba por salir* just as I was about to go out | **justo delante/detrás etc.** just in front/behind etc., right in front/behind etc.: *Se sentó justo enfrente de ella.* He sat just opposite her./He sat right opposite her. **2** (apenas) just: *Alcanzó justo.* It was just enough.

juventud *s* **1** (edad) youth: *Jugaba tenis en su juventud.* She played tennis when she was young./She played tennis in her youth. **2** (los jóvenes) young people: *la juventud de hoy* young people today/the youth of today

juzgado *s* court

juzgar *v* **1** (en derecho) to try **2** (evaluar) to judge: *Tiene la costumbre de juzgar a la gente.* He is in the habit of judging people.

K

K, k *s* K, k ► ver "Active Box" **letras del alfabeto** en **letra**

kaleidoscopio *s* kaleidoscope

karaoke *s* karaoke

karate *s* karate | **hacer karate** to do karate

kayac *s* **1** (embarcación) kayak **2** (actividad) kayaking | **hacer kayac** to go kayaking

kermés o **kermese** *s* fête

kerosén o **kerosene** *s* kerosene (AmE), paraffin (BrE)

ketchup *s* (tomato) ketchup

kg (= **kilogramo**) kg

kilo *s* kilo

kilogramo *s* kilogram

kilometraje *s* El equivalente de *kilometraje* en los países que usan millas es **mileage**

kilómetro *s* kilometer (AmE), kilometre (BrE)

kilovatio *s* kilowatt

kimono *s* kimono

kinder *s* nursery school

kinesiólogo, -a *s* physiotherapist

kiosco *s* ► ver **quiosco**

kiwi *s* **1** (fruta) kiwi, kiwi fruit **2** (ave) kiwi

kleenex® *s* tissue, Kleenex® (plural -xes)

klínex *s* tissue, Kleenex® (plural -xes)

km (= **kilómetro**) km

i ¿Se dice *I arrived in Miami* o *I arrived to Miami*? Mira la entrada **arrive**.

knock out *s* knockout
K.O. (= **knock out**) KO
koala *s* koala (bear)
kuchen *s* tart

L

L, l *s* L, l ▶ ver "Active Box" **letras del alfabeto** en **letra**
l (= **litro**) l
la *artículo, pronombre & sustantivo*
• ***art*** ▶ ver recuadro en **el**; el plural **las** está tratado junto con **los**
• ***pron*** ▶ ver recuadro; el plural **las** está tratado junto con **los**
• ***s*** (nota musical) A

> **la** *pronombre*
>
> **1** CUANDO NO SE REFIERE A PERSONAS (= it)
> *¿La vas a comprar?* Are you going to buy it?
>
> **2** CUANDO SE REFIERE A "ELLA" (= her)
> *La llevé a su casa.* I took her home.
> El pronombre no se usa en inglés cuando está presente el complemento al que se refiere:
> *A Mercedes no la vi.* I didn't see Mercedes.
>
> **3** CUANDO SE REFIERE A "USTED" (= you)
> *¿La puedo ayudar?* Can I help you?

laberinto *s* **1** (de calles, pasillos,etc.) labyrinth, maze **2** (en un parque) maze
labio *s* lip | **pintarse los labios** to put some lipstick on: *Se pintó los labios.* She put some lipstick on.
laboratorio *s* laboratory (plural -ries)
laca *s* (para el pelo) hairspray
lacio, -a *adj* straight: *Tiene el pelo lacio.* She has straight hair.
lacrimógeno *adj* ▶ ver **gas**
lado *s* **1** (para expresar posición) **a mi/tu etc. lado** next to me/you etc., beside me/you etc.: *Estaba a mi lado.* She was next to me./She was beside me. | **al lado de algo/alguien** next to sth/sb: *Se sentó al lado de su madre.* He sat next to his mother. | *La escuela queda al lado del parque.* The school is next to the park. ▶ Cuando se trata de edificios que están uno junto al otro, se usa **next door**: *Viven al lado de mi casa/de la iglesia.* They live next door to me/to the church. | **la casa/la tienda de al lado** the house/store next door | **en/por algún lado** somewhere: *Lo dejé en algún lado.* I left it somewhere. | **en/a otro lado** somewhere else: *Váyanse a otro lado.* Go somewhere else. | **a/en ningún lado** Se usa **anywhere** con un verbo en negativo.: *No lo encuentro por ningún lado.* I can't find it anywhere. ▶ El uso de **nowhere** (con un verbo en afirmativo) es más enfático: *No vamos a ningún lado.* We aren't going anywhere./We're going nowhere.
2 (del cuerpo, de la cara) side | **de lado** on your side: *Túmbate de lado.* Lie down on your side.
3 (parte) side: *el lado fresco de la casa* the cool side of the house | **a un lado/al otro lado** on one side/on the other side: *A un lado están las habitaciones, al otro, los baños.* The rooms are on one side and the bathrooms on the other.
4 (en geometría) side
5 (en comparaciones) **al lado de algo/alguien** compared to sth/sb: *Al lado de Diego es altísimo.* Compared to Diego he's very tall.
6 por un lado... por otro (lado) on the one hand... on the other (hand): *Por un lado es útil, pero por otro no sé si vale lo que cuesta.* On the one hand it's useful, but on the other I'm not sure it's worth the money.
ladrar *v* to bark
ladrido *s* bark ▶ **A bark** se usa para traducir *un ladrido*. El plural *ladridos* se traduce por **barking**: *Los ladridos se oían desde lejos.* You could hear the barking from a long way off.
ladrillo *s* brick: *una pared de ladrillos* a brick wall
ladrón, -ona *s*

> **¿thief, burglar o robber?**
>
> El término general es **thief,** cuyo plural es **thieves:**
> *el ladrón que le robó la cámara* the thief who stole her camera | *No pudieron agarrar a los ladrones.* They couldn't catch the thieves.
>
> Para referirse a la persona que entra a una casa a robar se usa **burglar:**
> *Entraron ladrones y les desvalijaron la casa.* Burglars broke into their house and stole everything.
>
> Para referirse a la persona que asalta un banco o un negocio se usa **robber:**
> *Los ladrones amenazaron a la cajera.* The robbers threatened the cashier.

lagaña *s* Usa **sleep,** que es un sustantivo incontable y no puede ir precedido de **a**: *Tienes una lagaña.* You have a little sleep in your eye. | *Tienes lagañas.* You have sleep in your eyes.
lagartija *s* small lizard
lagarto *s* lizard
lago *s* lake ▶ Cuando se trata del nombre de un lago, en inglés se omite el artículo: *el Lago Titicaca* Lake Titicaca

lágrima *s* tear: *Se le llenaron los ojos de lágrimas.* His eyes filled with tears.

laguna *s* **1** (de agua dulce) lake **2** (de agua salada, junto al mar) lagoon **3** (en la memoria) **tener lagunas** to have memory lapses | **se me/le etc. hizo una laguna** my/his etc. mind went blank **4** (en los conocimientos) gap

lamber *v* ▶ ver **lamer**

lambón -ona, lambiscón -ona *s* bootlicker

lamentable *adj* **1** (que se lamenta) regrettable: *un lamentable error* a regrettable mistake **2 en (un) estado lamentable** in a terrible state: *La casa quedó en un estado lamentable.* The house was left in a terrible state. **3** (vergonzoso) disgraceful: *El desempeño del equipo fue lamentable.* The team's performance was disgraceful.

lamentar *v* **1** (en disculpas) **lo lamento** I'm sorry: *Dijo que lo lamentaba mucho.* He said he was very sorry. **2** (arrepentirse) to be sorry ▶ También existe **to regret** que es más formal: *Ahora lamento habérselo dicho.* Now I'm sorry I told her./Now I regret having told her.

lamentarse *v* **1** (quejarse) **lamentarse (de algo)** to complain (about sth) **2** (arrepentirse) to be sorry: *Es tarde para lamentarse.* It's too late to be sorry.

lamer *v* to lick: *El perro le lamió la mano.* The dog licked his hand.

lámina *s* **1** (ilustración) illustration **2** (de metal) sheet

lámpara *s* **1** (de interior) lamp **2 lámpara (de calle)** streetlamp

lámpara de escritorio desk lamp **lámpara de pie** floor lamp, standard lamp (BrE)

lana *s* **1** (fibra) wool | **un suéter/unos guantes de lana** a woolen sweater/a pair of woolen gloves (AmE), a woollen sweater/a pair of woollen gloves (BrE) **2** (dinero) dough

lancha *s* motorboat

lancha a/de motor motorboat **lancha salvavidas** lifeboat

langosta *s* **1** (crustáceo) lobster **2** (insecto) locust

langostino *s* jumbo shrimp (AmE), king prawn (BrE)

lanza *s* spear

lanzamiento *s* **1** (de un disco) release, (de un libro) launch **2** (de un satélite, un misil) launch

lanzamiento de bala shot put **el lanzamiento de disco** the discus **el lanzamiento de jabalina** the javelin **el lanzamiento de martillo** the hammer

lanzar *v* **1** (una pelota, una piedra) to throw **2** (un misil, un satélite) to launch **3** (un producto) to launch **4 lanzar un grito/una carcajada** to shout out/to burst out laughing

lanzarse *v* to throw yourself: *Se lanzó al agua.* He threw himself into the water.

lapicera *s* **1** (para escribir) pen **2** (para guardar lápices, etc.) pencil case

lapicero *s* **1 lapicero (de tinta)** pen, ballpoint pen **2** (portaminas) mechanical pencil (AmE), propelling pencil (BrE)

lápida *s* gravestone

lápiz *s* **1** (de mina o grafito) pencil | **lápices de colores** colored pencils (AmE), coloured pencils (BrE), crayons (BrE) **2 lápiz (pasta)** pen, ballpoint pen

lápiz de cera crayon (AmE), wax crayon (BrE) **lápiz de labios, lápiz labial** lipstick

largar *v* (una carrera) to start

largarse *v* **1** (irse) to beat it, to clear off (BrE) **2 largarse a hacer algo** to start to do sth, to start doing sth: *Se largó a llover.* It started to rain./It started raining. | *Se largó a llorar.* She burst into tears.

largavistas *s* binoculars *pl*

largo, -a *adjetivo & sustantivo*

● *adj* **1** (en longitud) long: *Tiene el pelo largo.* She has long hair. | **me/te etc. queda largo -a** it's too long on me/you etc.: *La falda te queda larga.* The skirt's too long on you. **2** (en duración) long: *un largo viaje* a long trip **3 a la larga** eventually: *A la larga, te acostumbras.* You get used to it eventually. | **a lo largo del camino/del pasillo etc.** along the road/the corridor etc.: *Caminamos a lo largo de la costa.* We walked along the coast. | **a lo largo de la historia/de su vida etc.** throughout history/his life etc. **4 tengo/tiene etc. para largo** I'm/he's etc. going to be a long time | **esto va para largo** this could go on for a long time

● **largo** *s* **1** (longitud) length | **¿cuánto tiene/mide de largo?** how long is it? | **tiene/mide dos metros etc. de largo** it's 2 meters etc. long: *Mide 80 centímetros de largo.* It's 80 centimeters long. **2** (en natación) length: *Hice diez largos estilo pecho.* I did ten lengths of breaststroke.

las *art & pron* ▶ ver recuadro en **los**

lasaña *s* lasagne

láser *s* laser ▶ ver **impresora, rayo**

lástima *s* **1 ser una lástima** to be a shame, to be a pity: *Es una lástima que se tengan que ir ahora.* It's a shame you have to go now./It's a pity you have to go now. | **¡(qué) lástima!** what a shame!, what a pity!: *¡Lástima que no trajiste la cámara!* What a shame you didn't bring the camera!/What a pity you didn't bring the camera! **2 dar lástima** ver ejemplos: *Su aspecto daba lástima.* It was sad to see him looking like that. | *Da lástima botar tanta comida.* It's a shame to throw out so much food. | *La pobre niña me da lástima.* I feel sorry for the poor girl. | *Me dio mucha lástima no poder ir.* I was very sad not to be able to go. | **tenerle lástima a alguien** to feel sorry for sb: *Les tengo mucha lástima.* I feel very sorry for them.

lastimar *v* **1** (emocionalmente) to hurt: *No quiso lastimarte.* She didn't mean to hurt you. **2** (físicamente) to hurt: *¡Me lastimaste!* You hurt me!

lastimarse *v* to hurt yourself: *Me lastimé.* I

ⓘ ¿Quieres información sobre las diferencias entre los **artículos** en inglés y en español? Lee la explicación en el apartado de gramática.

hurt myself. | **lastimarse la pierna/la mano etc.** to hurt your leg/your hand etc.

lata *s* **1** (de bebida) can: *Una lata de limonada, por favor.* A can of lemonade, please. **2** (de conserva) can, tin (BrE): *una lata de sardinas* a can of sardines | **atún/duraznos etc. en lata** canned tuna/peaches etc., tinned tuna/peaches etc. (BrE) **3** (material) tin | **un techo/un envase etc. de lata** a tin roof/container etc. **4** (cosa molesta o aburrida) drag, pain: *Es una lata.* It's a drag./It's a pain. | **dar la lata** to be a nuisance, to be a pain: *¡Ya déjense de dar la lata!* Stop being a nuisance!/Stop being a pain! | **darle la lata a alguien** to pester sb: *¡Dejáte de darle la lata a tu hermanita!* Stop pestering your little sister! | **me/le etc. da la lata hacer algo** it's a drag having to do sth: *Me da la lata hacer estos ejercicios.* It's a drag having to do these exercises. **5 lata (de hornear)** baking tray

lateral *adjetivo & sustantivo*
- *adj* **puerta/entrada lateral** side door/entrance
- *s* (en fútbol) **el lateral derecho/izquierdo** the right/left back

látigo *s* whip

latín *s* Latin

latino, -a *adjetivo & sustantivo*
- *adj* **1** (en sentido amplio) Latin: *los países latinos* Latin countries **2** (de Latinoamérica) Latin American
- *s* Latin American ► Para referirse a un latinoamericano que vive en EU también se usa **Latino**

Latinoamérica *s* Latin America

latinoamericano, -a *adj & s* Latin American

latir *v* (corazón) to beat: *El corazón me latía muy fuerte.* My heart was beating very fast.

latitud *s* latitude

latoso, -a *adjetivo & sustantivo*
- *adj* **1** (fastidioso) **ser latoso -a** to be a pain: *Sus niños son muy latosos.* Their children are a real pain. **2** (que aburre) boring
- *s* **ser un latoso/una latosa** to be a pain

laurel *s* **1** (árbol) bay tree **2** (en cocina) bay leaves *pl*

lava *s* lava

lavabo *s* sink (AmE), washbasin (BrE)

lavadero *s* **1** (habitación) laundry room, utility room **2** (en la cocina) sink, kitchen sink

lavado *s* (tarea) washing: *Yo me ocupo del lavado y el planchado de la ropa.* I take care of the washing and ironing.

lavado de cerebro brainwashing **lavado de dinero** money laundering

lavadora *s* washing machine

lavamanos *s* sink (AmE), washbasin (BrE)

lavanda *s* lavender

lavandería *s* **1** (que hace limpieza en seco) dry cleaners **2** (de autoservicio) laundromat® (AmE), launderette (BrE) **3** (en un hotel) **servicio de lavandería** laundry service

lavaplatos *s* **1** (electrodoméstico) dishwasher **2** (tina) sink, kitchen sink

lavar *v* to wash: *Le lavé el carro a mi papá.* I washed my dad's car. | **lavar los trastes/los platos** to wash the dishes, to do the dishes (AmE), to do the washing up (BrE) | **lavar la ropa** to do the laundry (AmE), to do the washing (BrE)

lavarse *v* **lavarse las manos/la cara etc.** to wash your hands/face etc.: *Lávate las manos antes de comer.* Wash your hands before you eat. | **lavarse la cabeza** to wash your hair | *Me tengo que lavar la cabeza.* I have to wash my hair. | **lavarse los dientes** to brush your teeth | *Lávate los dientes antes de acostarte.* Brush your teeth before you go to bed.

lavatorio *s* sink (AmE), washbasin (BrE)

lavavajillas *s* dishwasher

laxante *s* laxative

lazo *s* **1** (nudo decorativo) bow **2** (cinta) ribbon **3** (para atrapar potros, etc.) lasso (plural lassoes o lassos) **4** (vínculo) tie **5** (cuerda) rope | **lazo (de saltar)** jump rope (AmE), skipping rope (BrE) | **saltar lazo** to jump rope (AmE), to skip (BrE)

le *pron* ► ver recuadro; **les** es una entrada aparte

leal *adj* **1** (amigo) loyal **2** (a principios, ideales) **ser leal a algo** to be faithful to sth **3** (animal) faithful: *un perro leal* a faithful dog

lección *s* **1** (parte de un libro) lesson: *Se aprendió la lección de memoria.* She learned the

le

1 Usos principales:

CUANDO SE REFIERE A "ÉL" (= him)

Le dije la verdad. I told him the truth.

CUANDO SE REFIERE A "ELLA" (= her)

Pregúntale dónde vive. Ask her where she lives.

CUANDO SE REFIERE A "USTED" (= you)

¿Quién le dijo eso? Who told you that?

CUANDO NO SE REFIERE A PERSONAS (= it)

Le dieron una mano de pintura. They gave it a coat of paint.

2 El pronombre no se usa en inglés cuando está presente el complemento al que se refiere:

*Le pedí dinero **a mi papá**.* I asked my dad for some money. | *Le mandé un e-mail **a Laura**.* I sent Laura an e-mail.

3 Ten en cuenta que algunos verbos ingleses requieren el uso de preposiciones (**to him/to her/for him/for her etc.**). En otros casos, en inglés se usa un posesivo en lugar del artículo. Siempre te conviene mirar la entrada correspondiente al verbo, buscar por ejemplo *escribir*, *sacar*, etc.:

Le escribí ayer. I wrote **to her** yesterday. | *Le saqué una foto.* I took a photo **of him**. | *Se le mojó el pelo.* **His** hair got wet. | *A Marita se le murió la abuela.* **Marita's** grandmother died.

lesson by heart. | **tomarle la lección a alguien** to test sb on the lesson: *¿Me tomas la lección?* Will you test me on the lesson? **2** (clase) lesson: *una lección de piano* a piano lesson **3** (enseñanza) lesson: *Que esto te sirva de lección.* Let this be a lesson to you.

leche s milk: *un vaso de leche* a glass of milk
leche chocolatada chocolate milk **leche condensada** condensed milk **leche descremada** skim milk (AmE), skimmed milk (BrE) **leche en polvo** powdered milk

lechón s sucking pig

lechuga s lettuce

lechuza s owl

lector, -a s reader

lectura s reading: *Su hobby es la lectura.* Her hobby is reading.

leer v **1** to read: *Le gusta leer novelas policiales.* He likes reading detective stories. | *No sabe leer.* He can't read. | **leer en voz alta** to read aloud **2 leerle el pensamiento/la mente a alguien** to read sb's mind: *Me leíste el pensamiento.* You read my mind.

legajador s file

legal *adj* legal

legumbres *s pl* **1** (lentejas, garbanzos, etc.) pulses **2** (verduras en general) vegetables

lejano, -a *adj* **1 un pariente lejano** a distant relative **2 un país lejano/una ciudad lejana** a far-off country/city **3 en un futuro lejano** in the distant future
el Lejano Oeste the Far West **el Lejano Oriente** the Far East

lejía s bleach

lejos *adv* **1** (en el espacio) far: *¿Está lejos?* Is it far? ▶ En frases afirmativas se usa **a long way,** excepto con **too**: *Está bastante lejos.* It's quite a long way. | *Es demasiado lejos para ir caminando.* It's too far to walk. | *¿Estamos lejos del aeropuerto?* Are we **far from** the airport? | *Viven lejos del centro.* They live **a long way from** the town center. **2 a lo lejos** in the distance: *A lo lejos se ven las montañas.* You can see the mountains in the distance. **3 desde lejos** from a distance **4 se nota/se ve de lejos** it's obvious: *Se ve de lejos que estás enojado.* It's obvious you're angry. **5 ir demasiado lejos** to go too far: *Esta vez fue demasiado lejos.* He's gone too far this time. **6 llegar lejos** to go far: *Si sigues así, no vas a llegar muy lejos.* You won't get very far if you carry on like that. **7 de lejos** by far: *Pablo es, de lejos, el mejor en matemática.* Pablo is by far the best at math.

lempira s lempira

lengua s **1** (parte del cuerpo) tongue | **sacarle la lengua a alguien** to stick your tongue out at sb: *Carlos me sacó la lengua.* Carlos stuck his tongue out at me. ▶ ver **punta** **2** (idioma) language
lengua materna mother tongue

lenguado s sole

lenguaje s language

lengüeta s **1** (del zapato) tongue **2** (de un instrumento musical) reed

lente *sustantivo & sustantivo plural*
- **s** lens (plural -ses)
- **lentes** *s pl* glasses: *Perdí mis lentes.* I've lost my glasses.
  lentes de contacto contact lenses: *Usa lentes de contacto.* She wears contact lenses. **lentes oscuros, lentes de sol** sunglasses: *Se puso lentes oscuros.* He put some sunglasses on.

lenteja s lentil

lento, -a *adjetivo, adverbio & sustantivo*
- ***adj*** slow: *un lento proceso* a slow process ▶ ver **cámara**
- **lento** ***adv*** slowly: *Camina muy lento.* He walks very slowly.
- **lento s** (tema musical) slow number

leña s firewood

Leo s Leo: *Soy (de) Leo.* I'm a Leo.

león, -ona s **león** lion | **leona** lioness (plural -sses) **león marino** sea lion

leopardo s leopard

les *pron* ▶ ver recuadro; **le** es una entrada aparte

lesbiana s lesbian

lesión s injury (plural -ries): *Sufrió lesiones leves.* He suffered minor injuries.

lesionado, -a *adj* injured

lesionarse v to injure yourself

letra *sustantivo & sustantivo plural*
- **s** **1** (del alfabeto) letter: *una palabra de cinco letras* a five-letter word ▶ ver "Active Box" **letras del alfabeto** **2** (caligrafía) handwriting: *Tiene buena letra.* She has neat handwriting. **3** (de una canción) words *pl*, lyrics *pl* ▶ **words** es más coloquial: *Se aprendió la letra de memoria.* He learned the words by heart. ▶ ver **pie**
  letra de imprenta print **letra mayúscula** capital letter **letra minúscula** small letter
- **letras** *s pl* **1** (carrera, disciplina) arts, humanities: *Quiere seguir letras.* He wants to study arts./He wants to study humanities. **2** (literatura) literature *sing*

letrero s sign
letrero luminoso illuminated sign

leucemia s leukemia (AmE), leukaemia (BrE)

levadura s yeast

levantar v **1** (alzar, elevar) to lift: *Levantó la tapa de la caja.* She lifted the lid of the box. | *Entre los dos pudimos levantar el baúl.* We managed to lift the trunk between the two of us. | *Levanté la persiana.* I pulled the blind up. | **levantar la mano (a)** (en el colegio) to put your hand up **(b)** (para llamar la atención de alguien, para pegarle, etc.) to raise your hand: *¡No me levantes la mano!* Don't raise your hand to me! |

les

1 Usos principales:

CUANDO SE REFIERE A "ELLOS" O "ELLAS" (= them)

No les dije nada. I didn't tell them anything. | *Pregúntales dónde viven.* Ask them where they live.

CUANDO SE REFIERE A "USTEDES" (= you)

¿Quién les dijo eso? Who told you that?

CUANDO SE REFIERE A OBJETOS (= them)

Les dimos una mano de pintura. We gave them a coat of paint.

2 El pronombre no se usa en inglés cuando está presente el complemento al que se refiere:

*Les pedí ayuda **a mis padres**.* I asked my parents for help. | *Les mandé un e-mail **a mis primos**.* I sent my cousins an e-mail.

3 Ten en cuenta que algunos verbos ingleses requieren el uso de preposiciones (**to them/to you/for them/for you etc.**),. En otros casos, en inglés se usa un posesivo en lugar del artículo. Siempre te conviene mirar la entrada correspondiente al verbo, buscar por ejemplo *escribir*, *sacar*, etc.:

Les voy a escribir la semana que viene. I'm going to write **to them** next week. | *Les saqué muchas fotos.* I took lots of photos **of them**. | *Se les había muerto el abuelo.* **Their** grandfather had died. | *A los Rovira se les dañó la computadora.* **The Roviras'** computer broke down.

Active Box: letras del alfabeto

Los ejemplos de este **Active Box** son una guía para ayudarte a construir oraciones que hablan de las letras.

f de "fuego"	f for "fuego"
¿Se escribe con dos tes?	Is that with a double t?
Piensa en una palabra que empiece con	"Think of a word that begins with x.
"Zurdo" se escribe con z.	"Zurdo" is spelled with a z.
Unicef se escribe con mayúscula.	Unicef is written with a capital U.

levantar los brazos/las cejas to raise your arms/eyebrows | **levantar la vista** to look up
2 (recoger) **levantar algo** to pick sth up: *Levanten esos papeles.* Pick those papers up. | **levantar a alguien en brazos** to pick sb up
3 (construir) **levantar una pared/un edificio** to put up a wall/a building: *Levantaron una torre de 20 pisos.* They put up a 20-story apartment building.
4 levantar la mesa to clear the table ▶ ver **ánimo, voz**

levantarse *v* **1** (de la cama) to get up: *Mañana me tengo que levantar temprano.* I have to get up early tomorrow.
2 (pararse) to get up: *No se levantó de la silla en toda la tarde.* He didn't get up out of his chair all afternoon.
3 levantarse de la mesa to leave the table ▶ Cuando se trata de niños se puede decir también **to get down (from the table)**: *Pidió permiso para levantarse de la mesa.* He asked permission to leave the table./He asked if he could get down from the table.
4 levantarse a alguien to score with sb (AmE), to get off with sb (BrE): *Se levantó a la muchacha más bonita de la fiesta.* He scored with the prettiest girl at the party.

leve *adj* **1** (aumento, ascenso) slight: *un leve ascenso de la temperatura* a slight rise in temperature **2** (herida, lesión) minor **3** (temblor, aroma) faint

léxico *s* vocabulary (plural -ries)

ley *s* law

leyenda *s* legend

libélula *s* dragonfly (plural -flies)

liberación *s* **1** (de un dominio) liberation: *la liberación femenina* women's liberation **2** (de rehenes, presos) release

liberal *adjetivo & sustantivo*
• *adj* **1** (en política) liberal **2** (tolerante) liberal
• *s* (en política) liberal

liberar *v* **1** (a un preso, un rehén) to release **2** (un país, una ciudad) to liberate

liberarse *v* **1** (de una tiranía, de la opresión) to free yourself | **luchar por liberarse** to fight for your freedom **2 liberarse de una preocupación/una obligación** to free yourself of a worry/an obligation

libertad *s* **1** freedom **2 dejar/poner a alguien en libertad** to set sb free, to release sb | **salir en libertad** to be released
libertad condicional parole **libertad de prensa** freedom of the press

Libra *s* Libra: *Soy (de) Libra.* I'm a Libra./I'm a Libran.

libra *s* **1** (unidad de peso) pound **2** (moneda) pound **libra esterlina** pound, pound sterling ▶ **pound sterling** sólo se usa en contextos formales o técnicos

librarse *v* **librarse de hacer algo** (de algo que no se quiere hacer) to get out of doing sth: *¿Cómo te libraste de ir a la conferencia?* How did you get out of going to the lecture? | **librarse de algo** (de algo desagradable) to escape sth: *Se libró de que lo castigaran.* He escaped punishment. | *Se libró de una muerte segura.* He escaped certain death.

libre *adj* **1** (independiente) free: *Eres libre de hacer lo que quieras.* You're free to do what you want. **2** (no preso) free: *Lo dejaron libre.* They set him free. **3** (no ocupado) free: *¿Está libre este asiento?* Is this seat free? **4** (sin ocupaciones) free: *¿Qué haces en tu tiempo libre?* What do you do in your free time? | **tener el día libre** to have the day off **5 libre de impuestos** tax-free ▶ ver **aire**, **lucha**, **tiro**

librería *s* bookstore (AmE), bookshop (BrE) ▶ En inglés existe la palabra **library** pero significa *biblioteca*.

librero *s* (mueble) bookcase

libreta *s* notebook
libreta de cheques checkbook (AmE), chequebook (BrE) **libreta de ahorro(s)** savings account passbook

libro *s* book
libro de bolsillo paperback **libro de consulta** reference book **libro de texto** textbook

licencia *s* **1** (del trabajo) leave | **estar de licencia** to be on leave: *Está de licencia por maternidad.* She's on maternity leave. **2** (de un producto) license (AmE), licence (BrE)
licencia de conducir/manejar driver's license (AmE), driving licence (BrE)

licenciado, -a *s* graduate: *Es licenciada en psicología.* She has a degree in psychology./She's a psychology graduate.

licenciarse *v* to graduate: *Se licenció de la Universidad de Miami.* She graduated from the University of Miami. | **licenciarse en sociología/física etc.** to graduate in sociology/physics etc., to get a degree in sociology/physics etc.

licenciatura *s* degree: *Está haciendo una licenciatura en Bellas Artes.* She's doing a degree in fine art.

liceo *s* (escuela secundaria) high school (AmE), secondary school (BrE): *Ya ha terminado el liceo.* He's finished high school.

licor *s* liqueur

licuado *s* smoothie ▶ Si se hace con leche, se dice **milk shake**: *un licuado de durazno y leche* a peach milk shake

licuadora *s* blender

líder *s* leader

liebre *s* hare

liendra o **liendre** *s* nit

lifting *s* facelift

liga *s* **1** (asociación) league **2** (de medias) garter **3 liga (elástica)** rubber band, elastic band (BrE)

ligamento *s* ligament

ligero, -a *adjetivo & adverbio*
- *adj* **1** (liviano) light: *una tela ligera* a light fabric | *una comida ligera* a light meal **2** (leve) (acento, dolor, tartamudeo) slight **3** (superficial) (comedia, música) light **4** (rápido) fast
- **ligero** *adv* (rápido) fast: *Camina un poco más ligero.* Walk a little faster.

light *adj* **1 un refresco light** a diet soft drink | **mayonesa light** low-calorie mayonnaise **2 cigarrillos light** low-tar cigarettes

lija *s* sandpaper ▶ **sandpaper** es un sustantivo incontable y no puede ir precedido de **a**: *Necesito una lija.* I need some sandpaper./I need a piece of sandpaper. | **pasarle una lija a algo** to sand sth down

lijar *v* **lijar algo** to sand sth down

lila *s* **1** (flor) lilac **2** (color) lilac ▶ ver "Active Box" **colores** en **color**

lima *s* **1** (herramienta) file **2** (fruta) lime
lima de uñas nail file **lima limón** lemon and lime

limar *v* to file
limarse *v* to file: *Se limó las uñas.* She filed her nails.

limitación *s* limitation

limitado, -a *s* **1** (restringido) limited **2** (intelectualmente) limited

limitar *v* **1** (restringir) to limit **2 limitar con Brasil/Colombia etc.** to have a border with Brazil/Colombia etc.: *Chile limita al este con Argentina.* Chile has a border with Argentina to the east.

límite *s* **1** (máximo) limit: *el límite de velocidad* the speed limit **2** (de un territorio) boundary (plural -ries)

limón *s* lemon | **jugo/helado de limón** lemon juice/ice cream

limonada *s* lemonade

limonero *s* lemon tree

limosna *s* **pedir limosna** to beg: *Vimos muchos niños pidiendo limosna.* We saw many children begging.

limpiabrisas o **limpiaparabrisas** *s* windshield wiper (AmE), windscreen wiper (BrE)

limpiador *s* **limpiador (de parabrisas)** windshield wiper (AmE), windscreen wiper (BrE)

limpiapiés *s* doormat

limpiar *v* **1** (sacar la suciedad) to clean: *Tengo que limpiar mi cuarto.* I have to clean my room. **2** (con un trapo, un pañuelo) to wipe: *¿Puedes limpiar la mesa, por favor?* Can you wipe the table, please? **3 limpiar en seco** to dry clean: *"Limpiar en seco"* "Dry clean only"
limpiarse *v* **limpiarse la boca/la nariz etc.** to wipe your mouth/nose etc.: *Se limpió la boca con la servilleta.* He wiped his mouth on his napkin.

limpieza *s* **1 hacer la limpieza** to do the cleaning **2** (cualidad de limpio) cleanliness

limpio, -a *adjetivo & adverbio*
- *adj* **1** (sin suciedad) clean: *ropa limpia* clean clothes **2 ganar $800/$1000 etc. limpios** to clear $800/$1000 etc. **3 pasar algo en/a limpio** to copy sth out neatly (AmE), to copy sth out in neat (BrE): *Tenemos que pasar las respuestas en lim-*

pio. We have to copy the answers out neatly.

• **limpio** ***adv*** **jugar limpio** to play fair

limpión *s* dish towel (AmE), teatowel (BrE)

lince *s* lynx (plural -xes)

lindo, -a *adjetivo & adverbio*

• ***adj*** **1** (agradable) nice: *Hace un lindo día.* It's a nice day. | *Sería lindo ir al cine.* It would be nice to go to the movies. | *¿Estuvo linda la fiesta?* Was it a good party? **2** (referido a mujeres, bebés) pretty: *Es muy linda.* She's very pretty. | *Es linda de cara.* She has a pretty face. **3** (referido al aspecto general de alguien, su ropa, etc.) nice: *Me compré una chaqueta lindísima.* I bought a really nice jacket. | *¡Qué linda estás!* You look really nice! | **te/le etc. queda lindo -a (a)** (referido a ropa) it looks nice on you/on her etc.: *Esa falda le queda muy linda.* That skirt looks really nice on her./She looks really nice in that skirt. **(b)** (referido a cortes de pelo, etc.) it suits you/her etc.: *El pelo corto le queda lindo.* Short hair suits her. **4** (referido a la personalidad de alguien, su amabilidad) nice: *Se ofreció a ayudarme. ¡Es tan linda!* She offered to help me. She's so nice! **5 se divirtieron de lo lindo** they had lots of fun | **nos aburrrimos/trabajaron de lo lindo** we were really bored/they worked really hard

• **lindo** ***adv*** **bailar/cantar etc. lindo** to dance/to sing etc. well

línea *s* **1** (raya) line: *Tracen una línea recta.* Draw a straight line. | **en línea recta** in a straight line **2** (renglón) line: *No escriban más de diez líneas.* Don't write more than ten lines. **3** (de teléfono) line: *La línea está ocupada.* The line is busy. **4** (de autobús) route **5** (de metro, tren) line **6** (en Internet) **en línea** online: *Se puede hacer compras en línea.* You can shop online. | *una enciclopedia en línea* an online encyclopedia **7 mantenerse en línea** to keep trim: *Hace gimnasia para mantenerse en línea.* She does exercises to keep trim. **8** (de productos) line: *una nueva línea de cosméticos* a new line of cosmetics **línea aérea** airline **línea de largada** starting line **línea de meta**, **línea de llegada** finish line (AmE), finishing line (BrE) **línea de puntos** dotted line

lingüística *s* linguistics *sing*

lino *s* **1** (tela) linen | **una chaqueta de lino/unos pantalones de lino** a linen jacket/a pair of linen pants **2** (planta) flax

linterna *s* flashlight (AmE), torch (BrE)

lío *s* **1** (problema) problem | **meterse en líos/en un lío** to get into trouble: *Siempre se están metiendo en líos.* They're always getting into trouble. | **se armó/se va a armar etc. lío** there was trouble/there's going to be trouble etc. **2 hacerse (un) lío** (confundirse) to get mixed up: *Me hice lío con tantos números.* There were so many numbers I got mixed up. **3** (desorden) mess: *¡Qué lío que hay aquí!* This is such a mess!

liquidación *s* (en una tienda) sale: *Lo compré en una liquidación.* I bought it in a sale. | *La mayoría de las tiendas están de liquidación.* Most of the stores are having sales.

liquidar *v* **1** (en una tienda) **liquidar los artículos de tocador/los zapatos etc.** to sell off toiletries/shoes etc.: *Están liquidando la ropa de invierno.* They're selling off their winter clothes./Their winter clothes are on sale. **2** (pagar) **liquidar una deuda/un préstamo** to pay off a debt/a loan **3** (matar) to kill

líquido, -a *adjetivo & sustantivo*

• ***adj*** (no sólido) liquid

• **líquido** *s* liquid

lirio *s* iris (plural -ses)

lirón *s* **dormir como un lirón** to sleep like a log

liso, -a *adj* **1** (sin dibujos) (tela, corbata, falda, etc.) plain: *Se puso una camisa blanca lisa.* He put on a plain white shirt. **2** (pelo) straight: *Tiene el pelo liso.* She has straight hair. **3** (superficie) smooth ▶ ver **metro**

lista *s* **1** (enumeración) list: *Hizo una lista de todo lo que necesitaba.* She made a list of everything she needed. | *No estás en la lista.* You're not on the list. **2** (de alumnos) roll (AmE), register (BrE) | **tomar/pasar lista** to take roll (AmE), to take the register (BrE): *El profesor tomó lista.* The teacher took roll. **lista de compras/mercado** shopping list **lista de espera** waiting list **lista de precios** price list **lista negra** blacklist

listo, -a *adjetivo & adverbio*

• ***adj*** **1 estar listo -a** to be ready: *La comida está lista.* The food is ready. | *Estoy lista para salir.* I'm ready to go out. | **tener algo listo -a** to have sth ready **2 ¡en sus marcas, listos, ya!** on your marks, get set, go!, get ready, get set, go! (AmE)

• **listo** ***adv*** ver ejemplos: *Listo, terminé.* That's it, I've finished. | *Aprietas el botón de la derecha y listo.* You press the button on the right, and that's it. | *Vamos otro día y listo.* We'll just go another day.

listón *s* (cinta) ribbon

literal *adj* literal

literatura *s* literature: *la literatura inglesa* English literature

litro *s* liter (AmE), litre (BrE)

liviano, -a *adjetivo & adverbio*

• ***adj*** **1** (de poco peso) light: *una maleta liviana* a light suitcase **2** (fresco) light: *un vestido liviano* a light dress **3** (referido a alimentos) light: *un almuerzo liviano* a light lunch **4 tener el sueño liviano** to be a light sleeper

- **liviano** *adv* **comer/cenar etc. liviano** to have a light meal/dinner etc.

living *s* living room

llaga *s* ulcer: *Tengo una llaga en la boca.* I have a mouth ulcer.

llama *s* **1** (de fuego) flame | **en llamas** in flames: *El edificio estaba en llamas.* The building was in flames. **2** (animal) llama

llamada *s* **llamada (telefónica)** (phone) call: *Tengo que hacer una llamada.* I need to make a call.

llamada a/con cobro revertido, **llamada por cobrar** collect call (AmE), reversed charges call (BrE) **llamada de larga distancia** long distance call **llamada local** local call

llamado o **llamamiento** *s* appeal

llamar *v* **1** (para que alguien venga) to call: *Ya he llamado a la mesera.* I've already called the waitress. | *Llama a los niños que el desayuno está listo.* Call the children. Breakfast is ready. **2** (por teléfono) to call, to phone ▶ En inglés británico también es muy frecuente el uso del verbo **to ring** y de la expresión **to give sb a ring**: *Llámame mañana.* Call me tomorrow./Ring me tomorrow. | *Te llamo más tarde.* I'll phone you later./I'll give you a ring later. | **llamar a la ambulancia/a los bomberos/a la policía** to call an ambulance/the fire department/the police **3** (con determinado nombre) to call: *La llamaron Juana.* They called her Juana. | *Mi nombre es Victoria, pero todos me llaman Vicky.* My name is Victoria, but everyone calls me Vicky. **4 llamar a la puerta** to knock at the door: *Alguien llamó a la puerta.* Somebody knocked at the door. ▶ ver **atención**

llamarse *v* to be called: *¿Cómo se llama esta playa?* What's this beach called?/What's the name of this beach? ▶ Las traducciones con **name** son muy frecuentes, sobre todo cuando se trata de personas | **me llamo/se llama etc. Elena** my name's Elena/her name's Elena etc. | **¿cómo te llamas/se llama etc.?** what's your name/what's her name etc.?: *¿Cómo se llama tu hermano?* What's your brother's name?/What's your brother called?

llamativo, -a *adj* striking, eye-catching: *un color llamativo* a striking color/an eye-catching color

llano, -a *adjetivo & sustantivo*

- *adj* ▶ ver **metro**
- **llano** *s* (llanura) plain

llanta *s* tire (AmE), tyre (BrE)

llanto *s* crying

llanura *s* plain

llave *s* **1** (de la cerradura) key: *las llaves de la casa/del auto* the house keys/the car keys | *la llave de este cajón/de la puerta de calle* the key to this drawer/the front door key | **cerrar una puerta/un cajón con llave**, **echarle llave a una puerta/un cajón** to lock a door/a drawer: *La puerta estaba cerrada con llave.* The door was locked. | **cerrar con llave, echar llave** to lock up: *No te olvides de cerrar con llave.* Don't forget to lock up. **2 llave (de agua)** faucet (AmE), tap (BrE) **3** (del gas) tap: *¿Cerraste la llave del gas?* Did you turn off the gas tap? **4** (herramienta) wrench (plural -ches) (AmE), spanner (BrE)

llave de paso (del agua) stopcock **llave inglesa** monkey wrench (plural -ches) (AmE), adjustable spanner (BrE)

llavero *s* keyring

llegada *s* arrival: *Anunciaron la llegada del vuelo.* They announced the arrival of the flight.

llegar *v* **1** (a un lugar) to arrive: *Acaba de llegar.* He's just arrived./He's just gotten here. ▶ *llegar a* se dice **to arrive in** cuando se trata de llegar a un país o una ciudad y **to arrive at** cuando se trata de llegar a una casa, un aeropuerto, una estación, etc. También es muy frecuente, sobre todo en el lenguaje hablado, el uso de **to get to**: *El avión llega a Río a las siete.* The plane arrives in Río at seven o'clock./The plane gets to Rio at seven o'clock. | *cuando llegamos al hospital* when we arrived at the hospital/when we got to the hospital ▶ *llegar de* se dice **to get back from** o **to arrive from,** que es más formal: *¿Cuándo llegan tus padres de Europa?* When do your parents get back from Europe? | *Llegaron del colegio empapados.* They were soaked when they got back from school./They were soaked when they arrived home from school. **2 llegar tarde/temprano etc.** to be late/early etc., to arrive late/early etc.: *Llegamos diez minutos tarde.* We were ten minutes late./We arrived ten minutes late. | *Llegamos a tiempo para la película.* We were in time for the movie./We arrived in time for the movie. ▶ **to arrive** no se puede usar en el siguiente contexto: *¿Por qué llegas tan tarde?* Why are you so late? **3 llegar primero/segundo etc. (a)** (a un lugar) to be the first/second etc. to arrive: *Nosotros llegamos primero.* We were the first to arrive. **(b)** (en una carrera) to be first/second etc.: *Javier llegó segundo.* Javier was second. **4 no me llegó tu e-mail/el cheque etc.** I never got your e-mail/the check etc. | **¿te llegaron los libros/te llegó mi carta etc.?** did you get the books/my letter etc.? **5** (primavera, vacaciones, etc.) to come: *Por fin ha llegado la primavera.* Spring has come at last./Spring is here at last. **6** (alcanzar) **llegar a algo** to reach sth: *La temperatura llegó a los 40 grados.* The temperature reached 40 degrees. | *cuando llegaron a la cumbre* when they reached the summit | **llegar a un acuerdo/una decisión etc.** to reach an agreement/a decision etc. ▶ ver **conclusión** **7 llegar a ser/hacer algo** ver ejemplos: *Llegó a ser el mejor de la clase.* He came to be the best in the class. | *Llegó a tener una cadena de hoteles.* He ended up owning a chain of hotels. | *Quiero llegar a jugar profesionalmente.* I want to get to play professionally.

llenar *v* **1** (un recipiente) to fill: *No llenes demasiado la cacerola.* Don't fill the pan too full. | **llenar algo de algo** to fill sth with sth: *Llenó el vaso de agua.* He filled the glass with water. **2 llenar un formulario** to fill out a form, to fill in a form: *No sé cómo llenar este formulario.* I don't know how to fill out this form. **3** (cubrir) **llenar algo de algo** to cover sth with sth: *Llenaron las paredes de carteles.* They covered the walls with posters. **4** (referido a alimentos) to be filling: *La ensalada no llena.* Salad isn't filling.

llenarse *v* **1** (un lugar, un recipiente) to fill up: *El teatro se llenó.* The theater filled up. | **llenarse de algo** to fill with sth: *El cuarto se llenó de humo.* The room filled with smoke. **2** (cubrirse) **llenarse de algo** to get covered with sth: *El pan se llenó de hormigas.* The bread got covered with ants. **3** (de comida) to fill yourself up: *Se llenaron comiendo caramelos.* They filled themselves up eating candy.

lleno, -a *adj* **1** (lugar, recipiente) full: *La casa está llena de niños.* The house is full of children. | *No se habla con la boca llena.* Don't talk with your mouth full. **2** (cubierto) **lleno -a de algo** covered in sth: *una mesa llena de papeles* a table covered in papers **3** (satisfecho) **estar lleno -a** Se puede usar **to be full** pero una fórmula más cortés es **to have had enough**: *No, gracias. Estoy lleno.* No thanks. I'm full./No thanks. I've had enough. **4 dedicarse de lleno a (hacer) algo** to dedicate yourself totally to (doing) sth ► ver **luna**

llevar *v* ► ver recuadro

llevarse *v* **1** (irse con) to take: *No te lleves mi celular.* Don't take my cell phone. **2** (un susto, una sorpresa) to get: *Me llevé un susto tremendo.* I got a terrible fright. **3** (al hacer una cuenta) to carry: *Tres por cuatro doce, me llevo una.* Three fours are twelve, carry one. **4 llevarse bien (con alguien)** to get along (with sb), to get on (with sb) (BrE): *¿Te llevas bien con tu prima?* Do you get along with your cousin?/Do you get along well with your cousin? | **llevarse mal (con alguien)** not to get along (with sb), not to get on (with sb) (BrE): *Se llevan muy mal.* They don't get along at all./They don't get along very well at all.

llorar *v* to cry: *¿Por qué lloras?* Why are you crying? | **llorar por algo** to cry over sth: *Llora por cualquier cosa.* He cries over the slightest thing. | **largarse/ponerse a llorar** to start crying, to start to cry: *Se largó a llorar.* She started crying./She started to cry.

llorón, -ona *adjetivo & sustantivo*

- *adj* **ser muy llorón -ona** to cry a lot
- *s* cry baby: *Eres una llorona.* You're a cry baby.

llover *v* to rain: *Está lloviendo.* It's raining.

lloviznar *v* to drizzle

llevar

1 En la mayoría de los contextos, la traducción es **to take**:

No te olvides de llevar el pasaporte. Don't forget to take your passport. | *Tengo que llevar a Emilia al médico.* I have to take Emilia to the doctor. | *Llévale esto a la maestra.* Take this to your teacher. | *Tengo que llevar la video a arreglar.* I have to take the video to be fixed.

Usa **to bring** cuando vas a llevar algo al lugar donde vas a ver a la persona con quien estás hablando:

El domingo te llevo las fotos. I'll bring you the photos on Sunday. | *Yo puedo llevar un pastel.* I can bring a cake.

2 Cuando el énfasis está en la acción de transportar, se usa **to carry**:

Me ayudó a llevar las maletas. He helped me carry the suitcases. | *Tengo que llevar todo esto al colegio todos los días.* I have to carry all this to school every day.

3 Con cantidades de tiempo, se usa **to take**:

Me llevó horas decidirme. It took me hours to decide. | *Los deberes me llevaron toda la tarde.* It took me all afternoon to do my homework. | *No lleva mucho tiempo.* It doesn't take long.

4 Con el sentido de *haber estado* o *haber hecho*, en inglés se usan los tiempos perfectos:

Llevo una hora esperando. I've been waiting for an hour. | *Lleva días sin hablarme.* He hasn't spoken to me for days. | *Llevamos tres años en este país.* We've been in this country for three years. | **llevo escritas tres hojas/llevo leídos dos libros etc.** I've written three pages/I've read two books etc.

5 EN EDAD

me lleva un mes/dos años etc. he's a month/two years etc. older than me: *Le llevo tres años a mi hermana.* I'm three years older than my sister.

6 COMPRAR

Voy a llevar el verde. I'll take the green one. | *¿Qué va a llevar?* What can I get you?

7 INGREDIENTES

lleva huevos/mantequilla etc. it has eggs/butter etc. in it: *La salsa lleva crema.* The sauce has cream in it.

8 ROPA, ALHAJAS, ANTEOJOS

llevar algo (puesto -a) to be wearing sth: *Llevaba puesto un bluyín negro.* He was wearing black jeans.

lluvia *s* rain: *No salgas con esta lluvia.* Don't go out in this rain.

lluvioso, -a *adj* rainy: *una tarde fría y lluviosa* a cold, rainy afternoon

lo *pron & art* ▶ ver recuadro; el pronombre **los** es entrada aparte

lobo, -a *sustantivo & adjetivo*

- *s* wolf (plural wolves)
  lobo marino sea lion
- *adj* (de mal gusto) tacky

local *adjetivo & sustantivo*

- *adj* **1** (del lugar) local **2 el equipo local (a)** (el de la zona) the local team: *Juega en el equipo local.* He plays for the local team. **(b)** (el que juega en su propia cancha) the home team: *Ganó el equipo local.* The home team won. | **jugar de local** to play at home: *Hoy jugamos de local.* We're playing at home today. ▶ ver **anestesia**
- *s* (de un comercio) premises *pl*: *Necesitan un local más grande.* They need bigger premises.
  local de videojuegos video arcade

localidad *s* **1** (entrada) ticket: *¿Quedan localidades para la función de esta noche?* Are there any tickets left for tonight's performance? **2** (asiento) seat: *Las localidades son numeradas.* The seats are numbered. **3** (pueblo, población) town

loción *s* (líquido) lotion

locker *s* locker

loco, -a *adjetivo & sustantivo*

- *adj* **1** crazy, mad (BrE) | **volverse loco -a** to go crazy, to go mad (BrE) **2** (insensato) silly: *No seas loca.* Don't be silly. | **trabajar/correr como loco -a** to work/run like mad | **divertirse como loco -a** to have a really great time | **gritar/reírse como loco -a** to shout/laugh your head off **3 estar loco -a por alguien** to be crazy about sb, to be mad about sb (BrE) **4 estar loco -a de alegría/contento -a etc.** to be thrilled/delighted etc. **5 no lo invito/no se lo presto etc. ni loco -a** there's no way I'm inviting him/lending it to her etc.: *Yo no me meto en el agua ni loca.* There's no way I'm getting in the water. | **¡ni loco -a!** (como respuesta) no way!: *–¿La vas a llamar? –¡Ni loco!* Are you going to phone her?" "No way!" **6 me/lo etc. vuelven loco -a** (para indicar que algo gusta mucho) I am/he is etc. crazy about them, I am/he is etc. mad about them (BrE): *Los animales me vuelven loca.* I'm crazy about animals. **7 volver loco -a a alguien** to drive sb crazy, to drive sb mad (BrE): *Me vas a volver loca con tanto ruido.* You're going to drive me crazy with all this noise. **8 andar/estar como loco -a (a)** (atareado, estresado) to be going crazy: *Están como locos tratando de terminar todo para fin de mes.* They're going crazy trying to finish everything for the end of the month. **(b)** (apurado) to be in a mad rush
- *s* **1 loco** madman (plural -men) | **loca** madwoman (plural -women) | **los locos** crazy people, mad people **2 hacerse el loco/la loca** (fingir) to pretend you didn't hear/see etc.: *No te hagas la loca.* Don't pretend you didn't hear.

locomotora *s* locomotive, engine (BrE)

> **lo**
>
> **PRONOMBRE**
>
> **1 CUANDO NO SE REFIERE A PERSONAS** (= it)
>
> *Me lo regaló.* She gave it to me.
> Con algunos verbos, *lo* no se traduce:
> *No lo sé.* I don't know.
>
> **2 CUANDO SE REFIERE A "ÉL"** (= him)
>
> *No lo conozco.* I don't know him.
> El pronombre no se usa en inglés cuando está presente el complemento al que se refiere:
> *A Esteban no lo voy a invitar.* I'm not going to invite Esteban.
>
> **3 CUANDO SE REFIERE A "USTED"** (= you)
>
> *¿Lo puedo ayudar?* Can I help you?
>
> **ARTÍCULO**
>
> **1** Cuando **lo** va seguido de un adjetivo o un posesivo, en inglés se usa una frase con **thing(s):**
>
> *Lo barato dura poco.* Cheap things don't last long. | *Lo curioso es que nadie se dio cuenta.* The funny thing is nobody noticed. | *Lo de Pedro ponlo aquí.* Put Pedro's things here.
>
> **2** Cuando va seguido de *que*:
>
> **lo que** what: *No sabe lo que quiere.* He doesn't know what he wants. | *Haz lo que puedas.* Do what you can.
>
> **EN COMPARACIONES**
>
> **de lo que** than: *Es más difícil de lo que crees.* It's more difficult than you think.
>
> **3 CUÁN** (= how)
>
> **lo difícil que es/lo caro -a que salió etc.** how difficult it is/how expensive it worked out etc.: *No tienes idea de lo creída que es.* You can't imagine how big-headed she is.
>
> **4 EN OTRAS EXPRESIONES COMPARATIVAS**
>
> **lo más pronto posible/lo más rápido que pude etc.** as soon as possible/as quickly as I could etc.: *Grité lo más fuerte que pude.* I shouted as loud as I could.
>
> **5 EL ASUNTO**
>
> *¿Te has enterado de lo de Javier?* Have you heard about Javier? | *Lo de ayer fue horrible.* What happened yesterday was terrible.

locura *s* **1** (enajenación) madness: *un ataque de locura* a fit of madness **2** (insensatez) **¡qué locura!** that's crazy! | **ser una locura** to be crazy: *Es una locura salir con este temporal.* It's crazy to go out in this weather. | **hacer una locura/locuras** to do something crazy/stupid: *No hagas locuras.* Don't do anything stupid. **3 me/le etc. gusta con locura** I/she etc. is crazy about sth, I/she etc. is mad about sth (BrE): *Le gusta con locura el chocolate.* She is crazy about chocolate. | **lo/las etc. quiero con locura** I absolutely adore him/them etc.

locutor, -a *s* presenter: *La locutora se equivocó de nombre.* The presenter got the wrong name. ▶ Al dar la profesión de alguien se usa **broadcaster**: *Es locutor de radio.* He's a radio broadcaster.

lógica *s* logic

lógico, -a *adj* **1** (normal) understandable: *Fue una reacción lógica.* It was an understandable reaction. | *Es lógico que esté enojada.* It's understandable that she's angry. **2** (relativo a la lógica) logical

logo o **logotipo** *s* logo

lograr *v* **1 lograr hacer algo** to manage to do sth: *Logré convencer a mis padres.* I managed to persuade my parents. | **lograr que alguien haga algo** to manage to get sb to do sth: *Logramos que la profesora postergara la prueba.* We managed to get the teacher to postpone the test. **2** (conseguir) to get, to achieve: *Logré lo que quería.* I got what I wanted. | *Lograron su objetivo.* They achieved their objective.

logro *s* achievement

loma *s* hill

lombriz *s* earthworm, worm

lomo *s* **1** (de un animal) back **2** (de un libro) spine **3** (de carne vacuna) filet (AmE), fillet (BrE): *un filete de lomo* a filet steak

lomo de cerdo pork loin

lona *s* **1** (tela) canvas | **un bolso/una perezosa de lona** a canvas bag/deckchair **2** (para la playa) mat

lonchera *s* lunch box (plural -xes)

longitud *s* **1** (largo) length: *la longitud de la pista* the length of the track | **¿cuánto tiene/mide de longitud?** how long is it? | **tiene/mide dos metros/50 km de longitud** it's two meters/50 km long: *Tiene 15 metros de longitud.* It's 15 meters long. **2** (en geografía) longitude: *Está a 73°50' de longitud oeste.* It's at 73°50' west.

longitud de onda wave length

lonja *s* (de jamón, queso etc.) slice, (de tocino) slice (AmE), rasher (BrE)

loquear *v* to clown around, to fool around

lora *s* **1** (ave) parrot **2** (persona) chatterbox **3 hablar como una lora** to talk nonstop: *Habla como una lora.* She talks nonstop.

loro *s* **1** (ave) parrot **2** (persona charlatana) chatterbox **3 hablar como un loro** to talk nonstop: *Habla como un loro.* She talks nonstop. **4 repetir algo como un loro** to repeat sth parrot-fashion: *No repitas como un loro todo lo que digo.* Don't just repeat everything I say parrot-fashion.

los, las *art & pron* ▶ ver recuadro

losa *s* **1** (del piso) flagstone **2** (de una tumba) gravestone

losa radiante underfloor heating

lote *s* (terreno) plot, plot of land, lot (AmE): *Tenemos un lote en Reñaca.* We have a plot of land in Reñaca.

los/las

ARTÍCULO

1 La traducción es **the** salvo en los casos que se señalan más abajo:

Nos comimos las fresas/los chocolates. We ate the strawberries/the chocolates.

2 No se usa **the** en los siguientes casos:

Cuando se habla de algo en general:

No me gustan los videojuegos. I don't like video games. | *Las naranjas tienen vitamina C.* Oranges contain vitamin C.

Con los días de la semana:

Los lunes juego squash. I play squash on Mondays.

En algunas construcciones con el verbo *tener:*

Tiene las orejas muy grandes. He has very big ears.

3 Con partes del cuerpo y objetos personales se usa un posesivo:

Se depila las cejas. She plucks her eyebrows. | *Me puse los zapatos nuevos.* I wore my new shoes.

4 En construcciones sin sustantivo se usa **the ones**:

¿Me muestras los azules? Can I see the blue ones? | *Las grandes son más caras.* The big ones are more expensive.

A menos que haya un posesivo:

Los de Hugo son mejores. Hugo's are better.

PRONOMBRE

1 CUANDO NO SE REFIERE A PERSONAS (= them)

Los tengo en casa. I have them at home.

El pronombre no se usa en inglés cuando está presente el complemento al que se refiere:

Los vasos los guardamos aquí. We keep the glasses here.

2 CUANDO SE REFIERE A "ELLOS" O "ELLAS" (= them)

No los conozco. I don't know them. | *Las llevé al parque.* I took them to the park.

3 CUANDO SE REFIERE A "USTEDES" (= you)

¿Las puedo ayudar? Can I help you?

lotería *s* **1** (sorteo) lottery (plural -ries) | **jugar a la lotería** to do/play the lottery: *Nunca juego a la lotería.* I never do the lottery./I never play the lottery. **2** (premio) lottery | **sacarse la lotería** to win the lottery: *Si me sacara la lotería, me compraría una casa en el campo.* If I won the lottery, I would buy a house in the country. **3** (de cartones) bingo | **jugar a la lotería** to play bingo

loto *s* (juego) lottery (plural -ries)

loza *s* **1** (platos, tazas, etc.) crockery: *Compré loza nueva.* I bought some new crockery. **2** (material) stoneware | **unos platos/unas tazas de loza** stoneware plates/cups

lucha *s* struggle: *la lucha armada* armed struggle | *la lucha contra el cáncer* the **fight against** cancer | *la lucha por los derechos de los trabajadores* the **struggle for** workers' rights
lucha libre freestyle wrestling

luchador, -a *adjetivo & sustantivo*
• ***adj*** **ser muy luchador -a** to have a real fighting spirit
• ***s*** **1** (deportista) wrestler **2** (persona que se esfuerza) fighter

luchar *v* **1** to fight: *Tenemos que luchar contra la corrupción.* We must **fight against** corruption. | *Luchan por sus ideales.* They **fight for** their ideals. **2** (en deporte) to wrestle

lucir *v* **1** (referido al aspecto) to look: *Luce muy juvenil.* She looks very young. **2** (ropa) to wear: *Lucía un precioso vestido negro.* She was wearing a beautiful black dress.
lucirse *v* **1** (presumir) to show off: *Le gusta lucirse con el carro de su papá.* He likes showing off in his dad's car. **2** (destacarse) to excel yourself: *Se lució en la prueba.* She excelled herself in the test. | **lucirse con algo** to excel yourself with sth: *Te luciste con el pastel.* You excelled yourself with the cake.

ludo *s* Parcheesi® (AmE), ludo (BrE) | **jugar ludo** to play ludo

luego *adv* **1** (más tarde) later: *Luego nos vemos.* I'll see you later. **2** (a continuación) then: *Se agrega la harina y luego la leche.* You add the flour and then the milk. **3** (en el espacio) then: *Primero está el teatro y luego la biblioteca.* First there's the theater and then the library. ► ver **hasta**

lugar *s* **1** (sitio, ubicación) place: *¡Qué lindo lugar!* What a nice place! | *Déjalo en su lugar.* Leave it in its place./Leave it where it is. | *Guárdame un lugar.* Save me a place. | *Tiene que estar **en algún lugar**.* It has to be **somewhere**. | *No hay **ningún lugar** más lindo.* There's **nowhere** nicer./There **isn't anywhere** nicer.
2 (espacio) room: *No hay más lugar.* There's no more room.
3 en lugar de algo/alguien instead of sth/sb: *Se puede usar aceite en lugar de mantequilla.* You can use oil instead of butter. | **en lugar de hacer algo** instead of doing sth: *En lugar de ir a Costa Rica fuimos a Cuba.* Instead of going to Costa Rica we went to Cuba.
4 en mi/tu etc. lugar in my/your etc. place: *Ponte en mi lugar.* Put yourself in my place. | **yo en tu lugar** if I were you: *Yo en tu lugar, no se lo prestaba.* If I were you, I wouldn't lend it to him.
5 en primer/segundo etc. lugar (en una enumeración) firstly/secondly etc., first/second etc.: *En primer lugar, son buenas para la salud.* Firstly, they're good for your health./First, they're good for your health. | *En segundo lugar, son ricas.* Secondly, they taste good./Second, they taste good. | **llegar en primer/segundo etc. lugar** to be first/second etc.: *Llegué en segundo lugar.* I was second. | *Quedaron en último lugar.* They were last.
6 tener lugar to take place: *La ceremonia tendrá lugar el próximo domingo.* The ceremony will take place next Sunday.
lugar de nacimiento place of birth

lujo *s* **1** luxury (plural -ries) | **darse el lujo de hacer algo** to allow yourself the luxury of doing sth: *Me di el lujo de ir en taxi.* I allowed myself the luxury of taking a taxi. | **un auto/un hotel etc. de lujo** a luxury car/hotel etc. **2 con lujo de detalles** in great detail: *Me lo contó con lujo de detalles.* He told me in great detail.

lujoso, -a *adj* luxurious

lumbre *s* **1** (para encender un cigarrillo) light: *¿Tienes lumbre?* Do you have a light? **2** (para calentar) fire

luminoso, -a *adj* (habitación, casa) bright

luna *s* **1** (satélite) moon **2 estar en la luna** to be miles away
luna creciente waxing moon **luna de miel** honeymoon **luna llena** full moon **luna menguante** waning moon **luna nueva** new moon

lunar *adjetivo & sustantivo*
• ***adj*** **eclipse/año lunar** lunar eclipse/year
• ***s*** **1** (en la piel) mole: *Tiene un lunar en la mejilla.* She has a mole on her cheek. **2** (en una tela) polka dot: *un pañuelo rojo a lunares blancos* a red handkerchief with white polka dots

lunes *s* Monday ► ver "Active Box" **días de la semana** en **día**

lupa *s* magnifying glass (plural -sses)

lustrar *v* (muebles, zapatos) to polish
lustrarse *v* **lustrarse los zapatos/las botas etc.** to polish your shoes/boots etc.: *Se lustró los zapatos.* He polished his shoes.

luto *s* mourning: *un día de luto* a day of mourning | **de luto** in mourning: *Estamos de luto.* We're in mourning.

luz *s* **1** (dispositivo) light: *No dejes la luz del baño prendida.* Don't leave the bathroom light on. | **prender/encender la luz** to turn the light on | **apagar la luz** to turn the light off **2** (claridad) light: *Esta habitación tiene poca luz.* This room gets very little light. | *No me quites la luz.* Don't stand in my light. **3** (corriente eléctrica) electricity: *Estamos sin luz.* We don't have any electricity. | *Nos cortaron la luz.* Our electricity has been cut off. **4 a la luz del sol/de la luna** in the sunlight/in the moonlight
luz de bengala sparkler

¿Quieres pedir una hamburguesa en inglés? Consulta la **guía de comunicación** al final del libro.

M

M, m *s* (letra) M, m ▶ ver "Active Box" **letras del alfabeto** en **letra**

m (= **metro**) m

macabro, -a *adj* macabre

macana *s* (arma) truncheon, nightstick (AmE)

macarrones *s pl* (pasta) macaroni *sing*

maceta *s* (para plantas) pot, plant pot

machacar *v* (ajo) to crush, (nueces) to grind, (papas) to mash

machete *s* (cuchillo) machete

machismo *s* sexism, male chauvinism

machista *adjetivo & sustantivo*
- *adj* sexist, chauvinist
- *s* sexist, male chauvinist

macho *adjetivo & sustantivo*
- *adj* **1** (de sexo masculino) male: *¿Es macho o hembra?* Is it male or female? **2** (viril) macho: *Se cree muy macho.* He thinks he's very macho.
- *s* male

macizo, -a *adjetivo & sustantivo*
- *adj* (sólido) solid: *Es de oro macizo.* It's solid gold.
- **macizo** *s* (de montañas) massif

madeja *s* skein

madera *s* **1** (material) wood ▶ Para referirse a gran cantidad de madera para la construcción, se usa **lumber** (AmE) o **timber** (BrE) | **una silla/mesa de madera** a wooden chair/table **2** (pedazo) piece of wood: *Pásame esa madera.* Pass me that piece of wood. **3 ser de madera** (referido al material) to be made of wood: *El mango es de madera.* The handle is made of wood.

madrastra *s* stepmother

madre *s* **1** (mamá) mother: *¿Cómo está tu madre?* How is your mother? **2** (monja) mother **madre soltera** single mother **madre superiora** mother superior

madriguera *s* burrow

madrina *s* **1** (de bautismo) godmother **2** (de casamiento) En el mundo anglosajón no hay madrinas de casamiento. Si quieres explicarle a alguien el rol de la madrina, di *she is the woman, usually the groom's mother, who accompanies him during the wedding ceremony* ▶ ver **hada**

madrugada *s* **a las dos/tres etc. de la madrugada** at two/three etc. in the morning | **hasta la madrugada** until the early hours of the morning | **de madrugada** early in the morning: *Salieron de madrugada.* They left early in the morning.

madrugar *v* to get up early: *Mañana tenemos que madrugar.* We have to get up early tomorrow.

madurar *v* **1** (persona) to mature **2** (fruto) to ripen

maduro, -a *adj* **1** (fruto) ripe **2** (referido a las actitudes, etc.) mature: *Es una niña muy madura.* She's a very mature girl. **3** (de edad) mature

maestría *s* (curso) master's degree, master's

maestro, -a *s* teacher: *Mi papá es maestro.* My dad's a teacher.

mafia *s* mafia

magia *s* (práctica) magic: *un truco de magia* a magic trick | **hacer magia** to do magic: *Sabe hacer magia.* He can do magic.
magia negra black magic

mágico, -a *adj* **1** (fórmula, poción) magic **2** (palabras) magic **3** (poderes, mundo) magical ▶ ver **varita**

magnético, -a *adj* magnetic

magnífico, -a *adj* **1** (actuación, espectáculo) wonderful, magnificent **2** (idea, plan) marvelous (AmE), marvellous (BrE)

mago, -a *s* **1** (en un espectáculo) magician ▶ ver **rey** **2 mago** (hechicero) wizard: *el mago Merlín* the wizard Merlin

magulladura *s* bruise

magullón *s* bruise

maicena®, maizena® *s* cornstarch (AmE), cornflour (BrE)

mail *s* (mensaje) e-mail: *Le mandé un mail.* I sent her an e-mail.

maíz *s* (como alimento) sweetcorn, corn (AmE), (planta), corn (AmE), maize (BrE) ▶ ver también **harina**
maíz pira popcorn

Majestad *s* **Su Majestad** Your/Her/His Majesty ▶ Para dirigirse a un monarca se dice **Your Majesty**. Para referirse a una reina se usa **Her Majesty** y **His Majesty** para referirse a un rey

mal *adverbio, adjetivo & sustantivo*
- *adv & adj* **1** (insatisfactoriamente) **cantar/tocar/pintar etc. mal** to sing/play/paint etc. badly: *Dormí muy mal.* I slept very badly. | *Me fue mal en el examen.* I did badly in the exam. | **mal vestido -a/mal pagado -a etc.** badly dressed/paid etc.: *un trabajo mal hecho* a badly done job **2** (incorrecto, incorrectamente) wrong: *Lo hice mal.* I did it wrong. | *Está mal escrito.* It's spelled wrong. | *Está mal hacer eso.* It's wrong to do that. **3** (desagradablemente) **oler/sonar mal** to smell/sound bad **4** (insuficientemente) **ve/oye mal** her sight/her hearing is bad **5 estar mal (a)** (de salud) to be sick (AmE), to be ill (BrE) **(b)** (anímicamente) to be/feel down: *Estoy mal desde que nos peleamos.* I've been down since we had that argument./I've felt down since we had that argument. **6 no está mal** (de aspecto, de calidad) he/it etc. isn't bad: *–¿Qué te parece? –No está mal.* "What do you think?" "It's not bad."

7 ir de mal en peor to go from bad to worse ▶ *caer mal, llevarse mal, sentirse mal,* etc. se tratan bajo el verbo correspondiente **8** ▶ ver **malo**

● *s* **1 el mal** evil: *el bien y el mal* good and evil/right and wrong **2** (enfermedad) illness: *un mal incurable* an incurable illness **3** (daño) harm: *No le deseo ningún mal.* I don't wish him any harm. **4 hacerse mal** to hurt yourself | **los fritos/los mariscos etc. me hacen mal** fried food/shellfish etc. doesn't agree with me: *Me hicieron mal los mejillones.* The mussels didn't agree with me. **5 tomarse algo a mal** to take sth the wrong way: *No te lo tomes a mal.* Don't take it the wrong way. ▶ ver **menos**

malagua *s* jellyfish (plural jellyfish o jellyfishes)

malaria *s* (enfermedad) malaria

malcriado, -a *adjetivo & sustantivo*

● *adj* spoiled, spoilt

● *s* **ser un malcriado/una malcriada** to be spoilt

malcriar *v* to spoil

maldición *s* (maleficio) curse

maldito, -a *adj* (para expresar disgusto) wretched: *¡Esta maldita computadora!* This wretched computer!

malecón *s* seafront

maleducado, -a *adjetivo & sustantivo*

● *adj* rude, bad-mannered

● *s* **ser un maleducado/una maleducada** to be very rude: *Eres un maleducado.* You're very rude.

malentendido *s* misunderstanding

malestar *s* **1** (físico) **sentir/tener malestar** to be feeling unwell: *Sentía un malestar general.* He was feeling generally unwell. **2** (inquietud) unease | **causar malestar** to cause unease

maleta *s* **1** (de viaje) suitcase, case (BrE) | **hacer/empacar la(s) maleta(s)** to pack: *¿Ya has hecho las maletas?* Have you packed yet? | **desempacar/desarmar la(s) maleta(s)** to unpack **2** (de un auto) trunk (AmE), boot (BrE)

maletero *s* **1** (o **maletera**) (de un auto) trunk (AmE), boot (BrE) **2** (persona) porter

maletín *s* briefcase

malgastar *v* **1** (dinero, el sueldo) to waste **2** (tiempo) to waste **3** (la vida, la juventud) to waste

malgeniado -a, malgenioso -a *adj* **1** (como estado pasajero) **estar malgeniado -a** to be in a bad mood **2** (como característica permanente) bad-tempered

malhumorado, -a *adj* **1** (como estado pasajero) **estar malhumorado -a** to be in a bad mood **2** (como característica permanente) bad-tempered

malla *sustantivo & sustantivo plural*

● *s* (que cubre el torso; de bailarina, gimnasta) leotard

● **mallas** *s pl* **1** (pantalón ajustado) leggings **2** (con pie; de bailarín, gimnasta) tights

malo, -a *adjetivo & sustantivo*

● *adj* ▶ ver recuadro

mala hierba *s* weed **mala palabra** *s* swear word: *Dice muchas malas palabras.* He uses a lot of swear words. **mala pasada** *s* dirty trick: *jugarle una mala pasada a alguien* to play a dirty trick on sb **malos tratos** *s pl* abuse *sing*

● *s* (en una película) baddy (plural -ddies) ▶ Cuando se trata de un hombre, también se usa mucho **bad guy**: *un actor que siempre hace de malo* an actor who always plays the bad guy

malpensado, -a *adj & s* **ser muy malpensado -a/ser un -a malpensado -a (a)** (pensar mal de los demás) to have a suspicious mind **(b)** (pensar en obscenidades) to have a dirty mind

malteada *s* (malted) milk shake, malt (AmE)

maltratar *v* **maltratar a alguien** to treat sb badly

malvado, -a *adjetivo & sustantivo*

● *adj* wicked

● *s* **ser un malvado/una malvada** to be wicked

malvavisco *s* marshmallow

mama *s* breast

mamá *s* mom (AmE), mum (BrE): *Mi mamá es médica.* My mom's a doctor.

mamadera *s* bottle, baby's bottle | **tomar la mamadera** to have a bottle

mamar *v* **darle de mamar a un bebé** to feed a baby, to breastfeed a baby ▶ **to feed a baby** también significa darle la mamadera o darle de comer. Para aclarar se usa el verbo **to breastfeed**: *Le está dando de mamar.* She's feeding him.

mamífero *s* mammal

---

malo, -a *adjetivo*

1 La traducción **bad** es válida en la mayoría de los contextos:

Es muy mal alumno. He's a very bad student. | *Tengo malas noticias.* I have some bad news. | *Es malo para la salud.* It's bad for your health.

2 EXCEPCIONES

Referido a personas egoístas o severas, se usa **mean:**

No seas mala y déjame ir. Don't be mean, let me go.

Si se trata de niños traviesos, se usa **naughty:**

¡No seas malo! Don't be naughty!

Cuando significa *enfermo* se traduce por **sick** en inglés americano e **ill** en inglés británico:

No pude venir porque estaba malo. I couldn't come because I was sick.

3 EXPRESIONES

lo malo es que the thing is (that): *Lo malo es que queda muy lejos.* The thing is it's a long way from here. | **¿qué tiene de malo?** what's wrong with that? | **¿qué tiene de malo decir la verdad/que no le guste el fútbol etc.?** what's wrong with telling the truth/him not liking soccer etc.?: *¿Qué tiene de malo querer ser famoso?* What's wrong with wanting to be famous?

---

mamila *s* bottle, baby's bottle | **tomar la mamila** to have a bottle

mampara *s* (para el baño) screen

manada *s* **1** (de caballos, elefantes) herd **2** (de lobos, perros) pack **3** **ir en manada** to go around in a pack

manantial *s* spring

mancha *s* **1** (de aceite, sangre, etc.) stain **2** (de un animal) patch (plural -ches)

manchar *v* **1** **manchar algo** to get sth dirty **2** **el aceite/el vino etc. mancha** oil/wine etc. stains: *No te preocupes, no mancha.* Don't worry, it doesn't stain.

mancharse *v* **mancharse la camisa/los pantalones etc.** to get your shirt/your pants etc. dirty

manco, -a *adj* **ser manco -a** **(a)** (de mano) to have only one hand **(b)** (de brazo) to have only one arm | **quedarse manco -a** **(a)** (de mano) to lose a hand **(b)** (de brazo) to lose an arm

mancornas *s pl* cuff links

mancuernas o **mancuernillas** *s pl* cuff links

mandado *s* errand: *Ha ido a hacerle un mandado a la abuela.* He's gone to do an errand for his grandma. | **hacer los mandados, ir al mandado** to do the shopping: *Tengo que ir a hacer los mandados.* I have to go and do the shopping.

mandamiento *s* commandment

mandar *v* **1** (enviar) to send: *Le mandé un e-mail.* I sent him an e-mail. **2** (hacer ir) to send: *Nos mandaron a todos a casa.* They sent us all home. | *Lo mandaron a comprar el periódico.* They sent him to buy the newspaper. **3** (tener el mando) to be in charge: *Aquí mando yo.* I'm in charge here. **4** (arrojar) to send, to put: *Mandó la pelota afuera.* He put the ball out of play. | **mandarle una patada/un puñetazo a alguien** to give sb a kick/a punch **5** (ordenar) to tell: *Yo hago lo que me mandan.* I do what I'm told. | **mandar a alguien que haga algo** to tell sb to do sth **6** **mandar (a) hacer algo** to have sth done: *Mandé el televisor a arreglar.* I had the TV fixed. | *Mandaron pintar la casa.* They had the house painted. **7** **mande (a)** (dígame) yes?, what is it?: *–Quisiera hacer una pregunta. –Mande.* "I'd like to ask a question." "Yes?"/"What is it?" **(b)** (para pedir que se repita algo) pardon?, excuse me? (AmE): *–Es un coleóptero. –¿Mande?* "It's a coleopteran." "Pardon?"

mandarse *v* **mandarse (a) hacer/construir etc. algo** to have sth made/built etc.: *Me mandé a hacer una falda.* I had a skirt made.

mandarina *s* mandarin

mandíbula *s* jaw

mandil *s* apron

mandioca *s* cassava

mando *s* **1** (autoridad) **tener/asumir el mando** to be in charge/to take charge **2** (en el ámbito militar) command | **estar al mando de una flotilla/de cinco mil hombres etc.** to be in command of a fleet/of five thousand soldiers etc.

mandón, -ona *adjetivo & sustantivo*

- **adj** bossy: *Mi hermana es muy mandona.* My sister is very bossy.
- **s** bossyboots: *Mi hermana es una mandona.* My sister's a bossyboots.

mandonear *v* **mandonear a alguien** to boss sb around

manejar *v* **1** (conducir) to drive: *¿Sabes manejar?* Can you drive? **2** (una máquina, una herramienta) to operate: *¿Quién sabe manejar la cámara?* Who knows how to operate the camera? **3** (un diccionario, una enciclopedia) to use **4** (una tienda, una empresa) to manage

manejarse *v* **1** (arreglarse) to manage: *Nos tuvimos que manejar con poco dinero.* We had to manage with very little money. **2** **manejarse (bien) en inglés/francés etc.** to get by (all right) in English/French etc.: *¿Puedes manejarte en inglés?* Can you get by in English? **3** (comportarse) **manejarse bien/mal** to be good/to misbehave: *No se manejen mal.* Don't misbehave.

manera *s* **1** way: *la mejor manera de aprender un idioma* the best way to learn a language | *Me gusta su manera de vestirse.* I like the way she dresses. | **a mi/tu etc. manera** my/your etc. way: *Lo voy a hacer a mi manera.* I'm going to do it my way. | **de esta/esa manera** this way/that way, like this/like that **2** **de cualquier manera/de todas maneras** (igual) anyway: *De cualquier manera, no lo voy a comprar.* I'm not going to buy it, anyway. | *De todas maneras, ya está terminado.* It's finished, anyway. **3** **de ninguna manera** (como respuesta) I wouldn't hear of it! | **de ninguna manera lo voy a permitir/voy a acceder etc.** there is no way that I am going to allow it/agree etc. **4** **no hay manera** there's no way **5** **¡qué manera de...!** ver ejemplos: *¡Qué manera de llover!* Look at that rain! | *¡Qué manera de comer ese niño!* That boy sure can eat!

manga *s* **1** (de prenda de vestir) sleeve | **una blusa/un vestido sin mangas** a sleeveless blouse/dress | **una camisa de manga corta/de manga larga** a short-sleeved/long-sleeved shirt | **en mangas de camisa** in my/your etc. shirt sleeves **2** (dibujos) manga comic strip

mango *s* **1** (de una herramienta, una sartén) handle **2** (fruta) mango

mangonear *v* **mangonear a alguien** to boss sb around

manguera *s* hose

maní *s* peanut

manía *s* **1** **tener muchas manías** to have a lot of funny little ways | **tener la manía de hacer algo** to have the funny habit of doing sth: *Tengo la manía de tocarme el pelo.* I have the funny habit of touching my hair. **2** **tenerle manía a alguien** to have it in for sb: *La directora me tiene manía.* The principal has it in for me. | **tenerle manía a algo** to have a thing about sth: *Les tengo manía a estos zapatos.* I have a thing about these shoes.

maniático, -a *adjetivo & sustantivo*

- ***adj*** fussy
- ***s*** **ser un maniático/una maniática de algo** to be obsessed with sth: *Es un maniático del orden.* He's obsessed with tidiness.

manicomio *s* mental hospital

manifestación *s* (de protesta) demonstration

manifestante *s* demonstrator

manifestar *v* **1** (expresar) to express **2** (mostrar) to show

manifestarse *v* **1** (declararse) **manifestarse a favor/en contra de algo** to declare your support for sth/your opposition to sth **2** (hacer una manifestación) to demonstrate

manija *s* handle

maniobra *s* (con un vehículo, etc.) maneuver (AmE), manoeuvre (BrE)

maniobrar *v* to maneuver (AmE), to manoeuvre (BrE)

manipular *v* **1** (una noticia, las opiniones) to manipulate **2** (a una persona) to manipulate

maniquí *s* dummy (plural -mmies)

manirroto, -a *adj* extravagant

manjar *s* **1** (delicia) delicacy (plural -cies) **2** (dulce de leche) **manjar (blanco)** Si quieres explicar qué es el manjar, di *It's a type of sweet spread made by boiling milk and sugar together*

mano *s* **1** (parte del cuerpo) hand: *Me voy a lavar las manos.* I'm going to wash my hands. | *Tienes las manos sucias.* Your hands are dirty. | **darle la mano a alguien (a)** (tomar de la mano) to hold sb's hand: *Dame la mano.* Hold my hand. **(b)** (como saludo) to shake hands with sb: *Le dio la mano a mi papá.* He shook hands with my dad. | **darse la mano** to shake hands | **¡arriba las manos!** hands up! ▶ ver **levantar**
2 a mano usado en las siguientes expresiones: **hecho -a a mano** (muebles, etc.) handmade | **tejido -a/cosido -a/bordado -a a mano** hand-knitted/hand-sewn/hand-embroidered | **escrito -a a mano** handwritten | **coser algo a mano** to sew sth by hand | **escribir algo a mano** to write sth (out) by hand | **lavar algo a mano** to hand-wash sth
3 tener algo a (la) mano to have sth handy
4 (lado) **a mano derecha/izquierda** on the right/left: *la primera puerta a mano izquierda* the first door on the left
5 ropa/una bicicleta etc. de segunda mano second-hand clothes/a second-hand bicycle etc.
6 una calle de mano única a one-way street
7 agarrarle/tomarle la mano a algo to get the hang of sth
8 darle/echarle una mano a alguien to give sb a hand
9 agarrar a alguien con las manos en la masa to catch sb red-handed
10 se me/le etc. fue la mano (con algo) I/he etc. got carried away (with sth)
11 (de pintura) coat
12 (en fútbol) handball
13 (en juegos de cartas) hand: *en la primera mano* on the first hand | **eres/es etc. mano** it's your/his etc. lead

mano de obra labor (AmE), labour (BrE): *mano de obra barata* cheap labor

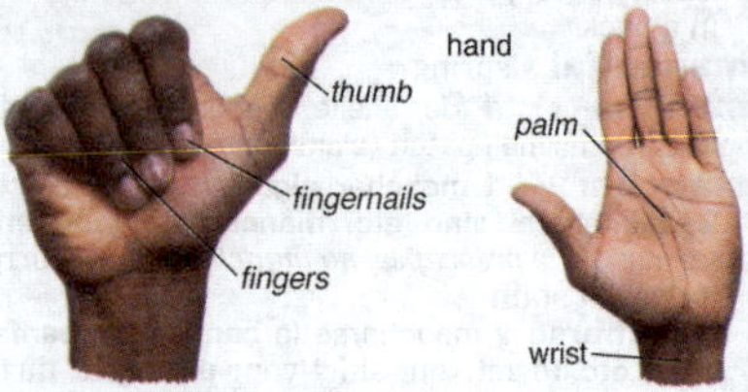

mansión *s* mansion

manso, -a *adj* (animal) tame

manta *s* blanket

manteca *s* **1** (grasa) fat **2 manteca (de cerdo)** lard

manteca de cacao cocoa butter

mantel *s* tablecloth

mantener *v* **1** (dar alimento a) to support: *Tiene que mantener a cinco hijos.* She has five children to support. **2** (en un estado, una situación, una posición) to keep: *Lo mantuve cerrado.* I kept it closed. | *Mantengan los brazos en alto.* Keep your arms up. | **mantener la calma** to keep calm **3** (afirmar) to maintain

mantenerse *v* **1** (en una situación, un estado) to keep, to stay: *Manténganse derechos.* Keep straight. | *Tomé un montón de café para mantenerme despierto.* I drank loads of coffee to stay awake. | **mantenerse en forma** to keep fit: *Salgo a correr para mantenerme en forma.* I go running to keep fit. **2** (pagarse los gastos) to support yourself: *El sueldo no me alcanza para mantenerme.* I don't earn enough money to support myself.

mantenimiento *s* maintenance

mantequilla *s* butter

mantequilla de maní, mantequilla de cacahuate peanut butter

manual *sustantivo & adjetivo*

- ***s*** **1** (de instrucciones) manual **2** (libro de texto) textbook
- ***adj*** manual ▶ ver **trabajo**

manualidades *s pl* handicrafts | **hacer manualidades** to do handicrafts

manubrio *s* (de una bicicleta) handlebars *pl*

manzana *s* **1** (fruta) apple **2** (de casas) block | **dar una vuelta a la manzana** to go around the block

manzanilla *s* **1** (planta) camomile **2** (infusión) camomile tea

manzano *s* apple tree

maña *sustantivo & sustantivo plural*

- ***s*** **tener/darse maña para algo** to be good at sth
- **mañas** ***s pl*** **1 tener muchas mañas (a)** (caprichos) to be very finicky **(b)** (costumbres) to have a

lot of funny little ways **2** (astucias) tricks: *Te conozco las mañas.* I know your tricks.

mañana *sustantivo & adverbio*

- ***s*** (parte del día) morning: *Me llamó esta mañana.* He called me this morning. | **en/por la mañana** in the morning: *Voy al colegio en/por la mañana.* I go to school in the morning. | **a las 2/9 etc. de la mañana** at 2/9 (o'clock) etc. in the morning | **a la mañana siguiente** the next morning | **a media mañana** at mid-morning | **los martes/domingos etc. en/por la mañana** on Tuesday/Sunday etc. mornings | **ayer/mañana/el lunes etc. en/por la mañana** yesterday morning/tomorrow morning/on Monday morning etc.
- ***adv*** (el día después de hoy) tomorrow: *Mañana es viernes.* Tomorrow is Friday. | *¿Qué día es mañana?* What day is it tomorrow? | **¡hasta mañana!** see you tomorrow! | **el día de mañana** in the future | **mañana en/por la mañana** tomorrow morning | **mañana en/por la tarde** tomorrow afternoon/evening ▶ ver nota en **tarde** | **mañana en/por la noche** tomorrow evening/night ▶ ver nota en **noche** | **la fiesta/la reunión etc. de mañana** the party/the meeting etc. tomorrow ▶ ver **pasado**

mañoso, -a *adj* fussy, finicky

mapa *s* map

mapamundi *s* map of the world

maqueta *s* (de un edificio, una ciudad) model

maquillaje *s* make-up: *No uso maquillaje.* I don't wear make-up.

maquillar *v* **maquillar a alguien** to make sb up

maquillarse *v* to put make-up on: *Me maquillo sólo cuando salgo.* I only put make-up on when I go out. | *No se maquilla.* She doesn't wear make-up. ▶ Al hablar de una ocasión en particular, se usa el posesivo: *Todavía no me he maquillado.* I haven't put my make-up on yet.

máquina *s* **1** (aparato) machine **2 escribir a máquina** to type | **coser algo a máquina** to sew sth on the machine, to machine-sew sth | **lavar algo a máquina** to machine-wash sth **3** (dispensador automático) machine **4** (o **máquina de fotos**) camera

máquina de afeitar, máquina de rasurar electric razor **máquina de coser** sewing machine **máquina de escribir** typewriter **máquina tragamonedas, máquina traganíqueles** slot machine, fruit machine (BrE)

maquinaria *s* machinery

maquinista *s* engineer (AmE), train driver, engine driver (BrE)

mar *s* sea: *el Mar Caribe* the Caribbean Sea ▶ Como lugar de vacaciones, se traduce por **seaside**: *Prefiero ir al mar.* I prefer to go to the seaside.

maracuyá *s* passion fruit

maratón *s* marathon

maravilla *s* **ser una maravilla** to be amazing: *¡Es una maravilla!* It's amazing! | **¡qué maravilla de mujer/casa etc.!** what an amazing woman/house etc.!

maravilloso, -a *adj* wonderful

marca *s* **1** (de productos de limpieza, alimentos, desodorante) brand | **un reloj/unos bluyíns de marca** a designer watch/a pair of designer jeans **2** (de computadoras, autos) make | **una computadora de marca** a well-known make of computer **3** (señal) mark **4** (en deportes) record

marca registrada registered trademark

marcador *s* **1** (en deportes) scoreboard **2** (puesto en fútbol) marker **3** (para escribir) felt-tip pen, marker, marker pen (BrE)

marcar *v* **1** (al teléfono) to dial: *¿Marcaste bien el número?* Have you dialed the number correctly? **2** (señalar) to mark: *Marca la respuesta correcta con una cruz.* Mark the correct answer with a cross. **3** (un gol) to score **4** (a un jugador) to mark

marcha *s* **1** (manifestación) march (plural -ches): *una marcha por la paz* a peace march **2** (composición musical) march (plural -ches): *la marcha nupcial* the wedding march **3** (deporte) walk **4 decidir algo sobre la marcha** to decide sth as you go along **5 estar en marcha (a)** (auto, moto) to be running **(b)** (proyecto, plan) to be underway **6 poner algo en marcha (a)** (un plan, un proyecto) to set sth in motion **(b)** (un auto, un motor) to start sth **7 dar marcha atrás** (en un vehículo) to reverse

marchar *v* **1** (funcionar) to go: *¿Cómo marchan tus cosas?* How are things going? **2** (soldados) to march

marchitarse *v* to wither

marchito, -a *adj* (flor, planta) withered

marciano, -a *adj & s* Martian

marco *s* **1** (para un cuadro, foto) frame **2** (de una puerta, ventana) frame **3** (de anteojos) frame

marea *s* tide | **está subiendo/bajando la marea** the tide is coming in/going out

marea alta high tide **marea baja** low tide

mareado, -a *adj* **estar/sentirse mareado -a (a)** (por la altura, por dar vueltas) to be/feel dizzy: *Estaba mareada.* I was dizzy./I felt dizzy. **(b)** (por haber tomado alcohol) to be tipsy **(c)** (con ganas de devolver) to feel sick, to feel nauseous (AmE): *Estoy mareada.* I feel sick. ▶ Hay traducciones especiales si estás en un auto (**I feel carsick**), un barco (**I feel seasick**) y un avión (**I feel airsick**).

marearse *v* **1** (por dar vueltas, por mirar para abajo, etc.) to get dizzy **2** (con ganas de vomitar) to feel sick, to feel nauseous (AmE): *Me empecé a marear.* I started to feel sick. ▶ Hay traducciones especiales para marearse en un auto (**to get carsick**), en un barco (**to get seasick**) y en un avión (**to get airsick**): *Se marea en el carro.* She gets carsick. | *Si te sientas en cubierta, no te mareas.* If you sit on deck, you don't get seasick.

maremoto *s* underwater earthquake

mareo *s* **1 sentí/sintió etc. un mareo** I/she etc. felt dizzy **2** Si los mareos se sufren al viajar, se habla de **travel sickness** (o bien **car sickness, sea sickness** o **air sickness** según se viaje en auto, barco o avión).

marfil *s* ivory | **una caja/una figura de marfil** an ivory box/figure

margarina *s* margarine

margarita *s* daisy (plural -sies)

margen *sustantivo masculino & sustantivo femenino*

• *s* [masc] **1** (en un texto) margin | **dejar margen** to leave a margin | **al margen** in the margin **2 dejar a alguien al margen (de algo)** leave sb out (of sth) | **quedarse/mantenerse al margen (de algo)** to keep out (of sth) **3 margen (de ganancias)** (profit) margin
margen de error margin of error

• *s* [fem] (de un río) bank

marginado, -a *adjetivo & sustantivo*

• *adj* marginalized, deprived

• *s* **los marginados** the deprived, the underclass

marica *adj & s* queer

marido *s* husband

marihuana *s* marijuana

marina *s* (conjunto de barcos) fleet
marina de guerra navy (plural -vies) **marina mercante** merchant navy

marinero, -a *s* sailor

marino, -a *sustantivo & adjetivo*

• *s* navy officer ▶ Cuando se trata de un oficial de la marina mercante, se dice **a merchant navy officer** o **an officer in the merchant navy**

• *adj* **1 brisa marina/aire marino** sea breeze/sea air **2 fauna marina** marine life ▶ ver **azul**

marioneta *s* puppet

mariposa *s* **1** (insecto) butterfly (plural -flies) | **mariposa de la luz, mariposa nocturna** moth **2** (estilo de natación) butterfly | **nadar (estilo) mariposa** to do the butterfly

mariquita *s* ladybug (AmE), ladybird (BrE)

mariscos *s pl* seafood *sing*: *Me encantan los mariscos.* I love seafood.

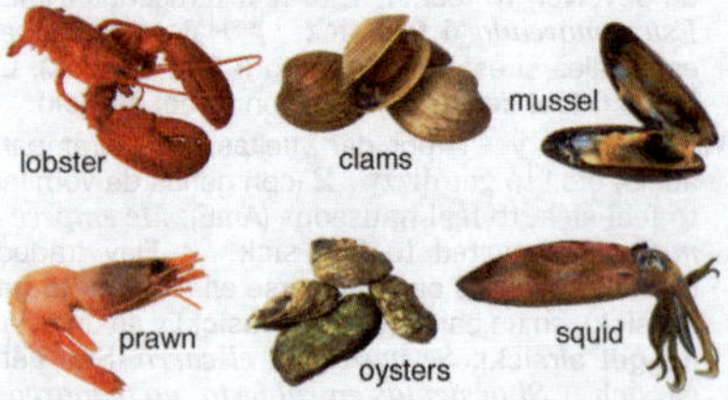

marítimo, -a *adj* **transporte/puerto marítimo** sea transportation/port

marketing *s* **1** (actividad) marketing **2** (carrera) marketing

mármol *s* (material) marble | **una mesa/una columna de mármol** a marble table/column

marqués, -esa *s* **marqués** marquis (plural -ses) | **marquesa** marchioness (plural -sses)

marrano, -a *sustantivo*

• *s* (animal) pig ▶ Éste es el término genérico. También existe **hog,** más común en inglés americano. Para referirse a una hembra se dice **sow**

• **marrano** *s* (carne) pork

marrón *adj & s* brown ▶ ver "Active Box" **colores en color**

Marte *s* Mars

martes *s* Tuesday ▶ ver "Active Box" **días de la semana en día**

martillo *s* hammer

marxismo *s* Marxism

marzo *s* March ▶ ver "Active Box" **meses en mes**

más *adverbio, adjetivo, preposición & sustantivo*

• *adv & adj* ▶ ver recuadro

• *prep* plus: *Dos más dos son cuatro.* Two plus two is four.

• *s* **(o signo de más)** plus sign

masa *s* **1** (para pan, pizza) dough **2** (para empanadas, tartaletas, etc.) pastry **3** (para bizcochos, tortas) batter (AmE), mixture (BrE) **4** (en física) mass **5 en masa** en masse

masaje *s* massage | **hacerle/darle (un) masaje a alguien** to give sb a massage: *¿Me das masaje?* Would you give me a massage? | *Me hizo masajes en la espalda* He gave me a back massage.

mascada *s* scarf (plural scarves), headscarf (plural -scarves), headsquare (BrE)

mascar *v* to chew

máscara *s* **1** (para disfrazarse) mask **2** (para protegerse) mask **3** (para pestañas) mascara

mascota *s* **1** (animal) pet **2** (símbolo) mascot: *la mascota de los mundiales de fútbol* the World Cup mascot

masculino, -a *adjetivo & sustantivo*

• *adj* **1** (en biología) male **2** (referido al aspecto, la actitud) masculine **3** (para o de hombres) **moda/ropa masculina** men's fashion/clothes | **los dobles masculinos** the men's doubles **4** (en gramática) masculine

• **masculino** *s* (en gramática) masculine

masmelo *s* marshmallow

masticar *v* to chew

mástil *s* **1** (de una bandera) flagpole **2** (de una vela) mast

matadero *s* slaughterhouse, abbatoir

matanza *s* **1** (de animales) slaughter **2** (de personas) massacre

matar *v* to kill: *¡Te voy a matar!* I'm going to kill you! | **matar a alguien a tiros** to shoot sb dead: *Lo mataron a tiros.* They shot him dead.
matarse *v* **1** (en un accidente) to be killed: *Se*

más *adverbio & adjetivo*

1 MAYOR CANTIDAD, MAYOR NÚMERO (= more)

Sírvete más. Have some more. | *Necesito más dinero.* I need more money. | **¿quieres más?** Would you like some more? | **más de dos años/más de diez** more than two years/more than ten; over two years/over ten: *Hay más de dos millones de desocupados.* There are over two million unemployed.

2 COMPARATIVOS

Usa **more** delante de un adjetivo o adverbio largo (de dos o más sílabas). Con adjetivos o adverbios cortos, se agrega **-er**. Los de dos sílabas terminados en **y** se consideran cortos:

Es más inteligente que el hermano. He's more intelligent than his brother. | *Es más estúpido de lo que pensé.* He's more stupid than I thought he was. | *Tiene más suerte que tú.* She's luckier than you. | **me gusta más** I prefer it: *Me gusta más el otro.* I prefer the other one.

3 SUPERLATIVOS

Usa **most** delante de un adjetivo o adverbio largo (de dos o más sílabas). Con adjetivos o adverbios cortos, se agrega **-est**. Los de dos sílabas terminados en **y** se consideran cortos:

Éste es el más caro. This is the most expensive one. | *la juguetería más grande del mundo* the largest toy store in the world | *la pieza más fácil del libro* the easiest piece in the book

Pero cuando sólo hay dos elementos, la traducción es como para los comparativos:

la más responsable/la más alta de las dos the more responsible/the taller of the two

4 CON CIERTOS PRONOMBRES

alguien/nadie/algo más somebody/nobody/something else | **¿quién/qué/dónde más?** who/what/where else?: *¿Necesitas algo más?* Do you need anything else? | *No vino nadie más.* Nobody else came.

5 CON "NO"

no... más nunca más: not... again: *No lo vi más.* I never saw him again. | **no... más** ya no: not... anymore: *No te quiero más.* I don't love you anymore.

6 EXCLAMACIONES

¡Es más tonto! He's so stupid!

7 EXPRESIONES

de lo más elegante/inteligente etc. very elegant/intelligent etc.: *un niño de lo más simpático* a very nice boy | **de más:** *Hice sándwiches de más por si acaso.* I made extra sandwiches just in case. | **más bien** pretty: *Es más bien caro.* It's pretty expensive. | **más o menos** more or less: *Somos más o menos de la misma edad.* We are more or less the same age. | *–¿Cómo andas? –Más o menos.* "How are you?" "So-so."

mató con la moto. He was killed on his motorcycle. **2** (suicidarse) to kill yourself **3** (hacer un gran esfuerzo) to knock yourself out: *Se mató para entrar al equipo.* She really knocked herself out to get onto the team. | **me maté estudiando/cocinando etc.** I knocked myself out studying/cooking etc.

matemáticas *s* mathematics *sing*, math (AmE), maths *sing* (BrE) ▶ **mathematics** es un poco más formal

matemático, -a *adjetivo & sustantivo*

• *adj* (cálculo, problema) mathematical

• *s* mathematician

materia *s* **1** (asignatura) subject: *¿Cuál es tu materia preferida?* What's your favorite subject? **2** (tema, asunto) subject: *un especialista en la materia* an expert on the subject **3** (sustancia) matter

materia prima raw material

material *sustantivo & adjetivo*

• *s* **1** (materia) material: *un material resistente* a tough material **2** (información) material: *Me falta material para el trabajo.* I don't have enough material for my project.

• *adj* material

materialista *adjetivo & sustantivo*

• *adj* materialistic

• *s* **ser un/una materialista** to be very materialistic

maternidad *s* **1** (hospital) maternity hospital **2** (sala) maternity ward **3** (hecho de ser madre) maternity

materno, -a *adj* **1** (abuelo, tío, etc.) maternal: *su abuela materna* his maternal grandmother **2 mi/su etc. lengua materna/idioma materno** my/her etc. mother tongue: *El español es mi lengua materna.* Spanish is my mother tongue. **3** (sentimiento, amor) maternal

matiz *s* **1** (de un color) shade **2** (de una palabra, una expresión) nuance

matón *s* (provocador) thug

matraca *s* rattle

matrícula *s* **1** (inscripción) registration, enrollment (AmE), enrolment (BrE) **2** (lo que se paga) registration fees *pl*, enrollment fees *pl* (AmE), enrolment fees *pl* (BrE): *Ha subido la matrícula.* Registration fees have gone up. **3** (de un vehículo) license plate (AmE), number plate (BrE)

matricularse *v* **matricularse (en algo) (a)** (en un curso) to register (for sth), to enroll (in sth) (AmE), to enrol (on sth) (BrE) **(b)** (en la universidad, en un colegio) to register (at sth), to enroll (in sth) (AmE), to enrol (at sth) (BrE)

matrimonio *s* **1** (institución, estado) marriage | **contraer matrimonio** to get married **2** (ceremonia) wedding **3** (pareja) couple

matriz *s* **1** (en matemáticas) matrix (plural matrices) **2** (en anatomía) womb

matrona *s* midwife (plural -wives)

maullar *v* to miaow, to meow (AmE)

¿Quieres una lista de frases útiles para hablar de ti mismo? Consulta la **guía de comunicación** al final del libro.

máximo, -a *adjetivo & sustantivo*
- **adj** maximum: *la temperatura máxima* the maximum temperature/the highest temperature | *el máximo goleador del campeonato* the highest scorer in the championship
- **máximo** *s* **1** maximum: *un máximo de dos horas* a maximum of two hours **2 como máximo** at most: *Tendrá 20 años como máximo.* He must be 20 at most. **3 esforzarse al máximo** to try your hardest | **poner el volumen al máximo** to turn the volume right up

mayo *s* May ▶ ver "Active Box" **meses** en **mes**

mayonesa *s* mayonnaise

mayor *adjetivo, pronombre & sustantivo*
- **adj & pron** ▶ ver recuadro
- **s** **1** (adulto) adult, grown-up ▶ **grown-up** es el término que usan los niños o que usa un adulto al dirigirse a un niño: *una película sólo para mayores* an adults-only movie | *No interrumpas a los mayores.* Don't interrupt when grown-ups are speaking. **2** (grado militar) major

mayor de edad adult: *Tiene que estar acompañado de un mayor de edad.* He must be accompanied by an adult. ▶ En contextos legales u oficiales se usa **adult** pero en otros casos se hace referencia a la edad en que se alcanza la mayoría de edad (18 años en la mayoría de los estados de EU y en Gran Bretaña): *Sólo dejan entrar a los mayores de edad.* They only let you in if you're over 18.

mayordomo *s* (de una casa) butler

mayoría *s* **1 la mayoría de la gente/de mis amigos etc.** most people/most of my friends etc.: *La mayoría de las veces se equivoca.* Most of the time he gets it wrong. ▶ En lenguaje formal también se usa **the majority of**: *en la mayoría de los casos* in most cases/in the majority of cases **2** (en una votación) majority (plural -ties)

mayoría de edad ▶ En contextos legales u oficiales, se usa **age of majority** pero en otros casos se hace referencia a la edad en que se alcanza la mayoría de edad (18 años en la mayoría de los estados de EU y en Gran Bretaña): *llegar a/alcanzar la mayoría de edad* to turn 18

mayúscula *adjetivo & sustantivo*
- **adj** capital
- **s** capital letter | **escribir algo con mayúscula** to write sth with a capital letter: *En inglés los nombres de los meses se escriben con mayúscula.* In English the names of months are written with a capital letter. | **escribir algo en mayúsculas** to write sth in capitals

mazapán *s* marzipan

mazo *s* **1** (de naipes) deck (AmE), pack (BrE) **2** (herramienta) mallet

me *pron* ▶ ver recuadro

mear *v* to pee

mearse *v* to wet yourself

mecánica *s* mechanics *sing*: *un curso de mecánica* a course in mechanics

---

mayor *adjetivo & pronombre*

1 EN EDAD

COMPARATIVO (= older)

También existe **elder** que es más formal y no se puede usar con **than:**

mi hermano mayor my older brother/my elder brother | *Es mayor que tú.* She's older than you.

SUPERLATIVO (DE MÁS DE DOS) (= oldest)

También existe **eldest** que es más formal:

el hijo mayor the oldest son/the eldest son | *el mayor de la clase* the oldest in the class/the eldest in the class | *el mayor de los primos* the oldest of the cousins/the eldest of the cousins

SUPERLATIVO (DE DOS) (= older)

También existe **elder** que es más formal:

mi hermana mayor my older sister/my elder sister | *El mayor es casado.* The older/elder of the two is married. | **ser mayor de edad** to be over 18 | **ser mayor de 18/21 etc.** to be over 18/21 etc. | **los mayores de 18/21 etc.** over 18s/over 21s etc.

DE EDAD AVANZADA

Usa **elderly** si la persona es anciana y **older** si es de edad madura:

una señora mayor an elderly lady/an older lady | *Mi abuela es muy mayor.* My grandmother's very elderly.

2 MÁS ALTO

COMPARATIVO (= higher)

un mayor número de casos a higher number of cases | *un número mayor que cinco* a number above five/a number higher than five

SUPERLATIVO (= highest)

Tuvieron el mayor número de votos. They got the highest number of votes.

3 MÁS GRANDE (= biggest)

Ése es uno de los mayores peligros. That is one of the biggest dangers.

4 PRINCIPAL, MÁS IMPORTANTE (= largest/biggest)

el mayor exportador mundial de carne the world's largest exporter of meat | **la mayor parte de algo** most of sth: *La mayor parte del tiempo está sin hacer nada.* Most of the time, she doesn't do anything.

5 EN MÚSICA (= major)

6 EN COMERCIO

vender/comprar al por mayor to sell/buy wholesale

---

mecánico, -a *adjetivo & sustantivo*
- **adj** mechanical ▶ ver **escalera**
- **s** mechanic

mecanismo *s* mechanism

mecate *s* **1** (delgado) string **2** (grueso) rope

mecato *s* snack

me

1 Como complemento directo o indirecto, la traducción es **me:**

¿No me viste? Didn't you see me? | *¿Me pasas la sal?* Could you pass me the salt?

El pronombre aparece sólo una vez en la oración inglesa:

Me eligieron a mí. They chose me.

Ten en cuenta que algunos verbos ingleses requieren el uso de preposiciones (**to me/for me etc.**). En otros casos, en inglés se usa un posesivo en lugar del artículo. Siempre te conviene mirar la entrada correspondiente al verbo, buscar por ejemplo *escribir, sacar,* etc.

Me escribe todos los meses. He writes **to me** every month. | *Me sacó una foto.* He took a picture **of me**. | *Se me ha dañado la computadora.* **My** computer has broken. | *Me robaron el carro.* **My** car was stolen.

2 Si tiene valor reflexivo, a veces se traduce por **myself:**

Me he cortado. I've cut myself. | *Me compré un vestido precioso.* I bought myself a lovely dress.

Pero los verbos pronominales tienen diferentes traducciones. Busca *arrepentirse, peinarse,* etc.

mecedora *s* rocking chair

mecha *sustantivo & sustantivo plural*

• *s* **1** (de una vela) wick **2** (de un explosivo) fuse

• **mechas** *s pl* (pelo) hair *sing*: *Me jaló de las mechas.* He pulled my hair.

mechón *sustantivo & sustantivo plural*

• *s* lock: *un mechón de pelo* a lock of hair

• **mechones** *s pl* (teñidos) **hacerse (los) mechones** to have highlights put in

medalla *s* medal

medalla de bronce **(a)** (objeto) bronze medal **(b)** (persona) bronze medalist (AmE), bronze medallist (BrE) **medalla de oro** **(c)** (objeto) gold medal **(d)** (persona) gold medalist (AmE), gold medallist (BrE) **medalla de plata** **(e)** (objeto) silver medal **(f)** (persona) silver medalist (AmE), silver medallist (BrE)

media *sustantivo & sustantivo plural*

• *s* **1** (corta) sock: *Usan medias blancas.* They wear white socks. **2** (hasta el muslo) stocking **3** (al dar la hora) **las dos/las cuatro etc. y media** two thirty/four thirty etc., half past two/half past four etc. **4** (promedio) average: *la media de edad* the average age

• **medias** *s pl* (o **medias pantalón/panties**) pantyhose *sing* (AmE), tights (BrE): *Me compré unas medias negras.* I bought some black pantyhose./I bought a pair of black pantyhose. | **se me/te etc. fueron las medias** my/your etc. pantyhose have run (AmE), I've got a ladder in my tights/you've got a ladder in your tights etc. (BrE)

medias medias knee socks

mediados **1 a mediados de** around the middle of: *Se va a mediados de enero.* She's leaving around the middle of January. | *Llámame a mediados de semana.* Call me around the middle of the week. **2 para mediados de** for the middle of: *Lo necesito para mediados del mes que viene.* I need it for the middle of next month. **3 hasta mediados de** until the middle of: *No vuelvo hasta mediados del año que viene.* I won't be back until the middle of next year.

mediano, -a *adj* **1** (hablando de tamaño) medium-sized | **un auto/camión mediano** a medium-sized car/truck **2 de mediana estatura/de estatura mediana** of average height: *Es de estatura mediana.* He's of average height. **3 de mediana edad** middle-aged: *un hombre de mediana edad* a middle-aged man

medianoche *s* midnight | **a medianoche** at midnight

mediante *prep* ver ejemplos: *Mediante este procedimiento se obtienen mejores resultados.* You get better results using this procedure. | *Se sujeta mediante cuatro tornillos.* It is held in place by four screws. | *Pudieron adquirirlo mediante un préstamo.* They were able to buy it by taking out a loan.

medicamento *s* medicine

medicina *s* **1** (ciencia, carrera) medicine **2** (medicamento) medicine

médico, -a *adjetivo & sustantivo*

• *adj* **tratamiento médico** medical treatment | **un chequeo médico** a (medical) check-up | **una receta médica** a (doctor's) prescription

• *s* doctor: *Tengo que ir al médico.* I have to go to the doctor.

medida *s* **1** (dimensión) measurement: *¿Tienes las medidas?* Do you have the measurements? | **tomar las medidas** to take the measurements: *Tomé las medidas de la cocina.* I took the measurements of the kitchen. | **tomarle las medidas a alguien** to take sb's measurements | **a la medida** to measure: *un vestido (hecho) a la medida* a made-to-measure dress **2** (unidad) measure: *la tabla de pesos y medidas* the table of weights and measures **3** (disposición) measure: *Tienen que tomar medidas para proteger el medio ambiente.* They must take measures to protect the environment. **4 a medida que** as: *Anota los nombres a medida que vayan llegando.* Write their names down as they arrive.

medieval *adj* medieval

medio, -a *adjetivo, adverbio, sustantivo & sustantivo plural*

• *adj* **1 medio kilo/media página/media manzana etc.** half a kilo/half a page/half an apple etc.: *a media cuadra de aquí* half a block from here | **dos/tres etc. y medio -a** two/three etc. and a half: *Tardó tres horas y media.* It took him three

and a half hours. | **un paquete de medio kilo/un cartón de medio litro etc.** a half-kilo package/a half-liter carton etc. (AmE), a half-kilo packet/a half-litre carton etc. (BrE)
2 a media mañana/tarde mid-morning/mid-afternoon: *Tenemos un recreo largo a media mañana.* We have a long recess mid-morning.
3 (promedio) average: *la temperatura media* the average temperature
4 hacer algo a medias (a) (entre dos): *Lo compramos a medias.* We bought it between us. **(b)** (no por completo) to half-do sth: *Lo escuché a medias.* I half-listened to him. ► ver **clase**

• **medio** *adv* **1** (por la mitad) half: *una botella medio vacía* a half-empty botttle
2 (no completamente) half: *Estaba medio dormida cuando me llamaste.* I was half asleep when you called me.
3 (un poco) pretty, quite: *Empezó medio tarde.* It started pretty late./It started quite late.

• **medio** *s* **1** (centro) middle: *el carril/el cuarto del medio* the middle lane/the middle room | **en el medio (a)** (en el centro) in the middle: *un pastel de chocolate con crema en el medio* a chocolate cake with cream in the middle **(b)** (estorbando) in the way: *Siempre está en el medio.* He is always in the way. | **en (el) medio de algo** in the middle of sth: *en el medio de la mesa* in the middle of the table | *En medio de la fiesta se apagó la luz.* In the middle of the party the lights went out.
2 (manera) way | **por todos los medios** by every possible means: *Trató de convencerme por todos los medios.* She tried to persuade me by every possible means.
3 (entorno) environment: *el medio urbano/rural* the urban/rural environment

• **medios** *s pl* **1** (o **medios de comunicación**) media
2 (recursos económicos) **carecer de/tener medios para hacer algo** to lack/to have the means to do sth
el medio ambiente the environment **medio campo** *s* midfield **medio de transporte** *s* means of transportation (AmE), means of transport (BrE) **medio hermano** *s* half-brother **medio hermana** *s* half-sister **Medio Oriente** *s* the Middle East

radio

television

newspaper

medioambiente *s* **el medioambiente** the environment
mediocre *adj* mediocre
mediodía *s* noon, midday | **al mediodía** at noon, at midday
medir *v* **1** (tomar la medida de) to measure: *Necesito algo para medirlo.* I need something to measure it with. **2 ¿cuánto mides/mide etc.?** how tall are you/is he etc.? | **mide/mido etc. 1 metro 65** she's/I'm etc. 1 meter 65 tall **3 ¿cuánto mide de largo/ancho etc.?** how long/wide etc. is it?: *¿Cuánto mide de alto el cerco?* How high is the fence? | **mide dos metros de largo/ancho etc.** it's two meters long/wide etc.
meditar *v* **1 meditar algo** to think sth over: *Medítalo bien antes de contestar.* Think it over before replying. | **meditar sobre algo** to think about sth **2** (como ejercicio espiritual) to meditate
Mediterráneo *s* **el (mar) Mediterráneo** the Mediterranean (Sea)
mediterráneo, -a *adj* Mediterranean
médula *s* marrow
médula espinal spinal cord **médula ósea** bone marrow
mejilla *s* cheek: *Le di un beso en la mejilla.* I gave her a kiss on the cheek.
mejillón *s* mussel
mejor *adj & adv* **1** (comparativo) better: *Se siente mejor.* He's feeling better. | **mejor(...) que** better(...) than: *Juega mucho mejor que yo.* He plays much better than I do. | *Es mejor alumno que el hermano.* He's a better student than his brother.
2 (superlativo) best: *Sacó la mejor nota.* She got the best grade. | *Es el que la conoce mejor.* He's the one who knows her best. | **el/la mejor... de** the best... in: *el mejor jugador del país* the best player in the country | *la mejor escena de la película* the best scene in the movie | **el mejor libro que he leído en mi vida/la mejor película que he visto en mi vida etc.** the best book I've ever read/the best movie I've ever seen etc. | **lo mejor** the best thing: *Es lo mejor que podía pasar.* It's the best thing that could have happened. | *Lo mejor de todo es que es gratis.* The best thing of all is that it's free.
3 hacer algo lo mejor posible to do sth the best you can, to do sth as well as you can: *Lo hice lo mejor posible.* I did it the best I could./I did it as well as I could.
4 a lo mejor está enfermo/no le gusta etc. maybe he's sick/maybe he doesn't like it etc., he may be sick/he may not like it etc.: *A lo mejor vengo.* Maybe I'll come./I may come
5 mejor dicho or rather
6 mejor espera/hazlo ahora etc. why don't you wait/why don't you do it now etc.?
mejora *s* improvement: *una mejora en los resultados* an improvement in the results
mejorar *v* **1** (progresar, hacer mejor) to improve **2** (referido a la salud) to get better
mejorarse *v* to get better: *cuando me mejore* when I get better | *¡Que te mejores!* Get well soon!
mejoría *s* improvement
melancólico, -a *adj* **1** (persona, carácter) gloomy **2** (mirada, canción) sad
melena *s* **1** (de una persona) hair **2** (de un león) mane
mellizo, -a *adj* twin
melocotón *s* peach (plural -ches)

melodía *s* tune

melón *s* melon

membrillo *s* quince: *mermelada/jalea de membrillo* quince jam/jelly

memoria *sustantivo & sustantivo plural*

• *s* **1** (de una persona) memory (plural -ries) | **tener buena/mala memoria** to have a good/bad memory | **hacer memoria** to try to remember **2** (de una computadora) memory **3 aprender/saber algo de memoria** to learn/know sth by heart

• **memorias** *s pl* (libro) memoirs

memorizar *v* to memorize

mencionar *v* to mention

mendigar *v* to beg

mendigo, -a *s* beggar

menear *v* **1** (la cola) to wag: *El perro meneaba la cola.* The dog was wagging its tail. **2 menear la cabeza (a)** (para negar) to shake your head **(b)** (para afirmar) to nod your head **(c)** (con tristeza, desazón) to shake your head **3** (revolver) to stir

menopausia *s* menopause

menor *adjetivo, pronombre & sustantivo*

• *adj & pron* ▶ ver recuadro

• *s* (también **menor de edad**) En contextos legales u oficiales se usa **minor** pero en otros casos se hace referencia a la edad en que se alcanza la mayoría de edad (18 años en la mayoría de los estados de EU y en Gran Bretaña): *No dejan entrar a menores.* They don't allow you in if you're under 18.

menos *adverbio, adjetivo, preposición & sustantivo*

• *adv & adj* ▶ ver recuadro en página 638

• *prep* **1** (excepto) except: *Fuimos todos menos Gabriel.* We all went except Gabriel. **2** (para dar la hora) **las diez menos veinte/las cuatro menos cuarto etc.** twenty to ten/a quarter of four etc. (AmE), twenty to ten/(a) quarter to four etc. (BrE): *Son las cinco menos diez.* It's ten to five. **3** (en matemáticas) minus: *¿Cuánto es 57 menos 15?* What's 57 minus 15?

• *s* (o **signo de menos**) minus sign

mensaje *s* message: *¿Puedo dejarle un mensaje?* Can I leave a message for him?

mensajero, -a *s* messenger ▶ ver **paloma**

menso, -a *adjetivo & sustantivo*

• *adj* stupid, daft (BrE)

• *s* idiot

menstruación *s* **1** (cada mes) period **2** (proceso) menstruation

mensual *adj* **1** (que se repite cada mes) monthly: *una cuota mensual* a monthly installment **2** (que dura un mes) monthly: *un abono mensual* a monthly ticket

mensualidad *s* **1 monthly allowance** es el dinero que los padres le dan mensualmente a un hijo, por ejemplo. El dinero que se le pasa a un ex-cónyuge se llama **alimony** en EU y **maintenance** en Gran Bretaña.: *Mis padres me dan una mensualidad.* My parents give me a monthly allowance. **2** (del colegio, de un curso, etc.) monthly fee **3** (de un club) monthly membership fee **4** (para un servicio) monthly payment **5** (de un crédito, una compra) monthly installment (AmE), monthly instalment (BrE) | **comprar algo en mensualidades** to buy sth in monthly installments

menta *s* (planta, esencia) mint | **un caramelo de menta** a mint | **un té/una hoja de menta** a mint tea/leaf | **chicle de menta** mint chewing gum

mental *adj* **1 un enfermo/una enfermedad mental** a mental patient/illness **2 un cálculo mental** a mental calculation ▶ *cálculo mental* usado como sustantivo incontable, se traduce por **mental arithmetic**: *un ejercicio de cálculo mental* a mental arithmetic exercise

mentalidad *s* mentality (plural -ties): *una mentalidad de otra época* a mentality from another era | **tener una mentalidad abierta** to have an open mind | **tener una mentalidad cerrada/estrecha** to have a closed mind

menor *adjetivo & pronombre*

1 EDAD

COMPARATIVO (= younger)

Es menor que yo. He's younger than me./He's younger than I am.

SUPERLATIVO (DE MÁS DE DOS) (= youngest)

el hijo menor the youngest son | *el menor de la clase* the youngest in the class | *el menor de los hermanos* the youngest of the brothers

SUPERLATIVO (DE DOS) (= younger)

la menor de las dos niñas the younger of the two girls | *mi hermano menor* my younger brother | **ser menor de edad** to be under age/to be under 18 | **ser menor de 18/21 etc.** to be under 18/21 etc. | **los menores de 18/21 etc.** under 18s/under 21s etc.

2 MÁS BAJO

COMPARATIVO (= lower)

un número menor de casos a lower number of cases | *un número menor que cinco* a number below five/a number lower than five | *a un precio menor* at a lower price

SUPERLATIVO (= lowest)

el menor número de votos the lowest number of votes

3 MÁS MÍNIMO (= slightest)

No hizo el menor esfuerzo. He didn't make the slightest effort. | *No tiene la menor importancia.* It's not in the least important.

4 INSIGNIFICANTE (= minor)

un problema menor a minor problem

5 EN MÚSICA (= minor)

6 EN COMERCIO

vender/comprar al por menor to sell/buy retail

menos *adverbio & adjetivo*

1 MENOR CANTIDAD, MENOR NÚMERO, COMPARATIVOS

La traducción es **less,** pero delante de un sustantivo inglés en plural se suele usar **fewer:**

Sírveme un poco menos. Give me a little less. | *Tengo menos tiempo que tú.* I have less time than you. | *Vino menos gente que la semana pasada.* Fewer people came than last week. | *Fue menos doloroso de lo que me imaginaba.* It was less painful than I had imagined. | *Tienen menos asignaturas que nosotros.* They have fewer subjects than us. | *Éramos menos de 30.* There were fewer than 30 of us. | *Demoró menos de una hora.* She took less than an hour.

2 SUPERLATIVOS

La traducción es **least,** pero delante de un sustantivo inglés en plural se suele usar **fewest:**

Es el menos difícil. It's the least difficult. | *Eso es lo menos importante.* That's the least important thing. | *la composición con menos faltas* the essay with fewest mistakes

3 ESPECIALMENTE (= especially)

No tengo ganas de ir, menos con este tiempo. I don't feel like going, especially in this weather.

4 EXPRESIONES

a menos que unless: *A menos que te apures, vas a perder el avión.* Unless you hurry, you're going to miss the plane. | **de menos:** *Me diste tres pesos de menos.* You've given me three pesos too little. | *Hay cuatro sillas de menos.* There are four chairs missing./We need four more chairs. | **¡menos mal!** just as well!: *¡Menos mal que lo encontraste!* Just as well you found it! | **nada menos** no less: *Me felicitó nada menos que el presidente.* I was congratulated by the President no less. | **por lo menos/al menos** at least: *Por lo menos podrías ayudarme.* At least you could help me.

mente *s* **1** mind **2 tener algo en mente** to have sth in mind

mentir *v* to lie | **mentirle a alguien** to lie to sb: *No le mientas.* Don't lie to him.

mentira *s* **1** lie: *¡Eso es mentira!* That's a lie!/That's not true! | **decir una mentira** to tell a lie: *No digas mentiras.* Don't tell lies. **2 parece mentira** it's hard to believe: *Parece mentira que haya pasado tanto tiempo.* It's hard to believe it's been so long. | **aunque parezca mentira** believe it or not: *Aunque parezca mentira, es más barato.* Believe it or not, it's cheaper. **3 un revólver de mentira(s)** a pretend gun **mentira piadosa** white lie

mentiroso, -a *sustantivo & adjetivo*

• *s* liar: *Eres un mentiroso.* You're a liar.

• *adj* **ser (muy) mentiroso -a** to tell (a lot of) lies

mentón *s* chin

menú *s* **1** (de comidas) menu: *¿Me podría alcanzar el menú?* Could you pass me the menu? **2** (en informática) menu **menú del día** set menu **menú turístico** tourist menu

menuda *s* (dinero) change: *No tengo menuda.* I don't have any change.

menudencias *s pl* giblets

menudo, -a *adjetivo, sustantivo & sustantivo plural*

• *adj* **1 a menudo** often: *Salimos juntas a menudo.* We often go out together. **2** (persona) slight: *un niño menudo* a slight child

• **menudo** *s* change, small change: *No traigo menudo para darle.* I don't have any small change to give him.

• **menudos** *s pl* giblets

meñique *s* little finger

mercadería *s* goods *pl*, merchandise

mercado *s* **1** (lugar) market: *Lo compré en el mercado.* I bought it in the market. **2** (compras) shopping | **hacer (el) mercado** to do the shopping ▶ ver **lista** **3** (en economía) market **mercado común** common market **mercado de valores** stock exchange **mercado negro** black market

mercería *s* notions store (AmE), haberdashery (plural -ries) (BrE)

Mercurio *s* Mercury

mercurio *s* mercury

merecer *v* to deserve: *Merecías aprobar.* You deserved to pass. ▶ ver **pena**

merecerse *v* to deserve: *Te lo mereces.* You deserve it.

merecido, -a *adjetivo & sustantivo*

• *adj* deserved | **tener algo (bien) merecido** to (thoroughly) deserve sth

• **merecido** *s* **recibir su merecido** to get what you deserve

merengue *s* **1** (en repostería) meringue **2** (baile) merengue

meridiano *s* meridian: *el meridiano de Greenwich* the Greenwich meridian

merienda *s* (en la tarde) snack, afternoon snack | **tomar la merienda** to have a snack: *Cuando volví del colegio tomé la merienda.* I had a snack when I got home from school.

mérito *s* **1 hacer méritos** to be on your best behavior (AmE), to be on your best behaviour (BrE): *Está haciendo méritos para que lo dejen ir.* He's on his best behavior hoping that he'll be allowed to go. **2 tener mucho mérito** to be commendable, to be admirable: *Tiene mucho mérito que lo haya hecho sin ayuda.* It's commendable that he did it without any help.

merluza *s* hake

mermelada *s* **1** (de ciruela, de frambuesa, etc.) jam **2** (de naranja, limón, etc.) marmalade

mes *s* **1** month: *el mes de enero* the month of January ▶ ver "Active Box" **meses** | **dentro de un mes** within a month | **el mes pasado** last month | **el mes que viene** next month | **dos/tres etc. veces por mes** twice/three times etc. a month | **al mes de comprarlo/de llegar etc.** a month after he bought it/I arrived etc. **2 estar de tres/cuatro etc. meses, tener tres/cuatro etc. meses de embarazo** to be three/four months etc. pregnant

mesa *s* table: *la mesa de la cocina* the kitchen table | *Nos sentamos a la mesa.* We sat down at the table. | **¡a la mesa!** lunch/dinner is ready! | **poner la mesa** to set the table, to lay the table | **levantar/recoger la mesa** to clear the table
mesa de billar billiard table **mesa de centro** coffee table **mesa de noche** bedside table **mesa redonda** round-table discussion

mesada *s* monthly allowance: *Dile a tu mamá que te aumente la mesada.* Tell your mom to increase your monthly allowance. ▶ En inglés británico el dinero que se les da a los niños para sus gastos se llama **pocket money**

mesero, -a *s* **mesero** waiter | **mesera** waitress (plural -sses)

meseta *s* (en geografía) tableland

mesita de noche *s* bedside table

mesonero, -a *s* **mesonero** waiter | **mesonera** waitress (plural -sses)

mestizo, -a *s* man/woman etc. of mixed race

meta *s* **1** (objetivo) goal **2** (en automovilismo, atletismo, etc.) finish line (AmE), finishing line (BrE)

metáfora *s* metaphor

metal *s* metal | **un botón/una puerta de metal** a metal button/door

metálico, -a *adj* **1 un sonido metálico** a metallic sound **2 un objeto metálico** a metal object **3** (en música) **un festival/un grupo metálico** a heavy metal festival/band

meteorito *s* meteorite

meteorológico, -a *adj* **un mapa/un satélite etc. meteorológico** a weather map/satellite etc.

meter *v* **1** (poner) to put: *¿Dónde has metido mis lápices?* Where have you put my pencils? | *Mete tus cosas en esta caja.* Put your things in this box. **2** (involucrar) to involve: *No lo metas en tus problemas.* Don't involve him in your problems. | *Mira el lío en el que me has metido.* Look at the mess you've gotten me into. **3 meter un gol/dos goles** to score a goal/two goals | **meterle un gol a alguien** to score a goal against sb **4 meter a alguien en la cárcel** to put sb in prison
meterse *v* **1 meterse en un cuarto/en el baño etc.** to go into a room/into the bathroom etc.: *Se mete en el baño y se pasa horas.* She goes into the bathroom and stays in there for hours. | **meterse en la cama** to get into bed: *Me metí en la cama a ver televisión.* I got into bed to watch TV. | **meterse en el agua/en la tina etc.** to get into the water/into the tub etc.: *No pienso meterme en el agua.* I don't intend to get into the water. **2 meterse las manos en los bolsillos** to put your hands in your pockets **3 se me/le etc. metió algo en el ojo** I got something in my eye/she got something in her eye etc. | **se me/le etc. metió una piedrita en el zapato** I got a stone in my shoe/he got a stone in his shoe etc. **4 se me/le etc. metió en la cabeza que** I got it into my head/she got it into her head etc. that: *Cuando se te mete algo en la cabeza...* When you get something into your head... **5** (entrometerse) to interfere **6** (involucrarse) **meterse en un lío/problemas etc.** to get into a jam/into trouble etc. **7 meterse con alguien** to pick on sb: *No te metas conmigo.* Don't pick on me.

Active Box: meses

Los ejemplos de este **Active Box** son una guía para ayudarte a construir oraciones que hablan de los meses. Recuerda que en inglés los nombres de los meses se escriben con mayúscula.

Las elecciones serán en julio.	The elections will be in July.
Nos mudamos aquí en mayo de este año.	We moved here **last** May.
Se casan en septiembre.	They are getting married **next** September.
El festival se hace todos los años en diciembre.	The festival takes place **every** December.
Nació el 8 de febrero.	He was born **on February 8th.**

En inglés británico, también se puede escribir **on 8th February** en el último ejemplo. Al hablar, se dice **on February eighth** o, en inglés británico, **on the eighth of February.**

metiche o **metete** *adjetivo & sustantivo*
- ***adj*** nosy
- ***s*** busybody (plural -dies), nosy parker (BrE)

metido, -a *adjetivo & sustantivo*
- ***adj*** **1 ser metido -a** to be a busybody, to be nosy **2 estar metido -a en algo** (en algo dudoso, ilegal, etc.) to be mixed up in sth: *Estaba metido en drogas.* He was mixed up in drugs.
- ***s*** busybody (plural -dies), nosy parker (BrE)

método *s* **1** (sistema, organización) method **2** (de enseñanza) method

metralleta *s* sub-machine gun

métrico, -a *adj* metric

metro *s* **1** (unidad) meter (AmE), metre (BrE) **2** (medio de transporte) metro, subway (AmE), underground (BrE) ▶ Al metro de Londres también se le llama **the tube** | **fuimos/vino etc. en metro** we went/he came etc. on the subway (AmE),

we went/he came etc. on the underground (BrE) **3** (para medir) tape measure
metro cuadrado square meter **metro cúbico** cubic meter **los 100 metros llanos/lisos** the 100 meters

mexicano, -a *adjetivo & sustantivo*
• ***adj*** Mexican
• ***s*** Mexican | **los mexicanos** (the) Mexicans

México *s* Mexico

mezcla *s* **1** (de sustancias, alimentos) mixture **2** (de colores, estilos) combination **3** (de cafés, tés, etc.) blend **4** (de razas, clases) mixture

mezclar *v* (juntar) to mix: *Mezcle los ingredientes.* Mix the ingredients. | **mezclar algo con algo** to mix sth up with sth: *No mezcles mis CDs con los tuyos.* Don't mix my CDs up with yours.
mezclarse *v* **1** (involucrarse) **mezclarse en algo** to get mixed up in sth **2** (alternar) **mezclarse con alguien** to mix with sb

mezquita *s* mosque

mi *adjetivo & sustantivo*
• ***adj*** my: *mi profesora* my teacher | *mis padres* my parents
• ***s*** (nota musical) E

mí *pron* **1** (no reflexivo) me: *¿Esto es para mí?* Is this for me? | *Dámelo a mí.* Give it to me. **2** (reflexivo) myself: *Me río de mí misma.* I laugh at myself.

miau *s* miaow, meow (AmE) | **hacer miau** to miaow, to meow (AmE)

mico, -a *s* (mono) monkey

micro *s* **1** (grande) bus (plural buses) **2** (o **microbús**) (pequeño) minibus

microbio *s* germ, microbe

microbusero, -a *s* bus driver

microchip *s* microchip

micrófono *s* microphone

microfútbol *s* five-a-side, five-a-side soccer (AmE), five-a-side football (BrE)

microondas *s* (horno) microwave

microscopio *s* microscope

miedo *s* **1** (temor) **tener miedo** to be frightened, to be scared: *Tengo mucho miedo.* I'm very frightened./I'm very scared. | **tenerle miedo a algo/alguien** to be afraid of sth/sb: *No le tiene miedo a nada.* She's not afraid of anything. | *Me tiene miedo.* She's afraid of me. | **me/te etc. da miedo** I'm/you're etc. scared: *Me da miedo la oscuridad.* I'm scared of the dark. | *Me da miedo ir sola.* I'm scared to go on my own. | **¡qué miedo!** how frightening!, how scary! | **estar muerto -a de miedo** to be scared to death ▶ El sustantivo **fear** se usa en contextos como **to shake with fear** (*temblar de miedo*) **2** (preocupación) **tengo miedo de llegar tarde/perderme etc.** I'm worried (that) I'll be late/I'll get lost etc., I'm afraid (that) I'll be late/I'll get lost etc.: *Tenía miedo de cortarme.* I was worried I would cut myself./I was afraid I would cut myself. | **tengo miedo de que se enoje/se entere etc.** I'm worried he'll get angry/he'll find out etc., I'm afraid he'll get angry/he'll find out etc. **3 por miedo a equivocarme/llegar tarde etc.** because I was afraid of being wrong/of being late etc.: *Me callé por miedo a equivocarme.* I didn't say anything because I was afraid of being wrong.

miedoso, -a *adjetivo & sustantivo*
• ***adj*** **ser muy miedoso -a** to be easily frightened
• ***s*** coward

miel *s* honey
miel de maple maple syrup

miembro *s* **1** (de una asociación, un grupo) member | **ser miembro de algo** to be a member of sth: *Era miembro de una organización terrorista.* He was a member of a terrorist organization. | **hacerse miembro de algo** to become a member of sth **2** (del cuerpo) limb

mientras *conjunción & adverbio*
• ***conj*** **1** (al mismo tiempo que) while: *¿Quieres sentarte mientras esperas?* Do you want to sit down while you wait? **2** (con tal que) as long as: *Mientras lo hagas, no importa cuándo.* As long as you do it, I don't mind when it is. **3 mientras que** (para marcar oposición) whereas, while: *A mí me gusta el tenis mientras que a él le gusta el squash.* I like tennis whereas he likes squash.
• ***adv*** (o **mientras tanto**) in the meantime: *Y mientras (tanto) ¿qué hago?* And in the meantime, what am I supposed to do?

miércoles *s* Wednesday ▶ ver "Active Box" **días de la semana** en **día**
miércoles de ceniza Ash Wednesday

miga *sustantivo & sustantivo plural*
• ***s*** **la miga (del pan)** the soft part (of the bread)
• **migas** ***s pl*** crumbs: *Quita las migas de la mesa.* Clear the crumbs off the table.

mil *número* a thousand, one thousand: *tres mil pesos* three thousand pesos

milagro *s* **1** miracle: *Es un milagro.* It's a miracle. | **hacer milagros** to work miracles **2 no me maté/no me vio etc. de milagro** it was a miracle I wasn't killed/he didn't see me etc.

milenio *s* millennium (plural -nnia)

milímetro *s* millimeter (AmE), millimetre (BrE)

militar *adjetivo & sustantivo*
• ***adj*** **la disciplina militar/un golpe militar** military discipline/a military coup ▶ ver **servicio**
• ***s*** **1** (oficial) Se usa **an army officer, a naval officer** o **an air force officer** según la rama de las fuerzas armadas a que pertenezca **2 los militares** (las fuerzas armadas) the military

milla *s* mile

millón *número* million: *tres millones de habitantes* three million inhabitants

millonario, -a *adjetivo & sustantivo*
• ***adj*** **ser millonario -a** to be a millionaire: *Sus padres son millonarios.* His parents are millionaires. | **un empresario millonario/una empresaria millonaria** a millionaire businessman/businesswoman | **un contrato millonario** a contract worth millions

• **s** millionaire ▶ Existe **millionairess** para referirse a una mujer, pero actualmente se usa poco

mimar *v* **1** (mostrarle cariño a) to spoil, to pamper: *Le gusta que lo mimen.* He likes being spoiled./He likes being pampered. **2** (malcriar) **mimar demasiado a alguien** to spoil sb

mimbre *s* wicker | **una silla/un cesto de mimbre** a wicker chair/basket

mímica *s* mime | **hacer mímica** to mime

mimos *sustantivo plural & sustantivo masculino & femenino*

• **s pl** [masc] (demostración de cariño) **hacerle mimos a alguien** (abrazándolo, etc.) to cuddle sb: *Al cachorrito le gusta que le hagan mimos.* The puppy likes to be cuddled.

• **s** [masc & fem] (actor) mime artist

mimoso, -a *adj* **es/eres etc. muy mimoso -a** he loves/you love etc. being pampered

mina *s* **1** (de un lápiz) lead **2** (de carbón, plata, etc.) mine **3** (explosivo) mine

mineral *adjetivo & sustantivo*

• **adj** mineral ▶ ver **agua**

• **s** mineral

minero, -a *s* miner

miniatura *s* miniature | **un barco/avión en miniatura** a miniature ship/airplane

minifalda *s* miniskirt

mínimo, -a *adjetivo & sustantivo*

• **adj** **1** minimum: *la temperatura mínima* the minimum temperature | **hacer lo mínimo** to do the bare minimum | **en lo más mínimo** Se usa **the least bit** en oraciones pasivas y **in the slightest** en oraciones activas:: *No me preocupa en lo más mínimo.* I'm not the least bit worried./It doesn't worry me in the slightest. **2** (insignificante) minimal: *Las diferencias son mínimas.* The differences are minimal.

• **mínimo** **s** minimum: *un mínimo de una hora por día* a minimum of an hour a day | **como mínimo** at least: *Como mínimo, tiene 15 años.* He's at least 15. | **al mínimo** to the minimum: *Redujeron los gastos al mínimo.* They cut spending to the minimum.

ministerio *s* (también **Ministerio**) ministry (plural -tries) ▶ El equivalente de un ministerio en EU y Gran Bretaña es un **Department**. Por ejemplo **the Department of Health** se ocupa de la salud pública. Pero se usa **ministry** para hablar de los ministerios de otros países. Algunos ministerios tienen nombres especiales (ver abajo)

Ministerio del Interior ▶ En EU no hay ministerio equivalente. Para hablar del Ministerio del Interior de otro país se dice **the Ministry of the Interior** El equivalente británico se conoce como **the Home Office** **Ministerio de Relaciones Exteriores** ▶ El equivalente en EU se conoce como **the Department of State**. En Gran Bretaña se llama **the Foreign Office**. Para hablar del Ministerio de Relaciones Exteriores de otro país se dice **the Foreign Ministry**

ministro, -a *s* minister ▶ El cargo equivalente en EU y Gran Bretaña es **Secretary**. Por ejemplo **the Secretary of Defense** en EU y **the Defence Secretary** en Gran Bretaña son los responsables de los asuntos de defensa. Sin embargo, para referirse al ministerio equivalente en otro país se usa **the Minister of Defense/Defence**. Algunos ministros tienen títulos especiales (ver abajo) ▶ ver **primer ministro** en **primero**

ministro -a del Interior ▶ En EU no hay cargo equivalente. Para hablar del ministro del Interior de otro país se dice **the Minister of the Interior** El equivalente británico es **the Home Secretary** **ministro -a de Relaciones Exteriores** ▶ En EU el equivalente es **the Secretary of State** y en Gran Bretaña **the Foreign Secretary**. Para hablar del ministro de Relaciones Exteriores de otro país se dice **the Foreign Minister**

minoría *s* **1** minority (plural -ties): *las minorías étnicas* the ethnic minorities **2 estar en minoría** to be in the minority: *No podemos ganar, estamos en minoría.* We can't win, we're in the minority.

minucioso, -a *adj* **1** (persona) meticulous **2** (informe, descripción) detailed

minúscula *adjetivo & sustantivo*

• **adj** **con "a"/"c" etc. minúscula** with a small "a"/"c" etc.

• **s** small letter | **escribir algo con minúscula** to write sth with a small letter | **escribir algo en minúsculas** to write sth in small letters

minusválido, -a *adjetivo & sustantivo*

• **adj** disabled

• **s** disabled person ▶ Para hablar de los minusválidos en general se dice **the disabled**

minuto *s* minute: *Espera un minuto.* Wait a minute.

mío, -a *pronombre & adjetivo*

• **pron** **el mío/la mía etc.** mine: *Éste es tu paraguas. El mío es azul.* This is your umbrella. Mine is blue.

• **adj** mine: *Los chocolates son míos.* The chocolates are mine. | **una amiga mía/un tío mío etc.** a friend of mine/an uncle of mine etc.: *unos amigos míos que viven en Londres* some friends of mine who live in London

miope *adj* nearsighted, short-sighted (BrE)

mirada *s* **1 echarle una mirada a algo** to have a look at sth: *¿Le echas una mirada a esta carta?* Could you have a look at this letter? **2** (forma de mirar) **tener una mirada triste/inexpresiva** to have a sad/an expressionless look on your face

mirar *v* **1 mirar algo/a alguien** to look at sth/sb: *Miraba el reloj cada cinco minutos.* He looked at his watch every five minutes. | *Me estaba mirando.* He was looking at me. | *¿Qué miran?* What are you looking at? | **mirar fijo a alguien** to stare at sb: *Me estaba mirando fijo.* He was staring at me. **2** (dirigir la mirada) to look: *No mires todavía.*

Don't look yet. | **mirar por la ventana** to look out of the window

3 mirar (la) televisión/una película etc. to watch TV/a movie etc.: *Estábamos mirando el partido.* We were watching the game.

4 mira/miren etc. que (para hacer una advertencia) ver ejemplos: *Mira que quema.* Careful, it's very hot. | *Miren que el examen es mañana.* Remember you have an exam tomorrow.

5 ¡mira quién habla! look who's talking!

6 (buscar) to look: *Mira en el primer cajón.* Look in the top drawer.

7 (comprobar) to make sure: *Mira que las ventanas estén cerradas.* Make sure the windows are shut.

8 mirar al mar/a la calle etc. to look out onto the sea/the street etc.: *una habitación que mira al mar* a room which looks out onto the sea

mirarse *v* **1 mirarse en el espejo/al espejo** to look at yourself in the mirror: *Me miré en el espejo.* I looked at myself in the mirror.

2 (dos o más personas) to look at each other: *Todos se miraron sorprendidos.* They all looked at each other in surprise.

mirlo *s* blackbird

misa *s* mass (plural masses): *la misa de 12* the 12 o'clock mass | *¿A qué hora es la misa?* What time is mass? | **ir a misa** to go to mass

miserable *adj* **1 un sueldo/una cantidad miserable** a pathetic salary/amount **2** (muy pobre) destitute **3** (triste, deprimente) wretched

miseria *s* **1** (pobreza) poverty | **en la miseria** in poverty: *Viven en la miseria.* They live in poverty. **2** (cantidad mínima) **una miseria** a pittance: *Gana una miseria.* He earns a pittance.

misil *s* missile

misión *s* mission

misionero, -a *s* missionary (plural -ries)

mismo, -a *adjetivo, pronombre & adverbio*

• *adj & pron* **1** (igual) **el mismo nombre/la misma dirección etc.** the same name/the same address etc.: *Son del mismo color.* They are the same color. | *Nacimos el mismo día.* We were born on the same day. | **el mismo/la misma** the same one: *Es el mismo que vimos ayer.* It's the same one we saw yesterday. | **el mismo/la misma... que** the same... as: *Tenía el mismo vestido que yo.* She had the same dress as me. | *Fuimos al mismo lugar que el año pasado.* We went to the same place as last year. | *Eligió la misma que yo.* He chose the **same one** as me.

2 lo mismo the same: *Cuesta lo mismo ir en tren que en avión.* It costs the same to go by train as to fly. | *Me pasó lo mismo.* The same thing happened to me. | **me/le etc. da lo mismo** it's all the same to me/him etc.: *A mí me da lo mismo.* It's all the same to me./I don't mind. | *Le da lo mismo ir hoy que mañana.* It's all the same to him if he goes today or tomorrow.

3 (para intensificar) **lo vi yo mismo -a/lo llevó ella misma etc.** I saw it myself/she took it herself etc.: *Tú misma me lo contaste.* You told me yourself. | **por eso mismo** that's precisely why: *Por eso mismo tienes que ayudarla.* That's precisely why you have to help her.

• **mismo** *adv* **acá mismo/ahí mismo** right here/right there: *Lo puse ahí mismo.* I put it right there. | **ahora/ya mismo** right away, right now: *Ahora mismo lo llamo.* I'll phone him right away. | *¡Ven aquí ahora mismo!* Come here right now!/Come here this minute! | **hoy/mañana etc. mismo** ver ejemplos: *Mañana mismo lo termino.* I'll finish it tomorrow, without fail. | *La operan hoy mismo.* She's being operated on today. | *Me enteré hoy mismo.* I found out **just** today./I **only** found out today.

misterio *s* mystery (plural -ries) | **una historia/una novela de misterio** a mystery story/novel

misterioso, -a *adj* mysterious

mitad *s* **1** (parte) half (plural halves): *las dos mitades* the two halves | **la mitad** half: *Dale la mitad.* Give him half. | *Queda más de la mitad.* There's over half left. | **la mitad de la gente/de las veces etc.** half the people/half the time etc.: *La mitad de las copas están rotas.* Half the glasses are broken.

2 (centro) middle: *No vayas por la mitad de la calle.* Don't drive down the middle of the road. | **partir/cortar etc. algo por la mitad** to cut sth in half: *Corta la manzana por la mitad.* Cut the apple in half.

3 a mitad de precio half-price: *Lo compré a mitad de precio.* I bought it half-price.

4 a mitad de camino halfway: *a mitad de camino entre Medellín y Bucaramanga.* halfway between Medellín and Bucaramanga ▶ Se dice **halfway there** si no se menciona el lugar: *Hay un restaurante muy bueno a mitad de camino.* There's a very good restaurant halfway there.

5 a mitad de año/de la película etc. halfway through the year/the movie etc.: *Tenemos vacaciones a mitad de año.* We have a vacation halfway through the year.

mitin o **mitín** *s* meeting

mito *s* **1** (historia) myth **2** (persona) legend: *un mito del rock* a rock legend

mitología *s* mythology

mixto, -a *adj* **1** (de distintos elementos) mixed: *una ensalada mixta* a mixed salad **2** (para ambos sexos) mixed: *un colegio mixto* a mixed school

mochila *s* **1** (que se lleva a la espalda) La mochila que se usa para ir a acampar se llama **backpack** en inglés americano y **rucksack** en inglés británico. La que lleva un niño al colegio se llama **backpack** en ambas variedades. **2** (que se cuelga del hombro) shoulder bag

mocos *s pl* snot | **tener mocos** to have a snotty nose

moda *s* **1** fashion: *el mundo de la moda* the world of fashion **2 un restaurante/una playa etc. de moda** a fashionable restaurant/beach etc. | **un cantante/una actriz etc. de moda** a singer/actress etc. who is much in demand at the moment | **estar de moda** to be in fashion: *¿Esos zapatos están de moda?* Are those shoes in fashion? | **ponerse de moda** to become fashionable: *Se puso de moda en los años '60.* It became fashionable in the 60s. | **pasado -a de moda** old-fashioned: *un vestido pasado de moda* an old-fashioned dress

modales *s pl* manners: *No tienes modales.* You have no manners.

modelo *sustantivo masculino & femenino, sustantivo masculino & adjetivo*

- *s* [masc & fem] **1** (maniquí) model: *Quiero ser modelo.* I want to be a model **2** (de un pintor, escultor) model
- *s* [masc] **1** (ejemplo a imitar) model: *Usa esta carta como modelo.* Use this letter as a model. ▶ Si se trata de una persona, se dice **role model**: *Siempre tuvo a su hermano mayor como modelo.* His older brother was always a role model for him. **2** (de prenda de vestir) style, design: *¿Tienen algún otro modelo?* Do you have any other styles?/Do you have any other designs? | *un modelo exclusivo.* an exclusive design **3** (de auto, moto) model: *Éste es el último modelo.* This is the latest model.
- *adj* **una alumna/un padre etc. modelo** a model student/father etc.

módem *s* modem

moderado, -a *adj* **1** (temperatura, clima) moderate **2** (persona, partido) moderate

modernizar *v* (una institución, un sistema) to modernize

moderno, -a *adj* **1** (contemporáneo, de hoy en día) modern: *la vida moderna* modern life **2** (referido a personas) La traducción depende de si es en cuanto a las ideas y actitudes (**modern**) o el aspecto, la forma de vestir, etc. (**trendy, cool**). **3** (de moda) fashionable

modestia *s* modesty | **modestia aparte** even if I do say so myself: *Me quedó muy rico, modestia aparte.* It was delicious, even if I do say so myself.

modesto, -a *adj* modest

modificar *v* **1** (cambiar, transformar) to modify **2** (en gramática) to modify

modista *s* dressmaker

modisto *s* fashion designer

modo *s* **1** (manera) way: *su modo de pensar* her way of thinking | *el mejor modo de hacerlo* the best way to do it | **a mi/tu etc. modo** my/your etc. way: *Deja que lo haga a su modo.* Let him do it his way. | **de este/ese modo** like this/like that: *No grites de ese modo.* Don't shout like that!
2 de todos modos (igual) anyway: *Voy a ir de todos modos.* I'm going, anyway.
3 ni modo no way: *–¿Me dejas ir? –Ni modo.* "Are you going to let me go?" "No way."
4 de cualquier modo (sin poner atención) any which way (AmE), any old how (BrE): *Lo hiciste de cualquier modo.* You did it any which way.
5 de ningún modo lo voy a permitir/lo voy a aceptar etc. there's no way I'm going to allow it/I'm going to agree to it etc.
6 de buen/mal modo, con buenos/malos modos nicely/rudely: *Pídemelo de buen modo.* Ask me nicely.
7 (en gramática) mood

mofle *s* **1** (silenciador) muffler (AmE), silencer (BrE) **2** (tubo) exhaust

mogolla *s* roll, bread roll

moho *s* mold (AmE), mould (BrE) | **tener moho** to be moldy (AmE), to be mouldy (BrE)

mojado, -a *adj* wet: *La ropa aún está mojada.* The clothes are still wet.

mojar *v* **1** (accidentalmente) **mojar algo** to get sth wet: *¡Me mojaste!* You've gotten me wet! **2** (voluntariamente) to wet: *Moja el trapo antes de usarlo.* Wet the cloth before you use it. **3** (una galleta, el pan, etc.) to dip: *Le gusta mojar las galletas en la leche.* He likes to dip his cookies in his milk.

mojarse *v* **1** to get wet: *¡Mira cómo te mojaste!* Just look how wet you got! **2 mojarse la cara/los labios etc.** to wet your face/your lips etc.: *Se mojó la cara.* He wet his face. **3 se me/le etc. mojó el pelo** my/her etc. hair got wet: *Se me mojaron los zapatos.* My shoes got wet.

molde *s* **1** (en cocina) Se usa **mold** (**mould** en inglés británico) si es de vidrio, plástico, cerámica, etc. y **tin** si es de metal: *un molde para gelatina* a jelly mold | *un molde para bizcocho/pan* a sponge tin/a loaf tin | *Vierta la mezcla en un molde enmantequillado.* Pour the mixture into a greased mold/tin. **2** (en costura) pattern **3** (para figuras, estatuas, etc.) mold (AmE), mould (BrE)

molécula *s* molecule

moler *v* **1** (café, pimienta, trigo) to grind **2** (carne) to grind (AmE), to mince (BrE) **3 moler a alguien a palo(s)** to beat sb up **4** (trabajar) to work

molestar *v* **1** (a alguien que está ocupado, etc.) to bother, to disturb: *¿Te molesto?* Am I disturbing you?/Am I bothering you? | *Mamá no se siente bien. No la molesten.* Mom's not feeling well. Don't bother her. ▶ Cuando no se expresa a quién se molesta, se usa **to be a nuisance**: *Déjate de molestar.* Stop being a nuisance.
2 (ruido, olor, humo, etc.) to bother: *¿Te molesta la música?* Does the music bother you? | **¿te/le etc. molesta si...?** do you mind if...?: *¿Te molesta si abro la ventana?* Do you mind if I open the window?
3 (causar disgusto) to upset: *Me molesta que me hables así.* It upsets me when you speak to me like that.

molestarse *v* **1 no se moleste/no te molestes etc.** don't worry: *No te molestes, me puedo servir yo.* Don't worry, I can help myself.
2 ni se molestó en llamar/avisar etc. he didn't even bother to phone/to let us know etc.

molestia *s* **1** (incomodidad) **perdone la molestia** I'm sorry to bother you: *Perdone la molestia* *pero necesito hablar con usted.* I'm sorry to bother you but I need to talk to you. | **no es ninguna molestia** it's no trouble at all | **si no es molestia** if it's not too much trouble **2 tomarse la molestia de hacer algo** to take the trouble to do sth: *Se tomó la molestia de ir a verlos.* He took the trouble to go and see them. **3 tener/sentir una molestia** to feel some discomfort

molesto, -a *adj* **1** (que fastidia) annoying: *un ruido muy molesto* a very annoying noise **2 estar molesto -a** to be upset: *Está muy molesto por lo que le dijiste.* He's very upset about what you said to him.

molido, -a *adj* **1** (café, pimienta) ground **2** (persona) **estar molido -a** to be beat (AmE), to be shattered (BrE) ▶ ver **carne**

molinillo *s* **1** (para batir) whisk **2** (para moler café) grinder, mill **3** (para moler carne) grinder (AmE), mincer (BrE)

molino *s* mill

molino de viento windmill

mollete *s* muffin

momento *s* **1** (período, lapso) moment: *Me voy a quedar sólo un momento.* I'm only going to stay for a moment. | *El país atraviesa momentos difíciles.* The country is going through difficult times. | **en un momento** (referido al futuro) in a moment: *En un momento termino.* I'll be finished in a moment. | **por el momento** for the moment

2 (instante puntual) **en ese momento** at that moment: *En ese momento llegó Gabriela.* At that moment Gabriela arrived. | **en este momento** right now, at the moment: *En este momento estoy ocupada.* I'm busy right now. | **a último momento** at the last moment | **de un momento a otro** at any moment | **en el momento** (inmediatamente) right away: *Si no lo hago en el momento, me olvido.* If I don't do it right away, I forget.

3 (ocasión) moment: *los mejores momentos de mi vida* the best moments of my life

4 el actor/la película del momento the actor/the movie of the moment | **la noticia del momento** the big news story of the day

momia *s* mummy (plural -mmies)

monaguillo *s* altar boy

monarca *s* monarch

monarquía *s* monarchy (plural -chies)

monasterio *s* monastery (plural -ries)

moneda *s* **1** (pieza) coin: *una moneda de 25 centavos* a 25 cent coin | **echar una moneda al aire, echar una moneda a cara o cruz/a cara o sello** to toss a coin, to flip a coin: *Echemos una moneda al aire para decidir.* Let's toss a coin to decide. ▶ También se puede decir **Let's toss for it,** que es más coloquial **2** (unidad monetaria) currency (plural -cies): *La única moneda que aceptan es el dólar.* The only currency they take is dollars.

monedero *s* change purse (AmE), purse (BrE)

monitor *s* (de computadora) monitor

monja *s* nun

monje *s* monk

mono, -a *sustantivo, sustantivo plural & adjetivo*

• *s* monkey

• **monos** *s pl* (historietas) comic strips, funnies (AmE) ▶ ver **revista**

monos animados cartoons

• *adj* **1** (pelo) fair, blond, blonde: *Tiene el pelo mono.* He has fair hair./He has blond hair. **2** (persona) fair-haired, blond, blonde: *una muchacha mona* a fair-haired girl/a blonde girl | *Es mono.* He has fair hair./He has blond hair. ▶ **fair-haired** y **fair** sólo se usan para el color natural del pelo

monólogo *s* monologue

monopatín *s* **1** (sin manubrio) skateboard **2** (con manubrio) scooter

monopolio *s* monopoly (plural -lies)

monótono, -a *adj* monotonous

monóxido de carbono *s* carbon monoxide

monstruo *s* **1** (de ficción) monster **2** (persona extraordinaria) genius (plural -ses): *un monstruo del fútbol* a soccer genius

montaje *s* **1** (de una máquina, un auto) assembly **2** (en cine) montage

montaña *s* mountain: *Escalaron la montaña.* They climbed the mountain.

montaña rusa roller coaster: *Quiero subir a la montaña rusa.* I want to go on the roller coaster.

montañoso, -a *adj* mountainous

montar *v* **1 montar un espectáculo/una obra** to put on a show/a play | **montar una empresa/un negocio** to set up a company/a business ▶ También existe **to establish a company/a business** que es más formal | **montar una campaña/un operativo** to mount a campaign/an operation **2** (a caballo) to ride: *No sabe montar.* He can't ride. **3 montar en bicicleta** to ride a bike **4 montar guardia** to keep guard

monte *s* **1** (de árboles) woodland **2** (de arbustos) scrubland **3** (montaña) mountain ▶ **mount** se usa sólo en los nombres de algunas montañas como **Mount Everest** y **Mount Sinai**

montgomery *s* duffel coat, duffle coat

montón *s* **1 un montón de algo/montones de algo** (gran cantidad) a load of sth/loads of sth, a lot of sth/lots of sth: *Tengo un montón de deberes.* I have a load of homework. **2** (pila) pile: *un montón de papeles* a pile of papers **3 una modelo/un músico del montón** a very average model/musician

montura *s* **1** (silla de montar) saddle **2** (de anteojos) frame

monumento *s* monument

moño *s* **1** (de tela, de cinta) bow | **hacer un moño** to tie a bow **2** (peinado) bun | **hacerse un moño** to put your hair up in a bun

mora *s* (fruta) blackberry (plural -rries)

morado *s* bruise

moral *adjetivo & sustantivo*

• **adj** moral

● *s* **1** (valores espirituales) morality: *la moral cristiana* Christian morality **2** (ánimo) morale: *Tiene la moral muy baja.* Her morale is very low.

moraleja *s* moral

morcilla *s* blood sausage (AmE), black pudding (BrE)

mordaza *s* gag | **ponerle una mordaza a alguien** to gag sb

mordedura *s* bite

morder *v* to bite: *¿Muerde?* Does he bite?

morderse *v* **morderse las uñas/la lengua etc.** to bite your nails/your tongue etc.

mordida *s* **1** (mordedura) bite **2** (soborno) bribe, backhander (BrE)

mordisco *s* **1** (acción de morder) **darle/pegarle un mordisco a algo** to take a bite of sth **2** (trozo) bite | **darle un mordisco de algo a alguien** to give sb a bite of sth

moreno, -a *adj* **1** (de pelo oscuro) **un muchacho moreno/una mujer morena etc.** a dark-haired boy/a dark-haired woman etc. | **ser moreno -a** to have dark hair **2** (de piel oscura) **una muchacha morena/un hombre moreno etc.** a dark-skinned girl/a dark-skinned man etc. | **ser moreno -a** to be dark-skinned **3** (bronceado) **estar moreno -a** to be brown | **ponerse moreno -a** to get brown, to tan

moretón *s* bruise

moribundo, -a *adj* **un soldado/un hombre etc. moribundo** a dying soldier/man etc. | **estar moribundo -a** to be dying

morirse *v* **1** (o **morir**) to die: *cuando ella (se) murió* when she died | **morir(se) de un infarto/de cáncer etc.** to die of a heart attack/of cancer etc. **2** (usado para dar énfasis) **morirse por algo** to be dying for sth, to be dying to have sth: *Se muere por una consola.* He's dying to have a game console. | **morirse por alguien** to be crazy about sb: *Se muere por tu hermana.* He's crazy about your sister. | **morirse de ganas de hacer algo** to be dying to do sth ▸ *morirse de hambre/de frío/de risa* etc. aparecen bajo *hambre, frío, risa,* etc.

morocho, -a *adjetivo & sustantivo*

● *adj* **1** (de pelo oscuro) **un muchacho morocho/una mujer morocha etc.** a dark-haired boy/a dark-haired woman etc. | **ser morocho -a** to have dark hair **2** (de piel oscura) **una muchacha morocha/un hombre morocho etc.** a dark-skinned girl/a dark-skinned man etc. | **ser morocho -a** to be dark-skinned **3** (negro) black

● *s* **1** (persona de pelo negro) **morocho** dark-haired man/boy | **morocha** dark-haired woman/girl, brunette **2** (persona de piel oscura) **morocho** dark-skinned man/boy | **morocha** dark-skinned woman/girl **3** (persona de raza negra) **morocho** black guy/boy | **morocha** black woman/girl

morral *s* **1** (que se lleva a la espalda) El morral que se usa para ir a acampar se llama **backpack** en inglés americano y **rucksack** en inglés británico. El que lleva un niño al colegio se llama **backpack** en ambas variedades. **2** (que se cuelga del hombro) shoulder bag

morrón *s* pepper

morsa *s* (animal) walrus (plural -ses)

mortadela *s* mortadella

mortal *adjetivo & sustantivo*

● *adj* **1** (que causa la muerte) fatal: *una dosis mortal* a fatal dose **2** (no inmortal) mortal: *los seres mortales* mortal beings ▸ ver **pecado**

● *s* mortal

mosaico *s* **1** (baldosa) tile | **un piso/un patio de mosaicos** a tiled floor/patio **2** (obra, diseño) mosaic: *un mosaico romano* a Roman mosaic

mosca *sustantivo & adjetivo*

● *s* **1** (insecto) fly (plural flies) **2 por si las moscas** just in case

● *adj* **ponerse mosca** to become suspicious, to smell a rat | **estar mosca** to be on the ball, to look sharp

mosco *s* fly (plural flies)

mosquito *s* mosquito (plural -toes o -tos): *Me picó un mosquito.* I've been bitten by a mosquito.

mostaza *s* mustard

mostrador *s* **1** (en un negocio, un banco) counter **2** (en un bar) bar **3** (en un aeropuerto) check-in desk

mostrar *v* **1** (hacer ver) to show: *¿Me puede mostrar el rojo, por favor?* Can you show me the red one, please? **2** (demostrar) to show: *¿Me muestras cómo se hace?* Can you show me how to do it? **3** (manifestar) (interés, valentía, etc.) to show

motilado *s* haircut

motilar *v* to cut | **motilar a alguien** to cut sb's hair

motilarse *v* to have your hair cut

motivar *v* (incentivar) to motivate

motivo *s* (causa) reason: *Tengo mis motivos.* I have my reasons. | **el motivo de algo** the reason for sth: *¿Cuál fue el motivo de la demora?* What was the reason for the delay? | **hacer algo sin (ningún) motivo** to do sth for no reason | **(un) motivo/motivos para hacer algo** (a) reason/reasons to do sth: *Está buscando un motivo para quedarse.* She's looking for a reason to stay. | *Yo no tengo motivo para quejarme.* I have no reason to complain.

moto *s* motorcycle, motorbike (BrE) | **andar en moto** to ride a motorcycle

moto acuática, moto de agua jet-ski

motociclismo *s* motorcycling

motociclista *s* motorcyclist

motocross *s* motocross | **hacer motocross** to do motocross

motor *s* **1** (de un auto, una moto, etc.) engine **2** (de una lavadora, una máquina de coser, etc.) motor **3** (de una heladera) compressor

mover *v* **1** (cambiar de lugar) to move: *Vamos a tener que mover la mesa.* We're going to have to move the table. | *No muevas ninguna ficha.*

Don't move any of the pieces. | *Te toca mover.* It's your turn to move. **2** (agitar) to move: *Deja de mover la pierna.* Stop moving your leg.

moverse *v* **1** to move: *¡No te muevas!* Don't move! **2 no moverse de un lugar** not to move from somewhere: *No se muevan de aquí.* Don't move from here. **3 ¡muévete/muévanse!** get a move on!: *¡Muévete, que empieza a llover!* Get a move on, it's starting to rain! **4 se me/te etc. mueve un diente** I/you etc. have a loose tooth

movido, -a *adj* **1** (agitado) hectic: *Tuve un día muy movido.* I had a very hectic day. **2 estar/salir movida** (foto) to be blurred/to come out blurred

móvil *s* **1** (adorno) mobile **2** (motivo) motive: *el móvil del crimen* the motive for the crime

movimiento *s* **1** (cambio de posición o lugar) movement: *un movimiento de la mano* a movement of the hand **2** (de un tren, un auto, etc.) motion: *El movimiento del tren me da sueño.* The motion of the train makes me sleepy. | **ponerse en movimiento** to pull out: *El tren se puso en movimiento.* The train pulled out. | **estar en movimiento** to be moving **3 una calle/una zona etc. de mucho movimiento** a very busy street/area etc. **4** (político, social, artístico) movement **5** (de una obra musical) movement

mucama *s* chambermaid

muchacha o **muchacha del servicio** *s* maid

muchacho, -a *s* (chico) **muchacho** boy | **muchacha** girl

muchedumbre *s* crowd

mucho, -a *adj, pron & adv* ► ver recuadro

mudanza *s* move ► ver **camión**

mudar *v* to change: *Tienes que mudar al bebé.* You need to change the baby./You need to change the baby's diaper.

mudarse *v* **1 mudarse (de casa)** to move (house): *¿Cuándo te mudas?* When are you moving? | **mudarse a Lima/al campo etc.** to move to Lima/to the country etc.: *Nos queremos mudar a una casa más grande* We want to move to a larger house. | **mudarse de cuarto/de oficina etc.** to move to a different room/office etc. **2 mudarse de camisa/de vestido etc.** to change your shirt/dress etc.

mudo, -a *adjetivo & sustantivo*

- ***adj*** **1** (que no puede hablar) mute ► Existe el término **dumb** pero algunas personas consideran que es ofensivo **2 una película muda** a silent movie (AmE), a silent film (BrE) **3** (que no se pronuncia) silent: *En "lamb" la "b" es muda.* The 'b' in 'lamb' is silent. **4 quedarse mudo -a** (del susto, del asombro, etc.) to be speechless: *Me quedé muda cuando la vi.* I was speechless when I saw her.
- ***s*** mute

mueble *s* piece of furniture: *un mueble antiguo* a piece of antique furniture ► *muebles* se traduce por **furniture,** que es un sustantivo incon-

mucho -a

ADJETIVO & PRONOMBRE

1 GRAN CANTIDAD (DE) (= a lot (of), many, much)

2 a lot of se puede usar en la mayoría de los contextos, tanto con sustantivos contables como incontables:

Perdieron mucho dinero. They lost a lot of money. | *Tienen muchos problemas.* They have a lot of problems.

3 Se usa en preguntas cuando se espera una respuesta afirmativa. (De lo contrario, se usa **much** o **many**):

¿Había mucha gente? Were there a lot of people there?

Cuando el sustantivo no está presente, se usa **a lot:**

Hay mucho por hacer. There's a lot to be done.

tener mucha hambre, hacer mucho frío, etc. tienen traducciones especiales:

Tengo mucho calor/mucho sueño/mucha sed. I'm very hot/very tired/very thirsty. | *Hace mucho frío/calor.* It's very cold/very hot.

4 much y **many** se usan en oraciones negativas e interrogativas, **much** con sustantivos incontables y **many** con sustantivos contables:

No tenemos mucho tiempo. We don't have much time. | *No tiene muchos amigos.* She doesn't have many friends. | *¿Recibiste muchos regalos?* Did you get many presents?

En oraciones afirmativas, **many** y sobre todo **much** son más formales que **a lot of:**

Mucha gente piensa que… Many people think that… | *Hubo mucha polémica.* There was much controversy.

5 *mucho (tiempo)* se traduce por **a long time:**

Hace mucho tiempo que no lo veo. I haven't seen him for a long time. | *Se fueron hace mucho.* They left a long time ago.

ADVERBIO

1 CON VERBOS (= a lot)

Los precios han subido mucho. Prices have gone up a lot. | *Me gusta mucho.* I like it a lot./I like it very much.

2 CON COMPARATIVOS (= much, a lot)

Me siento mucho mejor. I feel much better./I feel a lot better. | *Es mucho más alto.* He's much taller./He's a lot taller.

3 EXPRESIONES

mucho antes long before: *Se fueron mucho antes que nosotros.* They left long before we did. | **mucho después** much later: *Me enteré mucho después.* I found out much later. | **como mucho** at most: *Nos quedaremos diez días, como mucho.* We'll stay for ten days at most.

table: *los muebles del dormitorio* the bedroom furniture | *una habitación con muy pocos muebles* a room without much furniture

mueca s **1** (de dolor) grimace **2** (de burla) **hacer muecas** to make faces

muela s tooth (plural teeth) | **me/le etc. duele una muela** I have/she has etc. a toothache | **sacarse una muela** to have a tooth out

muela cordal, **muela del juicio** wisdom tooth (plural teeth)

muelle s **1** (en un puerto) quay **2** (resorte) spring

muerte s **1** (fallecimiento) death ▶ ver **condenar, pena** **2 odiar a alguien a muerte** to hate sb's guts **3 un bar/un hotel de mala muerte** a dive, a grotty bar/hotel (BrE)

muerte súbita **(a)** (en fútbol): *ganar por muerte súbita* to win thanks to the golden goal **(b)** (en golf) sudden-death play-off

muerto, -a *adjetivo & sustantivo*

- *adj* **1** (sin vida) dead: *un pájaro muerto* a dead bird | *Estaba muerta.* She was dead. **2 estar muerto -a de frío/calor** to be freezing cold/to be boiling | **estar muerto -a de miedo** to be frightened to death | **estar muerto -a de risa** to be laughing your head off | **estar muerto -a de sed/de sueño** to be terribly thirsty/tired **3** (muy cansado) beat (AmE), shattered (BrE): *¡Estoy muerto!* I'm beat! ▶ ver **naturaleza, punto**
- *s* Para hablar de muertos o de los muertos en general se dice **(the) dead.** Si se trata de un cadáver se usa **a dead body**: *los vivos y los muertos* the living and the dead ▶ En contextos como el siguiente, es más frecuente usar el verbo: *Hubo más de 20 muertos en los disturbios.* More than 20 people died in the riots.

muestra s **1** (señal, manifestación) sign: *una muestra de cariño* a sign of affection | **dar muestras de algo** to show signs of sth **2** (de una tela, un producto) sample **3** (para analizar) sample: *muestras de ADN* DNA samples **4** (exposición) exhibition

mugir *v* to moo

mugre s filth

mugriento, -a *adj* filthy

mujer s **1** (persona de sexo femenino) woman (plural women) **2** (esposa) wife (plural wives)

mula s (animal) mule

mulato, -a s man/woman etc. of mixed race

muleta s crutch (plural -ches) | **andar/caminar con muletas** to be on crutches

multa s fine | **ponerle una multa a alguien** to fine sb: *Me pusieron una multa.* I was fined.

multimillonario, -a *adjetivo & sustantivo*

- *adj* **ser multimillonario -a** to be a multimillionaire | **un contrato multimillonario** a contract worth millions
- *s* multimillionaire

multinacional *adj* multinational

multiplicación s multiplication

multiplicar *v* to multiply | **multiplicar cinco por tres/dos por ocho etc.** to multiply five by three/two by eight etc.

multiplicarse *v* to multiply

multitud s **1** (de personas) crowd: *Se perdió entre la multitud.* She disappeared among the crowd. **2 una multitud de casos/ocasiones etc.** many cases/occasions etc.

mundial *adjetivo & sustantivo*

- *adj* **una gira mundial** a world tour | **el campeón mundial** the world champion
- *s* (de fútbol) World Cup: *el Mundial '86* the 1986 World Cup

mundo s **1** (planeta) world: *el río más ancho del mundo* the widest river in the world | *Hizo un viaje alrededor del mundo.* She went on a round-the-world trip. | *todas las naciones del mundo* all the countries in the world **2 nada del otro mundo** nothing special: *La canción no es nada del otro mundo.* The song is nothing special. **3 por nada del mundo** for anything: *No bailaría con él por nada del mundo.* I wouldn't dance with him for anything. **4 todo el mundo** **(a)** (referido a personas) everyone, everybody: *Todo el mundo lo sabe.* Everyone knows./Everybody knows. **(b)** (referido a lugares) ver ejemplos: *Ha viajado por todo el mundo.* She has traveled all over the world. | *artistas de todo el mundo* artists from all around the world **5** (ambiente) world: *el mundo de los negocios* the world of business | *el mundo del espectáculo* show business

municipal *adj* **la biblioteca municipal** the local library | **el gobierno municipal** the town council ▶ Si se trata de una ciudad grande, se usa **the city council** | **un empleado municipal** a council worker

municipio s **1** (división administrativa) municipality (plural -ties) **2** (edificio) city hall (AmE), town hall (BrE)

muñeca s **1** (parte del cuerpo) wrist **2** (juguete) doll

muñeco s (juguete) doll ▶ Las figuras que representan personajes históricos o de una serie de TV, etc. se llaman **figures**

muñeco de felpa cuddly toy **muñeco de nieve** snowman (plural -men) **muñeco de peluche** soft toy

muñequera s wristband

mural s mural

muralla s wall

murciélago s bat

murmullo s (de voces) murmur

murmurar *v* **1** (para que no te oigan) to whisper: *Estuvieron murmurando todo el examen.* They were whispering all through the exam. **2** (entre dientes) to mutter: *Murmuró algo, pero no le entendí.* He muttered something but I didn't understand him.

muro s wall

músculo s muscle

Hay una tabla con los **números** en inglés y explicaciones sobre su uso en el apartado de gramática.

musculoso, -a *adj* **1** (referido a una persona) muscular **2** (brazo, pierna) muscular

museo *s* **1** (de historia, ciencias, etc.) museum **2** (de arte) gallery (plural -ries)

musgo *s* moss (plural -sses)

música *s* music: *Está escuchando música en su cuarto.* He's in his room listening to music. **música ambiental** piped music **música clásica** classical music **música de fondo** background music **música en vivo** live music

musical *adj & s* musical

músico, -a *s* musician

muslo *s* **1** (de una persona) thigh **2** (de pollo, pavo, etc.) leg

musulmán, -ana *adj & s* Muslim

mutuo, -a *adj* mutual: *Lo decidieron de mutuo acuerdo.* They decided by mutual agreement.

muy *adv* **1** very: *Estamos muy contentos.* We're very happy. | *Me acosté muy tarde.* I went to bed very late. | **el muy estúpido/la muy terca etc.** the silly fool/the stubborn so-and-so etc.: *La muy ingenua le creyó.* The naive fool believed him. **2** (demasiado) too: *Estos zapatos me quedan muy apretados.* These shoes are too tight. | **muy joven/cansado -a etc. para hacer algo** too young/tired etc to do sth: *Ahora es muy tarde para salir.* It's too late to go out now.

N

N, n *s* N, n ▶ ver "Active Box" **letras del alfabeto** en **letra**

nabo *s* turnip

nácar *s* mother-of-pearl | **un rosario/un collar de nácar** a mother-of-pearl rosary/necklace

nacer *v* **1** (persona) to be born: *Nació en Aracataca.* He was born in Aracataca. | *¿En qué año naciste?* What year were you born? **2** (gato, perro) to be born **3** (pollito, patito) to hatch **4** (planta) to sprout **5** (río) to rise

nacimiento *s* (de una persona, un animal) birth | **es ciego/sordo etc. de nacimiento** he was born blind/deaf etc. | **es colombiana/mexicana etc. de nacimiento** she is Colombian/Mexican etc. by birth

nación *s* nation

nacional *adj* **1** (bandera, himno, etc.) national **2** (producto) En inglés se suele mencionar el país: *Compre productos nacionales.* Buy Colombian/Peruvian etc. goods. | *una banda nacional* a Mexican/Bolivian etc. band | *la industria nacional* Venezuelan/Chilean etc. industry **3** (mercado, vuelo) domestic

nacionalidad *s* nationality (plural -ties)

Naciones Unidas *s* United Nations

naco, -a *adjetivo & sustantivo*
- *adj* (de mal gusto) tacky, common
- **naco** *s* (puré) mashed potatoes

nada *pron, adv & s* ▶ ver recuadro

nadador, -a *s* swimmer

nadar *v* to swim: *No sabe nadar.* She can't swim. | **ir a nadar** to go swimming: *Voy a nadar tres veces por semana.* I go swimming three times a week. ▶ ver **espalda, mariposa**, etc.

nadie *pron* ▶ ver recuadro

nado *s* **cruzar un río/un lago etc. a nado** to swim across a river/a lake etc.

naftalina *s* mothballs *pl*

naipe *s* card, playing card

nalga *s* (parte del cuerpo) buttock

naranja *sustantivo & adjetivo*
- *s* **1** (fruta) orange **2** (color) orange
- *adj* orange ▶ ver "Active Box" **colores** en **color**

naranjo *s* orange tree

narcotraficante *s* drug trafficker

narcotráfico *s* drug trafficking

narigón, -ona *adj* **ser narigón -ona** to have a big nose | **un niño narigón/una mujer narigona etc.** a boy/a woman etc. with a big nose

nariz *s* nose | **sonarse la nariz** to blow your nose

narrador, -a *s* narrator

nata *s* (en la leche) skin

natación *s* swimming

nativo, -a *adj* native: *una hablante nativa de inglés* a native speaker of English

nato, -a *adj* **un deportista/un actor nato** a born sportsman/actor

natural *adj* **1** (fenómeno, recursos, productos) natural **2** (fruta, verdura) fresh **3 es natural que esté preocupado/triste etc.** it's natural that he should be worried/sad etc., it's only normal that he should be worried/sad etc.

naturaleza *s* **1 la naturaleza** nature: *un amante de la naturaleza* a nature lover **2** (tipo, clase) nature: *problemas de esa naturaleza* problems of that nature **3** (temperamento) nature **4 por naturaleza** by nature, naturally: *Son agresivos por naturaleza.* They are aggressive by

nada

PRONOMBRE (= nothing)

1 La traducción es o bien **nothing** o bien **anything** acompañado de un negativo. Las palabras como **without** se consideran negativos:

–¿Qué pasó? –Nada. "What happened?" "Nothing." | *No había nada para comer.* There was nothing to eat./There wasn't anything to eat. | *sin hacer/decir nada* without saying/doing anything

2 Para responder a un agradecimiento, el equivalente de *de nada* es **that's OK** o **that's all right**. **You're welcome** es más formal y más frecuente en inglés americano. Si le das las gracias a la persona que te atendió en un comercio, probablemente te conteste **thank you**.

3 Otras expresiones:

casi nada: *No comió casi nada.* She hardly ate anything. | *No me queda casi nada de dinero.* I have hardly any money left. | **nada de:** *Nada de lo que ha dicho es verdad.* None of what he said is true. | *No tengo nada de hambre.* I'm not at all hungry. | *No queda nada de leche.* There's no milk left at all. | **nada de nada:** *No entendí nada de nada.* I didn't understand anything at all. | **nada más:** *–¿Algo más? –Nada más, gracias.* "Anything else?" "No, that's all, thanks." | *No pidió nada más.* He didn't ask for anything else. | *Estuvimos una semana nada más.* We were only there for a week. | *No queda nada más que un poco de jamón.* All that's left is a little ham. | **nada menos que:** *Se ganó nada menos que un millón de dólares.* She won a million dollars, no less. | **no tener nada que ver** to have nothing to do with it: *Eso no tiene nada que ver.* That has nothing to do with it. | *No tuvieron nada que ver con el robo.* They had nothing to do with the robbery. | **para nada** not at all: *–¿Te gustó? –Para nada.* "Did you like it?" "No, not at all." | *No hace frío, para nada.* It's not at all cold. | **no servir para nada:** *¡No sirves para nada!* You're useless! | *Lo que hicimos no sirvió para nada.* What we did was no use at all. | **y nada que...:** *Lo repite una y otra vez y nada que se lo aprende.* He repeats it over and over but he still can't learn it. | **llora/se ofende etc. por nada** he cries/he takes offense etc. for no reason at all

ADVERBIO (= at all)

No está nada bien She isn't at all well.

SUSTANTIVO

quedar en la nada to come to nothing

nature./They are naturally aggressive.

naturaleza muerta still life (plural still lifes)

naturalidad *s* **actuar/hablar etc. con naturalidad** to act/talk etc. naturally

nadie

1 La traducción es o bien **no one/nobody** o bien **anyone/anybody** acompañado de un negativo. Las palabras como **without** se consideran negativos:

Nadie se dio cuenta. No one realized. | *No vimos a nadie.* We didn't see anyone./We saw no one. | *¿Nadie quiere ir?* Doesn't anyone want to go?

2 *Nadie más* se traduce por **no one else/nobody else** pero si hay otro negativo se usa **anyone else/anybody else:**

No ha llamado nadie más. No one else has phoned. | *No se lo digas a nadie más.* Don't tell anybody else.

naufragar *v* **1** (nave) to be wrecked **2** (persona) to be shipwrecked

naufragio *s* shipwreck

náufrago, -a *s* Se usa **castaway** para referirse a la vida de un náufrago en una isla desierta, etc. Hablando del momento del naufragio, la operación de rescate, etc. se usa **shipwrecked sailor, shipwreck victim,** etc.: *Lograron rescatar a diez náufragos.* They were able to rescue ten of the shipwrecked people/the shipwreck victims.

náuseas *s pl* nausea *sing* ▶ **nausea** es un término formal o técnico. | **sentir/tener náuseas** to feel sick, to feel nauseous (AmE) | **me/le etc. dio náuseas** it made me/him etc. feel sick, it made me/him etc. feel nauseous (AmE)

navaja *s* **1** (cortaplumas) penknife (plural -knives) **2** (arma) knife (plural -knives) **3** (de afeitar) razor

nave *s* **1** (embarcación) ship **2 nave (espacial)** spaceship **3** (en arquitectura) nave

navegar *v* **1** (en una embarcación) to sail | **ir a navegar** to go sailing **2** (en Internet) to surf

Navidad *s* Christmas: *¡Feliz Navidad!* Merry Christmas! | *regalos de Navidad* Christmas presents ▶ ver **árbol**

neblina *s* mist | **hay/había neblina** it is/it was misty

necesario, -a *adj* **1 los conocimientos/los recursos etc. necesarios** the necessary knowledge/resources etc.: *No tiene la experiencia necesaria.* She doesn't have the necessary experience. | *Tómense todo el tiempo necesario.* Take as much time as you need. **2 ser necesario** ver ejemplos: *Llámame sólo si es absolutamente necesario.* Call me only if it is absolutely necessary. | *¿Es necesario que vayamos todos?* Do we all need to go? | *Va a ser necesario que vengas una hora antes.* You're going to have to come an hour earlier. | **no es necesario que vengas/que me quede etc.** you don't need to come/I don't need to stay etc.: *No es necesario que lo hagas de nuevo.* You don't need to do it again. **3 lo necesario** ver ejemplos: *Tenemos todo lo necesario.* We have everything we need. |

La reunión duró más de lo necesario. The meeting lasted longer than necessary.

necesidad *sustantivo & sustantivo plural*

- *s* **1** (requerimiento, urgencia) need: *las necesidades básicas de la población* the basic needs of the population | *Sentí la necesidad de abrazarlo.* I felt the need to hug him. | **tener necesidad de algo** to need sth: *Tienen necesidad de ropa y medicamentos.* They need clothing and medicine. **2 no hay necesidad de hacer algo** there's no need to do sth: *No hay necesidad de salir tan temprano.* There's no need to leave so early. | **no hay necesidad de que venga Juan/de que Susi se quede etc.** there's no need for Juan to come/for Susi to stay etc. **3 por necesidad** out of necessity: *Roban por necesidad.* They steal out of necessity. **4 un artículo/un servicio etc. de primera necesidad** an essential item/service etc. **5** (cosa necesaria) necessity (plural -ties): *Un celular no es una necesidad.* A cell phone is not a necessity.
- **necesidades** *s pl* **1 pasar necesidades** to suffer hardship **2 hacer sus necesidades (a)** (persona) to go to the bathroom **(b)** (animal) to do its business

necesitar *v* to need: *Necesito ayuda.* I need help. | *Para viajar se necesita tener dinero.* You need money in order to travel. | **necesito que me acompañes/que me hagas un favor etc.** I need you to come with me/to do me a favor etc.: *¿Necesitas que haga algo?* Do you need me to do anything? | **no necesitas gritar/quedarte etc.** there's no need for you to shout/to stay etc.

nectarina *s* nectarine

negar *v* **1** (lo contrario de afirmar) to deny: *Nadie lo puede negar.* No one can deny it. **2** (lo contrario de conceder) to refuse: *Le negaron el acceso al país.* He was refused entry to the country.

negarse *v* **negarse a hacer algo** to refuse to do sth: *Se negó a responder.* She refused to reply.

negativo, -a *adjetivo & sustantivo*

- *adj* negative: *No seas tan negativo.* Don't be so negative. | *una respuesta negativa* a refusal | *un número negativo* a negative number
- **negativo** *s* (de fotos) negative: *He perdido los negativos.* I've lost the negatives.

negociación *s* negotiation

negociar *v* to negotiate

negocio *sustantivo & sustantivo plural*

- *s* **1** (transacción) deal: *Es un excelente negocio.* It's an excellent deal. | **hacer un buen/excelente etc. negocio** to do well/extremely well etc.: *Creo que hicimos un buen negocio con la venta.* I think we did well out of the sale. **2** (ramo de actividad) business: *el negocio de la música* the music business **3** (empresa) business
- **negocios** *s pl* business *sing*: *No soy buena para los negocios.* I'm no good at business. | **un viaje/una reunión de negocios** a business trip/meeting

negro, -a *adjetivo, sustantivo masculino & sustantivo masculino & femenino*

- *adj* black ▶ ver **caja**, **pozo**, etc.
- *s* [masc] (color) black ▶ ver "Active Box" **colores** en **color**
- *s* [masc, fem] (persona) black person ▶ Para referirse a los negros en general, se dice **black people** o **blacks** o se menciona el grupo étnico particular: **African Americans, Afro-Caribbean people,** etc.: *los derechos de los negros* the rights of black people/the rights of blacks

neocelandés -esa o **neozelandés -esa** *adjetivo & sustantivo*

- *adj* from New Zealand, of New Zealand: *el paisaje neocelandés* the landscape of New Zealand/the New Zealand landscape
- *s* New Zealander | **los neocelandeses** (the) New Zealanders

Neptuno *s* Neptune

nervio *sustantivo & sustantivo plural*

- *s* **1** (del cuerpo) nerve **2** (de la carne) sinew
- **nervios** *s pl* **1** nerves: *un sedante para calmarle los nervios* a tranquilizer to calm her nerves | *Me transpiraban las manos de los nervios.* My hands were sweaty because I was so nervous. | **me/le etc. dio un ataque de nervios** I/he etc. became hysterical **2 ponerle los nervios de punta a alguien** to get on sb's nerves: *Ese ruido me pone los nervios de punta.* That noise is getting on my nerves.

nervioso, -a *adj* nervous: *Estoy muy nerviosa.* I'm very nervous. | **ponerse nervioso -a** to get nervous: *Me pongo muy nerviosa en los exámenes.* I get very nervous in exams. | **poner nervioso -a a alguien** to make sb nervous: *Me pusiste nerviosa.* You made me nervous.

neto, -a *adj* **peso neto/ganancia neta** net weight/net profit: *Gana 800 pesos netos.* He earns 800 pesos net./He earns 800 pesos after tax.

neumático *s* tire (AmE), tyre (BrE)

neumonía *s* pneumonia

neurólogo, -a *s* neurologist

neutral *adj* neutral

neutro, -a *adj* **1** (color, sustancia) neutral **2** (en gramática) neuter

nevada *s* snowfall

nevar *v* to snow: *Aquí nunca nieva.* It never snows here.

nevera *s* refrigerator, fridge

nevera portátil cooler (AmE), coolbox (plural -xes) (BrE)

ni *conj* ▶ ver recuadro

Nicaragua *s* Nicaragua

nicaragüense *adjetivo & sustantivo*

- *adj* Nicaraguan
- *s* Nicaraguan | **los nicaragüenses** (the) Nicaraguans

nicotina *s* nicotine

ni

1 Se traduce por **even** acompañado de un negativo:

No quiero ni verlo. I don't even want to see him. | *No tuve tiempo ni de desayunar.* I didn't even have time for breakfast. | **ni siquiera** not even: *Ni siquiera sé cómo se llama.* I don't even know what his name is. | *No me compró ni siquiera un ramo de flores.* She didn't even buy me a bunch of flowers.

2 *ni... ni* se traduce por **neither... nor** o por **either... or** acompañado de un negativo:

No es ni gorda ni flaca. She's neither fat nor thin. | *No se lo dije ni a Luis ni a Daniel.* I didn't tell either Luis or Daniel.

Se puede omitir **either** y decir simplemente **I didn't tell Luis or Daniel. I told neither Luis nor Daniel** es más enfático o formal.

3 El uso enfático de *ni un/ni una...* se traduce por **not a single...**:

No metieron ni un gol. They didn't score a single goal.

4 Cuando **ni que** se usa para expresar asombro o enojo, se puede traducir por **anyone would think** seguido de un verbo en pasado:

¡Ni que hubieras visto un fantasma! Anyone would think you'd seen a ghost! | *¡Ni que fueras millonario!* Anyone would think you were a millionaire!

nido *s* nest

niebla *s* fog: *Hay mucha niebla.* There's a lot of fog./It's very foggy.

nieto, -a *s* **nieto** (varón) grandson, (cuando no se especifica el sexo) grandchild (plural -children) | **nieta** granddaughter | **nietos** (varones y mujeres) grandchildren

nieve *s* **1** (fenómeno meteorológico) snow **2 batir claras a (punto de) nieve** to beat egg whites until they are stiff **3** (helado) sorbet: *nieve de limón* lemon sorbet

ningún ▶ ver **ninguno**

ninguno, -a *adj & pron* ▶ ver recuadro

niñera *s* nanny (plural -nnies)

niñez *s* childhood

niño, -a *sustantivo & adjetivo*

• *s* **1** (no adulto) **niño** (varón) boy, (cuando no se especifica el sexo) child (plural children) | **niña** girl | **niños** (varones y mujeres) children: *un niño de cinco años* a five-year-old boy/a five-year-old child | *¡Niños, a almorzar!* Time for lunch, children! **2** (hijo) **niño** son | **niña** daughter | **niños** (varones y mujeres) children: *Tiene tres niños.* She has three children.

niño -a de la calle street child (plural children) **niño -a prodigio** child prodigy (plural child prodigies)

• *adj* **1** (pequeño) young, small **2 de niño -a** when I/he etc. was little: *De niña quería ser bailarina.* When I was little I wanted to be a ballet dancer.

ninguno -a

ADJETIVO

La traducción es o bien **no** o bien **any** acompañado de un negativo. Las palabras como **without** se consideran negativos:

No hay ningún peligro. There's no danger./There isn't any danger. | *sin ningún problema* without any problem

A veces en inglés el sustantivo va en plural:

No fuimos a ningún recital. We didn't go to any concerts. | *No tiene ninguna mancha.* It doesn't have any stains.

PRONOMBRE

1 De dos personas o cosas:

La traducción es o **neither** o **either** acompañado de un negativo:

Les escribí a Pedro y a Mary pero ninguno me contestó. I wrote to Pedro and to Mary but neither of them answered.

En el siguiente ejemplo, el uso de **neither** es más enfático o formal:

No leí ninguno de los artículos. I didn't read either of the articles./I read neither of the articles.

2 De más de dos personas o cosas:

La traducción es o **none** o **any** acompañado de un negativo:

Tengo tres bolígrafos pero ninguno funciona. I have three pens but **none of them** work.

En el siguiente ejemplo, el uso de **none** es más enfático o formal:

No conozco a ninguno de tus amigos. I don't know any of your friends./I know none of your friends.

nitrógeno *s* nitrogen

nivel *s* **1** (altura) level: *Está a 2,000 metros sobre el nivel del mar.* It's 2,000 meters above sea level. **2** (calidad) level: *Todos tienen el mismo nivel.* They're all at the same level. *Tiene muy buen nivel de inglés.* Her English is very good.

nivel de vida standard of living

no *adv & s* ▶ ver recuadro en página 652

noble *adjetivo & sustantivo*

• *adj* **1** (bueno, generoso) noble **2** (de la aristocracia) noble

• *s* (hombre) nobleman (plural -men), (mujer), noblewoman (plural -women): *los nobles* the nobility

noche *s* En inglés se usa **evening** cuando se habla de actividades o sucesos que empiezan entre las seis y las ocho o las nueve aproximadamente. **night** es la noche propiamente dicha: *La veo todas las noches en la clase de computación.* I see her every evening at our computer class. | *No pude dormir*

¿Se dice *on the table* o *in the table*? Mira la entrada **en**.

no

ADVERBIO

1 Para dar una respuesta negativa, se usa **no:**

–¿Te gusta? –No. "Do you like it?" "No."

Por lo general se completa la respuesta de la siguiente manera:

–¿Te gusta? –No. "Do you like it?" "No, I don't." | *–¿Sabes nadar? –No.* "Can you swim?" "No, I can't."

2 Cuando modifica a cualquier elemento de la oración, se traduce por **not**, frecuentemente contraído a **n't** cuando se trata de la negación de un verbo. Si el verbo no es ni auxiliar ni modal, se usa el auxiliar **to do:**

No siempre. Not always. | *No todos están de acuerdo.* Not everyone agrees. | *No está en el cajón.* It isn't in the drawer. | *No me gusta el café.* I don't like coffee. | *No puedo abrirlo.* I can't open it.

3 Cuando no tiene valor negativo:

¿No me llevas? Could you take me, please? | *No empiecen hasta que yo no llegue.* Don't start until I get there.

4 En la expresión **¿a que no... ?**

¿A que no sabes quién llamó? You'll never guess who called. | *¿A que no te animas a saltar?* I bet you don't dare jump.

5 El uso de *¿no?* al final de la oración está tratado en la entrada **question tag**. *no bien* está tratado en *bien* y *no obstante* en *obstante*

SUSTANTIVO (= no)

un no rotundo a resounding no

en toda la noche. I couldn't sleep all night. | **a las ocho/diez etc. de la noche** at eight/ten etc. in the evening: *Llegaron a las diez de la noche.* They arrived at ten in the evening. ▶ Si se considera que es tarde, se dice **at ten o'clock at night** | **en/por la noche** in the evening: *En la noche fuimos a una fiesta.* In the evening we went to a party. | **mañana/el sábado etc. en/por la noche** tomorrow evening/Saturday evening etc., tomorrow night/Saturday night etc.: *Siempre salimos los viernes por la noche.* We always go out on Friday evening./We always go out on Friday night. | **esta noche** tonight, this evening: *¿Qué vas a hacer esta noche?* What are you doing tonight?/What are you doing this evening? | **de noche** at night: *No me gusta volver sola de noche.* I don't like coming home on my own at night. | **hacerse de noche** to get dark: *Se hizo de noche.* It got dark. | **buenas noches (a)** (al llegar a un lugar) good evening **(b)** (al despedirse) goodnight

Nochebuena *s* Christmas Eve

nochero *s* (mesa de noche) bedside table

noción *sustantivo & sustantivo plural*

• *s* (idea) notion, sense: *No tienen noción del tiempo.* They have no notion of time./They have no sense of time.

• **nociones** *s pl* (conocimientos) **tener nociones de algo** to have a basic knowledge of sth | **aprender las nociones básicas de algo** to learn the basics of sth

nocivo, -a *adj* harmful

nocturno, -a *adj* **1 servicio/tren nocturno** night service/train | **visita/salida nocturna** night-time visit/departure **2 animal nocturno** nocturnal animal ▶ ver **vida**

nogal *s* **1** (árbol) walnut tree **2** (madera) walnut

nómade o **nómada** *adjetivo & sustantivo*

• *adj* nomadic

• *s* nomad

nomás *adv* **1** (sólo) only, just: *Faltan cinco minutos nomás.* There are only five minutes to go./There are just five minutes to go. **2** (para expresar que no hay problema) ver ejemplos: *Pasa, nomás.* Come on in. | *Si quieres más, sírvete nomás.* If you want some more, just help yourself. | *Déjalo ahí, nomás.* Just leave it there. **3 así nomás** (de cualquier manera) any which way (AmE), any old how (BrE): *Esto está hecho así nomás.* This has been done any which way. **4 nomás (que) (a)** (tan pronto como) as soon as: *Nomás llegó se fue a dormir.* As soon as he got back he went to bed. **(b)** (sólo que) only, just: *Estoy bien, nomás que un poco cansado.* I'm fine, only I'm a little tired./I'm fine, just a little tired.

nombrar *v* **1 nombrar a alguien presidente/gerente etc.** to appoint sb (as) president/manager etc.: *La nombraron delegada del curso.* She was appointed (as) student representative. **2** (mencionar) to mention: *Ni me lo nombres.* Don't even mention him.

nombre *s* **1** (de una persona, un lugar, una cosa) name: *No recuerdo el nombre del pueblo.* I can't remember the name of the town. | *¿Qué nombre le van a poner?* What are they going to call him?/What name are they going to give him? **2 a nombre de alguien** in sb's name: *La casa está a nombre de Lucía.* The house is in Lucía's name. | *una reserva a nombre de Correa* a reservation in the name of Correa **3 en nombre de alguien** on behalf of sb: *Le hicimos un regalo en nombre de todos.* We gave him a present on behalf of everyone. **4** (sustantivo) noun

nombre propio proper noun

nopal *s* (cactus, fruto) prickly pear

noreste o **nordeste** *sustantivo & adjetivo*

• *s* northeast

• *adj* northeast, northeastern

norma *s* rule

normal *adj* **1** (común) normal: *una persona normal* a normal person **2** (frecuente) common, usual: *Es normal que haya tráfico a esta hora.* It's common for there to be traffic at this time. **3 lo normal** ver ejemplos: *Me cansé más de lo* *normal.* I got more tired than normal./I got more tired than usual. | *No sucedió nada fuera de lo normal.* Nothing out of the ordinary happened.

noroeste *sustantivo & adjetivo*

- *s* northwest
- *adj* northwest, northwestern

norte *sustantivo & adjetivo*

- *s* north, North
- *adj* north, northern ▶ ver "Active Box" **puntos cardinales** en **punto**

Norteamérica *s* **1** (América del Norte) North America **2** (EU) America ▶ ver nota en **Estados Unidos**

norteamericano, -a *adj & s* **1** (de Norteamérica) North American **2** (de EU) American

Noruega *s* Norway

noruego, -a *adjetivo & sustantivo*

- *adj* Norwegian
- *s* Norwegian | **los noruegos** (the) Norwegians
- **noruego** *s* (idioma) Norwegian

nos *pron* ▶ ver recuadro

nosotros, -as *pron* **1** (como sujeto) we: *Nosotros no estamos de acuerdo.* We don't agree. ▶ Pero tras el verbo **to be** se usa **us**: *Fuimos nosotros, mamá.* It was us, mom. **2** (tras preposiciones) us: *Nos lo regaló a nosotras.* He gave it to us. | *Siéntate con nosotros.* Sit with us. | *Se reían de nosotros.* They were laughing at us. **3** (en comparaciones) us: *Tienen más dinero que nosotros.* They have more money than us. | *Es más pequeña que nosotras.* She's younger than us.

nostalgia *s* homesickness

nota *s* **1** (calificación) grade, mark (BrE): *Sacó una buena nota.* She got a good grade. **2** (anotación) note | **tomar notas** to take notes **3** (mensaje) note: *Déjale una nota.* Leave him a note. **4** (en música) note

notable *adj* **1** (destacado) outstanding, remarkable **2** (que se nota enseguida) marked: *el notable parecido entre los hermanos* the marked resemblance between the brothers

notar *v* **1** (darse cuenta de) to notice: *¿Notaste la cara que puso?* Did you notice the face she made? | **se nota que está cansada/que no le gusta etc.** you can tell she's tired/she doesn't like it etc.: *No se notó.* You couldn't tell./It didn't show. | *Se les notaba el aburrimiento.* You could tell they were bored. **2** (encontrar) **te noto nervioso -a/triste etc.** you seem nervous/sad etc.

noticia *sustantivo & sustantivo plural*

- *s* **1** (novedad) news ▶ **news** es un sustantivo incontable y no puede ir precedido de **a** ni tiene plural. Sí se usa con **some** y **any**. Mira los ejemplos: *¿Escuchaste la noticia?* Have you heard the news? | *una noticia maravillosa* **some** wonderful news/a wonderful **piece of news** | *Tengo una buena noticia para ti.* I have **some** good news for you. | *¿Hay noticias?* Is there **any** news? | **dar una noticia** ver ejemplos: *Acaban de dar la noticia.* They've just announced it. | *Tengo una noticia que darte.* I have something to tell you./I have some news to tell you. | *¿Quién le va a dar la noticia?* Who's going to tell her? ▶ Si se trata de una mala noticia, también se dice *Who's going to break the news to her?* **2 no tengo/tenemos etc. noticias de alguien** I/we etc. haven't heard from sb: *¿Tienes noticias de Paco?* Have you heard from Paco? | *Hace tiempo que no tenemos noticias de ellos.* We haven't heard from them for a long time.
- **noticias** *s pl* (noticiero) news *sing*: *Pon las noticias.* Put the news on.

noticiero *s* news *sing*: *el noticiero de las ocho* the eight o'clock news | *Lo vi en el noticiero.* I saw it on the news.

notificar *v* **notificarle algo a alguien** to notify sb of sth

novecientos, -as *número* nine hundred

novedad *s* **1** (noticia) news ▶ Ver nota en *noticia*: *–¿Alguna novedad? –No, ninguna novedad.* "Any news?" "No, no news." | *Tengo novedades.*

> **nos**
>
> **1** Como complemento directo o indirecto, la traducción general es **us:**
>
> *Llámanos mañana.* Call us tomorrow. | *Nos dio su dirección particular.* He gave us his home address.
>
> El pronombre aparece sólo una vez en la oración inglesa:
>
> *Nos eligieron a nosotras.* They chose us.
>
> Ten en cuenta que algunos verbos ingleses requieren el uso de preposiciones (**to us/for us** etc.). En otros casos, en inglés se usa un posesivo en lugar del artículo. Siempre te conviene mirar la entrada correspondiente al verbo, buscar por ejemplo *escribir, tomar,* etc.:
>
> *Nos escribe todos los meses.* He writes **to us** every month. | *Nos tomó una foto.* He took a picture **of us.** | *Se nos ha dañado la impresora.* **Our** printer has broken down. | *Nos robaron el carro.* **Our** car was stolen.
>
> **2** Si tiene valor recíproco, se traduce por **each other:**
>
> *Nos queremos mucho.* We love each other very much. | *Nos llamamos todos los días.* We call each other every day.
>
> **3** Si tiene valor reflexivo, a veces se traduce por **ourselves:**
>
> *No nos tenemos que echar la culpa de lo que pasó.* We shouldn't blame ourselves for what happened.
>
> Pero los verbos pronominales tienen diferentes traducciones. Busca *arrepentirse, peinarse,* etc.

I have some news. **2** (algo nuevo) novelty (plural -ties): *Internet ya dejó de ser novedad.* The Internet isn't a novelty any more. **3** (cambio) change: *Todo sigue igual, sin novedades.* Everything is the same, there's no change.

novela *s* **1** (narración) novel **2** (telenovela) soap opera

novela policial detective novel

novelista *s* novelist

noveno, -a *adjetivo & sustantivo*

- ***adj*** ninth
- **noveno** *s* ninth

noventa *número* ninety

noviembre *s* November ▶ ver "Active Box" **meses** en **mes**

novillo *s* young bull

novio, -a *s* **1** (pareja) **novio** boyfriend | **novia** girlfriend: *¿Tienes novio?* Do you have a boyfriend? | *Son novios desde hace dos años.* They've been going out together for two years. | **estar de novio -a** to have a girlfriend/boyfriend: *¿Estás de novio?* Do you have a girlfriend? | **estar de novio -a con alguien** to be going out with sb: *No sabía que estabas de novia con Juan.* I didn't know you were going out with Juan. | **estar de novios** to be going out together ▶ Cuando los novios están comprometidos, se usa **fiancé** para referirse al novio y **fiancée** para referirse a la novia. **2** (en un casamiento) **novio** groom, bridegroom | **novia** bride | **los novios** the bride and groom: *La novia estaba preciosa.* The bride looked beautiful.

nube *s* cloud | **estar/vivir en las nubes** to be/to live in a world of your own: *Vive en las nubes.* She lives in a world of her own.

nublado, -a *adj* (referido al cielo, día) cloudy: *Está nublado.* It's cloudy.

nuca *s* back of the neck

nuclear *adj* nuclear

núcleo *s* **1** (de un átomo, una oración) nucleus (plural nuclei) **2** (parte fundamental) core **3** (grupo) group, circle

nudillo *s* knuckle

nudo *s* **1** (atadura) knot | **hacer/deshacer un nudo** to tie/undo a knot **2 tener un nudo en la garganta** to have a lump in your throat **3** (en náutica) knot

nuera *s* daughter-in-law (plural daughters-in-law)

nuestro, -a *adjetivo & pronombre*

- ***adj*** our: *nuestro país* our country | *nuestros padres* our parents | **una amiga nuestra/unos amigos nuestros** a friend of ours/some friends of ours
- ***pron*** **el nuestro/la nuestra etc.** ours: *Éstos son los de ustedes. Los nuestros son azules.* These are yours. Ours are blue.

Nueva Zelanda o **Nueva Zelandia** *s* New Zealand

> **nunca**
>
> **1** En la mayoría de los casos la traducción es **never**. Pero si hay otro negativo en la oración, se usa **ever**:
>
> *No voy nunca al teatro.* I never go to the theater. | *¿Tú nunca te equivocas?* Do you never make mistakes?/Don't you ever make mistakes?
>
> **2** *Nunca más* se traduce por **never again** o **not ever again**:
>
> *No lo vi nunca más.* I never saw him again. | *No vuelvas a pegarle nunca más.* Don't ever hit her again.
>
> **3** Otras expresiones:
>
> **casi nunca** hardly ever/rarely: *Ahí no llueve casi nunca.* It hardly ever rains there./It rarely rains there. | *Casi nunca falta a clase.* He hardly ever misses a class./He rarely misses a class. | **como nunca** like never before: *Cantó como nunca.* She sang like never before. | **más que nunca** more than ever: *Hoy me dolió más que nunca.* Today it hurt more than ever. | **más loca/mejor/más cansada etc. que nunca** crazier/better/more tired etc. than ever: *Está más gorda que nunca.* She's fatter than ever.

nueve *número* **1** (número, cantidad) nine **2** (en fechas) ninth

nuevo, -a *adj* **1** new: *¿Tu bicicleta es nueva?* Is your bike new? | *Hay un niño nuevo en mi clase.* There's a new boy in my class. **2 de nuevo** (otra vez) again: *Empecemos de nuevo.* Let's start again. **3 como nuevo -a** as good as new: *Estoy como nueva después de la siesta.* I feel as good as new after that nap. ▶ ver **año, luna**

nuez *s* El fruto de cáscara rugosa, también conocido como *nuez de Castilla* se llama **walnut** en inglés. El de cáscara lisa se llama **pecan nut**. La palabra **nut** se usa para referirse a cualquier fruto seco (almendra, avellana, etc.).

nuez de Adán Adam's apple **nuez de la India** cashew nut **nuez moscada** nutmeg

nulo, -a *adj* **1** (sin capacidad) **ser nulo -a para algo** to be hopeless at sth: *Es nulo para los idiomas.* He's hopeless at languages. **2** (ninguno) no: *un objeto de escaso o nulo valor* an object of little or no value

numerar *v* to number

número *s* **1** (dígito) number **2** (en gramática) number **3** (de zapatos) size: *¿Qué número usas?* What size do you take? **4** (cantidad) number: *un gran número de turistas* a large number of tourists **5** (de una revista) issue

número de teléfono telephone number, phone number: *¿Cuál es tu número de teléfono?* What's your phone number? **número impar** odd number **número par** even number **número primo** prime number **número romano** Roman numeral

numeroso, -a *adj* **1 un grupo numeroso/una clase numerosa** a large group/a large class **2 numerosos -as** (muchos) many

nunca *adv* ▶ ver recuadro

nutria *s* **1** (americana) coypu **2** (europea) otter

nutrición *s* nutrition

nutrir *v* to nourish

nutritivo, -a *adj* nutritious

nylon *s* **1** (tejido) nylon | **ropa interior/medias de nylon** nylon underwear/stockings **2** (plástico) plastic | **una bolsa de nylon** a plastic bag

Ñ

Ñ, ñ *s* Esta letra no existe en el alfabeto inglés ▶ ver "Active Box" **letras del alfabeto** en **letra**

ñapa *s* **darle algo a alguien de ñapa** to throw in sth extra for free ▶ En inglés no se menciona el complemento indirecto.: *Me dio unos caramelos de ñapa.* He threw in a few extra pieces of candy for free.

ñato, -a *adj* **ser ñato -a** to have a small nose | **un niño ñato/una mujer ñata etc.** a boy/a woman etc. with a small nose

O

O, o *s* O, o ▶ ver "Active Box" **letras del alfabeto** en **letra**

o *conj* or: *¿Vienes o prefieres quedarte?* Are you coming or would you rather stay here? | **o ... o** either ... or: *Quiero ser o médico o biólogo.* I want to be either a doctor or a biologist. | *O me dejan jugar o me voy.* Either you let me play or I'm going.

obedecer *v* **1** (cumplir) to obey: *No obedece a nadie.* He doesn't obey anybody. **2** (responder) to respond: *Quería correr pero las piernas no le obedecían.* He wanted to run but his legs wouldn't respond.

obediente *adj* obedient

obispo *s* bishop

objetivo, -a *adjetivo & sustantivo*

- *adj* objective: *Tienes que ser más objetivo.* You have to be more objective.
- **objetivo** *s* **1** (finalidad) objective, aim: *Su único objetivo es ganar.* Her only objective is to win./Her only aim is to win. **2** (blanco) target **3** (de una cámara) lens (plural -ses)

objeto *s* **1** (cosa) object **2** (finalidad) purpose, object **3 ser (el) objeto de algo** to be the victim of sth, to be subjected to sth: *Fueron objeto de malos tratos.* They were the victims of ill treatment./They were subjected to ill treatment. **objeto directo** direct object **objeto indirecto** indirect object **objetos perdidos** *s pl* lost property

obligación *s* duty: *Es obligación de los padres.* It is the parents' duty. | **tener (la) obligación de hacer algo** to be obliged to do sth | **cumplir con sus obligaciones** to do your duty, to fulfill your obligations (AmE), to fulfil your obligations (BrE) | **ser obligación** to be obligatory | **hacer algo por obligación** to do sth out of obligation

obligado, -a *adj* obliged | **estar/sentirse obligado -a a hacer algo** to be/to feel obliged to do sth

obligar *v* to make: *Viene porque lo obligan.* He comes because they make him. | **obligar a alguien a hacer algo** to make sb do sth: *Me obligó a hablar.* He made me talk. ▶ También existe **to oblige sb to do sth** que es más formal

obligatorio, -a *adj* compulsory: *Es obligatorio usar el cinturón de seguridad.* It's compulsory to wear a seat belt.

oboe *s* oboe

obra *s* **1** (pintura, escultura, libro) work: *las obras completas de Borges* the complete works of Borges **2 obra (de teatro)** play: *una obra de Ibsen* a play by Ibsen **3** (conjunto de creaciones) work: *la vida y la obra de Beethoven* the life and work of Beethoven **4** (lugar en construcción) building site **5** (acción) deed ▶ ver **mano** **obra de arte** work of art **obra maestra** masterpiece

obrero, -a *sustantivo & adjetivo*

- *s* worker
- *adj* **la clase obrera** the working class | **un barrio obrero** a working-class area

obsequio *s* gift

observación *s* **1** (examen) observation | **en observación** under observation: *Lo dejaron en observación.* He was kept under observation. **2** (comentario) remark, comment | **hacerle una observación a alguien** to make a comment to sb: *Me hizo varias observaciones.* He made several comments to me. ▶ También existe **to make an observation to sb** que es formal

observador, -a *adjetivo & sustantivo*

- ***adj*** observant
- ***s*** observer

observar *v* **1** (mirar detenidamente) to watch: *Me observaba sin decir una palabra.* He watched me without saying a word. **2** (advertir) to observe: *No se observó ningún cambio.* No change was observed. **3** (examinar) to observe: *Observamos el cielo con un telescopio.* We observed the sky using a telescope.

observatorio *s* observatory (plural -ries)

obsesión *s* obsession | **tener obsesión por/con algo** to be obsessed with sth: *Tiene obsesión por el orden.* He is obsessed with tidiness.

obsesionado, -a *adj* **estar obsesionado -a con algo/alguien** to be obsessed with sth/sb: *Está obsesionado con esa muchacha.* He's obsessed with that girl.

obsesionar *v* **lo obsesiona/la obsesiona etc.** he/she etc. is obsessed with: *Lo obsesiona todo lo que tenga que ver con el fútbol.* He's obsessed with everything to do with soccer.

obsesionarse *v* **obsesionarse con algo** to become obsessed with sth: *Se obsesionó con los videojuegos.* He became obsessed with video games.

obsesivo, -a *adjetivo & sustantivo*

- ***adj*** obsessive
- ***s*** **ser un obsesivo/una obsesiva de la limpieza/la salud etc.** to be obsessed with cleanliness/your health etc.

obstáculo *s* obstacle | **ponerle obstáculos a algo/alguien** to put obstacles in the way of sth/in sb's way: *Nos han puesto muchos obstáculos.* They have put a lot of obstacles in our way.

obstante **no obstante** (sin embargo) however: *Envié el cheque hace dos meses. No obstante, aún no he recibido el pedido.* I sent the check two months ago. However, I still have not received the order.

obtener *v* **1 obtener información/permiso etc.** to get information/permission etc., to obtain information/permission etc ▶ **to obtain** es más formal: *el partido que obtuvo la mayoría de los votos* the party which got the majority of the votes/the party which obtained the majority of the votes **2 obtener un premio** to win a prize

obvio, -a *adj* (evidente) obvious: *La respuesta es obvia.* The answer is obvious. | *Es obvio que te quiere.* It's obvious that he loves you.

oca *s* goose (plural geese) ▶ ver **juego**

ocasión *s* **1** (momento) time: *En ocasiones como ésta, extraño a mi familia.* At times like this I miss my family. **2** (circunstancia) occasion: *Se vino vestida para la ocasión.* She was dressed for the occasion. | **tener (la) ocasión de hacer algo** to get the chance to do sth: *Si tienes la ocasión de volver, no dejes de visitarme.* If you get the chance to come back, make sure you come and visit me. | *No tuve ocasión de verla.* I didn't get the chance to see her.

occidental *adj* western: *la costa occidental* the western coast/the west coast ▶ Se suele escribir con mayúscula cuando se refiere a occidente como una entidad cultural: *la cultura occidental* Western culture

occidente *s* **1** (oeste) west **2 Occidente** (conjunto de países) the West

océano *s* ocean
el océano Atlántico the Atlantic Ocean **el océano Índico** the Indian Ocean **el océano Pacífico** the Pacific Ocean

ochenta *número* eighty

ocho *número* **1** (número, cantidad) eight **2** (en fechas) eighth

ochocientos, -as *número* eight hundred

ocio *s* spare time | **en mis/tus etc. ratos de ocio** in my/your etc. spare time

octavo, -a *adjetivo & sustantivo*

- ***adj*** eighth
  los octavos de final the last sixteen
- **octavo** *s* eighth

octubre *s* October ▶ ver "Active Box" **meses** en **mes**

oculista *s* El profesional que examina la vista y receta anteojos es el **optometrist** o, en inglés británico, el **optician**. El médico que se especializa en enfermedades de la vista es el **ophthalmologist**: *Tengo que ir al oculista.* I have to go to the optometrist.

ocultar *v* to hide | **ocultarle algo a alguien** to hide sth from sb: *Le ocultaron lo que había pasado.* They hid what had happened from him.
ocultarse *v* to hide

oculto, -a *adj* hidden

ocupación *s* **1** (profesión) occupation: *nombre, dirección y ocupación* name, address and occupation **2** (tarea) **tener muchas ocupaciones** to have lots of things to do **3** (de un territorio, una ciudad) occupation **4** (de una fábrica, de la universidad, etc.) occupation

ocupado, -a *adj* **1** (referido a una persona) busy: *Es una persona muy ocupada.* He's a very busy person. | **estar ocupado -a (con algo)** to be busy (with sth): *Van a estar ocupados con los preparativos de la fiesta.* They are going to be busy with preparations for the party. **2** (referido a asientos) **estar ocupado -a** to be taken: *¿Este asiento está ocupado?* Is this seat taken? **3** (referido a la línea telefónica) **estar/dar ocupado** to be busy (AmE), to be engaged (BrE) **4** (referido al baño) occupied, engaged (BrE): *Está ocupado.* It's occupied./There's somebody in there.

ocupar *v* **1 ocupar lugar/espacio** to take up room/space: *Esta mesa ocupa demasiado espacio.* This table takes up too much space./This table takes up too much room. **2** (un territorio, una ciudad) to occupy **3** (una fábrica, la universidad, etc.) to occupy **4 ocupa el cargo de gerente/**

rectora etc. she holds the position of manager/vice-chancellor etc.

ocuparse *v* **1 ocuparse de (hacer) algo** to take care of (doing) sth: *Yo me ocupo de la comida.* I'll take care of the food. **2 ocuparse de alguien** to take care of sb, to look after sb: *¿Quién se ocupa del bebé?* Who's taking care of the baby?

ocurrencia *s* **1** (dicho gracioso) witty remark | **¡tiene/tienes etc cada ocurrencia!** he says/you say etc. the funniest things! **2** (idea) idea | **¡qué ocurrencia!** what an idea!

ocurrir *v* to happen: *Podría ocurrir algo peor.* Something worse could happen. | *¿Qué ocurrió?* What's happened? | *Ha ocurrido un accidente.* There has been an accident.

ocurrirse *v* **se me/le etc. ocurrió una idea** I've/he's etc. had an idea: *A Lucas se le ocurrió una idea brillante.* Lucas had a brilliant idea. | **se me/le etc. ocurrió que...** I/he etc. thought that...: *Se me ocurrió que mejor comprábamos vasos de plástico.* I thought that it would be better to buy plastic cups. | **¿se te ocurre cómo/dónde etc.?** can you think how/where etc.?: *¿A alguien se le ocurre cómo arreglar esto?* Can anyone think how we can fix this? | **¡ni se te ocurra!** don't even think about it!: *¡Ni se te ocurra contárselo a Sara!* Don't even think about telling Sara!

odiar *v* to hate: *Odio el queso.* I hate cheese. | **odiar hacer algo** to hate doing sth: *Odio levantarme tan temprano.* I hate getting up so early.

odio *s* hatred | **tenerle odio a algo/alguien** to hate sth/sb

odioso, -a *adj* horrible

oeste *sustantivo & adjetivo*
- *s* west, West
- *adj* west, western ▶ ver "Active Box" **puntos cardinales** en **punto**

ofender *v* to offend: *No quise ofender a nadie.* I didn't mean to offend anyone.

ofenderse *v* to take offense (AmE), to take offence (BrE): *Se ofendió.* He took offense.

ofensa *s* insult

oferta *s* **1** (ofrecimiento) offer: *Recibió una oferta para jugar en el exterior.* He has received an offer to play abroad. | **hacerle una oferta a alguien** to make sb an offer: *Me hicieron una oferta muy atractiva.* They've made me a very interesting offer. **2** (producto más barato) offer: *Tienen muy buenas ofertas.* They have some very good offers. | **de/en oferta** on special offer, on offer: *Está de oferta.* It's on special offer./It's on offer. | *Hay varios libros en oferta.* There are several books on special offer. **3** (en economía) supply: *la oferta y la demanda* supply and demand

offside *s* offside | **estar en offside** to be offside: *Cuando metió el gol estaba en offside.* He was offside when he scored.

oficial *adjetivo & sustantivo*
- *adj* official: *la versión oficial* the official version
- *s* officer: *un oficial del ejército* an army officer

oficialismo *s* **el oficialismo** the ruling party

oficina *s* **1** (lugar de trabajo) office: *Mi mamá está en la oficina.* My mom's at the office./My mom's at work. | *en horario de oficina* during office hours **2** (sección de una institución) office: *Tiene que ir a la oficina de personal.* You have to go to the personnel office.

oficina de correos post office **oficina de información** information office **oficina de turismo** tourist office

oficinista *s* office worker

oficio *s* **1** (trabajo manual) trade: *Su padre le enseñó el oficio.* His father taught him the trade. **2** (profesión) job: *¿Cuál es su oficio?* What is his job?

ofrecer *v* to offer: *Ofrecieron una recompensa de mil dólares.* They have offered a thousand dollar reward. | *¿Qué te puedo ofrecer?* What can I offer you?

ofrecerse *v* **ofrecerse (a/para hacer algo)** to offer (to do sth): *Se ofreció a cuidar a los niños.* She offered to look after the children.

oftalmólogo, -a *s* ophthalmologist ▶ ver nota en **oculista**

oído *s* **1** (parte del cuerpo) ear: *Tápate los oídos.* Put your hands over your ears. | **al oído** in my/her etc. ear: *Se lo dije al oído.* I said it in his ear. **2 de oído** by ear: *Toca el piano de oído.* He plays the piano by ear. **3 ser todo -a oídos** to be all ears **4 tener oído** (musical) to have a good ear: *Tiene mucho oído.* He has a very good ear. | *No tengo oído.* I have no ear for music. | **tener oído para la música/los idiomas etc.** to have a good ear for music/languages etc. **5 (sentido del) oído** (sense of) hearing: *Los perros tienen el oído muy desarrollado.* Dogs have a highly developed sense of hearing.

oír *v* **1** (percibir) to hear: *Oímos unos ruidos raros.* We heard some strange noises. ▶ Cuando se expresa si alguien puede oír o no en un momento específico, se añade el verbo **can** o **could**: *No oigo nada.* I can't hear anything. | *¿Me oían desde el fondo?* Could you hear me from the back? ▶ Fíjate en la diferencia entre **I didn't hear anything** (no oí nada) y **I couldn't hear anything** (no oía nada) **2 oír hablar de algo/alguien** to hear of sth/sb: *Jamás oí hablar de él.* I've never heard of him. **3** (escuchar) to listen to: *Le gusta oír música.* He likes to listen to music. | *No me estás oyendo.* You aren't listening to me.

ojal *s* buttonhole

ojear *v* **ojear un libro/una revista** to flick through a book/a magazine

ojeras *s pl* **tener ojeras** to have dark rings under your eyes: *Tenía unas ojeras terribles.* She had terrible dark rings under her eyes.

ojo *s* **1** (parte del cuerpo) eye: *Tiene los ojos verdes.* She has green eyes. | *Cierra los ojos.* Close your eyes. **2** (cuidado) **tener ojo** to be careful: *Ten ojo, hay muchos carteristas.* Be careful, there are a lot of pickpockets around. | **¡ojo!** watch out!: *¡Ojo que está muy caliente.!* Watch out, it's very hot! | *Ojo con el escalón.* Watch out for the step. **3** (de una aguja) eye **4** (criterio, idea) **tener (buen) ojo para algo** to have an eye for sth: *Tiene ojo para los negocios.* He has an eye for business. **5** (en expresiones) **a ojo, al ojo** ver ejemplos: *A ojo, deben ser unos ochenta.* At a guess, I'd say there are about eighty of them. | *Hice el bizcocho a ojo.* I made the cake without measuring out the ingredients. | **en un abrir y cerrar de ojos** in a flash | **no pegar un ojo** not to sleep a wink | **no sacarle los ojos de encima a algo/alguien** not to take your eyes off sth/sb: *No le sacaba los ojos de encima a tu hermana.* He didn't take his eyes off your sister. | **poner los ojos en blanco** to roll your eyes
ojo de buey porthole **ojo de la cerradura** keyhole **ojo en compota, ojo morado, ojo moro** black eye: *Le dejé el ojo en compota.* I gave him a black eye. **ojo mágico** (en una puerta) peephole

ojota *s* flip-flop, thong (AmE)

ola *s* **1** (del mar) wave: *Me revolcó una ola.* A wave knocked me over. **2** (de asaltos, atentados, protestas) wave
ola de calor heatwave **ola de frío** cold spell

olán u **holán** *s* flounce, frill

óleo *s* oil | **pintar al óleo** to paint in oils | **un cuadro al óleo** an oil painting

oler *v* **1** (percibir) to smell: *¡Qué bien huele!* It smells good! ▶ Cuando se expresa si alguien puede o no sentir un olor en un momento específico, se añade el verbo **can** o **could**: *Yo no huelo nada.* I can't smell anything. | *Se olía la sopa desde afuera.* You could smell the soup from outside. **2** (tener olor) **oler a algo** to smell of sth: *La casa huele a humedad.* The house smells of damp.
olerse *v* (sospechar) to have a feeling: *Me huelo que están planeando algo.* I have a feeling they're planning something.

olfato *s* **1 (sentido del) olfato** sense of smell: *Los perros tienen muy buen olfato.* Dogs have a very good sense of smell. **2 tener olfato para los negocios** to have a nose for business

olimpiada o **olimpíada** *s* **las Olimpiadas, las Olimpíadas** the Olympics, the Olympic Games

olímpico, -a *adj* **un deporte olímpico** an Olympic sport | **la campeona olímpica** the Olympic champion ▶ ver **juego**

oliva *s* ▶ ver **aceite**

olivo *s* (árbol) olive tree | **una rama de olivo** an olive branch

olla *s* pot
olla a presión, olla express, olla presto pressure cooker **olla popular** soup kitchen

olmo *s* (árbol) elm

olor *s* smell: *¡Qué olor horrible!* What a horrible smell! | **tener olor a ajo/a naftalina etc.** to smell of garlic/of mothballs etc. | **tener olor a podrido/a humedad etc.** to smell rotten/damp etc.: *Toda la ropa tenía olor a humedad.* All the clothes smelled damp. | **aquí hay olor a gas/pescado etc.** it smells of gas/fish etc. in here: *En su cuarto había olor a cerveza.* It smelled of beer in his room.

olvidar *v* to forget
olvidarse *v* **1** (no recordar) to forget | **se me olvidó algo/me olvidé de algo** (de una contraseña, un número, una fecha) I've forgotten sth: *Se me olvidó la combinación.* I 've forgotten the combination. ▶ Cuando se trata de olvidarse de la existencia de algo, se usa **to forget about sth**: *No te olvides de la reunión.* Don't forget about the meeting. | *Se me había olvidado lo de tu alergia.* I had forgotten about your allergy. | **olvidarse de alguien** to forget about sb: *Ya se ha olvidado de él.* She's already forgotten about him. | **se me olvidó hacer algo/me olvidé de hacer algo** I forgot to do sth: *Se me olvidó comprar el pan.* I forgot to get the bread. | *No te olvides de llamarla.* Don't forget to call her. **2** (dejar) **se me olvidó el paraguas/el abrigo etc.** I left my umbrella/my coat etc. behind: *Se me olvidaron las fotos en casa.* I left the photos at home.

olvido *s* (descuido) oversight: *Fue simplemente un olvido.* It was just an oversight.

ombligo *s* navel, belly button (plural belly buttons)

omelette *s* omelet, omelette: *omelette de queso* cheese omelet

omitir *v* **omitir algo** to leave sth out: *No omitió ningún detalle.* He didn't leave out a single detail. ▶ También existe **to omit sth** que es formal | **omitir hacer algo** to fail to do sth: *Omitió mencionar que el servicio no estaba incluido.* He failed to mention that service was not included.

ómnibus o **omnibús** *s* (urbano) bus (plural buses) | **en ómnibus** by bus, on the bus

omoplato o **omóplato** *s* shoulder blade

once *número & sustantivo plural*
• ***número*** **1** (número, cantidad) eleven **2** (en fechas) eleventh
• **onces** ***s pl*** (u **once**) snack, afternoon snack | **tomar onces/tomar once** to have a snack: *Cuando volvemos de la escuela tomamos onces.* We have a snack when we get home from school.

onda *s* **1** (en el pelo) wave **2** (en el agua) ripple **3** (en física) wave **4 agarrarle la onda a algo** to get the hang of sth: *Enseguida le agarré la onda.*

ℹ ¿Quieres más información sobre los **verbos modales**? Hay una explicación en el apartado de gramática.

I soon got the hang of it. **5** (ambiente) ver ejemplos: *Ese lugar tiene muy buena onda.* That place is really cool. | *una disco con mucha onda* a really cool club | *Me fui porque había una mala onda terrible.* I left because there was a really bad atmosphere. **6 tener (buena) onda con alguien** (llevarse bien) to get along with sb: *Tiene muy buena onda con sus padres.* He gets along very well with his parents. | *No tuvieron onda.* They didn't click. | **tener mala onda con alguien** not to get along with sb: *Tengo mala onda con mi primo.* I don't get along with my cousin. **7 ¿qué onda?** ver ejemplos: *¿Qué onda, muchachos?* How's things, guys?/How's it going, guys? | *¿Qué onda con la fiesta?* How was the party? | *¿Qué onda con Daniela?* How's it going with Daniela? | **¡qué buena onda!** great! | **¡qué mala onda!** what a bummer!

onda corta short wave **onda expansiva** shock wave **onda larga** long wave

ondulado, -a *adj* **1** (pelo) wavy **2** (terreno) undulating

ONU *s* (= **Organización de las Naciones Unidas**) **la ONU** the UN

opaco, -a *adj* **1** (no transparente) opaque **2** (no brillante) dull

opción *s* (elección) option

ópera *s* opera

operación *s* **1** (en medicina) operation: *una operación de apéndice* an appendix operation **2** (en finanzas, negocios) transaction **3** (en matemática) operation **4** (militar) operation

operador, -a *s* operator

operar *v* (en medicina) to operate: *Los médicos decidieron operar.* The doctors decided to operate. | **operar a alguien** Se puede decir **to operate on sb** pero es más frecuente la expresión **to have an operation** con la persona operada como sujeto: *Lo van a operar.* He's going to have an operation./They are going to operate on him. | *Me tienen que operar.* I have to have an operation. | **operar a alguien de algo/operarse de algo** Fíjate en las traducciones para distintos tipos de operaciones: *Lo operaron de las amígdalas/del apéndice.* He had his tonsils out/his appendix out. | *La van a operar del corazón.* She is going to have heart surgery. | *Mi abuela se operó de cataratas/de una hernia.* My grandmother had a cataract operation/a hernia operation.

operarse *v* (en medicina) to have an operation | **operarse de algo** ver nota arriba

operativo *s* operation: *un operativo de seguridad/de rescate* a security/rescue operation

opinar *v* **1** (pensar) to think: *Opino lo mismo que tú.* I think the same as you./I share your opinion. **2** (dar su opinión) to express your opinion: *Prefiero no opinar.* I prefer not to express my opinion.

opinión *s* opinion | **cambiar de opinión** to change your mind: *¿Por qué has cambiado de opinión?* Why have you changed your mind? | **en mi/su etc. opinión** in my/his etc. opinion: *¿Qué sería lo mejor en tu opinión?* What would be the best thing, in your opinion?

la opinión pública public opinion

opio *s* (droga) opium

oponer *v* **oponer resistencia** to put up resistance

oponerse *v* to object: *Nadie se opuso hasta ahora.* Nobody has objected so far. | **oponerse a algo (a)** (declarar la oposición, interponerse) to oppose sth: *Se opusieron a la propuesta.* They opposed the proposal. **(b)** (estar en contra de) to be opposed to sth, to be against sth: *Sus padres se oponían a que trabajara.* Her parents were opposed to her working./Her parents were against her working.

oportunidad *s* chance, opportunity (plural -ties): *Le dieron otra oportunidad.* They gave her another chance. | *Aproveché la oportunidad para pedirle que me devolviera el libro.* I took the opportunity to ask him to return the book. | **en más de una oportunidad** on more than one occasion: *Se lo he dicho en más de una oportunidad.* I've told him on more than one occasion.

oportuno, -a *adj* timely: *una visita muy oportuna* a very timely visit | *Llegó en el momento oportuno.* He arrived at just the right moment.

oposición *s* **1** (resistencia, rechazo) **oposición (a algo)** opposition (to sth): *Hubo mucha oposición a la medida.* There was a lot of opposition to the measure. **2 la oposición** (en política) the opposition

opresión *s* oppression

oprimir *v* **1** (someter) (a un pueblo) to oppress **2** (una tecla, un botón) to press

optar *v* to choose | **optar por hacer algo** to choose to do sth: *Opté por quedarme callada.* I chose to keep quiet.

optativo, -a *adj* (asignatura, curso) optional

óptica *s* **1** (tienda) optician's: *Fui a buscar los anteojos a la óptica.* I went to the optician's to get my glasses. **2** (disciplina) optics *sing* **3** (punto de vista) viewpoint: *la óptica infantil* a child's viewpoint

óptico, -a *adj* optical ▶ ver **fibra, ilusión**

optimismo *s* optimism: *Tenía mucho optimismo.* He was full of optimism.

optimista *adjetivo & sustantivo*

- *adj* optimistic
- *s* optimist

opuesto, -a *adj* **1** (dirección, sentido, extremo) opposite: *Iba en sentido opuesto.* She was going in the opposite direction. | **lo opuesto de algo** the opposite of sth: *Hizo lo opuesto de lo que prometió.* He did the opposite of what he promised. **2** (contradictorio) **versiones/opiniones opuestas** conflicting versions/views

oración *s* **1** (en gramática) sentence **2** (plegaria) prayer | **rezar una oración** to say a prayer

orador, -a *s* speaker

oral *adj* oral

orangután *s* orangutan

órbita *s* **1** (de un planeta) orbit | **en órbita** in orbit **2** (del ojo) socket

orden *sustantivo masculino & sustantivo femenino*

- *s* [masc] **1** (organización) order | **mantener el orden** to keep order | **en orden (a)** (sin problemas) in order: *Todo está en orden.* Everything's in order. **(b)** (ordenado) neat, tidy: *La pieza estaba limpia y en orden.* The room was neat and clean./The room was clean and tidy. **(c)** (de modo ordenado) in an orderly fashion: *Salieron callados y en orden.* They came out in silence and in an orderly fashion. **2** (secuencia) **en/por orden alfabético/cronológico** in alphabetical/chronological order: *Nos llamaron por orden alfabético.* They called us out in alphabetical order. | **en orden ascendente/descendente** in ascending/descending order | **en/por orden de importancia/preferencia etc.** in order of importance/preference etc.
- *s* [fem] **1** (mandato) order: *Le encanta dar órdenes.* She loves giving orders. | **darle una orden a alguien** to give sb an order | **cumplir/obedecer una orden** to carry out/obey an order: *Yo estoy cumpliendo órdenes.* I'm carrying out/obeying orders. | **tener orden de hacer algo** to have orders to do sth, to have been ordered to do sth: *Tengo orden de no dejarlo pasar.* I have orders not to let you pass./I have been ordered not to let you pass. | **por orden de alguien** on sb's orders: *Vine por orden de la directora.* I've come on the principal's orders. **2** (judicial) warrant: *una orden de allanamiento* a search warrant **3** (religiosa) order

ordenado, -a *adj* **1** (referido a personas) neat, tidy: *No soy muy ordenado.* I'm not very neat./I'm not very tidy. **2** (en orden) neat, tidy: *¡Qué ordenado tienes el cuarto!* Isn't your room neat!/Isn't your room tidy!

ordenar *v* **1** (poner en orden) **ordenar el cuarto/los juguetes etc.** to straighten up your room/to put away your toys etc., to tidy (up) your room/to tidy away your toys etc.: *Tengo que ordenar mi escritorio.* I have to straighten up my desk./I have to tidy my desk. **2** **ordenar algo alfabéticamente/cronológicamente** to put sth in alphabetical/chronological order **3** (dar una orden) to order: *El juez ordenó el cierre de la discoteca.* The judge ordered the closure of the club. | **ordenarle a alguien que haga algo** to order sb to do sth

ordeñar *v* to milk

ordinario, -a *adjetivo & sustantivo*

- *adj* **1** (referido a personas) **rude** expresa grosería, mientras que **common** indica falta de refinamiento en los modales: *¡No seas ordinario!* Don't be rude! | *gente muy ordinaria* very common people **2** (gesto, expresión) rude **3** (de mala calidad) cheap, poor-quality: *Es de una tela muy ordinaria.* It's made of very cheap material. **4** (habitual) ordinary
- *s* **ser un ordinario/una ordinaria** to be very rude, to be very common ► ver nota en el adjetivo

orégano *s* oregano

oreja *s* ear: *Tiene orejas grandes.* He has big ears.

orfanato o **orfelinato** *s* children's home

orgánico, -a *adj* organic: *Compra productos orgánicos.* He buys organic produce.

organismo *s* **1** (en biología) organism: *organismos unicelulares* single-cell organisms **2** (cuerpo) **ser bueno -a/malo -a para el organismo** to be good/bad for the system **3** (organización) organization: *organismos de derechos humanos* human rights organizations

organización *s* **1** (orden, planeamiento) organization: *falta de organización* lack of organization **2** (entidad) organization

organizador, -a *sustantivo & adjetivo*

- *s* organizer
- *adj* **el comité organizador/la entidad organizadora** the organizing committee/body

organizar *v* to organize
organizarse *v* (persona) to get organized: *Tengo que organizarme.* I have to get organized.

órgano *s* **1** (del cuerpo) organ **2** (instrumento musical) organ

orgullo *s* **1** (satisfacción) pride: *Habla de ella con orgullo.* He talks about her with pride. | *El premio lo llenó de orgullo.* Winning the prize made him very proud. **2** (engreimiento) pride

orgulloso, -a *adj* **1** (satisfecho) proud | **estar orgulloso -a de algo/alguien** to be proud of sth/sb **2** (creído) proud: *Es muy orgullosa.* She's very proud.

orientación *s* **1** (consejo) guidance **2** (de una casa, una habitación) **tener orientación norte/sur etc.** to face north/south etc. **3** (especialización) specialization

orientado, -a *adj* **1** (referido a casas, habitaciones) **estar orientado -a hacia el norte/el sur etc.** to face north/south etc. **2** (dirigido, enfocado) **orientado -a a hacer algo** aimed at doing sth: *políticas orientadas a fomentar el desarrollo* policies aimed at promoting development

oriental *adjetivo & sustantivo*

- *adj* **1** (del este) eastern: *la costa oriental* the eastern coast/the east coast **2** (de los países asiáticos) Eastern, Asian: *la cultura oriental* Eastern culture/Asian culture

• **s** (de un país asiático) Existe el sustantivo **Oriental,** pero algunas personas lo consideran ofensivo. Usa **an Asian** o **a man/woman from the Far East,** etc.

orientar *v* **1** (aconsejar) **orientar a alguien** to give sb (some) guidance: *Me quería orientar.* She wanted to give me some guidance. **2** (para llegar a un lugar) to give directions to: *Nos orientó un taxista.* A taxi driver gave us directions. **3** (colocar) to turn: *Orienta la antena hacia la pared.* Turn the antenna toward the wall.
orientarse *v* (ubicarse) to find one's way: *No me oriento en la oscuridad.* I can't find my way in the dark.

oriente *s* **1** (este) east **2 Oriente** (conjunto de países) the East

origen *s* **1** (principio, causa) cause: *el origen del problema* the cause of the problem | **dar origen a algo** to give rise to sth **2** (procedencia) origin: *colonos de origen europeo* colonists of European origin | *Es de origen humilde.* He comes from a humble background. **3** (de una tradición, una costumbre) origin

original *adjetivo & sustantivo*

• **adj** **1** (novedoso) original: *un vestido muy original* a very original dress **2** (de origen, primitivo) original: *No es el texto original.* It's not the original text.

• **s** original: *Hicieron tres copias del original.* They made three copies of the original.

orilla *s* **1** (del mar) shore: *Caminamos por la orilla.* We walked along the shore. | **a orillas del mar** on the sea shore **2** (de un río) bank | **a orillas del río** on the banks of the river

orillarse *v* to pull over

orina *s* urine

orinar *s* to urinate
orinarse *v* to wet yourself

oro *sustantivo & sustantivo plural*

• **s** (metal) gold | **un anillo/un reloj de oro** a gold ring/watch | **un anillo/un reloj bañado en oro** a gold-plated ring/watch

• **oros s pl** La baraja española no es muy conocida en el mundo anglosajón. Para explicar qué son los oros di *it's one of the four suits in the Spanish deck of cards.*

orquesta *s* **1** (de música clásica) orchestra **2** (de jazz) band

orquídea *s* orchid

ortiga *s* nettle

ortografía *s* spelling: *Le corrigió la ortografía.* She corrected his spelling. | *Tiene muy buena ortografía.* She's very good at spelling. ▶ ver **falta**

oruga *s* caterpillar

orzuelo *s* stye, sty (plural styes): *Me salió un orzuelo.* I got a stye.

oscilar *v* **1** (temperatura, precio, etc.) **oscilar entre algo y algo** to range between sth and sth: *Las edades oscilan entre 15 y 18 años.* Their ages range between 15 and 18 years old. **2** (péndulo) to swing

oscuras **a oscuras** in the dark: *Se quedaron charlando a oscuras.* They stayed there chatting in the dark. | **quedar a oscuras** to be left in darkness: *El lugar quedó a oscuras.* The place was left in darkness. | **dejar un lugar a oscuras** to leave somewhere in darkness: *El apagón dejó a oscuras a medio Quito.* The power outage left half of Quito in darkness.

oscurecer *v* **1** (anochecer) to get dark: *En verano oscurece más tarde.* In summer it gets dark later. **2** (volver más oscuro) to darken
oscurecerse *v* (cielo) to grow dark, (pelo, madera, cuero) to get darker: *Se me ha oscurecido el pelo.* My hair has gotten darker.

oscuridad *s* darkness: *la oscuridad del túnel* the darkness of the tunnel | **en la oscuridad** in the dark | **tenerle miedo a la oscuridad** to be afraid of the dark

oscuro, -a *adj* **1** (referido al color) dark: *Lo pintaron de rojo oscuro.* They painted it dark red. | *Tenía puesta una falda oscura.* She was wearing a dark skirt. **2** (sin luz) dark: *una noche oscura* a dark night | **estar oscuro** to be dark: *Son las seis y ya está oscuro.* It's six o'clock and it's already dark.

oso, -a *s* bear
oso de peluche, oso de felpa teddy bear **la Osa Mayor** the Great Bear **oso hormiguero** anteater **oso panda** panda **oso polar** polar bear

ostión *s* scallop

ostra *s* oyster

OTAN *s* (= **Organización del Tratado del Atlántico Norte**) **la OTAN** NATO

otoño *s* fall (AmE), autumn (BrE) ▶ ver "Active Box" **estaciones del año** en **estación**

otorgar *s* **1** (un premio, una beca) to award: *Le otorgaron una medalla.* He was awarded a medal. **2** (un permiso, un crédito, asilo) to grant: *El banco no les otorgó el préstamo.* The bank did not grant them the loan.

otro, -a *adj & pron* ▶ ver recuadro en página 662

ovalado, -a *adj* oval

óvalo *s* traffic circle (AmE), roundabout (BrE)

ovario *s* ovary (plural -ries)

oveja *s* **1** sheep (plural sheep) ▶ Éste es el término genérico. El específico para referirse a una hembra es **ewe**. **2 la oveja negra (de la familia)** the black sheep (of the family)

ovejero u **ovejero alemán** *s* German shepherd, Alsatian

otro -a

ADJETIVO

1 PRECEDIDO DE ARTÍCULO O POSESIVO (= other)

el otro guante the other glove | *tu otra abuela* your other grandmother | *los otros platos* the other plates | *mis otras amigas* my other friends

2 SIN ARTÍCULO NI POSESIVO

Se usa **another** con un sustantivo contable en singular y **other** con uno en plural:

¿Quieres otro café? Would you like another cup of coffee? | *la gente de otros países* people from other countries

Pero si el sustantivo plural va precedido de un número, se usa **another:**

Vinieron otras tres niñas. Another three girls came./Three other girls came. | *¿Tienes otras dos monedas?* Do you have another two coins?

3 *otra cosa, otra persona, otro lado*, etc. tienen traducciones especiales:

Te voy a contar otra cosa. I'll tell you **something else.** | *Pregúntale a otra persona.* Ask **someone else.** | *Ponlo en otro lado.* Put it **somewhere else.**

En el interrogativo y el negativo se usa **anything else, anyone else,** etc.

PRONOMBRE

1 OBJETOS

La traducción depende de si el pronombre va o no precedido de artículo, y de si está en singular o en plural:

Me gusta más el otro. I like **the other one** better. | *Las otras son más baratas.* **The others** are cheaper./The **other ones** are cheaper. | *¿Quieres otro?* Do you want **another one?** | *Éstos no me gustan. ¿Tienes otros?* I don't like these. Do you have any **others?**

2 PERSONAS

Uno se quiere ir y el otro se quiere quedar. One of them wants to go and **the other one** wants to stay. | *Los otros se fueron temprano.* **The others** left early. | *La dejó por otra.* He left her for **someone else.**

overol s (de trabajo) coveralls *pl* (AmE), overalls *pl* (BrE)

ovillo s **1** ball: *un ovillo de lana* a ball of wool **2 hacerse un ovillo** to curl up into a ball

ovni s (= **objeto volador no identificado**) UFO

oxidado, -a *adj* rusty

oxidarse v **1** (metal) to rust: *Se oxidó el cuchillo.* The knife rusted. **2** (manzana, aguacate) to discolor (AmE), to discolour (BrE)

oxígeno s oxygen

oyente s (de radio) listener: *el llamado de una oyente* the telephone call from a listener

ozono s ozone ▶ ver **agujero, capa**

P

P, p s P, p ▶ ver "Active Box" **letras del alfabeto** en **letra**

pabellón s **1** (en un hospital) wing, block **2** (en una cárcel) wing, block **3** (en una exposición, una feria) pavilion

paciencia s patience | **tener paciencia** to be patient: *Tiene mucha paciencia con ella.* He's very patient with her. | **perder la paciencia** to lose patience: *Nunca pierde la paciencia.* He never loses patience. | **se me/le etc. acabó la paciencia** I've/he's etc. lost patience

paciente *sustantivo & adjetivo*

● **s** patient: *Está atendiendo a un paciente.* He's with a patient.

● ***adj*** patient

Pacífico s **el (océano) Pacífico** the Pacific (Ocean)

pacífico, -a *adj* peaceful

pacifista *adj & s* pacifist

pacto s pact | **hacer un pacto** to make a pact

padrastro s stepfather

padre *sustantivo & adjetivo*

● **s** **1** (papá) father: *el padre de Lucía* Lucía's father **2 padres** (padre y madre) parents: *Mis padres están divorciados.* My parents are divorced. **3** (sacerdote) Father: *el padre Andrés* Father Andrés

● ***adj*** (estupendo) cool, great

padrenuestro s Lord's Prayer | **rezar el padrenuestro** to say the Lord's Prayer | **tres/cuatro etc. padrenuestros** (como penitencia) three/four etc. Our Fathers

padrino *sustantivo & sustantivo plural*

● **s** **1** (de bautismo) godfather **2** (de casamiento) En el mundo anglosajón no hay padrinos de casamiento. Si quieres explicarle a alguien el rol del padrino, di *he is the man, usually the father of the bride, who walks her up the aisle*

● **padrinos** ***s pl*** (padrino y madrina de bautismo) godparents

paella s paella

pagano, -a *adj & s* pagan

pagar v **1** (una cuenta, el alquiler, una suma de dinero) to pay: *Le pagué $500.* I paid him $500. | *Se fue sin pagar.* He left without paying. **2** (hablando de algo que se compra) **pagar algo** to pay for sth: *Tenemos que pagar las bebidas.* We have to pay for the drinks. **3 pagar en efectivo/con tarjeta/con cheque** to pay cash/by credit card/by check: *¿Se puede pagar con tarjeta?* Can I pay by credit card? **4** (a un empleado) to pay: *¿Cuánto te pagan?* How much do they pay you? | *Todavía no me han pagado.* I still haven't been paid. **5** (referido a favores) **pagarle algo a alguien** to repay sb for sth: *¿Cómo te puedo pagar esto?* How can I repay you for this? **6 me las pagarás/pagará etc.** you'll/he'll etc. pay for this

página *s* page: *Está en la primera página.* It's on the first page.
las páginas amarillas® the Yellow Pages®

pago, -a *adjetivo & sustantivo*
• *adj* ver ejemplos: *Ya está todo pago.* Everything's been paid for. | *un viaje con todos los gastos pagos* a trip with all expenses paid
• **pago** *s* (de un sueldo, una cuota) payment | **en un pago/en dos pagos etc.** in one payment/in two payments etc.

país *s* country (plural -tries)

paisaje *s* scenery ► **scenery** es un sustantivo incontable y no puede ir precedido de **a**: *¡Qué precioso paisaje!* What lovely scenery! | *Paramos para admirar el paisaje.* We stopped to admire the scenery. ► También existe **lanscape,** que se usa para referirse a las características geográficas del paisaje: *un paisaje de montaña* a mountain landscape | *Pinta paisajes.* She paints landscapes.

Países Bajos *s pl* **los Países Bajos** the Netherlands

paja *s* (material) straw | **un sombrero de paja** a straw hat | **un techo de paja** a thatched roof

pájaro *s* **1** bird **2 matar dos pájaros de un tiro** to kill two birds with one stone
pájaro carpintero woodpecker

pajilla *s* (para bebidas) straw

pala *s* **1** (para cavar) spade **2** (para recoger tierra, nieve, etc.) shovel **3** (para la basura) dustpan **4** (de un remo, hélice) blade
pala mecánica excavator

palabra *s* **1** (término) word: *una palabra de seis letras* a six-letter word **2** (promesa) word: *Te doy mi palabra.* I give you my word. | **cumplir con su palabra** to keep your word **3** (en una reunión, etc.) **pedir la palabra** to ask to speak | **darle la palabra a alguien** to hand over to sb **4** (grosería) **decir palabras** to swear **5 tener la última palabra** to have the last word **6 dirigirle la palabra a alguien** to speak to sb **7 en pocas palabras** in a nutshell **8 sacarle la palabra de la boca a alguien** to take the words right out of sb's mouth: *Me sacaste la palabra de la boca.* You took the words right out of my mouth. **9 dejar a alguien con la palabra en la boca** to leave sb in mid-sentence ► ver **malo**

palacio *s* palace: *el palacio de Buckingham* Buckingham Palace

paladar *s* (parte de la boca) palate, roof of the mouth

palanca *s* **1** (instrumento) lever: *Baja la palanca.* Push the lever down. | **hacer palanca con algo** to use sth as a lever: *Hizo palanca con un cuchillo.* He used the knife as a lever. **2** (influencia) connections *pl*
palanca de cambios, palanca de velocidades gearshift (AmE), gear stick, gear lever (BrE)

palangana *s* bowl, washbowl

palco *s* **1** (en un teatro) box (plural -xes) **2** (tribuna) stand

paleta *s* **1** (para jugar en la playa, etc.) paddle (AmE), bat (BrE) **2** (juego) beach tennis | **jugar paleta** to play beach tennis **3** (de ping-pong) paddle (AmE), bat (BrE) **4** (golosina) lollipop **5 paleta (helada)** Popsicle® (AmE), ice lolly (plural -llies) (BrE) **6** (de pintor) palette **7** (de un ventilador, una hélice) blade

pálido, -a *adj* **1** (referido a personas) pale: *Estás pálida.* You look pale. | **ponerse pálido -a** to go pale: *Se puso pálido cuando se enteró.* He went pale when he heard. **2** (referido a colores) pale: *un vestido rosa pálido* a pale pink dress **3** (luz, resplandor) pale

palillo *s* **1** (escarbadientes) toothpick **2** (de una batería) drumstick **3** (o **palito**) (para comida oriental) chopstick **4 estar hecho -a un palillo** to be as thin as a rake

palito *s* ► ver **palillo 3**

paliza *s* **1** (golpes) **darle/pegarle una paliza a alguien (a)** (a un niño) to smack sb: *Les pegó una paliza a los dos.* She smacked them both. **(b)** (a un adulto) to beat sb up: *Le dieron una paliza terrible.* They beat him up very badly. **2** (derrota) thrashing: *¡Qué paliza les dimos!* We gave them a real thrashing!

palma *s* **1** (de la mano) palm **2 conocer algo como la palma de la mano** to know sth like the back of your hand: *Conoce el barrio como la palma de su mano.* He knows the area like the back of his hand. **3** (árbol) palm tree

palmada *s* **1** (suave) pat **2** (más fuerte, como castigo) slap | **darle/pegarle una palmada a alguien** to slap sb, to give sb a slap

palmera *s* palm tree

palmitos *s pl* hearts of palm

palo *s* **1** (trozo de madera) stick: *Le pegó con un palo.* He hit her with a stick. **2** (madera) **una cuchara/una cruz de palo** a wooden spoon/cross **3** (en fútbol) post, goalpost: *La pelota pegó en el palo.* The ball hit the goalpost. **4** (de hockey) hockey stick **5** (de golf) club **6** (de un tambor) drumstick **7** (de una escoba) handle | **palo de escoba** broomstick, broomhandle **8** (golpe) **pegarle un palo a alguien** to whack sb | **moler a alguien a palos** to beat sb black and blue **9** (en las cartas) suit **10 estar hecho -a un palo** to be as thin as a rake **11 ni a palos la ayudo/la invito etc.** there's no way I'm going to help her/invite her etc.
palo de amasar rolling pin

paloma *s* **pigeon** es la paloma común y **dove** una paloma blanca
paloma de la paz dove of peace **paloma mensajera** carrier pigeon
palomilla *s* (insecto) moth
palomitas o **palomitas de maíz** *s* popcorn
palpar *v* to feel: *Palpó el sobre para ver qué contenía.* He felt the envelope to see what it had in it.
pálpito *s* feeling, hunch: *Tengo el pálpito de que no va a venir.* I have a feeling he's not going to come.
palta *s* avocado
paludismo *s* malaria
pampa *s* pampas *pl*: *la pampa argentina* the Argentinian Pampas
pan *s* **1** bread ▶ **bread** es un sustantivo incontable. Para referirse a *un pan* se dice **a loaf** o **a loaf of bread**. Un pan individual es **a roll** o **a bread roll**:: *¿Queda pan?* Is there any bread left? | *Hice pan.* I made some bread. | *Trajo dos panes.* He brought two loaves of bread. | *¿Me pasas un pan?* Could you pass me a roll? ▶ Lo mismo se aplica a los sustantivos que aparecen más abajo. *Un pan blanco, un pan integral,* etc. se traducen por **a white loaf, a wholewheat loaf,** etc. **2 ganarse el pan** to earn your living
pan blanco white bread **pan con mantequilla** bread and butter **pan de centeno** rye bread **pan francés** French bread **pan integral** wholewheat bread (AmE), wholemeal bread (BrE) **pan negro** brown bread **pan molido, pan rallado** breadcrumbs *pl* **pan tajado** sliced bread
pana *s* (rayada) corduroy | **una falda/una chaqueta de pana** a corduroy skirt/jacket | **unos pantalones de pana** a pair of corduroy pants (AmE), a pair of corduroy trousers (BrE), a pair of cords
panadería *s* bakery (plural -ries), baker's (BrE)
panadero, -a *s* baker
panal *s* honeycomb
Panamá *s* Panama
panameño, -a *adjetivo & sustantivo*
- *adj* Panamanian
- *s* Panamanian | **los panameños** (the) Panamanians

pancarta *s* (de tela) banner, (cartel) poster
pancito o **panecillo** *s* roll, bread roll
páncreas *s* pancreas
panda *s* panda
pandereta *s* tambourine
pandilla *s* **1** (de amigos) gang, crowd **2** (de delincuentes) gang
pando ▶ ver **plato**
panel *s* **1** (de expertos, etc.) panel: *los miembros del panel* the members of the panel **2** (de madera, etc.) panel
panel de control control panel
panfleto *s* pamphlet
pánico *s* panic | **tenerle pánico a algo/alguien** to be terrified of sth/sb: *Les tenía pánico a las arañas.* She was terrified of spiders. | **me da pánico viajar en avión/quedarme encerrada etc.** I'm terrified of flying/of getting locked in etc.
panorama *s* (situación) outlook: *un panorama optimista* an optimistic outlook
panqué o **panque** *s* cake
panqueca *s* **1** (fina) crepe **2** (gruesa) pancake
panqueque *s* ▶ ver **panqueca**
pantaletas *s pl* panties, knickers (BrE)
pantalla *s* **1** (de cine, televisión, computadora) screen **2** (de una lámpara) shade, lampshade
pantalón o **pantalones** *s* pants *pl* (AmE), trousers *pl* (BrE) ▶ *un pantalón* se dice **(some) pants** o **a pair of pants**: *un pantalón de lino* a pair of linen pants | *Se compró un pantalón beige.* He bought some beige pants./He bought a pair of beige pants. | *Tenía puesto un pantalón negro.* He was wearing black pants. ▶ ver **falda**
pantalones acampanados *s pl* flared pants (AmE), flared trousers (BrE) **pantalones de mezclilla** *s pl* jeans
pantaloncillos *s pl* (prenda interior) underpants, pants (BrE)
pantaloneta *s* shorts *pl* ▶ *una pantaloneta* se dice **(some) shorts** o **a pair of shorts**: *Se compró una pantaloneta azul.* He bought some blue shorts./He bought a pair of blue shorts.
pantaloneta de baño swimming trunks *pl*
pantano *s* marsh (plural -shes), swamp
pantanoso, -a *adj* marshy, swampy
pantera *s* panther
pantimedias *s pl* pantyhose *sing* (AmE), tights (BrE)
pantorrilla *s* calf (plural calves)
pantufla *s* slipper
pantys o **panties** *s pl* **1** (también **panty**) pantyhose *sing* (AmE), tights (BrE) **2** (calzones) panties, knickers (BrE)
panza *s* stomach, belly (plural -llies) | **tener panza** to have a big stomach, to have a big belly
pañal *s* diaper (AmE), nappy (plural -ppies) (BrE) | **cambiarle los pañales/el pañal a un bebé** to change a baby's diaper (AmE), to change a baby's nappy (BrE)
paño *s* **1** (trapo) cloth **2 en paños menores** in your undies: *Estaban en paños menores.* They were in their undies. **3** (tela) woolen cloth (AmE), woollen cloth (BrE) | **un abrigo/pantalón de paño** a woolen coat/woolen pants
paño lenci o **pañolenci** felt **paño de cocina** dish towel (AmE), tea towel (BrE)
pañuelo *s* **1** (para la nariz) handkerchief (plural -chieves) **2** (para la cabeza, cuello) scarf (plural scarves)
pañuelo de papel tissue, Kleenex® (plural Kleenex)
Pap ▶ ver **Papanicolau**

papa *s* (tubérculo) potato (plural -toes) **papas fritas** *s pl* **(a)** (cortadas en bastones) French fries (AmE), chips (BrE) **(b)** (de paquete) potato chips (AmE), crisps (BrE) **papas a la francesa** *s pl* French fries (AmE), chips (BrE)

papa o **Papa** *s* Pope

papá *s* dad, daddy (plural -ddies)

papada *s* double chin | **tener papada** to have a double chin

papagayo *s* **1** (ave) parrot **2** (juguete) kite | **volar un papagayo** to fly a kite

papalote *s* (juguete) kite | **volar un papalote** to fly a kite

Papanicolau *s* Pap smear (AmE), smear test (BrE)

Papá Noel *s* Santa Claus, Father Christmas (BrE)

papaya *s* papaya, pawpaw

papel *s* **1** (material) paper: *Se acabó el papel.* The paper's run out. | **una flor/un avión de papel** a paper flower/airplane **2** (hoja) sheet of paper, (pedazo) piece of paper: *Lo escribí en un papel.* I wrote it down on a piece of paper. **3** (de una golosina) wrapper **4** (rol) role, part | **hacer el papel de alguien** to play the part/role of sb **papel crepe** crepe paper **papel cuadriculado** graph paper **papel (de) aluminio** tinfoil, aluminum foil (AmE), aluminium foil (BrE) **papel de periódico** newspaper **papel de regalo, papel de envolver** wrapping paper **papel higiénico** toilet paper **papel maché** papier-maché **papel café, papel de estraza, papel kraft** brown paper

papelera *s* ▶ ver **papelero** **papelera de reciclaje** recycle bin

papelero *s* wastepaper basket

papeleta *s* **1 papeleta (electoral)** ballot paper **2** (para una rifa, un sorteo, etc.) ticket

paperas *s pl* mumps *sing*

paquete *s* **1** (bulto) package, parcel: *Traía muchos paquetes.* He was carrying a lot of packages. **2** (de cigarrillos) pack (AmE), packet (BrE) **3** (de arroz, dulces, galletas, etc.) packet (BrE) ▶ En inglés americano se suele especificar el tipo de paquete: **a bag of rice, a bag/box of candy, a bag/box of cookies,** etc. **4** (turístico) package: *El paquete incluye el pasaje aéreo.* The package includes the airfare.

par *sustantivo & adjetivo*

• *s* **1** (de guantes, zapatos, etc.) pair: *un par de botas* a pair of boots **2** (dos o tres, etc.) **un par de horas/días etc.** a couple of hours/days etc.: *La vimos un par de veces.* We saw her a couple of times. **3 estar abierto -a de par en par** to be wide open

• *adj* ▶ ver **número**

para *prep* ▶ ver recuadro

parabrisas *s* windshield (AmE), windscreen (BrE)

> **para**
>
> **1** La traducción **for** es válida en muchos contextos:
>
> *Esto es para ti.* This is for you. | *Lo necesito para mañana.* I need it for tomorrow. | *¿Para qué lo quieres?* What do you want it for? | *Fumar es malo para la salud.* Smoking is bad for your health. | *Es muy alta para su edad.* She's very tall for her age.
>
> **2** OPINIONES
>
> **para mí/para Juan etc.:** *Para mí que se olvidó.* I think he must have forgotten. | *Para él, es preciosa.* As far as he's concerned, she's beautiful./He thinks she's beautiful.
>
> **3** DIRECCIÓN
>
> *No mires para arriba/abajo.* Don't look up/down. | *Ven para adentro.* Come inside. | *Estaba mirando para afuera.* She was looking out.
>
> **4** SEGUIDO DE INFINITIVO
>
> **para hacer algo** to do sth: *Estoy listo para empezar.* I'm ready to start. | *Me llamó para invitarme.* He phoned to invite me. | **para no hacer algo** so as not to do sth: *No puse música para no despertarte.* I didn't put any music on so as not to wake you up.
>
> **5** AL DAR LA HORA
>
> **veinte para las diez/cinco para las cuatro etc.** twenty of ten/five of four etc.(AmE),twenty to ten/five to four etc.(BrE): *Son diez para las cinco.* It's ten of five.(AmE)/It's ten to five.(BrE)
>
> **6** PARA QUE (= so that)
>
> *Te lo digo para que lo pienses.* I'm telling you so you can think about it. | *Envuélvelo para que no se rompa.* Wrap it up so that it doesn't break.
>
> Si no hay que introducir un nuevo sujeto, también se usa un infinitivo:
>
> *Te pago para que me ayudes.* I pay you to help me. | *Ponlo cerca del fuego para que se seque.* Put it near the fire so it can dry./Put it near the fire to dry.

paracaídas *s* parachute | **tirarse en paracaídas** to parachute

paracaidista *s* (deportista) parachutist

parachoques *s* bumper

parada *s* **1 hacer una parada** (en un viaje) to make a stop **2** (de autobús) (bus) stop **3 parada (de taxis)** taxi stand (AmE), taxi rank (BrE)

paradero *s* **1** (de autobús) (bus) stop **2 paradero (de taxis)** taxi stand (AmE), taxi rank (BrE)

parado, -a *adj* **1** (de pie) **estar parado -a** to be standing: *Estaba parado en la esquina.* He was standing on the corner. ▶ Se usa **to be on your feet** cuando el énfasis está en el cansancio: *Estoy todo el día parada.* I'm on my feet all day. | **viajar**

parado -a to stand: *Tuve que viajar parada.* I had to stand. **2** (levantado) **tengo/tienes etc. el pelo parado** my/your etc. hair is sticking up | **el perro tiene/tenía las orejas paradas** the dog has/had its ears pricked **3** (sin funcionar) **estar parado -a (a)** (reloj) to have stopped: *El reloj de la cocina está parado.* The kitchen clock has stopped. **(b)** (fábrica, economía) to be at a standstill

paraguas *s* umbrella

Paraguay o **el Paraguay** *s* Paraguay

paraguayo, -a *adjetivo & sustantivo*

- *adj* Paraguayan
- *s* Paraguayan | **los paraguayos** (the) Paraguayans

paraíso *s* **1** (lugar hermoso) paradise **2 el paraíso**, o **el Paraíso** paradise: *Adán y Eva en el paraíso* Adam and Eve in Paradise **3** (árbol) China tree **4** (en un teatro) gallery

paralela *sustantivo & sustantivo plural*

- *s* (línea) parallel line
- **paralelas** *s pl* (en gimnasia) parallel bars

paralelo, -a *adjetivo & sustantivo*

- *adj* parallel | **paralelo -a a algo** parallel to sth: *Corre paralela a la avenida principal.* It runs parallel to the main street.
- **paralelo** *s* (en geografía) parallel

parálisis *s* **1** (afección) paralysis (plural -ses) **2** (estancamiento) paralysis

paralítico, -a *adjetivo & sustantivo*

- *adj* **ser/quedar paralítico -a** to be paralyzed (AmE), to be paralysed (BrE): *Quedó paralítico.* He was left paralyzed.
- *s* paralyzed person (AmE), paralysed person (BrE) ▶ Para referirse a los paralíticos en general se dice **paralyzed people**

paralizar *v* to paralyze (AmE), to paralyse (BrE)

paralizarse *v* to come to a standstill

parapente *s* paragliding | **hacer parapente** to go paragliding

parar *v* **1** (detenerse) to stop: *El bus no para aquí.* The bus doesn't stop here. **2** (detener) to stop: *Me paró para preguntarme por ti.* He stopped me to ask after you. **3 parar de hacer algo** to stop doing sth: *¡Ya para de molestar!* Stop being a nuisance! | *No paró de llover en todo el día.* It didn't stop raining all day. **4** (hacer huelga) to go on strike: *El martes paran los maestros.* The teachers are going on strike on Tuesday. **5** (alojarse) to stay: *Paramos en un albergue.* We stayed at a youth hostel. **6 ir a parar al hospital/a la cárcel etc.** to end up in the hospital/in jail etc.

pararse *v* **1** (ponerse de pie) to stand up: *Se paró para saludarme.* He stood up to greet me. **2** (detenerse) to stop: *Me paré a mirar un cuadro.* I stopped to look at a painting. **3** (dejar de funcionar) to stop: *Se paró el motor.* The engine stopped./The engine stalled. | **se me paró el reloj/el auto** my watch/the car's engine stopped

pararrayos *s* lightning rod (AmE), lightning conductor (BrE)

parásito *s* **1** (organismo) parasite **2** (persona) parasite

parcela *s* (terreno) plot, plot of land

parche *s* **1** (remiendo) patch (plural -ches) **2** (en un ojo) patch (plural -ches)

parcial *sustantivo & adjetivo*

- *s* Si quieres explicar qué es un parcial, di *it's an exam that covers part of the syllabus*
- *adj* (reforma, vista, eclipse) partial

parecer *v* ▶ ver recuadro

parecerse *v* **1** (en el aspecto) to be alike: *No se parecen en nada.* They are not at all alike. | **parecerse a algo/alguien** to look like sth/sb: *Te pareces a tu mamá.* You look like your Mom. **2** (en la personalidad) to be alike: *En eso nos parecemos.* We're both alike in that respect. | **parecerse a alguien** to be like sb: *No se parece al hermano.* He isn't like his brother.

parecido, -a *adj* **1** (cuando se refiere a personas) **ser parecidos -as** to be alike: *Son hermanas pero no son muy parecidas.* They're sisters but they aren't very alike. | **ser parecido -a a alguien (a)** (en el aspecto físico) to look like sb: *Eres muy parecida a Lisi.* You look a lot like Lisi. **(b)** (en la personalidad) to be like sb: *En eso es muy parecido a mí.* He's very much like me in that respect. **2** (cuando no se refiere a personas) similar: *Tienen gustos parecidos.* They have similar tastes. | *Todas sus películas son parecidas.* All his movies are alike./All his movies are similar. | **parecido -a a algo** similar to sth: *Éste es parecido al otro.* This one is similar to the other one. **3 algo parecido** ver ejemplos: *Era miel o algo parecido.* It was honey, or something like that. | *Trabaja en algo parecido a publicidad.* He works in something like advertising.

pared *s* wall

pareja *s* **1** (dos personas) couple: *una pareja con un niñito* a couple with a little boy | **tener pareja** to have a partner **2** (compañero o compañera) partner: *Silvia vino con su pareja.* Silvia came with her partner. **3** (en un baile, un juego) couple

parejo, -a *adj* **1** (regular) even: *Este borde no está parejo.* This edge isn't even. **2** (partido, torneo) even: *Fue un partido muy parejo.* It was a very even game.

paréntesis *s* (signo de puntuación) parenthesis (plural -ses), bracket (BrE) | **entre paréntesis** in parentheses, in brackets (BrE): *Ponlo entre paréntesis.* Put it in parentheses.

pariente, -a *s* relative: *Tengo parientes en Italia.* I have relatives in Italy.

parir *v* (mujer) to give birth

¿Quieres información sobre las diferencias entre los **posesivos** en inglés y en español? Lee la explicación en el apartado de gramática.

parecer

1 La traducción general es **to seem:**

Parece ridículo volver a hacerlo. It seems ridiculous to do it again. | *Parece saber lo que quiere.* He seems to know what he wants.

2 Si se trata de algo que estamos oyendo o viendo, también se usan **to sound** y **to look:**

Lo que dice parece interesante. What he says sounds interesting. | *De afuera parece enorme.* It looks huge from the outside.

3 Cuando hay un sustantivo en el predicado se usa **to look like, to sound like** o **to seem (like):**

Pareces un payaso. You look like a clown. | *Parece una buena idea.* It sounds like a good idea. | *Esto parece mayonesa.* This looks like mayonnaise. | *Parece buen tipo.* He seems like a nice guy./He seems a nice guy.

4 En impresiones personales:

me/le etc. parece I think/he thinks etc.: *Me parece un poco caro.* I think it's a bit expensive. | *Me parece que ya se ha ido.* I think he's already left. | *¿Qué te pareció Miami?* What did you think of Miami?

5 En impresiones impersonales:

parece que it seems (that): *Parece que no hay más entradas.* It seems there are no tickets left.

También se puede usar el adverbio **apparently:**

Parece que ella lo dejó. Apparently she's left him.

parlamentario, -a *adj* parliamentary

parlamento o **Parlamento** *s* parliament

parlanchín, -ina *adjetivo & sustantivo*
- *adj* talkative
- *s* chatterbox (plural -xes)

parlante *s* **1** (de una PC, un equipo) speaker **2** (en una estación, un aeropuerto) loudspeaker

paro *s* **1** (huelga) strike | **estar de/en paro** to be on strike: *Los docentes están de paro.* The teachers are on strike. **2 paro (cardiaco)** cardiac arrest
paro cívico community protest **paro general** general strike

parpadear *v* to blink

párpado *s* eyelid

parque *s* park
parque de atracciones, parque de diversiones, parque de entretenciones amusement park, funfair (BrE) **parque nacional** national park

parqueadero *s* **1** (al aire libre) parking lot (AmE), car park (BrE) **2** (cubierto) parking garage (AmE), car park (BrE) **3** (espacio para parquear) parking space

parquear *v* to park

parqueo *s* **1** (acción de parquear) parking **2** (lugar) ▶ ver **parqueadero**

parquet *s* parquet floor

parquímetro *s* parking meter

parra *s* vine

párrafo *s* paragraph

parrilla *s* **1** (para asar al aire libre) barbecue | **pollo/pescado a la parrilla** barbecued chicken/fish, grilled chicken/fish, broiled chicken/fish (AmE) **2** (en el techo de un auto) roof-rack

parrillada *s* (plato) mixed grill

parroquia *s* (iglesia) parish, parish church

parte *sustantivo femenino & sustantivo masculino*
- *s* [fem] **1** (porción) part: *Córtala en tres partes.* Cut it into three parts. | **la tercera/cuarta etc. parte** a third/a fourth etc.: *Pagó sólo la cuarta parte.* He only paid a fourth. | *más de tres cuartas partes de la población* over three fourths of the population | **la mayor parte de algo** most of sth: *la mayor parte del tiempo* most of the time **2** (episodio, capítulo) part: *¿Viste la primera parte?* Did you see the first part? **3** (de un texto, una obra, etc.) part: *Esa parte no la entendí.* I didn't understand that part. | *Me encantó la parte de la carrera.* I loved the race scene./I loved the part where they have a race. **4** (lugar) part: *en otras partes de la ciudad* in other parts of the city | **en/por todas partes** everywhere | **no lo encuentro en/por ninguna parte** I can't find it anywhere | **en/por cualquier parte** anywhere: *Deja sus cosas por cualquier parte.* He leaves his things anywhere. | **en alguna parte** somewhere: *Tiene que estar en alguna parte.* It has to be somewhere. **5** (en un conflicto) party (plural -ties): *un acuerdo entre las partes* an agreement between the parties concerned **6** (en expresiones) **de parte de alguien** ver ejemplos: *¿De parte de quién?* Who's calling, please? | *Díselo de parte mía.* Tell him from me. | *Vino de parte de Susana.* Susana sent him. | **estar/ponerse de parte de alguien** to be on/to take sb's side: *Se puso de parte de Nico.* He took Nico's side. | *Ella siempre está de parte del hermano.* She's always on her brother's side. | **en parte** to a certain extent: *En parte tiene razón.* To a certain extent, he's right. | **por mi/tu etc. parte** for my/your etc. part: *Yo, por mi parte, no estoy de acuerdo.* For my part, I don't agree. | **por otra parte** on the other hand | **formar parte de algo** (persona) to be a member of sth: *No forma parte del equipo.* He isn't a member of the team.
- *s* [masc] **1** (informe) report | **dar parte de enfermo** to call in sick **2** (multa) fine
parte médico medical report **parte meteorológico** weather report

partera *s* midwife (plural -wives)

participación *s* (en una actividad) participation

participante *s* **1** (en un concurso) contestant **2** (en una carrera) competitor **3** (en un debate) participant

participar *v* to take part, to participate ► **to participate** es más formal: *Todos tienen que participar.* Everyone has to take part./Everyone has to participate.

participio *s* participle
participio pasado past participle

partícula *s* particle

particular *adj* **1** (privado) private: *una profesora particular* a private tutor **2** (propio, específico) particular: *Tiene rasgos particulares que lo distinguen de los otros.* It has particular features which distinguish it from the others. **3** (raro, especial) unusual: *Tiene una voz muy particular.* She has a very unusual voice.

partida *s* **1** (de ajedrez) game **2** (de mercadería) consignment **3** (de dinero) allocation
partida de nacimiento birth certificate

partidario, -a *adjetivo & sustantivo*
• *adj* **ser partidario -a de (hacer) algo** to be in favor of (doing) sth (AmE), to be in favour of (doing) sth (BrE)
• *s* supporter

partido *s* **1** (en deportes) game, match (plural -ches) (BrE): *¿Cómo estuvo el partido?* How was the game? | *un partido de básquet* a basketball game **2** (de cartas) game: *un partido de póker* a game of poker **3** (político) party (plural -ties): *un partido de izquierda* a left-wing party **4 tomar partido por alguien** to take sb's side: *Tomó partido por ella.* He took her side.
partido amistoso friendly (plural -lies)

partir *v* **1** (romper) to break: *Lo partió en dos.* He broke it in two. **2** (cortar) to cut: *Vamos a partir el pastel.* We're going to cut the cake. **3** (irse) to leave **4 a partir de hoy/del 3 de marzo etc.** from today/from the 3rd of March etc.: *Está abierto a partir de las 9.* It's open from nine o'clock.
partirse *v* (romperse) to break: *Se partió con el peso.* It broke under the weight. | *Se partió en mil pedazos.* It smashed to pieces. | **partirse la nariz/un diente** to break your nose/a tooth

parto *s* **1** (nacimiento) birth, delivery (plural -ries) **2** (incluyendo el trabajo de parto) labor (AmE), labour (BrE): *un parto difícil* a difficult labor

pasa o **pasa de uva** *s* raisin

pasable *adj* passable

pasabordo *s* boarding pass (plural -sses)

pasada *s* **1 de pasada (a)** (al pasar) in passing: *Me lo dijo de pasada.* He told me in passing. **(b)** (al ir a otro lado) ver ejemplos: *Vino un rato de pasada.* He popped in for a while since he was passing (by). | *Compramos el periódico de pasada.* We bought the paper while we were at it. **2** (limpieza) wipe: *Dale una pasada a la mesa.* Give the table a wipe.

pasadizo *s* passage

pasado, -a *adjetivo & sustantivo*
• *adj* **1 el mes pasado/el año pasado/el lunes pasado etc.** last month/last year/last Monday etc.: *Lo vi la semana pasada.* I saw him last week. **2 pasado mañana** the day after tomorrow **3** (en mal estado) bad (AmE), off (BrE): *Este yogur está pasado.* This yogurt is bad. **4** (cocinado de más) overcooked: *Este arroz está pasado.* This rice is overcooked. **5 estar pasado -a de cerveza/de alcohol etc.** to have had too much beer/alcohol etc.: *Está pasado de cerveza.* He's had too much beer.
• **pasado** *s* **1** (época anterior) past **2** (en gramática) past tense

pasador *s* (de zapatos) shoelace, lace

pasaje *s* ticket: *¿Cuánto sale el pasaje?.* How much is the ticket? | *Ya sacamos los pasajes.* We've bought our tickets. | **un pasaje a Bogotá/Valparaíso etc.** a ticket to Bogotá/Valparaíso etc.
pasaje de ida one-way ticket, single (ticket) (BrE) **pasaje de ida y vuelta** round-trip ticket (AmE), return (ticket) (BrE)

pasajero, -a *s* passenger

pasamanos *s* **1** (del autobús, metro) handrail **2** (de una escalera) banister

pasamontañas *s* balaclava

pasaporte *s* passport: *Tiene pasaporte italiano.* He has an Italian passport. | **sacar el pasaporte** to get your passport

pasar *v* ► ver recuadro
pasarse *v* **1** (seguir de largo) to go too far: *Ésta es Hidalgo, te pasaste.* This is Hidalgo, you've gone too far.
2 (excederse) **pasarse con la sal/la pimienta etc.** to overdo the salt/pepper etc.: *Me pasé con la sal.* I've overdone the salt. | *Se pasó con el whisky.* He had too much whisky.
3 (cocinarse de más) to overcook: *Se ha pasado el arroz.* The rice has overcooked.
4 pasarse una hora/el día etc. haciendo algo to spend an hour/the whole day etc. doing sth: *Se pasa el día durmiendo.* He spends the whole day sleeping. | **pasársela haciendo algo** ver ejemplos: *Se la pasó bostezando.* She didn't stop yawning. | *Me la pasé comiendo.* I spent the whole time eating. | *¡Te la pasas viendo tele!* You're always watching TV!
5 pasarse crema/bronceador etc. to put some cream/suntan lotion etc. on: *Pásate crema en la cara.* Put some cream on your face.
6 (acabarse) **se me pasó el dolor/la fiebre etc.** the pain/my fever etc. has gone: *Ya se le pasó el mal humor.* She's not in a bad mood any more. | *Se le pasó la borrachera.* He has sobered up.

pasatiempo *s* hobby (plural -bbies)

Pascua o **pascua** *s* **1** (de resurrección) Easter | **¡felices Pascuas!** happy Easter! **2** (Navidad) Christmas | **¡felices Pascuas!** merry Christmas!, happy Christmas! (BrE) **3** (fiesta judía) Passover

pase *s* **1** (de una pelota) pass (plural -sses): *un pase perfecto* a perfect pass **2** (a otro club)

pasar

1 ENTRAR (= to come in)
¿Puedo pasar? Can I come in?
2 CIRCULAR (= to go by)
Pasó un niño en bicicleta. A boy went by on his bike. | **pasar a buscar a alguien** to come by and get sb
3 La expresión *pasar por un lugar* tiene los siguientes significados:
EN UN TRAYECTO (= to go past somewhere)
Ese autobús pasa por mi casa. That bus goes past my house.
DE VISITA (= to drop in somewhere, to call in somewhere)
Ayer pasé por la casa de Ale. I **dropped in at** Ale's yesterday./I **called in at** Ale's yesterday. | *Pasó por casa a ver a mi mamá.* He **dropped by** to see my mom.
PARA COMPRAR ALGO, RECOGER ALGO, ETC. (= to stop at, to call in at)
Tengo que pasar por la farmacia. I have to stop at the drugstore.
ATRAVESAR (= to go through)
No va a pasar por la puerta. It won't go through the door. |
4 IR MÁS ALLÁ DE (= to go past)
¿Ya pasamos Dolores? Have we gone past Dolores?
5 OCURRIR (= to happen)
¿qué te/le etc. pasó? what happened to you/him etc.? | **¿qué te/le etc. pasa?** what's the matter with you/her etc.?
6 TRANSCURRIR (= to go by)
Ya pasaron dos meses. Two months have already gone by./It's already been two months.
7 TERMINAR
ya pasó lo peor/la tormenta etc. the worst/the storm etc. is over: *Ya ha pasado lo peor.* The worst is over.
8 EL TIEMPO, LAS VACACIONES, ETC. (= to spend)
Pasé dos meses en Acapulco. I spent two months in Acapulco. | **pasarla bien/mal etc.** to have a good/tough etc. time
9 DAR (= to pass)
Pásale el libro a Jorge. Pass the book to Jorge, please./Pass Jorge the book, please.
10 POR TELÉFONO
La traducción depende de si es a otro teléfono, como en el primer ejemplo, o pasándole el auricular a alguien:
Le paso con el Sr. Resnik. I'll put you through to Mr. Resnik. | *¿Me pasas con Laura?* Can you put Laura on?

pasar

11 EN LOS ESTUDIOS, EN DEPORTES
Pasó a tercero. He's in third grade now. (AmE)/He's in year three now. (BrE) | *Pasaron a primera división.* They went up to the first division. | **pasar de año/nivel etc.** to move up to the next year/level etc.
12 COPIAR (= to copy)
13 ALGO POR UNA SUPERFICIE
Le pasé un trapo a la mesa. I wiped the table with a cloth | *Le pasó la mano por el pelo.* She ran her hand through his hair.
14 UNA PELÍCULA, UN PROGRAMA (= to show)
Pasan una de Spielberg. They're showing a Spielberg movie.
15 APROBAR (= to pass)
Pasaron todos. They all passed.
16 EXPRESIONES
hacerse pasar por alguien to pretend to be sb: *Se hizo pasar por médico.* He pretended to be a doctor. | **yo paso:** *–Hay café hecho. –Yo paso.* "There's coffee made." "Not for me, thanks." | *–¿Quién viene a la piscina? –Yo paso.* "Who's coming to the pool?" "I'm going to give it a miss."

transfer: *Pagaron millones por el pase.* They paid millions for the transfer. **3** (permiso) pass (plural -sses) **4 pase (de conducción)** driver's license (AmE), driving licence (BrE)
pase de abordar boarding card
pasear *v* **1** (caminando) to walk, (en bicicleta) to ride, (en auto) to drive: *Paseamos un rato por el centro.* We walked around the town center for a while. | *Estuvimos paseando toda la tarde.* We rode around all afternoon./We drove around all afternoon. | **ir/salir a pasear (a)** (caminando) to go for a walk **(b)** (en bicicleta) to go for a ride **(c)** (en auto) to go for a drive **2 sacar a pasear a un perro** to take a dog out for a walk
paseo *s* (caminando) walk, (en bicicleta) ride, (en auto) drive: *un paseo por el parque* a walk in the park | *un paseo por la costa* a ride along the coast/a drive along the coast | **ir a dar un paseo/salir de paseo (a)** (caminando) to go for a walk **(b)** (en bicicleta) to go for a ride **(c)** (en auto) to go for a drive
pasillo *s* **1** (en una casa, un edificio,etc.) corridor **2** (en un teatro, un avión) aisle
pasión *s* passion
pasivo, -a *adj* passive ▶ ver **voz**
paso *s* **1** (al caminar) step: *Caminé unos pasos y me senté.* I walked a few steps and sat down. | **dar un paso** to take a step: *Dio un paso atrás.* He took a step backwards. | **a un paso/unos pasos de algo** just down the road from sth: *Está a un paso de aquí.* It's just down the road from here. | **paso a paso** step by step **2** (de baile) step:

¿Sabes este paso? Do you know this step? **3** (en la vida) step: *Es un paso importante.* It's a big step. **4** (velocidad) rate: *A este paso no terminaremos ni mañana.* At this rate we won't even finish tomorrow. | **a paso de tortuga** at a snail's pace **5** (lugar para pasar) ver ejemplos: *¡Abran paso, por favor!* Make way, please! | *Está cortado el paso.* The road is cut off. | **abrirse paso** to make your way: *Se abrió paso hasta la primera fila.* He made his way to the front row. **6** (transcurso) **con el paso de los días etc.** as the days etc. go/went by **7** (acción de pasar) ver ejemplos: *No permiten el paso de camiones.* They don't allow trucks to go through. | *el paso de la corriente* the flow of the current | **estar de paso** to be passing through: *Estoy de paso, nomás.* I'm just passing through. | **de paso (a)** (de camino) on your way: *Me queda de paso.* It's on my way. **(b)** (ya que estás, ya que estamos, etc.) while you're/we're etc. at it: *De paso, trae el periódico.* Get the newspaper while you're at it.

paso a nivel grade crossing (AmE), level crossing (BrE) **paso de peatones** crosswalk (AmE), pedestrian crossing (BrE)

pasta *s* **1** (fideos, ravioles, etc.) pasta **2** (mezcla espesa) paste **3 pasta (de zapatos)** (shoe) polish

pasta de dientes, pasta dentífrica toothpaste

pastel *sustantivo & adjetivo*

- *s* **1** (dulce) cake: *un pastel de coco* a coconut cake ▶ Un pastel que lleva masa arriba y abajo es un **pie**. Si sólo lleva masa abajo, se le llama **tart**. Un pastel dulce de queso es un **cheesecake** **2** (salado) pie: *un pastel de carne* a meat pie ▶ Un **pie** salado puede ir cubierto de masa o de puré de papas, etc. Si lleva masa sólo abajo, se conoce como **tart** o **quiche** **3** (para pintar) pastel

  pastel de boda(s) wedding cake **pastel de cumpleaños** birthday cake

- *adj* (color, tono) pastel

pastelería *s* (tienda) bakery (AmE), cake shop (BrE)

pastilla *s* **1** (medicamento) pill, tablet **2** (caramelo) piece of candy (AmE), sweet (BrE)

pastilla de menta mint

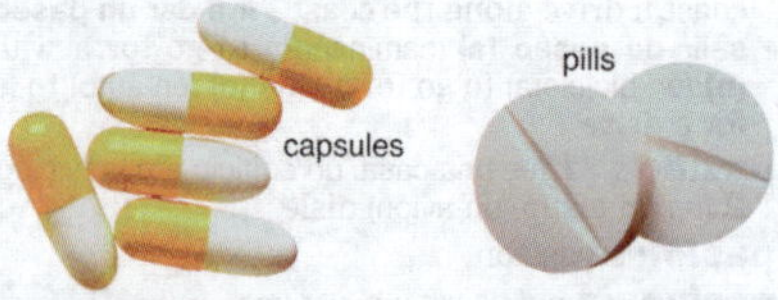

pasto *s* grass

pastor, -ora *s* **1** (religioso) minister ▶ En algunas iglesias protestantes se usa **pastor** **2** (de ovejas) **pastor** shepherd | **pastora** shepherdess (plural -sses)

pata *s* **1** (de un mueble) leg **2** (extremidad de un animal, un insecto) leg **3** (pie de un animal) paw **4** (de pollo) leg **5** (pie de una persona) foot (plural feet) | **ir/venir a pata** to walk | **meter la pata** to put your foot in it: *Siempre mete la pata.* He's always putting his foot in it. | **patas (para) arriba** upside down: *Estaba todo patas para arriba.* Everything was upside down.

pata de palo wooden leg **patas de gallo** *s pl* crow's feet

patada *s* **1 darle una patada a algo/alguien** to kick sth/sb: *Me dio una patada.* He kicked me. | *Le di una patada a la mesa.* I kicked the table. | **a las patadas** very badly: *Se llevan a las patadas.* They get along very badly. | **echar/sacar a alguien a patadas** to kick sb out: *Nos sacaron a patadas.* They kicked us out. **2** (descarga) shock: *¡Me dio una patada!* I got a shock off it!

patalear *v* **1** (en el agua) to kick **2** (en un berrinche) to stamp your feet

pataleta *s* (berrinche) tantrum: *Le dio una pataleta.* He had a tantrum.

paté *s* paté

patear *v* to kick

patente *s* **1** (de un invento) patent **2** (del auto) license plate (AmE), number plate (BrE) | **el número de la patente** the car license number (AmE), the car registration number (BrE)

paternal *adj* fatherly

paterno, -a *adj* **abuelo paterno/abuela paterna** paternal grandfather/paternal grandmother: *mi abuela paterna* my paternal grandmother/my grandmother on my father's side

patico *s* duckling

patilla *s* **1** (del pelo) sideburn **2** (fruta) watermelon **3** (de los anteojos) arm

patín *s* skate ▶ Éste es el término general. **roller skate** especifica que se trata de un patín con ruedas y **ice skate** que es para patinar sobre hielo. *roller* se dice **Rollerblade,** que es marca registrada, o se puede decir **in-line skate**

patín del diablo scooter

patinador, -a *s* skater

patinaje *s* skating

patinaje artístico figure skating **patinaje sobre hielo** ice skating

patinar *v* to skate ▶ Éste es el término general. **to rollerskate** indica que se hace con patines de ruedas y **to ice skate** que se hace sobre hielo. Para patinar con rollers se dice **to rollerblade** | **ir a patinar** to go skating ▶ También puede ser **to go rollerskating/ice skating/rollerblading**: *Fuimos a patinar al parque.* We went rollerskating in the park./We went rollerblading in the park.

patinarse *v* (resbalarse) to slip: *Me patiné y casi me caigo.* I slipped and nearly fell over.

patineta *s* **1** (tabla) skateboard | **andar en patineta** to skateboard **2** (con manubrio) scooter

patio *s* **1** (de una casa) patio **2** (de una escuela) playground

patito *s* duckling

pato, -a *s* **1** (ave) duck **2** (bacinilla) potty

Hay una tabla con los **números** en inglés y explicaciones sobre su uso en el apartado de gramática.

patota *s* (pandilla) gang
patotero, -a *adjetivo & sustantivo*
• *adj* **ser patotero -a** to be a bully: *Es medio patotero.* He's a bit of a bully.
• *s* bully (plural -llies)
patria *s* Existe el término **homeland,** que tiene fuertes connotaciones emotivas. En muchos contextos se puede usar **my own country/his own country etc.**: *Pudieron regresar a su patria.* They were able to go back to their own country. | **morir por la patria** to die for your country
patrimonio *s* assets *pl*
patrimonio artístico artistic heritage **patrimonio cultural** cultural heritage **patrimonio natural** natural heritage
patriota *adjetivo & sustantivo*
• *adj* patriotic
• *s* patriot
patriotismo *s* patriotism
patrocinador, -a *s* sponsor
patrocinar *v* to sponsor
patrón, -ona *sustantivo & sustantivo masculino*
• *s* **1** (jefe) boss (plural -sses) **2** (santo) patron saint
• **patrón** *s* [masc] (en costura) pattern
patrulla *s* (de policías, soldados, etc.) patrol
patrullar *v* to patrol
pausa *s* **1** (al hablar, al leer) pause | **hacer una pausa** to pause **2** (intervalo) break, short break | **una pausa de 15/20 etc. minutos** a 15-minute/20-minute etc. break
pauta *s* (indicación, guía) guideline
pavimento *s* road surface, pavement (AmE)
pavo *s* (ave, carne) turkey
pavo real peacock
pay *s* pie
payasada *s* **1** (tontería) **hacer payasadas** to clown around **2** (farsa) farce
payaso, -a *s* clown
paz *s* **1** (entre naciones, etc.) peace: *esfuerzos para lograr la paz* efforts to achieve peace **2** (tranquilidad) peace and quiet: *Necesito un poco de paz.* I need a bit of peace and quiet. | **dejar a alguien en paz** to leave sb alone: *¡Déjame en paz!* Leave me alone! **3 hacer las paces** to make up: *Finalmente hicieron las paces.* They made up in the end.
P.D. (= **posdata**) P.S.
peaje *s* **1** (monto) toll: *¿Cuánto es el peaje?* How much is the toll? **2** (lugar) toll barrier, tollbooth
peatón *s* pedestrian
peatonal *adjetivo & sustantivo*
• *adj* **una calle/un puente peatonal** a pedestrian street/bridge
• *s* pedestrian street
peca *s* freckle
pecado *s* sin
pecado mortal mortal sin **pecado original** original sin **pecado venial** venial sin

pecador, -a *s* sinner
pecar *v* **1** to sin **2 pecar de modesto -a/soberbio -a etc.** to be too modest/proud etc.
pecera *s* **1** (rectangular) fish tank **2** (redonda) goldfish bowl
pecho *s* **1** (tórax) chest **2** (seno de una mujer) breast | **darle el pecho a un bebé** to breastfeed a baby, to feed a baby ▶ ver nota en **mamar** **3** (en natación) breaststroke | **nadar (estilo) pecho** to swim breaststroke **4 tomarse algo a pecho (a)** (ofenderse) to take sth to heart **(b)** (con responsabilidad) to take sth seriously
pechuga *s* breast
pecoso, -a *adj* freckly
pedal *s* **1** (de la bicicleta) pedal **2** (del auto) pedal **3** (de un piano) pedal
pedalear *v* to pedal
pedante *adjetivo & sustantivo*
• *adj* pretentious
• *s* pretentious person
pedazo *s* **1** (trozo) piece: *Necesito un pedazo de cable.* I need a piece of wire. **2** (en insultos) **¡pedazo de animal/bruto etc.!** you stupid idiot/jerk etc.!
pediatra *s* pediatrician (AmE), paediatrician (BrE)
pedido *s* **1** (encargo) order | **hacer un pedido** to place an order: *¿Ya has hecho el pedido?* Have you placed the order yet? **2** (petición) request | **un pedido de ayuda/información etc.** a request for help/information etc. | **a pedido de alguien** at sb's request: *Hubo una reunión a pedido de los padres.* There was a meeting at the parents' request. | **hacerle un pedido a alguien** to ask sb something: *Quiero hacerte un pedido.* I want to ask you something.
pedir *v* **1 pedirle algo a alguien** to ask sb for sth: *Me pidió dinero.* He asked me for money. | *Me ha pedido ayuda.* He has asked me for help. | **pedir permiso** to ask permission: *¿Por qué no me pediste permiso?* Why didn't you **ask my** permission? | **pedirle un favor a alguien** to ask sb a favor (AmE), to ask sb a favour (BrE): *¿Te puedo pedir un favor?* Can I ask you a favor? **2 pedirle perdón/disculpas a alguien** to say sorry to sb, to apologize to sb ▶ **to apologize** es más formal: *Pídele perdón a Sofi.* Say sorry to Sofi. | *Ni siquiera me pidió disculpas.* He didn't even say sorry to me./He didn't even apologize to me. **3 pedirle a alguien que haga algo** to ask sb to do sth: *Me pidió que le cuidara al perro.* She asked me to look after her dog. **4 pedir $10/$25 etc. por algo** to ask $10/$25 etc. for sth: *¿Cuánto pide por la moto?* How much is he asking for the motorcycle? **5** (en un restaurante) to order: *¿Me pides un café?* Can you order me a cup of coffee? | **pedir la cuenta** to ask for the check (AmE), to ask for the bill (BrE) **6** (mendigar) **pedir (limos-**

na) to beg: *Hay mucha gente pidiendo.* There are a lot of people begging./There are a lot of beggars.

pedo *s* (flatulencia) fart | **tirarse un pedo** to fart

pedrada *s* ver ejemplos: *Lo rompió de una pedrada.* He threw a stone at it and broke it. | *Le tiraron una pedrada desde el balcón.* They threw a stone at her from the balcony. | *Los corrieron de la cancha a pedradas.* They threw stones at them and chased them off the field.

pega *s* **1** (broma) **hacer pegas** to play tricks, to play practical jokes | **hacerle una pega a alguien** to play a trick on sb, to play a joke on sb **2** (trabajo) work: *Está buscando pega.* He's looking for work./He's looking for a job.

pegajoso, -a *adj* **1** (superficie, mano) sticky **2** (música) catchy **3** (persona) clingy

pegamento *s* glue

pegante *s* glue

pegar *v* **1** (golpear) to hit: *La pelota pegó en el travesaño.* The ball hit the bar.
2 pegarle a alguien to hit sb: *¡No me pegues!* Don't hit me! | *Le pegó en el ojo.* She hit him in the eye. ▶ Se usa **to beat sb** cuando se trata de algo habitual y violento: *El padre le pega.* His father beats him.
3 (asestar) **pegarle una cachetada a alguien** to slap sb's face: *Se dio vuelta y le pegó una cachetada.* She turned around and slapped his face. | **pegarle una patada a alguien** to kick sb: *Le pegó una patada en la canilla.* She kicked him in the shin. | **pegarle un puñetazo a alguien** to punch sb ▶ ver también **estirón, grito, salto, tiro**
4 (adherir) to stick: *Pegó la foto en la pared.* He stuck the photo on the wall.
5 (contagiar) **pegarle algo a alguien** to give sb sth: *Me pegó el sarampión.* She gave me the measles.
6 (combinar) to go together: *Esos colores no pegan.* Those colors don't go together. | **pegar con algo** to go with sth: *No pega con esos zapatos.* It doesn't go with those shoes.
7 (en computación) to paste

pegarse *v* **1** (golpearse) **pegarse en el codo/la cabeza etc.** to hit your elbow/your head etc. | **pegarse con/contra algo** (llevárselo por delante) to bump into sth: *Me pegué con la punta de la mesa.* I bumped into the corner of the table.
2 (adherirse) to stick: *Se pegó al fondo de la olla.* It stuck to the bottom of the pan. | *Se han pegado las hojas.* The pages have **stuck together**. | **pegársele a alguien** (persona) to latch on to sb: *Siempre se me pega ese pesado.* That bore always latches on to me. | **se me pegó la canción** I can't get the song out of my head
3 pegarse un susto to be scared: *Me pegué un susto tremendo.* I was very scared. ▶ ver también **tiro**

pegatina *s* sticker

peinado, -a *adjetivo & sustantivo*
• *adj* **está/estaba etc. bien peinado** his hair is/was etc. neat and tidy
• **peinado** *s* hairstyle: *un peinado moderno* a modern hairstyle | **hacerse un peinado** (en la peluquería) to get your hair done

peinar *v* **peinar a alguien (a)** (con peine) to comb sb's hair: *¿Quieres que te peine?* Do you want me to comb your hair? **(b)** (con cepillo) to brush sb's hair **(c)** (en una peluquería) to do sb's hair: *Me peinó Alejandro.* Alejandro did my hair.

peinarse *v* **1** (con peine) to comb your hair: *Salí sin peinarme.* I went out without combing my hair. **2** (con cepillo) to brush your hair

peine *s* comb

peinilla *s* comb

pelado, -a *adjetivo & sustantivo*
• *adj* **1** (sin dinero) broke **2 tengo la nariz pelada/tienes los hombros pelados etc.** my nose is peeling/your shoulders are peeling etc. **3** (referido a fruta) peeled
• *s* (niño) kid

pelar *v* **1** (una fruta, una papa) to peel **2** (camarones, langostinos) to shell, to peel **3** (un dulce) to unwrap **4** (rapar) **pelar a alguien** to shave sb's hair off, to shave sb's head

pelarse *v* **1** (por haber tomado mucho sol) to peel: *Me estoy pelando.* I'm peeling. **2** (raparse) to shave your head, to shave your hair off

pelea *s* **1** (discusión) argument: *Tuvimos una pelea.* We had an argument. **2** (a golpes) fight: *Se armó una pelea.* There was a fight.

peleador, -a *adjetivo & sustantivo*
• *adj* **1** (discutidor) argumentative **2** (que se mete en peleas) **ser peleador -a** to be always fighting: *Era muy peleador en el colegio.* He was always fighting at school.
• *s* (boxeador) boxer

pelearse *v* **1** (discutir) to argue: *Se pelean todo el tiempo.* They're always arguing. | **pelearse con alguien** to have an argument with sb, to fall out with sb: *Se peleó con el novio.* She had an argument with her boyfriend./She fell out with her boyfriend. **2** (a golpes) to fight: *¡No se peleen más!* Stop fighting! | **pelearse con alguien** to have a fight with sb: *Me peleé con un niño en el club.* I had a fight with a boy at the club. **3 pelearse por algo (a)** (discutiendo) to argue over sth: *No se peleen por la comida.* Don't argue over the food. **(b)** (a golpes) to fight over sth: *Se pelearon por una muchacha.* They fought over a girl.

peleón, -ona *adj* **1** (discutidor) argumentative **2** (que se mete en peleas) **ser peleón -ona** to be always fighting

pelícano *s* pelican

película *s* movie, film (BrE): *¿A qué hora dan la película?* What time is the movie on?
película de acción action movie, action film (BrE) **película de ciencia ficción** science fiction movie, science fiction film (BrE) **película muda** silent movie, silent film (BrE) **película**

de suspenso thriller **película de terror, película de miedo** horror movie, horror film (BrE)

peligro *s* danger | **hay/no hay peligro de algo** there is a danger of sth/there is no danger of sth: *No hay peligro de que vuelva a pasar.* There is no danger of it happening again. | **fuera de peligro** out of danger | **ser un peligro** to be dangerous: *Ese escalón es un peligro.* That staircase is dangerous. | **correr peligro** to be in danger: *Su vida no corre peligro.* Her life is not in danger. | **correr (el) peligro de hacer algo** to run the risk of doing sth: *Corre (el) peligro de contagiarse.* He runs the risk of catching it.

peligroso, -a *adj* dangerous | **es peligroso hacer algo** it's dangerous to do sth: *¿Es peligroso ir de noche?* Is it dangerous to go at night?

pelirrojo, -a *adjetivo & sustantivo*

• ***adj*** red-haired

• ***s*** Existe el sustantivo **redhead,** que se usa más que nada para referirse a mujeres. Para hablar de *un pelirrojo* usa **a man/boy/guy with red hair**: *un pelirrojo de bigotes* a man with red hair and a mustache | *Lo vi con una pelirroja.* I saw him with a redhead.

pellejo *s* **1** (de una uña) hangnail **2 jugarse el pellejo** to risk your neck

pellizcar *v* to pinch: *No me pellizques.* Don't pinch me.

pellizco *s* pinch (plural -ches) | **darle un pellizco a alguien** to pinch sb: *Me dio un pellizco en el brazo.* He pinched my arm.

pelo *s* **1** (de una persona) hair: *Se tiñó el pelo de negro.* He dyed his hair black. | **cortarse el pelo** to have your hair cut: *¿Te has cortado el pelo?* Have you had your hair cut? | **tener el pelo largo/corto** to have long/short hair: *Mi novio tiene el pelo largo.* My boyfriend has long hair. ▶ La traducción es diferente si no se trata de una descripción: *Tienes el pelo larguísimo.* Your hair's really long. **2 tomarle el pelo a alguien** to pull sb's leg: *¿Me están tomando el pelo?* Are you pulling my leg? **3 se te ponen/se me pusieron etc. los pelos de punta** it sends shivers down your spine/it sent shivers down my spine etc. **4 por el/un pelo** by the skin of your teeth: *Se salvó por el pelo.* He escaped by the skin of his teeth. **5** (de un animal) fur

pelón, -ona *adj* **1** (sin pelo) bald **2** (con mucho pelo) hairy

pelota *sustantivo femenino, sustantivo masculino & femenino & adjetivo*

• ***s*** [fem] (para jugar) ball: *una pelota de golf/de tenis* a golf ball/a tennis ball | *una pelota de fútbol/de básquet* a soccer ball/a basketball

• ***s*** [masc & fem] (imbécil) jerk

• ***adj*** (imbécil) dumb, thick (BrE)

pelotón *s* **1** (en ciclismo) bunch, peloton **2** (en las fuerzas armadas) squad **pelotón de fusilamiento** firing squad

peluca *s* wig

peluche *s* **un muñeco/un conejo etc. de peluche** a cuddly toy/rabbit etc., a stuffed animal/rabbit etc. (AmE) ▶ ver **oso**

peludo, -a *adj* **1** (persona, piernas) hairy **2** (animal) furry, hairy

peluquería *s* salon (AmE), hairdresser's (BrE)

peluquero, -a *s* hairdresser

peluquín *s* toupee

pelusa *s* **1** (de suciedad) fluff ▶ **fluff** es un sustantivo incontable. Para decir *una pelusa* usa **a piece of fluff** o **a bit of fluff**: *Hay un montón de pelusa debajo del sofá.* There's a load of fluff under the sofa. | *Aquí tienes una pelusita.* You have a bit of fluff here. **2** (de un durazno, etc.) down

pena *s* **1** (vergüenza) **me/le etc. da pena** I'm/he's etc. embarrassed: *Le da mucha pena pedir dinero prestado.* She's too embarrassed to ask to borrow money. | **pasar pena** to be embarrassed | **hacerle pasar pena a alguien** to embarrass sb | **¡qué pena! (a)** (cuando se está avergonzado) how embarrassing!: *¡Qué pena! ¡Saqué la peor nota de la clase!* How embarrassing! I got the worst grade in the class! **(b)** (para disculparse) I'm so sorry!: *¡Qué pena! ¡Me olvidé de llamarte!* I'm so sorry! I forgot to call you! **2** (tristeza) **sentir pena (por algo)** to be/to feel sad (about sth): *Sentimos mucha pena por lo que pasó.* We are very sad about what has happened. **3** (lástima) **ser una pena** to be a shame, to be a pity: *Es una pena que nos tengamos que ir.* It's a shame we have to go./It's a pity we have to go. | **¡qué pena!** what a shame!, what a pity! | **dar pena** ver ejemplos: *Daba pena verla llorar así.* It was sad to see her cry like that. | *Me da pena botarlo.* It seems a pity to throw it away./It seems a shame to throw it away. **4 vale/merece la pena** it's worth it: *No vayas, no vale la pena.* Don't go, it isn't worth it. | **vale/merece la pena hacer algo** it's worth doing sth: *No merece la pena arreglarlos.* It isn't worth repairing them. **5** (castigo) sentence

la pena de muerte capital punishment, the death penalty

penal *s* prison

pénal o **penalti** *s* (en fútbol) penalty (plural -ties) | **atajar un pénal** to save a penalty | **patear un pénal** to take a penalty

pendejo, -a *adjetivo & sustantivo*

• ***adj*** dumb, thick (BrE)

• ***s*** jerk

pendiente *adjetivo, sustantivo femenino & sustantivo masculino*

• ***adj*** **1 estar pendiente de algo** ver ejemplos: *Está pendiente del teléfono.* He's waiting for the phone to ring. | *No estés tan pendiente de lo que dicen los demás.* Don't be so concerned about what other people say. **2 estar/quedar pendiente** (asunto, problema) to be/to be left outstanding: *Eso todavía está pendiente.* That is still outstanding. | **tener un asunto pendiente/unos asuntos pendientes** to have some unfinished business: *Tiene unos asuntos pendientes que tratar con él.* She has some unfinished business to sort out with him.

• *s* [fem] (declive, cuesta) slope

• *s* [masc] (alhaja) earring

pene *s* penis (plural -ses)

penetrar *v* to penetrate | **penetrar en un edificio/una fortaleza etc.** to get into a building/a fortress etc. | **penetrar en territorio enemigo** to advance into enemy territory

penicilina *s* penicillin

península *s* peninsula

penique *s* penny ▶ ver nota en **penny**

penitencia *s* **1** (en religión) penance | **hacer penitencia** to do penance **2** (en un juego) forfeit

pensamiento *s* **1** (lo que se piensa) thought: *pensamientos claros* clear thoughts | **adivinarle el pensamiento a alguien** to read sb's mind **2** (ideología) thinking: *el pensamiento marxista* Marxist thinking **3** (flor) pansy (plural -sies)

pensar *s* **1** (razonar) to think: *Piensa antes de contestar.* Think before you answer. | **pensar en algo/alguien** to think of sth/sb: *Ella piensa en todo.* She thinks of everthing. | *Piensa en el futuro.* Think of the future. | *Sólo piensa en sí misma.* She only thinks of herself. ▶ Cuando no está presente la idea de considerar, de tener en cuenta, se usa **to think about sth/sb**: *¡Tú no piensas más que en la comida!* You think about nothing but food! | *Justo estaba pensando en ti.* I was just thinking about you. **2 pensarlo** to think about it: *Bueno, lo pensaré.* All right, I'll think about it. **3** (opinar, creer) to think: *¿Tú qué piensas?* What do you think? | *–¿Viene Leo? –Pienso que sí.* "Is Leo coming?" "I think so." **4 pensar hacer algo** to intend to do sth: *No pienso llamarlo.* I don't intend to call him.

pensativo, -a *adj* **estar muy pensativo -a** to be deep in thought

pensión *s* **1** (residencia) guesthouse **2** (dinero) pension **3** (que se paga por educación) tuition (AmE), fees *pl* (BrE) **4 media pensión** half board **pensión completa** full board

pentagrama *s* stave

penúltimo, -a *adjetivo & pronombre*

• *adj* second to last, last but one (BrE), penultimate ▶ **penultimate** es formal: *Llegó penúltimo.* He came second to last. | *la penúltima hoja* the second to last page

• *pron* **ser el penúltimo/la penúltima** to be second to last, to be last but one (BrE): *Era la penúltima de la fila.* She was second to last in the line.

peón *s* **1** (rural) worker, farm worker **2 peón (de albañil)** construction worker, labourer (BrE) **3** (en ajedrez) pawn

peor *adj & adv* **1** (comparativo) worse: *Hoy me siento peor.* I feel worse today. | **peor (...) que** worse (...) than: *Sacaste peores notas que yo.* You got worse grades than me. | *Se portó peor que nunca.* He behaved worse than ever. **2** (superlativo) worst: *¿Cuál fue tu peor nota?* Which was your worst grade? | *Es el que peor canta.* He's the one who sings worst. | **el/la peor... del mundo/de la ciudad etc.** the worst... in the world/the city etc.: *Es la peor actriz del mundo.* She is the worst actress in the world. | **el/la peor... del año/del día etc.** the worst... of the year/the day etc.: *Es el peor momento de mi vida.* This is the worst moment of my life. | **el peor libro que he leído en mi vida/la peor canción que he escuchado en mi vida etc.** the worst book I've ever read/the worst song I've ever heard etc. **3 ya ha pasado lo peor/pensé lo peor etc.** the worst is over/I feared the worst etc. | **lo peor es que...** the worst thing is...: *Lo peor es que ni siquiera pidió perdón.* The worst thing is she didn't even say sorry. **4 ser de lo peor** to be terrible: *¿Lo dejaste plantado? Eres de lo peor.* You stood him up? You're terrible.

pepa *s* **1** (de uva, naranja, etc.) seed (AmE), pip (BrE) **2** (de durazno, ciruela, etc.) pit (AmE), stone (BrE) **3** (persona inteligente) **ser una pepa para algo** to be brilliant at sth

pepino *s* cucumber

pequeño, -a *adj* **1** (en tamaño) small: *Se dividieron en pequeños grupos.* They split up into small groups. | **me/le etc. queda pequeño -a** it's too small for me/her etc.: *Estos zapatos me quedan pequeños.* These shoes are too small for me. **2** (en edad) little, small: *cuando tú eras pequeña* when you were little/when you were small **3** (en importancia) small: *Hay un pequeño problema.* There's a small problem.

pera *s* (fruta) pear

peral *s* pear tree

percha *s* **1** (de pie) coat stand **2** (en una puerta, en la pared) coat hook **3** (gancho para el ropero) hanger, coat hanger

perchero *s* **1** (de pared) coat rack: *Déjalo en el perchero.* Hang it on the coat rack. **2** (de pie) coat stand

percibir *v* **1** (notar) to perceive **2** (referido a remuneraciones) to receive

percusión *s* percussion: *instrumentos de percusión* percussion instruments

perdedor, -a *sustantivo & adjetivo*

• *s* loser: *Es mala perdedora.* She's a bad loser.

• *adj* **el equipo/el caballo etc. perdedor** the losing team/horse etc.

perder *v* **1** (un lápiz, dinero, etc.) to lose: *Siempre pierdo las llaves.* I'm always losing my keys. **2** (un partido, un campeonato) to lose: *–¿Cómo salieron? –Perdimos.* "How did you do?" "We lost." | *Perdieron 3 a 2.* They lost 3-2. | **perder por un gol/dos puntos etc.** to lose by a single goal/by two points etc. **3** (un bus, un tren, etc.) to miss: *Apúrate o perderás el avión.* Hurry up or you'll miss the plane. **4 perder (el) tiempo** to waste time: *No podemos perder más tiempo.* We can't waste any more time. ▶ Cuando el énfasis está en lo inútil de lo que se está haciendo, se usa **to waste your time**: *Está perdiendo el tiempo con ese muchacho.* She's wasting her time with that boy. | *No pierdas el tiempo tratando de arreglarlo.* Don't waste your time trying to fix it. **5** (un examen) to fail: *Perdí historia.* I failed history. **6 el balde/la pluma etc. pierde** the bucket/pen etc. leaks, the bucket/pen etc. has a leak | **el caño pierde agua/la pluma pierde tinta etc.** water is leaking from the pipe/ink is leaking from the pen etc. ▶ ver **echarse, esperanza**

perderse *v* **1** (extraviarse) to get lost: *Llegué tarde porque me perdí.* I was late because I got lost. | **se me/le etc. perdió algo** I/he etc. lost sth: *Se me ha perdido el lápiz.* I've lost my pen. **2** (una película, una fiesta, una oportunidad) to miss: *No te pierdas la segunda parte.* Don't miss part two.

pérdida *s* **1** (de dinero, de pertenencias) loss (plural -sses): *pérdidas multimillonarias* losses running into millions **2** (en sentido no material) loss (plural -sses): *una pérdida de identidad* a loss of identity **3 (ser) una pérdida de tiempo** (to be) a waste of time **4** (de gas, líquido) leak

perdido, -a *adj* **1** (extraviado) lost: *un niño perdido* a lost child | **dar algo por perdido** to give sth up for lost **2** (que no comprende) lost: *Estoy muy perdida en inglés.* I'm completely lost in English. **3 una bala perdida** a stray bullet ▶ ver **objeto**

perdiz *s* partridge

perdón *sustantivo & interjección*

• *s* **pedir perdón (por algo)** to apologize (for sth): *Pidió perdón por lo que había hecho.* She apologized for what she had done. | **pedirle perdón (por algo) a alguien** to apologize to sb (for sth): *Le pedí perdón por el error.* I apologized to her for the mistake. ▶ **to say sorry to sb** es frecuente en contextos más coloquiales: *Pídele perdón a tu hermana.* Say sorry to your sister.

• *interj* **1** (para disculparse) sorry: *¡Perdón! No te vi.* Sorry! I didn't see you there. | **perdón por llegar tarde/perdón que te interrumpa etc.** I'm sorry I'm late/I'm sorry to interrupt etc. ▶ **I'm** a menudo se omite en el lenguaje hablado **2** (para llamar la atención) excuse me: *Perdón ¿tiene hora?* Excuse me, do you have the time? **3** (cuando no se oyó bien) sorry?, excuse me? (AmE): *Perdón ¿qué dijo?* Excuse me? What did you say?

perdonar *v* **1 perdona/perdone (a)** (para disculparse) (I'm) sorry ▶ **I'm** a menudo se omite en el lenguaje hablado **(b)** (para llamar la atención) excuse me | **perdonen que interrumpa/perdona que te moleste etc.** (I'm) sorry to interrupt/(I'm) sorry to bother you etc.: *Perdona que insista, pero...* Sorry to go on about this, but... | **perdonar a alguien** to forgive sb: *Nunca lo voy a perdonar.* I'll never forgive him. | *No le perdona que le haya mentido.* She can't forgive the fact that he lied to her. **2 perdonarle un castigo/una deuda etc. a alguien** to let sb off a punishment/a debt etc.: *Me perdonó los diez pesos.* He let me off the ten pesos. | **le/les etc. perdonó la vida** she spared his life/their lives etc.

perecear *v* to laze around

peregrinación *s* pilgrimage | **ir en peregrinación** to go on a pilgrimage: *Fueron en peregrinación a Lourdes.* They went on a pilgrimage to Lourdes.

peregrino, -a *s* pilgrim

perejil *s* parsley

perenne *adj* perennial

pereque *s* nuisance, bother | **poner pereque** to be a nuisance

pereza *s* (cualidad) laziness: *La pereza no es uno de sus defectos.* Laziness isn't one of her faults. | **¡qué pereza!** I'm feeling so lazy! | **me/le etc. da pereza hacer algo** I don't/she doesn't etc. feel like doing sth: *Me da pereza salir ahora.* I don't feel like going out now. ▶ La expresión **don't/didn't feel like it** se usa cuando se decide no hacer lo que se tenía que hacer: *Íbamos a ir pero nos dio pereza.* We were going to go, but we just didn't feel like it.

perezosa *s* (asiento) deck chair

perezoso, -a *adj* lazy

perfección *s* perfection | **a la perfección** perfectly: *Habla inglés a la perfección.* She speaks English perfectly./She speaks perfect English. | *Te conozco a la perfección.* I know exactly what you're like.

perfeccionar *v* **1** (un idioma) to improve **2** (una técnica, un arte) to perfect

perfecto, -a *adj* perfect: *Fue un día perfecto.* It was a perfect day.

perfil *s* **1** (vista de costado) profile: *Tiene un lindo perfil.* She has a beautiful profile. | **de perfil** ver ejemplos: *La veía de perfil.* I could see her profile. | *Ponte de perfil.* Stand with your side facing me. | *una foto de perfil* a photo taken from the side **2** (referido a la manera de actuar) **mantener (un) perfil bajo** to keep a low profile

perfumado, -a *adj* (vela, pañuelo) scented

perfumarse *v* to put some perfume on: *Se perfumó y salió.* She put some perfume on and went out.

perfume *s* **1** (cosmético) eau de toilette ▶ También existe **perfume** que se usa para un perfume más concentrado y sólo cuando es para mujeres: *un perfume francés* a French perfume | *Le regalé un perfume.* I gave her some perfume. | **ponerse un poco de perfume** to put some perfume on | **usar perfume** to wear perfume **2** (de una flor, etc.) scent: *¡Qué rico perfume!* What a lovely scent!

perfumería *s* perfumery (plural -ries)

perico *s* **1** (ave) parakeet **2** (café) strong coffee with a dash of milk ▶ En un bar o un restaurante se pide un **macchiato** **3** (droga) coke, snow ▶ ver **huevo**

periódico, -a *adjetivo & sustantivo*
• *adj* periodic
• **periódico** *s* (diario) newspaper

periodismo *s* journalism

periodista *s* journalist
periodista deportivo sports journalist

período *s* (lapso) period: *un período de tres meses* a three-month period | *un período de prueba* a trial period

perjudicar *v* to damage, to harm: *Perjudica la industria textil nacional.* It damages the country's textile industry./It has a detrimental effect on the country's textile industry. | *No la quiere perjudicar.* He doesn't want to harm her chances./He doesn't want her to lose out. | **salir perjudicado -a** to lose out: *Es el cliente el que sale perjudicado.* It's the customer who loses out.

perjudicial *adj* damaging

perla *s* pearl | **un collar/una pulsera de perlas** a pearl necklace/bracelet
perla natural natural pearl **perla cultivada** cultured pearl

permanecer *v* to remain: *Permaneció callado.* He remained silent.

permanente *adjetivo & sustantivo*
• *adj* permanent
• *s* perm | **hacerse la permanente, hacerse un permanente** to have a perm

permiso *s* **1** (autorización) permission: *Tengo permiso de la profesora.* The teacher has given me permission. | **pedir permiso (para hacer algo)** to ask permission (to do sth): *Pidió permiso para ir al baño.* He asked permission to go to the bathroom. | **darle permiso a alguien (para hacer algo)** to give sb permission (to do sth): *Su papá le dio permiso para salir.* Her dad gave her permission to go out. **2 con permiso (a)** (para abrirse paso) excuse me **(b)** (para entrar a un lugar) may I come in? **3** (en el trabajo) **estar de permiso** to be on leave | **pedir dos días/un mes etc. de permiso** to ask for two days'/a month's etc. leave **4** (documento) **permit** se usa para referirse a un documento oficial. Si te refieres a una autorización dada por escrito, por ejemplo para salir del colegio durante el horario de clase, usa **written permission,** que es incontable: *Necesita un permiso.* He needs written permission.
permiso de trabajo work permit **permiso de residencia** residence permit

permitido, -a *adj* **estar permitido -a** to be allowed: *Aquí no está permitido acampar.* Camping isn't allowed here./You aren't allowed to camp here.

permitir *v* **permitirle a alguien hacer algo/permitir que alguien haga algo** to let sb do sth, to allow sb to do sth: *No permitas que te hable así.* Don't let him talk to you like that./Don't allow him to talk to you like that. | *Nos permitieron salir más temprano.* They allowed us to leave early./They let us leave early. | **¿me permite (pasar)?** excuse me, please | **¿me permite el teléfono?** could I use your phone, please? | **no se permite acampar/fumar etc.** camping/smoking etc. is not allowed ▶ **no camping/no smoking** es lo que aparecería en un cartel | **si el tiempo lo permite** weather permitting: *El partido se va a jugar el domingo si el tiempo lo permite.* The game will be played on Sunday, weather permitting.

pero *conjunción & sustantivo*
• *conj* **1** (para marcar oposición) but: *Es lindísimo, pero muy caro.* It's really nice, but very expensive. | *Ella fue, pero yo no.* She went, but I didn't. **2** El uso de *pero* para expresar enojo, etc. no tiene equivalente en inglés: *¡Pero por favor, ten un poco de cuidado!* Be careful, will you! | *Pero ¿por qué no me avisaste?* Why didn't you tell me, for heaven's sake?
• *s* (objeción) objection: *No puso ni un pero.* He didn't raise any objection.

perpendicular *adj* **perpendicular a algo** at right angles to sth, perpendicular to sth ▶ **perpendicular** se usa en geometría y en contextos técnicos: *una calle perpendicular a la avenida* a street which crosses the avenue at right angles

perpetua ▶ ver **cadena**

perplejo, -a *adj* **quedarse perplejo -a** to be perplexed, to be puzzled: *Se quedó perpleja.* She was perplexed./She was puzzled.

perrera *s* **1** (lugar) dog pound **2** (vehículo) dog-catcher's van

perrito *s* **1** (cachorrito) puppy (plural -ppies) **2** (para tender la ropa) clothespin (AmE), clothes peg (BrE)
perrito caliente hot dog

perro, -a *s* **1** (animal) dog ▶ **dog** es el término que se usa para referirse tanto a un perro como a una perra. En contextos en que es importante saber el sexo, se usa **bitch** para referirse a una hembra **2 se llevan/llevaban etc. como perro y gato** they fight/they fought etc. like cat and dog **3 una vida de perros** a dog's life | **un humor de perros** a foul mood
perro caliente hot dog **perro de la calle, perro callejero** stray, stray dog **perro guardián** guard dog **perro salchicha** dachshund ▶ También existe **sausage dog** que es más coloquial

persecución *s* **1** (ideológica, religiosa) persecution **2** (física) chase: *una escena de persecución* a chase scene ▶ Cuando se menciona a quién se persigue, se dice **pursuit**: *Iban en persecución del ladrón.* They were in pursuit of the thief.

perseguir *v* **1** (tratar de atrapar) to chase: *un perro persiguiendo a un gato* a dog chasing a cat ▶ También existe **to pursue** que es más formal **2** (seguir con insistencia) **perseguir a alguien** to follow sb around: *Nos perseguía por todos lados.* He kept following us around. **3** (acosar) to pester: *La perseguía para que saliera con él.* He kept pestering her to go out with him. **4** (por razones ideológicas) to persecute

persiana *s* blind

persignarse *v* to cross yourself

persistente *adj* persistent

persona *s* **1** (ser humano) person (plural people): *Es la persona indicada.* He's the right person. | *un grupo de seis o siete personas* a group of six or seven people ► **person** se usa menos en inglés que *persona* en español. Fíjate en los ejemplos: *Es muy buena persona.* He's very nice. | *Hay una persona que quiere hablar contigo.* There's somebody who wants to talk to you. | *Entrevistaron a todas las personas que lo habían visto ese día.* They interviewed everybody who had seen him that day. **2 en persona** in person: *Quiso felicitarla en persona.* He wanted to congratulate her in person. ► Cuando se trata de ver a alguien famoso, se usa **in the flesh**: *Lo vi en persona.* I saw him in the flesh. **3** (gramatical) person: *la tercera persona* the third person

persona mayor **(a)** (adulto) grown-up **(b)** (anciano) elderly person (plural elderly people)

personaje *s* character: *el personaje principal* the main character

personal *adjetivo & sustantivo*

• *adj* personal

• *s* (empleados) staff

personalidad *s* **1** (carácter) personality (plural -ties) | **tener personalidad** to have character | **tener mucha personalidad** to have a strong personality: *Tiene mucha personalidad.* She has a strong personality. **2** (del mundo del espectáculo, de la moda, etc.) celebrity (plural -ties) **3** (del mundo de la política, la ciencia, etc.) important figure

personalmente *adv* **1** (en persona) in person: *Tengo que ir personalmente.* I have to go in person. **2** (al expresar opiniones, etc.) personally: *Personalmente, creo que es un disparate.* Personally, I think it's crazy.

perspectiva *s* **1** (punto de vista) perspective: *Míralo desde otra perspectiva.* Look at it from a different perspective. **2** (de un dibujo, cuadro) perspective: *Le falta perspectiva.* It's not in perspective. **3** (de futuro) prospect: *perspectivas de trabajo* job prospects

persuadir *v* to persuade

persuasivo, -a *adj* persuasive

pertenecer *v* **1** (ser propiedad de) **pertenecer a algo/alguien** to belong to sth/sb: *Esos terrenos pertenecen al Estado.* That land belongs to the State. **2** (ser integrante de) to be a member of, to belong to: *Pertenecen a un grupo terrorista.* They are members of a terrorist organization./They belong to a terrorist organization.

perteneciente *adj* **perteneciente a algo/alguien** **(a)** (propiedad de) belonging to sth/sb: *tierras pertenecientes a la Corona* land belonging to the Crown **(b)** (miembro de) from: *niños pertenecientes a diferentes colegios* children from different schools

Perú o **el Perú** *s* Peru

peruano, -a *adjetivo & sustantivo*

• *adj* Peruvian

• *s* Peruvian | **los peruanos** (the) Peruvians

perverso, -a *adj* evil, wicked

pesa *s* **1** weight ► Las que se sostienen una en cada mano para fortalecer los músculos de los brazos, etc. se llaman **dumbbells** | **hacer pesas** to do weight training **2** (balanza) scale (AmE), scales *pl* (BrE)

pesadilla *s* nightmare: *Tuve una pesadilla horrible.* I had a horrible nightmare.

pesado, -a *adjetivo & sustantivo*

• *adj* **1** (de mucho peso) heavy: *Esta maleta es pesadísima.* This suitcase is really heavy. **2** (fastidioso, molesto) **ser pesado -a** to be a pain, to be a pain in the neck: *No seas tan pesada.* Stop being such a pain./Stop being such a pain in the neck. **3** (referido al tiempo) close: *Hoy está muy pesado.* It's very close today. **4** (en música) **música pesada/rock pesado** metal: *una banda de rock pesado* a metal band **5** (referido a comidas) heavy: *una comida pesada* a heavy meal | **me/le etc. cayó pesado -a** it didn't agree with me/him etc. **6 tener el sueño pesado** to be a heavy sleeper **7** (aburrido) (clase, película) boring **8** (trabajoso) hard: *Es un trabajo pesado* It's hard work. | *Se nos hizo pesado subir la cuesta.* It was hard work climbing the hill.

• *s* (persona fastidiosa) pain, pain in the neck: *Es un pesado.* He's a pain./He's a pain in the neck.

pésame *s* **darle el pésame a alguien** to offer sb your condolences | **mi más sentido pésame** my deepest sympathies

pesar *verbo & sustantivo*

• *v* **1 pesar 100 gramos/50 kilos etc.** to weigh 100 grams/50 kilos etc.: *¿Cuánto pesas?* How much do you weigh? | *Pesa tres kilos.* It weighs three kilos. **2** (algo o a alguien en una balanza) to weigh: *Pesemos las maletas.* Let's weigh the suitcases. **3** (ser muy pesado) to be heavy: *Este bolso no pesa nada.* This bag isn't at all heavy.

pesarse *v* to weigh yourself: *Se pesa todos los días.* She weighs herself every day.

• *s* **1** (dolor, tristeza) sorrow **2** (lástima) **¡qué pesar!** what a shame!, what a pity! **3 a pesar de eso/de la lluvia etc.** in spite of that/of the rain etc.: *A pesar de los nervios, cantó bien.* He sang well, in spite of his nerves. | *A pesar de todo, la pasamos bien.* In spite of everything, we had a good time. | **a pesar de estar cansado/de que lo sabía etc.** even though he was tired/he knew etc., although he was tired/he knew etc.: *a pesar de que nunca lo había visto* even though I'd never seen him/although I'd never seen him

pesca *s* fishing | **ir/salir de pesca** to go fishing

pescadería *s* fish market (AmE), fishmonger's (BrE)

pescado *s* **1** (como alimento) fish (plural fish): *No come pescado.* She doesn't eat fish. **2** (vivo) fish (plural fish): *pescaditos de colores* goldfish

pescador, -a *s* (hombre) fisherman (plural -men), (mujer), fisherwoman (plural -women) ▶ Para el pescador que pesca por hobby se dice también **angler**

pescar *v* **1** (una trucha, una corvina, etc.) to catch | **ir/salir a pescar** to go fishing **2** (una pulmonía, un resfrío, etc.) to catch **3** (a alguien in fraganti) to catch: *La pescaron copiándose.* She was caught copying.

pescarse *v* (una pulmonía, un virus) to catch

pescuezo *s* neck

pese a *prep* **pese a todo/a las críticas etc.** despite everything/the criticism etc.: *El partido se jugó pese a la lluvia.* The game went ahead despite the rain. | **pese a que no vinieron/no hubo tiempo etc.** despite the fact that they didn't come/that there was no time etc., even though they didn't come/there was no time etc.

pesebre *s* (en Navidad) Nativity scene, creche (AmE), crib (BrE): *Ya han armado el pesebre.* They've already set up the Nativity scene.

pesimismo *s* pessimism

pesimista *adjetivo & sustantivo*

• *adj* pessimistic

• *s* pessimist

pésimo, -a *adjetivo & adverbio*

• *adj* terrible: *La película es pésima.* The movie is terrible.

• *adv* terribly: *Te portaste pésimo.* You behaved terribly.

peso *s* **1** (de un objeto, una persona) weight | **¿qué peso tiene?** how much does it weigh? | **bajar de peso, perder peso** to lose weight: *Ha bajado mucho de peso.* She's lost a lot of weight. | **subir de peso, ganar peso** to put on weight: *Creo que he subido de peso.* I think I've put on weight. **2** (carga) ver ejemplos: *No lleves tanto peso.* Don't carry so much. | *Es mucho peso para mí.* It's too heavy for me. **3** (moneda) peso: *¿Tienes cinco pesos?* Do you have five pesos? | **no tengo ni un peso** I don't have a single penny **4 me quité/te quitaste etc. un peso de encima** that's a weight off my/your etc. mind

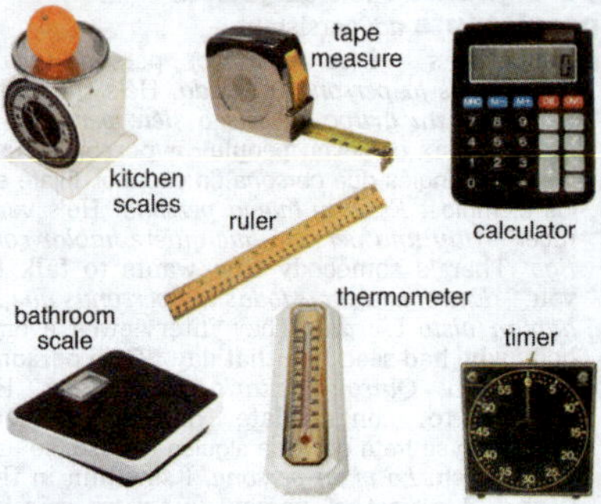

pestaña *s* eyelash (plural -shes)

pestañear *v* to blink

pestañina *s* mascara

peste *s* **1** (epidemia) plague **2** (resfriado) cold

pesticida *s* pesticide

pestillo *s* **1** (cerrojo) bolt | **echar el pestillo** to bolt the door/gate etc. **2** (parte de una cerradura) latch (plural -ches)

petaca *s* **1** (baúl) chest **2** (cesto) basket **3** (para bebida alcohólica) flask, hipflask **4** (maleta) suitcase

pétalo *s* petal

petaquita *s* ladybug (AmE), ladybird (BrE)

petardo *s* firecracker, banger (BrE) | **tirar petardos** to set off firecrackers, to let off bangers (BrE)

petróleo *s* oil

petrolero, -a *adjetivo & sustantivo*

• *adj* **una empresa petrolera/un pozo petrolero** an oil company/an oil well

• **petrolero** *s* (o **barco petrolero**) oil tanker

pez *s* fish (plural fish)

pez de colores tropical fish **pez espada** swordfish

pezón *s* nipple

pezuña *s* hoof (plural hooves o hoofs)

pianista *s* pianist

piano *s* piano: *Julia sabe tocar el piano.* Julia can play the piano.
piano de cola grand piano

piar *v* **1** (pájaro) to chirp, to tweet **2** (pollito) to cheep

picada *s* **1** (para comer) nibbles *pl*: *¿Quieres una picada?* Do you want some nibbles? **2** (punzada) shooting pain **3 caer en picada (a)** (avión) to nosedive **(b)** (precios, acciones) to plummet

picado, -a *adj* **1 ajo/perejil etc. picado** chopped garlic/parsley etc.: *Agregue una cebolla picada.* Add a chopped onion. ▶ ver **carne** **2** (cariado) bad: *Tiene todos los dientes picados.* All his teeth are bad. ▶ También se puede decir **all his teeth have cavities** que es más formal o técnico **3** (referido al mar) rough **4** (enojado) **estar picado -a (con alguien)** to be annoyed (with sb)

picadura *s* **1** (de un mosquito, una víbora) bite **2** (de una abeja, una avispa) sting

picante *adj* hot: *una salsa picante* a hot sauce

picaporte *s* door handle

picar *v* **1** (cebolla, perejil, etc.) to chop **2** (carne) to grind (AmE), to mince (BrE) **3** (comer) ver ejemplos: *¿Quieren picar algo?* Do you want some nibbles?/Do you want some munchies? | *Trajeron algo para picar.* They brought some nibbles./They brought some munchies. **4** (mosquito, víbora) to bite: *Me picó un mosquito.* I was bitten by a mosquito. **5** (abeja, avispa) to sting: *¿Dónde te picó?* Where did it sting you? **6** (dar picazón) to tickle, to be itchy: *Esta lana pica.* This wool tickles./This wool is itchy. | **me pica la cabeza/le pica la espalda etc.** my head/his back etc. itches **7** (pelota) to bounce: *Picó justo en la línea.* It bounced right on the line. **8** (quemar) **el sol pica/picaba muchísimo** the sun is/was really hot **9** (pez) to bite
picarse *v* **1** (enojarse) to be put out, to be annoyed **2** (inyectarse) to shoot up

picas *s pl* (en naipes) spades

picazón *s* itch (plural -ches)

pichear *v* to pitch

pichel *s* pitcher (AmE), jug (BrE)

pichón *s* chick

picnic *s* picnic | **ir de picnic** to go for a picnic

pico *s* **1** (de un pájaro) beak **2** (de una montaña) peak **3** (con la hora, edades, cantidades) **son las tres/las cinco etc. y pico** it's after three/five etc. | **tiene 30 y pico/40 y pico etc.** he's 30 something/40 something etc. | **éramos 20 y pico/50 y pico etc.** there were 20 odd of us/50 odd of us etc. **4 cerrar el pico** (callarse) to shut up: *¿Por qué no cierras el pico?* Why don't you shut up? **5** (herramienta) pick ▶ ver **hora**

picor *s* (picazón) itch (plural -ches) | **tengo picor en los ojos/la pierna etc.** my eyes are itchy/my leg is itchy etc.

pie *s* **1** (de una persona) foot (plural feet): *Quita los pies del sillón.* Take your feet off the couch. **2 a pie** Existe la expresión **on foot** pero más frecuentemente se usa el verbo **to walk**: *Vinieron a pie.* They walked here./They came on foot. | *Es demasiado lejos para ir a pie.* It's too far to walk. **3 al pie (de)** (muy cerca) just around the corner (from): *La plaza queda al pie del hotel.* The square is just around the corner from the hotel. **4 de pie** standing: *Había mucha gente de pie.* There were a lot of people standing. | **ponerse de pie** to stand up **5 hago/no hace etc. pie** I can/he can't etc. touch the bottom **6 seguir en pie (a)** (plan) to be still on: *El plan sigue en pie.* The plan is still on. **(b)** (propuesta) to stand: *No sé si la propuesta sigue en pie.* I don't know if the offer still stands. **7 levantarse con el pie izquierdo** to get up on the wrong side of the bed (AmE), to get out of bed on the wrong side (BrE) **8 no tener ni pies ni cabeza** to make no sense whatsoever: *Lo que dice no tiene ni pies ni cabeza.* What he's saying makes no sense whatsoever. **9 dar pie a algo** to give rise to sth: *Dio pie a muchas críticas.* It gave rise to a lot of criticism. **10 al pie de la letra (a)** (exactamente) to the letter: *Sigan las instrucciones al pie de la letra.* Follow the instructions to the letter. **(b)** (literalmente) literally: *Se lo tomó al pie de la letra.* He took it literally. **11** (de una lámpara) base **12** (de una montaña) foot **13** (de una página) foot **14** (al comprar algo) deposit, down payment
pie plano: **tener pie plano** to have flat feet/to be flat-footed

piedad *s* (compasión) mercy | **tener piedad de alguien** to have pity on sb: *Tengan piedad de los niños.* Have pity on the children.

piedra *s* **1** (material, pedazo) stone | **una casa/una pared de piedra** a stone house/wall **2** (de granizo) hailstone
piedra pómez, piedra poma pumice stone
piedra preciosa precious stone

piel *s* **1** (de una persona) skin: *Tiene la piel suave.* She has smooth skin. | **tener (la) piel de gallina** (por el frío) to have goose bumps | **se me/le etc. pone la piel de gallina** (por el miedo, la impresión) I get/he gets etc. goose bumps **2** (de un animal) fur: *piel de zorro* fox fur | *Tenían una piel de tigre en el piso.* They had a tiger skin on the floor. | **un abrigo/un gorro de piel** a fur coat/hat **3** (de duraznos, uvas, tomates) skin
piel roja redskin, Red Indian ▶ Estos términos sólo se usan en novelas y películas del oeste y hoy en día resultarían ofensivos, al igual que piel roja en español

pierde *s* **la película/el programa etc. no tiene pierde** don't miss this movie/program etc. (AmE), don't miss this film/programme etc. (BrE)

pierna *s* leg: *Se rompió una pierna.* He broke his leg.

pieza *s* **1** (dormitorio) bedroom: *Cada uno tiene su pieza.* They each have their own bedroom.

¿Quieres una lista de frases útiles para hablar de ti mismo? Consulta la **guía de comunicación** al final del libro.

2 (de un auto, una máquina) part: *Tuve que cambiarle algunas piezas.* I had to replace a few parts. **3** (de un rompecabezas, un juego, etc.) piece: *Falta una pieza.* There's a piece missing. **4** (objeto, obra) piece: *Es una pieza única.* It's a unique piece.

pijama *s* ▶ ver **piyama**

pila *s* **1** (batería) battery (plural -ries): *Cámbiale las pilas.* Change the batteries. | **una radio/un juguete de pila(s)** a battery-operated radio/toy **2** (montón) pile: *una pila de libros* a pile of books **3 una pila de algo/pilas de algo** (gran cantidad) loads of sth, lots of sth: *Tengo una pila de cosas que hacer.* I have loads of things to do. **4 ponerse las pilas (a)** (apurarse) to get a move on: *Ponte las pilas que es tarde.* Get a move on, it's late. **(b)** (esforzarse) to get your act together, to knuckle down: *Se puso las pilas y aprobó.* He got his act together and passed./He knuckled down and passed.

pilar *s* **1** (columna) pillar **2** (sostén) mainstay

píldora *s* pill | **la píldora (anticonceptiva)** the (contraceptive) pill

pillar *v* to catch: *La pillé tratando de robarme dinero.* I caught her trying to steal money from me. | *Me pilló desprevenido.* He caught me unawares.

pillarse *v* (encontrarse) **pillarse con alguien** to bump into sb: *Me pillé con Leo y nos fuimos al cine.* I bumped into Leo and we went to the movies. | **pillarse con algo** to come across sth: *Recorriendo la Web, me pillé con esta página.* I came across this page when I was surfing the Web.

pilotear *s* **1** (un avión) to fly, to pilot **2** (un auto de carreras) to drive

piloto *sustantivo & adjetivo*

- *s* **1** (de avión) pilot **2** (de un auto de carreras) driver **3** (de un calentador, una estufa, etc.) pilot light

piloto automático automatic pilot

- *adj* **un plan/un proyecto piloto** a pilot plan/project

pimentón *s* **1** (o **pimiento**) (vegetal) pepper **2** (polvo) paprika

pimienta *s* pepper

pimienta blanca white pepper **pimienta negra** black pepper

PIN *s* (código) PIN, PIN number

pincel *s* **1** (para pintar) brush (plural -shes), paintbrush (plural -shes) **2** (para maquillarse) brush (plural -shes)

pinchar *v* **1** (en un auto) to have a flat (AmE), to have a flat tire (AmE), to have a puncture (BrE): *–¿Qué les pasó? –Pinchamos.* "What happened to you?" "We had a flat." **2** (un globo, una burbuja) to burst: *No pinches el globo.* Don't burst the balloon. **3** (lastimar) to be prickly, to be scratchy: *Este suéter pincha.* This sweater is prickly. | *Tu barba me pincha.* Your beard is scratchy.

pincharse *v* **1** (con una aguja, etc.) to prick yourself: *Me pinché con el cactus.* I pricked myself on the cactus. | **pincharse el dedo/la mano etc.** to prick your finger/hand etc. **2 se me/le etc. pinchó una llanta** I/he etc. had a flat (AmE), I/he etc. had a flat tire (AmE), I/he etc. had a puncture (BrE) **3** (globo) to burst

pinchazo *s* **1** (de una rueda) **tener un pinchazo** to have a flat (AmE), to have a flat tire (AmE), to have a puncture (BrE) **2** (de una inyección, una espina, etc.) prick

ping pong *s* table tennis, Ping-Pong®

pingüino *s* penguin

pino *s* **1** (árbol) pine, pine tree **2** (madera) pine | **una mesa/un ropero de pino** a pine table/wardrobe

pinta *s* (aspecto) Se usan construcciones con **to look** o **to look like**: *La carne tiene buena pinta.* The meat looks good. | *¡No vas a ir con esa pinta!* You're not going out looking like that! | *Mira la pinta de Fede con ese sombrero.* What does Fede look like with that hat on! | **tener pinta de algo** to look like sth: *Tiene pinta de policía.* He looks like a cop.

pintado, -a *adjetivo & sustantivo*

- *adj* **1 estar pintado -a de azul/blanco etc.** to be painted blue/white etc.: *Está todo pintado de blanco.* It's all painted white. **2** (maquillado) made up: *Tenía los ojos pintados.* He was wearing eye make-up.
- **pintada** *s* piece of graffiti: *Había una pintada que decía: ¡Fuera!* There was a piece of graffiti that said: Out! ▶ El plural *pintadas* se traduce por el sustantivo incontable **graffiti**: *paredes llenas de pintadas* walls covered in graffiti

pintalabios *s* lipstick

pintar *v* **1** (una pared, un mueble, un cuadro) to paint: *Tenemos que pintar la cocina.* We need to paint the kitchen. | *Pinta al óleo.* He paints in oils. | **pintar algo de blanco/verde etc.** to paint sth white/green etc.: *Pinté la puerta de rojo.* I painted the door red. **2** (colorear) **pintar algo** to color sth in (AmE), to colour sth in (BrE): *Dibujó una vaca y la pintó.* She drew a cow and colored it in.

pintarse *v* (maquillarse) to put make-up on, to put some make-up on: *Me pinto sólo para ir a una fiesta.* I only put make-up on when I go to a party. | *Píntate un poco.* Put some make-up on. | *No se pinta.* She doesn't wear make-up. ▶ A menudo se usa el posesivo: *Me tengo que pintar.* I have to put my make-up on. | **pintarse los ojos** to put eye make-up on, to put some eye make-up on | **pintarse los labios** to put lipstick on, to put some lipstick on | **pintarse las uñas** to put some nail polish on

pintor, -a *s* **1** (de paredes) painter, decorator **2** (artista) painter, artist

pintoresco, -a *adj* picturesque

pintura *s* **1** (producto) paint: *Dale una mano de pintura.* Give it a coat of paint. **2** (arte) painting: *la pintura moderna* modern painting **3** (cuadro) painting: *una pintura de Frida Kahlo* a painting by Frida Kahlo

pinza *sustantivo & sustantivo plural*
- *s* **1** (para tender ropa) clothespin (AmE), clothes peg (BrE) **2** (en la ropa) dart **3** (de un cangrejo, una langosta) pincer
- **pinzas** *s pl* **1** (herramienta) pliers **2** (de cejas) tweezers **3** (de cocina) tongs

piña *s* **1** (fruta) pineapple **2** (de un pino) pine cone

piñón *s* **1** (fruta seca) pine nut **2** (de una bicicleta) sprocket wheel

piojo *s* louse (plural lice) | **tener piojos** to have lice

piola *s* (de algodón, etc.) string

pionero, -a *s* pioneer

pipa *s* **1** (para fumar) pipe | **fumar (en) pipa** to smoke a pipe **2** (camión cisterna) tanker

pipeta *s* **1** (de laboratorio) pipette **2** (de gas) cylinder

pipí *s* pee | **hacer pipí** to pee, to have a pee: *Tengo ganas de hacer pipí.* I need to pee./I need to have a pee.

pipocas *s pl* popcorn

pique *sustantivo & sustantivo plural*
- *s* **irse a pique (a)** (barco) to sink **(b)** (proyecto) to fall through, to fail **(c)** (negocio) to go under
- **piques** *s pl* (en naipes) spades

piquete *s* **1** (de huelguistas) picket **2** (para comer) snack **3** (de insecto) sting **4** (con una aguja, etc.) prick

pirámide *s* pyramid

pirata *sustantivo & adjetivo*
- *s* **1** (corsario) pirate **2** (de software, discos) pirate
- *adj* **una copia pirata** a pirate copy | **un disco/una edición pirata** a pirate album/edition, a bootleg album/edition

piropo *s* compliment ▶ **compliment** se usa cuando se conoce a la persona que recibe el piropo y ella se siente halagada. Pero los piropos que se dicen por la calle no son comunes en la cultura anglosajona | **decirle un piropo a alguien** to pay sb a compliment ▶ El equivalente cultural de decirle un piropo a alguien por la calle es **to whistle at sb** (silbarle a alguien)

pirueta *s* pirouette | **hacer piruetas** to do pirouettes

pis *s* ▶ ver **pipí**

pisada *s* (huella) footprint, print

pisar *v* **1** (caminar sobre) to step on, to tread on: *Pisé un chicle.* I stepped on some chewing gum. ▶ Si se trata de cosas como barro, etc., se dice **to step in** o **to tread in**: *Has pisado caca de perro.* You stepped in some dog mess. **pisar a alguien** to step on sb's foot: *¡Me pisaste!* You stepped on my foot! **2 pisar el freno/el acelerador** to put your foot on the brake/accelerator **3** (ir a, venir a) to set foot in: *No volveré a pisar tu casa.* I'll never set foot in your house again. **4** (al comprar algo) **pisar una computadora/un carro etc.** to put a deposit down on a computer/a car etc.

pisarse *v* to go: *Es tarde. Me piso.* It's late. I'm going./I'm off. | **pisárselas** to run off

piscina *s* swimming pool

Piscis *s* Pisces: *Es (de) Piscis.* He's a Pisces./He's a Piscean.

piso *s* **1** (suelo) floor: *Se sentó en el piso.* He sat down on the floor. **2** (de un edificio) floor: *Vivo en el primer piso.* I live on the first floor. ▶ Mira la nota en **floor** | **una casa de dos pisos/un edificio de diez pisos** a two-story house/a ten-story building (AmE), a two-storey house/a ten-storey building (BrE)

pisotear *v* **1** (pisar) **pisotear algo** to trample over sth: *No pisoteen las plantas.* Don't trample over the plants. **2** (maltratar) **pisotear a alguien** to walk all over sb: *No te dejes pisotear.* Don't let them walk all over you.

pisotón *s* **darle un pisotón a alguien** to step on sb's foot: *¡Me diste un pisotón!* You stepped on my foot!

pista *s* **1** (indicio) clue: *Dame una pista.* Give me a clue. **2** (rastro) **estar tras/sobre la pista de alguien** to be on sb's trail | **seguirle la pista a alguien** to be on sb's trail **3 pista (de aterrizaje)** runway **4 pista (de atletismo)** track **5 pista (de baile)** dance floor **6 pista (de carreras)** track, racetrack **7 pista (de esquí)** slope, ski slope **8 pista (de patinaje)** (skating) rink **9** (en electrónica, computación) track

pistacho *s* pistachio

pistola *s* gun: *Me apuntó con una pistola.* She aimed a gun at me. ▶ También existe **pistol** que es un poco más formal o técnico

pistola de agua water pistol

pita *s* (cordel) string

pitar *v* **1** (hacer de árbitro) to referee | **pitar un partido/una final etc.** to referee a game/a final etc., to referee a match/a final etc. (BrE) **2 pitarle un penalti/una falta a alguien** to award a penalty/a foul against sb **3** (en un vehículo) to sound your horn, to honk your horn

pitillo *s* (para beber) straw

pito *s* **1** (silbato) whistle | **tocar el pito** to blow your whistle **2** (de un vehículo) horn | **tocar el pito** to sound your horn, to honk your horn **3 entre pitos y flautas** what with one thing and another: *Entre pitos y flautas habremos gastado*

¿Quieres más información sobre los **verbos modales**? Hay una explicación en el apartado de gramática.

cien pesos. What with one thing and another we must have spent a hundred pesos. **4** (de marihuana) joint

piyama *s* pajamas *pl* (AmE), pyjamas *pl* (BrE): *un piyama de seda* silk pajamas | *Compró una/un piyama azul.* He bought a pair of blue pajamas.

pizarra *s* slate

pizarra blanca (para marcadores) whiteboard

pizarrón *s* board, blackboard: *Borra el pizarrón.* Wipe the board. | *Lo escribió en el pizarrón.* She wrote it up on the blackboard.

pizca *s* **1** (de sal) pinch (plural -ches): *Agregar una pizca de sal.* Add a pinch of salt. **2** (de azúcar, pimienta, etc.) little bit: *Necesita una pizca de azúcar.* It needs a little bit of sugar in it.

pizza *s* pizza

pizzería *s* pizzeria, pizza place

placa *s* **1** (de metal) plate **2** (de vidrio) sheet **3** (con una inscripción) plaque: *una placa conmemorativa* a commemorative plaque **4** (de un vehículo) (número) license number (AmE), registration number (BrE), (chapa), license plate (AmE), number plate (BrE)

placa dental plaque **placa de video** video card **placa de sonido** sound card **placa de red** network card

placer *s* pleasure: *Ha sido un placer conocerla.* It's been a pleasure to meet you.

plaga *s* plague

plagado, -a *adj* **estar plagado -a de niños/turistas etc.** to be swarming with children/tourists etc. | **estar plagado -a de errores** to be full of mistakes

plagiar *v* **1** (copiar) to plagiarize **2** (secuestrar) to kidnap

plagio *s* **1** (copia) **ser un plagio de algo** to be a copy of sth: *Es un plagio de una canción de Diamond.* It's a copy of a song by Diamond. **2** (delito de copiar) plagiarism **3** (secuestro) kidnap, kidnapping

plan *s* plan | **tener planes** to have plans: *No tengo planes para esta noche.* I don't have any plans for tonight. | **cambiar de planes** to change your plans: *Cambié de planes a último momento.* I changed my plans at the last minute.

plana ▶ ver **primero**

plancha *s* **1** (para planchar) iron **2** (para cocinar) griddle | **a la plancha** grilled: *pescado a la plancha* grilled fish **3** (lámina) sheet: *una plancha de acero* a sheet of steel **4** (en natación) **hacer la plancha** to float on your back

plancha a vapor steam iron

planchar *v* (un pañuelo, vestido) to iron: *Odio planchar camisas.* I hate ironing shirts. ▶ Para prendas que se planchan con un paño húmedo se usa el verbo **to press**: *¿Me planchas los pantalones?* Could you press my pants for me? ▶ **planchar** en el sentido de ocuparse de la tarea doméstica se dice **to do the ironing**: *En casa plancha mi esposo.* In our house it's my husband who does the ironing.

planeador *s* glider

planear *s* **1** (planificar) to plan: *Están planeando una fiesta.* They're planning a party. **2** (avión, ave) to glide

planeta *s* planet: *seres de otro planeta* beings from another planet

planets

planificación *s* planning

planificar *v* to plan

planilla *s* (formulario) form

planilla de cálculo spreadsheet **planilla de sueldos** payroll

plano, -a *adjetivo & sustantivo*

• *adj* (superficie) flat ▶ ver **pie**

• **plano** *s* **1** (de una casa) plan **2** (de una ciudad, del metro) map **3** (aspecto, nivel) level | **en el plano personal/profesional etc.** personally/professionally etc.: *Le va muy bien en el plano profesional.* Things are going very well for him professionally. **4** (en cine) shot: *un plano del protagonista* a shot of the star **5** (en geometría) plane ▶ ver **primer plano** en **primero**

planta *s* **1** (vegetal) plant: *Me regaló una planta.* She gave me a plant. **2** (fábrica, instalación) plant: *una planta de energía eléctrica* a power plant

planta baja first floor (AmE), ground floor (BrE): *Vive en la planta baja.* She lives on the first floor. **planta del pie** sole of your foot

plantación *s* plantation

plantado, -a *adj* **1 dejar plantado -a a alguien** to stand sb up: *Me dejó plantado.* She stood me up. **2** (sembrado) **un campo plantado de soya/trigo etc.** a field planted with soy/wheat etc.

plantar *v* **1** (plantas, árboles, etc.) to plant: *Plantaron trigo.* They planted wheat. **2 plantar a alguien** to stand sb up: *Nos plantó.* She stood us up.

plantarse *v* (en juegos de cartas) to stick: *Se plantó en 19.* She stuck on 19.

plantear *v* **1** (mencionar) (un tema, un asunto) to outline: *Plantearon una posible solución.* They outlined a possible solution. | **plantearle algo a alguien** to raise sth with sb: *Le planteamos la cuestión al profesor.* We raised the issue with the teacher. **2** (crear) **plantear un problema** to pose a problem: *Esto nos plantea un serio problema.* This poses a serious problem for us.

plantearse *v* **1** (considerar) to consider: *Se planteó estudiar cine.* He considered studying film. | *Nos planteamos si valía la pena.* We asked ourselves whether it was worth the trouble. **2** (surgir) (problema, dificultad) to arise, to come up: *Se nos ha planteado un nuevo problema.* A new problem has arisen./A new problem has come up.

plantel *s* **1** (empleados) staff: *el plantel de profesores* the teaching staff **2** (de jugadores) squad: *Estaba todo el plantel entrenando.* The whole squad was training. **3** (escuela) school, establishment: *La directora del plantel habló con los niños.* The principal of the school talked to the children./The principal of the establishment talked to the children.

plantilla *s* **1** (de los zapatos) insole **2** (en computación) template

plástico, -a *adjetivo & sustantivo*

• *adj* ▶ ver **cirugía**

• **plástico** *s* **1** (material) plastic | **un balde/una bolsa de plástico** a plastic bucket/bag **2** (cubierta) plastic sheet: *Tápalo con un plástico.* Put a plastic sheet over it.

plastificar *v* **1** (un documento) to laminate: *Lo hice plastificar.* I had it laminated. **2** (el piso) to varnish

plastilina® o **plasticina®** *s* Play-Doh®, Plasticine® (BrE) | **un muñequito de plastilina** a Play-Doh figure/a figure of Play-Doh

plata *s* **1** (dinero) money: *Tienen mucha plata.* They have a lot of money. ▶ ver **podrido** **2** (metal) silver | **una bandeja/una pulsera de plata** a silver tray/bracelet | **una bandeja/una pulsera bañada en plata** a silver-plated tray/bracelet

plataforma *s* **1** (tarima) platform **2** (de los zapatos) platform: *zapatos de plataforma* platform shoes **3** (de un partido político) platform

plataforma continental continental shelf (plural shelves)

plátano *s* El fruto grande que se come cocido se llama **plantain**. El más pequeño y dulce, (que en algunos países se conoce como *banano, banana* o *cambur*) se llama **banana** en inglés

platea *s* (en un teatro) orchestra (AmE), stalls *pl* (BrE)

plateado, -a *adj* **un botón plateado/una hebilla plateada** a silver button/buckle

platero *s* dish rack

plática *s* **1** (conversación) talk **2** (conferencia) talk

platicar *v* **1** (conversar) to talk, to chat | **platicar sobre/acerca de algo** to talk about sth | **platicar con alguien** to talk to sb **2** (contar) **platicarle algo a alguien** to tell sb sth

platillo *s* **1** (de una batería) cymbal **2** (de una balanza) pan

platillo volador flying saucer

platino *s* (metal) platinum | **un anillo/un alambre de platino** a platinum ring/wire

plato *s* **1** (utensilio) plate: *Rompió un plato.* He broke a plate. | **lavar los platos** to do the dishes (AmE), to wash up (BrE) **2** (porción) plate: *Me comí dos platos de arroz.* I ate two plates of rice. **3** (de una taza) saucer **4** (parte de una comida) course: *El primer plato era sopa.* The first course was soup. **5** (comida) dish (plural -shes): *un plato típico de la región* a traditional dish of the region **6 ¡qué plato!** (referido a algo cómico) what a laugh! | **ser un plato** to be a real laugh: *Ese muchacho es un plato.* That boy's a real laugh.

plato de postre dessert plate **plato fuerte, plato central** main course **plato hondo, plato sopero** soup dish **plato pando, plato llano** dinner plate

playa *s* beach (plural -ches): *Me gusta bajar a la playa temprano.* I like to go down to the beach early. | *No había nadie en la playa.* There was nobody **on the beach**. | *Pasamos todo enero en la playa.* We spent the whole of January **at the beach**.

playera *s* T-shirt

plaza *s* **1** square: *la plaza del pueblo* the town square **2** ▶ ver **cama**

plaza de toros bullring

plazo *s* **1** ver ejemplos: *Tienes plazo hasta el lunes.* You have until Monday | *El plazo vence el 31.* The deadline is the 31st. | *Nos dieron un plazo de diez días.* They gave us ten days. **2 a largo/corto plazo (a)** (cuando modifica a un sustantivo) long-term/short-term: *un objetivo a largo plazo* a long-term objective **(b)** (con valor adverbial) in the long/short term: *A largo plazo, puede traer problemas.* In the long term, it may cause problems. **3 comprar algo a plazos** to pay for sth in installments (AmE), to pay for sth in instalments (BrE)

plazo fijo fixed-term account

plegable *adj* **una silla/una mesa plegable** a folding chair/table

pleno, -a *adj* **1 en pleno invierno/plena noche** in the middle of winter/the night: *Salió a caminar en plena tormenta.* He went out for a walk in the middle of the storm. | **en pleno centro** right in the center of town (AmE), right in the (town) centre (BrE) | **a plena luz del día** in broad daylight **2** (completo) full: *en pleno uso de sus facultades mentales* in full possession of his faculties

plomero, -a *s* plumber

plomo *s* **1** (metal) lead | **un caño/una pesa de plomo** a lead pipe/weight **2 ser un plomo (a)** (persona) Usa **to be a pain** para una persona pesada y **to be a bore** para una aburrida: *Eres un plomo.* You're a pain. | *El hombre era un plomo.* The guy was such a bore. **(b)** (libro, película, etc.) to be really boring: *La conferencia fue un plomo.* The lecture was really boring.

pluma *s* **1** (para escribir) **pluma (fuente)** fountain pen **2** (de ave) feather | **un almohadón/una almohada de plumas** a feather cushion/pillow

pluma atómica ballpoint pen

plumero *s* feather duster

plumón *s* **1** (edredón) duvet **2** (plumas) down **3** (para escribir) felt-tip pen

¿Se dice *I arrived in Miami* o *I arrived to Miami*? Mira la entrada **arrive**.

plural *sustantivo & adjetivo*

- **s** plural: *¿Cuál es el plural de "child"?* What is the plural of "child"? | **la primera/segunda/tercera persona del plural** the first/second/third person plural | **en plural** in the plural
- ***adj*** **un adjetivo/un pronombre plural** a plural adjective/pronoun

Plutón *s* Pluto

plutonio *s* plutonium

población *s* **1** (habitantes) population: *la población mundial* the world's population **2** (lugar) Usa **town** si es grande y **village** si es pequeña: *poblaciones rurales* rural villages

pobre *adjetivo & sustantivo*

- ***adj*** **1** (sin dinero) poor: *los barrios más pobres de la ciudad* the poorest areas of the city **2** (que da lástima) poor: *¡Pobre Ana!* Poor Ana! | **¡pobre!/¡pobres!** poor thing!/poor things!: *–Se rompió un brazo. –¡Pobre!* "She broke her arm." "Poor thing!" **3** (mediocre) poor: *una actuación muy pobre* a very poor performance
- ***s*** **los pobres** the poor: *ayuda para los pobres* aid for the poor

pobreza *s* poverty | **vivir en la pobreza** to live in poverty

pocilga *s* pigsty (plural -sties)

poco, -a *adjetivo, pronombre & adverbio*

- ***adj & pron*** ▶ ver recuadro
- **poco** ***adv*** ▶ ver recuadro

podar *v* (un árbol, una planta) to prune

poder *verbo, sustantivo & sustantivo plural*

- ***v*** ▶ ver recuadro
- ***s*** **1** (influencia, fuerza) power: *el poder de la prensa* the power of the press **2** (control, gobierno) power: *Los revolucionarios tomaron el poder.* The revolutionaries seized power. **3 estar en poder de alguien (a)** (ciudad, país, etc.) to be held by sb: *La ciudad estaba en poder de los alemanes.* The city was held by the Germans. **(b)** (documento, cuadro, etc.) to be in the hands of sb: *El documento está en poder del FBI.* The document is in the hands of the FBI. **4** (para actuar en nombre de una persona) power of attorney

  el poder ejecutivo the executive branch (AmE), the executive (BrE) **el poder judicial** the judiciary **el poder legislativo** the legislature
- **poderes** ***s pl*** (mágicos, extrasensoriales, etc.) powers: *Usó sus poderes.* She used her powers.

poderoso, -a *adj* **1** (que tiene poder) powerful: *un empresario muy poderoso* a very powerful businessman | *los países poderosos* the major powers **2** (fuerte, efectivo) powerful: *un poderoso insecticida* a powerful insecticide **3** (ejército, flota) mighty

podrido, -a *adj* **1** (fruta, carne) rotten: *una manzana podrida* a rotten apple **2 estar podrido -a en plata** to be loaded

poema *s* poem

---

poco

ADJETIVO

Se usa **little** con sustantivos incontables y **few** con sustantivos contables, pero es muy frecuente usar los negativos **not much** y **not many,** como muestran los ejemplos:

Hay muy poca leche. There's very little milk. | *Quedan muy pocas entradas.* There are very few tickets left. | *Hay poco tráfico.* There isn't much traffic. | *Había poca gente.* There weren't many people there.

PRONOMBRE

1 Se usa **a little** cuando sustituye a sustantivos incontables y **a few** cuando reemplaza a contables, pero es muy frecuente usar los negativos **not much** y **not many,** como muestran los ejemplos:

No me gustó la pizza y comí poca. I didn't like the pizza and I only had a little/I didn't have very much. | *Sírvete una sola porque hay pocas.* Just take one because there are only a few/there aren't very many.

2 Cuando *poco* significa *no mucho tiempo* se traduce por construcciones con **not long:**

Lo vi hace poco. I saw him not long ago./I saw him recently. | *Falta poco para Navidad.* It's not long till Christmas. | *Tardaste poco.* You didn't take long. | **dentro de poco** soon: *Dentro de poco es mi cumpleaños.* It's my birthday soon.

3 OTRAS EXPRESIONES

por poco me caigo/me mata etc. I nearly fell/he nearly killed me etc.: *No fue gol por poco.* It was very nearly a goal. | **de a poco/poco a poco:** *Explícaselo de a poco.* Explain it to her slowly. | *Poco a poco se fueron haciendo amigos.* Gradually they became friends. | *Lo fue haciendo de a poco.* He did it gradually./He did it little by little. | **un poco** a little/a bit: *¿Me das un poco?* Can I have a little?/Can I have a bit? | *Estaba un poco nerviosa.* She was a little nervous./She was a bit nervous. | *Comí un poco de arroz.* I had a little rice./I had a bit of rice. | *Quédate un poco más.* Stay a little longer./Stay a bit longer.

ADVERBIO

1 Cuando modifica a un verbo, se suele traducir por **not much:**

Voy poco al teatro. I don't go to the theater much. | *Estudié muy poco para la prueba.* I didn't revise much for the test.

2 Cuando modifica a un adjetivo, se suele traducir por **not very** o por un adjetivo negativo:

Es poco comunicativo. He isn't very communicative. | *una muchacha poco atractiva* a rather unattractive girl | *Es muy poco saludable.* It's very unhealthy.

---

poesía *s* **1** (poema) poem: *una poesía de Machado* a poem by Machado **2** (género) poetry: *Le encanta la poesía.* She loves poetry.

poeta *s* poet

poético, -a *adj* poetic

poetisa *s* poet

póker *s* **1** (juego) poker **2** (jugada en póker y dados) four of a kind | **un póker de ases** four aces

polaco, -a *adjetivo & sustantivo*

- *adj* Polish
- *s* Pole | **los polacos** (the) Poles
- **polaco** *s* (idioma) Polish

polar *adj* **el clima/la zona polar** the polar climate/region ▶ ver **círculo, oso**

polea *s* pulley

polémica *s* controversy (plural -sies)

polémico, -a *adj* controversial

polen *s* pollen

polera *s* T-shirt

policía *sustantivo masculino & femenino & sustantivo femenino*

- *s* [masc & fem] (hombre) policeman (plural -men), (mujer), policewoman (plural -women) ▶ Se usa **officer** o **police officer** si no se sabe o no se quiere especificar el sexo: *Dos policías se bajaron del auto.* Two police officers got out of the car.
- *s* [fem] **la policía** (cuerpo) the police: *Llamó a la policía.* He called the police. ▶ El verbo que sigue a **the police** va en plural: *La policía andaba tras él.* The police were after him.

policial *adjetivo & sustantivo*

- *adj* **protección/custodia etc. policial** police protection/custody etc.
- *s* (novela) detective story (plural -ries)

polígono *s* polygon

polígono de tiro **(a)** (para amateurs) shooting range **(b)** (del ejército) firing range

polilla *s* moth

política *s* **1** (actividad, ciencia) politics *sing*: *Se va a dedicar a la política.* She's going to go into politics. **2** (estrategia, medidas) policy (plural -cies): *Es la política de la empresa.* It is company policy.

político, -a *adjetivo & sustantivo*

- *adj* **1** (referido a la política) political: *un partido político* a political party **2** (referido a los parientes) ver ejemplos: *mi familia política* my in-laws | *mi tío político* my uncle by marriage | *Es mi primo político.* He's married to my cousin.
- *s* politician: *un político joven* a young politician

pollito *s* chick

pollo *s* chicken: *pollo al horno* roast chicken

polo *s* **1** (en geografía) pole **2** (en física) pole: *el polo negativo* the negative pole | **son polos opuestos** (dos personas) they're poles apart **3** (prenda de ropa) polo shirt **4** (deporte) polo **el Polo Norte** the North Pole **el Polo Sur** the South Pole

poder *verbo*

1 POSIBILIDAD, CAPACIDAD, PERMISO, PEDIDOS

Usa el modal **can** en el presente y **could** en el pasado y el condicional:

No puedo terminarlo hoy. I can't finish it today. | *Podríamos ir a la piscina.* We could go swimming. | *No podía caminar tan rápido.* I couldn't walk that fast. | *¿Puedo sentarme aquí?* Can I sit here? | *¿Me podría decir la hora?* Could you tell me the time, please?

En otros tiempos se usa **to be able to:**

No podrá venir. She won't be able to come. | *Hace tres meses que no puede jugar.* He hasn't been able to play for three months.

Para expresar un logro en el pasado, se usa **to manage to** o **to be able to:**

Lo pude arreglar. I managed to fix it./I was able to fix it. | *¿Pudiste entenderlo?* Did you manage to understand it?/Were you able to understand it?

Para pedir o dar permiso también se puede usar **may**, que es un poco más formal:

¿Puedo pasar? May I come in? | **no se puede/no se podía hacer algo** you aren't allowed/you weren't allowed etc. to do sth: *No se puede pisar el césped.* You aren't allowed to walk on the grass. | *No se podía hablar durante las comidas.* You weren't allowed to talk during meals.

2 SUPOSICIONES, CONJETURAS

Usa el modal **can** en el presente y **could** en el pasado:

No puede estar muy lejos. It can't be very far away. | *No podía/no pudo haber sido ella.* It couldn't have been her. | **puede ser** maybe: *–¿Estará enojada? –Puede ser.* "Do you think she's angry?" "Maybe." | *Puede ser que venga.* He may come./Maybe he'll come. | *Puede ser que no haya entendido.* She may not have understood./Maybe she didn't understand. | **¡no puede ser!** that's impossible!

3 EXPRESIONES

no poder más: *Espera, no puedo más.* Wait, I can't go on./Wait, I'm exhausted. | *–¿Quieres helado? –No, gracias. No puedo más.* "Would you like some ice cream?" "No thanks, I'm full." | **no puedo/no puede etc. con algo** I/he etc. can't deal with sth: *No puede con el trabajo.* She can't deal with the work. | **a más no poder:** *Nos reímos a más no poder.* We laughed until we cried. | *Se divirtieron a más no poder.* They had the most incredible time.

Polonia *s* Poland

polución *s* pollution

polvo *s* **1** (tierra, suciedad) dust: *Los muebles estaban cubiertos de polvo.* The furniture was covered in dust. **2** (en química, medicina, etc.) powder ▶ ver **jabón, leche** **3** (o **polvos**) (para

¿Quieres información sobre las differencias entre los **artículos** en inglés y en español? Lee la explicación en el apartado de gramática.

maquillarse) face powder | **ponerse polvo(s)** to powder your face **4 estar hecho -a polvo** to be beat (AmE), to be shattered (BrE)
polvo de hornear, también **polvo Royal®** baking powder

pólvora *s* gunpowder

pomada *s* cream, ointment

pomelo *s* grapefruit

pomo *s* **1** (de una puerta, un cajón) knob **2** (tubo) tube

pompa *s* **1** (burbuja) bubble: *pompas de jabón* soap bubbles **2** (solemnidad) pomp
pompas fúnebres *s pl* ► ver **empresa**

pómulo *s* **1** (parte de la cara) cheek: *Se puso rubor en los pómulos.* She put some blush on her cheeks. **2** (hueso) cheekbone: *Tiene los pómulos salientes.* He has prominent cheekbones.

ponchadura *s* flat (AmE), flat tire (AmE), puncture (BrE)

ponchar *v* to have a flat (AmE), to have a flat tire (AmE), to have a puncture (BrE)

poner *v* ► Expresiones como *ponerse de acuerdo, ponerse colorado, poner la mesa*, etc. están tratadas bajo *acuerdo, colorado, mesa*, etc.
1 (colocar, agregar) to put: *¿Dónde has puesto las llaves?* Where have you put the keys? | *No le puse sal a la ensalada.* I didn't put any salt in the salad. | *Puso la olla al fuego.* He put the pot on to heat.
2 (escribir) to put: *Pon tu nombre aquí.* Put your name here. | *Puse lo que se me ocurrió.* I put the first thing that came into my mind.
3 (referido a un nombre): *¿Qué nombre le pusieron?* What did they call him? | *Le vamos a poner Juana.* We're going to call her Juana.
4 poner la radio/la televisión etc. to put the radio/the TV etc. on: *Pon música.* Put some music on.
5 poner el despertador a las siete/las ocho etc. to set the alarm for seven/eight etc. o'clock
6 (instalar) **poner calefacción/aire acondicionado etc.** to have heating/air conditioning etc. put in
7 (aportar) ver ejemplos: *Cada uno puso cinco pesos.* Everyone gave five pesos. | *Yo pongo las bebidas.* I'll supply the drinks.
8 (abrir) **poner una librería/un café etc.** to open a bookstore/a cafe etc.
9 (al manejar) **poner primera/segunda** to put the car in first gear/second gear: *Puse primera para subir la cuesta.* I put the car in first gear to go up the hill.
10 (volver) **poner triste/contento -a etc. a alguien** to make sb sad/happy etc.: *Me has puesto nerviosa.* You've made me nervous.
11 (suponer) **ponle que...** suppose...: *Ponle que no viene.* Suppose she doesn't come.
12 (huevos) to lay: *La gallina puso un huevo.* The hen laid an egg.
ponerse *v* **1** (colocarse) En inglés hay que usar un verbo específico para cada manera de colocarse: **to sit, to stand,** etc.: *Ponte derecho.* Sit up straight. | *Se puso delante de mí.* He stood in front of me. | *Pónganse todos juntos así les saco una foto.* Stand close together and I'll take a picture.
2 ponerse la camisa/los anteojos etc. to put your shirt/your glasses etc. on: *Se puso el abrigo y se fue.* She put her coat on and left. | *Ponte los zapatos.* Put your shoes on. ► Cuando lo importante es la ropa y no la acción de ponérsela, se usa **to wear**: *¿Qué te vas a poner para la fiesta?* What are you going to wear to the party? | *Me voy a poner el vestido negro.* I'm going to wear my black dress.
3 ponerse triste/contento -a etc. to be sad/happy etc.: *Se puso contento cuando se lo dije.* He was happy when I told him. | *No te pongas nerviosa.* Don't be nervous. | *Se va a poner furioso.* He's going to be furious.
4 ponerse a hacer algo to start doing sth: *Apenas llegué, me puse a trabajar.* I started working as soon as I arrived. | *Se puso a gritar como loca.* She started shouting her head off.
5 (sol) to set: *¿A qué hora se pone el sol?* What time does the sun set?

ponqué *s* cake

pony o **poni** *s* pony (plural -nies)

popa *s* stern

popote *s* (para beber) straw

popular *adj* **1** (conocido, apreciado) popular: *un cantante muy popular* a very popular singer **2** (del pueblo) popular: *la cultura popular* popular culture | *la voluntad popular* the will of the people

popularidad *s* popularity

póquer ► ver **póker**

por *preposición & pronombre*

• *prep* Expresiones como *por teléfono, por escrito, pasar por un lugar*, etc. están tratadas bajo *teléfono, escrito, pasar*, etc. ► ver recuadro

• **por qué** *pron* why: *¿Por qué me mentiste?* Why did you lie to me? | *–No me gustó. –¿Por qué?* "I didn't like it." "Why?"/"Why not?" | *¿Por qué no pedimos una pizza?* Why don't we order a pizza? | *No entiendo por qué no quieres ir.* I can't understand why you don't want to go.

porcelana *s* porcelain | **un plato/una figura de porcelana** a porcelain plate/figure

porcentaje *s* percentage

porción *s* portion

pornografía *s* pornography

pornográfico, -a *adj* pornographic

poro *s* pore

poroto *s* bean
poroto verde green bean

porque *conj* because: *Llegué tarde porque perdí el tren.* I was late because I missed the train. | *–¿Por qué lo hiciste? –Porque sí.* "Why did you do it?" "Just because."

porqué *s* reason | **el porqué de algo** the reason for sth

por *preposición*

1 LUGAR
Iba caminando por la calle. She was walking down the street./She was walking along the street. | *Lo he buscado por todos lados.* I've looked for it everywhere. | *Tiene que estar por aquí.* It must be around here somewhere. | *Viajamos por todo el país.* We traveled all over the country.

2 CAUSA
Me regañaron por llegar tarde. I was told off for being late. | *Se suspendió por la lluvia.* It was called off because of the rain.

3 MEDIO
por correo by mail | **por la radio/por televisión** on the radio/on television

4 MODO
por orden alfabético in alphabetical order | *Agrúpalos por tamaño/por color.* Group them by size/by color.

5 CAMBIO, REEMPLAZO
Cambié la pulsera por un collar. I exchanged the bracelet for a necklace. | *Te cambio este CD por éste.* I'll swap you this CD for this one. | *Yo firmé por ella.* I signed for her.

6 SENTIMIENTOS (= for)
lo que siento por ti what I feel for you

7 POR LO QUE RESPECTA A
por mí/por ella etc. as far as I'm concerned/as far as she's concerned etc.: *Por mí, hagan lo que quieran.* You can do what you like, as far as I'm concerned.

8 FINALIDAD
Lo hizo por ayudar. He did it to help. | *Haría cualquier cosa por ti.* I'd do anything for you.

9 PROPORCIÓN
uno por persona one per person | *cien kilómetros por hora* a hundred kilometers an hour | *1,200 bits por segundo* 1,200 bits per second

10 DURACIÓN (= for)
Estuvo afuera por tres semanas. He was away for three weeks.

11 MATEMÁTICA
Dos por tres es seis. Two times three is six. | **multiplicar/dividir por cinco etc.** to multiply/to divide by five etc.

12 AGENTE
escrito -a/compuesto -a etc. por alguien written/composed etc. by sb

13 AUNQUE
por más que...: *Por más que insistas, no voy a ir.* No matter how much you insist, I'm not going. | *Por más que traté, no lo pude arreglar.* I tried my best but I couldn't fix it.

porquería *sustantivo & sustantivo plural*
• *s* (cosa de mala calidad) **ser una porquería** to be garbage (AmE), to be a load of rubbish (BrE): *El libro me pareció una porquería.* I thought the book was garbage.
• **porquerías** *s pl* (comida mala) garbage *sing* (AmE), rubbish *sing* (BrE): *Comes muchas porquerías.* You eat a lot of garbage.

porro *s* **1** (cigarrillo) joint **2** (marihuana) pot

portaaviones *s* aircraft carrier

portaequipajes *s* **1** (en el techo de un auto) roof rack **2** (en un tren, etc.) luggage rack

portafolio o **portafolios** *s* briefcase

portal *s* **1** (vestíbulo) hall **2** (en Internet) portal

portamonedas *s* change purse (AmE), purse (BrE)

portarse *v* to behave: *¿Cómo se portaron?* How did they behave? | *Se portó como un tonto.* He behaved like an idiot. | **portarse bien** to behave, to behave yourself: *Si no nos portamos bien, nos van a echar.* If we don't behave, they're going to throw us out. | **¡pórtate/pórtense bien!** behave!, behave yourself/yourselves! | **portarse bien con alguien** to be good to sb: *Se portaron muy bien con nosotros.* They were very good to us. | **portarse mal** to misbehave: *No puedes ir porque te has portado mal.* You can't go because you've misbehaved. | **portarse mal con alguien** to treat sb badly: *Me he portado muy mal contigo.* I've treated you very badly.

portátil *adj* **un grabador/una radio portátil** a portable tape recorder/radio

portavoz *s* (hombre) spokesman (plural -men), (mujer), spokeswoman (plural -women) ▶ Si no se sabe o no se quiere especificar el sexo, se usa **spokesperson** (cuyo plural puede ser **spokespersons** o **spokespeople**)

portazo *s* **cerrar la puerta de un portazo** to slam the door | **dar un portazo** to slam the door

portero, -a *s* **1** super (AmE), caretaker (BrE) ▶ Las traducciones anteriores son válidas para quien se ocupa de la limpieza y mantenimiento de un edificio de departamentos. La persona que atiende la puerta de un hotel, etc. es el **doorman** **2** (en deportes) goalkeeper
portero eléctrico entryphone

portorriqueño, -a *adj & s* ▶ ver **puertorriqueño**

Portugal *s* Portugal

portugués, -esa *adjetivo & sustantivo*
• *adj* Portuguese
• *s* (persona) **portugués** Portuguese man (plural men) | **portuguesa** Portuguese woman (plural women) | **los portugueses** the Portuguese
• **portugués** *s* (idioma) Portuguese

porvenir *s* future

posar *v* (para una foto, un retrato) to pose
posarse *v* (ave) to perch

posdata *s* postscript

pose *s* **1** (postura) pose **2** (actitud fingida) pose | **estar siempre haciendo poses** to be always posing

poseer *v* **1** (referido a cualidades, características) to have **2** (referido a propiedades inmobiliarias) to own

posesivo, -a *adj* **1** (celoso) possessive **2** (en gramática) possessive

posibilidad *s* possibility (plural -ties): *Hay varias posibilidades.* There are several possibilities. | **posibilidad/posibilidades de algo** ver ejemplos: *No todos tienen la posibilidad de viajar.* Not everyone has the chance to travel. | *Hay posibilidades de que ganen.* It's possible they could win./They have a chance of winning.

posible *adj* **1** possible: *una posible solución* a possible solution | *¿Es posible cambiar la fecha de regreso?* Is it possible to change the date of the return trip? | **es posible que vaya/gane etc.** she may go/win etc.: *Es posible que cambie de opinión.* He may change his mind. | *Es posible que vayamos a bailar.* We may go dancing. **2 hice/hizo etc. todo lo posible** I did everything I could/he did everything he could etc.: *Va a hacer todo lo posible para ayudarnos.* She's going to do everything she can to help us. **3 en lo posible** as far as possible: *Evite, en lo posible, usar lenguaje técnico.* Avoid using technical language, as far as possible. **4 lo antes/mejor etc. posible** Usa la estructura **as... as**: *Ven lo más pronto posible.* Come as soon as you can. | *Trató de hacerlo lo mejor posible.* She tried to do it as well as she could. | *Gastó lo menos posible.* He spent as little as possible.

posición *s* **1** (postura) position | **estar en posición horizontal/vertical** to be horizontal/vertical **2** (en un orden) place: *Llegó en tercera posición.* She finished in third place./She came third. **3** (punto de vista) position **4 estar en posición adelantada** to be offside

positivo, -a *adj* **1** positive: *una actitud positiva* a positive attitude **2 dar/salir positivo -a** to be positive: *El análisis dio positivo.* The test was positive.

posponer *v* to postpone

postal *sustantivo & adjetivo*

- *s* postcard
- *adj* **servicio/trabajador -a postal** postal service/worker ▶ ver **código**

poste *s* **1** (de madera, hormigón, etc.) post ▶ Los de los cables de teléfono se llaman **telegraph poles** o **telephone poles** **2** (de un arco de fútbol) post: *La pelota pegó en el poste.* The ball hit the post.

póster *s* poster

postergar *v* to postpone

posterior *adj* **1** (en el tiempo) subsequent: *un descubrimiento posterior* a subsequent discovery | **posterior a algo** after sth: *el día posterior a su renuncia* the day after he resigned **2 en la parte posterior (de algo)** at the back (of sth): *una ventana en la parte posterior de la casa* a window at the back of the house

postigo *s* shutter

postizo, -a *adj* false ▶ ver **dentadura, diente**

postre *s* dessert, pudding (BrE) | **de postre** for dessert, for pudding (BrE): *¿Qué hay de postre?* What's for dessert?

postularse *v* **postularse a la presidencia** to run for president | **postularse como candidato** to run as a candidate

postura *s* **1** (posición) position: *una postura muy incómoda* a very uncomfortable position **2** (punto de vista) position: *Tu postura no es clara.* Your position isn't clear.

potable ▶ ver **agua**

potencia *s* **1** (fuerza) power **2** (país poderoso) power: *una gran potencia mundial* a major world power **3** (en matemática) **a la quinta/décima etc. potencia** to the power of five/ten etc. **4 ser un asesino/un delincuente en potencia** to be a potential murderer/criminal

potente *adj* powerful

potrillo *s* foal

potro, -a *sustantivo*

- *s* **potro** (macho) colt, (sin especificar el sexo) young horse | **potra** filly (plural -llies)
- **potro** *s* (en gimnasia) horse, vaulting horse

pozo *s* **1** (hoyo) hole: *Se cayó en un pozo.* She fell down a hole. | **hacer un pozo** to dig a hole: *Hicimos un pozo en la arena.* We dug a hole in the sand. **2** (de agua, de petróleo) well: *un pozo de petróleo* an oil well **3** (dinero en juegos de cartas) kitty (plural -tties)

pozo ciego, también **pozo negro** septic tank

práctica *sustantivo & sustantivo plural*

- *s* **1** (entrenamiento) practice: *Necesito un poco más de práctica.* I need a little more practice. **2** (opuesto a teoría) practice | **en la práctica** in practice: *En la práctica es más complicado.* In practice it's more complicated. | **poner algo en práctica** to put sth into practice: *Puso en práctica lo que había aprendido.* She put what she had learned into practice. **3** (costumbre) practice
- **prácticas** *s pl* (de profesorado) student teaching (AmE), teaching practice (BrE) | **hacer las prácticas** to do your student teaching, to do your

teaching practice: *Hizo las prácticas en mi colegio.* She did her student teaching at my school.

prácticamente *adv* practically: *Es prácticamente imposible.* It's practically impossible.

practicar *v* **1** (ejercitar) to practice (AmE), to practise (BrE): *Quiero ir para practicar inglés.* I want to go so that I can practice my English. **2 practicar un deporte** to do a sport: *¿Qué deportes practicas?* What sports do you do? | *Ahí puedes practicar todo tipo de deportes acuáticos.* You can do all sorts of water sports there. ▶ También existe **to practice** en inglés americano y **to practise** en inglés británico, que son más formales. Si se menciona el nombre del deporte, la traducción cambia: *Practica natación.* He goes swimming./He swims. | *Practico surf.* I go surfing./I surf. | *Practican golf.* They play golf. **3 practicar la medicina/la abogacía** to practice medicine/law (AmE), to practise medicine/law (BrE) **4 practicarle una operación a alguien** to perform an operation on sb

práctico, -a *adj* practical

precaución *s* **por precaución** as a precaution, to be on the safe side ▶ **to be on the safe side** es más coloquial: *Tomó el medicamento por precaución.* He took the medicine as a precaution./He took the medicine to be on the safe side. | **tener la precaución de hacer algo** to take the precaution of doing sth: *Tuve la precaución de sacarle una fotocopia.* I took the precaution of making a photocopy. | **con precaución** carefully: *Circule con precaución.* Drive carefully. | **tomar precauciones** to take precautions: *Tomamos las precauciones necesarias.* We took the necessary precautions.

preceder *v* **preceder a algo** to precede sth

precio *s* price: *el precio del petróleo* the price of oil | **¿qué precio tiene?** how much is it?: *¿Qué precio tiene esta camisa?* How much is this shirt? | **a precio de costo** at cost price

precioso, -a *adj* beautiful, lovely ▶ **piedra**

precipicio *s* precipice

precipitado, -a *adj* (decisión, respuesta) hasty

precipitarse *v* **1** (al actuar) to be hasty: *No te precipites.* Don't be hasty./Don't rush into things. **2** (caerse) to plunge: *El camión se precipitó por el acantilado.* The truck plunged over the cliff.

precisamente *adv* precisely: *Eso es precisamente lo que iba a decir.* That's precisely what I was going to say. | *¿Tiene que ser precisamente ahora?* Does it have to be right now?

precisar *v* **1** (necesitar) to need: *Se precisa mucha paciencia para trabajar con niños.* You need a lot of patience to work with children. **2** (especificar) to specify

precisión *s* (exactitud) precision | **con precisión** precisely

preciso, -a *adj* **1** (exacto) precise: *en ese preciso instante* at that precise moment | *Tienes que ser más preciso.* You have to be more precise. **2 es preciso esperar/ponerse de acuerdo etc.** you must wait/reach an agreement etc. | **es preciso que lo sepa/que esté presente etc.** he must be told/be present etc.

precolombino, -a *adj* pre-Columbian

precoz *adj* **1** (niño) precocious **2 diagnóstico precoz** early diagnosis | **vejez precoz** premature aging (AmE), premature ageing (BrE)

predecir *v* to predict | **predecirle el futuro a alguien** to tell sb's fortune

predicado *s* predicate

predominante *adj* predominant

preescolar *adjetivo & sustantivo*

- *adj* **educación preescolar** preschool education
- *s* preschool, kindergarten, nursery school

prefabricado, -a *adj* prefabricated

prefacio *s* preface

preferencia *s* **1** (predilección) preference: *su preferencia por la música tecno* his preference for techno music | **tiene preferencia por María/los niños etc.** María is her favorite/the boys are her favorite etc. (AmE), María is her favourite/the boys are her favourite etc. (BrE) **2** (prioridad) **darle preferencia a algo/alguien** to give priority to sth/sb | **tener la preferencia** (en el tránsito) to have right of way, to have priority

preferible *adj* **preferible a algo** preferable to sth: *Cualquier cosa es preferible a pasar la semana con ellos.* Anything is preferable to spending the week with them. | **es preferible esperar/volver etc.** it would be better to wait/go back etc. | **es preferible que vengas mañana/que te quedes etc.** it would be better if you came tomorrow/if you stayed etc.

preferido, -a *adjetivo & sustantivo*

- *adj* favorite (AmE), favourite (BrE): *Es mi comida preferida.* It's my favorite dish.
- *s* favorite (AmE), favourite (BrE): *la preferida de la maestra* the teacher's favorite

preferir *v* ▶ ver recuadro en página 690

prefijo *s* **1** (en lingüística) prefix (plural -xes) **2** (en teléfonos) code

pregunta *s* question | **hacer una pregunta** to ask a question: *¿Puedo hacer una pregunta?* Can I ask a question? | **hacerle una pregunta a alguien** to ask sb a question: *Le hizo una pregunta impertinente.* He asked her an impertinent question. | *¿Te puedo hacer una pregunta?* Can I ask you something?/Can I ask you a question?

preguntar *v* (indagar) to ask: *Voy a preguntar dónde está la biblioteca.* I'm going to ask where the library is. | **preguntarle algo a alguien** to ask sb sth: *Me preguntó quién era.* She asked me who I was. | *Pregúntame lo que quieras.* Ask me whatever you want. | **preguntar por algo** to ask about sth: *Fui a preguntar por los cursos de inglés.* I went to ask about the English courses. | **preguntar por alguien (a)** (para verlo, hablar con él, etc.) to ask for sb: *Preguntan por Juan.* Some-

preferir

1 La traducción general es **to prefer** aunque también son frecuentes frases con **to like ... better**:

Prefiero el azul. I prefer the blue one./I like the blue one better. | *Prefiero esta profesora a la del año pasado.* I prefer this teacher to the one we had last year./I like this teacher better than the one we had last year.

2 Cuando va seguido de un verbo, la traducción depende de si se trata de preferencias generales o una ocasión determinada:

PREFERENCIAS GENERALES

Prefiero almorzar temprano. I prefer to have lunch early. | *Prefiere viajar de noche.* He prefers to travel at night.

EN UNA OCASIÓN DETERMINADA

prefiero quedarme/esperar etc. I'd rather stay/wait etc.: *Prefiero ir en tren.* I'd rather go by train. | *Los niños prefieren ir a la playa.* The children would rather go to the beach. | **prefiero que te quedes/que me acompañes etc.** I'd rather you stayed/you came with me etc./I'd prefer you to stay/come with me etc.: *Prefiero que no lo invites.* I'd rather you didn't invite him./I'd prefer you not to invite him. | *¿Prefieres que te espere aquí?* Would you rather I waited here?/Would you prefer me to wait here? | *Preferiría que no fumaras en la casa.* I'd rather you didn't smoke in the house./I'd prefer you not to smoke in the house.

3 Cuando *preferir* se usa en el pretérito para expresar una decisión, se traduce por **to choose**:

Prefirieron quedarse en casa. They chose to stay at home.

body is asking for Juan. **(b)** (para saber cómo está, etc.) to ask after sb: *Me preguntó por ti.* He asked after you.

preguntarse *v* to wonder: *Me pregunto qué habrá pasado.* I wonder what has happened.

prehispánico, -a *adj* pre-hispanic

prehistórico, -a *adj* prehistoric

prejuiciado, -a *adj* prejudiced

prejuicio *s* prejudice: *prejuicios raciales/religiosos* racial/religious prejudices | **tener prejuicios** to be prejudiced: *Tiene muchos prejuicios.* He's very prejudiced.

prejuicioso, -a *adj* prejudiced

preliminar *s* (partido) qualifier

prematuro, -a *adj* premature

premiado, -a *adj* **1 una novela premiada** a prize-winning novel | **una película premiada** an award-winning movie | **una actriz premiada/un escritor premiado** an award-winning actress/writer **2 el número premiado** the winning number

premiar *v* **premiar a alguien (a)** (darle un premio, un galardón, etc.) to give sb an award: *Lo premiaron por segunda vez.* He was given an award for the second time./He received an award for the second time. **(b)** (recompensarlo) to reward sb: *Lo premiaron con un ascenso.* They rewarded him with a promotion. | **premiar un libro/una película etc.** to give an award to a book/a movie etc., to award a prize to a book/a movie etc.

premio *s* **1** (galardón) prize, award | **darle un premio a alguien** to award sb a prize: *Le dieron un premio por su actuación.* He was awarded a prize for his performance. **2** (en la lotería) prize

prenda *s* **1 prenda (de vestir)** garment: *prendas de invierno* winter garments **2** (en un juego) forfeit: *El que pierde tiene una prenda.* The loser has to pay a forfeit.

prendas de lana *s pl* woolens (AmE), woollens (BrE) **prendas íntimas** *s pl* underwear *sing*

prendedor *s* **1** (alhaja) brooch (plural -ches) **2** (de lata, con inscripciones) pin (AmE), badge (BrE)

prender *v* **1 prender la luz/el televisor etc.** to turn the light/the television etc. on, to switch the light/the television etc. on: *Prende la radio.* Turn the radio on./Switch the radio on. **2** (un cigarrillo, el fuego) to light: *Prendió un cigarrillo.* He lit a cigarette. **3** (arrancar) to start: *Mi carro no prende.* My car won't start. | **prender un carro** to start a car: *Prendió el carro y se fue.* She started the car and drove off. **4 prenderle fuego a algo** to set fire to sth: *Le prendieron fuego al granero.* They set fire to the barn **5** (empezar a arder) to catch: *Esta madera no prende.* This wood won't catch. **6** (echar raíces) to take: *El esqueje prendió enseguida.* The cutting soon took.

prendido, -a *adj* **estar prendido -a** (luz, aparato) to be on: *La luz de la cocina estaba prendida.* The kitchen light was on. | **dejar algo prendido -a** to leave sth on: *¿Quién dejó la televisión prendida?* Who left the TV on?

prensa *s* **1 la prensa (a)** (los periodistas, los medios de comunicación) the press **(b)** (los periódicos) the newspapers, the papers **2** (aparato) press (plural -sses) ► ver **conferencia**

preocupación *s* worry (plural -rries): *Tiene muchas preocupaciones.* He has a lot of worries. ► Cuando el énfasis no está en la ansiedad sino en lo que a uno le importa o le interesa, se usa **concern**: *Ésa es mi mayor preocupación en este momento.* That is my biggest concern at the moment. ► **concern** también se usa cuando se trata de una preocupación compartida por mucha gente: *Crece la preocupación por la salud del presidente.* There is growing concern over the president's health.

preocupado, -a *adj* **estar preocupado -a (por algo/alguien)** to be worried (about sth/sb), to be concerned (about sth/sb) ► **to be concerned** es más formal: *Estoy preocupada por la abuela.* I'm worried about Grandma.

preocupante *adj* worrying

preocupar *v* **1** (inquietar) to worry ▶ También existe **to concern** que es más formal: *No se lo dije para no preocuparla.* I didn't tell her because I didn't want to worry her. | **me/le etc. preocupa** I'm/he's etc. worried ▶ También se puede decir **I'm/he's etc. concerned** pero es más formal: *Nos preocupa que no hayan vuelto todavía.* We're worried that they haven't come back yet./We're concerned that they haven't come back yet. | *Me preocupan sus notas.* I'm worried about his grades./I'm concerned about his grades. **2** (importar) **lo que me/le etc. preocupa** what I'm/she's etc. bothered about, what I'm/she's etc. concerned about: *Lo único que le preocupa es el dinero.* All he's bothered about is money./The only thing he's concerned about is money.

preocuparse *v* (inquietarse) to worry: *No te preocupes.* Don't worry. | **preocuparse por algo/alguien** to worry about sth/sb: *Se preocupa por cualquier cosa.* She worries about the slightest thing.

prepa *s* ▶ ver **preparatoria**

preparación *s* **1** (trabajo anterior) preparation: *Llevó meses de preparación.* It took months of preparation./It took months to prepare. **2** (conocimientos) **tener mucha preparación** to be well qualified

preparado, -a *adj* **1** (listo) ready: *Ya está todo preparado.* Everything's ready. **2** (para un examen, una entrevista) well prepared: *Están muy bien preparados.* They are very well prepared. **3 preparados, listos, ...¡ya!** on your marks, get set, go!, get ready, get set, go! (AmE)

preparar *v* to prepare: *Está preparando el informe.* She's preparing the report. | **preparar el almuerzo/el desayuno etc.** to make lunch/breakfast etc., to fix lunch/breakfast etc. (AmE): *¿Quién va a preparar el almuerzo?* Who's going to make lunch?

prepararse *v* to get ready: *Prepárate que nos vamos enseguida.* Get ready, we're leaving in a minute. | **prepararse para algo (a)** (arreglarse) to get ready for sth: *Nos estábamos preparando para la fiesta.* We were getting ready for the party. **(b)** (para un examen, un partido) to prepare for sth: *Se está preparando para el examen de inglés.* She's preparing for her English exam. **(c)** (anímicamente) to prepare yourself for sth: *Prepárense para una sorpresa.* Prepare yourselves for a surprise.

preparativos *s pl* preparations | **los preparativos del casamiento/de la fiesta etc.** preparations for the wedding/party etc.

preparatoria *s* La preparatoria mexicana equivale aproximadamente al **senior high school** americano y a los **A Levels** británicos

preposición *s* preposition

presa *s* **1** (de caza) prey **2** (embalse) reservoir **3** (de pollo, pavo) piece

presagio *s* omen | **un buen/mal presagio** a good/bad omen

prescindir *v* **prescindir de algo/alguien** to do without sth/sb: *No puedo prescindir de mis amigos.* I can't do without my friends.

presencia *s* **1** (asistencia) presence | **en presencia de alguien** in front of sb: *Lo dijo en presencia de todos.* He said it in front of everybody. ▶ En contextos formales se usa **in the presence of sb**: *Debe firmarse en presencia de dos testigos.* It must be signed in the presence of two witnesses. **2** (aspecto) **buena presencia** a nice appearance: *Piden buena presencia.* They want someone with a nice appearance.

presenciar *v* to witness

presentación *s* **1** (aspecto) presentation: *La presentación es muy importante.* Presentation is very important. **2** (de una persona) introduction: *una carta de presentación* a letter of introduction | **hacer las presentaciones** to do the introductions **3** (de un libro, un producto) launch (plural -ches) **4** (acción de exponer) presentation | **hacer una presentación** to give a presentation: *Tengo que hacer una presentación del proyecto.* I have to give a presentation on the project.

presentador, -a *s* presenter

presentar *v* **1 presentarle alguien a alguien** to introduce sb to sb: *Me presentó a sus padres.* She introduced me to her parents. | *¿Cuándo me vas a presentar a tu novio?* When are you going to introduce me to your boyfriend? | **te presento a Gabi/Matías etc.** this is Gabi/Matías etc.: *Te presento a mi amiga Viviana.* This is my friend Viviana. ▶ **I'd like you to meet...** es un poco más formal: *Le presento al Sr. López.* I'd like you to meet Mr. López. **2** (un documento) to submit: *¿Hasta cuándo puedo presentar la solicitud?* How long do I have to submit the application?/When does the application have to be in by? **3** (una propuesta, un plan) to put forward, to present: *Van a presentar un nuevo plan.* They are going to put forward a new plan./They are going to present a new plan. **4** (un libro, un producto) to launch **5** (un programa, el informativo) to present **6** (una queja) to make ▶ ver **examen, renuncia**

presentarse *v* **1 presentarse (a un examen)** to take an exam: *No me voy a presentar.* I'm not going to take the exam. **2 presentarse a las elecciones** to run for election **3** (aparecer) to turn up

presente *adjetivo, sustantivo & interjección*

• ***adj*** **1 estar presente to be present** es bastante formal. Si el contexto no es formal, usa **to be here/there**: *No estuvo presente en la reunión.* He wasn't present at the meeting. | *Yo no estaba presente cuando lo dijo.* I wasn't there when he said it. | *Estamos todos presentes.* We're all here. **2 tener algo presente** to bear sth in mind, to remember sth: *Lo tendré presente para la* *próxima vez.* I'll bear it in mind for next time./ I'll remember it next time. **3** (actual) present: *en el momento presente* at the present moment

• *s* **1** (momento actual) present **2** (tiempo verbal) **el presente** the present, the present tense

• **¡presente!** *interj* here!: *—¿Pedro Carmona? —¡Presente!* "Pedro Carmona?" "Here!"

presentimiento *s* **tener el presentimiento de que...** to have a feeling that...: *Tengo el presentimiento de que me va a llamar.* I have a feeling that he's going to call me.

preservativo *s* condom

presidente, -a *s* **1** (de un país, un gobierno) president **2** (de una organización, un club, etc.) Se usa **chairman** (plural **chairmen**) para referirse a un hombre. Para referirse a una mujer existe el término **chairwoman** (plural **chairwomen**) pero es más frecuente el uso de **chairperson** o **chair,** que no hacen distinción de género. En inglés americano se usa **president** cuando se trata del presidente o la presidenta de una empresa.

presión *s* **1** (sobre una persona, un gobierno, etc.) pressure: *Tengo muchas presiones.* I'm under a lot of pressure. **2 presión (arterial)** blood pressure | **tener la presión alta/baja** to have high/low blood pressure **3 presión (atmosférica)** atmospheric pressure: *Hay baja presión.* The atmospheric pressure is low.

presionar *v* **1 presionar a alguien (para que haga algo)** to pressure sb (to do sth): *No la presiones.* Don't pressure her. | *Me presionan para que se lo diga.* They're pressuring me to tell him. **2** (un botón, una tecla) to press

preso, -a *adjetivo & sustantivo*

• *adj* **estar preso -a** to be in prison: *Estuvo tres años preso.* He was in prison for three years. | **poner/meter preso -a a alguien** to put sb in prison | **llevar preso -a a alguien** to arrest sb

• *s* prisoner

preso -a político -a political prisoner

prestado, -a *adj* **1 le pedí prestado el mapa/el martillo etc.** I asked if I could borrow his map/ his hammer etc., I borrowed his map/his hammer etc. ▶ Con la primera traducción no estás diciendo si te lo prestó o no: *Le pedí prestada la bicicleta y me dijo que no.* I asked if I could borrow his bike and he said no. | *Le pedí prestada la bicicleta y me fui hasta la playa.* I borrowed his bike and rode down to the beach. | *¿Por qué no le pides la chaqueta prestada a Roberto?* Why don't you ask Roberto if you can borrow his jacket? | *No me pidas más dinero prestado.* Don't ask me to lend you any more money. **2 la carpa/la maleta etc. es prestada** we've borrowed the tent/the suitcase etc.: *El disfraz era prestado.* She had borrowed the costume.

préstamo *s* loan | **pedir un préstamo** to ask for a loan ▶ También existe **to apply for a loan** que es más formal | **darle/concederle un préstamo a alguien** to give sb a loan

prestar *v* **1** to lend: *Le presté el dinero que necesitaba.* I lent him the money he needed. ▶ Es muy frecuente el uso del verbo **to borrow,** sobre todo al pedir algo prestado. El sujeto de **to borrow** es la persona que pide algo prestado: *¿Me prestas este CD?* Can I borrow this CD? | *Le presté el carro a Leo.* I lent Leo the car./Leo borrowed my car. | *Pídele que te preste el diccionario.* Ask him if you can borrow his dictionary. **2** ▶ ver **atención**

prestarse *v* **1 nos prestamos la ropa/los libros etc.** we borrow each other's clothes/books etc. **2 se presta a malentendidos/a confusión etc.** it lends itself to misunderstandings/ confusion etc.

prestigio *s* prestige | **un profesional/una universidad etc. de prestigio** a prestigious professional/university etc.

presupuesto *s* **1** (dinero disponible) budget: *Me pasé del presupuesto.* I went over my budget. **2** (para un trabajo) estimate: *Le pedí un presupuesto al carpintero.* I asked the carpenter for an estimate. **3** (plan de gastos) budget: *Les aprobaron el presupuesto.* Their budget has been approved.

pretender *v* **1** (querer) to expect: *No sé qué es lo que pretenden.* I don't know what they expect. | **pretender algo de alguien** to expect sth of sb: *No pueden pretender eso de nosotros.* They can't expect that of us. **2** (intentar) **pretender hacer algo** to try to do sth: *los objetivos que pretenden alcanzar* the objectives they are trying to achieve

pretensiones *s pl* **tener pretensiones** to be pretentious: *Tiene muchas pretensiones.* She's very pretentious. | **sin pretensiones** unpretentious: *una película sin pretensiones* an unpretentious movie

pretérito *s* **el pretérito indefinido** the simple past **el pretérito perfecto** the present perfect

pretexto *s* **con el pretexto de** on the pretext of: *Entró con el pretexto de llevarle un café.* She went in on the pretext of taking him a coffee. | **un pretexto para hacer algo** an excuse for doing sth: *Siempre tiene algún pretexto para no estudiar.* She always has some excuse for not studying.

prevención *s* (de una enfermedad, un accidente) prevention

prevenir *v* (una enfermedad, un accidente) to prevent: *un producto para prevenir las caries* a product to prevent tooth decay

prever *v* to anticipate: *No previmos que pudiera pasar esto.* We didn't anticipate this happening.

previo, -a *adj* **1** previous: *Piden experiencia previa.* They require previous experience. **2 sin previo aviso** without warning: *Se presentó sin previo aviso.* He turned up without warning.

previsible *adj* predictable

previsto, -a *adj* **1 estar previsto -a** to be planned: *Su visita está prevista para mañana.*

Her visit is planned for tomorrow. | *Todo salió como estaba previsto.* Everything turned out as planned. **2 tener algo previsto -a** to have sth planned: *Tienen previstos varios viajes.* They have several trips planned. | **tener previsto hacer algo** to plan to do sth

primaria *s* elementary education (AmE), primary education (BrE): *Hizo toda la primaria en el mismo colegio.* She did all of her elementary education at the same school. | *Todavía está en primaria.* She's still in elementary school.

primario, -a *adj* **1 un color primario** a primary color (AmE), a primary colour (BrE) **2 las necesidades primarias** the basic needs ▶ ver **enseñanza, escuela**

primavera *s* spring ▶ ver "Active Box" **estaciones del año** en **estación**

primer ▶ ver **primero**

primera *s* **1** (velocidad) first gear: *Pon (la) primera.* Put it in first gear./Put it in first. **2** (en un avión, tren) first class: *Éste es el vagón de primera.* This is the first-class car. | **viajar en primera** to travel first class **3** (o **primera división**) (en fútbol) First Division: *Juega en primera.* He plays in the First Division. **4 a la primera** at the first attempt: *Lo hizo bien a la primera.* She did it all right at the first attempt.

> En el fútbol británico, la división más alta se llama **the Premier League** (en Escocia **the Scottish Premier League**). La categoría siguiente a ésta es **the First Division,** que equivale a la segunda de otros países.

primero, -a *número & adverbio*

- ***número*** first: *la primera vez* the first time | *Fue la primera en darse cuenta.* She was the first one to realize. | **salir/llegar etc. (de) primero -a** to come first | **ser el primero/la primera de la clase** to be top of the class ▶ La fecha *May 1st* se lee **May first** en inglés americano y **May the first** en inglés británico. En nombres de monarcas, **first** va precedido de **the** en inglés: **Charles I** se lee **Charles the first**
- **primero *adv*** first: *Primero me quiero lavar las manos.* I want to wash my hands first. | *Primero leamos las instrucciones.* Let's read the instructions first.

primera clase *s* first class: *Me gustaría viajar en primera clase.* I'd like to travel first class. **primera dama** *s* First Lady **primera fila** *s* front row: *Nos sentamos en primera fila.* We sat in the front row. **primera plana** *s* front page **primer ministro/primera ministra** *s* Prime Minister **primeros auxilios** *s pl* first aid **primer plano** *s* close-up

primitivo, -a *adj* **1** (en historia) primitive: *el hombre primitivo* primitive man **2** (poco evolucionado) primitive: *una tribu primitiva* a primitive tribe **3** (original, originario) original: *los primitivos habitantes de la zona* the original inhabitants of the area

primo, -a *sustantivo & adjetivo*

- ***s*** cousin: *Somos primos.* We're cousins.

primo -a hermano -a first cousin **primo -a segundo -a** second cousin

- ***adj*** ▶ ver **materia, número**

princesa *s* princess (plural -sses) | **la Princesa Ana** Princess Anne

principal *adjetivo*

- ***adj*** **1** main: *el principal problema* the main problem **2 lo principal** the main thing: *Lo principal es que estás bien.* The main thing is that you're all right.

príncipe *sustantivo & sustantivo plural*

- ***s*** prince | **el Príncipe Carlos** Prince Charles

príncipe azul Prince Charming ▶ Se usa sin artículo y generalmente sin posesivo: *Sigue esperando a su príncipe azul.* She's still waiting for Prince Charming. **príncipe heredero** crown prince

- **príncipes *s pl*** (príncipe y princesa) **los príncipes** the prince and princess

principiante, -a *s* beginner

principio *s* **1** (inicio) beginning: *Empieza por el principio.* Start at the beginning. | **a principios de mes/año etc.** at the beginning of the month/year etc. | **al principio** (en un primer momento) at first: *Al principio no me gustaba.* I didn't like it at first. | **al principio (de la película/del cuento etc.)** at the beginning (of the movie/the story etc.) | **desde el principio** from the beginning **2 en principio** in principle: *En principio, llegan mañana.* In principle, they're arriving tomorrow. **3** (ideal, valor) principle: *una persona sin principios* somebody without principles | **por principio** on principle: *No pienso hacerlo por principio.* I don't intend to do it on principle. **4** (concepto fundamental) law: *el principio de inercia* the law of inertia

prioridad *s* priority (plural -ties) | **darle prioridad a algo** to give sth priority

prisa *s* **1 darse prisa** to hurry, to hurry up: *Date prisa o llegaremos tarde.* Hurry up or we'll be late. **2 tener prisa** to be in a hurry: *Tengo mucha prisa.* I'm in a great hurry.

prisión *s* prison | **condenar a alguien a tres/siete etc. años de prisión** to sentence sb to three/seven etc. years in prison

prisionero, -a *s* prisoner **prisionero -a de guerra** prisoner of war

privado, -a *adj* **1** (íntimo) private | **en privado** in private: *Necesito hablar con usted en privado.* I need to talk to you in private. **2** (colegio, clínica) private ▶ ver **detective**

privilegiado, -a *adjetivo & sustantivo*

- ***adj*** **1** (aventajado) privileged: *las clases privilegiadas* the privileged classes **2** (extraordinario) exceptional: *un cerebro privilegiado* an exceptional mind
- ***s*** **ser un privilegiado/una privilegiada** to be very privileged | **los privilegiados** the privileged

privilegio s privilege

pro *sustantivo & sustantivo plural*

- s **en pro de** for: *su trabajo en pro de la paz* their work for peace
- **pros** *s pl* **los pro(s) y los contra(s)** the pros and cons

proa s bow

probabilidad s **1** (chance) chance: *¿Hay alguna probabilidad?* Is there any chance? | **tener pocas/muchas probabilidades de hacer algo** to have little chance/a good chance of doing sth: *Tiene muchas probabilidades de salir seleccionado.* He has a good chance of being selected. | *¿Qué probabilidades tiene?* What are his chances? **2** (en matemáticas) probability (plural -ties)

probable *adj* **ser/parecer probable** to be/to seem likely | **ser/parecer poco probable** to be/to seem unlikely ► Cuando *es probable* se usa como respuesta, se traduce por **probably**: *–¿Se van de viaje? –Es probable.* "Are you going away?" "Probably." | **es probable que venga/gane etc.** she'll probably come/win etc., she's likely to come/win etc.: *Es probable que llueva.* It will probably rain./It's likely to rain. | *Es muy probable que vuelva a suceder.* It's very likely to happen again./It'll very probably happen again. | *Es probable que no haya entendido.* He probably didn't understand. | **lo más probable es que vuelva/que se haya olvidado etc.** he'll most likely come back/he most likely forgot etc.: *Lo más probable es que ya lo tenga.* He most likely has it already.

probador s fitting room

probar v **1** (una comida, una bebida) Se dice **to try** cuando se trata de probar algo por primera vez y **to taste** cuando se prueba algo para ver cómo está: *Nunca probé los dátiles.* I've never tried dates. | *Prueba la salsa a ver qué te parece.* Taste the sauce and see what you think. **2** (intentar) to try: *Probemos de nuevo.* Let's try again. | **probar haciendo algo** to try doing sth: *Probemos poniéndole crema.* Let's try adding some cream. | **probar (a) hacer algo** to try doing sth: *Prueba a hacerlo otra vez.* Try doing it again. **3** (demostrar) to prove: *Nunca probaron esa teoría.* That theory has never been proved. **4** (un aparato) (para ver cómo funciona) **probar algo** to try sth out: *Pruébalo antes de comprarlo.* Try it out before you buy it.

probarse v **probarse una falda/unos anteojos etc.** to try on a skirt/a pair of glasses etc.: *¿Me puedo probar estos pantalones?* Can I try on these pants?

probeta s test tube

problema s **1** (dificultad, inconveniente) problem: *Tengo un serio problema.* I have a serious problem. | *No hay problema.* There's no problem. ► Es frecuente el uso de **trouble,** que es un sustantivo incontable: *El problema es que queda muy lejos.* The trouble is it's a long way away. | *Hice los ejercicios sin ningún problema.* I did the exercises without any trouble. | *Tuve muchos problemas para llegar.* I had a lot of trouble getting here. **2 hacerse problema** to worry: *No te hagas problema.* Don't worry. **3** (en matemáticas) problem

procedente *adj* **procedente de** from: *un avión procedente de Nueva York* a plane from New York

proceder v **proceder de Italia/Japón etc.** to come from Italy/Japan etc.

procedimiento s procedure

prócer s national hero (plural -roes)

procesador s **1** processor **2 procesador (de alimentos)** food processor
procesador de textos word processor

procesadora o **procesadora de alimentos** s food processor

procesar v **1** (a una persona) to try **2** (información) to process **3** (un material, una sustancia) to process

procesión s procession

proceso s **1** (evolución) process (plural -sses): *un proceso de cambio* a process of change **2** (judicial) proceedings *pl*

prodigio ► ver **niño**

producción s **1** (en la industria) production: *la producción de carbón/petróleo* coal/oil production | *un aumento/descenso de la producción* an increase/a fall in production **2** (en agricultura) production: *la producción de cereales* cereal production **3** (de una película, un programa de televisión) production

producir v **1** (país, empresa) to produce: *un país que produce trigo* a country that produces wheat **2** (elaborar, crear) to produce: *El páncreas produce insulina.* The pancreas produces insulin. **3** (causar) to cause: *Produjo muchos problemas.* It caused a lot of problems. **4** (en cine, televisión) to produce

producto s **1** (lo producido) product: *productos de mala calidad* poor-quality products **2** (resultado) **ser el producto de algo** to be the product of sth: *el producto de nuestro esfuerzo* the product of our efforts
producto interno bruto gross domestic product **producto de belleza** beauty product **productos agrícolas** *s pl* farm produce *sing*

productor, -a *sustantivo & adjetivo*

- s **1** (en cine, televisión, etc.) producer **2** (en la industria, agricultura) producer
- *adj* **un país productor de petróleo** an oil-producing country, a country that produces oil

proeza s feat: *Fue toda una proeza.* It was quite a feat.

profesión s profession

profesional *adjetivo & sustantivo*

- *adj* **1** (no amateur) professional: *un jugador profesional* a professional player **2** (en la manera de actuar) professional: *Es muy profesional.* He's very professional.

• *s* **1** (médico, abogado, etc.) professional **2** (persona no amateur) professional

profesor, -a *s* **1** (en la escuela) teacher: *la profesora de inglés* the English teacher **2** (en la universidad) ▶ ver nota en **professor** **3** (de natación, tenis, etc.) coach (plural -ches)

profesorado *s* **1** (de un país) teachers *pl*: *mejoras salariales para el profesorado* increased pay for teachers **2** (de una institución educativa) faculty (AmE), teaching staff (BrE)

profeta *s* prophet

profundidad *s* **1** (de un lago, una piscina) depth | **tener 30 centímetros/10 metros etc. de profundidad** to be 30 centimeters/10 meters etc. deep | **¿qué profundidad tiene?** how deep is it? **2 estudiar/analizar algo en profundidad** to study/to analyze sth in depth

profundo, -a *adj* **1** (piscina, río) deep: *Es un río poco profundo.* It's not a very deep river. **2** (herida, corte) deep **3** (sueño) deep | **tener el sueño profundo** to be a heavy sleeper **4** (tristeza) deep, profound **5** (amor) deep **6** (pensamiento) profound **7** (conocimientos) in-depth

programa *s* **1** (de televisión, radio) program (AmE), programme (BrE): *un programa de MTV* an MTV program **2** (en informática) program: *un programa de hojas de cálculo* a spreadsheet program **3** (de una asignatura) syllabus (plural syllabuses o syllabi): *el programa de matemáticas* the math syllabus **4 programa (de estudios)** (de una carrera) syllabus **5** (de actividades) schedule: *un programa muy apretado* a very busy schedule **6** (folleto) program (AmE), programme (BrE) **7** (de una lavadora, un lavaplatos) program (AmE), programme (BrE)

programa de concursos game show

programación *s* **1** (en informática) programming: *un curso de programación* a programming course **2** (de la televisión, radio) programs *pl* (AmE), programmes *pl* (BrE)

programador, -a *s* programmer

programar *v* **1** (una lavadora, una videocasetera) to program (AmE), to programme (BrE) **2** (en informática) to program

progresar *v* to make progress: *Está progresando mucho en matemáticas.* She's making a lot of progress in math.

progreso *s* progress ▶ **progress** es un sustantivo incontable y no tiene plural: *los enormes progresos de la ciencia y la técnica* the great progress in science and technology | **hacer progresos** to make progress: *Está haciendo muchos progresos en el colegio.* She's making a lot of progress at school.

prohibido, -a *adj* **1 estar prohibido -a** to be forbidden, to be prohibited: *Está prohibido el uso de teléfonos celulares.* The use of cell phones is forbidden./The use of cell phones is prohibited. ▶ En contextos menos formales se usan expresiones con **not to be allowed.** El sujeto puede ser tanto la persona como lo que está prohibido: *Está prohibido comer aquí.* You aren't allowed to eat in here./Eating isn't allowed in here. | **"prohibido fumar"** "no smoking" | **"prohibido estacionar"** "no parking" **2** (libro, partido político, etc.) banned: *una droga prohibida* a banned drug

prohibir *v* to forbid: *Te prohíbo que lo llames.* I forbid you to call him. | *Le prohibieron salir.* They forbade him to go out. ▶ **to forbid** es bastante formal y enfático. A menudo se usa **not to allow (sb to do sth)** o **to tell (sb not to do sth)**: *Nos han prohibido jugar fútbol en el recreo.* We aren't allowed to play soccer during recess. | *El médico le prohibió el alcohol.* The doctor told him not to drink alcohol. | **prohibir algo** (mediante una ley, una disposición) to ban sth, to prohibit sth: *Prohibieron la pirotecnia en las calles.* They have banned/prohibited the setting off of fireworks in the streets.

prójimo *s* **el amor al prójimo** love for your fellow human beings | **ayudar al prójimo** to help others

prólogo *s* preface

prolongar *v* **1** (un plazo, un curso, etc.) to extend: *Prolongaron el plazo de inscripción.* They have extended the enrollment period. **2 prolongarle la vida a alguien** to prolong sb's life

prolongarse *v* (en el tiempo) to go on: *La fiesta se prolongó hasta la madrugada.* The party went on until the early hours of the morning.

promedio *s* **1** (media) average | **un promedio de siete horas/cinco kilos etc.** an average of seven hours/five kilos etc.: *Duermo un promedio de siete horas diarias.* I sleep an average of seven hours a day. | **como/en promedio** on average: *Corre diez kilómetros por semana, como promedio.* He runs ten kilometers a week on average. **2** (de calificaciones) average grade (AmE), average mark (BrE) | **un 6/8 etc. de promedio** an average grade of 6/8 etc.

promesa *s* (acción) promise | **hacer/cumplir una promesa** to make/to keep a promise

prometedor, -a *adj* promising

prometer *v* (dando su palabra) to promise | **prometer hacer algo** to promise to do sth: *Prometió ayudarlos.* He promised to help them. | **prometerle algo a alguien** to promise sb sth: *Me prometió que lo iba a hacer hoy.* He promised me that he was going to do it today. | *Te lo prometo.* I promise.

promoción *s* **1** (publicidad) promotion **2** (oferta) promotion: *una promoción especial* a special promotion | **en promoción** on special offer: *Está en promoción.* It's on special offer. **3** (grupo de alumnos) class: *la promoción 2002* the class of 2002 | *Son de la misma promoción.* They graduated in the same year.

promocionar *v* (hacer publicidad de) to promote

i ¿Quieres pedir una hamburguesa en inglés? Consulta la **guía de comunicación** al final del libro.

promover *v* (fomentar) (el desarrollo, las buenas relaciones) to promote, (una revuelta, la violencia) to instigate

pronombre *s* pronoun

pronosticar *v* **1** (referido al estado del tiempo) to forecast: *Han pronosticado lluvia.* They have forecast rain./Rain is forecast. **2** (un resultado, un suceso) to predict

pronóstico *s* **1 pronóstico (del tiempo)** (weather) forecast: *¿Has oído el pronóstico?* Have you heard the forecast? **2** (de un resultado, un suceso) prediction **3** (en medicina) prognosis

pronto *adv* **1** (en poco tiempo) soon: *Vuelvan pronto.* Come back soon. **2** (rápido) quick: *¡Ven aquí, pronto!* Come here, quick! **3 de pronto** suddenly: *De pronto se puso a llorar.* She suddenly started crying. **4 ¡hasta pronto!** see you soon!

pronunciación *s* pronunciation: *Tiene muy buena pronunciación.* His pronunciation is very good.

pronunciar *v* **1** (referido a una lengua) to pronounce: *¿Cómo se **pronuncia** tu apellido?* How do you pronounce your last name? **2 pronunciar un discurso** to make a speech | **pronunciar unas palabras** to say a few words

propaganda *s* **1** (publicidad) Se usa **advertising** para la propaganda comercial y **propaganda** para la propaganda política que se considera deshonesta, tendenciosa: *Gastan millones en propaganda.* They spend millions on advertising. | *una campaña de propaganda destinada a sembrar el terror* a propaganda campaign aimed at spreading terror | **hacerle propaganda a algo** (a un producto, etc.) to advertise sth: *Le hacen mucha propaganda por la televisión.* They advertise it a lot on television. **2** (anuncio publicitario) ad ► También existe **advertisement** que es más formal y **advert** que sólo se usa en inglés británico: *una propaganda de cerveza* an ad for beer/a beer advertisement **3** (que se recibe por correo) junk mail, (que se recibe por e-mail) spam ► Ambos términos indican que la propaganda es indeseada.

propagarse *v* to spread

propiedad *s* **1** (posesión) **ser propiedad de alguien** to be sb's property: *Es propiedad del colegio.* It is the school's property. | **ser de mi/su etc. propiedad** to be my/his etc. property: *Esto es de mi propiedad.* This is my property. **2** (casa, terreno) property (plural -ties) **3** (característica, cualidad) property (plural -ties)
propiedad privada private property

propietario, -a *s* owner

propina *s* tip | **dejarle propina a alguien** to leave sb a tip: *Le dejaron cinco dólares de propina.* They left her a five dollar tip. | **darle propina a alguien** to give sb a tip

propio, -a *adj* **1** (de uno) **con mis propios ojos/en mi propia casa etc.** with my own eyes/in my own house etc.: *Cada niño tiene su propio cuarto.* Each of the children has his or her own room. | *Se lo dijo en su propia cara.* She said it to his face. | **tener casa propia/auto propio** to have a house of your own/a car of your own **2 ser propio de alguien** to be typical of sb: *Hablar mal de todos es muy propio de ella.* Running everybody down is typical of her. ► ver **amor, defensa, nombre**

proponer *v* (un plan, una idea) to suggest: *Propongo que vayamos en mi carro.* I suggest we go in my car. ► También existe **to propose** que es más formal | **proponerle algo a alguien** to suggest sth to sb: *Te voy a proponer una cosa.* I'm going to suggest something to you. | *Me propuso que estudiáramos juntos.* He suggested that we study together./He suggested that we should study together. ► **that** se puede omitir, sobre todo en el lenguaje hablado: *Me propuso que me quedara en su casa.* He suggested I stay at his house. ► También existe **to propose sth to sb** que es más formal: *Nos propuso viajar todos juntos.* He proposed that we all travel together.

proponerse *v* **proponerse hacer algo** to make up your mind to do sth: *Esta vez, me he propuesto estudiar mucho.* This time, I've made up my mind to work hard. | *Se propuso dejar de fumar y lo logró.* He made up his mind to give up smoking and he did it. | **logré lo que me propuse/logró lo que se propuso etc.** I achieved what I set out to do/she achieved what she set out to do etc.

proporción *sustantivo & sustantivo plural*

- *s* (relación) proportion | **en proporción** in relative terms: *En proporción, ganaba más antes.* I was earning more before, in relative terms. | **en proporción a algo** in proportion to sth, proportional to sth: *La violencia crece en proporción directa a las injusticias sociales.* Violence increases in direct proportion to the degree of social injustice./The increase in violence is directly proportional to the degree of social injustice.
- **proporciones** *s pl* proportions: *un edificio de grandes proporciones* a building of large proportions

proporcional *adj* proportionate | **ser directamente/inversamente proporcional a algo** to be directly/inversely proportional to sth

proporcionar *v* **proporcionarle algo a alguien** to provide sb with sth: *Nos proporcionaron toda la información necesaria.* They provided us with all the necessary information.

proposición *s* (propuesta) proposal | **hacerle una proposición a alguien** to propose sth to sb

propósito *s* **1 a propósito (a)** (en forma deliberada) on purpose, deliberately: *Lo hizo a propósito.* He did it on purpose. **(b)** (por cierto) by the way: *A propósito ¿cómo estuvo el concierto?* By the way, how was the concert ? **2** (motivo) purpose: *¿Cuál es el propósito de su visita?* What is the purpose of your visit? | **con el propósito de hacer algo** with the intention of doing sth: *Se fue a la ciudad con el propósito de conseguir trabajo.* She went to the city with the intention of finding work. **3** (intención) intention: *Tiene buenos propósitos.* His intentions are good. | **tener el propósito de hacer algo** to intend to do sth, to intend doing sth: *Tiene el propósito de viajar a Europa cuando termine la carrera.* He intends to travel to Europe when he finishes his degree.

propuesta *s* proposal

prórroga *s* (de un plazo) extension: *Nos dieron una prórroga.* They've given us an extension.

prosa *s* prose

próspero, -a *adj* prosperous

prostituta *s* prostitute

protagonista *s* **1** (de un cuento, una novela) main character: *El protagonista es un niño de 11 años.* The main character is an 11-year old boy. **2** (de una película, obra de teatro) **ser el protagonista** to play the lead: *¿Quién es la protagonista?* Who plays the female lead?

protagonizar *v* (una película, una obra de teatro) to star in, to play the lead in

protección *s* protection

protector *s* **protector (solar)** sunscreen, sun cream: *Necesito un protector más fuerte.* I need a higher-factor sunscreen. | **protector (bucal)** mouthguard, gumshield

proteger *v* to protect | **proteger a alguien de algo** to protect sb from sth

protegerse *v* **protegerse de algo** to protect yourself from sth

proteína *s* protein

protesta *s* protest

protestante *adjetivo & sustantivo*

- *adj* **ser protestante** to be a Protestant
- *s* Protestant

protestar *v* **1** (quejarse) to complain | **protestar por algo** (quejarse) to complain about sth: *Siempre protesta por la comida.* He always complains about the food. **2** (mostrar desacuerdo) to protest | **protestar contra algo** to protest against sth

prototipo *s* **1** (modelo, símbolo) archetype | **es el prototipo del buen alumno/del italiano buen mozo etc.** he is the archetypal good student/handsome Italian etc. **2** (de un auto, una computadora, etc.) prototype

provecho *s* **1 sacar provecho de algo/sacarle provecho a algo** ver ejemplos: *No saqué ningún provecho del curso.* I didn't get any benefit from the course. | *Tienes que sacarle provecho a esta oportunidad.* You have to make the most of this opportunity. **2 ¡buen provecho!** bon appetit!

proveedor, -a *s* supplier | **proveedor (de Internet)** (Internet) Service Provider, ISP

proveer *v* **proveer a alguien de algo** to supply sb with sth

proveerse *v* **proveerse de todo lo necesario** to get everything you need

proverbio *s* proverb

provincia *s* province

provinciano, -a *adj* provincial

provisional *adj* provisional

provisorio, -a *adj* provisional

provocar *v* **1** (causar) to cause: *la bacteria que provoca el cólera* the bacterium that causes cholera **2** (molestar) to provoke: *No provoques a tu hermana.* Don't provoke your sister. **3 me provoca un café/un helado etc.** I feel like a cup of coffee/an ice cream cone etc., I fancy a coffee/an ice cream etc. (BrE): *¿Te provoca un café?* Do you feel like a cup of coffee?/Would you like a cup of coffee? | *Me provoca ir a nadar.* I feel like going for a swim.

proximidad *sustantivo & sustantivo plural*

- *s* nearness
- **proximidades** *s pl* **en las proximidades del estadio/de la estación etc.** in the vicinity of the stadium/the station etc.

próximo, -a *adj* (siguiente) next: *Bájese en la próxima estación.* Get off at the next station. | *En el próximo semáforo doble a la derecha.* Turn right at the next traffic lights. ► Cuando se refiere al tiempo se omite el artículo **the**: *La próxima clase hay prueba.* There's a test next class. | *Eso lo dejamos para la próxima vez.* We'll leave that for next time. | **el próximo lunes/martes etc.** next Monday/Tuesday etc. | **el próximo año/mes etc.** next year/month etc.: *Vamos a esperar hasta el próximo año.* We're going to wait until next year.

proyección *s* **1** (de una película) showing **2** (de diapositivas) show

proyectar *v* **1** (una película, unas diapositivas) to show **2** (una imagen) to project **3** (una sombra) to cast **4** (planear) to plan: *el viaje que habían proyectado juntos* the trip they had planned together **5** (en arquitectura) to design

proyectil *s* missile

proyecto *s* **1** (plan) plan: *¿Qué proyectos tienes para el año que viene?* What are your plans for next year? **2** (trabajo) project: *el equipo que trabaja en este proyecto* the team working on this project

proyecto de ley bill

proyector *s* **1** (de cine, de diapositivas) projector **2** (lámpara) spotlight **3 proyector (de transparencias)** overhead projector

prudencia *s* **1** (cuidado) **hacer algo con prudencia** to do sth carefully: *Manejen con prudencia.* Drive carefully. **2** (sensatez) good sense, prudence ► **prudence** es más formal

prudente *adj* **1** (sensato) sensible, prudent ► **prudent** es más formal: *Es una decisión prudente.* It's a sensible decision. **2** (cauto) reasonable: *Espere un tiempo prudente.* Wait a reasonable length of time.

prueba *s* **1** (examen) test: *Mañana tenemos prueba de historia.* Tomorrow we have a history test. **2** (en un juicio) piece of evidence: *Encontraron una nueva prueba.* They found a new piece of evidence. ▶ El plural *pruebas* se traduce por el sustantivo incontable **evidence**: *No hay pruebas de que sea culpable.* There is no evidence that he's guilty. | *Tenemos pruebas contra él.* We have evidence against him. **3** (testimonio, indicio) **ser prueba de algo** to be proof of sth: *Esto es prueba de que algo anda mal.* This is proof that something is wrong. | **una prueba de amistad/cariño** proof of your friendship/affection ▶ **proof** es un sustantivo incontable y no tiene plural: *Se lo di como una prueba de amistad.* I gave it to her as proof of my friendship. **4** (en deportes) event **5** (experimento, ensayo) test: *una prueba de laboratorio* a laboratory test **6 a prueba** on trial: *Lo tienen a prueba.* He's on trial. | **a prueba de balas** bullet-proof | **a prueba de ladrones** burglar-proof | **poner algo a prueba** (una teoría, conocimientos, etc.) to test sth: *No pongas a prueba mi paciencia.* Don't try my patience.
prueba de ADN DNA test **prueba de embarazo** pregnancy test **prueba de sonido** sound test **prueba nuclear** nuclear test

psicoanálisis *s* psychoanalysis

psicología *s* psychology

psicológico, -a *adj* psychological

psicólogo, -a *s* psychologist

psiquiatra *s* psychiatrist

psiquiatría *s* psychiatry

psiquiátrico u **hospital psiquiátrico** *s* psychiatric hospital

púa *s* **1** (de un erizo) spine **2** (de un peine) tooth (plural teeth) **3** (para guitarra, etc.) pick, plectrum

pubertad *s* puberty

publicación *s* **1** (escrito) publication **2** (acción) publication

publicar *v* **1** (un libro, un artículo) to publish **2** (una noticia) to publish

publicidad *s* **1** (avisos) commercials *pl*, adverts *pl* (BrE): *En este canal hay mucha publicidad.* There are a lot of commercials on this channel. **2** (aviso) advertisement: *una publicidad de shampú* an advertisement for shampoo **3** (que hace una empresa) advertising: *Tienen que invertir en publicidad.* They have to invest in advertising. | **hacer publicidad** to advertise: *Hacen publicidad en los periódicos.* They advertise in the papers. | **hacerle publicidad a algo** to advertise sth **4** (estudios) advertising: *Estudia publicidad.* She's studying advertising ▶ ver **agencia** **5** (difusión) publicity: *un escándalo que tuvo mucha publicidad* a scandal that received a lot of publicity

publicista *s* **1** (de una agencia de publicidad) creative **2** (de un cantante, una estrella) publicist

publicitario, -a *adjetivo & sustantivo*
- *adj* ▶ ver **campaña**
- *s* ▶ ver **publicista**

público, -a *adjetivo & sustantivo*
- *adj* **1** (de la comunidad) **el transporte público/la salud pública** public transportation/public health (AmE), public transport/public health (BrE) **2** (estatal) **la deuda pública** the national debt | **el sector público** the public sector | **un organismo público** a government body **3** (conocido por todos) **un personaje público** a public figure ▶ ver **administración**, **colegio**, **escuela**, **relación**, **teléfono**
- **público** *s* **1** (en un cine, teatro) audience **2** (de un espectáculo deportivo) crowd **3 en público** in public: *No le gusta hablar en público.* She doesn't like speaking in public. **4 el público** (la gente en general) the public | **abierto/cerrado al público** open/closed to the public

puchero *s* **1** (comida) Si quieres explicar qué es el puchero, di *it's a type of stew made with different kinds of meat and vegetables cooked in water* **2** (gesto) **hacer pucheros** to pout

pucho *s* **1** (cigarrillo) smoke (AmE), fag (BrE) **2** (colilla) cigarette butt, cigarette end

pudrirse *v* (hablando de alimentos) to go bad: *Se pudrieron las naranjas.* The oranges went bad. ▶ También se puede decir **to go rotten,** o, si se trata de fruta que se pudre en los árboles o cosechas que se pudren en los campos, **to rot**

pueblo *s* **1 el pueblo** (la gente) the people: *un gobierno elegido por el pueblo* a government elected by the people | *el pueblo peruano* the Peruvian people **2** (localidad) Se usa **village** para referirse a una localidad rural pequeña y **town** para una más grande **3** (nación) people: *todos los pueblos del mundo* all the peoples of the world

puente *s* **1** (sobre un río, etc.) bridge **2** (sobre una carretera, una avenida) bridge, overpass (AmE), flyover (BrE) **3** (en odontología) bridge **4 el puente (de mando)** (de un barco) the bridge
puente aéreo (comercial) Se usa **shuttle service** para referirse al servicio y **shuttle** para hablar de un vuelo en particular: *el puente aéreo Buenos Aires-Montevideo* the Buenos Aires-Montevideo shuttle service | *Tomó el puente aéreo de las tres.* He took the three o'clock shuttle. **puente colgante** suspension bridge **puente levadizo** drawbridge

puerco, -a *adjetivo & sustantivo*
- *adj* (sucio) filthy
- *s* (animal) pig
- **puerco** *s* (carne) pork

puerro *s* leek

puerta *s* **1** (de una casa, un auto, etc.) door | **en la puerta** (de una casa) at the door: *Te espero en la puerta.* I'll wait for you at the door. | **en la puerta del restaurante/del teatro etc.** outside the

restaurant/theater etc.: *Quedamos en encontrarnos en la puerta del hospital.* We agreed to meet outside the hospital. | **llamar a la puerta/tocar la puerta** to knock at the door **2 puerta (de embarque)** gate
puerta corrediza sliding door **puerta de entrada** o **puerta de calle** front door **puerta giratoria** revolving door
puerto *s* **1** (de mar, de río) port **2** (de una computadora) port
Puerto Rico *s* Puerto Rico
puertorriqueño, -a *adjetivo & sustantivo*
• *adj* Puerto Rican
• *s* Puerto Rican: *los puertorriqueños* (the) Puerto Ricans
pues *conj* **1** (para indicar consecuencia) then: *¿Estás lista? Vámonos, pues.* Are you ready? Let's go, then. **2** (para expresar vacilación, enfatizar, etc.) ver ejemplos: *¿Dónde? ¡Pues no lo sé!* "Where?" "I don't know!" | *Pues mira, no está nada mal.* Well look, it's not bad at all. **3** (para indicar causa) because
puesta *s* **puesta (en escena)** production
puesta a punto tune-up: *Este carro necesita una puesta a punto.* This car needs a tune-up.
puesta de sol sunset
puestero, -a *s* stallholder
puesto, -a *adjetivo, sustantivo & conjunción*
• *adj* **1 con el sombrero puesto/los guantes puestos etc.** with your hat on/your gloves on etc.: *Se fue a la cama con los zapatos puestos.* She went to bed with her shoes on. | **tener puesto un vestido verde/un bluyín etc.** to be wearing a green dress/a pair of jeans etc., to have a green dress on/a pair of jeans on etc.: *¿Qué tenía puesto?* What was she wearing?/What did she have on? | *Tenía puesto el collar que le regalé.* She was wearing the necklace I gave her. | **tener los anteojos/lentes puestos** to have your glasses on | **dejarse algo puesto** to keep sth on: *Me dejé la chaqueta puesta.* I kept my jacket on. **2 la mesa está/estaba puesta** the table is/was set
• **puesto** *s* **1** (empleo) job: *Tiene un muy buen puesto.* He has a very good job. **2** (en un mercado, una feria) stall **3** (en una cola) place: *¿Me guardas el puesto?* Will you keep my place for me? **4** (en una clasificación, un ránking) place: *Llegamos en segundo puesto.* We finished in second place. **5** (en un equipo de fútbol, básquet, etc.) position: *¿En qué puesto juegas?* What position do you play? **6** (lugar) place: *¡Todos a sus puestos!* Everyone to their places!
• **puesto que** *conj* since
puf *sustantivo & interjección*
• *s* pouffe
• **¡puf!** *interj* **1** (de asco) ugh!, yuck! **2** (de cansancio) phew!
pulcro, -a *adj* **1** (limpio) clean **2** (ordenado) neat
pulga *s* flea: *Me picó una pulga.* I've been bitten by a flea.
pulgada *s* inch (plural -ches): *un monitor de 17 pulgadas* a 17-inch monitor
pulgar *s* thumb
pulir *v* to polish
pullman o **pulman** *s* bus (AmE), coach (BrE)
pulmón *s* lung
pulmonía *s* pneumonia
pulóver *s* sweater, jumper (BrE)
pulpa *s* pulp
pulpo *s* octopus (plural -ses)
pulsar *v* **1** (una tecla, un botón) to press **2** (un timbre) to ring, to press **3** (referido a las cuerdas de un instrumento) to pluck
pulsera *s* **1** (brazalete) bracelet **2** (de un reloj) strap, band
pulso *s* **1** (latidos) pulse | **tomarle el pulso a alguien** to take sb's pulse **2** (firmeza) **tener pulso** to have a steady hand **3 echar un pulso** to arm-wrestle
puma *s* puma
punk *adj & s* punk
punta *s* **1** (de un cuchillo, un zapato) point **2** (de un lápiz) point | **sacarle punta a un lápiz** to sharpen a pencil **3** (de la lengua, de un dedo, de la nariz) tip | **lo tengo/lo tenía etc. en la punta de la lengua** it's/it was etc. on the tip of my tongue **4** (de una soga, un hilo) end **5** (de un pañuelo, una sábana) corner **6** (de un lugar) end: *Está en la otra punta del edificio.* It's at the other end of the building. | *Se sentó en la otra punta de la mesa.* He sat down at the far end of the table. | **de punta a punta** from one end to the other: *Recorrí la isla de punta a punta.* I traveled across the island from one end to the other. **7** (en un campeonato, torneo) first place: *Hay tres equipos en la punta.* There are three teams sharing first place. **8** (en fútbol) striker: *Juega de punta.* He plays as a striker. **9 de puntas/en puntas de pie** on tiptoe | **entrar/salir de puntas** to tiptoe in/out
puntada *s* (al coser) stitch (plural -ches)
puntaje *s* **1** (en una evaluación, un concurso) score: *un puntaje muy bajo* a very low score **2** (en deportes) score: *la gimnasta con el puntaje más alto* the gymnast with the highest score
puntapié *s* kick | **darle un puntapié a algo/alguien** to kick sth/sb
puntería *s* **tener buena/mala puntería** to be a good/bad shot
puntiagudo, -a *adj* pointed
puntilla *s* **1** lace edging **2 en/de puntillas** on tiptoe: *Entramos caminando en puntillas.* We went in on tiptoe./We tiptoed in.
punto *s* **1** (marca, señal) dot: *El barco parecía un punto en el horizonte.* The ship looked like a dot on the horizon.
2 (al final de una oración) period (AmE), full stop (BrE), (de la "i", la "j", de una abreviatura), dot: *punto com* dot com ► ver **dos**

3 (lugar) place: *en muchos puntos del país* in many places in the country
4 (en un examen, etc.) point, mark (BrE): *¿Cuántos puntos vale esta pregunta?* How many points is this question worth? | *Me descontó puntos por las faltas de ortografía.* She took points off because I made spelling mistakes.
5 (en un torneo, juego, etc.) point: *Ganamos por tres puntos.* We won by three points. | **ganar por puntos** to win on points
6 (cuestión, ítem) point: *En ese punto discrepamos.* We disagree on that point.
7 (en geometría) point
8 (en una herida) stitch (plural -ches): *Mañana me quitan los puntos.* I'm having the stitches out tomorrow.
9 a punto, en su punto (referido a la cocción de la carne) medium: *El filete me gusta a punto.* I like my steak medium.
10 estar a punto de hacer algo (a) (estar por hacer algo) to be about to do sth: *Estaba a punto de salir.* I was about to go out. **(b)** (hablando de algo que casi sucedió): *Estuve a punto de decirle que sí.* I nearly said yes to her.
11 las tres/cuatro etc. en punto exactly three/four etc. o'clock: *Son las nueve en punto.* It's exactly nine o'clock. ► También existe **on the dot** que es más coloquial: *Llegaron a las siete en punto.* They arrived at seven o'clock on the dot.
12 y punto and that's that: *Haz lo que yo digo y punto.* You do what I say and that's that.
13 hasta cierto punto up to a point: *Hasta cierto punto tiene razón.* He's right, up to a point.
14 batir claras a punto de nieve to beat egg whites until they are stiff
punto cardinal cardinal point ► ver "Active Box" **puntos cardinales** **punto débil** weak point **punto de ebullición** boiling point **punto de vista** point of view: *Desde mi punto de vista...* From my point of view... **punto muerto** (en la caja de cambios) neutral **punto negro** (en la piel) blackhead **punto y aparte** new paragraph **punto y coma** semi-colon **punto (y) seguido** period (AmE), full stop (BrE) **puntos suspensivos** *s pl* ellipsis *sing* ► En lenguaje hablado se suele usar **dot, dot, dot**: *Dejé la frase con puntos suspensivos.* I ended the sentence with dot, dot, dot.

puntuación *s* (de un texto) punctuation ► ver **signo**

puntual *adj* punctual: *Es muy puntual.* He's very punctual. | *Trata de ser puntual.* Try to be punctual./Try to be on time.

puntualidad *s* punctuality

puntudo, -a *adj* pointed

punzada *s* (dolor) stabbing pain

puñado *s* handful: *un puñado de sal* a handful of salt

Active Box: puntos cardinales

Los ejemplos de este **Active Box** son una guía para ayudarte a construir oraciones que hablan de los puntos cardinales.

la costa oeste	the west coast
un pueblo del norte del país	a town in the north of the country
Iban hacia el este.	They were heading east.
Queda al sur de la ciudad.	It is to the south of the city.

puñal *s* dagger

puñalada *s* **1 darle una puñalada a alguien** to stab sb | **matar a alguien a puñaladas** to stab sb to death **2** (herida) stab wound

puñetazo *s* punch (plural -ches) | **darle un puñetazo a alguien (en el estómago/la nariz etc.)** to punch sb (in the stomach/on the nose etc.)

puño *s* **1** (mano cerrada) fist **2** (de una manga) cuff **3** (de un bastón) handle **4** (de una espada) hilt

pupila *s* (del ojo) pupil

pupitre *s* desk: *Dejó los libros en su pupitre.* He left the books on his desk.

puré *s* **1** (de papas) mashed potato **2 puré de calabaza/zanahorias etc.** pumpkin/carrot etc. purée

pureza *s* purity

purgatorio *s* (o **Purgatorio**) (en religión) **el Purgatorio** Purgatory

purificar *s* to purify

purificarse *v* to purify yourself

puritano, -a *adjetivo & sustantivo*
• *adj* puritanical
• *s* puritan

puro, -a *adjetivo, adverbio & sustantivo*
• *adj* **1** (no contaminado o mezclado) pure: *agua pura* pure water | *Es de algodón puro.* It's pure cotton. | *un fox terrier puro* a purebred fox terrier **2** (solamente) **había puras mujeres/puros niños etc.** there were only women/children etc.: *Somos puras niñas en la clase.* There are only girls in our class. **3** (para enfatizar) ver ejemplos: *Es la pura verdad.* It's the honest truth. | *Es puro cuento.* It's completely untrue. | *Lo vi de pura casualidad.* I saw it by pure chance.
• *adv* **de puro egoísta/cansado -a etc.** out of sheer selfishness/exhaustion etc: *Lo creyó de puro ingenuo.* He believed it out of sheer naivety.
• **puro** *s* (cigarro) cigar
pura sangre *s* thoroughbred

pus *s* pus

Q

Q, q *s* Q, q ▶ ver "Active Box" **letras del alfabeto** en **letra**

que¹ *conj* ▶ ver recuadro

que² *pron* ▶ ver recuadro en página 702

qué *pronombre, adjetivo & adverbio*

• ***pron, adj & adv*** **1** (en preguntas directas e indirectas) what: *¿Qué dijo?* What did she say? | *No sé qué decirle.* I don't know what to say to her. | *¿De qué color es?* What color is it? | *No sé qué año era.* I don't know what year it was. ▶ Cuando la gama de opciones es limitada, se usa **which** en lugar de **what**: *¿Qué color prefiere?* Which color do you prefer? | *Me preguntó qué sabor quería.* She asked me which flavor I wanted. ▶ Fíjate en la posición de la preposición en los ejemplos siguientes: *¿De qué se ríen?* What are you laughing at? | *Le pregunté para qué era.* I asked him what it was for. **2 ¿qué? (a)** (para pedir que se repita lo dicho) sorry?, pardon?: *¿Qué? No te oí bien.* Sorry? I didn't hear you. **(b)** (para expresar incredulidad) what?: *–Se casa Paola. –¿Qué?* "Paola's getting married." "What?" **3 ¿a qué estamos hoy?** what's the date today?, what date is it today? **4 ¿y qué?** (para expresar indiferencia) so what?: *–Ya es tarde. –¿Y qué?* "It's late." "So what?" **5 ¿qué tal?** how are you?: *Hola ¿qué tal?* Hello, how are you? | **¿qué tal Juan/la película etc.?** how is Juan/how was the movie etc.?: *¿Qué tal el libro? ¿Te gusta?* How's the book? Are you enjoying it? **6** (en exclamaciones) ▶ Se usa **what a** cuando hay un sustantivo singular, **what** cuando hay un sustantivo plural y **how** cuando hay sólo un adjetivo: *¡Qué casualidad!* What a coincidence! | *¡Qué lindo vestido!* What a nice dress! | *¡Qué flores más preciosas!* What beautiful flowers! | *¡Qué mala suerte!* What bad luck!/How unlucky! | *¡Qué gracioso!* How funny!

quebrada *s* gorge

quebrado, -a *adjetivo & sustantivo*

• ***adj*** (fundido) bankrupt: *una empresa quebrada* a bankrupt company | **está quebrado/están quebrados etc.** he's gone bankrupt/they've gone bankrupt etc.

• **quebrado** *s* (en matemáticas) fraction

quebrar *v* **1** (romper) to break **2** (fundirse) to go bankrupt: *Nuestro negocio quebró.* Our business went bankrupt.

quebrarse *v* (romperse) to break | **quebrarse una pierna/un brazo etc.** to break a leg/an arm etc.: *Se quebró la pierna derecha.* She broke her right leg.

que *conjunción*

1 Cuando introduce una proposición, se traduce por **that**, que se suele omitir en el lenguaje hablado:

Creo que tiene razón. I think (that) he's right. | *Dijo que hacía frío.* She said (that) it was cold.

2 Con verbos que expresan deseos, pedidos o sugerencias, se usan construcciones con infinitivo:

Quiero que vengas. I want you to come. | *Me pidió que me quedara.* She asked me to stay. | *Me aconsejó que esperara.* She advised me to wait.

Siempre conviene consultar la entrada del verbo.

3 Cuando introduce deseos y órdenes:

Que te mejores. I hope you get better soon. | *Que te vaya bien en el examen.* Good luck in the exam. | *Los que quieran ir, que levanten la mano.* All those who want to go, raise your hands. | *Si no le gusta, que se vaya.* If he doesn't like it, he can leave. | *Que se queden aquí, si prefieren.* They can stay here if they prefer.

4 Cuando expresa razón:

Abrígate, que hace frío. Wrap up warm. It's cold out. | *Cuidado, que te puedes caer.* Be careful you don't fall.

5 En comparaciones (= than)

Es más lindo que el otro. It's nicer than the other one. | *Come más que yo.* He eats more than I do. | **más de lo que creía/menos de lo que dijiste etc.** more than I thought/less than you said etc.

6 Cuando expresa consecuencia, se traduce por **that**, que se suele omitir en el lenguaje hablado:

Estaba tan cansada que me quedé dormida. I was so tired (that) I fell asleep.

quechua *adjetivo & sustantivo*

• ***adj*** Quechua

• ***s*** **1** (idioma) Quechua **2 los quechuas** the Quechua

quedar *v* **1** (haber todavía) **queda muy poco pan/quedan tres huevos etc.** there's very little bread left/there are three eggs left etc.: *No queda leche.* There's no milk left | **nos queda muy poco pan/nos quedan tres huevos etc.** we have very little bread left/we have three eggs left etc.: *Me quedan tres pesos.* I have three pesos left./I've got three pesos left.

2 (faltar) ver ejemplos: *¿Cuántos kilómetros quedan?* How many kilometers are there to go? |

que *pronombre*

1 Cuando es sujeto, se traduce por **who** si se refiere a personas y por **which** o **that** si se refiere a cosas:

la niña que vino ayer the girl who came yesterday | *la novela que ganó el premio* the novel which/that won the prize

2 Cuando es complemento, generalmente se omite aunque se puede traducir por **that** si se refiere a cosas:

Éste es el CD que me prestaste. This is the CD (that) you lent me. | *Ése es el muchacho que me gusta.* That's the boy I like.

Fíjate en la posición de la preposición en los siguientes ejemplos:

el programa del que hablábamos the program we were talking **about** | *la muchacha con la que sale* the girl he goes out **with**

El uso de **who** o **whom** para referirse a personas (que está explicado en las entradas correspondientes), es característico del lenguaje muy formal.

3 OTRAS EXPRESIONES

lo que dijo/lo que te mostré etc. what he said/what I showed you etc.: *Haz lo que quieras.* Do what you want./Do whatever you want.

Todavía me quedan dos capítulos. I still have two chapters to go. | *Queda todo esto por planchar.* All this still has to be ironed.
3 (estar situado) to be: *Queda muy cerca de aquí.* It's very near here.
4 (hablando de planes, arreglos) ver ejemplos: *¿A qué hora quedaron?* What time did you arrange to meet? | *¿Al final en qué quedaron?* What did you decide in the end? | *Quedamos en pasar a buscarlos.* We said we would go and pick them up.
5 (hablando del tamaño de la ropa) to fit: *Te queda perfecto.* It fits you perfectly. | *Esto no me queda bien.* This doesn't fit me. | *¿Cómo te queda?* Does it fit you? | **me queda pequeño -a/grande etc.** it's too small/big etc. for me: *Esos pantalones te quedan cortos.* Those pants are too short for you.
6 (hablando del aspecto) to look: *Queda horrible pintado de verde.* It looks terrible painted green. | **te queda bien/feo -a etc.** it suits you/it doesn't suit you etc., it looks good on you/it doesn't look good on you etc.: *Me parece que me queda mal.* I don't think it suits me. | *No le queda bien el negro.* Black doesn't suit her. | *Te queda fantástico el vestido.* You look great in that dress.
7 (hablando de resultados) ver ejemplos: *El pastel te quedó muy rico.* The cake was delicious. | *Las cortinas le quedaron muy bien.* The curtains she made looked very good. | *El auto quedó destruido.* The car was written off. | *El edificio quedó en ruinas.* The building was left in ruins.
8 quedar bien/mal (referido al comportamiento) ver ejemplos: *Lo hace para quedar bien con la familia.* He does it to make a good impression on the family. | *Me hizo quedar mal.* He showed me up. | *Tengo que ir, no quiero quedar mal con Inés.* I have to go, I don't want to upset Inés. | *Queda mal no llevar nada cuando te invitan a almorzar.* It's bad manners not to take something when you're invited to lunch. | **quedé como un egoísta/una estúpida etc.** I ended up looking really selfish/looking like an idiot etc.
9 (terminar) ver ejemplos: *¿Dónde quedamos la clase pasada?* How far did we get in the last class? | *Quedamos en el último capítulo.* We got as far as the last chapter.

quedarse *v* **1** (permanecer) to stay: *Vayan, yo me quedo.* You go, I'm staying. | *Quédate aquí.* Stay here. | **quedarse a hacer algo** ver ejemplos: *Se quedaron a almorzar.* They stayed for lunch. | *¿Te quieres quedar a dormir?* Would you like to stay the night? | *Se quedó a ver el programa conmigo.* He stayed to watch the program with me.
2 quedarse haciendo algo ver ejemplos: *Me quedé toda la noche estudiando.* I spent the whole night studying. | *Se quedó mirándome.* She stood there watching me. | *Se quedó arreglando la bicicleta.* He stayed behind fixing his bike.
3 (en determinado estado) **quedarse triste/preocupado -a etc.** to be sad/worried etc.: *Se quedó contenta con el resultado.* She was pleased with the result. | **quedarse calvo -a/sordo-a etc.** to go bald/deaf etc.: *Se está quedando ciego.* He's going blind. ▶ ver **embarazada**, **quieto**, **tranquilo**
4 quedarse con algo/quedarse algo (a) (conservarlo) to keep sth: *Quédatelo si quieres.* Keep it if you like. | *Se quedó con mi libro.* She kept my book. **(b)** (elegirlo) to choose sth: *No sé con cuál quedarme.* I don't know which one to choose.
5 (seguir teniendo) **quedarse con hambre/sed** to be still hungry/thirsty: *¿Te quedaste con hambre?* Are you still hungry?
6 quedarse sin algo to run out of sth: *Nos quedamos sin café.* We've run out of coffee.

queja *s* complaint | **presentar una queja** to make a complaint

quejarse *v* to complain | **quejarse de/por algo** to complain about sth: *No te puedes quejar de la nota.* You can't complain about your grade. | *Deja de quejarte por todo.* Stop complaining about everything.

quejido *s* (de dolor) groan

quemado, -a *adj* **1** (por el fuego o el calor) burned, burnt: *La comida está quemada.* The food's burned. | *Hay olor a plástico quemado.* I can smell burnt plastic. | *Huele a quemado.* I can smell burning. **2 el bombillo/el fusible está quemado** the light bulb/the fuse has blown **3** (bronceado) tanned **4** (por exceso de sol) sunburned, sunburnt: *Tienes la nariz muy quemada.* Your nose is very sunburned.

quemador *s* **1** (eléctrico) hotplate, burner (AmE), ring (BrE) **2** (a gas) burner (AmE), ring (BrE)

quemador de CDs CD burner

quemadura *s* burn | **una quemadura de primer/segundo/tercer grado** a first-degree/second-degree/third-degree burn

quemaduras de sol *s pl* sunburn: *una crema para las quemaduras de sol* a cream for sunburn

quemar *v* **1** (con fuego, calor, etc.) to burn: *Quemé el mantel con el cigarrillo.* I burned the tablecloth with my cigarette. **2** (con un líquido caliente) to scald **3** (estar muy caliente) to be really hot: *La arena quema.* The sand's really hot./The sand burns your feet. ► Si se trata de un líquido, se dice **to be very hot**: *Cuidado, la leche quema.* Be careful, the milk's very hot. **4 quemar grasas/calorías** to burn off fat/calories: *ejercicios para quemar calorías* exercises that burn off calories

quemarse *v* **1** (persona) (con fuego, con un objeto caliente) to burn yourself, (con un líquido caliente) to scald yourself: *Me quemé con el vapor.* I scalded myself in the steam. | **quemarse la mano/el brazo etc. (a)** (con fuego, con un objeto caliente) to burn your hand/arm etc.: *Me quemé el brazo con la plancha.* I burned my arm on the iron. **(b)** (con un líquido caliente) to scald your hand/arm etc. **2** (por exceso de sol) to get sunburnt, to get burnt: *Ponte protector para no quemarte.* Put some suncream on so you don't get burnt. | **me quemé los hombros/la nariz etc.** my shoulders/nose etc. got burnt, my shoulders/nose etc. got sunburnt **3** (broncearse) to tan, to get a tan: *Se quema enseguida.* She tans very quickly. | *Me quemé trabajando en el jardín.* I got a tan working in the garden. | **me quemé la espalda/las piernas etc.** my back/my legs etc. tanned, I got a tan on my back/my legs etc. **4** (mantel, camisa, etc.) to get burnt: *Se me quemó el puño de la camisa.* My shirt cuff got burnt. **5** (ser destruido por el fuego) (casa, edificio, bosque) to burn down: *Se quemó todo en el incendio.* It completely burned down in the fire. **6** (pollo, tostadas, tortilla) to burn: *Se me quemó la torta.* The cake burnt. **7** (bombillo de luz, fusible) to blow: *Se quemó el bombillo.* The light bulb blew.

quemarropa **un disparo a quemarropa** a shot at point-blank range | **dispararle a alguien a quemarropa** to fire at sb at point-blank range

quena *s* La quena no es muy conocida en el mundo anglosajón. Si quieres explicar qué es, di *it's a traditional Andean recorder, usually made of wood or a hollowed-out reed*

querer *v* **1** (desear) to want: *Quiere un helado.* He wants an ice cream cone. | *Queremos ir a la playa.* We want to go to the beach. | *Quería quedarse.* He wanted to stay. | **querer que alguien haga algo** to want sb to do sth: *Quiero que vengas.* I want you to come. | *Quería que la pasara a buscar.* She wanted me to go and pick her up. ► Para ejemplos en el pretérito, ver abajo **2** (en ofrecimientos y pedidos) Se usan construcciones con **want** en lenguaje coloquial y con **would like** en lenguaje más formal: *¿Quieres café?* Would you like some coffee?/Do you want some coffee? | *¿Qué quieren hacer este fin de semana?* What do you want to do this weekend?/What would you like to do this weekend? | *¿Quieres empezar tú, Mechi?* Do you want to start, Mechi?/Would you like to start, Mechi? | *Quisiera hablar con Jimena.* I'd like to speak to Jimena. **3 sin querer** ver ejemplos: *Perdón, fue sin querer.* Sorry, it was an accident. | *Lo rompí sin querer.* I accidentally broke it. | *Lo ofendí sin querer.* I unintentionally offended him./I offended him without meaning to. | **queriendo** on purpose: *Lo hiciste queriendo.* You did it on purpose. **4 como/cuando/lo que etc. quieras** however/whenever/whatever etc. you like: *–¿Qué hacemos? –Lo que quieras.* "What do you want to do?" "Whatever you like." | *Cuando quieras nos vamos.* We can go whenever you want. **5 querer decir** to mean: *¿Qué quiere decir "skirt"?* What does "skirt" mean? | *¿Qué quieres decir con eso?* What do you mean by that? **6** (amar) to love: *Te quiero.* I love you.

quererse *v* to love each other: *Se quieren mucho.* They love each other very much.

> Usado en el pretérito *querer* a veces significa *tratar de* en el afirmativo y *rehusarse a* en el negativo y en estos casos tiene traducciones diferentes
>
> *Quisieron engañarnos.* They tried to deceive us. | *No me quiso ayudar.* She refused to help me./She wouldn't help me.

querido, -a *adj* **1** (amado) dear: *un amigo muy querido* a very dear friend **2** (en cartas, etc.) dear: *Querido diario:* Dear diary, **3** (encantador) nice: *¡Alicia es tan querida!* Alicia's so nice! ► ver **ser**

querosén o **querosene** *s* kerosene (AmE), paraffin (BrE)

queso *s* cheese | **un sándwich/un suflé de queso** a cheese sandwich/soufflé

queso crema cream cheese **queso rallado** grated cheese

quetzal *s* (moneda) quetzal

quicio *s* **sacar a alguien de quicio** to drive sb crazy, to drive sb mad (BrE): *Su reacción me sacó de quicio.* Her reaction drove me crazy.

quiebra *s* bankruptcy (plural -cies) | **en quiebra** bankrupt: *Están en quiebra.* They're bankrupt.

quien *pron* **1** (tras una preposición) Se suele omitir en inglés hablado. Fíjate en la posición de las preposiciones en los siguientes ejemplos: *el muchacho con quien salía* the boy she used to go out **with** | *las personas de quienes te hablé* the people I talked to you **about** ▶ En inglés formal, se puede usar **whom** en las estructuras anteriores. Su uso está explicado en **whom** y **who** **2** (como sujeto) who: *Es usted quien tiene que decidir.* It's you who has to decide. ▶ Cuando lo precede un negativo, se usa una construcción con **no one** o **nobody,** o una construcción con verbo negativo y **anyone** o **anybody**: *No hay quien le gane.* Nobody can beat him. | *No tengo quien me lleve.* I don't have anyone to take me. **3** (cualquier persona) whoever: *Sea quien sea, es un imbécil.* He's an idiot, whoever he is. | *Dile a quien quieras.* Tell whoever you like.

quién *pron* **1** (en preguntas directas e indirectas y en exclamaciones) who: *¿Quién es?* Who is it? | *No sabe quiénes van.* She doesn't know who's going. | *–¿Qué quiere? –¡Quién sabe!* "What does he want?" "Who knows!" ▶ Fíjate en la posición de la preposición en los ejemplos siguientes: *¿De quién están hablando?* Who are they talking about? | *Pregúntale para quién es.* Ask him who it's **for**. ▶ En inglés formal, se puede usar **whom** en las estructuras anteriores. Su uso está explicado en **whom** y **who** **2 de quién/quiénes** whose: *¿De quién es este lápiz?* Whose is this pencil? | *No sabía de quién era.* She didn't know whose it was.

quienquiera *pron* whoever

quieto, -a *adj* (sin moverse) still | **estarse/quedarse quieto -a** to keep still: *¡Estate/Quédate quieto!* Keep still!

> No confundas **still** con **quiet**, que quiere decir *callado*.

quilate *s* karat (AmE), carat (BrE) | **oro de 18/24 etc. quilates** 18-karat gold/24-karat etc. gold

quilla *s* keel

química *s* chemistry

químico, -a *adjetivo & sustantivo*

- *adj* chemical
- *s* chemist: *Es químico.* He's a chemist.

quince *número* **1** (número, cantidad) fifteen **2** (en fechas) fifteenth

quinceañero, -a *s* (adolescente) teenager

quincena *s* two weeks *pl*, fortnight (BrE): *la segunda quincena de enero* the second two weeks in January

quinientos, -as *número* **1** five hundred **2 te lo dije/te lo pedí etc. quinientas veces** I've told you/asked you etc. hundreds of times

quinto, -a *número & sustantivo*

- ***número*** fifth
- **quinto** *s* (quinta parte) fifth

quiosco *s* stand **quiosco de periódicos** newsstand

quirófano *s* operating room (AmE), operating theatre (BrE)

quirúrgico, -a *adj* surgical

quisquilloso, -a *adj* **1** (susceptible) touchy: *No seas tan quisquillosa.* There's no need to be so touchy. **2** (exigente) fussy

quitaesmalte *s* nail polish remover

quitamanchas *s* stain remover

quitar *v* **1** (retirar) La traducción depende de dónde está lo que se quita: *Quita los pies de la mesa.* **Take** your feet **off** the table. | *Quitemos todos los cuadros.* Let's **take** all the pictures **down.** | *Tuvimos que quitar la alfombra.* We had to **take** the carpet **up.** **2 quitarle algo a alguien** to take sth (away) from sb: *Le quité el cuchillo porque se iba a lastimar.* I took the knife away from him because he was going to hurt himself. | *No le quites el juguete a Lorena.* Don't take Lorena's toy from her. | **quitarle el abrigo/los zapatos etc. a alguien** to take sb's coat/shoes etc. off | **quitarle algo a algo** La traducción depende de lo que se quita: *Quítale el precio al libro.* Take the price off the book. | *No le puedo quitar la mancha a la camisa.* I can't get the stain out of the shirt. **3** (restar) **quitarle algo a algo** to take sth away from sth, to subtract sth from sth: *A eso quítale 15.* Take 15 away from that./Subtract 15 from that. **4** (referido al hambre, a la sed, etc.) ver ejemplos: *El café no quita la sed.* Coffee doesn't quench your thirst. | *La aspirina me quitó el dolor.* The aspirin took the pain away. **5** (mancha) to come out: *una mancha que no quita* a stain that won't come out **6** (excluir) **quitando** apart from: *Quitando unas ardillas, no vimos ningún otro animal.* We didn't see any animals apart from a few squirrels.

quitarse *v* **1 quitarse los zapatos/el abrigo etc.** to take your shoes/coat etc. off: *¿Por qué no te quitas la chaqueta?* Why don't you take your jacket off? **2** (desaparecer) **se me quitó el miedo/se le quitó el dolor etc.** I stopped being afraid/the pain went (away) etc.: *No se me quita la tos.* I can't get rid of this cough./I can't shake off this cough. **3** (mancha) to come out: *No se quitaron las manchas.* The stains didn't come out. **4** (moverse) **quítate de ahí/de en medio etc.** get away from there/get out of the way etc.

quizás o **quizá** *adv* maybe, perhaps: *Quizás fue un error.* Maybe it was a mistake./Perhaps it was a mistake. ▶ Esta idea se expresa a menudo con el modal **may**: *Quizás venga con la novia.* He may bring his girlfriend. | *Quizás lo haya hecho a propósito.* She may have done it on purpose.

ⓘ ¿Quieres más información sobre los **verbos modales**? Hay una explicación en el apartado de gramática.

R

R, r *s* R, r ▶ ver "Active Box" **letras del alfabeto** en **letra**

rábano o **rabanito** *s* radish (plural -shes)

rabia *s* **1 me/le etc. da rabia** ver ejemplos: *Me da rabia que se salga siempre con la suya.* It annoys me that he always gets his own way. | *Me dio rabia que no me contestara.* I was annoyed that he didn't answer. | **¡qué rabia!** how annoying! **2** (enfermedad) rabies *sing*

rabieta *s* tantrum | **me/le etc. dio una rabieta** I/he etc. threw a tantrum

rabino, -a *s* rabbi

rabioso, -a *adj* **un perro rabioso** a rabid dog

rabo *s* **1** (de un animal) tail **2** (de una manzana, pera, etc.) stalk

racha *s* (de enfermedades, accidentes) spate, (de éxitos, derrotas) string | **una racha de buena/mala suerte** a run of good/bad luck | **estar pasando por una buena/mala racha** to be going through a good/bad patch | **tener una racha ganadora/perdedora** to be on a winning/losing streak

racial *adj* racial

racimo *s* (de uvas) bunch (plural -ches)

ración *s* (de comida) serving, portion

racional *adj* rational

racismo *s* racism

racista *adj & s* racist

radar *s* radar

radiación *s* radiation

radiactividad *s* radioactivity

radiactivo *adj* radioactive

radiador *s* **1** (para calefacción) radiator **2** (de un auto) radiator

radiante *adj* **1** (día, luz) bright | **hay/había un sol radiante** it's/it was beautifully sunny **2** (referido a personas) (sonrisa, cara) radiant | **estar radiante de felicidad** to be glowing with happiness

radical *adjetivo & sustantivo*

- *adj* (cambio, medida) radical
- *s* (en química) radical

radicar *v* **radicar en algo** to lie in sth: *Su importancia radica en que es un punto estratégico.* Its importance lies in the fact that it is a strategic point.

radicarse *v* **radicarse en Montevideo/Costa Rica etc.** to settle in Montevideo/Costa Rica etc.

radio *sustantivo masculino & sustantivo femenino*

- **s** [masc o fem] **1** (aparato) radio: *Prende el/la radio.* Switch the radio on. **2** (sistema) radio | **en el/la radio, por el/la radio** on the radio: *Lo oí en el/la radio.* I heard it on the radio. **3** (emisora) radio station
- **s** [masc] **1** (de una circunferencia) radius (plural radii) | **en un radio de 10/20 kilómetros** within a 10/20 kilometer radius **2** (en química) radium

radioaficionado, -a *s* radio ham

radiografía *s* X-ray | **hacerse una radiografía** to have an X-ray: *Me tengo que hacer una radiografía.* I have to have an X-ray.

ráfaga *s* **1** (de viento) **ráfaga (de viento)** gust (of wind) **2 una ráfaga de ametralladora** a burst of machine-gun fire

raíz *s* **1** (de una planta) root: *las raíces del árbol* the roots of the tree **2** (origen) root **3 a raíz de algo** as a result of sth

raíz cuadrada square root **raíz cúbica** cube root

rajadura *s* crack

rajar *v* (en un examen) **me/lo etc. rajaron** I/he etc. failed, I/he etc. flunked (AmE): *Me rajaron otra vez.* I failed again. | *Lo rajaron en química.* He failed chemistry.

rajarse *v* **1** (partirse, agrietarse) to crack **2** (en un examen) **me rajé/se rajó etc.** I failed/he failed etc., I flunked/he flunked etc. (AmE): *Me rajé en historia y física.* I failed history and physics.

rallado, -a *adj* (zanahoria, chocolate, queso) grated ▶ ver **coco, pan**

rallador *s* grater

ralladura *s* **ralladura de limón** grated lemon rind **ralladura de naranja** grated orange peel

rallar *v* to grate: *Ralla el queso.* Grate the cheese.

RAM *s* RAM

rama *s* **1** (de un árbol) branch (plural -ches) **2** (de una ciencia) branch (plural -ches)

ramo *s* **1** (de flores) bunch (plural -ches): *un ramo de rosas* a bunch of roses ▶ Para un arreglo más elaborado, se usa **bouquet**: *el ramo de la novia* the bride's bouquet **2** (en la industria) industry (plural -ries), (en el comercio) business (plural -sses): *el ramo textil* the textile industry

rampa *s* ramp

rana *s* frog

ranchero, -a *s* (hacendado) rancher, farmer

rancho *s* **1** (casa precaria) hut **2** (finca) ranch (plural -ches), farm

rancio, -a *adj* **1** (mantequilla, aceite) rancid | **saber a rancio** to taste rancid **2** (pan) stale **3 oler a rancio** to smell musty

rango *s* (jerarquía) rank

ranking o **ránking** *s* **1** (en deportes) rankings *pl* **2** (en música) chart

ranura *s* slot

rap *s* rap, rap music | **cantar rap** to rap

rapar *v* **rapar a alguien** to cut sb's hair really short
raparse *v* to have your hair cut really short

rapidez *s* speed: *la rapidez de las comunicaciones vía Internet* the speed of communication via the Internet | **con rapidez** quickly

rápido, -a *adjetivo, adverbio, interjección, sustantivo & sustantivo plural*
- *adj* **1** (de corta duración) quick: *Dale una mirada rápida.* Have a quick look at it. **2** (veloz) fast: *un auto muy rápido* a very fast car **3** (listo) quick: *Es rápida para los números.* She's quick with numbers.
- **rápido** *adv* quickly: *Vino muy rápido.* She came really quickly. | *No comas tan rápido.* Don't eat so fast./Don't eat so quickly.
- **¡rápido!** *interj* quickly!, hurry up!
- **rápido** *s* express, express train
- **rápidos** *s pl* rapids

raponazo *s* mugging

raponero, -a *s* mugger

raptar *s* to kidnap

rapto *s* (secuestro) kidnapping

raptor *s* kidnapper

raqueta *s* **1** (de tenis, squash, etc.) racket, racquet **2** (de tenis de mesa) paddle (AmE), bat (BrE)

rareza *s* **1** (de una persona) quirk: *Estoy acostumbrada a sus rarezas.* I'm used to his quirks. **2** (cosa poco común) rarity (plural -ties): *Este disco es una rareza.* This record is a rarity.

raro, -a *adj* **1** (extraño) strange, odd: *Pablo es medio raro.* Pablo's a little strange./Pablo's a little odd. | *un vestido raro* a strange/an odd dress | *¡Qué raro que no vino!* It's strange that she didn't come./It's odd that she didn't come. **2** (poco frecuente) rare: *Son raros los casos de ese tipo.* Cases like that are rare. | **es raro que llueva/nieve etc.** it rarely rains/snows etc. | **rara vez** rarely: *Lo veo muy rara vez.* I very rarely see him.

ras *s* **una cucharada/cucharadita al ras** a level tablespoon/teaspoonful

rascacielos *s* skyscraper

rascar *v* to scratch: *¿Me rascas la espalda?* Can you scratch my back for me?
rascarse *v* to scratch | **rascarse la cabeza/la nariz etc.** to scratch your head/nose etc.

rasgado, -a *adj* **ojos rasgados** almond-shaped eyes

rasgar *v* to tear
rasgarse *v* to tear

rasgo *sustantivo & sustantivo plural*
- *s* (característica) characteristic: *¿Cuáles son los rasgos del Romanticismo?* What are the characteristics of Romanticism? | *los rasgos de la personalidad* personality traits
- **rasgos** *s pl* **1** (de la cara) features: *Tiene rasgos delicados.* She has delicate features. **2 a grandes rasgos** ver ejemplos: *Me lo explicó a grandes rasgos.* She explained it to me in broad terms. | *Se agrupan, a grandes rasgos, en tres categorías.* Broadly speaking, they are grouped into three categories.

rasguñadura *s* scratch (plural -ches)

rasguñar *v* to scratch

rasguño *s* scratch (plural -ches)

rasguñón *s* scratch (plural -ches)

raso, -a *adjetivo & sustantivo*
- *adj* **una cucharada rasa** a level tablespoon
- **raso** *s* satin | **un camisón/un vestido de raso** a satin nightgown/dress

raspar *v* **1** (con cuchillo, espátula, etc.) to scrape | **raspar la pintura/el barro etc.** (para sacarlo) to scrape the paint/the mud etc. off **2** (pinchar, arañar) (barba) to scratch, (tela) to be rough
rasparse *v* to graze yourself: *Me raspé con la pared.* I grazed myself on the wall. | **rasparse el codo/la rodilla etc.** to graze your elbow/knee etc.

raspón *s* graze

rastras **a rastras (a)** (atrás) in tow: *Siempre anda con los niños a rastras.* She always has the kids in tow. **(b)** (por la fuerza) Usa el verbo **to drag**: *Irás aunque te tenga que llevar a rastras.* You're going even if I have to drag you there.

rastrear *v* **rastrear algo/a alguien** to track sth/sb down

rastrillo *s* **1** (herramienta) rake **2** (para rasurarse) razor

rastro *s* **1** (pista) trail: *Le perdimos el rastro.* We lost his trail. **2** (señal) sign: *No había rastros de violencia.* There were no signs of violence. | *Desapareció sin dejar rastro.* She disappeared without trace.

rasuradora *s* **rasuradora (eléctrica)** (electric) razor, (electric) shaver

rata *s* (animal) rat

rato *s* while: *Salió hace un rato.* She went out a while ago. | *Te llamo dentro de un rato.* I'll call you in a while. | *Quédate un rato conmigo.* Stay with me for a while. | **a cada rato** every five minutes: *La llama a cada rato.* He calls her every five minutes. | **al rato** after a while: *Al rato volvió con un amigo.* After a while, he returned with a friend. | **tengo/tienen etc. para rato** I'm going/they're going etc. to be some time | **pasar el rato** to pass the time | **a ratos** ver ejemplos: *Llovía a ratos.* It rained on and off. | *A ratos me quedaba dormida.* I kept nodding off. | *A ratos salía el sol.* The sun came out from time to time.

¿Se dice *I arrived in Miami* o *I arrived to Miami*? Mira la entrada **arrive**.

ratón *s* **1** (animal) mouse (plural mice) **2** (en computación) mouse (plural mouses o mice) **3 el ratón Pérez/los ratones** En los países anglosajones el personaje imaginario que deja dinero a cambio de un diente es **the tooth fairy**

ravioles *s pl* ravioli ▸ En inglés el verbo que sigue a **ravioli** puede ir tanto en singular como en plural: *Los ravioles estaban fríos.* The ravioli was/were cold.

raya *s* **1** (línea) line | **hacer una raya** to draw a line | **unas cortinas/una camisa etc. a rayas** striped curtains/a striped shirt etc. **2** (en el pelo) part (AmE), parting (BrE): *Tienes torcida la raya.* Your part's not straight. | **hacerse la raya al medio/al costado** to part your hair in the middle/on one side **3** (signo ortográfico) dash (plural -shes) **4** (del pantalón) crease **5** (pez) ray

rayado, -a *adj* **1** (a rayas) (tela, suéter, etc.) striped **2** (disco) scratched

rayar *v* (el piso, un mueble) to scratch
rayarse *v* (disco, anteojos) to get scratched

rayitos *s pl* (en el pelo) highlights | **hacerse rayitos** to have highlights put in

rayo *s* **1** (durante una tormenta) lightning ▸ **lightning** es un sustantivo incontable. No tiene plural ni puede ir precedido de **a**. Tambien existe **bolt of lightning** que se usa en contextos más literarios o técnicos.: *Cayó un rayo en el árbol.* The tree was hit by lightning./The tree was hit by a bolt of lightning. | *Cayeron varios rayos en la zona.* Lightning struck several times in the area. **2** (de luz) ray
rayo láser laser beam **rayos ultravioleta** *s pl* ultraviolet rays **rayos X** *s pl* X-rays

rayuela *s* **jugar a la rayuela** to play hopscotch

raza *s* **1** (de una persona) race **2** (de un perro, un gato, etc.) breed: *¿De qué raza es?* What breed is it? | **un perro/un gato de raza** a pedigree dog/cat

razón *s* **1 tener razón** to be right: *Tienes razón, no debería habérselo dicho.* You're right, I shouldn't have told her. | *Tienen razón en estar enojados.* They're right to be annoyed. | **darle la razón a alguien** to say sb is right: *Al final me dio la razón.* In the end he said I was right./In the end he admitted I was right. **2** (causa) reason: *Por alguna razón te llamó.* She called you for some reason. | **¡con razón...!** no wonder...!: *¡Con razón me parecía conocido!* No wonder I thought I recognized him! **3** (cordura) **perder la razón** to lose your mind | **hacer entrar en razón a alguien** to make sb see reason **4** (capacidad de pensar) reason

razonable *adj* reasonable

razonamiento *s* reasoning

razonar *v* (pensar) to think

re *s* (nota musical) D

reacción *s* reaction

reaccionar *v* to react: *¿Cómo reaccionó?* How did he react?

reactor *s* **1** (para la producción de energía) reactor **2** (avión) jet
reactor nuclear nuclear reactor

real *adj* **1** (de la realidad) real: *el mundo real* the real world | *en la vida real* in real life | *Es una historia real.* It's a true story. **2** (de la realeza) royal

realidad *s* **1** reality (plural -ties): *Tienes que aceptar la realidad.* You have to accept reality. **2 en realidad** actually: *En realidad, es bastante caro.* It's actually pretty expensive. **3 hacerse realidad** to come true: *Sus fantasías se hicieron realidad.* Her dreams came true.
realidad virtual virtual reality

realismo *s* realism

realista *adj* realistic

realizado, -a *s* **sentirse realizado -a** to feel fulfilled

realizador, -a *s* (de cine o TV) director

realizar *v* **1** (un festival, un congreso) to hold: *El festival se realizó en Viña del Mar.* The festival was held in Viña del Mar. **2** (un viaje) to make **3** (una operación, un experimento) to perform **4** (un trabajo) to do **5 realizar una investigación/una encuesta** to carry out an inquiry/a survey **6** (un sueño, una fantasía) to fulfill (AmE), to fulfil (BrE)

realmente *adv* really: *No se sabe qué pasó realmente.* Nobody knows what really happened.

reanimar *v* **reanimar a alguien (a)** (alegrarlo) to cheer sb up: *La noticia me reanimó.* The news cheered me up. **(b)** (tras un desmayo) to bring sb around (AmE), to bring sb round (BrE): *No lo podían reanimar.* They couldn't bring him around. ▸ También existe **to revive sb** que es más formal
reanimarse *v* (alegrarse) to cheer up

reata *s* (de saltar) jump rope (AmE), skipping rope (BrE) | **brincar la reata** to jump rope (AmE), to skip (BrE)

rebaja *s* **1** (descuento) **hacerle (una) rebaja a alguien** to give sb a discount | **pedir rebaja** to ask for a discount **2** (reducción) cut: *una rebaja en los salarios* a wage cut

rebajado, -a *adj* reduced: *entradas a precios rebajados* reduced-price tickets

rebajar *v* (un precio, un producto) to reduce: *Han rebajado toda la ropa de invierno.* They've reduced all the winter clothes. | *Me lo rebajó a $1500.* He reduced it to $1500. | **rebajarle el 10%/el 20% etc. a alguien** to give sb 10%/20% etc. off, to take 10%/20% etc. off
rebajarse *v* **rebajarse a hacer algo (a)** (adoptar una actitud poco digna) to stoop to doing sth **(b)** (humillarse) to lower yourself to doing sth

rebanada *s* **una rebanada de pan** a slice of bread

rebaño *s* **1** (de ovejas) flock **2** (de cabras, ganado) herd

rebelarse *v* to rebel | **rebelarse contra algo** to rebel against sth

rebelde *adjetivo & sustantivo*

• *adj* **1** (espíritu, joven) rebellious ▶ Para referirse a un niño que no hace lo que se le dice, etc., se usa **disobedient** **2 un grupo/ejército rebelde** a rebel group/army

• *s* rebel

rebelión *s* rebellion

rebobinar *v* to rewind

rebosar *v* to overflow

rebotar *v* **1** (pelota) to bounce: *Esta pelota no rebota.* This ball doesn't bounce. ▶ Cuando la pelota rebota en la dirección desde donde venía, se usa **to rebound**: *Rebotó en el palo.* It rebounded off the post. **2** (e-mail) to bounce: *Me rebotó el e-mail.* My e-mail bounced.

rebullir *v* to stir

rebuscado, -a *adj* (argumento) far-fetched, (lenguaje) over-elaborate

rebuscarse *v* **rebuscárselas** to get by, to make ends meet

rebuznar *v* to bray

recaer *v* **1** (responsabilidad, peso) **recaer sobre alguien** to fall on sb **2** (en una enfermedad) to suffer a relapse

recaída *s* relapse | **tener una recaída** to suffer a relapse

recalcar *v* to stress

recalentar *v* (comida) to reheat
recalentarse *v* (motor) to overheat

recámara *s* (dormitorio) bedroom

recapacitar *v* to reconsider ▶ También existe **to think again** que es más coloquial: *Espero que recapacites.* I hope you will reconsider./I hope you will think again.

recargable *adj* rechargeable

recargado, -a *adj* (estilo, decoración) ornate

recargar *v* **1** (una batería, un celular) to recharge **2** (un encendedor) to refill **3** (un arma) to reload

recargo *s* surcharge | **un recargo de $100/del 10% etc.** a $100/10% etc. surcharge | **sin recargo** with no surcharge

recaudación *s* **1** (dinero) takings *pl*: *la recaudación del día* the day's takings **2** (acción) collection

recaudar *v* to collect

recepción *s* **1** (en un hotel, una oficina) reception **2** (ceremonia, fiesta) reception

recepcionista *s* receptionist

recesión *s* recession

receta *s* **1** (de cocina) recipe | **la receta de algo** the recipe for sth: *¿Me das la receta de la sopa de cebolla?* Can you give me the recipe for the onion soup? **2** (de medicamentos) prescription: *El doctor me hizo una receta.* The doctor wrote me out a prescription. | **con receta** on prescription: *Te lo venden sólo con receta.* They'll only sell it to you on prescription.

recetar *v* to prescribe | **recetarle algo a alguien** to prescribe sb sth: *Me recetó un calmante muy fuerte.* She prescribed me a very powerful painkiller.

rechazar *v* (una propuesta, una solicitud) **rechazar algo** to turn sth down, to reject sth: *Rechazaron nuestra propuesta.* They turned down our proposal./They rejected our proposal. | *una oferta que no pude rechazar* an offer I couldn't refuse | **rechazar una invitación** to turn down an invitation

rechazo *s* **1** (de una persona) rejection | **me causa/provoca rechazo** I find him/it etc. disagreeable **2** (de una propuesta, de una oferta) rejection

recibir *v* **1** (una carta, un e-mail, etc.) to get, to receive ▶ **to get** es más frecuente en el lenguaje hablado: *¿Recibiste la postal que te mandé?* Did you get the postcard I sent you? **2** (a una persona) (ir a esperar) to meet, (darle la bienvenida a) to welcome, (atender) to see: *Fueron a recibirnos al aeropuerto.* They came to meet us at the airport. | *La recibió con un abrazo.* She welcomed her with a hug. | *El gerente no quiso recibirme.* The manager refused to see me. **3** (un regalo) to get, to receive ▶ **to receive** es más formal: *¿Recibiste muchos regalos?* Did you get many presents? **4** (un golpe, una amenaza) to receive **5** (un diploma, un honor) to receive **6 recibir un premio** to be awarded a prize
recibirse *v* to graduate: *Me recibo a fin de año.* I graduate at the end of this year. | **recibirse de médico/abogada etc.** to qualify as a doctor/lawyer etc.: *Se recibió de psicóloga.* She qualified as a psychologist.

recibo *s* receipt

reciclar *v* to recycle

recién *adv* ▶ ver recuadro
recién casado -a *s*: *los recién casados* the newlyweds **recién nacido -a** *s* newborn baby (plural -bies)

reciente *adj* recent

recipiente *s* container

recital *s* (de música) concert: *un recital de los Rolling Stones* a Rolling Stones concert ▶ En inglés **recital** se usa para conciertos de música clásica o recitales de poesía: *un recital de piano* a piano recital | **dar un recital** to give a concert, to give a recital ▶ ver nota arriba

recitar *v* (una poesía, la lección) to recite

reclamar *v* **1** (quejarse) to complain: *Fui a la tienda a reclamar.* I went to the store to complain. **2** (exigir) to demand: *Reclamamos justicia.* We demand justice. **3** (pedir) to claim: *Los indígenas reclaman sus tierras.* The indigenous people are claiming their land.

recién

1 CON PARTICIPIOS

pan recién hecho freshly baked bread | *huevos recién puestos* fresh eggs | *una silla recién pintada* a newly painted chair | *"recién pintado"* "wet paint" | *Está recién operada.* She's just had an operation. | *Tiene 18 años recién cumplidos.* He's just turned 18. | *Estaba recién bañado.* I had just taken a bath.

2 SÓLO (= only)

Me lo devolvió recién ayer. She only gave it back to me yesterday. | *Recién son las cinco.* It's only five o'clock. | *Recién estará listo la semana que viene.* It won't be ready until next week. | *Recién ahora entiendo lo que pasó.* It's only now that I understand what happened./Only now do I understand what happened.

3 ACCIONES RECIENTES

recién comí/terminé etc. I've just eaten/finished etc. | **recién se levanta/se entera etc.** he's just gotten up/found out etc. | **recién habíamos salido/llegado etc.** we had just left/arrived etc.

A menudo se agrega **only** para enfatizar:

La película recién empieza. The movie's only just started. | *Recién había salido.* I had only just left.

reclamo *s* **1** (queja) complaint **2** (de un derecho) demand

reclinable *adj* **un asiento/un respaldo reclinable** a reclining seat/seat back

reclinar *v* **1** (un asiento) to recline **2** (la cabeza) to lay: *Reclinó su cabeza sobre mi hombro.* He laid his head on my shoulder.

recobrar *v* ▶ ver **conocimiento, recuperar**

recogedor *s* dustpan

recoger *v* **1** (del suelo) **recoger algo** to pick sth up: *Recojan todos los juguetes.* Pick all your toys up. **2** (flores) to pick **3** (buscar) **recoger algo/a alguien** to pick sth/sb up: *Lo puede pasar a recoger cuando quiera.* You can come and pick it up whenever you want. | *Nos recogieron en taxi.* They picked us up in a taxi. **4** (información, opiniones) to collect **5** (ordenar) to tidy up | **recoger la mesa** to clear the table

recogerse *v* **recogerse el pelo** Si se trata de hacerse un moño o chongo, se usa **to put your hair up,** si de una cola de caballo, **to tie your hair back**

recogido, -a *adj* Para referirse al pelo se dice **up** si es en un moño o chongo y **tied back** si se trata de una cola de caballo: *Usa el pelo recogido.* She wears her hair up./She wears her hair tied back.

recomendación *s* **1** (consejo) recommendation | **por recomendación de alguien** on sb's recommendation: *Lo leí por recomendación de una amiga.* I read it on a friend's recommendation. **2** (para un trabajo) recommendation: *una carta de recomendación* a letter of recommendation

recomendado, -a *adj* (referido a envíos postales) registered | **mandar una carta recomendada** to send a letter by registered mail (AmE), to send a letter by registered post (BrE)

recomendar *v* **1 recomendarle un hotel/un libro etc. a alguien** to recommend a hotel/a book etc. to sb: *María me recomendó este restaurante.* María recommended this restaurant to me. | *Me recomendaron a una profesora de inglés buenísima.* I was recommended an excellent English teacher. **2** (aconsejar) **recomendarle a alguien que haga algo** to advise sb to do sth: *Me recomendó que no tomara sol.* He advised me not to sunbathe. **3** (para un trabajo) to recommend

recompensa *s* reward | **ofrecer una recompensa** to offer a reward

reconciliarse *v* to be reconciled: *Sus padres se reconciliaron.* His parents were reconciled. | **reconciliarse con alguien** to make up with sb: *Ya me reconcilié con mis amigos.* I've made up with my friends.

reconocer *v* **1** (identificar) to recognize: *No la reconocí.* I didn't recognize her. **2** (admitir) to admit: *Reconozco que me equivoqué.* I admit I made a mistake. **3** (a un hijo) to recognize

reconocimiento *s* **reconocimiento (médico) (a)** (para un trabajo) medical (examination), medical **(b)** (de rutina) (medical) checkup

reconstruir *v* **1** (un edificio, una ciudad) to rebuild **2** (un hecho, una escena) to reconstruct

récord *s* record | **batir un récord** to break a record: *Batió el récord de salto en largo.* He broke the long jump record. | **tener un récord** to hold a record | **un récord en jabalina/salto en alto etc.** a javelin/high jump record etc.

recordar *v* **1** to remember: *No recuerdo dónde fue.* I can't remember where it was. | **recordar haber hecho algo** to remember having done sth: *No recordaba haberlo leído.* He did not remember having read it. | **si mal no recuerdo** if I remember correctly **2 recordarle a alguien que haga algo** to remind sb to do sth: *Recuérdale que compre el pan.* Remind him to get the bread. | **recordarle a alguien que...** to remind sb that...: *Me recordó que tenía que llamarte.* She reminded me that I had to call you. **3 me/le etc. recuerda a...** it reminds me/him of...: *Me recuerda a su tío.* He reminds me of his uncle.

recorrer *v* **1** (viajar por) **recorrer un país/una zona** to travel around a country/an area: *Queremos recorrer Nueva Inglaterra.* We want to travel around New England. **2** (visitar, pasear por) **recorrer una ciudad/un barrio** to visit a city/a neighborhood (AmE), to visit a city/a neighbourhood (BrE) | **recorrer una exposición/un museo** to go around an exhibition/a museum: *Recorrí todo el barrio buscando un correo.* I went all over the neighborhood looking for a post office. | *No se puede* *recorrer la ciudad en una mañana.* You can't visit the whole city in one morning. **3** (referido a distancias) to do: *Recorrió los 10 km a pie.* He did the 10 km on foot. ▶ También existe **to cover** que es más formal

recorrido *s* (de un tren, autobús) route

recortar *v* **1 recortar una foto/un artículo** to cut out a photo/an article: *Recortamos fotos de revistas para hacer un collage.* We cut out photos from magazines to make a collage. **2 recortarle el pelo a alguien** to trim sb's hair **3 recortar los gastos/un presupuesto** to cut costs/a budget

recorte *s* **1** (de periódico, de revista) clipping (AmE), cutting (BrE): *una carpeta llena de recortes de periódicos* a file full of newspaper clippings **2** (referido a gastos) cut

recostarse *v* to lie down: *Se recostó en el sofá.* He lay down on the sofa.

recreo *s* recess (plural -sses) (AmE), break (BrE): *un recreo de 20 minutos* a 20-minute recess | *En el recreo juegan fútbol.* They play soccer at recess.

recta *s* (en geometría) straight line
recta final home straight

rectangular *adj* rectangular

rectángulo *s* rectangle

recto, -a *adjetivo & sustantivo*
• ***adj*** (línea, camino) straight ▶ ver **ángulo**
• **recto** ***s*** rectum

rector, -a *s* (de universidad) president (AmE), vice-chancellor (BrE)

recuadro *s* box (plural -xes)

recuerdo *sustantivo & sustantivo plural*
• ***s*** **1** (en la memoria) memory (plural -ries): *No tengo ningún recuerdo de esa época.* I have no memory of that time. ▶ El uso en plural es más frecuente: *Tengo un mal recuerdo de ese día.* I have bad memories of that day. **2** (objeto) souvenir | **de recuerdo** as a souvenir: *Lo guardé de recuerdo.* I kept it as a souvenir.
• **recuerdos** ***s pl*** **mandarle recuerdos a alguien** to send your regards to sb: *Mi mamá te manda recuerdos.* My mother sends her regards. | **dale mis recuerdos a Pedro/a los niños etc.** give my regards to Pedro/to the children etc.

recuperar *v* **1** (dinero, bienes, territorios) to recover **2** (la memoria, la vista) to recover **3** (referido al tiempo) to make up: *Tengo que recuperar los días que falté a clase.* I have to make up the days I missed school. **4** (un examen, una materia) to retake, to resit (BrE): *Tengo que recuperar matemáticas.* I have to retake math. **5** (referido a un estado de ánimo) to regain
recuperarse *v* **recuperarse (de una enfermedad/una operación etc.)** to recover (from an illness/an operation etc.): *Esperemos que se recupere pronto.* Let's hope she recovers soon. | **recuperarse de un susto** to get over a fright

recurrir *v* **1 recurrir a alguien** to turn to sb: *No sé a quién recurrir.* I don't know who to turn to. ▶ Cuando se trata de los servicios de un profesional, se dice **to enlist the services of sb**: *Tuvieron que recurrir a un abogado.* They had to enlist the services of a lawyer. **2 recurrir a la violencia/la fuerza** to resort to violence/force

recurso *sustantivo & sustantivo plural*
• ***s*** option: *No te queda otro recurso.* You have no other option. | **como último recurso** as a last resort
• **recursos** ***s pl*** **1** (de un país, una empresa) resources **2** (de una persona) means
recursos humanos o **Recursos Humanos** human resources, Human Resources **recursos naturales** natural resources

red *s* **1** (en informática) network | **estar en red** to be networked: *Nuestras computadoras están en red.* Our computers are networked. | **la red,** o **la Red** (Internet) the web: *Lo encontré en la red.* I found it on the web. **2** (para pescar) net **3** (en tenis) net **4** (de espías, de agentes) network **5** (de comercios, sucursales) network

redacción *s* **1** (trabajo escrito) essay: *¿Qué sacaste en la redacción?* What did you get for your essay? | **una redacción sobre algo** an essay on sth: *una redacción sobre el medio ambiente* an essay on the environment **2** (de un periódico) editorial department **3** (expresión, lenguaje) ver ejemplos: *La redacción es pésima.* It is very badly written. | *Tiene mala redacción.* She can't write.

redactar *v* to write: *Redacta muy bien.* She writes very well.

redactor, -a *s* editor

redada *s* raid: *una redada policial* a police raid

redonda *s* **1 en 100 m/5 km etc. a la redonda** within a 100-meter/5-kilometer etc. radius ▶ Cuando las distancias son menos precisas, se dice **for several blocks/miles etc. around**: *No había un árbol en varios kilómetros a la redonda.* There wasn't a tree for miles around. **2** (en música) whole note (AmE), semibreve (BrE)

redondear *v* **redondear algo (a)** (para arriba) to round sth up **(b)** (para abajo) to round sth down: *Lo redondeó a cien pesos.* He rounded it down to a hundred pesos. | *Digamos diez pesos, para redondear.* Call it a round ten pesos.

redondel *s* circle

redondo, -a *adj* **1** (circular) round: *una cara redonda* a round face **2** (excelente) great: *un negocio redondo* a great deal | **salir redondo** to work out very well: *Me salió redondo.* It worked out very well for me. **3 en números redondos** in round numbers **4 un pasaje/un boleto redondo** a round-trip ticket (AmE), a return (ticket) (BrE) ▶ ver **mesa**

reducción *s* reduction

reducir *v* **1** (disminuir) to reduce | **reducir algo a algo** to reduce sth to sth: *Redujeron el número de empleados a 4,000.* They reduced the number of employees to 4,000. | **reducir algo en un 30%/50% etc.** to reduce sth by 30%/50% etc. **2 reducir la velocidad** to reduce your speed

reducirse *v* (disminuir) to go down: *Se redujo el número de pacientes.* The number of patients went down. | **reducirse en un 30%/10% etc.** to go down by 30%/10% etc.

reelegir *v* to reelect

reembolso *s* **enviar algo contra reembolso** to send sth cash on delivery

reemplazar *v* **1 reemplazar algo (con/por algo)** to replace sth (with sth): *Reemplazar el sustantivo por un pronombre.* Replace the noun with a pronoun. **2 reemplazar a alguien (a)** (de forma permanente) to replace sb: *la actriz que la reemplazó* the actress who replaced her **(b)** (temporalmente) to stand in for sb: *Estoy reemplazando a un profesor enfermo.* I'm standing in for a teacher who's off sick.

reencarnación *s* reincarnation

reencuentro *s* reunion

refacción *s* (pieza de repuesto) part, spare part

refaccionar *v* **refaccionar una casa/un baño etc.** to do up a house/a bathroom etc., to renovate a house/a bathroom etc. (AmE)

refajo *s* (bebida) shandy (plural -dies)

referencia *sustantivo & sustantivo plural*

- *s* reference | **hacer referencia a algo** to refer to sth | **con referencia a algo** with reference to sth: *Con referencia a su carta del 15 de diciembre...* With reference to your letter of December 15...
- **referencias** *s pl* (para un trabajo) references

referéndum *s* referendum (plural referenda o referendums)

referente *adj* **todo lo referente a algo** everything related to sth | **en lo referente a algo** ver ejemplos: *Es muy responsable en lo referente al trabajo.* When it comes to work, he's very responsible./As far as work is concerned, he's very responsible. | *Es un experto en lo referente a este tema.* He's an expert on this subject.

réferi o **referí** *s* referee

referirse *v* **referirse a algo/alguien** to refer to sth/sb: *¿A quién te refieres?* Who are you referring to?

refinería *s* refinery (plural -ries)

reflejar *v* to reflect

reflejarse *v* to be reflected: *Su cara se reflejaba en el agua.* Her face was reflected in the water.

reflejo *sustantivo & sustantivo plural*

- *s* **1** (imagen) reflection **2** (brillo) glint: *el reflejo del sol* the glint of the sunlight
- **reflejos** *s pl* **1** (reacciones) reflexes: *Tiene muy buenos reflejos.* He has very good reflexes. **2** (en el pelo) highlights | **hacerse reflejos** to have highlights put in

reflexionar *v* to think: *Actúa sin reflexionar.* He acts without thinking. | *Tienes que reflexionar.* You must think about it. | **reflexionar sobre algo** to think about sth ▶ También existe **to reflect on sth** que es más formal

reforestación *s* reforestation

reforma *s* **1** (de un sistema, una ley) reform **2 hacer reformas en una casa/en la cocina etc.** to do up a house/a bathroom etc., to carry out improvements to a house/the kitchen etc. ▶ La traducción con **improvements** es más formal | **necesitar reformas** to need doing up ▶ También existe **to need improvements** que es más formal

reformar *v* **1 reformar una casa/el baño etc.** to do up a house/the bathroom etc., to carry out improvements to a house/the bathroom etc. ▶ La traducción con **improvements** es más formal: *Van a reformar su casa.* They are going to do their house up. **2** (una ley, un sistema) to reform

reformatorio *s* juvenile correction facility (AmE), young offenders' institution (BrE)

reforzar *v* **1** (hacer más fuerte o sólido) to reinforce **2** (hacer más intenso o eficaz) to increase: *Reforzaron la seguridad en los aeropuertos.* They have increased security at airports.

refrán *s* saying: *como dice el refrán* as the saying goes

refregar *v* (la ropa, el piso) to scrub

refregarse *v* **refregarse los ojos/las manos** to rub your eyes/your hands

refrescante *adj* refreshing

refrescar *v* **1** (referido a la temperatura) to get cooler: *Por la noche refrescó bastante.* It got a lot cooler when night fell. **2 refrescarle la memoria a alguien** to refresh sb's memory

refrescarse *v* (persona) to cool off: *Me voy al agua a refrescarme un poco.* I'm going for a swim to cool off a bit.

refresco *s* drink, soft drink: *Tomemos un refresco.* Let's have a drink.

refrigerador o **refrigeradora** *s* refrigerator, fridge

refuerzo *sustantivo & sustantivo plural*

- *s* reinforcement
- **refuerzos** *s pl* reinforcements

refugiado, -a *s* refugee

refugiarse *v* **1** (por razones políticas, ideológicas, etc.) to take refuge: *Se refugiaron en la embajada.* They took refuge in the embassy. **2 refugiarse del viento/de la lluvia etc.** to shelter from the wind/rain etc.

refugio *s* (protección) shelter

refugio de montaña mountain refuge **refugio nuclear** nuclear shelter

regadera *s* **1** (para regar) watering can **2** (para bañarse) shower

regalado, -a *adj* **1** (muy barato) **estar regalado -a** to be a steal | **los tenían/los compró etc. regalados** they/he etc. got them for next to nothing, they/he etc. got them dirt cheap **2** (referido a exámenes, pruebas) **estar regalado -a** to be a piece of cake

regalar *v* **1 regalarle algo a alguien** to give sb sth: *Mis abuelos me regalaron una bicicleta.* My grandparents gave me a bicycle. | *¿Qué te regaló tu novio?* What did your boyfriend give you? ▶ Cuando no mencionas a quien hace el regalo, usa el verbo **to get** (recibir): *¿Qué te regalaron para tu cumpleaños?* What did you get for your birthday? **2** (cuando no se dice a quién) **regalar algo** to give sth away: *Tenía muchos libros de cuentos pero los regalé todos.* I had lots of story books but I gave them all away.

regalo *s* present | **hacerle un regalo a alguien** to give sb a present: *Le quiero hacer un regalo.* I want to give her a present. | **de regalo** as a present: *Te he traído unas flores de regalo.* I've brought you some flowers as a present. ▶ Hablando de productos comerciales, se usa el adjetivo **free**: *Viene con un afiche de regalo.* You get a free poster with it. ▶ ver **papel**

regañar *v* **regañar a alguien (por algo)** to tell sb off (for sth): *Nos regañaron por romper la ventana.* We were told off for breaking the window.

regar *v* to water: *Tengo que regar las plantas.* I have to water the plants.

regata *s* regatta

regatear *v* to haggle | **regatear el precio** to haggle over the price

régimen *s* **1** (dieta) diet | **hacer régimen** to be on a diet: *Está haciendo régimen.* She's on a diet. ▶ Cuando significa ponerse a dieta, se dice **to go on a diet**: *Tengo que hacer régimen.* I have to go on a diet. **2** (gobierno) regime

regimiento *s* regiment

región *s* region

regional *adj* regional

registrado, -a *adj* (referido a envíos postales) registered | **mandar una carta registrada** to send a letter by registered mail (AmE), to send a letter by registered post (BrE)

registradora *s* (en un bus) turnstile ▶ ver **caja**

registrar *v* **1** (examinar) to search: *Le registraron la casa.* They searched his house. **2** (despachar) **registrar las maletas/el equipaje** to check in your luggage **3** (inscribir) (una firma, un nombre comercial, etc.) to register

registrarse *v* **1** (en un hotel) to check in: *Tengo que registrarme.* I have to check in. **2** (inscribirse) to register

registro *s* **1** (libro) register **2 llevar un registro de algo** to keep a record of sth **3** (forma de expresarse) register: *un registro formal* a formal register

registro civil registry (plural -ries) (AmE), registry office (BrE)

regla *s* **1** (útil) ruler: *¿Me prestás la regla?* Can I borrow your ruler? **2** (norma) rule: *las reglas del juego* the rules of the game | **en regla** in order: *Tengo todos los papeles en regla.* All my papers are in order. **3** (menstruación) period: *Tenía la regla.* She had her period.

reglamentario, -a *adj* **el uniforme reglamentario/la pelota reglamentaria etc.** the regulation uniform/ball etc.: *una cancha de tamaño reglamentario* a regulation size field

reglamento *s* **1** rules *pl*: *el reglamento del colegio* the school rules **2 trabajar a reglamento** to work to rule

regresar *v* **1** (devolver) **regresarle algo a alguien** to give sth back to sb: *Te los regreso mañana.* I'll give them back to you tomorrow./I'll give you them back tomorrow. | **regresar algo a su lugar** to put sth back (in its place) | **regresar los libros a la biblioteca** to take your library books back, to take your books back to the library **2** (volver) to return: *Regresaron a sus hogares.* They returned to their homes.

regresarse *v* (volver) to return: *Se regresaron en barco.* They returned by boat.

regreso *s* (vuelta) return: *el viaje de regreso* the return trip | **estar de regreso (de Europa/las vacaciones etc.)** to be back (from Europe/your vacation etc.)

regular *adjetivo, adverbio & verbo*

• ***adj & adv*** **1** (no muy bien, no muy bueno) ver ejemplos: *La redacción me salió regular.* I didn't do the essay very well. | *Como cantante es regular.* He's not a great singer. ▶ Como respuesta se usa **so-so**: *–¿Cómo te fue? –Regular.* "How did it go?" "So-so." **2** (en gramática) regular **3** (siguiendo un ritmo fijo) regular: *a intervalos regulares* at regular intervals

• ***v*** to regulate

regularidad *s* regularity | **con regularidad** regularly

rehabilitación *s* rehabilitation

rehacer *v* **rehacer algo** to do sth again: *Tengo que rehacer el trabajo.* I have to do the work again.

rehén *s* hostage: *Tomaron a los niños como rehenes.* They took the children hostage.

rehogar *v* **rehogar algo** to fry sth lightly

rehusar o **rehusarse** *v* **rehusar (algo), rehusarse (a algo)** to refuse (sth): *No pudimos rehusar su pedido.* We couldn't refuse his request. | **rehusar hacer algo, rehusarse a hacer algo** to refuse to do sth: *Rehusó hablar conmigo.* He refused to speak to me.

reina *s* **1** (monarca) queen **2** (en las cartas, el ajedrez) queen ▶ ver **abeja**

reinar *v* to reign

reiniciar *v* (una computadora) to reboot

reino *s* kingdom

el reino animal the animal kingdom **el reino vegetal** the vegetable kingdom, the plant kingdom

Reino Unido *s* **el Reino Unido** the United Kingdom, the UK ▶ ver nota en **United Kingdom**

reír *v* to laugh | **hacer reír a alguien** to make sb laugh: *Tu hermano me hace reír mucho.* Your brother really makes me laugh.

¿Quieres información sobre las diferencias entre los **posesivos** en inglés y en español? Lee la explicación en el apartado de gramática.

reírse *v* to laugh: *Se rieron a carcajadas.* They laughed their heads off. | **reírse de algo** to laugh at sth, to laugh about sth: *¿De qué te ríes?* What are you laughing at?/What are you laughing about? | **reírse de alguien** to laugh at sb: *No te rías de mí.* Don't laugh at me.

reivindicar *v* **reivindicar un atentado** to claim responsibility for an attack

reja *s* **1** (de barras verticales) railings *pl*: *Pusieron una reja nueva en el jardín.* They have put up some new railings in the garden. **2** (de barras cruzadas) grille **3 entre rejas** behind bars

rejilla *s* **1** (de un desagüe) drain cover **2** (de ventilación, del radiador de un vehículo) grille

relación *sustantivo & sustantivo plural*

- *s* **1** (entre temas, ideas, etc.) connection: *Este incidente no tiene ninguna relación con el otro.* This incident has no connection with the other one. **2** (entre personas) relationship: *Tiene una mala relación con sus padres.* Her relationship with her parents isn't good. **3 con relación a/en relación con (a)** (con respecto a) with regard to: *Te quería hacer un comentario con relación a tu trabajo.* I wanted to say something to you with regard to your work. **(b)** (en comparación con) compared to: *En relación con el año pasado, estamos peor.* Compared to last year, we're worse off.
- **relaciones** *s pl* **1** relations: *las relaciones entre los dos países* relations between the two countries | **tener buenas/malas relaciones con alguien** to be on good/bad terms with sb: *Tiene buenas relaciones con su jefe.* He is on good terms with his boss. **2 tener relaciones** (sexuales) to have sex
  relaciones públicas public relations **relaciones sexuales** sexual relations

relacionado, -a *adj* **relacionado -a con algo** connected with sth, related to sth: *Esto está relacionado con lo que hablamos ayer.* This is connected with what we were talking about yesterday./This is related to what we were talking about yesterday. ▶ En lenguaje hablado se usa más **to do with sth**: *Le fascina todo lo relacionado con los animales.* He is fascinated by anything to do with animals.

relacionar *v* to relate
relacionarse *v* **1** (estar relacionado) **relacionarse con algo** to be connected to sth, to be related to sth: *Este caso se relaciona con los anteriores.* This case is connected to the earlier ones./This case is related to the earlier ones. **2 relacionarse con alguien** ver ejemplos: *Allí se relacionó con otros escritores sudamericanos.* There he mixed with other South American writers./There he came into contact with other South American writers. | *Daniela se relaciona bien con las otras niñas.* Daniela relates well to the other girls.

relajación *s* (de los músculos, etc.) relaxation | **hacer relajación** to relax

relajar *v* to relax
relajarse *v* to relax

relajo *s* **1** (desorden) mess **2** (confusión) **ser un relajo** to be chaos: *Cuando llegamos al aeropuerto, aquello era un relajo.* It was chaos at the airport when we got there. | **se armó un relajo tremendo** all hell broke loose **3 armar/echar relajo** (divertirse) to have fun: *Nos pasamos la noche armando relajo.* We had fun all evening.

relamerse *v* to lick your lips

relámpago *s* flash of lightning: *Fue un relámpago.* It was a flash of lightning. ▶ El plural *relámpagos* se traduce por el sustantivo incontable **lightning**: *Llovió con truenos y relámpagos.* It rained and there was thunder and lightning.

relatar *v* **1** (contar) to tell | **relatarle un cuento/una anécdota a alguien** to tell sb a story/an anecdote **2 relatar un partido** to commentate on a game

relativamente *adv* relatively

relatividad *s* relativity

relativo, -a *adj* **1** (no absoluto) relative **2** (bastante) **de relativa importancia/urgencia** relatively important/urgent | **con relativa facilidad** relatively easily **3 todo lo relativo a algo** everything to do with sth: *Todo lo relativo a la fiesta ya está listo.* Everything to do with the party is ready now.

relato *s* **1** (cuento) story (plural -ries): *un libro de relatos* a story book **2** (de un hecho) account: *el relato de su viaje* the account of his journey

relevante *adj* relevant

relevo *s* (sustituto) relief ▶ ver **carrera**

relieve *s* **poner algo de relieve** to highlight sth

religión *s* religion

religioso, -a *adj* religious: *un colegio religioso* a religious school

relinchar *v* to neigh

rellenar *v* **1** (un pollo, una berenjena, un tomate) to stuff **2** (un pastel) to fill

rellenito, -a *adj* (gordito) plump

relleno, -a *adjetivo & sustantivo*

- *adj* **1** (pollo, tomate, berenjena) stuffed: *tomates rellenos* stuffed tomatoes | **relleno -a de algo** stuffed with sth: *aceitunas rellenas de anchoa* olives stuffed with anchovies **2** (pastel, galletas, chocolate) **relleno -a de algo** filled with sth: *galletas rellenas de chocolate* chocolate-filled cookies
- **relleno** *s* **1** (para pollo, tomates, berenjenas) stuffing **2** (de un pastel, una galleta) filling **3** (de un cojín, un colchón) stuffing

reloj *s* **1** (de pared, de mesa) clock **2 reloj (pulsera), reloj (de pulsera)** watch (plural -ches): *Tienes el reloj atrasado.* Your watch is slow. **3 trabajar contra reloj** to work against the clock **reloj cucú** cuckoo clock **reloj de sol** sun dial **reloj despertador** alarm clock

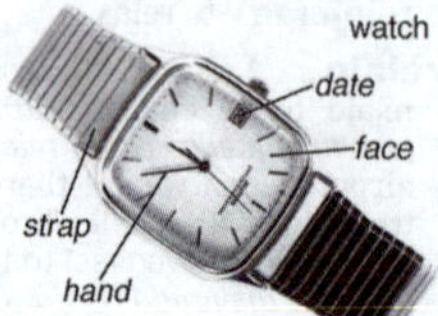

reluciente *adj* **1 reluciente (de limpio -a)** sparkling (clean), spotless: *Tiene la casa reluciente de limpia.* Her house is sparkling clean./Her house is spotless. **2** (referido al pelo, la piel) shiny **3** (referido a metales) gleaming

relucir *v* **1 relucir (de limpio -a)** to be sparkling clean, to be spotless **2** (pelo, zapatos, estrellas) to shine **3** (metales) to gleam **4 sacar a relucir algo** to bring sth up: *Sacó a relucir el tema de la herencia.* She brought the subject of the inheritance up.

remar *v* **1** (en bote) to row **2** (en canoa, kayak) to paddle

rematar *v* **1** (en deportes) to shoot: *Remató al arco.* He shot at goal. **2** (subastar) to auction: *Van a rematar la casa.* The house is going to be auctioned. | **se remató en $200/$3.000 etc.** it was sold for $200/$3,000 etc. **3** (vender muy barato) **rematar algo** to sell sth off: *Están rematando todo.* They're selling everything off. **4** (terminar de matar) **rematar a alguien** to finish sb off

remate *s* **1** (en deportes) shot: *un remate al arco* a shot at goal **2** (subasta) auction

remedio *s* **1** (medicamento) medicine: *¿Tomaste el remedio?* Have you taken your medicine? **2** (cura, tratamiento) remedy (plural -dies): *un remedio casero* a home remedy **3** (solución) solution: *La situación ya no tiene remedio.* There's no solution to the situation. **4 no hay más remedio que hacer algo, no tengo/tenemos etc. más remedio que hacer algo** I/we etc. have no choice but to do sth: *No hay más remedio que decírselo.* We have no choice but to tell him. | *No tuvo más remedio que aceptar.* She had no choice but to accept.

remendar *v* **1** (poniendo remiendos, etc.) to mend **2** (zurciendo) to darn

remiendo *s* (de tela, cuero) patch (plural -ches)

remite o **remitente** *s* **1** (persona) sender **2** (datos) return address

remo *s* **1** (de un bote) oar **2** (de un kayak, una canoa) paddle **3** (deporte) rowing: *un club de remo* a rowing club

remojado, -a *adj* **remojado -a en algo** soaked in sth: *pan remojado en leche* bread soaked in milk

remojo *s* **poner/dejar algo en remojo** to put/to leave sth to soak: *Puse las lentejas en remojo.* I put the lentils to soak.

remolacha *s* beet (AmE), beetroot (BrE) **remolacha azucarera** sugar beet

remolcador *s* **1** (barco) tug **2** (grúa) tow truck

remolcar *v* to tow

remolino *s* **1** (en el pelo) cowlick **2** (de viento) swirl of wind: *Un remolino le levantó la falda.* A swirl of wind blew her skirt up. **3** (en el agua) eddy (plural eddies) **4** (juguete) windmill

remolque *s* **1** (grúa) tow truck **2** (detrás de un auto, un camión) trailer ▶ ver **casa**

remontar *v* **1 remontar un río** to sail/row etc. up a river **2 remontar vuelo** to take off **remontarse** *v* **remontarse a algo** to go back to sth

remorder *v* ▶ ver **conciencia**

remordimiento *s* remorse ▶ **remorse** es un sustantivo incontable y no tiene plural. Equivale tanto a *remordimiento* como a *remordimientos* | **tener/sentir remordimientos (de conciencia)** to feel remorse, to have a guilty conscience: *No tiene remordimientos.* She doesn't feel any remorse./She doesn't have a guilty conscience.

remoto, -a *adj* (lugar, posibilidad) remote ▶ ver **control**

remover *s* **remover la tierra** to turn the earth over | **remover los escombros** to go through the rubble

renacentista *adj* **un pintor/una obra renacentista** a Renaissance painter/work

Renacimiento *s* **el Renacimiento** the Renaissance

renacuajo *s* tadpole

renco, -a *adj* **ser renco -a** to have a limp, to walk with a limp | **un caballo/perro etc. renco** a lame horse/dog etc.

rencor *s* resentment | **guardarle rencor a alguien (por algo)** to bear a grudge against sb (for sth): *No le guardo rencor por lo que me hizo.* I don't bear a grudge against him for what he did to me.

rencoroso, -a *adj* resentful

rendición *s* surrender

rendido, -a *adj* exhausted

rendija *s* gap

rendimiento *s* performance

rendir *v* **1** (hablando de alimentos, artículos de limpieza, etc.) **rendir (mucho)** to go a long way: *El arroz rinde mucho.* Rice goes a long way. | *Así rinde más.* It goes further this way. | **rinde dos platos/tres porciones etc.** there is enough for two people/three servings etc. **2 me/le etc. rindió la mañana** I/he etc. got a lot done in the morning: *Con este calor, el día no me rinde.* It's so hot I can't get anything done. **3 no me/le etc. rinde el sueldo** my/his etc. salary doesn't go far enough: *No le rinde nada lo que gana.* The money he earns doesn't go far enough.

4 (referido a una persona, un equipo) to perform: *El equipo no rindió lo que esperaban.* The team didn't perform as well as expected. **5 rendir cuentas (de algo)** to account (for sth): *Rindió cuentas de todo lo que gastó.* He accounted for everything he spent. | *No tengo que rendirle cuentas a nadie.* I don't have to account to anyone. **6 rendirle homenaje a alguien** to pay tribute to sb: *Sus fans le rindieron homenaje.* His fans paid tribute to him. **7 rendir (un examen)** to take an exam, to sit an exam (BrE): *Mañana rinde historia.* She's taking her history exam tomorrow.

rendirse *v* **1** (darse por vencido) to give up: *No lo sé. Me rindo.* I don't know. I give up. **2** (ejército) to surrender

renegar *v* **1 renegar de algo** to turn your back on sth: *No va a renegar de sus ideas.* She's not going to turn her back on her ideas. ▶ También existe **to renounce sth**, que es más formal **2** (refunfuñar) to grumble

renglón *s* line: *Tenemos que dejar un renglón después del título.* We have to leave a line after the title.

rengo, -a *adj* ▶ ver **renco**

renguear *v* to limp: *Venía rengueando.* He was limping.

reno *s* reindeer (plural -deer)

renovable *adj* renewable

renovación *s* **1** (de un contrato, un documento) renewal: *la renovación del pasaporte* the renewal of the passport **2** (de un edificio, una casa) renovation, refurbishment

renovar *v* **1** (un documento, un contrato) to renew **2** (una casa, un edificio) to renovate, to refurbish

renta *s* **1** (alquiler) rent **2** (ingreso) income | **vivir de (las) rentas** to live off your private income

rentable *adj* profitable: *Es un negocio rentable.* It's a profitable business.

rentar *v* ▶ ver recuadro

renuncia *s* resignation | **entregar/presentar la renuncia** to hand in your resignation: *Vengo a entregar mi renuncia.* I've come to hand in my resignation.

renunciar *v* **1** (dimitir) to resign: *Si no me aumentan, renuncio.* If they don't give me a raise, I'll resign. | **renunciar a su cargo/puesto** to resign from your position **2 renunciar a una herencia/un premio** to give up an inheritance/a prize: *Voy a renunciar a mi parte.* I'm going to give up my share. ▶ También existe **to relinquish**, que es formal

reñido, -a *adj* close: *un partido muy reñido* a very close game

reojo **mirar algo/a alguien de reojo** to look at sth/sb out of the corner of your eye: *La miraba de reojo.* He was looking at her out of the corner of his eye.

rentar

1 Cuando quien renta es el inquilino o el usuario:

UNA VIVIENDA (= to rent)

El verano pasado rentamos una casa en Pinamar. Last summer we rented a house in Pinamar.

UNA BICICLETA, UN AUTO, UN TRAJE (= to rent (AmE), to hire (BrE))

UN VIDEO, UN DVD (= to get out, to rent)

¿Rentamos una película para esta noche? Shall we rent a video/get a video out for tonight?

2 Cuando quien renta es el propietario:

UNA VIVIENDA (= to rent out, to let BrE)

Me fui a vivir con mis padres y renté el apartamento. I moved in with my parents and rented out my apartment. | *Se renta.* For rent. (AmE)/To let. (BrE)

AUTOS, BICICLETAS, TRAJES (= to rent out, AmE, to hire out, BrE)

VIDEOS, DVDS (= to rent out)

reparación *s* (arreglo) repair | **estar en reparación** to be under repair

repartidor, -a *s* **1** (de un supermercado, una tienda) Usa **delivery man, delivery girl,** etc. **2 repartidor -a (de periódicos)** Usa **paper boy** o **paper girl** si se trata de un joven. No hay equivalente en inglés cuando se trata de un adulto.

repartir *v* **1** (distribuir) **repartir algo** to hand sth out: *El profesor repartió las fotocopias.* The teacher handed out the photocopies. ▶ También existe **to distribute**, que es más formal **2** (dividir) **repartir algo** to split sth: *Repartió su dinero entre sus hijos.* He split his money between his children. **3** (asignar) to assign: *Repartió los papeles de la obra.* She assigned the different parts in the play. **4** (periódicos) to deliver **5** (en juegos de cartas) to deal: *Reparte tres cartas a cada uno.* Deal three cards to each person. | *¿Quién reparte?* Whose deal is it?

repartirse *v* **repartirse algo** to share sth out between you: *Se repartieron el dinero.* They shared the money out between them./They divided the money between them.

reparto *s* **1** (de mercaderías) delivery (plural -ries) **2** (en partes) distribution **3** (elenco) cast

reparto a domicilio home delivery (plural -ries)

repasar *v* **1** (volver a estudiar) to review (AmE), to revise (BrE): *Todavía me falta repasar todo.* I still have to review it all. **2** (volver a mirar) to check: *Quisiera repasar estas cuentas.* I'd like to check these figures. **3** (limpiar) **repasar los muebles/el baño etc.** to give the furniture/bathroom etc. a quick clean

repaso *s* **1** (para un examen, etc.) review (AmE), revision (BrE) | **hacer repaso** to review (AmE), to revise (BrE): *Hoy hicimos repaso.* We reviewed today. | **hacer un repaso de algo** to review sth (AmE), to revise sth (BrE): *Hicieron un repaso de todo el programa.* They reviewed the whole syllabus. **2** (de control, inspección) check

repelente *s* **repelente de insectos/mosquitos** insect/mosquito repellent

repente **de repente (a)** (repentinamente) suddenly: *De repente se cortó la luz.* Suddenly the electricity went off. **(b)** (a lo mejor) maybe: *De repente no te oyó.* Maybe she didn't hear you.

repentino, -a *adj* sudden

repercusión *s* repercussion

repercutir *v* **repercutir en algo** to have repercussions on sth

repertorio *s* repertoire

repetición *s* **1** (de una pregunta, un hecho, etc.) repetition **2** (de una jugada) replay: *No pasaron la repetición.* They didn't show the replay.

repetir *v* **1** (volver a decir) to repeat: *¿Me repites la pregunta?* Could you repeat the question for me? **2** (volver a hacer) **repetir algo** to do sth again: *Me dijo que lo repitiera.* He told me to do it again. **3** (un grado, un año) to repeat: *Repitió quinto grado.* He repeated fifth grade. **4** (en una comida) to have a second helping: *¿Puedo repetir?* Can I have a second helping? | **repetir pollo/el postre etc.** to have a second helping of chicken/dessert etc.

repetirse *v* to repeat itself: *La historia se repite.* History repeats itself. | **¡que no se repita!** don't let it happen again!

repetitivo, -a *adj* repetitive

repisa *adj* (estante) shelf (plural shelves) ▶ Tienen nombres específicos en inglés la repisa de encima de una chimenea (**mantelpiece**) y la que está debajo de una ventana (**windowsill**)

repleto, -a *adj* **1 repleto -a (de gente)** packed (with people): *El estadio estaba repleto.* The stadium was packed. **2** (de cosas) crammed: *una maleta repleta de ropa* a suitcase crammed with clothes

repollito o **repollito de Bruselas** *s* Brussels sprout

repollo *s* cabbage

reponer *v* **1** (algo que falta, que se ha usado) to replace **2 reponer fuerzas/energías** to get your strength back **3 reponer una serie de TV** to show a TV series again | **reponer una obra de teatro** to put on a play again

reponerse *v* to recover | **reponerse de algo (a)** (de una sorpresa, un problema) to get over sth: *No puede reponerse de la derrota.* She can't get over the defeat. **(b)** (de una enfermedad) to recover from sth, to get over sth

reportaje *s* **1** (entrevista) interview | **un reportaje a alguien** an interview with sb: *un reportaje al presidente* an interview with the president | **hacerle un reportaje a alguien** to interview sb, to do an interview with sb: *Le quiero hacer un reportaje.* I want to interview her./I want to do an interview with her. **2** (artículo periodístico) article, feature **3** (en TV, radio) report

reportar *v* (una pérdida, un robo, etc.) to report

reporte *s* **1** (informe) report **2** (de calificaciones) report card (AmE), (school) report (BrE)

reposar *v* (en cocina) to stand | **dejar reposar algo** to let sth stand: *Deje reposar la mezcla cinco minutos.* Let the mixture stand for five minutes.

reposo *s* **1** rest | **hacer reposo** to rest: *Le dijo que hiciera reposo.* He told her to rest. **2** (en cocina) **dejar algo en reposo** to let sth stand

repostería *s* **1** (actividad) En inglés hay que usar una frase verbal: *Me gusta la repostería.* I like making cakes and desserts. **2** (productos) En inglés hay que nombrar productos específicos: *Tienen muy buena repostería.* They do very good cakes and desserts.

represa *s* dam

represalia *s* reprisal | **tomar represalias** to take reprisals

representación *s* **1 en representación de algo/alguien** ver ejemplos: *Vengo en representación de mis compañeros.* I'm here on behalf of my colleagues. | *Lo mandaron en representación de la ciudad.* They sent him to represent the city. **2** (de una obra) performance

representante *s* **1** (delegado) representative **2** (de artistas) agent **3 representante (de grupo/de clase)** (group/class) representative

representar *v* **1** (un papel) to play: *Representó el papel del mago.* He played the part of the wizard. **2 representar una obra** to put a play on: *Representaron la obra en todo el país.* They put the play on all over the country. **3** (a una persona, una organización) to represent **4** (aparentar) to look: *No representa la edad que tiene.* He doesn't look his age. **5** (ser la imagen de, simbolizar) to represent: *El rojo representa el peligro.* Red represents danger. **6** (mostrar, describir) to depict: *Este libro lo representa como un tirano despiadado.* This book depicts him as a ruthless tyrant. **7** (significar) to represent

represión *s* repression

represión policial police crackdown

reprimido, -a *adjetivo & sustantivo*

- ***adj*** repressed: *Es muy reprimida.* She's very repressed.
- ***s*** **ser un reprimido/una reprimida** to be very repressed

reprimir *v* **1** (una manifestación, una rebelión) to suppress **2** (a manifestantes, huelguistas) to crush

reprobar *v* (hablando de un examen, una asignatura) to fail: *Reprobé otra vez.* I failed again. | *Voy a reprobar química si no estudio.* I'm going to fail chemistry if I don't do some work. | **me reprobaron en francés/lo reprobaron en historia etc.** I failed French/he failed history etc.

reprochar *v* **reprocharle algo a alguien** to reproach sb for sth: *Me reprochó que no la había llamado.* She reproached me for not calling her.

reprocharse *v* **reprocharse algo** to reproach yourself for sth: *Todavía me lo reprocho.* I still reproach myself for it.
reproche *s* reproach (plural -ches)
reproducción *s* reproduction
reproducir *v* to reproduce
reproducirse *v* to reproduce
reptil *s* reptile
república *s* republic
República Dominicana *s* **la República Dominicana** the Dominican Republic
republicano, -a *adj & s* republican
repudiar *v* to condemn: *Repudiamos el atentado terrorista de ayer.* We condemn yesterday's terrorist attack.
repudio *s* condemnation
repuesto *s* **1** (para autos, aparatos) part, spare part: *¿Aquí venden repuestos para Ford?* Do you sell spare parts for Fords here? **2 un lápiz/un par de calcetines etc. de repuesto** a spare pencil/pair of socks etc.
repugnante *adj* disgusting: *un olor repugnante* a disgusting smell ▶ **repugnant** es más formal y suele usarse de personas, acciones, etc. que son moralmente repugnantes
reputación *s* reputation: *Tiene reputación de ser honesto.* He has a reputation for being honest. | **tener buena/mala reputación** to have a good/bad reputation
requesón *s* cottage cheese
requisar *v* (registrar) to search: *Nos requisaron al entrar.* We were searched as we went in.
requisito *s* requirement | **cumplir con los requisitos (para algo)** to meet the requirements (for sth)
res *s* **1** (animal) animal ▶ El plural *reses* se traduce por **cattle** cuando no se especifica un número y por **head of cattle** cuando sí: *las reses afectadas por la aftosa* the cattle affected by foot and mouth disease | *Tienen 650 reses.* They have 650 head of cattle. **2** (o **carne de res**) beef
resaca *s* (por haber bebido mucho) hangover: *Se levantó con una resaca terrible.* She woke up with a terrible hangover.
resaltador *s* highlighter
resaltar *v* **1** (destacarse) to stand out: *El rojo resalta sobre el fondo gris.* The red stands out against the gray background. | **hacer resaltar algo** to highlight sth **2** (enfatizar) to emphasize
resbaladizo, -a *v* slippery
resbalarse *v* to slip: *Se resbaló en el piso mojado.* She slipped on the wet floor.
resbalón *s* **dar/pegarse un resbalón** to slip
resbaloso -a *adj* slippery
rescatar *s* **1** (salvar) to rescue: *Los rescataron a tiempo.* They were rescued in time. **2** (al hacer una valoración) ver ejemplos: *Lo que rescato es la actitud de la gente.* What I think was good was the attitude of the people. | *¿El libro tiene algo que se pueda rescatar?* Is there anything good you can say about the book?
rescate *s* **1** (dinero) ransom: *un rescate de un millón de dólares* a million-dollar ransom **2** (salvataje) rescue: *un operativo de rescate* a rescue operation
reseco *adj* **1** (piel, labios) very dry: *Tengo los labios resecos.* My lips are very dry. **2** (tierra) parched
resentido, -a *adjetivo & sustantivo*
• *adj* (rencoroso) resentful
• *s* **ser un resentido/una resentida** to have a chip on your shoulder
reserva *sustantivo & sustantivo plural*
• *s* **1** (en un restaurante, un hotel, etc.) ▶ ver **reservación** **2** (territorio preservado) reserve: *una reserva ecológica* a nature reserve **3** (en deportes) reserves *pl*, reserve team
• **reservas** *s pl* (de bienes, recursos, etc.) reserves: *reservas de petróleo* oil reserves
reservación o **reserva** *s* (en un restaurante, un hotel, etc.) reservation: *¿Tienen reservación?* Do you have a reservation?/Have you booked? | **hacer una reservación** to make a reservation: *Puedes hacer la reserva por Internet.* You can make the reservation over the Internet.
reservado, -a *adj* **1** (mesa, habitación) reserved: *Esta mesa está reservada.* This table is reserved. **2** (en cuanto a la personalidad) reserved: *Es muy reservada.* She's very reserved.
reservar *v* to make a reservation: *¿Llamaste para reservar?* Have you phoned to make a reservation? ▶ También existe el verbo **to book,** con el cual se suele especificar el complemento **Have you phoned to book a table/a room etc.?** | **reservar mesa/una habitación etc.** to book a table/a room etc.: *Reservé mesa para las 9.* I've booked a table for 9 o'clock.
resfriado, -a *adjetivo & sustantivo*
• *adj* **estoy/está etc. resfriado -a** I have/he has etc. a cold, I've got/he's got etc. a cold: *Estaba muy resfriada.* She had a very bad cold.
• **resfriado** *s* cold: *Tengo un resfriado espantoso.* I have a horrible cold.
resfriarse *v* to catch a cold
resfrío *s* ▶ ver **resfriado**
residencia *s* **1** (en un país) residence **2** (casa) residence
residencial *adj* residential
residuos *s pl* waste *sing* ▶ Se usa la palabra **litter** para referise a los residuos que se arrojan en lugares públicos: *"No arroje residuos"* "No litter"/ "Don't drop litter"
residuos nucleares nuclear waste **residuos tóxicos** toxic waste
resignación *s* resignation
resignarse *v* **resignarse (a algo)** to resign yourself (to sth): *Al final me resigné.* In the end I resigned myself. ▶ En oraciones negativas se suele usar **to accept**: *El pobre no se resigna.* The poor guy can't accept it. | **resignarse a hacer**

algo to resign yourself to doing sth: *Me resigné a hacer lo que mis padres querían.* I resigned myself to doing what my parents wanted.

resistencia *s* **1** (oposición) resistance: *resistencia a la autoridad* resistance to authority **2 resistencia (física)** stamina: *Tiene mucha resistencia.* He has a lot of stamina.

resistente *adj* (material) tough | **ser resistente al agua/al calor** to be water-resistant/heat-resistant | **una planta/una especie resistente al frío** a hardy plant/species

resistir *v* (aguantar) to take: *¿Resiste tanto peso?* Can it take that much weight? | *No va a resistir otra operación.* He won't be able to take another operation. ▶ También existe **to withstand** que es más formal | **resistir la tentación (de hacer algo)** to resist (the) temptation (to do sth)

resistirse *v* **resistirse a hacer algo** to find it hard to do sth: *Se resiste a aceptar la verdad.* He finds it hard to accept the truth.

resolución *s* (de una imagen) resolution: *un monitor de alta resolución* a high-resolution monitor

resolver *v* **1** (un problema, un caso) to solve: *Resolvimos el problema del caño roto.* We solved the problem of the broken pipe. **2** (decidir) to decide: *¿Qué has resuelto?* What have you decided? | **resolver hacer algo** to decide to do sth: *Al final resolví dejarlo como estaba.* In the end I decided to leave it as it was.

resorte *s* spring

resortera *s* slingshot (AmE), catapult (BrE)

respaldar *v* (una propuesta, a una persona) to support, to back

respaldo *s* **1** (apoyo) support, backing **2** (de un asiento) back

respectivo, -a *adj* respective

respecto 1 con respecto a algo about sth: *¿Qué dice el informe con respecto a la zona?* What does the report say about the area? ▶ También existe **with regard to sth**, que es más formal: *la posición del comité con respecto a este asunto* the committee's position with regard to this matter **2 al respecto** about it: *No quiero escuchar ni una palabra al respecto.* I don't want to hear a single word about it./I don't want to hear a single word about the subject.

respetable *adj* respectable

respetar *v* **1** (sentir respeto por) to respect **2** (una regla, una ley) to obey: *No respetó las reglas del juego.* He didn't obey the rules of the game.

respeto *s* respect: *Se ganó el respeto de los compañeros.* He earned the respect of his colleagues. | **el respeto a la tradición/a los mayores etc.** respect for tradition/for your elders etc. | **tenerle respeto a alguien** to have respect for sb: *No le tienen respeto.* They have no respect for him. | **faltarle al/el respeto a alguien** to be disrespectful to sb: *¡No me faltes al respeto!* Don't be disrespectful to me! ▶ ver **falta**

respetuoso, -a *adj* respectful | **ser respetuoso -a con alguien** to treat sb with respect

respingado, -a *adj* **tener (la) nariz respingada** to have a turned-up nose, to have a snub nose

respiración *s* breathing | **contener la respiración** to hold your breath

respiración artificial artificial respiration

respiración boca a boca mouth-to-mouth resuscitation ▶ También existe **the kiss of life**, que es más coloquial: *Le hicieron respiración boca a boca.* He was given mouth-to-mouth resucitation./He was given the kiss of life.

respirar *v* to breathe | **respirar hondo/profundo** to breathe deeply: *Respire hondo.* Breathe deeply. | **respirar por la boca/la nariz** to breathe through your mouth/nose

respiro *s* break: *Necesito un respiro.* I need a break. | **no darle respiro a alguien** not to give sb a moment's peace: *Hoy el bebé no me ha dado respiro.* The baby hasn't given me a moment's peace today.

resplandor *s* **1** (del sol) glare, brightness **2** (de una luz) gleam

responder *v* **1** (una pregunta, a una persona) to answer: *Responda las siguientes preguntas.* Answer the following questions. | *No me respondió.* He didn't answer me. | **responder que...** to reply that...: *Respondió que no le interesaba.* He replied that he wasn't interested. | **responder a una carta/una invitación** to reply to a letter/an invitation, to answer a letter/an invitation **2** (reaccionar) to respond: *Respondieron con una huelga.* They responded with a strike.

responsabilidad *s* responsibility (plural -ties)

responsabilizar *v* **responsabilizar a alguien (por algo)** to hold sb responsible (for sth)

responsable *adjetivo & sustantivo*

- *adj* **1** (serio) responsible: *Es muy responsable.* He's very responsible. **2** (culpable) **ser/sentirse responsable (de algo)** to be/to feel responsible (for sth): *Me siento responsable de lo que pasó.* I feel responsible for what happened. | **hacerse responsable de algo** to accept responsibility for sth
- *s* **1** (de un delito) **el responsable del secuestro/del robo etc.** the kidnapper/the robber etc. ▶ Si no se especifica de qué, se usa **the person responsible** o, si se trata de un acto de vandalismo, **the culprit**: *Están buscando a los responsables.* They are looking for the people responsible./They are looking for the culprits. **2** (encargado) **el responsable del departamento/de seguridad etc.** the person in charge of the department/of security etc.

respuesta *s* **1** (a una pregunta, a una persona) reply (plural -lies), answer: *Su respuesta me sorprendió.* I was surprised by his reply. **2** (en un ejercicio) answer: *Elija la respuesta correcta.*

Choose the correct answer. **3** (reacción) response: *una respuesta positiva* a positive response

resta *s* subtraction | **hacer una resta** to do a subtraction problem

restablecer *v* (relaciones) to re-establish | **restablecer el orden/el equilibrio** to restore order/the balance

restar *v* **1** (en matemáticas) to subtract: *Ya aprendió a restar.* He's already learned to subtract. | **restarle algo a algo** to take sth away from sth, to subtract sth from sth: *A eso réstale 15.* Take 15 away from that./Subtract 15 from that. **2** (quedar) to remain: *lo que resta del año* what remains of the year

restaurante o **restaurant** *s* restaurant: *¿Hay algún restaurante por aquí?* Is there a restaurant near here?

restaurar *v* (un cuadro, un mueble, etc.) to restore

resto *sustantivo & sustantivo plural*

- **s** rest: *el resto del mundo* the rest of the world | *¿Dónde está el resto?* Where is the rest?
- **restos** ***s pl*** (sobras) leftovers: *Comimos los restos.* We ate the leftovers.

resucitar *v* (en religión) to rise, to rise from the dead: *Resucitó al tercer día.* He rose again on the third day. | **resucitar a alguien** to raise sb from the dead

resultado *s* **1** (de un examen, un análisis, etc.) result: *¿Cuándo te dan los resultados?* When do you get the results? **2** (efecto) result: *Es el resultado de mucho esfuerzo.* It is the result of a great deal of effort. | **dar resultado** to work: *El truco dio resultado.* The trick worked.

resultar *v* **1** (funcionar) to work: *El plan no resultó.* The plan didn't work. **2 me resulta difícil/interesante etc.** I find it difficult/interesting etc.: *Me resulta más fácil hacerlo sola.* I find it easier to do it on my own. **3 resulta caro -a/barato -a** it works out expensive/cheap: *Al final resultó muy barato.* In the end it worked out very cheap. **4 resultó ser pariente de ella/amigo de Loli etc.** he turned out to be related to her/a friend of Loli's etc. | **ahora resulta que...** now it seems...: *Ahora resulta que yo tengo la culpa.* Now it seems it's my fault. **5** (para introducir un relato) **resulta que...** so...: *Resulta que entro al bar y ...* So, I go into the bar and...

resumen *s* **1** (síntesis) summary (plural -ries) | **hacer un resumen de algo** to do a summary of sth, to summarize sth: *Hagan un resumen del texto.* Do a summary of the text./Summarize the text. **2 en resumen** in short: *En resumen, no pude hacer nada.* In short, I couldn't do anything.

resumir *v* to summarize

resurrección *s* resurrection

retar *v* (reprender) **retar a alguien** to tell sb off: *Siempre me está retando.* He's always telling me off. | *Las retaron por llegar tarde.* They were told off for being late.

retazo *s* (de una tela) piece of material ► También se usa **remnant** para referirse al trozo que queda de una pieza de tela y que se vende a precio de saldo

retener *v* **1** (recordar) to remember **2 retener a alguien** to hold on to sb: *Hace cualquier cosa por retenerlo.* She'll do anything to hold on to him.

retina *s* retina

retirado, -a *adj* **1** (jubilado) retired **2** (lugar) remote

retirar *v* **1 retirar dinero** to withdraw money: *Quisiera retirar $100 de mi cuenta.* I'd like to withdraw $100 from my account. **2** (recoger) **retirar algo** to pick sth up: *¿Retiraste la ropa de la lavandería?* Did you pick up the clothes from the dry cleaner's? **3** (alejar) **retirar la mesa/la cama etc. de la pared** to move the table/bed etc. away from the wall **4** (un ejército, el apoyo a algo) to withdraw

retirarse *v* **1** (jubilarse) to retire: *Se retiró a los 60.* He retired at 60. **2 retirarse (de un torneo/un campeonato etc.)** to pull out (of a tournament/a championship etc.), to withdraw (from a tournament/a championship etc.)

retiro *s* **1** (jubilación) retirement **2** (de dinero) withdrawal **3** (espiritual) retreat

reto *s* **1** (desafío) challenge **2** (reprimenda) telling-off: *Me dieron un buen reto.* I got a good telling-off.

retorcer *v* **1** (un alambre, un pañuelo, etc.) to twist | **retorcerle el brazo/la muñeca etc. a alguien** to twist sb's arm/wrist etc. **2 retorcer la ropa lavada/un trapo mojado** to wring the washing out/a wet cloth out

retorcerse *v* **retorcerse de dolor** to writhe in pain

retorcido, -a *adj* **1** (alambre, tronco) twisted **2** (referido a personas) perverse

retorcijón *s* stomach cramp: *Tengo retorcijones.* I have stomach cramps.

retornable *adj* returnable: *un envase no retornable* a non-returnable bottle

retorno *s* (regreso) return

retrasado, -a *adj* **1** (tren, avión) **estar/venir retrasado -a** to be running late: *Todos los trenes venían retrasados.* All the trains were running late. **2** (en el estudio, en el trabajo) **estar retrasado -a (con algo)** to be behind (with sth): *Estamos un poco retrasados.* We're a little behind. **3** (mentalmente) backward

retrasar *v* **retrasar un reloj** to put a clock/watch back: *Hoy tenemos que retrasar el reloj una hora.* Clocks have to be put back one hour today.

retrasarse *v* **1** (llegar tarde) to be late: *Me retrasé por culpa del tráfico.* I was late because of the traffic. **2** (en el trabajo, los estudios) to get behind: *Nos retrasamos con el trabajo.* We got behind with the work. **3** (reloj) to be slow: *Mi reloj se retrasa dos minutos.* My watch is two minutes slow.

retraso *s* **1** (demora) delay: *Perdón por el retraso.* I'm sorry about the delay. | **llegar/salir etc. con retraso** to arrive/leave etc. late: *Siempre empiezan con retraso.* They always start late. | *Llegaron con una hora de retraso.* They arrived an hour late. **2** (en el trabajo) **tener un retraso de un mes/dos meses etc.** to be one month/two months etc. behind schedule **3 retraso (mental)** backwardness **4** (referido al desarrollo de un país, etc.) backwardness

retrato *s* **1** (pintura) portrait **2** (foto) portrait, photograph
retrato hablado identikit picture, composite (AmE)

retroceder *v* (ir para atrás) to go back

retrovisor ▶ ver **espejo**

retumbar *v* **1** (música, trueno) to resound **2** (voz, pasos) to echo

reumatismo *s* rheumatism

reunión *s* **1** (social) get-together, gathering: *Sólo lo veo en las reuniones familiares.* I only see him at family get-togethers./I only see him at family gatherings. ▶ **reunion** se usa para referirse a reuniones de personas que hace tiempo que no se ven, especialmente ex-compañeros o familiares: *¿Fuiste a la reunión de ex-alumnos?* Did you go to the school reunion? ▶ Si se trata de una fiesta, usa **party**: *Voy a hacer una reunión para festejar mi cumpleaños.* I'm going to have a party for my birthday. **2** (de trabajo) meeting: *Está en una reunión.* He's in a meeting.

reunir *v* **1 reunir a un grupo de alumnos/a los miembros de un equipo etc.** to get a group of students/the members of a team etc. together: *Nos reunió antes del partido.* He got us together before the game. **2 reunir datos/información** to gather information **3 reunir ciertas condiciones/ciertos requisitos etc.** to meet certain conditions/requirements etc.: *No reúne los requisitos para el puesto.* He does not meet the requirements for the position.
reunirse *v* to meet: *Nos vamos a reunir a las 7.* We're going to meet at 7. | **reunirse con alguien** to meet sb: *Se reunió con nosotros para conversar sobre el tema.* He met us to talk about the issue.

revalidar *v* **1** (un pasaporte) to renew **2** (un título universitario, etc.) to validate

revancha *s* **1** (en box) rematch (plural -ches), (en fútbol, básquet, etc.), rematch (plural -ches), return game: *La revancha es el mes que viene.* The rematch is next month. | *un partido de revancha* a return match **2** (en juegos de cartas, de mesa, etc.) ver ejemplo: *Te juego la revancha./Te juego un partido de revancha.* Let's play another game to see if you can get even. ▶ Si quien habla es el perdedor, diría *Let's play another game to see if I can get even* **3** (desquite) **tomarse la revancha** to get back at sb: *Quería tomarse la revancha.* He wanted to get back at her/me etc.

revelar *v* **1** (una foto, una película) to develop: *Llevé los rollos a revelar.* I took the films to be developed. | *¿Cuánto cuesta revelar un rollo?* How much does it cost to have a roll of film developed? **2** (un secreto) to reveal

reventa *s* (de entradas) ver ejemplos: *Queda expresamente prohibida su reventa.* Resale prohibited. | *Las compré en la reventa.* I bought them from a scalper.

reventar *v* **1** (una llanta, un globo, etc.) to burst **2** (por comer) to burst: *Si no paras de comer vas a reventar.* If you don't stop eating you'll burst.
reventarse *v* to burst: *Se reventaron las tuberías.* The pipes burst. | *Se me reventó la ampolla.* My blister burst.

reverencia *s* **a bow** es una inclinación de la cabeza o de la parte superior del cuerpo, mientras que **a curtsy** es el tipo de reverencia que hace una mujer poniendo un pie delante del otro y doblando las rodillas | **hacer una reverencia** to bow, to curtsy ▶ ver nota arriba

reversa *s* **meter la reversa, echar reversa** to put the car/truck etc. into reverse

reversible *adj* reversible

reverso *s* **1** (de una moneda, medalla) reverse **2** (de un papel) back

revertido ▶ ver **cobro revertido**

revés *s* **1 al revés (a)** (con lo de adentro para afuera) inside out: *Tienes el suéter puesto al revés.* You have your sweater on inside out. **(b)** (con lo de atrás para adelante) backwards, back to front (BrE): *Se puso los pantalones al revés.* She put her pants on backwards. **(c)** (con lo de arriba hacia abajo) upside down: *El cuadro está al revés.* The picture is upside down. **(d)** (al contrario) the other way around: *Es al revés: él le pegó a ella.* It's the other way around: he hit her. **(e)** (mal): *Entiende todo al revés.* He always gets everything back to front. **2 salir al revés** to go wrong: *Nos salió todo al revés.* It all went wrong for us./Nothing went right for us. **3** (en tenis) backhand **4** (de una tela) wrong side **5** (contratiempo) setback

revisar *v* **1** (un texto, una prueba antes de entregarla, etc.) **revisar algo** to check sth over, to look through sth **2** (un auto, una máquina) **revisar algo** to check sth over **3** (a un paciente) to examine **4** (registrar) **revisarle el bolso/la maleta etc. a alguien** to search sb's bag/suitcase etc.: *Me revisaron la maleta.* They searched my suitcase.

revisión *s* **1** (de un texto, un examen) check: *Me falta una última revisión.* I need to do one last check. **2 revisión (médica) (a)** (para un trabajo) medical (examination) **(b)** (de rutina) (medical) checkup **3** (de un vehículo) service

revista *s* **1** (publicación) magazine: *una revista de modas* a fashion magazine ▶ Se usa **journal** para referirse a publicaciones científicas, profesionales, etc.: *una revista de medicina* a medical journal **2** (espectáculo) revue **revista de historietas, revista de monos** comic book (AmE), comic (BrE)

revistero *s* magazine rack

revivir *v* (recordar) to relive: *Le hizo revivir el pasado.* It made him relive the past.

revolotear *v* to fly around

revolución *s* **1** (en política) revolution **2** (cambio brusco) revolution **3** (en mecánica) revolution

revolucionar *v* to revolutionize

revolucionario, -a *adjetivo & sustantivo*

• *adj* **1** (en política, sociedad) revolutionary **2** (innovador) revolutionary

• *s* revolutionary (plural -ries)

revolver *v* **1** (un café, una salsa) to stir, (una ensalada) to toss **2** (buscando algo) **revolver todos los cajones/los clósets etc.** to go through all the drawers/the closets etc. | **revolver toda la casa** to turn the whole house upside down **3** (curioseando) **revolverle el escritorio/los cajones etc. a alguien** to rummage through sb's desk/drawers etc.: *¿Quién me ha estado revolviendo los papeles?* Who's been rummaging through my papers? **4 me/le etc. revuelve el estómago** it turns my/her etc. stomach

revólver *s* revolver

revuelto, -a *adj* **tienes/tiene etc. el pelo revuelto** your/his etc. hair is messy, your/his etc. hair is untidy (BrE) ▸ ver **estómago, huevo**

rey *sustantivo & sustantivo plural*

• *s* **1** (monarca) king **2** (en las cartas, el ajedrez) king

• **reyes** *s pl* (rey y reina) **los reyes** the king and queen

• **Reyes** *s pl* (festejo) Epiphany, Twelfth Night **los Reyes Magos** the Three Wise Men, the Three Kings ▸ ver abajo

> En el mundo anglosajón no se celebra el día de Reyes de la misma manera que en nuestros países. El calendario religioso es el mismo, pero no es tradicional recibir regalos ese día sino el día de Navidad. Si quieres explicar nuestra tradición, di *We have the tradition that the Three Kings bring people presents on Twelfth Night (January 6th), the day when the Three Wise Men brought gifts for the baby Jesus.*

rezar *v* to pray | **rezar por algo/alguien** to pray for sth/sb | **rezar un padrenuestro/un avemaría etc.** to say the Lord's Prayer/a Hail Mary etc.

rezongar *v* (refunfuñar) to grumble

ribera *s* bank

rico, -a *adjetivo & sustantivo*

• *adj* **1** (adinerado) rich: *una familia rica* a rich family **2** (hablando de comida) nice: *El pollo estaba muy rico.* The chicken was very nice./The chicken was delicious.

• *s* **los ricos** the rich, rich people: *la brecha entre los ricos y los pobres* the gap between the rich and the poor

ridiculez *s* **ser una ridiculez** to be ridiculous, to be absurd: *Es una ridiculez tratar de ocultárselo.* It is ridiculous to try and hide it from him. | **decir ridiculeces** to talk nonsense: *No digas ridiculeces.* Don't talk nonsense. | **¡qué ridiculez!** that's ridiculous!

ridiculizar *v* to ridicule

ridículo, -a *adjetivo & sustantivo*

• *adj* ridiculous: *Me parece ridículo.* It seems ridiculous to me.

• **ridículo** *s* ridicule: *Le tiene miedo al ridículo.* She's frightened of ridicule. | **hacer el ridículo** to make a fool of yourself | **dejar a alguien en ridículo** to make sb look ridiculous | **quedar en ridículo** to look ridiculous

riego *s* **1** (de cultivos) irrigation **2** (de una planta, del césped) watering

riel *s* **1** (de una cortina) rail **2** (de ferrocarril) rail

riendas *s pl* reins | **tomar las riendas de algo** to take charge of sth, to take control of sth

riesgo *s* (peligro) risk | **correr el riesgo de...** to run the risk of...: *Corremos el riesgo de perder el tren.* We run the risk of missing the train. | **¡ni riesgos!** no way!

rifa *s* **1** (sorteo) raffle: *Lo ganamos en una rifa.* We won it in a raffle. **2** (número) raffle ticket: *¿Me compras una rifa?* Will you buy a raffle ticket?

rifar *v* to raffle: *Vamos a rifar diez CDs.* We're going to raffle ten CDs.

rifle *s* rifle

rigidez *s* **1** (de un material) rigidity **2** (de una persona) inflexibility

rígido, -a *adj* **1** (referido a un material) rigid **2** (estricto, severo) inflexible

riguroso, -a *adj* **1** (análisis, estudio) rigorous **2** (clima) harsh

rima *s* rhyme

rimar *v* to rhyme

rímel o **rimmel** *s* mascara | **ponerse rímel** to put mascara on | **usar rímel** to wear mascara

rin *s* (de una rueda) rim

rincón *s* **1** (esquina) corner: *Hay una lámpara en el rincón.* There's a lamp in the corner. **2** (lugar) ver ejemplos: *Busqué por todos los rincones.* I looked everywhere. | *Conoce cada rincón del país.* She knows every corner of the country. | *Cada rincón de la casa me recuerda al abuelo.* Everywhere I look in the house it reminds me of granddad.

rinoceronte *s* rhino, rhinoceros (plural -ses o rhinoceros)

riñón *sustantivo & sustantivo plural*

• *s* **1** (órgano) kidney **2** (como alimento) kidney

• **riñones** *s pl* (zona lumbar) lower back

riñonera *s* money belt, fanny pack (AmE), bum bag (BrE)

río *s* river: *Comimos a orillas del río.* We ate by the banks of the river.

ripio *s* gravel: *un camino de ripio* a gravel track

riqueza *s* **1** (dinero, bienes) wealth ▶ **wealth** no tiene plural y equivale tanto a *riqueza* como a *riquezas* **2** (abundancia) richness

risa *s* Para describir la manera de reírse, se usa **laugh**: *Tiene una risa contagiosa.* She has an infectious laugh. ▶ Cuando *risas* se refiere al sonido, se traduce por **laughter**: *Se oían las risas de los niños.* You could hear the children's laughter. | **¡qué risa!** what a laugh! | **me/te etc. da risa** it makes me/you etc. laugh: *Me da risa que digas eso.* It makes me laugh that you say that. | *Me dio mucha risa cuando lo vi.* It really made me laugh when I saw it./I thought it was very funny when I saw it. | **me/te etc. dio la risa** I/you etc. couldn't help laughing, I/you etc. got the giggles: *Me dio la risa cuando se cayó.* I couldn't help laughing when he fell down. | **morirse de (la) risa** to crack up

ritmo *s* **1** (compás) rhythm | **al ritmo de algo** in time to sth: *Se movía al ritmo de los tambores.* He was moving in time to the drums. | **seguir el ritmo** to follow the rhythm **2** (velocidad) rate

rito *s* ritual

rival *adj & s* rival

rivalidad *s* rivalry (plural -ries)

rizo *s* curl

robar *v* ▶ ver recuadro

roble *s* **1** (árbol) oak | **estar/ser fuerte como un roble** to be as strong as an oak **2** (madera) oak

robo *s* **1** robbery (plural -ries) **2** burglary (plural -ries) **3** theft ▶ ver abajo

robo a mano armada armed robbery

¿robbery, burglary o theft?

robbery se usa para robos en bancos o tiendas:

el auto que habían usado para el robo the car they had used for the robbery

burglary se usa cuando alguien entra a robar a una casa, una oficina, etc.:

En este barrio hay muchos robos. There are a lot of burglaries in this area.

theft se usa en los demás casos:

Denunciaron el robo de la bicicleta. They reported the theft of the bicycle.

¡Es un robo! en el sentido de estafa se dice **It's daylight robbery!** o **It's a rip-off!**

robot *s* robot

robusto, -a *adj* robust

roca *s* rock

roce *s* (enfrentamiento) clash (plural -shes) | **tener un roce con alguien** to clash with sb: *Tuvo varios roces con el jefe.* He clashed with his boss several times.

robar

1 La traducción general es **to steal:**

Lo atraparon robando. He was caught stealing. | **robarle algo a alguien** to steal sth from sb: *Le había robado el dinero a una compañera.* She had stolen the money from a classmate.

Cuando no se especifica el sujeto, es frecuente usar la siguiente estructura:

le robaron la bicicleta/el walkman etc. he had his bike/his Walkman etc. stolen: *Les habían robado la cámara.* They had had their camera stolen.

2 **robarle a alguien,** cuando no se especifica qué, se dice **to rob sb,** generalmente usado en la voz pasiva:

¡Me han robado! I've been robbed! | *–Me costó $50. –¡Te robaron!* "It cost me $50." "You were robbed!"

3 Cuando un ladrón entra a robar a un edificio, se usa el verbo **to burglarize** en inglés americano y **to burgle** en inglés británico:

Nos han robado dos veces desde que vivimos aquí. We've been burglarized twice since we've lived here. | *Habían entrado a robar al colegio.* The school had been burglarized.

4 **robar un banco** se dice **to rob a bank:**

Estaban planeando robar un banco. They were planning to rob a bank.

5 En juegos, *robar una carta* se dice **to pick up a card.**

rociar *v* **1** (las plantas) to spray **2** (la ropa para planchar) to sprinkle water on, to dampen

rocío *s* dew

rocoso, -a *adj* rocky

rocote o **rocoto** *s* pepper

rodadero *s* **1** (en un parque) slide **2** (en una piscina) chute, water slide

rodaja *s* slice: *una rodaja de piña* a slice of pineapple

rodaje *s* (de una película) shooting

rodante ▶ ver **casa**

rodar *v* **1** (moverse) to roll: *Se tiraban rodando por la cuesta.* They rolled down the hill. **2** (filmar) to shoot

rodear *v* **1** (ponerse alrededor de) to surround: *La policía rodeó la casa.* The police surrounded the house. **2 la gente que te/lo etc. rodea** the people around you/him etc. **3** (desviar) to make a detour

rodeo *s* **1 dar un rodeo** to make a detour: *Dimos un rodeo porque había mucho barro.* We made a detour because it was very muddy. **2** (doma) rodeo

rodilla *s* knee: *Me lastimé la rodilla.* I hurt my knee. | **estar de rodillas** to be kneeling (down): *Estaba de rodillas.* I was kneeling (down). | *Estaban rezando de rodillas.* They were on their knees praying. | **ponerse de rodillas** to kneel (down) | **te lo pido/se lo pidió etc. de rodillas** I beg you/she begged him etc. | **pedirle a alguien de rodillas que haga algo** to beg sb to do sth: *Te pido de rodillas que me escuches.* I beg you to listen to me.

rodillera *s* knee pad

rodillo *s* **1** (de cocina) **rodillo (de amasar)** rolling pin **2** (para pintar) roller, paint roller **3** (de un mecanismo) roller

roedor *s* rodent

rogar *v* **1** (en fórmulas de cortesía): *Le ruego que me perdone.* Please forgive me. | *Les ruego que se callen.* I'd really appreciate it if you'd be quiet. **2** (suplicar) to beg: *Le rogó que se quedara.* She begged him to stay. **3 roguemos que no llueva/que no se dé cuenta etc.** let's hope it doesn't rain/he doesn't realize etc. **4 hacerse (de) rogar** to play hard to get: *Le gusta hacerse rogar.* She likes playing hard to get. **5** (rezar) to pray: *Le rogaba a Dios que el niño se mejorara.* She prayed to God that the child would get better.

rojizo, -a *adj* reddish

rojo, -a *adjetivo & sustantivo*

- ***adj*** red | **ponerse rojo -a** (de vergüenza) to blush, to turn red (AmE), to go red (BrE) ▶ ver **tarjeta**
- **rojo** *s* red ▶ ver "Active Box" **colores** en **color**

rollo *s* **1** (de papel) roll **2** (de fotos) roll of film, film (BrE) **3** (de alambre) coil **4** (de película) reel **5** (de gordura) roll of fat | **tener rollos** to be fat ▶ Si los rollos son alrededor de la cintura, se dice **to have a spare tire**

rollo de cocina roll of paper towels, kitchen roll (BrE) **rollo de papel higiénico** toilet roll

romance *s* romance

romántico, -a *adj & s* romantic

rombo *s* diamond: *un diseño de rombos* a diamond pattern ▶ El término **rhombus** (plural **rhombuses**) sólo se usa en geometría

romero *s* rosemary

rompecabezas *s* jigsaw, jigsaw puzzle | **armar un rompecabezas** to do a jigsaw

romper *v* **1** (una taza, un juguete, un aparato) to break: *Rompí un plato sin querer.* I accidentally broke a plate. | *¡Me has roto la cámara!* You've broken my camera! **2** (un papel, una tela) to tear: *El gato ha roto la cortina.* The cat has torn the curtain. ▶ Cuando se rompe algo en varios pedazos, se usa **to tear sth up**: *Rompió la carta.* She tore up the letter. **3 romper con alguien** to split up with sb: *Rompió con su novio.* She split up with her boyfriend. **4** (una promesa) to break: *Rompiste tu promesa.* You broke your promise. **5** (olas) to break

romperse *v* **1** (taza, vaso, etc.) to break: *Se me rompieron los anteojos.* My glasses broke. **2 romperse un brazo/una pierna etc.** to break your arm/leg etc.: *Se rompió un brazo jugando al rugby.* He broke his arm playing rugby. | **se le rompió el brazo/la pierna etc.** she broke her arm/leg etc. **3** (tela, papel) to tear: *Se le rompió la falda.* Her skirt tore.

ron *s* rum

roncar *v* to snore

roncha *s* Una roncha de la varicela, el sarampión, etc. es un **spot**. Si la causó una picadura, es un **bump**. Si es producida por una alergia, se llama **hive**. | **me/le etc. salió una roncha** I/he etc. got a bump (AmE), I/he etc. came up in a bump (BrE) | **me/le etc. salieron ronchas** I/he etc. came out in spots/in hives ▶ Cuando no se sabe o no se especifica la causa de las ronchas, se dice **I/he etc. came out in a rash**

ronco, -a *adj* **1** (de mucho gritar, por estar enfermo) **estar ronco -a** to be hoarse | **quedarse ronco -a** to lose your voice **2** (al describir la voz de alguien) husky: *una cantante de voz ronca* a singer with a husky voice

ronda *s* **1** (de vigilancia) patrol **2** (de un torneo, campeonato) round: *Perdieron en la primera ronda.* They lost in the first round. **3** (de negociaciones) round **4** (de bebidas) round: *Nos invitó otra ronda de cerveza a todos.* She bought another round of beers for us all.

rondar *v* **1** (merodear) to lurk around: *Hay alguien rondando afuera.* There's someone lurking around outside. **2 andar rondando los treinta/los cuarenta etc.** to be around thirty/forty etc.

ronquido *s* snore: *un ronquido fuertísimo* a very loud snore ▶ **ronquidos** se suele traducir por el sustantivo incontable **snoring**: *No pude dormir con tus ronquidos.* I couldn't sleep because of your snoring.

ronronear *v* to purr

roña *s* filth, grime ▶ **grime** implica suciedad que se ha ido acumulando a lo largo de mucho tiempo

roñoso, -a *adj* **1** (sucio) filthy, grimy ▶ ver nota en **roña** **2** (tacaño) stingy

ropa *s* clothes *pl*: *Me tengo que comprar ropa.* I need to buy some clothes. | **ponerse la ropa** to put your clothes on, to get dressed: *Ponte la ropa.* Put your clothes on./Get dressed. | **quitarse la ropa** to take your clothes off, to get undressed

ropa de abrigo warm clothes **ropa de cama** bed linen **ropa interior** underwear

ropero *s* **1** (armario) wardrobe, closet (AmE) **2** (perchero de pie) coat stand **3** (perchero de pared) coat rack

rosa *adjetivo & sustantivo*

- ***adj*** pink
- ***s*** **1** (flor) rose **2** (color) pink ▶ ver "Active Box" **colores** en **color**

rosado, -a *adj* pink

rosal *s* rose bush (plural -shes)

rosario *s* (objeto, oración) rosary (plural -ries) | **rezar un rosario** to say a rosary

rosca *s* **1** (de un tornillo, una tuerca) thread | **una tapa/un tapón de rosca** a screw top **2** (para comer) Un **donut** es una rosca dulce frita. Un **bagel** es un tipo de pan en forma de rosca. Para explicar que algo tiene forma de rosca, di que es **ring-shaped**

rostro *s* (cara) face

rotación *s* rotation

roto, -a *adj* (taza, plato, etc.) broken: *Ten cuidado con los vidrios rotos.* Careful of the broken glass. ▸ Para otros tipos de objetos, la traducción varía. Guíate por los ejemplos: *Tenía los zapatos rotos.* His shoes were worn out. | *Esta falda tiene el cierre roto.* The zipper's gone on this skirt. | *Tenía el pantalón roto en la rodilla.* His pants were torn at the knee. | *El sobre estaba roto.* The envelope was torn.

rotonda *s* traffic circle (AmE), roundabout (BrE)

rotulador *s* felt-tip pen

rotundo, -a *adj* **1 un éxito rotundo** a huge success | **un fracaso rotundo** a total failure **2 un "no" rotundo** an emphatic "no"

rozar *v* **1** (tocar) ver ejemplos: *La pelota pasó rozando el palo.* The ball shaved the post. | *Su mano rozó la mía.* Her hand brushed against mine. | *El carro pasó rozándonos.* The car just scraped past us. **2** (dejando una marca) to scratch **3** (lastimar) to graze **4** (referido a la ropa) to rub, to rub your neck: *El cuello de la camisa le rozaba.* The collar of his shirt was rubbing (his neck).

ruana *s* ruana ▸ En el mundo anglosajón la ruana existe pero no es muy conocida. Si quieres explicar qué es, di *it's an open-fronted poncho*

rubeola *s* German measles *sing*

rubí *s* ruby (plural -bies)

rubio, -a *adjetivo & sustantivo*

- *adj* **1** (pelo) fair, blond, blonde: *Tiene el pelo rubio.* He has fair hair./He has blond hair. | *Se tiñó de rubio.* She dyed her hair blonde. **2** (persona) fair-haired, blond, blonde: *una muchacha rubia* a fair-haired girl/a blonde girl | *Es rubio.* He has fair hair./He has blond hair. ▸ **fair-haired** y **fair** sólo se usan para el color natural del pelo ▸ ver **tabaco**
- *s* El sustantivo **blond** usado para referirse a un hombre de pelo rubio es algo formal. Más frecuentemente se habla de **a man with fair hair, a fair-haired man, a man with blond hair** o **a blond man.** Sin embargo, la palabra **blonde** sí se usa en lenguaje hablado para referirse a una mujer rubia: *una rubia preciosa* a beautiful blonde | *Le gustan los rubios.* She likes blond men./She likes fair-haired men.

rubor *s* (maquillaje) blusher

rueda *s* **1** (de un vehículo, un engranaje) wheel: *las ruedas de la bicicleta* the bicycle wheels **2** (neumático) tire (AmE), tyre (BrE) **3 ir sobre ruedas** to go smoothly

rueda de Chicago, rueda de la fortuna Ferris wheel (AmE), big wheel (BrE) **rueda de repuesto** spare wheel

ruedo *s* **1** (de toros) ring, bullring **2** (dobladillo) hem

rugido *s* roar

rugir *v* to roar

ruido *s* noise | **hacer ruido** to make a noise: *Hizo un ruido raro.* It made a funny noise. | *No hagan tanto ruido.* Don't make so much noise. | *No hagas ruido que tu papá está durmiendo.* Don't make a noise, your dad's asleep. | *Este motor hace mucho ruido.* This engine is very noisy./This engine makes a lot of noise.

ruidoso, -a *adj* noisy

ruina *sustantivo & sustantivo plural*

- *s* **1** (perdición) ruin: *El juego fue su ruina.* Gambling was the ruin of him. **2 estar en la ruina** to be ruined
- **ruinas** *s pl* ruins: *las ruinas de Pompeya* the ruins of Pompeii | **estar en ruinas** to be in ruins

ruiseñor *s* nightingale

ruleta *s* roulette | **jugar a la ruleta** to play roulette

ruleta rusa Russian roulette

rulo *s* (para rizar el pelo) curler, roller

rumba *s* (género) rumba

rumbo *s* **ir con rumbo a...** to be bound for...: *El barco iba con rumbo a Lisboa.* The ship was bound for Lisbon. | **salir rumbo a...** to set off for...: *Partieron rumbo a la ciudad.* They set off for town. | **caminar sin rumbo fijo** to wander aimlessly

rumor *s* rumor (AmE), rumour (BrE) | **corren/corrían rumores de que...** there are/there were rumors that...

rumorearse o **rumorarse** *v* **se rumorea que...** it is rumored that... (AmE), it is rumoured that... (BrE)

rural *adj* rural

Rusia *s* Russia

ruso, -a *adjetivo & sustantivo*

- *adj* Russian
- *s* Russian | **los rusos** (the) Russians
- **ruso** *s* (idioma) Russian

rústico, -a *adj* rustic

ruta *s* (recorrido) route

rutina *s* routine | **una visita/un procedimiento de rutina** a routine visit/procedure

S

S, s *s* S, s ▶ ver "Active Box" **letras del alfabeto** en **letra**

sábado *s* Saturday ▶ ver "Active Box" **días de la semana** en **día**

sábana *s* sheet: *Tengo que cambiar las sábanas.* I have to change the sheets.

saber *v* **1** (referido a conocimientos, información) to know: *No sé.* I don't know. | *Él sabe la respuesta.* He knows the answer. | *No sabe qué hacer.* She doesn't know what to do. | **saber mucho/no saber nada de algo** to know a lot/not to know anything about sth: *No sé nada de ese tema.* I don't know anything about this subject. | *Sabe mucho de computación* He knows a lot about computers. | **saber poco de algo** not to know much about sth: *Sabemos poco de lo que pasó.* We don't know much about what happened.
2 (referido a habilidades adquiridas) **sé cantar/manejar/nadar etc.** I can sing/drive/swim etc.: *No sabe montar en bicicleta.* She can't ride a bike. | *Me dijo que sabía tocar la guitarra.* He told me he could play the guitar.
3 (enterarse de) to hear: *Llámame apenas sepas algo.* Call me as soon as you hear anything. | **saber (algo) de alguien** Se usan las construcciones **to have heard from sb** o **to have had news from sb**: *¿Has sabido algo de Sergio?* Have you heard from Sergio?/Have you had any news from Sergio?
4 (en expresiones) **que yo sepa** as far as I know: *Que yo sepa no.* Not as far as I know. | *Que yo sepa, no tiene novia.* As far as I know, he doesn't have a girlfriend. | **¿yo qué sé?** how should I know?: *–¿Adónde fue? –¿Y yo qué sé?* –Where did he go?–How should I know? | **vaya a saber/quién sabe** who knows: *Vaya a saber qué le habrá dicho.* Who knows what he told her. | *Quién sabe por qué lo hizo.* Who knows why he did it. | **para que lo sepas** for your information: *Yo no tuve nada que ver, para que lo sepas.* For your information, I had nothing to do with it.
5 (tener sabor) to taste: *¡Sabe muy bueno!* It tastes really good! | **saber a algo** to taste of sth: *Sabía a vinagre.* It tasted of vinegar.

sabio *adj* wise

sabor *s* La traducción general es **taste,** pero si se trata de la variedad de gustos en que viene un producto comercial, se usa **flavor** (o **flavour** en inglés británico): *un sabor desagradable* an unpleasant taste | *¿Qué sabores hay?* What flavors are there? ▶ Para hablar del gusto específico de una fruta, una especia, etc. se puede usar tanto **taste** como **flavor**: *el delicioso sabor de la piña madura* the delicious taste of ripe pineapple/the delicious flavor of ripe pineapple | **caramelos con sabor a fresa/un yogur con sabor a coco etc.** strawberry-flavored candy/a coconut-flavored yoghurt etc. (AmE), strawberry-flavoured sweets/a coconut-flavoured yogurt etc. (BrE) | **tener sabor a ajo/café etc.** to taste of garlic/coffee etc.

sabroso, -a *adj* **1** (comida) tasty **2** (fiesta) fun, lively, (música) vibrant **3** (clima) pleasant

sacacorchos *s* corkscrew

sacapuntas *s* pencil sharpener: *¿Me prestas el sacapuntas?* Can I borrow your pencil sharpener?

sacar *v* ▶ ver recuadro en página 726

sacarse *v* (hablando de premios) to win: *Se sacó la lotería.* He won the lottery. | *Se sacaron el primer premio.* They won first prize.

sacarina *s* saccharin

sacerdote *s* priest

saco *s* **1** (de tela) jacket: *Vino de saco y corbata.* He came in a jacket and tie. **2** (tejido) cardigan: *Le estoy tejiendo un saco.* I'm knitting him a cardigan. **3** (bolsa) bag: *un saco de papas* a bag of potatoes

sacrificar *v* **1** (renunciar a) **sacrificar algo** to give sth up: *Sacrificó su carrera por la familia.* She gave up her career for the sake of her family. **2 sacrificar un animal** (porque está enfermo, etc.) to put an animal down: *Tuvieron que sacrificar al caballo.* The horse had to be put down.

sacrificarse *v* to make sacrifices

sacrificio *s* **1** (privación) sacrifice: *Lo logró con mucho sacrificio.* It took a great deal of sacrifice to achieve it. | **hacer sacrificios** to make sacrifices **2** (a los dioses) sacrifice

sacudida *s* **1** (eléctrica) shock: *Cuando lo toqué me dio una sacudida.* I got a shock when I touched it. **2** (acción de sacudir) **darle una sacudida a algo** to shake sth

sacudir *v* **1** (agitar) to shake: *El viento sacudía las ramas.* The wind shook the branches. | *Sacudió la cabeza.* He shook his head. **2** (quitar el polvo) to dust

sacudirse *v* **sacudirse el saco/la ropa etc.** to brush your coat/clothes etc. off

sádico, -a *adjetivo & sustantivo*
- *adj* sadistic
- *s* sadist

Sagitario *s* Sagittarius: *Es (de) Sagitario.* He's a Sagittarius./He's a Sagittarian.

sagrado, -a *adj* (lugar,ciudad) sacred
el Sagrado Corazón the Sacred Heart **la Sagrada Familia** the Holy Family **las Sagradas Escrituras** *s pl* the Holy Scriptures

sacar

1 DE ADENTRO DE ALGO

sacar algo (de algo) to take sth out (of sth): *Sacó la billetera.* He took out his wallet. | *Saqué el perro a pasear.* I took the dog out for a walk. | *¿Sacaste la basura?* Have you put the garbage out? | *Sacó los libros de la mochila.* He took the books out of his backpack. | **sacar la lengua/la mano** to stick your tongue/your hand out: *No me saques la lengua.* Don't stick your tongue out at me. | *Sacó la mano por la ventanilla.* She stuck her hand out of the window.

2 RETIRAR, PONER EN OTRO LUGAR

La traducción depende de dónde está lo que se saca:

Saca al gato de la cama. **Get** the cat **off** the bed. | *Sacaron todos los cuadros.* They **took** all the pictures **down**. | *Sacamos la alfombra antes de la fiesta.* We **took** the carpet **up** before the party.

3 EXTRAER

Me tienen que sacar una muela. I have to have a tooth out. | *Le sacaron sangre., They took some blood.*

4 COMPRAR (= to get)

Yo saco las entradas. I'll get the tickets. | *¿Sacaron los pasajes?* Have you bought the tickets?

5 CONSEGUIR (= to get)

¿De dónde sacaste eso? Where did you get that? | *¿De dónde sacó el dinero?* Where did he get the money from? | *Todavía no ha sacado el pasaporte.* He still hasn't gotten his passport.

6 CALIFICACIONES (= to get)

Siempre saca buenas notas. She always gets good grades. | *¿Qué sacaste en el examen?* What did you get on your exam?

7 PREMIOS (= to win)

Sacó la lotería. He won the lottery. | *Sacaron el primer premio.* They won first prize.

8 PONER EN VENTA, EN CIRCULACIÓN

sacar un producto/una estampilla nueva etc. to bring out a product/a new stamp etc.

9 SOLUCIONAR

¿Sacaste el problema/la adivinanza? Did you solve the problem/riddle? | *No pude sacar las palabras cruzadas.* I couldn't do the crossword.

10 EN TENIS, VOLEY (= to serve)

11 EN FÚTBOL (= to kick off)

12 PEDIR

sacar a bailar a alguien to ask sb to dance

13 *sacar un tema/una foto/una mancha* etc. están tratados bajo *tema, foto, mancha,* etc.

sal *s* salt: *¿Me pasas la sal?* Could you pass the salt, please?
sales de baño *s pl* bath salts **sal de mesa** table salt **sal de cocina** cooking salt

sala *s* **1** (habitación) room: *la sala de lectura* the reading room **2** (en un hospital) ward: *Está en la sala de pediatría.* She's in the pediatric ward. **3** (de cine) screen: *La dan en la sala 2.* It's on screen 2.
sala de ensayo rehearsal room **sala de espera** waiting room **sala de estar** living room **sala de operaciones** ▶ ver **quirófano**

salado, -a *adj* **1** (con demasiada sal) salty: *Está muy salada la carne.* The meat is very salty. **2** (que no es dulce) salty (AmE), savoury (BrE): *Prefiero las cosas saladas.* I prefer salty things./I prefer things that aren't sweet. **3** (con sal) **maníes salados** salted peanuts **4 estar salado -a** to be very unlucky ▶ ver **agua**

salame o **salami** *s* salami

salario *s* Se usa **wage** o **wages** para referirse al salario que se paga por hora, día o semana por un trabajo manual. Lo que se le paga mensualmente a un empleado, un profesional, etc. se llama **salary**. El término **pay** es más general.
salario mínimo minimum wage

salchicha *s* (para perros calientes) frankfurter, wiener (AmE)

salchichón *s* salami

saldo *s* **1** (en un negocio) clearance item: *saldos de la temporada anterior* clearance items from the previous season **2** (de una cuenta bancaria) balance **3** (resultado) ver ejemplos: *El incendio dejó un saldo de ocho muertos.* The fire left eight people dead./The death toll in the fire was eight. | *La pelea terminó con un saldo de 15 detenidos.* The fight ended with a total of 15 arrests.

salero *s* salt shaker (AmE), salt cellar (BrE)

salida *s* **1 a la salida** La traducción depende de si se refiere a un lugar (**outside/at the school gate,** etc.) o al término de una actividad (**after school/after work,** etc.): *Nos vemos a la salida.* I'll see you outside. | *A la salida del colegio me fui a la casa de Pablo.* After school I went to Pablo's. | *Me estaba esperando a la salida del trabajo.* She was waiting for me after work./She was wating for me outside the office. **2** (de un avión) departure: *la salida del vuelo AA056* the departure of flight AA056 **3** (lugar para salir) exit, way out: *¿Dónde está la salida?* Where's the exit?/Where's the way out? **4** (solución) solution: *No hay otra salida.* There's no other solution. **5** (en una carrera) start
salida de baño bathrobe **salida de emergencia** emergency exit **salida del sol** sunrise

salir *v* ▶ ver recuadro
salirse *v* **1** (desprenderse) to come off: *Se salió la pintura.* The paint came off. | *Se me salió el botón.* My button came off. | *Se le salió la tapa.* The lid came off. **2** (de ciertos límites) **salirse de**

salir

1 IR/VENIR AFUERA (= to go out/to come out)
No salgas sin paraguas. Don't go out without an umbrella. | *Salió a recibirnos.* She came out to welcome us. | **salir al jardín/al balcón etc.** to go out into the backyard/onto the balcony etc.: *Salí al jardín a ver si venía.* I went out into the backyard to see if he was coming. | **salir de una casa/un cuarto etc.** to come out of a house/a room etc., to go out of a house/a room etc.

2 IRSE (= to leave)
Salieron temprano para la costa. They left early for the coast. | **salir del colegio/del trabajo etc.** to leave school/work etc.: *Salimos de Cartagena a las cuatro.* We left Cartagena at four o'clock.

3 COMO ESPARCIMIENTO, EN PAREJA (= to go out)
¿Salimos el sábado? Do you want to go out on Saturday? | *Está saliendo con Ricky.* She's going out with Ricky.

4 RESULTAR
La fiesta salió bien. The party went well. | *Salió parecida al padre.* She takes after her father. | *El postre te salió muy rico.* The dessert was delicious. | **salir mal en un examen** to fail an exam

5 REFERIDO A LOGROS
no me sale el ejercicio/el crucigrama etc. I can't do the exercise/the crossword etc.: *¿Te salió el crucigrama?* Did you do the crossword?

6 SURGIR (= to come out)
Salía agua por todos lados. Water was coming out everywhere. | **salirle algo a alguien:** *Me salió un granito.* I have a pimple. | *Le salía sangre de la herida.* The wound was bleeding.

7 APARECER
Ya salió el número de agosto. The August edition is out now. | *Salió en la portada de la revista.* She was on the cover of the magazine.

8 MANCHAS (= to come out)
No creo que salga. I don't think it will come out.

9 SOL, ESTRELLAS (= to come out)
No salió el sol. The sun didn't come out.

10 COSTAR (= to be)
¿En cuánto sale? How much is it? | *Me salió carísimo.* It was really expensive. | *Le salió en cien pesos.* It cost him a hundred pesos.

11 DECIR
salir con algo to say sth: *¡Ahora no me salgas con eso!* Don't say that now!

la carretera to go off the road | **salirse de la cancha** to go out of play

saliva *s* saliva | **gastar saliva** to waste your breath

salmón *s* **1** (pescado) salmon **2** (color) salmon-pink ▶ ver "Active Box" **colores** en **color**
salmón ahumado smoked salmon

salón *s* **1** (en una escuela) classroom **2** (en un hotel, un aeropuerto) lounge **3** (en una casa particular) living room, lounge (BrE)
salón de actos assembly hall **salón de fiestas** function room

salpicadera *s* wing, fender (AmE)

salpicar *v* **1** (con agua) to splash: *¡Me estás salpicando!* You're splashing me! **2 salpicar algo con barro/de sangre etc.** to splatter sth with mud/blood etc.
salpicarse *v* **salpicarse la camisa con vino/el vestido con aceite etc.** to get wine on your shirt/oil on your dress etc.

salpicón o **salpicón de frutas** *s* fruit salad

salpullido *s* rash (plural -shes) | **me/le etc. salió un salpullido** I/he etc. came out in a rash

salsa *s* **1** (para las comidas) sauce **2** (baile) salsa
salsa blanca white sauce **salsa de tomate** tomato sauce

salsamentaria *s* delicatessen

saltamontes *s* grasshopper

saltar *v* **1** (brincar) to jump: *Saltó y atajó la pelota.* He jumped and caught the ball. | *Salté del trampolín más alto.* I jumped from the top board. ▶ Saltar en un solo pie se dice **to hop** | **saltar un muro/una valla etc.** to jump over a wall/a fence etc.: *Iban saltando los charcos.* They were jumping over the puddles. ▶ ver también **cuerda, lazo** **2** (pasar) to jump: *Salta de un tema a otro.* She jumps from one subject to another.
saltarse *v* (salirse) to chip off: *Se saltó la pintura.* The paint has chipped off.

saltearse *v* (sin querer) to miss, (a propósito) to skip: *Te salteaste un párrafo.* You missed a paragraph. | *Saltéate un renglón.* Skip a line.

salto *s* **1** (acción) jump | **dar/pegar un salto** to jump: *Pegó un salto impresionante.* He jumped incredibly high./He jumped an incredible distance. | *Daba saltos de alegría.* She was jumping for joy. | **levantarse de un salto** to jump up | **subirse a un muro/a una mesa etc. de un salto** to jump onto a wall/a table etc. | **bajarse de un muro/de una mesa etc. de un salto** to jump off a wall/a table etc. **2 salto (de agua)** waterfall: *el salto del Tequendama* the Tequendama falls

salto con garrocha pole vault **salto alto** high jump **salto largo** long jump

salud *sustantivo & interjección*

- *s* health | **ser bueno -a/malo -a para la salud** to be good/bad for your health | **estar bien/mal de salud** to be in good/poor health
- **¡salud!** *interj* **1** (cuando se brinda) cheers! **2** (cuando alguien estornuda) bless you!

saludable *adj* healthy

saludar *v* **1** (en general) to say hello: *Pasó sin saludar.* He walked past without saying hello. ▶ Si te refieres a la forma de saludar, usa **to greet**: *Se saludaron con un beso.* They greeted each other with a kiss. | **saludar a alguien con la mano** to wave to sb: *Lo saludé con la mano desde el tren.* I waved to him from the train. **2** (en una carta) **lo saludo atentamente/saludamos a Ud. atentamente** sincerely (yours) (AmE), yours sincerely (BrE)

saludo *s* **1 (mándale) saludos a Pedro/a tu mamá etc.** say hello to Pedro/to your mother etc. for me, give my regards to Pedro/to your mother etc. ▶ La segunda traducción es más formal | **te manda saludos mi hermano/Gustavo etc.** my brother/Gustavo etc. sends his regards **2** (acto de saludar) greeting: *No me devolvió el saludo.* He didn't return my greeting.

salvación *s* **1** (espiritual) salvation **2** (de un riesgo, un peligro) salvation

Salvador *s* **El Salvador** El Salvador

salvadoreño, -a *adjetivo & sustantivo*

- *adj* Salvadoran (AmE), Salvadorean (BrE)
- *s* Salvadoran (AmE), Salvadorean (BrE) | **los salvadoreños** (the) Salvadorans (AmE), (the) Salvadoreans (BrE)

salvaje *adjetivo & sustantivo*

- *adj* **1** (animal) wild **2** (tribu) savage
- *s* (persona violenta) animal: *Son unos salvajes.* They are animals.

wild

tame

salvar *v* to save: *Lo salvaron los bomberos.* The firemen saved him. | **salvarle la vida a alguien** to save sb's life: *Le salvé la vida.* I saved his life.

salvarse *v* **1** (de un peligro) to survive: *Me salvé de casualidad.* I survived by pure chance. **2** (de un castigo): *Se salva porque estoy de buen humor.* I'll let her off because I'm in a good mood. **3** (ser rescatable) ver ejemplos: *De la clase el único que se salva es Pepe.* The only one in the class who's worth anything is Pepe. | *Se salva porque tiene una linda sonrisa.* His only saving grace is that he has a nice smile.

salvavidas *s* **1** life belt ▶ ver **bote, chaleco** **2** (persona) life guard

salvo *adv* **1** except: *Vinieron todos salvo Nicolás.* They all came except Nicolás. | **salvo que llueva/haya paro etc.** unless it rains/there's a strike etc.: *No vayas, salvo que te paguen.* Don't go unless they pay you. **2 estar a salvo** to be safe

San *adj* **San Pedro/Pablo etc.** St. Peter/Paul etc.

sanatorio *s* hospital

sanción *s* **1** (en deportes) suspension | **recibir una sanción** to be suspended **2** (castigo) punishment **3** (de una ley) sanction

sancionar *v* **1** (a un jugador) to suspend **2** (una ley) to sanction

sandalia *s* sandal

sandía *s* watermelon

sánduche *s* sandwich: *un sánduche de pollo* a chicken sandwich

sandwich *s* sandwich (plural -ches): *un sandwich de jamón y queso* a ham and cheese sandwich ▶ La traducción es **a ham and cheese roll** si el sandwich está hecho con un pancito en lugar de dos rebanadas de pan

sangrar *v* to bleed | **me sangra la nariz/el dedo etc.** my nose/my finger etc. is bleeding

sangre *s* blood | **me/le etc. sale sangre de la nariz** my/his etc. nose is bleeding | **donar sangre** to give blood | **a sangre fría** in cold blood **sangre azul** blue blood

sangriento, -a *adj* bloody

sano, -a *adj* **1** (persona, vida, dieta) healthy | **sano -a y salvo -a** safe and sound **2** (bueno para la salud) good for you: *No es sano comer tanta carne.* It isn't good for you to eat so much meat. **3** (en sentido moral) wholesome: *una manera sana de divertirse* a wholesome form of enjoyment

santo, -a *adjetivo & sustantivo*

- *adj* **1** (sagrado) holy: *un lugar santo* a holy place ▶ ver **espíritu** **2** (con un nombre) Saint: *Santa Catalina* Saint Catherine
- *s* **1** (de la iglesia) saint **2** (persona buena) saint: *Esa muchacha es una santa.* That girl is a saint.

sapear *v* **sapear a alguien** to tell on sb, to snitch on sb: *Si no me compras un helado, te sapeo.* If you don't buy me an ice cream I'll tell on you.

sapo *s* **1** toad **2** (delator) snitch (plural -ches), tattletale (AmE)

saque *s* **1** (en tenis, voley) serve **2** (en fútbol) (al iniciarse el juego) kick-off, (después de un gol) kick-off, (desde el arco) goal kick, (desde el costado) throw-in

saquear *v* **1** (un negocio) to loot **2** (un pueblo, una ciudad) to loot ▶ También existe **to sack** que se usa en contextos históricos

saqueo *s* **1** (de un negocio) looting **2** (de un pueblo, una ciudad) looting ▶ También existe **sack** que se usa en contextos históricos
sarampión *s* measles *sing*
sarcástico *adj* sarcastic
sardina *s* sardine
sardinel *s* **1** (del andén) curb (AmE), kerb (BrE) **2** (en una calle o carretera) median strip (AmE), central reservation (BrE)
sardino, -a *s* kid
sargento *s* sergeant
sarta *s* **una sarta de estupideces/tonterías** a load of nonsense | **una sarta de mentiras** a string of lies
sartén *s* frying pan
sastre *s* tailor
satélite *s* satellite ▶ ver **vía**
satín *s* satin | **un camisón/un vestido de satín** a satin nightgown/dress
satisfacción *s* satisfaction ▶ **satisfaction** es un sustantivo incontable y no puede ir precedido de **a**: *Le dio una gran satisfacción recibir el premio.* It gave her great satisfaction to receive the award.
satisfacer *v* **1** (contentar) to please: *Tratamos de satisfacer al cliente.* We try to please the customer. | *Esa explicación no me satisface.* I'm not satisfied with that explanation. **2** (un deseo, una necesidad) to satisfy **3** (requisitos) to meet
satisfactorio, -a *adj* satisfactory
satisfecho, -a *adj* **1** (por haber comido) **gracias, estoy satisfecho -a** thank you, I've had enough **2 estar satisfecho -a con algo (a)** (conforme) to be satisfied with sth **(b)** (contento) to be pleased with sth
Saturno *s* Saturn
sauce *s* willow
sauce llorón weeping willow
savia *s* sap
saxo o **saxofón** *s* saxophone
se *pron* ▶ ver recuadro
secadero *s* drying area
secador *s* **1 secador (de pelo)** hairdryer: *¿Me prestas el secador?* Can I borrow your hairdryer? **2** (para los platos) dish towel (AmE), tea towel (BrE)
secadora *s* **1** (para la ropa) dryer, tumble dryer **2** (para el pelo) ▶ ver **secador**
secar *v* **1** (los platos) to dry, to wipe **2** (el piso, la ropa) to dry
secarse *v* **1** (persona) to dry yourself: *Sécate con la toalla.* Dry yourself with the towel. | **secarse la cara/el pelo etc.** to dry your face/hair etc.: *Sécate el pelo antes de salir.* Dry your hair before you go out. **2** (ropa, pintura) to dry: *Esta camisa se seca enseguida.* This shirt dries very quickly. **3** (planta) to dry up: *Se secó la azalea.* The azalea has dried up.

se

1 COMPLEMENTO INDIRECTO

se lo di/expliqué/mandé etc. se traduce por **I gave it to him/I explained it to him/I sent it to him** etc. si significa *a él*. Si significa *a ella, a ellos/ellas* o *a usted/ustedes* se traduce por **to her, to them** o **to you**. El complemento indirecto sólo aparece una vez en la oración inglesa:2

*Sólo **se** lo presto **a mis amigos**.* I only lend it to my friends. | *No **se** lo muestres **a Laura**.* Don't show it to Laura.

2 REFLEXIVO

Diferentes verbos reflexivos tienen diferentes traducciones. Busca el verbo que te interesa (*acordarse, caerse,* etc.):

No se acuerda. He can't remember. | *Se cayó de la mesa.* It fell off the table.

Sólo en algunos casos se usan los pronombres **himself, herself, themselves,, yourself** o **yourselves** según se trate de *él, ella, ellos/ellas, usted* o *ustedes*:

Se cortó otro pedazo de torta. He cut himself another piece of cake. | *Cuidado, se puede lastimar.* Careful, you might hurt yourself.

3 RECÍPROCO (= each other)

Se miraron. They looked at each other. | *No se soportan.* They can't stand each other.

4 PASIVO

Se usa la construcción **to be + participio:**

Se tradujo a varios idiomas. It was translated into several languages. | *Se vendió a los pocos días.* It was sold a few days later.

5 IMPERSONAL

Antes se vivía bien aquí. You used to be able to live well here. | *¿Se festeja el carnaval en Inglaterra?* Do people celebrate Carnival in England? | *No se sabe qué pasó.* Nobody knows what happened.

6 EN INSTRUCCIONES

Se usa el imperativo o el sujeto **you:**

Se corta por la línea de puntos. Cut along the dotted line./You cut along the dotted line. | *¡No se le grita así a la gente!* Don't shout at people like that!/You don't shout at people like that!

sección *s* **1** (en una empresa, un negocio) department: *Trabaja en la sección de juguetes.* She works in the toy department. **2** (en un periódico) section: *la sección de deportes* the sports section
seco, -a *adj* **1** (ropa, toalla) dry: *Tu camisa ya está seca.* Your shirt is already dry. **2** (piel, pelo) dry: *Tengo la piel muy seca.* My skin is very dry. **3** (pollo, torta) **estar/quedar seco -a** to be/to turn out dry **4** (persona) cold: *Es un tipo muy seco.* He's very cold. | **estuvo muy seco conmigo/con**

nosotros etc. he was very brusque with me/us etc. **5** (clima) dry **6** (ruido, golpe) sharp **7 frenar/parar en seco** to brake sharply/to stop dead | **parar a alguien en seco** to stop sb in their tracks **8** (aburrido, fastidiado) **me tiene seco -a** I'm fed up with him/her etc. ▶ ver **fruta**

secretaría *s* **1** (donde se hacen trámites) admin office ▶ También existe **administration office** que es más formal **2** (sección de un ministerio) department

secretariado *s* **hacer (un curso de) secretariado** to do a secretarial course

secretario, -a *s* secretary (plural -ries)

secreto, -a *adjetivo & sustantivo*

- ***adj*** secret: *un código secreto* a secret code
- **secreto** *s* secret: *Es un secreto.* It's a secret. | **contarle un secreto a alguien** to tell sb a secret | **en secreto** in secret

secta *s* sect

sector *s* **1** (de la economía) sector: *el sector industrial* the industrial sector **2** (de la sociedad) sector: *los sectores de menores recursos* the poorest sectors **3** (zona) area

secuencia *s* sequence

secuestrador, -a *s* kidnapper

secuestrar *v* **1** (a una persona) to kidnap **2** (un avión) to hijack

secuestro *s* **1** (de una persona) kidnapping **2** (de un avión) hijacking

secundaria *s* (estudios secundarios) secondary education: *¿Cuándo terminas la secundaria?* When do you finish your secondary education?/When do you finish high school?

secundario, -a *adj* secondary

sed *s* **1 tener sed** to be thirsty: *Tenía mucha sed.* I was very thirsty. **2 dar sed** to make you thirsty: *Los maníes dan sed.* Peanuts make you thirsty. **3** (necesidad de beber) thirst: *Murieron de sed.* They died of thirst. | *No te quita la sed.* It doesn't quench your thirst.

seda *s* silk | **un pañuelo/un vestido de seda** a silk scarf/dress
seda dental dental floss

sedante *s* sedative

sede *s* **1** (de un evento) site, venue (BrE): *la sede del Mundial* the site of the the World Cup | **ser la sede del Mundial/de las Olimpíadas etc.** to host the World Cup/the Olympic Games etc. **2** (de una institución) headquarters *sing*: *la sede del club/del partido* the club/party headquarters **3** (de una universidad) campus (plural -ses)

seducir *v* **1** (conquistar) to seduce: *Trató de seducirla.* He tried to seduce her. **2** (atraer) to tempt: *Me seduce la idea.* I'm tempted by the idea.

seductor, -a *adj* **1** (persona, mirada, voz) seductive **2** (propuesta, oferta) tempting

seguido, -a *adjetivo & adverbio*

- ***adj*** **1** (consecutivo) **tres días seguidos/cuatro veces seguidas etc.** three days in a row/four times in a row etc. ▶ También existe **consecutive** que es más formal: *Es el cuarto partido seguido que gana.* It's the fourth game in a row that he's won./It's the fourth consecutive game that he's won. | *Vinieron tres buses seguidos.* Three buses came one after the other. **2 seguido -a de algo/alguien, seguido -a por algo/alguien** followed by sth/sb: *Entró seguido de su amigo.* He came in followed by his friend.
- **seguido** ***adv*** (con frecuencia) often: *Vamos bastante seguido al teatro.* We go to the theater fairly often.

seguir *v* **1** (ir detrás de) to follow: *Te sigo en la bicicleta.* I'll follow you on my bike. **2** (una carrera) to study: *¿Qué piensas seguir?* What are you planning to study? | *Sigue abogacía.* She's studying law. **3** (venir después) to follow: *Lee lo que sigue.* Read what follows. **4** (referido a explicaciones, conversaciones) to follow: *¿Me sigues?* Do you follow me? **5** (instrucciones, un consejo) to follow: *Seguí tu consejo.* I followed your advice. **6** (una serie de TV, etc.) to follow: *Seguí el juicio por la tele.* I followed the trial on TV. **7** (continuar con una actividad) **seguir haciendo algo** to carry on doing sth: *Siguieron cantando.* They carried on singing. | **seguir con algo** to carry on with sth: *Sigue con el cuento.* Carry on with the story. | **seguir adelante (con algo)** to go ahead (with sth): *Siguieron adelante con el plan.* They went ahead with the plan. **8** (continuar por un camino) to go on: *Siga por esta calle.* Go on down this street. | *Seguimos hasta Cuzco.* We carried on as far as Cuzco. **9** (continuar en un estado, un lugar) **sigue enferma/enojada/en Chicago etc.** she's still sick/angry/in Chicago etc.: *Sigo sin entender.* I still don't understand. | *–¿Como sigue Manuel? –Está mejor.* "How's Manuel?" "He's better." **10** (ser el próximo) to be next: *¿Quién sigue?* Who's next?

según *preposición, conjunción & adverbio*

- ***prep & conj*** **1** (de acuerdo con) according to:

Según Iván, el examen es el lunes. According to Iván, the test is on Monday. | **según parece** apparently: *Según parece, se van a separar.* Apparently, they're going to separate. **2** (dependiendo de) depending on: *según lo que te diga* depending on what he tells you ▶ En respuestas se usa **it depends**: *–¿Te vas a quedar? –Según cómo me sienta.* "Are you going to stay?" "It depends how I feel."

- ***adv*** (depende) it depends: *–¿Te parece bien? –Y, según.* "Do you think it's OK?" "Well, it depends."

segunda *s* **1** (velocidad) second gear: *Pon (la) segunda.* Put it into second gear. **2** (en transportes) second class ▶ El equivalente en los ferrocarriles estadounidenses es **coach class** y en los británicos **standard class**. En las líneas aéreas estadounidenses se usa **coach class** o **tourist class** y en las británicas **economy class** o **tourist class**: *Saqué pasajes en segunda.* I got coach-class tickets. | **viajar en segunda** to travel second class/standard class/economy class etc. ▶ ver nota arriba **3 de segunda** ver ejemplos: *Nos sentimos ciudadanos de segunda.* We feel like second-class citizens. | *Le dieron un papel de segunda.* He was given a secondary role. | *tomates de segunda* grade 2 tomatoes

segundo, -a *número & sustantivo*

- ***número*** second
- **segundo** *s* **1** (momento) second: *Espera un segundo.* Wait a second./Wait a moment. | *Lo hizo en un segundo.* He did it in no time at all. **2** (unidad de tiempo) second

seguramente *adv* (seguro) La traducción depende del grado de seguridad que se quiera expresar. La segunda traducción del ejemplo expresa mayor probabilidad que la primera: *Seguramente iremos a la playa.* We'll probably go to the beach./We'll most probably go to the beach.

seguridad *s* **1** (certeza) certainty: *No hay seguridad de que pueda jugar.* There's no certainty that he'll be able to play. | **con seguridad** for certain: *No sabemos con seguridad a qué hora llegan.* We don't know for certain what time they are arriving. | *No se lo sé decir con seguridad.* I can't tell you for certain. ▶ La traducción es diferente cuando sigue una frase con *que*: *Con seguridad que ya se fueron.* They must have left by now. | *Con seguridad que te preguntan por qué.* They're bound to ask you why. | *Con seguridad que no se da cuenta.* I'm sure he won't notice. **2** (falta de peligro) safety: *Por su seguridad, use el cinturón.* For your safety, please use your seatbelt. ▶ ver **cinturón** **3** (contra delitos) security: *medidas de seguridad* security measures **4 seguridad (en sí mismo -a)** self confidence: *Le falta seguridad.* She lacks self confidence.
seguridad social social security **seguridad vial** road safety

seguro, -a *adjetivo, adverbio & sustantivo*

- ***adj*** **1 estar seguro -a** to be sure: *–¿Era ella? –Sí, estoy seguro.* "Was it her?" "Yes, I'm sure." | **estar seguro -a de algo** to be sure of sth: *No estoy segura de nada.* I'm not sure of anything. | **estar seguro -a de que...** to be sure that... ▶ **that** a menudo se omite: *Estoy segura de que me va a llamar.* I'm sure he's going to phone me. **2** (sin riesgo) safe: *¿Es seguro salir a esta hora?* Is it safe to go out at this time? | **sentirse seguro -a** to feel safe **3 seguro -a (de sí mismo -a)** self-confident **4** (definitivo) definite: *una fecha segura* a definite date **5** (fiable) reliable: *un método anticonceptivo seguro* a reliable contraceptive method
- **seguro** *adv* **seguro que no viene/que apruebas etc.** I bet he won't come/you'll pass etc. | **¡seguro que sí!** of course! | **¡seguro que no!** of course not!
- **seguro** *s* **1** (del auto, contra incendios, etc.) insurance ▶ **insurance** es incontable y no se puede usar con **a** ni en plural. Para hablar de *un seguro* se dice **an insurance policy** o simplemente **insurance**: *Sacó un seguro de vida.* He took out life insurance. **2** (traba) safety catch
seguro de desempleo unemployment benefit
seguro de vida life insurance ▶ **insurance** es incontable. Mira la nota arriba.

seis *número* **1** (número, cantidad) six **2** (en fechas) sixth

seiscientos, -as *número* six hundred

selección *s* **1** (o **seleccionado**) (equipo) team: *la selección alemana* the German team | **la Selección (Nacional)** Usa el nombre del país: *Juega en la Selección.* He plays for Chile/Colombia etc. **2** (elección) selection: *una buena selección de textos* a good selection of texts

seleccionar *v* to select

sellar *v* **1** (con un sello de goma) to stamp **2** (una carta) to seal **3** (una puerta) to seal

sello *s* **1** (en un documento, una carta) stamp **2** (utensilio de goma) stamp **3** (de correo) stamp **4 sello (discográfico)** (record) label **5** (de una moneda) ▶ ver **cara**

selva *s* jungle: *Talaron parte de la selva.* They cut down part of the jungle. | **la selva (tropical)** the (tropical) rainforest

semáforo *s* lights *pl*, traffic lights *pl*: *Doble a la derecha en el semáforo.* Turn right at the lights. | *En la esquina hay un semáforo.* There are some traffic lights on the corner. | **el semáforo estaba en rojo/verde/amarillo** the traffic lights were on red/green/yellow (AmE), the traffic lights were on red/green/amber (BrE) | **pasar un semáforo en rojo** to go through a red light

semana *s* week: *Llovió toda la semana.* It rained all week. | **la semana que viene** next week | **la semana pasada** last week | **una vez/dos veces etc. por semana** once/twice etc. a week: *Voy al gimnasio tres veces por semana.* I go to the gym three times a week. ▶ ver **fin**

Semana Santa En el calendario religioso se habla de **Holy Week** pero al hablar de las vacaciones se dice **the spring break**. En inglés británico se usa también **Easter** o **the Easter holiday**: *¿Adónde van en Semana Santa?* Where are you going for the spring break?

semanal *adj* **1** (edición, reunión) weekly **2** (por semana) **tres/cuatro etc. horas semanales** three/four etc. hours a week

sembrar *v* **1** (semillas, campos) to sow **2** (plantas) to plant

semejante *adj* **1** (para enfatizar) **semejante estupidez/grosería etc.** such a stupid thing/such rudeness etc.: *Cómo se te ocurre decir semejante estupidez?* How could you say such a stupid thing? | *Nunca haría algo semejante.* She would never do anything like that. **2** (parecido) **semejante a algo** similar to sth

semen *s* semen

semifinal *s* semifinal

semifinalista *s* semifinalist

semilla *s* seed: *semillas de sésamo* sesame seeds ▶ A las de las uvas, las manzanas, etc. se les llama **pips**

seminario *s* **1** (curso) seminar **2** (para formación de sacerdotes) seminary (plural -ries)

senado *s* senate

senador, -a *s* senator

sencilla *s* (dinero) change: *¿Tienes sencilla?* Do you have change?

sencillez *s* **1** (ausencia de complicación) simplicity **2** (sobriedad) simplicity **3** (de una persona) unassuming manner: *Me gustó su sencillez.* I liked his unassuming manner.

sencillo, -a *adjetivo & sustantivo*

• *adj* **1** (fácil) simple: *un ejercicio muy sencillo* a very simple exercise **2** (sobrio) simple: *un vestido sencillo* a simple dress **3** (referido a personas) unassuming: *un hombre muy sencillo* a very unassuming man

• **sencillo** *s* **1** (dinero) change: *¿Tienes sencillo?* Do you have change? **2** (disco) single

senda *s* **1** (sendero) path **2** (para bicicletas) cycle path

seno *s* (de mujer) breast

sensación *s* **1** (percepción física, sentimiento) feeling: *una sensación de cansancio* a feeling of tiredness **2 me/le etc. da la sensación de que...** I have/he has etc. the feeling that...: *Me da la sensación de que ya he estado aquí.* I have the feeling that I've been here before. **3** (éxito) sensation: *la sensación del verano pasado* the sensation of last summer | **causar/hacer sensación** to cause a sensation: *La obra causó sensación.* The play caused a sensation.

sensación térmica El efecto del viento sobre las bajas temperaturas se llama **wind-chill factor**. No hay un término específico para referirse al efecto de la humedad u otros factores climáticos sobre las altas temperaturas. Fíjate en el ejemplo: *La temperatura es de 30 grados y la sensación térmica de 32.* The temperature is 30 degrees but with the humidity it feels more like 32.

sensacional *adj* sensational

sensato, -a *adj* sensible: *una decisión sensata* a sensible decision

sensibilidad *s* **1** (física) feeling: *No tiene sensibilidad en los dedos.* He has no feeling in his fingers. **2** (emotiva) sensitivity

sensible *adj* **1** (emotiva o físicamente) sensitive: *un niño muy sensible* a very sensitive boy | *para piel sensible* for sensitive skin | **ser sensible a algo** to be sensitive to sth: *Es muy sensible a las críticas.* He's very sensitive to criticism. | *El dispositivo es sensible al menor movimiento.* The device is sensitive to the slightest movement. **2** (que se siente) noticeable: *un sensible aumento de la temperatura* a noticeable increase in temperature

sensual *adj* sensual

sentada *s* sit-down protest, sit-in: *Hicieron una sentada en contra de las medidas.* They staged a sit-down protest against the measures.

sentado, -a *adj* **1 estar sentado -a** to be sitting: *Estaba sentada a mi lado.* She was sitting beside me. | **me quedé/se quedó etc. sentado** I/he etc. didn't get up: *Quédense sentados, por favor.* Please don't get up. ▶ En lenguaje formal se dice **Please remain seated.** **2 dar algo por sentado** to take sth for granted: *No podemos dar nada por sentado.* We can't take anything for granted. | *Dio por sentado que íbamos.* She took it for granted that we were going.

sentar *v* **1** (a una persona) to sit: *Lo sentaron al lado de Merche.* They sat him beside Merche. **2** (hablando del aspecto) **te sienta bien/mal etc.** it suits you/it doesn't suit you etc.: *No le sienta bien el negro.* Black doesn't suit her. | *Te sienta fantástico el vestido.* You look great in that dress. **3 me sentó mal lo que me dijo/lo que hizo etc.** I was upset by what he said/what he did etc. **4 el café/el vino etc. me sienta mal** coffee/wine etc. doesn't agree with me

5 la siesta me sentó bien/unas vacaciones te sentarán bien etc. the nap did me good/a vacation will do you good etc.: *Me sentó bien el cambio de clima.* The change of climate did me good.

sentarse *v* **1** (dejar de estar parado) to sit down: *Siéntate, por favor.* Sit down, please. | *Me senté a escribirle un e-mail.* I sat down to write her an e-mail. ▸ Cuando el énfasis no está en la acción de sentarse, a menudo se omite **down**: *Siéntate a mi lado.* Sit next to me. | *Como hacía calor, nos sentamos afuera.* Since it was hot, we sat outside. **2** (incorporarse) to sit up: *Se sentó para tomar la medicina.* She sat up to take her medicine.

sentencia *s* (judicial) sentence | **dictar sentencia** to pass sentence

sentenciar *v* **sentenciar a alguien a diez/veinte etc. años de prisión** to sentence sb to ten/twenty etc. years in prison

sentido *s* **1 tener sentido (a)** (ser útil, lógico) ver ejemplos: *No tiene sentido seguir insistiendo.* There's no point in carrying on trying. | *¿Tiene sentido perder más tiempo con esto?* Is there any point in wasting more time on this?/Is it worth wasting any more time on this? **(b)** (tener significado) to make sense: *Las instrucciones no tienen sentido.* The instructions don't make sense. **2** (aspecto) **en ese/este sentido** in that/this respect: *En ese sentido es mejor el nuestro.* In that respect ours is better. | **en cierto sentido** in a sense | **en el sentido de que...** in the sense that... **3** (dirección) direction: *Chocó con un camión que iba en sentido contrario.* He collided with a truck that was heading in the other direction. **4** (significado) sense: *en el sentido estricto de la palabra* in the strict sense of the word | *en sentido literal/figurado* in the literal/figurative sense **5** (conocimiento) **perder/recobrar el sentido** to lose/regain consciousness | **estar sin sentido** to be unconscious **6** (vista, oído, etc.) sense: *los cinco sentidos* the five senses **sentido común** common sense, sense: *No tiene el más mínimo sentido común.* He doesn't have an ounce of common sense. **sentido de la orientación** sense of direction **sentido del humor** sense of humor (AmE), sense of humour (BrE): *No tiene sentido del humor.* He doesn't have a sense of humor.

sentimental *adj* **1** (referido a personas) sentimental **2** (valor, razones) sentimental **3** (problema) emotional **4 ponerse sentimental** to get sentimental

sentimiento *s* feeling: *un sentimiento de culpa* a feeling of guilt | **herir los sentimientos de alguien** to hurt sb's feelings

sentir *v* **1** (referido a emociones) to feel: *No sabes el alivio que sentí.* You can't imagine the relief I felt. | *lo que siento por ti* what I feel for you ▸ Con algunos sustantivos las traducciones varían: *Sintió mucho miedo.* She was very afraid. | *Sentí una gran alegría.* I was very happy. **2** (referido a sensaciones físicas) to feel: *Sintió algo frío en la espalda.* He felt something cold on his back. ▸ Con algunos sustantivos las traducciones varían: *¿No sientes frío?* Aren't you cold? | *Empezó a sentir sueño.* He began to feel sleepy. **3** (oír, escuchar) to hear: *Sintió un ruido.* She heard a noise. **4** (referido a sabores y olores) **le siento sabor a ajo/limón etc.** it tastes of garlic/lemon etc. to me: *No le siento sabor a nada.* It doesn't taste of anything to me. | **siento olor a café/gas etc.** I can smell coffee/gas etc. **5** (palpar, tocar) to feel: *Sientan lo suave que es.* Feel how soft it is. **6** (presentir) **sentir que...** to have a feeling that...: *Sentía que esto iba a pasar.* I had a feeling that this was going to happen. **7** (lamentar) **lo siento** I'm sorry | **siento mucho lo que pasó/lo de tu abuelo etc.** I'm very sorry about what happened/about your grandpa etc.: *Sentí mucho no poder ir a verte.* I was very sorry not to be able to go and see you.

sentirse *v* **1** (en un estado) to feel: *Me siento fantástico.* I feel terrific. | *¿Te sientes mejor?* Are you feeing better? | *Laura se siente mal.* Laura's not feeling well. **2** (considerarse) to feel: *Se siente superior.* He feels superior. | *Nos sentimos culpables.* We feel guilty.

seña *s* **1** (gesto, ademán) signal | **entenderse/comunicarse por señas** to understand each other/to communicate by sign language | **hacerle señas a alguien** (para que haga algo) to gesture to sb, to signal to sb: *Nos hizo señas de que lo siguiéramos.* He gestured to us to follow him./He signaled to us to follow him. **2** (marca) mark: *Hizo una seña en el margen.* He put a mark in the margin.

señal *s* **1** (indicio) sign: *Eso es señal de que está contento.* That's a sign that he's happy. | **en señal de protesta** in protest **2** (gesto, seña) signal **3** (de tránsito) sign: *No respeta las señales.* He doesn't obey the signs. **4** (de un contestador) tone: *Deje su mensaje después de la señal.* Please leave your message after the tone. **5** (en televisión, cable, etc.) signal: *No recibimos bien la señal.* We don't get a very good signal./We don't get very good reception.
la señal de la cruz the sign of the cross
señales de humo *s pl* smoke signals

señalador *s* (de libros) bookmark

señalar *v* **1** (mostrar, indicar) **señalar algo** to point sth out: *Quiero señalar un par de cosas.* I want to point out a couple of things. **2 señalar algo/a alguien con el dedo** to point at sth/sb: *Me señaló con el dedo.* She pointed at me. **3** (marcar) to mark: *Lo señaló con una cruz.* He marked it with a cross.

Señor *s* **el Señor/Nuestro Señor** (Dios) the Lord/Our Lord

señor *s* ▸ ver recuadro en página 734

Señora *s* **Nuestra Señora** (la Virgen) Our Lady

señor

1 Para hablar de un hombre se usa **gentleman** (plural **gentlemen**) o **man** (plural **men**). **gentleman** es más cortés:

el señor de bigote the gentleman with the mustache

2 Delante de un apellido se usa **Mr.** (que se pronuncia /ˈmɪstər/):

el señor Córdoba Mr. Córdoba

3 Cuando se refiere a un matrimonio, *los señores* se dice **Mr. and Mrs.** (que se pronuncia /ˈmɪstər ənd ˈmɪsəz/):

los señores Oreiro Mr. and Mrs. Oreiro

4 En lenguaje formal, para dirigirse a un hombre sin usar su apellido, se usa **sir:**

Estimado señor: Dear Sir: | *¿En qué lo puedo servir, señor?* How can I help you, sir?

Para dirigirse a un grupo de hombres, se dice **gentlemen:**

Señoras y Señores Ladies and gentlemen

Para llamar la atención de alguien en lenguaje menos formal, se usa **excuse me:**

Señor, se le cayó la billetera. Excuse me, you've dropped your wallet.

señora *s* ▶ ver recuadro

señorita *s* ▶ ver recuadro

separado, -a *adj* **1** (referido al estado civil) separated: *Es separado.* He's separated. | **estar separado -a de alguien** to be separated from sb: *Está separado de su mujer.* He's separated from his wife. **2** (vidas, camas, mesas) separate: *Duermen en cuartos separados.* They sleep in separate rooms. **3 por separado** separately

separar *v* **1** (estar en medio de) to separate: *El río separa las dos ciudades.* The river separates the two cities. **2** (dividir) **separar algo de algo** to separate sth from sth: *Separe la yema de la clara.* Separate the yolk from the white. **3** (alejar) to separate: *Quiso separarlos y le dieron un golpe.* He tried to separate them and got punched. | **separar algo de algo** to move sth away from sth: *Separa el pupitre de la pared.* Move the desk away from the wall.

separarse *v* **1** (pareja) to split up ▶ Si se trata de un matrimonio, también se dice **to separate**: *Sus padres se separaron.* Her parents have split up./Her parents have separated. | **separarse de alguien** to split up with sb: *Me separé de Luis.* I split up with Luis. **2** (banda, grupo musical) to split up: *¿Cuándo se separaron los Beatles?* When did the Beatles split up? **3** (dividirse, alejarse) ver ejemplos: *Nos separamos al entrar y no los volví a ver.* We split up as we went in and I didn't see them again. | *Nos nos separamos en toda la noche.* We were together all evening.

señora

1 Para hablar de una mujer se usa **lady** (plural **ladies**) o **woman** (plural **women**). **lady** es más cortés:

la señora que vive enfrente the lady who lives opposite

2 Delante de un apellido se usa **Mrs.** (que se pronuncia /ˈmɪsəz/), aunque muchas mujeres hoy en día prefieren el uso de **Ms.** (que se pronuncia /mɪz/), que no hace distinción de estado civil:

la señora Matta Mrs. Matta/Ms. Matta

3 En lenguaje formal, para dirigirse a una mujer sin usar su apellido, se usa **Madam:**

Estimada señora: Dear Madam: | *¿La están atendiendo, señora?* Are you being served, Madam?

Para dirigirse a un grupo de mujeres, se dice **ladies:**

Señoras y Señores Ladies and gentlemen

Para llamar la atención de alguien en lenguaje menos formal, se usa **excuse me:**

Señora, aquí no se puede fumar. Excuse me, smoking is not allowed here.

4 En el sentido de *esposa* se traduce por **wife:**

la señora de José José's wife

5 Para referirse a la persona que hace la limpieza, se dice **cleaning lady** (plural **cleaning ladies**)

señorita

1 Delante de un apellido se usa **Miss,** aunque muchas mujeres hoy en día prefieren el uso de **Ms.** (que se pronuncia /mɪz/) que no hace distinción de estado civil:

la señorita Cobo Miss Cobo/Ms. Cobo

2 Algunos niños usan **Miss** para dirigirse a su profesora (no para hablar de ella), pero lo más frecuente es usar su nombre:

¿Con lápiz, señorita? In pencil, Miss?/In pencil, Miss Gómez/Mrs. Smith etc.? | *Nos lo dijo la señorita.* The teacher told us./Miss Gómez/Mrs. Smith etc. told us.

3 **Miss** no se suele usar para dirigirse a una persona o hablar de ella sin usar su nombre, o con nombres de pila:

la señorita Claudia Claudia/Miss Gómez | *Señorita, se le cayó esto.* Excuse me, you've dropped this. | *¿Puedes atender a esa señorita?* Could you serve that lady?

septiembre *s* September ▶ ver "Active Box" **meses** en **mes**

séptimo, -a *número & sustantivo*

• ***número*** seventh

• **séptimo** *s* (séptima parte) seventh

sepultar *v* to bury

sequía *s* drought

ser *verbo & sustantivo*

- *v* ▶ ver recuadro
- *s* being: *seres extraterrestres* extraterrestrial beings
  ser humano human being **ser querido** loved one **ser viviente** living being

serenarse *v* to calm down

serenata *s* serenade | **cantarle una serenata a alguien** to serenade sb

sereno, -a *adjetivo & sustantivo*

- *adj* calm
- **sereno** *s* (persona) night watchman (plural -men)

serial *sustantivo & adjetivo*

- *s* **1** (de televisión) Si se trata de una sola historia dividida en capítulos se usa **serial**. Si cada capítulo tiene principio y fin, se dice **series** **2** (para instalar software) serial number
- *adj* ▶ ver **asesino**

serie *s* **1** (de televisión) series: *una serie policial* a crime series **2** (conjunto) series: *una serie de problemas* a series of problems **3 producir algo en serie** to mass-produce sth

seriedad *s* **1** (responsabilidad) ver ejemplos: *Hagan las cosas con seriedad.* You must do things responsibly. | *Trabaja con seriedad.* He is very responsible in his work. | **tomarse algo con seriedad** to take sth seriously **2** (de un problema) seriousness **3** (de una empresa) reliability

serio, -a *adj* **1 en serio** ver ejemplos: *–Ganamos. –¿En serio?* "We won." "Really?" | *¿Me lo dices en serio?* Are you serious? | *Te llamó, en serio.* He called you, honestly. | *Tienes que ponerte a estudiar en serio.* You have to get down to some serious studying. | **tomarse algo en serio** to take sth seriously **2** (no risueño) serious: *una niña muy seria* a very serious girl | *¿Por qué estás tan serio?* Why are you so serious? **3** (grave) serious: *Por suerte, no fue nada serio.* Luckily, it wasn't serious. **4** (responsable, confiable) serious

sermón *s* **1** (de un padre, un profesor) lecture, talking-to: *Nos echó un sermón porque llegamos tarde.* He gave us a lecture for arriving late./He gave us a talking-to for arriving late. **2** (en la iglesia) sermon

serpiente *s* snake

servicio *sustantivo & sustantivo plural*

- *s* **1** (de una persona, una empresa) service: *¿El servicio está incluido?* Is service included? | *un buen servicio de trenes* a good train service **2** (en tenis, voley) serve **3 al servicio de alguien** at sb's service: *Estamos a su servicio.* We are at your service. ▶ ver **cuarto, estación**
  servicio doméstico domestic service **servicio militar** military service **servicio secreto** secret service
- **servicios** *s pl* **1** (ayuda, trabajo) services: *Nos ofreció sus servicios.* He offered us his services. **2** (rubro) services | **el sector servicios** the service sector **3 servicios (de inteligencia)** intelligence services

---

ser *verbo*

1 La traducción es **to be** en la mayoría de los contextos:

Es alto y moreno. He's tall and dark-haired. | *Hoy es martes.* Today is Tuesday. | *La fiesta fue en la casa de Alicia.* The party was at Alicia's. | *Soy yo, ábreme.* It's me, open the door. | *Somos amigas.* We're friends.

Delante de un sustantivo singular hay que usar artículo:

Es arquitecta. She's an architect. | *Es madre de dos hijos.* She's the mother of two children.

2 Fíjate en las siguientes estructuras:

¿cómo es tu novio/tu casa etc.? what's your boyfriend/your house etc. like?: *¿Cómo era el hotel?* What was the hotel like? | **me es difícil/imposible etc.** it's difficult/impossible etc. for me: *Le fue imposible venir antes.* It was impossible for her to come earlier. | **somos cinco/ocho etc.** there are five/eight etc. of us: *Eran como veinte.* There were about twenty of them. | **es de Lara/era de mi abuelo etc.** it's Lara's/it was my grandpa's etc., it belongs to Lara/it belonged to my grandpa etc.: *Los CD son de mi primo.* The CDs belong to my cousin./The CDs are my cousin's. | **es de Chile/de Londres etc.** he's from Chile/from London etc., he comes from Chile/from London etc.: *¿De dónde eres?* Where are you from?/Where do you come from? | **es de madera/de metal etc.** it's made of wood/metal etc.

3 Otras expresiones:

o sea: *O sea que te perdiste.* So you got lost./In other words, you got lost. | *los dueños de la tienda, o sea los Correa* the owners of the store, that is to say the Correas | *No es que no me guste, o sea...* It isn't that I don't like it, I mean... | **es para matarlo/para llorar etc.:** *¿Eso hizo? Es para matarlo.* He did that? He should be shot. | *Era como para llorar.* It made you want to cry. | **es que...:** *Es que no me gusta.* The thing is I don't like it. | **a no ser que** unless: *Quédatelo, a no ser que prefieras éste.* Keep it, unless you prefer this one. | **de no ser por:** *De no ser por ella, me quedaría.* If it weren't for her, I would stay. | *De no ser por tu ayuda, no hubiera ganado.* If it hadn't been for your help, I wouldn't have won. | **no vaya a ser que:** *Díselo, no vaya a ser que se enoje.* Tell him, he might get mad otherwise. | **sea lo que sea** whatever it is

---

¿Quieres información sobre las diferencias entre los **posesivos** en inglés y en español? Lee la explicación en el apartado de gramática.

servido, -a *adj* **darse por bien servido -a** to consider yourself lucky: *Date por bien servida si no pierdes el trabajo.* Consider yourself lucky if you don't lose your job.

servilleta *s* napkin, serviette (BrE)
servilleta de papel paper napkin

servir *v* **1** (ser útil) **servir para algo** ver ejemplos: *¿Para qué sirve esto?* What's this for? | *Este abrelatas no sirve para nada.* This can opener is useless. | *No sirve para las manchas de aceite.* It doesn't work on oil stains. | *Sirvió para que se diera cuenta.* It was useful to make her realize. | *¿Esto te sirve para algo?* Is this any use to you? | **este martillo/este destornillador etc. no sirve** this hammer/this screwdriver etc. is no use | **esto no me/le etc. sirve** this is no use to me/him etc.: *Tu regla no me sirve, necesito una más larga.* Your ruler's no use. I need a longer one. | **servir de algo** ver ejemplos: *Esto puede servir de tapa.* We can use this as a lid. | *Nos va a servir de excusa.* We'll use it as an excuse. | *Que te sirva de lección.* Let that be a lesson to you. | *¿De qué sirve llorar?* What's the use of crying? **2** (referido a comida, bebidas) to serve: *¿Quién sirve?* Who's going to serve? | *Sirvieron champán.* They served champagne. ▶ Cuando se trata de verter una bebida en un vaso, una copa, etc., se usa **to pour**: *Me sirvió otro whisky.* He poured me another whiskey. **3** (tener capacidad) **no sirvo para los deportes/para mentir etc.** I'm no good at sports/at lying etc. **4** (atender, ayudar) to serve: *la mesera que nos sirvió* the waitress who served us | *¿En qué los puedo servir?* What can I do for you?
servirse *v* (referido a comida, bebidas) to help yourself: *Sírvanse, por favor.* Please help yourselves. | **servirse algo** to help yourself to sth: *Sírvete más papas.* Help yourself to more potatoes. | *Sírvanse algo para tomar.* Help yourselves to something to drink. ▶ Cuando se trata de verter una bebida en un vaso, una copa, etc., se usa **to pour**: *Me serví otro vaso de jugo.* I poured myself another glass of juice.

sesenta *número* sixty

sesión *s* **1** (reunión) session: *una sesión del Congreso* a session of Congress **2** (de cine) showing: *¿A qué hora empieza la primera sesión?* What time is the first showing? **3** (de una terapia, un curso, etc.) session

seso *s* **1** (cerebro, inteligencia) brains *pl*: *Tiene poco seso.* He doesn't have much in the way of brains. | **devanarse los sesos** to rack your brains | **volarle a alguien la tapa de los sesos** to blow sb's brains out **2** (en cocina) brains *pl*

setecientos, -as *número* seven hundred

setenta *número* seventy

setiembre *s* September ▶ ver "Active Box" **meses** en **mes**

seudónimo *s* pseudonym

severo, -a *adj* **1** (estricto) (persona) strict, (tono, sanción) severe: *Sus padres son muy severos.* Her parents are very strict. **2** (fuerte) severe, heavy: *un golpe severo a la cabeza* a severe blow to the head/a heavy blow to the head **3** (clima) harsh

seviche *s* ▶ ver **ceviche**

sexista *adj* sexist

sexo *s* **1** (masculino, femenino) sex (plural sexes) **2** (relaciones sexuales) **tener sexo** to have sex

sexto, -a *número & sustantivo*
● *número* sixth
● **sexto** *s* (sexta parte) sixth

sexual *adj* sexual ▶ ver **educación, relación**

sexualidad *s* sexuality

sexy *adj* sexy

shampoo o **shampú** *s* shampoo

shopping *s* (centro comercial) mall, shopping mall (AmE), shopping centre (BrE)

shorts *s pl* shorts, pair of shorts: *Tenía puestos unos shorts rojos.* He was wearing red shorts./He was wearing a pair of red shorts. | *unos shorts de algodón* a pair of cotton shorts

si *conjunción & sustantivo*
● *conj* **1** (condicional) if: *Si no te gusta, lo puedes cambiar.* If you don't like it, you can change it. | *Si lo supiera, te lo diría.* If I knew, I would tell you. | *Si me hubieras pedido, te habría ayudado.* If you had asked me, I would have helped you. **2** (en interrogativas indirectas) if, whether: *Le pregunté si estaba cansado.* I asked him if he was tired./I asked him whether he was tired. **3** (con opciones, alternativas) whether: *No sabía si irse o quedarse.* He didn't know whether to go or stay. **4 si no** (de otra manera) otherwise: *Estudia, si no, no aprobarás.* Study hard, otherwise you're not going to pass. **5 como si supiera/pudiera etc.** as if he knew/could etc.: *Me miraba como si me quisiera decir algo.* She was looking at me as if she wanted to tell me something **6 si (por lo menos)** if only: *¡Si me hubieras avisado!* If only you'd told me! **7** (en sugerencias) what if: *¿Y si le cuentas la verdad?* What if you tell him the truth? **8** (en protestas) but: *¡Si me lo prometiste!* But you promised!
● *s* (nota musical) B

sí *adverbio, sustantivo & pronombre*
● *adv & s* ▶ ver recuadro
● *pron* **1** (singular) **sí mismo -a** La traducción es **himself** cuando se refiere a *él*, **herself** a *ella*, **yourself** a *usted* y **itself** cuando no se refiere a personas: *Se dio cuenta por sí mismo.* He realized by himself. | *Se ríe de sí misma.* She laughs at herself. | *El argumento en sí mismo no es interesante.* The plot is not interesting in itself. **2** (plural) **sí mismos -as** La traducción es **themselves** cuando se refiere a *ellos/ellas*, se trate o no de personas, y **yourselves** cuando se refiere a *ustedes*: *No piensan más que en sí mismos.* They only think of themselves.

sí *adverbio & sustantivo*

1 AFIRMACIÓN (= yes)

–¿Tienes frío? –Sí. "Are you cold?" "Yes."

A menudo se repite el auxiliar o modal en la respuesta:

–¿Tienes frío? –Sí. "Are you cold?" "Yes, I am." | *–¿Terminó? –Sí.* "Has she finished? –Yes, she has. | **decir que sí** to say yes

2 Para sustituir a una cláusula, en inglés se usa un auxiliar o un modal:

¿No quieres? Yo sí. Don't you want any? I do. | *Yo no puedo ir pero tú sí.* I can't go but you can. | **creo que sí** I think so

3 Para enfatizar, en inglés se usan distintos recursos:

–No puedes. –Sí que puedo. "You can't." "Oh yes, I can!" | *Ellos sí que tienen problemas.* They really do have problems. | *Sí que lo vi.* I did see him. | **¡eso sí que no!** absolutely not! | **eso sí** but: *Eso sí, cuídamelo mucho.* But take good care of it.

siamés, -a *adjetivo & sustantivo*

• *adj* (gato) Siamese

• *s* **1** (hermano) Siamese twin **2** (gato) Siamese cat

sida o **SIDA** *s* AIDS *sing*: *Tiene sida.* He has AIDS. | **el sida** Aids

sidra *s* cider

siembra *s* sowing

siempre *adverbio & conjunción*

• *adv* **1** always: *Siempre está de buen humor.* He's always in a good mood. | *Siempre viene solo.* He always comes on his own. ▶ ver recuadro en **always** **2 como siempre** as usual: *Sacó la mejor nota, como siempre.* She got the best grade, as usual. | **el lugar/la hora etc. de siempre** the usual place/time etc.: *Salió con el tema de siempre.* He started on the usual topic of conversation. | **quedarse/irse etc. para siempre** to stay/go etc. for good, to stay/go etc. forever: *Le dije adiós para siempre.* I said goodbye to her for good./I said goodbye to her forever.

• **siempre que** *conj* **1** (cada vez que) whenever: *Siempre que la veo, está con Luis.* Whenever I see her, she's with Luis. | *Trato de ayudarla siempre que puedo.* I try to help her whenever I can. **2** (también **siempre y cuando**) as long as: *El partido es el sábado, siempre y cuando no llueva.* The game is on Saturday, as long as it doesn't rain.

sierra *s* **1** (cadena montañosa) mountain range, mountains *pl*: *¿Conoces la sierra de Santa Marta?* Do you know the Santa Marta mountain range?/Do you know the Santa Marta mountains? **2** (monte) mountain **3** (herramienta) saw

siesta *s* siesta, nap | **hacer la siesta** to have a siesta, to take a nap: *Está haciendo la siesta.* He's having a siesta./He's taking a nap.

siete *número* **1** (número, cantidad) seven **2** (en fechas) seventh

sigla *s* acronym | **ser la sigla de algo** to be the acronym for sth

siglo *sustantivo & sustantivo plural*

• *s* (cien años) century (plural -ries): *el siglo XXII* the 22nd century ▶ En inglés se usan números arábigos ordinales para los siglos. El ejemplo anterior se lee **the twenty-second century**

• **siglos** *s pl* (mucho tiempo) ages: *Hace siglos que viven acá.* They've lived here for ages.

significado *s* meaning ▶ También es común el uso del verbo **to mean**: *¿Cuál es el significado de esta palabra?* What is the meaning of this word?/What does this word mean?

significar *v* **1** (querer decir) to mean: *¿Qué significa "DOS"?* What does "DOS" mean? **2** (tener importancia) to mean: *Lo material no significa nada para él.* Material things mean nothing to him.

signo *s* **1** (símbolo, representación) sign: *el signo de más* the plus sign **2** (señal) sign: *Es un signo de egoísmo.* It's a sign of selfishness. **3 signo (del zodíaco)** sign (of the zodiac), (star) sign | **¿de qué signo eres/es etc.?** what sign are you/is he etc.?

signo de admiración, también **signo de exclamación** exclamation point (AmE), exclamation mark (BrE) **signo de interrogación**, también **signo de pregunta** question mark **signo de puntuación** punctuation mark

siguiente *adj* following: *al día siguiente* the following day/the next day | *Hagan los siguientes ejercicios:...* Do the following exercises:...

sílaba *s* syllable

silbar *v* to whistle | **silbar a alguien** (en señal de desaprobación) to boo sb ▶ En los países anglosajones se suele silbar (**to whistle**) para expresar aprobación

silbatina *s* booing ▶ ver nota en **silbar**

silbato *s* **1** (pito) whistle | **tocar el silbato** to blow the whistle: *El árbitro tocó el silbato para dar comienzo al partido.* The referee blew the whistle to start the game. **2** (árbitro) referee

silbido *s* **1** (de una persona) whistle: *¿Oíste ese silbido?* Did you hear that whistle? **2** (del viento) whistling

silencio *s* **1** (falta de ruido) silence | **¡silencio!** silence! | **en silencio** in silence | **guardar silencio** to keep silent **2** (en música) rest

silencioso, -a *adj* quiet

silla *s* chair | **en una silla** on a chair: *Siéntate en esa silla.* Sit on that chair.

¿No estás seguro de si se usa **make** o **do**? Mira las entradas **hacer**, **make** y **do**.

silla de montar saddle **silla de playa** deckchair **silla de ruedas** wheelchair **silla eléctrica** electric chair

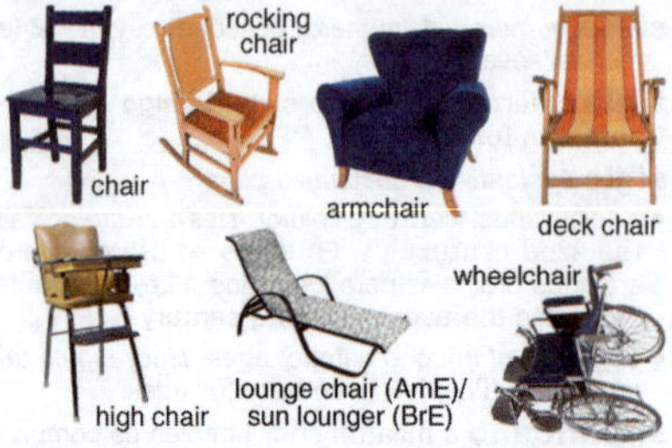

sillón *s* **1** (para una persona) armchair, chair | **en un sillón** in an armchair, in a chair: *Estaba dormido en su sillón.* He was asleep in his armchair. **2** (sofá) couch, sofa | **en el sillón** on the sofa

silueta *s* **1** (figura) figure: *Hace dieta para mantener la silueta.* She diets to keep her figure. **2** (contorno) outline ▶ Cuando se ve a contraluz, se usa **silhouette**

silvestre *adj* wild

simbolizar *v* to symbolize, to be a symbol of

símbolo *s* symbol: *el símbolo de la paz* the symbol of peace

simétrico, -a *adj* symmetrical

similar *adj* similar | **ser similar a algo** to be similar to sth

simio *s* ape

simpatía *s* **1 tener/sentir simpatía por alguien** to like sb: *Todos tienen mucha simpatía por ella.* Everyone likes her very much. | *No sentía ninguna simpatía por él.* She didn't like him at all. **2** (de una persona) warmth, friendliness: *su gran simpatía* her great warmth

simpático, -a *adj* nice: *Es un niño muy simpático.* He's a very nice boy. | **me cae simpático -a** I like him/her: *Tu hermana me cayó muy simpática.* I really liked your sister.

simpatizante *s* supporter: *los simpatizantes del ex dictador* supporters of the ex-dictator

simpatizar *v* **simpatizar (con alguien)** to hit it off (with sb): *Simpatizó con ella de entrada.* He hit it off with her from the start. | **no me/le etc. simpatiza** I don't/he doesn't etc. like her

simple *adj* **1** (sencillo) simple: *Es un ejercicio muy simple.* It's a very simple exercise. **2** (nada más que) **fue un simple comentario/una simple pregunta etc.** it was just a comment/just a question etc. **3** (no compuesto) (oración, sustancia) simple

simplificar *v* to simplify

simultáneo, -a *adj* simultaneous

sin *prep* **1** without: *Me encontré ahí sin dinero y sin pasaje.* I found myself there without money and without a ticket. ▶ Muchas veces, en lugar de usar **without,** se usa un verbo en negativo: *Toma el café sin azúcar.* He doesn't take sugar in his coffee. | *Tiene que comer sin sal.* He shouldn't have salt in his food. | **sin hablar/quejarse etc.** without speaking/complaining etc. | **sin que él se entere/se dé cuenta etc.** without him finding out/realizing etc.: *Se fue sin que nadie la viera.* She left without anyone seeing her. **2 está sin hacer/pintar etc.** it hasn't been done/painted etc: *La ropa está sin planchar.* The ironing hasn't been done. | **estar sin trabajo** to be out of work **3 sin embargo** ▶ ver **embargo**

sinagoga *s* synagogue

sinceramente *adv* **1** (para serte sincero) to be honest with you: *Sinceramente, no tengo ganas de ir.* To be honest with you, I don't feel like going. **2** (con sinceridad) (hablar) sincerely

sinceridad *s* sincerity

sincero, -a *adj* sincere | **para serte sincero -a** to be honest with you: *Para serte sincera, yo no sé qué hacer.* To be honest with you, I don't know what to do.

sincronizar *v* to synchronize

sindicato *s* union, labor union (AmE), trade union (BrE)

síndrome *s* syndrome
síndrome de abstinencia withdrawal symptoms **síndrome de Down** Down's syndrome

sinfonía *s* symphony (plural -nies)

singular *adj & s* singular: *El verbo está en singular.* The verb is in the singular./The verb is singular.

siniestro, -a *adj* sinister

sino *conj* (para mostrar contraposición) but: *No es azul sino verde.* It's not blue but green. ▶ En lenguaje menos formal se diría: **It isn't blue, it's green** o **It's green, not blue** | **no sólo... sino (también)...** not only... (but) also...: *Invitamos no sólo a nuestros amigos sino también a los de los niños.* We invited not only our friends but also the children's. ▶ Cuando **not only** va seguido de una frase verbal, se invierte el orden de sujeto y verbo. Si el verbo no es ni auxiliar ni modal, se usa el auxiliar **to do**: *No sólo es buen mozo, sino también muy simpático.* Not only is he good-looking, he's also very nice. | *No sólo me indicó el camino sino que además me acompañó.* Not only did he show me the way, he also went with me. | **¿quién sino tú/Pedro etc.?** who else but you/Pedro etc.?

sinónimo, -a *adjetivo & sustantivo*
● *adj* synonymous
● **sinónimo** *s* synonym

sintáctico, -a *adj* syntactical

sintaxis *s* syntax

síntesis *s* summary (plural -ries) | **en síntesis** in short

sintético, -a *adj* **1** (fibra, material, cuero) synthetic **2** (breve) concise

sintetizador *s* synthesizer
síntoma *s* symptom
sintonizar *v* **sintonizar una estación de radio** to tune in to a radio station
siquiera *adv* **ni siquiera** not even: *Ni siquiera me miró.* He didn't even look at me. | **sin siquiera** without even: *Se fue sin siquiera despedirse.* He went without even saying goodbye.
sirena *s* **1** (en cuentos infantiles) mermaid, (personaje mitológico) siren **2** (alarma) siren
sistema *s* system ▶ ver **analista**
sistema métrico decimal metric system **sistema operativo** operating system **sistema solar** solar system
sitio *s* **1** (espacio) room: *No hay más sitio.* There's no more room. **2** (lugar concreto) place: *Puso cada cosa en su sitio.* She put everything in its place. **3** (en Internet) site, website **4** (militar) siege
sitio de taxis taxi stand, cabstand (AmE), taxi rank (BrE)
situación *s* situation
situarse *v* (novela, obra) to be set: *La novela se sitúa a fines del siglo XIX.* The novel is set at the end of the 19th century.
skate *s* **1** (actividad) skateboarding: *Es campeón de skate.* He's a skateboarding champion. **2** (patineta) skateboard: *Me compré un skate nuevo.* I've bought myself a new skateboard.
smog *s* smog
smoking *s* tuxedo (AmE), dinner jacket (BrE)
sobaco *s* armpit
sobar *v* **1** (tocar) to keep touching: *No te sobes la herida.* Don't keep touching your wound. **2** (acariciar) to stroke: *Al gato le gusta que le soben la cabeza.* The cat likes having his head stroked. **3** (restregar) to rub: *Sóbate la pierna con este ungüento.* Rub your leg with this ointment.
sobornar *v* to bribe
soborno *s* **1** (delito) bribery: *Fue acusado de soborno.* He was accused of bribery. **2** (dinero) bribe: *Se negó a aceptar el soborno.* He refused to accept the bribe.
sobra *sustantivo & sustantivo plural*
• *s* **hay tiempo/lugar etc. de sobra** there's plenty of time/space etc., there's more than enough time/space etc.: *Había comida de sobra para todos.* There was plenty of food for everyone. | **saber algo de sobra** to know sth full well: *Saben de sobra que está mal.* They know full well that it's wrong.
• **sobras** *s pl* leftovers: *Se llevó las sobras para el perro.* He took the leftovers for the dog.
sobrado, -a *adj* **estar sobrado -a (en algo)** ver ejemplos: *En atracciones turísticas la ciudad está sobrada.* The city has a wealth of tourist attractions. | *Elena está sobrada en matemáticas.* Elena's fantastic at math. | **pasar sobrado -a** to pass easily: *Pasó inglés sobrado.* He passed English easily.
sobrar *v* **1** (quedar) **sobró mucha comida/tela etc.** there was a lot of food/material etc. left over: *No sobró nada de bebida.* There wasn't any drink left over. | **me sobró papel/dinero etc.** I had some paper/some money etc. left over: *Le sobraron cinco pesos.* He had five pesos left over. **2 sobra comida/tela etc. (a)** (hay más que suficiente) there's plenty of food/material etc., there's more than enough food/material etc. **(b)** (hay demasiada) there's too much food/material etc. **sobran sillas/platos etc. (a)** (hay más que suficientes) there are plenty of chairs/plates etc., there are more than enough chairs/plates etc. **(b)** (hay demasiados) there are too many chairs/plates etc. | **me sobra una entrada/le sobran dos copias etc.** I have a spare ticket/he has two spare copies etc.: *Le sobran un par de kilos.* He is a couple of kilos overweight. | **le sobran motivos/argumentos etc.** he has plenty of reasons/arguments etc.
sobre *preposición & sustantivo*
• *prep* **1** (encima de) on: *Lo dejó sobre el escritorio.* He left it on the desk. **2** (por encima de) over: *un puente sobre el río* a bridge over the river | *Se puso una manta sobre las piernas.* She put a blanket over her legs. **3** (acerca de) about: *No habló sobre eso.* He didn't talk about that. **4 sobre todo (a)** (ante todo) above all: *Sobre todo, me gustaron las playas.* Above all, I liked the beaches. **(b)** (especialmente) especially: *Llovió mucho, sobre todo en el sur.* It rained a lot, especially in the south.
• *s* **1** (para cartas, etc.) envelope: *Sacó la carta del sobre.* She took the letter out of the envelope. **2** (de azúcar, aspirina, etc.) sachet, (de sopa) packet
sobredosis *s* overdose
sobreentenderse *v* **se sobreentiende/se sobreentendía** it goes/it went without saying
sobremesa *s* **tomarse un vaso de leche/un jugo de naranja etc. de sobremesa** to have a glass of milk/an orange juice etc. after lunch/dinner ▶ Si se trata de un plato dulce elaborado, se le llama **dessert**: *Se comió un trozo de pastel de sobremesa.* She had a piece of cake for dessert.
sobrenatural *adj* supernatural
sobrenombre *s* nickname
sobrentenderse *v* ▶ ver **sobreentenderse**
sobrepasar *v* (exceder) to exceed: *Su fortuna sobrepasa los diez millones.* His fortune exceeds ten million.
sobresaliente *adjetivo & sustantivo*
• *adj* outstanding
• *s* **saqué/sacó etc. sobresaliente** I got/she got etc. "excellent": *Sacó sobresaliente en historia.* She got "excellent" in history.

sobresalir *v* **1** (distinguirse) to stand out: *un diseñador que sobresale por su originalidad* a designer who stands out because of his originality | **sobresalir en deportes/idiomas etc.** to excel at sports/languages etc. **2** (elevarse) to rise up: *La cúpula sobresale entre los techos de la ciudad.* The dome rises up from among the rooftops of the city. **3** (de una superficie vertical) to stick out: *Sobresale unos dos centímetros.* It sticks out a couple of centimeters. ▶ También existen **to protrude,** que es más formal, y **to jut out,** que implica algo muy pronunciado

sobresaltar *v* **sobresaltar a alguien** to make sb jump ▶ También existe **to startle sb** que es más formal: *El timbre me sobresaltó.* The bell made me jump./The bell startled me.

sobresaltarse *v* to jump: *Me sobresalté al oír el ruido.* I jumped when I heard the noise.

sobretodo *s* (abrigo) overcoat

sobreviviente *s* survivor

sobrevivir *v* to survive: *No sobrevivió nadie.* Nobody survived. | **sobrevivir a alguien** to outlive sb: *Sobrevivió a sus hijos.* She outlived her children. ▶ También existe **to survive sb** que es más formal | **sobrevivir a algo** to survive sth: *Sobrevivió a las dos guerras.* He survived the two wars.

sobrino, -a *s* **sobrino** nephew | **sobrina** niece | **sobrinos** (varones y mujeres) nephews and nieces: *¿Cuántos sobrinos tienes?* How many nephews and nieces do you have?

sobrio, -a *adj* **1** (color, decoración) restrained **2** (opuesto a ebrio) sober

sociable *adj* sociable

social *adj* social ▶ ver **asistente, ciencia**

socialismo *s* socialism

socialista *adj & s* socialist

sociedad *s* **1** (comunidad) society (plural -ties): *la sociedad europea* European society **2** (organización, agrupación) society (plural -ties): *una sociedad cultural* a cultural society **3** (empresa) company (plural -nies)

sociedad anónima public corporation (AmE), public limited company (BrE)

socio, -a *s* **1** (de un club, una biblioteca, etc.) member: *Soy socia de su club de fans.* I'm a member of his fan club./I belong to his fan club. | **hacerse socio -a (de algo)** to join (sth): *Se hizo socia de la biblioteca.* She joined the library. **2** (en negocios) partner

sociología *s* sociology

sociólogo, -a *s* sociologist

socorro *sustantivo & interjección*

- *s* help | **pedir socorro** to call for help
- **¡socorro!** *interj* help!

soda *s* (bebida) soda, soda water

sofá *s* sofa

sofá cama sofa-bed

sofisticado, -a *adj* sophisticated

sofocante *adj* **hace/hacía un calor sofocante** it is/was stifling

sofocar *v* **1 sofocar un incendio** to put out a fire | **sofocar las llamas** to smother the flames **2 sofocar una revuelta/una protesta** to put down a revolt/a protest

sofocarse *v* (de calor, por falta de aire) to suffocate: *Me estoy sofocando.* I'm suffocating.

software *s* software ▶ **software** es un sustantivo incontable y no puede ir precedido de **a**: *Requiere un software especial.* It requires special software.

soga *s* **1** (cuerda) rope **2 jugar/saltar a la soga** to jump rope, to skip rope (AmE), to skip (BrE) **3 estar con la soga al cuello** to be in deep trouble

sol *s* **1** (astro) sun | **haber sol** to be sunny: *Hoy hay mucho sol.* It's very sunny today. | **una mañana/tarde de sol** a sunny morning/afternoon | **al sol** in the sun: *No te pongas al sol a mediodía.* Don't go out in the sun at noon. | *No lo dejes al sol.* Don't leave it in the sun. **2 tomar el sol** to sunbathe: *Estaban tomando el sol en la playa.* They were sunbathing on the beach. ▶ ver **anteojos, puesta, reloj, salida** **3** (nota musical) G

solamente *adv* ▶ ver **sólo**

solapa *s* **1** (de una prenda de ropa) lapel **2** (de la cubierta de un libro) flap

solar *adjetivo & sustantivo*

- *adj* **eclipse/radiación solar** solar eclipse/radiation ▶ ver **cama, protector**
- *s* **1** (terreno) piece of land, lot (AmE) **2** (detrás de una casa) backyard

soldado *s* soldier

soldar *v* **1** (con estaño) to solder **2** (con soplete, al arco, etc.) to weld

soldarse *v* (hueso) to knit together

soleado, -a *adj* sunny

soledad *s* **1** (sentimiento) loneliness: *No soporta la soledad.* He can't stand the loneliness. **2** (hecho de estar solo) **me gusta/no me gusta la soledad** I like/I don't like being alone

soler *v* **1** (en el presente) **suele venir por la mañana/levantarse temprano etc.** she usually comes in the morning/gets up early etc.: *No solemos salir durante la semana.* We don't usually go out during the week. **2** (en el pasado) **solían verse a menudo/trabajar juntos etc.** they used to see each other often/work together etc.: *Solíamos ir de vacaciones con ellos.* We used to go on vacation with them.

solero o **solera** *s* sundress (plural -sses)

solicitar *v* to request: *Solicitó que le permitieran rendir el examen más tarde.* He requested to be allowed to take the exam later. | *Solicite información al 111.* For information, dial 111. | **solicitar un trabajo/una beca etc.** to apply for a job/a scholarship etc.

solicitud *s* **1** (formulario) application form: *Tengo que llenar la solicitud.* I have to fill out the application form. **2** (pedido) application

solidaridad *s* solidarity

solidificarse *v* to solidify

sólido, -a *adjetivo & sustantivo*

• *adj* **1** (no líquido) solid **2** (relación) stable **3** (conocimientos, principios) sound

• **sólido** *s* solid

solista *sustantivo & adjetivo*

• *s* soloist

• *adj* **un álbum/una carrera solista** a solo album/career

solitario, -a *adjetivo & sustantivo*

• *adj* (vida, lugar) solitary

• **solitario** *s* **1** (juego de cartas) solitaire (AmE), patience (BrE) | **hacer un solitario** to have a game of solitaire (AmE), to have a game of patience (BrE) | **hacer solitarios** to play solitaire (AmE), to play patience (BrE) **2** (en joyería) solitaire

sollozar *v* to sob

solo, -a *adjetivo & sustantivo*

• *adj* **1** (sin compañía) alone, on your own: *Vino solo.* He came alone./He came on his own. | **hablar solo -a** to talk to yourself: *¿Está hablando sola?* Is she talking to herself? | **a solas** alone: *Tengo que hablar contigo a solas.* I have to talk to you alone. **2** (que anhela compañía) lonely: *Se siente muy solo.* He feels very lonely. **3** (sin ayuda) by yourself: *Lo hicimos nosotros solos.* We did it by ourselves. **4 es para mí/ti etc. solo -a** it's just for me/you etc. | **tener algo para uno solo -a** to have sth to yourself: *Vas a tener un cuarto para ti solo.* You're going to have a room to yourself. | *Teníamos toda la playa para nosotros solos.* We had the whole beach to ourselves. **5** (referido a bebidas, comidas) **café/té solo** black coffee/tea | **una rebanada de pan/una tostada sola** a piece of bread with nothing on it/a piece of dry toast | **leche sola** milk with nothing in it | **un whisky solo** a neat whiskey **6** (único) ver ejemplos: *Lo vimos una sola vez.* We only saw him once. | *Puso una sola condición.* He said there was just one condition. | *Hay un solo problema.* There's only one problem./There's just one problem. | **no compré ni un solo libro/no sacó ni una sola foto etc.** I didn't buy a single book/he didn't take a single photo etc.

• **solo** *s* (en música) solo: *un solo de batería* a drum solo

sólo o **solamente** *adv* only, just: *La fiesta es sólo para socios.* The party is for members only./The party is just for members. | *Sólo quería hacerte una pregunta.* I only wanted to ask you something./I just wanted to ask you something. | **me río/me dan escalofríos de sólo pensarlo** just thinking about it makes me laugh/shudder etc. | **sólo que...** it's just that...: *Me gustaría ir, sólo que estoy cansada.* I'd like to go, it's just that I'm tired.

soltar *v* **1** (dejar de agarrar) **soltar (algo/a alguien)** to let go (of sth/sb): *¡Suelta eso!* Let go of that! | *¡Suéltame!* Let go of me! **2** (dejar libre) (a un sospechoso) to release: *Lo soltaron por falta de pruebas.* He was released for lack of evidence. | **soltar a un perro (a)** (sacarle la correa) to let a dog off the leash **(b)** (dejarlo salir) to let a dog out **3** (dar) **soltar una carcajada** to burst out laughing | **soltar un suspiro** to let out a sigh, to sigh | **soltar un grito** to let out a cry, to cry out **4** (dejar de apretar) **soltar el freno/el clotch** to release the brake/the clutch | **no sueltes el clotch/el botón del mouse etc.** keep your foot on the clutch/keep the mouse button pressed etc.

soltarse *v* **1** (dejar de agarrarse) **soltarse (de algo)** to let go of sth: *No se quería soltar de mi mano.* She wouldn't let go of my hand. **2** (liberarse) to get free: *Forcejeó para soltarse.* He struggled to get free. **3 soltarse el pelo** to let your hair down **4** (desinhibirse) ver ejemplos: *Ya se soltó un poco más con el alemán.* He's become a bit more confident in German now. | *Es tímido y le cuesta soltarse.* He's shy and he finds it hard to relax with people. **5** (cuerda, nudo) to come undone: *Se soltó la cuerda y se cayó la hamaca.* The rope came undone and the hammock fell down.

soltero, -a *adjetivo & sustantivo*

• *adj* single | **quedarse soltero -a** to stay single ▶ ver **despedida, madre**

• *s* **soltero** single man (plural men) | **soltera** single woman (plural women) | **los solteros** (solteros y solteras) single people, singles

solterón, -ona *s* **solterón** confirmed bachelor | **solterona** spinster

soltura *s* **1** (al expresarse) fluency | **hablar con soltura** to speak fluently **2** (al moverse) ease

solución *s* **1** (de un problema) solution | **una solución a algo** a solution to sth: *Le encontramos una solución al problema.* We found a solution to the problem. **2** (de un juego, un crucigrama) solution **3** (de un sólido en un líquido) solution

solucionar *v* to solve

solucionarse *v* ver ejemplos: *Ya se va a solucionar.* It will soon get sorted out. | *El problema se solucionó solo.* The problem sorted itself out.

solvente *s* solvent

sombra *s* **1** (lugar sin sol) shade: *Nos sentamos en la sombra.* We sat down in the shade. | **a la sombra (de algo)** in the shade (of sth) **2** (silueta proyectada) shadow: *la sombra de Peter Pan* Peter Pan's shadow **3 no es (ni) la sombra de lo que fue** he's a shadow of his former self **4 hacerle sombra a alguien** to put sb in the shade: *Nadie le hace sombra.* Nobody can put him in the shade. **5** (para ojos) eyeshadow

sombreado, -a *adj* (lugar) shady

sombrero *s* hat | **ponerse/quitarse el sombrero** to put your hat on/to take your hat off

sombrilla *s* **1** (paraguas) umbrella **2** (para la playa) beach umbrella **3** (en un café, un restaurante) sunshade

someter *v* **1 someter algo/a alguien a algo** to subject sth/sb to sth: *Fue sometido a humillaciones.* He was subjected to humiliation. **2 someter algo a (una) votación** to put sth to the vote **3** (dominar) to subjugate

someterse *v* **someterse a un tratamiento/una operación** to have treatment/an operation, to undergo treatment/an operation ▶ **to undergo** es más formal y sugiere algo más doloroso o de mayor importancia

somnífero *s* sleeping pill

sonajero o **sonaja** *s* rattle

sonámbulo, -a *adjetivo & sustantivo*
- *adj* **ser sonámbulo -a** to walk in your sleep
- *s* sleepwalker

sonar *v* **1** (timbre, campana) to ring: *Está sonando el teléfono.* The phone's ringing. **2** (música, instrumento) to sound: *¡Qué bien suena esa guitarra!* That guitar sounds really good! **3** (resultar conocido) **me suena el nombre/el título etc.** the name/title etc. rings a bell, the name/title etc. sounds familiar: *¿Te suena esta canción?* Does this song ring a bell?/Does this song sound familiar?

sonarse *v* **sonarse la nariz** to blow your nose

sonata *s* sonata

sondeo *s* poll

sondeo de opinión opinion poll

sonido *s* sound

sonoro, -a *adj* ▶ ver **banda**

sonreír *v* to smile | **sonreírle a alguien** to smile at sb: *Me sonrió.* He smiled at me.

sonriente *adj* **una cara/una niña sonriente** a smiling face/girl

sonrisa *s* smile

sonrojarse *v* to blush

soñador, -a *s* dreamer

soñar *v* **1** (al dormir) to dream: *Soñé que me casaba.* I dreamt that I was getting married. | *¿Qué soñaste?* What did you dream about? | **soñar con algo/alguien** to dream about sth/sb **2** (desear) **soñar (con) algo** to dream of sth: *Esto es lo que siempre he soñado.* This is what I've always dreamed of. | *Sueña con viajar a Europa.* She dreams of traveling to Europe. **3 soñar despierto -a** to daydream

sopa *s* **1** soup: *Tómate la sopa.* Eat your soup. | **sopa de arroz/verdura etc.** rice/vegetable etc. soup **2 hasta en la sopa** absolutely everywhere: *Me lo encuentro hasta en la sopa.* I run into him absolutely everywhere.

soplar *v* **1** (con la boca) to blow | **soplar la sopa/el té etc.** to blow on your soup/your tea etc. | **soplar las velitas** to blow out the candles **2** (viento, aire) to blow: *Soplaba un aire fresco.* A cool breeze was blowing. | **sopla/soplaba mucho viento** it is/was very windy **3** (decir) **me/le etc. sopló (la respuesta)** he whispered the answer to me/to her etc.

soplido *s* **apagar las velitas de un soplido** to blow the candles out in one go

soplo *s* **1** (en el corazón) murmur **2** (de aire) puff

soplón, -ona *s* **1** (de la maestra, los padres) snitch (plural -ches), tattletale (AmE) **2** (de la policía, las autoridades) informer

soportar *v* **1** (tolerar) **no soporto este calor/este ruido etc.** I can't stand this heat/this noise etc., I can't bear this heat/this noise etc.: *¿Cómo puedes soportar este ruido?* How can you stand this noise?/How can you bear this noise? **2** (sostener) to support: *Puede soportar un peso de cien kilos.* It can support a weight of one hundred kilos.

soprano *s* soprano

sorbo *s* sip

sordera *s* deafness

sórdido, -a *adj* sordid, squalid

sordo, -a *adjetivo & sustantivo*
- *adj* **1** (referido a personas) deaf | **quedarse sordo -a** to go deaf: *Se quedó sordo muy joven.* He went deaf when he was very young. **2** (ruido, sonido) dull
- *s* **1** (persona) deaf person ▶ Para referirse a los sordos en general se usa **deaf people** o **the deaf** **2 hacerse el sordo/la sorda** to pretend you didn't hear: *No te hagas la sorda.* Don't pretend you didn't hear.

sordomudo, -a *adjetivo & sustantivo*
- *adj* **ser sordomudo -a** to be a deaf-mute
- *s* deaf-mute

soroche *s* altitude sickness

sorprendente *adj* surprising

sorprender *v* (causarle sorpresa a) to surprise: *Ya nada me sorprende.* Nothing surprises me anymore. | **me sorprende que no lo sepas/que no le guste etc.** I'm surprised you don't know/he doesn't like it etc. | **me sorprendió su habilidad/su actitud etc.** I was surprised at her skill/her attitude etc.: *Nos sorprendió que Pepe no estuviera.* We were surprised Pepe wasn't there.

sorprenderse *v* to be surprised: *No se sorpren-*

dan si viene con otra muchacha. Don't be surprised if he comes with another girl.

sorpresa *s* surprise: *¡Qué sorpresa!* What a surprise! | **llevarse una sorpresa** to get a surprise: *Se llevó una sorpresa cuando me vio.* He got a surprise when he saw me. | **tomar a alguien por/de sorpresa** to take sb by surprise: *Me tomó por sopresa con esa pregunta.* He took me by surprise with that question. | **caerle a alguien de sopresa** to drop in on sb unannounced

sortear *v* **1** (un televisor, un viaje, etc.) to raffle: *Sortean una bicicleta.* They're raffling a bicycle. **2 salir sorteado -a** to be drawn: *¿Qué número salió sorteado?* What number was drawn? **3 sortear el primer/tercer etc. premio** to make the draw for the first/third etc. prize: *Van a sortear el último premio.* They are going to make the draw for the final prize.

sorteo *s* **1** (rifa) raffle, draw: *Me lo gané en un sorteo.* I won it in a raffle./I won it in a draw. **2** (acción de sortear) draw: *el próximo sorteo de la lotería* the next lottery draw | *el sorteo de los grupos del mundial* the draw for the World Cup groups | **por sorteo** by drawing lots: *Los cargos se asignan por sorteo.* The positions are assigned by drawing lots.

sortija *s* ring: *una sortija de esmeraldas* an emerald ring

soso, -a *adj* **1** (sin sabor) tasteless, bland **2** (sin sal) **la sopa está sosa/las papas están sosas etc.** the soup needs/the potatoes need etc. more salt **3** (aburrido) (persona, película, etc.) dull, boring

sospecha *s* suspicion

sospechar *v* **1** to suspect: *Sospecho que ya se fue.* I suspect he has already left. **2 sospechar de alguien** to suspect sb: *Sospecha de su novio.* She suspects her boyfriend.

sospecharse *v* **ya me/se etc. lo sospechaba** I/he etc. thought as much: *–Nos mintió. –Ya me lo sospechaba.* "He lied to us." "I thought as much."

sospechoso, -a *adjetivo & sustantivo*

- ***adj*** suspicious: *una actitud sospechosa* a suspicious attitude
- ***s*** suspect: *Es el principal sospechoso.* He is the chief suspect.

sostén *s* (prenda interior) bra

sostener *v* **1** (agarrar, tener) to hold: *Sostenme esto un momento.* Hold this for me a moment. **2** (soportar) to support: *Las vigas sostienen el techo.* The beams support the roof. **3** (referido a opiniones, ideas) to maintain

sostenerse *v* **1 sostenerse de algo** to hold on to sth: *Sostente de la baranda.* Hold on to the banister. **2 sostenerse en pie** to stand

sostenido *adj* **mi/fa etc. sostenido** E/F etc. sharp

sotana *s* cassock

sótano *s* basement ► Cuando se usa para guardar cosas se le llama **cellar**

soya *s* soy (AmE), soya (BrE)

sport *adj* casual: *una camisa sport* a casual shirt | **estar (vestido -a) de sport** to be casually dressed

spray *s* **1** (aerosol) spray **2** (para el pelo) hairspray

squash *s* squash | **jugar squash** to play squash

Sr. (= **señor**) Mr. ► ver recuadro en **señor**

Sra. (= **señora**) Mrs., Ms. ► ver recuadro en **señora**

Srta. (= **señorita**) Miss, Ms. ► ver recuadro en **señorita**

su *adj* **1** (de él) his: *Me prestó sus libros.* He lent me his books. **2** (de ella) her: *Está en su escritorio.* It's on her desk. **3** (de ellos, ellas) their: *Ése es su gato.* That's their cat. | *los problemas y sus soluciones* the problems and their solutions **4** (de usted, ustedes) your: *¿Dónde están sus maletas?* Where are your suitcases? **5** (de una cosa, un animal) its ► Si se conoce el sexo del animal y se le tiene afecto, se usa **his** o **her**: *una leona con sus cachorros* a lioness with her cubs | *el banco y sus clientes* the bank and its customers **6** (de alguien indefinido) their: *Que cada uno lleve sus cosas.* Each person should take their own things.

suave *adj* **1** (al tacto) soft: *Tiene la piel suave.* She has soft skin. **2** (referido a comidas y bebidas) Se usa **mild** cuando significa no picante, **delicate** cuando significa delicado y **smooth** cuando se habla de un vino, licor, etc. **3** (música) soft, (voz) Se usa **gentle** cuando significa dulce, delicada y **soft** cuando significa no fuerte **4** (brisa) gentle **5** (calmante) mild

suavidad *s* **1** (de la piel, de una tela) softness **2** (de una voz) softness, gentleness ► ver nota en **suave**

suavizante *s* **1** (para la ropa) fabric softener, fabric conditioner **2** (para el pelo) conditioner

suavizar *v* **1** (las manos, la piel, etc.) to soften **2** (la ropa, el pelo) to condition

subasta *s* auction

subcampeón, -ona *s* runner-up (plural runners-up): *Salimos subcampeones.* We were runners-up.

subdesarrollado, -a *adj* **un país subdesarrollado** a developing country, an underdeveloped country ► Actualmente se prefiere la primera traducción.

subdesarrollo *s* underdevelopment

súbdito, -a *s* subject

subibaja o **sube y baja** *s* teeter-totter, seesaw

subida *s* **1** (pendiente) slope: *una subida pronunciada* a steep slope | **en subida** uphill: *El camino iba en subida.* The path went uphill. **2** (ascenso) ascent: *la subida de la montaña* the ascent of the mountain **3** (de precios, etc.) rise

subir *v* **1** (ir hacia arriba) to go up, to come up ► Se usa **to come up** cuando el movimiento es

hacia el hablante: *Subió a dormir.* He went up to bed. | *Sube, estoy en mi cuarto.* Come up, I'm in my room. | **subir la escalera** to go up the stairs, to come up the stairs: *Subió la escalera y tocó a la puerta.* He went up the stairs and knocked at the door. ▶ Se usa **to come up the stairs** cuando el movimiento es hacia el hablante. Cuando implica dificultad, se usa **to get up the stairs**: *Le cuesta subir escaleras.* She has difficulty getting up stairs. | **subir por las escaleras** to walk up: *Tuvimos que subir por las escaleras.* We had to walk up. | *Subimos los cinco pisos por las escaleras.* We walked up the five floors. | **subir una cuesta/montaña etc.** to go up a hill/mountain etc., to come up a hill/mountain etc. ▶ Se usa **to come up** cuando el movimiento es hacia el hablante: *Sube la cuesta y verás nuestra casa a la izquierda.* Come up the hill and you will see our house on the left. ▶ Cuando se pone énfasis en el grado de dificultad, se usa **to climb**: *Tardamos un día en subir la montaña.* It took us a whole day to climb the mountain.
2 (a un autobús, un tren etc.) ▶ ver **subirse**
3 (precios, fiebre, temperaturas) to go up: *Ha subido la leche.* The price of milk has gone up./Milk has gone up. | *Le subió la fiebre.* His temperature went up.
4 subir la radio/la música etc. to turn the radio/music etc. up | **subirle la voz a alguien** to raise your voice to sb: *¡No me subas la voz!* Don't raise your voice to me!
5 subir de peso to put on weight | **subir un kilo/medio kilo etc.** to put on a kilo/half a kilo etc.
6 subir algo al ático/tu cuarto etc. to take sth up to the attic/to your bedroom etc.: *Subí las maletas a la habitación.* I took the suitcases up to the room.
7 subir los precios to put your prices up, to raise your prices: *Los comerciantes suben los precios en temporada.* Storekeepers put their prices up during the high season. | **subirle el sueldo a alguien** to give sb a (pay) raise (AmE), to give sb a (pay) rise (BrE): *Me subieron el sueldo.* They gave me a raise.
8 subir algo (a Internet) to upload sth (to the Internet): *Puedes subir fotos a tu sitio.* You can upload photos to your website.

subirse *v* **1 subirse a una mesa/un muro etc.** to get up onto a table/a wall etc.: *Se subió a la silla.* He got up onto the chair. ▶ Si implica dificultad, se usa **to climb onto sth** | **subirse a un árbol** to climb a tree: *No se suban al sauce.* Don't climb the willow tree.
2 subirse (a un tren/un autobús) to get on (a train/a bus): *Se subió en Colegiales.* He got on at Colegiales. | **subirse (a un carro/un taxi)** to get in (a car/a taxi): *Se subió y bajó la ventanilla.* She got in and opened the window. | **subirse a un caballo/una bicicleta** to get on a horse/a bicycle
3 subirse las medias/el pantalón etc. to pull your socks/pants etc. up (AmE), to pull your socks/trousers etc. up (BrE) | **subirse la cremallera/el cierre/el zíper** to do your zipper up (AmE), to do your zip up (BrE)

subjetivo, -a *adj* subjective

subjuntivo *s* subjunctive

sublevarse *s* to rebel | **sublevarse contra alguien** to rebel against sb

submarino, -a *adjetivo & sustantivo*
- *adj* **el mundo submarino/la fauna submarina** the underwater world/the underwater fauna ▶ ver **caza**
- **submarino** *s* submarine

subrayar *v* **1** (con una línea) to underline: *Subráyalo en azul.* Underline it in blue. **2** (enfatizar, afirmar) to emphasize

subsidio *s* subsidy (plural -dies)

subsistir *v* to survive

subsuelo *s* basement

subterráneo, -a *adj* **un río/pasillo subterráneo** an underground river/passageway

subtítulo *s* **1** (de una película) subtitle **2** (de un texto) sub-heading

suburbios *s pl* outskirts: *en los suburbios de Caracas* in the outskirts of Caracas ▶ La palabra **suburbs** se usa para referirse a los barrios residenciales de las afueras de una ciudad

suceder *v* **1** (pasar, ocurrir) to happen: *Que no vuelva a suceder.* Don't let it happen again. | *No te preocupes, suele suceder.* Don't worry, these things happen. **2 suceder a alguien (en algo)** to succeed sb (in sth): *Lo sucedió en el cargo.* She succeeded him in the post.

sucesión *s* **1** (serie) succession: *una sucesión de imágenes* a succession of images **2** (a un trono, a un cargo) succession **3** (herencia) estate

sucesivamente *adv* **y así sucesivamente** and so on

suceso *s* event: *un trágico suceso* a tragic event

sucesor, -a *s* successor

suciedad *s* dirt

sucio, -a *adjetivo & adverbio*
- *adj* **1** (no limpio) dirty: *Tienes las manos sucias.* Your hands are dirty. **2** (deshonesto) **negocios sucios** shady business ▶ ver **juego**
- **sucio** *adv* **jugar/pelear sucio** to play/fight dirty

sucursal *s* branch (plural -ches)

sudadera *s* **1** (equipo deportivo) sweatsuit, tracksuit (BrE) **2** (suéter) sweatshirt

Sudamérica *s* South America

sudamericano, -a *adjetivo & sustantivo*
- *adj* South American
- *s* South American | **los sudamericanos** (the) South Americans

sudar *v* to sweat: *Le sudaban las manos.* His hands were sweating.

sudeste *sustantivo & adjetivo*
- *s* southeast
- *adj* southeast, southeastern

sudoeste *sustantivo & adjetivo*
- *s* southwest
- *adj* southwest, southwestern

sudor *s* sweat
sudoroso, -a *adj* sweaty
Suecia *s* Sweden
sueco, -a *adjetivo & sustantivo*
- *adj* Swedish
- *s* Swede | **los suecos** (the) Swedes
- **sueco** *s* (idioma) Swedish

suegro, -a *sustantivo*
- *s* **suegro** father-in-law (plural fathers-in-law) | **suegra** mother-in-law (plural mothers-in-law) | **suegros** (suegro y suegra) in-laws, mother- and father-in-law

suela *s* (de un zapato) sole: *mocasines con suela de caucho* moccasins with a rubber sole
sueldo *s* **1** (de un empleado) salary (plural -ries) ▶ ver **aumento** **2** (de un obrero) wages *pl* ▶ ver nota en **salario**
suelo *s* **1 el suelo (a)** (de una habitación) the floor **(b)** (en el exterior) the ground: *No dejen todo tirado en el suelo.* Don't leave everything lying around on the floor/ground. **2** (de un país) soil: *en suelo peruano* on Peruvian soil
suelto, -a *adj* **1** (referido al pelo) ver ejemplos: *Tenía el pelo suelto.* She was wearing her hair loose. | *Le queda mejor el pelo suelto.* She looks better with her hair down. **2** (libre, no encerrado) **andar suelto -a** to be on the loose: *Estos delincuentes andan sueltos.* These criminals are on the loose. | **estar suelto** (perro) to be loose, to be off the leash ▶ **to be off the leash** significa que no tiene la correa puesta | **dejar el perro suelto** to let the dog loose, to let the dog off the leash ▶ ver nota arriba **3** (referido a la ropa) loose-fitting: *un vestido suelto* a loose-fitting dress **4** (no sujeto) loose: *unas hojas sueltas* some loose sheets of paper **5** (no empacado) in bulk (AmE), loose (BrE): *¿Tiene galletas sueltas?* Do you have cookies in bulk? | *Venden arroz suelto.* They sell rice in bulk.
sueño *s* **1** (ganas de dormir) **tener sueño** to be sleepy: *Tengo mucho sueño.* I'm very sleepy. | **me/te etc. da sueño** it makes me/you etc. sleepy: *Mirar televisión me da sueño.* Watching TV makes me sleepy. **2** (lo que se sueña) dream: *Tuve un sueño muy raro.* I had a very strange dream. **3** (deseo, ilusión) dream: *un sueño hecho realidad* a dream come true
suerte *sustantivo & interjección*
- *s* **1** luck: *Es cuestión de suerte.* It's a question of luck. | **tener suerte/no tener suerte** to be lucky/to be unlucky: *Tuve mucha suerte.* I was very lucky. | *El pobre no tiene nada de suerte.* The poor guy is very unlucky. | **tener buena/mala suerte** to be lucky/unlucky | **tener la suerte de** to be lucky enough to: *Tuvo la suerte de conocerlo.* She was lucky enough to meet him. | **desearle suerte a alguien** to wish sb luck: *Deséame suerte para mañana.* Wish me luck for tomorrow. | **ser una suerte** to be lucky: *Fue una suerte que no vinieras.* It was lucky you didn't come. **2 ¡qué suerte que...! (a)** (qué buena suerte) it was lucky...: *¡Qué suerte que lo encontraste!* It was lucky you found it. **(b)** (menos mal) it's a good thing...: *¡Qué suerte que me avisaste!* It's a good thing you told me! **3 por suerte** fortunately, luckily: *Por suerte no se dio cuenta.* Fortunately/Luckily she didn't realize. **4 probar suerte** to try your luck: *¿Quieres probar suerte?* Do you want to try your luck?
- **¡suerte!** *interj* good luck!

suéter *s* sweater | **ponerse/quitarse el suéter** to put your sweater on/to take your sweater off
suficiente *adj & pron* enough: *Hay suficiente comida.* There's enough food. | *Es suficiente, gracias.* That's enough, thanks. | *No compren más, tenemos suficientes.* Don't buy any more, we have enough.
sufrimiento *s* suffering
sufrir *v* **1** (padecer) to suffer: *La hizo sufrir.* He made her suffer. **2 sufre del hígado/de los riñones** he has liver/kidney problems | **sufre del corazón** he has a heart condition, he has heart trouble **3 sufrir un accidente** to have an accident **4 sufrir una derrota** to suffer a defeat **5 sufrir cambios** to undergo changes
sugerencia *s* suggestion | **hacer una sugerencia** to make a suggestion: *¿Puedo hacer una sugerencia?* Can I make a suggestion?
sugerir *v* **1 sugerirle algo a alguien** to suggest sth to sb ▶ El complemento indirecto se suele omitir: *Hizo lo que le sugerí.* He did what I suggested./He did as I suggested. **2 sugerir que...** ver ejemplos: *Sugiero que sigamos mañana.* I suggest we continue tomorrow. | *Sugirió que esperáramos un par de días.* He suggested we wait a few days./He suggested we should wait a few days. | **sugerirle a alguien que haga algo** ver ejemplos: *Te sugiero que se lo preguntes.* I suggest you ask him. | *Me sugirió que le cambiara el título.* He suggested I change the title./He suggested I should change the title.
sugestionado, -a *adj* **está sugestionado -a con que...** he's got it into his head/she's got it into her head that...: *Está sugestionada con que es un mal presagio.* She's got it into her head that it's a bad omen.
sugestionar *v* **sugestionar a alguien** to put ideas into sb's head
sugestionarse *v* to get an idea in your head
suiche *s* switch (plural -ches)
suicidarse *v* to commit suicide, to kill yourself
suicidio *s* suicide
Suiza *s* Switzerland
suizo, -a *adjetivo & sustantivo*
- *adj* Swiss
- *s* Swiss | **los suizos** the Swiss

sujetar *v* **1** (agarrar) to hold: *Sujeta esto.* Hold this. **2** (asegurar) **sujetar algo** to hold sth in place, to hold sth in position: *las correas que sujetan la carga* the straps that hold the load in place/the straps that hold the load in position ▶ Existen términos más específicos, dependiendo de lo que se usa para sujetar: *Sujeta los papeles con un clip.* Clip the papers together. | *Lo sujetó con alfileres.* He pinned it in place. | *Se sujeta a la pared con tornillos.* It is screwed to the wall. | **sujetar algo a algo** to fasten sth to sth
sujetarse *v* (agarrarse) to hold on: *Sujétate fuerte.* Hold on tight.

sujeto, -a *adjetivo & sustantivo*
• *adj* **1** (seguro) secure: *Quedó bien sujeto.* It was very secure./It was well secured. **2** (fijo) **sujeto -a a la pared/a la puerta etc.** fastened to the wall/the door etc. ▶ Existen términos más específicos, dependiendo de lo que se usa para sujetar: **screwed to the wall** (tornillos), **taped to the door** (cinta adhesiva), etc. **3 estar sujeto -a a cambios/aumentos etc.** to be subject to change/ price increases etc.
• **sujeto** *s* (en gramática) subject

suma *s* **1** (cálculo) addition: *Esta suma está mal.* This addition isn't right. | *Haz la suma con la calculadora.* Add it up on your calculator. **2 suma (de dinero)** sum (of money), amount (of money): *sumas inferiores a los mil pesos* sums of less than a thousand pesos/amounts of less than a thousand pesos

sumamente *adv* extremely

sumar *v* **1** (en matemáticas) to add up: *Está aprendiendo a sumar.* He's learning to add up. | **sumar dos más dos/54 más 32 etc.** to add two and two/54 and 32 etc. **2** (dar un total de) to add up to: *Los gastos suman más de $500.* The costs add up to more than $500.

sumergible *adj* (reloj, cámara) waterproof

sumergir *v* to immerse
sumergirse *v* to submerge

suministrar *v* to supply | **suministrarle algo a alguien** to supply sb with sth: *No nos suministraron toda la información.* They didn't supply us with all the information.

súper *sustantivo & adverbio*
• *s* (supermercado) supermarket
• *adv* really: *Estoy súper contento.* I'm really happy.

superar *v* **1** (un problema, un obstáculo) to overcome **2** (ganarle a) to beat: *Superó a su rival.* He beat his rival.
superarse *v* to better yourself: *Estudia para superarse.* She is studying to better herself.

superficial *adj* **1** (frívolo) superficial **2** (herida, corte) superficial

superficie *s* **1** (del mar, de una mesa, etc.) surface: *El buzo salió a la superficie.* The diver came up to the surface. **2** (área) area: *una superficie de 20 metros cuadrados* an area of 20 square meters

superior *adjetivo & sustantivo*
• *adj* **1** (mejor) **superior (a algo)** better (than sth): *El libro es muy superior a la película.* The book is much better than the movie. ▶ También existe **superior (to sth)** que es más formal **2** (mayor, más alto) **superior (a algo)** higher (than sth): *precios superiores a los normales* higher prices than normal ▶ Con números se usa también **above**: *cualquier número superior a diez* any number higher than ten/any number above ten **3** (de más arriba) **el labio/la mandíbula superior** the upper lip/jaw | **la parte superior** the top, the upper part ▶ **the upper part** es más formal
• *s* superior: *Habló con sus superiores.* He spoke to his superiors.

supermercado *s* supermarket

superpoblado, -a *adj* (ciudad) overcrowded, (país, área) overpopulated

superstición *s* superstition

supersticioso, -a *adj* superstitious

supervisar *v* to supervise

suplemento *s* **1** (de un periódico, una revista) supplement **2** (de vitaminas, minerales) supplement

suplente *adjetivo & sustantivo*
• *adj* **1 un profesor/una maestra suplente** a substitute teacher (AmE), a supply teacher (BrE) **2 un jugador suplente** a substitute
• *s* **1** (maestro, profesora) substitute teacher (AmE), supply teacher (BrE) | **el suplente de nuestro profesor/del Sr. Sosa** the teacher standing in for our teacher/for Mr. Sosa **2** (jugador) substitute: *el banco de suplentes* the substitutes' bench

suplicar *v* **te lo suplico** I beg you | **suplicarle a alguien que haga algo** to beg sb to do sth: *Le supliqué que me escuchara.* I begged him to listen to me.

suponer *s* **1** (imaginar) to suppose, to imagine: *Supongo que ya te lo ha dicho.* I suppose he's already told you./I imagine he's already told you. | **supongo que sí** I suppose so | **supongo que no** I suppose not, I don't suppose so **2 se supone que viene a las cuatro/que empezamos mañana etc.** he's supposed to come at four/ we're supposed to start tomorrow etc.: *Se supone que no tienes que mirar.* You're not supposed to look. **3** (implicar) to involve: *Supone mucho trabajo extra.* It involves a lot of extra work./It means a lot of extra work.

suposición *s* supposition

supositorio *s* suppository (plural -ries)

suprimir *v* **1** (en un texto) to omit: *Suprimieron varios párrafos.* They omitted several paragraphs. **2** (gastos) to cut out

supuesto, -a *adj* **1 por supuesto** of course: *–¿Me ayudas? –Por supuesto.* "Can you help me?

"Of course." | *Por supuesto que voy.* Of course I'm going. | **por supuesto que no** of course not **2** (presunto) alleged: *el supuesto asesino* the alleged murderer **3 en el supuesto caso de que no venga/de que se pierda etc.** if he doesn't come/if he should get lost etc.

sur *sustantivo & adjetivo*

- ***s*** south, South
- ***adj*** south, southern ▶ ver "Active Box" **puntos cardinales** en **punto**

sureste *sustantivo & adjetivo*

- ***s*** southeast
- ***adj*** southeast, Southeastern

surf *s* surfing: *Es campeón de surf.* He's a surfing champion. | **hacer surf** to surf | **ir a hacer surf** to go surfing

surfista *s* surfer

surgir *v* **1** (problema, tema) to come up: *Surgió un problema.* A problem has come up. **2 surgir de algo** to come from sth: *¿De dónde surgió la idea?* Where did the idea come from?

suroeste *sustantivo & adjetivo*

- ***s*** (o **suroccidente**) southwest
- ***adj*** (o **suroccidental**) southwest, southwestern

suroriental *s* ▶ ver **sureste**

suroriente *s* ▶ ver **sureste**

surtido, -a *adjetivo & sustantivo*

- ***adj*** **1** (variado) assorted: *chocolates surtidos* assorted chocolates **2** (abastecido) **una librería/una juguetería etc. bien surtida** a well-stocked bookstore/toystore
- **surtido** *s* (stock) selection: *Tienen un gran surtido de raquetas.* They have a wide selection of rackets.

surtidor *s* **1** (en una estación de servicio) gas pump (AmE), petrol pump (BrE) **2** (de una fuente, etc.) jet

surtir *s* ▶ ver **efecto**

susceptible *adj* touchy: *No seas tan susceptible.* Don't be so touchy.

suscribirse *v* **suscribirse (a una revista)** to subscribe (to a magazine)

suscripción *s* **suscripción (a algo)** subscription (to sth)

suspender *v* **1** (cancelar) (un viaje, un recital, etc.) to cancel: *Suspendieron el casamiento.* The wedding was canceled. ▶ Si algo se suspende temporalmente después de haber comenzado, se usa **to suspend**. Si se trata de una postergación, se usa **to postpone**: *Hubo que suspender el partido.* The game had to be suspended. **2** (sancionar) to suspend: *Lo suspendieron por quince días.* He was suspended for two weeks. **3** (por falta de trabajo) **suspender a alguien** to lay sb off

suspenso *s* suspense: *una película de suspenso* a thriller | **dejar a alguien con el suspenso/en suspenso** to leave sb in suspense

suspensores *s pl* (para pantalones) suspenders (AmE), braces (BrE)

suspirar *v* to sigh

suspiro *s* sigh: *un suspiro de alivio* a sigh of relief

sustancia *s* substance

sustantivo *s* noun

sustitución *s* **en sustitución de algo/alguien** as a substitute for sth/sb: *Entró en sustitución de López.* He came on as a substitute for López.

sustituir *v* **1** to replace: *Y el DVD después será sustituido por otra cosa.* And later the DVD will be replaced by something else. | **sustituir la mantequilla por aceite/el azúcar por miel etc.** to substitute oil for the butter/honey for the sugar etc., to replace the butter with oil/the sugar with honey etc. **2 sustituir a alguien (a)** (provisoriamente) to stand in for sb: *Lucas va a sustituir a Diego.* Lucas will stand in for Diego. **(b)** (permanentemente) to replace: *Ella lo va a sustituir cuando se jubile.* She is going to replace him when he retires.

sustituto, -a *sustantivo & adjetivo*

- ***s*** **1** (provisorio) substitute **2** (permanente) replacement
- ***adj*** **madre/familia sustituta** foster mother/family

susto *s* fright | **darle un susto a alguien** to frighten sb, to give sb a fright: *Me diste un susto tremendo.* You really frightened me./You gave me a real fright. | **darse un susto** to get a fright: *¡Qué susto que me di!* What a fright I got!

susurrar *v* to whisper: *Le susurró algo al oído.* He whispered something in her ear.

susurro *s* whisper

sutil *adj* subtle

suyo, -a *adjetivo & pronombre*

- ***adj*** (de él) his, (de ella) hers, (de usted, de ustedes) yours, (de ellos/ellas) theirs: *Señor Cano, esto es suyo.* Mr. Cano, this is yours. | *Blanca dice que este CD es suyo.* Blanca says this CD is hers. ▶ La construcción **un amigo suyo/una colega suya** etc. se traduce por **a friend of his/a colleague of yours** etc., según signifique *de él, de usted,* etc.: *Estaban con unos parientes suyos.* They were with some relatives of theirs.
- ***pron*** **1 el suyo/la suya etc. (a)** (de él) his **(b)** (de ella) hers **(c)** (de usted, ustedes) yours **(d)** (de ellos, ellas) theirs: *¿Me presta el suyo?* Could you lend me yours? | *Luis ya se llevó los suyos.* Luis has already taken his. **2 está/están etc. haciendo de las suyas** she's up to her usual tricks/they're up to their usual tricks etc.

T, t *s* T, t ► ver "Active Box" **letras del alfabeto** en **letra**

tabaco *s* tobacco
tabaco negro dark tobacco **tabaco rubio** Virginia tobacco

taberna *s* bar

tabla *sustantivo & sustantivo plural*
• *s* **1** (de madera) board: *Esta tabla puede servir de mesa.* We can use this board as a table. ► **plank** es una tabla larga y más gruesa, como las que se usan para andamios, etc. **floorboard** es una de las tablas del piso **2** (lista, índice) table: *Escriban los datos en una tabla.* Put the data in a table. **3 tabla (de multiplicar)** (times) table, (multiplication) table: *No sabe las tablas.* He doesn't know his tables. | **la tabla del dos/tres etc.** the two-times/three-times etc. table
tabla de picar chopping board **tabla de planchar** ironing board **tabla de posiciones** table **tabla de surf** surfboard **tabla de windsurf** sailboard
• **tablas** *s pl* (en ajedrez) draw | **hacer tablas** to draw

tableada *adj* (falda) pleated

tablero *s* **1** (en un salón de clase) blackboard | **pasar/salir al tablero** to go up to the blackboard **2** (de un juego) board: *un tablero de ajedrez* a chessboard **3** (de un vehículo) dashboard **4** (de dibujo, arquitectura) drawing board
tablero de anuncios bulletin board (AmE), noticeboard (BrE)

tableta *s* **1** (de un medicamento) tablet **2** (de chocolate) bar

tacaño, -a *adjetivo & sustantivo*
• *adj* mean
• *s* miser

tachar *v* **1 tachar una palabra/un nombre etc.** to cross out a word/a name etc.: *Tachó lo que había escrito.* She crossed out what she had written. **2** (calificar) **tachar a alguien de algo** to call sb sth: *Lo tacharon de ignorante.* They called him ignorant.

tache *s* **1** (adorno) stud: *una chaqueta de cuero con taches* a leather jacket with studs **2** (de un zapato de fútbol) cleat (AmE), stud (BrE)

tacho *s* **tacho (de basura) (a)** (en la cocina) trash can (AmE), (rubbish) bin (BrE): *Tíralo al tacho.* Throw it in the trash can. ► El tacho más grande que se pone en la calle para la recolección de residuos se llama **garbage can** en EE. UU. y **dustbin** en Gran Bretaña **(b)** (en un lugar público) garbage can (AmE), litter bin (BrE)

tachón *s* crossing out (plural crossings out)

tachuela *s* **1** (clavo) thumbtack (AmE), drawing pin (BrE) **2** (adorno) ► ver **tache**

taco *s* **1** (en fútbol: ataque) tackle **2 patear la pelota de taco** to backheel the ball **3** (de billar) cue **4 a todo taco (a)** (a todo lo que da) full blast: *Siempre tiene el televisor a todo taco.* He always has the TV on full blast. **(b)** (gastando mucho) in style: *Lo celebraron a todo taco.* They celebrated in style. **(c)** (muy rápido) at top speed: *Iban por la carretera a todo taco.* They were going along the road at top speed. **5 taco (de tráfico)** traffic jam **6** (platillo mexicano) taco **7** (de un zapato) ► ver **tacón**

tacón *sustantivo & sustantivo plural*
• *s* (de un zapato) heel | **zapatos/sandalias etc. de tacón alto** high-heeled shoes/sandals etc. | **zapatos/sandalias etc. de tacón bajo** low-heeled shoes/sandals etc., flat shoes/sandals etc.
tacón corrido/cubano wedge heel
• **tacones** *s pl* high heels: *No usa tacones.* She doesn't wear high heels. | *No sabe caminar de tacones.* She can't walk in high heels.

táctica *s* tactics *pl*: *Decidieron cambiar de táctica.* They decided to change tactics.

tacto *s* **1** (sentido) touch | **al tacto** to the touch: *Es muy suave al tacto.* It's very smooth to the touch. **2** (cuidado, delicadeza) tact: *Demostró una gran falta de tacto.* She showed a great lack of tact. | **tener tacto** to be tactful

tajada *s* **1** (de carne, de melón, etc.) slice **2** (parte correspondiente) share | **sacar tajada** to get your share: *Él sacó la mejor tajada.* He got the biggest share.

tajalápiz *s* pencil sharpener

tajo *s* (corte) cut: *Tenía un tajo en la frente.* He had a cut on his forehead./He had a gash on his forehead. ► **gash** (plural **gashes**) implica un tajo grande o profundo | **hacerse un tajo** to cut yourself: *Se hizo un tajo con el cuchillo.* He cut himself with the knife. | **hacerse un tajo en el dedo/la mano etc.** to cut your finger/your hand etc., to gash your finger/your hand etc.

tal *adverbio & adjetivo*
• *adv* **1 ¿qué tal (está) Susi/tu hermano etc.?** how's Susi/your brother etc.?: *¿Qué tal están tus abuelos?* How are your grandparents? | **¿qué tal es la profe nueva/el novio de Ana etc.?** what's the new teacher/Ana's boyfriend etc. like?: *¿Qué tal es esa discoteca?* What's that club like? | **hola ¿qué tal?** hello, how are you? **2 tal vez** maybe, perhaps: *Tal vez lo sepas.* Maybe you know. **3 tal como me lo había imaginado/tal como dijo Pedro etc.** (del mismo modo que) just as I had imagined/just as Pedro said etc. **4 con tal de** ver ejemplos: *Es capaz de cualquier cosa con tal de llegar a ser famoso.* He is capable of anything if it helps him to become famous. | *No importa cuándo, con tal de que me lo devuelvas.* I don't

mind when, just as long as you return it.

● *adj* **1** (semejante) **tal cosa/de tal modo etc.** such a thing/in such a way etc.: *Nunca lo había visto en tal estado.* I'd never seen him in such a state. **2 un tal Iván/una tal Laura etc.** someone called Iván/Laura etc.: *Te llamó un tal Gabriel.* Someone called Gabriel telephoned for you. **3 ser tal para cual** to be two of a kind

taladrar *v* to drill a hole in

taladro *s* drill

talar *v* **talar un árbol** to cut down a tree

talco *s* talcum powder

talega *s* bag

talento *s* (cualidad) talent | **un escritor/una cantante etc. de talento** a talented writer/singer etc. | **tener talento para algo** to have a talent for sth

talentoso, -a *adj* talented

talla *s* size: *¿Tiene una talla más grande?* Do you have a larger size? | **¿qué talla usas/usa etc.?** what size do you/does she etc. take?, what size do you/does she etc. wear?: *¿Qué talla usa tu hermano?* What size does your brother take/wear?

tallar *v* **1** (madera) to carve **2** (piedra) to sculpt **3** (una piedra preciosa) to cut **4** (apretar) **esta camisa/falda etc. me talla mucho** this shirt/skirt etc. is too tight (on me)

tallarines *s pl* tagliatelle *sing*

taller *s* **1 taller (mecánico)** garage: *Llevó el auto al taller.* He took the car to the garage. **2** (de un carpintero, etc.) workshop **3** (literario, de teatro, etc.) workshop: *un taller de teatro* a theater workshop **4** (de un pintor, escultor, etc.) studio

tallo *s* stem

talón *s* **1** (del pie, de una media) heel **2** (de un cheque) counterfoil

talonario o **talonario de cheques** *s* checkbook (AmE), chequebook (BrE)

tamaño *s* size: *Quiero un tamaño más grande.* I want a larger size. ▶ *de* no se traduce en los siguientes ejemplos: *¿De qué tamaño es?* What size is it? | *Es del tamaño de una nuez.* It's the size of a walnut. | *Son del mismo tamaño.* They are the same size.
tamaño familiar family-size: *un envase de tamaño familiar* a family-size pack **tamaño natural**: *una estatua en tamaño natural* a life-sized statue

también *adv* ▶ ver recuadro

tambor *s* **1** (instrumento) drum **2** (de una lavadora) drum **3** (de un arma) drum

tampax® *s* tampon

tampoco *adv* ▶ ver recuadro

tampón *s* tampon

tan *adj & adv* **1** La traducción depende de si hay o no un sustantivo y de si éste es singular o plural, contable o incontable. Guíate por lo siguiente: | **tan despacio/tan aburrido etc. (que...)** so slowly/so boring etc. (that...) ▶ **that** se suele omitir en el lenguaje hablado: *Era tan aburrido que me dormí.* It was so boring (that) I went to sleep. | **un muchacho tan bueno/dulce etc. (que...)** such a good/sweet etc. boy (that...): *¡Pasamos un día tan lindo!* We had such a nice day! | *Tenía un gusto tan horrible que casi vomito.* It had such a horrible taste that I was nearly sick. | **unas flores tan preciosas/un tiempo tan fabuloso etc. (que...)** such beautiful flowers/such wonderful

también

1 Se puede traducir por **too, also** o **as well.** Guíate por los siguientes ejemplos. Fíjate en la posición del adverbio en la oración:

Yo también estoy cansada. I'm tired **too.**/I'm tired **as well.** | *¿Juan también vino?* Did Juan come **too**?/Did Juan come **as well?** | *También habla francés.* She speaks French **too.**/She speaks French **as well.**/She **also** speaks French.

She (Mary) also speaks French significa que antes se dijo algo acerca de Mary, como **Mary speaks German** o **Mary is a good cook,** etc. Si antes se dijo algo acerca de otra persona, como por ejemplo **Peter speaks French,** entonces di **Mary speaks French as well** o **Mary speaks French too**

2 Las respuestas como *yo también/Pablo también* etc., se traducen usando **so** seguido por un modal o auxiliar y el sujeto. Si el verbo de la oración no es modal ni auxiliar, se usa la forma correspondiente de **to do:**

Yo estoy aburrida y Gabriel también. I'm bored and so is Gabriel. | *–Carmen sabe nadar. –Yo también.* "Carmen can swim." "So can I." | *–Ellos jugaron muy bien. –¡Nosotros también!* "They played very well." "So did we!" | **y también...** no wonder...: *Y también, con lo que le dijiste...* No wonder, after what you said to him...

tampoco

1 Se traduce por **either** con un verbo en negativo:

A mí tampoco me gusta. I don't like it either. | *¿Tú tampoco quieres ir?* Don't you want to go either? | *Mi hermana tampoco aprobó.* My sister didn't pass either.

2 Las respuestas como *yo tampoco/Lucía tampoco* etc., se traducen usando **neither** o **nor** seguido por un modal o auxiliar y el sujeto. Si el verbo de la oración no es modal ni auxiliar, se usa la forma correspondiente de **to do:**

Elena no estaba y Pedro tampoco. Elena wasn't there and neither was Pedro. | *–Yo no puedo ir. –Nosotros tampoco.* "I can't go." "Neither can we!" | *–Tú no sabías. –¡Tú tampoco!* "You didn't know." "Neither did you!"

weather etc. (that...): *¡Tocan tan linda música!* They play such nice music! **2** (en exclamaciones) La traducción depende de si el sustantivo es singular, plural, contable o incontable. Guíate por lo siguiente: | **¡qué muchacho tan tonto/alto etc.!** what a silly/tall etc. boy! | **¡qué tiempo tan precioso/horrible etc.!** what beautiful/terrible etc. weather! | **¡qué ideas tan raras/ridículas etc.!** what strange/ridiculous etc. ideas! **3** (en comparaciones) **tan... como...** as... as...: *Es tan buen mozo como el hermano.* He's as good-looking as his brother. | *No es tan caro como dicen.* It's not as expensive as people say.

tanda *s* **1** (grupo) group: *la primera tanda de invitados* the first group of guests **2** (serie) series: *Pasaron una tanda de temas de los 80.* They played a series of 80's tracks. **3 tanda (publicitaria/de avisos)** commercial break

tanga *s* tanga

tangerina *s* tangerine

tanque *s* **1** (de agua, etc.) tank **2 tanque (de gasolina)** (gas) tank (AmE), (petrol) tank (BrE): *El tanque estaba lleno.* The tank was full. | *Llena el tanque.* Fill it up. **3** (de guerra) tank

tantear *v* **1** (con las manos) to feel your way: *Iba tanteando en la oscuridad.* He felt his way along in the darkness. **2** (para obtener información) **tantear a alguien** to sound sb out: *La voy a tantear a ver si es posible.* I'll sound her out to see if it can be done.

tanto, -a *adjetivo, pronombre, adverbio & sustantivo*

- ***adj & pron*** ▶ ver recuadro
- **tanto** *adv* **1** (con verbos) **tanto... (que...)** so much... (that...): *¡Come tanto!* He eats so much! | *Habla tanto que te marea.* He talks so much that he makes you dizzy. **2** (mucho tiempo): *Hace tanto que no lo veo.* It's such a long time since I saw him. | *No tardó tanto.* She didn't take that long. **3** (tan seguido) that often: *No voy tanto al cine.* I don't go to the movies that often. **4 (una vez) cada tanto** every so often: *Voy una vez cada tanto.* I go every so often.
- **tanto** *s* **1** (gol) goal **2** (en básquet, squash, etc.) point **3 al tanto de algo** up to date with sth: *Ya estoy al tanto de todo.* I'm up to date with everything. | *Tenme al tanto de lo que pasa.* Keep me up to date with what is happening. **4 un tanto así** this much: *Me falta un tanto así para terminar el libro.* I have about this much to go to finish the book. | *Córtame un tanto así.* Cut me off about this much.

tapa *s* **1** (de una botella) top: *Ponle la tapa para que no se vaya el gas.* Put the top on so that it doesn't lose its fizz. **2** (de una caja, una olla, etc.) lid **3** (de un marcador) cap **4** (de un libro) cover | **un libro de tapas duras/blandas** a hardback/softback book **5** (de una revista) cover

tapa a rosca o **tapa de rosca** screw top

tapabarros o **tapabarro** *s* fender (AmE), mudguard (BrE)

> **tanto -a** *adjetivo & pronombre*
>
> **1** TAL GRAN CANTIDAD (= so much/so many)
>
> Las traducciones con **much** se usan para referirse a un sustantivo inglés singular y las traducciones con **many** para referirse a uno en plural:
>
> *¡Ganó tanto dinero!* He won so much money! | *No sabía que tenían tantos problemas.* I didn't know they had so many problems.
>
> A veces se usa **this much/that many** etc.:
>
> *Te pedí un par de revistas, no hacía falta traer tantas.* I asked you for a couple of magazines, there was no need to bring this many. | *Engorda mucho, no le des tanto.* It's very fattening, don't give him that much.
>
> **2** TANTO QUE, TANTO COMO
>
> **tanto -a... que...** so much/so many... (that)...: *Tienen tanto dinero que viajan siempre en primera.* They have so much money that they always travel first class. | *Había tanta gente que no pudimos entrar.* There were so many people there that we couldn't get in. | **tanto -a... como...** as much/as many... as...: *Necesito tanto como ella.* I need as much as her. | *No tiene tantos amigos como tú.* She doesn't have as many friends as you.
>
> **3** Ten en cuenta que si en inglés no se usa un sustantivo sino un adjetivo, la traducción es **so** (o **as...as** si es *tanto... como...*):
>
> *¡Hace tanto calor!* It's so hot! | *Tiene tanta suerte que siempre gana algo.* She's so lucky that she always wins something. | *No tengo tanto frío como ayer.* I'm not as cold as yesterday.
>
> **4** EXPRESIONES
>
> **por lo tanto** therefore: *No terminaste la tarea. Por lo tanto no sales.* You haven't finished your homework. Therefore you aren't going out. | **no es para tanto** it's not that bad: *No llores, no es para tanto.* Don't cry. It's not that bad.

tapado, -a *adj* **1** (caños, desagüe) blocked, blocked up **2 tengo la nariz tapada/los oídos tapados** my nose is blocked/my ears are blocked

tapar *v* **1** (con una sábana, un mantel, etc.) to cover: *Lo tapé con una sábana.* I covered it with a sheet. **2** (una caja, una cacerola) to put the lid on **3** (una botella) to put the top on **4** (referido a obstruir la visión, la luz, etc.) ver ejemplos: *Córrete que me estás tapando.* Move over a little, you're blocking my view. | *No me tapes el televisor.* Don't stand in front of the television. **5** (en la cama) **tapar a alguien** to tuck sb in

taparse *v* **1 taparse la boca/la cara etc.** to cover your mouth/your face etc.: *Se tapó la cara con las manos.* She covered her face with her hands. **2** (en la cama) ver ejemplos: *Me tapé con una cobija.* I covered myself up with a blanket. |

¿Quieres más información sobre los **verbos modales**? Hay una explicación en el apartado de gramática.

Tápate que hace frío. It's cold – pull up the blankets. **3** (caño, desagüe) to get blocked: *Se tapó el inodoro.* The toilet got blocked. **4 se me tapó la nariz/se me taparon los oídos** my nose/ears got blocked

tapete *s* **1** (grande) carpet **2** (pequeño) rug **3** (para limpiarse los pies) doormat

tapia *s* **1** (cerco) fence **2** (muro) wall **3 ser/estar más sordo -a que una tapia** to be as deaf as a post

tapicería *s* **1** (taller) upholsterer's **2** (de un auto) upholstery

tapiz *s* tapestry (plural -tries)

tapizado *s* upholstery

tapizar *v* to upholster

tapón *s* **1** (de una piscina, una bañera) plug **2** (para botellas) cap (AmE), top (BrE) **3** (para los oídos) earplug **4** (de un zapato de fútbol) cleat (AmE), stud (BrE)

taquigrafía *s* shorthand

taquilla *s* **1** (en un teatro, un cine) box office **2** (en un estadio, una estación) ticket office **3** (en un banco, una oficina) window

taquito *s* **de taquito** (en fútbol) with a backheel: *Hizo el gol de taquito.* He scored with a backheel.

tarado, -a *adjetivo & sustantivo*

- ***adj*** stupid
- ***s*** idiot

tarántula *s* tarantula

tararear *v* to hum

tardar *v* **1** (determinada cantidad de tiempo) to take: *¿Cuánto tarda el autobús en llegar a Quito?* How long does the bus take to get to Quito? | **¿cuánto tardó/tardaste etc.?** how long did it take him/you etc.?: *¿Cuánto tardaste en terminarlo?* How long did it take you to finish it? | **tardé una hora/dos horas etc. en hacer algo** it took me an hour/two hours etc. to do sth: *Tardó diez minutos en arreglarlo.* It took him ten minutes to fix it. **2** (cuando implica mucho tiempo) to be long: *No tardes./No tardes mucho.* Don't be long. | **tardar en hacer algo** to take a long time to do sth: *El autobús tarda bastante en llegar.* The bus takes quite a long time to get there. | *Tardaron en devolvérmelo.* They took a long time to give it back to me. **3 a más tardar** at the latest: *Llegaremos a las nueve, a más tardar.* We'll arrive at nine at the latest.

tarde *sustantivo & adverbio*

- ***s*** (parte del día) Se dice **afternoon** para referirse a la primera parte de la tarde. A partir de aproximadamente las seis, se usa **evening**: *una linda tarde de verano* a nice summer afternoon/a nice summer evening | *Tomamos el sol toda la tarde.* We sunbathed all afternoon. | **a las dos/seis etc. de la tarde** at two o'clock in the afternoon/at six o'clock in the evening etc. | **en/por la tarde** in the afternoon/in the evening: *En la tarde hace los deberes.* In the evening, he does his homework. | **ayer/mañana/el lunes etc. en/por la tarde** yesterday/tomorrow/Monday etc. afternoon, yesterday/tomorrow/Monday etc. evening: *Nos reunimos todos los martes por la tarde.* We meet every Tuesday afternoon/evening. | **buenas tardes** good afternoon, good evening
- ***adv*** **1** (lo opuesto de temprano) late: *Se levantan tarde.* They get up late. | *Apúrate que es tarde.* Hurry up, it's late. | **llegar tarde** to be late: *Vamos a llegar tarde.* We're going to be late. | *Llegamos tarde al colegio.* We were late for school. | **se está haciendo tarde** it's getting late | **se me/le etc. hizo tarde** it got late: *Se me hizo tarde y no pude ir al super.* It got late and I couldn't go to the supermarket. **2 tarde o temprano** sooner or later: *Tarde o temprano se va a dar cuenta.* Sooner or later he's going to realize.

tarea *s* **1** (de la escuela) homework: *¿Tienes tarea?* Do you have any homework? | **hacer la tarea** to do your homework: *Me olvidé de hacer la tarea.* I forgot to do my homework. **2** (trabajo) task, job: *una tarea muy sencilla* a very simple task **3** (función, deber) job: *Tu tarea es cuidar a los chiquitos.* Your job is to take care of the children.

las tareas de la casa *s pl* the housework, the household chores

tarima *s* platform

tarjeta *s* **1** (personal, de felicitaciones, etc.) card **2 tarjeta (de crédito)** credit card: *¿Puedo pagar con tarjeta?* Can I pay by credit card?

tarjeta amarilla yellow card: *El árbitro le sacó la tarjeta amarilla.* The referee showed him the yellow card. **tarjeta de débito** debit card **tarjeta de navidad** Christmas card **tarjeta roja** red card

tarro *s* **1** (lata) can, tin (BrE) **2** (frasco) jar: *un tarro de mayonesa* a jar of mayonnaise

tarta *s* **1** (salada) quiche | **tarta de cebolla/de atún etc.** onion/tuna etc. quiche **2** (dulce) Se llama **tart** si no lleva masa por encima y **pie** si la tiene | **tarta de frambuesas** raspberry tart | **tarta de manzana** apple pie

tartamudear *v* to stammer

tartamudo, -a *adjetivo & sustantivo*

- ***adj*** **ser tartamudo -a** to have a stammer: *Es tartamuda.* She has a stammer. | **una niña tartamuda/un hombre tartamudo** a girl/a man with a stammer
- ***s*** Existe el término **stammerer** pero es más técnico. Si quieres hablar de *un tartamudo* usa **a boy/man etc. who stammers**

tasa *s* (índice) rate: *la tasa de mortalidad* the mortality rate

tasa aeroportuaria airport tax (plural -xes) **tasa de desempleo** unemployment rate **tasa de interés** interest rate

tasar *s* to value: *Tasaron el cuadro en $10.000.* The painting was valued at $10,000.

tatarabuelo, -a *s* **tatarabuelo** great-great-grandfather | **tatarabuela** great-great-grandmother | **tatarabuelos** (tatarabuelo y tatarabuela) great-great-grandparents

tatuaje *s* tattoo | **hacerse un tatuaje** to have a tattoo done: *Se hizo un tatuaje en el brazo.* She had a tattoo done on her arm.

taurino, -a *adj* **la temporada taurina** the bullfighting season | **el mundo taurino** the world of bullfighting

Tauro *s* Taurus: *Soy (de) Tauro.* I'm a Taurus./I'm a Taurean.

taxi *s* cab, taxi: *Vino en taxi.* She came by taxi.

taxista *s* cab driver, taxi driver

taza *s* **1** (recipiente) cup: *Se me rompió una de las tazas.* I broke one of the cups. **2** (contenido) cup: *Tomamos una taza de té.* We had a cup of tea. **3** (inodoro) toilet, toilet bowl

¿a cup of coffee o a coffee cup?

A cup of coffee/a cup of tea hacen referencia a una taza llena de café o té o a su contenido. Para hablar de una taza para café o té, que puede estar vacía, se dice a **coffee cup/a teacup**

Me ofreció una taza de café. She offered me a cup of coffee. | *Me lo sirvió en una taza de té.* She served it in a teacup.

tazón *s* bowl

te *pron* ▶ ver recuadro

te

1 Como complemento directo o indirecto, la traducción general es **you:**

No te veo. I can't see you. | *Te mandé un mail.* I sent you an e-mail.

El pronombre aparece sólo una vez en la oración inglesa:

Te lo pedí a ti. I asked you.

Ten en cuenta que algunos verbos ingleses requieren el uso de preposiciones (**to you/for you etc.**). En otros casos, en inglés se usa un posesivo en lugar del artículo. Consulta siempre la entrada correspondiente al verbo.

¿Te escribió Luis? Has Luis written **to you**? | *Te quiero sacar una foto.* I want to take a picture **of you**. | *¿Se te ha perdido el reloj?* Have you lost **your watch**? | *¡Te han robado la bicicleta!* **Your bike** has been stolen!

2 Si tiene valor reflexivo, a veces se traduce por **yourself:**

¿Te lastimaste? Did you hurt yourself? | *Esto es para que te compres lo que quieras.* This is for you to buy whatever you want.

Pero los verbos pronominales tienen diferentes traducciones. Busca *arrepentirse, peinarse*, etc.

té *s* **1** (infusión) tea: *No me gusta el té.* I don't like tea. **2** (merienda) tea ▶ En Gran Bretaña, como algunas personas también le llaman **tea** a la cena, a veces se dice **afternoon tea** para especificar que se trata del té de la tarde | **tomar el té** to have tea **té con leche** tea ▶ En Gran Bretaña el té se sirve con leche a menos que se especifique lo contrario: *Me tomé un té con leche.* I had a cup of tea. **té con limón** lemon tea **té de hierbas** herbal tea

teatro *s* **1** (edificio, espectáculo) theater (AmE), theatre (BrE) **2** (arte dramático) drama: *En el colegio hacemos teatro.* We do drama at school. ▶ ver **obra**

techo *s* **1** (exterior) roof **2** (cielorraso) ceiling **3 los sin techo** the homeless

tecla *s* key

teclado *s* keyboard

teclear *v* to type, to key in: *Teclee su contraseña.* Type your password./Key in your password.

técnica *s* **1** (tecnología) technology (plural -gies) **2** (método, destreza) technique

técnico, -a *adjetivo & sustantivo*

- *adj* technical ▶ ver **director, escuela**
- *s* **1** (persona que arregla electrodomésticos, etc.) engineer **2** (en una fábrica, un laboratorio, etc.) technician **3** ▶ ver **director**

técnico -a de sonido sound engineer

tecnología *s* technology (plural -gies) **tecnología de punta** cutting-edge technology (plural -gies)

teja *s* tile

tejado *s* roof

tejer *v* **1** (con agujas) to knit: *¿Sabes tejer?* Can you knit?/Do you know how to knit? **2** (en un telar) to weave **3** (araña) to spin

tejido *s* **1** (labor) knitting: *¿Dónde dejé el tejido?* Where did I leave my knitting? **2** (tela) material, fabric ▶ **fabric** es más formal o más técnico **3** (en anatomía) tissue

tela *s* material, fabric ▶ **fabric** es más formal o más técnico: *¿Cuánta tela necesitamos?* How much material do we need? ▶ Se usa **cloth** para decir que algo es de tela y no de cuero, plástico, etc.: *una cartera/un gorro de tela* a cloth bag/cap **tela adhesiva** first aid tape (AmE), sticking plaster (BrE)

telaraña o **tela de araña** *s* Se dice **spiderweb** en inglés americano y **spider's web** en inglés británico para referirse a la que la araña acaba de tejer y **cobweb** para la que se ve en un techo sucio, etc.: *El ático está lleno de telarañas.* The attic is full of cobwebs.

tele *s* **1** (televisión) **la tele** TV, the telly (BrE) | **en la tele** on TV, on the telly (BrE): *¿Qué dan en la tele?* What's on TV?/What's on the telly? | **mirar/ver (la) tele** to watch TV, to watch the telly (BrE) **2** (televisor) TV, telly (plural -llies) (BrE)

telecomunicaciones *s pl* telecommunications

teleférico *s* cable car

telefonista *s* telephone operator

teléfono *s* **1** (aparato, sistema) telephone, phone ▶ **phone** es más frecuente en el lenguaje hablado: *El teléfono está descompuesto.* The telephone isn't working. | **hablar por teléfono (con alguien)** ver ejemplos: *Estuvo horas hablando por teléfono con Lara.* She was on the phone to Lara for hours. | *Se pasa el día hablando por teléfono.* She spends all day on the phone. | *No me gusta hablar por teléfono.* I don't like talking on the phone. | **atender/contestar el teléfono** to answer the phone | **llamar a alguien por teléfono** to call sb, to phone sb: *Llámame por teléfono.* Call me./Phone me. **2** (número) phone number: *¿Me das tu teléfono?* Can you give me your phone number?

teléfono celular cell phone (AmE), mobile (phone) (BrE) **teléfono inalámbrico** cordless phone **teléfono público** pay phone

telegrama *s* telegram

telenovela *s* soap opera

teleobjetivo *s* telephoto lens

telepatía *s* telepathy

telescopio *s* telescope

telespectador o **televidente** *s* viewer

televisión *s* **1** (medio) television: *Vamos a salir por televisión.* We're going to be on television. | *Lo vi en televisión.* I saw it on TV. | **mirar/ver (la) televisión** to watch television, to watch TV **2** (aparato) television, TV | **prender/apagar la televisión** to turn the television on/to turn the television off, to turn the TV on/to turn the TV off

televisor *s* television, TV

telón *s* curtain: *Cayó/subió el telón.* The curtain came down/went up.

tema *s* **1** (asunto) subject: *¿Cómo surgió el tema?* How did the subject come up? | **cambiar de tema** to change the subject | **sacar un tema** to bring a subject up: *¿Quién sacó el tema?* Who brought the subject up? **2** (de una asignatura) topic: *¿Qué temas entran en el examen?* What topics does the exam cover? **3** (canción) track: *el primer tema del CD* the first track on the CD **4** (en arte, literatura) theme

temblar *v* **1** (de frío, por la fiebre) to shiver | **temblar de frío** to shiver with cold **2** (de miedo, de nervios, etc.) to tremble, to shake | **temblar de miedo** to tremble with fear: *Abrí la puerta temblando de miedo.* I opened the door, trembling with fear. | **me tiemblan las piernas/las manos etc.** my legs/hands etc. are shaking **3** (casa, tierra) to shake

temblor *s* **temblor (de tierra)** earth tremor

temer *v* **1 temerle a algo/alguien** to fear sth/sb, to be afraid of sth/sb **2 temer por algo/alguien** to fear for sth/sb: *Temían por su vida.* They feared for their lives.

temerse *v* **me temo que no puedo/que no aprobó etc.** I'm afraid I can't/he didn't pass etc.

temible *adj* fearsome

temor *s* fear | **por temor a algo** for fear of sth: *No fui por temor a perderme.* I didn't go for fear of getting lost.

temperatura *s* **1** (del ambiente) temperature: *Hay una temperatura de veinte grados.* The temperature is twenty degrees. **2** (del cuerpo) temperature | **tener temperatura** to have a temperature | **tomarle la temperatura a alguien** to take sb's temperature

tempestad *s* storm

templado, -a *adj* (clima) mild, temperate ▶ **temperate** es más técnico

templar *v* (una guitarra, un violín, etc.) to tune

templo *s* temple: *un templo griego* a Greek temple | *un templo budista* a Buddhist temple ▶ **temple** no se suele usar para referise a una iglesia cristiana

temporada *s* **1** (en turismo, moda, espectáculos) season: *la temporada primavera-verano* the spring-summer season | **en temporada** (turística) during the high season: *Es difícil conseguir pasajes en temporada.* It's difficult to get tickets during the high season. **2** (de fútbol) season: *los campeones de esta temporada* this season's champions

temporada alta high season **temporada baja** low season

temporal *sustantivo & adjetivo*

- ***s*** storm
- ***adj*** temporary

temprano *adv* early: *Me acosté temprano.* I went to bed early. | *Llegó más temprano que de costumbre.* She arrived earlier than usual.

tenaz *adj* determined, tenacious

tenazas *s pl* **1** (herramienta) pliers: *Necesito unas tenazas.* I need a pair of pliers./I need some pliers. **2** (de un crustáceo) pincers

tendencia *s* **1** (propensión) tendency (plural -cies) | **tener tendencia a engordar/deprimirse etc.** to have a tendency to put on weight/to get depressed etc. **2** (corriente) trend: *Es una tendencia mundial.* It is a worldwide trend. **3** (en moda) trend: *las últimas tendencias de la moda* the latest fashion trends

tender *v* **1 tender la ropa (a)** (al aire libre) to hang the laundry out (AmE), to hang the washing out (BrE) **(b)** (adentro) to hang the laundry up to dry (AmE), to hang the washing up to dry (BrE) **2 tender la cama** to make the bed: *Todavía no* *ha tendido la cama.* She hasn't made her bed yet. **3 tender a hacer algo** to tend to do sth

tendero, -a s storekeeper (AmE), shopkeeper (BrE)

tendón s tendon

tenedor s fork

tener *verbo & verbo auxiliar*

• *v* ► ver recuadro

• **tener que** *v aux* **1** (para expresar obligación, necesidad) to have to: *Lo tuvimos que arreglar.* We had to fix it. ► Es frecuente, sobre todo en inglés británico, el uso de **to have got to** en el presente: *Tenemos que estar ahí a las ocho.* We have to be there at eight o'clock./We've got to be there at eight o'clock. ► **to have got to** no usa el auxiliar **to do** para formar el negativo y el interrogativo: *No tengo que hacerlo hoy.* I don't have to do it today./I haven't got to do it today. | *¿Te tienes que quedar?* Do you have to stay?/Have you got to stay? **2** Para hacer recomendaciones también se usan los modales **must, should** y **ought to**: *Tienes que escuchar este CD.* You must listen to this CD./You have to listen to this CD. | *Tienen que ir a verla.* You should go and see her./You ought to go and see her. **3** Para hacer conjeturas o expresar certeza se usa el modal **must**: *Tiene que estar acá.* It must be here. | *Tienes que haberla visto.* You must have seen her.

teniente s lieutenant

tenis s **1** (deporte) tennis | **jugar tenis** to play tennis **2** (calzado) tennis shoe, sneaker (AmE), trainer (BrE): *¿Cuánto cuestan esos tenis?* How much are those tennis shoes? **tenis de mesa** table tennis

tenista s tennis player

tenor s (cantante) tenor

tensión s **1** (entre personas, en el ambiente) tension: *un clima de mucha tensión* a very tense atmosphere **2** (estrés) stress: *Estamos todos con mucha tensión.* We are all under a lot of stress. **3** (en electricidad) voltage

tenso, -a *adj* **1** (referido a una persona, un ambiente) tense: *Estás demasiado tensa.* You're too tense. **2** (referido a una cuerda, a un cable) taut

tentación s temptation | **tener la tentación de hacer algo** to be tempted to do sth: *Tuve la tentación de decírselo.* I was tempted to tell her.

tentáculo s tentacle

tentador, -a *adj* tempting

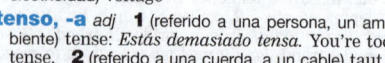

tener *verbo*

1 **to have** es la traducción en la mayoría de los contextos:

Tienen mucho dinero. They have a lot of money. | *La semana pasada tuvimos dos pruebas.* We had two tests last week. | *Tuvo una niña.* She had a little girl.

En el presente a menudo se usa **to have got** en lugar de **to have** en el lenguaje hablado, sobre todo en inglés británico:

Tengo tres hermanas. I have three sisters./I've got three sisters. | *Tenemos la tarde libre.* We have the afternoon off./We've got the afternoon off.

to have got no usa el auxiliar **to do** para formar el negativo y el interrogativo:

No tengo bicicleta. I haven't got a bike./I don't have a bike. | *¿Tienes perro?* Have you got a dog?/Do you have a dog?

Fíjate que en inglés hay que usar el artículo indefinido en los siguientes contextos:

Tiene auto/celular/computadora. He has **a** car/ **a** cell phone/ **a** computer.

Sin embargo, no se usa el artículo definido en los siguientes ejemplos:

Tiene el pelo lacio. She has straight hair. | *Tengo la piel muy delicada.* I've got very delicate skin.

2 EXCEPCIONES

EDAD

Tengo catorce años. I'm fourteen years old. | *¿Cuántos años tiene Juan?* How old is Juan?

ALGUNAS SENSACIONES

Tengo sed/hambre/frío. I'm thirsty/hungry/cold. | *Teníamos mucho calor.* We were very hot.

ALGUNAS CONSTRUCCIONES CON ADJETIVOS O PARTICIPIOS

Tienes las uñas sucias/los pantalones rotos. Your nails are dirty/Your pants are torn. | *Tenía los zapatos embarrados.* His shoes were covered in mud.

MEDIDAS

Tiene varios metros de largo. It's several meters long. | *¿Cuánto tiene de ancho?* How wide is it?

3 EXPRESIONES

tener que ver: *Eso no tiene nada que ver.* That has nothing to do with it./That's got nothing to do with it. | *¿Y eso qué tiene que ver?* What does that have to do with it?/What's that got to do with it? **¿qué tiene?** what's wrong with that?: *–Se levantó a las once. –¿Y qué tiene?* "He got up at eleven o'clock." "And what's wrong with that?"

tentar *v* to tempt: *¡No me tientes!* Don't tempt me! | *La idea me tienta.* I'm tempted by the idea. | **dejarse tentar** to give in to temptation

i ¿Quieres información sobre las diferencias entre los **artículos** en inglés y en español? Lee la explicación en el apartado de gramática.

tentarse *v* **tentarse de la risa** to crack up: *Nos tentamos de la risa y la maestra nos regañó.* We cracked up and the teacher told us off.

teñir *v* (una prenda de ropa, el pelo) to dye | **teñir algo de azul/verde etc.** to dye sth blue/green etc.: *Voy a teñir este vestido de negro.* I'm going to dye this dress black. | **teñirle el pelo a alguien de rubio/negro etc.** to dye sb's hair blonde/black etc.

teñirse *v* **me teñí/se tiñó etc. (el pelo)** I dyed my hair/she dyed her hair etc. | **me teñí (el pelo) de rubio/negro etc.** I dyed my hair blonde/black etc.

teorema *s* theorem

teoría *s* theory (plural -ries) | **en teoría** in theory

teórico, -a *adj* theoretical

tequila *s* tequila

terapeuta *s* therapist

terapia *s* **1** (psicoterapia) therapy | **hacer terapia** to be in therapy, to have therapy **2** (tratamiento de una enfermedad) treatment: *Respondió bien a la terapia.* She responded well to the treatment.

terapia de grupo group therapy **terapia intensiva** intensive care

tercer ▶ ver **tercero**

tercera *s* (de la caja de cambios) third gear: *Puse tercera.* I put it into third gear.

tercero *número* third

la tercera edad *s* senior citizens *pl: personas de la tercera edad* senior citizens **el Tercer Mundo** *s* the Third World

tercio *s* third

terciopelo *s* velvet | **un vestido/una falda de terciopelo** a velvet dress/skirt

terco, -a *adjetivo & sustantivo*

- ***adj*** stubborn
- ***s*** **ser un terco/una terca** to be very stubborn

terminación *s* (de una palabra) ending

terminal *adjetivo, sustantivo femenino & sustantivo masculino & femenino*

- ***adj*** **una enfermedad terminal** a terminal illness | **un enfermo/una enferma terminal** a terminally-ill patient
- ***s*** [fem] **1 terminal (de autobuses)** bus station (AmE), coach station (BrE) **2** (de un aeropuerto) terminal
- ***s*** [masc & fem] (en informática) terminal

terminar *v* **1** (acabar) to finish: *¿Cuándo terminan las clases?* When does school finish? | *las palabras que terminan en "r"* words that end in "r" | **terminar de hacer algo** to finish doing sth: *Cuando termines de hacer la tarea, podemos salir.* When you finish doing your homework, we can go out. **2 terminar haciendo algo** to end up doing sth: *Terminé yendo sola.* I ended up going on my own. | **terminar por hacer algo** to end up doing sth: *Terminó por aceptar.* She ended up accepting./She accepted in the end. | **terminar en el hospital/en el suelo etc.** to end up in the hospital/on the ground etc.: *Terminaron todos en la estación de policía.* They all ended up at the police station. **3 terminar con algo** ver ejemplos: *¡Terminen con la discusión!* Stop arguing! | *Termino con esto y te ayudo.* I'll finish this, then I'll help you. | *Hay que terminar con la corrupción.* We have to put an end to corruption.

terminarse *v* **1** (consumirse) **se terminó el azúcar/la leche** there isn't any sugar/milk left | **se terminaron las galletas/los chocolates** there aren't any cookies/chocolates left: *Se habían terminado las servilletas.* There weren't any napkins left. | *Se está terminando el papel higiénico.* There isn't much toilet paper left./We're running out of toilet paper. | **se me/le etc. terminó el dinero** I/he etc. ran out of money **2** (acabarse) **se terminaron las vacaciones/se terminó la fiesta etc.** the vacation is over/the party's over etc.

termo *s* Thermos® flask, Thermos®

termómetro *s* thermometer | **ponerle el termómetro a alguien** to take sb's temperature

ternera *s* (carne) veal

ternero, -a *s* (animal) calf (plural calves)

ternura *s* tenderness | **con ternura** tenderly

terrateniente *s* landowner

terraza *s* **1** (balcón) balcony (plural -nies) **2** (de un bar) outside seating area: *No hay lugar en la terraza.* There's no room outside. **3** (en agricultura) terrace

terremoto *s* earthquake

terreno *s* **1** (lote) plot of land: *Compraron un terreno.* They bought a plot of land. **2** (suelo, tierra) land: *terreno fértil* fertile land **3** (orografía) terrain: *el terreno irregular de la zona* the irregular terrain of the area **4** (ámbito) field: *el terreno de la ciencia* the field of science

terreno baldío vacant lot (AmE), plot (of waste ground) (BrE)

terrible *adj* **1** (uso enfático) terrible: *un dolor terrible* a terrible pain | **tengo un cansancio/un sueño etc. terrible** I'm terribly tired/sleepy etc. **2** (muy malo) terrible: *Ha sido un día terrible.* It's been a terrible day. **3** (referido a un niño) **ser terrible** to be a little terror **4** (trágico) (accidente, situación) terrible

territorio *s* territory (plural -ries) | **en todo el territorio nacional** throughout the country

terrón *s* (de azúcar) lump

terror *s* **1** terror | **me/le etc. da terror** I'm/he's etc. terrified of it: *Las arañas le dan terror.* He's terrified of spiders. | **tenerle terror a algo/alguien** to be terrified of sth/sb: *Los niños le tienen terror al director.* The children are terrified of the principal. **2 un viaje/una situación etc. de terror** a terrible journey/situation etc. | **me/le etc. fue de terror** (hablando de exámenes, etc.) I/he etc. did terribly **3 una película/una novela de terror** a horror movie/story

terrorismo *s* terrorism

terrorista *adjetivo & sustantivo*
• *adj* **un atentado/una organización terrorista** a terrorist attack/organization
• *s* terrorist
tesis *s* (para un título universitario) thesis (plural -ses)
tesorero, -a *s* treasurer
tesoro *s* (dinero, joyas) treasure ▶ **treasure** es un sustantivo incontable y no puede ir precedido de a: *Encontraron un tesoro.* They found some treasure.
testamento *s* will | **hacer testamento** to make a will ▶ ver **antiguo**
testarudo, -a *adj* stubborn
testículo *s* testicle
testigo *s* **1** (de un crimen, un accidente, etc.) witness (plural -sses) **2 ser testigo de algo** to witness sth
tetera *s* **1** (para hacer té) teapot **2** (para hervir agua) kettle
tetero *s* (biberón) bottle, baby's bottle
texto *s* text
ti *pron* **1** (no reflexivo) you: *Esto es para ti.* This is for you. **2** (reflexivo) yourself: *¿Te estás riendo de ti mismo?* Are you laughing at yourself?
tibio, -a *adj* warm
tiburón *s* shark
tiempo *sustantivo & sustantivo plural*
• *s* **1** (minutos, horas, años, etc.) time: *Todavía hay tiempo.* There's still time. | **tener tiempo para algo/para hacer algo** to have time for sth/to do sth: *No tengo tiempo para bobadas.* I don't have time for nonsense. | *No tiene tiempo para mirar televisión.* He doesn't have time to watch television. | **todo el tiempo** all the time: *Me llama todo el tiempo.* She keeps calling me all the time. | **ahorrar/perder tiempo** to save/waste time | **me/le etc. llevó mucho tiempo** it took me/her etc. a long time
2 hace tiempo que vive aquí/trabaja en Chile etc. he's been living here/working in Chile etc. for a long time | **hace tiempo que no lo veo/no voy a la iglesia etc.** I haven't seen him/I haven't been to church etc. for a long time: *Hace tiempo que no nos viene a ver.* He hasn't been to see us for a long time. | *Hacía tiempo que no veía una película tan linda.* I hadn't seen such a lovely movie for a long time. | **fue/pasó etc. hace tiempo** it was/it happened etc. a long time ago | **¿cuánto tiempo hace que...?** how long is it since...?: *¿Cuánto tiempo hace que se mudaron?* How long is it since they moved away? | *¿Cuánto tiempo hace que no los ves?* How long is it since you've seen them?
3 a tiempo on time: *Lo entregué a tiempo.* I handed it in on time. | **estar a tiempo** to have time: *Todavía estamos a tiempo.* We still have time. | **estar a tiempo de hacer algo** to be still in time to do sth: *Estás a tiempo de llamarlo.* You're still in time to call him.
4 al tiempo some time after: *Al tiempo me la encontré en la calle.* Some time after, I met her in the street. | **al poco tiempo** soon after | **al mismo tiempo** at the same time
5 hacer tiempo to while away the time: *Me fui a tomar un café para hacer tiempo.* I went for a coffee to while away the time.
6 (hablando del clima) weather: *Tuvimos un tiempo malísimo.* We had awful weather.
7 (de un partido) half: *en el primer tiempo* in the first half
8 (de un verbo) tense
• **tiempos** *s pl* (época) times | **en tiempos de guerra/paz etc.** in times of war/peace etc. | **en los últimos tiempos** recently
tiempo de descuento injury time, stoppage time **tiempo libre** free time **tiempo suplementario** overtime (AmE), extra time (BrE)
tienda *s* store (AmE), shop (BrE)
tienda de comestibles, **tienda de abarrotes** grocery store (AmE), grocer's (BrE) **tienda de campaña** tent **tienda de deportes** sporting goods store (AmE), sports shop (BrE) **tienda de regalos** gift shop
tierno, -a *adj* **1** (no duro) tender: *Esta carne es muy tierna.* This meat is very tender. **2** (referido a personas) sweet
tierra *sustantivo & sustantivo plural*
• *s* **1** (materia) soil, earth: *la tierra de las macetas* the soil in the flowerpots/the earth in the flowerpots | **un camino/una calle de tierra** a dirt track/road **2** (suelo) soil: *Esta tierra es muy fértil.* This soil is very fertile. **3** (por oposición a mar, aire) land: *un viaje por tierra* a journey by land/an overland journey **4** (polvo) dust: *Los libros estaban llenos de tierra.* The books were covered in dust. **5** (o **Tierra**) (planeta) **la tierra/la Tierra** the Earth **6** (país, lugar natal) homeland
tierra caliente tropical lowlands *pl* **tierra firme** dry land **tierra fría** the highlands *pl*
• **tierras** *s pl* (terrenos) land *sing*: *Tuvieron que vender sus tierras.* They had to sell their land.
tieso, -a *adj* stiff
tifo o **tifus** *s* typhoid, typhoid fever
tifón *s* typhoon
tigre, -esa *s* **tigre** tiger | **tigresa** tigress (plural -sses)
tijera o **tijeras** *s* scissors *pl*: *Esta(s) tijera(s) no corta(n) nada.* These scissors don't cut. | **una tijera** a pair of scissors: *¿Tienes una(s) tijera(s)?* Do you have a pair of scissors?
tilde *s* **1** (acento) accent: *"Examen" no lleva tilde.* "Examen" doesn't have an accent (on it). **2** (de la "ñ") tilde
timbal *s* (instrumento) kettledrum | **los timbales** the timpani
timbre *s* bell | **tocar el timbre** to ring the bell
tímido, -a *adj* shy
timón *s* **1** (de un barco) rudder **2** (de un auto) steering wheel

tímpano *s* (del oído) eardrum
tina *s* (de baño) bathtub (AmE), bath (BrE)
tinta *s* ink | **escribir algo con tinta** to write sth in ink: *Lo escribió con tinta roja.* She wrote it in red ink.
tinto *s* **1** (vino) red wine **2** (café) black coffee
tintorería *s* dry cleaner's
tintura *s* **1** (producto) hair dye **2** (acción de teñirse el pelo) **hacerse la tintura** to have your hair dyed
tío, -a *s* **tío** uncle | **tía** aunt | **tíos** (tío y tía) aunt and uncle: *Vivo con mis tíos.* I live with my aunt and uncle. | **el tío Carlos/la tía Marta etc.** Uncle Carlos/Aunt Marta etc.
tiovivo *s* merry-go-round, carousel (AmE)
típico, -a *adj* **1** (característico) typical: *Es típico de él llegar tarde.* It's typical of him to be late. **2** (tradicional) traditional: *el traje típico de la región* the traditional regional costume
tipo *sustantivo masculino & sustantivo masculino & femenino*
- **s** [masc] (clase) kind: *Es el tipo de libro que me gusta.* It's the kind of book I like. | **todo tipo de gente/problemas etc.** all kinds of people/problems etc.: *Puedes hacer todo tipo de deportes.* You can do all kinds of sports. | **no es mi/su etc. tipo** he isn't my/her etc. type
- **tipo -a** *s* [masc & fem] **tipo** se traduce por **guy** pero no hay un término coloquial paralelo a **tipa**. Usa **woman** o, si es joven, **girl**: *Es un tipo muy extraño.* He's a very strange guy. | *Sale con una tipa mayor.* He's going out with an older woman.

tiquete *s* **1** (de avión, tren, etc.) ticket: *Ya he sacado el tiquete.* I've already bought my ticket. | *Incluye tiquete aéreo y hotel.* Airfares and hotel are included. **2** (recibo, boleta) receipt: *Conserve el tiquete.* Keep your receipt. **3 tiquete (de entrada)** (entrance) ticket
tiquete de ida one-way ticket, single (ticket) (BrE) **tiquete de ida y regreso** round-trip ticket (AmE), return (ticket) (BrE)
tira *sustantivo femenino & sustantivo masculino & femenino*
- **s** [fem] **1** (de tela, papel) strip **2** (de un zapato) strap **3** (historieta) comic strip
- **s** [masc & fem] (policía) cop

tirabuzón *s* corkscrew
tirado, -a *adj* **tirado -a en el suelo/la cama etc.** lying on the floor/the bed etc.: *Se pasa el día tirada en el sofá.* She spends the whole day lying on the sofa. | *No dejes el abrigo tirado en el suelo.* Don't leave your coat lying on the ground. ▶ Cuando significa desparramado, se dice lying around: *Tienes la ropa tirada por todas partes.* Your clothes are lying around all over the place.
tirador, -a *s* (persona) **tirador** marksman (plural -men) | **tiradora** markswoman (plural -women) | **ser un buen tirador/una buena tiradora** to be a good shot
tirano, -a *s* tyrant
tirantas o **tirantes** *s pl* (para pantalones) suspenders (AmE), braces (BrE)
tirante *adjetivo & sustantivo*
- **adj** **1** (referido a cuerdas, cables) taut **2** (referido a relaciones, ambientes) tense
- **s** (de una prenda femenina) strap

tirar *v* ▶ ver recuadro
tirarse *v* **1** (lanzarse, arrojarse) **tirarse al agua/al río etc.** to jump into the water/the river etc., to dive into the water/the river etc. ▶ **to dive** se usa si se hace de cabeza | **tirarse de un cuarto piso/por la ventana etc.** to jump from the

tirar *verbo*

1 ARROJAR (= to throw)

2 **tirarle algo a alguien** se dice **to throw sb sth** o **to throw sth to sb** cuando significa pasárselo y **to throw sth at sb** cuando se hace para agredir:

Le tiré las llaves. I threw him the keys./I threw the keys to him. | *Le tiró una piedra/un tomate.* She threw a stone/a tomato at him.

3 DESHACERSE DE

tirar algo (a la basura) to throw sth away: *No me tires estos papeles.* Don't throw these papers away. | *Tira esto a la basura.* Throw this away./Throw this in the garbage.

4 MALGASTAR (= to waste)

No tires plata en eso. Don't waste your money on that./Don't throw your money away on that.

5 DEMOLER

tirar algo abajo to knock sth down: *Van a tirar el edificio abajo.* They're going to knock the building down.

6 DISPARAR (= to shoot)

No tiren. Don't shoot. | **tirar un tiro/dos tiros etc.** to fire a shot/two shots etc.

7 EXPLOSIVOS

tirar una bomba to drop a bomb | **tirar cohetes/petardos** to set off rockets/firecrackers

8 EN JUEGOS

Tiré un as. I played an ace. | *¿A quién le toca tirar los dados?* Whose turn is it to throw the dice?

9 HACIA UNO

tirar de algo to pull sth: *Tienes que tirar de la soga.* You have to pull the rope. | **tirarle del pelo/de la manga etc. a alguien** to pull sb's hair/sleeve etc.: *No me tires del pelo.* Don't pull my hair.

10 EXPRESIONES

azul tirando a verde/marrón tirando a rojo etc. greenish blue/reddish brown etc.

fourth floor/out of the window etc. **2** (acostarse) to lie down **3 tirarse el café/la sopa etc. encima** En inglés hay que mencionar una parte del cuerpo o una prenda: *Me tiré el café encima.* I spilled the coffee in my lap/over my shirt etc.

tiritar *v* to shiver | **tiritar de frío** to shiver with cold

tiro *s* **1** (disparo) shot | **pegarle un tiro a alguien** to shoot sb | **pegarse un tiro** to shoot yourself **2** (en fútbol, básquet) shot **3 me/le etc. salió el tiro por la culata** the plan backfired on me/him etc.

tiro al blanco target shooting **tiro con arco** archery **tiro de esquina** corner **tiro libre** **(a)** (en fútbol) free kick **(b)** (en básquet) free throw

tirón *s* **1** (acción) **darle un tirón a algo** to pull sth | **arrancar algo de un tirón** to rip sth off: *Me arranqué la curita de un tirón.* I ripped the Band-Aid off. **2 leerse algo de un tirón** to read sth in one go | **dormir ocho/nueve etc. horas de un tirón** to sleep through for eight/nine etc. hours

tiroteo *s* (entre dos bandos, dos personas) shoot-out: *Lo hirieron en un tiroteo.* He was wounded in a shoot-out.

títere *sustantivo & sustantivo plural*

- *s* puppet
- **títeres** *s pl* puppet show

titular *sustantivo masculino, sustantivo masculino & femenino & verbo*

- *s* [masc] (en un diario) headline
- *s* [masc & fem] **1 el titular de la cuenta/del pasaporte etc.** the account-holder/passport-holder etc. **2** (en deportes) first-team player
- *v* **1** (una novela, un poema, etc.) to call, to name **titularse** *v* (tener como título) to be called: *¿Cómo se titula la obra?* What's the play called?

título *s* **1** (de una novela, película) title **2** (en deportes) title **3** (diploma) qualification

tiza *s* **1** (trozo, barra) piece of chalk: *Necesito una tiza.* I need a piece of chalk. **2** (material) chalk: *Lo escribieron con tiza.* They wrote it in chalk.

toalla *s* **1** (para secarse) towel **2 tirar la toalla** to throw in the towel **3** (tela) terrycloth (AmE), towelling (BrE) | **una bata de toalla** a terrycloth bathrobe

toalla higiénica, toalla sanitaria sanitary napkin (AmE), sanitary towel (BrE)

toallero *s* towel rail

tobillera *s* (venda) ankle support

tobillo *s* ankle

tobo *s* **1 tobo (de basura)** trash can (AmE), garbage can (AmE), (rubbish) bin (BrE) **2** (balde) bucket

tobogán *s* slide | **tirarse por un tobogán** to go down a slide

tocar *v* **1** (con las manos) to touch: *¡No toques nada!* Don't touch anything! ▶ Cuando se trata de palpar, se dice **to feel**: *Tócalo a ver si está seco.* Feel it and see if it's dry. **2** (referido a instrumentos, música) to play: *Esta noche tocamos.* We're playing tonight. | *Toca muy bien el saxo.* He plays the sax very well. | *Tocaron el himno nacional.* They played the national anthem. **3** (hablando de turnos) **tocarle a alguien (hacer algo)** to be sb's turn (to do sth): *Me toca a mí.* It's my turn. | *¿A quién le toca cocinar?* Whose turn is it to do the cooking? **4** (en suerte, en un reparto) **me tocó el pedazo más pequeño/el cuarto más grande etc.** I got the smallest piece/the biggest room etc.: *Me tocó un cuarto con balcón.* I got a room with a balcony. | *¿Qué profesora te tocó?* Which teacher did you get? **5** (un timbre, una campana) to ring: *Toqué tres veces el timbre.* I rang the bell three times. **6 tocar el claxon/el pito/la bocina** to sound your horn, to honk your horn: *Todos tocaban el claxon.* Everybody was sounding their horns. **7** (estar en contacto con) to be touching: *La mesa toca la pared.* The table is touching the wall. **8 tocar un tema (a)** (sacarlo) to bring a subject up **(b)** (tratarlo) to touch on a subject: *Tocamos varios temas.* We touched on various subjects.

tocayo, -a *s* **es tocayo -a mío -a/tuyo -a etc.** he/she has the same name as me/you etc.

todavía *adv* ▶ ver recuadro

todo, -a *adj & pron* ▶ ver recuadro

tolda *s* tent

toldo *s* awning

tolerar *v* **1** (a una persona) **no lo/la etc. tolero** I can't stand him/her etc. **2** (una actitud, un comportamiento) to tolerate: *Hay que tolerar las opiniones de los demás.* We must tolerate other people's opinions./We must be tolerant of other people's opinions.

toma *sustantivo femenino & sustantivo masculino*

- *s* [fem] (en cine, TV) take: *La toma no salió bien.* The take didn't come out well.
- *s* [masc] (o **tomacorriente**) socket, outlet (AmE)

todavía

1 TIEMPO

CON NEGATIVO (= yet)

Todavía no he terminado. I haven't finished yet. | *Todavía no ha pagado la cuenta.* She hasn't paid the bill yet.

El ejemplo anterior también se puede traducir por **She still hasn't paid the bill,** que sugiere que ya debería haberla pagado.

SIN NEGATIVO (= still)

Todavía estoy esperando. I'm still waiting. | *¿Todavía estás aquí?* Are you still here?

2 COMPARACIONES (= even)

Esta banda es todavía mejor. This band is even better.

3 IGUAL (= still)

¿Lo llevan en auto y todavía se queja? He gets taken by car and still he complains?

¿Quieres información sobre las diferencias entre los **posesivos** en inglés y en español? Lee la explicación en el apartado de gramática.

todo -a

ADJETIVO

1 LA TOTALIDAD DE, CON SUSTANTIVOS CONTABLES EN SINGULAR

toda la torta/toda la casa etc. the whole cake/the whole house etc.: *Se comieron toda la pizza.* They ate the whole pizza. | **todo el día/toda la semana etc.** the whole day/week etc.; all day/week etc.

La traducción con **whole** es más enfática:

Se quedó todo el día. She stayed all day. | *Me pasé toda la semana estudiando.* I spent the whole week studying.

2 LA TOTALIDAD DE, CON SUSTANTIVOS EN PLURAL O SUSTANTIVOS INCONTABLES (= all)

Ganamos todos los partidos. We won all the matches. | *Todos los muebles son antiguos.* All the furniture is antique.

3 CADA

todos los días/las semanas etc. every day/week etc.: *Lo veo todos los domingos.* I see him every Sunday.

PRONOMBRE

1 SINGULAR (= all)

Cómetelo todo. Eat it all up.

Cuando *todo* significa *todas las cosas* se traduce por **everything**

todo lo que compré/lo que te dije everything I bought/I told you | *Todo estaba sucio.* Everything was dirty.

2 REFERIDO A UN SUSTANTIVO PLURAL (= all)

Cuenta las fichas a ver si están todas. Count the chips to make sure they're all there. | *A todas les gusta el mismo muchacho.* They all like the same boy. | **estar todo sucio/todo roto etc.** to be all dirty/broken etc.: *Tengo los zapatos todos mojados.* My shoes are all wet.

3 EXPRESIONES

de todo: *Sabe hacer de todo.* He can do a little of everything. | *Venden de todo.* They sell all kinds of things. | *Come de todo.* He'll eat anything. | *Tiene de todo.* She has everything. | **del todo** totally: *No está del todo convencida.* She isn't totally convinced.

4 *sobre todo* está tratado en *sobre*

tomadura de pelo *s* joke

tomar *v* ▶ ver recuadro

tomate *s* **1** tomato (plural -toes) | **una ensalada/una salsa de tomates** a tomato salad/sauce **2 ponerse rojo -a/colorado -a como un tomate** to turn as red as a beet (AmE), to go as red as a beetroot (BrE)

tomillo *s* thyme

tomo *s* volume

tonel *s* barrel

tonelada *s* ton ▶ ver nota en **ton**

tomar, tomarse

1 TRANSPORTES (= to take)

Nos tomamos un taxi. We took a cab.

2 ASIR

toma/tomen here you are: *Toma, te lo presto.* Here you are, you can borrow it. | *Tomen, les regalo esto.* Here you are, you can have this.

3 BEBIDAS, ALIMENTOS, REMEDIOS

Tienes que tomar mucha agua. You must drink a lot of water. | *Me tomé dos vasos de leche.* I drank two glasses of milk./I had two glasses of milk. | *Su abuelo tomaba.* Her grandfather used to drink. | **tomar algo:** *¿Quieres tomar algo?* Do you want a drink? | *Salimos a tomar algo.* We went out for a drink. | **tomar/tomarse un helado** to have an ice cream | **tomar el desayuno/el té** to have breakfast/tea | **tomar/tomarse la sopa** to eat your soup | **tomar/tomarse un calmante/una aspirina etc.** to take a painkiller/an aspirin etc.

4 PREGUNTAR SOBRE

Nos tomaron todo el programa. They asked us questions on the whole syllabus.

5 EXÁMENES, PRUEBAS

¿Quién te tomó el examen? Who did you have your exam with? | *Hoy nos tomaron dos pruebas.* We had two tests today.

6 CLASES (= to take)

Está tomando clases de piano. She's taking piano lessons.

7 UNA NOTICIA, ETC. (= to take)

¿Cómo lo tomaron? How did they take it? | *Se lo tomó muy bien/muy mal.* He took it very well/very badly.

8 VACACIONES, TIEMPO (= to take)

Voy a tomarme unas vacaciones. I'm going to take a vacation. | *Tómate un par de días para decidirlo.* Take a couple of days to think about it. | **tomarse un día libre** to take a day off

9 CONSIDERAR

No me gusta que me tomen por idiota. I don't like being taken for a fool.

10 Frases como **tomar medidas, tomar una decisión, tomar el sol,** etc. están tratadas bajo el sustantivo correspondiente.

tónica *s* tonic water

tónico *s* tonic

tono *s* **1** (de un color) shade **2** (de un sonido, una voz) tone: *No me hables en ese tono.* Don't talk to me in that tone of voice. **3** (del teléfono) tone: *Espera a oír el tono.* Wait till you hear the tone. | *No hay tono.* The line is dead.

tontería *s* **decir tonterías** to talk nonsense | **decir una tontería** to say something silly | **hacer una tontería** to do something silly | **¡qué tontería!** how silly! | **es/fue una tontería** it's/it was really silly

tonto, -a *adjetivo & sustantivo*
- ***adj*** silly, stupid
- ***s*** fool | **hacerse el tonto/la tonta** to act like a fool

tope *s* **1** (límite) limit: *el tope de edad* the age limit **2** (para una puerta) doorstop **3** (en una cocina) counter (AmE), worktop (BrE) **4** (para el tráfico) speed bump

toque *s* **1** (detalle) touch (plural -ches): *un toque de humor* a touch of humor **2** (en fútbol) pass (plural -sses) **3** (cigarrillo) joint
toque de queda curfew

tórax *s* thorax (plural -xes)

torcer *v* **torcerle el brazo/la muñeca etc. a alguien** to twist sb's arm/wrist etc.: *Me torció el brazo.* He twisted my arm.
torcerse *v* **me torcí el tobillo/se torció la muñeca etc.** I twisted my ankle/he twisted his wrist etc.

torcido, -a *adj* crooked: *Tiene la nariz torcida.* He has a crooked nose. | **estar torcido -a** to be crooked: *El cuadro está torcido.* The picture is crooked.

torear *v* to fight | **torear un novillo/un toro etc.** to fight a young bull/a bull etc.

torero *s* bullfighter

tormenta *s* storm

tornado *s* tornado (plural -does)

torneo *s* tournament

tornillo *s* **1** screw **2 le/te etc. falta un tornillo** he has/you have etc. a screw loose

torno *s* **1** (de un carpintero) lathe **2** (de un alfarero) wheel, potter's wheel **3** (de un dentista) drill

toro *s* bull

toronja *s* grapefruit (plural grapefruit)

torpe *adj* clumsy

torre *s* **1** (de un castillo, etc.) tower **2** (edificio de apartamentos) apartment building (AmE), block of flats (BrE) **3** (en ajedrez) rook, castle
torre de control control tower

torso *s* torso

torta *s* cake: *¿Quieres torta?* Would you like some cake? | *una torta de chocolate* a chocolate cake
torta de cumpleaños birthday cake **torta de novios** wedding cake

tortícolis *s* **tener tortícolis** to have a stiff neck

tortilla *s* omelet, omelette
tortilla de espinaca spinach omelet **tortilla de papas** potato omelet, Spanish omelet

tortuga *s* **1** (de tierra) tortoise **2** (de mar) turtle **3** (pequeña, de agua dulce) terrapin **4 a paso de tortuga** at a snail's pace

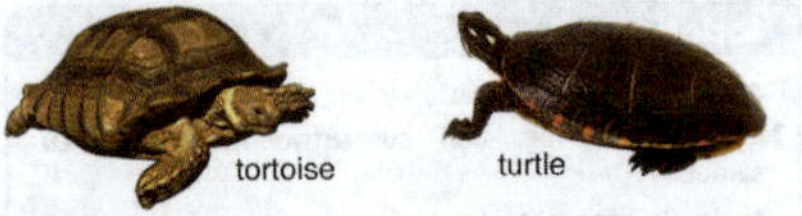

tortura *s* torture | **ser una tortura** to be torture: *Esta música es una tortura.* This music is torture.

torturar *v* **1** (físicamente) to torture **2** (mentalmente) to torment

tos *s* cough | **tener tos** to have a cough: *Tengo mucha tos.* I have a bad cough.

toser *v* to cough

tostada *s* piece of toast: *¿Me pasas una tostada?* Can you pass me a piece of toast? | *Comí tres tostadas con mantequilla.* I ate three pieces of buttered toast. ▶ **toast** es un sustantivo incontable y no puede ir precedido de **a** ni de un número, pero en muchos contextos equivale a *tostadas*: *Hice tostadas.* I made some toast.

tostadora o **tostador** *s* toaster

tostar *v* to toast

total *adjetivo, sustantivo & adverbio*
- ***adj*** **1 número/costo total** total number/cost: *El costo total fue superior a lo previsto.* The total cost was higher than anticipated. | *El precio total es de $1.000.* Altogether it comes to $1,000. **2 un fracaso/un éxito total** a total failure/a complete success
- ***s*** **1 en total** altogether: *En total éramos unas veinte personas.* There were about twenty of us altogether. **2** (resultado) total: *Escribe el total aquí.* Write the total here. **3 el total de los alumnos/las exportaciones/la población** all of the students/all exports/the whole population: *Representa el 30% del total de las exportaciones nacionales.* It represents 30% of all the country's exports. **4 un total de setenta/cien etc.** a total of seventy/one hundred etc.
- ***adv*** (después de todo) after all: *Total, no tienes nada que hacer.* After all, you don't have anything to do.

tóxico, -a *adj* toxic

traba *s* (impedimento) obstacle: *La edad puede ser una traba.* Age can be an obstacle. | **ponerle trabas a algo/alguien** to put obstacles in the way of sth/in sb's way

trabado, -a *adj* (drogado) stoned

trabajador, -a *adjetivo & sustantivo*
- ***adj*** hard-working
- ***s*** worker

trabajar *v* to work: *¿Dónde trabaja?* Where does he work? | *Trabaja en una librería.* He works in a bookstore. | **trabajar de/como algo** to work as sth: *Está trabajando de taxista.* He's working as a cab driver. | **trabajar en publicidad/diseño etc.** to work in advertising/design etc. | **trabajar mucho/tanto** to work very hard/so hard

¿No estás seguro de si se usa **make** o **do**? Mira las entradas **hacer**, **make** y **do**.

trabajo *s* **1** (empleo) job: *No tiene trabajo.* She doesn't have a job. ► En los siguientes contextos también se puede usar **work,** que es un sustantivo incontable y no puede ir precedido de **a**: *Está buscando trabajo.* He's looking for a job./He's looking for work. | *Todavía no consiguió trabajo.* She still hasn't found a job./She still hasn't found work. | **me quedé/se quedó etc. sin trabajo** I lost my job/he lost his job etc. | **estar sin trabajo** to be out of work **2** (esfuerzo) **dar/costar trabajo** to be hard work: *Cuesta trabajo empezar de nuevo.* It's hard work starting all over again. | *Da trabajo planchar esta camisa.* Ironing this shirt is hard work. | **me/le etc. da trabajo** I find/he finds etc. it hard: *Le cuesta trabajo entenderlo.* She finds it hard to understand. | **me dio trabajo hacerlo/pintarlo etc.** it was hard work making it/painting it etc.: *Nos dio mucho trabajo convencerlo.* It was very hard work persuading him. **3** (lugar) **el trabajo** work: *Está en el trabajo.* She's at work. | *Te paso a buscar al trabajo.* I'll pick you up from work. **4** (tarea) job: *Hizo un muy buen trabajo.* He did a very good job. **5** (para la escuela) project | **un trabajo sobre algo** a project on sth

trabajo práctico project **trabajos forzados** *s pl* hard labor (AmE), hard labour (BrE) **trabajos manuales** *s pl* handicrafts

trabalenguas *s* tongue twister

trabarse *v* to jam: *Se trabó la puerta.* The door has jammed. | *Se le trabó el cinturón de seguridad.* Her safety belt jammed.

tractor *s* tractor

tradición *s* tradition

tradicional *adj* traditional

traducción *s* translation | **hacer una traducción** to do a translation | **una traducción del español al inglés** a translation from Spanish into English

traducir *v* to translate | **traducir del inglés al español** to translate from English into Spanish

traductor, -a *s* translator

traer *v* **1** (trasladar) to bring: *¿Trajiste el cepillo de dientes?* Did you bring your toothbrush? | *¿Quién te trajo?* Who brought you? | **traerle algo a alguien** to bring sb sth: *Te traje un ramo de flores.* I've brought you a bunch of flowers. **2** (causar) **traer beneficios** to bring benefits | **traer problemas** to cause problems **3** (contener) to have: *El libro trae un glosario al final.* The book has a glossary at the end.

traficante *s* dealer

traficante de armas arms dealer **traficante de drogas** drug dealer

traficar *v* **traficar con/en algo** to deal in sth, to traffic in sth

tráfico *s* **1** (tránsito) traffic: *Hay mucho tráfico.* There's a lot of traffic. **2** (comercio) trade: *el tráfico ilegal de armas* the illegal arms trade | *el tráfico de drogas* drug trafficking

traga *s* **tener una traga (por/de alguien)** to be crazy about sb

tragamonedas *s* slot machine, fruit machine (BrE)

tragar *v* **1** (referido a bebidas y comidas) to swallow: *Me duele cuando trago.* It hurts when I swallow. | *Tragué agua mientras nadaba.* I swallowed some water while I was swimming. **2** (aguantar, soportar) **no lo/los etc. trago** I can't stand him/them etc.

tragarse *v* **1** (referido a bebidas y comidas) to swallow: *Me lo tragué entero.* I swallowed it whole. **2** (una historia, un cuento) to fall for: *No me lo tragué.* I didn't fall for it. **3** (enamorarse) **tragarse de alguien** to fall for sb: *Me tragué de ella apenas la vi.* I fell for her the minute I saw her. | **estar tragado -a de alguien** to be crazy about sb

tragedia *s* tragedy (plural -dies)

trágico, -a *adj* tragic

trago *s* **1** (sorbo) sip: *¿Me das un trago de tu jugo?* Can I have a sip of your juice? | **tomarse algo de un trago** to drink sth in one go **2** (bebida alcohólica) drink: *¿Quieres un trago?* Do you want a drink?

traición *s* **1** (a un amigo, a los principios, etc.) betrayal, treachery ► **treachery** es un sustantivo incontable y no puede ir precedido de **a**: *Fue una traición.* It was treachery./It was a betrayal. **2 traición (a la patria)** treason

traicionar *v* to betray

traicionero, -a *adj* (río, aguas) treacherous

traidor, -a *s* traitor

traílla *s* (de perro) leash, lead (BrE)

traje *s* **1** (conjunto) suit **2** (de un país, de época) costume

traje de baño (a) (de mujer) swimsuit, swimming costume (BrE) **(b)** (de hombre) trunks *pl*, swimming trunks *pl*

trama *s* (de un relato) plot

tramar *v* (un plan, una venganza) to plot: *¿Qué están tramando?* What are you plotting?/What are you up to?

trámite *s* ver ejemplos: *El trámite es complicado.* It is a complicated procedure. | *El trámite es personal.* It is something you have to do in person. | **hacer trámites** ver ejemplos: *Estamos haciendo los trámites para conseguir la ciudadanía italiana.* We're going through the process to get Italian citizenship. ► Cuando la idea es de excesiva burocracia, se usa **red tape** o **paperwork**. Ambos son incontables y no se usan en plural: *Tuve que hacer muchos trámites.* I had to go through a lot of red tape./I had to fill in a lot of paperwork.

tramo *s* **1** (de una ruta, una calle) stretch (plural -ches) **2** (de una escalera) flight

trampa *s* **1** (engaño) trap | **caer en una trampa** to fall into a trap | **hacer trampa** to cheat |

tenderle una trampa a alguien to lay a trap for sb **2** (para cazar) trap | **poner una trampa** to set a trap

trampolín s board, diving board | **tirarse de un trampolín** to dive off a diving board: *Nos tiramos del trampolín más alto.* We dove off the top board.

tramposo, -a *adjetivo & sustantivo*

- *adj* **ser tramposo -a** to be a cheat
- *s* cheat

trancón s traffic jam

tranquilidad s (calma) peace and quiet: *Necesito un poco de tranquilidad.* I need a little peace and quiet. | **ser una tranquilidad** to be reassuring: *Es una tranquilidad saber que están con mi madre.* It is reassuring to know that they are with my mother. | **con tranquilidad** calmly | **mantener la tranquilidad** to keep calm

tranquilizante s (sedante) tranquilizer (AmE), tranquillizer (BrE)

tranquilizar v **tranquilizar a alguien (a)** (a alguien que está agitado, nervioso) to calm sb down: *No pude tranquilizarla.* I couldn't calm her down. **(b)** (a alguien que está preocupado) ver ejemplos: *La noticia los tranquilizó.* The news reassured them. | *Me tranquiliza saber que no está enojada conmigo.* It's reassuring to know that she isn't angry with me.

tranquilizarse v to calm down: *¡Tranquilízate!* Calm down!

tranquilo, -a *adj* **1** (hombre, mujer) calm, (bebé) quiet | **estar tranquilo -a** ver ejemplos: *No voy a estar tranquila hasta que me llame.* I won't be able to relax until he calls me. | *Estábamos lo más tranquilas escuchando música.* We were relaxing listening to music. | *¿Estás más tranquila?* Are you feeling calmer now? | **quédate tranquilo -a** don't worry: *Quédate tranquilo que yo me ocupo.* Don't worry, I'll see to it. | **me quedé/se quedó etc. más tranquilo -a** I/he etc. felt happier **2 déjalo tranquilo/déjala tranquila etc.** leave him/her etc. alone: *¡Déjame tranquila!* Leave me alone! **3 hacer algo tranquilo -a** ver ejemplos: *Habla tranquila que nadie oye.* You can speak freely, no one can hear. | *Es temprano, podemos desayunar tranquilos.* It's early. We can have a relaxed breakfast. | *Vamos a mi cuarto así podemos estudiar tranquilos.* Let's go up to my room so we can study in peace. **4** (barrio, calle, playa) quiet **5** (referido al mar, el agua) calm

transbordador o **transbordador espacial** s space shuttle

transbordar v (en el metro) to change, (en un aeropuerto) to change planes

transbordo s **hacer transbordo (a)** (en el metro) to change **(b)** (en un aeropuerto) to change planes: *Tenemos que hacer transbordo en París.* We have to change planes in Paris.

transcurrir v **1** (tiempo, días, etc.) to pass: *Habían transcurrido varios días.* Several days had passed. **2** (acción) to take place **3** (viaje) to go off: *La primera parte del viaje transcurrió sin inconvenientes.* The first part of the trip went off without any problems.

transferencia o **transferencia bancaria** s transfer, bank transfer | **hacer una transferencia** to make a transfer

transferir v (dinero) to transfer

transformador s transformer

transformar v **1** (convertir) **transformar algo en algo** to transform sth into sth: *Transformaron al país en una potencia industrial.* They transformed the country into an industrial power. ▶ Cuando se trata de transformar algo para un uso diferente, se usa **to convert sth into sth**: *Transformé el cuarto en oficina.* I've converted the room into an office. **2** (cambiar de forma radical) **transformar algo** to transform sth: *Las computadoras han transformado nuestra forma de vida.* Computers have transformed the way we live.

transformarse v **1** (convertirse) **transformarse en algo/alguien** to turn into sth/sb: *La rana se transformó en príncipe.* The frog turned into a prince. **2** (cambiar) to change completely: *Se le transformó la cara.* Her expression changed completely.

transfusión s **transfusión (de sangre)** (blood) transfusion

transitivo, -a *adj* transitive

tránsito s **1** traffic: *Hay mucho tránsito.* There's a lot of traffic. **2 en tránsito** in transit: *Estoy en tránsito.* I'm in transit.

transmisión s **1** (de un programa) broadcast **2** (de una enfermedad) transmission

transmitir v **1** (por radio, televisión) to broadcast: *Lo transmiten en directo.* They're broadcasting it live. ▶ Si es por televisión, también se puede decir **They're showing it live.** **2** (una enfermedad) to transmit

transparencia s **1** (cualidad) transparency **2** (para proyectar) transparency (plural -cies), slide

transparentarse v **1** (ser transparente) **este vestido/esta blusa etc. se transparenta** you can see through this dress/this blouse etc. **2** (verse) **se te transparenta el brasier/los calzones etc.** your bra shows through your dress/your panties show through your pants etc.

transparente *adj* **1** (referido a una tela, una prenda de vestir) see-through **2** (agua, vidrio) transparent

transplante ▶ ver **trasplante**

transportador s (para medir ángulos) protractor

transportar v to transport

transporte s (de pasajeros) transportation (AmE), transport (BrE), (de mercaderías), transportation, transport ▶ ver **medio**

transporte público public transportation (AmE), public transport (BrE)

tranvía *s* streetcar (AmE), tram (BrE)
trapeador *s* mop
trapecio *s* (en un circo) trapeze
trapecista *s* trapeze artist
trapo *s* **1** (para limpiar en general) cloth, (franela) dustcloth (AmE), duster (BrE) | **pasarle un trapo a algo (a)** (un trapo húmedo) to give sth a wipe: *Pásale un trapo a la mesa.* Give the table a wipe. **(b)** (para quitar el polvo) to dust sth: *Voy a pasarles un trapo a los muebles.* I'm going to dust the furniture. **2** (pedazo de tela) rag
trapo de piso floorcloth
tras *prep* (después de) after: *un día tras otro* day after day
trasbocar *v* to be sick | **trasbocar algo** to bring sth up: *Me cayó mal y lo trasboqué todo.* It didn't agree with me and I brought it all up.
trasbocarse *v* to be sick, to throw up
trasero, -a *adjetivo & sustantivo*
• *adj* **la puerta trasera/el asiento trasero** the back door/the back seat | **la parte trasera de la casa/del auto etc.** the back of the house/the car etc.
• **trasero** *s* (de una persona) bottom, backside
trasladar *v* **1** (mudar) to move: *Nos trasladaron al edificio nuevo.* We were moved into the new building. **2** (a un empleado) to transfer
traslado *s* **1** (mudanza) move **2** (de un empleado) transfer
trasnochar *v* to stay up late
trasplante *s* (de un órgano) transplant: *un trasplante de riñón* a kidney transplant
traste *sustantivo & sustantivo plural*
• *s* **1** (de una guitarra) fret **2** **irse al traste** to fall through: *El plan se fue al traste.* The plan fell through.
• **trastes** *s pl* (de la cocina) dishes, pots and pans | **lavar los trastes** to wash the dishes
trastear o **trastearse** *v* to move, to move house: *Este año ya se han trasteado dos veces.* They've already moved twice this year./They've already moved house twice this year.
trasteo *s* move ▶ ver **camión**
trastorno *s* (de salud) disorder
tratado *s* treaty (plural -ties)
tratamiento *s* (en medicina) treatment
tratar *v* **1** (intentar) **tratar de hacer algo** to try to do sth: *Estoy tratando de ahorrar.* I'm trying to save up. | **tratar de que...** to try and make sure (that)...: *Traten de que alcance para todos.* Try and make sure there's enough to go around.
2 (referido a la forma de proceder) to treat: *Nos trataron muy bien.* They treated us very well.
3 (calificar) **tratar a alguien de idiota/ignorante etc.** to call sb stupid/ignorant etc.
4 **tratar con alguien** to deal with sb: *Tiene que tratar con todo tipo de gente.* She has to deal with all sorts of people.
5 (a un paciente, una enfermedad) to treat
6 **tratar a alguien de tú/usted** to use the "tú"/"usted" form when talking to sb: *Quiere que la traten de usted.* She wants them to use the "usted" form when they talk to her.
7 (un tema, un problema) to deal with
tratarse *v* **1** **tratarse de algo (a)** (ser sobre) to be about sth: *¿De qué se trata?* What's it about? **(b)** (ser lo que se pretende) to be a question of sth: *No se trata de vengarse, sino de castigar a los culpables.* It's not a question of getting revenge but of punishing those responsible.
2 (socialmente) **tratarse con alguien** to have contact with sb: *No se trata con sus primos.* She doesn't have any contact with her cousins.
trato *s* **1** (pacto) deal | **hacer un trato** to make a deal: *Hagamos un trato.* Let's make a deal. | *¡Trato hecho!* It's a deal! **2** (tratamiento) treatment: *el trato que recibimos* the treatment we received ▶ ver **malo**
trauma *s* trauma
través **a través de (a)** (por medio de) through: *Nos enteramos a través de un amigo de Pablo.* We found out through a friend of Pablo's. **(b)** (atravesando) through: *Fuimos a través del bosque.* We went through the forest.
travesti *s* transvestite
travesura *s* prank | **hacer una travesura** to play a prank: *No paran de hacer travesuras.* They're always playing pranks. ▶ El plural también se puede traducir por el sustantivo incontable **mischief**: *No hagas más travesuras.* Don't get up to any more mischief.
travieso, -a *adj* naughty
trayecto *s* **1** (viaje) trip, journey (BrE): *Durmió durante todo el trayecto.* She slept throughout the trip. | **en el trayecto** on the way **2** (de un autobús) route
trébol *sustantivo & sustantivo plural*
• *s* (planta) clover: *un trébol de cuatro hojas* a four-leaf clover
• **tréboles** *s pl* (en naipes) clubs
trece *número* **1** (número, cantidad) thirteen **2** (en fechas) thirteenth
trecho *s* stretch: *Ese trecho lo hicimos en bicicleta.* We cycled that stretch. | **un buen trecho** a fair distance, a fair way
tregua *s* truce
treinta *número* **1** (número, cantidad) thirty **2** (en fechas) thirtieth
tremendo, -a *adj* **1** (terrible) terrible: *un dolor tremendo* a terrible pain **2** (extraordinario, enorme) tremendous: *Hicimos un esfuerzo tremendo.* We made a tremendous effort. **3** (referido a niños) very naughty | **ser tremendo -a** to be very naughty, to be a real handful
tren *s* train: *el tren de las 10* the 10 o'clock train | *¿A qué hora sale el tren?* What time does the train leave? | **en tren** by train: *Vamos a ir en tren.* We're going by train. | **tomar un tren** to take a train, to catch a train ▶ **to catch** pone el

énfasis en el momento de tomar el tren o en el hecho de no perderlo: *Tomamos un tren que no paraba ahí.* We took a train that didn't stop there. | *A ver si podemos tomar el tren de las 8.* Let's see if we can catch the 8 o'clock train. | **perder un tren** to miss a train: *No quiero perder el tren.* I don't want to miss the train.

tren bala high-speed train **tren de aterrizaje** undercarriage **tren de carga** o **tren carguero** freight train, goods train (BrE)

trenza *s* braid (AmE), plait (BrE): *Antes usaba trenzas.* I used to wear my hair in braids. | **hacerse trenzas/una trenza** to braid your hair (AmE), to plait your hair (BrE) | **hacerle trenzas/una trenza a alguien** to braid sb's hair (AmE), to plait sb's hair (BrE)

trepar *v* to climb

treparse *v* **treparse a un árbol** to climb a tree: *Nos trepamos a la higuera.* We climbed the fig tree. | **treparse al techo/a un muro** to climb up onto the roof/a wall

tres *número* three

trescientos, -as *número* three hundred

triangular *adj* triangular

triángulo *s* triangle

tribu *s* tribe

tribuna *s* (en un estadio) stand

tribunal *s* **1** (de justicia) court **2** (de un examen) panel

triciclo *s* tricycle

trigo *s* wheat

trigonometría *s* trigonometry

trillizos, -as *s pl* triplets

trimestral *adj* quarterly

trimestre *s* **1** (tres meses) quarter: *el último trimestre del año* the last quarter of the year **2** (en la enseñanza) term

trinchera *s* trench (plural -ches)

trineo *s* El trineo grande, tirado por caballos o renos, se llama **sleigh**; el más pequeño, tirado por perros, **sled**. El que usan los niños para jugar en la nieve, se llama **sled** en inglés americano y **sled** o **sledge** en inglés británico.

trío *s* trio

tripas *s pl* insides

triple *sustantivo & adjetivo*

- *s* **1 el triple (que alguien)** three times as much (as sb): *Ella gana el triple.* She earns three times as much. | *Tú comes el triple que yo.* You eat three times as much as me. | **el triple de dinero/de trabajo etc.** three times as much money/work etc.: *Tienen el triple de alumnos.* They have three times as many students. | **el triple de gente/alumnos etc.** three times as many people/students etc. | **el triple de alto -a/rápido -a etc.** three times as high/fast etc. **2** (enchufe) three-way adaptor **3** (sandwich) double-decker
- *adj* triple

tripulación *s* crew

triste *adj* **1** (película, noticia, etc.) sad | **estar triste** to be sad: *Está muy triste.* He's very sad. | **ponerse triste** to be sad: *Se puso muy triste cuando se enteró.* She was very sad when she heard about it. **2** (hablando de lugares) gloomy: *una ciudad triste* a gloomy city

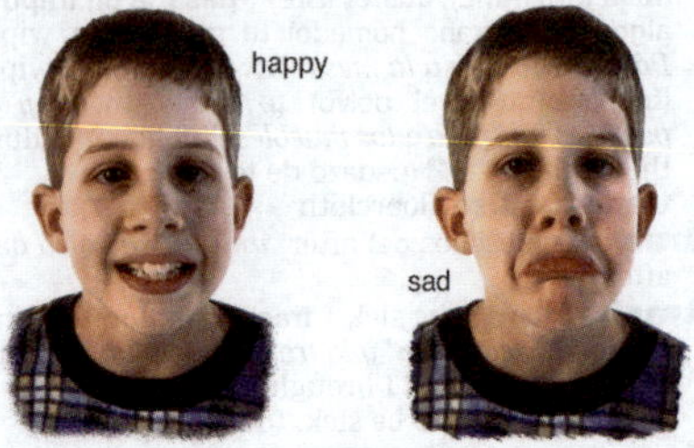

tristeza *s* sadness | **me/le etc. da tristeza** it saddens me/him etc.: *Me da tristeza verlo así.* It saddens me to see him like that.

triunfar *v* **1** (ganar) to triumph | **triunfar sobre alguien** to defeat sb: *Triunfaron sobre los visigodos.* They defeated the Visigoths. | **triunfar sobre algo/alguien** to triumph over sth/sb: *La violencia no pudo triunfar sobre la fe.* Violence could not triumph over faith. **2** (tener éxito) to succeed: *Vamos a triunfar.* We are going to succeed. | *una banda que también ha triunfado en Europa* a band who have also been successful in Europe

triunfo *s* **1** (victoria) victory (plural -ries) **2** (éxito) success (plural -sses) **3** (en naipes) trump

trofeo *s* trophy (plural -phies)

trombón *s* trombone

trompa *s* **1** (de un elefante) trunk **2** (de un avión) nose

trompada *s* punch (plural -ches) | **darle/pegarle una trompada a alguien** to punch sb: *Me pegó una trompada en la nariz.* He punched me on the nose. | **agarrarse a trompadas** to start punching each other

trompeta *s* trumpet

trompetista *s* trumpet player

trompo *s* top, spinning top

tronar *v* to thunder: *Estuvo tronando toda la noche.* It was thundering all night./There was thunder all night.

tronco *s* **1** (de un árbol) trunk **2** (trozo de madera) log **3** (parte del cuerpo) torso **4 dormir como un tronco** to sleep like a log

trono *s* **1** (asiento) throne **2** (cargo) **el trono** the throne: *el heredero del trono* the heir to the throne

tropa *s* troop

tropezar o **tropezarse** *v* to trip, to trip up: *Tropezó y se cayó.* He tripped and fell. | **tropezar(se) con una piedra/una rama etc.** to trip over a stone/a branch etc. | **tropezar(se) con el escalón** to trip on the step

tropical *adj* tropical

trópico *s* **1** (región) tropics *pl*: *la vegetación del trópico* the vegetation in the tropics/tropical vegetation **2** (línea) tropic
el trópico de Cáncer/Capricornio the tropic of Cancer/Capricorn

trotar *v* to jog | **ir/salir a trotar** to go jogging: *Salimos a trotar por el parque.* We went jogging in the park.

trote *s* **1** trot | **ir al trote** to trot **2 tener a alguien al trote** to keep sb on a tight rein

trozo *s* piece

trucha *s* trout (plural trout)

truco *s* **1** (de magia) trick | **hacer un truco** to do a trick **2** (método) trick: *Tengo un truco muy bueno para sacar manchas de tinta.* I know a really good trick for getting ink stains out.

trueno *s* thunder ► **thunder** es un sustantivo incontable y traduce tanto *truenos* como *trueno*, pero no puede ir precedido de **a**: *¿Eso fue un trueno o un avión?* Was that thunder or a plane? | *Le asustan los truenos.* She's frightened of thunder.

try *s* (en rugby) try (plural tries) | **hacer un try** to score a try | **convertir un try** to convert a try

tu *adj* your: *Éste es tu lápiz.* This is your pencil. | *Vi a tus padres.* I saw your parents.

tú *pron* you

tubería *s* pipe

tubo *s* **1** (cilindro) tube **2** (de dentífrico, etc.) tube **3** (para el pelo) curler, roller
tubo de ensayo test tube **tubo de escape** exhaust, exhaust pipe

tuerca *s* nut

tuerto, -a *adj* **ser tuerto -a** to be blind in one eye

tulipán *s* tulip

tumba *s* grave ► También existe la palabra **tomb,** que implica algún tipo de construcción y no simplemente una fosa

tumbar *v* **tumbar algo/a alguien (a)** (a propósito) to knock sth/sb down: *Tumbamos la pared para agrandar la cocina.* We knocked the wall down to make the kitchen bigger. **(b)** (accidentalmente) to knock sth/sb over: *La fuerza del viento me tumbó.* The force of the wind knocked me over.

tumbona *s* deckchair

tumor *s* tumor (AmE), tumour (BrE)

túnel *s* tunnel

tupido, -a *adj* (vegetación) dense, (cejas) bushy

turbante *s* turban

turbio, -a *adj* **1** (líquido) cloudy ► Se usa **muddy** si se trata de agua con barro, por ejemplo la de un río **2** (asunto, negocio) shady

turismo *s* tourism: *Viven del turismo.* They make their living from tourism.

turista *s* tourist

turístico, -a *adj* **una atracción/una zona turística** a tourist attraction/area | **un centro turístico** a tourist center (AmE), a tourist centre (BrE)

turnarse *v* to take turns | **turnarse para hacer algo** to take turns to do sth: *Nos turnamos para usar la computadora.* We take turns to use the computer.

turno *s* **1** (en un juego, una cola) turn: *Es tu turno.* It's your turn. **2** (para el médico, la peluquería, etc.) appointment: *Tengo turno en la peluquería.* I have an appointment at the hair salon. | **pedir turno con el especialista/el dentista etc.** to make an appointment with the specialist/the dentist etc. **3** (en el trabajo) shift: *Hago el turno de la noche.* I work the night shift. ► ver **farmacia**

turquesa *adjetivo & sustantivo*
- *adj* turquoise
- *s* **1** (color) turquoise **2** (piedra) turquoise ► ver "Active Box" **colores** en **color**

turrón *s* El turrón no es muy conocido en el mundo anglosajón. Si quieres explicar qué es, di *it's a type of nougat sold in slabs or bars, usually eaten at Christmas*

tutear *v* **tutear a alguien** to use the "tú" form when talking to sb: *Quiere que la tuteemos.* She wants us to use the "tú" form when we talk to her.
tutearse *v* to use the "tú" form when talking to each other

tutor, -a *s* **1** (de un menor) guardian **2** (profesor particular) tutor

tuyo, -a *pronombre & adjetivo*
- *pron* **el tuyo/la tuya etc.** yours: *El tuyo es el verde.* Yours is the green one. | *Los tuyos están rotos.* Yours are broken.
- *adj* yours: *Estos libros son tuyos.* These books are yours. | **una amiga tuya/un tío tuyo etc.** a friend of yours/an uncle of yours etc: *Conocí a un amigo tuyo.* I met a friend of yours.

U

U, u *s* U, u ► ver "Active Box" **letras del alfabeto** en **letra**

ubicación *s* **1** (de un edificio, un terreno, etc.) location: *un hotel con buena ubicación* a hotel in a good location **2** (disposición) position: *la ubicación de las piezas en el tablero* the position of the pieces on the board

ubicado, -a *adj* (en un lugar) located: *Está ubicado en el centro de la ciudad.* It is located downtown. | **bien/mal ubicado -a** well/badly situated: *La casa está muy bien ubicada.* The house is very well situated.

ubicar *v* **1** (identificar, reconocer) to place: *Perdóname, pero no te ubico.* Sorry, I can't place you. **2** (localizar) to locate: *No lo podemos ubicar por ningún lado.* We can't locate him anywhere. **3** (poner, colocar) to place, to put: *Ubicó las piezas sobre el tablero.* He placed the pieces on the board. **4** (saber dónde está) **¿ubicas la farmacia/la biblioteca etc.?** do you know where the drugstore/the library etc. is?

ubicarse *v* **1** (orientarse) to find your way around: *Me ubiqué enseguida en París.* I soon found my way around in Paris. **2** (ponerse, colocarse) En inglés se suele especificar **to sit** si es sentarse o **to stand** si es pararse: *Se ubicó en la primera fila.* He sat in the front row.

úlcera *s* ulcer

últimamente *adv* lately: *Últimamente siempre está de mal humor.* He's always in a bad mood lately.

último, -a *adjetivo & pronombre*

• ***adj*** **1** (final) last: *Me comí la última galleta.* I ate the last cookie. | *Es la última puerta a la derecha.* It's the last door on the right. **2** (de arriba de todo) **el último piso** the top floor **3** (de abajo de todo) **el último cajón** the bottom drawer **4** (de atrás de todo) **la última fila** the back row **5 a última hora/a último momento** at the last minute: *Se decidió a última hora.* He decided at the last minute. **6 por última vez** last: *¿Cuándo lo viste por última vez?* When did you last see him? **7** (más reciente) latest: *las últimas noticias* the latest news

• ***pron*** **1 el último/la última** the last one: *Éste es el último.* This is the last one. | *Se llevaron las últimas.* They took the last ones. **2 ser el último/la última de la clase** to be bottom of the class **3 estar/ir a la última** to wear the latest fashions: *Diana siempre va a la última.* Diana always wears the latest fashions. **4 por último** finally

umbilical *adj* ▶ ver **cordón**

umbral *s* threshold

un, -a *artículo & adjetivo*

• ***art*** a: *Me puse una chaqueta/un suéter.* I put on a jacket/a sweater. ▶ Delante de un sonido vocálico se usa **an**: *una manzana* an apple | *una hora* an hour ▶ Delante de sustantivos como **uniform** y **university** se usa **a** porque su primer sonido no es vocálico

• ***adj*** ▶ ver **uno, unos**

undécimo, -a *número* eleventh

único, -a *adjetivo & pronombre*

• ***adj*** **1** (solo) only: *Es el único amigo que tiene.* He's the only friend she has. ▶ ver **hijo** **2** (excepcional) unique: *Fue una experiencia única.* It was a unique experience.

• ***pron*** **el único/la única** the only one: *Fue el único que vino.* He was the only one who came. | *Son las únicas, no tengo más.* They're the only ones, I don't have any more. | **lo único** the only thing: *lo único que dijo* the only thing she said

unidad *s* **1** (unión) unity: *Hay falta de unidad.* There is a lack of unity. **2** (medida) unit: *una unidad de tiempo* a unit of time **3** (en matemáticas) unit **4** (en un libro de texto) unit

unido, -a *adj* **1** (referido a relaciones personales) close: *una familia muy unida* a very close family **2** (para lograr un fin) united: *Unidos venceremos.* United we will overcome.

uniforme *sustantivo & adjetivo*

• ***s*** uniform: *Se puso el uniforme del colegio.* He put on his school uniform. | **de uniforme** in uniform: *un soldado de uniforme* a soldier in uniform

• ***adj*** **1** (igual) uniform **2** (constante) constant

unión *s* **1** (conjunto) combination: *la unión de varios elementos* the combination of various elements **2** (juntura) joint: *Pierde agua por la unión.* It's leaking from the joint. **3** (entre personas) unity

la Unión Europea the European Union

unir *v* **1** (piezas, objetos) to join: *Tienes que unir las dos partes.* You have to join the two parts. **2** (acercar afectivamente) **unir a una pareja/una familia etc.** to bring a couple/family etc. closer together: *El bebé los unió mucho más.* The baby brought them much closer together. **3** (relacionar) **la amistad/la relación que nos une** the friendship/the relationship which unites us

unirse *v* (para lograr un objetivo) to join forces: *Se unieron para derrotar al enemigo común.* They joined forces to defeat the common enemy. | **unirse a algo/alguien** to join sth/sb: *Únete a nosotros.* Join us.

universal *adj* **1** (general) universal: *el voto universal* universal suffrage **2** (mundial) **historia/literatura universal** world history/literature | **de fama universal** world-famous

universidad *s* university (plural -ties)

universitario, -a *adjetivo & sustantivo*

• ***adj*** **un alumno/un curso etc. universitario** a college student/course etc. (AmE), a university student/course etc. (BrE)

• ***s*** college student (AmE), university student (BrE)

universo *s* universe

uno, -a *número, adjetivo & pronombre*

• ***número*** one: *Queda una sola galleta.* There's only one cookie left. | *Quiero uno, no dos.* I want one, not two. | *el siglo I antes de Cristo* the first century BC

• ***adj & pron*** (alguno) one: *un día de éstos* one of these days | *Elige uno, el que quieras.* Choose one, whichever one you want. | **de a uno -a** one at a time: *Entraron de a uno.* They came in one at a time. | **uno -a por uno -a** one by one: *Los* *revisó uno por uno.* He checked them one by one.

• ***pron*** (para generalizar o referirse a sí mismo) you, one ▶ **one** es muy formal: *cuando uno pierde a un ser querido* when you lose a loved one/when one loses a loved one

unos, -as *adjetivo & pronombre*

• ***adj & pron*** (algunos) some: *unas semanas antes* some weeks before | *Unos vienen y otros van.* Some are arriving and others are leaving.

• ***adj*** (en aproximaciones) around: *Había unas dos mil personas.* There were around two thousand people there.

untar *v* to spread: *Untó el pan con mayonesa.* She spread mayonnaise on the bread./She spread the bread with mayonnaise.

uña *s* **1** nail: *Se me quebró una uña.* I've broken a nail. | **uña de la mano/del pie** fingernail/toenail: *Córtate las uñas de los pies.* Cut your toenails. | **comerse las uñas** to bite your nails | **hacerse las uñas (a)** (uno mismo) to do your nails **(b)** (en un salón de belleza, etc.) to have your nails done, to have a manicure **2 ser uña y mugre** to be as thick as thieves

uña encarnada ingrown toenail (AmE), ingrowing toenail (BrE)

uranio *s* uranium

Urano *s* Uranus

urbanismo *s* city planning (AmE), town planning (BrE)

urbanista *s* city planner (AmE), town planner (BrE)

urbanización *s* housing development

urbano, -a *adj* urban: *el transporte urbano* urban transportation

urgencia *s* **1** (premura, apuro) urgency: *la urgencia de la situación* the urgency of the situation | **con urgencia** urgently: *Lo necesitan con urgencia.* They need it urgently. **2** (emergencia) emergency (plural -cies): *un caso de urgencia* an emergency

urgente *adj* urgent

urna *s* **1** (para votar) ballot box (plural -xes) **2** (para cenizas) urn

urraca *s* magpie

Uruguay o **el Uruguay** *s* Uruguay

uruguayo, -a *adjetivo & sustantivo*

• ***adj*** Uruguayan

• ***s*** Uruguayan | **los uruguayos** (the) Uruguayans

usado, -a *adj* **1** (de segunda mano) **libros usados/ropa usada** second-hand books/clothes | **autos usados** used cars/second-hand cars **2** (utilizado) used: *un sistema muy usado* a much-used system **3** (gastado) worn

usar *v* **1** (utilizar, emplear) to use: *¿Qué método usaste?* What method did you use? **2** (ropa, accesorios, perfume) to wear: *Nunca usa falda.* She never wears skirts. **3 usar barba/bigote** to have a beard/a mustache **4** (referido a la moda) **se usa el negro/la falda corta etc.** black is in fashion/short skirts are in fashion etc.: *Se vuelven a usar los sombreros.* Hats are back in fashion. | *Eso ya no se usa.* That's not in fashion anymore.

uslero *s* rolling pin

uso *s* **1** (utilización) use: *instrucciones de uso* instructions for use **2** (de la ropa, de accesorios, etc.) wear: *Este saco no tiene casi uso.* This jacket has had very little wear./This jacket has hardly been worn. | *El uso del cinturón de seguridad es obligatorio.* It is obligatory to wear a seatbelt. **3 hacer uso de algo** to make use of sth

usted *pron* you

ustedes *pron* you

usual *adj* usual ▶ Para traducir una frase negativa es más normal usar **unusual** con verbo afirmativo: *No es usual ver algo así.* It's unusual to see something like that.

usuario, -a *s* user

utensilio *s* (de cocina) utensil

útero *s* uterus, womb

útil *adjetivo & sustantivo plural*

• ***adj*** useful: *Me resultó sumamente útil.* I found it very useful. | **¿en qué puedo serle útil?** how can I help you?

• **útiles** ***s pl*** (para la escuela) ver ejemplos: *Lleva los útiles en una mochila.* He carries his school things in a backpack. | *Voy a comprar los útiles.* I'm going to buy the things I need for school.

utilería *s* (en cine, teatro) props *pl*

utilidad *sustantivo & sustantivo plural*

• ***s*** use: *No le veo la utilidad.* I don't see the use of it.

• **utilidades** ***s pl*** (ganancias) profits

utilizar *v* to use

utopía *s* utopia

uva *s* grape: *un racimo de uvas* a bunch of grapes

uva blanca white grape **uva negra** black grape **uva pasa** raisin

V

V, v *s* V, v ▶ ver "Active Box" **letras del alfabeto** en **letra**

vaca *s* **1** (animal) cow ▶ ver **carne** **2** (de dinero) **hacer una vaca (a)** (para gastos comunes) to put money into a kitty **(b)** (para comprar un regalo) to have a collection

¿Quieres estudiar vocabulario por temas? Consulta el **minidiccionario ilustrado**.

vacacionar *v* to vacation, to spend your vacation (AmE), to holiday, to spend your holidays (BrE)

vacaciones *s pl* vacation *sing* (AmE), holidays (BrE): *las vacaciones de verano* the summer vacation | **ir/irse de vacaciones** to go on vacation (AmE), to go on holiday (BrE): *¿Adónde fueron de vacaciones?* Where did you go on vacation?

vacante *sustantivo & adjetivo*
- *s* vacancy (plural -cies): *No hay vacantes.* There are no vacancies.
- *adj* vacant: *El puesto está vacante.* The post is vacant.

vaciar *v* to empty
vaciarse *v* to empty

vacilar *v* to kid, to kid around: *Lo dije por vacilar.* I was just kidding. | **vacilar a alguien** to pull sb's leg, to tease sb: *¡No me vaciles más!* Stop pulling my leg!

vacío, -a *adjetivo & sustantivo*
- *adj* **1** (recipiente, habitación, cine) empty: *La botella está vacía.* The bottle is empty. **2** (vida, persona) empty: *una vida vacía* an empty life
- **vacío** *s* **1 el vacío (a)** (el abismo) the void: *Se cayó al vacío.* He fell into the void. **(b)** (la nada) space: *Miraba al vacío.* He was staring into space. **2 hacerle el vacío a alguien** to give sb the cold shoulder **3** (en física) vacuum | **café/té etc. envasado al vacío** vacuum-packed coffee/tea etc.

empty full

vacuna *s* vaccine | **la vacuna contra el sarampión/la tos convulsa etc.** the vaccine for measles/whooping cough etc. | **ponerse/darse una vacuna** to have a vaccination: *Se puso la vacuna contra la hepatitis.* He had a hepatitis vaccination.

vacunar *v* to vaccinate
vacunarse *v* to have a vaccination

vacuno, -a *adj* ▶ ver **ganado**

vagabundo, -a *s* tramp, hobo (AmE)

vagina *s* vagina

vago, -a *adjetivo & sustantivo*
- *adj* **1** (haragán) lazy: *No seas vago.* Don't be lazy. **2** (poco preciso) vague: *Las instrucciones eran muy vagas.* The instructions were very vague.
- *s* Usa **lazy man/lazy boy,** etc.: *los vagos de la clase* the lazy students in the class

vagón *s* (o **vagón de pasajeros**) (passenger) car (AmE), (passenger) carriage (BrE): *el vagón de primera clase* the first-class car
vagón de carga freight car (AmE), goods wagon (BrE)

vaina *s* **1** (vegetal) green bean **2** (cosa) thing: *¿Cómo se llama esta vaina?* What's this thing called? **3** (expresando contrariedad) drag, pain | **¡qué vaina!** what a drag!, what a pain!

vainilla *s* **1** (sabor, esencia) vanilla: *helado de vainilla* vanilla ice cream **2** (bizcocho) lady finger (AmE), sponge finger (BrE)

vajilla *s* **1** (platos, tazas etc.) crockery, dishes *pl*: *Lavó toda la vajilla.* He washed all the crockery./He washed all the dishes. **2** (juego de platos) dinner service

vale *s* voucher: *un vale por dos helados* a voucher for two ice cream cones

valentía *s* courage

valer *v* **1** (costar) to cost: *¿Cuánto vale la entrada?* How much do the tickets cost?/How much are the tickets? **2** (tener determinado valor) to be worth: *Cada respuesta vale cinco puntos.* Each answer is worth five points. **3 más vale decirle la verdad/que nos apuremos etc.** we'd better tell him the truth/hurry up etc. ▶ ver **pena**
valerse *v* **valerse de algo** to use sth

válido, -a *adj* valid: *promoción válida hasta fin de mes* offer valid until the end of the month

valiente *adj* brave

valioso, -a *adj* valuable

valla *s* **1** (cerco) fence **2** (en fútbol) goal **3** (en atletismo) hurdle **4 valla (publicitaria)** billboard (AmE), hoarding (BrE)

valle *s* valley

valor *sustantivo & sustantivo plural*
- *s* **1** (monetario, sentimental, etc.) value | **por valor de miles de pesos/de dos millones de dólares etc.** worth thousands of pesos/two million dollars etc. **2** (valentía) courage | **armarse de valor** to pluck up courage
- **valores** *s pl* **1** (morales) values **2** (pertenencias) valuables

valorar *v* to value, to appreciate: *Valoro mucho nuestra amistad.* I really value our friendship.

vals *s* waltz (plural -zes): *¿Sabes bailar el vals?* Can you dance the waltz?

válvula *s* valve

vamos *interj* ▶ ver recuadro en **ir**

vampiro *s* **1** (personaje) vampire **2** (animal) vampire, vampire bat

vandalismo *s* vandalism

vándalo, -a *s* vandal

vanidad *s* vanity

vanidoso, -a *adj* vain

vano **en vano** in vain: *Todo fue en vano.* It was all in vain.

vapor *s* **1** (de agua) steam | **cocinar algo al vapor** to steam sth **2** (emanación) vapor (AmE), vapour (BrE): *vapores tóxicos* toxic vapors **3** (embarcación) steamship

vaquero *s* **1** (persona) cowboy **2** (o **vaqueros**) (prenda) jeans *pl*

vara *s* stick

variable *adjetivo & sustantivo*

- *adj* **1** (horario, precio) ver ejemplos: *Tenemos un horario variable.* Our schedule varies. **2** (carácter) moody, changeable **3** (tiempo) changeable
- *s* variable

variar *v* (ser diferente) to vary: *El precio varía según el modelo.* The price varies according to the model. | **para variar** (proponiendo un cambio) for a change: *¿Por qué no vamos a bailar a otro lado para variar?* Why don't we go dancing somewhere else for a change?

varicela *s* chickenpox: *Tiene varicela.* She has chickenpox.

variedad *s* variety (plural -ties): *Tenemos una gran variedad de platos.* We have a wide variety of dishes.

varillo *s* joint

varios, -as *adjetivo & pronombre*

- *adj* **1** (más de uno) several: *Tengo varios libros sobre el tema.* I have several books on the subject. **2** (diversos) various
- *pron* several: *Se probó varios pero ninguno le gustó.* She tried on several but didn't like any of them.

varita o **varita mágica** *s* magic wand

varón *sustantivo & adjetivo*

- *s* boy: *Tuvo un varón.* She had a boy.
- *adj* male: *su primer hijo varón* her first male child

vasija *s* vessel

vaso *s* **1** (recipiente, contenido) glass (plural -sses): *Rompí un vaso.* I've broken a glass. | *¿Me trae un vaso de agua, por favor?* Could I have a glass of water, please? | **un vaso de plástico/papel** a plastic/paper cup **2** (en anatomía) vessel **vaso sanguíneo** blood vessel

vecino, -a *sustantivo & adjetivo*

- *s* neighbor (AmE), neighbour (BrE): *una vecina mía* a neighbor of mine
- *adj* **un país vecino** a neighboring country (AmE), a neighbouring country (BrE)

vegetación *s* vegetation

vegetal *sustantivo & adjetivo*

- *s* vegetable: *¿Es un animal o un vegetal?* Is it an animal or a vegetable?
- *adj* **grasas/aceites vegetales** vegetable fats/oils ▶ ver **reino**

vegetariano, -a *adj & s* vegetarian: *una dieta vegetariana* a vegetarian diet | **ser vegetariano -a** to be a vegetarian

vehículo *s* **1** (tren, etc.) vehicle **2** (de una enfermedad) carrier

veinte *número* **1** (número, cantidad) twenty **2** (en fechas) twentieth

vejez *s* old age

vejiga *s* bladder

vela *s* **1** (para iluminar) candle | **prender/apagar una vela** to light a candle/to blow out a candle **2** (de un barco) sail **3** **pasar la noche en vela** to have a sleepless night

velador *s* **1** (mesa) bedside table, night table (AmE) **2** (o **veladora**) (lámpara) bedside lamp

velero *s* sailboat (AmE), sailing boat (BrE)

veleta *s* weathervane

vello *s* hair: *vello facial* facial hair

velo *s* veil: *el velo de la novia* the bride's veil

velocidad *s* speed: *la velocidad del sonido* the speed of sound | *¿A qué velocidad vamos?* What speed are we traveling at? | **a toda velocidad** ver ejemplos: *El auto huyó a toda velocidad.* The car made off at full speed./The car made off at top speed. | *Terminamos la tarea a toda velocidad.* We finished our homework as fast as we could.

velocímetro *s* speedometer

velocista *s* sprinter

velódromo *s* velodrome

velorio *s* wake

veloz *adj* fast

vena *s* vein

vencedor, -a *sustantivo & adjetivo*

- *s* **1** (en una guerra) victor **2** (en una competencia) winner
- *adj* **1** **el ejército vencedor** the victorious army **2** **el equipo vencedor** the winning team

vencer *v* **1** **vencer a alguien (a)** (en un deporte) to beat sb, to defeat sb: *Cali venció a su rival 2 a 1.* Cali beat their rivals 2-1. **(b)** (en una batalla, una guerra) to defeat sb **2** (salir vencedor) to be victorious: *Venció el ejército aliado.* The allied army was victorious. **3** (o **vencerse**) (garantía, documento) to expire: *Ya se venció la garantía.* The guarantee has expired. | **se me venció el pasaporte/carnet etc.** my passport/identity card etc. has expired **4** (o **vencerse**) (medicamento) to pass its expiration date (AmE), to pass its expiry date (BrE) **5** (o **vencerse**) (alimento) to pass its expiration date (AmE), to pass its sell-by date (BrE): *Este yogur ya venció.* This yoghurt has passed its expiration date. **6** (pago, devolución, etc.) to be due **7** **me venció el sueño/el cansancio** sleep/tiredness overcame me

vencido, -a *adj* **1** (referido a un alimento) past its expiration date (AmE), past its sell-by date (BrE): *Esta leche está vencida.* This milk is past its expiration date. **2** (referido a medicamentos) past its/their expiration date (AmE), past its/their expiry date (BrE) **3** (referido a garantías, documentos) **estar vencido -a** to have expired **4 darse por vencido -a** to give up

venda *s* bandage

vendar *v* **1** to bandage | **tenía el pie vendado/la mano vendada etc.** my foot/hand etc. was bandaged **2 vendarle los ojos a alguien** to blindfold sb

vendaval *s* gale: *Soplaba un vendaval.* It was blowing a gale.

vendedor, -a *s* **1** (en general) **vendedor** salesman (plural -men) | **vendedora** saleswoman (plural -women) **2** (en un comercio) sales assistant: *Es vendedora en una juguetería.* She's a sales assistant in a toystore.

vendedor -a ambulante hawker

vender *v* **1** (un producto) to sell: *Vendimos el bote.* We sold the boat. | **venderle algo a alguien** to sell sth to sb, to sell sb sth: *Le vendí una entrada a Matías.* I sold a ticket to Matías. | **vender algo a $2/$30 etc.** to sell sth at $2/$30 etc. | **vender algo por docena/por kilo etc.** to sell sth by the dozen/by the kilo etc. **2 "se vende"** "for sale" | **se vende en todas las librerías/en todos los quioscos etc.** it is on sale in all bookstores/at all newsstands etc.

veneno *s* **1** (sustancia venenosa) poison **2** (de una serpiente) venom

venenoso, -a *adj* poisonous

venezolano, -a *adjetivo & sustantivo*

- *adj* Venezuelan
- *s* Venezuelan | **los venezolanos** (the) Venezuelans

Venezuela *s* Venezuela

venganza *s* revenge ▶ ver nota en **vengarse**

vengarse *v* to get your revenge: *Me voy a vengar de lo que me hizo.* I'm going to get back at him for what he did to me./I'm going to get my revenge for what he did to me. ▶ El uso de **revenge** implica que se trata de una ofensa seria, de sentimientos fuertes | **vengarse de alguien** to get your revenge on sb, to get back at sb

venir *v* ▶ ver recuadro

venir

1 En la mayoría de los contextos se traduce por **to come:**

Ven aquí. Come here. | *Ahí viene el tren.* Here comes the train. | *Vino con su madre.* He came with his mother. | *Me vino a buscar.* He came to get me. | *Viene en varios colores.* It comes in several colors. | *Viene del latín.* It comes from Latin.

2 Cuando va acompañado de un adjetivo, se usa el verbo **to be:**

Vengo muerta de hambre. I'm starving. | *Vino contenta del examen.* She was pleased when she got back from the exam.

3 Cuando significa *volver* se traduce por **to come back** o **to be back:**

Fue y vino en una hora. He went and came back within an hour. | *Ya vengo.* I'll be back in a moment.

4 Cuando significa **sobrevenir:**

me vino hambre/sueño I started feeling hungry/tired: *Me vino un dolor de cabeza terrible.* I got a terrible headache. | *Le vino la menstruación.* She started her period.

5 EXPRESIONES

el martes/la semana etc. que viene next Tuesday/next week etc.: *Se casan el mes que viene.* They're getting married next month. | **me viene bien/mal** it's covenient/it's not convenient for me: *¿Te viene bien el viernes?* Is Friday convenient for you?/Is Friday OK for you? | *Tu regalo me vino muy bien.* Your present was just what I needed. | **no me vengas con excusas/cuentos etc.** I don't want to hear any excuses/stories etc.: *Ahora no me vengas con quejas.* Don't start complaining now./I don't want any complaints now. | **venir haciendo algo** to have been doing sth: *Lo vengo diciendo desde hace meses.* I've been saying that for months. | **viene a ser lo mismo/el equivalente de algo etc.** it's the same/the equivalent of sth etc.: *Viene a ser lo mismo pero en negro.* It's the same but in black. | **¿a qué viene...?** what's with...?: *¿A qué viene esa cara?* What's with the long face?

6 *venirse abajo* está tratado en *abajo*

venta *s* **1** sale **2 estar en venta** to be for sale | **poner algo en venta** to put sth up for sale | **salir a la venta** to go on sale

ventaja *s* **1** (beneficio) advantage **2** (en una carrera, una competencia) head start: *Te doy ventaja.* I'll give you a head start. | **llevarle ventaja a alguien** to have an advantage over sb: *Me lleva mucha ventaja.* He has quite an advantage over me.

ventana *s* window: *Miró por la ventana.* She looked out of the window.

ventanilla *s* **1** (de un vehículo) window: *Se asomó por la ventanilla.* He leaned out of the window. **2** (en un banco, una oficina) window

ventear *v* **ventear mucho/muy fuerte** to be very windy: *En esta playa ventea mucho.* It's very windy on this beach.

ventilación *s* ventilation

ventilador *s* fan: *Prende el ventilador.* Switch the fan on.

ventilador de techo ceiling fan

ventilar *v* (una habitación, una casa) to air

ventilarse *v* **1** (habitación, casa) to air **2** (persona) **salir a ventilarse** to go out for some fresh air

ventrílocuo, -a *s* ventriloquist

Venus *s* Venus

ver *v* ▶ ver recuadro

verse *v* **1** (socialmente) to see each other: *Se ven muy seguido.* They see each other quite often. | *Chao, nos vemos el sábado.* Bye, see you on Saturday. **2 no se pueden ver** they can't stand each other **3 se te ve el brasier/el tirante etc.** your bra/your strap etc. is showing: *Se le vieron los calzones.* You could see her panties. **4** (imaginarse) to see yourself: *Ya se ve en las pasarelas.* She can already see herself on the catwalk. **5** (parecer) to look: *Te ves un poco triste.* You look a little sad. **6 eso está por verse** that remains to be seen **7** (en una situación) to find yourself: *Me vi en una situación muy violenta.* I found myself in a very awkward situation.

veranear *v* **veranear en la playa/en el campo etc.** to spend your summer vacation at the beach/in the country etc. (AmE), to spend your summer holidays at the seaside/in the country etc. (BrE)

verano *s* summer ▶ ver "Active Box" **estaciones del año** en **estación**

verbo *s* verb

verdad *s* **1** truth | **decir la verdad** to tell the truth | **ser verdad** to be true: *Era verdad que tenía novia.* It was true that he had a girlfriend. **2 de verdad** (real) real: *Son brillantes de verdad.* They are real diamonds. | **decir algo de verdad** ver ejemplos: *¿Me lo dices de verdad?* Do you really mean it? | *Me tiene harta, te lo digo de verdad.* I'm fed up with him, seriously. **3 la verdad,...** to be honest,...: *La verdad, no te queda bien.* To be honest, it doesn't suit you.

verdadero, -a *adj* **1** (real, verídico) true: *La historia es verdadera.* The story is true. | *Ésa no es la verdadera razón.* That isn't the true reason./That isn't the real reason. **2** (para enfatizar) real: *Fue un verdadero desastre.* It was a real disaster.

verde *adjetivo & sustantivo*

- *adj* **1** (referido al color) green **2** (referido a frutas) unripe: *ciruelas verdes.* unripe plums | **estar verde** not to be ripe **3** (con vegetación, parques, etc.) green: *las zonas verdes de la ciudad* the green areas of the city
- *s* (color) green ▶ ver "Active Box" **colores** en **color**

verdulería *s* greengrocer's

verdura *s* vegetable: *frutas y verduras* fruit and vegetables | **sopa/tortilla de verduras** vegetable soup/omelet

vergonzoso, -a *adj* **1** (tímido) shy **2** (actitud, comportamiento) disgraceful, shameful: *Lo que has hecho es vergonzoso.* What you have done is disgraceful./What you have done is shameful.

vergüenza *s* **1 ¡qué vergüenza!** it is/was etc. so embarrassing!: *¡Qué vergüenza! ¡No supe contestar ni una pregunta!* It was so embarrassing! I couldn't answer a single question. **2 me/le etc. da vergüenza (a)** (de haberse portado mal, etc.) I am/he is etc. ashamed: *Me da vergüenza lo que hice.* I'm ashamed of what I've done. | *Debería darte vergüenza.* You should be ashamed of yourself. **(b)** (de timidez) I am/he is etc. embarrassed: *Me da vergüenza preguntarle.* I'm too embarrassed to ask her. **3 pasar vergüenza** to be embarrassed | **hacerle pasar vergüenza a alguien** to embarrass sb: *No me hagas pasar vergüenza delante de todos.* Don't embarrass me in front of everyone.

verificar *v* to verify, to check

verja *s* **1** (portón) gate **2** (rejas) railings *pl*

ver *verbo no pronominal*

1 En la mayoría de los contextos se traduce por **to see:**

Ayer vi a tu primo. I saw your cousin yesterday. | *Yo ya había visto la película.* I'd already seen the movie. | *¿Cuándo nos vas a venir a ver?* When are you going to come and see us? | *Anda a ver qué pasa.* Go and see what's going on. | *No te vi entrar.* I didn't see you come in.

Cuando expresa la posibilidad de ver, se añade el verbo **can** o **could:**

No veo muy bien sin anteojos. I can't see very well without my glasses. | *No se veía nada.* You couldn't see a thing.

2 Cuando significa *mirar* (la televisión/un programa) se dice **to watch:**

Estaban viendo la tele. They were watching TV. | *¿Vemos el partido?* Shall we watch the game?

3 Cuando significa notar o considerar se usan construcciones con **to think** o **to look:**

Lo veo cansado. I think he looks tired./He looks tired. | *No veo mal que salga sola con él.* I don't think there's anything wrong with her going out on her own with him. | *No le veo la gracia.* I don't think it's funny.

4 EXPRESIONES

no lo/la etc. puedo ver I can't stand him/her etc.: *No puedo ver a ese tipo.* I can't stand that guy. | **a ver:** *A ver si puedes.* Let's see if you can. | *¿A ver qué compraste?* Can I see what you've bought? | **vamos a ver/veremos** we'll see: *Vamos a ver cuando llegue Mario.* We'll see when Mario gets here. | **¿viste?/¿vio?/¿vieron?** you see?: *¿Vieron? Tenía razón.* You see? I was right. | **ya veo:** *Ya veo a qué te refieres.* I see what you mean. | *–Se me ensució. –Sí, ya veo.* "It got dirty." "So I see." | **¡vas/van a ver!:** *¡Ya van a ver cuando los agarre!* They're going to get it when I get hold of them! | **hay que ver:** *Hay que ver lo contento que está.* He's so happy! | *¡Hay que ver lo que le dijo!* The things he said to her!

5 *tener que ver* está tratado en *tener*

verruga *s* wart
versión *s* **1** (de un hecho) version: *Dieron versiones contradictorias.* They gave conflicting versions. **2** (de una película, un libro) version **3** (de un programa de computación) version
verso *s* **1** (de un poema, una canción) verse **2** (género literario) verse: *Está escrito en verso.* It's written in verse.
vértebra *s* vertebra (plural -brae)
vertebral ▶ ver **columna**
vertical *adjetivo & sustantivo*
• *adj* vertical
• *s* **1** (línea) vertical line **2** (en gimnasia) handstand | **hacer la vertical** to do a handstand
vértigo *s* **tener vértigo/sufrir de vértigo** to suffer from vertigo | **me/le etc. da vértigo** it makes me/him etc. feel dizzy: *Me da vértigo mirar para abajo.* Looking down makes me feel dizzy.
vespa *s* scooter
vestíbulo *s* **1** (de un teatro) foyer **2** (de una vivienda) hall, hallway
vestido, -a *adjetivo & sustantivo*
• *adj* dressed: *Estaba vestida de sport.* She was dressed in casual clothes./She was wearing casual clothes. | *¿Estás vestida?* Are you dressed?/Do you have your clothes on?
• **vestido** *s* **1** (de mujer) dress (plural -sses) **2** (de hombre) suit
vestido de noche evening dress **vestido de novia** wedding dress **vestido largo** long dress
vestidor *s* **1** ▶ ver **vestier** **2** (en una tienda) fitting room, dressing room (AmE), changing room (BrE) **3** (en una vivienda) dressing room
vestier *s* **1** (en un estadio) locker room (AmE), dressing room (BrE) **2** (en un gimnasio, una piscina) locker room (AmE), changing room (BrE) **3** (en una vivienda) dressing room
vestir *v* **1** (ponerle ropa a) to dress: *Vistió al bebé.* He dressed the baby. **2** (usar determinada ropa) ▶ ver **vestirse 2**
vestirse *v* **1** (ponerse ropa) to get dressed, to dress: *Nos estábamos vistiendo.* We were getting dressed./We were dressing. **2** (usar determinada ropa) to dress: *Se viste muy bien.* She dresses really well. | **vestirse de blanco/negro etc.** to wear white/black etc., to dress in white/black etc.
vestuario *s* **1** (de una obra de teatro, etc.) costumes *pl* **2** (ropa) **renovar el vestuario** to update your wardrobe **3** ▶ ver **vestier**
veterinaria *s* **1** (carrera) veterinary science **2** Un negocio que vende animales o productos para animales se llama **pet store** en inglés americano o **pet shop** en inglés británico. Los animales enfermos se atienden en un **veterinarian's office** (en inglés americano) o un **veterinary surgery** (en inglés británico). También se puede decir, más coloquialmente, **the vet's**: *Llevé a la gata a la veterinaria.* I took the cat to the vet's.

veterinario, -a *s* vet ▶ También existen términos más formales: **veterinarian** (en inglés americano) y **veterinary surgeon** (en inglés británico)
vez *s* **1** (ocasión, momento) time: *Esta vez trata de portarte bien.* Try and behave this time. | *La próxima vez que lo vea, se lo digo.* Next time I see him, I'll tell him.
2 ▶ En inglés hay formas especiales de decir *una vez* (**once**) y *dos veces* (**twice**): *La vi una sola vez.* I only saw her once. | *Ya te lo dije mil veces.* I've told you a thousand times. **una vez (que)** once: *Una vez que termines, avísame.* Let me know once you finish.
3 (en expresiones de frecuencia) **a veces** sometimes: *A veces la veo en el club.* I sometimes see her at the club. | **de vez en cuando** occasionally: *De vez en cuando me trae flores.* Occasionally he brings me flowers.
4 alguna vez (en preguntas) Se usa **ever** con los tiempos compuestos: *¿Alguna vez fuiste a esquiar?* Have you ever been skiing?
5 otra vez (a) (nuevamente) again: *Ahí viene otra vez.* Here he comes again. **(b)** (otra ocasión) another time: *Eso lo dejamos para otra vez.* We'll leave that for another time.
6 había una vez once upon a time
7 a la vez (al unísono) all at once
8 cada vez (en cada ocasión) every time: *Me lo recuerda cada vez que lo veo.* He reminds me about it every time I see him. | **cada vez más** more and more: *Cada vez lo quiero más.* I love him more and more. | **cada vez más feo -a/más gordo -a etc.** uglier and uglier/fatter and fatter etc.: *Está cada vez más delgada.* She's getting thinner and thinner.
9 de una buena vez/de una vez por todas once and for all
10 a mi/tu etc. vez in turn
11 en vez de instead of: *He traído sidra en vez de vino.* I've brought cider instead of wine.
12 hacer las veces de algo to serve as sth: *El colchón hace las veces de sofá.* The mattress serves as a couch.
vía *sustantivo & preposición*
• *s* **1** (del ferrocarril) track, railroad track (AmE), railway track (BrE): *Cruzaron la vía.* They crossed the track. **2** (modo, camino) ver ejemplos: *por la vía de la violencia* through violence | *por la vía diplomática* through diplomatic channels | **(por) vía aérea** by air **3 en vías de algo** in the process of sth: *Está en vías de solucionarse.* It is in the process of being resolved. | *países en vías de desarrollo* developing countries
la Vía Láctea the Milky Way **la vía pública** the public highway
• *prep* via: *Se transmitió vía satélite.* It was broadcast via satellite.
viajar *v* to travel | **viajar en auto/avión etc.** to travel by car/plane etc. | **viajar a dedo** to hitch-

hike: *Viajaron a dedo hasta la playa.* They hitch-hiked to the beach.

viaje *s* **1** trip: *un viaje al exterior* a trip abroad | *Se ganaron un viaje a Miami.* They won a trip to Miami. ▶ También existe el término **journey,** que se usa para referirse a viajes largos o difíciles y sobre todo en contextos literarios: *un viaje a través del desierto* a journey across the desert ▶ **travel,** que es incontable, se puede usar para referirse a la actividad de viajar: *Los viajes amplían los horizontes.* Travel broadens the mind. ▶ **voyage** se usa para hablar de un viaje largo o difícil por mar: *los viajes de Colón* the voyages of Columbus | **irse de viaje** to go on a trip | **¡buen viaje!** have a good trip! **2 de un solo viaje** in one go: *Se tomó el ron de un solo viaje.* He drank his rum in one go.

viaje de negocios business trip **viaje de novios** honeymoon **viaje de placer** pleasure trip, vacation (AmE), holiday (BrE)

viajero, -a *s* traveler (AmE), traveller (BrE)

vianda *s* **1** Lo que se lleva para almorzar se llama **sack lunch** en inglés americano y **packed lunch** en inglés británico. Si se trata de una merienda, se habla de un **snack**: *Me traje una vianda.* I've brought a sack lunch./I've brought a snack. **2** (tubérculo) root vegetable

víbora *s* **1** (serpiente) snake **2** (mujer mala) bitch (plural -ches)

vibrar *s* to vibrate

vicepresidente, -a *s* vice-president

viceversa *adv* vice-versa

vicio *s* bad habit, vice ▶ **vice** se usa ya sea para referirse a algo verdaderamente inmoral o humorísticamente: *Es mi único vicio.* It's my only vice.

vicioso, -a *adj* **ser vicioso -a** to have bad habits ▶ ver **círculo**

víctima *s* **1** victim | **ser víctima de algo** to be a victim of sth: *Fue víctima de un asalto.* He was the victim of a robbery. **2 hacerse la víctima** to play the martyr

victoria *s* victory (plural -ries)

vid *s* vine

vida *s* **1** (existencia) life (plural lives) | **¿qué es de la vida de...?** how is...?: *¿Qué es de tu vida?* How are you?/How've you been? | **llevar una vida activa/dura etc.** to lead an active life/a hard life etc. | **conocer a alguien/ser amigo -a de alguien de toda la vida** to have known sb/to have been friends with sb for years | **en la vida** (nunca) never: *En la vida se lo hubiera imaginado.* She would never have imagined it. **2 ganarse la vida** to earn your living **3 ¡toda la vida!** (sin duda) definitely: *¡Prefiero toda la vida ir a Orlando!* I definitely prefer to go to Orlando. **4** (vitalidad) life: *una muchacha llena de vida* a girl who is full of life

vida nocturna nightlife

video *sustantivo masculino & sustantivo femenino*

• *s* [masc] **1** (grabación) video: *Vimos el video de la fiesta.* We watched the video of the party. **2** (o **videoclub**) video store (AmE), video shop (BrE) **3** (sistema) video: *Ya ha salido en video.* It's already out on video.

• *s* [fem] (o **videocasetera**) VCR, video (BrE)

videoclip *s* video, music video

videojuego *s* video game

vidriera *s* glazier's

vidrio *s* **1** (material) glass: *Es de vidrio.* It's made of glass. | **un plato/una fuente etc. de vidrio** a glass plate/dish etc. **2** (trozo de vidrio) piece of glass ▶ **broken glass,** que es incontable, se usa para traducir *vidrios rotos*: *Cuidado con los vidrios rotos.* Be careful of the broken glass. **3** (de una ventana) window pane

viejo, -a *adjetivo & sustantivo*

• *adj* (persona, ropa, casa, etc.) old: *Tiene una computadora muy vieja.* He has a very old computer.

• *s* **viejo** old man (plural men) | **vieja** old woman (plural women) ▶ Para referirse a los viejos en general se usa **old people**

el Viejo Pascuero Santa Claus, Father Christmas (BrE) **viejo verde** dirty old man (plural men)

old

young

viento *s* wind: *Soplaba un viento fuerte.* A strong wind was blowing. | **hay/había viento** it's/it was windy

vientre *s* **1** stomach, abdomen ▶ **abdomen** es más formal o más técnico **2** (útero) womb

viernes *s* Friday ▶ ver "Active Box" **días de la semana** en **día**

Viernes Santo Good Friday

viga *s* **1** (de madera) beam **2** (de metal) girder

vigésimo, -a *número* twentieth

vigilante *sustantivo & adjetivo*

• *s* security guard

• *adj* vigilant

vigilar *v* to watch

villancico *s* Christmas carol

vinagre *s* vinegar

vinagreta *s* vinaigrette

vínculo *s* **1** (lazo) bond **2** (en computación) link: *un vínculo a otra página* a link to another page

vino *s* wine: *¿Quieres vino?* Would you like some wine? | *Trajo una botella de vino.* He brought a bottle of wine.

¿Quieres más información sobre los **verbos modales**? Hay una explicación en el apartado de gramática.

vino blanco white wine **vino de la casa** house wine **vino rosado** rosé **vino tinto** red wine

viñedo *s* vineyard

violación *s* **1** (de una persona) rape **2** (de una ley, una regla) violation

violador, -a *s* rapist

violar *v* **1** (a una persona) to rape **2** (una ley) to break

violencia *s* violence

violento, -a *adj* **1** (persona, animal, actitud etc.) violent **2** (incómodo) awkward

violeta *adjetivo & sustantivo*

- ***adj*** purple
- ***s*** **1** (flor) violet **2** (color) purple ▶ ver "Active Box" **colores** en **color**

violín *s* violin

violinista *s* violinist

violoncelo o **violonchelo** *s* cello

violonchelista o **violoncelista** *s* cellist

virgen *adjetivo & sustantivo*

- ***adj*** **1** (referido a una persona) **ser virgen** to be a virgin **2** (cassette) blank **3** (tierra, selva) virgin
- ***s*** **la Virgen**, o **la Virgen María** the Virgin Mary

Virgo *s* Virgo: *Soy (de) Virgo.* I'm a Virgo.

virtual *adj* virtual ▶ ver **realidad**

virtud *s* virtue

viruela *s* smallpox

virus *s* **1** (de una enfermedad) virus (plural -ses) **2** (en informática) virus (plural -ses)

visa *s* visa

visera *s* **1** (de una gorra) peak **2** (sola) eye shade

visibilidad *s* visibility

visible *adj* visible

visión *s* **1** (vista) sight **2** (intuición) vision **3** (opinión) view **4** (alucinación) vision | **ver visiones** to see things: *Estás viendo visiones.* You're seeing things.

visita *s* **1** (acción) visit: *Gracias por la visita.* Thank you for your visit. | **estar de visita** to be visiting | **hacerle una visita a alguien** to pay sb a visit: *A ver cuándo nos haces una visita.* Come and pay us a visit some time./Come and see us some time. **2** (persona) visitor | **tener visita** La traducción es **to have a visitor** o **to have visitors** dependiendo de si se trata de una o más personas: *No entré porque vi que tenían visita.* I didn't go in because I could see they had visitors.

visitante *s* **1** (en deportes) **jugar de visitante** to play away from home, to play on the road (AmE) | **ganar de visitante** to win away, to win on the road (AmE) | **los visitantes** the away team **2** (persona) visitor

visitar *v* to visit: *Los fuimos a visitar.* We went to visit them./We went to see them.

visón *s* mink | **un abrigo de visón** a mink coat

víspera *s* **la víspera del examen/del casamiento etc.** the day before the exam/the wedding etc. | **en vísperas de su partida/de las elecciones etc.** just before his departure/the elections etc., on the eve of his departure/of the elections etc. ▶ **on the eve of** implica que se trata del día anterior

vista *s* **1** (sentido) sight | **perder la vista** to lose your sight | **ser corto -a de vista** to be near-sighted (AmE), to be short-sighted (BrE) **2** (panorama) view: *Hay una vista preciosa.* There is a lovely view. | **con vista al mar/a las montañas etc.** with a sea view/with a view toward the mountains etc. **3** (mirada) **bajar/levantar la vista** to look down/up: *Bajó la vista.* He looked down. **4 a la vista** visible **5 hacer la vista gorda** to turn a blind eye **6 salta/saltaba a la vista que...** it is/it was obvious that... **7 perder algo/a alguien de vista** to lose sight of sth/sb | **perderse de vista** to be lost from sight **8 en vista de las circunstancias/de lo que pasó etc.** in view of the circumstances/of what has happened etc. | **en vista de que...** in view of the fact that...

vistazo *s* **darle/echarle un vistazo a algo** to have a quick look at sth

visto, -a *adj* **1 estar mal visto/no estar bien visto** to be frowned upon **2 está visto que...** it's clear that...: *Está visto que no lo vamos a poder convencer.* It's clear that we aren't going to persuade him. **3 por lo visto** apparently, from the look of things ▶ Usa **apparently** cuando te basas en lo que otra persona te dijo y **from the look of things** cuando te basas en lo que tú mismo puedes ver: *Por lo visto no van a venir.* Apparently they are not coming. | *Por lo visto te gusta el rock.* From the look of things you like rock music.

visto bueno *s* approval: *darle el visto bueno a alguien* to give sb your approval

vital *adj* **1** (muy importante) vital | **de vital importancia** of vital importance **2** (con vitalidad) dynamic

vitamina *s* vitamin

vitral *s* stained-glass window

vitrina *s* window, store window (AmE), shop window (BrE) | **ir a ver/mirar vitrinas** to go window-shopping

vitrinear *v* to window-shop | **ir/salir a vitrinear** to go window-shopping

viudo, -a *sustantivo & adjetivo*

- ***s*** **viudo** widower | **viuda** widow
- ***adj*** **ser viudo -a** to be a widower/a widow | **quedarse viudo -a** to be widowed: *Se quedó viuda muy joven.* She was widowed at an early age.

víveres *s pl* provisions

vivero *s* nursery (plural -ries)

vivienda *s* **1** (casa, apartamento, etc.) home **2** (alojamiento) housing: *problemas de vivienda* housing problems

vivir *v* **1** (en un lugar, un tiempo) to live: *Vive en Londres.* He lives in London. | *Vivió en el siglo XVIII.* She lived in the 18th century. | *Viven* *juntos.* They live together. **2** (estar vivo) to be alive: *No sé si vive todavía.* I don't know if she's still alive. **3** (subsistir) to survive: *Les alcanza justo para vivir.* They have just enough to survive. | **vivir de algo** to live off sth: *¿De qué viven?* What do they live off? | **vivir al día** to live from day to day **4** (experimentar) to live through: *Vivimos una experiencia única.* We lived through a unique experience. **5 vive durmiendo/cantando etc.** he does nothing but sleep/sing etc.: *Vive hablándome de ti.* He does nothing but talk about you.

vivo, -a *adjetivo & sustantivo*

- *adj* **1** (con vida) living: *Tiene pocos parientes vivos.* He has few living relatives. | **estar vivo -a** to be alive | **vivo -a o muerto -a** dead or alive **2** (inteligente, despierto) clever **3 un recital/una actuación en vivo** a live concert/performance | **transmitir/pasar algo en vivo** to broadcast sth live **4** (color) bright
- *s* **hacerse el vivo/la viva** to try to be clever: *Se quiso hacer el vivo con el precio.* He tried to be clever and raise the price.

vocabulario *s* vocabulary (plural -ries) | **ampliar el vocabulario** to expand your vocabulary

vocación *s* sense of vocation | **tener vocación (de algo)** to have a vocation (for sth)

vocal *s* **1** (letra) vowel **2** (de una asociación) member ▶ ver **cuerda**

vodka *s* vodka

volado, -a *adjetivo & sustantivo*

- *adj* **salir volado -a** to dash off, to rush off: *Salimos volados para el hospital.* We dashed off to the hospital./We rushed off to the hospital.
- *s* **echar un volado** to flip a coin, to toss a coin

volante *s* **1** (de un auto) steering wheel | **estar/ir al volante** to be driving, to be at the wheel **2** (en fútbol) midfielder | **jugar de volante izquierdo/derecho** to play on the left/right in midfield **3** (en automovilismo) race car driver (AmE), racing driver (BrE) **4** (folleto) leaflet: *Repartía volantes.* He was handing out leaflets. **5** (en una prenda) frill

volantín *s* kite | **encumbrar un volantín** to fly a kite

volar *v* **1** (ave, avión, persona, tiempo) to fly: *El avión volaba muy bajo.* The plane was flying very low. | *¡Cómo vuela el tiempo!* Doesn't time fly! **2 hacer algo volando** ver ejemplos: *Hizo los deberes volando para salir a jugar.* He rushed through his homework so that he could go out to play. | *Tuvimos que salir volando.* We had to dash off. **3** (hacer explotar) **volar algo** to blow sth up

volarse *v* to blow away: *Los papeles se volaron con el viento.* The papers blew away in the wind.

volcán *s* volcano (plural volcanoes o volcanos)

volcar *v* **1** (voltear) **volcar algo** to knock sth over: *Cuidado, no vuelques la botella.* Careful you don't knock the bottle over. **2** (derramar) to spill: *Volqué vino en el mantel.* I spilled wine on the tablecloth. **3** (un vehículo) to overturn **4** (vaciar) to tip: *Volcó la tierra en la zanja.* He tipped the earth into the trench.

volcarse *v* **1** (derramarse) to spill: *Se me volcó la leche.* The milk spilled. **2** (embarcación) to capsize, (vehículo) to overturn

volea *s* volley

voleibol o **volley** *s* volleyball | **jugar al volley** to play volleyball

volqueta *s* dump truck (AmE), dumper truck (BrE)

voltaje *s* voltage

voltear *v* **1** (invertir) **voltear algo** to turn sth over: *Voltea la tortilla.* Turn the omelet over. **2** (tirar, volcar) **voltear algo** to knock sth over: *Volteó la silla.* She knocked the chair over.

voltearse *v* **1** (volverse) to turn around, to turn round (BrE): *Se volteó para ver quién era.* She turned around to see who it was. **2** (volcarse) (vehículo) to overturn

voltereta *s* somersault

voltio *s* volt

volumen *s* **1** (de un sonido, un ruido) volume | **a todo volumen** full blast: *La música estaba a todo volumen.* The music was on full blast. **2** (tamaño) size | **de gran volumen** large: *un paquete de gran volumen* a large-sized package/a very large package **3** (en física) volume **4** (de una enciclopedia, una obra) volume

voluntad *s* **1** (tenacidad) will: *una voluntad de hierro* a will of iron | *Lo hice por mi propia voluntad.* I did it of my own free will. **2** (deseo) wishes *pl*: *Quiero respetar su voluntad.* I want to respect his wishes. | **lo dijo/lo hizo sin voluntad de ofender** he didn't mean to offend anyone ▶ ver **fuerza**

voluntario, -a *adjetivo & sustantivo*

- *adj* voluntary
- *s* volunteer

volver *v* **1** (ir/venir de nuevo) to go back/to come back: *Vuelvan pronto.* Come back soon. | *Tuve que volver a mi casa solo.* I had to go back home on my own. ▶ A menudo se usan **to be back** y **to get back** para expresar la idea de estar/llegar de vuelta: *Ya vuelvo.* I'll be back shortly. | *¿A qué hora vuelven del colegio?* What time do they get back from school? | **volviendo del trabajo/del colegio etc.** on the way back from work/school etc.
2 volver a hacer algo to do sth again: *No volví a verlo nunca más.* I never saw him again. | *No vuelvas a hacerlo.* Don't do it again.
3 (convertir en) to make: *Tanta injusticia lo volvió resentido.* So much injustice made him resentful. ▶ ver **loco**
4 volver en sí to come to, to come around (AmE), to come round (BrE)

¿Se dice I arrived in Miami o I arrived to Miami? Mira la entrada **arrive**.

volverse *v* **1** (regresar) to go back **2** (convertirse en) **volverse egoísta/tacaño -a etc.** to become selfish/mean etc.: *Me volví más tolerante.* I became more tolerant. ► ver **loco**

vomitar *v* to be sick, to vomit ► **to vomit** es más formal | **tener ganas de vomitar** to feel sick, to feel nauseous (AmE): *Tengo ganas de vomitar.* I feel sick. | **vomitar algo** to bring sth up: *Vomité todo lo que había comido.* I brought up everything I had eaten.

vos *pron* you

vosear *v* to use "vos" instead of "tú"

votación *s* vote: *Perdimos la votación.* We lost the vote. | **someter algo a votación** to put sth to a vote

votar *v* **1** (emitir un voto) to vote | **votar por alguien** to vote for sb: *¿Por quién vas a votar?* Who are you going to vote for? | **votar a favor de/en contra de algo** to vote for/against sth | **voto por ir a bailar/quedarnos en casa etc.** I say we should go out dancing/stay home etc. **2** (una ley) to pass

voto *s* **1** (en elecciones) vote: *Ganamos por 50 votos.* We won by 50 votes. **2** (promesa) **hacer votos de castidad/pobreza** to take a vow of chastity/poverty

voz *s* **1** voice **2 en voz alta** out loud: *Léelo en voz alta.* Read it out loud. | **en voz baja** ver ejemplos: *¡Shhh! ¡Hablen en voz baja!* Shhh! Keep your voices down! | *Me lo dijo en voz baja.* She told me in a low voice. **3 levantarle la voz a alguien** to raise your voice to sb

voz activa active voice **voz pasiva** passive voice

vuelo *s* **1** (de un avión) flight: *Son doce horas de vuelo.* It's a twelve-hour flight. | *¿A qué hora sale tu vuelo?* What time does your flight leave? **2** (de un ave) flight **3** (de una falda) **tener mucho vuelo** to be very full

vuelo chárter charter flight **vuelo de cabotaje** domestic flight **vuelo espacial** space flight **vuelo internacional** international flight

vuelta *sustantivo & sustantivo plural*

• *s* **1 darle la vuelta a algo** to turn sth over: *Dale la vuelta al filete.* Turn the steak over. | **darse (la) vuelta (a)** (girar) to turn around, to turn round (BrE): *Se dio (la) vuelta para mirarla.* He turned around to look at her. **(b)** (en posición horizontal) to turn over: *Date (la) vuelta. Estás roncando.* Turn over. You're snoring. | **dar la vuelta al mundo** to go around the world, to go round the world (BrE)

2 ir/salir a dar una vuelta (a) (caminando) to go for a walk **(b)** (en auto) to go for a drive **(c)** (en bicicleta) to go for a ride

3 a la vuelta (a) (de la esquina) just around the corner, just round the corner (BrE): *Hay un banco a la vuelta de mi casa.* There's a bank just around the corner from my house. **(b)** (al regresar) when I/we etc. get back: *A la vuelta charlamos.* We can talk when we get back. | *Te llamo a la vuelta de las vacaciones.* I'll call you when I get back from vacation. **(c)** (en el camino) on the way back: *A la vuelta pinchamos.* We had a flat on the way back.

4 de vuelta (a) (de nuevo) again: *Tienes que hacerlo de vuelta.* You've got to do it again. **(b)** (de regreso) back: *el camino de vuelta* the way back | *Quiero estar de vuelta en casa a las 4.* I want to be back home by 4 o'clock.

5 (regreso) return: *la vuelta de los exiliados* the return of the exiles

6 (en una carrera) lap

vuelta al mundo (en un parque de diversiones) ferris wheel (AmE), big wheel (BrE): *Nos subimos a la vuelta al mundo.* We went on the ferris wheel **vuelta ciclista** tour, cycle race **vuelta de campana (a)** (en gimnasia) forward roll, somersault **(b)** (de un vehículo): *El auto dio tres vueltas de campana.* The car turned over three times. **(c)** (de una embarcación): **dar una vuelta de campana** to capsize **vuelta olímpica** lap of honor (AmE), lap of honour (BrE)

• **vueltas** *s pl* (dinero) ► ver **vuelto**

vuelto *s* change: *Me dio mal el vuelto.* He gave me the wrong change.

vulgar *adj* **1** (grosero) vulgar: *palabras vulgares* vulgar words **2** (común) ordinary: *un vulgar empleado de oficina* an ordinary office worker **3** (al censurar a alguien) common: *El tipo es un vulgar ladrón.* The man is a common thief.

W

W, w *s* W, w ► ver "Active Box" **letras del alfabeto** en **letra**

wafle o **waffle** *s* waffle

waflera *s* waffle iron

walkie-talkie *s* walkie-talkie

walkman *s* Walkman®

waterpolo *s* water polo

whisky *s* whiskey, whisky (plural -kies) ► Para referirse al whisky escocés es frecuente usar **scotch**

windsurf *s* windsurfing | **ir a hacer windsurf** to go windsurfing

X

X, x *s* X, x ▶ ver "Active Box" **letras del alfabeto** en **letra**

xenofobia *s* xenophobia

xilófono o **xilofón** *s* xylophone

Y

Y, y *s* Y, y ▶ ver "Active Box" **letras del alfabeto** en **letra**

y *conj* **1** (copulativa) and: *Tengo un hermano y una hermana.* I have a brother and a sister. ▶ En inglés no se usa una conjunción sino una coma entre dos adjetivos que preceden a un sustantivo, salvo si se trata de colores: *Tiene el pelo largo y lacio.* She has long, straight hair. | *la camiseta azul y roja del equipo* the team's red and blue shirt **2** (al dar la hora) **la una/las cuatro etc. y media** one thirty/four thirty etc., half past one/half past four etc. | **las dos/las diez etc. y cuarto** quarter after two/ten etc. (AmE), quarter past two/ten etc. (BrE) | **las once y diez/las siete y veinte etc.** ten after eleven/twenty after seven etc. (AmE), ten past eleven/twenty past seven etc. (BrE) **3** (en numerales) ver ejemplos: *noventa y ocho* ninety eight | *cuarenta y cuatro* forty four **4** (en preguntas) ver ejemplos: *Yo no voy ¿y tú?* I'm not going, what about you? | *¿Y cómo llegaste?* So how did you get here? | *¿Y si se hubieran perdido?* And what if they had lost? | **¿y qué?** so what?: *Me equivoqué ¿y qué?* I made a mistake! So what?

ya *adverbio & conjunción*

- *adv* ▶ ver recuadro
- **ya que** *conj* (dado que) since: *Ya que estás aquí, te voy a mostrar algo.* Since you're here, I'm going to show you something.

yacimiento *s* **1** (de minerales) deposit **2** (en arqueología) site
yacimiento petrolero oilfield

yarda *s* yard

yate *s* yacht

---

ya *adverbio*

1 Se traduce por **already** cuando se refiere al presente o al pasado y la oración no es negativa ni interrogativa:

Ya se lo he dicho. I've already told him. | *Ya habíamos visto las fotos.* We had already seen the photos. | *Ya tiene tres nietos.* She already has three grandchildren. | *Ya lo sabemos.* We already know.

Fíjate que **already** normalmente va detrás de los modales o auxiliares pero delante de los demás verbos. Sin embargo, cuando expresa sorpresa, puede ir al final de la oración:

¡Ya se lo comió! He's eaten it already!

2 En oraciones interrogativas se suele traducir por **yet**, que va al final de la oración:

¿Ya has terminado? Have you finished yet?

Cuando expresa sorpresa, se traduce por **already**, también usado al final de la oración:

¿Ya estás cansada? Are you tired already?

3 En oraciones negativas se usa **any more** con un verbo en negativo:

Ya no te quiero. I don't love you any more. | *Ya no viven más aquí.* They don't live here any more.

4 El uso de **no longer** con un verbo en afirmativo es más enfático o más formal:

El señor Galindo ya no trabaja aquí. Mr. Galindo no longer works here.

5 Cuando significa ahora:

Ya vienen para acá. They're on their way. | *Ya voy.* I'm coming. | *Quiero que lo hagas ya mismo.* I want you to do it right now. | *Sí, ya entiendo.* Yes, I understand.

6 Cuando se refiere al futuro:

Ya te lo diré algún día. I'll tell you some day. | *Ya aprenderá.* He'll learn. | *Ya salgo.* I'll be out in a minute. | *Ya veremos.* We'll see.

---

yegua *s* mare

yema *s* **1** (del huevo) yolk, egg yolk **2 la yema del dedo** the tip of your finger

yerba *s* **1** (marihuana) pot **2** ▶ ver **hierba**

yerno *s* son-in-law (plural sons-in-law)

yeso *s* **1** (para un hueso roto) plaster **2** (en construcción) plaster

yo *pron* **1** I: *Yo me quedo.* I'm staying. ▶ Tras el verbo **to be** y en comparaciones se suele usar **me**: *Soy yo.* It's me. | *Es más alta que yo.* She's taller than me. | *Sabes más que yo.* You know more than I do./You know more than me. **2 yo de ti, yo que tú** if I were you: *Yo de ti, no iba.* If I were you, I wouldn't go.

yoga *s* yoga | **hacer yoga** to do yoga

yogur o **yoghurt** *s* yogurt, yoghurt: *un yogur de vainilla* a vanilla yogurt

---

¿Quieres información sobre las differencias entre los **artículos** en inglés y en español? Lee la explicación en el apartado de gramática.

yogur líquido drinking yogurt **yogur descremado** low-fat yogurt **yogur entero** full-fat yogurt

yoyo o **yoyó** *s* yo-yo

yudo *s* judo | **hacer yudo** to practice judo (AmE), to practise judo (BrE)

Z

Z, z *s* Z, z ▶ ver "Active Box" **letras del alfabeto** en **letra**

zafarse *v* **1** (hablando de una obligación o compromiso) **me zafé/no me pude zafar etc.** I got out of it/I couldn't get out of it etc. | **zafarse de algo** to get out of sth: *No me pude zafar de ir a la conferencia.* I couldn't get out of going to the lecture. **2 zafarse el cinturón/el nudo de la corbata etc.** to loosen your belt, your tie etc. **3** (referido a secretos) **se me/le etc. zafó** I/she etc. accidentally let slip: *Se le zafó lo de la fiesta sorpresa.* She accidentally let slip that there was going to be a surprise party./She let the cat out of the bag about the surprise party.

zafiro *s* sapphire

zaguán *s* hallway

zaguero, -a *s* back

zaguero central center back (AmE), centre back (BrE)

zambullida *s* **darse una zambullida** to have a dip

zambullirse *v* (en el agua) to dive: *Nos zambullimos en la piscina.* We dived into the pool.

zanahoria *s* carrot | **ensalada/sopa de zanahoria** carrot salad/soup

zancadilla *s* **hacerle una zancadilla a alguien** to trip sb up

zanco *s* stilt

zancudo *s* mosquito (plural -tos o -toes): *Me picaron los zancudos.* I've been bitten by mosquitos.

zángano, -a *sustantivo & sustantivo masculino*

- *s* (persona) **ser un zángano/una zángana** to be a lazybones, to be a layabout (BrE)
- **zángano** *s* [masc] (insecto) drone

zanja *s* ditch (plural -ches): *Hicieron una zanja.* They dug a ditch.

zapallo *s* Si quieres explicar qué es el zapallo di *it's a type of green-skinned pumpkin or squash*

zapallo italiano zucchini (AmE), courgette (BrE)

zapatería *s* shoe store (AmE), shoe shop (BrE)

zapatero, -a *s* Existe el término **cobbler,** pero es anticuado. Existen muy pocos zapateros tradicionales en los países anglosajones. Los zapatos se arreglan en negocios que también hacen copias de llaves, etc.: *Tengo que llevar las botas al zapatero.* I have to take my boots to be repaired.

zapatilla *s* **1** (de lona, para playa, etc.) canvas shoe **2** (alpargata) espadrille **3** (deportiva) tennis shoe (AmE), trainer (BrE)

zapatilla de baile o **zapatilla de ballet** ballet shoe

zapato *s* shoe

zapato de fútbol soccer cleat (AmE), football boot (BrE) **zapato de tacón** high-heeled shoe **zapato de tacón bajo, zapato de piso** flat shoe

zapear *v* to channel surf (AmE), to channel hop (BrE)

zapping *s* **hacer zapping** to channel surf (AmE), to channel hop (BrE)

zarpa *s* paw

zarpar *v* (barco) to set sail

zarzamora *s* (fruta) blackberry (plural -rries)

zarzo *s* loft

zigzaguear *v* to zigzag

zinc *s* zinc | **un techo/una plancha de zinc** a zinc roof/sheet

zócalo *s* **1** (de una pared) baseboard (AmE), skirting board (BrE) **2** (plaza) main square

zodíaco o **zodiaco** *s* zodiac

zona *s* **1** (área) area: *En esta zona no hay tiendas.* There are no stores in this area. | *una zona industrial/comercial* an industrial area/a business area | *la zona norte del país* the north of the country **2** (en cuanto al clima) zone: *una zona templada* a temperate zone **3** (en un torneo, campeonato) group

zona de castigo (en fútbol) penalty area

zoológico o **zoo** *s* zoo

zorrino *s* skunk

zorro, -a *sustantivo masculino & femenino & sustantivo masculino*

- *s* (animal) fox (plural -xes) ▶ Éste es el término genérico. Para referirse específicamente a una hembra se usa **vixen**
- **zorro** *s* [masc] (piel) fox fur

zorzal *s* thrush (plural -shes)

zueco *s* clog

zumbar *v* to buzz | **me/le etc. zumban los oídos** my/his etc ears are ringing

zumbido *s* **1** (de un insecto) buzzing **2** (en los oídos) ringing

zumo *s* juice: *zumo de manzana* apple juice

zurcir *v* to darn

zurdo, -a *adjetivo & sustantivo*

- *adj* left-handed ▶ Si te refieres a un futbolista zurdo, usa **left-footed**
- *s* left-handed person (plural people)

zurra *s* thrashing | **darle una zurra a alguien** to thrash sb

zurrar *s* **zurrar a alguien** to thrash sb

APÉNDICES

GUÍA DE GRAMÁTICA

En esta sección encontrarás información sobre distintos aspectos de la gramática del inglés que pueden ayudarte a entender mejor lo que escuches o leas y también a hablar y escribir más correctamente.

¿Cómo se usan los artículos?

El inglés tiene, como el español, dos clases de artículo: el definido (*the*) y el indefinido (*a* o *an*). En general, los artículos se usan en inglés igual que en español, salvo en estos casos:

- Cuando hablamos **en general**, en inglés **no se usa ningún artículo**:

People think we are sisters.	*La gente cree que somos hermanas.*
Alcohol is bad for your health.	*El alcohol es malo para la salud.*
Children need a lot of attention.	*Los niños necesitan mucha atención.*
Students must be here at 8 a.m.	*Los alumnos deben estar aquí a las 8.*

- Cuando hablamos de **partes del cuerpo** o **prendas de vestir**, en inglés se usa el **posesivo**:

She took off **her** *shoes.*	*Se quitó los zapatos.*
Have you washed **your** *face?*	*¿Te has lavado la cara?*
I brushed **my** *teeth.*	*Me lavé los dientes.*
Put on **your** *coat.*	*Ponte el abrigo.*
Her *face was swollen.*	*Tenía la cara hinchada.*

- Cuando usamos **expresiones de tiempo** con ***last*** y ***next***, **no se usa el artículo** en inglés:

I saw Tom last week.	*Vi a Tom la semana pasada.*
The party is next Saturday.	*La fiesta es el sábado que viene.*
He went to Miami last year.	*Fue a Miami el año pasado*

¿Cómo se usan los posesivos?

▶ En inglés, los adjetivos posesivos **no cambian en singular y plural**. Este cuadro muestra cómo hay una sola forma en inglés para las formas del singular y el plural en español:

español	**inglés**
mi - mis	my
tu - tus	your
su – sus (de usted)	your
su – sus (de ella)	her
su – sus (de él)	his
nuestro/a – nuestros/as	our
su – sus (de ustedes)	your
su – sus (de ellas/ellos)	their

▶ Entonces, aunque el sustantivo sea plural en inglés, el adjetivo posesivo queda igual:

my **cat** → **my** cats   Give me **your** book. → Give me **your** books.

Pertenencia, parte, material

En español, usamos la preposición **de** para indicar que

▶ algo **pertenece** a una persona o un lugar
En la oración *El libro es de Laura*, la preposición *de* indica pertenencia.

En inglés, cuando el poseedor es una persona **no se usa preposición**, sino que se usa la construcción con **apóstrofe** y **s**:

That is Anna's room.	*Ése es el cuarto de Ana.*
my grandmother's house	*la casa de mi abuela*

A veces también se usa cuando se trata de lugares (*Sydney's new airport*).

▶ algo es **parte** de una cosa o de un lugar
En la frase *la ventana de la cocina*, la preposición *de* indica parte.

En inglés, en muchos de estos casos **no se usa preposición**, sino que se dice primero el todo y después la parte:

the kitchen (1) window (2)	*la ventana (2) de la cocina (1)*
I have it in my coat (1) pocket (2).	*Lo tengo en el bolsillo (2) del abrigo (1).*

▶ algo está hecho o construido con cierto **material**
En la frase *una corbata de seda*, la preposición *de* indica material.

En inglés, en muchos de estos casos **no se usa preposición**, sino que se dice primero el material y después el objeto:

a glass (1) door (2)	*una puerta (2) de vidrio (1)*
He gave her a pearl (1) necklace (2).	*Le regaló un collar (2) de perlas (1).*

Los números

cardinales		ordinales	
1	one	1st	first
2	two	2nd	second
3	three	3rd	third
4	four	4th	fourth
5	five	5th	fifth
6	six	6th	sixth
7	seven	7th	seventh
8	eight	8th	eighth
9	nine	9th	ninth
10	ten	10th	tenth
11	eleven	11th	eleventh
12	twelve	12th	twelfth
13	thirteen	13th	thirteenth
14	fourteen	14th	fourteenth
15	fifteen	15th	fifteenth
16	sixteen	16th	sixteenth
17	seventeen	17th	seventeenth
18	eighteen	18th	eighteenth
19	nineteen	19th	nineteenth
20	twenty	20th	twentieth
21	twenty-one	21st	twenty-first
25	twenty-five	25th	twenty-fifth
30	thirty	30th	thirtieth
40	forty	40th	fortieth
50	fifty	50th	fiftieth
60	sixty	60th	sixtieth
70	seventy	70th	seventieth
80	eighty	80th	eightieth
90	ninety	90th	ninetieth
100	a/one hundred	100th	hundredth
101	a/one hundred and one	101st	hundred and first
130	a/one hundred and thirty	130th	hundred and thirtieth
200	two hundred	200th	two hundredth
1,000	a/one thousand	1,000th	thousandth
3,000	three thousand	3,000th	three thousandth
10,000	ten thousand	10,000th	ten thousandth
100,000	a/one hundred thousand	100,000	hundred thousandth
1,000,000	a/one million	1,000,000th	millionth

- Cuando se escribe una cifra en letras, va un **guión** entre la decena y la unidad: *twenty-one*, *forty-six*, *fifty-two*.
- Cuando se dice o se escribe en letras una cifra entre cien y mil, se usa **and** después de la centena: *three hundred and five*, *six hundred and twenty-eight*, *one hundred and fifty*.
- En inglés, como en varios países latinoamericanos, se usa la **coma** para marcar las posiciones de mil y de millón: *2,904*, *340,000*, *1,500,000*
- En inglés, como en varios países latinoamericanos, el **punto** separa la unidad de los decimales: *0.5*, *40.25*.
- Cuando se da un **número de teléfono**, se dice cada número por separado: *4521 2373* se dice *four-five-two-one, two-three-seven-three*; *65 1469* se dice *six-five, one-four-six-nine*. Si un número se repite, se usa la palabra *double*: *55 1932* se dice *double five, one-nine-three-two*.
- Al leer un número de varias cifras, **cero** se dice *zero*. En inglés británico también se suele decir *oh*, como si fuera la letra **o**. El número 4801 se puede leer *four eight zero one* o, en inglés británico también *four eight oh one*. En matemáticas se dice *zero* o *nought*. En resultados deportivos se dice *nothing* o *zero* en inglés americano y *nil* en inglés británico. En tenis se usa *love*.
- Cuando se trata de **años** a partir del mil, se dicen los dos primeros números como una sola cifra, y después los otros dos también como una sola cifra: *1814* se dice *eighteen fourteen*, *1993* se dice *ninteen ninety-three*. En los años del 01 al 09 se usa *oh* para el cero, como en *1906*: *nineteen-oh-six*. Sin embargo, a partir del año *2000* (*two thousand*), los años se dicen como números normales: *2001* se dice *two thousand and one*, *2002* se dice *two thousand and two*, etc.
- Cuando se trata de **fechas**, hay tres formas de escribirlas:

  5th March
  5 March
  March 5th

  Cualquiera de estas formas se lee de dos maneras: *the fifth of March* o *March the fifth*. En inglés americano, cuando se expresan las fechas con números, el orden es mes-día-año: *12/9/2002* indica el 9 de diciembre. En inglés británico, en cambio, el orden es igual que en español, indicando día-mes-año: *12/9/2002* indica el 12 de septiembre.
- Cuando se trata de reyes o papas, se usa el artículo *the*, que no aparece escrito: *Henry VIII* se lee *Henry* ***the*** *Eighth*, *John Paul II* se lee *John Paul* ***the*** *Second*.
- Cuando se trata de siglos, se usan los números ordinales y no se usan números romanos en la escritura; para referirse al siglo XIX, se escribe *the 19th century* y se lee *the nineteenth century*.

Sustantivos contables e incontables

- ¿Cuál es la diferencia entre un sustantivo como *anillo* y un sustantivo como *sal*? Podemos decir *Se puso tres anillos*, pero no **Le puso tres sales a la comida*. No decimos **Tengo que comprar un alcohol*, sino *Tengo que comprar alcohol*. Los sustantivos como *sal* o *alcohol*, que no representan unidades que se puedan contar, se llaman **sustantivos incontables**, y hay muchos en español: *agua, barro, arena, alegría, silencio* son algunos ejemplos. En general, son los sustantivos que se refieren a **sustancias, cualidades** o **ideas abstractas**.
- En inglés también existen sustantivos contables e incontables y, como en español, también se usan de diferente manera. Se puede decir *I bought a book*, pero no **I bought a sugar*. Hay que decir *I bought sugar*, o *I bought some sugar*. Tampoco se pueden usar números con sustantivos incontables como *water, fire, salt, music* o *love*.
- Hay algunos sustantivos que son **incontables en inglés pero no en español**: por ejemplo, *news, furniture, advice*. Entonces, para referirse a una noticia, un mueble o un consejo se dice ***a piece of** news, **a piece of** furniture, **a piece of** advice*. En estos casos, en el diccionario hay una nota que explica las diferencias entre el inglés y el español.

GUÍA DE GRAMÁTICA

Sustantivos con función adjetiva

- En inglés, se suele usar el sustantivo con valor de adjetivo, caracterizando a otro sustantivo:

  ***Christmas** tree*
  ***movie** theater*
  ***school** year*
  ***shoe** store*
  ***space** shuttle*
  ***summer** vacation*

- En español, esta estructura puede equivaler a:

un sustantivo seguido de un adjetivo

school year	*año **escolar***
space shuttle	*transbordador **espacial***

un sustantivo seguido de una frase preposicional

Christmas tree	*árbol **de navidad***
summer vacation	*vacaciones **de verano***

o un sustantivo

movie theater	***cine***
shoe store	***zapatería***

El sujeto obligatorio

▶ En español, muchas veces no expresamos el sujeto de una oración:

Estoy cansado. *Tiene dos hermanas.*

En inglés, el **sujeto** es **obligatorio** en la oración:

***I'm** tired.* ***He** has two sisters.*
*I saw the film and **it's** really good.* *I like Helen because **she's** good fun*

▶ En español, las oraciones referidas al **clima** no tienen sujeto:

Hacía calor. *Está lloviendo otra vez.*

En inglés, el sujeto ***it*** es **obligatorio** en estos casos:

***It** was hot.* ***It's** raining again.*

Posición de los adverbios

▶ En español, podemos ubicar los adverbios entre el verbo y el objeto o después del objeto:

*Lea **atentamente** el texto.* *Lea el texto **atentamente**.*

En inglés, los **adverbios** van **después del objeto**:

NO *Read carefully the text.* SÍ *Read the text carefully.*

NO *He hit hard the ball.* SÍ *He hit the ball hard.*

NO *I don't like very much football.* SÍ *I don't like football very much.*

▶ En inglés, los adverbios que indican **frecuencia** suelen ir **antes del verbo principal**:

I usually[1] go[2] there on Saturdays.

She is always[1] asking[2] silly questions.

We never[1] saw[2] him again.

Verbos irregulares

En inglés hay muchos verbos irregulares. En este diccionario, en las entradas correspondientes a estos verbos está la información sobre sus formas irregulares (pasado y participio). A continuación presentamos una lista de los verbos irregulares más comunes en inglés, para facilitar la consulta.

Verbo	Pasado	Participio
awake	awoke	awoken
be	was, were	been
bear	bore	borne
become	became	become
begin	began	begun
bend	bent	bent
blow	blew	blown
break	broke	broken
bring	brought	brought
build	built	built
buy	bought	bought
catch	caught	caught
choose	chose	chosen
come	came	come
do	did	done
draw	drew	drawn
drink	drank	drunk
drive	drove	driven
eat	ate	eaten
fall	fell	fallen
feel	felt	felt
fight	fought	fought
find	found	found
fly	flew	flown
forget	forgot	forgotten
forgive	forgave	forgiven
get	got	gotten
give	gave	given
go	went	gone
grow	grew	grown
have	had	had
hear	heard	heard
hide	hid	hidden, hid
hold	held	held
keep	kept	kept
know	knew	known
lay	laid	laid
lead	led	led

Verbo	Pasado	Participio
leave	left	left
lend	lent	lent
let	let	let
lie[1]	lay	lain
lose	lost	lost
make	made	made
mean	meant	meant
meet	met	met
pay	paid	paid
put	put	put
read	read	read
ride	rode	ridden
ring	rang	rung
rise	rose	risen
run	ran	run
say	said	said
see	saw	seen
sell	sold	sold
send	sent	sent
set	set	set
shake	shook	shaken
shine	shone	shone
shoot	shot	shot
show	showed	shown
sing	sang	sung
sit	sat	sat
sleep	slept	slept
speak	spoke	spoken
spend	spent	spent
stand	stood	stood
steal	stole	stolen
strike	struck	struck
swim	swam	swum
take	took	taken
teach	taught	taught
tear	tore	torn
tell	told	told
think	thought	thought
throw	threw	thrown
wake	woke	woken
wear	wore	worn
win	won	won
write	wrote	written

¿Qué son los verbos modales?

- Se llaman verbos modales los verbos como *can*, *may*, *must*, *would* o *should*, que se usan con otros verbos para agregar un **significado de posibilidad, obligación, deseo, cortesía**, etc. Para saber más sobre el significado de cada uno de los modales, búscalos en el diccionario. Encontrarás notas con explicaciones y ejemplos.
- Los verbos modales tienen **la misma forma** para todas las personas (*I can do it*, *She can have it*), es decir que *he/she/it* en estos casos no tienen la forma de presente con *–s*.
- Los verbos modales **no** tienen forma en ***–ing*** **ni** forma en ***–ed***

¿Qué son los *phrasal verbs*?

- Los *phrasal verbs* son construcciones formadas por **un verbo y una partícula** como *out*, *off*, *away*, *back*, etc. El conjunto formado por el verbo y la partícula tiene un **significado especial**, diferente del significado del verbo solo. El verbo *put* significa en general *poner*, pero el phrasal verb *put out*, en la oración *He put out the fire*, significa *apagar*.
- Los *phrasal verbs* pueden ser **transitivos** o **intransitivos**, es decir que pueden tener objeto directo o no. En la oración *The plane is taking off = El avión está despegando*, *to take off* es un *phrasal verb* intransitivo. En la oración *I have to give back the book = Tengo que devolver el libro*, *give back* es un *phrasal verb* transitivo (*the book* es el objeto directo).
- Algunos *phrasal verbs* se pueden usar con o sin objeto directo: *to make up = maquillarse*, *to make somebody up* = maquillar a alguien.
- Algunos *phrasal verbs* transitivos son **separables**. Se puede poner el objeto directo en **dos posiciones**: después del *phrasal verb* completo (*He took off **his shoes***) o entre el verbo y la partícula (*He took **his shoes** off*). Si el objeto directo es un pronombre *–me*, *it*, *them*, *her*, *him*, etc.–, siempre va entre el verbo y la partícula: *He took **them** off*.
- Otros *phrasal verbs* transitivos, en cambio, son **inseparables.** Con estos verbos, el objeto directo va siempre detrás de la partícula, incluso cuando son pronombres: *Who's looking **after the children**?*, *I'll see to **it***. Para saber si un *phrasal verb* transitivo es separable o no, consulta la entrada del diccionario, donde se muestra cómo funciona.

GUÍA DE GRAMÁTICA

GUÍA DE ASPECTOS CULTURALES

En esta sección hay información sobre distintos aspectos de la vida y las costumbres en Estados Unidos y Gran Bretaña. Esta información puede ayudar a comprender mejor lo que pasa en programas de TV o películas y la información que aparece en libros o revistas en inglés.

Estados Unidos

Sistema político

Democracia con sistema presidencialista. Estados Unidos está formado por 50 estados, que comparten un gobierno federal. Además de la constitución nacional, que es común a todos los estados, cada estado tiene su constitución, y a veces hay diferencias entre los estados en cuestiones de seguridad, salud o educación. Se elige presidente cada cuatro años, con posibilidad de una reelección. El Congreso (**Congress**) está formado por dos cámaras, la de diputados o representantes (**House of Representatives**) y la de senadores (**Senate**).

Sistema educativo

La educación es obligatoria entre los 6 y los 14 ó 16 años, según el estado donde se viva. La escuela primaria (**elementary school**) dura seis años, desde los seis hasta los once años. La enseñanza media consta de un ciclo de dos años (**junior high school**) seguido por otro de cuatro años (**high school**). Los alumnos que quieren ir a la universidad dan un examen llamado **SAT** en el último año de la secundaria.

Transporte

Estados Unidos tiene una importante red de trenes (**Amtrak**) que conecta pueblos y ciudades. Una opción más barata para los viajes interurbanos son los autobuses (**Greyhound buses**). Las ciudades más importantes, como Nueva York o Boston, tienen también metro (**subway**), y algunas ciudades, como San Francisco, tienen tranvías (**streetcars**).

Moneda

La unidad monetaria es el dólar (**dollar**). La centésima parte del dólar es el centavo (**cent**). A la moneda de un centavo se la llama **penny**, a la de cinco, **nickel**, a la de diez, **dime** y a la de veinticinco, **quarter**. En lenguaje informal, *a buck* es un dólar.

Deportes

Uno de los deportes más populares en Estados Unidos es el béisbol (**baseball**). Los equipos profesionales forman una asociación de la que dependen dos campeonatos, el **American League** y el **National League**. Los campeones de estos torneos juegan entre sí los **World Series** para definir el campeón nacional. Otro de los deportes más populares es el fútbol americano (**football**). La liga de fútbol americano (**National Football League** o **NFL**) organiza dos campeonatos (llamados **conferences**); los campeones de cada uno de esos campeonatos juegan el partido final de la temporada, llamado **Super Bowl**. El básquet (**basketball**) también es muy practicado en Estados Unidos, donde los partidos de la **NBA** (**National Basket Association**) son un evento importante. El fútbol, llamado **soccer** en inglés americano, no es tan popular en Estados Unidos.

Tallas

- Para la ropa de mujer y de hombre, se usa una numeración especial. Para mujer, las tallas son 6 (más o menos un 36), 8 (más o menos un 38), 10 (más o menos un 40), etc. Para hombre, las tallas son 30 (más o menos un 40), 32 (más o menos un 42), etc. También es común en algunas prendas la indicación **S** (**small**, es decir pequeño), **M** (**medium**, mediano) **L** (**large**, grande) o **XL** (**extra large**, muy grande). Otras prendas vienen en talla única, **OS** (**one size**).
- Para los zapatos de mujer y de hombre también se usa una numeración especial. Para mujer, los números son 5 (35), $5\frac{1}{2}$ (36), 6 (37), etc. Para hombre, los números son 7 (39), $7\frac{1}{2}$(40), 8 (41), etc.

Pesos y medidas

- La unidad de peso es la libra (**pound**), que equivale a unos 460 gramos. Esta medida se usa tanto para referirse a frutas, objetos, etc., como para hablar del peso de las personas. Una persona que pesa *111 pounds* pesa unos 51 kilos.
- Para hablar de la altura de cosas y personas se usan la pulgada (**inch**, unos 2.5 cm) y el pie (**foot**, que equivale a 12 inches, más o menos 30 cm): *He is six feet tall = Mide un metro ochenta.*
- Para hablar del ancho, el largo y la longitud también se usan, además de la pulgada y el pie, la yarda (**yard**, unos 91 cm), y la milla (**mile**, más o menos 1.6 km). Si en la carretera se indica 50 como velocidad máxima, se refiere a 50 mph (fifty miles per hour, es decir 80 km/h).
- Para hablar de la capacidad, se suelen usar medidas como la pinta (**pint**, un poco menos de medio litro) y el galón (**gallon**, un poco menos de 4 litros). La pinta es la medida habitual para bebidas como la cerveza o la leche. La gasolina suele medirse por galones. Algunas de estas medidas tienen valores diferentes en Gran Bretaña.

Gran Bretaña

Países que forman Gran Bretaña

Inglaterra **(England)**, Escocia **(Scotland)** y Gales **(Wales)** son los tres países que integran la mayor de las Islas Británicas **(British Isles)**. El Reino Unido **(the United Kingdom)**, que es el estado político, está formado por estos tres países más Irlanda del Norte **(Northern Ireland)**.

Sistema político

Monarquía parlamentaria. El parlamento es la institución más importante. Se compone de dos cámaras, la Cámara de los Lores (**the House of Lords**) y la Cámara de los Comunes **(the House of Commons)**. La Cámara de los Lores, que está en proceso de reforma, está integrada por miembros de la nobleza, obispos y otras personas notables. Los ciudadanos votan solamente los miembros de la Cámara de los Comunes, que es la más importante. El gobierno está conducido por el Primer Ministro **(the Prime Minister)**, que es el líder del partido que más representación tiene en la Cámara de los Comunes. Las elecciones generales son como máximo cada cinco años.

Sistema educativo

La educación es obligatoria entre los 5 y los 16 años, y se divide en **primary school** (hasta los once años) y **secondary school** (hasta los dieciséis). La escuela primaria se compone de tres años de **infant school** y cuatro años de **junior school**. Al terminar el ciclo obligatorio, se pueden hacer dos años de **sixth form,** hasta los 18 años. Al cabo de estos dos años, los estudiantes pueden rendir exámenes que evalúan su conocimiento en algunas materias. Es necesario aprobar estos exámenes, que se llaman **A levels**, para estudiar en una universidad.

Transporte

En Gran Bretaña uno de los medios de transporte más utilizados es el tren (**train**). Mucha gente usa el tren para viajar de su casa al trabajo, ya que es muy común vivir en un pueblo o ciudad pequeña y trabajar en una ciudad grande. Además del tren, hay autobuses interurbanos (**coaches**) que conectan las distintas poblaciones. La ciudad de Londres tiene una red de metro muy extendida, así que el metro (**the underground** o **the tube**, como también se lo llama) es uno de los medios de transporte más populares en la ciudad. También son típicos de Londres los autobuses rojos de dos pisos (**double-deckers**).

Moneda

La unidad monetaria es la libra (**pound**). La centésima parte de la libra es el penique (**penny**, plural **pence**). Es muy común abreviar *pence* como *p* y decir *ten p* en lugar de *ten pence*. En lenguaje informal, *a quid* es una libra, *a fiver* es un billete de cinco libras y *a tenner* es un billete de diez libras.

Deportes

El deporte más popular de Gran Bretaña es el fútbol (**football**). Los clubes de fútbol juegan en una liga organizada en cuatro divisiones (**Premier League, First Division, Second Division** y **Third Division**). El campeonato más importante es la **FA Cup** (la Copa de la FA), uno de los eventos deportivos de mayor relevancia para los británicos. Otro deporte popular es el **rugby**, que tiene dos variantes: el **Rugby League** (jugado por equipos de trece jugadores) y el **Rugby Union** (jugado por equipos de quince jugadores). Este último es el que se juega en campeonatos internacionales, como el **Six Nations Tournament** (Torneo de las Seis Naciones). El **cricket**, también popular en Gran Bretaña, se juega sólo en verano. Los partidos pueden durar desde un día hasta cinco días, según el tipo de torneo.

Tallas

- Para la ropa de mujer y de hombre, se usa una numeración especial. Para mujer, las tallas son 8 (más o menos un 36), 10 (más o menos un 38), 12 (más o menos un 40), etc. Para hombre, las tallas son 30 (más o menos un 40), 32 (más o menos un 42), etc. También es común en algunas prendas la indicación **S (small**, es decir pequeño), **M (medium**, mediano) **L (large**, grande) o **XL (extra large**, muy grande). Otras prendas vienen en talla única, **OS (one size)**.
- Para los zapatos de mujer y de hombre también se usa una numeración especial. Para mujer, los números son $3\frac{1}{2}$(35), 4 (36), $4\frac{1}{2}$(37), etc. Para hombre, los números son 6 (39), $6\frac{1}{2}$(40), 7 (41), etc.

Pesos y medidas

- Aunque para la mayoría de las cosas se ha adoptado el sistema métrico, todavía se suelen usar algunas medidas del antiguo sistema imperial. Por ejemplo, una unidad de peso muy usada para referirse a frutas, carne, etc. es la libra (**pound**), que equivale a unos 460 gramos. Para hablar del peso de las personas se usa **stone**, que equivale a 14 libras (6.35 kg) y la onza (1 **ounce** = 28.35 g). Una persona que pesa *8 stone* pesa casi 51 kilos.
- Para hablar de la altura de cosas y personas se usan la pulgada (inch, unos 2.5 cm) y el pie (**foot**, que equivale a 12 inches, más o menos 30 cm): *He is six feet tall = Mide un metro ochenta*.
- Para hablar del ancho, el largo y la longitud también se usan, además de la pulgada y el pie, la yarda (**yard**, unos 90 cm), y la milla (**mile**, más o menos 1.6 km). Cuando un cartel en la carretera dice *London 50*, indica que Londres está a 50 millas (*fifty miles*, es decir 80 km).
- Para hablar de la capacidad, se suelen usar medidas como la pinta (**pint**, apenas más de medio litro) y el galón (**gallon**, unos 4.5 litros). La pinta es la medida habitual para bebidas como la cerveza o la leche. La gasolina suele medirse por galones.

GUÍA PARA COMUNICARSE

En esta sección hay vocabulario y frases que pueden ayudar a comunicarse en distintas situaciones.

Para hablar de ti mismo

Me llamo Laura/Pablo.	My name's Laura/Pablo.
Tengo 14 años.	I'm fourteen years old.
Tengo un hermano y una hermana.	I have a brother and a sister.
Soy el/la menor.	I'm the youngest.
Estoy en sexto año/grado.	I'm in sixth grade (AmE)/in year 6 (BrE).
Tengo un perro.	I have a dog.
Soy del América/del Emelec/de Colo-Colo.	I'm an America/an Emelec/a Colo-Colo fan.
Vivo en Medellín/Arica.	I live in Medellín/Arica.
Estoy estudiando inglés.	I'm learning English.

Para hablar de tus gustos

Me gusta jugar fútbol.	I like to play football
Me encanta ir a bailar.	I love to go clubbing.
No me gusta levantarme temprano.	I don't like getting up early.
Detesto este programa.	I hate this program.
Me fascinan los juegos de computadora.	I'm mad about computer games.
Prefiero el tenis al básquet.	I prefer tennis to basketball.
Me gustan más las canciones viejas.	I like the old songs better.

Para hablar de tu país

Chile limita al norte con Perú.	Chile borders on Perú to the north.
Caracas es la capital de Venezuela.	Caracas is the capital of Venezuela.
Colombia limita al este con Venezuela.	Colombia borders on Venezuela to the east.
Hay muchos cafetales en las laderas de la cordillera.	There are many coffee plantations on the slopes of the mountain range.
En la zona de los llanos se cría ganado.	Cattle are raised on the plains.
En el sur del país hay una extensa selva virgen.	In the south of the country there's a vast area of virgin forest.
Portillo es un centro de esquí a 165 km de Santiago.	Portillo is a ski resort 165 km from Santiago.
Las ruinas de Machu Picchu están a 3500 m sobre el nivel del mar.	The ruins of Machu Picchu are 3500 meters above sea level.
Acapulco es un balneario sobre el Pacífico.	Acapulco is a beach resort on the Pacific

Para hablar de la escuela

Estoy en sexto.	I'm in sixth grade (AmE)/ in year 6 (BrE).
No me gustan las matemáticas.	I don't like Math (AmE)/ Maths (BrE).
Mi asignatura preferida es física.	My favourite subject is Physics.
Voy al colegio por/en la mañana.	I go to school in the morning.
Voy a una escuela estatal.	I go to a public school (AmE)/ state school (BrE).
Me faltan dos años para terminar el secundario.	I have two years to go before I finish high school.
Juego en el equipo del colegio.	I play in the school team.
Voy al colegio en autobús.	I go to school by bus.

Para hablar de ropa

Esta chaqueta me queda grande.	This jacket is too big for me.
El pantalón no combina con la camisa.	The pants (AmE)/trousers (BrE) don't go with the shirt.
Te queda bien ese vestido.	That dress looks nice on you.
Me gustan los bluyines negros.	I like black jeans.
Usa ropa de marca.	He wears designer clothes.
una camisa floreada/lisa/a cuadros	a flowery/plain/checked shirt
una camisa de mangas cortas/largas	a short/long-sleeved shirt
un suéter con escote redondo/en V	a round/V neck sweater (AmE)/ a round/V neck jumper (BrE)

▶ Para saber sobre las tallas de la ropa y los números del calzado en Estados Unidos y Gran Bretaña, mira la sección **Tallas** en la **Guía de aspectos culturales**.

GUÍA PARA COMUNICARSE

Para hablar de deportes

¿Viste el partido anoche?	Did you watch the game last night?
¡Fue falta!	That was a foul!
Ganaron el campeonato.	They won the championship.
Entrenamos dos veces por semana.	We train twice a week.
Soy la capitana del equipo.	I'm captain of the team.
Mañana es la semifinal.	Tomorrow's the semifinal.
Salió segunda en los cien metros.	She came second in the one hundred metres.

Para saber sobre los deportes más importantes en Estados Unidos y Gran Bretaña, mira la sección **Deportes** en la **Guía de aspectos culturales**.

Para hablar del clima

Hace frío/calor.	It's cold/hot.
Está lloviendo.	It's raining.
Está nublado.	It's cloudy.
Hacía/Había mucho sol.	It was very sunny.
Nevó todos los días.	It snowed every day.
Hace dos grados bajo cero.	It's two degrees below zero.

Para hablar de la salud

Me duele la cabeza.	I have a headache.
No me siento bien.	I'm not feeling well.
Estoy mareado/mareada.	I feel dizzy.
Me duele la garganta	I have a sore throat.
Estás muy resfriado/resfriada.	You have a bad cold.
Le duele la barriga.	She has a stomach ache.
¿Tienes una aspirina?	Do you have an aspirin?
Tiene fiebre.	He has a temperature.

Para saludar

Hola, ¿cómo estás?	Hello/Hi, how are you?
Bien, ¿y tú?	I'm fine/all right, and you?
¿Qué hay/hubo?	How are things?
¡Chao!	Bye!
¡Nos vemos!	See you!
Hasta luego.	See you later.
¡Cuídate!	Take care!
Buenos días.	Good morning.
Buenas tardes.	Good afternoon/ Good evening.
Buenas noches.	Good night.

Para agradecer, disculparse, pedir permiso, etc.

Gracias.	Thank you./Thanks.
De nada.	You're welcome.
Perdón.	I'm sorry.
No fue nada.	That's all right.
Permiso, por favor.	Excuse me.
¿Cómo dijiste?/¿Qué?	Pardon?/Sorry?
Perdón, no entendí.	Sorry, I didn't catch that.
¿Puede hablar más lento, por favor?	Can you speak more slowly, please?
¿Está libre este asiento?	Is this seat free?
Disculpe, ¿esto es suyo?	Excuse me, is this yours?

Exclamaciones

de dolor	¡Ay!	Ouch!
de asco	¡Aj!/¡Puaj!	Ugh!/Yuck!
ante algo rico	¡Mmm!	Yum!
para llamar la atención	¡Eh!	Hey!

En una tienda

Puedes decir ...	
How much is this shirt?	¿Cuánto cuesta esta camisa?
I need a bigger size.	Necesito una talla más grande.
May I try this on?	¿Me puedo probar esto?
Where are the changing rooms?	¿Dónde están los probadores?
I'd like to see those sandals.	Quería ver esas sandalias.
Can I have a look around?	¿Puedo mirar un poco?
Do you take credit cards?	¿Aceptan tarjetas de crédito?
Vas a escuchar...	
It comes in black, red and beige.	Viene en negro, rojo y beige.
That is $30.	Son $30.
I don't have it in your size.	No lo tengo en su talla.
She can change it if she doesn't like it.	Lo puede cambiar si no le gusta.

▶ Para saber sobre las tallas de la ropa y los números del calzado en Estados Unidos y Gran Bretaña, mira la sección **Tallas** en la **Guía de aspectos culturales**.

▶ Para saber sobre el dinero que se usa en Gran Bretaña y Estados Unidos, mira la sección **Moneda** en la **Guía de aspectos culturales**.

En la calle

Puedes decir...	
Can you tell me the way to ...?	¿Me puede indicar cómo llegar a...?
Do you know where the station is?	¿Sabe dónde está la estación?
Is this the right way to Richmond?	¿Por aquí voy bien para Richmond?
Which is the nearest subway (AmE)/tube (BrE) station?	¿Qué estación de metro está más cerca?
Excuse me, is this Neal Street?	Disculpe, ¿esta es la calle Neal?
Vas a escuchar...	
Go straight on.	Siga derecho.
Turn left at the lights.	Doble a la izquierda en el semáforo.
It's on the next street.	Está en la próxima cuadra.
You have to cross the park.	Tiene que cruzar el parque.

▶ Para saber sobre los medios de transporte que se usan en Estados Unidos y Gran Bretaña, mira la sección **Transporte** en la **Guía de aspectos culturales**.

En un restaurante o un café

Puedes decir...	
Two Cokes, please.	Dos cocas, por favor.
How much is the hamburger?	¿Cuánto cuesta la hamburguesa?
Sparkling water for me, please.	Para mí, agua con gas.
Where is the restroom (AmE)/ toilet (BrE)?	¿Dónde está el baño?
Can I have the check (AmE)/ bill (BrE), please?	La cuenta, por favor.
Can we pay separately?	¿Podemos pagar por separado?
Vas a escuchar...	
Have you booked?	¿Tienen reservación?
This way, please.	Por aquí, por favor.
It comes with fries (AmE)/ chips (BrE).	Viene con papas fritas.
Do you want it for here or to go?	¿Es para comer aquí o para llevar?

El café	
café negro/tinto/solo	black coffee
café cortado	coffee with a dash of milk
café con leche	white coffee
café expreso	espresso
El desayuno	
pan tostado	toast
mantequilla	butter
mermelada	jam
yogur	yoghurt
jamón	ham
huevos	eggs
jugo de naranja	orange juice

La carne	
carne (de vaca/res)	beef
pollo	chicken
cerdo	pork
salchichas	sausages
filete/bistec	steak
bien jugoso	rare
a punto/en su punto	medium
cocido	well done

Los pescados y mariscos	
filet de pescado (empanado)	battered fish
salmón	salmon
lenguado	sole
camarones	prawns
langostinos	shrimps (AmE)/ prawns (BrE)
almejas	clams
calamares	squid
mejillones	mussels

Las verduras	
tomate	tomato
lechuga	lettuce
zanahoria	carrot
papa	potato
cebolla	onion
pimiento	pepper
pepino	cucumber
aguacate/palta	avocado

Las papas	
papas al horno	roast potatoes, jacket potatoes (con cáscara)
papas fritas	fries (AmE)/chips (BrE)
puré	mashed potatoes

Otros alimentos	
sopa	soup
ensalada	salad
arroz	rice
pasta	pasta
frijoles/porotos	beans
pizza	pizza

Los postres	
ensalada de frutas	fruit salad
helado	ice cream
flan	crème caramel
fresas con crema	strawberries and cream
pastel de manzana	apple pie
arroz con/de leche	rice pudding

▶ Para saber sobre el dinero que se usa en Estados Unidos y Gran Bretaña, mira la sección **Moneda** en la **Guía de aspectos culturales**.

En la clase

Puedes decir...	
How do you pronounce *thought*?	¿Cómo se pronuncia *thought?*
Can you spell it?	¿Lo puede deletrear?
What's the meaning of *frame*?	¿Qué quiere decir *frame*?
Could you repeat that, please?	¿Puede repetir, por favor?
I don't understand.	No entiendo.
I couldn't do exercise 3.	No pude hacer el ejercicio 3.
May I go to the bathroom?	¿Puedo ir al baño?
Do we have to write that down?	¿Hay que escribir eso?
What did he give as homework?	¿Qué dio de deber?
We've already done this exercise.	Este ejercicio ya lo hemos hecho.
Vas a escuchar...	
Open the book on page 25.	Abran el libro en la página 25.
Do exercises 4 and 5 as homework.	Hagan los ejercicios 4 y 5 de tarea.
Work in pairs.	Trabajen en parejas.

En la estación de tren

Puedes decir...	
Is this the train to Cambridge?	¿Éste es el tren que va a Cambridge?
What time is the next train to Boston?	¿A qué hora sale el próximo tren a Boston?
A round-trip (AmE)/return ticket (BrE) to Richmond, please.	Ida y vuelta a Richmond, por favor.
Where is platform 3?	¿Dónde está el andén 3?
I'm a student. Do I get a discount?	Soy estudiante. ¿Tengo descuento?
Can I have a timetable?	¿Me da un folleto con los horarios?
Vas a escuchar...	
It's $6.20, please.	Son $6.20, por favor.
Here's your change.	Aquí tiene el vuelto.
Next train calls at Tipton, Maple End ...	El próximo tren para en Tipton, Maple End ...
Tickets, please.	Boletos, por favor.

► Para saber sobre el dinero que se usa en Estados Unidos y Gran Bretaña, mira la sección **Moneda** en la **Guía de aspectos culturales**.

En el aeropuerto

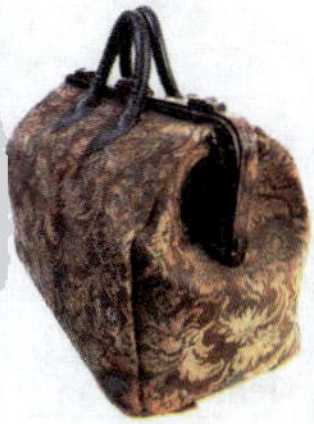

Puedes decir...	
What time is check-in?	¿A qué hora es el check-in?
Can I take this as hand luggage?	¿Puedo llevar esto como equipaje de mano?
How much weight may I carry?	¿Cuánto peso puedo llevar?
It's just this suitcase.	Es esta maleta nomás.
Vas a escuchar...	
Let me see your passport, please.	Muéstreme su pasaporte, por favor.
Window or aisle seat?	¿Ventanilla o pasillo?
You board at gate 4 at 7.45.	Embarca por la puerta 4 a las 7:45.
Boarding card, please.	Tarjeta de embarque, por favor.
Flight 301 for London is now boarding at gate 5.	El vuelo 301 con destino a Londres está embarcando por la puerta 5.

En la farmacia

Puedes decir...	
I need something for this cold.	Necesito algo para el resfriado.
Do you have any cough mixture?	¿Tiene algún jarabe para la tos?
Do I need a prescription for this?	¿Para esto necesito receta?
Can you recommend something for insect bites?	¿Me recomienda algo para las picaduras/los piquetes de insecto?
I'm allergic to ...	Soy alérgico/alérgica a ...
Remedios	
aspirin	aspirina(s)
vitamin C tablets	comprimidos de vitamina C
rubbing alcohol (AmE)/ surgical spirit (BrE)	alcohol
bandaid (AmE)/ plaster (BrE)	curita
painkiller	calmante

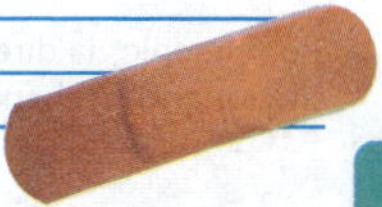

Por teléfono

Puedes decir...	
Hello! Is Sofia there, please?	¡Hola! ¿Está Sofía, por favor?
Can I speak to Diego, please?	¿Puedo hablar con Diego, por favor?
Could I leave a message for her?	¿Le podría dejar un mensaje?
Could you tell him Pablo called?	¿Le puede decir que lo llamó Pablo?
Vas a escuchar...	
Sofia speaking.	Habla Sofía.
Who's calling?	¿De parte de quién?
One moment please.	Un momento, por favor.
He's not here now. Can I take a message?	No está en este momento. ¿Le quiere dejar un mensaje?
Wrong number.	Equivocado.

E-MAIL E INTERNET

E-mail

- Los e-mails generalmente son más cortos que las cartas y en ellos se suele usar un lenguaje más informal.
- Se puede encabezar un mensaje como se empieza una carta (*Dear Pam*), pero también se puede poner sólo *Pam*, o comenzar directamente con el mensaje, especialmente cuando se contesta un e-mail.
- Ver abajo un típico mensaje de e-mail en inglés:

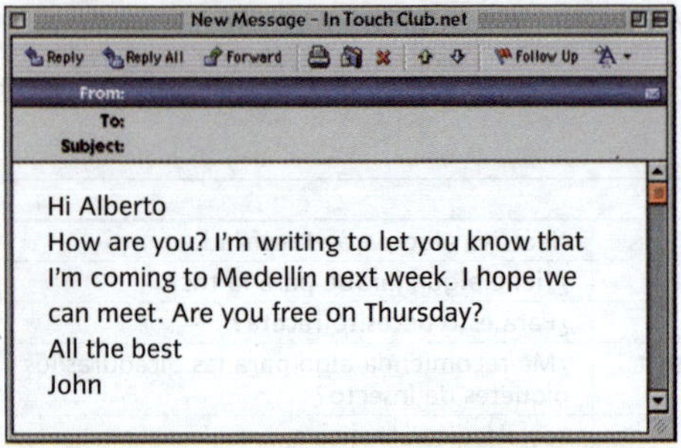

Vocabulario de e-mails

To	Para
From	De
Cc	Cc
Subject	Tema
Attachment	Archivo adjunto
Address book	Libreta de direcciones
Send	Enviar
Reply	Responder
Forward	Reenviar
Delete	Eliminar

Cómo leer las direcciones de e-mail

En inglés, para decir el símbolo @ (arroba) se usa *at*, para el punto (.) se usa *dot* y para el guión (-) se dice *hyphen*.

Por ejemplo, la dirección editor.diccionario-pocket@pearson.com se leería "editor dot diccionario hyphen pocket at pearson dot com".

Internet

Para usar Internet (**the Internet**) se necesita un navegador (**browser**), como el Internet Explorer, Netscape Navigator, etc. Para entrar a un sitio (**site**) o una página web (**Web page**), hace falta estar conectado (**online**).

Vocabulario de Internet

back	atrás
forward	siguiente
home page	página de inicio
link	vínculo
online	conectado -a
offline	desconectado -a

user name	nombre de usuario
password	contraseña
to download	bajar/descargar
to refresh	actualizar
to search	buscar
web page	página web